NomosKommentar

Prof. Dr. Claus Dieter Classen | Dr. Rainer Litten
Prof. Dr. Maximilian Wallerath [Hrsg.]

Verfassung des Landes Mecklenburg-Vorpommern

Handkommentar

2. Auflage

Silke Bentrup-Figura, Ministerialrätin im Justizministerium Mecklenburg-Vorpommern I **Prof. Dr. Claus Dieter Classen**, Universität Greifswald I **Hannelore Kohl**, Präsidentin des Landesverfassungsgerichts Mecklenburg-Vorpommern, Präsidentin des Oberverwaltungsgerichts Mecklenburg-Vorpommern a.D. I **Dr. Joachim Kronisch**, Präsident des Verwaltungsgerichts Schwerin I **Dr. Rainer Litten**, Staatssekretär a.D., Schwerin/Hannover I **Dr. Jost Mediger**, Staatssekretär a.D., Schwerin/Norderstedt I **Prof. Dr. Hubert Meyer**, Geschäftsführendes Vorstandsmitglied des Niedersächsischen Landkreistages I **Prof. Dr. Michael Sauthoff**, Präsident des Oberverwaltungsgerichts und des Finanzgerichts Mecklenburg-Vorpommern I **Prof. Dr. Hans-Joachim Schütz**, Universität Rostock I **Armin Tebben**, Direktor des Landtages Mecklenburg-Vorpommern I **Prof. Dr. Maximilian Wallerath**, Universität Greifswald, ehem. Richter am Landesverfassungsgericht Mecklenburg-Vorpommern I **Prof. Dr. Bodo Wiegand-Hoffmeister**, Rektor der Hochschule Wismar I **Dirk Zapfe**, Leiter der Stabsgruppe Parlamentarische Gesetzgebung, Presse, Öffentlichkeitsarbeit und Protokoll der Landtagsverwaltung, Schwerin

Zitiervorschlag
Classen in: Classen/Litten/Wallerath, LVerf M-V, Art. 52 Rn. 3

Die Deutsche Nationalbibliothek verzeichnet diese Publikation in der Deutschen Nationalbibliografie; detaillierte bibliografische Daten sind im Internet über http://dnb.d-nb.de abrufbar.

ISBN 978-3-8487-0561-0

2. Auflage 2015
© Nomos Verlagsgesellschaft, Baden-Baden 2015. Printed in Germany. Alle Rechte, auch die des Nachdrucks von Auszügen, der fotomechanischen Wiedergabe und der Übersetzung, vorbehalten.

Geleitwort zur zweiten Auflage

Das vergangene Jahr hielt für das Land Mecklenburg-Vorpommern ein ganz besonderes Jubiläum bereit: am 12. Juni 2014 jährte sich die Annahme der Verfassung des Landes Mecklenburg-Vorpommern durch den Volksentscheid zum 20. Mal. In dessen Folge ist die Landesverfassung mit Beendigung der ersten Wahlperiode des Landtages am 15. November 1994 in Kraft getreten.

Zwei Jahrzehnte Verfassung Mecklenburg-Vorpommern – dennoch handelt es sich um ein junges, um ein modernes Verfassungsdokument. Dies bestätigt nicht nur der Blick auf das Grundgesetz für die Bundesrepublik Deutschland, sondern auch ein Vergleich mit anderen Landesverfassungen, die im Zuge der deutschen Einheit in Kraft getreten sind.

Stellvertretend für die anderen Indikatoren der Modernität der Landesverfassung wird dies im Grundrechtsteil deutlich. Kennzeichen der dortigen Passagen ist zunächst deren Prägnanz und Kürze. Dies wird durch den Verzicht auf einen eigenen vollständigen Grundrechtskatalog erreicht. Die Landesverfassung inkorporiert die Grundrechte und staatsbürgerlichen Rechte des Grundgesetzes mittels eines Verweises. Dadurch werden die grundrechtlichen Gewährleistungen in Mecklenburg-Vorpommern jedoch nicht verkürzt, sondern gerade sichergestellt. Ein Unterschreiten des Schutzniveaus des Grundgesetzes kann damit nicht eintreten. Neben diesem Aspekt kommt jedoch insbesondere in Artikel 6 die Zukunftsgewandtheit und Weitsicht der Verfassungsgeber bei der Gewährleistung der Grundrechte zum Ausdruck: Den Diskussionen zum Recht auf informationelle Selbstbestimmung der Vergangenheit Rechnung tragend, findet sich ein Grundrechtsartikel wie er in der heutigen Zeit relevanter nicht sein könnte – eine Bestimmung zu Datenschutz und Informationsrechten. Dass dort auch ein Anspruch auf Zugang zu Umweltinformationen direkt in der Verfassung begründet wird, unterstreicht dies nochmals.

Die Landesverfassung soll mit ihren grundsätzlich zeitlosen Bestimmungen die Rechtswirklichkeit erfassen und gestalten. Trotzdem ist sie von Zeit zu Zeit Anpassungen unterworfen: Jüngste Veränderungen erfolgten mit der Aufnahme des Artikels 18 a, der ersten Verfassungsänderung auf der Grundlage einer Volksinitiative, der in Absatz 1 die „Friedensverpflichtung" des Landes Mecklenburg-Vorpommern zum Gegenstand hat sowie in Absatz 2 „das friedliche Zusammenleben der Völker oder der Bürger Mecklenburg-Vorpommerns" unter Schutz stellt, indem ein diesem entgegengesetztes Handeln als „verfassungswidrig" gekennzeichnet wird. Um den Haushalt unseres Landes zukunftsfähig zu machen, tritt zudem zum 1. Januar 2020 ein neuer Artikel 65 Absatz 2 in Kraft. Nach dessen Satz 1 ist der Etat „grundsätzlich ohne Einnahmen aus Krediten auszugleichen". Rechtliche Verbindlichkeit erlangt diese Vorgabe allerdings schon heute. Denn nach Artikel 79 a sind bereits seit dem Haushaltsjahr 2012 die jährlichen Haushalte so aufzustellen, dass den Vorgaben des zukünftigen Artikels 65 Absatz 2 im Haushaltsjahr 2020 entsprochen wird. Politisch wird die Vorgabe durch den Haushaltsgesetzgeber bereits seit einigen Jahren eingehalten, da seit dem Jahre 2006 regelmäßig ein Haushalt ohne Nettoneuverschuldung verabschiedet wird.

Das Jahr 2015 gibt einen weiteren Anlass zur Freude: Das Land Mecklenburg-Vorpommern und der Landtag werden 25 Jahre alt. Mag damit die Phase der Adoleszenz hinter sich gelassen worden sein, so ist die Konturierung des Zusammenspiels der drei staatlichen Gewalten doch weiterhin Gegenstand auch verfassungsrechtlicher Auseinandersetzungen. Dabei zeigt sich die Bedeutsamkeit und

Notwendigkeit bei Streitfragen auf Kommentierungen der einschlägigen Bestimmungen der Landesverfassung zurückgreifen zu können. Der vorliegende Kommentar hält die hierbei so wesentliche Balance zwischen der dogmatischen, wissenschaftlichen Fundierung und der praktischen Relevanz. Den entscheidenden Beitrag hierzu leisten die kommentierenden Bearbeiter mit ihrem umfassenden und fundierten Wissen auf Grund ihrer Verwurzelung in Justiz, Verwaltung oder Wissenschaft. Für deren Mitwirken an der zweiten Auflage dieser Veröffentlichung bedanke ich mich herzlich.

Schwerin, im Mai 2015 *Sylvia Bretschneider*
Präsidentin des Landtages Mecklenburg-Vorpommern

Geleitwort zum Kommentar der Verfassung des Landes Mecklenburg-Vorpommern

In der Phase des Aufbruchs nach der Gründung unseres Landes war die Landesverfassung eines der wichtigsten Vorhaben in unserem neu gegründeten Bundesland Mecklenburg-Vorpommern. Dabei ist im Ergebnis der hervorragenden Arbeit einer Verfassungskommission eine Verfassung entstanden, die gestützt auf unsere gemeinsamen Werte bis heute unverzichtbare Grundlage ist für die positive Entwicklung unseres Landes. Mit deutlicher Mehrheit haben die Mecklenburger und Vorpommern diese Verfassung angenommen und mit einem Volksentscheid vom 12. Juni 1994 zu ihrer Verfassung gemacht.

Alle Beteiligten wollten eine Verfassung, die mehr ist als eine Wiedergabe der grundlegenden, rechtlichen Rahmenbedingungen unseres Staatswesens, wie das Grundgesetz sie vorgibt. Die Landesverfassung sollte zusätzlich Eigenes schaffen, Raum geben für die Eigenarten des Landes und der Menschen in Mecklenburg-Vorpommern und so zur Identität des Landes beitragen. Deshalb setzt unsere Verfassung ganz bewusst eigene Schwerpunkte, formuliert klare Ziele für Mecklenburg-Vorpommern: bei der Wirtschaft, vor allem bei der Erhaltung und Schaffung von Arbeitsplätzen, beim besonderen Engagement für Kinder und Jugendliche. Wichtige Schwerpunkte sind auch der Umweltschutz, die Förderung der grenzüberschreitenden Zusammenarbeit, insbesondere im Ostseeraum oder der Schutz und die Pflege der niederdeutschen Sprache. Die Landesverfassung beinhaltet auch Regelungen, die die unterschiedlichen Belange beider Landesteile berücksichtigen.

Der vorliegende Kommentar zur Verfassung des Landes Mecklenburg-Vorpommern ist erstmals im Jahr 2007 erschienen. Er dient zum einen dazu, die praktische und wissenschaftliche Arbeit mit der Verfassung als Ganzes und ihren einzelnen Bestimmungen zu erleichtern. Er trägt zum anderen auch dazu bei, die Inhalte und Werte unserer Verfassung stärker ins öffentliche Bewusstsein zu rücken.

Mein Dank gilt den Kommentatoren dieser erstmals aktualisierten Auflage. Auch die Auslegung und konkrete Umschreibung von Verfassungsfragen ist nicht in Stein gemeißelt, sondern wird von Gerichten und Verwaltungen immer wieder neu justiert. So leben wir mit einer lebendigen Verfassung, die weiterhin eine gute Basis für das Zusammenleben der Menschen in Mecklenburg-Vorpommern sein wird.

Schwerin, im Mai 2015 *Erwin Sellering*
Ministerpräsident des Landes Mecklenburg-Vorpommern

Vorwort der Herausgeber

Die am 15. November 1994 in Kraft getretene Verfassung des Landes Mecklenburg-Vorpommern gehört zu einer Generation von gliedstaatlichen Verfassungen, die den Diskurs über die Eigenstaatlichkeit der Länder und die Bedeutung des Landesverfassungsrechts neu aufleben ließ. Von diesen gingen nachhaltige Impulse zur Stärkung des Landesverfassungsrechts und zur Belebung der zwischenzeitlich nahezu erstarrten Diskussion zum Verhältnis von Bundes- und Landesverfassungsrecht aus.

Während Verfassungsrecht den Rahmen bildet, innerhalb dessen sich Organisation und Ausübung staatlicher Gewalt zu entfalten hat, spiegelt die konkrete Verfassung die Wandlungen des staatlichen Gemeinwesens sowie die Brüche staatlicher Entwicklung wider und verarbeitet die daraus erwachsenen Erfahrungen zu normativen Grundaussagen. Das zeigt sich auch an der im Gefolge der Wiedervereinigung erlassenen Verfassung des Landes Mecklenburg-Vorpommern. Ihre Rückbesinnung auf die Genese der friedlichen Revolution, die zum Ende der DDR geführt hat, ist vielfach zu spüren. Sie äußert sich in durchaus gegensätzlicher Weise: Einerseits sollten überkommene soziale und kulturelle Standards nach Möglichkeit fortgeführt, andererseits sollte der Vorrang des „Rechts" als nicht beliebig substituierbares Regelwerk gegenüber jeder Form von Gewaltenmonismus gewährleistet werden.

Seit dem Erscheinen der Erstauflage des Kommentars sind verschiedene Urteile des Verfassungsgerichts des Landes Mecklenburg-Vorpommern ergangen, aber auch zahlreiche Entscheidungen des Bundesverfassungsgerichts sowie der Verfassungsgerichte aus anderen Ländern zu Einzelregelungen, die mit denen der Landesverfassung Mecklenburg-Vorpommern vergleichbar sind. Zeitlicher Abstand seit dem In-Kraft-Treten, gesellschaftliche Entwicklungen und praktische Erfahrungen haben das Bewusstsein für wichtige Fragestellungen geschärft. Damit liegt der Bedarf an einer zeitgemäßen Kommentierung der Landesverfassung auf der Hand.

Das Grundkonzept des Kommentars ist gegenüber der Erstauflage unverändert. Er stützt sich auf Autoren aus den Bereichen Rechtsprechung, Verwaltung und Wissenschaft. Sie stehen ebenso für Praxisbezug wie für wissenschaftliche Reflexion. In ihrem Kreis hat es nur eine kleine Erweiterung gegeben. Für ihre Mitwirkung und gemeinsame Anstrengung schulden die Herausgeber herzlichen Dank. An der Konzeption des Kommentars war der Präsident des Landesverfassungsgerichts Mecklenburg-Vorpommern, Dr. Hückstädt, entscheidend beteiligt; ihm gebührt ein besonderer Dank. Für technische Unterstützung bei der Erstellung der Neuauflage gilt ein Dank Herrn Christopher Bilz, Universität Greifswald. Nicht zuletzt haben wir guten Grund, Herrn Professor Dr. Johannes Rux vom Nomos-Verlag für sein großes Interesse an diesem Projekt zu danken.

Greifswald/Hannover, im Mai 2015

Claus Dieter Classen   *Rainer Litten*   *Maximilian Wallerath*

Inhaltsverzeichnis

Geleitwort zur zweiten Auflage	5
Geleitwort zum Kommentar der Verfassung des Landes Mecklenburg-Vorpommern	7
Vorwort der Herausgeber	9
Bearbeiterverzeichnis	15
Abkürzungsverzeichnis	17
Übersicht über die wichtigsten Entscheidungen des Verfassungsgerichts des Landes Mecklenburg-Vorpommern	31
Verfassung des Landes Mecklenburg-Vorpommern	35
Entstehungsgeschichte	57
Präambel	69

1. Abschnitt Grundlagen

I. Staatsform

Vorbemerkung zu Art. 1–4		72
Art. 1	(Das Land Mecklenburg-Vorpommern)	72
Art. 2	(Staatsgrundlagen)	77
Art. 3	(Demokratie)	87
Art. 4	(Bindung an Gesetz und Recht)	94

II. Grundrechte

Vorbemerkung zu Art. 5		100
Art. 5	(Menschenrechte, Geltung der Grundrechte des Grundgesetzes)	104
Art. 6	(Datenschutz, Informationsrechte)	108
Art. 7	(Freiheit von Kunst und Wissenschaft)	115
Art. 8	(Chancengleichheit im Bildungswesen)	126
Art. 9	(Kirchen und Religionsgesellschaften)	130
Art. 10	(Petitionsrecht)	137

III. Staatsziele

Vorbemerkung zu Art. 11		140
Art. 11	(Europäische Integration, grenzüberschreitende Zusammenarbeit)	148
Art. 12	(Umweltschutz)	161
Art. 13	(Förderung der Gleichstellung von Frauen und Männern)	169
Art. 14	(Schutz der Kinder und Jugendlichen)	173
Art. 15	(Schulwesen)	178
Art. 16	(Förderung von Kultur und Wissenschaft)	201
Art. 17	(Arbeit, Wirtschaft und Soziales)	205

Art. 17 a	(Schutz von alten Menschen und Menschen mit Behinderung)	209
Art. 18	(Nationale Minderheiten und Volksgruppen)	214
Art. 18 a	(Friedensverpflichtung, Gewaltfreiheit)	241
Art. 19	(Initiativen und Einrichtungen der Selbsthilfe)	245

2. Abschnitt Staatsorganisation
I. Landtag

Art. 20	(Aufgaben und Zusammensetzung)	249
Art. 21	(Wahlprüfung)	269
Art. 22	(Stellung der Abgeordneten)	275
Art. 23	(Kandidatur)	298
Art. 24	(Indemnität, Immunität, Zeugnisverweigerungsrecht)	303
Art. 25	(Fraktionen)	321
Art. 26	(Parlamentarische Opposition)	334
Art. 27	(Wahlperiode)	338
Art. 28	(Zusammentritt des Landtages)	343
Art. 29	(Landtagspräsident, Geschäftsordnung)	346
Art. 30	(Ältestenrat)	367
Art. 31	(Öffentlichkeit, Berichterstattung)	371
Art. 32	(Beschlussfassung, Wahlen)	378
Art. 33	(Ausschüsse)	382
Art. 34	(Untersuchungsausschüsse)	394
Art. 35	(Petitionsausschuß)	405
Art. 36	(Bürgerbeauftragter)	412
Art. 37	(Datenschutzbeauftragter)	416
Art. 38	(Anwesenheitspflicht und Zutrittsrecht der Landesregierung)	422
Art. 39	(Informationspflichten der Landesregierung)	425
Art. 40	(Frage- und Auskunftsrecht der Abgeordneten, Aktenvorlage durch die Landesregierung)	428

II. Landesregierung

Art. 41	(Stellung und Zusammensetzung)	449
Art. 42	(Wahl des Ministerpräsidenten)	453
Art. 43	(Bildung der Regierung)	455
Art. 44	(Amtseid)	458
Art. 45	(Rechtsstellung der Regierungsmitglieder)	460
Art. 46	(Zuständigkeiten innerhalb der Regierung)	463
Art. 47	(Vertretung des Landes, Staatsverträge)	467
Art. 48	(Ernennung von Beamten und Richtern, Einstellung von Angestellten und Arbeitern)	470
Art. 49	(Begnadigung)	472

| Art. 50 | (Beendigung der Amtszeit) | 474 |
| Art. 51 | (Vertrauensfrage) | 476 |

III. Landesverfassungsgericht

Art. 52	(Stellung und Zusammensetzung)	479
Art. 53	(Zuständigkeit)	489
Art. 54	(Gesetz über das Landesverfassungsgericht)	506

3. Abschnitt Staatsfunktionen
I. Rechtsetzung und Verfassungsänderung

Art. 55	(Gesetzgebungsverfahren)	512
Art. 56	(Verfassungsänderungen)	526
Art. 57	(Rechtsverordnungen)	532
Art. 58	(Ausfertigung und Verkündung)	538

II. Initiativen aus dem Volk, Volksbegehren und Volksentscheid

Vorbemerkung zu Art. 59		544
Art. 59	(Volksinitiative)	545
Art. 60	(Volksbegehren und Volksentscheid)	549

III. Haushalt und Rechnungsprüfung

Vorbemerkung zu Art. 61		557
Art. 61	(Landeshaushalt)	561
Art. 62	(Ausgaben vor Verabschiedung des Haushalts)	585
Art. 63	(Über- und außerplanmäßige Ausgaben)	591
Art. 64	(Nachweis der Kostendeckung)	596
Art. 65	(Kreditbeschaffung)	599
Art. 66	(Landesvermögen)	619
Art. 67	(Rechnungslegung und Rechnungsprüfung)	620
Art. 68	(Landesrechnungshof)	623

IV. Landesverwaltung und Selbstverwaltung

Art. 69	(Träger der öffentlichen Verwaltung)	630
Art. 70	(Gesetzmäßigkeit und Organisation der öffentlichen Verwaltung)	636
Art. 71	(Öffentlicher Dienst)	641
Art. 72	(Kommunale Selbstverwaltung)	664
Art. 73	(Finanzgarantie)	704
Art. 74	(Haushaltswirtschaft)	724
Art. 75	(Landschaftsverbände)	729

V. Rechtsprechung

| Art. 76 | (Richter und Gerichte) | 735 |
| Art. 77 | (Richteranklage) | 746 |

4. Abschnitt Schlussbestimmungen

Art. 78	(Verfassungstext für Schüler)	750
Art. 79	(Sprachliche Gleichstellung)	751
Art. 79 a	(Übergangsregelung)	751
Art. 80	(Inkrafttreten)	756

Stichwortverzeichnis 757

Bearbeiterverzeichnis

Silke Bentrup-Figura	Art. 71
Prof. Dr. Claus Dieter Classen	Art. 18 a, 52–54
Hannelore Kohl	Vor Art. 5, Art. 5–8, 10, 16
Dr. Joachim Kronisch	Entstehungsgeschichte, Art. 9, 76–79, 80
Dr. Rainer Litten	Art. 41–51, Vor Art. 59, Art. 59–60
Dr. Jost Mediger	Vor Art. 61, Art. 61–68, 79 a
Prof. Dr. Hubert Meyer	Art. 69–70, 72–75
Prof. Dr. Michael Sauthoff	Art. 12–15, 17, 17 a, 19, 35–37, 55–58
Prof. Dr. Hans-Joachim Schütz	Präambel, Vor Art. 11, Art. 11, 18
Armin Tebben	Art. 20, 22, 24, 28–32
Prof. Dr. Maximilian Wallerath	Vor Art. 1, Art. 1–4
Prof. Dr. Bodo Wiegand-Hoffmeister	Art. 26, 34, 38–39
Dirk Zapfe	Art. 21, 23, 25, 27, 33, 40

Abkürzungsverzeichnis

einschließlich abgekürzt zitierter Literatur und ohne allgemein übliche Abkürzungen von Bundesgesetzen und Zeitschriften

Abg.	Abgeordnete(r)
ABl.	Amtsblatt (der Europäischen Gemeinschaften bzw der Europäischen Union)
Abs.	Absatz
AEUV	Vertrag über die Arbeitsweise der Europäischen Union
aF	alte Fassung
allg.	allgemein(e/er/es)
amtl.	Amtlich
AmtsBl.	Amtsblatt
ÄndG	Änderungsgesetz
Art.	Artikel
Aufl.	Auflage
ausf.	ausführlich
AVR	Archiv für Völkerrecht
B. v.	Beschluss vom
Badura	Peter Badura, Staatsrecht, 5. Aufl. 2012
Battis, BBG	Ulrich Battis, Bundesbeamtengesetz, Kommentar, 4. Aufl. 2009
Baumann-Hasske/Kunzmann	Harald Baumann-Hasske/Bernd Kunzmann (Hrsg.), Die Verfassung des Freistaates Sachsen (zit. Bearbeiter, in: Baumann-Hasske/Kunzmann), 3. Aufl. 2011
BayVBl	Bayrische Verwaltungsblätter
BayVerf	Verfassung des Freistaates Bayern
BayVerfGH	Bayerischer Verfassungsgerichtshof
BBG	Bundesbeamtengesetz
BbgVerf	Verfassung des Landes Brandenburg
BbgVerfG	Verfassungsgericht des Landes Brandenburg
BeckRS	Elektronische Entscheidungsdatenbank in beck-online
Beck'scher OK	Volker Epping/Christian Hillgruber (Hrsg.), Grundgesetz. Beck'scher Online-Kommentar (zit.: Bearbeiter, in: Beck'scher OK)
Bd.	Band
BeamtStG	Beamtenstatusgesetz
Begr.	Begründung
Bek.	Bekanntmachung

Benda/Klein	Ernst Benda/Eckart Klein, Verfassungsprozessrecht, Ein Lehr- und Handbuch, 3. Aufl. 2012
BerDGVR	Berichte der Deutschen Gesellschaft für Völkerrecht
Berl. Kommentar	Karl Heinrich Friauf/Wolfram Höfling (Hrsg.), Berliner Kommentar zum Grundgesetz, Loseblattausgabe (zit. Bearbeiter, in: Berl. Kommentar)
Bernzen/Sohnke	Uwe Bernzen/Michael Sohnke, Verfassung der Freien und Hansestadt Hamburg. Kommentar mit Entscheidungsregister, 1977
Beschl.	Beschluss
BGBl.	Bundesgesetzblatt
Birkmann/Köhler	Andreas Birkmann/Johanna Köhler, Verfassung des Freistaats Thüringen: Bekenntnis zum Freistaat, 2. Aufl. 1995
BK	Rudolf Dolzer u.a. (Hrsg.), Das Bonner Grundgesetz, Kommentar, Loseblattausgabe (zit. Bearbeiter, in: BK)
BKA	Bundeskriminalamt
BM	Bundesministerium
BRat	Bundesrat
BRat-Drs.	Bundesratsdrucksache
Braun	Klaus Braun, Kommentar zur Verfassung des Landes Baden-Württemberg, Kommentar, 1984
BReg	Bundesregierung
BremVerf	Landesverfassung der Freien Hansestadt Bremen
BremStGH	Staatsgerichtshof der Freien Hansestadt Bremen
Brocker/Droege/Jutzi	Lars Brocker/Michael Droege/Siegfried Jutzi (Hrsg.), Kommentar zur Verfassung für Rheinland-Pfalz, 2014 (zit. Bearbeiter, in: Brocker/Droege/Jutzi)
bspw	beispielsweise
BT	Bundestag
BT-Drs.	Bundestagsdrucksache
BullBReg	Bulletin der Bundesregierung
BVerfG	Bundesverfassungsgericht
BVerfGE	Entscheidungen des Bundesverfassungsgerichts
BVerwG	Bundesverwaltungsgericht
BVerwGE	Entscheidungen des Bundesverwaltungsgerichts
BVFG	(Bundes-)Gesetz über die Angelegenheiten der Vertriebenen und Flüchtlinge
BWahlG	Bundeswahlgesetz

BWVerf	Verfassung des Landes Baden-Württemberg
BWStGH	Staatsgerichtshof des Landes Baden-Württemberg
bzw	beziehungsweise
Calliess/Ruffert	Christian Calliess/Matthias Ruffert (Hrsg.), EUV/AEUV, Kommentar, 4. Aufl. 2011 (zit. Verfasser, in: Calliess/Ruffert)
Caspar/Ewer/Nolte/Waack	Johannes Caspar/Wolfgang Ewer/Martin Nolte/Hans-Joachim Waack (Hrsg.), Verfassung des Landes Schleswig-Holstein, Kommentar, 2006 (zit. Bearbeiter, in: Caspar/Ewer/Nolte/Waack)
CR	Computer und Recht
David	Klaus David, Verfassung der Freien und Hansestadt Hamburg, Kommentar, 2. Aufl. 2004
Degenhart	Christoph Degenhart, Staatsrecht I, Staatsorganisationsrecht, 29. Aufl. 2013
Degenhart/Meissner	Christoph Degenhart/Claus Meissner (Hrsg.), Handbuch der Verfassung des Freistaates Sachsen, 1997 (zit. Bearbeiter, in: Degenhart/Meissner)
Denninger	Erhard Denninger/Wolfgang Hoffmann-Riem/Hans-Peter Schneider/Ekkehart Stein (Hrsg.), Kommentar zum Grundgesetz für die Bundesrepublik Deutschland, Reihe Alternativkommentare, Loseblattausgabe, 3. Aufl., Stand: 2002 (zit. Bearbeiter, in: Denninger)
DJT	Deutscher Juristentag
DÖD	Der Öffentliche Dienst
DÖV	Die Öffentliche Verwaltung
Dreier	Horst Dreier (Hrsg.), Grundgesetz. Kommentar, Bd. I (Art. 1-19), 3. Aufl. 2013; Bd. II (Art. 20-82), 2. Aufl. 2006; Bd. III (Art. 83-146), 2. Aufl. 2008 (zit. Bearbeiter, in: Dreier) sowie Supplementum 2007 und Supplementum 2010
Driehaus	Hans-Joachim Driehaus (Hrsg.), Verfassung von Berlin, Taschenkommentar, 2. Aufl. 2005 (zit. Bearbeiter, in: Driehaus)
DSG	Gesetz zum Schutz des Bürgers bei der Verarbeitung seiner Daten (Landesdatenschutzgesetz) (GVOBl. S. 154), zuletzt geändert durch Gesetz vom 20.5.2011 (GVOBl. S. 277, 278)
DVBl.	Deutsches Verwaltungsblatt
EA	Europa-Archiv
EG	Europäische Gemeinschaft(en)
EGMR	Europäischer Gerichtshof für Menschenrechte

EGV	Vertrag zur Gründung der Europäischen Gemeinschaft
Ehlers	Dirk Ehlers (Hrsg.), Allgemeines Verwaltungsrecht, 14. Aufl. 2010 (zit. Verfasser, in: Erichsen/Ehlers)
EildLKTNW	Eildienst Landkreistag Nordrhein-Westfalen (Zeitschrift)
EinigungsV	Einigungsvertrag
EMRK	Europäische Menschenrechtskonvention
EPIL	Rudolf Bernhardt (ed.) Encyclopedia of Public International Law, vol. I-IV, 1992-2000
Epping/Butzer	Volker Epping/Hermann Butzer/Frauke Brosius-Gersdorf/Ulrich Haltern/Veith Mehde/Kay Waechter, Hannoverscher Kommentar zur Niedersächsischen Verfassung, 2012
Erl.	Erlass; Erläuterung
EU	Europäische Union
EuGH	Europäischer Gerichtshof
EuGRZ	Europäische Grundrechte-Zeitschrift
EU-DSchRL	Richtlinie 95/46/EG des Europäischen Parlaments und des Rates vom 24.10.1995 zum Schutz natürlicher Personen bei der Verarbeitung personenbezogener Daten und zum freien Datenverkehr (ABl. L 281 vom 23.11.1995, S. 31)
EuR	Europarat
EUV	Vertrag zur Gründung der Europäischen Union
Feuchte	Paul Feuchte, Verfassung des Landes Baden-Württemberg, Kommentar, 1987
FG	Festgabe
Fn	Fußnote
FS	Festschrift
GG	Grundgesetz
GIG	Gesetz zur Gleichstellung von Frau und Mann im öffentlichen Dienst des Landes Mecklenburg-Vorpommern (Gleichstellungsgesetz) in der Fassung der Bekanntmachung vom 27.7.1998 (GVOBl. S. 697), zuletzt geändert durch Gesetz vom 17.12.2009 (GVOBl. S. 687, 718)
GO	Geschäftsordnung(en)
GO LReg	Geschäftsordnung der Landesregierung
GO LT	Geschäftsordnung des Landtages
Grawert	Rolf Grawert, Verfassung für das Land Nordrhein-Westfalen, Kommentar, 1998

Grimm/Caesar	Christoph Grimm/Peter Caesar, Verfassung für Rheinland-Pfalz, Kommentar, 2001
GRCh	Charta der Grundrechte der Europäischen Union
grds.	Grundsätzlich
Günther	Herbert Günther, Verfassungsgerichtsbarkeit in Hessen, Kommentar zum Gesetz über den Staatsgerichtshof, 2004
GVOBl.	Gesetz- und Verordnungsblatt (ohne Zusatz: für Mecklenburg-Vorpommern)
Härth/von Lampe/ von Löhning	Wolfgang Härth/Gisela von Lampe/ Bernd von Löhning, Verfassung von Berlin, Kommentar, 2. Aufl. 1987
HambVerf	Verfassung der Freien und Hansestadt Hamburg
HambVerfG	Hamburgisches Verfassungsgericht
Hdb	Handbuch
HdbStR	Josef Isensee/Paul Kirchhof (Hrsg), Handbuch des Staatsrechts, 3. Aufl., Bd. I, 2003; Bd. II, 2004; Bd. III, 2005; Bd. IV, 2006; Bd. V, 2007; Bd. VI, 2008; Bd. VII, 2009; Bd. VIII, 2010; Bd. IX, 2011; Bd. X, 2012, Bd. XI, 2013 (zit. Verfasser, in: HdbStR)
HdbVerfR	Ernst Benda/Werner Maihofer/Hans-Jochen Vogel (Hrsg.), Handbuch des Verfassungsrechts der Bundesrepublik Deutschland, 2 Bände, 2. Aufl. 1994 (zit. Verfasser, in: HdbVerfR)
Hesse	Konrad Hesse, Grundzüge des Verfassungsrechts der Bundesrepublik Deutschland, 20. Aufl. 1995 (Neudruck 1999)
HessVerf	Verfassung des Landes Hessen
HessStGH	Staatsgerichtshof des Landes Hessen
Heusch/Schönenbroicher	Andreas Heusch/Klaus Schönenbroicher (Hrsg.), Landesverfassung Nordrhein-Westfalen, 2010
Hillgruber/Goos	Christian Hillgruber/Christoph Goos, Verfassungsprozessrecht, 3. Aufl. 2011
Hinkel	Karl Reinhard Hinkel, Verfassung des Landes Hessen, Kommentar, 1999
hL	herrschende Lehre
hM	herrschende Meinung
HRLJ	Human Rights Law Journal
Hrsg.	Herausgeber
idF	in der Fassung

IFG	Gesetz zur Regelung des Zugangs zu Informationen für das Land Mecklenburg-Vorpommern (Informationsfreiheitsgesetz) vom 10.7.2006 (GVOBl. S. 556), zuletzt geändert durch Gesetz vom 20.5.2011 (GVOBl. S. 277)
insb.	insbesondere
Ipsen, Verfassung	Jörn Ipsen, Niedersächsische Verfassung, 2011
Ipsen, StaatsR I	Jörn Ipsen, Staatsrecht I, Staatsorganisationsrecht, 25. Aufl. 2013
Ipsen, StaatsR II	Jörn Ipsen, Staatsrecht II, Grundrechte, 16. Aufl. 2013
iSd	im Sinne des/der
iÜ	im Übrigen
iVm	in Verbindung mit
Jarass/Pieroth	Hans Dieter Jarass/Bodo Pieroth, Grundgesetz für die Bundesrepublik Deutschland, 13. Aufl. 2014 (zit. Bearbeiter, in: Jarass/Pieroth)
JöR N.F.	Jahrbuch des öffentlichen Rechts der Gegenwart, Neue Folge
Kap.	Kapitel
KiFöG	Gesetz zur Förderung von Kindern in Kindertageseinrichtungen und in Tagespflege (Kindertagesförderungsgesetz) vom 1.4.2004 (GVOBl. S. 146), zuletzt geändert durch Gesetz vom 16.7.2013 (GVOBl. S. 452)
Knack/Hennecke	Hans Joachim Knack/Hans-Günter Hennecke (Hrsg.), Verwaltungsverfahrensgesetz. Kommentar, 9. Aufl. 2010 (zit. Verfasser, in: Knack, VwVfG)
Kommission, Verfassungsentwurf	Verfassungsentwurf und Abschlussbericht der Verfassungskommission: Entwurf einer Verfassung des Landes Mecklenburg-Vorpommern und Abschlussbericht der Kommission für die Erarbeitung einer Landesverfassung (Verfassungskommission) gemäß den Beschlüssen des Landtages vom 23. und 30. November 1990, 11. September 1991, 8. April 1992 und 10. Dezember 1992 [Drucksachen 1/26, 1/61, 1/694 (neu), 1/1662, 1/2626], LT-Drucks. 1/3100
Korte/Rebe	Heinrich Korte/Bernd Rebe, Verfassung und Verwaltung des Landes Niedersachsen, 2. Aufl. 1986 (zit. Bearbeiter, in: Korte/Rebe)
KSZE	Konferenz über Sicherheit und Zusammenarbeit in Europa

Kunzmann/Haas/Baumann-Hasske	Bernd Kunzmann/Michael Haas/Harald Baumann-Hasske, Die Verfassung des Freistaates Sachsen, 2. Aufl. 1997 (zit. Bearbeiter, in: Kunzmann/Haas/Baumann-Hasske)
KuR	Kirche und Recht
KV	Kommunalverfassung für das Land Mecklenburg-Vorpommern (Kommunalverfassung) in der Fassung der Bekanntmachung vom 13.7.2011 (GVOBl. S. 777)
KVR Nds./NKomVG	Peter Blum u.a., Kommunalverfassungsrecht Niedersachsen/Niedersächsisches Kommunalverfassungsgesetz, Loseblattsammlung, Stand November 2013 (zitiert: Bearbeiter, in: KVR Nds./NKomVG)
LBG	Beamtengesetz für das Land Mecklenburg-Vorpommern (Landesbeamtengesetz), verkündet als Art. 1 des Gesetzes zur Neuordnung des Beamtenrechts für das Land Mecklenburg-Vorpommern vom 17.12.2009 (GVOBl. S. 687), zuletzt geändert durch Art. 2 des Gesetzes vom 10.12.2012 (GVOBl. S. 537, 542)
LBGG	Gesetz zur Gleichstellung, gleichberechtigten Teilhabe und Integration von Menschen mit Behinderungen (Landesbehindertengleichstellungsgesetz) vom 10.7.2006, verkündet als Art. 1 des Gesetzes zur Gleichstellung, gleichberechtigten Teilhabe und Integration von Menschen mit Behinderungen und zur Änderung anderer Vorschriften vom 10.7.2006 (GVOBl. S. 539 f), zuletzt geändert durch Gesetz vom 24.10.2012 (GVOBl. S. 474)
Lechner/Zuck	Hans Lechner/Rüdiger Zuck, Bundesverfassungsgerichtsgesetz, Kommentar, 6. Aufl. 2011 (zit. Bearbeiter, in: Lechner/Zuck)
LEG	Verfassungsgesetz zur Bildung von Ländern in der Deutschen Demokratischen Republik (Ländereinführungsgesetz) vom 22.07.1990 (GBl. DDR I S. 955)
Leibholz/Rinck/Hesselberger	Gerhard Leibholz/Hans-Justus Rinck/Dieter Hesselberger, Grundgesetz für die Bundesrepublik Deutschland, Kommentar an Hand der Rechtsprechung des Bundesverfassungsgerichts, Loseblattausgabe (zit. Bearbeiter, in: Leibholz/Rinck/Hesselberger)
LHO	Landeshaushaltsordnung M-V vom 10.4.2000 (GVOBl. S. 159), zuletzt geändert durch Gesetz vom 22.6.2012 (GVOBl. S. 208, 210)

Lieber/Iwers/Ernst	Hasso Lieber/Steffen Iwers/Martina Ernst, Verfassung des Landes Brandenburg, Kommentar, 2012 (zit. Bearbeiter, in: Lieber/Iwers/Ernst)
Linck/Jutzi/Hopfe	Joachim Linck/Siegfried Jutzi/Jörg Hopfe, Die Verfassung des Freistaats Thüringen, Kommentar, 1994
Linck/Baldus/Lindner/ Poppenhäger/ Ruffert	Joachim Linck/Manfred Baldus/Joachim Lindner/ Holger Poppenhäger/Matthias Ruffert (Hrsg.), Die Verfassung des Freistaates Thüringen, 2013 (zit: Bearbeiter, in: Linck/Baldus/Lindner/Poppenhäger/Ruffert)
Lindner/Möstl/Wolff	Josef Franz Lindner/Markus Möstl/Heinrich Amadeus Wolff, Verfassung des Freistaates Bayern, 2009 (zit. Bearbeiter, in: Lindner/Möstl/ Wolff)
Lit.	Literatur
LKA	Landeskriminalamt
LKWG	Gesetz über die Wahlen im Land Mecklenburg-Vorpommern (Landes- und Kommunalwahlgesetz), verkündet als Art. 1 des Gesetzes zur Neuordnung des Wahlrechts im Land Mecklenburg-Vorpommern und zur Änderung anderer Rechtsvorschriften vom 16.12.2010 (GVOBl. S. 690), geändert durch Gesetz vom 8.1.2015 (GVOBl. S. 2)
LKV	Landes- und Kommunalverwaltung, Verwaltungsrechts-Zeitschrift für die Länder Berlin, Brandenburg, Mecklenburg-Vorpommern, Sachsen, Sachsen-Anhalt und Thüringen
LMinG	Gesetz über die Rechtsverhältnisse der Ministerpräsidentin oder des Ministerpräsidenten und der Ministerinnen und Minister des Landes Mecklenburg-Vorpommern (Landesministergesetz) vom 10.12.2012 (GVOBl. S. 527)
LOG	Landesorganisationsgesetz Mecklenburg-Vorpommern vom 14.3.1995 (GOVBl. S. 98), zuletzt geändert durch Gesetz vom 28.10.2010 (GVOBl. S. 615)
Löwer/Tettinger	Wolfgang Löwer/Peter J. Tettinger, Kommentar zur Verfassung des Landes Nordrhein-Westfalen, 2002 (zit. Bearbeiter, in: Löwer/Tettinger)
LReg	Landesregierung
LRiG	Landesrichtergesetz des Landes Mecklenburg-Vorpommern vom 7.6.1991 (GOVBl. S. 159), zuletzt geändert durch Artikel 7 des Gesetzes vom 4.7.2011 (GVOBl. 376, 388)
LRH	Landesrechnungshof

LS	Leitsatz(-sätze)
LT	Landtag
LT-Drs.	Landtagsdrucksache
LT-Prot.	Landtagsprotokoll
LV	Verfassung des Landes Mecklenburg-Vorpommern
LVerfG Bbg	Landesverfassungsgericht Brandenburg
LVerfG M-V	Landesverfassungsgericht Mecklenburg-Vorpommern
LVerf LSA	Verfassung des Landes Sachsen-Anhalt
LVerfG LSA	Landesverfassungsgericht Sachsen-Anhalt
LVerfG SH	Landesverfassungsgericht Schleswig-Holstein
von Mangoldt/Klein/Starck	Hermann von Mangoldt/Friedrich Klein/Christian Starck (Hrsg.), Kommentar zum Grundgesetz, 6. Aufl. 2010, Bd. I (Art. 1-19); Bd. II (Art. 20-78); Bd. III (Art. 79-146), (zit. Bearbeiter, in: von Mangoldt/Klein/Starck)
Manssen	Gerrit Manssen, Staatsrecht II, Grundrechte, 11. Aufl. 2014
Maunz/Dürig	Theodor Maunz/Günter Dürig (Hrsg), Grundgesetz, Kommentar (zit. Bearbeiter, in: Maunz/Dürig)
Maunz/Schmidt-Bleibtreu	Theodor Maunz/Bruno Schmidt-Bleibtreu/Franz Klein/Herbert Bethge, Bundesverfassungsgerichtsgesetz, Kommentar, Loseblatt, Bd. I (§§ 1-57); Bd. II (§§ 58-107), (zit. Bearbeiter, in: Maunz/Schmidt-Bleibtreu)
Maurer, Allgemeines Verwaltungsrecht	Hartmut Maurer, Allgemeines Verwaltungsrecht, 18. Aufl. 2011
Maurer, Staatsrecht	Hartmut Maurer, Staatsrecht I, Grundlagen, Verfassungsorgane, Staatsfunktion, 6. Aufl. 2010
Meder/Brechmann	Theodor Meder/Winfried Brechmann (Hrsg.), Die Verfassung des Freistaates Bayern, Handkommentar, 5. Aufl. 2014
MfS	Ministerium für Staatssicherheit
MinPräs	Ministerpräsident
Mio	Millionen
Mrd	Milliarden
Müller	Klaus Müller, Verfassung des Freistaats Sachsen, Kommentar, 1993
von Münch/Mager	Ingo von Münch/Ute Mager, Staatsrecht, Bd. I, 7. Aufl. 2009; Bd. II, 6. Aufl. 2014

von Münch/Kunig	Ingo von Münch/Philip Kunig (Hrsg.), Grundgesetz-Kommentar, 6. Aufl. 2012, Bd. I (Art. 1-69), Bd. II (Art. 70-146 (zit. Bearbeiter, in: von Münch/Kunig)
von Mutius/Wuttke/Hübner	Albert von Mutius/Horst Wuttke/Peter Hübner (Hrsg.), Kommentar zur Landesverfassung Schleswig-Holstein, 1995 (zit. Bearbeiter, in: von Mutius/Wuttke/Hübner)
M-V	Mecklenburg-Vorpommern
mwN	mit weiteren Nachweisen
NatSchAG M-V	Gesetz des Landes Mecklenburg-Vorpommern zur Ausführung des Bundesnaturschutzgesetzes vom 23.2.2010, verkündet als Artikel 1 des Gesetzes zur Bereinigung des Landesnaturschutzrechts vom 23. Februar 2010 (GVOBl. S. 66), zuletzt geändert durch Gesetz vom 15.1.2015 (GVOBl. S. 2)
Nawiasky	Hans Nawiasky/Karl Schweiger/Franz Knöpfle (Hrsg.), Die Verfassung des Freistaates Bayern. Kommentar (zit. Bearbeiter, in: Nawiasky)
NdsVerf	Niedersächsische Verfassung
NdsStGH	Niedersächsischer Staatsgerichtshof
Neumann Brem	Heinzgeorg Neumann, Die Verfassung der Freien Hansestadt Bremen, Kommentar, 1996
Neumann Nds	Heinzgeorg Neumann, Die niedersächsische Verfassung, Handkommentar, 3. Aufl. 2000
nF	neue Fassung
NLT	Niedersächsischer Landkreistag
NordÖR	Zeitschrift für öffentliches Recht in Norddeutschland
N-W	Nordrhein-Westfalen
N-W VerfGH	Verfassungsgerichtshof Nordrhein-Westfalen
öst., österr.	Österreichisches
OSZE	Organisation für Sicherheit und Zusammenarbeit in Europa
ParlVers	Parlamentarische Versammlung
Pestalozza	Christian Pestalozza, Verfassungsprozeßrecht, 3. Aufl. 1991
PetBüG	Gesetz zur Behandlung von Vorschlägen, Bitten und Beschwerden der Bürger sowie über den Bürgerbeauftragten des Landes Mecklenburg-Vorpommern (Petitions- und Bürgerbeauftragtengesetz) vom 5.4.1995 (GVOBl. S. 190)

Pfennig/Neumann	Gero Pfennig/Manfred J. Neumann (Hrsg.), Verfassung von Berlin, 3. Aufl. 2000 (zit. Bearbeiter, in: Pfennig/Neumann)
Pieroth/Schlink/Kingreen/Poscher	Thorsten Kingreen/Ralf Poscher, Staatsrecht II, Grundrechte, 30. Aufl. 2014
PräsLT	Präsident(in) des Landtages
RdC	Recueil des Cours
RdErl.	Runderlass
Reich	Andreas Reich, Verfassung des Landes Sachsen-Anhalt, Kommentar, 2. Aufl. 2004
Reich, BeamtStG	Andreas Reich, Beamtenstatusgesetz, Kommentar, 2. Aufl. 2012
RegE	Regierungsentwurf
RGBl.	Reichsgesetzblatt
RL	Richtlinie(n)
Rn	Randnummer
Rs.	Rechtssache
Rspr	Rechtsprechung
SaarlVerf	Verfassung des Saarlandes
SaarlVerfGH	Verfassungsgerichtshof des Saarlandes
Sachs, GG	Michael Sachs (Hrsg.), Grundgesetz, Kommentar, 6. Aufl. 2011 (zit. Bearbeiter, in: Sachs, GG)
SächsVBl	Sächsische Verwaltungsblätter
Sachs, VerfPR	Michael Sachs, Verfassungsprozessrecht, 2004
SächsVerf	Verfassung des Freistaates Sachsen
SächsVerfGH	Verfassungsgerichtshof des Freistaates Sachsen
Schlaich/Korioth	Klaus Schlaich/Stefan Korioth, Das Bundesverfassungsgericht, 9. Aufl. 2012
SchlHLT	Landtag des Landes Schleswig-Holstein
SchlHVerf	Verfassung des Landes Schleswig-Holstein
Schmidt-Aßmann	Eberhard Schmidt-Aßmann (Hrsg.), Besonderes Verwaltungsrecht, 15. Aufl. 2013 (zit. Verfasser, in: Schmidt-Aßmann)
Schmidt-Bleibtreu/Hofmann/Hopfauf	Bruno Schmidt-Bleibtreu/Hans Hofmann/Axel Hopfauf, Kommentar zum Grundgesetz, 13. Aufl. 2014 (zit. Bearbeiter, in: Schmidt-Bleibtreu/Klein)
Schütz/Classen	Hans-Joachim Schütz/Claus Dieter Classen (Hrsg.), Landesrecht Mecklenburg-Vorpommern, 3. Aufl. 2014

SchulG	Schulgesetz für das Land Mecklenburg-Vorpommern (Schulgesetz) in der Fassung der Bekanntmachung vom 10.9.2010 (GVOBl. S. 462), zuletzt geändert durch Gesetz vom 12.12.2014 (GVOBl. S. 644)
Schwabe	Klaus Schwabe, Verfassungen in Mecklenburg zwischen Utopie und Wirklichkeit, 1996
Schweriner Kommentierung	Thomas Darsow/Sabine Gentner/Klaus-Michael Glaser/Hubert Meyer, Schweriner Kommentierung der Kommunalverfassung des Landes Mecklenburg-Vorpommern, 4. Aufl. 2014 (zit. Bearbeiter, in: Schweriner Kommentierung)
Simon/Franke/Sachs	Helmut Simon/Dietrich Franke/Michael Sachs, Handbuch der Verfassung des Landes Brandenburg, 1994 (zit. Bearbeiter, in: Simon/Franke/Sachs)
Slg.	Sammlung [gemeint ist die Slg. der Rspr. des EuGH]
Sodan/Ziekow	Helge Sodan/Jan Ziekow (Hrsg.), Verwaltungsgerichtsordnung, 4. Aufl. 2014
SOG	Gesetz über die öffentliche Sicherheit und Ordnung in Mecklenburg-Vorpommern (Sicherheits- und Ordnungsgesetz) in der Fassung der Bekanntmachung vom 9.5.2011, zuletzt geändert durch Gesetz vom 2.7.2013 (GVOBl. S. 434)
st. Rspr	ständige Rechtsprechung
Starck/Stern	Christian Starck/Klaus Stern, Landesverfassungsgerichtsbarkeit, Bände I-III, 1983 (zit. Verfasser, in: Starck/Stern)
Stein/Frank	Ekkehart Stein/Götz Frank, Lehrbuch des Staatsrechts, 21. Aufl. 2010
Stern	Klaus Stern, Das Staatsrecht der Bundesrepublik Deutschland, Bd. I, 2. Aufl. 1984; Bd. II, 1980; Bd. III/1, 1988; Bd. III/2, 1994; Bd. IV/1, 2006; Bd. IV/2, 2011, Bd. V, 1999 (zit. Verfasser, in: Stern)
StGH BW	Staatsgerichtshof für das Land Baden-Württemberg
Tab.	Tabelle
Thiele/Pirsch/Wedemeyer	Burkhard Thiele/Jürgen Pirsch/Kai Wedemeyer, Die Verfassung des Landes Mecklenburg-Vorpommern, Kommentierte Textausgabe, 1995 (zit. Bearbeiter, in: Thiele/Pirsch/Wedemeyer)
Thieme	Werner Thieme, Verfassung der Freien und Hansestadt Hamburg, Kommentar, 1998
ThürVerf	Verfassung des Freistaates Thüringen
ThürVerfGH	Thüringer Verfassungsgerichtshof

u.a.	unter anderem
u.Ä.	und Ähnliches
UAbs.	Unterabsatz
Umbach/Clemens	Dieter C. Umbach/Thomas Clemens (Hrsg.), Grundgesetz, Mitarbeiterkommentar und Handbuch, Bd. I (Art. 1-37); Bd. II (Art. 38-146), 2002 (zit. Bearbeiter, in: Umbach/Clemens, GG)
Umbach/Clemens/Dollinger	Dieter C. Umbach/Thomas Clemens/Franz-Wilhelm Dollinger (Hrsg.), Bundesverfassungsgerichtsgesetz, Mitarbeiterkommentar und Handbuch, 2. Aufl. 2005 (zit. Bearbeiter, in: Umbach/Clemens/Dollinger, BVerfGG)
U. v.	Urteil vom
UN	United Nation
UN Doc	United Nations Document
UNESCO	United Nations Educational, Scientific and Cultural Organisation
VaG	Gesetz zur Ausführung von Initiativen aus dem Volk, Volksbegehren und Volksentscheid in Mecklenburg-Vorpommern (Volksabstimmungsgesetz - VaG M-V) v. 31.01.1994 (GVOBl. S. 127), zuletzt geändert durch G v. 14.07.2006 (GVOBl. S. 572)
Verf NW	Verfassung für das Land Nordrhein-Westfalen
VerfGH NW	Verfassungsgerichtshof für das Land Nordrhein-Westfalen
VerfGH Berl	Verfassungsgerichtshof des Landes Berlin
Verf Rh-Pf	Verfassung für Rheinland-Pfalz
VerfGH Rh-Pf	Verfassungsgerichtshof des Landes Rheinland-Pfalz
vgl	Vergleiche
VN	Vereinte Nationen
VO	Verordnung(en)
Vorbem.	Vorbemerkung
VV	Verwaltungsvorschrift(en)
VvB	Verfassung von Berlin
VVDtSRL	Veröffentlichungen der Vereinigung der Deutschen Staatsrechtslehrer
VwVfG	Verwaltungsverfahrensgesetz
VwGO	Verwaltungsgerichtsordnung
Wendt/Rixecker	Rudolf Wendt/Roland Rixecker (Hrsg.), Verfassung des Saarlandes, 2009 (zit. Bearbeiter, in: Wendt/Rixecker)
WRV	Weimarer Reichsverfassung

ZäöRV	Zeitschrift für ausländisches öffentliches Recht und Völkerrecht
ZBR	Zeitschrift für Beamtenrecht
ZG	Zeitschrift für Gesetzgebung – Vierteljahresschrift für staatliche und kommunale Rechtsetzung
Zippelius/Würtenberger	Reinhold Zippelius/Thomas Würtenberger, Deutsches Staatsrecht, 32. Aufl. 2008
ZKF	Zeitschrift für Kommunalfinanzen
ZRP	Zeitschrift für Rechtspolitik

Übersicht über die wichtigsten Entscheidungen des Verfassungsgerichts des Landes Mecklenburg-Vorpommern

Die Entscheidungen sind in das Internet gestellt und dort unter der Adresse „http://www.landesverfassungsgericht-mv.de" im Volltext abrufbar.

1. U. v. 18.04.1996 – 4/95 – LVerfGE 4, 249 ff = LKV 1997, 24 ff (mit Besprechung *Hubert Meyer*, LKV 1997, 16 ff) (Landespersonalvertretungsgesetz)
2. U. v. 23.05.1996 – 1/95 – LVerfGE 4, 268 ff = NJ 1996, 445 f (Öffentlichkeitsarbeit der Regierung)
3. U. v. 11.07.1996 – 1/96 – LVerfGE 5, 203 ff = LKV 1997, 94 f = NJ 1996, 503 (LS) (Abgeordnetenüberprüfung)
4. U. v. 18.12.1997 – 2/97 – LVerfGE 7, 199 ff = NordÖR 1998, 23 ff = NJ 1998, 141 (LS) (Selbstbefassungsrecht von Landtagsausschüssen)
5. U. v. 09.07.1998 – 1/97 – LVerfGE 9, 225 ff = NordÖR 1998, 302 f (Schülerfahrtkosten)
6. U. v. 04.02.1999 – 1/98 – LVerfGE 10, 317 ff = DVBl 1999, 799 f (LS) = LKV 1999, 319 ff = NordÖR 1999, 100 ff (Zweckverbände)
7. U. v. 06.05.1999 – 2/98 (Zwischenurteil mit Sondervotum *Häfner*) – LVerfGE 10, 336 ff = NVwZ-RR 1999, 617 f = DÖV 1999, 643 ff = DVBl 1999, 940 (LS) = NordöR 1999; 656 = NJ 1999, 474 (red. LS) (Verdachtlose Kontrollen – sog. Schleier-fahndung)
8. U. v. 21.10.1999 – 2/98 (Endurteil) – LVerfGE 10, 337 ff = DÖV 2000, 71 f = ThürVBl 2000, 41 ff mit Anmerkung *Christoph Möllers* (Verdachtlose Kontrollen – sog. Schleierfahndung)
9. U. v. 18.05.2000 – 5/98 – LVerfGE 11, 265 ff = LKV 2000, 345 ff = NordÖR 2001, 104 f = NVwZ 2000, 1038 f (LS) = DVBl 2000, 1145 f (LS) = NJ 2000, 480 (LS) = (Akustische Wohnraumüberwachung – sog. Großer Lauschangriff)
10. U. v. 14.12.2000 – 3/99, 4/99 – LVerfGE 11, 306 ff = DVBl 2001, 317 (LS) = NordÖR 2001, 64 ff = NJ 2003, 272 (bearbeitet von *Siegfried Jutzi*) (Fünf-Prozent-Klausel im Kommunalwahlrecht)
11. U. v. 31.05.2001 – 2/00 – LVerfGE 12, 209 ff = DÖV 2001, 780 ff = LKV 2001, 510 ff = NordÖR 2001, 348 ff = DVBl 2001, 1231 (LS) = NJ 2001, 476 (LS) (Enquetekommission)
12. U. v. 18.09.2001 – 1/00 – LVerfGE 12, 227 ff = DÖV 2002, 118 ff = DVBl 2001, 1753 ff = LKV 2002, 27 ff = NordÖR 2001,437 ff = NJ 2001, 589 (LS) (Ersatzschulfinanzierung)
13. B. v. 16.09.2002 – 8/02 – LVerfGE 13, 277 ff = NordÖR 2002, 452 f (Einstweilige Anordnung bei Fraktionsausschluss)
14. U. v. 19.12.2002 – 5/02 – LVerfGE 13, 284 ff = NJW 2003, 815 ff = DVBl 2003, 415 = NordÖR 2003, 111 ff = LKV 2003, 815 ff (LS) = NJ 2003, 139 ff (bearbeitet von *Siegfried Jutzi*) (Parlamentarisches Fragerecht)
15. U. v. 27.05.2003 – 10/02 – DÖV 2003, 765 ff = LKV 2003, 516 ff = NordÖR 2003, 359 ff = DVBl 2003, 1164 (LS) = NJ 2003, 471 ff (bearbeitet von *Siegfried Jutzi*) (Fraktionsausschluss)
16. U. v. 18.12.2003 – 13/02 – LVerfGE 14, 293 ff = LKV 2004, 175 ff = NordÖR 2004, 237 ff = DÖV 2004, 448 (LS) = DVBl 2004, 450 f (LS) = NJ 2004, 121 ff (bearbeitet von *Siegfried Jutzi*) (Kommunaler Finanzausgleich – Infrastrukturinvestionen)

17. B. v. 14.06.2004 – 11/04 – NordÖR 2004, 340 ff = NJ 2004, 507 ff (bearbeitet von *Siegfried Jutzi*) (Einstweilige Anordnung zur Mindeststärke kommunaler Fraktionen)
18. U. v. 16.12.2004 – 5/04 – LVerfGE 15, 327 ff = DÖV 2005, 255 ff = DVBl 2005, 244 f = NordÖR 2005, 61 ff (mit Anmerkung *Hubert Meyer*, NordÖR 2005, 101) = NJ 2005, 264 (LS) (Mindeststärke kommunaler Fraktionen)
19. U. v. 07.07.2005 – 7/04 – LVerfGE 16, 333 ff = LKV 2006, 23 ff = DVBl 2005, 1042 ff (mit Anmerkung *Peter Bull*, DVBl 2006, 302 ff) = NJ 2005, 409 (LS) (mit Besprechung von *Christian Pestalozza*, NJ 2006, 1 ff) (Nachtragshaushalt 2003)
20. U. v. 07.07.2005 – 8/04 – LVerfGE 16, 353 ff = DVBl 2005, 1578 (mit Anmerkung *Hans Peter Bull*, DVBl 2006 302 ff) = LKV 2006, 26 ff = NJ 2005, 409 (LS) (mit Besprechung von *Christian Pestalozza*, NJ 2006, 1 ff) (Haushaltsrechtsgesetz 2004/2005)
21. U. v. 26.01.2006 – 15/04 – LVerfGE 17, 289 ff = DÖV 2006, 340 ff = LKV 2006, 217 f = NJ 2006, 171 (bearbeitet von *Siegfried Jutzi*) (Kindertagesstätten)
22. U. v. 11.05.2006 – 1/05, 5/05, 9/05 – LVerfGE 16, 297ff = LKV 2006, 461 ff = NordÖR 2006, 443 ff (mit Besprechung von *René Laier/Ralph Zimmermann*) = NJ 2006, 360 ff (bearbeitet von *Siegfried Jutzi*) (Mindestfinanzausstattung der Gemeinden)
23. B. v. 18.10.2006 – 19/06 (Einstweilige Anordnung nach konstituierender Sitzung des 5. Landtages/13. ÄnderungsG zum AbgG)
24. U. v. 21.06.2007 – 19/06 – LVerfGE 18, 325 ff = LKV 2007, 555 ff = NordÖR 2007, 407 ff = NJ 2007, 362 (LS) = DÖV 2007, 937 (LS) = DVBl 2007, 1049 (LS) (Konstituierende Sitzung des 5. Landtages)
25. U. v. 26.07.2007 – 9/06 – 17/06 – LVerfGE 18, 342ff = DVBl 2007, 1102 ff (mit Besprechungen von *Bernhard Stüer*, DVBl 2007, 1267 ff, *Hans Peter Bull*, DVBl 2008, 1 ff und *Alfred Katz/Klaus Ritgen*, DVBl 2008, 1525 ff)= JuS 2007, 1144 (LS) (mit Anmerkung *Christian Waldhoff*) = LKV 2007, 457 ff (mit Besprechung von *Markus Scheffer*, LKV 2008, 158 ff) = Nds-VBl 2007, 271 ff = NJ 2007, 453 (LS) (mit Besprechung von *Wolfgang März*, NJ 2007, 433 ff) = NordÖR 2007, 353 ff (mit Besprechung von *Veith Mehde*, NordÖR 2007, 331 ff) = NVwZ 2007, 1054 (LS) (mit Anmerkung *Hubert Meyer*, NVwZ 2007, 1024 f und Besprechung von *Hans Meyer*, NVwZ 2008, 24 ff) = SächsVBl 2007, 270 f (LS); Besprechung auch von *Wilfried Erbguth*, DÖV 2008, 152 ff (Funktional- und Kreisgebietsreform 2006)
26. U. v. 26.06.2008 – 4/07 – LVerfGE 19, 283 ff = NordÖR 2008, 488 ff = NVwZ 2008, 1343 ff = JuS 2009, 462 (LS) (mit Anmerkung *Michael Sachs*) = NJ 2008, 407 (bearbeitet von *Siegfried Jutzi*); Besprechung auch von *Wilfried Erbguth*, JZ 2008, 1038 ff) (Verlängerung Landtagswahlperiode)
27. U. v. 27.11.2008 – 7/07 – LVerfGE 19, 301 ff = DÖV 2009, 210 (LS) = NordÖR 2009, 20 ff (Subsidiarität der Landes- im Verhältnis zur Bundesverfassungsbeschwerde)
28. U. v. 29.01.2009 – 5/08 – LVerfGE 20, 255 ff = DÖV 2009, 332 (LS) = NordÖR 2009, 205 ff (mit Anmerkung *Wilfried Erbguth/Mathias Schubert*) (Parlamentarische Ordnungsmaßnahme)
29. U. v. 26.11.2009 – 9/08 – LVerfGE 20, 271 ff = DÖV 2010, 235 (LS) = HGZ 2010, 28 ff = KommJur 2010, 292 ff = LKV 2010, 28 ff (mit Anmer-

kung *Wolf-Uwe Sponer*) = NVwZ 2010, 250 f (LS) (Umstellung der Kommunalhaushalte von Kameralistik auf Doppik)
30. B. v. 29.03.2010 – 6/10 (Eilantrag; Wahl des Vizepräsidenten des Landesrechnungshofes)
31. B. v. 25.03.2010 – 3/09 – LVerfGE 21, 199 ff = NordÖR 2010, 289 ff. = NVwZ 2010, 958 ff (red. LS mit Gründen) (Wortentzug im Landtag)
32. B. v. 17.08.2010 – 11/10 – LVerfGE 21, 213 ff = KommJur 2011, 240 (LS) = NordÖR 2011, 31 f = NVwZ-RR 2011, 430 (LS) (gerichtliche Anordnung der Wiederholung einer Kommunalwahl)
33. U. v. 28.10.2010 – 5/10 – LVerfGE 21, 218 ff = DÖV 2011, 38 (LS) = NordÖR 2010, 489 ff (Wahl des Vizepräsidenten des Landesrechnungshofs – 2. Wahlgang)
34. U. v. 09.12.2010 – 6/09 – LVerfGE 21, 234 ff = NordÖR 2011, 118 ff = NVwZ-RR 2011, 221 ff (Verlängerung Wartefrist bei Privatschulfinanzierung)
35. U. v. 27.01.2011 – 4/09 – DÖV 2011, 409 (LS) (Ordnungsmaßnahme im Landtag)
36. U. v. 24.02.2011 – 7/10 – DÖV 2011, 450 (LS) = NordÖR 2011, 227 ff = NVwZ-RR 2011, 506 f (Herausgabe von Videoaufzeichnungen von Landtagssitzungen)
37. B. v. 24.02.2011 – 14/10 – NordÖR 2011, 173 f = NVwZ-RR 2011, 548 (Fraktionszulage für Abgeordnete)
38. B. v. 26.05.2011 – 19/10 (Parteipolitische Neutralitätspflicht von Landtag und Landtagspräsident)
39. U. v. 30.06.2011 10/10 – LVerfGE 22, 285 = DÖV 2011, 778 (LS) = DVBl 2011, 1371 f (LS) = NordÖR 2011, 391 ff = NVwZ-RR 2011, 881 f (Kleinstgemeinden und Finanzausgleich)
40. U. v. 18.08.2011 – 21/10 – LVerfGE 22, 299 = DÖV 2011, 898 (LS) = DVP 2012, 123 ff (mit Anmerkung *Edmund Beckmann*) = LKV 2011, 507 (LS) (mit Besprechung *Holger Obermann*, LKV 2011, 495 ff) = NordÖR 2011, 537 ff = NVwZ-RR 2011, 845 f (LS) (Kreisstrukturreform 2010 – Landkreise)
41. U. v. 18.08.2011 – 22/10 – LVerfGE 22, 337 = DÖV 2011, 898 (LS) = DVP 2012, 123 ff (mit Anmerkung *Edmund Beckmann*) = NordÖR 2011, 549 ff = NVwZ-RR 2011, 846 (LS); Besprechung auch von *Holger Obermann*, LKV 2011, 495 ff) (Kreisstrukturreform 2010 – Greifswald)
42. U. v. 18.08.2011 – 23/10 (Kreisstrukturreform 2010 – Wismar)
43. B. v. 27.10.2011 – 14/11 und 15/11 e.A. (einstweilige Anordnung; Raumverteilung im Landtag)
44. U. v. 26.01.2012 – 18/10 und 33/10 – LVerfGE 23, 159 = DÖV 2012, 363 (LS) = NordÖR 2012, 229 ff = NVwZ 2012, 1042 (LS) (Finanzausgleichsumlage – abundante Gemeinden)
45. U. v. 23.02.2012 – 37/10 – LVerfGE 23, 186 = DÖV 2012, 441 f (LS) = DVBl 2012, 695 (LS) = KommJur 2012, 303 ff = NordÖR 2012, 235 ff = NVwZ-RR 2012, 377 ff (Stadt-Umland-Umlage)
46. B. v. 23.02.2012 – 2/11 (Kreisstrukturreform 2010 – Neubrandenburg)
47. B. v. 29.03.2012 – 2/12 e.A. (einstweilige Anordnung; Raumverteilung im Landtag)
48. U. v. 24.05.2012 – 15/11 (Raumverteilung im Landtag)
49. U. v. 20.12.2012 – 13/11 – DÖV 2013, 318 (LS) = NVwZ 2013, 575 (LS) = ZKF 2013, 65 ff (Altfehlbetragsumlage nach Landkreisneugliederung)

50. B. v. 31.1.2013 – 3/12 – LVerfGE 24, 319 (Zulagen an parlamentarische Geschäftsführer)
51. B. v. 24.10.2013 – 7/13 – LVerfGE 24, 325 (Funktionszulagen an Abgeordnete anderer Fraktionen)
52. U. v. 23.1.2014 – 3/13 – NordÖR 2014, 197 (LS) (Ordnungsmaßnahme – Gedenken an NSU-Opfer)
53. U. v. 23.1.2014 – 4/13 – NordÖR 2014, 197 (LS) (Ordnungsmaßnahme – Abgeordnetenbeleidigung)
54. U. v. 23.1.2014 – 5/13 – NordÖR 2014, 197 (LS) (Ordnungsmaßnahme – Verunglimpfung des Andenkens an den früheren Bundespräsidenten Heinemann)
55. U. v. 23.1.2014 – 8/13 – NordÖR 2014, 197 (LS) (Verletzung parlamentarisches Fragerecht – NPD-Anfrage)
56. B. v. 18.12.2014 – 5/14 (Zurückweisung von Zusatzfragen in Fragestunde)
57. B. v. 29.01.2015 – 6/14 (Ablehnung Gesetzentwurf mit Ziel Verbot von Funktionszulagen aus Fraktionsmitteln)
58. U. v. 26.02.2015 – 2/14 (Einbehaltung von Fraktionszuschüssen wegen fehlerhafter Verwendung von Fraktionsmitteln)

Verfassung des Landes Mecklenburg-Vorpommern

Vom 23. Mai 1993

GS Meckl.-Vorp. Gl. Nr. 100-4 (GVOBl. M-V S. 372)
Änderungen: 1. Durch Gesetz vom 4. April 2000 (GVOBl. M-V S. 158);
2. durch Artikel 1 des Gesetzes vom 14. Juli 2006 (GVOBl. M-V S. 572);
3. durch Artikel 1 des Gesetzes vom 3. Dezember 2007 (GVOBl. M-V S. 371);
4. durch Artikel 1 des Gesetzes vom 30. Juni 2011 (GVOBl. M-V S. 375)

Der Landtag hat die folgende Verfassung des Landes Mecklenburg-Vorpommern mit der Mehrheit von zwei Dritteln seiner Mitglieder beschlossen:

Präambel

Im Bewusstsein der Verantwortung aus der deutschen Geschichte sowie gegenüber den zukünftigen Generationen,

erfüllt von dem Willen, die Würde und die Freiheit des Menschen zu sichern, dem inneren und äußeren Frieden zu dienen, ein sozial gerechtes Gemeinwesen zu schaffen, den wirtschaftlichen Fortschritt aller zu fördern, die Schwachen zu schützen und die natürlichen Grundlagen des Lebens zu sichern,

entschlossen, ein lebendiges, eigenständiges und gleichberechtigtes Glied der Bundesrepublik Deutschland in der europäischen Völkergemeinschaft zu sein,

im Wissen um die Grenzen menschlichen Tuns,

haben sich die Bürger Mecklenburg-Vorpommerns auf der Grundlage des Grundgesetzes für die Bundesrepublik Deutschland in freier Selbstbestimmung diese Landesverfassung gegeben.

1. Abschnitt
Grundlagen

I. Staatsform

Art. 1 (Das Land Mecklenburg-Vorpommern)

(1) Mecklenburg und Vorpommern bilden gemeinsam das Land Mecklenburg-Vorpommern.

(2) Mecklenburg-Vorpommern ist ein Land der Bundesrepublik Deutschland.

(3) Die Landesfarben sind blau, weiß, gelb und rot. Das Nähere über Landesfarben und Landeswappen sowie deren Gebrauch regelt das Gesetz.

Art. 2 (Staatsgrundlagen)

Mecklenburg-Vorpommern ist ein republikanischer, demokratischer, sozialer und dem Schutz der natürlichen Lebensgrundlagen verpflichteter Rechtsstaat.

Art. 3 (Demokratie)

(1) Alle Staatsgewalt geht vom Volke aus. Sie wird vom Volke in Wahlen und Abstimmungen sowie durch die Organe der Gesetzgebung, der vollziehenden Gewalt und der Rechtsprechung ausgeübt.

(2) Die Selbstverwaltung in den Gemeinden und Kreisen dient dem Aufbau der Demokratie von unten nach oben.

(3) Die Wahlen zu den Volksvertretungen im Lande, in den Gemeinden und Kreisen sind allgemein, unmittelbar, frei, gleich und geheim.
(4) Parteien und Bürgerbewegungen wirken bei der politischen Willensbildung des Volkes mit.

Art. 4 (Bindung an Gesetz und Recht)

Die Gesetzgebung ist an das Grundgesetz für die Bundesrepublik Deutschland und an die Landesverfassung, die vollziehende Gewalt und die Rechtsprechung sind an Gesetz und Recht gebunden.

II. Grundrechte

Art. 5 (Menschenrechte, Geltung der Grundrechte des Grundgesetzes)

(1) Das Volk von Mecklenburg-Vorpommern bekennt sich zu den Menschenrechten als Grundlage der staatlichen Gemeinschaft, des Friedens und der Gerechtigkeit.
(2) Das Land Mecklenburg-Vorpommern ist um des Menschen Willen da; es hat die Würde aller in diesem Land lebenden oder sich hier aufhaltenden Menschen zu achten und zu schützen.
(3) Die im Grundgesetz für die Bundesrepublik Deutschland festgelegten Grundrechte und staatsbürgerlichen Rechte sind Bestandteil dieser Verfassung und unmittelbar geltendes Recht.

Art. 6 (Datenschutz, Informationsrechte)

(1) Jeder hat das Recht auf Schutz seiner personenbezogenen Daten. Dieses Recht findet seine Grenzen in den Rechten Dritter und in den überwiegenden Interessen der Allgemeinheit.
(2) Jeder hat das Recht auf Auskunft über ihn betreffende Daten, soweit nicht Bundesrecht, rechtlich geschützte Interessen Dritter oder überwiegende Interessen der Allgemeinheit entgegenstehen.
(3) Jeder hat das Recht auf Zugang zu Informationen über die Umwelt, die bei der öffentlichen Verwaltung vorhanden sind.
(4) Das Nähere regelt das Gesetz.

Art. 7 (Freiheit von Kunst und Wissenschaft)

(1) Kunst, Wissenschaft, Forschung und Lehre sind frei. Die Freiheit der Lehre entbindet nicht von der Treue zur Verfassung.
(2) Forschung unterliegt gesetzlichen Beschränkungen, wenn sie die Menschenwürde zu verletzen oder die natürlichen Lebensgrundlagen nachhaltig zu gefährden droht.
(3) Hochschulen sind in der Regel Körperschaften des öffentlichen Rechts. Sie verfügen im Rahmen der Gesetze über das Recht zur Selbstverwaltung. In akademischen Angelegenheiten sind sie weisungsfrei.
(4) Auch andere wissenschaftliche Einrichtungen haben das Recht der Selbstverwaltung im Rahmen der Gesetze.

Art. 8 (Chancengleichheit im Bildungswesen)

Jeder hat nach seiner Begabung das Recht auf freien Zugang zu allen öffentlichen Bildungseinrichtungen, unabhängig von seiner wirtschaftlichen und sozialen Lage sowie seiner weltanschaulichen oder politischen Überzeugung. Das Nähere regelt das Gesetz.

Art. 9 (Kirchen und Religionsgesellschaften)

(1) Die Bestimmungen der Art. 136 bis 139 und 141 der Deutschen Verfassung vom 11. August 1919 sind Bestandteil dieser Verfassung.[1]

---

1 Die aufgeführten Artikel der deutschen Verfassung vom 11. 8. 1919 (RGBl. S. 1383) lauten:
„Artikel 136
(1) Die bürgerlichen und staatsbürgerlichen Rechte und Pflichten werden durch die Ausübung der Religionsfreiheit weder bedingt noch beschränkt.
(2) Der Genuß bürgerlicher und staatsbürgerlicher Rechte sowie die Zulassung zu öffentlichen Ämtern sind unabhängig von dem religiösen Bekenntnis.
(3) Niemand ist verpflichtet, seine religiöse Überzeugung zu offenbaren. Die Behörden haben nur soweit das Recht, nach der Zugehörigkeit zu einer Religionsgesellschaft zu fragen, als davon Rechte und Pflichten abhängen oder eine gesetzlich angeordnete statistische Erhebung dies erfordert.
(4) Niemand darf zu einer kirchlichen Handlung oder Feierlichkeit oder zur Teilnahme an religiösen Übungen oder zur Benutzung einer religiösen Eidesform gezwungen werden.
Artikel 137
(1) Es besteht keine Staatskirche.
(2) Die Freiheit der Vereinigung zu Religionsgesellschaften wird gewährleistet. Der Zusammenschluß von Religionsgesellschaften innerhalb des Reichsgebiets unterliegt keinen Beschränkungen.
(3) Jede Religionsgesellschaft ordnet und verwaltet ihre Angelegenheiten selbständig innerhalb der Schranken des für alle geltenden Gesetzes. Sie verleiht ihre Ämter ohne Mitwirkung des Staates oder der bürgerlichen Gemeinde.
(4) Religionsgesellschaften erwerben die Rechtsfähigkeit nach den allgemeinen Vorschriften des bürgerlichen Rechtes.
(5) Die Religionsgesellschaften bleiben Körperschaften des öffentlichen Rechtes, soweit sie solche bisher waren. Anderen Religionsgesellschaften sind auf ihren Antrag gleiche Rechte zu gewähren, wenn sie durch ihre Verfassung und die Zahl ihrer Mitglieder die Gewähr der Dauer bieten. Schließen sich mehrere derartige öffentlich-rechtliche Religionsgesellschaften zu einem Verbande zusammen, so ist auch dieser Verband eine öffentlich-rechtliche Körperschaft.
(6) Die Religionsgesellschaften, welche Körperschaften des öffentlichen Rechtes sind, sind berechtigt, auf Grund der bürgerlichen Steuerlisten nach Maßgabe der landesrechtlichen Bestimmungen Steuern zu erheben.
(7) Den Religionsgesellschaften werden die Vereinigungen gleichgestellt, die sich die gemeinschaftliche Pflege einer Weltanschauung zur Aufgabe machen.
(8) Soweit die Durchführung dieser Bestimmungen eine weitere Regelung erfordert, liegt diese der Landesgesetzgebung ob.
Artikel 138
(1) Die auf Gesetz, Vertrag oder besonderen Rechtstiteln beruhenden Staatsleistungen an die Religionsgesellschaften werden durch die Landesgesetzgebung abgelöst. Die Grundsätze hierfür stellt das Reich auf.
(2) Das Eigentum und andere Rechte der Religionsgesellschaften und religiösen Vereine an ihren für Kultus-, Unterrichts- und Wohltätigkeitszwecke bestimmten Anstalten, Stiftungen und sonstigen Vermögen werden gewährleistet.
Artikel 139
Der Sonntag und die staatlich anerkannten Feiertage bleiben als Tage der Arbeitsruhe und der seelischen Erhebung gesetzlich geschützt.
Artikel 141
Soweit das Bedürfnis nach Gottesdienst und Seelsorge im Heer, in Krankenhäusern, Strafanstalten oder sonstigen öffentlichen Anstalten besteht, sind die Religionsgesellschaften zur Vornahme religiöser Handlungen zuzulassen, wobei jeder Zwang fernzuhalten ist."

(2) Das Land und die Kirchen sowie die ihnen gleichgestellten Religions- und Weltanschauungsgesellschaften können Fragen von gemeinsamen Belangen durch Vertrag regeln.

(3) Die Einrichtung theologischer Fakultäten an den Landesuniversitäten wird den Kirchen nach Maßgabe eines Vertrages im Sinne des Absatz 2 gewährleistet. Artikel 7 Abs. 3 bleibt unberührt.

Art. 10 (Petitionsrecht)

Jeder hat das Recht, sich einzeln oder in Gemeinschaft mit anderen schriftlich mit Bitten oder Beschwerden an die zuständigen Stellen und an die Volksvertretung zu wenden. In angemessener Frist ist ein begründeter Bescheid zu erteilen.

III. Staatsziele

Art. 11 (Europäische Integration, grenzüberschreitende Zusammenarbeit)

Das Land Mecklenburg-Vorpommern wirkt im Rahmen seiner Zuständigkeiten an dem Ziel mit, die europäische Integration zu verwirklichen und die grenzüberschreitende Zusammenarbeit, insbesondere im Ostseeraum, zu fördern.

Art. 12 (Umweltschutz)

(1) Land, Gemeinden und Kreise sowie die anderen Träger der öffentlichen Verwaltung schützen und pflegen im Rahmen ihrer Zuständigkeiten die natürlichen Grundlagen jetzigen und künftigen Lebens und die Tiere. Sie wirken auf den sparsamen Umgang mit Naturgütern hin.

(2) Land, Gemeinden und Kreise schützen und pflegen die Landschaft mit ihren Naturschönheiten, Wäldern, Fluren und Alleen, die Binnengewässer und die Küste mit den Haff- und Boddengewässern. Der freie Zugang zu ihnen wird gewährleistet.

(3) Jeder ist gehalten, zur Verwirklichung der Ziele der Absätze 1 und 2 beizutragen. Dies gilt insbesondere für die Land-, Forst- und Gewässerwirtschaft in ihrer Bedeutung für die Landschaftspflege.

(4) Eingriffe in Natur und Landschaft sollen vermieden, Schäden aus unvermeidbaren Eingriffen ausgeglichen und bereits eingetretene Schäden, soweit es möglich ist, behoben werden.

(5) Das Nähere regelt das Gesetz.

Art. 13 (Förderung der Gleichstellung von Frauen und Männern)

Die Förderung der tatsächlichen Gleichstellung von Frauen und Männern ist Aufgabe des Landes, der Gemeinden und Kreise sowie der anderen Träger der öffentlichen Verwaltung. Dies gilt insbesondere für die Besetzung von öffentlich-rechtlichen Beratungs- und Beschlußorganen.

Art. 14 (Schutz der Kinder und Jugendlichen)

(1) Kinder und Jugendliche genießen als eigenständige Personen den Schutz des Landes, der Gemeinden und Kreise vor körperlicher und seelischer Vernachlässigung. Sie sind durch staatliche und kommunale Maßnahmen und Einrichtungen gegen Ausbeutung sowie gegen sittliche, geistige und körperliche Verwahrlosung und gegen Mißhandlung zu schützen.

(2) Land, Gemeinden und Kreise wirken darauf hin, daß für Kinder Betreuungseinrichtungen zur Verfügung stehen.

(3) Kinder und Jugendliche sind vor Gefährdung ihrer körperlichen und seelischen Entwicklung zu schützen.

(4) Kinder und Jugendliche sind Träger von Rechten, deren Ausgestaltung die Persönlichkeit fördert und ihren wachsenden Fähigkeiten und Bedürfnissen zu selbstständigem Handeln entspricht. Land, Gemeinden und Kreise fördern die Teilhabe von Kindern und Jugendlichen an der Gesellschaft.

Art. 15 (Schulwesen)

(1) Das gesamte Schulwesen steht unter der Aufsicht des Landes.

(2) Land, Gemeinden und Kreise sorgen für ein ausreichendes und vielfältiges öffentliches Schulwesen. Es besteht allgemeine Schulpflicht.

(3) Die Durchlässigkeit der Bildungsgänge wird gewährleistet. Für die Aufnahme an weiterführenden Schulen sind außer dem Willen der Eltern nur Begabung und Leistung des Schülers maßgebend.

(4) Das Ziel der schulischen Erziehung ist die Entwicklung zur freien Persönlichkeit, die aus Ehrfurcht vor dem Leben und im Geiste der Toleranz bereit ist, Verantwortung für die Gemeinschaft mit anderen Menschen und Völkern sowie gegenüber künftigen Generationen zu tragen.

(5) Die Schulen achten die religiösen und weltanschaulichen Überzeugungen der Schüler, Eltern und Lehrer.

(6) Das Nähere regelt das Gesetz.

Art. 16 (Förderung von Kultur und Wissenschaft)

(1) Land, Gemeinden und Kreise schützen und fördern Kultur, Sport, Kunst und Wissenschaft. Dabei werden die besonderen Belange der beiden Landesteile Mecklenburg und Vorpommern berücksichtigt.

(2) Das Land schützt und fördert die Pflege der niederdeutschen Sprache.

(3) Hochschulen und andere wissenschaftliche Einrichtungen sollen in ausreichendem Maße eingerichtet, unterhalten und gefördert werden. Freie Träger sind zugelassen.

(4) Land, Gemeinden und Kreise fördern Einrichtungen der Jugend- und Erwachsenenbildung.

Art. 17 (Arbeit, Wirtschaft und Soziales)

(1) Das Land trägt zur Erhaltung und Schaffung von Arbeitsplätzen bei. Es sichert im Rahmen des gesamtwirtschaftlichen Gleichgewichts einen hohen Beschäftigungsstand.

(2) Land, Gemeinden und Kreise wirken im Rahmen ihrer Zuständigkeit darauf hin, daß jedem angemessener Wohnraum zu sozial tragbaren Bedingungen zur Verfügung steht. Sie unterstützen insbesondere den Wohnungsbau und die Erhaltung vorhandenen Wohnraums. Sie sichern jedem im Notfall ein Obdach.

Art. 17 a (Schutz von alten Menschen und Menschen mit Behinderung)

Land, Gemeinden und Kreise gewähren alten Menschen und Menschen mit Behinderung besonderen Schutz. Soziale Hilfe und Fürsorge sowie staatliche und kommunale Maßnahmen dienen dem Ziel, das Leben gleichberechtigt und eigenverantwortlich zu gestalten.

Art. 18 (Nationale Minderheiten und Volksgruppen)

Die kulturelle Eigenständigkeit ethnischer und nationaler Minderheiten und Volksgruppen von Bürgern deutscher Staatsangehörigkeit steht unter dem besonderen Schutz des Landes.

Art. 18 a (Friedensverpflichtung, Gewaltfreiheit)

(1) Alles staatliche Handeln muss dem inneren und äußeren Frieden dienen und Bedingungen schaffen, unter denen gesellschaftliche Konflikte gewaltfrei gelöst werden können.

(2) Handlungen, die geeignet sind und in der Absicht vorgenommen werden, das friedliche Zusammenleben der Völker oder der Bürger Mecklenburg-Vorpommerns zu stören und insbesondere darauf gerichtet sind, rassistisches oder anderes extremistisches Gedankengut zu verbreiten, sind verfassungswidrig.

Art. 19 (Initiativen und Einrichtungen der Selbsthilfe)

(1) Land, Gemeinden und Kreise fördern Initiativen, die auf das Gemeinwohl gerichtet sind und der Selbsthilfe sowie dem solidarischen Handeln dienen.

(2) Die soziale Tätigkeit der Kirchen, der Träger der freien Wohlfahrtspflege und der freien Jugendhilfe wird geschützt und gefördert.

2. Abschnitt
Staatsorganisation
I. Landtag

Art. 20 (Aufgaben und Zusammensetzung)

(1) Der Landtag ist die gewählte Vertretung des Volkes. Er ist Stätte der politischen Willensbildung. Er wählt den Ministerpräsidenten, übt die gesetzgebende Gewalt aus und kontrolliert die Tätigkeit der Landesregierung und der Landesverwaltung. Er behandelt öffentliche Angelegenheiten.

(2) Der Landtag besteht aus mindestens einundsiebzig Abgeordneten. Sie werden in freier, gleicher, allgemeiner, geheimer und unmittelbarer Wahl nach den Grundsätzen einer mit der Personenwahl verbundenen Verhältniswahl gewählt. Die in Satz 1 genannte Zahl ändert sich nur, wenn Überhang- oder Ausgleichsmandate entstehen oder wenn Sitze leer bleiben. Das Nähere regelt das Gesetz.

(3) Sitz des Landtages ist das Schloß zu Schwerin.

Art. 21 (Wahlprüfung)

(1) Die Wahlprüfung ist Aufgabe des Landtages. Dieser entscheidet auch, ob ein Abgeordneter seinen Sitz im Landtag verloren hat.

(2) Die Entscheidungen des Landtages können beim Landesverfassungsgericht angefochten werden.

(3) Das Nähere regelt das Gesetz.

Art. 22 (Stellung der Abgeordneten)

(1) Die Abgeordneten sind Vertreter des ganzen Volkes, an Aufträge und Weisungen nicht gebunden und nur ihrem Gewissen unterworfen.
(2) Die Abgeordneten haben das Recht, im Landtag und in seinen Ausschüssen das Wort zu ergreifen sowie Fragen und Anträge zu stellen. Sie können bei Wahlen und Beschlüssen ihre Stimme abgeben. Das Nähere regelt die Geschäftsordnung.
(3) Die Abgeordneten haben Anspruch auf eine angemessene, ihre Unabhängigkeit sichernde Entschädigung. Dieser Anspruch ist weder übertragbar noch kann auf ihn verzichtet werden. Das Nähere regelt das Gesetz.

Art. 23 (Kandidatur)

(1) Wer sich um einen Sitz im Landtag bewirbt, hat Anspruch auf den zur Vorbereitung seiner Wahl erforderlichen Urlaub.
(2) Niemand darf gehindert werden, das Amt eines Abgeordneten zu übernehmen und auszuüben. Eine Kündigung oder Entlassung aus diesem Grunde ist unzulässig.

Art. 24 (Indemnität, Immunität, Zeugnisverweigerungsrecht)

(1) Abgeordnete dürfen zu keiner Zeit wegen einer Abstimmung oder wegen einer Äußerung im Landtag oder in einem seiner Ausschüsse gerichtlich oder dienstlich verfolgt oder sonst außerhalb des Landtages zur Verantwortung gezogen werden. Dies gilt nicht für verleumderische Beleidigungen.
(2) Wegen einer mit Strafe bedrohten Handlung dürfen Abgeordnete nur mit Genehmigung des Landtages zur Verantwortung gezogen oder verhaftet werden, es sei denn, sie werden bei Ausübung der Tat oder im Laufe des folgenden Tages festgenommen. Strafverfahren gegen Abgeordnete sowie Haft oder sonstige Beschränkungen ihrer persönlichen Freiheit sind auf Verlangen des Landtages auszusetzen.
(3) Die Abgeordneten sind berechtigt, das Zeugnis zu verweigern über Personen, die ihnen in ihrer Eigenschaft als Abgeordnete Tatsachen anvertraut haben, über Personen, denen sie in ihrer Eigenschaft als Abgeordnete Tatsachen anvertraut haben, sowie über diese Tatsachen selbst. Insoweit sind auch Schriftstücke der Beschlagnahme entzogen.

Art. 25 (Fraktionen)

(1) Eine Vereinigung von mindestens vier Mitgliedern des Landtages bildet eine Fraktion. Das Nähere regelt die Geschäftsordnung.
(2) Fraktionen sind selbständige und unabhängige Gliederungen des Landtages. Sie wirken mit eigenen Rechten und Pflichten bei der parlamentarischen Willensbildung mit. Sie haben Anspruch auf angemessene Ausstattung. Das Nähere regelt das Gesetz.
(3) Die Fraktionen haben Sitz und Stimme im Ältestenrat des Landtages.

Art. 26 (Parlamentarische Opposition)

(1) Die Fraktionen und die Mitglieder des Landtages, welche die Regierung nicht stützen, bilden die parlamentarische Opposition.

(2) Sie hat insbesondere die Aufgabe, eigene Programme zu entwickeln und Initiativen für die Kontrolle von Landesregierung und Landesverwaltung zu ergreifen sowie Regierungsprogramm und Regierungsentscheidungen kritisch zu bewerten.

(3) Die parlamentarische Opposition hat in Erfüllung ihrer Aufgaben das Recht auf politische Chancengleichheit.

Art. 27 (Wahlperiode)

(1) Der Landtag wird auf fünf Jahre gewählt. Seine Wahlperiode endet mit dem Zusammentritt eines neuen Landtages. Die Neuwahl findet frühestens siebenundfünfzig, spätestens neunundfünfzig Monate nach Beginn der Wahlperiode statt.

(2) Der Landtag kann auf Antrag eines Drittels mit der Mehrheit von zwei Dritteln seiner Mitglieder unter gleichzeitiger Bestimmung eines Termins zur Neuwahl die Wahlperiode vorzeitig beenden. Über den Antrag auf Beendigung kann frühestens nach einer Woche und muß spätestens einen Monat nach Abschluß der Aussprache abgestimmt werden. Die Neuwahl darf frühestens sechzig Tage und muß spätestens neunzig Tage nach dem Beschluß über die Beendigung der Wahlperiode stattfinden.

Art. 28 (Zusammentritt des Landtages)

Nach jeder Neuwahl tritt der Landtag spätestens am dreißigsten Tag nach der Wahl zusammen. Er wird vom Präsidenten des alten Landtages einberufen.

Art. 29 (Landtagspräsident, Geschäftsordnung)

(1) Der Landtag wählt den Präsidenten, die Vizepräsidenten, die Schriftführer und deren Stellvertreter. Der Landtag gibt sich eine Geschäftsordnung.

(2) Der Präsident und die Vizepräsidenten können durch Beschluß des Landtages abberufen werden. Der Beschluß setzt einen Antrag der Mehrheit der Mitglieder des Landtages voraus. Er bedarf der Zustimmung einer Mehrheit von zwei Dritteln der Mitglieder des Landtages.

(3) Der Präsident leitet nach Maßgabe der Geschäftsordnung die Verhandlungen und führt die Geschäfte des Landtages. Er übt das Hausrecht und die Ordnungsgewalt im Landtag aus.

(4) In den Räumen des Landtages darf eine Durchsuchung oder Beschlagnahme nur mit Zustimmung des Präsidenten vorgenommen werden.

(5) Der Präsident vertritt das Land in allen Rechtsgeschäften und Rechtsstreitigkeiten des Landtages.

(6) Der Präsident leitet die Verwaltung der gesamten wirtschaftlichen Angelegenheiten des Landtages nach Maßgabe des Landeshaushaltsgesetzes und stellt den Entwurf des Haushaltsplanes des Landtages fest. Ihm obliegen die Einstellung und Entlassung der Angestellten und Arbeiter sowie die Ernennung, Entlassung und Versetzung in den Ruhestand der Beamten des Landtages nach den geltenden Rechts- und Verwaltungsvorschriften. Der Präsident ist oberste Dienstbehörde aller Beschäftigten des Landtages.

Art. 30 (Ältestenrat)

(1) Der Ältestenrat besteht aus dem Präsidenten, den Vizepräsidenten und je einem Vertreter der Fraktionen. Er unterstützt den Präsidenten bei der Wahrnehmung seiner Aufgaben.
(2) Die Feststellung des Entwurfs des Haushaltsplanes des Landtages, Entscheidungen nach Art. 29 Abs. 6 Satz 2 und solche, die Verhaltensregeln für die Abgeordneten betreffen oder die Fraktionen des Landtages in ihrer Gesundheit berühren, trifft der Präsident im Benehmen mit dem Ältestenrat.

Art. 31 (Öffentlichkeit, Berichterstattung)

(1) Der Landtag verhandelt öffentlich. Die Öffentlichkeit kann auf Antrag eines Viertels der Mitglieder des Landtages oder der Landesregierung mit einer Mehrheit von zwei Dritteln der anwesenden Mitglieder des Landtages ausgeschlossen werden. Über den Antrag wird in nichtöffentlicher Sitzung entschieden.
(2) Wegen wahrheitsgetreuer Berichte über die öffentlichen Sitzungen des Landtages oder seiner Ausschüsse darf niemand zur Verantwortung gezogen werden.

Art. 32 (Beschlußfassung, Wahlen)

(1) Der Landtag beschließt mit der Mehrheit der abgegebenen Stimmen, soweit diese Verfassung nichts anderes vorschreibt. Für die vom Landtag vorzunehmenden Wahlen können Gesetze oder die Geschäftsordnung größere Mehrheiten vorsehen.
(2) Mehrheit der Mitglieder des Landtages im Sinne dieser Verfassung ist die Mehrheit seiner gesetzlichen Mitgliederzahl.
(3) Der Landtag ist beschlußfähig, wenn die Mehrheit seiner Mitglieder anwesend ist.
(4) Es ist in der Regel offen abzustimmen. Die vom Landtag vorzunehmenden Wahlen sind in der Regel geheim. Im übrigen können in Gesetzen oder in der Geschäftsordnung des Landtages Ausnahmen vorgesehen werden.

Art. 33 (Ausschüsse)

(1) Zur Vorbereitung seiner Verhandlungen und Beschlüsse setzt der Landtag Ausschüsse ein, deren Zusammensetzung dem Stärkeverhältnis der Fraktionen zu entsprechen und den Rechten fraktionsloser Abgeordneter Rechnung zu tragen hat.
(2) Die Ausschüsse werden im Rahmen der ihnen vom Landtag erteilten Aufträge tätig. Sie können sich auch unabhängig von Aufträgen mit Angelegenheiten aus ihrem Aufgabengebiet befassen und hierzu dem Landtag Empfehlungen geben.
(3) Ausschußsitzungen sind in der Regel nicht öffentlich, soweit nicht der Ausschuß für einzelne Sitzungen oder Beratungsgegenstände anderes beschließt.

Art. 34 (Untersuchungsausschüsse)

(1) Der Landtag hat das Recht und auf Antrag eines Viertels seiner Mitglieder die Pflicht, zur Aufklärung von Tatbeständen im öffentlichen Interesse einen Untersuchungsausschuß einzusetzen. Der Untersuchungsausschuß erhebt die erforderlichen Beweise in öffentlicher Verhandlung. Beweiserhebungen, die gesetzliche Vorschriften oder Staatsgeheimnisse oder schutzwürdige Interessen einzel-

ner, insbesondere des Datenschutzes, verletzen, sind unzulässig. Seine Beratungen sind nicht öffentlich. Der Ausschluß der Öffentlichkeit bei der Beweiserhebung und die Herstellung der Öffentlichkeit bei der Beratung bedürfen einer Mehrheit von zwei Dritteln der Mitglieder des Ausschusses. Über den Ausschluß der Öffentlichkeit wird in nichtöffentlicher Sitzung entschieden.

(2) Im Untersuchungsausschuß sind die Fraktionen mit mindestens je einem Mitglied vertreten. Im übrigen werden die Sitze unter Berücksichtigung des Stärkeverhältnisses der Fraktionen verteilt; dabei ist sicherzustellen, daß die Mehrheitsverhältnisse im Untersuchungsausschuß den Mehrheitsverhältnissen im Landtag entsprechen. Bei der Einsetzung jedes neuen Untersuchungsausschusses wechselt der Vorsitz unter den Fraktionen in der Reihenfolge ihrer Stärke.

(3) Beweise sind zu erheben, wenn dies ein Viertel der Mitglieder des Untersuchungsausschusses beantragt. Der Untersuchungsgegenstand darf gegen den Willen der Antragstellenden nicht eingeschränkt werden.

(4) Auf Verlangen eines Viertels der Mitglieder des Untersuchungsausschusses ist die Landesregierung verpflichtet, Akten vorzulegen und ihren Bediensteten Aussagegenehmigungen zu erteilen. Absatz 1 Satz 3 findet entsprechend Anwendung. Gerichte und Verwaltungsbehörden haben Rechts- und Amtshilfe zu leisten. Das Brief-, Post- und Fernmeldegeheimnis bleibt unberührt.

(5) Für die Beweiserhebung des Untersuchungsausschusses und der von ihm ersuchten Behörden gelten die Vorschriften über den Strafprozeß entsprechend, solange und soweit nicht durch Landesgesetz anderes bestimmt ist.

(6) Der Untersuchungsbericht ist der richterlichen Erörterung entzogen. In der Würdigung und Beurteilung des der Untersuchung zugrunde liegenden Sachverhalts sind die Gerichte frei.

(7) Das Nähere regelt das Gesetz.

Art. 35 (Petitionsausschuß)

(1) Zur Behandlung von Vorschlägen, Bitten und Beschwerden der Bürger bestellt der Landtag den Petitionsausschuß. Dieser erörtert die Berichte der Beauftragten des Landtages.

(2) Die Landesregierung und die der Aufsicht des Landes unterstehenden Träger öffentlicher Verwaltung sind verpflichtet, auf Verlangen eines Viertels der Mitglieder des Petitionsausschusses die zur Wahrnehmung seiner Aufgaben erforderlichen Akten der ihnen unterstehenden Behörden vorzulegen, jederzeit Zutritt zu den von ihnen verwalteten öffentlichen Einrichtungen zu gestatten, alle erforderlichen Auskünfte zu erteilen und Amtshilfe zu leisten. Die gleiche Verpflichtung besteht gegenüber vom Ausschuß beauftragten Ausschußmitgliedern. Artikel 40 Abs. 3 gilt entsprechend.

(3) Das Nähere regelt das Gesetz.

Art. 36 (Bürgerbeauftragter)

(1) Zur Wahrung der Rechte der Bürger gegenüber der Landesregierung und den Trägern der öffentlichen Verwaltung im Lande sowie zur Beratung und Unterstützung in sozialen Angelegenheiten wählt der Landtag auf die Dauer von sechs Jahren den Bürgerbeauftragten; einmalige Wiederwahl ist zulässig. Er kann ihn mit einer Mehrheit von zwei Dritteln der Mitglieder des Landtages vorzeitig abberufen. Auf eigenen Antrag ist er von seinem Amt zu entbinden.

(2) Der Bürgerbeauftragte ist in der Ausübung seines Amtes unabhängig und nur dem Gesetz unterworfen. Er wird auf Antrag von Bürgern, auf Anforderung des Landtages, des Petitionsausschusses, der Landesregierung oder von Amts wegen tätig.

(3) Das Nähere regelt das Gesetz.

Art. 37 (Datenschutzbeauftragter)

(1) Zur Wahrung des Rechts der Bürger auf Schutz ihrer persönlichen Daten wählt der Landtag auf die Dauer von sechs Jahren den Datenschutzbeauftragten; einmalige Wiederwahl ist zulässig. Er kann ihn mit einer Mehrheit von zwei Dritteln seiner Mitglieder vorzeitig abberufen. Auf eigenen Antrag ist er von seinem Amt zu entbinden.

(2) Der Datenschutzbeauftragte ist in der Ausübung seines Amtes unabhängig und nur dem Gesetz unterworfen. Er wird auf Antrag von Bürgern, auf Anforderung des Landtages, des Petitionsausschusses, der Landesregierung oder von Amts wegen tätig.

(3) Jeder kann sich an den Datenschutzbeauftragten wenden mit der Behauptung, bei der Bearbeitung seiner personenbezogenen Daten durch die öffentliche Verwaltung in seinem Recht auf Schutz seiner persönlichen Daten verletzt zu sein.

(4) Das Nähere regelt das Gesetz.

Art. 38 (Anwesenheitspflicht und Zutrittsrecht der Landesregierung)

(1) Der Landtag und seine Ausschüsse haben das Recht und auf Antrag eines Drittels der jeweils vorgesehenen Mitglieder die Pflicht, die Anwesenheit jedes Mitglieds der Landesregierung zu verlangen.

(2) Die Mitglieder der Landesregierung und ihre Beauftragten haben zu den Sitzungen des Landtages und seiner Ausschüsse Zutritt. Zu nichtöffentlichen Sitzungen der Untersuchungsausschüsse, die nicht der Beweiserhebung dienen, und des Ausschusses zur Vorbereitung der Wahl der Verfassungsrichter besteht für Mitglieder der Landesregierung und ihre Beauftragten kein Zutritt, es sei denn, sie werden geladen.

(3) Den Mitgliedern der Landesregierung ist im Landtag und seinen Ausschüssen, ihren Beauftragten in den Ausschüssen auf Wunsch das Wort zu erteilen.

Art. 39 (Informationspflichten der Landesregierung)

(1) Die Landesregierung ist verpflichtet, den Landtag über die Vorbereitung von Gesetzen sowie über Grundsatzfragen der Landesplanung, der Standortplanung und Durchführung von Großvorhaben frühzeitig und vollständig zu unterrichten. Das gleiche gilt für die Vorbereitung von Verordnungen und Verwaltungsvorschriften, die Mitwirkung im Bundesrat sowie die Zusammenarbeit mit dem Bund, den Ländern, anderen Staaten, den Europäischen Gemeinschaften und deren Organen, soweit es um Gegenstände von grundsätzlicher Bedeutung geht.

(2) Die Informationspflicht nach Absatz 1 findet ihre Grenzen in der Funktionsfähigkeit und Eigenverantwortung der Landesregierung.

(3) Das Nähere regelt das Gesetz.

Art. 40 (Frage- und Auskunftsrecht der Abgeordneten, Aktenvorlage durch die Landesregierung)

(1) Fragen einzelner Abgeordneter oder parlamentarische Anfragen haben die Landesregierung oder ihre Mitglieder dem Landtag und seinen Ausschüssen nach bestem Wissen unverzüglich und vollständig zu beantworten. Die gleiche Verpflichtung trifft die Beauftragten der Landesregierung in den Ausschüssen des Landtages.

(2) Die Landesregierung hat jedem Abgeordneten Auskünfte zu erteilen. Sie hat den vom Landtag eingesetzten Ausschüssen in deren jeweiligen Geschäftsbereichen auf Verlangen der Mehrheit ihrer Mitglieder Akten vorzulegen. Die Auskunftserteilung und die Aktenvorlage müssen unverzüglich und vollständig erfolgen.

(3) Die Landesregierung kann die Beantwortung von Fragen, die Erteilung von Auskünften und die Vorlage von Akten ablehnen, wenn dem Bekanntwerden des Inhalts gesetzliche Vorschriften oder Staatsgeheimnisse oder schutzwürdige Interessen einzelner, insbesondere des Datenschutzes, entgegenstehen oder wenn die Funktionsfähigkeit und die Eigenverantwortung der Landesregierung beeinträchtigt werden. Die Entscheidung ist den Fragestellenden oder den Antragstellenden mitzuteilen.

(4) Das Nähere regelt das Gesetz.

II. Landesregierung

Art. 41 (Stellung und Zusammensetzung)

(1) Die Landesregierung steht an der Spitze der vollziehenden Gewalt.

(2) Die Landesregierung besteht aus dem Ministerpräsidenten und den Ministern.

(3) Mitglieder der Landesregierung dürfen weder dem Deutschen Bundestag noch dem Europäischen Parlament oder dem Parlament eines anderen Landes angehören.

Art. 42 (Wahl des Ministerpräsidenten)

(1) Der Ministerpräsident wird ohne Aussprache vom Landtag mit der Mehrheit seiner Mitglieder in geheimer Abstimmung gewählt.

(2) Kommt die Wahl des Ministerpräsidenten innerhalb von vier Wochen nach Zusammentritt des neugewählten Landtages oder dem Rücktritt des Ministerpräsidenten nicht zustande, so beschließt der Landtag innerhalb von zwei Wochen über seine Auflösung. Der Beschluß bedarf der Mehrheit der Mitglieder des Landtages.

(3) Wird die Beendigung der Wahlperiode des Landtages nicht beschlossen, so findet am selben Tag eine neue Wahl des Ministerpräsidenten statt. Zum Ministerpräsidenten gewählt ist, wer die meisten Stimmen erhält.

Art. 43 (Bildung der Regierung)

Der Ministerpräsident ernennt und entläßt die Minister. Er beauftragt ein Mitglied der Landesregierung mit seiner Vertretung und zeigt seine Entscheidungen unverzüglich dem Landtag an.

Art. 44 (Amtseid)

Der Ministerpräsident und die Minister leisten bei der Amtsübernahme vor dem Landtag folgenden Eid: „Ich schwöre, daß ich meine Kraft dem Volke und dem Lande widme, das Grundgesetz für die Bundesrepublik Deutschland und die Verfassung von Mecklenburg-Vorpommern sowie die Gesetze wahren und verteidigen, meine Pflichten gewissenhaft erfüllen und Gerechtigkeit gegenüber jedermann üben werde." Der Eid kann mit der religiösen Bekräftigung „So wahr mir Gott helfe" oder ohne sie geleistet werden.

Art. 45 (Rechtsstellung der Regierungsmitglieder)

(1) Der Ministerpräsident und die Minister stehen in einem besonderen öffentlich-rechtlichen Amtsverhältnis. Die Mitglieder der Landesregierung dürfen kein anderes besoldetes Amt, kein Gewerbe und keinen Beruf ausüben und weder der Leitung noch dem Aufsichtsrat eines auf Erwerb gerichteten Unternehmens angehören. Der Landtag kann Ausnahmen für die Entsendung in Organe von Unternehmen, an denen das Land beteiligt ist, zulassen.

(2) Im übrigen werden die Rechtsverhältnisse des Ministerpräsidenten und der Minister durch Gesetz geregelt.

Art. 46 (Zuständigkeiten innerhalb der Regierung)

(1) Der Ministerpräsident bestimmt die Richtlinien der Regierungspolitik und trägt dafür die Verantwortung.

(2) Innerhalb dieser Richtlinien leitet jeder Minister seinen Geschäftsbereich selbständig und in eigener Verantwortung.

(3) Die Landesregierung faßt ihre Beschlüsse mit Stimmenmehrheit. Bei Stimmengleichheit entscheidet die Stimme des Ministerpräsidenten.

(4) Die Landesregierung gibt sich eine Geschäftsordnung.

Art. 47 (Vertretung des Landes, Staatsverträge)

(1) Der Ministerpräsident vertritt das Land nach außen. Die Befugnis kann übertragen werden.

(2) Staatsverträge, die Gegenstände der Gesetzgebung betreffen, bedürfen der Zustimmung des Landtages in Form eines Gesetzes.

Art. 48 (Ernennung von Beamten und Richtern, Einstellung von Angestellten und Arbeitern)

Der Ministerpräsident ernennt die Beamten und Richter; er stellt die Angestellten und Arbeiter des Landes ein. Er kann diese Befugnisse übertragen.

Art. 49 (Begnadigung)

(1) Der Ministerpräsident übt im Einzelfall für das Land das Begnadigungsrecht aus. Er kann dieses Recht übertragen.

(2) Eine Amnestie bedarf eines Gesetzes.

Art. 50 (Beendigung der Amtszeit)

(1) Das Amt des Ministerpräsidenten endet mit dem Zusammentritt eines neuen Landtages. Der Ministerpräsident und jeder Minister können jederzeit zurück-

treten. Mit der Beendigung des Amtes des Ministerpräsidenten endet auch das Amt der Minister.

(2) Das Amt des Ministerpräsidenten endet, wenn ihm der Landtag das Vertrauen entzieht. Der Landtag kann das Vertrauen nur dadurch entziehen, daß er mit der Mehrheit seiner Mitglieder einen Nachfolger wählt.

(3) Der Antrag auf Entziehung des Vertrauens kann nur von mindestens einem Drittel der Mitglieder des Landtages gestellt werden. Über den Antrag wird frühestens drei Tage nach Abschluß der Aussprache und spätestens vierzehn Tage nach Eingang des Antrages abgestimmt.

(4) Nach Beendigung seines Amtes ist der Ministerpräsident verpflichtet, die Geschäfte bis zur Amtsübernahme durch seinen Nachfolger weiterzuführen. Auf Ersuchen des Ministerpräsidenten haben Minister die Geschäfte bis zur Ernennung ihrer Nachfolger weiterzuführen.

Art. 51 (Vertrauensfrage)

(1) Findet ein Antrag des Ministerpräsidenten, ihm das Vertrauen auszusprechen, nicht die Zustimmung der Mehrheit der Mitglieder des Landtages, so erklärt der Präsident des Landtages auf Antrag des Ministerpräsidenten nach Ablauf von vierzehn Tagen die Wahlperiode des Landtages vorzeitig für beendet. Der Antrag des Ministerpräsidenten kann frühestens eine Woche, spätestens zwei Wochen nach Abstimmung über den Vertrauensantrag gestellt werden. Zwischen dem Vertrauensantrag und der Abstimmung müssen mindestens zweiundsiebzig Stunden liegen.

(2) Das Verfahren der vorzeitigen Beendigung der Wahlperiode ist beendet, sobald der Landtag mit der Mehrheit seiner Mitglieder einen neuen Ministerpräsidenten wählt, und gehemmt, solange über einen Antrag auf Wahl eines neuen Ministerpräsidenten noch nicht entschieden ist.

III. Landesverfassungsgericht

Art. 52 (Stellung und Zusammensetzung)

(1) Es wird ein allen übrigen Verfassungsorganen gegenüber selbständiges und unabhängiges Landesverfassungsgericht errichtet.

(2) Das Landesverfassungsgericht besteht aus dem Präsidenten und sechs weiteren Mitgliedern. Der Präsident und drei der weiteren Mitglieder müssen die Befähigung zum Richteramt haben. Jedes Mitglied hat einen Stellvertreter.

(3) Die Mitglieder des Landesverfassungsgerichts und die stellvertretenden Mitglieder werden auf Vorschlag eines besonderen Ausschusses vom Landtag ohne Aussprache mit einer Mehrheit von zwei Dritteln der anwesenden Mitglieder gewählt.

(4) Während ihrer Amtszeit dürfen die Mitglieder des Landesverfassungsgerichts oder deren Stellvertreter weder einer gesetzgebenden Körperschaft noch der Regierung des Bundes oder eines Landes oder einem entsprechenden Organ der Europäischen Union, dem Bundesverfassungsgericht, einem anderen Landesverfassungsgericht oder dem Europäischen Gerichtshof angehören.

Art. 53 (Zuständigkeit)

(1) Das Landesverfassungsgericht entscheidet
1. über die Auslegung dieser Verfassung aus Anlaß von Streitigkeiten über den Umfang der Rechte und Pflichten eines obersten Landesorgans oder anderer Beteiligter, die durch die Verfassung oder in der Geschäftsordnung des Landtages mit eigenen Rechten ausgestattet sind,
2. bei Meinungsverschiedenheiten oder Zweifeln über die förmliche oder sachliche Vereinbarkeit von Landesrecht mit dieser Verfassung auf Antrag der Landesregierung oder eines Drittels der Mitglieder des Landtages,
3. aus Anlaß von Streitigkeiten über die Durchführung von Volksinitiativen, Volksbegehren und Volksentscheiden auf Antrag der Antragsteller, der Landesregierung oder eines Viertels der Mitglieder des Landtages,
4. über die Verfassungsmäßigkeit des Auftrages eines Untersuchungsausschusses auf Vorlage eines Gerichts, wenn dieses den Untersuchungsauftrag für verfassungswidrig hält und es bei dessen Entscheidung auf diese Frage ankommt,
5. über die Vereinbarkeit eines Landesgesetzes mit dieser Verfassung, wenn ein Gericht das Verfahren gemäß Artikel 100 Abs. 1 des Grundgesetzes für die Bundesrepublik Deutschland ausgesetzt hat,
6. über Verfassungsbeschwerden, die jeder mit der Behauptung erheben kann, durch ein Landesgesetz unmittelbar in seinen Grundrechten oder staatsbürgerlichen Rechten verletzt zu sein,
7. über Verfassungsbeschwerden, die jeder mit der Behauptung erheben kann, durch die öffentliche Gewalt in einem seiner in Artikel 6 bis 10 dieser Verfassung gewährten Grundrechte verletzt zu sein, soweit eine Zuständigkeit des Bundesverfassungsgerichts nicht gegeben ist,
8. über Verfassungsbeschwerden von Gemeinden, Kreisen und Landschaftsverbänden wegen Verletzung des Rechts auf Selbstverwaltung nach Artikel 72 bis 75 durch ein Landesgesetz,
9. in den übrigen ihm durch diese Verfassung oder durch Gesetz zugewiesenen Fällen.

Art. 54 (Gesetz über das Landesverfassungsgericht)

Ein Gesetz regelt Organisation und Verfahren des Landesverfassungsgerichts. Es bestimmt auch, in welchen Fällen die Entscheidungen des Verfassungsgerichts Gesetzeskraft haben.

3. Abschnitt
Staatsfunktionen

I. Rechtsetzung und Verfassungsänderung

Art. 55 (Gesetzgebungsverfahren)

(1) Gesetzentwürfe werden von der Landesregierung oder aus der Mitte des Landtages sowie gemäß Artikel 59 und 60 aus dem Volk eingebracht. Ein Gesetzentwurf aus der Mitte des Landtages muß von einer mindestens Fraktionsstärke entsprechenden Zahl von Mitgliedern des Landtages unterstützt werden.

(2) Ein Gesetzesbeschluß des Landtages setzt eine Grundsatzberatung und eine Einzelberatung voraus.

Art. 56 (Verfassungsänderungen)

(1) Diese Verfassung kann nur durch ein Gesetz geändert werden, das ihren Wortlaut ausdrücklich ändert oder ergänzt.

(2) Verfassungsändernde Gesetze bedürfen einer Mehrheit von zwei Dritteln der Mitglieder des Landtages.

(3) Eine Änderung der Verfassung darf der Würde des Menschen und den in Artikel 2 niedergelegten Grundsätzen dieser Verfassung nicht widersprechen.

Art. 57 (Rechtsverordnungen)

(1) Die Ermächtigung zum Erlaß einer Rechtsverordnung kann nur durch Gesetz erteilt werden. Das Gesetz muß Inhalt, Zweck und Ausmaß der erteilten Ermächtigung bestimmen. Die Rechtsgrundlage ist in der Rechtsverordnung anzugeben.

(2) Ist durch Gesetz vorgesehen, daß eine Ermächtigung weiter übertragen werden kann, so bedarf es zu ihrer Übertragung einer Rechtsverordnung.

Art. 58 (Ausfertigung und Verkündung)

(1) Der Ministerpräsident fertigt unter Mitzeichnung der beteiligten Minister die verfassungsmäßig zustande gekommenen Gesetze aus und läßt sie im Gesetz- und Verordnungsblatt verkünden.

(2) Rechtsverordnungen werden von der Stelle, die sie erläßt, ausgefertigt und vorbehaltlich anderer gesetzlicher Regelung im Gesetz- und Verordnungsblatt verkündet.

(3) Die Gesetze und Rechtsverordnungen treten, wenn nichts anderes bestimmt ist, mit dem vierzehnten Tage nach Ablauf des Tages in Kraft, an dem sie verkündet worden sind.

(4) Die Geschäftsordnungen des Landtages, der Landesregierung und des Landesverfassungsgerichts werden im Gesetz- und Verordnungsblatt veröffentlicht.

II. Initiativen aus dem Volk, Volksbegehren und Volksentscheid

Art. 59 (Volksinitiative)

(1) Im Rahmen seiner Entscheidungszuständigkeit kann der Landtag durch Volksinitiative mit Gegenständen der politischen Willensbildung befaßt werden. Eine Volksinitiative kann auch einen mit Gründen versehenen Gesetzentwurf zum Inhalt haben.

(2) Eine Volksinitiative muß von mindestens 15.000 Wahlberechtigten unterzeichnet sein. Ihre Vertreter haben das Recht, angehört zu werden.

(3) Initiativen über den Haushalt des Landes, über Abgaben und Besoldung sind unzulässig.

(4) Das Nähere regelt das Gesetz.

Art. 60 (Volksbegehren und Volksentscheid)

(1) Ein Volksbegehren kann darauf gerichtet werden, ein Landesgesetz zu erlassen, zu ändern oder aufzuheben. Dem Volksbegehren muß ein ausgearbeiteter, mit Gründen versehener Gesetzentwurf zugrunde liegen. Das Volksbegehren muß von mindestens 120 000 Wahlberechtigten unterstützt werden.

(2) Haushaltsgesetze, Abgabengesetze und Besoldungsgesetze können nicht Gegenstand eines Volksbegehrens sein. Die Entscheidung, ob ein Volksbegehren zulässig ist, trifft auf Antrag der Landesregierung oder eines Viertels der Mitglieder des Landtages das Landesverfassungsgericht.

(3) Nimmt der Landtag den Gesetzentwurf nicht innerhalb von sechs Monaten im wesentlichen unverändert an, findet frühestens drei, spätestens sechs Monate nach Ablauf der Frist oder dem Beschluß des Landtages, den Entwurf nicht als Gesetz anzunehmen, über den Gesetzentwurf ein Volksentscheid statt. Der Landtag kann dem Volk einen eigenen Gesetzentwurf zum Gegenstand des Volksbegehrens zur Entscheidung vorlegen.

(4) Ein Gesetzentwurf ist durch Volksentscheid angenommen, wenn die Mehrheit der Abstimmenden, mindestens aber ein Drittel der Wahlberechtigten zugestimmt haben. Die Verfassung kann durch Volksentscheid nur geändert werden, wenn zwei Drittel der Abstimmenden, mindestens aber die Hälfte der Wahlberechtigten zustimmen. In der Abstimmung zählen nur die gültigen Ja- und Nein-Stimmen.

(5) Das Nähere regelt das Gesetz.

III. Haushalt und Rechnungsprüfung

Art. 61 (Landeshaushalt)

(1) Alle Einnahmen und Ausgaben sowie Verpflichtungsermächtigungen des Landes müssen für jedes Haushaltsjahr veranschlagt und in den Haushaltsplan eingestellt werden. Bei Landesbetrieben und Sondervermögen des Landes brauchen nur die Zuführungen oder die Ablieferungen eingestellt zu werden. Der Haushalt ist in Einnahmen und Ausgaben auszugleichen.

(2) Der Haushaltsplan wird vor Beginn des Haushaltsjahres durch ein Gesetz festgestellt.

(3) Der Gesetzentwurf nach Absatz 2 sowie Vorlagen zur Änderung des Haushaltsgesetzes und des Haushaltsplans werden von der Landesregierung in den Landtag eingebracht.

(4) In das Haushaltsgesetz dürfen nur Vorschriften aufgenommen werden, die sich auf die Einnahmen und Ausgaben des Landes und auf den Zeitraum beziehen, für den das Haushaltsgesetz beschlossen wird. Das Haushaltsgesetz kann vorschreiben, daß die Vorschriften erst mit der Verkündung des nächsten Haushaltsgesetzes oder bei Ermächtigung nach Artikel 66 zu einem späteren Zeitpunkt außer Kraft treten.

(5) Das Vermögen und die Schulden sowie die Haushaltspläne der Landesbetriebe und Sondervermögen sind in einer Anlage des Haushaltsplanes nachzuweisen. Die Beteiligungen des Landes an Wirtschaftsunternehmen sind offenzulegen.

Art. 62 (Ausgaben vor Verabschiedung des Haushalts)

(1) Ist der Haushaltsplan nicht vor Beginn eines Haushaltsjahres durch Gesetz festgestellt worden, so ist die Landesregierung bis zum Inkrafttreten des Gesetzes ermächtigt, alle Ausgaben zu leisten oder Verpflichtungen einzugehen, die nötig sind,
1. um gesetzlich bestehende Einrichtungen zu erhalten und gesetzlich beschlossene Maßnahmen durchzuführen,
2. um die rechtlich begründeten Verpflichtungen des Landes zu erfüllen

sowie

3. um Bauten, Beschaffungen und sonstige Leistungen fortzusetzen oder Beihilfen für diese Zwecke weiter zu gewähren, sofern durch den Haushaltsplan eines Vorjahres bereits Beträge bewilligt worden sind.

(2) Soweit der Geldbedarf des Landes nicht durch Steuern, Abgaben und sonstige Einnahmen gedeckt werden kann, kann die Landesregierung für die nach Absatz 1 zulässigen Ausgaben Kredite aufnehmen. Die Kreditaufnahme darf ein Viertel der im Haushaltsplan des Vorjahres veranschlagten Einnahmen nicht übersteigen.

Art. 63 (Über- und außerplanmäßige Ausgaben)

(1) Über- und außerplanmäßige Ausgaben und Verpflichtungen bedürfen der vorherigen Zustimmung des Finanzministers. Sie darf nur im Falle eines unvorhergesehenen und unabweisbaren Bedürfnisses erteilt werden. Das Nähere kann durch Gesetz geregelt werden.

(2) Über Zustimmungen zu über- und außerplanmäßigen Ausgaben und Verpflichtungen ist dem Landtag im Abstand von sechs Monaten nachträglich zu berichten.

Art. 64 (Nachweis der Kostendeckung)

(1) Beschlußvorlagen aus der Mitte des Landtages, durch die dem Land Mehrausgaben oder Mindereinnahmen entstehen, müssen bestimmen, wie die zu ihrer Deckung erforderlichen Mittel aufzubringen sind.

(2) Die Landesregierung kann verlangen, daß Beratung und Beschlußfassung über eine Vorlage nach Absatz 1 ausgesetzt werden. Die Aussetzung endet nach Abgabe einer Stellungnahme durch die Landesregierung, spätestens nach Ablauf von sechs Wochen.

Art. 65 (Kreditbeschaffung)

(1) Die Aufnahme von Krediten sowie die Übernahme von Bürgschaften, Garantien oder sonstigen Gewährleistungen, die zu Ausgaben in künftigen Haushaltsjahren führen können, bedürfen einer der Höhe nach bestimmten oder bestimmbaren Ermächtigung durch Gesetz.

(2)[2] Die Einnahmen aus Krediten dürfen die Summe der im Haushaltsplan veranschlagten Ausgaben für eigenfinanzierte Investitionen nicht überschreiten. Ausnahmen sind nur zulässig zur Abwehr einer ernsthaften und nachhaltigen Störung des gesamtwirtschaftlichen Gleichgewichts oder zur Überwindung einer schwerwiegenden Störung oder unmittelbaren Bedrohung der Wirtschafts- und Beschäftigungsentwicklung des Landes. Die erhöhte Kreditaufnahme muß nach Umfang und Verwendung bestimmt und geeignet sein, derartige Störungen oder unmittelbare Bedrohungen abzuwehren. Das Nähere regelt das Gesetz.

---

2 Am 1. Januar 2020 tritt folgende Fassung des Artikels 65 Absatz 2 in Kraft: „Der Haushalt ist grundsätzlich ohne Einnahmen aus Krediten auszugleichen. Ausnahmen hiervon sind zulässig zur im Auf- und Abschwung symmetrischen Berücksichtigung der Auswirkungen einer von der Normallage abweichenden konjunkturellen Entwicklung sowie für Naturkatastrophen oder außergewöhnlichen Notsituationen, die sich der Kontrolle des Landes entziehen und seine Finanzlage erheblich beeinträchtigen. Die nach Satz 2, 2. Alternative zulässigen Kredite sind innerhalb eines bestimmten Zeitraums vollständig zu tilgen. Das Nähere regelt ein Gesetz." Siehe dazu auch die Übergangsvorschrift des Artikels 79 a.

Art. 66 (Landesvermögen)

Erwerb, Verkauf und Belastung von Landesvermögen dürfen nur mit Zustimmung des Landtages erfolgen. Die Zustimmung kann für Fälle von geringerer Bedeutung allgemein erteilt werden. Das Nähere regelt das Gesetz.

Art. 67 (Rechnungslegung und Rechnungsprüfung)

(1) Der Finanzminister hat dem Landtag über alle Einnahmen und Ausgaben sowie über die Inanspruchnahme von Verpflichtungsermächtigungen jährlich Rechnung zu legen. Ebenso ist über das Vermögen und die Schulden des Landes Rechnung zu legen.

(2) Der Landesrechnungshof prüft die Rechnung sowie die Ordnungsmäßigkeit und die Wirtschaftlichkeit der Haushaltsführung. Er berichtet darüber dem Landtag und unterrichtet gleichzeitig die Landesregierung.

(3) Aufgrund der Haushaltsrechnung und der Berichte des Landesrechnungshofs beschließt der Landtag über die Entlastung der Landesregierung.

(4) Das Nähere regelt das Gesetz.

Art. 68 (Landesrechnungshof)

(1) Der Landesrechnungshof ist eine selbständige, nur dem Gesetz unterworfene oberste Landesbehörde. Seine Mitglieder besitzen richterliche Unabhängigkeit.

(2) Der Landesrechnungshof besteht aus dem Präsidenten, dem Vizepräsidenten und weiteren Mitgliedern. Der Präsident und der Vizepräsident werden auf Vorschlag der Landesregierung vom Landtag mit einer Mehrheit von zwei Dritteln der anwesenden Mitglieder, mindestens mit der Mehrheit der Mitglieder des Landtages ohne Aussprache auf die Dauer von zwölf Jahren gewählt. Sie werden vom Ministerpräsidenten ernannt. Eine Wiederwahl ist ausgeschlossen. Die weiteren Mitglieder werden vom Ministerpräsidenten auf Vorschlag des Präsidenten des Landesrechnungshofes berufen.

(3) Der Landesrechnungshof überwacht die gesamte Haushalts- und Wirtschaftsführung des Landes. Er untersucht hierbei die Zweckmäßigkeit und Wirtschaftlichkeit der öffentlichen Verwaltung. Er ist auch zuständig, soweit Stellen außerhalb der Landesverwaltung und Private Landesmittel erhalten oder Landesvermögen oder Landesmittel verwalten.

(4) Der Landesrechnungshof überwacht die Haushalts- und Wirtschaftsführung der kommunalen Körperschaften und der übrigen juristischen Personen des öffentlichen Rechts, die der Aufsicht des Landes unterstehen.

(5) Der Landesrechnungshof übermittelt jährlich das Ergebnis seiner Prüfung gleichzeitig dem Landtag und der Landesregierung.

(6) Das Nähere regelt das Gesetz.

IV. Landesverwaltung und Selbstverwaltung

Art. 69 (Träger der öffentlichen Verwaltung)

Die öffentliche Verwaltung wird durch die Landesregierung, die ihr unterstellten Behörden und die Träger der Selbstverwaltung ausgeübt.

Art. 70 (Gesetzmäßigkeit und Organisation der öffentlichen Verwaltung)

(1) Die öffentliche Verwaltung ist an Gesetz und Recht gebunden.

(2) Organisation, Zuständigkeiten und Verfahren der öffentlichen Verwaltung werden durch Gesetz oder aufgrund eines Gesetzes geregelt. Dabei können Möglichkeiten der Einbeziehung der Bürger durch die öffentliche Verwaltung vorgesehen werden.

(3) Die Einrichtung der Landesbehörden im einzelnen obliegt der Landesregierung. Sie kann diese Befugnis auf einzelne Mitglieder der Landesregierung übertragen.

Art. 71 (Öffentlicher Dienst)

(1) Jeder Deutsche hat nach seiner Eignung, Befähigung und fachlichen Leistung gleichen Zugang zu jedem öffentlichen Amt im Land.

(2) Die Angehörigen des öffentlichen Dienstes sind Diener des ganzen Volkes und nicht einer Partei oder sonstigen Gruppe verpflichtet. Sie haben ihr Amt unparteiisch, ohne Ansehen der Person und nur nach sachlichen Gesichtspunkten auszuüben.

(3) Die Wählbarkeit von Angehörigen des öffentlichen Dienstes zum Landtag und zu den Vertretungen der Gemeinden und Kreise kann gesetzlich beschränkt werden.

(4) Die Ausübung hoheitlicher Befugnisse ist als ständige Aufgabe in der Regel Angehörigen des öffentlichen Dienstes zu übertragen, die in einem öffentlich-rechtlichen Dienst- und Treueverhältnis stehen.

(5) Das Nähere regelt das Gesetz.

Art. 72 (Kommunale Selbstverwaltung)

(1) Die Gemeinden sind berechtigt und im Rahmen ihrer Leistungsfähigkeit verpflichtet, in ihrem Gebiet alle Angelegenheiten der örtlichen Gemeinschaft im Rahmen der Gesetze in eigener Verantwortung zu regeln. Die Kreise haben im Rahmen ihres gesetzlichen Aufgabenbereiches nach Maßgabe der Gesetze das Recht der Selbstverwaltung.

(2) In den Gemeinden und Kreisen muß das Volk eine Vertretung haben. Durch Gesetz können Formen unmittelbarer Mitwirkung der Bürger an Aufgaben der Selbstverwaltung vorgesehen werden.

(3) Die Gemeinden und Kreise können durch Gesetz oder aufgrund eines Gesetzes durch Rechtsverordnung zur Erfüllung bestimmter öffentlicher Aufgaben verpflichtet werden, wenn dabei gleichzeitig Bestimmungen über die Deckung der Kosten getroffen werden. Führt die Erfüllung dieser Aufgaben zu einer Mehrbelastung der Gemeinden und Kreise, so ist dafür ein entsprechender finanzieller Ausgleich zu schaffen.

(4) Die Aufsicht des Landes stellt sicher, daß die Gesetze beachtet und die übertragenen Angelegenheiten weisungsgemäß ausgeführt werden.

(5) Das Nähere regelt das Gesetz.

Art. 73 (Finanzgarantie)

(1) Zur Erfüllung ihrer Aufgaben fließen den Gemeinden das Aufkommen an den Realsteuern und nach Maßgabe der Landesgesetze Anteile aus staatlichen Steuern zu. Das Land ist verpflichtet, den Gemeinden und Kreisen eigene Steuerquellen zu erschließen.

(2) Um die Leistungsfähigkeit steuerschwacher Gemeinden und Kreise zu sichern und eine unterschiedliche Belastung mit Ausgaben auszugleichen, stellt das Land im Wege des Finanzausgleichs die erforderlichen Mittel zur Verfügung.

Art. 74 (Haushaltswirtschaft)

Die Gemeinden und Kreise führen ihre Haushaltswirtschaft im Rahmen der Gesetze in eigener Verantwortung.

Art. 75 (Landschaftsverbände)

Zur Pflege und Förderung insbesondere geschichtlicher, kultureller und landschaftlicher Besonderheiten der Landesteile Mecklenburg und Vorpommern können durch Gesetz Landschaftsverbände mit dem Recht auf Selbstverwaltung errichtet werden.

V. Rechtsprechung

Art. 76 (Richter und Gerichte)

(1) Die Rechtsprechung wird im Namen des Volkes ausgeübt. Die Richter sind unabhängig und nur dem Gesetz unterworfen.

(2) Die Gerichte sind mit hauptamtlich berufenen Richtern, ausnahmsweise mit nebenamtlich tätigen Richtern und in den durch Gesetz bestimmten Fällen mit Laienrichtern besetzt.

(3) Das Gesetz kann vorsehen, daß die Ernennung zum Richter auf Lebenszeit von dem Votum eines Richterwahlausschusses abhängig gemacht wird. Seine Mitglieder werden vom Landtag mit der Mehrheit von zwei Dritteln der anwesenden Mitglieder gewählt. Der Richterwahlausschuß muß zu zwei Dritteln aus Abgeordneten bestehen. Er entscheidet mit Zweidrittelmehrheit.

Art. 77 (Richteranklage)

Verstößt ein Richter im Amt oder außerhalb des Amtes gegen die Grundsätze des Grundgesetzes für die Bundesrepublik Deutschland oder dieser Verfassung, so kann das Bundesverfassungsgericht gemäß Artikel 98 Abs. 2 und 5 des Grundgesetzes auf Antrag des Landtages anordnen, daß der Richter in ein anderes Amt oder in den Ruhestand zu versetzen ist. Im Falle eines vorsätzlichen Verstoßes kann auf Entlassung erkannt werden. Der Antrag des Landtages kann nur mit der Mehrheit seiner Mitglieder beschlossen werden.

4. Abschnitt
Schlussbestimmungen

Art. 78 (Verfassungstext für Schüler)

Jeder Schüler erhält bei seiner Entlassung aus der Schule einen Abdruck dieser Verfassung und des Grundgesetzes für die Bundesrepublik Deutschland.

Art. 79 (Sprachliche Gleichstellung)

Amts- und Funktionsbezeichnungen in dieser Verfassung sowie in den Gesetzen und Rechtsvorschriften des Landes werden auch in weiblicher Form verwendet.

Art. 79 a (Übergangsvorschrift)

Ab dem Haushaltsjahr 2012 sind die jährlichen Haushalte so aufzustellen, dass im Haushaltsjahr 2020 die Vorgaben des Artikels 65 Absatz 2 in der ab dem 1. Januar 2020 geltenden Fassung erfüllt werden.[3]

Art. 80 (Inkrafttreten)

(1) Diese Verfassung wird vom Landtag mit der Mehrheit von zwei Dritteln seiner Mitglieder beschlossen und durch einen Volksentscheid mit einfacher Mehrheit der Abstimmenden bestätigt.

(2) Die Verfassung wird im Gesetz- und Verordnungsblatt verkündet und tritt mit Beendigung der ersten Wahlperiode des Landtages in Kraft.

Schwerin, den 23. Mai 1993

---

3 Siehe den Text in Anm. 2 zu Artikel 65 Absatz 2.

Entstehungsgeschichte

Vorbemerkung	1	im Bund als auch in den (alten und neuen) Ländern	17
I. Verfassungskommission	3	II. Verfahren der Verfassunggebung	18
1. Konstituierung	3	1. Gang der Kommissionsbera-	
2. Auftrag	7	tungen	18
3. Externe Beratungsmaterialien	10	2. Landtag und Inkraftsetzen als	
a) Regionalausschuss	11	vorläufige Verfassung	23
b) Entwurf der „Arbeits-		3. Volksentscheid und endgülti-	
gruppe Vorläufige Verfas-		ges In-Kraft-Treten	26
sung"	14	III. Änderungen der Verfassung	27
c) „Freistaatsentwurf"	16	IV. Schrifttum	28
4. Beratungsumfeld: Zeitgleiche Verfassungsdiskussion sowohl			

Vorbemerkung

Nach der politischen Wende[1] in der seit 1952 zentralstaatlichen[2] DDR ordnete 1 § 1 Abs. 1 des von der frei gewählten Volkskammer[3] beschlossenen LEG vom 22. Juli 1990 u.a. die Bildung des Landes M-V an.[4] Die **Neugründung**[5] des Landes[6] war ursprünglich zum 14. Oktober 1990 als Gliedstaat[7] der DDR vorgesehen,[8] ist jedoch durch den Beitritt der DDR gemäß Art. 1 Abs. 1 EinigungsV[9] zum 3. Oktober 1990 als Land der Bundesrepublik Deutschland erfolgt. § 23

---

1 Vgl dazu *Stern*, Bd. V, S. 1723 ff; *W. Fiedler*, in: HdbStR Bd. VIII, (1. Aufl. 1995), S. 3 ff; *P. Hübner*, in: Fischer/Haendcke-Hoppe-Arndt (Hrsg.), Auf dem Weg zur Realisierung der Einheit Deutschlands, 1992, S. 61 ff.
2 Vgl Gesetz über die weitere Demokratisierung des Aufbaus und der Arbeitsweise der staatlichen Organe in den Ländern der DDR v. 24.07.1952 (GBl. S. 613) sowie Gesetz über die Aufhebung der Länderkammer der DDR v. 08.12.1958 (GBl. I S. 867); vgl ferner die zweite DDR-Verf v. 06.04.1968 (GBl. S. 199); zum Ganzen siehe *Kilian*, in: HdbStR Bd. VIII, (1. Aufl. 1995), S. 55, 58 f. und *Kilian*, in: HdbStR Bd. I, S. 597 ff.; vgl ferner *Biermann*, Verwaltungsmodernisierung in Mecklenburg-Vorpommern, 2011, S. 366 ff.
3 Am 18.03.1990; zur Bedeutung vgl *Luchterhand*, in: HdbStR Bd. VIII, (1. Aufl. 1995), S. 35, 38 ff.
4 GBl. I S. 955.
5 Zur Frage, ob das LEG eine Neugründung bewirkt oder lediglich das Fortbestehen des 1945 aus den früheren Freistaaten Mecklenburg-Schwerin und Mecklenburg-Strelitz sowie dem westlich der Oder gelegenen Teil der früheren preußischen Provinz Pommern gegründeten Landes M-V, das auf Befehl der SMAD seit 1947 nur „Mecklenburg" hieß (vgl Bek. MinPräs. v. 01.03.1947, RegBl. S. 21), festgestellt hat, vgl *März*, JöR N.F. 54 (2006), 175, 177 f mwN; zur Entwicklung der Länder in der DDR vgl *Bayer*, DVBl. 1991, 1014, 1015 f; zur Verfassungsgeschichte Mecklenburgs vgl *Hückstädt*, in: Stange/Völker/Haegert/Hobbeling (Hrsg.), FG Haack, S. 45 ff mwN; vgl ferner → Rn 13 mit Fn 61.
6 Dessen Identifikations- und Integrationspotential aufgrund unterschiedlicher Identitäten in Mecklenburg und Vorpommern trotz der historischen Anknüpfung eine auch staatsrechtliche Herausforderung bildete, vgl auch *Kilian*, HdbStR Bd. VIII (Fn 2), S. 65 mit Fn 76.
7 Zur (Wieder)Einführung des Föderalismus auf dem Gebiet der DDR vgl *Bayer* (Fn 5), S. 1016.
8 Zum Willensbildungsprozess der Länderbildung vgl *Kilian*, in: HdbStR Bd. VIII (Fn 2), S. 66 ff. und *Kilian*, in: HdbStR Bd. I (Fn 2), S. 638 ff.
9 Vgl BGBl. II 1990 S. 889 sowie das EinigungsvertragsG v. 23.09.1990, BGBl. II S. 885.

Abs. 2 Satz 1 LEG[10] wies dem erstgewählten LT die Aufgabe einer „verfassungsgebenden Landesversammlung" zu.[11]

2 Der erste LT wurde am 14. Oktober 1990 gewählt[12] und konstituierte[13] sich am 26. Oktober 1990.[14] In der ersten Sitzung beschloss[15] er ein „**Vorläufiges Statut für das Land Mecklenburg-Vorpommern**",[16] das nach seinem § 8 Abs. 1 Satz 1 „durch Aushang in den Räumen des Landtages" verkündet wurde.[17] Es maß sich nach § 8 Abs. 2 Geltungskraft nur bis zum „Inkrafttreten der Verfassung" bei und enthielt als eine Art Notverfassung[18] Bestimmungen über das Gesetzgebungsverfahren einschließlich einer Verordnungsermächtigung (§§ 1 Abs. 1 bis 3), über Kreation und Kompetenzen der LReg (§§ 4, 5), die Rechtsstellung der Abg. (§ 2), den LT-Präs (§ 1 Abs. 4, § 3), das Haushaltswesen (§ 6) und zur vorzeitigen Beendigung der Wahlperiode (§ 1 Abs. 5). Der MinPräs[19] wurde nach § 4 Abs. 2 des Statuts (lediglich) für die Dauer dessen Geltung gewählt;[20] das Amt der Minister war nach § 4 Abs. 4 Satz 1 des Statuts an das Amt des MinPräs geknüpft.[21] Das Vorläufige Statut wurde – nach einem Streit über die Frage, ob es als verfassungsrechtliches Provisorium mit Zwei-Drittel-Mehrheit zu verabschieden und zeitlich zu begrenzen sei[22] – mit einfacher Mehrheit beschlossen.[23] Es stellte zwar Staatsorganisationsrecht, nicht jedoch eine Verfassung im formellen Sinne dar,[24] weil ihm – neben dem nur vorläufigen Charakter – kein Geltungsvorrang gegenüber nachfolgendem Gesetzesrecht zukam und es auch keine Regelung über eine erschwerte Abänderbarkeit aufwies.[25]

---

10 Der gem. Art. 9 Abs. 2 iVm Anlage II Kapitel II Sachgebiet A Abschnitt II EinigungsV als Landesrecht in Kraft geblieben ist; vgl dazu *Starck*, ZG 1992, 1, 2 f.
11 Zur Verfassungsschöpfung auf Länderebene vgl umfassend *Storr*, Verfassunggebung in den Ländern, 1995; zur Verfassungsgeschichte M-V nach der Wende vgl *von Mutius/ Friedrich*, in: Modernisierung und Freiheit, 1995, S. 888 ff.
12 Gemäß § 2 des ebenfalls fortgeltenden LWG vom 22.07.1990 (GBl. I S. 960); zum Ergebnis der LT-Wahl siehe *März* (Fn 5), S. 186.
13 Vgl § 23 Abs. 3 Satz 1 LEG.
14 Vgl LT-Prot. 1/1 S. 4.
15 Nach Beschlussfassung über eine vorläufige GO; vgl dazu Entwurf der Fraktionen CDU, SPD und FDP, LT-Drs. 1/1, ferner LT-Drs. 1/11, 1/13, 1/14; zum Streit über die – auch die Debatte über die GO prägende – Frage nach der für die Verabschiedung eines vorläufigen Statuts erforderliche Mehrheit vgl die Redebeiträge insbes. der Abg. Dr. Ringstorff (SPD) und Dr. Schoenenburg (LL/PDS), LT-Prot. 1/1 S. 7 ff.
16 GVOBl. 1990 S. 2, abgedruckt auch in LKV 1991, 199.
17 Nach seinem § 8 Abs. 1 Satz 2 trat es mit der Verkündung in Kraft; vgl auch den Gesetzentwurf der Fraktionen von CDU, SPD u. FDP, LT-Drs. 1/2, ferner LT-Drs. 1/17, 1/19 u. 1/22 sowie den Gegenentwurf der Fraktion LL/PDS LT-Drs. 1/18; ferner LT-Prot 1/1, S. 7, 16 (Abg. Dr. Schoenenburg, LL/PDS) und S. 19 (Abg. Dr. Diederich, CDU).
18 Vgl *März* (Fn 5), S. 187, 188.
19 Erster Amtsinhaber war der am 27.10.1990 gewählte CDU (Ost)Abg. Dr. Alfred Gomolka.
20 Vgl auch § 23 Abs. 2 Satz 2 LEG, wonach spätestens am 20. Tag nach Zusammentritt des erstgewählten LT eine vorläufige LReg zu bilden war.
21 Zum Streit um die – wegen der nur knappen parlamentarischen Mehrheit für die CDU/ FDP-Regierung politisch bedeutsamen – Frage, ob mit In-Kraft-Treten einer LV eine Neuwahl des MinPräs notwendig war, vgl *Hölscheidt*, DVBl. 1991, 1066, 1067; siehe auch Abg. Dr. Ringstorff (SPD), LT-Prot. 1/1 S. 17 f und 19.
22 So die Auffassung der SPD-Fraktion, LT-Prot. 1/1 S. 18; vgl dazu *Hölscheidt* (Fn 21), S. 1067; vgl auch LT-Drs. 1/11 und 1/21 sowie LT-Prot. 1/1 S. 8, 9, 17 (Abg. Dr. Ringstorff, SPD); die LL/PDS-Fraktion lehnte das Statut im Ganzen ab.
23 LT-Prot. 1/1 S. 22, nachdem die SPD-Abgeordneten den Sitzungssaal verlassen hatten, dazu Abg. Dr. Timm (SPD), ebd.
24 Anders *Linck*, DÖV 1991, 730, 731; vgl LT-Drs. 1/21.
25 Vgl *März* (Fn 5), S. 188 f.

I. Verfassungskommission

1. Konstituierung. Der LT beschloss am 23. November 1990 die **Bildung** einer 3
Kommission für die Erarbeitung einer LV.²⁶ Diese sollte aus elf Mitgliedern des
LT und acht Sachverständigen bestehen. Die LReg sollte durch einen mitwirkenden Beauftragten ohne Stimmrecht vertreten sein.

Im Interesse möglichst breiter Willensbildung sollten nicht nur die im LT vertre- 4
tenen politischen Gruppierungen,²⁷ sondern auch – vor dem Hintergrund ihres
Wahlergebnisses von zusammengerechnet 9,3%²⁸ – die Bürgerbewegungen²⁹
und die Partei DIE GRÜNEN repräsentiert sein. Zudem sollten die Erfahrungen
aus der Erarbeitung der bereits vorliegenden Verfassungsentwürfe einfließen
können, was zur Mitgliedschaft je eines Vertreters des „Regionalausschusses
Verfassung" und der Arbeitsgruppe „Vorläufige Verfassung" führte.³⁰ Jede
Fraktion schlug je einen der vier „externen" Sachverständigen vor.³¹ Die elf parlamentarischen Mitglieder (CDU: 5; SPD: 3; LL/PDS: 2, FDP: 1) wurden von
den Fraktionen benannt, der Vorsitzende und der stellvertretende Vorsitzende
vom LT gewählt.³² Vertreter der LReg ohne Stimmrecht wurde der Minister für
Justiz, Bundes- und Europaangelegenheiten. Mit dieser Zusammensetzung unterschied sich die Kommission von den Verfassungskommissionen der anderen
neuen Bundesländer, die überwiegend als reine Parlamentskommissionen gebildet wurden.³³

Danach ergab sich bei insgesamt **zwanzig Mitgliedern** folgende **Zusammenset-** 5
zung:³⁴

Parlamentarische Mitglieder:
Vorsitzender PräsLT Rainer Prachtl (CDU)
Stellvertretender Vorsitzender VPräsLT Dr. Rolf Eggert (SPD)
Dr. Siegfried Zahn (CDU)
Frieder Jelen (CDU)
Dr. Wolfgang Zessin (CDU)
Dr. Norbert Buske (CDU)
Siegfried Friese (SPD)
Karin Schiffer (SPD)
Andreas Bluhm (LL/PDS)
Dr. Arnold Schoenenburg (LL/PDS)
Walter Goldbeck (F.D.P.)

Sachverständige:
von der CDU benannt: Prof. Dr. Christian Starck (Göttingen, Staatsrechtslehrer)
von der SPD benannt: Prof. Dr. Albert von Mutius (Kiel, Staatsrechtslehrer)

---

26 LT-Prot. 1/3 S. 46; vgl dazu LT-Prot. 1/2 S. 22 und Entwurf der CDU-Fraktion LT-Drs. 1/16; Beschlussempfehlung und Bericht des Rechtsausschusses LT-Drs. 1/26.
27 Zum Fehlen der die politische Wende in der DDR tragenden Bürgerbewegung (Neues Forum, Bündnis 90) vgl *März* (Fn 5), S. 186; *Prachtl*, LKV 1994, 1.
28 Vgl *Hölscheidt* (Fn 21), S. 1068.
29 Vgl dazu auch Art. 3 Abs. 4.
30 Dazu Rn 10.
31 Vgl auch *Wedemeyer*, in: Dt. Wiedervereinigung, Bd. III, S. 37.
32 Vgl LT-Drs. 1/61.
33 Zu deren Zusammensetzung *Starck*, in: HdbStR Bd. IX, (1. Aufl. 1997), S. 353, 358.
34 Vgl LT-Drs. 1/86 und LT-Drs. 1/3100 S. 47.

von der LL/PDS benannt: Dr. Heinz Koch (Historiker)
von der F.D.P. benannt: Jörgen Peters (Richter am Amtsgericht)
Vertreter der Arbeitsgruppe „Vorläufige Verfassung": Georg Poetzsch-Heffter
Vertreter des Regionalausschusses Verfassung: Irmgard Rother
Vertreter der GRÜNEN: Marion Janele
Vertreter der Bürgerbewegung: Heiko Lietz
Vertreter der LReg ohne Stimmrecht: Minister für Justiz, Bundes- und Europaangelegenheiten (Dr. Ulrich Born, ab April 1992 Herbert Helmrich).[35]

6 Die Abg. waren damit in der Mehrzahl. Indessen bedeutete der Umstand, dass die Mitglieder aus den die CDU/F.D.P.-Koalitionsregierung bildenden Fraktionen über insgesamt (nur) sechs Stimmen in der Kommission verfügten, dass sich die **Mehrheit im Parlament** in der Verfassungskommission in der Minderheit befand.[36] Möglicherweise hierauf ist zurückzuführen, dass sich die CDU zu der Frage, ob die LV mit einer Zwei-Drittel-Mehrheit im LT verabschiedet werden solle, zunächst nicht festlegen wollte.[37]

7 **2. Auftrag.** Auftrag der Kommission war es, dem Rechtsausschuss des LT einen Entwurf einer LV zuzuleiten. Den Rechtsausschuss seinerseits verpflichtete der LT, den Entwurf einer LV vorzulegen. Die Kommission hatte das Recht, Unterkommissionen zu bilden, die im Einvernehmen mit dem Vorsitzenden Anhörungen durchführen konnten.[38]

8 Nach einem ersten Berichtsauftrag auf Antrag der Fraktion der LL/PDS[39] wurde die Kommission im Zusammenhang mit zwei an den Rechtsausschuss überwiesenen Gesetzentwürfen zum Verfahren der Verfassungsverabschiedung[40] durch den LT mit Beschluss vom 8. April 1992[41] beauftragt, einen **Zwischenbericht** vorzulegen, der (bereits) den Entwurf einer LV, gegebenenfalls mit Varianten, enthalten sollte. Gleichzeitig wurde die Kommission verpflichtet, die beabsichtigte öffentliche Diskussion auszuwerten und dem LT im Herbst 1992 den Abschlussbericht vorzulegen.[42] Eine wesentliche Weichenstellung lag in der Festlegung, dass die LV im LT mit einer **Zweidrittelmehrheit** verabschiedet werden sollte.[43]

9 Gegenüber dem ursprünglichen Auftrag[44] lag in dem Beschluss vom 8. April 1992 zugleich der Verzicht auf die Vorlage des Entwurfs zunächst an den Rechtsausschuss.[45] Nach Vorlage des Zwischenberichts unmittelbar an den LT

---

35 Nach dem Organisationserlass des MinPräs v. 15.01.1991 (AmtsBl. S. 30) war der MJBE der für Verfassungsfragen zuständige Minister.
36 Zum „stark kompromissfördernd(en)" Charakter vgl *März* (Fn 5), S. 190; nach *Wedemeyer* (Fn 31), S. 49 f wurden die Vertreter der Regierungskoalition „in manchen Punkten" „in eine Außenseiterposition gedrängt"; vgl auch *Starck* (Fn 10), S. 11 ff.
37 Bis zur Entschließung gemäß LT-Drs. 1/1662; vgl insbes. Abg. Dr. Buske, LT-Prot. 1/35 S. 1600, 1601, 1602 f.
38 Vgl LT-Drs. 1/3100 S. 44.
39 LT-Drs. 1/694 (neu); LT-Prot. 1/30 S. 1312.
40 Gesetzentwurf der LL/PDS-Fraktion, LT-Drs. 1/952, und Gesetzentwurf der SPD-Fraktion, LT-Drs. 1/166; vgl auch LT-Prot. 1/35 S. 1610.
41 LT-Prot. 1/48 S. 2381; LT-Drs. 1/1662 (Beschlussempfehlung).
42 Vgl LT-Drs. 1/1662 S. 3.
43 Zur konsensfördernden Wirkung vgl *Wedemeyer*, in: Thiele/Pirsch/Wedemeyer, Art. 80; zu deren Unverbindlichkeit *Berlit*, KJ 1992, 437, 441.
44 LT-Drs. 1/26.
45 Vgl auch *März* (Fn 5), S. 194 mit Fn 79; *Prachtl* (Fn 27), S. 2.

am 30. April 1992[46] und der anschließenden Veröffentlichung[47] zeigte sich, dass die Kommission nicht in der Lage sein würde, dem LT im Herbst den Abschlussbericht vorzulegen. Nach einer entsprechenden Beschlussempfehlung der Verfassungskommission[48] beschloss der LT daraufhin, dass die Vorlage des Abschlussberichts nunmehr im Frühjahr 1993 erfolgen sollte.[49] Den **Abschlussbericht** legte die Kommission zusammen mit dem Verfassungsentwurf am 7. Mai 1993 vor.[50]

3. Externe Beratungsmaterialien. Gemäß dem Einsetzungsbeschluss[51] erhielt die Kommission als „**Arbeitsmaterial**" den Verfassungsentwurf des „Regionalausschusses Verfassung" und den Entwurf einer vorläufigen Verfassung der Arbeitsgruppe „Vorläufige Verfassung". Daneben ging ihr – im Anschluss an die Vorstellung im Kabinett und in der Presse – ein „Entwurf für eine Verfassung des Freistaates Mecklenburg-Vorpommern" des Ministers für Justiz, Bundes- und Europaangelegenheiten (Dr. Born, CDU) zu. Nach dem Abschlussbericht stand dieser Entwurf nicht auf der Tagesordnung der Kommission, fand jedoch inhaltlich Berücksichtigung.[52] Sonstige kommissionsexterne Materialien waren neben Stellungnahmen im Rahmen der öffentlichen Anhörung und den Zuschriften im Rahmen der öffentlichen Diskussion zum Entwurf des Zwischenberichts unter anderem eine Stellungnahme der LReg vom 10. Februar 1993, eine Stellungnahme des Umweltausschusses des LT vom 15. Februar 1993 und eine Stellungnahme des PräsLRH vom 18. Februar 1993.[53]

a) Regionalausschuss. Der Regionalausschuss war eine Arbeitsgruppe, die von den drei **Runden Tischen** der Bezirke Rostock, Schwerin und Neubrandenburg beauftragt wurde.[54] Der mit Vertretern unterschiedlicher Parteien, Bewegungen, Kirchen und anderer Bereiche besetzte Ausschuss bildete ein Teilorgan des gemeinsamen Regionalausschusses für die Verwaltungsreform.[55] Er nahm seine Arbeit noch vor Auflösung der Räte der Bezirke im März 1990 auf.[56]

Ein erster Arbeitsentwurf knüpfte an die Verfassung des Landes Mecklenburg vom 16. Januar 1947[57] an, wurde aber insb. wegen Bedenken aus dem Landesteil Vorpommern im Blick auf dessen (eigene) Identität und Stellung im künftigen Föderalismus verworfen. Auch der darauf folgende als Vollverfassung konzipierte so genannte „Juli-Entwurf"[58] sah M-V noch als einen Gliedstaat der DDR.

---

46 LT-Drs. 1/2000.
47 Nach erstmaliger Veröffentlichung in der LT-Sitzung v. 07.05.1992, dazu LT-Prot. 1/53 S. 2704 und die Zusammenfassung LT-Drs. 1/2000 S. 60 ff.
48 Nicht des Rechtsausschusses, LT-Drs. 1/2626.
49 LT-Prot. 1/66 S. 3732.
50 LT-Drs. 1/3100.
51 LT-Prot. 1/3 S. 46 und LT-Drs. 1/26 (Beschlussempfehlung).
52 Vgl LT-Drs. 1/3100 S. 51; vgl auch *März* (Fn 5), S. 191; der Entwurf wurde als Kommissions-Drs. 16 geführt.
53 Vgl LT-Drs. 1/3100 S. 51.
54 Vgl *Hölscheidt* (Fn 21), S. 1068; zum „Runden Tisch" und zum Verfassungsentwurf der Arbeitsgruppe „Neue Verfassung der DDR" des zentralen Runden Tisches Berlin Niederschönhausen vgl *Häberle*, JöR N.F. 39 (1990), 319 ff, 321 ff; ferner *Templin*, in: Guggenberger/Stein, Die Verfassungsdiskussion im Jahr der deutschen Einheit, 1991, S. 350 ff; *Preuß*, ebd, S. 357; *Roellecke*, ebd, S. 367; *Ladeur*, ebd, S. 376 ff.
55 Vgl *März* (Fn 5), S. 175, 190.
56 Vgl *März* (Fn 5), S. 190 mwN; zur Auflösung der Bezirksvertretungen und Einsetzung von Regierungsbevollmächtigten vgl *Kilian*, HdbStR Bd. VIII (Fn 2), S. 70 f. und *Kilian*, in: HdbStR Bd. I (Fn 2), S. 641.
57 RegBl. S. 1.
58 Abgedruckt bei *Häberle* (Fn 54), S. 399 ff.

13 Der infolge der politischen Entwicklung zur Wiedervereinigung rasch überholte Entwurf wurde ersetzt durch den sogenannten „Oktober-Entwurf",[59] der (bereits) „deutliche Spuren (westdeutscher) staatsrechtlicher Beratung" zeigte.[60] Er sah in 99 Artikeln ebenfalls eine Vollverfassung vor. Wie schon der Juli-Entwurf maß er der Erfahrung, dass die Bevölkerung in den beiden (früheren) Staaten Mecklenburg-Schwerin und Mecklenburg-Strelitz sowie in Vorpommern nach den Zusammenschlüssen zum 1. Januar 1934[61] und vom Juli 1945[62] „zu wenig Raum zur Entfaltung ihrer landschaftsbezogenen kulturellen Identität" hatte, besondere Bedeutung zu, die nunmehr einerseits zur (nur) fakultativen Bildung von „Landschaftsverbänden" als Selbstverwaltungskörperschaften (Art. 1 Abs. 1), andererseits zu einer die Identitäten beider Landesteile aufnehmenden Regelung über die Staatssymbole Farben und Wappen führte (Art. 1 Abs. 3 und 4). Neben Grundrechten und Staatszielen sah der Entwurf soziale Rechte sowie Förderpflichten des Staates und im staatsorganisationsrechtlichen Teil[63] Beauftragte für Menschen- und Bürgerrechte, Kinderanwalt, Seniorenanwalt, Beauftragte für Gleichstellungsfragen, Strafvollzug, für Soziales und für Ausländer (Art. 59) sowie plebiszitäre Elemente in Form eines Bürgerinitiativrechts (Art. 62), eines auf einen Volksentscheid gerichteten Volksbegehrens (Art. 63 Abs. 1 bis 6) und – über den Juli-Entwurf hinausgehend – auch durch Volksbefragung (Art. 63 Abs. 8) vor.[64]

14 b) **Entwurf der „Arbeitsgruppe Vorläufige Verfassung".** Der Entwurf der „Arbeitsgruppe Vorläufige Verfassung", der auch nach seinem Verfasser, Staatssekretär a.D.[65] Poetzsch-Heffter, bezeichnet wurde, war ein reines Organisationsstatut, das an der neuen SchlHVerf ausgerichtet war,[66] ohne allerdings plebiszitäre Elemente vorzusehen. Als nur vorläufige Verfassung sollte es von einer endgültigen abgelöst werden. Die Initiative zu dem Entwurf ging von an der Verfassungsarbeit im Regionalausschuss beteiligten **Mitgliedern der CDU** aus,[67] so dass letztlich jedenfalls nicht von einem parteineutralen Entwurf gesprochen werden kann.[68]

---

59 Abgedruckt bei *Häberle*, JöR N.F. 40 (1991/92), 291 ff, 399.
60 Vgl *März* (Fn 5), S. 191 mit Fn 64.
61 Vgl Gesetz über die Vereinigung von Mecklenburg-Strelitz mit Mecklenburg-Schwerin v. 24.10.1933, RegBl. für Mecklenburg-Schwerin 1933, S. 285; vgl ferner das gleichnamige (von der Reichsregierung auf der Grundlage des sog. Ermächtigungsgesetzes v. 24.03.1933 – RGBl. I S. 141 – erlassene) Reichsgesetz v. 15.12.1933 (RGBl. I S. 1065); zur de-facto-Abschaffung der föderalen Struktur in der NS-Zeit durch Auflösung der Parlamente und Einsetzung von Reichsstatthaltern vgl die Gleichschaltungsgesetze v. 31.03. und 07.04.1933 (RGBl. I S. 153 und 173), das „Gesetz über die Anpassung der Landesverwaltung an die Grundsätze des Nationalsozialistischen Staates" v. 15.12.1933 (PrGS S. 479) und das „Gesetz über den Neuaufbau des Reichs" v. 30.01.1934 (RGBl. I S. 75); dazu *Kimminich*, Deutsche Verfassungsgeschichte, 2. Aufl. 1987, S. 569 f.
62 → Fn 5.
63 Die LReg wurde nun als „oberstes Organ der vollziehenden Gewalt" verstanden, Art. 65 Abs. 1.
64 Zu Widerständen gegen die Einbeziehung des Oktober-Entwurfs vgl Abg. Dr. Schoenenburg (LL/PDS), LT-Prot. 1/53 S. 2713.
65 In der Staatskanzlei SchlH, vgl LT-Drs. 1/2000 S. 72; *März* (Fn 5), S. 191 mit Fn 65.
66 Vgl *Starck* (Fn 10), S. 10.
67 Vgl LT-Drs. 1/2000 S. 72.
68 Anders offenbar *März* (Fn 5), S. 197; zur Kritik an der Einbeziehung vgl insb. Abg. Dr. Schoenenburg (LL/PDS), LT-Prot. 1/53 S. 2713, 2714 und 1/78 S. 4453, 4454; demgegenüber Abg. Dr. Buske (CDU), LT-Prot. 1/3 S. 46.

Anlass des Entwurfs war der Juli-Entwurf des Regionalausschusses, der für 15
nicht verabschiedungsreif angesehen wurde.[69] Zur Vermeidung der von einer
frühzeitigen (verfassungs)politischen Festlegung zu erwartenden Konflikte in
den anstehenden Aufbaujahren schlug der **Poetzsch-Heffter-Entwurf** vor dem
Hintergrund des sich abzeichnenden Beitritts[70] in 51 Artikeln nur die zunächst
für notwendig erachteten staatsorganisationsrechtlichen Regelungen vor. Für
Staatsziele und Grundrechte sollte nach einer „schriftlich fixierten Absicht"[71] in
einer noch zu formulierenden Präambel auf das GG hingewiesen werden. Einfluss auf die Verfassungsberatungen hatte der Entwurf nicht.[72]

c) „**Freistaatsentwurf**". Der „Freistaatsentwurf", vom innerhalb der LReg für 16
Verfassungsfragen zuständigen[73] Justizminister in Abstimmung mit dem Innenminister erarbeitet,[74] verstand sich ebenfalls als bloßes Organisationsstatut, war
jedoch nicht lediglich als Übergangsverfassung konzipiert.[75] Anders als die der
Verfassungskommission als Arbeitsgrundlage überwiesenen Entwürfe sah er für
die Verabschiedung der Verfassung keine Zwei-Drittel-Mehrheit vor.[76] Neben
den „Irritationen" in Bezug auf seine Präsentation und Funktion[77] war es der
Umstand, dass der Entwurf weit hinter dem Stand der im Land seinerzeit, insb.
vor dem Hintergrund der gerade beendeten Diktaturerfahrung und dem damit
verbundenen Aufbruchgedanken, geführten Diskussion zurückgeblieben war,
der zur Folge hatte, dass von ihm **keinerlei Impulse** für den weiteren Prozess der
Verfassunggebung ausgegangen sind, er vielmehr – davon abgesehen, dass er als
Streitfolie diente – (weitgehend) ignoriert wurde.[78]

4. Beratungsumfeld: Zeitgleiche Verfassungsdiskussion sowohl im Bund als auch 17
in den (alten und neuen) Ländern. Der Prozess der Verfassungswerdung fand
ab 1992 in **zeitlicher Parallelität** und damit auch vor dem Hintergrund[79] der auf
Bundesebene geführten Beratungen in der Gemeinsamen Verfassungskommission von BT und BRat statt, deren Auftrag es war, Änderungen des GG[80] vorzuschlagen.[81] Gegenstand der Beratung waren u.a. auch weitreichende Vorstellungen über die Ergänzung und Erweiterung von Grundrechten, die Aufnahme

---

69 Zum Charakter als Gegenentwurf zum Juli-Entwurf vgl auch *März* (Fn 5), S. 191; zur Bewertung des Juli-Entwurfs als wenig grundgesetzkonform vgl *Starck* (Fn 10), S. 9 f.
70 Und der damit verbundenen Entlastung, unter Zeitdruck eine vollständige LV auszuarbeiten.
71 Vgl LT-Drs. 1/2000 S. 72.
72 Vgl *März* (Fn 5), S. 191.
73 → Fn 35.
74 Vgl LT-Drs. 1/3100 S. 51.
75 Indes war zu Grundrechten (und Staatszielen) keine Bezugnahme auf das GG vorgesehen; vgl aber auch LT-Prot. 1/35 S. 1607, wo Minister Dr. Born (CDU) erklärte, dass sich die „endgültige Verfassung" nicht nur auf ein reines Organisationsstatut beschränken solle.
76 Lediglich die Verfassungsänderung sollte einer Zwei-Drittel-Mehrheit bedürfen, wenngleich Minister Dr. Born im LT für eine breite Zustimmung plädierte, vgl LT-Prot. 1/35 S. 1610.
77 Vgl dazu *März* (Fn 5), S. 191 mit Fn 66 bis 68; vgl auch LT-Prot. 1/35 S. 1598 ff und Abg. Dr. Eggert (SPD) in der ersten Lesung des späteren Verfassungsentwurfs, LT-Prot. 1/78 S. 4460: „… der fatale Versuch der damaligen Landesregierung vereitelt worden ist, eine Verfassung von oben zu konstituieren".
78 Vgl *März* (Fn 5), S. 191; *Wedemeyer* (Fn 31), S. 37 und 53.
79 Vgl idS Abg. Dr. Schoenenburg (LL/PDS), LT-Prot. 1/53 S. 2713; 1/78 S. 4454.
80 Zur Diskussion im Bund vgl *Kloepfer*, Verfassungsänderung statt Verfassungsreform, 1995, S. 19 f; vgl ferner die Beiträge in: *Guggenberger/Stein* (Hrsg.), Die Verfassungsdiskussion im Jahr der deutschen Einheit, 1991.
81 Vgl dazu den Bericht der Gemeinsamen Verfassungskommission, BT-Drs. 12/6000; näher *H. H. Klein*, in: HdbStR Bd. VIII, (1. Aufl. 1995), S. 557, 589 ff; *Stern*, Bd. V, S. 1950 f, jeweils mwN.

von (sozialen) Staatszielbestimmungen und die Einführung plebiszitärer Elemente.[82] Durchsetzen konnten sich diese Vorschläge mangels Erreichens einer Zweidrittelmehrheit in der Kommission nicht.[83] Im Unterschied dazu nahmen im Bereich des **Landesverfassungsrechts**, dessen Renaissance bereits in der Mitte der 80er Jahre eingesetzt hatte,[84] die Diskussion um sowie die Aufnahme von eigenständigen (sozialen) Grundrechten, Staatszielbestimmungen und eine Verstärkung direkt-demokratischer Elemente zu.[85]

II. Verfahren der Verfassunggebung

18 1. **Gang der Kommissionsberatungen.** Die Verfassungskommission konstituierte sich am 31. Januar 1991 im Schweriner Schloss, wo auch die übrigen Sitzungen mit Ausnahme einer Klausurtagung auf Schloss Spyker auf der Insel Rügen stattfanden. Ingesamt beriet die Kommission in 26 Sitzungen,[86] wobei bis zur Vorlage des Zwischenberichts am 30. April 1992 bereits 20 Sitzungen stattgefunden hatten. Aufgrund der in der ersten Sitzung beschlossenen Zugrundelegung der GO LT für die Kommissionsarbeit tagte sie nicht öffentlich.[87]

19 In den ersten vier Sitzungen fand eine allg. Aussprache statt, die zugleich der Darstellung der Verfassungsdiskussion in Bund und Ländern durch die von den Parteien benannten Sachverständigen diente. Die **Professoren Starck und von Mutius**[88] erstellten sodann im April 1991 zunächst getrennte Entwürfe eines Organisationsstatuts. Diese nahmen die Grundsatzpositionen der Parteien auf, enthielten aber auch alternative Formulierungsvorschläge. In der fünften und sechsten Sitzung führte die Kommission eine öffentliche Anhörung unter Teilnahme von Gewerkschaften, Arbeitgeberverbänden, Sozialverbänden, den kommunalen Spitzenverbänden, Kirchen, Hochschulen, Denkmal- und Heimatschutzverbänden und Kulturverbänden durch.[89] In der Folgezeit wurden die Professorenentwürfe in Kenntnis der Ergebnisse der Anhörung[90] im Einzelnen beraten.[91] Dabei konnte für die Themen LT, LReg, Gesetzgebung und Verfassungsänderung, Haushalts- und Rechnungsprüfung, Landesverwaltung und Selbstverwaltung sowie Rspr trotz verbleibender strittiger Punkte zu weiten Teilen Konsens erzielt werden. Einigkeit wurde auch darüber erzielt, plebiszitäre Elemente in die Verfassung aufzunehmen.[92] Im Oktober 1991 legten die Professoren daran anknüp-

---

82 Vgl BT-Drs. 12/6000, S. 49 ff, 83 ff.
83 Vgl *H. H. Klein* (Fn 81), S. 593 f, 596 f, 598 ff; vgl Gesetz zur Änderung des GG v. 27.10.1994 (BGBl. I S. 3146), umfassende Literaturnachweise bei *Kloepfer* (Fn 80), S. 13 ff mit Fn 4.
84 Vgl etwa *Menzel*, Landesverfassungsrecht, 2002, S. 123; *K. Fiedler*, Verfassungsgerichtsbarkeit im Bundesstaat, 2006, S. 18, 112 f; *Starck/Stern* (Hrsg.), Landesverfassungsgerichtsbarkeit, Bd. I-III, 1983; *Vitzthum*, VVDStRL 46 (1988), S. 7 ff; vgl ferner *Niedobitek*, Neue Entwicklungen im Verfassungsrecht der deutschen Länder, 3. Aufl. 1995, S. 7 ff.
85 Vgl *H.-P. Schneider*, DÖV 1987, 749, 753 ff; *Niedobitek* (Fn 84), S. 27; vgl auch *Starck*, Die Verfassungen der neuen deutschen Länder, 1994.
86 Vgl auch *Starck* (Fn 10), S. 11, wonach sich die Beratungen von Anfang an als besonders schwierig gestalteten.
87 Mit Ausnahme der in der 5. und 6. Sitzung durchgeführten Anhörung.
88 Nach *Wedemeyer* (Fn 31), S. 37 die „prägenden Persönlichkeiten".
89 Vgl LT-Drs. 1/3100 S. 54 f; vgl näher *März* (Fn 5), S. 192 mit Fn 69; *Starck* (Fn 10), S. 10 f.
90 Zum Vorwurf der mangelnden Berücksichtigung der Anhörungsergebnisse vgl LT-Prot. 1/53 S. 2713 (Abg. Dr. Schoenenburg, LL/PDS).
91 Vgl *März* (Fn 5), S. 192; Einzelheiten in LT-Drs. 1/3100 S. 55.
92 Vgl LT-Drs. 1/3100 S. 55, umstr. war aber bis zuletzt deren Ausgestaltung.

fend einen **gemeinsamen Entwurf des Organisationsteils** vor, der zu nach wie vor (partei)politisch strittigen Punkten auch Alternativvorschläge enthielt.[93]

Auf der Klausurtagung wurde eine Unterkommission beauftragt, die im staatsorganisationsrechtlichen Teil noch offenen Fragen zu klären[94] und gleichzeitig einen Rahmen für die vier Sachverständigen für ein Gutachten zu den übrigen noch anstehenden Themen zu schaffen.[95] Dabei ging es insb. um die Bereiche Präambel, Grundrechte, Staatsziele und Landesspezifika.[96] Dem folgten im Dezember 1991 zwei unterschiedliche Professorenentwürfe[97] zu den genannten Themen, die nach Erörterung in der Verfassungskommission[98] im Januar 1992 ebenfalls zu einem einheitlichen Entwurf zusammengeführt wurden.[99] Die nach weiteren zwei Kommissionssitzungen strittig gebliebenen Punkte hatten ihren Schwerpunkt in den Bereichen Staatsziele und Umweltschutz einerseits und der Ausgestaltung der grds. konsentierten Einführung plebiszitärer Elemente andererseits.[100] Von den Professoren wurde sodann eine **synoptische Darstellung** eines Verfassungsentwurfs erarbeitet, die die bisherigen Beratungsergebnisse berücksichtigte und sowohl die Mehrheits- bzw Konsensmeinungen als auch die jeweils abweichenden Vorschläge aufzeigte.[101] In der Folge erstellte die Kommission ihren Zwischenbericht vom 30. April 1992.[102]

20

Der Entwurf des **Zwischenberichts** umfasste 78 Artikel. Er sah eine Vollverfassung mit einer auf einen Vorschlag der Kirchen zurückgehenden Präambel, mit Grundrechten, Staatszielen und alternativen Vorschlägen zu den plebiszitären Elementen vor. Art. 78 gab den Inhalt des LT-Beschlusses vom 8. April 1992 zum In-Kraft-Treten und zum Verabschiedungsverfahren, insb. also das bis dahin umstrittene Erfordernis einer Verabschiedung im LT mit Zwei-Drittel-Mehrheit, wieder.[103]

21

Nach der **Plenardebatte über den Zwischenbericht** am 7. Mai 1992,[104] wo die verfassungspolitisch motivierten Differenzen in Bezug auf Staatsziele, soziale Grundrechte und plebiszitäre Elemente offenbar wurden,[105] fand eine **öffentliche Diskussion** über den Entwurf statt.[106] Diese führte zu über 600 Zuschriften.[107] Nach Auswertung in der 21. Sitzung am 9. Oktober 1992 nahm die Verfassungskommission im November 1992 ihre Schlussberatungen auf.[108] Bis zum Frühjahr 1993 wurde über die noch klärungsbedürftigen Themen Präambel,

22

---

93 Vgl Kommissions-Drs. 17; *März* (Fn 5), S. 192.
94 LT-Drs. 1/3100 S. 55 f.
95 Zur Tätigkeit der Unterkommission vgl LT-Drs. 1/2000 S. 77 f.
96 Vgl LT-Drs. 1/3100 S. 57.
97 Zu den Unterschieden vgl LT-Drs. 1/3100 S. 58.
98 Vgl LT-Drs. 1/2000 S. 78 f, wobei auch die Idee, das Land als „Freistaat" zu bezeichnen, mit überwiegender Mehrheit abgelehnt wurde.
99 Vgl LT-Drs. 1/2000 S. 81 und 1/3100 S. 57.
100 Vgl LT-Drs. 1/2000 S. 82; vgl auch *März* (Fn 5), S. 192.
101 Vgl LT-Drs. 1/3100 S. 59.
102 LT-Drs. 1/2000.
103 → Rn 6 und 8.
104 LT-Prot. 1/53 S. 2704; Zusammenfassung LT-Drs. 1/3100 S. 60 ff.
105 Vgl insb. die Auffassung der LL/PDS, wonach der vorhandene „Minimalkonsens in seiner sozialen und demokratischen Grundsubstanz ausgebaut" werden müsse, LT-Prot. 1/53; vgl ferner LT-Drs. 1/3100 S. 63.
106 Dazu wurden nahezu 50.000 Exemplare der Drs. 1/2000 hergestellt, die Medien einbezogen und öffentliche Veranstaltungen durchgeführt, vgl näher bei LT-Drs. 1/3100 S. 66 f.
107 Zu den Inhalten der Zuschriften vgl LT-Drs. 1/3100 S. 67 und *März* (Fn 5), S. 193 f.
108 Vgl LT-Drs. 1/3100 S. 67, 68; kritisch zum Umgang mit den Zuschriften Abg. Dr. Schoenenburg (LL/PDS), LT-Prot. 1/53 S. 2714.

(soziale) Grundrechte, parlamentarische Informationsrechte, nähere Ausgestaltung der plebiszitären Elemente, Haushaltsverfassung und Verwaltungsorganisation größtenteils einvernehmlich, iÜ mehrheitlich – nach Annäherung von CDU und SPD – entschieden.[109] Nach redaktioneller Bearbeitung wurde der Verfassungsentwurf in der 26. Sitzung der Verfassungskommission am 30. April 1993 bei Enthaltung der Vertreter der Fraktion der LL/PDS und des Regionalausschusses[110] verabschiedet. Mit dem **Abschlussbericht** vom 7. Mai 1993 legte die Kommission dem LT[111] den 80 Artikel umfassenden Verfassungsentwurf vor.[112] Nach seinem Schlussartikel sollte die Verfassung vom LT mit der Mehrheit von zwei Drittel seiner Mitglieder beschlossen und durch Volksentscheid mit einfacher Mehrheit der Abstimmenden bestätigt werden (Art. 80 Abs. 1).[113]

23 **2. Landtag und Inkraftsetzen als vorläufige Verfassung.** Der Verfassungsentwurf lag dem LT zur **ersten Lesung** am 12. Mai 1993 zusammen mit mehreren Änderungs- und Ergänzungsanträgen,[114] insb. der LL/PDS-Fraktion,[115] vor. In der Aussprache wurde der **Kompromisscharakter** mancher Formulierung, etwa zum Staatszielteil oder den plebiszitären Elementen, erneut deutlich,[116] auch die prinzipiell kritische Sicht der LL/PDS zu Gang und Ziel der Verfassungsdiskussion einschließlich der im Verlaufe der Kommissionsarbeit stattgefundenen Annäherung von CDU und SPD,[117] und den damit verbundenen Ergebnissen, vor allem im Bereich Staatsziele und Grundrechte,[118] aber etwa auch zum für „entschieden zu hoch" erachteten Quorum für das Zustandekommen des Volksbegehrens.[119] In der zweiten Lesung,[120] in der keine Aussprache mehr stattfand, wurden sämtliche Änderungsanträge im Rahmen der Einzelberatung abgelehnt.[121] In der in namentlicher Abstimmung durchgeführten **Schlussabstimmung** wurde die Verfassung mit 53 Ja- bei 9 Nein-Stimmen (der LL/PDS) ohne Enthaltung angenommen.[122]

24 Das Verfahren zur **Inkraftsetzung** der Verfassung[123] regelte der LT im unmittelbaren Anschluss an die Abstimmung über die LV durch das „Gesetz über die

---

109 Vgl LT-Drs. 1/3100 S. 68.
110 Zu den Gründen dafür *März* (Fn 5), S. 194 mit Fn 78.
111 Zur Frage der Ordnungsgemäßheit der Einführung vgl LT-Prot. 1/78 S. 4441; ferner *März* (Fn 5), S. 194 mit Fn 79.
112 LT-Drs. 1/3100.
113 Zum Fehlen bundesverfassungsrechtlicher Vorgaben zur Frage der Mehrheiten bei der Verfassunggebung vgl *Starck* (Fn 33), S. 356 f.
114 LT-Drs. 1/3140, 1/3143, 1/3144, 1/3145, 1/3146, 1/3147, 1/3148.
115 Vgl auch *März* (Fn 5), S. 175, 194 mit Fn 80.
116 Vgl etwa die Redebeiträge LT-Prot. 1/78 von Prachtl (CDU) S. 4441, Dr. Ringstorff (SPD) S. 4446, Rehberg (CDU) S. 4450, Goldbeck (FDP) S. 4456, Dr. Eggert (SPD) S. 4459.
117 Vgl Abg. Dr. Schoenenburg (LL/PDS), LT-Prot. 1/78 S. 4453, der eine „Abkehr vom Verfassungsdenken und den Verfassungsvorschlägen der Runden Tische" konstatierte; ferner Abg. Kreuzer (LL/PDS), LT-Prot. 1/78 S. 4469.
118 Vgl Abg. Dr. Schoenenburg (LL/PDS), LT-Prot. 1/78 S. 4455: „Am gravierendsten ist, und das ist schließlich auch der Hauptpunkt unserer Kritik, daß die Staatsziele Arbeit und Wohnen viel zu unverbindlich ausgestaltet sind und eine Reihe von Staatszielen ... durchaus nicht reflektiert werden."
119 Zu den Quoren im Vergleich der neuen Länder *Starck* (Fn 33), S. 374.
120 Zur fehlenden Überweisung an den Rechtsausschuss in der 1. Lesung vgl *März* (Fn 5), S. 195.
121 Vgl LT-Prot. 1/80 S. 4572.
122 Zum Übertreffen der Zwei-Drittel-Mehrheit vgl *März* (Fn 5), S. 195 mwN in Fn 82.
123 Erste Versuche zur gesetzlichen Festlegung des Verabschiedungsverfahrens (LT-Drs. 1/952, 1/956, vgl Rn 8) waren im Jahre 1992 auf Empfehlung des Rechtsausschusses für erledigt erklärt worden (vgl LT-Drs. 1/1662 und LT-Prot. 1/48 S. 2381).

Verabschiedung und das Inkrafttreten der Verfassung von Mecklenburg-Vorpommern".[124] Nach dessen § 1 Abs. 1 trat die Verfassung mit ihrer Verkündung[125] als **vorläufige Verfassung** in Kraft; von dem In-Kraft-Treten ausgenommen waren lediglich Art. 36 über den Bürgerbeauftragten,[126] Art. 52 bis 54 über das LVerfG und Art. 60 Abs. 4 Satz 2 über den Volksentscheid zur Änderung der LV.[127] § 1 Abs. 3 Satz 1 stellte klar, dass das In-Kraft-Treten der vorläufigen Verfassung die Besetzung und die Amtszeit der aufgrund des Vorläufigen Statuts[128] oder aufgrund eines Landesgesetzes im Amt befindlichen Verfassungsorgane, Gremien und Funktionsträger nicht berührt. Satz 2 bestimmte, dass der MinPräs unbeschadet des Art. 50 LV im Amt bleibt.[129] § 2 ordnete den **Volksentscheid** über die LV für die nächste landesweite Wahl an. § 3 legte in Satz 2 fest, dass die LV bei Billigung durch den Volksentscheid mit der Beendigung der ersten Wahlperiode des LT endgültig in Kraft tritt. Nach § 4 sollte sie bei Ablehnung durch das Volk solange als vorläufige fortgelten, bis eine vom LT beschlossene (neue) Verfassung die Billigung in einem Volksentscheid erhalten hat.[130] § 5 des Gesetzes setzte das Vorläufige Statut außer Kraft.

Verfassung und Gesetz über die Verabschiedung wurden am 23. Mai 1993[131] ausgefertigt und am selben Tage verkündet.[132]

3. Volksentscheid und endgültiges In-Kraft-Treten. Der Volksentscheid fand zusammen mit der Kommunalwahl und der am selben Tage durchgeführten Europawahl am 12. Juni 1994 statt. Bei einer Beteiligung von 65,5% (902.988 Personen) der Stimmberechtigten (1.379.244 Personen) stimmten 530.292 Personen (58,7%) für und 351.599 Personen (38,9%) gegen die Verfassung.[133] Bezogen auf die Abstimmungsberechtigten entschieden sich 38,45% für die Verfassung.[134] Mit Beendigung der Wahlperiode des ersten LT am Tag des Zusammentritts des neuen LT (Art. 27 Abs. 1 Satz 2) am 15. November 1994[135] trat die LV als endgültige in Kraft.[136]

III. Änderungen der Verfassung

Die LV ist bisher durch **vier Änderungsgesetze** geändert worden. Mit dem „Ersten Gesetz zur Änderung der Verfassung des Landes Mecklenburg-Vorpommern" vom 4. April 2000[137] wurde Art. 72 Abs. 3 im Hinblick auf das Konnexi-

---

124 GVOBl. 1993 S. 371.
125 Am 23.05.1993.
126 Der Bürgerbeauftragte war seinerzeit ebenso wenig wie ein LVerfG eingerichtet; deshalb bedurfte es der vorläufigen Inkraftsetzung der diesbezüglichen Bestimmungen nicht.
127 Vgl Begründung des Gesetzentwurfs der Fraktionen von CDU, SPD und FDP, LT-Drs. 1/3131 S. 5; zur Korrespondenz zwischen Verabschiedungs- und Änderungsquorum bei einem Referendum unterzogener Verfassung vgl *Jung*, LKV 1995, 319, 320 f mwN.
128 → Rn 2 f.
129 Vgl dazu → Fn 21.
130 Vgl dazu *März* (Fn 5), S. 196 mit Fn 86: „de facto Akklamation, nicht mehr Probation".
131 In Anlehnung an den 23.05.1949 als den Tag der Ausfertigung und Verkündung des GG durch den Parlamentarischen Rat.
132 GVOBl. S. 371 (Gesetz über die Verabschiedung) und S. 372 (LV).
133 Zu den absoluten Zahlen vgl Bek. des Landeswahlleiters, AmtsBl. 1994, S. 798.
134 Vgl auch *März* (Fn 5), S. 196, der auf Zahlen des Landesamtes für Statistik abstellt; zur Bewertung vgl *Jung* (Fn 127), S. 319.
135 Vgl LT-Prot. 2/1.
136 Vgl Bek. v. 23.08.1994 (GVOBl. S. 811).
137 GVOBl. S. 158; dazu LT-Drs. 3/293 sowie Beschlussempfehlung und Bericht des Rechtsausschusses LT-Drs. 3/1156 und LT-Prot. 3/36 S. 2101 ff.

tätsprinzip (→ *Meyer*, **Art.** 72 Rn 50 ff) neu gefasst. Mit dem zweiten Änderungsgesetz vom 14. Juli 2006[138] wurden Artt. 12, 14, 17, 27 Abs. 1 und 60 Abs. 1 Satz 3 geändert sowie Art. 52 Abs. 4 und Art. 68 Abs. 2 neu gefasst; ferner wurde Art. 17 a eingefügt. Gegenstände dieser Änderung waren die Aufnahme des Tierschutzes, die Konkretisierung des Kinder- und Jugendschutzes, der Schutz von alten Menschen und Menschen mit Behinderung, die Verlängerung der Wahlperiode des LT von vier auf fünf Jahre, eine Konkretisierung der Inkompatibilitätsregel für die Mitglieder des LVerfG, die Reduzierung des Quorums für ein Volksbegehren auf 120.000 Unterstützer sowie eine Änderung von Wahlzeit und Wahlverfahren für Präs und VPräsLRH. Das „Dritte Gesetz zur Änderung der Verfassung des Landes Mecklenburg-Vorpommern" vom 3. Dezember 2007[139] ist aus der „Volksinitiative für ein weltoffenes, friedliches und tolerantes Mecklenburg-Vorpommern" hervorgegangen. Mit ihm wurde Art. 18 a eingefügt. Die mit dem vierten Änderungsgesetz[140] verkündete Änderung der Schuldenregel in Art. 65 Abs. 2, mit der von der Ermächtigung des Art. 109 Abs. 3 Satz 2 GG Gebrauch gemacht wird, tritt am 1. Januar 2020 in Kraft. Bereits am 16. Juli 2011 in Kraft getreten ist die mit dem Änderungsgesetz als Art. 79 a eingefügte Übergangsregelung für die Aufstellung der Haushalte ab dem Haushaltsjahr 2012.

IV. Schrifttum

28 *Klaus Schwabe*, Verfassungen in Mecklenburg zwischen Utopie und Wirklichkeit, 1996; *Christian Starck*, Verfassungen, 2009; *Stiftung Mecklenburg/Innenministerium des Landes Mecklenburg-Vorpommern* (Hrsg.), Modernisierung und Freiheit, 1995.

---

138 Zweites Gesetz zur Änderung der Verfassung des Landes Mecklenburg-Vorpommern v. 14.07.2006 (GVOBl. S. 572); vgl Gesetzentwurf der Fraktionen der SPD, CDU und Linkspartei.PDS LT-Drs. 4/2118 (neu) sowie Beschlussempfehlung und Bericht des Rechtsausschusses LT-Drs. 4/2328 sowie LT-Prot. 4/79 S. 4824 ff.
139 GVOBl. S. 371; dazu LT-Drs. 5/640 und Beschlussempfehlung und Bericht des Europa- und Rechtsausschusses LT-Drs. 5/1003 sowie LT-Drs. 5/1022 und LT-Prot. 5/28 S. 28 ff.
140 Viertes Gesetz zur Änderung der Verfassung des Landes Mecklenburg-Vorpommern v. 30.06.2011 (GVOBl. S. 375; dazu LT-Drs. 5/4192 sowie Beschlussempfehlung und Bericht des Europa- und Rechtsausschusses LT-Drs. 5/4439 und LT-Prot. 5/124 S. 5 ff., 81.

Präambel

Im Bewusstsein der Verantwortung aus der deutschen Geschichte sowie gegenüber den zukünftigen Generationen,

erfüllt von dem Willen, die Würde und die Freiheit des Menschen zu sichern, dem inneren und äußeren Frieden zu dienen, ein sozial gerechtes Gemeinwesen zu schaffen, den wirtschaftlichen Fortschritt aller zu fördern, die Schwachen zu schützen und die natürlichen Grundlagen des Lebens zu sichern,

entschlossen, ein lebendiges, eigenständiges und gleichberechtigtes Glied der Bundesrepublik Deutschland in der europäischen Völkergemeinschaft zu sein,

im Wissen um die Grenzen menschlichen Tuns,

haben sich die Bürger Mecklenburg-Vorpommerns auf der Grundlage des Grundgesetzes für die Bundesrepublik Deutschland in freier Selbstbestimmung diese Landesverfassung gegeben.

Bis auf die Verfassung des Landes Schleswig-Holstein[1] und des Saarlandes[2] enthalten alle anderen Landesverfassungen – wenn auch in unterschiedlichster Form – Präambeln. In ihnen ist meist viel Verfassungslyrik enthalten. So auch in der vorliegenden Präambel. Dabei kommt der Präambel in erster Linie politischer Bekenntnis- und Appellcharakter zu[3] und soll sie die Integration der Angehörigen des Gemeinwesens bewirken.[4] Darüber hinaus ist der **normative Wert** der Präambel begrenzt. Insb. begründet sie unmittelbar keine subjektiven Rechte. Vielmehr formuliert sie allenfalls **Staatsziele**[5] und ein entsprechendes Programm, welches anschließend im 1. Abschnitt in den Staatsform-, Grundrechts- und Staatszielbestimmungen konkretisierend aufgegriffen und näher ausgeformt wird (→ *Wallerath*, **Vorbem. vor Art. 1** Rn 1). Einen gewissen normativen Wert kann die Präambel darüber hinaus als **Auslegungsdirektive** bei der Auslegung der operativen Bestimmungen der Verfassung (sowie auch von Regelungen des einfachen Rechts) entfalten, wenn es darum geht, Sinn und Zweck der einzelnen Bestimmungen zu eruieren[6] („teleologische Auslegung").[7]   1

Auffallend ist die Formulierung in Abs. 5 der Präambel, derzufolge die **Bürger** Mecklenburg-Vorpommerns und nicht das „Volk" die **Konstituante** gebildet haben, wie dies in der Regel sonst formuliert wird. An sich ist diese Wortwahl unproblematisch, da Bürger grds. nur derjenige ist, der auch deutscher Staatsbürger ist, und in weiterer Folge die Summe der (deutschen) Staatsangehörigen   2

---

1 Zu den Gründen *Waller*, Die Entstehung der Landessatzung von Schleswig-Holstein vom 13.12.1949, 1988, S. 103, 148 ff. Allerdings hat jüngst der SchlHLT einen Sonderausschuss „Verfassungsreform" eingesetzt (vgl LT-Drs. 18/715), dem der Auftrag erteilt wurde, u.a. eine Präambel für die Landesverfassung zu entwerfen. Ein solcher Entwurf liegt mittlerweile vor; vgl LT-Umdruck 18/1650 (neu).
2 Zu den Gründen *Brosig*, in: Wendt/Rixecker, S. 24 ff, insb. 27.
3 *Pirsch*, in: Thiele/Pirsch/Wedemeyer, Präambel, Rn 2. Vgl zu dem ganzen eingehend *Häberle*, Präambeln im Text und Kontext von Verfassungen, in: FS Johannes Broermann, 1982, S. 211, 231, 242, 248.
4 Vgl *Smend*, Verfassung und Verfassungsrecht [1928], in: ders., Staatsrechtliche Abhandlungen, 2. Aufl. 1968; *Heller*, Staatslehre, 6. Aufl. 1983; *Häberle* (Fn. 3), S. 232.
5 Zu diesen, insb. zu deren rechtlichen Wirkungen → **Vorbem. vor Art. 11** Rn 1 ff. Konkret zur Präambel des GG als Staatszielbestimmung auch *Kunig*, in: von Münch/Kunig, Präambel, Rn 10. Vgl auch BVerfGE 36, 1, 17 ff.
6 BVerfGE 5, 85, 127; *Kunig*, in: von Münch/Kunig, Präambel, Rn 7 f, 11; *Pirsch*, in: Thiele/Pirsch/Wedemeyer, Präambel, Rn 2; *Häberle* (Fn 3), S. 241.
7 *Larenz/Canaris*, Methodenlehre der Rechtswissenschaft, 3. Aufl. 1995, S. 210 ff.

auch das „Volk" im Sinne von Staatsvolk und „Demos" bildet.[8] Durch Art. 22 AEUV ist dieser Bürgerbegriff, der strikt an die Staatsangehörigkeit gekoppelt ist, neuerdings allerdings in gewisser Weise umgeformt worden.[9]

3 Unter inhaltlichem Aspekt fällt zunächst auf, daß die Präambel – im Gegensatz zur Präambel des GG[10] sowie zahlreicher anderer Landesverfassungen[11] – **keinen** ausdrücklichen **Gottesbezug** aufweist.[12] Dies ist allerdings in M-V, welches mittlerweile über weite Strecken atheistisch geprägt ist,[13] auch nicht überraschend. Möglicherweise kann aber in der in Abs. 4 enthaltenen Formulierung „im Wissen um die Grenzen menschlichen Tuns" ein verschämter Hinweis auf einen göttlichen Bezugspunkt der Verfassung gesehen werden.[14]

4 Die Präambel formuliert verschiedene **Staatsziele**. Im einzelen: Den Willen, die Würde und Freiheit des Menschen zu sichern, was als eine Wegweisung zu den Grundrechtsbestimmungen in Artt. 5 ff LV zu verstehen ist (vgl → *Kohl*, **Vorbem. vor Art. 5 Rn 1**). Ferner den Willen, dem Frieden zu dienen, wobei hier bemerkenswerterweise nicht nur, wie in der Präambel des GG, der äußere,[15] sondern auch der innere (!) Frieden angesprochen wird (→ *Classen*, **Art. 18 a Rn 6 f**). Des Weiteren formuliert die Präambel das hehre Staatsziel der sozialen Gerechtigkeit, verbunden mit dem Ziel des Schutzes der Schwachen. Und auch wenn hier nicht ausdrücklich das Staatsziel „Sozialstaat" als solches formuliert wird (dies geschieht dann bei der Aufzählung der Staatsstrukturbestimmungen/ „Staatsgrundlagen" in Art. 2; → *Wallerath*, **Art. 2 Rn 9**), kann kein Zweifel bestehen, daß mit dem Hinweis auf die soziale Gerechtigkeit in verfassungsdogmatischer Hinsicht ein Verweis auf das Sozialstaatsprinzip (einschließlich dessen weiterer Konkretisierungen etwa in Artt. 13, 17, 17 a und 19) gesehen werden kann. Gekoppelt ist das Staatsziel „soziale Gerechtigkeit" in der Präambel allerdings mit dem des „wirtschaftlichen Fortschritts aller" (vgl auch → *Sauthoff*, **Art. 17 Rn 3, 5 f**), was möglicherweise zu nur schwer aufzulösenden Wertungswidersprüchen in der praktischen Staatstätigkeit führen kann.[16] Eingang in die Präambel hat auch der Gedanke der Generationengerechtigkeit erhalten (Abs. 1), der in weiterer Folge etwa der Auslegung des Sozialstaatsprinzips in seinen verschiedenen Ausprägungen oder des Staatszieles „Umweltschutz" („Schutz der natürlichen Lebensgrundlagen") iVm dem Nachhaltigkeitsgrundsatz[17] eine besondere Richtung weist (→ *Sauthoff*, **Art. 12 Rn 6**). Als Staatsziel

---

8 BVerfGE 83, 37, 50 ff; vgl auch *Grawert*, Staatsvolk und Staatsangehörigkeit, in: HdbStR Bd. II S. 107 ff, Rn 16, 20, 30 f, 35 ff; *Böckenförde*, Demokratie als Verfassungsprinzip, ebd, S. 429 ff, Rn 26 ff; unklar insoweit aber *Pirsch*, in: Thiele/Pirsch/Wedemeyer, Präambel, Rn 11.
9 Und zwar konkret in Hinblick auf die Wahlberechtigung bei Kommunalwahlen. Vgl *Schütz*, Kommunalrecht, in: Schütz/Classen, § 5 Rn 103 f, 153; *Schütz/Bruha/König*, Casebook Europarecht, 2004, S. 918 f.
10 Vgl Bericht der Gemeinsamen Verfassungskommission des BT und BRat, BT-Drs. 12/6000 (1993), S. 108 ff; *Kunig*, in: von Münch/Kunig, Präambel, Rn 12 ff; *Pirsch*, in: Thiele/Pirsch/Wedemeyer, Präambel, Rn 3.
11 BWVerf, BayVerf, NdsVerf, NRWVerf, RhPfVerf, VerfLSA, ThürVerf. Einen versteckten Gottesbezug weist wohl auch die SächsVerf auf („Bewahrung der Schöpfung"). Keinen Gottesbezug enthalten: VvB, BbgVerf, BremVerf, HmbVerf, HessVerf.
12 Zur Debatte und zu den Gründen vgl *März*, JöR N.F. 54 (2006), 175, 199.
13 Vgl EKD, Kirchenmitgliederzahlen am 31.12.2011, S. 7, Tab. 3; *Korioth*, Staatskirchenrecht, in: Manssen/Schütz, Staats- und Verwaltungsrecht für Mecklenburg-Vorpommern, 1999, S. 53, 58 f.
14 So auch *Pirsch*, in: Thiele/Pirsch/Wedemeyer, Präambel, Rn 3; *März* (Fn 12), S. 199.
15 Vgl dazu *Kunig*, in: von Münch/Kunig, Präambel, Rn 27 ff.
16 Vgl Abschlußbericht der Verfassungskommission, LT-Drs. 1/3100, S. 110.
17 Hierzu *Czybulka*, Umwelt- und Naturschutzrecht, in: Schütz/Classen, § 6 Rn 45 f.

ist schließlich auch der Europagedanke aufgenommen worden (Abs. 3), allerdings in etwas anderer Form als in Art. 11 LV: In der Präambel wird die „europäische Völkergemeinschaft",[18] in Art. 11 dagegen die „europäische Integration", die auf den Zusammenschluß von Staaten abhebt,[19] als Zielobjekt angegeben (→ **Art. 11** Rn 3 f).

---

18 Vgl dazu auch Art. 1 UAbs. 2 EU: „Union der Völker Europas".
19 Vgl BVerGE 89, 155, 186.

1. Abschnitt
Grundlagen

I. Staatsform

Vorbemerkung zu Art. 1–4

1   Die Programmatik der Präambel wird im ersten Abschnitt der Verfassung konkretisierend aufgegriffen und näher ausgeformt. Als „Grundlagen" der Verfassung werden Regelungen zur Staatsform, zu den Grundrechten und den Staatszielen getroffen. Die Artt. 1 bis 4 – mit „Staatsform" überschrieben – enthalten wie im Brennglas fokussierend die strukturformenden Grundaussagen der Verfassung, auf denen diese in einem Prozess zunehmender Konkretisierung aufbaut und die sie in der Folge mit Inhalt anfüllt. Die Bestimmungen beschränken sich freilich nicht auf eine Festlegung der „Staatsform" im engeren Sinne. Als solche wird regelmäßig die Entscheidung für oder gegen eine „Republik" verstanden.[1] In den Artt. 1-4 geht es jedoch um mehr: Neben der Vergewisserung über die reale (territoriale) Basis des Landes sind es namentlich **Aussagen zu den leitenden Verfassungsprinzipien** (und damit zur konkret verfassten Herrschaftsordnung sowie zu den fundamentalen Staatszwecken), zur **dezentralen Organisationsstruktur** und zur **Rechtsstaatlichkeit** des Landes als tragenden Säulen des verfassten Gemeinwesens M-V. Diese vom Allgemeinen zum Besonderen fortschreitende Systematik entspricht weitgehend der in den Verfassungen der anderen neuen Bundesländer.[2] Damit werden die tragenden Elemente der staatlichen Grundordnung des Landes benannt. Zugleich wird seine „Staatlichkeit" konstituiert, auch wenn diese über die Normativität der Verfassung hinausweist und neben der formellen und materiellen (z.B. Landeswahlgesetz, Abgeordnetengesetz, Ministergesetz) Verfassung alle wirklichkeitsprägenden Emanationen gliedstaatlicher Herrschaftsordnung umfasst.

Art. 1 (Das Land Mecklenburg-Vorpommern)

(1) Mecklenburg und Vorpommern bilden gemeinsam das Land Mecklenburg-Vorpommern.

(2) Mecklenburg-Vorpommern ist ein Land der Bundesrepublik Deutschland.

(3) Die Landesfarben sind blau, weiß, gelb und rot. Das Nähere über Landesfarben und Landeswappen sowie deren Gebrauch regelt das Gesetz.

Zu Abs. 2: Artt. 23 Abs. 2 BWVerf; 1 Abs. 2 VvB; 1 Abs. 1 BbgVerf; 64 BremVerf; 1 HambVerf; 64 HessVerf; 1 Abs. 1 Satz 1 Verf NW; 74 Abs. 1 Verf Rh-Pf; 60 Abs. 1 SaarlVerf; 1 Satz 1 SächsVerf; 1 Abs. 1 LVerf LSA; 1 SchlHVerf; 44 Abs. 1 Satz 1 ThürVerf.

Zu Abs. 3: Artt. 1 Abs. 2 und 3 BayVerf; 24 BWVerf; 5 VvB; 4 BbgVerf; 68 BremVerf; 5 HambVerf; 66 HessVerf; 1 Abs. 3 NdsVerf; 1 Abs. 2 Verf NW; 74 Abs. 3 Verf Rh-Pf; 62 SaarlVerf; 2 Abs. 2 und 3 SächsVerf; 1 Abs. 2 LVerf LSA; 44 Abs. 2 ThürVerf.

---

1   Vgl nur *Maurer*, Staatsrecht § 7 Rn. 16 f; *Löwer*, in: v. Münch/Kunig, Art. 28 Rn. 16; s.a. *J. Ipsen*, StaatsR I, § 13 Rn 714; *Stein/Frank*, Staatsrecht, § 8 VI.
2   Anders die Verfassung des Freistaates Thüringen, die – stärker der Systematik des GG angenähert – mit dem Grundrechtskatalog beginnt und zu den „Grundlagen" erst in den Artt. 44 ff kommt.

I. Allgemeines	1	b) Staatsvolk	6
II. Landesgebiet – Landesteile (Abs. 1)	2	2. Mecklenburg-Vorpommern als Gliedstaat	7
1. Das Landesgebiet	2	a) Land der Bundesrepublik ..	7
2. Die Landesteile	3	b) Grundgesetz und Landesverfassung	8
III. Die Gliedstaatlichkeit des Landes Mecklenburg-Vorpommern (Abs. 2)	4	c) Kooperativer und Wettbewerbsföderalismus	9
1. Staatlichkeit	4	IV. Die Landesfarben (Abs. 3)	10
a) Staatsgewalt	5	V. Schrifttum	11

I. Allgemeines

Die Bestimmung enthält zwei fundamentale Aussagen: Sie benennt das **Staatsgebiet** als räumliche Grundlage der Ausübung (landes-)staatlicher Macht und bestätigt die **Gliedstaatlichkeit** von M-V als Land der Bundesrepublik Deutschland. Damit fügt sie sich ein in das Modell der Mehrebenen-Staatlichkeit. Überdies trifft sie in ihrem dritten Absatz Regelungen zu den Staatssymbolen. Die Verfassung sucht so an prononcierter Stelle die spezifischen Identitäten beider Landesteile einzufangen und in den Staatssymbolen zum Ausdruck zu bringen.[1]

II. Landesgebiet – Landesteile (Abs. 1)

1. Das Landesgebiet. Die Festlegung, nach der Mecklenburg und Vorpommern gemeinsam das Land M-V bilden, ist von doppelter Bedeutung: Sie markiert zum einen das **Gebiet** des Landes als **konstituierendes Merkmal** gebietskörperschaftlicher Verfasstheit. Das Gebiet bildet die räumliche Grundlage jeden (auch: Glied-)Staates und findet in der „Gebietshoheit" des Landes ihre Entsprechung; diese kann im Einzelfall durch Nacheilrechte etc. erweiterbar oder durch Völkerrecht eingeschränkt sein. Zum anderen betont sie den Gedanken der Einheit in Vielfalt, indem sie die **beiden Landesteile** ausdrücklich benennt und zugleich auf eine gemeinsame Staatlichkeit hin festlegt.

Art. 1 Abs. 1 LV knüpft an die Bildung der Gebietskörperschaft M-V durch § 1 Abs. 1 LEG an, nach der das Land M-V durch **Zusammenlegung der Bezirksterritorien** Neubrandenburg, Rostock und Schwerin gebildet wurde, während zeitgleich die Bezirke als Verwaltungseinheiten entfielen (§ 26 Abs. 2 LEG).[2] Diese waren nicht identisch mit dem bei der Bezirksbildung vorgefundenen Zuschnitt der Landesteile.[3] Kleinere Arrondierungen erfolgten durch Staatsverträge mit den Ländern Brandenburg und Niedersachsen im Jahre 1993.[4]

2. Die Landesteile. Die Festlegung, dass Mecklenburg und Vorpommern „gemeinsam das Land Mecklenburg-Vorpommern" bilden, greift eine Formulierung des Verfassungsentwurfs des Regionalausschusses vom Oktober 1990[5] auf. Sie verbindet die einheitsstiftende Aussage mit der **Anerkennung** der überkommenen historischen und kulturellen **Identitäten** beider Landesteile; diese findet ihre spezielle Ausformung in Art. 16 Abs. 1 (Förderung von Kultur und Wissen-

---

1 *März*, JöR N.F. 54 (2006), 175, 191 Fn 64 (aE).
2 Eine Rechtsnachfolge zu früheren staatlichen Einheiten wird überwiegend verneint; siehe *Kilian*, in: HdbStR Bd. VIII, § 186 Rn 10; *März*, JöR N.F. 54 (2006), 177 f; abw. *Röper*, ZG 6 (1991), 149, 161 f.
3 Der Versuch, die Landkreise Perleberg, Prenzlau und Templin im Sommer 1990 auf der Grundlage von Bürgerbefragungen in Anlehnung an die bis 1952 bestehenden Strukturen M-V zuzuordnen, misslang; ausführlich hierzu *März*, JöR N.F. 54 (2006), 180 f.
4 Im Einzelnen *März*, JöR N.F. 54 (2006), 182 mwN.
5 *Häberle*, JöR N.F. 39 (1990), 319 ff, 399 ff.

schaft) und Art. 75 (Landschaftsverbände → *Meyer*, **Art. 75** Rn 5).[6] Die Nennung beider Regionen und die Betonung des gemeinsamen Beitrags zur Landesbildung lässt sich als implizite Hervorhebung der Gleichwertigkeit beider Regionen verstehen.[7] Ein bestimmter rechtlicher Gestaltungsauftrag für die Politik lässt sich hieraus jedoch nicht erschließen. Immerhin dürfte sich ohne Überdehnung des normativen Gehalts ein entsprechendes **Berücksichtigungsgebot**[8] (Abwägungsgebot) entnehmen lassen. Ein solches mag auch das Verbot der Bevorzugung einer Region des Landes umfassen,[9] sperrt sich aber auch nicht gegen kompensatorische, der unterschiedlichen Leistungskraft der Landesteile Rechnung tragende Regelungen. Unabhängig hiervon zeigen Beispiele anderer Länder wie Baden-Württemberg oder Nordrhein-Westfalen (Lippe), dass sich das Eingehen auf Sensibilitäten in historisch unterschiedlich gewachsenen Landesteilen langfristig auszahlt.[10]

III. Die Gliedstaatlichkeit des Landes Mecklenburg-Vorpommern (Abs. 2)

4   **1. Staatlichkeit.** Als Land der Bundesrepublik Deutschland weist M-V alle Merkmale eines Staates auf: Auch bei den Bundesländern handelt es sich im Sinne der überkommenen **Drei-Elemente-Lehre**, wie sie von Georg Jellinek[11] klassisch ausgeformt wurde, um menschliche Verbände, die sich zu einem Staatsvolk zusammengefunden haben, ein bestimmtes Gebiet bewohnen und über eine auf Organisation beruhende Staatsgewalt verfügen. Damit sind die drei Elemente Staatsvolk, Staatsgebiet und Staatsgewalt in Beziehung zueinander gesetzt.

5   **a) Staatsgewalt.** Auch als Gliedstaat (Bundesland) ist M-V „mit eigener, wenn auch gegenständlich beschränkter – nicht vom Bund abgeleiteter, sondern von ihm anerkannter Hoheitsmacht" ausgestattet.[12] Seine Machtausübung äußert sich in den Funktionen von Legislative, Judikative und Exekutive, seine Staatlichkeit setzt einen – durch Art. 79 Abs. 3 GG garantierten – **„Kern eigener Aufgaben"** voraus, der ihm als „Hausgut" verbleiben muss und ein Mindestmaß an Kompetenzen in jedem dieser Bereiche verlangt. In der durch Artt. 70 ff, 83 ff GG geprägten Wirklichkeit liegt das Schwergewicht heute deutlich auf den Funktionen von Exekutive und Judikative. In auswärtigen Angelegenheiten sind Länderkompetenzen zwar nicht generell ausgeschlossen, aber doch durch Art. 32 GG substantiell eingeschränkt (→ *Schütz*, **Art. 11** Rn 5, 14).[13]

Zur autonomen Staatsgewalt zählt auch das **Recht der eigenen Verfassunggebung**. Staaten der Neuzeit sind nur noch als Verfassungsstaaten denkbar, dh als Staaten, die durch die Verfassung konstituiert sind und hierdurch zugleich Grundlage wie Grenzen ihrer Legitimität erfahren. Sie sind also durch Recht verfasst. In der Verfassung verschränken sich Demokratie und Recht. Das Staatsvolk ist, wie auch das Zustandekommen der LV zeigt (→ *Kronisch*, **Entstehungsgeschichte** Rn 26 f), zugleich „Autor" wie (neben den Staatsorganen) „Adressat" der entsprechenden Grundordnung. Dabei hat das Land im Bereich

---

6   Die Option des Art. 75 LV wurde nicht realisiert.
7   In diesem Sinne *Pirsch,* in: Thiele/Pirsch/Wedemeyer, Art. 1 Rn 2.
8   Vgl auch Art. 16 Abs. 1 Satz 2 LV.
9   Die Verfassungskommission (LT-Drucks. 1/3100, S. 83) versteht die Bestimmung als Verbot der Bevorzugung einer Region des Landes.
10 Näher *Wallerath*, Die Verwaltung 1990, 257 f.
11 G. *Jellinek*, Allgemeine Staatslehre, 3. Aufl. 1914, S. 394 ff; hierzu: *Grawert*, in: HdbStR Bd. II, § 16 Rn 4; *Kriele*, Allgemeine Staatslehre, 6. Aufl. 2003, S. 60 ff.
12 BVerfGE 60, 162, 207; s.a. BVerfGE 1, 14, 34; 6, 309, 360 f.
13 S.a. § 2 Abs. 2 KV für die Kommunen (Entwicklung partnerschaftlicher Beziehungen zu Gemeinden anderer Staaten).

der Staatsorganisation weitgehende, nur durch Art. 28 GG begrenzte Freiheit; diese umfasst namentlich das Recht eigener Verfassungsgerichtsbarkeit.[14]

b) Staatsvolk. Das personalkörperschaftliche Element ist in Gliedstaaten nur rudimentär ausgebildet. Diese greifen regelmäßig auf eine abgeleitete Staatsangehörigkeit zurück: Das ausschließliche „Legitimationssubjekt" **Staatsvolk** wird hier aus den Staatsangehörigen des Gesamtstaates gebildet, die ihren Wohnsitz in dem betreffenden Gliedstaat haben. Das BVerfG bezeichnet das Landes-Staatsvolk demgemäß als „Verband der in im Bereich des jeweiligen Landes lebenden Deutschen".[15]

2. Mecklenburg-Vorpommern als Gliedstaat. a) Land der Bundesrepublik. Die Gliedstaatlichkeit des Landes, die schon in der Präambel zum Ausdruck kommt, folgt der verbandsmäßigen Struktur der Bundesrepublik als („zweigliedriger")[16] Bundesstaat. Sie ist Ausdruck des Föderalismus. Indem sie auf eine **Pluralität von Entscheidungszentren** auf unterschiedlichen Ebenen setzt, ermöglicht sie stärkere politische Vielfalt und vertikale Gewaltenteilung.[17] Dabei geht es nicht um „Originalität um jeden Preis", sondern um den Erhalt eigener Identität[18] und die Nutzung der Vorteile (bei Inkaufnahme unvermeidlicher Nachteile) von Dezentralisation.[19] Die Bundesstaatlichkeit generiert ein abstimmungsbedürftiges **In- und Nebeneinander von Bundes- und Landesverfassungsrecht**; zu diesen fügt sich das Recht der Europäischen Gemeinschaft mit zunehmender Bedeutung hinzu.[20] Die Ungleichzeitigkeit der Verfassunggebung in Bund und Land führt neben einer inkorporierenden Regelungstechnik (Art. 5 Abs. 3 LV) dazu, dass die im GG wie in der LV übereinstimmend verwendete Begrifflichkeit – unbeschadet landesverfassungsrechtlicher Spezifika – vor der Folie der zwischenzeitlichen Ausformung durch die Rspr des BVerfG zu verstehen ist.

b) Grundgesetz und Landesverfassung. Der Geltungsanspruch des **Landesverfassungsrechts im Verhältnis zum GG** wird inhaltlich durch die Artikel 142, 31 sowie 28 GG bestimmt. Er bleibt von der gleichzeitigen grundgesetzlichen Verbürgung von Grundrechten oder Staatszielen unberührt. Das gilt selbst dann, wenn ein Landesgrundrecht oder Staatsziel hinter einem gleichsinnigen bundesrechtlichen zurückbleibt, ohne die Landesgewalt zu einem Bundesrecht widersprechenden Verhalten zu nötigen.[21] Das Land ist also stets an den weiter reichenden Auftrag gebunden.[22]

c) Kooperativer und Wettbewerbsföderalismus. Die Staatspraxis hat in den vergangenen Jahren – namentlich im Bildungsbereich – zahlreiche Formen **kooperativen Föderalismus** hervorgebracht, mit der teilweise eine bedenkliche Schwächung der parlamentarischen Entscheidungsprärogative einhergeht.[23] Sie ist durch die jüngste Föderalismusreform keineswegs hinfällig geworden. Die mit dieser einher gehende Tendenz zu einem **kompetitiven** (Wettbewerbs-)**Föderalis-**

---

14 *Wallerath*, NdsVBl. 2006 (Sonderheft 50 Jahre Nds. StGH), 43, 44 mwN.
15 BVerfGE 83, 37, 53; s.a. *Isensee*, in: HdbStR Bd. IV, § 126 Rn 53 ff; *März*, JöR N.F. 54 (2006), 185.
16 BVerfGE 13, 54, 77 f; *Stern*, StaatsR I, S. 489 mwN.
17 Sie ist als solche gegen Grundgesetzänderungen gefeit, nicht dagegen der Zuschnitt oder Bestand des einzelnen Landes. Zum begrenzt änderbaren Bestand Art. 29 GG: *Meyer-Theschendorf*, in: von Mangoldt/Klein/Starck, Art. 29 Rn 62; *Pernice*, in: Dreier, Art. 29 Rn 12.
18 *Sachs*, KritV 1996, 125, 129; *Möstl*, AöR 130 (2005), 350, 387 Fn 188.
19 Näher *Wallerath*, Die Verwaltung 1992, 157 ff.
20 *Möstl*, AöR 130 (2005), 350 ff.
21 BVerfGE 86, 345, 365; BdgVerfG, LKV 1999, 450, 460; *Jutzi*, S. 38 f.
22 Zur prozessualen Seite → Art. 4 Rn 4.
23 *Bauer*, in: Dreier, Art. 20 (Bundesstaat), Rn 18 mwN.

mus tangiert nicht zuletzt die Finanzausstattung der Länder. Sie ist im Hinblick auf die Möglichkeiten strukturschwacher Flächenländer besonders prekär, auch wenn der Wettbewerbsgedanke ein dem Föderalismus inhärentes Prinzip beschreibt.[24] Auf administrativer Ebene geht es auch um mögliche Formen der Zusammenarbeit zwischen Landes- und Bundesbehörden, die im Schnittfeld verschiedener Aufgabenträger die Möglichkeit wechselseitiger Einwirkungen auf organisatorische Strukturen und Entscheidungsprozesse ermöglichen und damit Unklarheit und Disfunktionalität im Hinblick auf Kontrolle und Verantwortung begünstigen.[25] Sie werfen, soweit sie nicht im Einzelnen ausdrücklich eine verfassungsrechtliche Freistellung erfahren haben,[26] namentlich im Hinblick auf den schillernden Topos der **„Mischverwaltung"**[27] Bedenken auf.

IV. Die Landesfarben (Abs. 3)

10 Abs. 3 Satz 1 bestimmt – als Ausschnitt einer Regelung über die Staatssymbole – die Landesfarben; diese sind bedeutsame Ausdrucksmittel der Repräsentation und Integration eines jeden Landes.[28] IÜ überlässt es Art. 1 Abs. 3 S. 2 dem einfachen Gesetzgeber, das Nähere über Landesfarben und Landeswappen sowie deren Gebrauch zu regeln. Hiervon hat der Gesetzgeber mit dem Gesetz über die Hoheitszeichen des Landes (Landeshoheitszeichengesetz) idF der Bek. vom 23. Juli 1991 („ultramarineblau-gelb-weiß-zinnoberrot")[29] sowie darauf gestützte Verordnungen[30] Gebrauch gemacht. Diese treffen u.a. über die Beschaffenheit der Hoheitszeichen (Flaggen, Wappen und Dienstsiegel) des Landes und deren Verwendung nähere Regelungen. Die Landesteile finden sich im Landeswappen und in der Dienstflagge in Form des schwarzen mecklenburgischen Stierkopfs und des pommerschen Greifs repräsentiert, im Landeswappen ist überdies der rote brandenburgische Adler wiedergegeben. Nach § 1 Abs. 3 Landeshoheitszeichengesetz können in den Landesteilen Mecklenburg und Vorpommern zusätzlich die traditionellen Farben und Flaggen geführt werden.

V. Schrifttum

11 *Kristina Fiedler*, Verfassungsgerichtsbarkeit im Bundesstaat, 2006; *Wolfgang März*, Die Verfassungsentwicklung in Mecklenburg-Vorpommern, in: JöR N.F. Bd. 54 (2006), S. 175 ff; *Peter Häberle*, Der Entwurf der Arbeitsgruppe „Neue Verfassung der DDR" des Runden Tisches, in: JöR N.F. Bd. 39 (1990), S. 319 ff, 399 ff; *Eckart Klein*, Staatssymbole, in: J. Isensee/P. Kirchhof (Hrsg.), HdbStR Bd. II, 3. Aufl. 2004, § 19; *Markus Möstl*, Landesverfassungsrecht – zum Schattendasein verurteilt?, in: AöR 130 (2005), S. 350 ff; *Josef Isensee*, Idee und Gestalt des Föderalismus im Grundgesetz, in: J. Isensee/P. Kirchhof (Hrsg.), HdbStR Bd. VI, 3. Aufl. 2008, § 126; *Siegfried Jutzi*, Landesverfassungsrecht und Bundesrecht, 1982; *Erich Röper*, Verfassungsgebung und Verfassungskontinuität in den östlichen Bundesländern, in: ZG 6 (1991), S. 149 ff, 161 ff; *Jochen*

---

24 *Sommermann*, in: von Mangoldt/Klein/Starck, Art. 20 Rn 50.
25 Beispielhaft: § 44 b SGB II; näher *Lühmann*, DÖV 2004, 677 ff; *Ruge/Vorholz*, DVBl 2005, 403 ff.
26 So nunmehr Art. 91 e GG im Hinblick auf die Grundsicherung für Arbeitssuchende.
27 Hierzu BVerfGE 108, 169, 182 (Telekommunikationsgesetz); 119, 331, 365 (Hartz IV).
28 Zum deren Schutz: *Klein*, in: HdbStR Bd. II, § 19 Rn. 25. S.a. § 90 a StGB; hierzu: BVerfGE 81, 278, 289 f.
29 GVOBl. 1991, S. 293.
30 VO über die Führung der Landeswappen, Landessiegel, Amtsschilder und Standarten vom 15. April 1991 (GVOBl. S. 342) sowie VO über die Beflaggung öffentlicher Gebäude vom 20. März 1998 (GVOBl. S. 382).

Rozek, Das Grundgesetz als Prüfungsmaßstab der Landesverfassungsgerichte, 1993; *Christian Starck*, Verfassungsgebung in den neuen Ländern, in: ZG 7 (1992), S. 1 ff.

Art. 2 (Staatsgrundlagen)

Mecklenburg-Vorpommern ist ein republikanischer, demokratischer, sozialer und dem Schutz der natürlichen Lebensgrundlagen verpflichteter Rechtsstaat.

Artt. 23 Abs. 1 BWVerf; 2 Abs. 1 BbgVerf; 3 Abs. 1 HambVerf; 65 HessVerf; 1 Abs. 2 NdsVerf; 74 Abs. 1 Verf Rh-Pf; 60 Abs. 1 SaarlVerf; 1 Satz 2 SächsVerf; 2 Abs. 1 LVerf LSA; 44 Abs. 1 Satz 2 ThürVerf.

I. Normative Struktur 2	b) Zielrichtung und Inhalte ... 12
1. Die Verknüpfung von Staats- und Regierungsform mit Staatszielen 2	c) Inhaltliche Direktiven der Sozialstaatlichkeit 13
2. Homogenität mit den grundgesetzlichen Vorgaben 3	4. Erhaltung der natürlichen Lebensgrundlagen 14
II. Ausprägungen im Einzelnen 4	a) Schutzrichtung 15
1. Republikanische Staatsform ... 4	b) Normqualität, Wirkungsdimensionen 16
2. Demokratische Regierungsform 5	5. Rechtsstaatliche Fundierung ... 17
a) Legitimationskonzept und Herrschaftsform 5	a) Verfassungsrechtliche Ausformungen 18
b) Staatsvolk und Gesellschaft 8	b) Rechtsstaatliche Gesetzesgestaltung 19
3. Soziale Staatszielbestimmung .. 9	III. Schrifttum 22
a) Normative Wirkkraft 10	

Die Bestimmung trifft trotz ihrer deskriptiven sprachlichen Fassung eine normative Aussage von zentralem verfassungsrechtlichen Rang. Art. 56 Abs. 3 LV belegt ihre herausragende Bedeutung als Fundamentalnorm der LV; spätestens aus diesem folgt, dass die Formulierung „ist ein ..." normativ im Sinne von „hat zu sein" zu lesen ist. Die in Art. 2 enthaltenen verfassungsrechtlichen Grundentscheidungen werden anschließend durch Grundrechte, Staatsziele und Staatsorganisationsrecht näher ausgeformt. Die Vorschrift gibt so die tragenden Strukturen der Verfassung vor, ohne freilich das komplexe Nebeneinander der unterschiedlichen verfassungsgestaltenden Grundsätze selbst schon aufzulösen. Über Art. 56 Abs. 3 LV erweisen sich die in Art. 2 LV genannten Grundsätze als gegen aushöhlende Verfassungsänderungen geschützt. Das sichert ihnen einen änderungsfesten Bedeutungskern, hindert aber nicht Verfassungsänderungen, die lediglich einzelne Aspekte der verfassungsrechtlichen Konkretisierung der genannten Grundsätze betreffen (→ *Sauthoff*, **Art. 56** Rn 10).[1]

1

I. Normative Struktur

1. Die Verknüpfung von Staats- und Regierungsform mit Staatszielen. Die Bestimmung verknüpft Aussagen zur **Staats- und Regierungsform** des Landes mit solchen zu Staatszielen (→ *Schütz*, **Vorbem. zu Art. 11** Rn 3): Mit der Festlegung auf eine „Republik" ist die Staatsform vorgegeben. Die „Demokratie" beschreibt eine bestimmte Regierungs-(Herrschafts-)form. Mit den Attributen des „Sozialen" und der Verpflichtung auf den „Schutz der natürlichen Lebensgrund-

2

---

[1] BVerfGE 30, 1, 24; *Hesse*, Rn 701; *P. Kirchhof*, in: HdbStR Bd. I, § 19 jew. zu Art. 79 Abs. 3 GG.

lagen" werden zwei bedeutsame **Staatsziele** beschrieben. Die „Rechtsstaatlichkeit" verbindet dies alles als Leit- und Strukturprinzip und gibt ihm Form. Die Semantik, die den Rechtsstaat als Satzgegenstand mit bestimmten attributiven Aussagen verbindet, deutet nicht nur die **Komplexität** der beschriebenen Einzelelemente an, sondern beschreibt zugleich die Richtung einer Auflösung von Zielkonflikten. Insbesondere Demokratie- und Rechtsstaatsprinzip hängen eng zusammen: Gemeinsam stehen sie für die Notwendigkeit eines transparenten Gesetzgebungsverfahrens,[2] die Sicherung der Freiheitlichkeit staatlicher Herrschaftsordnung unter der Bedingung mehrheitlich getroffener verbindlicher Entscheidung sowie die Notwendigkeit parlamentarischer Entscheidung über wesentliche Belange des Bürgers oder des Staatsganzen (→ **Art. 4** Rn 3, 10).

3 **2. Homogenität mit den grundgesetzlichen Vorgaben.** Art. 2 nimmt erkennbar die Vorgaben des Art. 28 Abs. 1 GG in sich auf, der seinerseits die **strukturelle Homogenität** von GG und Landesverfassungen zu sichern sucht. Indem Art. 2 LV das Land zusätzlich auf den „Schutz der natürlichen Lebensgrundlagen" verpflichtet, geht er (zulässigerweise) über Art. 28 Abs. 1 GG hinaus; durch die nachträgliche Einfügung des Art. 20 a GG ist diese Divergenz zwischenzeitlich wieder aufgehoben.[3] Ein Verstoß gegen Art. 28 Abs. 1 GG wäre nur bei einem Zurückbleiben der landesverfassungsrechtlichen Garantie hinter dem grundgesetzlich geforderten Maß denkbar. Er führte mit der hM zur Nichtigkeit der widersprechenden landesverfassungsrechtlichen Bestimmung[4] und wäre jedenfalls in M-V auch einer Prüfung durch das LVerfG zugänglich.[5] Indes schließt die übereinstimmend **prinzipienhafte Regelungstechnik** in Art. 28 Abs. 1 GG[6] wie in Art. 2 LV einen solchen Verstoß praktisch aus. Insb. begründet die unterschiedliche Konkretisierung einzelner Prinzipien in GG und LV nicht von vornherein den Verdacht der Verfassungswidrigkeit.[7] So steht Art. 28 Abs. 1 GG einer von Art. 38 Abs. 1 Satz 1 GG abweichenden Regelung der Legislaturperiode des LT[8] oder der Aufnahme zusätzlicher Elemente der plebiszitären Demokratie in die LV und deren weiterem Ausbau keineswegs entgegen.

II. Ausprägungen im Einzelnen

4 **1. Republikanische Staatsform.** Mit der Festlegung auf die republikanische Staatsform knüpft die LV nicht nur an Art 28 Abs. 1 GG, sondern auch an eine Tradition der Verfassunggebung der deutschen Länder seit dem Ende des Deutschen Kaiserreiches an. Zum Ausdruck gebracht wird damit zuvorderst die Entscheidung gegen eine monarchische Staatsform: Das **Staatsoberhaupt** soll auf Zeit gewählt und nicht dynastisch bestimmt sein.[9] Die einer anderen Tradition

---

2 SächsVerfGH 19.4.2011, NVwZ 2011, 936 m. Bespr. *Scheidler*, NVwZ 2011, 924 ff.
3 Hierzu *März*, JöR N.F. 54 (2006), 175, 202.
4 BVerfGE 83, 37, 53 f; 83, 60, 70; *Dreier*, in: ders., Art. 28 Rn 82 f; *März*, in: von Mangoldt/Klein/Starck, Art. 31 Rn 93 f; *Löwer*, in: von Münch/Kunig, Art. 28 Rn 13; *Maurer*, Staatsrecht § 10 Rn. 36; *Nierhaus*, in: Sachs, Art. 28 Rn 28; *Pieroth*, in: Jarass/ders., Art. 28 Rn 28, 31; aA *Jutzi*, Landesverfassungsrecht und Bundesrecht, 1982, S. 34 f.
5 Siehe → **Art. 1** Rn 8 f. Im Falle eines Verstoßes gegen die in Art. 28 Abs. 1 Satz 2 GG genannten Wahlgrundsätze besteht das BVerfG inzwischen nachdrücklich auf einer ausschließlich landesverfassungsgerichtlichen Überprüfung; siehe BVerfGE 99, 1, 8; 103, 332, 350 ff.
6 Zu den damit verbundenen Auslegungsproblemen: *Löwer* (Fn 4), Art. 28 Rn 14 ff.
7 S.a. *Tettinger*, in: Löwer/ders., Art. 1 Rn. 34 f, 39 ff.
8 BVerfGE 1, 14, 34.
9 Das schließt zwar eine Verfassungsänderung, die auf eine Volkswahl des MinPräs gerichtet ist, nicht aus (s. *H. H. von Arnim*, in: FS für Klaus König zum 70. Geburtstag, 2004, S. 317 ff); unverzichtbar ist allerdings eine angemessen begrenzte Amtszeit.

folgende Fassung des Art. 1 Abs. 1 Satz 2 des Entwurfs „für eine Verfassung des Freistaats Mecklenburg-Vorpommern"[10] brachte diesen Aspekt anschaulicher als die beschlossene Fassung zum Ausdruck. Hinzu tritt heute eine zusätzliche, weiter verstandene Bedeutungsschicht: Sie rückt die sprachliche Nähe zum staatlichen Gemeinwesen als „res publica" in den Vordergrund und meint „freiheitlich, volksstaatlich und antidiktatorisch". Danach muss sich alle öffentliche Gewalt als „Herrschaft der Gleichen"[11] auf das Staatsvolk als Legitimationsgrund zurückführen lassen und hat sich ausschließlich am **gemeinen Wohl** zu orientieren. Hiermit verbindet sich der Gedanke der Repräsentation aufgrund formal gleichen Wahlrechts und des Amtssystems des modernen (nichtfeudalen) Staates. Durch die Betonung der Partizipation des „Bürgers" – als Gegenbegriff zum „Untertan" – beschreibt Republik im weiteren Sinne eine umfassende Organisationstypik im Schnittfeld von Staatsform (im engeren Sinne) und Herrschaftsform der Demokratie, wie sie auch in der Formulierung „freiheitlich demokratische Grundordnung"[12] ihren Niederschlag findet. Diese zeichnet sich durch größtmögliche und gleichberechtigte Teilhabe der Bürger an den öffentlichen Angelegenheiten des Gemeinwesens aus.

2. Demokratische Regierungsform. a) Legitimationskonzept und Herrschaftsform. In der Demokratie vereinen sich Legitimationskonzept und Herrschafts-(Regierungs-)form: Aus dem Gedanken politischer Freiheit erwächst eine spezifische Ausformung staatlicher Willensbildung und Herrschaftsausübung, die auf **Legitimation durch das Staatsvolk** angewiesen ist. Dem entspricht die Aussage, dass alle Staatsgewalt vom Volke ausgeht (Art. 3 Abs. 1 LV). Als tragendes Verfassungsprinzip ist der Grundsatz der Demokratie einer näheren Ausformung durch konkretisierende „Formelemente" zugänglich und wirkt so auf eine Reihe von Verfassungsnormen als Leitprinzip ein.[13] Zugleich unterliegt die Ausübung demokratisch legitimierter Staatsgewalt der Begrenzung durch Zeit und Recht. Die freiheitsgemäße Erzeugung des politischen Willens und seine Durchsetzung sind auf eine rechtliche Rahmenordnung angewiesen, die den Prozess der Willensbildung nach fairen Spielregeln formt sowie seine Umsetzung rechtsstaatlich diszipliniert[14] und demokratischer Kontrolle unterwirft.

5

In der Idee der Demokratie kristallisieren **zwei gegensätzliche Positionen**:[15] Die eine, auf J. J. Rousseau zurückzuführende Position unterstellt, dass alle Individuen im Prinzip die gleichen Interessen haben, und dass es im Grunde nur darum gehe, die „wahren Interessen" oder Bedürfnisse zu erkennen und im politischen Prozess durchzusetzen. Diese Position läuft letztlich auf die (explizite oder implizite) Einsetzung eines (als wohlwollend gedachten) Diktators hinaus: Sie unterstellt eine Instanz, der gleichsam die Kompetenz-Kompetenz zur ver-

6

---

10 Wiedergegeben bei *Häberle* (1993), S. 70 ff, 130 ff; s.a. § 1 Satz 1 der Verfassung des Freistaates von Mecklenburg-Schwerin vom 17. Mai 1920, wiedergegeben bei *Schwabe*, S. 50 ff.
11 *Maihofer*, Prinzipien freiheitlicher Demokratie, in: HdbVerfR, § 12 Rn 82.
12 Siehe Artt. 10 Abs. 2, 18, 21 GG (hierzu: BVerfGE 2, 1, 12 f). Zu diesem Zusammenhang *Gröschner*, JZ 1996, 637, 644 in Auseinandersetzung mit *Schachtschneider*, Res publica res populi. Grundlegung einer allgemeinen Republiklehre, 1994, insb. S. 71 ff, 125 ff, 584 ff.
13 BW StGH, BWVBl 1959, 185, 186; *Braun*, Art. 25 Rn 3; *März*, JöR N.F. 54 (2006), 202.
14 Vgl hierzu auch *Kriele*, Einführung in die Staatslehre, 6. Aufl. 2003, S. 256: Freiheitsbedingungen sichernde „Selbstbindung der Demokratie".
15 Näher *M. G. Schmidt*, Demokratietheorien, Eine Einführung, 3. Aufl. 2000, insb. S. 490 ff.

bindlichen Beantwortung der Frage zukommt, was das allg. Gute sei.[16] Das ist mit einem freiheitlichen Denken unvereinbar. Die andere Position besagt, dass nur die Individuen selbst ihre Interessen kennen können und dass es im politischen Prozess darum geht, die individuellen Präferenzen, wie immer sich diese darstellen mögen, durchzusetzen. Ihr geht es darum, eine Ordnung bereitzustellen, welche die Menschen in die Lage versetzt, trotz unterschiedlicher Interessen und Erfahrungen Gegenwart und Zukunft gemeinsam zu gestalten. Das zentrale Problem dieser Position bildet die Frage, welche (tauglichen) Verfahren zur politischen Ausformung der individuellen Präferenzen bereitstehen und welche Bedingungen solche Verfahren erfüllen müssen. GG wie LV folgen im Prinzip der zweiten (liberalen) Position, wenn sie davon sprechen, dass die Staatsgewalt vom Volke ausgeht, aber in der Regel durch besondere Organe der Gesetzgebung, vollziehenden Gewalt und Rspr ausgeübt wird.[17] Durch die Verbindung mit den übrigen staatsgestaltenden Grundentscheidungen legt Art. 2 LV schließlich das Problem der Kompetenz- und Verantwortungszuweisung in der Demokratie und ihrer notwendigen Rückkopplung mit den weiteren Staatsziel- und Strukturentscheidungen offen.

7 Freiheitliche Demokratie zeichnet sich durch verschiedene **konstituierende Teilelemente** aus. Diese eröffnen wichtige Konkretisierungsschritte auf einer mittleren Abstraktionsebene und rücken das Prinzip so näher an seine Umsetzung auf der Anwendungsebene: In Ermangelung einer intersubjektiv gültigen Festlegbarkeit des „allgemeinen Guten" und Anerkennung der Gleichheit aller Individuen gründet Demokratie auf das Mehrheitsprinzip. Für besonders bedeutsame Entscheidungen werden qualifizierte Mehrheiten verlangt; Schutzrechte zugunsten von Minderheiten sollen den Missbrauch staatlicher Macht durch die jeweilige Mehrheit („Diktatur der Mehrheit über die Minderheit") verhindern und gemeinsam mit den Grundrechten die Freiheitlichkeit der Demokratie sichern. Wahlen in angemessenen Zeitabständen[18] auf der Grundlage freiheits- und gleichheitssichernder Wahlgrundsätze verschaffen politischer Herrschaft die Legitimation[19] und sichern – zusammen mit der regelmäßig notwendigen Öffentlichkeit parlamentarischer Willensbildung[20] – deren Kontrolle (→ **Art. 3** Rn 2 f). Politische Parteien greifen die Pluralität gesellschaftlicher Vorstellungen auf und transformieren sie in den Prozess politischer Willensbildung; die demokratischen Grundrechte schirmen diesen Prozess permanent ab.

8 **b) Staatsvolk und Gesellschaft.** Art. 2 bestimmt den repräsentativen Grundcharakter der Verfassung nicht abschließend. Im Repräsentationsgedanken ist die mögliche Abweichung des Stimmverhaltens von Mandatsträgern von den Vorstellungen ihrer Wähler mit angelegt. Das stellt seit jeher eine Herausforderung für das politische System dar, ist doch jede Herrschaft (damit auch und gerade eine demokratisch verfasste) auf eine „Minimum an Akzeptanz" (*Max Weber*)

---

16 Ihr entspricht das Bild der „Identität von Regierenden und Regierten". Es leistet der Verschleierung totaler Herrschaft Vorschub, indem sie diese durch die Fiktion von Gleichheit des politisch geäußerten mit dem wirklichen Willen zu legitimieren sucht.
17 Art. 20 Abs. 2 GG, Art. 3 Abs. 1 Satz 2 LV.
18 Vgl hierzu LVerfG M-V, Urt. v. 26.6.2008 – 4/07, LVerfGE 19, 283 ff = NVwZ 2008, 1343 ff (Verlängerung der Legislaturperiode des Landtags von vier auf fünf Jahre).
19 Näher zu Legitimationsformen und -niveau → **Art. 3** Rn 3, 8 f; s.a. *Sommermann*, in: von Mangoldt/Klein/Starck, Art. 20 Abs. 2, Rn 157 ff mwN.
20 Siehe LVerfG M-V, Urt. v. 7.7.2005 – 0/04, DVBl 2005, 1578 mit Anm. *Bull*, DVBl 2006, 302 ff = NJ 2005, 409 (LS) mit Bespr. von *Pestalozza*; SaarlVerfGH, Urt. v. 13.3.2006 – LV 5/05, Umdruck S. 10 Rn 70. Zur Öffentlichkeitsarbeit der Regierung: LVerfG M-V, Urt. v. 23.5.1996 – LVerfG 1/95, LVerfGE 4, 268 ff = NJ 1996, 445 f.

angewiesen. Art. 59 f tragen dem Rechnung, indem sie, den repräsentativen Grundcharakter der Verfassung relativierend, eine große Aufgeschlossenheit für plebiszitäre Elemente offen legen. Sie spiegeln so – ebenso wie Art. 3 Abs. 4 – den Entstehungshintergrund der LV deutlich wider.[21] Die Art. 59 f sprechen das Staatsvolk in einer quasi-organschaftlichen Funktion an (→ *Litten*, Art. 60 Rn. 1 ff). In der modernen, **stärker ausdifferenzierten Gesellschaft** treten freilich zivilgesellschaftliche Assoziations- und Aktionsformen hinzu. Wie deren zunehmende Bedeutung zeigt, stehen Volk und Gesellschaft als mögliche Legitimationssubjekte der Demokratie in einem Spannungsverhältnis zueinander.[22] Während die demokratische Legitimation vom verfassten Volk ausgeht und sich auf die Ausübung der Staatsgewalt bezieht, liegt die verfassungsrechtliche Legitimation der Gesellschaft in den Grundrechten, die politisches Handeln ermöglichen. In verfassungsrechtlicher Perspektive kann die Gesellschaft als solche staatliches Handeln nicht legitimieren, weil sie keine Entscheidungseinheit, sondern lediglich der Inbegriff für die Gesamtheit der Grundrechtsträger ist.[23] Das mahnt zur Zurückhaltung gegenüber allen vornehmlich auf politischen „Output" setzenden „postdemokratischen" Legitimationsversuchen.[24] Wohl trägt die Gesellschaft insofern mit zur demokratischen Legitimation bei, als sie den Boden für staatlich-institutionelle Problemlösungen bereithält, letztlich auch das unverzichtbare Ethos der staatlichen Ordnung erzeugt und absichert.

3. Soziale Staatszielbestimmung. Die Grundaussage für einen sozialen Rechtsstaat greift die Idee der **sozialen Gerechtigkeit** auf und stellt sie in einen Zusammenhang mit den anderen verfassungsgestaltenden Grundentscheidungen.[25] Während GG und LV auf eine Reihe von Elementen zur Konturierung rechtsstaatlicher Herrschaftsordnung sowie der Bestimmung von Instrumenten und Grenzen staatlicher Machtentfaltung zurückgreifen können, ist das Sozialstaatsprinzip nach wie vor auf der Ebene des Verfassungsrechts eher rudimentär entfaltet.[26] Immerhin hält die LV mit den Artt. 8, 14, 15 Abs. 3, 17, 17 a und 19 verschiedene bedeutsame Konkretisierungen des Sozialstaatsprinzips bereit. Rspr und Schrifttum haben dem Prinzip inzwischen verschiedene Teilaussagen abgewonnen, die ihm namentlich im Recht sozialer Sicherung konkretere Maßstäblichkeit verleihen. Ihre gemeinsame Basis ist die Anerkennung des Rechts und der Pflicht des Staates, im Wege „**sozialer Intervention**" der freien Entfaltung der Persönlichkeit zu dienen.[27] In der Verpflichtung des Staates auf eine die Menschenwürde entfaltende, Eigenverantwortung wie Kontingenz respektierende Ordnung trifft sich der Sozialstaat mit dem Rechtsstaat.[28]

9

a) Normative Wirkkraft. Während bis in die 1960er Jahre hinein streitig war, ob das Sozialstaatsprinzip lediglich unverbindlicher Programmsatz oder rechtlich verbindliche Grundsatznorm sei, ist heute unbestritten, dass das Sozialstaatsprinzip als verfassungsgestaltende Grundentscheidung seiner Struktur

10

---

21 Zur Kompatibilität mit Art. 28 Abs. 1 GG: BVerfGE 60, 175, 208.
22 *Herzog*, Allgemeine Staatslehre, 1971, S. 25, 47 ff; *H. Krüger*, Allgemeine Staatslehre, 1964, S. 617 ff.
23 Siehe *H. H. Rupp*, Die Unterscheidung von Staat und Gesellschaft, in: HdbStR Bd. II, § 31 Rn 18 ff, 26, 29 ff; *Gröschner*, JZ 1996, 643.
24 Hierzu namentlich *Colin Crouch*, Postdemokratie, passim, sowie die unter dem Leitthema „Postdemokratie?" zusammengefassten Beiträge in: Politik und Zeitgeschichte 1-2/2011.
25 *Badura*, DÖV 1989, 491, 492; *Herzog*, in: Maunz/Dürig, Art. 20 Anm. VIII Rn 33 f.
26 *Zacher*, in: HbStR Bd. II, § 28 Rn 1, 17 f; *Herzog*, NZA 1989, 1.
27 BVerfGE 100, 271, 284.
28 *Zacher*, in: HdbStR Bd. II, § 28 Rn 96.

nach nicht nur „Programmsatz", sondern rechtlich **verbindliche** „**Grundsatznorm**" ist.[29] Die Frage nach seiner Wirkungsweise greift daher heute kein grds. „Geltungsproblem" (mehr) auf (→ *Schütz*, **Vorbem. zu Art. 11** Rn 5). Mit der Entscheidung für den „sozialen Rechtsstaat" hat sich die LV wie das GG auf das Staatsziel eines „limitierten Wohlfahrtszwecks" festgelegt: Sie muten dem Sozialstaat nicht zu, was der Rechtsstaat nicht darf.[30]

11 Wohl bleibt das grundlegende methodische Problem der **Ausbalancierung von** „**Prinzip**" **und** „**Norm**". Es geht – allgemeiner formuliert – um das Problem der Konkretisierung eines verfassungsrechtlichen Grundsatzes auf den verschiedenen Ebenen des positiven Rechts. Dieses Problem wird verstärkt durch die Verbindung von „sozialem" Staatsziel mit der „demokratischen" Strukturentscheidung. Sie ist der Grund für die vielfach herausgestellte „**Konkretisierungsbedürftigkeit**" des Sozialstaatsprinzips durch den Gesetzgeber.[31] Diese bewahrt die Legislative davor, zugunsten der Verfassungsgerichtsbarkeit „ausgehebelt" und – über punktuelle Korrekturen hinaus – von Verteilungsvorstellungen nicht unmittelbar demokratisch legitimierter (und verantwortlicher) Organe dominiert zu werden.[32] Das folgt nicht nur aus der gleichrangigen Aufzählung von sozialem Staatsziel und demokratischem Legitimationsprinzip in Art. 2 LV, sondern auch aus der ausdrücklichen Zuweisung des Budgetrechts an das demokratisch unmittelbar rückgekoppelte Parlament in Art. 61 LV.[33]

12 **b) Zielrichtung und Inhalte.** Seiner Zielrichtung nach wendet sich das Sozialstaatsprinzip zunächst an den **Gesetzgeber** mit dem Gebot, soziale Gerechtigkeit durch den Erlass von Gesetzen herzustellen, und mit dem Verbot, sozialstaatswidrige Gesetze zu erlassen. Vor dem Hintergrund der Bundesrepublik als „sozialem Bundesstaat"[34] zielt freilich gerade dieser Auftrag an den Landesgesetzgeber auf eine lediglich ergänzende Funktion: Das soziale Staatsziel ist in die bundesstaatliche Kompetenzordnung hineingestellt und findet eine – durch eine weitherzige Auslegung des Art. 74 Abs. 1 Nr. 7 GG gestützte[35] – engmaschige normative Ausgestaltung durch den Bund. Landesgesetzliche Ausgestaltungen typisch sozialrechtlichen Gehalts werfen damit stets die Frage abschließender bundesgesetzlicher Regelung auf.[36] IÜ bleibt stets die Möglichkeit einer influenzierenden Wirkung des Prinzips bei nicht primär sozialstaatlichen landesgesetzlichen Regelungen.[37] Überdies wendet sich das Sozialstaatsprinzip an **Gerichte und Verwaltung**, die Gesetze im Sinne des Sozialstaatsprinzips auszulegen, schließlich an die Verwaltung, bei einer am Kriterium der Leistungsfähigkeit orientierten Ermessensausübung den Grundsatz der Sozialstaatlichkeit zu berücksichtigen.

---

29 BSGE 15, 71, 76; *Badura*, DÖV 1989, 493.
30 Siehe *Zacher*, in: HdbStR Bd. II, § 28 Rn 109 ff.
31 BVerfGE 65, 182, 193; 82, 60, 80; s.a. *Pieroth*, in: Jarass/ders., Art. 20 Rn 72; *Badura*, DÖV 1989, 495.
32 Hierzu *Herzog*, DÖV 1989, 454, 466.
33 Das verbietet die Annahme eines prinzipiellen „sozialen Rückschrittsverbots"; s. *Haverkate*, Rechtsfragen des Leistungsstaates, 1983, S. 36 f; *Höfling*, in: Sachs, Art. 1 Rn 25; *Zacher*, FS für H. P. Ipsen, 1977, S. 232 f; *Neumann*, DVBl 1997, 92, 97; *Martínez Soria*, JZ 2005, 644, 648.
34 *Köttgen*, in: Festgabe für H. Muthesius zum 75. Geburtstag, 1960, S. 19 ff.
35 Siehe *BVerfGE* 22, 180, 212 f; 42, 263, 281.
36 Daraus leitet das OVG Münster, NWVBl 1995, 170 die Unzulässigkeit der Einführung eines eigenen kommunalen Erziehungsgelds ab, das dem Zweck der Minderung wirtschaftlicher Belastungen der Eltern dient; mit Recht krit. hierzu *Burmeister/Becker*, DVBl 1996, 651 ff.
37 BVerfGE 97, 332, 345 (Staffelung von Kindergartengebühren).

c) **Inhaltliche Direktiven der Sozialstaatlichkeit.** In einem weiteren – Nachhaltigkeit umfassenden – Sinne[38] umfasst der Sozialstaatsauftrag die Sicherung von Wohlstand, der allgemeine Teilhabe ermöglicht, sowie die Schaffung der sozialen Voraussetzungen für die Realisierung grundrechtlicher Freiheit.[39] In einem engeren Sinne umfasst er das spezifisch Soziale der Hilfe, des Ausgleichs und der Bereitstellung von Institutionen der sozialen Sicherung. Dem entspricht zunächst die staatliche Verpflichtung zur Gewährleistung einer sozialen Grundsicherung. Das verlangt zum einen die Bereitstellung eines Systems (freiheitswahrender) **sozialer Vorsorge** – zum Schutz vor sozialen Wechselfällen. Diese hat der Bund – im Wesentlichen kompetenziell erschöpfend – verschiedenen Subsystemen der Sozialversicherung überantwortet. Darüber hinaus setzt das Sozialstaatsprinzip den maßgeblichen Impuls für die Verfeinerung sozialer Sicherung durch einen **sozialen Ausgleich** in Form des verträglichen Austarierens von Güterlagen, die sich aus einer unterschiedlichen Leistungsfähigkeit oder besonderen Bedarfslagen ergeben. Insofern liefert es den Maßstab für Konkretisierungen unter den Aspekten der sozialen Schutz- und Vorsorgebedürftigkeit sowie der gerechten Teilhabe am gesellschaftlichen Wohlstand. Dieser folgt einerseits dem Gleichheitsgedanken, welcher der Vorstellung vom „Sozialen" – neben anderen – inhärent ist; andererseits mobilisiert jede auf Ausgleich zielende Regelung das demokratische Prinzip mit dem Entscheidungsvorrang des Parlaments: Die Frage der „Verträglichkeit" ist eine Frage politischer Einschätzung durch den unmittelbar demokratisch legitimierten Gesetzgeber und entzieht sich damit gerichtlicher Vorprägung. Wenn das BVerfG[40] die „unabdingbare Notwendigkeit" betont, „die Rechtsordnung ändern, etwa Kulturpolitik, Sozialpolitik, Bildungspolitik, Gesellschaftspolitik betreiben zu können, um den Staat handlungsfähig gegenüber dem unvermeidlichen oder politisch gezielt gewollten Wandel der Lebensverhältnisse zu erhalten", so entspricht das ganz diesem Befund. Schließlich verbindet sich mit dem Sozialstaatsprinzip die Pflicht zur Sicherung des soziokulturellen **Existenzminimums**.[41] Diese umfasst freilich nicht Leistungen in einer bestimmten, unveränderbaren Höhe:[42] Sie bestimmen sich vielmehr nach Ort und Zeit; ihre Konkretisierung folgt den bundesrechtlichen Vorgaben im SGB II sowie SGB XII.[43]

4. Erhaltung der natürlichen Lebensgrundlagen. Die Verpflichtung zum Schutz der natürlichen Lebensgrundlagen korrespondiert mit Art. 20 a GG, der freilich – insoweit weitergehend – auch den Schutz der Tiere anspricht. Sie ist bereits in der Präambel angesprochen und wird durch Art. 7 Abs. 2 und Art. 12 für spezi-

---

38 S.a. Art. 109 Abs. 2 GG, Art. 17 Abs. 1 Satz 2 LV. In diesem Sinne auch BVerfGE 22, 180, 204; BVerfG, Urt. v. 17.12.2014 - 1 BvL 21/12 (Erbschaftsteuer), Sondervotum *Gaier, Masing* und *Baer* (juris); s.a. *Zacher*, in: HdbStR Bd. II, § 28 Rn 54.
39 *Zacher*, in: HdbStR Bd. II, § 28 Rn 54; zu letzterer *Herzog*, in: Maunz/Dürig, Art. 20 VIII Rn 28; *Hesse*, Rn 213; *Kunig*, in: von Münch/Kunig, Art. 20 Rn 19.
40 BVerfGE 63, 343, 357.
41 Insoweit besteht ein subjektives Recht des Hilfebedürftigen (BVerfGE 125, 175, 222 f; BVerwGE 27, 253, 283; *Herzog*, in: Maunz/Dürig, Art. 20 VIII Rn 28; *Jarass*, in: ders./Pieroth, Art. 1 Rn 13). Ein solches Recht kann freilich nicht allein auf das Sozialstaatsprinzip gestützt werden; s. BVerfG a.a.O; *Wallerath*, JZ 2008, 157, 160 ff; s.a. - weiter differenzierend - *Martínez Soria*, JZ 2005, 644, 648.
42 *Neumann*, NJW 1995, 426, 428.
43 Probleme ergeben sich namentlich insoweit ergeben, als Pauschalierungen oder sanktionierende Leistungskürzungen das verfassungsrechtliche Leitziel verfehlen; näher hierzu *Wallerath*, in: FS für P. Krause, 2006, S. 187, 203 mwN.

elle Lebenszusammenhänge (Forschungsfreiheit und Umweltschutz) verstärkend konkretisiert.[44]

15 **a) Schutzrichtung.** **Schutzgut** des Art. 2 sind die „natürlichen Lebensgrundlagen". Als solche sind alle Güter zu verstehen, ohne die das Leben von Menschen und Tieren nicht über längere Zeit fortbestehen kann, also Pflanzen, Boden, Wasser, Luft, Klima sowie Landschaft einschließlich der Wechselbeziehungen zwischen diesen als Ausdruck von Umwelt als System.[45] Der Schutz der Tiere dürfte nicht um ihrer selbst willen, sondern nur unter anthropozentrischer Perspektive des GG von der Bestimmung erfasst sein.[46] Wie sich aus Art. 12 Abs. 1 Satz 1 ergibt, sind derzeitige und – dem Grundsatz der nachhaltigen Entwicklung entsprechend – künftige Generationen in den Schutz einbezogen.

16 **b) Normqualität, Wirkungsdimensionen.** Es handelt sich um eine Staatszielbestimmung mit **objektiv-rechtlicher Wirkung**. Diese begründet als solche keine subjektiven Rechte Einzelner, entfaltet aber – ähnlich dem Sozialstaatsprinzip – unterschiedliche Wirkrichtung: Die Norm enthält zunächst einen Handlungsauftrag an den Gesetzgeber, durch rechtliche Rahmenbedingungen, zB im LNatSchG, zum Schutz der natürlichen Lebensgrundlagen beizutragen.[47] Zugleich liefert sie einen Auslegungsmaßstab bei der Anwendung von Gesetzen sowie einen Abwägungsmaßstab bei der Herstellung „praktischer Konkordanz" zwischen kollidierenden Schutzgütern im Rahmen von Ermessens- oder Planungsentscheidungen. Damit kann sie die Basis für einen entsprechend motivierten, einfach gesetzlich legitimierten Eingriff bieten; dagegen liefert sie **keine unmittelbare Eingriffsermächtigung**.

17 **5. Rechtsstaatliche Fundierung.** Der Grundsatz der Rechtsstaatlichkeit ist ein wesentliches Kennzeichen des modernen Staates. Dieser ist durch Recht verfasst. Der Rechtsstaat liefert die „Feinstruktur" verfassungsmäßiger Herrschaftsordnung; von daher markiert Recht **Instrument wie Grenze** staatlicher Machtentfaltung.[48] Teilweise[49] wird angenommen, es handele sich hierbei lediglich um eine summative Zusammenfassung einzelner (rechtsstaatlicher) Verfassungsaussagen ohne eigenen normativen Gehalt. Die überwiegende Meinung[50] ist dem mit Recht nicht gefolgt und verbindet mit dem Grundsatz der (materiellen) Rechtsstaatlichkeit die Bedeutung eines „eigenständigen Prinzips". GG wie LV formulieren ein verfassungsrechtliches Leitbild des Rechtsstaats, das sich nicht in den positiv geregelten Emanationen dieses Prinzips erschöpft. So sind – über die ausdrücklich geregelten Ausprägungen hinaus – als verfassungsrechtlich fundierte Teilprinzipien des Grundsatzes der Rechtsstaatlichkeit anerkannt: Der Grundsatz der Rechtssicherheit und des Vertrauensschutzes,[51] die Sicherung individueller Gleichheits- und Freiheitssphäre durch Grundrechte,[52] das objektiv-rechtli-

---

44 Siehe Kommission, Verfassungsentwurf, S. 84.
45 Diese sind im Kern bereits in § 2 UVPG beschrieben.
46 Siehe *Erbguth/Wiegand*, Die Verwaltung 1996, 159 ff; *H.-J. Peters*, NVwZ 1995, 555.
47 Näher *Erbguth/Wiegand*, Die Verwaltung 1996, 162 ff.
48 *Zacher*, in: HbStR Bd. II, § 28 Rn 110 ff.
49 *Kunig*, Rechtsstaatsprinzip, S. 380 f, 418 f; *Schnapp*, in: von Münch/Kunig, Art. 20 Rn 24; differenzierend *Sobota*, S. 410 f; s.a. *Sommermann*, in: von Mangoldt/Klein/Starck, Art. 20 Rn 217.
50 BVerfGE 30, 1, 25; *Benda*, HdbVerfR, § 17 Rn 12; *Stern*, StaatsR I, § 20 II 3; *Degenhart*, Rn 201 f; *Schmidt-Aßmann*, in: HdbStR Bd. II, § 26 Rn 8; *Sachs*, in: ders., GG, Art. 20 Rn 51.
51 LVerfG M-V, LVerfGE 12, 227 ff.
52 Hierzu insb. *Sobota*, S. 65 ff.

che Willkürverbot,[53] die Grundsätze der Verhältnismäßigkeit[54] und des fairen Verfahrens[55] sowie das Gewaltverbot für den Bürger, mit dem die staatliche Friedenssicherungspflicht (→ *Classen*, **Art.** 18 a Rn. 3) und die Pflicht zur Rechtsschutzgewährung korrespondieren.[56]

a) **Verfassungsrechtliche Ausformungen.** Im Rechtsstaatsprinzip verbinden sich **formelle und materielle Gerechtigkeitsvorstellungen** in einer untrennbaren Synthese.[57] Ersteren werden gemeinhin die Bindung an das Gesetz, die Anforderungen an Organisation und Verfahren, insb. im Hinblick auf die Teilung staatlicher Gewalt („checks and balances") und die Ausformung der Justiz einschließlich des gerichtlichen Verfahrens,[58] die Fristen, Verjährung sowie Rechtskraft und Bestandskraft hoheitlicher Entscheidungen zugerechnet. Der materielle Gehalt schließt Inhalt und Richtung rechtlicher Steuerung ein: Über die Bindung an „Recht und Gesetz" wird der Staat selbst obersten Rechtsnormen unterworfen (Artt. 4, 56 Abs. 3 LV); zugleich wird staatliches Handeln messbar und berechenbar gemacht. Durch die Grundrechte werden individuelle Freiheits- und Gleichheitsräume gewährleistet, staatliche Eingriffe werden mit Hilfe des Grundsatzes der Verhältnismäßigkeit diszipliniert[59] und der Einzelfallgerechtigkeit unterworfen. Für staatlich zurechenbares Unrecht wird eine Einstandspflicht garantiert, effektiver Rechtsschutz einschließlich vorläufigen Rechtsschutzes wird durch unabhängige Gerichte (→ *Kronisch*, **Art. 76**) und die Justizgrundrechte gewährleistet. 18

b) **Rechtsstaatliche Gesetzesgestaltung.** Eine wesentliche Gewährleistungsdimension betrifft das Gebot rechtsstaatlicher Gesetzesgestaltung. Es zielt auf eine der Rationalität unterworfene[60] und für den Normadressaten berechenbare Steuerung der Wirklichkeit durch Gesetz. Das Gebot umfasst zum einen die Vorhersehbarkeit und inhaltliche Bestimmtheit des Gesetzes („**Normenklarheit**").[61] Diese stellt sich einer Aushöhlung von Vorrang und Vorbehalt des Gesetzes entgegen, verbietet jedoch nicht die Verwendung unbestimmter Rechtsbegriffe, die auslegungsbedürftig und -fähig sind.[62] Gesetzliche Ermächtigungen der Exekutive müssen nach Inhalt, Zweck und Ausmaß hinreichend **bestimmt** sind.[63] Das 19

---

53 Siehe auch LVerfG M-V, DÖV 2003, 765 ff = LKV 2003, 516 ff (Fraktionsausschluss).
54 Der auch für staatsdistanzierte Aufgabenträger (vgl Art. 72 Abs. 1) Geltung beansprucht; siehe LVerfG M-V, LVerfGE 14, 293 ff; *März*, Das 5. FAG-Änderungsgesetz, S. 36 mwN; s.a. *Heusch*, S. 63 ff.
55 Hierzu BVerfGE 70, 297, 308; 78, 123, 126 (auch in Hinblick auf das Verwaltungsverfahren).
56 *Grabitz*, Freiheit und Verfassungsrecht,1976, S. 40; *Häberle*, Die Wesensgehaltsgarantie des Art. 19 Abs. 2 Grundgesetz, 3. Aufl. 1983, S. 14 ff.
57 *Schulze-Fielitz*, in: Dreier, Art. 20 Rn 44 ff; *Stern*, StaatsR I, § 20 I 3 b.
58 Zur Frage der Notwendigkeit eines eigenständigen Justizressorts VerfGH NW, NJW 1999, 1243.
59 Dieser ist auch berührt, wenn die Eingriffstypik für eine Anlegung von Verhältnismäßigkeitsmaßstäben kein Raum mehr lässt; s.a. *Enders*, VVDStRL 64 (2005), 7, 47; LVerfG M-V, LVerfGE 10, 336 (LS) = NVwZ-RR 1999, 617 (Zwischenurteil mit Sondervotum *Häfner*).
60 Aus diesem erwächst das objektiv-rechtliche Willkürverbot, das gegenüber den Kommunen über Art. 71 Abs. 1 LV subjektiv-rechtlich verstärkt wird; s.a. LVerfG M-V, LVerfGE 14, 293 ff.
61 Hierzu BVerfGE 45, 400, 420; 65, 1, 54; 129, 208, 255; ThürVerfGH, LVerfGE 7, 392, 402 f
62 BVerfGE 23, 72, 29; 89,29, 84 f; ThürVerfGH, LVerfGE 7, 392, 403 f.
63 Vgl auch für Verordnungsermächtigungen Art. 57 Abs. 1 LV. Für die Ermächtigung zu Einzeleingriffen: BVerfGE 49, 24, 66; *Schulze-Fielitz*, in: Dreier, Art. 20 (Rechtsstaat) Rn 159.

Maß der erforderlichen Bestimmtheit unterliegt je nach dem zu regelndem Sachverhalt unterschiedlichen Anforderungen und lässt sich nur in eine „Je-desto-Formel" bringen, die sich insb. an dem Maß der grundrechtlichen Betroffenheit orientiert.[64] Aus dem Erfordernis inhaltlicher Bestimmtheit erwachsen schließlich Grenzen der Zulässigkeit dynamischer Verweisungen.[65]

20 Eine weitere bedeutsame Konsequenz des Gebots rechtsstaatlicher Gesetzesgestaltung ist die nur begrenzte Zulässigkeit der **Rückwirkung von Gesetzen**. Sie gründet im Teilziel der Rechtssicherheit, das in seiner zeitlichen Dimension auf Vertrauensschutz gerichtet ist.[66] Dieser verbietet grds. eine verschlechternde Rückwirkung, es sei denn, es habe von vornherein kein Vertrauenstatbestand vorgelegen oder das Vertrauen auf die seinerzeitige Rechtslage wäre aus besonderen Gründen nicht schutzwürdig. Er äußert sich – abhängig von der Art der Rückwirkung – in einer unterschiedlichen Intensität des Schutzes.[67] Eine in die Vergangenheit hineinreichende, abgeschlossene Sachverhalte erfassende **Rückbewirkung von Rechtsfolgen** („echte Rückwirkung") ist nur unter engen Voraussetzungen zulässig.[68] Diese sind: Der Bürger (die typischerweise betroffene Gruppe)[69] musste in dem Zeitpunkt, auf den der Eintritt der Rechtsfolge vom Gesetz zurückbezogen wird, mit der (neuen) Regelung rechnen.[70] Ein praktisch bedeutsamer Unterfall dessen liegt vor, wenn der Gesetzgeber eine ungültige Norm durch eine rechtlich einwandfreie Norm ersetzt. – Das geltende Recht war unklar, lückenhaft oder verworren, und der Gesetzgeber klärt die Rechtslage rückwirkend.[71] – Die rückwirkende Regelung betrifft lediglich Bagatellen.[72] – Schließlich, im Sinne einer Auffangklausel: Zwingende Gründe des Gemeinwohls, die dem Gebot der Rechtssicherheit übergeordnet sind, rechtfertigen eine Rückwirkung.[73]

21 Anders als die echte Rückwirkung ist die **tatbestandliche Rückanknüpfung** („unechte Rückwirkung") nicht durch eine Rückbewirkung von Rechtsfolgen in die Vergangenheit, sondern lediglich mit der rechtlichen Neubewertung einer Handlung (oder eines Rechtsverhältnisses), die in die Vergangenheit zurückreicht, aber noch andauert, für die Zukunft verbunden.[74] Diese ist zulässig, wenn der Vertrauensschutz des Betroffenen in die Beibehaltung der bisherigen Regelung schwerer wiegt als die Gründe für die Einführung einer neuen gesetzli-

---

64 Vgl etwa BVerfGE 52, 1, 41; 110, 33, 55 f; LVerfG M-V, LVerfG 10, 317, 334 f.
65 LVerfG M-V, LVerfG 10, 317, 325 f; 11, 265, 279. Die Grenzen gelten, wie sich aus Art. 56 Abs. 3 LV ergibt, auch für die (im Ergebnis unproblematische) Auslegung des Art. 5 als dynamische Verweisung; insoweit abweichend *März*, JöR N.F. 54 (2006), 302 Rn 535.
66 Das gilt auch im Verhältnis zu Kommunen; s. LVerfG M-V, LVerfGE 10, 317, 330; 14, 293 ff.
67 Vgl nur BVerfGE 89, 66; 97, 74, 78; 105, 17, 36 f.
68 BVerfGE 76, 220, 241; 76, 256, 345; 97, 67, 78 f.
69 BVerfGE 32, 111, 123.
70 BVerfGE 14, 288, 297 f; 72, 200, 254; 97, 67, 79; BVerfG, NJW 1997, 724; LVerfG M-V, 18.09.2001 – 1/00, LVerfGE 12, 227 ff = LKV 2002, 27 ff = NordÖR 2001,437 ff; Urt. v. 09.12.2010 – 6/09, LVerfGE 21, 234 ff = NordÖR 2011, 118 ff; krit. *März*, Das 5. FAG-Änderungsgesetz, S. 87 ff, 90 f.
71 BVerfGE 7, 129; 151 f; BVerfG (K), LKV 2002, 569 ff; LVerfG M-V, LVerfGE 10, 317, 330 f.
72 BVerfGE 72, 200, 258 f; BVerfG, NJW 1997, 723, 725.
73 BVerfGE 13, 272; bedenklich BVerfGE 97, 67, 81 mit Sondervotum *Kruis* (Abschreibung für Handelsschiffe); s.a. *März*, Das 5. FAG-Änderungsgesetz, S. 95 mwN.
74 BVerfGE 72, 200, 241 ff; 83, 89, 110; 97, 67, 79. Der Effekt der unechten Rückwirkung lässt sich gesetzgebungstechnisch regelmäßig durch eine Übergangsregelung vermeiden.

chen Regelung.[75] Eine der „formalen Struktur" nach unechte Rückwirkung ist ausnahmsweise nach den Grundsätzen der „echten" Rückwirkung zu behandeln, wenn der Bürger bereits im Vertrauen auf den Bestand der später modifizierten Rechtsnorm disponiert hat.[76] IÜ wird die Prüfung der Zulässigkeit einer unechten Rückwirkung zunehmend in die Verhältnismäßigkeitsprüfung integriert, die so in die Zeitachse ausgedehnt wird.[77]

III. Schrifttum

Hans Herbert von Arnim, Systemwechsel durch Direktwahl des Ministerpräsidenten?, in: FS für Klaus König zum 70. Geburtstag, 2004, S. 317 ff; *Ernst Wolfgang Böckenförde*, Demokratie als Verfassungsprinzip, in: HdbStR Bd. II, § 22; *Colin Crouch*, Postdemokratie, 2008; *Winfried Erbguth/Bodo Wiegand*, Zur Bedeutung des Landesverfassungsrechts bei der Rechtsanwendung – am Beispiel des Staatszieles Umweltschutz der Verfassung Mecklenburg-Vorpommern, in: Die Verwaltung 1996, S. 159 ff; *Peter Häberle*, Die Verfassungsbewegung in den fünf neuen Bundesländern, in: JöR N.F. Bd. 41 (1993), S. 70 ff, 130 ff; *Andreas Heusch*, Der Grundsatz der Verhältnismäßigkeit im Staatsorganisationsrecht, 2003; *Arnold Köttgen*, Der soziale Bundesstaat, Festgabe für Hans Muthesius zum 75. Geburtstag, 1960, S. 19 ff; *Philip Kunig*, Das Rechtsstaatsprinzip, 1986; *Wolfgang März*, Die Verfassungsentwicklung in Mecklenburg-Vorpommern, in: JöR N.F. Bd. 54 (2006), S. 175 ff; *Wolfgang März*, Das 5. FAG-Änderungsgesetz: Verfassungsrechtliche Probleme des kommunalen Finanzausgleichs in Mecklenburg-Vorpommern, Rechtsgutachten, Bd. 25 der Schriftenreihe des Städte- und Gemeindetages Mecklenburg-Vorpommern e.V. Schwerin, 2004; *Meinhard Schröder*, Rechtsstaatlichkeit, in: Christian Starck/Klaus Stern (Hg.), Landesverfassungsgerichtsbarkeit, Teilband III, 1983, S. 225 ff; *Katharina Sobota*, Das Prinzip Rechtsstaat, verfassungs- und verwaltungsrechtliche Aspekte, 1997; *Hans F. Zacher*, Das soziale Staatsziel in: HdbStR Bd. II, § 28.

Art. 3 (Demokratie)

(1) Alle Staatsgewalt geht vom Volke aus. Sie wird vom Volke in Wahlen und Abstimmungen sowie durch die Organe der Gesetzgebung, der vollziehenden Gewalt und der Rechtsprechung ausgeübt.

(2) Die Selbstverwaltung in den Gemeinden und Kreisen dient dem Aufbau der Demokratie von unten nach oben.

(3) Die Wahlen zu den Volksvertretungen im Lande, in den Gemeinden und Kreisen sind allgemein, unmittelbar, frei, gleich und geheim.

(4) Parteien und Bürgerbewegungen wirken bei der politischen Willensbildung des Volkes mit.

Zu Abs. 1: Artt. 25 Abs. 1 BWVerf; 4 BayVerf; 3 Abs. 1 Satz 1, 2 VvB; 2 Abs. 2 BbgVerf; 66 Abs. 1 BremVerf; 3 Abs. 2 HambVerf; 70, 71 HessVerf; 2 Abs. 1 NdsVerf; 3 Abs. 1 Verf NW; 74 Abs. 2 Verf Rh-Pf; 61 Abs. 1 SaarlVerf; 3 Abs. 1 SächsVerf; 2 Abs. 2 LVerf LSA; 2 Abs. 1, 2 SchlHVerf; 45 ThürVerf.

---

75 BVerfGE 68, 287, 307; 72, 175, 196.
76 So der zutreffende Kern der iÜ wenig überzeugenden Entscheidung BVerfGE 97, 67, 81.
77 BVerfGE 72, 175, 242; s.a. *Rensmann*, JZ 1999, 168, 172; *Möller/Rührmair*, NJW 1999, 908 ff.

Zu Abs. 2: Artt. 71 Abs. 1 Satz 1 BWVerf; 11 Abs. 2 Satz 2 BayVerf; 97 Abs. 1 BbgVerf; 137 Abs. 1 Satz 1 HessVerf; 57 Abs. 1 NdsVerf; 78 Abs. 1 Verf NW; 49 Abs. 1 Verf Rh-Pf; 118 SaarlVerf; 84 Abs. 1 Satz 1 SächsVerf; 2 Abs. 3 LVerf LSA; 46 Abs. 1 SchlHVerf; 91 Abs. 1 ThürVerf.

Zu Abs. 3: Artt. 26 Abs. 4 BWVerf; 22 Abs. 3 Satz 1 BbgVerf; 75 Abs. 1 Satz 1 BremVerf; 6 Abs. 2 HambVerf; 73 Abs. 2 HessVerf; 8 Abs. 1 NdsVerf; 31 Abs. 1 Verf NW; 76 Abs. 1 Verf Rh-Pf; 63 Abs. 1 SaarlVerf; 4 Abs. 1 SächsVerf; 42 Abs. 1 LVerf LSA; 3 Abs. 1 SchlHVerf; 46 Abs. 1 ThürVerf.

Vorbemerkung 1	III. Wahlgrundsätze 8
I. Grundlagen der Staatsgewalt (Abs. 1) 2	IV. Parteien und Bürgerbewegungen (Abs. 4) 10
1. Demokratische Regierungsform 2	1. Politische Parteien 11
2. Die Mäßigung der Staatsgewalt durch Gewaltentrennung 5	2. Bürgerbewegungen 13
II. Die Selbstverwaltung in den Gemeinden und Kreisen (Abs. 2) .. 6	V. Schrifttum 14

Vorbemerkung

1 Die Bestimmung führt die in Art. 2 (mit)enthaltene Grundaussage im Sinne der demokratischen Herrschaftsform näher aus und verbindet sie mit dem (rechtsstaatlichen) Grundsatz der Gewaltenteilung. Sie folgt damit nicht nur dem Vorbild des Art. 20 Abs. 2 Satz 1 GG, sondern auch dem Typus des modernen Verfassungsstaates westlicher Prägung. Damit verbinden sich verschiedene weitere Konkretisierungen: Abs. 2 stellt die Bedeutung der Selbstverwaltung in den Gemeinden und Kreisen für einen demokratischen Staatsaufbau an prominenter Stelle heraus. Abs. 3 hält – in Übereinstimmung mit Art. 28 Abs. 2 GG – die Grundsätze für die Wahlen zu den Volksvertretungen im Lande, in den Gemeinden und Kreisen fest. Abs. 4 betont schließlich die Rolle von Parteien und Bürgerbewegungen bei der politischen Willensbildung des Volkes. Die Gesamtschau von Art. 3 Abs. 2 und 4, Art. 36 sowie Art. 59 f LV lässt – nicht zuletzt inspiriert durch die Präambel – die Idee einer „Bürgerdemokratie" aufleuchten, die sich nicht einfach von dem Modell des „Parteienstaates" vereinnahmen lässt.[1]

I. Grundlagen der Staatsgewalt (Abs. 1)

2 **1. Demokratische Regierungsform.** Mit der doppelten Aussage: „Alle Staatsgewalt geht vom Volke aus. Sie wird vom Volke in Wahlen und Abstimmungen sowie durch die Organe der Gesetzgebung, der vollziehenden Gewalt und der Rechtsprechung ausgeübt" greift Art. 3 Abs. 1 LV den Wortlaut von Art. 20 Abs. 2 GG auf. Er verbindet so die Vorstellung einer durch „freie Selbstbestimmung aller Bürger"[2] geprägten Demokratie mit dem Gedanken der „**Repräsentation**" und belegt zugleich die Bedeutung des Elements freiheitlicher Wahl für Legitimation und Kontrolle staatlicher Herrschaft. Mit der Benennung von „**Abstimmungen**" (neben den Wahlen) verweist die Bestimmung überdies auf einen anderen Regelungskontext als Art. 20 Abs. 2 GG: Die LV kennt – wie andere Landesverfassungen auch – eine stärkere Ausformung von Elementen der unmittelbaren Demokratie (Volksinitiative, Volksbegehren, Volksentscheid),[3] die deutlich über die grundgesetzlichen Optionen hinausreichen.

---

1 *März,* JöR N.F. 54 (2006), 203.
2 BVerfGE 44, 125, 142; zu deren notwendigen Teilelementen → Art. 2 Rn 7 Fn. 16.
3 Siehe Artt. 59, 60 LV; s.a. → Art. 2 Rn. 8; *Litten,* Art. 60 Rn. 1 ff.

I. Staatsform

Für die unmittelbare Staatsverwaltung auf Bundes- und Landesebene sowie die 3
Selbstverwaltung in den Kommunen hat das BVerfG Grundsätze zur Entfaltung
des demokratischen Prinzips entwickelt. Danach erfordert die verfassungsrechtlich notwendige demokratische Legitimation eine **ununterbrochene Legitimationskette** vom Volk zu den mit staatlichen Aufgaben betrauten Organen und
Amtswaltern. Verfassungsrechtlich kommt es entscheidend nicht auf die Form
der demokratischen Legitimation staatlichen Handelns, sondern auf deren Effektivität an, was freilich nicht mit einer bloßen „Output-Legitimation" zu verwechseln ist. Notwendig ist vielmehr ein bestimmtes **Legitimationsniveau**. Die
Bestellung der Amtsträger muss personell, ihr Handeln sachlich-inhaltlich (über
einen Weisungs- und Verantwortungszusammenhang) demokratisch legitimiert
sein. Ein Amtsträger ist personell legitimiert, wenn er sein Amt im Wege einer
Wahl durch das Volk oder das Parlament oder durch einen seinerseits personell
legitimierten Amtsträger oder mit dessen Zustimmung erhalten hat. Wird er von
einem Gremium mit nur zum Teil personell legitimierten Amtsträgern bestellt,
erfordert die volle demokratische Legitimation, dass die die Entscheidung tragende Mehrheit aus einer Mehrheit unbeschränkt demokratisch legitimierter
Mitglieder des Bestellungsorgans besteht. Das demokratische Prinzip lässt – ggf
im Rahmen des „doppelten Mehrheitsprinzips" – auch Raum für die Beteiligung
einer Mitarbeitervertretung.[4]

In Art. 3 nicht ausdrücklich angesprochen ist die **funktionale Selbstverwaltung**.[5] 4
Diese ist offen für Formen der Organisation und Ausübung von Staatsgewalt,
die vom Erfordernis lückenloser personeller demokratischer Legitimation (→
Art. 2 Rn 7) abweichen. Sie erlaubt, für abgegrenzte Bereiche der Erledigung öffentlicher Aufgaben durch Gesetz besondere Organisationsformen der Selbstverwaltung zu schaffen, in denen der Gesetzgeber ein Mitspracherecht der Betroffenen vorsehen und verwaltungsexternen Sachverstand aktivieren kann, um einen
sachgerechten Interessenausgleich zu erleichtern. Welche Aufgaben auf Organisationseinheiten der Selbstverwaltung übertragen werden, liegt weitgehend im
Ermessen des Gesetzgebers. Nicht übertragen werden dürfen diejenigen öffentlichen Aufgaben, die der Staat selbst durch seine eigenen Behörden als Staatsaufgaben im engeren Sinn wahrnehmen muss. Darüber hinaus gibt das Demokratieprinzip nicht vor, welche Aufgaben dem Staat als im engeren Sinne staatliche
Aufgaben vorzubehalten sind. Insb. müssen Aufgaben im Bereich der Daseinsvorsorge nicht allein deshalb zwingend unmittelbar vom Staat erledigt werden,
weil sie von wesentlicher Bedeutung für das Allgemeinwohl sind. Selbstverwaltungsträger dürfen auch zu verbindlichem Handeln mit Entscheidungscharakter
ermächtigt werden. Das gilt auch für ein Handeln gegenüber Nichtmitgliedern,
das Organen von Trägern funktionaler Selbstverwaltung nur gestattet ist, soweit
das Volk sein Selbstbestimmungsrecht wahrt, indem es maßgeblichen Einfluss
behält. Das erfordert, dass die Aufgaben und Handlungsbefugnisse der Organe
in einem von der Volksvertretung beschlossenen Gesetz ausreichend vorherbestimmt sind und ihre Wahrnehmung der Aufsicht personell demokratisch legitimierter Amtswalter unterliegt. Eine Beteiligung Nichtbetroffener wie Personal-

---

4 BVerfGE 93, 37, 60 ff – SchlHPersVertrG; 107, 59, 88 – Wasserverbände; abl. HessStGH, PersV 1986, 227. Offen gelassen hat das BVerfG (E 51, 43, 58), ob eine personalvertretungsrechtliche Mitbestimmung verfassungsrechtlich geboten ist; vgl demgegenüber SächsVerfGH, ZBR 2002, 37 ff (auf Grund ausdrücklicher Regelung in Art. 26 Satz 1 Sächs-Verf).
5 Grundlegend (und problematisch im Hinblick auf die unmittelbar auf Art. 20 Abs. 2 GG Bezug nehmende Begründung) BVerfGE 107, 59, 92 ff – Wasserverbände; BVerfGE 111, 91, 216 – Notarkassen; s.a. VerfGH NW, DVBl 1997, 1110 – Braunkohlenausschuss.

vertretungen kann durch eine angestrebte Steigerung der Wirksamkeit der öffentlichen Aufgaben gerechtfertigt sein, sofern das „doppelte Mehrheitserfordernis" gewahrt ist.

5 **2. Die Mäßigung der Staatsgewalt durch Gewaltentrennung.** Der neuzeitliche Verfassungsstaat verbindet typischerweise die demokratische Herrschaftsordnung mit dem Grundsatz der Gewaltenteilung. Dieser erweist sich als tragende Säule einer rechtsstaatlichen Rückbindung staatlicher Machtausübung und folgt einer doppelten Zielsetzung: Zum einen ermöglicht er durch Verteilung der unterschiedlichen Staatsfunktionen auf verschiedene Organe, die voneinander weisungsunabhängig sind, eine sinnvolle Arbeitsteilung im Staat; insoweit handelt es zunächst um eine (bloße) Aufteilung der Wahrnehmung von Aufgaben der als einheitlich gedachten Staatsgewalt „durch die Organe der Gesetzgebung, der vollziehenden Gewalt und der Rechtsprechung". Zum anderen sichert er – rechtlich im Vordergrund stehend – die Mäßigung von staatlicher Macht. Damit korrespondieren die Ziele von **Gewaltenhemmung** und **Gewaltenkontrolle**. Diese wollen die Usurpation staatlicher Macht von oben wie von unten verhindern. Das geltende Verfassungsrecht kennt ein differenziertes Tableau von Wahl- und Ernennungsrechten (Artt. 42 Abs. 1, 52 Abs. 3, 68 Abs. 2 Satz 2), Mitwirkungs- und Zustimmungserfordernissen (Artt. 55 Abs. 1, 58, 61 Abs. 3, 66), Kontrollrechten (Artt. 39, 40, 63 Abs. 2, 68 Abs. 4), Abwahl- und Auflösungsrechten (Artt. 59 Abs. 2 und 3, 51) sowie Durchbrechungen (Artt. 54 Satz 2, 57), das zu einem austarierten System der Gewaltenverschränkung führt und so eine spezifische Machtbalance herstellt.

Das Gewaltenteilungsprinzip ist ebenso organisatorisches Prinzip wie **Rechtsprinzip**. Als letzteres verbietet es einen Eingriff in den Kernbereich einer Gewalt durch eine andere Gewalt (vgl zB Art. 57 LV).[6] Eine Ausnahme hiervon gilt für die Rspr, die ausschließlich durch die Gerichte erfolgt (Artt. 92 GG, 76 LV).[7] Der Grundsatz funktionaler Gewaltenteilung wird flankiert durch einzelne Ausformungen des Grundsatzes der Inkompatibilität; der die personelle Unvereinbarkeit der gleichzeitigen Innehabung von herausgehobenen Ämtern verschiedener Gewalten zum Inhalt hat.[8]

II. Die Selbstverwaltung in den Gemeinden und Kreisen (Abs. 2)

6 In der Aussage, die Selbstverwaltung in den Gemeinden und Kreisen diene dem Aufbau der Demokratie von unten nach oben, findet sich die Metapher kommunale Selbstverwaltung als „**Keimzelle**" bzw. „**Schule der Demokratie**"[9] wieder. Diese Sicht entspricht ganz der Steinschen Reformidee, der mit der Städteordnung von 1808 das Ziel verfolgte, in einer Zeit politischer Depression bürgerlichen Gemeinsinn und politisches Engagement durch Beteiligung am Gemeinwe-

---

[6] Statt vieler: *Schmidt-Aßmann*, in: HdbStR Bd. II, § 26 Rn 56 f; *Schulze-Fielitz*, in: Dreier, Art. 20 (Rechtsstaat) Rn 66 ff; zur Frage eines Verwaltungsvorbehalts BVerfGE 95, 1, 16; *Maurer* sowie *Schnapp*, VVDStRL 43 (1985), 135 ff, 172 ff; *Schröder*, in: von Mangoldt/Klein/Starck, Art. 62 Rn 25.
[7] Hierzu grundlegend BVerfGE 22, 49, 76 ff.
[8] Siehe Artt. 45 Abs. 1 Satz 2, 52 Abs. 4 LV; näher *Schröder*, in: Grimm/Caesar, Art. 77 Rn 9 mwN.
[9] BVerfGE 79, 127, 149; LVerfG M-V, Urt. v. 14.12.2000 - 4/99, LVerfGE 11, 306, 312 = LKV 2001, 270, 271; Urt. v. 26.7.2007 – 9/06 u.a., LVerfGE 18, 342, 372, 391 = LKV 2007, 457, 458, 465; Urt. v. 18.8.2011 – 21/10, LVerfGE 22, 298, 329; *Wallerath*, DÖV 1986, 533, 535.

sen zu wecken.[10] Indem die Verfassung diese Aussage gleichsam „vor die Klammer" zieht – ihre nähere Ausformung findet sich in den Art. 72 ff[11] –, bringt sie die grundlegende Bedeutung kommunaler Selbstverwaltung für den Staatsaufbau und die Staatswillensbildung (iwS) zum Ausdruck. Zugleich stellt sie die Kommunen außerhalb des hierarchisch gegliederten Entscheidungsstrangs und formt sie als „dezentralisiert-partizipative Verwaltung" mit eigenständiger verfassungsunmittelbarer Legitimation aus.[12]

Kommunaler Selbstverwaltung kommen zwei bedeutsame Funktionen zu: Zum einen die administrative Funktion, die es rechtfertigt, kommunale Selbstverwaltung als – durch spezifische Besonderheiten gekennzeichnete – **„mittelbare Staatsverwaltung"** anzusehen.[13] Kommunalverwaltung ist Teil der Exekutive; insofern markiert sie einen wichtigen Bereich der unteren Landesverwaltung – und zwar auch dort, wo sie in Form der Satzungsgebung materiell Recht setzend tätig wird. Deshalb gilt innerhalb der kommunalen Selbstverwaltung weder der Grundsatz der Gewaltenteilung noch sind die kommunalen Vertretungskörperschaften „Parlamente". Die demokratisch-politische Funktion[14] wird deutlich in den spezifischen Legitimationsanforderungen für die kommunale Selbstverwaltung sowie – darauf fußend – der Autonomie der Kommunen bei der Wahrnehmung eigener Angelegenheiten. Sie spiegelt zugleich einen deutlich „antibürokratischen" Effekt wider, der auf eine stärkere Berücksichtigung der Bedürfnisse der Bevölkerung vor Ort hinzielt und insoweit auch eine sozialstaatliche Komponente enthält.[15] 7

III. Wahlgrundsätze

Die in Abs. 3 angeführten Wahlgrundsätze für die Wahlen zu den Volksvertretungen im Land, in den Gemeinden und Kreisen enthalten eine wichtige Ausformung des **„status activus"** der Staatsbürger. Mit den Vorgaben „allgemein, unmittelbar, frei, gleich und geheim" fordert die Bestimmung das gleiche Legitimationsniveau wie Art. 28 Abs. 1 Satz 2 GG;[16] zugleich nimmt sie den hierzu in Rspr und Schrifttum entwickelten Sinngehalt in sich auf. Insofern kann hier auf diese verwiesen werden.[17] Ergänzend sei angemerkt: Abs. 3 vorgelagert ist die grds. Beschränkung des Wahlrechts zum LT auf das Staatsvolk;[18] für die Wahlen zu kommunalen Vertretungskörperschaften eröffnet § 7 Abs. 1 KWG im Ein- 8

---

10 *H. H. Rupp*, Die Unterscheidung von Staat und Gesellschaft, in: HdbStR Bd. II, § 31 Rn 8.
11 Zu diesen gesellen sich verschiedene „Erstreckungsgarantien"; siehe *Schmidt-Aßmann/ Röhl*, in: Schmidt-Aßmann, 1. Kap. Rn 25; ferner: LVerfG M-V, LVerfGE 14, 293, 302 (interkommunales Gleichbehandlungsgebot) sowie LVerfGE 10, 317, 330 (Rückwirkungsverbot) ; s.a. BVerfGE 55, 298, 310 (für Art. 70 ff GG), 71, 25, 37 (für Art. 106 Abs. 5 GG); 91, 228, 242 (für das Demokratieprinzip).
12 *H. Meyer*, Kommunalrecht, 2. Aufl. 2002, Rn 41 f; *Schütz*, in: Classen/ders. (Hrsg.), Staats- und Verwaltungsrecht für Mecklenburg-Vorpommern, 3. Aufl. 2014, S. 319, 325 (Rn. 11); *Brüning*, in: Ehlers/Fehling/Pünder (Hrsg.), Besonderes Verwaltungsrecht, Bd. III, 3. Aufl. 2013, § 64 Rn. 11.
13 *Schmidt-Jortzig*, Kommunalrecht, 1982, Rn 4.
14 Hierzu *von Mutius*, Kommunalrecht, 1996, Rn 43 f.
15 *F. Mayer*, in: Demokratie und Verwaltung, 1972, S. 327; *Wallerath*, DÖV 1986, 533, 539.
16 Dagegen wird die Option des Art. 28 Abs. 1 Satz 4 GG, bei kleineren Gemeinden auf eine gewählte Körperschaft zu verzichten und eine Gemeindeversammlung vorzusehen, weder in Art. 2 noch in Art. 72 LV übernommen; s.a. *März*, JöR N.F. 54 (2006), 203.
17 Näher *Morlok*, in: Dreier, Art. 38 Rn 64 ff; *von Münch*, in: ders./Kunig, Art. 38 Rn 7 ff; s.a. *Schröder*, in: Grimm/Caesar, Art. 76 Rn 5 ff.
18 Hierzu BVerfGE 83, 37 ff, 60 ff.

klang mit Art. 28 Abs. 1 Satz 3 GG sowie der EG-Richtl. 94/80/EG vom 19.12.1994[19] auch das Wahlrecht von Angehörigen der EU-Mitgliedstaaten. IÜ ist das Wahlrecht ein höchstpersönliches Recht. Damit sperrt es sich gegen eine Ausübung durch Dritte. Dies wie der Grundsatz der Gleichheit der Wahl stehen dem immer wieder diskutierten Familienwahlrecht[20] entgegen.

9 Art. 3 Abs. 3 LV gibt – anders als Art. 20 Abs. 2 für die Wahl des LT (hierzu → *Tebben*, Art. 20 Rn 28) – kein bestimmtes Wahlsystem vor. Jedoch setzt der Grundsatz der „gleichen" Wahl nicht zuletzt der Zulässigkeit von **Wahlquoren** bei der Verhältniswahl Grenzen.[21] Die darin liegende Durchbrechung der Erfolgsgleichheit ist nur gerechtfertigt, wenn zwingende Gründe dies rechtfertigen.[22] Ob dies der Fall ist, ist nicht für ein und allemal und nur ebenenspezifisch zu beantworten: Während bei der Wahl des LT auf die Möglichkeit der Bildung einer handlungsfähigen Regierung Bedacht zu nehmen ist,[23] liegt dies angesichts der unmittelbaren Volkswahl von Bürgermeistern und Landräten auf der kommunalen Ebene anders. Insoweit ist auch keine empirisch gestützte Gefährdung der Handlungsfähigkeit der Verwaltungsspitze bei einer größeren Zersplitterung der Gemeindevertretung erkennbar.[24] Das stellt sich Versuchen einer Wiederbelebung von bestimmten Prozentklauseln in diesem Bereich entgegen; ob dies auch für Wahlen zu Bezirksvertretungen in den Stadtstaaten gilt, mag hier dahinstehen.[25] Vor dem Hintergrund der Eigenstaatlichkeit der Länder lässt sich allerdings eine Verletzung von Wahlrechtsgrundsätzen bei Landtags- oder Kommunalwahlen nicht mit einer Verfassungsbeschwerde vor dem BVerfG angreifen.[26]

IV. Parteien und Bürgerbewegungen (Abs. 4)

10 In der Formulierung des Abs. 4 „Parteien und Bürgerbewegungen wirken bei der politischen Willensbildung des Volkes mit" kristallisiert sich die Entstehungsgeschichte der Verfassung wie in kaum einer anderen Verfassungsbestimmung. Die praktischen Rechtsfolgen sind freilich – wie die nachfolgenden Erörterungen zeigen – nicht einfach zu erschließen.[27]

11 **1. Politische Parteien.** Abs. 4 setzt – wie Art. 21 GG – den Parteibegriff voraus. Zwar ist die einfachgesetzliche Definition des Parteienbegriffs in § 2 Abs. 1 PartG nicht maßgebend für den in der Verfassung verwendeten Begriff, doch kann man davon ausgehen, dass in Art. 3 Abs. 4 der Begriff der „politischen Parteien" mit eben diesem Inhalt verwandt worden ist.[28] Damit handelt es sich um „Vereinigungen von Bürgern, die dauernd oder für längere Zeit für den Bereich des Bundes oder eines Landes auf die politische Willensbildung Einfluss

---

19 ABlEG v. 31.12.1994, S. 38; vgl aber auch § 5 Abs. 3 der Richtl. zur (zulässigen) Beschränkbarkeit des passiven Wahlrechts; hierzu BVerwG, NVwZ 1999, 293.
20 Vgl nur *Holste*, DÖV 2005, 110; *von Münch*, NJW 1995, 3165 f; *W. Schroeder*, JZ 2003, 917 ff.
21 Näher: *Pünder*, in: VVDStRL 72 (2013) S. 191, 213 ff.
22 BVerfGE 51, 222, 234; 78, 350, 357 f; 82, 322, 337, st. Rspr; LVerfG M-V, Urt. v. 14.12.2000 – 3/99, 4/99, LVerfGE 11, 306, 323 (Fünf-Prozent-Klausel im Kommunalwahlrecht). S.a. BVerfG, NVwZ 2014, 439 ff zur Unzulässigkeit der 3 % Klausel im Europawahlrecht.
23 Siehe auch BVerfGE 82, 322, 338; Berl VerfGH, LVerfGE 6, 28.
24 LVerfG M-V, LVerfGE 11, 306, 330; VerfGH NRW, DVBl 1999, 1271; zurückhaltend BVerfG, Beschl. v. 11.03.2003 – 2 Bv K1/02, NordÖR 2003, 238.
25 Dazu: Berl VerfGH, Urt. vom 13.5.2013, DVBl 2013, 848 ff.
26 BVerfGE 99, 1, 7 ff; näher hierzu *Lang*, DÖV 1999, 712, 713.
27 Siehe *März*, JöR N.F. 54 (2006), 203.
28 BVerfGE 24, 260, 263 f.

nehmen und an der Vertretung des Volkes im BT oder einem LT mitwirken wollen, wenn sie nach dem Gesamtbild der tatsächlichen Verhältnisse, insb. nach Umfang und Festigkeit ihrer Organisation, nach der Zahl ihrer Mitglieder und nach ihrem Hervortreten in der Öffentlichkeit eine ausreichende Gewähr für die Ernsthaftigkeit dieser Zielsetzung bieten". Nicht hiervon erfasst sind kommunale Wählervereinigungen, so dass das „Parteienprivileg" (Art. 21 Abs. 2 Satz 2 GG) insoweit nicht gilt. Nicht ausgeschlossen ist hingegen die Anwendbarkeit des Grundsatzes der Chancengleichheit.[29]

Die Mitwirkung der politischen Parteien „bei der politischen Willensbildung des Volkes" äußert sich namentlich in der Beteiligung an Wahlen, erschöpft sich freilich nicht hierin.[30] Art. 3 Abs. 4 trifft keine ausdrückliche Aussage über den Status der politischen Parteien als solchen bei der Vorformung politischen Willens. Man wird davon auszugehen haben, dass die LV im Hinblick auf die politischen Parteien die insoweit einschlägigen Ausformungen in Art. 21 GG mit zum Gegenstand landesverfassungsrechtlicher Garantie macht. Die teilweise Annahme einer unmittelbaren Geltung des Art. 21 GG als „Landesverfassungsrecht"[31] vermag demgegenüber keineswegs zu überzeugen; wohl beansprucht Art. 21 GG als „Durchgriffsnorm" seinerseits in den Ländern als Bundes(verfassungs-)recht unmittelbar Geltung.[32] Damit sind Gründungsfreiheit und freiheitliche innere Ordnung[33] sowie Chancengleichheit der politischen Parteien auch landesverfassungsrechtlich verankert.[34] Letztere stützt sich im Wahlkampf auf Art. 3 Abs. 3, außerhalb dessen auf Art. 3 Abs. 4.[35] 12

2. Bürgerbewegungen. Indem Abs. 4 Parteien und Bürgerbewegungen in einem Atemzug als Mitwirkende bei der politischen Willensbildung des Volkes nebeneinander stellt, trägt er sichtlich der historischen Bedeutung der Bürgerbewegungen für die politische Wende in der DDR Rechnung[36] und bringt so den basisdemokratischen Aufbruchcharakter der Vorphase der Verfassunggebung zum Ausdruck. Dennoch ist damit nicht ein verfassungsrechtliches Postulat durchgängiger Gleichstellung von politischen Parteien und Bürgerbewegungen verbunden. Hiergegen steht die bei Erlass der Verfassung vorgefundene besondere bundesrechtliche Ausgestaltung der politischen Parteien, die als solche auch durch Art. 3 Abs. 4 nicht infrage gestellt wird (Art. 31 GG). Die landesverfassungsrechtliche Erwähnung von Bürgerbewegungen dürfte namentlich ihre Bedeutung im kommunalen Bereich hervorkehren, aber auch ihre Rolle bei der Vorberei- 13

---

29 BVerfGE 85, 264, 328; 99, 69, 79 f; s.a. Hess StGH, NVwZ-RR 1993, 655. Das betrifft auch die Frage der finanziellen Rahmenbedingungen im Wahlkampf.
30 Das Recht auf „Fraktionsbildung" steht allerdings den einzelnen Abg., nicht den Parteien als solchen zu, auch wenn es der regelmäßigen Parteizugehörigkeit der Abg. Rechnung zu tragen hat; siehe LVerfG M-V, DÖV 2005, 255 f = LKV 2003, 516, 518 f. Umgekehrt ist mit dem Verlust der Mitgliedschaft in einer Partei nicht der Ausschluss aus der Fraktion verbunden; hierzu LVerfG aaO.
31 BVerfGE 27, 10, 17; StGH BW, ESVGH 31, 81, 84; hiergegen mit Recht *Menzel*, S. 176 f mwN; s. a. nachfolgend Art. 4 Rn. 2
32 *Zippelius/Würtenberger*, § 14 Rn 54; s.a. *März*, JöR N.F. 54 (2006), 203.
33 Im Rahmen des Art. 21 Abs. 1 Satz 3 GG.
34 LVerfG M-V, LVerfGE 15, 327, 334. Daraus folgt die Zulässigkeit der Organstreitigkeit bei der Verteidigung des spezifischen verfassungsrechtlichen Status gegenüber Verfassungsorganen; siehe LVerfG M-V, LVerfGE 4, 268, 275; 15, 327, 331 im Anschluss an BVerfGE 27, 10, 17 f; 85, 264, 284; ebenso BdgVerfG, LVerfGE 3, 135, 139; zur im Schrifttum verbreiteten Gegenposition: *Kunig*, in: HdStR II, § 33 Rn 84; *J. Ipsen*, in: Sachs, GG, Art. 21 Rn 49 ff.
35 LVerfG M-V, LVerfGE 15, 327, 334 f; vgl auch BVerfGE 6, 273, 280; 52, 63, 88; st. Rspr.
36 Kommission Verfassungsreform, S. 85.

tung und Durchführung von Volksinitiativen sowie Volksbegehren und -entscheiden betonen.[37] Für die Qualifizierung als politische Partei infolge einer Beteiligung an Landtagswahlen ist ausschließlich das PartG maßgeblich.[38] Das betrifft auch deren Finanzierung. Inwieweit allerdings die entsprechenden Regelungen im PartG[39] (zugleich) im Hinblick auf Landtagswahlen als abschließend zu verstehen sind, ist auch ein kompetenzrechtliches Problem; seine eindimensionale Auflösung versteht sich vor dem Hintergrund der in Art. 28 Abs. 1 GG vorausgesetzten eigenständigen Verfassungsräume von Bund und Ländern keineswegs von selbst.[40] IÜ kommt Bürgerbewegungen aufgrund der fehlenden Anreicherung ihrer Rechtsstellung nach Art. 3 Abs. 4 durch die in Art. 21 Abs. 1 Satz 2 bis 4 GG genannten zusätzlichen Regelungselemente[41] verfassungsprozessual eine quasiorganschaftliche Stellung nicht zu (anders → *Classen*, Art. 53 Rn 9).

V. Schrifttum

14 *Peter Badura*, BK, Art. 38 GG; *Heinrich Lang*, Zur Effizienz in getrennten Verfassungsräumen, DÖV 1999, 712 ff; *Wolfgang März*, Die Verfassungsentwicklung in Mecklenburg-Vorpommern, in: JöR N.F. Bd. 54 (2006) S. 175 ff; *Wolfgang März*, Das 5. FAG-Änderungsgesetz: Verfassungsrechtliche Probleme des kommunalen Finanzausgleichs in Mecklenburg-Vorpommern, Rechtsgutachten, Bd. 25 der Schriftenreihe des Städte- und Gemeindetages Mecklenburg-Vorpommern e.V. Schwerin, 2004; *Jörg Menzel*, Landesverfassungsrecht – Verfassungshoheit und Homogenität im grundgesetzlichen Bundesstaat, 2002, S. 405 ff; *Ingo von Münch*, in: ders./Kunig, Bd. 2, Art. 38; *Nierhaus*, in: Sachs, GG, Art. 28; *Hermann Pünder*, Wahlrecht und Parlamentsrecht als Gelingensbedingungen repräsentativer Demokratie, in: VVDStRL 72 (2013) S,.191 ff; *H. H. Rupp*, Die Unterscheidung von Staat und Gesellschaft, in: Isensee/Kirchhof, HdbStR Bd. II, § 31; *H. P. Schneider*, Parlamente, Wahlen und Parteien in der Rechtsprechung der Landesverfassungsgerichte, in: Starck/Stern, Bd. III, 1983, S. 91 ff; *Maximilian Wallerath*, Strukturprobleme kommunaler Selbstverwaltung, in: DÖV 1986, S. 533 ff.

Art. 4 (Bindung an Gesetz und Recht)

Die Gesetzgebung ist an das Grundgesetz für die Bundesrepublik Deutschland und an die Landesverfassung, die vollziehende Gewalt und die Rechtsprechung sind an Gesetz und Recht gebunden.

---

37 Auch insoweit bleibt es freilich bei der grundlegenden Unterscheidung zwischen Einwohner und Bürger. Allerdings dürfte es zulässig sein, EU-Bürgern auch die Beteiligung an kommunalen Abstimmungen zu ermöglichen; hierzu *Menzel*, S. 405 mwN auch für die Gegenmeinung.
38 Der (eher theoretische) Grenzfall ist markiert, wenn es sich um eine vornherein auf eine Legislaturperiode begrenzte Teilnahme an einer Landtagswahl handelt („für längere Zeit"); er ist – im Sinne der Chancengleichheit – *zugunsten* der Bürgerbewegung zu entscheiden; vgl auch BVerfGE 74, 96, 101; 91, 262, 273; krit. *Kunig*, in: von Münch/ders., Art. 21 Rn 22.
39 Insb. §§ 19 a Abs. 6, 21 Abs. 1 PartG.
40 Siehe *Menzel*, S. 407; vgl aber auch VerfGH NW, DÖV 1992, 968 ff. Die lediglich partielle bundesrechtliche Erfassung von Einzelbewerbern (§ 49 b BWahlG) zeigt, dass die Regelung jedenfalls insoweit ihre Grenze findet; s.a. § 55 a LWahlG.
41 Vgl vorstehend Rn 11; s. aber auch *Menzel*, S. 407 ff sowie Rn 12.

Artt. 25 Abs. 2 BWVerf; 2 Abs. 5 Satz 2 BbgVerf; 1 Abs. 3 VvB; 2 Abs. 2 NdsVerf; 77 Abs. 2 Verf Rh-Pf; 61 Abs. 2 SaarlVerf; 3 Abs. 3 SächsVerf; 2 Abs. 4 LVerf LSA; 45 Abs. 1 SchlH-Verf; 47 Abs. 4 ThürVerf.

Vorbemerkung.................... 1	1. Gesetz und Recht............. 6
I. Die Verfassungsbindung der Gesetzgebung.................... 2	2. Vorrang und Vorbehalt des Gesetzes....................... 8
1. Verfassungsvorrang............. 2	III. Schrifttum....................... 11
2. Die prozessuale Bedeutung von Bundes(verfassungs)recht 4	
II. Die Gesetzesbindung von vollziehender Gewalt und Rechtsprechung............................. 5	

Vorbemerkung

Die Bestimmung enthält eine bedeutsame Konkretisierung des Rechtsstaatsprinzips in Form von zentralen Aussagen zur Rechtsbindung aller staatlichen Gewalt. Diese beziehen sich auf den Vorrang des Verfassungsrechts vor dem einfachen Gesetz in einer staatlichen Mehr-Ebenen-Struktur wie auf die Bindung von vollziehender Gewalt an Gesetz und Recht. Mit dieser Bindung verbindet sich nicht nur die Notwendigkeit einer Klärung des grundlegenden Verhältnisses von Gesetz und Recht, sondern auch die des Verhältnisses von Vorrang und Vorbehalt des Gesetzes. 1

I. Die Verfassungsbindung der Gesetzgebung

1. Verfassungsvorrang. Es entspricht kontinental-europäischer Tradition, die Verfassung mit dem ausdrücklichen Vorrang vor dem einfachen Gesetz zu versehen. Hierin drückt sich der Charakter der Verfassung als grundlegender rechtlicher Rahmenordnung aus, die den einfachen Gesetzgeber mit dem Auftrag versieht, Lebenswirklichkeit unter Rückbindung an verfassungsrechtliche Maßstäbe im Sinne einer „guten Ordnung" zu gestalten. Der Verfassunggeber hat diese Bindung gleich in zweifacher Hinsicht bekräftigt: Der Landesgesetzgeber wird ebenso an das GG wie an die LV gebunden. Mit der ausdrücklichen Einbeziehung des GG sind alle Bestimmungen des GG, die sich (auch) an den Landesgesetzgeber wenden – wie Art. 1 Abs. 3, Art. 21 oder Art. 28 Abs. 1 und 2 GG – zugleich kraft Landesverfassungsrechts zu beachten. Das hat Auswirkungen auf die Prüfungskompetenz des LVerfG; diese dürfte auch die Vereinbarkeit des Landesrechts mit der bundesrechtlichen Kompetenzordnung als Vorfrage mit umfassen.[1] Die generelle Bindung des Gesetzgebers an die Landesverfassung bezieht sich auf die einfache Gesetzgebung;[2] Bei einer Änderung der Landesverfassung ist der Gesetzgeber speziell in Art. 56 Abs. 3 angesprochen; dieser geht insoweit Art. 4 vor. Für Verwaltung und Gerichte bedeutet der Verfassungsvorrang, dass ein Gesetz nicht angewendet werden darf, das diese für verfassungswidrig halten. Sofern es sich um ein formelles Gesetz handelt, ist es dem Verfassungsgericht zur Entscheidung vorzulegen.[3] 2

Aus der besonderen Dignität der Verfassung, nicht zuletzt ihrem Vorrang vor dem einfachen Gesetz, sind im Laufe der Zeit typische **Entscheidungstopoi** zur Beurteilung der Frage der Verfassungsmäßigkeit staatlicher Maßnahmen er- 3

---

1 Siehe BVerfGE 103, 332, 349 ff; *Menzel*, S. 297, 311; *März*, JöR N.F. 54 (2006), 204, 300.
2 Vgl dazu LVerfG M-V, Urt. v. 11.05.2006 – 1/05, 5/05, 9/05 – NJ 2006, 360 ff.
3 Art. 53 Nr. 5 LV für Gerichte, Art. 53 Nr. 2 für die Behörden der Exekutive.

wachsen. Bei diesen geht es teils um Spezifizierungen von klassischen Methoden der Gesetzesauslegung, teils um die Herausarbeitung entscheidungsleitender Grundsätze,[4] die sich in bestimmten „Entscheidungsregeln" äußern und damit lediglich die Richtung der Entscheidung vorformen. Als bedeutsamste Entscheidungstopoi sind zu nennen: Der Grundsatz der **Einheit der Verfassung**, der verlangt, eine Verfassungsbestimmung nicht isoliert zu betrachten und nicht allein aus sich heraus auszulegen. Er erweist sich als besondere Ausprägung systematischer Auslegung: Jede Vorschrift steht in einem Sinnzusammenhang mit den übrigen Vorschriften der Verfassung, die eine innere Einheit darstellt. Daraus ergibt sich namentlich, dass jede Auslegung einer Verfassungsbestimmung mit den elementaren Verfassungsgrundsätzen vereinbar sein muss.[5] Eine Weiterführung dieses Ansatzes bedeutet der Grundsatz **praktischer Konkordanz** bei kollidierenden Verfassungsrechtsgütern; er spielt namentlich bei der konkreten Bestimmung verfassungsimmanenter Schranken vorbehaltsloser Grundrechte eine Rolle. Für alle Verfassungsnormen, insb. aber für die Grundrechtsnormen, gilt, dass „in Zweifelsfällen diejenige Auslegung zu wählen ist, welche die juristische Wirkungskraft der Grundrechtsnorm am stärksten entfaltet" (**Grundsatz der größtmöglichen Effektivität**).[6] Der Aspekt der **Wesentlichkeit** der Regelung wird schließlich als Topos für die Notwendigkeit parlamentarischer Entscheidung herangezogen; er folgt einem demokratischen wie auch einem rechtsstaatlichen Begründungsstrang (näher → Rn 9). Im staatsorganisatorischen Bereich wurde der Grundsatz der **Organtreue** entwickelt; er ist auf die gegenseitige Rücksichtnahme von verschiedenen Kompetenzträgern im Sinne loyaler Kompetenzausübung gerichtet. Der Grundsatz gilt auch im Verhältnis von Gesamtorgan und Organteilen[7] sowie zwischen mehreren Selbstverwaltungsträgern (z.B. in Form des Gebots interkommunaler Rücksichtnahme), ist allerdings nicht geeignet, eindeutige gesetzliche Kompetenzzuweisungen zu überspielen.[8]

4 **2. Die prozessuale Bedeutung von Bundes(verfassungs)recht.** In einem Verfahren zur Überprüfung eines Aktes der Landesgewalt vor einem Gericht des Landes einschließlich des Landesverfassungsgerichts kann **Bundesverfassungsrecht als Vorfrage** Bedeutung erlangen. Bleibt eine nachkonstitutionelle landesrechtliche *Norm* hinter den bundesrechtlichen Anforderungen zurück, so hat das LVerfG ggfs (nämlich, wenn hiervon zugleich die Frage der Vereinbarkeit mit Landesverfassungsrecht abhängt,) eine konkrete Normenkontrolle nach Art. 100 Abs. 1 Satz 2 GG durch das BVerfG herbeizuführen.[9] Grund hierfür ist, dass kompetenzgemäß erlassenes (einfaches) Bundesrecht kompetenzgemäß ergangenes Landesrecht bricht (Art. 31 GG), soweit letzteres inhaltlich dem Bundesrecht entgegensteht;[10] kompetenzwidrig erlassenes Landesrecht ist allein schon aus diesem Grunde nichtig.[11] Deshalb gehen die Landesverfassungsgerich-

---

4 Dazu *Hesse*, Rn. 70 ff.
5 BVerfGE 1, 14, 32; 77, 240, 255; 81, 298, 308.
6 BVerfGE 39, 1, 38; s.a. BVerfGE 84, 34, 46 f.
7 Siehe VerfGH Sachsen, Urt. v. 19.7.2012 – Vf. 102-I-11, Rn. 39 (juris); OVG Münster, OVGE 54, 201 ff.
8 BVerfGE 129, 108, 118 f.
9 Vgl BerlVerfGH, NVwZ 1995, 785; BdgVerfG, LKV 1999, 450, 461 f.
10 BVerfGE 80, 137, 153. Die hM nimmt bei einem Verstoß gegen Art. 31 GG *Nichtigkeit* des entgegenstehenden Landesrechts an; s. BVerfGE 84, 9, 20; *Nierhaus*, in: Sachs, GG, Art. 28 Rn 14; *Stern*, StaatsR I, § 19 III 7 e; *Jutzi*, S. 24 mwN auch für die Gegenmeinung.
11 *Dreier*, in: ders., Art. 31 Rn 23; *März*, in: von Mangoldt/Klein/Starck, Art. 31 Rn 45.

te teilweise auch auf die Frage der Gesetzgebungskompetenz des Landes ein,[12] so das LVerfG M-V unter dem Aspekt einer möglichen Umwidmung präventiv erhobener Daten für Zwecke der Strafverfolgung.[13] Für M-V ist die Frage – möglicherweise in dieser Konsequenz nicht bedacht – durch Art. 4 LV vorentschieden[14] (s.a. → *Classen*, **Art. 53** Rn 17).

Eine Kollisionslage kann auch entstehen, wenn Landesorgane in Anwendung von (einfachem) Bundesrecht zu entscheiden haben. Hier treffen zwei Rechtskreise zusammen, die das Handeln der staatlichen Organe bestimmen. Die Besonderheit dieser Fälle ist, dass die Entscheidungen durch bundesrechtliche, am Maßstab des Grundgesetzes zu messende Vorgaben dirigiert werden. Als Anwendungsakte von Landesorganen unterliegen sie allerdings gleichzeitig den Anforderungen der Landesverfassung (soweit diese nicht dem Grundgesetz widerspricht). Wie in solchen Fällen zu verfahren ist, hat das BVerfG bisher nur für das bundesrechtlich geregelte (fach-)gerichtliche Verfahren explizit beantwortet.[15] Es anerkennt die grundsätzliche Befugnis der Landesverfassungsgerichte zur Überprüfung fachgerichtlicher Entscheidungen, die *in einem bundesrechtlich geregelten Verfahren* ergehen, stellt diese allerdings unter verschiedene Kautelen und verbindet sie mit einer ungewöhnlich dichten Anleitung zur Prüfung durch die Landesverfassungsgerichte.[16] Andere sehen keinen durchschlagenden Grund, die Prüfung der Anwendung materiellen Bundesrechts am Maßstab des Landesverfassungsrechts generell hiervon auszunehmen.[17] Die Frage spielt im M-V nicht die gleiche Rolle wie in anderen Ländern, ist hier doch die Individualverfassungsbeschwerde gegen nicht normative Akte der „öffentlichen Gewalt" nur vor dem Hintergrund der Geltendmachung einer Verletzung der in Art. 6 bis 10 gewährleisteten Grundrechte zulässig. Entscheidend dürfte sein, ob und inwieweit die bundesrechtliche Regelung den zur Anwendung berufenen Landesorganen einen eigenen Entscheidungsspielraum eröffnet.[18]

II. Die Gesetzesbindung von vollziehender Gewalt und Rechtsprechung

Die Bindung von vollziehender Gewalt und Rspr an „Gesetz und Recht" umschreibt eines der am schwierigsten zu erschließenden Problemfelder des Verfassungsrechts. Sie beschreibt zwei miteinander verschränkte, inhaltlich indes voneinander zu trennende Fragestellungen. Zum einen geht es um das Verhältnis

---

12 BdgVerfG, LKV 1999, 450, 464 f; HessStGH, DÖV 1982, 320; LVerfG M-V, LVerfGE 10, 336, 346 f; 11, 265, 276 f; VerfGH NW, NVwZ 1993, 57, 59; s.a. BVerfGE 60, 175, 206; *Stern*, StaatsR I, S. 708; *Tettinger*, in: von Mangoldt/Klein/Starck, Art. 28 Rn 68; abl. *Rozek*, S. 179 f; *Meder*, Einl., Rn 7.
13 LVerfGE 10, 336, 344 f; 11, 265, 276 f; s.a. MVVerfG, Urt. v. 27.11.2008 – 7/07, NJ 2009, 63.
14 S.a. BVerfGE 103, 332, 350 (LNatSchG SchlH); *März*, JöR N.F. 54 (2006), S. 204 mwN. Zur Frage der Berücksichtigung des Grundsatzes bundesfreundlichen Verhaltens: VerfGH BW, DVBl 2004, 308, 315 (bejahend); *Braun*, Art. 23 Rn 36; *Rossi*, DVBl 2005, 269, 272 (verneinend); vgl a. BVerfGE 103, 81, 88 zur „Akzessorietät" des Grundsatzes.
15 Siehe BVerfGE 96, 345, 362; ebenso SächsVerfGH, LVerfGE 9, 270.
16 Krit. hierzu *Pestalozza*, in: Macke (Hrsg), Verfassung und Verfassungsgerichtsbarkeit auf Landesebene, 1998, S. 245, 260. Grundsätzlich ablehnend zur Überprüfung durch Landesverfassungsgerichte *Clausen*, Landesverfassungsbeschwerde und Bundesstaatsgewalt, 2000, S. 135 ff.
17 Siehe BVerfG, Beschl. v. 16. 12. 2010 - 18/10, LKV 2011, 124, 125 m. Anm. v. Otto; s.a. BVerfG, 1. Sen. 3. K., Beschl. v. 10.6.2009, NVwZ 2009, 1426, 1429; *Wallerath*, NdsVBl. 2006 (Sonderheft), 43, 49 f mwN.
18 S.a. *Zippelius/Würtenberger*, § 16 Rn. 28 f; *Wallerath* (Fn 17), 50.

von Gesetz und Recht, zum anderen um die Rechtsbindung von vollziehender Gewalt und Rspr und damit um Vorrang und Vorbehalt des Gesetzes.

6 **1. Gesetz und Recht.** Mit der Erwähnung von „Gesetz und Recht" folgt die Verfassung der durch die Erfahrungen des NS-Unrechts geprägten Formulierung des Art. 20 Abs. 3 GG. Wie diese spiegelt sie die Wandlungen und Brüche staatlicher Entwicklung wider und verarbeitet die daraus erwachsenen Erfahrungen in einer normativen Grundaussage, der zugleich Mahnfunktion zukommt.[19] Mit dem GG teilt sie auch das **Spannungsverhältnis zwischen Gesetz und Recht** und weist so auf die Kategorien von **Legalität** und **Legitimität** hin.[20] Damit sperrt sie sich ebenso gegen eine tautologische, leer laufende Interpretation der beiden Begriffe wie gegen eine Auslegung, die eine konturenlose Einbruchstelle für subjektive Gerechtigkeitsvorstellungen schafft.

7 Zwar lässt sich die Bedeutung der Bindung an das „**Gesetz**" noch relativ klar bestimmen: Sie umfasst die Bindung an formelle Gesetze einschließlich des Verfassungsrechts, alle Gesetze im materiellen Sinne wie Rechtsverordnungen und Satzungen sowie – partiell – Völker- und Europarecht.[21] Auch besteht im Ergebnis über die Bindungskraft des Gewohnheitsrechts Einigkeit. Strittig und durchaus bezeichnend ist allerdings dessen Zuordnung zum Gesetzes- oder zum **Rechtsbegriff**. Jedenfalls griffe es kurz, die Verwendung des Rechtsbegriffs gerade hiermit erklären zu wollen; das könnte den unterschiedlichen Bedeutungsgehalten von Garantienorm und garantiertem (Gewohnheits-)Recht nicht gerecht werden. Teilweise[22] wird „Recht" mit der generellen Bindung an die verfassungsmäßige Rechtsordnung identifiziert. Die überwiegende Auffassung[23] verbindet hiermit einen **rechtsethisch inspirierten**, zusätzlichen Sinngehalt von „Recht" – hierfür sprechen in der Tat der Abgleich mit Artt. 1 Abs. 1, 25 sowie 97 Abs. 1 GG wie auch der verfassungsgeschichtliche Hintergrund. Damit nimmt der Begriff nicht nur die – vor allem auf der Ebene der Rechtsfortbildung belangreiche – Unterscheidung zwischen Regel- und Prinzipienebene,[24] sondern auch die Idee der Gerechtigkeit in sich auf[25], die freilich verschiedene Dimensionen aufweist.[26] Das verlangt nach fassbaren Eingrenzungen, die der Gefahr von Subjektivismen widerstehen. Sie finden sich bereits in der – eher weit gefassten – Radbruchschen Formel[27] und können heute mit der Allgemeinen Erklärung der Menschenrechte der UN sowie den in der Europäischen Menschenrechtskonvention niedergelegten Grundfreiheiten als „Grundlage von Gerechtigkeit"[28] auf

---

19 *Finklenburg*, NJ 2004, 1; *Isensee*, SächsVBl 1994, 28.
20 Siehe BVerfGE 34, 259, 286 f; *Benda*, HdbVerfR, S. 487; *Schmidt-Aßmann*, Der Rechtsstaat, in: HdbStR II, § 26 Rn 33; *Schulze-Fielitz*, in: Dreier, Art. 20 (Rechtsstaat) Rn 85.
21 BVerfGE 78, 214, 227; *Hoffmann*, S. 120 ff, 281; enger *Sommermann*, in: von Mangoldt/Klein/Starck, Art. 20 Abs. 3 Rn 264.
22 *Sommermann* (Rn 21), Rn 265 f; s.a. *Leisner*, in: Sodan (Hrsg.), GG, 2. Aufl. 2011, Art. 20 Rn 46.
23 *Dreier*, in: ders. (Hrsg.), Recht – Staat – Vernunft, 1991, S. 73, 78 ff; *Hoffmann*, S. 278 f, 283; *Schmidt-Aßmann* (Fn 20), Rn 33; *Benda* (Fn 20), S. 487; *Schulze-Fielitz* (Fn 20), Rn 85.
24 Hierzu namentlich *Alexy*, in: Neil MacCormick u.a. (Hrsg.), Geltungs- und Erkenntnisbedingungen im modernen Rechtsdenken, ARSP Beiheft 25 (1985) S. 13 ff; *Hoffmann*, S. 259, 282.
25 *Sobota*, S. 90 ff; *Sachs*, in: ders., GG, Art. 20 Rn 163.
26 *Rüthers*, JZ 2013, 822, 829; Gerechtigkeit gibt es real „nur im Plural".
27 *Radbruch*, Gesetzliches Unrecht und übergesetzliches Recht, 1946, in: Rechtsphilosophie, 8. Aufl. 1973, S. 345; s.a. BVerfGE 95, 96, 134 f.
28 So die Präambel der EMRK; näher *Hoffmann*, S. 122 f; 282 f.

die notwendigen, intersubjektiv anerkannten Beurteilungsmaßstäbe zurückgreifen.

2. Vorrang und Vorbehalt des Gesetzes. In der Bindung von vollziehender Gewalt und Rspr an Gesetz und Recht kommt die Prävalenz von Gesetz und Recht vor allen sonstigen Emanationen staatlicher Gewalt zum Ausdruck. Sie findet sich nicht zuletzt im Grundsatz der Gesetzmäßigkeit der Verwaltung wieder: Das Gesetz bestimmt als Kernelement „legislativer Programmsteuerung" Richtung und Inhalt administrativen Handelns. Um seine Steuerungsziele wirksam zur Geltung zu bringen, aber auch um den rechtsstaatlichen Erfordernissen der Normklarheit und -bestimmtheit namentlich bei Befugnisnormen gerecht zu werden, ist das Gesetz darauf angewiesen, dass die in ihm enthaltenen Normgehalte mit den herkömmlichen juristischen Methoden ermittelt werden können.[29]

Der Grundsatz der Gesetzmäßigkeit der Verwaltung hat in der juristischen Dogmatik eine doppelte Ausformung erfahren: Als **Vorrang** des Gesetzes besagt er, dass jede Verwaltungstätigkeit unabhängig von Rechtsform und Wirkung des Verwaltungshandelns im Rahmen der Gesetze halten muss, also nicht gegen eine Rechtsnorm verstoßen darf. Als (den Vorrang des Gesetzes notwendig flankierender und insofern „mit gedachter")[30] **Vorbehalt** des Gesetzes fordert er, dass sich das Verwaltungshandeln auf ein Gesetz im formellen Sinne zurückführen lassen muss, dh dass die Verwaltung durch ein Gesetz zu dem konkreten Handeln ermächtigt wird. Nach traditioneller, in neuerer Zeit freilich aus verschiedenen Richtungen in Frage gestellter Auffassung bedarf es einer konkreten gesetzlichen Ermächtigung nur für „**Eingriffe in Freiheit und Eigentum**" des Bürgers, nicht dagegen für sonstiges („leistendes") Verwaltungshandeln. Dem liegt das Leitbild zugrunde, dass die vollziehende Gewalt aus eigener, verfassungsrechtlich legitimierter Kraft, nicht erst aufgrund konkreter gesetzlicher Freigabe tätig wird, die Verwaltung also eine gebunden-eigenständige Staatsgewalt mit spezifischem Aufgabenkreis neben Legislative und Exekutive darstellt. Zudem schwingt die Vorstellung mit, einer konkreten Ermächtigung durch das nach Form und Verfahren besonders ausgezeichnete Gesetz bedürfe es nur, soweit der Staat die Rechtsposition des Bürgers verkürze. Das deckt sich mit dem allg. rechtsstaatlichen Eingriffsvorbehalt; er ist heute durch die grundgesetzlichen Eingriffsvorbehalte spezifiziert, ohne dass er dadurch obsolet geworden wäre.[31]

Inzwischen hat sich – den allgemeinen rechtsstaatlichen bzw grundrechtlich fundierten Eingriffsvorbehalt modifizierend und ausweitend – ein weiterer Ansatz zur Lösung der Vorbehaltsproblematik etabliert. Er bündelt zwei unterschiedliche Begründungsansätze, einen demokratietheoretischen und einen rechtsstaatlichen, in der Figur des „**Wesentlichkeitsvorbehalts**": Aus dem Grundsatz der Demokratie als tragendem Strukturmerkmal der Verfassung folgt, dass das Parlament als demokratisch unmittelbar legitimiertes Organ die grundlegenden Entscheidungen des Gemeinwesens selbst zu entscheiden hat, und zwar in einem öffentlichen, vor dem Wähler zu verantwortenden Willensbildungsprozess. Insoweit stellt sich der Wesentlichkeitsvorbehalt als Parlamentsvorbehalt dar. Damit verbindet sich das rechtsstaatliche Erfordernis der Bindung aller staatlichen Gewalt an das „Recht" als maßgebliches Ordnungselement. Es ist das „Gesetz", das das nach Form und Verfahren am besten durchgebildete Rechtsinstitut parlamentarischer Entscheidung darstellt. Damit besteht zwischen Inhalt, Gewicht

---

29 Vgl BVerfGE 65, 1, 54, 78, 205, 212 ; 103, 21, 33; 129, 208, 255.
30 Siehe BVerfGE 40, 237, 248 f.
31 Näher *Krebs*, Vorbehalt des Gesetzes und Grundrechte, 1975, S. 39 ff.

und Bedeutung einer Regelung einerseits und Zusammensetzung, Legitimation und Verfahrensweise andererseits ein Zusammenhang.

Bei der Abgrenzung „wesentlicher" von „nicht wesentlichen" Entscheidungen wird verschiedentlich auf die **Tragweite** der Regelung und die **Intensität** der (möglichen) Folgen abgestellt. Indes ist ausschließlich der Verfassung selbst zu entnehmen, was „wesentlich" ist. Die „Wesentlichkeitstheorie" beschreibt insoweit lediglich einen **hermeneutischen** Ansatz.[32] Diesen gilt es jeweils durch Rückgriff auf die Verfassung zu präzisieren. Das umfasst neben den klassischen Eingriffslagen, die auf eine gesetzliche Ermächtigung angewiesen sind, die nähere inhaltliche Ausgestaltung der Grundrechte durch konkrete Umsetzung objektiv-rechtlicher grundrechtlicher Wirkgehalte, aber auch die Festlegung der individualrechtlichen Grenzen ihrer Inanspruchnahme im Falle kollidierender grundrechtlicher Rechtsgüter, für die jeweils eine im parlamentarischen Verfahren erfolgende Konfliktlösung zu fordern ist.[33] Gleiches gilt für Entscheidungen, die im Hinblick auf die von der Verfassung vorausgesetzten Organisationsstrukturen wesentlich für das staatliche Leben sind.[34]

III. Schrifttum

11 *Robert Alexy*, Begriff und Geltung des Rechts, 1992; *Robert Alexy*, Rechtsregeln und Rechtsprinzipien, in: Neil MacCormick u.a. (Hrsg.), Geltungs- und Erkenntnisbedingungen im modernen Rechtsdenken, ARSP Beiheft 25 (1985), S. 13 ff; *Ralf Dreier*, Der Rechtsstaat im Spannungsverhältnis zwischen Gesetz und Recht, in: ders., Recht – Staat – Vernunft, S. 73 ff; *Birgit Hoffmann*, Das Verhältnis von Gesetz und Recht – Eine verfassungsrechtliche und verfassungstheoretische Untersuchung zu Art. 20 Abs. 3 GG, 2002; *Wolfgang März*, Die Verfassungsentwicklung in Mecklenburg-Vorpommern, in: JöR N.F. Bd. 54 (2006), S. 175 ff; *Jörg Menzel*, Landesverfassungsrecht – Verfassungshoheit und Homogenität im grundgesetzlichen Bundesstaat, 1995; *Bernd Rüthers*, Recht oder Gesetz?, JZ 2013, 822 ff; *Christoph Schönberger*, Der Vorrang der Verfassung, in: Festschrift für Rainer Wahl, 2011, 385 ff; *Katharina Sobota*, Das Prinzip Rechtsstaat. Verfassungs- und verwaltungsrechtliche Aspekte, 1997; *Maximilian Wallerath*, Landesverfassungsgerichtsbarkeit in den „neuen" Bundesländern, NdsVBl. 2006 (Sonderheft zum 50-jährigen Bestehen des Nds. StGH), S. 43 ff.

II. Grundrechte

Vorbemerkung zu Art. 5

1 Grundrechte, grundrechtsgleiche und grundrechtsähnliche Rechte sowie Staatsziele in Verfassungen spiegeln in besonderer Weise deren Entstehungszeit, regionale Besonderheiten und historische Erfahrungen wider. Hierfür sind die Verfassungen der „neuen" Bundesländer beredtes Beispiel. Der in den Artt. 5-10 ent-

---

32 *Wallerath*, Öffentliche Bedarfsdeckung und Verfassungsrecht, 1988, S. 413.
33 BVerfGE 34, 165, 192; 40, 237, 249 ff; 49, 89, 126; 95, 276, 307 f; 101, 1, 34; *Maurer*, Staatsrecht, § 8 Rn. 21 f; *Zippelius/Würtenberger* (Fn 18), § 12 Rn 39, 43.
34 BVerfGE 57, 295, 320 – Rundfunk; VerfG M-V, Urt. v. 26.7.2007 – 9/06 u.a., LVerfGE 18, 342, 372 ff = LKV 2007, 457, 458; Urt. v. 18.8.2011 – 21/10 u.a., NordÖR 2011, 537, 538 – jeweils Kreisgebietsreform; s.a. BVerfGE 111, 91, 216 – funktionale Selbstverwaltung; vgl insoweit auch *Ohler*, AöR 131 (2006), 336, 343 f.

haltene Grundrechtskatalog konkretisiert zusammen mit den Staatszielen in Artt. 11-19 die in der Präambel enthaltenen Willensbekundungen.

Mit der Aufnahme von Grundrechten und Staatszielen hat sich der Verfassunggeber in M-V für eine nicht nur die staatliche Organisation, sondern auch die Aufgaben und die Grenzen der Staatsgewalt festlegende Landesgrundordnung,[1] eine sog. „**Vollverfassung**"[2] entschieden. Durch die klare Zuordnung der einzelnen Rechtsverbürgungen[3] vermeidet er – im Gegensatz zu anderen Verfassungen, in denen sich der Charakter einer Vorschrift häufig erst durch ihre Auslegung ermitteln lässt – jegliche Missverständnisse. Allerdings enthält die Verfassung im Gegensatz zu denen der übrigen neuen Bundesländer[4] keinen umfassenden Katalog eigenständig formulierter Freiheits- und Gleichheitsgrundrechte; vielmehr wird über Art. 5 Abs. 3 im Wege einer „dynamischen Verweisung" der Grundrechtskatalog des GG übernommen und durch punktuelle Gewährleistungen (Artt. 6-10) ergänzt, die aus landesspezifischer Sicht – nicht zuletzt gegründet auf die historischen Erfahrungen – besonders bedeutsam erscheinen.[5] Doppelungen (so etwa die Aufnahme des Art. 7 Abs. 1 neben Art. 5 Abs. 3 iVm Art. 5 Abs. 3 GG) wurden dabei in Kauf genommen, denn es war dem Verfassunggeber ersichtlich ein Anliegen, ergänzende Regelungen (hier zB Art. 7 Abs. 2) im Zusammenhang darzustellen.[6] Was die individuelle, aber auch die kollektive oder korporative Glaubensfreiheit und das Verhältnis zwischen Staat und Religions- bzw Weltanschauungsgemeinschaften angeht, folgt M-V zwar dem Beispiel des GG, indem Art. 9 die Bestimmungen der Artikel 136 bis 139 und 141 der Deutschen Verfassung vom 11. August 1919 (Weimarer Reichsverfassung) zum Bestandteil der LV erklärt; anders als im Bund findet sich diese Vorschrift jedoch ausdrücklich unter dem Abschnitt „Grundrechte" und kann eine Verletzung vor dem LVerfG geltend gemacht werden.[7]

Die LV folgt damit den Beispielen aus Baden-Württemberg,[8] Niedersachsen[9] und Nordrhein-Westfalen.[10] Vorzugswürdig erscheint in diesem Zusammenhang die Verwendung des Begriffs der „**Transformation**"[11] anstelle der Begriffe „In-

---

1 *März*, JöR N.F. 54 (2006), 175, 204.
2 *Prachtl*, LKV 1994, 1, 2.
3 Ebenso eindeutig unterscheidet nur noch Sachsen-Anhalt zwischen Grundrechten, Einrichtungsgarantien und Staatszielen.
4 Artt. 7-20 BbgVerf, 14-38 SächsVerf, 4-23 LVerf LSA, 1-43 ThürVerf.
5 *Wallerath*, NdsVBl. 2006 (Sonderheft 50 Jahre Nds. StGH), 43, 45 spricht von einer „besonderen Regelungstechnik".
6 Anders stellt sich die Ausgangssituation bezüglich Art. 6 dar, weil das vom BVerfG herausgearbeitete, auf Art. 2 Abs. 1 iVm Art. 1 Abs. 1 GG gegründete Grundrecht auf informationelle Selbstbestimmung trotz intensiver Diskussionen (vgl etwa *Vogelgesang*, CR 1995, 554, 556) bisher keine Aufnahme in den Verfassungstext gefunden hat.
7 Siehe Art. 53 Nr. 6 und 7; nach der Rspr des BVerfG enthält Art. 140 GG selbst kein Grundrecht oder grundrechtsgleiches Recht, das mit der Verfassungsbeschwerde geltend gemacht werden kann, BVerfGE 125, 39, 74 unter Hinweis auf BVerfGE 19, 129, 135.
8 Art. 2 Abs. 1 BWVerf.
9 Art. 3 Abs. 2 Satz 1 NdsVerf.
10 Art. 4 Abs. 1 Verf NW mit der ausdrücklichen Bezugnahme auf das GG „in der Fassung vom 23. Mai 1949"; die so aufgeworfenen Zweifelsfragen (statische oder dynamische Verweisung) vermeidet die allg. Formulierung, vgl hierzu *Menzel*, in: Löwer/Tettinger, Art. 4 Rn 13 mwN; *Martina*, Die Grundrechte der nordrhein-westfälischen Landesverfassung im Verhältnis zu den Grundrechten des Grundgesetzes, 1999, S. 43.
11 Zur näheren Begründung siehe *Martina* (Fn 10) S. 44 ff; *Löwer*, NdsVBl. 2010, 138, 139.

korporation",[12] „Rezeption"[13] oder schlicht „Verweisung" bzw „Übernahme",[14] weil dies den Umstand hervorhebt, dass die auf diesem Wege begründeten Landesgrundrechte eigenständig neben die im GG verbürgten Bundesgrundrechte treten und damit auch in Beziehung auf die Grundrechte die **Eigenstaatlichkeit** und **Verfassungshoheit** der Länder zum Ausdruck bringen. Andererseits wurde – wenn auch in der Verfassungskommission keineswegs einstimmig – bewusst auf die Aufnahme zusätzlicher „sozialer Grundrechte" (etwa: Recht auf Arbeit, Recht auf Wohnung) verzichtet.[15]

4 Indem sich der Verfassungsgeber in M-V zugleich bei Schaffung der **Rechtsschutzmöglichkeiten** gegen die Verletzung in Grundrechten vor dem LVerfG (→ *Classen*, **Art. 53** Rn 30) insb. hinsichtlich der Individualverfassungsbeschwerde Zurückhaltung auferlegt hat,[16] werden Probleme weitgehend vermieden, die sich in anderen Bundesländern mit aufgefächertem Grundrechtskatalog teilweise parallel zum GG und mit umfassendem Zugang zur Individualverfassungsbeschwerde stellen.[17] Unabhängig davon hat die Gewährleistung als Landesgrundrecht zusätzlich zur Absicherung im GG selbstverständlich in Verfassungsstreitigkeiten Auswirkungen auf die Kontrolldichte durch das LVerfG, weil in allen zugelassenen Verfahrensarten auch die über Art. 5 Abs. 3 transformierten Rechte des GG Prüfungsmaßstab sein können.[18]

5 Da Landesgrundrechte Ausfluss der Eigenstaatlichkeit und **Verfassungsautonomie** sind, ist der Landesgesetzgeber in der Schaffung solcher Grundrechte frei; er ist insb. nicht an die Kompetenzordnung des GG gebunden,[19] so dass auch die Umgestaltungen der Kompetenzabgrenzungen zwischen Bund und Ländern im Rahmen der Föderalismusreform[20] keine Auswirkungen auf die Berechtigung des Landesgesetzgebers zur Schaffung neuer oder zusätzlicher Grundrechte hatten.[21]

---

12 So u.a. *Pirsch*, in: Thiele/Pirsch/Wedemeyer, Art. 5 Rn 1; Begriff ohne weitere Problematisierung übernommen von LVerfGE 10, 337; 11, 265, 277 f; *Martina* (Fn 10), S. 45: der Begriff Inkorporation wurde in erster Linie in Zusammenhang mit Art. 140 GG verwendet, der – im Unterschied zu Art. 5 Abs. 3 – auf eine außer Kraft getretene Verfassung Bezug nimmt, und dürfte eine kirchenrechtliche Tradition aufweisen.
13 So u.a. *Menzel* (Fn 10), Rn 8; *Dietlein*, AöR 120 (1995), 1, 11; *März*, JöR N.F. 54 (2006), 175, 204; *Kamp*, in: Heusch/Schönenbroicher, Art. 4 Rn 16 mwN; *Wallerath*, NdsVBl. 2006 (Sonderheft 50 Jahre NdS. StGH), 43, 45 verwendet sowohl „Inkorporation" als auch „Rezeptionsklausel" und „Übernahmeklausel".
14 *Dästner*, Die Verfassung des Landes Nordrhein-Westfalen, 2. Aufl. 2002, Art. 4 Rn 1 ff.
15 Kommission, Verfassungsentwurf, S. 58, zum Ablauf der Diskussion und Meinungsbildung Zwischenbericht, LT-Drs. 1/2000, S. 13 ff, 77 ff; inhaltlich greift Art. 17 diese Themen auf und formuliert Staatsziele.
16 Art. 53 Nr. 6 iVm § 11 Nr. 8, §§ 52 ff LVerfGG, Art. 53 Nr. 7 iVm § 11 Nr. 9, §§ 58 ff LVerfGG.
17 Vgl statt vieler VerfGH Berl, LVerfGE 1, 56, 62; die in den letzten Jahren in anderen Bundesländern zu beobachtende verstärkte Tendenz zur Einführung einer umfassenden Individualverfassungsbeschwerde (zuletzt etwa Baden-Württemberg, aktuelle Diskussion in NRW) hat bisher Mecklenburg-Vorpommern nicht erreicht.
18 LVerfGE 11, 265, 277; LVerfGE 21, 234, 243; zum Umfang der Bindungswirkung der Rspr des BVerfG bei der Auslegung von Rezeptionsklauseln vgl Löwer (Fn 11), a.a.O.
19 Vgl *Martina* (Fn 10), S. 10 ff mwN.
20 Gesetz zur Änderung des Grundgesetzes v. 28.08.2006, BGBl. I 2006, S. 2034; Föderalismusreform-Begleitgesetz v. 05.09.2006, BGBl. I 2006, S. 2098.
21 Etwas anderes gilt naturgemäß für einfaches Gesetzesrecht, was die Frage aufwirft, ob eine umfangreiche Normierung von Grundrechten außerhalb der engeren Landesgesetzgebungskompetenz verfassungspolitisch sinnvoll ist; vgl *Kanther*, Die neuen Landesverfassungen im Lichte der Bundesverfassung, 1993, S. 135.

Ebenso wenig steht Art. 142 GG im Grundsatz der Aufnahme eines inhaltsglei- 6
chen, weitergehenden oder hinter dem Umfang eines Bundesgrundrechts zurückbleibenden Landesgrundrechts in die LV entgegen,[22] es sei denn, das Landesgrundrecht wäre in seinem weitergehenden oder hinter dem GG zurückbleibenden Schutz mit bundesrechtlichen Vorgaben unvereinbar; nur in diesem Fall würde es gemäß Art. 31 GG überlagert und wäre unanwendbar bzw würde derogiert.[23] Bei Inhaltsgleichheit kann es schon begrifflich zu Kollisionen nicht kommen.[24] Der Grundrechtskatalog des GG sollte einen „Mindeststandard" (so der Parlamentarische Rat) gewährleisten.

Über das ursprüngliche traditionelle Verständnis hinaus als bloße **Abwehrrechte** 7
des einzelnen gegen den Staat werden Grundrechte heute auch als **objektive Wertentscheidung** bzw **institutionelle Gewährleistungen** begriffen, die zudem **Leistungs- und Teilhaberechte** iS eines Anspruchs gegen den Staat auf Gewährung von Schutz, finanziellen Leistungen, sonstiger Förderung sowie auf Bereitstellung öffentlicher Einrichtungen und die Zulassung dazu vermitteln können.[25] Diese unterschiedlichen Funktionen lassen sich in den Artt. 6-10 sämtlich beispielhaft nachvollziehen.

Soweit die Verfassung über Art. 5 Abs. 3 hinaus Grundrechte eigenständig for- 8
muliert, sind diese als „**Jedermann-Grundrechte**" ausgestaltet.[26] Wie zudem Art. 19 Abs. 3 GG, der über Art. 5 Abs. 3 ebenfalls in Landesverfassungsrecht transformiert wird, deutlich macht, gelten die Grundrechte auch für inländische juristische Personen, soweit sie ihrem Wesen nach auf diese anwendbar sind; deswegen genießen materiellen Grundrechtsschutz juristische Personen des öffentlichen Rechts regelmäßig nicht, sondern nur ausnahmsweise dann, wenn sie von den ihnen durch die Rechtsordnung übertragenen Aufgaben her unmittelbar einem durch bestimmte Grundrechte geschützten Lebensbereich zugeordnet sind oder kraft ihrer Eigenart ihm von vornherein zugehören.[27] Auch juristische Personen können deswegen – sofern die Voraussetzungen iÜ erfüllt sind – Verfassungsbeschwerde zum LVerfG erheben.[28]

Darüber hinaus dürfte auch in diesem Zusammenhang die Erstreckung der 9
Grundrechtsberechtigung auf alle Unionsbürger bei Deutschen-Grundrechten sowie auf juristische Personen aus Mitgliedstaaten der Europäischen Union Bedeutung entfalten, die das BVerfG für das Grundgesetz vorgenommen hat. Zu einer solchen vertraglich begründeten **Anwendungserweiterung des deutschen Grundrechtsschutzes** hat sich dieses Gericht wegen des Anwendungsvorrangs der Grundfreiheiten im Binnenmarkt (Art. 26 Abs. 2 AEUV) und des allgemeinen Diskriminierungsverbots wegen der Staatsangehörigkeit (Art. 18 AEUV) veranlasst gesehen.[29]

---

22 *Menzel* (Fn 10), Rn 10 ff; grds. die Ausführungen in BVerfGE 96, 345 ff.
23 Ausführlich zum Problem etwa *Martina* (Fn 10), S. 13 ff und *Wermeckes*, Der erweiterte Grundrechtsschutz in den Landesverfassungen, 2000, S. 98 ff.
24 *Jarass*, in: Jarass/Pieroth, Art. 31 Rn 5 mwN; BVerfGE 36, 342, 366 und 40, 296, 327 für das Verhältnis zwischen Bundes- und Landesverfassungsrecht, ansonsten offen gelassen.
25 So schon in relativ frühen Entscheidungen das BVerfG, vgl BVerfGE 33, 303, 330 f, auch BVerfGE 21, 362, 372.
26 Artt. 6, 8, 10; auch Art. 5 Abs. 2 bringt dies mit seiner Formulierung „...Würde aller in diesem Land lebenden oder sich hier aufhaltenden Menschen..." zum Ausdruck.
27 BVerfGE 75, 192, 196 mwN; Beispiele wären: öffentlich-rechtliche Sparkassen, Universitäten, Fakultäten, Rundfunkanstalten, Kirchen.
28 Vgl etwa LVerfGE 12, 227 ff: Beschwerdeführer waren eine GmbH und zwei eingetragene Vereine.
29 BVerfGE 129, 78, 94 ff.

Art. 5 (Menschenrechte, Geltung der Grundrechte des Grundgesetzes)

(1) Das Volk von Mecklenburg-Vorpommern bekennt sich zu den Menschenrechten als Grundlage der staatlichen Gemeinschaft, des Friedens und der Gerechtigkeit.

(2) Das Land Mecklenburg-Vorpommern ist um des Menschen willen da; es hat die Würde aller in diesem Land lebenden oder sich hier aufhaltenden Menschen zu achten und zu schützen.

(3) Die im Grundgesetz für die Bundesrepublik Deutschland festgelegten Grundrechte und staatsbürgerlichen Rechte sind Bestandteil dieser Verfassung und unmittelbar geltendes Recht.

Zu Abs. 1: Artt. 2 Abs. 3 BbgVerf; 3 Abs. 1 NdsVerf; 4 Abs. 2 LVerf LSA; 1 Abs. 2 ThürVerf; 1 Abs. 2 GG.

Zu Abs. 2: Artt. 1 Abs. 2 Satz 1 BWVerf; 100 BayVerf; 6 VvB; 7 Abs. 1 BbgVerf; 5 Abs. 1 BremVerf; 3 HessVerf; 1 SaarlVerf; 14 SächsVerf; 4 Abs. 1 LVerf LSA; 1 Abs. 1 ThürVerf; 1 Abs. 1 GG.

Zu Abs. 3: Artt. 2 Abs. 1 BWVerf; 3 Abs. 2 Sätze 1 und 2 NdsVerf; 4 Abs. 1 Verf NW.

I. Allgemeines	1	1. Dynamische Verweisung	10
II. Bekenntnis zu den Menschenrechten (Abs. 1)	3	2. Umfang der Transformation	11
III. Schutz der Menschenwürde (Abs. 2)	6	3. Mögliche Ausnahmen	13
IV. Transformation der Grundrechte des Grundgesetzes (Abs. 3)	9	4. Verhältnis der transformierten zu speziellen Landesgrundrechten	14

I. Allgemeines

1 Mit der Entscheidung, unter Verzicht auf einen umfassenden eigenständigen Grundrechtskatalog im Wesentlichen die Grundrechte und staatsbürgerlichen Rechte des GG in das Landesverfassungsrecht über Art. 5 Abs. 3 zu transformieren[1] und zusätzlich nur einige für besonders bedeutsam erachtete Grundrechte auszuformulieren, ist M-V Nordrhein-Westfalen und Baden-Württemberg gefolgt; auch Niedersachsen hat nunmehr diesen Weg beschritten.[2] In der Verfassungskommission gab es zunächst unterschiedliche Auffassungen, ob ein Hinweis auf die Grundrechte des GG genüge oder Grundrechte und Staatsziele einen wesentlichen Bestandteil der LV ausmachen sollten; die **zurückhaltende Verfassungsgestaltung** erfolgte gegen den Willen der Bürgerbewegungen und der LL/PDS.[3]

2 Dass sich der Landesverfassunggeber nicht für die besonders „schlanke" nordrhein-westfälische Variante entschied, sondern jedenfalls einige Grundrechtsverbürgungen – auch eher grds. Art wie in Art. 5 Abs. 1 und 2 – ausdrücklich formulierte, ist ersichtlich veranlasst durch die speziellen Erfahrungen der SED-Herrschaft einerseits und die in Teilen der Bevölkerung Anfang der 90er Jahre verbreitete Fremdenfeindlichkeit andererseits; das **Menschenbild der Verfassung** sollte in besonderer Weise herausgestellt und die grundsätzliche, ohne Ansehen

---

1 Zur Begrifflichkeit siehe oben → **Vorbem. zu Art. 5** Rn 3.
2 NdsVerf v. 19.05.1993; die Vorläufige Niedersächsische Verfassung sollte im Wesentlichen ein Organisationsstatut sein, vgl *Hagebölling*, Niedersächsische Verfassung, Kommentar 1996, S. 40.
3 Kommission, Verfassungsentwurf, S. 57 f; ebenso schon deren Zwischenbericht, LT-Drs. 1/2000, S. 13 ff, 77.

der Person wahrzunehmende Schutz- und Friedenserhaltungspflicht der Landesstaatsgewalt (auch gegenüber intoleranten Bürgern) sollte verdeutlicht werden.[4] Insb. die Absätze 1 und 2 erweisen sich so als Konkretisierungen der Präambel und der speziellen Erfahrungen aus der DDR-Zeit, aber auch solchen aus den ersten Jahren der „Nachwendezeit".

II. Bekenntnis zu den Menschenrechten (Abs. 1)

Wie auch andere Landesverfassungen – mit unterschiedlichsten Formulierungen[5] – enthält Art. 5 Abs. 1 ein ausdrückliches **Bekenntnis zu den Menschenrechten** als Grundlage der staatlichen Gemeinschaft, des Friedens und der Gerechtigkeit. Die Verfassung will damit bewusst auf die Missachtung und Pervertierung der Menschenrechte in der DDR-Vergangenheit antworten.[6]

Ein Vorschlag, die Formulierung „Das Volk von Mecklenburg-Vorpommern" an dieser Stelle durch „Die Bürger von Mecklenburg-Vorpommern" zu ersetzen,[7] weil der Begriff „Volk" durch die Historie des Nationalsozialismus belastet sei, hat sich nicht durchgesetzt; die gewählte Formulierung knüpft ebenso wie die in Art. 3 an die Verwendung des Begriffs im GG und an die Rspr des BVerfG an.[8] Auf Bundesebene ist das „Volk" das Staatsvolk der Bundesrepublik Deutschland, das nach der Rspr des BVerfG nur von den Deutschen gebildet wird; dies ist entsprechend auf die landesrechtliche Ebene zu übertragen.[9]

Soweit die LV im Gegensatz zu Art. 1 Abs. 2 GG auf die Adjektive „unverletzlich" und „unveräußerlich" verzichtet, verändert dies die Bedeutung nicht, denn diese Eigenschaften sind dem Begriff der Menschenrechte ohnehin eigen.[10]

Die LV definiert den Begriff der Menschenrechte ebenso wenig näher wie das GG; es kann davon ausgegangen werden, dass die Kernelemente aus einer **Zusammenschau der Grundprinzipien** gewonnen werden können, die nach allg. geltender Rechtsüberzeugung – wie sie auch in zahlreichen **internationalen Konventionen** ihren Ausdruck gefunden hat – den für eine physische, wirtschaftliche, politische und kulturelle Existenz des Menschen unentbehrlichen rechtlichen Standard bilden und gleichsam einen „vorstaatlichen Kern" haben.[11]

III. Schutz der Menschenwürde (Abs. 2)

Satz 1 greift eine Formulierung auf, die bereits in den Verfassungsberatungen zum GG diskutiert wurde iS eines „eingängig formulierten ‚anthropozentrischen Leitprinzips' jeder (Glied-) Staatlichkeit": den Vorrang des Menschen vor dem Staat (Carlo Schmid).[12]

---

4 *März*, JöR N.F. 54 (2006), 175, 206.
5 Art. 2 Abs. 3 BbgVerf zB erwähnt neben dem GG ausdrücklich die Europäische Konvention zum Schutz der Menschenrechte und Grundfreiheiten, die Europäische Sozialcharta und die Internationalen Menschenrechtspakte.
6 *März*, JöR N.F. 54 (2006), 175, 206.
7 So der Änderungsantrag der CDU, siehe Zwischenbericht (Fn 3), S. 13; vgl auch den Wortlaut der Präambel.
8 Kommission, Verfassungsentwurf, S. 86.
9 BVerfGE 83, 37, 50 f; BremStGH, Urt. v. 31.01.2014 – St 1/13 – NordÖR 2014, 262.
10 *Pirsch*, in: Thiele/Wedemeyer/Pirsch, Art. 5 Rn 3.
11 *Hillgruber*, in: Epping/Hillgruber, Art. 1 Rn 53 ff mwN, insb. auch zur Interpretation der Vorschrift durch das BVerfG, siehe etwa BVerfGE 111, 307, 329 und 128, 326, 366 ff.
12 *März*, JöR N.F. 54 (2006), 175, 206; die anthropozentrische Ausrichtung wird in ganz anderem Kontext – Umweltschutz – ebenfalls gesehen von *Erbguth/Wiegand*, DVBl. 1994, 1325, 1331.

7 Der zweite Halbsatz stellt nochmals ausdrücklich klar, dass die Landesstaatsgewalt nicht nur zum Unterlassen von Angriffen auf die Menschenwürde, sondern auch zum **aktiven Schutz** nicht lediglich der „Bürger" des Landes verpflichtet ist, sondern **aller** im Lande lebenden und sich aufhaltenden **Menschen**, somit auch von Ausländern, Asylbewerbern, Touristen usw. Die Aufnahme dieses „im landesverfassungsrechtlichen Kontext einmaligen Jedermann-Schutzprinzips",[13] das im Entwurf des Zwischenberichts noch nicht enthalten war, ist den erschreckenden, gewalttätigen ausländerfeindlichen Übergriffen in Rostock-Lichtenhagen 1992 geschuldet.[14] Demgegenüber stellt jetzt der neue Art. 18 a seinem Wortlaut nach nur auf die Bürger ab. Angesichts der allgemeinen Zielrichtung dieser Verfassungsergänzung[15] scheinen allerdings Zweifel angebracht, ob der Gesetzgeber damit eine bewusste Differenzierung vornehmen wollte.

8 Ob es sich hierbei um ein klagefähiges Recht handelt[16] und ob – und gegebenenfalls mit welchem Inhalt und Klageziel – eine Verletzung dieser Verfassungspflicht vor dem LVerfG geltend gemacht werden könnte, musste das Gericht noch nicht entscheiden. Es hat bisher lediglich in einem Fall diese Schutzverpflichtung zur Legitimation einer parlamentarischen Ordnungsmaßnahme mit herangezogen.[17]

IV. Transformation der Grundrechte des Grundgesetzes (Abs. 3)

9 Art. 5 Abs. 3 unterscheidet M-V von den anderen neuen Bundesländern mit wesentlich umfangreicheren Grundrechtskatalogen; die Vorschrift ist Ausfluss der Verfassungsautonomie des Landesverfassunggebers.[18] Angesichts der ohnehin bestehenden Bindung auch der öffentlichen Gewalten des Landes an die Vorgaben des GG (Artt. 1 Abs. 3, 28 Abs. 3) schien eine weitgehende Wiederholung verzichtbar, zumal so **Normkonflikte vermieden** werden, die im Rahmen der Rechtskontrolle durch das BVerfG einerseits und die Landesverfassungsgerichte andererseits entstehen können;[19] auch dient das Vorgehen der Rechtsklarheit.[20]

10 1. **Dynamische Verweisung.** Die gewählte Formulierung lässt – anders als in Nordrhein-Westfalen[21] – keinen Zweifel am Charakter der Vorschrift als „**dynamische Verweisung**".[22] Somit wirken Änderungen des GG zugleich unmittelbar auf die LV ein und sind die im GG festgelegten Grundrechte und staatsbürgerlichen Rechte in ihrer jeweils aktuellen Fassung Bestandteil der LV und damit unmittelbar geltendes Landesrecht. Die zwischenzeitlich erfolgten Änderungen im GG haben teils zu einem reduzierten (Artt. 13, 16 Abs. 2, 16 a GG), teils zu einem erweiterten (Art. 3 Abs. 2 Satz 2 und Abs. 3 Satz 2 GG) Landesgrundrechtsschutz geführt. Diesem Verständnis des Art. 5 Abs. 3 steht Art. 56, der die

---

13 *März*, JöR N.F. 54 (2006), 175, 206.
14 Die Vorgänge waren Gegenstand des 2. Untersuchungsausschusses der 1. Wahlperiode; Näheres siehe bei *März*, JöR N.F. 54 (2006), 175, 250 mwN in Fn 313.
15 Siehe dazu umfassend → *Classen*, **Art. 18 a**; auch *Erbguth*, LKV 2008, 440.
16 So könnte *Pirsch* (Fn 10), Art. 5 Rn 10 verstanden werden („Jedermann-Grundrecht").
17 LVerfG, Urt. v. 23.01.2014 – LVerfG 4/13 –.
18 *Pirsch* (Fn 10), Art. 5 Rn 12.
19 BVerfGE 96, 345 ff.
20 So zu Nordrhein-Westfalen *Menzel*, in: Löwer/Tettinger, Art. 4 Rn 8.
21 Siehe oben → **Vorbem. zu Art. 5** Fn 10.
22 *März*, JöR N.F. 54 (2006), 175, 205; *Pirsch* (Fn 10), Art. 5 Rn 12; LVerfGE 11, 265, 277 f mwN; in dieser Entscheidung spielte insb. Art. 13 GG als Prüfungsmaßstab über Art. 5 Abs. 3 eine Rolle.

Grenzen und Voraussetzungen einer Verfassungsänderung festlegt, nicht entgegen, wie das LVerfG herausgearbeitet hat.[23]

2. Umfang der Transformation. Was der Verfassunggeber in M-V unter den „Grundrechten und staatsbürgerlichen Rechten des Grundgesetzes" verstanden wissen wollte, zeigt der Bericht der Verfassungskommission,[24] dem als Anhang ein Auszug aus dem GG beigefügt war; dieser führt auf die Artikel 1 bis 20, 33 (Staatsbürgerliche Rechte), 101 (Verbot von Ausnahmegerichten), 103 (Grundrechte vor Gericht) und 104 GG (Rechtsgarantien bei Freiheitsentziehung). Dieser Katalog findet seine Entsprechung in den in Art. 93 Abs. 1 Nr. 4 a GG aufgezählten Rechten, die Prüfungsmaßstab einer Individualverfassungsbeschwerde vor dem BVerfG sein können. Der fehlende landes(verfassungs)rechtliche Bezug des ebenfalls genannten Art. 38 GG liegt in der Natur der Sache; insofern enthalten Art. 20 Abs. 2 und Art. 22 Abs. 1 eigenständige Regelungen der Wahlrechtsgrundsätze und der Rechtsstellung der Abgeordneten. Der zusätzlich beigefügte Auszug aus der Deutschen Verfassung vom 11. August 1919 – Weimarer Reichsverfassung – mit deren Artikeln 136 bis 139 und 141 diente ausschließlich der Information, da Art. 9 selbst diese Vorschriften benennt. 11

Auch in den anderen Bundesländern mit vergleichbarer Regelung werden üblicherweise neben den ausdrücklich als solche bezeichneten Grundrechten auch die grundrechtsgleichen und grundrechtsähnlichen Rechte (als Grundrechte im materiellen Sinne) als übernommen angesehen.[25] Teilweise ist allerdings eine Anpassung der transformierten Vorschriften an das „landesstaatliche Niveau" erforderlich, indem bundesrechtliche Bezüge durch landesbezogene Formulierungen zu ersetzen sind.[26] Probleme kann die Frage aufwerfen, ob und – falls ja – mit welchem Regelungsinhalt dem Bundesgesetzgeber eingeräumte Gesetzesvorbehalte mit transformiert werden (siehe zB Art. 4 Abs. 3 Satz 2, Art. 16 a Abs. 3 GG).[27] 12

3. Mögliche Ausnahmen. Fraglich ist, ob auch Art. 18 GG, der als Ausdruck einer „wertbewussten und abwehrbereiten Demokratie"[28] das Verfahren im Falle der **Verwirkung** enumerativ aufgeführter Grundrechte regelt und damit selbst inhaltlich kein Grundrecht, sondern eine Schranke für den Grundrechtsgebrauch enthält,[29] von der Transformation erfasst ist;[30] die Zweifel verstärkt, dass das Landes(verfassungs)recht selbst kein Verfahren zur Verfügung stellt, das dem Entscheidungsmonopol des BVerfG entspräche.[31] Mag auch diese Frage in der Vergangenheit noch nicht praktisch geworden sein – selbst auf Bundes- 13

---

23 LVerfG (Fn 22) zugleich unter Hinweis darauf, dass die Grundrechte und staatsbürgerlichen Rechte des GG ohnehin in ihrer jeweiligen aktuellen Fassung auch ohne Rezeption durch die LV in deren Geltungsbereich als Bundesrecht unmittelbar gelten, die Landesstaatsgewalt nach Artt. 1 Abs. 3, 20 Abs. 3 GG und Art. 4 binden und im Kollisionsfall nach Art. 31 GG dem Landesrecht, auch dem Landesverfassungsrecht, vorgehen.
24 Siehe Fn 3.
25 *Martina*, Die Grundrechte der nordrhein-westfälischen Landesverfassung im Verhältnis zu den Grundrechten des Grundgesetzes, 1999, S. 50 f.
26 *Menzel* (Fn 20), Art. 4 Rn 14 spricht von „maßstäblicher Verkleinerung" der Grundrechte.
27 Eine jedenfalls partielle Übernahme bejahend *Martina* (Fn 25), S. 73 in Abgrenzung zu Kommentierungen zu Art. 2 Abs. 1 BWVerf.
28 BVerfGE 25, 88, 100.
29 So die wohl hM; vgl *Martina* (Fn 25), S. 55 mwN zum Meinungsstand über den Grundrechtscharakter der Vorschrift.
30 Bejahend für NRW *Menzel* (Fn 20), Art. 4 Rn 17; verneinend *Martina* (Fn 25), S. 70 mwN.
31 Ablehnend deswegen → *Classen*, **Art. 53** Rn 2.

ebene wurden bisher, soweit ersichtlich, nur zwei Verwirkungsverfahren eingeleitet, die beide aus formellen Gründen erfolglos blieben[32] –, könnte sie sich doch angesichts jüngster Entwicklungen im Spektrum der im LT vertretenen Parteien und der Art und Weise des Auftretens maßgeblicher Repräsentanten neu stellen. Letzten Endes kann eine Antwort nur das LVerfG geben, sollte die Frage je an das Gericht herangetragen werden. Klar dürfte jedenfalls sein, dass das Gericht nur über die Verwirkung des Landesgrundrechts entscheiden könnte.[33]

14 **4. Verhältnis der transformierten zu speziellen Landesgrundrechten.** Soweit der Landesverfassunggeber **spezielle Landesgrundrechte** normiert hat wie etwa zum Datenschutz, zum Informationsanspruch über Umweltdaten und im Bereich des Kulturverfassungsrechts, obwohl schon über Art. 5 Abs. 3 ein lückenloser Grundrechtsschutz gewährleistet wäre, **gehen** diese **den transformierten (rezipierten) Grundrechten vor.**[34] Auf die Rechtsschutzmöglichkeiten vor dem LVerfG wirkt sich dies nur bedingt aus; erschöpft sich die Landesverfassung darin, lediglich die schon mit Art. 5 Abs. 3 erfolgte Verweisung auf das Grundgesetz auszuformulieren, verbleibt es bei der in Art. 53 Nr. 7 bestimmten Subsidiarität gegenüber der Verfassungsbeschwerde zum BVerfG.[35] Umgekehrt greifen die im GG enthaltenen, in die LV transformierten Verbürgungen auf landesverfassungsrechtlicher Ebene auch dann, wenn die LV an anderer Stelle eine Materie nicht im entsprechenden Umfang regelt; dies gilt zB für das Recht auf Errichtung von Privatschulen nach Art. 5 Abs. 3 iVm Art. 7 Abs. 4 Satz 1 GG unabhängig davon, dass der als Staatszielbestimmung gefasste Art. 15 (Schulwesen) hierzu keine Aussagen trifft.[36]

Art. 6 (Datenschutz, Informationsrechte)

(1) Jeder hat das Recht auf Schutz seiner personenbezogenen Daten. Dieses Recht findet seine Grenzen in den Rechten Dritter und in den überwiegenden Interessen der Allgemeinheit.

(2) Jeder hat das Recht auf Auskunft über ihn betreffende Daten, soweit nicht Bundesrecht, rechtlich geschützte Interessen Dritter oder überwiegende Interessen der Allgemeinheit entgegenstehen.

(3) Jeder hat das Recht auf Zugang zu Informationen über die Umwelt, die bei der öffentlichen Verwaltung vorhanden sind.

(4) Das Nähere regelt das Gesetz.

Zu Abs. 1: Artt. 33 VvB; 11 Abs. 1 und 2 BbgVerf; 12 Abs. 3 BremVerf; 4 Abs. 2 Verf NW; 4 a Abs. 1 Satz 1, Abs. 2 Verf Rh-Pf; 2 Sätze 2 und 3 SaarlVerf; 33 SächsVerf; 6 Abs. 1 LVerf LSA; 6 Abs. 2 ThürVerf.

Zu Abs. 2: Artt. 11 Abs. 1 und 2 BbgVerf; 12 Abs. 4 und 5 BremVerf; 4 a Abs. 1 Satz 2, Abs. 2 Verf Rh-Pf; 6 Abs. 1 LVerf LSA; 6 Abs. 4 ThürVerf.

Zu Abs. 3: Artt. 39 Abs. 7 Satz 3 BbgVerf; 34 SächsVerf; 6 Abs. 2 LVerf LSA; 33 ThürVerf.

---

32 BVerfGE 11, 282 ff; BVerfGE 38, 23 ff.
33 Umgekehrt erfasste ein Verwirkungsausspruch des BVerfG aber auch die entsprechende Landesgarantie eines Grundrechts, vgl *Menzel* (Fn 20), Art. 4 Rn 17 mwN.
34 *März*, JöR N.F. 54 (2006), 175, 207.
35 LVerfGE 19, 301, 308 ff; → *Classen*, **Art. 53** Rn 41.
36 Vgl LVerfGE 12, 227, 237; LVerfGE 21, 234, 243.

I. Allgemeines	1	c) Datenschutzbeauftragter ...	12
II. Personenbezogene Daten	2	2. Auskunftsrecht (Abs. 2)	13
1. Recht auf Datenschutz		III. Zugang zu Umweltinformationen	
(Abs. 1)	7	(Abs. 3)	14
a) Begriff der „Daten"	9	IV. Gesetzesvorbehalt (Abs. 4)	18
b) Grundrechtsschranken	11		

I. Allgemeines

Zu den freiheitsrechtlichen Gewährleistungen, die der Landesverfassunggeber aufgrund der historischen Erfahrungen ausdrücklich als **besondere Landesgrundrechte** verankert sehen wollte, auch wenn sie über Art. 5 Abs. 3 in ihren wesentlichen Grundlagen bereits transformiert worden sind, gehört zunächst das **Recht auf Datenschutz** (Abs. 1) nebst **Auskunftsrecht** (Abs. 2). Die Gefahren für die persönliche und gesellschaftliche Freiheit durch Überwachung und Bespitzelung hatte die Tätigkeit der Staatssicherheit in der DDR, über deren allg. Strukturen nicht nur aus den persönlichen leidvollen Erfahrungen der betroffenen Menschen, sondern auch durch systematische Aufarbeitung zunehmend mehr Erkenntnisse gewonnen wurden, in drastischer Weise deutlich gemacht. Auffallend – aber nicht überraschend – sind der Nachdruck und die Detailliertheit, mit der das Grundrecht auf Datenschutz ausgestaltet worden ist.[1] Ebenso haben die Verfassunggeber in den neuen Bundesländern Konsequenzen daraus gezogen, dass in der DDR **Umweltdaten** „Geheimsache" waren (Abs. 3). Alle so formulierten Grundrechte sind einem **Gesetzesvorbehalt** unterstellt (Abs. 4). 1

II. Personenbezogene Daten

Intensiver geführt wurde die Diskussion um den Umgang mit persönlichen Daten in der Bundesrepublik Deutschland bereits anfangs der 70er Jahre. Vorreiter waren Hessen und Rheinland-Pfalz mit ihren Datenschutzgesetzen 1970 und 1974; am 27. Januar 1977 wurde das Bundesdatenschutzgesetz verkündet. Nordrhein-Westfalen verankerte als erstes Bundesland 1978 den Datenschutz auch verfassungsrechtlich (Art. 4 Abs. 2 Verf NW). Die **rasante Entwicklung der Computertechnologie** („informationelle Revolution"[2]), die ein rasches und in der nunmehr möglichen Intensität und Vielfalt vor Jahren noch kaum vorstellbares Gewinnen und Zusammenführen von personenbezogenen Einzelinformationen ermöglicht, verstärkte in der Folgezeit das Problembewusstsein erheblich. Sie lässt sich auch an den Sachverhalten ablesen, die bis in die jüngste Zeit Gegenstand verfassungsrechtlicher Überprüfung geworden sind; dabei bedarf es regelmäßig einer zusammenschauenden Betrachtung mehrerer betroffener Grundrechte wie Art. 2 Abs. 1 iVm Art. 1 Abs. 1, Art. 10, Art. 12 GG.[3] 2

Der Bundesgesetzgeber hat den gravierenden Auswirkungen dieser Entwicklung auch für den **privatrechtlichen Bereich** nunmehr mit einer umfassenden Definition des Schutzzwecks in § 1 Abs. 1 BDSG[4] („Schutz des Einzelnen davor, dass er durch den Umgang mit seinen personenbezogenen Daten in seinem Persönlichkeitsrecht beeinträchtigt wird") Rechnung getragen. In der Konsequenz hat 3

---

1 *Neumann/Tillmans*, Verfassungsrechtliche Probleme bei der Konstituierung der neuen Bundesländer, 1997, S. 70; *Vogelgesang*, CR 1995, 554.
2 *Menzel*, in: Löwer/Tettinger, Art. 4 Rn 19.
3 Siehe etwa BVerfG, Urt. v. 24.04.2013 – 1 BvR 1215/07 –, NJW 2013, 1499; BVerfGE 130, 152; BVerfGE 130, 1; BVerfGE 129, 208; BVerfGE 125, 260; BVerfGE 124, 43; BVerfGE 120, 274.
4 Bundesdatenschutzgesetz idF der Bekanntmachung v. 14.01.2003, BGBl. I 2003, S. 66, zuletzt geändert durch G v. 14.08.2009, BGBl. I 2009, S. 2814.

er sodann die Bindung auch der nicht-öffentlichen Stellen als Normadressaten (§ 1 Abs. 2 Nr. 3, § 2 Abs. 4 BDSG) an detaillierte Vorgaben für die Datenverarbeitung (§§ 27-32) einschließlich Benachrichtigungs-, Auskunfts-, Berichtigungs-, Löschungs- und Sperrungsverpflichtungen (§§ 32-35) geregelt und diese gleichzeitig der Kontrolle der Aufsichtsbehörden (§ 38) unterworfen. Zugleich sollten damit europarechtliche Vorgaben umgesetzt werden.[5] Da die bundesrechtlichen Regelungen für den privaten anders als für den Bereich der öffentlichen Stellen weitgehend abschließenden Charakter aufweisen, kann der landesverfassungsrechtlichen Garantie insoweit kaum Bedeutung zukommen.

4 Das BVerfG hat das **Recht auf informationelle Selbstbestimmung** aus dem allgemeinen Persönlichkeitsrecht auf der Grundlage der Art. 2 Abs. 1 iVm Art. 1 Abs. 1 GG heraus entwickelt[6] und damit dem Datenschutz „verfassungsrechtliche Weihen" verliehen.[7] Eingang in den geschriebenen Text des Grundgesetzes hat das Grundrecht auf Datenschutz bisher trotz entsprechender Voten der Konferenz der Datenschutzbeauftragten des Bundes und der Länder[8] und der Mehrheit jedenfalls der Ländervertreter in der Gemeinsamen Verfassungskommission von Bund und Ländern gleichwohl nicht gefunden.[9]

5 In der Zwischenzeit hat das BVerfG dieses Recht auf informationelle Selbstbestimmung um eine weitere Ausprägung des allgemeinen Persönlichkeitsrechts ergänzt in Gestalt eines **Grundrechts auf Gewährleistung der Vertraulichkeit und Integrität informationstechnischer Systeme**.[10] Jedenfalls über Art. 5 Abs. 3 findet auch dieser Grundrechtsaspekt Aufnahme in den Katalog der Landesgrundrechte.

6 In den Parlamenten der neuen Länder – veranlasst durch die Erfahrungen mit der Willkür der SED-Bürokratie und den Abhör- und Überwachungspraktiken des Ministeriums für Staatssicherheit – stand die Notwendigkeit einer verfassungsrechtlichen Verankerung des Datenschutzes außer Frage;[11] gestritten wurde höchstens um den Umfang der Gewährleistung, was sich in den unterschiedlichen Formulierungen der Verfassungsbestimmungen durchaus widerspiegelt. Man mag den materiellen Regelungsbedarf in den Ländern überhaupt bezweifeln und kritisch hinterfragen, ob das landesverfassungsrechtlich zwar eigenständig, aber gerade in M-V letztlich doch zurückhaltend formulierte Abwehrrecht durch die enge Anlehnung an Leitsätze des BVerfG und die ausgreifende Schrankenziehung sachlich tatsächlich Neues, Anderes oder gar Besseres gewährleisten kann als das ohnehin geltende Bundesverfassungsrecht;[12] ersichtlich bestand aber in den neuen Bundesländern ein starkes **Bedürfnis nach einer ei-**

---

5 Richtlinie 95/46/EG des Europäischen Parlaments und des Rates zum Schutz natürlicher Personen bei der Verarbeitung personenbezogener Daten und zum freien Datenverkehr v. 24.10.1995 – ABl. v. 23.11.1995 Nr. L 281/31 – EG-Datenschutz-Richtlinie – mit ihrer Anpassungsverpflichtung bis längstens 24.10.1998; siehe auch zu den Umsetzungsdefiziten bei der Organisation der staatlichen Kontrolle EuGH, Urt. v. 09.03.2010 – C-518/07 –, NJW 2010, 1265; → *Sauthoff*, **Art. 37** Rn 12; die am 01.01.2016 in Kraft tretenden Änderungen (G v. 25.02.2015, BGBl. I 2015, S. 162) sollen diese beheben.
6 BVerfGE 65, 1 ff – „Volkszählungsurteil"; BVerfG, NJW 1991, 2129, 2132.
7 *Vogelgesang*, CR 1995, 554, 555.
8 Beschluss v. 28.04.1992, abgedr. im 14. Tätigkeitsbericht des Beauftragten für Datenschutz, Anlage 6, S. 185.
9 Vgl Bericht der Gemeinsamen Verfassungskommission v. 05.11.1993, BT-Drs. 12/6000, S. 60 ff.
10 BVerfGE 120, 274, 302 ff, 314.
11 Siehe schon den im April 1990 vorgelegten Entwurf des Runden Tisches für eine Verfassung der noch existierenden, im Umbruch befindlichen DDR.
12 *März*, JöR N.F. 54 (2006), 175, 207 mwN.

genständigen Ausformulierung in den Landesverfassungen, dem einhellig Rechnung getragen wurde.

1. Recht auf Datenschutz (Abs. 1). Im Ergebnis enthält die LV mit Art. 5 Abs. 3 iVm dem bundesrechtlich aus Art. 2 Abs. 1 iVm Art. 1 Abs. 1 GG hergeleiteten Recht auf informationelle Selbstbestimmung einerseits und den Schutz- und Auskunftsrechten aus Art. 6 Abs. 1 und 2 andererseits sogar **zwei Verbürgungen** der Datenschutzgrundrechte. Damit wird in der Theorie die Frage aufgeworfen, welches Verhältnis diese beiden Rechte zueinander aufweisen: Spezialität oder Gleichrangigkeit?[13] Sie hat das LVerfG in seinem Urteil vom 21.10.1999 zu verdachtlosen Kontrollen nach Polizeirecht bewusst offen gelassen, weil „jedenfalls die gewählte Regelungstechnik in der LV nicht zu einer Einschränkung des Grundrechtsschutzes führen, sondern die gesamte Fülle des Schutzes für das Recht auf informationelle Selbstbestimmung optimal gewährleistet sein" soll.[14] Da sich ein datenschutzrechtlicher Bezug auch für zahlreiche andere Einzelgrundrechte herausarbeiten ließe,[15] lässt sich dieser Entscheidung der Grundgedanke entnehmen, dass jeweils der konkrete Sachverhalt auf seinen grundrechtsbezogenen Schwerpunkt abzuprüfen und dieser in den Vordergrund der Betrachtung zu stellen ist.

Andererseits führt diese doppelte Verbürgung des Datenschutzgrundrechts nicht in jedem Fall zu einer doppelten verfassungsgerichtlichen Absicherung. Ausgehend von der Annahme, dass der Garantiegehalt des Grundrechts aus Art. 6 Abs. 1 Satz 1 nicht über den des in Art. 2 Abs. 1 iVm Art. 1 Abs. 1 GG niedergelegten Grundrechts auf informationelle Selbstbestimmung hinausgeht, sieht das LVerfG die Verfassungsbeschwerde nach Art. 53 Nr. 7 LV, § 58 Abs. 3 LVerfGG gegen Akte der öffentlichen Gewalt solange nicht eröffnet, als sich der Beschwerdeführer nicht auf weitergehende landesverfassungsrechtliche Grundrechtsgewährleistungen berufen kann.[16]

a) Begriff der „Daten". Bei „Daten" (eingedeutschter Plural von lat. datum) handelt es sich um Informationen; **personenbezogene Daten** sind „Einzelangaben über persönliche oder sachliche Verhältnisse einer bestimmten oder bestimmbaren natürlichen Person (Betroffener)",[17] und zwar zunächst ohne jede Gewichtung ihrer Sensibilität und ohne Rücksicht darauf, ob sie sich in öffentlicher oder privater Hand befinden. Der Wortlaut des Art. 6 Abs. 1, verstärkt durch eine solche Definition, scheint die Anwendbarkeit des Grundrechts auf juristische Personen (Art. 19 Abs. 3 GG) auszuschließen;[18] auch das BVerfG rekurrierte zunächst für die „informationelle Selbstbestimmung" von Unternehmen

---

13 Für NRW vgl *Martina*, Die Grundrechte der nordrhein-westfälischen Landesverfassung im Verhältnis zu den Grundrechten des Grundgesetzes, 1999, S. 91 f.
14 LVerfGE 10, 337, 349 unter Hinweis auf den Abschlussbericht der Verfassungskommission; in seiner Entscheidung zu polizeirechtlichen Maßnahmen der akustischen Wohnraumüberwachung (sog. „Großer Lauschangriff") v. 18.05.2000 (LVerfGE 11, 265) hat das Gericht diese vorrangig am Maßstab des Art. 5 Abs. 3 iVm Art. 13 GG geprüft, weil dieser gegenüber dem Grundrecht aus Art. 6 Abs. 1 und im Grundrechten aus Art. 5 Abs. 3 iVm Art. 2 Abs. 1 und Art. 1 Abs. 1 GG das speziellere, die allgemeinen Vorschriften insoweit verdrängende Grundrecht sei (S. 277); es hat dann aber bestimmte Einzelmaßnahmen (zB Einzelheiten der Unterrichtungsregelungen und der Zweckänderung) zusätzlich anhand des Art. 6 Abs. 1 und 2 sowie Art. 5 Abs. 3 iVm Art. 19 Abs. 4 Satz 1 GG bzw mit Art. 2 Abs. 1 und Art. 1 Abs. 1 GG geprüft und im Ergebnis teilweise verworfen (S. 297 ff).
15 *Menzel* (Fn 2), Art. 4 Rn 22 mwN.
16 LVerfGE 19, 301; → *Classen*, **Art. 53** Rn 41.
17 So etwa § 3 Abs. 1 DSG.
18 So *Grawert*, Art. 4 Anm. 4.

auf Art. 2 Abs. 1 iVm Art. 14 GG.[19] In der Folgezeit hat es jedoch auch juristische Personen des privaten Rechts als Träger des Grundrechts auf informationelle Selbstbestimmung anerkannt.[20] Auch der VerfGH Rh-Pf erstreckt die Reichweite des inzwischen zum ausdrücklichen Schutz der personenbezogenen Daten eingefügten Art. 4 a Verf Rh-Pf auf juristische Personen und Personenvereinigungen.[21]

10 Der **Begriff der „Daten" ist hier weit** zu verstehen; er beschränkt sich, unabhängig von restriktiveren Regelungen oder Definitionen in Datenschutzgesetzen, insb. nicht auf deren Verarbeitung in automatisierten Dateien.[22]

11 **b) Grundrechtsschranken.** Die in Art. 6 Abs. 1 Satz 2 und Abs. 2 enthaltenen Einschränkungen zugunsten der Rechte (bzw rechtlich geschützten Interessen) Dritter, der überwiegenden Interessen der Allgemeinheit und des Vorrangs von Bundesrecht bilden ein spezifisches und **notwendiges Korrektiv** für den Ausgleich mit gegenläufigen Grundrechten und Verfassungspostulaten (wie etwa Informationsansprüche, Informationsfreiheit anderer, Meinungs-, Wissenschafts-, Berufsfreiheit, Staatsaufgabe Sicherheit und Zukunftssicherung), weil ein absolut gesetztes Datenschutzgrundrecht das Funktionieren einer arbeitsteiligen Gesellschaft und eines demokratischen Bundesstaates mit seinen vielfältigen Sicherungs- und Gewährleistungsaufgaben in Frage stellen würde. Wie umstritten die Grenzziehungen im Einzelfall sind, zeigen die öffentlich geführten Diskussionen und die Fülle der Rspr.[23] Dies gilt auch für die europarechtliche Ebene.[24] Ausdruck für eine Konfliktlösung iS praktischer Konkordanz ist bspw auch § 7 IFG, der die in § 1 gewährte Informationszugangsfreiheit zugunsten des Schutzes personenbezogener Daten einschränkt.

12 **c) Datenschutzbeauftragter.** Die Bedeutung des Grundrechts auf Datenschutz wird hervorgehoben durch die Einrichtung des **Landesdatenschutzbeauftragten** (Art. 37)[25] mit seinen Kontroll-, Mitteilungs-, Beanstandungs-, Berichts-, Beratungs-, Informations- und Beobachtungspflichten.[26] Seine **Zuständigkeit** dürfte insoweit die **speziellere** gegenüber der ebenfalls verfassungsrechtlich abgesicherten Position des Bürgerbeauftragten (Art. 36) und dessen allg. gehaltenen Aufgaben sein. Jeder hat das Recht, sich beim Verdacht von Rechtsverletzungen im Anwendungsbereich des Landesdatenschutzgesetzes an den Datenschutzbeauftragten zu wenden (§ 26 DSG). Zunehmendes Gewicht erhält die Übertragung der Funktion als Aufsichtsbehörde auch für den nicht-öffentlichen Bereich (§ 33 a DSG iVm § 38 BDSG); die insoweit ursprünglich vorgesehene, von den Landesdatenschutzbeauftragten schon immer kritisierte Unterstellung unter die

---

19 BVerfGE 67, 100, 142 f.
20 BVerfGE 128, 1, 43; 118, 168, 203 f.
21 Urt. v. 13.05.2014 – VGH B 35/12 -, juris, mit ausführl. Begr.; zu „Sachwalter-Konstellationen" Beispiele bei *Menzel* (Fn 2), Art. 4 Rn 24.
22 § 3 Abs. 2 DSG; siehe etwa BVerwGE 126, 365, 374 unter Hinweis auf BVerfGE 78, 77, 84.
23 Vgl beispielhaft BGHSt 51, 211 zur Unzulässigkeit der „verdeckten Online-Durchsuchung" von privaten Personalcomputern; aus der Rspr des LVerfG siehe etwa LVerfGE 10, 337 ff (verdachtlose Kontrollen – sog. „Schleierfahndung"), LVerfGE 11, 265 ff (akustische Wohnraumüberwachung – sog. „Großer Lauschangriff").
24 Zuletzt EuGH, Urt. v. 08.04.2014 – C-293/12, C-594/12 -, NVwZ 2014, 681 zur Ungültigkeit der Richtlinie über die Vorratsdatenspeicherung; Anm. hierzu etwa *Kühling*, NVwZ 2014, 681; *Roßnagel*, MMR 2014, 73; *Eschelbach*, ZAP 2014, 603; *Classen*, EuR 2014, 441.
25 *März*, JöR N.F. 54 (2006), 175, 208; im Einzelnen siehe → *Sauthoff*, **Art. 37**.
26 §§ 30 ff DSG.

Rechtsaufsicht der Landesregierung[27] ist als Folge der Rechtsprechung des EuGH [28] entfallen. Dass dem Landesdatenschutzbeauftragten ferner zugleich die Aufgaben des Landesbeauftragten für die Informationsfreiheit (§ 14 IFG) übertragen worden sind, verleiht dem Bedürfnis – und Erfordernis – nach Austarieren beider Aspekte sichtbaren Ausdruck. Allerdings setzt die effektive Wahrnehmung dieser gewichtigen Aufgaben eine hinreichende Personalausstattung der Behörde voraus.

2. Auskunftsrecht (Abs. 2). Der datenschutzrechtliche Auskunftsanspruch nach Art. 6 Abs. 2 ist gleichsam das **Spiegelbild zum Abwehrrecht** des Abs. 1.[29] Unabhängig davon, dass jedenfalls die Lit. einen derartigen Anspruch auch ohne ausdrückliche normative Fixierung ebenfalls schon aus dem Recht auf informationelle Selbstbestimmung folgert,[30] schien dem Verfassunggeber auch insoweit die verfassungsrechtliche Absicherung – wenn auch unter Übernahme der bereits in Abs. 1 genannten Einschränkungen – geboten. Auch diese Vorschrift hat ihr praktisches Anwendungsfeld vornehmlich im Bereich der Polizei- und Verfassungsschutzbehörden des Landes.[31] Einfachrechtlich normiert ist der Anspruch als Auskunfts- und – insoweit über den Wortlaut des Art. 6 Abs. 2 hinausgehend – Akteneinsichtsrecht in § 24 DSG; andere Verfassungen (zB Art. 6 Abs. 4 ThürVerf) sichern demgegenüber auch das Einsichtsrecht in der Verfassung ab. Die Unentgeltlichkeit der Auskunft von und Akteneinsicht bei öffentlichen Stellen (§ 24 Abs. 7 DSG im Unterschied zu § 13 IFG) ist Ausfluss der verfassungsrechtlichen Absicherung.[32] 13

III. Zugang zu Umweltinformationen (Abs. 3)

Die Verfassung M-V gewährt – wie in unterschiedlicher Form die Verfassungen der übrigen neuen Bundesländer – einen **Anspruch auf Umweltinformationen**, die bei der öffentlichen Verwaltung – also nicht bei privaten Stellen – vorhanden sind; dies begründet allerdings **keine Verpflichtung zur Datenerhebung**.[33] Der Begriff der „öffentlichen Verwaltung" deckt sich mit dem Wortlaut der Artt. 69 und 70. 14

Die in enger Abstimmung mit dem Umweltausschuss des LT entwickelte Vorschrift wurde bewusst als Grundrecht gestaltet und begreift sich nicht nur als Ergebnis der Erfahrungen aus der DDR-Zeit, sondern auch als Umsetzung des aus europarechtlichen Vorschriften herrührenden **Gestaltungsauftrags**.[34] Die Verfassungen der neuen Bundesländer sind damit im Ansatz weiter als die der alten Länder; allerdings relativiert sich der Schutzbereich, wenn man den in Abs. 4 enthaltenen, an den Landesgesetzgeber gerichteten Regelungsvorbehalt in Bezug setzt zur Kompetenzordnung des GG und berücksichtigt, dass der Bundesgesetzgeber seine Kompetenzen zwischenzeitlich durch Erlass des Umweltin- 15

---

27 § 33 a Satz 2 a.F.
28 Urt. v. 09.03.2010 (Fn 5).
29 *Pirsch*, in: Thiele/Pirsch/Wedemeyer, Art. 6 Rn 7.
30 *Vogelgesang*, CR 1995, 554, 558 mwN.
31 *März*, JöR N.F. 54 (2006), 175, 208.
32 Für den nicht-öffentlichen Bereich siehe auch § 34 Abs. 8 BDSG ("unentgeltliche Auskunft" unter bestimmten Voraussetzungen).
33 So auch *Pirsch* (Fn 29), Art. 6 Rn 12.
34 Kommission, Verfassungsentwurf, S. 87 ff unter Bezugnahme auf die Richtlinie des Rates 90/313/EWG über den freien Zugang zu Informationen über die Umwelt v. 07.06.1990, ABl. Nr. L 158, S. 56; siehe jetzt Richtlinie 2003/4/EG des Europäischen Parlaments und des Rates v. 28.01.2003 über den Zugang der Öffentlichkeit zu Umweltinformationen und zur Aufhebung der Richtlinie 90/313/EWG des Rates, ABl. Nr. 241, S. 26.

formationsgesetzes und weiterer Folgeregelungen[35] ausgefüllt hat.[36] Gleichwohl sollte man die Regelung als Gewinn für den (landesverfassungsrechtlichen) Umweltschutz betrachten, da der Schwerpunkt der Landeskompetenz auf dem Gebiet der Verwaltung liegt und auch die Gesetzgebung auf dem Gebiet des Umweltschutzes in einigen Bereichen der Landeszuständigkeit unterliegt;[37] auch haben die Länder durch die Umgestaltung der bundesrechtlichen Kompetenzordnung durch die Föderalismus-Reform[38] im Bereich des Umweltrechts in Form der konkurrierenden Gesetzgebung mit Abweichungsrecht Gestaltungsmöglichkeiten erhalten.[39]

16 Die Berufung auf das Grundrecht aus Art. 6 Abs. 3 setzt weder ein qualifiziertes Individualinteresse voraus noch ist das Zugangsrecht auf die den Lebensraum des Auskunftsberechtigten betreffenden Daten beschränkt.[40] Der Begriff der **Umweltinformationen** ist **umfassend** zu verstehen (siehe auch § 3 Abs. 2 iVm § 2 Abs. 3 UIG).

17 Inzwischen sind auf Landesebene das **Informationsfreiheitsgesetz** und das **Landes-Umweltinformationsgesetz**[41] in Kraft getreten. Das eine will jedenfalls einfachgesetzlich einen allg. und umfassenden, verfahrensunabhängigen Anspruch auf Zugang zu Informationen bei den öffentlichen Stellen des Landes vermitteln;[42] das andere verfolgt den Zweck, den rechtlichen Rahmen für den freien Zugang zu Umweltinformationen bei informationspflichtigen Stellen sowie für deren Verbreitung in M-V zu schaffen. Betrachtet man die einzelnen Regelungen im Lichte des Art. 6 Abs. 3 iVm den Umweltinformationsgesetzen näher, dürften für den Bereich der **Umweltinformationen Modifikationen** angezeigt sein. Zum einen ist im Informationsfreiheitsgesetz M-V der Kreis der Verpflichteten (Behörden, vgl § 1 Abs. 1 und 2, § 3) enger gezogen; zum anderen setzt die verfassungsrechtliche Absicherung des Umweltinformationsanspruchs der Kostenerhebung in diesem Sachbereich (§ 13 IFG) Grenzen, wie § 6 Abs. 2 und 3 LUIG M-V zeigt.

---

35 Umweltinformationsgesetz – UIG – v. 22.12.2004, BGBl. I 2004, S. 3704, jetzt idF der Bek v. 27.10.2014, BGBl. I 2014, S. 1643; die Erstfassung stammte v. 16.07.1994, BGBl. I 1994, S. 1490; Gesetz über ergänzende Vorschriften zu Rechtsbehelfen in Umweltangelegenheiten der EG-Richtlinie 2003/35/EG (Umweltrechtsbehelfsgesetz) v. 07.12.2006, BGBl. I 2006, S. 2816 zuletzt geändert durch G v. 07.08.2013, BGBl. I 2013, S. 3154; Gesetz über die Öffentlichkeitsbeteiligung in Umweltangelegenheiten nach der EG-Richtlinie 2003/35/EG (Öffentlichkeitsbeteiligungsgesetz) v. 09.12.2006, BGBl. I 2006, S. 2819.
36 *März*, JöR N.F. 54 (2006), 175, 208 mwN zur Problemdiskussion.
37 *Erbguth/Wiegand*, DVBl. 1994, 1325, 1329.
38 Gesetz zur Änderung des Grundgesetzes v. 28.08.2006, BGBl. I 2006, S. 2034.
39 *Rengeling*, DVBl. 2006, 1537, 1542; kritisch, insb. zu dem nach ihrer Auffassung übersehenen Aspekt der Auswirkungen auf Umfang und Reichweite des Grundrechtsschutzes, *Klein/Schneider*, DVBl. 2006, 1549, 1553; grundlegend siehe auch *Schulze-Fielitz*, NVwZ 2007, 249 ff; generell zur Gesetzgebungskompetenz nach der Föderalismusreform siehe *Hohler*, Kompetition statt Kooperation – ein Modell zur Erneuerung des deutschen Bundesstaates?, Diss. 2009.
40 So noch der ursprüngliche Verfassungsentwurf, vgl Kommission Zwischenbericht, LT-Drs. 1/2000, S. 14, wie auch Artt. 34 SächsVerf, 6 Abs. 2 LVerfLSA, 33 ThürVerf; den Informationsanspruch in anderer Weise begrenzt Art. 39 Abs. 7 Satz 3 BbgVerf.
41 Gesetz über den Zugang zu Umweltinformationen in M-V (Landes-Umweltinformationsgesetz – LUIG M-V) v. 14.07. 2006, GVOBl. 2006, S. 568, zuletzt geändert durch G v. 09.12.2014, GVOBl. 2014, S. 643.
42 So die Gesetzesbegründung, vgl LT-Drs. 4/2117, S. 2.

IV. Gesetzesvorbehalt (Abs. 4)

Nähere Regelungen in Ausfüllung des Verfassungsauftrags zum Datenschutz enthält zum einen das **Landesdatenschutzgesetz** vom 28. März 2002,[43] das die zwischenzeitlichen rechtlichen und technischen Entwicklungen nachvollzieht und die Vorgängerregelung[44] außer Kraft setzt. Sein Anwendungsbereich ist ausdrücklich auf „öffentliche Stellen" beschränkt (§ 2 Abs. 1 DSG); die Sonderstellung von Gerichten und Staatsanwaltschaften hat Berücksichtigung gefunden (§ 2 Abs. 4 Sätze 2 und 3 DSG). Zugleich ist der bundesrechtlichen Verpflichtung aus § 38 Abs. 6 BDSG, die als externe Kontrollinstanz die Privatwirtschaft überwachende Aufsichtsbehörde einzurichten, dadurch Rechnung getragen, dass nach § 33a DSG der Datenschutzbeauftragte des Landes Aufsichtsbehörde nach den Bestimmungen des Bundesdatenschutzgesetzes für die Datenverarbeitung nicht-öffentlicher Stellen ist. Zu seinen Aufgaben gehört auch, auf eine Zusammenarbeit der zuständigen Bundes- und Landesbehörden hinzuwirken; auf EU-Ebene kann er Amtshilfe beanspruchen und muss diese leisten (§ 33 Abs. 3 DSG). 18

IÜ werden die Grundrechte auf Datenschutz und Information durch die speziellen Landesgesetze ausgeformt (gegebenenfalls auch eingeschränkt), die neben ihrem sachlichen Regelungsgehalt für den sie betreffenden Bereich der öffentlichen Verwaltung Umfang, Zweck und Ausmaß der Datenerhebung regeln. Sie müssen sich ihrerseits messen lassen an den allg. verfassungsrechtlichen Anforderungen (zB Gebot der Normenklarheit und Verhältnismäßigkeit). Typische Beispiele, die immer wieder in besonderem Maße Konfliktstoff liefern, sind etwa das Landespolizeigesetz und das Gesetz über den Landesverfassungsschutz,[45] die neben den Aufgaben und Zuständigkeiten dieser Behörden auch die Zulässigkeit der Datenerhebung und -verwendung durch die Landesdienststellen regeln. Gibt es keine bereichsspezifischen Gesetze, richtet sich die Zulässigkeit nach den allg. Generalklauseln im Landesdatenschutzgesetz. 19

Art. 7 (Freiheit von Kunst und Wissenschaft)

(1) Kunst, Wissenschaft, Forschung und Lehre sind frei. Die Freiheit der Lehre entbindet nicht von der Treue zur Verfassung.

(2) Forschung unterliegt gesetzlichen Beschränkungen, wenn sie die Menschenwürde zu verletzen oder die natürlichen Lebensgrundlagen nachhaltig zu gefährden droht.

(3) Hochschulen sind in der Regel Körperschaften des öffentlichen Rechts. Sie verfügen im Rahmen der Gesetze über das Recht zur Selbstverwaltung. In akademischen Angelegenheiten sind sie weisungsfrei.

(4) Auch andere wissenschaftliche Einrichtungen haben das Recht der Selbstverwaltung im Rahmen der Gesetze.

Zu Abs. 1: Artt. 108 BayVerf; 20 Abs. 1 BWVerf; 21 VvB; 31 Abs. 1 BbgVerf; 11 Abs. 1 BremVerf; 9 Verf Rh-Pf; 5 Abs. 2 SaarlVerf; 21 SächsVerf; 10 Abs. 3 Satz 1, Satz 2, 1. HS LVerf LSA; 27 ThürVerf; 5 Abs. 3 GG.

Zu Abs. 2: Artt. 31 Abs. 2 BbgVerf; 10 Abs. 3 Satz 2, 2. HS LVerf LSA.

---

43 Zuletzt geändert durch G v. 20.05.2011, GVOBl. 2011, S. 277.
44 Landesdatenschutzgesetz v. 24.07.1992, GVOBl. 1992, S. 487.
45 Gesetz über den Verfassungsschutz im Lande M-V (Landesverfassungsschutzgesetz – LVerfSchG M-V) v. 11.07.2001, GVOBl. 2001, S. 261, zuletzt geändert durch G v. 02.07.2013, GVOBl. 2013, S. 434.

Zu Abs. 3: Artt. 138 BayVerf; 20 Abs. 2 BWVerf; 32 Abs. 1 BbgVerf; 60 Abs. 1 HessVerf; 5 Abs. 3 NdsVerf; 16 Abs. 1 Verf NW; 39 Abs. 1 und 2 Verf Rh-Pf; 33 Abs. 1 und 2 SaarlVerf; 107 SächsVerf; 31 Abs. 2 LVerf LSA; 28 Abs. 1 ThürVerf.

I. Allgemeines 1	III. Der spezielle Gesetzesvorbehalt des Abs. 2 19
II. Die Freiheitsverbürgungen für Kunst, Wissenschaft, Forschung und Lehre (Abs. 1) 4	IV. Selbstverwaltungsgarantie der Hochschulen (Abs. 3) 22
1. Kunstfreiheit 7	V. Erstreckung des Selbstverwaltungsrechts auf andere wissenschaftliche Einrichtungen (Abs. 4) 33
2. Freiheit von Wissenschaft, Forschung und Lehre 13	

I. Allgemeines

1 Mit der eigenständigen Ausformulierung von Art. 7 – die angesichts der über Art. 5 Abs. 3 ohnehin geltenden Gewährleistungen des Art. 5 Abs. 3 GG nicht zwingend erforderlich gewesen wäre – unterstreicht der Verfassungsgeber ersichtlich die Bedeutung kultureller Grund- und Freiheitsrechte in einem für das Gemeinwesen und die gesellschaftliche Entwicklung besonders wichtigen Bereich. Gewertet werden kann dies als **deutliche Distanzierung vom Hochschulwesen der DDR**, wo die Universitäten und Hochschulen nicht über eine rechtliche Autonomie verfügten, sondern zentraler, an das Einvernehmen mit den zuständigen Organen der SED gebundener staatlicher Lenkung unterstanden. Forschung und Lehre waren den Zielen des Marxismus-Leninismus untergeordnet; das Modell der Gruppenuniversität war unbekannt. Ebenso unterschied sich das Recht der Hochschullehrer von dem der Bundesrepublik.

2 Dabei ist M-V insofern **eigene Wege** gegangen, als einerseits der Aspekt der Freiheit der Kunst und Wissenschaft von dem Zusammenhang mit der Meinungs- und Pressefreiheit gelöst wird, in den ihn das GG stellt,[1] andererseits sich eine Regelung wie in Abs. 2 nur noch in zwei anderen (neuen) Bundesländern findet[2] und Abs. 4 – insoweit singulär – ausdrücklich das Recht auch anderer wissenschaftlicher Einrichtungen auf Selbstverwaltung im Rahmen der Gesetze betont. Während auf Bundesebene das Recht der Hochschulen auf Selbstverwaltung in dem der Wissenschaft, Forschung und Lehre unmittelbar zuzuordnenden Bereich aus dem Grundrecht aus Art. 5 Abs. 3 GG als einer auch wertentscheidenden Grundsatznorm in Verbindung mit dem Demokratieprinzip entnommen wird,[3] enthält die LV insoweit mit Art. 7 Abs. 3 ergänzend eine ausdrückliche Absicherung, die – auch insoweit einzigartig – zudem ausdrücklich die Weisungsfreiheit in akademischen Angelegenheiten festschreibt (Art. 7 Abs. 3 Satz 3).

3 Über das Bundesgrundrecht hinausgehend werden damit dessen Gewährleistungen konturiert und zT der Schutzbereich erweitert.[4] Zugleich ist auf den **untrennbaren Zusammenhang mit** den in Art. 16 enthaltenen **Förderverpflichtungen** hinzuweisen, denn von den in Art. 7 verbürgten Rechten kann nur dann hinreichend Gebrauch gemacht werden, wenn entsprechende Einrichtungen tatsächlich bestehen und Handlungsmöglichkeiten eingeräumt sind.[5] In einer im-

---

1 Art. 5 Abs. 3 GG, dem folgend zB auch Art. 10 LVerf LSA.
2 Brandenburg und Sachsen-Anhalt.
3 *Schenke,* NVwZ 2005, 1000, 1001; siehe auch *Kempen,* in: Epping/Hillgruber (Hrsg), Grundgesetz, 2. Aufl. 2013, Art. 5 Rn 192 ff mwN.
4 *März,* JöR N.F. 54 (2006), 175, 210.
5 Auf Bundesebene werden – objektive – Förderverpflichtungen teilweise unmittelbar in Art. 5 Abs. 3 GG verankert, ohne dass allerdings ein subjektiver Anspruch verliehen wird;

mer komplexer werdenden, sich vor allem technisch rasant weiterentwickelnden Gesellschaft bedarf es in der Regel nicht nur eines erheblichen finanziellen und personellen Aufwandes, sondern auch vernetzter Strukturen, um ein ausreichendes Lehrangebot sicherzustellen, Forschungsergebnisse zusammenzuführen und Synergieeffekte zu nutzen; ganz überwiegend werden diese Aufgaben von staatlichen Stellen wahrgenommen.

II. Die Freiheitsverbürgungen für Kunst, Wissenschaft, Forschung und Lehre (Abs. 1)

Abs. 1 stimmt wörtlich mit Art. 5 Abs. 3 GG überein, sodass auch hier eine doppelte landesverfassungsrechtliche Absicherung vorliegt.[6] Über die oben bereits genannten Motive hinaus – schon das Gesetz zur Erneuerung der Hochschulen des Landes M-V[7] hatte in § 16 die Bedeutung der Freiheit von Forschung, Lehre und Studium betont – könnte auch bestimmend gewesen sein, dass den Bundesländern im Kultur- und Bildungsbereich besonders weit gehende Kompetenzen eingeräumt sind und der Landesgesetzgeber ausdrücklich in die Pflicht genommen werden sollte.

Dementsprechend können Kommentierungen und Entscheidungen zu Art. 5 Abs. 3 GG und anderen inhaltsgleichen Landesverfassungsbestimmungen zur Auslegung der Norm und Lösung aktueller Konflikte[8] herangezogen werden.

Europarechtlich formuliert nunmehr Art. 13 GRCh unter der Überschrift „Freiheit von Kunst und Wissenschaft", dass „Kunst und Forschung frei sind" und „die akademische Freiheit geachtet wird". Damit werden Zweifel an der Existenz eines solchen Grundrechts auf supranationaler Ebene gegenstandslos.[9]

1. Kunstfreiheit. Die Versuche, den Begriff der Kunst zu definieren, sind zahlreich; sie müssen aber, sofern sie jeweils einen alleinigen Verbindlichkeitsanspruch erheben wollen, an dem eigentlichen Wesen der Kunst scheitern, für das die Vielgestaltigkeit und der Facettenreichtum künstlerischen Wirkens Ausdruck sind. Im Interesse eines effektiven Grundrechtsschutzes – und zum Ausschluss

---

zur Kunstfreiheit vgl statt vieler *Jarass*, in: Jarass/Pieroth, Art. 5 Rn 105 unter Hinweis auf BVerfGE 81, 108, 116; siehe auch → **Art. 16** Rn 10 ff.
6 Wie wenig dies dem Landesgesetzgeber oft selbst im Bewusstsein ist, zeigt zB § 5 LHG, der – im Unterschied zur aktuellen Fassung von § 97 Abs. 2 Satz 3 LHG – immer noch ausschließlich auf die Verbürgungen in Art. 5 Abs. 3 GG Bezug nimmt.
7 Hochschulerneuerungsgesetz – HEG – vom 18.03.1992, GVOBl. M-V 1992, S. 157.
8 Aus jüngster Zeit siehe etwa die Darstellungen bei *Kempen*, in: Epping/Hillgruber (Fn 3), Art. 5 Rn 156 ff, 191 ff; *Wendt*, in: von Münch/Kunig, Art. 5 Rn 89 ff; *Scholz*, in: Maunz/Dürig, Art. 5 Abs. III; *Strauch*, in: Linck/Baldus/Lindner/Poppenhäger/Ruffert, Art. 27 Rn 6 ff; *Proelß*, in: Brocker/Droege/Jutzi, Art. 9 Rn 3 ff; aus der jüngeren Rspr des BVerfG wären zur Kunstfreiheit zu nennen BVerfGE 119, 1 (Esra), zur Wissenschaftsfreiheit BVerfGE 122, 89 (Abgrenzung der Wissenschaftsfreiheit des Hochschullehrers zum Selbstbestimmungsrecht der Religionsgemeinschaften und zum Recht einer theologischen Fakultät auf Identitätswahrung); 126, 1 (Fachhochschullehrer als Träger des Grundrechts aus Art. 5 Abs. 3 Satz 1 GG, Grenzen der Lehrfreiheit); 127, 87 (Wissenschaftsfreiheit als Grenze für innenuniversitäre Neuordnungen bei Kompetenzverschiebungen zwischen Hochschulorganen, hochschulorganisatorisches Gesamtgefüge); 128, 1 (Gentechnik); 130, 263 (wissenschaftsinadäquates System der W 2-Besoldung); B. v. 24.06.2014 – 1 BvR 3217/07 –, NVwZ 2014, 1370 (Mitwirkungsrechte des Vertretungsorgans gegenüber Leitungsorgan).
9 Siehe *Proelß*, in: Brocker/Droege/Jutzi, Art. 9 Rn 2 mwN; der EGMR leitet die Kunstfreiheit in st. Rspr aus Art. 10 EMRK (Meinungsfreiheit) ab.

„staatlichen Kunstrichtertums"[10] – ist allerdings von einem weiten Kunstbegriff auszugehen.[11]

8 Es stehen sich der sog. **„formale Kunstbegriff"** – danach liegt Kunst vor, wenn das Werk einem bestimmten Werktyp (zB Malen, Dichten etc.) zugeordnet werden kann – und der **„materiale Kunstbegriff"** gegenüber; danach ist wesentlich für die Kunst die freie schöpferische Gestaltung, in der Eindrücke, Erfahrungen und Erlebnisse des Künstlers durch das Medium einer bestimmten Formensprache zur unmittelbaren Anschauung gebracht werden.[12] Nach dem **„offenen Kunstbegriff"**[13] ist kennzeichnend, dass der künstlerischen Äußerung wegen der Mannigfaltigkeit ihres Aussagehalts im Weg der fortgesetzten Interpretation eine weiterreichende Bedeutung entnommen werden kann. Indizwirkung für das Vorliegen von Kunst können auch haben, ob der Urheber sein Werk als Kunstwerk betrachtet oder ob ein in Kunstfragen kompetenter Dritter es für vertretbar hält, das in Frage stehende Gebilde als Kunstwerk anzusehen. Ohne Bedeutung ist das „Niveau" eines Werkes;[14] auch darf ein politischer, religiöser oder sonstiger Zweck angestrebt werden. Geschützt wird auch die Satire; Pornographie und Kunst müssen sich nicht ausschließen.[15]

9 Geschützt sind sowohl der **„Werkbereich"** – die eigentliche künstlerische Tätigkeit – als auch der **„Wirkbereich"**, also die Darbietung, Verbreitung und Vermittlung des Werkes an Dritte. Nicht über die Kunstfreiheit, sondern gegebenenfalls über Artt. 2 oder 12 GG geschützt ist die wirtschaftliche Verwertung, also die Einnahmeerzielung, es sei denn, der Staat wollte auf diesem Wege Einfluss auf Kunstinhalte nehmen oder eine freie künstlerische Betätigung überhaupt unmöglich machen.[16]

10 **Träger des Grundrechts** sind nicht nur die Kunstschaffenden selbst – und zwar unabhängig davon, ob die künstlerische Tätigkeit beruflich oder nur gelegentlich ausgeübt wird –, sondern auch diejenigen, die ein Kunstwerk der Öffentlichkeit zugänglich machen und damit eine Mittlerfunktion zwischen Künstler und Publikum ausüben wie Verleger, Filmproduzenten oder Galeristen[17]; unter diesen Voraussetzungen können auch juristische Personen oder Personenvereinigungen Grundrechtsträger sein. Gleiches muss für öffentlich-rechtliche Institutionen, die im künstlerischen Bereich tätig sind (u.a. auch Kunst- und Musikhochschulen) gelten[18] sowie für die dort tätigen Personen.[19]

11 Ein Bedürfnis dafür, den Gewährleistungsanspruch des Art. 7 Abs. 1 auch auf die Kunstkonsumenten (wie Theater-, Konzert- und Ausstellungsbesucher oder Kunstkritiker) zu erstrecken, ist nicht erkennbar; zudem könnten dann grundrechtsinterne Kollisionslagen entstehen.[20]

---

10 *Jarass*, in: Jarass/Pieroth, Art. 5 Rn 106 mwN.
11 *Stöhr*, in: Pfennig/Neumann, Art. 21 Rn 2; BVerfGE 119, 1, 23.
12 BVerfGE 30, 173, 189; 67, 213, 226; 119, 1, 20 f; BVerwGE 77, 75, 82
13 BVerfGE 67, 213, 227.
14 *Kempen*, in: Epping/Hillgruber (Fn 3), Art. 5 Rn 166 ff mwN.
15 Eine ganz andere Frage ist, inwiefern zB die Interessen des Jugendschutzes der Verbreitung eines Werkes Grenzen setzen.
16 Vgl BVerfGE 31, 229, 240.
17 *Strauch*, in: Linck/Baldus/Lindner/Poppenhäger/Ruffert, Art. 27 Rn 11.
18 *Jarass*, in: Jarass/Pieroth, Art. 5 Rn 108 mwN.
19 BVerwGE 62, 55, 59 f.
20 *Strauch*, in: Linck/Baldus/Lindner/Poppenhäger/Ruffert, Art. 27 Rn 11; *Proelß*, in: Brocker/Droege/Jutzi, Art. 9 Fn 9 mwN zum Streitstand.

Auch wenn Art. 7 Abs. 1 keinen Schrankenvorbehalt enthält,[21] sind **Grenzen der** 12
Kunstfreiheit aus der Verfassung selbst zu bestimmen; sie können sich aus Kollisionen mit Grundrechten Dritter und anderen mit Verfassungsrang ausgestatteten Rechtsgütern ergeben.[22] In der jeweils vorzunehmenden Abwägung sind allerdings der Rang der Kunstfreiheit aufgrund der vorbehaltlosen Grundrechtsgewährung und die Strukturmerkmale der betreffenden Kunstgattung zu beachten.[23] Im Wirkbereich ist eine Einschränkung eher möglich als im Werkbereich.

2. Freiheit von Wissenschaft, Forschung und Lehre. **Wissenschaft** wird allg. als 13
Oberbegriff zu Forschung und Lehre gesehen. Während wissenschaftliche Tätigkeit alles umfasst, was nach Inhalt und Form als ernsthafter planmäßiger Versuch der Ermittlung der Wahrheit anzusehen ist, wird unter Forschung die geistige Tätigkeit – auch die vorbereitender, unterstützender und organisatorischer Art wie zB die Veröffentlichung – mit dem Ziel, in methodischer, systematischer und nachprüfbarer Weise neue Erkenntnisse zu gewinnen, verstanden; Lehre ist demgegenüber die wissenschaftlich fundierte Übermittlung der durch Forschung gewonnenen Erkenntnisse[24] – seien es eigene oder fremde Forschungsergebnisse – an Universitäten und Fachhochschulen (auch in privater Trägerschaft) unter Einschluss der lehrbezogenen Prüfungen. Die bloße Verwertung der Forschungsergebnisse als solche unterfällt nicht der Wissenschaftsfreiheit; gegebenenfalls können aber die Berufsfreiheit und die Freiheit des Eigentums (Patente, Urheberrecht) einschlägig sein.

Grds kann sich auf die Wissenschaftsfreiheit jeder berufen, der **eigenverantwort-** 14
lich wissenschaftlich tätig ist oder werden will, also neben Hochschullehrern einschließlich der Fachhochschullehrer, denen die eigenständige Vertretung eines wissenschaftlichen Faches in Forschung und Lehre übertragen worden ist[25], und wissenschaftlichen Mitarbeitern auch Studierende.[26] Grundrechtsschutz können gleichermaßen auch öffentliche Einrichtungen in Anspruch nehmen, sofern sich dieses Grundrecht ihnen unmittelbar zuordnen lässt, weil sie Zwecken der Wissenschaftsfreiheit dienen und Wissenschaft betreiben und organisieren; dies sind nicht nur die Hochschulen selbst, sondern auch ihre Fakultäten und Fachbereiche.[27] Ob die Aussage, dass Gesamthochschulen nur mit gewissen Einschränkungen Grundrechtsträger seien und bei Fachhochschulen die Wissenschaftsfreiheit „einen begrenzten Stellenwert habe",[28] angesichts der neueren Rechtsprechung, der jüngsten Entwicklungen in der Hochschulorganisation auch in diesen Bereichen und weitergehender Bestrebungen[29] so noch aufrechterhalten werden kann, erscheint zweifelhaft.

Den Versuch einer näheren Präzisierung der Freiheitsrechte des Art. 7 Abs. 1 15
und der ihnen gesetzten Grenzen unternimmt § 5 LHG.

---

21 Demgegenüber könnte man bei Art. 5 Abs. 3 GG durchaus die Frage stellen, ob die Schrankenregelung des Art. 5 Abs. 2 oder des Art. 2 Abs. 1 GG hierauf anwendbar ist; verneinend *Jarass*, in: Jarass/Pieroth, Art. 5 Rn 113 mwN.
22 BVerfGE 67, 213, 228; BVerwGE 91, 223, 224.
23 Vgl BVerfGE 81, 278, 292; 81, 298, 306.
24 BVerfGE 35, 79, 113.
25 BVerfGE 126, 1
26 BVerfGE 35, 79, 112; 55, 37, 67 f; die „Lernfreiheit" fällt allerdings unter Art. 12 GG, vgl *Jarass*, in: Jarass/Pieroth, Art. 5 Rn 124 mwN.
27 BVerfGE 15, 256, 261; 21, 362, 373; 31, 314, 322; LVerfGE 5, 37, 45.
28 *Jarass*, in: Jarass/Pieroth, Art. 5 Rn 125 unter Hinweis auf BVerfGE 61, 210, 237 f, 244.
29 So sollen, über ein bloßes „kooperatives Verfahren" wie in § 2 Abs. 2 iVm § 43 Abs. 4 LHG vorgesehen hinausgehend, in Schleswig-Holstein eigenständige Promotionsrechte für die Fachhochschulen geplant sein.

16 Die Wissenschaftsfreiheit kann beeinträchtigt werden durch Einwirkung auf den Prozess der Gewinnung und Vermittlung wissenschaftlicher Erkenntnisse im Wege der Einflussnahme auf den einzelnen Wissenschaftler oder die wissenschaftliche Einrichtung oder Institution, aber auch durch die Verweigerung des gebotenen staatlichen Schutzes der Idee der freien Wissenschaft und der Mitwirkung an ihrer Verwirklichung. Auch eine unzulässige inneruniversitäre Beeinträchtigung der Wissenschaftsfreiheit ist denkbar, etwa wenn die einem Organ (Dekanat) zugewiesenen Kompetenzen zur Allokation von Mitteln und Stellen nicht hinreichend inhaltlich begrenzt und durch direkte oder indirekte Mitwirkungs-, Einfluss-, Informations- und Kontrollrechte eines kollegialen Vertretungsorgans der Grundrechtsträger (Fakultätsrat) nicht ausreichend kompensiert werden.[30] Erst jüngst wieder hat das Bundesverfassungsgericht erneut betont, dass je mehr, je grundlegender und je substantieller wissenschaftsrelevante personelle und sachliche Entscheidungsbefugnisse dem Vertretungsorgan der akademischen Selbstverwaltung entzogen und einem Leitungsorgan zugewiesen sind, desto stärker die Mitwirkung des Vertretungsorgans an der Bestellung und Abberufung und an den Entscheidungen des Leitungsorgans ausgestaltet sein muss.[31]

17 Die Wissenschaftsfreiheit unterliegt – mangels ausdrücklicher Schrankenregelung – den gleichen **verfassungsimmanenten Schranken** wie die Kunstfreiheit. Insb. auf Grundlage kollidierenden Verfassungsrechts können Schranken gesetzt werden, wobei ein Konflikt zwischen verfassungsrechtlich geschützten Grundrechten unter Rückgriff auf weitere einschlägige verfassungsrechtliche Bestimmungen und Prinzipien sowie auf den Grundsatz der praktischen Konkordanz durch Verfassungsauslegung zu lösen ist.[32] In Betracht kommt hier vor allem der Schutz des Lebens und der Gesundheit von Menschen, der Berufs- und Eigentumsfreiheit möglicher Betroffener und der natürlichen Lebensgrundlagen.[33]

18 Die **Treueklausel** des Art. 7 Abs. 1 Satz 2 begrenzt nicht den Schutzbereich der Wissenschaftsfreiheit, sondern ist als besondere Ausprägung der allg., auf Art. 33 Abs. 5 GG gestützten beamtenrechtlichen Verpflichtung zur Loyalität gegenüber der freiheitlichen demokratischen Grundordnung zu sehen,[34] veranlasst durch die Erfahrungen aus der Weimarer Zeit.[35]

III. Der spezielle Gesetzesvorbehalt des Abs. 2

19 Art. 7 Abs. 2 ist Ergebnis einer Diskussion in der Kommission um einen Ergänzungsvorschlag des Regionalausschusses, ob die Aufnahme einer Norm sinnvoll sei, wonach durch Gesetz die Zulässigkeit von Mitteln oder Methoden der Forschung beschränkt werden kann. Gesetz geworden ist schließlich die Formulierung der CDU, die gegenüber einem ursprünglichen Vorschlag der SPD – dieser stimmte mit dem in die Verfassung Brandenburgs übernommenen Wortlaut

---

30 BVerfGE 127, 87, 124 ff.
31 BVerfG, B. v. 24.06.2014 – 1 BvR 3217/07 –, NVwZ 2014, 1370.
32 BVerfGE 128, 1, 41 mwN (GentechnikG).
33 Siehe auch *Strauch*, in: Linck/Baldus/Lindner/Poppenhäger/Ruffert, Art. 27 Rn 32 mwN; zum Genehmigungsanspruch bei Tierversuchen siehe jüngst BVerwG, B. v. 20.01.2014 – 3 B 29.13 –, NVwZ 2014, 450.
34 BVerfGE 39, 334, 347; BVerwGE 52, 313, 330.
35 Unverändert gültig ist die Umschreibung des Sinns der Treueklausel durch Carlo Schmid: Sie solle verhindern, dass unter dem Vorwand wissenschaftlicher Kritik vom Katheder aus eine hinterhältige Politik betrieben werde, die die Demokratie und ihre Einrichtungen nicht kritisiere, sondern verächtlich mache.

überein – enger gefasst ist.[36] Nicht zuletzt das Wort „nachhaltig" verdeutlicht, dass nur längerfristige Zerstörungen der natürlichen Lebensgrundlagen gesetzlichen Beschränkungen unterliegen können sollen.

Ob allerdings das angestrebte Ziel – einer als Bedrohung empfundenen grenzenlosen Ausweitung wissenschaftlicher Erkenntnisse (zu denken wäre an die Bereiche Gentechnologie oder militärische Forschung) landesintern Grenzen zu setzen – im Einzelfall tatsächlich erreicht werden könnte, erscheint fraglich. Wie für die Regelung in Brandenburg ist davon auszugehen, dass die Verfassungsnorm nur solche Einschränkungen der Forschungsfreiheit zulässt, die auch gemessen an Art. 5 Abs. 3 GG Bestand haben,[37] da sich andernfalls die Frage des Verstoßes gegen bundesrechtliche Gewährleistungen stellte.[38] 20

Gleichwohl muss die Vorschrift nicht gänzlich leer laufen. Ihre **Grundaussage** könnte bspw **fruchtbar** gemacht werden **bei Förderentscheidungen** auf der Grundlage des Art. 16, wenn es um die Prioritätensetzung bei Verteilung begrenzter Fördermittel geht. Ebenso könnte die darin Ausdruck findende Maxime – gegebenenfalls iVm der Präambel („… Willen, … dem inneren und äußeren Frieden zu dienen, …") und Art. 18 a – herangezogen werden, um eine „Zivilklausel"[39] in einem internen universitären Leitbild zu legitimieren.[40] 21

IV. Selbstverwaltungsgarantie der Hochschulen (Abs. 3)

Das **deutsche Hochschulwesen** kann auf eine Jahrhunderte alte **Tradition** zurückblicken.[41] Art. 7 Abs. 3 Satz 1 knüpft an diese Entwicklung an, indem er für Hochschulen als Regelfall den Status einer Körperschaft öffentlichen Rechts festlegt.[42] Das in Art. 7 Abs. 3 Satz 2 garantierte Selbstverwaltungsrecht soll die Hochschulen organisatorisch und verfahrensmäßig in die Lage versetzen, die Freiheit von wissenschaftlicher Lehre und Forschung tatsächlich zu ermöglichen und wahrzunehmen durchzusetzen,[43] vermittelt ihnen also einen **Autonomiebereich** zur eigenverantwortlichen und weisungsfreien Wahrnehmung gesellschaftlich relevanter Funktionen durch eigene Organe.[44] In den **Kernbereich** der Hochschulselbstverwaltung fallen vor allem die auf wissenschaftlicher Eigengesetzlichkeit beruhenden Verfahren und Entscheidungen bei dem Auffinden von Erkenntnissen, ihrer Deutung und Weitergabe, insb. also die (hochschulinterne) Planung, Koordinierung und Durchführung von Forschungsvorhaben und Lehrveranstaltungen sowie das Promotions- und Habilitationswesen.[45] 22

---

36 Kommission, Verfassungsentwurf, S. 90 f: „… zu verletzen oder … nachhaltig zu gefährden droht" anstelle von „… geeignet ist, … zu verletzen oder … zu zerstören."
37 *Ernst*, in: Lieber/Iwers/Ernst, Verfassung des Landes Brandenburg, Art. 31 Anm. 2; deutlich zurückhaltender die Formulierung in Art. 10 Abs. 3 Satz 2 LVerfLSA; vgl hierzu *Reich*, Art. 10 Anm. 7 aE.
38 Siehe → **Vorbem. zu Art. 5** Rn 6; *Pirsch*, in: Thiele/Pirsch/Wedemeyer, Art. 7 Rn 9.
39 So die sprachliche Kurzformel für „Verzicht auf militärische Forschungsprojekte".
40 Siehe Nr. 5 des Leitbildes in § 3 der Grundordnung der Universität Rostock: „Lehre, Forschung und Studium an der Universität sollen friedlichen Zwecken dienen, das Zusammenleben der Völker bereichern und im Bewusstsein der Nachhaltigkeit bei der Nutzung der endlichen natürlichen Ressourcen erfolgen"
41 So sind die 1419 und 1456 gegründeten Universitäten in Rostock und Greifswald die ältesten Universitäten im Ostseeraum, in Deutschland sind nur Heidelberg (1386) und Leipzig (1409) älter.
42 Siehe auch § 58 Abs. 1 HRG.
43 BVerfGE 35, 79, 117.
44 *Magiera*, in: Grimm/Caesar, Art. 39 Rn 17 mwN; *März*, AöR 54 (2006), 175, 211.
45 BVerfGE 35, 79, 123; *Bethge*, in: Sachs, Art. 5 Rn 211; *Scholz*, in: Maunz/Dürig, Art. 5 Abs. III Rn 162 ff.

23 Die Hochschulautonomie besteht allerdings nur im Rahmen der Gesetze, was eine spezifisch staatliche Aufsicht – in Selbstverwaltungsangelegenheiten lediglich Rechtsaufsicht, in übertragenen staatlichen Angelegenheiten Fachaufsicht (siehe § 12 LHG) – erlaubt; die Hochschulverwaltung zeichnet sich somit durch ein besonderes Zusammenwirken von Staat und Hochschule aus, das sich durch die gesamten einschlägigen Regelungen des Landeshochschulrechts zieht.

24 Dass die Verfassung in Abs. 3 Satz 3 ausdrücklich die **Weisungsfreiheit in akademischen Angelegenheiten** betont, konnte – wegen des Schweigens der Materialien, was damit über den Kernbereich der Selbstverwaltung hinausgehend gemeint sein sollte – zunächst eher allgemein als zusätzliche Stärkung der gestalterischen Unabhängigkeit in Zeiten verstanden werden, in denen der Trend von staatlichen zu hochschulinternen Prüfungen geht. Bedeutung könnte diese Verfassungsvorschrift, zu der sich Parallelen in den übrigen Landesverfassungen nicht finden lassen, jedoch aus aktuellem Anlass[46] in Zusammenhang mit einer Ehrenpromotion gewinnen. Bisher haben Fragen des Promotionsrechts allgemein die Rspr ganz überwiegend beschäftigt in Zusammenhang mit der Zulassung zu einem Promotionsverfahren und dessen Abbruch[47], der Rücknahme bzw. der Entziehung eines Doktorgrades[48] oder – bezogen auf Ehrenpromotionen – mit der Versagung des Rechts zur Führung eines im Ausland verliehenen Ehrendoktorgrades.[49] Auch das OVG Mecklenburg-Vorpommern[50] musste sich – soweit überhaupt mit derartigen Fragen befasst – noch nicht zur Reichweite des Art. 7 Abs. 3 Satz 3 äußern. Die entschiedenen Verfahren boten keinen Anlass, zu problematisieren, ob die Wissenschaftsfreiheit des Art. 7 Abs. 1 Satz 1 LV allgemein oder jedenfalls gerade die singuläre Verfassungsvorschrift des Art. 7 Abs. 3 Satz 3 LV einem Einschreiten des Rektors bzw des zuständigen Ministeriums im Rahmen nicht nur der Ausübung von Fachaufsicht, sondern auch von Rechtsaufsicht nach § 84 Abs. 4 Satz 1 und 3 LHG gegenüber inneruniversitären Gremien im Rahmen eines Promotionsverfahrens Grenzen setzen kann. Zugleich wäre damit die Frage verknüpft, wem die Definitionsmacht über die in einer Promotionsordnung[51] bzw. im Gesetz[52] festgelegten Voraussetzungen für eine Ehrenpromotion und die Subsumtion des konkreten Sachverhalts letztendlich zusteht.

25 Da das **Selbstverwaltungsrecht** der Hochschulen als **institutionelle Garantie** aufzufassen ist, darf der Gesetzgeber lediglich den Typus der Universität bzw der

---

46 Entscheidung der Philosophischen Fakultät der Universität Rostock zur Verleihung der Ehrendoktorwürde an den Whistleblower Edward Snowdon – Beanstandung durch den Rektor, gestützt auf § 84 Abs. 4 Satz 1 LHG, bestätigt durch das nach § 84 Abs. 4 Satz 3 LHG eingeschaltete Ministerium.
47 SächsOVG, B. v. 31.03.2014 – 2 A 89/12 –, juris; VG Bremen, B. v. 04.06.2013 – 6 V 1056/12 –, juris.
48 BVerfG, B. v. 03.09.2014 – 1 BvR 3353/13 –, NVwZ 2014, 1571; BVerwG, Urt. v. 31.07.2013 – 6 C 9/12 –, NVwZ 2013, 1614 m. Besprechung Rixen, NJW 2014, 1058; OVG Münster, B. v. 24.03.2015 – 19 A 1111/12 –, juris; VGH Baden-Württemberg, B. v. 03.02.2014 – 9 S 885/13 –, juris; VG Düsseldorf, Urt. v. 20.03.2014 – 15 K 2271/13 –, juris.
49 OVG Schleswig, Urt. v. 21.02.2003 – 3 L 169/01 –, NordÖR 2003, 270; OVG Lüneburg, Urt. v. 21.10.2002 – 10 L 3912/00 –, NordÖR 2002, 532; HessVGH, Urt. v. 07.03.1991 – 6 UE 2988/98 –, juris.
50 B. v. 13.12.2012 – 2 L 121/11 –, NordÖR 2013, 175; B. v. 09.11.2009 – 2 L 74/09 –, juris.
51 Siehe etwa § 24 Abs. 1 Satz 1 der Promotionsordnung der Philosophischen Fakultät der Universität Rostock: „In Anerkennung hervorragender wissenschaftlicher Leistungen auf Fachgebieten, die in der Philosophischen Fakultät vertreten sind...".
52 Siehe etwa § 43 Abs. 3 Satz 3 LHG: „besondere wissenschaftliche Leistungen".

anderen Hochschulen nicht abschaffen; der einzelnen Einrichtung wird jedoch regelmäßig keine Bestandsgarantie vermittelt.[53] Auch Universitäten können also im Grundsatz durch den Gesetzgeber aufgelöst werden. Bezogen auf die konkrete Situation in einem Land mit lediglich zwei Universitäten – je eine in den beiden Landesteilen Mecklenburg und Vorpommern – könnte allerdings – gerade vor dem Hintergrund der Förderverpflichtungen und der ausdrücklichen Erwähnung der „Belange der beiden Landesteile Mecklenburg und Vorpommern" in Art. 16 – daraus zu folgern sein, dass zwar eine Zusammenlegung (Konzentration) oder verstärkte Kooperation einzelner Fachbereiche oder Fächer möglich wäre, nicht aber die Auflösung einer und erst recht nicht beider Einrichtungen insgesamt.

Nach dem 2. Weltkrieg lassen sich – unter dem Blickwinkel des Wechselbezugs zwischen Hochschulstruktur und Wissenschaftsfreiheit – **drei Phasen** unterscheiden, die schwerpunktmäßig die (Verfassungs-)Gerichte beschäftigt haben: 26

- In den 60er Jahren des vorigen Jahrhunderts waren die Auswirkungen des Wechsels von der Ordinarien- zur Gruppenuniversität Streitpunkte vor den Gerichten.[54]
- Eine zweite Phase erfasste die Umgestaltung der Hochschullandschaft in den neuen Bundesländern in Folge der deutschen Wiedervereinigung mit ihren Eingliederungs- und Überleitungsproblemen.[55]
- Neue Streitpunkte rufen die in Verfolgung einer starken Tendenz zur Ökonomisierung, Effizienzsteigerung und Professionalisierung vorgenommenen und geplanten Strukturveränderungen hervor.[56]

Angesichts der detaillierten, über Art. 5 Abs. 3 GG hinausgehenden Regelungen in der LV sind Zweifel angebracht, ob in M-V etwa eine Umwandlung in Stiftungsuniversitäten ohne Verfassungsänderung zulässig wäre,[57] wie dies in anderen Bundesländern bereits geschehen ist.[58] Zunächst versuchte das im Jahre 2002 grundlegend erneuerte Landeshochschulrecht[59] eine Anpassung an die Herausforderungen der Zeit unter Wahrung des bisherigen Verständnisses der Garantien des Art. 7. So wurden zB einem nach § 86 LHG – zunächst zwingend – neu einzurichtenden **Hochschulrat**, in den vom Konzil der Hochschule nur Externe berufen werden dürfen, lediglich **beratende Funktion** und ein **Informationsrecht** zuerkannt.[60] Nunmehr ist – unter Beibehaltung der Funktion – die 27

---

53 *Strauch*, in: Linck/Baldus/Lindner/Poppenhäger/Ruffert, Art. 28 Rn 6 mwN; *Groß*, DVBl. 2006, 721, 727 unter Hinweis auf BVerfGE 85, 360, 382.
54 BVerfGE 35, 79, 124 ff; 43, 242, 268; 47, 327, 398.
55 Zu den Anforderungen an das Verfahren bei wissenschaftsrelevanten Organisationsentscheidungen (Schließung von Studiengängen) vgl VerfGH B, LVerfGE 5, 45 ff und NVwZ 1997, S. 792 mit kritischer Anm. von *Haug*, NVwZ 1997, 754.
56 Vgl statt vieler *Schenke*, NVwZ 2005, 1000 ff; *Groß*, DVBl. 2006, 721 ff.
57 Verneinend *März*, JöR N.F. 54 (2006), 175, 211 mit zahlr. Nachw. zum Diskussionsstand.
58 ZB in Niedersachsen für die Universität Hildesheim.
59 Gesetz über die Hochschulen des Landes M-V (Landeshochschulgesetz – LHG M-V) vom 05.07.2002, GVOBl. 2002, S. 398.
60 In der reinen Beratungsfunktion sieht *Classen*, Wissenschaftspolitik im Zeichen der Wirtschaft?, in: FS für Oppermann, 2001, S. 857, 865 keinen unzulässigen Eingriff in die Selbstverwaltung; ebenso *Strauch*, in: Linck/Baldus/Lindner/Poppenhäger/Ruffert, Art. 28 Rn 13 a.E. mwN; zu verfassungsrechtlichen Bedenken gegen die Übertragung deutlich weiter reichender Kompetenzen auf einen als Aufsichtsrat fungierenden Hochschulrat (§ 20 HochschulG BW) ohne hinreichende Kompensation für den Kompetenzverlust tradierter Hochschulorgane auch *Schenke*, NVwZ 2005, 1000, 1007; *Groß*, DVBl. 2006, 721, 727; weniger kritisch *Battis*, DÖV 2006, 498.

Schaffung eines Hochschulrates fakultativ (§ 86 Abs. 1 LHG idF des G v. 16.12.2010).

28 Deutlich weiter gingen zwischenzeitlich auch die in § 104 LHG (idF des G v. 05.07.2002) vorgesehenen Entwicklungsmöglichkeiten im Bereich der **Hochschulmedizin**, die – nach Anhörung der jeweiligen Hochschule – zur Umbildung der Klinika durch RechtsVO in Anstalten des öffentlichen Rechts mit eigener Rechtspersönlichkeit und zu entsprechenden Folgeregelungen ermächtigen; die Klinika erfüllten neben der medizinischen Fakultät der jeweiligen Hochschule (§ 96 LHG a.F.) als zentrale Betriebseinheit der Hochschule Aufgaben der Krankenversorgung, im öffentlichen Gesundheitswesen und der Aus-, Fort- und Weiterbildung des medizinischen Personals. Teilweise handelte es sich dabei um eine Art „Experimentierklausel" (zB § 104 Ab. 4 LHGa.F.). Allerdings unterschied sich ein solches Vorgehen immer noch von dem Modell der umfassenden Privatisierung der Hochschulmedizin, wie es in Hessen verwirklicht wurde.[61] In seinen Auswirkungen war und ist das hessische Privatisierungsvorhaben umstritten; den dabei gesetzlich angeordneten Arbeitgeberwechsel hat das BVerfG für mit Art. 12 Abs. 1 GG unvereinbar erklärt.[62]

29 Jetzt hat der Gesetzgeber von dieser Art Trennung von Aufgaben und Organisation und damit von der Aufspaltung in medizinische Fakultät und Klinikum Abstand genommen. § 96 Abs. 1 LHG n.F. definiert die Universitätsmedizin als rechtsfähige Teilkörperschaft der Universität, die sowohl die Aufgaben des Fachbereichs Medizin in Forschung und Lehre erfüllt als auch die Pflege der Wissenschaft durch Forschung, Lehre und Studium, die Weiterbildung, die Ausbildung der Studierenden im Fachbereich Medizin sowie weitere Aufgaben im öffentlichen Gesundheitswesen wahrnimmt (§ 97 Abs. 1 und 2 LHG). Die Detailregelungen zur Organisation finden sich in §§ 98 bis 104 d LHG. Anders als noch § 104 Abs. 4 oder 5 LHG a.F. tendiert § 97 Abs. 4 LHG deutlich vorsichtiger zur Möglichkeit der Wahrnehmung (einzelner) Aufgaben in einer Rechtsform des privaten Rechts bzw. über Unternehmensbeteiligungen oder eigene Unternehmen. Zugleich ist für diesen Fall Vorsorge für die Wahrung der Prüfungsrechte des LRH nach § 111 LHO zu treffen (§ 97 Abs. 4 Satz 5 LHG).

30 Eine **Sonderstellung** nimmt nach § 1 Abs. 2 LHG die **Verwaltungsfachhochschule** des Landes Mecklenburg-Vorpommern (Fachhochschule für öffentliche Verwaltung, Polizei und Rechtspflege des Landes Mecklenburg-Vorpommern in Güstrow) ein. Diese ist nichtrechtsfähige Körperschaft im Geschäftsbereich des Innenministeriums (§ 107 Abs. 1 LHG) und dient mit den angegliederten Instituten „der Aus- und Fortbildung von Mitarbeitern der öffentlichen Verwaltung in Mecklenburg-Vorpommern". Mit Blick auf die besondere Struktur und Aufgabenstellung enthält § 107 Abs. 2 Satz 1 LHG die Ermächtigung an die Landesregierung, das Nähere über deren Namen, Organisation und Aufgaben sowie über die aufgrund der besonderen Struktur und Aufgabenstellung erforderlichen Abweichungen von den Vorschriften des Gesetzes durch VO zu regeln; lediglich die Anforderungen von § 17 Abs. 2 (Zulassungsberechtigung für Deutsche, EU-Ausländer und gleichgestellte Personen) und § 28 Abs. 1 bis 3 (Studienziel und Studiengänge) müssen erfüllt sein.[63]

31 Inwieweit diese aus der Aufgabenstellung abgeleitete Sonderstellung nicht nur Einschränkungen der Selbstverwaltungsgarantie iSd Art. 7 Abs. 3 Satz 2 zulässt

---

61 *Leonhard*, DÖV 2006, 1036: „Paradigmenwechsel"; *Gärditz*, DÖV 2006, 1042.
62 BVerfGE 128, 157.
63 Jetzt Verwaltungsfachhochschullandesverordnung – FHöVPRLVO v. 08.01.2013, GVOBl. 2013, S. 84.

(„im Rahmen der Gesetze"), sondern auch Eingriffe inhaltlicher Art in die Wissenschaftsfreiheit iSd Art. 7 Abs. 1 bzw. Art. 5 Abs. 3 Satz 1 GG gerechtfertigt werden können, wäre in jedem Einzelfall einer möglichen Kollision abzuwägen. Dass der Landesgesetzgeber selbst diese Einrichtung trotz ihrer Besonderheiten – zutreffend – weiterhin als Hochschule iSv Art. 7 ansieht, macht schon die Beibehaltung ihrer Auflistung im neuen Landeshochschulgesetz (§ 1 Abs. 1 Nr. 3 LHG) deutlich.[64] Damit ist sie grundsätzlich dem Schutzbereich dieser Norm unterstellt.[65] Dann aber könnte fraglich erscheinen, ob zur Rechtfertigung derartiger Eingriffe eine auf der Grundlage der Verordnungsermächtigung in § 107 Abs. 2 LHG erlassene Rechtsverordnung tragfähig ist oder ob es dafür nicht vielmehr einer gesetzlichen Grundlage bedürfte; soweit ersichtlich ist Mecklenburg-Vorpommern das einzige Bundesland, in dem sämtliche Regelungen über die Zuweisung der Rechtsstellung dieser Fachhochschule (§ 107 Abs. 1 LHG) hinaus lediglich im Verordnungswege getroffen werden.

Von Bedeutung wird weiterhin auch sein, wie sich die Änderung der Kompetenzen zwischen Bund und Ländern durch die Föderalismusreform[66] auf dem Gebiet des Hochschulwesens ausgewirkt hat und noch auswirkt, welche Ergebnisse deren Evaluierung erbringt und welche Schlussfolgerungen für das Hochschulrahmenrecht[67] bzw. die Kompetenzabgrenzung daraus künftig zu ziehen wären. 32

V. Erstreckung des Selbstverwaltungsrechts auf andere wissenschaftliche Einrichtungen (Abs. 4)

Zu den besonderen Motiven des Verfassunggebers gibt die Entstehungsgeschichte hier wenig her. Möglicherweise handelt es sich – erste Verfassungsentwürfe stammen bereits aus 1990[68] – um eine **Reaktion** auf die **besonderen Strukturen der Wissenschafts- und Forschungseinrichtungen** in **der DDR** und den Umstand, dass die Form ihrer Überleitung und Weiterführung noch nicht genau vorherbestimmt werden konnte; mit der gewählten Formulierung wären jedenfalls von Anfang an einer direkten allumfassenden staatlichen Einflussnahme Grenzen gesetzt gewesen. 33

Zu denken ist vorrangig an Akademien, wissenschaftliche Institute und Forschungseinrichtungen in mittelbarer oder unmittelbarer staatlicher Trägerschaft, aber auch an die im Lande vorhandenen Forschungseinrichtungen von Trägergesellschaften wie Wissensgemeinschaft Gottfried Wilhelm Leibniz e.V., Max-Planck-Gesellschaft zur Förderung der Wissenschaften e.V. München oder Fraunhofer-Gesellschaft zur Förderung der angewandten Forschung e.V. München. Zweifel erscheinen angebracht, ob sich rechtlich unselbstständige staatliche Forschungseinrichtungen, die behördenmäßig in die allg. Staatsverwaltung eingegliedert und vielfach Bundes- und Landesministerien nachgeordnet sind,[69] 34

---

64 Zu möglichen Entwicklungsalternativen und deren Konsequenzen hinsichtlich des Hochschulcharakters siehe *Wiegand-Hoffmeister*, NordÖR 2006, 184.
65 Auch die verwaltungsgerichtliche Rspr geht zB davon aus, dass den hauptamtlich Lehrenden an solchen Fachhochschulen das durch Art. 5 Abs. 3 Satz 1 GG verbürgte Grundrecht auf Freiheit der Forschung und Lehre im Grundsatz zusteht, siehe etwa VG Köln, Urt. v. 29.01.2011 – 6 K 758/09 –, juris Rn 39 ff; VG Karlsruhe, Urt. v. 06.04.2011 – 7 K 390/09 –, juris.
66 Gesetz zur Änderung des Grundgesetzes vom 28.08.2006, BGBl. I 2006, S. 2034, und Föderalismusreform-Begleitgesetz vom 05.09.2006, BGBl. I 2006, S. 2098.
67 *Lindner*, NVwZ 2007, 180.
68 Kommission, Zwischenbericht mit Entwurf, LT-Drs. 1/2000.
69 Zum Begriff der Ressortforschungseinrichtungen (und überhaupt grundlegend) siehe *Classen*, Wissenschaftsfreiheit außerhalb der Hochschule, 1994, S. 57 ff.

auf Art. 7 Abs. 4 berufen könnten.[70] Mit Sicherheit nicht unter Art. 7 Abs. 4 fallen dürften – schon wegen des Vorrangs von Bundesrecht – die im Land vorhandenen Ressortforschungseinrichtungen des Bundes. Als Beispiel für eine solche selbstständige Bundesoberbehörde im Geschäftsbereich des Bundesministeriums für Ernährung und Landwirtschaft sei das Bundesforschungsinstitut für Tiergesundheit (Friedrich-Loeffler-Institut) auf der Insel Riems bei Greifswald genannt.

Art. 8 (Chancengleichheit im Bildungswesen)

Jeder hat nach seiner Begabung das Recht auf freien Zugang zu allen öffentlichen Bildungseinrichtungen, unabhängig von seiner wirtschaftlichen und sozialen Lage sowie seiner weltanschaulichen oder politischen Überzeugung. Das Nähere regelt das Gesetz.

Artt. 20 Abs. 1 Satz 2 VvB; 29 Abs. 3 BbgVerf; 29 Abs. 2 SächsVerf; 20 Satz 2 ThürVerf.

I. Allgemeines 1	a) Unzulässige Kriterien 7
II. Umfang der Gewährleistung in	b) Zulässige Kriterien 10
Art. 8 2	3. Grundrechtsträger 13
1. Begriff der Chancengleichheit 4	4. Bildungseinrichtungen 15
2. Maßgebliche Kriterien 6	

I. Allgemeines

1 Dass die Verfassung, soweit sie eigenständig formuliert, einen Schwerpunkt bei den kulturstaatlichen Grundrechten und Staatszielen setzt, ist eine **Reaktion auf die** „Reglementierung des Hochschulwesens und des Zugangs zu schulischer Bildung sowie auf die Ausgrenzung und Bekämpfung der Kirchen und Religionsgemeinschaften im Rechtssystem und Alltag der DDR"; der Verfassunggeber wollte „diese vormals verstaatlichten bzw stark freiheitsgefährdeten Bereiche durch besondere Landesgrundrechte (und flankierend durch staatliche Schutz- und Förderpflichten) in ihrer eigenverantwortlichen Entwicklung absichern und stützen".[1] Belegt wird diese Aussage durch den Umstand, dass auch Brandenburg, Sachsen und Thüringen sowie später Berlin diesen Ansatz gewählt haben.

II. Umfang der Gewährleistung in Art. 8

2 Über die Aufnahme des Art. 8 in seiner jetzigen Fassung, dem im Kern ein von der Fraktion LL/PDS sowie der Bürgerbewegung und der Partei DIE GRÜNEN eingebrachter Vorschlag zugrunde lag, in den Verfassungsentwurf hat sich die Verfassungskommission erst im Zuge ihrer Schlussberatungen verständigt;[2] in dieser Diskussion wurde auch die nur **begrenzte Zielsetzung** – Recht auf Chancengleichheit, kein allg. Recht auf Bildung – herausgearbeitet. Insofern präzisiert Art. 8 nur einen Teilaspekt des auch im GG jedenfalls in Elementen oder Ausschnitten angelegten, umfassend verstandenen Rechts auf Bildung (vgl Artt. 2, 3, 5-7, 12 GG, die insoweit auch als subjektives verfassungsmäßiges Recht ein-

---

70 ZB die Landesforschungsanstalt für Landwirtschaft und Fischerei M-V.
1 *März*, JöR N.F. 54 (2006), 175, 209 mwN in Fn 140-142.
2 Kommission, Verfassungsentwurf, S. 91; die zusätzlich geforderte besondere Förderpflicht für Begabte, sozial Benachteiligte und behinderte Menschen war – anders Art. 20 Satz 3 ThürVerf – nicht aufgenommen worden; siehe jetzt aber Art. 17 a; näher → *Sauthoff*, Art. 17 a.

zustufen sind[3]) und bleibt damit hinter Regelungen der o.g. Bundesländer zurück, die mehrheitlich auch ein Recht auf Bildung formuliert haben.[4] Unstreitig vermittelt die Vorschrift aber einen **einklagbaren Anspruch**, wie schon Art. 53 Nr. 7 zeigt. Dieser kann allerdings nur **auf Zugang** zu bereits vorhandenen Einrichtungen gerichtet sein, nicht auf die Schaffung bestimmter Bildungseinrichtungen; ebenso kann dem Anspruch auf Aufnahme die Erschöpfung der Aufnahmekapazitäten der Einrichtung entgegengehalten werden,[5] wie dies etwa bei den durch Ländervereinbarungen geregelten, im bundesweiten Zulassungsverfahren vergebenen Studienplätzen der Fall ist.[6]

Art. 8 Satz 2 ermächtigt den Gesetzgeber zur näheren Ausgestaltung des Rechts 3 auf Chancengleichheit im Bildungswesen. **Hauptanwendungsbereich** ist sicherlich der Bereich der **schulischen Bildung**. Schon die Präambel des Ersten Schulreformgesetzes des Landes[7] nahm inhaltlich Bezug auf die verfassungsrechtliche Verpflichtung, gleiche Bildungschancen für jeden zu eröffnen. Das derzeit geltende Schulgesetz[8] wiederholt in § 1 Abs. 2 Satz 1 den Wortlaut des Art. 8, ergänzt um eine Pflicht zum Ausgleich von Benachteiligungen von behinderten Schülerinnen und Schülern (Satz 2).

1. Begriff der Chancengleichheit. Das Recht auf Chancengleichheit im Bil- 4 dungswesen ist somit nicht als Leistungsrecht auf Bildung – oder Finanzierung der hierfür benötigten Mittel – normiert, sondern als mit Gesetzesvorbehalt versehener Anspruch auf freien und gleichen Zugang zu den vorhandenen Bildungseinrichtungen nach den für alle geltenden Vorschriften.[9] **Chancengleichheit** ist hier zwar vorrangig zu verstehen als **Startgleichheit**, also die Vermittlung gleicher Ausgangsbedingungen beruhend in erster Linie auf Rechtsgleichheit;[10] sie kann aber, da Hindernisse oft viel stärker in der tatsächlichen Ungleichheit liegen, auch zu einer **Angleichung der tatsächlichen Verhältnisse verpflichten**, um den freien Zugang tatsächlich zu gewährleisten.

Bisher hat das LVerfG in seiner Rspr Art. 8 nur in einem einzigen Fall als Prü- 5 fungsmaßstab herangezogen;[11] auch in der verwaltungsgerichtlichen Rspr zum Schulrecht finden sich nur vereinzelt Fallkonstellationen, die den Blick auf die Norm lenken.[12]

---

3 *Wermeckes*, Der erweiterte Grundrechtsschutz in den Landesverfassungen, 2000, S. 141 mwN; zweifelnd *Pirsch*, in: Thiele/Wedemeyer/Pirsch, Art. 8 Rn 4.
4 Art. 20 Abs. 1 Satz 1 VvB; Art. 29 Abs. 1 BbgVerf; Art. 20 Satz 1 ThürVerf; ein Recht auf Bildung findet sich auch – in variierender Ausgestaltung – in den Verfassungen von Niedersachsen, Baden-Württemberg, Bremen, Bayern, Sachsen-Anhalt, Sachsen und Nordrhein-Westfalen; vgl auch Art. 14 GRCh.
5 Vgl BbgVerfG, NVwZ 2001, 912; zur Kapazitätserschöpfung vgl BVerfGE 33, 303, 334.
6 Siehe VO über die zentrale Vergabe von Studienplätzen (Vergabeverordnung – VergVO M-V) v. 30.05.2008, GVOBl. 2008, S. 159, zuletzt geändert durch VO v. 03.12.2014, GVOBl. 2014, S. 648.
7 V. 26.04.1991 – SRG –, GVOBl. 1991, S. 123.
8 IdF der Bek. v. 10.09.2010, GVOBl. 2010, S. 462, zuletzt geändert durch G v. 12.12.2014, GVOBl. 2014, S. 644.
9 *März*, JöR N.F. 54 (2006), 175, 211.
10 *Pirsch* (Fn 3), Art. 8 Rn 1.
11 LVerfGE 9, 225 ff (Schülerbeförderungskosten) – die Verfassungsbeschwerde eines Gymnasialschülers in der 12. Klasse und seines Vaters gegen § 113 Abs. X SchulG M-V idF v. 15.05.1996 (GVOBl. 1996, S. 205) scheiterte schon an der Zulässigkeit, weil das Gericht die Beschwerdeführer nicht durch das Gesetz selbst unmittelbar betroffen sah, sondern erst durch die einschlägige Satzung des Landkreises.
12 Siehe etwa OVG Greifswald, 19.12.2003 – 2 M 183/03 –, zit. nach juris, einen Rechtsanspruch aus Art. 8 iVm § 4 Abs. 2 Satz 2 und 3 SchulG M-V auf Einzelunterricht für ein

6 **2. Maßgebliche Kriterien.** Art. 8 formuliert einerseits **positive** (zulässige), andererseits **negative** (unzulässige) **Kriterien**, die bei der Entscheidung über den Zugang zu einer Bildungseinrichtung eine bzw gerade keine Rolle spielen dürfen.

7 **a) Unzulässige Kriterien.** Keinen Einfluss ausüben dürfen bei der Zugangsentscheidung die wirtschaftliche und soziale Lage des Einzelnen. Der Begriff „wirtschaftliche Lage" bezieht sich auf dessen finanzielle Möglichkeiten, der Begriff „soziale Lage" meint nicht Statusfragen, sondern alle sonstigen Umstände, die sich behindernd auswirken können.[13] Gleiches gilt für die weltanschauliche oder politische Überzeugung; das staatliche Schul- und Bildungswesen muss sich insoweit „neutral" verhalten.

8 Zu beachten ist allerdings, dass die Verfassung im Unterschied zu anderen Bundesländern[14] einen generellen Anspruch auf Lernmittelfreiheit nicht absichert. Dieser findet seine Grundlage für den Schulbereich lediglich einfachgesetzlich in § 54 SchulG M-V. Daher ist bspw die Erhebung eines Kostenbeitrags zu Lernmitteln in Form von Verbrauchsmitteln – jedenfalls dann, wenn er sich der Höhe nach nicht als prohibitive Zugangsschranke erweist – grds. zulässig, wie ihn § 54 Abs. 2 Satz 3 iVm der auf § 69 Nr. 2 SchulG M-V gestützten Grenzbetrags-VO[15] vorsieht.[16]

9 Für den Hochschulzugang gilt derzeit § 6 LHG M-V, wonach für ein Studium bis zu einem ersten und bei gestuften Studiengängen bis zu einem zweiten berufsqualifizierenden Abschluss Studiengebühren nicht erhoben werden. Die Forderung nach der Erhebung von **Studiengebühren** zur Verbesserung der Lehre der Hochschulen war und ist rechtlich **umstritten**; politisch scheint sie auf dem Rückzug begriffen, nachdem selbst Bayern die zunächst eingeführten Studiengebühren wieder abgeschafft hat[17], um einem entsprechenden Volksbegehren[18] die Grundlage zu entziehen. Eine Grenze, ab der Studiengebühren – hält man sie verfassungsrechtlich jedenfalls im Grundsatz für zulässig – ohne flankierende Maßnahmen für finanziell schlechter Gestellte zugangsverwehrenden Charakter hätten, lässt sich wohl schwerlich abstrakt vorab bestimmen.[19]

10 **b) Zulässige Kriterien.** Die Zugangsentscheidung darf ausschließlich abhängig gemacht werden von der **Begabung**, also von den individuellen Fähigkeiten des Einzelnen.[20] Besonders augenfällig wird dies bei der Zulassung zu künstleri-

---

hochbegabtes Kind verneinend; VG Schwerin, 07.09.2012 – 3 B 426/11 u.a. – zu § 23 Abs. 2 VergVO.
13 Kommission, Verfassungsentwurf, S. 92.
14 Gewährleistet in unterschiedlichem Umfang in Baden-Württemberg, Bayern, Brandenburg, Bremen, Hessen, Nordrhein-Westfalen, Sachsen, Sachsen-Anhalt, Thüringen; vgl auch *Wermeckes* (Fn 3), S. 149 f; zur Auslegung von Art. 14 Abs. 2 BWVerf vgl VGH Mannheim, ESVGH 51, 108 ff.
15 VO über die Kostenbeiträge der Erziehungsberechtigten bei der Beschaffung von Unterrichts- und Lernmitteln v. 11.07.1996, GVOBl. 1996, S. 574 idF der Änd. v. 03.07.1997, GVOBl. 1997, S. 399.
16 Vgl OVG Greifswald, 20.02.2007 – 1 L 270/06 –, juris.
17 § 71 BayHSchG idF v. 07.05.2013, in Geltung ab 01.10.2013; siehe auch *Möstl*, BayVBl. 2013, 161.
18 Zu dessen Zulassung siehe BayVerfGH, Entsch. v. 22.10.2012 – Vf. 57-IX-12 –, juris.
19 Zur Problematik generell siehe etwa BVerfG, Beschl. v. 08.05.2013 – 1 BvL 1/08 – , juris, auch zu einer unzulässigen „Landeskinderklausel"; BVerfGE 112, 226, 245 ff; Hess-StGH, Urt. v. 11.06.2008 – P.St. 2133, P.St. 2158 –, juris; BVerwGE 134,1; BVerwG, Beschl. v. 02.02.2011 – 6 B 38/10 –, juris.
20 *Pirsch* (Fn 3), Art. 8 Rn 2.

schen Studiengängen, wie sie etwa die Hochschule für Musik und Theater Rostock[21] anbietet.

Dies bedeutet zugleich, dass auch solche **leistungsbezogenen Regelungen** zulässig sind, die – wie etwa Kriterien für Versetzungsentscheidungen und die Folgen wiederholten Versagens – gegebenenfalls auch den **Zwang zum Verlassen** einer Einrichtung zur Folge haben. Demzufolge findet sich eine Vielzahl von Regelungen über die Voraussetzungen und das konkrete Verfahren der Aufnahme in weiterführende Einrichtungen, aber auch über die Anforderungen an die Erfolgskontrollen.[22] Je ausgeprägter die Grundrechtsrelevanz des jeweiligen Regelungsbereichs ist, umso höher sind die Anforderungen an den Gesetzgeber, die wesentlichen Kriterien selbst im Gesetz festzulegen.[23] 11

Ein **Spannungsverhältnis** kann sich ergeben bei notwendigen **Ordnungsmaßnahmen** (wie etwa in §§ 60 f. SchulG M-V vorgesehen), die im Ergebnis zum Verlassen der besuchten Einrichtung führen, möglicherweise sogar zur Verweigerung der Aufnahme in allen vergleichbaren Einrichtungen. Dementsprechend kommt jedenfalls für die Zeit der allg. Schulpflicht ein Ausschluss von allen Schulen nicht in Betracht (§ 60 a Abs. 1 Satz 2 Nr. 5 SchulG M-V). 12

3. Grundrechtsträger. Auch Art. 8 ist als „**Jedermann-Grundrecht**" iS eines Teilhaberechts an staatlichen Leistungen in Form von bereitgestellten Bildungseinrichtungen formuliert; damit geht er – jedenfalls für den Bereich der beruflichen Bildung – über das hinaus, was Art. 5 Abs. 3 iVm Art. 12 Abs. 1 GG als „Deutschen-Grundrecht" gewährt. 13

Ebenso macht der Wortlaut deutlich, dass es zB nicht auf den aufenthaltsrechtlichen Status ankommen kann; für die Schulpflicht stellt § 41 Abs. 1 SchulG M-V auf den gewöhnlichen Aufenthalt ab, wobei völkerrechtliche Bestimmungen und Staatsverträge unberührt bleiben sollen. Demzufolge dürfte in M-V auch **Kindern sog. „irregulärer Migranten"**, also ohne rechtmäßigen Aufenthaltstitel, ein landesverfassungsrechtlich verbürgter **Anspruch** auf Zugang zu den öffentlichen Schulen offen stehen.[24] 14

4. Bildungseinrichtungen. Art. 8, der im Zusammenhang mit den Artt. 7, und 16 zu sehen ist, definiert selbst den Begriff der öffentlichen Bildungseinrichtungen, zu denen die Vorschrift den Zugang sichern will, nicht näher; neben den allg. bildenden Schulen, den Berufsschulen[25] und Hochschulen[26] können dies auch sonstige Einrichtungen der Jugend-, Erwachsenen- und Weiterbildung sein.[27] Korrespondierend zum **Zugangsanspruch** erlegt Art. 16 Abs. 4 insoweit 15

---

21 Siehe § 1 Abs. 3 Satz 2 der VO über die Qualifikation für ein Studium an den Hochschulen des Landes M-V (Qualifikationsverordnung – QualVO M-V) v. 12.07.2005, GVOBl. 2005, S. 398, zuletzt geändert durch VO v. 09.07.2014, GVOBl. 2014, S. 388.
22 Beispielhaft sei hingewiesen auf §§ 64 Abs. 2, 66 SchulG M-V.
23 *Brenner*, in: Linck/Baldus/Lindner/Poppenhäger/Ruffert, Art. 20 Rn 16.
24 Vgl die umfassende Problemdarstellung bei *Krieger*, NVwZ 2007, 165 mwN, anknüpfend an eine Anordnung der Kultusverwaltung in Hessen, nach der Kinder ohne Aufenthaltstitel nicht zur Schule gehen dürfen; zu beachten ist auch Art. 2 Satz 1 des 1. Zusatzprotokolls zur EMRK; zur UN-Kinderrechtskonvention als Auslegungshilfe siehe etwa *Cremer*, Die UN-Kinderrechtskonvention – Geltung und Anwendbarkeit in Deutschland nach der Rücknahme der Vorbehalte, 2011.
25 Zur derzeitigen „Schullandschaft" siehe §§ 11 ff SchulG M-V; näher → *Sauthoff*, **Art. 15** Rn 34.
26 Siehe § 1 des Gesetzes über die Hochschulen des Landes M-V (Landeshochschulgesetz – LHG M-V) idF der Bek. v. 25.01.2011, GVOBl. 2011, S. 18, geändert durch G v. 22.06.2012, GVOBl. 2012, S. 208.
27 Siehe Gesetz zur Förderung der Weiterbildung in M-V (Weiterbildungsförderungsgesetz – WBFöGM-V) v. 20.05.2011, GVOBl. 2011, S. 342.

dem Land, den Gemeinden und den Kreisen eine allg. **Förderverpflichtung** auf (→ *Kohl*, **Art.** 16 Rn 3 ff); zu denken wäre an Musikschulen, Volkshochschulen uÄ. Grds. ist damit dem Staat ein relativ **weiter Gestaltungsspielraum** eingeräumt, welche Bildungseinrichtungen er in eigener Trägerschaft schaffen und – gegebenenfalls in Trägerschaft Privater – fördern will.

Art. 9 (Kirchen und Religionsgesellschaften)

(1) Die Bestimmungen der Art. 136 bis 139 und 141 der Deutschen Verfassung vom 11. August 1919 sind Bestandteil dieser Verfassung.

(2) Das Land und die Kirchen sowie die ihnen gleichgestellten Religions- und Weltanschauungsgesellschaften können Fragen von gemeinsamen Belangen durch Vertrag regeln.

(3) Die Einrichtung theologischer Fakultäten an den Landesuniversitäten wird den Kirchen nach Maßgabe eines Vertrages im Sinne des Absatz 2 gewährleistet. Artikel 7 Abs. 3 bleibt unberührt.

Art. 3 Abs. 1, Artt. 4-10 BWVerf; 142-148 BayVerf; 20 VvB; 36-38 BbgVerf; 32, 33, 59-63 BremVerf; 48-54 HessVerf; 19-22 Verf NW; 41-48 Verf Rh-Pf; 109, 110 SächsVerf; 32 LVerf LSA; 39-41 ThürVerf.

Vorbemerkung...................	1	2. Einzelne Gewährleistungen....	8
I. Inkorporation der Weimarer		II. Vertragliches Staatskirchenrecht...	14
Kirchenartikel....................	5	III. Theologische Fakultäten...........	18
1. Bedeutung und Hintergrund...	5	IV. Schrifttum........................	19

Vorbemerkung

1 Im modernen Staat ist dessen Verhältnis zu den Religionsgemeinschaften nicht an einer (religiös) vorgegebenen Ordnung ausgerichtet, sondern ausschließlich der **souveränen Staatsgewalt** unterworfen.[1] Was sich heute als selbstverständlich darstellt, ist eine Errungenschaft eines jahrhundertelangen Prozesses der Auseinandersetzung zwischen weltlicher und geistlicher Macht, einhergehend mit vielfältigen, insb. personalen Verschränkungen und Verflechtungen. Das Ergebnis dieses Prozesses – die Emanzipation des Staates von den Kirchen und zugleich die Befreiung der Kirchen vom Staat[2] – fand einen verfassungsrechtlich formulierten Ausdruck in der Paulskirchenverfassung von 1849 und in der Folge – kompromisshaft eingeschränkt – in der WRV.

2 Vor diesem Hintergrund ist Art. 9 die grundlegende Bestimmung für die **Beziehung des Landes zu den Religionsgemeinschaften**.[3] Er ist zusammen mit Art. 5 Abs. 3 zu sehen, der mit der Erklärung der Grundrechte des GG zum Bestandteil der LV auch das in Art. 4 Abs. 1 und 2 GG enthaltene Grundrecht der Religionsfreiheit als Landesverfassungsrecht übernimmt.

3 In der Verfassungskommission war Art. 9 umstritten. Die LL/PDS hatte ursprünglich für dessen Streichung plädiert.[4] Gegenüber der Zwischenberichtsfassung haben Abs. 2 und 3 die Reihenfolge gewechselt; die in Abs. 3 enthaltene

---

1 Vgl dazu *Badura*, in: HdbStKirchR, Bd. I, S. 211, 212 f; *Pirson*, ebd, S. 3, 4.
2 Vgl *A. von Campenhausen/de Wall*, S. 32.
3 Zur Geschichte der Staat-Kirche-Beziehungen vgl den Überblick bei *Jeand'Heur/Korioth*, Grundzüge des Staatskirchenrechts, 2000, Rn 5 ff mwN, Rn 3; ausführlich *A. von Campenhausen/de Wall* (Fn 2), S. 1 ff.
4 Im Einzelnen LT-Drs. 1/3100, S. 91; Alternativvorschläge der LL/PDS in LT-Drs. 1/2000, dort Art. 8, S. 15.

Garantie der Einrichtung theologischer Fakultäten wurde im Laufe der Beratungen unter einen Vertragsvorbehalt gestellt.

Bundesverfassungsrechtlich bilden neben Art. 4 Abs. 1, 2 und Art. 140 GG die 4
Bestimmungen der Art. 3 Abs. 3 Satz 1, Art. 7 Abs. 2, 3, Art. 33 Abs. 2, 3, 5 und
Art. 141 GG Vorgaben auf dem Gebiet des Staatskirchenrechts,[5] die eigenständige Regelungen des Landes wesentlich determinieren. In den neuen Bundesländern findet dieser Rahmen[6] geschichtliche Voraussetzungen und gesellschaftliche Bedingungen, die sich von denen in den alten Bundesländern grundlegend unterscheiden.[7] Demzufolge sind es insb. Verfassungen der neuen Länder, die in religionsverfassungsrechtlicher Hinsicht eine gewisse Eigenständigkeit aufweisen.[8]

I. Inkorporation der Weimarer Kirchenartikel

1. Bedeutung und Hintergrund. Abs. 1 erklärt die Artt. 136 bis 139 und 141 5
WRV,[9] die sog. Weimarer Kirchenartikel, unmittelbar[10] zum Bestandteil der LV.
Diese sind damit **vollgültiges Landesverfassungsrecht**.[11] Da sie über Art. 140 GG
Bestandteil (auch) des GG sind,[12] gelten sie im Land zugleich als Bundesverfassungsrecht. Der Übernahme in die LV kommt daher **verfassungsprozessuale Bedeutung** insofern zu, als sie den Weg zur abstrakten und konkreten Normenkontrolle (vgl Art. 53 Nr. 2 und Nr. 5) und – aufgrund der Stellung von Art. 9 im Grundrechtsabschnitt – grds. auch zur Verfassungsbeschwerde (vgl Art. 53 Nr. 6) vor dem LVerfG eröffnet.[13]

Inhaltlich knüpft Abs. 1 an den **Verfassungskompromiss des Jahres 1919** zwi- 6
schen dem Postulat einer vollständigen Trennung von Staat und Kirche[14] und
Verweis letzterer in das (private) Vereinsrecht auf der einen Seite und dem Ziel
möglichst weitgehender Bewahrung der überkommenen Rechte der Kirchen auf

---

5   Zum Begriff und dessen Wandlung zum Religions(Verfassungs)recht vgl *Unruh*, Religionsverfassungsrecht, 2. Aufl. 2012, Rn 1 ff mwN; ferner etwa *Germann*, in: Epping/Hillgruber, Art. 140 Rn 1, 4 f; *Rüfner*, in: FS Stern, 2012, S. 573, 585 ff; kritisch zum damit verbundenen Wechsel vom institutionellen zum (religions)grundrechtsbezogenen Interpretationsansatz vgl statt vieler *Heckel*, AöR 134 (2009), 309, 315 f, 319 f; *Jestaedt*, KuR 2012, 151; *Korioth*, in: Maunz/Dürig, Art. 140 Rn 2 f; *Mückl*, in: HdbStR, Bd. VII, S. 711, 713 f; *Waldhoff*, in: Essener Gespräche 42 (2008), S. 55, 80 f.
6   Vgl *Korioth* (Fn 5), Rn 20; zu (auch fragwürdigen) Ausgestaltungen vgl *Classen*, Religionsrecht, 2. Aufl. 2015, Rn 28 f.
7   Vgl *Korioth*, in: Manssen/Schütz (Hrsg), Staats- und Verwaltungsrecht für M-V, 1. Aufl. 1999, S. 54 ff; näher *A. von Campenhausen*, in: HdbStR Bd. IX, (1. Aufl. 1997), S. 305 ff; ferner *Boese*, Die Entwicklung des Staatskirchenrechts in der DDR von 1945 bis 1989, 1994; *Kremser*, Der Rechtsstatus der evangelischen Kirchen in der DDR und die neue Einheit der EKD, 1993.
8   Vgl *A. von Campenhausen/de Wall* (Fn 2), S. 43; zum Religionsverfassungsrecht im Verfassungsentwurf der Arbeitsgruppe „Neue Verfassung der DDR" des Runden Tisches vgl *Häberle*, JöR N.F. 39 (1990), 319, 340 ff.
9   Verfassung des Deutschen Reichs v. 11.08.1919, RGBl. I S. 1383.
10 Nicht also lediglich durch Bezugnahme auf Art. 140 GG.
11 *Pirsch*, in: Thiele/Pirsch/Wedemeyer, Art. 9 Rn 2.
12 Vgl BVerfG, Beschl. v. 22.10.2014 – Az. 2 BvR 661/12 – KuR 2014, 235, juris Rn 83; vgl ferner BVerfGE 125, 39, 79 („von gleicher Normqualität wie die sonstigen Bestimmungen des Grundgesetzes"); 111, 10, 50; 19, 206, 219; vgl auch *Morlok*, in: Dreier, Art. 140 Rn 29.
13 Vgl *Korioth* (Fn 7), S. 60; allerdings wird ungeachtet des systematischen Standortes von Art. 9 nach dem Grundrechtscharakter des jeweiligen Kirchenartikels zu fragen sein, so auch *Classen*, in: Schütz/Classen, Landesrecht M-V, 3. Aufl. 2014, S. 42 (Rn 26).
14 Vgl bereits § 147 Paulskirchenverfassung.

der anderen Seite an.[15] Der auch in Art. 140 GG übernommene Kompromiss[16] ist im Kern in Art. 137 Abs. 1 WRV („Es besteht keine Staatskirche") und Art. 137 Abs. 5 WRV („Die Religionsgesellschaften bleiben Körperschaften des öffentlichen Rechts, soweit sie solche bisher waren.")[17] formuliert. Er bedeutete eine Art Bestandsschutz für die (Privilegien der) großen Kirchen bei gleichzeitiger **Trennung von Staat und Religionsgemeinschaften**,[18] wobei die Trennung Raum für Verbindungen zwischen beiden lassen sollte.[19]

7 Die **Auslegung** der historischen Kirchenartikel hat im **Kontext von GG und LV** und damit auf der Folie der ohne Gesetzesvorbehalt gewährleisteten Religionsfreiheit zu erfolgen.[20] Auf diese sind deren Gewährleistungen[21] funktional in dem Sinne bezogen, dass sie auf die Inanspruchnahme und Verwirklichung des Grundrechts der Religionsfreiheit ausgelegt sind.[22]

8 **2. Einzelne Gewährleistungen.** Artt. 136, 139 und 141 WRV konkretisieren die individuelle Religionsfreiheit des Art. 4 Abs. 1 GG iVm Art. 5 Abs. 3 LV. Artt. 137 Abs. 3, 138 Abs. 2, 139 und 141 WRV gewährleisten die sogenannte Kultusfreiheit des Art. 4 Abs. 2 GG iVm Art. 5 Abs. 3 LV.[23] Das **Selbstbestimmungsrecht** der Religionsgemeinschaften (Art. 137 Abs. 3 WRV) stellt neben der Trennung von Staat und Kirche (Art. 137 Abs. 1 WRV) mit der darin zum Ausdruck kommenden weltanschaulich-religiösen Neutralität des Staates[24] und der Religionsfreiheit die dritte Säule der religionsverfassungsrechtlichen Ordnung dar.[25] Sie ist weit zu verstehen.[26] Von ihr erfasst werden neben den Glaubens- und Kultusangelegenheiten auch die öffentliche Tätigkeit der Kirchen (zB Caritas, Diakonie) sowie die ihnen zugeordneten Einrichtungen ohne Rücksicht auf deren Rechtsform.[27] Der Schranke des „für alle geltenden Gesetzes" kommt im Grundsatz dieselbe Funktion zu wie der Schrankenklausel in Art. 5 Abs. 2 GG.[28]

---

15 Vgl auch *Korioth* (Fn 5), Rn 5.
16 Sog. „doppelter Kompromiss", zur Entstehungsgeschichte des Art. 140 GG vgl *Korioth* (Fn 5), Rn 4 ff, 6 ff mwN.
17 Mit der Folge des Behaltens u.a. des Steuererhebungsrechts, Art. 137 Abs. 6 WRV.
18 Und zugleich das endgültige Ende des sog. landesherrlichen Kirchenregiments im Bereich der ev. Kirchen, vgl dazu *A. von Campenhausen/de Wall* (Fn 2), S. 31 f; zur Identität der Begriffe „Religionsgesellschaft" und „Religionsgemeinschaft" vgl *P. Kirchhof*, in: HdbStKirchR, Bd. I, S. 651, 656 mit Fn 17.
19 Vgl *Jeand'Heur/Korioth* (Fn 3), S. 42 mit Hinweis auf die berühmte Formel von der „hinkenden Trennung".
20 Vgl BVerfGE 125, 39, 80; 102, 370, 383 ff; 99, 100, 118 f; 53, 366, 401.
21 Zur Diskussion um deren Grundrechtscharakter vgl BVerfGE 19, 129, 135 und zB *Morlok*, in: Dreier, Art. 140 Rn 31.
22 Vgl BVerfG, Beschl. v. 22.10.2014 – Az. 2 BvR 661/12 – KuR 2014, 235, juris Rn 84; BVerfGE 125, 39, 80; 102, 370, 387; BVerwG, NVwZ 2013, 943; kritisch statt vieler *Korioth* (Fn 5), Rn 15 („ahistorisch"); *Heckel* (Fn 5), S. 326 ff; *Mückl* (Fn 5), S. 769; *Waldhoff* (Fn 5), S. 82.
23 Vgl *Pirsch* (Fn 11), Rn 5.
24 Vgl dazu *Unruh* (Fn 5), Rn 90 ff mwN; kritisch zum Verständnis des Neutralitätsgebots als ein der Verfassung vorgelagertes Prinzip vgl etwa *Waldhoff*, KuR 2011, 153, 165; gegen „innovative Verfassungsinterpretation" vgl zB *Heckel* (Fn 5), S. 319 f; *Heinig*, JZ 2009; 1136; *Möllers*, VVDStRL 68 (2008), 47, 58.
25 Vgl *A. von Campenhausen/de Wall* (Fn 2), S. 99 ff.
26 Vgl auch BVerfGE 53, 366, 400 f; 42, 312, 332.
27 Vgl *Korioth* (Fn 7), S. 62; zum Verhältnis zur Justizgewährungspflicht vgl BVerwG DVBl 2014, 993, 994 unter Aufgabe von BVerwGE 117, 145; *Germann* (Fn 5), Rn 55 ff; *Korioth*, in: Maunz/Dürig, Art. 140/137 WRV Rn 50 ff.; zu den Grenzen des „Privilegs der Selbstbestimmung" für den Kirchen zugeordnete Institutionen vgl BVerfG, Beschl. v. 22.10.2014 – Az. 2 BvR 661/12 – KuR 2014, 235, juris Rn 91 f, 93 ff, 113 ff.
28 Vgl *A. von Campenhausen/de Wall* (Fn 2), S. 107 ff.

Der Wechselwirkung zwischen dem Selbstbestimmungsrecht und dem Schutz anderer für das Gemeinwesen bedeutsamer Rechtsgüter ist durch Güterabwägung Rechnung zu tragen.[29] Art. 138 Abs. 2 WRV beinhaltet als Ergänzung des Selbstbestimmungsrechts[30] ein Verbot der Einziehung von den dort genannten Zwecken gewidmeten religionsgemeinschaftlichen Rechten und Vermögenspositionen durch den Staat (Säkularisierungsverbot) und ist daher nicht identisch mit der Eigentumsgarantie des Art. 14 GG iVm Art. 5 Abs. 3 LV.[31]

Konsequenz der Trennung von Staat und Religionsgemeinschaften ist der Verweis letzterer auf das (für alle geltende) Privatrecht. **Art. 137 Abs. 4 WRV** ermöglicht die Erlangung der Rechtsfähigkeit „nach den allgemeinen Vorschriften des Bürgerlichen Rechts", verbietet also diskriminierendes Sonderrecht, das den Erwerb der Rechtsfähigkeit von (weiteren) Voraussetzungen abhängig macht.[32] Vor dem Hintergrund des sich auch (und gerade) auf die innere Verfassung einer Religionsgemeinschaft erstreckenden Selbstbestimmungsrechts ist allerdings bei Auslegung und Anwendung der (vereinsrechtlichen) Vorschriften des BGB grds. das Eigenverständnis der Religionsgesellschaft zu berücksichtigen.[33]

Nach Art. 137 Abs. 5 Satz 1 WRV haben diejenigen Religionsgesellschaften, die im Jahre 1919 **Körperschaften des öffentlichen Rechts** waren,[34] diesen Status behalten. Soweit die Religionsgemeinschaften in der ehemaligen DDR diesen Status infolge Nichtanerkennung durch die DDR verloren hatten, haben sie ihn mit dem Beitritt wiedererlangt.[35]

Für das Verständnis des staatskirchenrechtlichen Begriffs der „Körperschaft des öffentlichen Rechts" ist von Bedeutung, dass dieser von dem verwaltungsrechtlichen Begriff grundverschieden ist.[36] Dessen typische Merkmale (durch Gesetz errichtete, mit Hoheitsbefugnissen ausgestattete, Staatsaufgaben wahrnehmende Personenverbände unter Staatsaufsicht[37]) treffen auf Religionsgemeinschaften nicht zu.[38] Sie sind gerade nicht Träger der mittelbaren Staatsverwaltung;[39] vielmehr ist ihr Wirkungskreis ein Gegenstück des staatlichen Wirkungskreises.[40] Der Begriff der Körperschaft des öffentlichen Rechts in Art. 137 Abs. 5 WRV ist daher nur ein „**Mantelbegriff**"[41] für den öffentlich-rechtlichen Status und die daraus folgenden Rechte.[42]

---

29 Vgl BVerfGE 53, 366, 400 f; ausführlich *Unruh* (Fn 5), Rn 171 ff mwN; im Hinblick auf Loyalitätspflichten kirchlicher Arbeitnehmer vgl BVerfG, Beschl. v. 22.10.2014 – Az. 2 BvR 661/12 – KuR 2014, 235, juris Rn 108 ff, 145 ff; vgl dazu *Classen*, JZ 2015.
30 Vgl *Classen* (Fn 6), Rn 284 ff.
31 Vgl näher *A. von Campenhausen/de Wall* (Fn 2), S. 269 ff mwN; *Unruh* (Fn 5), Rn 490 ff.
32 Die historische Funktion der Norm lag gerade in der Aufhebung solchen Sonderrechts, vgl dazu *A. von Campenhausen/de Wall* (Fn 2), S. 121 ff; für die Schaffung einer weiteren Rechtsform für Religionsgemeinschaften *Waldhoff*, Gutachten D zum 68. DJT, 2010, S. D 87, 89
33 Vgl BVerfGE 83, 341, 355 ff.
34 Sog. altkorporierte Religionsgesellschaften, vgl zB *Jeand'Heur/Korioth* (Fn 3), Rn 217 f.
35 BVerwGE 105, 255, 262 (Adass Jisroel).
36 Vgl *A. von Campenhausen/de Wall* (Fn 2), S. 127 ff.
37 Zur nach 1919 zunächst vertretenen Auffassung, der Körperschaftsstatus verlange als „Korrelat" die Fortsetzung der Staatsaufsicht („Korrelatentheorie"), vgl *Jeand'Heur*, Der Staat 1991, 442, 458 ff.
38 Vgl *Classen* (Fn 6), Rn 303.
39 Vgl BVerfGE 102, 370, 387; 66, 1,19 f.
40 Vgl *A. von Campenhausen/de Wall* (Fn 2), S. 128.
41 BVerfGE 83, 341, 357.
42 Vgl *A. von Campenhausen/de Wall* (Fn 2), S. 128.

12 Art. 137 Abs. 5 Satz 2 WRV ist mit seinem Angebot zur Erlangung des Körperschaftsstatus auch an andere Religionsgesellschaften Ausdruck des **Paritätsgedankens**.[43] Die Bestimmung gewährt einen Anspruch gegenüber dem Land auf Anerkennung als Körperschaft des öffentlichen Rechts bei Vorliegen der Anerkennungsvoraussetzungen. Umstritten ist, ob jenseits der verfassungstextlichen Voraussetzungen weitere „**ungeschriebene**" Verleihungsvoraussetzungen iS von zB „Rechtstreue", „Loyalität", „Dignität" oder „Hoheitsfähigkeit" bestehen oder ob gar ein umfassender „Kulturvorbehalt" gilt.[44] Wird die Verleihung des Körperschaftsstatus von weiteren Anforderungen abhängig gemacht, kann darin eine Verletzung der Religionsfreiheit liegen.[45]

13 Die **Körperschaftsrechte** der altkorporierten Religionsgemeinschaften können gegen deren Willen nur durch (Bundes)Verfassungsänderung, diejenigen der neukorporierten durch staatlichen actus contrarius zum Verleihungsakt **entzogen werden**.[46] Die religiöse Vereinigungsfreiheit (Art. 137 Abs. 2 Satz 1 WRV) iVm dem Selbstbestimmungsrecht (Art. 137 Abs. 3 Satz 1 WRV) erlaubt es, auf den Körperschaftsstatus zu verzichten.[47] Er erlischt auch im Fall der Auflösung oder des Untergangs der Religionsgemeinschaft.[48]

II. Vertragliches Staatskirchenrecht

14 Art. 9 Abs. 2 bestätigt die bereits kraft seiner Souveränität gegebene Befugnis des Landes,[49] Fragen von gemeinsamer Bedeutung mit den Kirchen und den ihnen gleichgestellten Religions- und Weltanschauungsgesellschaften **durch Vertrag zu regeln**.[50] Die Formulierung hebt die Kirchen hervor. Die Gleichstellung der anderen Religionsgesellschaften[51] ist nicht erst auszusprechen. Sie ist vielmehr den Weimarer Kirchenartikeln immanent. Die Gleichstellung von Religions- und Weltanschauungsgemeinschaften ist in Art. 137 Abs. 7 WRV angeordnet. Die Formulierung „gleichgestellten" bringt diese Verfassungsrechtslage lediglich klarstellend zum Ausdruck. Der Abschluss vertraglicher Regelungen ist daher nicht auf die Kirchen oder auf die als Körperschaft des öffentlichen Rechts anerkannten Religionsgemeinschaften beschränkt. Verträge zwischen Staat und Kirche werden unterschieden in Konkordate und Kirchenverträge. Als

---

43 Vgl dazu näher *Classen* (Fn 6), Rn 127 ff.
44 So zB *Uhle*, Staat – Kirche – Kultur, 2004, S. 129 ff; Nachweise aus der umfangreichen Lit. bei *Unruh* (Fn 5), Rn 288 ff und *A. von Campenhausen/de Wall* (Fn 2), S. 136 ff; im Hinblick auf EGMR NVwZ 2009, 509, vgl *H. Weber*, ZevKR 57 (2012), 347 ff; *Heinig*, ZevKR 58 (2013), 121 ff; zur territorialen Reichweite einer Erstverleihung in einem Bundesland vgl BVerwG NVwZ 2013, 943; ferner *Walter/von Ungern-Sternberg/Lorentz*, Die „Zweitverleihung" des Körperschaftsstatus an Religionsgemeinschaften, 2012, S. 14 ff; prinzipiell kritisch zur Verfassungsauslegung im Staatskirchenrecht *Kleine*, Institutionalisierte Verfassungswidrigkeiten im Verhältnis von Staat und Kirchen unter dem Grundgesetz, 1993.
45 So BVerfGE 102, 370, 397 ff zum Loyalitätserfordernis in BVerwGE 105, 117, 119 ff (Zeugen Jehovas); vgl auch BVerwG NVwZ 2013, 943 zur Zahl der Mitglieder im Verhältnis zur Zahl der Bevölkerung des Bundeslandes.
46 Vgl *A. von Campenhausen/de Wall* (Fn 2), S. 140.
47 So zu Recht *Bohl*, Der öffentlich-rechtliche Körperschaftsstatus der Religionsgemeinschaften, 2001, S. 97 ff; vgl ferner BVerwG NVwZ 2009, 390 zur Aberkennung des Körperschaftsstatus bei einer Untergliederung einer Religionsgemeinschaft.
48 So zutreffend OVG Berlin NVwZ 1997, 396, 398; *Bohl* (Fn 47), S. 100 f; umfassend *Lindner*, VerwArch 95 (2004), 88 ff.
49 Zum Verhältnis zum GG vgl *Jeand'Heur/Korioth* (Fn 3), Rn 271 ff.
50 Zur geschichtlichen Entwicklung vgl *Jeand'Heur/Korioth* (Fn 3), Rn 275 ff.
51 Zu den Synonymbegriffen „Religionsgesellschaft" und „Religionsgemeinschaft" vgl *Schmahl*, in: Sodan, Art. 140 GG/Art. 137 WRV, Rn 1.

Konkordate werden (völkerrechtliche) Verträge mit dem Heiligen Stuhl als Völkerrechtssubjekt bezeichnet, die eine abschließende Vollregelung mehrerer Sachgebiete enthalten; **Kirchenverträge** sind insb. die vertraglichen Vereinbarungen des Landes mit den evangelischen Landeskirchen.[52]

Staatskirchenverträge werden von der LReg und der jeweiligen Religionsgemeinschaft verhandelt und vom MinPräs abgeschlossen; betreffen sie – was regelmäßig der Fall ist – Gegenstände der Gesetzgebung, bedürfen sie nach Art. 47 Abs. 2 der **Zustimmung des LT in Form eines Gesetzes**.[53] Mit dem Zustimmungsgesetz erlangt der Vertrag den Rang eines einfachen Gesetzes.[54] Schließt das Land einen Vertrag nach Art. 9 Abs. 2, ist es vertraglich gebunden. Setzt sich der Landesgesetzgeber darüber hinweg, ändert dies nichts an der Rechtsgültigkeit des Gesetzes, zugleich aber auch nichts an der Wirksamkeit des Vertrages.[55] Aus dem zur Gleichbehandlung verpflichtenden **Paritätsgebot**[56] kann sich ein Anspruch anderer Religionsgemeinschaften ergeben, ebenfalls mit dem Land eine vertragliche Regelung treffen zu können.[57]

Der „**Güstrower Vertrag**"[58] hat im Hinblick auf dessen Art. 23[59] über den Sonn- und Feiertagsschutz (Art. 139 WRV)[60] zu der – durch die Rechtsprechung des BVerfG mittlerweile überholten[61] – Frage geführt, ob er den vertragschließenden Kirchen **subjektive Rechte** gegen die Ladenöffnung an Sonntagen gewährt.[62] Für die Frage nach dem Inhalt und damit auch dem Anspruchscharakter und der Reichweite einer vertraglichen Regelung ist auf die Grundsätze der Vertragsauslegung zurückzugreifen. Maßgeblich ist der wahre Wille der Vertragsparteien.[63]

Bisher sind **folgende Verträge** mit Religionsgemeinschaften geschlossen worden:
- Vertrag zwischen dem Land M-V und der Evangelisch-Lutherischen Landeskirche Mecklenburgs und der Pommerschen Evangelischen Kirche vom 20. Januar 1994,[64]

---

52 Vgl auch *Pirsch* (Fn 11), Rn 19.
53 Vgl *Pirsch* (Fn 11), Rn 19; *März*, JöR N.F. 54 (2006), 175, 281 mit Fn 450.
54 Vgl *Classen* (Fn 6), Rn 76; *Unruh* (Fn 5), Rn 361.
55 Vgl *A. von Campenhausen/de Wall* (Fn 2), S. 147; zur grds. nur bei entsprechender Vereinbarung möglichen Kündigung vgl *Classen* (Fn 6), Rn 75; zur Problematik insgesamt vgl *Unruh* (Fn 5), Rn 364 ff.
56 Vgl dazu *Classen* (Fn 6), Rn 127 ff.
57 Vgl dazu *Classen* (Fn 6), Rn 70.
58 Vgl → Rn 17.
59 „Der staatliche Schutz der Sonntage und der kirchlichen Feiertage wird gewährleistet".
60 Zum Sonn- und Feiertagsschutz vgl umfassend *A. von Campenhausen/de Wall* (Fn 2), S. 326 ff; *Häberle*, Der Sonntag als Verfassungsprinzip, 2. Aufl. 2006; zum Verständnis von Art. 139 WRV als institutioneller Garantie vgl *Stollmann*, VerwArch 96 (2005), 348; *Borowski*, Die Glaubens- und Gewissensfreiheit des Grundgesetzes, 2006, S. 318 mwN; nach BVerfGE 125, 39, 83 bildet Art. 139 WRV zugleich eine „Konnexgarantie" zum Grundrecht auf Religionsfreiheit in Art. 4 Abs. 1 und 2 GG; kritisch dazu zB *Jestaedt* (Fn 5), 158 ff; vgl auch *Huster*, JZ 2010, 354, 355.
61 Vgl BVerfGE 125, 39, 73 f, 79 ff, wonach der Sonn- und Feiertagsschutz über Art. 4 Abs. 1 und 2 GG wehrfähig ist; kritisch dazu zB *Classen*, JZ 2010, 144 ff; vgl im Anschluss an das BVerfG OVG Greifswald NordÖR 2010, 321 f zum Vertrag des Landes M-V mit dem Heiligen Stuhl.
62 Verneinend VG Schwerin, Beschl. v. 05.08.1999 – 8 B 643/99; bejahend unter Hinweis auf die Vertragsform OVG Greifswald, NVwZ 2000, 948 ff; zustimmend *de Wall*, NVwZ 2000, 857; *ders.*, ZevKR 45 (2000), 626; weitere Nachweise bei *A. von Campenhausen/de Wall* (Fn 2), S. 336 f mit Fn 69.
63 Vgl *Unruh* (Fn 5), Rn 372; zum Güstrower Vertrag vgl dazu auch die Begründung in LT-Drs. 1/4126.
64 „Güstrower Vertrag", vgl Ges. v. 03.05.1994 (GVOBl. S. 559); dazu *März* (Fn 53), S. 281 ff. Rechtsnachfolger beider Kirchen ist nach deren Fusion mit der Nordelbischen

- Vertrag zwischen dem Heiligen Stuhl und der Freien und Hansestadt Hamburg, dem Land M-V und dem Land Schleswig-Holstein über die Errichtung von Erzbistum und Kirchenprovinz Hamburg vom 22. September 1994,[65]
- Vertrag zwischen dem Heiligen Stuhl und dem Land M-V vom 15. September 1997[66]
- Vertrag zwischen dem Land M-V und dem Landesverband der Jüdischen Gemeinden in M-V vom 14. Juni 1996,[67]
- Notenaustausch zwischen dem MinPräs des Landes M-V und der Evangelisch-reformierten Kirche vom 28. April/15. August 1995 und 30. Juli/19. August 1998.[68]

III. Theologische Fakultäten

18 Abs. 3 Satz 1 enthält die – nur auf die Kirchen bezogene – Garantie der Einrichtung **theologischer Fakultäten** an den Landesuniversitäten, die allerdings unter den Vorbehalt der Maßgabe eines Vertrages iS des Abs. 2 gestellt ist.[69] Den Vertragsvorbehalt füllt **Art. 4 Abs. 1 des Güstrower Vertrages** aus,[70] wonach die Pflege der evangelischen Theologie an den Universitäten Greifswald und Rostock durch je eine eigene Fakultät gewährleistet wird.[71] Der Vertragsinhalt wird über Abs. 3 Satz 1 nicht zum Verfassungsinhalt.[72] Vielmehr enthält die Norm eine **institutionelle Garantie**. Diese ist zudem „vertragsabhängig", so dass mit ihr weder der bei In-Kraft-Treten der Verfassung vorhandene Bestand gewährleistet noch (überhaupt) ein Anspruch auf Einrichtung theologischer Fakultäten begründet wird.[73] Abs. 3 Satz 2 lässt das in Art. 7 Abs. 3 den Hochschulen garantierte Recht der Selbstverwaltung und die Weisungsfreiheit in akademischen Angelegenheiten unberührt.[74]

IV. Schrifttum

19 *Hans Michael Heinig/Christian Walter* (Hrsg.), Staatskirchenrecht oder Religionsverfassungsrecht, 2007; *Hans Michael Heinig*, Öffentlich-rechtliche Religionskörperschaften. Studien zur Rechtsstellung der nach Art. 137 Abs. 5 WRV korporierten Religionsgesellschaften in Deutschland und in der Europäischen Union, 2004; *Arne Kupke*, Die Entwicklung des deutschen „Religionsverfassungsrechts" nach der Wiedervereinigung, insb. in den neuen Bundesländern, 2004; *Stefan Mückl* (Hrsg.), Das Recht der Staatskirchenverträge. Colloquium aus Anlass des 75. Geburtstages von Alexander Hollerbach, 2007; *Hendrik*

Evangelisch-Lutherischen Kirche die Evangelisch-Lutherische Kirche in Norddeutschland; die Bestimmungen des Güstrower Vertrages bleiben davon unberührt, vgl Bek. v. 16.04.2009, AmtsBl. S. 401; vgl auch *Classen* (Fn 13) S. 43 (Rn 27). Allgemein zur Rechtsnachfolge in Verträge zwischen Staat und Kirche vgl *Unruh* (Fn 5), Rn 374 f.
65 Ges. v. 08.11.1994 (GVOBl. S. 1026); vgl *März* (Fn 53), S. 285 mwN.
66 Ges. v. 18.12.1997 (GVOBl. 1998, S. 2); vgl *März* (Fn 53), S. 285 ff.
67 Ges. v. 05.10.1996 (GVOBl. S. 556); vgl *März* (Fn 53), S. 287 f mwN.
68 Bek. v. 06.09.1995 (AmtsBl. S. 942) und v. 31.08.1998 (AmtsBl. S. 1134); vgl *März* (Fn 53), S. 284.
69 Vgl *Pirsch* (Fn 11), Rn 20; prinzipiell kritisch zu staatlichen theologischen Fakultäten Czermak, Religions- und Weltanschauungsrecht, 2008, Rn 48, 394 ff.
70 → Fn 64.
71 Zu den Regelungen zur Berufung der Hochschullehrer im Güstrower Vertrag näher *Korioth* (Fn 7), S. 72 f.
72 So auch *Classen* (Fn 13), S. 43 (Rn 28).
73 Vgl auch *Pirsch* (Fn 11), Rn 20.
74 Vgl zur Kooperation von Staat und Kirche im Hochschulbereich zB *Ennuschat*, KuR 2012, 214, 221 ff.

Munsonius, Quo vadis „Staatskirchenrecht"?, in: DÖV 2013, 93; *Katia Schier*, Die Bestandskraft staatskirchenrechtlicher Verträge. Eine Einführung, 2009.

Art. 10 (Petitionsrecht)

Jeder hat das Recht, sich einzeln oder in Gemeinschaft mit anderen schriftlich mit Bitten oder Beschwerden an die zuständigen Stellen und an die Volksvertretung zu wenden. In angemessener Frist ist ein begründeter Bescheid zu erteilen.

Zu Satz 1: Artt. 115 Abs. 1 BayVerf; 34 VvB; 24 Abs. 1 BbgVerf; 16 HessVerf; 11 Verf Rh-Pf; 35 Satz 1 SächsVerf; 19 Satz 1 LVerf LSA; 14 Satz 1 ThürVerf; 17 GG.
Zu Satz 2: Artt. 24 Abs. 2 BbgVerf; 35 Satz 2 SächsVerf; 19 Satz 2 LVerf LSA; 14 Satz 2 ThürVerf.

I. Allgemeines	1	III. Der Anspruch aus Art. 10 Satz 2	12
II. Das Petitionsrecht in der Landesverfassung	3	1. Anspruch auf begründeten Bescheid	13
1. Schutzbereich	4	2. Angemessene Frist	15
2. Grundrechtsträger	7	IV. Absicherung des Petitionsrechts auf Landesebene	16
3. Adressaten	9		
4. Einschränkungen	11		

I. Allgemeines

Die Einführung des Art. 10 geht auf eine Anregung des Verfassungsentwurfs des Regionalausschusses zurück; sie war in der Verfassungskommission schon früh unstrittig. Auch alle anderen neuen Bundesländer haben eine vergleichbare Regelung getroffen. Dies belegt, dass die Verfassunggeber auch insoweit durch die **Erfahrungen aus der DDR-Vergangenheit** bewogen wurden. An Stelle des klageweisen Vorgehens gegen staatliche Stellen iSd Art. 19 Abs. 4 GG iVm der Verwaltungsgerichtsordnung gab es das Eingabewesen; dieses wiederum war in der Praxis eher von Willkür geprägt. 1

Nur auf den ersten Blick scheinen die Regelungen der jeweiligen Landesverfassungen identisch. Bei genauerem Hinsehen zeigen sich doch **entscheidende Unterschiede**: Im Gegensatz zu praktisch allen anderen Bundesländern erfasst Thüringen auch mündliche Bitten und Beschwerden ausdrücklich,[1] Art. 24 BbgVerf lässt nicht nur Bitten und Beschwerden, sondern auch „Anregungen und Kritik" zu, und Art. 24 BbgVerf und Art. 19 LVerf LSA beziehen neben den staatlichen ausdrücklich auch die kommunalen Körperschaften bzw Stellen ein. Die wohl kürzeste Formulierung findet sich in Rheinland-Pfalz (Art. 11: Jedermann hat das Recht, sich mit Eingaben an die Behörden oder an die Volksvertretung zu wenden). 2

II. Das Petitionsrecht in der Landesverfassung

Satz 1 übernimmt wörtlich den Text des Art. 17 GG; wegen der Transformation dieser Vorschrift in Landesverfassungsrecht über Art. 5 Abs. 3 ist somit das Petitionsrecht zweifach gewährleistet. Art. 10 gewinnt daher seine **besondere Bedeutung** erst **aus Satz 2**, der nicht nur einen Anspruch auf Bescheidung überhaupt in **angemessener Frist** vermittelt, sondern einen solchen auf **begründeten Bescheid**. 3

---

[1] Art. 14 ThürVerf; mangels Festlegung auf die Schriftlichkeit könnte auch Art. 24 BbgVerf dahin verstanden werden.

4 **1. Schutzbereich.** Der Begriff der **Petition** leitet sich vom lat. petitum ab (**Begehren, Bitte, Gesuch**) und kann als Wunsch nach einem bestimmten Verhalten staatlicher Stellen charakterisiert werden. Mit der Zunahme gesetzlicher Regelungen über allg. Informations- und Auskunftsrechte verliert der Streit darüber Bedeutung, ob auch bloße Auskunfts- und Akteneinsichtsansprüche dem Petitionsrecht unterfallen.[2] Abzugrenzen ist die Petition vom förmlichen Rechtsbehelf oder Rechtsmittel (Widerspruch oder Klage).

5 Art. 10 schützt sowohl schriftliche **Einzel-** als auch **Sammel- oder Massenpetitionen**; ein Absender muss allerdings identifizierbar sein. An wen bei Sammel- oder Massenpetitionen die Antwort zu richten ist, ist anhand des Begehrens und der von den Petenten gewählten Darstellung sachgerecht zu entscheiden. Eine Orientierung kann die Regelung über den Schriftverkehr in Abschnitt 5 der Anlage 3 zur Geschäftsordnung des Landtages (GVOBl. 2011, S. 982) geben.

6 Die Petition kann auch in elektronischer Form eingereicht werden (Nr. 3.2 Abs. 2 der Anlage 3 zur GO LT). Im Unterschied zum Bund[3] sieht die landesrechtliche Regelung eine sog. „öffentliche Petition" nicht vor.[4] Diese Möglichkeit hat der Petitionsausschuss des Bundestages über das allgemeine Petitionsrecht hinaus eröffnet, um – wie es in der Richtlinie für die Behandlung von öffentlichen Petitionen gemäß Ziff. 7.1 (4) der Verfahrensgrundsätze heißt – „ein öffentliches Forum zu einer sachlichen Diskussion wichtiger allgemeiner Anliegen" zu schaffen, in dem „sich die Vielfalt unterschiedlicher Sichtweisen, Bewertungen und Erfahrungen darstellt". Allerdings steht auf Landesebene für derartige ernsthaft verfolgte kollektive Anliegen das Instrument der Volksinitiative als Alternative zur Verfügung (Art. 59, §§ 7 ff VaG M-V).

7 **2. Grundrechtsträger.** Als „**Jedermann-Grundrecht**" steht das Petitionsrecht grds. auch Ausländern, Staatenlosen und inländischen juristischen Personen und privatrechtlichen Personenvereinigungen zu; ebenso kann es von Minderjährigen und Geschäftsunfähigen selbstständig ausgeübt werden,[5] sofern sie in der Lage sind, ihr Anliegen verständlich zu äußern, und auch im Interesse von Dritten.[6]

8 Ausgenommen sind – was schon von der Natur der Sache her einleuchtet – juristische Personen des öffentlichen Rechts,[7] da diese ihrerseits als „zuständige Stellen" iSd Norm zu qualifizieren sind; dies dürfte auch dann gelten, wenn ihre Tätigkeit in anderem Zusammenhang teilweise eine verfassungsrechtliche Absicherung erfährt (zB durch Art. 7 Abs. 3).

9 **3. Adressaten.** Mögliche **Adressaten** von Petitionen sind neben dem **LT** als Volksvertretung – und zwar in seiner Gesamtheit mit der Folge, dass einzelne

---

2 *Jarass*, in: Jarass/Pieroth, Art. 17 Rn 3.
3 Siehe Nr. 2.2 Abs. 4 der auf der Grundlage von § 110 Abs. 1 der Geschäftsordnung des Deutschen Bundestages vom Petitionsausschuss beschlossenen „Grundsätze des Petitionsausschusses über die Behandlung von Bitten und Beschwerden (Verfahrensgrundsätze)".
4 Allgemein zur „öffentlichen Petition" siehe *Guckelberger*, Neue Erscheinungen des Petitionsrechts: E-Petitionen und öffentliche Petitionen, DÖV 2008, 85, 88 ff; Zur Anfechtbarkeit der Ablehnung einer Behandlung als „öffentliche Petition" auf dem Verwaltungsrechtsweg siehe BVerfG, 27.09.2011 – 2 BvR 1558/11 –, juris und BVerfG, 21.11.2012 – 2 BvR 1720/12 –, juris; zur Gewährung von PKH in diesem Zusammenhang BVerfG, B. v. 17.02.2014 – 2 BvR 57/13 –, juris.
5 *Pirsch*, in: Thiele/Pirsch/Wedemeyer, Art. 10 Rn 2; *Jarass*, in: Jarass/Pieroth, Art. 17 Rn 8 mwN.
6 Siehe § 1 Abs. 2 PetBüG M-V.
7 Streitig, siehe *Jarass*, in: Jarass/Pieroth, Art. 17 Rn 8 mwN.

Abg. oder Fraktionen als Adressaten ausscheiden[8] – alle „**zuständigen Stellen**". Damit ist der Kreis der Verpflichteten bewusst sehr weit gehalten. Von diesem Begriff werden alle unmittelbaren und mittelbaren Organe staatlicher Gewalt erfasst; diese sind allerdings nur in ihrem eigenen Zuständigkeitsbereich zur Prüfung der Petition berufen.[9] Der Streit, ob auch **kommunale Vertretungen** dem Begriff der Volksvertretung unterfallen, erscheint damit eher theoretisch, da sie jedenfalls Teil der Staatsgewalt und damit offenkundig zumindest als „zuständige Stellen" zu qualifizieren sind.

In der Praxis ist allerdings wohl noch nicht bei allen Behörden und öffentlichen Einrichtungen im Lande das Bewusstsein vorhanden, selbst dem Beschwerde führenden Bürger unmittelbar aus Art. 10 und damit aus Verfassungsrecht verpflichtet zu sein. Typischer Anwendungsfall sind **Dienstaufsichtsbeschwerden**. 10

4. Einschränkungen. Die durch Art. 17 a oder Art. 33 GG zugelassenen bundesgesetzlichen Beschränkungen gelten über Art. 5 Abs. 3 auch für das Petitionsrecht des Landes (zB für die Angehörigen der Streitkräfte bezüglich Sammelpetitionen; beamtenrechtliche Bestimmungen). **Einfachgesetzlich** ist in M-V allerdings auch das **uneingeschränkte Recht der Angehörigen des öffentlichen Dienstes**, sich an den LT und den Bürgerbeauftragten zu wenden, **gewährleistet**.[10] 11

III. Der Anspruch aus Art. 10 Satz 2

Mit der Regelung in Satz 2 geht das Landesgrundrecht in doppelter – und zulässiger (→ *Kohl*, **Vorbem. zu Art. 5 Rn 6**) – Weise über den Grundrechtsschutz des GG hinaus, der zwar auch ohne ausdrückliche Normierung jedenfalls zur Erteilung eines Petitionsbescheides verpflichtet, weil andernfalls das Petitionsrecht wirkungslos bliebe, jedoch weder die Pflicht zur Bescheiderteilung in angemessener Frist enthält noch ein einklagbares Recht auf Begründung vermittelt.[11] 12

1. Anspruch auf begründeten Bescheid. Die Verfassungsbestimmung will garantieren, dass die Eingabe des Petenten nicht nur zur Kenntnis genommen und überhaupt eine Antwort erteilt wird, sondern dass das Anliegen sachlich geprüft und die **Behördenentscheidung begründet** wird; es ist also wenigstens in Grundzügen mitzuteilen, weshalb so und nicht anders reagiert wird. 13

Der Begriff „Bescheid" ist an dieser Stelle iS eines bloßen „Verbescheidens" (Antwortgebens), nicht im verwaltungsverfahrensrechtlichen Sinne gemeint; die **Antwort** auf eine Petition stellt **in der Regel keinen Verwaltungsakt** iSd § 42 VwGO dar. 14

2. Angemessene Frist. Die **Angemessenheit** einer Frist, innerhalb derer beschieden sein muss, lässt sich **nicht generell einheitlich** festlegen; sie wird sich nach Anlass der Petition, Umfang der vorzunehmenden Aufklärungsarbeit und Belastung der angegangenen Stelle richten. Einen **Anhaltspunkt** kann die Regelung in Abschnitt 4 des Anhangs 3 zur GO LT geben, wonach der LReg eine Frist von einem Monat nach Eingang des Stellungnahmeersuchens zur Unterrichtung des 15

---

8 *Pirsch* (Fn 5), Art. 10 Rn 7; *Jarass*, in: Jarass/Pieroth, Art. 17 Rn 6 mit Nachweisen zum Meinungsstand.
9 *Pirsch* (Fn 5), Art. 10 Rn 6. Nicht selten werden an Gerichtsleitungen außerhalb eines anhängigen (Verwaltungs)Streitverfahrens Beschwerden und Begehren in Bezug auf das Handeln aller möglichen Kommunal- und Landesbehörden gerichtet; die Abgrenzung zur Klageerhebung ist bisweilen schwierig.
10 § 1 Abs. 1 Satz 2 PetBüG M-V.
11 BVerfGE 2, 225, 230; BVerfG-K, NJW 1992, 2033; *Wermeckes*, Der erweiterte Grundrechtsschutz in den Landesverfassungen, 2000, S. 179 mwN.

Petitionsausschusses über veranlasste Maßnahmen, den Fortgang und das Ergebnis des Verfahrens einzuräumen ist.

IV. Absicherung des Petitionsrechts auf Landesebene

16 Um das Petitionsrecht zumindest in Bezug auf die Volksvertretung – den LT – effektiv zu machen, hat der Verfassunggeber Vorsorge getroffen; er hat zum einen nicht nur die Einrichtung eines **Petitionsausschusses** in Art. 35 Abs. 1 verfassungsrechtlich abgesichert, sondern auch dessen Rechte gegenüber der LReg und den der Aufsicht des Landes unterstehenden Trägern öffentlicher Verwaltung (Art. 35 Abs. 2). Zum anderen hat er in Gestalt des **Bürgerbeauftragten** (Art. 36) und des **Datenschutzbeauftragten** (Art. 37) spezielle Institutionen zur Wahrung von Bürgerrechten geschaffen.[12]

17 Die nähere Ausgestaltung nehmen das **Petitions- und Bürgerbeauftragtengesetz**, das teilweise über den Verfassungswortlaut hinausgeht,[13] und – für den Bereich des Datenschutzes – das **Landesdatenschutzgesetz**[14] vor. Zugleich trifft die GO LT in § 67 in Verbindung mit den Verfahrensgrundsätzen (Anlage 3) Regelungen über die Behandlung von Petitionen und verpflichtet den Petitionsausschuss in § 68 zu einem jährlichen schriftlichen Tätigkeitsbericht. Da Art. 10 die Volksvertretung als Institution, nicht in ihrer jeweiligen Zusammensetzung anspricht, können unerledigte Petitionen nicht der Diskontinuität am Ende einer Wahlperiode unterfallen.[15]

III. Staatsziele

Vorbemerkung zu Art. 11

I. Allgemeines Begriffsverständnis ... 1	2. Subjektiv-rechtliche Bindungswirkung? ... 11
II. Staatsziele in der Landesverfassung ... 4	IV. Adressaten ... 12
III. Normativer Gehalt ... 9	V. Justiziabilität ... 13
1. Objektiv-rechtliche Bindungswirkung ... 10	VI. Schrifttum ... 14

I. Allgemeines Begriffsverständnis

1 Die Kategorie des Staatsziels ist nicht fest umrissen.[1] Gemeinhin werden unter **Staatszielbestimmungen** aber „Verfassungsnormen mit rechtlich verbindlicher Wirkung" verstanden, „die der Staatstätigkeit die fortdauernde Beachtung oder Erfüllung bestimmter Aufgaben – sachlich umschriebener Ziele – vorschreiben. Sie umreißen ein bestimmtes Programm der Staatstätigkeit und sind dadurch eine Richtlinie oder Direktive für das staatliche Handeln, auch für die Auslegung von Gesetzen und sonstigen Rechtsvorschriften."[2]

---

12 Für Einzelheiten siehe → *Sauthoff*, **Artt. 35, 36, 37**.
13 ZB § 1 Abs. 1: „Vorschläge, Bitten und Beschwerden".
14 Siehe → **Art. 6** Fn 43.
15 Dies gebieten schon Sinn und Zweck des Petitionsrechts unabhängig von einer entsprechenden Regelung in der GO LT, siehe den Hinweis auf § 65 Satz 2 GO LT aF bei *Pirsch* (Fn 5), Art. 10 Rn 7.
1 Vgl *Isensee*, Rn 41; *Scholz*, S. 92 f; *Neumann*, S. 82.
2 So Bundesminister des Innern/Bundesminister der Justiz (Hrsg.), Staatszielbestimmungen/ Gesetzgebungsaufträge. Bericht der Sachverständigenkommission, 1983, S. 21; ebenso Zwischenbericht der Enquete-Kommission „Kultur in Deutschland", BT-Drs. 15/5560

III. Staatsziele

Zu **unterscheiden** sind Staatszielbestimmungen dabei einmal von dem Begriff 2 des **Gesetzgebungsauftrages**. **Gesetzgebungsaufträge** sind Verfassungsnormen, die in der Regel keine grds. Fragen der Verfassung, sondern ausführende Verfassungsergänzungen oder -konkretisierungen von begrenzter Bedeutung betreffen und dem Gesetzgeber in diesem Rahmen die Regelung einzelner Vorhaben bzw Regelungen in einzelnen Bereichen vorschreiben.[3] Sie richten sich darüber hinaus, wie bereits der Name sagt, allein an den Gesetzgeber, während Staatszielbestimmungen im Grundsatz allen Staatsgewalten aufgegeben sind (vgl dazu → Rn 12). Zu unterscheiden sind Staatszielbestimmungen des Weiteren von verfassungsrechtlichen **Programmsätzen**, die bloß Anregungen an den Gesetzgeber enthalten, in bestimmten Gebieten tätig zu werden, während Staatszielbestimmungen durchaus verbindlichen Charakter aufweisen.[4] Sie unterscheiden sich ferner von den **Strukturprinzipien** der Verfassung wie Demokratie, Bundesstaatlichkeit, Rechtsstaatlichkeit. Diese beschreiben die Baugesetze des Staates,[5] während die Staatszielbestimmungen Handlungsaufträge formulieren.[6] Staatszielbestimmungen unterscheiden sich auch von **Grundrechten**, die einklagbare, individuelle Rechtspositionen schaffen, was bei Staatszielbestimmungen grds. nicht der Fall ist.[7] Sie sind ferner von **Einrichtungsgarantien** zu unterscheiden. Zwar richten sich beide, Einrichtungsgarantien wie Staatszielbestimmungen, an alle Staatsgewalten, wenn auch in erster Linie an den Gesetzgeber, die jeweils gehalten sind, zur Ausgestaltung und Verwirklichung der einzelnen Einrichtungen bzw Staatsziele tätig zu werden. Während sich aber die Einrichtungsgarantien primär auf einen bereits bestehenden Normenkomplex beziehen, den es abzusichern und auszugestalten gilt, sind Staatszielbestimmungen von vornherein auf die Neuschaffung entsprechender Normen ausgerichtet.[8] Schließlich sind Staatszielbestimmungen von **Kompetenznormen** zu unterscheiden,[9] da sie nicht den Handlungsbereich einer staatlichen Organisationseinheit markieren, sondern das Richtmaß festlegen für die Ausübung aller Kompetenzen aller Staatsorgane;[10] diese geben Befugnisse und eröffnen Handlungsmöglichkeiten, jene konstituieren Pflichten und weisen dem Handeln der Staatsorgane die Richtung.[11]

Allerdings ist die **Abgrenzung der** einzelnen **Normtypen** voneinander im konkre- 3 ten Fall **nicht** immer **einfach**. Ein schlagendes Beispiel liefert die Abgrenzung sozialer Staatsziele vom Sozialstaatsprinzip als Strukturprinzip der Verfassung (vgl Art. 20 GG) einerseits und von „sozialen Grundrechten" andererseits.[12] Im Grunde läßt sich der Charakter einer Verfassungsnorm als Staatszielbestimmung jeweils nur im Einzelfall genau bestimmen. Dabei kommt es entscheidend auf Formulierung und Inhalt der betreffenden Bestimmung und nicht etwa darauf

---

(2005), S. 2; vgl auch Bericht der Gemeinsamen Verfassungskommission des BT und des BRat, BT-Drs. 12/6000 (1993), S. 65 ff; *Sommermann*, S. 327.
3 Vgl Sachverständigenkommission (Fn 2), S. 21; *Scheuner*, S. 333 ff; *Sommermann*, S. 362 ff; *Neumann*, S. 85.
4 So Enquete-Kommission (Fn 2), S. 2; *Neumann*, S. 86.
5 Vgl *Adamovich/Funk*, Österreichisches Verfassungsrecht, 3. Aufl. 1985, S. 98 ff.
6 Vgl *Merten*, S. 370; *Neumann*, S. 86.
7 Enquete-Kommission (Fn 2), S. 2; *Sommermann*, S. 315 ff; *Merten*, S. 370; *Neumann*, S. 83 ff.
8 *Scheuner*, S. 331; ausführlich und differenziert zu dem Ganzen auch *Sommermann*, S. 366 ff.
9 So auch *Scholz*, S. 93.
10 *Isensee*, Rn 11; vgl auch *Scheuner*, S. 337.
11 So sehr plastisch *Sommermann*, S. 366.
12 Vgl *Scheuner*, S. 336 f; *Lübbe-Wolff*, S. 1 ff; *Neumann*, S. 83; *Stern*, Bd. III/2, § 93, S. 1483 ff.

an, ob die betreffende Norm mit der Überschrift „Staatszielbestimmung" versehen wird; jedenfalls wird eine Verfassungsbestimmung nicht allein dadurch, daß sie formal in ein Staatszielkapitel eingestellt wird, damit stets auch zur Staatszielbestimmung (dazu auch noch → Rn 7). Typisch für Staatszielbestimmungen sind dabei allg. Formulierungen, die den Staat zum Schutz, zur Sicherung, zur Pflege oder zur Förderung bestimmter Werte aufrufen.[13] Ein wesentlicher Grund für die Abgrenzungsschwierigkeiten liegt u.a. sicherlich darin, daß auch mit den meisten anderen der im Vorstehenden genannten Normtypen in der Regel Staatsaufgaben und entsprechende staatliche Handlungsaufträge verbunden sind. Dies gilt für Grundrechte, erst recht aber für Einrichtungsgarantien und Strukturprinzipien der Verfassung wie das Sozialstaatsprinzip, ja selbst für Kompetenznormen.[14] Angesichts dessen wird im Schrifttum gelegentlich ein weiter Staatszielbegriff vertreten, der auch die für die Verfassung konstitutiven Strukturprinzipien wie Rechtsstaat, Demokratie oder Sozialstaat sowie die Grundrechte in ihrem objektiv-rechtlichen Gehalt als Staatsziele bezeichnet, jedenfalls soweit sie Direktiven und Richtlinien für staatliches Tätigwerden enthalten.[15] Gleichwohl ist es, insb. wegen der besonderen rechtlichen Folgerungen, die sich an den Normtypus „Staatszielbestimmung" knüpfen (dazu → Rn 9 ff), angeraten, die Begriffe „Staatsziel" bzw „Staatszielbestimmung" weiterhin lediglich für Staatsziele bzw Staatszielbestimmungen im engeren Sinne, wie sie unter → Rn 1 beschrieben wurden, zu verwenden. Dies geschieht auch vorliegend.

II. Staatsziele in der Landesverfassung

4 In der LV wurde den Staatszielen (im engeren Sinne) in dem mit „Grundlagen" überschriebenen 1. Abschnitt – wie der Staatsform und den Grundrechten – ebenfalls ein **eigenes Kapitel** gewidmet. Mit den in dem genannten Abschnitt aufgeführten Normen (Artt. 11-19 LV) folgt die LV – in auffallendem Gegensatz zum Grundgesetz – einem in den Ländern vorherrschenden Trend, **zahlreiche Staatsziele** verfassungsrechtlich zu verankern.[16] Dies scheint von der Absicht gespeist zu sein, ein appellatives, aktivierendes und damit integratives Momentum zu erzeugen.[17]

5 Die Formulierung von Staatszielen durch den Landesverfassungsgesetzgeber ist eingebettet in den Rahmen der gesamtstaatlichen Verfassung. Dabei hat sich der Landesverfassungsgesetzgeber insb. an die Verteilung der Gesetzgebungskompetenzen zwischen Bund und Ländern zu halten. Etwaige Kollisionen mit dem Grundgesetz werden nach Art. 31 GG gelöst.[18] Inhaltliche Dopplungen oder Überschneidungen, die keine Kollisionen darstellen, sind insoweit grds. un-

---

13 So auch *Scheuner*, S. 337, 338.
14 Vgl BVerfGE 28, 243, 261; 32, 40, 46. Hier hat das Gericht aus der Kompetenz zur Aufstellung der Bundeswehr in Art. 87 a GG eine entsprechende Pflicht zur Einrichtung und Funktionssicherung von Streitkräften abgeleitet. Vgl zu dem Ganzen auch *Scheuner*, S. 330 ff.
15 Vgl *Isensee*, Rn 40; *Stern*, Bd. I, 2. Aufl., § 4, S. 121 f. Vgl auch *Scheuner*, S. 335 ff.
16 Vgl *Degenhart*, Rn 1.
17 Vgl *Hahn*, S. 455 f.; *Rinck*, S. 2 mwN (speziell in Hinblick auf die SächsVerf).
18 S. *März*, in: von Mangoldt/Klein/Starck, Art. 31 Rn 43 ff; *Huber*, in: Sachs, Art. 31 Rn 23 ff (Rechtsfolge: Nichtigkeit bzw Derogation des widersprechenden Landesrechts; hM); aA *Hahn*, S. 242 ff mwN (keine Derogation, sondern nur Suspension des Landesrechts bzw. Anwendungsvorrang des Bundesrechts).

schädlich.[19] Erst recht muß dies für „überschießende" Staatszielbestimmungen gelten,[20] dh für landesverfassungsrechtliche Staatszielbestimmungen, für die es im Bundesrecht keine Entsprechung gibt, jedenfalls sofern und solange sich deren Erlaß durch den Landesverfassungsgesetzgeber im Kompetenzbereich des Landes vollzieht. In weiterer Folge ist von entscheidendem Gewicht, ob und inwieweit das Grundgesetz dem Land, insb. dem Landesgesetzgeber, überhaupt Kompetenzräume zur Verwirklichung der Staatsziele einräumt. Der äußerliche Anspruch einer Staatszielbestimmung und die kompetenzrechtlichen Verwirklichungsbedingungen können hier weit auseinanderklaffen.[21] Verkommt die Formulierung eines Staatszieles dabei zur Verfassungslyrik und wird nicht Einzulösendes versprochen, so mindert dies den konstitutiven Gehalt des Staatsziels und verblassen gegenüber der Enttäuschung der Bürger die appellativen, aktivierenden und integrativen Effekte.[22]

Der **Staatszielcharakter** der in Artt. 11-19 LV zusammengefaßten Normen ist **nicht** in allen Fällen **eindeutig.** Zum einen werden dort nämlich nicht nur abstrakt einzelne zu schützende und zu fördernde Werte bzw Staatsziele wie Umweltschutz, Gleichstellung von Männern und Frauen, Schutz von Kindern und Jugendlichen etc. benannt. Vielmehr enthalten die Regelungen zum Teil **auch Konkretisierungen** zur Umsetzung der betreffenden Werte bzw Staatsziele.[23] Soweit dabei aber wesentliche Gestaltungsspielräume verbleiben (vgl dazu → Rn 10), steht der Staatszielcharakter nicht in Frage. Vielmehr bestimmt der Verfassungsgesetzgeber durch derartige konkretisierende Regelungen lediglich den Zielverwirklichungs*modus* für die betreffende Staatszielbestimmung genauer.[24] 6

Zum anderen weist das Staatszielkapitel aber auch **staatszielfremde Normen** auf, die zwar in einem gewissen Zusammenhang mit dort geregelten einzelnen Staatszielen stehen, selbst jedoch keine Staatszielbestimmung darstellen. So kann man Art. 15 Abs. 1 LV, der das gesamte Schulwesen unter die Aufsicht des Landes stellt, eine Kompetenzzuweisung entnehmen, nicht aber die Ausrichtung auf ein bestimmtes Programm oder Ziel.[25] Besonders problematisch sind allerdings diejenigen Vorschriften, die **Staatsziel-** *und* **Grundrechtscharakter** aufweisen.[26] Als solche werden hier Staatszielbestimmungen verstanden, die nicht nur eine *Nähe* zu Grundrechten aufweisen (wie zB das Staatsziel „Umweltschutz" in Art. 12 LV in Hinblick auf Art. 2 Abs. 2 Satz 1 GG oder das Staatsziel der Erhaltung und Schaffung von Arbeitsplätzen in Art. 17 Abs. 1 Satz 1 LV in Hinblick 7

---

19 *März*, in: von Mangoldt/Klein/Starck, Art. 31 Rn 42; *Hahn*, S. 237; aA *Huber*, in: Sachs, Art. 31 Rn 22.
20 Zum Begriff s. *Hahn*, S. 109.
21 Ein gutes Beispiel hierfür stellt der bestenfalls gut gemeinte Art. 18 a LV dar. Vgl die diesbezügliche Kritik bei *Erbguth*, LKV 2008, S. 440, 442 f. Vgl zur SächsVerf *Rinck*, S. 85 ff, 173.
22 Eindringlich zu den desintegrativen Wirkungen von Staatszielen am Beispiel der brandenburgischen Verfassung *Hahn*, S. 457 ff. Vgl auch *Rinck*, S. 3.
23 Vgl zB Art. 12 Abs. 1 Satz 2 LV (sparsamer Umgang mit Naturgütern), Art. 12 Abs. 4 LV (Ausgleich oder Beheben von Schäden für Natur und Landschaft), Art. 14 Abs. 2 LV (Vorsorge für Betreuungseinrichtungen), Art. 15 Abs. 3 Satz 1 LV (Durchlässigkeit der Bildungsgänge).
24 Vgl ausführlicher *Sommermann*, S. 381 ff, der insoweit von qualifizierten Staatszielbestimmungen spricht.
25 Das entsprechende Staatsziel ist in Art. 15 Abs. 2 Satz 1 LV niedergelegt.
26 Dabei hält sich die Vermengung in der LV, im Vergleich zu anderen Landesverfassungen, tatsächlich aber noch in Grenzen. Kritisch zu einer derartigen Vermengung – konkret bezogen auf die BbgVerf, wo diesbezüglich ein heilloses Durcheinander herrscht – auch *Merten*, S. 374; *Neumann*, S. 91.

auf Art. 12 GG [→ *Sauthoff*, **Art. 17** Rn 2]),[27] sondern insb. solche, die geradezu die Verkörperung einer Grundrechtsgewährleistung darstellen. Als Beispiele für letzteres seien Art. 14 Abs. 4 LV, der Kinder und Jugendliche als Träger von Rechten, deren Ausgestaltung die Persönlichkeit fördert, identifiziert (→ *Sauthoff*, **Art. 14** Rn 3, 4), oder Art. 15 Abs. 5 LV genannt, der die Achtung der religiösen und weltanschaulichen Überzeugungen der Schüler, Eltern und Lehrer durch die Schulen gewährleistet (→ *Sauthoff*, **Art. 15** Rn 38, 39).[28] Problematisch ist die Vermengung von Normen mit Staatsziel- und Grundrechtscharakter im vorliegenden Fall vor allem deswegen, weil durch die Bezeichnung als Staatsziel der Grundrechtsgehalt solcher Verfassungsnormen verkannt und durch den Ausschluß subjektiv-rechtlicher Wirkungen in sein Gegenteil verkehrt werden könnte. Im Ergebnis wird man eine solche Konsequenz aber ablehnen müssen. Jedenfalls kann nicht dadurch, daß eine Grundrechtsverbürgung in ein Staatszielkapitel eingestellt wird, deren Grundrechtscharakter beeinträchtigt werden (vgl dazu auch noch einmal → Rn 3). Vielmehr wird man umgekehrt die Auffassung zu vertreten haben, daß durch eine ausdrückliche Kombination mit einer entsprechenden Staatszielbestimmung der bereits grundrechtlich gewährte Schutz durch die Hervorhebung der staatlichen Ausformungs- und Konkretisierungspflichten sogar eine Aufwertung erfährt. Insgesamt gilt aber auch hier (vgl → Rn 3), daß sich der Charakter einer Verfassungsnorm als Staatszielbestimmung und deren inhaltliche Reichweite jeweils nur im Einzelfall genau bestimmen läßt und auch zu bestimmen ist. Dabei kommt es auch hier entscheidend auf Formulierung und Inhalt der betreffenden Bestimmung und nicht etwa darauf an, ob die betreffende Norm mit der Überschrift „Staatszielbestimmung" versehen bzw ins Staatszielkapitel eingestellt worden ist.

8 **Staatsziele** werden auch in der **Präambel** zur LV formuliert (→ **Präambel** Rn 1, 4).[29] Diese entwickeln in der Folge indes – abgesehen von der beschränkten Normativkraft, die schon der Präambel als solcher eignet (→ **Präambel** Rn 1) – auch insofern keine eigenständige normative Wirkung, als sie in den Staatszielbestimmungen der Artt. 11-19 noch eine konkretere normative Ausgestaltung erfahren. Desgleichen finden sich **in Art. 2 LV** Staatszielbestimmungen,[30] wenn auch hier in einer Verquickung mit Bestimmungen zur Staatsform (→ *Wallerath*, **Art. 2** Rn 2). Auch hier gilt, daß sie in der Folge durch die in Artt. 11-19 LV speziell normierten Staatszielbestimmungen näher ausgeformt werden.[31]

III. Normativer Gehalt

9 Im Gegensatz zu den Verfassungen anderer Länder, die explizit festlegen, daß die dort verankerten Staatszielbestimmungen das Land verpflichten, die Staats-

---

27 Vgl zu dem Ganzen die dynamische Verweisung in Art. 5 Abs. 3 LV auf die Grundrechte des GG.
28 Zweifelhaft könnte in diesem Zusammenhang auch der Staatszielcharakter des Art. 12 Abs. 2 Satz 2 LV sein, den der freien Zugang zu den Wäldern, Fluren, Binnengewässern usw gewährleistet. Vgl dazu auch unten → Rn 11 und bei Fn 40.
29 Im einzelnen: Generationengerechtigkeit; Sicherung der Würde und Freiheit des Menschen; Friedenssicherung; Sozialstaat; Schutz der natürlichen Lebensgrundlagen; Integration in die europäische Völkergemeinschaft.
30 Konkret werden der Sozialstaat sowie der Schutz der natürlichen Lebensgrundlagen genannt.
31 S. → *Wallerath*, **Art. 2** Rn 1.

ziele anzustreben und das staatliche Handeln danach auszurichten,[32] trifft die LV keine konkrete Aussage zu den normativen Wirkungen ihrer Staatszielbestimmungen.[33] Grds. aber sind Staatszielbestimmungen – ungeachtet ihrer (verfassungs)politischen appellativen, aktivierenden und integrativen Aspekte (vgl → Rn 4) – nach allseits hM als **Verfassungsnormen mit rechtlich verbindlicher Wirkung** anzusehen, die den Staat zur andauernden Beachtung oder Erfüllung bestimmter Aufgaben verpflichten. Sie umreißen demnach ein bestimmtes **Handlungsprogramm** der Staatstätigkeit und sind dadurch eine Richtlinie oder Direktive für das staatliche Handeln.[34]

1. Objektiv-rechtliche Bindungswirkung. Nach hM sind Staatszielbestimmungen objektives Verfassungsrecht, beschränkt sich der normative Gehalt von Staatszielbestimmungen grds. auf eine **objektiv-rechtliche Bindungswirkung** und begründen sie – anders als Grundrechte – dementsprechend keine subjektiven Rechte Einzelner.[35] Sie begründen allerdings staatliche Handlungspflichten. Diese richten sich in erster Linie an den Gesetzgeber. Er genießt dabei einen großen **Gestaltungsspielraum** bei der Verwirklichung der Staatsziele; insb. ist er relativ frei darin, in welcher Weise und zu welchem Zeitpunkt er die ihm eingeschärfte Staatsaufgabe durch Gesetz erfüllt und dabei ggf auch Ansprüche einzelner auf öffentliche Leistungen oder gegen Dritte entstehen lässt.[36] Neben dem Gesetzgeber ergeben sich Handlungspflichten aber auch für die anderen Staatsgewalten (dazu → Rn 12).[37] So sind etwa auch Rspr und Verwaltung verpflichtet, die Staatsziele bei der Rechtsanwendung zu berücksichtigen und mit abzuwägen.[38] Die Wirkung der Staatszielbestimmungen liegt dabei darin, daß die Staatsziele in diesen Fällen unmittelbar, also auch ohne bzw unabhängig von gesetzgeberischen Verwirklichungsmaßnahmen, in die Rechtsanwendung einfließen. Sie können damit also allein durch ihren Charakter als verfassungsrechtliche Wertentscheidungen als Auslegungsargumente bei der Rechtsanwendung weitreichende Wirkungen entfalten. Sie liefern insoweit einen **Auslegungsmaßstab** bei der Anwendung von Gesetzen sowie einen **Abwägungsmaßstab** bei der Herstellung „praktischer Konkordanz" zwischen kollidierenden Schutzgütern im Rahmen von Ermessens- oder Planungsentscheidungen.[39]

2. Subjektiv-rechtliche Bindungswirkung? Als bloß objektives Verfassungsrecht sollen die Staatszielbestimmungen nach hM **keine subjektiven Rechte Einzelner** begründen (vgl noch einmal → Rn 10). Für den Ausschluß subjektiver Ansprüche aus Staatszielbestimmungen spricht jedenfalls in Hinblick auf die LV die klare Trennung, die dort zwischen dem subjektiv-rechtlichen Grundrechtsteil einerseits und dem Staatszielkapitel andererseits getroffen wird. Der Ausschluss subjektiv-rechtlicher Wirkungen ist aber dann fraglich, wenn eine Bestimmung in Wendungen formuliert wird, die eine subjektiv-rechtliche Gewährleistung zu

---

32 Vgl etwa Art. 13 SächsVerf: „Das Land hat die Pflicht, nach seinen Kräften die in dieser Verfassung niedergelegten Staatsziele anzustreben und sein Handeln danach auszurichten." Im Wesentlichen gleich Art. 3 Abs. 3 VerfLSA und Art. 43 ThürVerf.
33 Vgl zur normativen Wirkung von Staatszielen allgemein ausführlich *Sommermann*, S. 377 ff.
34 Vgl noch einmal → Rn 1 mwN.
35 Vgl Enquete-Kommission (Fn 2), S. 2.
36 Vgl Sachverständigenkommission (Fn 2), S. 21; ebenso Enquete-Kommission (Fn 2), S. 2.
37 Ebd.
38 Ebd.
39 Vgl Enquete-Kommission (Fn 2), S. 2 f; vgl auch *Lübbe-Wolff*, S. 18 f; *Neumann*, S. 83; skeptisch aber *Merten*, S. 371.

verbürgen scheinen.⁴⁰ In solchen Fällen ist man in der Tat gehalten, sich bei der Bestimmung der normativen Wirkung der einzelnen Vorschrift, die es zu interpretieren gilt, nicht allein auf eine abstrakte Auseinandersetzung mit dem Staatszielbestimmungsbegriff als solchem unter Heranziehung rein formaler Kriterien zu stützen. Vielmehr bedarf es einer genauen Analyse des normativen Gehaltes der jeweiligen konkreten Norm, die eine Staatszielbestimmung formuliert, um deren normative Tragweite zu eruieren.⁴¹ Immerhin kann sich aus Staatszielbestimmungen, die in subjektiv-rechtlicher Terminologie Gewährleistungen formulieren, ggf ein an den Gesetzgeber gerichteter Subjektivierungsauftrag ergeben, der den Gesetzgeber verpflichten würde, einfachgesetzlich ein entsprechendes subjektives Recht zu normieren.⁴² Selbst wenn man aber den Staatszielbestimmungen unmittelbar keine subjektiv-rechtliche Wirkung zumessen mag, so vermögen sie dennoch grundrechtlich geschützte Rechtspositionen zu verstärken und somit **mittelbar subjektiv-rechtliche Wirkungen** zu entfalten. Dies gilt zum einen für diejenigen Staatszielbestimmungen, die eine Nähe zu Grundrechten aufweisen.⁴³ Dies gilt aber auch – und erst recht – für diejenigen Staatszielbestimmungen, die zugleich Grundrechtsbestimmungen enthalten.⁴⁴ Insb. kann sich eine mittelbar subjektiv-rechtliche Wirkung von Staatszielbestimmungen dann ergeben, wenn sie bei der Ausübung von Ermessen Berücksichtigung finden müssen und diese Ermessenausübung ggf gerichtlich überprüft wird.⁴⁵

IV. Adressaten

12 Der Begriff „Staat" im Wort „Staatszielbestimmung" meint grds. – dh wenn nicht ausdrücklich etwas anders bestimmt wird – stets **alles staatliche Handeln**.⁴⁶ Dies betrifft zunächst **alle Hoheitsgewalten**, also Gesetzgeber (diesen allerdings primär; vgl noch einmal → Rn 2, 10), Regierung,⁴⁷ Verwaltung und Rspr.⁴⁸ Jene Aussage bezieht sich aber auch auf die verschiedenen Träger öffentlicher Gewalt. Zum Bereich des Staates zählt insofern auch die sog. mittelbare Staatsverwaltung, also Gemeinden, Gemeindeverbände, insb. Kreise und – speziell in M-V – auch ggf die Landschaftsverbände (zu diesen → *Meyer*, **Art. 75**), sowie andere Körperschaften öffentlichen Rechts,⁴⁹ gelegentlich auch Private

---

40 Dies ist etwa bei Art. 12 Abs. 2 Satz 2 LV in Hinblick auf den freien Zugang zu den Naturschönheiten des Landes der Fall. Nach *Erbguth/Wiegand*, DVBl. 1994, 1325, 1326, gewährt die Vorschrift ein subjektives Recht; aA → *Sauthoff*, **Art. 12** Rn 10. Eine ähnliche Vorschrift enthält Art. 141 Abs. 3 Satz 3 BayVerf. Sie ist allerdings gekoppelt mit einem in Art. 141 Abs. 3 Satz 1 BayVerf gewährleisteten entsprechenden Grundrecht. Dies führte dazu, dass die Rspr hier bei einem Verstoß gegen die Vorschrift des Art. 141 Abs. 3 Satz 3 in bestimmten Fällen gelegentlich auch eine Verletzung des entsprechenden Grundrechts erkannte. Vgl, mwN zur Rspr des BayVerfGH, *Meder*, Die Verfassung des Freistaates Bayern. Handkommentar, 4. Aufl. 1992, Art. 141 Rn 7, 12.
41 In diesem Sinne Enquete-Kommission (Fn 2), S. 2.
42 So *Sommermann*, S. 418; *Sauthoff*, Art. 12 Rn 10.
43 Vgl noch einmal bei → Rn 7.
44 Vgl noch einmal bei → Rn 7.
45 *Sommermann*, S. 448. Vgl auch → Rn 10 und 13.
46 So Enquete-Kommission (Fn 2), S. 2; ebenso *Merten*, S. 370; *Neumann*, S. 83.
47 Zur – eigenen – Staatsfunktion der Regierung *Meinhard Schröder*, Die Bereiche der Regierung und Verwaltung, in: HdbStR Bd. V, S. 387 ff, Rn 1 ff, 29 ff; *Magiera*, Parlament und Staatsleitung in der Verfassungsordnung des Grundgesetzes, 1979.
48 Dies betrifft zunächst unmittelbar nur die Landesgerichtsbarkeit (LVerfG). Mittelbar wird aber auch die sonstige Gerichtsbarkeit verpflichtet, wenn sie entsprechendes Landesrecht auszulegen und anzuwenden hat.
49 Vgl *Degenhart*, Rn 5.

(Beliehener),[50] die materiell Staatsaufgaben erfüllen.[51] In der Tat verpflichten die Staatszielbestimmungen der Artt. 11-19 LV als Normadressaten in der Regel das Land, die **Gemeinden** und **Kreise** sowie in einigen Fällen[52] die **sonstigen Träger der öffentlichen Verwaltung**. Lediglich zwei Staatszielbestimmungen, nämlich Art. 11 und 18 LV, verpflichten als Adressaten allein das Land und schließen somit die anderen zuvor genannten Träger öffentlicher Gewalt aus. Grds. bestehen gegen eine solche Beschränkung keine Bedenken. Zweifel an der Zulässigkeit der Adressatenbeschränkung könnten aber dann entstehen, wenn gerade diejenigen Rechtsträger, die das Staatsziel sinnvoll umzusetzen vermögen, von der Rechtsbindung ausgeschlossen sind. Dies könnte in Hinblick auf Art. 18 LV der Fall sein, in dessen Rahmen gerade die Gemeinden und Kreise durch die von ihnen getragenen Schulen einen gewichtigen Beitrag für den Schutz und die Förderung der kulturellen Anliegen ethnischer und nationaler Minderheiten und Volksgruppen leisten könnten (s. → **Art. 18** Rn 44).

V. Justiziabilität

Als verbindliches Verfassungsrecht sind **Staatszielbestimmungen** (im engeren Sinne) **justiziabel**.[53] Ein Gesetz oder eine sonstige Rechtsvorschrift, die eine Staatszielbestimmung missachtet, ist **verfassungswidrig**.[54] Die verfassungsgerichtliche Kontrolle der Einhaltung der Staatsziele kann allerdings nur eine sehr eingeschränkte sein. Dies folgt zum einen aus der Struktur der Staatszielbestimmungen selbst. Angesichts insb. des weiten gesetzgeberischen Gestaltungsspielraums wird die verfassungsgerichtliche Kontrolle von gesetzgeberischen Umsetzungsmaßnahmen, soweit sie verfahrensrechtlich in Betracht kommt,[55] zurückhaltend ausfallen müssen.[56] Dies schließt aber nicht aus, die Einhaltung eines Mindeststandards verfassungsrechtlich zu überprüfen oder auch Verschlechterungen des Schutzniveaus einer erhöhten verfassungsrechtlichen Kontrolle zu unterziehen. Zum anderen folgt die Beschränkung der verfassungsgerichtlichen Kontrolle aus den verfahrensrechtlichen Einschränkungen der Urteilsverfassungsbeschwerde. Nach Art. 53 Abs. 1 Nr. 7 LV kommt eine Urteilsverfassungsbeschwerde vor dem LVerfG nur bei Verstößen gegen die Artt. 6 bis 10 LV in Betracht, soweit nicht die Zuständigkeit des BVerfG begründet ist (s. → *Classen*, **Art. 53** Rn 38). Damit scheidet zunächst eine Berufung auf die in den Artt. 11 ff LV enthaltenen Staatsziele aus. Eine unmittelbare Geltendmachung zB des freien Zugangs zu den Naturschönheiten des Landes (Art. 12 Abs. 2 Satz 2 LV) wäre dem Bürger damit schon verfahrensrechtlich verwehrt. Darüber hinaus kann dem Bürger auch die Geltendmachung der grundrechtsverstärkenden Wirkung der Staatsziele kaum gelingen. Denn die in diesem Zusammenhang möglicherweise einschlägigen Grundrechte des GG, auf die Art. 5 LV verweist, sind von der Urteilsverfassungsbeschwerde ebenfalls ausgenommen. Eine Berufung zB auf Art. 2 Abs. 1 oder Abs. 2 Satz 1 GG iVm dem Recht auf Zugang zu den Natur-

---

50 Zum Beliehenen als Rechtsfigur des öffentlichen Rechts statt aller *Wolff/Bachof/Stober/ Kluth*, Verwaltungsrecht II, 7. Aufl. 2010, S. 573 ff.
51 *Wallerath*, Verwaltungsorganisation, Verwaltungsverfahren, in: Schütz/Classen, § 2 Rn 37 ff, 43 ff, 55 ff; Enquete-Kommission (Fn 2), S. 2.
52 Art. 12 Abs. 1 sowie Art. 13 Satz 1 LV.
53 Enquete-Kommission (Fn 2), S. 11.
54 Vgl Sachverständigenkommission (Fn 2), S. 21; ebenso Enquete-Kommission (Fn 2), S. 2.
55 Abstrakte und konkrete Normenkontrollverfahren (Art. 53 Abs. 1 Nr. 2 und Nr. 5 LV) sowie im Rahmen von Verfassungsbeschwerden (Art. 53 Abs. 1 Nr. 6 und 7 LV).
56 Ausführlich zur verfassungsgerichtlichen Kontrolle *Sommermann*, S. 435 ff; *Lübbe-Wolff*, S. 5 ff.

schönheiten, dem Umwelt- oder Kinder- und Jugendschutz scheidet demnach aus. Angesichts der nur eingeschränkten verfassungsgerichtlichen Kontrolle kommt der fachgerichtlichen Kontrolle eine umso größere Bedeutung zu (vgl noch einmal → Rn 10). Die Kontrolle der Einhaltung der Staatszielbestimmungen fällt somit in die Hauptverantwortung der Verwaltungsgerichtsbarkeit.

VI. Schrifttum

14 *Bundesminister des Innern/Bundesminister der Justiz* (Hrsg.), Staatszielbestimmungen/Gesetzgebungsaufträge. Bericht der Sachverständigenkommission, 1983; *Christoph Degenhart*, Die Staatszielbestimmungen in der Sächsischen Verfassung, in: ders./Claus Meissner, HdbVerfSachsen, 1997, S. 157 ff; *Daniel Hahn*, Staatszielbestimmungen im integrierten Bundesstaat, 2010; *Josef Isensee*, Staatsaufgaben, in: ders./Paul Kirchhof (Hrsg.), HdbStR Bd. IV, 3. Aufl. 2006, S. 117 ff; *Martin Kutscha*, Soziale Grundrechte und Staatszielbestimmungen in den neuen Landesverfassungen. Nostalgische Wunschformeln oder justitiables Orientierungsprogramm?, in: ZRP 1993, S. 339 ff; *Gertrude Lübbe-Wolff*, Justiziabilität sozialer Grundrechte und Verfassungsaufträge, in: JöR N.F. 53 (2005), S. 1 ff; *Detlef Merten*, Über Staatsziele, in: DÖV 1993, S. 368 ff; *Peter Neumann*, Staatszielbestimmungen in den Verfassungen der neuen Bundesländer, in: ders./Reiner Tillmann (Hrsg.), Verfassungsrechtliche Probleme bei der Konstituierung der neuen Bundesländer, 1997, S. 77 ff; *Thomas Rincke*, Staatszielbestimmungen der Verfassung des Freistaates Sachsen, 1997; *Ulrich Scheuner*, Staatszielbestimmungen, in: FS Ernst Forsthoff, 1972, S. 325 ff; *Rupert Scholz*, Inflation der Staatsziele? Zur Verfassungsgebung in den neuen Bundesländern, in: FS Walter Remmers, 1995, S. 89 ff; *Joachim Schwind*, Zukunftsgestaltende Elemente im deutschen und europäischen Staats- und Verfassungsrecht, 2008; *Karl-Peter Sommermann*, Staatsziele und Staatszielbestimmungen, 1997.

Art. 11 (Europäische Integration, grenzüberschreitende Zusammenarbeit)

Das Land Mecklenburg-Vorpommern wirkt im Rahmen seiner Zuständigkeiten an dem Ziel mit, die europäische Integration zu verwirklichen und die grenzüberschreitende Zusammenarbeit, insbesondere im Ostseeraum, zu fördern.

Präambel BWVerf; Artt. 3 a BayVerf; 2 Abs. 1 BbgVerf; 65 Abs. 2 BremVerf; 74 a Verf Rh-Pf; 60 Abs. 2 SaarlVerf; 12 SächsVerf.

Vorbemerkung	1
I. Verwirklichung der europäischen Integration	3
1. Zielgegenstand	3
a) Integration	3
b) Europäisch	4
2. Rahmen der Zuständigkeiten und Formen der Mitwirkung	5
a) Europäische Integration gemäß Art. 23 GG	6
b) Integration gemäß Art. 24 Abs. 1 GG	10
c) Integration gemäß Art. 24 Abs. 1 a GG	11
II. Förderung der grenzüberschreitenden Zusammenarbeit	14
1. Zielgegenstand	14
a) Zusammenarbeit	14
b) Grenzüberschreitend	15
c) Schwerpunkt Ostseeraum	16
2. Förderung der Zusammenarbeit	17
3. Rahmen der Zuständigkeiten und Formen der Mitwirkung	18
a) Vertragsschlusskompetenz gemäß Art. 32 Abs. 3 GG	18
b) Nichtvertragliche Formen der Zusammenarbeit	21
III. Normadressat	22
1. Land	22
2. Mittelbare Staatsverwaltung (Gemeinden und Gemeindeverbände)?	23
IV. Schrifttum	25

Vorbemerkung

Art. 11 LV formuliert **Staatszielbestimmungen**. Dies ergibt sich zum einen schon 1 aus der insoweit eindeutigen sprachlichen Fassung der Vorschrift, die in für Staatszielbestimmungen typischen Wendungen gehalten ist; zum anderen definitiv aus der systematischen Stellung der Vorschrift im Gesamtgefüge der Verfassung: Art. 11 steht in dem mit „Staatsziele" überschriebenen III. Unterabschnitt des Grundlagenabschnittes der LV. Diese Einordnung bestätigen auch ausdrücklich die Verfassungsmaterialien.[1] Als Staatszielbestimmung begründet die Vorschrift des Art. 11 als solche grds. keine subjektiven Rechte Einzelner, entfaltet aber eine Reihe objektiv-rechtlicher Wirkungen (ausführlicher hierzu → **Vorbem. zu Art. 11** Rn 10). Dem Art. 11 LV entsprechende Staatszielbestimmungen weisen auch einige **andere Landesverfassungen** auf (vgl die Übersicht → oben zu Beginn dieses Artikels),[2] wobei Art. 11 – den sachlichen Anwendungsbereich betrifft – einen vergleichsweise großen Handlungsradius umschreibt.

Art. 11 LV nennt **zwei verschiedene Staatsziele**, auf die die Tätigkeit des Landes 2 verpflichtet wird: Zum einen – im Kontext der Artt. 23, 24 Abs. 1 a GG – die europäische Integration in supranationalen Gemeinschaften zu verwirklichen (hierzu im Folgenden → Rn 3 ff); zum anderen – im Kontext des Art. 32 Abs. 3 GG – die, unterhalb der Schwelle der Supranationalität bleibende, grenzüberschreitende Zusammenarbeit zu fördern, wobei hier noch ein geographischer Schwerpunkt in Bezug auf den Ostseeraum gesetzt wird (hierzu im Folgenden → Rn 14 ff). Für beide Zielsetzungen schlägt bereits die Präambel das, dort allerdings recht allgemein intonierte, Leitmotiv an (vgl → **Präambel** Rn 4).

I. Verwirklichung der europäischen Integration

1. Zielgegenstand. a) Integration. Unter **Integration** wird im vorliegenden Zu- 3 sammenhang der Vorgang verstanden, daß sich Staaten zu einer zwischenstaatlichen Organisation zusammenschließen und dabei insoweit zu einem einheitlichen Ganzen zusammengeschmolzen werden, als sie der von ihnen gegründeten Organisation – unter Aufgabe einzelstaatlicher Regelungskompetenzen – Hoheitsrechte zur ganzheitlichen Wahrnehmung übertragen, die im unmittelbaren Durchgriff im Rechtsraum der Mitgliedstaaten Geltung beanspruchen und wirksam werden, die Organisation also durch supranationale Elemente gekennzeichnet ist.[3] Das Beispiel par excellence für einen solchen Integrationsverbund, bei dem alle einschlägigen Merkmale geradezu in paradigmatischer Form gegeben sind, ist die EU. Daraus folgt, daß sich das Staatsziel auf eine Integration bezieht, die sich im Rahmen zwischenstaatlicher Einrichtungen vollzieht, die sich durch **Supranationalität** auszeichnen.

b) Europäisch. Der Begriff „europäische Integration" impliziert zunächst eine 4 geographische Verortung. Da der Begriff der „Integration" im europäischen Kontext allerdings geradezu als Synonym für die **EU** steht (vgl vorstehend → Rn 3), könnte eine Verengung des Begriffsverständnisses von „europäischer Integration" in Art. 11 LV dergestalt nahe liegen, daß sich die Vorschrift lediglich auf die Mitwirkung des Landes bei der Integration im Rahmen der EU beziehe.

---

1 Vgl Abschlußbericht der Verfassungskommission, LT-Drs. 1/3100, S. 71, 77.
2 Schwache Bezüge, nämlich zur Einbindung des jeweiligen Landes in die europäische Völkergemeinschaft, weisen auch, ähnlich wie die Präambel der LV M-V, Art. 1 Abs. 2 Nds-Verf, Art. 1 Abs. 1 LVerf LSA auf.
3 Vgl hierzu näher *Hans-Peter Ipsen*, Europäisches Gemeinschaftsrecht, 1972, Rn 2/39; *Schütz/Bruha/König*, Casebook Europarecht, S. 1 f, 3 ff, 67 f; *Rojahn*, in: von Münch/Kunig, Art. 24 Rn 10.

Allerdings ist eine solche Beschränkung allein auf die EU nicht zwingend, zumal das Beiwort „europäisch" in Art. 11 nur mit kleinem und nicht mit großem Anfangsbuchstaben geschrieben wird. Letzteres würde wohl in der Tat auf die EU als besonderer Form der europäischen Integration hindeuten. Auch fällt auf, daß in Art. 11 LV – im Gegensatz etwa zu der entsprechenden Staatszielbestimmung auf der Ebene des Bundesverfassungsrechts in Art. 23 GG – die EU nicht erwähnt wird. Dies läßt ebenfalls auf ein weites, nicht auf die EU verengtes Verständnis von „europäischer" Integration schließen. Dementsprechend findet sich in den Verfassungsmaterialien auch der Hinweis, daß mit der Regelung in Art. 11 die Mitwirkung des Landes nicht auf den Rechtsraum der EG (jetzt: EU) begrenzt werden sollte; vielmehr läge der Bestimmung – man müßte wohl ergänzen: nur – ein „geographischer Begriff von Europa" zugrunde.[4] In der Tat gibt es auch noch **andere europäische Einrichtungen**, die durch eine supranationale Integrationskomponente gekennzeichnet sind und auf die sich Art. 11 LV beziehen läßt.[5] Unter die Integrationsbestimmung des Art. 11 lassen sich schließlich auch noch **grenznachbarschaftliche Einrichtungen** iSd Art. 24 Abs. 1 a GG subsumieren, jedenfalls dann, wenn sie europäischer Natur sind und eine Integrationskomponente im unter → Rn 3 beschriebenen Sinn aufweisen (vgl → Rn 11).

5 **2. Rahmen der Zuständigkeiten und Formen der Mitwirkung.** Der Wortlaut des Art. 11 LV weist unmißverständlich – wenngleich auch völlig überflüssigerweise – auf die Selbstverständlichkeit hin, daß das Land M-V an der Verfolgung der in der Vorschrift genannten Staatsziele lediglich im Rahmen seiner **Zuständigkeiten** mitwirkt. Hierin ist ein Verweis auf das **GG** zu sehen, welches den Ländern in der Tat gewisse **Grenzen** für die Mitwirkung im Bereich der auswärtigen Beziehungen setzt, ihnen diesbezüglich aber auch gewisse Befugnisse und Handlungsmöglichkeiten einräumt.

6 **a) Europäische Integration gemäß Art. 23 GG.** Mitwirkungsrechte des Landes bei der europäischen Integration definiert zunächst **Art. 23 GG**. Die Vorschrift bezieht sich auf die EU. Zuständig für die Übertragung von Hoheitsrechten auf die EU bleibt gem. Art. 23 Abs. 1 Satz 2 GG zwar weiterhin allein der Bund. In der Folge wirken in Angelegenheiten der EU gem. Art. 23 Abs. 2 Satz 1 GG aber die Länder mit. Die den Ländern eingeräumten Rechte, die als Ausgleich für die im Zuge der Integration im Rahmen der EG eingetretenen Kompetenzverluste der Länder gewährt wurden,[6] werden dabei durch den BRat wahrgenommen.[7] Im Einzelnen statuieren die Regelungen des Art. 23 Abs. 1 Satz 2, 3, Abs. 2, 4 und 5 Satz 1 und 2 GG **Mitwirkungsrechte der Länder** bei der *innerstaatlichen* Willensbildung in Angelegenheiten der Europäischen Union.[8] Art. 23 Abs. 6 Satz 1 GG statuiert ein Mitwirkungsrecht der Länder bei der Willensbildung *in Organen der EU*, im Wesentlichen im Rat:[9] Wenn im Schwerpunkt ausschließliche Gesetzgebungsbefugnisse der Länder auf den Gebieten der schulischen Erziehung, der Kultur oder des Rundfunks betroffen sind, steht die Wahrnehmung der Rechte, die Deutschland als Mitgliedstaat der EU zustehen, einem vom BRat

---

4 Vgl Abschlußbericht (Fn 1), S. 97.
5 Beispiele sind die Europäische Kernenergie-Agentur oder die Europäische Patentorganisation. Ein früheres Beispiel ist Eurocontrol; vgl BVerfGE 58, 1, 31. Vgl zu dem Ganzen, jeweils mwN, *Streinz*, in: Sachs, GG, Art. 24 Rn 30; *Rojahn*, in: von Münch/Kunig, Art. 24 Rn 43 ff.
6 *Streinz*, in: Sachs, GG, Art. 23 Rn 104.
7 Kritisch hierzu *Stein*, S. 36 f; *Schütz*, BayVBl. 1990, 519 f.
8 Zum Folgenden ausführlicher *Uerpmann-Wittzack*, in: von Münch/Kunig, Art. 23 Rn 62 ff; *Streinz*, in: Sachs, GG, Art. 23 Rn 103 ff.
9 Vgl *Uerpmann-Wittzack*, in: von Münch/Kunig, Art. 23 Rn 106 ff.

benannten Vertreter der Länder zu.[10] Dabei erfolgt diese Wahrnehmung der Rechte gem. Art. 23 Abs. 6 Satz 2 GG allerdings unter Beteiligung und in Abstimmung mit der BReg und ist – ebenso wie gem. Art. 23 Abs. 5 Satz 2 GG – die gesamtstaatliche Verantwortung des Bundes zu wahren. Die einzelnen Mitwirkungsrechte sind im Gesetz über die Zusammenarbeit von Bund und Ländern in Angelegenheiten der Europäischen Union (EUZBLG)[11] sowie im Integrationsverantwortungsgesetz (IntVG)[12] näher ausgeführt worden. Auf der Grundlage dieser Bestimmungen hat das Land M-V umfangreiche und mannigfaltige Aktivitäten im Rahmen der EU entfaltet.[13] Unterstützt wird die Arbeit dabei von dem in Brüssel eingerichteten **Informationsbüro** des Landes.[14]

Die vom BVerfG in seinem Lissabon-Urteil festgestellte verfassungsrechtliche **Integrationsverantwortung**[15] trifft neben dem Bund auch die Länder. Sie ist darauf gerichtet, die EU seitens der deutschen Verfassungsorgane an einem Überschreiten des durch das Prinzip der begrenzten Einzelermächtigung[16] abgesteckten Integrationsprogramms zu hindern. Übertragen auf Art. 11 LV bedeutet dies, dass das Land M-V bei der Verfolgung seines Staatszieles der Verwirklichung der europäischen Integration verpflichtet ist, stets die Wahrung jener Integrationsgrenzen im Auge zu behalten. Dem Land stehen hier – via BRat – die Möglichkeiten der **Subsidiaritätsrüge** gem. Art. 6 UAbs. 1 Satz 1 EU-Subsidiaritätsprotokoll,[17] § 11 IntVG gegenüber dem Europäischen Parlament, dem Rat der EU oder der EU-Kommission,[18] sowie der **Subsidiaritätsklage** vor dem EuGH gem. Art. 8 UAbs. 1 EU-Subsidiaritätsprotokoll, Art. 23 Abs. 1 a Satz 1 GG, § 12 Abs. 2 IntVG zur Verfügung. 7

Die Beteiligung der Länder an der Entwicklung der EU erfolgt de lege lata primär über die Landesregierungen, also die Exekutive. Daran entzündet sich indes zunehmend Kritik. Im Zuge der „Aufwertung" der nationalen Parlamente durch den Vertrag von Lissabon[19] ist auf Landesebene (erneut) die verfassungspolitische Diskussion entbrannt, ob und inwieweit die Integrationsverantwortung stärker von den **Landesparlamenten** wahrzunehmen sei.[20] Im Rahmen der sog. 8

---

10 Die Konkretisierung „auf den Gebieten der schulischen Erziehung, der Kultur oder des Rundfunks" ist durch die sog. Föderalismusreform (BGBl. I 2006, S. 2034 ff) eingefügt worden. Sie begrenzt die Kompetenzen der Länder im Vergleich zur früheren Fassung des Art. 23 Abs. 6 GG, der keine Eingrenzung auf bestimmte Sachbereiche vorsah. Gleichzeitig wurde aber – als Kompensation – bestimmt, daß nunmehr die Wahrnehmung der Rechte, die Deutschland als Mitgliedstaat der EU zustehen, zwingend vom Bund auf einen vom BRat benannten Vertreter der Länder übertragen werden muß („wird übertragen"). Zuvor war hier nur von „soll" die Rede gewesen.
11 BGBl. I 1993, S. 311 ff.
12 BGBl. I 2009, S. 3022 ff.
13 Vgl dazu ausführlich und informativ den Europa- und Ostseebericht der LReg M-V 2011/2012, LT-Drs. 6/755, S. 8 ff.
14 Vgl § 8 Satz 1 EUZBLG (Fn 11); vgl auch *Rojahn*, in: von Münch/Kunig, Art. 32 Rn 62. Allg. zu Länderbüros *Fastenrath*, DÖV 1990, 125 ff.
15 BVerfGE 123, 267, 352.
16 Art. 5 Abs. 1 Satz 1, Abs. 2 Satz 1 EUV.
17 Protokoll über die Anwendung der Grundsätze der Subsidiarität und der Verhältnismäßigkeit, ABl. EU 2007 C 306/150.
18 In der Tat hat der BRat von diesem Recht bereits regen Gebrauch gemacht; vgl BR-Drs. 43/10 (B), 437/10 (B), 847/11 (B), 52/12 (B), 346/13 (B).
19 Vgl Art. 12 EUV, insb. litt. a-c.
20 Vgl *Kluth*, LKV 2010, 302 ff; *Claus/Rheinberger*, KritV 2011, 262 ff; *Horsch*, ThürVBl. 2012, 241 ff.

Stuttgarter Erklärung[21] sprachen sich die Präsidenten der Landesparlamente u.a. für landesverfassungsrechtliche Vorschriften aus, die die Mitwirkungsmöglichkeiten der Landesparlamente gegenüber den Landesregierungen sichern sollen (Bsp.: weitere Informationsrechte, Bindung der LReg beim Stimmverhalten im BRat).[22]

9 Über die in → Rn 6 genannten (bundes)verfassungsrechtlichen Mitwirkungsrechte der Länder hinaus sind den Ländern auch durch den AEU-Vertrag Mitwirkungsrechte in EU-Organen eingeräumt worden. Hier sind die Vorschriften der **Artt. 305-307 AEUV** zu nennen, die die Mitwirkung im **Ausschuss der Regionen** (AdR) regeln.[23] Dieser hat im unionsrechtlichen Entscheidungsprozeß indes gem. Art. 307 AEUV im Wesentlichen nur beratende Funktion; die Mitwirkungsrechte der Länder beschränken sich hier auf ein Anhörungsrecht.[24] Allerdings wird dem AdR seit der Vertragsänderung durch den Vertrag von Lissabon nunmehr gem. Artt. 263 UAbs. 3 AEUV, 8 UAbs. 2 EU-Subsidiaritätsprotokoll zusätzlich auch ein (eingeschränktes) Klagerecht beim EuGH eingeräumt.

10 **b) Integration gemäß Art. 24 Abs. 1 GG.** Der Bund kann gem. **Art. 24 Abs. 1 GG** Hoheitsrechte auch auf andere zwischenstaatliche Einrichtungen als die EU übertragen. Art. 24 Abs. 1 GG sieht hier – im Gegensatz zu Art. 23 GG – keinerlei Mitwirkungsrechte für die Länder vor. Dies gilt nach hM selbst für den Fall, daß der Bund Hoheitsrechte der Länder überträgt, was verfassungsrechtlich nicht unproblematisch ist.[25] Dementsprechend müssten den Ländern hier ebenfalls – wie in Art. 23 GG – als Kompensation Mitwirkungsrechte eingeräumt werden. Kritik wurde diesbezüglich speziell in Hinblick auf **Interpol** geübt.[26] Zwar kann man dieser Behörde durchaus, wenn man in den Rechten zur Daten-

---

21 Die Stuttgarter Erklärung ist das Ergebnis der 21.-22.6.2010 in Stuttgart abgehaltenen Konferenz der Präsidentinnen und Präsidenten der deutschen Landesparlamente, des Deutschen Bundestages und des Bundesrates; s. Unterrichtung durch die Präsidentin des LT M-V, LT-Drs. 5/3658.

22 Vgl zu Letzterem den neuen Art. 34 a Abs. 2 BWVerf, der u.a. für den Fall, dass ausschließliche Gesetzgebungszuständigkeiten der Länder ganz oder teilweise auf die EU übertragen werden sollen, eine Bindung der LReg bei Stellungnahmen des LT vorsieht. Str. ist allerdings, ob Art. 51 GG ein Weisungsrecht der Länderparlamente gegenüber den Länderregierungen ausschließt. So die hM, vgl BVerfGE 8, 104, 120; 106, 310, 334; *Korioth*, in: von Mangoldt/Klein/Starck, Art. 51 Rn 25 mwN zum Streitstand; konkret gegen ein Weisungsrecht in Angelegenheiten der EU *Horsch* (Fn 20), 243 ff; aA *Papier*, ZParl 2010, 903 (907 f); *Claus/Rheinberger* (Fn 20), 270 f. Zu schwächeren Einwirkungsmöglichkeiten vgl Art. 76 a Abs. 2 SaarlVerf; Landtagsinformationsvereinbarung LSA, GVOBl. 2005, S. 245, Ziff. VIII; Vereinbarung über die Unterrichtung des Hessischen Landtages durch die Landesregierung in Angelegenheiten der Europäischen Union (28.6.2010). Zum (abgelehnten) Vorschlag eines Parlamentsinformationsgesetzes in M-V vgl LT-Drs. 5/474; Plenarprotokoll 5/45, S. 18 ff. Zur Informationspraxis der LReg gegenüber dem LT bezüglich des Legislativ- und Arbeitsprogramms der EU-Kommission s. aber Europa- und Ostseebericht (Fn 13), S. 8 f.

23 Zu den Aktivitäten des Landes in diesem Gremium s. LT-Drs. 6/1550.

24 Zum Ausschuss der Regionen allgemein *Blanke*, in: Grabitz/Hilf/Nettesheim, Art. 305 Rn 1 ff; Art. 307 Rn 1 ff.

25 Zur hM nur *Rojahn*, in: von Münch/Kunig, Art. 24 Rn 29; *Randelzhofer*, in: Maunz/Dürig, Art. 24 Rn 37 ff, mwN. Kritisch *Randelzhofer*, aaO; *Schütz*, Der Staat, 28 (1989), 201 ff mwN.

26 Einen früheren diesbezüglich möglicherweise problematischen Fall stellte der Exekutivausschuss dar, den die Vertragsstaaten auf der Grundlage des Durchführungsübereinkommens zum Schengener Abkommen betreffend den schrittweisen Abbau der Kontrollen an den gemeinsamen Grenzen errichtet hatten („Schengen II"); vgl *Randelzhofer*, aaO, Rn 192 f. Diese Regelung ist mittlerweile aber durch VO (EG) 562/2006, ABl. EG 2006 L 105/1, abgelöst und in den EU-Schengen-Acquis einbezogen worden.

speicherung, -verwendung und -weitergabe, die ihr in Artt. 29 ff der „Rules on the Processing of Data" iVm dem Gründungsvertrag eingeräumt worden sind, Durchgriffsrechte und insofern eine Übertragung von Hoheitsrechten erkennt, einen – wenn auch minimalen – supranationalen Charakter zusprechen.[27] Demnach wäre grds. auch hier eine Mitwirkung der Länder geboten. Vorliegend würde allerdings eine diesbezügliche Anwendung des Art. 11 LV – abgesehen davon, daß die hM den Ländern im Rahmen des Art. 24 Abs. 1 GG, wie dargestellt, keinerlei Mitwirkungsrechte einräumt – ohnehin insofern ausscheiden, als der Anwendungsbereich des Art. 11 LV auf Formen der „europäischen" Integration beschränkt ist, während es sich bei Interpol um eine weltweit operierende Behörde handelt.

c) **Integration gemäß Art. 24 Abs. 1 a GG.** Art. 24 Abs. 1 a GG eröffnet den Ländern die Möglichkeit, soweit sie für die Ausübung der staatlichen Befugnisse und die Erfüllung der staatlichen Aufgaben zuständig sind, mit Zustimmung der BReg Hoheitsrechte auf **grenznachbarschaftliche Einrichtungen** zu übertragen. Art. 24 Abs. 1 a GG stellt hierfür die bundesverfassungsrechtliche Ermächtigungsnorm für entsprechendes Länderhandeln dar;[28] Art. 11 LV nimmt diese Option auf und stellt die Übertragung von Hoheitsrechten auf grenznachbarschaftliche Einrichtungen auf eine sichere landesverfassungsrechtliche Basis.[29] Einschlägig ist in diesem Zusammenhang auch das Madrider Rahmenübereinkommen über die grenzüberschreitende Zusammenarbeit von Gebietskörperschaften vom 21.5.1980.[30] Dessen Art. 1 Satz 1 verpflichtet die Vertragsparteien zunächst, die Zusammenarbeit zwischen den Gebietskörperschaften in ihrem eigenen Zuständigkeitsbereich und den Gebietskörperschaften im Zuständigkeitsbereich der anderen Vertragsparteien zu erleichtern und zu fördern. Ein Zusatzprotokoll aus dem Jahre 1995 eröffnet in Art. 3 in weiterer Folge diesbezüglich die Möglichkeit, „Organe"[31] mit eigener Rechtspersönlichkeit einzusetzen. Diesen Organen kann dabei eine eigene, auch öffentlich-rechtliche, Rechtspersönlichkeit verliehen werden. Gemäß Art. 5 Abs. 1 Zusatzprotokoll können die Vertragsparteien ferner bestimmen, dass den Maßnahmen der Organe eine eigene (sprich: supranationale) Rechtswirkung im Recht der Vertragsstaaten zukommt. Ein Ausführungsabkommen zum Madrider Rahmenübereinkommen (welches jedoch unmittelbar für M-V nicht einschlägig ist)[32] sieht hierzu explizit die entsprechende Übertragung von Hoheitsrechten der Gebietskörperschaften gem. Art. 24 Abs. 1 a GG vor (Art. 3 Abs. 3).

Nach richtiger Ansicht enthält Art. 24 Abs. 1 a GG auch eine Delegationsermächtigung in Hinblick auf die entsprechende Übertragung von Hoheitsrechten der **Kommunen**.[33] Dies schließt allerdings kein Recht der Kommunen ein, selbst kommunale Hoheitsrechte auf eine grenznachbarschaftliche Einrichtung zu übertragen. Dies bleibt vielmehr weiterhin Prärogative des Landes, welches eine

---

27 Kritisch insofern auch *Streinz*, in: Sachs, GG, Art. 24 Rn 32, mwN; aA *Randelzhofer*, in: Maunz/Dürig, Art. 24 Rn 174 ff.
28 So zutreffend *Kotzur*, S. 490. Vgl auch *Niedobitek*, S. 109 ff.
29 Vgl auch *Kotzur*, S. 492 f.
30 BGBl. II 1981, S. 966 ff.
31 Engl. Text: „bodies"; frz. Text: „organismes".
32 Es handelt sich hier um das sog. Karlsruher Abkommen, BGBl. II 1997, S. 1159. Vertragsparteien sind Deutschland, Frankreich, Luxemburg und die Schweiz. Allerdings haben die unmittelbar betroffenen Länder Baden-Württemberg, Rheinland-Pfalz und Saarland dem Vertrag durch Gesetz sowie alle 16 Bundesländer gemäß der Lindauer Absprache ebenfalls zugestimmt! Vgl *Niedobitek*, S. 226.
33 *Kotzur*, S. 497.

solche Möglichkeit erst – sei es durch einen völkerrechtlichen Rahmenvertrag oder durch ein entsprechendes Landesgesetz – schaffen muß.[34] Dabei kann sich das Land auf das „Ob" der Übertragung beschränken; die Festlegung technischer Details der Zusammenarbeit, gleichsam das „Wie", kann hingegen durchaus den Kommunen überlassen werden.

13 Art. 24 Abs. 1 a GG spricht – im Gegensatz zu Art. 24 Abs. 1 GG, der von zwischenstaatlichen Einrichtungen spricht – von „grenznachbarschaftlichen" Einrichtungen. Aus dieser Terminologie ergibt sich einerseits eine Begrenzung des Handlungsradius der Länder. Nach hM impliziert der Begriff *„grenz*nachbarschaftlich" nämlich einen **engen räumlichen Bezug** auf das Gebiet in der Nachbarschaft zur Staats/Landesgrenze.[35] Lediglich die Frage, wie weit ins Hinterland beidseits der Grenze sich die grenzüberschreitende Zusammenarbeit erstrecken darf, ist strittig, nicht aber die Beschränkung auf den **Grenzraum** als solchen.[36] Andererseits erweitert die Verwendung des Begriffes „grenznachbarschaftlich" an Stelle des Begriffes „zwischen*staatlich*" den Handlungsspielraum des Landes aber wiederum insofern, als Träger der betreffenden grenznachbarschaftlichen Einrichtung nicht zwingend eine zwischenstaatliche,[37] nach einer anderen Meinung noch nicht einmal eine auf völkerrechtlicher Basis errichtete[38] Einrichtung sein muß. Soweit ersichtlich, hat das Land bislang keine Hoheitsrechte, weder eigene noch solche der Kommunen, gem. Art. 24 Abs. 1 a GG auf grenznachbarschaftliche Einrichtungen übertragen.

II. Förderung der grenzüberschreitenden Zusammenarbeit

14 **1. Zielgegenstand. a) Zusammenarbeit.** In Hinblick auf das zweite Staatsziel spricht der Verfassungstext nicht von „Integration", sondern von „Zusammenarbeit". Dieser Begriff ist weiter als der der „Integration".[39] Seine Verwendung im Normtext deutet darauf hin, daß hier nicht Integrationsverbünde von der Art der EU oder anderer supranationaler Einrichtungen erfaßt werden sollen, sondern andere Formen internationaler Zusammenarbeit. Darunter können in der Folge zum einen wiederum Formen der Zusammenarbeit fallen, die dem klassischen völkerrechtlichen Modell der „intergouvernmentalen" zwischenstaatlichen Zusammenarbeit entsprechen; zum anderen ist der Begriff aber weit genug, um auch andere Formen „grenzüberschreitender" Zusammenarbeit zu erfassen, insb. solche nicht-völkerrechtlicher Art, etwa seitens der Kommunen.[40]

15 **b) Grenzüberschreitend.** Art. 11 LV qualifiziert die zu fördernde Zusammenarbeit weiterhin als „grenzüberschreitende" Zusammenarbeit. Hier fällt auf, daß nicht der Begriff „grenznachbarschaftlich" verwendet wurde. Dieser würde, auch wenn sich dies nicht zwingend unmittelbar aus dem Wortsinn ergibt,[41] jedenfalls iS einer systematischen Auslegung im Gesamtkontext der Verfassungen des Bundes und des Landes, wieder auf Integrationsgemeinschaften von der Art

---

34 *Kotzur*, S. 497, 500.
35 *Niedobitek*, S. 446.
36 Vgl *Beck*, S. 109; *Rojahn*, in: von Münch/Kunig, Art. 24 Rn 90; *Streinz*, in: Sachs, GG, Art. 24 Rn 43; *Classen*, in: von Mangoldt/Klein/Starck, Art. 24 Rn 70.
37 *Streinz*, in: Sachs, GG, Art. 24 Rn 38; *Niedobitek*, S. 444 f.
38 In Frage kommt hier auch ein öffentlich-rechtlicher Vertrag nicht-völkerrechtlicher Art. Vgl *Rojahn*, in: von Münch/Kunig, Art. 24 Rn 90, 93; *Randelzhofer*, in: Maunz/Dürig, Art. 24 Rn 197; *Niedobitek*, S. 444 f.
39 Unter Zusammenarbeit ist in allg. Weise die gemeinsame Verfolgung von Aufgaben und Zielen zu verstehen. Vgl *Niedobitek*, S. 11 ff, insb. 14.
40 So auch *Niedobitek*, S. 49 ff.
41 Vgl *Niedobitek*, S. 31 f.

III. Staatsziele

der in → Rn 4, 11 ff behandelten grenznachbarschaftlichen Einrichtungen hindeuten. Eine solche Doppelung in der Zielrichtung der beiden Staatszielbestimmungen in Art. 11 LV ist jedoch von der Vorschrift zweifellos nicht intendiert. Mit „grenzüberschreitender Zusammenarbeit" ist vielmehr eine internationale Zusammenarbeit gemeint, die allgemeiner und weiter angelegt ist und die sich nicht auf den engeren Kontext supranationaler Einrichtungen mit dessen spezifischen Wirkbedingungen beschränkt. Damit wird das schon im vorstehenden Absatz zur Abgrenzung des Begriffes der Zusammenarbeit von dem der Integration erzielte Ergebnis (→ Rn 14) bestätigt. Darüber hinaus ist der Begriff „grenzüberschreitend" auch in einem geographischen Sinne weiter als der Begriff „grenznachbarschaftlich". Letzterer impliziert, wie angesprochen (→ Rn 13), einen engen räumlichen Bezug auf das Gebiet in der Nachbarschaft zur Staats/Landesgrenze. Dem Begriff „grenzüberschreitend" fehlt diese enge territoriale Anbindung. Somit bezeichnet der Begriff „grenzüberschreitend" in Art. 11 LV grds. jegliche internationale Aktivität des Landes, die sich im Rahmen der Zuständigkeiten des Landes hält (vgl → Rn 5 und 18 ff), unabhängig von ihrer räumlichen Reichweite.

c) **Schwerpunkt Ostseeraum.** In Hinblick auf die grenzüberschreitende Zusammenarbeit nimmt Art. 11 LV eine Schwerpunksetzung insofern vor, als dort als besonderes Tätigkeitsfeld der grenzüberschreitenden Zusammenarbeit des Landes der **Ostseeraum** genannt wird. Hierin könnte einerseits eine gewisse geographische Eingrenzung der Aktivitäten des Landes auf einen regionalen Kontext gesehen werden. Allerdings ist die Bestimmung – wie das Wort „insbesondere" deutlich macht – nicht ausschließlich formuliert. Eine Zusammenarbeit in anderen geographischen Kontexten als dem des Ostseeraumes bleibt demnach also durchaus möglich.[42] Andererseits macht auch die Bezugnahme auf den Ostseeraum noch einmal (vgl → Rn 15) deutlich, daß sich die Vorschrift in der Tat nicht auf einen engen „*grenz*nachbarschaftlichen" Kontext beschränkt. 16

2. Förderung der Zusammenarbeit. Im Unterschied zum ersten Teilstaatsziel der europäischen Integration spricht Art. 11 LV in Hinblick auf das Staatsziel der grenzüberschreitenden Zusammenarbeit nicht von „Verwirklichung", sondern von „Förderung". Der Begriff „Förderung" macht deutlich, daß das Land hier nicht unbedingt selber die Zusammenarbeit „verwirklichen" muß, um das Staatsziel zu verfolgen,[43] sondern die Zusammenarbeit anderen überlassen kann, deren Tätigkeit es dann fördert. In der Tat fördert das Land die grenzüberschreitende Zusammenarbeit Dritter, auch nicht-staatlicher Akteure.[44] 17

3. Rahmen der Zuständigkeiten und Formen der Mitwirkung. Auch in Hinblick auf das Staatsziel der Förderung der grenzüberschreitenden Zusammenarbeit ist wiederum, gemäß dem in Art. 11 LV gegebenen Hinweis, der Rahmen

---

42 ZB polizeiliche Zusammenarbeit mit der Ukraine, die nicht Ostseeanrainerstaat ist.
43 Ein Beispiel für *eigene* grenzüberschreitende Zusammenarbeit des Landes ist die Mitwirkung im Rahmen der „Baltic Sea States Subregional Cooperation" (BSSSC). BSSSC ist ein politisches Netzwerk von „dezentralen [staatlichen] Einheiten (Subregionen)" – im authentischen engl. Vertragstext: „decentralised authorities (subregions)" – unterhalb der zentralstaatlichen Ebene der zehn Ostseeanrainerstaaten. Deutscherseits sind dies die Länder Hamburg, Schleswig-Holstein und M-V. Vgl http://www.bsssc.com. Zur parlamentarischen Zusammenarbeit im Ostseeraum vgl LT-Drs. 6/575, 6/1214.
44 Vgl den Jahresbericht der LReg zur Zusammenarbeit im Ostseeraum für den Zeitraum 2012/2013, LT-Drs. 6/1898, S. 33 ff. Zu weiteren Beispielen grenzüberschreitender Arbeit, insb. nicht-staatlicher Akteure wie der „Baltic Tourism Commission" (BTC), der „Baltic Ports Organisation" (BPO) oder der „Baltic Sea Chambers of Commerce Association" (BCCA), s. *Görmar*, S. 162 f, 165 ff.

der Zuständigkeiten des Landes abzustecken, innerhalb dessen es sein Staatsziel verfolgen darf.

18 a) **Vertragsschlusskompetenz gemäß Art. 32 Abs. 3 GG.** Soweit die (eigene) grenzüberschreitende Zusammenarbeit des Landes auf völkervertragsrechtlicher Basis durchgeführt werden soll, ist **Art. 32 Abs. 3 GG** einschlägig. Diese Norm räumt den Ländern eine eigene **völkerrechtliche Vertragsschlusskompetenz** – und damit iÜ eine partikuläre Völkerrechtssubjektivität[45] – in Hinblick auf Sachmaterien ein, bezüglich derer den Ländern die Gesetzgebungskompetenz zusteht. ISd Wahrung der gesamtstaatlichen Verantwortung ist beim Abschluß solcher Verträge die Zustimmung der BReg einzuholen.[46] Nach hM schließt Art. 32 Abs. 3 GG das Recht der Länder ein, völkerrechtliche Verträge auch über Gegenstände der Verwaltung abzuschließen.[47] Damit sind die sog. Verwaltungsabkommen angesprochen.[48] Art. 32 Abs. 3 GG erfaßt ausweislich seines Wortlauts lediglich völkerrechtliche Verträge mit auswärtigen Staaten. Die Vorschrift wird heute allerdings durchgängig so interpretiert, daß sie die Vertragsbeziehungen zu allen Völkerrechtssubjekten, also bspw auch zu zwischenstaatlichen Organisationen, erfaßt.[49] IÜ umfaßt dieses Vertragsschlussrecht sicherlich auch das Recht von Landespolitikern, Gespräche mit ausländischen Politikern zur Anbahnung eines späteren, Art. 32 Abs. 3 GG unterliegenden Vertragsschlusses zu führen sowie andere vertragsakzessorische Handlungen vorzunehmen.[50] Auch wird man Übereinkünfte mit anderen Völkerrechtssubjekten, die unterhalb des Verbindlichkeitsgrades des klassischen völkerrechtlichen Vertrages bleiben („politisch verbindliche" Übereinkommen, gegenseitige politische Absichtserklärungen, „gentlemen's agreements" etc.), als noch von dem in Art. 32 Abs. 3 GG verwendeten Begriff „Vertrag" und insofern von dessen Geltungsbereich (aber auch von den in ihm formulierten bundesfreundlichen Kautelen) umfaßt ansehen können.

19 Strittig ist, ob die Länder **Verträge** auch **mit ausländischen öffentlich-rechtlichen Körperschaften ohne eigene Völkerrechtssubjektivität**, also bspw Provinzen, Regionen oder anderen autonomen Einheiten, abschließen dürfen. Art. 32 Abs. 3 GG enthält dazu keine Aussage. Das BVerfG hat im Kehler Hafen-Fall unter Hinweis auf die diesbezügliche Offenheit der Vorschrift ein Vertragsschlussrecht des Landes Baden mit einer ausländischen nicht-staatlichen Körperschaft öffentlichen Rechts[51] bejaht[52] und gleichzeitig festgestellt, daß ein derartiger Vertrag kein Vertrag iSd Art. 32 Abs. 3 GG sei und somit auf ihn die Bestimmungen des Art. 32 Abs. 3 GG, welche den Abschluß von Staatsverträgen eines Landes der Kontrolle und Zustimmung des Bundes unterwerfen, nicht zutreffen.[53] Beachtlich ist in diesem Zusammenhang sicherlich auch Art. 1 Abs. 1 des Zusatzprotokolls zum Madrider Rahmenübereinkommen (→ Rn 11), demzufolge die Ver-

---

45 Vgl *Dahm/Delbrück/Wolfrum*, Völkerrecht, Bd. I/1, 2. Aufl. 1989, S. 227.
46 Ausführlicher hierzu *Rojahn*, in: von Münch/Kunig, Art. 32 Rn 38 ff.
47 Vgl BVerfGE 2, 347, 370; *Rojahn*, in: von Münch/Kunig, Art. 32 Rn 34; *Streinz*, in: Sachs, GG, Art. 32 Rn 50; *Fastenrath*, S. 141.
48 *Rojahn*, in: von Münch/Kunig, Art. 32 Rn 34. Zur Rechtsfigur des Verwaltungsabkommens allg. *ders.*, Art. 59 Rn 78 ff.
49 BVerfGE 1, 351, 366; 2, 347, 374; *Rojahn*, in: von Münch/Kunig, Art. 32 Rn 11, 61; *Streinz*, in: Sachs, GG, Art. 32 Rn 14, 48. Ausgenommen hiervon sei der Hl. Stuhl, vgl BVerfGE 6, 309, 362.
50 So zutreffend *Fastenrath*, S. 145 f.
51 Es handelte sich um den Port Autonome de Strasbourg.
52 Vgl BVerfGE 2, 347, 375, 380. Bejahend auch *Streinz*, in: Sachs, GG, Art. 32 Rn 22; *Rojahn*, in: von Münch/Kunig, Art. 32 Rn 61.
53 Vgl BVerfGE 2, 347, 375; *Rojahn*, in: von Münch/Kunig, Art. 32 Rn 61.

tragsparteien das Recht der ihrer Zuständigkeit unterstehenden Gebietskörperschaften anerkennen, Vereinbarungen über grenzüberschreitende Zusammenarbeit mit den Gebietskörperschaften anderer Staaten zu schließen. Als Kompetenzgrundlage für einschlägiges Vertragshandeln ist dann Art. 30 GG anzusehen.[54] Soweit man in der Bestimmung des Art. 30 GG primär eine Kompetenzregel zur Lösung von Kompetenzkonkurrenzen zwischen Bund und Ländern für den innerstaatlichen Bereich erblickt,[55] wäre die Kompetenz des Landes für den Abschluß von Verträgen mit ausländischen öffentlich-rechtlichen Körperschaften ohne eigene Völkerrechtssubjektivität aus einer Kompetenz kraft Sachzusammenhang abzuleiten. Allerdings ist ein solches Vertragsschlussrecht – wegen der damit verbundenen Gefahr des Formenmissbrauchs und daraus ggf folgender Verkürzung der Rechte des Bundes bzw Aushebelung der Kompetenzordnung des GG – sicherlich nicht schrankenlos gegeben. Zwar wird ein derartiger Vertragsschluss seitens des Landes nicht zu beanstanden sein, solange dadurch eine Störung der außenpolitischen Prärogative des Bundes nicht bewirkt wird, was in der Regel wegen des meist administrativ-technischen, jedenfalls nicht „hochpolitischen" Charakters dieser Vereinbarungen der Fall sein wird. Sobald indes ein Vertragsschluss des Landes die Pflege der auswärtigen Beziehungen des Bundes gem. Art. 32 Abs. 1 GG beeinträchtigt, verpflichtet – wenn man schon nicht der Auffassung ist, daß eine analoge Anwendung des Art. 32 Abs. 3 GG geboten oder möglich ist – zumindest der Grundsatz des bundesfreundlichen Verhaltens das Land, von einer derartigen Politik Abstand zu nehmen.

Inwieweit umgekehrt der **Bund** in Hinblick auf **Sachmaterien**, die innerstaatlich 20 der Regelungskompetenz **der Länder** unterliegen (Bsp.: Kultur, polizeiliche Gefahrenabwehr), völkerrechtliche Verträge abschließen darf, ist zwischen dem Bund und einem Teil der Länder im Grundsatz nach wie vor strittig. Nach hier vertretener Auffassung ist dem Bund eine solche Vertragsschlusskompetenz grds. versagt.[56] In der Praxis ist der Streitfall indes durch den Modus vivendi der sog. **Lindauer Absprache** entschärft worden.[57]

b) Nichtvertragliche Formen der Zusammenarbeit. Strittig ist, ob und inwie- 21 weit die Länder die Kompetenz zu internationalem, insb. völkerrechtlichem Handeln besitzen, welches nicht Vertragsschluss iSd Art. 32 Abs. 3 GG ist. Damit sind insb. folgende Fragenkomplexe angesprochen: Dürfen die Länder nichtvertragliche, aber gleichwohl völkerrechtlich erhebliche Handlungen setzen? Ist eine Mitgliedschaft von Ländern in zwischenstaatlichen Organisationen, die nicht dem Regime der Artt. 23 und 24 Abs. 1 und 1 a GG unterliegen, zulässig? Dürfen die Länder eine eigene auswärtige Politik (zB „Besuchsdiplomatie") entfalten? Es ist nicht zu leugnen, daß es eine solche Staatspraxis der Länder, auch des Landes M-V,[58] gerade in Hinblick auf den zuletzt angesprochenen Punkt in umfänglicher Weise gibt. Nach hM steht den Ländern ein Recht auf eine **selbständige Außenpolitik** über den in Art. 32 Abs. 3 GG (sowie Artt. 23,

---

54 Wie hier *Rojahn*, in: von Münch/Kunig, Art. 32 Rn 11, 61; *Niedobitek*, S. 399.
55 Vgl *Rojahn*, in: von Münch/Kunig, Art. 32 Rn 8; *Streinz*, in: Sachs, GG, Art. 32 Rn 9; kritisch dazu *Niedobitek*, S. 399.
56 Wie hier *Rojahn*, in: von Münch/Kunig, Art. 32 Rn 41 ff, insb. 42; vgl auch *Streinz*, in: Sachs, GG, Art. 32 Rn 31 ff; aA *Fastenrath*, S. 132.
57 Hierzu ausführlich *Rojahn*, in: von Münch/Kunig, Art. 32 Rn 49 ff; *Streinz*, in: Sachs, GG, Art. 32 Rn 35 ff. Ein in der Gemeinsamen Verfassungskommission des BT und des BRat erarbeiteter Textentwurf für einen neuen Art. 32 Abs. 3 GG, der die tragenden Gedanken der Lindauer Absprache in die Vorschrift inkorporiert, fand dort nicht die für eine derartige Textänderung nötige Zweidrittelmehrheit. Vgl BT-Drs. 12/6000, S. 27.
58 Vgl Europa- und Ostseebericht (Fn 13); Jahresbericht (Fn 44).

24 Abs. 1 und Abs. 1 a GG) vorgezeichneten Rahmen hinaus grds. nicht zu.[59] Hier wird man aber differenzieren müssen. Unproblematisch sind, was den außenpolitischen Aspekt betrifft,[60] zunächst diejenigen Formen grenzüberschreitender Zusammenarbeit, bei denen sich das Land quasi „im Windschatten" der BReg hält, wenn diese die betreffende Zusammenarbeit federführend betreibt wie zB im Ostseerat,[61] in HELCOM,[62] im Rahmen von VASAB[63] oder in der „Task Force on Organized Crime in the Baltic Sea Region".[64] Problematisch kann eine grenzüberschreitende Zusammenarbeit jedoch dann werden, wenn das Land sie selbständig betreibt. Maßgeblich ist diesbezüglich zunächst Art. 32 Abs. 1 GG, der die „Pflege der Beziehungen zu auswärtigen Staaten"[65] grds. dem Bund vorbehält. Wenn man mit der hM den sachlichen Geltungsbereich der Norm und die damit verbundene Kompetenzzuweisung an den Bund umfassend definiert,[66] wird man hier eine Handlungskompetenz der Länder in der Tat verneinen müssen. Beschränkt man hingegen den Anwendungsbereich der Norm auf völkerrechtsförmliches Handeln[67] oder betrachtet man die Regelung in

---

59 *Rojahn*, in: von Münch/Kunig, Art. 32 Rn 58; *Pirsch*, in: Thiele/Pirsch/Wedemeyer, Art. 11 Rn 8; aA *Fastenrath*, S. 193 f. Ein in der Gemeinsamen Verfassungskommission (Fn 57) erarbeiteter Textentwurf für einen neuen Art. 32 Abs. 1 Satz 2 GG, der ein entsprechendes Recht der Länder verankert hätte („Im Rahmen ihrer Zuständigkeiten sind die Länder zur Zusammenarbeit mit auswärtigen Staaten, Regionen und sonstigen Einrichtungen befugt."), fand dort nicht die für eine derartige Textänderung nötige Zweidrittelmehrheit. Vgl aaO, S. 27.
60 Zu den internen Kompetenzproblemen, die sich durch eine wie im Folgenden geschilderte Bund-Länder-Zusammenarbeit ergeben können, s. aber *Niedobitek*, S. 271 ff.
61 http://www.cbss.org. Mitglied ist hier die Bundesrepublik Deutschland. Das Land arbeitet zur Abstimmung von Landes- und Bundesinteressen eng mit dem Auswärtigen Amt zusammen; turnusmäßig koordiniert das Land auch die Interessen der norddeutschen Bundesländer Schleswig-Holstein, Hamburg und M-V. Vgl Jahresbericht (Fn 44), S. 17 f; Europa- und Ostseebericht (Fn 13), S. 40 ff.
62 http://www.helcom.fi. Mitglied ist hier die Bundesrepublik Deutschland. Das Land arbeitet im Rahmen der deutschen Delegation und, eingebunden durch das BM für Umwelt, Naturschutz, Bau und Reaktorsicherheit, im Rahmen des Bund-Länder-Ausschusses „Nord- und Ostsee" mit. Zu Einzelheiten vgl Jahresbericht (Fn 44), S. 18 f; Europa- und Ostseebericht (Fn 13), S. 42 ff.
63 „Visions and Strategies around the Baltic"; http://www.vasab.org. VASAB ist eine durch einen von den Vertretern der Ministerien für Raumordnung der Ostseeanrainerstaaten gefassten Beschluß gegründete Initiative, die sich Fragen der internationalen Raumordnung speziell im Ostseeraum widmet. Von deutscher Seite sind das BM für Umwelt, Naturschutz, Bau und Reaktorsicherheit (federführend) sowie die für Raumordnung und Landesplanung zuständigen Ministerien der Länder M-V und Schleswig-Holstein beteiligt. Vgl auch Europa- und Ostseebericht (Fn 13), S. 45.
64 Die „Task Force" ist eine Arbeitsgruppe der persönlichen Beauftragten der Staats- und Regierungschefs der Ostseeanrainerstaaten zur polizeilichen Zusammenarbeit. Auf der Arbeitsebene ist ein „Operative Committee" (OPC) errichtet worden, in dem Polizei-, Zoll- und Grenzschutzexperten aller Mitgliedsstaaten (von deutscher Seite: BKA, Zollkriminalamt, Bundespolizeipräsidium Nord, die LKAs M-V und Schleswig-Holstein) zusammenarbeiten und u.a. Operativmaßnahmen durchführen; vgl http://www.balticseataskforce.org; Europa- und Ostseebericht (Fn 13), S. 94.
65 Art. 32 Abs. 1 GG spricht von der Pflege zu „auswärtigen Staaten". Nach hM sind damit aber die Beziehungen zu jeglichem Völkerrechtssubjekt bzw, nach einer weiteren Meinung, jedwede außenpolitische Tätigkeit des Bundes gemeint. Allerdings hat der in der Gemeinsamen Verfassungskommission (Fn 57) erarbeitete Textentwurf für einen neuen Art. 32 Abs. 1 Satz 1 GG, der jener Auffassung entsprechen würde („Die Pflege der auswärtigen Beziehungen ist Sache des Bundes."), dort nicht die für eine derartige Textänderung nötige Zweidrittelmehrheit gefunden. AaO, S. 27. S. zu dem Ganzen auch *Rojahn*, in: von Münch/Kunig, Art. 32 Rn 11, 61; *Streinz*, in: Sachs, GG, Art. 32 Rn 14, 48.
66 Vgl nur *Rojahn*, in: von Münch/Kunig, Art. 32 Rn 10, 23, 58.
67 *Fastenrath*, S. 98 ff, 195 f; kritisch *Grewe*, Rn 82 f.

Art. 32 Abs. 1 GG überhaupt als offene und nicht ausschließliche Regel,[68] so eröffnen sich Handlungsspielräume zugunsten der Länder. Letztlich entscheidend wird dann sein, ob und inwieweit bei solchen Auslandsaktivitäten politische Erklärungen abgegeben oder Handlungen gesetzt werden, die in die Prärogative des Bundes fallen, die geeignet sind, eine einheitliche Außenpolitik des Gesamtstaates zu konterkarieren, gar völkerrechtliche Konsequenzen für den Gesamtstaat nach sich ziehen können, die „Landesaußenpolitik" also auf die Außenpolitik des Bundes „durchschlägt". Alles dies läßt Art. 32 Abs. 1 GG sicher nicht zu. Beschränkt sich hingegen zB eine Auslandsreise eines Landespolitikers nur auf Informationsgewinnung oä und werden dabei Bundesinteressen nicht weiter berührt, so dürfte Art. 32 Abs. 1 GG nicht verletzt sein.[69] Das Gleiche gilt grds. etwa für Gespräche mit auswärtigen Politikern zur Förderung der Wirtschaft des Landes oder andere Sachgespräche, die sich im generellen Zuständigkeitsbereich des Landes halten. Die Pflicht zu bundesfreundlichem Verhalten ist aber jederzeit zu beachten.[70]

III. Normadressat

1. Land. Art. 11 LV spricht als Pflichtenadressaten der Norm klar das Land an. Damit ist zunächst zweifellos die eigentliche **Körperschaft „Land"** in allen ihren Funktionsausprägungen, in erster Linie **Gesetzgebung** und **Regierung**, gemeint (s. → **Vorbem. zu Art. 11 Rn 12**). 22

2. Mittelbare Staatsverwaltung (Gemeinden und Gemeindeverbände)? Zum Bereich des Staates zählt gemeinhin auch die sog. mittelbare Staatsverwaltung, also **Gemeinden, Gemeindeverbände**, insb. Kreise,[71] sowie andere Körperschaften öffentlichen Rechts (s. → **Vorbem. zu Art. 11 Rn 12**). Sie werden in Art. 11 allerdings **nicht** ausdrücklich als Pflichtenadressaten der Norm genannt. Aus diesem Schweigen des Art. 11 könnte geschlossen werden, daß sich die Vorschrift nicht an diese Träger der mittelbaren Staatsverwaltung richtet, obwohl solche Träger – hier sind, was insb. den Handlungsauftrag der Förderung der grenznachbarschaftlichen Zusammenarbeit betrifft, die Gemeinden und Kreise und, noch einschlägiger, ein Landschaftsverband Vorpommern, sollte er gegründet werden, zu nennen – durchaus Beiträge zur Förderung des Staatsziels leisten könnten. Jedenfalls kann allein aus dem Charakter des Art. 11 als Staatszielbestimmung nicht gefolgert werden, daß die mittelbare Staatsverwaltung ausgeschlossen wäre. Aufschlussreich ist indes, dass in der LV M-V – bis auf Art. 18 (→ **Art. 18 Rn 44**) und eben Art. 11 – in allen anderen Staatszielbestimmungen neben dem Land jeweils auch ausdrücklich die Gemeinden und Kreise (und andere Selbstverwaltungsträger) als Pflichtenadressaten der Bestimmungen genannt sind. Daraus ist im Zuge einer systematischen Auslegung der LV der Schluß zu ziehen, daß in Art. 11 – anders als in den anderen Staatszielbestimmungen der LV – die mittelbare Staatsverwaltung, insb. die Gemeinden, Kreise und Landschaftsverbände, tatsächlich nicht in den Kreis der Pflichtenadressaten des Art. 11 mit einbezogen werden sollten. 23

Von der Frage, ob die mittelbare Staatsverwaltung, insb. die Gemeinden und Gemeindeverbände, in die Verwirklichung der beiden Staatsziele des Art. 11 LV als Pflichtenadressaten eingebunden sind, zu unterscheiden ist die Frage, ob und inwieweit sie das Recht haben, neben dem Land und unabhängig von diesem an 24

---

68 *Niedobitek*, S. 259.
69 IdS zutreffend *Rojahn*, in: von Münch/Kunig, Art. 32 Rn 64.
70 Wie hier *Fastenrath*, S. 196; *Grewe*, Rn 83.
71 Hinzu kämen in M-V auch noch die Landschaftsverbände. Zu diesen → *Meyer*, **Art. 75**.

der europäischen Integration mitzuwirken sowie eine grenzüberschreitende Zusammenarbeit zu pflegen. Es stellt sich also die Frage nach einer – selbständigen – „kommunalen Außenpolitik". Tatsächlich betreiben die Gemeinden und Gemeindeverbände M-Vs eine rege grenzüberschreitende Zusammenarbeit, insb. mit anderen Gemeinden und Gemeindeverbänden aus Ostseeanrainerstaaten. Diese Zusammenarbeit beschränkt sich nicht auf die bereits klassisch zu nennende internationale Zusammenarbeit durch und im Rahmen von Städtepartnerschaften.[72] Hier ist vielmehr an den Fall zu denken, daß hiesige Gemeinden/Gemeindeverbände mit ausländischen Gemeinden/Gemeindeverbänden Abmachungen treffen oder sich gar zu einer internationalen Einrichtung zusammentun. Beispiele hierfür sind die **Euroregion Pomerania**[73] oder die **Union of Baltic Cities** (UBC).[74] Alle diese Aktivitäten der Gemeinden werden zunächst allerdings von Art. 32 GG, der die Gemeinden – im Gegensatz zu den Ländern – nicht erwähnt, nicht erfaßt.[75] Die Verfassungsmäßigkeit beurteilt sich demnach nach **Art. 28 Abs. 2 Satz 1 GG**.[76] Demgemäß ist eine Handlungskompetenz der Gemeinden gegeben, wenn die betreffende Maßnahme eine Angelegenheit der örtlichen Gemeinschaft darstellt und durch Gesetz nicht bereits anderen Trägern öffentlicher Verwaltung übertragen worden ist.[77] Dabei sind aber die gesamtstaatlichen Interessen zu berücksichtigen bzw darauf zu achten, daß nicht in Prärogative des Bundes eingegriffen wird. Ggf hat das Land die Beachtung dieser Vorgaben im Wege der Kommunalaufsicht sicherzustellen. IÜ ist hier daran zu erinnern, daß die im Madrider Rahmenübereinkommen nebst Zusatzprotokoll (→ Rn 11) verankerte Verpflichtung der Vertragsstaaten, die Zusammenarbeit zwischen den Gebietskörperschaften in ihrem eigenen Zuständigkeitsbereich und den Gebietskörperschaften im Zuständigkeitsbereich der anderen Vertragsparteien zu erleichtern und zu fördern, auch für kommunale Gebietskörperschaften gilt.

IV. Schrifttum

25 *Andreas Beck*, Die Übertragung von Hoheitsrechten auf kommunale grenznachbarschaftliche Einrichtungen. Ein Beitrag zur Dogmatik des Art. 24 Abs. 1 a GG, 1995; *Ulrich Beyerlin*, Rechtsprobleme der lokalen grenzüberschreitenden Zusammenarbeit,1988; *Ulrich Fastenrath*, Kompetenzverteilung im Bereich der

---

72 Diese sind nach hM, soweit sich die Gemeinden am Örtlichkeitsprinzip des Art. 28 Abs. 2 Satz 1 GG und den gesamtstaatlichen Interessen orientieren, unbedenklich. Vgl BVerwGE 87, 237, 238; *Grewe*, Rn 83; *Calliess*, in: HdbStR Bd. IV, § 83 Rn 62; *Löwer*, in: von Münch/Kunig, Art. 28 Rn 41; *Blumenwitz*, BayVBl. 1980, 193, 197 f; *Heberlein*, S. 276.
73 http://www.pomerania.net. Die Euroregion Pomerania ist eine grenzüberschreitende Region mit Beteiligung grenznaher Kommunen und Kommunalverbände Deutschlands und Polens. Die Zusammenarbeit basiert auf einem von den beteiligten Partnern unterzeichneten nicht-völkerrechtlichen Vertrag. Auf deutscher Seite ist Vertragspartner die Kommunalgemeinschaft Europaregion POMERANIA e.V. mit den vormals kreisfreien Städten Stralsund, Greifswald und Neubrandenburg sowie fünf Landkreisen der Länder M-V und Brandenburg als (stimmberechtigten) Mitgliedern sowie weiteren vereinsfördernden Mitgliedern (u.a. Kammern, Verbände, weitere Gemeinden usw).
74 http://www.ubc.net. UBC, der Rechtsform nach polnischem Privatrecht eingetragener Verein, ist ein Netzwerk von z.Zt. 114 Städten aus den Ostseeanrainerstaaten, welches die Entwicklung der Zusammenarbeit und des Austausches zwischen den Mitgliedstädten zum Ziel hat.
75 BVerfGE 2, 347, 374; *Streinz*, in: Sachs, GG, Art. 32 Rn 24; *Rojahn*, in: von Münch/Kunig, Art. 32 Rn 62; *Grewe*, Rn 83; *Calliess*, in: HdbStR Bd. IV, § 83 Rn 62.
76 *Löwer*, in: von Münch/Kunig, Art. 28 Rn 41; *Rojahn*, ebd, Art. 32 Rn 67 f.
77 BVerfGE 79, 127, 146. Vgl auch *Rojahn*, in: von Münch/Kunig, Art. 32 Rn 66 ff.

auswärtigen Gewalt, 1985; *ders.*, Länderbüros in Brüssel. Zur Kompetenzverteilung für informales Handeln im auswärtigen Bereich, DÖV 1990, S. 125 ff; *Wilfried Görmar*, Die Ostseekooperation, Osteuropa 57 (2007), S. 159 ff; *Wilhelm G. Grewe*, Auswärtige Gewalt, in: Josef Isensee/Paul Kirchhof (Hrsg.), HdbStR Bd. III, 2. Aufl. 1996, S. 921 ff; *Ralf Halfmann*, Entwicklungen des deutschen Staatsorganisationsrechts im Kraftfeld der europäischen Integration. Die Zusammenarbeit von Bund und Ländern nach Art. 23 GG im Lichte der Staatsstrukturprinzipien des Grundgesetzes, 2000; *Horst Heberlein*, Kommunale Außenpolitik und kommunale Selbstverwaltung, SächsVBl 1995, S. 273 ff; *Hans-Joachim Konrad*, Verfassungsrechtliche Probleme von Städtepartnerschaften, in: Armin Dittmann/Michael Kilian (Hrsg.), Kompetenzprobleme der Auswärtigen Gewalt, 1982, S. 138 ff; *Markus Kotzur*, Grenznachbarschaftliche Zusammenarbeit in Europa. Der Beitrag von Art. 24 Abs. 1 a GG zur Lehre vom kooperativen Verfassungs- und Verwaltungsstaat, 2004; *Matthias Niedobitek*, Das Recht der grenzüberschreitenden Verträge. Bund, Länder und Gemeinden als Träger grenzüberschreitender Zusammenarbeit, 2001; *Hans-Joachim Schütz*, Bund, Länder und Europäische Gemeinschaften. Kritische Anmerkungen zur Übertragung von Hoheitsrechten der Länder auf zwischenstaatliche Einrichtungen durch den Bund, in: Der Staat 28 (1989), S. 201 ff; *ders.*, Verfassungsrechtliche Fragen der Teilhabe der deutschen Bundesländer an Entscheidungen in den Europäischen Gemeinschaften, in: BayVBl 1990, S. 481 ff, 518 ff; *Karl-Peter Sommermann*, Staatsziel „Europäische Union". Zur normativen Reichweite des Art. 23 Abs. 1 S. 1 GG n.F., DÖV 1994, S. 596 ff; *Georg Strätker/Stefan Kalhorn*, Die Kooperation der Regionalparlamente von Mecklenburg-Vorpommern, Pommern, Schleswig-Holstein, Westpommern, Kaliningrad und Schonen in der Südlichen Ostsee im Vorfeld einer integrierten Europäischen Meerespolitik, in: FS Maximilian Wallerath, 2007, S. 143 ff; *Torsten Stein*, Europäische Union: Gefahr oder Chance für den Föderalismus in Deutschland, Österreich und der Schweiz?, in: VVDtSRL 53 (1994), S. 26 ff.

Art. 12 (Umweltschutz)

(1) Land, Gemeinden und Kreise sowie die anderen Träger der öffentlichen Verwaltung schützen und pflegen im Rahmen ihrer Zuständigkeiten die natürlichen Grundlagen jetzigen und künftigen Lebens und die Tiere. Sie wirken auf den sparsamen Umgang mit Naturgütern hin.

(2) Land, Gemeinden und Kreise schützen und pflegen die Landschaft mit ihren Naturschönheiten, Wäldern, Fluren und Alleen, die Binnengewässer und die Küste mit den Haff- und Boddengewässern. Der freie Zugang zu ihnen wird gewährleistet.

(3) Jeder ist gehalten, zur Verwirklichung der Ziele der Absätze 1 und 2 beizutragen. Dies gilt insbesondere für die Land-, Forst- und Gewässerwirtschaft in ihrer Bedeutung für die Landschaftspflege.

(4) Eingriffe in Natur und Landschaft sollen vermieden, Schäden aus unvermeidbaren Eingriffen ausgeglichen und bereits eingetretene Schäden, soweit es möglich ist, behoben werden.

(5) Das Nähere regelt das Gesetz.

Zu Abs. 1: Artt. 20 a GG; 3 Abs. 2 BayVerf; 3 a BWVerf; 31 VvB; 39 f BbgVerf; 11 a und 65 Abs. 1 BremVerf; Präambel Abs. 5 HambVerf; 26 a HessVerf; 1 Abs. 2 NdsVerf; 29 a Abs. 2 Verf NW; 69 Verf Rh-Pf; 34 Abs. 2 und 59 a SaarlVerf; 10 SächsVerf; 34 LVerf LSA; 7 SchlH-Verf; 31-33 ThürVerf.

Speziell Tierschutz: Artt. 20 a GG; 141 Abs. 1 Satz 2 BayVerf; 3 b BWVerf; 31 Abs. 2 VvB; 6 b NdsVerf; 70 Verf Rh-Pf; 59 a Abs. 3 SaarlVerf; 32 ThürVerf.
Zu Abs. 2 Satz 2: Art. 10 Abs. 3 Satz 2 SächsVerf.
Zu Abs. 4: Artt. 141 Abs. 3 BayVerf; 11 a Abs. 2 BremVerf.

I. Vorbemerkung	1	2. Freier Zugang (Satz 2)	10
II. Aufbau und Stellung in der Verfassung	2	VI. Bürgerverpflichtung (Abs. 3)	11
III. Bindung der Exekutive und Rechtsprechung (Abs. 1 bis 4)	3	1. Jedermannverpflichtung (Satz 1)	11
IV. Schutzgeneralklausel (Abs. 1)	4	2. Land-, Forst- und Gewässerwirtschaft (Satz 2)	12
1. Umweltschutz (Satz 1 Alt. 1)	4	VII. Naturschutzrechtliche Eingriffsregelung (Abs. 4)	13
2. Tierschutz (Satz 1 Alt. 2)	7	VIII. Schutzauftrag an den Gesetzgeber (Abs. 5)	14
3. Sparsamkeitsgebot (Satz 2)	8	IX. Schrifttum	15
V. Landesspezifischer Schutzauftrag (Abs. 2)	9		
1. Besonderheiten Mecklenburg-Vorpommerns (Satz 1)	9		

I. Vorbemerkung

1 Verfassungsrechtlich wird Umweltschutz weniger durch Grundrechte garantiert als durch (Staats-)Ziele nach Art. 20 a GG sowie Art. 191 AEUV, der die Umweltschutzaufgabe der Union konkretisiert, und eben Art. 12 der LV.[1] Der Formulierung des Art. 12 ist eine rege Debatte vorausgegangen.[2] Durch das Zweite Gesetz zur Änderung der Verfassung des Landes M-V vom 14.7.2006 (GVOBl. S. 572) wurden in Abs. 1 Satz 1 die Worte „und die Tiere" eingefügt.

II. Aufbau und Stellung in der Verfassung

2 Die Vorschrift ist inhaltlich redundant. Insb. Abs. 4 stellt eine Konkretisierung des Abs. 1 Satz 1 dar, Abs. 2 wiederum enthält ein gegenüber Abs. 1 spezielleres Gebot. Es ist daher im konkreten Fall zunächst zu prüfen, ob der Anwendungsbereich des Abs. 4, alsdann, ob der des Abs. 2 eingreift und sodann Abs. 1 als Generalklausel anzuwenden. Der Umweltschutz ist auch in der Präambel und in Art. 2 verankert (→ *Wallerath*, **Art. 2** Rn 14 f); dadurch kommt der gesteigerte Stellenwert der Norm gegenüber solchen Staatszielbestimmungen zum Ausdruck, die sich nicht als Konkretisierung von Art. 2 bzw einer anderen Staatsstrukturbestimmung verstehen lassen.[3] Umwelt- und Tierschutz werden damit zu einer **fundamentalen Staatsaufgabe**.[4] Die Umwelt oder Natur erhält aber keine Rechtssubjektivität.[5] Art. 12 vermittelt als Staatsziel angesichts der Stellung in der LV und der Aufzählung in Art. 53 Nr. 7 auch keine subjektiven Rechte.[6] Die Herleitung einer Klagebefugnis i.S.v. § 42 Abs. 2 VwGO scheidet daher

---

1 *Ekardt*, NVwZ 2013, 1105
2 Überblick zur verfassungsrechtlichen Stellung des Umweltschutzes in M-V auch bei *Czybulka*, in: Schütz/Classen, § 6 Rn 14 ff.
3 *Erbguth/Wiegand*, DVBl 1994, 1325, 1331.
4 Vgl BVerwGE 125, 68 = NVwZ 2006, 690.
5 Vgl *Epiney*, in: von Mangoldt/Klein/Starck, Art. 20 a Rn 24 ff; siehe aber die Verbandsklagebefugnisse nach § 64 BNatSchG und dem UmwRG.
6 Vgl BVerfG, NVwZ 2001, 1148, 1149; BVerwGE 101, 73, 83; *Epiney*, in: von Mangoldt/Klein/Starck, Art. 20 a Rn 37 ff; *Kloepfer*, Umweltrecht, 3. Aufl. 2004, § 3 Rn 9.

aus.⁷ Art. 12 ist auch keine Ermächtigungsgrundlage für Eingriffe der Verwaltung.⁸

III. Bindung der Exekutive und Rechtsprechung (Abs. 1 bis 4)

Art. 12 Abs. 1 bis 4 richten sich an Exekutive und Rspr, Abs. 5 an den Gesetzgeber. Dies wird durch den klaren Wortlaut deutlich. Abs. 1 nennt Land, Gemeinden und Kreise sowie die anderen Träger der öffentlichen Verwaltung, Abs. 2 Land, Gemeinden und Kreise und Abs. 3 die Bürger. Diese drei Absätze richten sich mithin nicht an Legislative und Judikative. Das Staatsziel wird, wie sich aus Abs. 5 ergibt, durch Landesgesetze konkretisiert. Der Gesetzgeber hat die Inhalte des Staatsziels zu berücksichtigen; dies folgt auch aus Art. 2, wonach das Land dem Schutz der natürlichen Lebensgrundlagen verpflichtet ist.⁹ Durch das Zusammenspiel von Abs. 1 bis 4 einerseits und Abs. 5 andererseits entsteht die gleiche Regelungswirkung, wie sie Art. 20 a GG entfaltet. In dieser Form haben es Exekutive und Legislative bei der Rechtsanwendung zu berücksichtigen und hat der Verfassungsgeber allen staatlichen Organen des Landes Schutz- und Pflegepflichten für die natürlichen Lebensgrundlagen auferlegt.¹⁰ Bei der Konkretisierung unbestimmter Rechtsbegriffe und bei der Betätigung von Ermessen und planerischen Abwägungen ist das Schutzgebot des Art. 12 **Auslegungs- und Abwägungsvorgabe**.¹¹ Das gilt zunächst für das Verwaltungsverfahren (etwa Umweltprüfungen).¹² Das Staatsziel begründet materiell insb. für die Abwägung in landesrechtlich vorgesehenen Planungsentscheidungen ein besonderes inneres Gewicht für Umweltbelange.¹³ Allerdings haben die Staatsziele des Art. 12 gegenüber den einer (Bauleit-)Planung zugrunde liegenden öffentlichen und privaten Anliegen keinen abstrakten Vorrang. Vielmehr bleibt es Aufgabe der planenden Behörde, sich im Rahmen sachgerechter Abwägung selbst darüber schlüssig zu werden, welchen Belangen sie letztlich das stärkere Gewicht beimessen will.¹⁴ Werden die Belange des Umweltschutzes aber in krasser Weise verkannt, verstößt die Planung auch gegen das verfassungsrechtliche Willkürverbot.¹⁵ Räumt das Gesetz indes keinen Ermessens- oder Beurteilungsspielraum ein, kann die Verwaltung nicht eigenständig die Belange des Art. 12 über den Gesetzeswortlaut hinaus in ihre Entscheidung einführen.¹⁶ Demgemäß sind bei der Erteilung einer denkmalrechtlichen Erlaubnis Belange des Klimaschutzes im Rahmen der Ermessensausübung und nicht bei der Prüfung des Tatbestandsmerkmals der „gewichtigen Gründe des Denkmalschutzes" nach § 7 Abs. 4 DSchG MV zu behandeln.¹⁷ Weder Behörden noch Gerichte können sich unter Berufung auf

---

7 A.A. *Söhnlein*, NuR 2008, 251.
8 BVerwG, U. v. 23.11.2005 – 8 C 14/04, NVwZ 2006, 595.
9 *März*, JöR N.F. 54 (2006), 175, 215.
10 *März*, JöR N.F. 54 (2006), 175, 214 f.
11 Vgl BVerwG, B. v. 23.11.2005 – 8 C 14/04, BVerwG, NJW 1995, 2648; *Czybulka* (Fn 2) § 6 Rn 21; *Gassner*, DVBl 2013, 547.
12 *Schmitz* in: Stelkens/Bonk/Sachs, VwVfG, 8. Aufl. 2014, § 9 Rn 48.
13 Vgl OVG Greifswald, Urt. v. 17.2.2004 – 3 K 12/00 –; *Czybulka* (Fn 2) § 6 Rn 61.
14 BayVerfGH, Urt. v. 3.12.2013 – Vf. 8-VII-13, RdL 2014, 67 unter Hinweis auf BVerwG, B. v. 15.10.2002 – 4 BN 51/02, NVwZ-RR 2003, 171 zu Art. 20 a GG.
15 So BayVerfGH, NVwZ 2006, 1158 für Bebauungsplan; vgl *Kruis/Didovic*, BayVBl 2009, 353.
16 BVerwG, Beschl. v. 20.1.2014 – 3 B 29/13, NVwZ 2014, 450 – Tierversuche; Anm. *Hildemann*, NVwZ 2014, 453 mit Hinweis auf EU-Tierversuchsrichtlinie (EU-RL 63/2010).
17 Vgl VGH München, Urt. v. 19.12.2013 – 1 B 12.2596, BayVBl 2014, 506; vgl auch VGH Mannheim, Urt. v. 1.9.2011 – 1 S 1070/11, NVwZ-RR 2012, 222 – Photovoltaikanlage auf Baudenkmal; siehe auch *Huerkamp/Kühling*, DVBl 2014, 24.

Art. 12 über eindeutige Vorgaben des Gesetzgebers hinwegsetzen.[18] Art. 12 ist grds. auch im Zivilrecht zu berücksichtigen.[19] Schließlich gibt Art. 12 auch als Verfassungsprinzip eine Grundlage für die Einschränkung eines Grundrechts, für das die LV keinen Schrankenvorbehalt enthält, wie v.a. Art. 7 betr. Freiheit von Kunst und Wissenschaft. Maßstab ist insoweit auch hier nicht der abstrakte Gedanke „Umweltschutz", sondern der vom Gesetzgeber legitimerweise gewählte Weg der Umsetzung.[20]

IV. Schutzgeneralklausel (Abs. 1)

4   1. **Umweltschutz (Satz 1 Alt. 1).** Geschützt werden die natürlichen Grundlagen jetzigen und künftigen Lebens. Damit gleicht die Formulierung Art. 20 a GG[21] und verzichtet auf eine ausdrückliche Nennung des Begriffs Umwelt(-schutz).[22] Die natürlichen Grundlagen des Lebens sind die **elementaren Umweltgüter** Wasser, Luft, Boden, Fauna und Flora, Klima und die Natur als solche einschließlich der Wechselbeziehungen untereinander.[23] Natur ist die Gesamtheit der nicht vom Menschen geschaffenen belebten und unbelebten Erscheinungen. Da es auch im Land M-V keine unberührten Naturlandschaften gibt, ist auch die Landschaft in ihrer kulturellen Ausgestaltung umfasst.[24] Dies wird auch aus der Konkretisierung in Abs. 2 und 4 deutlich. Andererseits gehört der Denkmalschutz als solcher nicht zu den in Art. 12 geschützten Belangen, da hier nicht „natürliche" Lebensgrundlagen betroffen sind; gleichwohl zählt er einfachrechtlich zu den Umweltbelangen.[25] Da das Klima auch Teil der Umwelt ist, gehört auch der **Klimaschutz** zu dem Staatsziel.[26] Demgemäß sind bei der Erteilung einer denkmalrechtlichen Erlaubnis Belange des Klimaschutzes und des Eigentums im Rahmen der Ermessensausübung zu behandeln.[27] Das Ziel umfasst auch das Prinzip der ökologischen **Generationsgerechtigkeit**.[28]

5   **Schutz** bedeutet im Sinne eines Optimierungsgebots[29] nach Möglichkeit schädliche Eingriffe in die Rechtsgüter zu unterlassen; er umfasst auch die Schonung und den sparsamen Umgang mit den natürlichen Ressourcen. Schutz bedeutet auch, aktuelle Gefahren oder Beeinträchtigungen, die von Dritten ausgehen, abzuwehren oder zu mindern. Er umfasst zunächst ein Verschlechterungsverbot in der Weise, dass in einem solchen Fall sorgsam abgewogen werden muss, ob andere verfassungsrechtlich geschützte Belange dies rechtfertigen.[30] Dies gebietet,

---

18 BGH, NJW 2006, 1424; BFHE 181, 515 = DStRE 1997, 263.
19 BGH, NJW 2006, 1424.
20 Vgl OVG Münster, Beschl. v. 24.02.2012 – 4 B 978/11, NVwZ-RR 2012, 682.
21 Dazu *Gassner*, NuR 2011, 320; *Voßkule*, NVwZ 2013, 1; *Ekardt*, NVwZ 2013, 1105. Zum Umweltverfassungsrecht *Erbguth/Schlacke*, Jura 2009, 431.
22 Zu dem Begriff *Hoffmann*, NuR 2011, 389; *Kwaśnicka/Hoffmann*, WiRO 2012, 272.
23 Ebenso *Pirsch*, in: Thiele/Pirsch/Wedemeyer, Art. 12 Rn 7.
24 BVerwG, B. v. 23.11.2005 – 8 C 14/04, NJW 1995, 2648; *Degenhart*, Rn 443 ff; *Kloepfer* (Fn 6), § 3 Rn 13; aA *Scholz*, in: Maunz/Dürig, Art. 20 a Rn 36.
25 Vgl Nr. 2.3.11 der Anlage 2 zum UVPG und dazu OVG Greifswald, Urt. v. 21.11.2012 - 3 K 10/11, NordÖR 2013, 211.
26 *Kahl*, BayVBl 2009, 97; *Groß*, ZUR 2009, 364; *Frenz*, DVBl 2013, 688; zum Widerstreit mit Denkmalschutz VGH Mannheim, U. v. 1.9.2011 - 1 S 1070/11, NVwZ-RR 2012, 222; *Grothmann*, ZfBR 2012, Sonderausgabe, 100; *Mast/Göhner*, BayVBl 2013, 193.
27 VGH München, Urt. v. 19.12.2013 – 1 B 12.2596; vgl auch *Mast/Göhner*, BayVBl 2013, 193.
28 *Sofiotis*, VR 2012, 91 im Anschluss an BVerfGE 127, 293 – Legehennen; *Kahl*, ZUR 2009, 364.
29 So auch *Epiney*, in: von Mangoldt/Klein/Starck, Art. 20 a Rn 62.
30 Vgl *Classen* in Schütz/Classen (Hrsg.), Staats- und Verwaltungsrecht Mecklenburg-Vorpommern, 3. Aufl. 2014, § 1 Rn 31.

in der Regel ein Monitoring vorzusehen, damit Veränderungen der Umwelt erkennbar werden.³¹ Weiterhin gehören zur Schutzpflicht das Gebot der Wahrung des umweltrechtlichen Besitzstandes und die Berücksichtigung einer Risikovorsorge.³² Diese Schutzpflichten beziehen sich aber nur auf anthropogen verursachte Veränderungen der Umwelt.³³ **Pflege** bedeutet die Pflicht, im Sinne eines positiven Handelns auf Erhalt und Verbesserung des Zustandes der genannten Schutzgüter hinzuwirken einschließlich der Beseitigung bereits eingetretener Schäden.³⁴

Das jetzige Leben als Zielrichtung legt die gegenwärtige Generation als Anknüpfungspunkt fest. Das künftige Leben als Zielrichtung umschreibt den Grundsatz der **Nachhaltigkeit**. Die sozialen und wirtschaftlichen Ansprüche an die Umwelt sind mit den ökologischen Funktionen in Einklang zu bringen und sollen zu einer dauerhaften Ordnung geführt werden.³⁵ Gemeint ist iÜ das menschliche Leben, so dass diese Staatszielbestimmung von einem anthropozentrischen Ansatz ausgeht.³⁶ Dieser Ansatz wird durch die Bestimmungen in der Präambel und Art. 2 modifiziert.³⁷ Allerdings umfasst die Nachhaltigkeit nicht allein die Umwelt i.w.S. Sie umfasst auch die dauerhafte Realsierung anderer Staatsziele. Dies ergibt sich aus der Gesamtschau der Staatziele der LV, etwa auch Art. 14, 16 und 17 und des Sozialstaatsprinzips in Art. 2.³⁸ Es ist darauf zu achten, dass die Ziele des Umweltschutzes nicht durch Rechtsextremismus (siehe Art. 18 a) vereinnahmt werden.³⁹ Rechtlich kann dies dadurch geschehen, dass als zentrales Element der Begründung einer Entscheidung Art. 12 hervorgehoben und damit die Abwägung rechtlich konturiert wird. 6

2. Tierschutz (Satz 1 Alt. 2). Der Antrag auf Aufnahme des Schutzes von Tieren und Pflanzen war bei den Verfassungsberatungen mehrheitlich abgewiesen worden, weil der Schutz von Tieren und Pflanzen bereits durch Abs. 1 gewährleistet sei.⁴⁰ Die Aufnahme eines Staatszieles **Tierschutz** trägt dem Gebot eines sittlich verantworteten Umgangs des Menschen mit dem Tier Rechnung. Die Leidens- und Empfindungsfähigkeit insb. von höher entwickelten Tieren erfordert ein ethisches Mindestmaß für das menschliche Verhalten. Daraus folgt die Verpflichtung, Tiere als Mitgeschöpfe zu achten und ihnen vermeidbare Leiden zu ersparen.⁴¹ Dem ethischen Tierschutz wird Verfassungsrang verliehen.⁴² Gegenstand der Norm ist, soweit die Normsetzung betroffen ist, in erster Linie die Tierschutzgesetzgebung unter dem Gesichtspunkt des Schutzes der Tiere vor nicht artgemäßer Haltung, vor vermeidbaren Leiden sowie der Zerstörung ihrer 7

---

31 *Czybulka* (Fn 2) § 6 Rn 22.
32 *Epiney*, in: von Mangoldt/Klein/Starck, Art. 20 a Rn 65 ff.
33 *Czybulka* (Fn 2) § 6 Rn 24.
34 *Driehaus*, Art. 31 Rn 2.
35 Vgl *Epiney*, in: von Mangoldt/Klein/Starck, Art. 20 a Rn 30 f und 97 ff.; *Kahl*, ZUR 2009, 364.
36 *März*, JöR N.F. 54 (2006), 175, 215; vgl *Epiney*, in: von Mangoldt/Klein/Starck, Art. 20 a Rn 29; *Kloepfer* (Fn 6), § 3 Rn 14.
37 *Erbguth/Wiegand*, DVBl 1993, 1325, 1331.
38 Zu diesem Ansatz *Deter*, ZUR 2012, 157.
39 Naturschutz und Rechtsextremismus (http://www.bbn-online.de/fileadmin/AK_Naturschutzgeschichte/ReaderRechtsextremismus.pdf) (27.4.2014).
40 Kommission, Verfassungsentwurf, S. 104.
41 Siehe Unterrichtung Bundesregierung vom 1.2.2006 – BTag-Drs. 96/06 über Mitteilung der Kommission der Europäischen Gemeinschaften an das Europäische Parlament und den Rat über einen Aktionsplan der Gemeinschaft für den Schutz und das Wohlbefinden von Tieren (2006-2010) KOM (2006) 13 endg.; Ratsdok. 5734/06.
42 LT-Drs. 4/2118 S. 7; siehe *Faller*, Staatsziel „Tierschutz", 2005, S. 105 ff.

Lebensräume.[43] Er gewinnt etwa Bedeutung bei der Regelung über die Käfighaltung von Legehennen,[44] dem Umgang mit verletzten Fundtieren,[45] der Förderung von Tierheimen[46] oder einem Taubenfütterungsverbot.[47] Das Staatsziel lässt die Berechtigung des Gesetzgebers unberührt, Maßnahmen zur Förderung einer gemeinwohlverträglichen Jagd und Hege anzuordnen.[48] Das Schächten als Ausdruck der Religionsfreiheit ist mit dem Staatsziel Tierschutz zu einem schonenden Ausgleich zu bringen.[49] Nach Art. 7 Abs. 2 unterliegt die Forschung den gesetzlichen Beschränkungen, wenn sie die natürlichen Lebensgrundlagen nachhaltig zu gefährden droht; dazu gehört auch der Tierschutz (→ *Kohl*, **Art. 7** Rn 16). Bei der Entscheidung, ob ein Tierversuch ethisch vertretbar im Sinne von § 7 Abs. 3 TierSchG ist, sind die versuchsbedingte Belastung der Tiere und die Bedeutung des Forschungsvorhabens gegeneinander abzuwägen. Die Abwägung hat dabei eine unmittelbare verfassungsrechtliche Dimension.[50] Tieren wird durch das Staatsziel keine eigene Rechtsposition zugebilligt.[51] Eine landesrechtliche Verbandsklage für Tierschutzvereine, die verfassungsrechtlich zulässig wäre,[52] könnte keine Klagebefugnis gegen Bundesbehörden begründen.[53]

8 **3. Sparsamkeitsgebot (Satz 2).** Land, Gemeinden und Kreise sowie die anderen Träger der öffentlichen Verwaltung haben auf den sparsamen Umgang mit Naturgütern hinzuwirken. Der Begriff der „Naturgüter" umfasst neben der Natur auch die Umweltmedien Boden und Luft, aber auch Energie, Rohstoffe und Wasser[54] (vgl auch § 2 Nr. 6 PflSchG). Das Wort „Umgang" umfasst alle denkbaren industriellen und gewerblichen Prozesse zur Durchsetzung des Sparsamkeitsgebots. **Sparsamer Umgang** bedeutet, dass zunächst bei der Entscheidung für ein Vorhaben die Beeinträchtigung der genannten Schutzgüter gegenüber den anderen Belangen im Sinne eines Optimierungsgebots abgewogen, iÜ sodann bei der Ausführung des Vorhabens Beeinträchtigungen der geschützten Güter nach Möglichkeit vermieden werden. Das Sparsamkeitsgebot umfasst daher auch ein Wiederverwendungsgebot.[55] Hinwirken bedeutet, andere zu veranlassen, diesem

---

43 OVG Münster, Urt. v. 24.3.2011 – 14 A 2394/10, KStZ 2011, 178 – erhöhte Besteuerung einer bestimmten Hunderasse.
44 BVerfGE 127, 293; dazu *Cirsovius/Maisack*, AUR 2011, 273; *Durner*, DVBl 2011, 97; *Ketterer*, NuR 2011, 417; *Calliess*, NuR 2012, 819.
45 OVG Greifswald, U. v. 12.1.2011 – 3 L 272/06, NordÖR 2011, 451. Dazu Erlass über die Kostentragung bei der Verwahrung und Behandlung von Fundtieren vom 23.11.1998 (AmtsBl. M-V 1999 S. 5).
46 Richtlinie für die Gewährung von Zuwendungen für die Errichtung und den Ausbau von Tierheimen vom 14.12.2005 – VI 540 a (AmtsBl. M-V 2006 S. 32) i.d.F. 6.7.2009 (AmtsBl. M-V 2009 S. 676).
47 BayVerfGH, Entsch. v. 9.11.2004 – Vf. 5-VII-03, VerfGHE BY 57, 161; OLG Koblenz, B. v. 2.5.2012 – 2 SsBs 114/11.
48 Vgl VerfGH Rh-Pf, Urt. v. 20.11.2000 – VGH N 2/00 –; BVerwG, NVwZ 2006, 92.
49 BVerfGE 104, 337; BVerwGE 127, 183, dazu *Dietz*, DÖV 2007, 489; *Traulsen*, NuR 2007, 800; *Cirsovius*, NuR 2008, 237; *Oebbecke*, ZfP 2008, 49.
50 OVG Bremen, Urt. v. 11.12.2012 – 1 A 180/10, DVBl 2013, 669 = NordÖR 2013, 259, dazu BVerwG, B. v. 20.1.2014 - 3 B 29/13; *Gärditz*, ZUR 2013, 434.
51 Eine Verbandsklage für Tierschutzverbände kennen Bremen und Nordrhein-Westfalen. Für M-V siehe LTag-Drs. 6/1232 Ziff. 5.
52 *Caspar*, DÖV 2008, 152; Bedenken bei *Fest/Köpernik*, DVBl 2012, 1473.
53 BVerwG, U. v. 14.5.1997 – 11 A 43/96, BVerwGE 104, 367.
54 Kommission, Verfassungsentwurf, S. 100 unter Hinweis auf vgl Art. 141 Abs. 1 Satz 2 BayVerf und Art. 11 a Satz 2 BremVerf; vgl *Pirsch*, in: Thiele/Pirsch/Wedemeyer, Art. 12 Rn 9; vgl bereits oben → Rn 4.
55 Kommission, Verfassungsentwurf, S. 100; *Pirsch*, in: Thiele/Pirsch/Wedemeyer, Art. 12 Rn 9.

Ziel zu entsprechen. Damit sind auch Aufklärung und vorbildliches Verhalten gemeint.

V. Landesspezifischer Schutzauftrag (Abs. 2)

1. Besonderheiten Mecklenburg-Vorpommerns (Satz 1). Indem die Landschaft 9 mit ihren Naturschönheiten, Wäldern, Fluren und Alleen, die Binnengewässer und die Küste mit den Haff- und Boddengewässern geschützt werden sollen, sind die landesspezifischen Besonderheiten angesprochen.[56] Das Landschaftsbild selbst gehört nämlich zur Umwelt i.S.v. Abs. 1.[57] Diese Bestimmung ist Ausdruck des Bemühens um landesspezifischen[58] im Sinne des landesidentitätsstiftenden Umweltschutzes.[59]

2. Freier Zugang (Satz 2). Der freie Zugang zu der Landschaft Mecklenburg- 10 Vorpommerns wird gewährleistet.[60] Abs. 2 Satz 2 umfasst auch den freien Zugang zu Flächen, die nicht unter öffentlicher Verwaltung stehen, sondern in Privathand stehen. Abs. 2 Satz 2 enthält selbst weder ein Grundrecht noch ein subjektives Recht;[61] dagegen spricht die Stellung der Vorschrift in dem Abschnitt über Staatsziele. Unter angemessener Berücksichtigung des Abs. 2 Satz 2 hat der Gesetzgeber darüber zu entscheiden, ob ein solches Recht eingeräumt wird (vgl aber Art. 141 BayVerf). § 14 BWaldG, § 28 LWaldG M-V[62] bestimmen, dass jedermann den Wald, auch den Privatwald, zum Zwecke der Erholung betreten darf. Die Eigentumsbeeinträchtigung des Waldbesitzers ist bei der Ermessensausübung über die Anordnung einer Waldsperrung nur dann berücksichtigungsfähig, wenn sie in Intensität und Schwere dem verfassungsrechtlich garantierten Naturzugang zumindest gleichkommt.[63] Ähnlich regeln § 59 BNatSchG, § 25 Abs. 1 NatSchAG MV[64] das Betretungsrecht für die freie Landschaft.[65]

VI. Bürgerverpflichtung (Abs. 3)

1. Jedermannverpflichtung (Satz 1). Jeder ist gehalten, zur Verwirklichung der 11 Ziele der Absätze 1 und 2 beizutragen. Mit dem Ausdruck „gehalten" wird gesagt, dass keine uneingeschränkte Mitwirkungspflicht[66] oder unmittelbare ökologische Grundpflicht zu einem bestimmten Verhalten gegenüber anderen privaten oder staatlichen Stellen begründet wird. Satz 1 macht aber deutlich, dass eine Verantwortung gegenüber der Umwelt auch in den Beziehungen der Bürger untereinander, das heißt **im gesellschaftlichen Bereich** besteht. Der Inhalt einer

---

56 LT-Drs. 1/2000 S. 79.
57 BVerwG, B. v. 23.11.2005 – 8 C 14/04, NJW 1995, 2648.
58 Kommission, Verfassungsentwurf, S. 101.
59 *Riepe*, Soziale Grundrechte in den Verfassungen der Länder Brandenburg, Mecklenburg-Vorpommern, Sachsen, Sachsen-Anhalt und Thüringen, 1996, S. 226.
60 *Bunzel/Müller*, LKV 2014, 103 für Brandenburg.
61 *Pirsch*, in: Thiele/Pirsch/Wedemeyer, Art. 12 Rn 11; siehe aber *Erbguth/Wiegand*, DVBl 1993, 1325, 1326.
62 Vgl OVG Berlin-Brandenburg, B. v. 18.5.2011 – OVG 11 S 20.11; v. 23.2.2012 – OVG 11 N 57.10. Zu Haftungsfragen *Duhme*, NJW 2013, 17; *Bittner*, NuR 2013, 537.
63 OVG Frankfurt/O., U. v. 18.8.1998 – 4 A 176/96, NuR 1999, 519.
64 Dazu OVG Greifswald, B. v. 2.11.1993 – 3 O 31/93, LKV 1995, 86; OVG Berlin-Brandenburg, U. v. 2.4.2009 – OVG 11 B 12.08, ZUR 2009, 426; OVG Schleswig, B. v. 12.5.2009 – 1 LA 15/09, NordÖR 2010, 224 (LS).
65 Kritisch zur Verfassungsmäßigkeit der Beschränkung des § 25 Abs. 1 NatSchAG MV auf Wege, Wegeränder und Feldraine *Heym* in: Schlacke (Hrsg.), BNatSchG, 2013, § 59 Rn 4.
66 Kommission, Verfassungsentwurf, S. 103; vgl BGHZ 155, 141 – NVwZ 2003, 1143 – Abnahme- und Vergütungspflicht durch Elektrizitätsversorgungsunternehmen.

Sauthoff

Rechtspflicht kann sich nur aus dem einfachen Gesetz ergeben; es ist im Lichte dieser Norm auszulegen.

2. Land-, Forst- und Gewässerwirtschaft (Satz 2). Die Pflicht, zur Verwirklichung der Ziele der Absätze 1 und 2 beizutragen, gilt insb. für die Land-, Forst- und Gewässerwirtschaft in ihrer Bedeutung für die Landschaftspflege. Es geht darum, dass sie im Bereich der Landschaftspflege historisch gewachsen eine wesentliche Rolle spielen.[67] Eine land- und forstwirtschaftliche Bodennutzung muss daher nach den Regeln der guten fachlichen Praxis erfolgen.[68] Diese Grundsätze sind nunmehr in § 5 Abs. 2 BNatSchG näher konkretisiert,[69] ohne dass das NatSchAG M-V eine abweichende Regelung trifft.[70]

VII. Naturschutzrechtliche Eingriffsregelung (Abs. 4)

Die LV nimmt – bemerkenswerterweise[71] – die einfachrechtliche naturschutzrechtliche **Eingriffsregelung** auf.[72] Sie verfolgt nicht nur das Ziel eines umfassenden Schutzes der jeweils vorhandenen Gegebenheiten, sondern auch einer einheitlichen Gesamtbewertung aller Auswirkungen einschließlich der Wechselwirkungen.[73] Der Landesgesetzgeber muss daher bei der Konkretisierungs- und Abweichungsgesetzgebung der Eingriffs-/Ausgleichregelung der §§ 13 ff. BNatSchG (vgl § 12 Abs. 1, 2, 4 und 5 NatSchAG M-V)[74] auch das Staatsziel beachten; Gleiches gilt die die Anwendung dieser Vorschriften durch die Landesverwaltung.[75]

VIII. Schutzauftrag an den Gesetzgeber (Abs. 5)

Im Rahmen seiner Gesetzgebungskompetenz[76] hat das Land durch entsprechende Gesetze dem Staatsziel Rechnung zu tragen. Abs. 5 darf nicht so verstanden werden, dass ein vorgegebener verfassungsrechtlich geschützter Kern durch den Landesgesetzgeber eingeschränkt werden darf.[77] Die Verwirklichung des Staatsziels Umweltschutz obliegt vielmehr originär dem Normgeber. Dabei hat er im Rahmen seines Gestaltungsspielraums vielfältige Gewichtungen, Abwägungen und Konkretisierungen vorzunehmen. Den normsetzenden Organen, die das Staatsziel zu beachten haben, kommt dabei ein weiter Gestaltungsspielraum zu.[78] IÜ kommt es darauf an, ob die betreffende Vorschrift den Verfassungsauftrag des Umweltschutzes ausreichend in Betracht zieht oder von vornherein oder ohne gewichtige Gründe vernachlässigt. Da die Verpflichtung zum Schutz der

---

67 Kommission, Verfassungsentwurf, S. 103.
68 *Müller*, NuR 2002, 530; zur ursprünglichen Bedeutung dieser Klausel *Classen* (Fn 27) § 1 Rn 31.
69 Im Einzelnen *Czybulka* (Fn 2) § 6 Rn 97; *Krohn* in Schlacke (Hrsg.), GK-BNatSchG, 2013 § 5 Rn 23 ff.
70 Zum Verhältnis zur Eingriffsregelung nach § 12 Abs. 1 NatSchAG M-V aber *Czybulka* (Fn 2) § 6 Rn. 97 aE
71 *Czybulka* (Fn 2) § 6 Rn 20.
72 *Pirsch*, in: Thiele/Pirsch/Wedemeyer, Art. 12 Rn 15.
73 *Ramsauer*, NuR 1997, 419, 420.
74 *Koch* in Schlacke (Hrsg.), GK-BNatSchG Vorbem. zu §§ 13 – 19 Rn 16 f; § 13 Rn 14; s. auch *Franzius* ZUR 2010, 346.
75 Im Einzelnen *Czybulka* (Fn 2) § 6 Rn 105 ff.
76 Zur Gesetzgebungskompetenz im Umweltbereich *Frenz*, NVwZ 2006, 742; *Grandjot*, DÖV 2006, 511; *Kloepfer*, NuR 2006, 1; *Koch*, EurUP 2006, 106; *Czybulka* (Fn 2) § 6 Rn 14 ff.
77 So aber *Westphal*, NordÖR 1999, 140.
78 BVerfG, Beschl. v. 12.10.2010 – 2 BvF 1/07, BVerfGE 127, 293 – Legehennen; VGH München, Beschl. v. 4.8.2014 – 10 ZB 11.1920 – Taubenfütterungsverbot.

natürlichen Grundlagen zugleich als Staatsstrukturprinzip nach Art. 2 die staatliche Gewalt verfassungsrechtlich verpflichtet, ist das Gemeinschaftsgut „natürliche Lebensgrundlagen" im Sinne eines **Optimierungsgebots** zu schützen. Gleichrangige Belange sind solche, die auch in Art. 2 als Staatsstrukturprinzipien genannt sind; dies gilt insb. für das Sozialstaatsprinzip und dem damit im Zusammenhang stehenden Staatsziel der Schaffung von Arbeitsplätzen.[79] Von Bedeutung ist etwa die Frage, ob ein Eingriff in die Natur der Erreichung von Zielen dient, die in ihrem am Gemeinwohl gemessenen Rang nicht hinter der Bewahrung der Natur zurücktreten müssen.[80] Der Gesetzgeber verstößt gegen die Ziele des Art. 12 nur, wenn eine Regelung entweder offensichtlich zu einer Verringerung des bisherigen Standards führt oder den Schutz oder Pflege der genannten Güter offensichtlich verfehlt, ohne dass dies überwiegende, ebenfalls mit Verfassungsrang ausgestattete Belange rechtfertigen. Energiepolitische Grundentscheidungen können daher gerichtlich nur darauf überprüft werden, ob sie offensichtlich und eindeutig unvereinbar sind mit verfassungsrechtlichen Wertungen, wie sie insbesondere in den Grundrechten oder den Staatszielbestimmungen, namentlich dem Umweltschutz, zum Ausdruck kommen.[81] So könnte das Land ein Landes-Klimaschutz-Gesetz erlassen, so lange nicht gem. 72 Abs. 1, 74 Abs. 1 Nr. 24 GG der Bund im Wege der konkurrierenden Gesetzgebung ein eigenes Bundes-Klimaschutzgesetz erlässt.[82]

IX. Schrifttum

Detlev Czybulka, Umwelt- und Naturschutzrecht, in: Hans-Joachim Schütz/ 15 Claus Dieter Classen (Hrsg.), Staats- und Verwaltungsrecht Mecklenburg-Vorpommern, 3. Aufl. 2014, § 6; *Felix Ekardt*, Umweltverfassung und "Schutzpflichten" in: NVwZ 2013, 1105; *Wilfried Erbguth/Bodo Wiegand(-Hoffmeister)*, Umweltschutz im Landesverfassungsrecht, in: DVBl 1994, S. 1325; *Erich Gassner*, Die Umweltpflichtigkeit nach Art. 20 a GG als Pflicht zur Maßstabsbildung, in: DVBl 2013, 547; *Robert Lange*, Wissenschaft zwischen Verfassungsgarantie und Staatszielbestimmung, in: KritV 2004, S. 171; *Wolfgang Löwer*, Tierversuche im Verfassungs- und Verwaltungsrecht, Gutachten, in: WissR 2006, Beiheft Nr 16, S. 1 ff; *Simone Westphal*, Das Staatsziel „Umweltschutz" in der Landesverfassung von Mecklenburg-Vorpommern, in: NordÖR 1999, S. 140; *Andreas Voßkuhle*, Umweltschutz und Grundgesetz, in: NVwZ 2013, 1.

Art. 13 (Förderung der Gleichstellung von Frauen und Männern)

Die Förderung der tatsächlichen Gleichstellung von Frauen und Männern ist Aufgabe des Landes, der Gemeinden und Kreise sowie der anderen Träger der öffentlichen Verwaltung. Dies gilt insbesondere für die Besetzung von öffentlich-rechtlichen Beratungs- und Beschlußorganen.

Artt. 3 Abs. 2 Satz 2 GG; 118 Abs. 2 Satz 2 BayVerf; 10 Abs. 3 Satz 2 und 3 VvB; 12 Abs. 3 Satz 2 BbgVerf; 12 Abs. 4 Satz 2 und 3 BremVerf; 3 Abs. 2 Satz 2 und 3 HambVerf; 8 SächsVerf; 34 LVerf LSA; 6 SchlHVerf; 2 Abs. 2 Satz 2 ThürVerf.

---

79 *Erbguth/Wiegand*, DVBl 1993, 1325, 1330.
80 Vgl BayVerfGH, VerfGHE 55, 98 = DÖV 2003, 78.
81 BVerfG, Urt. 17.12.2013 – 1 BvR 3139/08, 1 BvR 3386/08, NVwZ 2014, 211 Rn 314 - Garzweiler II.
82 Dazu *Stäsche*, EnWZ 2014, 291.

I. Förderung der tatsächlichen Gleichstellung (Satz 1)

1 Art. 13 entspricht Art. 3 Abs. 2 Satz 2 GG[1] und zielt auf eine Ergänzung der in Art. 5 Abs. 3 iVm Art. 3 Abs. 2 Satz 1 GG garantierten rechtlichen Gleichstellung von Mann und Frau[2] durch konkrete Fördermaßnahmen, deren Inhalt weitgehend der Gestaltungsfreiheit des Gesetzgebers überantwortet ist.[3] Es geht um die Wahrung der unterschiedlichen Lebenslagen von Männern und Frauen, nicht einer „Frauenförderung". Das Staatsziel spricht nicht lediglich die Situation der Frauen an, sondern dient der Verwirklichung der Gleichberechtigung von Frauen und Männern, das auch den Schutz der Männer bezweckt.[4] Frauen müssen die gleichen Chancen haben wie Männer.[5] Allerdings liegt in vielen Feldern die Benachteiligung bei den Frauen.[6] Es geht im übrigen nicht um die Durchsetzung der Gleichberechtigung der Geschlechter für die Zukunft, sondern um die Beseitigung **tatsächlicher Nichtgleichstellung** durch Unterrepräsentanz und Schlechterstellung.[7] Die Betrachtung des Individuums wird hier zugunsten einer kollektiven Betrachtungsweise modifiziert.[8] Gegenstand ist Gender Mainstreaming als Ausrichtung aller politischen Entscheidungen auf die Chancengleichheit der Geschlechter zur Angleichung der Lebensverhältnisse. Dabei ist allerdings auch zu berücksichtigen, dass mittelbare Ungleichheiten erfasst werden. Sie liegen vor, wenn an ein Merkmal angeknüpft wird, das ausschließlich oder ganz überwiegend auf ein Geschlecht zutrifft. Sowohl das **europäische Gleichstellungsrecht**[9] wie die völkerrechtlichen Instrumente zum Abbau der Diskriminierung der Frau[10] fordern die Beseitigung auch mittelbarer und faktischer Diskriminierungen. Nach Art. 3 Abs. 1 der Richtlinie 2002/73/EG bedeutet die Anwendung des Grundsatzes der Gleichbehandlung, dass es im öffentlichen und privaten Bereich einschließlich öffentlicher Stellen in Bezug auf nachfolgende genannte Punkte keinerlei unmittelbare oder mittelbare Diskriminierung aufgrund des Geschlechts geben darf. Mittelbare Diskriminierung liegt vor, wenn dem Anschein nach neutrale Vorschriften, Kriterien oder Verfahren Personen, die einem Geschlecht angehören, in besonderer Weise gegenüber Personen des anderen Geschlechts benachteiligen können, es sei denn, die betreffenden Vorschriften, Kri-

---

1 Zu dessen Inhalt zusammenfassend BVerfG 1. Senat 2. Kammer, B. v. 19.8.2011 – 1 BvL 15/11, BVerfGK 19, 33; vgl auch *Berkemann*, DVBl 2014, 137.
2 Dazu BVerfG 1. Senat 2. Kammer, B. v. 20.11.2013 – 1 BvR 63/12, AnwBl 2014, 189; BVerwG, Urt. v. 17.12.2013 – 1 WRB 2/12 u.a.,
3 *Pirsch*, in: Thiele/Pirsch/Wedemeyer, Art. 13 Rn 7.
4 Bek. vom 27.7.1998 (GVOBl. 1998, S. 697) zul. geänd. d.G.v. 17.12.2009 (GVOBl. M-V S. 687, 718). Das Gesetz gilt für den öffentlichen Bereich; vgl zu dieser Bewertung *Driehaus*, Art. 10 Rn 17. Siehe *Schiek*, Frauengleichstellungsgesetze des Bundes und der Länder; *Franke*, NVwZ 2002, 779.
5 Vgl BVerfGE 85, 191, 207; vgl auch *Pirsch*, in: Thiele/Pirsch/Wedemeyer, Art. 13 Rn 8.
6 2. Atlas zur Gleichstellung von Frauen und Männern in Deutschland, 2. Aufl. 2013 (http://www.bmfsfj.de/RedaktionBMFSFJ/Broschuerenstelle/Pdf-Anlagen/2.-Atlas-zur-Gleichstellung-in-Deutschland,property=pdf,bereich=bmfsfj,sprache=de,rwb=true.pdf (31.12.2014).
7 *Caspar/Ewer/Nolte/Waack*, Art. 6 Rn 10 mwN; vgl auch HessStGH, LVerfGE 6, 175.
8 *Bergmann*, in: Hömig, Art. 3 Rn 14.
9 Richtlinie 2002/73/EG des Europäischen Parlaments und des Rates vom 23.9.2002 zur Änderung der Richtlinie 76/207/EWG des Rates zur Verwirklichung des Grundsatzes der Gleichbehandlung von Männern und Frauen hinsichtlich des Zugangs zur Beschäftigung, zur Berufsbildung und zum beruflichen Aufstieg sowie in Bezug auf die Arbeitsbedingungen (AmtsBl. Nr. L 269 vom 5.10.2002 S. 15).
10 Vgl Art. 11 des UN-Übereinkommens vom 18.12.1979 zur Beseitigung jeder Form von Diskriminierung der Frau (BGBl II 1985, S. 648); vgl auch das ILO-Übereinkommen Nr. 111 vom 25.6.1958 (BGBl II 1961, S. 98).

terien oder Verfahren sind durch ein rechtmäßiges Ziel sachlich gerechtfertigt und die Mittel sind zur Erreichung dieses Ziels angemessen und erforderlich. wenn dem Anschein nach neutrale Vorschriften, Kriterien oder Verfahren Personen, die einem Geschlecht angehören, in besonderer Weise gegenüber Personen des anderen Geschlechts benachteiligen können, es sei denn, die betreffenden Vorschriften, Kriterien oder Verfahren sind durch ein rechtmäßiges Ziel sachlich gerechtfertigt und die Mittel sind zur Erreichung dieses Ziels angemessen und erforderlich.[11] Unter der Geltung des GG gilt, dass je mehr sich die zur Unterscheidung führenden personenbezogenen Merkmale den in Art 3 Abs. 3 GG genannten Merkmalen annähern, und je größer damit die Gefahr einer Diskriminierung von Minderheiten ist, desto strenger sind die Anforderungen an die Rechtfertigung einer Ungleichbehandlung von Personengruppen sind.[12] In diesem Rahmen sind unter Beachtung des Staatsziels Verwaltung und Rspr zur Verwirklichung der **Fördermaßnahmen** verpflichtet. Faktische Nachteile, die typischerweise Frauen träfen, dürfen durch begünstigende Regelungen ausgeglichen werden.[13] Der Gesetzgeber ist zu einer Ungleichbehandlung auch dann befugt, wenn er einen sozialstaatlich motivierten typisierenden Ausgleich von Nachteilen anordnet, die ihrerseits auch auf biologische Unterschiede zurückgehen.[14]

Die Art und Weise, wie der Staat seine Verpflichtung erfüllt, die tatsächliche Durchsetzung der Gleichberechtigung von Frauen und Männern zu fördern und auf die Beseitigung bestehender Nachteile hinzuwirken, obliegen seiner Ausgestaltungsbefugnis. Ein originäres Teilhaberecht oder ein subjektives Recht auf bestimmtes staatliches Handeln lässt sich der Norm angesichts der eindeutigen Stellung im Abschnitt Staatsziele aber nicht entnehmen.[15] Der Staat muss jedoch faktische Diskriminierungen, die sich als Folge seiner Regelungen ergeben, so weit wie möglich vermeiden.[16] Die Rechtfertigung einer **frauenfördernden Differenzierung** setzt voraus, dass sie in jeder Hinsicht verhältnismäßig ist. Es darf kein anderes gleich wirksames und das Diskriminierungsverbot des Art. 3 Abs. 3 Satz 1 GG weniger tangierendes Mittel geben. Schließlich muss sich die Beeinträchtigung der Männer durch die Frauenförderung allein auf die Tatsache der Ungleichbehandlung beschränken; sie dürfen iÜ keinen Eingriff in ihre Rechtssphäre erleiden.[17] Zwischen der Förderung und der dadurch bedingten Benachteilung der Männer muss also ein schonender Ausgleich im Sinne praktischer Konkordanz hergestellt werden.[18] 2

Bei **Quotenregelungen**[19] im öffentlichen Dienst ist zu unterscheiden: Starre Entscheidungsquoten, die bei gleicher Qualifikation Frauen „absolut und unbedingt" den Vorrang einräumen, stellen einen Verstoß gegen das Gemeinschaftsrecht dar, weil auch die Richtlinie 76/207/EWG nur die Chancengleichheit garantiert, nicht jedoch eine Ergebnisgleichheit,[20] während Quotenregelungen mit „Öffnungsklausel", die bei Überwiegen der in der Person eines männlichen Mit- 3

---

11 Art. 2 Abs. 2 Richtlinie 2002/73/EG.
12 BVerfG, 7.5.2013 – 2 BvR 909/06 u.a. BVerfGE 133, 377 = NJW 2013, 2257.
13 BVerfG, U.v. 28.1.1992 – 1 BvR 1025/82 u.a. – BVerfGE 85, 191.
14 BVerfG, B.v. 28.1.1987 – 1 BvR 455/82 – BVerfGE 74, 163.
15 Vgl *Eckertz-Höfer*, in: Denninger, Art. 3 Abs. 2, Rn 75 mwN; *Gubelt*, in: von Münch/Kunig, Art. 3 Rn 93 b.
16 BVerfGE 109, 64 = NJW 2004, 146.
17 BVerwG, NVwZ 2003, 92; vgl auch BVerfGE 85, 191, 209; 92, 91, 109.
18 *Welti*, in: Caspar/Ewer/Nolte/Waack, Art. 6 Rn 9 mwN.
19 Zur Problematik von Quoten *Bergmann*, in: Hömig, Art. 3 Rd 16; *Ossenbühl*, NJW 2012, 417.
20 EuGH Slg. I 1995, 3051, 3077 f = NZA 1995, 1095 – Kalanke.

bewerbers liegenden Gründe dessen Bevorzugung erlauben, grds zulässig sind.[21] Nicht zulässig ist jedoch eine Bevorzugung der Frau, wenn diese schlechter qualifiziert ist als der männliche Mitbewerber.[22]

4 Der Landesgesetzgeber hat das Staatsziel v.a. durch das Gesetz zur Gleichstellung von Frau und Mann im öffentlichen Dienst des Landes M-V (**Gleichstellungsgesetz – GlG M-V**)[23] verwirklicht. Nach § 11 Abs. 1 GlG M-V ist in jeder Dienststelle, in der eine Personalvertretung oder ein Richterrat zu wählen ist, eine Gleichstellungsbeauftragte sowie eine Stellvertreterin, von den weiblichen Beschäftigten der Dienststelle zu wählen.[24] Nach §§ 41, 118 KV M-V bestellen hauptamtlich verwaltete Gemeinden Gleichstellungsbeauftragte, die in Gemeinden mit mehr als 10.000 Einwohnern hauptamtlich tätig sind, ebenso Landkreise; hierin liegt keine Verletzung des kommunalen Selbstverwaltungsrechts.[25] Die Landesregierung stellt Konzepte zur Durchsetzung der Gleichstellung auf. Insbesondere sieht § 3 Abs. 1 GlG M-V vor, dass die Dienststellen mit der personalrechtlichen Befugnis für jede Einrichtung einen verbindlichen Frauenförderplan erstellen. Im Frauenförderplan ist festzulegen, in welcher Zeit und mit welchen personellen, organisatorischen und fortbildenden Maßnahmen die Gleichstellungsverpflichtung nach § 2 innerhalb der jeweiligen Einrichtung gefördert wird. Sind personalwirtschaftliche Maßnahmen vorgesehen, durch die Stellen eingespart oder wegfallen sollen, hat der Frauenförderplan Vorgaben zu enthalten, die die Chancengleichheit der Frauen gewährleisten. Mit Hilfe von Frauenförderplänen soll auf die Personalplanung und Personalentwicklung jeder Dienststelle dergestalt eingewirkt werden, dass eine Steigerung des Anteils der Frauen dort, wo diese unterrepräsentiert sind, erreicht wird. Dies gilt allerdings nur im Rahmen des Grundsatzes der Bestenauslese (vgl. Art. 33 Abs. 2 GG, § 7 BRRG).[26] Die LReg ist gem. § 15 GlG M-V verpflichtet, dem Landtag im Abstand von fünf Jahren über die Durchführung des Gleichstellungsgesetzes zu berichten.[27]

II. Besetzung von öffentlich-rechtlichen Beratungs- und Beschlussorganen (Satz 2)

5 Gegen die Aufnahme von **Quoten in Wahlvorschriften** bestehen keine prinzipiellen Bedenken in Hinblick auf die Wahlrechtsgleichheit;[28] es kommt auf den jeweiligen Zusammenhang an. Bei einer zwingenden Repräsentanz durch Angehörige des eigenen Geschlechts ist jedenfalls in der Regel davon auszugehen, dass dessen Interessen wirksamer berücksichtigt werden können. Allerdings darf dieser verfassungsrechtlich legitimierte Zweck nicht zu einer Einschränkung der

---

21 EuGH Slg. I 1997, 6363, 6392 f – Marschall; vgl auch EuGH Slg. I 2000, 1857 ff – Badeck; vgl auch BAG, NZA 1994, 77. Zur Zulässigkeit der Quote als sog. Hilfskriterium bei Auswahlentscheidungen im öffentlichen Dienst verneinend OVG Münster, NVwZ 1991, 501; bejahend VGH München, Schütz BeamtR ES/A II 1.4 Nr. 138; einschränkend VG Düsseldorf, Beschl. v. 23.5.2006 – 2 L 782/06 – zit. nach juris.
22 EuGH Slg. 2000, I 5539 ff – Abrahamsson.
23 Bek. vom 27.7.1998 (GVOBl. 1998, S. 697) zul. geänd. d.G.v. 17.12.2009 (GVOBl. M-V S. 687, 718). Das Gesetz gilt für den öffentlichen Bereich; vgl zu dieser Bewertung *Driehaus*, Art. 10 Rn 17. Siehe *Schiek*, Frauengleichstellungsgesetze des Bundes und der Länder; *Franke*, NVwZ 2002, 779.
24 Vgl dazu OVG Münster, B. v. 22.6.2010 - 6 A 699/10, NVwZ-RR 2010, 731 (LS).
25 VerfGH NW, NVwZ 2002, 1502.
26 Hess StGH, 16.4.1997 – P.St. 1202, LVerfGE 6, 175 = NVwZ 1997, 784; dazu EuGH, 28.3.2000 – Rs. C-158/97, NJW 2000, 1549.
27 Siehe Bericht vom 21.9.2012 – LTag-Drs. 6/1169.
28 So aber *Pirsch*, in: Thiele/Pirsch/Wedemeyer, Art. 13 Rn 12.

formalen Wahlrechtsgleichheit führen, die das Maß des zur Erreichung dieses Zwecks Erforderliche überschreitet.[29] Daher dürfte eine Quote bei den Wahlen zum LT, Kreistagen oder Gemeindevertretungen ausscheiden, da hier dem Grundsatz der Wahlgleichheit Vorrang gebührt. Hier ist es Sache der Parteien, im Rahmen der Wahlvorschläge auf eine Förderung der Gleichstellung hinzuwirken.[30] Nach § 10 GlG M-V sollen aber Gremien, insb. solche, die zu beruflich relevanten Fragen entscheiden und beraten, geschlechtsparitätisch besetzt werden. Entsprechendes gilt für die Entsendung von Personen in Aufsichtsräte und andere Gremien außerhalb der Verwaltung. Das Staatsziel gibt dem Landesgesetzgeber aber kein Recht, durch die Gestaltung der amtlichen Stimmzettel auf die unbedingt zu schützende Willensbetätigung der Bürgerinnen und Bürger im Zeitpunkt des eigentlichen Wahlaktes einzuwirken, indem auf den Stimmzetteln auf den besonderen Belang der Gleichstellung hingewiesen wird.[31]

III. Schrifttum

Jörg Berkemann, Ist das Recht männlich? – Zum Frauenbild des BVerfG in seinen frühen Jahren, in: DVBl 2014, 137; *Bernhard Franke*, Das Gesetz zur Durchsetzung der Gleichstellung von Frauen und Männern, in: NVwZ 2002, S. 779; *Hans-Werner Laubinger*, Entscheidungsbesprechung: Die „Frauenquote" im öffentlichen Dienst, in: VerwArch 1996, S. 87, 305 und 473; *Thomas Richter*, Das Geschlecht als Kriterium im deutschen Recht, in: NVwZ 2005, S. 636; *Ute Sacksofsky*, Die Rechtsprechung des Europäischen Gerichtshofs zu Frauenfördermaßnahmen, in: RdJB 2002, S. 193; *Anne Lenze*, Was von der Frauenfrage bleibt, in: KJ 2006, S. 269; *Silke Martini*, Die Aufgabe der Gleichstellungsbeauftragten im Zeichen von Veränderungen, in: PersR 2013, 2; *Dagmar Schiek*, Frauengleichstellungsgesetze des Bundes und der Länder, Kommentar für die Praxis zum Bundesgleichstellungsgesetz und den Gleichstellungsgesetzen, Gleichberechtigungsgesetzen und Frauenfördergesetzen der Länder, 2. Aufl. 2002. 6

Art. 14 (Schutz der Kinder und Jugendlichen)

(1) Kinder und Jugendliche genießen als eigenständige Personen den Schutz des Landes, der Gemeinden und Kreise vor körperlicher und seelischer Vernachlässigung. Sie sind durch staatliche und kommunale Maßnahmen und Einrichtungen gegen Ausbeutung sowie gegen sittliche, geistige und körperliche Verwahrlosung und gegen Misshandlung zu schützen.

(2) Land, Gemeinden und Kreise wirken darauf hin, daß für Kinder Betreuungseinrichtungen zur Verfügung stehen.

(3) Kinder und Jugendliche sind vor Gefährdung ihrer körperlichen und seelischen Entwicklung zu schützen.

(4) Kinder und Jugendliche sind Träger von Rechten, deren Ausgestaltung die Persönlichkeit fördert und ihren wachsenden Fähigkeiten und Bedürfnissen zu selbstständigem Handeln entspricht. Land, Gemeinden und Kreise fördern die Teilhabe von Kindern und Jugendlichen an der Gesellschaft.

Artt. 125 Abs. 2, Art. 126 Abs. 3 BayVerf; 24 Verf Rh-Pf; 9 SächsVerf; 24 LVerf LSA; 19 ThürVerf.

---

29 Vgl BAGE 114, 119 = NZA 2005, 1252.
30 Ebenso *Welti*, in: Caspar/Ewe21.09.2012r/Nolte/Waack, Art. 6 Rn 26 f.
31 VerfGH Rh-Pf, B. v. 4.4.2014 - VGH A 15/14, VGH A 17/14.

I. Grundlagen	1	III. Betreuungseinrichtungen (Abs. 2)	7
1. Entwicklung	1	IV. Schutz vor Gefährdung ihrer körperlichen und seelischen Entwicklung (Abs. 3)	
2. Kinder und Jugendliche	2		
3. Bedeutung des Staatsziels	3		8
II. Schutz vor Vernachlässigung und Verwahrlosung (Abs. 1)		V. Förderung (Abs. 4)	9
	4	VI. Schrifttum	10

I. Grundlagen

1. Entwicklung. Durch das Zweite Gesetz zur Änderung der Verfassung des Landes M-V vom 14.7.2006 (GVOBl. S. 572) wurden in Abs. 1 die Worte „und Jugendliche" sowie Abs. 1 Satz 2 und Abs. 4 eingefügt. Zur Begründung wurde ausgeführt (LT-Drs. 4/2118 S. 2): Der in Art. 14 normierte Schutz von Kindern und Jugendlichen wird erweitert, indem neben den Kindern auch die Jugendlichen ausdrücklich unter Schutz gestellt und gegen Ausbeutung, sittliche, geistige und körperliche Verwahrlosung sowie Misshandlung geschützt werden. Zudem werden die Rechte von Kindern und Jugendlichen und deren Teilhabe an der Gesellschaft hervorgehoben.[1]

2. Kinder und Jugendliche. Art. 14 enthält keine eigene Begriffsbestimmung des Kindes und Jugendlichen. Es ist daher von dem allgemeinen gesetzlichen Sprachgebrauch auszugehen. Nach Art. 1 der UN-Kinderrechtskonvention[2] ist ein **Kind** jeder Mensch, der das achtzehnte Lebensjahr noch nicht vollendet hat, soweit die Volljährigkeit nach dem auf das Kind anzuwendenden Recht nicht früher eintritt. Allerdings kennt die Konvention nicht den Begriff des Jugendlichen. Die nachträgliche Erwägung des Verfassungsgesetzgebers zur Änderung des Art. 17 (→ oben Rn 1) könnte dafür sprechen, dass mit Kindern von Anfang an nur solche bis zum 14 Lebensjahr gemeint waren, ansonsten sich der Begriff mit der Verfassungsänderung in seiner Bedeutung gewandelt hat.[3] Der später eingeführte Begriffs des **Jugendlichen** meint einfachrechtlich Menschen, die 14, aber noch nicht 18 Jahre alt sind, während Kinder Personen sind, die noch nicht 14 Jahre alt sind, (§ 1 Abs. 1 Nr. 1 und 2 JuSchG; § 7 Abs. 1 Nr. 1 und 2 SGB VIII). Die beiden Begriffe spiegeln die unterschiedlichen Entwicklungsphasen wider. Dies spricht dafür, Art. 14 insgesamt nunmehr als eine Regelung anzusehen, die Kinder im Sinne der Kinderrechtskonvention betrifft, jedoch begrifflich Kinder und Jugendliche – mit Bedeutung nur für Abs. 2 - unterscheidet.[4]

3. Bedeutung des Staatsziels. Der Achtungs- und Schutzanspruch aus Abs. 1 findet in Abs. 2 bis 4 nähere Konkretisierungen. Entscheidend ist, dass die Rechte der Kinder und Jugendlichen als **eigenständige Belange** gelten, dh sie sollen nicht Teil der umfassenden Anstrengungen zur Berücksichtigung der Menschenrechte in allen Bereichen sein.[5] Art. 14 bezieht auch behinderte Kinder ein unbeschadet Art. 17 Abs. 2.[6]

II. Schutz vor Vernachlässigung und Verwahrlosung (Abs. 1)

Abs. 1 regelt den Minimalschutz als Staatsziel. Ausgangspunkt ist, dass Kinder und Jugendliche selbst **Träger subjektiver Rechte**, nämlich Wesen mit eigener

---

[1] Zur Stellung der Kinder im Grundgesetz *Schuler-Harms*, KJ 2009, Beiheft 1, 133.
[2] Vom 20.11.1989 (Gesetz vom 17.2.1992 – BGBl. II S. 121).
[3] Zur nachträglichen Feststellung des geltenden Rechts durch den Gesetzgeber BVerfG, Beschl. v. 17.12.2013 – 1 BvL 5/08.
[4] Vgl *Martin-Gehl* in: Linck/Baldus/Lindner/Poppenhäger/Ruffert, Art. 19 Rn 6.
[5] So *Mitteilung der Kommission* im Hinblick auf eine EU-Kinderrechtsstrategie vom 04.07.2006.
[6] Zur Problematik *Göke*, NdsVBl 1998, 134; *Köpcke-Duttler*, BayVBl 1996, 455.

Menschenwürde und einem eigenen Recht auf Entfaltung ihrer Persönlichkeit sind. Als Grundrechtsträger haben sie selbst Anspruch auf den Schutz des Staates.[7] Dass Kinder als eigenständige Personen angesprochen werden, betont darüber hinaus die Verpflichtung, sie auch im täglichen Umgang als solche zu behandeln.

Art. 5 Abs. 3 iVm Art. 6 und Abs. 2 Satz 2 GG umfasst das staatliche Wächteramt. Art. 6 Abs. 3 GG begründet die Eingriffsnotwendigkeit des Staates, wenn die Erziehungsberechtigten versagen oder wenn die Kinder aus anderen Gründen zu verwahrlosen drohen. **Schutz** bedeutet, im Sinne eines Optimierungsgebots darüber hinaus nach Möglichkeit schädliche Eingriffe in die Rechtsgüter zu unterlassen und vor Dritten abzuwehren.

Art. 13 Abs. 1 Satz 1 spricht hier zunächst körperliche und seelische **Vernachlässigung** an. Sie beschreibt einen Zustand, in dem den kindlichen Bedürfnissen (Ernährung, Pflege, Fürsorge, Geborgenheit, Akzeptanz, Förderung, Anregung und Abwechslung) nicht oder nicht genügend nachgekommen wird. Satz 2 konkretisiert Satz 1 als Schutz vor Ausbeutung und Misshandlung, aber auch Verwahrlosung im Sinne eines andauernden, alle sozial wichtigen Lebensbereiche betreffenden Abweichens von den sozialen Verhaltenserwartungen. Dazu zählt auch das Abgleiten in extremistische verfassungswidrige oder verbrecherische Kreise.[8] Diesen Schutz haben Land, Gemeinden und Kreise zu leisten, ersteres v.a. durch eine entsprechende Gesetzgebung, aber auch eigenen Aktivitäten und Bereitstellung von Mitteln, damit Gemeinden und Kreise diese Aufgabe erfüllen können. Gefordert sind staatliche und kommunale Maßnahmen und Einrichtungen. Bedeutsam ist hier das Bundesgesetz zur Kooperation und Information im Kinderschutz (KKG).[9]

III. Betreuungseinrichtungen (Abs. 2)

Land, Gemeinden und Kreise wirken darauf hin, dass für Kinder Betreuungseinrichtungen zur Verfügung stehen. Abs. 2 geht über das Minimalziel des Abs. 1 hinaus. Der Begriff der Kindertagesförderung meint die Förderung der Bildung, Erziehung und Betreuung der Kinder in Kindertageseinrichtungen.[10] **Betreuung** von Kindern bedeutet die pflegende, beaufsichtigende Tätigkeit Erwachsener gegenüber Kindern. Als Einrichtung kann sie organisiert in Kindertagesstätten, Kinderkrippen und Kindertagespflegeeinrichtungen erfolgen. Abs. 2 besagt nicht, dass die Förderpflicht des Staats nur öffentliche Einrichtungen betrifft oder nur ermöglicht. Auch private Einrichtungen sind gemeint. Bei Einrichtungen zur Betreuung der Minderjährigen muss die Eignung durch geeignete Kräfte und deren Anzahl – orientiert an dem allg. Postulat, dass das leibliche, geistige und seelische Wohl der in die jeweilige Einrichtung aufzunehmenden (aufgenommenen) Minderjährigen gewährleistet sein muss – gesichert sein.[11]

„**Darauf hinwirken**" bedeutet **fördern**. Es ist mithin nicht nur der Bestand zu erhalten, sondern sind Maßnahmen zu unterstützen, ggf. neue Einrichtungen in ausreichender Zahl und Ausstattung zu schaffen.[12] Ein einklagbares Leistungs-

---

7 BVerfG, FamRZ 1968, 478.
8 *Bromba/Edelstein*, Das anti-demokratische und rechtsextreme Potential unter Jugendlichen und jungen Erwachsenen in Deutschland, hrsg. vom Bundesministerium für Bildung und Forschung, 2001.
9 G. v. 22.12.2011 (BGBl. I S. 2975).
10 OVG Greifswald, Urt. v. 30.10.2001 – 4 K 29/98, LKV 2003, 32.
11 BVerwG, Beschl. v. 04.08.2006 – 5 B 52/06 – zit. nach juris.
12 *Martin-Gehl* in: Linck/Baldus/Lindner/Poppenhäger/Ruffert , Art. 19 Rn 23.

recht folgt aus dem verfassungsrechtlichen Fördergebot ohnehin nicht.[13] Veränderungen, auch Reduzierungen von Fördermaßnahmen sind zwar nicht ausgeschlossen; Art. 14 muss aber mit anderen verfassungsrechtlichen Belangen abgewogen werden. Stehen nicht ausreichend Mittel zur Verfügung, um den gesamten Bedarf an Hortplätzen zu decken, ist es daher grds legitim, Betreuungszeiten für Kinder angemessen zu kürzen, deren Eltern gar nicht oder nur geringfügig erwerbstätig sind.[14] Die Fördermaßnahmen müssen nicht explizit erbracht werden, sondern können auch im Rahmen der Ermittlungen der kommunalen Finanzausstattung insgesamt eingestellt werden.[15]

Die Kindertagesbetreuung ist bundesrechtlich als Teil der Kinder- und Jugendhilfe in §§ 22–26 SGB VIII (Kinder- und Jugendhilfegesetz) geregelt.[16] Jedem Kind steht ein unmittelbarer Anspruch aus § 24 Abs. 2 SGB VIII auf Betreuung in einer Tageseinrichtung zu. Eine Legaldefinition zum Begriff der Tageseinrichtungen enthält § 22 Abs. 1 S. 1 SGB VIII. Hier ist die Zweigliedrigkeit der Jugendhilfe in §§ 3 und 5 SGB VIII angelegt. Hier ist die Zweigliedrigkeit der Jugendhilfe in §§ 3 und 5 SGB VIII angelegt. Danach steht dem Kind im zweiten und dritten Lebensjahr ein unmittelbarer Anspruch aus § 24 Abs. 2 SGB VIII auf Betreuung in einer Tageseinrichtung zu.[17] Eine Legaldefinition zum Begriff der Tageseinrichtungen enthält § 22 Abs. 1 S. 1 SGB VIII. Es kann auch ein Anspruch auf Übernahme der erforderlichen Aufwendungen für einen selbstbeschafften Kinderbetreuungsplatz bestehen.[18] Bundesrechtlich ist dem Belang auch durch die baurechtliche Bevorzugung gem. § 3 Abs. 2 Nr. 2 BauNVO und des § 22 Abs. 1 a BImSchG[19] höheres Gewicht verliehen worden. Landesrechtlich sind das Gesetz zur Förderung von Kindern in Kindertageseinrichtungen und in Tagespflege (Kindertagesförderungsgesetz – KiföG M-V) vom 1.4.2004,[20] mit VO über die inhaltliche Ausgestaltung und Durchführung der frühkindlichen Bildung vom 28.12.2010[21] und LandesVO über die Finanzmittel nach § 18 Abs. 3 KiföG M-V vom 30.3.2009[22] maßgebend.[23] Gesetzliche Änderungen bestehender Aufgaben und Anforderungen an die Gemeinden können konnexitätsrelevant i.S.v. Art. 72 Abs. 2 sein.[24]

---

13 Vgl OVG Münster, Urt. v. 22.11.2006 – 12 A 3045/06 – zit. nach juris; siehe *Mönch-Kalina*, Der Rechtsanspruch auf den Besuch eines Kindergartens als soziales Leistungsrecht, 2000.
14 OVG Bautzen, Urt. v. 11.10.2006 – 5 D 24/04 – zit. nach juris; vgl auch LVerfG LSA, ZfJ 2005, 251.
15 Vgl *Sarnighausen/Gatawis*, NWVBl 2013, 236.
16 Zur verbliebenen Gesetzgebungskompetenz der Länder VerfG Bbg., Urt. v. 20.3.2003 – 54/01, DVBl 2003, 938 .
17 *Pauly*/Beutel, DÖV 2013, 445; *Riehle*, ZKJ 2013, 341; *Richter*, NJW 2013, 2650.
18 Im Einzelnen BVerwG, U. v. 12.9.2013 – 5 C 35/12, NJW 2014, 1256; dazu *Beutel*, DVBl 2014, 312.
19 *Scheidler*, LKRZ 2011, 412; *Hansmann*, DVBl 2011, 1400.
20 GVOBl. 2004, S. 146, zul. geändert durch Gesetz v. vom 16.7. 2013 (GVOBl S. 452).
21 GVOBl. 2011, S. 4.
22 GVOBl. 2009, S. 304.
23 Zur Auslegung der Vorgängergesetze OVG Greifswald, Urt. v. 30.10.2001 – 4 K 29/98 –.
24 VerfGH NRW, Urt. v. 12.10.2010 – 12/09, OVGE 53, 275 = NVwZ-RR 2011, 41; *Dombert*, LKV 2011, 353.

IV. Schutz vor Gefährdung ihrer körperlichen und seelischen Entwicklung (Abs. 3)

Dieser Schutzauftrag ist in hohem Maße auf legislative Ausgestaltung angewiesen.[25] Gefährdet ist das **Wohl eines Kindes oder Jugendlichen** im Fall einer gegenwärtigen oder zumindest nahe bevorstehenden Gefahr für seine Entwicklung, die so ernst zu nehmen ist, dass sich eine erhebliche Schädigung seines – körperlichen, geistigen oder seelischen – Wohls mit ziemlicher Sicherheit voraussehen lässt.[26] Sie rechtfertigt zB eine Regelung, wonach die Eltern auch volljähriger Schüler über schwerwiegende schulische Vorkommnisse unterrichtet werden sollen, um das Risiko von Selbst- und Fremdgefährdungen zu vermindern.[27] In diesem Bereich gehören auch Maßnahmen zur Gewaltprävention in Kindertagesstätten[28] und Schulen. Wesentlich sind v.a. der Staatsvertrag über den Schutz der Menschenwürde und den Jugendschutz in Rundfunk und Telemedien (**Jugendmedienschutz-Staatsvertrag** – JMStV) vom 10.-27.9.2002[29] und § 38 Abs. 1 Satz 2 und 3 Landesrundfunkgesetz – RundfG M-V – vom 20.11.2003.[30]

V. Förderung (Abs. 4)

Satz 1 erweitert das Staatsziel nach Abs. 1 über den Schutz vor Beeinträchtigungen hinaus auf positive Förderung. Nach Satz 2 fördern Land, Gemeinden und Kreise die **Teilhabe** von Kindern und Jugendlichen **an der Gesellschaft**. Eine angemessene Teilhabe ist nicht möglich, wenn die altersgemäße soziale Integration nicht wenigstens annähernd durchschnittlich gelungen ist.[31] Die Förderungspflicht geht aber über diesen Mindeststandard hinaus. Dabei kommen verschiedene Beteiligungsformen in Betracht: repräsentative, offene oder projektorientierte Beteiligungsformen, Vertretung von Kindern und Jugendlichen in Erwachsenengremien, Politikerkontakte oder Beteiligung in Einrichtungen der Offenen Jugendarbeit.[32] Inhaltlich gehört hierzu insb., Kinder und Jugendliche frühzeitig in die demokratische Willensbildung und Entscheidungsfindung einzubeziehen. Fördern soll einen verbindlichen Auftrag deutlich machen. Es ist eine in die Zukunft gerichtete Wirkung gemeint, nicht nur eine bloße Nachteilsbeseitigung. Andererseits wird nicht gefordert, dass die Erfüllung des Ziels gewährleistet oder garantiert ist.[33] Individuelle Ansprüche der begünstigten Organisationen können erst aus gesetzlichen Vorschriften erwachsen.[34]

---

25 OVG Münster, Urt. v. 22.11.2006 – 12 A 3045/06, zit. nach juris.
26 Vgl BayObLG, FamRZ 1996, 1031.
27 VerfGH PR, Urt. v. 22.06.2004 – VGH B 2/04 – zit. nach juris.
28 Dazu *Bornewasser/Otte*, FK 2011, 6.
29 GVOBl. 2003, S. 110, geändert durch den Dreizehnten Rundfunkänderungsstaatsvertrag vom 20. 11. 2009, GVOBl 2010 S. 150; dazu *Bosch*, Die „Regulierte Selbstregulierung" im Jugendmedienschutz-Staatsvertrag, 2007; *Mynarik*, Jugendschutz in Rundfunk und Telemedien, 2006.
30 GVOBl. 2003, S. 510, zuletzt geändert durch Gesetz vom geändert durch Artikel 2 des Gesetzes vom 11.3.2010 (GVOBl. M-V S. 150). Dazu *Lehr*, in: Johlen/Oerder (Hrsg.), Münchener Anwaltshandbuch Verwaltungsrecht, 3. Aufl. 2012 § 22 Rn 13 ff.; zur Entwicklung des Jugendmedienschutzes 2012/2013 *Braml/Hopf*, ZUM 2013, 837; zur Compliance im Jugendmedienschutz *Zysk*, ZUM 2012, 22.
31 Siehe *Oerter/Höfling* (Hrsg.), Mitwirkung und Teilhabe von Kindern und Jugendlichen; Akademie für Politik und Zeitgeschehen Hanns-Seidel-Stiftung e.V., 2001.
32 Dazu *Oerter/Höfling* (Fn 31) S. 150 f.
33 Zur Wortwahl „fördern" s. oben Rn 7.
34 Vgl OVG Münster, U. v. 22.11.2006 - 12 A 3045/06, zit. nach juris.

VI. Schrifttum

10 *Bundesministerium für Familie, Senioren, Frauen und Jugend*, Handbuch Kindertagespflege www.handbuch-kindertagespflege.de (1.5.2014); *Landtag Mecklenburg-Vorpommern*, Vierter Kinder- und Jugendbericht der Landesregierung Mecklenburg-Vorpommern, Lt-Drs. 4/2365; *Birgit Braml/Kristina Hopf*, Die Entwicklung des Jugendmedienschutzes 2012/2013, ZUM 2013, 837; *Bromba/Edelstein*, Das anti-demokratische und rechtsextreme Potential unter Jugendlichen und jungen Erwachsenen in Deutschland, hrsg. vom Bundesministerium für Bildung und Forschung, 2001; *Münder/Wiesner/Meysen*, Kinder- und Jugendhilferecht, 2. Aufl,. 2011; *Münder/Trenczek*,Kinder- und Jugendhilferecht, 7. Aufl. 2011; *Oerter/Höfling* (Hrsg.), Mitwirkung und Teilhabe von Kindern und Jugendlichen, Akademie für Politik und Zeitgeschehen Hanns-Seidel-Stiftung e.V., 2001; *Pauly/Beutel*, Ersatzansprüche bei verwehrter Förderung in Kindertagesstätten, DÖV 2013, 445; *Sarnighausen/Gatawis*, Fragen der kommunalen Finanzausstattung in der Rechtsprechung des Verfassungsgerichtshofs NRW und des Oberverwaltungsgerichts NRW, NWVBl 2013, 236; *Schübel-Pfister*, Kindertagesbetreuung zwischen (Rechts-)Anspruch und Wirklichkeit, NVwZ 2013, 385.

Art. 15 (Schulwesen)

(1) Das gesamte Schulwesen steht unter der Aufsicht des Landes.

(2) Land, Gemeinden und Kreise sorgen für ein ausreichendes und vielfältiges öffentliches Schulwesen. Es besteht allgemeine Schulpflicht.

(3) Die Durchlässigkeit der Bildungsgänge wird gewährleistet. Für die Aufnahme an weiterführenden Schulen sind außer dem Willen der Eltern nur Begabung und Leistung des Schülers maßgebend.

(4) Das Ziel der schulischen Erziehung ist die Entwicklung zur freien Persönlichkeit, die aus Ehrfurcht vor dem Leben und im Geiste der Toleranz bereit ist, Verantwortung für die Gemeinschaft mit anderen Menschen und Völkern sowie gegenüber künftigen Generationen zu tragen.

(5) Die Schulen achten die religiösen und weltanschaulichen Überzeugungen der Schüler, Eltern und Lehrer.

(6) Das Nähere regelt das Gesetz.

Artt. 128-137 BayVerf; 14-19 BWVerf; 30 BbgVerf; 26-33 BremVerf; 52-59 HessVerf; 4 NdsVerf; 7-15 Verf NW; 27-40 Verf Rh-Pf; 26-30 SaarlVerf; 101-106 SächsVerf; 25-30 LVerf LSA; 8 SchlHVerf; 21-26 ThürVerf.

I. Vorbemerkung	1	III. Förderung des Schulwesens	15
1. Landeskompetenz, Inhalt von Art. 15	1	1. Öffentliches Schulwesen (Abs. 2 S. 1)	15
2. Begriff Schule	3	2. Privatschulen	16
II. Aufsicht (Abs. 1)	4	a) Grundlagen	16
1. Wesen und Inhalt der Aufsicht	4	b) Inhalt des Unterrichts, Genehmigung	18
a) Begriff Aufsicht iwS	4	c) Schutz- und Förderpflicht	20
b) Schulträgerschaft	5	d) Schulgelder	24
c) Aufsicht ieS	9	e) Sonderschulen	25
d) Stellung der Lehrer	10	f) Private Volksschulen	26
2. Verhältnis zum Elternrecht und den Rechten der Schüler	11	3. Schülerbeförderung	27
a) Elternrecht	11	IV. Allgemeine Schulpflicht	
b) Schülerrechte	14	(Abs. 2 S. 2)	29

V. Zugang zu Bildungsgängen (Abs. 3) 33
  1. Durchlässigkeit der Bildungsgänge (Satz 1) 33
  2. Aufnahme an weiterführende Schulen (Satz 2) 34
VI. Ziele der schulischen Erziehung (Abs. 4) 36
VII. Achtung der religiösen und weltanschaulichen Überzeugungen (Abs. 5) 38
VIII. Gesetzesvorbehalt (Abs. 6) 43
IX. Schrifttum 44

I. Vorbemerkung

1. Landeskompetenz, Inhalt von Art. 15. Das GG hat das Schulwesen – vorbehaltlich eines Zusammenwirkens von Bund und Ländern gemäß Art. 91 b GG und des Berufsbildungsrechts, das in die konkurrierende Gesetzgebungskompetenz des Bundes nach Art. 74 Abs. 1 Nr. 11 (Recht der Wirtschaft) fällt – der ausschließlichen Zuständigkeit der Länder zugewiesen, soweit nicht übergeordnete Normen des GG ihr Grenzen setzen.[1] Das Schulwesen ist in Art. 15 im Gegensatz zu vielen anderen Landesverfassungen relativ knapp geregelt. Es sind v.a. nicht die Fragen der Unentgeltlichkeit des Unterrichts, der Gliederung des Schulwesens, des Religions- oder Ethikunterrichts, der elterlichen Mitwirkungsrechte oder der Privatschulen angesprochen. Allerdings sind die entsprechenden Regelungen des Grundgesetzes in Art. 6 Abs. 2 (Elternrecht) und Art. 7 (Schule und Bildung) über Art. 5 Abs. 3 anzuwenden.[2] Die LV nimmt außerdem über Art. 8 Einfluss auf das Schulwesen. Dieser Einfluss führt dazu, dass trotz der Gesetzgebungs- und Verwaltungszuständigkeit der Länder das Schulrecht wesentlich vom Grundgesetz und damit der Rechtsprechung des BVerfG und des BVerwG geprägt wird.[3] Hinzu kommen europarechtliche Vorgaben einschl. Art. 14 der Grundrechtecharta, der ein Recht auf Bildung garantiert.[4] Gleichwohl besteht eine große Gestaltungsfreiheit der Länder. Die Länder streben indes in der Kultusministerkonferenz – KMK – eine Selbstkoordination an und wollen in Belangen, die von länderübergreifender Bedeutung sind, für das notwendige Maß an Gemeinsamkeit in Bildung, Wissenschaft und Kultur sorgen. Wesentlich sind das Düsseldorfer Abkommen vom 17.2.1955, 1.4.1957 in Kraft getreten, und das Hamburger Abkommen vom 28.10.1964.[5]

Der **staatliche Erziehungsauftrag** umfasst sowohl die Wissensvermittlung als auch die Bildung und Erziehung. Dabei steht dem Landesgesetzgeber ein weiter Gestaltungsspielraum zu.[6] Er kann grds unabhängig von den Eltern eigene Ausbildungs- und Erziehungsziele verfolgen sowie eigene Wertvorstellungen vertreten,[7] etwa die Voraussetzungen für den Zugang zur Schule, den Übergang von einem Bildungsweg zum anderen und die Versetzung innerhalb eines Bildungsweges einschließlich der Entscheidung darüber, ob und inwieweit das Lernziel vom Schüler erreicht worden ist, festlegen.[8]

---

1 BVerfGE 59, 360, 377 = NJW 1982, 1375.
2 Zu den konkurrierenden Grundrechten *Loschelder,* HdGr, Band IV, § 110 Rn 4 ff.
3 *Boysen,* in: von Münch/Kunig, Art. 7 Rn 17 mwN.
4 Im einzelnen *Boysen,* in: von Münch/Kunig, Art. 7 Rn 31 ff.
5 Zur KMK *Guggelberger* in: Härtel (Hrsg.), Handbuch Föderalismus Band III 2012, § 61 Rn 12 f. Zur Geschichte der KMK 1948 – 1998 (http://www.kmk.org/wir-ueber-uns/gruendung-und-zusammensetzung/zur-geschichte-der-kmk.html (13.5.2014)).
6 BVerfGE 59, 360, 377; LVerfG LSA, Urt. v. 15.1.2002 – LVG 9/01, LVG 12/01 –.
7 Vgl BayVerfGH, VerfGH 55, 189, 196 mwN.
8 BVerfGE 34, 165 = NJW 1973, 133; vgl auch OVG Greifswald, NordÖR 2004, 219 (Leitsatz) zur Schulentwicklungsplanung.

3 **2. Begriff Schule.** Art. 15 geht von dem überkommenen **Begriff der Schule** aus. Schule ist eine geplante Einrichtung, die von mehreren Schülern besucht wird, in der in mehreren Fächern unterrichtet wird und deren Zweck es ist, die Bildung und Erziehungsziele zu erreichen, die vom Staat oder von einer anderen die Schule bestimmenden Organisation oder Person gesetzt sind, und die von einem räumlichen Beisammensein von Lehrenden und Lernenden geprägt ist. Als Schule ist daher eine Einrichtung nicht anzusehen, die nur der Erlangung bloßer Fertigkeiten dient. Auch Fernunterricht ist nicht Schule, eben so wenig eine Einrichtung, die nur Kurse, Lehrgänge und ähnlichen Unterrichtsveranstaltungen abhält. Im Kontext des Art. 15 gelten als Schulen nicht Einrichtungen in der elementaren Bildung (Kindergärten) – dies wird aus Art. 14 Abs. 2 deutlich – und Hochschulen – Letzteres ergibt sich auch aus Art. 16 Abs. 3. Jedenfalls dem verfassungsrechtlichen Begriff kann das zusätzliche Merkmal, eine Schule müsse geeignet sein, die Schulpflicht zu erfüllen,[9] nicht entnommen werden. Bei der Erfüllung des Kriteriums „Schule" kommt auch dem Lebensalter der Schüler keine Bedeutung zu; daher sind Berufs- und Abendschulen (Abendrealschulen und Abendgymnasien) Schulen. Eine Schule i.S.v. Art. 7 GG muss nach dem jeweiligen Landesrecht als öffentliche Schule bestehen oder mindestens als solche grds. vorgesehen sein;[10] das gilt auch für Art. 15, wie aus Art. 5 Abs. 3 i.V.m. Art. 7 Abs. 4 GG deutlich wird.

II. Aufsicht (Abs. 1)

4 **1. Wesen und Inhalt der Aufsicht. a) Begriff Aufsicht iwS.** Art. 15 Abs. 1 ist inhaltsgleich mit Art. 7 Abs. 1 GG. Die Schulaufsicht[11] umfasst Schulen aller Art und Trägerschaft und die organisatorische und sachliche Gestaltung schulischer Bildung, Ausbildung und Erziehung. Historisch wird damit eine Aufsicht durch Religionsgemeinschaften ausgeschlossen, nicht aber soll der Einfluss der Gesellschaft unterbunden werden, wie Art. 7 Abs. 4 GG belegt.[12] Zur staatlichen Aufsicht gehört die Befugnis der zentralen Ordnung und Organisation des Schulwesens mit dem Ziel, ein Schulsystem zu gewährleisten, das allen jüngeren Bürgern gemäß ihren Fähigkeiten die dem heutigen gesellschaftlichen Leben entsprechenden Bildungsmöglichkeiten eröffnet. Dazu gehören namentlich die strukturellen Festlegungen des Ausbildungssystems, das inhaltliche und didaktische Programm der Lernvorgänge, das Setzen von Lernzielen sowie die Entscheidung darüber, ob und wie weit diese Ziele erreicht worden sind,[13] zudem die organisatorische Gliederung der Schule mit allen dazugehörigen Einzelheiten, wie etwa der Stundenplangestaltung, der Festlegung der Unterrichtszeiten und der sonstigen äußeren Bedingungen des Unterrichts sowie der Einteilung der Schüler in Klassen und der Zuweisung zu bestimmten Schulräumen.[14] Dem Staat obliegt daher die Schulplanung (Rn 6); hierzu gehört auch die Errichtung eines zwischen den verschiedenen Schularten differenzierenden Schulsystems. Zur Schulaufsicht zählen auch Regelungen zur Lehreraus- und -fortbildung.[15] Bei der Festlegung

---

9 So *Rux/Niehues*, Schulrecht Rn 9.
10 BVerfGE 75, 40, 77 = NJW 1987, 2359.
11 Dazu *Rux/Niehues*, Schulrecht, Rn 820 ff.
12 *Boysen*, in: von Münch/Kunig, Art. 7 Rn 39.
13 BVerfGE 59, 360, 377 = NJW 1982, 1375; siehe §§ 95 ff SchulG MV; so bei Schulformen: BVerfG, NJW 1977, 1723 – Einführung der gymnasialen Oberstufe in Hessen; BVerfGE 41, 88, 107 – Einführung der Gemeinschaftsschule in Nordrhein-Westfalen.
14 Vgl BayVerfGH, VerfGH 39, 87, 95; 47, 276, 293 ff.
15 Gesetz über die Lehrerbildung in Mecklenburg-Vorpommern (Lehrerbildungsgesetz – LehbildG MV) v. 4.7.2011 (GVOBl S. 391), zul. geändert durch G. v. 3.12.2013 (GVOBl

von Erziehungsprinzipien, Ausbildungsgängen, Unterrichtszielen und Unterrichtsgegenständen steht den Ländern eine weitgehende Gestaltungsfreiheit zu.[16] Der staatlichen Schulaufsicht sind auch Ordnungs- sowie Gefahrenabwehrmaßnahmen zuzurechnen, die der Schulleiter zur Aufrechterhaltung der Ordnung des inneren Schulbetriebs gegenüber Schülern trifft.[17] Die Schulaufsicht umfasst auch die Dienst-, Fach- und Rechtsaufsicht gegenüber den Schulen (→ Rn 7). Die staatliche Schulaufsicht geht daher weiter als die Staatsaufsicht über den eigenen Wirkungskreis der Landkreise und Gemeinden, soweit es um die Schule als Erziehungs-und Bildungseinrichtung geht.[18]

b) **Schulträgerschaft.** Aus dem in Art. 72 Abs. 1 LV, Art. 28 Abs. 2 GG verankerten Selbstverwaltungsrecht der Gemeinden folgt, dass ihnen grundsätzlich das Recht der **Schulträgerschaft** zusteht.[19] Der Landesgesetzgeber weist demgemäß die Wahrnehmung der Trägerschaft den Gemeinden, Landkreisen und kreisfreien Städten als Pflichtaufgaben des eigenen Wirkungskreises zu (vgl § 102 Abs. 1 SchulG MV), wobei die Gemeinden Schulträger für Grundschulen und Regionale Schulen sind (vgl § 103 Abs. 1 Nr. 1 SchulG MV). Die Entscheidung über die Aufhebung einer Schule, wenn die rechtlichen Voraussetzungen nicht mehr gegeben sind (§ 45 a SchulG MV), trifft der haupt- oder ehrenamtlich tätige Bürgermeister. Hierzu kann er durch eine kommunalaufsichtliche Anordnung angehalten werden.[20] Demgegenüber stellt es sich als Ausnahme dar, dass das Land "Träger von Schulen besonderer Bedeutung und Aufgabenstellung" sein kann (vgl § 103 Abs. 2 S. 1 SchulG MV) und dass "Förderschulen in öffentlicher Trägerschaft mit überregionalem Einzugsbereich" in die Trägerschaft des Landes zu überführen sind (vgl § 132 S. 1 SchulG MV). Solche gesetzlichen Sonderregelungen der Schulträgerschaft verletzen das kommunale Selbstverwaltungsrecht nicht.[21]

5

Die **Schulentwicklungsplanung**[22] soll ein vollständiges und unter zumutbaren Bedingungen erreichbares Bildungsangebot sichern und gewährleisten, dass die personelle Ausstattung der Schulen im Rahmen der Bedarfs- und Finanzplanung des Landes möglich ist. In den Plänen werden der gegenwärtige und zukünftige Schulbedarf sowie die Schulstandorte ausgewiesen. Für den Schulort ist anzugeben, welche Bildungsangebote dort vorhanden sind und für welche Einzugsbereiche sie gelten sollen. Die Schulentwicklungsplanung muss die langfristige Zielplanung und die Durchführungsmaßnahmen unter Angabe der Rangfolge ihrer Verwirklichung enthalten (vgl § 107 Abs. 3 S. 1 und Abs. 5 S. 1, 2 und 5 SchulG MV). Die Schulentwicklungsplanung war zunächst den Landkreisen und den kreisfreien Städten als eine Pflichtaufgabe des eigenen Wirkungskreises übertragen worden (§ 107 Abs. 1 SchulG MV).[23] Ein Eingriff in das kommunale Selbstverwaltungsrecht der Gemeinden lag hierin nicht.[24] Die Übertragung die-

6

S. 695, ber. 2014 S. 55) und das Gesetz zur Förderung der Weiterbildung in Mecklenburg-Vorpommern (Weiterbildungsförderungsgesetz – WBFöG MV) v. 20.5.2011 (GVOBl S. 342).
16 OVG Bautzen, B. v. 9.10.2013 – 2 B 435/13 –.
17 VGH Kassel, B. v. 7.11.2013 – 7 F 2058/13 –.
18 BayVerfGH, Entsch. v. 21.12.1951 – Vf. 104-IV-50 –; *Loschelder*, HdGr, Band IV § 110 Rn 31.
19 BVerfGE 26, 228, 239 = NJW 1969, 1843.
20 OVG Greifswald, Beschl. v. 24.7.2007 – 2 M 90/07 –.
21 OVG Greifswald, Urt. v. 14.10.2009 – 2 L 234/08.
22 Dazu *Rolff*, Schulentwicklung kompakt, 2013; *Rux/Niehues*, Schulrecht, Rn 948 ff.
23 Dazu OVG Greifswald, Beschl. v. 22.9.2011 – 2 M 155/11, NordÖR 2012, 54 (LS).
24 OVG Greifswald, Urt. v. 7.5.2003 – 4 K 30/02, NordÖR 2004, 219 (Leitsatz); vgl auch *Thiel*, Der Erziehungsauftrag des Staates in der Schule, 2000, S. 198 ff. Zu einzelnen Fra-

ser Planung auf die Landkreise darf den Gemeinden nicht jedwede Möglichkeit einer eigenen Schulentwicklungsplanung entziehen.[25] Die Gemeinden sind von Verfassungs wegen zu beteiligen.[26] Seit dem 1.8.2011 ist den Gemeinden gem. § 107 Abs. 2 SchulG MV und § 1 Abs. 1 SEPVO MV[27] nunmehr die Schulentwicklungsplanung als pflichtige Selbstverwaltungsaufgabe und damit dem eigenen Wirkungskreis zugewiesen. Die Aufgaben der Schulentwicklungsplanung und der Schulträgerschaft können kommunalverfassungsrechtlich unterschiedlich ausgestaltet sein.[28] Bei der Bestimmung von Schulbezirken handelt es sich wie bei der Aufhebung einer Schule um eine Planungsentscheidung. Da diese Maßnahme sowohl die Rechtsstellung der schulpflichtigen Kinder als auch die ihrer Erziehungsberechtigten berührt, muss sie dem Gebot der gerechten Abwägung genügen.[29]

7 Die gesetzliche **Schulsprengelpflicht** (§ 45 Abs. 1 S. 3 SchulG MV für Schulen des Primarbereiches sowie berufliche Schulen) als solche ist – in Ausgestaltung des staatlichen Erziehungsauftrags (vgl Art. 7 Abs. 1 GG) – nicht zu beanstanden. Allerdings ist mit zunehmender Einräumung von eigenständigen pädagogischen Profilbildungen in den Grundschulen zu erwarten, dass der Gesetzgeber bei der Gestaltung der Ausnahmeregelungen zur Schulsprengelpflicht darauf Rücksicht nimmt.[30] Teil der staatlichen Schulaufsicht ist es zudem, die Berufsschulpflicht abweichend vom gesetzlichen Regelfall auf eine andere als eine örtlich zuständige Berufsschule zu beziehen.[31]

8 Bei einer **Aufnahmeentscheidung** sind vorrangig diejenigen Kinder zu berücksichtigen, die in dem zugeordneten Schulbezirk wohnen. Übersteigt deren Zahl die ermittelte Aufnahmekapazität der Schule (vgl § 45 Abs. 2 und 3 S. 1 SchulG MV), muss, soweit Gesetz- und Verordnungsgeber (vgl § 45 Abs. 3 S. 2 und 3 SchulG MV) Abwägungskriterien vorgibt, in einem Auswahlverfahren entschieden werden, welche der Bewerber die freien Plätze erhalten sollen. Maßgebend ist, dass diese Schule in zumutbarer Entfernung vom Ort des gewöhnlichen Aufenthalts oder der Ausbildungs- oder Arbeitsstätte des Schülers liegt. Die Anmeldungen werden nach der Entfernung vom gewöhnlichen Aufenthaltsort oder der Ausbildungs- oder Arbeitsstätte zu der Schule verteilt; dabei sind Härtefälle angemessen zu berücksichtigen. Diese Kriterien sind sachgerecht.[32] Ein Anspruch auf Aufnahme in die örtlich unzuständige weiterführende Schule nach § 45 Abs. 23 S. 3 SchulG MV besteht in einem Härtefall. Er liegt vor, wenn unter Berücksichtigung aller Aspekte allein die Gewichtung und Abwägung privater und öffentlicher Interessen zu dem Ergebnis führt, dass die Nachteile für den Schüler ungleich schwerer wiegen als für das öffentliche Interesse an einer geordneten

---

gen der Schulplanung siehe die umfangreiche Rspr des OVG Greifswald, NVwZ-RR 2004, 850; LKV 2005, 452 = NordÖR 2005, 542; NordÖR 2005, 270 und 540; Beschl. v. 6.8.2004 – 2 M 199/04 –; Beschl. v. 1.9.2004 – 2 M 223/04 –; Beschl. v. 28.10.2004 – 2 M 267/04 –.
25 BbgVerfG, Urt. v. 17.7.1997 – 1/97, LVerfGE 7, 74.
26 BayVerfGH, Beschl. v. 22.7.1983 – Vf. 120-VI-82, VerfGHE 36, 113.
27 Verordnung über die Schulentwicklungsplanung in Mecklenburg-Vorpommern (Schulentwicklungsplanungsverordnung – SEPVO MV) vom 4.10.2005 (Mittl.bl. BM S. 995).
28 Dazu OVG Greifswald, Beschl. v. 22.9.2011 – 2 M 155/11, NordÖR 2012, 54 (LS).
29 OVG Lüneburg, Urt. v. 22.4.2013 – 2 KN 57/11, NdsVBl 2013, 243; OVG Lüneburg, Beschl. v. 8.4.2014 – 2 MN 352/13 -.
30 BVerfG, Beschl. v. 19. 6. 2013 – 1 BvR 2253/09, NJW 2013, 2813.
31 VGH Mannheim, Urt. v. 22.5.2013 – 9 S 1367/12, VBlBW 2013, 461.
32 Vgl OVG Bautzen, Beschl. v. 29.8.2013 – 2 B 416/13 –.

Schulorganisation,[33] etwa weil die Verweigerung des Besuchs der Wunschschule für den Schüler (notwendige begleitende Behandlung kann an der Pflichtschule nicht fachkundig geleistet werden)[34] oder ein besonderer Leidensdruck des Kindes besteht, nicht mit dem Geschwister in dieselbe Schule zu gehen.[35] Maßgebend können auch die Belange der Eltern sein, wenn der Schulbesuch in der örtlich zuständigen Schule mit außergewöhnlichen schweren Belastungen verbunden ist, etwa massive und bedrohliche Burnout-Symptomatik der Mutter,[36] oder an der Pflichtschule die Betreuung des Grundschulkindes nicht gewährleistet ist und deshalb ein Elternteil seine Arbeitsstelle aufgeben müsste.[37] Zu berücksichtigen sind auch Unterschiede der Schul- und Unterrichtsgestaltung.[38] Nach § 45 Abs. 4 SchulG MV besteht umgekehrt kein Anspruch auf Aufnahme in eine bestimmte Schule, wenn nach dem Ablauf der Anmeldefrist feststeht, dass die Zahl der Anmeldungen niedriger ist, als für einen geordneten Schulbetrieb und eine sinnvolle Unterrichts- und Erziehungsarbeit notwendig, insbesondere dann, wenn durch oder aufgrund dieses Gesetzes festgelegte Schülermindestzahlen nicht erreicht werden.

c) **Aufsicht ieS.** Die Schulbehörden üben die **Dienst-, Fach- und Rechtsaufsicht** 9 gegenüber den Schulen aus. Sie umfasst Qualitätssicherung und Qualitätskontrolle, Personalführung, Personalentwicklung und Personaleinsatz sowie die Sicherung der Zusammenarbeit mit Schulträgern und außerschulischen Einrichtungen.[39] Aufsicht findet allein im öffentlichen Interesse statt.[40] Für die Rechtsaufsicht über die Schulträger bei der Erfüllung ihrer Aufgaben nach dem Schulgesetz oder auf Grund dieses Gesetzes sind allein die Schulbehörden zuständig (§ 97 Abs. 1 Nr. 3 und 6 SchulG MV). Sie haben auch ein Selbsteintrittsrecht.[41] Die Schulträger sind insoweit der Kommunalaufsicht entzogen.[42] Fachaufsichtsrechtliche Maßnahmen in Angelegenheiten des übertragenen Wirkungskreises haben grundsätzlich keine Außenwirkung und verletzen ihren Adressaten nicht in eigenen Rechten.[43]

d) **Stellung der Lehrer.** Die Tätigkeit eines Lehrers[44] an einer allgemeinbilden- 10 den staatlichen oder staatlich anerkannten Schule ist nicht hoheitlich geprägt. Sie ist nicht die Ausübung einer genuin hoheitsrechtlichen Befugnis, die mit Blick auf Art. 33 Abs. 4 GG in der Regel Beamten zu übertragen wäre.[45] Daraus wird gefolgert, dass eine Verbeamtung von Lehrern – wie in MV ab 1.8.2014 vorgesehen[46] – aus verfassungsrechtlichen Gründen ausscheidet und dass für

---

33 VGH Mannheim, Beschl. v. 10.10.1991 – 9 S 1523/91 – BWVPr 1992, 42; VGH Kassel, Beschl. v. 28.8.1989 – 6 TG 2598/89 –; OVG Münster, Beschl. v. 25.8.2006 – 19 B 1256/06, 19 E 748/06 –; OVG Bautzen, Beschl. v. 16.8.2012 – 2 B 270/12 –.
34 OVG Greifswald, Beschl. v. 31.7.2013 – 2 M 151/13 –.
35 OVG Greifswald, Beschl. v. 31.7.2013 – 2 M 152/13 –.
36 OVG Greifswald, Beschl. v. 31.7.2013 – 2 M 152/13 –.
37 So VG Meiningen, Urt. v. 8.8.2013 – 1 K 294/13 Me.
38 BVerfG, Beschl. v. 19. 6. 2013 – 1 BvR 2253/09, NJW 2013, 2813.
39 Zur Aufsicht im Verhältnis zur pädagogischen Freiheit des Lehrers *Thiel* (Fn 24), S. 158 ff; zum Beanstandungsrecht OVG Greifswald, NVwZ-RR 2004, 850; zum Selbsteintrittsrecht OVG Greifswald, Beschl. v. 1.9.2004 – 2 M 234/04 –.
40 OVG Greifswald, NVwZ-RR 2004, 850.
41 OVG Greifswald, Beschl. v. 1.9.2004 – 2 M 234/04 –.
42 Vgl OVG Magdeburg, B. v. 4.11.2013 – 4 M 224/13 –.
43 OVG Greifswald, Beschl. v. 22.9.2011 – 2 M 155/11, NordÖR 2012, 54 (LS).
44 Zum Lehrerdienstrecht *Rux/Niehues*, Schulrecht Rn 1073 ff.
45 BAG, Urt. v. 25.4.2013 – 2 AZR 960/11; BVerwG, Urt. v. 27.2.2014 – 2 C 1/13.
46 http://www.bildung-mv.de/artikel/die-haeufigsten-fragen-zur-verbeamtung-von-lehrer-innen/ (19.5.2014).

„Bestandsbeamte" dann besondere beamtenrechtliche Regelungen getroffen werden, z.B. hinsichtlich der Möglichkeit von Tarifverhandlungen und Streiks.[47] Bei der Frage einer Teilzeitbeschäftigung gegen den Willen der Lehrer können das Gebot der Schulförderung und das Sozialstaatsprinzip als allg. Verfassungsgebot bzw als Staatszielbestimmung mit dem Individualrecht der Beamten auf Vollzeitbeschäftigung und Vollalimentation konkurrieren.[48]

11 **2. Verhältnis zum Elternrecht und den Rechten der Schüler. a) Elternrecht.** Art. 15 ist im Zusammenhang mit dem **Elternrecht** nach Art. 5 Abs. 3 iVm Art. 6 Abs. 2 S. 1 GG zu sehen, wonach die Pflege und Erziehung der Kinder als das natürliche Recht der Eltern anzusehen ist und sie zuvörderst ihnen als Pflicht obliegt.[49] Alleinige Aufgabe der Eltern ist es, über den „Gesamtplan" der Erziehung zu entscheiden und umzusetzen.[50] Es umschließt grds die freie Wahl zwischen den verschiedenen Bildungswegen, die der Staat in der Schule zur Verfügung stellt.[51] Diese primäre Entscheidungszuständigkeit der Eltern, die auch in den schulischen Bereich hineinreicht, nimmt sogar die Möglichkeit in Kauf, dass das Kind durch einen Entschluss der Eltern Nachteile erleidet, die bei objektiv vernünftiger Entscheidung vermeidbar wären.[52] Die Vorschrift gewährleistet jedoch keinen ausschließlichen Erziehungsanspruch der Eltern.[53] Zwar ist der Staat gehalten, den elterlichen Gesamtplan bei Ausgestaltung seiner Maßnahmen zu achten und dabei vor allem im Schulangebot offen zu sein. Seine Befugnisse überschreitet der Staat aber erst dann, wenn er die Grundrechtsposition der Eltern in unverhältnismäßiger Weise einschränkt und dadurch den spezifischen Kernbereich des Elternrechts verletzt.[54]

12 Art. 6 Abs. 2 S. 1 GG i.V.m. Art. 4 Abs. 1 GG gewährleistet das Recht der Eltern zur Kindererziehung in **religiöser und weltanschaulicher** Hinsicht.[55] Aus den verfassungsimmanenten Schranken des elterlichen Erziehungsrecht, zu denen der dem Staat in Art. 7 Abs. 1 GG erteilte Erziehungsauftrag gehört, erfährt das durch die zur Konkretisierung dieses staatlichen Auftrags erlassene allgemeine Schulpflicht in grundsätzlich zulässiger Weise eine Beschränkung. Im Einzelfall sind Konflikte zwischen dem Erziehungsrecht der Eltern und dem Erziehungsauftrag des Staates nach den Grundsätzen der praktischen Konkordanz zu lösen. Dabei darf der Staat zwar auch unabhängig von den Eltern eigene Erziehungsziele verfolgen, muss aber Neutralität und Toleranz gegenüber den erzieherischen Vorstellungen der Eltern aufbringen.[56] (→ siehe auch Rn 38 ff.)

---

47 *Von der Weiden*, jurisPR-BVerwG 10/2014 Anm. 2.
48 OVG Münster, Beschl. v. 22.10.2003 – 6 A 856/02 –; siehe aber OVG Lüneburg, OVGE 49, 322 = NordÖR 2002, 134 und dazu *Schlacke*, NordÖR 2002, 345 und nachfolgend BVerwGE 110, 363 = NJW 2000, 2521.
49 Dazu *Rux/Niehues*, Schulrecht Rn. 157 ff.
50 *Loschelder*, HdGr, Band IV § 110 Rn 35 unter Hinweis auf BVerfGE 34, 165, 71 f.
51 BVerfGE 34, 165.
52 Vgl BVerfGE 34, 165, 184; 60, 79, 94.
53 BVerfGE 34, 165, 183; 98, 218, 245; vgl auch BVerwGE 79, 298, 301.
54 BayVerfGH, VerfGH 55, 189, 196.
55 Allgemein *Frenz*, Jura 2013, 999; *Heinig*, KuR 2013, 8.
56 BVerfG 1. Senat 3. Kammer, B. v. 21.7.2009 – 1 BvR 1358/09, NJW 2009, 3151 – Verstoß gegen die Schulpflicht aus religiösen Gründen; s. a. BVerfG 1. Senat 2. Kammer, B. v. 15.3.2007 – 1 BvR 2780/06 – BVerfGK 10, 423 = NVwZ 2008, 72; Ethikunterricht, Pflichtfach Ethik (Berlin); BVerwG, U. v. 11.9.2013 – 6 C 25/12, NVwZ 2014, 81 – Befreiung vom koedukativen Schwimmunterricht; BVerwGE 141, 223 – Beten außerhalb der Unterrichtszeit, *Munsonius*, DÖV 2013, 93; *Muckel*, JA 2012, 235; Hufen, JuS 2012, 663; *Skrzypczak/Hörich*, LKV 2012, 449; *Wiese*, NordÖR 2012, 436; ablehnend *Beaucamp*, LKV 2013, 537; kritisch *Rubin*, Jura 2012, 718; kritisch auch *Enders*, JZ 2012, 363; s.a. *Winkler*, LKRZ 2013, 190 – Religionsunterricht mit Kopftuch.

Mitwirkungsrechte der Eltern sind in Art. 15 nicht geregelt. Aus Art. 5 Abs. 3 iVm Art. 6 Abs. 2 S. 1 GG ergibt sich lediglich ein individuelles Recht der Eltern auf Unterrichtung über Vorgänge in der Schule, deren Verschweigen die Ausübung des individuellen elterlichen Erziehungsrechts beeinträchtigen könnte. Konkrete Mitwirkungs- oder gar Mitbestimmungsrechte der Eltern in der Schulselbstverwaltung oder eine Garantie für eine gemeinschaftliche elterliche Mitwirkung in schulischen Angelegenheiten (kollektives Elternrecht) lassen sich hieraus nicht herleiten.[57] Informations-und Beteiligungsansprüche der Eltern werden in §§ 55 ff. und 73 ff. SchulG MV näher geregelt.[58] Abwehransprüche gegen **Organisationsakte** des Staates können nur bestehen, wenn eine nicht mehr hinnehmbare Belastung für Eltern oder Schüler eintritt.[59] Das Elternrecht muss auch bei der Ausgestaltung der **Schulsozialarbeit** berücksichtigt werden.[60]

13

b) **Schülerrechte.** Die staatliche Aufsicht begründet kein besonderes Gewaltverhältnis, in dem die Schüler und Eltern zu der Schulverwaltung stehen.[61] Die **Grundrechte der Schüler** liegen in erster Linie landesverfassungsrechtlich in Art. 6 (Datenschutz),[62] Art. 8 (Chancengleichheit), Art. 9 sowie in (Art. 5 Abs. 3 iVm) Art. 2 Abs. 1 GG,[63] Art. 4 GG (Glaubensfreiheit), Art. 5 (Meinungs- und Kunstfreiheit) und Art. 12 GG (Berufsfreiheit). Die Grundrechte stehen aber unter dem Vorbehalt der dem Staat gemäß Art. 15 Abs. 1 obliegenden Schulaufsicht.[64]

14

III. Förderung des Schulwesens

1. Öffentliches Schulwesen (Abs. 2 S. 1). Land, Gemeinden und Kreise sorgen für ein ausreichendes und vielfältiges öffentliches Schulwesen. Auf welche Weise sie sich in diese Aufgabe einzubringen haben, ist nicht geregelt. So „sorgt" etwa das Land für das öffentliche Schulwesen auch dadurch, dass es die einschlägigen Gesetze und Verordnungen erlässt und Aufgaben der Schulaufsicht wahrnimmt. Insbesondere trifft die Norm keine Bestimmung darüber, dass die **Schulträgerschaft** etwa gleichrangig bei Land, Gemeinden und Kreisen liegen kann (→ Rn 5). Aus Art. 15 Abs. 2 S. 1 folgt nicht, dass das Land für Schulen in seiner Trägerschaft keine Schulkostenbeiträge erheben darf. Daher bestand gegen die Änderung von § 115 SchulG MV, die das Land rückwirkend zur Erhebung von Schulkostenbeiträgen für die in seine Trägerschaft übernommenen Schulen ermächtigte, – auch aus Art. 72 Abs. 2 – keine Bedenken.[65] **Privatschulen** werden in Abs. 2 nicht genannt. Ihre besondere Förderungspflicht ergibt sich aus Art. 5 Abs. 3 iVm Art. 7 Abs. 4 GG (→ Rn 20 ff.).

15

Für die Eltern besteht zwar kein Recht, dass der Staat eine bestimmte Schulform zur Verfügung stellen muss. Allerdings kann die Grenze des verfassungsrechtlich Zulässigen dort liegen, wo das Wahlrecht und Bestimmungsrecht der Eltern angesichts der vorhandenen obligatorischen Schulformen mit einem vom Staat einseitig festgelegten Bildungsziel obsolet wird und leerläuft.[66] Der Staat muss da-

---

57 BVerfGE 59, 360, 377 = NJW 1982, 1375; siehe aber §§ 73 ff SchulG MV.
58 *Bley*, Schulrecht MV, Nr. 10.00 Ziff. 4.
59 Vgl BVerfGE 45, 400, 415 ff; VGH München, BayVBl 1990, 244.
60 *Kunkel*, ZKJ 2013, 192.
61 Vgl *Sachs*, NWVBl 2004, 209; *Rux/Niehues*, Schulrecht Rn 21 ff.
62 Zum Datenschutz im Schulbereich §§ 70-72 SchulG MV und *Rux/Niehues*, Schulrecht, Rn 546 ff.
63 Dazu BVerfGE 53, 185 = NJW 1980, 2403 – gymnasiale Oberstufe.
64 Vgl BayVerfGH, VerfGE 47, 276, 293 ff.
65 OVG Greifswald, Urt. v. 14.10.2009 – 2 L 234/08 –.
66 BVerfGE 45, 400, 415 = NJW 1977, 1723.

Sauthoff

her in zumutbarer Erreichbarkeit ein Schulwesen zur Verfügung stellen, das ein differenziertes **Schulangebot** enthält.[67]

Ein Grundsatz, dass der **Unterricht unentgeltlich** ist, ist in der LV nicht ausdrücklich enthalten. Er gilt jedoch grds. gem. der Förderpflicht, soweit die Schulpflicht reicht.[68] Es ist außerdem durch Art. 13 Abs. 2 des internationalen Paktes über wirtschaftliche, soziale und kulturelle Rechte vom 19. Dezember 1966 garantiert, wonach die Vertragsstaaten anerkennen, dass der Grundschulunterricht allen unentgeltlich zugänglich sein muss und die verschiedenen Formen des höheren Schulwesens durch allmähliche Einführung der Unentgeltlichkeit jedermann zugänglich gemacht werden müssen.[69] Damit geht die Ansicht, aus Abs. 2 S. 1 folge nicht, dass das Land für Schulen in seiner Trägerschaft keine Schulkostenbeiträge erheben dürfe,[70] zu weit. Im übrigen wird vom Grundsatz her einfachrechtlich Lernmittelfreiheit gewährt; jedoch sind in gewissem Umfang gesetzliche Einschränkungen zulässig.[71] Es lässt sich auch kein allg. Recht auf schulgeldfreien Besuch höherer Schulen oder auf teilweisen Schulgeldersatz oder auf Kostentragung für die notwendige Beförderung auf dem Schulweg herleiten.[72]

16 **2. Privatschulen. a) Grundlagen.** Eine öffentliche Schule steht in der Trägerschaft eines öffentlichen Schulträgers, etwa einer Gemeinden, eines Landkreises oder des Landes. Schulträger einer privaten Schule kann jede natürliche oder juristische Person des privaten Rechts sein. Eine Beteiligung öffentlicher Schulträger an der Trägerschaft und/oder der Geschäftsführung einer privaten Ersatzschule ist grundsätzlich ausgeschlossen. Das **Privatschulwesen** ist in der LV nicht explizit angesprochen. Nach Art. 5 Abs. 3 i.V.m. Art. 7 Abs. 4 S. 1 GG ist das Recht zur Errichtung von privaten Schulen gewährleistet.[73] Die Privatschule ist dadurch gekennzeichnet, dass in ihr ein eigenverantwortlich geprägter und gestalteter Unterricht erteilt wird insbesondere im Hinblick auf die Erziehungsziele, die weltanschauliche Basis, die Lehrmethode und die Lehrinhalte. Damit wird dem staatlichen Schulmonopol eine Absage erteilt.[74]

17 Art. 7 Abs. 4 S. 2 und 3 GG trifft besondere Bestimmungen zur Ersatzschulen. Voraussetzung für **Ersatzschulen ist,** dass sie in ihren Bildungs- und Erziehungszielen im Wesentlichen Bildungsgängen und Abschlüssen entsprechen, die bei staatlichen Schulen vorhanden oder vorgesehen sind.[75] Wegen der im verfassungsrechtlichen Ersatzschulbegriff angelegten Akzessorietät des Ersatzschulwesens zum öffentlichen Schulwesen ist auch hinzunehmen, dass einer Privatschule unter Umständen in einem Land die Ersatzschulqualität abzusprechen ist, obwohl sie ihr in einem anderen Land zukäme.[76] Privatschulen sind aber auch sol-

---

67 Vgl *Ennuschat*, in: Löwer/Tettinger, Art. 8 Rn 32 ff.
68 Vgl Art. 129 Abs. 2 BayVerf; Art. 9 Abs. 1 VerfNRW; Art. 102 Abs. 4 S. 1 SächsVerf, dazu OVG Bautzen, Urt. v. 17.4.2012 – 2 A 520/11, SächsVBl 2012, 235.
69 BGBl 1976 II S. 428; vgl VG Hamburg, Urt. v. 22.12.2008 – 15 K 656/07 – mwN; zur Verbindlichkeit des Pakts als Bundesrecht BVerwG, Urt. v. 29.4.2009 – 6 C 16/08, BVerwGE 134, 1.
70 So OVG Greifswald, Urt. v. 14.10.2009 – 2 L 234/08 –.
71 OVG Greifswald, Beschl. v. 20.2.2007 – 1 L 270/06 – Kostenbeitrag nach § 54 Abs. 2 S. 3 SchulG MV für Gegenstände und Materialien, die im Unterricht bestimmter Fächer verarbeitet und danach von den Schülern verbraucht werden oder ihnen verbleiben.
72 BayVerfGH, Entsch. v. 28.10.2004 – Vf. 8-VII-03 –.
73 LVerfG MV, Urt. v. 18.9.2001 – 1/00, LKV 2002, 27.
74 VerfG MV. Urt. v. 9.12.2010 – 6/09, NVwZ-RR 2011, 221 = NordÖR 2011, 118.
75 Vgl BVerfGE 27, 195, 200; 90, 107, 114. Siehe auch BVerfGE 75, 40, 62; BVerfGE 112, 74 = NVwZ 2005, 923.
76 BVerwG, Beschl. v. 28.11.2012 – 6 B 46/12.

che, die nicht Ersatzschulen sind, sondern das **Bildungsangebot ergänzen** sollen, etwa Sprach- oder Schauspielschulen. Diese Schulen fallen aber nicht unter Art. 7 Abs. 4 GG.[77] Die **Ersatzschuleigenschaft** bestimmt sich primär anhand äußerer Strukturmerkmale wie insbesondere der Schulform sowie der Art und Dauer des Bildungsgangs. Dies schließt monoedukative Ersatzschulen ein. Pädagogisch-konzeptionelle Gegebenheiten sind in die Prüfung der Ersatzschuleigenschaft nur dann einzubeziehen, wenn die Privatschule im Hinblick auf äußere Strukturmerkmale von den im öffentlichen Schulwesen vorhandenen oder grundsätzlich vorgesehenen Typen abweicht.[78] Art. 7 Abs. 4 GG ist ein echtes Grundrecht.[79] Zugleich liegt darin eine Einrichtungs- und Institutsgarantie.[80] Gleichwertige Ersatzschulen dürfen im Verhältnis zu staatlichen Schulen nicht allein wegen ihrer andersartigen Erziehungsformen und -inhalte verhindert werden.[81]

b) Inhalt des Unterrichts, Genehmigung. Geschützt ist das Recht, **Prägung und** 18 **Ausgestaltung** des in der Privatschule erteilten **Unterrichts** – insb. im Hinblick auf die Erziehungsziele, die weltanschauliche Basis, die Lehrmethode und die Lehrinhalte – eigenverantwortlich zu bestimmen. Damit verbunden ist die Freiheit des Privatschulträgers, für seine Schule die **Schüler** so **auszuwählen**, dass ein seinen Vorstellungen entsprechender Unterricht durchgeführt werden kann.[82] Die **staatliche Bestimmungsmacht** gegenüber Ersatzschulen in Erziehungsfragen ist auf das beschränkt, was als Wert- und Ordnungsvorstellung schon kraft verfassungsrechtlicher Vorgaben, mindestens aber aufgrund eines allgemein für verbindlich erachteten gesellschaftlichen Minimalkonsenses zweifelsfrei nicht Gegenstand legitimer abweichender Betrachtung sein kann. Die Einschätzung der Schulbehörde, dass ein der Ersatzschule verbindlich vorgegebenes Erziehungsziel nicht erreicht werden kann, hat mit Blick auf die von der Privatschulfreiheit umfasste Freiheit der Methoden- und Formenwahl nur dann Vorrang vor einer gegenteiligen Einschätzung des privaten Schulträgers, wenn sie sich auf einen im Wesentlichen gesicherten, in der Fachwelt weitgehend anerkannten wissenschaftlichen Erkenntnisstand stützen kann.[83]

Gem. Art. 5 Abs. 3 und Art. 7 Abs. 4 S. 2 bis 4 GG bedürfen Ersatzschulen der 19 **Genehmigung** des Staates (vgl §§ 119 ff. SchulG MV).[84] Das Genehmigungserfordernis hat den Sinn, die Allgemeinheit vor unzureichenden Bildungseinrichtungen zu schützen. Als Voraussetzung der Zulassung wird daher keine Gleichartigkeit, sondern eine Gleichwertigkeit der Privatschule mit öffentlichen Schulen verlangt.[85] Bei Erfüllung der Voraussetzungen nach Art. 7 Abs. 4 S. 3 und

---

77 *Boysen*, in: von Münch/Kunig, Art. 7 Rn 89; vgl BVerwG, Urt. v. 28.10.2004 – 2 C 38/03, DVBl 2005, 511 – staatlich anerkannte private Fachhochschule.
78 BVerwG, Urt. v. 30.1.2013 – 6 C 6/12, BVerwGE 145, 333 = NVwZ-RR 2013, 363.
79 BVerfG, Urt. v. 8.4.1987 – 1 BvL 8/84, 1 BvL 16/84, BVerfGE 75, 40, 60; LVerfG MV, Urt. v. 18.9.2001 - 1/00, LKV 2002, 27.
80 *Boysen*, in: von Münch/Kunig, Art. 7 Rn 7 mwN.
81 LVerfG MV. Urt. v. 9.12.2010 - 6/09, NVwZ-RR 2011, 221 = NordÖR 2011, 118.
82 Vgl BVerfGE 112, 74 = NVwZ 2005, 923.
83 BVerwG, Urt. v. 30.1.2013 – 6 C 6/12, BVerwGE 145, 333 = NVwZ-RR 2013, 363; dazu *Neumann*, jurisPR-BVerwG 8/2013 Anm. 1; vgl auch BVerfG 1. Senat 3. Kammer, Beschl. v. 8.6.2011 – 1 BvR 759/08, 1 BvR 733/09, BVerfGK 18, 469 = NVwZ 2011, 1384.
84 Dazu *Vogel*, DÖV 2008, 895.
85 BVerfG 1. Senat 3. Kammer, Beschl. v. 8.6.2011 – 1 BvR 759/08, 1 BvR 733/09, BVerfGK 18, 469 = NVwZ 2011, 1384 unter Hinweis auf BVerfG, Beschl. v. 9.3.1994 – 1 BvR 682/88, BVerfGE 90, 107, 122

S. 4 GG besteht ein Rechtsanspruch auf Genehmigung.[86] Die Lehrziele iSd Art. 7 Abs. 4 S 3 GG können in "Erziehungsziele" einerseits und die "Qualifikation" andererseits eingeteilt werden. Für die Feststellung der Gleichwertigkeit kommt es im Hinblick auf die "Qualifikation" darauf an, ob die von der Ersatzschule vermittelten fachlichen Kenntnisse und die Allgemeinbildung dem nach geltendem Recht vorgeschriebenen Standard öffentlicher Schulen entsprechen. Relevant sind demnach die im jeweiligen Landesschulrecht für die betreffende Schulart getroffenen Aussagen über die zu vermittelnde Qualifikation, die aber erst bei Abschluss des schulischen Bildungsgangs im Sinne eines Gesamtergebnisses erreicht sein muss. Die Genehmigung setzt auch voraus, dass eine Sonderung der Schüler nach den Besitzverhältnissen der Eltern nicht gefördert wird. Die Genehmigung ist zudem zu versagen, wenn die wirtschaftliche und rechtliche Stellung der Lehrkräfte nicht genügend gesichert ist oder die wissenschaftliche Ausbildung ihrer Lehrkräfte hinter den öffentlichen Schulen zurücksteht. Offen ist die Frage, ob von Verfassungs wegen die Feststellung der Gleichwertigkeit der Ausbildung an formalisierte Ausbildungsgänge und Prüfungen gebunden werden darf.[87] Jedenfalls enthält § 120 Abs. 2 S. 2 SchulG MV eine Öffnungsklausel, wonach der Nachweis auch aufgrund anderweitig erbrachter Leistungen geführt werden kann. Höchstrichterlich ebenfalls nicht geklärt ist, ob die Genehmigung auch angesichts des Grundrechts eines Schülers aus Art. 7 Abs. 4 GG versagt werden kann, wenn dadurch der Bestand und die Funktionsfähigkeit staatlicher Berufsschulen gefährdet wird oder die Errichtung der privaten Ersatzschule zur Folge hätte, dass in anderen Regionen in einer zumutbaren Entfernung keine entsprechende staatliche Schule eines bestimmten Bildungsganges mehr vorgehalten werden kann.[88] Bei der Beurteilung fachlicher Fragen im Schulgenehmigungsrecht hat das Tatsachengericht auf die Kompetenz von Sachverständigen zurückzugreifen, um auf der Grundlage dieser Aufklärung die Unrichtigkeit von Verwaltungsentscheidungen ausschließen zu können.[89]

20 c) **Schutz- und Förderpflicht.** Die Pflicht des Staates aus Art. 5 Abs. 3 iVm Art. 7 Abs. 4 GG, private Ersatzschulen zu **schützen und zu fördern**, bedeutet, dass er die Existenz der Ersatzschulen als Institution zu sichern hat. Der Staat muss verhindern, dass das Grundrecht als subjektives Recht wegen der seinem Träger durch Art. 7 Abs. 4 S. 3 und 4 GG auferlegten Bindungen praktisch kaum noch wahrgenommen werden kann; insofern kann sich aus Art. 7 Abs. 4 GG über dessen Abwehrcharakter hinaus ein Anspruch auf staatliche Förderung ergeben. Private Schulträger sind in aller Regel nicht mehr in der Lage, aus eigener Kraft gleichzeitig und auf Dauer sämtliche Anforderungen zu erfüllen, die das Grundgesetz in Art. 7 Abs. 4 S. 3 und 4 an die Ersatzschulen stellt; diese sind nur mit hohem Kostenaufwand zu erfüllen. Die hierfür erforderlichen erheblichen Kosten können wegen des Sonderungsverbotes des Art. 7 Abs. 4 S. 4 GG nicht in vollem Umfang über Schulgelder gedeckt werden.[90] Schutz und Förderung müssen so ausgestaltet werden, dass auch Neugründungen praktisch mög-

---

86 Vgl BVerwG, NVwZ 2001, 919, 920 mwN.
87 Offen lassend BVerfG 1. Senat 3. Kammer, B. v. 7.2.2011 – 1 BvR 188/11 zu OVG Greifswald, B. v. 20.1.2011 – 2 M 3/11.
88 OVG Greifswald, Beschl. v. 19.6.2013 – 2 M 5/13 –; in diese Richtung aber OVG Greifswald, Beschl. v. 20.12.2006 – 2 L 158/05 –; kritisch *Avenarius,* Die Herausforderung des öffentlichen Schulwesens durch private Schulen, 2011, S. 25 ff. Zur Praxis in Brandenburg *Pecker,* LKV 2013, 486.
89 OVG Greifswald, Beschl. v. 31.7.2009 – 2 L 111/09 –.
90 LVerfG MV, Urt. v. 18.9.2001 – 1/00, LKV 2002, 27.

lich bleiben.[91] **Ersatzschulen** muss es grundsätzlich möglich sein, die Bildungsaufgaben wahrzunehmen, die den verschiedenen öffentlichen Schulen gesetzlich zugewiesen sind.[92] Der Staat ist gehalten, für Schulvielfalt Sorge zu tragen und schulischen Wettbewerb zwischen dem öffentlichen Schulwesen und den privaten Ersatzschulen unter fairen Bedingungen auch gegen sich selbst offen zu halten.[93] Art. 7 Abs. 4 GG ist allerdings nur dann Maßstab, wenn ohne die finanzielle Förderung die Ersatzschule als Institution existentiell gefährdet wäre.[94] Es wäre systemwidrig, wenn für die Gewährung der Finanzhilfe dem Grunde nach und für die Auszahlung einer bewilligten Leistung unter dem Gesichtspunkt des Art. 7 Abs. 4 GG unterschiedliche Maßstäbe angelegt würden. Besteht nach diesem Grundrecht mangels einer Existenzgefährdung kein Anspruch auf finanzielle Zuwendung, können aus ihm auch keine Rechte im Zusammenhang mit der Auszahlung einer auf der Grundlage des einfachen Rechts dem Grunde nach bewilligten Leistung hergeleitet werden. Danach kann der Gesetzgeber einen dem Grunde nach eingeräumten Anspruch auf Zahlung von Baukostenersatz zeitlich nach Maßgabe der im Staatshaushalt ausgebrachten Mittel aufschieben und somit dessen Erfüllung „von Jahr zu Jahr mit den haushaltsmäßigen Möglichkeiten" abstimmen.[95] Die LV enthält keine Garantie des Inhalts, dass, soweit Schulen in freier Trägerschaft die Aufgaben von Schulen in öffentlicher Trägerschaft wahrnehmen, sie Anspruch auf finanziellen Ausgleich haben, wenn sie Unterricht und Lernmittel unentgeltlich gewähren.[96]

Die Verfassung gebietet dabei hinsichtlich des Umfangs der staatlichen Förderung **keine volle Übernahme der Kosten**. Der Staat ist vielmehr nur verpflichtet, einen Beitrag bis zur Höhe des Existenzminimums der Institution Ersatzschulwesen zu leisten, wobei selbstverständlich ist, dass jeder Ersatzschulträger angemessene Eigenleistungen erbringen muss. Art. 7 Abs. 4 GG geht von dem herkömmlichen Bild der Privatschule[97] aus, die ihre Existenz dem ideellen und materiellen Engagement ihrer Gründer und Träger verdankt. Der Schulträger kann dabei seine Eigenleistungen außer durch Schulgeldeinnahmen – welche allerdings in der Höhe verfassungsrechtlich ihrerseits begrenzt sind - beispielsweise auch durch Spenden oder Zuschüsse der hinter ihm stehenden und die Schule in einem weiteren Sinne tragenden finanzstarken Kräfte oder durch Aufnahme von Krediten erbringen. Er kann nicht erwarten, dass der Staat sämtliche Kosten übernimmt, die jenseits grundgesetzkonformer Schulgeldeinnahmen zu decken sind.[98] Zudem steht die staatliche Förderpflicht auch unter dem Vorbehalt des- 21

---

91 LVerfG MV, Urt. v. 18.9.2001 – 1/00, LKV 2002, 27; LVerfG MV, Urt. v. 9.12.2010 - 6/09, NVwZ-RR 2011, 221 = NordÖR 2011, 118; kritisch zu diesem Argument *Boysen*, in: von Münch/Kunig, Art. 7 Rn 92.
92 VerfGH Sachsen, Urt. v. 15.11.2013 – Vf. 25-II-12, SächsVBl 2014, 83; dazu *Harzendorf*, SächsVBl 2014, 77; BayVerfGH, Urt. v. 17.02.2011 – 7 BV 10.3030, 7 BV 09.1827, VGHE 64, 26. Siehe §§ 116 ff, insb. §§ 127-131 SchulG MV, Verordnung für Schulen in freier Trägerschaft (Privatschulverordnung – PschVO MV) vom 2.6.2010 (GVOBl S. 450), zuletzt geändert durch Verordnung vom 28.8.2013 (GVOBl S. 540) und Privatschulen-Kostensatzverordnung 2013/2014 – PrivSchKSVO MV 2013/2014) vom 18.7.2013 (GVOBl S. 494). Allerdings ist eine Systemänderung vorgesehen.
93 LVerfG MV, LVerfGE 12, 227, 241.
94 Kritisch dazu *Loschelder*, HdGr, Band IV § 110 Rn 78.
95 BVerwG, Beschl. v. 25.8.2011 – 6 B 16/11 zu BayVGH, Urt. v. 17.2. 2011 – 7 BV 10.3030, BayVBl 2011, 407.
96 Art. 102 Abs. 5 2 SächsVerfG, dazu VerfGH Sachsen, Urt. v. 15.11.2013 – Vf. 25-II-12, SächsVBl 2014, 83; dazu *Harzendorf*, SächsVBl 2014, 77.
97 Kritisch zu dieser Annahme *Vogel*, RdJB 1998, 206.
98 BVerfG 1. Senat 1. Kammer, Beschl. v. 4.3.1997 – 1 BvL 26/96 –.

sen, was von der Gesellschaft vernünftigerweise erwartet werden kann. Darüber hat in erster Linie der Landesgesetzgeber im Rahmen seiner Gestaltungsfreiheit in eigener Verantwortung zu entscheiden. Auch hat er andere Gemeinschaftsbelange und die Erfordernisse des gesamtwirtschaftlichen Gleichgewichts (vgl Art. 109 Abs. 2 GG) zu berücksichtigen; er bleibt daher befugt, die nur begrenzt verfügbaren öffentlichen Mittel auch für andere wichtige Gemeinschaftsbelange einzusetzen.[99] Modalitäten der Bemessung von Förderhilfen können demnach keine Bedenken aufwerfen, solange hierdurch im Ergebnis die Ersatzschule als Institution nicht gefährdet erscheint.[100] Ersatzschulen haben demgemäß jedenfalls keinen verfassungsrechtlichen Anspruch darauf, eine bessere Ausstattung als vergleichbare öffentliche Schulen zu erhalten. Verfassungsrechtlich ist daher nicht zu beanstanden, wenn sich die Schulkostenbeiträge, die an die Träger von Ersatzschulen zu leisten sind, nach den Kosten der jeweils zuständigen Schule in öffentlicher Trägerschaft richten.[101] Die einzelne Ersatzschule genießt auch keinen Bestandsschutz.[102]

22 Nach § 127 Abs. 2 SchulG MV gewährt das Land Trägern von Ersatzschulen Finanzhilfe zu den Kosten der Lehrer und des Personals mit sonderpädagogischer Aufgabenstellung (**Personalkostenzuschüsse**).[103] Bei der Bewertung von Begriffen der PSchVO,[104] die für die Bestimmung der Höhe der Finanzhilfe einer Ersatzschule maßgeblich sind, ist dem zuständigen Ministerium kein schulfachlicher Beurteilungsspielraum eröffnet.[105]

Einseitige **Kürzungen** von Finanzmitteln sind zulässig, so lange die Aufgabe der Existenzsicherung von Ersatzschulen nicht zu Gunsten weniger wichtiger Ziele, auch solche des öffentlichen Schulwesens, die nicht in gleicher Weise verfassungsrechtlich abgesichert sind, vernachlässigt werden.[106] Die Kürzung darf auch nicht gegen konkurrierende pädagogische Konzepte gerichtet sein oder den spezifischen Bildungsauftrag des Privatschulwesens in Frage stellen.[107]

23 Gem. § 127 Abs. 4 S. 1 SchulG MV werden Personalausgabenzuschüsse erst drei Jahre nach Aufnahme des Unterrichts (**Wartefrist**) gewährt. Derartige Wartefristen sind mit der staatlichen Schutz- und Förderpflicht grundsätzlich vereinbar.[108] Sie haben den Zweck, den Einsatz öffentlicher Mittel an einen Erfolgsnachweis zu binden. Die Gestaltungsfreiheit des Gesetzgebers umfasst auch die Befugnis zu entscheiden, wann er diesen Nachweis als erbracht ansieht. Das darf nur nicht dazu führen, dass die Wartefrist sich als Sperre für die Errichtung neuer Schulen auswirkt. Der Staat darf seine Finanzhilfe von einer hinreichend soliden Existenzbasis der Ersatzschule abhängig machen, die der Gründung Aussicht auf dauerhaften Bestand verleiht. Er darf erwarten, dass der Schulträger seinem Interesse an der Verwirklichung eigener Ziele und Vorstellungen im

---

99 BVerfG, Beschl. v. 23.11.2004 – 1 BvL 6/99 – BVerfGE 112, 74, 84 ff.
100 BVerwG, Beschl. v. 30.10.2012 – 6 B 45/12 zu OVG Greifswald, Urt. v. 23.8.2012 – 2 L 44/09 –.
101 LVerfG MV, Urt. v. 18.9.2001 – 1/00, LKV 2002, 27
102 BVerfGE 112, 74 = NVwZ 2005, 923.
103 Zur Bemessung durch Landesverordnung OVG Greifswald, Urt. v. 25.9.2012 – 2 L 73/09 –; Urt. v. 23.8.2012 – 2 L 44/09 –; Urt. v. 23.8.2012 – 2 L 39/09 –. Zu Grundfragen der Berechnung der Finanzhilfe für Ersatzschulen OVG Greifswald, Urt. v. 18.6.2008 – 2 L 230/06 –.
104 Fn 92.
105 OVG Greifswald, Beschl. v. 21.7.2010 – 2 M 75/10 –.
106 LVerfG MV, LVerfGE 12, 227, 245.
107 LVerfG MV, LVerfGE 12, 227, 241.
108 Vgl auch OVG Magdeburg, Urt. v. 22.2.2012 – 2 L 295/11, LKV 2012, 324.

schulischen Bereich eigenes finanzielles Engagement folgen lässt, und beteiligt sich nur an diesem in erster Linie privaten Engagement. Er darf ferner berücksichtigen, dass öffentliche Mittel effektiv zu verwenden sind. Bei neu gegründeten Schulen ist nicht absehbar, ob sie auf Dauer Bestand haben werden. Im Genehmigungsverfahren wird nicht auf diese Frage abgestellt, sondern es werden nur die formellen Genehmigungsvoraussetzungen des Art. 7 Abs. 4 S. 3 und 4 GG geprüft. Nur wenn Wartefristen diese Perspektive des Schulträgers übermäßig einschränken, wirken sie als faktische Errichtungssperre.[109] Richtet der Ersatzschulträger die Finanzierung der Schule innerhalb der Wartefrist nach § 127 Abs. 5 S. 1 SchulG MV auf die Gewährung der Finanzhilfe aus, ohne dass er auf die Entbindung von der Wartefrist vertrauen konnte, handelt er auf eigenes Risiko.[110] Bei der Ausdehnung des Schulbetriebes einer **Sonderschule** für Lernbehinderte durch die private Ersatzschule auf eine weitere Sonderschulart ist grds. die Wartefrist abzuwarten.[111]

d) Schulgelder. Den Trägern ist die Möglichkeit einer Selbstfinanzierung privater Ersatzschulen durch Erhebung annähernd kostendeckender **Schulgelder** durch Art. 7 Abs. 4 S. 3, 2. Halbs. GG praktisch verwehrt, weil durch sie eine unzulässige Sonderung der Schüler nach den Besitzverhältnissen der Eltern zumindest gefördert würde. Soweit die staatliche Schulgeldfreiheit reicht (→ Rn 13), muss demnach die Privatschule grds. von allen Eltern und Schülern ohne Rücksicht auf ihre wirtschaftliche Lage in Anspruch genommen werden können. Daher müssen die Schulträger bei Unterdeckung ihrer Kosten durch staatliche Förderung die Erhöhungen der Schulgelder unter Anspannung aller Kräfte – einschließlich möglicher Veränderungen der bisherigen Schulabläufe und Eigenleistungen wie zB der Rückgriff auf mögliche Spenden – zu vermeiden suchen.[112] Ein Schulgeld von 150 Euro/Monat ist bereits bedenklich.[113] Fraglich ist aber, ob dies möglich ist und nicht im Ergebnis dazu führt, dass es Freie Schulen nur noch für die Kirchen, Gewerkschaften und die „Reichen" geben könnte.[114] 24

e) Sonderschulen. Die erheblichen Mehrkosten für eine integrative Beschulung müssen durch einen besonderen Zuschusssatz berücksichtigt werden.[115] Fraglich ist, ob ein Sozialhilfeträger einen behinderten Schüler wegen der durch den Besuch der Privatschule entstehenden Kosten eines Integrationshelfers auf den Besuch einer öffentlichen Förderschule verweisen darf.[116] 25

f) Private Volksschulen. Nach Art. 7 Abs. 5 GG ist eine private Volksschule nur zuzulassen, wenn die Unterrichtsverwaltung ein besonderes pädagogisches Inter- 26

---

109 LVerfG MV, Urt. v. 9.12.2010 – 6/09, NVwZ-RR 2011, 221 = NordÖR 2011, 118; SächsVerfGH, Urt. v. 15.11.2013 – Vf. 25-II-12, LKV 2014, 171, wo prozedurale Anforderung an die Festsetzung der Förderzahlungen gestellt werden.
110 OVG Greifswald, NordÖR 2006, 105.
111 OVG Schleswig, Urt. v. 31.10.2003 – 3 LB 107/03 – Sonderschule für Geistigbehinderte.
112 LVerfG MV, LVerfGE 12, 227, 248 f, unter Bezugnahme auf BVerfGE 90, 107, 119.
113 LVerfG MV, Urt. v. 18.9.2001 – 1/00, LKV 2002, 27; vgl *Avenarius* (Fn 88), S. 32 ff m.w.N.
114 So *Hufen*, Verfassungsrechtliche Grenzen der Unterfinanzierung von Schulen in freier Trägerschaft. Unter besonderer Berücksichtigung der Lage in Baden-Württemberg. Rechtsgutachten, erstattet im Auftrag der Software AG Stiftung (Darmstadt), S. 19 f, http://www.pfarrgut-taubenheim.goracer.de/schule/LinkedDocuments/hufen-gutachten.pdf, auch http://www.software-ag-stiftung.de/005/aktuelles/hufen-gutachten.pdf (Download 16.3.2015).
115 OVG Bautzen, Urt. v. 10.03.2006 – 2 B 774/04 –.
116 Dazu OVG Bautzen, Urt. v. 14.3.2006 – 4 B 188/05 –.

esse anerkennt oder, auf Antrag von Erziehungsberechtigten, wenn sie als Gemeinschaftsschule, als Bekenntnis- oder Weltanschauungsschule errichtet werden soll und eine öffentliche Volksschule dieser Art. in der Gemeinde nicht besteht. Art. 7 Abs. 5 GG meint mit dem Begriff der "Volksschule" die Grundschule (vgl § 13 SchulG MV) und begreift diese als eigenständige Schulart.[117] Es sollen grundsätzlich die Kinder aller Volksschichten zumindest in den ersten Klassen grds zusammengefasst und private Grundschulen nur zugelassen werden, wenn der Vorrang der öffentlichen Schulen aus besonderen Gründen zurücktreten muss. Dies ist der Fall, wenn die Unterrichtsverwaltung ein "besonderes pädagogisches Interesse" anerkennt. Es muss eine sinnvolle Alternative zum bestehenden öffentlichen und privaten Schulangebot angeboten werden, die die pädagogische Erfahrung bereichert und der Entwicklung des Schulsystems insgesamt zugutekommt; das Konzept braucht weder neu noch einzigartig zu sein. Es muss grds ausreichen, dass ein pädagogisches Konzept wesentliche neue Akzente setzt oder schon erprobte Konzepte mit neuen Ansätzen von einigem Gewicht kombiniert.[118] Eine Weltanschauungsgemeinschaft kommt als Schulträger nur dann in Betracht, wenn sichergestellt ist, dass der Antrag auf Errichtung einer privaten Grundschule als Weltanschauungsschule letztlich von den betroffenen Erziehungsberechtigten gestellt wird, ihnen zugerechnet werden kann, und dass es ihr gemeinsames Bekenntnis ist, das die Schule und deren gesamten Unterricht prägt.[119]

27 **3. Schülerbeförderung.** Unter **Schülerbeförderung** ist die Beförderung zu und von allen Schulen im Sinne von § 11 SchulG MV zu verstehen. Ein Anspruch ergibt sich nicht unmittelbar aus der LV.[120] Das Schülertransportnetz soll auch darauf hinwirken, dass die einzelnen Schulen, die grundsätzlich für bestimmte Einzugsgebiete und im Hinblick auf voraussichtliche Schülerzahlen geschaffen und bereitgehalten werden, angemessen ausgelastet sind.[121] Schülerbeförderung ist als überörtliche Aufgabe anzusiedeln und kann daher den Landkreisen übertragen werden[122] wie in § 113 SchulG MV geschehen. Die Landkreise regeln sie in eigener Verantwortung (§ 89 Abs. 1 KV MV). In § 113 Abs. 2 und 4 SchulG MV ist ein Ausschnitt aus dem Gesamtbereich der Schülerbeförderung zu einer Pflichtaufgabe gemacht worden; in diesem Regelungsrahmen dürfen Fahrtkosten für die Schüler bzw. ihre Eltern nicht entstehen.[123] Die Landkreise haben iÜ das Recht, die Schülerbeförderung durch Erlass von Satzungen und durch Verwaltungspraxis auszugestalten (§ 113 Abs. 1 SchulG MV).[124] Jede Zulassung

---

117 BVerfG 1. Senat 3. Kammer, Beschl. v. 8.6.2011 – 1 BvR 759/08, 1 BvR 733/09, BVerfGK 18, 469; zuvor OVG Bremen, Urt. v. 6.6.2012 – 2 A 267/10, NordÖR 2012, 511 – private sechsjährige Grundschule (Montessori-Schule).
118 BVerfG, Beschl. v. 16.12.1992 – 1 BvR 167/87, BVerfGE 88, 40; vgl auch VG Hamburg, Urt. v. 24.9.2013 – 2 K 911/11; OVG Bautzen, Beschl. v. 11.7.2012 – 2 B 224/11 – „Natur- und Umweltschule".
119 BVerwG, Urt. v. 19.02.1992, 6 C 3/91 – BVerwGE 90, 1; BVerwG, Urt. v. 8.9.1999 – 6 C 21/98, NJW 2000, 1280; OVG Bremen, Urt. v. 24.4.2012 – 2 A 271/10; vgl aber auch VGH München, Urt. v. 3.4.2008 – 7 B 07.1292, KirchE 51, 149 – jeweils Humanismus.
120 *Erbguth/Schubert*, NordÖR 2013, 353, die die Differenzierungen in § 113 SchulG für mit Art. 3 Abs. 1 GG nicht vereinbar halten.
121 VGH München, B. v. 10.12.2012 – 7 ZB 12.1623.
122 BbgVerfG, LVerfGE 7, 74 = LKV 1997, 449.
123 LVerfG MV, NordÖR 1998, 302.
124 Dazu OVG Greifswald, Beschl. v. 22.1.2013 – 2 M 187/12; Beschl. v. 27.5.2010 – 2 O 118/09 – jeweils: gefährlicher Schulweg; Urt. v. 7.3.2012 – 2 L 3/10, NordÖR 2012, 360 – unangemessene Wartezeiten.

zur Schülerbeförderung setzt in MV somit ein Handeln des jeweiligen Landkreises voraus. Erst dessen Handeln ist geeignet, Rechte von Schülern und Eltern zu verletzen.[125] Maßstab der satzungsrechtlichen Regelungen ist nach den gesetzlichen Vorgaben des § 113 Abs. 3 SchulG MV die Belastbarkeit der Schüler und die Sicherheit des Schulweges. Die Anerkennung der Notwendigkeit der Beförderung grds erst bei einem bestimmten Schulweg stellt keine gleichheitswidrige Benachteiligung dar.[126] Es ist zweifelhaft, ob es sich bei dem Begriff der Sicherheit des Schulweges i.S. des § 113 Abs. 3 SchulG M-V um einen unbestimmten Rechtsbegriff handelt, der auch Gefahren durch kriminelle Übergriffe auf eine Schülerin beinhalten kann.[127] Aus § 113 Abs. 1 und 2 SchulG M-V folgt, dass eine Verpflichtung zur Durchführung einer öffentlichen Schülerbeförderung zu einer Schule außerhalb seines Gebietes oder auch eine Verpflichtung zur Kostenerstattung nicht begründet ist,[128] wohl aber bis an die Sprengelgrenze.[129]

Soweit in den Schülerbeförderungssatzungen der Kreise zwingend eine **Eigenbeteiligung** vorgesehen ist, steht dies mit der Satzungs- und Finanzhoheit der Kreise nach Art. 72 im Einklang, weil dies eine geeignete und erforderliche gesetzliche Maßnahme zur Begrenzung der Kosten für die allgemeinen Haushalte ist.[130] Weder Art. 6 Abs. 1 GG noch Abs. 2 S. 1 GG begründen einen Anspruch darauf, dass die öffentliche Hand die Kosten der notwendigen Schülerbeförderung (vollständig) übernimmt.[131] Auch der Umstand, dass sich die Kostentragungspflicht besonders stark auf kinderreiche Familien auswirkt, ist nicht gleichheitswidrig. Hinsichtlich der Erstattung der notwendigen Aufwendungen für den Schulweg ist den Landkreisen durch § 113 Abs. 2 SchulG M-V eine Grenze gesetzt.[132] Ersetzt werden nach § 113 Abs. 2 S. 1 SchulG M-V die notwendigen Kosten.[133] Es sind unangemessene Wartezeiten zu berücksichtigen. Dazu können Kosten für Taxifahrten, bei Landkreis übergreifendem Schulbesuch bis an die Kreisgrenze gehören.[134] Durch die Unentgeltlichkeit des Schulbesuchs wird aber keine Verpflichtung zur Durchführung einer öffentlichen Schülerbeförderung außerhalb des Landkreises begründet.[135] Differenzierungen bei der Eigenbeteiligung an den Schülerbeförderungskosten zwischen den Schularten sind besonders begründungsbedürftig.[136] Entscheidungen über Schülerfahrkosten bei sonderpädagogischem Förderanspruch müssen auch das Übereinkommen der Vereinten Nationen über die Rechte von Menschen mit Behinderungen" (UNBehRÜbk), das innerstaatlich verbindlich geworden ist,[137] berücksichtigen;[138] dies folgt auch aus dem Staatsziel des Art. 17 a. 28

---

125 LVerfG MV, NordÖR 1998, 302.
126 BayVerfGH, BayVBl 2005, 140. Zu Schülerfahrkosten bei sonderpädagogischem Förderanspruch *Winkler*, LKRZ 2013, 12.
127 OVG Greifswald, Beschl. v. 27.5.2010 – 2 O 118/09 –.
128 OVG Greifswald, Urt. v. 24.04.2001 – 2 L 235/00 –; VGH München, Beschl. v. 10.12.2012 – 7 ZB 12.1623.
129 OVG Greifswald, Urteile v. 7.3.2012 – 2 L 3/10 sowie 2 L 4/10 –.
130 Vgl LVerfG SL, U. v. 3.9.2012 – LVerfG 1/12, NVwZ-RR 2012, 913; s.a. VerfG Bbg, U. v. 20.11.2008 – 30/07.
131 BVerwG, DVBl. 1991, 59 mwN; VGH Mannheim, NVwZ-RR 1996, 659.
132 LVerfG M-V, Urt. v. 9.7.1997 – LVerfG 1/97 –, NordÖR 1997, 302.
133 BayVerfGH, BayVBl 2005, 140.
134 OVG Greifswald, Urteile v. 7.3.2012 – 2 L 3/10 sowie 2 L 4/10.
135 OVG Greifswald, NordÖR 2002, 28.
136 VerfGH RP, Urt. v. 29.11.2010 - VGH B 11/10, LKRZ 2011, 56 = NVwZ-RR 2011, 217. Zum Begriff des Bildungsgangs OVG Lüneburg, Urt. v. 8.1.2014 – 2 LB 364/12.
137 BGBl 2008 II 1419.
138 *Winkler*, LKRZ 2013, 12.

IV. Allgemeine Schulpflicht (Abs. 2 S. 2)

29 Die in allen Bundesländern geltende **Schulpflicht** (§ 41 SchulG MV)[139] für den Besuch der für alle Kinder gemeinsamen Grundschule geht auf die Forderung der Einheitsschulbewegung des 19. Jahrhunderts nach Einheit in der Bildung zurück.[140] Sie ist die Kehrseite der staatlichen Schulaufsicht[141] und gilt heute als eine unverzichtbare Bedingung für die Gewährleistung der freiheitlich-demokratischen Grundordnung und zugleich als unerlässliche Voraussetzung für die Sicherung der wirtschaftlichen und sozialen Wohlfahrt der Gesellschaft.[142] Die staatliche Gemeinschaft verlangt von jedem jungen Bürger ein Mindestmaß an schulischer Grundausbildung.[143] Die allgemeine Schulpflicht in Deutschland und ihre Durchsetzung stehen grundsätzlich nicht in Widerspruch zum europäischen Gemeinschaftsrecht.[144] Sie richtet sich zunächst an die Schüler selbst, aber auch an die Eltern und Sorgeberechtigten und bei Berufsschülern an den Arbeitgeber. Die Grundschule soll über die Erschließung und Förderung von Begabungen hinaus auch zur Persönlichkeitsentwicklung des Kindes und zu seiner Eingliederung in die Gesellschaft beitragen.[145] Das **Elternrecht** wird durch die allg. Schulpflicht in verfassungsmäßiger Weise eingeschränkt[146] Der Vorrang der Schulpflicht vor dem Elternrecht ist vor allem durch das Wohl des Kindes gerechtfertigt, dessen Lebensaussichten ohne Schulausbildung aufs Schwerste gefährdet würden.[147] Auch die gesetzliche Schulsprengelpflicht für Grundschüler (§ 46 SchulG MV) als solche ist – in Ausgestaltung des staatlichen Erziehungsauftrages (vgl Art. 7 Abs. 1 GG) – nicht zu beanstanden (→ Rn 8).[148] Die Schulpflicht kann nicht durch den Besuch einer Schule in freier Trägerschaft erfüllt werden, die nicht staatlich genehmigt ist.[149]

30 Der **staatliche Erziehungsauftrag**, der auch durch die Schulpflicht verwirklicht werden soll, richtet sich nicht nur auf die Vermittlung von Wissen und die Erziehung zu einer selbstverantwortlichen Persönlichkeit, sondern auch auf die Heranbildung verantwortlicher Staatsbürger, die gleichberechtigt und verantwortungsbewusst an den demokratischen Prozessen in einer pluralistischen Gesellschaft teilhaben. Soziale Kompetenz im Umgang auch mit Andersdenkenden, gelebte Toleranz, Durchsetzungsvermögen und Selbstbehauptung einer von der Mehrheit abweichenden Überzeugung können effektiver eingeübt werden, wenn Kontakte mit der Gesellschaft und den in ihr vertretenen unterschiedlichen Auffassungen nicht nur gelegentlich stattfinden, sondern Teil einer mit dem regelmäßigen Schulbesuch verbundenen Alltagserfahrung sind.[150] Hinzu kommt, dass die Allgemeinheit ein berechtigtes Interesse daran hat, der Entstehung von religiös oder weltanschaulich motivierten „Parallelgesellschaften" entgegenzu-

---

139 *Rux/Niehues*, Schulrecht, § 2.
140 Vgl BVerfGE 34, 165, 186 ff.
141 *Boysen* in von Münch/Kunig, Art. 7 Rn 39.
142 BayVerfGH, Beschl. v. 13.12.2002 – Vf. 73-VI-01 –.
143 Vgl BayVerfGH, VerfGH 40, 45, 49.
144 BVerwG, Beschl. v. 15.10.2009 – 6 B 27/09, NVwZ 2010, 525
145 Vgl BVerfGE 34, 165, 188.
146 OVG Magdeburg, Beschl. v. 16.12.2003 – 2 L 239/01.
147 Vgl BayVGH, BayVBl 1992, 343.
148 BVerfG, 1. Senat 2. Kammer, B. v. 19.6.2013 – 1 BvR 2253/09, NJW 2013, 2813; kritisch dazu *Hufen*, JuS 2014, 187.
149 OVG Bautzen, Beschl. v. 16.12.2003 – 2 L 239/01 –; VGH München, Beschl. v. 15.3.1999 – 7 ZS 99.163 –.
150 BVerfG-K, FamRZ 2006, 1094 = BayVBl 2006, 633.

wirken und Minderheiten zu integrieren. Gelebte Toleranz einzuüben und zu praktizieren, ist eine wichtige Aufgabe der öffentlichen Schule.[151]

Diese Zielrichtung ist bei **Wünschen auf Befreiung** zu beachten. Da es sich um kein – bloßes – Bildungsrecht handelt, besteht grds nicht die Möglichkeit, Kinder in Haus- oder Fernunterricht zu bilden.[152] Die vorzeitige Einschulung auch besonders begabter Kinder ist unter bestimmten Voraussetzungen ausgeschlossen.[153] Es besteht auch kein Rechtsanspruch auf Erteilung von Einzelunterricht für einen Hochbegabten, sondern nur ein Anspruch auf ermessensfehlerfreie Entscheidung.[154] Es besteht grundsätzlich auch kein Anspruch darauf, die Erfüllung der Schulpflicht durch einen staatlich beaufsichtigten häuslichen Unterricht zu ersetzen,[155] und zwar unabhängig davon, welche Ausbildung die Eltern haben.[156] Schulpflichtige mit sonderpädagogischem Förderbedarf, die eine allg. Schule besuchen wollen, müssen zu einer aktiven Teilnahme am gemeinsamen Unterricht fähig sein.[157]

Die Eltern können die Erfüllung der Schulpflicht nicht unter Berufung auf Glaubens- und Gewissensfreiheit oder auf andere Gründe, aus denen sie die öffentliche Schule als ungeeignet für ihre Kinder ansehen, verweigern.[158] Bei Konflikten zwischen dem Grundrecht auf Respektierung des Glaubens und dem staatlichen Bildungs- und Erziehungsauftrag muss bei einer Abwägung aller zu berücksichtigenden Gesichtspunkte ein schonender Ausgleich herbeigeführt werden.[159] Nach bisheriger Rechtsprechung kann aus religiösen Gründen eine allg. vorgesehene Befreiung vom Schulbesuch an bestimmten Tagen zulässig sein,[160] ebenso von koedukativ erteiltem Sportunterricht, solange dieser nicht nach Geschlechtern getrennt angeboten wird.[161] Ein Schüler kann grds. während des Besuchs der Schule außerhalb der Unterrichtszeit ein Gebet zu verrichten, sofern dies nicht den Schulfriedens gefährdet.[162] Der einzelne Schüler soll an sämtlichen schulischen Veranstaltungen teilnehmen müssen, weil nur die permanente, obligatorische Teilhabe am Schulunterricht unter Hintanstellung aller entgegenstehenden individuellen Präferenzen gleich welcher Art jenen gemeinschaftstiftenden Effekt zu erzeugen vermag, der mit der Schule bezweckt wird und der die Einführung der staatlichen Schulpflicht zu wesentlichen Anteilen legitimiert; dieser Vorstellung kommt gerade auch dort besonderes Gewicht zu, wo sich der Einzelne durch die Unterrichtsteilnahme in Belangen beeinträchtigt sieht, die ihn in eine Minderheitenposition rücken. Eltern können demnach nur ausnahms-

---

151 So zu Recht BVerfG-K, FamRZ 2006, 1094 = BayVBl 2006, 633.
152 Für diese Möglichkeit tritt der UN-Sonderberichterstatter Vernor Munoz in seinem Bericht vom 9.3.2007 zur Umsetzung der UN-Resolution 60/251vom 15.3.2006 über seinen Deutschlandbesuch vom 13.-21.2.2006 ein; http://www.homeschooling.de/ (Download 16.3.2015).
153 Vgl BayVerfGH, Entsch. v. 2.7.1998 – Vf.13-VII-96 –.
154 OVG Greifswald, Beschl. v. 19.12.2003 – 2 M 183/03.
155 BVerwG, Beschl. v. 15.10.2009 – 6 B 27/09, NVwZ 2010, 525.
156 VG Stuttgart, Beschl. v. 17.11.2009 – 12 K 4153/09, KirchE 54, 366.
157 VGH München, Beschl. v. 2.11.2006 – 7 CE 06.2196.
158 Vgl BVerfGE 34, 165, 186 f; OVG Magdeburg, Beschl. v. 16.12.2003 – 2 L 239/01 –.
159 BVerwGE 94, 82.
160 BVerwGE 42, 128.
161 BVerwGE 94, 82.
162 BVerwG, Urt. v. 30.11.2011 – 6 C 20/10, BVerwGE 141, 233; dazu *Rubin*, Jura 2012, 718; vgl auch BVerfG, B. v. 27.1.2015 – 1 BvR 1181/10 – Kopftuchverbot für Lehrkräfte; dazu auch *Bentrup-Figura*, Art. 71 Rn 10.

Sauthoff

weise eine Befreiung ihres Kindes von einer Schulveranstaltung verlangen.[163] Dies wird durch Art. 15 Abs. 4 und 5 bekräftigt.

V. Zugang zu Bildungsgängen (Abs. 3)

33 **1. Durchlässigkeit der Bildungsgänge (Satz 1).** Ein **Bildungsgang** ist die schulische Laufbahn zu dem jeweiligen Abschluss. **Durchlässigkeit** bedeutet, dass verschiedene Schulformen so aufeinander abzustimmen sind, dass für Schülerinnen und Schüler der Wechsel auf die begabungsentsprechende Schulform möglich ist. Die Notwendigkeit von Regelungen, die eine Durchlässigkeit gewährleisten, hängt ihrerseits von dem Grad der Differenzierung der Bildungsgänge ab. Die Durchlässigkeit zur Hochschule, wie sie Art. 30 Abs. 3 BbgVerf garantiert, wird nicht genannt.[164] Der Verordnungsgeber darf Regelungen zu den Voraussetzungen der Aufnahme in eine weiterführende oder den Wechsels in eine andere Schulart, die zum Kernbestand einer Schulordnung gehören, auf Grund entsprechender gesetzlicher Grundlage treffen.[165]

34 **2. Aufnahme an weiterführende Schulen (Satz 2).** Hier wird festgeschrieben, dass für die Aufnahme an weiterführende Schulen außer dem Wunsch der Eltern nur Begabung und Leistung des Schülers ausschlaggebend sind, nicht etwa die soziale Lage.[166] Die Vorschrift greift die in Art. 8 garantierte Chancengleichheit auf.[167] Art. 8 ist ein Grundrecht und Art. 15 ein Staatsziel.[168] **Weiterführende Schulen** sind, die je nach dem Schulsystem nach der Grundschulzeit besucht werden. Derzeit[169] sind weiterführende Schulen die Regionale Schule, das Gymnasium, die Kooperative Gesamtschule, die Integrierte Gesamtschule und die Förderschule. Der Staat soll im Rahmen der gegebenen Möglichkeiten Vorkehrungen treffen, dem Einzelnen die Chance zur beruflichen und bildungsmäßigen Entfaltung zu gewährleisten. Sind Ausbildungsstätten vorhanden, so müssen sie Schülern nach ihren Fähigkeiten und ihrer inneren Berufung zugänglich sein. Dabei muss nicht aus finanziellen und organisatorischen Gründen überall ein umfassendes Angebot an Fächerkombinationen gewährleistet sein. Art. 15 Abs. 3 S. 2 verpflichtet den Staat nicht, so viele Ausbildungsstätten zu errichten und so viele Ausbildungsmöglichkeiten zu schaffen, dass jedermann an jedem Ort die ihm entsprechende Ausbildung erhalten kann.[170]

35 Die Vorschrift betont die primäre **Bedeutung des Elternwillens** bei der Wahl des Bildungszuganges. Dies folgt auch aus Art. 6 Abs. 2 GG.[171] Aus der Eigenschaft als eigenständige Person folgt aber trotz des eingeschränkten Wortlauts, dass auch die Schüler in fortschreitendem Alter ein Recht zur Mitbestimmung bei der Wahl des Bildungsgangs haben; dies wird auch aus Art. 14 Abs. 1 deutlich, wo sie als eigenständige Person angesprochen sind. Allerdings steht die Verfassung

---

163 BVerwG, Urt. v. 11.9.2013 - 6 C 25/12, BVerwGE 147, 362 – Burkina; BVerwG, Urt. v. 11.9.2013 – 6 C 12/12, NVwZ 2014, 237 = NJW 2014, 804 – Krabat.
164 *Neumann/Tillmanns*, Verfassungsrechtliche Probleme bei der Konstituierung der neuen Bundesländer, 1997, S. 119.
165 OVG Bautzen, Beschl. v. 9.10.2013 – 2 B 435/13; vgl § 19 Abs. 3 S. 2 Nr. 1 SchulG MV – Zugang zu Gymnasien, § 23 Abs. 8 Nr. 2 SchulG MV – Zulassung zur Fachoberschule.
166 Kommission, Verfassungsentwurf, S. 107.
167 *Neumann/Tillmanns* (Fn 164), S. 119.
168 *Classen*, in: Schütz/Classen, § 1 Rn 24.
169 § 11 SchulG MVin der Fassung der Bekanntmachung vom 10.9.2010 (GVOBl. M-V 2010, 462), zu. geänd. d. G. v. 13.12.2012 (GVOBl. M-V S. 555).
170 Vgl BayVerfGH, VerfGHE 35, 126 = NVwZ 1984, 93.
171 *Classen*, in: Schütz/Classen, § 1 Rn 24.

auch nicht einer Regelung entgegen, nach der auch die Schule darüber entscheidet, ob der Schüler zu dem Besuch einer bestimmten Schulart geeignet ist. Dies ist erforderlich, damit die Schulen einerseits sich ein Profil geben können und andererseits durch entsprechend nicht begabte Schüler gehindert werden, ihr Konzept durchzusetzen. Je mehr die Schulen indes sich solche Profile geben, desto mehr muss andererseits die Durchlässigkeit der Bildungsgänge gewährleistet sein. Insoweit stehen Satz 1 und Satz 2 des Abs. 3 in einem wechselseitigen Zusammenhang.[172]

VI. Ziele der schulischen Erziehung (Abs. 4)

Das Ziel der schulischen Erziehung (siehe bereits → Rn 3 f) ist die Entwicklung zur freien Persönlichkeit, die aus Ehrfurcht vor dem Leben und im Geiste der Toleranz bereit ist, Verantwortung für die Gemeinschaft mit anderen Menschen und Völkern sowie gegenüber künftigen Generationen zu tragen. Er ist im Sinne der erzieherischen Grund- und Mindestversorgung zu gewährleisten. Abs. 4 macht insb. die Abkehr von dem totalitären Menschenbild der DDR und dem Ziel der ideologischen Formung deutlich.[173] Die normierte Erwartung richtet sich allein an den (leistenden) Staat und verlangt von diesem Unterstützung.[174] Dementsprechend bestimmen §§ 2 bis 4 SchulG MV die Bildungsziele näher. Abs. 4 bleibt ohne Einfluss auf das Gewicht der in die jeweils konkrete Abwägung zwischen „Elternrecht" und „Schulaufsicht" einzustellenden Inhalten. Alle Erziehungsmaßnahmen sind dem gemeinsamen Hauptziel verpflichtet. Staat und Eltern müssen daher aufeinander Rücksicht nehmen und ihre Bemühungen aufeinander abstimmen.[175] 36

Nach § 1 Abs. 2 S. 1 SchulG MV wirkt die Schule darauf hin, dass Benachteiligungen von behinderten Schülerinnen und Schülern, die aus individuellen Beeinträchtigungen durch die **Behinderung** resultieren, möglichst weitgehend ausgeglichen werden. Dies konkretisiert zum einen das Grundrecht aus Art. 3 Abs. 2 GG und das Staatsziel nach Art. 17 a S. 1 für den Schulbereich. Zum anderen ist Art. 24 der UN-Behindertenkonvention zu berücksichtigen.[176] Nach Art. 1 Abs. 2 der Konvention zählen zu den Menschen mit Behinderungen Menschen, die langfristige körperliche, seelische, geistige oder Sinnesbeeinträchtigungen haben, die sie in Wechselwirkung mit verschiedenen Barrieren an der vollen, wirksamen und gleichberechtigten Teilhabe an der Gesellschaft hindern können. Art. 24 Abs. 1 S. 2 der Konvention verlangt zunächst die Integration als einen grundsätzlich gemeinsamen Unterricht von Behinderten und Nichtbehinderten im Rahmen der allgemeinbildenden Schulen. Das SchulG MV regelt insoweit in § 34 den Anspruch auf sonderpädagogische Förderung, § 35 den gemeinsamen Unterricht von Schülerinnen und Schülern mit und ohne sonderpädagogischen Förderbedarf und in § 36 die Förderschulen sowie in § 37 die nähere Ausgestaltung der sonderpädagogischen Förderung.[177] Die Überweisung eines behinderten Schülers gegen seine Willen an eine Förderschule (§ 34 Abs. 5 S. 2 und 3 37

---

172 Vgl *Rux/Niehues*, Schulrecht, Rn 683 ff.
173 Vgl *Stiens*, Chancen und Grenzen der Landesverfassungen im deutschen Bundesstaat der Gegenwart, 1997, S. 256 ff.
174 Vgl LVerfG LSA, Urt. v. 15.01.2002 – LVG 9/01, LVG 12/01 –.
175 BVerfG-K, Beschl. v. 09.02.1989 – 1 BvR 1181/88 – mwN.
176 Von Deutschland ratifiziert am 24.2.2009 (BGBl. II 2008 S. 1419), der EU am 23.12.2010; zur Berücksichtigungspflicht VGH Mannheim, Beschl. v. 21.11.2012 - 9 S 1833/12, VBlBW 2013, 386.
177 Zu Entscheidungen über sonderpädagogischen Förderbedarf *Weber*, NWVBl 2013, 463; zur Förderung bei Legasthenie und Dyskulkulie *Cremer/Kolok*, DVBl 2014, 333.

SchulG MV) ist verfassungsrechtlich unzulässig, wenn entweder seine Erziehung und Unterrichtung an der Regelschule seinen Fähigkeiten entspräche und ohne besonderen Aufwand möglich wäre, oder die Förderschulüberweisung erfolgt, obwohl der Besuch der Regelschule durch einen vertretbaren Einsatz von sonderpädagogischer Förderung ermöglicht werden könnte.[178] Art. 24 Abs. 1 S. 2 der Konvention verlangt aber des Weiteren die Inklusion im Sinne einer Anpassungsleistungen von allen Beteiligten, also Schülern und Lehrern.[179] Das Land sieht dies insbesondere in § 34 Abs. 3 und 5 S. 1 und § 35 SchulG MV vor.[180] Dies bedarf der Umsetzung in der Praxis.[181]

VII. Achtung der religiösen und weltanschaulichen Überzeugungen (Abs. 5)

38 Abs. 5 korrespondiert mit Art. 4 Abs. 1 GG. Er entfaltet seine **freiheitssichernde Wirkung**, dem Staat eine Einmischung in die Glaubensüberzeugungen, -handlungen und -darstellungen Einzelner oder religiöser Gemeinschaften zu verwehren.[182] Abs. 5 setzt Religionen und Weltanschauungen gleich.[183] Dies trägt dem Umstand Rechnung, dass die Übergänge von Religions- zur Weltanschauungsgemeinschaft fließend sind und eine randscharfe Abgrenzung praktisch nicht möglich ist.[184]

39 Der Staat darf keine gezielte Beeinflussung im Dienste einer bestimmten politischen, ideologischen oder weltanschaulichen Richtung betreiben oder den religiösen Frieden in einer Gesellschaft von sich aus gefährden.[185] Die Schule darf den Eltern nicht verwehren, den Kindern bestimmte eigene Überzeugungen in religiösen und weltanschaulichen Fragen zu vermitteln. Sie können aber nicht beanspruchen, dass ihre Kinder vollständig von fremden Glaubensbekundungen

---

178 OVG Magdeburg, B. v. 25.11.2013 – 3 M 337/13, NVwZ-RR 2014, 268 unter Hinweis auf BVerfG, Beschl. v. 8.10.1997 – 1 BvR 9/97, BVerfGE 96, 288 = NJW 1998, 131.
179 Näher *Classen*, in Brodkorb/Koch (Hrsg.), Mit 200 Sachen am Meer - auf dem Weg in Richtung Inklusion; Dritter Inklusionskongress MV, Dokumentation, 2013 S. 23 ff., 25 f., zum gesetzlichen und lehrplanmäßigen Anpassungsbedarf S. 39 ff.; *Eichholz*, FPR 2012, 228.
180 Zum gesetzlichen und lehrplanmäßigen Anpassungsbedarf *Classen* (Fn 183), S. 39 ff.; zur Frage der unmittelbaren Anwendbarkeit der Norm *Riedel*, NVwZ 2010, 1346.
181 Empfehlungen der *Expertenkommission* „Inklusive Bildung in M-V bis zum Jahre 2020, auszugsweise in Brodkorb/Koch (Fn 183), S. 47 ff., Vollversion unter: http://www.bm.regierung-mv.de/inklusion. Siehe auch *Deutscher Städtetag* (Hrsg.), Inklusion in der Bildung – Ein Sachstandsbericht zur Umsetzung der UN-Behindertenrechtskonvention im Elementar- und Schulbereich in Deutschland (Stand 2011), 2011 (http://www.staedtetag.de/imperia/md/content/dst/inklusion-in-der-bildung.pdf (10.4.2014); *Klemm*, Inklusion in Deutschland – eine bildungspolitische Analyse, 2013 (http://www.bertelsmann-stiftung.de/cps/rde/xbcr/SID-4FEDC046-504EC5A3/bst/xcms_bst_dms_37485_37486_2.pdf (10.4.2014)). Siehe auch http://www.bildung-mv.de/fruehkindliche-bildung/inklusion/ (19.5.2014).
182 BVerfGE 91, 1, 16 – Kruzifix; dazu *Campenhausen*, AöR 121, 448; *Rozek*, BayVBl 1996, 22; *Rux*, Der Staat 35, 523; *Höffe*, Der Staat 38, 171; *Kokott*, Der Staat 44, 343; *Heckel*, DVBl 1996, 453; *Zuck*, NJW 1995, 2903; *Flume*, NJW 1995, 2904; *Czermak*, NJW 1995, 3348; *Link*, NJW 1995, 3353; *Redeker*, NJW 1995, 3369; *Biletzki*, NJW 1996, 2633; *Detterbeck*, NJW 1996, 426; *Goerlich*, NVwZ 1995, 1184; *Ipsen*, NVwZ 2003, 1210.
183 Zum Begriff der Weltanschauung OVG Bremen, Urt. v. 24.4.2012 - 2 A 271/10 - Humanismus
184 Vgl VerfGH Bbg, LKV 2006, 218 = DÖV 2006, 258 = NVwZ 2006, 1052 unter Hinweis auf BVerwG, NVwZ 1999, 769, 773 und NJW 1981, 1460; BFH, NVwZ 2000, 967, 968; *Kästner*, AöR 123 (1998), 408, 409 ff; *Obermayer*, DVBl 1981, 615, 618 mwN.
185 BVerfG-K, FamRZ 2006, 1094 = BayVBl 2006, 633.

oder Ansichten verschont bleiben.[186] In staatlichen Schulen müssen die Kinder unbeschadet der religiösen Ausrichtung ihres Elternhauses in die Schulgemeinschaft integriert werden und dürfen weder rechtlich noch praktisch dem Zwang ausgesetzt werden, von ihnen abgelehnte Erziehungsziele als verbindlich anzuerkennen.[187] IÜ ist es in einer pluralistischen Gesellschaft unmöglich, bei der Gestaltung der öffentlichen Pflichtschule allen Erziehungsvorstellungen voll Rechnung zu tragen. Das unvermeidliche Spannungsverhältnis zwischen negativer und positiver Religionsfreiheit unter Berücksichtigung des Toleranzgebotes zu lösen, obliegt dem Landesgesetzgeber, der einen für alle zumutbaren Kompromiss zu suchen hat.[188] Durch das **Toleranzgebot** wird die Rücksichtnahme auf andere religiöse und weltanschauliche Auffassungen gewährleistet und einer Isolierung andersdenkender Minderheiten vorgebeugt.[189] Dem trägt auch Art. 140 GG in Verbindung mit Art. 136 Abs. 4 WRV dadurch Rechnung, dass er ausdrücklich verbietet, jemanden zur Teilnahme an religiösen Übungen zu zwingen.[190]

In den **profanen Fächern** darf auf das Christentum in erster Linie in Hinblick 40 auf die Anerkennung des prägenden Kulturfaktors und Bildungsfaktors, wie er sich in der abendländischen Geschichte herausgebildet hat, einschließlich insb. des Gedankens der Toleranz für Andersdenkende Bezug genommen werden, nicht aber auf die Glaubenswahrheit.[191] Das gilt auch für den Umstand, dass die Schule eine zunehmende religiöse Vielfalt aufzunehmen hat und sie als Mittel für die Einübung von gegenseitiger Toleranz nutzen kann, andererseits dies auch mit einem größeren Potenzial möglicher Konflikte in der Schule verbunden ist.[192] Der Landesgesetzgeber darf daher mit Rücksicht auf die tatsächlichen Gegebenheiten und die religiöse Orientierung der Bevölkerung die Einführung eines gemeinsamen Ethikunterrichts für alle Schüler ohne Abmeldemöglichkeit vorsehen.[193] Geht es allein um die Zurverfügungstellung von Räumen, müssen Religionen und Weltanschauungen gleich behandelt werden.[194]

Durch eine Schule, in der nach diesen Grundsätzen unterrichtet und erzogen 41 wird, werden Eltern nicht in einen unzumutbaren Glaubens- und Gewissenskonflikt gebracht.[195] Befreiungen aus religiösen Gründen kommen nur begrenzt in Betracht (Rn 32). Aus Missständen können Eltern keinen Anspruch auf **Befreiung von der Schulpflicht** herleiten.[196]

---

186 BVerfG-K, FamRZ 2006, 1094 = BayVBl 2006, 633 – Vermittlung von Kenntnissen über geschlechtlich übertragbare Krankheiten und über Methoden der Empfängnisverhütung.
187 Vgl BVerfGE 41, 29, 51 f; 52, 223, 237.
188 BVerfGE 93, 1 = NJW 1995, 2477 – Kruzifix.
189 BVerfGE 41, 29 = NJW 1976, 947 – Simultanschule Baden-Württemberg.
190 BVerfGE 93, 1, 16 = NJW 1995, 2477 – Kruzifix.
191 So BVerfGE 52, 223 = NJW 1980, 575 – Schulgebet.
192 BVerfGE 108, 282 = NJW 2003, 3111 – Kopftuch; dazu *Traulsen*, RdJB 2006, 116; *Mückl*, Der Staat 40, 96; *Kokott*, Der Staat 44, 343; *Baer/Wrase*, DÖV 2005, 243; *dies.*, JuS 2003, 1162; *Summer*, DÖV 2006, 249; *Engelken*, DVBl 2003, 1539; *Bergmann*, EuGRZ 2004, 620; *Kästner*, JZ 2003, 1178; *Battis/Bultmann*, JZ 2004, 581; *Sacksofsky*, NJW 2003, 3297; *Bader*, NJW 2004, 3092; *Ipsen*, NVwZ 2003, 1210; *Hufen*, NVwZ 2004, 575; *Czermak*, NVwZ 2004, 943; *Sachs*, NWVBl 2004, 209; *Kühling*, Vorgänge 2004, Nr. 1, 127; *Rux*, ZAR 2004, 14.
193 BVerfG-K, Beschl. v. 15.3.2007 – 1 BvR 2780/06 –; OVG Berlin-Brandenburg, Beschl. v. 23.11.2006 – OVG 8 S 78.06 –.
194 VerfGH Bbg, LKV 2006, 218 = DÖV 2006, 258 = NVwZ 2006, 1052.
195 Vgl BVerfGE 41, 29, 65.
196 OVG Magdeburg, Beschl. v. 16.12.2003 – 2 L 239/01 –.

42 Die Gewährleistung des **Religionsunterrichtes** folgt aus Art. 5 Abs. 3 i.V.m. Art. 7 Abs. 2 und 3 GG. Danach haben die Erziehungsberechtigten das Recht, über die Teilnahme des Kindes am Religionsunterricht zu bestimmen. Der Religionsunterricht ist in den öffentlichen Schulen mit Ausnahme der bekenntnisfreien Schulen ordentliches Lehrfach.[197] Abgesichert ist dies durch Art. 6 des Güstrower Vertrags hinsichtlich der evangelischen Kirche und Art. 4 des Vertrags zwischen dem Heiligen Stuhl und dem Land Mecklenburg-Vorpommern vom 15. September 1997. Art. 8 des Vertrags zwischen dem Land Mecklenburg-Vorpommern mit dem Landesverband der Jüdischen Gemeinden in Mecklenburg-Vorpommern vom 14. Juni 1996 regelt das Recht, im Rahmen des Art. 7 GG Bildungseinrichtungen zu betreiben (zu den Kirchenverträgen → Art. 9 Rn 17).

VIII. Gesetzesvorbehalt (Abs. 6)

43 Der Gesetzgeber ist aufgerufen, die Vorgaben des Art. 15 umzusetzen. Wegen der Grundrechtsbezogenheit staatlicher Regelungen im Schulbereich[198] gilt der **Vorbehalt des Gesetzes**. Dieser verlangt, dass staatliches Handeln in bestimmten grundlegenden Bereichen durch förmliches Gesetz legitimiert wird. Der Gesetzgeber ist verpflichtet, alle wesentlichen Entscheidungen selbst zu treffen, nicht aber jede Einzelheit des pädagogischen Konzepts.[199] Die Tatsache, dass eine Frage politisch umstritten ist, macht sie nicht zur wesentlichen.[200] Die grundlegenden Strukturfragen die sich im Spannungsfeld der staatlichen Aufsicht, des Elternrechts, den Rechten des Kindes und den Rechten des Lehrers bewegen, muss der Gesetzgeber regeln.[201] Speziell in Bezug auf Art. 6 Abs. 2 S. 1 GG ist von Bedeutung, ob die Grenzen im Spannungsfeld zwischen dem in Art. 7 Abs. 1 GG vorausgesetzten Bildungs- und Erziehungsauftrag des Staates und dem elterlichen Erziehungsrecht in substantieller Hinsicht zu Lasten des Elternrechts verschoben werden.[202] Der Gesetzgebungsauftrag wird durch das Schulgesetz für das Land MV – SchulG MV –[203] und die untergesetzlichen Normen erfüllt.[204] Deren Regelungen sind ihrerseits an Art. 15 zu messen. Die Auslegung und die Ausübung von Ermessen durch die Schulverwaltung haben ebenfalls die Vorgaben von Art. 15 zu beachten. Das Land kann Verwaltungsvorschriften erlassen, die Ausführung der Gesetze und Rechtsverordnungen näher ausgestaltet.[205]

---

197 Dazu im Einzelnen *Classen*, Religionsrecht, 2. Aufl. 2015, § 13; *von Campenhausen/de Wall*, Staatskirchenrecht, 4. Aufl. 2006, § 26; *Loschelder*, HdGr, Band IV § 100 Rn 39 ff.
198 Eine sog. Besonderes Gewaltverhältnis besteht nicht; vgl zum Begriff *Rux/Niehues*, Schulrecht, Rn 21 ff; *Thiel* (Fn 24), S. 174 ff.
199 LVerfG LSA, Urt. v. 15.01.2002 – LVG 9/01, LVG 12/01 –.
200 Vgl BVerfGE 34, 165, 192 f – obligatorische Förderstufe; 41, 251, 259 f – Schulausschluss als Ordnungsmaßnahme; 45, 400, 417 ff – Reform der gymnasialen Oberstufe; 47, 46, 78 ff – Sexualkundeunterricht; 58, 257, 268 ff – leistungsbedingte Schulentlassung; weitere Bsp. bei *Rux/Niehues* Rn 56.
201 BVerfGE 93, 1; näher zum Wesentlichkeitsbegriff *Loschelder*, HdGr, Band IV § 110 Rn 12 ff.
202 BVerfGE 98, 218 = NJW 1998, 2515 – Rechtschreibreform.
203 In der Fassung der Bekanntmachung vom 10.9.2010 (GVOBl. M-V 2010, 462), zul. geänd. d. G. v. 13.12.2012 (GVOBl. M-V S. 555).
204 Landesrecht umfassend in http://www.schulwesen-mv.de und http://www.regierung-mv.de/cms2/Regierungsportal_prod/Regierungsportal/de/bm/Rechtsvorschriften/Schule/index.jsp (10.4.2014); umfassend *Ennuschat*, Verw 2012, 331. Zur Entwicklung *März*, JöR N.F. 54 (2006), 175, 274 ff.
205 *Loschelder*, HdGr, Band IV § 110 Rn 19.

IX. Schrifttum

Gerhard Bley, Schulrecht in Mecklenburg-Vorpommern, Loseblattkomm.; *Brodkorb/Koch* (Hrsg.), Mit 200 Sachen am Meer – auf dem Weg in Richtung Inklusion. Dritter Inklusionskongress MV, Dokumentation, 2013; *Wolfram Cremer*, Das Schulverhältnis zwischen exekutiver Verantwortung, gesetzlicher Determinierung und und gerichtlicher Kontrolle, in: Verw 2012, 359 *Jörg Ennuschat*, Organisation der öffentlichen Schule, Verw 2012, 331; *Hans Michael Heinig*, Religionsfreiheit auf dem Prüfstand: Wie viel Religion verträgt die Schule?, KuR 2013, S. 8; *Frank-Rüdiger Jach*, Die Existenzsicherung der Institution Ersatzschulwesen in Zeiten knapper Haushaltsmittel – Umfang und Grenzen der Finanzhilfepflicht des Staates vor dem Hintergrund der Rechtsprechung des Bundesverfassungsgerichts, FS zum 65. Geburtstag von J. P. Vogel, 1998, S. 75 ff; *Hans Heckel/Hermann Avenarius*, Schulrechtskunde, 8. Aufl. 2010; *Wolfgang Loschelder*, Schulische Grundrechte und Privatschulfreiheit in: Detlev Merten/Hans-Jürgen Papier (Hrsg.), Handbuch der Grundrechte, Band IV 2012, § 110; *Carola Rathke*, Öffentliches Schulwesen und religiöse Vielfalt, 2005; *Ludwig Renck*, Achristliches Schulrecht in Brandenburg?, in: LKV 2005, S. 297; *Klaus Rennert*, Entwicklungen in der Rechtsprechung zum Schulrecht, in: DVBl 2001, S. 504; *Gerhard Robbers*, Religion in der öffentlichen Schule, in: RdJB 2003, S. 11; *Johannes Rux*, Die pädagogische Freiheit des Lehrers, 2002; *Johannes Rux/ Norbert Niehues*, Schul- und Prüfungsrecht, Band 1 – Schulrecht, 5. Aufl. 2013; *Michael Sachs*, Wiederbelebung des besonderen Gewaltverhältnisses?, in: NWVBl 2004, S. 209; *Markus Thiel*, Der Erziehungsauftrag des Staates in der Schule, 2000; *Johann Peter Vogel*, Zur Genehmigung von Ersatzschulen, DÖV 2008, 895.

44

Art. 16 (Förderung von Kultur und Wissenschaft)

(1) Land, Gemeinden und Kreise schützen und fördern Kultur, Sport, Kunst und Wissenschaft. Dabei werden die besonderen Belange der beiden Landesteile Mecklenburg und Vorpommern berücksichtigt.

(2) Das Land schützt und fördert die Pflege der niederdeutschen Sprache.

(3) Hochschulen und andere wissenschaftliche Einrichtungen sollen in ausreichendem Maße eingerichtet, unterhalten und gefördert werden. Freie Träger sind zugelassen.

(4) Land, Gemeinden und Kreise fördern Einrichtungen der Jugend- und Erwachsenenbildung.

Zu Abs. 1: Artt. 140 BayVerf; 20 Abs. 2, 32 VvB; 34, 35 BbgVerf; 11 Abs. 2 und 3, 36 a BremVerf; 62, 62 a HessVerf; 5 Abs. 1, 6 NdsVerf; 18 Verf NW; 40 Verf Rh-Pf; 34, 34 a SaarlVerf; 36 LVerf LSA; 9 Abs. 1 und 3 SchlHVerf; 30 ThürVerf.
Zu Abs. 2: Artt. 25 Abs. 3 BbgVerf (Sprache der Sorben); 6 Abs. 1 Satz 2 SächsVerf (Sprache der Sorben); 9 Abs. 2 SchlHVerf (niederdeutsche Sprache).
Zu Abs. 3: Artt. 32 Abs. 2 BbgVerf; 5 Abs. 2 NdsVerf; 30 Abs. 1 Satz 1 Verf Rh-Pf; 33 Abs. 1 SaarlVerf; 107 Abs. 4 SächsVerf, 31 Abs. 1 LVerf LSA; 28 Abs. 2 ThürVerf.
Zu Abs. 4: Artt. 133 Abs. 1, 139 BayVerf; 22 BWVerf; 33 Abs. 1 BbgVerf; 35 BremVerf; 17 Verf NW; 37 Verf Rh-Pf; 108 SächsVerf; 29 ThürVerf.

I. Allgemeines	1	IV. Hochschulen und wissenschaftliche Einrichtungen (Abs. 3)	10
II. Umfang der Schutz- und Förderverpflichtung des Abs. 1	6	V. Jugend- und Erwachsenenbildung (Abs. 4)	13
III. Niederdeutsche Sprache (Abs. 2)	8		

I. Allgemeines

1 Auch wenn der Verfassunggeber Anregungen in der Verfassungskommission – abweichend etwa von Sachsen und Brandenburg – nicht gefolgt ist und die **Kulturstaatlichkeit nicht ausdrücklich** zum Staatsstrukturprinzip (Art. 2) erhoben hat, war ihm doch bewusst, dass die in Art. 16 genannten Politikbereiche das Erscheinungsbild des Landes wesentlich prägen.[1] Auch vor dem Hintergrund der Normierungen in Art. 35 Abs. 1 bis 3 des Einigungsvertrags, denen sich ein objektiv-rechtlicher Kulturförderungsauftrag entnehmen lässt, und der Gesamtschau von bundesrechtlichen Verfassungsbestimmungen, die ein auch für das Land verbindliches Staatsstrukturprinzip in diesem Sinne erkennen lassen, wächst damit der Kulturpflichtigkeit mindestens die Rolle eines in der Verfassung unmittelbar angelegten Optimierungsgebots zu, das Kulturförderung als Staatsaufgabe von verfassungsrechtlichem Gewicht umfasst.[2] Für die Bereiche Kunst und Wissenschaft tritt die Förderverpflichtung neben das durch Art. 7 gewährte Abwehrrecht gegenüber staatlichen Eingriffen.

2 Die Bedeutung des Politikbereichs „Kulturhoheit der Länder" wird nachdrücklich unterstrichen durch die einschlägigen Kompetenzvorschriften des GG – auch in der Neufassung nach der Föderalismusreform[3] –, wo sich nur eng begrenzte Zuständigkeiten der Bundesebene[4] finden; Probleme kann dies bei der Umsetzung völkerrechtlicher Vereinbarungen bereiten, vor allem dann, wenn es an einem förmlichen Vertragsgesetz fehlt.[5]

3 Art. 16 Abs. 1 richtet sich auch an **Träger der Staatsgewalt auf kommunaler Ebene**. Die Verpflichtung aus Abs. 2 dagegen trifft ausdrücklich und die aus Abs. 3 wohl der Sache nach[6] – insb. was Finanzierungsverpflichtungen angeht – nur die Landesebene. Mit der Förderverpflichtung weitet der Verfassunggeber das Aufgabenspektrum deutlich aus und begnügt sich nicht mit der Schutzfunktion im Sinne einer Abwehr von Beeinträchtigungen durch Dritte.[7]

4 Aus den jeweils auferlegten Schutz- und Förderverpflichtungen als solchen folgen allerdings **keine unmittelbaren Rechtspflichten** eines Einzelnen und **keine subjektiven Rechte** etwa auf Fördermittel.[8] Soweit sich nicht aus konkreten Rechtsvorschriften, die die Verpflichtungen des Art. 16 umsetzen, Ansprüche ergeben, verbleibt es bei den Grundsätzen des Allgemeinen Verwaltungsrechts, die für die Ermessensausübung und Selbstbindung gelten; hier kann aber Art. 16 durchaus Wirkung im Sinne einer **Verpflichtung zur „kulturfreundlichen Auslegung"** entfalten.[9] Praktische Bedeutung könnte dies zB bei Abwägungsentscheidungen im Raumordnungs- oder Bauplanungsrecht gewinnen, wenn etwa die

---

1 Kommission, Verfassungsentwurf, S. 84, 108.
2 Vgl auch *Wiegand*, LKV 1995, 55, 58, der von einem „Rechtsprinzip optimaler Kulturförderung" spricht, welches selbstständige normative Kraft entfalte.
3 Gesetz zur Änderung des Grundgesetzes v. 28.08.2006, BGBl. I 2006, S. 2034; Föderalismusreform-Begleitgesetz v. 05.09.2006, BGBl. I 2006, S. 2098.
4 So ist der Schutz deutschen Kulturgutes gegen Abwanderung ins Ausland Gegenstand der ausschließlichen Bundesgesetzgebung, Art. 73 Abs. 1 Nr. 5 a GG.
5 Siehe Übereinkommen zum Schutz des Kultur- und Naturerbes der Welt (Welterbekonvention – WEK) v. 23.11.1972, BGBl. I 1977, S. 215; für M-V zB konkret von Bedeutung für den Schutzumfang der Welterbestädte Wismar und Stralsund; vgl zur Problematik *Fastenrath*, DÖV 2006, 1017 ff.
6 Im Zusammenspiel mit den Regelungen des Landeshochschulgesetzes.
7 *Thiele*, in: Thiele/Pirsch/Wedemeyer, Art. 16 Rn 3.
8 *März*, JöR N.F. 54 (2006), 175, 216; *Thiele* (Fn 7), Art. 16 Rn 4; *Wiegand*, LKV 1995, 55, 60.
9 *Wiegand*, LKV 1995, 55, 60; *Heßlmann*, in: Linck/Baldus/Lindner/Poppenhäger/Ruffert, Art. 30 Rn 11.

Nichtausweisung von Eignungsgebieten für Windenergie mit der drohenden Beeinträchtigung einer geschützten Stadtsilhouette oder eines kulturhistorisch prägenden Landschaftsbildes begründet wird.[10]

Für das **finanzielle Verhältnis zwischen kommunaler Ebene und Land** (zB Finanzausgleich) jedoch hat die in Art. 16 normierte Förderverpflichtung durchaus **gewichtige Bedeutung,** denn sie entscheidet mit, ob dem aus Art. 73 hergeleiteten Anspruch auf angemessene Finanzausstattung genügt wird; die Kommunen müssen nach der Rspr des LVerfG finanziell in der Lage sein, jedenfalls auch ein Mindestmaß an freiwilligen Selbstverwaltungsaufgaben – und hierzu rechnen in weitem Umfang kulturelle Aktivitäten – zu erledigen.[11]

II. Umfang der Schutz- und Förderverpflichtung des Abs. 1

Abs. 1 nennt als Schutzgüter Begriffe, die vielfältig auszufüllen sind und in ganz unterschiedlicher Weise ihre konkrete gesetzliche Ausgestaltung gefunden haben;[12] daher dürfte die Frage nach einer trennscharfen Abgrenzung bzw danach, ob „Kultur" als Oberbegriff auch für die nachfolgenden Begriffe verstanden werden kann,[13] rechtlich keine Bedeutung entfalten.

Dass sich das Land seiner Verpflichtung aus Satz 2 bewusst ist, zeigen nicht nur die konkreten Standortzuweisungen der Landeseinrichtungen,[14] sondern beispielhaft etwa die Unterstützung des Instituts für Volkskunde in M-V (Wossidlo-Archiv) und des Forschungsvorhabens „Pommersches Wörterbuch", einer der Universität Greifswald zugeordneten Einrichtung. Satz 2 ist zudem im Zusammenhang mit Art. 75 zu lesen, mag auch dieser in der Umsetzung bisher noch keine praktische Bedeutung gewonnen haben (→ *Meyer*, **Art. 75** Rn 9 ff). Dass allgemein ein Bewusstsein für die – historisch begründeten – Besonderheiten der beiden Landesteile Mecklenburg und Vorpommern auch in der Bevölkerung vorhanden ist, verdeutlichen die öffentlichen Diskussionen über Veränderungen von Organisationsstrukturen staatlicher und nichtstaatlicher Stellen, insbesondere wenn diese zur Auflösung von Einrichtungen oder zur Schließung von Standorten führen sollen.

III. Niederdeutsche Sprache (Abs. 2)

Die Verankerung in einem eigenen Abs. – wortgleich mit der schleswig-holsteinischen Verfassung – soll der **herausgehobenen Bedeutung** des Schutzes und der Pflege **der niederdeutschen Sprache** Rechnung tragen,[15] weil die Verwendung des Niederdeutschen keine ethnische oder nationale Minderheit oder Volksgruppe kennzeichnet, deren Eigenständigkeit über Art. 18 geschützt ist (ausführlicher → *Schütz*, **Art. 18** Rn 21 ff, 23). Da die Bundesrepublik Deutschland das Niederdeutsche im Unterschied zum Sorbischen im internationalen Bezug[16] ledig-

---

10 Verwiesen sei auf den Konflikt um den Bau der Waldschlösschenbrücke in Dresden; der juristische Streit wurde vorrangig – und für die Kläger erfolglos – um Fragen des europäischen Natur- und Vogelschutzrechts geführt (SächsOVG, Urt. v. 15.12.2011 – 5 A 195/09 –, juris), im Ergebnis führte die Verwirklichung des Projekts dann zur Aberkennung des Welterbestatus.
11 LVerfGE 14, 293 ff; LVerfGE 17, 289, 297 ff; näher siehe → *Meyer*, **Art. 73** Rn 3.
12 Nur beispielhaft seien genannt: Denkmalschutz, Sportförderung, Archivrecht, Rundfunkrecht.
13 So *Thiele* (Fn 7), Art. 16 Rn 3.
14 Aspekt betont von Kommission, Verfassungsentwurf, S. 108.
15 Kommission, Verfassungsentwurf, S. 108.
16 Europäische Charta der Regional- und Minderheitensprache des Europarates v. 05.11.1992, BGBl. II 1998, S. 1314 ff.

lich als Regional-, nicht aber als Minderheitensprache anerkannt hat, ist es konsequent, ihm die Anerkennung als offizielle Gerichtssprache zu versagen.[17]

9 Das Niederdeutsche scheint im Bewusstsein der Bevölkerung in den letzten Jahren wieder an Bedeutung gewonnen zu haben, wie zahlreiche Initiativen zur Pflege dieser Sprache nicht zuletzt auch im schulischen Bereich belegen.

IV. Hochschulen und wissenschaftliche Einrichtungen (Abs. 3)

10 Damit die in Art. 7 enthaltenen Gewährleistungen der Kunst- und Wissenschaftsfreiheit und die Selbstverwaltungsgarantie für Hochschuleinrichtungen und andere wissenschaftliche Einrichtungen mit Leben erfüllt werden können und die Förderverpflichtung aus Art. 16 Abs. 1 nicht leer läuft, bedarf es der existentiellen Absicherung der Einrichtungen; das Land erlegt sich insoweit mit dem Hinweis auf das „ausreichende Maß" eine **Selbstverpflichtung** auf, die insb. in den §§ 15 f LHG (Planung, Finanzierung) ihre praktische Umsetzung findet. Trotz der im Verhältnis zu anderen Landesverfassungen zurückhaltenderen Formulierung („sollen") dürfte die **Einrichtungs-, Unterhaltungs- und Förderpflichtung** zugleich die Sorge für eine wenigstens sachnotwendige Mindestausstattung beinhalten.[18] Dabei ist zu beobachten, dass die neuen Wege, die bei der Finanzierung der Hochschulen eingeschlagen werden (wie zentrale Zielvereinbarungen, budgetierte Globalhaushalte)[19], Verteilungskämpfe um öffentliche Mittel zunehmend in die Entscheidungsgremien der Hochschulen selbst verlagern (§ 16 Abs. 3 LHG).

11 Die Verfassung begründet **weder Ansprüche auf Schaffung** neuer Einrichtungen **noch** eine **absolute Bestandsgarantie** für einzelne Hochschulen und Institute[20]; andererseits muss bei der Festlegung dessen, was als „ausreichendes Maß" anzusehen ist, eine Vielzahl von Aspekten einfließen, was es bei einer Gesamtschau und unter Berücksichtigung des Verfassungsauftrags trotz der schwierigen finanziellen Lage des Landes im Ergebnis derzeit eher **problematisch** erscheinen lassen dürfte, einer existierenden Hochschule (§ 1 Abs. 1 LHG) die **Existenzgrundlage gänzlich zu entziehen** (§ 1 Abs. 4 LHG, Aufhebung). Bedeutung entfalten hier – neben der regionalen Verteilung (siehe auch Abs. 1 Satz 2) – die Sicherung der Bandbreite des Ausbildungs- und Lehrangebots, die in der unterschiedlichen Schwerpunktsetzung der Hochschulen ihren Ausdruck findet, der quantitative Bedarf (und zwar nicht nur begrenzt auf „Landeskinder", sondern auch in seiner Einbindung in die föderale Gesamtstruktur der Bundesrepublik) und soziale Aspekte wie die Erreichbarkeit von Ausbildungsplätzen.

12 Zugleich sichert die Verfassung die Rechte **freier Träger**; zu denken wäre insoweit in erster Linie an private Hochschulen, für die das Landeshochschulgesetz ein **Anerkennungsverfahren** zur Verfügung stellt (§ 70 HRG, §§ 108 ff LHG). Die gewählte Formulierung lässt aber auch die Trägerschaft von Bund, Städten oder Kirchen durchaus zu,[21] denn gemeint sein dürften als nicht-staatliche sämtliche außerhalb der Landesträgerschaft stehenden Hochschulen.[22]

---

17 Siehe § 184 Satz 2 GVG, eingefügt durch G v. 19.04.2006, BGBl. I 2006, S. 866.
18 *Reich*, Art. 31 Rn 1.
19 Siehe § 15 LHG; hierzu auch LT-Drs. 5/3453 (Eckwerte der Hochschulentwicklung), inb. S. 28 ff, 43 ff.
20 *Thiele* (Fn 7), Art. 16 Rn 7.
21 *Ernst*, in: Lieber/Iwers/Ernst, Art. 32 Anm. 3; zu Sachsen-Anhalt („andere Träger") vgl *Reich*, Art. 31 Rn 2.
22 *Reich*, Hochschulrahmengesetz, 9. Aufl. 2005, § 70 Rn 1.

V. Jugend- und Erwachsenenbildung (Abs. 4)

Der hier verwendete Bildungsbegriff umfasst – ohne inhaltliche Eingrenzung – sowohl die **Allgemein- als auch die Weiterbildung** mit dem Ziel, durch die Vermittlung von Kenntnissen, Fähigkeiten und Fertigkeiten allen Bürgern eine selbstbestimmte, verantwortliche Lebensgestaltung im persönlichen, öffentlichen und beruflichen Bereich zu ermöglichen.[23] 13

Einrichtungen der Jugend- und Erwachsenenbildung sind bspw **Volks- und Heimvolkshochschulen, Musikschulen, Akademien** uÄ; nach der ausdrücklichen Willensbekundung der Kommission ist klargestellt, dass auch das **Büchereiwesen** unter diesen Begriff zu fassen ist.[24] 14

Der Umsetzung der Verpflichtung aus Art. 16 Abs. 4 dient u.a. das **Weiterbildungsförderungsgesetz**,[25] mit dem sich das Land nicht zuletzt ebenfalls eine finanzielle Selbstverpflichtung auferlegt (§§ 7 ff); auch das Bildungsfreistellungsgesetz[26] mit seinen Ansprüchen gegenüber Arbeitgebern bzw. Dienstherren auf Freistellung (§§ 2 ff) unter Fortzahlung des Arbeitsentgelts (§ 7), dem Anerkennungsverfahren (§§ 9 ff) und dem Erstattungsanspruch gegen das Land (§ 16) steht zumindest mittelbar in diesem Zusammenhang. 15

Art. 17 (Arbeit, Wirtschaft und Soziales)

(1) Das Land trägt zur Erhaltung und Schaffung von Arbeitsplätzen bei. Es sichert im Rahmen des gesamtwirtschaftlichen Gleichgewichts einen hohen Beschäftigungsstand.

(2) Land, Gemeinden und Kreise wirken im Rahmen ihrer Zuständigkeit darauf hin, daß jedem angemessener Wohnraum zu sozial tragbaren Bedingungen zur Verfügung steht. Sie unterstützen insbesondere den Wohnungsbau und die Erhaltung vorhandenen Wohnraums. Sie sichern jedem im Notfall ein Obdach.

Zu Abs. 1: Artt. 166 BayVerf; 18 VvB; 48 BbgVerf; 49 Abs. 2 BremVerf; 28 Abs. 2 und 3 HessVerf; 24 Abs. 1 Verf NW; 53 Verf Rh-Pf; 45 SaarlVerf; 39 LVerf LSA; 36 ThürVerf.

Zu Abs. 2: Artt. 106 BayVerf; 28 VvB; 46 BbgVerf; 14 Abs. 1 BremVerf; 63 Verf Rh-Pf; 7 SächsVerf; 16 ThürVerf.

I. Vorbemerkung 1	III. **Wohnraum (Abs. 2)** 8
II. **Arbeitsmarktpolitische Staatsziele**	1. Angemessener Wohnraum
(Abs. 1) 2	(Satz 1 und 2) 8
1. Bedeutung 2	2. Obdach im Notfall (Satz 3) 10
2. Arbeitsplätze (Satz 1) 5	IV. **Schrifttum** 11
3. Hoher Beschäftigungsstandard	
(Satz 2) 6	

I. Vorbemerkung

Durch das Zweite Gesetz zur Änderung der Verfassung des Landes M-V vom 14.7.2006[1] wurde der ursprüngliche Abs. 2 gestrichen und als Art. 17 a neu formuliert; der bisherige Abs. 3 wurde Abs. 2. 1

---

23 *Thiele* (Fn 7), Art. 16 Rn 9.
24 Kommission, Verfassungsentwurf, S. 108.
25 Siehe → Art. 8 Fn 27.
26 G zur Freistellung für Weiterbildungen für das Land Mecklenburg-Vorpommern (Bildungsfreistellungsgesetz – BfG M-V) v. 13.12.2013, GVOBl. 2013, 691).
1 GVOBl. S. 572.

II. Arbeitsmarktpolitische Staatsziele (Abs. 1)

2 1. Bedeutung. Abs. 1 enthält arbeitsmarktpolitische Staatsziele. Die Gewährleistung des Art. 5 Abs. 3 iVm Art. 12 GG der Berufsfreiheit wird objektiv-rechtlich ergänzt durch das Staatsziel des Art. 17 Abs. 1. Im Zentrum der grundrechtlichen Gewährleistung steht die Sicherung der freien Entfaltung der Persönlichkeit des Einzelnen.[2] Darüber hinaus dient der Beruf der Schaffung und Sicherung des Lebensunterhalts des Berufstätigen und ggf seiner Familienangehörigen.[3] Die private Existenzsicherung hat Vorrang vor der sozialstaatlich-solidarischen Absicherung und wird deshalb durch den **Förderauftrag** des Art. 17 Abs. 1 ergänzt.[4]

3 Die Vorschrift steht im Zusammenhang mit der Präambel, wonach die Verfassung von dem Willen getragen wird, den wirtschaftlichen Fortschritt aller zu fördern, und dem Sozialstaatsprinzip.[5] Mit dem Begriff „**fördern**" wird deutlich, dass es nicht um die Einflussnahme auf die Wirtschaft im Sinne einer Planwirtschaft geht. Der Staat soll dafür sorgen, dass das Land einen wirtschaftlichen Fortschritt nimmt, von dem alle Bürger profitieren. Art. 17 ist Teil der Ausgestaltung des Sozialstaatsprinzips.

4 Abs. 1 ist der systematischen Stellung nach ein **Staatsziel**. Abs. 1 will keinen einklagbaren Individualanspruch begründen und gewährt mithin auch **kein subjektives Recht**.[6] Es besteht kein Anspruch auf eine soziale Grundsicherung. Die Verfassung hat ausdrücklich kein soziales Grundrecht konstituiert in der Erwägung, ein formuliertes Recht auf Arbeit sei zwar plakativ, doch unzweckmäßig, da es sich nicht verwirklichen lasse und damit Enttäuschungen auslösen könne.[7] Abs. 1 hat auch keine teilhaberechtliche Komponente.[8] Die Norm richtet sich allein an das Land und verlangt daher nicht entsprechende Aktivitäten der Kommunen (anders als Abs. 2). Dieses Staatsziel entfaltet aber wie das Sozialstaatsprinzip seine Wirkung namentlich bei der Anwendung und Auslegung subjektiver öffentlicher Rechte.[9]

5 2. Arbeitsplätze (Satz 1). Der Aufbau der Vorschrift ist irreführend. Satz 1 steht in seiner allg. Fassung vor den Einschränkungen nach Satz 2. Satz 1 weckt damit Hoffnungen, die Satz 2 enttäuscht.[10] Die Formulierung „beitragen" verdeutlicht, dass das Land nicht an die Stelle der privaten Arbeitgeber treten und etwa jedem einen **Arbeitsplatz** sichern kann.[11] Das arbeitsmarktpolitische Ziel des Landes wird im Folgenden konkret benannt.[12] Der Wahl der Mittel, dieses Ziel zu erreichen, kommt dem Land ein weiter Spielraum zu. So kommen Arbeitsförderungsmaßnahmen in Betracht.[13] Die Vorschrift schließt nicht aus, dass das Land auch selbst Arbeitsplätze schafft. In erster Linie ist das Land aber aufgerufen, durch konjunkturpolitische Mittel für ein gesamtwirtschaftliches Gleichgewicht

---

2 Vgl BVerfGE 7, 377, 397 ff.
3 BVerfGE 102, 197, 212.
4 Vgl LVerfG LSA, ZfJ 2005, 251.
5 Vgl *Wallerath*, in: HdbStR Bd. IV, § 94 Rn 26.
6 Vgl BerlVerfGH, NJW-RR 2004, 1706.
7 Kommission, Verfassungsentwurf, S. 108.
8 Vgl BerlVerfGH, LVerfGE 7, 3 = LKV 1998, 19.
9 BerlVerfGH, LVerfGE 4, 62 = NVwZ-RR 1997, 202 unter Hinweis auf BVerwGE 1, 159, 161 f und BVerfGE 36, 237, 249.
10 *Riepe*, Soziale Grundrechte in den Verfassungen der Länder Brandenburg, Mecklenburg-Vorpommern, Sachsen, Sachsen-Anhalt und Thüringen, 1996, S. 221.
11 Vgl BerlVerfGH, LVerfGE 7, 3 = LKV 1998, 19.
12 Kommission, Verfassungsentwurf, S. 109.
13 Die aber weitgehend bundesrechtlich geregelt sind.

zu sorgen, das dann auch zu einem hohen Beschäftigungsgrad führt; dies wird nicht zuletzt aus Satz 2 dieses Abs. deutlich.

3. Hoher Beschäftigungsstandard (Satz 2). Dieses Staatsziel ist Teil des sog. **ge-** 6 **samtwirtschaftlichen Gleichgewichts**.[14] Der Begriff des gesamtwirtschaftlichen Gleichgewichts, der auch Eingang in das GG gefunden hat (Art. 109 Abs. 2 und Art. 104 b Abs. 1 S. 2 Nr. 1), ist hierbei nicht in erster Linie wirtschaftstheoretisch zu fassen, sondern basiert auf der Zielbestimmung des § 1 Stabilitätsgesetzes.[15] Es wird definiert durch die gleichzeitige Erreichung der Einzelziele (1) hoher Beschäftigungsstand, (2) Stabilität des Preisniveaus, (3) außenwirtschaftliches Gleichgewicht und (4) stetiges und angemessenes Wirtschaftswachstum (sog. **magisches Viereck**;[16] → *Mediger*, **Art. 65** Rn 9). Dazu dürfte nun auch Art. 126 AEUV zählen, wonach übermäßige Haushaltsdefizite zu vermeiden sind;[17] insoweit ist auch Art. 65 Abs. 2 zu berücksichtigen sein, insbesondere in der gemäß Änderung vom Gesetz vom 30.6.2011 (GVOBl. M-V S. 375) ab 1. 1. 2020 geltenden Fassung (Schuldenbremse). Der Begriff des gesamtwirtschaftlichen Gleichgewichts stellt einen unbestimmten Verfassungsbegriff dar, dessen Konkretisierung die Berücksichtigung verschiedener, vorwiegend wirtschaftswissenschaftlicher Indikatoren verlangt.[18] Dieser Begriff enthält einen in die Zeit hinein offenen Vorbehalt für die Aufnahme neuer, gesicherter Erkenntnisse der Wirtschaftswissenschaften als zuständiger Fachdisziplin.[19] Das gesamtwirtschaftliche Gleichgewicht meint nicht die volle und nachhaltige Erreichung aller Teilziele zugleich, sondern eine relativ-optimale Gleichgewichtslage in der Realisierung der Teilziele, die untereinander in einem Spannungsverhältnis stehen können und oftmals nicht ohne wechselseitige Abstriche realisierbar sind. Das gesamtwirtschaftliche Gleichgewicht unterliegt ständigen Schwankungen und erscheint stets als prekär.[20] Abs. 1 begründet daher im Verhältnis des magischen Vierecks keinen Vorrang eines hohen Beschäftigungsstandes. Das Land soll einen aktiven Beitrag zur Erhaltung und Schaffung von Arbeitsplätzen leisten. IÜ strebt die LV als Staatsziel nicht Vollbeschäftigung an, sondern lediglich einen hohen Beschäftigungsgrad. Welche Möglichkeiten das Land zur Arbeitsmarkt- und Beschäftigungspolitik wählt, steht ihm offen.[21] Gesetzgeberische Möglichkeiten sind allerdings nahezu ausgeschlossen, da die Länder für die wesentlichen Sachbereiche, in denen sich die Realisation vollziehen müsste, aufgrund Art. 74 Abs. 1 Nr. 12 GG „Arbeitsrecht" weitgehend ausgeschlossen sind.[22]

In dem hier formulierten Staatsziel ist auch das Ziel der **Gleichwertigkeit von Ar-** 7 **beits- und Lebensverhältnissen** in Stadt und Land enthalten.[23] Mit den Arbeits-

---

14 Vgl *Wallerath*, in: HdbStR Bd. IV, § 94 Rn 27.; *Papier*, RdA 2000, 1, 3.
15 Gesetz zur Förderung der Stabilität und des Wachstums der Wirtschaft vom 8.6.1967 (BGBl. I S. 582), zul. geändert durch Verordnung vom 31.10.2006 (BGBl. I S. 2407); dazu Kommission, Verfassungsentwurf, S. 109.
16 Vgl LT-Drs. 2/2612 S. 66; *Jarass* in Jarass/Pieroth Art. 109 Rn 5.
17 *Jarass*, in: Jarass/Pieroth, Art. 109 Rn 5.
18 BremStGH, U. v. 24.8.2011 – 1/11, NordÖR 2011, 484 m. Anm. *Schwarz*, NdsVBl 2012, 95.
19 BVerfG, Urt. v. 9.7.2007 – 2 BvF 1/04, BVerfGE 119, 96, Rn 130.
20 VerfGH NRW, Urt. v. 12.3.2013 – 7/11, OVGE Münster/Lüneburg 55, 298 = NVwZ-RR 2013, 665.
21 Dazu im Einzelnen *Wallerath*, in: HdbStR Bd. IV, § 94 Rn 35 ff; zur kommunalen Arbeitsmarktpolitik Deutsche Zeitschrift für Kommunalwissenschaften Band I/2005 „Kommunale Wirtschaftspolitik", darin insb. Beitrag von *Wieczorek*.
22 *Papier*, RdA 2000, 1, 3. Siehe aber auch BVerfG, B.v. 14.1.2015 – 1 BvR 931/12.
23 Vgl *Lindner*, AuR 2013, 250.

verhältnissen hängen unmittelbar die allgemeinen Lebensverhältnisse zusammen. Das gewinnt besonders Bedeutung wegen des demographischen Wandels. Zu überlegen ist auch, ob hier jedenfalls im Zusammenhang mit der Schaffung von Arbeitsplätzen das Ziel der **Generationengerechtigkeit** enthalten ist. Zur Nachhaltigkeit siehe *Sauthoff* Art. 12 Rn 6.

III. Wohnraum (Abs. 2)

8   1. Angemessener Wohnraum (Satz 1 und 2). Die Norm verpflichtet Land, Gemeinden und Kreise, das im Rahmen staatlicher Einflussnahme und unter Berücksichtigung anderer staatlicher Aufgaben und Pflichten Mögliche zu tun, für Schaffung und Erhaltung von Wohnraum zu sorgen.[24] Sie macht deutlich, dass ausreichender Wohnraum ein elementares Existenzbedürfnis des Menschen ist, ebenso wie ausreichende Ernährung und Kleidung. Es wird aber kein soziales Grundrecht konstituiert. Es geht um den Auftrag des Staates, unter Abwägung anderer gleichwertiger öffentlicher Belange auf die Bereitstellung angemessenen Wohnraums hinzuwirken.[25] Die Auswirkungen des Staatsziels sind auch dadurch begrenzt, dass v.a. die Mietrechtsgesetzgebung praktisch alleinige Angelegenheit des Bundes ist.

9   Angestrebt wird **angemessener Wohnraum** zu sozial tragbaren Bedingungen (Satz 1). Die Angemessenheit der Wohnung beurteilt sich nach der Größe, Ausstattung und dem Preis im Verhältnis zu den Mitgliedern der Familie. Sie steht im Verhältnis zu dem sozialen Umfeld, in dem sich die jeweilige Familie bewegt. Mögliche Maßnahmen nennt Satz 2. Auch die Bestände städtischer Wohnungsbaugesellschaften dienen nicht zuletzt der Versorgung mit Wohnraum, und gerade von Bevölkerungsschichten mit geringem Einkommen.[26] Der Verfassungsgeber ist davon ausgegangen, dass die Landespolitik mit Blick auf die staatliche Wohnungsbaupolitik und die Subventionierung im sozialen Wohnungsbau einen eigenen Spielraum habe und etwas für eine ausreichende Wohnraumversorgung zu sozial tragbaren Bedingungen tun müsse. Zur Erreichung diese Ziels habe sie insb. den Wohnungsbau und die Erhaltung vorhandenen Wohnraums zu unterstützen. Dies schließt finanzielle Anreize nicht aus.[27] Sofern für die Kommune die wesentliche Möglichkeit der Erfüllung dieses Staatsziels besteht, dürften Bedenken gegen eine vollständige Veräußerung von Anteilen an kommunalen Wohnungsgesellschaften bestehen.[28]

10   2. Obdach im Notfall (Satz 3). Dieses Staatsziel ist sehr bestimmt formuliert. Der Staat wird aufgefordert, im Notfall ein Obdach zu sichern. Damit ist der Schutz vor unfreiwilliger Obdachlosigkeit[29] gefordert. Demgemäß enthält die Vorschrift weder ein allg. Behaltensrecht für eine bestimmte bezogene Wohnung noch einen sonstigen Anspruch auf eine angemessene Wohnung zum Gegenstand,[30] so dass auch die Unterbringung in einer Obdachlosenunterkunft dem Staatsziel Rechnung trägt. Die Vorschrift kommt zunächst bei allg. Obdachlo-

---

24   Vgl BerlVerfGH, LVerfGE 4, 62 = NVwZ-RR 1997, 202.
25   Bericht der Sachverständigenkommission Staatszielbestimmungen, Gesetzgebungsaufträge, 1983, Rn 78, zit. nach *Iwers*, Entstehung, Bindungen und Ziele der materiellen Bestimmungen der Landesverfassung Brandenburg, 1998, S. 654 f.
26   BerlVerfGH, Beschl. v. 14.2.2005 – 19/04, 77/03 –.
27   Kommission, Verfassungsentwurf, S. 110.
28   Ebenso *Driehaus*, Art. 28 Rn 3.
29   Zum Begriff und zur Abgrenzung zu freiwilliger Obdachlosigkeit als Form eigener Lebensgestaltung *Ruder*, Polizei- und ordnungsrechtliche Unterbringung von Obdachlosen, 1999, Rn 13 ff.
30   Vgl BerlVerfGH, Grundeigentum 2005, 542.

sigkeit zum Tragen. Sie gewinnt aber insb. in den Fällen Bedeutung, in denen etwa aufgrund eines zivilrechtlichen Titels auf Räumung einer Wohnung Obdachlosigkeit entsteht; hier ist insb. zu prüfen, ob dem Betroffenen anderweitiger Wohnraum verschafft werden kann, ohne dass Satz 3 der Vollstreckung eines Räumungstitels entgegensteht.[31] Gleiches gilt erst recht, wenn staatlicherseits auf ordnungsbehördlicher Grundlage die Wohnung geräumt wird. Hier muss der Staat, soweit es in seiner Entscheidungskompetenz liegt, die Entstehung von Obdachlosigkeit vermeiden. Ist sie eingetreten, muss er bemüht sein, sie alsbald zu beseitigen. Satz 3 hat daher auch ermessenssteuernde Wirkung bei Entscheidungen über hoheitliches Eingreifen.[32]

IV. Schrifttum

Karl-Heinz Ruder, Polizei- und ordnungsrechtliche Unterbringung von Obdachlosen, 1999; *Maximilian Wallerath*, Arbeitsmarkt, in: Isensee/Kirchof (Hrsg.), HdbStR Bd. IV, 3. Aufl. 2007, § 94, S. 957; *Hans-Jürgen Papier*, Arbeitsmarkt und Verfassung, RdA 2000, 1.   11

Art. 17 a (Schutz von alten Menschen und Menschen mit Behinderung)

Land, Gemeinden und Kreise gewähren alten Menschen und Menschen mit Behinderung besonderen Schutz. Soziale Hilfe und Fürsorge sowie staatliche und kommunale Maßnahmen dienen dem Ziel, das Leben gleichberechtigt und eigenverantwortlich zu gestalten.

Artt. 118 a Satz 2 BayVerf; 2 a BWVerf; 11 Satz 2, 22 Abs. 2 VvB; 12 Abs. 4 BbgVerf; 64 Verf Rh-Pf; 7 Abs. 2 SächsVerf; 38 LVerf LSA; 2 Abs. 4 ThürVerf.

I. Vorbemerkung	1	III. Ausgestaltung		7
II. Schutz alter und behinderter Menschen (Satz 1)	2	1. Soziale Hilfe und Fürsorge sowie staatliche und kommunale Maßnahmen (Satz 2)		7
1. Begriffe	2			
2. Schutz	4	2. Behindertengleichstellung		9
3. Bedeutung der UN-Behindertenrechtskonvention	6	IV. Schrifttum		10

I. Vorbemerkung

Der zuvor in Art. 17 neben den Staatszielbestimmungen der Erhaltung und Schaffung von Arbeitsplätzen sowie der Schaffung angemessenen Wohnraums statuierte besondere Schutz von alten Menschen und Menschen mit Behinderung wird in einem gesonderten Art. 17 a hervorgehoben.[1] Die **Fürsorge für Hilfsbedürftige** schließt die soziale Hilfe für die Mitbürger ein, die wegen körperlicher oder geistiger Gebrechen an ihrer persönlichen und sozialen Entfaltung gehindert und außerstande sind, sich selbst zu unterhalten. Die staatliche Gemeinschaft muss ihnen jedenfalls die Mindestvoraussetzungen für ein menschenwürdiges Dasein sichern und sich darüber hinaus bemühen, sie soweit möglich in die Gesellschaft einzugliedern, ihre angemessene Betreuung in der Familie oder durch Dritte zu fördern sowie die notwendigen Pflegeeinrichtungen zu schaffen. Diese allg. Schutzpflicht kann natürlicherweise nicht an einer be-   1

---

31 So zu Recht *Iwers*, Entstehung, Bindungen und Ziele der materiellen Bestimmungen der Landesverfassung Brandenburg, 1997, S. 659 mwN zum Streitstand.
32 Dazu *Ruder* (Fn 29), passim.
1 LT-Drs. 4/2118 S. 2.

stimmten Altersgrenze enden; sie muss vielmehr dem jeweils vorhandenen Bedarf an sozialer Hilfe entsprechen.[2]

II. Schutz alter und behinderter Menschen (Satz 1)

2 **1. Begriffe.** a) **Alte Menschen** (Senioren) sind in Deutschland die über 60-Jährigen.[3] Es muss v.a. Altersdiskriminierung im Sinne der sozialen und ökonomischen Benachteiligung von Personen aufgrund ihres Lebensalters entgegen gewirkt werden. Es sind RL 2000/43/EG v. 29.6.2000 (Antirassismus-RL)[4] und RL 2000/78/EG v. 27.11.2000 (Rahmenrichtlinie Beschäftigung)[5] zu beachten.[6] Der Landesseniorenbeirat ist dafür eine wichtige Interessenvertretung in M-V.[7]

3 b) **Behinderung** ist die Auswirkung einer nicht nur vorübergehenden Funktionsbeeinträchtigung, die auf einem regelwidrigen körperlichen, geistigen oder seelischen Zustand beruht.[8] § 3 LBGG MV definiert, dass dieser Zustand mit hoher Wahrscheinlichkeit länger als sechs Monate von dem für das Lebensalter typischen Zustand abweichen muss und daher die Teilhabe am Leben in der Gesellschaft beeinträchtigt ist. Ob die Behinderung auf Geburt, Unfall oder Krankheit beruht, ist unerheblich. Auch eine chronische Krankheit kann zu einer Behinderung führen.[9] Entscheidend für das Vorliegen einer Behinderung ist, ob die zur nachhaltigen Funktionsbeeinträchtigung führende Krankheit auf Dauer (ohne hinreichende Heilungserwartung) besteht. Der Schutzbereich ist nicht auf „Schwerbehinderte" im Sinne von § 1 Schwerbehindertengesetz beschränkt, denn Art. 17 a spricht ohne eine solche beschränkende Qualifizierung von „Behinderung" schlechthin.[10]

4 **2. Schutz.** Art. 17 a enthält – lediglich – den Verfassungsauftrag an den Staat, **Alte und Behinderte zu schützen und zu fördern**. Er soll sich für gleichwertige Lebensbedingungen der Menschen von Jungen und Alten, Menschen mit und ohne Behinderung einsetzen. Art. 17 a bringt damit die besondere Verantwortung des Staates für Alte und Behinderte zum Ausdruck. Alte und Behinderte sollen vor Benachteiligungen geschützt werden. Ihre Lebenssituation soll im Vergleich zu der von Jungen bzw zu derjenigen nicht behinderter Menschen durch gesetzliche Regelungen nicht verschlechtert werden. Es sollen ihnen nicht Entfaltungs- und Betätigungsmöglichkeiten vorenthalten werden, welche anderen offen stehen. Dazu gehört auch ein Ausschluss von Entfaltungs- und Betätigungsmöglichkeiten, der nicht durch eine auf das Alter bzw die Behinderung bezogene Förderungsmaßnahme hinlänglich kompensiert wird.[11] Schutz bedeutet auch hier, nach Möglichkeit schädliche Eingriffe in die Rechtsgüter zu unterlassen und solche durch Dritte abzuwehren.

5 Die staatliche Gemeinschaft muss Alten und Behinderten jedenfalls die Mindestvoraussetzungen für ein **menschenwürdiges Dasein** sichern und sich darüber hinaus bemühen, sie soweit wie möglich in die Gesellschaft einzugliedern, ihre an-

---

2 So BVerfGE 40, 131, 133 = NJW 1975, 1691.
3 BT-Drs. 12/5897 S. 5; siehe die Altenberichte der BReg: http://www.dza.de/allgemein/politik-altenbericht.html.
4 ABl Nr. L 180, S. 22.
5 ABl Nr. L 303, S. 16.
6 Dazu bzgl Studiengebühren für Senioren VG Gelsenkirchen, Urt. v. 29.1.2006 – 4 K 5216/04 –; vgl auch VerfGH RP, DÖV 2005, 295 = NVwZ-RR 2005, 369.
7 http://www.landesseniorenbeirat-mv.de/.
8 BVerfG, NJW 1998, 131.
9 Vgl *Scholz*, in: Maunz/Dürig, Art. 3 Abs. 3 Rn 176, aA *Sannwald*, NJW 1994, 3313.
10 Vgl *Driehaus*, Art. 11 Rn 2.
11 Vgl BayVerfGH, Entsch. v. 08.11.2002 – Vf. 3-V-00 – Rundfunkgebühren.

gemessene Betreuung in der Familie oder durch Dritte zu fördern sowie die notwendigen Pflegeeinrichtungen zu schaffen.[12] Anders als Art. 3 Abs. 3 Satz 2 GG enthält Art. 17 a kein besonderes Benachteiligungsverbot mit Grundrechtscharakter.[13] Der Verfassungsauftrag, für die faktische Gleichstellung Behinderter und Nichtbehinderter zu sorgen, begründet keine subjektiven Rechte, etwa auf unentgeltliche Benutzung eines Behindertenfahrdienstes.[14]

3. Bedeutung der UN-Behindertenrechtskonvention. Bedeutsam ist das Übereinkommen der Vereinten Nationen vom 13. Dezember 2006 über die Rechte von Menschen mit Behinderungen – **UN-Behindertenrechtskonvention** (UN-BRK).[15] Dessen Bestimmungen sind integrierender Bestandteil der Unionsrechtsordnung.[16] Sie ist daher bei der Auslegung unbestimmter Rechtsbegriffe und Ermessensvorschriften des deutschen Rechts zu beachten.[17] Sie sind überdies Teil des nationalen Bundesrechts, nachdem Deutschland das Übereinkommen am 30. März 2007 unterzeichnet und am 24. Februar 2009[18] ratifiziert hat. Nach Art. 1 S. 2 UN-BHK zählen zu den Menschen mit Behinderungen Menschen, die langfristige körperliche, seelische, geistige oder Sinnesbeeinträchtigungen haben, welche sie in Wechselwirkung mit verschiedenen Barrieren an der vollen, wirksamen und gleichberechtigten Teilhabe an der Gesellschaft hindern können. Nach Art. 4 Abs. 1 S. 1 UN-BRK verpflichten sich die Vertragsstaaten, die volle Verwirklichung aller Menschenrechte und Grundfreiheiten für alle Menschen mit Behinderungen ohne jede Diskriminierung aufgrund von Behinderung zu gewährleisten und zu fördern. Nach Art. 4 Abs. 5 gelten die Bestimmungen des Übereinkommens ohne Einschränkung oder Ausnahme für alle Teile eines Bundesstaats. Speziell ist bestimmt, dass Maßnahmen zu ergreifen sind, um zu gewährleisten, dass Frauen und Mädchen mit Behinderungen, die mehrfacher Diskriminierung ausgesetzt sind, alle Menschenrechte und Grundfreiheiten voll und gleichberechtigt genießen können (Art. 6 UN-BRK) und dass gewährleistet wird, dass Kinder mit Behinderungen gleichberechtigt mit anderen Kindern alle Menschenrechte und Grundfreiheiten genießen können (Art. 7 UN-BRK). Die unmittelbare Anwendbarkeit von Vorgaben der UN-BHK setzt voraus, dass sie alle Eigenschaften besitzt, die ein Gesetz nach innerstaatlichem Recht haben muss, um berechtigen oder verpflichten zu können. Die Vertragsbestimmung muss nach Wortlaut, Zweck und Inhalt geeignet sein, rechtliche Wirkungen auszulösen. Insbesondere ist eine unmittelbare Vollzugsfähigkeit einer Vertragsbestimmung (sog. „self-executing") nur gegeben, wenn sie zur Entfaltung rechtlicher Wirkungen hinreichend bestimmt ist. Dagegen fehlt die unmittelbare Anwendbarkeit einer Vertragsbestimmung, wenn diese zu ihrer Ausführung noch einer normativen Ausfüllung bedarf.[19]

---

12 BVerfGE 40, 121,133.
13 Zu Art. 3 Abs. 3 Satz 2 GG: BVerfGE 96, 288, 301 ff; 99, 341, 356 f; siehe auch Art. 118 a Satz 1 BayVerf; Art. 2 a BWVerf; Art. 11 Satz 1 BerlVerf; Art. 12 Abs. 2 BbgVerf; Art. 64 RhPfVerf; Art. 7 SächsVerf; Art. 38 VerfLSA.
14 BerlVerfG, Entsch. v. 25.1.2006 – Vf. 14-VII-02 –.
15 Dazu: Von Ausgrenzung zu Gleichberechtigung - Verwirklichung der Rechte von Menschen mit Behinderungen, Ein Handbuch für Abgeordnete zu dem Übereinkommen über die Rechte von Menschen mit Behinderungen und seinem Fakultativprotokoll. Deutsche Übersetzung des Handbuches der Vereinten Nationen und der Interparlamentarischen Union (http://www.behindertenrechtskonvention.hessen.de; gelesen 14.6.2014)
16 EuGH, Entsch. v. 11.4.2013 – C-335/11 ua. – Rn 28 ff.
17 So BAG, Urt. v. 19.12.2013 – 6 AZR 190/12, NZA 2014, 372 zu § 241 Abs. 2 BGB.
18 BGBl. II. 2008 S. 1419.
19 VGH Mannheim, Beschl. v. 21.11.2012 – 9 S 1833/13, VBlBW 2013, 386 zu Art. 24 UN-BHK.

Die Vorgaben des UN-BHK müssen in die Auslegung und Anwendung des Art. 17 a einfließen, ohne dass es insoweit einer Verfassungsänderung bedürfte. Art. 17 a fasst das Anliegen der UN-BHK knapp zusammen (→ Art. 15 Rn 37).

III. Ausgestaltung

7 **1. Soziale Hilfe und Fürsorge sowie staatliche und kommunale Maßnahmen (Satz 2).** Es bestehen vielfältige Möglichkeiten, den gebotenen Schutz zu verwirklichen. Es liegt grds. in der **Gestaltungsfreiheit des Gesetzgebers**, den ihm geeignet erscheinenden Weg zu bestimmen, besonders zwischen den verschiedenen Formen finanzieller Hilfe für den Unterhalt und die Betreuung gebrechlicher Menschen zu wählen und entsprechend die Anspruchsberechtigung festzulegen. Ebenso hat er, soweit es sich nicht um Mindestvoraussetzungen handelt, zu entscheiden, in welchem Umfang soziale Hilfe unter Berücksichtigung der vorhandenen Mittel und anderer gleichrangiger Staatsaufgaben gewährt werden kann und soll.[20]

8 In Satz 2 nennt die Verfassung **Maßnahmen**, die der Gesetzgeber und die Verwaltung erwägen sollen. Sie sollen dem Ziel dienen, das Leben Alter und Behinderter gleichberechtigt und eigenverantwortlich zu gestalten. Soziale Hilfe umfasst die Sozialhilfe und verwandte Leistungssysteme. Sozialhilfe ist weitgehend bundesrechtlich geregelt (Art. 74 Abs. 1 Nr. 7 GG), so dass dem Land legislatorisch wenig Spielraum bleibt. Soziales Helfen muss aber umfassend verstanden werden als Beitrag zur Befriedigung der Bedürfnisse von anderen Menschen, die diese nicht mehr selbst befriedigen können. Soziale Hilfen beziehen sich auf materielle und symbolische (sozio-kulturelle) Bedürfnisse, die für die physische und psychische Reproduktion von Menschen erforderlich sind bzw gesellschaftlich so bewertet werden. Somit wird soziales Helfen auch verstanden als ein Bedarfsausgleich im Hinblick auf ungleich verteilte und verfügbare soziale Ressourcen und Kapazitäten – zB Unterkunft, Nahrung, Gebrauchsgegenstände, Geld, Arbeit, Freizeit, Erziehung, Bildung, Betreuung, persönliche Beziehungen, soziale Netzwerke etc.[21] Die Errichtung und Unterhaltung von Einrichtungen für die Beratung, Betreuung und Pflege im Alter, bei Krankheit, Behinderung, Invalidität und Pflegebedürftigkeit sowie für andere soziale und karitative Zwecke sind, unabhängig von ihrer Trägerschaft, staatlich zu fördern.[22] Es werden iÜ Förderprogramme des Landes aufgelegt[23] und wurde ein Maßnahmeplan zur Umsetzung der UN-BHK erstellt.[24]

9 **2. Behindertengleichstellung.** Hier gewinnt Art. 5 Abs. 2 UN-BRK besondere Bedeutung. Danach verbieten die Vertragsstaaten jede Diskriminierung aufgrund von Behinderung und garantieren Menschen mit Behinderungen gleichen und wirksamen rechtlichen Schutz vor Diskriminierung, gleichviel aus welchen Gründen. Gem. Art. 2 UN-BRK bedeutet „Diskriminierung aufgrund von Behinderung" jede Unterscheidung, Ausschließung oder Beschränkung aufgrund von Behinderung, die zum Ziel oder zur Folge hat, dass das auf die Gleichberechtigung mit anderen gegründete Anerkennen, Genießen oder Ausüben aller Menschenrechte und Grundfreiheiten im politischen, wirtschaftlichen, sozialen,

---

20 Vgl BVerfGE 40, 131, 133 = NJW 1975, 1691.
21 *Kleve*, Geschichte, Theorie, Arbeitsfelder und Organisationen Sozialer Arbeit, 2005, S. 74.
22 So treffend Art. 22 Abs. 2 BerlVerf.
23 Dazu LT-Drs. 6/2579.
24 LT-Drs. 6/2213. Siehe auch den 9. Tätigkeitsbericht des Integrationsförderrates bei der Landesregierung Mecklenburg-Vorpommern, LT-Drs. 6/1739.

kulturellen, bürgerlichen oder jedem anderen Bereich beeinträchtigt oder vereitelt wird. Sie umfasst alle Formen der Diskriminierung, einschließlich der Versagung angemessener Vorkehrungen. „Angemessene Vorkehrungen" bedeutet nach Art. 2 UN-BRK notwendige und geeignete Änderungen und Anpassungen, die keine unverhältnismäßige oder unbillige Belastung darstellen und die, wenn sie in einem bestimmten Fall erforderlich sind, vorgenommen werden, um zu gewährleisten, dass Menschen mit Behinderungen gleichberechtigt mit anderen alle Menschenrechte und Grundfreiheiten genießen oder ausüben können. Dazu gehört etwa das Angebot von Integrationsplätzen in wohnortnahen Kindergärten.[25] Das Benachteiligungsverbot folgt auch aus Art. 3 Abs. 3 S. 2 GG. Behinderte werden zum Beispiel benachteiligt, wenn ihre Lebenssituation im Vergleich zu derjenigen nicht behinderter Menschen durch gesetzliche Regelungen verschlechtert wird, die ihnen Entfaltungs- und Betätigungsmöglichkeiten vorenthalten, welche anderen offenstehen.[26] Eine rechtliche Schlechterstellung Behinderter ist danach nur zulässig, wenn zwingende Gründe dafür vorliegen. Die nachteiligen Auswirkungen müssen unerlässlich sein, um behinderungsbezogenen Besonderheiten Rechnung zu tragen.[27] Das Land hat im übrigen das Staatsziel durch das Gesetz zur Gleichstellung, gleichberechtigten Teilhabe und Integration von Menschen mit Behinderungen (Landesbehindertengleichstellungsgesetz – LBGG MV) vom 10.7.2006[28] legislatorisch umgesetzt. Kernstück der Herstellung der Gleichberechtigung Behinderter ist eine umfassend verstandene **Barrierefreiheit**. Behinderten Menschen soll ermöglicht werden, alle Lebensbereiche wie bauliche Anlagen, Verkehrsmittel, technische Gebrauchsgegenstände und Kommunikationseinrichtungen „in der allgemein üblichen Weise, ohne besondere Erschwernisse und ohne fremde Hilfe" zu nutzen (vgl § 6 LBGG M-V).[29] Dazu gehören die Barrierefreiheit öffentlicher Einrichtungen und die Inklusion. Im Rahmen der gesetzlichen Gestaltungsmöglichkeiten haben das Land, die Gemeinde[30] und Kreise die Gleichstellung zu fördern.

IV. Schrifttum

Bericht der Bundesregierung über die Lage behinderter Menschen und die Entwicklung ihrer Teilhabe, BTag-Drs. 15/4575; *Aichele, Valentin/Schneider, Jakob*, Soziale Menschenrechte älterer Personen in Pflege, 2. Aufl. 2006; *Integrationsförderrat bei der Landesregierung Mecklenburg-Vorpommern*: 9. Tätigkeitsbericht, Landtags-Drs. 6/1739; *Vereinte Nationen und Interparlamentarische Union*: Von Ausgrenzung zu Gleichberechtigung – Verwirklichung der Rechte von Menschen mit Behinderungen, Ein Handbuch für Abgeordnete zu dem Übereinkommen über die Rechte von Menschen mit Behinderungen und seinem Fakultativprotokoll. Deutsche Übersetzung (http://www.behindertenrechtskonvention.hessen.de; (gelesen 14.6.2014)

10

---

25 OVG Lüneburg, Beschl. v. 15.10.2013 – 4 ME 238/13, NDV-RD 2013, 143.
26 Vgl BVerfG, Beschl. v. 9.10.1997 – 1 BvR 9/97, BVerfGE 96, 288, 302 f.
27 BVerfG, Beschl. v. 19.1.1999 – 1 BvR 2161/94, BVerfGE 99, 341.
28 GVOBl. 2006, S. 539, zul. geändert durch G. v. 24.10.2012 (GVOBl. S. 474).
29 Vgl dazu § 2 Nr. 5 Satz 1 Landesplanungsgesetz M-V; § 11 Abs. 2 StrWG M-V; § 2 Abs. 6 des Gesetzes über den öffentlichen Personennahverkehr in M-V.
30 Übersicht bei *Banafsche*, ZFSH/SGB 2012, 505; *Welti*, Rechtliche Grundlagen einer örtlichen Teilhabeplanung in: Lampke/Rohrmann/Schädler (Hrsg.), Örtliche Teilhabeplanung mit und für Menschen mit Behinderungen, 2011 S. 55.

Art. 18 (Nationale Minderheiten und Volksgruppen)

Die kulturelle Eigenständigkeit ethnischer und nationaler Minderheiten und Volksgruppen von Bürgern deutscher Staatsangehörigkeit steht unter dem besonderen Schutz des Landes.

Artt. 25 BbgVerf; 3 Abs. 3 Satz 1 NdsVerf; 17 Abs. 4, 19 a Verf Rh-Pf; 12 Abs. 3 SaarlVerf; 3, 5, 6 SächsVerf; 37 LVerf LSA; 5, 8 Abs. 4, 9 Abs. 2 SchlHVerf.

I. Rechtsvergleichende Hinweise 1	bb) Die Rechtsauffassung der Bundesrepublik Deutschland 30
1. Grundgesetz 1	
2. Länderverfassungen 3	
II. Völker- und unionsrechtlicher Rahmen 4	cc) Landesverfassungen ... 31
III. Normqualität: Staatszielbestimmung 8	dd) Deutsche Umsiedler als geschützte Personengruppe? 32
IV. Regelungszweck: Besonderer Schutz ethnischer und nationaler Minderheiten und Volksgruppen .. 10	ee) Autochthone Minderheiten aus anderen Bundesländern 33
1. Ethnische und nationale Minderheiten und Volksgruppen .. 10	ff) Allochthone Zuwanderer als geschützte Personengruppe? 34
a) Der Begriff der ethnischen und nationalen Minderheiten und Volksgruppen 10	
aa) Der Begriff der Minderheit 14	gg) Ethnische Deutsche als geschützte Personengruppe? 37
bb) Der Begriff „ethnisch" 15	d) Minderheit als Gruppe – gruppenspezifischer vs. individualrechtlicher Ansatz 38
cc) Der Begriff „national" 17	
dd) Das Verhältnis der Begriffe „ethnisch" und „national" 18	2. Schutzgegenstand: Kulturelle Eigenständigkeit 39
	a) Kultur 39
ee) Der Begriff der sprachlichen Minderheit 19	b) Eigenständigkeit 40
ff) Der Begriff der Volksgruppe 22	3. „Schutz" 41
	a) Schutz vor Beeinträchtigung 41
gg) Objektive Kriterien oder subjektives Bekenntnis? 23	b) Besonderer Schutz 42
	V. Normadressat 43
b) Deutsche Staatsangehörigkeit 26	1. Land 43
	2. Mittelbare Staatsverwaltung (Gemeinden und Gemeindeverbände)? 44
c) Autochthone vs. Allochthone Minderheiten und Volksgruppen 27	
	VI. Schrifttum 45
aa) Hinweise aus völkerrechtlichen Quellen 29	

I. Rechtsvergleichende Hinweise

1 **1. Grundgesetz.** Im GG findet sich keine Staatszielbestimmung, die der Vorschrift des Art. 18 LV entspräche. Der von der Gemeinsamen Verfassungskommission des BT und des BRates erarbeitete Vorschlag, in einen neuen Art. 20 b GG eine entsprechende Minderheitenschutznorm[1] aufzunehmen, fand nicht die

---

1 Der dort zum Schluss vorgeschlagene Text lautete: „Der Staat achtet die Identität der ethnischen, kulturellen und sprachlichen Minderheiten." Andere Fassungen, etwa eine vom BRat in einer früheren Phase der Beratungen vorgeschlagene, lauteten: „Der Staat achtet die Identität der ethnischen, kulturellen, religiösen und sprachlichen Minderheiten." Er

für eine solche Aufnahme nötige Zweidrittelmehrheit des BT.² In gewisser Weise einschlägig ist allerdings die Grundrechtsverbürgung des **Art. 3 Abs. 3 Satz 1 GG**.³ Einen Bezug zur vorliegenden Thematik ergeben die dort genannten Unterscheidungsmerkmale der Abstammung, der Rasse sowie der Sprache.⁴

Frühere deutsche gesamtstaatliche Verfassungen enthielten durchaus entsprechende Minderheitenschutzartikel. So bestimmte **Art. XIII § 188** der **Paulskirchenverfassung:** „Den nicht deutsch redenden Volksstämmen Deutschlands ist ihre volkstümliche Entwicklung gewährleistet, namentlich die Gleichberechtigung ihrer Sprachen, soweit deren Gebiete reichen, in dem Kirchenwesen, in dem Unterrichte, der inneren Verwaltung und der Rechtspflege." Art. 113 WRV wiederum bestimmte. „Die fremdsprachigen Volksteile des Reichs dürfen durch die Gesetzgebung und Verwaltung nicht in ihrer freien, volkstümlichen Entwicklung, besonders nicht im Gebrauch ihrer Muttersprache beim Unterricht sowie bei der inneren Verwaltung und der Rechtspflege beeinträchtigt werden." 2

2. Länderverfassungen. Minderheitenschutzvorschriften finden sich auch in einigen anderen Landesverfassungen (vgl die Übersicht oben zu Beginn dieses Artikels). Diese ergeben insgesamt ein uneinheitliches Bild, etwa was die Definition des Schutzobjektes, den jeweiligen Schutzumfang oder den Normcharakter der Vorschriften betrifft.⁵ 3

II. Völker- und unionsrechtlicher Rahmen

Das Minderheitenrecht bzw das Recht der Volksgruppen hat seine Wurzeln im Wesentlichen im Völkerrecht,⁶ zunächst in den Minderheitenschutzverträgen aus der Zeit nach dem I. Weltkrieg;⁷ zu diesen trat nach 1945 eine Reihe weiterer einschlägiger Verträge.⁸ Auch **Deutschland** ist Vertragspartei einer Reihe von **völkerrechtlichen Verträgen**, die Normen zum Schutz ethnischer, nationaler etc. Minderheiten enthalten. Diese entfalten, soweit sie gemäß Art. 59 Abs. 2 Satz 1 GG inkorporiert wurden, Geltung auch in der deutschen Rechtsordnung, und zwar im Rang eines einfachen Bundesgesetzes.⁹ Daraus ergibt sich für den vorliegenden Zusammenhang aufgrund der in Art. 31 GG niedergelegten Vorrangregel,¹⁰ dass die entsprechenden völkerrechtlichen Regelungen auch bei der Auslegung und Anwendung der Vorschrift des Art. 18 LV zu beachten sind, dh die einschlägigen Bestimmungen des Art. 18 im Sinne und im Lichte jener völkerrechtlichen Regelungen auszulegen sind. Im Einzelnen sind in diesem Sinne vor- 4

---

schützt und fördert nationale und ethnische Minderheiten deutscher Staatsangehörigkeit." Vgl BT-Drs. 12/6000, S. 71, 72.
2 Vgl Stenogr. Bericht der 238. Sitzung am 30.6.1994, S. 21045 f.
3 Zu anderen Grundrechtsverbürgungen des GG, die vorliegend einschlägig sein können, insb. Art. 1 Abs. 1 oder Art. 4 Abs. 1 und 2 GG, ausführlicher *Pallek*, S. 271 ff, 340 ff; *Faisst*, S. 91 ff.
4 Näher *Boysen*, in: von Münch/Kunig, Art. 3 Rn 175 ff; *Dürig*, in: Maunz/Dürig, Art. 3 Abs. 3 Rn 54 ff; *Pallek*, S. 291 ff; *Faisst*, S. 103 ff; *Siegert*, S. 102 f.
5 Vgl hierzu im Folgenden passim.
6 Beispiele für frühe, ohne völkerrechtliche Veranlassung geschaffene innerstaatliche, insb. verfassungsrechtliche Regelwerke zum Schutze von Minderheiten und Volksgruppen sind etwa Art. 19 des – noch heute gültigen – österr. Staatsgrundgesetzes von 1867 (östRGBl. 1867/142), der sog. Mährische Ausgleich von 1905 oder das Nationalitätengesetz für das Kronland Bukowina aus dem Jahre 1910. Ausführlicher *Raschhofer*, passim.
7 Zu Minderheitenschutzbestimmungen aus der Zeit vor dem I. Weltkrieg, insb. zugunsten religiöser und sprachlicher Minderheiten, *Pritchard*, S. 51 ff.
8 Vgl den Überblick bei *Ermacora*, S. 258 f; *Capotorti*, EPIL, S. 411 ff.
9 *Rojahn*, in: von Münch/Kunig, Art. 59 Rn 44 f.
10 *März*, in: Mangold/Klein/Starck, Art. 31 Rn 1 ff, 33.

liegend einschlägig: Art. 14 der Konvention zum Schutze der Menschenrechte und Grundfreiheiten (Europäische Menschenrechtskonvention – EMRK) vom 4.11.1950;[11] die Konvention über die Verhütung und Bestrafung des Völkermords vom 9.12.1948;[12] Art. 1 und 5 Abs. 1 lit. c der UNESCO-Konvention gegen Diskriminierung im Unterrichtswesen vom 14.12.1960;[13] das Internationale Übereinkommen über die Beseitigung jeder Form von Rassendiskriminierung vom 7.3.1966;[14] Art. 27 des Internationalen Pakts über bürgerliche und politische Rechte vom 19.12.1966 (im Folgenden: Zivilpakt);[15] das Rahmenübereinkommen des EuR zum Schutz nationaler Minderheiten vom 1.2.1995;[16] die Europäische Charta der Regional- oder Minderheitensprachen des EuR vom 5.11.1992;[17] ferner der bilaterale deutsch-polnische Vertrag über gute Nachbarschaft und freundschaftliche Zusammenarbeit vom 17.6.1991.[18] Einen (bilateralen) völkerrechtlichen Vertrag stellen auch die sog. Bonn-Kopenhagener Erklärungen aus dem Jahre 1955 dar, wobei dieser Vertrag in Form wechselseitiger gleichlautender einseitiger völkerrechtlicher Erklärungen der beiden Vertragstaaten Deutschland und Dänemark geschlossen worden ist.[19] Er hat ausschließlich die Rechte der in Deutschland (Schleswig-Holstein) und Dänemark lebenden dänischen bzw deutschen Minderheit zum Gegenstand. Aufgrund der territorialen Radizierung[20] der Vertragsbestimmungen entfaltet er aber für M-V grds. keine rechtliche Wirkung.[21]

5 Des Weiteren sind im vorliegenden Zusammenhang einschlägig das Dokument des Kopenhagener Treffens der Konferenz über Sicherheit und Zusammenarbeit in Europa (KSZE) über die menschliche Dimension der KSZE vom 29.6.1990[22] sowie die Erklärung des KSZE-Treffens der Staats- und Regierungschefs in Paris vom 21.11.1990 („Charta von Paris für ein neues Europa").[23] Allerdings handelt es sich bei diesen Erklärungen nur um sog. **„soft law"**, dem keine unmittel-

---

11 BGBl. II 1954, S. 14.
12 BGBl. II 1954, S. 730.
13 BGBl. II 1968, S. 385.
14 BGBl. II 1969, S. 961.
15 BGBl. II 1973, S. 1534.
16 BGBl. II 1997, S. 1406.
17 BGBl. II 1998, S. 1314. Zu weiteren einschlägigen multilateralen Verträgen *Pallek*, S. 200 ff.
18 BGBl. II 1992, S. 118. Ähnliche Verträge gibt es mit der Tschechischen und der Slowakischen Republik, mit Ungarn und Rumänien sowie mit der (damaligen) UdSSR (für eine Reihe von Nachfolgestaaten weiter in Kraft).
19 Bundesanzeiger Nr. 63 v. 31.3.1955, S. 4 f; BullBReg Nr. 61 v. 30.3.1955, S. 497 f.
20 Die territoriale Radizierung ergibt sich zwar nicht ausdrücklich aus dem Wortlaut, jedoch aus der Vorgeschichte und dem daraus folgenden Sinn und Zweck des Vertrages (aA *Hofmann*, S. 31). Zur Vorgeschichte gehört insoweit auch der Vorläufer der Erklärung, nämlich die gleichlautende einseitige Kieler Erklärung der schleswig-holsteinischen LReg aus dem Jahre 1949 (GVOBl. S.-H. 1949, S. 183 ff), in der ausdrücklich erklärt wird, dass es bei den in ihr Auge gefassten Minderheitsschutzbestimmungen um die „Belange der dänischen Minderheit *in Schleswig-Holstein*" geht (Kursivhervorhebung hinzugefügt). Zum Typus des radizierten Vertrages im Völkerrecht allg. *Dahm/Delbrück/Wolfrum*, Völkerrecht, Bd. I/1, 2. Aufl. 1988, S. 167 f.
21 Zu einer – theoretisch denkbaren – Lesart des Art. 18 LV, in der die in dem deutsch-dänischen Vertragswerk sowie dem folgend in der SchlHVerf der dänischen Minderheit eingeräumten Minderheitenschutzrechte möglicherweise doch auch im Rahmen des Art. 18 LV zum Tragen kommen könnten, s. unten → Rn 33.
22 EA 1990/2, D 380 ff.
23 EA 1990/2, D 656 ff. Einen ausführlichen Überblick über die im Rahmen der KSZE/OSZE verabschiedeten, für den Minderheitenschutz relevanten Dokumente bietet *Höhn*, S. 7 ff.

bare völkerrechtliche Verbindlichkeit zukommt.[24] Das Gleiche gilt für die UN-Generalversammlungsresolution A/RES/47/135.[25]

Im Europäischen **Unionsrecht** spielt das Minderheitenrecht lediglich eine marginale Rolle. Erst durch den Vertrag von Lissabon wurde der Minderheitenschutz explizit in das **Primärrecht** der Union eingefügt. Zu den grundlegenden, in **Art. 2 EUV** verankerten Werten, auf die sich die Union gründet, gehören nunmehr „die Achtung der Menschenwürde, Freiheit, Demokratie, Gleichheit, Rechtstaatlichkeit und die Wahrung der Menschenrechte *einschließlich der Rechte der Personen, die Minderheiten angehören*".[26] Diese hervorgehobene Stellung des Minderheitenschutzes als grundlegender Unionswert steht allerdings in einem gewissen Widerspruch zu einer schwachen inhaltlichen Konkretisierung. Zur Aufnahme konkreter ausgeformter Minderheitenrechte ist es im Zuge der Lissabon-Reform nämlich nicht gekommen. Gleichwohl erschöpft sich der normative Wert des Art. 2 EUV nicht im Appellativen und in der Verfassungslyrik. Vielmehr ist die Vorschrift in einer Reihe von im EUV vorgesehenen Verfahren wie etwa im Rahmen der Artt. 7, 32, 42 Abs. 5 und 49 EUV konkret zu berücksichtigen.[27] Art. 21 Abs. 1 **EU-GRCh** wiederum enthält eine Grundrechtsverbürgung, die strukturell Art. 3 Abs. 3 Satz 1 GG gleicht und ein Diskriminierungsverbot statuiert. Als verbotene Anknüpfungspunkte einer Diskriminierung, die im vorliegenden Zusammenhang relevant sind, werden die Rasse, die Hautfarbe, die ethnische Herkunft, die Sprache und die Zugehörigkeit zu einer nationalen Minderheit genannt. Einschlägig ist in Teilen auch Art. 22 EU-GRCh, demzufolge die Union die Vielfalt der Kulturen und Sprachen achtet. 6

Allerdings gab es auch schon vor der Vertragsänderung durch den Vertrag von Lissabon einige, wenn auch nur wenige Normen, die als konkrete Ansatzpunkte für einen Schutz ethnischer und nationaler Minderheiten und Volksgruppen herangezogen werden konnten (und auch noch heute herangezogen werden können).[28] Hier sind einmal die „Europaabkommen", die mit den in den Jahren 2005 und 2007 der EU beigetretenen Staaten Mittelost- und Osteuropas zur Vorbereitung deren Beitritts abgeschlossen worden waren[29], zu nennen. Auch zeigte das Urteil des EuGH in der Rs. „Bickel und Franz",[30] dass durch eine extensive Auslegung anderer bereits in den Verträgen enthaltener, nicht spezifisch auf Minderheiten bezogener Vorschriften, wie etwa des in Art. 12 EG-Vertrag (jetzt: Art. 18 AEUV) enthaltenen Diskriminierungsverbotes,[31] in bestimmten Fällen EU-Bürger gleichwohl qua Unionsrecht in den Genuss von Minderheitenschutzrechten kommen können, wenn solche in einem Mitgliedstaat Angehörigen einer nationalen Minderheit gewährt worden sind (ausführlicher → Rn 36). 7

---

24 *Hofmann*, S. 14; *Höhn*, S. 222. Zu „soft law" im KSZE-Zusammenhang allg. s. *Schweisfurth*, ZaöRV 36 (1976), 681 ff; *Schütz*, Probleme der Anwendung der KSZE-Schlussakte aus völkerrechtlicher Sicht, in: Delbrück/Ropers/Zellentin (Hrsg.), Grünbuch zu den Folgewirkungen der KSZE, 1977, S. 155 ff.
25 „Declaration on the Rights of Persons Belonging to National or Ethnic, Religious and Linguistic Minorities" v. 18.12.1992.
26 Kursivhervorhebung hinzugefügt.
27 Zum Minderheitenschutz als Homogenitäts- und Beitrittsvoraussetzung gem. Art. 49 EUV sowie als Aufgabe und Ziel der EU-Außenpolitik *Pippan*, S. 230 ff.
28 Vgl ausführlicher zum Folgenden *Arnauld*, S. 111 ff; *Hilpold*, S. 487 ff; *Kaiser*, passim.
29 Minderheitenklauseln unterschiedlicher Art enthalten die Europaabkommen mit Estland, Lettland, Litauen, Slowenien, der Slowakei und der Tschechei sowie mit Bulgarien und Rumänien.
30 Rs. C-274/96, *Strafverfahren gegen Horst Otto Bickel und Ulrich Franz*, Slg. 1998, I-7637.
31 Ein weiterer Ansatzpunkt ist Art. 167 AEUV.

Im **Sekundärrecht** ist, neben einer älteren Richtlinie,[32] vor allem die auf der Grundlage von Art. 13 EG-Vertrag (jetzt: Art. 19 AEUV) erlassene Richtlinie zur Anwendung des Gleichbehandlungsgrundsatzes ohne Unterschied der Rasse oder der ethnischen Herkunft zu nennen, die ein Diskriminierungsverbot anhand der in ihrem Titel genannten Unterscheidungsmerkmale enthält.[33] Aufgrund des Anwendungsvorranges des Unionsrechts vor mitgliedstaatlichem Recht, einschließlich des Rechts etwaiger Gliedstaaten der Mitgliedstaaten,[34] würden die unionsrechtlichen Vorschriften in einschlägigen Sachzusammenhängen auch Anwendung in M-V finden.

III. Normqualität: Staatszielbestimmung

8 Art. 18 LV ist klar erkennbar als **Staatszielbestimmung** gefasst. Dies ergibt sich zum einen schon aus der insoweit eindeutigen sprachlichen Fassung der Vorschrift, die in für Staatszielbestimmungen typischen Wendungen gehalten ist; zum anderen definitiv aus der systematischen Stellung der Vorschrift im Gesamtgefüge der Verfassung: Art. 18 steht in dem mit „Staatsziele" überschriebenen III. Unterabschnitt des Grundlagenabschnittes der LV. Diese Einordnung bestätigen auch ausdrücklich die Verfassungsmaterialien.[35] Als Staatszielbestimmung begründet die Vorschrift des Art. 18 als solche grds. keine subjektiven Rechte Einzelner, entfaltet aber eine Reihe objektiv-rechtlicher Wirkungen (ausführlicher hierzu → **Vorbem. zu Art. 11** Rn 10).

9 Im Vergleich zeigt sich, dass Art. 18 LV, was den Normcharakter der Minderheitenschutzbestimmung betrifft, diejenige landesverfassungsrechtliche Verbürgung ist, die am klarsten und deutlichsten als Staatsziel formuliert ist.[36] **Andere Landesverfassungen** sind hier andere Wege gegangen. So sind die Minderheitenschutzvorschriften in Art. 3 Abs. 3 Satz 1 NdsVerf und Art. 12 Abs. 3 SaarlVerf, in denen jeweils der Wortlaut des Art. 3 Abs. 3 Satz 1 GG wiederholt wird, klar und eindeutig als **Grundrecht** ausgeprägt worden.[37] Andere Landesverfassungen wiederum haben sich für einen Mittelweg in Form einer **Kombination** der beiden Normtypen Staatszielbestimmung und Grundrechtsverbürgung entschieden.[38] Beispiele hierfür sind Art. 25 BbgVerf,[39] Art. 37 VerfLSA[40] und Art. 5 Abs. 1 und 2 SchlHVerf.[41]

---

32 RL 77/486/EWG des Rates über die schulische Betreuung der Kinder von Wanderarbeitnehmern, ABl. EG 1977 L 199/32.
33 RL 2000/43/EG des Rates, ABl. EG 2000 L 188/22.
34 Hierzu näher *Schütz/Bruha/König*, Casebook Europarecht, S. 79 ff.
35 Vgl Abschlussbericht der Verfassungskommission, LT-Drs. 1/3100, S. 112.
36 Als Staatszielbestimmungen gefasst sind wohl auch Art. 5 und 6 SächsVerf. So die hM; vgl *Fastenrath*, Rn 35; aA *Kunzmann*, in: Kunzmann/Haas/Baumann-Hasske, Art. 5 Rn 7 („Grundrecht", „Abwehrrecht").
37 Das Gleiche gilt wohl auch für Art. 17 Abs. 4 RhPfVerf.; str; aA *Caesar*, in: Grimm/Caesar, Art. 17 Rn 29 („Staatszielbestimmung").
38 Zur Problematik einer solchen Kombination ausführlicher → **Vorbem. zu Art. 11** Rn 7.
39 Vgl zum unterschiedlichen Normcharakter der einzelnen Absätze *Lieber/Iwers/Ernst*, Art. 25, S. 217, 221, 222 f, 224.
40 AA, wenn auch in sich widersprüchlich, *Reich*, Art. 37 Rn 2, 3.
41 Vgl zum unterschiedlichen Normcharakter der beiden Absätze *Riedinger*, in: Caspar/Ewer/Nolte/Waack, Art. 5 Rn 11, 13, 19; *v. Mutius*, in: von Mutius/Wuttke/Hübner, Art. 5 Rn 2, 6.

IV. Regelungszweck: Besonderer Schutz ethnischer und nationaler Minderheiten und Volksgruppen

1. Ethnische und nationale Minderheiten und Volksgruppen. a) Der Begriff der 10
ethnischen und nationalen Minderheiten und Volksgruppen. Zentraler Begriff der Bestimmung des Art. 18 LV ist der der ethnischen und nationalen Minderheiten und Volksgruppen. Er bezeichnet näher das Schutzobjekt des Art. 18, den Personenkreis, der in den Genuss der Schutzvorschrift kommen soll. Allerdings enthält Art. 18 **keine Legaldefinition** des Begriffes. Auch die Gesetzesmaterialien geben über den Begriff keine weiteren Aufschlüsse. Ebensowenig geben die in den anderen Landesverfassungen enthaltenen Vorschriften, die vergleichbare Regelungen zum Schutze ethnischer und nationaler Minderheiten enthalten, Legaldefinitionen der betreffenden Begriffe, an denen man sich bei der Feststellung des Bedeutungsgehaltes des Art. 18 orientieren könnte. Auch in der Staatsrechtslehre ist keine einheitliche Begriffsdefinition entwickelt worden.

Hinweise für die Begriffsbestimmung der in Art. 18 LV verwendeten Begriffe 11 „ethnische und nationale Minderheiten und Volksgruppen" sind **aus** den einschlägigen **völkerrechtlichen Regelwerken**, die sich dem Schutz ethnischer und nationaler Minderheiten und Volksgruppen widmen und in denen die Begriffe auch ihre ursprüngliche Heimat haben, zu entnehmen. Hierzu ist zum einen aber bereits eingangs einschränkend festzustellen, dass keines dieser Regelwerke seinerseits rechtlich verbindliche Definitionen der in ihnen verwendeten einschlägigen Begriffe enthält. Vielmehr ist der Inhalt der jeweiligen **Begriffe**, trotz großer Anstrengungen der Völkerrechtspraxis und -wissenschaft, nach wie vor weithin **unklar** und **umstritten**.[42] Insb. die genaue Abgrenzung der beiden Teilbegriffe „ethnisch" und „national" voneinander stellt ein Problem dar. Darüber hinaus ist festzustellen, dass in den völkerrechtlichen Regelwerken selbst die **Terminologie** in Hinblick auf die hier einschlägigen Begriffe **uneinheitlich** ist und insgesamt ein regelrechter Begriffswirrwarr herrscht,[43] werden die beiden Begriffe mehr oder minder kunterbunt durcheinander verwendet, ohne dass dabei ein durchgehendes Muster erkennbar würde. Gleichwohl läßt sich trotz der vorstehend konstatierten Unzulänglichkeiten durch Auslegung zumindest ein gewisser Kern dessen identifizieren, was im Völkerrecht unter ethnischen und nationalen Minderheiten bzw Volksgruppen verstanden wird.

Einen **Definitionsvorschlag**, der in der Folge zwar nie rechtlich verbindlich ge- 12
worden ist, gleichwohl aber in Wissenschaft und Praxis weithin Akzeptanz gefunden hat und dementsprechend häufig auch als Maßstab der Begriffsbestimmung dient, hat der Berichterstatter der Unterkommission zur Verhinderung der Diskriminierung und zum Schutz von Minderheiten der UN-Menschenrechts-

---

[42] Die Lage ist hier insofern, was die Völkerrechtswissenschaft betrifft, also durchaus der in der deutschen Staatsrechtslehre gegebenen Lage vergleichbar. Vgl noch einmal bei → Rn 10.

[43] Vgl etwa einerseits Art. 27 Zivilpakt (Fn 15) oder A/RES/47/135 (Fn 25), wo der Begriff „ethnische, religiöse und sprachliche Minderheiten" verwendet wird; andererseits Art. 14 EMRK, das Rahmenübereinkommen des EuR, die UNESCO-Konvention gegen die Diskriminierung im Unterrichtswesen (Fn 13) oder das Dokument des Kopenhagener Treffens der KSZE (Fn 22), die den Begriff der „nationalen Minderheit" verwenden, während etwa Art. II Völkermord-Konvention den kumulierten Begriff der „nationalen, ethnischen, rassischen oder religiösen Gruppe" verwendet, ohne dass ein sachlicher Grund für diese unterschiedliche Begriffswahl sichtbar würde. Vgl auch Art. 1 Abs. 1 Rassendiskriminierungsübereinkommen (Fn 14), der ebenso ausdifferenziert wie umfassend als „Rassendiskriminierung" jede auf der Rasse, der Hautfarbe, der Abstammung, dem nationalen Ursprung oder dem Volkstum beruhende Unterscheidung versteht.

kommission, Francesco Capotorti, zu dem in Art. 27 Zivilpakt verwendeten Begriff „ethnische, religiöse und sprachliche Minderheiten" erarbeitet.[44] Einen Definitionsvorschlag, der sich über weite Strecken ersichtlich an den Capotorti-Entwurf anlehnt, hat auch die **Parlamentarische Versammlung des Europarates** in Art. 1 ihrer Empfehlung 1201 (1993) vom 1.2.1993 betr. ein Zusatzprotokoll zur EMRK über Minderheitenrechte zu dem in Art. 14 EMRK sowie im Rahmenübereinkommen des EuR verwendeten Begriff „nationale Minderheit" entwickelt.[45] Ihmzufolge bezeichnet der Ausdruck „nationale Minderheit" eine Gruppe von Personen in einem Staat, die im Hoheitsgebiet dieses Staates ansässig und dessen Staatsbürger sind (lit. a), langjährige, feste und dauerhafte Verbindungen zu diesem Staat aufrechterhalten (lit. b), besondere ethnische, kulturelle, religiöse oder sprachliche Merkmale aufweisen (lit. c), ausreichend repräsentativ sind, obwohl ihre Zahl geringer ist als die der übrigen Bevölkerung dieses Staates oder einer Region dieses Staates (lit. d), und von dem Wunsch beseelt ist, die für ihre Identität charakteristischen Merkmale, insb. ihre Kultur, ihre Traditionen, ihre Religion oder Sprache, gemeinsam zu erhalten (lit. e).

13 Von besonderer Bedeutung ist im vorliegenden Zusammenhang die **Erklärung**, die **Deutschland** anlässlich der Unterzeichnung des Rahmenübereinkommens des EuR am 11.5.1995 abgegeben hat. Zwar wird hier keine – gar theoretisch fundierte – Definition der Begriffe gegeben, die der vergleichbar wäre, wie sie in der Empfehlung der ParlVers des EuR enthalten ist. Vielmehr benennt die Erklärung nur pragmatisch einzelne, konkret bezeichnete Gruppen, die dem in dem Rahmenübereinkommen verwendeten Begriff der nationalen Minderheit unterfallen sollen (nämlich die Dänen, Sorben, Friesen sowie Sinti und Roma).[46] Gleichwohl lassen sich, wie weiter unten noch zu zeigen sein wird (→ Rn 14 ff), auch aus diesen Ausführungen gewisse Aufschlüsse über den möglichen Bedeutungsgehalt der hier einschlägigen Begriffe ziehen. Diese Linie wird von der **Bundesregierung** in ihrer **Denkschrift** zu dem Rahmenübereinkommen[47] im Wesentlichen beibehalten. Hier differenziert sie einerseits wiederum dezisionistisch-pragmatisch zwischen konkreten, explizit benannten „Minderheiten" (Dänen, Sorben) und „Volksgruppen" (Friesen, Sinti und Roma) und gibt andererseits folgende theoretisch-abstrakte Definition: „Die Bundesregierung sieht als natio-

---

44 Vgl Study on the Rights of Persons belonging to Ethnic, Religious and Linguistic Minorities, UN Doc. E/CN. 4/Sub. 2/384/Rev. 1, para. 568 [1979]. Eine deutsche Übersetzung des Definitionsentwurfes durch den Berichterstatter findet sich in: *Capotorti*, VN 1989, 113, 118, Fn 30. Weitere Definitionsentwürfe wurden von dem Unterkommissionsmitglied *Deschênes*, UN Doc. E/CN. 4/Sub. 2/1985/31/, para. 181, und dem Sonderberichterstatter *Eide*, UN Doc. E/CN. 4/Sub. 2/1993/34/, para. 29, entwickelt.
45 EuGRZ 1993, 151.
46 BGBl. II 1997, S. 1418. Die Erklärung lautet: „Das Rahmenabkommen enthält keine Definition des Begriffs der nationalen Minderheiten. Es ist deshalb Sache der einzelnen Vertragsstaaten zu bestimmen, auf welche Gruppen es nach der Ratifizierung Anwendung findet. Nationale Minderheiten in der Bundesrepublik Deutschland sind die Dänen deutscher Staatsangehörigkeit und die Angehörigen des sorbischen Volkes mit deutscher Staatsangehörigkeit. Das Rahmenübereinkommen wird auch auf die Angehörigen der traditionell in Deutschland heimischen Volksgruppen der Friesen deutscher Staatsangehörigkeit und der Sinti und Roma deutscher Staatsangehörigkeit angewendet." Einer ähnlichen Technik wie die Erklärung der BReg bedienen sich iÜ auch einige Landesverfassungen. Auch sie verzichten auf eine Definition und benennen statt dessen konkret die einzelnen Minderheiten und Volksgruppen, die in den Genuß der jeweiligen Minderheitenschutzvorschriften kommen sollen. So etwa Art. 5 Abs. 1 Satz 1 iVm Art. 6 SächsVerf und Art. 25 BbgVerf, die jeweils konkret die Sorben anführen, oder Art. 5 SchlHVerf, die konkret die Dänen und Friesen sowie die deutschen Sinti und Roma benennt.
47 BT-Drs. 13/6912, S. 19 ff.

nale Minderheiten Gruppen der Bevölkerung an, die folgenden fünf Kriterien entsprechen:
- ihre Angehörigen sind deutsche Staatsangehörige,
- sie unterscheiden sich vom Mehrheitsvolk durch eigene Sprache, Kultur und Geschichte, also eigene Identität
- sie wollen diese Identität bewahren,
- sie sind traditionell in Deutschland heimisch,
- sie leben hier in angestammten Siedlungsgebieten."

Für den vorliegenden Zusammenhang sind diese Festlegungen deswegen besonders bedeutsam, weil diese Auslegungserklärung der BReg gemäß der „Lindauer Absprache"[48] mit den Ländern abgestimmt worden ist.[49] Daraus ergibt sich für die Länder in der Folge die Pflicht, den Vertrag im Sinne der Verständigung mit der BReg auszuführen[50] bzw ihr Landesrecht entsprechend auszulegen (hier: den in der LV enthaltenen Begriff der „nationalen Minderheit").

aa) **Der Begriff der Minderheit.** Schon aus dem normalen Wortsinn ergibt sich, dass dem Begriff der **Minderheit** eine **quantitative Komponente** innewohnt.[51] Dieser Umstand wird auch stets in den einschlägigen völkerrechtlichen Quellen, in denen Definitionen gegeben werden, hervorgehoben.[52] Eine „Minderheit" ist demzufolge ein Personenkreis, der sich in gewisser Weise zahlenmäßig bestimmen läßt, und zwar näherhin dergestalt, dass er – im Vergleich zu einem anderen Personenkreis – zahlenmäßig geringer ist.[53] Noch nicht geklärt ist damit allerdings, auf welchen **Bezugspunkt** sich diese numerische Unterlegenheit beziehen soll. Denkbar ist in diesem Zusammenhang nämlich, dass eine Bevölkerungsgruppe zwar bezogen auf den Gesamtstaat eine zahlenmäßige Minderheit darstellt, in einem regionalen Kontext (zB Provinz eines Staates) aber die Mehrheit darstellt.[54] Gleichermaßen problematisch ist der umgekehrte Fall, dass die Bevölkerungsgruppe, die im Gesamtstaat die Mehrheit bildet, in einer regionalen Untergliederung des Staates eine Minderheit darstellt.[55] Während die völkerrechtliche Praxis in Hinblick auf die erste Teilfrage – ganz im Sinne eines größtmöglichen Schutzes von Minderheiten – dahin tendiert, den Gesamtstaat als Bezugspunkt für die Einordnung einer Bevölkerungsgruppe als Minderheit zu wählen, ist die – spärliche – Praxis in Hinblick auf die zweiterwähnte Fallkonstellation noch wenig ausgeprägt und aussagekräftig.[56] Eine weitere Frage ist,

14

---

48 Hierzu *Rojahn*, in: von Münch/Kunig, Art. 32 Rn 49 ff.
49 Vgl BT-Drs. 13/6912, S. 21.
50 *Rojahn*, in: von Münch/Kunig, Art. 32 Rn 55.
51 So auch *Krugmann*, S. 56.
52 So zB Art. 1 lit. d der Empfehlung der ParlVers des EuR (→ Rn 12); ebenso im Definitionsvorschlag von *Capotorti* zu Art. 27 Zivilpakt (→ Rn 12).
53 Nicht erfassen läßt sich mit dieser Begriffsbestimmung allerdings der Fall, dass eine zahlenmäßige Mehrheit von einer Minderheit unterdrückt wird (wie dies bspw in Südafrika über lange Zeit hindurch der Fall war). Der Begriff „Minderheit" läßt sich sicherlich nicht so weit auslegen, dass er auch sein Gegenteil mit umfaßt. Der Wortlaut muß hier die Grenze der Auslegungsfähigkeit bleiben. So zutreffend *Krugmann*, S. 65. Einen Ansatzpunkt dafür, ggf auch solche Fallkonstellationen zu erfassen, bietet möglicherweise aber der Begriff der Volksgruppe, dem vom Wortlaut her kein Bedeutungsgehalt im Sinne einer numerischen Unterzahl innewohnt.
54 Wie bspw die Südtiroler.
55 Bsp.: die englischsprachigen Kanadier in der französischsprachigen Provinz Quebec; die Castellano sprechenden Spanier in Katalonien.
56 Die UN-Menschenrechtskommission hat in Hinblick auf diese Fallkonstellation allerdings in einem der wenigen einschlägigen Fälle – in dem Fall ging es um englischsprachige Kanadier, die in die französischsprachige Provinz Quebec verzogen waren – in ihrer

ob es eine gewisse **Mindestanzahl** von Angehörigen einer Minderheitengruppe geben muß, damit diese als Minderheit gelten können. Auch hierfür gibt es in der Praxis keine definitive Antwort.[57] Verschiedene Definitionsentwürfe scheinen hier ein – allerdings nur allgemein-abstrakt umschriebenes – Mindestquorum vorzusehen.[58] Im Ergebnis wird man sagen können, dass eine Mindestanzahl dort, wo es um reinen Diskriminierungsschutz geht, kein Kriterium darstellen kann. Relevant wird die Frage aber dann, wenn die betreffende Minderheitenschutzklausel als Förderklausel ausgestaltet ist (→ Rn 42).

15 **bb) Der Begriff „ethnisch".** Der Begriff „ethnisch" findet speziell im vorliegenden Zusammenhang seine Wurzeln in dem französischen Wort „ethnie".[59] Unter diesem genuin soziologischen Begriff wird gemeinhin eine durch bestimmte gemeinsame sprachliche, kulturelle etc. Eigenheiten gekennzeichnete Bevölkerungsgruppe verstanden.[60] Der Begriff „ethnie" bezeichnet demnach im Kern nichts anderes als das deutsche Wort „**Volk**".[61] Somit wird man bei der Begriffsbestimmung auf den (deutschen) Volksbegriff verwiesen. „Ethnisch" als Adjektiv wäre demnach im Deutschen mit „völkisch" oder „volklich"[62] zu übersetzen. Allerdings ist der deutsche Volksbegriff nicht unproblematisch. Dies hängt mit seinem in mehrfacher Hinsicht ambivalenten Bedeutungsgehalt zusammen. Zunächst sind hier der soziologische und der rechtliche Volksbegriff auseinanderzuhalten. Dabei entspricht der soziologische Volksbegriff tatsächlich im Wesentlichen dem vorstehend apostrophierten französischen Begriff der „ethnie". Darüber, was im Einzelnen ein Volk im soziologischen Sinne ausmacht, gibt es unzählige Meinungen; eine allg. gültige Definition gibt es nicht.[63] Was des weiteren den rechtlichen Volksbegriff betrifft, so erfährt auch dieser im deutschen Staatsrecht unterschiedliche Ausprägungen, etwa als „Staatsvolk" im Sinne der Summe der deutschen Staatsangehörigen[64] oder – etwa in Art. 20 GG, allerdings auch hier auf der Basis des eben angesprochenen Staatsvolksbegriffes – speziell im Sinne des politisch bestimmenden „Demos".[65] In Art. 116 Abs. 1 GG dagegen wird der Begriff „deutsches Volk" im Sinne einer durch die Merkmale „Sprache, Erziehung und Kultur" bedingten Zugehörigkeit zum deutschen

---

Mehrheit eine negative Position bezogen. Vgl *McIntyre et al. vs. Canada*, in: HRLJ 14 (1993), 171, 176, para. 11.2.

57 Im Schrifttum wird diesbezüglich allerdings gelegentlich die Auffassung vertreten, dass die theoretisch denkbare Mindestzahl von zwei nicht ausreichend sei. Vgl *Nowak*, Art. 27 Rn 16; *Niewerth*, S. 34.
58 Vgl Art. 1 lit. d des Definitionsentwurfs der ParlVers des EuR (→ Rn 12): „ausreichend repräsentativ."
59 Welches seinerseits wieder zurückgeht auf das griechische Wort „ethnos". Zur Entwicklungsgeschichte des modernen französischen Begriffes der „ethnie" vgl *Héraud*, S. 17, Fn 4.
60 Vgl *Héraud*, S. 17 mwN; *Pritchard*, S. 40 f.
61 Vgl *Veiter*, S. 29.
62 Dem Begriff „volklich" wird heute vor dem Begriff „völkisch" wegen der Belastungen, die letzterer Begriff durch seine Verwendung im Nationalsozialismus erfahren hat, der Vorzug gegeben.
63 Vgl hierzu *Dahm/Delbrück/Wolfrum*, Völkerrecht, Bd. I/2, 2. Aufl. 2002, S. 4, 275; *Veiter*, S. 29 ff; vgl auch *Grawert*, Staatsvolk und Staatsangehörigkeit, in: HdbStR Bd. II, S. 107 ff., Rn 8 f, 12 ff.
64 Vgl *Grawert* (Fn 63), Rn 27 ff.
65 Vgl BVerfGE 83, 37, 50 ff; *Böckenförde*, Demokratie als Verfassungsprinzip, in: HdbStR Bd. II, S. 429 ff, Rn 30 ff.

Volkstum definiert.[66] Dies ist ersichtlich wiederum der soziologische Volksbegriff.

In den völkerrechtlichen Regelwerken und Dokumenten, in denen der Begriff 16 „ethnisch" gebraucht wird, wird dem Begriff durchgehend eine Bedeutung zugemessen, die der des vorstehend apostrophierten (französischen) soziologischen Begriffs der „ethnie" bzw der des deutschen soziologischen Volksbegriffs entspricht. Im Einzelnen bleibt dabei zwar unklar, was jeweils konkret darunter zu subsumieren sei. Gleichwohl läßt sich jedoch im Ergebnis ein Begriffskern dergestalt ausmachen, dass unter „ethnischen" Minderheiten solche Bevölkerungsgruppen verstanden werden, die durch eine gemeinsame **Kultur, Abstammung, Geschichte** bzw ein gemeinsames Schicksal verbunden sind bzw sich entsprechend verbunden fühlen.[67] Gelegentlich wird hier auch noch das Merkmal der gemeinsamen **Sprache** genannt.[68]

cc) Der Begriff „national". Ebenso wie beim Begriff „ethnisch" führt auch 17 beim Begriff „national" eine reine Wortauslegung zu keinem brauchbaren Ergebnis. Speziell im Deutschen wiederum ist der Begriff ambivalent. Das dem Eigenschaftswort „national" zugrundeliegende Wort „Nation" wird hier in einem doppelten Sinne verstanden, einmal im Sinne der „Staatsnation" als der Summe der Staatsbürger eines Staates, zum anderen im Sinne der „Kulturnation" als einer im Bewusstsein der Bevölkerung vorhandenen Sprach- und Kultureinheit.[69] Im Grunde ergibt sich hierbei die gleiche Problematik wie in Hinblick auf den Begriff „Volk", wobei die Dichotomie von „Staatsnation" und „Kulturnation" der von „Staatsvolk" und Volk im ethnischen Sinne entspricht.[70] Ebenfalls uneinheitlich ist das Bild, das die **völkerrechtliche Praxis** bietet; in den einschlägigen völkerrechtlichen Dokumenten wird der Begriff in unterschiedlicher Weise verwendet. Teilweise ist der Sprachgebrauch in einzelnen völkerrechtlichen Dokumenten sogar verwirrend.[71] Auch die Völkerrechtswissenschaft hat bislang zu keiner einheitlichen Definition gefunden.

dd) **Das Verhältnis der Begriffe „ethnisch" und „national"**. Im Ergebnis kann 18 aber festgestellt werden, dass der Bedeutungsgehalt der völkerrechtlichen Begriffe „ethnisch" und „national" – im juristischen Sinne – im Wesentlichen **gleich** ist und das Gleiche bezeichnet.[72] So gesehen ist die Wortwahl in Art. 18 LV also pleonastisch.[73] Sowohl unter einer „ethnischen" als auch unter einer „nationa-

---

66 Vgl BVerfGE 17, 224, 227 f; *Giegerich*, in: Maunz/Dürig, Art. 116 Rn 71; *Grawert* (Fn 63), Rn 39.
67 Vgl *Nowak*, Art. 27 Rn 24; *Tomuschat*, S. 959; *Krugmann*, S. 68 f; *Siegert*, S. 34; *Pritchard*, S. 41; entsprechend, wenn auch etwas undeutlich, die Definition von *Capotorti* (→ Rn 12).
68 *Krugmann*, S. 68 f; *Siegert*, S. 34; *Pritchard*, S. 41.
69 *Friedrich Meinecke*, Weltbürgertum und Nationalstaat, 5. Aufl. 1919, S. 3; BVerfGE 36, 1, 19.
70 *Dahm/Delbrück/Wolfrum* (Fn 63), S. 4 f, 275.
71 So verwenden, wie dargestellt, Art. 14 EMRK sowie das Rahmenübereinkommen des EuR den Begriff der „nationalen Minderheit". Art. 1 der Empfehlung der ParlVers des EuR, der einen Definitionsvorschlag für diesen Begriff formuliert, verweist dann in der Folge aber zur weiteren Konkretisierung des Begriffes „nationale Minderheit" auf gewisse „ethnische, kulturelle, religiöse oder sprachliche" Charakteristika, sodass der Begriff „nationale Minderheit" damit gleichsam als der Oberbegriff zu diesen Konkretisierungsmerkmalen – und damit auch zu dem hier einschlägigen Begriff der „ethnischen Minderheit" – erscheint. Kritisch auch *Krugmann*, S. 69.
72 *Veiter*, S. 29: „Synonym". Im Ergebnis auch *Pritchard*, S. 39; *Siegert*, S. 22. Vgl aber *Ermacora*. S. 295; *Dahm/Delbrück/Wolfrum* (Fn 63), S. 281.
73 Das Gleiche gilt insofern für Art. 5 Abs. 2 SächsVerf.

len" Minderheit ist demnach eine Bevölkerungsgruppe zu verstehen, die sich durch Abstammung und/oder gewisse kulturelle, sprachliche, religiöse etc. Merkmale von der sie umgebenden Mehrheitsbevölkerung unterscheidet.[74] Dagegen überzeugen die Ansätze, die im Schrifttum zur Absonderung der beiden Begriffe voneinander entwickelt wurden, in ihrer Gesamtheit nicht. Dies gilt für die These, dass die Bezeichnung „nationale" Minderheit den völkerrechtlichen Regelwerken nach dem I. Weltkrieg und der Ausdruck „ethnische" Minderheit den nach dem II. Weltkrieg verabschiedeten Regelwerken vorbehalten sei[75] ebenso wie für die Auffassung, dass der Begriff „national" in europäischen Regelwerken, während der Begriff „ethnisch" in globalen Regelwerken zur Anwendung käme. In der völkerrechtlichen Praxis lassen sich des weiteren keine stichhaltigen Belege für die gängige Auffassung finden, dass das besondere Kennzeichen einer „nationalen" Minderheit sei, dass sie von ihrem „Muttervolk", das in einem (benachbarten) Staat das Mehrheitsvolk ist, abgetrennt worden ist und nun in einem anderen, fremdnationalen Staat lebt, in dem sie eben nur eine Minderheit darstellt.[76] Das Gleiche gilt schließlich für die Auffassung, dass „ethnisch" eine Gruppe von Menschen mit eigener Sprache, Kultur und Geschichte bezeichne, während eine „nationale" Minderheit eine ethnische Gruppe sei, die ein gewisses Bewusstsein von ihrer Identität entwickelt habe und zusätzlich dazu auch noch politisch tätig werde und nach politischer Selbstbestimmung strebe.[77]

19 **ee) Der Begriff der sprachlichen Minderheit.** Art. 18 LV verwendet im vorliegenden Kontext – im Gegensatz zu anderen Landesverfassungen[78] – den Begriff der **sprachlichen Minderheit** nicht. Gleichwohl ist die sprachliche Komponente in den Anwendungsbereich der Schutzbestimmung des Art. 18 LV einzubeziehen. Dies um so mehr, als auch in den einschlägigen und für die Auslegung des Art. 18 relevanten völkerrechtlichen Dokumenten die sprachliche Komponente gelegentlich zur näheren Bestimmung der Begriffe „national" und „ethnisch" verwendet wird.[79]

---

74 Auch die Denkschrift der BReg (Fn 47) definiert den Begriff „national" letztlich unter Rückgriff auf die gemeinhin als Charakteristika von „ethnisch" angesehenen Merkmale, ohne dabei den Begriff „ethnisch" allerdings explizit zu nennen.
75 Richtig ist diesbezüglich aber, dass in Hinblick auf den Sprachgebrauch „national" vs. „ethnisch" tatsächlich eine besondere Sprachentwicklung in der zeitlichen Dimension jedenfalls derart festzustellen ist, dass „national" der ältere Begriff ist, während der Begriff „ethnisch" erst in der Zeit nach dem II. Weltkrieg Eingang in die wissenschaftliche Debatte (und in völkerrechtliche Regelwerke) gefunden hat und insofern tatsächlich der jüngere („moderne"; vgl *Caesar* [Fn 37], Art. 17 Rn 32) Begriff ist, der jetzt – wohl ohne Bewußtsein für einen inhaltlichen Unterschied in den beiden Begriffen – neben dem älteren Begriff „national" verwendet wird.
76 V. *Mutius* (Fn 41), Art. 5 Rn 3; *Riedinger* (Fn 41), Art. 5 Rn 8; *Pallek*, S. 14 f; vgl auch *Héraud*, S. 18; *Hofmann*, S. 8.
77 *Ermacora*, S. 294 f; *Héraud*, S. 18; *Tomuschat*, S. 959; *Hofmann*, S. 9.
78 Wie zB Art. 17 Abs. 4 RhPfVerf, hier neben dem Begriff der „ethnischen" Minderheit.
79 Bzgl des Begriffes „national" vgl Art. 1 der Empfehlung der ParlVers des EuR; ebenso Denkschrift der BReg (Fn 47). Bzgl des Begriffes „ethnisch" ist allerdings festzustellen, dass die Dokumente das Kriterium „sprachlich" meist auf gleicher Ebene *neben* dem Kriterium „ethnisch" nennen, was aufgrund einer syntaktischen Auslegung der Bestimmungen den Schluss zuließe, dass „sprachlich" hier nicht als ein Unterfall bzw ein Konkretisierungselement von „ethnisch", sondern als ein aliud gedacht wird und somit auch nicht zur Konkretisierung des diesbezüglichen Anwendungsbereichs der Schutzbestimmung des Art. 18 LV herangezogen werden könnte; vgl etwa den Definitionsentwurf von *Capotorti* (→ Rn 12) oder den Definitionsentwurf der ParlVers des EuR. Aufgrund dessen jedoch, dass gleichwohl sowohl in der Völkerrechtswissenschaft als auch in der völkerrechtlichen Praxis die sprachliche Komponente durchgehend als eines der Elemente benannt wird,

III. Staatsziele

Einen weiteren Anknüpfungspunkt für eine Berücksichtigung der spezifisch 20
sprachlichen Komponente bei der Auslegung des in Art. 18 LV enthaltenen Begriffes „ethnische und nationale Minderheit" bzw für deren Einbezug in den Gewährleistungsbereich der Vorschrift bietet der Umstand, dass Deutschland Vertragspartei der vorliegend ebenfalls einschlägigen Europäischen **Charta der Regional- oder Minderheitensprachen des Europarates** vom 5.11.1992 ist.[80]
Art. 1 des Abkommens definiert „Regional- oder Minderheitensprachen" als „Sprachen, i) die herkömmlicherweise in einem bestimmten Gebiet eines Staates von Angehörigen dieses Staates gebraucht werden, die eine Gruppe bilden, deren Zahl kleiner ist als die der übrigen Bevölkerung des Staates, und ii) die sich von der (den) Amtssprache(n) dieses Staates unterscheiden", unter Ausschluss allerdings von „Dialekte[n] der Amtssprache(n) des Staates" und „Sprachen von Zuwanderern". Hier sind es einerseits bereits der Titel des Vertragswerkes, der den Bezug zum Begriff der Minderheit herstellt, sowie andererseits die Fassung der vorstehend zitierten Begriffsbestimmung von „Regional- und Minderheitensprachen", welche inhaltlich, zumindest in Teilen, an die Begriffsbestimmung von „ethnischer" oder „nationaler Minderheit" in den völkerrechtlichen Definitionsversuchen zum Minderheitenbegriff gemahnt. Dementsprechend hat Deutschland auch in seinen Erklärungen zur Vorbereitung der Ratifizierung der Charta vom 23.1.1998[81] bzw zur Umsetzung der Verpflichtungen der Charta hinsichtlich Teil II der Charta vom 26.1.1998[82] als Minderheitensprachen die Sprachen der von Deutschland amtlich als Minderheiten im Sinne der herkömmlichen völkerrechtlichen Minderheitenschutzverträge klassifizierten Bevölkerungsgruppen benannt.[83]

Nicht kann hingegen aus dem Umstand, dass Deutschland in den vorstehend erwähnten Erklärungen als Regionalsprache im Sinne der Charta das **Niederdeutsche** in Bremen, Hamburg, M-V, Niedersachsen und Schleswig-Holstein sowie in Brandenburg, Nordrhein-Westfalen und Sachsen-Anhalt benannt hat, abgeleitet werden, dass auch der Teil der Bevölkerung in M-V, der Niederdeutsch spricht, als „ethnische und nationale Minderheit" in ihrer spezifischen Ausprägung als **sprachliche Minderheit** im Sinne des Art. 18 LV angesehen werden kann und in den Genuss der in dieser Vorschrift normierten Minderheitenschutzbestimmung kommen soll. Zum einen hat Deutschland in den beiden in → Rn 20 erwähnten Erklärungen das Niederdeutsche in M-V nämlich ausdrücklich als geschützte *Regional-* und nicht als Minderheitensprache klassifiziert. Zum anderen spricht auch die Auslegung des Art. 18 im systematischen Kontext der Gesamtverfassung in Hinblick auf Art. 16 Abs. 2 LV dagegen. Da es dort eine spezielle Vorschrift zum Schutz und zur Förderung der niederdeutschen Sprache gibt (→ *Kohl*, **Art. 16** Rn 8), bleibt für eine entsprechende Auslegung des Art. 18 LV kein Raum.[84] 21

---

welches den Begriff „ethnisch" konstituiere, und noch dazu die beiden Begriffe „national" und „ethnisch" als weitgehend synonym betrachtet werden, ergibt sich, dass die sprachliche Komponente auch in den Anwendungsbereich des in Art. 18 LV genannten Tatbestandsmerkmals „ethnisch" einzubeziehen ist.
80 BGBl. II 1998, S. 1314 ff.
81 BGBl. II 1998, S. 1334 f.
82 BGBl. II 1998, S. 1336 f.
83 Nämlich das Dänische im dänischen Sprachgebiet in Schleswig-Holstein, das Obersorbische im obersorbischen Sprachgebiet in Sachsen, das Niedersorbische im niedersorbischen Sprachgebiet in Brandenburg, das Nordfriesische im nordfriesischen Sprachgebiet in Schleswig-Holstein, das Saterfriesische im saterfriesischen Sprachgebiet in Niedersachsen sowie die Sprache Romanes der Sinti und Roma.
84 Im Ergebnis ebenso *Pallek*, S. 646.

22 ff) Der Begriff der Volksgruppe. In Art. 18 LV wird weiterhin zwischen „Minderheit" und „Volksgruppe" unterschieden, eine Differenzierung, die nicht alle landesverfassungsrechtlichen Minderheitenschutzbestimmungen treffen.[85] Auch in Hinblick auf diesen Begriff gilt, was oben bereits in Hinblick auf den Begriff der „Minderheit" bzw der „ethnischen" und/oder „nationalen Minderheit" gesagt worden ist: Es gibt weder eine Legaldefinition, noch gibt es Einigkeit in der Wissenschaft über den Bedeutungsgehalt des Begriffes. Auch der Rückgriff auf das Völkerrecht, in dem der Begriff entwickelt worden ist, führt nicht weiter. Allerdings hat der Begriff „Volksgruppe" teil am Volksbegriff. Damit ist die Lösung der Problematik vorgezeichnet: So wie der Begriff „Volk" (ethnie) im vorliegenden Kontext anhand soziologischer Überlegungen eingegrenzt wird,[86] ist auch in Hinblick auf den Begriff der Volksgruppe, der eine Teilmenge eines Volkes bezeichnet, zu verfahren. Im Einzelnen heißt dies, dass eine Volksgruppe eine durch gemeinsame Kultur, Sprache, Abstammung, Geschichte, ein gemeinsames Schicksal etc. verbundene Gruppe von Menschen ist. Was wiederum die Abgrenzung des Begriffes „Volksgruppe" von dem der („ethnischen" oder „nationalen") „Minderheit" betrifft, so kann auch hier gesagt werden, dass diese beiden Begriffe im Kern **keine unterschiedlichen Begriffe** darstellen. Auch sie bezeichnen – im juristischen Sinne – im Wesentlichen das Gleiche.[87] Dabei ist der Begriff der „Minderheit" der ältere Begriff. Er hat seine Wurzeln in den völkerrechtlichen Minderheitenschutzverträgen aus der Zeit nach dem I. Weltkrieg. Wegen der möglicherweise negativen Konnotation des Begriffes „*Minder*heit", der Assoziationen mit dem Begriff der „Minder*wertigkeit*" wecken könnte, ziehen Teile der modernen Völkerrechtslehre heute tatsächlich den insoweit neutralen Begriff der Volksgruppe dem der Minderheit vor.[88] Obwohl keine wesentlichen inhaltlichen Unterschiede zwischen den beiden Begriffen „Minderheit" und „Volksgruppe" erkennbar sind, wird im Rahmen der deutschen Rechtsordnung dennoch zwischen den beiden Begriffen differenziert. So unterscheiden auch die Erklärung, die Deutschland anlässlich der Unterzeichnung des Rahmenübereinkommens des EuR am 11.5.1995 abgegeben hat, sowie die Denkschrift der BReg zu dem Rahmenübereinkommen zwischen den (nationalen) „Minderheiten" der Dänen und Sorben einerseits und den „Volksgruppen" der Friesen und der Sinti und Roma anderseits. Dem entspricht grds. Art. 5 Abs. 2 Satz 2 SchlHVerf, der zwischen der „nationalen dänischen Minderheit" und der „friesischen Volksgruppe" unterscheidet.[89] Die Begründung allerdings, die für diese Unterscheidungen gegeben wird, ist ebenso freiheitlich-demokratisch wie theoretisch unschlüssig: Jedenfalls in Hinblick auf die Friesen wird gesagt, dass diese selbst es gewesen seien, die der Bezeichnung „Volksgruppe" vor der der „Minderheit" den Vorzug gegeben hätten.[90]

---

85 Wie Art. 18 LV aber prinzipiell Art. 5 Abs. 2 SchlHVerf, der konkret zwischen der dänischen *Minderheit* und der der Sinti und Roma einerseits sowie der friesischen *Volksgruppe* anderseits unterscheidet.
86 Vgl noch einmal → Rn 15.
87 *Pritchard*, S. 44 f; *Pallek*, S. 15; *Siegert*, S. 22; in Hinblick auf Volksgruppe und „ethnische" Minderheit auch *Dahm/Delbrück/Wolfrum* (Fn 63), S. 280.
88 Vgl *Pritchard*, S. 41; *Siegert*, S. 21; *Pallek*, S. 15; vgl aber auch *Veiter*, S. 29 f.
89 Allerdings bezeichnet Art. 5 Abs. 2 SchlHVerf, anders als die eben zitierten Erklärungen der BReg bzw der Bundesrepublik als solcher, die (deutschen) Sinti und Roma wiederum als „Minderheit"!
90 Vgl *Riedinger* (Fn 41), Art. 5 Rn 8 mwN; vgl auch *v. Mutius* (Fn 41), Art. 5 Rn 3; Stenogr. Bericht der 9. Öff. Anhörung der Gemeinsamen Verfassungskommission von BT und BRat am 6.5.1993, S. 4 ff.

gg) Objektive Kriterien oder subjektives Bekenntnis? Nach wie vor strittig, ist, 23 ob bei der Bestimmung des Personenkreises, der eine ethnische/nationale Minderheit oder Volksgruppe ausmacht, objektive Merkmale wie Sprache, Volkstum, Kultur etc. ausschlaggebend sein sollen[91] oder ob dafür ein subjektives Kriterium, nämlich ein entsprechendes Bekenntnis der Angehörigen der betreffenden Bevölkerungsgruppe, entscheidend sein soll („Bekenntnisprinzip").[92] Art. 18 LV enthält keinerlei Festlegungen zu dieser Frage. Die einschlägigen völkerrechtlichen Normen ergeben ein uneinheitliches Bild, sofern sie überhaupt eine Aussage treffen.[93] Die verschiedenen, oben angeführten völkerrechtlichen Definitionsversuche für den Begriff der ethnischen, nationalen etc. Minderheit wiederum enthalten in der Regel sowohl eine Aufzählung verschiedener objektiver Definitionsmerkmale als auch Formulierungen, die sich als Hinweise auf das subjektive Bekenntnis der Angehörigen von Minderheiten als zusätzliches Definitionsmerkmal interpretieren lassen;[94] desgleichen die Denkschrift der BReg zu dem Rahmenübereinkommen.[95]

Im Ergebnis gebührt der Auffassung, die bei der Definition beide Arten von De- 24 finitionsmerkmalen, **subjektive und objektive Merkmale**, berücksichtigt, der Vorzug. Modell- und Maßstabscharakter hat hier der, mit den Ländern gemäß der „Lindauer Absprache" abgestimmte Definitionsansatz, den die BReg in ihrer Denkschrift zu dem Rahmenübereinkommen gewählt hat (→ Rn 13). Dabei mag von Fall zu Fall die Gewichtung der beiden Elemente unterschiedlich ausfallen. So mag in dem Fall, dass eine Minderheitenschutznorm als Freiheitsrecht oder als Diskriminierungsverbot ausgestaltet ist, bei der Beantwortung der Frage, ob eine Person zu einer Minderheit gehört oder nicht, der subjektive Faktor des Bekenntnisses ganz im Vordergrund stehen und ausreichen. Ist die Norm aber als Förderklausel ausgestaltet, dann ist die Berücksichtigung auch der objektiven Elemente angezeigt,[96] auch wenn dies nur ausnahmsweise und im Sinne einer Art Missbrauchskontrolle geschähe.[97] Eine solche Auffassung hat auch das **BVerfG** in dem vergleichbaren Fall vertreten, in dem es um die Überprüfung des Vertriebenenstatus iSd § 1 BVFG bzw um die Eigenschaft als deutscher Volkszugehöriger iSd § 6 BVFG und Art. 116 GG ging.[98] Dies muß auch für Art. 18 LV gelten, der als Förderklausel ausgeprägt ist (→ Rn 42), in deren Gefolge das för-

---

91 So etwa *Fastenrath*, Rn 29; *Krugmann*, S. 78 ff.
92 *Thiele*, in: Thiele/Pirsch/Wedemeyer, Art. 18 Rn 3; *v. Mutius* (Fn 41), Art. 5 Rn 5; *Riedinger* (Fn 41), Art. 5 Rn 10; *Hofmann*, S. 3; vgl auch *Siegert*, S. 37.
93 Vgl etwa Art. 27 Zivilpakt, Art. 14 EMRK oder Art. 1 des Rahmenübereinkommens des EuR, die überhaupt keinen Hinweis auf ein Bestimmungselement, weder ein objektives noch ein subjektives, enthalten.
94 Vgl Art. 1 lit. e des Definitionsentwurfs der ParlVers des EuR (→ Rn 12); ebenso der Definitionsentwurf von *Capotorti* (→ Rn 12).
95 Vgl bei → Rn 13, 3. Strichaufzählung. Vgl auch § 2 Satz 1 finnSami-SprachG (Finlands Förfättningssamling 516/1991): „Med same anses i denna lag den som anser sig vara same, förutsatt att han själv eller av hans föräldrar eller far- eller morföräldrar åtminstone en har lärt sig samiska som sitt första språk." Dt. Übersetzung der Verf.: „Als Same gilt gemäß diesem Gesetz eine Person, die sich selbst als Same betrachtet, unter der Voraussetzung, dass sie selbst oder zumindest ein Elternteil- oder Großelternteil Sami als Muttersprache erlernt hat."
96 Wie hier *Tomuschat*, S. 964; *Niewerth*, S. 37, 50.
97 Vgl in diesem Sinne etwa *Thiele*, in: Thiele/Pirsch/Wedemeyer, Art. 18 Rn 3; *Krugmann*, S. 80. Eine solche Möglichkeit räumen selbst diejenigen Autoren ein, die ansonsten das „Bekenntnisprinzip" vertreten; vgl *Hofmann*, S. 3.
98 BVerfGE 59, 128, 158: „Den objektiven Bestätigungsmerkmalen [Abstammung, Sprache, Erziehung, Kultur] kommt zum Nachweis des subjektiven Bekenntnisses ... eine ergänzende und erhärtende ‚Hilfsfunktion' zu."

dernde Land ggf öffentliche Mittel ausschüttet. Hier ist wegen der insoweit geltenden Verfassungsprinzipien der haushälterischen Sparsamkeit,[99] der Transparenz und der Nachweispflicht hinsichtlich der ordnungsgemäßen Verwendung öffentlicher Mittel (dazu → *Mediger*, **Art. 67** Rn 1) eine solche Nachprüfung der tatbestandlichen objektiven Voraussetzungen für eine Förderung geradezu geboten. Zwar lehnt die hM speziell in Hinblick etwa auf die in Art. 5 Abs. 1 SchlH-Verf enthaltene Minderheitenschutzvorschrift ein solches Ansinnen ab und will das reine „Bekenntnisprinzip" gelten lassen.[100] Allerdings ist hierzu an mehrere Spezifika dieses Falles zu erinnern, aufgrund derer jene Auffassung auf die Verhältnisse in M-V nicht übertragbar ist. Zunächst ist Art. 5 Abs. 1 SchlHVerf als reines Freiheits- bzw Abwehrrecht ausgestaltet.[101] Dabei ist weiter zu berücksichtigen, dass in der Vorschrift lediglich, aber immerhin die *Freiheit* des Bekenntnisses, dh das Recht, sich frei von jedem Druck zur Minderheit zu bekennen, statuiert wird, nicht aber, dass allein das subjektive Bekenntnis als Ausweis der Zugehörigkeit zur Minderheit ausreiche.[102] Wäre letzteres intendiert worden, hätte eine andere Formulierung gefunden werden können.[103] Doch selbst unter der Annahme, dass Art. 5 Abs. 1 SchlHVerf eine Verkörperung des reinen Bekenntnisprinzips darstelle, zwingt nichts zu einer Übertragung dieser Auffassung auf Art. 18 LV, da in Hinblick auf Art. 5 Abs. 1 SchlHVerf der Fall insofern anders gelagert ist, als bereits die völkerrechtliche Grundlage der Vorschrift eine entsprechende Festlegung enthält,[104] während es eine entsprechende völkerrechtliche Festlegung hinsichtlich Art. 18 LV nicht gibt. Auch eine Berufung auf Art. 3 Abs. 1 des Rahmenübereinkommens hilft hier nicht weiter, weil das dort festgelegte Bekenntnisprinzip zum einen ebenfalls wiederum nur die Freiheit des Bekenntnisses statuiert (und nicht, dass dieses subjektive Bekenntnis allein als Ausweis der Zugehörigkeit zur Minderheit genüge) und jenes Prinzip zum anderen dort lediglich im Sinne einer negativen Bekenntnisfreiheit formuliert ist.[105]

25 Über diese Fälle der Feststellung der Zugehörigkeit einer Person zu einer Minderheit im konkret-individuellen Fall hinaus stellt sich darüber hinaus aber die weitere Frage, ob nicht auch – gleichsam auf abstrakt-genereller Ebene – anhand objektiver Kriterien festgestellt werden können muß, ob es überhaupt eine entsprechende Minderheit gibt, die dem Schutz und der Förderung des Staates anheimgestellt werden soll. Auch hier wird man einer solchen Auffassung insb. dann zustimmen müssen, wenn man die diesbezügliche Staatszielbestimmung in der Tat als Förderklausel und als Handlungsauftrag an den Staat sieht. Als Instrument zur Feststellung kommt hier die Beantwortung entsprechender Fragen im Rahmen einer Volkszählung in Betracht. Zwar wird eine solche Nachforschung gelegentlich abgelehnt, u.a. von der BReg.[106] Jedenfalls in Hinblick auf

---

99 Vgl auch §§ 7 Abs. 1 Satz 1, 90 Nr. 3 LHO.
100 V. *Mutius* (Fn 41), Art. 5 Rn 5; *Riedinger* (Fn 41), Art. 5 Rn 10. Ebenso in Hinblick auf § 2 bbgSorbenG, demzufolge das Bekenntnis zum sorbischen Volk frei ist und weder bestritten noch nachgeprüft werden darf, *Lieber/Iwers/Ernst*, Art. 25, S. 214.
101 V. *Mutius* (Fn 41), Art. 5 Rn 2; *Riedinger* (Fn 41), Art. 5 Rn 11.
102 Der entsprechende Passus lautet: „Das Bekenntnis zu einer nationalen Minderheit ist frei; […]". Im Wesentlichen gleich Art. 37 Abs. 2 VerfLSA.
103 Vgl etwa § 1 Abs. 1 Satz 3 östVolksgruppenG (östBGBl. 1976/396), der festlegt: „Keine Person ist verpflichtet, die Zugehörigkeit zu einer Volksgruppe nachzuweisen."
104 Vgl Punkt II. 1 der Bonner Erklärung v. 29.3.1955 (Fn 19), aufbauend auf der insoweit gleichlautenden Kieler Erklärung aus dem Jahre 1949 (Fn 20).
105 Kritisch diesbezüglich auch *Fastenrath*, Rn 29.
106 Vgl etwa den Ersten Bericht der Bundesrepublik Deutschland gem. Art. 25 Abs. 1 des Rahmenübereinkommens des Europarates zum Schutz Nationaler Minderheiten (1999), S. 18.

die BReg aber erscheint dies widersprüchlich. Einerseits legt sie nämlich in ihrem Definitionsvorschlag zu Art. 1 des Rahmenübereinkommens des EuR objektive Kriterien zur Bestimmung einer ethnischen oder nationalen Minderheit und Volksgruppe fest;[107] andererseits soll dann aber die objektive Feststellung der Existenz einer solchen Minderheit und Volksgruppe ausgeschlossen sein.[108]

b) Deutsche Staatsangehörigkeit. Art. 18 LV erfaßt – wie auch immer der sonstige Charakter der Minderheit oder Volksgruppe beschaffen bzw zu bestimmen sein mag – lediglich Angehörige von Minderheiten oder Volksgruppen, die die **deutsche Staatsangehörigkeit** besitzen.[109] Die diesbezügliche Festlegung des Art. 18 ist eindeutig, aber, wie ein Blick auf das Völkerrecht zeigt, nicht zwingend.[110] Dieses ist diesbezüglich ambivalent: So wird das Kriterium der Staatsangehörigkeit etwa in Art. 27 Zivilpakt, Art. 14 EMRK oder Art. 1 des Rahmenübereinkommens des EuR nicht genannt. Andere völkerrechtliche Dokumente dagegen, darunter insb. die verschiedenen Definitionsversuche zum Minderheitenbegriff, stellen wiederum entscheidend auf dieses Merkmal ab.[111] Hier läßt das Völkerrecht den Staaten also einen Spielraum,[112] den diese auch gern dahingehend nutzen, in ihre innerstaatlichen Minderheiten- und Volksgruppengesetze das Merkmal der Staatsangehörigkeit als weiteres konstitutives Merkmal für den Minderheiten- bzw Volksgruppenbegriff aufzunehmen.[113] Die BReg hat die gleiche Linie eingeschlagen.[114] Die Regelung des Art. 18 LV folgt dieser Linie konsequent.

c) Autochthone vs. Allochthone Minderheiten und Volksgruppen. Fraglich ist, 27 ob sich Art. 18 LV allein auf autochthone Minderheiten und Volksgruppen bezieht oder auch allochthone erfassen will. Unter autochthonen Minderheiten und Volksgruppen werden vom Mehrheitsvolk klar abgegrenzte und abgrenzbare Personengruppen verstanden, die seit langer Zeit auf dem Gebiet des betreffenden Staates siedeln,[115] unter allochthonen hingegen solche, bei denen diese

---

107 Vgl Denkschrift (Fn 47).
108 Als Alternative wählt die BReg – mE weitaus problematischer – den Weg der konkreten, dezisionistischen Festlegung derjenigen Bevölkerungsgruppen, die ihrer Ansicht nach eine in Deutschland anerkannte Minderheit bzw Volksgruppe sein sollen. Vgl ebd. In der Tat gibt es aber Fälle, in denen zur Feststellung der Zugehörigkeit zu einer Minderheit (Volksgruppe) zwar einerseits das reine subjektive Bekenntnis der betreffenden Personen für ausreichend gehalten wird (vgl § 1 Abs. 3 Satz 3 östVolksgruppenG [Fn 103]), in denen aber – gleichsam auf abstrakt-genereller Ebene – gleichwohl bei Volkszählungen zumindest nach dem Merkmal der Umgangssprache gefragt wird (vgl § 2 Abs. 3 östVolkszählungsG [östBGBl. 1988/199]).
109 Ebenso Art. 5 Abs. 2 SächsVerf (in Hinblick auf die in Art. 5 und 6 konkret angesprochenen Sorben fehlt allerdings ein solcher Hinweis auf die deutsche Staatsangehörigkeit). Kein Hinweis findet sich in Art. 25 BbgVerf (in Hinblick auf die dort konkret angesprochenen Sorben); Art. 17 Abs. 4 RhPfVerf; Art. 37 VerfLSA; Art. 5 Abs. 2 SchlH-Verf (in Hinblick auf die Dänen und Friesen; hinsichtlich der Sinti und Roma wird aber die deutsche Staatsangehörigkeit postuliert).
110 Vgl *Wolfrum*, S. 162 f, 165; *Nowak*, Art. 27 Rn 17 f.
111 Vgl Art. 1 lit. a des Definitionsentwurfs der ParlVers des EuR (→ Rn 12); ebenso der Definitionsentwurf von *Capotorti* (→ Rn 12).
112 Vgl *Krugmann*, S. 75.
113 Vgl etwa § 1 Abs. 2 östVolksgruppenG (Fn 103).
114 Vgl Erklärung (Fn 46); ebenso Denkschrift (Fn 47). Ausnahme: Briefwechsel zum dt.-poln. Vertrag (Fn 18), BGBl. II 1991, S. 1326 f; vgl dazu auch *Pallek*, S. 192 f, 253.
115 Vgl etwa die im Rahmen der UN-Menschenrechtskommission, in deren Unterkommission zur Verhinderung der Diskriminierung oder zum Schutz von Minderheiten oder im Dritten Ausschuss (Menschenrechtsausschuss) der UN-Generalversammlung weit verbreitete Definition, UN Doc. A/C. 3/16/SR. 1104, paras. 16, 23: „separate or distinct groups, well-defined and long-established on the territory of a State". Ähnlich die Defi-

Voraussetzung nicht gegeben ist.[116] Letztere werden oftmals als „neue" Minderheiten bezeichnet. Gemeint sind dabei in erster Linie Zuwanderergruppen, die sich als Arbeitsemigranten oder als Asylflüchtlinge in anderen Staaten niederlassen. Ausgehend von entsprechenden Diskussionen vor allem in der UN-Menschenrechtskommission und deren Unterkommission zur Verhinderung der Diskriminierung und zum Schutz von Minderheiten zur Reichweite des Art. 27 Zivilpakt fordert ein Teil des Schrifttums die Erstreckung der Minderheitenschutzbestimmungen, speziell auch in Deutschland, auf die Angehörigen solcher „neuer" Minderheiten.[117]

28 Der **Wortlaut** des Art. 18 LV gibt keinerlei Aufschluss darüber, ob sich die Vorschrift lediglich auf autochthone nationale bzw. ethnische Minderheiten und Volksgruppen bezieht oder auch allochthone Bevölkerungsgruppen einbeziehen will.[118] Würde sich Art. 18 tatsächlich nur auf autochthone nationale bzw. ethnische Minderheiten und Volksgruppen beziehen, ergäbe sich in der Folge indes deswegen ein grds. Problem, als es **in M-V** überhaupt **keine autochthonen** nationalen bzw. ethnischen **Minderheiten** oder Volksgruppen gibt, wie dies etwa in Brandenburg, Sachsen oder Schleswig-Holstein der Fall ist, auf die die Vorschrift angewandt werden könnte.[119] Insofern stellte sich die grds. Frage nach dem Sinn der Vorschrift,[120] könnte Art. 18 als überflüssig erscheinen.

29 **aa) Hinweise aus völkerrechtlichen Quellen.** Die klassischen völkerrechtlichen Minderheitenverträge haben sich durchwegs auf Minderheiten bezogen, die seit langer – möglicherweise unvordenklicher – Zeit dauerhaft auf einem bestimmten Gebiet siedelten, also als „autochthone Minderheiten" aufzufassen sind.[121] Über diesen Bereich der klassischen völkerrechtlichen Minderheitenverträge hinaus ist das Erscheinungsbild der einschlägigen völkerrechtlichen Quellen jedoch **uneinheitlich**. Teilweise enthalten sie überhaupt keine diesbezüglichen Hinweise,[122] was durchaus als Offenheit nach allen Seiten verstanden werden kann. Art. 27 Zivilpakt hingegen ist in einer Art und Weise formuliert, die den Schluss zulässt, dass vom Wortlaut in der Tat lediglich „autochthone" Minderheiten erfaßt werden.[123] Allerdings schlagen gerade die Diskussionen, die im Rahmen

---

nition, die die Bundesrepublik Deutschland dort abgegeben hat, UN Doc. E/CN. 4/1992/SR. 38, para. 30: „well-defined separate and distinct groups which had been long established in the territory of a State".

116 Berliner Institut für Vergleichende Sozialforschung (Hrsg.), Ethnische Minderheiten in Deutschland, 1994; Schmalz-Jacobsen/Hansen (Hrsg.), Ethnische Minderheiten in der Bundesrepublik Deutschland, 1995.

117 *Tomuschat*, S. 960 f; *Wolfrum*, S. 162 f, 165; *Nowak*, Art. 27 Rn 21; *Niewerth*, S. 41 ff; *v. Mutius* (Fn 41), Art. 5 Rn 8; *Riedinger* (Fn 41), Art. 5 Rn 9. Kritisch dagegen *Pallek*, S. 268; *Hofmann*, S. 3.

118 Das Gleiche gilt für Art. 17 Abs. 4 RhPfVerf und Art. 37 VerfLSA, die, was den persönlichen Regelungsbereich der Vorschrift betrifft, ähnlich unspezifisch sind wie Art. 18 LV.

119 Das Gleiche gilt iÜ wieder für Rheinland-Pfalz und Sachsen-Anhalt.

120 Die Sinnfrage stellt diesbezüglich – wie auch in Bezug auf die gleichgelagerte Situation in Sachsen-Anhalt – auch *Pallek*, S. 640, 646 f.

121 Dies gilt auch nach dem I. Weltkrieg ebenso wie für die nach dem II. Weltkrieg abgeschlossenen Minderheitenschutzverträge (Bsp. für letztere Kategorie: Gruber-De Gasperi-Abkommen über die Rechte der Südtiroler; Bonn-Kopenhagener Erklärungen [oben → Rn 4]).

122 Vgl Art. 14 EMRK; Art 1 Rahmenübereinkommen (Fn 16).

123 Dies ergibt sich allerdings nicht aus der deutschen – jedoch ohnehin nicht authentischen – Sprachfassung, sondern aus dem englischen Text, der lautet: „In those States in which ethnic, religious or linguistic minorities exist ...". Hier ist es das Wort „exist", welches vom überwiegenden Teil des Schrifttums so gedeutet wird, dass damit Bevölkerungs-

der einschlägigen UN-Menschenrechtsgremien wie der UN-Menschenrechtskommission, deren Unterkommission zur Verhinderung der Diskriminierung und zum Schutz von Minderheiten oder im Dritten Ausschuss (Menschenrechtsausschuss) der UN-Generalversammlung zum Zwecke der Konkretisierung des Art. 27 Zivilpakt geführt werden, seit einiger Zeit teilweise eine andere Richtung ein. Zwar beharren zahlreiche Staatenvertreter, darunter auch die Vertreter Deutschlands (→ Rn 30), immer wieder auf ihrer Auffassung, wonach als Minderheiten im Sinne des Art. 27 Zivilpakt lediglich autochthone Gruppen zu verstehen seien. Andererseits gibt es aber verstärkt Vorstöße, allochthone Minderheiten (Zuwanderergruppen) in die Minderheitendefinitionen mit einzubeziehen.[124] Ganz klar sieht dagegen der in Art. 1 litt. a und b der Empfehlung der ParlVers des EuR enthaltene Definitionsvorschlag vor, dass als nationale Minderheit nur eine Gruppe von Personen in einem Staat anzusehen sei, die im Hoheitsgebiet dieses Staates ansässig und dessen Staatsbürger sind (lit. a), sowie langjährige, feste und dauerhafte Verbindungen zu diesem Staat aufrechterhalten (lit. b); hier also ein klares Bekenntnis zur „autochthonen" Minderheit. Eher unspezifisch sind hingegen wiederum Teil IV, Nr. 33 des Dokuments des Kopenhagener Treffens der KSZE[125] oder Art. 1 A/RES/47/135.[126]

bb) Die Rechtsauffassung der Bundesrepublik Deutschland. Deutschland vertritt im völkerrechtlichen Verkehr durchgehend einen Minderheitenbegriff im Sinne von **autochthonen Minderheiten**. So legt sich die Erklärung, die Deutschland anlässlich der Unterzeichnung des Rahmenübereinkommens des EuR zum Schutz nationaler Minderheiten abgegeben hat (→ Rn 13), klar in diesem Sinne fest. Dies geschieht in der Form, dass konkret einzelne Minderheiten aufgezählt und benannt werden, auf die das Rahmenübereinkommen angewandt werden soll.[127] Da alle in der Erklärung genannten Minderheiten bzw Volksgruppen (Dänen, Sorben, Friesen, Sinti und Roma) die in Art. 1 litt. a und b der Empfehlung der ParlVers des EuR genannten Kriterien erfüllen,[128] geht die Erklärung – ebenso wie der hierzu von der BReg erstellte Bericht – also implizit offensichtlich von dem Begriff der Minderheit im Sinne autochthoner Bevölkerungsgruppen aus. Das Gleiche trifft grds. auf den Bericht zu, den Deutschland im Rahmen der regulären Berichtspflichten im Menschenrechtsausschuss aufgrund Art. 40 Zivilpakt am 22.2.1996 abgegeben hat.[129] Diese Linie behält die BReg in ihrer Denkschrift zu dem Rahmenübereinkommen des EuR[130] im Wesentlichen bei. Hier benennt sie zunächst wiederum dezisionistisch-pragmatisch und

30

---

gruppen angesprochen seien, die bereits seit längerer Zeit auf einem Territorium vorhanden seien, also „autochthon" sind.

124 So deutet etwa der zur Überwachung des Zivilpakts eingesetzte Menschenrechtsausschuß die Tragweite des Art. 27 Zivilpakt, und zwar bemerkenswerterweise speziell in Hinblick auf Deutschland, in diesem Sinne: „The Committee is of the view that article 27 applies to all persons belonging to minorities whether linguistic, religious, ethnic or otherwise including those who are not concentrated or settled in a particular area or a particular region or who are immigrants or who have been given asylum in Germany." Vgl UN Doc. CCPR/C/79/Add. 73, para. 13. Ähnlich auch der Definitionsvorschlag von *Deschênes* (Fn 44).

125 Fn 22. Die betreffende Stelle lautet: „Die Teilnehmerstaaten werden die ethnische, kulturelle, sprachliche und religiöse Identität nationaler Minderheiten auf ihrem Territorium schützen."

126 Fn 25.

127 Vgl noch einmal den Text der Erklärung in Fn 46.

128 Vgl noch einmal → Rn 12.

129 UN Doc. CCPR/C/84/Add. 5, para. 236. Hier werden als einzige in Deutschland lebende Minderheiten allerdings nur die Dänen sowie die Sorben erwähnt.

130 → Rn 13.

konkret diejenigen Minderheiten, auf die Deutschland das Rahmenübereinkommen anwenden will; dem fügt sie dann eine gleichsam theoretisch-abstrakte Definition an, die der in Art. 1 der Empfehlung der ParlVers des EuR ähnelt und in der sie als wesentliche Merkmale einer Minderheit angibt, dass diese traditionell in Deutschland heimisch sind und hier in angestammten Siedlungsgebieten leben.[131] Desgleichen in der Erklärung, die die Bundesrepublik Deutschland anlässlich der Verabschiedung der UN-Generalversammlungsresolution A/RES/47/135 abgegeben hat.[132]

31 **cc) Landesverfassungen.** Während Art. 17 Abs. 4 RhPfVerf[133] und Art. 37 VerfLSA in Hinblick auf die Frage, ob von der Schutznorm lediglich autochthone oder auch allochthone Minderheiten und Volksgruppen erfaßt werden, ähnlich unspezifisch sind wie Art. 18 LV, sind die Minderheitenschutzbestimmungen in Art. 5 SchlHVerf und Art. 25 BbgVerf[134] explizit der Vorstellung von der autochthonen Minderheit verhaftet. Sie benennen – methodisch gleich wie einige der vorstehend angeführten Erklärungen der Bundesrepublik Deutschland – ausdrücklich und konkret die jeweils auf dem Gebiet der beiden Bundesländer lebenden autochthonen Minderheiten der Dänen, Friesen, Sorben und (deutschen) Sinti und Roma als Schutzobjekt.[135]

32 **dd) Deutsche Umsiedler als geschützte Personengruppe?** In den Gesetzesmaterialien zu Art. 18 LV wird zur Begründung der Aufnahme des Art. 18 in die LV vorgetragen, dass mit dieser Vorschrift dem Umstand Rechnung getragen werden solle, dass, „[n]eben bereits im Lande lebenden Minderheiten und Volksgruppen [?] ... insbesondere mit **deutschstämmigen Einwanderern aus dem osteuropäischen Raum** zu rechnen" sei, die in den Genuss der Minderheitenschutzregelung des Art. 18 kommen sollen.[136] So verständlich eine solche Argumentation auch sein mag, um der Vorschrift des Art. 18 – angesichts des Fehlens eige-

---

131 → Rn 13 (4. und 5. Strichaufzählung).
132 UN Doc. E/CN.4/1992/SR. 38, para. 30 (Fn 115).
133 Allerdings sprechen die diesbezüglichen Gesetzesmaterialien eine klarere Sprache. Ihnen zufolge wollte der Verfassungsgeber, vor dem Hintergrund der deutschen Vergangenheit und der zunehmenden Migration, ein „deutliches Signal gegen rechtsextremistische Aktivitäten", verstanden als „spezielle Toleranzverpflichtung", setzen (zit. nach *Caesar*, in: Grimm/Caesar, Art. 17 Rn 29). Demzufolge erfasse der Begriff der „ethnischen und sprachlichen Minderheit" im Sinne von Art. 17 Abs. 4 RhPfVerf auch „Gastarbeiter" und andere Gruppen von Auswanderern und Vertriebenen (ebd, Rn 32).
134 Vgl insb. Art. 25 Abs. 1 Satz 1 BbgVerf: „Das Recht des sorbischen Volkes auf Schutz, Erhaltung und Pflege seiner nationalen Identität und *seines angestammten Siedlungsgebietes* wird gewährleistet." Kursivervorhebung hinzugefügt. Ähnlich Art. 6 Abs. 2 Satz 2 SächsVerf. Zum örtlich radizierten Charakter der Vorschriften vgl *Lieber/Iwers/Ernst*, Art. 25, S. 214 f; *Fastenrath*, Rn 30.
135 Das Gleiche gilt grds. auch für Art. 5 Abs. 1 Satz 1 und Art. 6 SächsVerf und die dort genannten Sorben. Allerdings weicht Art. 5 Abs. 1 Satz 1 SächsVerf insofern von dieser Linie ab, als dort, neben dem Mehrheitsvolk der Deutschen einerseits und der zweifellos autochthonen Minderheit der Sorben andererseits, im selben Atemzug auch noch Bürger „anderer Volkszugehörigkeit" genannt werden, die in gleicher Weise dem „Volk des Freistaates Sachsen" angehören sollen. Ergänzend bestimmen Satz 2, dass das Land die Rechte nationaler und ethnischer Minderheiten deutscher Staatsangehöriger gewährleistet und fördert, sowie Satz 3, dass das Land auch die Interessen „ausländischer Minderheiten, deren Angehörige sich rechtmäßig im Land aufhalten", achten will. Diese Bestimmungen könnten als Schutzvorschriften zugunsten allochthoner Minderheiten (Zuwanderergruppen) aufgefasst werden, und zwar einmal solcher, die bereits deutsche Staatsbürger geworden sind (Satz 2) und zum anderen solcher, die dies noch nicht sind und immer noch Ausländer (Satz 3). Vgl dazu *Fastenrath*, Rn 30, 33; *Kunzmann*, in: Kunzmann/Haas/Baumann-Hasske, Art. 5 Rn 8.
136 Vgl Abschlussbericht (Fn 35), S. 112.

ner autochthoner Minderheiten und Volksgruppen in M-V – doch noch zumindest einen gewissen Sinn beizumessen, ist sie gleichwohl nicht schlüssig, wenn nicht sogar abwegig. Die genannten deutschstämmigen Einwanderer aus dem osteuropäischen Raum fristeten, bevor sie nach Deutschland übersiedelten, in ihren bisherigen Siedlungsländern bereits das problembeladene Leben einer Minderheit. Diesem Schicksal wollten sie durch die Übersiedlung nach Deutschland, das Land ihrer Herkunft, entfliehen. Es wäre nun aber nachgerade absurd, sie nunmehr, nachdem sie gerade ihrem Minderheitenstatus entkommen sind, hier wiederum zur Minderheit zu machen und diesen Zustand, durch Kultivierung ihrer „Andersartigkeit", gar zementieren zu wollen.[137] IÜ aber ist diese Bevölkerungsgruppe hierzulande gerade keine „nationale", „ethnische" etc. „Minderheit", die von der deutschen Mehrheitsbevölkerung unterschieden ist, vielmehr sind sie Deutsche unter Deutschen, also „national", „ethnisch" etc. Teil der deutschen Mehrheitsbevölkerung.

ee) **Autochthone Minderheiten aus anderen Bundesländern.** Eine weitere Überlegung könnte dahin gehen, Art. 18 LV ziele nicht auf eigene, in M-V selbst beheimatete autochthone Minderheiten und Volksgruppen, sondern auf **autochthone Minderheiten** und Volksgruppen deutscher Staatsangehörigkeit, die in anderen Bundesländern ansässig sind und dort durch die jeweilige LV geschützt werden (also die in Brandenburg, Sachsen und Schleswig-Holstein siedelnden Sorben, Dänen und Friesen), um diese in den Genuss ihrer verbrieften Minderheitenrechte auch dann kommen zu lassen, wenn sie sich **außerhalb** ihres **angestammten Siedlungsgebietes** in M-V aufhalten oder gar dort niederlassen. Der Wortlaut des Art. 18 wäre offen genug, um eine solche Auslegung zu tragen. Sie wäre aber insofern problematisch, als Art. 18 eben nicht nur als reine Achtensklausel – wie zB Art. 17 Abs. 4 RhPfVerf –, sondern als Förderklausel ausgestaltet ist (→ Rn 42). Diesbezüglich kann durchaus die Frage gestellt werden, ob es Sinn und Zweck der Bestimmung des Art. 18 entspricht und Aufgabe des Landes M-V sein kann, ethnischen und nationalen Minderheiten und Volksgruppen, die eigentlich ihr angestammtes Siedlungsgebiet in einem anderen Bundesland haben und dort, und zwar gerade auch, *weil* sie dort angestammt sind, geschützt und gefördert werden, über den selbstverständlichen Schutz einer Achtensklausel und eines Diskriminierungsverbotes hinausgehend auch in M-V eine, in der Regel mit finanziellen Aufwendungen verbundene spezielle Förderung angedeihen zu lassen. Etwas anderes kann nur in Hinblick auf die **deutschen Sinti und Roma** gelten.[138] Diese können zwar einerseits ebenfalls als autochthone Bevölkerungsgruppe angesehen werden. Ihr Siedlungsgebiet erstreckt sich aber grds. von vornherein auf das gesamte Gebiet der Bundesrepublik Deutschland und nicht nur auf einen bestimmten, klar definierten Teil desselben, wie dies für die im Vorstehenden genannten, regional verorteten anderen Minderheiten bzw Volksgruppen zutrifft.

ff) **Allochthone Zuwanderer als geschützte Personengruppe?** Da der Wortlaut des Art. 18 LV diesbezüglich neutral formuliert ist, wäre im Ergebnis, allein vom Wortlaut her, des weiteren auch eine Auslegung der Vorschrift in dem Sinne denkmöglich, dass in ihren Geltungsbereich auch allochthone Zuwanderer, die ihre „nationale", „ethnische" etc. Eigenheit nicht aufgegeben haben,[139] einbezo-

---

137 In eine ähnliche Richtung argumentierend *Faisst*, S. 233; *Pallek*, S. 644.
138 Vgl diesbezüglich jetzt auch Art. 5 Abs. 2 Satz 2 SchlHVerf.
139 Bspw diejenigen in Deutschland, teilweise schon in dritter oder gar vierter Generation lebenden Türken (und andere Nationalitäten), die ihre „nationale", „ethnische" etc. Eigenheit nicht aufgegeben haben bzw diese dezidiert auch nicht aufgeben wollen und in

gen würden, allerdings ausweislich des eindeutigen Wortlauts von Art. 18 LV de lege lata nur, soweit sie die deutsche Staatsangehörigkeit besitzen (→ Rn 26). Allerdings stehen einer solchen Auslegung wiederum, wie dargestellt, die Gesetzesmaterialien zu Art. 18 LV entgegen, die – im Gegensatz etwa zu den Gesetzesmaterialien zu Art. 17 Abs. 4 RhPfVerf (→ Rn 31) – gerade nicht allochthone Zuwanderer,[140] sondern deutschstämmige Einwanderer aus dem osteuropäischen Raum im Blick haben (→ Rn 32). Das Bild, das die anderen Landesverfassungen geben, ist gemischt: Zum einen gibt es Länderverfassungen, die offenbar lediglich autochthone – und zwar jeweils die auf ihrem Gebiet siedelnden – Minderheiten mit ihren Minderheitenschutzbestimmungen erfassen wollen (vgl → Rn 31). Andere landesverfassungsrechtliche Minderheitenschutzbestimmungen sind, ähnlich wie Art. 18 LV, neutral formuliert.[141] Lediglich Art. 5 Abs. 1 Satz 1 sowie Abs. 2 und 3 SächsVerf nehmen offensichtlich auch allochthone Minderheiten ins Visier (→ Rn 31). Das völkerrechtliche Bild ist, wie → Rn 29 gezeigt hat, ebenfalls uneinheitlich und kann vorliegend nur wenige Aufschlüsse bieten. Bestimmungen wie Art. 1 der Europäischen Charta der Regional- oder Minderheitensprachen (→ Rn 20), in denen Sprachen der Zuwanderer ausdrücklich ausgenommen werden, sind selten. Gleichwohl geht der vorherrschende völkerrechtliche Trend insgesamt doch in die Richtung, unter die einschlägigen Bestimmungen allein autochthone Minderheiten zu subsumieren. Allerdings mehren sich die Stimmen, die hier eine Öffnung zugunsten allochthoner Minderheiten verlangen (→ Rn 27). Dies trifft insb. auf die Debatten zu Art. 27 Zivilpakt zu. Allerdings ist fraglich, ob speziell eine solche Auslegung zu Art. 27 Zivilpakt, selbst wenn sie sich einmal rechtsverbindlich durchsetzen sollte, tatsächlich ohne weiteres auf Art. 18 LV übertragbar wäre. Zweifel ergeben sich aus dem völlig unterschiedlichen Charakter der beiden Vorschriften. Während Art. 27 Zivilpakt als reines Diskriminierungsverbot formuliert ist, ist Art. 18 LV im Sinne einer Förderklausel ausgestaltet (→ Rn 42). Hier ist keine Vergleichbarkeit gegeben, die eine Übertragung der für die einen Regelungsgegenstand bzw Normtyp gefundenen Lösung auf den anderen erlaubte. Die BReg schließlich vertritt, wie ebenfalls gezeigt worden ist (→ Rn 30), in allen ihren völkerrechtlichen Erklärungen deutlich und unbeirrbar die Auffassung, dass von dem Minderheitenbegriff der einschlägigen völkerrechtlichen Regelwerke lediglich autochthone Minderheiten erfaßt würden und keine allochthonen Minderheiten (Zuwanderergruppen). Diese Auffassung ist für die Auslegung des Art. 18 LV ausschlaggebend.[142] Demzufolge erfaßt die Minderheitendefinition des **Art. 18 LV** lediglich **autochthone** ethnische und nationale Minderheiten und Volksgruppen deutscher Staatsangehörigkeit und **nicht allochthone Minderheiten**. Da es solche autochthone ethnische und nationale Minderheiten und Volksgruppen in M-V aber nicht gibt, läuft die Vorschrift des Art. 18 LV demnach weitestgehend ins Leere.

---

großstädtischen Ghettos, in denen nur türkisch gesprochen wird, türkische Bräuche herrschen etc., siedeln. Vgl zu letzteren ausführlich *Pallek*, S. 70 ff.
140 In früheren Phasen der Beratungen der Kommission für die Erarbeitung einer LV war allerdings eine Zeit lang die Erstreckung der Minderheitenschutzbestimmung des Art. 18 auf ausländische, dh allochthone Minderheiten diskutiert worden. Von dieser Vorstellung wurde jedoch letztlich deswegen, weil sie nicht mehrheitsfähig war, wieder Abstand genommen. Vgl Abschlussbericht (Fn 35), S. 112 f.
141 Art. 17 Abs. 4 RhPfVerf; Art. 37 VerfLSA.
142 S. hierzu auch noch einmal die Verständigung, die die BReg diesbezüglich gemäß der „Lindauer Absprache" mit den Ländern getroffen hat (→ Rn 13).

Pro futuro könnten **allochthone Minderheiten** (deutscher Staatsangehörigkeit) 35
allerdings dann – aber auch erst dann – von der Vorschrift des Art. 18 LV erfaßt
werden, wenn sie ihrerseits das in allen Definitionen zum Begriff der autochthonen Minderheit, auch von der Bundesrepublik Deutschland, jeweils genannte
Kriterium „well-defined separate and distinct groups which had been long established in the territory of a State"[143] erfüllen und so quasi zu einer (neuen) autochthonen Minderheit geworden sind.[144] Ob es dazu kommt und die in
Deutschland – und auf dem Gebiet des Landes M-V – lebenden Zuwanderer tatsächlich ihre ethnische/nationale Identität bewahren können, hängt von der
deutschen Ausländerpolitik ab. Setzt diese auf das Modell der Integration bzw
Assimilation anstatt auf Sonderung der ausländischen Zuwanderer von der
deutschen Mehrheitsbevölkerung, so würden die eben genannten Voraussetzungen wohl nicht entstehen. Für einen Schutz, gar die Förderung von nationalen,
ethnischen etc. Eigenheiten nichtdeutscher Zuwanderergruppen, welche iÜ die
Zuwanderer zwangsläufig in ihrer Minderheitenposition festhalten und weiterhin und auf Dauer von der deutschen Mehrheitsbevölkerung unterscheiden würden, ist dann kein Platz. Wird hingegen das Leitbild der sog. multikulturellen
Gesellschaft verwirklicht,[145] dann ist mit dem Entstehen „neuer" ethnischer
bzw nationaler Minderheiten und Volksgruppen und einer **multiethnischen Gesellschaft** in Deutschland, ggf auch in M-V, zu rechnen. Dann würde Art. 18 LV
seine Wirkung für diese Gruppen mit allen Konsequenzen (vgl → Rn 42) entfalten.

Auf eine bestimmte Kategorie allochthoner ethnischer und nationaler Minder- 36
heiten und Volksgruppen dürfte Art. 18 LV wegen seiner diesbezüglich offenen
Formulierung und bei extensiver Interpretation der Vorschrift grds. bereits heute
anwendbar sein, nämlich auf **Staatsangehörige anderer EU-Mitgliedstaaten**, die
von der Niederlassungsfreiheit des Unionsrechts Gebrauch gemacht haben und
im Land eine Minderheit bilden.[146] Den konkreten Ansatzpunkt für den Einbezug von EU-Bürgern in den Geltungsbereich der Norm böte die „Bickel und
Franz"-Rspr des EuGH (→ Rn 7),[147] die bei derartigen, im innerstaatlichen
Recht der Mitgliedstaaten verankerten Minderheitenrechten ansetzt. Dem stünde auch die Bestimmung in Art. 18 LV nicht entgegen, dass in den Genuss der
Vorschrift lediglich deutsche Staatsangehörige kommen sollen (→ Rn 26).[148]

gg) Ethnische Deutsche als geschützte Personengruppe? Ohne weiteres könnte 37
dagegen – ebenfalls einmal pro futuro gedacht – die Vorschrift auf **ethnische
Deutsche** angewandt werden, dann nämlich, wenn die ursprünglichen, deut-

---

143 Vgl bei Fn 115. Vgl auch noch einmal die anderen bei → Rn 30 erwähnten völkerrechtlichen Stellungnahmen der Bundesrepublik Deutschland.
144 *Siegert*, S. 50 ff; *Niewerth*, S. 42; in Hinblick auf Art. 5 Abs. 2 Satz 1 SchlHVerf auch *v. Mutius* (Fn 41), Art. 5 Rn 8; *Riedinger* (Fn 41), Art. 5 Rn 12; aA wohl *Pallek*, S. 529 ff.
145 Vgl aber die diesbezüglich kritischen Anmerkungen in: BT-Drs. 12/6000, S. 74 f.
146 In Hinblick auf Art. 5 Abs. 3 SächsVerf, der allerdings eine Bestimmung enthält (s. Fn 135), die als Anknüpfungspunkt für eine solche Auslegung genutzt werden kann, wird dies so vertreten. Vgl *Fastenrath*, Rn 33.
147 In der Rs. „Bickel und Franz" waren die streitentscheidenden unionsrechtlichen Normen die Dienstleistungsfreiheit sowie das allg. Freizügigkeitsrecht des Art. 18 EG (jetzt: Art. 21 AEUV). Ohne weiteres – und erst recht – ließe sich die hier diskutierte Konstruktion aber auch auf Fälle der Niederlassungsfreiheit übertragen.
148 Auch in der Rs. „Bickel und Franz" waren die Minderheitenrechte, auf die sich die beiden Kläger berufen hatten – und diese vom EuGH letztlich auch zugesprochen erhielten –, ursprünglich nur Angehörigen der Volksgruppe der deutschen Südtiroler zugestanden, welche die italienische Staatsangehörigkeit besitzen. In der Folge ist dieses Staatsangehörigkeitsmerkmal vom EuGH jedoch übergangen worden.

schen Bewohner der Bundesrepublik Deutschland gegenüber den zugewanderten Ausländern ihrerseits in die Minderheit geraten sind, sie praktisch das Schicksal der Sorben erlitten haben. Sofern sie zusätzlich noch die Kriterien erfüllen würden, die an den Begriff „nationale und ethnische Minderheit" anknüpfen (vgl dazu noch einmal → Rn 12 f), würden sie alle Merkmale für eine nationale Minderheit, wie sie der Definitionsvorschlag in Art. 1 der Empfehlung der ParlVers des EuR formuliert, erfüllen: sie sind im Hoheitsgebiet des betreffenden Staates (Bundesrepublik Deutschland) ansässig und besitzen auch dessen Staatsbürgerschaft; sie haben langjährige, feste und dauerhafte Verbindungen zu diesem Staat aufrechterhalten, sind also, alles zusammengenommen, autochthon; sie sind ggf (noch) ausreichend repräsentativ, obwohl ihre Zahl geringer ist als die der übrigen Bevölkerung dieses Staates oder einer Region dieses Staates; und sie sind (möglicherweise noch) von dem Wunsch beseelt, die für ihre Identität charakteristischen Merkmale, insb. ihre Kultur, ihre Traditionen, ihre Religion oder Sprache, gemeinsam zu erhalten.

38 **d) Minderheit als Gruppe – gruppenspezifischer vs. individualrechtlicher Ansatz.** Art. 18 LV[149] ist, was die Frage betrifft, ob der minderheitenrechtliche Schutz der Gruppe oder dem einzelnen Mitglied der Gruppe angedeihen soll, neutral formuliert (jedenfalls wenn man den Begriff der [ethnischen und nationalen] Minderheit isoliert und nicht im Zusammenhang etwa mit dem ebenfalls in der Vorschrift verwendeten Begriff der Volks*gruppe* liest). In den Gesetzesmaterialien findet sich ein Hinweis auf einer mehr individualrechtlichen Ansatz, wenn dort ausgeführt wird, dass die Unterschutzstellung der Minderheiten und Volksgruppen in Art. 18 dem Ziel diene, „die Würde des Menschen – hier der *Angehörigen* der genannten Minderheiten und Volksgruppen – zu sichern".[150] Eine solche Interpretation griffe indes zu kurz und entspräche weder den im Völkerrecht entwickelten Vorgaben zum Schutz nationaler Minderheiten noch den Interessen dieser Minderheiten selbst, die in der Regel – über den selbstverständlichen Schutz des einzelnen Angehörigen der Minderheit hinaus – gerade als Gruppe respektiert, geschützt und ggf gefördert werden wollen.[151] Dies schlägt sich auch in den, in den einschlägigen völkerrechtlichen Dokumenten enthaltenen Minderheitendefinitionen nieder, in denen stets der Charakter der Minderheiten als Kollektiv, als **Gruppe** hervorgehoben wird.[152] Infolgedessen wird man die Vorschrift des Art. 18, soll Sinn und Zweck des Minderheitenschutzes vollauf Genüge getan werden, im Sinne eines gruppenspezifischen Ansatzes auszulegen haben.[153]

---

149 Wie iÜ auch Art. 17 Abs. 4 RhPfVerf, Art. 37 VerfLSA und Art. 5 Abs. 2 SchlHVerf.
150 Kursivhervorhebung durch Verf.
151 Demzufolge sind etwa Art. 3 Abs. 3 Satz 1 GG oder Art. 3 Abs. 3 Satz 1 NdsVerf und Art. 12 Abs. 3 SaarlVerf, die durchaus Vorschriften enthalten, die für den Schutz der Angehörigen ethnischer und nationaler Minderheiten fruchtbar gemacht werden können, diesbezüglich zwar wichtige, aber noch nicht hinreichende Instrumentarien. Andererseits gibt es landesverfassungsrechtliche Minderheitenschutzbestimmungen, die mehr oder minder deutlich ihre spezifisch gruppenorientierte Ausrichtung zum Ausdruck bringen. Dies gilt etwa für Art. 25 BbgVerf (hierzu *Lieber/Iwers/Ernst*, Art. 25, S. 214) sowie Art. 5 und 6 SächsVerf.
152 Vgl etwa Art. 1 lit. e der Empfehlung der ParlVers des EuR, Teil IV, Nr. 32 des Dokuments des Kopenhagener Treffens der KSZE, den Definitionsvorschlag von *Capotorti* zu Art. 27 Zivilpakt oder Art. 3 A/RES/47/135. Vgl auch *Ermacora*, S. 310 ff; *Nowak*, Art. 27 Rn 18 ff.
153 So, in Hinblick auf Art. 5 Abs. 2 Satz 1 SchlHVerf, auch *Riedinger* (Fn 41), Art. 5 Rn 13. Vgl auch BT-Drs. 12/6000, S. 74. AA wohl *Hofmann*, S. 3.

III. Staatsziele

2. Schutzgegenstand: Kulturelle Eigenständigkeit. a) Kultur. Schutzgegenstand 39
des Art. 18 LV ist die „kulturelle Eigenständigkeit" ethnischer und nationaler
Minderheiten und Volksgruppen. Diese Festlegung steht in Einklang damit, dass
im völkerrechtlichen Minderheitenschutzdiskurs die kulturelle Identität nicht
nur als das wesentliche Bestimmungsmerkmal, sondern auch als das wichtigste
Ziel des Schutzes der ethnischen oder nationalen Minderheiten und Volksgruppen gilt.[154] Der Begriff der Kultur wird in Art. 18 LV nicht weiter spezifiziert.[155]
In Anlehnung an den Kulturbegriff des Art. 16 Abs. 1 Satz 1 LV wird man zur
Kultur im Sinne des Art. 18 in einem weiten Begriffsverständnis jedoch folgende
Sachbereiche zählen können: Bildung einschließlich Schulwesen, Erwachsenenbildung, Volkshochschulen, Universitäten und Hochschulen; Sprache (einschließlich der Kirchensprache);[156] Sporteinrichtungen; Kunst einschließlich
Museen, Theater und sonstige musikalische Einrichtungen; Bibliotheks- und Archivwesen; Denkmäler und Gedenkstätten; Religion, Presse, Rundfunk.[157] Dies
entspricht auch der Rechtslage in anderen Bundesländern, in denen die dortigen
verfassungsrechtlichen Minderheitenschutzbestimmungen, soweit sie die nationale Identität, kulturelle Eigenständigkeit usw der Minderheiten und Volksgruppen als Schutzobjekt benennen, eine entsprechende Ausgestaltung durch (einfaches) Gesetz, VO, Satzung oder Einzelentscheidung erfahren haben.[158] **Nicht** fallen aufgrund des insoweit eindeutigen Wortlautes des Art. 18 LV, der lediglich
die Kultur als Schutzgegenstand benennt,[159] in dessen sachlichen Schutzbereich
hingegen **politische Privilegien**.[160] Die Regelung des § 6 Abs. 3 Satz 2 BWahlG,
die Parteien nationaler Minderheiten privilegiert, bleibt hiervon indes unberührt.

b) Eigenständigkeit. Geschützt werden soll durch Art. 18 LV weiterhin die „Ei- 40
genständigkeit" ethnischer und nationaler Minderheiten und Volksgruppen in

---

154 Vgl → Rn 12, 13, 16, 18, 20.
155 Das Gleiche gilt für die Gesetzesmaterialien.
156 Vgl zu Art. 25 BbgVerf *Lieber/Iwers/Ernst*, Art. 25, S. 216.
157 Vgl hierzu auch *Thiele*, in: Thiele/Pirsch/Wedemeyer, Art. 16 Rn 3; *ders.*, Art. 18 Rn 2;
allg. *Udo Steiner*, Kulturauftrag im staatlichen Gemeinwesen, VVDtSRL 42 (1983),
8 ff. Diesem weiten Verständnis von „Kultur" entsprechen auch die Bestimmungen in
anderen Landesverfassungen; vgl Art. 11 Abs. 2 SächsVerf; Art. 9 Abs. 2 SchlHVerf.
Nach Auffassung der Enquete-Kommission „Kultur in Deutschland" umfaßt die Kulturverfassung des GG ieS im Wesentlichen die Bereiche Bildung, Wissenschaft und
Kunst; vgl BT-Drs. 15/5560, S. 3.
158 Vgl *Lieber/Iwers/Ernst*, Art. 25, S. 219 ff; *Fastenrath*, Rn 43 ff; *Riedinger* (Fn 41), Art. 5
Rn 20 ff.
159 Anders Art. 25 Abs. 1 Satz 2 BbgVerf und Art. 5 Abs. 2 Satz 1 SchlHVerf, die in Hinblick auf ihre nationalen Minderheiten und Volkgruppen der Sorben, Dänen, Friesen
und (deutschen) Sinti und Roma jeweils – neben deren kultureller Eigenständigkeit –
auch deren politische Mitgestaltung als Schutzgegenstand der Vorschrift benennen.
Ebenso Art. 37 Abs. 1 VerfLSA, allerdings ohne die konkrete Nennung bestimmter
Minderheiten.
160 Bspw eine Befreiung von der 5%-Klausel bei LT-Wahlen, wie sie für die politischen Vereinigungen und Parteien der sorbischen bzw dänischen Minderheit in Brandenburg bzw
in Schleswig-Holstein vorgesehen ist, oder die Einrichtung eines Rates bzw von Beauftragten für sorbische (wendische) Angelegenheiten beim LT bzw bei den Ämtern,
amtsfreien Gemeinden und Landkreisen in Brandenburg. Vgl *Lieber/Iwers/Ernst*, Art. 25, S. 218 f;
v. Mutius (Fn 41), Art. 5 Rn 6; *Riedinger* (Fn 41), Art. 5 Rn 24 ff. Allerdings bauen diese
Privilegien auf entsprechenden Bestimmungen in den Landesverfassungen auf, in denen
die politische Mitgestaltung ausdrücklich als Schutzgegenstand benannt worden ist (vgl
Fn 159). In Sachsen hingegen, wo es eine derartige verfassungsrechtliche Verbürgung
nicht gibt, genießen die Sorben keine derartigen politischen Privilegien. Vgl *Fastenrath*,
Rn 38.

kultureller Hinsicht. Dieser Vorgabe wohnen zwei Aspekte inne. Zum einen ist damit als Schutzobjekt die *Eigen*heit, die **Identität** der betreffenden Minderheiten und Volksgruppen in ihrer speziellen kulturellen Ausprägung angesprochen. Allein mit dem rein defensiven Schutz der minderheiten- und volksgruppenspezifischen Eigenheit(en) der betreffenden Bevölkerungsgruppen kann es hier aber nicht sein Bewenden haben. Vielmehr muß hier zum anderen noch ein weiteres, darüber hinaus reichendes, zukunftsgerichtetes Element Berücksichtigung finden. Der Schutz der „Eigenständigkeit" bedeutet dann die Bewahrung der kulturellen Identität der betreffenden Minderheiten und Volksgruppen im Sinne einer **Bestandssicherung** dieser Identität.[161] Eine solche Interpretation legt zum einen schon der Wortsinn des Begriffes „Eigen*ständig*keit" nahe. Zum anderen ist auf den systematischen Zusammenhang mit derjenigen Regelung des Art. 18 zu verweisen, derzufolge das Land zu einem „besonderen" Schutz verpflichtet ist. Diese Bestimmung ist als Förderklausel zu verstehen (dazu → Rn 42). Förderung ergibt indes nur Sinn, wenn dadurch etwas Bleibendes geschaffen wird. Dies ist im vorliegenden Zusammenhang die Sicherung des Weiterbestands der Minderheiten und Volksgruppen. Schließlich ist in diesem Zusammenhang ebenfalls relevant und in die Auslegung der Vorschrift des Art. 18 LV mit einzubeziehen, dass auch die ratio legis der einschlägigen völkerrechtlichen Regelwerke in ihrer Gesamtheit stets darin liegt, die kulturelle Eigen- und Wesensart und damit letztlich den Weiterbestand der betreffenden Minderheiten und Volksgruppen zu sichern.

41 **3. „Schutz". a) Schutz vor Beeinträchtigung.** Art. 18 LV verpflichtet das Land zum Schutz der kulturellen Eigenständigkeit der ethnischen und nationalen Minderheiten und Volksgruppen. Diese Schutzverpflichtung ist in ihrem Kern zunächst in jedem Fall als **Achtensklausel** aufzufassen. Dies bedeutet zwar nicht, dass sich damit ein entsprechendes – über den Geltungsumfang des Art. 3 GG hinausreichendes – subjektiv-rechtliches Abwehrrecht für den einzelnen Angehörigen einer ethnischen oder nationalen Minderheit und Volksgruppe begründen ließe.[162] Gleichwohl verpflichtet die Bestimmung das Land dazu, dafür – und zwar aktiv[163] – Sorge zu tragen, dass die Belange der Minderheiten und Volksgruppen, die sich gerade aus ihrer Eigenart als Minderheit und Volksgruppe ergeben, nicht beeinträchtigt werden.[164] Dies schließt, wie dargestellt (→ Rn 40), die Bewahrung der Eigenart und eigenständigen Existenz der Minderheiten und Volksgruppen und erst recht ein Verbot der Assimilierung ein. Schutz ist dabei nicht nur vor staatlichem Handeln zu gewährleisten. Vielmehr ist das Land in der Pflicht, seine Schutzpflicht ggf auch gegenüber Dritten geltend zu machen.[165]

42 **b) Besonderer Schutz.** Die Bestimmung des Art. 18 LV geht indes über eine Achtensklausel hinaus.[166] Vielmehr ist Art. 18 als **Förderklausel** zu verstehen. Dies macht die Qualifizierung *„besonderer"* Schutz deutlich. Das heißt, dass das

---

161 Ebenso, in Hinblick auf Art. 25 Abs. 1 Satz 2 BbgVerf und unter Berufung auf ein einschlägiges Urteil des LVerfG Bbg, *Lieber/Iwers/Ernst*, Art. 25, S. 215.
162 Vgl BT-Drs. 12/6000, S. 71, 74; *Lieber/Iwers/Ernst*, Art. 25, S. 217; in Hinblick auf Art. 5 Abs. 2 Satz 1 SchlHVerf *Riedinger* (Fn 41), Art. 5 Rn 13.
163 Vgl in Hinblick auf Art. 25 Abs. 1 Satz 1 BbgVerf und unter Berufung auf ein einschlägiges Urteil des LVerfG Bbg *Lieber/Iwers/Ernst*, Art. 25, S. 217.
164 Vgl *Fastenrath*, Rn 34; *Kunzmann*, in: Kunzmann/Haas/Baumann-Hasske, Art. 5 Rn 15; *Riedinger* (Fn 41), Art. 5 Rn 16; *Pallek*, S. 645.
165 So *Fastenrath*, Rn 34; *Kunzmann*, in: Kunzmann/Haas/Baumann-Hasske, Art. 5 Rn 15; *Riedinger*, Art. 5 Rn 16 (Fn 41); *Pallek*, S. 645.
166 So zutreffend *Thiele*, in: Thiele/Pirsch/Wedemeyer, Art. 18 Rn 4.

III. Staatsziele

Land, um die Verpflichtung des Art. 18 zu erfüllen, sich die **aktive Förderung und Unterstützung** der Belange der Minderheiten bzw Volksgruppen zur Aufgabe machen muß, ggf sogar im Sinne einer **überproportionalen** finanziellen Unterstützung von Einrichtungen der Minderheit.[167] Dieses Verständnis steht im Einklang mit entsprechenden Forderungen des Völkerrechts.[168] Dem steht auch nicht entgegen, dass dieser Fördergedanke in anderen Landesverfassungen in sprachlicher Hinsicht sehr viel deutlicheren Niederschlag gefunden hat als in Art. 18 LV.[169] Ein Leistungsgrundrecht zugunsten der Angehörigen einer ethnischen oder nationalen Minderheit und Volksgruppe wird mit Art. 18 LV jedoch nicht begründet.[170] Welche besonderen Fördermaßnahmen im Einzelnen in Frage kommen, zeigt ein Blick auf die jeweilige Regelungen, die diejenigen Bundesländer wie Brandenburg, Sachsen und Schleswig-Holstein getroffen haben, die alteingesessene nationale Minderheiten und Volksgruppen beherbergen und zu fördern haben.[171]

V. Normadressat

1. Land. Art. 18 LV spricht als Pflichtenadressaten der Norm klar das Land an. 43
Damit ist zunächst zweifellos die eigentliche **Körperschaft „Land"** in allen ihren Funktionsausprägungen, in erster Linie **Gesetzgebung** und **Regierung**, gemeint (→ Vorbem. zu Art. 11 Rn 12).

2. Mittelbare Staatsverwaltung (Gemeinden und Gemeindeverbände)? Bemer- 44
kenswerterweise werden in Art. 18 LV – im Gegensatz zu Minderheitenschutzbestimmungen in anderen Landesverfassungen[172] – die **Gemeinden, Gemeindeverbände** oder andere Träger der mittelbaren Staatsverwaltung **nicht** ausdrücklich als Pflichtenadressaten der Norm genannt. Aus diesem Schweigen des Art. 18 könnte geschlossen werden, dass sich die Vorschrift nicht an diese Träger der mittelbaren Staatsverwaltung richtet, obwohl sie - bspw im Schulwesen die Gemeinden und Kreise – durchaus einen Beitrag zu Schutz und Förderung der Anliegen von ethnischen und nationalen Minderheiten und Volksgruppen zu

---

167 AA *v. Mutius* (Fn 41), Art. 5 Rn 9.
168 Vgl Teil IV, Nr. 33 des Dokuments des Kopenhagener Treffens der KSZE (Fn 22); Art. 1 A/RES/47/135 (Fn 25); *Ermacora*, S. 304 f; vgl auch *Niewerth*, S. 178 ff, 189 ff.
169 Vgl Art. 5 Abs. 2 SächsVerf; ganz konkret und explizit auch Art. 5 Abs. 2 Satz 1 und – vor allem – Satz 2 SchlHVerf.; noch konkreter und sehr detailreich schließlich Art. 25 Abs. 1, 3 und 4 Satz 1 BbgVerf. Zum Charakter der Vorschriften als Förderklausel jeweils *Fastenrath*, Rn 34; *Lieber/Iwers/Ernst*, Art. 25, S. 222 f. Dagegen sind die Minderheitenschutzbestimmungen in wiederum anderen Landesverfassungen von vornherein schon vom Wortlaut her nur als reine Achtensklauseln zu verstehen. Vgl Art. 17 Abs. 4 RhPfVerf (dazu *Caesar*, in: Grimm/Caesar, Art. 17 Rn 31). Etwas stärker ausgeprägt, in Richtung des Wortlautes des Art. 18 LV tendierend, allerdings ohne dessen *besondere* Schutzverpflichtung zu übernehmen, Art. 37 Abs. 1 VerfLSA.
170 Ebenso, in Hinblick auf Art. 5 und 6 SächsVerf, *Fastenrath*, Rn 35. In Hinblick auf Art. 5 Abs. 2 SchlHVerf *v. Mutius* (Fn 41), Art. 5 Rn 5; *Riedinger* (Fn 41), Art. 5 Rn 10.
171 Bspw besondere Sprachförderprogramme, die es den Angehörigen der Minderheiten und Volksgruppen nicht nur ermöglichen, ihre, möglicherweise von der Assimilierung bedrohte Minderheitensprache selbst zu erlernen bzw zu bewahren, sondern sie auch an ihre Nachfahren weiterzugeben, um so den Bestand der Minderheit und Volksgruppe, über die Bewahrung des sprachlichen Identitätsmerkmals, auch für die Zukunft zu sichern; oder die Bewahrung und Weitergabe des Brauchtums der Minderheiten und Volksgruppen in Volkstums- oder Kulturvereinen, aber auch in Schulen und Kindergesstätten. Vgl ausführlich *Lieber/Iwers/Ernst*, Art. 25, S. 219 ff.; *Fastenrath*, Rn 43 ff.
172 Vgl Art. 25 Abs. 1 Satz 2 BbgVerf („Gemeinden und Gemeindeverbände"), Art. 37 Abs. 1 VerfLSA („Kommunen") und Art. 5 Abs. 2 Satz 1 SchlHVerf („Gemeinden und Gemeindeverbände").

leisten in der Lage sind.[173] Jedenfalls kann allein aus dem Charakter des Art. 18 als Staatszielbestimmung noch nicht gefolgert werden, dass die mittelbare Staatsverwaltung ausgeschlossen wäre (dazu → **Vorbem. zu Art. 11** Rn 12). Aufschlussreich ist indes, dass in der LV – bis auf Art. 11 und eben Art. 18 – in allen anderen Staatszielbestimmungen neben dem Land jeweils auch ausdrücklich die Gemeinden und Kreise (und andere Selbstverwaltungsträger) als Pflichtenadressaten genannt sind. Daraus ist im Zuge einer systematischen Auslegung der Verfassung der Schluss zu ziehen, dass in Art. 18 die mittelbare Staatsverwaltung, insb. die Gemeinden und Kreise, tatsächlich nicht in den Kreis der Pflichtenadressaten der Vorschrift mit einbezogen werden sollten.

VI. Schrifttum

45 *Andreas von Arnauld*, Minderheitenschutz im Recht der Europäischen Union, in: AVR 42 (2004), S. 111 ff; *Dieter Blumenwitz/Gilbert H. Gornig* (Hrsg.), Minderheiten- und Volksgruppenrechte in Theorie und Praxis, 1993; *dies./Dietrich Murswiek* (Hrsg.), Minderheitenschutz und Demokratie, 2004; *Francesco Capotorti*, Minorities, in: Rudolf Bernhardt (ed.), Encyclopedia of Public International Law [EPIL], vol. 3 (1997), S. 410 ff; *Felix Ermacora*, The Protection of Minorities before the United Nations, in: RdC 182 (1983 IV), S. 257 ff; *Sabine Faisst*, Minderheitenschutz im Grundgesetz und in den Landesverfassungen, 2000; *Ulrich Fastenrath*, Staatsvolk, Staatsbürgerschaft, Minderheitenschutz, in: Christoph Degenhart/Claus Meissner, HdbVerfSachsen, 1997, S. 101 ff; *Guy Héraud*, Einige Bemerkungen zur Bedeutung, Problematik und Übersicht des Ethnischen, in: Veiter (Bearb.), S. 17 ff; *Christian Hillgruber*, Minderheitenschutz und Volksbegriff in der ideengeschichtlichen Diskussion seit der Aufklärung, in: Blumenwitz/Gornig/Murswiek (Hrsg.), S. 21 ff; *ders./Matthias Jestaedt*, The European Convention on Human Rights and the Protection of National Minorities, 1994; *Peter Hilpold*, Minderheiten im Recht der Europäischen Union, in: Pan/Pfeil (Hrsg.), S. 487 ff; *Christiane Höhn*, Zwischen Menschenrechten und Konfliktprävention. Der Minderheitenschutz im Rahmen der Organisation für Sicherheit und Zusammenarbeit in Europa (OSZE), 2005; *Rainer Hofmann*, Minderheitenschutz in Europa. Überblick über die völker- und staatsrechtliche Lage, in: ZaöRV 52 (1992), S. 1 ff; *Angela Kaiser*, Minderheitenschutz in der Europäischen Union, 2005; *Birthe Köster*, Der Minderheitenschutz nach der schleswig-holsteinischen Verfassung, 2009; *Michael Krugmann*, Das Recht der Minderheiten, 2004; *Dieter Kugelmann*, Minderheitenschutz als Menschenrechtsschutz, in: AVR 39 (2001), S. 233 ff; *Jan Lemke*, Nationale Minderheiten und Volksgruppen im schleswig-holsteinischen und übrigen deutschen Verfassungsrecht, 1998; *Johannes Niewerth*, Der kollektive und der positive Schutz von Minderheiten und ihre Durchsetzung im Völkerrecht, 1996; *Manfred Nowak*, U. N. Covenant on Civil and Political Rights. CCPR commentary, 2005; *Markus Pallek*, Der Minderheitenschutz im deutschen Verfassungsrecht, 2001; *Christoph Pan/Beate Sibylle Pfeil* (Hrsg.), Zur Entstehung des modernen Minderheitenschutzes in Europa, 2006; *Peter Pernthaler*, Volksgruppe und Minderheit als Rechtsbegriffe, in: Wittmann/Graf Bethlen (Hrsg.), S. 9 ff; *Christian Pippan*, Minderheitenschutz als Teil des „Verfassungskerns" der Europäischen Union, in: FS Wolfram Karl, 2012, S. 214 ff; *Sarah Pritchard*, Der völkerrechtliche Minderheitenschutz, 2001; *Horst Raschhofer*, Das altösterreichische Nationali-

---

173 Vgl ausführlicher noch einmal bei → Rn 39, 42. Zu den entsprechenden Aufgaben und Möglichkeiten etwa in Brandenburg, Sachsen oder Schleswig-Holstein s. *Lieber/Iwers/Ernst*, Art. 25, S. 221 ff; *Fastenrath*, Rn 37 ff; *Riedinger* (Fn 41), Art. 5 Rn 20 ff.

tätenrecht und die deutschen Volksgruppen nach 1918, in: Wittmann/Graf Bethlen (Hrsg.), S. 53 ff; *Eibe Riedel*, Gruppenrechte und kollektive Aspekte individueller Menschenrechte, in: BerDGVR 33 (1994), S. 49 ff; *Kirsten Shoraka*, Human Rights and Minority Rights in the European Union, 2010; *Anja Siegert*, Minderheitenschutz in der Bundesrepublik Deutschland, 1999; *Christian Tomuschat*, Protection of Minorities under Article 27 of the International Covenant on Civil and Political Rights, in: FS Hermann Mosler, 1983, S. 949 ff; *Theodor Veiter* (Bearb.), System eines internationalen Volksgruppenrechts, 1. Teil: Grundlagen und Begriffe, 1970; *ders.*, Volk und Volksgruppe, in: ders. (Bearb.), S. 29 ff; *Fritz Wittmann/Stefan Graf Bethlen* (Hrsg.), Volksgruppenrecht. Ein Beitrag zur Friedenssicherung, 1980; *Rüdiger Wolfrum*, The Emergence of „New Minorities" as a Result of Migration, in: Catherine Brölmann/René Lefeber/Marjoleine Zieck (Hrsg.), Peoples and Minorities in International Law, 1993, S. 153 ff.

Art. 18 a (Friedensverpflichtung, Gewaltfreiheit)

(1) Alles staatliche Handeln muss dem inneren und äußeren Frieden dienen und Bedingungen schaffen, unter denen gesellschaftliche Konflikte gewaltfrei gelöst werden können.

(2) Handlungen, die geeignet sind und in der Absicht vorgenommen werden, das friedliche Zusammenleben der Völker oder der Bürger Mecklenburg-Vorpommerns zu stören und insbesondere darauf gerichtet sind, rassistisches oder anderes extremistisches Gedankengut zu verbreiten, sind verfassungswidrig.

Zu Abs. 2 : Art. 7 a BbgVerf

I. Allgemeines	1	III. Absatz 2	9
1. Entstehung der Norm	1	1. Rechtscharakter der Norm	9
2. Systematik der Norm	3	2. Die nach Abs. 2 verbotenen Handlungen im Einzelnen	10
3. Verhältnis zum Grundgesetz	4		
II. Absatz 1	5	IV. Schrifttum	15

I. Allgemeines

1. Entstehung der Norm. Art. 18 a wurde durch Gesetz vom 3. Dezember 2007 neu in die Verfassung aufgenommen, das am 20. Dezember 2007 in Kraft getreten ist. Ausgelöst wurde das Gesetzgebungsverfahren durch eine im Juni 2007 beim Landtag eingereichte **Volksinitiative** nach Art. 59. Diese hatte deutlich weitergehendere und konkretere Ziele verfolgt. Sie bezog sich in Abs. 2 allein auf nationalsozialistisches Gedankengut und enthielt in einem Abs. 3 spezifische Regelungen gegen Vereinigungen, die „systematisch und nachhaltig in ihren Zielen und Programmen die Menschenwürde angreifen oder in dieser Weise durch ihre Tätigkeit gegen die Grundsätze eines offenen und gewaltlosen Willensbildungsprozesses verstoßen." Zudem enthielt ein Abs. 4 einen Gesetzgebungsauftrag. Zur Begründung wurde auf die Zunahme rechtsextremistischen Gedankengutes und das aggressive Auftreten rechtsextremistischer Strukturen verwiesen.[1] In der Sache spielte wohl nicht zuletzt die erstmalige Wahl von Abgeordneten der NPD in den Landtag im Herbst 2006 eine Rolle.

---

1 Siehe im Einzelnen LT-Drs. 5/640.

2 Im **parlamentarischen Gesetzgebungsverfahren** wurde der Gehalt des Vorschlags deutlich reduziert.[2] Der Wegfall der Strafandrohung und die Regelungen zu Vereinigungen wurden vor allem mit dem Wunsch nach **Vermeidung von Kompetenzkonflikten** mit dem Bund begründet. Dies war plausibel, denn auch die Landesverfassung darf kein nach Art. 31 GG nichtiges Recht enthalten.[3] Zudem wurde die systematische Stellung der Norm verändert: die ursprünglich als Art. 10 a und damit – sachlich verfehlt – formal als Grundrecht zu verstehende Bestimmung wurde nunmehr – jedenfalls mit Blick auf Abs. 1 zu Recht[4] – in den Abschnitt über die Staatszielbestimmungen aufgenommen. Im Übrigen ist den Gesetzgebungsmaterialien wenig zur inhaltlichen Bedeutung der Norm entnehmen. Diskutiert wurde vor allem, ob und inwieweit Änderungen gegenüber der Volksinitiative notwendig seien, nicht aber darüber, was von ihr erhalten blieb, und die Initiative ihrerseits hatte ihr Anliegen auch nur sehr knapp begründet.

3 **2. Systematik der Norm.** Abs. 1 richtet sich an die **staatlichen Organe** und verpflichtet diese zum einen selbst unmittelbar auf das Schutzgut der Norm, den inneren und äußeren Frieden. Zum anderen werden die staatlichen Organe verpflichtet, ihren Beitrag dazu zu leisten, dass sich die gesellschaftlichen Akteure jedenfalls dem inneren Frieden verpflichtet fühlen. Abs. 2 richtet sich dann unmittelbar **auch an Private** und qualifiziert bestimmte Verhaltensweisen als verfassungswidrig. Dabei ist zwischen Abs. 1 und 2 inhaltliche Parallelität anzunehmen – der innere Frieden nach Abs. 1 deckt sich mit dem friedlichen Zusammenleben der Bürger nach Abs. 2, und der äußere Frieden nach Abs. 1 entspricht dem friedlichen Zusammenleben der Völker nach Abs. 2.

4 **3. Verhältnis zum Grundgesetz.** Abs. 2 ist ersichtlich in Anlehnung an **Art. 26 GG** formuliert. Allerdings geht die Norm insofern weiter, als das Grundgesetz an dieser Stelle nur den äußeren, die Landesverfassung hingegen auch den inneren Frieden im Auge hat. Abs. 1 findet als solcher keine Parallele auf Bundesebene, doch gilt die Aussage selbstverständlich dort ebenfalls.

II. Absatz 1

5 Adressat der Verpflichtungen aus Abs. 1 sind – wie bei allen Staatszielbestimmungen[5] – sämtliche Verfassungsorgane und alle sonstigen Stellen des Landes Mecklenburg-Vorpommern. Mit dem in Satz 1 genannten (inneren und äußeren) **Frieden** wird auf einen ausgesprochen umstrittenen Begriff abgestellt. Herkömmlich wird unterschieden zwischen dem **negativen** Frieden, der Abwesenheit von Gewalt, und dem **positiven** Frieden, dem Bestehen einer gerechten Ordnung, die jedermann Entfaltungsfreiheit und ein Mindestmaß an Teilhabe am gesellschaftlichen Leben ermöglicht. Diese Kategorien wurden zunächst im Kontext der **internationalen Beziehungen** entwickelt.[6] Dabei wirft die Garantie des negativen Friedens kaum Fragen auf. Mit Blick auf den positiven Frieden ist zu Art. 39 UN-Charta und Art. 26 GG anerkannt, dass dieser zwar von diesen

---

2 Die Diskussionen und Überlegungen sind im Einzelnen dokumentiert in der LT-Drs. 5/1003. Zur Kritik am Entwurf auch *Erbguth*, LKV 2008, 440 (442).
3 → *Wallerath* **Art. 1** Rn 9; *Classen*, Landesverfassungsrecht, in: Schütz/Classen (Hrsg.), Landesrecht Mecklenburg-Vorpommern, § 1 Rn 3.
4 *Erbguth*, LKV 2008, 440; *Bauer*, DÖV 2015, 1 (6).
5 Dazu *Schütz*, **Vorbem. zu Art. 11** Rn 8.
6 Siehe die Darstellung in den Kommentierungen zu Art. 26 GG, etwa *Fink*, in: von Mangoldt/Klein/Starck, Art. 26 Rn 10 f.; *Pernice*, in: Dreier, Art. 26 Rn 15; ferner *Proelß*, Das Friedensgebot des Grundgesetzes, HdbStR Bd. XI, 3. Aufl. 2013, § 227.

Normen erfasst wird, aber nur mit einem Kernbestand wie der Wahrung grundlegender Menschenrechte und der Achtung des Selbstbestimmungsrechts.[7]

Mit diesem Gehalt lässt sich der Friedensbegriff auch auf die **inneren Verhältnisse** übertragen und damit auf das in Abs. 2 erwähnte friedliche Zusammenleben der Bürger. In der Sache lässt sich so eine Verbindung herstellen zu den formellen und materiellen Elementen der Rechtsstaatlichkeit (→ *Wallerath*, **Art. 2** Rn 18), die so vorliegend bereichsspezifisch konkretisiert wird. Die Notwendigkeit einer Abgrenzung von anderen Staatszielbestimmungen fordert hier aber erst recht Zurückhaltung. 6

Eine wesentliche Bedingung des inneren Friedens stellt die **gewaltfreie Lösung von Konflikten** in der Gesellschaft dar. Mit dem Begriff der **Gewalt** wird ein weiterer recht **umstrittener Begriff** verwendet: erfasst er jenseits physischen Zwangs auch sonstige physisch und psychisch wirkende Maßnahmen? Der systematische Zusammenhang der beiden Aussagen von Abs. 1 gebietet keine Reduktion auf physische Gewalt, sondern zielt auf jede Form exzessiver Zwangswirkung; die Fixierung in Abs. 2 auf politische Motivationen – entstehungsgeschichtlich wie erwähnt von Bedeutung – spielt dagegen hier keine Rolle. Demgegenüber kann man die in Abs. 2 enthaltenen Konkretisierungen durch die Hinweise auf Rassismus und sonstigen Extremismus durchaus auch für Abs. 1 fruchtbar machen. 7

Abs. 1 unterscheidet sich von den anderen Staatszielen, die jeweils auf einen bestimmten Politikbereich abzielen, durch seinen inhaltlich **wenig spezifischen Gehalt**; anderes wäre auch mit der umfassenden Bindung („alles staatliche Handeln") nicht vereinbar. Allerdings ist staatliche Politik insoweit, also mit Blick auf das Ziel gewaltfreier Konfliktlösung, vielfach schlicht irrelevant. Zugleich darf dieses Problem nicht Anlass sein, die Bestimmung normativ völlig zu entwerten. Entscheidend ist wohl, dass der **Prävention von Gewalt** ein **besonderes Augenmerk** der Politik zu gelten hat. Dabei kommt den in Abs. 2 enthaltenen Konkretisierungen (Rn 10 ff) ein besonderes Gewicht zu. Zugleich kommt den politischen Organen noch stärker, als dies ohnehin bei Staatszielbestimmungen der Fall ist, ein **Beurteilungs- und Einschätzungsspielraum** zu, wie sie dem Ziel Rechnung tragen sollen. 8

III. Absatz 2

1. Rechtscharakter der Norm. Abs. 2 ist Art. 26 GG nachgebildet.[8] Es handelt sich hier also nicht im eigentlichen Sinne um ein Staatsziel.[9] Vielmehr wird verfassungsmäßig ein **unmittelbar wirkendes Verbot** statuiert. Die Verwendung der Bezeichnung „verfassungswidrig" statt „rechtswidrig" hebt dabei die besondere Bedeutung der Pflicht hervor, ohne an der Wirkkraft des Verbots etwas zu ändern. Konkrete Rechtsfolgen für Private können sich ohnehin erst aus der Verbindung mit anderen Normen ergeben – wird die Vorgabe missachtet, können die Polizeibehörden auf der Grundlage der entsprechenden Ermächtigungen des SOG tätig werden, sind entsprechende privatrechtliche Verträge nach § 134 BGB nichtig usw.[10] Art. 18 a wirkt auch bei der Auslegung der Grundrechte begrenzend. Dem steht Art. 142 GG nicht entgegen. Für den äußeren Frieden gilt 9

---

7 *Fink*, in: von Mangoldt/Klein/Starck, Art. 26 Rn 17 mit Hinweis auch auf das Verständnis von Art. 39 UN-Charta, wo gleichfalls der Begriff des Friedens verwendet wird.
8 Kritisch zu dieser Parallelisierung wegen des erheblichen Unterschieds im Unrechtsgehalt *Bauer*, DÖV 2015, 1 (7).
9 *Bauer*, DÖV 2015, 1 (7).
10 *Fink*, in: von Mangoldt/Klein/Starck, Art. 26 Rn 46; *Bauer*, DÖV 2015, 1 (7).

dies schon wegen der Parallelgarantie des Art. 26 GG. Hinsichtlich des inneren Friedens ergibt sich dies aus der im Lichte von Art. 5 Abs. 1 GG gebotenen engen Auslegung der Norm (Rn. 12 f).

10 **2. Die nach Abs. 2 verbotenen Handlungen im Einzelnen.** Abs. 2 zielt wie Abs. 1 auf den inneren wie den äußeren Frieden (zur Parallelität siehe Rn. 6), nur dass hier die Reihenfolge beider im Normtext – ohne praktische Bedeutung – vertauscht ist. Der äußere Frieden ist schon zur Vermeidung von Normkonflikten (vgl Art. 31 GG) wie in Art. 26 GG auszulegen („friedliches Zusammenleben der Völker"); nur fehlt die explizite Verankerung des Verbots der Führung eines Angriffskrieges.

11 Weiterhin schützt die Norm mit dem inneren Frieden auch das friedliche Zusammenleben der **„Bürger"**. Unter diesen sind hier wie an den anderen Stellen der Verfassung (etwa Art. 35 ff.) und in gewissem Gegensatz zu gelegentlich sonst üblichen Begrifflichkeiten alle Menschen gemeint, die im Land leben. Im Kontext von Art. 35 macht dies insbesondere der Zusammenhang mit Art. 10 LV deutlich. Die Begründung der Volksinitiative hatte sogar explizit u.a. ausländerfeindliches Gedankengut erwähnt. Trotzdem ist die Begriffswahl unglücklich, weil an sich – vom gewählten Wortlaut her jedoch schwer fassbar – auch ausländische Touristen geschützt werden müssten. Immerhin wird durch Art. 5 Abs. 2 HS 2 ein gewisser Schutz auch insoweit verfassungsrechtlich garantiert (siehe *Kohl*, **Art. 5** Rn 7).

12 Bei der näheren Bestimmung dessen, was unter **„innerem Frieden"** zu verstehen ist, können zur notwendigen Konkretisierung[11] die zwei explizit benannten potentiellen Störungen herangezogen werden. **„Rassistisches"** Gedankengut liegt im Anschluss an Art. 3 Abs. 3 GG vor, wenn eine bestimmte, durch wirklich oder vermeintlich vererbbare Merkmale gekennzeichnete Gruppe von Menschen als minderwertig angesehen oder sonstwie diskriminiert wird.[12] Verbreitung ist die Weitergabe an einen größeren Personenkreis. Insgesamt kann auch an § 130 StGB angeknüpft werden. Ergänzend ist auf internationale Vorgaben zu verweisen, die den Staat zu einer Bestrafung der Verbreitung rassistischer Ideen verpflichten.[13] Die Meinungsfreiheit (Art. 5 Abs. 1 GG) legt eine enge Auslegung der Norm nahe. Art. 18 a bringt daher „nicht das von vielen erhoffte 'scharfe Schwert' gegen (rechts)extremistisches Handeln."[14]

13 **„Extremistisch"** ist nur Gedankengut, das auf eine **fundamentale Ablehnung des demokratischen Verfassungsstaates** abzielt. Allerdings wird die Verbreitung des im Vorschlag der Volksinitiative erwähnten nationalsozialistischen Gedankenguts durch Art. 5 Abs. 1 GG geschützt, obwohl es eine „radikale Infragestellung

---

11 Wegen unzureichender Bestimmtheit wird die Norm für verfassungswidrig erachtet von *Bauer*, DÖV 2015, 1 (10).
12 Siehe etwa *Starck*, in: v. Mangoldt/Klein/Starck, Art. 3 Rn 387; *Heun*, in: Dreier, Art. 3 Rn 129.
13 Siehe insbesondere Art. 4 lit. a des Internationalen Übereinkommens zur Beseitigung jeder Form vom Rassendiskriminierung vom 7.3.1966 (BGBl. 1969 II 962) und dazu die sehr weitgehende, auch eine Abwägung mit der Meinungsfreiheit verzichtende Entscheidung des UN-Rassendiskriminierungsausschusses 48/2010 vom 26.3.2010 (EuGRZ 2013, 266) zum Fall Sarrazin; zur Kritik *Tomuschat*, EuGRZ 2013, 262; *Payandeh*, JZ 2013, 980. Siehe ferner das in Art. 20 des Internationalen Paktes über bürgerliche und politische Rechte vom 19.12.1966 (BGBl. 1973 II 1534) enthaltene Gebot, jedes Eintreten für nationalen, rassischen oder religiösen Hass, durch das zu Diskriminierung, Feindseligkeit oder Gewalt aufgestachelt wird, durch Gesetz zu verbieten.
14 *Erbguth*, LKV 2008, 440 (443).

der geltenden Ordnung" beinhaltet.[15] Und ein generelles Verbot der Verbreitung extremistischen Gedankenguts wird von den Schranken der Meinungsfreiheit nicht abgedeckt. „Die mögliche Konfrontation mit ... Meinungen, ... selbst wenn sie auf eine prinzipielle Umwälzung der geltenden Ordnung gerichtet sind, gehört zum freiheitlichen Staat." Der Schutz vor „Vergiftung des geistigen Klimas" stellt keinen Eingriffsgrund dar.[16] Ein wörtliches Verständnis der Verfassungsnorm führte also zu einem **Konflikt mit dem Grundgesetz**.[17] Gleiches gilt für die Veranstaltung von Versammlungen mit „extremistischer" Ausrichtung, die durch Art. 8 GG geschützt werden. Der Konflikt kann jedoch in beiden Fällen durch Berücksichtigung der Konkretisierungsfunktion der Aussage mit Blick auf das zuvor in der Norm erwähnte „friedliche Zusammenleben" und damit hinsichtlich des (öffentlichen) Friedens **vermieden** werden. Danach werden nur Äußerungen erfasst, die „ihrem Inhalt nach erkennbar auf rechtsgutgefährdende Handlungen hin angelegt sind, das heißt den Übergang zu Aggression oder Rechtsbruch markieren." Das Gedankengut muss also „bei den Angesprochenen Handlungsbereitschaft auslösen oder Hemmschwellen herabsetzen oder Dritte unmittelbar einschüchtern."[18] Nur die Vereinigungsfreiheit (Art. 9 GG) steht unter Schranken, die sich mit Art. 18 a decken.[19]

Schließlich muss das Handeln sowohl objektiv („Eignung") als auch subjektiv („Absicht") die soeben dargestellten Voraussetzungen erfüllen. Erforderlich ist also insbesondere eine hinreichend konkrete Gefährdung des friedlichen Zusammenlebens.[20]

IV. Schrifttum

Hartmut Bauer, Antirassismus-Novellen im Landesverfassungsrecht, DÖV 2015, 1 ff; *Wilfried Erbguth,* Neuer "Antifa-Artikel": Anmerkungen zu Art. 18 a Landesverfassung Mecklenburg-Vorpommern, LKV 2008, 440 ff.

Art. 19 (Initiativen und Einrichtungen der Selbsthilfe)

(1) Land, Gemeinden und Kreise fördern Initiativen, die auf das Gemeinwohl gerichtet sind und der Selbsthilfe sowie dem solidarischen Handeln dienen.
(2) Die soziale Tätigkeit der Kirchen, der Träger der freien Wohlfahrtspflege und der freien Jugendhilfe wird geschützt und gefördert.

I. Vorbemerkung	1	III. Träger der freien Wohlfahrtspflege, Jugendhilfe und Kirchen (Abs. 2)	9
II. Förderung von Initiativen (Abs. 1)	2		
1. Initiativen	2		
2. Förderung	7	IV. Schrifttum	11

I. Vorbemerkung

Mit diesen Regelungen wird die Bedeutung von Initiativen und Einrichtungen der Selbsthilfe unterstrichen. Diese aus dem Kreis der Bürger getragenen Selbst-

---

15 BVerfGE 124, 300 (320 f.).
16 BVerfGE 124, 300 (334).
17 Für grundgesetzwidrig erachtet die Norm daher *Bauer,* DÖV 2015, 1 (10).
18 BVerfGE 124, 300 (335). Vgl auch *Iwers,* in: Lieber/Iwers/Ernst, Art. 19 Anm. 4, der zum, ähnlich problematischen, aber nicht ganz so weit formulierenden Art. 29 Abs. 2 S. 2 BgbVerf einen „stillschweigend mitgedachten Vorbehalt im Sinne der angesprochenen Judikatur des BVerfG" annimmt. Nicht problematisiert bei *Erbguth,* LKV 2008, 440 (441).
19 *Erbguth,* LKV 2008, 440 (441).
20 Vgl auch *Fink,* in: von Mangoldt/Klein/Starck, Art. 26 Rn 27 f.

hilfeaktionen sind für ein funktionierendes Gemeinwesen unverzichtbar und durch staatliche Leistungen nur zum Teil ersetzbar.[1] Selbsthilfe wird im Übrigen auch von der Rechtsordnung vorausgesetzt. Maßgebliche staatliche Sozialleistungen namentlich nach dem SGB II und SGB XII können im erwerbsfähigen Alter nur dann in Anspruch genommen werden, wenn die Selbsthilfemöglichkeiten insbesondere in Form der Ausübung einer zumutbaren Erwerbstätigkeit bzw. der Suche nach einer solchen ausgeschöpft worden sind.[2] Gerade hierin finden Freiheit und Würde der Person deutlichen Ausdruck.[3]

II. Förderung von Initiativen (Abs. 1)

2   1. **Initiativen.** Eine **Initiative** ist eine Gruppierung von Bürgern, die sich zwischen den Polen Markt und Staat auf der einen Seite und Familie auf der anderen Seite befindet und keine eigenwirtschaftlichen Ziele wie Unternehmen verfolgt und auch keine genuin hoheitlichen Aufgaben wahrnimmt, wie zB die Polizei, und schließlich nicht an eine bestimmte Organisationsform gebunden ist. Die meisten Bürgerinitiativen sind zunächst nur lose Gruppierungen ohne feste Organisationsstrukturen. Erfordert die Durchsetzung des Zieles ein längerfristiges Engagement, bilden sich oft feste Strukturen bis hin zu einer Nonprofit-Organisation, die über eine formalere Organisationsstruktur verfügt. Initiative ist damit mehr als ein vorübergehender Zusammenschluss. Er würde auch eine Förderung, die langfristiger angelegt ist, nicht rechtfertigen. Angesprochen ist die **Zivilgesellschaft**, dh der Bereich der Gesellschaft, der sich zwischen dem staatlichen, wirtschaftlichen und rein privaten Bereich gebildet hat (NGO = non governmental organisation; Dritter Sektor).[4]

3   Es geht um **bürgerschaftliches Engagement:** Dieses ist freiwillig, nicht auf materiellen Gewinn gerichtet, gemeinwohlorientiert, findet öffentlich bzw im öffentlichen Raum statt und wird in der Regel gemeinschaftlich bzw kooperativ ausgeübt. Die Bereiche sind vielfältig: Umweltschutz, Menschenrechte, karitative Tätigkeiten (Kranken- und Altenpflege einschließlich Hospizdienst, Hilfe für Familien in Not, Betreuung von Gefangenen).

4   Die Initiative muss auf das **Gemeinwohl** gerichtet sein. Es muss um das Gemein- oder Gesamtinteresse der Gesellschaft gehen, nicht um ein Individual- oder Gruppeninteresse (Eigeninteressen). Dabei ist aber zu sehen, dass in pluralistischen, offenen Gesellschaften die konkrete inhaltliche Bestimmung des Gemeinwohls immer von den Interessen und Zielen derjenigen abhängig ist, die sich auf das Gemeinwohl berufen und es bestimmen (wollen) und/oder derjenigen, denen die Verwirklichung des Gemeinwohls nutzt.[5]

5   Die Initiative soll der **Selbsthilfe** dienen. Davon umfasst sind einerseits Selbsthilfegruppen. Sie sind selbstorganisierte Zusammenschlüsse von Menschen, die das gleiche Problem haben und selbst etwas dagegen unternehmen möchten, etwa chronische oder seltene Krankheiten oder Lebenskrisen. Selbsthilfegruppen dienen der Information von Betroffenen und Angehörigen sowie praktischer Lebenshilfe. Andererseits soll besonders die Unterstützung zur Selbsthilfe gefördert werden, indem Menschen in Problemlagen befähigt werden, selbstständiger zu leben.

---

1 Kommission, Verfassungsentwurf, S. 115.
2 LSG Nds.-Bremen, 13.4.2011 – L 2 EG 20/10.
3 BVerwG, U. v. 10.5.1967 – 5 C 150.66, BVerwGE 27, 58.
4 *Schubert/Klein*, Das Politiklexikon. 4. Aufl. 2006, Stichwort „Zivilgesellschaft".
5 *Schubert/Klein* (Fn 4), Stichwort „Gemeinwohl".

Die Initiative soll schließlich dem **solidarischen Handeln** dienen. Solidarisches 6
Verhalten bedeutet Pflichterfüllung, loyalen Einsatz für das Ziel und das Zurückstellen eigener Interessen, Wünsche und Ansichten. Solidarität meint insb. die Bereitschaft, anderen in Notsituationen moralisch oder materiell zu helfen, und die Mitmenschlichkeit, die dem zu Grunde liegt.[6] Solidarisches Handeln geschieht häufig in Gruppen, häufig auch gegenüber Menschen, die man nicht kennt, die jedoch von den Folgen des eigenen Handelns betroffen sind, auch wenn sie weit entfernt vom solidarisch Handelnden leben oder erst in der fernen Zukunft von seinem Handeln betroffen sind. Für solidarisches Handeln ist die Erwartung, dass es, längerfristig und systemisch betrachtet, auf Gegenseitigkeit beruht, zwar typisch. Es kann aber auch altruistisch, aus Solidarität mit der Menschheit, unterdrückten Personengruppen oder anderen Menschen in Problemlagen erfolgen, ohne dass vom Gebenden eine spätere Gegenleistung erhofft wird.[7]

2. Förderung. Da Aufgaben wahrgenommen werden, die auf das Gemeinwohl 7
gerichtet sind und der Selbsthilfe und dem solidarischen Handeln dienen, verankert Abs. 1 die Pflicht von Land, Kreisen und Gemeinden, entsprechende Initiativen zu fördern.[8] Ein Subsidiaritätsprinzip begründet die Förderpflicht nicht. Die **Förderungspflicht** meint über bloßen Schutz oder bloße Gewährleistung hinausgehend primär die Gewährung finanzieller Beihilfen, wobei Art und Umfang der jeweiligen Fördermaßnahmen durch Gesetzgebung und Verwaltung bestimmt werden. Die Art und Weise, wie Land und Kommunen ihre Verpflichtung zur Förderung erfüllen, obliegen ihrer Ausgestaltungsbefugnis. Ein einklagbares Leistungsrecht folgt aus dem verfassungsrechtlichen Fördergebot allein nicht.[9] Erst aus einzelnen Festsetzungen des Gesetzgebers können individuelle Ansprüche der begünstigten Organisationen erwachsen. Allerdings kommt auch die Förderung durch staatliche und kommunale Maßnahmen und Einrichtungen in Betracht. Auch kann der Staat durch öffentliche Information und Beratung sowie der öffentlichen Kommunikation über das freiwillige Engagement fördern.[10]

Wesentliches Element ist die Landesverordnung über niedrigschwellige Betreu- 8
ungsangebote, ehrenamtliche Strukturen und Selbsthilfe sowie Modellvorhaben zur Erprobung neuer Versorgungskonzepte und Versorgungsstrukturen (Betreuungsangebotelandesverordnung - BetrAngLVO M-V) vom 16.12.2010.[11]

III. Träger der freien Wohlfahrtspflege, Jugendhilfe und Kirchen (Abs. 2)

Abs. 2 hebt die soziale Tätigkeit der Träger der freien Wohlfahrtspflege und der 9
Jugendhilfe sowie der Kirchen hervor, die geschützt und gefördert wird.[12] Hier handelt es sich um traditionelle **Organisationen**, nicht bloß Initiativen. Die Kirchen und Träger der freien Wohlfahrtspflege engagieren sich im Krankenhaus-

---

6 *Ruland*, Das „Soziale" im Spannungsfeld von Solidarität und Subsidiarität – Jahrestagung des Forschungsnetzwerkes Alterssicherung „Das Soziale in der Alterssicherung am 1. und 2.12.2005 in Erkner, http://forschung.deutsche-rentenversicherung.de/ForschPortalWeb/ressource?key=main_fna_vortrag_jt2005_ruland (Download 3.4.2007).
7 Vgl *Weber/Unterrainer*, Solidarisches Handeln in demokratischen Betrieben – Illusion oder Realität?, http://www.forba.at/files/events/konf_05_ref_weber-unterrainer.pdf (downlaod 2.4.2007), S. 4 mwN.
8 Kommission, Verfassungsentwurf, S. 115.
9 Vgl OVG Münster, Urt. v. 22.11.2006 – 12 A 3045/06 – zit. nach juris.
10 Siehe BSFSJ, Freiwilliges Engagement in Deutschland 1999-2004, S. 37.
11 GVOBl. M-V 2010, S. 805.
12 Kommission, Verfassungsentwurf, S. 115.

sektor, in der Jugend-, Familien-, Alten-, und Behindertenhilfe sowie den Aus- Fort- und Weiterbildungsstätten für soziale und pflegerische Berufe. Die freie Jugendhilfe zählt zu der freien Wohlfahrtspflege. Indem der Schutz ausdrücklich genannt wird, soll der Staat dazu beitragen, dass diese Organisationen ihre Tätigkeiten zum Wohl der Gesellschaft ausüben können.

10 Die Norm nennt keine Adressaten. Es sind hier Land, Gemeinden und Kreise sowie die anderen Träger der öffentlichen Verwaltung angesprochen. Indem neben die Förder- (Rn 7) eine **Schutzpflicht** gestellt ist, wird das besondere Anliegen des Bewahrens dieser Organisationen hervorgehoben. Sie müssen in dem Umfang gefördert werden, dass das Wesen der sozialen Tätigkeiten durch die genannten Organisationen gesichert wäre. Ein Anspruch einer einzelnen Organisation ergibt sich daraus nicht. Hierzu zählt auch das **Subsidiaritätsprinzip** in dem Sinne, dass durch eigene Tätigkeit des Staates nicht bestehendes Engagement in Frage gestellt werden soll.

IV. Schrifttum

11 *Bundesministerium für Familie, Senioren, Frauen und Jugend* (BFSFJ), Bericht „Freiwilliges Engagement in Deutschland 1999-2004-2009", http://www.bmfsfj.de/BMFSFJ/Service/publikationen,did=165004.html (2.9.2014); Selbsthilfekontaktstellen in MV, https://www.selbsthilfe-mv.de/(2.9.2014)

2. Abschnitt
Staatsorganisation

I. Landtag

Art. 20 (Aufgaben und Zusammensetzung)
(1) Der Landtag ist die gewählte Vertretung des Volkes. Er ist Stätte der politischen Willensbildung. Er wählt den Ministerpräsidenten, übt die gesetzgebende Gewalt aus und kontrolliert die Tätigkeit der Landesregierung und der Landesverwaltung. Er behandelt öffentliche Angelegenheiten.
(2) Der Landtag besteht aus mindestens einundsiebzig Abgeordneten. Sie werden in freier, gleicher, allgemeiner, geheimer und unmittelbarer Wahl nach den Grundsätzen einer mit der Personenwahl verbundenen Verhältniswahl gewählt. Die in Satz 1 genannte Zahl ändert sich nur, wenn Überhang- oder Ausgleichsmandate entstehen oder wenn Sitze leer bleiben. Das Nähere regelt das Gesetz.
(3) Sitz des Landtages ist das Schloss zu Schwerin.

Artt. 27 Abs. 2 BWVerf; 13 BayVerf; 38 VvB; 55 Abs. 1 BbgVerf; 75 Abs. 1, 83 BremVerf; 6 HambVerf; 75-77 HessVerf; 7 f NdsVerf; 30 Verf NW; 79 Verf Rh-Pf; 65 f SaarlVerf; 39 SächsVerf; 41 LVerf LSA; 10 SchlHVerf; 48 ThürVerf.

I. Vorbemerkungen 1	3. Der Landtag als gesetzgebende Gewalt (Abs. 1 Satz 2 2. Halbsatz) 14
II. Die Rechtsstellung des Landtages 4	
III. Der Landtag als „gewählte Vertretung des Volkes" (Abs. 1 Satz 1) ... 6	4. Parlamentarische Kontrolle (Abs. 1 Satz 2 3. Halbsatz) 22
IV. Die Aufgaben des Landtages 9	5. Behandlung öffentlicher Angelegenheiten (Abs. 1 Satz 3) 26
1. Der Landtag als Stätte der politischen Willensbildung (Abs. 1 Satz 2) 9	V. Abgeordnetenzahl und Wahlsystem (Abs. 2) 28
2. Wahl des Ministerpräsidenten, Kreationsfunktion des Landtages (Abs. 1 Satz 2 1. Halbsatz) 11	VI. Sitz des Landtags (Abs. 3) 34

I. Vorbemerkungen

In Art. 20 LV werden die Aufgaben (Abs. 1), die Zusammensetzung (Abs. 2 Satz 1) sowie der Sitz des LT (Abs. 3) und die Wahlgrundsätze (Abs. 2 Satz 2) zusammengefasst. Insb. mit der Ausgestaltung des Art. 20 Abs. 1 LV hat der Verfassungsgeber den durch Art. 28 Abs. 1 GG eingeräumten Gestaltungsspielraum weit ausgeschöpft und damit dem **Funktionswandel der Landesparlamente** in der Staatspraxis weitgehend Rechnung getragen. Während die Volksvertretung in Art. 3 LV noch „als Organ der Gesetzgebung" bezeichnet und insoweit nur in seiner Legislativfunktion angesprochen wird, stellt Art. 20 Abs. 1 LV klar, dass dem Parlament darüber hinaus neben der Kreations- (→ Rn 11) und Kontrollfunktion (→ Rn 22) gegenüber der Exekutive, die mit Verfassungsrang ausgestattete Aufgabe zukommt, politische Prozesse transparent und öffentlich zu machen. In der Funktion des LT als Stätte der politischen Willensbildung und als Ort der Behandlung öffentlicher Angelegenheiten manifestiert sich der Wille des Verfassungsgebers, das Parlament zusätzlich zur klassischen Aufgabentrias 1 mit einem **allgemeinpolitischen Mandat** auszustatten.[1] Diese Allzuständigkeit des Landesparlaments zu politischer Information, Debatte und Willensbildung gilt jedoch nicht unbegrenzt. Sie findet ihre Grenzen in den ausschließlichen und formalisierten Kompetenzen der Bundes- und Landesverfassungsorgane. Aus dem Repräsentationsprinzip und dem Geltungsbereich der LV ergibt sich zudem, dass der Gegenstand der politischen Debatte einen Bezug zu M-V aufweisen muss. Dieser Zusammenhang ist bereits dann gegeben, wenn es um Themen geht, die die Bürger in M-V interessieren (→ siehe auch Rn 9). Diese Allzuständigkeit gilt nicht für die parlamentarischen Kontrollbefugnisse, die sich auf den Verantwortungsbereich der LReg beschränken (→ Rn 22 ff).

2 Die Entstehungsgeschichte des Verfassungsparlamentsrechts – insb. zu den Aufgaben des LT, der Opposition und der Fraktionen – ist geprägt von der Diskussion zum Funktionswandel, der sich im parlamentarischen System der Länder vollzogen hat.[2]

Zu den „prägnantesten Wandlungen im Verfassungsgefüge der Bundesrepublik"[3] gehört nach Einschätzung in der parlamentsrechtlichen Lit.[4] sowie nach Auffassung der Parlamente selbst[5] der **Kompetenzverlust der Landesparlamente** im Verhältnis zum BT bei den Gesetzgebungszuständigkeiten.[6] Dieser Befund ist sicherlich grds. zutreffend, wenngleich dies in M-V, wie in den anderen neuen Ländern, nicht in dem Maße spürbar geworden ist, weil den ersten Legislaturperioden in relativ kurzer Zeit alle in die Zuständigkeit des Landes fallenden Gesetze zu erlassen waren.[7] Aber auch in jüngerer Zeit ist ein signifikanter Rückgang der Gesetzgebungsverfahren in MV nicht festzustellen.[8]

3 Unabhängig davon besteht für Stärkung der Landtage und damit des demokratischen Föderalismus ein unabwendbarer Bedarf zur Entflechtung von Kompetenzen, um die Verantwortung für politische Entscheidungen transparent zu machen. Besorgniserregender als quantitative und qualitative[9] Einbußen bei den Gesetzgebungskompetenzen sind die Tendenzen zur Richtung eines Exekutivfö-

---

1 *März*, JöR N.F. 54 (2006), 175 (219) mwN; in Bezug auf die thüringische Verfassungslage a. A. *Linck*, in: Linck/ Baldus/Lindner/Poppenhäger/Ruffert, Art. 48 Rn 76; zu Rheinland-Pfalz *Perne*, in: Brocker/Droege/Jutzi, Art. 79 Rn 48.
2 Vgl *Hübner*, in: von Mutius/Wuttke/Hübner, Art. 10 Rn 7 ff; *Waack*, in: Casper/Ewer/Nolte/Waack, Art. 10 Rn 24 ff.
3 *Hübner*, in: von Mutius/Wuttke/Hübner, Art. 10 Rn 7.
4 *Achterberg*, Parlamentsrecht, 1984, S. 104 ff; *Löwer*, in: Löwer/Tettinger, Art. 30 Rn 37; *Wagner*, in: Grimm/Caesar, Art. 79 Rn 83; *Schneider* (Hrsg.) Der Landtag – Standort und Entwicklungen, 1988.
5 Entschließung der 56. Konferenz der Präsidenten der Deutschen Landesparlamente vom 14.01.1983, ZParl. 1983, 357 ff; Empfehlung der 70. Konferenz der Präsidentinnen und Präsidenten der Landesparlamente vom 11.05.1992; Lübecker Erklärung der Deutschen Landesparlamente vom 31.03.2003, vgl dazu *Schöning*, ZG 2003, 166 ff.
6 *Butzer*, in: Epping/Butzer/Brosius-Gersdorf/Haltern/Mehde/Waechter, Art. 7 Rn 45; *Hofmann*, in: S-B/H/H, Art. 20 Rn 19; Prantl in SZ v. 05.09.2014 beschreibt eine Entkernung der gesetzgeberischen Tätigkeit der Landtage.
7 In der 1. Legislatur (1990-1994) hat der LT 228 Gesetzentwürfe beraten und 195 Gesetze beschlossen, vgl Erste Wahlperiode – Zur Arbeit des Landtages in der 1. Wahlperiode, S. 56 f, vgl zur Aufbauleistung auch *März*, JöR N.F. 54 (2006), 175 (236).
8 In der 5. Legislatur (2006 – 2011) hat der LT 174 Gesetzentwürfe beraten und 134 Gesetze (inkl. Staatsverträge) beschlossen, vgl 5. Wahlperiode – Zur Arbeit des Landtages in der 5. Wahlperiode, S. 56.
9 Vgl *Löwer*, in: Löwer/Tettinger, Art. 30 Rn 8 spricht in dem Zusammenhang von „inhaltlichen Autonomieverlusten", die insb. im Bereich der Bildungspolitik durch faktische Zwänge im Ergebnis von Beschlüssen der Kultusministerkonferenzen entstehen.

deralismus[10] sowie die „Auslagerung" politischer Entscheidungsprozesse in „Expertenkommissionen" oder andere demokratisch nicht legitimierte Gremien, in dessen Ergebnis die Parlamente häufig nur noch „ratifizieren" können.[11] Diese schleichende **Entparlamentisierung der Politikerzeugung** betrifft nicht nur die LT, sondern auch den BT.[12] Nachdem der Versuch zur Reform der bundesstaatlichen Ordnung mit Einsetzung einer gemeinsamen Kommission von BT und BRat zur Modernisierung der bundesstaatlichen Ordnung zunächst gescheitert war,[13] ist nunmehr durch eine Änderung des GG im Rahmen der Föderalismusreform[14] nach langer Diskussion eine Neuordnung der Gesetzgebungskompetenzen[15] gelungen (→ Rn 17). Ob und die Föderalismusreform tatsächlich zu einer Stärkung der Landesparlamente beiträgt, wird überwiegend kritisch bewertet.[16] Hinzu kommt eine zunehmende Aufgabenverlagerung von den Mitgliedstaaten hin zur Europäischen Union.[17] Die Rechtsetzung der Europäischen Union greift tief in die Gesetzgebungsautonomie des Bundes, aber auch der Landesparlamente ein.[18]

Seit dem Wirksamwerden des Lissabon-Vertrages sind in verstärktem Maße Felder der klassischen Innenpolitik wie die öffentliche Sicherheit, Bildung, Kultur, Medien und öffentliche Daseinsvorsorge von **Regelungen der Europäischen Union** betroffen.[19] Der Kompetenzverlust wird durch die nach dem Lissabon-Vertrag eröffnete Subsidiaritätskontrolle[20] nicht annähernd kompensiert. Die vom BVerfG zu Recht angemahnte Integrationsverantwortung[21] kann von den Landesparlamenten nur unzureichend wahrgenommen werden. Zu einer verbesserten demokratischen Legitimation europapolitischer Entscheidungen gehört daher verstärkte Einbeziehung und verbesserte Mitwirkung der Landesparlamente.[22]

In Bezug auf rechtsverbindliche Regelungen bleibt M-V hinter den Mitwirkungsmöglichkeiten anderer Landesparlamente zurück.[23] Dies gilt für formali-

---

10 *Butzer*, in: Epping/Butzer/Brosius-Gersdorf/Haltern/Mehde/Waechter, Art. 7 Rn 47.
11 *Perne*, in: Brocker/Droege/Jutzi, Art. 79 Rn 51 nwN.
12 *Klein*, in: Maunz/Dürig, Art. 38 Rn 57.
13 Vgl dazu *Waack*, in: Casper/Ewer/Nolte/Waack, Art. 10 Rn 30 ff; *Linck*, ZParl. 2004, 215 ff.
14 52. Gesetz zur Änderung des Grundgesetzes vom 28.08.2006, BGBl. I 2006, S. 2034, Föderalismus-Begleitgesetz vom 05.09.2006, BGBl. I 2006, S. 2098.
15 Vgl dazu *Degenhart*, Die Neuordnung der Gesetzgebungskompetenzen durch die Föderalismusreform, in: NVwZ 2006, S. 1209 ff, *Ipsen*, Die Kompetenzverteilung zwischen Bund und LändeRn nach der Föderalismusnovelle, in: NJW 2006, S. 2801 ff.
16 Vgl *Linck*, in: Linck/Baldus/Lindner/Poppenhäger/Ruffert, Art 48, Rn 29.
17 Der ehemalige Präsident des BVerfG Papier sieht dieses Phänomen der „Hochzonung von Aufgaben" in klarem Widerspruch zum Grundsatz der Subsidiarität, vgl *Papier*, Das Parlament, Nr. 6 v. 5.2.07, S. 5; zur Problematik der hinreichenden demokratischen Legitimation vgl BVerfGE 123, 267; *Butzer*, in: Epping/Hillgruber, Art. 38 Rn 32 nwM.
18 Vgl in: Epping/Butzer/Brosius-Gersdorf/Haltern/Mehde/Waechter, Art. 7 Rn 45.
19 *Papier*, Zur Verantwortung der Landtage für die europäische Integration, ZParl 2010, 903, 904.
20 Art. 5 Abs. 3, 12 EUV i. V. m., Art. 6 Abs. 1 Satz des Protokolls über die Anwendung der Grundsätze der Subsidiarität und der Verhältnismäßigkeit; vgl im einzelnen *Calliess*, in: Calliess/Ruffert, Art. 12 EUV Rn 8.
21 BVerfGE 123, 267, 355 f.
22 Vgl Stuttgarter Erklärung der Präsidentinnen und Präsidenten der deutschen Landesparlamente, LT Drs. 5/3658, vgl auch Europapolitische (Hamburger) Erklärung der Präs. v. 03.07.2014, LT Drs. 06/3129.
23 Vgl die Übersicht *v. Edinger*, in: Brocker/Droege/Jutzi, Art. 79 Rn 6 Fn 25.

sierte Unterrichtungspflichten[24] oder eine rechtliche Bindungswirkung von Parlamentsbeschlüssen in EU-Angelegenheiten[25]. Auch beschleunigte Verfahren im Rahmen der Subsidaritätskontrolle sieht die LVerf M-V – noch – nicht vor.
Gleichwohl wird der Rechts- und Europaausschuss d. LT in der parlamentarischen Praxis von der LReg dauernd und umfassend über EU-Angelegenheiten unterrichtet und legt dem Plenum regelmäßig entsprechende Beschlussempfehlungen vor.

II. Die Rechtsstellung des Landtages

4 Der LT ist nach Art. 3 Abs. 2 LV neben der LReg und dem LVerfG ein selbstständiges Landesverfassungsorgan. Den LT unterscheidet von den übrigen obersten Staatsorganen, dass er als **einziges unmittelbar vom Volk gewählt** ist. Das Parlament vermittelt damit den übrigen Verfassungsorganen die demokratische Legitimation und verkörpert damit das demokratische Prinzip im Aufbau der Verfassungsorgane. Die demokratische Ordnung im Bund und in den Ländern beruht darauf, dass alle Staatsgewalt vom Volk ausgeht, dh, dass alle Staatsorgane, wenn auch in unterschiedlicher Weise, demokratisch legitimiert sind[26] (→ *Wallerath*, **Art. 3** Rn 3). Daraus folgt jedoch kein generelles legitimationspolitisches Übergewicht des LT gegenüber der LReg. Vielmehr stehen die Verfassungsorgane im Rahmen der ihnen zugewiesenen Aufgaben gleichrangig nebeneinander.[27] Aus diesem Grunde wurde in den parlamentarischen Beratungen die ursprüngliche Formulierung, dem LT den Rang eines „obersten Organs der politischen Willensbildung des Volkes" zuzuschreiben, verworfen.[28] Der LT unterliegt keinerlei Eingriffs- und Überwachungsrechten durch die Exekutive. Eine Kontrole der Rechtmäßigkeit von Entscheidungen des Parlaments oder seiner Gremien findet allein durch das LVerfG statt (vgl Art. 53 LV). Insoweit ist der LT als verfassungsrechtliches Organ auch partei- und prozessfähig in verfassungsrechtlichen Streitigkeiten[29] vor dem BVerfG (vgl Art. 93 Nr. 2 a GG, §§ 13 Nr. 6 a, 76 BVerfGG) als auch vor dem LVerfG (→ *Classen*, **Art. 53** Rn 5).

Demgegenüber sind die Landesparlamente im Verfahren des Bund-Länder-Streits nach der Repr. des BVerfG nicht antragsbefugt.[30] Zwar lässt Art. 93 Abs. 1 Nr. 3 GG offen, wer im Bund-Länder-Streit die Länder vertritt, gem. § 68 BVerfGG kann Antragsteller für ein Land nur die Landesregierung sein. Nach Auffassung des BVerfG ist dieser Ausschluss der Landesparlamente verfassungsrechtlich unbedenklich. Das BVerfG verweist auf die Möglichkeit mithilfe einer Organklage eine Antragstellung der Landesregierung zu erzwingen,[31] oder ein streitiges Bundesgesetz im Wege der abstrakten Normenkontrollklage anzugreifen.[32]

---

24 Wie bspw. in Thüringen, siehe dazu *Poschmann/Bathe*, in: Linck/Baldus/Lindner/Poppenhäger/Ruffert, E3 Rn 9.
25 Vgl Art. 34 a VerfBaWü sowie Art. 70 Abs. 4 VerfBay; *Brechmann*, in: Meder/Brechmann, Art. 70 Rn 12.
26 BVerfGE 49, 89, 124 f; 68, 1, 86 f.
27 *März*, JöR N.F. 54 (2006), 175 (218); *Butzer*, in: Epping/Butzer/Brosius-Gersdorf/Haltern/Mehde/Waechter, Art. 7 Rn 10.
28 Vgl hierzu *März*, JöR N.F. 54 (2006), 175 (218).
29 Vgl BVerGE 68, 1 (73), *Butzer*, in: Epping/Butzer/Brosius-Gersdorf/Haltern/Mehde/Waechter, Art. 7 Rn 11.
30 BVerfGE 129, 108 mit Anm. *Sachs*, in: JuS 2012, 274 ff.
31 BVerfGE 129, 108, 117.
32 BVerfGE 129, 108, 117; BremStGH, Urteil v. 05.03.2010 – St 1/09 – , juris.

Wenn und soweit es im Verfahren des Bund-Länder-Streits, um einen Eingriff in die Kernkompetenzen der Landesparlamente – hier Schuldenbremse: im GG – geht, muss es den Landtagen möglich sein, unmittelbar gegen den Eingriff in ihre Kernkompetenz, namentlich das Budgetrecht (→ Rn 21) vorzugehen. Insoweit wird die Entscheidung d. BVerfG der verfassungsrechtlichen Stellung der Landtage nicht gerecht und bleibt hinter dem zurück, was die Landesparlamente ggü. der EU mit der Subsidiaritätskontrolle erstritten haben.

Zwar ist das Landesparlament körperschaftlich organisiert, aber als solches – anders als die Fraktionen (→ Zapfe, Art. 25 Rn 3) – **nicht rechtsfähig** im Sinne des **bürgerlichen Rechts**.[33] Daraus folgt, dass der LT im allg. Rechtsvertretung ausschließlich zu berechtigen und verpflichtet. Der LT selbst ist keine Behörde, da er als Staatsorgan keine Verwaltungsaufgaben wahrnimmt. Der LT ist auch keine juristische Person, sondern Organ des Bundeslandes M-V. Soweit im LT oder durch den LT öffentlich-rechtliche Verwaltungstätigkeit ausgeübt wird, erfolgt dies durch den PräsLT als Behörde (vgl Art. 29 Abs. 6 LV). Im Ergebnis hat damit der LT mit dem Präsidenten und der Landtagsverwaltung eine Behörde, ohne selbst eine zu sein.[34] 5

III. Der Landtag als „gewählte Vertretung des Volkes" (Abs. 1 Satz 1)

„Der Landtag ist die gewählte Vertretung des Volkes." Damit wird iVm Art. 3 Abs. 1 LV das Prinzip der repräsentativen Demokratie statuiert und begründet den **Grundpfeiler des Parlamentarismus**.[35] Insoweit ist die Volkssouveränität grds. als eine mittelbare Form der Demokratie ausgestaltet.[36] Ausnahmen sieht die LV in Art. 60 Abs. 3 und 4 LV vor, wonach unter bestimmten Voraussetzungen das Volk im Rahmen eines Volksentscheides im Wege der Gesetzgebung unmittelbare Staatsgewalt ausüben kann (→ *Litten*, **Art. 60** Rn 16 f). 6

Der Begriff des „**Volkes**" umfasst unter Berücksichtigung des Geltungsbereiches der LV sowie der Vorgaben des Art. 28 Abs. 1 Satz 2 GG die in M-V ansässigen deutschen Staatsangehörigen[37] (→*Wallerath*, **Art. 1** Rn 6). Der Begriff der gewählten „Vertretung" ist verfassungsrechtlich zu interpretieren und hat einen anderen Bedeutungsinhalt als die „Vertretung" im privatrechtlichen Verständnis. Insoweit orientiert sich der Wortlaut der LV an der Formulierung des GG in Art. 38 Abs. 1 Satz 2. „Vertretung" ist deshalb im Sinne einer verfassungsrechtlichen Repräsentation zu verstehen.[38] Repräsentation unterscheidet sich vom – zivilrechtlichen – Begriff der Vertretung dadurch, dass der LT bzw seine Mitglieder nicht nach den Weisungen des Volkes zu handeln haben. Kennzeichnend für das Repräsentationsprinzip ist vielmehr die Übertragung von Verantwortung durch Wahlen für einen begrenzten Zeitraum. Durch die Landtagswahl wird das Parlament als unmittelbares Repräsentativorgan des Volkes legitimiert.[39] 7

Daraus folgt zugleich, dass der LT zwar nicht oberstes Verfassungsorgan im Sinne einer institutionellen Hierarchie, wohl aber erster und oberster Repräsentant des Volkes[40] ist und insoweit zutreffend als die „erste Gewalt" im System der 8

---

33 *Butzer*, in: Epping/Butzer/Brosius-Gersdorf/Haltern/Mehde/Waechter, Art. 7 Rn 9.
34 *Geller/Kleinrahm*, Art. 30 Anm. 1 e.
35 *Perne*, in: Brocker/Droege/Jutzi, Art. 79 Rn 4.
36 Vgl auch *Linck*, in: Linck/Baldus/Lindner/Poppenhäger/Ruffert, Art. 48 Rn 9 f.
37 Siehe auch BVerfGE 83, 37, 51; *Löwer*, in: von Münch/Kunig, Art. 28 Rn 26.
38 Vgl *Klein*, in: Maunz/Dürig, Art. 38 Rn 1.
39 BVerfGE 80, 181, 217.
40 So auch *Perne*, in: Brocker/Droege/Jutzi, Art. 79 Rn 10; diff. *Butzer*, in: Epping/Butzer, Art. 7 Rn 10.

parlamentarischen Demokratie bezeichnet wird (→ *Litten,* **Art. 41** Rn 2). Repräsentationsorgan des Volkes ist aber nur der LT insgesamt, dh, als „LT" im Sinne der LV ist nur das Plenum zu verstehen; der einzelne Abg., die Ausschüsse und andere Gremien haben keine unmittelbare Repräsentationsfunktion.[41]

IV. Die Aufgaben des Landtages

9 **1. Der Landtag als Stätte der politischen Willensbildung (Abs. 1 Satz 2).** Mit der Bezeichnung des LT als „Stätte der politischen Willensbildung" wird im Ergebnis der Diskussion zum Funktionswandel[42] ein Parlamentsverständnis mit Verfassungsrang ausgestattet, dass der LT aufgrund seiner demokratischen Legitimation das in erster Linie berufene Verfassungsorgan ist, dem die Aufgabe zufällt, **politische Willensbildungsprozesse** anzustoßen, Auffassungen zu entwickeln, Meinungen zu diskutieren und **Entscheidungen** zu treffen. Politische Willensbildung ist insoweit als Prozess der Entwicklung, Formulierung, Diskussion und Geltendmachung von Bedürfnissen, Interessen und Meinungen in Bezug auf die Gestaltung öffentlicher Angelegenheiten zu verstehen. Art. 20 Abs. 3 Satz 1 LV weist dem LT zwar keine neuen oder erweiterten Kompetenzen zu. Die Regelung manifestiert jedoch die Sichtweise des BVerfG, wonach in einem Staatswesen, in dem das Volk Staatsgewalt am unmittelbarsten durch das von ihm gewählte Parlament ausübt, vor allem das Parlament dazu berufen ist, durch öffentlichen Willensbildungsprozess unter Abwägung der verschiedenen, unter Umständen widerstreitenden Interessen über die von der Verfassung offen gelassenen Fragen des Zusammenlebens zu entscheiden.[43] Dem Landtag kommt eine umfassende Thematisierungsaufgabe[44] zu, die beinhaltet, sämtliche, das Volk interessierende Angelegenheiten öffentlich zu debattieren.[45]

10 Anders als bei der Repräsentationsfunktion ist der LT im Hinblick auf die politische Willensbildung nicht auf das gesamte Parlament, dh das Plenum beschränkt. Parlamentarische politische Willensbildung findet vielmehr auch in den **Ausschüssen** (vgl Art. 33 LV) und in den Fraktionen (vgl Art. 25 Abs. 2 Satz 2 LV) statt. Im Beziehungsgefüge der Verfassungsorgane untereinander kommt dem LT kein Monopol auf die politische Willensbildung zu. Nach Art. 46 LV verfügen der MinPräs und die Minister über eigenständige politische Willensbildungs- und Entscheidungskompetenzen. Außerparlamentarisch wirken die Parteien und Bürgerbewegungen bei der politischen Willensbildung des Volkes mit (Art. 3 Abs. 4 LV, s. auch → *Wallerath,* **Art. 3** Rn 10).

11 **2. Wahl des Ministerpräsidenten, Kreationsfunktion des Landtages (Abs. 1 Satz 2 1. Halbsatz).** Der LT hat die Aufgabe, den MinPräs zu **wählen** und ihn damit demokratisch zu legitimieren. Durch die Wahl des MinPräs werden darüber hinaus auch die weiteren Mitglieder der LReg demokratisch legitimiert, da die LV keine gesonderte Wahl oder Bestätigung der LReg vorsieht.[46] Mit der Wahl des MinPräs überträgt der LT somit die ihm vom Volk verliehene Legiti-

---

41 Vgl *Resch,* LVerf LSA, Art. 41 Rn 1; *Butzer,* in: Epping/Butzer/Brosius-Gersdorf/Haltern/Mehde/Waechter, Art. 7, Rn 17.
42 → Rn 2, 3.
43 BVerfGE 38, 125, 159.
44 *Perne,* in: Brocker/Droege/Jutzi, Art. 79 Rn 23.
45 *Morlok,* in: Dreier, Art. 38 Rn 32; BVerfGE 10, 4, 13.
46 Anders zB Art. 98 Abs. 2 Satz 3Verf Rh-Pf, der einen Bestätigungsbeschluss des LT vorsieht.

mation und setzt damit die „Legitimationskette fort".[47] (Zu weiteren Einzelheiten zur Wahl des MinPräs vgl → *Litten*, **Art. 42** Rn 1.)

Die Aufgabe, den MinPräs zu wählen, ist zwar die wichtigste Wahl des LT, aber längst nicht seine einzige. Hinzu kommen u. a. die Wahl des PräsLT (Art. 29 Abs. 1 LV), der Mitglieder des LVerfG (Art. 52 Abs. 3 LV), des Präsidenten und Vizepräsidenten des LRH (Art. 68 Abs. 2 LV), des Bürgerbeauftragten (Art. 36 Abs. 1 Satz 1 LV) und des Datenschutzbeauftragten (Art. 37 Abs. 1 Satz 1 LV). 12

Die Wahlfunktion des LT schließt die Möglichkeit der Abwahl des MinPräs im Wege des konstruktiven Misstrauensvotums als actus contrarius ein (Art. 50 Abs. 2 LV, vgl → *Litten*, **Art. 50** Rn 4). In der Wahl des MinPräs kommt eine der wesentlichsten Aufgaben des LT im parlamentarischen Regierungssystem der LV, nämlich die Schaffung einer handlungsfähigen Regierung, am deutlichsten zum Ausdruck.[48] Diese Form demokratischer Herrschaft ist vor allem dadurch gekennzeichnet, dass der Bestand der **Regierung** – ihr Zustandekommen und ihr Fortbestand – vom **Vertrauen des Parlaments**, dh von der ausdrücklichen Zustimmung oder der stillschweigenden Duldung der Parlamentsmehrheit abhängt.[49] Insoweit geht die in diesem Zusammenhang vertretene Ansicht, die Wahl des MinPräs sei nur von einer „gewissen formalen Natur", weil sie lediglich einer Ratifikation der „quasi-plebiszitären Entscheidung des Wahlvolkes über den Landesvater" nahe kommt,[50] fehl. Dies gilt zum einen deshalb, weil die absolute Mehrheit einer Partei, und damit der eindeutige Sieg ihres Spitzenkandidaten in der politischen Wirklichkeit die Ausnahme bildet und im Regelfall Koalitionen gebildet werden müssen. Zum anderen ist es nicht ungewöhnlich, dass die Ergebnisse der geheimen Wahl von der nominellen Stimmenverteilung abweichen.[51] 13

3. Der Landtag als gesetzgebende Gewalt (Abs. 1 Satz 2 2. Halbsatz). Mit der Zuweisung der gesetzgebenden Gewalt wird dem LT die nach der Gewaltenteilungslehre klassische Aufgabe zugewiesen. Danach hat der LT allein die Befugnis zum Erlass von **Gesetzen**. Gemeint sind nur Gesetze im formellen Sinn, dh Parlamentsgesetze einschl. verfassungsändernder Gesetze. Die Ausnahme bildet Art. 60 Abs. 4 LV mit der Möglichkeit, ein Gesetz durch Volksentscheid in Kraft zu setzen. Untergesetzliche Rechtsnormen wie RechtsVO (vgl Art. 57 LV) oder Satzungen werden nicht erfasst. Insoweit besitzt der LT kein umfassendes Rechtsetzungsmonopol. 14

Aber auch die ausschließliche Kompetenz zum Erlass förmlicher Gesetze schließt die inhaltliche Mitwirkung, insb. der LReg nicht aus. Sie ist vielmehr systemimmanent und durch das Initiativrecht der LReg nach Art. 55 Abs. 1 LV (→ *Sauthoff*, **Art. 55** Rn 4) ausdrücklich statuiert. In der parlamentarischen Praxis der LT MV werden ca. 2/3 der Gesetzentwürfe von der LReg und ca. 1/3 aus der Mitte des LT, d. h. von den Fraktionen eingebracht.[52] Soweit es sich dabei um Gesetzgebungsinitiativen der die Landesregierung tragenden Fraktionen handelt, ist davon auszugehen, dass zumindest ein Teil von den Ressorts zugearbeitet wurde. Dies geschieht häufiger bei besonders eilbedürftigen Gesetzgebungsvor- 15

---

47 Vgl BVerfGE 47, 275; 52, 130; 77, 40; 83, 72; 93, 67.
48 *Butzer*, in: Epping/Butzer/Brosius-Gersdorf/Haltern/Mehde/Waechter, Art. 7 Rn 32.
49 Vgl hierzu im Einzelnen *Stern*, Bd. I, 2. Aufl., S. 955 ff; *Badura*, in: HdbStR Bd I, § 23 Rn 10; *Butzer*, in: Epping/Hillgruber, Art. 7 Rn 32.
50 Vgl dazu *Wagner*, in: Grimm/Caesar, Art. 79 Rn 39 mwN.
51 z. B. die gescheiterte Wiederwahl v. Frau Simonis in S-H.
52 Von 174 Gesetzentwürfen in der 5. WP wurden 114 von der LReg und 59 von den Fraktionen eingebracht. Hinzu kam eine Volksinitiative.

haben, da auf diese Weise zeitaufwändige Anhörungsverfahren nach der GO der LReg vermieden werden können[53]. Im Hinblick auf die völlig unterschiedliche personelle Ausstattung der Fraktionen und der Landtagsverwaltung einerseits und der Landesregierung andererseits, wäre eine umfassende Erarbeitung der Landesgesetze für das Parlament objektiv nicht leistbar. Zentraler Regelungsinhalt der Gesetzgebungsbefugnis des Parlamentes ist es, „wesentlichen" Regelungen die demokratische Legitimation zu vermitteln. Insoweit ist es nicht maßgeblich, wo und von wem politische Initiativen „ersonnen" oder erarbeitet werden, es kommt vielmehr darauf an, dass die Ergebnisse durch den LT transparent und verstehbar gemacht werden. Im Rahmen des Gesetzgebungsverfahrens macht der LT Gesetze verbindlich und verantwortet sie politisch gegenüber den Wählern. Soweit der öffentlich und auch in der Lit. immer wieder diagnostizierte „Bedeutungsverlust" der Parlamente darauf gestützt wird, dass der überwiegende Teil der Gesetze von der LReg vorgelegt werden[54], handelt es sich dabei weniger um eine tatsächliche Fehlentwicklung, sondern vielmehr um eine verfassungsrechtliche Missdeutung der Aufgaben des Parlaments und einer überzeichneten Interpretation der Bedeutung der Gesetzgebungskompetenz.[55] Insoweit ist die Gesetzgebung hinsichtlich der „Konzipierung, fachlich-politischen Schwerpunktsetzung und prozeduralen Entwicklung keineswegs Hauptaufgabe des Parlaments",[56] in Bezug auf die öffentliche Behandlung und abschließende Entscheidung aber immer noch seine „vornehmste" Aufgabe.[57]

16 Gegenstand der Gesetzgebung kann grds. „**jeder Lebensbereich**"[58] sein, soweit die zu regelnde Materie keinem anderen Verfassungsorgan zur ausschließlichen Wahrnehmung übertragen worden ist[59] und solange der Kernbereich einer anderen Gewalt nicht berührt wird.[60]

Zur Frage, welche Gegenstände der Landesgesetzgeber im Verhältnis zum Bund, aber auch im Verhältnis zur Europäischen Union regeln darf, enthält die LV keine Aussage. Die Gesetzgebungskompetenzverteilung zwischen Bund und Ländern ist vielmehr abschließend im GG, insb. in Artt. 70 ff GG geregelt. Danach fällt den Ländern die Gesetzgebungskompetenz zu, soweit das GG keine Gesetzgebungskompetenz des Bundes begründet. Ergänzend kann eine Gesetzgebungskompetenz auch „kraft Sachzusammenhangs" bestehen.[61] Bis zum In-Kraft-Treten der Föderalismusreform war die Gesetzgebungskompetenz der Länder im Wesentlichen auf das interne Organisations- und Verfahrensrecht, das Kommunalrecht, das Polizei- und Ordnungsrecht, das Kultur- und Schulrecht beschränkt.[62]

---

53 Vgl auch *Linck*, in: Linck/Baldus/Lindner/Poppenhäger/Ruffert, Art. 48 Rn 25, Fn 35.
54 *Wernstedt*, Nds VBl. 2007, 162 /163); *Butzer*, in: Epping/Butzer/ Brosius-Gersdorf/Haltern/Mehde/Waechter, Art. 7 Rn 46.
55 Vgl dazu *Meyer*, in: Schneider/Zeh, § 4 Rn 48 ff.
56 *Zeh*, Über Sinn und Zweck des Parlaments heute, in: ZParl 2005, S. 476 (483).
57 BVerfGE 33, 125, 158; idS auch *Wagner*, in: Grimm/Caesar, Art. 79 Rn 51.
58 BVerfGE 33, 125, 158.
59 *Linck*, in: Linck/Baldus/Lindner/Poppenhäger/Ruffert, Art. 48 Rn 36 nwN.
60 BVerfGE 49, 89, 124 f; 68, 1, 86 f; *Wagner*, in: Grimm/Cesar, Art. 79 Rn 47; siehe auch → *Wallerath*, **Art. 3** Rn 5 mit Fn 6.
61 Vgl dazu *Pieroth*, in: Jarass/Pieroth, Art. 70 Rn 5 ff mwN.
62 Vgl zu einer umfassenden – aber nicht vollständigen – Auflistung der Gesetzgebungskompetenzen der Länder vor der Föderalismusreform *Pieroth*, in: Jarass/Pieroth, 8. Aufl. 2006, Art. 70 Rn 12.

Mit der vom BT am 30. Juni 2006 beschlossenen Änderung des GG,[63] sog. Föderalismusreform I, wurden die Gesetzgebungszuständigkeiten von Bund und Ländern strukturell und inhaltlich neu geordnet.[64] Die Neuordnung der Gesetzgebungszuständigkeiten verfolgt das Ziel, die Gestaltungsmöglichkeiten von Bund und Ländern zu stärken, die politischen Verantwortlichkeiten deutlicher zuzuordnen, Blockademöglichkeiten im BRat abzubauen und die Europatauglichkeit des GG zu verbessern.[65] Zu den für die Landesparlamente wesentlichen Änderungen gehören die Abschaffung der Rahmengesetzgebung (bisher Art. 75 GG) und die Neuordnung der konkurrierenden Gesetzgebung (Art. 74 Abs. 1 GG).[66] Die strukturelle Veränderung der konkurrierenden Gesetzgebung besteht darin, dass nunmehr eine „Trias der konkurrierenden Gesetzgebungszuständigkeit",[67] bestehend aus Erforderlichkeitsgesetzgebung, Vorranggesetzgebung und Abweichungsgesetzgebung[68] geschaffen wurde. Im Ergebnis wurden folgende Materien auf die Länder – und damit auf die Landesparlamente – verlagert:

17

1. Strafvollzug (einschließlich Vollzug der Untersuchungshaft, bisher Teilbereich aus Art. 74 Abs. 1 Nr. 1 GG);
2. Versammlungsrecht (bisher Teilbereich aus Art. 74 Abs. 1 Nr. 3 GG);
3. Heimrecht (bisher Teilbereich aus Art. 74 Abs. 1 Nr. 7 GG);
4. Ladenschlussrecht (bisher Teilbereich aus Art. 74 Abs. 1 Nr. 11 GG);
5. Gaststättenrecht (bisher Teilbereich aus Art. 74 Abs. 1 Nr. 11 GG);
6. Spielhallen/Schaustellung von Personen (bisher Teilbereich aus Art. 74 Abs. 1 Nr. 11 GG);
7. Messen, Ausstellungen und Märkte (bisher Teilbereich aus Art. 74 Abs. 1 Nr. 11 GG);
8. Teile des Wohnungswesens (bisher Teilbereich aus Art. 74, Abs. 1, Nr. 18 GG);
9. landwirtschaftlicher Grundstücksverkehr (bisher Teilbereich aus Art. 74, Abs. 1, Nr. 18 GG);
10. landwirtschaftliches Pachtwesen (bisher Teilbereich aus Art. 74 Abs. 1 Nr. 18 GG);
11. Flurbereinigung (bisher Teilbereich aus Art. 74 Abs. 1 Nr. 18 GG);
12. Siedlungs- und Heimstättenwesen (bisher Teilbereich aus Art. 74 Abs. 1 Nr. 18 GG);
13. Schutz vor verhaltensbezogenem Lärm (bisher Teilbereich aus Art. 74 Abs. 1 Nr. 24 GG);
14. die Besoldung und Versorgung sowie das Laufbahnrecht der Landesbeamten und -richter (bisher Art. 74 a GG und Teilbereich aus Art. 75 Abs. 1 Satz 1 Nr. 1 GG und aus Art. 98 Abs. 3 Satz 2 GG) und die Rechtsverhältnisse der im öffentlichen Dienst der Länder, Gemeinden und anderen Körperschaften des öffentlichen Rechts stehenden Personen (bisher Teilbereich aus Art. 75 Abs. 1 Satz 1 Nr. 1 GG), soweit nicht durch den neuen Kompe-

---

63 BT-Drs. 16/813 in der Fassung der Beschlussempfehlung des Rechtsausschusses vom 28. Juni 2006, BT-Drs. 16/2010.
64 Vgl hierzu umfassend Schneider, Der neue deutsche Bundesstaat, Bericht über die Umsetzung der Föderalismusreform I, 2013.
65 BT-Drs. 16/813, S. 17.
66 Vgl zur Föderalismusreform insgesamt: *Ipsen*, Die Kompetenzverteilung zwischen Bund und Ländern nach der Föderalismusnovelle, in: NJW 2006, S. 2801 ff; *Degenhart*, Die Neuordnung der Gesetzgebungskompetenzen durch die Föderalismusreform, in: NVwZ, 2006, S. 1209 ff; *Mayen*, Neuordnung der Gesetzgebungskompetenzen von Bund und Ländern, in: DRiZ 2007, S. 51 ff.
67 *Ipsen* (Fn 66), S. 2803.
68 *Mayen* (Fn 66), S. 52.

tenztitel zur Regelung der Statusrechte (Art. 72 Abs. 1 Nr. 27 GG nF) erfasst;
15. der Großteil des Hochschulrechts mit Ausnahme der Hochschulzulassung und Hochschulabschlüsse (bisher Art. 75 Abs. 1 Satz 1 Nr. 1 a GG);
16. die allg. Rechtsverhältnisse der Presse (bisher Art. 75 Abs. 1 Satz 1 Nr. 2 GG).

Darüber hinaus erhalten die Länder für die in Art. 72 Abs. 3 GG nF im Einzelnen genannten Bereiche
1. das Jagdwesen (ohne das Recht der Jagdscheine);
2. den Naturschutz und die Landschaftspflege (ohne die allg. Grundsätze des Naturschutzes, das Recht des Artenschutzes oder des Meeresnaturschutzes);
3. die Bodenverteilung;
4. die Raumordnung;
5. den Wasserhaushalt (ohne stoff- oder anlagenbezogene Regelungen);
6. die Hochschulzulassung und die Hochschulabschlüsse

die Möglichkeit, von der Regelung des Bundes **abweichende landesgesetzliche Regelungen** zu treffen. Ob von dieser Möglichkeit Gebrauch gemacht wird oder ob die bundesgesetzliche Regelung ohne Abweichung gelten soll, unterliegt der verantwortlichen politischen Entscheidung des jeweiligen Landesgesetzgebers.[69] Der LT hat bisher von den Gesetzgebungskompetenzen nach Art. 74 Abs. 1 Nr. 1 – Strafvollzug[70] –, Nr. 3 – Heimrecht[71] –, Nr. 6 – Spielhallen[72] – und Nr. 14 – Besoldungsrecht[73] – sowie im Bereich der konkurrierenden Gesetzgebung von der Abweichungsmöglichkeit nach Art. 72 Abs. 3 Nr. 1 – Jagdwesen[74] –, Nr. 3 – Naturschutz[75] – und Nr. 6 – Hochschulzulassung und Hochschulabschlüsse[76] – Gebrauch gemacht. Demnach hat der Landtag einen größeren Teil der neuen Kompetenzen bisher[77] nicht genutzt.

Zu den Gesetzgebungskompetenzen der Länder, die sie bereits vor der Föderalismusreform I von 2006 – z. T. bereits traditionell – besaßen, gehören im Wesentlichen folgende Materien:[78]

- Der Haushaltsplan, der durch das Haushaltsgesetz festgestellt wird (Art. 99 Abs. 1);
- Kommunalrecht, einschließlich des Kommunalwahlrechts, des Gemeindewirtschaftsrechts, des Zweckverbandsrechts;
- Kulturrecht: Schul-, Rundfunk-, Feiertags-, Friedhofs-, Bestattungs-, Denkmalschutzrecht und Kultureinrichtungen, Staatskirchenrecht, insbesondere bzgl. der Staatskirchenverträge;

---

69 Vgl BR-Drs. 651/06, S. 7 f.
70 StVollzG M-V, SVVollzG M-V.
71 Gesetz zur Änderung des Landespflegerechts, GVOBl. M-V, 2012, 532 ff.
72 Zuletzt GkLStVG M-V.
73 LBesG M-V: V.m.BesVanpG.
74 Zuletzt Erstes Gesetz zur Änderung des Landesfischereigesetzes, GVOBl. M-V 2013, 299 ff.
75 Dauergrünlanderhaltung, Gesetz – DGErhG M-V –; Kohlendioxid-Speicherungsausschlussgesetz – KSpAuschlG M-V.
76 § 41 Abs. 1 Landeshochschulgesetz (Diplomabschlüsse für Bachelor-/Masterstudiengänge).
77 Stand 01.07.2014.
78 Vgl dazu *Pieroth*, in Jarass/Pieroth, 8. Aufl 2006 Art. 70 Rn 12 ff; sowie *Schneider*, Gesetzgebung, 3. Aufl. 2002, § 7 Rn 167; zu den aktuellen Gesetzgebungskompetenzen vgl *Pieroth*, in: Jarass/Pieroth, Art. 70 Rn 17 ff.

- Staatsorganisationsrecht des Landes: Wahlrecht, Parlamentsrecht (Petitions-, Untersuchungsausschuss-, Abgeordnetenrecht), Rechnungshof, Verfassungsgerichtsbarkeit, Regelung plebiszitärer Verfahren;
- Polizei- und Ordnungsrecht, Rettungswesen, Rauchverbote, Sammlungsrecht;
- Sonstiges wie: Straßen- und Wegerecht, Kindergartenwesen.

Insgesamt gilt, dass die Zuweisung einer Kompetenz an den Landesgesetzgeber grds. **keine Gesetzgebungspflicht** begründet.[79] Wenn und soweit der Landesgesetzgeber von den neu zugewiesenen Gesetzgebungskompetenzen keinen Gebrauch macht, bleiben die bundesrechtlichen Regelungen bestehen. Insoweit zeichnet sich ab, dass die Frage des gesetzgeberischen Handlungsbedarfes im Bereich der – neuen – Gesetzgebungskompetenzen der Länder politisch differenziert betrachtet wird.[80]

Gesetze werden im **Regelfall unbefristet** erlassen. Es bestehen jedoch keine verfassungsrechtlichen Bedenken gegen sog. „Zeitgesetze", das heißt Gesetze, die nach Ablauf einer bestimmten Frist automatisch außer Kraft treten. Wenn und soweit es in Bezug auf den Inhalt der Regelung und den Zeitraum der Befristung sachlich nachvollziehbare Gründe gibt, ist dies verfassungsrechtlich unbedenklich und im Hinblick auf eine legislative Wirksamkeitskontrolle vielmehr positiv zu bewerten.[81]

Zu der Frage, in welchen Fällen eine Regelung durch Parlamentsgesetz getroffen werden muss, gibt es zunächst verschiedene ausdrückliche verfassungsrechtliche Vorbehalte, in denen eine **gesetzliche Regel gefordert** wird. Im Einzelnen enthält die LV insoweit insgesamt 28 Regelungs- und Zustimmungsvorbehalte sowie Vorbehalte förmlicher gesetzlicher Regelung: Art. 6 Abs. 4 LV (Datenschutz, Informationsrechte); Art. 8 Satz 2 (Chancengleichheit im Bildungswesen); Art. 12 Abs. 5 (Umweltschutz); Art. 15 Abs. 6 (Schulwesen); Art. 20 Abs. 2 Satz 3 (Landtagswahl); Art. 21 Abs. 3 (Wahlprüfung); Art. 22 Abs. 3 Satz 3 (Abgeordnetenentschädigung); Art. 25 Abs. 2 Satz 3 (Fraktionsfinanzierung); Art. 34 Abs. 7 (Untersuchungsausschüsse); Art. 35 Abs. 3 (Petitionsausschuss); Art. 36 Abs. 3 (Bürgerbeauftragter); Art. 37 Abs. 4 (Datenschutzbeauftragter); Art. 39 Abs. 3 (Informationspflichten der LReg); Art. 40 Abs. 4 (Frage- und Auskunftsrecht der Abg.); Art. 45 Abs. 2 (Rechtsstellung der Regierungsmitglieder); Art. 47 Abs. 2 (Staatsverträge); Art. 49 Abs. 2 (Amnestie); Art. 54 (LVerfG); Art. 56 Abs. 1 (Verfassungsänderungen); Art. 59 Abs. 4 (Volksinitiative); Art. 60 Abs. 5 (Volksbegehren und Volksentscheid); Art. 61 Abs. 2 (Landeshaushalt); Art. 63 Abs. 1 Satz 3 (Über- und außerplanmäßige Ausgaben); Art. 65 Abs. 1 (Kreditbeschaffung); Art. 65 Abs. 2 (Erhöhte Kreditaufnahme); Art. 66 Abs. 3 (Landesvermögen); Art. 67 Abs. 4 (Rechnungslegung); Art. 68 Abs. 6 (LRH); Art. 70 Abs. 2 Satz 1 (Organisation der öffentlichen Verwaltung); Art. 71 Abs. 5 (öffentlicher Dienst); Art. 72 Abs. 3 Satz 1 (Konnexitätsprinzip bei der Übertragung öffentlicher Aufgaben auf die Kommunen); Art. 72 Abs. 5 (kommunale Selbstverwaltung); Art. 75 (Landschaftsverbände).

In welchen Fällen eine Regelung iÜ durch ein **Parlamentsgesetz** getroffen werden muss, ist eine Frage der Reichweite des Parlamentsvorbehalts, der sich maßgeb-

---

79 *Pieroth*, in: Jarass/Pieroth, Art. 70 Rn 13.
80 Vgl dazu Antwort der LReg auf die kleine Anfrage der Abg. Barbara Borchardt zur ausschließlichen Gesetzgebungskompetenz der Länder, Drs. 5/64 vom 17.11.2006.
81 Vgl *Linck*, in: Linck/Baldus/Lindner/Poppenhäger/Ruffert, Art. 48 Rn 35 nwN; *Chanos*, Möglichkeiten und Grenzen der Befristung parlamentarischer Gesetzgebung, 1999, S. 16, 111 f.

lich nach der vom BVerfG entwickelten sog. **Wesentlichkeitstheorie** bestimmt (→ *Wallerath*, **Art. 4** Rn 8).[82] Danach ist es dem parlamentarischen Gesetzgeber vorbehalten, alle wesentlichen Entscheidungen selbst zu treffen.[83] Staatliches Handeln soll so in bestimmten grundlegenden Bereichen durch förmliches Gesetz legitimiert werden.[84] Zugleich soll für die relevanten Regelungen ein Verfahren sichergestellt werden, das sich „dass sich durch Transparenz auszeichnet, die Beteiligung der parlamentarischen Opposition gewährleistet und den Betroffenen und dem Publikum Gelegenheit bietet, ihre Auffassung auszubilden und zu vertreten".[85] Dabei kommt es namentlich darauf an, was „wesentlich für die Verwirklichung der Grundrechte" ist.[86] Je intensiver die in Rede stehende Maßnahme Grundrechte berührt, desto höher muss auch das demokratische Legitimationsniveau ausfallen.[87] Schon nach dem **rechtsstaatlichen Gesetzesvorbehalt** ist eine gesetzliche Regelung jedenfalls im Bereich der klassischen Grundrechtseingriffe notwendig,[88] also für alle Regelungen, mit denen belastende Eingriffe in individuelle Rechtspositionen verbunden sind (→ *Wallerath*, **Art. 4** Rn 7). Unabhängig von Grundrechtseingriffen gilt der parlamentarische Entscheidungsvorbehalt auch für andere wesentliche Entscheidungen[89], wie Auslandseinsätze der Bundeswehr[90] oder die nationale Mitwirkung an Rechtsetzungsverfahren der EU.[91] Auf Landesebene gilt dies für verfassungsrechtlich relevante Strukturveränderungen, wie die Kreisgebietsreform[92] oder eine Gerichtstrukturreform. Auch Standortentscheidungen, wie bspw. ein Atomendlagerstandort[93], unterliegen wegen ihrer grundsätzlichen Bedeutung einem Gesetzesvorbehalt.

21 Das **Budgetrecht des LT**, das nach allg. Ansicht ein „wesentliches Instrument" seiner Rechtsetzungs- und Kontrollkompetenz ist,[94] wird in der LV zwar nicht als gesonderte Aufgabe ausgewiesen,[95] die Kompetenz als Haushaltsgesetzgeber ergibt sich jedoch insoweit aus den Gesetzesvorbehalten in den Artt. 61 ff LV. Dem Parlament kommt deshalb auch bei der Feststellung des Haushaltsplanes „im Verhältnis zu den anderen an der Feststellung des Haushaltsplanes beteiligten Verfassungsorganen" – und dh konkret: der Regierung – eine „überragende verfassungsrechtliche Stellung zu".[96] Die Entscheidung über Einnahmen und Ausgaben der öffentlichen Hand ist grundlegender Teil der demokratischen Selbstgestaltungsfähigkeit im Verfassungsstaat.[97]

---

82 BVerfGE 33, 125, 163; 33, 303, 336 ff; 34, 165, 192 f; 41, 251, 259 ff; 47, 46, 78 ff; 49, 89, 126 ff.
83 BVerfGE 77, 170, 230 f.
84 BVerfGE 98, 218-251; → *Wallerath*, **Art. 3** Rn 8.
85 BVerfGE 95, 267, 307 f; 85, 386, 403.
86 BVerfGE 98, 218, 251.
87 BVerGE 130, 76, 124.
88 *Jarass*, in: Jarass/Pieroth, Art. 20 Rn 49.
89 *Butzer*, in: Epping/Hillgruber, Art. 38 Rn 22.
90 BVerGE 121, 135, 153 ff.
91 BVerGE 123, 267, 351 ff.
92 Vgl LVerfG M-V, DVBl. 2007, 1102.
93 Vgl *Butzer*, in: Epping/Butzer/Brosius-Gersdorf/Haltern/Mehde/Waechter, Art. 7 Rn 7 m. weiteren Bsp.
94 BVerfGE 70, 324, 356; *Achterberg*, Parlamentsrecht, S. 388.
95 In anderen Landesverfassungen wird der Beschluss des Landeshaushaltes neben der Gesetzgebungskompetenz teilweise ausdrücklich aufgeführt, vgl zB Art. 41 Abs. 1 Satz 2 LVerf LSA oder Art. 79 Abs. 1 Satz 2 Verf Rh-Pf.
96 BVerfGE 70, 324, 355; 79, 311, 329; 129, 124, 177; 132, 195, 239.
97 BVerfG, Urteil v. 18.03.2014, 2 BvE 6/12, Rn 161, juris.

Die Wahrnehmung der Budgethoheit ist daher vom verfassungsrechtlichen Anspruch her zumindest eine der wichtigsten Aufgaben des LT.[98] In der Verfassungswirklichkeit gibt es jedoch eine Kumulation von Entwicklungen, die die parlamentarische Steuerung und Kontrolle des Landeshaushalts erschweren oder teilweise sogar ausschließen.[99] Eine begrenzte Einflussmöglichkeit sieht zunächst in den mischfinanzierten Bereichen vor, in denen im Rahmen von EU-Programmen (zB ESF, EFRE, LEADER) bereits im Vorfeld der Haushaltsaufstellung Entscheidungen über die Förderschwerpunkte getroffen werden und vom Parlament im Rahmen der Haushaltsberatungen kaum oder gar nicht mehr beeinflusst werden können. Vergleichbares gilt in den vom Bund mit finanzierten Bereichen (zB Gemeinschaftsaufgaben), die im Rahmen der Föderalismusreform jedoch deutlich reduziert worden sind. Weitere Probleme ergeben sich mit der Einführung der sog. „neuen Steuerungsmodelle", zu denen bspw erweiterte Deckungsfähigkeiten und Übertragbarkeit von Ausgaben (Flexibilisierung) sowie die Reduzierung und Zusammenfassung von Haushaltstiteln (Globalisierung) gehören.[100] Hinzu kommt eine wachsende Zahl von mehr oder weniger selbstständigen Haushalten, die insb. im Zusammenhang mit der Auslagerung von Aufgaben in Form von zumindest formalen Privatisierungen. Zwar sind die entsprechenden Wirtschaftspläne Gegenstand der Haushaltsberatungen, eine Einflussnahme und Kontrolle der Ausgaben im Einzelnen ist jedoch faktisch kaum möglich. In M-V ist durch die Errichtung des Betriebs für Bau und Liegenschaften[101] der überwiegende Teil des staatlichen Hochbaus, einschließlich der Bewirtschaftung der Landesliegenschaften, nicht mehr im Einzelnen veranschlagt, sondern Bestandteil des Wirtschaftsplanes des Betriebs für Bau und Liegenschaften. Die Wahrnehmung des Budgetrechts durch das Parlament ist insoweit jedenfalls erheblich eingeschränkt. Diese Schwächung der parlamentarischen Haushaltsgestaltung zugunsten von – vermeintlicher oder tatsächlicher – Effektivität bei der Erfüllung öffentlicher Aufgaben ist verfassungsrechtlich nur solange vertretbar, wie der Verlust an Gestaltungsspielraum im eigentlichen Haushaltsgesetzgebungsverfahren durch adäquate parlamentarische Kontrolle kompensiert wird. Geeignete Instrumente sind besondere Berichtspflichten zur Herstellung der notwendigen Transparenz sowie die Einführung von Zustimmungsvorbehalten durch den LT. Die Schwächung des parlamentarischen Haushaltsverfahrens tangiert jedoch nicht nur die Rechte des Parlaments als Landesgesetzgeber. Vielmehr ist auch die Frage des Gesetzesvorbehalts im Bereich der Leistungsverwaltung betroffen. Je weniger im Haushaltsgesetzgebungsverfahren die Ausgaben mit Zweckbindungen verbunden sind, sondern Haushaltsmittel in Größenordnungen der LReg zur flexiblen Bewirtschaftung übertragen werden, je zweifelhafter wird das Haushaltsgesetz als hinreichende gesetzliche Grundlage. Hinzu kommt, dass mit Einführung der sog. Schuldenbremse (→ *Mediger*, **Art. 65** Rn 15), bei der es sich in Bezug auf die Länder tatsächlich um ein Kreditaufnahmeverbot handelt, der Gestaltungsspielraum des Haushaltsgesetzgebers zukünftig (ab 01.01.2020) deutlich eingeschränkt wird. Um eine „Entkernung" der Budgethoheit der Parlamente zu verhindern,[102] kommt den Ergebnissen der

---

98 Vgl *Wagner*, in: Grimm/Caesar, Art. 79 Rn 53, der sogar von der „zentralen und wichtigsten Aufgabe" spricht.
99 Vgl *Wagner*, in: Grimm/Caesar, Art. 79 Rn 54 mwN.
100 Vgl *Wagner*, in: Grimm/Caesar, Art. 79 Rn 55.
101 GVOBl. 2001, S. 600.
102 Mit der Folge, dass sich die Länder zu autonomen Verwaltungsprovinzen entwickeln würden, vgl Prantl, SZ v. 05.09.2014 – Das Bier der Länder –.

Neuordnung der Bund-Länder-Finanzbeziehungen eine zentrale Bedeutung zu, um die fiskalische Gestaltungskompetenz der Landtage zu erhalten.

22 **4. Parlamentarische Kontrolle (Abs. 1 Satz 2 3. Halbsatz).** Die Aufgabe des LT, die LReg und die Landesverwaltung – mithin die vollziehende Gewalt – zu kontrollieren, stellt heute eine der Hauptaufgaben des Landesparlaments dar.[103] Wenngleich die Aufgabe der parlamentarischen Kontrolle dem LT als Ganzem zugewiesen ist, wird die parlamentarische Kontrolle in der Verfassungswirklichkeit unterschiedlich wahrgenommen. Insoweit sind zwei Formen der parlamentarischen Kontrolle zu unterscheiden. Die Parlamentsmehrheit – im Regelfach die Koalitionsfraktionen – übt eine Kontrolle im Sinne der Mitsteuerung im Interesse der Verbesserung und Erfolgssicherung des Regierungshandelns aus.[104] Maßgebliches Instrument der Steuerung durch die die Regierung tragenden Fraktionen ist somit das **Mehrheitsprinzip** iVm der Gesetzgebungsfunktion und der Kreationsfunktion. Auch durch sog. „schlichte Parlamentsbeschlüsse" nimmt die Parlamentsmehrheit Einfluss auf das Regierungshandeln.[105] Mit einer derartigen Willensbekundung wird der LReg v. LT ein Meinungsbild übermittelt, ohne sie verpflichtend festzulegen, da schlichte Parlamentsbeschlüsse keine rechtliche Bindungswirkung enthalten.[106] Die für die politische Einflussnahme notwendigen Informationen erhalten die Abg. der Regierungsfraktionen häufig außerhalb der dafür vorgesehenen klassischen und für die Öffentlichkeit transparenten Wege, sondern unbeobachtet über interne Kommunikationskanäle[107]. Große und Kleine Anfragen, Unterrichtungen und Fragestunde sind in der parlamentarischen Praxis vor allem Instrumente der Opposition. Der Informationsaustausch zwischen Regierung und der Koalitionsfraktionen findet demgegenüber überwiegend durch die Einbindung der Minister in die Fraktionsarbeit, durch Teilnahme der Minister an Fraktionssitzungen und an Arbeitskreisen einerseits sowie umgekehrt durch die Teilnahme der Fraktionsvorsitzenden und Parlamentarischen Geschäftsführer an den Sitzungen des Kabinetts und der Staatssekretäre statt. Soweit mehrere Fraktionen gemeinsam die parlamentarische Mehrheit stellen,[108] wird zur Steuerung und Konfliktlösung regelmäßig ein Koalitionsausschuss eingerichtet, dem regelmäßig Regierungsmitglieder und Vertreter der Koalitionsfraktionen, teilweise auch Vertreter der die Koalition tragenden Parteien angehören. Um den Begriff der parlamentarischen Kontrolle einzugrenzen, wird die verfassungsrechtliche Kontrollkompetenz teilweise auf diejenigen Bereiche parlamentarischen Handelns begrenzt, die weder der Gesetzgebungs- noch der Kreationsfunktion zuzurechnen sind.[109]

23 Parlamentarische Kontrolle im – verfassungsrechtlich – engeren Sinne ist daher überwiegend die kritische und öffentliche Kontrolle durch einzelne Abg. und im Wesentlichen die parlamentarische **Opposition** (→ *Wiegand-Hoffmeister*, Art. 26). Insoweit folgerichtig sind die Instrumente der parlamentarischen Kontrolle als Individualrechte der Abg. oder jedenfalls als Minderheitenrechte ausgestaltet. Die Mittel parlamentarischer Kontrolle sind zum Teil in der Verfas-

---

103 *Wagner*, in: Grimm/Caesar, Art. 79 Rn 58.
104 *Zeh*, Über Sinn und Zweck des Parlaments heute, in: ZParl 2005, S. 473 (482); *Thesling*, in: Heusch/Schönenbroicher, Art. 30 Rn 7.
105 *Thesling*, in: Heusch/Schönenbroicher, Art. 30 Rn 6.
106 *Magiera*, in: Sachs, Art. 38 Rn 38; VerfGH Weimar, DVBl. 2011, 352.
107 BVerfGE 114, 121 ,149 f, *Perne*, in: Brocker/Droege/Jutzi, Art. 79 Rn 44.
108 Dies war in M-V durchgängig der Fall: In der 1. Legislatur bildeten die CDU und FDP eine Koalition, in der 2. Legislatur die CDU und die SPD, in der 3. und 4. Legislatur die SPD und PDS und in der 5. und 6. Legislatur (ab 2011) die SPD und die CDU.
109 *Achterberg*, Parlamentsrecht, S. 410; *Linck*, in: Linck/Jutzi/Hopfe, Art. 48 Rn 24.

sung, zum Teil – ergänzend – einfachgesetzlich bzw in der GO LT geregelt. Dabei handelt es sich im Einzelnen um folgende Kontrollrechte:
- das Recht auf Einsetzung eines Untersuchungsausschusses auf Antrag eines Viertels der Mitglieder des LT nach Art. 34 LV (→ *Wiegand-Hoffmeister*, **Art. 34** Rn 3);
- Frage und Auskunftsrecht der Abg. nach Art. 40 LV (vgl → *Zapfe*, **Art. 40** Rn 2), näher ausgestaltet durch die GO als Recht des einzelnen Abg. in der Fragestunde (§ 65 GO LT) sowie das Recht des Abg., Kleine Anfragen zu stellen (§ 64 GO LT) sowie das parlamentarische Minderheitenrecht der Großen Anfragen, das von einer Fraktion oder mindestens vier Mitgliedern des LT wahrgenommen werden kann (vgl § 63 GO LT);
- die Informationspflichten der LReg gegenüber dem LT nach Art. 39 LV (→ *Wiegand-Hoffmeister*, **Art. 39** Rn 1);
- das Zitierrecht des LT und seiner Ausschüsse als Minderheitenrecht eines Drittels der jeweiligen Mitglieder nach Art. 38 Abs. 1 LV (→ *Wiegand-Hoffmeister*, **Art. 38** Rn 1);
- die Sonderauskunftsrechte des Petitionsausschusses zur Aktenherausgabe auf Verlangen eines Viertels seiner Mitglieder nach Art. 35 Abs. 2 LV (→ *Sauthoff*, **Art. 35** Rn 8).

Die Regelungen der Verfassung werden zum Teil ergänzt durch einfachgesetzliche Regelungen, zB die **Parlamentarische Kontrollkommission**. In Angelegenheiten des Verfassungsschutzes des Landes unterliegt die LReg der Kontrolle durch die Parlamentarische Kontrollkommission. Der LT bestimmt zu Beginn jeder Wahlperiode die Zahl der Mitglieder der Parlamentarischen Kontrollkommission, ihre Zusammensetzung und Arbeitsweise und wählt die Mitglieder der Kommission aus seiner Mitte (§ 27 Landesverfassungsschutzgesetz M-V). Zu Beginn der 5. Wahlperiode hat der LT die Wahl der Parlamentarischen Kontrollkommission zunächst zurückgestellt, um zunächst das Gesetz zu ändern und die Wahl auf der Grundlage der Gesetzesänderung durchzuführen. Dies hat zum einen die Frage aufgeworfen, ob bis zur Neuwahl die alte Parlamentarische Kontrollkommission fortbesteht, auch wenn ihre – gewählten – Mitglieder nicht mehr dem neuen LT angehören. Diese Frage ist zu bejahen, da die Parlamentarische Kontrollkommission ausdrücklich nicht der Diskontinuität unterliegt und die demokratische Legitimation insoweit über die Legislaturperiode hinaus bis zur Neuwahl fortbesteht. Die Rechtfertigung dieser Durchbrechung der Diskontinuität ergibt sich aus der Notwendigkeit, eine ununterbrochene Kontrolle des Verfassungsschutzes zu gewährleisten. Eine weitere Frage in diesem Zusammenhang ergibt sich daraus, dass der Gesetzgeber mit der Änderung das Recht jeder Fraktion aufgehoben hat, in der Parlamentarischen Kontrollkommission vertreten zu sein. Auch dies ist verfassungsrechtlich unbedenklich, soweit und solange sichergestellt ist, dass die Vertreter der Oppositionsfraktionen insgesamt angemessen repräsentiert sind. Der Schutz der parlamentarischen Minderheit zur Gewährleistung einer effektiven parlamentarischen Kontrolle ist hinreichend gesichert, wenn die Opposition insgesamt entsprechend ihrem Stärkeverhältnis in dem Kontrollgremium vertreten ist.

Gegenstand der parlamentarischen Kontrolle sind die **LReg**, dh die einzelnen Regierungsmitglieder und ihre Ministerien sowie die **Landesverwaltung** und damit auch alle übrigen Landesbehörden. Damit ist die Kontrolle jedoch nicht auf die originären Zuständigkeiten bzw unmittelbare Verantwortung der vollziehenden Gewalt begrenzt. Zulässige Gegenstände der parlamentarischen Kontrolle sind vielmehr alle Bereiche, für die die Exekutive unmittelbar oder mittelbar

Verantwortung trägt.[110] Reichweite und Grenzen der parlamentarischen Kontrolle sind abstrakt schwer zu definieren.[111] Insofern wird auf die Kommentierung der einzelnen Kontrollrechte verwiesen. Zweifelhaft erscheint jedoch grds. die Annahme, die parlamentarische Kontrolle könne sich auch auf den parlamentarischen Bereich, dh auf die Organe des LT, die Abg. oder die Fraktionen beziehen.[112] Soweit für diese Bereiche Informations- bzw Kontroll- oder Sanktionsrechte vorgesehen sind, handelt es sich dabei nicht um eine „parlamentarische Kontrolle" im Sinne des Art. 20 LV, sondern um eigenständige Regelungen im Bereich der Parlamentsautonomie, die insoweit, soweit sie in Rechte Dritter eingreifen, einer eigenen Ermächtigungsgrundlage bedürfen.

26 **5. Behandlung öffentlicher Angelegenheiten (Abs. 1 Satz 3).** Nach Art. 20 Abs. 1 Satz 3 LV behandelt der LT „öffentliche Angelegenheiten". Mit dieser Regelung hat der Verfassunggeber in zutreffender Weise eine Art Auffangtatbestand normiert, um bei der zentralen Teilhabe des LT an dem dynamischen Prozess politischer Willensbildung Aufgaben zu erfassen, die in der verfassungsrechtlichen Lit. als Öffentlichkeitsfunktion umschrieben werden.[113] Unter „öffentlichen Angelegenheiten" ist alles zu verstehen, was nach Auffassung des LT einer Erörterung im Parlament bedarf. Insoweit gilt für die Reichweite der „Behandlungskompetenz" ein sehr viel großzügigerer Maßstab als für die parlamentarischen Gestaltungs- und Kontrollrechte[114]. Im Rahmen der Öffentlichkeitsfunktion kommt dem LT ein allgemeinpolitisches Mandat zu, soweit – auch über die Grenzen formaler Kompetenzen hinaus – thematisch ein Bezug zu M-V besteht. Zum Wesen und zu den grds. Aufgaben des Parlaments gehört es, „Forum für Rede und Gegenrede" zu sein und sich insoweit als „Veröffentlicher von Politik zu bewähren".[115] Die kommunikative Rückbindung zwischen Parlament und Volk ist essentiell für die repräsentative Demokratie.[116] Darüber hinaus kommt dem Parlament, insb. der Opposition, die Aufgabe zu, die Interessen und Anliegen der Bürger aufzugreifen und sie öffentlich zu artikulieren. Im Rahmen dieser Artikulationsfunktion ist es – soweit formale Rechte anderer Verfassungsorgane nicht betroffen sind – auch zulässig, dass sich der LT mit internationalen, europapolitischen oder bundespolitischen Fragen auseinandersetzt, sofern diese für die Menschen in M-V von öffentlichem Interesse sein können.

27 In Bezug auf internationale Aktivitäten ist der LT – unbeschadet der exklusiven Außenvertretungskompetenz des MinPräs nach Art. 47 Abs. 1 (→ *Litten*, **Art. 47** Rn 2) – nicht nur berechtigt, sondern zur Förderung des Staatsziels nach Art. 11 LV (→ *Schütz*, **Art. 11** Rn 2) als Verfassungsorgan auch berufen, internationale Aktivitäten zu entfalten.[117] Neben der Wahrnehmung der Integrationsverantwortung in Angelegenheiten der EU (→ Rn 3) gilt dies vor allem für die

---

110 So ausdrücklich § 65 der GO zum zulässigen Gegenstand im Rahmen der Fragestunde.
111 Vgl dazu allg. *Linck*, in: Linck/Baldus/Lindner/Poppenhäger/Ruffert, Art. 48 Rn 56 ff.
112 So aber *Linck*, in: Linck/Baldus/Lindner/Poppenhäger/Ruffert, Art. 48 Rn 67; i. d. S. wohl auch *Perne*, in: Brocker/Droege/Jutzi, Art. 79 Rn 41.
113 *Stern*, § 26 II, 1 a.
114 *Perne*, in: Brocker/Droege/Jutzi, Art. 79 Rn 48.
115 *Hübner*, in: von Mutius/Wuttke/Hübner, Art. 10 Rn 16.
116 BVerfGE 118, 277, 333 (Responsivität).
117 IdS zutreffend *Strätker/Kalhorn*, Die Kooperation der Regionalparlamente von Mecklenburg-Vorpommern, Schleswig-Holstein, Kaliningrad und Schonen in der Südlichen Ostsee, in: Rühr (Hrsg.) Staatsfinanzen. Aktuelle und grundlegende Fragen in Rechts- und Verwaltungswissenschaft, 2007, S. 143 ff; zu restriktiv demgegenüber *März*, JöR N.F. 54 (2006), 175 (214) mit Fn. 161.

Förderung der grenzüberschreitenden Zusammenarbeit, insb. im Ostseeraum.[118] Neben einer Vielzahl von Initiativen der verschiedenen Gremien sind in diesem Zusammenhang vor allem die Mitgliedschaft und aktive Mitarbeit des LT in der Ostseeparlamentarierkonferenz[119] sowie die – gelebten – Partnerschaften mit den Sejmiks der Woiwodschaften Westpommern und Pommern, vertieft und erweitert durch die Zusammenarbeit im „Parlamentsforum Südliche Ostsee",[120] von Bedeutung.

V. Abgeordnetenzahl und Wahlsystem (Abs. 2)

In Art. 20 Abs. 2 Satz 1 LV wird die Zahl der Abg. des LT von M-V mit 71 festgeschrieben. Für die erste Legislaturperiode war die Zahl der Abg. durch das Gesetz über die Wahlen zu Landtagen der Deutschen Demokratischen Republik[121] auf 66 Abg. festgelegt. Die Festlegung in der Verfassung trägt der schwierigen Situation im Ergebnis der ersten Landtagswahl 1990 Rechnung. Insoweit war zunächst eine Pattsituation entstanden, die nur durch den Fraktionswechsel eines Abg. aufgehoben wurde und so eine Regierungsbildung ermöglichte.[122] Mit der ungeraden Zahl der Abg. ist nunmehr ausgeschlossen, dass im LT zwei Parteiengruppen mit gleicher Abgeordnetenzahl vertreten sind. Die Zahl der Abg. ist jedoch nicht absolut. Sie kann sich durch das Entstehen von Überhang- und Ausgleichmandaten (→ Rn 33) erhöhen oder durch das Leerbleiben von Sitzen vermindern. 28

Forderungen nach einer Verkleinerung des Parlaments als Reaktion auf den Bevölkerungsrückgang in M-V sind bisher – zu Recht – nicht aufgegriffen worden,[123] da dies zum einen keine nennenswerten Einsparungen einbringen, andererseits aber die Funktionsfähigkeit des Parlaments, insbesondere im Bereich der Ausschüsse, gefährden würde. Vor allem kleine Fraktionen mit unter 10 MdL sind bereits bei der gegenwärtigen Größe nicht in der Lage, alle Politikbereiche angemessen personell zu besetzen.

In Art. 20 Abs. 2 Satz 2 1. Halbsatz LV werden die Wahlrechtsgrundsätze der **freien, gleichen, allgemeinen, geheimen und unmittelbaren** Wahl aus Art. 3 Abs. 3 LV (vgl → *Wallerath*, **Art. 3** Rn 8) und aus Art. 28 Abs. 1 Satz 2 GG wiederholt und mit den Vorgaben an den Gesetzgeber für die Gestaltung des **Wahlsystems** verknüpft. Danach wird der LT „nach den Grundsätzen einer mit der Personenwahl verbundenen Verhältniswahl" gewählt. Dieses **personalisierte Verhältniswahlsystem**, das im Bund (vgl § 1 Abs. 1 Satz 2 BWG) und in den meisten Ländern[124] gilt, ist vor allem dadurch gekennzeichnet, dass die Wähler einen Teil der Abg. in Wahlkreisen und einen anderen Teil über eine Liste wählen. Dieses Mischsystem von personaler Mehrheits- und Verhältniswahl verfolgt den Zweck, einerseits das Parlament zu möglichst getreuem Abbild der politischen 29

---

118 Vgl *Werz/Bonin/Edler/Fabricius/Krüger/Saldik*, Kooperation im Ostseeraum – Eine Bestandsaufnahme der wissenschaftlichen und politischen Kooperation unter besonderer Berücksichtigung der neuen Bundesländer, 2004.
119 Vgl *Schöning*, Der Beitrag der norddeutschen Landtage zur Ostseekooperation, in: ZParl. 2005, S. 589 ff.
120 Vgl hierzu die umfassende Darstellung bei *Strätker/Kalhorn*, aaO, S. 143 ff.
121 GBl. d. DDR, Teil I, Nr. 51, S. 960.
122 *März*, JöR N.F. 54 (2006), 175 (186).
123 Vgl Empfehlungen und Bericht der Unterkommission des Ältestenrates zur Prüfung einzelner Festlegungen des Abgeordnetengesetzes, LT-Drs. 6/1967, S. 16 f.
124 Abweichende Wahlsysteme gibt es lediglich in Bremen, Hamburg und dem Saarland.

Strömung in der Wählerschaft werden zu lassen[125] und der Wahlkreiskandidatenwahl als Mehrheitswahl mit der Möglichkeit, eine Person wahlkreisbezogen direkt zu wählen, anderseits. Die dazu – insb. in Bezug auf die insoweit verfassungsrechtlich offene Rechtslage – geführte Kontroverse über das bessere Wahlrecht[126] ist wegen der verfassungsrechtlichen Regelung für M-V unerheblich, da die Länder bei der Gestaltung des Landeswahlrechts frei sind[127] und iÜ auch für den Bund nach der st. Rspr des BVerfG die Verfassungsmäßigkeit des personalisierten Verhältniswahlrechts außer Frage steht.[128]

30 Von der Verfassungsmäßigkeit des personalisierten Verhältniswahlrechts ist die konkrete Ausgestaltung im Landes- und Kommunalwahlgesetz (LKWG M-V) zu unterscheiden. Danach ist der Landesgesetzgeber an die Wahlrechtsgrundsätze des Art. 28 Abs. 1 Satz 2 GG gebunden. Dies bedeutet vor allem, dass der Landesgesetzgeber die Gleichheit der Wahl im jeweiligen Teilwahlsystem des personalisierten Verhältniswahlrechts wahren und iÜ sicherstellen muss, dass die Teilsysteme auch sachgerecht zusammenwirken.[129] Den dem Landesgesetzgeber insoweit eingeräumten Ermessensspielraum[130] hat der Landesgesetzgeber mit dem LKWG dahingehend – verfassungskonform – ausgeschöpft, indem 36 Abg. durch direkte Wahl, die übrigen 35 durch Verhältniswahl aus den Landeslisten der politischen Parteien gewählt werden (vgl §§ 53, 54 LKWG M-V). Für die Stärke, mit der eine Partei oder Wählervereinigung im LT vertreten ist, ist dabei ausschließlich das Ergebnis der Listenwahl maßgeblich, da die erzielten Wahlkreissitze (Direktmandate) von der Gesamtzahl der für jede Partei nach dem Verhältniswahlsystem ermittelten Sitze abgezogen werden (§ 58 LKWG M-V). Technisch wird das personalisierte Verhältniswahlsystem in M-V – wie zB im Bund und in Rheinland-Pfalz – durch das so genannte **Zweistimmensystem** umgesetzt. Danach hat jeder Wähler zwei Stimmen, eine Erststimme für die Wahl des Wahlkreisabgeordneten und eine Zweitstimme für die Wahl nach den Landeslisten (vgl § 53 LKWG M-V). Das personalisierte Verhältniswahlrecht lässt sich jedoch auch durch ein sog. Einstimmensystem, wie zB in Baden-Württemberg realisieren.[131]

31 Mit der **5%-Sperrklausel** des § 58 Abs. 1 LKWG M-V wird auch in M-V – wie im Bund und allen Ländern – im System der personalisierten Verhältniswahl die durch die Wahlrechtsgleichheit garantierte Erfolgsgleichheit eingeschränkt, weil die Stimmen für die Parteien, die diese Hürden nicht überwinden, im Ergebnis unberücksichtigt bleiben. Anders als auf Bundesebene[132] kann die 5%-Sperrklausel auch nicht durch das Erreichen einer bestimmten Zahl von Direktmandaten – sog. Grundmandatsklausel – überwunden werden. Nach der gefestigten

---

125 *Trute*, in: von Münch/Kunig, Art. 38 Rn 15 spricht insoweit von dem Verhältniswahlrecht als dem verfassungsadäquatem Wahlrecht.
126 Vgl dazu *Trute*, in: von Münch/Kunig, Art. 38 Rn 14 ff mit zahlreichen weiteren Nachweisen.
127 BVerfGE 4, 31, 44.
128 Zuletzt BVerfGE 66, 291, 304.
129 BVerfGE 1, 208, 244; 47, 253, 277.
130 BVerfGE 3, 19, 24; 59, 335, 349.
131 Vgl § 1 Abs. 3 Satz 2 LBG BW; danach wird lediglich eine Stimme abgegeben, durch die zum einen die Wahlkreisbewerber bestimmt werden, gleichzeitig wird durch die Summe der Stimmzahlen die für eine Liste maßgebliche Gesamtstimmenzahl der Partei errechnet.
132 Vgl dazu *Achterberg/Schulte*, in: von Mangoldt/Klein/Starck, Art. 38 Rn 134.

Rspr des BVerfG[133] und der Landesverfassungsgerichte[134] ist die 5 %-Sperrklausel verfassungsrechtlich zulässig. Die Rechtmäßigkeit der 5 %-Sperrklausel ergibt sich danach daraus, dass eine Wahl nicht nur das Ziel hat, eine Volksvertretung zu schaffen, die ein Spiegelbild der in der Wählerschaft vorhandenen Meinung darstellen soll, sondern sie soll auch ein funktionsfähiges Organ hervorbringen.[135] Da die Verhältniswahl das Aufkommen kleiner Parteien begünstigt, bestünde ohne Sperrklausel die Gefahr, dass sich die Volksvertretung in viele kleine Gruppen aufspaltet, was die Bildung stabiler Mehrheiten verhindert.[136] „Klare und ihrer Verantwortung für das Gesamtwohl bewusste Mehrheiten in einer Volksvertretung sind aber für die Bewältigung der ihr gestellten Aufgaben unentbehrlich".[137] Aber auch für die Wahrnehmung der Kontrollfunktion des Parlaments, insbesondere durch die Opposition, ist eine Mindestgröße der Fraktionen erforderlich. Die Sperrklausel findet ihre Rechtfertigung im Ergebnis in der Sicherung der Handlungs- und Entscheidungsfähigkeit des Parlaments. Die Entscheidung des LVerfG M-V[138] zur 5 %-Klausel im Kommunalwahlrecht steht dem nicht entgegen, da es sich insoweit um unterschiedliche Regelungsmaterien handelt. Anders als der LT ist eine Gemeindevertretung kein Parlament, hat auch keine „Regierung" zu bilden. Vielmehr werden die Bürgermeister und Landräte als „Verwaltungsspitze" in M-V direkt gewählt, mit der Folge, dass eine Gefährdung der Funktionsfähigkeit durch „Splitterparteien" jedenfalls nicht in vergleichbarem Maße besteht.[139] Aus dem Fehlen bzw der verfassungsrechtlich gebotenen Abschaffung einer Sperrklausel im Kommunalwahlrecht lässt sich danach kein Argument gegen eine Sperrklausel im Landtagswahlrecht ableiten.[140]

Von verfassungsrechtlicher Relevanz bei der **personalisierten Verhältniswahl** ist 32 schließlich die Einteilung der **Wahlkreise**, insb. im Hinblick auf die Bevölkerungszahl. Im Hinblick darauf, dass die einfache Mehrheit in einem Wahlkreis genügt, um ein Direktmandat zu erlangen, sind Abweichungen hinsichtlich der Bevölkerungszahl des einzelnen Wahlkreises nur im Rahmen einer verfassungsrechtlichen Toleranzgrenze zulässig. Diese Toleranzgrenze ist nach der Rspr des BVerfG dann großzügiger auszulegen, wenn – wie in M-V – Überhang- und Ausgleichsmandate vorgesehen sind.[141] Danach dürfen einzelne Wahlkreise hinsichtlich ihrer Bevölkerungszahl bis zu 33 1/3 v.H. von der durchschnittlichen Bevölkerungszahl aller Wahlkreise nach oben oder unten abweichen.[142] Der Grundsatz der Wahlgleichheit verpflichtet den Gesetzgeber, die Einteilung der Wahlkreise regelmäßig zu überprüfen und ggf. zu korrigieren.[143] Anknüpfungspunkt für die Berechnung sind die Wahlberechtigten, nicht die Wohnbevölkerung[144]. Die Wahlrechtsgleichheit wird allerdings bei der Heranziehung der

---

133 Vgl BVerfGE 1, 208, 248, 256; 4, 31 ff; 6, 84, 92 ff; 51, 222, 236 ff; 82, 322, 338 f; 95, 408, 421 ff.
134 Vgl zuletzt HambVerfG, DÖV 1999, 296 ff; BayVerfGH, NVwZ-RR 2007, 73 ff.
135 BVerfGE 51, 222, 236.
136 Vgl *Löwer*, in: Löwer/Tettinger, Art. 31 Rn 27.
137 BVerfGE 51, 222, 236.
138 LVerfGE 11, 306 ff = DVBl 2001, 317.
139 Vgl BayVerfGH, NVwZ-RR 2007, 73, 75; *Löwer*, in: Löwer/Tettinger, Art. 31 Rn 27.
140 Vgl auch BVerfGE 51, 222, 237.
141 BVerfGE 13, 127, 128; 16, 130, 139.
142 *Wagner*, in: Grimm/Caesar, Art. 80 Rn 17.
143 BVerfG, Urteil v. 09.11.2011 – 2 BvC 4/10 – Rn 90, juris.
144 stRspr., vgl zuletzt BVerfGE 124, 1, 18 n. w. N.

33 Nach Art. 20 Abs. 2 Satz 3 kann sich die Zahl der Abg. durch **Überhang-** oder **Ausgleichsmandate** sowie durch „**leere Sitze**" ändern. Durch die Festschreibung von Überhangmandaten ist sichergestellt, dass alle Wahlkreisbewerber, die ein Direktmandat erlangen, auch einen Sitz im LT erhalten, auch wenn die Gesamtzahl der Direktmandate einer Partei höher ist, als ihr nach dem Verhältnis der Zweitstimmen zusteht (vgl § 4 Abs. 6 Satz 1 LKWG M-V). Um zu verhindern, dass durch diese zusätzlichen Mandate das Gesamtergebnis der Wahl verzerrt wird, hat der Landesverfassungsgesetzgeber eine Kompensation durch Ausgleichsmandate vorgesehen. Danach erhöht sich die Gesamtzahl der Abg. um so viele, bis unter Einbeziehung der Mehrsitze das sich aus dem Gesamtergebnis ergebende Stärkeverhältnis der Parteien wieder hergestellt ist (§ 58 Abs. 6 LKWG M-V). Praktisch hat diese Bestimmung in M-V bisher keine Rolle gespielt, da in den vergangenen Landtagswahlen noch keine Überhangmandate entstanden sind und insoweit auch keine Ausgleichsmandate anfallen konnten.

Eine Verringerung der Abgeordnetenzahl kann sich durch das Leerbleiben von Sitzen ergeben. Dieser Fall kann zunächst bei einer Landtagswahl auftreten, wenn auf eine Landesliste mehr Sitze entfallen als Bewerber genannt sind. Während einer Legislatur können Abgeordnetenmandate entfallen und somit Sitze leer bleiben, wenn bei Ausscheiden oder Tod eines Abg. das Nachrücken eines Bewerbers derselben Partei nicht möglich ist, weil eine Bewerberliste nicht vorhanden oder die vorhandene Liste erschöpft ist (vgl § 58 Abs. 5 LKWG M-V). Bei der Nachfolge bleiben diejenigen Landeslistenbewerber unberücksichtigt, die seit dem Zeitpunkt der Aufstellung der Landesliste aus dieser Partei ausgeschieden sind (§ 46 Abs. 2 Nr. 1 LKWG M-V), auf ihre Antwortschaft verzichtet haben (§ 46 Abs. 2 Nr. 2 LKWG M-V) oder ihre Wählbarkeit nachträglich verloren haben (§ 46 Abs. 2 Nr. 3 LKWG M-V). Etwas anderes gilt nur für ausgeschiedene Wahlkreisabgeordnete einer Partei, für die im Land keine Landesliste zugelassen war, und für Abg., die als Einzelbewerber gewählt worden sind; in diesem Fall findet eine Ersatzwahl im Wahlkreis statt (vgl § 46 Abs. 3 i. V. m. § 44 Abs. 3 LKWG M-V).

Schließlich bleiben Sitze im LT auch dann leer, wenn eine im LT vertretene Partei nach Art. 21 Abs. 2 GG für verfassungswidrig erklärt wird. In einem solchen Fall verlieren die Abg., die dieser Partei in der Zeit der Antragstellung oder der Verkündung der Entscheidung angehören, ihren Sitz und die Listennachfolger ihre Anwartschaft (vgl § 47 LKWG M-V). Etwas anderes gilt für Wahlkreisabgeordnete, deren Mandate durch Neuwahlen im Wahlkreis nachbesetzt werden (vgl § 47 Abs. 2 LKWG M-V). Dem gegenüber bleiben die Sitze der Abg., die auf Landeslisten gewählt waren und deren Partei verboten wurde, unbesetzt (§ 47 Abs. 2 Satz 3 LKWG M-V). Dies gilt nicht, wenn mehr als drei Abg., die mit der Folge, dass sich die gesetzliche Mitgliederzahl des LT entsprechend verringert (§ 47 Abs. 2 Satz 5 LKWG M-V), auf Landeslisten gewählt waren, ihre Sitze verlieren. In diesem Fall findet eine erneute Feststellung des Wahlergebnisses statt, bei der die für die verfassungswidrig erklärte Partei abgegebenen Stimmen nicht berücksichtigt werden (§ 47 Abs. 5 LKWG M-V), d. h. die frei gewordenen Mandate werden auf der Grundlage des Wahlergebnisses auf die anderen Parteien verteilt.

---

145 BVerfG, Urteil v. 31.01.2012, – 2 BvC 3/11 –, Rn 70, juris.

VI. Sitz des Landtags (Abs. 3)

Mit dem Schloss Schwerin verfügt der LT nicht nur über den „schönsten Landtagssitz" der Bundesrepublik,[146] sondern – insoweit in der Bundesrepublik ebenfalls einmalig – über einen **in der Verfassung festgeschriebenen Tagungsort**. Die verfassungsrechtliche Festlegung des Parlamentssitzes des LT auf das Schloss zu Schwerin geht auf eine Anregung des Präsidenten des ersten frei gewählten LT in der Kommission zur Erarbeitung einer LV zurück.[147] Obgleich sich der Regelungsgehalt des Art. 20 Abs. 3 auf den Sitz des LT beschränkt und insoweit keine verfassungsrechtlichen Vorgaben für den Sitz der LReg enthält, steht diese Festlegung in einem unmittelbaren Zusammenhang mit der Entscheidung für Schwerin als Landeshauptstadt M-V. In geheimer Abstimmung hatte der LT in seiner 2. Sitzung einen Beschluss zugunsten Schwerins und gegen den einzigen Mitkonkurrenten Rostock getroffen.[148] Da die Werbung für die Landeshauptstadt insb. auf das Schloss Schwerin als Landtagssitz gestützt und insoweit jedenfalls mitursächlich für die Entscheidung zugunsten Schwerins war, gleichzeitig aber die notwendigen Investitionen zur Herstellung der Arbeitsfähigkeit des Parlaments aus Sicht des LT nur sehr zögerlich erfolgten,[149] sollte mit der verfassungsrechtlichen Statuierung des Landtagssitzes neben der symbolischen Aufwertung des repräsentativen Gebäudes[150] gleichzeitig sichergestellt werden, dass der Sitz des LT – ggf aus rein praktischen Gründen – mit einfacher Mehrheit nicht an einen anderen Ort in der Landeshauptstadt verlegt werden kann. Zulässig sind hingegen auswärtige Sitzungen.[151] Dies gilt sowohl für die Ausschüsse als auch für das Plenum, soweit es sich dabei um Ausnahmen handelt. Auch die – teilweise – Unterbringungen von Abg., Fraktionen oder Landtagsverwaltung außerhalb des Schlosses ist möglich, wenn und soweit eine vollständige Unterbringung aus Kapazitätsgründen – ggf zeitweise – ausgeschlossen ist. Die Festlegung des Schlosses als Parlamentssitz schließt andere Nutzungen nicht aus. Tatsächlich beherbergt das Schloss neben dem LT ein Schlossmuseum, eine Schlosskirche und eine öffentliche Gastronomie. Zudem finden im Schloss – auch in den Räumen des LT – eine Vielzahl von öffentlichen Veranstaltungen statt.

Art. 21 (Wahlprüfung)

(1) Die Wahlprüfung ist Aufgabe des Landtages. Dieser entscheidet auch, ob ein Abgeordneter seinen Sitz im Landtag verloren hat.

(2) Die Entscheidungen des Landtages können beim Landesverfassungsgericht angefochten werden.

(3) Das Nähere regelt das Gesetz.

---

146 So zutreffend *März*, JöR N.F. 54 (2006), 175 (188); diese Einschätzung geht zurück auf eine entsprechende Äußerung des ehemaligen Bundespräsidenten R. v. Weizsäcker anlässlich eines Besuches in Schwerin im Dezember 1990.
147 *Wedemeier*, in: Thiele/Pirsch/Wedemeyer, Art. 20 Rn 20.
148 PlPr. 1/2/34 ff; siehe dazu auch *März*, JöR N.F. 54 (2006), 175 (188).
149 Vgl den interfraktionellen Antrag v. 08.01.1991 zur Verbesserung der Arbeitsfähigkeit der Fraktionen und des Landtags, LT-Drs. 1/100.
150 Das Schloss Schwerin wurde in seiner heutigen Form im Mai 1857 fertig gestellt und vom Großherzog Paul Friedrich festlich eingeweiht; auch der LT von Mecklenburg hatte von 1949 bis 1952 seinen Sitz im Schloss Schwerin.
151 *Wedemeier*, in: Thiele/Pirsch/Wedemeyer, Art. 20 Rn 20.

Artt. 41 GG; 31 BWVerf; 33 BayVerf; 63 BbgVerf; 9 HambVerf; 78 HessVerf; 11 Abs. 2-4 NdsVerf; 33 Verf NW; 82 Verf Rh-Pf; 75 SaarlVerf; 45 SächsVerf; 44 LVerf LSA; 3 Abs. 3 SchlHVerf; 49 Abs. 3 ThürVerf.

I. Vorbemerkung 1	IV. Mandatsverlustprüfung 8
II. Gegenstand des Wahlprüfungsverfahrens 2	1. Normzweck 8
	2. Verfahren 9
III. Einzelheiten 4	3. Folgen der Feststellung 11
1. Verfahren 4	V. Nichtanerkennung einer Vereinigung als zur Wahl zugelassene Partei 13
2. Materielle Wahlprüfung 5	
3. Rechtsfolgen 6	

I. Vorbemerkung

1 Die Bestimmung des Art. 21 LV ist inhaltsgleich mit Art. 41 GG. Die Kontrolle über die korrekte Vorbereitung, Durchführung und Ergebnisfeststellung der Wahlen zum LT ist allein den beiden Verfassungsorganen LT und LVerfG überantwortet, anderweitiger Rechtsschutz ist ausgeschlossen.[1] Damit wird die Wahlprüfung der sonstigen Rechtsweggarantie nach Art. 19 Abs. 4 GG entzogen. Eine Rechtsverletzung durch Wahlfehler kann nicht vor dem Verwaltungsgericht geltend gemacht werden.[2] Der erforderliche Rechtsweg wird durch Art. 21 Abs. 2 LV garantiert, indem gegen die Entscheidung des LT unmittelbar der Weg zum LVerfG eröffnet ist.[3]

II. Gegenstand des Wahlprüfungsverfahrens

2 Gegenstand des Wahlprüfungsverfahrens sind nur die Wahlen zum LT, nicht hingegen im LT stattfindende Wahlen oder Abstimmungen. Inhaltlich kann es sich auf alle Vorgänge vom Beginn des Wahlverfahrens bis zur Feststellung des Wahlergebnisses erstrecken.[4] Die Wahlprüfung dient nur dem Schutz des objektiven Wahlrechts, somit der Gewährleistung der rechtmäßigen Zusammensetzung des Parlaments.[5] Gegenstand ist die Gültigkeit der Wahl als solche, nicht hingegen die Verletzung subjektiver Rechte. Dies kann zwar Anknüpfungspunkt für ein Wahlprüfungsverfahren sein, nicht aber Prüfungsmaßstab oder -gegenstand.[6] Für das Wahlprüfungsverfahren sind lediglich solche Wahlfehler relevant, die Auswirkungen auf die Zusammensetzung des Parlaments haben können. Ausdrücklich erwähnt ist in Abs. 1 neben der Wahlprüfung lediglich die Mandatsverlustprüfung, also das Fortbestehen der Voraussetzungen für das Innehaben eines Landtagsmandats,[7] nicht jedoch die Mandatserwerbsprüfung. Die Prüfung des Vorliegens der Voraussetzungen des Mandatserwerbs wird im Regelfall von der zuständigen Wahlbehörde (Kreiswahlleiter) durchgeführt. Dies

---

1 *Glauben*, in: BK, Art. 41 Rn 27; krit. *Morlok*, in: Dreier, Art. 41 Rn 12 f; *Schneider*, in: Denninger Art. 41 Rn 15.
2 BVerfG, B. v. 24.8.2009 – 2 BvR 1898/09 – mwN; *Hahlen*, in: Schreiber, BWahlG, § 49 Rn 6; *Thesling*, in: Heusch/Schönenbroicher, Art. 33 Rn 8; BVerfGE 22, 277, 281; 34, 81, 94; aA *Roth*, in: Umbach/Clemens, Art. 41 Rn 11, 17.
3 BVerfGE 103, 111, 141; 85, 148, 158.
4 *Brocker*, in: Epping/Hillgruber, Art. 41 Rn 3; *v. Mutius*, in: v. Mutius/Wuttke/Hübner, Art. 3 Rn 27; *von der Weiden*, in: Linck/Baldus/Lindner/Poppenhäger/Ruffert, Art. 49 Rn 16.
5 BVerfGE 22, 277, 281; 40, 11, 29.
6 BVerfGE 22, 277, 280; 34, 81, 97; 85, 148, 158; *von der Weiden*, in: Linck/Baldus/Lindner/Poppenhäger/Ruffert, Art. 49 Rn 17; vgl zur Wahlprüfung und subj. Rechtsschutz *Löwer*, in: Löwer/Tettinger, Art. 33 Rn 15 ff.
7 *Löwer*, in: Löwer/Tettinger, Art. 33 Rn 11.

schließt jedoch nicht aus, dass die Frage der Rechtmäßigkeit des Mandatserwerbs auch Gegenstand der Wahlprüfung nach Art. 21 Abs. 1 Satz 1 sein kann, so etwa hinsichtlich der Frage, ob ein Wahlbewerber seinen Wohnsitz im Land Mecklenburg Vorpommern hat[8]

Der Gesetzesvorbehalt nach Abs. 3 ist durch Abschnitt 5 des Landes- und Kommunalwahlgesetzes (LKWG M-V) umgesetzt worden.

III. Einzelheiten

1. Verfahren. Für das Wahlprüfungsverfahren gilt das Anfechtungsprinzip, dh es finden keine vorsorglichen Prüfungen ohne Einspruch eines Berechtigten statt.[9] Innerhalb des Verfahrens gilt hingegen das Offizialprinzip, dh das Parlament erforscht im Rahmen des vom Wahleinspruch umrissenen Gegenstands den Tatbestand, auf den die Wahlanfechtung gestützt wird von Amts wegen.[10] Nach § 35 Abs. 1 LKWG M-V bedarf es eines Einspruchs zur Einleitung des Wahlprüfungsverfahrens, der innerhalb von zwei Wochen nach Bekanntgabe des Wahlergebnisses durch den Landeswahlleiter bei der Wahlleitung schriftlich einzulegen oder mündlich zur Niederschrift zu erklären ist (§ 35 Abs. 2 LKWG M-V). Dabei gilt das Substantiierungsgebot, dh der behauptete Wahlfehler muss begründet werden.[11] Die Begründung der Wahlbeschwerde muss genaue Tatsachen enthalten, die die Verletzung des Wahlrechts begründen sollen, damit das Parlament nicht durch eine Vielzahl unbelegter Behauptungen in Zweifel gezogen werden kann.[12] Die Wahlprüfung selbst ist hinsichtlich des Umfangs dann auf den vom Einspruchsführer bestimmten Gegenstand begrenzt.[13] Das Wahlprüfungsverfahren des LT wird im Rechtsausschuss, der kraft Gesetzes gleichzeitig Wahlprüfungsausschuss ist (vgl § 37 Abs. 1 LKWG M-V), vorbereitet. Die weiteren formellen Voraussetzungen des Wahlprüfungsverfahrens sind detailliert in Abschnitt 5 des Landes- und Kommunalwahlgesetzes formuliert. Er enthält u.a. Bestimmungen zur Beschlussfähigkeit des Wahlprüfungsausschusses und stellt Grundsätze zur Vorprüfung des Einspruchs, zu den Grundsätzen der Verhandlung sowie zur Entscheidung des LT auf.

2. Materielle Wahlprüfung. Gegenstand des Wahlprüfungsverfahrens in materieller Hinsicht können alle Wahlfehler sein. Wahlfehler liegen vor, wenn Wahlrechtsvorschriften verletzt sind, zu denen insb. auch die Wahlrechtsgrundsätze des Art. 20 Abs. 2 Satz 2 LV gehören,[14] sowie aller anderen Gesetze, die unmittelbar wahlbezogene Regelungen enthalten, wie etwa §§ 107 ff StGB und § 17 PartG.[15] Prüfungsrelevant sind dabei nicht nur Wahlfehler, die die Wahlorgane zu verantworten haben, sondern auch solche, die im Zusammenhang mit der Kandidatenaufstellung durch die Parteien auftreten.[16] Jedoch kommt nicht allen Maßnahmen der Parteien im Zusammenhang mit der Kandidatenaufstellung wahlrechtliche Bedeutung zu. So sind die Einhaltung der verfahrensrechtlichen Vorgaben zur Aufstellung von Wahlkreisbewerbern und Landeslistenbewerbern

---

8 Vgl Beschlussempfehlung und Bericht des Wahlprüfungsausschusses Drs. 3/752, Anlage 5.
9 *Glauben*, in: BK, Art. 41 Rn 37; *Kluth*, in Schmidt-Bleibtreu/Hofmann/Henneke, Art. 41 Rn 9.
10 *Kretschmer*, in: Schneider/Zeh, § 13 Rn 32.
11 Vgl § 35 Abs. 2 LKWG MV: „... unter Angabe der Gründe ...".
12 *Soffner*, in: Epping/Butzer, Art. 11 Rn 52.
13 BVerfGE 85, 148, 159; 40, 11, 30; *Soffner*, in: Epping/Butzer, Art. 11 Rn 79.
14 *Thesling*, in: Heusch, Schönenbroicher, Art. 33 Rn 6.
15 *Morlok*, in Dreier, Art. 41 Rn 15.
16 HambVerfG, DVBl. 1993, 1070; BVerfGE 89, 243, 252 f.

sowie das Verfahren und die Fristen für parteiinterne Versammlungen zur Aufstellung von Wahlbewerbern wahlrechtlich relevant; wahlrechtlich nicht von Bedeutung ist die Einhaltung der nur nach der Parteisatzung für die Kandidatenaufstellung geltenden Bestimmungen (vgl §§ 15 und 56 LKWG M-V).[17] Es bedarf eines ordnungsgemäßen Wahlverfahrens mit der Einhaltung eines Kernbestands von Verfahrensgrundsätzen, ohne den ein Kandidatenvorschlag schlechterdings nicht Grundlage eines demokratischen Wahlvorgangs sein kann.[18]

Zu potentiellen Wahlfehlern hat die Rspr und Lit. eine umfangreiche Kasuistik entwickelt.[19]

6   **3. Rechtsfolgen.** Werden Wahlfehler festgestellt, führt dies nicht zwangsläufig zur Ungültigkeit oder Teilungültigkeit der Wahl.[20] Vielmehr gilt aufgrund des Verhältnismäßigkeitsprinzips das Erforderlichkeits- oder Verbesserungsprinzip, wonach das Wahlergebnis soweit wie möglich aufrecht zu erhalten ist.[21] Die Erklärung der Ungültigkeit einer Wahl würde die Stellung und Stabilität des Parlaments erheblich schwächen. Ein längerer Zeitraum der Unsicherheit über den Bestand und somit auch über die Befugnisse eines gesetzgebenden Organs wäre mit rechtsstaatlichen Grundsätzen nur schwer zu vereinbaren. In jedem Fall kann ein Wahlfehler nur zur Ungültigkeit oder Teilungültigkeit der Wahl führen, wenn er sich auf die personelle und parteipolitische Zusammensetzung des Parlaments auswirkt.[22] Das entspricht dem Zweck des Wahlprüfungsverfahrens, dem Schutz des objektiven Wahlrechts. Die Ungültigkeit darf sich aus Gründen der Verhältnismäßigkeit auch nur auf den Wahlkreis bzw den Teil des Wahlverfahrens erstrecken, in dem sich der Wahlfehler ausgewirkt haben könnte. Insoweit kann von Bedeutung sein, mit welchen Stimmenergebnissen die Wählerinnen und Wähler in dem betreffenden Wahlkreis abgestimmt haben. Bei eindeutigen Mehrheitsverhältnissen wird unwahrscheinlicher, dass sich Wahlfehler tatsächlich auf die Zuteilung eines Mandates niedergeschlagen haben können als bei knappen Mehrheitsverhältnissen.[23] Lässt sich ausschließen, dass ein Wahlfehler sich auf das im konkreten Fall in Zweifel gezogene Wahlergebnis und die Zuteilung von Mandaten ausgewirkt haben kann, so bedarf es regelmäßig keiner Ermittlungen und kann der Einspruch ohne weitere Prüfung zurückgewiesen werden.[24]

7   Wird im Wahlprüfungsverfahren festgestellt, dass Wahlfehler vorgekommen sind, von denen angenommen werden muss, dass sie auf das Wahlergebnis im Wahlkreis oder auf die Verteilung der Sitze aus den Landeslisten von Einfluss gewesen sind, so ist eine Wiederholungswahl vom Landeswahlleiter anzuordnen. Soweit sich die Wahlfehler nur auf einzelne Wahlbezirke beziehen, findet auch nur dort eine Wiederholungswahl statt. Erstrecken sich die Wahlfehler auf mehr als die Hälfte der Wahlbezirke eines Wahlkreises oder auf einen ganzen Wahlkreis, so ist die Wiederholungswahl im ganzen Wahlkreis abzuhalten. Wird die Wahl in einzelnen Wahlkreisen oder landesweit für ungültig erklärt, so blei-

---

17 BVerfGE 89, 243, 252 f.
18 BVerfGE 89, 243, 252 f.
19 Siehe dazu *Hahlen*, in: Schreiber, BWahlG, § 49 Rn 7 ff .
20 *Morlok*, in: Dreier, Art. 41 Rn 18; *Wedemeyer*, in: Thiele/Pirsch/Wedemeyer, Art. 21 Rn 2.
21 *Klein*, in Maunz/Dürig Art. 41 Rn 112 ff; *Linck*, in: Linck/Jutzi/Hopfe, Art. 49 Rn 12; *Hahlen*, in: Schreiber BWahlG § 49 Rn 14.
22 *Hahlen*, in: Schreiber, BWahlG, § 49 Rn 13.
23 BVerfGE 85, 148, 161 f.
24 BVerfGE 85, 148, 159.

ben die Abg. bis zur Wiederholungswahl im Amt (vgl § 41 Abs. 4 LKWG M-V).[25]

IV. Mandatsverlustprüfung

1. Normzweck. Nach Art. 21 Abs. 1 Satz 2 LV entscheidet der LT auch, ob ein Abg. seinen Sitz im LT verloren hat. Diese Mandatsverlustprüfung ermöglicht die kontinuierliche Kontrolle der ordnungsgemäßen Zusammensetzung des Parlaments, unabhängig von einer zuvor stattfindenden Landtagswahl, um den Fortbestand der parlamentarischen Legitimation zu gewährleisten. Gegenstand des Verfahrens ist der Verlust des zunächst gültig erworbenen Mandats.[26] Das Verfahren entspricht im Wesentlichen dem Wahlprüfungsverfahren. 8

2. Verfahren. Nach § 59 Abs. 1 Nr. 2 LKWG M-V bedarf es zur Mandatsverlustkontrolle eines Antrags, dh das Parlament wird nicht von sich heraus tätig. Auch hinsichtlich der Mandatsverlustprüfung gilt das Substantiierungsgebot, dh der Antragsteller hat die tatsächlichen Behauptungen aufzustellen, aus denen sich der Mandatsverlust des Abg. ergibt. 9

Inhaltlich sind die in § 59 LKWG M-V festgelegten Mandatsverlustgründe Prüfungsgegenstand. Danach verliert ein Abg. seine Mitgliedschaft im LT durch Verzicht, durch nachträglichen Verlust der Wählbarkeit, durch Feststellung der Ungültigkeit des Erwerbs der Mitgliedschaft, bei Neufeststellung des Wahlergebnisses oder durch Feststellung der Verfassungswidrigkeit der Partei oder der Teilorganisation einer Partei, der er angehört (Verfahren nach Art. 21 Abs. 2 Satz 2 des GG).

Die Antragsbefugnis bei der Mandatsverlustprüfung ist danach differenziert, aus welchem Grund der Mandatsverlust eingetreten sein soll. Grds. sind antragsbefugt der betroffene Abg., jede im LT vertretene Partei, jede Fraktion des LT, eine Gruppe von mindestens zehn Abg., das Innenministerium sowie die Landeswahlleitung.

Der betroffene Abg. ist antragsbefugt, soweit es die Prüfung des Verlustes des Abgeordnetenmandats durch Verzicht (§ 59 Abs. 1 Nr. 1 LKWG M-V), durch den Verlust der Wählbarkeit infolge eines Richterspruchs (§ 59 Abs. 1 Nr. 2 iVm § 5 Nr. 1 LKWG M-V), durch die Neufeststellung des Wahlergebnisses sowie Feststellung der Verfassungswidrigkeit der betreffenden Partei nach Art. 21 Abs. 2 GG betrifft.[27] Ein entsprechender Antrag des Abg. ist nur zwei Wochen nach Zustellung der Entscheidung zulässig. Inhaltlich handelt es sich darum, dem von einem Mandatsverlust betroffenen Abg. in dem zweistufigen Verfahren (vgl oben → Rn 1) nach Art. 21 LV, mit der Prüfung des Parlaments den Rechtsweg zu garantieren, bevor ihm der Weg zum LVerfG eröffnet ist. Die weiteren Antragsbefugten können Anträge zur Mandatsverlustprüfung stellen, soweit Fragen des nachträglichen Verlustes der Wählbarkeit eines Abg. sowie der Ungültigkeit des Erwerbs der Mitgliedschaft eines Abg. (§ 59 Abs. 1 Nr. 2 und 3 LWG M-V) betroffen sind. Eine Frist für diese Anträge besteht nicht, sie können jederzeit gestellt werden (§ 59 Abs. 4 Satz 2 LKWG M-V). 10

3. Folgen der Feststellung. Wird festgestellt, dass ein Abg. seine Mitgliedschaft im LT verloren hat, so behält der Abg. seine Rechte und Pflichten bis zur Unan- 11

---

25 Vgl zu den Einzelheiten §§ 40 ff LKWG M-V.
26 *Morlok*, in: Dreier, Art. 41 Rn 22 f; vgl zur Abgrenzung Drs. 3/752, Anlage 5, wo inhaltlich das Vorliegen der wahlrechtlichen Voraussetzungen zum Zeitpunkt der Wahl, also die Frage der Gültigkeit des Mandatserwerbs thematisiert wurde.
27 Vgl dazu § 59 Abs. 4 LKWG M-V.

Zapfe

fechtbarkeit der Entscheidung. Der LT kann jedoch mit einer Zweidrittel-Mehrheit beschließen, dass der Abg. bis zur Rechtskraft der Entscheidung nicht an der Arbeit des LT teilnehmen darf. Dieser Beschluss kann auf Antrag des Abg. im Falle der Anfechtung der Entscheidung des LT durch das LVerfG aufgehoben werden. Auf Antrag von 15 Mitgliedern des LT kann das LVerfG aber auch eine Anordnung treffen, dass der Abg. bis zur Rechtskraft der Entscheidung nicht an der Arbeit des LT teilnehmen darf, auch wenn der LT vorher keinen solchen Beschluss gefasst hat[28].

12 § 47 LKWG M-V regelt den Mandatsverlust im Falle eines **Parteiverbots**. Wird eine Partei oder die Teilorganisationen einer Partei durch das Bundesverfassungsgericht gemäß Artikel 21 Absatz 2 Satz 2 des Grundgesetzes für verfassungswidrig erklärt, so verlieren die Mitglieder des Landtages, die dieser Partei oder Teilorganisation in der Zeit der Antragstellung oder der Verkündung der Entscheidung (§§ 43, 46 BVerfGG) angehören, ihren Sitz und die Listennachfolger ihre Anwartschaft.

Soweit die betreffenden Mitglieder des Landtages, im Wahlkreis gewählt waren, finden Neuwahlen statt, bei denen sich die betreffenden Mitglieder nicht bewerben dürfen. Soweit Mitglieder des Landtages auf Landeslisten gewählt waren, bleiben die Sitze unbesetzt, die gesetzliche Mitgliederzahl des Landtags verringert sich entsprechend. Dies gilt nicht, wenn mehr als drei Abg., die auf Landeslisten gewählt waren, ihre Sitze verlieren. In diesem Fall findet eine erneute Feststellung des Wahlergebnisses (§ 33 LKWG M-V) statt, bei der die für die verfassungswidrig erklärte Partei abgegebenen Stimmen nicht berücksichtigt werden. Folglich würden im Zuge der Neufeststellung des Wahlergebnisses die gesetzliche Anzahl der Mandate auf die anderen Parteien verteilt.

Soweit das von einem Mandatsverlust infolge eines Parteiverbots betroffene Landtagsmitglied auf der Landesliste einer nicht für verfassungswidrig erklärten Partei gewählt war, rückt eine Ersatzperson für das ausgeschiedene Mitglied nach.

V. Nichtanerkennung einer Vereinigung als zur Wahl zugelassene Partei

13 Eine Vereinigung, die an der Wahl zum Landtag teilnehmen will und am Tag der Aufforderung zur Einreichung von Wahlvorschlägen im Landtag oder im Bundestag seit dessen letzter Wahl nicht aufgrund eigener Wahlvorschläge ununterbrochen mit mindestens einer oder einem für sie in Mecklenburg-Vorpommern gewählten Abgeordneten vertreten sind, kann Wahlvorschläge nur einreichen, wenn sie der Landeswahlleitung ihre Beteiligung an der Wahl schriftlich bis zum 108. Tag vor der Wahl bis 18 Uhr angezeigt haben (§ 55 Abs. 2 LKWG).

Der Landeswahlausschuss stellt spätestens am 94. Tag vor der Wahl für alle Wahlorgane verbindlich fest, welche Vereinigungen, die ihre Beteiligung angezeigt haben, für die Wahl als Partei anzuerkennen sind. Dabei ist für eine Ablehnung der Anerkennung einer Vereinigung eine Zweidrittelmehrheit im Landeswahlausschuss erforderlich (§ 55 Abs. 4 LKWG).

Die Entscheidung kann nur mittels eines Einspruchs gegen die Wahl gegenüber dem Landtag nach §§ 35 ff LKWG erhoben werden, der im Wahlprüfungsverfahren darüber entscheidet. Die Möglichkeit, unmittelbar eine Nichtanerkennungsbeschwerde vor dem LVerfG zu erheben, besteht nicht. Da erst der Wahlausschuss des zu wählenden Landtages über den Einspruch entscheidet, steht vor der Wahl kein Rechtsbehelf gegen eine negative Entscheidung zur Verfü-

---

28 Vgl § 41 Abs. 3 LKWG M-V.

gung. Auf Bundesebene wurde die Nichtanerkennungsbeschwerde im Jahre 2012 durch die Einfügung bzw. Änderung von Art. 93 Abs. 1 Nr. 4 c GG, §§ 13 Nr 3 a, 96 BVerfGG und 18 Abs. 4 a BWahlG eingeführt. Die Beschwerde ist darauf gerichtet, noch vor der Durchführung der Wahl abschließend festzustellen, ob eine Vereinigung berechtigt ist, als Partei mit eigenen Wahlvorschlägen an der Wahl zum Deutschen Bundestag teilzunehmen.[29]

Art. 22 (Stellung der Abgeordneten)

(1) Die Abgeordneten sind Vertreter des ganzen Volkes, an Aufträge und Weisungen nicht gebunden und nur ihrem Gewissen unterworfen.

(2) Die Abgeordneten haben das Recht, im Landtag und in seinen Ausschüssen das Wort zu ergreifen sowie Fragen und Anträge zu stellen. Sie können bei Wahlen und Beschlüssen ihre Stimme abgeben. Das Nähere regelt die Geschäftsordnung.

(3) Die Abgeordneten haben Anspruch auf eine angemessene, ihre Unabhängigkeit sichernde Entschädigung. Dieser Anspruch ist weder übertragbar noch kann auf ihn verzichtet werden. Das Nähere regelt das Gesetz.

Artt. 27 Abs. 3, 40 Satz 1 BWVerf; 13 Abs. 2, 31 BayVerf; 38 VvB; 56, 60 BbgVerf; 7, 13 Abs. 1 HambVerf; 77, 98 HessVerf; 12 NdsVerf; 30 Abs. 2, 50 Verf NW; 79 Abs. 2, 97 Verf Rh-Pf; 66 Abs. 2 SaarlVerf; 39 Abs. 3, 42 Abs. 3, 51 Abs. 1 SächsVerf; 41 Abs. 2, 53 Abs. 2, 56 Abs. 5 LVerf LSA; 11 SchlHVerf; 53 Abs. 1 und 2, 54 Abs. 1 und 2 ThürVerf.

I. Vorbemerkungen	1	2. Verhaltensregeln	25
1. Allgemeines	1	3. Stasi-Überprüfung	26
2. Beginn und Ende des Mandats	2	4. Mandatsverlust bei Pflichtverletzung	27
3. Inkompatibilität	6	V. Entschädigung der Abgeordneten (Abs. 3)	28
II. Das parlamentarische Mandat (Abs. 1)	9	1. Allgemeines	28
1. Allgemeines	9	2. Angemessene Entschädigung	30
2. Vertreter des ganzen Volkes	11	3. Altersversorgung und Übergangsgeld	36
3. An Aufträge und Weisungen nicht gebunden und nur ihrem Gewissen unterworfen	12	4. Funktionszulagen und formalisierter Gleichheitssatz	40
III. Mitwirkungsrechte der Abgeordneten (Abs. 2)	14	5. Kostenpauschale und Amtsausstattung	41
1. Allgemeines	14	VI. Unverzichtbarkeit und Unübertragbarkeit der Entschädigung (Abs. 3 Satz 2)	45
2. Rederecht	16		
3. Fragerecht	18		
4. Antragsrecht	20		
5. Stimmrecht	23	VII. Nach Maßgabe eines Gesetzes (Abs. 3 Satz 3)	47
IV. Pflichten von Abgeordneten	24		
1. Teilnahmepflichten	24		

I. Vorbemerkungen

1. Allgemeines. Art. 22 fasst die Statusrechte, die Mitwirkungsrechte und die Entschädigungsansprüche der Landtagsabgeordneten zusammen. Nach der Terminologie der LV (Art. 23 Abs. 2 Satz 1) übt ein Landtagsabgeordneter zwar ein „Amt" aus, dabei handelt es sich jedoch nicht um ein Amt im Sinne des Beamtenrechts, vielmehr besitzt der Abg. einen „eigenen verfassungsrechtlichen Sta- 1

---

29 Dazu BT-Drs. 17/9392, S. 4.

tus".[1] Kern dieses Status ist das dem einzelnen Abg. garantierte Recht, „unmittelbar am Verfassungsleben teilzuhaben".[2] Das **öffentliche „Amt"** der Abg. besteht in der Ausübung des Mandats im Parlament.[3] Insoweit begründet das Mandat eine Rechts- und Pflichtenstellung.[4] Das Mandat des Abgeordneten kann nur von diesem selbst ausgeübt werden, eine Vertretung durch andere Abgeordnete ist nicht möglich.[5] Abgeordnete sind Mitglied, jedoch nicht Organ des Parlaments.[6] Gleichzeitig verleiht der Abgeordnetenstatus den Landtagsabgeordneten subjektive öffentliche Rechte, die sie im Wege des Organstreits verfassungsrechtlich geltend machen können.[7]

2 **2. Beginn und Ende des Mandats.** Die Landtagsabgeordneten erwerben ihre Mitgliedschaft nach einer Wahl erst mit der **konstituierenden Sitzung** des neuen LT nach Art. 28 LV. Zwar erhalten Abg. nach § 29 Abs. 1 Satz 1 AbgG M-V bereits Zahlungen vom Tage der Annahme der Wahl an, dies begründet jedoch noch keine weitergehenden parlamentarischen Rechte im Hinblick auf die Rechtsstellung als Abg. Etwas anderes gilt für sog. „Nachrücker". Diese erwerben den Status mit der Feststellung des Landeswahlleiters nach § 46 LKWG M-V.

3 Das Abgeordnetenmandat **endet** im Regelfall mit dem Ablauf der Legislaturperiode, also dem Zusammentritt eines neuen LT (Art. 27 Abs. 1 Satz 2 LV). Eine Beendigung des Mandats ist des Weiteren möglich durch Verzicht (§ 59 Abs. 1 Nr. 1 LKWG M-V), durch nachträglichen Verlust der Wählbarkeit, bspw wegen der Verurteilung wegen eines Verbrechens nach § 45 StGB iVm § 59 Abs. 1 Nr. 2 LKWG M-V, durch Feststellung der Ungültigkeit des Erwerbs der Mitgliedschaft (§ 59 Abs. 1 Nr. 3 LKWG M-V), bei Neufeststellung des Wahlergebnisses (§ 59 Abs. 1 Nr. 4 LKWG M-V) oder durch Feststellung der Verfassungswidrigkeit der Partei oder der Teilorganisation der Partei, der der Abg. angehört nach Art. 21 Abs. 2 Satz 2 GG iVm § 59 Abs. 1 Nr. 5 LKWG M-V.

4 Außergesetzliche Regeln können nicht zum Verlust des Mandats führen. Dies gilt insb. für die Fälle, in denen der Abg. freiwillig oder durch Ausschluss die Zugehörigkeit zu seiner Partei oder der Fraktion verliert.[8] Der Mandatsverlust in diesen Fällen kann auch nicht durch untergesetzliche Normen angeordnet werden, da es insoweit an einer verfassungsrechtlichen Rechtfertigung für die Beendigung des Mandats fehlt.[9] Unzulässig sind schließlich auch normative – innerparteiliche – Festschreibungen des Mandatsverzichts iS eines verbindlichen Rotationsprinzips.[10]

5 Vom Mandatsverlust zu unterscheiden ist das sog. **Ruhen** des Mandats. Eine solche Regelung bezweckt die Trennung von Ministeramt und Mandat in der Weise, dass ein Minister auf seinen Antrag für die Dauer seines Amtes sein Abgeordnetenmandat mit der Maßgabe zum Ruhen bringen kann, dass es – nur –

---

1 BVerfGE 2, 143, 164.
2 BVerfGE 2, 143, 164; 4, 144, 149; 60, 374, 379 f.
3 *Badura*, in: Schneider/Zeh, § 15 Rn 60; *Butzer*, in: Epping/Hillgruber, Art. 38 Rn 78.
4 BVerfGE 56, 396, 405.
5 *Kretschmer*, in: S-B/H/H, Art. 38 Rn 59
6 *Achterberg/Schulte*, in: von Mangoldt/Klein/Starck, Art. 38 Rn 72.
7 LVerfG M-V, LVerfGE 5, 203, 218 f; *Pieroth*, in: Jarass/Pieroth, Art. 38 Rn 36 mwN.
8 *Trute*, in: von Münch/Kunig, Art. 38 Rn 85.
9 *Achterberg/Schulte*, in: von Mangoldt/Klein/Starck, Art. 38 Rn 54.
10 *Trute*, in: von Münch/Kunig, Art. 38 Rn 85.

für diese Zeit dem nächstberufenen Listennachfolger zusteht.[11] Der HessStGH hat eine solche Regelung – zu Recht – für verfassungswidrig erklärt, weil der Einführung eines ruhenden Mandats u.a. das repräsentative Mandat des Abg. entgegensteht und eine solche Regelung die Mandatsgleichheit der Abg. verletzt.[12]

3. Inkompatibilität. Vor allem zum Schutz der **Gewaltenteilung** können bestimmte Ämter oder Tätigkeiten durch Verfassung oder Gesetz für unvereinbar mit dem Innehaben oder der Ausübung des parlamentarischen Mandats erklärt werden (**Inkompatibilität**). Durch Inkompatibilitätsvorschriften wird es dem Abg. untersagt, die mit dem Mandat unvereinbaren Ämter oder Tätigkeiten zu übernehmen oder fortzuführen, und ihm geboten, andererseits dem Mandat nicht anzutreten oder auf das Mandat zu verzichten.[13] Das GG legt die Unvereinbarkeit des Landtagsmandates mit dem Amt des Bundespräsidenten (Art. 55 Abs. 1 GG) und der Tätigkeit als Richter am BVerfG (Art. 94 Abs. 1 Satz 3 GG) fest. 6

Die LV statuiert in Art. 52 Abs. 4 ausdrücklich die Unvereinbarkeit des Landtagsmandates mit der Tätigkeit als Mitglied des LVerfG. Darüber hinaus ermächtigt Art. 71 Abs. 3 LV den Landesgesetzgeber zu weiteren – **einfachgesetzlichen** – **Inkompatibilitätsregelungen**. Auf dieser Grundlage sind nach § 34 AbgG M-V alle Tätigkeiten als Beamter oder Angestellter des Bundes, eines Landes, einer Kommune oder einer anderen Körperschaft des öffentlichen Rechts mit Ausnahme der Religionsgemeinschaften mit einem Landtagsmandat nicht vereinbar. Die Einführung der völligen Inkompatibilität erfolgte iRd 12. Änderungsgesetzes zum AbgG im Zusammenhang mit der Anpassung der Altersversorgung. Gleiches gilt für Berufsrichter, Staatsanwälte, Berufssoldaten oder Soldaten auf Zeit. Regelungsinhalt der Unvereinbarkeitsvorschrift ist nicht der Ausschluss der benannten Angehörigen des öffentlichen Dienstes von der Wählbarkeit; Rechtsfolge ist vielmehr, dass die Ausübung des Mandats von einer Beendigung des inkompatiblen Beschäftigungsverhältnisses abhängig gemacht wird.[14] Die Unvereinbarkeitsregelung begründet insoweit eine Wahlmöglichkeit des Bewerbers zwischen einer Beschäftigung im öffentlichen Dienst und dem Mandat.[15] Soweit sich der Bewerber für das Mandat entscheidet, ruhen die Rechte und Pflichten aus dem öffentlich-rechtlichen Dienstverhältnis nach § 35 Abs. 1 AbgG M-V. Endet die Mitgliedschaft im LT, so besteht nach §§ 36 ff AbgG M-V auf Antrag ein Anspruch auf Wiederverwendung durch Rückführung in das frühere Dienstverhältnis. 7

Keine Inkompatibilität besteht zwischen einem Landtagsmandat und der gleichzeitigen Mitgliedschaft im BT oder im Europäischen Parlament.[16] Verfassungsrechtlich ebenfalls miteinander vereinbar sind das Abgeordnetenmandat mit 8

---

11 Eine solche Regelung gab es in Hessen und Rheinland-Pfalz, heute gibt es das ruhende Mandat nur noch in Bremen (Art. 108 BremVerf) und in Hamburg (Art. 38 a HambVerf); vgl auch *Achterberg/Schulte*, in: von Mangoldt/Klein/Starck, Art. 38 Rn 57.
12 HessStGH, ESVGH 27, 193 ff; *Achterberg/Schulte*, in: von Mangoldt/Klein/Starck, Art. 38 Rn 58 mwN.
13 *Badura*, in: Schneider/Zeh, § 15 Rn 80.
14 *Badura*, in: Schneider/Zeh, § 15 Rn 84.
15 BVerfGE 38, 326, 337 f.
16 *Pieroth*, in: Jarass/Pieroth, Art. 38 Rn 25 a; *Achterberg/Schulte*, in: von Mangoldt/Klein/Starck, Art. 38 Rn 82; in Bezug auf das Doppelmandat LT-BT aA *Morlok*, in: Dreier, Art. 38 Rn 141.

einem Regierungsamt.[17] Insoweit handelt es sich jedenfalls in MV um eine gefestigte Tradition des parlamentarischen Regierungssystems.[18] Dem steht auch die Inkompatibilitätsvorschrift des Art. 45 Abs. 1 Satz 2 LV (→ *Litten*, **Art. 45** Rn 7) nicht entgegen, da es sich bei dem Abgeordnetenmandat nicht um ein „besoldetes Amt" handelt. Die Vereinbarkeit verletzt auch nicht den Kernbereich der Gewaltenteilung, da die parlamentarische Kontrolle ieS (→ **Art. 20** Rn 23) im Regelfall von der Opposition ausgeübt wird.[19]

II. Das parlamentarische Mandat (Abs. 1)

9 **1. Allgemeines.** Die Abg. sind Vertreter des ganzen Volkes, an Aufträge und Weisungen nicht gebunden und nur ihrem Gewissen unterworfen. Diese Regelung entspricht dem Wortlaut von Art. 38 Abs. 1 Satz 2 GG und umschreibt das **freie Mandat** als klassisches Element der repräsentativen Demokratie.[20] Diese Freiheit schützt vor allen Maßnahmen, die den Bestand und die Dauer des Mandats beeinträchtigen und die inhaltliche Bindungen der Mandatsausübung herbeiführen oder sanktionieren[21] und ist in §§ 106 u. 108 e und f StGB auch strafrechtlich geschützt. Der Abgeordnetenstatus schließt daher rechtlich-verbindliche inhaltliche Bindungen der Mandatsausübung verfassungsrechtlich aus. Damit verbietet die LVerf – wie das GG – das sog. imperative Mandat, das den Abgeordneten lediglich als „Vollstrecker der Entscheidungen der Parteibasis im Parlament" betrachtet.[22] In der Konsequenz sind rechtlich-verbindliche Erklärungen oder Verpflichtungen, die sich auf die Ausübung des Mandats beziehen, nichtig.[23] Die Weisungsfreiheit erstreckt sich nicht nur auf das Abstimmungsverhalten, sondern auch darauf, wie der Abgeordnete seine parlamentarische und außerparlamentarische Tätigkeit im Einzelnen gestaltet.[24] Dem gegenüber sind faktische Bindungen, insb. iS politischer Loyalitäten, nicht nur zulässig, sondern in einer repräsentativen Demokratie auch notwendig. Der einzelne Abg. befindet sich in einem Beziehungsgeflecht zwischen seiner Partei, der Fraktion, seinem Wahlkreis, von Interessengruppen im Bereich seines Fachgebietes und der Öffentlichkeit.[25] Dieses Geflecht von Bezügen vermittelt – faktische – Bindungen und Handlungsmöglichkeiten gleichermaßen. Die Einbindung des Abg. in Partei und Fraktion ist insoweit nützlich, wenn nicht unverzichtbar,[26] weil dadurch erst die Grundlagen geschaffen werden, damit der Abg. sein Mandat erfolgreich wahrnehmen kann.[27]

10 Der verfassungsrechtliche Status des Abgeordnetenmandates gewährleistet – im Bund und in den Ländern – eine von staatlicher Beeinflussung freie Kommunikationsbeziehung zwischen den Abgeordneten und dem Wähler sowie die Freiheit von exekutiver Beobachtung und Kontrolle.[28] Daher stellt die Beobachtung eines Abgeordneten durch Behörden des Verfassungsschutzes einen Eingriff in

---

17 *Pieroth*, in: Jarass/Pieroth, Art. 38 Rn 25; *Morlok*, in: Dreier, Art. 38 Rn 141; *Achterberg/Schulte*, in: von Mangoldt/Klein/Starck, Art. 38 Rn 82.
18 Vgl f. Rh.Pf. *Perne*, in: Brocker/Droege/Jutzi, Art. 79 Rn 63.
19 *Morlok*, in: Dreier, Art. 38 Rn 141.
20 *Trute*, in: von Münch/Kunig, Art. 38 Rn 73.
21 *Pieroth*, in: Jarass/Pieroth, Art. 38 Rn 27.
22 *Haas*, in: Epping/Butzer/Brosius-Gersdorf/Haltern/Mehde/Waechter, Art. 12 Rn 14.
23 *Pieroth*, in: Jarass/Pieroth, Art. 38 Rn 27.
24 Vgl hierzu *Kretschmer*, in: S-B/H/H, Art. 38 Rn 61.
25 *Trute*, in: von Münch/Kunig, Art. 38 Rn 74.
26 So *Morlok*, in: Dreier, Art. 38 Rn 144.
27 *Trute*, in: von Münch/Kunig, Art. 38 Rn 74.
28 BVerfGE 134, 141 m. Anm. *Morklok*, DÖV 2014, 405 ff.

das freie Mandat dar.²⁹ Ein solcher Eingriff kann jedoch zum Schutz der freiheitlich demokratischen Grundordnung gerechtfertigt sein, wenn Anhaltspunkte dafür bestehen, dass der Abgeordnete sein Mandat zum Kampf gegen die freiheitlich demokratische Grundordnung missbraucht oder diese aktiv und aggressiv bekämpft.³⁰

2. Vertreter des ganzen Volkes. In Art. 22 Abs. 1 1. Halbsatz wird das Prinzip 11 der repräsentativen Demokratie konkretisiert und den Abg. die Funktion als „Vertreter des ganzen Volkes" zugewiesen. Der Begriff des Volkes und damit der Kreis der Repräsentanten umfasst die in Mecklenburg-Vorpommern wohnenden deutschen Staatsangehörigen³¹ (→ *Wallerath*, Art. 1 Rn 6). Die Vertretung bedeutet jedoch nicht, dass jeder einzelne Abg. das Volk insgesamt repräsentiert.³² Die Volksvertretung wird vielmehr nur von der Gesamtheit der Abg. gebildet.³³ Die Vertretung des Volkes ist deshalb Aufgabe des Gesamtparlaments.³⁴ Für die Wahrnehmung des Mandats folgt daraus, dass der einzelne Abg. die Ausübung seines Mandats im Rahmen der **Gesamtrepräsentation** am Gemeinwohl auszurichten hat³⁵ und sich nicht – nur – als Vertreter partikularer Gruppen, der Partei, seiner Wähler oder der Bürger seines Wahlkreises versteht.³⁶

Aus der Gesamtrepräsentation folgt zugleich der Status der Gleichheit der Abg.³⁷ Erst in der formalen Gleichheit aller Abg., in der Gleichheit ihrer Mitwirkungsmöglichkeiten an der Aufgabenerfüllung, können diese als legitime Repräsentanten des Volkes gelten.³⁸

3. An Aufträge und Weisungen nicht gebunden und nur ihrem Gewissen unter- 12 **worfen.** Art. 22 Abs. 1 2. Halbsatz konkretisiert den Status des freien Mandats. Daraus folgt, dass Abg. trotz ihrer Zugehörigkeit zu ihrer Partei und trotz ihrer Einbindung in verschiedenste Partikularinteressen – rechtlich – frei sind für eine nur an ihrem Gewissen orientierte Interpretation des Gemeinwohls und für ein dementsprechendes Handeln.³⁹ Das freie Mandat steht damit im Gegensatz zum imperativen oder sonst gebundenem Mandat.⁴⁰ Während die Formulierung „an Aufträge und Weisungen nicht gebunden" die Unzulässigkeit rechtlicher Vorgaben statuiert, wird mit der Formulierung „nur dem Gewissen unterworfen" die Ungebundenheit des Mandats positiv verstärkt.⁴¹ IdS schützt Art. 22 Abs. 1 die Abg. vor dem sog. **Fraktionszwang**, dh die für den Fall der Nichtbeachtung mit Sanktionen verbundene Pflicht, das Mandat in bestimmter Weise auszuüben.⁴² Andererseits ist die sog. **Fraktionsdisziplin**, dh die unter Umständen mit Nachdruck vorgebrachte Erwartung der Fraktion, der Abg. solle sich im Interesse der Durchsetzbarkeit der gemeinsamen politischen Zielstellung der Meinung der

---

29 BVerfGE aaO; BVerfGE 120, 378, 398.
30 BVerfGE 134, 141.
31 Vgl auch *Haas*, in: Epping/Butzer/Brosius-Gersdorf/Haltern/Mehde/Waechter, Art. 12 Rn 11.
32 *Perne*, in: Brocker/Droege/Jutzi, Art. 79 Rn 53.
33 *Morlok*, in: Dreier, Art. 38 Rn 123.
34 BVerfGE 44, 308, 316; 56, 396, 405; 70, 324, 367.
35 *Linck*, in: Linck/Baldus/Lindner/Poppenhäger/Ruffert, Art. 53 Rn 3.
36 *Morlok*, in: Dreier, Art. 38 Rn 129 mwN.
37 *Trute*, in: von Münch/Kunig, Art. 38 Rn 59.
38 BVerfGE 40, 296, 317 f; 44, 308, 316; 56, 396, 405; 93, 195, 204; 96, 264, 278.
39 *Perne*, in: Brocker/Droege/Jutzi, Art. 79 Rn 57.
40 *Morlok*, in: Dreier, Art. 38 Rn 143.
41 *Morlok*, in: Dreier, Art. 38 Rn 146.
42 → *Zapfe*, Art. 25 Rn 8; *Linck*, in: Linck/Baldus/Lindner/Poppenhäger/Ruffert, Art. 53 Rn 21 mwN; *Haas*, in: Epping/Butzer/Brosius-Gersdorf/Haltern/Mehde/Waechter, Art. 12 Rn 22.

Mehrheit anschließen, ausdrücklich zulässig.[43] Insoweit steht Art. 22 Abs. 1 in einem – gewollten – Spannungsverhältnis zu Art. 25. Die Einbindung des Abg. in die Organisation des Parlaments und damit die Bindung an seine Fraktion ist nämlich nicht nur als Beschränkung seiner parlamentarischen Beteiligungsrechte anzusehen, sondern gleichzeitig Voraussetzung dafür, dass sie überhaupt wahrgenommen werden können.[44] Insoweit ist es den Fraktionen grundsätzlich nicht verwehrt, zur Sicherstellung ihrer verfassungsmäßigen Aufgaben ein möglichst geschlossenes Auftreten im Parlament durch Verfahrens- und Verhaltensregeln für die ihnen angehörigen Abg. herbeizuführen.[45] In Fällen einer „nachhaltigen Störung des Vertrauensverhältnisses" sind die Fraktionen auch berechtigt, Abg. aus einem Ausschuss zurückzurufen[46] oder sie in schweren Fällen aus der Fraktion auszuschließen (→ *Zapfe*, Art. 25 Rn 12 f). Daher steht die Entscheidung über den Verlust der Fraktionszugehörigkeit nicht im Belieben der Fraktion. Sie setzt zumindest die Berücksichtigung rechtsstaatlicher wie demokratischer Verfahrensregeln sowie einen auf vollständiger Erkenntnisgrundlage beruhenden willkürfreien Entschluss der Fraktion voraus.[47]

13 Das freie Mandat schützt den Abg. auch vor jeder rechtlichen Einwirkung auf das Mandat durch seine Partei, denn mit Annahme der Wahl löst sich das rechtliche Schicksal des Mandats von der Partei,[48] solange sie nicht verboten wird (→ Rn 1 aE). In der Konsequenz lässt ein Parteiaustritt das Mandat unberührt.[49] Unzulässig sind auch sog. Blankoverzichtserklärungen zu Beginn der Legislaturperiode sowie Zahlungsversprechen für den Fall eines Parteiaustritts oder einer Mandatsniederlegung.[50] Der Schutz ist jedoch auf die Dauer der Legislaturperiode begrenzt und endet mit der Nominierung für die kommende Wahlperiode. Insoweit ist es nachvollziehbar und legitim, wenn eine Partei einen Abg. nicht wieder aufstellt, der die Programmatik der Partei als Abg. nicht bzw. nicht hinreichend vertreten hat.[51] Im Spannungsverhältnis zwischen der Freiheit des Mandats nach Art. 22 und der verfassungsrechtlichen Stellung der Parteien nach Art. 21 GG ist der Abg. als Mandatsträger einerseits instruktionsfrei, andererseits in Bezug auf seine erneute Nominierung politisch abhängig.

III. Mitwirkungsrechte der Abgeordneten (Abs. 2)

14 **1. Allgemeines.** Zum verfassungsrechtlichen Status der Abg. gehören die parlamentarischen Befugnisse, die eine effektive Mitwirkung an den Aufgaben des LT iSd Art. 20 LV erst ermöglichen. Art. 22 Abs. 2 garantiert das **Rede-, Frage-, Antrags- und Stimmrecht**. Diese Bestimmung normiert die verfassungsgewohnheitsrechtlich anerkannten Befugnisse der Abg. und verdeutlicht, dass die Abg. einen eigenen verfassungsrechtlichen Status besitzen. Nach der Rspr des BVerfG ist jeder Abg. berufen, an der Arbeit des Parlaments, seinen Verhandlungen und Entscheidungen teilzunehmen.[52] Indem Abg. diese Befugnisse ausüben, wirken sie an der Erfüllung der Aufgaben des Parlaments mit und genügen so den Pflichten

---

43 *Pieroth*, in: Jarass/Pieroth, Art. 38 Rn 28; *Trute*, in: v. Münch/Kunig, Art. 38 Rn 89.
44 *Brocker*, in: BK, Art. 40 Rn 193.
45 BVerfGE 10, 4, 14; 102, 224, 237 f.
46 BVerfGE 80, 188, 233; *Brocker*, in BK, Art. 40 Rn 193.
47 Vgl LVerfG M-V, DöV 2003, 767 ff; *Morlok*, in: Dreier, Art, 38 Rn 184.
48 *Löwer*, in: Löwer/Tettinger, Art. 30 Rn 65.
49 *Badura*, in: BK, Art. 38 Rn 87.
50 *Löwer*, in: Löwer/Tettinger, Art. 30 Rn 65.
51 *Löwer*, in: Löwer/Tettinger, Art. 30 Rn 61.
52 BVerfGE 80, 188, 218.

ihres Mandates.[53] Hierbei haben alle Mitglieder des LT grds. gleiche Rechte und Pflichten, da die Repräsentation des Volkes nicht von Einzelnen oder einer Gruppe von Abg., auch nicht von der parlamentarischen Mehrheit, sondern vom Parlament als Ganzem, dh in der Gesamtheit seiner Mitglieder als Repräsentanten bewirkt wird.[54]

Aus der Gesamtrepräsentation des Parlaments folgt gleichzeitig, dass zur Sicherung der Funktionsfähigkeit des LT die Rechte des einzelnen Abg. durch die **Geschäftsordnung** (→ Art. 29 Rn 6) eingeschränkt bzw modifiziert werden können.[55] Insoweit handelt es sich bei Art. 22 Abs. 2 Satz 3 um eine Ermächtigung an den LT, die Schranken des freien Mandats im Rahmen des Selbstorganisationsrechts, dh durch die GO, im Einzelnen auszugestalten. Die entsprechenden Regelungen müssen daher erkennbar an der Sicherung effizienter Arbeit des LT ausgerichtet sein und beachten, dass die Rechte des einzelnen Abg. zwar im Einzelnen modifiziert und eingeschränkt werden, dass sie ihm jedoch nicht in der Substanz entzogen werden dürfen.[56] Freies Mandat und das Selbstorganisationsrecht des Parlaments müssen also zu einem verhältnismäßigen Ausgleich gebracht werden.[57] Dabei steht dem Parlament ein weiter Gestaltungsspielraum zu.[58] 15

2. Rederecht. Das Rederecht ist zur Wahrnehmung parlamentarischer Aufgaben unverzichtbar.[59] Zur Sicherung der Arbeits- und Funktionsfähigkeit des Parlaments ist eine Begrenzung der Gesamtredezeit und ihre Aufteilung auf die Fraktionen nach ihrer Stärke nicht nur zulässig,[60] sondern auch geboten.[61] Die Festlegung der Redezeiten erfolgt gemäß § 84 GO LT auf Vorschlag des Ältestenrates durch den LT. Dabei ist kleinen Fraktionen oder auch fraktionslosen Abg. eine verfassungsrechtliche Mindestredezeit zuzubilligen.[62] Maßstab für die Ausgestaltung der **Redezeit** ist die grundsätzliche Aufgabe des Parlaments, Forum für Rede und Gegenrede zu sein[63] und daher zu gewährleisten, dass Abgeordnete aller politischen Richtungen zu Wort kommen.[64] In der Praxis des LT wird zur Einbringung eines eigenen Antrages eine Mindestredezeit von zehn Minuten und iÜ eine Mindestredezeit von drei Minuten zugestanden. Überschreitet ein Mitglied des LT die ihm zustehende Redezeit, so kann ihn der Präsident gem. § 87 Abs. 3 GO nach einmaliger Ermahnung das Wort entziehen. Weitere Schranken des Rederechts ergeben sich aus der Disziplinargewalt des PräsLT (→ **Art. 29 Rn 20**). Vom Rederecht nicht umfasst sind nonverbale Artikulationen von Abg. im Parlament, wie zB das Zeigen von Schrifttafeln, das Erscheinen in uniformierter Kleidung oder sonstige äußere Erscheinungsweisen, mit denen bewusst und gezielt eine politische Haltung zum Ausdruck gebracht werden soll.[65] 16

Das Rederecht erstreckt sich auch auf die Ausschüsse. Insoweit werden jedoch keine Redezeiten vereinbart. Vielmehr wird das Wort nach § 16 iVm § 82 GO 17

---

53 *Waack*, in: Caspar/Ewer/Nolte/Waack, Art. 11 Rn 19.
54 BVerfGE 44, 308, 316; 56, 396, 405; 80, 188, 217.
55 *Linck*, in: Linck/Baldus/Lindner/Poppenhäger/Ruffert, Art. 53 Rn 33.
56 BVerfGE 44, 308, 316; 80, 188, 217.
57 *Linck*, in: Linck/Baldus/Lindner/Poppenhäger/Ruffert, Art. 53 Rn 33.
58 BVerfGE 80, 188, 220.
59 BVerfGE 10, 4, 12; 60, 374, 379; *Kretschmer*, in: S-H/B/B, Art. 38 Rn 70.
60 BVerfGE 10, 4, 14; 96, 264, 284 ff.
61 *Perne*, in: Brocker/Droege/Jutzi, Art. 79 Rn 67.
62 *Linck*, in: Linck/ Baldus/Lindner/Poppenhäger/Ruffert , Art. 53 Rn 35.
63 BVerfGE 96, 264, 284.
64 *Perne*, in: Brocker/Droege/Jutzi, aaO.
65 *Linck*, in: Linck/Baldus/Lindner/Poppenhäger/Ruffert, Art. 53 Rn 36.

LT in der Reihenfolge der Wortmeldung unter Berücksichtigung des Stärkeverhältnisses der Fraktionen durch den Vorsitzenden erteilt.

18 **3. Fragerecht.** Das Fragerecht ist eine spezielle Ausprägung des allgemeinen parlamentarischen Informationsanspruchs der Abg. zur Erfüllung der ihnen obliegenden verfassungsrechtlichen Aufgaben.[66] Es ist Bestandteil des Informationsrechts der Abg. nach Art. 40 und umfasst sowohl die nichtformalisierten Fragen in den Ausschüssen als auch das durch die in §§ 62 ff GO LT im Einzelnen ausgestaltete Recht, Kleine und Große Anfragen sowie Fragen in der Fragestunde zu stellen. Einzelheiten, insb. zu Umfang und Grenzen der Antwortpflicht der LReg, sind ausdrücklich in Art. 40 geregelt. Darüber hinaus ist nach § 33 GO LT jedes Mitglied des LT berechtigt, die Akten des LT einzusehen, die über Gegenstände der parlamentarischen Beratung im Plenum sowie in den Ausschüssen und den sonstigen Gremien des LT angelegt sind, soweit nicht die Einsicht aufgrund gesetzlicher Vorschriften oder aus Gründen der Geheimhaltung eingeschränkt ist. Abg. haben des Weiteren ein Akteneinsichtsrecht bezüglich derjenigen Akten, die über ihn betreffende Vorgänge geführt werden, § 33 Abs. 2 GO LT.

19 Auch das Fragerecht ist nicht schrankenlos. Es wird **begrenzt** durch das allg. Missbrauchsverbot sowie den notwendigen Schutz der Würde und der Arbeitsfähigkeit des Parlaments. Nach § 62 Abs. 3 GO LT kann der Präsident daher Fragen zurückweisen, die nach Form oder Inhalt einen Missbrauch darstellen, insb. Wertungen oder Unterstellungen enthalten oder gegen die Würde des Parlaments verstoßen (→ *Zapfe*, **Art. 40** Rn 9 ff). Gegen die Zurückweisung kann der Fragesteller nach § 62 Abs. 4 GO LT Einspruch einlegen, über den nach Beratung im Ältestenrat durch den LT entschieden wird.

20 **4. Antragsrecht.** Art. 22 Abs. 2 S. 1 letzte Alternative verleiht grundsätzlich jedem Abg. das Recht, im LT sowie in seinen ständigen Ausschüssen und in den Sonderausschüssen und Enquetekommissionen Anträge zu stellen. Das Antragsrecht kann zum Schutz der Funktionsfähigkeit des Parlaments durch notwendige **Antragsquoren** begrenzt werden.[67] Für bestimmte Antragsinhalte legt bereits die Verfassung Antragsquoren fest. Das gilt für den Antrag zur vorzeitigen Beendigung der Wahlperiode nach Art. 27 Abs. 2, den Antrag auf Abwahl des PräsLT gem. Art. 29 Abs. 2 Satz 2, den Antrag auf Ausschluss der Öffentlichkeit gem. Art. 31 Abs. 1 Satz 2, den Antrag zur Einsetzung eines Untersuchungsausschusses gem. Art. 34 Abs. 1 Satz 1, das Zitierrecht gem. Art. 38 Abs. 1 Satz 1, den Antrag, den MinPräs das Vertrauen zu entziehen gem. Art. 50 Abs. 3 Satz 1 sowie Anträge zur Einbringung eines Gesetzentwurfes gem. Art. 55 Abs. 1 Satz 2. Weitere Einschränkungen der Antragsausübungsberechtigung sind in der GO geregelt. So steht das Recht zur Beantragung einer aktuellen (§ 66 GO) Stunde oder der Antrag auf Überweisung einer Unterrichtung (§ 59 GO) nur einer Fraktion zu. Soweit ein Antragsquorum nicht vorgesehen ist, kann das Antragsrecht von jedem einzelnen Abg. ausgeübt werden. Dies gilt insb. für sog. Entschließungsanträge nach § 56 GO, dh Anträge, die Meinungen, Anregungen, Empfehlungen oder Ersuchen enthalten und auf sog. schlichte Parlamentsbeschlüsse (→ Art. 32 Rn 6) abzielen.

21 Das Antragsrecht der Abg. begründet wiederum einen Anspruch darauf, dass sich das Parlament mit dem Antrag **befasst**.[68] Das Parlament muss über den An-

---

66 → *Zapfe*, Art. 40 Rn 1.
67 BVerfGE 84, 204, 328 ff; *Perne*, in: Brocker/Droege/Jutzi, Art. 79 Rn 71.
68 *Kretschmer*, in: S-B/H/H, Art. 38 Rn 76.

trag beraten und – durch Annahme oder Ablehnung – Beschluss fassen.[69] Ausnahmen gelten lediglich für solche Initiativen, die einen Missbrauch des Antragsrechts darstellen und vom Präsidenten nach § 42 GO LT als unzulässig zurückgewiesen werden.

Das Antragsrecht und der daraus abgeleitete Anspruch auf Befassung und Abstimmung schließen nicht aus, **Änderungsanträge** zum Ursprungsantrag zuzulassen. Änderungsanträge sind vielmehr grds. mit dem Anspruch des Abg. vereinbar, dass das Parlament über den gestellten Antrag – durch Annahme oder Ablehnung – Beschluss fasst.[70] Änderungsanträge zu Entschließungsanträgen sind jedoch dann unzulässig, wenn sie den Gegenstand des ursprünglichen Antrages auswechseln, ihn also in ein „Aliud" umformen.[71] Ein Änderungsantrag darf nicht dazu benutzt werden, einer Beschlussfassung in der Sache, sei es auch nur in konkludenter Weise, auszuweichen.[72] Die Zulässigkeit eines Änderungsantrages setzt also voraus, dass am Ende eine ausdrückliche oder konkludente Positionierung zum ursprünglichen Antragsgegenstand erkennbar bleibt. Danach kann ein Antrag durch einen Änderungsantrag durchaus in sein Gegenteil verkehrt werden, weil damit die Ablehnung des Antragsbegehrens erkennbar bleibt. Unzulässig ist jedoch das Auswechseln oder wesentliche Verändern des Antragsgegenstandes mit der Folge, dass die Mehrheit am Ende zu der mit dem Ursprungsantrag aufgeworfenen Frage keine „Farbe" bekennt.[73] 22

5. Stimmrecht. Zu den Entscheidungsrechten der Abg. gehört schließlich das Recht, bei Wahlen und Beschlüssen mitzuwirken und ihr Stimmrecht auszuüben. Es ist ein **höchstpersönliches Recht**, das nur von Abg. selbst ausgeübt werden kann.[74] Das Stimmrecht ist grds. – bezogen auf das Plenum – unverzichtbar und unbeschränkbar.[75] Etwas anderes gilt für die Ausschüsse des Parlaments; insoweit haben Abg. keinen Anspruch auf stimmberechtigte Teilnahme in zahlenmäßig begrenzten Gremien des Parlaments.[76] IÜ kann das Stimmrecht nur durch den Ausschluss von der Sitzung wegen gröblicher Verletzung der Ordnung nach § 99 GO LT zeitweise aufgehoben werden. Dem gegenüber sind anders als im Bereich der Exekutive und für Mitglieder kommunaler Vertretungskörperschaften im LT Abstimmungen in eigener Sache zulässig.[77] Eine das Stimmrecht ausschließende parlamentarische Befangenheit gibt es nicht.[78] Vielmehr enthält die LVerf selbst in Art. 29 (Geschäftsordnung) Regelungsaufträge zur Beschlussfassung „in eigener Sache". Auch die Beschlussfassung über Abgeordnetenversorgung (→ Rn 30 ff) ist ein verbindlicher Regelauftrag. 23

IV. Pflichten von Abgeordneten

1. Teilnahmepflichten. Das parlamentarische Mandat verleiht den Abg. nicht nur Rechte, sondern löst auch Pflichten aus. Den Abg. ist das Mandat nicht zur Ausübung nach eigenem Belieben überlassen, sondern gebunden an die Verant- 24

---

69 BayVerfGH, BayVBl. 1995, 16, 17; BVerfGE 1, 144, 153; 84, 304, 329 f.
70 VerfGH NW, Entsch. v. 15.6.1999 – VerfGH 6/97 – S. 17, zitiert nach juris.
71 VerfGH NW, aaO, S. 18.
72 VerfGH NW, aaO.
73 VerfGH NW, aaO, S. 19.
74 *Kretschmer*, in: S-B/S/S, Art. 38 Rn 68.
75 BVerfGE 10, 4, 12.
76 BVerfGE 70, 324, 354.
77 BVerfGE 40, 296, 327; *Linck*, in: Linck/Baldus/Lindner/Poppenhäger/Ruffert, Art. 53 Rn 37.
78 *Perne*, in: Brocker/Droege/Jutzi, Art. 79 Rn 69.

wortung, mitzuwirken an der Erfüllung der Aufgaben des Parlaments.[79] Nach der GO LT haben die Abg. die Pflicht, an den Sitzungen des LT und an den Sitzungen der Ausschüsse **teilzunehmen**, denen sie angehören (§ 32 Abs. 1 GO LT). Die GO selbst sieht keine Sanktionen für den Fall der – unentschuldigten – Nichtteilnahme vor. Wenngleich der LT – anders als der BT – an Plenarsitzungstagen grds. keine Ausschusssitzungen durchführt – und daher die Mehrheit der Abg. im Regelfall auch anwesend ist – ist zu berücksichtigen, dass Plenarsitzungen oft 12 Stunden und länger ohne Pausen andauern. Es ist insoweit üblich, dass am „Rande des Plenums" – zumeist in der sog. Lobby – Gespräche und Verhandlungen geführt werden. Den parlamentarischen Geschäftsführern obliegt es, diese Abläufe zu koordinieren, dh die Beschlussfähigkeit und – bei Abstimmungen – die politischen Mehrheiten oder Quoren sicherzustellen. Eine Besonderheit sind namentliche Abstimmungen, durch die das individuelle Abstimmungsverhalten der Abg. protokolliert wird. Mit dem 14. Änderungsgesetz[80] zum AbgG hat der LT einen Wertungswiderspruch aufgelöst: Für den Tag, an dem ein Abg in einer Sitzung ausgeschlossen wird, erhält er keine Reisekostenentschädigung (§ 11 Abs. 2 AbgG M-V). Die Abg. sind des Weiteren zur Verschwiegenheit, insb. nach der Geheimschutzordnung, verpflichtet, die der GO als Anlage beigefügt wird (§ 17 Abs. 5 GO LT). Diese Verschwiegenheitspflicht gilt nach § 49 Abs. 1 AbgG M-V auch nach Beendigung des Mandats.

25 **2. Verhaltensregeln.** Darüber hinaus ergibt sich aus Art. 30 Abs. 2 3. Alternative LV, dass der LT nicht nur ermächtigt, sondern auch verpflichtet ist, sich zur Sicherung der Unabhängigkeit der Abg. Verhaltensregeln zu geben (→ Art. 30 Rn 8). Insoweit statuiert § 47 AbgG M-V zunächst das Verbot der Annahme von **Zuwendungen** oder Einkünften, die der Abg. nur in der Erwartung erhält, dass er im LT das Interesse des Zahlenden vertritt (sog. arbeits- oder leistungslose Einkommen). Diese Regelung entspricht der Vorgabe des BVerfG, wonach leistungslose Einkünfte mit dem unabhängigen Status von Abg. und ihrem Anspruch auf gleichmäßige finanzielle Ausstattung in ihrem Mandat unvereinbar sind.[81] Soweit die Unzulässigkeit voraussetzt, dass die Leistung in der „Erwartung" gewährt wird, dass das Mandat im Interesse des Zahlenden ausgeübt wird, ist jedenfalls bei leistungs- bzw arbeitslosen Einkommen von einer – widerlegbaren – Vermutung auszugehen. Darüber hinaus beschließt der LT – regelmäßig zu Beginn der Legislatur – Verhaltensregeln, in denen die Pflichten zur Anzeige des Berufes, der Art und Höhe sonstiger Einkünfte, die Frage der Veröffentlichung entsprechender Angaben sowie das Verfahren bei Verstößen gegen die Verhaltensregeln normiert sind. Die Anzeige- und Veröffentlichungspflichten für Abgeordnete sind verfassungsrechtlich zulässig,[82] auch wenn sie Tätigkeiten betreiben, die keine Gefahr für die Unabhängigkeit begründen.[83] Die geltenden Verhaltensregeln sind als Anlage 2 zur GO der 6. WP veröffentlicht. Danach haben Abg. innerhalb einer Frist von drei Monaten nach Erwerb der Mitgliedschaft gegenüber dem Präsidenten ihren früher ausgeübten Beruf, ggf ihren gegenwärtig ausgeübten Beruf sowie vergütete und ehrenamtliche Tätigkeiten anzuzeigen. Diese Angaben werden zusammen mit den biografischen Angaben des Abg. im Internet auf der Homepage des Landtages[84] veröffentlicht. Eintretende Änderungen sind dem Präsidenten innerhalb von drei Monaten schriftlich mit-

---

79 BVerfGE 56, 396, 405; LVerfGE 5, 203, 225.
80 GVOBl. 2011, S. 1071.
81 BVerfGE 40, 296, 318 f.
82 BVerfGE 118, 277, 324.
83 *v. Arnim/Drysch*, in: BK, Art. 48 Rn 301.
84 www.landtag-mv.de.

zuteilen. Darüber hinaus haben die Abg. dem Präsidenten jährlich die Einnahmen entgeltlicher Tätigkeiten der Beratung, Vertretung fremder Interessen, Erstattung von Gutachten, publizistische und sonstige Vortragstätigkeiten anzuzeigen, soweit diese Tätigkeiten nicht im Rahmen des ausgeübten Berufes liegen und deren Summe oder die Summe der Zuwendungen und Vergünstigungen, die sie für ihre politische Tätigkeit als Landtagsabgeordnete erhalten haben, den Wert von 125 Euro je Zuwendungsgeber in einem Kalenderjahr überschreiten. Die Abgeordneten haben hierfür gesondert Rechnung zu führen und anzuzeigen, dass keine meldepflichtigen Einnahmen entstanden sind, falls sie keine Einnahmen, Zuwendungen oder Vergünstigungen erhalten haben oder die Wertgrenze unterschritten wird. Die entsprechenden Einnahmen oder Zuwendungen werden veröffentlicht, wenn sie den Wert von 750 Euro je Zuwendungsgeber in einem Kalenderjahr überschreiten. Wird der Vorwurf erhoben, dass ein Abg. gegen die Verhaltensregeln verstoßen hat, so hat der Präsident dies aufzuklären. Der Präsident stellt im Benehmen mit dem Ältestenrat fest, ob ein Verstoß gegen die Verhaltensregeln vorliegt und teilt das Ergebnis dem LT – und damit auch der Öffentlichkeit – mit. Weitergehende Sanktionen sind nicht vorgesehen.

3. Stasi-Überprüfung. Mit dem 5. Gesetz zur Änderung des Abgeordnetengesetzes hat der LT in der 2. Wahlperiode die Pflicht zur Überprüfung der Abg. durch den Bundesbeauftragten für die Unterlagen des Staatssicherheitsdienstes eingeführt.[85] Auf dieser Grundlage erfolgte die Überprüfung aller Abg. Allerdings sah dieses Verfahren im Ergebnis keinerlei Sanktionen vor; vielmehr erfolgte durch die unabhängige Kommission, die zu umfassender Geheimhaltung verpflichtet war, lediglich eine Empfehlung an – belastete – Abg. Der mit diesem Verfahren verbundene Eingriff in den Status des freien Mandats wurde vom LVerfG ausdrücklich für rechtmäßig erklärt[86] und u.a. damit begründet, dass die Würde des Parlaments abhängig von der Parlamentswürdigkeit der Abg. ist.[87] Dieser Umstand kann es „rechtfertigen, gegenüber den Abgeordneten Regelungen zu treffen, die deren Parlamentswürdigkeit gewährleisten und damit die Würde und das Ansehen des Parlaments wahren sollen".[88] Unabhängig von der verfassungsrechtlichen Zulässigkeit hat der LT das Verfahren zur „Stasi-Überprüfung" seit der 3. Legislatur aus rechtspolitischen Gründen dahingehend geändert, dass die Überprüfung nach § 48 Abs. 1 AbgG M-V auf Antrag des Abg., dh freiwillig erfolgt. Eine Überprüfung findet gem. § 48 Abs. 2 AbgG M-V ohne Zustimmung statt, wenn der Rechtsausschuss des LT das Vorliegen von konkreten Anhaltspunkten für den Verdacht einer hauptamtlichen oder inoffiziellen Tätigkeit für das MfS/AfNS oder eine unmittelbare Weisungsbefugnis in nichtöffentlicher Sitzung mit einer Mehrheit von 3/4 seiner Mitglieder festgestellt hat. Einzelheiten zur Zusammensetzung der Bewertungskommission, das Verfahren zur Überprüfung sowie zur Veröffentlichung der Feststellungen sind auf der Grundlage des § 48 Abs. 4 AbgG M-V in einer Richtlinie festgelegt, die als Anlage zum AbgG veröffentlicht ist. In der Praxis hat sich die Intention des Gesetzgebers, dass trotz formaler Freiwilligkeit der öffentliche Druck bzw eine entsprechende Erwartungshaltung letztlich zu einer nahezu vollständigen Überprüfung führt, bestätigt. Gleichzeitig hat die Veröffentlichung der Ergebnisse Spekulationen und Gerüchten – auch zugunsten der Abg. – entgegengewirkt und letztlich eine echte Transparenz hergestellt, mit dem Ziel, es der politischen Wertung

---

85 GVOBl 1995, S. 332, redaktionell geändert durch das 6. ÄndG, GVOBl. S. 608.
86 LVerfGE 5, 203.
87 LVerfGE 5, 203, 225.
88 LVerfGE 5, 203, 225.

27 **4. Mandatsverlust bei Pflichtverletzung.** Die Integrität und politische Vertrauenswürdigkeit des Parlaments ist vom BVerfG als ein Rechtsgut von Verfassungsrang anerkannt.[90] Die Würde des Parlaments ist wiederum abhängig von der Parlamentswürdigkeit der Abg.[91] Das kann es rechtfertigen, gegenüber den Abg. Regelungen zu treffen, die deren Parlamentswürdigkeit gewährleisten und damit die Würde und das Ansehen des Parlaments wahren sollen.[92] Nach der in M-V geltenden Rechtslage ist ein Mandatsverlust nur im Ergebnis eines Parteienverbots nach Art. 21 Abs. 2 GG bzw. nach § 45 StGB bei einer strafrechtlichen Verurteilung wegen eines Verbrechens vorgesehen. Während in einigen Landesverfassungen[93] das Parteienverbot nach dem GG durch das Verbot verfassungsfeindlicher Wählergruppen ergänzt und die sog. streitbare Demokratie[94] eine landesspezifische Ausprägung erfahren hat, fehlt es in M-V insoweit an einer Rechtsgrundlage in der LV. Gleiches gilt für weitergehende Institute, mit denen die Parlamentsunwürdigkeit von Abg. durch Mandatsaberkennung sanktioniert werden kann. Auf entsprechende Möglichkeiten, namentlich die **Abgeordnetenanklage** und die Mandatsaberkennung durch das Parlament, hat das LVerfG ausdrücklich hingewiesen.[95] Ein solches Instrument, das zu einem Mandatsverlust bei – individueller – Pflichtverletzung von Abg. des Parlaments führt, kann jedoch nur durch ein verfassungsänderndes Gesetz eingeführt werden.[96] Anders als in M-V ist in einer Reihe von Landesverfassungen der Mandatsverlust in der Folge einer individuellen Pflichtverletzung vorgesehen. Überwiegend im Wege der Abgeordnetenanklage,[97] teilweise durch von der Volksvertretung zu beschließenden Ausschluss aus dem Parlament.[98] In Bezug auf die Intensität des Eingriffs in den Abgeordnetenstatus verdient insoweit die Abgeordnetenanklage verfassungspolitisch den Vorzug. Die Abgeordnetenanklage wird durch das Landesparlament, das hierüber mit qualifizierter Mehrheit[99] beschließen muss, beim LVerfG erhoben, das auf Verlust des Mandates erkennen kann.[100] Anknüpfungspunkt und gleichzeitig Tatbestandsvoraussetzung für die Parlamentsunwürdigkeit und damit für die Abgeordnetenanklage sind dabei unterschiedlich. Während in Sachsen eine Abgeordnetenanklage wegen einer aus der Stasi-Mitarbeit folgenden Untragbarkeit vorgesehen ist (Art. 118 SächsVerf.), stellen die übrigen Landesverfassungen auf einen Missbrauchs des Mandats in gewinnsüchtiger Absicht oder auf gröbliche Verletzungen der Pflicht zur Verschwiegenheit ab.[101] In Hamburg kann ein Mandatsverlust auch darauf gestützt werden, dass ein Abg. „seine Pflichten ... aus eigennützigen Gründen gröblich vernachlässigt" (Art. 13

---

89 I. d. S. auch *Trute*, in: v. Münch/Kunig, Art. 38 Rn 82.
90 BVerfGE 99, 18, 32.
91 LVerfGE 5, 203, 225.
92 LVerfGE, aaO.
93 Art. 15 BayVerf und Art. 32 Verf NW.
94 *Grawert*, Verfassung für das Land Nordrhein-Westfalen, Art. 32 Nr. 1.
95 LVerfGE 5, 203, 225.
96 *Badura*, in: Schneider/Zeh, § 15 Rn 73; *Linck*, in: Linck/Jutzi/Hopfe, Art. 54 Rn 16.
97 Art. 42 BWVerf; Art. 61 BayVerf; Art. 61 BBgVerf; Art. 17 NdsVerf; Art. 85 SaarlVerf, vgl auch v. *Trute*, in: v. Münch/Kunig, Art. 38 Rn 82.
98 Art. 85 BremVerf, Art. 13 HambVerf.
99 Zu den Quoren im Einzelnen vgl *Badura*, in: Schneider/Zeh, § 15 Rn 75.
100 Vgl auch *Kratzsch*, Befugnisse der Länderparlamente zur Aberkennung des Abgeordnetenmandats bei Unwürdigkeit und Mandatsmissbrauchs, DÖV 1970, 372; *Krause*, Freies Mandat und Kontrolle der Abgeordnetentätigkeit, DÖV 1974, 325, 331 ff.
101 Vgl im Einzelnen *Badura*, in: Schneider/Zeh, § 15 Rn 75.

Abs. 2 Satz 1 Nr. 2 HambVerf). Maßstab ist letztlich die Intensität der Beeinträchtigung der Würde des Parlaments durch das Verhalten von Abg. Insoweit kommen – de lege ferenda – auch Straftaten unterhalb der Schwelle des § 45 StGB in Betracht, insb. soweit es sich um Straftaten gegen die freiheitlich-demokratische Grundordnung handelt.

V. Entschädigung der Abgeordneten (Abs. 3)

1. Allgemeines. Art. 22 Abs. 3 enthält die verfassungsrechtliche Grundlage für die Entschädigung der Abg., das sog. Diätenrecht.[102] Die Regelung begründet einen Leistungsanspruch des Abg. auf materielle Absicherung des freien Mandats.[103] Art. 22 Abs. 3 Satz 1 entspricht im Wortlaut Art. 48 Abs. 3 Satz 1 GG, so dass die vom BVerfG in Bezug auf Art. 48 Abs. 3 GG entwickelten Grundsätze ohne Einschränkungen übertragbar sind. Aus dem Wortlaut folgt zunächst, dass sich der Verfassungsgeber für eine Qualifizierung des Abgeordnetenmandats als Vollzeitbeschäftigung entschieden hat.[104]

Der Wortlaut der Verfassung bezüglich der Struktur und der Höhe der Entschädigung der Abg. ist „eher karg".[105] Er beschränkt sich auf die für den Gesetzgeber verbindliche Vorgabe, dass die Entschädigung „angemessen" zu sein habe und „ihre Unabhängigkeit" zu sichern habe. Insoweit räumt die Verfassung dem Gesetzgeber grundsätzlich einen weit bemessenen Gestaltungsspielraum ein.[106] Das BVerfG hat in seinen beiden Diäten-Urteilen[107] im Hinblick auf die Konkretisierung verfassungsrechtlicher Maßstäbe vorgegeben.

2. Angemessene Entschädigung. Zunächst muss die „angemessene, ihre Unabhängigkeit sichernde Entschädigung" den Abg. und ihren Familien während der Dauer der Zugehörigkeit zum Parlament eine ausreichende Existenzgrundlage sichern.[108] Die Sicherung der Existenzgrundlage ist nicht lediglich als Garantie eines Existenzminimums zu verstehen.[109] Die Entschädigung ist vielmehr so zu bemessen, dass sie allen Abg. eine Lebensführung gestattet, die der Bedeutung des Amtes angemessen ist.[110] Die Bedeutung des Amtes bzw des Mandats ist wiederum unter Berücksichtigung der damit verbundenen Verantwortung und Belastung sowie des dem Mandat im Verfassungsgefüge zukommenden Rangs zu konkretisieren.[111] Die Entschädigung muss sowohl demjenigen, der kein Einkommen aus einem Beruf hat, als auch für den, der in Folge des Mandats Be-

---

102 Der Terminus „Diäten" entstammt dem historischen Leitbild des Abg. als ehrenamtlich tätiger Mandatsträger, der lediglich eine Aufwandsentschädigung, eine „Diät" erhielt, vgl zur historischen Entwicklung *Trute*, in: von Münch/Kunig, Art. 48 Rn 17.
103 *Glauben*, in: Grimm/Caesar, Art. 97 Rn 1.
104 So zutreffend *Wedemeyer*, in: Thiele/Pirsch/Wedemeyer, Art. 22 Rn 7; soweit *März*, JöR, N.F. 54 (2006), 175 (240) seine gegenteilige Auffassung darauf stützt, dass das AbgG ursprünglich in § 42 eine auf 40% reduzierte Beschäftigung in einem öffentlich-rechtlichen Dienstverhältnis zuließ, wird übersehen, dass es sich insoweit lediglich um die Zulassung einer Nebentätigkeit handelte, die wegen der zwischenzeitlich eingeführten völligen Inkompatibilität (oben → Rn 7) nicht mehr möglich ist.
105 *Klein*, in: Maunz/Dürig, Art. 48 Rn 172.
106 BVerfGE 76, 56, 342; *Klein*, in: Maunz/Dürig, Art. 48 Rn 172; *Achterberg/Schulte*, in: von Mangold/Klein/Starck, Art. 48 Rn 53.
107 BVerfGE 40, 296 ff; 102, 224 ff.
108 BVerfGE 40, 296, 315.
109 *Hübner*, in: von Mutius/Wuttke/Hübner, Art. 11 Rn 25.
110 BVerfGE 40, 296, 316.
111 BVerfGE, aaO.

rufseinkommen ganz oder teilweise verliert, eine angemessene Lebensführung gestatten.[112]

31 Diese Maßstäbe stecken zwar den verfassungsrechtlichen Rahmen ab, bieten für sich allein jedoch noch keine Grundlage für die Subsumtion einer angemessenen Höhe der Abgeordnetenentschädigung. Ein maßgeblicher Aspekt ist der tatsächliche Aufwand, dh die zeitliche Belastung und die inhaltliche Ausgestaltung des Mandats. Erstaunlicherweise gibt es zu der Frage des Umfangs der konkreten parlamentarischen Arbeit der Mitglieder des BT und der Landtage nur wenige empirische Untersuchungen.[113] Das Fehlen belastbarer Daten dürfte eine wesentliche Ursache dafür sein, dass die zeitliche Beanspruchung der Abg. völlig unterschiedlich wahrgenommen und beurteilt wird. Während vorliegende Untersuchungen auf der Grundlage von Auskünften von Landtagsabgeordneten einen durchschnittlichen wöchentlichen Zeitaufwand von 65, 55[114] bis 69,3[115] ermittelt haben, wird an anderer Stelle behauptet, dass Landtagsmandat sei in Wahrheit keine Vollzeittätigkeit.[116] *Von Arnim* stützt seine Kritik auf mehrere, im Einzelnen nicht haltbare Thesen. Zunächst werden einzelne Abg. benannt, die neben ihrem Mandat eine privatwirtschaftliche Vollzeittätigkeit ausüben.[117] Ohne weitere Belege wird insoweit jedoch unzulässig verallgemeinert und von der Ausnahme auf die Regel geschlossen. Dies gilt jedenfalls für die Abg. des Landtages M-V. In der 6. WP haben von 71 Abgeordneten 25, das sind 35%, neben dem Mandat einen Beruf ausgeübt.[118] Dabei handelt es sich in sechs Fällen um Abg. mit einem Regierungsamt, und in den übrigen Fällen um selbstständige Tätigkeiten neben dem Mandat, z. B. als Rechtsanwalt. Als weiteres Argument wird der Aufgabenverlust der Landesparlamente, insb. im Bereich der Gesetzgebung, aufgeführt. Aber auch insoweit werden statt empirischer Nachweise pauschale Behauptungen von „Insidern" herangezogen.[119] Dies trifft zum einen für die neuen Bundesländer nur eingeschränkt zu. Vor allem wird die Bedeutung der Gesetzgebung im Rahmen der Gesamtaufgaben des Parlaments überbewertet (→ **Art. 20 Rn 15**). Schließlich wird die – notwendige – Einbindung der Abg. in den Meinungs- und Willensbildungsprozess seiner Partei[120] offenbar als nicht mandatsbezogen ausgeklammert und als „indirekte Parteienfinanzierung" kritisiert.[121] Diese Kritik verkennt die Notwendigkeit der Verschränkung der innerparteilichen Willensbildungsprozesse mit dem innerparlamentarischen und steht im Widerspruch zu der verfassungsrechtlichen Stellung der Parteien nach Art. 21 GG bzw Art. 3 Abs. 4 der LV.

32 Im Ergebnis hängt eine sachgerechte Beurteilung des **Zeitaufwandes** eines Landtagsmandats vor allem von der Frage ab, welche Tätigkeiten in die Bewertung einbezogen werden. Zweifelsfrei gehört hierzu die Tätigkeit der Abg. im Parlament. Dazu gehören neben Teilnahme an den öffentlichen Plenarsitzungen eine Vielzahl von Aktivitäten, die der Öffentlichkeit verborgenen bleiben und inso-

---

112 BVerfGE, aaO.
113 Vgl zum vernachlässigten Feld der Abgeordnetenforschung allg. *Rolf Paprotny*, Der Alltag der niedersächsischen Landtagsabgeordneten, 1995, S. 14 mwN.
114 Für den Niedersächsischen Landtag vgl *Paprotny*, aaO, S. 130 f.
115 Für Schleswig-Holstein vgl *Pappi*, Zeitaufwand für Parlamentsarbeit, S. 15 f.
116 *Von Arnim*, Die Mär vom Landtagsmandat als Fulltimejob – Die Diätenreform in Nordrhein-Westfalen beruht auf unzutreffende Prämissen, in: ZRP 2005, S. 77 f.
117 *Von Arnim*, aaO.
118 Amtliches Handbuch des LT M-V, 6. WP, 5. Aufl.
119 So *v. Arnim/Drysch*, in: BK Art. 48 Rn 165.
120 *Badura*, in: HdbStR Bd. II, § 25 Rn 58, 61.
121 *Von Arnim*, aaO, S. 78.

weit von dieser nicht wahrgenommen werden können. Neben der Teilnahme an nichtöffentlichen Sitzungen des LT, insbesondere von dessen Ausschüssen, gehören hierzu Sitzungen der Fraktionen, der Arbeitskreise und Arbeitsgruppen, die Vor- und Nachbereitung entsprechender Sitzungen sowie informelle Gespräche mit anderen Abg., mit der LT-Verwaltung, mit Verbänden und Institutionen, mit Vertretern der LReg, Behördenvertretern, Vertretern von Wählergruppen, Bürgerinitiativen und Besuchergruppen. Hinzu kommt die Teilnahme an verschiedenen Veranstaltungen, wie parlamentarischen Abenden, „Jugend im LT", „Altenparlament", internationalen Tagungen sowie an anderen protokollarischen Terminen.

Von der Parlamentsarbeit zu unterscheiden sind mandatsbezogene Tätigkeiten außerhalb des LT. Hierzu gehört insb. das politische und gesellschaftliche Engagement in Wahlkreisen. Diese regionale Rückkoppelung durch die Einrichtung und Unterhaltung von Wahlkreisbüros ist im AbgG ausdrücklich vorgesehen und Grundlage für die Kostenpauschale nach § 9 AbgG M-V. Darüber hinaus erhalten die Abg. nach § 9 Abs. 4 AbgG M-V Aufwendungen für die Beschäftigung von Mitarbeitern im Wahlkreisbüro. Neben der Vorbereitung, Durchführung und Nachbereitung von Bürgersprechstunden werden im Wahlkreisbüro für den Wahlkreis auch Ortstermine und Termine für öffentliche Anlässe und Gespräche mit dem Abg. koordiniert. Zu den mandatsbezogenen Tätigkeiten gehört es auch, wenn Abg. als Interessenvertreter von einer in ihrem Wahlkreis gelegenen Stadt oder Gemeinde in Anspruch genommen werden, um gegenüber der LReg finanzielle oder sonstige Interessen wirkungsvoller geltend machen zu können.[122] Dies wird belegt durch den großen Anteil von Landtagsabgeordneten mit einem Mandat in kommunalen Vertretungskörperschaften.[123] Darüber hinaus ist die Mehrzahl der Abg. – im Regelfall im Zusammenhang mit ihren politischen Schwerpunkten – ehrenamtlich in verschiedenen Vereinen und Verbänden tätig. Schließlich ist auch die Teilnahme an Sitzungen von Parteigremien und -veranstaltungen mandatsbezogen, soweit die Teilnahme als Abg. und nicht auf der Grundlage eines eigenständigen Parteiamtes (zB Vorstandsmitglied) erfolgt. 33

Nach alledem besteht kein Zweifel daran, dass das Spektrum der wahrzunehmenden Aufgaben und die daraus folgende zeitliche Belastung einer **Vollzeittätigkeit** entsprechen. Es liegt in der Besonderheit des freien Mandats, dass der Abg. die konkrete Ausgestaltung unabhängig wahrnimmt und insoweit zu keiner der vorgenannten Tätigkeiten rechtlich durchsetzbar verpflichtet ist. Verantwortlich ist der Abg. letztlich allein seinem Gewissen und den Wählern, die über seine Wiederwahl befinden.[124]

Wesentlich für die Bestimmung der Angemessenheit der Entschädigung ist schließlich die **Bedeutung des Amtes** unter Berücksichtigung der damit verbundenen Verantwortung und Belastung.[125] Die Abg. sind als Vertreter des Volkes einzig unmittelbar demokratisch legitimiert und werden dadurch in die Lage versetzt, verbindliche Entscheidungen für die übrigen Verfassungsorgane und den Bürger zu treffen.[126] Dies rechtfertigt eine – im Vergleich zum durchschnitt- 34

---

122 *Holthoff-Pförtner*, Landesparlamentarismus und Abgeordnetenentschädigung, 2000, S. 62 f.
123 In der 6. WP waren 44 MdL (= 61%) ehrenamtlich kommunalpolitisch aktiv, amtl. Handbuch aaO.
124 BVerfGE 40, 296, 316.
125 BVerfGE 40, 296, 315.
126 *Trute*, in: von Münch/Kunig, Art. 48 Rn 24.

lichen Einkommen – hervorgehobene Entschädigung.[127] Die Schwierigkeit der konkreten Festlegung der Entschädigung besteht darin, dass das „Amt" des Abg. einerseits mit anderen öffentlichen Ämtern oder anderen Berufen nicht vergleichbar ist, andererseits aber ohne einen konkreten Bezugspunkt eine materielle Begründung eines bestimmten Betrages objektiv unmöglich ist. Es ist daher nicht nur zulässig, sondern auch nahe liegend, die Entschädigung der Abg. an der Besoldung im öffentlichen Dienst politisch zu orientieren.[128] Im Hinblick auf die verfassungsrechtliche Maxime, wonach die Diäten dann angemessen sind, wenn sie die Unabhängigkeit der Abg. sichern,[129] liegt es nahe, die Entschädigung an der Besoldung von Richtern zu orientieren.[130] Dabei ist jedoch zu beachten, dass eine automatische **Koppelung** der Abgeordnetenentschädigung an andere gesetzliche Regelungen, etwa die Richterbesoldung, unzulässig ist.[131] Vor diesem Hintergrund hatte der LT zum Ende der 4. WP im 12. Änderungsgesetz zum AbgG[132] zunächst – unverbindlich – festgelegt, dass sich die Grundentschädigung zukünftig an der Richterbesoldung (R 2-Ost, 40 Jahre, verheiratet, 2 Kinder) orientieren solle. Auf dieser Grundlage hat der LT zu Beginn der 6. WP die – steuerpflichtige – monatliche Entschädigung auf 5197,86€ festgesetzt (§ 6 Abs. 1 Satz 2 AbgG M-V).[133] Nach Abzug der Einkommenssteuer und den Beiträgen zur gesetzlichen oder privaten Krankenversicherung[134] erzielt ein Abg. ein Nettoeinkommen von ca. 3.500,- €. Für die Beurteilung der Angemessenheit der Entschädigung ist schließlich zu berücksichtigen, dass es sich bei dem Abgeordnetenmandat zwar um einen „Fulltime-Job" handelt, der jedoch regelmäßig nicht lebenslang, sondern zeitlich befristet ausgeübt wird.[135] Unter Berücksichtigung all dieser Umstände ist die öffentliche und veröffentlichte[136] Kritik bezogen auf die Höhe der Grundentschädigung objektiv nicht nachvollziehbar. Die Höhe der Entschädigung der Abg. in allen deutschen Parlamenten ist im Vergleich zu wirklich hohen Einkommen – zB von Vorstandsmitgliedern oder Managern großer Unternehmen, von Rundfunkintendanten oder gar Fußballbundesligaspielern[137] – offensichtlich maßvoll. Auch die Besoldung anderer politischer Ämter – Minister, Staatssekretäre, kommunale Wahlbeamte und sonstige politische Beamte – ist, insb. unter Berücksichtigung der Versorgungsleistungen, signifikant höher als die Entschädigung der Abg.

Die Abweichung der objektiven von der öffentlich gefühlten Angemessenheit dürfte eher psychologische Ursachen haben. Wenn in Zeiten allgemeiner Einsparungen und sozialer Kürzungen Abgeordnetendiäten – wenn auch nur marginal

---

127 Bericht der unabhängigen Persönlichkeiten über die Beratung der Präsidentin bei der Überprüfung der für die Mitglieder des BT bestehenden materiellen Regelungen und Bestimmungen, BT-Drs. 11/7398, S. 7.
128 *Glauben*, in: Grimm/Caesar, Art. 97 Rn 6.
129 BVerfGE 40, 296, 315 f; 102, 229, 239.
130 *Löwer*, in: Löwer/Tettinger, Art. 50 Rn 46.
131 BVerfGE 40, 296, 316 f.
132 GVOBl. 2005, S. 323.
133 Nach der letzten Anpassung v. 01.01.2015 beträgt die Grundentschädigung 5.636,49 € (GVOBl. M-V v. 15.12.2014, S. 653).
134 Gem. § 25 AbgG M-V haben MdL ein Wahlrecht zwischen Beihilfeleistungen oder einem 50%-Zuschuss zum Beitrag der GKV.
135 In den Landesparlamenten wird von einer durchschnittlichen Verweildauer von ca. 10 Jahren ausgegangen.
136 *Trute*, in: von Münch/Kunig, Art. 48 Rn 28 warnt vor der Gefahr vor „Missbräuchen"; *Wedemeyer*, in: Thiele/Pirsch/Wedemeyer, Art. 22 Rn 7 mahnt „maßvolle" Diätenregelungen an.
137 Vgl dazu *Klein*, in: Maunz/Dürig, Art. 48 Rn 161.

– erhöht werden, wird dies – völlig unabhängig von der absoluten Höhe – als ungerechte Selbstbedienung empfunden. Mangelnde Transparenz und fehlendes Selbstbewusstsein im Verfahren verstärken dies, wenn der Eindruck entsteht, das Parlament sei bei einer Diätenerhöhung „erwischt" worden. Im ungünstigen Fall sind dann Politikverdrossenheit und die Diätenlage sich wechselseitig verstärkende Pole. Dem Gesetzgeber ist daher im Umgang mit der Materie des Abgeordnetenrechts uneingeschränkte Offenheit, Sensibilität für den Zeitpunkt und Selbstbewusstsein[138] anzuraten.

35 Nach § 28 Abs. 1 AbgG M-V wird die Grundentschädigung innerhalb der Legislaturperiode jeweils am 1. Januar des Jahres nach Maßgabe der Entwicklung der Besoldung der Beamten und Richter im Land angepasst und im Gesetz- und Versorgungsblatt veröffentlicht.[139] Diese sog. **Staffeldiät**[140] wird jeweils im Rahmen einer Änderung des Abgeordnetengesetzes zu Beginn der Legislatur in einem Gesetzgebungsverfahren festgelegt und gewährleistet somit die notwendige Transparenz der Entscheidung der Abg. in eigener Sache und stellt insoweit keinen Verstoß gegen das Kopplungsverbot des BVerfG dar.[141] Entscheidungen über Entschädigungsangelegenheiten trifft der PräsLT nicht als Verfassungsorgan, sondern als Verwaltungsbehörde[142] mit der Folge, dass insoweit auch Verwaltungsakte erlassen werden können.[143] Gegen diese Entscheidungen ist der Verwaltungsrechtsweg gegeben.

36 **3. Altersversorgung und Übergangsgeld.** Ein maßgeblicher Faktor zur Sicherung der Unabhängigkeit der Abg. ist eine finanzielle Absicherung für die Zeit nach Aufgabe bzw Verlust des Mandats. Die Gewährung – unter Anrechnung anderer Einkünfte – eines angemessenen Übergangsgeldes sowie einer **Altersentschädigung** sind daher mehr als ein zulässiger Annex der Abgeordnetenentschädigung,[144] sondern eher ein zusätzlicher, auf die nachparlamentarische Zeit projizierter Unabhängigkeitsschutz.[145] Die für die Wahrnehmung des Mandats erforderliche materielle Unabhängigkeit ist unvollständig, wenn nicht zum angemessenen Lebensunterhalt der Abg. und ihrer Familien für die Zeit nach der Wahrnehmung des Mandats eine finanzielle Absicherung hinzutritt, die den Abg. und ihren Familien auch nach Beendigung des Mandats eine gewisse Grundsicherung gewährt.[146] Wer nach dem Abgeordnetenmandat um seine finanzielle Existenz bangen muss, wird sich entweder nicht bereitfinden, überhaupt ein Mandat zu übernehmen oder eher geneigt sein, während der Tätigkeit als Abg. Interessenbindungen einzugehen, die seine materielle Zukunft sichern.[147] Zur Sicherung der Unabhängigkeit der Abg. und der Freiheit der Mandatsausübung dürfte eine angemessene Existenzsicherung und Altersversorgung von größerer Bedeutung sein als die absolute Höhe der Grundentschädigung für die Zeit der Mandatsausübung. Je stärker ein Abg. finanziell auf das Mandat angewiesen ist, umso mehr wird er sich an das Mandat „klammern" und insoweit insb. gegenüber seiner Partei – die ihn wieder aufstellen muss – abhängiger und unfreier.

---

138 *Klein*, in: Maunz/Dürig, Art. 48 Rn 210.
139 Das sind nach Art. 27 LVerf 5 Jahre (→ *Zapfe*, Art. 27 Rn 3).
140 *Klein*, in: Maunz/Dürig, Art. 48 Rn 145.
141 Vgl *Klein*, in: Maunz/Dürig, Art. 48 Rn 155.
142 *Trute*, in: v. Münch/Kunig, Art. 48 Rn 35.
143 BVerwG NVwZ 1992, 173, 174.
144 BVerfGE 32, 157, 165; 40, 296, 311.
145 *Eschenburg*, Der Sold des Politikers, 1959, S. 76 f.
146 *Waack*, in: Caspar/Ewer/Nolte/Waack, Art. 11 Rn 72.
147 *Trute*, in: von Münch/Kunig, Art. 48 Rn 20.

37 Die **Altersversorgung** war zunächst iS einer Grundversorgung an das Beamtenrecht angelehnt. Danach erhielt ein Abg. nach einer Mindestmandatsdauer von acht Jahren eine Altersversorgung in Höhe von 35%, die sich mit jedem weiteren Jahr der Zugehörigkeit linear um 4% p. a. auf maximal 75% erhöhte (§ 18 AbgG M-V aF). Der Anspruch auf Altersentschädigung wurde mit Vollendung des 60. Lebensjahres erreicht. Bei Mandatsdauern über acht Jahre wurde für jedes weitere Jahr der Mitgliedschaft im LT die Altersgrenze um ein Jahr abgesenkt und auf frühestens das 55. Lebensjahr begrenzt (§ 17 AbgG M-V aF). Im Rahmen einer Anpassung an die allg. Sicherungssysteme wurde mit dem 12. Änderungsgesetz zum AbgG die Altersgrenze auf 65 Jahre angehoben bzw der Bezug ab dem 60. Lebensjahr mit entsprechenden Abschlägen ermöglicht. Gleichzeitig wurde die Höchstversorgungsgrenze auf 71,75% festgesetzt. Schließlich wurde die bisherige Grundversorgung nach Mindestmandatszeit bzw der Gewährung einer Versorgungsabfindung bei nicht erreichter Anwartschaft, durch eine anteilige lückenfüllende Teilversorgung ersetzt. Anstelle der bisherigen Sockelregelung ist eine Teilversorgung ab dem ersten Jahr der Parlamentszugehörigkeit mit einem linearen Steigerungssatz von 4% für die ersten fünf Jahre, 3,5% für das sechste bis zehnte Jahr, 3% für das elfte bis zwanzigste Jahr und 2% ab dem 21. Jahr vorgesehen (§ 18 Abs. 1 AbgG M-V). Schließlich wurde im Rahmen der Hinterbliebenenversorgung das sog. Sterbegeld gestrichen.

38 Im Rahmen der Diskussion zur Anpassung der Altersversorgung hat sich der LT auch intensiv mit dem sog. **Systemwechsel** der Altersentschädigung auseinandergesetzt, wie er in Nordrhein-Westfalen[148] und Schleswig-Holstein, Sachsen, Baden-Württemberg und Bremen[149] vorgenommen wurde. In den entsprechenden Regelungen ist die staatliche Alters- und Hinterbliebenenversorgung – jedenfalls für zukünftige Abg. – gestrichen und durch eine Altersversorgung auf Versicherungsgrundlage ersetzt worden. Die entsprechenden Mittel in Höhe von ca. 1500,– € pro Monat werden auf die Grundentschädigung aufgeschlagen und als Pflichtbeitrag zur Altersversorgung an ein Versorgungswerk abgeführt. Der LT hat dieses Modell zum einen mit Hinweis auf die damit verbundenen Kosten abgelehnt, da durch notwendige Übergangsregeln jedenfalls kurzfristig erhebliche Mehrkosten anfallen. Inhaltlich ist die Ablehnung im Wesentlichen darauf gestützt worden, dass dieses Modell nur schwer mit dem Ziel zu vereinbaren ist, auch lebens- und berufserfahrene Persönlichkeiten – die nicht dem öffentlichen Dienst angehören – dazu zu bewegen, ein Landtagsmandat anzustreben. Eine Altersversorgung auf Versicherungsbasis begünstigt die Laufbahn eines Berufspolitikers, der sehr früh in den LT gewählt wird und das Mandat sehr lange ausübt. Im Hinblick darauf, dass die Versorgungsansprüche im Laufe der Zeit überproportional anwachsen, wird die Unabhängigkeit der Abg. jedenfalls idS, dass sie sich es sich materiell leisten können, auf ihr Mandat zu verzichten, nicht gestärkt, sondern geschwächt.

Im Zusammenhang mit dem 14. Änderungsgesetz zum AbgG M-V[150] setzte der LT eine Unterkommission des Ältestenrates ein, die unter Berücksichtigung der demographischen und wirtschaftlichen Entwicklung des Landes unter Einbindung von externem Sachverstand Vorschläge u.a. zur Anzahl der Abgeordneten und zur Größe der Wahlkreise, zu den Regelungen zum Übergangsgeld, zur Altersentschädigung und zu den Regelungen der zusätzlichen Entschädigung für

---

148 GVOBl. NW 2005, 252.
149 Vgl die Übersicht bei *v. Arnim/Drysch*, in: BK, Art. 48 Rn 204.
150 GVOBl. 2011, S. 1071.

die Ausübung besonderer parlamentarischer Funktionen unterbreiten sollte.[151] Die angehörten Sachverständigen haben die Altersversorgung überwiegend als angemessen bewertet.[152]

Im Rahmen der Novellierung des AbgG wurde auch das **Übergangsgeld** dahingehend modifiziert, dass einerseits die Höhe von maximal 90% für die ersten drei Monate, verbunden mit einer degressiven Absenkung für die weitere Bezugsdauer, gemindert, gleichzeitig aber die Möglichkeit der Inanspruchnahme auf maximal drei Jahre um ein Jahr verlängert wurde (§ 16 Abs. 1 AbgG M-V). Da sämtliche sonstigen Bezüge oder Erwerbseinkommen angerechnet werden, stellt das Übergangsgeld keine über das Mandat hinausgehende Entschädigung, sondern lediglich eine soziale Absicherung dar, die dem Umstand Rechnung trägt, dass Abg. ihre ursprüngliche Erwerbstätigkeit für die Zeit des Mandats nur unterbrechen und mögliche Zeiten bis zur beruflichen Wiedereingliederung überbrückt werden sollen.[153] Für Beschäftigte des öffentlichen Dienstes ist eine derartige Überbrückungshilfe regelmäßig nicht erforderlich, da ihnen gem. §§ 36 ff AbgG M-V ein Anspruch auf Wiederverwendung nach Beendigung des Mandats zusteht. 39

Die Unterkommission des Ältestenrats (→ Rn 38) befasste sich auch mit den Regelungen des AbgG zum Übergangsgeld. Die Anzuhörenden hatten hinsichtlich der Angemessenheit keine grundsätzlichen Bedenken.[154] Bei der Regelung des Übergangsgeldes gibt es drei wesentliche Aspekte: Abfederung der Risiken der Mandatsübernahme, Unabhängigkeitsschutzversprechen und Vermeidung von Anreizen, bereits nach einer Legislaturperiode wieder aus dem Landtag ausscheiden zu wollen.[155] Die Verpflichtung zur Unabhängigkeitssicherung folgt aus Art 22 LVerf.[156] Von allen Anzuhörenden wurde die maximale Bezugsdauer des Übergangsgelds von 36 Monaten problematisiert. Die degressive Ausgestaltung relativiert dies jedoch.[157] Die degressive Ausgestaltung wurde generell als richtiger Anreiz bewertet.[158] *Löwer* merkte an, dass der Landtag die Wiedereingliederungszeiten der ehemaligen Abg. selbst einschätzen müsse.[159] Die Regelung der Entschädigung der Abgeordneten aufgrund der Parlamentsautonomie

---

151 Beschlussempfehlung und Bericht des vorläufigen Ausschusses, LT M-V Drs. 6/112, S. 6.
152 Unterrichtung durch die Präsidentin, Empfehlung und Bericht der Unterkommission des Ältestenrates zur Prüfung einzelner Festlegungen des Abgeordnetengesetzes, LT M-V Drs. 6/1967, S. 10.
153 *Klein*, in: Maunz/Dürig, Art. 48 Rn 177.
154 Unterrichtung durch die Präsidentin, Empfehlung und Bericht der Unterkommission des Ältestenrates zur Prüfung einzelner Festlegungen des Abgeordnetengesetzes, LT M-V Drs. 6/1967, S. 6.
155 *Löwer und Zeh* in Unterrichtung durch die Präsidentin, Empfehlung und Bericht der Unterkommission des Ältestenrates zur Prüfung einzelner Festlegungen des Abgeordnetengesetzes, LT M-V Drs. 6/1967, S. 6.
156 *Zeh*, LT M-V, Wortprotokoll der 8. Sitzung der Unterkommission des Ältestenrates am 12.12.12, S. 31.
157 *Löwer*, Wortprotokoll der 8. Sitzung der Unterkommission des Ältestenrates am 12.12.12, S. 13; *Morlok* a.a.O., S. 16.
158 *Löwer*, Wortprotokoll der 8. Sitzung der Unterkommission des Ältestenrates am 12.12.12, S. 13 f; LRH-Präs *Schweisfurth*, a.a.O., S. 52; *Zeh* a.a.O. S. 67 f.
159 Unterrichtung durch die Präsidentin, Empfehlung und Bericht der Unterkommission des Ältestenrates zur Prüfung einzelner Festlegungen des Abgeordnetengesetzes, LT M-V Drs. 6/1967, S. 7.

ist Recht und Pflicht des LT.[160] Es steht dem Landesverfassungsgeber frei, den Status und die Entschädigung von Landtagsabgeordneten zu regeln.[161]

40 **4. Funktionszulagen und formalisierter Gleichheitssatz.** In seinem ersten Diätenurteil[162] hat das BVerfG den sog. formalisierten Gleichheitssatz auch auf die Abgeordnetenentschädigung angewandt und daraus den Schluss gezogen, dass jedem Abg. eine gleich hoch bemessene Entschädigung gewährt werden müsse. Ursprünglich waren nur für den Präsidenten und seine Stellvertreter als Spitze eines obersten Verfassungsorgans Ausnahmen vorgesehen. In seinem zweiten Diätenurteil[163] hat das BVerfG mögliche Ausnahmen dahingehend erweitert, dass auch Fraktionsvorsitzende eine entsprechende Funktionszulage gewährt werden könne. Dem gegenüber wurden – bezogen auf das Thüringische Abgeordnetengesetz – weitergehende Zulagen, insbesondere für die **Parlamentarischen Geschäftsführer** und **Ausschussvorsitzenden**, für verfassungswidrig erklärt. Ergebnis und Begründung dieser Entscheidung sind kritisch aufgenommen worden.[164] Diese Kritik ist jedenfalls insoweit berechtigt, als die Parlamentarischen Geschäftsführer durch ihre Mitwirkung im Ältestenrat eine wesentliche Koordinierungsfunktion für das Parlament insgesamt wahrnehmen.[165] Unabhängig davon hatte der LT – ursprünglich vorgesehene – Funktionszulagen für Parlamentarische Geschäftsführer und Ausschussvorsitzende gestrichen. Bis zum Beginn der 6. WP erhielten gem. § 6 Abs. 2 AbgG M-V aF für die Ausübung besonderer parlamentarischer Funktionen nur noch der Präsident (100%), die Vizepräsidenten (50%) und die Fraktionsvorsitzenden (100%) eine zusätzliche – steuerpflichtige – Entschädigung.

Mit dem 14. Änderungsgesetz[166] wurde die bis dahin von Fraktionen aus den ihnen zugewiesenen Mitteln gezahlte zusätzliche Entschädigung für die Ausübung der besonderen Funktion als Parlamentarische Geschäftsführer ausdrücklich als solche in das AbgG aufgenommen und damit auf eine formell-gesetzliche Grundlage gestellt. Eine Unterkommission des Ältestenrats schlug dem Landtag im Ergebnis vor, keine Änderungen am AbgG vorzunehmen.[167] Im Rahmen einer öffentlichen Anhörung hatten die befragten Staatsrechtslehrer bestätigt, dass das zweite Diätenurteil des BVerfG[168] keine Bindungswirkung für Mecklenburg-Vorpommern entfalte.[169] Auch das LVerfG SH geht davon aus, dass dem 2. Diätenurteil der BVerfG keine bindende Wirkung zukommt.[170] Das BVerfG hatte dieses Urteil – weil Thüringen noch kein eigenes Landesverfassungsgericht hatte – unter Bezug auf die thüringische Verfassung und das dorti-

---

160 *Löwer*, LT M-V, Wortprotokoll der 8. Sitzung der Unterkommission des Ältestenrates am 12.12.12, S. 40, so auch *Zeh* a.a.O. S. 41 f.
161 LVerfG SH 13/12, S. 22.
162 BVerfGE 40, 296, 317 f.
163 BVerfGE 102, 224.
164 *Kretschmer*, Das Diätenurteil des Bundesverfassungsgerichts: Vom „fehlfinanzierten" zum „fehlverstandenen" Parlament?, in: ZParl 2000, S. 787; vgl auch *Klein*, in: Maunz/Dürig, Art. 48 Rn 170 mwN.
165 *Perne*, in; Brocker/Droege/Jutzi, Art. 79 Rn 61.
166 GVOBl. 2011, S. 1071.
167 Unterrichtung durch die Präsidentin, Empfehlung und Bericht der Unterkommission des Ältestenrates zur Prüfung einzelner Festlegungen des Abgeordnetengesetzes, LT M-V Drs. 6/1967, S. 4.
168 BVerfGE 102, 224.
169 Unterrichtung durch die Präsidentin, Empfehlung und Bericht der Unterkommission des Ältestenrates zur Prüfung einzelner Festlegungen des Abgeordnetengesetzes, LT M-V Drs. 6/1967, S. 13.
170 LVerfG SH, NVwZ – RR 2014, S. 3 ff.

ge AbgG gesprochen. Unabhängig davon führt auch eine inhaltliche Auseinandersetzung mit dieser Entscheidung dazu, dass die in Mecklenburg-Vorpommern nunmehr bestehende gesetzliche Regelung der Gewährung von Funktionszulagen für die Parlamentarischen Geschäftsführer zu Recht erfolgte.[171] Das BVerfG hat in seiner Entscheidung als Maßstab für die Gewährung von Funktionszulagen sowohl auf die Bedeutung der Funktion für das Parlament als auch auf die Art der Aufgabenübertragung abgestellt.[172] Die koordinierende Tätigkeit der Parlamentarischen Geschäftsführer ist für das Funktionieren eines modernen „Parlamentsbetriebs" unverzichtbar.[173] Bei ihrer Tätigkeit sind die Parlamentarischen Geschäftsführer für das Parlament als Ganzes tätig, zB wenn sie als Mitglieder des Ältestenrats bei dessen koordinierenden Aufgaben mitwirken.[174] Die PräsLT trifft Entscheidungen, die die Fraktionen des Landtages in ihrer Gesamtheit berühren,[175] im Einvernehmen mit dem damit zur „verfassungsorganisatorischen Einrichtung"[176] erklärten Ältestenrat. Dies belegt zusätzlich die Ausrichtung der Funktion der Parlamentarischen Geschäftsführer auf das gesamte Parlament. Es ist eine besonders herausgehobene politische Funktion.[177] Letztlich folgt die Funktion nicht aus dem Mandat sondern (erst) aus einem besonderen Wahl- und Bestellungsakt in der jeweiligen Fraktion.[178]

In den Jahren 2011 bis 2013 haben die NPD-Landtagsfraktion bzw. einzelne Mitglieder dieser Fraktion mehrere Anträge beim LVerfG eingereicht, die die Gewährung von Funktionszulagen an Parlamentarische Geschäftsführer zum Gegenstand hatten.[179] Diese Anträge boten dem LVerfG bisher aber keinen Anlass zu einer abschließenden inhaltlichen Entscheidung. In einem obiter dictum hat sich das LVerfG 2012 wie folgt geäußert: „Zwar hat das BVerfG im Jahr 2000 für das Land Thüringen Regelungen über ergänzende Entscheidungen für die parlamentarischen Geschäftsführer der Fraktionen für mit dem Verfassungsrecht unvereinbar gehalten, weil sie gegen die Freiheit des Mandats und den Grundsatz der Gleichbehandlung der Abgeordneten verstießen (BVerfGE 102, 224). Es hat jedoch betont, aus den allgemeinen Erwägungen zur verfassungsrechtlichen Stellung der Abgeordneten lasse sich nicht unmittelbar ableiten, unter welchen Voraussetzungen zusätzliche Entschädigungen für parlamentarische Funktionen geschaffen werden dürften; vielmehr ließen sich hinsichtlich der Reichweite und Grenzen der Parlamentsautonomie in Bezug auf Funktionszulagen nur sehr allgemeine Kriterien aufzeigen, die als Leitgesichtspunkte dienen

---

171 So auch *Löwer, Morlok, Zeh* Unterrichtung durch die Präsidentin, Empfehlung und Bericht der Unterkommission des Ältestenrates zur Prüfung einzelner Festlegungen des Abgeordnetengesetzes, LT M-V Drs. 6/1967, S. 13.
172 *Zeh* in schriftlicher Stellungnahme zum Fragenkatalog der ö Anhörung vom 12.12.2012, LT M-V, Unterkommission des Ältestenrates, Kommissionsdrucksache 6/1, S. 9.
173 *Zeh* in schriftlicher Stellungnahme zum Fragenkatalog der ö Anhörung vom 12.12.2012, LT M-V, Unterkommission des Ältestenrates, Kommissionsdrucksache 6/1, S. 10.
174 GO LT, § 6 Abs. 1.
175 Verf Art. 30 Abs. 2
176 *Zeh* in schriftlicher Stellungnahme zum Fragenkatalog der öffentlichen Anhörung vom 12.12.2012, LT M-V, Unterkommission des Ältestenrates, Kommissionsdrucksache 6/1, S. 11.
177 LVerfG SH aaO, S. 5.
178 *Zeh* in schriftlicher Stellungnahme zum Fragenkatalog der öffentlichen Anhörung vom 12.12.2012, LT M-V, Unterkommission des Ältestenrates, Kommissionsdrucksache 6/1, S. 9.
179 LVerfG 14/10, 2/12 e.A., 3/12/ 6/13 e.A., 7/13.

Tebben

könnten. Welche Folgerungen daraus für das hier zu entscheidende Verfahren zu ziehen sind, gilt es zu prüfen."[180]

2013 hat das VerfG S-H die Funktionszulagen für Parlamentarische Geschäftsführer für zulässig erklärt; die besondere Vergütung der Funktion eines Parlamentarischen Geschäftsführers beeinträchtige die grundsätzliche Gleichheit der Abgeordneten nicht unangemessen. Es handele sich um eine „besonders herausgehobene politisch-parlamentarische Funktion."[181] Dieser Entscheidung vorangestellt ist die offensichtlich im Hinblick auf die Bindungswirkung des „Zweiten Diätenurteils"[182] des BVerfG getroffene Feststellung, dass „Maßgeblicher Prüfungsmaßstab ... für das Landesverfassungsgericht in erster Linie die Landesverfassung [ist]."[183]

Ausschussvorsitzende erhalten gem. § 9 Abs. 2 AbgG M-V eine zusätzliche monatliche Kostenpauschale in Höhe von 400 €. Ein Mehrfachbezug dieser Pauschale ist ausgeschlossen. Den Fraktionen ist es jedoch unbenommen, unabhängig von der gesetzlichen Zulage Funktionsträgern der Fraktionen aus Fraktionsmitteln weitergehende Zuwendungen zu gewähren.[184] Soweit die Gegenansicht eine fehlende rechtliche Grundlage moniert,[185] wird übersehen, dass sich die unmittelbar aus dem verfassungsrechtlichen Status der Fraktionsautonomie ergibt.

41 **5. Kostenpauschale und Amtsausstattung.** Neben der steuerpflichtigen Grundentschädigung erhalten Abg. zur Abgeltung der durch das Mandat veranlassten Aufwendungen steuerfreie Aufwandsentschädigungen, die neben der Inanspruchnahme der vom LT zur Verfügung gestellten Sachleistungen – steuerfreie – Geldleistungen umfassen. Zu den **Sachleistungen** gehören neben der Bereitstellung möblierter Büroräume im LT,[186] die unentgeltliche Benutzung der Fernsprechanlagen einschließlich bereitgestellter IT-Technik im LT, die unentgeltliche Inanspruchnahme von organisatorischen und personellen Unterstützungsleistungen durch die Landtagsverwaltung sowie die unentgeltliche Benutzung von Verkehrsmitteln im Land (§ 8 Abs. 2 AbgG M-V). Welche konkreten Dienstleistungen den Abgeordneten angeboten werden, ist eine Frage der einfachgesetzlichen Regelung bzw. der Ausgestaltung durch die Praxis der Parlamentsverwaltung.[187] Ein Anspruch auf konkrete Dienstleistungen – z. B. das Bereitstellen von Videoaufzeichnungen – kann nicht unmittelbar aus der Verfassung abgeleitet werden[188]

42 Für allg. Kosten, insb. für die Betreuung des Wahlkreises, Bürokosten, Mobiliar, sächliche Kosten, Kosten für Schreibarbeiten, Porto und Telefon sowie sonstige Auslagen, die sich aus der Stellung des Abg. ergeben, sowie Reisekosten – soweit sie nicht gesondert erstattet werden – erhalten Abg. eine monatliche **steuerfreie Kostenpauschale** in Höhe von 1.236,17 € (§ 9 AbgG M-V). Die Kostenpauschale wird auf der Grundlage eines Beschlusses jeweils zu Beginn der Legislaturperiode entsprechend der Entwicklung der Lebenshaltungskosten aller privater Haushalte in M-V jährlich angepasst und durch den Präsidenten im Gesetz- und Verordnungsblatt veröffentlicht (§ 28 Abs. 2 AbgG M-V). Diese Dyna-

---

180 LVerfG 2/12 e.A.
181 LVerfG SH aaO.
182 BVerfGE 102, 224.
183 LVerfG SH aaO, S. 6; vgl auch *Steiner*, BayVBl. 2013, 389
184 *Klein*, in: Maunz/Dürig, Art. 48 Rn 170; *Brocker/Messer*, NVwZ 2005, 895, 896 f.
185 *v. Arnim/Drysch*, in: BK, Art. 48 Rn 187.
186 In der Praxis werden die Räume den Fraktionen zugewiesen, die die Raumaufteilung für MdL und Mitarbeiter eigenverantwortlich vornehmen.
187 LVerfG M-V, Urteil v. 24.02.2011, LVerfG 7/10, S. 11.
188 LVerfG M-V, aaO.

misierung der Kostenpauschale ist verfassungsrechtlich nicht zu beanstanden, zumal durch die Veröffentlichung auch die notwendige Transparenz gewährleistet ist.[189] Materiell, insb. im Hinblick auf die Höhe, ist die Kostenpauschale zulässig, soweit und solange sie sich am tatsächlichen mandatsbedingten Aufwand orientiert und ausgeschlossen werden kann, dass durch die Gewährung einer steuerfreien Kostenpauschale kein zusätzliches – verschleiertes – Einkommen gewährt wird.[190] Soweit ein Wahlkreisbüro angemietet und unterhalten und von dort die Wahlkreisarbeit koordiniert wird, bestehen bezüglich der Höhe der Kostenpauschale keine Bedenken. Zweifel an der Zulässigkeit ergeben sich jedoch insoweit, als die Kostenpauschale ohne den Nachweis der Einrichtung eines Wahlkreisbüros gewährt wird. Insoweit läge es näher, die Kosten für die Unterhaltung des Wahlkreisbüros gegen Nachweis zu erstatten und nur die übrigen Aufwendungen, insbesondere Fahrt und sonstige Kosten im Wahlkreis, zu pauschalieren.

Dem gegenüber erscheint das im Rahmen des Systemwechsels eingeführte Modell in Nordrhein-Westfalen (→ oben Rn. 38), wonach die Grundentschädigung aufgestockt und mandatsbedingte Aufwendungen im Wahlkreis steuerlich abgesetzt werden können, wenig überzeugend. Die damit eingeführte Notwendigkeit, dass ein Abg. gegenüber dem Finanzamt glaubhaft macht, dass bestimmte Aktivitäten (zB die Teilnahme an der Abendveranstaltung eines Sportvereins) mandatsbedingt waren, ist im Hinblick auf die Gewaltenteilung bedenklich und insgesamt wenig praktikabel. 43

Als weitere Geldleistung im Rahmen der Amtsausstattung sieht das AbgG M-V die Reisekostenentschädigung nach § 10 AbgG, bestehend aus einem Tagegeld, § 11 AbgG, Übernachtungskosten, § 12 AbgG und einer Fahrtkostenerstattung, § 13 AbgG, vor. Darüber hinaus erhalten die Abg. auf Nachweis eine Erstattung von Aufwendungen für die Beschäftigung von Mitarbeitern zur Unterstützung ihrer parlamentarischen Arbeit, insb. im Wahlkreis, bis zu einer Höhe von 34.815,96 € (§ 9 Abs. 4 AbgG). Die Erstattung setzt voraus, dass der Landtagsverwaltung zu Beginn des Arbeitsverhältnisses ein Führungszeugnis des Mitarbeiters vorliegt, das keine Eintragungen wegen der vorsätzlichen Begehung einer Straftat enthält. Unzulässig und damit nicht erstattungsfähig ist darüber hinaus die Beschäftigung von Ehegatten oder Lebenspartnern bzw weiteren Angehörigen des Abg. 44

VI. Unverzichtbarkeit und Unübertragbarkeit der Entschädigung (Abs. 3 Satz 2)

Nach Art. 22 Abs. 3 Satz 2 LV ist der Entschädigungsanspruch weder übertragbar noch kann auf ihn verzichtet werden. Die **Unverzichtbarkeit** der Entschädigung soll ausschließen, dass vermögende Abg., die es sich leisten könnten, auf die Entschädigung zu verzichten, daraus einen politischen Vorteil herleiten, indem sie sich als die „billigeren" Volksvertreter darstellen.[191] Die Unverzichtbarkeit erstreckt sich nach § 30 AbgG M-V auf alle Geldleistungen an Abg. und ihre Hinterbliebenen, mit Ausnahme des Übergangsgeldes. 45

Soweit die Abgeordnetenentschädigung darüber hinaus unübertragbar ist, soll dies die Unabhängigkeit der Abg. sicherstellen.[192] Aus der **Unübertragbarkeit** 46

---

189 *Klein*, in: Maunz/Dürig, Art. 48 Rn 191.
190 BVerfGE 40, 296, 318, 328; 49, 1, 2; BFH NJW 2009, 940, 943.
191 *Glauben*, in: Caesar/Grimm, Art. 97 Rn 7; *Waack*, in: Caspar/Ewer/Nolte/Waack, Art. 11 Rn 98.
192 *Perne*, in: Brocker/Droege/Jutzi, Art. 97 Rn 13.

folgt zivilrechtlich aus § 851 ZPO die **Unpfändbarkeit** der entsprechenden Forderung. Damit wird gewährleistet, dass die Abg. während ihrer Zugehörigkeit zum Parlament vor der Inanspruchnahme von Gläubigern geschützt werden, da andernfalls die Gefahr bestünde, dass Gläubiger Druck auf verschuldete Abg. ausüben und damit die Unabhängigkeit ihrer parlamentarischen Tätigkeit beeinflussen könnten.[193] Nach § 30 Satz 2 AbgG M-V erstreckt sich die Unübertragbarkeit und damit die Unpfändbarkeit nur auf Geldleistungen an aktive Abg. Leistungen an ehemalige Abg., insb. das Übergangsgeld und die Altersentschädigung sind davon nicht umfasst, im Ergebnis also sowohl übertragbar als auch pfändbar. Dieses im Hinblick auf den Schutzzweck von Art. 22 Abs. 3 S. 2 folgerichtig, da bei ehemaligen Abg. die Notwendigkeit des Unabhängigkeitsschutzes entfallen ist.

VII. Nach Maßgabe eines Gesetzes (Abs. 3 Satz 3)

47 Nach Art. 22 Abs. 3 Satz 3 LV ist der **LT berechtigt und verpflichtet**, Art und Höhe der Entschädigung durch ein Landesgesetz festzulegen. Danach muss das Parlament in eigener Sache entscheiden.[194] Die Delegation der Festlegung der Entschädigungen auf externe Gremien (sog. Diätenkommissionen) ist damit unzulässig. Möglich ist jedoch die Einbeziehung externen Sachverstands zur Vorbereitung der eigenen Entscheidung. Diese Entscheidung in eigener Sache führt zum einen zu einer besonders kritischen Öffentlichkeit und wird nicht zuletzt von den Abg. selbst häufig auch als „Fluch" empfunden,[195] ist im Hinblick auf die Unabhängigkeit der Abg. im System der Gewaltenteilung alternativlos. Gleichzeitig ist erforderlich, dass die Entscheidung über die Entschädigung der Abg. in eigener Sache dem demokratischen und rechtsstaatlichen Prinzip genügt. Das bedeutet, dass der gesamte Willensbildungsprozess für den Bürger durchschaubar und das Ergebnis vor den Augen der Öffentlichkeit beschlossen wird.[196]

Art. 23 (Kandidatur)

(1) Wer sich um einen Sitz im Landtag bewirbt, hat Anspruch auf den zur Vorbereitung seiner Wahl erforderlichen Urlaub.

(2) Niemand darf gehindert werden, das Amt eines Abgeordneten zu übernehmen und auszuüben. Eine Kündigung oder Entlassung aus diesem Grunde ist unzulässig.

Artt. 48 Abs. 1 und 2 GG; 29 BWVerf; 22 Abs. 4 BbgVerf; 82 Abs. 1 BremVerf; 13 Abs 3 HambVerf; 76 HessVerf; 13 Abs. 1 und 2 Ndsverf; 46 Abs. 1 Verf NW; 96 Abs. 1 Verf Rh-Pf; 84 SaarlVerf; 42 Abs. 1 und 2 SächsVerf; 56 Abs. 1 und 2 LVerf LSA; 4 SchlHVerf; 51 Thür-Verf.

I. Vorbemerkungen	1	III. Behinderungsverbot	4
II. Wahlvorbereitungsurlaub	2	1. Grundsätzliches	4
1. Grundsätzliches	2	2. Inkompatibilitätsregelungen	5
2. Urlaubszeitpunkt, Dauer, Entgeltfortzahlungsanspruch	3		

---

193 *Waack*, in: Caspar/Ewer/Nolte/Waack, Art. 11 Rn 99.
194 *Butzer*, in: Epping/Hillgruber, Art. 48 Rn 20 n. w. N.
195 *Glauben*, in: Caesar/Grimm, Art. 97 Rn 6.
196 BVerfGE 40, 296, 327.

| IV. Verbot der Kündigung und Entlassung | 6 | 2. Erweiterung des Kündigungsschutzes durch § 2 Abs. 3 AbgG M-V | 7 |
| 1. Grundsätzliches | 6 | | |

I. Vorbemerkungen

Art. 23. Abs. 1 LV enthält ein subjektives Recht[1] und dient der Absicherung der Bewerbung um einen Sitz im Parlament, um den abhängig Beschäftigten die erforderliche Vorbereitung für die Bewerbung um ein Landtagsmandat zu ermöglichen.[2] Die in Art. 23 festgelegten Grundsätze des Leistungsanspruchs auf den Wahlvorbereitungsurlaub und des Behinderungsverbots gehören zu den grundlegenden Bestandteilen des Grundsatzes der freien Wahl und des Demokratieprinzips und gehören somit zum Allgemeingut des deutschen Verfassungsrechts.[3]

II. Wahlvorbereitungsurlaub

1. Grundsätzliches. Nach Art. 23 Abs. 1 wird ein Bewerber um ein Landtagsmandat von öffentlich-rechtlichen oder privatrechtlichen Dienstverpflichtungen freigestellt. Das setzt voraus, dass das Grundverhältnis prinzipiell mit einem Urlaubsanspruch versehen ist. Damit scheidet ein Anspruch auf Wahlvorbereitungsurlaub bei Selbstständigen oder Werkvertragverpflichteten aus. Ebenso wenig sind Strafgefangene vom Schutzbereich des Art. 23 Abs. 1 LV erfasst, da die Inhaftierung nicht wegen eines Arbeits- oder Dienstverhältnisses erfolgt.[4] Auch Leistungsempfänger nach dem SGB II, die einer Arbeitsgelegenheit mit Mehraufwandsentschädigung nachgehen (sog. Ein-Euro-Jobs), können den Urlaubsanspruch nicht geltend machen, da kein Arbeitsverhältnis besteht.[5] Voraussetzung für den Urlaubsanspruch ist, dass der Betreffende überhaupt zum LT wählbar ist, also die Wählbarkeitsvoraussetzungen nach dem Landes- und Kommunalwahlgesetz M-V[6] erfüllt. Zudem muss es sich um eine ernsthafte Bewerbung um ein Landtagsmandat handeln, die gewisse Erfolgsaussichten aufweist.[7] Die Ernsthaftigkeit muss dem Arbeitgeber ggf nachgewiesen werden. Als solcher Nachweis genügt im Regelfall, dass der Bewerber in den Wahlvorschlag einer Partei aufgenommen worden ist.[8] Ergänzend dazu wird man aber in diesem Fall verlangen müssen, dass auch die Partei, die den Bewerber in ihre Wahlliste aufnimmt, ernsthaft Mandate im Landesparlament anstrebt und sich dies auch im Wahlkampf manifestiert. Auf die Wahlchancen hingegen kommt es nicht an.[9]

2. Urlaubszeitpunkt, Dauer, Entgeltfortzahlungsanspruch. Die Formulierung „den zur Vorbereitung seiner Wahl erforderlichen Urlaub" erlaubt Rückschlüsse

---

1 *Dette*, in: Linck/Baldus/Lindner/Poppenhäger/Ruffert, Art. 51 Rn 1.
2 *Haas*, in: Epping/Butzer, Art. 13 Rn 10.
3 *Waack*, in: Caspar/Ewer/Nolte/Waack, Art. 4 Rn 4; *Schneider*, in: Denninger, Art. 48 Rn 2; *Menzel*, in: Löwer/Tettinger, Art. 46 Rn 14; vgl kompr. gesch. Überblick bei *Dette*, in: Linck/Baldus/Lindner/Poppenhäger/Ruffert, Art. 51 Rn 2 ff.
4 BVerfG, NVwZ 1982, 96; *Glauben*, in: Grimm/Caesar, Art. 96 Rn 4; *Haas*, in: Epping/Butzer, Art. 13 Rn 12; *Schulte/Kloos*, in: Baumann-Hasske/Kunzmann, Art. 42 Rn 2.
5 *Achterberg/Schulte*, in: v. Mangoldt/Klein/Starck, Art. 48 Rn 9; *Schulze-Fielitz*, in: Dreier, Art. 48 Rn 12; krit. *Dette*, in: Linck/Baldus/Lindner/Poppenhäger/Ruffert, Art. 51 Rn 8, wonach Urlaub gewährt werden sollte, weil das Erstreben des Mandats die Beschäftigungslosigkeit beenden könne.
6 Vgl § 6 LKWG M-V.
7 *Butzer*, in: Epping/Hillgruber, Art. 48 Rn 1; *Haas*, in: Epping/Butzer, Art. 13 Rn 11; *Waack*, in: Caspar/Ewer/Nolte/Waack, Art. 4 Rn 7; *Glauben*, in: Grimm/Caesar, Art. 96 Rn 3.
8 *Schulze-Fielitz*, in: Dreier, Art. 48 Rn 10.
9 *Glauben*, in: Brocker/Droege/Jutzi, Art. 96 Rn 6;

auf die Urlaubsdauer und den Zeitpunkt des Urlaubs. Hinsichtlich der Dauer kann der Urlaub erforderlich sein, der nach üblichen Maßstäben zur Vorbereitung der Wahl, insb. für den Wahlkampf, benötigt wird. § 3 Satz 1 AbgG M-V spezifiziert die Dauer und zeitliche Lage des Urlaubsanspruchs in verfassungskonformer Weise,[10] und bestimmt den Zeitpunkt auf die letzten zwei Monate vor dem Wahltag. Damit wird deutlich, dass die zeitliche Lage des Urlaubs dazu geeignet sein muss, die eigentliche Wahl unmittelbar vorzubereiten. Ein Anspruch auf Wahlvorbereitungsurlaub besteht nicht, wenn der Bewerber den Urlaub im Vorfeld dieser Zeit nutzen will, sich auf ein parteiinternes Aufstellungsverfahren vorzubereiten.[11] Art. 23 Abs. 1 LV trifft keine Aussage zur Fortzahlung des Arbeitsentgelts während des Wahlvorbereitungsurlaubs, jedoch legt § 3 Satz 2 AbgG M-V fest, dass ein Anspruch auf Fortzahlung des Lohnes oder Gehaltes nicht besteht.[12] Art. 23 Abs. 1 gewährt allerdings nur den Urlaubsanspruch, nicht hingegen den Urlaub selbst. Der Bewerber darf folglich nicht eigenmächtig der Arbeit fernbleiben, es bedarf des Urlaubsantrags und der Bewilligung des Urlaubs im sonst üblichen Verfahren, im Fall der Versagung des Urlaubs seitens des Arbeitgebers muss der Bewerber ggf den Rechtsweg beschreiten.[13]

III. Behinderungsverbot

4   **1. Grundsätzliches.** Der personelle Schutzbereich des Behinderungsverbots nach Art. 23 Abs. 2 LV gilt für Abg., gewählte Kandidaten sowie Bewerber für ein Abgeordnetenmandat.[14] Dabei endet der Schutz im Hinblick auf Kündigungen nicht mit dem Ende des Mandats, sondern gilt noch ein Jahr nach Beendigung des Mandats fort (§ 2 Abs. 3 S. 4 AbgG M-V). Das Verbot der Behinderung richtet sich sowohl gegen Einflussnahmen des Staates als auch gegen Behinderungen Privater und entfaltet somit unmittelbare Drittwirkung. Damit sind Abreden zum Zweck einer Behinderung wegen eines Verstoßes gegen ein gesetzliches Verbot gem. § 134 BGB nichtig. Im Falle eines Verstoßes gegen Art. 23 Abs. 2 LV kann dem Bewerber oder Abg. Schadensersatz nach § 823 Abs. 2 BGB wegen des Verstoßes gegen ein Schutzgesetz zustehen.[15] Ein „Hindern" iSd Art. 23 Abs. 2 Satz 1 LV ist ein Verhalten, das die Übernahme oder Ausübung des Abgeordnetenmandats erschweren oder unmöglich machen soll.[16] Zu dem Beifügen, Androhen oder In-Aussicht-Stellen irgendwelcher Nachteile in wirtschaftlicher, beruflicher, gesellschaftlicher oder sonstiger Art muss die intentionale Komponente hinzutreten. Die Behinderung muss also gerade mit der Ab-

---

10 *Klein*, in: Maunz/Dürig, Art. 48 Rn 62; *Waack*, in: Caspar/Ewer/Nolte/Waack, Art. 4 Rn 14.
11 *Trute*, in: von Münch/Kunig, Art. 48 Rn 4.
12 Die Frage, ob bezahlter oder unbezahlter Urlaub gewährt werden soll, wird in der Lit. differenziert betrachtet. Nach hM besteht nur der Anspruch auf unbezahlten Urlaub, vgl etwa *Kluth*, in: Schmidt-Bleibtreu/Hofmann/Henneke, Art. 48 Rn 4;; krit. *v. Arnim/Drysch*, in: BK, Art. 48 Rn 28 wg. verfassungsrechtlicher Bedenken hinsichtl. der Gleichbehandlung mit Abg, die sich zur Wiederwahl stellen und alimentiert werden
13 *Glauben*, in: Brocker/Droege/Jutzi, Art. 96 Rn 8.
14 *Schulze-Fielitz*, in: Dreier, Art. 48 Rn 14; *Waack*, in: Caspar/Ewer/Nolte/Waack, Art. 4 Rn 21; *Klein*, in: Maunz/Dürig, Art. 48 Rn 75; aA *Linck*, in: Linck/Jutzi/Hopfe, Art. 52 Rn 4, wonach das Behinderungsverbot gegenüber Wahlbewerbern Unterfall des Abs. 1 sein soll.
15 *Glauben*, in: Brocker/Droege/Jutzi, Art. 96 Rn 12; *Butzer*, in: Epping/Hillgruber, Art. 48 Rn 13.
16 *Schulze-Fielitz*, in: Dreier, Art. 48 Rn 15; *Glauben*, in: Grimm/Caesar, Art. 96 Rn 7; *Menzel*, in: Loewer/Tettinger, Art. 46 Rn 7.

sicht erfolgen, die Ausübung oder Übernahme des Mandates zu erschweren.[17] Nicht erfasst werden Maßnahmen oder Handlungen, die in eine ganz andere Richtung zielen und nur unvermeidlicherweise die tatsächliche Folge oder Wirkung einer Beeinträchtigung der Freiheit, das Mandat zu übernehmen und auszuüben, haben.[18] Das gilt auch für disziplinarrechtliche Maßnahmen gegen einen Angehörigen des öffentlichen Dienstes wegen der Kandidatur für eine verfassungsfeindliche Partei, da insoweit der Schutzbereich des Art. 23 Abs. 2 LV nicht verletzt ist. Der auf Art. 33 Abs. 5 GG beruhende § 57 Abs. 2 LBG M-V, der das Bekenntnis zur freiheitlich demokratischen Grundordnung enthält, zielt in eine ganz andere Richtung und beeinträchtigt die Mandatsübernahme und -ausübung nur unvermeidlich. Ein Disziplinarverfahren zielt nicht auf eine Behinderung der Mandatsausübung, sondern auf die Überprüfung der Vereinbarkeit des Verhaltens des Beamten – u.a. seiner Kandidatur für eine verfassungsfeindliche Partei – mit seinen beamtenrechtlichen Pflichten.[19] Insoweit würden disziplinarrechtliche Maßnahmen gegen Kandidaten einer verfassungsfeindliche Ziele verfolgenden Partei, die in einem Beamtenverhältnis stehen, nicht gegen das Behinderungsverbot des Art. 23 Abs. 2 Satz 1 LV verstoßen.[20] Da der Nachweis einer die Ausübung oder Annahme des Mandats beeinträchtigenden Intention schwierig ist, wird regelmäßig darauf abgestellt, ob nachvollziehbare und vernünftige Gründe für eine Maßnahme oder Regelung vorliegen. Ein Fehlen solcher Gründe legt einen Verstoß gegen das Benachteiligungsverbot nach Art. 23 Abs. 2 LV nahe.[21]

2. Inkompatibilitätsregelungen. Das Behinderungsverbot nach Art. 23 Abs. 2 Satz 1 LV gilt nicht uneingeschränkt, da Behinderungen aus verfassungsrechtlich zulässigen Gründen möglich sind.[22] Insoweit benötigen auch Inkompatibilitätsregelungen eine verfassungsrechtliche Verankerung, da sie Hinderungsgründe darstellen, das Amt eines Abg. zu übernehmen bzw auszuüben.[23] Eine solche verfassungsrechtliche Anbindung findet sich in Art. 71 Abs. 3 LV, wonach die Wählbarkeit von Angehörigen des öffentlichen Dienstes zum LT sowie zu den Vertretungen der Gemeinden und Kreise gesetzlich beschränkt werden kann.[24] Verfassungsrechtlich zulässig sind ebenso Inkompatibilitätsregelungen, die ein Mehrfachmandat (LT, BT, Europaparlament) ausschließen,[25] sowie kirchliche Inkompatibilitätsregelungen.[26] Es ist Sache der Kirchen zu entscheiden, ob und inwieweit ihre Geistlichen und Ordensleute sich im staatlichen Bereich engagieren dürfen.[27] Unvereinbarkeitsregelungen aus wirtschaftlichen Gründen hätten

---

17 *Schulze-Fielitz*, in: Dreier, Art. 48 Rn 15; *Menzel*, in: Löwer/Tettinger, Art. 46 Rn 7 mwN; *Waack*, in: Caspar/Ewer/Nolte/Waack, Art. 4 Rn 23.
18 BVerfGE 42, 312, 329.
19 Vgl BVerwGE 86, 99, 118; 73, 263, 282.
20 Zur Frage der Verfassungsfeindlichkeit der NPD vgl u.a. BVerwG, Urt. v. 7.7.2004 – 6 C 17.03 –; VGH BW, Urt. v. 27.01.1987 – 4S 681/84 –.
21 *Waack*, in: Caspar/Ewer/Nolte/Waack, Art. 4 Rn 23; *Klein*, in: Maunz/Dürig, Art. 48 Rn 88.
22 *Pieroth*, in: Jarass/Pieroth, Art. 48 Rn 5; *Waack*, in: Caspar/Ewer/Nolte/Waack, Art. 4 Rn 25.
23 *Menzel*, in: Löwer/Tettinger, Art. 46 Rn 8; *Schulze-Fielitz*, in: Dreier, Art. 48 Rn 17.
24 Vgl zur Ausgestaltung der Inkompatibilitätsregeln §§ 34 ff AbgG M-V.
25 BVerfGE, 42, 312, 327; *Pieroth*, in: Jarass/Pieroth, Art. 48 Rn 5; *Schulze-Fielitz*, in: Dreier, Art. 48 Rn 17; das AbgG M-V sieht eine solche Inkompatibilität nicht vor.
26 BVerfGE 42, 312, 328 f.
27 BVerfGE 42, 312, 334, 341; *Glauben*, in: Brocker/Droege/Jutzi, Art. 96 Rn 14.

keine verfassungsrechtliche Anbindung und sind somit unzulässig.[28] Aus diesem Grund sind Abg. ungehindert, neben dem Mandat einer weiteren beruflichen Tätigkeit nachzugehen. Beschränkungen der Berufsausübung neben dem Mandat können nur insoweit zulässig sein, als sie zum Schutz des Abgeordnetenstatus, wozu auch Transparenzregelungen zählen, erforderlich sind.[29] Dies entspricht der Intention, dass grds. der Kontakt zum beruflichen Alltag auch für die politische Tätigkeit des Abg. bereichernd sein kann und zudem die Chancen des Abg. nach Beendigung des Mandats für einen beruflichen Wiedereinstieg verbessert werden und sich die soziale Abhängigkeit vom Mandat und Mandatsbezügen verringert.

IV. Verbot der Kündigung und Entlassung

6 **1. Grundsätzliches.** Nach Art. 23 Abs. 2 Satz 2 ist eine Kündigung oder Entlassung wegen der Übernahme oder der Ausübung des Mandats unzulässig. Dieser Unterfall des allg. Behinderungsverbotes ist herausgehoben worden, um dem erhöhten Schutzbedürfnis unselbstständig Beschäftigter Rechnung zu tragen.[30] Bereits die Androhung einer Kündigung oder Entlassung ist unzulässig,[31] jedoch müssen sie wegen der Annahme oder Ausübung des Mandats erfolgen.[32] Ausreichend ist insoweit auch ein mittelbarer Mandatsbezug, etwa wegen entstehender wirtschaftlicher Probleme im Zusammenhang mit der Mandatsübernahme.[33] Keine Kündigung iSd Art. 23 Abs. 2 Satz 2 LV ist nach der Rspr des BGH die Kündigung von Gesellschafterverträgen freiberuflich Tätiger,[34] die aber gegen das allg. Behinderungsverbot nach Art. 23 Abs. 2 Satz 1 LV verstoßen kann.[35]

7 **2. Erweiterung des Kündigungsschutzes durch § 2 Abs. 3 AbgG M-V.** § 2 Abs. 3 AbgG M-V erweitert den verfassungsrechtlich gewährten Kündigungsschutz, indem eine Kündigung – auch wenn sie nicht mandatsbezogen erfolgt – nur aus wichtigem Grund zulässig ist. Diese zulässige Erweiterung des Kündigungsschutzes[36] ergänzt Art. 23 Abs. 2 Satz 2 LV, da in vielen Fällen der Nachweis entbehrlich wird, dass eine Kündigung mandatsbezogen erfolgt ist.[37] Allerdings ist davon auszugehen, dass ein wichtiger Grund iSd § 2 Abs. 3 Satz 2 AbgG M-V nicht die strengen Anforderungen der fristlosen Kündigung nach § 626 Abs. 1 BGB erfüllen muss, so dass auch eine betriebsbedingte Kündigung zulässig sein kann. [38]Nach dem AbgG M-V beginnt der Kündigungsschutz mit der Aufstellung des Bewerbers durch das dafür zuständige Organ der Partei oder mit der Einreichung des Wahlvorschlags, jedoch frühestens vier Jahre nach Beginn der laufenden Wahlperiode des LT, im Fall der Auflösung des LT vor Ende dieser

---

28 *Waack*, in: Caspar/Ewer/Nolte/Waack, Art. 4 Rn 26; *Schulze-Fielitz*, in: Dreier, Art. 48 Rn 17; *Pieroth*, in: Jarass/Pieroth, Art. 48 Rn 5; aA *v. Arnim/Drysch*, in: BK, Art. 48 Rn 48 f.
29 BVerfGE 118, 277, 352 ff; *Pieroth*, in: Jarass/Pieroth, Art. 48 Rn 5.
30 *Schulze-Fielitz*, in: Dreier, Art. 48 Rn 16.
31 *Menzel*, in: Löwer/Tettinger, Art. 46 Rn 10.
32 *Waack*, in: Caspar/Ewer/Nolte/Waack, Art. 4 Rn 31; *Schulze-Fielitz*, in: Dreier, Art. 48 Rn 16.
33 *Waack*, in: Caspar/Ewer/Nolte/Waack, Art. 4 Rn 31.
34 BGHZ 94, 248, 252 ff; krit. Anmerkungen von *Kluth*, in: Schmidt-Bleibtreu/Hofmann/Henneke, Art. 48 Rn 8; *Kühne*, Kündigung freiberuflich beschäftigter Mandatsbewerber, in: ZParl 1986, 347, 349 ff.
35 *Klein*, in: Maunz/Dürig, Art. 48 Rn 78 ff; *Waack*, in: Caspar/Ewer/Nolte/Waack, Art. 4 Rn 31.
36 *Klein*, in: Maunz/Dürig, Art. 48 Rn 104.
37 *Waack*, in: Caspar/Ewer/Nolte/Waack, Art. 4 Rn 32.
38 *Glauben*, in: Brocker/Droege/Jutzi, Art. 96 Rn 10.

Frist, frühestens mit seiner Auflösung. Er gilt ein Jahr nach Beendigung des Mandats fort.[39]

Art. 24 (Indemnität, Immunität, Zeugnisverweigerungsrecht)

(1) Abgeordnete dürfen zu keiner Zeit wegen einer Abstimmung oder wegen einer Äußerung im Landtag oder in einem seiner Ausschüsse gerichtlich oder dienstlich verfolgt oder sonst außerhalb des Landtages zur Verantwortung gezogen werden. Dies gilt nicht für verleumderische Beleidigungen.

(2) Wegen einer mit Strafe bedrohten Handlung dürfen Abgeordnete nur mit Genehmigung des Landtages zur Verantwortung gezogen oder verhaftet werden, es sei denn, sie werden bei Ausübung der Tat oder im Laufe des folgenden Tages festgenommen. Strafverfahren gegen Abgeordnete sowie Haft oder sonstige Beschränkungen ihrer persönlichen Freiheit sind auf Verlangen des Landtages auszusetzen.

(3) Die Abgeordneten sind berechtigt, das Zeugnis zu verweigern über Personen, die ihnen in ihrer Eigenschaft als Abgeordnete Tatsachen anvertraut haben, über Personen, denen sie in ihrer Eigenschaft als Abgeordnete Tatsachen anvertraut haben, sowie über diese Tatsachen selbst. Insoweit sind auch Schriftstücke der Beschlagnahme entzogen.

Zu Abs. 1: Artt. 37 BWVerf; 27 BayVerf; 51 Abs. 1 VvB; 57 BbgVerf; 94 BremVerf; 14 HambVerf; 95 HessVerf; 14 NdsVerf; 47 Verf NW; 93 Verf Rh-Pf; 81 SaarlVerf; 55 Abs. 1 SächsVerf; 57 LVerf LSA; 24 SchlHVerf; 55 Abs. 1 ThürVerf.

Zu Abs. 2: Artt. 38 BWVerf; 28 BayVerf; 51 VvB; 58 BbgVerf; 95 BremVerf; 15 HambVerf; 96 HessVerf; 15 NdsVerf; 48 Verf NW; 94 Verf Rh-Pf; 82 SaarlVerf; 55 SächsVerf; 58 LVerf LSA; 24 SchlHVerf; 55 ThürVerf.

I. Vorbemerkungen 1	e) „Dies gilt nicht für verleumderische Beleidigungen" – Grenzen des sachlichen Schutzbereiches 16
II. Äußerungs- und Abstimmungsfreiheit der Abgeordneten, Indemnität (Abs. 1) 3	
1. Schutzbereich, Verhältnis zu anderen Vorschriften 3	III. Immunität (Abs. 2) 19
	1. Allgemeines 19
2. Die Voraussetzungen und die Reichweite des Indemnitätsschutzes 5	2. „Abgeordnete" – persönlicher Schutzbereich 20
a) „Abgeordnete" – geschützter Personenkreis 6	3. „Wegen einer mit Strafe bedrohten Handlung zur Verantwortung gezogen oder verhaftet werden" – sachlicher Schutzbereich 23
b) „Dürfen zu keiner Zeit" – zeitliche Geltung 7	
c) „Wegen einer Abstimmung oder wegen einer Äußerung im Landtag oder in einem seiner Ausschüsse" – geschützte Verhaltensweisen 8	4. „Nur mit Genehmigung des Landtages" – Grundsätze für die Behandlung von Immunitätsangelegenheiten 27
	a) Genehmigung Antragsbefugnis 27
d) „Gerichtlich oder dienstlich verfolgt oder sonst außerhalb des Landtages zur Verantwortung gezogen werden" – Rechtsfolgen der Indemnität 12	b) Umfang der Genehmigung 28
	c) Maßstab für die Aufhebung 29
	d) Parlamentarische Praxis – Vereinfachtes Verfahren 30

---

[39] Vgl § 2 Abs. 3 Satz 3 und 4 AbgG M-V.

aa) generelle Vorabgenehmigung	30	5. Das Reklamationsrecht (Abs. 2 Satz 2)	31
bb) Vorentscheidung durch den Rechtsausschuss	30	IV. Zeugnisverweigerungsrecht, Beschlagnahmeverbot (Abs. 3)	32

I. Vorbemerkungen

1 In Art. 24 werden sowohl die sog. **Indemnität** (Abs. 1), die **Immunität** (Abs. 2) sowie das **Zeugnisverweigerungsrecht** und das **Beschlagnahmeverbot** (Abs. 3) geregelt.
Bei diesen Rechtsinstituten handelt es sich um Sonderrechte des Parlaments gegenüber der Exekutive und der Judikative. Insoweit gehören sie zu dem klassischen Bestandteil des Parlamentsrechts. Indemnität und Immunität haben ihre Wurzeln in der Tradition des englischen Parlamentarismus.[1] Die Legitimation dieser Rechtsinstitute lag ursprünglich in dem Schutz der Mitglieder von Parlamenten vor der Gefahr willkürlicher Verfolgung, insb. durch die Exekutive, aber auch durch die Gerichte.[2]

2 Unter den Rahmenbedingungen einer rechtsstaatlichen parlamentarischen Demokratie werden Indemnität und Immunität in der öffentlichen Diskussion häufig als Relikt aus staatsrechtlich überkommenen Zeiten gewertet,[3] das heute ein gleichheitswidriges und insoweit ungerechtfertigtes Privileg der Abg. darstellt. Aber auch in der verfassungsrechtlichen Lit. wird die Legitimation angezweifelt.[4] Der Kritik ist zwar zuzugestehen, dass die Wahrscheinlichkeit einer Gefährdung durch willkürliche Übergriffe der zweiten oder dritten Gewalt signifikant zurückgegangen ist. Die geminderte Wahrscheinlichkeit eines Eingriffs ändert jedoch nichts an der Legitimation des Schutzes für den unwahrscheinlicheren Fall[5], denn auch in einem Rechtsstaat ist die Möglichkeit einer tendenziösen Verfolgung einzelner Abgeordneter nicht völlig auszuschließen.[6]
Auch das BVerfG hat in seiner grundlegenden Entscheidung zum Immunitätsrecht, dem sog. „Pofalla-Urteil",[7] die Auffassung vom vermeintlich überholten Immunitätsschutz deutlich zurückgewiesen und gleichzeitig herausgestellt, dass „selbst korrekte, nicht in politischer Absicht veranlasste behördliche Maßnahmen" geeignet sein können, „die Arbeit des Parlaments zu beeinträchtigen".[8] Dass es sich insoweit nicht nur um eine theoretische Betrachtung handelt, wird durch ein Immunitätsverfahren im LT M-V in der 3. Legislatur eindrucksvoll belegt. Der LT hatte über die Einleitung von Strafverfahren gegen 18 Abg. der SPD-Fraktion zu entscheiden, da die Staatsanwaltschaft wegen – einer vermeintlich unzulässigen[9] – Zeitungsanzeige eine Strafverfolgung wegen Untreue einlei-

---

[1] Vgl zur Geschichte ausführlich: *Löwer*, in: Löwer/Tettinger, Vorbem. zu Art. 47-49 Rn 1 ff; *Häger*, in: Leipziger Kommentar zum StGB, vor §§ 36/37.
[2] Vgl *Linck*, in: Linck/Baldus/Lindner/Poppenhäger/Ruffert, Art. 55, Rn 2 mwN.
[3] *Lieberknecht/Rautenberg*, Wider das herrschende Immunitätsrecht, DRiZ 2003, 56.
[4] Vgl *Härth*, Die Rede und Abstimmungsfreiheit der Parlamentsabgeordneten in der Bundesrepublik Deutschland, 1983, S. 140 ff, 146 ff; *Magiera*, BK, Art. 46 Rn 6; *Stern*, Bd I, S. 1061; zur Immunität vgl auch *Glauben*, Immunität der Parlamentarier – Relikt aus vordemokratischer Zeit?, DÖV 2012, 378.
[5] IdS auch *Löwer*, in: Löwer/Tettinger, Vorbem. zu Art. 47-49 Rn 16.
[6] *Butzer*, in: Epping/Hillgruber, Art. 46 Rn 1; *Magiera*, in: BK, Art. 46 Rn 31 ff.
[7] BVerfGE 104, 310.
[8] BVerfGE 104, 310, 312 f; vgl hierzu auch *Wiefelspütz*, Die Immunität des Abgeordneten, in: DVBl 2002, S. 1229, 1231.
[9] Inhaltlich ging es um die Frage des Umfangs und der Grenzen zulässiger Öffentlichkeitsarbeit der Fraktion, siehe dazu → *Zapfe*, **Art. 25** Rn 10.

ten wollte.[10] Im Ergebnis hat der damalige PräsLT Kuessner zunächst vom Reklamationsrecht Gebrauch gemacht und der LT anschließend fast einstimmig die Aufhebung der Immunität abgelehnt.[11]

Die Indemnität schützt die Freiheit der Rede und die Gewissensfreiheit der Abg., die Immunität insgesamt die Funktionsfähigkeit des Parlaments. Beide sind insoweit zum Schutz der parlamentarischen Demokratie auch unter geänderten Rahmenbedingungen unverzichtbar.[12] Die Kritik übersieht zudem, dass im Bereich der Immunität durch entsprechende pauschale Beschlüsse des Parlaments (siehe dazu unten → Rn 30) die Strafverfolgung tatsächlich kaum eingeschränkt wird. Für den Bereich der Indemnität ist eine verfassungskonforme Auslegung angezeigt, um den Vorwurf ungerechtfertigter Privilegien zu entkräften (vgl dazu unten → Rn 18).

II. Äußerungs- und Abstimmungsfreiheit der Abgeordneten, Indemnität (Abs. 1)

1. Schutzbereich, Verhältnis zu anderen Vorschriften. Der Begriff „Indemnität" 3 stammt von dem lateinischen Wort „damnare" und bedeutet übersetzt Unverurteilbarkeit, iwS Nichtverfolgbarkeit.[13] Die repräsentative Demokratie erfordert parlamentarische Rede- und Abstimmungsfreiheit.[14] Die Indemnität schützt die Freiheit der Rede und der Abstimmung, stärkt die Unabhängigkeit der Abg. und dient im Ergebnis der Sicherung der ungestörten Parlamentsarbeit und damit der Funktionsfähigkeit des LT.[15] Es handelt sich mithin um ein Parlamentsprivileg,[16] das notwendigerweise den einzelnen Abg. schützt. Dies ist der Grund dafür, dass ein Abg. nicht auf den Indemnitätsschutz verzichten kann.[17] Auch das Parlament selbst kann – etwa im Rahmen eines Antrags auf Aufhebung der Indemnität – nicht über die Indemnität verfügen.[18]

Art. 24 Abs. 1 LV entspricht der Indemnitätsvorschrift des Art. 46 Abs. 1 GG, 4 die jedoch nur für Abg. des BT gilt. Darüber hinaus ist die Indemnität in § 36 StGB geregelt und statuiert dort einen persönlichen Strafausschließungsgrund, der nach dem Wortlaut ausdrücklich auch für Landtagsabgeordnete gilt. Das Verhältnis dieser beiden Vorschriften ist – soweit das Strafrecht betroffen ist – heftig umstritten.[19] Es geht konkret um die Frage, ob § 36 StGB als bundesrechtliche Vorschrift nach Art. 31 GG die landesverfassungsrechtliche Vorschrift verdrängt[20] oder ob die landesrechtliche Vorschrift wegen der Verfassungsautonomie der Länder nach Art. 28 Abs. 1 GG Vorrang hat.[21] Für M-V ist dieses kompetenzrechtliche Problem bisher nicht relevant geworden, da der strafrecht-

---

10 Vgl hierzu PLPr. 3/82/5371 ff iVm LT-Drs. 3/2931, 3/2932 und 3/2935.
11 Vgl hierzu auch *März*, JöR N.F. 54 (2006), 175 (243).
12 *Klein*, in: Schneider/Zeh, § 17 Rn 68.
13 *Häger*, in: LK zum StGB (Fn 1), § 36 Rn 2.
14 *Achterberg/Schulte*, in: v. Mangold/Klein/Starck, Art. 46 Rn 3.
15 *Glauben*, in: Brocker/Droege/Jutzi, Art. 93 Rn 1.
16 *Löwer*, in: Löwer/Tettinger, Art. 47 Rn 2 mwN.
17 *Klein*, in: Schneider/Zeh, S. 570; *Magiera*, in: BK, Art. 46 Rn 54.
18 *Klein*, in: Maunz/Dürig, Art. 46 Rn 6; *Trute*, in: von Münch/Kunig, Art. 46 Rn 19.
19 Vgl dazu *Walter*, Indemnität für Landtagsabgeordnete – zum Regelungsgehalt des § 36 StGB, in: JZ 1999, S. 981; *Häger* (Fn. 13), § 36 Rn 16 ff; *Lenz*, in: Epping/Butzer/Brosius-Gersdorf/Haltern/Mehde/Waechter, Art. 14 Rn 9 f.
20 So *Häger* (Fn. 13) § 36 Rn 19; vgl auch BGHZ 75, 384, 386; BremStGH, MDR 1968, 24, 25, differenzierend *Neumann*, in: Nomos Kommentar zum StGB, § 36 Rn 6.
21 *Wolfrum*, Indemnität im Kompetenzkonflikt zwischen Bund und Ländern, DÖV 1982, 674, 679; *Fischer*, StGB, 61. Aufl. 2014, § 36 Rn 3.

liche Regelungsgehalt des Art. 24 LV mit § 36 StGB übereinstimmt.[22] Die Frage kann jedoch dann bedeutsam werden, wenn und soweit der Landesverfassungsgesetzgeber eine Einschränkung oder Erweiterung des Indemnitätsschutzes beabsichtigt. Im Hinblick auf die historische Entwicklung und den Schutzbereich der Vorschrift verdient die Auffassung den Vorzug, wonach die Indemnität als Sonderrecht des Parlaments kompetenzrechtlich dem Verfassungsorganisationsrecht zuzurechnen ist, mit der Folge, dass für die Abg. der Landesparlamente allein die Länder die Regelungskompetenz besitzen.[23]

5 **2. Die Voraussetzungen und die Reichweite des Indemnitätsschutzes.** Der Wortlaut des Art. 24 LV stimmt mit der für den BT geltenden Vorschrift des Art. 46 Abs. 1 GG überein.

6 a) **„Abgeordnete" – geschützter Personenkreis.** Der Indemnitätsschutz gilt in personeller Hinsicht nur für Abg. des LT M-V. Regierungsmitglieder oder sonstige Amtsträger, die vor dem Parlament oder in ihren Gremien auftreten, genießen den Schutz des Art. 24 Abs. 1 LV nicht.[24] Dies folgt zum einen aus dem klaren Wortlaut des Art. 24 Abs. 1 LV, aber auch aus dem Sinn und Zweck der Norm. Bei Regierungsmitgliedern, die zugleich Abg. sind, kommt es darauf an, welcher Funktion die betroffene Äußerung oder Abstimmung zuzuordnen ist. Handelt ein Regierungsmitglied als Abg., was bei Abstimmung im Plenum und in den Gremien regelmäßig anzunehmen ist, bleibt der Indemnitätsschutz umfassend erhalten.[25] Demgegenüber entfällt der Indemnitätsschutz in den Fällen, in denen ein Abg. eindeutig als Regierungsmitglied vor dem Parlament auftritt. Dies gilt etwa für die Beantwortung parlamentarischer Anfragen[26] oder für Äußerungen von der Regierungsbank. Auch in den Fällen, in denen ein Regierungsmitglied für die Regierung in einem Ausschuss auftritt, greift der Indemnitätsschutz nicht. Bei Reden im Plenum wird regelmäßig durch die Anmeldung des Redebeitrages und die entsprechende Worterteilung deutlich, ob die betreffende Person als Abg. oder als Regierungsmitglied spricht. Auch Mitglieder von Enquetekommissionen, die keine Abgenordnete sind, oder andere Externe in den Gremien des LT genießen keinen Indemnitätsschutz.[27] Anders als das Zeugnisverweigerungsrecht und das Beschlagnahmeverbot bei Abg. (→ Rn 33 f) wirkt sich die Indemnität nicht auf die Strafbarkeit von Mitarbeitern oder andere Beteiligte aus.[28]

7 b) **„Dürfen zu keiner Zeit" – zeitliche Geltung.** Zeitlich beginnt der Indemnitätsschutz mit dem Erwerb des Mandats, also mit der Erlangung der Abgeordnetenstellung. Diese wird durch Wahl zum Abg., Fristablauf zur Erklärung der Nichtannahme der Wahl und Ablauf der Wahlperiode des vorhergehenden LT erworben (vgl § 34 LKWG M-V). Da die Wahlperiode des LT nach Art. 27 Abs. 1 LV erst mit dem Zusammentritt eines neuen LT endet, beginnt der Immu-

---

22 Zur iÜ häufig abweichenden landesverfassungsrechtlichen Regelung vgl die Übersicht bei *Häger* (Fn 12), § 36 Rn 13.
23 *Lenz*, in: Epping/Butzer/Brosius-Gersdorf/Haltern/Mehde/Waechter, Art. 14 Rn 10; *Klein*, in: Maunz/Dürig, Art. 46 Rn 25; *Löwer*, in: Löwer/Tettinger, Vorbem. zu Art. 47-49 Rn 13.
24 *Pieroth*, in: Jarass/Pieroth, Art. 46 Rn 1; *Trute*, in: von Münch/Kunig, Art. 46 Rn 5; *Joecks*, in: MüKo StGB, Bd. 1, 2. Aufl., § 36 Rn 8.
25 *Trute*, in: von Münch/Kunig, Art. 46 Rn 7; *Magiera*, in: BK, Art. 46 Rn 31; *Maunz*, in: Maunz/Dürig, Art. 46 Rn 8; *Jarass*, in: Jarass/Pieroth, Art. 46 Rn 1; OVG Münster, DVBl. 1967, 51, 53.
26 OVG Münster, DVBl. 1967, 51, 53.
27 *Trute*, in: von Münch/Kunig, Art. 46 Rn 7.
28 *Glauben*, in; Brocker/Droege/Jutzi, Art. 93 Rn 4.

nitätsschutz faktisch mit der konstituierenden Sitzung. Auch ein ungültig gewählter Abg. genießt für Äußerungen und Abstimmungen während seiner Mandatsausübung – dh bis zur Wiederholungswahl (vgl § 41 Abs. 5 LWG M-V) – Indemnität.[29] Schließlich wird ein Landtagsabgeordneter auch dann für die tatsächliche Mandatsdauer durch Art. 24 Abs. 1 LV geschützt, wenn seine Partei nachträglich für verfassungswidrig erklärt wird.[30] Der Abg. darf „zu keiner Zeit" zur Verantwortung gezogen werden. Die Indemnität umfasst daher alle geschützten Verhaltensweisen während der Mandatsdauer, wobei unerheblich ist, aus welchem Grund das Mandat endet. Das Indemnitätsprivileg wirkt daher über die Mandatszeit des Abg. hinaus, steht demnach auch einer Verfolgung nach Erlöschen des Mandates zeitlich unbefristet entgegen. Die Indemnität kann weder durch das Parlament nachträglich aufgehoben noch beschränkt werden, auch ein Verzicht des Abg. ist nicht möglich.[31]

c) „Wegen einer Abstimmung oder wegen einer Äußerung im Landtag oder in einem seiner Ausschüsse" – geschützte Verhaltensweisen. Der Indemnitätsschutz erstreckt sich inhaltlich auf **Abstimmungen** und **Äußerungen**, die der Abg. im LT oder in einem seiner Ausschüsse getan hat. 8

Der Begriff der **Abstimmung** umfasst in diesem Zusammenhang sowohl Personal- als auch Sachentscheidungen.[32] Dabei ist unerheblich, ob offen, geheim oder namentlich abgestimmt wird und ob die Abstimmung gültig ist.[33] Auch auf den Ort (Plenum, Ausschuss oder sonstiges vom Schutzbereich umfasstes Gremium) kommt es ebenso wenig an, wie auf die Modalitäten der Abstimmung (zB Umlaufverfahren, Probeabstimmung), sofern sie nur dem Parlament bzw. eines seiner Gremien zuzurechnen sind[34] und der Abg. sein Votum in Ausübung seines Mandats abgegeben hat.[35]

Der Begriff der **Äußerung** umfasst grds. Tatsachenbehauptungen, Bewertungen, Willensbekundungen und Aufforderungen.[36] Zur Vermeidung von weit über den Schutzbereich der Indemnität hinausgehender Straflosigkeit bedarf es jedoch insoweit einer verfassungskonformen Auslegung iS einer teleologischen Reduktion.[37] Die Äußerung kann mündlich, schriftlich oder konkludent erfolgen.[38] Die Äußerungen müssen jedoch eine Beziehung zur Mandatsausübung des Abg. aufweisen, so dass Privatgespräche unter Abg. nicht geschützt sind.[39] Auch reine Tätlichkeiten werden nicht vom Schutzbereich erfasst.[40] Bei schriftlichen Äußerungen des Abg. im parlamentarischen Bereich wie Anfragen und Anträgen beginnt der Schutz grds., sobald der Abg. die Äußerung in den dafür vorgesehenen Geschäftsgang gibt.[41] Der Abg. ist jedoch nicht geschützt, wenn er in 9

---

29 *Achterberg/Schulte*, in: von Mangoldt/Klein/Starck, Art. 46 Rn 6.
30 *Achterberg/Schulte*, in: von Mangoldt/Klein/Starck, Art. 46 Rn 6.
31 *Trute*, in: von Münch/Kunig, Art. 46 Rn 8.
32 *Glauben*, in: Brocker/Droege/Jutzi, Art. 93 Rn 5.
33 *Achterberg/Schulte*, in: von Mangoldt/Klein/Starck, Art. 46 Rn 12.
34 *Trute*, in: von Münch/Kunig, Art. 46 Rn 9.
35 *Glauben*, in: Brocker/Droege/Jutzi, Art. 93 Rn 5.
36 *Häger* (Fn. 13), § 36 Rn 41.
37 Näher → Rn 18.
38 *Klein*, in: Schneider/Zeh, § 17 Rn 24.
39 *Achterberg/Schulte*, in: von Mangoldt/Klein/Starck, Art. 46 Rn 10.
40 BVerwGE 83, 1, 16.
41 *Schulze-Fielitz*, in: Dreier, Art. 46 Rn 17; *Achterberg/Schulte*, in: von Mangoldt/Klein/Starck, Art. 46 Rn 20; *Häger*, (Fn. 13), § 36 Rn 41; aA *Pieroth*, in: Jarass/Pieroth, Art. 46 Rn 2, der die Weiterleitung bzw Veröffentlichung verlangt.

Bezug auf eine parlamentarische Anfrage gleichzeitig der Presse mitteilt, dass er die entsprechende Anfrage mit einem bestimmten Inhalt eingebracht hat.[42]

10 Das Indemnitätsprivileg bezieht sich auf die geschützten Handlungsmodalitäten im LT und seinen Ausschüssen. Mit LT im Sinne von Art. 24 Abs. 1 LV ist das Plenum gemeint,[43] und zwar unabhängig von dem Ort, an dem es tagt und unabhängig von den Modalitäten der Sitzung (geheim/öffentlich, ordentliche oder außerordentliche Sitzung).[44] Insoweit kommt es jedoch darauf an, dass die Äußerungen auch im Rahmen der Plenarsitzung getätigt werden. Ausgeschlossen sind damit zB private Gespräche zwischen Abg., wie auch Handlungen vor, nach und am Rande der Sitzung des LT.[45]

11 Mit dem Begriff der **Ausschüsse** sind neben den formal eingesetzten Ausschüssen iSd Artt. 33 (ständige Ausschüsse), 34 (Untersuchungsausschüsse) und 35 (Petitionsausschuss) alle durch Beschluss des LT im Rahmen der Parlamentsautonomie ständig oder ad hoc eingerichteten Gremien gemeint.[46] Zu den Ausschüssen im Sinne des Art. 24 zählen nach herrschender Auffassung danach auch Enquete-Kommission sowie andere Organisationseinheiten des LT, wie der Ältestenrat und parlamentarische Sondergremien.[47] Während einige Landesverfassungen ausdrücklich auch Äußerungen eines Abg. in seiner Fraktion in den Indemnitätsschutz mit einbeziehen,[48] fehlt eine solche Regelung in der LV. Gleichwohl ist mit der hM davon auszugehen, dass der Begriff der Ausschüsse insoweit weit auszulegen und der Indemnitätsschutz auch auf Fraktionsäußerungen eines Abg. anzuwenden ist.[49] In der Konsequenz erstreckt sich der Indemnitätsschutz nicht nur auf Abstimmungen und Äußerungen in Fraktionssitzungen, sondern ebenso auf Fraktionsgremien, insb. die Arbeitskreise der Fraktionen.[50] Die Gegensicht stützt ihre Auffassung auf das Argument, dass in den Fraktionen keine unmittelbare politische Willensbildung stattfinde[51] bzw darauf, dass in der Fraktion nicht das ganze Spektrum der im Parlament repräsentierten Kräfte vertreten sei.[52] Insoweit wird zum einen die Bedeutung der Fraktionen als „maßgebliche Faktoren der politischen Willensbildung"[53] verkannt und zum anderen offenbar unterstellt, dass nur die Diskussion mit dem politischen Gegner schützenswert sei. Fraktionsinterne politische Auseinandersetzungen können jedoch ebenso konfliktbeladen sein wie die Diskussion mit Mitgliedern anderer Fraktionen und bedürfen insoweit eines vergleichbaren Schutzes der – sanktionsfreien – politischen Willensbildung.

---

42 BGHZ 75, 384, 388 f; *Achterberg/Schulte*, in: von Mangoldt/Klein/Starck, Art. 46 Rn 18 f mwN.
43 *Caspar*, in: Caspar/Ewer/Nolte/Waack, Art. 24 Rn 12, a. A. *Lenz*, in: Epping/Butzer/Brosius-Gersdorf/Haltern/Mehde/Waechter, Art. 14 Rn 21.
44 *Trute*, in: von Münch/Kunig, Art. 46 Rn 11.
45 *Glauben*, in: Brocker/Droege/Jutzi, Art. 93 Rn 7 mwN.
46 *Trute*, in: von Münch/Kunig, Art. 46 Rn 12.
47 *Achterberg/Schulte*, in: von Mangoldt/Klein/Starck, Art. 46 Rn 14.
48 Art. 37 BWVerf; Art. 14 NdsVerf; Art. 81 SaarlVerf; Art. 55 SächsVerf.
49 BremStGH, DVBl 1967, 622, 624 f; *Achterberg/Schulte*, in: von Mangoldt/Klein/Starck, Art. 46 Rn 16; *Klein*, in: Schneider/Zeh, § 17 Rn 33; *Klein*, in: Maunz/Dürig, Art. 46 Rn 16; *Trute*, in: von Münch/Kunig, Art. 46 Rn 12; *Caspar*, in: Caspar/Ewer/Nolte/Waack, Art. 24 Rn 13; *Häger* (Fn. 13), § 36 Rn 34.
50 *Magiera*, in: BK, Art. 46 Rn 4; *Caspar*, in: Caspar/Ewer/Nolte/Waack, Art. 24 Rn 13; *Häger* (Fn. 13), § 36 Rn 34.
51 *Schönke/Schröder* (Fn. 18), § 36 Rn 4.
52 *Joecks* (Fn 24), § 36 Rn 13.
53 BVerfGE 80, 188, 219; 84, 304, 322; siehe auch → *Zapfe*, **Art. 25** Rn 1.

d) „Gerichtlich oder dienstlich verfolgt oder sonst außerhalb des Landtages zur Verantwortung gezogen werden" – Rechtsfolgen der Indemnität. Der Indemnitätsschutz garantiert, dass ein Landtagsabgeordneter zu keiner Zeit **gerichtlich** oder **dienstlich** verfolgt oder sonst außerhalb des LT zur Verantwortung gezogen wird. 12

Zur **gerichtlichen** Verfolgung iS von Art. 24 Abs. 1 LV zählen strafgerichtliche, darüber hinaus aber auch ehrengerichtliche Verfolgungsmaßnahmen.[54] Schließlich wird nach überwiegender Auffassung auch die zivilrechtliche Geltendmachung von Ansprüchen, die an die geschützten Handlungen anknüpfen, vom Schutzbereich der Indemnität erfasst.[55] Danach genießt der Abg. auch Schutz vor zivilrechtlichen Schadensersatz-, Widerrufs- und Unterlassensansprüchen, einschließlich entsprechender Vollstreckungsmaßnahmen.[56] 13

Zur **dienstlichen** Verfolgung gehört insb. die disziplinarische (behördliche und gerichtliche) Verfolgung. Da Abg. auch nicht „**sonst zur Verantwortung gezogen**" werden dürfen, sind darüber hinaus alle an sie gerichteten Maßnahmen der Polizeibehörden, der Staatsanwaltschaft und des Verfassungsschutzes untersagt.[57] Dies gilt auch für Maßnahmen, die lediglich interner oder tatsächlicher Natur sind, wie zB die Anlegung von Akten, die Aufnahme in ein Register oder Beobachtung und Überwachung des Abg. durch staatliche Stellen.[58] 14

Streitig ist, ob der Indemnitätsschutz sich auf private Sanktionen, wie Parteiausschluss, Kündigung oder einen gesellschaftlichen Boykott erstreckt.[59] Im Hinblick auf den klaren Wortlaut einerseits, die nur mittelbare Wirkung von Verfassungsnormen auf Private sowie die historische Interpretation der Vorschrift andererseits dürfte einer vermittelnden Auffassung zuzustimmen sein, wonach der Indemnitätsschutz private Sanktionsmaßnahmen nicht erfasst, die Maßnahmen aber nicht mit Unterstützung staatlicher Stellen durchgesetzt werden können.[60]

Der Schutz der Abg. durch die Indemnität ist jedoch auf außerparlamentarische Sanktionen begrenzt. Die Abg. unterliegen daher uneingeschränkt solchen Sanktionen, die aus der Ordnungs- und Disziplinargewalt des LT folgen.[61] Auch Fraktionsausschlüsse, Parteiausschlüsse oder Abgeordnetenüberprüfung auf eine Mitarbeit beim MfS sind nicht vom Indemnitätsschutz erfasst.[62] Hinsichtlich des Schutzes vor Strafverfolgung handelt es sich bei der Indemnität strafrechtsdogmatisch nach h. M. um einen persönlichen Strafausschließungsgrund, dessen Wirkung auch nach Beendigung des Mandats fortbesteht.[63] Das bedeutet zum einen, dass die Tat als solche rechtswidrig bleibt und daher notwehrfähig ist.[64] Daraus folgt zudem, dass auch die Teilnahme (Anstiftung, Beihilfe) eines Nicht- 15

---

54 *Achterberg/Schulte*, in: von Mangoldt/Klein/Starck, Art. 46 Rn 22; *Maunz*, in: Maunz/Dürig, Art. 46 Rn 19.
55 *Trute*, in: von Münch/Kunig, Art. 46 Rn 16; *Schulze/Fielitz*, in: Dreier, Art. 46 Rn 18; *Achterberg*, Parlamentsrecht, S. 241.
56 *Achterberg/Schulte*, in: von Mangoldt/Klein/Starck, Art. 46 Rn 22.
57 *Achterberg/Schulte*, in: von Mangoldt/Klein/Starck, Art. 46 Rn 23.
58 *Magiera*, in: BK, Art. 46 Rn 45; *Maunz*, in: Maunz/Dürig, Art. 46 Rn 18; *Trute*, in: von Münch/Kunig, Art. 46 Rn 17.
59 Vgl *Butzer*, in: Epping/Hillgruber, Art. 46 Rn 9.1 zum Streitstand.
60 *Glauben*, in: Brocker/Droege/Jutzi Art. 93 Rd 9 mwN.
61 *Trute*, in: von Münch/Kunig, Art. 46 Rn 15; *Casper*, in: Casper/Ewer/Nolte/Waack, Art. 24 Rn 17.
62 *Schulze-Fielitz*, in: Dreier, Art. 46 Rn 19; *Trute*, in: von Münch/Kunig, Art. 46 Rn 15; *Casper*, in: Casper/Ewer/Nolte/Waack, Art. 24 Rn 17.
63 *Joecks* (Fn 24), § 36 Rn 1 nwN.
64 *Joecks* (Fn 24), § 36 Rn 24.

abgeordneten strafbar bleibt.[65] Danach ist in den Fällen, in denen ein Mitarbeiter für einen Abg. eine Rede mit beleidigendem Inhalt schreibt, eine Strafverfolgung des Mitarbeiters wegen Beihilfe zur Beleidigung möglich.[66] Außerhalb des Strafrechts handelt es sich bei der Indemnität um ein persönliches Verfolgungs- bzw allg. Verfahrenshindernis.[67]

16 e) „Dies gilt nicht für verleumderische Beleidigungen" – Grenzen des sachlichen Schutzbereiches. Verleumderische Beleidigungen stellen die einzige ausdrücklich in der Verfassung[68] genannte Ausnahme vom Schutzbereich der Indemnität dar. Damit bleiben zunächst Verleumdungen nach § 187 StGB strafbar. Ausgenommen sind auch die Tatbestände der §§ 188 Abs. 2 (Verleumdung gegen Personen des politischen Lebens), 90 Abs. 3 (Verunglimpfung des Bundespräsidenten) und 103 (Beleidigung von Organen und Vertretern ausländischer Staaten), sofern sie in der Alternative der verleumderischen Beleidigung begangen worden sind.[69] Der Indemnitätsschutz kann also nach dem Wortlaut nur in den Fällen entfallen, in denen der Täter wider besseres Wissen **ehrenrührige Tatsachen** behauptet.[70]

17 In diesem Zusammenhang ist aber zu beachten, dass nicht nur Ehrdelikte durch eine „**Äußerung**" begangen werden können. Durch mündliche, konkludente oder schriftliche Äußerungen können eine Vielzahl – schwerster – Straftaten begangen werden. Dazu gehören u.a. §§ 80 a (Aufstachelung zum Angriffskrieg), 86 a (Verwendung von Kennzeichen verfassungswidriger Organisationen), 94 (Landesverrat), 111 (öffentliche Aufforderung zu Straftaten), 126 (öffentliche Androhung von Straftaten), 130 (Volksverhetzung), 140 (Belohnung und Billigung von Straftaten), 164 (falsche Verdächtigung), 240 (Nötigung) oder 241 (Bedrohung). Schließlich kann sogar eine mit lebenslanger Freiheitsstrafe bedrohte Anstiftung zum Mord oder Völkermord durch eine Äußerung begangen werden.[71] Würden derartige Straftaten dem Indemnitätsschutz unterfallen, ergäbe sich ein Wertungswiderspruch, da die Begehung bestimmter Beleidigungsdelikte durch Abg. strafbar wäre, besonders schwere Verbrechen hingegen straflos. Diese Frage, welche Straftatbestände überhaupt vom Indemnitätsschutz umfasst sind, wird vor allem in der älteren Lit. behandelt. Dabei wurden insoweit restriktive Auslegungen favorisiert,[72] mit der Folge, dass Abg. wegen anderer als den Beleidigungsdelikten strafrechtlich verfolgt werden könnten. Im aktuellen Schrifttum wird diese Frage entweder gar nicht behandelt oder es werden – ohne vertiefte Erörterung – alle Äußerungen, einschließlich Anstiftungen, als vom Indemnitätsschutz erfasst angesehen,[73] wodurch sich Abg. wegen Äußerungen ausschließlich wegen der oben genannten Delikte der verleumderischen Beleidigungen strafrechtlich zu verantworten hätten.

18 Hiergegen wird zu Recht eingewandt, dass der Zweck der Indemnität eine solche Ungleichbehandlung gegenüber den anderen Bürgern wegen Art. 3 GG unter

---

65 *Häger* (Fn. 13), § 36 Rn 9; *Lackner/Kühl*, StGB, § 36 Rn 3.
66 *Joecks* (Fn 24), § 36 Rn 25 mwN und überzeugender Ablehnung der Gegenansicht.
67 *Trute*, in: von Münch/Kunig, Art. 46 Rn 18.
68 Insoweit übereinstimmend mit Art. 46 GG und § 36 StGB.
69 *Häger* (Fn. 13), § 36 Rn 42; *Joecks* (Fn 24), § 36 Rn 20.
70 *Joecks* (Fn 24), § 36 Rn 21.
71 *Häger* (Fn 13), § 36 Rn 44.
72 *v. Olshausen*, Kommentar zum StGB, 6. Aufl. 1900, § 11 Anm. 3 b; *Finger*, Lehrbuch des Deutschen Strafrechts, Bd. I, 1904, S. 437.
73 *Klein*, in: Maunz/Dürig, Art. 46 Rn 13; *Härth* (Fn. 4), S. 70, 125; *Glauben*, in: Brocker/Droege/Jutzi, Art. 95 Rn 6.

keinem Gesichtspunkt zu legitimieren vermag.[74] Im Ergebnis soll danach die Indemnität auf Verletzungen des Rechtsguts Ehre (einschließlich des Andenkens Verstorbener) beschränkt werden.[75] Mit einer Begrenzung der Privilegierung auf die Ehrdelikte würde zwar eine Strafverfolgung zahlreicher schwerer Straftaten (wie Beihilfe und Anstiftung zur Gewaltdelikten etc.) ermöglicht, andere Delikte, wie die Leugnung des Holocaust (§ 130 Abs. 3 StGB) bliebe aber straflos.[76] Das AG Schwerin ist in Bezug auf eine Äußerung mit der inhaltlich der Holocaust geleugnet wurde, konkludent davon ausgegangen, dass sich der Indemnitätsschutz auch auf den Tatbestand der Volksverhetzung, § 130 StGB erstreckt[77], im Ergebnis aber eine Strafbarkeit wegen der Verunglimpfung des Andenkens Verstorbener, § 189 StGB, angenommen und im Hinblick darauf, dass es sich um eine Tatsachenbehauptung wider besseres Wissen handelte den Indemnitätsschutz wegen Überschreitung der Grenzen des § 187 StGB ausgeschlossen.[78] Im Rahmen einer verfassungskonformen Auslegung liegt es näher, die Indemnität auf den materiellen Schutzbereich zu reduzieren.[79] Historisch geht die Indemnität auf den Schutz von **Meinungsäußerungen** zurück. Nach Art. 84 der Preußischen Verfassung von 1850 war die Verfolgung für die in der Kammer ausgesprochene „Meinung" ausgeschlossen. Dabei ist der Terminus „Meinung" auch historisch nicht auf Werturteile begrenzt, sondern umfasst auch Tatsachenbehauptungen. In diesem Zusammenhang hat jedoch schon das Preußische Obertribunal klargestellt, dass unwahre Tatsachenbehauptungen wider besseres Wissen, also Verleumdungen, strafrechtlich verfolgt werden können.[80] Dies entspricht der aktuellen Rspr zum Schutzbereich der Meinungsfreiheit nach Art. 5 GG. Nach der Rspr des BVerfG sind unrichtige Informationen nicht vom Schutzbereich des Art. 5 GG umfasst, wenn es sich um bewusst unwahre Tatsachenbehauptungen oder solche Tatsachenbehauptungen handelt, deren Unwahrheit unzweifelhaft feststeht[81], da erwiesen unwahre Behauptungen zur verfassungsrechtlich gewährleisteten Meinungsbildung nichts beitragen können.[82] Letzteres gilt, auch für die Äußerung, dass es im Dritten Reich keine Judenverfolgung gegeben habe.[83] Wenn auch Art. 5 GG nicht unmittelbar anwendbar ist, so ist dennoch die Reichweite seines Schutzbereiches ein geeigneter Maßstab für eine verfassungskonforme Auslegung des Indemnitätsschutzes. Danach sind parlamentarische **Meinungsäußerungen** geschützt, soweit sie sich innerhalb der Grenzen des Schutzbereiches der Meinungsfreiheit bewegen. Damit wird gewährleistet, dass der gezielte Meinungskampf der Parlamentarier vor Sanktionen geschützt bleibt, während der Missbrauch des Rederechts für andere Zwecke strafbar bleibt.[84] Der Indemnitätsschutz wird nicht allein durch die

---

74 *Häger* (Fn. 13), § 36 Rn 44; zustimmend *Joecks* (Fn 24), § 36 Rn 23; *Hoyer*, in: Systematischer Kommentar zum StGB, vor §§ 36, 37 Rn 6 f.
75 *Häger* (Fn. 13), § 36 Rn 44.
76 So *Joecks* (Fn 24), § 36 Rn 22, der im Hinblick das Phänomen rechtsradikaler Parlamentarier in Landesparlamenten – gemeint sind die NPD-Fraktion in M-V und Sachsen – eine Verfassungsänderung erwägt.
77 AG Schwerin, Urteil vom 16.08.2012, – 38 Ls 322/11 – Rz 36, juris.
78 AG Schwerin, a.a.O., Rz 34 f.
79 so auch *Neumann* (Fn 20), § 36 Rn 14, der den Schutzbereich allerdings zu weit fasst und auch die §§ 111 und 140 StGB den Meinungsäußerungsdelikten zuordnet.
80 Vgl zum Ganzen *Klein*, in: Schneider/Zeh, § 17 Rn 17 f.
81 BVerfGE 99, 185, 197.
82 BVerfG, NJW 2012, 1498 (1499).
83 BVerfGE 90, 241, 249 ff.
84 IdS *Hoyer*, in Systematischer Kommentar zum StGB, vor §§ 36, 37 Rn 6, der allerdings die Verbreitung der Auschwitzlüge noch als Beteiligung am geistigen Meinungskampf ansieht.

Norm des § 187 StGB begrenzt, sondern durch den in der Norm zum Ausdruck kommenden Rechtsgedanken, der insoweit wiederum mit der Rspr zum Schutzbereich des Art. 5 GG übereinstimmt.

III. Immunität (Abs. 2)

19 **1. Allgemeines.** Die Immunität gewährleistet den Abg. des LT von M-V den Schutz vor strafrechtlicher Verfolgung, Verhaftung und jeder anderen staatlichen Beeinträchtigung der persönlichen Freiheit, in dem sie diese im Regelfall an eine Genehmigung des Parlaments bindet.[85] Anders als bei der Indemnität bezieht sich der Schutz der Immunität vor allem auf das Verhalten des Abg. außerhalb des LT. Schutzzweck ist die Funktionsfähigkeit des Parlaments insgesamt. Mit der Immunität wird sichergestellt, dass parlamentarische Abläufe, Abstimmungen und Beratungen nicht durch strafrechtliche oder sonstige staatliche Beeinträchtigungen gestört oder verhindert werden. Die weitergehende Auffassung, dass daneben auch das Ansehen des Parlaments geschützt werden soll,[86] überzeugt hingegen nicht. Das Parlament wahrt oder steigert sein Ansehen nicht dadurch, dass Abg. nicht wegen einer mit Strafe bedrohten Handlung zur Verantwortung gezogen werden dürfen.[87] Das BVerfG hat die in der Lit. kontrovers diskutierte Frage,[88] ob die Immunität – auch – den Abg. schützt, dahingehend beantwortet, dass dem einzelnen Abg. jedenfalls ein Anspruch gegenüber dem Parlament – bzw der parlamentarischen Mehrheit – auf willkürfreie Entscheidung zusteht.[89] Unabhängig davon ist die Immunität der Verfügungsbefugnis der Abg. entzogen, dh, dass die Immunität nicht zur Disposition des jeweiligen betroffenen Abg. steht und die auch ein Verzicht des einzelnen Abg. auf diesen Schutz nicht möglich ist.[90]

20 **2. „Abgeordnete" – persönlicher Schutzbereich.** Der persönliche Schutzbereich erstreckt sich wie bei der Indemnität allein auf die Abg. des LT von M-V. Mitglieder der LReg werden nicht erfasst, es sei denn, sie gehören zugleich dem LT an. Bei der Immunität handelt es sich um ein zeitlich begrenztes **Prozesshindernis**, dh die Rechtswidrigkeit der Tat bleibt unberührt. Deshalb ist gegen die rechtswidrige Tat eines Abg. auch die Notwehr möglich. Tatbeteiligte können unabhängig vom Immunitätsschutz verfolgt werden.[91]

21 Der Immunitätsschutz besteht nur für die Zeit der Mitgliedschaft im LT, dh er beginnt mit dem Erwerb des Mandats[92] und endet im Regelfall mit dem Ablauf der Wahlperiode, dh mit dem Zusammentritt des neuen LT oder bei vorzeitigem Mandatsverzicht. Die Genehmigung zu Strafverfolgungsmaßnahmen gilt nur für die Dauer der WP in der sie ausgesprochen wurde, da der Anklagebeschluss der Diskontinuität unterfällt.[93] Wird der MdL wiedergewählt, muss die Immunität erneut aufgehoben werden. Sofern gegen einen neu in den LT einziehenden Abg. bereits Strafverfolgungsmaßnahmen eingeleitet worden sind bzw ein Straf-

---

85 *Trute*, in: v. Münch/Kunig, Art. 46 Rn 21.
86 So *Achterberg/Schulte*, in: von Mangoldt/Klein/Stark, Art. 46 Rn 32; *Klein*, in: Maunz/Dürig, Art. 46 Rn 26.
87 *Wiefelspütz*, Die Immunität der Abgeordneten, DVBl 2002, 1229, 1230, *Link*, in: Linck/Baldus/Lindner/Poppenhäger/Ruffert, Art. 55 Rn 27.
88 Vgl zum Meinungsstand *Wiefelspütz*, a.a.O.
89 BVerfGE 104, 310, 325 f.; Rn 29.
90 *Stern*, Bd. I, S. 1062; *Schulze-Fielitz*, in: Dreier, Art. 46 Rn 27; *Magiera*, in: BK, Art. 46 Rn 107; *Klein*, in: Maunz/Dürig, Art. 46 Rn 21.
91 *Reich*, Art. 58 Rn 1 mwN.
92 → Art. 22 Rn 2.
93 *Klein*, in: Schneider/Zeh, § 17 Rn 50.

verfahren anhängig ist, so unterliegen diese ebenfalls dem Immunitätsschutz, da dieser auch für so genannte „mitgebrachte" Verfahren gilt.[94] Räumlich gilt der Immunitätsschutz im ganzen Bundesgebiet, und zwar ggü allen (Verfolgungs-) Behörden des Bundes und der Länder.[95] Nach § 152 a StPO ist die Immunitätsvorschrift jedes Landes für alle anderen Länder und den Bund wirksam. Im Ausland greift der Immunitätsschutz nicht,[96] kann sich jedoch bei Rechtshilfeersuchen auswirken.[97]

Der Umstand, dass der Immunitätsschutz nur zu einer befristeten Aussetzung des Verfahrens führt, hat gleichzeitig zur Folge, dass in dieser Zeit auch die Verfolgungs- und Vollstreckungsverjährung ruht.[98] In der Konsequenz können nach dem Wegfall des Immunitätsschutzes alle bis dahin unzulässigen Maßnahmen und Verfahren durchgeführt werden. 22

3. „Wegen einer mit Strafe bedrohten Handlung zur Verantwortung gezogen oder verhaftet werden" – sachlicher Schutzbereich. Der Begriff der „Strafe" geht nach allg. Auffassung über die „Kriminalstrafe" hinaus und umfasst auch „quasi strafrechtliche Maßnahmen".[99] 23

Hinweise darauf, wie der LT selbst den Schutzbereich der Immunität versteht, ergeben sich aus den vom LT zu Beginn der 6. Legislatur beschlossenen „Grundsätzen für die Behandlung von Immunitätsangelegenheiten",[100] in denen die Einleitung des Verfahrens für Straftaten, wegen Dienstvergehen oder als Dienstvergehen geltende Handlung und für Sanktionen wegen der Verletzung von Berufs- oder Standespflichten pauschal genehmigt werden. Im Umkehrschluss folgt daraus, dass der LT die Verfolgung von **Ordnungswidrigkeiten** nicht in den Schutzbereich der Immunität einbeziehen will.[101] Diese Interpretation steht im Einklang mit der Praxis des BT, der Richtlinien für das Straf- und Bußgeldverfahren (Nr. 298 RiStBV) und der Rspr.[102] Während die hL davon ausgeht, dass derartige Sanktionen von der Immunität geschützt werden,[103] lehnt das Bundesverwaltungsgericht die Einbeziehung von Disziplinarverfahren in den Immunitätsschutz ab.[104] Im Hinblick darauf, dass „Strafe" als „jede Zufügung eines angedrohten Übels als Reaktion der öffentlichen Gewalt auf ein vorausgegangenes Verhalten"[105] anzusehen ist, erscheint eine weite Auslegung – und damit eine Einbeziehung von Disziplinarmaßnahmen – geboten.[106] Unstreitig ist hingegen, dass zivilrechtliche Vertragsstrafen und andere Sanktionen nicht unter den Begriff der „Strafe" zu subsumieren sind.[107]

---

94 *Pieroth*, in: Jarass/Pieroth, Art. 46 Rn 5; *Trute*, in: von Münch/Kunig, Art. 46 Rn 27 mwN.
95 *Butzer*, in: Epping/Butzer, Art. 46 Rn 22; *Lenz*, in: Epping/Butzer, Art. 15 Rn 26.
96 *Butzer*, aaO.
97 Vgl hierzu *Kluth*, in: S-B/H/H, Art. 46 Rn 42.
98 *Magiera*, in: BK, Art. 46 Rn 11.4.
99 *Achterberg/Schulte*, in: von Mangoldt/Klein/Starck, Art. 46 Rn 35.
100 Anlage 4 zu § 70 Abs. 4 GO LT.
101 Vgl auch *Wedemeyer*, in: Thiele/Pirsch/Wedemeyer, Art. 24 Rn 2.
102 Vgl OLG Düsseldorf, NJW 1989, 2207; OLG Köln, NJW 1988, 1606; aA *Trute*, in: von Münch/Kunig, Art. 46 Rn 24; *Magiera*, in: BK, Art. 46 Rn 62 jeweils mwN.
103 *Pieroth*, in: Jarass/Pieroth, Art. 46 Rn 6; *Trute*, in: von Münch/Kunig; Art. 46 Rn 25; *Magiera*, in: BK, Art. 46 Rn 14.
104 BVerwGE 83, 1 ff; zustimmend *Bornemann*, Die Immunität der Abgeordneten in Disziplinarverfahren, DÖV 1986, 93.
105 *Magiera*, in: BK, Art. 46 Rn 62.
106 *Achterberg/Schulte*, in: v. Mangoldt/Klein/Starck, Art. 46 Rn 39.
107 Vgl *Achterberg/Schulte*, in: von Mangoldt/Klein/Starck, Art. 46 Rn 35.

24 Art. 24 Abs. 2 LV macht mit dem Begriff „zur **Verantwortung gezogen** werden" deutlich, dass vom Schutzbereich alle behördlichen Handlungen, also die gerichtlichen, staatsanwaltlichen und polizeilichen Ermittlungen vom ersten Zugriff bis zum Abschluss des Verfahrens umfasst sind.[108] Problematisch ist insoweit, in welchem Umfang Maßnahmen zulässig sind, die dazu dienen, die Entscheidung darüber vorzubereiten, ob ein förmliches Ermittlungsverfahren gegen einen Abg. aufgenommen werden soll. Die Auffassung, wonach derartige „Ermittlungen" im Vorfeld des Immunitätsverfahrens zulässig sein sollen,[109] geht zu weit, da der Begriff „Ermittlungen" auch nach außen gerichteten Untersuchungshandlungen umfasst. Maßnahmen zur Vorbereitung einer Entscheidung über die Einleitung eines förmlichen Ermittlungsverfahrens sind daher auf behördeninterne Prüfungen zu beschränken. Zulässig sind daher nur sog. Vorermittlungsverfahren, die der Feststellung dienen, ob die Aufhebung der Immunität zu beantragen ist.[110] Ein solches Vorermittlungsverfahren ist kein Ermittlungsverfahren, und der von diesem Verfahren Betroffene hat nicht die Stellung eines Beschuldigten.[111] Genehmigungsfrei sind daher lediglich vorbereitende, eher passive Amtshandlungen, wie die Entgegennahme und Registrierung von Anzeigen und Strafanträgen[112], sowie eine erste Prüfung der Schlüssigkeit der Strafbarkeit.[113] Insoweit ist auch die Regelung in Nr. 191 Abs. 4 RiStBV unbedenklich, die von der Genehmigungsfreiheit von Feststellungen der Staatsanwaltschaft über die Persönlichkeit des Anzeigeerstatters, und andere für die Beurteilung der Ernsthaftigkeit der Anzeige wichtige Umstände ausgeht. Schließlich dürfte es auch noch genehmigungsfrei sein, dem Abg. – entsprechend Nr. 193 Abs 3 c RiStBV – Gelegenheit zur Stellungnahme zu geben, um zu klären, ob ein Vorwurf offensichtlich unbegründet ist.[114]

25 Der Abg. darf nach Art. 24 LV nicht ohne Genehmigung des LT wegen einer mit Strafe bedrohten Handlung verhaftet werden, d.h. der Schutz erstreckt sich auf alle Freiheitsentziehungen, die in Zusammenhang mit einem Untersuchungsverfahren gegen einen Abg. wegen einer Straftat stehen.[115] Darunter fallen insbesondere die im Strafprozessrecht ausdrücklich so genannte (vorläufige) Festnahme nach § 127 Abs. 2 StPO und die Untersuchungshaft nach § 112 StPO. Darüber hinaus umfasst der Begriff der Festnahme auch eine Sicherung zum Zwecke der Blutentnahme nach § 81 a StPO, erkennungsdienstliche Maßnahmen nach 81 b StPO sowie die Identitätsfestellung nach § 163 b Abs. 1 StPO.[116] Ausdrücklich vom Genehmigungserfordernis ausgenommen sind jedoch Fälle, in denen der Abg. **bei Ausübung der Tat** oder **im Laufe des darauf folgenden Tages** festgenommen wird. In diesen Fällen bleibt auch das weitere Ermittlungsverfahren ohne Genehmigung des LT zulässig,[117] sofern nicht der LT von seinem Reklamationsrecht Gebrauch macht. Aus diesem Grund unterfällt auch eine Festnahme nach § 127 StPO iRd sog. Jedermannrechts nicht der Immunität, da es voraussetzt, dass der Abg. auf frischer Tat betroffen wurde. Rechtfertigung der

---

108 *Trute*, in: von Münch/Kunig, Art. 46 Rn 33 mwN.
109 *Trute*, in: von Münch/Kunig, Art. 46 Rn 33; *Löwer*, in: Löwer/Tettinger, Art. 48 Rn 9.
110 *Glauben*, DÖV 2012, 378; *Brocker*, Umfang und Grenzen der Immunität der Abgeordneten in Strafverfahren, GA 2002, 44 (45).
111 *Meyer-Goßner*, StPO, § 152 Rn 4 mwN.
112 *Magiera*, in: BK, Art. 43 Rn 92.
113 *Glauben*, DÖV 2012, 378.
114 *H.H. Klein*, in: Maunz-Dürig, Art. 46 Rn 91; *Meyer-Goßner*, StGB, § 152 a Rn 6; a.M. *Berger*, Das Immunitätsrecht der Mitglieder der Bremischen Bürgerschaft, 2013, S. 22.
115 *Magiera*, in: BK, Art. 46 Rn 96.
116 *Berger* (Fn 114), S. 25, mwN.
117 *Magiera*, in: BK, Art. 46, Rn; 100 *Löwer*, in: Löwer/Tettinger, Art. 48 Rn 10.

Genehmigungsfreiheit ist die Evidenzfunktion einer Festnahme bei Begehung der Tat, die eine sachfremd motivierte Verfolgung höchst unwahrscheinlich macht.[118]

Art. 24 LV enthält – anders als Art. 46 Abs. 3 GG – keine ausdrückliche Aussage zur Geltung des Immunitätsschutzes bei Verwirkungsverfahren nach Art. 18 GG. Demgegenüber erstreckt sich der Schutzbereich, wie sich im Umkehrschluss aus Art. 24 II S. 2 LV ergibt, auch auf sonstige Beschränkungen der persönlichen Freiheit.[119] Danach unterliegen alle Freiheitsentziehungen durch staatliche Instanzen der Immunität.[120] Dies gilt insb. für die Ingewahrsamnahme nach dem SOG M-V, die zwangsweise Vorführung, (einstweilige) Unterbringung, die Haft u. -Arresttatbestände des Zivilrechts, Ordnungs- und Erzwingungshaft (§§ 96 OWiG, 890, 901, 933 StPO) sowie zwangsweise Unterbringung nach dem PsychKG M-V. Keine Freiheitsbeschränkungen sind hingegen die Ladung als Zeuge oder die Anordnung des persönlichen Erscheinens.[121] Schließlich werden auch andere Beschränkungen, die nicht die körperliche Bewegungsfreiheit einschränken, wie die Überwachung des Fernmeldeverkehrs oder Beobachtung durch den Verfassungsschutz, nicht vom Immunitätsschutz erfasst.[122] Dies schließt nicht aus, dass derartige Maßnahmen als Eingriff in das freie Mandat (→ *Tebben*, Art. 22 Rn 10) unzulässig sein können.[123]

4. „Nur mit Genehmigung des Landtages" – Grundsätze für die Behandlung von Immunitätsangelegenheiten. a) Genehmigung Antragsbefugnis. Abweichend von der zivilrechtlichen Terminologie bedeutet „Genehmigung" nicht die nachträgliche, sondern die ausdrücklich vorherige Zustimmung.[124] Dass die Genehmigung durch den „Landtag" erfolgen muss, bedeutet nach der allg. verfassungsrechtlichen Terminologie eine Genehmigung durch das Plenum und nicht durch einen Ausschuss.[125] Dieses schließt jedoch weder eine sog. generelle Vorabgenehmigung, noch eine Vorentscheidung durch den Rechtsausschuss aus (→ Rn 30). Zur Stellung eines Antrages auf Aufhebung der Immunität berechtigt sind diejenigen Institutionen, die mit der Strafverfolgung iSd Art. 24 Abs. 2 LV betraut und aus eigener Zuständigkeit mit der Ermittlung in einer Strafsache befasst sind. Das bedeutet, dass bei Strafverfahren die Staatsanwaltschaft, nicht aber die Polizeibehörden antragsberechtigt sind.[126] Darüber hinaus steht auch dem Verletzten kein eigenständiges Antragsrecht zu[127], da Art. 24 LV nur Schutz gegen behördliche Maßnahmen gewährt. Auch der Privatkläger ist nicht antragsbefugt.[128] Vielmehr ist bei Privatklagen nur das Gericht berechtigt, einen Antrag auf Aufhebung der Immunität zu stellen, bevor es das Hauptverfahren nach § 383 StPO eröffnet.[129] Die Frage, ob auch dem betroffenen Abg. ein Antragsrecht auf Aufhebung seiner Immunität zusteht, ist in der Rechtslehre um-

---

118 *Butzer*, in: Epping/Butzer, Art. 46 Rn 17.
119 Vgl für den gleichlautenden Wortlaut der SchlHVerf *Caspar*, in: Caspar/Ewer/Nolte/Waack, Art. 24 Rn 27; *Wuttke*, in: von Mutius/Wuttke/Hübner, Art. 24 Rn 14.
120 Vgl die umfassende Auflistung bei *Magiera*, in: BK, Art. 46 Rn 105 f.
121 *Magiera*, in: BK, Art. 46 Rn 107.
122 *Magiera*, aaO, Rn 108, differenzierend *Trute*, in: v. Münch/Kunig Art. 46 Rn 36 f.
123 BVerfGE 134, 141, 181.
124 *Lenz*, in: Epping/Butzer, Art. 15 Rn. 29.
125 *Achterberg/Schulte*, in: von Mangoldt/Klein/Starck, Art. 46 Rn 42.
126 *Trute*, in: von Münch/Kunig, Art. 46 Rn 30; *Achterberg/Schulte*, in: von Mangoldt/Klein/Starck, Art. 46 Rn 43.
127 Vgl *Klein*, in: Maunz/Dürig, Art. 46 Rn 63; *Achterberg/Schulte*, in: von Mangoldt/Klein/Starck, Art. 46 Rn 43.
128 *Klein*, in: Schneider/Zeh, § 17 Rn 55 mwN.
129 OVG Berlin-Brandenburg, Urteil v. 26.09.2011 – OVG 3 a B5 11 – Rz 30, juris.

stritten,[130] aber wohl eher theoretischer Natur. Im Ergebnis ist davon auszugehen, dass in den Fällen, in denen der Abg. selbst ein Interesse an der Durchführung eines Ermittlungsverfahrens besitzt, etwa um seine Unschuld zu belegen, unter Berücksichtigung der Rspr des BVerfG zum Anspruch auf eine willkürfreie Entscheidung[131] einem solchen Antrag eines Abg. zu entsprechen ist. Der betreffende Abg. darf nach allg. parlamentarischen Grundsätzen auch in eigener Sache an der Abstimmung teilnehmen.[132]

28 **b) Umfang der Genehmigung.** Mit der Erteilung der Genehmigung wird die Immunität eines Abg. nicht insgesamt, sondern nur für ein bestimmtes, von den antragsbefugten Stellen konkret zu bezeichnendes Verfahren erteilt.[133] Die Genehmigung kann bedingt, befristet oder sonst begrenzt erteilt werden.[134] Wegen des Grundsatzes der Diskontinuität (→ *Zapfe*, **Art. 27** Rn 7) erstreckt sich die zeitliche Geltungsdauer einer Immunitätsaufhebung auch bei der Wiederwahl eines Abg. nur auf die jeweilige Wahlperiode.[135] Fehlt die Verfolgungsgenehmigung des Parlaments oder ist die Aufhebung der Immunität verweigert worden, so führt dies zur Unzulässigkeit beabsichtigter und zur Rechtswidrigkeit bereits ergriffener Verfolgungsmaßnahmen.[136] Für Ermittlungsverfahren bedeutet dies, dass die Staatsanwaltschaft das Verfahren – vorläufig – einzustellen hat. Wenn bereits Anklage erhoben ist, erfolgt die Einstellung nach § 205 StPO bzw nach § 206 a StPO, wenn das Hauptverfahren bereits eröffnet ist. Wenn sich das Verfahrenshindernis der Immunität erst in der Hauptverhandlung ergibt, ist nach § 260 Abs. 3 StPO einzustellen[137], ggf. kommt auch eine Unterbrechung der Hauptverhandlung nach § 229 StPO in Betracht.[138] Ein Verstoß gegen die Immunitätsvorsicht des Art. 24 LV macht jedes Verfahren und jede Maßnahme gegen die Abg., die in den Bereich des Immunitätsschutzes fallen, unzulässig und von Amts wegen aufhebbar.[139] Liegt eine erforderliche Genehmigung nicht vor, ist das betreffende Verfahren bzw. die betreffende Ermittlungsmaßnahme zwar rechtswidrig, aber nicht nichtig.[140] Die strafprozessualen Konsequenzen eines Verstoßes gegen den Immunitätsschutz sind in der LV nicht geregelt und daher nach den allgemein geltenden strafprozessualen Kriterien zu beurteilen.[141] Teilweise wird ein Beweisverwertungsverbot angenommen[142], oder ein strafrechtliches Verwertungsverbot befürwortet.[143] Im Ergebnis ist mit der wohl hM davon auszugehen, dass ein formaler Verstoß gegen die Immunitätsvorschrift kein generelles (Beweis-) Verwertungsverbot begründet.[144] Auch Urteile oder Strafbe-

---

130 Vgl *Trute*, in: von Münch/Kunig, Art. 46 Rn 30 mwN zum Streitstand.
131 Vgl BVerfGE 104, 310 ff.
132 *Schulze-Fielitz*, in: Dreier, Art. 43 Rn 36.
133 *Pieroth*, in: Jarass/Pieroth, Art. 46 Rn 9; *Achterberg/Schulte*, in: von Mangoldt/Klein/Starck, Art. 46 Rn 50.
134 *Achterberg/Schulte*, in: von Mangoldt/Klein/Starck, Art. 46 Rn 50.
135 *Klein*, in: Maunz/Dürig, Art. 46 Rn 70.
136 *Achterberg/Schulte*, in: von Mangoldt/Klein/Starck, Art. 46 Rn 51.
137 *Klein*, in: Maunz/Dürig, Art. 46 Rn 69.
138 *Berger* (Fn 114), S. 42.
139 *Magiera*, in: BK, Art. 46 Rn 132.
140 *Brocker*, GA 2002, 44 (52); *Magiera*, in: BK, Art. 46 Rn 132.
141 *Berger* (Fn 114), S. 44.
142 *Brocker*, GA 2002, 44 (53): zumindest bei gravierenden Verstößen, *Magiera*, in: BK Art. 46 Rn 132.
143 *Glauben*, in: Brocker/Droege/Jutzi, Art. 94 Rn 3; *Butzer*, in: Epping/Butzer, Art. 46 Rn 26.
144 *Meyer-Goßner*, StPO, § 152 a Rn 13; mit überzeugender Begründung und wN *Berger* (Fn 114), S. 44.

fehle, die ohne Aufhebung der Immunität ergehen, sind nicht nichtig, sondern anfechtbar.[145]

c) **Maßstab für die Aufhebung.** Bei der Genehmigung zur Aufhebung der Immunität handelt es sich materiell um eine **Ermessensentscheidung** des Parlaments.[146] Die Entscheidung des Parlaments ist somit keine politische, sondern eine rechtlich gebundene Entscheidung.[147] Daraus folgt nach der Rspr des BVerfG zugleich, dass dem betroffenen Abg. ein **subjektives** Recht auf eine ermessensfehlerfreie Entscheidung zusteht.[148] Die Abg. haben damit ein Recht gegenüber dem Parlament auf eine willkürfreie Entscheidung über die Genehmigung der gegen sie gerichteten Strafverfolgungsmaßnahmen.[149] Eine Verletzung seines Rechts auf eine ermessensfehlerfreie Entscheidung kann der Abg.[150] – gestützt auf Art. 22 Abs. 1 iVm Art. 24 Abs. 2 LV – im Wege des Organstreits geltend machen. In dem Zusammenhang hat das BVerfG auch den Maßstab für die Genehmigungsentscheidung konkretisiert. Danach dient der Genehmigungsvorbehalt für die strafrechtliche Verfolgung von Abg. vornehmlich dazu, die Arbeits- und Funktionsfähigkeit des Parlaments zu erhalten und durch den Immunitätsschutz auszuschließen, „dass missliebige Abgeordnete durch Eingriffe der anderen Gewalten in ihrer parlamentarischen Arbeit behindert werden[151]". Die Pflicht, eine Aussetzung des Strafverfahrens zu verlangen, setzt voraus, dass sich im Verlaufe des Verfahrens greifbare Anhaltspunkte für eine ungerechtfertigte Strafverfolgung, etwa aus politischen oder anderen sachfremden bzw. willkürlichen Erwägungen, ergeben.[152] Demgegenüber hat der Abg. keinen Anspruch darauf, dass eine Überprüfung stattfindet, die sein Interesse – bspw nachteilige Folgen für den Wahlkampf – in den Vordergrund rückt.[153] Das Parlament ist auch nicht gehindert, die Schlüssigkeit des gegen den Abg. erhobenen Vorwurfs über eine Evidenzkontrolle hinaus zu prüfen[154]; verpflichtet ist es hierzu aber nicht.[155] Das subjektive Recht des Abg. auf eine ermessensfehlerfreie Entscheidung legt es nahe, dem Abg. im Immunitätsverfahren auch das Recht einzuräumen, angehört zu werden.[156]

d) **Parlamentarische Praxis – Vereinfachtes Verfahren. aa) generelle Vorabgenehmigung.** In der parlamentarischen Praxis erlässt der LT nach § 70 Abs. 4 GO LT regelmäßig **Grundsätze zur Behandlung von Immunitätsangelegenheiten**.[157] Danach genehmigt der LT für die laufende Wahlperiode die Durchführung von Verfahren gegen Abg. wegen Straftaten, wegen Dienstvergehen oder als Dienstvergehen geltende Handlungen und wegen der Verletzung von Berufs- oder Standespflichten, es sei denn, dass es sich um Beleidigungen (§§ 185, 186 und 187 a – gemeint ist 188 nF – StGB) politischen Charakters handelt. Die Herausnahme „politischer Beleidigungen" hat sich in der Praxis nicht bewährt, da die Abgrenzung zwischen einer normalen und einer politischen Beleidigung

---

145 *Butzer*, in: Epping/Hillengruber, Art. 46 Rn 26.
146 *Achterberg/Schulte*, in: von Mangoldt/Klein/Starck, Art. 46 Rn 48.
147 *Wiefelspütz*, DVBl 2002, 1229, 1237.
148 BVerfGE 104, 310, 325 ff; BVerfGE 108, 251, 276
149 *Butzer*, in: Epping/Butzer; Art. 46 Rn 25.
150 BVerfGE 104, 310, 329 f; *Butzer*, in: Epping/Butzer, Art. 46 Rn 25.1.
151 BVerfGE 104, 310, 332.
152 *Butzer*, in: Epping/Butzer, Art. 46 Rn 225; *Lenz*, in: Epping/Butzer, Art. 15 Rn 9.
153 VerfGH NW, Beschl. v. 29.07.2005 – 08/05 – LS 2 a, juris.
154 *Glauben*, in: Brocker/Droege/Jutzi, Art. 94 Rn 20.
155 BVerfGE 104, 310, 325 ff.
156 *Schulze-Fielitz*, in: Dreier, Art. 46 Rn 40; *Wiefelspütz*, DVBl 2002, 1229, 1238.
157 Vgl Landtagsbeschluss vom 04.10.2011, veröffentlicht als Anlage 4 zur GO LT, LT-Drs. 6/1; vgl zur vergleichbaren Praxis d. BT; *Butzer*, in: Epping/Butzer, Art. 46 Rn 23.1 f.

bei einem Abg. kaum möglich und i. Ü. unklar ist, wer (StA oder LT) für die Subsumtion zuständig ist. Demgegenüber läge es näher, Straftaten iVm der Wahrnehmung als verantwortlicher Schriftleiter von Druckerzeugnissen, aber auch im Internet aus dem Schutzbereich auszuklammern[158], da die Abg. ihre eigenen Seiten wegen des Immunitätsrechtes und der daraus folgenden eingeschränkten strafrechtlichen Verfolgbarkeit nicht selbst verantworten dürfen. Die generelle Vorabgenehmigung gilt nach Nr. 2 der Grundsätze für die Behandlung von Immunitätsangelegenheiten bei Strafverfahren (vgl oben → Rn 23) nur für die Ermittlungen im Vorfeld einer Anklageerhebung bzw den Antrag auf Erlass eines Strafbefehls. Auch der Vollzug einer angeordneten Durchsuchung und Beschlagnahme ist wie andere freiheitsbeschränkende und freiheitsentziehende Maßnahme von der generellen Vorabgenehmigung ausgenommen. Seine Rechtfertigung findet diese generelle Vorabgenehmigung in dem Schutz der Abg. vor ungerechtfertigter öffentlicher Vorverurteilung und der damit ggf verbundenen Diskreditierung des Ansehens des Parlaments.[159] Die Einleitung eines – notwendigerweise öffentlichen – Immunitätsverfahrens bei jedem Anfangsverdacht würde nahezu zwangsläufig zu einer entsprechenden – skandalisierenden – Medienberichterstattung führen.[160] Da einschneidende Beeinträchtigungen von der Vorabgenehmigung gerade nicht umfasst sind und der LT auch die pauschal erteilte Genehmigung im Rahmen des Reklamationsrechts jederzeit wieder zurücknehmen kann, bestehen insoweit auch keine verfassungsrechtlichen Bedenken.[161] Um dem LT Gelegenheit zu geben, in Fällen der generellen Genehmigung auch kurzfristig von seinem Reklamationsrecht Gebrauch zu machen, sehen die Grundsätze zur Behandlungen von Immunitätsangelegenheiten vor, dass vor Einleitung eines Verfahrens dem PräsLT – und soweit nicht Gründe der Wahrheitsfindung entgegen stehen, dem betreffenden Abg. – Mitteilung über die beabsichtigte Einleitung eines Ermittlungsverfahrens zu machen. Das Verfahren darf frühestens 48 Stunden nach Absendung der Mitteilung an den PräsLT eingeleitet werden. Soweit eine derartige Regelung im Hinblick auf das Reklamationsrecht als problematisch angesehen wird,[162] beruht dies offenbar auf der – unzutreffenden – Annahme, dass es sich bei der 48-Stunden-Frist um eine Ausschlussfrist handelt. Tatsächlich bleibt die Möglichkeit der Reklamation von dieser Frist unberührt. Es handelt es sich vielmehr um eine zusätzliche Möglichkeit im Vorfeld eines Ermittlungsverfahrens zu intervenieren, wenn und soweit Anhaltspunkte für eine Beeinträchtigung der parlamentarischen Abläufe bereits durch das Ermittlungsverfahren vorliegen. In der Praxis konsultiert sich der Präsident mit dem Vorsitzenden des Rechtsausschusses, gegebenenfalls auch mit den Fraktionen im Ältestenrat. Wenn und soweit der Staatsanwaltschaft Bedenken gegen die Einleitung des Ermittlungsverfahrens signalisiert werden, ruht das Verfahren bis zu einer Entscheidung des Parlaments.

bb) Vorentscheidung durch den Rechtsausschuss. Soweit die Grundsätze für die Behandlung von Immunitätsangelegenheiten darüber hinaus vorsehen, dass der Rechtsausschuss ermächtigt wird, bei Verkehrsdelikten und bei der Vollstreckung von Freiheitsstrafen bis zu drei Monaten eine **Vorentscheidung** zu treffen,

---

158 Vgl z. Reglung in Bremen, *Berger* (Fn 114), S. 17.
159 Vgl hierzu *Glauben*, DÖV 2012, 378 (379) mit Hinweis auf entspr. Erklärung d. LPK.
160 IdS auch *Linck*, in: Linck/Baldus/Lindner/Poppenhäger/ Ruffert, Art. 55 Rn 7, der die Immunität f. Abg. für Plage statt Wohltat hält.
161 Vgl in diesem Sinne *Klein*, in: Schneider/Zeh, § 17 Rn 53; *Butzer*, in: Epping/Butzer, Art. 46 Rn 23.1
162 So wohl *Caspar*, in: Caspar/Ewer/Nolte/Waack, Art. 24 Rn 39.

ist dies im Rahmen des Selbstorganisationsrechts des LT zulässig, da dem Plenum insoweit eine Korrekturmöglichkeit verbleibt.[163]

Zum Teil wird die verfassungsrechtliche Zulässigkeit der Delegation von Entscheidungskompetenzen auf den Parlamentspräsidenten bzw. einen Ausschuss diskutiert, um zu verhindern, dass durch das Verfahren zur Aufhebung der Immunität beabsichtigte Ermittlungsverfahren, wie z. B Durchsuchung und Beschlagnahme, bekannt werden und der Ermittlungserfolg dadurch gefährdet wird.[164] Im LT M-V wird die Problematik durch ein beschleunigtes Verfahren gelöst.

5. Das Reklamationsrecht (Abs. 2 Satz 2). Der LT hat nach Art. 24 Abs. 2 Satz 2 LV das Recht, in jedem Stadium die Aussetzung des Verfahrens zu verlangen. Dieses Reklamationsrecht gilt unabhängig davon, ob der LT eine Genehmigung generell oder im Einzelfall erteilt hat. Auch für genehmigungsfreie Festnahmen nach Art. 24 Abs. 2 S. 1 2. Alt. LV kann d. LT das Reklamationsrecht ausüben.[165] Rechtsfolge der Reklamation ist das sofortige Ruhen des jeweiligen Verfahrens für die Dauer der Wahlperiode.[166] 31

IV. Zeugnisverweigerungsrecht, Beschlagnahmeverbot (Abs. 3)

Art. 24 Abs. 3 LV regelt im Wesentlichen inhaltsgleich mit Art. 47 GG das **Zeugnisverweigerungsrecht** des Abg., das zur Erhöhung seiner Wirksamkeit mit einem gegenständlich begrenzten Beschlagnahmeverbot abgesichert wird. Das Zeugnisverweigerungsrecht ermöglicht es dem Abg., sein „Berufsgeheimnis" gegenüber staatlichen Instanzen zu wahren[167] und dient dem Ziel, einen ungehinderten Informationsaustausch mit den Wählern zu ermöglichen und ein entsprechendes – geschütztes – Vertrauensverhältnis herzustellen.[168] Zeugnisverweigerungsrecht und Beschlagnahmeverbot sind Ausprägungen des verfassungsrechtlichen Status des Abg. (Art. 22 LV) und dienen zugleich der Funktionsfähigkeit des Parlaments, durch die Sicherung hinreichender, offener, vollständiger und rückhaltloser Informationen.[169] 32

Das Zeugnisverweigerungsrecht steht nach dem Wortlaut nur den Abg. des LT zu. Das Zeugnisverweigerungsrecht gilt für alle Zeugnispflichten in gerichtlichen und behördlichen Verfahren sowie in Untersuchungsausschussverfahren.[170] Demgegenüber kann sich der Abg. nach hM nicht auf Art. 24 III LVerf berufen, wenn er selbst unter Tatverdacht steht.[171] Nach der ganz hM erstreckt sich der Schutzbereich des Zeugnisverweigerungsrechts über den Abg. hinaus aber auch auf diejenigen (Hilfs-)Personen, die im Tätigkeitsbereich des Abg. dessen Aufgaben wahrnehmen und unterstützen.[172] Zu diesem Personenkreis gehören sowohl Fraktions- als auch Wahlkreismitarbeiter in unterschiedlichen Funktionen, zB 33

---

163 IdS zu der vergleichbaren Regelung im BT *Schulze-Fielitz*, in: Dreier, Art. 46 Rn 38.
164 Vgl *Butzer*, in: Epping/Butzer, Art. 46 Rn 23.3.
165 *Achterberg/Schulte*, in: von Mangoldt/Klein/Starck, Art. 46 Rn 59.
166 *Schulze-Fielitz*, in: Dreier, Art. 46 Rn 43.
167 *Klein*, in: Maunz/Dürig, Art. 47 Rn 1.
168 Vgl BVerfGE 28, 191, 204.
169 *Trute*, in: von Münch/Kunig, Art. 47 Rn 2.
170 *Butzer* in: Epping/Butzer, Art. 47 Rn 2.
171 Vgl z. inhaltsgleichen Art. 47 GG, BVerfGE 108, 251, 274; *Achterberg/Schulte*, in: von Mangoldt/Klein/Starck, Art. 47 Rn 13 mwN.
172 BVerfGE 108, 251, 269 f; *Pieroth*, in: Jarass/Pieroth, Art. 47 Rn 2; *Schulze-Fielitz*, in: Dreier, Art. 47 Rn 6; *Achterberg/Schulte*, in: von Mangoldt/Klein/Starck, Art. 47 Rn 4.

Sekretärinnen, Assistenten, Referenten, aber auch Praktikanten.[173] Insoweit handelt es sich jedoch nicht um ein selbstständiges Recht der Mitarbeiter. Die Erstreckung auf diesen Personenkreis ist vielmehr akzessorisch, das heißt davon abhängig, dass der Abg. selbst sich auf das Zeugnisverweigerungsrecht beruft.[174] Insoweit gilt das Zeugnisverweigerungsrecht inhaltlich auch nur für solche Tatsachen, von denen die Mitarbeiter als Gehilfen des Abg. in unmittelbar mandatsbezogenen Angelegenheiten Kenntnis erlangen. Auch für die Abg. selbst gilt der Schutz nur für Informationen, die einen unmittelbaren Zusammenhang der parlamentarischen Tätigkeit haben.[175] Über das Vorliegen der Voraussetzung des Zeugnisverweigerungsrechts entscheidet, wie bei allen anderen Zeugnisverweigerungsrechten auch, das Gericht bzw die Stelle, der gegenüber der Abg. sich auf sein Recht berufen will. Der Abg. hat die Voraussetzung glaubhaft zu machen, insb. den funktionalen Zusammenhang zwischen Tatsachen/Mitteilungen und seinem Status.[176] Die Abg. sind berechtigt, aber nicht verpflichtet, von ihrem Recht zur Zeugnisverweigerung Gebrauch zu machen.[177] Rechtsfolge der Berufung auf das Zeugnisverweigerungsrecht ist, dass hieran keine Sanktionen geknüpft werden dürfen.[178] Das Zeugnisverweigerungsrecht ist zeitlich nicht begrenzt. Es beginnt mit der Erlangung des Mandats durch Annahme der Wahl und reicht über die Zeit der Mitgliedschaft des Abg. im LT hinaus; es endet erst mit dem Tod des Abg.[179] Streitig ist in diesem Zusammenhang, ob bei Abg. von Parteien, die für verfassungswidrig erklärt werden, der Schutz rückwirkend ab dem Beginn der verfassungswidrigen Tätigkeit der Partei entfällt.[180]

34 Das **Beschlagnahmeverbot** steht in engem Sachzusammenhang mit dem Zeugnisverweigerungsrecht, da es vor allem verhindern soll, dass die Schutzzwecke des Zeugnisverweigerungsrechts umgangen werden, indem anstelle des zulässigen Zeugenbeweises der Urkundsbeweis geführt wird.[181] Ein Verbot der Beschlagnahme besteht daher lediglich im Umfang des Zeugnisverweigerungsrechts (sog. Akzessorietät des Beschlagnahmeverbots).[182] Gegenständlich erstreckt sich das Beschlagnahmeverbot auf **„Schriftstücke"**, dh schriftlich fixierte Informationen oder sonstige Tatsachen, also auch Druckschriften, Kopien oder andere mit Schriftzeichen versehene Gegenstände; auch digitalisierte Datenträger fallen darunter.[183] Die Schriftstücke müssen sich im funktionellen Herrschaftsbereich des Abg. befinden.[184] Danach unterliegen solche Gegenstände dem Beschlagnahmeverbot, die ein Mitarbeiter des Abg. unter dessen Direktionsrecht in den Räumen des Parlaments für diesen besitzt.[185] Schriftstücke in

---

173 Vgl *Schulze-Fielitz*, in: Dreier, Art. 47 Rn 6; *Caspar*, in: Caspar/Ewer/Nolte/Waack, Art. 24 Rn 44.
174 *Caspar*, in: Caspar/Ewer/Nolte/Waack, Art. 24 Rn 44; *Trute*, in: von Münch/Kunig, Art. 46 Rn 3.
175 *Pieroth*, in: Jarass/Pieroth, Art. 47 Rn 2; *Trute*, in: von Münch/Kunig, Art. 47 Rn 7.
176 *Trute*, in: von Münch/Kunig, Art. 47 Rn 8.
177 *Pieroth*, in: Jarass/Pieroth, Art. 48 Rn 2.
178 *Schulze-Fielitz*, in: Dreier, Art. 47 Rn 9.
179 *Achterberg/Schulte*, in: von Mangoldt/Klein/Starck, Art. 47 Rn 9.
180 So *Dahs*, in: Löwe/Rosenberg, StPO, 25. Aufl., § 53 Rn 41; dagegen *Trute*, in: von Münch/Kunig, Art. 47 Rn 5.
181 *Achterberg/Schulte*, in: von Mangoldt/Klein/Starck, Art. 47 Rn 10.
182 *Schulze-Fielitz*, in: Dreier, Art. 47 Rn 11.
183 *Achterberg/Schulte*, in: von Mangoldt/Klein/Starck, Art. 47 Rn 11; *Butzer,* in: Epping/Butzer, Art. 47 Rn 9.
184 *Pieroth*, in: Jarass/Pieroth, Art. 47 Rn 3.
185 BVerfGE 108, 251, 269.

Gewahrsam Dritter können hingegen grds. beschlagnahmt werden.[186] Soweit sich Schriftstücke in Räumlichkeiten von Mitarbeitern befinden, kommt es darauf an, ob die Räumlichkeiten dem Direktionsrecht des Abg. unterliegen. Dies dürfte bei Büroräumen eines Mitarbeiters regelmäßig anzunehmen sein, wenn sie von Abg. bereitgestellt werden; dagegen greift das Beschlagnahmeverbot nicht, wenn sich die Schriftstücke in Wohnräumen oder anderen Privaträumen des Mitarbeiters befinden, da der Abg. insoweit nicht mehr ohne Einwilligung des Mitarbeiters darauf zugreifen darf. In diesen Fällen wäre mithin eine Beschlagnahme in den Wohnräumen des Mitarbeiters zulässig.[187]

Unabhängig von der Reichweite des verfassungsrechtlich normierten Schutzbereiches hat der Bundesgesetzgeber den Schutz vor Beschlagnahme in § 97 Abs. 4 StPO auf alle Gegenstände ohne Begrenzung der Herrschaftssphäre ausgeweitet.

Das Beschlagnahmeverbot umfasst nicht nur strafprozessuale, sondern auch präventiv-polizeiliche Beschlagnahmen und Sicherstellungen sowie solche Maßnahmen, die auf eine zwangsweise Wegnahme gerichtet sind, bspw Durchsuchungen und Briefkontrollen.[188]

Als Rechtsfolge einer Verletzung des Beschlagnahmeverbots stehen Rückgabepflichten und Verwertungsverbote der beschlagnahmten Schriftstücke.[189]

Eine Verletzung seiner Rechte nach Art. 24 Abs. 3 LV kann der Abg. durch eine Verfassungsbeschwerde geltend machen.[190]

Art. 25 (Fraktionen)

(1) Eine Vereinigung von mindestens vier Mitgliedern des Landtages bildet eine Fraktion. Das Nähere regelt die Geschäftsordnung.

(2) Fraktionen sind selbständige und unabhängige Gliederungen des Landtages. Sie wirken mit eigenen Rechten und Pflichten bei der parlamentarischen Willensbildung mit. Sie haben Anspruch auf angemessene Ausstattung. Das Nähere regelt das Gesetz.

(3) Die Fraktionen haben Sitz und Stimme im Ältestenrat des Landtages.

Artt. 40 VvB; 67 BbgVerf; 77 BremVerf; 85 a Verf Rh-Pf; 47 LVerf LSA; 58 ThürVerf.

I. Bildung der Fraktionen 1	2. Öffentlichkeitsarbeit der Fraktionen 9
II. Rechtsstatus der Fraktionen 3	3. Beendigung der Fraktion 11
III. Rechte der Fraktionen 4	4. Fraktionsausschluss 12
IV. Fraktionsfinanzierung 5	5. Fraktionslose Abgeordnete 14
V. Gesetzesvorbehalt nach Abs. 2 Satz 4 7	6. Ausgestaltung einzelner Rechte fraktionsloser Abgeordneter ... 15
VI. Einzelfragen 8	7. Stellenanteile der Fraktionen .. 18
1. Fraktionszwang, Fraktionsdisziplin 8	

I. Bildung der Fraktionen

Nach Abs. 1 bedarf es zur Bildung einer Fraktion mindestens vier Mitglieder des LT. Damit ist gewährleistet, dass eine Partei, die bei der Landtagswahl mehr als

---

186 *Caspar*, in: Caspar/Ewer/Nolte/Waack, Art. 24 Rn 56.
187 So ausdrücklich BVerfG 108, 251, 270; a. A. *Butzer*, in: Epping/Butzer, Art. 47 Rn 10.1.
188 *Pieroth*, in: Jarass/Pieroth, Art. 48 Rn 3.
189 *Trute*, in: von Münch/Kunig, Art. 47 Rn 16.
190 BVerfGE 108, 251, 266.

fünf Prozent der Zweitstimmen auf sich vereinigen konnte, eine Fraktion bilden kann. Die Mindestanzahl von 4 Mitgliedern des LT ist nicht nur Gründungs-, sondern auch Bestandsvoraussetzung einer Fraktion. Sinkt die Anzahl der Mitglieder dauerhaft unter diese Grenze, verliert die Gruppe ihren Fraktionsstatus.[1] Während die GO des BT in § 10 zur Gründung einer Fraktion verlangt, dass die Mitglieder einer Partei oder solchen Parteien angehören, die aufgrund gleichgerichteter politischer Ziele in keinem Land miteinander im Wettbewerb stehen, gibt es eine solche Einschränkung in M-V weder in der LV noch im Abgeordnetengesetz (AbgG) oder der GO LT. Grds. könnten somit parteilose Einzelkandidaten oder solche unterschiedlicher Parteien, die über ein Direktmandat einen Landtagssitz erreichten sowie Mitglieder, die im Verlauf der Wahlperiode fraktionslos wurden, eine eigene Fraktion gründen, soweit das Quorum von vier Personen eingehalten wird. Allerdings müssen die Abgeordneten eine gleichgerichtete politische Zielrichtung verfolgen, um fraktionsgründungsfähig zu sein, da Fraktionen die parlamentarische Willensbildung formen und unterschiedliche politische Positionen zu handlungs- und verständigungsfähigen Einheiten bündeln.[2] Der vorgenannte Fall kann etwa eintreten, wenn vier Abg. einer Partei ein Direktmandat erlangen, ohne dass die Partei bei der Landtagswahl 5% der Stimmen erlangt. Die sich darauf beschränkende Gemeinsamkeit, Opposition zu sein, reicht hingegen als politisch verbindendes Element nicht aus.
Weitere Regelungen zur Bildung einer Fraktion finden sich in § 38 GO LT.

2 Da die Fraktionen aus Mitgliedern des LT bestehen, müssen die Fraktionsmitglieder diesen Status bereits erlangt haben. Zu Beginn der Wahlperiode erwirbt ein gewählter Bewerber die Mitgliedschaft im LT mit dessen Konstituierung,[3] bei nachrückenden Bewerbern eine Woche nach der Benachrichtigung durch die Wahlleitung über das Nachrücken oder mit der vorherigen Erklärung der Wahlannahme und Zugang dieser Erklärung bei der Landeswahlleitung.[4] Folglich könnten sich Fraktionen erst nach der Konstituierung des LT gründen. Tatsächlich erfolgen die Fraktionskonstituierungen allerdings stets im Vorfeld des ersten Zusammentritts des Parlaments, da die Steuerung und Koordinierung der parlamentarischen Abläufe bereits vor der Konstituierung des Parlaments erfolgen muss, um zB Wahlvorschläge für das Amt des Präsidenten, der Vizepräsidenten und Schriftführer zu unterbreiten und Anträge für die konstituierende Sitzung vorzubereiten und einzureichen. Ihre volle Rechtsstellung erhalten die Fraktionen jedoch erst mit der Konstituierung des LT.[5] In der Zeit bis zum Zusammentritt des LT ist die Fraktionsgründung schwebend unwirksam. Eine Bestätigung der vorherigen Gründung der Fraktion nach der Konstituierung des LT ist daher nicht erforderlich. Bedenken ergeben sich, wenn die Konstituierung einer Fraktion zeitlich unmittelbar nach der Parlamentswahl erfolgt, wenn die einwöchige Frist seit der Bekanntgabe des Wahlergebnisses durch die Wahlleitung noch nicht verstrichen ist und die gewählten Kandidaten zu diesem Zeitpunkt noch die Option haben, schriftlich zu erklären, dass sie die Wahl nicht annehmen.. Diese einwöchige Frist sollte aber gewahrt bleiben, da feststehen muss, dass die Fraktionsgründungsmitglieder mit der Konstituierung des LT Mitglieder des Parlamentes werden.

---

1 *Kretschmer*, Fraktionen, 2. Aufl 1992, S. 54.
2 *Klein*, in: HdbStR III, § 51 Rn 13.
3 Vgl § 34 LKWG M-V.
4 Vgl § 46 Abs. 5 iVm § 34 LKWG M-V.
5 *Kluth*, in: Schmidt-Bleibtreu/Hofmann/Henneke, Art. 40 Rn 75; *Hölscheidt*, Das Recht der Parlamentsfraktionen, 2001, S. 423 f.; *Lontzek*, in Epping/Butzer, Art. 19 Rn 21.

II. Rechtsstatus der Fraktionen

Nach Art. 25 Abs. 2 Satz 1 und 2 LV sind Fraktionen selbständige und unabhängige Gliederungen des LT, die mit eigenen Rechten an der parlamentarischen Willensbildung mitwirken. Die Regelung bestimmt damit Grundsätze des Rechtsstatus der Fraktionen und lehnt sich an Kategorisierungen der Rspr an. Das BVerfG qualifiziert Parlamentsfraktionen als notwendige Einrichtungen des Verfassungslebens,[6] ständige Gliederungen des Parlaments.[7] Sie sind tragendes Element der parlamentarischen Willensbildung,[8] stellen die wesentliche politische Gliederung des Parlaments dar, bilden die Voraussetzung für eine effektive Herrschaftsfähigkeit des Parlaments und sichern dessen Funktionsfähigkeit[9] Im Hinblick auf die Notwendigkeit von Fraktionen für die Funktionsfähigkeit eines Parlaments und die Erfüllung der ihm verfassungsmäßig zugewiesenen Aufgaben wird es teilweise als unvertretbar angesehen, wenn in einem Parlament keine Fraktionen gebildet würden.[10] Eine umfassende rechtstheoretische Einordnung ist durch das BVerfG bisher nicht erfolgt. In der Lit. und bisweilen auch in der Rspr werden Auffassungen vertreten, nach denen sie als privatrechtliche Vereine, nichtrechtsfähige Vereine des Privatrechts,[11] öffentlich-rechtliche Vereine, öffentlich-rechtliche Körperschaften oder Teile der Parteien eingeordnet werden.[12] Die 70. Konferenz der Präsidentinnen und Präsidenten der deutschen Landesparlamente hat am 11. Mai 1992 einen Mustergesetzentwurf beschlossen, in dem Fraktionen als Vereinigung von Abg. mit der Rechtsstellung selbständiger Persönlichkeiten des Parlamentsrechts mit Rechtsfähigkeit bei der Teilnahme am allg. Rechtsverkehr definiert werden, ohne sie Rechtsfiguren des Verwaltungs- oder des Privatrechts zuzuordnen. Auch das AbgG M-V legt keine rechtstheoretische Einordnung fest, bestimmt jedoch in § 51, dass Fraktionen rechtsfähige Vereinigungen sind, die klagen und verklagt werden können. Sie sind jedoch keine Organe oder Organteile des LT, da sie ihre Rechtsstellung nicht vom Parlament ableiten und es auch nicht nach außen vertreten können.[13] Sie sind auch nicht Teil der öffentlichen Verwaltung und üben keine öffentliche Gewalt aus. Gesetzliche oder tarifrechtliche Regelungen, die unmittelbare Bindungswirkungen für die öffentliche Verwaltung entfalten (z.B. Vergabegesetze), erstrecken sich insoweit nicht auf die Fraktionen.

Die vom BVerfG vorgenommenen rechtlichen Einordnungen als ständige Gliederung des Parlaments und tragendes Element der parlamentarischen Willensbildung machen deutlich, dass Tätigkeitsfeld und die Befugnisse der Fraktion auf das Parlament orientiert sein müssen. Außerparlamentarische politische Aktivitäten sind von dem Mandat der Fraktion grds. nicht gedeckt. Dies gilt insb. für Aktivitäten, die üblicherweise außerhalb des Parlaments von den Parteien wahrgenommen werden. Die Fraktionen sind insoweit die parlamentarischen Repräsentanten der Partei,[14] die für die Wahrnehmung ihrer Aufgaben im Parlament

---

6 BVerfGE 80, 188 (220).
7 BVerfGE 2, 143 (160); 80, 188 (219 f); 84, 304 (322); 96, 264 (276).
8 BVerfGE 44, 308 (318).
9 BVerfGE 80, 188 (219); 84, 304 (322); 90, 286 (343 f); 91, 246 (278); 96, 264 (278); 100, 266 (268 f); 102, 224 (242); 112, 111 (135); BVerfG, U.v. 18.03.2014 – 2 BvE 6/12 – NJW 2014, 1505.
10 *Linck*, in Linck/Baldus/Lindner/Poppenhäger/Ruffert, Art. 58 Rn 8 f.
11 OLG Stuttgart, NJW-RR 2004, 619, 620; *Winterhoff*, ZParl 2003, 730 (740).
12 Vgl Übersicht in: *Hölscheidt* (Fn 5), S. 286 ff und 303 ff; *Kretschmer* (Fn 1), S. 39 ff.
13 *Brocker*, in BK, Art. 40 Rn 17; *Butzer*, in Epping/Hillgruber, Art. 38 Rn 125; *Linck*, in Linck/Baldus/Lindner/Poppenhäger/Ruffert, Art. 58 Rn 11.
14 *Zeh*, in: HdbStR III, § 52 Rn 14.

staatlich finanziert werden. Da es gem. § 25 Abs. 2 Nr. 1 PartG verboten ist, Fraktionsmittel zu Parteizwecken einzusetzen, kann die Fraktion nicht über die Wahrnehmung von Parteiaufgaben die Zweckgebundenheit der Mittelzuweisung für die Fraktionsaufgaben unterlaufen. Insoweit ist es unzulässig, wenn Fraktionen personelle oder sachliche Mittel für Tätigkeiten einsetzen, die ausschließlich außerparlamentarisch ausgerichtet sind, wie etwa die Organisation von Demonstrationen sowie deren rechtliche Durchsetzung. Politische Gestaltungsmittel der Fraktionen sind auf die parlamentarischen Initiativen und die parlamentarische Kontrolle ausgerichtet; die außerparlamentarischen Aktionsformen stehen den Parteien offen, nicht hingegen den Fraktionen.

III. Rechte der Fraktionen

4 Nach Art. 25 Abs. 2 LV wirken die Fraktionen mit eigenen Rechten an der parlamentarischen Willensbildung mit. Diese Mitwirkung ist im Regelfall politisch motiviert und insoweit inhaltlich nur durch die Aufgaben und Funktion des LT nach Art. 20 Abs. 1 Satz 2 und 3 begrenzt. Formal werden die Fraktionsrechte durch die entsprechenden geschäftsordnungsrechtlichen Befugnisse der Fraktionen in der GO LT beschrieben. Dabei verfügen die Fraktionen über zahlreiche geschäftsordnungsrechtliche Befugnisse; sie bündeln die individuellen Rechte der Abg. In der GO LT kommt dies insb. darin zum Ausdruck, dass zB die Einbringung von Gesetzentwürfen (§ 46 Abs. 1 GO LT), Große Anfragen (§ 63 Abs. 1 GO LT), Aktuelle Stunden (§ 66 Abs. 1 GO LT), der Antrag auf Abweichung von der Tagesordnung (§ 74 Abs. 1 GO LT) oder der Antrag auf Durchführung einer namentlichen Abstimmung (§ 91 GO LT) ausschließlich einer Fraktion oder vier Mitgliedern des LT vorbehalten ist. Entsprechende Anträge der Fraktionen müssen nicht von allen Fraktionsmitgliedern unterzeichnet werden, vielmehr reicht in diesen Fällen die Unterschrift eines Vertretungsberechtigten (im Regelfall der Vorsitzende der Fraktion) aus. Dies gilt jedoch nicht, soweit die Geltendmachung bestimmter Rechte nach der Verfassung oder der GO LT an größere Quoren als die Fraktionsstärke oder vier Abg. gebunden ist. Anders als in der Praxis des BT müssen etwa Anträge auf Einsetzung eines Untersuchungsausschusses nach Art. 34 und § 26 GO LT oder auf Einberufung einer Dringlichkeitssitzung des LT (vgl § 72 Abs. 4 GO LT) von einem Viertel der Mitglieder des LT eigenhändig unterzeichnet sein. Die Einreichung eines solchen Antrags allein in der Form eines Fraktionsantrages reicht nicht, selbst wenn die Fraktion über eine dem Quorum entsprechende oder übersteigende Zahl von Mitgliedern verfügt. Anträge einer Fraktion auf Einsetzung eines Untersuchungsausschusses sind zwar zulässig, jedoch entfalten sie nicht die Rechtsfolge des Art. 34 Abs. 1 Satz 1, wonach der LT zur Einsetzung des Untersuchungsausschusses verpflichtet ist. Ebenso sind Fraktionsanträge auf Einberufung einer Dringlichkeitssitzung zulässig; es entfällt die Verpflichtung des Präsidenten, die beantragte Sitzung einzuberufen (§ 72 Abs. 4).

Die Aufgabe der Steuerung des parlamentarischen Verfahrens kommt sogar ausschließlich den Fraktionen zu, da in dem zentralen Steuerungsgremium, dem Ältestenrat, neben dem Präsidenten und Vizepräsidenten ausschließlich die Fraktionen vertreten sind. Eine Gruppierung von Abg., die das Quorum von vier Abg. umfasst, jedoch keinen Fraktionsstatus besitzt, hat keinen Anspruch auf Vertretung im Ältestenrat (vgl Art. 25 Abs 3 LV). Insgesamt schrumpft die Zahl der Initiativen, die durch einzelne Abg. eingebracht werden können, was bisweilen als Trend zum „Fraktionenparlament" beschrieben wird.[15]

IV. Fraktionsfinanzierung

Die Fraktionen finanzieren sich im Wesentlichen aus öffentlichen Mitteln; Beiträge der Fraktionsmitglieder nehmen im Hinblick auf den Gesamtfinanzbedarf der Fraktion einen zu vernachlässigenden Teil ein und dienen Belangen, für die öffentliche Mittel wegen der Zweckbindung nicht eingesetzt werden dürfen. Die Finanzierung der Fraktionen erfolgt aus dem Haushalt des LT (Einzelplan 01). Die Grundsätze sind in § 54 AbgG festgelegt, der zu Beginn der 6. Wahlperiode durch das 14. Gesetz zur Änderung des Abgeordnetengesetzes vom 14.12.2011 (GVOBl. S. 1071 geändert wurde. Die Geldleistungen setzen sich im Einzelnen zusammen aus einem festen Grundbetrag für jede Fraktion, einem festen Betrag für jedes Mitglied der Fraktion (Kopfbetrag), einem zusätzlichen Spezialisierungszuschlag für jedes Mitglied bis zur dreifachen Mindeststärke einer Fraktion, also bis zum 12. Fraktionsmitglied, sowie einem Oppositionszuschlag. Die entsprechenden Geldbeträge setzt der Präsident im Benehmen mit dem Ältestenrat fest. In der sechsten Wahlperiode sind die Leistungen an die Fraktionen mehrfach angepasst worden[16]. Ab dem 1.1.2013 beträgt der jährliche Grundbetrag für jede Fraktion auf 132.854 €, der Kopfbetrag für jedes Mitglied der Fraktion ist auf 41.416 €, der Spezialisierungszuschlag auf 35.499 € und der Oppositionszuschlag auf 11.833 € für das erste bis 12. Mitglied einer Oppositionsfraktion festgesetzt worden.[17] Das System der Finanzierung der Fraktionen geht dabei von der Prämisse aus, dass jede Fraktion auch mit nur 4 Abg. (Art. 25 Abs. 1 Satz 1 LV) einer Grundausstattung zu Bewältigung der fraktionstypischen Außenvertretung und einer Mindestausstattung an Fachreferenten bedarf, weshalb die Ausreichung eines Grundbetrages erforderlich ist. Mit der Größe der Fraktion steigt auch der Aufwand für abgeordnetenbezogene Dienstleistungen sowie der Aufwand der inhaltlichen Koordinierung, die eine für den parlamentarischen Willensbildungsprozess wichtige Bündelungsfunktion der Fraktionen ermöglicht. Daher wird über den Grundbetrag auch der an der Anzahl der Fraktionsmitglieder bemessene Kopfbetrag gewährt. Da der Bedarf nach fachlicher Beratung im Wesentlichen nur bis zu einer gewissen Fraktionsgröße zunimmt, weil eine weitere Spezialisierung der Mitarbeiter regelmäßig von den Abg. nicht mehr genutzt werden kann und vielmehr eine inhaltliche Abstimmung unter den Abg. selbst an Bedeutung gewinnt, ist mit dem 13. Gesetz zur Änderung des Abgeordnetengesetzes ein Spezialisierungszuschlag eingeführt worden, der lediglich bis zum 12. Fraktionsmitglied gewährt wird. Verfügt eine Fraktion über mehr als 12 Mitglieder, so bleiben die weiteren Mitglieder hinsichtlich der Berechnung des Spezialisierungszuschlags unberücksichtigt. Der Oppositionszuschlag soll dem Umstand Rechnung tragen, dass eine fachliche Beratung gerade für Oppositionsfraktionen erforderlich ist, die regelmäßig nur eingeschränkt auf Kenntnisse der Mitarbeiter von Ministerien zurückgreifen können.[18]

Zum Anspruch auf eine angemessene Ausstattung gehört auch das Recht auf die Bereitstellung von Räumlichkeiten in den Liegenschaften des LT, um die Arbeitsfähigkeit zu gewährleisten. Dieser sich aus dem Status der Fraktion herzuleiten-

---

15 *Linck*, in: Linck/Jutzi/Hopfe, Art. 58 Rn 9.
16 Vgl LT M-V, Amtliche Mitteilungen 6/4; 6/6; 6/7; 6/8.
17 Vgl LT M-V, Amtliche Mitteilung Nr. 6/44.
18 Vgl LT-Drs. 5/10; LT-Drs. 5/36.

de Anspruch auf die Zuteilung von Räumlichkeiten vermag sich grundsätzlich nicht auf bestimmte Teile des Landtagsgebäudes oder auf Räume in bestimmten Etagen zu richten .[19] Auch die Beibehaltung bestimmter Räumlichkeiten über die Wahlperiode hinaus kann seitens einer Fraktion nicht beansprucht werden, da sich die Frage nach einer sachorientierten Verteilung der zur Verfügung stehenden Räumlichkeiten je nach Ausgang der Neuwahlen und abhängig von den gegebenen äußeren Umständen jeweils neu stellt.[20]

6 Bei der Verwendung der Mittel durch die Fraktionen dominieren mit etwa 75% die Personalkosten der Fraktionsmitarbeiter. Weitere personal bedingte Kosten können durch so genannte Funktionszulagen für die Wahrnehmung besonderer Fraktionsaufgaben durch Abg. entstehen. Da in M-V der LT-Präs, die Vizepräs, die Fraktionsvorsitzenden und die PGF bereits zusätzliche Entschädigungen für die Wahrnehmung besonderer parlamentarischer Funktionen nach dem AbgG erhalten, ist der Anwendungsbereich für Leistungen der Fraktionen für die Wahrnehmung besonderer Funktionen eingeschränkt und betrifft im Regelfall die stellvertretenden Fraktionsvorsitzenden bzw. Arbeitskreisleiter. Die Gewährung von Leistungen aus Fraktionsmitteln ist nach h.M. verfassungsrechtlich zulässig [21] Das LVerfG konnte diese Frage bisher offenlassen, da die entsprechenden Organklagen jeweils bereits unzulässig waren.[22]
Über die Herkunft und die Verwendung der Leistungen, die eine Fraktion innerhalb eines Kalenderjahres erhalten hat, ist gem. § 55 AbgG M-V öffentlich Rechenschaft zu geben. Der Rechenschaftsbericht muss von einer internen Fraktionsprüfungskommission sowie einem Wirtschaftsprüfer geprüft werden und ist dem PräsLT bis zum Ende des 6. Monats nach Ablauf eines Kalenderjahres vorzulegen.[23] Aus der Regelung des § 55 Abs. 2 Nr. 2 AbgG ergibt sich auch, dass der Gesetzgeber die Gewährung von Fraktionszulagen für zulässig erachtet, da die Summe der Leistungen an Fraktionsmitglieder für die Wahrnehmung besonderer Aufgaben in der Fraktion im Rechenschaftsbericht einzeln ausgewiesen werden muss. Die Rechnungslegung sowie die Wirtschaftlichkeit und Ordnungsmäßigkeit der Haushalts- und Wirtschaftsführung der Fraktionen unterliegt gem. § 56 AbgG M-V der Prüfung des LRH, wobei sich allerdings die politische Erforderlichkeit einer Maßnahme der Fraktionen der Prüfung entzieht (§ 56 Abs. 2 AbgG). Im Fall von Verstößen gegen die Ordnungsmäßigkeit der Haushalts-und Wirtschaftsführung einer Fraktion kann der LRH den LTPräs zur Rückforderung missbräuchlich verwandter Mittel auffordern. Die Entscheidung über die Rückforderung erfolgt aber erst nach eigener Prüfung durch den LT-Präs.

V. Gesetzesvorbehalt nach Abs. 2 Satz 4

7 Die nähere Ausgestaltung der Regelungen zu Rechten und Pflichten der Fraktionen regelt nach Art. 25 Abs. 2 Satz 4 LV das Gesetz. Während in einigen Län-

---

19 Vgl LVerfG M-V, Beschl. v. 27.10.2011 – LVerfG 14/11 e.A.,15/11 e.A. – unter Hinweis auf SächsVerfGH, Beschl. v. 10.12.2009 – Vf. 125-I-09 (e.A.)
20 LVerfG M-V, Beschluss v. 24. Mai 2012 – LVerfG 15/11, S. 12 f.
21 Vgl *Braun/Jantsch/Klante*, AbgG, § 11 Rn. 110; *Brocker*, in: BK, Art 40 Rn 188; *Kluth*, in: Schmidt-Bleibtreu/Hofmann/Henneke, Art. 48 Rn. 22; a.A. *v. Arnim*, ZRP 2003, 235 (237 f.); *Hölscheidt*, DVBl. 200, 1734 (1741); diff. *Linck*, in Linck/Baldus/Lindner/Poppenhäger/Ruffert, Art. 58 Rn 29 ff.
22 LVerfG, B. vom 24. Oktober 2013 (LVerfG 7/13) bzw. Beschlüsse über Anträge auf einstweilige Anordnungen vom 28. August 2013 und 25. Juli 2013 (LVerfG 7/13 bzw. 6/13).
23 Vgl etwa Rechenschaftsbericht für das Jahr 2013, LT M-V, Amtliche Mitteilung 6/77.

dern explizite Fraktionsgesetze existieren,[24] ist die Materie in M-V Bestandteil des AbgG. In Abschnitt VI – Rechtsstellung und Leistungen an die Fraktionen – befinden sich die näheren gesetzlichen Regelungen zur Fraktionsbildung (§ 50), Rechtsstellung (§ 51), Organisation, Arbeitsweise und Vertretungsbefugnis (§ 52), Verschwiegenheitspflicht der Fraktionsangestellten (§ 53), Geld- und Sachleistungen an die Fraktionen (§ 54), Rechenschaftsbericht (§ 55), Rechnungsprüfung (§ 56) sowie Beendigung und Liquidation einer Fraktion (§ 57).

VI. Einzelfragen

1. Fraktionszwang, Fraktionsdisziplin. Fraktionen sind die parlamentarischen Repräsentanten der Parteien[25] und sind programmatisch, aber auch durch die personelle Identität bei der Besetzung von Fraktions- und Parteiämtern eng miteinander verbunden. Fraktionen agieren politisch-programmatisch auf der Grundlage des aus Art. 21 GG resultierenden Parteienprivilegs, sind aber ihrerseits kein ausführendes Organ einer Partei und folglich nicht an Weisungen oder Beschlüsse der Parteien gebunden.[26] Eine unmittelbare Bindung wäre auch mit Art. 22 Abs. 1 LV nicht zu vereinbaren. Gleichwohl scheint sich die parlamentarische Praxis von dem Grundsatz, dass Abg. Vertreter des ganzen Volkes und an Aufträge und Weisungen nicht gebunden und nur ihrem Gewissen unterworfen sind, durch das im Regelfall einheitliche Abstimmen der Mitglieder einer Fraktion entfernt zu haben. Zutreffend ist, dass die Fraktionen ein Interesse daran haben, im Zuge der Abstimmung einheitlich aufzutreten, um die politische Haltung zum jeweiligen Abstimmungsgegenstand zu dokumentieren und zu publizieren. Eine rein phänomenologische Betrachtung des Abstimmungsvorgangs im Plenum legt daher die Ausübung eines Fraktionszwangs nahe. Dies berücksichtigt aber nicht die verschiedenen Stufen der Entscheidungsfindung, bis es zur Abstimmung im Plenum kommt. Alle Entscheidungen des Parlaments werden im Vorfeld in den Fraktionen vorbereitet, erörtert und einer fraktionsinternen Abstimmung unterzogen. Bereits in diesem Stadium kann der Abg. seine ggf von der Mehrheitsmeinung seiner Fraktion abweichende Position vertreten. Gelingt es nicht, den betreffenden Abg. zu überzeugen, so wird in der Praxis versucht, Elemente der Positionen von „Abweichlern" in die Position der Fraktion zu implementieren, um die Einheitlichkeit des Auftretens der Fraktion im Plenum zu gewährleisten. Gelingt auch dies nicht, so ist der überstimmte Abg. nicht an den Mehrheitsbeschluss der Fraktion gebunden und kann auch im Plenum abweichend abstimmen. Der Begriff des Fraktionszwanges ist daher irreführend; wohl möglich und in der Praxis üblich sind aber politische Druckmittel zur Einhaltung der Fraktionsdisziplin, die vom Einzelfall abhängen und bis zur Positionierung eines Abg. bei der Aufstellung der Landesliste im Falle einer erneuten Kandidatur reichen können.

2. Öffentlichkeitsarbeit der Fraktionen. Nach § 25 Abs. 2 Nr. 1 PartG dürfen Fraktionsmittel nicht zu Parteizwecken eingesetzt werden. Abgrenzungsprobleme zwischen Partei- und Fraktionstätigkeit treten insb. im Zusammenhang mit der grds. zulässigen Öffentlichkeitsarbeit der Fraktionen auf. In Lit. und Judikatur wird seit Jahrzehnten erörtert, in welchem Umfang Öffentlichkeitsarbeit der

---

24 Vgl etwa Baden-Württemberg; Bayern, Berlin, Brandenburg, Hamburg, Hessen, Nordrhein-Westfalen, Rheinland-Pfalz, Saarland, Sachsen, Sachsen-Anhalt, Schleswig-Holstein.
25 *Zeh*, in: HdbStR III, § 52 Rn 14.
26 *Zeh*, in: HdbStR III, § 52 Rn 14.

Fraktionen aus Fraktionsgeldern finanziert werden darf.[27] § 51 Abs. 2 AbgG M-V stellt grds. klar, dass Fraktionen Öffentlichkeitsarbeit betreiben dürfen und dazu auch Fraktionsmittel verwenden dürfen und müssen. Früher wurde vereinzelt in der rechtswissenschaftlichen Lit. die Auffassung vertreten, die Öffentlichkeitsarbeit der Fraktionen müsse auf die Darstellung der unmittelbaren Parlamentsarbeit beschränkt sein. Diese Auffassung bezog sich auf die Rechtslage auf Bundesebene vor der Einführung des Fraktionsfinanzierungsgesetzes in das Abgeordnetengesetz des Bundes und entspricht daher nicht mehr der geltenden Rechtslage. Mit der Novellierung des AbgG des Bundes im Jahre 1993 (BT-Drs. 12/6067) hat der Bundesgesetzgeber den Status der Fraktionen gesetzlich manifestiert und gleichzeitig positivrechtlich festgestellt, dass Öffentlichkeitsarbeit zu den Aufgaben der Fraktionen gehört.[28] Dass sich die Aufgaben der Fraktionen – anders als früher vertreten – nicht überwiegend auf die koordinierende Funktion beschränken, ergibt sich für die Opposition unmittelbar und für die übrigen Fraktionen im Umkehrschluss aus Art. 26 Abs. 2 LV. Danach hat die Oppositionsfraktion insb. die Aufgabe, eigene Programme zu entwickeln und Initiativen für die Kontrolle von LReg und Landesverwaltung zu ergreifen sowie Regierungsprogramm und Regierungsentscheidungen kritisch zu bewerten. Fraktionen haben somit ein landespolitisch umfassendes Mandat, auf das sich die Möglichkeit entsprechender Öffentlichkeitsarbeit erstreckt. Zu den Aufgaben der Fraktionen gehören nicht nur die Festlegung parlamentarischer Modalitäten wie Anträge, Ausschusssitzungen, Anhörungen, Plenarsitzungen und die dort gehaltenen Reden oä; dazu gehört auch der Gegenstand der Tätigkeit selbst, also die politischen Inhalte, über die der öffentliche Diskurs stattfindet. Jede öffentliche Stellungnahme der Fraktion zu den politischen Inhalten ist damit Teil zulässiger Öffentlichkeitsarbeit. Eine zu starke Beschränkung des Rechts auf Öffentlichkeitsarbeit einer Fraktion, insb. der Oppositionsfraktionen, begegnet verfassungsrechtlichen Bedenken. Nach Art. 26 Abs. 3 LV hat die parlamentarische Opposition in Erfüllung ihrer Aufgaben das Recht auf politische Chancengleichheit. Dieses Recht auf politische Chancengleichheit im Verhältnis zur Regierung und den sie tragenden Fraktionen wäre gefährdet, wenn ihr im Zuge ihrer Aufgabenerfüllung nicht das Mittel der Öffentlichkeitsarbeit zur Verfügung gestellt werden würde.[29]

10 Hinsichtlich der wegen der gleichen politischen Zielrichtung einer Fraktion und der entsprechenden Partei vorhandenen Abgrenzungsprobleme ist jeweils zu ermitteln, ob durch die Öffentlichkeitsarbeit der Fraktion unmittelbar unzulässige Parteiarbeit erfolgt oder ob die Partei lediglich positiv im Rahmen eines Sekundäreffekts von der Öffentlichkeitsarbeit der Fraktion profitiert. Jede Öffentlichkeitsarbeit der Fraktionen, gerade Äußerungen im politischen Diskurs, wirken auch für (oder gegen) die politischen Parteien, da die Fraktionen die Öffentlichkeit zwangsläufig auch über Ziele der Parteien unterrichten, soweit sie Eingang in die parlamentarische Arbeit gefunden haben. Der durch die Öffentlichkeitsarbeit einer Fraktion – auch wenn sie nur in der Information über ihre parlamentarischen Initiativen besteht – mittelbar fördernde und werbende Effekt für die Partei, der sich daraus ergibt, dass die politischen Standpunkte der Fraktion und

---

27 Vgl etwa *H. H. Klein*, Zur Öffentlichkeitsarbeit von Parlamentsfraktionen, in: FS für Badura, 2004, S. 263 ff.
28 BT-Drs. 12/6067, S. 10 sowie BT-Plenarprotokoll 12/S. 16415 D und S. 16418 B; siehe dazu auch für landesrechtliche Regelungen Hessischer LT, 13. WP, 62. Sitzung, S. 3606 f; Schleswig-Holsteinischer LT, 13. WP, 16. Sitzung, S. 1073.
29 Vgl auch *Hölscheidt* (Fn 5) S. 606; *G. Schneider*, Die Finanzierung der Parlamentsfraktionen als staatliche Aufgabe, 1997, S. 164.

der hinter ihr stehenden Partei weitgehend übereinstimmen und auch das Führungspersonal in aller Regel identisch ist, ist im Hinblick auf die Transparenz der politischen Willensbildung hinzunehmen.[30] Bei der Öffentlichkeitsarbeit von Fraktionen – als Teil des Verfassungsorgans LT – handelt es sich im Gegensatz zu derjenigen der Parteien um eine ergänzende und abgeleitete Funktion, die sich daraus legitimiert, den Prozess der Willensbildung des Parlaments transparent und damit nachvollziehbar zu machen. Selbst die gemeinsame Finanzierung von Aktionen, Veranstaltungen oder Publikationen durch Fraktion und Partei ist zulässig, erfordert aber eine besondere Begründung, die eine missbräuchliche Verwendung staatlicher Fraktionszuschüsse ausschließt. Hierzu muss ein Bezug zur parlamentarischen Arbeit der Fraktion bestehen und eine nachvollziehbare Kostenaufteilung vorgelegt werden.[31] Unzulässig ist lediglich eine direkte „Verwendung für Parteiaufgaben" nach § 54 Abs. 2 AbgG M-V.[32] Das Gesetz zieht die Grenze bei der „ausdrücklichen" Werbung für die Partei, die nur mittelbare Begünstigung des anderen wird toleriert.[33] Der Trennstrich zwischen zulässiger Öffentlichkeitsarbeit der Fraktionen und unzulässiger Parteiarbeit ist dann zu ziehen, wenn die Partei von der Fraktion gezielt finanziert wird durch Maßnahmen, die über das Maß der unvermeidbaren Mitfinanzierung hinausgehen.[34] Das ist zum einen daran zu ermitteln, wer als Autor der Öffentlichkeitsarbeit in Erscheinung tritt und ob die Verbreitung durch die Fraktion oder die Partei erfolgt, zum anderen daran festzumachen, ob ein Bezug zur Parlamentsarbeit in der jeweiligen gesetzgebenden Körperschaft vorliegt, ob die Verbreitung in erkennbarem Bezug zur Fraktion erfolgt und ob auf Werbeaussagen zugunsten der Partei verzichtet wird.[35] Soweit diese Kriterien eingehalten sind, stehen den Fraktionen sämtliche Mittel der Öffentlichkeitsarbeit zur Verfügung.[36]

3. Beendigung der Fraktion. Im Falle der Beendigung einer Fraktion, wegen des Erlöschens des Fraktionsstatus und der Auflösung der Fraktion findet eine Liquidation des Vermögens statt. Soweit nach Beendigung der Liquidation Vermögen aus öffentlichen Mitteln (Geld, Sachmittel) verbleibt, ist dieses an den Landeshaushalt zurückzuführen. Die Liquidation erfolgt durch den Vorstand, soweit die Geschäftsordnung der Fraktion nichts anderes bestimmt.[37] Im Regelfall wird der ehemalige Fraktionsvorstand durch einen Fraktionsangestellten unterstützt. Diese Form der Liquidation durch ehemalige Fraktionsmitglieder bzw. -mitarbeiter stößt allerdings auf Bedenken, wenn die Auflösung der Fraktion in der Folge eines Parteiverbotsverfahrens gem. §§ 13 Nr. 2, 43 BVerfGG durchgeführt wird. Da die Liquidatoren über öffentliche Mittel verfügen können, genießen diese somit eine Vertrauensstellung. Soweit es sich jedoch um Mitglieder einer Fraktion handelt, die die obersten Prinzipien der freiheitlich demokratischen Grundordnung nicht anerkennen und eine aktiv kämpferische Haltung gegenüber der bestehenden Ordnung einnehmen[38], ist nicht davon auszugehen,

---

30 VGH Rh-Pf. v. 19.08.2002 – Az. VGH O 3/02 –; BVerfGE 44, 125, 151.
31 VGH Rh-Pf. v. 19.08.2002 – Az. VGH O 3/02.
32 *Papier*, BayVBl. 1998, 513, 522; *Hölscheidt* (Fn 5), S. 606 ff; *Morlok*, NJW 1993, 29, 31; *Jäger/Barsch*, ZParl 1991, 204, 208; Bericht der Kommission unabhängiger Sachverständiger zu Fragen der Parteienfinanzierung – BT-Drs. 14/6710.
33 Bericht der Kommission unabhängiger Sachverständiger zu Fragen der Parteienfinanzierung – BT-Drs. 14/6710, S. 46; *Hölscheidt* (Fn 5) S. 606 f; vgl zum Sekundäreffekt der Öffentlichkeitsabeit der BReg BVerfGE 44, 125, 152.
34 *Hölscheidt* (Fn 5) S. 606 f.
35 *Hölscheidt* (Fn 5) S. 607; *Schneider* (Fn 29), S. 167.
36 *Lesch*, ZRP 2002, 159, 160; *Schneider* (Fn 29), S. 166.
37 Vgl zur Beendigung der Fraktion und Liquidation § 57 AbgG M-V.
38 Vgl BVerfGE 5, 85.

Zapfe

12 **4. Fraktionsausschluss.** Nach hM schützt der Grundsatz des freien Mandats (Art. 22 Abs. 1 LV) auch den Verbleib eines Abg. in „seiner" Fraktion.[39] Die Mitarbeit in der Fraktion unterfällt der verfassungsrechtlich verbürgten Ausübung des Abgeordnetenmandats, da die Mitwirkungsmöglichkeiten des Abg. und damit die Ausübung seiner verfassungsrechtlich gesicherten Position als Abg. durch die Aberkennung der Zugehörigkeit zu einer Fraktion eine nicht zu übersehende Einbuße erlangen.[40] Allerdings dürfte sich ein Anspruch auf Aufnahme in eine Fraktion nicht herleiten lassen.[41] Die Entscheidung über den Verlust der Fraktionsangehörigkeit eines Abg. steht angesichts der zentralen Bedeutung der Fraktionen für die Arbeit und politische Willensbildung des Parlaments sowie für die politischen Einfluss- und parlamentarischen Wirkungsmöglichkeiten eines Abg. nicht im Belieben der Fraktion. Die jedem Abg. verfassungsrechtlich zustehende Chance auf Fraktionszugehörigkeit und die Achtung vor der Stellung und den Aufgaben des einzelnen Abg. als gewählter Repräsentant des Volkes erfordern insoweit Begrenzungen; der Ausschluss aus der Fraktion setzt zumindest die Berücksichtigung rechtsstaatlicher demokratischer Verfahrensregelungen sowie einen willkürfreien Entschluss der Fraktionsversammlung voraus.[42] Zu diesen rechtsstaatlichen Verfahrensgrundsätzen hinsichtlich eines Fraktionsausschlusses gehört u.a. der Anspruch des Abg. zur Gewährung rechtlichen Gehörs im Zuge des Ausschlussverfahrens.

13 In materieller Hinsicht ist der Fraktionsausschluss nicht in das Belieben der Fraktion gestellt, sondern an substantielle Voraussetzungen geknüpft. Nach ganz überwiegender Auffassung ist ein Fraktionsausschluss zulässig, soweit dafür ein „wichtiger Grund" vorliegt, zu dem u.a. der Verlust der Parteizugehörigkeit zählen kann.[43] Auch bei dem Wegfall der Parteizugehörigkeit kann der Ausschluss aus der entsprechenden Fraktion nicht automatisch als Annex zum Parteiausschlussverfahren erfolgen. Vielmehr muss die Fraktion autonom darüber entscheiden, ob der Wegfall der Parteizugehörigkeit im konkreten Einzelfall auch den Ausschluss aus der Fraktion rechtfertigt. Die autonome Entscheidung der Fraktion kann nicht durch fraktionsinterne Gremien oder Parteigremien ersetzt bzw delegiert werden.[44]

Wichtige Gründe liegen darüber hinaus vor, wenn das für eine sinnvolle Meinungsbildung erforderliche Mindestmaß an prinzipieller politischer Übereinstimmung fehlt, wozu nicht erforderlich ist, dass sich dies etwa durch einen Parteiausschluss bzw ein entsprechendes Verfahren auch auf der Parteiebene widerspiegelt. Ferner, wenn das Mitglied der Fraktion ihre Gremienarbeit nicht nur erschwert, sondern sie ineffektiv macht oder den Aufwand, sie effektiv zu halten, unzumutbar erhöht. Ferner kann ein wichtiger Grund angenommen werden, wenn das Mitglied das Vertrauensverhältnis in sonstiger Weise so nachhaltig gestört hat, dass den übrigen Fraktionsmitgliedern die weitere Zusammenar-

---

39 BbgVerfG, LVerfGE 14, 89.
40 LVerfG M-V, LKV 2003, 516 f; VerfGH Berlin, Entsch. v. 22.11.2005 – Az. 53/05 – Rn 44; vgl auch BVerfGE 43, 142; a.A. *J. Ipsen*, NVwZ 2005, 361, 363.
41 BremStGH, DÖV 1970, 639, 640.
42 LVerfG M-V, LKV 2003, 516, 518; VerfGH Berlin, Entsch. v. 22.11.2005 – Az. 53/05 – Rn 49.
43 LVerfG M-V, LKV 2003, 516, 519; *Morlok*, in: Dreier, Art. 38 Rn 184.
44 LVerfG M-V, NJ 2003, 471, 472 m. Komm. *Jutzi*.

beit nicht zugemutet werden kann. Ein wichtiger Grund kann auch dann vorliegen, wenn ein Abg. durch sein Verhalten das Ansehen der Fraktion in der Öffentlichkeit nachhaltig schädigt.[45] Der Fraktion kommt bei der Bewertung eines solchen wichtigen Grundes ein Beurteilungsspielraum zu, der der verfassungsgerichtlichen Überprüfung nur eingeschränkt zugänglich ist.[46] Demgemäß ist die Überprüfung auf eine Evidenz-, Willkür- und Verhältnismäßigkeitskontrolle begrenzt.[47] Vor einem Fraktionsausschluss ist zu prüfen, ob ein weniger in die Rechte des Abg. einschneidendes Mittel zur Verfügung steht, um das Ziel zu erreichen. Dabei hat eine Abwägung zwischen dem Status des Abg. und dem Zweck der praktischen politischen Arbeitsfähigkeit zu erfolgen.[48]

5. Fraktionslose Abgeordnete. Die rechtliche Stellung fraktionsloser Abg. ist 14 seitens des BVerfG in dem sog. Wüppesahl-Urteil[49] einer intensiven Prüfung und Erörterung unterzogen worden. Maßstab der Prüfung ist, dass alle Mitglieder des Parlaments gleiche Rechte und Pflichten haben. Dies folgt vor allem daraus, dass die Repräsentation des Volkes sich im Parlament als Ganzem darstellt, daher nicht von einzelnen oder einer Gruppe von Abg. bewirkt wird. Dies setzt die gleiche Mitwirkungsbefugnis aller voraus.[50] Andererseits stellen die Fraktionen das politische Gliederungsprinzip für die Arbeit des Parlaments dar, sind notwendige Einrichtungen des Verfassungslebens und maßgebliche Faktoren der politischen Willensbildung. Das Parlament hat daher die Befugnisse der Fraktionen im parlamentarischen Geschäftsgang unter Beachtung der Rechte der Abg. festzulegen.[51] Das bedingt zugleich auch Beschränkungen der Rechte des einzelnen Abg., weil sich – als Mitgliedschaftsrechte – in deren notwendig gemeinschaftliche Ausübung einfügen müssen. Allerdings darf – gerade um der Repräsentationsfähigkeit und der Funktionstüchtigkeit des Parlaments willen – das Recht des einzelnen Abg., an der Willensbildung und Entscheidungsfindung mitzuwirken und seine besonderen Erfahrungen und Kenntnisse darin einzubringen, dabei nicht in Frage gestellt werden; die Rechte des einzelnen Abg. dürfen zwar im Einzelnen ausgestaltet und insofern auch eingeschränkt, ihm jedoch grds. nicht entzogen werden. Richtmaß für die Ausgestaltung der Organisation und des Geschäftsgangs muss das Prinzip der Beteiligung aller Abg. bleiben.[52] Allg. lässt sich sagen, dass das Parlament bei der Entscheidung darüber, welcher Regeln es zu seiner Selbstorganisation und zur Gewährleistung eines ordnungsgemäßen Geschäftsgangs bedarf, einen weiten Gestaltungsspielraum hat. Verfassungsgerichtlicher Kontrolle unterliegt jedoch, ob dabei das Prinzip der Beteiligung aller Abg. an den Aufgaben des Parlaments gewahrt bleibt.

6. Ausgestaltung einzelner Rechte fraktionsloser Abgeordneter. Rederecht – 15 fraktionslose Abg. haben das Recht im Plenum zu reden. Hinsichtlich der Redezeit haben sie aber nicht das Recht, die Redezeit der kleinsten Fraktion zu verlangen. Bei der Bemessung der Redezeit eines fraktionslosen Abg. ist daher auf das Gewicht und die Schwierigkeit des Verhandlungsgegenstandes wie auf die Gesamtdauer der Aussprache und darauf Bedacht zu nehmen, ob er gleichge-

---

45 VerfGH Berlin, Entsch. v. 22.11.2005 – Az: 53/05 – Rn 58 mwN.
46 Vgl auch BbgVerfG, LVerfGE 14, 89 zum Begriff des „schweren Schadens".
47 VerfGH Berlin, Entsch. v. 22.11.2005 – Az: 53/05 – Rn 59, 63.
48 OVG Berlin, NVwZ 1998, 197 f; OVG Lüneburg, NVwZ 1994, 506 f.
49 BVerfGE 80, 188.
50 BVerfGE 44, 308, 316; 56, 396, 405; 80, 188, 217 f.
51 BVerfGE 80, 188, 218 f.
52 BVerfGE 80, 188, 218 f.

richtete politische Ziele wie andere fraktionslose Mitglieder verfolgt und sich damit auch für diese äußert.[53]

Mitgliedschaft in Ausschüssen – nach der Rspr des BVerfG hat der fraktionslose Abg. das Recht, einem Ausschuss anzugehören; dabei ist ihm aber nicht allein überlassen, in welchem Ausschuss er Mitglied wird. Vielmehr hat das Parlament oder eines seiner Organe darüber in einem geregelten Verfahren nach Anhörung des Abg. und unter Berücksichtigung seiner Interessen und sachlichen Qualifikationen zu befinden.[54]

Nach der bisherigen Praxis des LT M-V hat ein fraktionsloser Abg. das Recht, Mitglied mindestens eines Ausschusses zu sein. Zwar besagt Art. 33 Abs. 1 LV lediglich, dass den Rechten fraktionsloser Abg. bei der Zusammensetzung der Ausschüsse Rechnung zu tragen hat; die GO LT räumt aber in § 10 Abs. 4 jedem Mitglied des LT das Recht ein, mindestens einem Ausschuss anzugehören. Verfassungsrechtlich nicht zu beanstanden ist es, wenn fraktionslosen Abg. lediglich das Rede- und Antrags-, nicht jedoch das Stimmrecht eingeräumt werden würde. Dies kann zB dann geboten sein, wenn durch die Mitgliedschaft fraktionsloser Abg. in einem Ausschuss die Mehrheitsverhältnisse nicht mehr widergespiegelt würden.[55] Im Ältestenrat (Art. 30 LV) haben fraktionslose Mitglieder keinen Anspruch auf Mitgliedschaft. Gleiches gilt für Untersuchungsausschüsse und Enquete-Kommissionen (vgl Art. 35 LV sowie das UAG sowie EKG).

Ebenso haben fraktionslose Abg. keinen Anspruch darauf, entsprechend den Fraktionen Zuschüsse für ihre politische Arbeit als fraktionslose Abg. zu erhalten. Die Fraktionszuschüsse dienen ausschließlich der Finanzierung von Tätigkeiten des Parlaments, die den Fraktionen nach Verfassung und GO obliegen. Die Fraktionen steuern und erleichtern in gewissem Grade die parlamentarische Arbeit,[56] indem sie insb. eine Arbeitsteilung unter ihren Mitgliedern organisieren, gemeinsame Initiativen vorbereiten und aufeinander abstimmen sowie eine umfassende Information der Fraktionsmitglieder unterstützen. Auf diese Weise fassen sie unterschiedliche politische Positionen zu handlungs- und verständigungsfähigen Einheiten zusammen. Die Fraktionszuschüsse sind für die Finanzierung dieser der Koordination dienenden Parlamentsarbeit bestimmt und insoweit zweckgebunden. Im Falle des fraktionslosen Abg. fehlt es an einem solchen Koordinationsbedarf und dementsprechend auch an einem Anspruch auf finanzielle Gleichstellung.[57]

16 Allerdings erwachsen den Fraktionsmitgliedern Vorteile, die sie nicht nur für die Mitwirkung in der Fraktion, sondern auch für ihre eigene politische Arbeit nutzen können. Dies betrifft zB die Zuarbeit mit bereits politisch aufgearbeiteten Informationen, die sich ein Abg. ohne Hilfe der Fraktion nur mühsam verschaffen kann. Die insoweit dem fraktionslosen Abg. entstehenden Nachteile hat das Parlament wegen der gleichen Rechtsstellung aller Abg.[58] auszugleichen. Dazu muss das Parlament durch seine Verwaltung die erforderlichen Leistungen anbieten. Dem fraktionslosen Abg. dürfen daher, soweit in zumutbarem Rahmen begehrt, juristischer Rat oder Hilfestellung bei der Formulierung von Anträgen

---

53 BVerfGE 80, 188, 228 f.
54 BVerfGE 80, 188, 226.
55 Vgl zur Zulässigkeit der Beschränkung auf das Rede- und Antragsrecht fraktionsloser Abgeordneter im Ausschuss BVerfGE 80, 188, 222 ff.
56 BVerfGE 20, 56, 104.
57 BVerfGE 80, 188, 231 f.
58 BVerfGE 70, 324, 354.

und Initiativen nicht versagt werden, auch wenn solche Leistungen in aller Regel von fraktionsangehörigen Abg. nicht nachgefragt werden. Allerdings kann es – im Blick auf die politische Neutralität seiner Verwaltung – nicht Sache des Parlaments sein, dem fraktionslosen Abg. über die Lieferung und Aufbereitung von Material hinaus eine gewissermaßen gebrauchsfertige Ausarbeitung für die politische Auseinandersetzung zu fertigen.[59]

Fraktionslose Abg. können als Gäste einer Fraktion aufgenommen werden.[60] Die Gäste einer Fraktion werden allerdings bei der Bemessung der Fraktionsstärke nicht mitgezählt. Die Fraktion erhält somit auch keine Finanzmittel (Kopfpauschale, Spezialisierungszuschuss) für Abg., die lediglich den Gaststatus bei einer Fraktion genießen. Bei der Berechnung der Stellenanteile der Fraktionen in den Ausschüssen werden die Gäste hingegen mitberücksichtigt.[61]

7. Stellenanteile der Fraktionen. Die Stellenanteile der Fraktionen bestimmen sich gem. § 10 Abs. 1 GO LT nach ihrer Stärke. Da dabei nicht nur die absolute Stärke, sondern auch die Fraktionsstärke in der Relation zu anderen Fraktionen von Bedeutung ist, bedienen sich Parlamente verschiedener Verfahren, um die relativen Fraktionsstärken zu berechnen. Die bekanntesten dieser Verfahren sind das Höchstzahlverfahren nach D'Hondt, das Verfahren der mathematischen Proportion nach Hare/Niemeyer sowie das Rangmaßzahlverfahren nach St. Laguë/Schepers.[62] Der fünfte LT hat beschlossen, als System zur Berechnung der Fraktionsstärken zueinander das Verfahren nach D'Hondt anzuwenden (→ Art. 33 Rn 6).

Dabei ist die Berechnung des Stärkeverhältnisses nicht nur für die Stellenanteile in den Ausschüssen und die Verteilung der Ausschussvorsitze von Bedeutung. Der Schutz der parlamentarischen Minderheit gebietet es, auch andere parlamentarische Rechte an das Stärkeverhältnis der Fraktionen zu knüpfen, um auszuschließen, dass Rechte der Minderheit durch Mehrheitsbeschlüsse tangiert werden. So wird die Redezeitverteilung grds. nach dem Stärkeverhältnis der Fraktionen vorgenommen, wie auch die Verteilung der Antragsberechtigung für Aktuelle Stunden, da gewährleistet sein muss, dass auch die parlamentarische Minderheit das Recht hat, in bestimmten Abständen die Themenwahl einer Aktuellen Stunde vorzugeben. Im Falle einer parlamentarischen Entscheidung über die Themensetzung einer Aktuellen Stunde könnte die Mehrheit jeweils ihre Themen durchsetzen, was dem Grundsatz der Chancengleichheit der parlamentarischen Opposition (Art. 26 Abs. 3 LV) widerspräche. Nicht verlangt werden kann hingegen, der Minderheit – unabhängig vom Stärkeverhältnis – gleiche Redezeitkontingente oder Antragsberechtigungen zur thematischen Gestaltung Aktueller Stunden einzuräumen. Der Anspruch der Minderheit, gleichberechtigt an der parlamentarischen Willensbildung mitzuwirken, erstreckt sich nicht darauf, das infolge der Entscheidung der Wähler festgelegte Stärkeverhältnis der Fraktionen zu negieren.

---

59 BVerfGE 80, 188, 231 f.
60 Vgl § 38 Abs. 4 GO LT.
61 *Ritzel/Bücker/Schreiner*, Handbuch für die parlamentarische Praxis, Stand 2013, § 10 III c; *Trossmann/Roll*, Parlamentsrecht des Deutschen Bundestages, Erg.band 1981, § 10 Rn 8.
62 Vgl Darstellung der Berechnungsmethoden in: *Ritzel/Bücker/Schreiner* (Fn 61), Anhang zu § 12.

Art. 26 (Parlamentarische Opposition)

(1) Die Fraktionen und die Mitglieder des Landtages, welche die Regierung nicht stützen, bilden die parlamentarische Opposition.

(2) Sie hat insbesondere die Aufgabe, eigene Programme zu entwickeln und Initiativen für die Kontrolle von Landesregierung und Landesverwaltung zu ergreifen sowie Regierungsprogramm und Regierungsentscheidungen kritisch zu bewerten.

(3) Die parlamentarische Opposition hat in Erfüllung ihrer Aufgaben das Recht auf politische Chancengleichheit.

Artt. 16 BayVerf; 38 Abs. 3 VvB; 55 Abs. 2 BbgVerf; 78 BremVerf; 24 HambVerf; 19 Abs. 2 NdsVerf; 85 b Verf Rh-Pf; 40 SächsVerf; 48 LVerf LSA; 12 SchlHVerf; 59 ThürVerf.

I. Allgemeines	1	2. Zu Abs. 2	5
II. Die Vorschriften im Einzelnen	2	3. Zu Abs. 3	6
1. Zu Abs. 1	2	III. Schrifttum	9

I. Allgemeines

1 Die Vorschrift[1] enthält Regelungen über die Parlamentarische Opposition[2] und hebt damit deren zentrale Rolle für das **Demokratieprinzip** hervor.[3] Im Rahmen der Arbeiten der Verfassungskommission, die auf einen möglichst breiten Verfassungskonsens abzielte, bestand frühzeitig Einigkeit, eine Bestimmung über die Opposition aufzunehmen,[4] auch mit Blick auf die Bedeutung der Opposition im Jahre 1989 und deren Unterdrückung durch den damaligen Machtapparat.[5] Die letztlich verabschiedete Regelung stellt nach intensiver Diskussion um die Reichweite der Rechtsstellung der Opposition einen Kompromiss dar, der einstimmig beschlossen wurde.[6] Inhaltlich greift die Vorschrift den staatsrechtlichen Diskussionstand auf. Dabei beschränkt sie sich auf Regelungen über die parlamentarische Opposition, ohne mit Blick auf die politische Oppositionsarbeit einen alleinigen Anspruch begründen zu wollen, wie schon systematisch die Hervorhebung der Rolle etwa der Bürgerbewegungen in Art. 3 Abs. 4 zeigt.

II. Die Vorschriften im Einzelnen

2 **1. Zu Abs. 1.** Abs. 1 der Vorschrift definiert die parlamentarische Opposition als die Fraktionen und Mitglieder des LT, welche die Regierung nicht stützen. Damit beschränkt sich die Verfassung auf eine rein formaljuristische Betrachtung, die **keinerlei wertende Elemente** hinsichtlich der Oppositionsarbeit enthält. Insb. werden die bestehenden Unterschiede zwischen den einzelnen Gruppierungen der Opposition nicht übergangen; einen verfassungsrechtlichen Anstoß oder sogar eine **Verpflichtung zu gemeinsamer Arbeit** enthält die Vorschrift nicht.[7]

---

1 Zur Entstehung ausführlich *Cancik*, Parlamentarische Opposition in den Landesverfassungen, 96 ff.
2 Zu Funktion und Rechtsbegriff näher *Mundil*, Die Opposition, 33ff, 49 ff.
3 Zur Verbindung mit dem Demokratieprinzip BVerfGE 2, 1, 13; 70, 324, 363 f; *Schneider*, in: Badura/Dreier, FS-BVerfG, Bd. 2, 2001, 627, 659.
4 Siehe indes auch die grundlegende Kritik bei *Haberland*, Parlamentarische Opposition, 172 f, speziell zu Art. 26.
5 *Helmrich*, 9. Sitzung der Gemeinsamen Verfassungskommission vom 9. Juli 1992 – stenographischer Bericht S. 22; siehe auch *Höppner*, Fragen und Antworten zur Verfassung, in: Die Verfassung des Landes Sachsen-Anhalt, 1992, 28, 32.
6 LT-Drs. 1/3100, 118.
7 *Cancik*, Parlamentarische Opposition in den Landesverfassungen, 145 f.

Politikwissenschaftlich greift die Bestimmung allein die formale Gemeinsamkeit 3
auf, die Regierung nicht zu tragen bzw zu stützen und nimmt damit Bezug auf
die Verfassungswirklichkeit des parlamentarischen Regierungssystems einer
Kanzlerdemokratie, in welchem anders als etwa in Präsidialdemokratien die
Oppositionsarbeit insb. von der **Parlamentsminderheit** erfüllt werden muss und
auch erfüllt wird.[8]

Schwierigkeiten bereitet die Definitionsnorm in Fällen, in denen eine Fraktion 4
bzw Mitglieder des LT die Regierung nicht aufgrund einer politischen Koalitionsvereinbarung dauerhaft stützen. Während sich aus dem systematischen Zusammenhang mit Abs. 2 ergibt, dass eine Zusammenarbeit mit der Parlamentsmehrheit – entweder punktuell oder dauerhaft auf Einzelthemen bezogen –
nichts an der Oppositionseigenschaft ändert, stellt sich die Frage der Einordnung indes bei einer **Tolerierung einer Minderheitsregierung**, wie sie vor im
Rahmen des sog. **Magdeburger Modells** erörtert wurde.[9] Rechtsklarheit würde
bestehen, wenn man eine formale Beteiligung an der Regierung verlangte und
die Beteiligten aus dem Bereich der Opposition herausnähme.[10] Politisch erscheint dies indes nicht angemessen, weil die (personelle) Beteiligung an einer
Regierung nicht das parlamentarische Wesensmerkmal ist, sondern die Wahl der
Regierungsspitze und das nicht auf Ablösen gerichtete Begleiten(wollen) der Regierungsarbeit. Soweit danach **im Vorfeld** zumindest fraktionsseitig eine entscheidende Mitwirkung zugesichert wird[11], sollte eine derart gestaltete Tolerierung aus dem Oppositionsbegriff ausgeklammert werden, da bereits dann von
einem hinreichenden **Willen zu konstruktiver Mitwirkung an politischer Gestaltung** durch die Regierung im Sinne eines „Stützens" gesprochen werden kann.[12]
Auf materielle Kriterien, erst recht solche im Rahmen des politischen Tagesgeschäfts, sollte indes verzichtet werden.[13] Allenfalls kann der folgenden Praxis im
Rahmen einer retrospektiven Betrachtung Indizwirkung für die **Ernsthaftigkeit
der Tolerierungsabrede** zukommen.[14]

---

8 *Schneider*, in: Badura/Dreier, FS-BVerfG, Bd. 2, 2001, 627, 659 f.
9 Dazu VerfG S-A, LKV 1998, 101 ff; *Mundil*, Die Opposition, S. 65 ff; *Cancik*, LKV 1998, 95 ff.
10 So ausdrücklich *Schneider*, in: Schneider/Zeh, Parlamentsrecht und Parlamentspraxis, § 38 Rn 33.
11 Darauf verweist zu Recht *Cancik*, Parlamentarische Opposition in den Landesverfassungen, 112; entsprechende Tolerierungs- bzw. Wahlzusagen außerhalb von ad-hoc Verständigungen sind auch vor dem Hintergrund der Unterscheidung zu reinen Minderheitsregierungen, bei denen die Opposition die Parlamentsmehrheit stellt, zu fordern. Nicht zu verlangen ist eine gesonderte koalitionsähnliche Tolerierungsabrede, die deren politischem Sinn widerspricht; ein Nachweis im hier verstandenen Sinne dürfte bereits durch praktisch belastbare Protokollnotizen, Presseerklärungen etc. erbracht werden können; zu hohe Anforderungen bei LVerfG S-A, LKV 1998, 101, 109.
12 Zur Praxis des Magdeburger Modells siehe *Klecha*, Minderheitsregierungen in Deutschland, 186 f.; *politisch* kann es keinen Zweifel geben, dass damals die PDS die Regierung Höppner ermöglicht hat. Auch angesichts der engen Abstimmung in Orientierung am Koalitionsvertrag zwischen SPD und Bündnis 90/Die Grünen zeigt die Entscheidung des Verfassungsgerichts Sachsen-Anhalt, LKV 1998, 101 ff deutlich die Schwierigkeiten, Fragestellungen im Grenzbereich zwischen Recht und Politik mit Hilfe der hermeneutisch-konkretisierenden Methode der Verfassungsinterpretation zu lösen. Hier wäre wohl der Smend'sche wirklichkeitswissenschaftliche Ansatz zielführend(er) gewesen.
13 Die Schwierigkeiten, auf materielle Kriterien abzustellen, zeigen sich etwa bei *Lontzek*, in: Epping/Butzer (Hrsg.), Hannoverscher Kommentar zur Niedersächsischen Verfassung, Art. 19 Rn 41.
14 Zu erinnern ist daran, dass die Vermeidung einer besonderen auch nur koalitionsähnlichen Verschriftlichung im Magdeburger Modell politischem Kalkül mit Blick auf deren Außenwirkung entsprang. Zu beachten sind indes auch die Unterschiede zwischen den

5 **2. Zu Abs. 2.** Abs. 2 umschreibt die Aufgaben der Opposition in einem konstruktiven Sinne[15] und enthält damit eine **Absage** an ein Selbstverständnis der Opposition als **Fundamentalopposition**. Inwieweit die Regelung lediglich **beschreibender Natur** ist oder einen **normativen Gehalt** zumindest als Auslegungsregel besitzt, stellt sich vornehmlich im Zusammenhang mit Abs. 3, aber auch mit Blick auf die im Nachgang zur Bildung der großen Koalition im Gefolge der Bundestagswahl vom 22. September 2013 aufgeworfene Frage, ob aus dem Demokratieprinzip – bzw. speziellen Oppositionsvorschriften – nicht ein Anspruch auf die **Ermöglichung wirksamer Oppositionsarbeit** folgt, wenn die Opposition eine Reihe von **Mindestquoren**, etwa zur Einberufung von Untersuchungsausschüssen, aus eigener Kraft nicht mehr erreicht.[16] Allerdings muss gesehen werden, dass die einzelnen Vorschriften, welche Kontrollrechte und -möglichkeiten zu Gunsten der Opposition begründen, durchaus abgestuft sind, zum Teil auch einzelnen Abgeordneten zustehen, so dass es letztlich auf eine **Gesamtbetrachtung** ankommt, ob Oppositionsarbeit schlechterdings ihren verfassungsrechtlichen Auftrag noch erfüllen kann. Das indes lässt sich beim Verfehlen einzelner Quoren nicht abstrakt festmachen mit dem Ergebnis, dass allein hieraus jedenfalls keine Ansprüche auf Rechtsänderungen oder gar Verfassungsänderungen folgen, zumal die Bildung von Koalitionsregierungen mit großer Mehrheit durchaus gleichsam durch die Wahlentscheidung demokratisch legitimiert ist.[17] Mit der verfassungsrechtlichen Aufgabenzuweisung an die Opposition mag allenfalls ein **politisches Rücksichtnahmegebot** gerichtet an die Parlamentsmehrheit einhergehen,[18] welches eine justiziable Grenze zu erreichen vermag, wenn die Parlamentsmehrheit ihre Rechte gegenüber der Opposition missbräuchlich durchsetzt.[19] Dann kann und muss das allgemeine **Verbot des Rechtsmissbrauchs** auch im Lichte der Ermöglichung wirksamer Oppositionsarbeit gesehen werden.

6 **3. Zu Abs. 3.** Abs. 3 räumt der parlamentarischen Opposition das Recht auf **politische Chancengleichheit** ein. Die Formulierung muss, obwohl geläufig, als missglückt angesehen werden, denn selbst die Verfassung kann der Opposition keine politische Chancengleichheit einräumen, weil sie Sache der politischen Willensbildung in der Gesellschaft ist. Gemeint ist daher, dass die Opposition als Minderheit einen Anspruch hat, ihre parlamentarische politische Arbeit in dem Umfang und mit dem Gewicht vertreten und umsetzen zu können, der ihrem Anteil im Parlament entspricht. Es geht also wie bei Art. 21 Abs. 1 GG um eine

---

beiden tolerierten Magdeburger Regierungen, dazu *Klecha*, Minderheitsregierungen in Deutschland, 189 f.

15 Siehe näher *Wedemeyer*, in: Thiele/Pirsch/Wedemeyer, Art. 26 Rn 3 f.
16 Dazu *Schwarz*, ZRP 2013, S. 226 ff.; *Cancik*, NVwZ 2014, 18 verwendet hierfür den Begriff der qualifizierten großen Koalition.
17 So auch *Schwarz*, ZRP 2013, 226, 228; a. A. *Cancik*, NVwZ 2014, 18, 23; für eine Grundgesetzänderung plädierend Morlok, Das Parlament Nr. 42-43 vom 14. Oktober 2013, 2.
18 Vgl die Selbstverpflichtung zur Wahrung der Oppositionsrechte im Koalitionsvertrag zwischen CDU/CSU und SPD für die 18. Wahlperiode, 184; zur zwischenzeitlich erfolgten Änderung der GO BT siehe BT-Drs. 18/481; ferner die z. T. bis zu Verfassungsänderungen reichenden Anträge in BT-Drs. 18/379, 18/380 und 18/838.
19 Aus der – freilich nur begrenzt auf parlamentarische Sachverhalte übertragbaren – kommunalrechtlichen Rechtsprechung vgl den Sachverhalt in der Entscheidung betreffend das Verbot der Bildung von Zählgemeinschaften zwischen Fraktionen auf kommunaler Ebene, BVerwG, NVwZ 2004, 621; ferner – unter Hinweis auf parlamentsrechtliche Parallelen (!) - BVerwGE 119, 305: Unzulässigkeit eines gemeinsamen Vorschlags zur Ausschussbesetzung selbst bei Koalitionsvertrag.

rechtlich abgestufte Gleichheit hinsichtlich der Zuteilung von Rechten innerhalb der parlamentarischen Arbeit. Daraus folgt zunächst, dass eine Anwendung der Vorschrift nur zur Abwehr von Beeinträchtigungen in Betracht kommt, die eine **Rechtsrelevanz** im Zusammenhang mit der parlamentarischen Arbeit im engeren Sinne besitzen und welche die Schwelle protokollarischer Etikette überschreiten.[20] Das etwa ist nicht der Fall bei Einladungen zu Festakten, die Erwähnung bei Begrüßungen, erkennbar distanzierenden Bestuhlungsanordnungen oder Raumzuteilungen ohne **Beeinträchtigung der Funktionsadäquanz**, aber auch hinsichtlich der Beteiligung an politischen informellen Informations- und Gesprächsrunden außerhalb des Parlaments selbst auf Einladung der Landesregierung.[21] Hier kann bzw. darf auch, begrenzt durch das **Willkürverbot**, innerhalb der Opposition differenziert werden.

Hinsichtlich seiner Rechtswirkung wirft Abs. 3 zum einen die Frage auf, ob die Vorschrift gegenüber speziellen Gleichheitsregeln eine **eigenständige Bedeutung** hat,[22] bejahendenfalls, ob die Vorschrift die Opposition in ihrer Gesamtheit anspricht und ob schließlich eine Verweigerungshaltung im Widerspruch zu Abs. 2 einen sachlichen Grund für eine Differenzierung bzw Einschränkung darstellt. Ausgehend vom Willen des Verfassungsgesetzgebers ist die erste Frage dahingehend zu beantworten, dass Abs. 3 zumindest als **Auffangvorschrift** Anwendung findet, wenn spezielle Gleichheitsansprüche fehlen[23] oder wenn es um die Klärung der Frage geht, in welchem Umfang verfassungsrechtliche Ansprüche umgesetzt werden müssen,[24] wobei indes die Vorschrift selbst wenig ergiebig ist, da die abgestufte Chancengleichheit von absoluter Gleichbehandlung aller Fraktionen,[25] Fairness- und Waffengleichheitsregeln über streng mathematisch-prozentualer Abstufung bis hin zu einer Besserstellung[26] reichen kann.[27] Diese Fragen können letztlich allein kasuistisch durch die Rspr ausgefüllt werden.[28]

Hinsichtlich der Ableitung von Gleichheitsansprüchen aus Abs. 3 muss geklärt werden, ob diese der Opposition im Sinne der Definition des Abs. 1 insgesamt zustehen, oder ob sich aus Abs. 3 auch Vorgaben für eine Binnendifferenzierung innerhalb der Opposition ergeben. Ausgehend vom Verfassungstext und vor dem Hintergrund der Rspr[29] muss der rechtsförmliche, nicht politische bzw politikwissenschaftliche Charakter der Regelung hervorgehoben werden. Daraus folgt, dass die Vorschrift des Abs. 3 bereits dann gewahrt ist, wenn unbeschadet auch erheblicher politischer Unterschiede innerhalb der Opposition dieser die

---

20 Vgl LVerfG M-V, Beschluss vom 26.05.2011, 8; LVerfG M-V, NordÖR 2010, 489.
21 VerfGH Sachsen, Beschluss vom 28.02.2008, Vf. 148-I-07, Rn. 17.
22 Näher *Linck*, in: Linck/Baldus/Lindner/Poppenhäger/Ruffert, Art. 59 Rn 13 ff, der im Ergebnis eine eigenständige Anwendungsmöglichkeit bejaht.
23 Soweit Abg. zur Opposition zählen, ergibt sich ihre Rechtsstellung bereits aus den Statusvorschriften; zutreffend *Haberland*, Parlamentarische Opposition, 169.
24 Etwa im Rahmen der Ausstattung der Fraktion nach Art. 25 Abs. 2 Satz 3. Die Verfassungskommission sah hierin einen Anwendungsfall des Abs. 3, LT-Drs. 1/3100, 118.
25 Zu sog. absoluten Minderheitenrechten *Schneider*, in: Schneider/Zeh, Parlamentsrecht und Parlamentspraxis, § 38 Rn 55 und 63.
26 Zum sog. Oppositionsbonus im Rahmen der Finanzierung der Fraktionen *Schneider*, in: Schneider/Zeh, Parlamentsrecht und Parlamentspraxis, § 38 Rn 65; zur Fraktionsfinanzierung s. oben → *Zapfe*, **Art. 25** Rn 5.
27 Siehe *Schneider*, Parlamentsrecht und Parlamentspraxis, § 38 Rn 28.
28 Etwa betreffend das Verhältnis zwischen Grundausstattung und stärkeabhängiger Ausstattung der Fraktionen.
29 BVerfGE 70, 324 ff m. Sondervotum *Mahrenholz*, 366ff; diesem folgend *Schneider*, in: Badura/Dreier, FS-BVerfG, Bd. 2, 2001, S. 627, 659; *Haberland*, Parlamentarische Opposition, 155.

zur Wahrnehmung ihrer Oppositionsarbeit zustehenden Rechte eingeräumt werden. Da bei einer Wahrung der Oppositionsrechte als solche die Vorschrift des Abs. 3 eingehalten wird, bleibt auch Raum für eine **Binnendifferenzierung innerhalb der Opposition** etwa im Sinne einer stärkeren Berücksichtigung der Oppositionsmehrheit, die bis zur Grenze anderer spezieller Rechtsansprüche etwa aus dem Abgeordnetenstatus auch die Vorgaben des Abs. 2 als Auslegungskriterium, wenngleich in engsten Grenzen, berücksichtigen kann.[30] Fraktionen, die formal Teil der Opposition sind, müssen damit nicht zwingend etwa stets ein **Grundmandat** in jedem Ausschuss bzw Gremium, etwa der parlamentarischen Kontrollkommission, erhalten, wenn nur der Opposition insgesamt chancengleiche Mitwirkungsmöglichkeiten gegeben sind.[31]

III. Schrifttum

9   *Daniel Mundil*, Die Opposition. Eine Funktion des Verfassungsrechts, 2014; *Pascale Cancik*, Parlamentarische Opposition in den Landesverfassungen. Eine verfassungsrechtliche Analyse der neuen Oppositionsregelungen, 2000; *Stephan Haberland*, Die verfassungsrechtliche Bedeutung der Opposition nach dem Grundgesetz, 1995; *Ludger Helms*, Politische Opposition. Theorie und Praxis in westlichen Regierungssystemen, 2002; *Hans-Peter Schneider*, Verfassungsrechtliche Bedeutung und politische Praxis der parlamentarischen Opposition; in: Hans-Peter Schneider/Wolfgang Zeh, Parlamentsrecht und Parlamentspraxis, 1989, S. 1055 ff.

Art. 27 (Wahlperiode)

(1) Der Landtag wird auf fünf Jahre gewählt. Seine Wahlperiode endet mit dem Zusammentritt eines neuen Landtages. Die Neuwahl findet frühestens siebenundfünfzig, spätestens neunundfünfzig Monate nach Beginn der Wahlperiode statt.

(2) Der Landtag kann auf Antrag eines Drittels mit der Mehrheit von zwei Dritteln seiner Mitglieder unter gleichzeitiger Bestimmung eines Termins zur Neuwahl die Wahlperiode vorzeitig beenden. Über den Antrag auf Beendigung kann frühestens nach einer Woche und muß spätestens einen Monat nach Abschluß der Aussprache abgestimmt werden. Die Neuwahl darf frühestens sechzig Tage und muß spätestens neunzig Tage nach dem Beschluß über die Beendigung der Wahlperiode stattfinden.

Artt. 39 GG; 30, 43 BWVerf; 16, 18 BayVerf; 54 VvB; 62 BbgVerf; 75, 76 BremVerf; 10, 11 HambVerf; 79, 80, 81, 82, 83 HessVerf; 9, 10 NdsVerf; 34, 35 Verf NW; 83, 84 Verf Rh-Pf; 67, 69 SaarlVerf; 44, 58 SächsVerf; 43, 60 LVerf LSA; 13 SchlHVerf; 50 LV Thür.

I. Vorbemerkungen	1	IV. Diskontinuität	7
II. Dauer der Wahlperiode	3	V. Selbstauflösungsrecht	8
III. Zeitpunkt der Neuwahl	6		

---

30 Im politikwissenschaftlichen Schrifttum findet sich teilweise die Koalitionsfähigkeit und -willigkeit als Definitionsmerkmal, so *Niclaus*, Das Parteiensystem der Bundesrepublik Deutschland, 1995, 50; ablehnend unter sehr weitem Verständnis des freien Mandats zur Konstruktion von Oppositionspflichten – mit entsprechender Kritik an ihrer normativen Verankerung – *Cancik*, Parlamentarische Opposition in den Landesverfassungen, 135ff und 156ff.

31 BVerfGE 70, 324, 365 mit Sondervotum *Mahrenholz*, 366 ff und *Böckenförde*, 380 ff; anders (indes bei Fokussierung auf die Bundesebene) *Mundil*, Die Opposition, 148.

I. Vorbemerkungen

Art. 27 gehört zu den wenigen Bestimmungen der LV, die einer Änderung unterzogen worden sind, indem die Wahlperiode von vier auf fünf Jahre verlängert wurde.[1] Nachdem Hamburg mit dem 14. Gesetz zur Änderung der Verfassung vom 19. Februar 2013[2] seine Wahlperiode ab 2015 auf fünf Jahre verlängert hat, haben mit Ausnahme des BT und Bremen (4 Jahre) alle deutschen Parlamente eine fünfjährige Wahlperiode.

Die personellen Träger der obersten politischen Staatsorgane bedürfen, damit ihr Verhalten dem Volke verantwortlich bleibt, in regelmäßig wiederkehrenden zeitlichen Abständen der demokratischen Legitimation durch Wahlen.[3] Legitimation und Kontrolle parlamentarischer Repräsentation durch freiheitliche Wahlen in regelmäßigen Zeitabständen sind elementare, von Art. 56 Abs. 3 LV erfasste Bestandteile des Demokratieprinzips.[4] Die Befugnis zur Herrschaft wird nur auf Zeit verliehen.[5] Die in regelmäßig wiederkehrenden, nicht zu langen zeitlichen Abständen stattfindenden Neuwahlen stellen sicher, dass die Abg. dem Volk verantwortlich bleiben. Durch diese Wahl erhält das Parlament seine Legitimation als Repräsentationsorgan des Volkes. Diese – unmittelbar vom Volk herrührende – demokratische Legitimation bezieht sich auf alle Aufgaben, Tätigkeiten und Befugnisse, die die Verfassung dem Parlament zuweist.[6] Anstelle des Begriffs der Wahlperiode wird auch häufig der Ausdruck Legislaturperiode verwendet, wenngleich Wahlperiode die sachlich treffendere Bezeichnung ist.[7] Legislaturperiode beschreibt den Zeitraum lediglich aus einer funktionalen Sicht, die Parlamente auf ihre Gesetzgebungseigenschaft reduziert und den vielfältigen Aufgaben eines modernen Parlaments (→ *Tebben*, **Art. 20** Rn 9, 26) nicht gerecht wird.

II. Dauer der Wahlperiode

Die Dauer der Wahlperiode bewegt sich im Spannungsfeld widerstreitender Interessen. Argumente für eine möglichst lange Wahlperiode sind die zusammenhängende Arbeitsphase ohne partielle Wechsel der Mitglieder und daraus folgender Einarbeitungszeit einschließlich der Anlaufphase der Regierungsbildung, weniger Wahlkämpfe und entsprechende Konzentration im letzten Jahr der Wahlperiode, bessere und vollständigere Erledigung der parlamentarischen Arbeit durch seltener einsetzende Diskontinuität, größere Unabhängigkeit des Abg. gegenüber seiner Partei. Für eine möglichst kurze Wahlperiode spricht der stärkere Einfluss der Bürger auf die personelle und politische Zusammensetzung des Parlaments, die weniger ausgeprägte Auseinanderentwicklung der Mehrheitsentscheidungen im Parlament von den Mehrheitsauffassungen in der Bevölkerung, die Chance zum häufigeren Machtwechsel und der Stärkung der Bedeutung der Opposition.[8] Die Frage der Dauer der Wahlperiode wurde auf Bundesebene in-

---

1 Geändert durch Gesetz vom 14.7.2006, GVOBl., S. 572.
2 HmbGVBl. S. 43.
3 BVerfGE 44, 125, 139.
4 LVerfG M-V, Urt. v. 26.06.2008 – Az 4/07 – LVerfGE 19, 283, 296.
5 *Morlok*, in: Dreier, Art. 39 Rn 10; *Linck*, in: Linck/Jutzi/Hopfe, Art. 50 Rn 1.
6 BVerfGE 77, 1, 40; *Zeh*, ZParl 1976, 353 f.
7 *Müller-Terpitz*, in: Löwer/Tettinger, Art. 34 Rn 4; *Morlok*, in: Dreier, Art. 39 Rn 12; diff. *Versteyl*, in Schneider/Zeh, § 14 Rn 10.
8 Vgl *Zeh*, ZParl 1976, 353, 357 f; *Jekewitz*, ZParl 1976, 373, 397 ff.

4 In den neuen Ländern wurde durch § 1 Abs. 2 des Länderwahlgesetzes vom 22.7.1990[10] die Wahlperiode auf vier Jahre festgelegt. Auch die LV sah zunächst eine vierjährige Wahlperiode vor. In den Jahren 1994, 1998 und 2002 haben die Landtagswahlen in M-V zeitgleich mit den Wahlen zum BT stattgefunden. Nachdem aufgrund der gescheiterten Vertrauensfrage des Bundeskanzlers bereits am 14. September 2005 Neuwahlen zum BT stattfanden, war ausgeschlossen, auch künftig Bundestags- und Landtagswahlen parallel durchzuführen. Die im 4. Landtag vertretenen Fraktionen der SPD, CDU und Linkspartei.PDS haben in der Folge einen Gesetzentwurf (Drs. 4/2118 neu) eingebracht, aufgrund dessen die Wahlperiode mit Wirkung ab der 5. Wahlperiode auf fünf Jahre verlängert werden sollte. Der Gesetzentwurf ist in der Fassung der Beschlussempfehlung (Drs. 2/2328) am 27. Juni 2006 einstimmig angenommen worden. Die Verlängerung der Wahlperiode auf fünf Jahre ist mit dem Demokratieprinzip vereinbar, da dieser Zeitraum mit dem Prinzip der regelmäßig und in angemessenen Zeitabständen wiederkehrenden Wahlen vereinbar ist.[11]

Um die Einflussmöglichkeiten der Bürger auf die politische Willensbildung zu stärken, wurde gleichzeitig das Quorum für ein Volksbegehren gesenkt (→ *Litten*, **Art. 60** Rn 1, 5). Die Verlängerung der Wahlperiode konnte nur mit Wirkung für den folgenden LT erfolgen. Eine laufende Wahlperiode darf außer in den in der Verfassung vorgesehenen Fällen nach Art. 27 Abs. 2, Art. 42 Abs. 2 und Art. 51 Abs. 1 LV weder verlängert noch verkürzt werden. Insb. die Verlängerung der Wahlperiode durch die gewählte Körperschaft widerspräche den Grundsätzen der Demokratie und wäre eine der Volkssouveränität zuwiderlaufende Selbstermächtigung.[12] Der Wähler muss wissen, für wie lange er den zu Wählenden seine Stimme gibt.[13]

5 Nach Art. 27 Abs. 1 Satz 2 LV endet und beginnt die Wahlperiode mit dem Zusammentritt eines neuen LT. Diese Bestimmung, die identisch mit der jetzigen Formulierung des GG ist, gewährleistet in jedem Fall das nahtlose Aneinanderfügen der Wahlperioden, so dass keine parlamentslose Zeit denkbar ist.[14]

III. Zeitpunkt der Neuwahl

6 Nach Abs. 1 Satz 2 finden die Neuwahlen frühestens 57 und spätestens 59 Monate nach der Konstituierung des Landtags (→ *Tebben*, **Art. 28** Rn 1,2) statt.

---

9 Vgl schriftliche Stellungnahmen von Degenhardt, Günther, H.P. Schneider und Thaysen, in Dt.BT, Zur Sache 2/96 Band 3, S. 3, S. 448 ff sowie Protokoll der Anhörung v. 10.09.1992 in Dt. BT, Zur Sache Band 2, S. 195 ff;
10 GBl. I S. 960 (geänd. S. 1468).
11 LVerfG M-V, Urt. v. 26.06.2008 – Az 4/07 – LVerfGE 19, 283, 198 f.
12 BVerfGE 1, 14, 33; LVerfG M-V, Urt. v. 26.06.2008 – Az 4/07 – LVerfGE 19, 283, 296; *Dette*, in Linck/Baldus/Lindner/Poppemhäger/Ruffert, Art. 50 Rn 6; *Morlok*, in: Dreier, Art. 39 Rn 17; *Kluth*, in: Schmidt-Bleibtreu/Hofmann/Henneke, Art. 39 Rn 12; diff. *Linck*, in: Linck/Jutzi/Hopfe, Art. 50 Rn 3, der keine verfassungsrechtlichen Bedenken sieht, wenn die Veränderung der Dauer der WP durch eine Verfassungsänderung zwingend, ggf durch die Verfassung selbst legitimiert sei und sich die Veränderung in engem zeitlichen Rahmen hält.
13 *Versteyl*, in: von Münch/Kunig, Art. 39 Rn 6.
14 *Kluth*, in: Schmidt-Bleibtreu/Hofmann/Henneke, Art. 39 Rn 13; *Wedemeyer*, in: Thiele/Pirsch/Wedemeyer, Art. 27 Rn 3. Die bis zum 33. Gesetz zur Änderung des Grundgesetzes vom 23.08. 1976 (BGBl. I S. 2381) geltende Fassung sah nicht vor, dass die Wahlperiode bis zum Zusammentritt eines neuen Bundestags andauert, so dass theoretisch eine parlamentslose Zeit denkbar war.

Die Landesregierung setzt den Wahltermin fest (§ 3 Abs. 2 LKWG M-V). Da der Landtag nach Art. 28 LV innerhalb von 30 Tagen nach der Wahl zusammentreten muss, können zwischen zwei Wahlterminen maximal 60 Monate liegen.[15] Der reale Zeitraum zwischen den Wahlterminen beträgt jedoch regelmäßig weniger als 60 Monate[16], da die 30-Tage-Frist zwischen Wahl und Konstituierung unterschritten werden kann und zudem durch die Bindung des Wahltags an einen Sonntag (§ 3 Abs. 1 S. 1 LKWG M-V) kalenderbedingte Verschiebungen eintreten können. Tatsächlich hat sich der Landtagswahltermin kontinuierlich nach vorne verschoben[17] und gelangt zunehmend in die Nähe der parlamentarischen Sommerpause, die grdstl mit den Schulferien identisch ist. Es ist daher nicht auszuschließen, dass noch in der 6. Wahlperiode ein verfassungsänderndes Gesetz verabschiedet wird, durch das der Wahltermin zum 8. Landtag vorverlagert werden kann, es sei denn der 6. oder 7. Landtag würde sich vorzeitig auflösen (vgl zu den Voraussetzungen und Grenzen Rn 8 ff). Diese kontinuierliche Vorverlagerung der Wahltermine hätte vermieden werden können. Die Formulierung von Art. 27 Abs. 1 LV war wortgleich mit Art. 39 Abs. 1 GG in der bis 1998 geltenden Fassung. Mit dem 46. Gesetz zur Änderung des GG vom 16.7.1998 (BGBl. I S. 1822) ist aber festgelegt worden, dass Neuwahlen zum BT frühestens 46 und spätestens 48 Monate nach Beginn der Wahlperiode stattfinden, wodurch vermieden wurde, Wahlen während der Haupturlaubszeit durchführen zu müssen.[18] Eine entsprechende Formulierung ist jedoch im Rahmen der Änderung von Art. 27 LV nicht aufgegriffen worden.

IV. Diskontinuität

Das Parlament ist als institutionalisiertes Verfassungsorgan dauerhaft existent.[19] 7
Dieser Organkontinuität steht aber der Grundsatz der Diskontinuität gegenüber. Dabei bezieht sich die personelle Diskontinuität auf die Rechtsstellung der Abg., deren Mandat mit dem Zusammentritt eines neuen LT erlischt und ggf im Falle der Wiederwahl neu begründet wird. Die institutionelle Diskontinuität begrenzt die Amtszeit der Gremien und Amtsträger. So verlieren auch die Ausschüsse, Untersuchungsausschüsse und Enquete-Kommissionen mit dem Ende der Wahlperiode ihre Existenz und müssen in der neuen Wahlperiode neu konstituiert werden. Aufgrund der sachlichen Diskontinuität erfolgt die automatische Erledigung der noch nicht abgeschlossenen Beratungsgegenstände (vgl § 113 Abs. 1 GO LT).[20] Lediglich noch nicht beschiedene Petitionen sowie Volksinitiativen und Volksbegehren werden weiter beraten (§ 113 Abs. 2 GO LT). Eine Besonderheit bilden insoweit die Beschlüsse des LT mit denen von der LReg regelmäßige Berichte zu einem Thema gefordert wurden, da diese Beschlüsse für die nächste Wahlperiode in Kraft bleiben (§ 113 Abs. 3 GO LT). Die ausdrückliche Begrenzung „für die nächste Wahlperiode" soll einerseits gewährleisten, das regelmäßige Berichtspflichten der LReg aufgrund eines Beschlusses des LT weiter

---

15 Das entspricht insoweit der bis 2006 geltenden Regelung, da bei der vierjährigen Wahlperiode der Termin für Neuwahlen zwischen 45. und 47. Monat nach der Konstituierung liegen musste.
16 Vgl dazu *Soffner*, in Epping/Butzer, Art. 9 Rn 23.
17 1994 = 16. Oktober; 1998 = 27. September; 2002 = 22. September; 2006 = 17. September; 2011 = 4. September; die Konstituierung des 6. Landtags erfolgte am 04. Oktober 2011, spätester Termin für die kommenden Wahlen ist folglich 4. September 2016.
18 BT Drs. 13/10590.
19 *Kluth*, in: Schmidt-Bleibtreu/Hofmann/Henneke, Art. 39 Rn 4 u. 9.
20 Vgl zu den Facetten der Diskontinuität *Kluth*, in: Schmidt-Bleibtreu/Hofmann/Henneke, Art. 39 Rn 6 ff.

bestehen. Andererseits muss das Parlament in der folgenden Wahlperiode den entsprechenden Beschluss erneuern, wenn Berichte über ein Thema auch über diese Wahlperiode hinaus eingefordert werden. Damit soll den bisweilen ausufernden Berichtsersuchen entgegengewirkt werden, da die Vorlagepflicht aufgrund eines einmal gefassten Beschlusses nicht unbegrenzt gilt.

V. Selbstauflösungsrecht

8 Im Gegensatz zum GG sieht die LV in Art. 27 Abs. 2 ein Selbstauflösungsrecht des LT vor. Wie in vielen Ländern und im Bund war auch die Einführung eines Selbstauflösungsrechts des LT in M-V stark umstritten. Bedenken bestanden, dass durch die permanente Gefahr einer Parlamentsauflösung die Stabilität und Effizienz der Arbeit von Parlament und Regierung in Mitleidenschaft gezogen würden. Zudem lasse ein Selbstauflösungsrecht des Parlaments den Zwang entfallen, sich auch in schwierigen Situationen politisch zu einigen.[21]

Mit dem Selbstauflösungsrecht soll die Möglichkeit einer permanenten politischen Übereinstimmung von Volk und Repräsentanten befördert werden.[22] Das Parlament soll in politischen Situationen reagieren können, die sinnvoll nur über Neuwahlen einer Lösung zugeführt werden können. Insb. dürften dabei Fälle von „politischen Patt-Situationen" im LT, dem Verlust der Regierungsmehrheit oder der Unfähigkeit mit den im Parlament vertretenen Fraktionen eine Koalition zu bilden, in Betracht kommen.[23]

9 Anders als bei der gescheiterten Vertrauensfrage nach Art. 51 Abs. 1 LV und im Falle des Scheiterns der Wahl eines MinPräs nach Art. 42 Abs. 2 LV ist die Befugnis zur Selbstauflösung die einzige Möglichkeit des Parlaments, ohne Mitwirkung der LReg Neuwahlen herbeiführen zu können. Damit kann der Gefahr begegnet werden, dass sich die LReg den für sie günstigsten Termin für eine Landtagsauflösung mit anschließenden Neuwahlen aussucht. Vom Recht zur Selbstauflösung ist in M-V bisher noch kein Gebrauch gemacht worden.[24] Es ist nicht an bestimmte materiell-rechtliche Voraussetzungen geknüpft; der Schutz vor einer missbräuchlichen Ausnutzung ist bereits durch die hohen Quoren gewährleistet.[25] Gleichwohl könnte die Selbstauflösung verfassungswidrig sein, wenn sie sich als willkürliche oder rechtsmissbräuchliche Verkürzung der Wahlperiode erweist, zB. um ein momentanes „Stimmungshoch" in Umfragen wahltaktisch zu nutzen.[26]

10 Der Antrag auf Auflösung des Parlaments nach Art. 27 Abs. 2 LV muss von einem Drittel der Mitglieder des LT gestellt werden. Ohne dass die GO LT eine entsprechende Bestimmung vorsieht, muss der Antrag von der entsprechenden Anzahl von 24 Mitgliedern eigenhändig unterzeichnet sein. Der Antrag einer Fraktion reicht dazu nicht aus, auch wenn die Fraktion aufgrund ihrer Stärke das Quorum erfüllen würde. Da die GO LT das Formerfordernis der eigenhändigen Unterzeichnung des Antrags bei der Einsetzung eines Untersuchungsaus-

---

21 *Wedemeyer*, in: Thiele/Pirsch/Wedemeyer, Art. 27 Rn 6; *Müller-Terpitz*, in: Löwer/Tettinger, Art. 35 Rn 2 ff; *Linck*, in: Linck/Jutzi/Hopfe, Art. 50 Rn 13 mwN.
22 *Linck*, in: Linck/Jutzi/Hopfe, Art. 50 Rn 14.
23 *Dette*, in Linck/Baldus/Lindner/Poppenhäger/Ruffert, Art. 50 Rn 17; *Wedemeyer*, in: Thiele/Pirsch/Wedemeyer, Art. 27 Rn 6; *Linck*, in: Linck/Jutzi/Hopfe, Art. 50 Rn 14.
24 Zur Praxis in anderen Ländern vgl *Müller-Terpitz*, in: Löwer/Tettinger, Art. 34 Rn 6.
25 *Dette*, in Linck/Baldus/Lindner/Poppenhäger/Ruffert, Art. 50 Rn 18; *Linck*, in: Linck/Jutzi/Hopfe, Art. 50 Rn 15.
26 VerfGH Berlin DÖV 2002, 431, 433 f; *Dette*, in Linck/Baldus/Lindner/Poppenhäger/Ruffert, Art. 50 Rn 18; diff. *Mielke*, in Epping/Butzer, Art. 10 Rn 17;

schusses und auch der Beantragung einer Dringlichkeitssitzung vorsieht,[27] gebieten die Tragweite eines Antrags auf Selbstauflösung des Parlaments und der gebotene Übereilungsschutz, dass eine eigenhändige Unterzeichnung erfolgt. Bei der Abstimmung bedarf der Antrag der Mehrheit von zwei Dritteln seiner Mitglieder, somit 48 Stimmen. Auch dieses Quorum, das dem eines verfassungsändernden Gesetzes nach Art. 56 Abs. 2 LV entspricht, verdeutlicht die Tragweite einer Selbstauflösung des Parlaments. Um die Abstimmung nicht in der politisch hektischen Phase der Antragsberatung durchzuführen, sieht Abs. 2 Satz 2 vor, dass über die Änderung frühestens nach einer Woche nach dem Ende der Aussprache abgestimmt werden darf. Diese Frist dient ebenso dem Übereilungsschutz und soll sichern, dass vor der endgültigen Entscheidung über die Parlamentsauflösung noch politische Abstimmungen der Gremien der Fraktionen und Parteien erfolgen können.[28] Andererseits muss der Antrag innerhalb eines Monats zur Abstimmung gelangen, um die Stellung und das Ansehen des Parlaments nicht durch die unsichere Rechtslage einer drohenden Parlamentsauflösung zu gefährden und möglichst rasch die politische Handlungsfähigkeit der Volksvertretung zu bestätigen oder durch Neuwahlen wiederherzustellen.

Der Antrag auf Auflösung des Parlaments muss zwingend unter Bestimmung eines Termins zur Neuwahl erfolgen. Insoweit stellt die Regelung nach Art. 27 Abs. 2 LV eine Besonderheit dar, indem der Wahltag durch das Parlament festgelegt wird, während die Festsetzung des Wahltermins nach § 3 Abs. 2 LKWG M-V im Regelfall durch die LReg erfolgt. Zur Zulässigkeit des Antrags auf Auflösung des Parlaments gehört, dass die Bestimmung des Termins für die Neuwahl die Fristbestimmungen nach Abs. 2 Satz 3 berücksichtigt, also innerhalb des Zeitraums zwischen 60 und 90 Tagen nach dem Beschluss über die Beendigung der Wahlperiode liegt. Bei der Bestimmung des Neuwahltermins in dem Antrag ist die Frist zwischen Antragsberatung und Antragsabstimmung mit zu berücksichtigen, so dass Zulässigkeitsbedenken gegenüber einem Antrag bestehen, der eine Neuwahlterminierung innerhalb von 60 Tagen nach Antragseinreichung oder Antragsberatung vorsähe, da ein solcher Wahltermin unter Berücksichtigung der Frist zwischen Antragsberatung und Abstimmung vor der 60-Tage Frist läge. Die Frist zur Durchführung von Wahlen innerhalb von 60 bis 90 Tagen nach dem Beschluss über die Beendigung der Wahlperiode soll den Parteien genügend Vorbereitungszeit für die Wahlen einräumen. Dies gilt insb. für die Parteien und Einzelbewerber, die Unterstützungsunterschriften beibringen müssen (vgl § 55 Abs. 5 LKWG). 11

Art. 28 (Zusammentritt des Landtages)

Nach jeder Neuwahl tritt der Landtag spätestens am dreißigsten Tag nach der Wahl zusammen. Er wird vom Präsidenten des alten Landtages einberufen.

Artt. 30 BWVerf; 16 BayVerf; 54 VvB; 62 BbgVerf; 81 BremVerf; 12 HambVerf; 83 HessVerf; 9 NdsVerf; 37 Verf NW; 83 Verf Rh-Pf; 67 SaarlVerf; 44 SächsVerf; 45 LVerf LSA; 13 SchlH-Verf; 50 ThürVerf.

| I. Allgemeine Bedeutung | 1 | III. Zusammentritt des Landtages | 3 |
| II. Einberufung des neuen Landtages | 2 | IV. Leitung der ersten Sitzung | 4 |

---

27 Vgl → *Tebben*, **Art. 20** Rn 4.
28 *Linck*, in: Linck/Jutzi/Hopfe, Art. 50 Rn 15.

I. Allgemeine Bedeutung

1 Der neue LT muss spätestens am 30. Tag nach der Landtagswahl zu seiner ersten – der sog. konstituierenden – Sitzung zusammentreten. Mit dieser terminlichen Vorgabe soll sichergestellt werden, dass die Entscheidung der Wähler möglichst zeitnah verfassungsrechtlich umgesetzt wird.[1] Art. 28 LV ist wie Art. 39 Abs. 2 GG eine unmittelbare Ausprägung des Demokratieprinzips.[2] Insoweit könnte die Zeitspanne zwischen Wahl und Konstituierung auch durch eine Verfassungsänderung nicht beliebig weit ausgedehnt werden.[3] Ein nicht fristgerechter Zusammentritt ist verfassungswidrig[4] und könnte von den Gewählten im Organstreitverfahren gerügt werden.[5]

II. Einberufung des neuen Landtages

2 Die Einberufung erfolgt durch den Präsidenten des alten LT. Dieser wird damit als treuhändischer Organwalter für den nachfolgenden Landtag tätig.[6] Wann der LT frühestens zusammentreten kann, ist verfassungsrechtlich nicht geregelt, ergibt sich aber aus dem Landes- und Kommunalwahlgesetz (LKWG v. 16.12.2010). Die Einberufung kann erst dann verfügt werden, wenn das endgültige Ergebnis der Landtagswahl durch die Landeswahlleitung nach § 33 Abs. 4 LKWG öffentlich bekannt gemacht worden und die Wochenfrist nach § 34 S. 1 LKWG verstrichen ist. In der parlamentarischen Praxis wird die Frist regelmäßig nahezu ausgeschöpft, um den neu gewählten Abg. Zeit zu geben, sog. „Vor-Fraktionen" zu bilden und die konstituierende Sitzung des LT, die Besetzung parlamentarischer Ämter sowie ggf weitere Beratungsgegenstände der ersten Sitzung politisch vorzubereiten.[7] Obgleich die gewählten Bewerber gemäß § 34 LKWG erst mit Ablauf der Wahlperiode und damit mit dem Zusammentritt des neuen LT die Mitgliedschaft im LT erwerben, erhalten sie nach § 29 Abs. 1 AbgG M-V Leistungen bereits vom Tag der Annahme der Wahl, auch wenn die Wahlperiode noch nicht abgelaufen ist. Daneben erhalten im gleichen Zeitraum die Abg. des „alten" LT ihre Leistungen bis zum Zusammentritt des neuen LT. Diese Regelung trägt dem Umstand Rechnung, dass es keine „parlamentslose" Zeit gibt.[8] Während der „alte" LT einschließlich aller seiner Gremien bis zum Zusammentritt des neuen LT allein legitimiert ist, formal verbindliche Entscheidungen zu treffen, obliegt es den „neuen" bzw zukünftigen Abg., bereits im Vorfeld der konstituierenden Sitzung politische und organisatorische Entscheidungen möglichst frühzeitig vorzubereiten und zu koordinieren. Daher wird der Termin für die erste Sitzung vom Präsident des vorherigen Landtages im Benehmen mit den „Vor-Fraktionen" des neuen Landtages festgelegt.[9] Üblicherweise finden auch „Fraktionssitzungen" statt, bevor sich der neue LT konstituiert, in denen oft bereits ein Fraktionsvorstand und weitere Funktionsträger gewählt werden. Alle diese Entscheidungen sind de jure zunächst unwirksam (→ *Zapfe*, **Art. 25** Rn 2), politisch aber mehr als ein Präjudiz, da sie nach der Konstituierung regelmäßig ausdrücklich oder stillschweigend bestätigt werden. Glei-

---

1 *Linck*, in: Linck/Jutzi/Hopfe, Art. 50 Rn 15.
2 *Brocker*, in: Epping/Hillgruber; Art. 39 Rn 13.1.
3 NW VerfGH, NWVBl 2009, 185, 186.
4 Ipsen, Verfassung, Art. 9 Rn 12.
5 *Soffner*, in: Epping/Butzer, Art. 9 Rn 40.
6 *Schulte/Kloos*, in: Kunzmann/Baumann-Hasske, Art. 44 Rn 8.
7 *Brocker*, in: Epping/Hillgruber, Art. 39 Rn 10.
8 *Brocker*, in: Epping/Hillgruber, Art. 39 Rn 10.
9 *Brocker*, in: Epping/Hillgruber, Art. 39 Rn 14.

ches gilt für die notwendigen personellen, organisatorischen und politischen Vorabsprachen im sog. „Vor-Ältestenrat" (→ **Art. 30 Rn 4**).

III. Zusammentritt des Landtages

Der „Zusammentritt" des neuen Landtages ist maßgeblicher Zeitpunkt für Beginn und Ende der Wahlperiode. Die neue Wahlperiode schließt sich unmittelbar und ohne zeitliche Unterbrechung an die alte an und beginnt mit dem ersten Zusammentritt des neuen Landtages.[10]

Im Hinblick auf diese verfassungsrechtliche Folge ist mit „Zusammentritt" die konstituierende Sitzung des Landtages gemeint.[11] Die Konstituierung ist nicht bereits mit der Eröffnung der ersten Sitzung durch den Alterspräsidenten vollzogen.[12]

Nach der Geschäftsordnung beschließt der Landtag in der ersten Sitzung das Berechnungsverfahren für Anteile, Zugriffe und Reihenfolge der Fraktionen (§ 1 Abs. 4 GO) und wählt den Präsidenten (§ 2 Abs. 1 GO). Schließlich entspricht es ständiger parlamentarischer Praxis, dass sich der Landtag in der konstituierenden Sitzung eine Geschäftsordnung gibt bzw. die bisherige – ggf. als vorläufige – übernimmt.

Ob diese Beschlüsse bzw. die Wahl des Präsidenten lediglich „sinnvoll und üblich"[13] oder verfassungsrechtlich notwendiger Bestandteil der konstituierenden Sitzung sind,[14] ist streitig.

Um das verfassungsrechtliche Gebot, eine parlamentslose Zeit zu verhindern, nicht nur formal, sondern auch materiell umzusetzen, ist es erforderlich, dass das alte Parlament unmittelbar und ohne zeitliche Lücke durch ein handlungsfähiges neues Parlament abgelöst wird. Dafür sind aber sowohl Verfahrensregeln als auch ein gewählter Präsident erforderlich.

Der Zusammentritt und damit die Konstituierung des neuen Landtages ist daher erst abgeschlossen, wenn die Anwesenheit von gewählten Abgeordneten in beschlussfähiger Anzahl festgestellt wurde, eine vorläufige Geschäftsordnung beschlossen und der Landtagspräsident gewählt wurde.[15]

IV. Leitung der ersten Sitzung

Die LV enthält keine Regelung zur Leitung der 1. Sitzung des neuen LT. M-V hat sich seit der 1. WP an der parl. Tradition d. BT und der meisten LT orientiert[16] und für die sog. Lebensalterregelung entschieden. Diese parlamentarische Praxis ist nicht zwingend.[17] Der LT könnte sich daher auch für eine sog. Dienstalterregelung, d. h. Alterspräsident ist der Abg. mit den meisten Mandatsjahren oder eine Abschaffung des Alterspräsidenten zugunsten einer Präsidentenregelung, d. h. eine Konstituierung durch ein bisheriges Präsidiumsmitglied, entscheiden.[18]

---

10 *Kluth*, in: Schmidt-Bleibtreu/Hofmann/Henneke, Art. 39 Rn 13.
11 *Brocker*, in: Epping/Hillgruber, Art. 39 Rn 13 mwN.
12 So aber *Soffner*, in: Eppig/Butzer, Art. 9 Rn 41.
13 *Brocker*, in: Epping/Hillgruber, Art. 39 Rn 11.
14 *Kretschmer*, in: BK, Art. 39 Rn 76.
15 *Kretschmer*, in: BK, Art. 39 Rn 76.
16 Vgl umfassend: *Brunner*, Der Alterspräsident, S. 38 ff.
17 *Soffner*, in: Epping/Butzer, Art. 9 Rn 42.
18 *Brunner* (Fn 16), S. 21 f.

Die erste Sitzung wird nach § 1 Abs. 2 GO LT durch den **Alterspräsidenten** geleitet. Der Alterspräsident ist nach § 1 Abs. 2 S. 2 GO LT das älteste anwesende Mitglied des LT, das bereit ist, dieses Amt zu übernehmen. Die GO legt die notwendigen Bestandteile der ersten – konstituierenden – Sitzung fest. Der Alterspräsident eröffnet die Sitzung, stellt die ordnungsgemäße Einberufung und die Beschlussfähigkeit fest. Er ernennt zwei Mitglieder des LT zu vorläufigen Schriftführern und bildet mit ihnen ein vorläufiges Präsidium (§ 1 Abs. 3 GO LT). Es folgt üblicherweise eine Ansprache des Alterspräsidenten.[19] Weiterer notwendiger Tagesordnungspunkt ist die Annahme der GO. Dies kann durch Übernahme der alten, Annahme einer vorläufigen oder Beratung und Verabschiedung einer neuen bzw. geänderten GO erfolgen. Wesentliche und abschließende Aufgabe des Alterspräsidenten ist es, den PräsLT in geheimer Wahl ohne Aussprache für die Dauer der Wahlperiode wählen zu lassen (§ 2 Abs. 1 Satz 1 GO LT).

Anschließend gibt der Alterspräsident das Wahlergebnis bekannt. Nach der Annahme der Wahl übergibt er die Sitzungsleitung an den neuen Präsidenten des Landtages.[20]

Neben den notwendigen, konstituierenden Beschlüssen und Wahlen kann der LT in seiner ersten Sitzung – regelmäßig auf der Grundlage politischer Vorabsprachen – die Beratung weiterer Gegenstände beschließen.[21]

Art. 29 (Landtagspräsident, Geschäftsordnung)

(1) Der Landtag wählt den Präsidenten, die Vizepräsidenten, die Schriftführer und deren Stellvertreter. Der Landtag gibt sich eine Geschäftsordnung.

(2) Der Präsident und die Vizepräsidenten können durch Beschluß des Landtages abberufen werden. Der Beschluß setzt einen Antrag der Mehrheit der Mitglieder des Landtages voraus. Er bedarf der Zustimmung einer Mehrheit von zwei Dritteln der Mitglieder des Landtages.

(3) Der Präsident leitet nach Maßgabe der Geschäftsordnung die Verhandlungen und führt die Geschäfte des Landtages. Er übt das Hausrecht und die Ordnungsgewalt im Landtag aus.

(4) In den Räumen des Landtages darf eine Durchsuchung oder Beschlagnahme nur mit Zustimmung des Präsidenten vorgenommen werden.

(5) Der Präsident vertritt das Land in allen Rechtsgeschäften und Rechtsstreitigkeiten des Landtages.

(6) Der Präsident leitet die Verwaltung der gesamten wirtschaftlichen Angelegenheiten des Landtages nach Maßgabe des Landeshaushaltsgesetzes und stellt den Entwurf des Haushaltsplanes des Landtages fest. Ihm obliegen die Einstellung und Entlassung der Angestellten und Arbeiter sowie die Ernennung, Entlassung und Versetzung in den Ruhestand der Beamten des Landtages nach den geltenden Rechts- und Verwaltungsvorschriften. Der Präsident ist oberste Dienstbehörde aller Beschäftigten des Landtages.

Artt. 32, 44 BWVerf; 20, 21 BayVerf; 28, 24, 37 VvB; 69 BbgVerf; 86, 92, 106 BremVerf; 18 HambVerf; 83 f HessVerf; 18, 20 NdsVerf; 38, 39 Verf NW; 85 Verf Rh-Pf; 70, 71 SaarlVerf; 47 SächsVerf; 46, 49 LVerf LSA; 14 SchlHVerf; 57 ThürVerf.

---

19 Im LT wurde bisher von allen Alterspräsidenten von dieser Möglichkeit Gebrauch gemacht, vgl dazu *Brunner* (Fn 16), S. 86.
20 *Kretschmer*, in: BK, Art. 39 Rn 78.
21 LVerfG M-V, Urt. v. 21.06.2007 – LVerfG 19/06, Umdruck S. 18, DVBl. 2007, 1049.

I. Allgemeine Bedeutung	1	4. Hausrecht und Ordnungsgewalt	23
II. Selbstbestimmung über Organisation und Verfahren (Absätze 1 und 2)	2	a) Ordnungsgewalt	24
		b) Hausrecht	25
1. Präsident, Stellvertreter, Schriftführer (Abs. 1 Satz 1)	2	5. Genehmigungsbefugnis bei Durchsuchung und Beschlagnahmen (Abs. 4)	30
2. Wahl der Vizepräsidenten und Schriftführer	3	6. Vertretung des Landes in allen Rechtsgeschäften und Rechtsstreitigkeiten (Abs. 5)	33
3. Abwahl des Präsidenten und der Vizepräsidenten (Abs. 2)	5	
4. Geschäftsordnungsautonomie des Landtages (Abs. 1 Satz 2)	6	7. Staatsrechtliche Repräsentation	34
III. Aufgaben des Präsidenten	15	8. Verwaltung der wirtschaftlichen Angelegenheiten des Landtages (Abs. 6)	35
1. Allgemeines	15	
2. Führung der Geschäfte	16	
3. Sitzungs- und Disziplinargewalt	20	

I. Allgemeine Bedeutung

Art. 29 LV ist die zentrale Norm für die Selbstorganisation des LT. Dazu gehören das Recht und die Pflicht zur Wahl seiner Organe, das Recht, seine GO selbst zu regeln (Geschäftsordnungsautonomie), sich selbst durch den Präsidenten zu verwalten und durch ihn Hausrecht und Ordnungsgewalt im LT auszuüben. Diese Rechte werden umfassend als **Parlamentsautonomie** bezeichnet.[1] Die Parlamentsautonomie statuiert das Recht des LT, seine eigenen Aufgaben, unbeeinflusst von anderen Verfassungsorganen, insbesondere der Exekutive, erfüllen zu können.[2] Mit Blick auf die Gewaltenteilung sichert die Parlamentsautonomie vor allem die Unabhängigkeit des LT gegenüber der LReg. Durch die **Geschäftsordnungsautonomie**, die **Organisationsautonomie** und die **Verwaltungsautonomie** (Hausrecht und Ordnungsgewalt, Haushalt, Personal etc) ist der LT auch logistisch von der Exekutive unabhängig.[3]

II. Selbstbestimmung über Organisation und Verfahren (Absätze 1 und 2)

1. Präsident, Stellvertreter, Schriftführer (Abs. 1 Satz 1). Der PräsLT wird in der ersten, der konstituierenden Sitzung des LT gewählt, die vom sog. **Alterspräsidenten** (→ Art. 28 Rn 4), dh vom ältesten, hierzu bereiten Abg. (vgl § 1 Abs. 2 GO LT), geleitet wird. Die Wahl wird ohne Aussprache geheim durchgeführt (§ 2 Abs. 1 Satz 2 GO LT). Der Grund für diese Ausnahme vom Grundsatz der Parlamentsöffentlichkeit liegt in der besonderen – neutralen – Leitungsfunktion des Präsidenten, die durch eine kontroverse Aussprache im Vorfeld der Wahl nicht belastet werden soll.[4] Für die Wahl erforderlich ist die Mehrheit der abgegebenen gültigen Stimmen (§ 2 Abs. 1 Satz 2 GO LT). Stimmenthaltungen gelten als Neinstimmen. Ergibt sich eine solche Mehrheit nicht, so kommen die beiden Mitglieder des LT mit den höchsten Stimmenanteilen in die engere Wahl. Bei Stimmengleichheit entscheidet das vom Alterspräsidenten zu ziehende Los (vgl § 2 Abs. 1 Satz 2 und 3 GO LT). Die Möglichkeit einer Entscheidung durch das Los und damit einer theoretischen Abweichung vom Mehrheitsprinzip findet seine Rechtfertigung in der Notwendigkeit, in der ersten Sitzung die Hand-

---

1 *Versteyl*, in: von Münch/Kunig, Art. 40 Rn 1.
2 *Perne*, in: Brocker/Droege/Jutzi, Art. 85 Rn 5.
3 *Menzel*, in: Löwer/Tettinger, Art. 38 Rn 3; *Waack*, in: Casper/Ewer/Nolte/Waack, Art. 14 Rn 3.
4 Vgl *Linck*, in: Linck/Baldus/Lindner/Poppenhäger/Ruffert, Art. 57 Rn 14.

lungsfähigkeit des Parlaments herzustellen. Die Wahl erfolgt in jedem Fall für die Dauer der Wahlperiode (§ 2 Abs. 1 Satz 1 GO LT). In das Amt des PräsLT können nur Abg. gewählt werden. Obgleich dies in der LV nicht ausdrücklich geregelt ist,[5] wird dies – wie auch im BT – als selbstverständlich vorausgesetzt und folgt aus dem Selbstorganisationsrecht bzw. der Parlamentsautonomie.[6] Grds. ist für die Wahl des Präsidenten jedes Mitglied des LT vorschlagsberechtigt. Es entspricht jedoch ständigem parlamentarischem Brauch, dass der stärksten Fraktion des LT das Recht eingeräumt wird, den Kandidaten für das Amt des PräsLT aus ihren Reihen zu stellen und folglich auch vorzuschlagen.[7] Ob diese Übung – soweit sie positivrechtlich nicht normiert ist[8] – sich zu parlamentarischem Gewohnheitsrecht verdichtet hat, ist streitig.[9] Im Ergebnis ist dies abzulehnen,[10] jedenfalls insoweit, als es sich nicht um bindendes Recht handelt.[11] Daraus folgt, dass für den Fall, dass sich während der WP das Stärkeverhältnis der Fraktionen dahingehend ändert, dass eine andere Fraktion stärkere Fraktion wird, kein verfassungsrechtlicher Anspruch auf Neuwahl der LTPräs entsteht.[12] Unabhängig davon entspricht es der parlamentarischen Praxis im LT, dass das Vorschlagsrecht der Fraktionen in der Reihenfolge ihrer Stärke akzeptiert wird und sich dies insoweit auch im Wahlergebnis niederschlägt, da regelmäßig alle Vorgeschlagenen Stimmen aus allen politischen Lagern erhalten.[13]

3 **2. Wahl der Vizepräsidenten und Schriftführer.** Die Wahl der **Vizepräsidenten** wird in gleicher Weise wie die Wahl des Präsidenten geheim und in getrennter Abstimmung durchgeführt. Die Zahl der Vizepräsidenten ist durch die Verfassung nicht vorgegeben.[14] Nach § 2 Abs. 2 Satz 1 GO LT ist jedoch die Wahl eines 1. und eines 2. Vizepräsidenten vorgesehen. Der LT kann darüber hinaus beschließen, weitere Vizepräsidenten zu wählen (§ 2 Abs. 2 Satz 2 GO LT).[15] Damit gibt es in MV – anders als in anderen Landesparlamenten[16] – eine protokollarische Reihenfolge der Stellvertreter. Auch die Wahl der Vizepräsidenten orientiert sich in der parlamentarischen Praxis grds. am Stärkeverhältnis der Fraktionen, insoweit gibt es jedoch regelmäßig Ausnahmen.[17] Dies ist verfassungsrechtlich unbedenklich und wäre erst dann problematisch, wenn die Mehrheit alle Stellvertreter selbst stellen und die Opposition insoweit ausschließen würde.[18]

---

5 Anders bspw Art. 57 Abs. 1 ThürVerf: „Wählt aus seiner Mitte".
6 Vgl *Köhler*, Die Rechtsstellung der Parlamentspräsidenten in den Ländern der Bundesrepublik Deutschland und ihre Aufgaben im parlamentarischen Geschäftsgang, 2000, S. 18 f; *Klein*, in: Maunz/Dürig, Art. 40 Rn 88.
7 Vgl zum BT *Klein*, in: Maunz/Dürig, Art. 40 Rn 89.
8 So bspw Art. 41 Abs. 2 Satz 2 VvB, wonach den Fraktionen das Vorschlagsrecht in der Reihenfolge ihrer Stärke zusteht.
9 Vgl zum Meinungsstand *Klein*, in: Maunz/Dürig, Art. 40 Rn 89 mwN.
10 *Perne*, in: Brocker/Droege/Jutzi, Art. 85 Rn 20 nwN.
11 IdS *Klein*, in: Maunz/Dürig, Art. 40 Rn 89; *Brocker*, in: BK Art. 40 Rn 107 nwN; *Perne*, in: Brocker/Droege/Jutzi, Art. 85 Rn 20.
12 *Lontzek*, in: Epping/Butzer/Brosius-Gersdorf/Haltern/Mehde/Waechter, Art. 18 Rn 15.
13 Vgl für die 5. WP PlenProt 5/1, S. 11 ff.
14 Vgl zum BT *Brocker*, in: BK, Art. 40 Rn 359.
15 Von dieser Möglichkeit hat der LT erstmals in der 5. WP Gebrauch gemacht und insgesamt drei Vizepräsidenten gewählt; auch in der 6. WP wurden 3 Vizepräsidentinnen gewählt.
16 Vgl *Perne*, in: Brocker/Droege/Jutzi, Art. 85 Rn 24; *Linck*, in: Linck/Baldus/Lindner/Poppenhäger/Ruffert, Art. 57 Rn 19.
17 In der 1. WP stellte die FDP-Fraktion den 2. Vizepräsidenten, obgleich die PDS-Fraktion die drittstärkste parlamentarische Kraft bildete.
18 IdS wohl auch *Linck*, in: Linck/Jutzi/Hopfe, Art. 57 Rn 5.

Da das sog. Präsidium in M-V – anders als in anderen Ländern[19] – kein eigenständiges Gremium mit parlamentarischen Leitungsfunktionen bildet, ist es insoweit auch unproblematisch, wenn nicht alle Fraktionen vertreten sind. Aufgabe des Vizepräsidenten ist die Vertretung der Präsidentin in der Sitzungsleitung des Plenums und des Ältestenrates sowie in der Außenpräsentation des Landtages[20], sowie in allen Angelegenheiten, in denen das Parlament als Organ zu vertreten ist.[21] Demgegenüber wird der Präsident seiner Eigenschaft als Leiter der Parlamentsverwaltung ausschließlich durch den Direktor des Landtages vertreten.[22] Der Vertretungsfall wird im Regelfall vom PräsLT selbst festgestellt, in der Praxis üblicherweise auf der Grundlage von Absprachen mit seiner Vertretung. Während bei Repräsentationsterminen der Präsident selbst entscheidet, ob und durch wen er sich vertreten lassen will,[23] ergibt sich die Reihenfolge bei der echten Organvertretung aus der protokollarischen Rangfolge. Auch wenn PräsLT vertreten wurde, bleibt er Antragsgegner in Verfahren, die sich gegen einen Vizepräsident als „amtierenden Präsidenten" richten.[24]

Die Wahl der **Schriftführer** kann nach § 2 Abs. 2 Satz 3 GO LT offen durch Handaufheben erfolgen, wenn kein Mitglied des LT widerspricht. Die Funktion der Schriftführer ist keine allg. parlamentarische Funktion, sondern beschränkt sich auf die Unterstützung des jeweils amtierenden Präsidenten im Rahmen der Plenarsitzung. In den Sitzungen des LT bilden der amtierende Präsident und die beiden amtierenden Schriftführer das **Sitzungspräsidium** (§ 4 Abs. 1 GO LT). Die Schriftführer führen die Rednerliste, nehmen den Namensaufruf vor und sammeln und zählen die Stimmen. Der amtierende Präsident verteilt die Geschäfte (vgl § 4 Abs. 2 GO LT). Im Bedarfsfalle kann der amtierende Präsident nach § 4 GO LT weitere Schriftführer für die jeweilige Sitzung ernennen. 4

3. Abwahl des Präsidenten und der Vizepräsidenten (Abs. 2). Nach Art. 29 Abs. 2 LV können der Präsident und die Vizepräsidenten durch Beschluss des LT abberufen werden. Der LT hat damit die Möglichkeit, sich von seinen Repräsentanten zu trennen, wenn das notwendige Vertrauensverhältnis schwerwiegend und anhaltend gestört ist und die Abg. sich durch den Präsidenten bzw einen Vizepräsidenten nicht mehr hinreichend vertreten fühlen.[25] Die Abwahl kann sich auf alle Funktionsinhaber, aber auch nur auf einzelne, dh den Präsidenten oder einen Vizepräsidenten, beschränken. Mit der Festlegung in Art. 29 Abs. 2 S. 2 LV, dass bereits der Antrag auf Abwahl von der Mehrheit der Mitglieder des LT gestellt werden muss, ist sichergestellt, dass das Ansehen des Amtes nicht durch politisch motivierte Abwahlanträge der Opposition beschädigt wird. Gleichzeitig ist gewährleistet, dass eine Abwahl nicht durch Zufallsmehrheiten eingeleitet werden kann, da die Mehrheit der **Mitglieder des LT** und nicht der Anwesenden erforderlich ist. Für den Beschluss zur Abwahl ist die Mehrheit von zwei Dritteln der Mitglieder des LT erforderlich. Mit der Festlegung dieser – in doppelter Hinsicht – qualifizierten Mehrheit wird gewährleistet, dass eine vorzeitige Beendigung der Amtszeit nur möglich ist, wenn das Parlament sich über die Grenzen 5

---

19 Vgl dazu *Brocker*, in: BK Art. 40 Rn 294 ff; Ausarbeitung d. Wissenschaftl. Dienstes des Deutschen Bundestages, Aufgaben und Kompetenzen des Präsidiums d. Deutschen Bundestages und vergleichbarer Gremien in den Landtagen, WD 3-3000-062/14.
20 *Perne* (Fn 16).
21 *Linck*, in: Linck/Baldus/Lindner/Poppenhäger/Ruffert, Art. 57 Rn 21.
22 *Brocker*, in: BK Art. 40 Rn 151; *Klein*, in: Maunz/Dürig, Art. 40 Rn 107.
23 Vgl f. d. PräsBT, *Brocker*, in: BK, Art. 40 Rn 151.
24 *Brocker*, in: BK, Art. 40 Rn 151 mwN.
25 Vgl *Waack*, in: Casper/Ewer/Nolte/Waack, Art. 14 Rn 8.

der Fraktionen hinweg nicht mehr repräsentiert fühlt.[26] Gleichzeitig wird damit die Unabhängigkeit des Präsidenten und seiner Stellvertreter gestärkt. Außerhalb dieses Abberufungsverfahrens ist ein Misstrauensantrag gegen den Präsidenten unzulässig.[27] Das Amt des LTPräs kann aber durch freiwilligen Rücktritt aufgegeben werden.[28] Ansonsten endet das Amt mit dem Ablauf der WP oder mit Verlust des Abgeordnetenmandats. Daneben gibt es in MV – anders als in einigen anderen BL[29] – keine Koppelung des Amtes an die Fraktionsmitgliedschaft. Ein solcher in der Geschäftsordnung vorhergesehener Amtsverlust durch Ausscheiden aus der Fraktion – wie es in der GO v. NS, Sa, Sa-Anh. und Thür. vorgesehen ist[30] –, wäre mit der verfassungsrechtlichen Stellung des Amtes der LTPräs nicht vereinbar.[31]

6   **4. Geschäftsordnungsautonomie des Landtages (Abs. 1 Satz 2).** Nach Art. 29 Abs. 1 Satz 2 „gibt sich der Landtag eine Geschäftsordnung". Danach ist der LT ermächtigt, zugleich aber auch verpflichtet, sich eine GO zu geben.[32] Der Erlass einer GO gehört zu den bedeutsamsten Organisationsakten des LT.[33] Die Geschäftsordnungsautonomie verleiht dem Parlament die Befugnis, seine inneren Angelegenheiten im Rahmen der verfassungsmäßigen Ordnung autonom zu regeln und sich selbst so zu organisieren, dass es seine Aufgaben sachgerecht erfüllen kann.[34] Zumindest die für die Organisation und Verfahren wesentlichen Teile müssen in einer Kodifikation zusammengefasst werden.[35] Die LV schreibt – in Übereinstimmung mit anderen Landesverfassungen und dem GG – kein bestimmtes Verfahren für den Erlass der GO vor. Daraus folgt, dass die GO mit der einfachen Mehrheit der anwesenden Mitglieder des LT beschlossen werden kann.[36] Die GO unterliegt dem **Diskontinuitätsgrundsatz**, dh sie gilt nur bis zum Ende einer Legislaturperiode.[37] Dementsprechend wird die GO regelmäßig in der ersten – konstituierenden – Sitzung zu Beginn der Legislaturperiode beschlossen. Unabhängig davon, ob insoweit lediglich die alte GO rezipiert oder eine veränderte bzw neue GO beschlossen wird, entspricht es der parlamentarischen Praxis, dass der Beschluss ausdrücklich, dh durch Abstimmung, erfolgt. Der Auffassung, dass die GO auch konkludent durch weitere Anwendung der alten GO angenommen werden kann,[38] überzeugt nicht, da sie im Widerspruch zu Art. 32 LV steht, wonach Beschlüsse mit der Mehrheit der abgegebenen Stimmen gefasst werden.[39]

---

26 *Waack*, in: Caspar/Ewer/Nolte/Waack, Art. 14 Rn 8.
27 *Lontzek*, in: Epping/Butzer/Brosius-Gersdorf/Haltern/Mehde/Waechter, Art. 18 Rn 18.
28 *Lontzek*, in: Epping/Butzer/Brosius-Gersdorf/Haltern/Mehde/Waechter, Art. 18 Rn 17.
29 *Brocker*, in: BK, Art. 40 Rn 112 mwN.
30 *Lontzek*, in: Epping/Butzer/Brosius-Gersdorf/Haltern/Mehde/Waechter, aaO n. w. N.
31 IdS wohl auch *Ipsen*, Verfassung, Art. 18 Rn 20.
32 *Linck*, in: Linck/Baldus/Lindner/Poppenhäger/Ruffert, Art. 57 Rn 40; *Klein*, in: Maunz/Dürig, Art. 40 Rn 37.
33 LVerfG M-V, LVerfGE 12, 209, 221.
34 Vgl BVerfGE 80, 188, 219; 84, 304, 311; 102, 224, 235.
35 *Brocker*, in: BK, Art. 40 Rn 211; *Kluth*, in: Schmidt-Bleibtreu/Hofmann/Henneke, Art. 40 Rn 37.
36 *Klein*, in: Maunz/Dürig, Art. 40 Rn 38; *Achterberg/Schulte*, in: von Mangoldt/Klein/Starck, Art. 40 Rn 54.
37 *Pieroth*, in: Jarass/Pieroth, Art. 40 Rn 7; *Perne*, in: Brocker/Droege/Jutzi, Art. 85 Rn 12..
38 So *Klein*, in: Maunz/Dürig, Art. 40 Rn 63; *Achterberg/Schulte*, in: von Mangoldt/Klein/Starck, Art. 40 Rn 55.
39 IdS *Menzel*, in: Löwer/Tettinger, Art. 38 Rn 9.

Das Recht des Parlaments, seine Angelegenheiten zu regeln, erstreckt sich insbesondere auf den Geschäftsgang[40] und zielt darauf ab, die **effektive Erfüllung der parlamentarischen Aufgaben** zu ermöglichen.[41] Inhaltlich regelt die GO alle Angelegenheiten des internen parlamentseigenen Bereichs innerhalb des von der Verfassung vorgegebenen Rahmens. Dazu gehören insb. die Organisation des Parlaments, seine Konstituierung, die Bildung und Aufgaben seiner Organe und Gliederungen (Präsident, Ältestenrat, Fraktionen, Ausschüsse), das Verfahren in den Plenar- und Ausschusssitzungen, die Behandlung sonstiger Vorlagen, die einzelnen Mittel parlamentarischer Kontrolle (wie Kleine und Große Anfragen, Fragestunde, Aktuelle Stunde), zulässige Verhandlungsgegenstände, Rechte und Pflichten der Mitglieder des LT, das Gesetzgebungsverfahren, einschließlich von Haushalts- und Finanzvorlagen, die Sitzungs- und Redeordnung im Plenum, die Abstimmungsordnung, die Ordnungsbestimmungen (Ordnungsruf, Wortentziehung, Ausschluss von Mitgliedern des LT) sowie die Beurkundung der Verhandlungen und die Ausfertigung von Beschlüssen des LT.

Bei der Entscheidung darüber, welcher Regeln der Selbstorganisation es zur Gewährleistung eines ordnungsgemäßen parlamentarischen Verfahrens bedarf, hat der LT einen weiten **Gestaltungsspielraum**.[42] Es ist in erster Linie die Aufgabe des Parlaments, zu organisieren, auf welche Weise seine Mitglieder an der parlamentarischen Willensbildung mitwirken.[43] Ausgangspunkt und Grundlage für die Mitgestaltung und Beschränkung der Abgeordnetenrechte ist das Prinzip der Beteiligung an den Entscheidungen des Parlaments.[44] Die Geschäftsordnung setzt grundlegende Bedingungen für die geordnete Wahrnehmung der Abgeordnetenrechte, die nur als Mitgliedschaftsrechte bestehen und verwirklicht werden können und daher einander zugeordnet und aufeinander abgestimmt werden müssen.[45] Dabei sind jedoch die Vorgaben der Verfassung, insb. die – widerstreitenden – Interessen zwischen dem Mehrheitsprinzip und dem Minderheitenschutz einschließlich des Rechts der Opposition auf politische Chancengleichheit oder das Spannungsfeld zwischen der Funktionsfähigkeit des Parlaments und den Statusrechten des einzelnen Abg. zu beachten.

Bei seinen Entscheidungen über die GO muss der LT auch und gerade die Art und Weise der Ausübung der den **Abg.** und **Fraktionen** aus ihrem verfassungsrechtlichen Status zufließenden Rechte regeln.[46] Die GO setzt mithin die grundlegenden Bedingungen für die Wahrnehmung dieser Rechte; nur so wird dem Parlament eine sachgerechte Erfüllung seiner Aufgaben möglich.[47] Diese grundlegenden Bedingungen im Einzelnen festzulegen und auszugestalten, ist allein Sache des Kollegialorgans LT, also des Plenums.[48] Soweit Abgeordnete durch Übertragung von Entscheidungsbefugnissen an der parlamentarischen Entscheidungsfindung ausgeschlossen werden sollen, ist dies nur zum Schutz anderer Rechtsgüter mit Verfassungsrang und unter strikter Wahrung des Grundsatzes der Verhältnismäßigkeit zulässig.[49] Die Befugnis zur Selbstorganisation erlaubt

---

40 BVerfGE 80, 188, 218.
41 BVerfG, Urteil v. 28.02.2012, 2 BvE, 8/11 Rn 116, juris.
42 BVerfGE 80, 188, 220; LVerfGE 12, 209, 221.
43 BVerfGE 80, 188, 220.
44 BVerfGE 80, 188, 219.
45 LVerfG M-V, Urteil v. 23.01.2014 – Az. 3/13 –, Rn 31, juris.
46 LVerfG M-V, LVerfGE 12, 209, 221.
47 LVerfG M-V, LVerfGE 12, 209, 221 mit Hinweis auf BVerfGE 80, 188, 219 und 84, 304, 321.
48 LVerfG M-V, LVerfGE 12, 209, 221.
49 BVerfG, Urteil v. 28.02.2012, 2 BvE 8/11, Rn 119, juris.

es hingegen nicht, den Abgeordneten Rechte vollständig zu entziehen.[50] Daraus folgt, dass der LT einen Ausschuss nicht unbestimmt und unbegrenzt ermächtigen darf, seine GO ohne Zustimmung des LT zu verändern.[51] Auch das Verfahren zur Bestimmung des Vorsitzenden eines Ausschusses oder einer Enquetekommission liegt in der Gesamtverantwortung des LT und darf dem Gremium nicht unbestimmt und unbegrenzt übertragen werden.[52]

10 Die GO steht der Verfassung und den Gesetzen im **Rang** nach.[53] Die konkrete Rechtsnatur parlamentarischer GO wird von der vorherrschenden Meinung als autonome Satzung qualifiziert[54] oder jedenfalls als ein Rechtssatz „sui generis" angesehen, der einer Satzung am nächsten steht.[55] Unabhängig von dieser terminologischen Zuordnung ist allg. anerkannt, dass die GO den Charakter eines „Rechtssatzes" hat.[56] Als „**parlamentarisches Binnenrecht**" bindet die GO jedoch nur die Mitglieder des Parlaments.[57] Das schließt jedoch nicht aus, dass sich die Vorschriften der GO zu Verfassungsgewohnheitsrecht verdichten können, wenn und soweit sie Verfassungsvorschriften konkretisieren.[58] Darüber hinaus können sich Bindungswirkungen aus den Regelungen der Geschäftsordnung gegenüber Vertretern der Exekutive aus dem Aspekt der Verfassungsorgantreue ergeben.[59] Dies betrifft insbesondere die in der GO normierten Auskunftspflichten der LReg sowie mögliche Ordnungsmaßnahmen gegen Regierungsmitglieder.[60] (→ Rn 20).

11 Soweit Zweifel an der Auslegung der GO auftreten, ist zu unterscheiden. Über während einer Sitzung auftretende Zweifel über die Auslegung der GO entscheidet der – amtierende – Präsident (§ 107 Abs. 1 GO LT). Soweit eine grds., über einen Einzelfall hinausgehende Auslegung einer Vorschrift der GO notwendig wird, kann dies nur durch den LT nach Prüfung durch den Rechtsausschuss auf der Grundlage einer Beschlussempfehlung und eines Berichts beschlossen werden (vgl § 107 Abs. 2 GO LT). Inhaltlich sind neben den allgemeinen Auslegungsregeln (insb. teleologische Ausl.) die bisherige Praxis zu berücksichtigen.[61]

12 Eine sich aus der Geschäftsordnungsautonomie ergebende Eigenart des Geschäftsordnungsrechts ist die Möglichkeit, ohne Normänderung von den Regelungen im **Einzelfall abzuweichen**.[62] Abweichungen von der GO können im Einzelfall durch Beschluss des LT zugelassen werden, wenn nicht eine Fraktion oder vier Mitglieder des LT widersprechen (§ 108 GO LT). Faktisch setzt also ein Abweichen von der GO ein interfraktionelles Einvernehmen voraus. Änderungen der GO werden in zwei Lesungen beraten (§ 109 GO LT). Diese an der Gesetzgebung orientierte Regelung trägt dem Umstand Rechnung, dass für das Funktionieren der parlamentarischen Demokratie der „Respekt" vor der GO von

---

50 BVerfG 84, 304, 321 f.
51 LVerfG M-V, LVerfGE 12, 209, 224.
52 LVerfG M-V, LVerfGE 12, 209, 226 f.
53 BVerfGE 1, 144, 148; 44, 308, 315.
54 BVerfGE 1, 144, 148; BayVerfGHE 8, 91, 95 ff.
55 *Versteyl*, in: von Münch/Kunig, Art. 40 Rn 17; so wohl auch *Klein*, in: Maunz/Dürig, Art. 40 Rn 61.
56 *Morlok*, in: Dreier, Art. 40 Rn 18; *Brocker*, in: BK, Art. 40 Rn 216; *Linck*, in: Linck/Baldus/Lindner/Poppenhäger/Ruffert, Art. 57 Rn 43.
57 BVerfGE 1, 144, 148; *Perne*, in: Brocker/Droege/Jutzi, Art. 85 Rn 16.
58 *Pieroth*, in: Jarass/Pieroth, Art. 40 Rn 7; *Versteyl*, in: von Münch/Kunig, Art. 40 Rn 17.
59 *Klein*, in: Maunz/Dürig, Art. 40 Rn 68; *Morlok*, in: Dreier, Art. 40 Rn 14.
60 Vgl auch *Linck*, in: Linck/Baldus/Lindner/Poppenhäger/Ruffert, Art. 57 Rn 47.
61 *Brocker*, in: BK, Art. 40 Rn 41; *Perne*, in: Brocker/Droege/Jutzi, Art. 85 Rn 11.
62 *Zeh*, in: HdbStR III, § 53 Rn 15; *Perne*, in: Brocker/Droege/Jutzi, Art. 85 Rn 10.

zentraler Bedeutung ist[63] und die Minderheit insoweit vor anlassbezogenen „ad hoc" Neuregelungen der GO geschützt werden soll.

Verstöße gegen die GO, die sich nicht zugleich als Verstöße gegen die Verfassung oder Verfassungsgewohnheitsrecht darstellen, sind rechtswidrig, wirken sich aber nicht auf die Rechtmäßigkeit des parlamentarischen Beratungsgegenstandes aus.[64] Das bedeutet, dass Beschlüsse des LT, die unter Verstoß gegen die GO gefasst werden, dennoch rechtswirksam bleiben.[65] Dh im Außenverhältnis bleibt ein Geschäftsordnungsverstoß grds. unbeachtlich.[66] Unabhängig davon kann ein Geschäftsordnungsverstoß im Wege des Organstreits nach Art. 53 Nr. 1 LV i. V. m. § 11 Abs. 1 Nr. 1 LVerfGG durch das Landesverfassungsgericht überprüft werden, wenn vom Antragsteller gleichzeitig eine Verletzung verfassungsmäßig eingeräumter Rechte gerügt wird.[67] Daher ist zu beachten, dass die Geschäftsautonomie die Kontrollintensität des Verfassungsgerichts in Geschäftsordnungsangelegenheiten deutlich einschränkt.[68] 13

Im Hinblick darauf, dass die Regelungen des Parlaments „der Flexibilität" bedürfen, „um eine Anpassung an die veränderte Verfassungswirklichkeit zu ermöglichen",[69] ist das Innenrecht des Parlaments nicht auf die geschriebene GO begrenzt. Neben den geschriebenen Rechtsquellen des Parlamentsrechts (Verfassung, Gesetz, GO), wird das Verfahrensrecht durch ungeschriebene Verfahrensregeln ergänzt.[70] Zu den ungeschriebenen Regeln des Parlamentsrechts gehören das Verfassungsgewohnheitsrecht, das parlamentarische Gewohnheitsrecht, parlamentarische Observanzen sowie informale Parlamentsregeln.[71] 14

III. Aufgaben des Präsidenten

1. **Allgemeines.** Der PräsLT ist Organ des LT und dessen staatsrechtlicher Repräsentant.[72] Das Handeln des PräsLT wird dem Landtag insgesamt als eigenes Handeln zugeordnet.[73] In dieser Funktion vertritt er das Parlament in seiner Gesamtheit und nicht die Anliegen einer Mehrheit.[74] Daraus folgt nach allg. Auffassung, dass der Präsident sein Amt parteipolitisch neutral zu führen hat.[75] Dieses Amtsverständnis verbietet eine Parteinahme im Rahmen politischer Auseinandersetzungen zwischen den Parteien bzw den Landtagsfraktionen. Gleichzeitig ist das Amt des PräsLT auch eine politische Funktion in der parlamentarischen Demokratie mit der Folge, dass der PräsLT durchaus politische Impulse geben und Meinungen vertreten kann, soweit und solange damit nicht eine par- 15

---

63 *Menzel*, in: Löwer/Tettinger, Art. 38 Rn 12.
64 *Klein*, in: Maunz/Dürig, Art. 40 Rn 57; *Brocker*, in: Epping/Hillgruber, Art. 40 Rn 39.
65 BVerfGE 29, 221, 234; *Linck*, in: Linck/Baldus/Lindner/Poppenhäger/Ruffert, Art. 58 Rn 50; *Pietzcker*, in: Schneider/Zeh, § 10 Rn 42 f; *Pieroth*, in: Jarass/Pieroth, Art. 40 Rn 9.
66 *Achterberg/Schulte*, in: von Mangoldt/Klein/Starck, Art. 40 Rn 61; *Perne*, in: Brocker/Droege/Jutzi, Art. 85 Rn 11.
67 Vgl auch *Pietzcker*, in: Schneider/Zeh, § 10 Rn 47; *Achterberg/Schulte*, in: von Mangoldt/Klein/Starck, Art. 40 Rn 61.
68 *Brocker*, in: Epping/Hillgruber, Art. 40 Rn 38.
69 BVerfGE 102, 224, 240.
70 *Achterberg/Schulte*, in: von Mangoldt/Klein/Starck, Art. 40 Rn 49; *Brocker*, in: BK, Art. 40 Rn 95.
71 Vgl dazu *Achterberg/Schulte*, in: von Mangoldt/Klein/Starck, Art. 40 Rn 50; *Schulze-Fielitz*, in: Schneider/Zeh, § 11 Rn 4 ff mwN.
72 LVerfG M-V, Urteil v. 26.05.2011 – LVerfG 19/10 –, S. 9.
73 *Klein*, in: Maunz/Dürig, Art. 40 Rn 82.
74 BVerfGE 1, 115, 116.
75 BVerfGE 80, 188, 227, *Brocker*, in: BK, Art. 40 Rn 103.

teipolitische Positionierung verbunden ist.[76] Insbesondere Äußerungen und Öffentlichkeitsarbeit mit denen sich PräsLT zu seinen Verpflichtungen aus der Verfassung bekennt und für die Grundrechte der Verfassung wirkt, sind nicht nur zulässig[77], sondern verfassungspolitisch geboten. Dies schließt die kritische Auseinandersetzung mit verfassungsfeindlichen Gruppierungen, Initiativen und Parteien ausdrücklich ein.[78] Davon zu unterscheiden ist die Rolle, die der Parlamentspräsident gleichzeitig als Abg. und Fraktionsmitglied wahrnimmt.[79] In dieser Funktion ist er nicht gehindert, die Position seiner Fraktion zu vertreten. Maßgeblich ist insoweit, dass die Trennung erkennbar wird, zB dadurch, dass ein entsprechender Beitrag im Plenum als Abg. vom Rednerpult und nicht als Präsident erfolgt.[80] Von den staatsrechtlichen Aufgaben als Verfassungsorgan zu unterscheiden ist die Stellung der PräsLT als Verwaltungsbehörde nach Art. 29 Abs. 6 LV[81] (→ Rn 35).

16 **2. Führung der Geschäfte.** Nach Art. 29 Abs. 3 Satz 1 LV führt der PräsLT „die Geschäfte des Landtages". Die Befugnisse sind zunächst in Art. 29 Abs. 3 bis 6 LV explizit ausgeformt und nehmen die parlamentsrechtliche Tradition in Deutschland entsprechend auf.[82] Mit dieser Regelung werden alle Befugnisse des Präsidenten nach dem Abgeordnetengesetz (AbgG) und der GO zusammengefasst, soweit sie nicht iÜ in der Verfassung ausdrücklich statuiert sind. Zu den wesentlichen Aufgaben nach dem AbgG gehört zunächst die generelle Ermächtigung zum Erlass von **Ausführungsbestimmungen** nach § 58 AbgG M-V. Diese werden vom Präsidenten regelmäßig zu Beginn der Legislaturperiode im Benehmen mit dem Ältestenrat erlassen. Darin enthalten sind insb. Regelungen zum Verfahren sowie Konkretisierungen von Leistungen nach dem AbgG. Im Einzelnen betrifft dies die Aufwandsentschädigung (§ 8 AbgG), die Kostenpauschale, einschließlich der Erstattung von nachgewiesenen Aufwendungen für die Beschäftigung von Mitarbeitern (§ 9 AbgG), das Genehmigungsverfahren und die Höhe der Reisekostenentschädigung (§ 10 AbgG) sowie schließlich die Festlegung der Geld- und Sachleistungen an die Fraktionen (§ 54 AbgG).

17 Die Aufgaben in Bezug auf die parlamentarischen Abläufe ergeben sich aus der GO, in der die Leitungsbefugnis des Präsidenten im Einzelnen geregelt ist. Dazu gehört zunächst die Einberufung der Landtagssitzungen. Anders als Art. 39 Abs. 3 Satz 1 GG enthält die LV kein ausdrückliches **Selbstversammlungsrecht** des Parlaments. Eine solche ausdrückliche Hervorhebung ist auch entbehrlich, da sich diese Befugnis unmittelbar aus der allg. Parlamentsautonomie ergibt.[83] Die GO LT sieht unterschiedliche Möglichkeiten zur Einberufung des LT vor. Nach § 72 Abs. 1 erste Alternative GO LT ruft der Präsident den LT im Benehmen mit dem Ältestenrat ein. Nach § 72 Abs. 1 zweite Alternative GO LT wird

---

76 Vgl dazu grundlegend LVerfG M-V, Urteil v. 23.05.1996 – LVerfG 6 1/95 –, LVerfGE 4, 268, 276.
77 I. d. S. LVerfG M-V, Beschluss v. 26.05.2011 – LVerfG 19/19 –, S. 12, i. Z. m. d. Förderung d. Initiative „Wir. Erfolg braucht Vielfalt.".
78 Zur Verfassungsfeindlichkeit d. NPD, vgl VG Greifswald, Urteil v. 02.12.2008 – 2 A 1267/08 – juris, Rn 98 ff; vgl auch VerfG Rh-Pf, NVwZ 2008, 897; BVerwGE 83, 136, 140 ff.
79 Vgl hierzu auch *Perne*, in: Brocker/Droege/Jutzi, Art. 85 Rn 23.
80 Vgl idS *Linck*, in: Linck/Baldus/Lindner/Poppenhäger/Ruffert, Art. 57 Rn 21; *Brocker*, in: Epping/Hillgruber, Art. 40 Rn 5.
81 LVerfG M-V, Urteil v. 25.11.2010 – LVerfG 7/10 –, S. 9.
82 *Brocker*, in: BK, Art. 40 Rn 361.
83 Vgl LVerfG M-V, Urt. v. 21.06.2007 – LVerfG 19/06 – S. 14; *Achterberg/Schulte*, in: von Mangoldt/Klein/Stark, Art. 39 Rn 24; *Linck*, in: Linck/Baldus/Lindner/Poppenhäger/Ruffert, Art. 57 Rn 23.

der LT aufgrund eines Beschlusses des LT einberufen. Schließlich muss der Präsident nach § 72 Abs. 4 Satz 1 den LT einberufen, wenn ein Viertel der Mitglieder des LT, die den Antrag eigenhändig unterzeichnen müssen oder die LReg es unter Angabe des Beratungsgegenstandes verlangen (sog. **Dringlichkeitssitzung**). Mit dem Recht zur Einberufung des LT durch den Präsidenten wird das Selbstversammlungsrecht nicht auf den Präsidenten verlagert, sondern insoweit ergänzt, als es dem Präsidenten ein eigenständiges Initiativrecht gewährt. Wenngleich dieses Verfahrensrecht selbständig wahrgenommen werden kann, setzt eine derartige Initiative des Präsidenten die Unterstützung einer parlamentarischen Mehrheit voraus, da die Sitzung durch den Präsidenten zwar selbständig einberufen, die Tagesordnung aber mit Mehrheit abgelehnt werden kann (vgl § 73 Abs. 3 GO LT). Auch die Vertagung oder der Schluss der Beratung unterliegt dem Mehrheitsprinzip (§ 80 GO LT). Demgegenüber handelt es sich bei dem Einberufungsverlangen von einem Viertel der Mitglieder des LT bzw der LReg um ein Minderheitenrecht[84] mit der Folge, dass auch der Beratungsgegenstand von der Mehrheit nicht von der Tagesordnung abgesetzt werden kann. Möglich ist allerdings die Aufsetzung weiterer Tagesordnungspunkte. Mit dem Einberufungsverlangen kann ein bestimmter Terminwunsch verbunden sein. Der PräsLT ist daran jedoch nicht gebunden, es handelt sich vielmehr um eine Ermessensentscheidung.[85] Dabei sind widerstreitende Interessen, namentlich der Terminwunsch der Antragsteller einerseits sowie ggf kollidierende Interessen (zB Terminkollisionen, erhebliche Aufwendungen in den Parlamentsferien) zu berücksichtigen. Im Ergebnis ist jedoch sicherzustellen, dass das politische Anliegen der Antragsteller nicht etwa durch Zeitablauf ganz oder teilweise obsolet wird.[86] Das Einberufungsverlangen wird materiell durch das Missbrauchsverbot begrenzt. Dies dürfte nur in evidenten Fällen anzunehmen sein, kommt aber bspw in Betracht, wenn die Antragsteller die Möglichkeit einer regulären Beratung ohne erkennbaren Grund ungenutzt gelassen haben und der Antrag zur Durchführung einer Dringlichkeitssitzung unter Berücksichtigung des zeitlichen Abstandes bis zur nächsten turnusmäßigen Sitzung sowie des Beratungsgegenstandes als schlicht missbräuchlich anzusehen ist.[87] In der parlamentarischen Praxis übt der PräsLT sein Recht auf Einberufung auf der Grundlage eines vom Ältestenrat jährlich im Voraus erarbeiteten Sitzungsplanes aus.

Darüber hinaus weist die GO dem Präsidenten eine Vielzahl von weiteren Aufgaben zu. Dazu gehören u.a.: Einberufung und Leitung des Ältestenrates (§§ 6, 7 GO LT), Konstituierung der Ausschüsse und Benennung von fraktionslosen Mitgliedern (§ 11 GO LT), Entgegennahme von Abwesenheitsanzeigen von Abg. (§ 32 GO LT), Entscheidung über die Zulässigkeit von Akteneinsichtsbegehren (§ 33 GO LT), Entgegennahme von Verzichtserklärungen von Abg. (§ 36 GO LT), Prüfung und ggf Zurückweisung unzulässiger Vorlagen (§ 42 GO LT), Überweisung von Ergänzungsvorlagen an den Finanzausschuss (§ 54 Abs. 2 GO LT), Entgegennahme, Prüfung und Weiterleitung von Kleinen und Großen Anfragen (§§ 62, 63 GO LT), Prüfung der Zulässigkeit von Beratungsgegenständen für die Aktuelle Stunde (§ 66 Abs. 3 GO LT), Überweisung von Petitionen (§ 67 GO LT), Vorschlag der Tagesordnung (§ 73 GO LT), Leitung der Plenarsitzungen (§ 75 GO LT), Feststellung der Beschlussunfähigkeit (§ 77 GO LT), die Erklärung des Schlusses der Beratung (§ 80 GO LT), die Worterteilung (§ 81 GO

18

---

84 Vgl *Menzel*, in: Löwer/Tettinger, Art. 38 Rn 34.
85 *Linck*, in: Linck/Baldus/Lindner/Poppenhäger/Ruffert, Art. 57 Rn 25.
86 *Linck*, in: Linck/Baldus/Lindner/Poppenhäger/Ruffert, Art Rn 25.
87 *Menzel*, in: Löwer/Tettinger, Art. 38 Rn 35.

LT), die Festlegung der Reihenfolge der Redner (§ 82 GO LT), Redeunterbrechung (§ 83 GO LT), die Wortentziehung (§ 84 Abs. 3 GO LT), Worterteilung zur GO (§ 87 GO LT), Verkündung von Abstimmungsergebnissen (§ 95 GO LT), Sanktionen im Rahmen der Sitzungsgewalt, namentlich Sach- und Ordnungsruf, Wortentziehung und Ausschluss von Mitgliedern des LT (§§ 97 ff, hierzu unten → Rn 21), Unterbrechung und Aufhebung der Sitzung (§ 101 GO LT), Ausschluss von Besuchern (§ 102 GO LT), Unterzeichnung und Übermittlung von Protokollen des LT (§§ 103 ff GO LT) sowie die Auslegung der GO über während einer Sitzung auftauchende Zweifel (§ 107 GO LT).

19 Zur Führung der Geschäfte des LT gehören schließlich die allg. Pflicht des PräsLT, die Arbeit des LT zu fördern, dh die Voraussetzungen für einen ungestörten Ablauf der Arbeit zu schaffen und zu sichern. Dies umfasst die personellen, räumlichen, technischen und finanziellen Voraussetzungen für das Plenum, die Ausschüsse, die einzelnen Abg. und die Fraktionen.[88] Schließlich ist es Aufgabe des PräsLT, die Würde und Rechte des Parlaments zu wahren. Die Wahrung der Würde des Landtages ist darauf ausgerichtet, das Ansehen und den Respekt vor dem Verfassungsorgan zu schützen.[89] Diese allg. Obliegenheit berechtigt und verpflichtet den PräsLT, im Einzelfall einzuschreiten, wenn die Würde des Parlaments von Innen oder Außen gefährdet ist oder verletzt wird.[90]

20 **3. Sitzungs- und Disziplinargewalt.** Nach Art. 29 Abs. 3 S. 2 LV übt PräsLT die Ordnungsgewalt im Landtag aus. Die parlamentarische Ordnungsgewalt umfasst zum einen die Leitungskompetenz oder Sitzungsgewalt i. S. d. Sicherstellung eines ordnungsgemäßen Geschäftsgangs und Verhandlungsablaufs in verfahrenstechnischer Hinsicht.[91] Hierzu gehören insbesondere die Einberufung des LT (§ 72 GO LT), Vorschlag der Tagesordnung (§ 73 GO LT) sowie die Leitung der Sitzungen (§ 75 GO LT). Auch die Prüfung und ggf. Zurückweisung von Vorlagen (§ 42 GO LT) oder Anfragen (§ 62 GO LT) sind der Leitungskompetenz zuzuordnen. Zur Wahrung der Ordnung gehört die Disziplinargewalt mit der die parlamentarische Ordnung gewahrt und geschützt werden soll.[92] Diese Kompetenzen ergeben sich aus der Geschäftsordnungsautonomie und stehen dem LT insgesamt zu.[93] Adressaten der Sitzungs- und Disziplinargewalt sind zunächst und vor allem die Mitglieder des Landtages. Ob auch die Mitglieder der LReg oder ihre Beauftragten der Ordnungsgewalt des – amtierenden – Präsidenten unterliegen, ist streitig.[94] Wenn Mitglieder der LReg an Sitzungen des Parlaments teilnehmen, sind auch sie verpflichtet, Äußerungen oder Handlungen, die die parlamentarische Ordnung stören, zu vermeiden. Daher könnte der amtierende Präsident bei gröblicher Verletzung der parlamentarischen Ordnung i. d. R. Art. 29 Abs. 3 S. 2 LVerf auch ggü. Mitgliedern der LReg Ordnungsmaßnahmen ergreifen.[95] Wegen des in Art. 38 Abs. 2 LVerf verankerten privilegierten

---

88 Ritzel/Bücker/Schreiner, § 7 GO BT, Anm. I. 2 b.
89 LVerfG M-V, Urteil v. 27.01.2011– LVerfG 4/09 –,, S. 11 f
90 *Lontzek,* in: Epping/Butzer/Brosius-Gersdorf/Mehde/Waechter, Art. Art. 14 Rn 14; vgl auch VerfGH Rh-Pf, NVwZ 2002, 75, 76 zu der Pflicht des PräsLT, öffentliche Anschuldigungen gegen MdL zu prüfen und ggf Stellung zu nehmen.
91 LVerfG M-V, Urteil v. 29.01.2009 – LVerfG 5/08 –, NordÖR 2009, 205, 207.
92 LVerfG M-V, aaO.
93 LVerfG M-V, Urteil v. 27.01.2011 – LVerfG 4/09 –, S. 9; LVerfG, Urteil v. 21.06.2007 – LVerfG 19/06, LVerfGE 18, 325 ff.
94 Vgl hierzu *Kluth,* in: Schmidt-Bleibtreu/Hofmann/Henneke, Art. 40 Rn 65; *Magiera,* in: Sachs, Art. 40 Rn 31.
95 *Perne,* in: Brocker/Droege/Jutzi, Art. 85 Rn 30; *Lontzek,* in: Epping/Butzer/Brosius-Gersdorf/Haltern/Mehde/Waechter, Art. 18 Rn 37.

Rede- und Anwesenheitsrechts, (→ *Wiegand-Hoffmeister,* **Art. 38** Rn 3) ist jedoch ein besonders strenger Maßstab anzulegen,[96] mit der Folge, dass förmliche Ordnungsmaßnahmen in der parl. Praxis faktisch nicht vorkommen und in der geltenden GO LT nicht vorgesehen sind, da sich die geregelten Disziplinarmaßnahmen nur an Mitglieder des LT richten. Etabliert haben sich hingegen nichtförmliche Ordnungsmaßnahmen, wie Ermahnungen, Rügen oder der sog. „hypothetische Ordnungsruf". Damit wird ein Regierungsmitglied darauf hingewiesen, dass ein Ordnungsruf erteilt worden wäre, wenn er die inkriminierte Äußerung als Abgeordneter getan hätte.[97] Die Disziplinargewalt wird vom Präsidenten kraft Übertragung durch den LT gemäß § 3 Abs. 2 S. 1, §§ 97 ff GO LT, eigenverantwortlich und unabhängig ausgeübt.[98] Förmliche Instrumente der Disziplinargewalt sind der **Ruf zur Sache** (§ 97 Abs. 1 GO LT), der **Ordnungsruf** (§ 97 Abs. 2 GO LT), die **Wortentziehung** für den jeweiligen Verhandlungsgegenstand oder die gesamte Sitzung (§ 98 GO LT) sowie der **Ausschluss von der laufenden Sitzung** oder für mehrere Sitzungstage (§ 99 GO LT). Schließlich kann der PräsLT die Sitzung auf bestimmte Zeit unterbrechen oder schließen, wenn im LT störende Unruhe entsteht, die den Fortgang der Verhandlungen in Frage stellt (§ 101 GO LT). Bei der Sitzungsunterbrechung handelt es sich jedoch nicht um eine Disziplinarmaßnahme im engeren Sinne, weil eine solche immer nur gegen einen einzelnen Abg. gerichtet sein kann.[99] Die sitzungsbezogene Ordnungsgewalt ist jedoch nicht auf Äußerungen beschränkt. Als weitere Maßnahmen zur Aufrechterhaltung der Ordnung kommen die Beanstandung unangemessener Kleidung im Plenum, die Unterbindung von Essen und Trinken oder des Telefonierens im Plenarsaal in Betracht.

Disziplinarmaßnahmen ieS berühren den betroffenen Abg. in seinem verfassungsrechtlichen Status. Sach- und Ordnungsruf sowie die Wortentziehung stellen einen Eingriff in das Rederecht des Abg. dar.[100] Der Ausschluss von Sitzungen stellt darüber hinaus einen Eingriff in das Recht des Abg. auf Teilnahme an den Verhandlungen des LT dar.[101] Während durch die Wortentziehung das Rederecht entzogen wird, kann die Sanktionierung mit einem Ordnungsruf eine Beschränkung der Redefreiheit beinhalten. Gegen diese Maßnahmen steht dem betroffenen Abg. daher nach § 100 GO LT der Rechtsbehelf des Einspruchs zu. Dieser ist auf die Tagesordnung der nächsten Sitzung zu setzen. Der LT entscheidet ohne Aussprache nach Beratung im Ältestenrat. Der Einspruch hat keine aufschiebende Wirkung. Gegen die Entscheidung des LT wiederum kann der betroffene Abg. im verfassungsrechtlichen Organstreitverfahren vorgehen (§ 11 Abs. 1 Nr. 1 LVerfGG M-V). Das LVerfG stellt in seiner Entscheidung fest, ob die beanstandete Maßnahme gegen eine Bestimmung der Verfassung stößt (§ 38 LVerfGG M-V). In der parlamentarischen Praxis ist in den ersten vier Wahlperioden durchschnittlich etwa in jeder zweiten Sitzung ein Ordnungsruf erteilt worden.[102] Die Zahl der Ordnungsmaßnahmen ist in der 5. WP mit dem Einzug

21

---

96 *Brocker,* in: BK, Art. 40 Rn 140 mwN.
97 *Brocker,* in: BK, Art. 40 Rn 133 mwN.
98 LVerfG M-V, Urteil v. 29.01.2009 – LVerfG 5/08 –, NordÖR 2009, 205, 206.
99 *Klein,* in: Maunz/Dürig, Art. 40 Rn 103.
100 *Klein,* in: Maunz/Dürig, Art. 40 Rn 103.
101 LVerfG M-V, Urteil v. 29.01.2009 – LVerfG 5/08 –, NordÖR 2009, 205, 208.
102 In der 1. WP gab es in 109 Sitzungen 54 Ordnungsrufe, in der 2. WP in 92 Sitzungen 47 Ordnungsrufe, in der 3. WP in 85 Sitzungen 35 Ordnungsrufe und in der 4. WP in 82 Sitzungen 15 Ordnungsrufe.

der NPD-Fraktion, bei der die Provokation maßgeblicher Bestandteil ihrer Strategie ist,[103] explosionsartig angestiegen.[104]

22 Voraussetzung für die Berechtigung einer Ordnungsmaßnahme ist die Verletzung der Würde des LT durch einen Abg. Das LVerfG M-V hat zur Zulässigkeit und der Justiziabilität von Ordnungsmaßnahmen grundlegende Maßstäbe entwickelt. Danach liegt eine Verletzung der Würde des Landtages vor, wenn durch Äußerungen oder Handlungen, die den parlamentarischen Regeln widersprechen und das Ansehen des Parlaments zu schädigen geeignet sind, gegen die parlamentarische Ordnung verstoßen wird.[105] Die Auslegung der in den ordnungsrechtlichen Vorschriften verwendeten unbestimmten Rechtsbegriffe, ihre Anwendung auf den Einzelfall und die Gewichtung eines erkannten Verstoßes bleiben im Rahmen eines Beurteilungsspielraumes vorrangig Sache des Präsidiums und des Parlaments im Rahmen einer Entscheidung nach § 100 GO LT.[106] Wegen des spezifischen Charakters des parlamentarischen Willensbildungsprozesses in dem Kollegialorgan „Landtag", der wesentlich durch Elemente organschaftlicher Selbstregulierung geprägt ist, verbietet sich damit eine umfassende verfassungsgerichtliche Kontrolle in der Art der Überprüfung eines Verwaltungsakts.[107] Für die verfassungsrechtliche Beurteilung einer parlamentarischen Ordnungsmaßnahme ist nicht ausschlaggebend, ob auch ein abweichendes Ergebnis vertretbar wäre, sondern allein, ob sie auf einer Verkennung der aus dem Abgeordnetenstatus resultierenden Rechte beruht, wie dies bei einer Überprüfung der Auslegung einfachgesetzlicher Normen durch Behörden und Instanzgerichte im Lichte der Grundrechte gilt.[108] Der Begriff der parlamentarischen Ordnung ist dabei nicht allein auf den Ablauf der Plenarsitzung und unmittelbare Störungen der Beratungen und der politischen Diskussion im Parlament zu begrenzen. Vielmehr sind weitergehend auch die Werte und Verhaltensweisen zu berücksichtigen, die sich in der demokratischen und vom Repräsentationsgedanken getragenen parlamentarischen Praxis entwickelt haben und die durch die historische und politische Entwicklung geformt worden sind.[109] Das Parlament ist berechtigt, seine Mitglieder durch Verhaltensregeln auch auf die Wahrung der Würde des Landtages im Sinne eines von gegenseitigem Respekt getragenen Diskurses zu verpflichten.[110] Es darf deshalb Verstöße sanktionieren, wo es erkennen lässt, dass er den für eine sachbezogene Arbeit notwendigen Respekt gegenüber den übrigen Parlamentariern oder der Sitzungsleitung vermissen lässt und damit zwangsläufig auch das Ansehen des Hauses nach außen beschädigt.[111] Insoweit stellt die parlamentarische Disziplinargewalt auch ein notwendiges innerparlamentarisches Korrektiv zu dem besonderen Schutz der parlamentarischen Redefreiheit durch die verfassungsrechtliche Gewährleistung der Indemnität (→ Art. 24 Rn. 3 ff) dar, die den Inhalt der Rede von möglichen Sanktionen freistellt. In der parlamentarischen Praxis wird ein Ordnungsruf vor allem bei beleidigenden Äußerungen gegenüber anderen Abg., Mitgliedern der

---

103 Vgl hierzu *Brodkorb/Schlotmann*, Provokation als Prinzip, 1. Aufl. 2008.
104 In der 5. WP gab es in 127 Sitzungen 557 Ordnungsrufe, 77 Wortentzüge und 45 – z. T. mehrtägige – Ausschlüsse.
105 LVerfG, Urteil v. 23.01.2014 – LVerfG 3/13 –, Rn 32, juris, Leitsätze veröffentlicht in NordÖR 2014, 197.
106 LVerfG M-V, Urteil v. 23.01.2014, aaO. Rn 32.
107 LVerfG M-V, Urt. V. 29.01.2009 – LVerfG 5/08 –, NordÖR 2009, 205, 207.
108 Vgl BVerfG NJW 1994, 1779, 1781.
109 LVerfG M-V, Urteil v. 23.01.2014, aaO., Rn 33.
110 LVerfG M-V, aaO.
111 Vgl LVerfG M-V, Urt. V. 29.01.2009 – LVerfG 5/08 – NordÖR 2009, 205, 206 mwN.

LReg oder Dritten angenommen. Für die Würdigung kommt es nicht allein auf die Wortwahl an, sondern es sind stets der sachliche Zusammenhang und die Gesamtumstände zu berücksichtigen. Bspw kann die Verwendung des Terminus „Lügner" je nach den Umständen als – zulässige – überspitzte Meinungsäußerung oder aber als – unzulässige – persönliche Provokation oder pauschale Diskriminierung anzusehen sein. Als Störung der Ordnung und damit Verletzung der Würde des LT gelten grds. absichtliche Störungen des Redners sowie Nichtbeachtung oder Kritik der Anordnungen oder Verhandlungsleitung des – amtierenden – Präsidenten.[112] Der vom Landesverfassungsgericht entwickelte Kontrollmaßstab auf der Tatbestandseite, also der Frage, ob eine Verletzung der Würde des Parlaments vorliegt, berücksichtigt zu Recht die Unwiederholbarkeit der entscheidungserhebliche Situation, die in ihrem Ablauf und in ihrer Atmosphäre ex post nur schwer nachempfunden – und damit objektiv beurteilt – werden kann.[113] Insoweit sind Entscheidungen des PräsLT im Plenum mit Tatsachenentscheidungen eines Schiedsrichters vergleichbar und die vom LVerfG angenommene reduzierte verfassungsgerichtliche Kontrolldichte zutreffend. Demgegenüber nimmt das LVerfG auf der Rechtsfolgeseite, also zur Frage, welche Ordnungsmaßnahmen (Ordnungsruf, Wortentziehung, Sitzungsausschluss) eine umfassende Verhältnismäßigkeitsprüfung vor.[114] Danach sollen Art und Schwere des Verstoßes gegen den hohen Rang der Abgeordnetenrechte abgewogen werden, um im Einzelfall die Adäquanz zu wahren. Diese Adäquanzprüfung auf der Rechtsfolgeseite ist zu Recht auf Kritik gestoßen,[115] weil sich das LVerfG damit am Ende doch an die Stelle des Landtages setzt und die zuvor entstandene Zurückhaltung wieder negiert. Der Landtag hat den Rechtsgedanken einer stärkeren Differenzierung von Sanktionen auf der Rechtsfolgeseite der Verhältnismäßigkeit Rechnung getragen und die GO LT zu Beginn d. 6. WP dahergehend geändert, dass der Ordnungsruf, die Wortentziehung und der Sitzungsausschluss als abgestuftes Sanktionssystem geregelt wird. Schließlich sind mit der Möglichkeit nachträglich verhängter Ordnungsmaßnahmen nach Erörterung im Ältestenrat weitere Regeln eingearbeitet worden, die eine Entscheidung auf der Grundlage der gebotenen Abwägung und nicht ad-hoc im Plenum ermöglichen.

Der Ausschluss von Mitgliedern des LT setzt eine „gröbliche Verletzung der Ordnung" voraus. Ein solcher Verstoß ist regelmäßig anzunehmen, wenn die Äußerung über eine einfache Beleidigung hinausgehende strafrechtliche Relevanz besitzt. Einschlägig sind insoweit insb. die Straftatbestände der §§ 84 ff StGB (Gefährdung des demokratischen Rechtsstaates), § 103 StGB (Beleidigung von Organen und Vertretern ausländischer Staaten), Straftaten gegen die öffentliche Ordnung (§§ 126 ff StGB), Volksverhetzung (§ 130 StGB) falsche Verdächtigung (§§ 164 f StGB) sowie Straftaten, welche sich auf Religion und Weltanschauung beziehen (§ 166 ff StGB). Schließlich sind rassistische oder sonst diskriminierende Äußerungen mit der Würde des Parlaments unvereinbar.

4. Hausrecht und Ordnungsgewalt. Nach Art. 29 Abs. 3 Satz 2 übt der Parlamentspräsident das **Hausrecht** und die **Ordnungsgewalt** im LT aus. Insoweit ist zunächst zu berücksichtigen, dass die LV in diesem Zusammenhang eine andere Terminologie verwendet als das GG und zahlreiche andere Landesverfassun- 23

---

112 *Trossmann*, Parlamentsrecht, § 40 Rn 13; *Bücker*, in: Schneider/Zeh, § 34 Rn 21; LVerfG M-V, Urteil v. 29.01.2009, aaO., S. 207.
113 LVerfG M-V, Urteil v. 29.01.2009, aaO., S. 208.
114 AaO.
115 *Erbguth/Schubert*, NordÖR 2009, S. 209; *Brocker*, in: BK, Art. 40 Rn 368.

gen.[116] Mit dem Begriff „Ordnungsgewalt" ist dem Präsidenten als Sonderordnungsbehörde (§ 3 Abs. 1 Nr. 4 SOG M-V) die Aufgabe zugewiesen, auf der Grundlage der sog. polizeilichen Generalklausel (§§ 13, 16 SOG M-V) im Bereich des LT alle zur Aufrechterhaltung der öffentlichen Sicherheit erforderlichen Maßnahmen zu treffen.[117] Diese Aufgabe wird in Art. 40 Abs. 2 Satz 1 GG wie in der Mehrzahl der Landesverfassungen (vgl zB Art. 57 Abs. 3 ThürVerf; Art. 39 Abs. 2 Satz 3 Verf NW) als **„Polizeigewalt"** bezeichnet. Demgegenüber wird unter dem Begriff „Ordnungsgewalt" die oben beschriebene Sitzungs- bzw Disziplinargewalt subsumiert.[118]

24 a) **Ordnungsgewalt.** Materiell obliegen dem Präsidenten im Rahmen der **Ordnungsgewalt** alle präventivpolizeilichen Maßnahmen, die der Abwehr einer Störung der öffentlichen Sicherheit oder Ordnung im Gebäude des LT zu dienen bestimmt sind, und die somit der allgemeinen Polizeibehörde obliegen würde.[119] Zur Durchsetzung der Ordnungsgewalt könnte sich der PräsLT eines landtagseigenen Polizei- bzw Ordnungsdienstes bedienen.[120] Tatsächlich verfügt der LT lediglich über einen Sicherheitsdienst, deren Mitarbeiter nicht zur Anwendung unmittelbaren Zwangs nach dem SOG ermächtigt sind. Soweit erforderlich, kann der Präsident nach den allg. Amtshilferegeln die Landespolizei heranziehen, die insoweit der Weisungsgewalt des Parlamentspräsidenten unterliegt.[121] Ohne entsprechende Anforderung darf die Polizei im LT nicht tätig werden.[122] Insoweit schließt die Ordnungsgewalt des Präsidenten selbst die Zutrittsbefugnis von Beamten der Polizei und Ordnungsbehörden ohne Genehmigung aus.[123] Ob ein Eingriff der Polizei ohne Genehmigung des PräsLT bei besonderer oder dringender Gefahr im Verzuge ausnahmsweise zulässig ist, ist streitig.[124] Eine allg. Eingriffskompetenz bei „dringender Gefahr im Verzuge" ist zu unbestimmt und daher abzulehnen. Sachgerecht erscheint es, diese Ausnahme in Analogie zur Nothilfe auf gegenwärtige, nicht anders abwendbare Gefahren für Leib und Leben zu begrenzen. Die Ordnungsgewalt steht dem PräsLT als eine unabhängig vom LT wahrzunehmende Kompetenz als Behörde zu.[125] Daraus folgt, dass der PräsLT die Befugnisse zur Ausübung der Ordnungsgewalt auf Bedienstete der Landtagsverwaltung delegieren kann und bei Abwesenheit durch den LTDir vertreten wird. Andererseits kann der Präsident sie nicht auf andere Hoheitsträger, insb. die Polizeibehörden des Landes, übertragen.[126] Schließlich unterliegen die Maßnahmen der Ordnungsgewalt keinerlei (Rechts- oder Fach-)Aufsicht des LT.[127] Adressat der Ordnungsgewalt des PräsLT sind alle Personen, die sich in

---

116 Vgl *Brocker*, in: BK, Art. 40 Rn 362.
117 *Linck*, in: Linck/Baldus/Lindner/Poppenhäger/Ruffert, Art. 57 Rn 29.
118 Vgl zB *Klein*, in: Maunz/Dürig, Art. 40 Rn 101 f.
119 *Brocker*, in: Epping/Hillgruber, Art. 40 Rn 50.
120 In Deutschland verfügt derzeit jedoch nur der BT über einen eigenen Polizeidienst.
121 Vgl *Menzel*, in: Löwer/Tettinger, Art. 39 Rn 18; *Perne*, in: Brocker/Droege/Jutzi, Art. 85 Rn 31.
122 *Klein*, in: Maunz/Dürig, Art. 40 Rn 155; *Menzel*, in: Löwer/Tettinger, Art. 39 Rn 18; *Magiera*, in: Sachs, Art. 40 Rn 30.
123 *Versteyl*, in: von Münch/Kunig, Art. 40 Rn 24.
124 Dafür: *Versteyl*, in: von Münch/Kunig, Art. 40 Rn 24; *Morlok*, in: Dreier, Art. 40 Rn 35; *Menzel*, in: Löwer/Tettinger, Art. 39 Rn 18, dagegen: *Trossmann*, Parlamentsrecht, § 7 GO BT Rn 38; *Ritzel/Bücker*, Anm. II 2 d zu § 7 GO BT; *Wuttke*, in: von Mutius/Wuttke/Hübner, Art. 14 Rn 4.
125 *Klein*, in: Maunz/Dürig, Art. 40 Rn 147.
126 *Klein*, in: Maunz/Dürig, Art. 40 Rn 16.
127 *Köhler*, Die Polizeigewalt des Parlamentspräsidenten im deutschen Staatsrecht, in: DVBl. 1992, S. 1577, 1584.

den Räumlichkeiten des LT aufhalten. Der verfassungsrechtliche Terminus „im Landtag" ist weit auszulegen und umfasst alle der Verwaltung des LT unterstehenden Gebäude, Gebäudeteile und Grundstücke.[128] Der räumliche Geltungsbereich erstreckt sich hingegen nicht auf Wahlkreisbüros sowie Örtlichkeiten, in denen sich Ausschüsse oder andere parlamentarische Gremien zu externen Sondersitzungen oder Ortsterminen versammeln.

b) Hausrecht. Art. 29 Abs. 2 S. 3 LV ist aber nicht nur Kompetenz- sondern auch Befugnisnorm, da über die polizeiliche Generalklausel auch Polizeiverfügungen, Polizeiverordnungen und Realakte erlassen werden[129] und nötigenfalls mit polizeilichen Zwangsmitteln – im Wege der Amtshilfe – durchgesetzt werden können.[130] Das **Hausrecht** nach Art. 29 Abs. 3 Satz 2 erste Alternative gibt dem Parlamentspräsidenten das Recht, über Anwesenheit, Raumvergabe und Verhaltensweisen im LT zu entscheiden. Bei der Ausübung des Hausrechts, speziell bei der Entscheidung über die Nutzung der Räume des Landtages, steht PräsLT ein weiteres Ermessen zu.[131] Das dem Präsidenten eingeräumte Ermessen darüber, ob und wie die Räume des Parlaments parlamentsgerecht zu nutzen sind, ist auch von den Fachgerichten und den Verfassungsgerichten zu achten.[132] Regelungen zur Ausübung des Hausrechts bzw Maßnahmen zu dessen Durchsetzung sind sowohl gegenüber Parlamentsexternen als auch gegenüber Abg. zulässig. Insoweit ist allerdings zu beachten, dass das Hausrecht gegenüber Abg. nur besteht, wenn kein Zusammenhang mit einer Sitzung vorliegt. In diesen Fällen greift ausschließlich die Sitzungs- bzw Disziplinargewalt (→ Rn 20 ff). 25

Die Ausübung des Hausrechts ist dem **Präsidenten** – wie die Ordnungsgewalt – durch die Verfassung als **eigene Zuständigkeit** zugewiesen.[133] Daraus folgt gleichzeitig, dass der LT diese Zuständigkeit nicht an sich ziehen oder gar in Ausübung des Hausrechts getroffene Entscheidungen des Präsidenten ändern oder aufheben kann.[134] Bestandteil des Hausrechts ist auch das Recht des Präsidenten zum Erlass einer Hausordnung, in der die Einzelheiten, insb. die Zutrittsberechtigungen, geregelt sind.[135] In Hinblick auf die mit dem Einzug der NPD im Jahr 2006 veränderte Sicherheitslage, sieht die Hausordnung seit der 5. WP im Rahmen des Einlasses von Besuchern, die nach § 3 Abs. 2 HausO die Kontrolle von Bekleidung und Handgepäck vor. In den Anlagen zur HausO sind die Liste der verbotenen Gegenstände sowie eine Beschreibung von Kleidungsstücken, die geeignet sind, das Ansehen des Parlaments zu beschädigen, veröffentlicht. Letzteres wird angenommen, wenn im Bezug zu extremistischen, verfassungsfeindlichen oder strafrechtlich sanktionierten Auffassungen, Gesinnungen und Handlungen deutlich wird. Das Tragen der Marken „Thor Steinar" und „Consdaple" und ihnen zugehöriger Label ist ausdrücklich untersagt. Die HausO regelt insbesondere das Verhalten im Landtagsgebäude für alle Nutzer sowie das Verhalten im Plenarsaal und auf der Tribüne für Besucher und Externe. Bei der Hausordnung handelt es sich um eine das Hausrecht konkretisieren- 26

---

128 IdS für den noch engeren Begriff „Gebäude des Bundestages" in Art. 40 GG *Klein*, in: Maunz/Dürig, Art. 40 Rn 165.
129 *Brocker*, in: Epping/Hillgruber, Art. 40 Rn 52.
130 *Brocker*, in: BK, Art. 40 Rn 262 mwN.
131 *Brocker*, in: Epping/Hillgruber, Art. 40 Rn 47.
132 BVerfG, Beschluss v. 06.05.2005, NJW 2005, 2843, 2844.
133 *Klein*, in: Maunz/Dürig, Art. 40 Rn 159.
134 *Klein*, in: Maunz/Dürig, Art. 40 Rn 146; *Trossmann*, Parlamentsrecht des Deutschen Bundestages, § 7 Rn 40.
135 Vgl Hausordnung des LT v. 5. Mär 2011, veröffentlicht, www. Landtag-mv.de .

de Verwaltungsvorschrift mit ermessensbindender Wirkung.[136] Da die Hausordnung keine Regelung im Rahmen der Parlamentsautonomie darstellt, sondern auf einer eigenen Rechtssetzungsbefugnis des Präsidenten beruht, unterliegt sie nicht dem Grundsatz der Diskontinuität. Verstöße gegen die Hausordnung können als Ordnungswidrigkeit i. S. d. § 112 OWiG verfolgt werden.

27 Der **räumliche Geltungsbereich des Hausrechts** erstreckt sich wie die Ordnungsgewalt grds. auf alle Räume und Grundstücke des Schweriner Schlosses sowie weitere vom LT genutzten Räumlichkeiten in anderen Liegenschaften. Der sachliche Geltungsbereich wird jedoch begrenzt durch die Übertragung des Hausrechts an die Fraktionen.[137] Die Zuweisung von Räumen erfolgt üblicherweise zu Beginn einer neuen WP gem. § 54 Abs. 7 AbgG M-V und obliegt der PräsLT als Verwaltungsbehörde i. R. seiner Kompetenz aus Art. 29 Abs. 6 LV,[138] mit der Folge, dass bei Streitigkeiten der Verwaltungsrechtsweg eröffnet ist.[139] Diese Übertragung ist zum einen widerruflich und zum anderen inhaltlich insoweit eingeschränkt, als es sich innerhalb des vom allg. Hausrecht bzw der Hausordnung gesetzten Rahmens halten muss. Dies bedeutet konkret, dass die Fraktionen zwar grds. selbst entscheiden können, welche Besucher sie in ihren Räumen empfangen, gleichzeitig – da sich die Fraktionsräume innerhalb des LT befinden – aber den allg. Zugangsregularien – wie zB Ausstellen eines Besucherscheines am Eingang – unterworfen sind.[140] Schließlich ist der PräsLT im Rahmen seines Hausrechts auch zum Eingreifen gegenüber der Fraktion oder den einzelnen Abg. befugt, wenn diese ihr Hausrecht missbrauchen, jedenfalls dann, wenn sich der Missbrauch störend auf die Funktion des Parlaments auswirkt.[141] Ein solcher Missbrauch ist zB anzunehmen, wenn durch die Fenster der Büros Plakate oder Transparente an der Fassade angebracht werden[142] oder die Fraktionsräume genutzt werden, um sich mit Besuchern zu einem „Hungerstreik" zu versammeln.[143]

28 Der PräsLT übt das Hausrecht – jedenfalls soweit sich Maßnahmen auf Parlamentsexterne beziehen – meist nicht persönlich aus. Da es sich insoweit nicht um parlamentarische, sondern behördliche Maßnahmen handelt, wird er nicht von den Vizepräsidenten, sondern vom Landtagsdirektor[144] bzw den zuständigen Mitarbeitern der Landtagsverwaltung vertreten.

29 Die Rechtsnatur des Hausrechts ist streitig. Teilweise wird das Hausrecht aus dem Eigentum bzw dem Nutzungsrecht des Parlaments abgeleitet und im Ergebnis als privatrechtlich qualifiziert.[145] Nach der Gegenansicht ist das Hausrecht öffentlich-rechtlicher Natur.[146] Die Rspr wiederum differenziert je nach konkreter Maßnahme und ordnet sie entweder dem öffentlichen oder dem privaten

---

136 *Klein*, in: Maunz/Dürig, Art. 40, Rn 162; VG Berlin, NJW 2002, 1063, 1064.
137 Vgl dazu *Schmidt*, Zum Hausrecht der Fraktionen an ihren Geschäftsräumen, in: DÖV 1990, S. 102 ff; VerfGH Berl, NJW 1996, 2567 f.
138 LVerfG M-V, Beschluss v. 24.05.2012 – LVerfG 15/11 –, S. 9.
139 LVerfG M-V, aaO., S. 11.
140 *Klein*, in: Maunz/Dürig, Art. 40 Rn 168.
141 *Klein*, in: Maunz/Dürig, Art. 40 Rn 168.
142 Beispiel nach *Menzel*, in: Löwer/Tettinger, Art. 39 Rn 15.
143 BerlVerfGH, NJW 1996, 2567.
144 Vgl § 2 Abs. 2 Hausordnung (Fn 130).
145 *Achterberg/Schulte*, in: von Mangoldt/Klein/Starck, Art. 40 Rn 63; *Pieroth*, in: Jarass/Pieroth, Art. 40 Rn 11; *Waack*, in: Caspar/Ewer/Nolte/Waack, Art. 14 Rn 18; *Linck*, in: Linck/Jutzi/Hopfe, Art. 57 Rn 15.
146 *Morlok*, in: Dreier, Art. 40 Rn 34; *Dickersbach*, in: Geller/Kleinrahm, Art. 39 Anm. 6 a; *Menzel*, in: Löwer/Tettinger, Art. 39 Rn 13; *Reich*, Art. 49 Rn 3.

Recht zu.[147] Im Hinblick darauf, dass das Hausrecht ausdrücklich in der Verfassung verankert ist und der Sicherung der Funktionserfüllung des LT dient,[148] ist es überzeugender und im Hinblick auf den Rechtsweg auch sachgerechter, das Hausrecht als originär öffentlich-rechtlich anzusehen.[149] Daraus folgt, dass auch die Hausordnung öffentlich-rechtlicher Natur und konkret als Allgemeinverfügung im Sinne des § 35 Satz 2 VwVfG M-V anzusehen ist.[150] Das Hausrecht ist durch die §§ 112 OWiG, 106 b, 123 StGB strafbewehrt. Gegen hausrechtliche wie ordnungsrechtliche Verfügungen des Präsidenten ist grds. der Verwaltungsrechtsweg eröffnet.[151] Etwas anderes gilt nur in den Fällen, in denen haus- oder ordnungsrechtliche Maßnahmen Adressaten betreffen, die durch die Verfassung oder die GO LT mit eigenen Rechten ausgestattet sind, zB Abg. oder Fraktionen, und die Möglichkeit besteht, dass die Betroffenen in ihren ihnen durch die Verfassung übertragenen Rechte und Pflichten verletzt oder unmittelbar gefährdet sind.[152] In diesen Fällen kann eine verfassungsrechtliche Streitigkeit vor mit der Folge vorliegen, dass der Rechtsweg zum LVerfG offen steht.[153] Im Einzelfall kommt es darauf an, ob die dem Streit zugrunde liegende Rechtsgrundlage dem Verfassungs- oder Verwaltungsrecht zuzuordnen ist.[154] Rechtsstreitigkeiten i. Z. mit der Anwendung des Hausrechts und der Hausordnung unterliegen nur dann einer verfassungsgerichtlichen Kontrolle, wenn verfassungsrechtlich verbürgte Rechte der Abg. oder einer Fraktion verletzt sein können.[155]

5. Genehmigungsbefugnis bei Durchsuchung und Beschlagnahmen (Abs. 4). 30
Art. 29 Abs. 4 LV schützt die räumliche Integrität des Parlaments.[156] Geschützt werden ferner die Autorität des Parlamentspräsidenten als Hausrechtsinhaber sowie die Arbeit der einzelnen Abg. Das Genehmigungsprivileg stellt eine funktionale Ergänzung zum persönlichen Schutz des Abg. dar.[157] Ebenso wie Art. 40 Abs. 2 Satz 2 GG begründet Art. 29 Abs. 4 LV eigenständige Kompetenzen des Parlamentspräsidenten und stellt die Erteilung der Zustimmung für Eingriffe für Exekutive und Judikative in sein Ermessen.[158] Die entsprechenden Maßnahmen bedürfen der „Zustimmung", dh einer ausdrücklichen, vorherigen Einwilligung.[159]

Das Genehmigungserfordernis erstreckt sich auf Durchsuchungen und Beschlag- 31
nahmen nach § 94 ff, 102 ff StPO. Ob auch – über den Wortlaut hinaus – andere Maßnahmen der Strafverfolgungsbehörden, wie Festnahme und Verhaftungen sowie andere Zwangsmaßnahmen auf zivil- oder öffentlich-rechtlicher Grundla-

---

147 BVerwGE 35, 103, 106 f, VGH Mannheim, NJW 1994, 2500; OVG Münster, NJW, 1998, 1425 f; weitere Nachweise bei *Klein*, in: Maunz/Dürig, Art. 40 Rn 140 Fn 2.
148 *Morlok*, in: Dreier, Art. 40 Rn 34.
149 *Klein*, in: Maunz/Dürig, Art. 40 Rn 144; *Menzel*, in: Löwer/Tettinger, Art. 39 Rn 13.
150 *Klein*, in: Maunz/Dürig, Art. 40 Rn 162.
151 *Klein*, in: Maunz/Dürig, Art. 40 Rn 174; *Menzel*, in: Löwer/Tettinger, Art. 39 Rn 17, idS auch das OVG M-V, Beschl. v. 17.09.2006 – 211 136/06 –, das auf die „öffentlich-rechtliche" Zweckbestimmung des Gebäudes abstellt.
152 *Maunz*, in: Maunz/Dürig, Art. 40 Rn 174.
153 Vgl StGH, BW, DVBl. 1988, 632 f; VerfGH Berl, NJW 1996, 2567, 2568.
154 LVerfG M-V, Beschluss v. 24.05.2012– LVerfG 15/11 –, S. 10.
155 Sächs. VerfGH, Beschluss v. 25.02.2014 – Vf. 52 – I – 12 -, LS 3 b, juris.
156 *Klein*, in: Maunz/Dürig, Art. 40 Rn 179.
157 BVerfGE 108, 251, 274; *Brocker*, in: BK Art. 40 Rn 272.
158 BVerfGE 108, 251, 273.
159 *Brocker*, in: Epping/Hillgruber, Art. 40 Rn 55; *Lontzek*, in: Epping/Butzer/Brosius-Gersdorf/Haltern/Mehde/Waechter, Art. 18 Rn 25.

ge, der vorherigen Zustimmung bedürfen, ist streitig.[160] Für die Ausweitung des sachlichen Schutzbereiches über den Wortlaut hinaus besteht für Mandatsträger kein Regelungsbedarf, da die Abg. insoweit durch die Immunität nach Art. 24 Abs. 2 LV (→ 24 Rn 19 ff) umfassend geschützt sind. Im Hinblick darauf, dass der Schutzbereich dieser Norm darauf angewendet ist, potentiellen Druck durch andere Hoheitsträger auf das Parlament auszuschließen[161], ist mit der h. M. davon auszugehen, dass über den Wortlaut hinaus auch weitergehende Eingriffe, wie Festnahmen oder die Anwendung unmittelbaren Zwanges in Parlamentsgebäude nur mit Zustimmung der PräsLT zulässig sind.[162]

32 Der räumliche Schutzbereich von Art. 29 Abs. 4 erstreckt sich auf die Innenräume des LT und ist insoweit enger als der Schutzbereich des Hausrechts, welches sich auch auf Grundstücke erstreckt. Andererseits sind auch Räume geschützt, für die das Hausrecht auf die Fraktionen übertragen wurde (→ Rn 27), Räume i. S. d. Art. 29 Abs. 4 LV sind mithin Gebäudeteile in denen der Landtag, seine Ausschüsse, die Fraktionen oder die Verwaltung tätig sind.[163] Nicht geschützt sind die Wahlkreisbüros der Abg., deren Wohnungen sowie die Fahrzeuge des LT.[164]

33 **6. Vertretung des Landes in allen Rechtsgeschäften und Rechtsstreitigkeiten (Abs. 5).** Nach dem Wortlaut der Regelung vertritt der PräsLT nicht den LT oder die Landtagsverwaltung, sondern unmittelbar das Land M-V. Die Vertretung erstreckt sich sowohl auf den rechtsgeschäftlichen Bereich als auch auf Rechtsstreitigkeiten, wozu auch die verfassungsrechtlichen Streitigkeiten gehören. Nach der GO überweist der Präsident Klagen, Verfassungsbeschwerden und sonstige Verfahren, die beim BVerfG und dem LVerfG anhängig sind, dem Rechtsausschuss mit der Bitte um eine schriftliche Empfehlung (§ 69 Abs. 1 GO LT). Nach Eingang der Empfehlung entscheidet der Präsident im Benehmen mit dem Ältestenrat über die Abgabe einer Stellungnahme unter Berücksichtigung der Empfehlung des Rechtsausschusses (§ 69 Abs. 1 Satz 2 GO LT). Diese Regelung begründet eine Konsultationspflicht, aber keine formalrechtliche Bindung. Der Präsident vertritt den LT insgesamt und nicht etwa die jeweilige Mehrheit.[165] Die Vertretungszuständigkeit des Parlamentspräsidenten ist im Grundsatz „verfassungsfest" und steht nicht zur Disposition des Parlaments.[166] Allerdings kann der Landtagsdirektor vom PräsLT mit der ständigen Vertretungsbefugnis in einzelnen Bereichen betraut werden.[167]

34 **7. Staatsrechtliche Repräsentation.** In der Verfassung nicht ausdrücklich erwähnt, von der Vertretungskompetenz aber mitumfasst, ist die staatsrechtliche Repräsentation des LT durch den PräsLT.[168] In diesem Zusammenhang stellt sich bei offiziellen Veranstaltungen hinsichtlich der Begrüßung und Platzierung die Frage nach der protokollarischen Einordnung des PräsLT im Verhältnis zum

---

160 Für eine weite Auslegung: *Versteyl*, in: von Münch/Kunig, Art. 40 Rn 29; *Magiera*, in: Sachs, Art. 40 Rn 33, dagegen *Pieroth*, in: Jarass/Pieroth, Art. 40 Rn 13; *Morlok*, in: Dreier, Art. 40 Rn 37.
161 *Brocker*, in: Epping/Hillgruber, Art. 40 Rn 51.
162 *Klein*, in: Maunz/Dürig, Art. 40 Rn 175; *Brocker*, in: Epping/Hillgruber, Art. 40, Rn 51; *Lontzek*, in: Epping/Butzer/Brosius-Gersdorf/Haltern/Mehde/Waechter, Art. 18 Rn 24.
163 *Lontzek*, in: Epping/Butzer/Brosius-Gersdorf/Haltern/Mehde/Waechter, Art. 18 rn 27.
164 *Löwer*, in: Löwer/Tettinger, Art. 49 Rn 14.
165 BVerfGE 1, 115, 116.
166 *Köhler* (Fn 6), S. 304.
167 *Menzel*, in: Löwer/Tettinger, Art. 39 Rn 6; *Bücker*, in: Schneider/Zeh, § 27 Rn 16; *Köhler* (Fn 6), S. 283 f.
168 *Waack*, in: Caspar/Ewer/Nolte/Waack, Art. 14 Rn 29.

MinPräs. Während auf Bundesebene dem Bundestagspräsidenten – hinter dem Bundespräsidenten und vor dem Bundeskanzler – die Position des „zweiten Mannes im Staate" zugeordnet wird,[169] wird der PräsLT protokollarisch überwiegend hinter dem MinPräs eingeordnet.[170] Nach anderer Auffassung ist der PräsLT der „erste Mann" im Land vor dem MinPräs.[171] Im Hinblick auf die ausschließliche Außenvertretungskompetenz des MinPräs nach Art. 47 LV einerseits und im Hinblick auf die Stellung des Parlaments als erste Gewalt andererseits dürfte es sachgerecht sein, bei der protokollarischen Einordnung zu differenzieren. Während der MinPräs das Land im Außenverhältnis und bei Veranstaltungen mit nationaler oder internationaler Beteiligung als oberster Repräsentant das Land vertritt, kommt dem PräsLT bei landesinternen Veranstaltungen als Vertreter der ersten Gewalt der protokollarische Vorrang zu. In der inneren Ordnung des Parlaments folgen nach dem Präsidenten protokollarisch in der Rangfolge die Fraktionsvorsitzenden, die Vizepräsidenten, die Parlamentarischen Geschäftsführer, die Ausschussvorsitzenden und schließlich die übrigen Mitglieder des Parlaments.[172]

8. Verwaltung der wirtschaftlichen Angelegenheiten des Landtages (Abs. 6). 35
Die Kompetenz des PräsLT zur Leitung aller wirtschaftlichen Angelegenheiten umfasst insb. die – auch ausdrücklich aufgeführte – **Haushalts-, Personal-** sowie die **Organisationsgewalt.** Durch einfach gesetzliche Regelungen sind d. PräsLT weitere personalrechtliche Aufgaben und Befugnisse zugewiesen. Dazu gehören gem. § 5 PetBüG M-V die Ernennung der Bürgerbeauftragten und, da dessen Amt beim Präsidenten des Landtages eingerichtet ist, auch die Einstellung bzw. Ernennung der dort Beschäftigten. Gleiches gilt gem. § 29 DSG M-V für die Ernennung des Landesbeauftragten für den Datenschutz bzw. dessen Beschäftigte. Da PräsLT diese eingeschränkten Personalbefugnisse als zugewiesene Aufgaben wahrnimmt, handelt es sich nicht um Personalangelegenheiten des LT i. S. d. Art. 29 Abs. 6 S. 2 LV, mit der Folge, dass eine Beteiligung des Ältestenrates nach Art. 30 Abs. 2 LV (→ Art. 30 Rn 6 ff) entbehrlich ist. Schließlich ist der PräsLT gem. § 6 LRHG M-V Genehmigungsbehörde für Nebentätigkeiten der Mitglieder des Landesrechnungshofes, während nach § 7 Abs. 4 LRHG M-V die Landesregierung im Einvernehmen mit dem Präsidium des Landtags für die Erhebung einer Disziplinarklage gegen den Präsidenten und Vizepräsidenten des Landesrechnungshofes zuständig ist. Zur Wahrnehmung der wirtschaftlichen Angelegenheiten bedient sich der PräsLT der Landtagsverwaltung. Innerhalb der Landtagsverwaltung wird der PräsLT ständig durch den Landtagsdirektor vertreten.[173]

In der **Landtagsverwaltung**[174] sind alle administrativen, wissenschaftlichen und 36
organisatorisch-technischen Dienste zusammengefasst, die das Parlament und

---

169 *Klein*, in: Maunz/Dürig, Art. 40 Rn 93; *Brocker*, in: BK, Art. 40 Rn 101.
170 *Linck*, in: Linck/Jutzi/Hopfe, Art. 57 Rn 1; *Hartmann*, Staatszeremoniell, 3. Aufl. 2000, S. 144; *Köhler*, a.a.O. S. 52 f mwN.
171 *Böttcher*, Die Rechtsstellung des Landtagspräsidenten, 1956, S. 36; so ausdrücklich der damalige Oppositionsführer und derzeitige MinPräs Dr. Harald Ringstorff, PlenProt 1/78, 4448; nach *Waack*, in: Caspar/Ewer/Nolte/Waack, Art. 14 Rn 39 wird in Schleswig-Holstein und Hamburg der Parlamentspräsident jedenfalls in der Staatspraxis protokollarisch vor dem Regierungschef eingeordnet.
172 *Hartmann*, Staatszeremoniell, 4. Aufl. 2007, S. 145.
173 *Lontzek*, in: Epping/Butzer/Brosius-Gersdorf/Haltern/Mehde/Waechter, Art. 18 Rn 30; *Schindler*, in: Schneider/Zeh, 29 Rn 30.
174 Der Stellenplan d. LT weist f. 2014 126 feste Stellen aus, hinzu kommen 12 Stellen für Azubis und befristet Beschäftigte.

dessen Organe bei ihren vielfältigen verfassungsrechtlichen Aufgaben unterstützen.[175] Parlamentsverwaltungen sind Verwaltungen sui generis und weder im Hinblick auf die Struktur noch in Bezug auf die Aufgaben mit anderen Verwaltungen vergleichbar.[176] Die Landtagsverwaltung trägt als Dienstleister dazu bei, dass das Parlament seine vielfältigen Funktionen wahrnehmen kann.[177] Die Parlamentsverwaltung „dient" dem ganzen LT und ist allen Abg. und Fraktionen gegenüber gleichermaßen verpflichtet.[178] Die Pflicht zur politischen Neutralität schließt politische Dienstleistungen, zB Beratungen, wiss. Gutachten, Redeentwürfe etc. nicht aus, sondern macht deutlich, dass eine Parlamentsverwaltung „Diener vieler Herren" ist und seine Dienstleistung – anders als in einem Ministerium – nicht nach Maßgabe einer politisch vorgegebenen Zielrichtung erbringt. So wird der Leiter eines Ausschusssekretariates von allen Seiten in Anspruch genommen, vom Vorsitzenden, aber auch von Regierungs- oder Oppositionsfraktionen.[179] Die Grenzen politischer Neutralität bzw Loyalität ergeben sich aus den allg. Grundsätzen, wonach alle Mitarbeiter des öffentlichen Dienstes zu einer positiven Einstellung zu Staat und Verfassung verpflichtet sind und sich eindeutig von verfassungsfeindlichen Gruppen und Bestrebungen zu distanzieren haben und bereit sein müssen, jederzeit für die freiheitlich demokratische Grundordnung einzutreten.[180] Im Gegensatz zur allg. Staatsverwaltung, die Teil der Exekutive ist und vom Parlament lediglich kontrolliert wird, ist die Landtagsverwaltung eine im autonomen Selbstorganisationsrecht des Parlaments wurzelnde eigenständige Verwaltung, die von der LReg unabhängig ist.[181] Die Landtagsverwaltung unterliegt folglich nicht der Organisationsgewalt der LReg, sondern steht den Ressorts im Rang einer selbstständigen obersten Landesbehörde gegenüber.[182] Verwaltungsvorschriften der Ministerialverwaltung sind daher für die Landtagsverwaltung nicht verbindlich.[183] Sollen Verwaltungsvorschriften der LReg auch für die Landtagsverwaltung gelten, muss der PräsLT dies als allg. oder im Einzelfall anordnen.

37 Bei der Verwaltung der gesamten wirtschaftlichen Angelegenheiten des Landes sowie bei den ihm übertragenen personalwirtschaftlichen Maßnahmen muss sich der Präsident im Rahmen der im Einzelplan des LT (Einzelplan 01) gesetzten Vorgaben halten. Abweichend vom allg. Haushaltsaufstellungsverfahren steht dem Präsidenten jedoch nach Abs. 6 Satz 1 2. Alt. das Recht zu, den **Entwurf des Haushaltsplanes** des LT festzustellen. Voranschläge des PräsLT können nur mit seiner Zustimmung geändert werden (§ 29 Abs. 3 Satz 1 LHO). Mit der entsprechenden Änderung der LHO ist die verfassungsrechtliche Unzulässigkeit sog. Doppelvorlagen, wonach in Konfliktfällen die LReg einen veränderten Einzelplan einfügt und den Entwurf des PräsLT nur beifügt, nunmehr auch einfachgesetzlich klargestellt. Wird die Zustimmung zur Änderung des Voranschlags des PräsLT nicht erteilt, ist sein Voranschlag unverändert in den Entwurf des

---

175 Vgl Zu Stellung, Organisation und Funktion der Landtagesverwaltungen, *Herz*, Die Verwaltung der Parlamente, ZParl 2008, S. 528 ff.
176 *Schindler*, in: Schneider/Zeh, § 29 Rn 1.
177 *Oldiges/Brinktrine*, Der Landtagsdirektor als „politischer Beamter", in: DÖV 2002, S. 943, 946.
178 *Oldiger/Brinktrine*, aaO, S. 946.
179 *Schindler*, in: Schneider/Zeh, § 29 Rn 29.
180 BVerfGE 39, 334, 346 ff; BVerwGE 61, 176, 177 ff.
181 *Waack*, in: Caspar/Ewer/Nolte/Waack, Art. 14 Rn 27; *Edinger*, in: Grimm/Caesar, Art. 85 Rn 16.
182 *Perne*, in: Brocker/Droege/Jutzi, Art. 85 Rn 32.
183 *Linck*, in: Linck/Jutzi/Hopfe, Art. 57 Rn 25; *Waack*, in: Caspar/Ewer/Nolte/Waack, Art. 14 Rn 27.

Haushaltsplanes der LReg einzufügen (§ 29 Abs. 3 Satz 2 LHO). Bei den administrativen Befugnissen des Präsidenten handelt es sich um eine ausschließliche Kompetenz. Dies gilt auch für die Personalkompetenz nach Art. 29 Abs. 6 Satz 2 mit der Maßgabe, dass nach Art. 30 Abs. 2 insoweit das Benehmen mit dem Ältestenrat herzustellen ist (→ **Art. 30** Rn 6). Als **oberste Dienstbehörde** stehen dem Präsidenten gegenüber Beamten alle personalrechtlichen Befugnisse nach dem Landesbeamtengesetz zu. In Bezug auf die nichtverbeamteten Mitarbeiter übt der Präsident umfassend für das Land die Arbeitgeberfunktion aus. Die Eigenschaft als Dienstherr erstreckt sich auf die Mitarbeiter der Landtagsverwaltung, nicht jedoch auf die Mitarbeiter der Abg. und auch nicht auf die Mitarbeiter der Landtagsfraktionen.[184]

Art. 30 (Ältestenrat)

(1) Der Ältestenrat besteht aus dem Präsidenten, den Vizepräsidenten und je einem Vertreter der Fraktionen. Er unterstützt den Präsidenten bei der Wahrnehmung seiner Aufgaben.

(2) Die Feststellung des Entwurfs des Haushaltsplanes des Landtages, Entscheidungen nach Art. 29 Abs. 6 Satz 2 und solche, die Verhaltensregeln für die Abgeordneten betreffen oder die Fraktionen des Landtages in ihrer Gesamtheit berühren, trifft der Präsident im Benehmen mit dem Ältestenrat.

Art. 14 Abs. 4 und 5 SchlHVerf.

I. Vorbemerkungen 1	1. Unterstützung des Präsidenten (Abs. 1 Satz 1) 4
II. Zusammensetzung des Ältestenrates............................ 2	2. Herstellung des Benehmens mit dem Ältestenrat (Abs. 2) .. 6
III. Die Aufgaben des Ältestenrates 3	

I. Vorbemerkungen

Mit Art. 30 legt die Verfassung Aufgaben und Zusammensetzung des Ältestenrates und damit parlamentarisches Binnenorganisationsrecht fest. Damit verfügt der LT über ein zentrales Leitungsorgan, während im BT und in den meisten Landtagen die entsprechenden Funktionen auf den Ältestenrat und ein Präsidium aufgeteilt sind. 1

II. Zusammensetzung des Ältestenrates

Der Ältestenrat besteht aus dem Präsidenten, den Vizepräsidenten und je einem Vertreter der Fraktionen. Sie werden vorab gem. Art. 29 Abs. 1 LV vom LT gewählt und vertreten daher im Ältestenrat nicht die Auffassung ihrer Fraktion, sondern es obliegt ihnen, die Interessen aller Mitglieder des LT zu vertreten. Die Interessen der Fraktionen wiederum werden von den von ihnen benannten Vertretern wahrgenommen. Insoweit steht jeder im LT vertretenen Fraktion die Entsendung eines Mitgliedes zu. Formal notwendig ist, dass es sich dabei um einen Abg. und nicht einen Fraktionsmitarbeiter handelt. In der parlamentarischen Praxis haben die Fraktionen in allen Legislaturperioden den jeweiligen **Parlamentarischen Geschäftsführer** als ständiges Mitglied im Ältestenrat benannt, der als „politischer Manager des Parlaments" die Verhandlungen maß- 2

---

[184] *Menzel*, in: Löwer/Tettinger, Art. 39 Rn 10.

geblich prägt.[1] Darüber hinaus nehmen an Sitzungen des Ältestenrates Vertreter der LReg teil, soweit die Plenarsitzung vorbereitet wird (§ 5 Abs. 2 GO LT) oder bei der Beratung sonstiger Gegenstände, die auch die LReg betreffen.
Die von der LVerf vorgegebene Zusammensetzung bewirkt, dass der Ältestenrat im Regelfall nicht die Mehrheitsverhältnisse widerspiegelt.
Der Präsident beruft den Ältestenrat ein und leitet seine Verhandlung. Der Ältestenrat muss durch den PräsLT einberufen werden, wenn eine Fraktion dies verlangt (§ 7 GO LT). Zu kurzfristigen Beratungen des Ältestenrates kommt es insb. im Verlauf von Plenarsitzungen. Da sitzungsleitende Entscheidungen des amtierenden Präsidenten nicht im Plenum diskutiert und kritisiert werden dürfen, werden im Ältestenrat gegensätzliche Standpunkte in Geschäftsordnungsfragen ad hoc geklärt. In der fünften Wahlperiode (2006 – 2011) wurden 205 Sitzungen[2] des Ältestenrates durchgeführt. Der Ältestenrat wird, im Gegensatz zu allen anderen Gremien, nicht vom LT gewählt oder eingesetzt, sondern konstituiert sich selbst. Schon vor der konstituierenden Sitzung tritt er zu Regelung und Absprache aller notwendigen Einzelheiten meist mehrfach zusammen, allerdings mit der Bezeichnung „Vor-Ältestenrat" oder „Gespräch des Präsidenten mit den von den Fraktionen benannten Vertretern".[3] In dieser Phase zwischen Wahl und erstem Zusammentritt des LT werden die organisatorischen und personellen Weichen für die Wahlperiode gestellt (→ *Zapfe,* Art. 28 Rn 2).

III. Die Aufgaben des Ältestenrates

3 Der Ältestenrat ist das zentrale Leitungs- und Verständigungsgremium des LT und damit der eigentliche Lenkungsausschuss des Parlaments.[4] Zu den Aufgaben des Ältestenrates gehören zum einen die „Unterstützung des Präsidenten" bei der Wahrnehmung seiner Aufgaben nach Art. 30 Abs. 1 Satz 2 LV sowie die Mitwirkung bei Verwaltungs- und Grundsatzangelegenheiten nach Art. 30 Abs. 2 LV. Der Ältestenrat ist kein Beschluss-, sondern ein Vorbereitungs- und Beratungsorgan[5] mit der Zielstellung – aber nicht der Notwendigkeit –, einvernehmliche Absprachen zu treffen bzw. gemeinsame Empfehlungen zu geben.
Schließlich entspricht es der parlamentarischen Praxis, dass der PräsLT auch bei seinen repräsentativen Aufgaben (→ Art. 29 Rn 34) insbesondere bei internationalen Aktivitäten des Landtages, vom Ältestenrat unterstützt und bei ausgewählten Auslandsreisen auch begleitet wird.

4 **1. Unterstützung des Präsidenten (Abs. 1 Satz 1).** Der Ältestenrat ist für den Geschäftsgang des Parlaments das „zentrale Organ der Kommunikation" zwischen den Fraktionen und dem Präsidenten und seinen Stellvertretern sowie Forum der Aussprache und des Ausgleichs zwischen den Fraktionen und dem Präsidium.[6] Zu den in der GO festgelegten Beteiligungen des Ältestenrates gehört die Verständigung über die Besetzung der Ausschussvorsitzenden und ihrer Stellvertreter (§ 11 GO LT), die Zurückweisung von Vorlagen (§ 42 GO LT), Überweisung von Unterrichtungen (§ 59 GO LT), Beratung über einen Einspruch gegen die Zurückweisung einer Anfrage (§ 62 Abs. 4 GO LT), Beteiligung von Verfassungsrechtsstreitigkeiten (§ 69 Abs. 1 GO LT), Einberufung des LT (§ 72 GO

---

1 *Brocker,* in: Epping/Hillgruber, Art. 40 Rn 15; *Lontzek,* in: Epping/Butzer, Art. 20 Rn 40.
2 Zur Arbeit des Landtages Mecklenburg-Vorpommern 2006 – 2011, S. 53.
3 So für den BT *Zeh,* HdbStR III, § 53 Rn 20.
4 *Brocker,* in: BK, Art. 40 Rn 158.
5 *Perne,* in: Brocker/Droege/Jutzi, Art. 85 Rn 26.
6 *Schulze-Fielitz,* in: Schneider/Zeh, § 11 Rn 53.

LT), Vereinbarung der vorläufigen Tagesordnung (§ 73 GO LT), Vereinbarung der Redezeiten (§ 84 Abs. 1 GO LT) sowie die Beratung über Einsprüche gegen Ordnungsmaßnahmen des Präsidenten (§ 100 GO LT). In der überwiegenden Zahl der nach der GO vorgesehenen Beteiligungen des Ältestenrates hat dieser selbst keine Entscheidungskompetenz, sondern bereitet lediglich Entscheidungen des Plenums vor. Ohne die interfraktionellen Vorklärungen und Absprachen im Ältestenrat, insb. zur Tagesordnung und den Redezeiten, wären Plenarsitzungen mit erheblichen Kontroversen und Abstimmungen zu Verfahrensfragen belastet. Die – in Vorbereitung des Plenums notwendigerweise einvernehmlichen – Empfehlungen des Ältestenrates sind formal nicht verbindlich. In der parlamentarischen Praxis werden sie als politische Absprachen aber im Regelfall zu Beginn des Plenums konkludent bestätigt; sie gelten als akzeptiert, wenn sich im Plenum kein Widerspruch erhebt.[7] Darüber hinaus kann grds. jede Frage, die einer Fraktion oder auch nur einem Mitglied des Ältestenrates erörterungsbedürftig erscheint, hier besprochen und durch Vereinbarung, Empfehlung oder Feststellung eines Meinungsbildes geklärt werden. Der Ältestenrat ist auch der Ort, an dem Beanstandungen gegen die Amtsführung des – amtierenden – Präsidenten im Plenum vorgebracht werden dürfen[8], während die öffentliche Kritik in der Plenarsitzung eine schwere Ordnungswidrigkeit darstellt(→Art. 29 Rn 22). Insoweit hat der Ältestenrat auch die Funktion einer Schiedsstelle, ohne dass insoweit bestimmte Verfahrensregeln oder Voraussetzungen normiert wären. Da der Ältestenrat regelmäßig auch Fragen der GO behandelt, sobald sie in einem Einzelfall streitig werden, prägt er wesentlich die Interpretation des Parlamentsrechts mit. Auf diese Weise entstehen – neben den formalisierten Auslegungsentscheidungen durch den LT auf Empfehlung des Rechtsausschusses nach § 107 GO LT – die Übungen und parlamentarischen Gepflogenheiten, die neben dem geschriebenen Geschäftsordnungsrecht das Verfahren für den LT bestimmen.

Die Beratungen des Ältestenrates sind nach § 7 Abs. 1 GO nicht öffentlich. Die 5 Vertraulichkeit bezieht sich auf den Ablauf der Beratungen und nicht auf die Ergebnisse, die je nach Beratungsgegenstand den Mitgliedern des LT oder anderen Betroffenen zugänglich gemacht werden. Über die Beratungen des Ältestenrates wird ein Kurzprotokoll gefertigt, das den wesentlichen Ablauf der Verhandlung in indirekter Rede wiedergibt. Dieses Protokoll geht lediglich den Mitgliedern des Ältestenrates sowie den leitenden Beamten der Landtagsverwaltung zu. Wegen der Vertraulichkeit der Beratung können Nichtmitglieder keine Einsicht in die Protokolle nehmen. Ausnahmen sind im Einzelfall möglich, wenn der Präsident dies genehmigt.[9]

2. Herstellung des Benehmens mit dem Ältestenrat (Abs. 2). In Art. 30 Abs. 2 6 LV wird abschließend aufgezählt, in welchen Fällen der Präsident vor seiner Entscheidung das **Benehmen** mit dem Ältestenrat herzustellen hat. „Im Benehmen" bedeutet nicht, dass ein Einvernehmen oder eine mehrheitliche Zustimmung erforderlich ist, notwendig aber ausreichend ist, dass der Präsident dem Ältestenrat vor seiner Entscheidung Gelegenheit zur Stellungnahme zu geben hat.[10] Das Benehmen begründet lediglich eine Konsultationspflicht und bedeutet im Gegensatz zur Zustimmung lediglich die „gegenseitige Fühlungnahme oder

---

7 *Zeh*, in: HdbStR III, § 52 Rn 35.
8 *Perne*, in: Brocker/Droege/Jutzi, Art. 85 Rn 26.
9 *Roll*, in: Schneider/Zeh, § 28 Rn 16.
10 *Waack*, in: Caspar/Ewer/Nölte/Waack, Art. 14 Rn. 44.

Anhörung".[11] Das bedeutet, dass Entscheidungen des Präsidenten auch bei mehrheitlicher Ablehnung des Ältestenrates möglich und wirksam sind.

7 Inhaltlich erstreckt sich die Konsultationspflicht auf die Feststellung des Entwurfs des Haushaltsplanes (→ **Art. 29** Rn 21) sowie die Personalentscheidungen nach Art. 29 Abs. 6 Satz 2 LV (→ **Art. 29** Rn 21). Des Weiteren ist der Ältestenrat nach Art. 30 Abs. 2 3. Alt LV bei Entscheidungen zu beteiligen, die „Fraktionen des Landtages in ihrer Gesamtheit berühren". Über den Wortlaut hinaus entspricht es gefestigter parlamentarischer Praxis, dass der Ältestenrat bei allen Entscheidungen von grds. Bedeutung beteiligt wird, sofern die Fraktionen oder die Abg. jedenfalls mittelbar betroffen sind.

8 Schließlich ist nach Art. 30 Abs. 2 2. Alt. LV auch vor dem Erlass von **Verhaltensregeln** das Benehmen mit dem Ältestenrat herzustellen. Nach § 47 AbgG M-V gibt sich der LT – zur Sicherung der Unabhängigkeit der Abg. – Verhaltensregeln. Diese Verhaltensregeln müssen Bestimmungen über die Pflicht der Mitglieder des LT zur Anzeige ihres Berufs sowie ihrer wirtschaftlichen oder anderer Tätigkeiten enthalten, die auf für die Ausübung des Mandats bedeutsame Interessenverknüpfungen hinweisen können. Insb. die Regelungen bezüglich der Anzeige und Veröffentlichungspflicht von Nebentätigkeiten sowie der Erhalt geldwerter Zuwendungen ist von erheblicher politischer Bedeutung und wird im Hinblick auf die notwendige Reichweite verfassungsrechtlich kontrovers beurteilt.[12] Im Hinblick auf ihre Rechtsqualität sind die Verhaltensregeln ein „Unikum".[13] Sie sind zwar der GO LT als Anlage 2 beigefügt, gleichwohl handelt es sich nicht um echtes Geschäftsordnungsrecht, dessen Geltung auf die Dauer der Wahlperiode begrenzt ist.[14] Rechtsgrundlage der Verhaltensregeln ist nicht die Geschäftsordnungsautonomie, sondern § 47 AbgG M-V. Diese Vorschrift wiederum ist eine Ausführungsregelung nach Art. 22 Abs. 3 LV. Sie konkretisiert die in Art. 22 Abs. 1 LV allg. garantierte Unabhängigkeit des Abg. und enthält eine Ermächtigung des LT, Verhaltensregeln außerhalb des Gesetzgebungsverfahrens zu erlassen. Die Verhaltensregeln als Ergebnis dieser Rechtsetzungskompetenz sind eine besondere Form des parlamentarischen Innenrechts.[15] Mit der Erweiterung des Straftatbestandes der Abgeordnetenbestechung durch die Änderung des § 108 e StGB kommt den Verhaltensregeln eine völlig neue Bedeutung zu. Weitere nicht ausdrücklich aufgeführte Regelungen, die der Präsident im Benehmen mit dem Ältestenrat trifft, sind die Hausordnung (→ Art. 29 Rn 26) und die Ausführungsbestimmungen nach dem Abgeordnetengesetz.

9 Nach § 7 Abs. 4 GO kann der PräsLT in Benehmen mit dem Ältestenrat für bestimmte Angelegenheiten Kommissionen einsetzen. Im Hinblick auf die Intensität des Baugeschehens am Schweriner Schloss und im Hinblick auf die damit verbundene Vielzahl von Entscheidungs- und Koordinierungsaufgaben hat der Ältestenrat bereits in der 3. WP eine parlamentarische Baukommission eingesetzt.[16] Diesem Sondergremium gehören neben dem Präsidenten je ein Vertreter der Fraktionen sowie die für das Baugeschehen zuständigen Minister der LReg an. Die Baukommission wird wie der Ältestenrat und die anderen Gremien des LT von der Landtagsverwaltung administrativ und fachlich betreut.

---

11 *Bücker*, in: Schneider/Zeh, § 27 Rn 26.
12 Vgl hierzu umfassend BVerfGE 118, 277 ff.
13 *Roll*, in: Schneider/Zeh, § 19 Rn 21.
14 *Roll*, in: Schneider/Zeh, § 19 Rn 21.
15 *Roll*, in: Schneider/Zeh, § 19 Rn 21.
16 Vgl hierzu: Zur Arbeit des Landtages Mecklenburg-Vorpommern 2006 – 2011, S. 1309 ff.

Zu Beginn der 6. WP hat der Landtag zur Prüfung der Angemessenheit einzelner Festlegungen des Abgeordnetengesetzes eine Kommission als Unterkommission des Ältestenrates eingesetzt.[17]

Die Unterkommission hat sich in insgesamt 10 Sitzungen mit der Größe des Parlaments, Regelungen zum Übergangsgeld und zur Altersentschädigung sowie mit der zusätzlichen Entschädigung für besondere parlamentarische Funktionen beschäftigt. Im Rahmen einer öffentlichen sowie einer schriftlichen Anhörung wurde auch externer Sachverstand einbezogen.

Im Ergebnis hat die Unterkommission mehrheitlich vorgeschlagen, keine gesetzliche Änderung vorzunehmen.[18]

Art. 31 (Öffentlichkeit, Berichterstattung)

(1) Der Landtag verhandelt öffentlich. Die Öffentlichkeit kann auf Antrag eines Viertels der Mitglieder des Landtages oder der Landesregierung mit einer Mehrheit von zwei Dritteln der anwesenden Mitglieder des Landtages ausgeschlossen werden. Über den Antrag wird in nichtöffentlicher Sitzung entschieden.

(2) Wegen wahrheitsgetreuer Berichte über die öffentlichen Sitzungen des Landtages oder seiner Ausschüsse darf niemand zur Verantwortung gezogen werden.

Artt. 33 BWVerf; 22 BayVerf; 42 VvB; 64 BbgVerf; 91, 93 BremVerf; 16, 21 HambVerf; 89, 90 HessVerf; 22 NdsVerf; 42, 43 Verf NW; 86, 87 Verf Rh-Pf; 27, 73 SaarlVerf; 48 SächsVerf; 50 LVerf LSA; 15 SchlHVerf; 60 ThürVerf.

I. Öffentlichkeit der Landtagsverhandlungen (Abs. 1) 1	II. Ausschluss der Öffentlichkeit (Art. 41 Abs. 1 Satz 2) 9
1. Vorbemerkungen 1	III. Verantwortungsfreiheit für wahrheitsgetreue Berichte (Abs. 2) 13
2. Umfang der Öffentlichkeit 2	
3. Grenzen der Öffentlichkeit 4	
4. Rundfunk und Fernsehberichterstattung 7	

I. Öffentlichkeit der Landtagsverhandlungen (Abs. 1)

1. Vorbemerkungen. Nach Art. 31 Abs. 1 Satz 1 verhandelt der LT öffentlich. 1 Die Öffentlichkeit der Verhandlungen des Parlaments ist eine der wesentlichen Elemente des demokratischen Parlamentarismus.[1] Die Publizität parlamentarischer Verhandlungen stellt das notwendige Korrelat einer repräsentativen Regierungsform dar.[2] Öffentliches Verhandeln von Argument und Gegenargument in öffentlicher Debatte und öffentlicher Diskussion eröffnen Möglichkeiten eines Ausgleichs widerstreitender Interessen und schaffen die Voraussetzungen der öffentlichen Kontrolle durch die Bürger.[3] Die Öffentlichkeit der Verhandlungen dient zudem allgemein der Herstellung von Publizität für die Arbeit des Parla-

---

17 LT-Drs. 6/112.
18 Vgl hierzu den Abschlussbericht, LT-Drs. 6/1967, der auch die Ergebnisse der Anhörung und die Vorschläge der Opposition wiedergibt.
1 BVerfGE 40, 237, 249.
2 *Morlok*, in: Dreier, Art. 42 Rn 20.
3 BVerfGE 70, 324, 358; BVerfGE 131, 152, 204 f.

ments mit dem Ziel eine Identifikation – oder auch Abgrenzung – der Wähler mit den Gewählten herbeizuführen oder abzusichern.[4]

Das Öffentlichkeitsprinzip erstreckt sich in MV, wie im BT[5] nur auf das Landtagsplenum, nicht aber auf die Ausschüsse (→ *Zapfe*, **Art. 33** Rn 17) oder andere Gremien des LT, die LVerf MV sieht daher nur eine Plenaröffentlichkeit vor. Deshalb lassen sich auch weitergehende Ansprüche i.S. eines allg. Offenlegungsgebots nicht aus Art. 31 ableiten. Insoweit folgt aus dem verfassungsrechtlichen Öffentlichkeitsgrundsatz kein Anspruch der Öffentlichkeit auf Zugang zu allen Informationen, die der parlamentarischen Entscheidungsfindung zugrunde gelegen haben.[6] Entsprechend gilt das Informationsfreiheitsgesetz für den Landtag nur, soweit er Verwaltungsaufgaben wahrnimmt, § 3 Abs. 1 IFG M-V.[7] Zum Schutz der Initiativ-, Beratungs- und Handlungsbereiche der Abgeordneten und der Fraktionen steht auch dem Parlament ein Arkanbereich zur Sicherung seiner Arbeits- und Funktionsfähigkeit zu.[8]

2 **2. Umfang der Öffentlichkeit.** Öffentlichkeit der Verhandlungen des LT bedeutet, dass für jedermann die rechtliche Möglichkeit des Zugangs und der Anwesenheit besteht. Dabei wird herkömmlich zwischen zwei Formen der Parlamentsöffentlichkeit unterschieden. Zum einen der **Sitzungsöffentlichkeit**, die den unmittelbaren Zugang zu den Verhandlungen für jedermann eröffnet und zum anderen der **Berichterstattungsöffentlichkeit**, die die amtliche[9] und nichtamtliche Berichterstattung über die Verhandlungen gewährleistet.[10] In der parlamentarischen Praxis kommt der Berichtsöffentlichkeit eine besondere Bedeutung zu, da die eigentliche Publizität der parlamentarischen Verhandlungen im Regelfall durch die Berichterstattung der Medien erfolgt.[11] Erst durch den Multiplikatoreneffekt der (Massen-)Medien kann einer breiten Öffentlichkeit der Inhalt der Verhandlungen des Parlaments nahegebracht werden.[12]

3 Die Öffentlichkeit erstreckt sich auf die gesamte Tätigkeit des Plenums, dh von Beginn bis zum Schluss der Sitzung, sie gilt somit sowohl für die Beratung wie für die Beschlussfassung.[13] Erfasst werden auch aktuelle Stunden, Fragestunden und persönliche Erklärungen. Aus dem Gebot der Öffentlichkeit der Verhandlungen folgt jedoch keine Pflicht zur mündlichen Aussprache.[14] Die Verfassung gewährt dem Parlament das Recht zur Aussprache, aber nicht die Pflicht hierzu.[15] Die Praxis, einzelne Tagesordnungspunkte ohne Aussprache zu behandeln, ist deshalb verfassungsrechtlich grds. unbedenklich.[16] Auch die Möglichkeit, Reden nicht mündlich vorzutragen, sondern die Manuskripte zu Protokoll zu geben, ist verfassungsrechtlich zulässig.[17] Verfassungspolitisch steht ein solches Procedere dem Gebot der Publizität parlamentarischer Verhandlungen deutlich

---

4 *Versteyl*, in: v. Münch/Kunig, Art. 42 Rn 11.
5 Vgl dazu *Kretschmer*, in: S-B/ H/H Art. 42 Rn 5 u. 8.
6 *Hummrich*, in: Brocker/Droege/Jutzi, Art. 86 Rn 2.
7 Vgl zur Rechtslage auf Bundesebene, *Kretschmer*, in: S-H/H/H, Art. 42 Rn 4 a.
8 *Brocker*, in: Epping/Hillgruber, Art. 42 Rn 2.2.
9 Dabei handelt es sich um Drucksachen, Plenarprotokolle und amtl. Mitteilungen des LT, die für jedermann – auch über das Internet – zugänglich sind.
10 *Korbmacher*, in: Driehaus, Art. 42 Rn 4.
11 *Bogan*, in: Epping/Butzer, Art. 22 Rn 12.
12 *Morlok*, in: Dreier, Art. 42, Rn 23; *Bogan*, in: Epping/Butzer, Art. 22 Rn 12.
13 BVerfGE 89, 291, 303.
14 *Brocker*, in: Epping/Hillgruber, Art. 42 Rn 5.2.
15 *Brocker*, aaO.
16 *Hummrich*, in: Brocker/Droege/Jutzi, Art. 86 Rn 8.
17 So mit überzeugender Begründung *Brocker*, in: Epping/Hillgruber, Art. 42 Rn 5.1; a. A. *Linck*, in: Linck/Jutzi/Hopfe, Art. 60 Rn 33.

entgegen, so dass von dieser Möglichkeit – wenn überhaupt – nur in sehr engen Grenzen Gebrauch gemacht werden sollte. In diesem Zusammenhang ist streitig, ob **geheime Abstimmungen** mit dem Grundsatz der Öffentlichkeit vereinbar sind. Diese Frage bewegt sich im Spannungsfeld zwischen dem Schutz des freien Mandats und der Wahrung der Unabhängigkeit des einzelnen Abg. einerseits und der gebotenen Transparenz, dh dem Öffentlichkeitsgrundsatz andererseits. Insb. bei Personalentscheidungen, die durch **geheime Wahlen** durchgeführt werden, wird die Durchbrechung des Öffentlichkeitsgrundsatzes als zulässig angesehen[18], um eine unbeeinflusste und unabhängige Individualentscheidung des Abg. zu ermöglichen und ihn vor – politischen – Konsequenzen bei abweichendem Stimmverhalten zu schützen. Verfassungsrechtlich entscheidend ist es daher, wenn der Vorgang der Stimmabgabe öffentlich ist und nicht deren Inhalt.[19] Davon zu unterscheiden ist die Frage, ob geheime Wahlen und der damit verbundene Schutz „politischer Heckenschützen" verfassungspolitisch sinnvoll ist.[20] Demgegenüber werden geheime Abstimmungen zT als verfassungsgewohnheitsrechtlich ausgeschlossen angesehen.[21] Diese Frage ist für den LT nicht – mehr – erheblich, da die GO LT seit dem Beginn der 5. Wahlperiode keine geheimen Abstimmungen mehr vorsieht.

3. Grenzen der Öffentlichkeit. Sowohl die Sitzungs- als auch die Berichtsöffentlichkeit unterliegen faktischen und rechtlichen Grenzen. Die faktischen Grenzen ergeben sich zunächst durch die begrenzte Platzzahl auf der Besuchertribüne des LT. Die Teilnahmemöglichkeit für interessierte Bürger endet somit immer dann, wenn die räumlichen Kapazitäten ausgeschöpft sind. Notwendig ist allerdings, dass überhaupt Kapazitäten vorgehalten werden, denn es wäre verfassungswidrig in Räumen zu tagen, die keinen Platz für Zuhörer bieten.[22] Die Administration des Zutritts liegt im Ermessen des Parlaments. Für die Begrenzung der Teilnahmemöglichkeit bei Raumknappheit gilt insoweit das allg. Willkürverbot, dh die Auswahl zwischen interessierten Zuhörern muss nachformalen Kriterien, zB Reihenfolge der Anmeldung, erfolgen.[23] Demgegenüber sind materielle Kriterien, wie Alter, Beruf oder auch inhaltliche Betroffenheit nicht zu berücksichtigen.[24]

Zur Sicherung der Abläufe und der Funktionsfähigkeit des Parlaments ergeben sich zudem Grenzen aus dem Hausrecht des Präsidenten.[25] Dazu gehört die Festlegung von Einlasskontrollen, einschließlich von Personen- und Gepäckkontrollen sowie die Festlegung von Verhaltensweisen im Landtagsgebäude sowie auf der Besuchertribüne des Plenarsaals. Danach sind insb. Meinungsbekundungen in verbaler und nonverbaler Form von Zuschauern im Plenarsaal unzulässig und können zum Ausschluss und nach § 106 b StGB auch zu strafrechtlichen Sanktionen führen.[26] Auch Personen, die durch ihr Auftreten (z. B. Trunkenheit) oder ihr Äußeres (z. B. Bekleidung) die Würde des Parlaments verletzen, können ausgeschlossen werden.[27]

---

18 *Pieroth*, in: Jarass/Pieroth, Art. 42 Rn 1 mwN.
19 *Bogan*, in: Epping/Butzer, Art. 22 Rn 11.
20 Vgl dazu *Brocker*, in: Epping/Hillgruber, Art. 42 Rn 8.1.
21 *Brocker,* in: Epping/Hillgruber, Art. 42 Rn 6.; *Korbmacher*, in: Driehaus, Art. 42 Rn 4.
22 *Brocker*, in: Epping/Hillgruber, Art. 42 Rn 3.
23 *Linck*, in: Linck/Baldus/Lindner/Poppenhäger/Ruffert, Art. 60 Rn 18.
24 Vgl hierzu *Müller-Terpitz*, in: BK, Art. 42 Rn 37.
25 *Hummrich*, in: Brocker/Droege/Jutzi, Art. 86 Rn 9.
26 Vgl dazu OLG Hamburg, Entsch. v. 21.06.2006 – II-123-05 – zit. nach juris.
27 *Kretschmer*, in: Schmidt-Bleibtreu/Hofmann/Hopfauf, Art. 42 Rn 6.

6   Um mit dem Hinweis auf begrenzte Raumkapazitäten die Sitzungsöffentlichkeit nicht faktisch leer laufen zu lassen, ist das Parlament verpflichtet, Zuschauerkapazitäten in angemessener Zahl vorzuhalten.[28] Als Maßstab für die Angemessenheit ist dabei auf das durchschnittliche Interesse an der Sitzungsteilnahme und nicht auf überproportionale Bedarfe, die selten, aber regelmäßig bei besonderen Plenarsitzungen auftreten, abzustellen. In der Praxis wird bei besonderen Bedarfen in Einzelfällen neben einer Liveübertragung im Internet auch die Möglichkeit angeboten, im Landtagsgebäude in gesonderten Räumen die Plenarsitzung mittels einer TV-Übertragung zu verfolgen. Im Hinblick auf den Umstand, dass es im LT im alten Plenarsaal aufgrund der räumlichen Gegebenheiten keine eigenständige Pressetribüne gibt und insoweit die vorhandenen Kapazitäten zwischen externen Besuchern, Vertretern von Institutionen und Vertretern der Presse aufgeteilt werden müssen, stellt sich die Frage, ob den Medienvertretern bei Raumknappheit vorrangig Zutritt zu den Plenarsitzungen zu gewähren ist.[29] Ein solcher genereller Vorrang zu Lasten der Sitzungsöffentlichkeit, bis hin zu einem faktischen Ausschluss externer Besucher, dürfte zu weit gehen.[30] Näher liegt es insoweit, über ein Akkreditierungsverfahren auch die Teilnahme von Journalisten zu steuern sowie in Sondersituationen auf die Übertragung der Sitzungen in den Pressebereich zu verweisen und insoweit die „Medienöffentlichkeit zu sichern".[31]

Unzulässig ist es grds., wenn sich Journalisten zur Anfertigung von Bild- und Filmaufnahmen im Plenum selbst aufhalten. Der Wunsch der Journalisten auf unterschiedliche Perspektiven ist zum einen berechtigt und nachvollziehbar, kollidiert aber, soweit sich Kamerateams und Fotografen im Plenum aufhalten, mit der Notwendigkeit eines störungsfreien Ablaufs der Plenardebatten. Im Ergebnis werden im LT daher nur in Einzelfällen eine begrenzte Zahl von Foto- und Filmjournalisten im Rahmen konkreter Absprachen zugelassen und iÜ für die nicht-zugelassenen Journalisten sog. „Pool-Lösungen" praktiziert.[32]

7   **4. Rundfunk und Fernsehberichterstattung.** Aus dem Recht der Berichterstattungsöffentlichkeit folgt nicht automatisch ein Recht zur Anfertigung von **Bild-, Ton- und Filmaufnahmen.**[33] In diesem Zusammenhang hat das BVerfG[34] in Bezug auf die Öffentlichkeit von Gerichtsverhandlungen entschieden, dass die Zulassung von Fernseh- und Rundfunkberichterstattung zwar möglich, aber verfassungsrechtlich nicht zwingend ist. Vielmehr sei auch in Bezug auf die Medien eine Begrenzung auf die sog. **Saalöffentlichkeit** zulässig.[35] Das BVerfG hat zwar zum einen die Bedeutung der Authentizität und des Miterlebens der Verhandlungen durch Fernsehbilder anerkannt. Gleichzeitig hat das BVerfG aber die Risiken in bemerkenswerter Offenheit wie folgt beschrieben: „Es ist jedoch keineswegs gesichert, dass eine Fernsehberichterstattung zu einer möglichst wirklichkeitsgetreuen Abbildung von Gerichtsverhandlungen führen würde. Medien dürfen Sendungen nach ihren eigenen Interessen und nach den Gesetzmäßigkeiten ihrer Branche gestalten. Insb. der wirtschaftliche Wettbewerbsdruck und das publizistische Bemühen um die immer schwerer zu gewinnende Aufmerksamkeit

---

28 *Korbmacher*, in: Driehaus, Art. 42 Rn 4; *Morlock*, in: Dreier, Art. 42 Rn 26.
29 IdS *Morlok*, in: Dreier, Art. 42 Rn 27.
30 So wohl auch *Müller-Terpitz*, in BK, Art. 42 Rn 38.
31 So auch *Klein*, in: Maunz/Dürig, Art. 42 Rn 34.
32 Vgl für eine entsprechende Praxis in SH *Caspar*, in: Caspar/Ewer/Nolte/Waack, Art. 15 Rn 16.
33 *Klein*, in: Maunz/Dürig, Art. 42 Rn 36 in Bezug auf Direktübertragungen.
34 BVerfGE 103, 44 ff.
35 BVerfGE 103, 44, 66.

der Zuschauer führen häufig zu wirklichkeitsverzerrenden Darstellungsweisen, etwa zu der Bevorzugung des Sensationellen, und zu dem Bemühen, dem Berichtsgegenstand nur das Besondere, etwa Skandalöses, zu entnehmen. Die Normalität ist für Medien meist kein attraktiver Berichtsanlass. Mit den gängigen Medienpraktiken sind daher Risiken der Selektivität bis hin zur Verfälschung verbunden."[36]

Die beschriebenen Gefahren sind auf die Parlamentsberichterstattung durchaus übertragbar. Allerdings sind für die Rundfunkübertragungen von Gerichtsverhandlungen strengere Maßstäbe als bei der Parlamentsberichterstattung anzulegen, weil das gerichtliche Verfahren nur „in", nicht aber „für" die Öffentlichkeit stattfindet.[37] Im Ergebnis sind Bild-, Ton- und Filmaufnahmen zurzeit nur mit der vorherigen Zustimmung des Präsidenten zulässig. Eine solche Genehmigung wird in der Praxis des LT gegenüber den Medienvertretern auch generell erteilt, soweit sie von den Plätzen auf der Besuchertribüne erfolgt. Der Landtag selbst ist deshalb gehalten, sein Verfahren, die Inhalte und seinen Verhandlungsstil immer wieder daraufhin zu überprüfen, wie er die Bedürfnisse der medialen Vermittlung berücksichtigen kann, ohne die Eigengesetzlichkeit der demokratisch-parlamentarischen Arbeit einer mediengerechten Inszenierung zu opfern.[38]

In diesem Zusammenhang hat der Präsident des BT Lammert insbesondere das öffentlich-rechtliche Fernsehen wiederholt scharf kritisiert, weil es mit einer souveränen Sturheit der Unterhaltung Vorrang vor der Information einräumt.[39] Die Orientierung an der Quote führe zu einem Infotainment verbunden mit Oberflächlichkeit und Skandalisierungstendenzen.[40] Live-Berichterstattung aus den Parlamenten oder längere Auszüge aus Plenardebatten finden in den Ländern faktisch gar nicht statt. In Bezug auf den Bundestag konzentriert sich die Fernsehübertragung auf den Informationskanal Phoenix, der jedoch mit 1,1 % Marktanteil[41] nur einen sehr kleinen Teil der Zuschauer erreicht. Mit der Entpolitisierung der Medienberichterstattung im Allgemeinen und der Entparlamentisierung der Politikberichterstattung im Besonderen gibt es eine Kumulation von Entwicklung, die dem Ideal der Verfassung von der Publizität und Transparenz parlamentarischer Entscheidungen faktisch zuwiderläuft. Im Hinblick darauf, dass der öffentlich-rechtliche Rundfunk besonderen normativen Erwartungen an sein Programmangebot unterliegt[42] und daher gehalten ist, sein Programm unabhängig von Einschaltquoten und Werbeaufträgen an publizistischen Zielen, insbesondere der Vielfalt auszurichten,[43] erscheint zunehmend zweifelhaft, ob die aktuelle Programmgestaltung einer rechtlichen Überprüfung standhalten würde.

Vor dem Hintergrund der sehr eingeschränkten Parlamentsberichterstattung der Medien kommt der eigenen Öffentlichkeitsarbeit der Parlamente[44], aber auch der Fraktionen (→ Zapfe, Art. 25 Rn 9) eine zunehmende Bedeutung zu. Daher betreibt der Landtag selbst aktive Presse- und Öffentlichkeitsarbeit durch Pres-

---

36 BVerfGE 103, 44, 67.
37 *Müller-Terpitz*, in: BK, Art. 42 Rn 46.
38 *Edinger*, in: Grimm/Caesar, Art. 86 Rn 2.
39 Rede des BT-Präs. in der konst. Sitzung des 17. Bundestages, PlProt 17/1.
40 SVZ v. 04.06.2014.
41 Presseerklärung d. ZDF v. 7.3.14, Phoenix bei Parlamentsberichterstattung konkurrenzlos.
42 BVerfGE 114, 371, 387.
43 BVerfGE 90, 60, 90.
44 Vgl zum BT *Kretschmer*, in: Schmidt-Bleibtreu/Hofmann/Hopfauf, Art. 42 Rn 22.

sekonferenzen und Presseerklärungen, durch Veranstaltungen[45], durch Informationsmaterialien und Publikationen sowie durch die Betreuung von Besuchergruppen[46]. Über das Internet[47] sind alle Informationen abrufbar; die Plenarsitzungen werden live online übertragen und sind über den youtube-Kanal d. LT abrufbar.

II. Ausschluss der Öffentlichkeit (Art. 41 Abs. 1 Satz 2)

9 Die Öffentlichkeit kann durch Beschluss des LT ausgeschlossen werden. Der Antrag auf Ausschluss der Öffentlichkeit setzt ein Quorum von einem Viertel der Mitglieder des LT voraus. Das Quorum erstreckt sich daher nicht auf die Anwesenden, sondern auf die gesetzlichen Mitglieder des LT, dh dass mindestens 18 Abg. einen solchen Antrag unterstützen müssen. Daneben ist die LReg antragsbefugt. Unter „Landesregierung" ist entsprechend der Legaldefinition in Art. 41 Abs. 2 LV das Kollegium, bestehend aus dem MinPräs und den Ministern, zu verstehen. Einem wirksamen Antrag der LReg muss daher eine – mehrheitliche – Kabinettsentscheidung zugrunde liegen.[48]

Die Annahme des Antrages setzt eine qualifizierte Mehrheit von zwei Dritteln der anwesenden Mitglieder des LT voraus. Insoweit genügen aber – abweichend vom Antragsquorum – die Stimmen der anwesenden Mitglieder des LT. In der parlamentarischen Praxis wurde von der Möglichkeit, die Öffentlichkeit von der Plenarsitzung auszuschließen, bisher noch nie Gebrauch gemacht.[49]

10 Der Antrag über den Ausschluss der Öffentlichkeit kann, muss aber nicht begründet werden.[50] Im Hinblick darauf, dass die Entscheidung über den Antrag nach Art. 31 Abs. 1 Satz 3 LV in nichtöffentlicher Sitzung entschieden wird, folgt, dass auch eine etwaige Debatte über den Antrag in nichtöffentlicher Sitzung durchgeführt wird.[51] Die Öffentlichkeit kann in den Grenzen des Willkürverbots auch teil- und zeitweise ausgeschlossen werden.[52]

11 Wenn und soweit die Öffentlichkeit ausgeschlossen ist, ist allen Personen die Sitzungsteilnahme verwehrt, die kein besonderes Zutrittsrecht haben.[53] Zutrittsberechtigt sind danach gem. § 76 Abs. 2 GO LT außer den Abg. des LT die Mitglieder und Beauftragten der LReg sowie diejenigen Mitarbeiter der Landtagsverwaltung und der Fraktionen, die vom Präsidenten zur Teilnahme zugelassen sind. Der Ausschluss der Öffentlichkeit erfasst auch und gerade die Vertreter der Presse.[54] Nichtöffentliche Sitzungen sind nicht automatisch als vertraulich oder geheim zu behandeln, wenn und soweit dies entsprechend der Geheimschutz-

---

45 Zur aktiven Öffentlichkeitsarbeit gehören vor allem interaktive Formate, wie Jugend im Landtag und das Altenparlament.
46 Durch den Besucherdienst d. LT werden jährlich ca. 10.000 Besucher betreut, dazu gehören inhaltliche Einführungen in die Arbeit d. LT, Besuch von Plenarsitzungen und Gespräche mit MdL.
47 Unter der Internetadresse http://www.landtag-mv.de.
48 *Achterberg/Schulte*, in: von Mangoldt/Klein/Starck, Art. 42 Rn 18; *Versteyl*, in: von Münch/Kunig, Art. 42 Rn 12.
49 Gleiches gilt für den BT und andere Landtage, vgl *Linck*, in: Linck/Baldus/Lindner/Poppenhäger/Ruffert, Art. 60 Rn 2 u. Fn 10.
50 *Klein*, in: Maunz/Dürig, Art. 42 Rn 52; *Hummrich*, in: Brocker/Droege/Jutzi, Art. 86 Rn 17.
51 *Klein*, in: Maunz/Dürig, Art. 42 Rn 52.
52 *Pieroth*, in: Jarass/Pieroth, Art. 42 Rn 2; *Achterberg/Schulte*, in: von Mangoldt/Klein/Starck, Art. 42 Rn 21.
53 *Hummrich*, in: Brocker/Droege/Jutzi, Art. 86 Rn 18.
54 *Linck*, in: Linck/Baldus/Lindner/Poppenhäger/Ruffert, Art. 60 Rn 39.

ordnung[55] des LT nicht ausdrücklich beschlossen ist. In der Konsequenz beschränkt die bloße Nichtöffentlichkeit – entspr. der Verfahren in den Ausschüssen (→ Zapfe, Art. 33 Rn 17) – den Diskretionsschutz auf den Verlauf der Beratungen, nicht aber deren Ergebnisse.[56] Über nichtöffentliche Sitzungen darf daher grds. auch öffentlich unterrichtet werden, lediglich Äußerungen oder das Abstimmungsverhalten einzelner Abgeordneter darf nicht offengelegt werden.[57]

Wird die Öffentlichkeit fehlerhaft ausgeschlossen, bspw durch eine Unterschreitung der vorgegebenen Quoren, ist streitig, ob dies zur Nichtigkeit des in der nichtöffentlichen Sitzung gefassten Beschlusses führt[58] oder die Verletzung der Publizität lediglich als Verfahrensfehler anzusetzen ist, der nach den allgemeinen Regeln der GO die Wirksamkeit unberührt lässt.[59] Es ist nicht begründbar, weshalb ein Verstoß gegen das Publizitätsprinzip - anders als andere Verfassungsverstöße – eine unmittelbare Unwirksamkeit zur Folge haben soll. Es ist daher davon auszugehen, einen rechtswidrigen und damit anfechtbaren Beschluss anzunehmen, der bis zur verfassungsgerichtlichen Feststellung seiner Unwirksamkeit als wirksam zu behandeln ist.[60] 12

III. Verantwortungsfreiheit für wahrheitsgetreue Berichte (Abs. 2)

Durch die Verantwortungsfreiheit für wahrheitsgetreue Berichte über die öffentlichen Sitzungen des LT wird das Öffentlichkeitsprinzip, insbesondere die Berichterstattungsöffentlichkeit abgesichert. Ziel ist es, die freie Kommunikation des Parlaments mit der Öffentlichkeit zu gewährleisten.[61] 13

Diese Regelung ergänzt den Schutz, den Art. 24 im Wege der Indemnität gewährt, zugunsten der Parlamentsberichterstattung. Die Rechtsnatur dieser Privilegierung ist umstritten.[62] Teilweise wird die Verantwortungsfreiheit für parlamentsbezogene Berichte als Rechtfertigungsgrund angesehen.[63] Im Ergebnis ist davon auszugehen, dass es sich auch insoweit – strafrechtlich – um einen Strafausschließungsgrund handelt, da die Privilegierung der Parlamentsberichterstattung nicht weitergehen sollte als die Indemnität der Abg.[64] Abweichend von der Indemnität handelt es sich insoweit aber nicht um einen persönlichen, sondern um einen sachlichen Strafausschließungsgrund, der auch dritten Beteiligten zugutekommt und daher eine strafbare Teilnahme ausschließt.[65] Die Verantwortungsfreiheit gilt darüber hinaus für alle anderen Sanktionen und schützt auch vor zivil-, presse-, dienst- und arbeitsrechtlichen Sanktionen..[66] Der Schutz gilt zeitlich unbegrenzt.[67]

---

55 Anlage 1 zu GO LT.
56 Vgl hierzu umfassend *Linck*, in: Linck/Baldus/Lindner/Poppenhäger/Ruffert, Art. 60 Rn 25 ff.
57 *Linck*, in: Linck/Baldus/Lindner/Poppenhäger/Ruffert, Art. 60 Rn 27.
58 *Klein*, in: Maunz/Dürig, Art. 42 Rn 55; *Pieroth*, in: Jarass/Pieroth, Art. 42 Rn 2; *Morlok*, in: Dreier, Art. 42 Rn 28.
59 *Achterberg/Schulte*, in: von Mangoldt/Klein/Starck, Art. 42 Rn 6; *Brocker*, in: Epping/Hillgruber, Art. 42 Rn 9; *Mensing*, in: Brocker/Droege/Jutzi, Art. 87 Rn 9.
60 *Dicke*, in: Umbach/Clemens, Art. 42 Rn 25.
61 *Bogan*, in: Epping/Butzer, Art. 22 Rn 17.
62 *Klein*, in: Maunz/Dürig, Art. 42 Rn 71 mwN; *Kühl*, in: Lackner/Kühl, § 37 Rn 1.
63 *Müller-Terpitz*, in: BK, Art. 42 Rn 108 mwN.
64 *Lenckner/Perron*, in: Schönke/Schröder, StGB, § 37 Rn 1.
65 *Lenckner/Perron*, aaO.
66 *Mensing*, in: Brocker/Droege/Jutzi, Art. 87 Rn 15.
67 *Klein*, in: Maunz/Dürig, Art. 42 Rn 64.

14 Der Schutzbereich erstreckt sich auf „Berichte", also grds. auf Tatsachenmitteilungen, nicht dagegen Meinungsäußerungen, Werturteile und Schlussfolgerungen.[68] Für die im Einzelfall vorzunehmende Abgrenzung dürfte im Ergebnis darauf abzustellen sein, ob der Schwerpunkt der Darstellung als informatorisch oder kommentierend zu werten ist.[69]
Gegenstand der privilegierten Berichte kann das gesamte Geschehen während einer öffentlichen Sitzung sein. Die Verantwortungsfreiheit erstreckt sich also nicht nur auf die Debatte, sondern alle Beiträge von Abg. oder Mitgliedern bzw Beauftragten der LReg. Erfasst sind alle verbalen und nonverbalen Verhaltensweisen, also auch Zwischenrufe, Abstimmungen, Tumulte, Tätlichkeiten etc.[70]

15 Geschützt sind nur **„wahrheitsgetreue"** Berichte. Nicht privilegiert werden damit wertende Betrachtungen oder Berichte, die unrichtige Wiedergaben des Parlamentsgeschehens enthalten.[71] Für die Beurteilung kommt es insoweit aber nicht darauf an, ob eine Äußerung im Plenarprotokoll dokumentiert ist. Zwischen dem in freier Rede tatsächlich Gesagtem und dem im Plenarprotokoll dokumentierten Beitrag besteht häufig keine wörtliche Identität. Die Wiedergabe einer Äußerung kann daher auch dann wahrheitsgetreu sein, wenn sie nicht im Plenarprotokoll festgehalten ist.[72] Eindeutig von der Privilegierung auszuschließen sind hingegen Entstellungen, Fälschungen, willkürliche Zusammenstellungen, irreführende Auslegungen etc., weil diese den Erfordernissen einer „wahrheitstreuen" und damit objektiven Wiedergabe widersprechen.[73]

Art. 32 (Beschlussfassung, Wahlen)

(1) Der Landtag beschließt mit der Mehrheit der abgegebenen Stimmen, soweit diese Verfassung nichts anderes vorschreibt. Für die vom Landtag vorzunehmenden Wahlen können Gesetze oder die Geschäftsordnung größere Mehrheiten vorsehen.

(2) Mehrheit der Mitglieder des Landtages im Sinne dieser Verfassung ist die Mehrheit seiner gesetzlichen Mitgliederzahl.

(3) Der Landtag ist beschlussfähig, wenn die Mehrheit seiner Mitglieder anwesend ist.

(4) Es ist in der Regel offen abzustimmen. Die vom Landtag vorzunehmenden Wahlen sind in der Regel geheim. Im übrigen können in Gesetzen oder in der Geschäftsordnung des Landtages Ausnahmen vorgesehen werden.

Artt. 33, 92 BWVerf; 23 BayVerf; 31 VvB; 65 BbgVerf; 89, 90 BremVerf; 19, 20 HambVerf; 87, 88 HessVerf; 21, 74 NdsVerf; 44 Verf NW; 88 Verf Rh-Pf; 74 SaarlVerf; 48 SächsVerf; 51 LVerf LSA; 16 SchlHVerf; 61 ThürVerf.

I. Vorbemerkungen	1	IV. Abstimmungsformen		6
II. Arten der Mehrheitsentscheidung (Abs. 1 Satz 1 und Abs. 2)	2	1. Beschluss		6
III. Beschlussfähigkeit des Landtages	5	2. Wahlen		7

---

68 *Korbmacher*, in: Driehaus, Art. 42 Rn 2.
69 *Müller-Terpitz*, in: BK, Art. 42 Rn 95.
70 *Klein*, in: Maunz/Dürig, Art. 42 Rn 62.
71 *Mensing*, in: Brocker/Droege/Jutzi, Art. 87 Rn 7.
72 *Klein*, in: Maunz/Dürig, Art. 42 Rn 62.
73 *Achterberg/Schulte*, in: von Mangoldt/Klein/Starck, Art. 42 Rn 52.

I. Vorbemerkungen

Art. 32 statuiert das **Mehrheitsprinzip** als parlamentarische Entscheidungsregel und Ausprägung des Demokratieprinzips.[1] Es bezeichnet ein Prinzip der Willensbildung, nachdem bei einem Kollegialorgan im Gegensatz zu anderen denkbaren Kriterien oder Anknüpfungspunkten die Mehrheit der Stimmen den Ausschlag gibt, so dass deren Entscheidung als Wille des gesamten Organs gilt.[2] Das Mehrheitsprinzip ist zwar notwendiger Bestandteil der Demokratie, für sich allein aber noch nicht demokratisch. Denn es gibt zwar keine Demokratie ohne Mehrheitsentscheidung, aber durchaus Mehrheitsentscheidungen ohne demokratische Legitimation.[3] Zum demokratischen Prinzip gehört neben der Einhaltung eines ordnungsgemäßen Verfahrens durch die Mehrheit auch das Gebot, parlamentarische Minderheiten zu schützen.[4] Dieser Schutz beinhaltet nicht, die Minderheit vor Entscheidungen der Mehrheit zu bewahren, wohl aber der Minderheit zu ermöglichen, ihren Standpunkt in den Willensbildungsprozess des Parlaments einzubringen.[5]

Das Mehrheitsprinzip erstreckt sich auf alle **Abstimmungen und Wahlen** des LT. Gegenstand einer Abstimmung des LT kann alles sein, wozu der LT seine Meinung oder seinen Willen artikulieren möchte.

II. Arten der Mehrheitsentscheidung (Abs. 1 Satz 1 und Abs. 2)

Die LV stellt in Art. 32 Abs. 1 Satz 1 für den Regelfall auf die **einfache Mehrheit**, die auch als **Abstimmungs- oder Anwesenheitsmehrheit**[6] bezeichnet wird. Erforderlich ist die „Mehrheit der abgegebenen Stimmen". Daraus folgt, dass als Bezugsgröße für die Bestimmung der Mehrheit allein auf die Zahl der Abstimmenden abzustellen ist.[7] Die Abstimmungsmehrheit ist erreicht, wenn die Zahl der abgegebenen Ja-Stimmen die Zahl der abgegebenen Nein-Stimmen überwiegt. **Ungültige Stimmen** und **Stimmenthaltungen** werden nicht zu den abgegebenen Stimmen gezählt, sie bleiben also außer Betracht.[8] Diese – über den Wortlaut hinausgehende – Interpretation stellt sicher, dass Abg. zum Ausdruck bringen können, dass sie weder mit „Ja" noch mit „Nein",[9] mithin weder dafür noch dagegen sein wollen. Über den Weg der Stimmenthaltung kommen regelmäßig auch (Mehrheits-)beschlüsse über die Einsetzung von Untersuchungsausschüssen zustande, soweit sie von der Opposition beantragt werden. Die Mehrheit lehnt die Einsetzung zwar – politisch – ab, ist wegen der Minderheitenrechte des Art. 34 Abs. 1 LV aber zur Einsetzung verpflichtet. Insoweit wird ein Anspruch auf Beschlussfassung vermittelt, der Beschluss aber nicht ersetzt.[10] Durch Stimmenthaltung der Mehrheit wird durch die Zustimmung der Antragsteller eine Mehrheitsentscheidung ermöglicht.

Von der Abstimmungsmehrheit zu unterscheiden ist die sog. **Mitglieder- oder Abgeordnetenmehrheit** nach Art. 32 Abs. 2 LV, wonach die Mehrheit der gesetz-

---

1 *Pieroth*, in: Jarass/Pieroth, Art. 42 Rn 3.
2 *Achterberg/Schulte*, in: von Mangoldt/Klein/Starck, Art. 42 Rn 25.
3 *Hofmann/Dreier*, in: Schneider/Zeh, § 5 Rn 48.
4 *Klein*, in: Maunz/Dürig, Art. 42 Rn 93.
5 BVerfGE 70, 324, 363.
6 *Klein*, in: Maunz/Dürig, Art. 42 Rn 83 mwN.
7 *Achterberg/Schulte*, in: von Mangoldt/Klein/Starck, Art. 42 Rn 37.
8 *Brocker*, in: Epping/Hillgruber, Art. 42 Rn 19; *Achterberg/Schulte*, in: von Mangoldt/Klein/Starck, Art. 42 Rn 38; *Morlok*, in: Dreier, Art. 42 Rn 34; *Huster/Rux*, in: Epping/Hillgruber, Art. 20 Rn 86.
9 *Klein*, in: Maunz/Dürig, Art. 42 Rn 84.
10 *Brocker*, in: Epping/Hillgruber, Art. 42 Rn 20.3.

lichen Mitgliederzahl des LT erforderlich ist. Bezugsgröße für die Ermittlung dieser Mehrheit ist die Zahl der Mandatsinhaber nach Art. 20 Abs. 2 Satz 1. Bei 71 Abg. sind danach 36 Stimmen für diese „Mitgliedermehrheit" erforderlich. Durch Überhang- und Ausgleichsmandate sowie durch das Leerbleiben von Sitzen können sich die Bezugsgröße und damit die erforderliche Mehrheit ändern.

4 Nach Art. 32 Abs. 1 Satz 1 2. Alt. LV kann die LV andere Mehrheiten vorschreiben. Solche **qualifizierten Mehrheitserfordernisse** gelten für die Abwahl des PräsLT, Art. 29 Abs. 2, Selbstauflösung des LT nach Art. 27 Abs. 2 und Verfassungsänderungen nach Art. 56 Abs. 2. Danach ist jeweils die Mehrheit von zwei Dritteln der Mitglieder des LT (qualifizierte Mitgliedermehrheit) erforderlich. Für den Ausschluss der Öffentlichkeit nach Art. 31 Abs. 1 ist die Mehrheit von zwei Dritteln der anwesenden Mitglieder des LT (qualifizierte Anwesenheitsmehrheit) notwendig. Schließlich sieht die GO eine Zwei-Drittel-Mehrheit der Mitglieder des LT als notwendiges Quorum für die Erweiterung der Tagesordnung vor (§ 74 Nr. 1 GO LT).

Schließlich eröffnet Art. 32 Abs. 1 S. 2 LV die Möglichkeit für Wahlen, also Abstimmung über die Berufung einer Person für ein bestimmtes Amt[11], durch Gesetz oder Geschäftsordnung größere Mehrheiten vorzusehen.

III. Beschlussfähigkeit des Landtages

5 Art. 32 Abs. 3 LV legt im Grundsatz fest, wie viele Abg. im Plenum anwesend sein müssen, damit im LT Beschlüsse gefasst werden dürfen. Die Beschlussfähigkeit ist eine der Abstimmung vorgelagerte Voraussetzung für die Wirksamkeit eines Mehrheitsbeschlusses.[12] Der LT ist danach nur beschlussfähig, wenn mehr als die **Hälfte seiner Mitglieder** anwesend ist. Das bedeutet, dass – soweit die gesetzliche Mitgliederzahl nicht von Art. 20 Abs. 2 Satz 1 abweicht – 36 Abg. anwesend sein müssen. Maßgeblich ist insoweit die Präsenz bei der Abstimmung, während bei der Beratung auch eine geringere Anwesenheit zulässig ist.[13] Nach § 77 Abs. 2 GO LT ist die Beschlussfähigkeit durch Zählung der Stimmen festzustellen, wenn vor der Eröffnung der Abstimmung die Beschlussfähigkeit bezweifelt und auch vom Sitzungspräsidium nicht einmütig bejaht wird. Im Umkehrschluss bedeutet dies, dass nach der GO Beschlussfähigkeit angenommen wird, solange sie **nicht** vor einer Wahl oder Abstimmung **bezweifelt** wird. Eine solche – widerlegbare – Vermutung für die Beschlussfähigkeit des Parlaments ist durch das BVerfG für den BT ausdrücklich gebilligt worden.[14] Zwar verlange das Prinzip der repräsentativen Demokratie grds. die Mitwirkung aller Abg. bei der parlamentarischen Willensbildung. Entscheidend und ausreichend sei jedoch, dass die Regelung der GO jedem Abg. die Mitwirkung am parlamentarischen Entscheidungsprozess eröffne.[15] Im Hinblick darauf, dass das GG gerade keine Regelung zur Beschlussfähigkeit enthält und dem BT insoweit im Rahmen der Geschäftsautonomie übertragen ist, wird die Zulässigkeit einer solchen Fiktion für die Länderparlamente verneint, in denen die Verfassung zwar Regelungen zur Beschlussfähigkeit, aber keine – der GO entsprechende – Vermutung für die Beschlussfähigkeit enthält.[16] Im Hinblick darauf, dass im LT – anders als im

---

11 *Bogan*, in: Epping/Butzer, Art. 21 Rn 41.
12 *Brocker*, in: Epping/Hillgruber, Art. 42 Rn 20.5.
13 *Kluth*, in; S-B/H/H, Art. 42 Rn 15 f, der die Beschlussfähigkeit v. d. Beratungsfähigkeit abgrenzt.
14 BVerfGE 44, 308, 315 ff.
15 BVerfGE 44, 308, 315 ff.
16 Vgl zur Problematik *Korbmacher*, in: Driehaus, Art. 43 Rn 3.

BT, wo parallel zu den Plenarsitzungen auch Ausschusssitzungen stattfinden[17] – die Abg. regelmäßig zahlreich, wenngleich auch nicht vollständig vertreten sind, ist die Frage in der parlamentarischen Praxis eher von theoretischer Relevanz. Auch die Befürchtung, ein Gesetz könne theoretisch mit einer Mehrheit von 2:1 Stimmen beschlossen werden,[18] ist eher fern liegend. Gleichwohl dürfte die Regelung des Art. 77 Abs. 2 GO LT verfassungskonform dahin auszulegen sein, dass der – amtierende – Präsident die Beschlussunfähigkeit jedenfalls dann von Amts wegen anzuzweifeln[19] hat, wenn die Beschlussunfähigkeit evident ist, während die Vermutung der Beschlussfähigkeit greift, solange die Beschlussunfähigkeit nicht „auf einen Blick" festzustellen ist. Schließlich hat der Präsident nach § 77 Abs. 3 GO LT die Beschlussunfähigkeit von Amts wegen festzustellen, wenn bei einer namentlichen Abstimmung, bei einer Wahl oder bei einer Auszählung erkennbar wird, dass die erforderliche Zahl der Mitglieder des LT nicht erreicht ist. Bei Beschlussunfähigkeit hat der Präsident nach § 77 Abs. 4 GO LT die Sitzung sofort aufzuheben sowie Zeit, Ort und Tagesordnung der nächsten Sitzung bekannt zu geben. Die Abstimmung wird in der nächsten Sitzung ohne Beratung – erneut – vorgenommen.

Darüber hinaus setzt die Beschlussfähigkeit des Parlaments voraus, dass sich jeder Abg. über den Beratungsgegenstand und den Stand der Beratungen aus Quellen informieren kann, die allen Abg. zugänglich sind, auch wenn eilige Entscheidungen anstehen.[20]

IV. Abstimmungsformen

1. Beschluss. Der LT trifft seine Entscheidungen durch Beschluss. Dies ist die Handlungsform, mit der das Parlament als Ganzes seinen Willen und seine Entscheidungen feststellt und kund tut.

6

Fasst der LT einen Beschluss, den er aus Kompetenz- oder anderen Gründen nicht hätte fassen dürfen, so leidet dieser Beschluss unter einem Rechtsmangel, um einen „Beschluss" handelt es sich gleichwohl.[21] Art. 32 Abs. 1 Satz 1 normiert also nicht die Voraussetzung, unter denen der LT Beschluss fassen darf, sondern benennt nur die verfahrensrechtliche Voraussetzung, unter der ein Beschluss zustande kommt. Auch die sog. **„schlichten Parlamentsbeschlüsse"**, die „nur" eine politisch empfehlende Wirkung haben, sind Beschlüsse iSd Art. 32.[22] Soweit nach der Gegenansicht[23] Entschließungen des Parlaments keine Beschlüsse im verfassungsrechtlichen Sinne sein sollen, wird zum einen verkannt, dass derartige Beschlüsse das Plenargeschehen maßgeblich prägen[24] und durchaus politische Wirkung entfalten. Unabhängig davon dürfte nicht in Abrede zu stellen sein, dass auch für die Annahme von Anträgen durch die der politische Wille des LT artikuliert wird, das Mehrheitsprinzip gilt.[25]

---

17 Vgl dazu *Müller-Terpitz*, in: BK, Art. 42 Rn 83.
18 So *Linck*, in: Linck/Baldus/Lindner/Poppenhäger/Ruffert, Art. 61 Rn 27.
19 IdS wohl *Perne*, in: Brocker/Droege/Jutzi, Art. 88 Rn 5.
20 *Kluth*, in: Schmidt-Bleibtreu/Hofmann/Henneke, Art. 42 Rn 15.
21 *Klein*, in: Maunz/Dürig, Art. 42 Rn 80.
22 *Klein*, in: Maunz/Dürig, Art. 42 Rn 80; *Caspar*, in: Caspar/Ewer/Nolte/Waack, Art. 16 Rn 7; *Pieroth*, in: Jarass/Pieroth, Art. 42 Rn 3; *Edinger*, in: Grimm/Caesar, Art. 88 Rn 4.
23 *Achterberg/Schulte*, in: von Mangoldt/Klein/Starck, Art. 42 Rn 31.
24 in der 5. WP hat der LT über 969 Anträge beraten und abgestimmt, zur Arbeit d. Landtages Mecklenburg-Vorpommern 2006 – 2011, S. 57
25 *Perne*, in: Brocker/Droege/Jutzi, Art. 88 Rn 7.

Schließlich handelt es sich auch bei der Zitierung von Mitgliedern der Landesregierung oder der Einsetzung von Ausschüssen um Beschlüsse i. S. d. Art. 32 LV.[26]

Nach Art. 32 Abs. 4 Satz 1 LV ist über Anträge in der Regel offen abzustimmen. Die Verpflichtung zur offenen Abstimmung verstärkt den Grundsatz der Öffentlichkeit der Landtagssitzung. Das Abstimmungsverfahren ist in der GO LT geregelt. Abgestimmt wird nach § 90 Abs. 3 GO LT in der Regel durch Handzeichen. Darüber hinaus sieht die GO eine Abstimmung durch „Aufstehen oder Sitzen bleiben" vor, die in der parlamentarischen Praxis jedoch kaum vorkommt. Den im BT und anderen Landtagen praktizierten sog. „Hammelsprung"[27] sieht die GO LT nicht vor, da bei der geringen Zahl von Abgeordneten und bei knappen Abstimmungen, wie Mehrheiten durch „Abzählen" im Plenum ermittelt werden können. Eine besondere Form der offenen Abstimmung ist die **namentliche Abstimmung** nach § 91 GO LT. Sie muss stattfinden, wenn sie von einer Fraktion oder vier anwesenden Mitgliedern des LT verlangt wird. Die namentliche Abstimmung erfolgt durch Namensaufruf, bei dem die anwesenden Mitglieder des LT mit ja oder nein zu antworten oder zu erklären haben, dass sie sich der Stimme enthalten. Ziel der namentlichen Abstimmung ist es, der interessierten Öffentlichkeit mitzuteilen, wie jeder einzelne Abg. gestimmt hat.[28]

7 **2. Wahlen.** Demgegenüber sind **Wahlen** nach Abs. 3 Satz 2 in der Regel geheim. Unter Wahlen sind vom Landtag zu treffende Personalentscheidungen und nicht „Wahlen" zu verschiedenen Sachentscheidungen zu verstehen. Geheim bleibt insoweit nur die Wahlentscheidung der einzelnen Abgeordneten, während der Abstimmungsvorgang als solcher in öffentlicher Sitzung erfolgt.[29] Daher muss der Abg. einen – verdeckten – Stimmzettel im Plenarsaal ausfüllen und abgeben.[30] Die Wahlen erfolgen nach § 92 GO LT durch die Abgabe von Stimmzetteln. Zulässige Ausnahmen nach der GO sind die Möglichkeit der offenen Wahl durch Handaufheben, wenn kein Mitglied des LT widerspricht (§ 92 Abs. 1 Satz 2 GO LT) sowie die geheime Abstimmung zu einer Vertrauensfrage des MinPräs nach Art. 51 Abs. 1 LV (→ *Litten*, **Art. 51** Rn 1 ff) auf Antrag von mind. 4 Mitgliedern des LT oder einer Fraktion (§ 92 Abs. 2 Satz 1 GO LT). Weitere geheime Abstimmungen (→ **Art. 31** Rn 3) sieht die GO LT nicht – mehr – vor.

Art. 33 (Ausschüsse)

(1) Zur Vorbereitung seiner Verhandlungen und Beschlüsse setzt der Landtag Ausschüsse ein, deren Zusammensetzung dem Stärkeverhältnis der Fraktionen zu entsprechen und den Rechten fraktionsloser Abgeordneter Rechnung zu tragen hat.

(2) Die Ausschüsse werden im Rahmen der ihnen vom Landtag erteilten Aufträge tätig. Sie können sich auch unabhängig von Aufträgen mit Angelegenheiten aus ihrem Aufgabengebiet befassen und hierzu dem Landtag Empfehlungen geben.

---

26 *Morlok*, in: Dreier, Art. 42 Rn 32.
27 vgl dazu *Kluth*, in: Schmidt-Bleibtreu/Hofmann/Henneke, Art. 42 Rn 17.
28 *Zeh*, in: HdbStR III, § 53 Rn 47.
29 *Müller-Terpitz*, in: BK, Art. 42 Rn 56.
30 *Kluth*, in: Schmidt-Bleibtreu/Hofmann/Henneke, Art. 42 Rn 18.

(3) Ausschußsitzungen sind in der Regel nicht öffentlich, soweit nicht der Ausschuß für einzelne Sitzungen oder Beratungsgegenstände anderes beschließt.

Artt. 44 Abs. 1 und 2 VvB; 70 BbgVerf; 105 BremVerf; 20 Abs. 1 und 2 NdsVerf; 77 Abs. 1 SaarlVerf; 52 SächsVerf; 46 Abs. 2 LVerf LSA; 17 SchlHVerf; 62 ThürVerf.

I. Vorbemerkungen	1	IV. Festlegung des Ausschussvorsitzes	11
II. Inhaltliche Ausrichtung der Ausschüsse	4	V. Unterausschüsse	14
		VI. Überwiesene Vorlagen und Selbstbefassungsrecht	15
III. Zusammensetzung der Ausschüsse	6		
1. Allgemeines	6	VII. Öffentlichkeit der Ausschusssitzungen	18
2. Fraktionslose Abgeordnete	9		
3. Rückruf aus Ausschüssen	10	VIII. Vorläufiger Ausschuss	22

I. Vorbemerkungen

Moderner Parlamentarismus ist durch Arbeitsteilung gekennzeichnet.[1] Der größte Teil der Parlamentsarbeit wird nicht im Plenum, sondern in den Fraktionen und Ausschüssen geleistet. Insb. die Gesetzgebungsarbeit (→ *Sauthoff*, **Art. 55** Rn 16 ff) wird in den Ausschüssen nicht nur vorbereitet, sondern inhaltlich beraten und bis zum sachlichen Ergebnis abgeschlossen[2]. Die zweite Lesung eines Gesetzes im Plenum hat regelmäßig nur noch die Funktion, die wesentlichen Aspekte für und gegen einen Gesetzentwurf öffentlich darzustellen.[3] Gleichwohl wird dadurch die alleinige Befugnis des Plenums zur endgültigen Beschlussfassung nicht in Frage gestellt, da die Empfehlungen der Ausschüsse für das Plenum nicht verbindlich sind. Darüber hinaus versehen die Ausschüsse auch Informations-, Kontroll- und Untersuchungsaufgaben des Parlaments.[4] Zur Wahrnehmung dieser Aufgaben sind den Ausschüssen eigenständige verfassungsrechtliche Befugnisse eingeräumt. Dabei sind insb. das Zitierrecht nach Art. 38 Abs. 1 LV, wonach ein Drittel der Mitglieder das Recht haben, die Anwesenheit eines Mitgliedes der LReg zu verlangen (→ *Wiegand-Hoffmeister*, **Art. 38** Rn 1) und das Frage- und Auskunftsrecht nach Art. 40 Abs. 1 Satz 1 und 2 sowie Abs. 2 LV (→ *Zapfe*, **Art. 40** Rn 17) von besonderer Bedeutung. 1

Ausschüsse haben nicht den Status selbständiger Verfassungsorgane, sondern sind lediglich vom Plenum eingesetzte Organteile des Parlaments.[5] Zur Einsetzung, die aufgrund eines Beschlusses des LT zu erfolgen hat, gehört die genaue Bezeichnung des Ausschusses sowie die Festlegung der Mitgliederzahl, wobei in der Praxis des LT dieselbe Mitgliederzahl für alle Ausschüsse festgelegt wird.[6] 2

Art. 33 enthält eine verfassungsrechtliche Anerkennung der Ausschüsse iS einer institutionellen Garantie, an die das Parlament gebunden ist.[7] Der LT ist somit einerseits verpflichtet, Ausschüsse einzusetzen. Andererseits ist die Bildung von Ausschüssen ein wesentliches Element des Selbstorganisationsrechts des LT, das lediglich insoweit eingeschränkt ist, als dass die Verfassung die Bildung von 3

---

1 *Brocker*, in: BK, Art. 40 Rn 165.
2 *Thesling*, in Heusch/Schönenbroicher Art. 38 Rn 11.
3 *Hopfe*, in: Linck/Baldus/Lindner/Poppenhäger/Ruffert, Art. 62 Rn 1; *Zeh*, in: HdbStR III, § 52 Rn 39;.
4 BVerfGE 80, 188, 222; *Caspar*, in: Caspar/Ewer/Nolte/Waack, Art. 17 Rn 1; *Hopfe*, in: Linck/Baldus/Lindner/Poppenhäger/Ruffert, Art. 62 Rn 10; *Zeh*, in: HdbStR III § 52 Rn 40;.
5 *Caspar*, in: Caspar/Ewer/Nolte/Waack, Art. 17 Rn 2; *Hopfe, in:* Linck/Baldus/Lindner/Poppenhäger/Ruffert, Art. 62 Rn 11.
6 Vgl LT-Drs. 5/65; LT-Drs. 6/62.
7 *Caspar*, in: Caspar/Ewer/Nolte/Waack, Art. 17 Rn 3.

Ausschüssen vorschreibt. So ist der LT gemäß Art. 35 LV verpflichtet, einen Petitionsausschuss einzusetzen, nach Art. 52 Abs. 3 LV (§ 4 LVerfGG) müssen die Richter des LVerfG auf den Vorschlag eines besonderen Ausschusses vom LT gewählt werden. Darüber hinaus enthalten andere Gesetze Festlegungen, die an die Existenz eines Ausschusses anknüpfen (vgl etwa §§ 37, 38 LKWG; §§ 22, 36 LHO; § 31 Abs. 3 Nr. 5 Psych KG M-V), und den LT verpflichten, die jeweilige Aufgabe durch einen Ausschuss wahrzunehmen.[8] Das Selbstorganisationsrecht des LTs ist aber nicht so weit eingeschränkt, dass er verpflichtet wäre, den im Gesetz bezeichneten Ausschuss in genau dieser Form und Bezeichnung einzusetzen. Vielmehr muss dann das betreffende Gesetz verfassungskonform ausgelegt werden, dass der jeweilige für die entsprechende Materie zuständige Ausschuss zu beteiligen ist. Dies gilt insbesondere für den zu Beginn einer Wahlperiode eingesetzten vorläufigen Ausschuss, der in der Zeit bis zur Konstituierung der regelmäßigen Ausschüsse die Aufgaben aller Ausschüsse wahrnimmt (vgl Rn 22). Neben den verfassungsrechtlichen Festlegungen nach Artt. 35 und 52 LV ist der LT grds. frei, wie viele und welche Ausschüsse eingerichtet werden, wobei die Verpflichtung nach Abs. 1, zur Vorbereitung der Verhandlungen und Beschlüsse Ausschüsse einzusetzen, impliziert, dass die zahlenmäßige Minimal- und Maximalgrenze und die inhaltliche Orientierung der Ausschüsse an der sachgerechten Aufgabenerfüllung auszurichten ist.

II. Inhaltliche Ausrichtung der Ausschüsse

4 Im Regelfall werden Ausschüsse so eingesetzt, dass deren Zuständigkeitsbereich sich auf jeweils ein Ressort der LReg bezieht. Dies drückt sich grdsl. auch in der Bezeichnung eines Ausschusses aus, die identisch mit der Bezeichnung des jeweiligen Ministeriums erfolgt. Bezweckt wird damit eine möglichst präzise Kontrolle des jeweiligen Geschäftsbereiches der LReg durch fachkundige Abg. sowie die inhaltlich fundierte Beratung der jeweils einschlägigen Gesetzentwürfe.[9] Eine Ausnahme von diesem Grundsatz bestand in der dritten und vierten Wahlperiode des LT, als ein Tourismusausschuss eingesetzt wurde, der sich dieses für die Landesentwicklung besonders bedeutsamen Wirtschaftszweigs angenommen hatte. In der fünften Wahlperiode ist der LT zum Grundsatz der Ressortabbildung zurückgekommen. Nach § 9 Abs. 3 GO LT kann der LT für einzelne Angelegenheiten weitere Ausschüsse und Kommissionen bilden, insb. Sonderausschüsse, Untersuchungsausschüsse[10] und Enquete-Kommissionen. Sonderausschüsse können sowohl anlässlich eines besonders umfänglichen Gesetzgebungsverfahrens (wie der Sonderausschuss Verwaltungsmodernisierung und Funktionalreform in der vierten Wahlperiode) als auch zur Beratung von Themen außerhalb eines konkreten Gesetzgebungsverfahrens vom LT eingesetzt werden.[11]

5 Nicht zu den Ausschüssen iSd Art. 33 LV gehören die Enquete-Kommissionen.[12] Während in den Ausschüssen zwingend nur Mitglieder des LT vertreten sind, können in Enquete-Kommissionen, die der LT zur Vorbereitung gesetzlicher Regelungen und anderer im LT zu treffender Entscheidungen einsetzt, außer Abg. auch Sachverständige und andere Sachkundige, die nicht dem LT angehören,

---

8 *Hopfe*, in: Linck/Baldus/Lindner/Poppenhäger/Ruffert, Art. 62 Rn 15; *Kretschmer*, in BK, Art. 39 Rn 114 f; *Lontzek*, in: Epping/Butzer, Art. 20 Rn 16.
9 *Zeh*, in: HdbStR III, § 52 Rn 41.
10 Vgl zu Untersuchungsausschüssen → *Wiegand-Hoffmeister*, **Art. 34**.
11 *Caspar*, in: Caspar/Ewer/Nolte/Waack, Art. 17 Rn 5; *Zeh*, in: Schneider/Zeh, § 39 Rn 14.
12 LVerfG M-V, DÖV 2001, 780 f; *Caspar*, in: Caspar/Ewer/Nolte/Waack, Art. 17 Rn 8; *Hopfe*, in: Linck/Baldus/Lindner/Poppenhäger/Ruffert, Art. 62 Rn 43; *Lontzek*, in: Epping/Butzer, Art. 20 Rn 35.

Mitglieder sein. Lediglich die Mehrheit der Mitglieder der Enquete-Kommission müssen Mitglieder des LT sein.[13] Ebenfalls nicht zu den Ausschüssen iSd Art. 33 LV gehören die Parlamentarische Kontrollkommission[14] und das SOG-Gremium,[15] die sich zwar aus Abg. zusammensetzen, jedoch ausschließlich zur Kontrolle der LReg in Angelegenheiten des Verfassungsschutzes und zur Kontrolle der LReg im Falle des Einsatzes technischer Mittel zur Erhebung personenbezogener Daten in Wohnungen oder Vertrauensverhältnissen eingesetzt werden. Diese stehen als ergänzende parlamentarische Kontrollgremien mit eigenen gesetzlich normierten Kontrollbefugnissen und Informationsrechten neben den Ausschüssen nach Art. 33 LV.[16] Dies gilt ebenso hinsichtlich der G-10-Kommission,[17] die der Kontrolle der LReg im Falle der Beschränkung des Brief-, Post- und Fernmeldegeheimnisses dient, wobei hinzukommt, dass die Mitglieder dieser Kommission nicht zwingend Abg. sein müssen.

III. Zusammensetzung der Ausschüsse

1. Allgemeines. Die Zusammensetzung der Ausschüsse hat dem Stärkeverhältnis der Fraktionen zu entsprechen. Diesen in Satz 1 festgelegten Grundsatz der Spiegelbildlichkeit von Parlament und Ausschüssen hat das BVerfG aus dem Prinzip der repräsentativen Demokratie entwickelt.[18] Jeder Ausschuss muss ein verkleinertes Abbild des Plenums darstellen und in seiner Struktur die Zusammensetzung des Plenums widerspiegeln.[19] Zur Berechnung des Stärkeverhältnisses werden verschiedene mathematische Verfahren angewendet, mit dem Ziel, der genauen mathematischen Proportionalität möglichst nahe zu kommen. § 10 Abs. 2 der GO LT bestimmt, dass der LT das System für eine dem Stärkeverhältnis der Fraktionen entsprechende Zusammensetzung der Ausschüsse und die Anzahl der Ausschussmitglieder bestimmt. Dabei ist der LT grds. frei, welches System er auswählt, solange es sich um ein nachvollziehbares System zur Abbildung der Stärkeverhältnisse handelt. Dieses gewählte und vom LT zu beschließende System stellt dann auch die Grundlage für die Verteilung der Stellen der Ausschussvorsitzenden dar. Üblich sind die Verfahren nach D'Hondt, Hare/Niemeyer und St. Laguë/Schepers.[20] Der sechste LT hat beschlossen, als System für die Ausschussbesetzung das Verfahren nach D'Hondt anzuwenden[21]. Dieses Verfahren stellt auf das Stärkeverhältnis der einzelnen Fraktionen ab. Dabei wird die Anzahl der Mitglieder der einzelnen Fraktionen durch 1, 2, 3, ... n dividiert und die Sitze in der Reihenfolge der größten sich ergebenden Höchstzahlen zugeteilt. Danach ergibt sich für die sechste Wahlperiode folgendes Berechnungsschema:

6

---

13 Vgl §§ 1, 4 Abs. 1 und 2 Enquete-Kommissions-Gesetz (EKG M-V).
14 § 27 LVerfSchG M-V.
15 § 34 Abs. 7 SOG M-V.
16 *Caspar*, in: Caspar/Ewer/Nolte/Waack, Art. 17 Rn 9; *Hübner*, in: von Mutius/Wuttke/Hübner, Art. 17 Rn 3.
17 § 2 Abs. 3 des Gesetzes zur Ausführung des Gesetzes zu Art. 10 GG (AG G 10).
18 BVerfGE 80, 188, 222; 84, 304, 323 f; 96, 264, 282; 106, 253, 262; 118, 133, 135 f.
19 *Caspar*, in: Caspar/Ewer/Nolte/Waack, Art. 17 Rn 11; *Hopfe*, in: Linck/Baldus/Lindner/Poppenhäger/Ruffert, Art. 62 Rn 17; *Lontzek*, in: Epping/Butzer, Art 20 Rn 21.
20 Eine ausführliche Darstellung und Erläuterung der Berechnungsmethoden findet sich in: *Ritzel/Bücker/Schreiner*, Handbuch für die parlamentarische Praxis, Stand: Dez. 2011, Anhang zu § 12.
21 Vgl LT-Drs. 6/8; ebenso in der 5. WP vgl LT-Drs. 5/8.

SPD: 27 MdL	CDU: 18 MdL	DIE LINKE: 14 MdL	BÜNDNIS 90/ DIE GRÜNEN: 7 MdL	NPD: 5 MdL
27:1=27 (+)	18:1=18 (+)	14:1=14 (+)	7:1=7 (+)	5:1=5 (-) Grundmandat
27:2=13,5 (+)	18:2=9 (+)	14:2=7 (+)	7:2=3,5 (-)	5:2=2,5 (-)
27:3=9 (+)	18:3=6 (+)	14:3=4,66 (-)		
27:4=6,75 (+)	18:4=4,5 (-)			
27:5=5,4 (-)				

Legt man dieses Ergebnis zugrunde, ergibt sich bei der Ausschussgröße von zehn Mitgliedern folgende Sitzverteilung: die Fraktion der SPD erhält vier Sitze, die CDU-Fraktion drei Sitze, die Fraktion DIE LINKE erhält zwei Sitze und der Fraktion BÜNDNIS 90/DIE GRÜNEN steht ein Sitz zu. Die Fraktion der NPD würde somit keinen Ausschusssitz erhalten. Wenngleich einer Oppositionsfraktion nicht zwingend ein Mandat in jedem parlamentarischen Gremium eingeräumt werden muss (→ *Wiegand-Hoffmeister*, **Art. 26** Rn 8), wäre der Grundsatz der Spiegelbildlichkeit von Parlament und Ausschüssen verletzt, wenn eine Fraktion gänzlich von der Ausschussarbeit ausgeschlossen wäre.[22] Folglich wurde der Fraktion der NPD die Option eingeräumt, je Ausschuss ein Mitglied im Rahmen eines Grundmandats zu benennen.[23] Damit sind alle Fraktionen in jedem der somit 11-köpfigen Ausschüsse mit mindestens einem Sitz vertreten. Dieses Ergebnis ließ sich nur durch die Einräumung eines Grundmandats für die Fraktion der NPD erreichen, da bei einer generellen Festlegung der Ausschussgröße auf 11 Mitglieder der SPD-Fraktion das Recht zur Benennung des 11. Ausschussmitglieds zugestanden hätte (vgl Tabelle). Bei sehr großen Gremien kann das Verfahren nach D'Hondt zu einer Begünstigung der großen Fraktionen führen; bei der konkreten Sitzverteilung im sechsten LT gewährleistet dieses Verfahren hingegen, dass die Verteilung der Ausschusssitze bestmöglich am Grundsatz der mathematischen Proportionalität ausgerichtet ist. Es findet sogar noch eine geringfügige Begünstigung der kleinsten Fraktion statt. So verfügt diese mit fünf Abg. nur über ca. 7 % der Sitze im Parlament, stellt in den Ausschüssen jedoch 9 % der Abg.

7 Soweit der Grundsatz der Spiegelbildlichkeit mit dem Verfassungsgebot der Sicherung der Funktionsfähigkeit des Parlaments und dem demokratischen Grundsatz der Mehrheitsentscheidung kollidiert, ist es zulässig, dass das Berechnungsverfahren auch gerade im Hinblick darauf ausgewählt wird, dass das gewählte Verfahren die Regierung tragende politische Mehrheit abbildet.[24]

8 Art. 33 LV legt kein Verfahren fest, wie die Ausschusssitze personell vergeben werden, so dass sowohl ein Wahlverfahren als auch ein Benennungsverfahren durch die Fraktionen denkbar wäre.[25] Das Verfahren wird durch die GO LT festgelegt, wonach gem. § 11 Abs. 2 GO LT die Fraktionen die Ausschussmitglieder durch schriftliche Erklärung gegenüber dem PräsLT benennen.

---

22 BVerfGE 70, 324, 363 f.; 80, 188, 222; *Brocker*, in: BK, Art. 40 Rn 167; *Caspar*, in: Caspar/Ewer/Nolte/Waack, Art. 17 Rn 12; *Hopfe*, in: Linck/Baldus/Lindner/Poppenhäger/Ruffert, Art. 62 Rn 17; *Morlok*, in: Dreier, Art. 40 Rn 30.
23 Vgl LT-Drs. 6/62.
24 BVerfGE 96, 264, 283.
25 BVerfGE 112, 118, 133; *Caspar*, in: Caspar/Ewer/Nolte/Waack, Art. 17 Rn 17 f.

2. Fraktionslose Abgeordnete. Bei der Zusammensetzung der Ausschüsse muss 9
auch den Rechten fraktionsloser Abg. Rechnung getragen werden. Die prinzipielle Möglichkeit, in einem Ausschuss mitzuwirken, hat für den einzelnen Abg. angesichts des Umstandes, dass ein Großteil der eigentlichen Sacharbeit des Parlaments von den Ausschüssen bewältigt wird, eine der Mitwirkung im Plenum vergleichbare Bedeutung; vor allem in den Ausschüssen eröffnet sich den Abg. die Chance, ihre eigenen politischen Vorstellungen in die parlamentarische Willensbildung einzubringen. Von daher darf ein Abg. nicht ohne gewichtige, an der Funktionstüchtigkeit des Parlaments orientierte Gründe von jeder Mitarbeit in den Ausschüssen ausgeschlossen werden.[26] Jeder einzelne Abg. hat mithin Anspruch darauf, jedenfalls in einem Ausschuss mitzuwirken (vgl § 10 Abs. 4 GO LT); dies folgt auch aus der Erwägung, dass ihm die Möglichkeit belassen bleiben muss, sich bestimmten Sachgebieten, denen sein Interesse gilt und für die er Sachverstand besitzt, besonders eingehend zu widmen.[27] Hingegen ist es verfassungsrechtlich nicht geboten, dem fraktionslosen Abg. im Ausschuss ein – notwendigerweise überproportional wirkendes – Stimmrecht zu geben. Der fraktionslose Abg. spricht nur für sich, nicht auch für die Mitglieder einer Fraktion; das unterscheidet ihn von den fraktionsangehörigen Ausschussmitgliedern. Seinem Einfluss auf die Beschlussempfehlung an das Plenum kommt deshalb nicht das gleiche Gewicht zu wie bei den auch für andere Abg. sprechenden Ausschussmitgliedern.[28] Zudem könnte ein Stimmrecht fraktionsloser Abg. im Ausschuss die Funktion der Ausschüsse gefährden, die Mehrheitsfähigkeit einer Vorlage im Plenum sicherzustellen. Auch in Bezug auf diese Funktion gebührt der Stimme des fraktionslosen Abg. eine wesentlich geringere Bedeutung als der des fraktionsangehörigen. Im Gegensatz dazu bekäme seine Stimme sogar zusätzliches, möglicherweise ausschlaggebendes Gewicht, wenn sie bestehende Mehrheitsverhältnisse im Ausschuss in Frage stellen könnte.[29]

3. Rückruf aus Ausschüssen. Grds. können die Fraktionen ihre Mitglieder aus 10
Ausschüssen auch wieder nach ihrem Ermessen abberufen und durch andere Fraktionsmitglieder ersetzen. Für den Einzelfall ist dies in § 11 Abs. 2 Satz 2 GO LT geregelt, wonach die Fraktionen im Bedarfsfall durch eine schriftliche Erklärung gegenüber dem Ausschussvorsitzenden für nicht anwesende Mitglieder oder stellvertretende Mitglieder andere Mitglieder des LT für die Vertretung in der jeweiligen Ausschusssitzung benennen können. Diese Regelung ist insoweit einschränkend auszulegen, als die Fraktionen nicht befugt sind, Mitglieder anderer Fraktionen als Vertreter zu benennen, da sich die entsprechende Kompetenz nur auf die Mitglieder der eigenen Fraktion erstreckt. Als actus contrarius zur Benennung der Mitglieder der Fraktion in einem Ausschuss ist eine Fraktion auch generell berechtigt, ein Ausschussmitglied dauerhaft aus einem Ausschuss zurückzuziehen.[30] Dies gilt insb. in Fällen, in denen ein Abg. aus einer Fraktion ausgetreten ist. Ein Abg. wird durch eine solche Abberufung nicht in der Freiheit seines Mandats beeinträchtigt. Zwar hat der Abg. einen Anspruch auf Mit-

---

26 BVerfGE 80, 188, 221 f; *Hopfe*, in: Linck/Baldus/Lindner/Poppenhäger/Ruffert, Art. 62 Rn 17; *Lontzek*, in: Epping/Butzer, Art. 20 Rn 24 f.
27 BVerfGE 44, 308, 316; 80, 188, 224.
28 BVerfGE 80, 188, 224.
29 BVerfGE 80, 188, 225.
30 *Hopfe*, in: Linck/Baldus/Lindner/Poppenhäger/Ruffert, Art. 62 Rn 24; *Lontzek*, in Epping/Butzer, Art. 20 Rn 27.

arbeit in einem Ausschuss. Es erwächst ihm daraus aber kein Recht, für eine Fraktion, der er nicht (mehr) angehört, in einem Ausschuss tätig zu sein.[31]

IV. Festlegung des Ausschussvorsitzes

11 Die Festlegung, welcher Fraktion der Vorsitz und stellvertretende Vorsitz eines Ausschusses zukommt, wird im Ältestenrat getroffen (vgl § 11 Abs. 1 GO LT). Dabei wird zunächst versucht, zwischen den Fraktionen eine Verständigung darüber herbeizuführen, wie die Stellen der Vorsitzenden und stellvertretenden Vorsitzenden der Ausschüsse zu besetzen sind. Kommt es zu einer solchen Verständigung, so wird diese im Ältestenratsprotokoll festgehalten und bildet die Grundlage für die dann durch den Präsidenten vorzunehmende Konstituierung der Ausschüsse. Gelingt eine solche Verständigung nicht, so erfolgt die Benennung durch Zugriff nach Maßgabe des Stärkeverhältnisses der Fraktionen auf der Grundlage des festgelegten Berechnungsverfahrens, das auch für die Besetzung der Ausschüsse gilt (Zugriffsverfahren). So sind in der sechsten Wahlperiode neun Ausschüsse eingesetzt worden (Petitionsausschuss sowie entsprechend der Ressortaufteilung der LReg acht Fachausschüsse), bei denen die Vorsitze sowie stellvertretenden Vorsitze im Zuge des Zugriffsverfahrens festgelegt wurden. Dabei entfallen nach dem Berechnungsverfahren nach D'Hondt auf die Fraktion der SPD vier, auf die Fraktion der CDU zwei, auf die Fraktion DIE LINKEN zwei und auf die Fraktion BÜNDNIS90/DIE GRÜNEN ein Ausschussvorsitz. Dieselbe Verteilung besteht hinsichtlich der stellvertretenden Vorsitze. Die Zuteilung der Ausschussvorsitze und stellvertretenden Ausschussvorsitze muss in jeweils getrennten Zählreihen erfolgen, da ansonsten bestehende Rechte einer Fraktion zur Besetzung eines Vorsitzes im Fall der Einsetzung weiterer Ausschüsse tangiert werden könnten.

12 Zu den Aufgaben des Ausschussvorsitzenden gehört, die Ausschusssitzungen im Rahmen der vom Ältestenrat festgelegten Sitzungsmöglichkeiten für Ausschüsse selbstständig einzuberufen und die Tagesordnung festzulegen, es sei denn, dass der Ausschuss im Einzelfall etwas anderes beschließt (§§ 13 Abs. 1, 14 Abs. 1 GO LT). Darüber hinaus obliegt ihm die Leitung der Sitzungen sowie die Durchführung der Ausschussbeschlüsse (§ 16 Abs. 1). Zur Leitung der Sitzungen erhält der Ausschussvorsitzende einige Befugnisse, die im Plenum dem amtierenden Präsidenten zustehen. Er erteilt das Wort unter Berücksichtigung der Reihenfolge der Wortmeldungen und der Grundsätze, dass die Beratung sachgemäß erledigt und zweckmäßig gestaltet wird, hat dabei Rücksicht auf die verschiedenen politischen Auffassungen, auf Rede und Gegenrede und auf die Stärke der Fraktionen sowie die Rechte der Mitglieder des LT zu nehmen und muss nach der Rede eines Mitgliedes der LReg eine abweichende Meinung zu Wort kommen lassen (§ 16 Abs. 2 iVm § 82 Abs. 1 GO LT). Ist der ordnungsgemäße Ablauf einer Sitzung nicht mehr gewährleistet, kann der Vorsitzende die Sitzung unterbrechen oder im Einvernehmen mit den Fraktionen im Ausschuss beenden, § 16 Abs. 3 GO LT. Ein entscheidender Unterschied zu den Befugnissen des Präsidenten im Plenum besteht darin, dass der Ausschussvorsitzende keine Disziplinargewalt (vgl zum Begriff → *Tebben*, **Art. 29** Rn 2 ff) gegenüber Mitgliedern des LT besitzt. Lediglich Sitzungsteilnehmer, die nicht Mitglieder des LT sind sowie Zuhörer unterstehen während der Sitzung der Ordnungsgewalt des Vorsitzenden (§ 16 Abs. 4 GO LT). Das bedeutet, dass dem Vorsitzenden die Mittel

---

31 BVerfGE 80, 188, 233; *Caspar*, in: Caspar/Ewer/Nolte/Waack, Art. 17 Rn 29; *Hopfe*, in: Linck/Baldus/Lindner/Poppenhäger/Ruffert, Art. 62 Rn 24; *Lontzek*, in Epping/Butzer, Art. 20 Rn 27; *Ritzel/Bücker/Schreiner* (Fn 20), § 57 GO BT II 1 a.

des Ordnungsrufes (§ 97 GO LT), die Wortentziehung wegen eines dreimaligen Sachrufes oder dreimaligen Ordnungsrufes (§ 98 GO LT) sowie der Ausschluss von Mitgliedern des LT (§ 99 GO LT) nicht zur Verfügung stehen. Selbstverständlich darf der Ausschussvorsitzende zur Ordnung oder zur Sache rufen, um den ordnungsgemäßen Ablauf der Sitzung sicherzustellen. Dabei handelt es sich aber nicht um einen Ordnungsruf bzw Sachruf iSd § 97 GO LT. Mitglieder des LT, die nicht Mitglieder des Ausschusses sind und an der Sitzung des Ausschusses teilnehmen, kann der Vorsitzende auffordern, den Sitzungssaal zu verlassen, wenn sie wegen gröblicher Verletzung der Ordnung den Fortgang der Beratungen stören. Soweit diese der Aufforderung nicht nachkommen, hat der Vorsitzende lediglich die Möglichkeit, die Sitzung zu unterbrechen oder im Einvernehmen mit den Fraktionen zu beenden.[32]

Die Frage der Abberufung eines Ausschussvorsitzenden ist weder in der LVerf noch in der GOLT explizit geregelt. Gleichwohl ist die Abberufung eines Vorsitzenden möglich. Die Abberufung kann durch die benennende Fraktion erfolgen, indem der Vorsitzende ganz aus dem Ausschuss zurückgerufen wird oder ein anderes Ausschussmitglied der Fraktion mit dem Vorsitz betraut wird. Da die Bestimmung des Ausschussvorsitzes ein Recht der Fraktion ist, die den Zugriff auf den Ausschussvorsitz hat, steht der betreffenden Fraktion auch das Recht zu, einen personellen Wechsel hinsichtlich des Ausschussvorsitzes vorzunehmen. In der Praxis kommt dies gelegentlich vor, wenn während der Wahlperiode personelle Wechsel in der Fraktionsführung oder der LReg vorgenommen werden.[33] 13

Denkbar ist aber auch eine Abberufung des Ausschussvorsitzenden durch den Ausschuss selbst. Eine ausdrückliche Regelung in den GO-bestimmungen über Ausschüsse und Kommissionen ist entbehrlich, da nach § 8 Abs. 2 GOLT für die Beratungen der Ausschüsse die sonstigen Bestimmungen GOLT sinngemäß gelten, soweit keine Sonderregelungen festgelegt sind. Das Wort „Beratungen" ist in diesem Zusammenhang so zu interpretieren, dass es sich auf das ganze Ausschussverfahren bezieht und nicht nur auf die Beratungen im engeren Sinne. Daher ist hinsichtlich der Abberufung eines Ausschussvorsitzenden eine analoge Anwendung von § 2 Abs. 3 GOLT heranzuziehen, der Art. 29 Abs. 2 LVerf entspricht. Danach können Präsident und Vizepräsidenten des Landtages durch einen Beschluss des Landtages abberufen werden. Der Beschluss setzt einen Antrag der Mehrheit der Mitglieder des Landtages und bedarf der Zustimmung von zwei Dritteln der Mitglieder des Landtages. In sinngemäßer Anwendung dieser Regelung in Bezug auf Ausschüsse, kann die Abberufung eines Ausschussvorsitzenden erfolgen, wenn die Mehrheit der Mitglieder des Ausschusses einen entsprechenden Antrag stellt und zwei Drittel der Mitglieder des Ausschusses dem Antrag zustimmen. Trotz der Option, mit entsprechender Mehrheit einen Ausschussvorsitzenden abzuberufen, werden die Rechte kleiner Fraktionen gewahrt. Zum einen wird das Recht der Fraktion auf den Ausschussvorsitz zuzugreifen, nicht tangiert, die entsprechende Fraktion wäre auch nicht gehindert dasselbe MdL wiederum zum Vorsitz vorzuschlagen. Zum anderen darf die Abberufung eines Ausschussvorsitzenden nicht willkürlich erfolgen. Es gilt die Grenze des Rechtsmissbrauchs, d.h. es muss ein triftiger Grund für die Abberu-

---

32 *Ritzel/Bücker/Schreiner* (Fn 20) § 59 III b).
33 In der 5. WP wurde der bisherige Vorsitzende des Innenausschusses zum Fraktionsvorsitzenden gewählt, weshalb er den Ausschussvorsitz abgab.

fung vorliegen. Hinsichtlich der Quoren ist das Verfahren mit denen anderer Landtage vergleichbar.[34]

V. Unterausschüsse

14 Sowohl die ständigen Ausschüsse als auch die Sonderausschüsse sind berechtigt, zur Erledigung dringender, unabweislicher und nicht auf andere Weise abzuarbeitender Aufgaben, die einem Ausschuss übertragen wurden, Unterausschüsse einzusetzen. In einem Unterausschuss muss jede Fraktion vertreten sein, die auch im Ausschuss vertreten ist (vgl § 25 GO LT). Anders als etwa die GO des BT (§ 55 GO BT) schränkt die GO LT die Autonomie der Ausschüsse ein, unabhängig vom konkreten, dringenden Handlungsbedarf nach eigenem Ermessen ständige Unterausschüsse zu bilden. Der Grund für die begrenzte Befugnis zur Bildung von Unterausschüssen ist die wesentlich geringere Größe des Parlaments mit demzufolge auch kleineren Ausschüssen. Da jede Fraktion auch in einem Unterausschuss vertreten sein muss, gleichzeitig aber die dem Plenum entsprechende Spiegelbildlichkeit bei der Besetzung des Ausschusses und die Mehrheitsverhältnisse gewahrt sein müssen, hätte dies zur Folge, dass nahezu alle Ausschussmitglieder auch zwingend Mitglieder eines Unterausschusses sein müssten. Die mit einer Einsetzung eines Unterausschusses gewünschte Aufgabenverlagerung und -teilung träte wegen der personalen Identität der Ausschuss- und Unterausschussmitglieder nicht ein. Soweit in Einzelfällen ein Unterausschuss eingesetzt wird, obliegt die Außenvertretung des Unterausschusses dem Ausschussvorsitzenden (§ 25 Abs. 2 GO LT).

VI. Überwiesene Vorlagen und Selbstbefassungsrecht

15 Im Regelfall werden die Ausschüsse im Rahmen der ihnen vom LT erteilten Aufträge tätig. Die Auftragserteilung erfolgt durch die Überweisung eines Gesetzentwurfs oder eines Antrags durch das Plenum an den betreffenden Ausschuss (§§ 48 Abs. 2 und 56 Abs. 3 GO LT). Eine Ausnahme stellt insoweit die Behandlung von Unterrichtungen und sonstiger Vorlagen dar; diese können neben dem Plenum auch durch den Präsidenten im Benehmen mit dem Ältestenrat an die zuständigen Ausschüsse überwiesen werden (§§ 59, 61 GO LT). Zulässig und in der parlamentarischen Praxis üblich ist, dass Vorlagen nicht nur an einen, sondern gleichzeitig an mehrere Ausschüsse zur Beratung überwiesen werden. In diesem Fall muss das Plenum mit dem Überweisungsbeschluss gleichzeitig festlegen, welcher Ausschuss die Beratung federführend übernehmen soll und welche Ausschüsse mitberatend tätig werden sollen.

Nur in Ausnahmefällen kann – soweit es verfassungsrechtlich zulässig ist – eine abschließende Beratung im Ausschuss erfolgen. Denkbare Fälle sind zB Aufhebung eines Sperrvermerks im Finanzausschuss oder Beratung einer Unterrichtung im Ausschuss, soweit nicht von einer Fraktion eine Beschlussempfehlung verlangt wird oder der Ausschuss von sich aus eine Beschlussempfehlung an das Plenum richtet. Bei Gesetzentwürfen und Anträgen kann keine abschließende Beratung im Ausschuss erfolgen, da das Initiativrecht die abschließende Beratung und Entscheidung im Plenum mitumfasst. Dieses Recht würde unterlaufen,

---

34 Vgl *Hopfe*, in: Linck/Baldus/Lindner/Poppenhäger/Ruffert, Art. 62 Rn 23; *Lontzek*, in: Epping/Butzer, Art. 20 Rn 26; *Thesling*, in: Heusch/Schönenbroicher, Art. 38 Rn 11.

wenn die Entscheidung über den Gesetzentwurf oder den Antrag an einen Ausschuss delegiert würde.[35]

Nach Art. 33 Abs. 2 Satz 2 können sich die Ausschüsse auch unabhängig von Aufträgen mit Angelegenheiten aus ihrem Aufgabengebiet befassen und hierzu dem LT Empfehlungen geben. Dieses Selbstbefassungsrecht besteht in der Praxis aus einer fallweisen Erörterung und Information zu Planungen, Vorhaben und der allg. Politik des jeweiligen Ministeriums, auch außerhalb von Anträgen und Gesetzesinitiativen, bis hin zu Beratungen über bestimmte Vorfälle im Zuständigkeitsbereich des betreffenden Ressorts.[36] Mit der Zuweisung einer originären Befassungskompetenz an die Ausschüsse soll dem Funktionswandel des Landesparlaments, in dem die Kontrolle der Regierung und Verwaltung breiteren Raum einnimmt, Rechnung getragen werden.[37] Das Selbstbefassungsrecht ist aber auf die Angelegenheiten im eigenen Aufgabenbereich beschränkt und ist insoweit gegenüber der inhaltlichen Kompetenz des LT eingeschränkt. Weiterhin erlaubt das Selbstbefassungsrecht den Ausschüssen nicht, nach außen – etwa an die LReg – gerichtete Beschlüsse zu fassen; dieses Recht ist dem LT als Gesamtorgan vorbehalten.[38] Ebenso wenig haben die Ausschüsse die Kompetenz, eigene Gesetzesinitiativen zu ergreifen, da sie im Gesetzgebungsverfahren nicht mit einem eigenen Initiativrecht ausgestattet sind.[39] Fraglich ist, ob ein Ausschuss dem LT im Rahmen des Selbstbefassungsrechts eine sonstige Beschlussempfehlung unterbreiten kann, die keinen Gesetzentwurf enthält. Die Formulierung des Art. 33 Abs. 2 Satz 2 „können …hierzu dem LT Empfehlungen geben" legt nahe, dass das Selbstbefassungsrecht das Recht zur Vorlage solcher Beschlussempfehlungen umfasst. Bereits in der zweiten Wahlperiode hat sich der Rechtsausschuss des LT im Zuge einer Auslegung der GO mit der Frage beschäftigt, was unter dem Begriff der Empfehlungen iSd Art. 33 Abs. 2 LV zu verstehen sei und dabei folgendes festgestellt:[40]

„Unter dem Begriff ‚Empfehlung iSd Art. 33 Abs. 2 LV' sind keine Beschlussempfehlungen iSd § 40 Abs. 1 Satz 2 GO LT [jetzt § 73 Abs. 2 Satz 2 GO LT] zu verstehen. Dieses bedeutet, dass unter dem Begriff ‚Empfehlung' iSd Art. 33 Abs. 2 LV lediglich eine Empfehlung im engeren Sinne zu verstehen ist, das heißt der LT wird in einem solchen Fall aufgefordert zu prüfen, ob ein in der Empfehlung genannter Beratungsgegenstand auf die Tagesordnung zu setzen sei." Diese Interpretation spiegelt die Praxis des LT wider, rechtliche Verbindlichkeit kommt ihr hingegen nicht zu. Zwar kann eine grds., über den Einzelfall hinausgehende Auslegung einer Vorschrift der GO nach Prüfung durch den Rechtsausschuss und Vorlage einer Beschlussempfehlung durch den LT beschlossen werden (vgl § 107 Abs. 2 GO LT). Vorliegend handelt es sich allerdings um die Auslegung einer Verfassungsnorm, wozu dem Rechtsausschuss die Befugnis fehlt. Auch inhaltlich überzeugt diese Auslegung nicht, da Art. 33 Abs. 2 Satz 2 LV somit jeglicher Regelungsgehalt fehlen würde. Allein die Aufforderung zu prüfen, ob ein Gegenstand auf die Tagesordnung zu nehmen sei, würde noch hinter den Individualrechten eines Abg. zurückstehen, da dieser durch die Einreichung eines Antrags das Recht hat, einen Gegenstand auf die Tagesordnung setzen zu

---

35 *Caspar*, in: Caspar/Ewer/Nolte/Waack, Art. 17 Rn 35; *Hopfe*, in: Linck/Baldus/Lindner/Poppenhäger/Ruffert, Art. 62 Rn 29; *Hübner*, in: von Mutius/Wuttke/Hübner, Art. 11 Rn 20.
36 *Zeh*, in: Schneider/Zeh, § 39 Rn 11; *Ritzel/Bücker/Schreiner* (Fn 20), § 63 Anm. 3 c.
37 *Hübner*, in: von Mutius/Wuttke/Hübner, Art. 17 Rn 7.
38 *Dach*, in: Schneider/Zeh, § 40 Rn 39.
39 Vgl Art. 55 Abs. 1 Satz 2 LV.
40 Abgedruckt in: LT M-V, Handbuch 2. Wahlperiode, 2. Aufl., S. 175 f.

lassen (§ 56 Abs. 1 iVm § 73 Abs. 2 GO LT). Das verfassungsrechtlich normierte Recht eines Ausschusses dem LT auch in Selbstbefassungsangelegenheiten eine Empfehlung zu unterbreiten muss folglich als das Recht eines Ausschusses angesehen werden, dem LT auch in solchen Fällen eine Beschlussempfehlung vorzulegen. Eine Ausnahme gilt insoweit nur für Gesetzesinitiativen, da dem Ausschuss dazu das Initiativrecht fehlt. Der LT verliert dadurch keine Rechte, da er weiter frei bleibt, die Beschlussempfehlung anzunehmen, abzulehnen oder zur erneuten Beratung an (ggf auch andere) Ausschüsse zu überweisen. Zur Klärung dieser Frage ist im Jahr 1997 das LVerfG im Rahmen eines Organstreitverfahrens angerufen worden, jedoch ist wegen der Unzulässigkeit des Antrags keine Entscheidung in der Sache ergangen.[41] In der Praxis des LT kommt dieser Rechtsfrage keine Bedeutung zu, da die Ausschüsse zu Selbstbefassungsangelegenheiten keine Beschlussempfehlungen vorgelegt haben.

17 Ob Angelegenheiten im Rahmen erteilter Aufträge oder im Zuge des Selbstbefassungsrechts im Ausschuss beraten werden, wirkt sich im Beratungsverfahren des Ausschusses hinsichtlich des Minderheitenrechts zur Beantragung einer Anhörung aus. Während bei überwiesenen Vorlagen der federführende Ausschuss auf Verlangen eines Viertels seiner Mitglieder zur Durchführung einer Anhörung verpflichtet ist, findet bei Selbstbefassungsangelegenheiten eine Anhörung nur auf Beschluss des Ausschusses statt, womit es im Ermessen der Mehrheit steht, eine Anhörung durchzuführen.

VII. Öffentlichkeit der Ausschusssitzungen

18 Die Sitzungen der Ausschüsse sind in der Regel nicht öffentlich, soweit nicht der Ausschuss für einzelne Sitzungen oder Beratungsgegenstände etwas anderes beschließt. Die Frage, ob Ausschüsse grds. öffentlich tagen sollen, liegt im Spannungsfeld zwischen größtmöglicher Transparenz des politischen Meinungsbildungsprozesses und der Effizienz der Parlamentsarbeit, die unter Ausschluss der Öffentlichkeit gesteigert sei.[42] Insoweit begegnet die vom Verfassunggeber gewählte Regelung durchaus Bedenken. Auf Grund des demokratisch-repräsentativen Charakters des Parlaments läge es nahe, die Öffentlichkeit bei Ausschusssitzungen zuzulassen, um den Bürgern die Möglichkeit der Information und Kenntnisnahme sowie die Kontrolle über das Agieren der Abg. im Ausschuss zu ermöglichen. Der grds. Ausschluss der Öffentlichkeit soll die bisweilen schwierigen Verhandlungen, bei denen politische Positionen oftmals erst entwickelt werden, schützen, indem nicht die Wirkung politischer Vorstellungen in der Öffentlichkeit in den Mittelpunkt gerückt wird. Zudem berge die regelmäßige Sitzungsöffentlichkeit die Gefahr in sich, dass die tatsächliche Entscheidungsfindung aus dem öffentlichen Ausschuss in nicht-öffentliche Beratungen außerparlamentarischer Gremien verlagert werde, die nicht nach festgelegten demokratischen Regeln tagen müssten. Die Bedeutung interfraktioneller Absprachen, Koalitionsrunden und inoffizieller Treffen der Fachpolitiker der Fraktionen würde zu Lasten der Ausschussberatungen zunehmen.[43] In den deutschen Parlamenten gibt es keine einheitliche oder vorherrschende Verfahrensweise zur Öffentlichkeit der Ausschusssitzungen, wenngleich eine zunehmende Tendenz dahin geht, auch die Ausschussarbeit in stärkerem Maße transparent zu machen, mit der

---

41 Vgl LVerfGE 7, 199, 204 ff.
42 *Linck*, ZParl 1992, 673, 694, 696; *Wedemeyer*, in: Thiele/Pirsch/Wedemeyer, Art. 33 Rn 6; vgl zu den Argumenten für und gegen die Öffentlichkeit der Ausschüsse *Ritzel/Bücker/Schreiner* (Fn 20), Vorbem. zu § 54 Anm. 3.
43 *Wedemeyer*, in: Thiele/Pirsch/Wedemeyer, Art. 33 Rn 6.

Option, die Öffentlichkeit im Einzelfall auszuschließen. Im BT besteht weiterhin der Grundsatz, dass Ausschusssitzungen nicht öffentlich sind (§ 69 GO BT), ebenso tagen die Ausschüsse in Baden-Württemberg, Berlin, Hessen, Saarland, Sachsen, Sachsen-Anhalt und Thüringen grds. nicht öffentlich, während in den Ländern Bayern, Brandenburg, Bremen, Hamburg, Niedersachsen, Nordrhein-Westfalen, Rheinland-Pfalz und Schleswig-Holstein Ausschusssitzungen öffentlich stattfinden.

Da kein besonderes Quorum vorgeschrieben ist, kann der Ausschuss mit einfacher Mehrheit beschließen, eine Sitzung öffentlich durchzuführen. Es ist dabei zulässig, lediglich Teile einer Sitzung öffentlich stattfinden zu lassen; andererseits kann der Ausschuss auch beschließen, mehrere oder alle Sitzungen zu einem konkreten Beratungsgegenstand öffentlich durchzuführen. Hingegen ist es unzulässig, einen generellen Beschluss zu fassen, stets öffentlich zu tagen, da die Ausnahme von dem Grundsatz der Nichtöffentlichkeit der Ausschusssitzungen auf einzelne Sitzungen oder Beratungsgegenstände beschränkt ist.

Es wird in der Lit. streitig behandelt, ob Ausschüsse wegen des Grundsatzes, dass der LT öffentlich verhandelt (Art. 31 Abs. 1 LV), in bestimmten Fällen sogar verpflichtet sein können, öffentlich zu tagen. Dies wird teilweise dann angenommen, wenn die parlamentarischen Verhandlungen allein in den Ausschüssen stattfinden und an deren Ende konstitutive, dem Parlament als Ganzem zuzurechnende Entscheidungen stehen, die Ausschüsse also nicht nur vorbereitend, sondern stellvertretend für den LT handeln.[44] Noch weitergehend wird dies auch in Fällen angenommen, in denen die Ausschüsse im Rahmen des Selbstbefassungsrechts tätig werden, da es insoweit an der Publizität des Plenums fehle, es gleichwohl zu eindeutigen politischen Willenskundgaben der Ausschüsse führen könne.[45] Dabei ist jedoch zu berücksichtigen, dass sich diese Diskussion an den Regelungen auf Bundesebene orientiert, wo der Grundsatz der Parlamentsöffentlichkeit verfassungsrechtlich normiert ist (Art. 42 Abs. 1 Satz 1 GG), während der Grundsatz, dass die Ausschüsse nicht öffentlich tagen, lediglich in der GO (§ 69 Abs. 1 Satz 1 GO BT) festgelegt ist. Soweit hingegen der Grundsatz, dass Ausschusssitzungen im Regelfall nicht öffentlich sind, ebenfalls Verfassungsrang hat, ist die Verpflichtung eines Ausschusses, im Einzelfall die Öffentlichkeit zulassen zu müssen, zurückhaltender zu betrachten.

Eine besondere Bedeutung kommt der Nicht-Öffentlichkeit der Ausschusssitzungen bei der Durchsetzung von Informations- und Kontrollrechten gegenüber der LReg gem. Art. 40 Abs. 2 Satz 2 LV zu. Die LReg kann nach Art. 40 Abs. 3 die Herausgabe von Informationen oder die Vorlage von Akten verweigern, wenn dem Bekanntwerden des Inhalts gesetzliche Vorschriften oder Staatsgeheimnisse oder schutzwürdige Interessen einzelner, insb. des Datenschutzes, entgegenstehen oder wenn die Funktionsfähigkeit und die Eigenverantwortung der LReg beeinträchtigt werden. Soweit ein Ausschuss vermeiden möchte, dass sich die LReg auf das Recht zur Informationsverweigerung beruft, muss er Maßnahmen ergreifen, die das Bekanntwerden der entsprechenden Informationen verhindern oder jedenfalls erschweren. Dazu gehört in erster Linie, dass die Ausschusssitzung nicht öffentlich stattfindet.[46]

---

44 *Hopfe*, in: Linck/Baldus/Lindner/Poppenhäger/Ruffert, Art. 62 Rn 35; *Linck*, ZParl 1992, 673, 681 mwN.
45 *Linck*, ZParl 1992, 673, 698.
46 *Caspar*, in: Caspar/Ewer/Nolte/Waack, Art. 17 Rn 48.

VIII. Vorläufiger Ausschuss

22 In den konstituierenden Sitzungen des 5. und 6. Landtags ist jeweils ein sog. vorläufiger Ausschuss eingesetzt worden.[47] Im vorläufigen Ausschuss werden die Befugnisse und Aufgaben aller Ausschüsse gebündelt. Rechtsgrundlage ist § 9 Abs. 1 Satz 2 GO-LT, wonach bis zur Einsetzung der ständigen Ausschüsse deren Aufgaben von einem vorläufigen Ausschuss wahrgenommen werden können. Die Konstituierung der regelmäßigen Ausschüsse erfolgt üblicherweise erst nach der Wahl des Ministerpräsidenten, da erst dann der Ressortzuschnitt der LReg feststeht, dem die Aufgabenzuweisung der Ausschüsse folgt. Die Einsetzung des vorläufigen Ausschusses dient der Herstellung der sofortigen Handlungsfähigkeit des Parlaments, um unmittelbar nach der Konstituierung ggf. erforderliche Ausschussberatungen insbes. bei Gesetzgebungsverfahren durchzuführen. In der 5. WP ist der Entwurf des AbgG und der Gesetzentwurf der LReg über die Feststellung eines Nachtrags zum Haushaltsplan zur Beratung an den vorläufigen Ausschuss überwiesen worden. In der 6. WP beschränkten sich die Beratungen des vorläufigen Ausschusses auf den Gesetzentwurf zur Änderung des AbgG.

In der 5. WP bestand der vorläufige Ausschuss aus neun, in der 6. WP aus insgesamt 11 Mitgliedern. Der Vorsitz des vorläufigen Ausschusses wird vom Präsidenten des LT wahrgenommen. Der Einsetzungsbeschluss der 5. WP sah vor, dass die Präsidentin und die Vizepräsidenten geborene Mitglieder des vorläufigen Ausschusses sind, folglich erfolgte die Vertretung im Ausschussvorsitz durch den ersten Vizepräsidenten.[48] Der Beschluss zur Einsetzung des vorläufigen Ausschusses in der 6.WP erwähnte ausschließlich die Präsidentin des LT als geborenes Mitglied, die anderen Mitglieder wurden entsprechend des Stärkeverhältnisses (vgl Rn 6) von den Fraktionen benannt. Die Arbeit des vorläufigen Ausschusses endet mit der Einsetzung der ständigen Ausschüsse des Landtages Mecklenburg-Vorpommern, ohne dass es einer förmlichen Auflösung des Ausschusses bedarf. Der Begriff der Einsetzung der ständigen Ausschüsse wird dahingehend interpretiert, dass damit die eigentliche Konstituierung der Ausschüsse- und nicht bereits der Beschluss des Plenums zur Einsetzung der Ausschüsse - gemeint ist.[49] Auch in der Zeit zwischen dem Einsetzungsbeschluss des Plenums und der Konstituierung des jeweiligen ständigen Ausschusses wird die Aufgabe durch den vorläufigen Ausschuss wahrgenommen.

Art. 34 (Untersuchungsausschüsse)

(1) Der Landtag hat das Recht und auf Antrag eines Viertels seiner Mitglieder die Pflicht, zur Aufklärung von Tatbeständen im öffentlichen Interesse einen Untersuchungsausschuß einzusetzen. Der Untersuchungsausschuß erhebt die erforderlichen Beweise in öffentlicher Verhandlung. Beweiserhebungen, die gesetzliche Vorschriften oder Staatsgeheimnisse oder schutzwürdige Interessen einzelner, insbesondere des Datenschutzes, verletzen, sind unzulässig. Seine Beratungen sind nicht öffentlich. Der Ausschluß der Öffentlichkeit bei der Beweiserhebung und die Herstellung der Öffentlichkeit bei der Beratung bedürfen einer Mehrheit von zwei Dritteln der Mitglieder des Ausschusses. Über den Ausschluß der Öffentlichkeit wird in nichtöffentlicher Sitzung entschieden.

---

47 LT-Drs. 5/9; LT-Drs. 6/9.
48 Die Vertretungsregel ist im Einsetzungsantrag LT-Drs. 5/9 explizit erwähnt.
49 Vgl LT-Pl-Prot. 5/7 v. 21.11.2006, wo nach dem Beschluss z. Einsetzung der Ausschüsse der Gesetzentwurf d. LReg an den vorläufigen Ausschuss überwiesen wurde.

(2) Im Untersuchungsausschuß sind die Fraktionen mit mindestens je einem Mitglied vertreten. Im übrigen werden die Sitze unter Berücksichtigung des Stärkeverhältnisses der Fraktionen verteilt; dabei ist sicherzustellen, daß die Mehrheitsverhältnisse im Untersuchungsausschuß den Mehrheitsverhältnissen im Landtag entsprechen. Bei der Einsetzung jedes neuen Untersuchungsausschusses wechselt der Vorsitz unter den Fraktionen in der Reihenfolge ihrer Stärke.

(3) Beweise sind zu erheben, wenn dies ein Viertel der Mitglieder des Untersuchungsausschusses beantragt. Der Untersuchungsgegenstand darf gegen den Willen der Antragstellenden nicht eingeschränkt werden.

(4) Auf Verlangen eines Viertels der Mitglieder des Untersuchungsausschusses ist die Landesregierung verpflichtet, Akten vorzulegen und ihren Bediensteten Aussagegenehmigungen zu erteilen. Absatz 1 Satz 3 findet entsprechend Anwendung. Gerichte und Verwaltungsbehörden haben Rechts- und Amtshilfe zu leisten. Das Brief-, Post- und Fernmeldegeheimnis bleibt unberührt.

(5) Für die Beweiserhebung des Untersuchungsausschusses und der von ihm ersuchten Behörden gelten die Vorschriften über den Strafprozeß entsprechend, solange und soweit nicht durch Landesgesetz anderes bestimmt ist.

(6) Der Untersuchungsbericht ist der richterlichen Erörterung entzogen. In der Würdigung und Beurteilung des der Untersuchung zugrunde liegenden Sachverhalts sind die Gerichte frei.

(7) Das Nähere regelt das Gesetz.

Artt. 44 GG; 35 BWVerf; 25 BayVerf; 48 VvB; 72 BbgVerf; 105 Abs. 5 BremVerf; 26 HambVerf; 92 HessVerf; 27 NdsVerf; 41 Verf NW; 91 Verf Rh-Pf; 79 SaarlVerf; 54 SächsVerf; 54 LVerf LSA; 18 SchlHVerf; 64 ThürVerf.

I. Allgemeines	1	4. Zu Abs. 4	18
II. Die Vorschriften im Einzelnen	3	5. Zu Abs. 5	21
1. Zu Abs. 1	3	6. Zu Abs. 6	25
2. Zu Abs. 2	14	III. Schrifttum	27
3. Zu Abs. 3	15		

I. Allgemeines

Die Bestimmungen über parlamentarische Untersuchungsausschüsse sind parlamentsgeschichtlich vor dem Hintergrund der parlamentarischen **Kontrolle der Regierung** als Kontrollinstrument der Parlamentsmehrheit gegenüber einer nicht vom Parlament abhängigen Regierung zu sehen. In neuerer Zeit stehen parlamentarische Untersuchungsbefugnisse nahezu ausschließlich im Zusammenhang mit den demokratischen Minderheitenrechten der Opposition.[1] Aus den beiden Prinzipien der Kontrolle der Regierung als Recht des Parlamentes und den Befugnissen bzw Pflichten der Opposition resultieren die heute vornehmlich diskutierten Fragen hinsichtlich der Reichweite der Minderheitenrechte gegenüber der regelmäßig die Regierung tragenden Parlaments- und damit zugleich üblicher Weise auch Ausschussmehrheit. Als politisches Instrument werden Untersuchungsausschüsse faktisch ganz überwiegend als **Minderheitenquete der Opposition** einberufen, die im Gegensatz zur die Regierung tragenden Parlamentsmehrheit auf das mit der Untersuchung verbundene Instrumentarium angewiesen ist, um die Regierung wirksam kontrollieren zu können oder um sich Infor- 1

---

1 *Schneider*, in: Badura/Dreier (Hrsg.), FS-BVerfG, Bd. 2, 2001, S. 627, 653 ff, 654.

mationen zu beschaffen,² damit Sachverhalte überhaupt erst politisch bewertet werden können.

2 Damit sind Fragen um **Einrichtung** und **Gegenstand** von Untersuchungsausschüssen stets auch mit politischem Kalkül gerichtet auf das Erreichen einer politisch vorteilhafteren Lage verbunden,³ wobei indes politische Zielsetzungen bzw Erwartungen grundsätzlich keinen Einfluss auf die rechtliche Beurteilung haben, mit Ausnahme der allgemeinen Grenze einer im politischen Raum eng zu verstehenden Rechtsmissbräuchlichkeit. Im – nicht immer hergestellten – Zusammenhang damit wird gegenwärtig die Zulässigkeit einer **Kollegialenquete**,⁴ gerichtet auf Verhalten bzw. die Aufklärung von Verfehlungen parlamentarischer Kollegen bzw. Fraktionen ebenso diskutiert wie die Frage der **Rückbetrachtung** von Handlungen einer nicht mehr im Amt befindlichen Regierung.⁵ In beiden Fällen kann ein grundsätzlich rechtlich anzuerkennendes Informationsbegehren vorliegen; allenfalls im Einzelfall können entgegenstehende verfassungsrechtliche Rechtspositionen eine Unzulässigkeit begründen.⁶ Vor solchem Hintergrund sind Untersuchungen gleichsam nicht a priori unzulässig, wenn sie politisch auf ein Ergebnis gerichtet sind, welches verfassungsrechtlich nicht ausdrücklich vorgesehen ist. Das etwa ist der – anerkannte – Fall der typischer Weise von der Opposition initiierten **Misstrauensenquete**⁷ gegen Minister, um deren Rücktritt auf diesem Wege zu erreichen, weil es eine auf Minister bezogene Vertrauensfrage nicht gibt.

Neben den geschilderten Fallgestaltungen haben sich mittlerweile teils mehr, teils weniger aussagefähige **Typisierungen** herausgebildet,⁸ die mit Blick auf die Volatilität des politischen Tagesgeschäfts keine abschließende Betrachtung sein können und rechtlich lediglich begrenzte Aussagekraft haben. Denn in jedem Fall ist zwischen der Frage nach der grundsätzlichen Zulässigkeit und der Frage, ob sich aus konfligierenden Rechtspositionen Einschränkungen hinsichtlich der

---

2 Zur Informationsfunktion ausführlich *Teuber*, Parlamentarische Informationsrechte, 123 ff.
3 Siehe aus politikwissenschaftlicher Sicht („Skandalisierungsinstrument der Opposition") *Riede / Scheller*, ZParl 2013, 93 ff. Überzogene Terminologie bei *Reinhardt*, NVwZ 2014, 991: „Kampfinstrument der Opposition" (dessen Fallbeispiel – Schlossgartenwiese II/ Mappus – allerdings eine Mehrheitsenquete betrifft).
4 VerfGH Rh-Pf, NVwZ 2011, 115 ff.
5 *Reinhardt*, NVwZ 2014, 991, 993 ff., der unter wenig überzeugendem Rückgriff auf eine Fortwirkung des Kernbereichsschutzes praktisch zu einer Art „postmortaler" Unantastbarkeit früherer Regierungen kommt. Das verkennt, dass ein Aufklärungsinteresse durchaus an vergangenen Sachverhalten bestehen kann, um als Parlament Rückschlüsse auf die Kontrolle gegenwärtiger wie künftiger Regierungen ziehen zu können. Losgelöst von *politischen* Interessen kann nur das *rechtlich* relevant sein; dezidiert abwägend BWStGH, Urteil vom 30.07.2014, 1 S 1352/13 – juris, Rn 91 ff.
6 Siehe die sorgfältige Abwägung bei VerfG Rh-Pf, NVwZ 2011, 115, der zu Recht hinreichend tatsachengestützte konkrete und gewichtige Anhaltspunkte für eine Aufklärung verlangt und vage Vermutungen – was im Übrigen parlamentarische Arbeit lähmen würde – nicht ausreichen lässt.
7 Von einer Misstrauensenquete kann man insb. dann sprechen, wenn der Untersuchungsgegenstand bis an die Grenze des Bestimmtheitsgebots – dazu *Linck*, in: Linck/Jutzi/Hopfe, Art. 64 Rn 9: „keine allzu strengen Anforderungen" – besonders weit gefasst wird (zB „Untersuchung von Vorfällen/Missständen im Geschäftsbereich des ...-ressorts); überlegenswert ist, ob aus dem Umstand bewusst fehlender Misstrauensvoten gegenüber Ministerinnen und Ministern nicht auf eine enge Auslegung des Bestimmtheitsgebots nach § 1 Abs. 2 Satz 2 1. Spiegelstrich UAG zu schließen ist, wenn erkennbar ein bestimmtes Ressortmitglied getroffen werden soll.
8 Dazu ausführlich *Morlok*, in: Dreier, Bd. II, Art. 44 Rn 17, der den Unterscheidungen zutreffend keine rechtliche Relevanz beimisst.

Art und Weise der **Gestaltung der Untersuchung** ergeben, was durchaus der Fall sein kann,[9] zu unterscheiden.

II. Die Vorschriften im Einzelnen

1. Zu Abs. 1. Abs. 1 Satz 1 stellt klar, dass das Untersuchungsrecht ein **Recht** 3 **des Parlaments** darstellt, welches diesem als Ganzem zusteht. Hieraus folgt, dass die Geltung von Minderheitsrechten im Rahmen des Untersuchungsrechts der Sache nach aus dem Recht des Parlaments abgeleitet ist und sowohl der Ausschuss selbst gegenüber dem Parlament als auch die Ausschussminderheit gegenüber der Ausschussmehrheit letztlich abgeleitete Rechte des Parlaments wahrnehmen. Einer derartigen Deutung des Wortlauts wird am ehesten die Einordnung von Untersuchungsausschüssen als **Hilfsorganen des Parlaments**[10] gerecht, ohne an dieser Stelle näher auf den für die Praxis nicht relevanten Streit um die begriffliche Einordnung von Untersuchungsausschüssen einzugehen.[11] Soweit eine **Einordnung als Behörde** in Streit steht, erfolgt dies vor dem Hintergrund der Rechts- und Amtshilfe, die Abs. 4 Satz 3 ausdrücklich regelt.

Abs. 1 Satz 1 vermittelt zunächst der Parlamentsmehrheit deklaratorisch das 4 Recht, Untersuchungsausschüsse iSd sog. **Mehrheitsenquete** einzurichten. Auf Antrag eines Viertels der Mitglieder des LT und damit als Minderheitsenquete hat dieser die Pflicht, einen Untersuchungsausschuss[12] einzusetzen. Damit wird die Einsetzung nicht zu einem eigenständigen Recht der Parlamentsminderheit. Vielmehr kann die Parlamentsminderheit ein Recht des LT auf Einsetzung gegen den Willen der Mehrheit eigenständig durchsetzen. Dieses auf einen Pflichtbeschluss des Plenums gerichtete Recht kann seitens der Minderheit des LT im **Organstreitverfahren** verfolgt werden.[13]

Der Wortlaut der Verfassung umschreibt parlamentarische Untersuchungen als 5 Aufklärung von Tatbeständen in **öffentlichem Interesse**. Der Sache nach handelt es sich um einen eher beispielhaften Verweis auf einen Teilaspekt der Aufgaben des Parlaments im demokratischen Verfassungsstaat. Nur aus der verfassungsrechtlichen Stellung des Parlaments im Gefüge des Verfassungsstaates lässt sich die Reichweite seines Untersuchungsrechts näher bestimmen. Die vielfach zitierte Korrolartheorie,[14] wonach die Befugnisse eines Untersuchungsausschusses nicht weiter reichen können als die Befugnisse des Parlaments, ist insoweit wenig aufschlussreich, lässt aber darauf schließen, dass Abs. 1 Satz 1 das Untersuchungsrecht weder über diesen Zuständigkeitsbereich hinaus erweitert noch einschränkt.

Im Verhältnis zur Regierung folgt daraus, dass das parlamentarische Untersu- 6 chungsrecht sich auf **alle Vorgänge** bezieht, die Regierungshandeln betreffen, da das Parlament zur Kontrolle der Regierung berufen ist. Die Annahme eines eigenständig wahrzunehmenden Kern- bzw Funktionsbereichs der Regierung zur Einschränkung parlamentarischer Untersuchungsbefugnisse lässt sich dem Ge-

---

9 So zutreffend VerfGH Rh-Pf, NVwZ 2011, 115.
10 BVerfGE 124, 78, 114; 49, 70, 85; 77, 1, 41, 43; BayVerfGH, DÖV 2007, 338, 340.
11 Näher *Morlok*, in: Dreier, Bd. II, Art. 44 Rn 15, dort Fn 58.
12 Zur Abgrenzung zu anderen Untersuchungsmöglichkeiten *Bräcklein*, Investigativer Parlamentarismus, S. 56 ff.
13 Nach BayVerfGH, DÖV 2007, 338 handelt es sich hierbei um eine „Prozessstandschaft"; s. auch *Hermes*, in: FS Mahrenholz, 1994, S. 349, 360; *Badura*, in: FS Helmrich, 1994, S. 191, 193.
14 Begründet von *Zweig*, AfP 1913, 267; allg. zu den Zuständigkeiten des LT → *Tebben*, Art. 20 Rn 9 ff.

waltenteilungssystem nicht entnehmen.[15] Zwar führt die Wahl des Regierungschefs durchaus zu einer eigenständigen Legitimation der Regierung und zu einem eigenständigen Funktionsbereich iS der Ausübung verfassungsrechtlicher Kompetenzen, indes darf damit nicht verwechselt werden, dass die Untersuchung des Regierungshandelns als solches bereits diese Kompetenzen beeinträchtigt. Im Gegenteil zeigt die Verfassung, dass der MinPräs und mittelbar die LReg vom Vertrauen des Parlaments abhängt. Es wäre merkwürdig, wenn das Parlament nicht in der Lage sein sollte, sich selbst umfassend über die Grundlagen seines Vertrauens gegenüber der Regierung informieren zu dürfen.[16] Damit stellt sich die Lehre vom zu schützenden **Kern- bzw Funktionsbereich der Regierung** nicht als prinzipielle verfassungsimmanente Grenze des Untersuchungsrechts dar, sondern vielmehr als **systematische Auslegungsregel** betreffend die Reichweite der Wahrnehmung des Untersuchungsrechts[17], etwa mit Blick auf den Ausschluss der Untersuchung noch nicht abgeschlossener Vorgänge, was etwa der Pflicht, Akten vorzulegen, entgegengehalten werden kann.[18]

7 Gleiches gilt für die Frage, ob die **Untersuchung privater Sachverhalte** Gegenstand parlamentarischer Befugnisse sein kann, mithin als Angelegenheit öffentlichen Interesses anzusehen ist. Mit Blick auf die Funktion des Parlamentes, die wesentlichen politischen Entscheidungen zu treffen, kann sich auch aus dem Verhalten einzelner oder mehrerer Privater politischer Erörterungs- bzw Handlungsbedarf ergeben, den zu beurteilen Sache des Parlaments ist. Die Untersuchung privater Sachverhalte ist demgemäß nicht von vorneherein dem Zuständigkeitsbereich des Parlaments entzogen.[19] Auch eine wie auch immer geartete Verflechtung mit öffentlichen Interessen ist hinsichtlich der Untersuchungskompetenz als solcher nicht zu fordern.[20] Hinsichtlich der **Untersuchungsdurchführung** gilt es indes, die verfassungsrechtlichen Grenzen der Beeinträchtigung privater Rechte einzuhalten.[21] Dabei ist das parlamentarische Aufklärungsinteresse durchaus als legitimer öffentlicher Zweck iS des Grundsatzes der Verhältnismäßigkeit anzuerkennen und im Einzelfall sorgfältig mit den betroffenen Individualrechtsgütern abzuwägen.[22] Zu beachten ist ferner, dass mit Blick auf Rechte und Pflichten ehemaliger Regierungsangehöriger es keine Nachwirkung früherer verfassungsrechtlicher Pflichten wie etwa der Verfassungsorgantreue gibt.[23]

---

15 Bedenken an der wohl noch hL äußert zutreffend *Morlok*, in: Dreier, Bd. II, Art. 44 Rn 27; folgend *Bräcklein*, Investigativer Parlamentarismus, S. 79; ablehnend gegenüber einer pauschalen Berufung auf den Kernbereichsschutz BremStGH, DVBl. 1989, 453, 456; sehr weites Verständnis bei *Reinhardt*, NVwZ 2014, 991, 994.
16 Zur Einordnung als Selbstinformationsrecht *Morlok*, in: Dreier, Bd. II, Art. 44 Rn 12.
17 Siehe nur BVerfGE 124, 78 ff.
18 So auch BVerfGE 110, 199 ff mwN zu diesem Themenkomplex; ferner – vergleichende Betrachtung zum IFG – VG Berlin, JZ 2012, 796, 798 mit Anm *Heuner/Küpper*, JZ 2012, 801ff; zur Aktenvorlage im Zusammenhang mit auswärtigen Interessen, deren Beurteilung weitgehend dem Kernbereich zugeordnet werden, vgl BVerwG, Beschluss vom 14. Juni 2012 – 20 F 10/11 – juris, Rn 9.
19 Siehe SaarlVerfGH, Urteil vom 28.03.2011 – Lv 15/10 – juris: Untersuchung unternehmerischer Einflussnahme im Zusammenhang mit Landtagswahlen; allgemein *Peters*, NVwZ 2012, 1574, 1575 f.
20 Erwägenswert für einen Verzicht auf den Begriff des öffentlichen Interesses plädierend *Schneider*, in: Denninger, Art. 44 Rn 11.
21 Das ist bereits bei der Namensgebung zu beachten, SaarlVerfGH, Beschl. v. 27.05.2002 – Lv 2/02 eA – zitiert nach juris; iÜ handelt es sich um eine verfassungsrechtliche Streitigkeit, OVG Saarlouis, AS RP-SL 30, S. 99.
22 SaarlOVG, NVwZ 2010, 1315.
23 BWStGH, Urteil vom 30.07.2014, 1 S 1352/13 – juris, Rn 102.

Vor dem Hintergrund des hier vertretenen **weiten Verständnisses** des parlamentarischen Untersuchungsrechts schließt die Bekanntheit eines Vorgangs in der Öffentlichkeit nicht unbedingt das Vorliegen eines öffentlichen Interesses aus. Vielmehr kann die Öffentlichkeit durchaus ein Interesse daran haben, dass sich das Parlament auch bekannter Missstände näher widmet.[24]

8

Damit bleibt als Grenze einer innerhalb des Landes als unbeschränkt anzusehenden parlamentarischen Untersuchungsbefugnis mit Blick auf die landesverfassungsrechtliche Regelung allein die **Verbandskompetenz des Landes** zu beachten – § 1 Abs. 2 Satz 2 2. Spiegelstrich UAG ist allein hierauf zu beziehen. Der Untersuchungsgegenstand muss sich danach unmittelbar auf einen Sachverhalt beziehen, der einen Anknüpfungspunkt im Land aufweist und Zuständigkeiten des Landes anspricht. Nicht ausgeschlossen ist danach, im Rahmen einer landesspezifischen Untersuchung Bezüge zu anderen Ländern bzw zur Bundesebene oder zur Europäischen Union mittelbar mit einzubeziehen.[25]

9

Da die Reichweite des Untersuchungsrechts vorliegend **weit** verstanden wird, kommt eine Zurückweisung des Einsetzungsantrags wegen Verfassungswidrigkeit kaum in Betracht,[26] allenfalls in Fällen offenkundig fehlender Landeszuständigkeit sowie ausnahmsweise in Fällen, in denen bereits der Untersuchungsauftrag bzw ein Teil des Auftrags als solcher Rechte der LReg bzw privater Dritter[27] beeinträchtigt und insoweit bereits von vorneherein feststeht, dass aufgrund der vorzunehmenden Abwägung der Untersuchungszweck nicht erreicht werden kann.[28] Zu beachten ist, dass § 2 Abs. 1 UAG eine Prüfung der tatbestandlichen Voraussetzungen der Einsetzung durch den **Rechtsausschuss** ermöglicht, der allerdings als Verfassungsausschuss tätig wird und keine politischen Zweckmäßigkeitserwägungen anstellen darf.[29]

10

Wesensmerkmal parlamentarischer Demokratie ist die Öffentlichkeit des Verfahrens. Abs. 1 trifft eine Regelung, die zwischen der Beweiserhebung und der Beratung unterscheidet, wobei jeweils mit Zwei-Drittel-Mehrheit von der Verfassungsbestimmung abgewichen werden kann. § 17 UAG enthält eine konkretisierende Regelung, die dem **Öffentlichkeitsprinzip** dadurch Rechnung trägt, indem die Entscheidung über den Ausschluss politischer Willkür entzogen wird.

11

Die Verfassung enthält keine Vorschrift zur Möglichkeit einer Übertragung der Beweisaufnahme durch **Bildmedien**; diese wird einfachgesetzlich durch § 16 Abs. 1 UAG ausgeschlossen. Damit korrespondierend findet § 17 GO LT ausdrücklich auf Untersuchungsausschüsse keine Anwendung. Nach § 16 Abs. 1 Satz 3 UAG kann der Untersuchungsausschuss mit der Mehrheit von zwei Dritteln Ausnahmen zulassen. Wiewohl aktuell der grds. Ausschluss einer Medien-

12

---

24 AA *Wedemeyer*, in: Thiele/Pirsch/Wedemeyer, Art. 34 Rn 5; BayVerfGH, DVBl. 1986, 234.
25 Zur Untersuchung des Verhaltens einer LReg im BRat BbgVerfG, DVBl. 2001, 1146 m. Anm. *Brink* – unzulässig, wenn lediglich eine „landespolitische Hülle" vorgeschoben wird; siehe auch – zur Untersuchungsbefugnis des Bundes für Landesbehörden *Glauben*, DVBl. 2012, 737ff; ferner *Peters*, NVwZ 2012, 1574, 1575 mwN.
26 Zur geringen praktischen Bedeutung des „öffentlichen Interesses" siehe *Jutzi*, in: Linck/Jutzi/Hopfe, Art. 64 Rn 8; aus der Rspr VerfGH NW, NVwZ 2002, 75 ff: keine teilweise Reduzierung des Einsetzungsantrags wegen Verfassungswidrigkeit.
27 *Magiera*, in: Sachs, GG, Art. 44 Rn 10.
28 Insofern dürften Untersuchungen, die im Kern die private, gegebenenfalls auch frühere Lebensführung betreffen, unzulässig sein. Vgl das Beispiel bei *Peters*, NVwZ 2012, 1574, 1575 f.
29 Siehe – für den Einsetzungsbeschluss – *Wedemeyer*, in: Thiele/Pirsch/Wedemeyer, Art. 34 Rn 3; HessStGH, DÖV 1967, 51.

übertragung auch mit Blick auf die Praxis anderer Staaten zunehmend in die Kritik gerät,[30] bestehen (noch) keine Bedenken mit Blick auf das Recht aus Art. 5 Abs. 1 GG,[31] sich ungehindert aus allg. zugänglichen Quellen zu unterrichten, denn eine positive Entscheidung des Ausschusses eröffnet erst den Zugang zu diesem Grundrecht.

13 Abs. 1 Satz 3 enthält **Beweiserhebungsverbote**, auf die im Zusammenhang mit den Abs. 4 und 5 näher eingegangen wird. Aufgrund der verfassungsrechtlichen Entscheidung muss für den Fall eines Verfassungsverstoßes die Unverwertbarkeit gleichwohl erhobener Beweise angenommen werden.

14 **2. Zu Abs. 2.** Abs. 2 Satz 1 regelt, dass jede Fraktion in einem Untersuchungsausschuss mit mindestens je einem Mitglied vertreten sein muss, iÜ werden die Sitze nach dem Stärkeverhältnis der entsendenden[32] Fraktionen verteilt, wobei die Mehrheitsverhältnisse im Ausschuss denen im LT entsprechen müssen. Daraus folgt, dass je nach Anzahl der Fraktionen die Mitgliederzahl der Untersuchungsausschüsse je Wahlperiode variieren kann. § 4 UAG konkretisiert die Verfassungsbestimmung dahin gehend, dass bei der Bemessung der Zahl die Aufgabenstellung und Arbeitsfähigkeit des Ausschusses zu berücksichtigen sind. Die damit gezogene Grenze der **Arbeitsfähigkeit des Ausschusses** wird auch als verfassungsrechtliche Grenze in dem Sinne zu verstehen sein, dass die Parlamentsmehrheit gehindert wird, die Größe des Ausschusses über die Arbeitsfähigkeit hinaus auszudehnen, um das Verfahren insgesamt zu behindern oder in die Länge zu ziehen. Hinsichtlich des Vorsitzes im Ausschuss legt die Verfassung ein alternierendes Verfahren fest, wonach der Vorsitz in der Reihenfolge der Stärke der Fraktionen wechselt. Das kann dazu führen, dass auch bei einer Minderheitenenquete der Vorsitzende von der Mehrheit gestellt wird, dann muss der Stellvertreter der Minderheit angehören bzw umgekehrt, § 6 UAG. Politisch führt die Verfassungsbestimmung zur Planbarkeit des Vorsitzes für die Fraktionen, was durchaus nachteilig sein kann, wenn man bedenkt, dass mit der Übernahme eines Ausschusses für die Fraktionen auch Machtzuwächse[33] und Vergünstigungen[34] verbunden sind, die in politische Erwägungen, die Einsetzung eines Untersuchungsausschusses zu beantragen, mit einfließen werden.

15 **3. Zu Abs. 3.** Abs. 3 enthält eine wichtige und notwendige Ergänzung der Möglichkeit einer Minderheitenenquete, indem der Minderheit die Möglichkeit eingeräumt wird, bestimmte Beweiserhebungen zu beantragen.[35] Da die Handhabung der Beweisführung praktisch das bedeutsamste Steuerungsinstrumentarium mit Blick auf den „Erfolg" des Untersuchungsausschusses darstellt, fokussiert sich das Spannungsverhältnis insb. bei Missstandsenqueten zwischen Aus-

---

30 Ausführlich *Bräcklein*, Investigativer Parlamentarismus, S. 327 ff.
31 Indes mit beachtlichen Gründen für Verfassungswidrigkeit plädierend *Bräcklein*, Investigativer Parlamentarismus, S. 338, 339; vgl auch oben → *Tebben*, **Art. 31** Rn 7.
32 Eine Wahl durch das Plenum ist nicht erforderlich, BVerfGE 77, 1, 40 ff; kritisch *Achterberg/Schulte*, in: von Mangoldt/Klein/Starck, Art. 44 Rn 99 mwN.
33 Daran ändert auch die Pflicht des Vorsitzenden nichts, sein Amt objektiv und neutral auszuüben, dazu *Bräcklein*, Investigativer Parlamentarismus, S. 84; zur Ausstattung siehe *Brocker*, in: Glauben/Brocker, Das Recht der parlamentarischen Untersuchungsausschüsse in Bund und Ländern, § 9 Rn 16 f, 18.
34 *Helms*, Politische Opposition, S. 46 spricht von „beträchtlichen Vorteilen".
35 Auch die Fraktionen können dieses Recht in Prozessstandschaft durchsetzen, BVerfGE 113, 113, 121; BbgVerfG, LKV 2004, 177; LKV 2009, 365 – einzelne Mitglieder / Abgeordnete ebenso wie Fraktionen müssen aber auch in diesem Fall die Verletzung eigener Rechte geltend machen.

schussmehr- und -minderheiten hierauf und nahezu zwangsläufig auch die rechtlichen Streitfragen.[36]

Von besonderem politischen Interesse vor allem der Ausschussmehrheit ist die Steuerung der Untersuchung über die **Gestaltung der Beweisaufnahme** und die Beeinflussung der **Reichweite des Untersuchungsgegenstandes**. Während mit Blick auf letzteres Abs. 3 Satz 2 ausschließt, dass der Untersuchungsgegenstand gegen den Willen der Antragstellenden nicht verkürzt werden darf, fehlt eine Regelung hinsichtlich der Erweiterung.[37] Grds ist eine Erweiterung des Untersuchungsauftrags im Falle einer Minderheitsenquete durch die Parlamentsmehrheit unzulässig,[38] und zwar aus Gründen des Schutzes des Aufklärungsinteresses der Minderheit. Denn durch eine von der Ausschussmehrheit abhängige Erweiterung des Untersuchungsauftrages könnte zum einen der eigentliche Kern der Untersuchung verschleiert werden, als auch durch Ausdehnung der zeitlichen Dauer ein Erreichen des Untersuchungszweck in der laufenden Wahlperiode, auf die es wegen des Grundsatzes der Diskontinuität ankommt, in Frage gestellt werden. 16

Hinsichtlich des Beweiserhebungsrechts der Minderheit lässt sich die erforderliche Feinjustierung der Rechte von Minderheit und Mehrheit dadurch erreichen, dass die Minderheit ein Recht besitzt, zu bestimmen, ob ein bestimmtes Beweismittel heranzuziehen und zu verwerten ist.[39] Davon muss die Frage unterschieden werden, wie das Verfahren bei der Durchführung der Beweiserhebung ausgestaltet werden kann. Ihre Beantwortung fällt in den Bereich der Verfahrensautonomie der Ausschussmehrheit.[40] Ebenfalls vermag die Ausschussmehrheit die Beweiserhebung als solche zu erweitern, solange hierdurch **im Kern** keine Veränderung des Untersuchungsgegenstandes erfolgt, sich also das Untersuchungsthema sachlich nicht verschiebt oder in sein Gegenteil verkehrt wird.[41] Ausgeschlossen muss ferner sein, dass eine **wesentliche Verzögerung** des Verfahrens eintritt,[42] was im Rahmen einer Prognose mit Blick auf die Dauer der Wahlperiode zu beantworten ist. Eine zeitlich begrenzte Behinderung der Kontrollfunktion der Ausschussminderheit muss hingenommen werden.[43] 17

4. Zu Abs. 4. Die Verpflichtung der LReg, Akten vorzulegen und Aussagegenehmigungen zu erteilen, ist als Recht der Ausschussminderheit ausgestaltet, was dem Umstand Rechnung trägt, dass die Ausschussmehrheit grds hinter der Regierung steht und diese zu schützen gedenkt. Um damit zu einer umfassenden Aufklärung gerade der Opposition zu gelangen, bedarf es deshalb eines Minder- 18

---

36 *Peters*, NVwZ 2012, 1574.
37 Eine vorgeschlagene umfassendere Regelung – Verbot der Veränderung des Untersuchungsauftrages – wurde in der Verfassungskommission mehrheitlich abgelehnt, Kommission, Verfassungsentwurf, S. 123 f.
38 BVerfGE 49, 70, 87 f.
39 Dabei ist eine Beweisbehauptung im strafprozessualen Sinne nicht zu fordern. Die Grenze zulässiger Ausforschung ist zu sehen, wo Beweisanträge ohne tatsächliche Grundlage „ins Blaue hinein" gestellt werden, BVerfGE 124, 78, 116; HessStGH, DVBl. 2012, 169; näher *Böhm*, Recht und Politik 2012, 24 ff.
40 Vgl BGHSt 55, 257 ff mit Anm Gärditz, DVBl. 2010, 1314 – Gegenüberstellung; ferner BayVerfGH, DÖV 2007, 338, 339 f; mehrheitsfreundlicher noch BayVerfGH, BayVBl. 1981, 593.
41 HambVerfG, NordÖR 2007, 67; enger hinsichtlich einer Erweiterungsmöglichkeit *Caspar*, NordÖR 2007, 59 ff.
42 SächsVerfGH, Urteil vom 30.01.2009, Vf. 99-I-08 – juris.
43 HambVerfG, NordÖR 2007, 67, 71 ff.

heitenanspruchs, wie ihn das BVerfG begründet hat.[44] Mögliche Konflikte mit staatlichen bzw privaten **Geheimhaltungsbedürfnissen** löst der Verweis auf Abs. 1 Satz 3 dahin gehend auf, dass Beweiserhebungen, die gesetzliche Vorschriften oder Staatsgeheimnisse oder schutzwürdige Interessen Einzelner verletzen, unzulässig sind. Als entgegenstehende Vorschriften werden insb. mit Blick auf landesrechtliche Untersuchungen die bundesrechtlichen Vorschriften über das **Steuergeheimnis** nach § 30 AO angesehen, wobei aber das Bundesrecht landesverfassungskonform dahin gehend ausgelegt werden kann, dass das öffentliche Interesse an der Untersuchung zugleich ein zwingendes öffentliches Interesse iSd § 30 Abs. 4 Nr. 5 AO darstellt.[45] IÜ ist der Verweis auf Staatsgeheimnisse und schutzwürdige Interessen nicht so zu verstehen, dass in Fällen der Schutzwürdigkeit der genannten Rechte die Aktenvorlage unterbleiben muss.[46] Vielmehr wird der Ausschuss verpflichtet, Vorkehrungen zu treffen, damit die genannten Rechte nicht beeinträchtigt werden.[47] Damit bleibt es bei der Pflicht, Akten vorzulegen und Aussagegenehmigungen zu erteilen, wenn der Ausschuss mindestens den gleichen Geheimschutz gewährt, was nach den entsprechenden Geheimschutzordnungen möglich ist.[48] Die Erteilung von Aussagegenehmigungen[49] kann korrespondieren mit einem Anspruch auf nichtöffentliche Beweiserhebung oder vertrauliche Sitzungen. Sinnvoll erscheint auch eine klarstellende Regelung, unter welchen Voraussetzungen Ausschussunterlagen an die LReg weiter gegeben werden dürfen.[50]

19 Abs. 4 Satz 3 verpflichtet Gerichte und Verwaltungsbehörden zur Rechts- und Amtshilfe. Soweit sich hieraus Verpflichtungen ergeben,[51] gehen diese Art. 35 Abs. 1 GG vor. Allerdings kommt eine ergänzende Anwendung von Art. 35 Abs. 1 GG in Betracht, wenn andere als Verwaltungsbehörden (insofern ist die Formulierung zu kurz greifend), Amtshilfe leisten sollen, etwa die „Behörden" anderer Landtage oder Bundesbehörden[52] Dann ist der Untersuchungsausschuss als Behörde iSd Art. 35 Abs. 1 GG anzusehen.[53]

20 Satz 4 lässt das Brief-, Post und Fernmeldegeheimnis unberührt, das damit auch nicht nach Art. 10 Abs. 2 GG eingeschränkt werden darf.[54]

21 **5. Zu Abs. 5.** Abs. 5 verweist auf die entsprechende Anwendung **der Vorschriften über den Strafprozess**, solange und soweit nicht durch Landesgesetz anderes

---

44 BVerfGE 67, 100 ff; ausführlich und grundlegend zum Ganzen nunmehr BVerfGE 124, 78 ff.
45 *Glauben*, DÖV 2007, 149, 151 f mwN.
46 Ausführlich zum Ganzen *Glauben*, DÖV 2007, 149 ff mwN.;ein vereinzelter Missbrauch reicht uU nicht aus, siehe BVerfGE 124, 78.
47 Vgl OLG Stuttgart, Justiz 2013, 181 ff.
48 Siehe §§ 18, 34 UAG. Sinnvoll erscheint eine Regelung private Geheimnisse betreffend, zutreffend *Glauben*, DÖV 2007, 149, 154. Zur Vorlage von Personalakten *Lopacki*, DöD 2009, 85ff.
49 Zum Anspruch eines Beamten auf Erteilung einer Aussagegenehmigung siehe OVG Sachsen, SächsVBl. 2014, 146.
50 Zur diesbezüglichen Neuregelung der Rechtslage in Hamburg *Baehr*, NordÖR 2008, 55.
51 Ein Landesgrenzen überschreitendes Beweiserhebungsrecht ergibt sich bereits aus Abs. 5, BVerfG, NVwZ 1994, 54 – UA LT M-V „Zur Klärung von Sachverhalten im Zusammenhang mit dem Kauf und Betrieb der Deponie Ihlenberg/Schönberg"; *Robbers*, JuS 1996, 116 ff.
52 BVerwG, Beschluss vom 10.08.2011, 6 A 1/11, Buchholz 310 § 40 VwGO Nr. 305.
53 Siehe nur *Erbguth*, in: Sachs, GG, Art. 35 Rn 7; BVerfG, NVwZ 1994, 54, 55.
54 Näher BVerfG 124, 78, 126 ff; *Magiera*, in: Sachs, GG, Art. 44 Rn 24; *Morlok*, in: Dreier, Bd. II, Art. 44 Rn 52 – hM; anders *Wedemeyer*, in: Thiele/Pirsch/Wedemeyer, Art. 34 Rn 12, der iS einer älteren Mindermeinung – *Scholz*, AöR 105 (1980), 565, 607 – die Bestimmung wohl als besonderen Hinweis auf die generelle Grundrechtsbindung ansieht.

bestimmt ist. Hieraus ergibt sich, dass die Verfahrensvorschriften des UAG als Sonderregelungen **Vorrang** gegenüber einer Anwendung der Vorschriften der StPO haben. Schwierigkeiten wirft dieser Verweis auf die Spezialität des UAG insoweit auf, als zu prüfen ist, ob das bewusste Unterlassen einer Spezialregelung den abschließenden Charakter des UAG begründet und damit die entsprechende Anwendung der StPO ausschließt, oder ob der Gesetzgeber insoweit der StPO Raum lassen wollte.[55]

Diskutiert wird die Frage vor allem in Bezug auf die Anwendbarkeit der Regelungen über die Vereidigung von Zeugen.[56] Während das UAG recht ausführliche Regelungen über Zeugen enthält, auch unter gelegentlicher Bezugnahme auf die StPO, finden sich keine Aussagen über die Möglichkeit einer Vereidigung nach §§ 59 ff StPO. Während der Wortlaut des UAG insoweit unergiebig ist, da zuweilen ausdrücklich die Geltung der StPO angeordnet wie auch deren Geltung ausgeschlossen wird, sprechen überwiegende systematische und teleologische Gründe gegen die Möglichkeit einer **Vereidigung von Zeugen**.[57] Wiewohl die Zeugen sowohl im gerichtlichen als auch im parlamentarischen Untersuchungsverfahren gleichermaßen verpflichtet sind, wahrheitsgemäß auszusagen,[58] erfolgt im parlamentarischen Verfahren typischer Weise auch eine politische Bewertung der Zeugenaussage über die Grundsätze richterlicher Beweiswürdigung hinaus. Hier gebietet es die rechtlich hervorgehobene Bedeutung des Eides ebenso wie der Schutz der Zeugen, die Eidesleistung als solche hinsichtlich der Wertung der Zeugenaussage nicht politisch motivierten Kontroversen auszusetzen.[59] Daran ändert auch die Klarstellung in § 153 Abs. 2 StGB nichts, wonach Untersuchungsausschüsse für die Abnahme von Eiden zuständige Stelle sein können. Diese Bestimmung entbindet den Landesgesetzgeber mit Blick auf die erhebliche Grundrechtsrelevanz des Eides nicht, selbst eine ausdrückliche Regelung im Landesrecht vorzusehen. Ein pauschaler Verweis auf die subsidiäre Geltung der StPO genügt dem Parlamentsvorbehalt insoweit nicht. 22

Hinsichtlich der Anwendung der sowohl im UAG als auch der StPO enthaltenen Befugnisnormen ist ebenfalls die gegenüber einem gerichtlichen Verfahren besondere Funktion und Zielsetzung parlamentarischer Untersuchungen zu beachten, die gebietet, die zum gerichtlichen Verfahren entwickelte Dogmatik und Rspr nur unter besonderer **Einzelfallprüfung** heranzuziehen und ggf zu modifizieren,[60] vornehmlich dann, wenn eine gesteigerte politische Missbrauchsgefahr vorliegt. So sind die strafprozessualen Kategorien des Beweisantrags einerseits und des Beweisermittlungsantrags bzw der Beweisanregung zur Beurteilung der Zulässigkeit eines Antrags nur bedingt geeignet.[61] Bspw ist als Folge hieraus mit dem Instrument der Gegenüberstellung nach § 28 Abs. 2 UAG restriktiv umzugehen.[62] 23

---

55 Vgl LG Magdeburg, Beschluss vom 18.06.2008, 21 Qs 44b/08 – juris: kein Zeugnisverweigerungsrecht für Personalratsmitglieder.
56 HessStGH, NVwZ 2011, 938; ausführlich *Bräcklein*, Investigativer Parlamentarismus, S. 89 ff; *Brocker*, DVBl. 2012, 174, 175; zur vergleichbaren Diskussion auf Bundesebene *Wiefelspütz*, ZRP 2002,14, 17; VG Berlin, NVwZ-RR 2003, 708 ff; siehe auch *Zeh*, DÖV 1988, 701, 709.
57 Anders – vor Erlass des UAG – *Wedemeyer*, in: Thiele/Pirsch/Wedemeyer, Art. 34 Rn 13.
58 Zur Reichweite OLG Düsseldorf, Beschluss vom 14.01.2010, III-4 OGs 1/09, 4 OGs 1/09 – juris.
59 Siehe BayVerfGH, DÖV 2007, 338, 340 zur Gegenüberstellung.
60 BVerfGE 77, 1, 50; BayVerfGH, DÖV 2007, 338, 339.
61 BbgVerfG, LKV 2004, 177.
62 BayVerfG, DÖV 2007, 338, 340; siehe auch BGHSt 55, 257 ff zur Rechtslage im Bund – Entscheidung durch die Ausschussmehrheit.

24 Zu beachten ist ferner, dass die Verweisung auf die StPO deren verfassungsrechtlichen Hintergrund mit erfasst.[63] Die neben den ohnehin nach Art. 1 Abs. 3 GG anwendbaren Grundrechten tragenden Verfahrensgarantien etwa des **rechtlichen Gehörs**[64] wie des **fairen Verfahrens** sind damit auch im Untersuchungsverfahren zu beachten[65] und müssen wesentliche Auslegungsmaxime sein,[66] wenn „Betroffene", insb. dann, wenn ihre Position nicht gesondert geregelt ist, vor dem Ausschuss auftreten oder sie inhaltlich Gegenstand der Erörterung sind, mit der Folge von Anwesenheitsrechten.[67] Des Weiteren folgt aus diesen Grundsätzen, dass im Falle der Geltung des Richtervorbehalts richterliche Entscheidungen einzuholen sind.[68]

25 **6. Zu Abs. 6.** Die Arbeit der Untersuchungsausschüsse endet im Regelfall mit Vorlage eines Abschlussberichts. Abs. 6 weist den **Abschlussbericht als politische Stellungnahme** aus, deren Überprüfung durch die Judikative ausscheidet. Das entspricht der vorherrschenden Lehre zu Art. 19 Abs. 4 GG,[69] dessen Kernbereich dadurch deklaratorisch gewahrt wird, dass der Untersuchungsbericht hinsichtlich des Sachverhalts keine Bindungswirkung entfaltet. Tatbestandswirkung dürfte ihm, wie bei Verwaltungsakten, indes zukommen. Das eröffnet auch die Möglichkeit, in besonders gelagerten Fällen einer Beeinträchtigung der Rechte insbesondere privater Dritter aufgrund dessen **Rechtsschutz** zu gewähren und insoweit Art. 19 Abs. 4 Vorrang zu gewähren mit dem Ergebnis, dass etwa ein Anspruch auf Unterlassung einer Tatsachenbehauptung in einem Abschlussbericht wiederum justiziabel ist.[70] Politische Werturteile als Meinungskundgabe eines Parlaments hingegen sind im Sinne der Vorschrift keiner gerichtlichen Überprüfung zugänglich.

26 IÜ unterfällt die Arbeit von Untersuchungsausschüssen dem **Diskontinuitätsgrundsatz**. Dem neuen Parlament steht es indes frei, nach Konstituierung erneut einen Untersuchungsausschuss mit demselben Gegenstand einzusetzen. Als rechtsmissbräuchlich anzusehen ist es, mit Blick auf das Ende der Wahlperiode die Arbeit des Ausschusses im Rahmen der Verfahrensgestaltung zu verzögern[71] und das rechtzeitige Verfassen eines Abschlussberichtes zu unterlaufen.

---

63 Zu verfassungsimmanenten Grenzen des Beweiserhebungsrechts näher *Steinmetz*, JuS 2013, 792 ff; ferner *Peters*, NVwZ 2012, 1574 ff zu unzulässigen Beweiserhebungen.
64 Wegen Bezugnahme auf den Abschlussbericht sehr kurz greifend § 36 UAG, insb. begegnet § 36 Abs. 1 Satz 2 3. Spiegelstrich erheblichen Bedenken.
65 *Schneider*, in: Badura/Dreier (Hrsg.), FS-BVerfG, Bd. 2, 2001, S. 627, 656 f.
66 Etwa im Rahmen der Anwendung von Zeugnis- und Aussageverweigerungsrechten, näher *Bräcklein*, Investigativer Parlamentarismus, S. 91 ff; siehe auch § 26 UAG.
67 OVG Hamburg, DÖV 2014, 673; VG Hamburg, Urteil vom 18.05.2010, 20 K 817/10 – juris.; besondere Sorgfalt ist auf die Beantwortung der Frage zu legen, ob ein Wechsel vom Status eines Zeugen hin zu einem Betroffenen stattfindet.
68 Die entscheidenden Richter sind im Rahmen ihrer Entscheidung an Art. 34 LV gebunden, entscheiden mithin nicht ausschließlich strafprozessual. Über die Einhaltung des Art. 34 kann nach § 42 Abs. 3 UAG das LVerfG entscheiden; zu beachten ist, dass die §§ 94 ff StPO keine Anwendung auf Verfassungsorgane finden, LG Kiel, NordÖR 2005, 22 f – Beschlagnahme von Terminkalendern von Mitgliedern der LReg.
69 Soweit bundesrechtlich Art. 44 Abs. 4 GG als Ausnahme zu Art. 19 Abs. 4 GG betrachtet wird – so *Morlok*, in: Dreier, Bd. II, Art. 44 Rn 56 – erscheint vor dem Hintergrund problematisch, ob auch Landesverfassungen Ausnahmen von Art. 19 Abs. 4 GG statuieren können – deutlich ablehnend OVG Hamburg, DÖV 2014, 674, anders die Vorinstanz VG Hamburg, Beschluss vom 27.03.2014, 8 E 1256/14 – juris, Rn 30 f mwN. Näher liegt hier eine teleologische Reduktion des Begriffs des Aktes öffentlicher Gewalt.
70 So OVG Hamburg, DÖV 2014, 674.
71 Zur Verzögerung durch Erweiterung des Untersuchungsauftrages HambVerfG, NordÖR 2007, 67 ff; zum Sonderfall der Auflösung des BT BVerfGE 113, 113.

III. Schrifttum

Susann Bräcklein, Investigativer Parlamentarismus. Parlamentarische Untersuchungen in der Bundesrepublik Deutschland und den Vereinigten Staaten von Amerika, 2006; *Paul J. Glauben/Lars Brocker*, Das Recht der parlamentarischen Untersuchungsausschüsse in Bund und Ländern, 2. Aufl. 2011; *Meinhard Schröder*, Untersuchungsausschüsse, in: Hans-Peter Schneider/Wolfgang Zeh, Parlamentsrecht und Parlamentspraxis, 1989, S. 1245 ff; *Dieter Wiefelspütz*, Das Untersuchungsausschussgesetz, 2003. 27

Art. 35 (Petitionsausschuß)

(1) Zur Behandlung von Vorschlägen, Bitten und Beschwerden der Bürger bestellt der Landtag den Petitionsausschuß. Dieser erörtert die Berichte der Beauftragten des Landtages.

(2) Die Landesregierung und die der Aufsicht des Landes unterstehenden Träger öffentlicher Verwaltung sind verpflichtet, auf Verlangen eines Viertels der Mitglieder des Petitionsausschusses die zur Wahrnehmung seiner Aufgaben erforderlichen Akten der ihnen unterstehenden Behörden vorzulegen, jederzeit Zutritt zu den von ihnen verwalteten öffentlichen Einrichtungen zu gestatten, alle erforderlichen Auskünfte zu erteilen und Amtshilfe zu leisten. Die gleiche Verpflichtung besteht gegenüber vom Ausschuß beauftragten Ausschußmitgliedern. Artikel 40 Abs. 3 gilt entsprechend.

(3) Das Nähere regelt das Gesetz.

Artt. 45 c GG; 35 a BWVerf; 46 VvB; 71 BbgVerf; 105 Abs. 5 BremVerf; 25 b HambVerf; 94 HessVerf; 26 NdsVerf; 41 a Verf NW; 90, 90 a Verf Rh-Pf; 78 SaarlVerf; 53 SächsVerf; 61 LVerf LSA; 19 SchlHVerf; 65 ThürVerf.

I. Funktion des Petitionsausschusses – Übersicht	1	3. Erörterung der Berichte der Beauftragten des LT (Satz 2)...	11
II. Stellung im Parlament (Abs. 1)....	2	III. Mitwirkungspflichten (Abs. 2).....	12
1. Parlamentsausschuss (Satz 1)..	2	IV. Gesetzesvorbehalt (Abs. 3).........	16
2. Rechtsfolgen eines Beschlusses des Petitionsausschusses.......	9	V. Schrifttum.........................	17

I. Funktion des Petitionsausschusses – Übersicht

Art. 35 steht in engem Zusammenhang mit dem **Petitionsrecht** nach Art. 10.[1] Der Petitionsausschuss (PA) ist zuständige Stelle iSv Art. 10.[2] Art. 35 enthält keine dem Art. 45 c GG entsprechende Regelung, nach der dem PA die Behandlung der nach Art. 17 GG an den Bundestag gerichteten Bitten und Beschwerden obliegt. Gleichwohl könnte in einem Gesetz oder der GO LT geregelt werden, dass (in bestimmten Fällen) über Petitionen nicht das Gesamtparlament, sondern der PA befindet.[3] Dies ist aber derzeit nach § 2 PetBüG M-V oder Anlage 3 der GO LT nicht der Fall. Der PA ist mithin das Gremium, das Petitionen behandelt, die an den LT, seine Untergliederungen oder einzelne Abg. gerichtet sind oder von anderer Stelle an den LT weiter geleitet worden sind. Die Rechte des Bürgers gegenüber dem PA und die Behandlung einer Petition richten sich nach Art. 10 (→ *Kohl*, **Art. 10** Rn 3 ff). Der PA dient darüber hinaus der **Kontrolle von Regierung** 1

---

1 Kommission, Verfassungsentwurf, S. 132.
2 Kommission, Verfassungsentwurf, S. 94.
3 Vgl BayVerfGH, Urt. v. 23.4.2013 – Vf. 22-VII-12, BayVBl 2014, 48.

und Verwaltung. Etwas anderes ergibt sich nicht aus § 10 Abs. 1 und 2 PetBüG M-V oder § 67 Abs. 1 GO LT. Weiterhin dient er auch der Ergänzung des **Rechtsschutzes**.[4] Schließlich kann er als soziales **Frühwarnsystem** für Unzulänglichkeiten von Gesetzen oder dem Gesetzvollzug, gesellschaftliche Veränderungen oder Fehlentwicklungen dienen und zur **Tranzparenz** staatlichen Handelns beitragen.[5] Bei dem Handeln des PA und der Landtagsverwaltung handelt es sich nicht um ein Verwaltungsverfahren der Exekutive, sondern um einen parlamentarischen Vorgang, der nur einer ganz eingeschränkten gerichtlichen Kontrolle unterliegt.[6] Der PA ist mithin auch **keine Behörde**, so dass Eingaben an ihn in der Regel nicht die Voraussetzungen einer Rechtsmittelschrift erfüllen.[7] Das **Binnenverfahren** des PA (→ Rn 6) ist in Abs. 2 teilweise, iÜ nicht eigens geregelt. Es gelten die allg. Bestimmungen für Ausschüsse (Artt. 33, 38 und 40), iÜ einfachrechtlich §§ 1 bis 9 PetBüG M-V und § 9 Abs. 2, 10 bis 24 sowie §§ 67, 68 GO LT mit Anlage 3 GO LT.

II. Stellung im Parlament (Abs. 1)

2 **1. Parlamentsausschuss (Satz 1).** Indem die LV vorschreibt, dass der LT den PA bestellen muss, ist dieser zum einen der einzige in der LV vorgesehene **ständige Ausschuss**, der zu Beginn der Legislaturperiode bestellt werden muss, und er ist zum anderen ein Ausschuss iSv Art. 33 mit der gleichen Rechtsstellung wie alle anderen Ausschüsse. Die Zusammensetzung entspricht daher auch dem Stärkeverhältnis der Fraktionen; es ist den Rechten der fraktionslosen Abgeordneten Rechnung zu tragen (Art. 33 Abs. 1). Nach parlamentarischem Brauch wird der Vorsitz der Opposition übertragen. Der PA wird zudem **ressortübergreifend** tätig. Eine Petition an den LT kann daher nicht einem Fachausschuss überwiesen werden.[8] Die Abgrenzung zu anderen Ausschüssen und das Verfahren liegen in der Geschäftsordnungsautonomie des LT. In diesem Sinne hat der LT Regelungen in §§ 10 bis 14 PetBüG M-V und Anlage 3 zur GO LT erlassen. Der PA kann gem. Art. 36 Abs. 2 Satz 2 den Bürgerbeauftragten (→ Art. 36 Rn 5 f) und gem. Art. 37 Abs. 2 Satz 2 den Datenschutzbeauftragten (→ Art. 37 Rn 10) einschalten.

3 Art. 10 begründet zur Erfüllung der Verpflichtung zur Kenntnisnahme, sachlichen Prüfung und Bescheidung (→ *Kohl*, Art 10 Rn 12 ff) auch eine formelle **Allzuständigkeit** iS einer Behandlungskompetenz des Parlaments. Dem PA steht kein Selbstbefassungsrecht zu. Der PA kann nach Art. 35 Abs. 1 Satz 1 nicht aus eigener Verantwortung tätig werden, weil er nur zur Behandlung von Vorschlägen, Bitten, und Beschwerden bestellt wird.[9] Er ist daher auf den Gegenstand beschränkt, wie ihn die Petition benennt. Der Petitionsgegenstand muss außerdem in den verbandskompetenziellen Bereich des Landes MV fallen. Hat der PA insb. bei Verhalten der Verwaltung betreffenden Petitionen mangels materieller Entscheidungskompetenz keine eigene Abhilfemöglichkeit hat,[10] kann er nur im Wege politischen Einflusses Lösungen anregen und die Regierung um Abhilfe ersuchen. Aus Art. 10 folgt auch die Kompetenz zur **Überweisung** einer nach dem Ergebnis der parlamentarischen Befassung befürworteten Petition an die

---

4 *Geis*, in: HbdStR, § 54 Rn 14.
5 *Geis*, in: HbdStR, § 54 Rn 14.
6 Vgl VerfGH Bay, Entsch. v. 23.4.2013 – Vf. 22-VII-12, BayVBl 2014, 48.
7 Vgl BSG, Urt. v. 29.03.1957 – 2 RU 16/55 –.
8 *Menzel*, in: Löwer/Tettinger, Art. 41 a Rn 26.
9 AA *Wedemeyer*, in Thiele/Pirsch/Wedemeyer, Art. 35 Rn 2.
10 Zu den denkbaren Erledigungen Ziff. 4.4. Anlage 3 GO LT.

LReg,[11] der in der Sache ebenfalls nur politische, nicht aber rechtsverbindliche Wirkung zukommt.[12] In Betracht kommen daneben die Überweisung zur Erwägung, als Material oder lediglich zu Informationszwecken.[13] Der PA kann die Verwaltung nicht verbindlich steuern. Besonders problematisch ist eine Einflussnahme bei Entscheidungen der Verwaltung mit Drittwirkung, etwa im Baurecht.[14] Art. 35 gibt dem PA keinen Anspruch darauf, dass Verwaltungsmaßnahmen bis zu seiner Entscheidung ausgesetzt werden. Die Exekutive ist allerdings unter dem Gesichtspunkt des organfreundlichen Verhaltens gehalten, grundsätzlich keine vollendeten Tatsachen zu schaffen, soweit ihr insoweit ein Ermessen eingeräumt ist und schutzwürdige Interessen Dritter dem Ruhenlassen oder Aussetzen eines entscheidungsreifen Verwaltungsverfahrens nicht entgegenstehen. [15] Der PA kann auch die **Fraktionen unterrichten**.

Besonders ist das **Verhältnis zur Rspr.** und dem LRH. Aufgrund der richterli- 4 chen Unabhängigkeit (Art. 76 Abs. 2 Satz 2; Art. 97 GG) ist der PA nicht befugt, in laufende gerichtliche Verfahren einzugreifen oder gerichtliche Entscheidungen zu überprüfen, sie aufzuheben oder abzuändern (vgl § 2 Abs. 1 Buchst. b) bis d) PetBüG M-V). Die Behandlung einer Petition etwa mit dem Ziel, rechtskräftige Urteile aufzuheben oder in laufende Verfahren einzugreifen, ist daher unzulässig.[16] Die Prüfung kann aber Verfahren betreffen, die nicht unter die richterliche Unabhängigkeit fallen (→ *Sauthoff*, Art. 36 Rn 6). Sie kann sich darauf erstrecken, Mängel im Gesetz zu benennen, die durch eine gerichtliche Entscheidung zu Tage getreten sind, und ggf Gesetzesänderungen anregen. Ob nach einer Gesetzesänderung im Einzelfall die Entscheidung geändert werden kann, richtet sich nach Verwaltungsverfahrens- (vgl § 51 Abs. 1 Nr. 1 VwVfG M-V) und Prozessrecht (vgl 121 VwGO[17]). Dieser verfassungsrechtlichen Lage tragen die Regelungen des § 2 Abs. 1 Buchst. b) bis d) PetBüG M-V Rechnung. Ähnliches gilt für Petitionen betr. den **Landesrechnungshof** wegen dessen Unabhängigkeit (Art. 68 Abs. 1 S. 1),[18] insoweit fehlt die rechtliche Einwirkungsmöglichkeit der Landesregierung i.S.v. § 2 Abs. 1 Buchst. a) PetBüG M-V.

Nach Art. 10 kann sich ein Petent **schriftlich** an die Volksvertretung, d.h. den LT 5 wenden. Ziff. 3.2. der Anlage 3 GO LT bestimmt, dass die Schriftform durch die elektronische Form ersetzt werden kann; hier ist die Schriftform gewahrt, wenn der Urheber sowie dessen vollständige Postanschrift ersichtlich sind und das im Internet zur Verfügung gestellte Formular verwendet und vollständig ausgefüllt wird. Einer qualifizierten elektronischen Signatur bedarf es nicht, weil § 3 a VwVfG nicht anwendbar ist, da das Verfahren vor dem PA kein Verwaltungsverfahren darstellt (→ Rn 1). Angesichts der Verifizierbarkeit des Absenders und der Integrität der Nachricht während des Übermittlungsvorgangs auch bei anderen Kommunikationsmedien wird bezweifelt, ob die Begrenzung auf Webformulare angebracht ist. D-Mail und andere auf dem neuen Personalausweis aufbauende Lösungen sowie vergleichbar sichere Systeme müssten zugelassen werden.[19] Der Begriff der Schriftlichkeit in Art. 10 GG und § 1 Abs. 1 PetBüG M-V

---

11 *Bauer*, in: Dreier, Art. 45 c Rn 20 ff.
12 Siehe auch § 10 Abs. 3 und § 11 Abs. 4 PetBüG M-V.
13 § 10 Abs. 3 PetBüG; vgl *Geis*, in: HbdStR, § 62 Rn 15.
14 *März*, JöR N.F. 54 (2006), 175, 255.
15 *Brocker*, in; Epping/Hillgruber (Hrsg.), BeckOK GG Art. 45 c Rn. 9.
16 *Brocker*, in: Epping/Hillgruber (Hrsg.), BeckOK GG Art. 45 c Rn. 5.2.
17 Hk-VerwR/*Unruh*, 3. Aufl. 2013 § 121 Rn 40 ff.
18 *Langenfeld*, in: HbdStR, § 39 Rn 65.
19 *Luch/Schulz*, Die digitale Dimension der Grundrechte – Die Bedeutung der speziellen Grundrechte im Internet, MMR 2013, 88, 91.

lassen eine solche Auslegung zu. Die Eingabe muss einen **Vorschlag**, eine **Bitte** oder eine **Beschwerde** beinhalten. Diese Begriffe sind Umschreibungen für eine Petition (→ *Kohl* Art. 10 Rn 4 f).[20] Der PA ist nicht verpflichtet, sich mit gleichgelagerten Anliegen erneut zu befassen, solange kein neuer Sachverhalt vorliegt.[21]

6 Die wesentlichen Regelungen über das **Binnenverfahren** enthält Anlage 3 zur GO LT. Insoweit kommt dem LT innerhalb der durch Art. 10 gezogenen Grenzen kraft der ihm von der Verfassung (Art. 29 Abs. 1 S. 2) eingeräumten Autonomie ein relativ weiter, verfassungsgerichtlich nicht überprüfbarer Gestaltungsspielraum zu.[22] Nach Eingang der Petition erfolgt eine Vorprüfung durch das Ausschusssekretariat im Einvernehmen mit dem Ausschussvorsitzenden. Insbesondere wird geprüft, ob bei der Petition die Voraussetzungen entsprechend § 1 Abs. 1 und 2 PetBüG M-V erfüllt sind. Das Sekretariat hat sodann grundsätzlich Stellungnahmen der LReg einzuholen. Ihr ist eine Frist von einem Monat nach Eingang des Stellungnahmeersuchens zur Unterrichtung des PA über veranlasste Maßnahmen, den Fortgang oder das Ergebnis des Verfahrens einzuräumen. Die Mitglieder des PA prüfen die ihnen zugeleiteten Petitionen binnen vier Wochen. Sie können dabei auch Erörterungen mit dem Petenten und der zuständigen Behörde, ggf. auch vor Ort durchführten. Nach der Prüfung geben sie die Akte mit einem Vorschlag zum weiteren Verfahren an das Sekretariat zurück. Eine Ausschussberatung zu einer Petition mit oder ohne Regierungsvertreter erfolgt immer dann, wenn ein Mitglied des Ausschusses diese beantragt oder der Vorschläge zur abschließenden Erledigung nicht übereinstimmen. Die Art und Weise der Erledigung von Petitionen steht grds im parlamentarischen Ermessen.[23] Der Petent hat daher auch keinen Anspruch auf Beiziehung von Akten[24] oder auch darauf, selbst vom PA angehört zu werden.

7 Die **Beschlusskompetenz** hat der LT.[25] Wenn die Petition eindeutig wegen Verstoßes gegen zwingendes Recht negativ beschieden werden muss, kann der PA statt des LT entscheiden, sofern dies auf eindeutige Fälle beschränkt ist und nach detaillierten Vorgaben des PA erfolgt.[26] Dementsprechend sieht § 2 Abs. 1 Buchst. a) PetBüG M-V vor, dass von der Behandlung einer Eingabe abzusehen ist, wenn eine Zuständigkeit oder rechtliche Einwirkungsmöglichkeit der LReg oder von Trägern der öffentlichen Verwaltung des Landes nicht gegeben ist. Der PA beschließt iÜ eine Sammelübersicht, die dem LT vorgelegt wird.[27] Petitionen unterfallen nicht dem Grundsatz der Diskontinuität, d.h. sie erledigen sich nicht dadurch, dass eine Legislaturperiode abläuft, bevor über sie entschieden ist. Das Petitionsrecht erfordert vielmehr, dass das Petitionsverfahren nach dem Zusammentritt eines neuen LT fortgeführt wird.[28] Der Vorsitzende des PA teilt dem Petenten nach der Annahme der Beschlussempfehlung durch den LT die Art der

---

20 Siehe auch *Hernekamp*, in: von Münch/Kunig Art. 45 c Rn. 5.
21 VG Düsseldorf, Urt. v. 12.11.2012 - 8 K 6754/12.
22 BayVerfGH, Urt. v. 23.4.2013 – Vf. 22-VII-12, BayVBl 2014, 48.
23 *Brocker* in Epping/Hillgruber (Hrsg.), BeckOK GG Art. 45 c Rn. 12.
24 VerfGH Bay, Entsch. v. 12.11.1999 – Vf. 35-VI-99, NVwZ 2000, 548.
25 → oben Rn 1.
26 BayVerfGH, Urt. v. 23.4.2013 -Vf. 22-VII-12, BayVBl 2014, 48; *Langenfeld*, in: HbdStR, § 39 Rn 60 unter Hinweis auf BVerfG, Beschl. v. 13.7.1981 – 1 BvR 444/78.
27 Zur Unterrichtung des Plenums über Entscheidungen des Petitionsausschusses *Stefan*, NVwZ 2003, 953, *Röper*, NVwZ 2002, 53; *Graf Vitzthum/März*, in: Schneider/Zeh, § 45 Rn 24 ff.
28 VG Stuttgart, Beschl. v 18.11.2013 – 11 K 2073/13 unter Hinweis auf *Braun*, Art. 35 a Anm. 30.

Erledigung seiner Petition mit. Diese Mitteilung enthält eine kurze Begründung des Beschlusses.

Als problematisch wird angesehen, dass sich die Stellungnahme der LReg i.d.R. 8 mit der Entscheidungsempfehlung des PA an den LT deckt und dieser meist der Empfehlung des PA folgt, denn dann würde letztlich die Entscheidung über eine Petition vom zuständigen Ministerium getroffen.[29] Indes ist zu sehen, dass viele Petitionen Rechtsfragen oder fachliche Fragen beinhalten, die in erster Linie durch die zuständige Behörde zu beantworten sind. Sofern ein Ermessensspielraum besteht, ist auch zu berücksichtigen, dass der Gleichbehandlungsgrundsatz gewahrt wird, d.h. der Petent nicht allein deswegen, weil er eine Petition eingereicht hat, anders behandelt werden kann. Allenfalls kann eine solche Petition zu der Anregung veranlassen, die Verwaltungspraxis zu ändern. Kritisch wird auch gesehen, dass Mitglieder des PA durch ihre politische Einstellung nicht immer eine neutrale Betrachtung einer Petition vornehmen würden.[30] Indes ist dies Folge der Verankerung im Parlament. Von daher ist als Gegengewicht der Bürgerbeauftragte nach Art. 36 eine sinnvolle Einrichtung.

2. Rechtsfolgen eines Beschlusses des Petitionsausschusses. Selbst wenn der PA 9 bzw. der LT eine Petition für begründet halten, hat gem. Art. 10 und Art. 17 GG der Petent gegenüber dem - unmittelbaren - Petitionsadressaten keinen Anspruch auf eine bestimmte Behandlung und Entscheidung. Das gilt auch im Falle einer an die Verwaltung überwiesenen Parlamentspetition.[31] Insbesondere bei das Verhalten der Verwaltung betreffenden Petitionen besteht mangels materieller Entscheidungskompetenz keine eigene Abhilfemöglichkeit. Der PA bzw. der LT können nur im Wege politischen Einflusses Lösungen anregen und die Regierung um Abhilfe ersuchen. Aus Art. 10 und Art. 17 GG folgt insoweit auch die Kompetenz zur Petitionsüberweisung, das heißt zur Überweisung einer nach dem Ergebnis der parlamentarischen Befassung befürworteten Petition an die Regierung, der in der Sache ebenfalls nur politische, nicht aber rechtsverbindliche Wirkung zukommt.

Der PA, der nach inhaltlicher Prüfung der Petition zu der Entscheidung gelangt, 10 dass das Anliegen des Petenten unbegründet ist, ist nicht verpflichtet, im Petitionsbescheid auf das Vorbringen des Petenten im einzelnen einzugehen; dies gilt jedenfalls dann, wenn dem Petenten bekannt ist, dass auf die Petition hin eine Tatsachenfeststellung durch den PA vorgenommen worden ist.[32] Zur Überprüfung der ordnungsgemäßen Bescheidung einer Petition ist der **Verwaltungsrechtsweg** eröffnet;[33] darüber hinausgehende Klagemöglichkeiten bestehen nicht.[34] Eine Stellungnahme, die die LReg oder eine Behörde auf Ersuchen des PA diesem gegenüber abgibt, ist selbst dann kein anfechtbarer Verwaltungsakt, wenn der PA sie dem Betroffenen mitteilt.[35] Im Petitionsverfahren kommt eine

---

29 *Heinz*, Recht u Politik 2011, 28.
30 *Guckelberger*, DÖV 2013, 613; ebenso *Heinz*, Recht u Politik 2011, 28.
31 LSG NRW, Beschl. v. 19.2.2014 – L 9 AL 233/13 unter Hinweis auf BVerfG, Beschl. v. 27.12.2005 – 1 BvR 2354/05, BVerfGK 7, 133.
32 BVerwG, NJW 1991, 936.
33 VerfGH Sachsen Beschl. v. 29.1.2009 – Vf. 61-IV-08 unter Hinweis auf BVerfG, Beschl. v 19.5.1988 – 1 BvR 644/88, NVwZ 1989, 953; siehe auch BVerfG 1. Senat 2. Kammer, Beschl. v. 26.3.2007 – 1 BvR 138/07 –.
34 BVerwG, Beschl. v. 9.8.2007 – 1 WB 16/07, Buchholz 450.1 § 17 WBO Nr, 64.
35 BFHE 99, 88 = BStBl II 1970, 544.

Verletzung organschaftlicher Rechte nicht in Betracht, da mit der Einlegung einer Petition nicht als Verfassungsorgan gehandelt wird.[36]

11 **3. Erörterung der Berichte der Beauftragten des LT (Satz 2).** Zunächst war vorgesehen, dass der PA nur den Jahresbericht des Bürger- und Datenschutzbeauftragten erörtern sollte. Der PA hat nun umfassend die Aufgabe, alle Berichte der Beauftragten des LT zu erörtern (§ 14 PetBüG M-V). Diese Erweiterung der Regelung soll der Tatsache Rechnung tragen, dass der LT auch außerhalb der Vorschriften der LV weitere Beauftragte benennen kann.[37] Gemäß § 68 GO LT erstattet der PA selbst dem LT jährlich einen schriftlichen Bericht über seine Tätigkeit, ohne dass dies in der Verfassung verankert ist (siehe auch § 10 Abs. 2 PetBüG M-V).[38]

III. Mitwirkungspflichten (Abs. 2)

12 LReg und die der Aufsicht des Landes unterstehenden Träger öffentlicher Verwaltung haben die in Abs. 2 umschriebenen und in § 12 PetBüG M-V konkretisierten Mitwirkungspflichten. Sie müssen auf Verlangen eines **Viertels der Mitglieder des Petitionsausschusses** den zur Wahrnehmung seiner Aufgaben erforderlichen Mitwirkungspflichten nachkommen. Diese Pflicht richtet sich unmittelbar an die betroffene Behörde; es bedarf keiner Vermittlung durch die LReg.[39] Dieses Recht reicht aber nur soweit, wie der LT im Petitionsverfahren auf die LReg oder die Verwaltung einwirken kann (dazu → Rn 9)[40]. Dass ein bestimmtes Quorum erfüllt sein muss, dient der Arbeitsfähigkeit des PA, der so nicht mit von einzelnen Mitgliedern angeforderten Unterlagen überfordert wird. Es genügt damit nicht der Antrag einer Fraktion; andererseits können auch mehrere Mitglieder des PA, die unterschiedlichen Fraktionen angehören, den Antrag stellen. Dabei kommt es auf die reguläre Anzahl von Ausschussmitgliedern an. Entsteht Streit darüber, ob eine Anforderung zur Wahrnehmung der Aufgaben des PA erforderlich ist, muss, soweit ein anderes Verfassungsorgan beteiligt ist, das LVerfG, iÜ das Verwaltungsgericht entscheiden (siehe Art. 53 Nr. 1; § 40 Abs. 1 VwGO); eine streitschlichtende Institution sieht die LV nicht vor.

13 § 12 PetBüG M-V regelt die Rechte des PA gegenüber der LReg zur **Sachaufklärung**; ergänzend gilt Ziff. 4.1. der Anlage 3 zur GO LT. Verfassungsrechtlich gilt Folgendes: Im Gesetzgebungsverfahren wurde ein umfangreiches Akteneinsichtsrecht auf Seiten des Parlamentes und seiner Ausschüsse abgelehnt, allerdings wurden die Minderheitenrechte des PA gestärkt.[41] Der Anspruch auf **Aktenvorlage** geht aber über das bloße Einsichtsrecht hinaus und umfasst auch das Recht, die Originalakten für eine angemessene Zeit zu erhalten, um sich unmittelbar informieren zu können.[42] Der Anspruch auf jederzeitigen **Zutritt** zu den verwalteten öffentlichen Einrichtungen besteht, damit Ortstermine durchgeführt werden können. Die Ermächtigung umfasst nicht, eine Durchsuchung durchzuführen, denn ein Verweis auf Art. 34 enthält Art. 35 nicht.[43] Die Genannten müssen weiterhin alle erforderlichen **Auskünfte** erteilen. Damit sind die Befug-

---

36 VerfGH NW, Beschl. v. 23.07.2002 – VerfGH 2/01 – Petition einer politischen Partei auf Änderung einer wahlrechtlichen Bestimmung.
37 Kommission, Verfassungsentwurf, S. 132.
38 Siehe Tätigkeitsbericht 2013 des Petitionsausschusses (LT-Drs. 6/2930).
39 *Langenfeld* in HbdStR, § 39 Rn 64.
40 *Langenfeld* in HbdStR, § 39 Rn 65.
41 Kommission, Verfassungsentwurf, S. 75.
42 Vgl *Mutius/Wuttke/Hübner*, Art. 23, Ziffer II, 2.
43 Anders etwa Art. 41 a Verf NW und dazu *Menzel*, in: Löwer/Tettinger, Art. 41 a Rn 35.

nisse des PA denen eines Untersuchungsausschusses angenähert, allerdings fehlen das Initiativrecht und Zwangsbefugnisse.[44] Die Genannten müssen schließlich **Amtshilfe** leisten. Die gleiche Verpflichtung besteht gegenüber vom Ausschuss beauftragten Ausschussmitgliedern. Werden diese Pflichten nicht oder nicht zeitnah erfüllt, kann darin ein Dienstvergehen liegen, das in einem Disziplinarverfahren geahndet wird.[45]

Wegen des **Verweigerungsrechts** gilt Art. 40 Abs. 3 entsprechend[46] (→ *Zapfe*, 14 **Art. 40** Rn 37 ff). Die „entsprechende" Anwendung bezieht die hier auch verpflichtete „der Aufsicht des Landes unterstehenden Träger öffentlicher Verwaltung" ein, die nach Art. 40 Abs. 1 und 2 nicht verpflichtet sind, so dass sich die Beschränkung in Art. 40 Abs. 2 hieraus erklärt.[47] Art. 35 enthält keinen Verweis auf Art. 40 Abs. 4; gleichwohl wird wegen des engen Zusammenhangs dieser beiden Absätze des Art. 40 der Gesetzgeber gem. Art. 35 Abs. 3 die Möglichkeit haben, die Einzelheiten des Verweigerungsrechts zu regeln. IÜ gelten auch hier die durch das LVerfG M-V aufgestellten Grundsätze entsprechend: Die LReg muss die für die Verweigerung maßgeblichen tatsächlichen und rechtlichen Gesichtspunkte nachvollziehbar darlegen. Sie hat nicht das Recht, die Zielrichtung der Anfragen des PA zu beurteilen, um so über den erforderlichen Umfang der zu übermittelnden Daten zu entscheiden. Der PA entscheidet eigenverantwortlich, welche Informationen er zur Erfüllung seiner Aufgaben benötigt. Nur in Ausnahmefällen kann eine Beantwortung abgelehnt werden (Regel-Ausnahme-Verhältnis).[48]

Nach Ziff. 5.2. der Anlage 3 zur GO LT werden die vom Ausschusssekretariat 15 eingeholten Stellungnahmen der Landesregierung oder anderer Institutionen nicht an den Petenten weitergegeben. Aus Art. 5 Abs. 1 GG oder Art. 10 ERMK folgt kein allgemeiner voraussetzungsloser Rechtsanspruch des Petenten oder eines Dritten gegen den LT auf Zugang zu Informationen des PA.[49] Das **Informationsfreiheitsgesetz** – IFG M-V – ist aber für Informationen anwendbar, die von der Landesregierung oder anderer Institutionen gegenüber dem PA abgegeben worden sind. Das IFG M-V wird nicht durch die Vorschriften über die Berichtspflicht des PA verdrängt. Bei Weitergabe einer Information erhält der PA zwar als weiterer Empfänger ein eigenes Verfügungsrecht. Gegenüber dem PA selbst besteht kein Anspruch, da er als Teil keine Verwaltungsaufgaben wahrnimmt (§ 3 Abs. 1 IFG M-V) (→ oben Rn 1).[50] Der Urheber der Information verliert aber nicht ohne Weiteres seine Verfügungsberechtigung, jedenfalls dann nicht, wenn er diese Information weiterhin (auch) in seinem Aktenbestand behält (§ 10 Abs. 1 S. 1 IFG M-V). Ein Ministerium, das eine Behörde i.S.d. IFG ist (§ 3 Abs. 1 IFG M-V), ist daher über eine Stellungnahme, die es gegenüber dem PA

---

44 Vgl *Geis*, in: HdbStR Bd. III, § 54 Rn 14.
45 OVG Berlin-Brandenburg, Urt. v. 21.2.2013 - OVG 81 D 2.10 -.
46 Grundlegend BVerfGE 67, 100 = NJW 1984, 2271, dort zur Frage, ob die LReg oder einzelne Minister angeforderte Akten unter Berufung auf das Steuergeheimnis für unvollständig vorlegen dürfen; vgl auch OVG Münster, NJW 1988, 2496 mit der Ansicht, dass einem PA uU vollständige Personal- und Disziplinarakten nicht herausgegeben werden dürfen, um zu verhindern, dass Informationen streng persönlichen Charakters über einen Dritten auf Grund einer Petition zugänglich gemacht werden, wenn der PA auf diese Informationen zur Wahrnehmung seiner Aufgaben nicht angewiesen ist.
47 AA offenbar *Wedemeyer*, in Thiele/Pirsch/Wedemeyer, Art. 35 Rn 3.
48 LVerfG M-V, Urt. v. 19.12.2002 – 5/02, DVBl 2003, 415 = NordÖR 2003, 111; dazu *Jutzi*, NJ 2003, 141.
49 VGH München, B. v. 14.2.2014 – 5 ZB 13.1559, NJW 2014, 1687.
50 Vgl OVG Berlin, DVBl 2001, 313.

abgegeben hat, grundsätzlich auskunftspflichtig.[51] Fraglich ist, ob ein Kläger im Verwaltungsprozess Anspruch auf Einsicht in die dem Gericht vorgelegten Behördenakten, einschließlich des darin befindlichen Protokolls der nicht öffentlichen Sitzung des PA hat.[52]

IV. Gesetzesvorbehalt (Abs. 3)

16 Aus Abs. 3 folgt, dass Geschäftsordnungsvorschriften des LT – hier §§ 67, 68 GO LT mit Anlage 3 – allein nicht genügen. Die erforderliche gesetzliche Regelungen hat der LT durch die Regelungen der §§ 10 bis 14 Petitions- und Bürgerbeauftragtengesetz – PetBüG M-V – vom 5.4.1995[53] geschaffen.

V. Schrifttum

17 *Stefan Brink*, Zur Unterrichtung des Plenums über Entscheidungen des Petitionsausschusses, in: NVwZ 2003, S. 953; *Max-Emanuel Geis* in: HdbStR Band 3 § 54 – Parlamentsausschüsse; *Annette Guckelberger*, Argumente für und gegen einen parlamentarischen Ombudsmann aus heutiger Sicht, DÖV 2013, 613; *Thomas Hirsch*, Das parlamentarische Petitionswesen: Recht und Praxis in den deutschen Landesparlamenten, 2007;*Christine Langenfeld*, Das Petitionsrecht, in: HdbStR, 3. Aufl., Band 3,*2005*, § 39; *Erich Röper*, Notwendiger Inhalt der Berichte des Petitionsausschusses, in: NVwZ 2002, S. 53; *Wolfgang Graf Vitzthum*/*Wolfgang März*, Der Petitionsausschuss, in: Hans-Peter Schneider/Wolfgang Zeh, Parlamentsrecht und Parlamentspraxis in der Bundesrepublik Deutschland, 1989, § 45, S. 1221. Siehe auch nach Art. 10.

Art. 36 (Bürgerbeauftragter)

(1) Zur Wahrung der Rechte der Bürger gegenüber der Landesregierung und den Trägern der öffentlichen Verwaltung im Lande sowie zur Beratung und Unterstützung in sozialen Angelegenheiten wählt der Landtag auf die Dauer von sechs Jahren den Bürgerbeauftragten; einmalige Wiederwahl ist zulässig. Er kann ihn mit einer Mehrheit von zwei Dritteln der Mitglieder des Landtages vorzeitig abberufen. Auf eigenen Antrag ist er von seinem Amt zu entbinden.

(2) Der Bürgerbeauftragte ist in der Ausübung seines Amtes unabhängig und nur dem Gesetz unterworfen. Er wird auf Antrag von Bürgern, auf Anforderung des Landtages, des Petitionsausschusses, der Landesregierung oder von Amts wegen tätig.

(3) Das Nähere regelt das Gesetz.

Art. 90 a Verf Rh-Pf.

I. Vorbemerkung 1	2. Initiative (Abs. 2 Satz 2) 5
II. Bestellung und Abberufung	3. Unabhängigkeit
(Abs. 1) 2	(Abs. 2 Satz 1) 7
III. Aufgaben und Unabhängigkeit	IV. Gesetzesvorbehalt (Abs. 3) 9
(Absätze 1 und 2) 4	V. Schrifttum 9
1. Aufgaben (Abs. 1 Satz 1) 4	

---

51 Vgl BVerwG, Urt. v. 3.11.2011 – 7 C 4/11, NVwZ 2012, 251; dazu *Assenbrunner*, DÖV 2012, 547; *Roth*, DÖV 2012, 717; *ders.*, DVBl 2012, 183; *Schoch*, NVwZ 2012, 254 und 2013, 1033; *Dalibor*, DVBl 2012, 933.
52 Dazu VGH München, NVwZ-RR 2001, 544, der § 99 VwGO anwendet.
53 GVOBl. S. 190.

I. Vorbemerkung

Art. 36 verwirft die im Gesetz über die Rechtsverhältnisse Parlamentarischer 1
Staatssekretäre vom 18. Juli 1991 (GVOBl. S. 291) zunächst getroffene Regelung, wonach eine Person, die die Bezeichnung „Bürgerbeauftragter" (BA) führt, als Parlamentarischer Staatssekretär „den Ministerpräsidenten unterstützt".[1] Art. 36 lehnt sich an das Bürgerbeauftragtengesetz Rheinland-Pfalz an.[2]

II. Bestellung und Abberufung (Abs. 1)

Die **Bestellung** erfolgt durch Wahl des LT.[3] § 5 Abs. 2 Satz 1, 2 und 4 PetBüG 2
M-V bestimmt, dass der LT den BA ohne Aussprache mit mehr als der Hälfte seiner Mitglieder für die Dauer von sechs Jahren wählt; vorschlagsberechtigt sind nur die Fraktionen des LT, nicht die LReg, was die Unabhängigkeit des BA von der Exekutive besonders betont. Besondere persönliche Anforderungen stellen weder Art. 36 noch § 5 PetBüG M-V mit Ausnahme der Wählbarkeit zum LT. Die Ausübung dieses Amtes ist nicht an ein Landtagsmandat geknüpft.[4] Da der BA aber nach § 5 Abs. 5 PetBüG M-V zum Beamten auf Zeit ernannt wird, muss er die Voraussetzungen hierfür erfüllen (§ 5 Abs. 1 Satz 1 Nr. 2 und Abs. 2 und § 8 LBG M-V). IÜ ist davon auszugehen, dass der LT eine Einschätzungsprärogative besitzt und nur eine geeignete Persönlichkeit wählt.

Die Beendigung des Amts gegen den Willen kann nur durch **Abberufung** nach 3
Abs. 1 Satz 2 iVm § 5 Abs. 3 Satz 1 PetBüG M-V mit einer Mehrheit von zwei Dritteln der Mitglieder des LT erfolgen. Es besonderer Grund muss nicht vorliegen oder genannt werden. Ob damit andere Beendigungsgründe oder -verfahren ausgeschlossen sind, etwa Disziplinarverfahren, erscheint fraglich. Jedenfalls greift ein für einen Richter zwingender Entlassungsgrund entsprechend durch.[5]

III. Aufgaben und Unabhängigkeit (Absätze 1 und 2)

1. Aufgaben (Abs. 1 Satz 1). Das in Art. 10 niedergelegte Petitionsrecht erfährt 4
durch den BA eine weitere Ausformung. Während der Petitionsausschuss (Art. 35) Vorschläge, Bitten und Beschwerden der Bürger behandelt, ist es Aufgabe des BA, auf die Wahrnehmung der Rechte der Bürger gegenüber der LReg und den Trägern der öffentlichen Verwaltung „im Lande" hinzuwirken sowie zur ihrer Beratung und Unterstützung in sozialen Angelegenheiten zur Verfügung zu stehen.[6] Aus § 7 Abs. 6 PetBüG M-V wird deutlich, dass dieses Gesetz wohl unterscheidet zwischen den der Aufsicht des Landes unterstehenden Trägern öffentlicher Verwaltung und (sonstigen) Trägern der öffentlichen Verwaltung im Lande. Der in Abs. 1 S. 1 verwandte Begriff der Träger der öffentlichen Verwaltung „im Lande" ist damit – zutreffend – der Oberbegriff. Gemeint sind damit in jedem Fall einmal die unmittelbare Landesverwaltung, d. h. die eigene oder durch nachgeordnete Behörde wahrgenommene Verwaltung des Landes, sowie die mittelbare Landesverwaltung, die durch unmittelbar zugeordnete und der Aufsicht des Landes unterstehende juristische Personen des öffentlichen Rechts ausgeübt wird, einerlei, ob es sich um Körperschaften (wie Gemeinden,

---

1 *März*, JöR N.F. 54 (2006), 175, 256.
2 *Kempf/Uppendahl* (Hrsg.), Ein deutscher Ombudsmann, 1986.
3 Siehe Art. 32, dort auch zum Modus der Wahl.
4 Kommission, Verfassungsentwurf, S. 133.
5 Vgl die Parallelproblematik zum BfD (→ **Art. 37** Rn 3); siehe § 23 Abs. 1 Satz 3 BDSG (Entlassung aus den Gründen, die eine Entfernung eines Lebenszeitrichters aus dem Amt rechtfertigen).
6 Kommission, Verfassungsentwurf, S. 133; *März*, JöR N.F. 54 (2006), 175, 255.

Landkreise, Universitäten), Anstalten oder Stiftungen des öffentlichen Rechts handelt.[7] Der Wortlaut „im Lande" könnte auch die unmittelbare oder mittelbare Bundesverwaltung umfassen, soweit sie Rechtsverhältnisse regelt, die Bürger des Landes Mecklenburg-Vorpommern betreffen. Diese Annahme ist aber aus kompetenzrechtlichen Gründen ausgeschlossen; insoweit ist eine verfassungskonforme Einschränkung vorzunehmen.[8] „Bürger" sind dabei nicht nur das Staatsvolk des Landes M-V, sondern insb. auch Ausländer.[9] Der BA hält regelmäßig Sprechstunden im Land. Hierdurch und seinen Dienstsitz im LT vermittelt der BA einen besonders engen Kontakt des Parlaments zu den Bürgern.[10] Der BA ist „zuständige Stelle" nach Art. 10.[11]

5 **2. Initiative (Abs. 2 Satz 2).** Der BA wird auf Antrag von Bürgern, auf Anforderung des LT, des Petitionsausschusses, der LReg oder von Amts wegen tätig. Auf entsprechenden Antrag muss der BA tätig werden.[12] Von Amts wegen wird er insb. tätig, wenn er durch Bitten, Kritik, Beschwerden oder sonstige Eingaben an den LT oder in sonstiger Weise hinreichende Anhaltspunkte dafür erhält, dass Stellen, die der parlamentarischen Kontrolle des LT unterliegen, Angelegenheiten von Bürgern rechtswidrig erledigt haben (§ 6 Abs. 2 Satz 2 PetBüG M-V). Damit geht die Funktion allerdings über das Petitionswesen hinaus und umfasst auch einen Teil der Kontrolle der LReg und der Verwaltung.[13]

6 Wichtig ist die **Zusammenarbeit** mit dem **LTag** und mit dem **Petitionsausschuss**.[14] Der BA unterrichtet den Petitionsausschuss, sobald er mit einer Eingabe befasst ist, die ihm nicht vom Petitionsausschuss zugeleitet worden ist, wenn er von einer sachlichen Prüfung der Eingabe absieht, sofern eine Angelegenheit iS von § 7 Abs. 1 PetBüG einvernehmlich erledigt wurde, oder wenn die LReg oder die der Aufsicht des Landes unterstehenden Träger öffentlicher Verwaltung ihrer Pflicht aus § 3 PetBüG gegenüber dem BA nicht nachkommen. Sofern eine einvernehmliche Regelung mit der zuständigen Stelle nicht zustande kommt, legt der BA die Angelegenheit dem Petitionsausschuss zur Erledigung vor und teilt ihm dazu seine Auffassung mit. Vor seiner abschließenden Entscheidung kann der BA vom Petitionsausschuss beauftragt werden, seine Feststellungen zu ergänzen oder weitere Sachverhaltsaufklärungen in die Wege zu leiten (§ 8 PetBüG M-V). Nach Anlage 3 zur GO LT übergibt der BA dem Petitionsausschuss entsprechend § 8 Abs. 1 PetBüG M-V monatlich eine Zusammenstellung der bei ihm eingegangenen Petitionen. Sodann prüft das Sekretariat des Petitionsausschusses, durch welche geeigneten Maßnahmen – insb. durch den Austausch von vorhandenen Stellungnahmen, Übergabe der Bearbeitung einer an den Petitionsausschuss gerichteten Eingabe an den Bürgerbeauftragten oder Übernahme der Bearbeitung einer Eingabe durch den Petitionsausschuss – eine effektive Klärung des Anliegens des Petenten erreicht werden kann. Das Ergebnis der Prüfung wird dem Petitionsausschuss zur Entscheidung vorgelegt. Die dem Ausschuss gemäß § 8 Abs. 2 PetBüG M-V vom BA vorgelegten Angelegenheiten

---

7 Vgl zu den Unterscheidungen *Schmitz* in: Stelkens/Bonk/Sachs, Verwaltungsverfahrensgesetz, 8. Aufl. 2014, § 1 Rn 66; im Einzelnen für Mecklenburg-Vorpommern *Wallerath*, in: Schütz/Classen, § 2 Rn 37 ff.
8 Ebenso *Classen*, :in Schütz/Classen § 1 Rn 56 f.
9 Vgl *Brocker*, in: Grimm/Caesar, Art. 70 a Rn 10.
10 *März*, JöR N.F. 54 (2006), 175, 255.
11 Kommission, Verfassungsentwurf, S. 94.
12 Kommission, Verfassungsentwurf, S. 134.
13 Dazu *Brocker*, in: Grimm/Caesar, Art. 70 a Rn 14 mwN.
14 Dazu *März*, JöR N.F. 54 (2006), 175, 255.

werden vom Sekretariat geprüft. Das Sekretariat legt dem Ausschuss einen Vorschlag zur weiteren Behandlung bzw zum Abschluss der Angelegenheit vor.

3. Unabhängigkeit (Abs. 2 Satz 1). Der BA ist in der Ausübung seiner Aufgaben **unabhängig** und nur dem Gesetz unterworfen.[15] Die Unabhängigkeit ist an Art. 76 Abs. 2 Satz 2 und Art. 97 GG angelehnt; es können daher die Erkenntnisse bei der Anwendung dieser Norm übertragen werden. Dies betrifft zunächst die sachliche Unabhängigkeit: Danach unterliegt er keinen Weisungen, auch nicht der Rechtsaufsicht, namentlich nicht der LReg, aber auch nicht der des PräsLT. Die Unabhängigkeit ist allerdings insoweit eingeschränkt, als der BA auf Antrag von Bürgern, auf Anforderung des LT, des Petitionsausschusses, der LReg sowie von Amts wegen tätig zu werden hat.[16] Die persönliche Unabhängigkeit ist durch die relativ lange Amtszeit und dadurch gesichert, dass gegen seinen Willen die Beendigung der Amtszeit nur eingeschränkt möglich ist. Er untersteht iÜ nur der Dienstaufsicht des PräsLT. Die **Mitarbeiter der Behörde** des BA genießen keine Unabhängigkeit. Jedoch ist bei Personalmaßnahmen zu berücksichtigen, dass der BA in der Wahrnehmung seiner Aufgaben erheblich beeinflusst werden kann. Dem trägt § 5 Abs. 7 bis 9 PetBüG M-V Rechnung. 7

Der BA hat darauf Bedacht zu nehmen, dass seine Intervention der Gesetzeslage entspricht. Er sollte daher nur behutsam Rechtsauffassungen vertreten, die der LReg oder der zuständigen Behörde widersprechen. Dies sollte nur dann erfolgen, wenn sich die Rechtsauffassung der Verwaltung als unvertretbar darstellt. Andernfalls sollte der BA allenfalls zum Ausdruck bringen, ob nicht eine andere Auffassung vertretbar ist. Bei Ermessensentscheidungen ist insbesondere zu berücksichtigen, dass die Verwaltung an den Gleichheitssatz gebunden ist. Eine abweichende Behandlung allein, weil der BA angerufen worden ist, wäre nicht gerechtfertigt, selbst wenn eine solche Sachbehandlung an sich ermessensfehlerfrei sein könnte (→ siehe Art. 35 Rn 4). 8

IV. Gesetzesvorbehalt (Abs. 3)

Die erforderlichen Regelungen enthält das Gesetz zur Behandlung von Vorschlägen, Bitten und Beschwerden der Bürger sowie über den Bürgerbeauftragten des Landes M-V (Petitions- und Bürgerbeauftragtengesetz – PetBüG M-V) vom 5. April 1995.[17] 9

V. Schrifttum

Anne Debus, Der Bürgerbeauftragte - Moderator, Dolmetscher und Lotse an der Schnittstelle zwischen Bürger und Staat, ThürVBl 2009, 77; *Annette Guckelberger,* Argumente für und gegen einen parlamentarischen Ombudsmann aus heutiger Sicht, DÖV 2013, 613; *Udo Kempf/Herbert Uppendahl* (Hrsg.), Ein deutscher Ombudsmann – Der Bürgerbeauftragte von Rheinland-Pfalz unter Berücksichtigung von Petitionsinstanzen in Europa und Nordamerika, 1986; *Markus Franke,* Ein Ombudsmann für Deutschland? – Einführungsmöglichkeiten einer Ombudsmann-Institution in das deutsche Verfassungsleben unter Berücksichtigung der dänischen und europäischen Einrichtungen, 1999; *Joachim Linck,* Ein 9

---

15 Kommission, Verfassungsentwurf, S. 134; dazu *Zöllner* (Fn 5), S. 167 ff.
16 Kommission, Verfassungsentwurf, S. 133.
17 Verkündet als Art. 1 des Gesetzes zur Behandlung von Vorschlägen, Bitten und Beschwerden der Bürger sowie über den Bürgerbeauftragten des Landes M-V (Petitions- und Bürgerbeauftragtengesetz – PetBüG M-V) vom 5. April 1995 – GVOBl. S. 1909.

Plädoyer für starke Bürgerbeauftragte. Thüringer Erfahrungen nutzen, ZParl 2011, 891.

Art. 37 (Datenschutzbeauftragter)

(1) Zur Wahrung des Rechts der Bürger auf Schutz ihrer persönlichen Daten wählt der Landtag auf die Dauer von sechs Jahren den Datenschutzbeauftragten; einmalige Wiederwahl ist zulässig. Er kann ihn mit einer Mehrheit von zwei Dritteln seiner Mitglieder vorzeitig abberufen. Auf eigenen Antrag ist er von seinem Amt zu entbinden.

(2) Der Datenschutzbeauftragte ist in der Ausübung seines Amtes unabhängig und nur dem Gesetz unterworfen. Er wird auf Antrag von Bürgern, auf Anforderung des Landtages, des Petitionsausschusses, der Landesregierung oder von Amts wegen tätig.

(3) Jeder kann sich an den Datenschutzbeauftragten wenden mit der Behauptung, bei der Bearbeitung seiner personenbezogenen Daten durch die öffentliche Verwaltung in seinem Recht auf Schutz seiner persönlichen Daten verletzt zu sein.

(4) Das Nähere regelt das Gesetz.

Artt. 33 a BayVerf; 74 BbgVerf; 62 NdsVerf; 77 a Verf NW; 57 SächsVerf; 63 LVerf LSA; 69 ThürVerf.

I. Vorbemerkung 1	b) Aufgaben im Bereich der Informationsfreiheit 9
II. Bestellung und Abberufung (Abs. 1) 2	4. Verfassungsrechtliche Begrenzungen 10
III. Aufgaben und Unabhängigkeit (Abs. 2) 4	5. Unabhängigkeit 12
1. Beschränkung 4	IV. Initiative (Abs. 2 Satz 2 und Abs. 3) 13
2. Verfassungsfeste Aufgaben im Bereich des Datenschutzes 5	V. Gesetzesvorbehalt (Abs. 4) 17
3. Übertragene Aufgaben 8	VI. Schrifttum 18
a) Aufgabe als Aufsichtsbehörde nach § 38 BDSG 8	

I. Vorbemerkung

1 Der Landesbeauftragte für den Datenschutz (LfD) ist das wichtigste Instrument zur Durchsetzung des Rechts auf Schutz der persönlichen Daten, das durch Art. 6 Abs. 1 für die Bürger als Grundrecht garantiert wird.[1] Wegen der für den Bürger bestehenden Undurchsichtigkeit der Speicherung und Verwendung von Daten unter den Bedingungen der automatischen Datenverarbeitung und auch im Interesse eines vorgezogenen Rechtsschutzes durch rechtzeitige Vorkehrungen ist die Beteiligung unabhängiger Datenschutzbeauftragter von erheblicher Bedeutung für einen effektiven Schutz des Rechts auf informationelle Selbstbestimmung.[2]

Europarechtlich ist zu berücksichtigen, dass gemäß nach Art. 28 Abs. 1 EU-DSchRL[3] die Mitgliedstaaten vorsehen, dass eine oder mehrere öffentliche Stellen beauftragt werden, die Anwendung der von den Mitgliedstaaten zur Umset-

---

[1] Kommission, Verfassungsentwurf, S. 134.
[2] So BVerfGE 65, 1, 46 = NJW 1984, 419.
[3] Richtlinie 95/46/EG des Europäischen Parlaments und des Rates vom 24.10.1995 zum Schutz natürlicher Personen bei der Verarbeitung personenbezogener Daten und zum frei-

zung dieser Richtlinie erlassenen einzelstaatlichen Vorschriften in ihrem Hoheitsgebiet zu überwachen. Diese Stellen nehmen die ihnen zugewiesenen Aufgaben in völliger Unabhängigkeit wahr (→Rn 12). Nach Art. 18 Abs. 1 EUDSchRL können die Mitgliedstaaten eine Meldung durch den für die Verarbeitung Verantwortlichen oder gegebenenfalls seinen Vertreter bei der in Art. 28 genannten Kontrollstelle bestimmen, bevor eine vollständig oder teilweise automatisierte Verarbeitung durchgeführt wird. Nach Art. 18 Abs. 2 zweiter Gedankenstrich können die Mitgliedstaaten eine Vereinfachung der Meldung oder eine Ausnahme von der Meldepflicht u. a. im folgenden Fall vorsehen: Der für die Verarbeitung Verantwortliche bestellt entsprechend dem einzelstaatlichen Recht, dem er unterliegt, einen Datenschutzbeauftragten, dem insbesondere Folgendes obliegt: (1) die unabhängige Überwachung der Anwendung der zur Umsetzung dieser Richtlinie erlassenen einzelstaatlichen Bestimmungen, (2) die Führung eines Verzeichnisses mit den in Art. 21 Abs. 2 vorgesehenen Informationen über die durch den für die Verarbeitung Verantwortlichen vorgenommene Verarbeitung, um auf diese Weise sicherzustellen, dass die Rechte und Freiheiten der betroffenen Personen durch die Verarbeitung nicht beeinträchtigt werden.[4]

II. Bestellung und Abberufung (Abs. 1)

Die **Bestellung** erfolgt durch Wahl des LT.[5] § 29 Abs. 2 Satz 1 und 2 DSG M-V 2 bestimmt, dass der LT den LfD ohne Aussprache mit mehr als der Hälfte seiner Mitglieder für die Dauer von sechs Jahren wählt; vorschlagsberechtigt sind gem. § 29 Abs. 2 Satz 3 DSG M-V die Fraktionen des LT (nicht aber einzelne Abgeordnete[6]), nicht die LReg, was die Unabhängigkeit des LfD von der Exekutive besonders betont. Er genießt aber keine richterliche Unabhängigkeit wie die Mitglieder des Landesrechnungshofs gem. Art. 68 Abs. 1 Satz 2. Besondere persönliche Anforderungen stellen weder Art. 37 noch § 20 DSG M-V. Da der LfD aber nach § 29 Abs. 3 DSG M-V zum Beamten auf Zeit ernannt wird, muss er die Voraussetzungen hierfür erfüllen (§ 5 Abs. 1 Satz 1 Nr. 2 und Abs. 2 und § 8 LBG M-V).[7] IÜ ist davon auszugehen, dass der LT eine Einschätzungsprärogative besitzt und nur eine geeignete Persönlichkeit wählt.[8]

Die Beendigung des Amts gegen den Willen kann nur durch **Abberufung** nach 3 Abs. 1 Satz 2 iVm § 29 Abs. 5 Satz 1 DSG M-V mit einer Mehrheit von zwei Dritteln der Mitglieder des LT erfolgen. Ein besonderer Grund muss nicht vorliegen oder genannt werden. Ob damit andere Beendigungsgründe oder -verfahren ausgeschlossen sind, etwa Disziplinarverfahren, erscheint fraglich. Jedenfalls greift ein zwingender Entlassungsgrund für einen Richter entsprechend durch.[9]

III. Aufgaben und Unabhängigkeit (Abs. 2)

1. Beschränkung. Von Verfassungs wegen ist der LfD auf den Bereich des Da- 4
tenschutzes beschränkt. Ihm können aber durch Gesetz nach Art. 37 Abs. 4 wei-

---

en Datenverkehr – EU-Datenschutzrichtlinie (EU-DatSchRL) – ABl. EG Nr. L 281/31; dazu *Hornung*, DuD 2004, 719; *Simitis*, NJW 1997, 281.
4 Dazu EuGH, Urt. v. 9.11.2010 – C-92/09 und C-93/09, C-92/09, Slg 2010, I-11063.
5 Siehe Art. 32, dort auch zum Modus der Wahl.
6 Vgl LVerfG MV , Urt. v. 28.10.2010 - 5/10, NordÖR 2010, 489.
7 Dazu *Zöllner*, Der Datenschutzbeauftragte im Verfassungssystem, 1995, S. 37 ff.
8 So zu Recht *Menzel*, in Löwer/Tettinger, Art. 77 a Rn 8.
9 Vgl § 23 Abs. 1 Satz 3 BDSG (Entlassung aus den Gründen, die eine Entfernung eines Lebenszeitrichters aus dem Amt rechtfertigen); zum Problemfeld *Menzel*, in Löwer/Tettinger, Art. 77 a Rn 9; *Zöllner* (Fn 7), S. 40; kritisch zur Möglichkeit der Abwahl *Wippermann*, DÖV 1994, 929, 938.

tere Aufgabenfelder zugewiesen werden. Sie müssen aber, damit nicht die verfassungsrechtliche Kernkompetenz unterlaufen wird, einen Zusammenhang mit dem Datenschutz aufweisen und dürfen keinen Umfang annehmen, der den LfD hindert, wirksam im Bereich des Datenschutzes tätig zu sein. Unter Umständen muss daher eine Aufgabenübertragung mit einer Verstärkung des Personals der Behörde des LfD einhergehen.

5 **2. Verfassungsfeste Aufgaben im Bereich des Datenschutzes.** Im Bereich des Datenschutzes gegenüber der **öffentlichen Verwaltung**[10] nimmt der LfD folgende Aufgaben wahr, die nach Art. 37 Abs. 3 verfassungsfest sind: Wahrung des Rechts des Einzelnen auf informationelle Selbstbestimmung (Art. 37 Abs. 1), Kontrolle der Einhaltung datenschutzrechtlicher Vorschriften bei öffentlichen Stellen (Art. 37 Abs. 3; § 30 Abs. 1 Satz 1 DSG M-V)[11], Erarbeiten von Empfehlungen und Hinweisen zur Verbesserung des Datenschutzes, Beobachten der Entwicklung und Nutzung der Informations- und Kommunikationstechnik und Unterrichtung der Öffentlichkeit über datenschutzrelevante Sachverhalte. Er hat auch Bürgereingaben in datenschutzrechtlichen Angelegenheiten zu bearbeiten (Art. 37 Abs. 3). Der LfD ist damit auch zuständige Stelle gem. Art. 10 für **Petitionen** aus dem Bereich des Datenschutzes gegenüber öffentlichen Stellen.[12] Der Betroffene hat einen Anspruch auf Entgegennahme, sachliche Prüfung und Bescheidung seiner Eingabe, nicht jedoch auf bestimmte tatsächliche oder rechtliche Feststellungen, wie etwa Beanstandungen (vgl § 32 DSchG M-V).[13]

6 Die **Kontrollkompetenz** ist umfassend zu verstehen. Auch personenbezogene Daten, die einem besonderen Berufs- oder besonderen Amtsgeheimnis unterliegen, zB die berufliche Schweigepflicht nach § 203 Abs. 1 StGB oder das Steuergeheimnis nach § 30 AO (vgl § 24 Abs. 2 Satz 1 Nr. 2 iVm Abs. 6 BDSG), können ihm nicht vorenthalten werden. Bei Gerichten – wegen der richterlichen Unabhängigkeit (Art. 76 Abs. 2 Satz 2; Art. 97 GG) – und bei Staatsanwaltschaften beschränkt sich die Kontrollkompetenz nach Maßgabe des § 2 Abs. 4 Satz 2 DSG M-V.[14] Diese Begrenzung ist wegen Art. 97 GG verfassungsrechtlich geboten.[15] Die Gerichte müssen jedoch eigene Datenschutzbeauftragte bestimmen.[16] Der LRH unterliegt nicht der Kontrolle, soweit er nach Art. 68 Abs. 1 Satz 2 in richterlicher Unabhängigkeit tätig wird.[17] Zur Kontrollkompetenz gegenüber den Notaren hat der LT folgende Entschließung gefasst: „Hinsichtlich der Regelung in § 30 DSG M-V geht der LT davon aus, dass Notare als unabhängige Träger eines öffentlichen Amtes der Datenschutzkontrolle durch den Landesbeauftragten für den Datenschutz unterliegen";[18] damit können sie sich auch nicht auf die notarielle Verschwiegenheitspflicht gem. § 18 BNotO berufen.

---

10 § 2 Abs. 5 DSG M-V bezieht auch bestimmte öffentlich-rechtliche Unternehmen ein.
11 Datenschutzrechtliche Beanstandung haben keine Verwaltungsaktsqualität, vgl *OVG Bautzen*, NVwZ-RR 2011, 980.
12 *März*, JöR N.F. 54 (2006), 175, 256 f.
13 *OVG Münster*, NVwZ-RR 1994, 25; vgl auch *VGH München*, NJW 1989, 2643.
14 Vgl *Waldenspuhl*, in ders./Frohriep/Neises-Klinger, DSG M-V, § 2 Rn 4.6, 4.7.und 4.9; *Der Landesbeauftragte für den Datenschutz M-V*, Landesdatenschutzgesetz 2002 mit Erläuterungen, 2002, S. 19; *Ronellenfitsch*, Moderne Justiz, Datenschutz und richterliche Unabhängigkeit, in: DuD 2005, S. 354.
15 *Keders/Spielmann*, Der Schutz der Justiz vor den Datenschützern, in: DRiZ 2012, 347.
16 *Nordmann*, Neue Anforderungen an die gerichtlichen Datenschutzbeauftragten, in: SchlHA 2002, 199.
17 Vgl *Waldenspuhl* (Fn 14), § 2 Rn 4.8.
18 LT-Drs. 3/2765 S. 3 und LT-Prot. 3. WP S. 5006.

Soweit die Anwendung der Vorschriften über eine Datei, die in der Regel von 7
den Betroffenen nicht wahrgenommen wird, in der Konkretisierung der unbestimmten Rechtsbegriffe besteht, die somit sich nicht im Wechselspiel von Verwaltungsakt und gerichtlicher Kontrolle vollzieht, hat zur Kompensation dieser Besonderheit der Gesetzgeber zu gewährleisten, dass die Verwaltung die für die Anwendung der Datei im Einzelfall maßgeblichen Vorgaben und Kriterien in abstrakt-genereller Form festlegt und verlässlich dokumentiert. Diese Dokumentation und Offenlegung der von der Verwaltung festgelegten Kriterien versetzt insbesondere die Datenschutzbeauftragten in die Lage, zu kontrollieren, ob die Anwendung der Vorschriften rationalen Kriterien folgt und durch Sinn und Zweck des Gesetzes geleitet ist.[19] Außerdem muss durch organisatorische Regelungen klar bestimmt sein, welcher Datenschutzbeauftragte insbesondere des Bundes oder der Länder zuständig ist.[20]

3. Übertragene Aufgaben. a) Aufgabe als Aufsichtsbehörde nach § 38 BDSG. 8
Nach § 33 a Satz 1 DSG M-V ist der LfD Aufsichtsbehörde nach den Bestimmungen des Bundesdatenschutzgesetzes für die Datenverarbeitung **nicht-öffentlicher Stellen**. Die Konzentration beim LfD ist sachgerecht, wenn nicht durch Artt. 28 f EU-DSchRL sogar gefordert.[21] Der LfD kann hier in subjektive Rechte von Unternehmen und Bürgern durch Anordnungen, Betretungs- und Einsichtsbefugnisse eingreifen (Art. 28 Abs. 3 EU-DSchRL). In der Ausübung dieser Tätigkeit unterlag er nach Satz 2 a.F. der Rechtsaufsicht der LReg. Art. 28 Abs. 1 Unterabsatz 2 der Richtlinie 95/46 - EU-DSchRL – verlangt indes auch insoweit eine Unabhängigkeit (→ unten Rn 12).

b) Aufgaben im Bereich der Informationsfreiheit. Nach § 14 IFG M-V hat eine 9
Person, die der Ansicht ist, dass ihr Informationsersuchen zu Unrecht abgelehnt oder nicht beachtet worden ist, das Recht auf Anrufung des Landesbeauftragten für den Datenschutz. Das Amt des Beauftragten für **Informationsfreiheit** (BfI) dem Datenschutzbeauftragten zu übertragen, bietet sich schon deshalb an, weil es in vielen Fällen um den Widerstreit zwischen dem Recht auf Informationszugang und dem Recht auf Geheimhaltung von schutzwürdigen Daten geht, also eine Güterabwägung mit Datenschutzinteressen oder ähnlichen schützenswerten Geheimhaltungsinteressen erfolgen muss. Die Regelungen des Landesdatenschutzgesetzes über die Aufgaben und die Befugnisse des Landesbeauftragten für den Datenschutz finden entsprechend Anwendung. Damit ist dem BfD in seiner Eigenschaft als BfI einfachrechtlich die Unabhängigkeit gem. § 14 Satz 3 IFG M-V iVm § 29 Abs. 6 DSG M-V gewährt.

4. Verfassungsrechtliche Begrenzungen. Die Befugnis des LfD sind ihrerseits 10
verfassungsrechtlich begrenzt. So unterliegt er einer Verschwiegenheitspflicht (vgl § 6 DSchG M-V), die dem Steuergeheimnis ähnelt, auch weil nur so das Vertrauen des jeweils Betroffenen gestärkt wird und ihm der Grund genommen wird, die von ihm verlangten Informationen zu verweigern. Das in § 6 DSchG MV normiert Datengeheimnis gilt auch für den LfD und ist eine Geheimhaltungsvorschrift im Sinne des Presserechts.[22] Die Verpflichtung des LfD zur Un-

---

19 BVerfG, Urt. v. 24.4.2013 – 1 BvR 1215/07, BVerfGE 133, 277 Rn 184 – Antiterrordatei; BVerfG; Urt. v. 2.3.2010 – 1 BvR 256/08, 1 BvR 263/08, 1 BvR 586/08, BVerfGE 125, 260 Rn 225 – Vorratsdatenspeicherung.
20 BVerfG, Urt. v. 20.12.2007 – 2 BvR 2433/04, 2 BvR 2434/04, BVerfGE 119, 331 Rn 195.
21 Zur Debatte im Gesetzgebungsverfahren LT-Drs. 4/1372 S. 5 ff; siehe auch *Gola/Schomerus*, § 38 Rn 30.
22 OVG Münster, B. v. 25.3.2009 - 5 B 1184/08, NVwZ-RR 2009, 635.

terrichtung der Öffentlichkeit (§ 33 Abs. 4 DSchG M-V) besteht nur „in angemessener Form", d.h. allgemein über wesentliche Entwicklungen des Datenschutzes und über Einzelfälle nur in hinreichend anonymisierter Form. Er ist auch unter Berücksichtigung des verfassungsrechtlich geschützten Auftrags der Presse nicht zu konkreteren Auskünften über noch andauernde konkrete Ermittlungen und vorläufige Erkenntnisse verpflichtet ist, soweit die geschützten Belange eines Betroffenen berührt sind.[23]

11 **Medienöffentliche Äußerungen** des LfD müssen das Gebot der Sachlichkeit behördlicher Warnhinweise beachten und auf ggf. verbleibende Unsicherheiten über die Richtigkeit der Information hinweisen. Selbst bei zutreffendem Inhalt dürfen sie weder unsachlich noch herabsetzend formuliert sein. Eine sachlich vertretbare, aber umstrittene Position zur Rechtmäßigkeit einer Datenverarbeitung im Zuständigkeitsbereich eines anderen Datenschutzbeauftragten darf der Landesdatenschutzbeauftragte öffentlich kundtun, wenn er diese unter Vermeidung eines Absolutheitsanspruchs als eigene Auffassung kennzeichnet.[24]

12 **5. Unabhängigkeit.** Der **LfD selbst** ist in der Ausübung seiner Aufgaben verfassungsrechtlich übertragenen Aufgaben[25] unabhängig und nur dem Gesetz unterworfen.[26] Zweifelhaft ist, ob die Anbindung des LfD an den PräsLT dem Gebot der Unabhängigkeit nach Art. 28 Abs. 1 der Richtlinie 95/46 – EU-DSchRL – Rechnung trägt. Der EuGH hat befunden, dass sich aus Art. 28 Abs. 1 Unterabs. 2 EU-DSchRL ergibt, dass die für die Überwachung der Verarbeitung personenbezogener Daten durch nichtöffentliche Stellen und öffentlich-rechtliche Wettbewerbsunternehmen zuständigen Kontrollstellen nicht der staatlichen Aufsicht unterstellt werden dürfen, weil so das Erfordernis, dass diese Stellen ihre Aufgaben „in völliger Unabhängigkeit" wahrnehmen, nicht richtig umgesetzt wird. Art. 28 Abs. 1 Unterabs. 2 EU-DSchRL ist dahin auszulegen, dass die für die Überwachung der Verarbeitung personenbezogener Daten im nichtöffentlichen Bereich zuständigen Kontrollstellen mit einer Unabhängigkeit ausgestattet sein müssen, die es ihnen ermöglicht, ihre Aufgaben ohne äußere Einflussnahme wahrzunehmen. Diese Unabhängigkeit schließt nicht nur jegliche Einflussnahme seitens der kontrollierten Stellen aus, sondern auch jede Anordnung und jede sonstige äußere Einflussnahme, sei sie unmittelbar oder mittelbar, durch die in Frage gestellt werden könnte, dass die genannten Kontrollstellen ihre Aufgabe, den Schutz des Rechts auf Privatsphäre und den freien Verkehr personenbezogener Daten ins Gleichgewicht zu bringen, erfüllen.[27] Demgemäß wurde § 33 a Satz 2 DSG M-V durch Gesetz vom 20.5.2011[28] gestrichen. Die Anforderungen des EuGH gebieten, insoweit einen ministerialfreien Verwaltungsraum zu schaffen.[29] Dies ist verfassungsrechtlich unbedenklich, da es hierfür eine verfassungsrechtliche Rechtfertigung gibt. Sie folgt aus der besonderen Bedeutung, die der LfD für den Schutz des Grundrechts auf informationelle Selbstbestimmung hat.[30] IÜ unterliegt das Handeln des LfD der parlamentarischen und gerichtli-

---

23 Vgl OVG Münster, NVwZ-RR 2009, 635
24 OVG Schleswig, Beschl. v. 28.2.2014 – 4 MB 82/13, NordÖR 2014, 284.
25 Ausnahme: Kontrolle nichtstaatlicher Stellen (→ Rn 7).
26 Kommission, Verfassungsentwurf, S. 134; → **Art. 36** Rn 7; dazu auch *Zöllner* (Fn 7), S. 167 ff.
27 EuGH, Urt. v. 9.3.2010 – C-518/07, NJW 2010, 1265; EuGH, Urt. v. 16.10.2012 – C-614/10, DÖV 2013, 34.
28 GVOBl. M-V S. 277.
29 Dazu *Bull*, EuZW 2010, 488; *Frenzel*, DÖV 2010, 925; *Spiecker gen. Döhmann*, JZ 2010, 787.
30 Vgl *Dammann* in Simitis, BDSG, 8. Aufl. 2014 § 22 Rn 21; → oben Rn 1.

chen Kontrolle.[31] Beide müssen allerdings, ähnlich wie in der Handhabung der Unabhängigkeit der Richter,[32] ihrerseits die Unabhängigkeit des LfD beachten. Dabei sollte unterschieden werden, ob es um die Kontrolle des Datenschutzes als solche geht oder ob die Kontrolle sonstige Belange betrifft, die keine Auswirkungen auf die Kontrollaufgabe haben.[33] Die **Mitarbeiter der Behörde** des LfD genießen keine Unabhängigkeit. Jedoch ist bei Personalmaßnahmen zu berücksichtigen, dass der LfD in der Wahrnehmung seiner Aufgaben erheblich beeinflusst werden kann. Dem trägt § 29 Abs. 7 und 8 DSG M-V Rechnung.

IV. Initiative (Abs. 2 Satz 2 und Abs. 3)

Der LfD hat auf Antrag der Bürger, auf Anforderung des LT, des Petitionsausschusses, der LReg oder **von Amts wegen** tätig zu werden.[34]

In Abs. 3 wird allen **Bürgern** das Recht eingeräumt, sich an den Datenschutzbeauftragten mit der Behauptung zu wenden, bei der Bearbeitung ihrer personenbezogenen Daten durch die LReg oder andere Träger der öffentlichen Gewalt im Lande in ihrem Recht auf Schutz ihrer persönlichen Daten verletzt worden zu sein.[35] Als Ausprägung dieses verfassungsrechtlich verbürgten Anspruchs sieht es offenbar das LVerfG M-V an, dass die Einschaltung unabhängiger Stellen bei der Überprüfung geheim gehaltener Maßnahmen nach dem SOG M-V ein wesentliches Element des Grundrechtsschutzes ist, den die Betroffenen selbst (noch) nicht wahrnehmen können. Sei die Unterrichtung aus polizeilicher Sicht ausnahmsweise auf längere oder gar unabsehbare Zeit nach dem Abschluss der Maßnahme hinauszuschieben, müsse der LfD bald die Gelegenheit erhalten, von unabhängiger Warte seine Meinung zu bilden und, soweit sie von derjenigen der Polizei abweicht, mit seinen Mitteln auf die Unterrichtung des Betroffenen hinzuwirken.[36]

Die öffentlichen Stellen sind verpflichtet, dem LfD im Rahmen seiner Kontrollbefugnis insb. durch die Erteilung von **Auskunft** zu seinen Fragen zu unterstützen, soweit diese im Zusammenhang mit der Verarbeitung personenbezogener Daten stehen.[37] Es wäre verfassungsrechtlich zulässig, die Kontrollbefugnis des LfD in Fällen auszuschließen, in denen die Sicherheit des Staates gefährdet würde, denn die Sicherheit des Staates und das mit ihr einhergehende Informationsbedürfnis der Sicherheitsbehörden stehen mit anderen Verfassungswerten in gleichem Rang und können unverzichtbar sein.[38] Eine solche Regelung enthalten allerdings §§ 30 f DSG M-V nicht. Die öffentliche Verwaltung kann sich iÜ nicht gegenüber dem LfD ihrerseits auf Datenschutz berufen; denn es geht gerade um die Einhaltung der datenschutzrechtlichen Vorschriften.[39]

Für **Rechtsstreitigkeiten** des LfD, auch gegen die LReg oder Landesminister ist der Rechtsweg zu den Verwaltungsgerichten gegeben. Bei den dem LfD zugewiesenen Auskunfts- und Einsichtsrechten handelt es sich um Rechte iSd § 42

---

31 *Albrecht*, jurisPR-ITR 15/2010 Anm. 4 unter Hinweis auf *Roßnagel*, EuZW 2010, 296, 300.
32 Dazu zuletzt *Thiele*, Der Staat 52, 415; *Wittreck*, NJW 2012, 3287.
33 Vgl *von Lewinski* in: Auernhammer, BDSG, 4. Aufl. 2014, § 22 Rn 34.
34 Kommission, Verfassungsentwurf, S. 134.
35 Kommission, Verfassungsentwurf, S. 134.
36 LVerfG M-V, LKV 2000, 345; vgl auch BayVerfGH, NVwZ-RR 1993, 3 und BVerwGE 84, 375 = NJW 1990, 2761 zur Frage, inwieweit Rechtsschutz nach Art. 19 Abs. 4 GG gewährleistet sein muss.
37 VG Dresden, DuD 2001, 358.
38 BayVerfGH, NVwZ-RR 1998, 273; vgl § 24 Abs. 2 Satz 2 bis 4 BDSG.
39 Vgl § 24 Abs. 2 Satz 1 BDSG.

Abs. 2 VwGO; dies gilt auch dann, wenn er den Anspruch gegen eine Behörde des Landes geltend macht.[40] In Rechtsstreitigkeiten vertritt der LfD das Land unmittelbar.[41] Die Beanstandung des LfD gegenüber einer öffentlichen Stelle ist kein Verwaltungsakt, eine dagegen gerichtete Anfechtungsklage ist daher unzulässig (§ 42 Abs. 1 VwGO). Einer Gemeinde fehlt die Klagebefugnis gegenüber eine Beanstandung, wenn die Beanstandung keine Selbstverwaltungsangelegenheit betrifft.[42]

V. Gesetzesvorbehalt (Abs. 4)

17 Die erforderlichen Bestimmungen enthalten §§ 29 bis 33 a DSG M-V. IÜ ist § 14 IFG M-V zu beachten.

VI. Schrifttum

18 *Auernhammer*, BDSG, 4. Aufl. 2014; *Andrea Wadenspuhl/Paula Frohriep/ Margarete Neises-Klinger*, Landesdatenschutzgesetz (DSG M-V), Komm., Stand Mai 2012; *Peter Gola/Rudolf Schomerus*, Bundesdatenschutzgesetz, Komm., 11. Aufl. 2010, §§ 22 ff; *Der Landesbeauftragte für den Datenschutz Mecklenburg-Vorpommern*, Landesdatenschutzgesetz 2002 mit Erläuterungen (https:// www.datenschutz-mv.de/datenschutz/rechtsgrundlagen/dsgmv_erl.pdf (download 20.10.2014)); *Dieter Leuze/Stephanie Post*, Was darf ein Datenschutzbeauftragter? in: DÖD 2011, 274; *Michael Ronellenfitsch*, Moderne Justiz, Datenschutz und richterliche Unabhängigkeit, in: DuD 2005, S. 354; *Spiros Simitis* (Hrsg.), Bundesdatenschutzgesetz, 8. Aufl. 2014 § 22 ff; *Dieter Zöllner*, Der Datenschutzbeauftragte im Verfassungssystem, 1995.

Art. 38 (Anwesenheitspflicht und Zutrittsrecht der Landesregierung)

(1) Der Landtag und seine Ausschüsse haben das Recht und auf Antrag eines Drittels der jeweils vorgesehenen Mitglieder die Pflicht, die Anwesenheit jedes Mitglieds der Landesregierung zu verlangen.

(2) Die Mitglieder der Landesregierung und ihre Beauftragten haben zu den Sitzungen des Landtages und seiner Ausschüsse Zutritt. Zu nichtöffentlichen Sitzungen der Untersuchungsausschüsse, die nicht der Beweiserhebung dienen, und des Ausschusses zur Vorbereitung der Wahl der Verfassungsrichter besteht für Mitglieder der Landesregierung und ihre Beauftragten kein Zutritt, es sei denn, sie werden geladen.

(3) Den Mitgliedern der Landesregierung ist im Landtag und seinen Ausschüssen, ihren Beauftragten in den Ausschüssen auf Wunsch das Wort zu erteilen.

Artt. 43 GG; 34 BWVerf; 24 BayVerf; 49 VvB; 66 BbgVerf; 98 BremVerf; 23 HambVerf; 91 HessVerf; 23 NdsVerf; 45 Verf NW; 89 Verf Rh-Pf; 76 SaarVerf; 49 SächsVerf; 52 LVerf LSA; 21 SchlHVerf; 66 ThürVerf.

I. Zitierrecht	1	III. Rederecht		4
II. Zutrittsrecht	3	IV. Schrifttum		5

---

40 Vgl OVG Bautzen, NJW 1999, 2832 = DÖV 1999, 787.
41 OVG Münster, B. v. 25.3.2009 – 5 B 1184/08, NVwZ-RR 2009, 635.
42 Vgl OVG Schleswig, SchlHA 1992, 64 und nachgehend BVerwG, NVwZ-RR 1992, 371.

I. Zitierrecht

Ausgehend von entsprechenden Regelungen aus der Zeit des Konstitutionalismus[1] gehören das **Zitierrecht des Parlamentes** und das **Rederecht der Regierung** zum gemeinsamen verfassungsrechtlichen Besitzstand von Bund und Ländern und zählen heute zu den Fremdinformations- und Kontrollrechten des Parlamentes gegenüber der Regierung. Die juristische Bedeutung der Vorschrift ist aufgrund der zur damaligen Lage geänderten Situation gering, ihr Regelungsgehalt zuweilen eher Gegenstand politischer Phraseologie als ernsthafter verfassungsrechtlicher Auseinandersetzung. So finden sich in der Parlamentspraxis zwar durchaus ab und an Anträge, die auf die Anwesenheit von Mitgliedern der LReg sowohl im Plenum als auch den Ausschüssen gerichtet sind.[2] Ihnen wird in der Praxis entweder sofort entsprochen, wenn das angesprochene Mitglied der LReg sich im Hause befindet[3], oder dem Recht kann ohnehin nicht entsprochen werden, weil der Zitierte nicht ortsanwesend ist. Da aber üblicher Weise dem Parlament in solchen Fällen zuvor eine Begründung bzw Entschuldigung zugeht,[4] die auch die Antragsteller kennen, bleibt es in der Praxis typischer Weise bei einem politischen Schlagabtausch, in welchem Topoi wie „Achtung und Ansehen des Parlaments" und ähnliches gepflegt werden. 1

Aus rechtlicher Sicht wäre allenfalls zu überdenken, ob im letztgenannten Fall die Berufung auf das Zitierrecht als Minderheitenrecht rechtsmissbräuchlich ist.[5] Allerdings dürfte seitens der Zitierten oftmals aus Gründen der politischen Klugheit eine Berufung auf die **Rechtsmissbräuchlichkeit** vermieden werden, um den Antragstellern keine Debatte über den Gehalt der Erklärung der Abwesenheit zu ermöglichen.[6] IVm den skizzierten politischen Wirkungen sind zuweilen auch Rechtsverstöße des Parlaments gegen Abs. 3 zu verzeichnen, wenn ein Mitglied der LReg bspw vor einen Ausschuss[7] zitiert werden soll, in welchem auskunftsfähige und -willige Beauftragte der LReg anwesend sind, auf deren Beiträge dann indes „verzichtet" wird. 2

II. Zutrittsrecht

Abs. 2 Satz 1 räumt den Mitgliedern der Landesregierung und ihren Beauftragten zu den Sitzungen des Landtages und seiner Ausschüsse ein **Zutrittsrecht** ein. Damit wird der Landesregierung ermöglicht, umfassend über den Diskussionsstand im parlamentarischen Raum informiert zu sein. Neben den Mitgliedern der Landesregierung besitzen auch deren Beauftragte Zutrittsrecht, was vor dem Hintergrund sinnvoll ist, dass auch die fachlich zuständigen Mitarbeiter der Landesregierung unmittelbar für sie wichtige Informationen erhalten bzw im 3

---

1 Etwa § 169 Verfassung Württemberg von 1819, näher *Morlok*, in: Dreier, Bd. II, Art. 43 Rn 3.
2 Zur Statistik *Schindler*, ZParl 26 (1995), 551, 564.
3 Vgl den Praxisfall bei www.spiegel.de/politik/deutschland/bundestag-linke-und-gruene-zwingen-gabriel-ins-parlament-a-1020869.html
4 Näher hierzu *Morlok*, in Dreier, Bd. II, Art. 43 Rn 14; *Magiera*, in: Sachs, GG, Art. 43 Rn 5 stellt auf verfassungsrechtlich höher zu bewertende Pflichten ab.
5 Ausdrücklich *Magiera*, in: Schneider/Zeh, Parlamentsrecht und Parlamentspraxis, § 52 Rn 9.
6 Insb. in Fällen, in denen Termine wahrgenommen werden, die eine Mischung zwischen Aspekten der Staatsleitung und Parteipolitik bzw Klientelpflege aufweisen.
7 Der Begriff Ausschuss muss eng verstanden werden, er betrifft Enquetekommissionen nicht, vgl zum Streitstand *Hübner*, in: von Mutius/Wuttke/Hübner, Kommentar zur Landesverfassung Schleswig-Holstein, Art. 21 Rn 2.

Zusammenspiel mit Abs. 3 diese auch vermitteln können.[8] Wer insoweit beauftragt ist, bestimmt die Landesregierung, typischer Weise durch allgemeine Organisationserlasse; Sonderbeauftragungen sind nicht ausgeschlossen.[9] Als beauftragt im Sinne der Vorschrift sind auch die Mitarbeiter bzw. Leitungen nachgeordneter Einrichtungen anzusehen; Fragen der Qualifikation oder des dienstlichen Status spielen keine Rolle,[10] vielmehr vertreten auch die Beauftragten insoweit die Landesregierung und haben Anspruch auf eine Behandlung entsprechend den parlamentarischen Gepflogenheiten eines respektvollen Umgangs zwischen Verfassungsorganen.

Anders als die Regelungssystematik anderer Landesverfassungen stellt Satz 2 klar, in welchen Fällen ein Zutrittsrecht nicht besteht. Hier liegt es im Ermessen des Parlaments, Angehörige bzw. Beauftragte der Landesregierung zu laden. Im Einzelfall kann sich das an sich politische Ermessen rechtlich verdichten – etwa aus Gründen der **Verfassungorgantreue** – und dazu führen, dass eine **Ladungspflicht** besteht.[11]

III. Rederecht

4 Abs. 3 enthält für die Mitglieder der LReg sowie, beschränkt auf die Ausschüsse für deren Beauftragte, ein **Rederecht**,[12] welches als eigenständiger verfassungsrechtlicher Anspruch zu sehen ist. Offen lässt die Vorschrift, ob auch Vertreter erfasst sind. Während dies für eine Vertretung durch andere Mitglieder der Landesregierung unproblematisch ist, stellt sich die Frage, ob eine **Vertretung durch Staatssekretäre** möglich ist. Mit Blick auf die Ressortverantwortung nach Art. 46 Abs. 2 ist dies, bis zum Statusamt eines ständigen Vertreters des Staatssekretärs, zu bejahen.

Die Redezeit der Anspruchsberechtigten kann nicht beschränkt werden.[13] Ob und in welchem Umfang die Redezeit der Mitglieder der LReg auf die der Mehrheitsfraktionen anzurechnen ist, ist Sache der Geschäftsordnungsautonomie.[14] Durch Einbeziehen der Beauftragten ermöglicht Abs. 3 zudem eine intensive Unterstützung des Parlaments im Rahmen der Sacharbeit, etwa bei der Formulierungshilfe.[15]

---

8 In der Praxis erfolgt im Regelfall eine Vertretung der Landesregierung sowohl durch die fachlich zuständige Arbeitsebene als auch die politische Leitung unter Einschluss des Stabes.
9 *Linck*, in: Linck/Baldus/Poppenhäger/Ruffert, Art. 66 Rn 28 verlangt zutreffend eine Amtsträgereigenschaft. Die Begleitung von Beauftragten bzw. die Terminwahrnehmung durch andere Personen (etwa private Berater) muss mit dem Parlament abgestimmt werden.
10 *Linck*, in: Linck/Baldus/Poppenhäger/Ruffert, Art. 66 Rn 28.
11 Vgl zur Ermessensausübung in Thüringen *Linck*, in: Linck/Baldus/Poppenhäger/Ruffert, Art. 66 Rn 38.
12 Das Rederecht umfasst auch Zwischenrufe von der Regierungsbank; die Parlamentsdebatte verbindet insoweit Parlament und Regierung und es wäre praxisfern, zwischen Mitgliedern der Landesregierung, die zugleich Abgeordnete sind und solchen, die es nicht sind, unterscheiden zu müssen, vgl *Linck*, in: Linck/Baldus/Poppenhäger/Ruffert, Art. 66 Rn 33, m.w.N. zur gegenläufigen Ansicht.
13 BVerfGE 10, 4, 17 ff; vgl ferner BVerfGE 96, 264, 286.
14 Weitergehend hält *Morlok*, in: Dreier, Bd. II, Art. 43 Rn 25 Regelungen, welche die Redezeiten verrechnen, für verfassungsrechtlich geboten; *Linck*, in: Linck/Baldus/Poppenhäger/Ruffert, Art. 66 Rn 35.
15 Interessant ist das Agreement, die Beauftragten in solchen Fällen nicht als weisungsgebunden anzusehen, dazu *Bischoff/Bischoff*, in: Schneider/Zeh, Parlamentsrecht und Parlamentspraxis, § 54 Rn 50 f.

IV. Schrifttum

Siegfried Magiera, Rechte des Bundestages und seiner Mitglieder gegenüber der Regierung, in: Hans-Peter Schneider/Wolfgang Zeh, Parlamentsrecht und Parlamentspraxis, 1989, S. 1421 ff; *Meinhard Schröder*, Rechte der Regierung im Bundestag, in: Hans-Peter Schneider/Wolfgang Zeh, Parlamentsrecht und Parlamentspraxis, 1989, S. 1447 ff.

Art. 39 (Informationspflichten der Landesregierung)

(1) Die Landesregierung ist verpflichtet, den Landtag über die Vorbereitung von Gesetzen sowie über Grundsatzfragen der Landesplanung, der Standortplanung und Durchführung von Großvorhaben frühzeitig und vollständig zu unterrichten. Das gleiche gilt für die Vorbereitung von Verordnungen und Verwaltungsvorschriften, die Mitwirkung im Bundesrat sowie die Zusammenarbeit mit dem Bund, den Ländern, anderen Staaten, den Europäischen Gemeinschaften und deren Organen, soweit es um Gegenstände von grundsätzlicher Bedeutung geht.

(2) Die Informationspflicht nach Absatz 1 findet ihre Grenzen in der Funktionsfähigkeit und Eigenverantwortung der Landesregierung.

(3) Das Nähere regelt das Gesetz.

Artt. 79 BremVerf; 89 b Verf Rh-Pf; 50 SächsVerf; 62 LVerf LSA; 22 SchlHVerf.

Die Vorschrift nimmt Bezug auf das sich aus dem **Gewaltenteilungsprinzip** ergebende Spannungsverhältnis zwischen Regierung und Parlament in Bezug auf den Umfang der **Information des Parlaments** durch die LReg, um diesem eine **effektive Kontrolle** zu ermöglichen.[1] Daraus folgt, dass der Umfang der Informationspflicht sich auf die Gegenstände beschränkt, für welche die LReg dem LT verantwortlich ist.[2] Wiewohl die Bestimmung konkreter gefasst ist als vergleichbare Vorschriften,[3] bereitet sie gerade deshalb erhebliche Schwierigkeiten,[4] divergierende Normgehalte iS praktischer Konkordanz aufzulösen. Denn wiewohl im Zentrum des Abs. 1 die Verpflichtung steht, den LT frühzeitig zu unterrichten, so muss man mit Blick auf Abs. 2 und den dort in wesentlichen Teilen umschriebenen **Kernbereichsschutz**[5] feststellen, dass grds. der LT nur über zumindest in der Willensbildung der LReg abgeschlossene Vorgänge unterrichtet werden muss.[6] Praktisch muss eine Ausbalancierung der Normgehalte in den Blick neh-

---

[1] Dazu Kommission, Verfassungsentwurf, S. 129.
[2] *Trute*, Parlamentarische Kontrolle in einem veränderten Umfeld, in: Die Verfassungsgerichte der Länder Brandenburg, Mecklenburg-Vorpommern, Sachsen, Sachsen Anhalt und Thüringen (Hrsg.), 20 Jahre Verfassungsgerichtsbarkeit in den neuen Ländern, 167, 177 f.
[3] Die damit verbundenen Hoffnungen auf Stärkung des Parlaments – vgl Kommission, Verfassungsentwurf, S. 129 sowie *Wedemeyer*, in: Thiele/Pirsch/Wedemeyer, Art. 39 Rn 2 – dürften sich indes in der Praxis nicht erfüllt haben.
[4] Auf den Punkt gebracht von *Bretschneider*, in: 10 Jahre Verfassung des Landes Mecklenburg-Vorpommern, 2004, S. 15, 20 f: „Aber wo beginnt und wo endet die Eigenverantwortung der Landesregierung?".
[5] Ablehnend *Teuber*, NWVBl. 2008, 249, 252; *Trute*, Parlamentarische Kontrolle in einem veränderten Umfeld, in: Die Verfassungsgerichte der Länder Brandenburg, Mecklenburg-Vorpommern, Sachsen, Sachsen Anhalt und Thüringen (Hrsg), 20 Jahre Verfassungsgerichtsbarkeit in den neuen Ländern, 167, 195 f, Versteht den Kernbereichsschutz als Ausnahme von einer Regel und gelangt zu entsprechend enger Auslegung.
[6] So zu Abs. 2 auch *Wedemeyer*, in: Thiele/Pirsch/Wedemeyer, Art. 39 Rn 10, der aaO in Rn 8 eine Ausfüllung der Vorschrift im politischen Raum befürwortet.

men, dass die Exekutive typischer Weise über einen gewisser Weise eine **Informationsaymmetrie** begründenden Informationsvorsprung gegenüber dem Parlament verfügt.[7]

2 Vor solchem Hintergrund kann man sich dem Bedeutungsgehalt der Vorschrift nur von den im Rahmen des Gewaltenteilungsprinzips das Verhältnis zwischen LT und LReg bestimmenden Funktionen bzw. Kompetenzen her nähern. So ist zu beachten, dass das Parlament in **wesentlichen Fragen** – bzw nach dem Wortlaut der Vorschrift Fragen von grds. Bedeutung – stets zu beteiligen ist, auch wenn sie administrativ vorbereitet und gesteuert werden, wie dies insb. für Planungsentscheidungen der Fall ist.[8] Auch kann die umfassende politische Zuständigkeit des LT auch eine Verpflichtung der LReg begründen, mit den ihr zur Verfügung stehenden Mitteln die erforderlichen Informationen erst zu beschaffen.[9]

3 Als rechtsdogmatischer Schlüssel zur Lösung des in Art. 39 angelegten Konkordanzfragen erweist sich damit die Reichweite des **Parlamentsvorbehalts**, der, soweit dem Parlament hierdurch Einfluss- und Steuerungsmöglichkeiten zukommen, auch zum Inhalt haben muss, dass das Parlament zu beteiligen ist, sobald die LReg die parlamentarische Relevanz erkennt.[10] Jenseits eines durchaus im Rahmen des Informationsanspruchs weit zu verstehenden Parlamentsvorbehalts muss wiederum das Parlament die exekutiven Kernaufgaben respektieren,[11] was eine Rolle als (aller)oberste Verwaltungsbehörde ausschließt. Soweit danach die LReg eine Information des Parlaments verweigert, ist die Entscheidung näher zu begründen.[12]

4 Ausgehend von einer solchen systematischen Einordnung lässt sich der konkrete Gehalt der Vorschrift zudem unter Rückgriff auf den historischen Kontext für die Praxis näher erschließen.[13] Hintergrund der Regelung bildet die im Jahre 1990 erfolgte Aufnahme einer bis auf Abs. 2 textidentischen Vorschrift in Schleswig-Holstein,[14] die ihrerseits auf Empfehlungen einer dort eingesetzten Enquete-Kommission Verfassungs- und Parlamentsreform zurückgeht und die durch ein **Parlamentsinformationsgesetz**[15] vom Gesetzgeber näher ausgestaltet wurde.

---

7 *Trute*, Parlamentarische Kontrolle in einem veränderten Umfeld, in: Die Verfassungsgerichte der Länder Brandenburg, Mecklenburg-Vorpommern, Sachsen, Sachsen Anhalt und Thüringen (Hrsg), 20 Jahre Verfassungsgerichtsbarkeit in den neuen Ländern, 167, 173.
8 Beispielhaft *Erbguth*, VerwArch 1995, 327 ff. zur nordrhein-westfälischen Braunkohleplanung.
9 So *Teuber*, NWVBl. 2008, 249, 252.
10 Bei Beantwortung der Frage muss der LReg ein Beurteilungsspielraum zugebilligt werden, siehe *Wedemeyer*, in: Thiele/Pirsch/Wedemeyer, Art. 39 Rn 7.
11 Dazu *Teuber*, Parlamentarische Informationsrechte, 218ff. *Trute*, Parlamentarische Kontrolle in einem veränderten Umfeld, in: Die Verfassungsgerichte der Länder Brandenburg, Mecklenburg-Vorpommern, Sachsen, Sachsen Anhalt und Thüringen (Hrsg), 20 Jahre Verfassungsgerichtsbarkeit in den neuen Ländern, 167, 195 f.
12 *Teuber*, Parlamentarische Informationsrechte, 223.
13 Ausführlich zu Inhalten und Grenzen *Teuber*, Parlamentarische Informationsrechte, 185ff
14 Zu den Einzelheiten siehe die ausführliche Kommentierung bei *Hübner*, in: von Mutius/Wuttke/Hübner, Kommentar zur Landesverfassung Schleswig-Holstein, Art. 22 Rn 8 ff; ferner *Caspar*, in: Caspar/Ewer/Nolte/Waack, § 22 Rn 4 ff, die dortigen Ausführungen können für M-V entsprechend heran gezogen werden.
15 Parlamentsinformationsgesetz Schleswig-Holstein vom 17. Oktober 2006, GVOBl. SH, S. 217.

Auch Abs. 3 verweist auf eine nähere Ausgestaltung durch ein Gesetz, was 5
durchaus als – freilich nicht justiziabler – **Regelungsauftrag** verstanden werden
kann. Indes hatten Bemühungen, ein Parlamentsinformationsgesetz zu verabschieden, bislang keinen Erfolg. Ein Gesetzesantrag der in der vierten Wahlperiode oppositionellen Fraktion der CDU[16] fand im federführenden Ausschuss[17]
sowie im Plenum keine Mehrheit. In der fünften Wahlperiode befand sich ein
Entwurf der Fraktion „Die Linke." in der parlamentarischen Beratung, der abgelehnt wurde.[18] Obwohl der Verfassungstext durchaus als vollziehbar angesehen werden kann[19], auch unter hilfsweiser Berücksichtigung etwa der Auslegungsgrundsätze in § 10 PIG S-H, ist eine einfachgesetzliche Konkretisierung
der Verfassungsbestimmung durchaus geboten, auch um Konfliktpotenzial zu
minimieren. Zudem würde die Verabschiedung eines Parlamentsinformationsgesetzes dem Zusammenhang zwischen Information des Parlaments und Ausübung des Parlamentsvorbehalts in wesentlichen Fragen eher gerecht.

Im Rahmen der **praktischen Umsetzung** kann, sofern nicht Rechte etwa der Op- 6
position verletzt werden[20], der Landtag als anspruchsberechtigtes Organ kraft
eigener Organkompetenz entscheiden, in welchem Rahmen die Information erfolgen soll; eine Erfüllung des Informationsanspruchs stets im Plenum bzw. gegenüber allen Fraktionen gebietet die Vorschrift nicht. Jenseits des verpflichtenden Regelungsgehalts der Vorschrift fällt es in die Kompetenz der Landesregierung, den LT bzw. einzelne Fraktionen in ihre Willensbildung einzubinden bzw.
an Informationen teilhaben zu lassen.[21]

Neben einer bzw. bis zu einer Ausgestaltung durch Gesetz kommt eine Konkre- 7
tisierung der Vorschrift auch durch **Vereinbarungen zwischen Parlament und
Landesregierung**, gegebenenfalls auch über eine von gemeinsamer Rechtsüberzeugung getragene dauerhafte Übung in Betracht.

Vor solchem Hintergrund hat sich mittlerweile in zahlreichen Punkten eine im
Rahmen der Vorschrift liegende Praxis herausgebildet. Pars pro toto sei hier die
durch Art. 39 gebotene Beteiligung des LT durch die LReg im Rahmen des **Frühwarnsystems der Subsidiaritätsrüge** erwähnt, welches die Beteiligung des Parlaments trotz engen Zeitfensters sichert[22].

Schrifttum

Hans-Heinrich Trute, Parlamentarische Kontrolle in einem veränderten Umfeld 8
– am Beispiel der Informationsrechte der Abgeordneten, in: Die Verfassungsge-

---

16 Gesetzentwurf der Fraktion der CDU, LT-Drs. 4/1621.
17 Siehe die Beschlussempfehlung und den Bericht des Rechts- und Europaausschusses, LT-Drs. 4/1621, dort auch zum Ergebnis der Anhörung.
18 Gesetzentwurf der Fraktion der Linkspartei/PDS, LT-Drs. 5/474.
19 Vgl insoweit die Diskussion in Sachsen zur Erforderlichkeit eines Parlamentsinformationsgesetzes, dazu *Schröder*, SächsVBl. 2004, 151, 155.
20 Auf die Bedeutung gerade von Informationsansprüchen der Opposition gegenüber der üblichen Privilegierung der Regierungsfraktionen zu Recht hinweisend *Trute* Parlamentarische Kontrolle in einem veränderten Umfeld, in: Die Verfassungsgerichte der Länder Brandenburg, Mecklenburg-Vorpommern, Sachsen, Sachsen Anhalt und Thüringen (Hrsg), 20 Jahre Verfassungsgerichtsbarkeit in den neuen Ländern, 167, 175.
21 Dies entspricht gängiger Praxis; instruktiv dazu Verfassungsgerichtshof des Freistaates Sachsen, Beschluss vom 28. Februar 2008 – Vf. 110-I-07 –, juris, Rn 15 f; *Budde/Tolkmitt/Umbach*, SächsVBl. 2008, 257 – kein Verfassungsverstoß bei selektiver Information / Nichtberücksichtigung der Fraktion der NPD.
22 Allgemein zu der diesbezüglichen Problematik der Beteiligung der Landesparlamente *Devins*, in: Berliner Online-Beiträge zum Europarecht, Nr. 92 (2013), S. 24; *Uerpmann-Wittzack*, EuGRZ 2009, 461, 467.

richte der Länder Brandenburg, Mecklenburg-Vorpommern, Sachsen, Sachsen Anhalt und Thüringen (Hrsg), 20 Jahre Verfassungsgerichtsbarkeit in den neuen Ländern, 167; *Christian Teuber*, Parlamentarische Informationsrechte, 2007; *ders.*, Informationsrechte der Landesregierung und des Gemeinderats, NWVBl. 2008, 249; *Rainer Schröder*, Die verfassungsrechtlichen Informationspflichten der Staatsregierung gegenüber dem Landtag und der Entwurf eines Parlamentsinformationsgesetzes, SächsVBl. 2004, 151.

Art. 40 (Frage- und Auskunftsrecht der Abgeordneten, Aktenvorlage durch die Landesregierung)

(1) Fragen einzelner Abgeordneter oder parlamentarische Anfragen haben die Landesregierung oder ihre Mitglieder dem Landtag und seinen Ausschüssen nach bestem Wissen unverzüglich und vollständig zu beantworten. Die gleiche Verpflichtung trifft die Beauftragten der Landesregierung in den Ausschüssen des Landtages.

(2) Die Landesregierung hat jedem Abgeordneten Auskünfte zu erteilen. Sie hat den vom Landtag eingesetzten Ausschüssen in deren jeweiligen Geschäftsbereichen auf Verlangen der Mehrheit ihrer Mitglieder Akten vorzulegen. Die Auskunftserteilung und die Aktenvorlage müssen unverzüglich und vollständig erfolgen.

(3) Die Landesregierung kann die Beantwortung von Fragen, die Erteilung von Auskünften und die Vorlage von Akten ablehnen, wenn dem Bekanntwerden des Inhalts gesetzliche Vorschriften oder Staatsgeheimnisse oder schutzwürdige Interessen einzelner, insbesondere des Datenschutzes, entgegenstehen oder wenn die Funktionsfähigkeit und die Eigenverantwortung der Landesregierung beeinträchtigt werden. Die Entscheidung ist den Fragestellenden oder den Antragstellenden mitzuteilen.

(4) Das Nähere regelt das Gesetz.

Artt. 56 Abs. 2 Satz 2, Abs. 3 und 4 BbgVerf; 100 BremVerf; 25 HambVerf; 24 NdsVerf; 89 a Verf Rh-Pf; 51 SächsVerf; 53 LVerf LSA; 23 SchlHVerf; 67 Abs. 1-3 ThürVerf.

I. Vorbemerkung 1	IV. Antwortpflicht der Landesregierung 23
II. Fragerecht nach Abs. 1 Satz 1 2	1. Pflicht zur „vollständigen" Beantwortung 24
1. Parlamentarische Anfragen 4	2. Pflicht zur „unverzüglichen" Beantwortung 27
a) Fragestunde 5	3. Grenzen der Pflicht zur Beantwortung 28
b) Kleine Anfragen 6	a) Zuständigkeit, Verantwortungsbereich der Landesregierung 29
c) Große Anfragen 7	
2. Bedeutung parlamentarischer Anfragen in der Praxis 8	
3. Prüfung durch den Präsidenten 9	b) Materielle Ablehnungsgründe (Art. 40 Abs. 3 Satz 1) 37
a) Missbrauchsverbot 10	
b) Verbot von Wertungen und Unterstellungen 11	aa) Staatsgeheimnisse oder gesetzliche Vorschriften (1. Alt.) 38
c) Sachlichkeitsgebot 12	
d) Überschriften parlamentarischer Anfragen 14	
e) Zuständigkeitsbereich der Landesregierung 15	bb) Schutzwürdige Interessen Einzelner, Datenschutz (2. Alt.) 42
f) Schutz der Rechte Dritter .. 16	
III. Aktenvorlage durch die Landesregierung 17	

cc)	Funktionsfähigkeit und Eigenverantwortung der Landesregierung (3. Alt.)	44	VI. Mitteilungspflicht der Landesregierung (Abs. 3 Satz 2) .... 56 VII. Auftrag an den Gesetzgeber (Abs. 4) 57
V. Grundsatz und Schranken öffentlicher Beantwortung		50	

I. Vorbemerkung

Das **Frage- und Auskunftsrecht** sowie das **Recht auf Aktenvorlage** gewährleistet, 1 dass die einzelnen Abg., die Ausschüsse sowie das Parlament die für ihre Aufgabenerfüllung erforderlichen Informationen zügig erhalten. Das Parlament muss die Mittel haben, die Gesetzmäßigkeit und Lauterkeit von Regierungs- oder Verwaltungsmaßnahmen zu kontrollieren.[1] Zu dieser Kontrolle bedarf es weitgehender Informationsrechte, damit der Informationsvorsprung der Exekutive gegenüber dem Parlament, und hier besonders gegenüber der parlamentarischen Opposition (→ *Tebben*, **Art. 20** Rn 18), kompensiert werden kann. Die Kontrollfunktion des Parlaments als grundlegendes Prinzip des parlamentarischen Regierungssystems und der Gewaltenteilung ist angesichts des regelmäßig bestehenden Interessengegensatzes zwischen regierungstragender Mehrheit und oppositioneller Minderheit wesentlich von den Wirkungsmöglichkeiten der Minderheit abhängig.[2] Daher sind die Informationsrechte in ihrer verfassungsrechtlichen und geschäftsordnungsrechtlichen Ausprägung als Minderheitenrechte mit einem verfassungsrechtlich hohen Rang ausgestaltet.[3] Mit dem Fragerecht kann die LReg gleichsam als Mittel der Fremdinformation in die Pflicht genommen werden. Die LReg als Spitze der Landesverwaltung verfügt über Mittel für eine umfassende Sammlung, Sichtung und Aufbereitung der für die Bewältigung der Staatsaufgaben erforderlichen Informationen.[4] Ohne Beteiligung am Wissen der Reg kann das Parlament sein Kontrollrecht gegenüber der Reg nicht ausüben.[5] Das Frage- und Auskunftsrecht der Abg. nach Art. 40 Abs. 1 Satz 1 sowie Abs. 2 Satz 1 LV ist dabei als Recht jedes Mitglieds des LT gefasst und ergänzt insoweit die Rechte der Abg. nach Art. 22 Abs. 2 LV. In der Praxis dient das Fragerecht nicht nur der parlamentarischen Kontrolle, sondern wird auch zur Erlangung von Informationen über Belange des Wahlkreises oder zur Vorbereitung eigener parlamentarischer Initiativen eingesetzt.

II. Fragerecht nach Abs. 1 Satz 1

Art. 40 Abs. 1 Satz 1 räumt das Recht ein, der LReg Fragen zu stellen sowie par- 2 lamentarische Anfragen an sie zu richten. Die LReg wird verpflichtet, die Fragen und Anfragen umfassend und zeitnah zu beantworten.[6] Die Differenzierung zwischen „**Fragen einzelner Abg.**" und „**parlamentarischen Anfragen**" wird zumeist danach vorgenommen, ob es sich um Formen parlamentarischer Anfragen nach den Regelungen der GO LT (Große Anfrage, Kleine Anfrage, Fragen in der Fragestunde) handelt, die an besondere Formerfordernisse geknüpft sind. Die sonstigen „Fragen einzelner Abg." hingegen sollen alle in der GO nicht explizit

---

1 *Klein*, in: Maunz/Dürig, Art. 43 Rn 78 u. 109; *Caspar*, in: Caspar/Ewer/Nolte/Waack, Art. 23 Rn 4; *Edinger*, in: Brocker/Droege/Jutzi, Art. 89 a Rn 1.
2 LVerfG M-V, LVerfGE 13, 284, 299.
3 *Caspar*, in: Caspar/Ewer/Nolte/Waack, Art. 23 Rn 4.
4 LVerfG MV, Urteil vom 23.1.2014 – LVerfG 8/13 – S. 7.
5 BVerfG, Urteil vom 21.10.2014 – 2 BvE 5/11 – S. 41 f.
6 *Hübner*, in: von Mutius/Wuttke/Hübner, Art. 23 Rn 13; *Caspar*, in: Caspar/Ewer/Nolte/Waack, Art. 23 Rn 7.

aufgeführten formlosen Anfragen an die LReg und ihre Beauftragten umfassen und insb. Fragen im Zusammenhang mit Ausschusssitzungen betreffen.[7] Da sich das Fragerecht und der korrespondierende Auskunftsanspruch nur bei Anwesenheit von Regierungsvertretern realisieren lassen, impliziert Art 40 Abs. 1 die Pflicht der Reg, in den Ausschüssen mit auskunftsfähigen Vertretern präsent zu sein.[8] Unstreitig ist, dass Art. 40 LV den Gesamtbereich parlamentarischer Fragemöglichkeiten umfasst.[9] Die Differenzierung in Art. 40 Abs. 1 hinsichtlich der geschäftsordnungsrechtlichen Ausgestaltungen des Fragerechts und sonstiger Fragen begegnet hingegen Bedenken.[10] Die Unterscheidung zwischen parlamentarischen Anfragen und Fragen einzelner Abg. nach Maßgabe der Formalisierung in der GO würde dazu führen, dass ein informelles Fragerecht des Abg. besteht, das eine umfassende und unverzügliche Antwortpflicht der LReg zur Folge hat, ohne dass eine Kontrollmöglichkeit des Parlaments besteht, ob die LReg ihrer verfassungsrechtlichen Pflicht zur Beantwortung nachkommt. Lediglich bei der Frage eines Abg. im Zusammenhang mit einer Ausschusssitzung könnte die Kontrolle der Beantwortung durch den Ausschuss erfolgen.

3 Vielmehr impliziert der Wortlaut des Art. 40 Abs. 1 eine Trennung zwischen parlamentarischen Anfragen und Fragen einzelner Abg. nach Maßgabe des Quorums.[11] Parlamentarische Anfragen iSv Art. 40 Abs. 1 LV sind somit lediglich Anfragen, die an ein bestimmtes Quorum gebunden sind, während es sich ansonsten um Fragen einzelner Abg. handelt. Zwar haben nach der GO LT auch einzelne Abg. die Möglichkeit, parlamentarische Anfragen in der Form der Kleinen Anfrage an die LReg zu richten; im eigentlichen Sinn handelt es jedoch nicht um eine parlamentarische Anfrage, sondern um die Frage eines einzelnen Abg. gem. Art. 40 LV. Praktische Bedeutung kommt der Unterscheidung nicht zu, da die Antwortpflicht der LReg in beiden Fällen besteht.

4 **1. Parlamentarische Anfragen.** Der Verfassunggeber hat durch Art. 40 Abs. 1 dem Kontrollinstrument der parlamentarischen Anfrage verfassungsrechtlichen Rang verliehen. Das Parlament ist im Rahmen seiner Geschäftsordnungsautonomie frei, wie er das Recht der parlamentarischen Anfrage ausgestaltet. Das „Ob" der Ermöglichung parlamentarischer Anfragen entzieht sich hingegen der Gestaltungsmacht des Geschäftsordnungsgebers.[12] Nach der GO LT ist das Verfahren parlamentarischer Anfragen folgendermaßen gestaltet:

5 a) **Fragestunde.** In der Fragestunde, die idR einmal in jeder Sitzungswoche durchgeführt wird, hat **jeder Abg.** das Recht, bis zu zwei Fragen an die LReg zu richten. Gegenstand der Fragestunde können Einzelfragen aus dem Bereich der Landespolitik sowie aus dem Bereich der Verwaltung sein, soweit die LReg unmittelbar oder mittelbar verantwortlich ist (§ 65 Abs. 1 und 2 GO LT). Der Fragesteller ist berechtigt, zu jeder Frage zwei Zusatzfragen zu stellen, die in unmittelbarem Zusammenhang mit der Beantwortung der Fragen stehen müssen. Bei

---

7 *Caspar*, in: Caspar/Ewer/Nolte/Waack, Art. 23 Rn 8, 13; *Edinger*, in: Brocker/Droege/Jutzi, Art. 89 a Rn 5 ff; *Linck*, in: Linck/Baldus/Lindner/Poppenhäger/Ruffert, Art. 67 Rn 17 ff.
8 *Linck*, in: Linck/Baldus/Lindner/Poppenhäger/Ruffert, Art. 67 Rn 39.
9 *Hübner*, in: von Mutius/Wuttke/Hübner, Art. 23 Rn 2.
10 Vgl zur Kritik auch *Hölscheidt*, Informationen der Parlamente durch die Regierungen, in: DÖV 1993, S. 593 f.
11 Dies entspräche terminologisch der Praxis des BT, wo parlamentarische Anfragen an das Quorum der Fraktion gebunden sind, während einzelne Mitglieder die Möglichkeit haben, Fragen zur schriftlichen oder mündlichen Beantwortung einzureichen.
12 *Caspar*, in: Caspar/Ewer/Nolte/Waack, Art. 23 Rn 9; *Edinger*, in: Brocker/Droege/Jutzi, Art. 89 a Rn 8.

Zweifeln, ob ein unmittelbarer Zusammenhang mit der Ausgangsfrage besteht, teilt der Präsident dem Fragesteller seine Zweifel mit, erteilt aber dennoch dem zuständigen Mitglied der LReg das Wort. Das Mitglied der LReg kann sich auf den fehlenden Sachzusammenhang berufen und den Abg. bitten, dazu eine neue Frage für die kommende Fragestunde einzureichen oder verweist darauf, schriftlich zu antworten, da er auf diesen Fragebereich bei der Ursprungsfrage nicht vorbereitet sein konnte. Die Zulassung weiterer Zusatzfragen anderer Mitglieder des LT steht im pflichtgemäßen Ermessen des Präsidenten (§ 65 Abs. 4 GO LT). Pflichtgemäßes Ermessen bedeutet nicht, dass es dem Präsidenten frei steht, solche Fragen zu ermöglichen. Im Wesentlichen muss er sich davon leiten lassen, dass möglichst alle Fragen im Rahmen der auf eine Stunde begrenzten Fragestunde behandelt werden können. Dabei ist aus zeitlicher Hinsicht zu berücksichtigen, dass der jeweilige Fragesteller das Recht hat, zwei Zusatzfragen zu stellen. Dieses Recht hat Vorrang vor den Fragen anderer Mitglieder.

b) Kleine Anfragen. Wie Einzelfragen in der Fragestunde sind auch kleine Anfragen nicht an ein Quorum gebunden, so dass **jeder Abg.** das Recht hat, Kleine Anfragen an die LReg zu richten. Auch Kleine Anfragen beziehen sich auf einen thematisch begrenzten Gegenstand. Ob der Gegenstand der Kleinen Anfrage thematisch insoweit genügend eingegrenzt ist, dass eine umfassende und zeitnahe Antwort der LReg erfolgen kann, kann seitens des Parlaments im Regelfall nicht geprüft werden. Der zeitliche Aufwand für die Beantwortung durch die LReg hängt oftmals davon ab, ob entsprechende Informationen bereits aufbereitet vorliegen oder erst erhoben werden müssen. Kleine Anfragen dürfen maximal zehn Fragen mit je drei Unterfragen enthalten (§ 64 Abs. 2 GO LT). Es handelt sich um ein formalisiertes Verfahren; die Anfrage und die Antwort der LReg erfolgen schriftlich und werden als Drucksache veröffentlicht. Der Gegenstand der Kleinen Anfrage gelangt ebenso wie Fragen aus der Fragestunde nicht auf die Tagesordnung des Parlaments, es sei denn, die Kleine Anfrage wird nicht innerhalb der Frist von zehn Werktagen (zur Fristberechnung → Rn 27) beantwortet. In diesem Fall setzt der Präsident die Kleine Anfrage auf Verlangen des Fragestellers auf die Tagesordnung der nächsten Sitzung. 6

c) Große Anfragen. Große Anfragen können gem. § 63 Abs. 1 GO LT von einer **Fraktion** oder mindestens **vier Abg.** gestellt werden und müssen von den Fragestellern unterzeichnet sein. Anders als bei Kleinen Anfragen beschränkt sich die Große Anfrage nicht auf einen thematisch begrenzten Gegenstand, sondern ist umfassender orientiert und bezieht sich auf einen Gegenstand des öffentlichen Interesses. Bereits vor Eingang einer Antwort der LReg kann eine Große Anfrage vom Präsidenten auf die Tagesordnung des LT gesetzt werden, wenn die LReg innerhalb einer Frist von drei Wochen nach der Übermittlung durch den PräsLT keinen Termin zur Beantwortung nennt oder die Beantwortung ablehnt. Soweit die Antragsteller dies verlangen, muss der Präsident sie auf die Tagesordnung der nächsten Sitzung setzen (§ 63 Abs. 3 GO LT). Nach Eingang der Antwort der LReg wird die Große Anfrage auf Antrag einer Fraktion oder mindestens vier Mitgliedern des LT auf die Tagesordnung des LT gesetzt (§ 63 Abs. 4 GO LT). 7

2. Bedeutung parlamentarischer Anfragen in der Praxis. Fragestunde, Kleine Anfrage und Große Anfrage sind für die Aufgabe der **Kontrolle der LReg** insb. für die **Opposition** von besonderer Bedeutung. Zwar ist die absolute Zahl der parlamentarischen Anfragen von der ersten bis zur vierten Wahlperiode kontinuierlich zurückgegangen (etwa bei Kleinen Anfragen von 1.375 in der ersten WP auf 954 in der vierten WP); gleich geblieben ist, dass die Fragesteller in der 8 deutlich überwiegenden Mehrheit der Opposition angehörten. So sind Große Anfragen in den einzelnen WP entweder ausschließlich aus den Reihen der Opposition gekommen oder jedenfalls zu 85%. Kleine Anfragen wurden zu 70-92% von Mitgliedern der Opposition gestellt. Eine Ausnahme gilt insoweit lediglich für die zweite Wahlperiode (59%), in der in der Folge einer großen Koalition die Opposition zahlenmäßig sehr schwach repräsentiert war. Ein ähnliches Bild zeichnet sich bei der Inanspruchnahme der Möglichkeit ab, in der Fragestunde Fragen an die LReg zu richten. Dieses Recht wurde zu 73-93% von Mitgliedern der Opposition wahrgenommen. Diese Statistik besagt nicht, dass die parlamentarische Kontrolle im Wesentlichen von der Opposition wahrgenommen wird. Die Opposition nutzt die vorgegebenen parlamentarischen Verfahren zur Kontrolle, da sie öffentlichkeitswirksam ist und ihr zudem andere Möglichkeiten zur Kontrolle in geringerem Umfang zur Verfügung stehen. Die Kontrolle durch Mitglieder der Regierungsfraktionen erfolgt im Regelfall in nicht öffentlichen Sitzungen der Fraktionen oder Arbeitskreise; sie ist deshalb nicht weniger effektiv (→ *Tebben*, **Art. 20** Rn 22).

9 **3. Prüfung durch den Präsidenten.** Im Rahmen der Gewährleistung des parlamentarischen Fragerechts nach Art. 40 Abs. 1 LV prüft der Präsident die **Zulässigkeitsvoraussetzungen** der parlamentarischen Anfragen, wobei wegen des Verfassungsrangs des Fragerechts im Zweifel für den Fragesteller entschieden wird.[13] Nach § 62 Abs. 3 GO LT kann der Präsident Fragen zurückweisen, die nach Form oder Inhalt einen Missbrauch darstellen, insb. Wertungen oder Unterstellungen enthalten oder gegen die Würde des Hauses verstoßen. Formulierungen in parlamentarischen Anfragen müssen zunächst den allg. Anforderungen an parlamentarische Vorlagen genügen. Formulierungen sind unzulässig, wenn sie als Ordnungsverletzung anzusehen wären, so sie im Plenum des LT vorgetragen würden. Der Präsident hat Formulierungen, die gegen Strafgesetze, das Ordnungswidrigkeitenrecht oder das Recht der unerlaubten Handlungen verstoßen sowie unparlamentarische Begriffe und Ausdrücke verwenden, zurückzuweisen.[14] Gegen die Zurückweisung kann der Fragesteller binnen einer Frist von einem Monat einen schriftlich zu begründenden Einspruch einlegen, der auf die TO der folgenden Sitzung des LT zu setzen ist (§ 62 Abs. 4 GOLT).[15] Die Prüfung durch den Präsidenten bezieht sich ausschließlich auf die Frage bzw parlamentarische Anfrage; ob und inwieweit die mögliche Antwort der LReg auf eine Frage Zulässigkeitsbedenken begegnet, etwa aus Gründen des Datenschutzes, des Geheimschutzes oder anderer Verfassungsrechtsgüter, könnte allenfalls antizipiert werden, ist vom Prüfungsrecht des Präsidenten jedoch nicht umfasst, sondern muss von der LReg geprüft und ggf beachtet werden.[16] Im Einzelnen werden durch den PräsLT regelmäßig folgende Kriterien geprüft:

10 **a) Missbrauchsverbot.** Hinsichtlich der Frage, ob eine parlamentarische Anfrage in ihrer konkreten Form einen Rechtsmissbrauch darstellt, können keine engen Kriterien angelegt werden, da ein Rechtsmissbrauch nur dann angenommen werden könnte, wenn der Abg. unter keinem denkbaren Umstand ein geschütztes Interesse daran haben kann, von seinem verfassungsrechtlich gesicherten Recht Gebrauch zu machen, Auskunft von der LReg über einen bestimmten

---

13 Ritzel/Bücker/Schreiner, Vorbem. zu §§ 100-106 Anm. III. 1.
14 Ritzel/Bücker/Schreiner, Vorbem. zu §§ 100-106 Anm. III. 2.b.).
15 Vgl LVerfG, Beschluss vom 18.12.2014 – LVerfG 5/14 – S. 9 f. zur Erforderlichkeit der Einlegung eines Einspruchs, bevor das LVerfG angerufen werden kann.
16 *Glauben/Edinger*, DÖV 1995, S. 941, 945.

Sachverhalt zu verlangen.[17] Die Missbrauchsgrenze ist daher nur in sehr seltenen Fällen erreicht[18] und könnte etwa dann überschritten sein, wenn ein Abg. mit einer Frage lediglich bezweckt, die LReg mit einer Anfrage zu beschäftigen oder Scherzfragen stellt, ohne Interesse an der Antwort der LReg zu haben. Die Verweigerung von Auskünften wegen eines Missbrauchs des Fragerechts kommt nur in Betracht, wenn die LReg dies durch greifbare Tatsachen belegen kann.[19] Nicht vom Missbrauchsverbot umfasst sind Fragen eines Abg., deren Beantwortung auch einfach aus öffentlich zugänglichen Quellen erlangt werden könnte. In diesen Fällen beschränkt sich die Antwortpflicht der LReg jedoch darauf, die öffentlich zugänglichen Quellen für die Informationsbeschaffung zu benennen.[20]

b) Verbot von Wertungen und Unterstellungen. Parlamentarischen Anfragen dürfen keine Wertungen und Unterstellungen enthalten. Die Abgrenzungen von Wertungen und Unterstellungen kann im Einzelfall problematisch sein.[21] Wertungen sind Meinungsäußerungen des Fragestellers, also Formulierungen, durch die ein Sachverhalt vom Fragesteller gutgeheißen, gelobt, bevorzugt, positiv eingeschätzt oder aber missbilligt, kritisiert, abgelehnt oder negativ eingeschätzt wird.[22] Eine Unterstellung, die inhaltlich dem in § 104 GO BT verwendeten Ausdruck „Feststellung" entspricht, liegt vor, wenn die Frage Tatsachenbehauptungen enthält[23] oder Urteile umfasst, die in die materielle Beantwortung übernommen werden müssen, weil nach ihnen gefragt wird.[24] Das Verbot von Wertungen und Feststellungen geht von der Prämisse aus, dass nicht nur Aussagen, sondern auch Fragen Feststellungen, Unterstellungen und Wertungen enthalten können. Jede Frage enthält, indem sie sich auf einen bestimmten Gegenstand bezieht, ausgesprochen oder unausgesprochen Annahmen tatsächlicher oder wertender Art. Deshalb kann der Aspekt der Wertung oder Unterstellung nicht an der verwendeten grammatikalischen Form als Frage oder Aussage festgemacht werden.[25] Nicht jeder in Frageform gekleidete Satz ist folglich als Frage zu betrachten. In einem Fragesatz können Behauptungen aufgestellt werden, auf die sich das Klärungsbegehren des Fragenden nicht bezieht. Solche Fragesätze sind insoweit keine Fragen, sondern bilden Aussagen, die sich als Werturteil oder als Tatsachenbehauptung darstellen und rechtlich als solche zu behandeln sind.[26]

c) Sachlichkeitsgebot. Die parlamentarischen Anfragen müssen kurz und sachlich gefasst sein (§ 62 Abs. 2 Satz 2 GO LT). Sie dürfen somit keine beleidigenden, polemischen, aggressiven oder in anderer Weise durch die Sache nicht zu rechtfertigenden Formulierungen enthalten.[27] Sie dürfen zudem nicht den Zweck verfolgen, die Verfassungsordnung des GG oder des Landes herabzusetzen. Unsachlich und infolgedessen unzulässig sind zudem Fragen, die bestimmte Personen herabsetzen oder ein bestimmtes Verhalten oder Personen ins Lächerliche ziehen.[28] Grds. wird eine unsachliche Frage nicht dadurch zulässig, dass die

---

17 *Caspar*, in: Caspar/Ewer/Nolte/Waack, Art. 23 Rn 22.
18 *Hölscheidt*, Frage und Antwort im Parlament, S. 37; *Weis*, DVBl. 1988, S. 268, 272.
19 LVerfG MV, Urteil vom 23.1.2014 – LverfG 8/13 – S. 8
20 *Magiera*, in: Schneider/Zeh, Parlamentsrecht und Parlamentspraxis, § 52 Rn 65.
21 *Linck*, in: Linck/Baldus/Lindner/Poppenhäger/Ruffert, Art. 67 Rn 26
22 *Geck*, Die Fragestunde im Deutschen Bundestag, S. 115; *Ritzel/Bücker/Schreiner*, Vorbem. zu §§ 100-106 Anm. III. 2.c) cc).
23 *Hölscheidt*, Frage und Antwort im Parlament, S. 51.
24 *Geck*, Die Fragestunde im Deutschen Bundestag, S. 114.
25 BVerfGE 85, 23, 32; *Ritzel/Bücker/Schreiner*, Vorbem. zu §§ 100-106 Anm. III. 2.c) bb).
26 BVerfGE 85, 23, 32 zu Art. 5 Abs. 1 Satz 1 GG.
27 *Geck*, Die Fragestunde im Deutschen Bundestag, S. 115.
28 *Ritzel/Bücker/Schreiner*, Vorbem. zu §§ 100-106 Anm. III. 2.c) dd).

Zapfe

entsprechende Wertung oder Unterstellung zuvor von Dritten, etwa in den Medien, vorgenommen wurde.[29]

13 Das Verbot von Wertungen und Unterstellungen sowie das Sachlichkeitsgebot gilt gem. § 62 Abs. 2 und 3 auch für Große Anfragen. Hinsichtlich dieses Kontrollinstruments ist jedoch zu berücksichtigen, dass Große Anfragen schriftlich zu begründen sind, soweit nicht der Sachverhalt, über den Auskunft gewünscht wird, aus dem Wortlaut der Anfrage deutlich genug hervorgeht. Auch die Begründung ist dem Prüfungsrecht und der Prüfungspflicht des Präsidenten unterworfen, wobei bei der Begründung der Großen Anfrage nicht die engen Maßstäbe anzulegen sind, wie bei dem Text der Anfrage.

14 **d) Überschriften parlamentarischer Anfragen.** Für Überschriften parlamentarischer Anfragen gelten die strengsten Anforderungen an Sprache und Formulierungen. Bei ihnen gelten nicht nur das Verbot von Wertungen und Unterstellungen und das Sachlichkeitsgebot; vielmehr müssen sie so gefasst sein, dass sie als amtliche Formulierungen von Tagesordnungspunkten geeignet sind.[30]

15 **e) Zuständigkeitsbereich der Landesregierung.** Das Fragerecht der Abg. ist auf Gegenstände begrenzt, für die die LReg unmittelbar oder mittelbar verantwortlich ist (§ 62 Abs. 2 GO LT), da eine entsprechende Antwortpflicht der LReg nur in den Grenzen der Verbandskompetenz des Landes und der Organkompetenz der LReg besteht.[31] Es erstreckt sich auch auf Angelegenheiten des BRat und der Europäischen Union, auf die die LReg auf verschiedenen Ebenen Einfluss nehmen kann.[32] Die Verantwortlichkeit der LReg besteht insoweit auch hinsichtlich aller Einrichtungen, die der Aufsicht oder Weisungsbefugnis der LReg unterliegen.[33] Auch insoweit besteht ein Prüfungsrecht bzw eine Prüfungspflicht des PräsLT. Hinsichtlich der Zuständigkeit der LReg ist für die Abgrenzung von zulässigen und unzulässigen Fragen der inhaltliche Schwerpunkt der Anfrage maßgebend. In Zweifelsfällen ist der Verantwortungsbereich der LReg wegen der Bedeutung des Fragerechts als Mittel der parlamentarischen Kontrolle zu unterstellen. Der Präsident hat Fragen nur dann zurückzuweisen, wenn der Verantwortungsbereich der LReg offensichtlich weder mittelbar noch unmittelbar betroffen ist.[34] Eine abschließende Bewertung erfolgt durch die LReg im Rahmen der Prüfung ihrer Antwortpflicht (vgl → Rn 29).

Unzulässig sind sog. Dreiecksfragen, mit denen die LReg nach ihrer Bewertung eines Verhaltens bzw der politischen Einstellung eines anderen Verfassungsorgans, von Abg., Fraktionen, Parteien oder Kommunalvertretungen gefragt wird, da deren Verhalten nicht der parlamentarischen Kontrolle des Landesparlaments unterliegen.[35]

Das Fragerecht eines Abg ist nicht dadurch ausgeschlossen, dass sich ein parlamentarisches Gremium, wie ein Untersuchungsausschuss oder ein anderes Kontrollgremium mit der Fragestellung befasst. Dies wäre mit dem Fragerecht des einzelnen Abg, der ggf nicht in dem Gremium vertreten ist, nicht zu vereinba-

---

29 *Ritzel/Bücker/Schreiner*, Vorbem. zu §§ 100-106 Anm. III. 2.c) ee).
30 *Ritzel/Bücker/Schreiner*, Vorbem. zu §§ 100-106 Anm. III. 2.f); aA *Hölscheidt*, Frage und Antwort im Parlament, S. 54.
31 *Caspar*, in: Caspar/Ewer/Nolte/Waack, Art. 23 Rn 20.
32 *Edinger*, in: Brocker/Droege/Jutzi, Art. 89 a Rn 10
33 *Edinger*, in: Grimm/Caesar, Art. 89 a Rn 3.
34 *Ritzel/Bücker/Schreiner*, Vorbem. zu §§ 100-106 Anm. III. 3.b).
35 LVerfG M-V, Beschluss vom 18.12.2014 – LVerfG 5/14, S. 8 f.; *Edinger*, in: Brocker/Droege/Jutzi, Art. 89 a Rn 11; *Glauben/Edinger*, Parlamentarisches Fragerecht in den Landesparlamenten, in: DÖV 1995, S. 941, 943; *Linck*, in: Linck/Baldus/Lindner/Poppenhäger/Ruffert, Art. 67 Rn 23.

ren. Die einzelnen Abg, die Fraktionen und das Plenum könnten ansonsten nicht auf Informationen zugreifen, die die Regierung einem Kontrollgremium gegeben hat. Im Zusammenhang mit dem ggf zu beachtenden Geheimschutz korrespondiert zum Fragerecht auch die Antwortpflicht der LReg, wenn die entsprechenden Vorgänge nicht oder nicht mehr geheimhaltungsbedürftig sind.[36] Bei der Beschränkung der Statusrechte der Abg auf Mitglieder eines Gremiums ist der Grundsatz der Verhältnismäßigkeit zu wahren und ein angemessener Ausgleich zwischen der Funktionsfähigkeit des Parlaments und den statusrechten der Abg sicherzustellen. Die Beschränkung der Abgeordnetenrechte im Interesse besonderer Vertraulichkeit muss auf wenige Ausnahmen mit begrenztem Anwendungsbereich beschränkt bleiben und zwingend erforderlich sein.[37]

f) **Schutz der Rechte Dritter.** Bei der Prüfung einer Anfrage sind auch die Rechte Dritter und hierbei insbes. das allg. Persönlichkeitsrecht gem. Art. 2 Abs. 1 iVm Art. 1 Abs. 1 GG zu beachten. Insoweit sind Fragen nach dem Verhalten von Privatpersonen Beschränkungen unterworfen. Die Prüfungspflicht ist begrenzt auf Beeinträchtigungen des Persönlichkeitsrechts, die bereits durch die Veröffentlichung der Frage eintreten. Beeinträchtigungen des Persönlichkeitsrechts, die durch die Antwort der LReg eintreten könnten, sind zunächst von dieser zu prüfen. Da die Antwort als LT-Drs. veröffentlicht wird, kommt dem LT nach Vorliegen der Antwort eine additive Prüfungspflicht zu, da durch die Veröffentlichung eine erneute Rechtsverletzung eintreten könnte (→ Rn 55). 16

III. Aktenvorlage durch die Landesregierung

Nach Art. 40 Abs. 2 Satz 2 LV hat der LT und die von ihm eingesetzten Ausschüsse das Recht, von der LReg die Vorlage von Akten zu verlangen. Es handelt sich bei dem Verlangen nach Aktenvorlage um eine der effektivsten Formen der parlamentarischen Kontrolle, indem sich das Parlament durch Selbstinformation anhand der Regierungsakten eigene, unabhängige Sachkenntnis verschaffen kann.[38] Ausschüsse können nur die Vorlage solcher Akten verlangen, durch die der Zuständigkeitsbereich des Ausschusses betroffen ist, jedoch unabhängig davon, ob die Zuständigkeit im Zusammenhang mit einer überwiesenen Vorlage oder im Rahmen des Selbstbefassungsrechts begründet ist.[39] 17

Anders als das Fragerecht ist das Aktenvorlagerecht **nicht** als **Minderheitenrecht** ausgestaltet. Es bedarf zur Geltendmachung des Verlangens der Mehrheit der Mitglieder des LT bzw im Falle des Aktenvorlageverlangens eines Ausschusses der Mehrheit der Mitglieder des betreffenden Ausschusses.[40] Da die Aktenvorlage auf „Verlangen" der Mehrheit der Mitglieder erfolgt, bedarf es keines förmlichen Beschlusses des Parlaments bzw des Ausschusses. Allein die Antragstellung durch die qualifizierte Mehrheit genügt, um die Rechtspflicht zur Aktenvorlage auszulösen, da es sich um einen Antrag handelt, dem entsprochen werden muss.[41] Insoweit ist die Anknüpfung des Aktenvorlagerechts an das „Verlangen" der Mehrheit der Mitglieder des Parlaments bzw eines Ausschusses unge- 18

---

36 BVerfGE 124, 161, 192; *Linck*, in: Linck/Baldus/Lindner/Poppenhäger/Ruffert, Art. 67 Rn 26.
37 BVerfGE, 130, 318, 359 f.; BVerfG, Urteil vom 21.10.2014 – 2 BvE 5/11 – S. 67.
38 *Wedemeyer*, in Thiele/Pirsch/Wedemeyer, Art. 40 Rn 4.
39 *Wuttke*, in: von Mutius/Wuttke/Hübner, Art. 23 Rn 12.
40 In der Parallelvorschrift der SchlHVerf ist diese Regelung als Minderheitenrecht ausgestaltet.
41 *Kabel*, in: Schneider/Zeh, § 31 Rn 6.

wöhnlich, da der Begriff des „Verlangens" üblicherweise die Durchsetzung eines Minderheitenrechts gewährleisten soll.[42]

Allerdings ist zu berücksichtigen, dass jeder Bürger nach Maßgabe des Informationsfreiheitsgesetzes[43] (IFG) das Recht zur Akteneinsicht geltend machen kann. Es würde zu einem Wertungswiderspruch führen, wenn der einzelne Bürger unter den Voraussetzungen des IFG Akteneinsicht verlangen könnte, dem Abg aufgrund seiner Organstellung dieses Recht verwehrt würde.[44] Dem Abgeordneten stehen daher zumindest die Akteneinsichtsrechte zu, die ihm auch als Bürger zustehen würden, ohne dass es dazu eines Beschlusses des Landtags bedarf.

Die Ausgestaltung der umfassenden Aktenvorlage als Mehrheitsrecht kann allerdings in der Praxis dazu führen, dass vermehrt Untersuchungsausschüsse eingesetzt werden. Da das Recht, einen Untersuchungsausschuss einzusetzen, Beweise zu erheben und sich Akten vorzulegen zu lassen, als Minderheitenrecht ausgestaltet ist (→ *Wiegand-Hoffmeister*, **Art. 34** Rn 14, 17), können ein Viertel der Mitglieder des Landtags verlangen, dass ein Untersuchungsausschuss eingerichtet wird, und ein Viertel der Mitglieder des UA verlangen, dass die LReg den Untersuchungsgegenstand betreffende Akten vorlegt. Das Recht auf Aktenvorlage kann hingegen nur von der Mehrheit geltend gemacht werden, so dass die qualifizierte Minderheit, darauf angewiesen ist, erst einen Untersuchungsausschuss einzurichten, um die entsprechende Aktenvorlage verlangen zu können. Daher sollte der Verfassungsgeber erwägen, das Recht der Aktenvorlage auch als Recht der qualifizierten Minderheit auszugestalten, um dem Druck zu begegnen, dies nur im Rahmen eines kostenträchtigen Untersuchungsausschusses zu ermöglichen.

19 Der **Umfang der herauszugebenden Akten** richtet sich nach dem Herausgabeverlangen, das sich auf ein konkretes Herausgabebegehren richten muss, so dass die LReg erkennen kann, welche Akten zu dem konkreten Thema herauszugeben sind. Die Herausgabepflicht erstreckt sich auf alle Akten zum Informationsgegenstand, die sich im Verfügungsbereich der LReg befinden.[45] Dies gilt auch für Unterlagen, hinsichtlich der die LReg geltend macht, dass dem Bekanntwerden des Inhalts gesetzliche Vorschriften oder Staatsgeheimnisse oder schutzwürdige Interessen einzelner, insbesondere des Datenschutzes, entgegenstehen oder die Funktionsfähigkeit und die Eigenverantwortung der LReg beeinträchtigt wird (Art. 40 Abs. 3 LV). In diesen Fällen hat die LReg die Pflicht, die Zurückbehaltung von Akten unter Angabe des Grundes dem LT bzw dem die Herausgabe von Akten verlangenden Ausschuss mitzuteilen. Nur durch einen entsprechenden Hinweis auf zurückgehaltene Akten erlangt das Parlament Kenntnis von der Unvollständigkeit des Aktenmaterials und kann weitere Maßnahmen, etwa zur Sicherstellung des Daten- oder Geheimschutzes, ergreifen, um dennoch Einsichtnahme in die Akten nehmen zu können. Anderenfalls wäre es der LReg möglich, Akten zurückzuhalten, von deren Existenz und Zurückhaltung das Parlament keine Kenntnis hat.[46]

---

42 Vgl etwa die Details zu geschäftsordnungsrechtlichen Verlangen in BVerfGE 84, 304, 330 f.
43 Vgl GVOBl. 2006, S 556.
44 *Edinger*, in: Brocker/Droege/Jutzi, Art. 89 a Rn 11; *Kretschmer*, in Schmidt-Bleibtreu/Hopfauf, Art. 43 Rn 24; *Linck*, in: Linck/Baldus/Lindner/Poppenhäger/Ruffert, Art. 67 Rn 30.
45 *Bogan*, in: Epping/Butzer, Art. 24 Rn 16.
46 *Caspar*, in: Caspar/Ewer/Nolte/Waack, Art. 23 Rn 29 f.

Das Aktenvorlagerecht ist auf die im Rahmen der **Zuständigkeit der LReg ge-** 20
führten Akten beschränkt; ein Vorlageverlangen bzgl kommunaler Akten oder
Akten des Bundes ist ebenso unzulässig[47] wie das Herausgabeverlangen bzgl anderer Schriftstücke, deren inhaltlicher Gegenstand nicht im Zuständigkeitsbereich der LReg (→ Rn 29) liegt.

Einsichtsberechtigt in die Akten sind im Falle des Vorlageverlangens durch den 21
LT alle Abg., im Falle des Herausgabeverlangens durch einen Ausschuss nur die
Mitglieder des Ausschusses. Dies gilt auch für fraktionslose Abg., die Mitglied
eines Ausschusses sind, auch wenn sie dort nicht über ein Stimmrecht verfügen.
Teilweise wird vertreten, dass auch im Fall des Aktenherausgabeverlangens
durch die Mehrheit der Mitglieder eines Ausschusses allen Abg. des LT ein Akteneinsichtsrecht zustehen sollte, da gem. Art. 22 Abs. 2 LV alle Abg. das Recht
haben, an Ausschusssitzungen teilzunehmen, dort das Wort zu ergreifen sowie
Fragen und Anträge zu stellen.[48] Dabei wird aber nicht genügend berücksichtigt, dass das Recht auf Aktenherausgabe an hohe Quoren geknüpft ist. Wenn
die Herausgabe der Akten zur Einsichtnahme an alle Abg. gefordert wird, bedarf es dazu des Verlangens von 36 Mitgliedern des LT (Mehrheit der Mitglieder des Parlaments), während zur Aktenherausgabe an einen Ausschuss das Verlangen der Mehrheit der Mitglieder des Ausschusses (zZt. sechs Abg) ausreicht.
Soweit bei dem Akteneinsichtsverlangen eines Ausschusses allen Abg. die Akteneinsicht gewährt würde, könnte die Regelung zur Erlangung des Quorums für
die Akteneinsicht durch das Parlament umgangen werden.

In der Praxis kommt dem Aktenvorlageverlangen keine große Bedeutung zu, da 22
jeweils die Regierung tragende Mehrheit ein solches Verlangen initiieren
oder jedenfalls unterstützen müsste. Die Kontrolle der LReg durch Mitglieder
der Koalitionsfraktionen erfolgt aber üblicherweise fraktionsintern und nicht
durch die Inanspruchnahme der dazu eingeräumten verfassungsrechtlichen und
geschäftsordnungsrechtlichen Befugnisse. Eine Unterstützung eines Aktenvorlageantrags der Minderheit durch die Mitglieder der Koalitionsfraktionen ist aber
denkbar, wenn dem Kontrollbegehren der Minderheit aus politischen Gründen
entsprochen wird, etwa um durch die Aktenvorlage die Einrichtung eines parlamentarischen Untersuchungsausschusses zu vermeiden, in dem die betreffenden
Akten auf der Grundlage des Verlangens eines Viertels der Mitglieder des Untersuchungsausschusses vorgelegt werden müssten (→ *Wiegand-Hoffmeister*,
Art. 34 Rn 17).

IV. Antwortpflicht der Landesregierung

Nach § 40 Abs. 1 Satz 1 ist die LReg verpflichtet, Anfragen „nach bestem Wis- 23
sen unverzüglich und vollständig zu beantworten". Auch die Auskunftserteilung
und die Aktenvorlage müssen nach Art. 40 Abs. 2 Satz 3 unverzüglich und vollständig erfolgen.

1. Pflicht zur „vollständigen" Beantwortung. Die LReg ist zunächst gehalten,
sich nicht ausschließlich am Wortlaut der Frage zu orientieren. Vielmehr ist der
wirkliche Wille des Fragestellers zu erforschen.[49] Bei Unklarheiten ist der Hinweis in der Antwort zulässig, dass die Regierung die Anfrage in einem bestimmten Sinn versteht. Ist eine sinnvolle Beantwortung einer Frage nicht möglich,
weil sie erkennbar auf einem Irrtum beruht, muss die Regierung jedoch auf die-

---

47 *Hübner*, in: von Mutius/Wuttke/Hübner, Art. 23 Rn 11.
48 *Caspar*, in: Caspar/Ewer/Nolte/Waack, Art. 23 Rn 36.
49 *Lennartz/Kiefer*, Parlamentarische Anfragen im Spannungsfeld, in: DÖV 2006, 185, 193.

sen Irrtum hinweisen.⁵⁰ Der LReg steht es aber nicht zu, die Zielrichtung der Fragen von Abgeordneten zu beurteilen; vielmehr müssen Abgeordnete selbst darüber befinden können, welcher Informationen sie für eine verantwortliche Erfüllung ihrer Aufgaben bedürfen.⁵¹

24 Eine Antwort ist **vollständig**, wenn alle Informationen, über die eine LReg verfügt, lückenlos mitgeteilt werden, dh nichts, was bekannt ist, verschwiegen wird.⁵² Nicht vollständig ist auch eine ausweichende Antwort. Es müssen alle Tatsachen und Umstände mitgeteilt werden, die für das Verständnis und für den Inhalt der Antwort von wesentlicher Bedeutung sind.⁵³ „Nach bestem Wissen" bedeutet, dass die Antwort der LReg im Einklang mit ihren Erkenntnissen steht,⁵⁴ also inhaltlich richtig sein muss. Soweit sich der parlamentarische Informationsanspruch auf länger zurückliegende Vorgänge erstreckt, die den Verantwortungsbereich früherer Regierungen betreffen, können die LReg zudem im Rahmen des Zumutbaren Rekonstruktionspflichten treffen. Bei Unzumutbarkeit der Erteilung einer vollständigen (inhaltlichen) Antwort verbleibt dem Abg. grundsätzlich ein Anspruch auf eine Teilantwort, soweit einer solchen nicht ihrerseits Verweigerungsgründe entgegen stehen.⁵⁵ Soweit die erfragten Tatsachen oder Umstände bereits in öffentlicher Form vorliegen, ist es zulässig, dass die LReg in der Antwort auf die Informationsquellen verweist, soweit sie dem Abg. zugänglich sind.⁵⁶ Notwendig ist insoweit aber ein präziser Fundstellennachweis.

25 Darüber hinaus obliegt der LReg auch eine **Informationsbeschaffungspflicht**, wenn und soweit die Informationen mit zumutbarem Aufwand in Erfahrung gebracht werden können.⁵⁷ Ob und in welchem Umfang die LReg anlässlich einer Frage Informationen ermitteln und Daten ggf aufbereiten muss, ist im Einzelfall unter Berücksichtigung des Informationsanliegens einerseits und des mit der Informationsbeschaffung verbundenen Aufwandes andererseits zu beurteilen. In solchen Fällen ist es zulässig, dass sich die Regierung zunächst bei dem Fragesteller vergewissert, welchen Arbeitsaufwand er mit seiner Frage auslösen will.⁵⁸ Unabhängig von materiellen Einschränkungen endet die Pflicht zur Beantwortung dort, wo die erbetenen Informationen nicht ermittelbar sind.⁵⁹

26 Parlamentarische Anfragen können nicht nur auf die Bekanntgabe von Tatsachen gerichtet sein. Auch die **Bewertung von politischen Vorgängen** kann erfragt werden. Zulässig sind auch Fragen nach der Beurteilung von politischen Äußerungen oder Tätigkeiten von Personen, die dem personellen Verantwortungsbereich der Regierung zuzurechnen sind,⁶⁰ also die Abfrage von Meinungen oder Bewertungen. Dies ist immer dann unproblematisch, wenn und soweit sich die Regierung zu einem Sachverhalt eine Meinung gebildet hat. Dem gegenüber muss die Frage, ob die Regierung verpflichtet ist, sich anlässlich einer Frage eine

---

50 SaarlVerfGH, LVerfGE 13, 303, 311.
51 LVerfG MV, Urteil v. 23.1.2014 – LVerfG 8/13 – S. 7; vgl auch LVerfG LSA, Urt. v. 17.09.2013 - LVG 14/12 - S. 14 zur gerichtlichen Prüfung, ob Fragen bloß unzweckmäßig sind oder es ihnen an einer sachlichen Berechtigung fehlt.
52 LVerfG M-V, LVerfGE 13, 284, 293 mwN.
53 LVerfG M-V, aaO, S. 293.
54 LVerfG M-V, aaO.
55 LVerfG MV, Urteil v. 23.1.2014 – LVerfG 8/13 – S. 8.
56 *Lennartz/Kiefer*, DÖV 2006, S. 185, 194.
57 LVerfG M-V, LVerfGE 13, 284, 293.
58 *Lennartz/Kiefer*, DÖV 2006, 194.
59 *Lennartz/Kiefer*, DÖV 2006, 194.
60 *Jutzi*, ZParl. 2003, S. 478, 481.

Meinung zu bilden, differenziert beurteilt werden. Grundsätzlich ist eine solche **Meinungsbildungspflicht abzulehnen**,[61] da das Parlament insoweit steuernd in Meinungsbildungsprozesse eingreifen und unmittelbar in den Kernbereich exekutiver Eigenverantwortung eingreifen würde. Etwas anderes dürfte ausnahmsweise dann anzunehmen sein, wenn die LReg – unabhängig von einer Anfrage – verpflichtet ist, sich eine Meinung zu bilden.[62] Eine solche Bewertungspflicht kann sich aus dem Grundsatz der Gesetzmäßigkeit der Verwaltung ergeben, bspw wenn es um pflichtwidrige Verhaltensweisen von Amtsträgern geht.[63]

2. Pflicht zur „unverzüglichen" Beantwortung. Der Begriff „unverzüglich" ist 27 in § 121 Abs. 1 Satz 1 BGB legal definiert und bedeutet, dass eine Handlung ohne schuldhaftes Zögern zu erfolgen hat. Entscheidend für die Unverzüglichkeit ist daher nicht die objektive, sondern die subjektive Zumutbarkeit des alsbaldigen Handelns. Während die GO LT für **Große Anfragen** insoweit auch keine konkrete Frist vorsieht, sondern die LReg verpflichtet – in Abhängigkeit vom Aufwand –, einen Termin zur Beantwortung zu nennen (§ 63 Abs. 2 GO LT), sieht § 64 Abs. 1 GO LT vor, dass die LReg **Kleine Anfragen** innerhalb einer Frist von zehn Werktagen schriftlich zu beantworten hat. Diese Frist beginnt jedoch erst mit Eingang bei der LReg, so dass unter Berücksichtigung des Geschäftsganges innerhalb des LT sowie des Postweges im Ergebnis mindestens fünfzehn Werktage von der Abgabe durch den Abg. bis zum Eingang der Antwort beim Abg. vergehen. Unabhängig davon ist die Regierung an die in der GO bestimmte Frist nicht gebunden,[64] da es sich um Intraorganrecht handelt, das im Verhältnis zu anderen Verfassungsorganen keine Bindungswirkung entfaltet.[65] Allerdings wird mit der in der GO bestimmten Frist für den Regelfall eine Erwartung des Parlaments gegenüber der Regierung zum Ausdruck gebracht.[66] Daher gebietet es der Respekt gegenüber dem Verfassungsorgan LT, sich an den in der GO vorgesehenen Fristen zu orientieren. Kleine Anfragen sind nach der GO zwar insoweit begrenzt, als sie höchstens zehn Fragen mit höchstens je drei Unterfragen umfassen dürfen (§ 64 Abs. 2 Satz 2 GO LT); die Zahl der Fragen lässt jedoch keinen automatischen Schluss auf den Umfang und den Schwierigkeitsgrad der erbetenen Antwort zu. Während eine einzelne Frage, bspw nach Darstellung sämtlicher Förderbescheide eines Ministeriums in einer bestimmten Zeit, möglicherweise nur im Ergebnis monatelanger Recherchen beantwortet werden kann, sind andererseits oftmals eine Vielzahl von Einzelfragen ohne größeren Aufwand beantwortbar. Die Subsumtion einer „unverzüglichen" Beantwortung ist immer nur im Einzelfall möglich und hängt insoweit von dem konkreten Umfang und dem Schwierigkeitsgrad der erbetenen Auskunft und davon ab, welche Recherchen notwendig sind und welcher Abstimmungsbedarf innerhalb der Regierung im Rahmen der Beantwortung besteht.[67] Die Frist der GO ist insofern nur ein Orientierungspunkt und gleichzeitig in der parlamentarischen Praxis Anlass, den Fragesteller zu unterrichten bzw sich mit ihm zu konsultieren, wenn im Einzelfall eine deutlich längere Frist benötigt wird.

---

61 *Edinger*, in: Brocker/Droege/Jutzi, Art. 89 a Rn 13; *Jutzi*, aaO, S. 482.
62 ThürVerfGH, LVerfGE 14, 437; *Linck*, in: Linck/Baldus/Lindner/Poppenhäger/Ruffert, Art. 67 Rn 31.
63 ThürVerfGH, aaO; *Edinger*, in: Brocker/Droege/Jutzi, Art. 89 a Rn 13; *Lennartz/Kiefer*, DÖV 2006, 193; *Jutzi*, aaO, S. 482.
64 *Lennartz/Kiefer*, DÖV 2006, 185, 186.
65 VerfGH NW, OVGE NRW 43, 274, 275; BbgVerfG, LVerfGE 11, 166, 173.
66 *Lennartz/Kiefer*, DÖV 2006, 186.
67 *Lennartz/Kiefer*, DÖV 2006, 186.

28 **3. Grenzen der Pflicht zur Beantwortung.** Die Pflicht zur Beantwortung parlamentarischer Anfragen besteht nicht uneingeschränkt. Insoweit gibt es formale und materielle Grenzen, deren Prüfung und Bewertung der LReg obliegt. Kommt die LReg zu dem Ergebnis, dass eine Frage – aus den nachfolgend dargestellten Gründen – ganz oder teilweise nicht zu beantworten oder nicht oder nur teilweise zu veröffentlichen ist, so hat sie dies dem Frage- bzw Antragstellenden mitzuteilen (Art. 40 Abs. 3 S. 2 LV) und substantiiert zu begründen (→ Rn 56). Allein der Verstoß der Frage gegen die GOLT, insbes. gegen das Gebot unsachlicher Wertungen und Feststellungen, berechtigen nicht zur Verweigerung der Auskunft.[68]

29 **a) Zuständigkeit, Verantwortungsbereich der Landesregierung.** Eine Grenze der Pflicht zur Beantwortung ergibt sich zunächst daraus, dass Fragen, als Instrument parlamentarischer Kontrolle, nur im Rahmen der Verantwortlichkeit der Reg gegenüber dem Parlament gestellt werden dürfen.[69] Fragen an die LReg müssen sich daher auf einen Gegenstand beziehen, für den die LReg unmittelbar oder mittelbar verantwortlich ist (§ 62 Abs. 2 Satz 2 GO LT). Der Kontrolle unterliegen danach sowohl die von der Regierung selbst wahrgenommenen Aufgaben als auch die von ihr verantworteten Aufgabenbereiche nachgeordneter Behörden. Die Verantwortlichkeit der LReg erstreckt sich sachlich auf den Bereich, in dem sie tätig geworden ist, sich geäußert hat oder in dem sie tätig werden kann. Dies gilt auch für Angelegenheiten des Bundes und der EU, soweit die LReg darauf Einfluss nehmen kann.[70] Soweit Aufgaben unmittelbar durch die LReg und die ihr nachgeordneten Behörden wahrgenommen werden, ist die Auskunftspflicht nicht auf die Frage der Rechtmäßigkeit beschränkt, sondern erfasst auch die Zweckmäßigkeit des Handelns.[71] Soweit sich hingegen die Verantwortung der LReg nur auf die Rechtsaufsicht erstreckt, ist die Auskunftspflicht gleichzeitig auf die Rechtmäßigkeit des Verwaltungshandelns beschränkt.

30 Auch das **dienstliche Verhalten** oder Äußerungen von Mitgliedern der LReg und von Landesbediensteten können Gegenstand einer parlamentarischen Anfrage sein.[72] Abgrenzungsprobleme treten auf, wenn Mitglieder der LReg gleichzeitig leitende Parteiämter innehaben und ggf in dieser Funktion tätig geworden sind. Parteiinterne Vorgänge fallen grds. nicht in den Verantwortungsbereich der LReg. Allein die Tatsache, dass die betreffende Person ein Regierungsamt innehat, reicht als Annahme zur Begründung des Verantwortungsbereichs der LReg nicht aus. Vielmehr müssen andere Komponenten hinzutreten, die die Verantwortlichkeit der LReg begründen. Maßgeblich ist, inwieweit sich das Verhalten oder die Äußerung einer Person der Parteifunktion oder der Funktion als Mitglied oder Repräsentant der LReg zurechnen lässt.[73]

31 Ob der Verantwortungsbereich der LReg auch hinsichtlich des **privaten Verhaltens** ihrer Mitglieder betroffen ist, hängt zunächst davon ab, ob und inwieweit sich dieses auf die Amtsführung auswirkt. Zudem ist zu berücksichtigen, in welchem Maß das angesprochene Verhalten im Rahmen des allg. Persönlichkeitsrechts der Privat- und Intimsphäre zuzuordnen ist. Soweit bereits die Frage nach

---

68 *Edinger*, in: Brocker/Droege/Jutzi, Art. 89 a Rn 13; *Linck*, in: Linck/Baldus/Lindner/Poppenhäger/Ruffert, Art. 67 Rn 42.
69 BVerfG, Urteil vom 21.10.2014 – 2 BvE 5/11 – S. 43.
70 *Edinger*, in: Brocker/Droege/Jutzi, Art. 89 a Rn 10.
71 BayVerfGH, Entsch. v. 26.7.2006 – Vf. 11-IVa-05 –; LVerfG LSA, NVWZ 2000, 671, 672.
72 *Jutzi*, ZParl. 2003, S. 478, 481.
73 *Ritzel/Bücker/Schreiner*, Vorbem. zu §§ 100-106 Anm. III. 3.g).

einem privaten Verhalten in den Schutzbereich des allg. Persönlichkeitsrechts eingreift, ist dies nach den dafür geltenden Grundsätzen (vgl → Rn 43) abzuwägen. Maßgeblich ist dabei die individuelle Gestaltung des Einzelfalls, da ggf ein besonderer Schutz des Mitglieds der LReg nicht besteht, wenn dieser mit der Darlegung des privaten Verhaltens selbst an die Öffentlichkeit getreten ist.[74]

Soweit sich eine Anfrage auf **private Unternehmen** erstreckt, ist im Hinblick auf den Verantwortungsbereich der LReg bzw das Kontrollrecht des Parlaments zu differenzieren. Grds. umfasst die parlamentarische Kontrolle nicht nur das Tätigwerden der LReg in den Formen des öffentlichen Rechts, sondern sie erstreckt sich auf jegliche Staatstätigkeit, auch wenn sie sich der Form privatrechtlicher Unternehmen, Anstalten oder Stiftungen etc. bedient.[75] Daraus folgt, dass juristische Personen des Privatrechts, die von der öffentlichen Hand „beherrscht" werden, dem Verantwortungsbereich der LReg zuzuordnen sind und der demokratischen Kontrolle auch im Rahmen des Fragerechts unterliegen.[76] Allerdings ist bei privatisierten Unternehmen zwischen der staatlichen Verantwortung und der jeweiligen unternehmerischen Verantwortung in Bezug auf den Gegenstand der Frage zu unterscheiden.[77] Die Verantwortlichkeit und damit die Auskunftspflicht der LReg werden begrenzt durch die tatsächliche und rechtliche Einflussmöglichkeit im konkreten Fall.[78] 32

Entsprechendes gilt für den Umfang der Verantwortlichkeit bei **staatlichen Subventionen**. Insoweit ist die Regierung nur dafür verantwortlich, dass Subventionen bereitgestellt werden und wie deren Zweckbindung überwacht wird. Ggf müssen die Interessen der subventionierten Unternehmen an einer Geheimhaltung der konkreten Fördervolumina hinter das parlamentarische Kontrollrecht zurücktreten. Insoweit darf das parlamentarische Fragerecht nicht durch privatrechtliche Klauseln, in denen Vertraulichkeit vereinbart wird, unterlaufen werden.[79] 33

Auch die **Vergabe öffentlicher Aufträge** an allein privat getragene Unternehmen unterliegt als Verhalten der öffentlichen Hand der parlamentarischen Kontrolle und schließt im Grundsatz auch ein parlamentarisches Fragerecht im Hinblick auf die Verhältnisse des privaten Vertragspartners ein.[80] Insoweit ist im Rahmen der Beantwortung jedoch der Schutz von Geschäftsgeheimnissen (→ Rn 42) zu beachten. 34

Rechtsauskünfte sind zulässig, soweit es um die Beurteilung der Rechtmäßigkeit von Verwaltungshandeln, insb. im Rahmen der Rechtsaufsicht geht. Sie finden ihre Grenze jedoch in der ausschließlichen Zuständigkeit der Rspr nach Art. 76 LV bzw Artt. 92, 97 GG. Daher darf sich die LReg im Rahmen einer Antwort nicht in laufende Gerichtsverfahren einmischen und sich nicht verbindlich zur Auslegung von Gesetzen äußern, da insoweit nicht auszuschließen ist, dass gerichtliche Verfahren beeinflusst und damit die Unabhängigkeit der Richter beeinträchtigt werden könnte.[81] 35

---

74 *Ritzel/Bücker/Schreiner*, Vorbem. zu §§ 100-106 Anm. III. 3.g).
75 *Linck*, in: Linck/Baldus/Lindner/Poppenhäger/Ruffert, Art. 67 Rn 27.
76 BayVerfGH, aaO.
77 *Lennartz/Kiefer*, DÖV 2006, S. 185, 188.
78 *Edinger*, in: Brocker/Droege/Jutzi, Art. 89 a Rn 10.
79 BayVerfGH, Entsch. v. 26.7.2006 – Vf. 11-IVa-05 –; *Linck*, in: Linck/Baldus/Lindner/Poppenhäger/Ruffert, Art. 67 Rn 27.
80 BayVerfGH, aaO.
81 *Lennartz/Kiefer*, DÖV 2006, 188.

36 Schließlich ist die **Neutralität des Staates** in religiösen und weltanschaulichen Fragen zu beachten. Daraus folgt, dass zB Fragen zur Auslegung religiöser Schriften und Grundsätze nicht zu beantworten sind.[82]

37 **b) Materielle Ablehnungsgründe (Art. 40 Abs. 3 Satz 1).** Nach Art. 40 Abs. 3 Satz 1 LV kann die LReg die Beantwortung von Fragen, die Erteilung von Auskünften und die Vorlage von Akten ablehnen, wenn dem Bekanntwerden des Inhalts **gesetzliche Vorschriften** oder **Staatsgeheimnisse** oder **schutzwürdige Interessen Einzelner**, insb. des **Datenschutzes**, entgegenstehen oder wenn die **Funktionsfähigkeit** und die **Eigenverantwortung** der LReg beeinträchtigt werden. Die LV definiert insoweit schutzwürdige Interessen Dritter oder Interessen der LReg, die dem Auskunftsrecht dem Abg. materiell entgegenstehen können.[83] Aus der verfassungsrechtlichen Bedeutung des parlamentarischen Fragerechts (→ Rn 1) folgt jedoch, dass die Antwortpflicht der Regierung die Regel, die Befugnis zu einer Verweigerung der Antwort die begründungsbedürftige Ausnahme darstellt.[84] Dass die LReg die Beantwortung der Frage unter den nachfolgend beschriebenen Voraussetzungen ablehnen „kann", eröffnet ihr bei der Beurteilung der Frage, ob schutzwürdige Interessen Dritter entgegenstehen, keinen Entscheidungsspielraum. Sie darf eine Antwort nur ablehnen oder einschränken, wenn die in der Norm genannten tatbestandlichen Voraussetzungen für die Weigerung vorliegen.[85] Auf der Tatbestandsseite gibt es kein Ermessen; liegt der Tatbestand nicht vor, ist die Auskunft zu erteilen.[86] Die Entscheidung der LReg unterliegt der vollen Überprüfung durch das LVerfG.[87]

38 **aa) Staatsgeheimnisse oder gesetzliche Vorschriften (1. Alt.).** Die LReg ist zur Ablehnung einer Information berechtigt, wenn dem Bekanntwerden ein Staatsgeheimnis oder gesetzliche Vorschriften entgegenstehen. Unter **Staatsgeheimnis** iSd Art. 40 Abs. 3 Satz 1 sind nach der Legaldefinition des § 93 Abs. 1 StGB Tatsachen, Gegenstände oder Erkenntnisse zu verstehen, die nur einem begrenzten Personenkreis zugänglich sind und vor einer fremden Macht geheim gehalten werden müssen, um die Gefahr eines schweren Nachteils für die äußere Sicherheit der Bundesrepublik Deutschland abzuwenden. Die Geheimhaltungsbedürftigkeit eines Staatsgeheimnisses ist insoweit ausschließlich auf den Schutz der äußeren Sicherheit der Bundesrepublik Deutschland, dh deren Fähigkeit, sich gegen Eingriffe von außen her zu wehren,[88] gerichtet. Wirtschaftliche Geheimnisse oder solche aus dem diplomatischen oder nachrichtendienstlichen Bereich sind nur dann Staatsgeheimnisse, wenn ihr Verrat zugleich Auswirkung für die äußere Sicherheit der Bundesrepublik Deutschland hätte.[89]

39 **Gesetzliche Vorschriften** iSd Art. 40 Abs. 3 Satz 1 LV sind alle Bestimmungen des Bundes- und des Landesrechts, die sowohl öffentliche als auch private Geheimnisse vor dem Bekanntwerden schützen.[90] Insb. der verfassungsrechtlich ge-

---

82 LVerfG LSA, NVwZ 2000, 671, 672.
83 LVerfG M-V, LVerfGE 13, 284, 298.
84 *Edinger*, in: Brocker/Droege/Jutzi, Art. 89 a Rn 18; *Klein*, in: Maunz/Dürig, Art. 43 Rn 96.
85 LVerfG M-V, LVerfGE 13, 284, 295.
86 LVerfG M-V, aaO, mit Hinweis auf SächsVerfGH, LVerfGE 8, 282, 287; VerfGH NW, DÖV 1994, 210, 214.
87 LVerfG M-V, aaO.
88 *Sternberg-Lieben*, in: Schönke/Schröder, StGB, 29. Aufl. 2014, § 93 Rn 17.
89 BGHSt 24, 72.
90 *Hübner*, in: von Mutius/Wuttke/Hübner, Art. 23 Rn 15.

botene Schutz privater Daten aus dem persönlichen sowie dem geschäftlichen Bereich ist in speziellen Vorschriften konkretisiert und abgesichert.[91]

Die vorgenannten Ablehnungsgründe führen jedoch nicht zu einem **Regierungs-** 40 **geheimnis** idS, dass geheimhaltungsbedürftige Daten dem Parlament generell vorzuenthalten sind. Der Schutz der Geheimnisse richtet sich vielmehr auf das **Bekanntwerden** der entsprechenden Informationen. Geheimnisse werden grds. nicht schon dadurch verletzt, dass sie dem LT, seinen Ausschüssen oder einzelnen Abg. zugänglich gemacht werden, sondern dadurch, dass sie der **Öffentlichkeit** bekannt werden.[92] Private oder öffentliche Geheimnisse begrenzen daher nicht automatisch das Recht des Parlaments informiert zu werden, sondern nur die Art und Weise, wie informiert wird, damit Informationen nicht an die Öffentlichkeit gelangen.[93]

Aus objektiven Geheimhaltungsinteressen folgt insoweit kein Informationsver- 41 weigerungsrecht, sondern abgestufte Veröffentlichungsverbote bzw weitergehend die Behandlung als Verschlusssache auf der Grundlage der Geheimschutzordnung des LT (→ Rn 54). Die Geheimschutzbestimmungen sind Ausdruck der Tatsache, dass das Parlament ohne eine Beteiligung am geheimen Wissen der Reg weder das Gesetzgebungsrecht noch das Haushaltsrecht noch das parlamentarische Kontrollrecht gegenüber der Reg ausüben könnte.[94]

bb) Schutzwürdige Interessen Einzelner, Datenschutz (2. Alt.). Soweit gesetzli- 42 che Regelungen nicht bestehen, können sich nach Art. 40 Abs. 3 Satz 1 LV Beschränkungen des Informationsanspruchs aus den Grundrechten ergeben, wenn Informationen bzw Akten der LReg Daten enthalten, deren Weitergabe schutzwürdige Interessen Einzelner beeinträchtigen. Eingriffe in Grundrechte können sich im Rahmen des parlamentarischen Fragerechts im Zusammenhang mit dem **allg. Persönlichkeitsrecht** aus Art. 2 Abs. 1 GG,[95] dem Grundrecht auf **informationelle Selbstbestimmung**[96] sowie dem durch Art. 12 Abs. 1 bzw Art. 14 Abs. 1 geschützten **Betriebs- und Geschäftsgeheimnis** ergeben.[97]

Ebenso wie beim Schutz von Staatsgeheimnissen begründet der bloße Eingriff in 43 Grundrechtspositionen der von der Herausgabe betroffenen Dritten nicht automatisch ein Verweigerungsrecht der LReg.[98] Maßgeblich sind in diesem Zusammenhang die im Wesentlichen zum Beweiserhebungsrecht und zum Recht der Aktenvorlage in Untersuchungsausschüssen vom BVerfG entwickelten Grundsätze, die insoweit auch für parlamentarische Anfragen gelten.[99] Danach ist im konkreten Fall eine Abwägung zwischen der Intensität des Grundrechtseingriffs gegen das Gewicht des parlamentarischen Kontrollanspruchs und des Kontrollgegenstandes im Rahmen des Verfassungsgrundsatzes der Verhältnismäßigkeit und der Zumutbarkeit erforderlich.[100] Das Kontrollrecht des Parlaments und der grundrechtliche Datenschutz müssen einander so zugeordnet werden, dass

---

91 Vgl zB § 17 UWG, § 30 VwVfG, § 30 AO sowie umfassend die Darstellung in *Kloepfer*, Informationsrecht, 2002, S. 70 ff und 371 ff.
92 *Hübner*, in: von Mutius/Wuttke/Hübner, Art. 23 Rn 18.
93 BVerfGE 124, 78, 124 ff; *Klein*, in: Maunz/Dürig, Art. 43 Rn 103; *Kretschmer*, in: Schmidt-Bleibtreu/Hofmann/Hopfauf, Art. 43 Rn 216; Linck, DÖV 1983, S. 957, 962 f.
94 BVerfGE 67, 100, 135; 77, 1, 48; BVerfG, Urteil vom 21.10.2014 – 2 BvE 5/11 – S. 49.
95 Vgl zum Schutzbereich BVerfGE 54, 148, 153; 63, 131, 142.
96 Vgl dazu BVerfGE 65, 1 ff.
97 BVerfG, Urteil vom 21.10.2014 – 2 BvE 5/11 – S. 51.
98 *Caspar*, in: Caspar/Ewer/Nolte/Waack, Art. 23 Rn 65.
99 *Hübner*, in: von Mutius/Wuttke/Hübner, Art. 23 Rn 18.
100 BVerfGE 67, 100, 173 f.

beide so weit wie möglich ihre Wirkung entfalten.[101] Der Eingriff darf nicht weiter gehen als es zum Schutz öffentlicher Interessen unerlässlich ist.[102] Konflikte sind im Wege der **praktischen Konkordanz** aufzulösen.[103] Eine Ausnahme gilt für solche „Informationen, deren Weitergabe wegen ihres streng persönlichen Charakters für die Betroffenen unzumutbar ist".[104] Im Regelfall führt die Beeinträchtigung von Grundrechten nicht zu einem Informationsverweigerungsrecht der LReg, sondern zu einem Gebot, die Veröffentlichung einzuschränken oder auszuschließen oder weitergehend Schutzvorkehrungen nach der Geheimschutzordnung zu treffen (→ Rn 54).

44 **cc) Funktionsfähigkeit und Eigenverantwortung der Landesregierung (3. Alt.).** Art. 40 Abs. 3 Satz 1 3. Alt. LV knüpft an die in der Entscheidung des BVerfG zum Flick-Untersuchungsausschuss entwickelten Grundsätze zum Schutz eines **Kernbereiches exekutiver Eigenverantwortung** an.[105] Gründe, einem Ausschuss oder Untersuchungsausschuss Akten vorzuenthalten, können sich danach vor allem aus dem **Gewaltenteilungsgrundsatz** ergeben. Die Verantwortung der Regierung gegenüber Parlament und Volk setzt notwendigerweise einen „Kernbereich exekutiver Eigenverantwortung" voraus, der einen auch von parlamentarischen Untersuchungsausschüssen grds. nicht ausforschbaren Initiativ-, Beratungs- und Handlungsbereich einschließt.[106] Dazu gehört zB die Willensbildung der Regierung selbst, sowohl hinsichtlich der Erörterung im Kabinett als auch bei der Vorbereitung von Kabinetts- und Ressort-Entscheidungen, die sich vornehmlich in ressortübergreifenden und -internen Abstimmungsprozessen vollzieht.[107]

45 Der Kernbereich exekutiver Eigenverantwortung schützt die LReg jedoch nicht nur vor beantragter Akteneinsicht durch Untersuchungsausschüsse, sondern bezieht sich auf alle parlamentarischen Anfragen und Auskunftsverlangen und begrenzt insoweit den Umfang aller an die Regierung gestellten Informationsbegehren.[108] Als Ausfluss des Grundsatzes der Gewaltenteilung kommt der Funktionsfähigkeit und Eigenverantwortung der LReg insgesamt eine limitierende Funktion gegenüber den allg. Instrumenten parlamentarischer Kontrolle zu.[109]

46 Das BVerfG hat seine entwickelten Grundsätze zum Kernbereich exekutiver Eigenverantwortung in einer zweiten grundlegenden Entscheidung vom 30.3.2004[110] fortentwickelt und präzisiert. Der Entscheidung lag das Aktenherausgabeverlangen eines ständigen Ausschusses (Bildungsausschuss) in Schleswig-Holstein zugrunde,[111] mit dem Berechnungsfehler im Rahmen der Haushaltsaufstellung nachgewiesen werden sollten. Das BVerfG hat in diesem Rahmen zunächst klargestellt, dass die Formulierung **Funktionsfähigkeit** und **Eigenverantwortung** nicht kumulativ zu verstehen sind,[112] sondern dass die beiden Elemente

---

101 BVerfGE 67, 100, Leitsatz 5 a.
102 BVerfGE 67, 100, 143; 77, 1, 46 f.
103 *Bogan*, in: Epping/Butzer, Art. 24 Rn 31; Engels, Parlamentarische Untersuchungsausschüsse, 2. Aufl., S. 112.
104 BVerfGE 65, 1, 46; 67, 100 (Leitsatz 5 c); *Bogan*, in: Epping/Butzer, Art. 24 Rn 32.
105 BVerfGE 67, 100, 139; im Anschluss an *Scholz*, AöR 105 (1980), S. 564, 598.
106 *Bogan*, in: Epping/Butzer, Art. 24 Rn 25.
107 BVerfGE 67, 100, 139; BVerfG, Urteil vom 21.10.2014 – 2 BvE 5/11 – S. 43 f.; vgl auch BremStGH, NVwZ 1989, 953, 955; *Wiefelspütz*, Das Untersuchungsausschussgesetz, 2003, S. 70 ff.
108 *Caspar*, in: Caspar/Ewer/Nolte/Waack, Art. 23 Rn 75.
109 *Caspar*, in: Caspar/Ewer/Nolte/Waack, Art. 23 Rn 75.
110 BVerfGE 110, 199 ff.
111 Die insoweit maßgebliche Vorschrift des Art. 23 SchlHVerf stimmt wörtlich mit Art. 40 LV M-V überein.
112 So aber noch *Hübner*, in: von Mutius/Wuttke/Hübner, Art. 23 Rn 20 aE.

des Begriffspaars „Funktionsfähigkeit und Eigenverantwortung" in ihrer Kombination als einheitliches Tatbestandsmerkmal zwei unterschiedliche Schutzaspekte erfassen.[113]

Zunächst folgt aus dem Terminus „**Eigenverantwortung**" der Schutz der Entscheidungsautonomie der Regierung.[114] Eine Pflicht der Regierung, parlamentarischen Informationswünschen zu entsprechen, besteht danach idR nicht, wenn die Information zu einem Mitregieren Dritter bei Entscheidungen führen kann, die in der alleinigen Kompetenz der Regierung liegen.[115] Diese Möglichkeit besteht bei Informationen aus dem Bereich der Vorbereitung von Regierungsentscheidungen regelmäßig, solange die Entscheidung noch nicht getroffen ist. Danach erstreckt sich die Kontrollkompetenz des Parlaments grundsätzlich nur auf **bereits abgeschlossene Vorgänge**;[116] ein Eingriff in laufende Verhandlungen und Entscheidungsvorbereitungen ist damit ausgeschlossen.[117] Im Rahmen laufender Vorgänge im alleinigen Verantwortungsbereich der LReg sind nicht nur die inhaltlichen Positionen der Regierung, sondern auch Stellungnahmen Dritter, zB im Rahmen von Anhörungsverfahren der Exekutive geschützt. Zur Eigenverantwortung gehört auch die Frage, ob sich die Regierung in einer politischen Angelegenheit überhaupt festlegen will sowie ggf der Zeitpunkt des beabsichtigten Handelns.[118] 47

Der aus dem Gewaltenteilungsprinzip folgende Schutz vor informatorischen Eingriffen in den Bereich exekutiver Entscheidungsvorbereitung erschöpft sich jedoch nicht in dessen Abschirmung gegen unmittelbare Eingriffe in die autonome Kompetenzausübung der Regierung. Auch dem nachträglichen parlamentarischen Zugriff auf Informationen aus der Phase der Vorbereitung von Regierungsentscheidungen setzt der Gewaltenteilungsgrundsatz Grenzen.[119] Insoweit ist die Regierung auch bei bereits abgeschlossenen Entscheidungen zur Sicherung ihrer **Funktionsfähigkeit** vor einem schrankenlosen parlamentarischen Anspruch auf Informationen aus diesem Bereich geschützt.[120] Während ein Eingriff in laufende Verfahren die Entscheidungsautonomie der Regierung gefährdet, sichert die Funktionsfähigkeit präventiv die Freiheit und Offenheit der Willensbildung innerhalb der Regierung.[121] Es muss grds. gewährleistet sein, dass die Regierung im Vorfeld einer Entscheidung intern, offen und kontrovers diskutieren kann, ohne dass der Verlauf der Diskussion die Positionierung einzelner Kabinettsmitglieder im Nachhinein offengelegt werden kann. Das BVerfG spricht in diesem Zusammenhang von der Abwehr der Gefahr einer „einengenden Vorwirkung";[122] insoweit kommt den Erörterungen im Kabinett eine besonders hohe Schutzwürdigkeit zu.[123] 48

Der Schutz der **Vertraulichkeit der Willensbildung** bei abgeschlossenen Vorgängen ist jedoch **nicht absolut**, sondern im Einzelfall mit dem parlamentarischen 49

---

113 BVerfGE 110, 199, 216.
114 BVerfGE 110, 199, 221.
115 BVerfGE 110, 199, 214; 124, 78, 120.
116 BVerfGE 110, 199, 215.
117 BVerfGE 110, 199, 215; 67, 100, 139; BremStGH, NVwZ 1989, 953, 956; BbgVerfG, NVwZ 1989, 209, 211.
118 *Lennartz/Kiefer*, DÖV 2006, 191.
119 BVerfGE 110, 199, 215.
120 BVerfG, Urteil vom 21.10.2014 – 2 BvE 5/11 – S. 56 f.; *Bogan*, in: Epping/Butzer, Art. 24 Rn 26.
121 BVerfGE 110, 199, 221.
122 BVerfGE 110, 199, 215.
123 BVerfGE 110, 199, 221; 124, 78, 120 f.

Informationsinteresse abzuwägen. Je weiter ein parlamentarisches Informationsbegehren in den innersten Bereich der Meinungsbildung der Regierung eindringt, desto gewichtiger muss das parlamentarische Informationsinteresse sein, um sich gegen ein von der Regierung geltend gemachtes Interesse an Vertraulichkeit durchsetzen zu können.[124] Besonders hohes Gewicht kommt dem parlamentarischen Informationsinteresse zu, soweit es um die Aufklärung möglicher Rechtsverstöße und vergleichbarer Missstände innerhalb der Regierung geht.[125] Im streitigen Fall hat das BVerfG das parlamentarische Interesse an der Aufklärung einer Deckungslücke im Haushalt von 35,1 Mio. DM höher bewertet als das Interesse der einzelnen Regierungsmitglieder daran, dass das Ausmaß ihrer Durchsetzungsfähigkeit innerhalb der Regierung dem Parlament und damit auch einer weiteren Öffentlichkeit verborgen bleibt.[126] Ein so weitgehendes parlamentarisches Informationsrecht dürfte jedoch auf Fälle zu beschränken sein, in denen belastbare Anhaltspunkte für rechtliche, politische oder fiskalische Fehler der LReg ersichtlich sind. Gleichzeitig ist es notwendig, dass sich der Gegenstand der Frage auf eine parlamentarische Kontrolle ieS bezieht und nicht auf bloße Informationsbeschaffung – die iÜ zulässig ist (→ Rn 1) –, wie zB Fragen, die auf Sachverhalte im Wahlkreis oder auf die Vorbereitung eigener parlamentarischer Initiativen, gerichtet sind.

V. Grundsatz und Schranken öffentlicher Beantwortung

50 Von der Frage, ob die Beeinträchtigung Rechter Dritter oder Staatsgeheimnisse die Auskunftspflicht der LReg gegenüber dem Fragesteller begründen, ist die Art und der Umfang der **Veröffentlichung** der Antwort zu unterscheiden. Wenngleich der Wortlaut des Art. 40 LV dies nicht ausdrücklich statuiert, ergibt sich aus dem Sinn und Zweck der parlamentarischen Kontrolle in Verbindung mit dem allg. Öffentlichkeitsgebot[127] ein verfassungsrechtlicher Vorrang der **öffentlichen Beantwortung** parlamentarischer Anfragen.[128] Öffentlichkeit ist essentiell für die Ausübung der Kontrollfunktion des Parlaments. In der politischen Realität ist das Fragerecht in seiner Kontrolldimension ganz überwiegend ein Mittel der Opposition, welches in seiner Wirksamkeit grdsl. auf Öffentlichkeit angewiesen ist. Fällt das Öffentlichkeitselement weg, so scheidet in der Praxis zumindest eine sanktionierende Kontrolle aus.[129] Im Ergebnis begründet das parlamentarische Fragerecht somit nicht nur ein individuelles Informationsrecht, sondern auch ein Recht auf eine allen Abg. und der Öffentlichkeit zugängliche Antwort.[130]

51 In der parlamentarischen Praxis wird die Öffentlichkeit dadurch hergestellt, dass Kleine und Große Anfragen als Vorlagen iSd § 41 GO LT behandelt und in der Konsequenz die Antworten auf die Anfragen gem. § 44 GO LT als LT-Drs. erstellt und in elektronischer Form in die **öffentliche Datenbank** des LT eingestellt werden. Mit der Einstellung in die für jedermann über das Internet zugängliche Parlamentsdatenbank findet ein über die gewöhnliche Öffentlichkeit hinausgehender Eingriff in das informationelle Selbstbestimmungsrecht bzw andere Privat- oder Geschäftsgeheimnisse statt. Parlamentsdrucksachen in Papier-

---

124 BVerfGE 110, 199, 222.
125 BVerfGE 110, 199, 222; 67, 100, 130.
126 BVerfGE 110, 199, 224.
127 *Edinger*, in: Brocker/Droege/Jutzi, Art. 89 a Rn 18; *Linck*, Parlamentsöffentlichkeit, in: ZParl 1992, S. 671, 705.
128 BVerfGE 77, 1, 48; *Di Fabio*, Der Staat 29 (1990), S. 599, 603.
129 BVerfG, Urteil vom 21.10.2014 – 2 BvE 5/11 – S. 69.
130 IdS auch *Kestler*, ZParl 2001, S. 258, 263.

form sind regelmäßig nur einem begrenzten Personenkreis zugänglich, maßgeblich ist aber vor allem, dass mit der Einstellung in eine allgemein zugängliche Datenbank eine automatisierte Recherche durchgeführt werden kann. Das bedeutet, dass wenn eine Privatperson in einer Kleinen oder Großen Anfrage mit vollständigem Namen erwähnt ist, noch nach Jahren durch die Eingabe des Namens in eine Suchmaschine der in der Kleinen Anfrage behandelte Sachverhalt recherchiert werden kann. Insb. in den Fällen, in denen in parlamentarischen Fragen Rechtsverstöße einzelner Personen oder Institutionen abgefragt werden – die sich möglicherweise später als haltlos herausgestellt haben – ist eine besondere Sensibilität geboten. Damit die potentielle Beeinträchtigung von Rechten Dritter durch die Veröffentlichung nicht zwangsläufig zu einer Verkürzung des materiellen Informationsanspruchs führt, ist daher in Bezug auf die Veröffentlichung ein abgestuftes Verfahren angezeigt.

Es ist regelmäßig ohne Bedeutung, ob das Verhalten einer Person unter Nennung des Namens bereits Gegenstand der Berichterstattung der Medien geworden ist. Berichte in den Medien werden oftmals nur flüchtig wahrgenommen, eine erneute **öffentliche Namensnennung** führt in aller Regel zu einer erneuten Beeinträchtigung des Persönlichkeitsrechts. Zudem finden Veröffentlichungen in einer Parlamentsdrucksache weite Verbreitung und werden vielfach von einem anderen Personenkreis wahrgenommen als Medienberichte. Außerdem wird oftmals bei einer Parlamentsdrucksache als amtliches Dokument auch dem Inhalt ein gegenüber Medienberichten gesteigerter Wahrheitsgehalt beigemessen.[131] 52

Im Regelfall kann der Schutz der Rechte Privater dadurch erreicht werden, dass die Namen der betreffenden Personen anonymisiert werden und lediglich die Initialen des Namens in der Frage erwähnt werden.[132] Bei in der Öffentlichkeit unbekannten Amts- und Funktionsträgern werden nur die Funktionsbezeichnungen angegeben. Von einer **Anonymisierung** kann dann abgesehen werden, wenn schutzwürdige Interessen betroffener Personen nicht bestehen oder in der Abwägung mit dem verfassungsrechtlichen Fragerecht zurücktreten. Das ist dann anzunehmen, wenn 53

- die betroffene Person in die Namensnennung eingewilligt hat,
- es sich um Personen der Zeitgeschichte handelt,
- die betroffene Person mit dem Verhalten selbst an die Öffentlichkeit gegangen ist,
- die Person eindeutig in neutralem oder positivem Zusammenhang erwähnt wird, so dass eine Persönlichkeitsrechtsverletzung ausgeschlossen werden kann,
- ein Sachverhalt in der Medienberichterstattung so große Aufmerksamkeit erregt hat, dass eine Anonymisierung auf Unverständnis in der Öffentlichkeit stoßen würde oder
- die betroffene Person im Kontext verfassungsfeindlicher Aktivitäten in einem Verfassungsschutzbericht des Bundes oder eines Landes namentlich genannt worden ist.[133]

---

131 *Kestler*, ZParl 2001, 258, 271; Ritzel/Bücker/Schreiner, Vorbem. zu §§ 100-106 Anm. III. 4.a).
132 *Ritzel/Bücker/Schreiner*, Vorbem. zu §§ 100-106 Anm. III. 4.a); *Glauben/Edinger*, DÖV 1995, 941, 945.
133 Vgl zu der Aufzählung *Kestler*, ZParl 2001, 258, 273 ff; Ritzel/Bücker/Schreiner, Vorbem. zu §§ 100-106 Anm. III. 4.a).

54 Wenn und soweit die Anonymisierung und ggf Pseudonymisierung[134] nicht ausreicht, sieht § 13 der Geheimschutzordnung des LT (Anlage 1 zu GO LT) zum Schutz von Geschäfts-, Betriebs-, Erfindungs-, Steuer- oder sonstigen privaten Geheimnissen vor, die entsprechenden Informationen nach den Vorschriften der Geheimschutzordnung zu behandeln. In Bezug auf Staatsgeheimnisse ist die **Geheimschutzordnung** unmittelbar anwendbar. Wenn die LReg im Rahmen einer parlamentarischen Anfrage die Antwort als Verschlusssache einstuft, bleibt sie dann zur Antwort verpflichtet, wenn und soweit das Parlament die notwendigen Vorkehrungen für den Geheimschutz getroffen hat.[135] Die Geheimschutzordnung ist insoweit ein Instrument des Ausgleichs zwischen dem exekutiven Geheimhaltungsinteresse und dem parlamentarischen Informationsinteresse.[136]

55 Unabhängig von einer Einstufung oder sonstiger Schutzvorkehrungen im Hinblick auf Persönlichkeitsrechte durch die LReg obliegt dem PräsLT vor Veröffentlichung der Antwort bzw Einstellung in die Datenbank eine eigenständige Prüfungspflicht im Hinblick auf die mögliche Verletzung von Persönlichkeitsrechten. Denn die Veröffentlichung stellt einen weitergehenden Eingriff dar als die Übermittlung durch die LReg. Soweit die Antworten in die parlamentarische Datenbank eingestellt und über das Internet recherchierbar sind, ist es grds. angezeigt, Namen von Personen und privaten Institutionen zu anonymisieren. Dies entspricht iÜ auch der Praxis der Rspr in Bezug auf die Veröffentlichung von Urteilen.

VI. Mitteilungspflicht der Landesregierung (Abs. 3 Satz 2)

56 Nach Art. 40 Abs. 3 Satz 2 muss die LReg den Fragestellenden oder den Antragstellern mitteilen, wenn und soweit sie die Beantwortung von Fragen, die Erteilung von Auskünften oder die Vorlage von Akten ablehnen will. Eine solche Mitteilung muss die konkreten Gründe für die nur unter engen verfassungsrechtlichen Voraussetzungen erlaubte Einschränkung enthalten, damit der LT als das die Regierung kontrollierende Verfassungsorgan beurteilen kann, ob seine Kontrolle zu Recht zurückgedrängt wird.[137] Die Mitteilung muss danach eine substantiierte Begründung enthalten, aus der die für maßgeblich erachteten tatsächlichen und rechtlichen Gesichtspunkte ersichtlich sind, auf die die Verweigerung gestützt wird.[138] Insoweit reicht eine pauschale Berufung auf Datenschutzgesichtspunkte im Regelfall nicht aus.[139] Der Abg darf nicht im Unklaren über die Gründe für die Verweigerung gelassen werden. Er muss in die Lage versetzt werden, die Rechtmäßigkeit der Ablehnung zunächst für sich selbst zu prüfen und sie – sofern aus seiner Sicht erforderlich – sodann vom LVerfG im Organstreitverfahren überprüfen zu lassen.[140] Eine Mitteilung, verbunden mit einer nachvollziehbaren Begründung, ist auch geboten, wenn die nach der GO LT vorgesehene Antwortfrist (→ Rn 27) mehr als nur unerheblich überschritten wird.

---

134 Vgl dazu *Lennartz/Kiefer*, DÖV 2006, 190.
135 BVerfGE 67, 100, 144.
136 BVerfGE 124, 78, 124 f.; 130, 318, 362; 131, 152, 208; BVerfG, Urteil vom 21.10.2014 – 2 BvE 5/11 – S. 68.
137 LVerfG M-V, LVerfGE 13, 285, 297; LVerfG M-V, Urteil vom 23.1.2014 – LVerfG 8/13, S. 12.
138 SächsVerfGH, LKV 1998, 316.
139 LVerfG M-V, aaO, S. 297.
140 BVerfGE 124, 161, 193; LVerfG M-V, Urt. vom 23.1.2014 – LVerfG 8/13, S. 12 mwN.

VII. Auftrag an den Gesetzgeber (Abs. 4)

In Art. 40 Abs. 4 LV wird der Gesetzgeber ermächtigt, das nähere zu den Informationsrechten und -pflichten in einem Ausführungsgesetz zu regeln.[141] Von dieser Ermächtigung hat der Gesetzgeber bisher jedoch noch keinen Gebrauch gemacht.[142]

57

II. Landesregierung

Art. 41 (Stellung und Zusammensetzung)

(1) Die Landesregierung steht an der Spitze der vollziehenden Gewalt.

(2) Die Landesregierung besteht aus dem Ministerpräsidenten und den Ministern.

(3) Mitglieder der Landesregierung dürfen weder dem Deutschen Bundestag noch dem Europäischen Parlament oder dem Parlament eines anderen Landes angehören.

Zu Abs. 1 und 2: Artt. 45 Abs. 1 und 2 BWVerf; 43 BayVerf; 55 VvB; 82 BbgVerf; 107 Abs. 1 BremVerf; 33 HambVerf; 100 HessVerf; 28 Abs. 1 und 2 NdsVerf; 51 Verf NW; 98 Abs. 1 Verf Rh-Pf; 86 SaarlVerf; 59 Abs. 1 und 2 SächsVerf; 64 LVerf LSA; 26 Abs. 1 SchlHVerf; 70 Abs. 1 und 2 ThürVerf.

Zu Abs. 3: Artt. 108, 113 Abs. 1 BremVerf; 39 HambVerf; 28 Abs. 3 NdsVerf; 64 Abs. 4 Verf NW; 64 LVerf LSA.

I. Vorbemerkung	1	III. Landesregierung als Funktion	6
II. Landesregierung als Organisation	3	1. Spannungsverhältnis zum Landtag	6
1. Verhältnis der Landesregierung zum Behördenapparat	3	2. Aufgaben der Landesregierung	9
2. Zusammensetzung der Landesregierung	4	IV. Inkompatibilitäten	14
		V. Schrifttum	16

I. Vorbemerkung

Der II. Teil des Abschnitts „Staatsorganisation" befasst sich mit der LReg. Die LReg ist eine Institution, deren Zusammensetzung in Abs. 2 beschrieben wird. Im Gegensatz zum GG, das sich in Art. 62 auf eine Beschreibung der Institution (BReg) beschränkt und auf funktionelle Beigaben völlig verzichtet, haben sich die Verfassungsgeber in Art. 41 Abs. 1 LV um eine wesensmäßige Erfassung der LReg bemüht, um ihr den ihr eigentümlichen Ort in der Staatsorganisation des Landes zuzuweisen. Das ist der der „vollziehenden Gewalt". Dieser Begriff lässt zunächst an die Aufgabe des Gesetzesvollzugs denken. Indessen ist klar, dass das Regieren sich nicht im Gesetzesvollzug erschöpft, sondern dass die LReg darüber hinaus Gesetze initiiert, dass sie vorausschaut und plant, gesellschaftliche Bedürfnisse und Ideen identifiziert, interpretiert, koordiniert, verarbeitet und in verwirklichungsfähige Initiativen umwandelt sowie gesellschaftliche und staatliche Krisen abwehrt.[1] Vielleicht ist sie damit sogar das „Zentrum der politischen

1

---

141 Zu den möglichen Inhalten eines solchen Gesetzes vgl *Wuttke*, in: von Mutius/Wuttke/Hübner, Art. 23 Rn 23.
142 Siehe zu den bisherigen – erfolglosen – Gesetzesinitiativen → *Wiegand-Hoffmeister*, **Art. 39** Rn 5.
1 *M. Schröder*, in: von Mangoldt/Klein/Starck, Art. 62 Rn 22.

Macht im Staat".[2] Der Begriff der vollziehenden Gewalt lässt durchaus Raum für die **Staatsleitung**.[3] Andererseits ist deren Ausübung wiederum nicht auf die LReg beschränkt, sondern obliegt auch dem LT,[4] der nach Art. 20 Abs. 1 Satz 2 „Stätte der politischen Willensbildung" ist. Mit dem Begriff der vollziehenden Gewalt lässt sich die Funktion der LReg also nicht eindeutig erfassen. Diese wird vielmehr in den der LReg im Einzelnen zugewiesenen Aufgaben beschrieben. In Abs. 1 ist denn auch etwas anderes gemeint, nämlich die Verortung der LReg in dem Institutionengefüge „vollziehende Gewalt". „Gewalt" meint nämlich nicht nur eine Funktion, sondern auch eine Institution.[5] „Vollziehende Gewalt" ist demnach eine organisatorische Zusammenfassung von Regierung und Verwaltung, deren Spitze in M-V die LReg sein soll. Abs. 1 beschreibt die LReg damit als den gubernativen Teil der Exekutive, der der Verwaltung die Richtung vorgibt.

2 Die aus Regierung und Verwaltung zusammengesetzte vollziehende Gewalt ist die **zweite Gewalt** im System der parlamentarischen Demokratie. Sie ist dem Parlament nachgeordnet, hat aber einen eigenen Aufgabenbereich, den das Parlament bei der Ausübung seiner Gewalt nicht (auch nicht ersatzweise) selbst nutzen darf, sondern respektieren muss. Zu diesem Bereich gehören zB die Organisationskompetenz des MinPräs sowie auch das Direktionsrecht der Minister im Rahmen ihrer Ressortverantwortlichkeit.[6] Die Anerkennung eines zugriffsfesten Eigenbereichs der Exekutive[7] ist kein systemwidriger Einbruch in die Struktur der parlamentarischen Demokratie.[8] Die Nachordnung der LReg gegenüber dem LT äußert sich darin, dass sie an das Gesetz gebunden ist, dass der MinPräs vom Parlament gewählt wird, dass die Fortdauer seines Amtes von dessen Vertrauen abhängt und dass er sowie die anderen Mitglieder der LReg diesem verantwortlich sind. In der Verantwortung der Regierung gegenüber dem Parlament ist zugleich deren Eigenständigkeit begründet; man kann Verantwortung nur für das tragen, was man selbständig tun darf.[9]

II. Landesregierung als Organisation

3 **1. Verhältnis der Landesregierung zum Behördenapparat.** Im Verhältnis zum Behördenapparat übt die LReg den gubernativen Teil der vollziehenden Gewalt aus. Sie steht an dessen Spitze, dh sie ist ihm übergeordnet (§ 5 LOG) und kann ihm ihren Willen durch **Dienst- und Fachaufsicht**(§ 15 LOG) aufzwingen. Dieses Recht steht den Mitgliedern der LReg als obersten Landesbehörden zu. Die Fachaufsicht erstreckt sich auf die rechtmäßige und zweckmäßige Wahrnehmung der Verwaltungsangelegenheiten der Behörden (§ 16 Abs. 2 LOG); sie bedeutet ein (potenzielles) letztverbindliches Weisungsrecht in allen Fragen, in denen die nachgeordneten Behörden (nach außen) entscheidungsbefugt sind.

---

2 *H.-P. Schneider*, in: Denninger, Art. 62 Rn 2. Das gilt jedenfalls für den Bereich des Staates (Government), nicht notwendig indessen beim Zusammenwirken staatlicher und nichtstaatlicher Akteure durch Koordination in oder durch Regelungsstrukturen (Governance), vgl *Schuppert*, Einleitung, in: Gunnar Folke Schuppert/Michael Zürn (Hrsg.), Governance in einer sich wandelnden Welt, S. 23.
3 *Stern*, Bd. II, S. 537.
4 Vgl *M. Schröder (Fn 1)*, Rn 24; ferner in: HdbStR Bd. III, § 64 Rn 10; auch *Detterbeck*, HdbStR Bd. III, § 66 Rn 1 zu entsprechenden Befugnissen des BT.
5 Vgl *Stern* (Fn 3), S. 523.
6 *H.-P. Schneider* (Fn 2), Rn 7 ff.
7 BVerfGE 9, 268, 281; 34, 52, 59.
8 *Böckenförde*, Die Organisationsgewalt im Bereich der Regierung, S. 290.
9 *Thiele*, in: Thiele/Pirsch/Wedemeyer, Vorbem. zu Art. 41-51, Rn 3.

Dienstaufsicht ist das Recht zur Durchsetzung der Rechtmäßigkeit des administrativen Handelns im Bereich der inneren Ordnung, der allg. Geschäftsführung und der Personalangelegenheiten (§ 16 Abs. 1 LOG). Die Fachaufsicht obliegt den obersten Landesbehörden gegenüber allen Behörden der unmittelbaren Landesverwaltung sowie gegenüber den Kommunen und Landkreisen, soweit diesen Aufgaben im übertragenen Wirkungskreis zugewiesen sind, die Rechtsaufsicht darüber hinaus auch in den übrigen Bereichen mittelbarer Landesverwaltung.

2. Zusammensetzung der Landesregierung. Die LReg besteht aus dem MinPräs und den von ihm zu ernennenden Ministern. Das ist eine Legaldefinition, dh: Soweit der Begriff in der LV verwendet wird, meint er iS einer widerlegbaren Vermutung das in Abs. 2 in seiner Zusammensetzung beschriebene Kollegialorgan. Eine Ausnahme bildet zB die Verwendung des Begriffs in Art. 62 LV; dort ist die Landesverwaltung insgesamt gemeint (→ *Mediger*, **Art. 62** Rn 4).

Nicht zu der LReg gehören die Staatssekretäre. Diese haben daher im Kabinett kein Stimmrecht und können ihre Minister auch im LT nicht vertreten. Ein Minister wird vielmehr nur durch einen anderen Minister vertreten; die Vertretungsreihenfolge bestimmt der MinPräs (§ 5 Abs. 1 GO LReg).

III. Landesregierung als Funktion

1. Spannungsverhältnis zum Landtag. Mangels grds. Bestimmung der Aufgabe der LReg bleibt ein **Spannungsverhältnis** zwischen der ihr obliegenden Grundsätze bestimmenden Tätigkeit und der Zuständigkeit des LT für die politische Willensbildung (Art. 20 Abs. 1 Satz 2 LV). Während die LReg an die Gesetze (rechtlich) gebunden ist (Art. 4 LV), ist ihre Bindung an andere Willensbekundungen des LT nur eine politische, die der LT lediglich mit der Drohung des Vertrauensentzugs (Art. 50 Abs. 2 und 3 LV) als ultima ratio durchsetzen kann. Dieses Spannungsverhältnis[10] ist indessen in einem System der checks und balances bewusst mit angelegt und fördert die politische Auseinandersetzung.

Spannungen ergeben sich immer wieder auch aus der Kontrollbefugnis des LT gegenüber LReg und Landesverwaltung (Art. 20 Abs. 1 Satz 2 LV). Eine Verletzung des Gewaltenteilungsprinzips liegt dann vor, wenn der LT dabei in den „Kernbereich exekutiver Eigenverantwortung" einbricht.[11]

Über die Vorbereitung von Gesetzen, VO und VV, über Grundsatzfragen der Landesplanung, der Standortplanung und der Durchführung von Großvorhaben sowie über die anderen soeben genannten Aktivitäten (→ Rn 1) hat die LReg den LT frühzeitig und vollständig zu unterrichten. Diese Informationspflicht findet ihre Grenzen in der Funktionsfähigkeit und der Eigenverantwortung der LReg (→ *Wiegand-Hoffmeister*, Art. 39).

2. Aufgaben der Landesregierung. a) Zu den Aufgaben der LReg gehört die **Gesetzesinitiative** (Art. 55 Abs. 1 LV). Die LReg teilt sich diese Befugnis mit dem LT, dem es iÜ unbenommen ist, die von der LReg eingebrachten Entw. in jeder Weise zu ändern (also auch in deren Gegenteil zu verkehren). Allein der Entw. des Gesetzes, mit dem der Haushaltsplan festgestellt wird, sowie Vorlagen zur Änderung des Haushaltsgesetzes und des Haushaltsplans können nur von der LReg eingebracht werden.

b) Der Erlass von **RechtsVO** ist Sache der LReg oder des zuständigen Ministers. Sie bedürfen hierfür freilich einer formell-gesetzlichen Ermächtigung. LReg, Mi-

---

10 *Tettinger*, in: Löwer/Tettinger, Art. 55 Rn 16.
11 BVerfGE 9, 268, 280.

nister oder nachgeordnete Behörden erlassen auch **VV**, diese kraft eigener Geschäftsleitungsgewalt.

11 c) Die LReg ist zuständig für die Entscheidung über die Stimmabgabe des Landes im **BRat** (Art. 51 Abs. 2 GG) sowie- neben dem LT - für die **Zusammenarbeit** des Landes mit dem Bund, den Ländern, anderen Staaten sowie der Europäischen Union und deren Organen.

12 d) Die Aufgaben der Verwaltung obliegen grds. den der LReg nachgeordneten Behörden.

13 e) Die LReg und die ihr nachgeordneten Behörden üben nicht sämtliche Exekutivfunktionen aus. Die **Verwaltung der Angelegenheiten des LT** ist Sache des PräsLT (Art. 29 Abs. 3 und 6 LV).

IV. Inkompatibilitäten

14 Einem Mitglied der LReg sind bestimmte andere Mitgliedschaften und die Ausübung bestimmter anderer Tätigkeiten verboten. In Abs. 3 sind Inkompatibilitäten geregelt, dh **Verbote der Übernahme oder Beibehaltung öffentlicher Mandate**, deren Wahrnehmung in Widerspruch zu den Aufgaben der LReg geraten könnte. Das sind namentlich die Mitgliedschaften im BT, im Europäischen Parlament sowie in den Landtagen anderer Bundesländer. Von den Inkompatibilitäten sind zu unterscheiden die in Art. 45 Abs. 1 LV geregelten Berufsausübungsverbote und Verbote von Mitgliedschaften anderer Art (→ **Art. 45** Rn 3 ff). Während durch diese Verbote Interessenkonflikte im allg., aber auch Beeinträchtigungen der Arbeitskraft bei der Wahrnehmung des Regierungsamtes sowie Ansehensverluste für dieses Amt abgewehrt werden sollen, geht es bei den Inkompatibilitäten allein um die Verhinderung von Konflikten aus der Wahrnehmung unterschiedlicher politischer Ämter.

15 Die **Mitgliedschaft im LT** von M-V ist den Mitgliedern der LReg dagegen nicht verboten.[12] Freilich liegt auf der Hand, dass durch die Zugehörigkeit sowohl zur ersten wie auch zur zweiten Gewalt ebenfalls Interessenkonflikte entstehen können. Die LReg ist an die vom LT verabschiedeten Gesetze gebunden (Art. 4 LV). Der LT kontrolliert die LReg (Art. 20 Abs. 1 Satz 3 LV).Er wählt und stürzt gegebenenfalls den MinPräs (Artt. 20 Abs. 1 Satz 3, 42 und 50 Abs. 2 und 3 LV), der dies bei der Ernennung und auch bei der Entlassung von Ministern (Art. 43 Satz 1 LV)und bei der Ausübung der Richtlinienkompetenz (Art. 46 Abs. 1 LV)berücksichtigen wird. Ein Regierungsmitglied, das als Abg. im LT Einfluss ausüben kann, bringt diese Macht auch in seinem Regierungsamt zur Geltung. Gleichwohl kennen die Verfassungen des Bundes und der Mehrzahl der Länder[13] im Hinblick auf die besonderen Vorteile einer parlamentarischen Anbindung von Regierungsmitgliedern keine entsprechende Inkompatibilität. Die unmittelbare Verantwortlichkeit des MinPräs gegenüber dem LT bedingt ohnehin ständige Kontakte, um die erforderliche Mehrheit für seine Politik zu gewinnen oder aufrechtzuerhalten. Nach einigen Verfassungen (zB Art. 52 Abs. 1 Verf NW)ist deshalb die Mitgliedschaft des MinPräs im LT sogar Voraussetzung seiner Wählbarkeit. Eine solche Verantwortung tragen die Ressortminister nicht. Gleichwohl ist es nützlich, wenn auch sie bei der Wahrnehmung ihrer Ressortverantwortung politisch „geerdet" sind und dem LT dadurch ermöglichen, ggf

---

12 In der 22. Sitzung der Verfassungskommission v. 27.11.1992 war dies noch erwogen worden.
13 *Mager*, in: von Münch/Kunig, Art. 66 Rn 4; *Tettinger*, in: Löwer/Tettinger, Art. 64 Rn 17; anders Art. 108 BremVerf, Art. 39 HambVerf.

auch unterschiedliche Positionen innerhalb der LReg zu bemerken und zu beeinflussen.

V. Schrifttum

Ernst-Wolfgang Böckenförde, Die Organisationsgewalt im Bereich der Regierung, 2. Aufl., 1998; *Steffen Detterbeck*, Innere Ordnung der Bundesregierung, in: HdbStR Bd. III, § 66; *Meinhard Schröder*, Aufgaben der Bundesregierung, in: HdbStR Bd. III, § 64; *Gunnar Folke Schuppert/Michael Zürn* (Hrsg.), Governance in einer sich wandelnden Welt, 2008   16

Art. 42 (Wahl des Ministerpräsidenten)

(1) Der Ministerpräsident wird ohne Aussprache vom Landtag mit der Mehrheit seiner Mitglieder in geheimer Abstimmung gewählt.

(2) Kommt die Wahl des Ministerpräsidenten innerhalb von vier Wochen nach Zusammentritt des neugewählten Landtages oder dem Rücktritt des Ministerpräsidenten nicht zustande, so beschließt der Landtag innerhalb von zwei Wochen über seine Auflösung. Der Beschluß bedarf der Mehrheit der Mitglieder des Landtages.

(3) Wird die Beendigung der Wahlperiode des Landtages nicht beschlossen, so findet am selben Tag eine neue Wahl des Ministerpräsidenten statt. Zum Ministerpräsidenten gewählt ist, wer die meisten Stimmen erhält.

Zu Abs. 1: Artt. 46 Abs. 1 und 3 BWVerf; 44 Abs. 1 und 2 BayVerf; 56 Abs. 1 VvB; 83 Abs. 1 BbgVerf; 107 Abs. 2 BremVerf; 34 Abs. 1, 41 HambVerf; 101 Abs. 1 HessVerf; 29 Abs. 1 NdsVerf; 52 Abs. 1 Verf NW; 98 Abs. 2 Verf Rh-Pf; 87 Abs. 1 Satz 1 SaarlVerf; 60 Abs. 1 SächsVerf; 65 Abs. 1 und 2 LVerf LSA; 26 Abs. 2 Satz 1, Abs. 3 SchlHVerf; 70 Abs. 3 ThürVerf.

Zu Abs. 2 und 3: Artt. 47 BWVerf; 44 Abs. 5 BayVerf; 83 Abs. 2 und 3 BbGVerf; 56 Abs. 1 VvB; 41 HambVerf; 30 NdsVerf; 52 Abs. 2 VerfNW; 87 Abs. 4 SaarlVerf; 60 Abs. 2 und 3 SächsVerf; 65 Abs. 2 LVerf LSA; 26 Abs. 4 SchlHVerf; 70 Abs. 3 ThürVerf.

I. Reguläre Wahl	1	1. Voraussetzung	7
1. Voraussetzungen	1	2. Verfahren	8
2. Verfahren	3	III. Wahl mit relativer Mehrheit	9
II. Auflösung des Landtages	7	IV. Schrifttum	10

I. Reguläre Wahl

1. Voraussetzungen. a) Die Abhängigkeit der LReg vom LT drückt sich vor allem in der Wahl des MinPräs durch den LT aus. Das Verfahren ist stringent auf die Bildung einer stabilen Regierung ausgerichtet. Die Wahl findet stets dann statt, wenn ein **neuer LT** zusammengetreten ist, wodurch das Amt des bisherigen MinPräs erlischt (Art. 50 Abs. 1 Satz 1 LV). Eine alternative Voraussetzung ist der **Rücktritt** des amtierenden MinPräs (Art. 50 Abs. 1 Satz 2 LV).[1] Der Kandidat wird von einer oder mehreren Fraktionen vorgeschlagen. Dem Vorschlag gehen in der Praxis Verhandlungen über die Regierungsbildung voraus; wenn keine Partei die absolute Mehrheit errungen hat, kommt es zu Koalitionsverhandlungen und zum Abschluss eines Koalitionsvertrags. Das Verfahren ist legitimiert durch die verfassungsrechtliche Verankerung der Mitwirkung der Parteien bei der politischen Willensbildung (Art. 3 Abs. 4 LV).   1

---

1 So die MinPräs Dr. Gomolka 1992 und Dr. Ringstorf 2008.

2 **b)** Der MinPräs muss **nicht Mitglied** des LT sein. Da seine Wahl ein öffentlich-rechtliches Amtsverhältnis begründet, muss er freilich wählbar sein. Er muss also einerseits über die Voraussetzungen des aktiven Wahlrechts (im Sinne von § 6 Abs. 1 LKWG iVm §§ 4 und 5 LKWG) – mit Ausnahme des Hauptwohnsitzes-verfügen, andererseits die Fähigkeit zur Bekleidung öffentlicher Ämter (gemäß § 6 Abs. 2 LKWG) besitzen und sogar über § 6 Abs. 2 LKWG hinaus eine verfassungstreue Einstellung aufweisen.[2]

3 **2. Verfahren. a)** Der Wahl darf **keine Aussprache** vorausgehen. Auf diese Weise soll einer Beschädigung der Autorität des künftigen MinPräs entgegengewirkt werden. Gelegentliche Zweifel an der Berechtigung dieser Regelung[3] erscheinen unangebracht. Sollte der Kandidat zu einer Vorwegnahme der Regierungserklärung einschl. des von ihm ins Auge gefassten Personaltableaus gezwungen werden, könnte nach öffentlicher Diskussion Druck auf die Abg. in den eigenen Reihen ausgeübt werden, der seine spätere Wahl gefährdet. Die Regelung ist freilich nur Ordnungsvorschrift; ihre Verletzung macht die Wahl nicht ungültig.[4]

4 **b)** Die Abstimmung ist **geheim**, dh sie wird mit verdeckten Stimmzetteln durchgeführt. Sinn dieser Vorschrift ist es, den Hinterbänklern der künftigen Regierungsfraktionen rechtzeitig Gelegenheit zum Widerstand gegen den Kandidaten zu geben. Das sichert die Stabilität der künftigen Regierung. Die Regelung hat schon mehrfach zur Torpedierung einer offiziell verabredeten Ministerpräsidentenwahl geführt, zuletzt in Schleswig-Holstein im Jahre 2005, wo die Wiederwahl der MinPräs Simonis am Fehlen einer Stimme aus den eigenen Reihen scheiterte. Bei Verstoß gegen die Vorschrift wird die Wahl ungültig.[5]

5 **c)** Die Wahl bedarf der **Mehrheit der Mitglieder** des LT, dh also mindestens 36 Stimmen. Das Quorum erhöht sich, wenn es Überhangmandate gibt (Art. 20 Abs. 2 Sätze 3 und 4 iVm § 58 Abs. 6 LKWG).

6 **d)** Die Wahl muss innerhalb von vier Wochen nach dem Zusammentritt des LT bzw dem Rücktritt des MinPräs zustande kommen. Bis zum Ablauf dieser Frist können mehrere Wahlgänge der genannten Art stattfinden, wenn der MinPräs nicht schon im ersten Wahlgang gewählt wird. Die Zahl ist **unbegrenzt**.

II. Auflösung des Landtages

7 **1. Voraussetzung.** Die Auflösung setzt voraus, dass es dem LT nicht gelungen ist, innerhalb der Vierwochenfrist den MinPräs mit absoluter Mehrheit zu wählen.

8 **2. Verfahren.** Der LT beschließt innerhalb von zwei Wochen mit absoluter Mehrheit über seine Auflösung. Der Beschl. bedarf eines Antrags aus der Mitte des LT. Ein solcher Antrag muss gestellt werden; freilich fehlt es an einer Sanktion für den Fall, dass dies unterbleibt. Es gibt gute Gründe, einen Auflösungsbeschl. nicht zu fassen. Die (künftigen) Regierungsfraktionen mögen begründet hoffen, ihren Kandidaten wenigstens mit relativer Mehrheit durchzusetzen und eine Minderheitsregierung durch spätere neue Absprachen in eine Mehrheitsregierung verwandeln zu können.

---

2 *Nolte*, in: Caspar/Ewer/Nolte/Waack, Art. 26 Rn 12.
3 ZB *Nolte* (Fn 2), Rn 29.
4 *Ley*, NordÖR 2013, 345, 348
5 *Ley* (Fn 4).

III. Wahl mit relativer Mehrheit

Das Verfahren zur Wahl des MinPräs mit relativer Mehrheit findet statt, wenn 9
der LT nicht aufgelöst worden ist. Nach dem Wortlaut der LV findet die Wahl
„am selben Tage" statt, was anscheinend voraussetzt, dass ein Auflösungsantrag
in der Abstimmung nicht die erforderliche Mehrheit gefunden hat. Man wird
aber annehmen dürfen, dass die Wahl gemäß Abs. 3 auch dann möglich ist,
wenn die Zwei-Wochen-Frist ohne jeden Beschl. abgelaufen ist. Das Verfahren
setzt nicht mindestens zwei Kandidaten voraus. Wird lediglich ein Kandidat aufgestellt,
genügt zur Wahl im Extremfall eine einzige Ja-Stimme. Nein-Stimmen
und Enthaltungen werden ebenso wenig wie bei mehreren Kandidaten gezählt.[6]
Anderenfalls könnten die Gegner eine Wahl durch die Nichtnominierung eigener
Kandidaten verhindern. Einzuräumen ist, dass die Legitimation eines derart gewählten
MinPräs zu wünschen übrig lässt.[7] Aber auch jeder andere mit lediglich
relativer Mehrheit gewählte MinPräs wird sich für seine Politik Mehrheiten im
LT erst suchen müssen. Falls man die Abgabe von Nein-Stimmen zuließe und
zählte (so die Vorauflage), wäre zu besorgen, dass die Wahl eines MinPräs auch
nach Art. 42 Abs. 3 scheiterte. Das Verfahren könnte nicht zu einem späteren
Zeitpunkt wiederholt werden; denn es ist fristgebunden.[8] Einziger Ausweg aus
der Krise wäre die Selbstauflösung des LT mit nunmehr 2/3-Mehrheit gemäß
Art. 27 Abs. 2, die unwahrscheinlich wäre. Zwar bliebe der MinPräs der vormaligen
Wahlperiode geschäftsführend im Amt und könnte auch seine bisherigen
Minister weiterhin verpflichten (Art. 50 Abs. 4 LV). Diese Verlegenheitslösung
(Art. 50 Rn 9) hätte indessen als Dauerzustand für den Rest der neuen Wahlperiode
eine noch geringere Legitimität als die Wahl eines neuen MinPräs ohne Zählung
von Nein-Stimmen; denn sie ignorierte das Wahlergebnis. Die geschäftsführende
Regierung könnte nicht einmal durch ein konstruktives Misstrauensvotum
abgelöst werden.[9] Dagegen wäre ein konstruktives Misstrauensvotum gegen
einen mit relativer Mehrheit gewählten MinPräs möglich.

IV. Schrifttum

Christian Busse, Regierungsbildung und Regierungswechsel nach niedersächsischem 10
Verfassungsrecht, 1992; *Richard Ley*, Die Wahl der Ministerpräsidenten
in Mecklenburg-Vorpommern, Niedersachsen und Schleswig-Holstein, NordÖR
2013, 345-353; *Hans-Peter Schneider/Wolfgang Zeh*, § 48: Koalitionen, Kanzlerwahl
und Kabinettsbildung, in: dies. (Hrsg.), Parlamentsrecht und Parlamentspraxis
in der Bundesrepublik Deutschland, 1989.

Art. 43 (Bildung der Regierung)

Der Ministerpräsident ernennt und entläßt die Minister. Er beauftragt ein Mitglied
der Landesregierung mit seiner Vertretung und zeigt seine Entscheidungen
unverzüglich dem Landtag an.

---

6 Vgl *Martin Morlok*, Die verfassungsrechtlichen Rahmenbedingungen der Wahl des Ministerpräsidenten im dritten Wahlgang nach Art. 70 Abs. 3 S. 3 der Verfassung des Freistaats Thüringen – www.thueringen.de/mam/th4/justiz/publikationen/gutachten-morlok-pdf, besucht am 3.3.15.
7 Vgl *Wolfgang Zeh*, Anforderungen des Freistaats Thüringen an die Wahl des Ministerpräsidenten durch den Landtag – www.mdr.de/thueringen/ministerpräsidentenwahl.zeh100-download.pdf, besucht am 3.3.15.
8 Anders *Zeh* (Fn 7) für Art. 70 Thür.Verf; diese Regelung enthält aber gerade keine Frist.
9 S. Art. 51 Rn 9; anders *Zeh* (Fn 7).

Artt. 46 Abs. 2 bis 4 BWVerf; 45 fBayVerf; 56 Abs. 2 VvB; 84 BbgVerf; 107 Abs. 2,115 Abs. 1 BremVerf; 33 Abs. 3, 34 Abs. 2 und 3 HambVerf; 101 Abs. 2 und 4, 104 Abs. 2, 112 HessVerf; 29 Abs. 2 bis 5 NdsVerf; 52 Abs. 3 Verf NW; 98 Abs. 2 Verf Rh-Pf; 87 Abs. 1 Satz 2 SaarlVerf; 59 Abs. 3, 60 Abs. 4 SächsVerf; 65 Abs. 3 LVerf LSA; 26 Abs. 2 Satz 2 SchlH-Verf; 70 Abs. 4 ThürVerf.

I. Kanzlerprinzip 1	II. Vertretung des Ministerpräsidenten 8
1. Keine Wahl oder Bestätigung der Minister durch den Landtag 1	III. Anzeige der Entscheidungen beim Landtag 9
2. Personelles Kabinettsbildungsrecht 2	IV. Schrifttum 10
3. Organisationskompetenz 3	

I. Kanzlerprinzip

1. Keine Wahl oder Bestätigung der Minister durch den Landtag. Die Ernennung und Entlassung von Ministern ist allein Sache des MinPräs.[1] Nach anderen Verfassungen bedarf die Ernennung einzelner Minister oder die Zusammensetzung der LReg in ihrer Gesamtheit der Bestätigung des LT. Das Fehlen einer solchen Bedingung begründet die starke Stellung des MinPräs im Kabinett, die zugleich mit dessen Richtlinienkompetenz nach Art. 46 Ausdruck des sog. **Kanzlerprinzips** ist.

2. Personelles Kabinettsbildungsrecht. Dem MinPräs steht damit das personelle Kabinettsbildungsrecht zu; rechtlich braucht er weder Ernennungen noch Entlassungen zu begründen. IdR gehen aber der Ausübung dieses Rechts Absprachen voraus, zumal in Koalitionen, in denen der künftige MinPräs die Personalvorschläge des Juniorpartners idR akzeptiert, auch wenn sie nicht seine erste Wahl gewesen wären. Auch bei der Entlassung von Ministern muss der MinPräs Rücksicht auf einen Koalitionspartner nehmen, der bei fehlendem Einvernehmen mit der Auflösung der Koalition drohen kann.

3. Organisationskompetenz. Darüber hinaus steht dem MinPräs die Organisationskompetenz[2] zu, dh er kann Anzahl und Zuschnitt der Ministerien bestimmen.[3] Dieses Recht übt er durch sog. Organisationserl.[4] aus, die wegen der erforderlichen Transparenz dieser Entsch. stets im AmtsBl. von M-V zu veröffentlichen sind. Im letzten Organisationserl. sind die Behördenbezeichnungen und Geschäftsbereiche der Ministerien wie folgt festgelegt: Ministerpräsident/Staatskanzlei, Ministerium für Inneres und Sport, Justizministerium, Finanzministerium, Ministerium für Wirtschaft, Bau und Tourismus, Ministerium für Landwirtschaft, Umwelt und Verbraucherschutz, Ministerium für Bildung, Wissenschaft und Kultur, Ministerium für Energie, Infrastruktur und Landesentwicklung, Ministerium für Arbeit, Gleichstellung und Soziales.

Auch diese Entscheidungen sind im Fall einer Koalition idR mit dem Partner zu besprechen und werden oft Gegenstand von Koalitionsvereinbarungen. Sie folgen dem Gesetz der „Koalitionsarithmetik".

---

1 Anders noch Art. 53 der Verfassung des Freistaats Mecklenburg-Schwerin vom 17.5.1920, wonach die „Staatsminister" vom LT zu wählen waren.
2 *Nolte*, in: Caspar/Ewer/Nolte/Waack, Art. 26 Rn 21; vgl auch *M. Schröder*, in: von Mangoldt/Klein/Starck, Art. 64 Rn 9; andere, zB *Tettinger*, in: Löwer/Tettinger, Art. 52 Rn 39, nennen es das materielle Kabinettsbildungsrecht.
3 Nach § 1 Abs. 5 GO LReg bezeichnet er die „Geschäftsbereiche der Ministerien".
4 Zuletzt vom 18.11.2011, AmtsBl S. 1066.

Rechtliche Einschränkungen ergeben sich daraus, dass der MinPräs zumindest 5
zwei Minister zu ernennen hat („die Minister") und dass einer von ihnen Finanzminister sein muss, dem durch die Verfassung besondere Aufgaben zugewiesen sind (Art. 63 Abs. 1 Satz 1, Art. 67 Abs. 1 Satz 1 LV). Wegen der ausdrücklichen Nennung des Finanzministers dürfte es dem MinPräs verwehrt sein, das Amt selbst zu übernehmen. IÜ steht es ihm frei, sich selbst Ressortzuständigkeiten zuzulegen. Andererseits kann er auch Minister ohne Geschäftsbereich ernennen.

Einen Gesetzesvorbehalt gibt es insoweit nicht. Freilich bedarf die Errichtung 6
von Behörden der Verwaltung nach Art. 70 Abs. 2 LV des Gesetzes (→ *Meyer*, Art. 70 Rn 8 ff). Die gouvernementale Zielrichtung der Organisationskompetenz des MinPräs erweist diese indessen als ein Aliud.[5] Sie setzt sich auch gegen die ausdrückliche Zuweisung einer Verwaltungskompetenz an ein bestimmtes Ministerium durch den Gesetzgeber durch. Übernimmt nach dem Willen des MinPräs ein anderer Minister den betreffenden Aufgabenbereich, so geht die Zuständigkeit auf diesen Minister ohne Änderung des Gesetzes über; die Änderung der Zuständigkeit bedarf lediglich der förmlichen Bek.[6] Auch für die Zusammenlegung des Justizministeriums mit einem anderen Fachressort ist ein Gesetz nicht erforderlich. Dieses freilich hatte der VerfGH NW[7] für einen Organisationserl. des damaligen MinPräs Clement verlangt, durch den das Justiz- und das Innenressort zusammengelegt worden waren. Es hatte damit argumentiert, dass das materielle Kabinettsbildungsrecht weder Hausgut der Exekutive noch des Parlaments sei. Eines Gesetzes bedürfe die Ausübung jedenfalls dann, wenn sie wesentliche Rechte anderer Verfassungsorgane berühre. Dies sei bei der Zusammenlegung des Justizressorts mit einem anderen Fachressort der Fall, weil dabei die Unabhängigkeit der Justiz auf dem Spiel stehe. Diese Entsch. ist von der Mehrheit der Kritiker[8] mit Recht abgelehnt worden. Die Wahrung der Unabhängigkeit der Richter werde durch die Zuweisung der Aufgabe an ein anderes Ressort keineswegs gefährdet, sondern müsse von dem jeweiligen Fachressort gewährleistet werden, gleich welcher Minister der Chef sei.

Der Organisationserl. des MinPräs regelt auch die **Zahl und den Tätigkeitsbe-** 7
reich der Abteilungen in den einzelnen Ministerien. Die Berechtigung hierzu ist im Hinblick auf die Ressortverantwortlichkeit der Minister (→ Art. 46 Rn 8) zweifelhaft.

II. Vertretung des Ministerpräsidenten

Der MinPräs hat **ein anderes Mitglied der LReg** mit seiner Vertretung zu beauf- 8
tragen. Vertreter kann nur ein anderer Minister sein; in Koalitionen ist es idR der Spitzenkandidat oder der Vorsitzende des Juniorpartners. Den Chef der Staatskanzlei kann er dagegen nicht beauftragen. Dieser vertritt den MinPräs vielmehr – so wie die anderen Staatssekretäre ihre Minister (§ 5 Abs. 2 Satz 2 GO LReg)– lediglich in den Verwaltungsgeschäften seiner Behörde (§ 3 Abs. 2 Satz 2 GO LReg).

---

5 M. *Schröder*, in: von Mangoldt/Klein/Starck, Art. 64 Rn 11; s. auch *Maurer*, S. 331.
6 *Böckenförde*, Die Organisationsgewalt im Bereich der Regierung, S. 300 f.
7 NW VBl 1999, 176 = DVBl 1999, 714.
8 *Tettinger* (Fn 2), Rn 47; *Nolte* (Fn 2), Rn 23.

III. Anzeige der Entscheidungen beim Landtag

9 Der MinPräs hat „seine Entscheidungen" nach Satz 2 unverzüglich dem LT anzuzeigen. Dies bezieht sich nicht nur auf die Benennung seines Vertreters, sondern ebenso auf die Ernennung und Entlassung der Minister.[9] Das letztere wird ersichtlich von der notwendigen Transparenz der Ausübung des Kabinettsbildungsrechts gefordert und ergibt sich auch aus dem Wortlaut (Plural). Die Erforderlichkeit der Eidesleistung auch der Minister vor dem LT (Art. 44) bekräftigt diese Auslegung.

IV. Schrifttum

10 *Ernst-Wolfgang Böckenförde*, Die Organisationsgewalt im Bereich der Regierung, 2. Aufl., 1998; *Lehngut/Vogelsang*, Die Organisationserlasse des Bundeskanzlers seit Bestehen der Bundesrepublik Deutschland im Lichte der politischen Entwicklung, in: AöR 113 (1988), S. 531 ff; *Hartmut Maurer*, Zur Organisationsgewalt im Bereich der Regierung, in: Paul Kirchhof/Moris Lehner/Arndt Raupach/Michael Rodi (Hrsg.), Staaten und Steuern. Festschrift für Klaus Vogel zum 70. Geburtstag, 2000, S. 331 ff.

Art. 44 (Amtseid)

Der Ministerpräsident und die Minister leisten bei der Amtsübernahme vor dem Landtag folgenden Eid: „Ich schwöre, daß ich meine Kraft dem Volke und dem Lande widme, das Grundgesetz für die Bundesrepublik Deutschland und die Verfassung von Mecklenburg-Vorpommern sowie die Gesetze wahren und verteidigen, meine Pflichten gewissenhaft erfüllen und Gerechtigkeit gegenüber jedermann üben werde." Der Eid kann mit der religiösen Bekräftigung „So wahr mir Gott helfe" oder ohne sie geleistet werden.

Artt. 48 BWVerf; 56 BayVerf; 88 BbgVerf; 109 BremVerf; 38 HambVerf; 111 HessVerf; 31 NdsVerf; 100 Verf Rh-Pf; 89 SaarlVerf; 61 SächsVerf; 66 LVerf LSA; 28 SchlHVerf; 71 ThürVerf.

I. Bedeutung

1 Die Ableistung des Amtseides ist eine **feierliche Selbstverpflichtung** des MinPräs und der Minister. Der Eid ist promissorisch, dh er besteht in einem Versprechen der Erfüllung rechtlicher Pflichten gegenüber der Öffentlichkeit. Die vorgegebenen Worte, der zeremonielle Charakter und die Öffentlichkeit vor dem LT sollen an die Amtsinhaber appellieren, ihre künftigen Pflichten gewissenhaft wahrzunehmen. Zugleich stellt der Staat sich auf diese Weise dar und fordert zur Identifikation auf.[1]

2 Bei der Formulierung der Bestimmung war lange umstr., ob und in welcher Weise die religiöse Beteuerung eingeführt werden könne. Fest stand, dass niemand zur Verwendung einer solchen Beteuerung gezwungen werden darf (Art. 140 GG iVm Art. 136 Abs. 4 der Weimarer Reichsverfassung). Während die einen forderten, man solle lediglich erlauben, sie der Eidesformel hinzuzufügen (wie etwa in Art. 28 SchlHVerf), verlangten die anderen die Aufnahme in die Eidesformel verbunden mit der Erlaubnis, den Eid auch ohne die Beteuerung zu leis-

---

9 *Thiele*, in: Thiele/Pirsch/Wedemeyer, Art. 43 Rn 4.
1 Vgl *Herzog*, in: Maunz/Dürig, Art. 56 Rn 7 ff; *Ennuschat*, in: Löwer/Tettinger, Art. 53 Rn 4; *Nolte*, in: Caspar/Ewer/Nolte/Waack, Art. 28 Rn 2; krit. hierzu *Schröder*, in: von Mangoldt/Klein/Starck, Art. 64 Rn 36.

ten (so Art. 56 GG). Solche Streitigkeiten sind nicht neu; sie fanden bspw auch schon bei der Verfassunggebung in Nordrhein-Westfalen im Jahre 1949 statt.[2] Die Verfassungskommission M-V einigte sich schließlich auf den jetzt geltenden Text, der anscheinend als Kompromiss empfunden wurde, weil er das Regel-Ausnahme-Verhältnis aufzuheben scheint. Übrigens: Bei der Vereidigung der LReg am 25.10.2011 wählte die Mehrheit die religiöse Bekräftigung.

Der Amtseid ist gleichwohl ein **weltliches Gelöbnis** und verletzt auch durch die Worte „Ich schwöre" nicht die negative Bekenntnisfreiheit (Art. 4 Abs. 1 GG) der Amtsinhaber.[3] Immerhin findet die Formulierung sich in Art. 56 GG und wurde dort ebenso wenig als verfassungswidrig empfunden wie später in sämtlichen Landesverfassungen. 3

II. Eidesleistung

MinPräs und Minister leisten den Amtseid „bei Amtsübernahme". Darunter ist die **tatsächliche Aufnahme der Amtsgeschäfte** zu verstehen, nicht also schon der Beginn des öffentlich-rechtlichen Amtsverhältnisses (siehe **Art. 45** Rn 1 f). Die Geschäfte werden durch einschlägige Amtshandlungen[4] aufgenommen, also zB durch die Erteilung von Weisungen oder auch den Bezug des Amtszimmers. „Bei" der Amtsübernahme heißt, dass die Eidesleistung nur in (engem) zeitlichem Zusammenhang stehen muss; sie muss ihr nicht notwendig vorausgehen. 4

Der Amtseid ist „vor dem Landtag" zu leisten. Dies setzt eine ordnungsgemäß anberaumte Plenarsitzung voraus, nicht aber die Anwesenheit einer Mindestzahl von Abg. Der Eid wird regelmäßig vom PräsLT abgenommen. Die Eidesleistung auch der Minister vor dem LT bringt übrigens zum Ausdruck, dass diese nicht allein dem MinPräs, sondern vor allem auch dem LT verantwortlich sind.[5] 5

Zur Eidesleistung sind auch diejenigen verpflichtet, die den Eid bei früherer Amtsübernahme schon einmal abgelegt haben; lediglich Minister, denen der MinPräs in der laufenden Legislaturperiode ein neues Amt zuweist, brauchen nicht erneut vereidigt zu werden.[6] 6

III. Rechtliche Wirkung

Der Amtseid verleiht dem Amtsinhaber keine zusätzlichen Kompetenzen,[7] sondern setzt diese voraus. Der MinPräs könnte nicht etwa die Unterzeichnung eines Gesetzes mit der Begr. verweigern, er verstieße damit gegen das in seinem Amtseid gegebene Versprechen, Gerechtigkeit gegen jedermann zu üben. Der Amtseid begründet auch keine besonderen Pflichten. Es gibt keinen Sanktionstatbestand „Eidbruch";[8] die Strafrechtsvorschrift des Meineids ist nicht einschlägig. 7

Die Durchführung der Eidesleistung ist nicht rechtliche Voraussetzung für die Wirksamkeit der Wahl bzw der Ernennung oder der in Ausübung des Amtes ergriffenen Maßnahmen.[9] Allerdings ist sie **Verfassungspflicht**, die vor dem 8

---

2 *Ennuschat* (Fn 1), Rn 3.
3 *Ennuschat* (Fn 1), Rn 13; so auch BVerfGE 33, 23, 30 f (was freilich nicht für den Zeugeneid gelten soll).
4 *Nolte* (Fn 1), Rn 5.
5 Vgl *Schröder*, in: von Mangoldt/Klein/Starck, Art. 64 Rn 36.
6 *Ennuschat* (Fn 1), Rn 8; *Nolte* (Fn 1), Rn 4.
7 *Ennuschat* (Fn 1), Rn 7.
8 *Ennuschat* (Fn 1), Rn 6.
9 *Ennuschat* (Fn 1), Rn 5, 10.

LVerfG M-V eingeklagt[10] werden kann (Art. 53 Nr. 1 LV) und deren hartnäckige Verweigerung zum Rücktritt bzw. zur Entlassung führen müsste.[11]

Art. 45 (Rechtsstellung der Regierungsmitglieder)

(1) Der Ministerpräsident und die Minister stehen in einem besonderen öffentlich-rechtlichen Amtsverhältnis. Die Mitglieder der Landesregierung dürfen kein anderes besoldetes Amt, kein Gewerbe und keinen Beruf ausüben und weder der Leitung noch dem Aufsichtsrat eines auf Erwerb gerichteten Unternehmens angehören. Der Landtag kann Ausnahmen für die Entsendung in Organe von Unternehmen, an denen das Land beteiligt ist, zulassen.

(2) Im übrigen werden die Rechtsverhältnisse des Ministerpräsidenten und der Minister durch Gesetz geregelt.

Artt. 53 BWVerf; 57 f BayVerf; 95 BbgVerf; 113 BremVerf; 40 HambVerf; 105 HessVerf; 34 NdsVerf; 64 Abs. 1 bis 3 Verf NW; 106 Verf Rh-Pf; 62 SächsVerf; 67 LVerf LSA; 33 f SchlH-Verf; 72 ThürVerf.

I. Besonderes öffentlich-rechtliches Amtsverhältnis 1	3. Gewerbe oder Beruf 8
1. Amtsverhältnis 1	4. Zugehörigkeit zur Leitung oder zum Aufsichtsrat eines auf Erwerb gerichteten Unternehmens 10
2. Besonderes Verhältnis 2	
II. Unvereinbarkeiten 3	
1. Grundsätzliches 3	III. Rechtsfolgen 11
2. Anderes besoldetes Amt 5	IV. Schrifttum 13

I. Besonderes öffentlich-rechtliches Amtsverhältnis

1. Amtsverhältnis. Die Mitglieder der LReg üben ein öffentliches Amt aus, das sie zur Sorge für das Gemeinwohl und zur Hintansetzung eigener privater Interessen verpflichtet. Diese Prägung ihrer Tätigkeit, deren öffentlich-rechtliche Fundierung, ist Ausdruck des der demokratischen Staatsform immanenten Amtsgedankens,[1] der sich auch in dem von den Regierungsmitgliedern zu leistenden Amtseid widerspiegelt. Das Amtsverhältnis des MinPräs beginnt mit der Annahme der Wahl gegenüber dem LT, das der Minister mit der Aushändigung der vom MinPräs vollzogenen **Ernennungsurkunde** (§ 2 LMinG).

2. Besonderes Verhältnis. Das Amtsverhältnis der Mitglieder der LReg unterscheidet sich von anderen Amtsverhältnissen, insb. vom Beamtenverhältnis. Die Mitglieder der LReg sind nicht weisungsgebunden, sondern sie erteilen Weisungen. Gegen sie können weder Dienstaufsichtsbeschwerden noch Disziplinarverfahren (§ 7 Abs. 2 LMinG)durchgeführt werden. Weder der LT noch die LReg als Kollektiv sind ihre Dienstherren, der MinPräs selbst ist es nicht im Verhältnis zu seinen Ministern. Stattdessen sind sie verfassungsrechtlich verantwortlich für ihre Tätigkeit. Infolgedessen findet das Beamtenrecht auf sie keine Anwendung.[2] Ihre Rechtsverhältnisse sind vielmehr im **Landesministergesetz** geregelt, das sich mit Amtsbezügen und Versorgung sowie den Unvereinbarkeiten der Amtsausübung befasst. Da die Mitglieder der LReg Träger eines öffentlichen Amts sind, gelten für sie sowohl die besonderen Strafvorschriften für Amtsinhaber (§ 11

---

10 *Nolte* (Fn 1), Rn 11.
11 *Ennuschat* (Fn 1), Rn 10.
1 *Nolte*, in: Caspar/Ewer/Nolte/Waack, Art. 33 Rn 3.
2 Auch der Diensteid der Beamten – vgl § 48 LBG – lautet anders als der Amtseid der Mitglieder der LReg.

Abs. 1 Nr. 2 Buchst.b StGB)[3] als auch die Haftung der öffentlichen Hand gem. Art. 34 GG.[4] IÜ sind sie bei ihren amtlichen Äußerungen auch dem Gebot der parteipolitischen Neutralität verpflichtet.[5]

II. Unvereinbarkeiten

1. Grundsätzliches. a) Abs. 1 Satz 2 enthält bestimmte Tätigkeitsverbote für Mitglieder der LReg, die den vollen Einsatz ihrer Arbeitskraft für das Regierungsamt gewährleisten, die Vermischung öffentlicher und privater Interessen, insb. auch **wirtschaftliche Abhängigkeit** der Amtsträger, verhindern und das Ansehen ihres Amts wahren sollen.[6] Von diesen Tätigkeitsverboten zu unterscheiden sind Inkompatibilitäten (→ Art. 41 Rn 14 f.), die die parallele Wahrnehmung mehrerer staatsorganschaftlicher[7] Rollen ausschließen, um die Kollision unterschiedlicher öffentlicher Interessen zu vermeiden.

b) Während bei anderen besoldeten Ämtern, bei Gewerbe und bei Beruf lediglich deren Ausübung, nicht aber die Innehabung verboten wird,[8] ist die Zugehörigkeit zur Leitung und zum Aufsichtsrat eines auf Erwerb gerichteten Unternehmens schlechthin untersagt, freilich mit der Maßgabe, dass der LT die Entsendung in Organe von Unternehmen, an denen das Land beteiligt ist, zulassen kann.

2. Anderes besoldetes Amt. Ein anderes besoldetes Amt setzt zunächst ein öffentliches Amt im statusrechtlichen Sinn des Beamtenverhältnisses voraus,[9] in dem eine Vergütung gezahlt wird. Gemeint sind in erster Linie die Amtsverhältnisse der Beamten des Landes, der Gemeinden und Gemeindeverbände, ferner der Richter und Staatsanwälte, aber auch der Amtsträger der Kirchen. Da den Amtsinhabern während ihrer Zugehörigkeit zur LReg lediglich die **Ausübung des Amtes** untersagt ist, müssen sie das Amt ruhen lassen. Das hat zur Folge, dass sie es in dieser Zeit weiterhin innehaben, aber nicht aktiv wahrnehmen und dafür auch nicht besoldet werden. Endet ihre Mitgliedschaft in der LReg, treten sie in dem anderen Amt in den Ruhestand, wenn ihnen nicht ein zumutbares anderes Amt angeboten wird, und erhalten Versorgungsbezüge in der Höhe, die sie erreicht hätten, wenn sie das Amt bis zur Beendigung ihrer Tätigkeit in der LReg ausgeübt hätten (§ 4 Abs. 2 LMinG).

Verboten ist lediglich die Ausübung eines besoldeten Amts. Inhaber von **Ehrenämtern** brauchen auf deren Wahrnehmung nicht zu verzichten. Die Aufwandsentschädigung, die sie dafür beziehen mögen, ist keine Besoldung. Da solche Ämter aber sehr zeitaufwändig sein und iÜ auch zur parteipolitischen Einflussnahme verwendet werden können, ist die Annahme eines solchen Amtes einfachgesetzlich an die Zustimmung der LReg gebunden.[10]

---

3 Vgl *Eser/Hecker*, in: Schönke/Schröder, Strafgesetzbuch Kommentar, 28. Aufl. 2010 § 11 Rn 19.
4 *Papier*, in: Maunz/Dürig, Art. 34 Rn 108; für den in § 86 LBG vorgesehenen Rückgriff bei vorsätzlichem oder grobfahrlässigem Handeln gilt freilich der staatsrechtliche Beamtenbegriff.
5 VerfGH RP B.v. 21.5.2014 DÖV 2014, 759; Saarl. VerfGH U.v. 8.7.2014 DÖV 2014, 845; vgl auch BVerfGE 134,138,140.
6 *Nolte* (Fn 1), Art. 34 Rn 2; vgl auch *Morlok/Krüper*, S. 574, die iÜ hervorheben, dass Regierungstätigkeit häufig nicht in der Öffentlichkeit stattfindet und deshalb das Korrektiv der öffentlichen Meinung nicht genügt.
7 *Nolte* (Fn 1), Rn 24.
8 *Nolte* (Fn 1), Rn 12.
9 *Nolte* (Fn 1), Rn 6.
10 § 3 Abs. 5 LMinG, zB Genehmigung einer Tätigkeit als ehrenamtlicher Bürgermeister.

7 Auch **Abgeordnetenmandate** sind nicht betroffen. Zwar sind die Abgeordnetendiäten keine Aufwandsentschädigungen, sondern gehaltsähnliche Vergütungen. Die Mandate werden jedoch von Abs. 1 Satz 2 aus systematischen Gründen nicht erfasst. Sie stellen eine staatsorganschaftliche Parallele zur Regierungstätigkeit dar und könnten nur durch eine Inkompatibilität ausgeschlossen werden, was freilich den Gepflogenheiten in Deutschland widerspräche(→ Art. 41 Rn 15)und in Art. 41 Abs. 3 auch nicht geschehen ist.

8 **3. Gewerbe oder Beruf. Gewerbe** ist jede erlaubte, auf Gewinnerzielung gerichtete und auf Dauer angelegte selbständige Tätigkeit mit Ausnahme der Urproduktion und der freien Berufe.[11] **Beruf** ist jede sich nicht in einem einmaligen Tun erschöpfende, der Schaffung und Erhaltung einer Lebensgrundlage dienende persönliche Aktivität selbständiger oder nichtselbständiger Art.[12] . Weder Gewerbe noch Beruf ist die Leistung persönlicher Finanzhilfen für den Landwirtschaftsbetrieb einer Lebenspartnerin[13] Gewerbe und Beruf dürfen (nur) nicht ausgeübt werden. Ein Handwerker zB braucht seinen Betrieb nicht zu verkaufen, sondern kann eine Vertretung vereinbaren, sofern er sich nur vollständig freistellen lässt. Ein Angestellter kann mit seinem Arbeitgeber eine dem Ruhen des Beamtenverhältnisses ähnliche Beziehung vereinbaren, die es ihm ermöglicht, nach Beendigung seines Regierungsamts auf die Arbeitsstelle zurückzukehren.

9 In Abs. 1 Satz 2 sind nicht erfasst **Nebentätigkeiten** wie das Schreiben von Büchern und das Halten von Vorträgen. Werden diese honoriert, so mögen sich öffentliche und private Interessen vermengen. Zwar ist die Vermarktung von Insider-Wissen durch das auch für Regierungsmitglieder geltende Gebot der Amtsverschwiegenheit (§ 5 LMinG)ausgeschlossen. Gleichwohl lässt sich aus der Expertenstellung oder der Prominenz einer Mitgliedschaft in der LReg Kapital schlagen. Daher müssen derartige Einkünfte an die Staatskasse abgeführt werden (§ 3 Abs. 3 LMinG).Verboten ist dagegen die entgeltliche Tätigkeit als Schiedsrichter oder die Erstellung eines außergerichtlichen Gutachtens. Falls die LReg hiervon eine Ausnahme zulässt, ist das Entgelt ebenfalls an das Land abzuführen (§ 3 Abs. 4 LMinG).

10 **4. Zugehörigkeit zur Leitung oder zum Aufsichtsrat eines auf Erwerb gerichteten Unternehmens.** Auf Erwerb gerichtete Unternehmen sind solche, die zum Zweck der Gewinnerzielung betrieben werden;[14] schlichte wirtschaftliche Betätigung genügt nicht. Typische Leitungsfunktionen sind Tätigkeiten im Vorstand bzw der Geschäftsführung einer AG bzw einer GmbH. Derartige Tätigkeiten sind für Mitglieder der LReg schlechthin verboten. Sie dürfen sie also nicht nur ruhen lassen, sondern müssen aus der Leitung oder dem Aufsichtsrat ersatzlos ausscheiden. Grund dieser Regelung soll sein, dass die Ausübung wirtschaftlicher Macht, die von der tatsächlichen Wahrnehmung der Leitungsposten nicht abhängig sei, nicht zugelassen werden dürfe.[15] Ob dieses Ziel durch das Mitgliedschaftsverbot wirklich erreicht wird, erscheint zweifelhaft. Wirtschaftliche Macht wird auch durch das (Regierungsmitgliedern nicht verbotene) Halten von Aktien oder anderen Anteilen ausgeübt. Fraglich ist auch, welche „Unternehmen" gemeint sind. Soll die Regelung sich von der zweiten Alternative des Sat-

---

11 *Nolte* (Fn 1), Rn 8.
12 BVerfGE 7, 317, 319; 50, 290, 362; 54, 301, 313; 97, 228, 253; *Tettinger*, in: Löwer/Tettinger, Art. 69, Rn 16.
13 Vgl Antwort der LReg vom 30.9.2013 auf eine Kleine Anfrage, LT-Drs.6/2013.
14 Dies wurde zB bei der NordLB und der Landwirtschaftlichen Rentenbank verneint.
15 *Tettinger*, in: Löwer/Tettinger, Art. 64 Rn 20.

zes 2 unterscheiden, kann sie nicht jedes Gewerbe betreffen. Man wird sie wohl auf Unternehmen mit einer bestimmten gesellschaftsrechtlichen Organisation und auf das (ersatzlose) Ausscheiden aus deren Leitungsgremien zu beschränken haben.[16] Der Wortlaut der Sätze 2 und 3 legt eine solche einschränkende Auslegung nahe.

III. Rechtsfolgen

Die verbotswidrigen Rechtsverhältnisse sind aufzulösen. Weigern sich die Amtsinhaber, müssen sie sich im Rahmen einer Organstreitigkeit vor dem LVerfG M-V verantworten. 11

Nach Abs. 1 Satz 3 kann der LT freilich Ausnahmen für die Entsendung von Regierungsmitgliedern in Organe von Unternehmen, an denen das Land beteiligt ist, zulassen[17]. Die staatliche Unternehmensbeteiligung dient öffentlichen Interessen, die durch persönliche Beteiligung an den Leitungsaufgaben wahrgenommen werden muss. Die Zustimmung wird nicht dem Ressort, sondern dem Minister erteilt; Ressortwechsel in laufender Legislaturperiode schadet also nicht.[18] Sie steht im freien politischen Ermessen des LT;[19] das gilt auch für den Widerruf. Vergütungen sind an das Land abzuführen (§ 3 Abs. 3 LMinG). 12

IV. Schrifttum

Martin Morlok/Julian Krüper, Ministertätigkeit im Spannungsfeld von Privatinteresse und Gemeinwohl: Ein Beitrag zur Auslegung des Art. 66 GG, in: NVwZ 2003, S. 573 ff. 13

Art. 46 (Zuständigkeiten innerhalb der Regierung)

(1) Der Ministerpräsident bestimmt die Richtlinien der Regierungspolitik und trägt dafür die Verantwortung.

(2) Innerhalb dieser Richtlinien leitet jeder Minister seinen Geschäftsbereich selbständig und in eigener Verantwortung.

(3) Die Landesregierung faßt ihre Beschlüsse mit Stimmenmehrheit. Bei Stimmengleichheit entscheidet die Stimme des Ministerpräsidenten.

(4) Die Landesregierung gibt sich eine Geschäftsordnung.

Zu Abs. 1 und 2: Artt. 49 Abs. 1 BWVerf; 47 Abs. 2, 51 Abs. 1 BayVerf; 58 Abs. 2, 3 und 5 VvB; 89 BbgVerf; 115 Abs. 2, 120 BremVerf; 42 Abs. 1 und 2 HambVerf; 102 HessVerf; 37 Abs. 1 NdsVerf; 55 Verf NW; 104 Verf Rh-Pf; 91 SaarlVerf; 63 SächsVerf; 68 Abs. 1 und 2 LVerf LSA; 29 Abs. 1 und 2 SchlHVerf; 76 Abs. 1 ThürVerf.

Zu Abs. 3 und 4: Artt. 49 BWVerf; 53 f. BayVerf; 90 BbgVerf; 117 BremVerf; 42 Abs. 3 HambVerf; 104 Abs. 1 HessVerf; 39 NdsVerf; 54 Verf NW; 104,105 Verf Rh-Pf; 90 SaarlVerf; 64 Abs. 2 SächsVerf; 68 Abs. 3 bis 5 LVerf LSA; 29 Abs. 3 SchlHVerf; 76 Abs. 3 ThürVerf.

---

16 *Herzog*, in: Maunz/Dürig, Art. 66 Rn 52 ff.
17 ZB in den Verwaltungsrat der KfW (Kreditanstalt für Wiederaufbau)
18 *Nolte* (Fn 1), Rn 21.
19 Anders *Nolte* (Fn 1), Rn 22 f, der sie für justiziabel hält.

I. Richtlinien der Regierungspolitik..	1	2. Personalangelegenheiten.......	6
1. Begriff.........................	1	3. Organisation...................	7
2. Verantwortung.................	2	4. Sachliche Verantwortung......	9
3. Form..........................	3	III. Kollegialprinzip....................	11
4. Staatskanzlei...................	4	1. Dem Kollegium vorbehaltene Befugnisse.....................	11
II. Ressortverantwortlichkeit der Minister.........................	5	2. Verfahren.....................	13
1. Grundsätzliches...............	5	IV. Schrifttum.........................	16

I. Richtlinien der Regierungspolitik

1 **1. Begriff.** Die starke Stellung des Regierungschefs ergibt sich u.a. aus seiner **Richtlinienkompetenz** (Kanzlerprinzip). Richtlinienkompetenz[1] bedeutet die Befugnis, die Grundsätze der Regierungspolitik festzulegen und diese auch in den von ihm für wichtig gehaltenen Einzelfällen gegenüber evtl abweichenden Auffassungen des für diese zuständigen Fachministers durchzusetzen. Bei der Auslegung der Kompetenz gegenüber seinen Ministern steht dem MinPräs ein politisches Ermessen zu, über dessen Justiziabilität zu streiten müßig ist, weil der MinPräs seine Entscheidung im Zweifel mit der Drohung der Entlassung durchsetzen kann. Insb. kann aus dem Begriff „Richtlinie" nicht etwa gefolgert werden, dass der MinPräs sich auf allg. Grundsätze zu beschränken hätte. Die Befugnis hätte wenig Gewicht, wenn es den Ministern freistünde, den Grundsatz im Anwendungsfall nach Gutdünken auszulegen. Dementspr. haben sie den MinPräs über alle Maßnahmen, die für die Richtlinien der Regierungspolitik von Bedeutung sind, zu unterrichten. Der MinPräs hat freilich nicht das Recht, unter Berufung auf seine Richtlinienkompetenz in das Ressort seines Ministers hineinzuregieren, insb. darf er dessen Beamte nicht unmittelbar selbst anweisen. Der Minister untersteht auch nicht etwa seiner Dienstaufsicht, so dass er über gegen diesen gerichtete Dienstaufsichtsbeschwerden zu entscheiden hätte.

2 **2. Verantwortung.** Der MinPräs trägt die **Verantwortung** für die Regierungspolitik gegenüber dem LT. Diese Verantwortung beschränkt sich nicht auf die von ihm gegebenen Richtlinien und die Überwachung ihrer Einhaltung. Sie erfasst vielmehr die Regierungspolitik in ihrer Gesamtheit, also auch das Verhalten der Minister, soweit es sich im Rahmen der Richtlinien hält. Wenn dieses Verhalten Anlass zur Kritik bietet, muss der MinPräs dafür vor dem LT einstehen. Notfalls muss er den Minister entlassen, äußerstenfalls selbst zurücktreten.

3 **3. Form.** Einer besonderen Form bedarf die Ausübung der Richtlinienkompetenz nicht. Sie kann schriftlich oder mündlich, in einer Kabinettssitzung, in öffentlichen Reden oder auch in Einzelgesprächen des MinPräs mit einem Minister erfolgen. In der Praxis verleiht das Vorhandensein der Kompetenz dem Argumentation des MinPräs ein Gewicht, das die formale Berufung auf sie erübrigt.

4 **4. Staatskanzlei.** Zur Durchführung der Richtlinienkompetenz bedient sich der MinPräs der **Staatskanzlei**, die die Tätigkeit der Ministerien koordiniert (§ 3 Abs. 2 Satz 3 GO LReg). Die Behörde, die ursprünglich lediglich „Geschäftsstelle des Ministerpräsidenten" war,[2] hat darüber hinaus auch Aufgaben eines Fachressorts, die beim MinPräs angesiedelt sind, zZ die Europapolitik, die Rundfunkpolitik und bestimmte Querschnittsaufgaben wie das Bündnis für Arbeit und Demografie

---

[1] *Nolte*, in: Caspar/Ewer/Nolte/Waack, Art. 29 Rn 8: die programmatischen Direktiven; *Maurer*, S. 124: Entwurf und Weiterentwicklung der Gesamtkonzeption der Staatsleitung und Sozialgestaltung.
[2] *Tettinger*, in: Löwer/Tettinger, Art. 54 Rn 17.

II. Ressortverantwortlichkeit der Minister

1. Grundsätzliches. Innerhalb der Richtlinien des MinPräs leitet jeder Minister sein Ressort selbständig und trägt dafür die Verantwortung gegenüber dem MinPräs und dem LT.[3] Da er in Abs. 2 mit eigenen Rechten ausgestattet wird, kann er in ein Organstreitverfahren gemäß Art. 53 Nr. 1 LV gezogen werden.[4]

2. Personalangelegenheiten. Diese Verantwortlichkeit betrifft die Auswahl und Beschäftigung von Personal, die erstere freilich nur, soweit dem Minister die Ernennung bzw die Einstellung vom MinPräs gemäß Art. 48 Satz 2 LV übertragen sind. An die Zustimmung anderer Ressorts kann die Einstellung nur insoweit gebunden werden, als diese ihrerseits fachlich zuständig sind, so zB das Innenministerium hinsichtlich der Erfüllung der beamtenrechtlichen Voraussetzungen oder (bedeutsamer noch) das Finanzministerium wegen der Einhaltung der Personalabbaubeschlüsse der LReg.

3. Organisation. Der Minister trägt auch die **organisatorische Verantwortung** für die Einrichtung seines Ressorts, soweit Organisation, Zuständigkeiten und Verfahren nicht durch Gesetz festgelegt sind.[5] Er hat insb. dafür zu sorgen, dass die ihm unterstellten Behörden optimal eingerichtet sind, dass ihre Entscheidungsprozesse effektiv und effizient verlaufen, insb. dass Fehlentscheidungen vermieden werden, und dass sie mit den erforderlichen Sachmitteln ausgestattet sind.

Ob der MinPräs dem Minister die Zahl und die Zuständigkeit der **Abteilungen** seines Ministeriums vorschreiben kann,[6] ist zweifelhaft (→ Art. 43 Rn 7). Grds. ist die innere Organisation des Ministeriums Sache der Minister selbst.[7] Das Recht des MinPräs mag allenfalls daraus herzuleiten sein, dass die LReg eine Vereinbarung über die Größe von Abteilungen (und Referaten) getroffen hat, zu deren Einhaltung es des Gewichts der Richtlinienkompetenz des MinPräs bedarf.

4. Sachliche Verantwortung. Sachliche Ressortverantwortung bedeutet, dass der Minister innerhalb der Richtlinien des MinPräs die ihm zugewiesenen Politikfelder abzuarbeiten hat. Dazu gehört die Durchführung der ihn betreffenden Punkte einer evtl Koalitionsvereinbarung, aber auch die Initiative für sowie die Wahrnehmung und Verarbeitung von Änderungen der Rahmenbedingungen.

Teil der sachlichen Verantwortung ist eine angemessene **Öffentlichkeitsarbeit**.[8] Es ist notwendig, die Öffentlichkeit regelmäßig durch die Medien über den Inhalt der Ressorttätigkeit zu informieren, für öffentliche Akzeptanz zu werben und krit. Einwänden entweder zu begegnen oder ihnen Rechnung zu tragen. In der Nähe von Wahlen ist freilich darauf zu achten, dass die Information der Öffentlichkeit nicht zur Wahlwerbung für die eigene Partei gerät.[9]

---

3 Auch dem letzteren gegenüber; dieser kann ihn zwar nicht entlassen, hat aber nach der GO LT vielfältige Möglichkeiten, von Ministern Rechenschaft zu fordern (zB nach §§ 65 Abs. 3, 78 Abs. 2); vgl auch *M. Schröder*, in: von Mangoldt/Klein/Starck, Art. 65 Rn 48 f.
4 Vgl VerfGH NW, NWVBl. 1997, 247, 250; *Tettinger* (Fn 3), Art. 55 Rn 10; *Nolte* (Fn 1), Rn 6.
5 *Detterbeck*, Rn 28.
6 So der Organisationserlass v. 18.11.2011, AmtsBl. S. 1066; nach § 8 Abs. 4 GGO I bedarf jedenfalls die Errichtung einer neuen Abteilung und die Auflösung einer bestehenden der Zustimmung der LReg.
7 *Böckenförde*, S. 147.
8 *Nolte* (Fn 1), Rn 13.
9 BVerfGE 44, 125; LVerfG M-V, LVerfGE 4, 268, 276 f.

III. Kollegialprinzip

11 **1. Dem Kollegium vorbehaltene Befugnisse.** Bestimmte Angelegenheiten entscheidet die LReg in ihrer Gesamtheit. Die Verfassungskommission hat auf die ursprünglich in dieser Vorschrift vorgesehene Aufzählung der Befugnisse, die dem Kollegium vorbehalten sind, verzichtet. Sie hat stattdessen auf die in der LV enthaltenen Einzelregelungen bzw auf die von der LReg zu erlassende GO verwiesen.[10] Die GO ist schon aus diesem Grund ergänzendes (materielles) Verfassungsrecht; denn sie regelt die Beziehungen der Verfassungsorgane LReg, MinPräs und Minister untereinander.[11]

12 Einschlägige Einzelregelungen der Verfassung sind enthalten in: Artt. 35 Abs. 2, 39, 40 Abs. 2, darüber hinaus in der **GO LReg**. Dieses in Abs. 4 ausdr. vorgesehene Regelungswerk ist eine Satzung, zu deren Erl. die LReg auch infolge ihrer Organautonomie ermächtigt ist.[12] Nach § 6 GO LReg sind der LReg zur Beschlussfassung u.a. vorzulegen: Entwürfe von Gesetzen und sonstigen Vorlagen, die dem LT zugeleitet werden sollen, Entwürfe von VO der LReg, Beschl. über die Bestellung der Vertreter und die Stimmabgabe des Landes im BRat[13], Angelegenheiten von allg. politischer Bedeutung (darunter grds. Fragen der Durchführung des Landeshaushaltes sowie mittel- und langfristige Planungen) sowie Angelegenheiten, die den Geschäftsbereich mehrerer Ministerien berühren.

13 **2. Verfahren.** Die Verfassung enthält lediglich die Bestimmung, dass die LReg ihre Beschl. mit Stimmenmehrheit fasst, dh der Mehrheit der abgegebenen Stimmen, und dass im Fall der Stimmengleichheit die Stimme des MinPräs den Ausschlag gibt (was wiederum dessen starke Stellung zum Ausdruck bringt).

14 Weitere Verfahrensvorschriften enthält die GO LReg. Die LReg ist hiernach in den **Kabinettssitzungen,** in denen der MinPräs den Vorsitz führt, beschlussfähig, wenn mindestens die Hälfte ihrer Mitglieder anwesend ist (§§ 10 Abs. 1 Satz 1, 11 Abs. 2 GO LReg). Einigen Ministern steht ein Widerspruchsrecht gegen die gefassten Beschlüsse zu, dem Finanzminister in Fragen von finanzieller Bedeutung, dem Innenminister gegen einen Gesetz- oder Verordnungsentwurf oder eine Maßnahme der LReg wegen ihrer Unvereinbarkeit mit dem Recht, dem Justizminister wegen ihrer Unvereinbarkeit mit dem Verfassungsrecht (§ 12 GO LReg).In diesen Fällen ist über die Angelegenheit in einer weiteren Sitzung der LReg abzustimmen, in der die jeweils widersprechenden Minister nur von der Mehrheit der Mitglieder der LReg einschl. des MinPräs überstimmt werden können (§ 12 Abs. 1 Sätze 3 und 4, Abs. 2 GO LReg). Vor der Beschlussfassung im Kabinett werden Vorlagen an die LReg in einer Besprechung der Staatssekretäre beraten (§ 7 Abs. 4 GO LReg). Da diese nicht Mitglieder der LReg sind, können sie an der Kabinettssitzung im Fall der Verhinderung ihres Ministers nur beratend teilnehmen (§§ 5 Abs. 3 Satz 3, 9 Satz 3 GO LReg).[14] Ist auch der Staatssekretär verhindert, darf in Angelegenheiten, in denen sein Ministerium federführend ist, nicht beraten und beschlossen werden (§ 11 Abs. 3 GO LReg). Der Chef der Staatskanzlei sowie der Regierungssprecher und sein Stellvertreter

---

10 Abschlussbericht LT-Drs. 1/3100.
11 Vgl *Böckenförde*, S. 119.
12 *Tettinger* (Fn 3), Art. 54 Rn 15.
13 Der Kabinettsbeschluss über die Stimmabgabe beschränkt sich gelegentlich auf „freie Hand" für den MinPräs oder ein anderes Mitglied des BRats, damit das Stimmverhalten mit anderen LReg derselben Couleur abgestimmt werden kann.
14 Nach früherer Fassung konnte der verhinderte Minister seinen Staatssekretär mit der Ausübung des Stimmrechts beauftragen – das wurde 1997 wegen Verstoßes gegen Art. 41 Abs. 2 LV geändert.

nehmen regelmäßig an den Sitzungen des Kabinetts teil, die Bevollmächtigte des Landes beim Bund dann, wenn Bundesratsangelegenheiten beraten werden (§ 9 GO LReg).Üblich ist, dass auch die Vorsitzenden der Regierungsfraktionen bei den Sitzungen zugegen sind (so wie die parlamentarischen Geschäftsführer dieser Fraktionen an den Staatssekretärsrunden teilnehmen).

Ein weiteres Regelungswerk, in dem Zuständigkeiten und Verfahrensweisen innerhalb der Ressorts sowie der nachgeordneten Behörden – auch untereinander – normiert sind, stellen die **Gemeinsamen Geschäftsordnungen der Ministerien** (GGO I und II) dar. Diese sind der Sache nach Verwaltungsanordnungen[15] und sind im AmtsBl. M-V veröffentlicht. 15

IV. Schrifttum

Ernst-Wolfgang Böckenförde, Die Organisationsgewalt im Bereich der Regierung, 2. Aufl., 1998; *Steffen Detterbeck*, Innere Ordnung der Bundesregierung, in: HdbStR III, § 66; *Hartmut Maurer*, Die Richtlinienkompetenz des Bundeskanzlers, in: Bernd Becker/Hans Peter Bull/Otfried Seewald (Hrsg.), Festschrift für Werner Thieme zum 70. Geburtstag, 1993, S. 123 ff. 16

Art. 47 (Vertretung des Landes, Staatsverträge)

(1) Der Ministerpräsident vertritt das Land nach außen. Die Befugnis kann übertragen werden.

(2) Staatsverträge, die Gegenstände der Gesetzgebung betreffen, bedürfen der Zustimmung des Landtages in Form eines Gesetzes.

Artt. 50 BWVerf; 47 Abs. 3 72 Abs. 2 BayVerf; 58 Abs. 1 VvB; 91 BbgVerf; 118 Abs. 1 BremVerf; 43 HambVerf; 103 HessVerf; 35 NdsVerf; 57 Verf NW; 101 Verf Rh-Pf; 95 SaarlVerf; 65 SächsVerf; 69 LVerf LSA; 30 SchlHVerf; 77 ThürVerf.

I. Vorbemerkung 1	2. Gegenstände der Gesetzgebung 9
II. Vertretung des Landes 2	3. Form der Zustimmung 13
1. Rechtsnatur 2	4. Rechtswirkungen der Zustimmung 14
2. Umfang 3	
3. Übertragung 7	
III. Staatsverträge 8	IV. Schrifttum 16
1. Rechtsnatur 8	

I. Vorbemerkung

M-V hat – wie auch die anderen Bundesländer – kein eigenständiges Staatsoberhaupt. Die üblichen Funktionen eines solchen Organs (Vertretung des Landes nach außen, Ernennung der Beamten und Richter, Ausübung des Gnadenrechts sowie Ausfertigung und Verkündung von Gesetzen) obliegen im Bund dem Bundespräsidenten (Art. 59 f GG). In M-V sind sie dem mächtigsten Verfassungsorgan, dem MinPräs, anvertraut worden (Artt. 47 ff, 58 Abs. 1 – zum letzteren → *Sauthoff* Art. 58 Rn 4). 1

II. Vertretung des Landes

1. Rechtsnatur. Die Befugnis, das Land zu vertreten, bedeutet die Rechtsmacht, es rechtlich zu binden, zB durch einen Vertrag. Wie bei der zivilrechtlichen Ver- 2

---

15 *Böckenförde*, S. 127.

tretung ist von dieser Rechtsmacht das interne rechtliche Dürfen zu unterscheiden. Fehlt es daran, so ist die Willenserklärung gleichwohl wirksam.[1]

3 **2. Umfang.** Die Vertretung des Landes „nach außen" ist kein Pleonasmus, mit dem lediglich der Unterschied zum rechtlichen Dürfen („nach innen") zum Ausdruck gebracht werden soll. „Nach außen" bezeichnet vielmehr eine Vertretung gegenüber anderen staats- oder völkerrechtlich eigenständigen Subjekten,[2] also gegenüber anderen Bundesländern, dem Bund, anderen Staaten sowie der Europäischen Union, aber auch gegenüber den Kirchen. Nicht betroffen ist dagegen die Vertretung des Landes im BRat. Dort geht es vielmehr um die Wahrnehmung der Mitwirkungsbefugnisse des Landes in einem Organ des Bundes, die abschließend in Art. 50 f GG geregelt ist.

4 Erst recht nicht gemeint ist die Vertretung im Kontext landesinterner Aktivitäten, zB gegenüber natürlichen oder juristischen Personen des Zivilrechts oder vor den Gerichten.[3] Diese Vertretung folgt anderen Regeln; teils obliegt sie den Fachministern gem. Art. 46 Abs. 3, teils ist sie durch Gesetz bestimmt. Die VV des MinPräs über die Vertretung des Landes M-V vom 17.12.2012 (AmtsBl. 2013 S. 3)stützt sich freilich auch insoweit auf Art. 47. Das ist verfehlt. Die vom MinPräs in Anspruch genommene umfassende Vertretungsmacht lässt sich auch nicht etwa aus dessen Organisationskompetenz herleiten,[4] denn diese hat sich mit der Zuweisung der Geschäftsbereiche erschöpft.

5 Das Auftreten des MinPräs bei öffentlichen Anlässen im Lande oder bei internationalen Begegnungen ist keine Vertretung, sondern Repräsentation. Soweit diese nicht ohnehin im politischen Ermessen des MinPräs steht, richtet sie sich nach dem Protokoll, das je nach dem Rang der auf der anderen Seite erscheinenden Personen darüber entscheidet, wer tunlichst für M-V auftritt.

6 Die Vertretung besteht somit im Wesentlichen beim Abschluss von Verträgen mit Subjekten des Völkerrechts, ferner bei der Abgabe gemeinsamer Erklärungen sowie bei der Vereinbarung regionaler Partnerschaften (§ 18 Abs. 2 GGO II).[5] Die Verhandlungen sind idR Sache der zuständigen Minister bzw deren Beamten. Diese informieren darüber den MinPräs (§ 2 Abs. 2 GO LReg), als dessen Beauftragte sie in den Verhandlungen auftreten. Erst die Schlusszeichnung und die **Ratifikation** obliegen dem MinPräs.[6]

7 **3. Übertragung.** Die **Delegation**, die keiner bestimmten Form bedarf, kann mit dem Vorbehalt von Weisungen verknüpft werden; sie ist inhaltlich beschränkbar und jederzeit rückholbar.[7]

III. Staatsverträge

8 **1. Rechtsnatur.** Staatsverträge sind Vereinbarungen staats- oder völkerrechtlich eigenständiger Subjekte, abgeschlossen von Organen mit entsprechender Vertre-

---

1 Wie es sich bei Verträgen verhält, die ohne die nach Abs. 2 erforderliche Zustimmung abgeschlossen worden sind, → Rn 15.
2 *Tettinger*, in: Löwer/Tettinger, Art. 57 Rn 11.
3 Anders Art. 30 SchlHVerf, der die Einschränkung „nach außen" nicht enthält, vgl *Nolte*, in: Caspar/Ewer/Nolte/Waack, Art. 30 Rn 5.
4 So aber *Thiele*, in: Thiele/Pirsch/Wedemeyer, Art. 47 Rn 4.
5 M-V hat folgende regionale Partnerschaften: Westpommern und Stettin, Pommern und Danzig, Südwest-Finnland, Leningrader Gebiet, Poitou/Charente sowie Mecklenburg County in North Carolina/USA
6 Die Ratifikationsurkunde wird freilich durch den Chef der Staatskanzlei ausgetauscht (§ 20 GGO II).
7 *Tettinger* (Fn 2), Rn 18 f.

tungsbefugnis. Dazu gehören u.a. auch die nach Art. 9 Abs. 2 LV abzuschließenden Verträge des Landes mit den Kirchen und den ihnen gleichgestellten Religions- und Weltanschauungsgesellschaften. Unterschieden davon werden Verwaltungsabkommen, die von der Exekutive aufgrund eigener Kompetenzen durchgeführt werden können und auf eine weniger förmliche Weise zustande kommen. Die Unterscheidung ist schwierig und unscharf. Staatsverträge sind nicht notwendig Vereinbarungen von besonderem Gewicht oder solche, die grundlegende Beziehungen zwischen den Vertragsparteien regeln. Am einfachsten lässt sich die Unterscheidung danach treffen, ob die Vereinbarung sich auf **Gegenstände der Gesetzgebung** bezieht bzw bei ihrer Durchführung eines Gesetzes bedarf.[8] Sprachlogisch wäre der Relativsatz dann zwar überflüssig; es ist aber nicht zu erkennen, dass es auf eine Bestimmung von „Staatsverträgen" außerhalb der in Abs. 2 enthaltenen Regelung überhaupt ankäme, so dass der Zusatz durchaus auch zur Auslegung des Begriffs herangezogen werden kann.[9]

2. Gegenstände der Gesetzgebung. Sinn der Bindung des Abschlusses der so 9 verstandenen Staatsverträge an die Zustimmung des LT ist, den bei ihrer Ausführung notwendig beteiligten Gesetzgeber nicht zu präjudizieren oder aber zu verhindern, dass die Vereinbarungen mangels entsprechenden Verhaltens des Gesetzgebers nicht ausgeführt werden können.

Gegenstände der Gesetzgebung sind allemal betroffen, wenn der Inhalt der Vereinbarung bereits gesetzlich geregelt ist oder eine entspr. Regelung unmittelbar bevorsteht. Die Exekutive wird sich in einem solchen Fall nicht auf den Standpunkt stellen können, dass es hinsichtlich des Gegenstands keines Gesetzes bedurft hätte. 10

Fehlt es an einer entspr. Regelung, kommt es darauf an, ob die vertraglichen Bestimmungen im innerstaatlichen Bereich einem **Gesetzesvorbehalt** unterliegen. Das ist insbesondere der Fall, wenn sie unmittelbar Rechte oder Pflichten der Bürger begründen, ändern oder aufheben[10] oder wenn die Verpflichtungen des Landes die Verhältnisse der Bürger so wesentlich betreffen, dass sie gesetzlich geregelt werden müssen. Gegenstände der Gesetzgebung sind auch dann betroffen, wenn die Vereinbarung zwar nur programmatisch-allg. Absichtserklärungen enthält, diese indessen einer Konkretisierung durch gesetzliche Regelungen bedürfen. Einschlägig sind weiterhin Regelungen der allg. Landesverwaltung und der Zuständigkeit von Behörden, die nach Art. 70 Abs. 2 LV des Gesetzes bedürfen.[11] Ferner: Ist die Vereinbarung finanzwirksam und ist für die erforderlichen Mittel nicht bereits im Haushalt gesorgt, betrifft sie das Budgetrecht des Parlaments und damit ebenfalls einen Gegenstand der Gesetzgebung.[12] Fraglich erscheint dagegen, ob es sich um den Bereich der Gesetzgebung auch dann handelt, wenn der Gegenstand der Vereinbarung durch RechtsVO geregelt ist oder 11

---

8 HL, vgl *Badura*, D Rn 91; *Mann*, in: Löwer/Tettinger, Art. 66 Rn 28, bzgl Art. 66 Verf NW, der freilich alle Staatsverträge an die Zustimmung des LT bindet und deshalb einer einschränkenden Auslegung bedarf; aA *Thiele* (Fn 4), Rn 8.
9 Denkbar wäre es, in Anlehnung an Art. 59 Abs. 2 Satz 1 GG auch solche Verträge der Zustimmung des LT zu unterwerfen, welche die politischen Beziehungen des Landes regeln, ohne sich zugleich auf Gegenstände der Landesgesetzgebung zu beziehen. Dies erforderte indessen nicht nur eine ausdehnende Auslegung des Begriffs „Staatsverträge", die hier nicht vertreten wird (ausdr. abl. insoweit auch *Ebling*, in: Grimm/Caesar, Art. 101 Rn 12), sondern verstieße auch gegen den eindeutigen Wortlaut des Art. 47 Abs. 2 LV.
10 *Mann* (Fn 8), Rn 29.
11 Vgl *Mann* (Fn 8), aaO.
12 AA *Thiele* (Fn 4), Rn 7.

geregelt werden kann (also in die Regelungskompetenz der Exekutive fällt). Dafür spräche, dass der Gesetzgeber den Gegenstand der VO jederzeit anders regeln und die Verordnungsermächtigung auch gänzlich aufheben könnte.[13] Diese Auslegung erscheint allerdings als recht rigoristisch und misst die fraglichen Vereinbarungen mit strengerem Maßstab als innerstaatliches Verordnungsrecht. Die Zustimmung des LT ist daher als entbehrlich anzusehen.[14]

12 Die LReg ist gehalten, den LT rechtzeitig zu beteiligen (Art. 39 LV). Ist der Vertrag erst einmal geschlossen, gibt es kaum noch Einwirkungsmöglichkeiten. Es geht idR um Alles oder Nichts, was sich in der Regelung der entspr. Ausschussberatung äußert (§ 53 GO LT). Allenfalls kann der LT seine Zustimmung an die Abgabe bestimmter **Vorbehalte** durch die LReg binden, wenn diese vertraglich vorgesehen sind.

13 **3. Form der Zustimmung.** Die Form ist in Abs. 2 eindeutig geregelt. Die Zustimmung bedarf eines Gesetzes (in anderen Verfassungen wird das offengelassen, so dass für die Gesetzesform manchmal das Gewohnheitsrecht bemüht wird).[15]

14 **4. Rechtswirkungen der Zustimmung.** Die Zustimmung erlaubt dem MinPräs den Austausch der Vertragsurkunden (Art. 13 WVRK) oder die **Ratifikation** (Art. 14 WVRK), dh die Erklärung, nunmehr an den Vertragstext gebunden zu sein; erst dadurch tritt der Vertrag in Kraft. Darüber hinaus verwandelt sie den Vertragsinhalt ab dem Zeitpunkt des Inkrafttretens in (gesetzliches) Landesrecht (Transformation oder Inkorporation).

15 Ein Staatsvertrag, der ohne die erforderliche Zustimmung des LT abgeschlossen worden ist, begründet gleichwohl eine vertragliche Verpflichtung gegenüber dem Partner. Dieses gilt aber nur bei völkerrechtlichen Verträgen. Bei Verträgen mit anderen Bundesländern und dem Bund gilt die Pflicht zu bundesfreundlichem Verhalten, weshalb die Zustimmungsbedürftigkeit von Staatsverträgen, auch als „Satz gemeindeutschen Verfassungsrechts" bezeichnet, nicht nur das innerstaatliche Dürfen, sondern auch die Vertretungsbefugnis selbst einschränkt.[16]

IV. Schrifttum

16 *Stefan Kadelbach/Ute Guntermann*, Ordnungsgewalt und Parlamentsvorbehalt, in: AöR 126 (2001), S. 563 ff.

Art. 48 (Ernennung von Beamten und Richtern, Einstellung von Angestellten und Arbeitern)

Der Ministerpräsident ernennt die Beamten und Richter; er stellt die Angestellten und Arbeiter des Landes ein. Er kann diese Befugnisse übertragen.

Artt. 51 BWVerf; 93 BbgVerf; 118 Abs. 2 und 3 BremVerf; 45 HambVerf; 108 HessVerf; 38 Abs. 2 und 3 NdsVerf; 58 Verf NW; 102 Verf Rh-Pf; 92 SaarlVerf; 66 SächsVerf; 70 LVerf LSA; 31 SchlHVerf; 78 Abs. 1 und 3 ThürVerf.

---

13 *Mann* (Fn 8), Rn 32; *Nolte* (Fn 3), Art. 30 Rn 18.
14 BVerfGE 1, 372; vgl auch *Kadelbach/Guntermann*, AöR 126 (2001), S. 563 ff, 578.
15 Vgl *Nolte* (Fn 3), Rn 19; Gewohnheitsrecht kann aber ebenso auf die Form des Beschlusses verweisen, s. *Mann* (Fn 8), Rn 40.
16 *Nolte* (Fn 3), Rn 22 f.

I. Bedeutung

Die **Ernennung** von Beamten und Richtern sowie die **Einstellung** der Angestell- 1
ten und Arbeiter gehört zu den Befugnissen eines Staatsoberhaupts. Diese obliegen in M-V dem stärksten Verfassungsorgan, dem MinPräs (→ Art. 47 Rn 1).
Sie korrespondieren mit dessen umfassenden Vertretungsbefugnis nach außen
als eine partielle Befugnis nach innen.

II. Inhalt und Umfang

Das Recht zur Ernennung von Richtern könnte durch die gesetzliche Einführung 2
eines Richterwahlausschusses eingeschränkt werden, von dessen Votum die Einstellung von Richtern auf Lebenszeit abhängig zu machen wäre. Von der insoweit in Art. 76 Abs. 3 LV eingeräumten Möglichkeit hat der Gesetzgeber bislang
keinen Gebrauch gemacht (→ *Kronisch*, Art. 76 Rn 23 ff). Die Befugnis zur Ernennung von Beamten betrifft nur **Landesbeamte**, nicht auch Kommunalbeamte; das gleiche gilt für die Einstellung von Angestellten und Arbeitern. Das Recht
wird weiter eingeschränkt durch die parallele Befugnis des PräsLT hinsichtlich
der Beamten, Angestellten und Arbeiter des LT (Art. 29 Abs. 6 LV; → *Tebben*,
Art. 29 Rn 36 f). Das Recht wird modifiziert durch die Regelungen zum LRH.
Präsident und Vizepräsident dieser obersten Landesbehörde werden vom MinPräs erst nach Wahl durch den LT ernannt, die weiteren Mitglieder von ihm auf
Vorschlag des Präsidenten des LRH berufen (Art. 68 Abs. 2 LV; → *Mediger*,
Art. 68 Rn 4 ff).

Das Recht zur Ernennung und Einstellung enthält auch das Recht zur **Beförde-** 3
rung und Höhergruppierung, aber auch zur Entlassung und Versetzung in den
Ruhestand.[1]

Ernennung und Einstellung sind keine bloße Formsache. In den Befugnissen ent- 4
halten sind das Recht zur Personalauswahl nach dem Prinzip der **Bestenauslese**
(Art. 33 GG) und zur Gestaltung der diese Auswahl regelnden Verfahren. Insoweit gehen die Rechte des MinPräs weiter als die des Bundespräsidenten, dem
nach Art. 60 Abs. 1 GG u.a. das Recht zur Ernennung der Bundesbeamten zusteht. Dieser hat hinsichtlich der Personalauswahl kein eigenes Ermessen, sondern lediglich ein – eingeschränktes – Prüfungs- und Verwerfungsrecht, wenn es
einem ihm von der BReg unterbreiteten Personalvorschlag an den rechtlichen
Voraussetzungen fehlt.[2] Dies kann jedoch für den MinPräs eines Landes nicht
gelten, der eben nicht nur Staatsoberhaupt ist, sondern zugleich die Geschäfte
der LReg leitet.

III. Übertragung

Der MinPräs kann seine Rechte aus Satz 1 übertragen. Hierfür kommen nur sol- 5
che Delegatare in Betracht, die der LReg unterstehen; denn der MinPräs muss
für die Personalwirtschaft als eine Angelegenheit von erheblichem politischen
Gewicht weiterhin die volle Verantwortung behalten.[3] Der MinPräs hat von der
Übertragungsmöglichkeit Gebrauch gemacht, zuletzt durch Anordnung vom
17.4.2013 (GVOBl S. 273). Darin behält er sich lediglich die Ernennung der
Staatssekretäre vor. Alle anderen Ernennungen und Einstellungen werden auf
die Minister bzw den Chef der Staatskanzlei übertragen, wobei sich der MinPräs die Zustimmung zu Ernennungen der Besoldungsgruppe B, zu Einstellun-

---

1 *Nolte*, in: Caspar/Ewer/Nolte/Waack, Art. 31 Rn 8.
2 Vgl *Fink*, in: von Mangoldt/Klein/Starck, Art. 60 Rn 15 ff, 19 f.
3 VerfGH NW, OVGE 18, 316, 319; *Tettinger*, in: Löwer/Tettinger, Art. 58 Rn 13.

gen mit einer außertariflichen Vergütung in entsprechender Anwendung dieser Besoldungsgruppe, zu Ernennungen der Besoldungsgruppe R ab R 3, zu Leitern von oberen Landesbehörden und zur Übertragung leitender Funktionen in einem Ministerium vorbehalten hat. Der MinPräs gibt die Erteilung der Zustimmung im Kabinett bekannt; erst danach können die Ernennungen und Einstellungen vollzogen werden. Ernennungen und Einstellungen unterhalb der Zustimmungsschwelle können von den Ressortministern weiter delegiert werden.

6 Die Übertragung kann jederzeit **rückgängig** gemacht werden (vgl Art. 4 der Anordnung).[4] Dies äußert sich zB in den von dem MinPräs im Vorfeld von Landtagswahlen verfügten Einstellungs- und Beförderungsstopps.

Art. 49 (Begnadigung)

(1) Der Ministerpräsident übt im Einzelfall für das Land das Begnadigungsrecht aus. Er kann dieses Recht übertragen.

(2) Eine Amnestie bedarf eines Gesetzes.

Artt.52 BWVerf; 47 Abs. 4 BayVerf; 92 BbgVerf; 121 BremVerf; 44 HambVerf; 109 HessVerf; 36 NdsVerf; 59 Verf NW; 103 Verf Rh-Pf; 93 SaarlVerf; 67 SächsVerf; 32 SchlHVerf; 78 Abs. 2 bis 4 ThürVerf.

I. Gnade	1	4. Justiziabilität	4
1. Bedeutung	1	5. Übertragung	5
2. Inhalt der Gnadenentscheidung	2	II. Amnestie	6
		III. Schrifttum	8
3. Grenzen	3		

I. Gnade

1 **1. Bedeutung.** Gnadenentscheidungen sind traditionell Sache des Staatsoberhaupts. In M-V obliegt die Befugnis dem stärksten Verfassungsorgan, dem MinPräs (→ **Art. 47** Rn 1). Sie steht der Befugnis des MinPräs zur umfassenden Vertretung nach außen als eine partielle **Vertretungsbefugnis** („für das Land") nach innen zur Seite.

2 **2. Inhalt der Gnadenentscheidung.** Gnade ist der Erlass, die Änderung oder die Aussetzung der Vollstreckung einer rechtskräftig verhängten **Strafe** im Einzelfall.[1] Sie kann auch Nebenstrafen, Maßnahmen der Besserung und Sicherung,[2] Bußgeldentscheidungen (zB in Ordnungswidrigkeiten-Sachen) sowie Disziplinarmaßnahmen oder ehrengerichtliche Sanktionen betreffen.[3] Im Erfordernis der Rechtskraft der verhängten Strafe äußert sich der Grundsatz der Subsidiarität. Gnade ist die ultima ratio, wenn jeder andere Behelf versagt.[4] Die Niederschlagung eines laufenden Ermittlungs- oder Strafverfahrens ist im Gnadenwege nicht möglich. Die Gnade betrifft nicht den Bestand der Entscheidung selbst, sondern nur die Durchsetzung der Entscheidungsfolgen.

3 **3. Grenzen.** Die Gnadenbefugnis des MinPräs ist eingeschränkt durch die bundesstaatliche Kompetenzordnung. Für Sachen, die ausschließlich vor Bundesgerichten anhängig waren, ist allein der Bundespräsident zuständig (Art. 60 Abs. 2 GG). Sachen, die erstinstanzlich vor einem Landesgericht anhängig waren, un-

---

4 S. *Nolte* (Fn 1), Rn 12.
1 BVerfGE 25, 352, 358.
2 AA *Pieroth*, in: Jarass/Pieroth, Art. 60 Rn 5.
3 *Nolte*, in: Caspar/Ewer/Nolte/Waack, Art. 32 Rn 3.
4 BVerfGE 25, 352, 358, 361.

terliegen der Gnadenbefugnis des MinPräs auch dann, wenn sie in der Revisionsinstanz von einem obersten Bundesgericht entschieden worden sind, ausgenommen die erstinstanzlich beim Oberlandesgericht anhängig gemachten Staatsschutzsachen, weil das Gericht insoweit im Wege der Organleihe für den Bund tätig wird (§ 120 Abs. 6 GVG).[5]

4. Justiziabilität. Gnadenentscheidungen sind grds. nicht justiziabel. Sie sind Gestaltungsakte eigener Art, die keiner Gewaltenverschränkung und -balance unterliegen.[6] Gnade ergeht „vor Recht". In alten Zeiten mag dies mit dem Gedanken des Charisma des Staatsoberhaupts verbunden gewesen sein, das jenseits aller Vernunftsgründe zu „erkennen" vermochte, ob eine nach Gesetz und Recht verdiente Strafe nicht doch zu erlassen war. Vermutlich wegen des vordemokratischen Charakters dieser Grundidee hält ein großer Teil der Lehre[7] dieser Rspr entgegen, dass der Staat nach Art. 1 Abs. 3 GG umfassend an die Grundrechte gebunden sei, so dass auch die Gnadenentscheidung eines Staatsorgans jedenfalls nicht gegen den Gleichbehandlungsgrundsatz verstoßen dürfe und insoweit daher auch justiziabel sei (Art. 19 Abs. 4 GG). Die Lehre verkennt indessen, dass die Übertragung der Gnadenbefugnis auf ein Organ der Exekutive den Grundsatz der Gewaltenteilung gerade modifiziert und dem Träger des Gnadenrechts eine Gestaltungsmacht besonderer Art verleiht, die der Kontrolle der Justiz entzogen ist.[8] Dem subjektiven Ermessen ist dann auch die Beurteilung anheimgegeben, welche Fälle vergleichbar sind und welche nicht. Auch nach der Rspr des BVerfG ist freilich der Widerruf einer Entscheidung justiziabel. Denn der Widerruf stellt eine belastende Maßnahme dar, die eine zuvor im Gnadenwege eingeräumte Rechtsstellung verschlechtert.[9]

5. Übertragung. Der MinPräs kann die Gnadenbefugnis delegieren. Er hat dies mit Erl. v. 17.12.1990 (AmtsBl. 1991 S. 79) getan und die Ausübung der Gnadenbefugnis im Wesentlichen auf den **Justizminister** übertragen. Dieser übt das Gnadenrecht in der Regel nicht persönlich aus, sondern überlässt es dem Staatssekretär. Er hat das Gnadenverfahren durch den Erlass einer Gnadenordnung (GnO)[10] geregelt.

II. Amnestie

Während die Gnadenentscheidung einen Einzelfall betrifft, ist eine Amnestie der Erlass einer unbestimmten Zahl bereits rechtskräftig verhängter, aber noch nicht (vollständig) vollstreckter Strafen.[11] Eine derartige Entscheidung, die vordem ebenfalls Sache des Staatsoberhaupts war, obliegt in einem demokratischen Rechtsstaat – auch wegen der offenkundigen Missbrauchsmöglichkeit bei der Entsch. eines Einzelnen – dem Gesetzgeber. Sie ist gekennzeichnet durch die Angabe eines Stichtags, bis zu welchem die amnestierten Straftaten begangen sein müssen, und idR auch der Höhe der verhängten Strafe. Amnestie bedeutet ein **Vollstreckungshindernis** und ist – wie der Gnadenerweis in Einzelsachen – ohne Einfluss auf den Bestand der Strafe.

---

5 Vgl *Kissel*, in: Kissel/Mayer, Gerichtsverfassungsgesetz, 7. Aufl., 2013, Einl. Rn 11.
6 BVerfGE 25, 352, 361; BVerwG, NJW 1983,187.
7 Statt aller vgl *Nolte* (Fn 3), Rn 10 f mwN., vgl auch *Hömig*, DVBl. 2007, 1328, 1329 ff.
8 BVerfGE 25, 352, 361 f.
9 BVerfGE, aaO; vgl auch § 15 Abs. 5 GnO.
10 Zuletzt Richtlinie v. 23.11.1998, AmtsBl. S. 1556.
11 *Nolte* (Fn 3), Rn 14.

7 Der Gesetzgeber ist beim Erlass einer Amnestie – bei großer Gestaltungsfreiheit iÜ – an den Gleichheitssatz gebunden.[12] Eine Amnestie durch den LT setzt die Gesetzgebungskompetenz des Landes voraus. Die Aufhebung rechtskräftig verhängter Strafen ist eine Regelung auf dem Gebiet des **Strafvollzugs**.[13] Diese oblag nach Art. 74 Abs. 1 Nr. 1 GG aF dem Bund, ist aber (im Zuge der Föderalismus-Reform[14]) inzwischen in die Gesetzgebungskompetenz der Länder gelangt.

III. Schrifttum

8 *Dieter Hömig*, Gnade und Verfassung, DVBl. 2007, 1328 -1335.

Art. 50 (Beendigung der Amtszeit)

(1) Das Amt des Ministerpräsidenten endet mit dem Zusammentritt eines neuen Landtages. Der Ministerpräsident und jeder Minister können jederzeit zurücktreten. Mit der Beendigung des Amtes des Ministerpräsidenten endet auch das Amt der Minister.

(2) Das Amt des Ministerpräsidenten endet, wenn ihm der Landtag das Vertrauen entzieht. Der Landtag kann das Vertrauen nur dadurch entziehen, daß er mit der Mehrheit seiner Mitglieder einen Nachfolger wählt.

(3) Der Antrag auf Entziehung des Vertrauens kann nur von mindestens einem Drittel der Mitglieder des Landtages gestellt werden. Über den Antrag wird frühestens drei Tage nach Abschluß der Aussprache und spätestens vierzehn Tage nach Eingang des Antrages abgestimmt.

(4) Nach Beendigung seines Amtes ist der Ministerpräsident verpflichtet, die Geschäfte bis zur Amtsübernahme durch seinen Nachfolger weiterzuführen. Auf Ersuchen des Ministerpräsidenten haben Minister die Geschäfte bis zur Ernennung ihrer Nachfolger weiterzuführen.

Zu Abs. 1: Artt. 55 BWVerf; 44 Abs. 3 BayVerf; 56 Abs. 4 VvB; 85 Abs. 1 BbgVerf; 35 Abs. 1 und 2 HambVerf; 113 Abs. 1 und 2 HessVerf; 33 Abs. 1 bis 3 NdsVerf; 62 Abs. 1 und 2 Verf NW; 87 Abs. 2 und 3 SaarlVerf; 68 Abs. 1 und 2 SächsVerf; 71 Abs. 1 LVerf LSA: 27 Abs. 1 SchlHVerf; 75 Abs. 1 und 2 ThürVerf.

Zu Abs. 2 bis 4: Artt. 54, 55 Abs. 3 BWVerf; 57 VvB; 85 Abs. 2 und 3, 86 BbgVerf; 110 BremVerf; 35 Abs. 3, 37 HambVerf; 113 Abs. 3, 114 HessVerf; 32, 33 Abs. 4 NdsVerf; 61, 62 Abs. 3 Verf NW; 98 Abs. 3, 99 Verf Rh-Pf; 87 Abs. 5, 88 SaarlVerf; 68 Abs. 3, 69 SächsVerf; 71 Abs. 2, 72 LVerf LSA; 27 Abs. 2, 35 SchlHVerf; 73, 75 Abs. 3 ThürVerf.

I. Voraussetzungen	1		1. Quorum	4
1. Periodizität	1		2. Fristen	5
2. Rücktritt	2		3. Aussprache	6
3. Konstruktives Misstrauensvotum	3		4. Keine weiteren Wahlgänge	7
II. Verfahren des konstruktiven Misstrauensvotums	4		5. Keine Auflösung des Landtags	8
			III. Geschäftsführung	9
			IV. Schrifttum	10

---

12 BVerfGE 10, 234, 246, 248 ff.
13 BVerfGE 2, 213, 220 ff; 10, 234, 238.
14 Gesetz zur Änderung des Grundgesetzes v. 28.8.2006, BGBl. I S. 2034.

I. Voraussetzungen

1. Periodizität. Die Abhängigkeit des MinPräs vom **Vertrauen des LT** äußert sich auch im Grundsatz der Periodizität,[1] dh in der Bindung der Dauer seiner Amtswahrnehmung an die Tätigkeit jenes LT, der ihn gewählt hat. Der ihm seinerzeit erteilte Auftrag ist mit dem Zusammentritt eines neuen LT (in dem ganz andere Mehrheitsverhältnisse herrschen mögen) erloschen. Die Bindung der Tätigkeit der Minister an das Vertrauen des MinPräs, der sie ernannt hat und jederzeit entlassen kann, äußert sich darin, dass mit der Beendigung des Amtes des MinPräs auch deren Amt erlischt.

2. Rücktritt. Die jeweiligen Ämter können sich auch durch Rücktritt erledigen. Dieser steht jedem Mitglied der LReg ohne Angabe von Gründen frei.

3. Konstruktives Misstrauensvotum. Das Amt des MinPräs (und damit auch der Minister) kann auch durch ein Misstrauensvotum beendet werden. Dieses muss konstruktiv sein, dh es führt zum Verlust des Amtes nur dadurch, dass ein Nachfolger gewählt wird. Diese Regelung, die Art. 67 GG entspricht und auch in allen anderen Landesverfassungen enthalten ist, beruht auf den Erfahrungen der Weimarer Zeit. Damals konnte ein Reichskanzler durch Zufallsmehrheiten gestürzt werden, die anschließend nicht die Kraft aufbrachten, einen Nachfolger zu wählen und zu unterstützen, was eine prekäre Instabilität der Reichsregierungen zur Folge hatte. Die Möglichkeit eines konstruktiven Misstrauensvotums ist ein weiterer Ausdruck der Abhängigkeit des MinPräs vom Vertrauen des LT. Wenn dieser sein Vertrauen entzieht und zugleich einen Nachfolger wählt, muss der MinPräs abtreten.

II. Verfahren des konstruktiven Misstrauensvotums

1. Quorum. Der Antrag auf Entziehung des Vertrauens (und damit auf Wahl eines bestimmten Nachfolgers) muss von mindestens einem Drittel der gesetzlichen Mitgliederzahl des LT (also von mindestens vierundzwanzig Abg., wenn es keine Überhangmandate gibt) gestellt sein.

2. Fristen. Spätestens vierzehn Tage nach Eingang muss über den Antrag abgestimmt werden. Die Abstimmung kann frühestens drei Tage nach Abschluss der Aussprache stattfinden. Diese Fristen sollen einerseits ausreichende Erwägung der Folgen des Antrags, andererseits aber auch eine angemessen zügige Entscheidung gewährleisten, damit die durch den Antrag ausgelöste Phase der offenbaren Instabilität der LReg möglichst kurz gehalten wird.

3. Aussprache. Die Aussprache wird die Gründe des in dem Antrag enthaltenen Misstrauens gegenüber dem amtierenden MinPräs betreffen. Sie erstreckt sich der Sache nach auch auf Politik und Person des von den Antragstellern gewünschten Nachfolgers (was der Wortlaut der Bestimmung zulässt).[2] Insofern unterscheidet sich die Wahl eines MinPräs im Rahmen eines konstruktiven Misstrauensvotums von dem in Art. 42 Abs. 1 vorgesehenen Verfahren. Sicherlich treffen die Gründe für eine Versagung einer Aussprache auch in diesem Verfahren zu. Sie sind aber nicht ausschlaggebend. Die Kritik an der Politik des amtierenden MinPräs lässt sich von einer Zustimmung zu der Politik des ins Auge gefassten Nachfolgers nicht trennen; auch Vergleiche der Personen sind schlechterdings nicht zu vermeiden.

---

1 Vgl *Nolte*, in: Caspar/Ewer/Nolte/Waack, Art. 27 Rn 2; *Thiele*, in: Thiele/Pirsch/Wedemeyer, Art. 50 Rn 1, spricht von dem Diskontinuitätsprinzip, das sich auf die LReg erstrecke.
2 AA *Tettinger*, in: Löwer/Tettinger, Art. 61 Rn 12; *Nolte* (Fn 1) Art. 35 Rn 9.

7 **4. Keine weiteren Wahlgänge.** Das Verfahren unterscheidet sich auch insofern von dem in Art. 42 vorgesehenen, als es keine Alternativen zur absoluten Mehrheit für den in Aussicht genommenen Nachfolger gibt. Wird diese verfehlt, gibt es die Möglichkeit einer Wahl mit relativer Mehrheit wie nach Art. 42 Abs. 3 nicht.

8 **5. Keine Auflösung des Landtags.** Auch ein Beschluss der Selbstauflösung des LT mit (einfacher) absoluter Mehrheit wie nach Art. 42 Abs. 2ist nicht möglich. Sicherlich kann sich der LT jederzeit, also auch nach dem Scheitern eines konstruktiven Misstrauensvotums gemäß Art. 27 Abs. 2 LV selbst auflösen. Dies bedarf indessen der Mehrheit von zwei Dritteln der Mitglieder des LT und somit einer Verständigung mehrerer großer Fraktionen. Diese Mehrheit dürfte beim Scheitern eines konstruktiven Misstrauensvotums infolge der Verfehlung der einfachen Mehrheit nur schwer zu gewinnen sein.

III. Geschäftsführung

9 Der nach Ablauf der Wahlperiode aus dem Amt geschiedene, zurückgetretene oder abgewählte MinPräs ist verpflichtet, die **Geschäfte** bis zur Amtsübernahme durch seinen Nachfolger **weiterzuführen**. Diese Regelung verhindert eine regierungslose Zeit. Der geschäftsführende MinPräs hat grds. dieselben Befugnisse wie der voll amtierende. Er kann freilich nicht die Vertrauensfrage (Art. 51) stellen oder durch ein konstruktives Misstrauensvotum stürzen. Denn seine Tätigkeit ist nicht vom Vertrauen des LT getragen; sie entspricht vielmehr einer Verlegenheit, einer sachlichen Notwendigkeit. Dem geschäftsführenden MinPräs ist es verwehrt, neue Minister zu ernennen oder deren Ressorts neu zuzuschneiden,[3] denn dies wäre eine Kabinettsumbildung. Stattdessen hat er die Möglichkeit, seine bisherigen Minister um die Weiterführung der Geschäfte bis zur Ernennung ihrer Nachfolger zu ersuchen. Darin ist auch das Recht enthalten, einzelne von ihnen neben ihren bisherigen Aufgaben mit der Wahrnehmung der Geschäfte weiterer, nunmehr verwaister Ressorts zu beauftragen.[4] Die Minister müssen dem Ersuchen Folge leisten (Wortlaut!) und dürfen danach auch nicht zurücktreten.[5]

IV. Schrifttum

10 *Herbert Günther,* Die geschäftsführende Regierung in der Landesverfassung, LKRZ 2008, S. 121-126.

Art. 51 (Vertrauensfrage)

(1) Findet ein Antrag des Ministerpräsidenten, ihm das Vertrauen auszusprechen, nicht die Zustimmung der Mehrheit der Mitglieder des Landtages, so erklärt der Präsident des Landtages auf Antrag des Ministerpräsidenten nach Ablauf von vierzehn Tagen die Wahlperiode des Landtages vorzeitig für beendet. Der Antrag des Ministerpräsidenten kann frühestens eine Woche, spätestens zwei Wochen nach Abstimmung über den Vertrauensantrag gestellt werden. Zwischen dem Vertrauensantrag und der Abstimmung müssen mindestens zweiundsiebzig Stunden liegen.

(2) Das Verfahren der vorzeitigen Beendigung der Wahlperiode ist beendet, sobald der Landtag mit der Mehrheit seiner Mitglieder einen neuen Ministerpräsi-

---
3 *Nolte* (Fn 1), Art. 27 Rn 10.
4 *Tettinger* (Fn 2), Art. 62 Rn 15; *Thiele* (Fn 1), Art. 50 Rn 8.
5 *Günther,* DVBl 2008, 121, 122.

denten wählt, und gehemmt, solange über einen Antrag auf Wahl eines neuen Ministerpräsidenten noch nicht entschieden ist.

Artt. 87 BbgVerf; 36 HambVerf; 88 SaarlVerf; 73 LVerf LSA; 36 SchlHVerf; 74, 75 Abs. 2 Satz 1 ThürVerf.

I. Voraussetzungen	1	2. Antrag des Ministerpräsidenten	5
1. Antrag	1	3. Fristen	6
2. Missbrauch	2	III. Konstruktives Misstrauensvotum	7
3. Verbindung mit Gesetzvorlage	3	IV. Schrifttum	8
II. Folgen bei Verfehlung der Mehrheit	4		
1. Erklärung des Landtagspräsidenten	4		

I. Voraussetzungen

1. Antrag. Die Möglichkeit der Vertrauensfrage gibt dem MinPräs ein Druck- 1 mittel gegenüber dem LT, Vertrauen, dessen Schwinden seine Politik und auch seine eigene Stellung gefährdet, zu festigen, indem er ihn für den Fall ihres Scheiterns mit dessen Auflösung bedroht. Sie setzt lediglich einen Antrag des MinPräs, ihm das Vertrauen auszusprechen, voraus. Diesen Antrag kann nur er selbst stellen. Ein Beschluss der LReg ist nicht erforderlich. Ein auffordernder Beschluss des LT hätte keine bindende Wirkung. Das Wort „Vertrauen" muss der schriftliche Antrag nicht enthalten, wenn er denn nur klar erkennen lässt, dass es dem MinPräs in der Sache darum geht.[1]

2. Missbrauch. Die Vertrauensfrage ist allerdings schon zu dem Zweck gestellt 2 worden, die Voraussetzungen für die Auflösung des Parlaments zu schaffen (so durch die Bundeskanzler Kohl 1982 und Schröder 2005 sowie den Ministerpräsidenten Carstensen von Schleswig-Holstein 2009). Dies ist als Nebenabsicht sicherlich legitim, wenn denn die Hauptabsicht, schwindendes Vertrauen zu festigen, überhaupt besteht oder zumindest ein Schwinden des Vertrauens wirklich konkret zu befürchten ist. Das letztere war in den beiden erstgenannten Fällen angesichts ausreichender formaler Mehrheiten zu bezweifeln. Das BVerfG[2] hat entschieden, dass die Vertrauensfrage auch mit dem Ziel der Auflösung des Parlaments gestellt werden darf, wenn praktisch nicht mehr gewährleistet ist, dass der Antragsteller mit den im Parlament vertretenen Kräften weiter regieren kann, dass der Antrag aber missbräuchlich ist, wenn eine ausreichende Mehrheit außer Zweifel steht. Für den Vertrauensschwund hat es in den ihm vorliegenden Fällen Anhaltspunkte gefunden und den Antragstellern ein weitgehendes politisches Ermessen eingeräumt. Die öffentliche Diskussion forderte jeweils ein Selbstauflösungsrecht des Parlaments, damit der Missbrauch der Vertrauensfrage verhindert werde. Die LV enthält in Art. 27 Abs. 2 ein Selbstauflösungsrecht. Ein Missbrauch der Vertrauensfrage ist gleichwohl nicht ausgeschlossen. Denn die Selbstauflösung nach Art. 27 Abs. 2 setzt eine Mehrheit von zwei Dritteln der Mitglieder des LT voraus, also die Übereinstimmung mehrerer großer Fraktionen. Diese wäre bei einer wankenden Regierungsmehrheit, die sich von Neuwahlen eine Verstärkung der eigenen Reihen versprechen könnte, nicht gegeben. Einwände gegen die Berechtigung eines Vertrauensantrags wären im Organstreitverfahren gem. Art. 53 Abs. 1 Satz 1 LV bzw. §§ 11 Abs. 1 Nr. 1, 36 ff LVerfGG geltend zu machen (→ *Classen*, Art. 53 Rn 7 ff).

---

1 *Nolte*, in: Caspar/Ewer/Nolte/Waack, Art. 36 Rn 4.
2 BVerfGE 62, 1, 42.

3 **3. Verbindung mit Gesetzvorlage.** Die Vertrauensfrage kann mit einer Sachfrage oder einem Gesetzesantrag verbunden werden, muss es aber nicht. Es erscheint sogar möglich, dass das Gesetz beschlossen wird (Abstimmungsmehrheit genügt), die Vertrauensfrage jedoch scheitert (weil die absolute Mehrheit nicht erreicht wird).

II. Folgen bei Verfehlung der Mehrheit

4 **1. Erklärung des Landtagspräsidenten.** Findet der MinPräs nicht die absolute Mehrheit, ist die Vertrauensfrage gescheitert. Der PräsLT muss die Wahlperiode für vorzeitig beendet erklären. Die Verfassungskommission hat sich dafür entschieden, dass der PräsLT diese Erklärung abzugeben hat und nicht der MinPräs, dem der LT gerade das Vertrauen entzogen hat. Es hat dem PräsLT insoweit jedoch kein Ermessen eingeräumt, um dem Druckmittel des MinPräs volle Wirkung zu geben.

5 **2. Antrag des Ministerpräsidenten.** Freilich ist die Erklärung des PräsLT an einen dahingehenden Antrag des MinPräs gebunden, der insoweit politisches Ermessen hat. Es ist durchaus denkbar, dass der MinPräs sich Hoffnung macht, mit einer Minderheitsregierung politisch zu überleben, dann nämlich, wenn die von ihm verfolgte Politik zwar keine ausreichende Mehrheit in den eigenen Reihen, wohl aber Unterstützung bei Teilen der Opposition findet. Die LReg ist dann nicht nur geschäftsführend im Amt (→ Art. 50 Rn 9). Insbesondere behält der MinPräs das Recht, sein Kabinett umzubilden.[3]

6 **3. Fristen.** Zwischen dem Vertrauensantrag und der Abstimmung über ihn müssen mindestens zweiundsiebzig Stunden liegen, damit die Regierungsfraktionen (evtl aber auch die Opposition) ausreichend Zeit haben, um die Folgen einer evtl Landtagsauflösung oder auch die Möglichkeit eines konstruktiven Misstrauensvotums zu erwägen. Innerhalb dieser Frist kann der MinPräs seine Vertrauensfrage auch wieder zurückziehen.[4] Der Antrag auf Auflösung des LT kann vom MinPräs frühestens eine Woche nach der Abstimmung über die Vertrauensfrage gestellt werden. Diese Frist gibt den Oppositionsfraktionen Gelegenheit zur Vorbereitung eines konstruktiven Misstrauensvotums. Der Antrag ist spätestens zwei Wochen nach der Ablehnung des Vertrauensantrags zu stellen. Dadurch gewinnt der MinPräs einerseits die Zeit, um die Möglichkeit einer Minderheitenregierung zu erkunden, soll aber andererseits das – infolge des Scheiterns der Vertrauensfrage nun sehr stark gewordene – Druckmittel der Landtagsauflösung, mit dem er sich Regierungsfraktionen und Opposition gefügig machen kann, nicht länger in der Hand behalten. Der PräsLT hat die Auflösung nach Ablauf weiterer zwei Wochen zu erklären. Diese Frist ermöglicht wiederum die Vorbereitung eines konstruktiven Misstrauensvotums, das nunmehr – nach Antragstellung des MinPräs – dringlich geworden ist, wenn man Neuwahlen scheut.

III. Konstruktives Misstrauensvotum

7 Ein konstruktives Misstrauensvotum bricht das Auflösungsverfahren ab. Das heißt nicht, dass innerhalb der in Abs. 1 genannten Fristen die Wahl des Nachfolgers bereits stattgefunden haben muss. Die Fristen sind vielmehr gehemmt, sobald das Verfahren durch einen Antrag gemäß Art. 50 Abs. 3 eingeleitet worden ist. Freilich ist ein solcher Antrag auch vonnöten. Das Vorliegen bloßer An-

---

3 *Busch/Schulz*, NordÖR 2009, 438, 442.
4 *Nolte* (Fn 1) Rn 9.

zeichen dafür, dass er alsbald gestellt werden könnte, dürfte für den Beginn der Hemmung nicht genügen.[5]

IV. Schrifttum

Jost-Dietrich Busch/Sönle E.Schulz, Die Neuwahl zum Landtag und die Führung 8
der Regierungsgeschäfte nach Ablehnung des Vertrauensantrages des Ministerpräsidenten Carstensen, NordÖR 2009, S. 438 ff; *Jörn Ipsen*, Die Auflösung des 15. Deutschen Bundestages – eine Nachlese, in: NVwZ 2005, S. 1147 ff; *Wolfgang Löwer*, Inszeniertes Misstrauen, in: DVBl. 2005, S. 1102 ff.

III. Landesverfassungsgericht

Art. 52 (Stellung und Zusammensetzung)

(1) Es wird ein allen übrigen Verfassungsorganen gegenüber selbständiges und unabhängiges Landesverfassungsgericht errichtet.

(2) Das Landesverfassungsgericht besteht aus dem Präsidenten und sechs weiteren Mitgliedern. Der Präsident und drei der weiteren Mitglieder müssen die Befähigung zum Richteramt haben. Jedes Mitglied hat einen Stellvertreter.

(3) Die Mitglieder des Landesverfassungsgerichts und die stellvertretenden Mitglieder werden auf Vorschlag eines besonderen Ausschusses vom Landtag ohne Aussprache mit einer Mehrheit von zwei Dritteln der anwesenden Mitglieder gewählt.

(4) Während ihrer Amtszeit dürfen die Mitglieder des Landesverfassungsgerichts oder deren Stellvertreter weder einer gesetzgebenden Körperschaft noch der Regierung des Bundes oder eines Landes oder einem entsprechenden Organ der Europäischen Union, dem Bundesverfassungsgericht, einem anderen Landesverfassungsgericht oder dem Europäischen Gerichtshof angehören.

Artt. 68 Abs. 3 BWVerf; 60, 68 BayVerf; 84 Abs. 1 VvB; 112 BbgVerf; 139 BremVerf; 65 HambVerf; 130 HessVerf; 55 NdsVerf; 76 Verf NW; 134 Verf Rh-Pf; 96 SaarlVerf; 81 Abs. 2 und 3 SächsVerf; 74 LVerf LSA; 44 SchlHVerf; 79 ThürVerf.

I. Abs. 1: Stellung des LVerfG	1	1. Zusammensetzung im Allgemeinen	13
1. Grundlagen der Landesverfassungsgerichtsbarkeit	1	2. Wählbarkeitsvoraussetzungen	15
2. Stellung des LVerfG	5	3. Amtszeit	23
3. Stellung der Mitglieder des LVerfG	10	4. Stellvertreter	28
		5. Präsident	34
4. Geschäftsstelle und Sitz	11	III. Abs. 3: Wahl	35
II. Abs. 2: Zusammensetzung des LVerfG	13	IV. Abs. 4: Inkompatibilitäten	37
		V. Schrifttum	38

I. Abs. 1: Stellung des LVerfG

1. Grundlagen der Landesverfassungsgerichtsbarkeit. Die Verfassungsgerichts- 1
barkeit nach Artt. 52-54 LV stellt ein **Wesensmerkmal der deutschen Verfassungsstaatlichkeit** dar, wie sich diese seit dem Zweiten Weltkrieg entwickelt hat. Ihre Entstehung wurde zunächst durch die Jahrhunderte alte territoriale Gliederung Deutschlands begünstigt, die die Entstehung einer auch politische Konflik-

---

5 Anders aber *Nolte* (Fn 1), Rn 14.

te verbindlich entscheidenden Gerichtsbarkeit nachhaltig gefördert hat. Zudem sollte nach der Diktatur des Nationalsozialismus der Vorrang der Verfassung in der Rechtsordnung und damit die durch das GG geschaffene freiheitlich-demokratische Grundordnung gesichert werden.[1]

2 Die Errichtung einer Verfassungsgerichtsbarkeit auf Landesebene ist Konsequenz der **Eigenstaatlichkeit der Länder** und deren damit verbundener Befugnis, eigene Verfassungen und eigene Verfassungsorgane zu schaffen.[2] Das GG verlangt sogar im Zusammenhang mit der konkreten Normenkontrolle nach Art. 100 GG eine Verfassungsgerichtsbarkeit auch auf Landesebene.[3] Diese Garantie hat allerdings nur funktionellen Charakter in dem Sinne, dass es ein Gericht (iSv Art. 92 GG) mit der Befugnis zur Entscheidung solcher Fragen geben muss; eine institutionell eigenständige Gerichtsbarkeit ist nicht verlangt.[4]

3 In Übereinstimmung mit dem Bund und mittlerweile allen anderen Bundesländern hat sich M-V jedoch für ein eigenständiges Verfassungsgericht entschieden, dessen Zuständigkeiten spezifisch auf die Entscheidung verfassungsrechtlicher Fragen ausgerichtet sind. Damit folgt die LV auch insoweit dem bundesdeutsch üblichen „Trennungsmodell" mit eigenständigen **„Fachgerichten für Verfassungsstreitigkeiten"**.[5]

4 Auch in vielen Einzelheiten lehnt sich die Landesverfassungsgerichtsbarkeit von MV ebenso wie die in anderen Bundesländern stark an das **Modell des BVerfG** an. Dies gilt insb. für Stellung, Aufgaben und Verfahren des Gerichts. Ihre Fortsetzung findet diese Orientierung am Modell des Bundes in dem – von Art. 54 S. 1 LV geforderten – Gesetz über das LVerfG M-V (LVerfGG), dessen Bestimmungen überwiegend bewusst in Entsprechung zum BVerfGG formuliert sind; Abweichungen stellen zum Teil nur eine Kodifikation vom BVerfG entwickelter Grundsätze dar.[6] Die Rspr des LVerfG folgt ebenfalls in vielen prozessualen (→ **Art. 53** Rn 9, 11, 33) wie materiellrechtlichen Fragen dem Vorbild des Bundes und bleibt damit wie alle anderen LVerfG im „Gravitationsfeld des BVerfG".[7] Einen deutlichen Unterschied zum BVerfG bildet allein die Besetzung des LVerfG mit ehrenamtlich tätigen Richtern und die damit einhergehende Existenz stellvertretender Mitglieder (→ Rn 10).

5 **2. Stellung des LVerfG.** Art. 52 Abs. 1 qualifiziert das LVerfG – indirekt, – als **Verfassungsorgan**; § 1 Abs. 1 LVerfGG greift dies in Anlehnung an § 1 Abs. 1 BVerfGG auf. Dieser sonst in der LV an keiner Stelle verwendete Begriff ist nirgendwo definiert. In der Sache erklärt er sich daraus, dass Stellung, Aufgaben und Verfahren des LVerfG im Kern in der LV geregelt sind. Außerdem weist der vom LVerfG heranzuziehende Maßstab, die LV, eine bemerkenswerte Offenheit aus, und der dem LVerfG eröffnete Zugriff auf die vom LT beschlossenen Gesetze, denen die Justiz iÜ im Grundsatz unterworfen ist (Art. 76 Abs. 1 Satz 2 LV), vermitteln dem LVerfG eine besondere Machtfülle.

---

1 Allg. dazu *Schlaich/Korioth*, Rn 1 ff; *Voßkuhle*, in: von Mangoldt/Klein/Starck, Art. 93 Rn 2 ff; zu den neuen Ländern siehe *Heimann*, Verfassungsgerichtsbarkeit, S. 22.
2 *Schlaich/Korioth*, Rn 347.
3 *Wieland*, in: Dreier, Art. 100 Rn 23.
4 *Hillgruber/Goos*, Rn 918.
5 Dazu *Voßkuhle*, in: von Mangoldt/Klein/Starck, Art. 93 Rn 15; vgl auch *März*, JöR N.F. 54 (2006), 175, 225.
6 Siehe etwa die regelmäßigen Verweise auf das BVerfGG in der Gesetzesbegründung zum LVerfGG (LT-Drs. 1/4123) sowie LVerfG M-V, U.v. 21.10.1999 – Az. 2/99 – LVerfGE 10, 337, 369 f.
7 *Gärditz*, Landesverfassungsrichter, in: JöR N.F. 61 (2013), S. 449 (451); dazu auch *Lange*, FS 50 Jahre BVerfG, S. 289, 294.

III. Landesverfassungsgericht

Im Verhältnis zu den „übrigen Verfassungsorganen", also LT und LReg, ordnet 6
Art. 52 Abs. 1 LV ausdrücklich **Selbständigkeit** und **Unabhängigkeit** an. Dies geht über die allg. Garantien der Rspr, der Unabhängigkeit der Richter (Art. 76 LV, → *Kronisch*, **Art. 76** Rn 7 ff; Art. 97 GG) und der institutionellen Eigenständigkeit der Gerichte (Art. 92 GG) hinaus. Konsequenzen hat dies vor allem in **statusrechtlicher** Hinsicht. Die Justizverwaltung, üblicherweise der Exekutive zugewiesen,[8] ist Sache des Gerichts selber. Dieses muss daher über einen eigenen Haushalt verfügen und untersteht keiner Dienstaufsicht durch ein Ministerium. Auch gibt es im Verhältnis zu anderen Verfassungsorganen keinen Dienstweg über ein Ministerium. Schließlich darf sich das LVerfG eine GO geben (Art. 58 Abs. 4, § 12 Abs. 2 LVerfGG, entspricht § 1 Abs. 3 BVerfGG).[9]

Eigenständige Aufgaben oder Befugnisse, etwa zur **Herrschaft über das Verfah-** 7
ren, verbinden sich mit dem Begriff des Verfassungsorgans nicht (→ **Art. 54** Rn 3).[10] Das LVerfG stellt ein Gericht dar, das Aufgaben der **Rspr** iSd Artt. 76 f LV (→ *Kronisch*, **Art. 76** Rn 5) und Art. 92 GG wahrnimmt. Neben den landesrechtlichen kommen auch die bundesverfassungsrechtlichen Garantien für die Rspr (Artt. 97, 98 101 und 103) zur Anwendung. Wie alle Gerichte entscheidet das LVerfG (konkrete) Streitigkeiten nur auf Antrag (→ **Art. 53** Rn 3) in einem besonderen Verfahren am Maßstab des (Verfassungs-)Rechts durch unbeteiligte Dritte.[11] Dieses Verfahren wird nach Art. 54 S. 1 LV ebenso wie die Organisation des LVerfG vom Gesetzgeber, nicht vom Gericht beschlossen. Kompetenziell bleibt das LVerfG auf den durch Art. 53 LV vorgegebenen Rahmen beschränkt.

Der rechtsprechende Charakter der Aufgaben des LVerfG bedeutet, dass für des- 8
sen Tätigkeit die für die Rspr allg. anerkannten Grenzen gelten. Das LVerfG muss sich bei der Konkretisierung des ihm vorgegebenen Maßstabs der LV an **juristischen Methoden** orientieren; politische Bewertungen sind ihm verwehrt.[12] Umstritten ist, ob sich diese Grenzen allein **materiell-rechtlich** aus dem jeweils zur Verfügung stehenden Entscheidungsmaßstab ergeben[13] oder, wie insb. auch das BVerfG mit guten Gründen annimmt, auch **funktionel** zu begründen sind.[14] Das dem LVerfG vorgegebene Verfahren ist auf rechtliche Erkenntnis ausgelegt; es sieht nur einen begrenzten Kreis von Beteiligten vor. Geht man von Letzterem aus, rechtfertigen die besondere Stellung des LVerfG, die Wahl seiner Mitglieder durch den LT und das besondere Verfahren, das durchweg die Möglichkeit einer Beteiligung der anderen Staatsorgane vorsieht (→ **Art. 53** Rn 29, 37), eine größere Freiheit des LVerfG im methodischen Umgang mit dem Recht, insb. bei der verfassungskonformen Auslegung der einfachen Gesetze, als sie Fachgerichten zusteht.[15]

---

8 Dazu ausführlich *Wittreck*, Die Verwaltung der Dritten Gewalt, 2006.
9 Dazu *Starck*, in: ders./Stern, Landesverfassungsgerichtsbarkeit, S. 155 (165); *Heimann* (Fn 1), S. 35 ff.
10 So aber tendenziell – auch mit Blick auf die Verfassungsgerichte der Länder, aber ohne konkrete Schlussfolgerungen – BVerfGE 36, 342, 357; 60, 175, 213; wie hier kritisch dazu *Voßkuhle*, in: von Mangoldt/Klein/Starck, Art. 93 Rn 29; *Schlaich/Korioth*, Rn 31 ff.
11 Dazu *Voßkuhle*, in: von Mangoldt/Klein/Starck, Art. 93 Rn 21 ff; allg. zur damit vorausgesetzten Definition von Rspr etwa *Classen*, ebd., Art. 92 Rn 7 ff.
12 BVerfGE 34, 269, 292; 49, 304, 322; 65, 182, 194.
13 So etwa deutlich *Hillgruber/Goos*, Rn 37 ff.
14 Siehe etwa BVerfGE 49, 89, 131; 50, 290, 332 f; 88, 203, 262; allg. etwa BVerfGE 68, 1, 86; 95, 218, 252. Ausführlich dazu etwa *Voßkuhle*, von Mangoldt/Klein/Starck, Art. 93 Rn 35 ff; *Schlaich/Korioth*, Rn 505 ff, vor allem 515 ff.
15 Zu diesem Gedanken ausführlich *Classen*, JZ 2007, 53 ff.

9 Verfassungsgerichte sind in besonderem Maße darauf angewiesen, dass ihren Urteilen **Leitbild- und Orientierungsfunktion** für die Anwendung des Verfassungsrechts insgesamt zukommt,[16] denn sie haben gar nicht die Kapazität, alle verfassungsrechtlichen Streitigkeiten selbst zu entscheiden. Für ein mit nebenamtlich tätigen Richtern besetztes Gericht wie das LVerfG gilt dies erst recht.

10 **3. Stellung der Mitglieder des LVerfG.** Die Mitglieder des LVerfG sind in dieser Eigenschaft, unabhängig von ihrer sonstigen Tätigkeit, **Richter**. Sie unterfallen daher der entsprechenden Garantie der LV (Art. 76; vgl auch § 8 Abs. 1 LVerfGG). Zum Status der Richter iÜ enthält die Verfassung keine Aussage. Die in Art. 52 Abs. 2 Satz 3 LV angeordnete Existenz von Stellvertretern kann man allerdings als implizite Rechtfertigung für die in § 8 Abs. 2 LVerfGG in Übereinstimmung mit der Praxis aller anderen Länder vorgesehene **ehrenamtliche** Tätigkeit der Richter[17] ansehen. Zur Sicherung der Funktionsfähigkeit des LVerfG geht nach § 8 Abs. 3 LVerfG die Tätigkeit als Mitglied des Verfassungsgerichts (oder als Stellvertreter) jeder anderen beruflichen Tätigkeit vor. Ferner sieht § 65 Abs. 1 LVerfGG eine Aufwandsentschädigung vor, und zwar in Höhe von 300,- € pro Monat pauschal für alle Mitglieder. Der Präsident erhält 600,- €, der Vizepräsident 400,- €. Ferner erhalten alle an einem Verfahren beteiligten Mitglieder 100,- € pro Sitzungstag. Das DRiG findet mangels landesrechtlicher Anordnung keine Anwendung (§ 84).

11 **4. Geschäftsstelle und Sitz.** Faktisch kannte die organisatorische Eigenständigkeit des LVerfG zunächst Grenzen, weil nach § 12 LVerfGG die Aufgaben der **Geschäftsstelle** von der des OVG MV in Greifswald wahrgenommen wurde. Nunmehr „kann" das LVerfG eine Geschäftsstelle beim OVG MV errichten und ihr – allerdings nur im Einvernehmen mit dem Präsidenten des OVG – Verwaltungsaufgaben übertragen. Völlig frei ist das LVerfG also weiterhin nicht. Da das LVerfG mit seinen ehrenamtlichen Mitgliedern und seinen begrenzten Zuständigkeiten nur auf einen bescheidenen Apparat angewiesen ist, bestehen trotzdem keine grds. Bedenken gegen diese Regelung, obwohl das OVG zum Geschäftsbereich des Justizministeriums gehört. Das LVerfGG kann jedoch die verfassungsrechtlich garantierte Unabhängigkeit des LVerfG nicht einschränken. Daher betont das LVerfGG ausdrücklich, dass allein der Präsident des LVerfG den zur Verfügung gestellten Mitarbeitern Weisungen erteilen darf. Zudem darf sich dieses auch der Geschäftseinrichtungen der übrigen Gerichte bedienen. In der Praxis haben sich aus dieser Situation bisher keine substantiellen Probleme ergeben.

12 Als **Sitz** legt § 1 Abs. 2 LVerfGG die Hanse- und Universitätsstadt **Greifswald** fest (vgl auch die Festlegung in § 1 Abs. 2 BVerfGG).[18] Diese Festlegung steht in Zusammenhang mit der bereits erwähnten administrativen Unterstützung des LVerfG durch das OVG. Änderungen unterliegen dem Zugriff des Gesetzgebers, ohne dass das Verfassungsgericht über ein Vetorecht verfügt. Schon wegen der für das LVerfG notwendigen Infrastruktur (Sitzungsraum, Bibliothek) ist aber die räumliche Anbindung an ein anderes, größeres Gericht sinnvoll.

---

16 Zur Leitbildfunktion obergerichtlicher Rspr siehe etwa BVerfGE 66, 116, 138; 95, 48, 62; zu praktischen Konsequenzen etwa → **Art. 53** Rn 13 und → **Art. 54** Rn 7.
17 Dazu auch *Menzel*, Landesverfassungsrecht, S. 521. Zurückhaltend aber deren Bewertung bei *Wallerath*, NdsVBl. 2005, 43, 47.
18 Im ursprünglichen Entwurf war noch Güstrow vorgesehen gewesen; siehe LT-Drs. 1/4132, S. 9 (§ 1 Abs. 2 Satz 2 des Entwurfes).

II. Abs. 2: Zusammensetzung des LVerfG

1. Zusammensetzung im Allgemeinen. Art. 52 Abs. 2 legt die Zahl der **Mitglieder** des LVerfG auf **sieben** fest. Nach Satz 2 müssen **vier** Mitglieder die **Befähigung zum Richteramt** haben.[19] Eine Minderheit von Richtern, nämlich drei von sieben, muss also nicht eine solche Befähigung aufweisen (kann dies aber). Das damit ermöglichte, wenn auch bisher nicht genutzte relativ starke Laienelement erklärt sich nicht zuletzt aus dem – künftig kaum noch aktuellen – Wunsch, hinreichend viele (politisch nicht belastete) Mitglieder aus dem Osten Deutschlands wählen zu können.[20]

Abgesehen von den Inkompatibilitätsvorschriften des Abs. 4 (→ Rn 37) benennt die LV keine weiteren Voraussetzungen. Der in Art. 52 Abs. 2 LV enthaltene Gesetzesvorbehalt legitimiert den **Gesetzgeber** jedoch zu weiteren – **funktionsadäquaten** – **Vorgaben** (→ **Art. 54** Rn 2). Zulässig sind damit Voraussetzungen, die (1) der besonderen Bedeutung des Gerichts als Verfassungsorgan des Landes oder (2) den besonderen Aufgaben des LVerfG als Gericht Rechnung tragen, oder die schließlich (3) die Unabhängigkeit des Gerichts gegenüber den anderen Verfassungsorganen, aber auch sonstigen Institutionen sicherstellen.

2. Wählbarkeitsvoraussetzungen. Das LVerfGG greift alle diese Gesichtspunkte auf. Zum ersten Punkt fordert § 3 Abs. 1 LVerfGG die **Vollendung des 35. Lebensjahres**. Ferner sollen die Mitglieder **im öffentlichen Leben erfahren** sein und sich allg. Vertrauens erfreuen sowie für das Amt besonders geeignet sein. Schließlich wird im Grundsatz die **Wählbarkeit zum LT** verlangt – verfassungsmäßige Gewalt soll nur von Angehörigen des „Landesvolkes" ausgeübt werden. Diese wird ihrerseits im Wesentlichen durch das Landeswahlgesetz bestimmt und verlangt insb. einen Hauptwohnsitz im Land.[21]

Nach einer Ausweitung vor einigen Jahren ist **Richtern** sowie **Lehrern des Rechts** an einer staatlichen Hochschule auch **unabhängig vom Wohnsitz** die Wählbarkeit eröffnet. Damit hat der Gesetzgeber nicht zuletzt dem Umstand Rechnung getragen, dass das Melderecht für Angehörige einer Familie zwingend einen einheitlichen (Haupt-)Wohnsitz vorschreibt, und zwar – verfassungsrechtlich durchaus problematisch[22] – auch für den Fall, dass sich einzelne Angehörige aus beruflichen Gründen überwiegend an einem anderen Ort aufhalten. Nicht ausdrücklich verlangt das LVerfGG, dass sich die genannten Personen im Landesdienst befinden. Hierfür sprechen jedoch eine systematische Auslegung, da die Regelung über das Ausscheiden aus dem Amt (§ 6 Abs. 2 Nr. 4 LVerfGG) ersichtlich ein „Hauptamt in Mecklenburg-Vorpommern" schon zum Zeitpunkt der Wahl voraussetzt, sowie die Entstehungsgeschichte,[23] vor allem aber Sinn und Zweck der Norm. Mit der Neuregelung sollte zwar ein gewisses Maß an Flexibilität erreicht, eine Verbundenheit der Richter des LVerfG mit dem Land aber nicht völlig aufgegeben werden. Ist diese nicht durch den Hauptwohnsitz gewährleistet, stellt eine hauptberufliche Tätigkeit im Land hierfür einen funktionalen Ersatz dar.

---

19 Dazu §§ 5 ff DRiG. Hinzu kommen nach Anlage I Kapitel III Sachgebiet A Abschnitt III Nr. 8 Maßgabe a) Einigungsvertrag die Diplomjuristen der DDR.
20 Siehe Begründung zu Art. 52, Kommission, Verfassungsentwurf, S. 147 f; dazu *März*, JöR N.F. 54 (2006), 175, 225 Fn 200; *Heimann* (Fn 1), S. 52. Zum Ländervergleich *Gärditz* (Fn 7), S. 472 ff.
21 Zum Ländervergleich *Gärditz* (Fn 7), S. 468 f.
22 Siehe zu Thüringen (mit vergleichbarer Rechtslage) ThürVerfGH, U. v. 12.6.1997 – 13/95 – LVerfGE 6, 387, 397 ff; anders *Menzel* (Fn 16), S. 199, 411.
23 LT-Drs. 4/2172, Begründung zu Nr. 3 Buchstabe a nF.

17 Unter Richtern sind nur **Berufsrichter** zu verstehen. Zu den **Hochschullehrern** gehören nach der Gesetzesbegründung zu Recht auch Fachhochschulprofessoren. Frühere Diskussionen um einen diesen nicht erfassenden materiellrechtlichen Begriff des Hochschullehrers sind überholt.[24] Mit Blick auf das LVerfGG kommt hinzu, das dieses schlichtweg den Begriff der Hochschule verwendet, ohne ihn durch einen Begriff wie wissenschaftliche Hochschule oder Universität einzugrenzen (vgl auch § 1 LHG). Anders als beim parallel formuliererten, aber deutlich vor Schaffung der Fachhochschulen entstandene BVerfGG (siehe dort § 22) dürfte hierin eine bewusste Entscheidung des Gesetzgebers zugunsten aller Hochschulen zu sehen sein.

18 Richter wie Hochschullehrer müssen ein entsprechendes **Amt** auch **tatsächlich ausüben**; werden sie zur Wahrnehmung eines anderen Amtes beurlaubt oder abgeordnet, entfällt die Wählbarkeit. Etwas unklar ist der Verweis in § 3 Abs. 1 auf § 2 Abs. 2 LVerfGG. Dort ist die Zahl der Richter genannt, die eine Befähigung zum Richteramt aufweisen müssen. Hierunter ist jedoch nur eine Mindestzahl zu verstehen (→ Rn 13), so dass die Zahl derjenigen, die nach § 3 Abs. 1 Satz 1 2. Alt. gewählt werden, nicht begrenzt ist.

19 Ferner muss der **Präsident** (→ Rn 34) des LVerfG aus dem Kreis der Präsidenten der Gerichte und der Vorsitzenden Richter der oberen Landesgerichte gewählt werden (§ 2 Abs. 3 LVerfGG); seine Stellvertreter (als Präsident und als Richter) müssen zumindest Richter sein. Damit sitzt (praktisch) immer zumindest ein auch in Fragen der Sitzungsleitung erfahrener **Berufsrichter im LVerfG**. IÜ muss – anders als in fast allen Ländern – kein Mitglied Richter sein.

20 Die Wahl zum Richter des LVerfG fordert eine schriftliche **Bereitschaftserklärung** (§ 3 Abs. 1 Satz 3 LVerfGG, entspricht § 3 Abs. 1 BVerfGG). Der Funktion des LVerfG als Gericht entsprechend ist nicht wählbar, wer **gegen Grundsätze der Menschlichkeit** und der **Rechtstaatlichkeit verstoßen** hat bzw für das frühere Ministerium für Staatssicherheit der DDR tätig war (§ 3 Abs. 4 LVerfGG).

21 Zur Sicherung der Selbständigkeit und der Unabhängigkeit gegenüber den anderen Verfassungsorganen sind nach § 3 Abs. 3 LVerfGG – über die Inkompatibilitätsregelung von Art. 52 Abs. 4 LV (→ Rn 37) hinaus – Beamte und sonstige Personen, die im **öffentlichen Dienst** des Landes stehen, mit Ausnahme von Richtern und Hochschullehrern **nicht wählbar**. Eine Wiederwahl ist ausgeschlossen (§ 5 Abs. 1 Satz 3 LVerfGG; ähnlich § 4 Abs. 2 BVerfGG). Stellvertreter können während ihrer Amtszeit für deren Rest zu regulären Mitgliedern gewählt werden (§ 5 Abs. 1 Satz 2 LVerfGG).

23 **3. Amtszeit.** Zur Amtszeit der Mitglieder des LVerfG enthält die LV keine ausdrückliche Vorgabe, so dass auch hier der Gesetzgeber – funktionsadäquate (→ Rn 14) – Regelungen treffen muss. § 5 LVerfGG sieht eine bemerkenswert lange Amtszeit von **12 Jahren** vor, § 6 Abs. 1 eine **Altersgrenze** von 68 Jahren (entspricht § 4 Abs. 1 und 3 BVerfGG; alle anderen Länder kennen kürzere Amtszeiten, häufig nur von 6 oder 7 Jahren).[25]

24 § 6 Abs. 2 LVerfGG enthält weitere Tatbestände, die zum **Ausscheiden** eines Richters aus seinem Amt führen. In Fortführung der Voraussetzungen der Wählbarkeit ist dieses vorgesehen bei Entfallen der Wählbarkeit sowie dem Eintritt eines Wählbarkeitshindernisses oder dessen nachträglichem Bekanntwerden (§ 6 Abs. 2 Nr. 3, 5 und 6 LVerfGG). Richter und Hochschullehrer im Landesdienst ohne Wohnsitz im Land scheiden dementsprechend bei Aufgabe dieses Haupt-

---

24 Siehe jetzt (zu Art. 5 Abs. 3 GG) BVerfGE 126, 1, 19 ff.
25 Dazu *Gärditz* (Fn 7), S. 464.

amtes aus (§ 6 Abs. 2 Nr. 4 LVerfGG). Hinsichtlich des Entfallens der Wählbarkeit wegen Wegzugs aus dem Land (§ 6 Abs. 2 Nr. 3 LVerfGG) wird eine Ausnahme gemacht für Personen, die ihren Wohnsitz nach ihrer Versetzung in den Ruhestand außerhalb des Landes verlegen. Vom Wortlaut her ist diese Norm allein auf Beamte und Richter zugeschnitten. Es ist jedoch kein sachlicher Grund erkennbar, die Regelung auf diesen Personenkreis zu beschränken. Vielmehr fallen auch Angestellte und Selbstständige, die in Rente gehen bzw unabhängig von der Art der Altersversorgung aus Altersgründen ihren Beruf aufgeben, in den Anwendungsbereich der Norm.

Richter oder Hochschullehrer im Landesdienst, die unabhängig von ihrem 25 Wohnsitz zu Richtern des LVerfG gewählt werden können (→ Rn 16 ff), scheiden aus dem Amt, wenn sie ein entsprechendes Amt nicht mehr innehaben. Um Wertungswidersprüche zu vermeiden, darf bei der Anwendung dieser Bestimmungen allerdings nicht darauf abgestellt werden, wie sich die Rechtslage des Betreffenden zu Beginn seiner Amtszeit dargestellt hat. Konkret: Verlegt ein Mitglied des LVerfG seinen Wohnsitz außerhalb des Landes, so behält er sein Amt, wenn er zu diesem Zeitpunkt Richter oder Hochschullehrer ist.

Der Sicherung der Funktionsfähigkeit des Gerichts (einschließlich des für die 26 Akzeptanz seiner Entscheidungen notwendigen Ansehens) dient die Anordnung des **Ausscheidens** bei der Entlassung auf Antrag, bei Dienstunfähigkeit, bei einer rechtskräftigen Verurteilung zu einer Freiheitsstrafe oder bei einer groben Pflichtverletzung, die einen Verbleib im Amt ausschließt (§ 6 Abs. 2 Nr. 7 und 8). Im zuerst genannten Punkt ist die Regelung gegenüber Richtern damit strenger als § 105 BVerfGG. Die Richteranklage nach Art. 98 Abs. 2 und 5 GG findet dagegen auf Verfassungsrichter keine Anwendung.[26]

Festgestellt wird das Ausscheiden durch das LVerfG. Die entsprechende Ent- 27 scheidung muss mit einer Mehrheit von 5 Mitgliedern des Gerichts getroffen werden (§ 7 des LVerfGG). Das Gericht kann von Amts wegen, auf Antrag des LT, der LReg, des betreffenden Mitgliedes oder dessen Stellvertreters tätig werden. Ferner kann gemäß § 7 Abs. 2 nach Einleitung des Verfahrens ein Mitglied vorläufig seines Amtes entbunden werden; dies ist auch möglich, wenn gegen das Mitglied oder seinen Stellvertreter wegen einer Straftat das Hauptverfahren eröffnet worden ist. Im zuletzt genannten Fall des Ausscheidens nach § 6 Abs. 2 LVerfGG nimmt bis zur Wahl des Nachfolgers der Stellvertreter das Amt wahr (§ 5 Abs. 2 Satz 2 LVerfGG). Im Übrigen führen Richter (und Stellvertreter) bis zu diesem Zeitpunkt selbst ihr Amt fort (§ 5 Abs. 2 LVerfGG).

4. Stellvertreter. Nach Abs. 2 Satz 3 verfügt jedes Mitglied über einen **Stellver-** 28 **treter**. Diese müssen daher jeweils bezogen auf ein **bestimmtes Mitglied** gewählt werden und kommen im Grundsatz dann zum Einsatz, wenn genau dieses Mitglied verhindert ist. Nur über die Befangenheit eines Richters wird ohne diesen, aber auch ohne seinen Vertreter entschieden (§ 15 Abs. 1 HS 2 LVerfGG). Hinsichtlich der Amtszeit ist ein Stellvertreter jedoch von „seinem" Mitglied unabhängig. In Ergänzung zu den Vertretungsregeln der Verfassung bestimmt § 2 Abs. 4 LVerfGG, dass bei Verhinderung eines Stellvertreters die übrigen Stellvertreter in der Reihenfolge ihres Lebensalters zum Zuge kommen. Würde danach die vorgegebene Zahl der Mitglieder mit Befähigung zum Richteramt unterschritten (Art. 52 Abs. 2 LV: vier), werden nur die Stellvertreter mit dieser Qualifikation herangezogen.

---

26 So (zum BVerfG) *Schulze-Fielitz*, in: Dreier, Art. 98 Rn 34; *Classen*, in: von Mangoldt/Klein/Starck, Art. 98 Rn 5.

29 Nirgends ist ausdrücklich geregelt, wann eine **Verhinderung** anzunehmen ist. Implizit ergibt sich aus §§ 27 Abs. 1, 28 Abs. 1 Satz 2 LVerfGG, dass an einem bestimmten Verfahren jeweils durchgängig eine bestimmte Richterbesetzung mitwirkt; dementsprechend kann sich diese Verhinderung nicht nur auf einzelne Sitzungen beziehen. Verfassungsrechtlich ist diese Annahme zwingend, weil anderenfalls ein Verstoß gegen Art. 101 Abs. 1 Satz 2 GG nicht zu vermeiden wäre; in diesem Fall würde nämlich ein Richter an einem Verfahren nur teilweise mitwirken.

30 Zu einer Verhinderung für das gesamte (weitere) Verfahren führt die **Ausschließung** eines Richters nach § 14 und die **Ablehnung** eines Richters wegen **Besorgnis der Befangenheit** nach § 15 LVerfGG. Beide Bestimmungen sollen die richterliche Neutralität im Verhältnis zu den Parteien absichern[27] und decken sich mit den entsprechenden Regelungen des BVerfGG (§§ 18 f). Ausschlusstatbestände liegen vor, wenn der Richter an der Sache beteiligt oder mit einem Beteiligten verheiratet bzw verwandt ist oder war. Die erstgenannte Voraussetzung ist strikt auszulegen und meint das konkrete verfassungsgerichtliche Verfahren sowie das Ausgangsverfahren.[28] Verfahrensbeteiligter ist jeder, der in welcher Rolle auch immer, an einem Verfahren beteiligt (gewesen) und von der Entscheidung unmittelbar betroffen ist.[29] Weiterhin ist ein Richter ausgeschlossen, wenn er in derselben Sache bereits von Amts oder Berufs wegen tätig gewesen ist. Nach der klarstellenden Bestimmung des § 14 Abs. 2 LVerfGG (entspricht § 18 Abs. 2 BVerfGG) reicht ein allg. Interesse etwa auf Grund des Familienstandes, Berufs, der Abstammung und ähnlicher Gründe nicht. Nach Abs. 3 (entspricht § 18 Abs. 3 BVerfGG) schließlich gelten die Mitwirkung im Gesetzgebungsverfahren und die Äußerung einer wissenschaftlichen Meinung zu einer Rechtsfrage die für das Verfahren bedeutsam sein kann, nicht als Vorbefassung mit derselben Sache.[30] Allerdings ist nicht ausgeschlossen, dass ein pointiertes Engagement in den genannten Konstellationen eine Befangenheit iSv § 15 begründet.[31] Bei dieser Entscheidung kommt es ähnlich wie bei den anderen Fällen der Besorgnis der Befangenheit (→ Rn 31) darauf an, ob ein Verfahrensbeteiligter bei vernünftiger Würdigung aller Umstände Anlass hat, an der Unvoreingenommenheit und objektiven Einstellung des Richters zu zweifeln.[32]

31 Nach § 15 Abs. 1 LVerfGG (entspricht § 19 Abs. 1 BVerfGG) kann ein **Richter** durch einen Prozessbeteiligten (nicht aber durch einen nur Äußerungsberechtigten[33]) **abgelehnt** werden, wenn die Besorgnis der Befangenheit besteht. Der Antrag kann nur bis zum Beginn der mündlichen Verhandlung gestellt werden, vor der die den Antrag rechtfertigenden Gründe bekannt (geworden) waren (Abs. 2 Satz 3). Weiterhin kann der Richter selbst eine entsprechende Erklärung abgeben (Abs. 3). In beiden Fällen entscheidet das Gericht ohne den betroffenen

---

27 Allg. dazu BVerfGE 21, 139, 146; 42, 206, 211; *Schulze-Fielitz*, in: Dreier, Art. 97 Rn 42; *Classen*, in: von Mangoldt/Klein/Starck, Art. 97 Rn 33.
28 BVerfGE 47, 105, 108; 78, 278, 288; 79, 1, 27; 88, 1, 4; 98, 134, 137 f; 109, 130, 131; dazu *Heusch*, in: Umbach/Cemens/Dollinger, § 18 Rn 22. Nicht erfasst wird die Beteiligung an der Stellungnahme eines Verbandes, BVerfGE 94, 241, 256 f, oder eines Gerichts (ausführlich BVerfGE 78, 331, 336 ff); dazu auch *Klein*, in: Maunz/Schmidt-Bleibtreu, § 18 Rn 1 ff.
29 *Heusch*, in: Umbach/Clemens/Dollinger, § 18 Rn 16.
30 Dazu auch BVerfGE 72, 278, 287 f; 82, 30, 37; vgl aber auch 101, 46, 51.
31 BVerfGE 20, 1, 7 f; 82, 30, 38; jüngst B.v. 26.2.2014 – 1 BvR 471/10 und 1181/10.
32 BVerfGE 47, 105, 107.
33 Konsequenz ist insb., dass die Beteiligten des Ausgangsverfahrens im Verfahren der konkreten Normenkontrolle keinen Befangenheitsantrag stellen können; BVerfGE 46, 34 ff.

Richter, aber auch ohne dessen Stellvertreter. In der Sache ist Voraussetzung für den Erfolg der Ablehnung eines Richters nicht eine tatsächliche objektive Befangenheit. Vielmehr kommt es darauf an, ob aus verständiger Sicht bei vernünftiger Würdigung aller Umstände Anlass besteht, an der Unparteilichkeit des Richters zu zweifeln. Bei der Bewertung ist zu berücksichtigen, ob das Anlass gebende Verhalten vor oder nach der Wahl des Betreffenden zum Mitglied des LVerfG lag, weil man nach der Wahl das Bewusstsein um die besondere Verantwortung des Amtes und der damit verbundenen Pflicht zur Zurückhaltung voraussetzen kann.[34]

Zur Praxis des LVerfG sind bisher keine Entscheidungen bekannt geworden. Das **BVerfG** legt traditionell einen strengen Maßstab zugrunde. Zur Begründung wird das mit einer besonderen Qualität auch des Ergebnisses verbundene Wahlverfahren für Richter des BVerfG angeführt; zudem dürfe von den Beteiligten eines Verfassungsprozesses ein besonderes Vertrauen erwartet werden.[35] Früher wurde explizit auch die durch das Ausscheiden eines Richters bewirkte Veränderung der Zusammensetzung (und damit des „politischen Gleichgewichts" im Senat) angeführt.[36]

Für das LVerfG kann zumindest das zuletzt genannte Argument nicht zum Tragen kommen, da hier ja für jeden Richter ein bestimmter Stellvertreter gewählt wird. Praktisch kann es sogar häufiger als beim BVerfG zu einer Situation der Befangenheit kommen, weil die Richter hier ehrenamtlich tätig sind und von daher naturgemäß, zumal da sie im öffentlichen Leben Erfahrung haben sollen, mit bestimmten Angelegenheiten einmal betraut gewesen sein können. In der Lit. wird die Annahme besonderer Anforderungen ohnehin vielfach nicht geteilt.[37] Im Ergebnis sind daher die in der **allg. Gerichtsbarkeit anerkannten Maßstäbe** für das Vorliegen von Befangenheit zugrunde zu legen (dazu etwa § 42 Abs. 2 ZPO).

5. Präsident. Nach Art. 54 Abs. 2 Satz 1 LV hat das LVerfG einen Präsidenten (zur Wahl → Rn 19), nach § 2 Abs. 1 LVerfGG auch einen Vizepräsidenten. § 10 LVerfGG konkretisiert die Aufgaben des Präsidenten (Abs. 1): dieser führt den **Vorsitz** im Richterkollegium und **vertritt** das Verfassungsgericht gegenüber anderen Verfassungsorganen. Er leitet die allg. Verwaltung, verfügt über die Einnahmen und Ausgaben des Gerichts nach Maßgabe des Landeshaushalts und vertritt das Land in allen Rechtsgeschäften und Rechtsstreitigkeiten des Verfassungsgerichts. In seiner Funktion als Präsident wird er nicht von seinem persönlichen Stellvertreter, sondern vom Vizepräsidenten und iÜ vom dienstältesten Mitglied mit der Befähigung zum Richteramt vertreten (§ 10 Abs. 2 LVerfGG). Für die (wegen paralleler Amtszeiten nicht seltenen) Fälle gleichen Dienstalters gibt die GO das Lebensalter als Ersatzkriterium vor (§ 6). Gewählt werden kann zum Präsidenten nur, wer Präsident eines Gerichtes oder Vorsitzender Richter an einem der oberen Landesgerichte ist; für den Stellvertreter des Präsidenten gilt diese Restriktion neuerdings nicht mehr.

---

34 Dazu *Heusch*, in: Umbach/Clemens/Dollinger, § 19 Rn 17.
35 BVerfGE 35, 171, 173 f.
36 BVerfGE 73, 330, 336; 82, 30, 40. In jüngerer Zeit wird dieses Argument hingegen nicht mehr verwendet: siehe BVerfGE 88, 1, 4; 91, 226, 227; 95, 189, 191; 101, 46, 50 f; 108, 122, 126; 109, 130, 132. Heute noch in diesem Sinne *Schlaich/Korioth*, Rn 74
37 Kritisch etwa *Benda/Klein*, Verfassungsprozessrecht, 3. Aufl. 2012, Rn 243; *Pestalozza*, Verfassungsprozeßrecht, 3. Aufl. 1991, § 2 Rn 48; *Wassermann*, in: FS Simon, 1987, S. 81 ff.

III. Abs. 3: Wahl

35 Nach Art. 52 Abs. 3 LV (entspricht § 4 Abs. 1 LVerfGG) werden die Richter des LVerfG vom **LT gewählt**. Der herausgehobenen Stellung des Gerichts entsprechend erhalten die Richter damit eine besondere unmittelbare **demokratische Legitimation**.[38] Die Wahl erfordert eine Mehrheit von zwei Dritteln der anwesenden Mitglieder.[39] Sie muss auf Vorschlag eines besonderen **Ausschusses** erfolgen. Dieser unterliegt den generellen Vorgaben für Ausschüsse nach Art. 33 LV. Er hat vor allem für die sachgerechte **Vorbereitung** der Wahl zu sorgen, denn vor der Wahl im LT selbst findet – zum Schutz der Kandidaten – keine Aussprache statt.[40] Daher kann sich der Ausschuss insb. Personalakten vorlegen lassen (§ 4 Abs. 2 LVerfGG). Mit diesem Verfahren soll ein angemessener Kompromiss gefunden werden zwischen der Notwendigkeit einer Legitimation durch parlamentarische Wahl und der Gewährleistung der Wahl qualifizierter Kandidaten.[41] Zugleich wird vermieden, dass durch Verfahren der öffentlichen Anhörung und Ähnliches, wie es in anderen Staaten üblich ist, die richterliche Unabhängigkeit durch frühzeitige Festlegung in bestimmten, sensiblen Fragen gefährdet wird.

36 Der Ausschuss muss zumindest eine so hohe **Zahl von Kandidaten** vorschlagen, wie Positionen zu besetzen sind. Er kann aber auch mehr vorschlagen. Sind die Richter gewählt, erhalten sie eine ihren Status ausweisende Urkunde und werden vereidigt (§ 4 Abs. 3 und § 9 LVerfGG).

IV. Abs. 4: Inkompatibilitäten

37 Art. 52 Abs. 4 sieht zur **Sicherung der Gewaltenteilung** im Land und der **Selbständigkeit der Verfassungsräume** Inkompatibilitäten vor. Während ihrer Amtszeit dürfen die Mitglieder des LVerfG und ihre Stellvertreter weder dem LT noch der LReg noch einem entsprechenden Organ des Bundes, eines anderen Landes oder der Europäischen Union angehören. Mit Blick auf die institutionelle Struktur der Europäischen Union ist die Begrifflichkeit fragwürdig. In der Sache sind Kommission und Parlament gemeint; eine Mitgliedschaft im Ausschuss der Regionen oder im Wirtschafts- und Sozialausschuss ist demgegenüber zulässig. Ausgeschlossen ist auch eine Mitgliedschaft im BVerfG, einem anderen LVerfG oder dem EuGH. Wer daher zum Zeitpunkt seiner Wahl zum LVerfG einen der genannten Tatbestände erfüllt, muss die entsprechende Funktion niederlegen; andernfalls kann er nicht ernannt werden. Zieht ein Mitglied des LVerfG später in ein solches Organ ein, scheidet es nach § 6 Abs. 2 Nr. 5 LVerfGG aus seinem Amte aus.

V. Schrifttum

38 *Ralf Buchholz/Markus Rau*, Rechtsatzbeschwerde gegen Gesetze zur vorbeugenden Verbrechensbekämpfung?, in: NVwZ 2000, S. 396 ff; *Klaus Ferdinand Gärditz*, Landesverfassungsrichter, in: JöR N.F. 61 (2013), S. 449 ff; *Hans Markus Heimann*, Die Entstehung der Verfassungsgerichtsbarkeit in den neuen Län-

---

38 Dazu im vorliegenden Kontext *Gärditz* (Fn 7), S. 457 ff.
39 Zur Sinnhaftigkeit *Gärditz* (Fn 7), S. 461 ff., zum Ländervergleich S. 465.
40 Dazu, auch mit Hinweis auf anderweitige Regelungen (etwa eine Anhörung in Brandenburg), *Heimann* (Fn 1), 63 f. Artt. 71 Abs. 1 LV und 33 Abs. 2 GG sind hier allerdings nicht anwendbar.
41 Generell zu diesem Konflikt bei Richterwahlen *Classen*, JZ 2002, 1009. Allerdings sind Artt. 71 Abs. 1 LV und 33 Abs. 2 GG hier nicht anwendbar; *Gärditz* (Fn 7), S. 457 f., 463.

dern und in Berlin, 2001; *Klaus Lange*, Das Bundesverfassungsgericht und die Landesverfassungsgerichte, in: FS 50 Jahre BVerfG, 2001, S. 289 ff; *Wolfgang März*, Die Verfassungsentwicklung in Mecklenburg-Vorpommern, in: JöR N.F. 54 (2006), S. 175 ff; *Jörg Menzel*, Landesverfassungsrecht. Verfassungshoheit und Homogenität im grundgesetzlichen Bundesstaat, 2002; *Christian Starck/ Klaus Stern* (Hrsg.), Landesverfassungsgerichtsbarkeit, 3 Bände, 1983; *Maximilian Wallerath*, Landesverfassungsgerichtsbarkeit in den „neuen" Bundesländern, in: NdsVBl. 2005, Sonderheft zum 50-jährigen Bestehen des Niedersächsischen Staatsgerichtshofs, S. 43 ff.

Art. 53 (Zuständigkeit)

(1) Das Landesverfassungsgericht entscheidet
1. über die Auslegung dieser Verfassung aus Anlaß von Streitigkeiten über den Umfang der Rechte und Pflichten eines obersten Landesorgans oder anderer Beteiligter, die durch die Verfassung oder in der Geschäftsordnung des Landtages mit eigenen Rechten ausgestattet sind,
2. bei Meinungsverschiedenheiten oder Zweifeln über die förmliche oder sachliche Vereinbarkeit von Landesrecht mit dieser Verfassung auf Antrag der Landesregierung oder eines Drittels der Mitglieder des Landtages,
3. aus Anlaß von Streitigkeiten über die Durchführung von Volksinitiativen, Volksbegehren und Volksentscheiden auf Antrag der Antragsteller, der Landesregierung oder eines Viertels der Mitglieder des Landtages,
4. über die Verfassungsmäßigkeit des Auftrages eines Untersuchungsausschusses auf Vorlage eines Gerichts, wenn dieses den Untersuchungsauftrag für verfassungswidrig hält und es bei dessen Entscheidung auf diese Frage ankommt,
5. über die Vereinbarkeit eines Landesgesetzes mit dieser Verfassung, wenn ein Gericht das Verfahren gemäß Artikel 100 Abs. 1 des Grundgesetzes für die Bundesrepublik Deutschland ausgesetzt hat,
6. über Verfassungsbeschwerden, die jeder mit der Behauptung erheben kann, durch ein Landesgesetz unmittelbar in seinen Grundrechten oder staatsbürgerlichen Rechten verletzt zu sein,
7. über Verfassungsbeschwerden, die jeder mit der Behauptung erheben kann, durch die öffentliche Gewalt in einem seiner in Artikel 6 bis 10 dieser Verfassung gewährten Grundrechte verletzt zu sein, soweit eine Zuständigkeit des Bundesverfassungsgerichts nicht gegeben ist,
8. über Verfassungsbeschwerden von Gemeinden, Kreisen und Landschaftsverbänden wegen Verletzung des Rechts auf Selbstverwaltung nach Artikel 72 bis 75 durch ein Landesgesetz,
9. in den übrigen ihm durch diese Verfassung oder durch Gesetz zugewiesenen Fällen.

Zu Nr. 1: Artt. 68 Abs. 1 Nr. 1, Abs. 2 Nr. 1 BWVerf; 64 BayVerf; 84 Abs. 2 Nr. 1 VvB; 113 Nr. 1 BbgVerf; 140 Abs. 1 BremVerf; 65 Abs. 3 Nr. 1, 2 HambVerf; 131 HessVerf; 54 Nr. 1 NdsVerf; 75 Nr. 2 Verf NW; 130 Abs. 1, 135 Abs. 1 Nr. 1 Verf Rh-Pf; 97 Nr. 1 SaarlVerf; 81 Abs. 1 Nr. 1 SächsVerf; 75 Nr. 1 LVerf LSA; 44 Abs. 2 Nr. 1 SchlHVerf; 80 Abs. 1 Nr. 3 Thür-Verf.

Zu Nr. 2: Artt. 68 Abs. 1 Nr. 2, Abs. 2 Nr. 2 BWVerf; 84 Abs. 2 Nr. 2 VvB; 113 Nr. 2 BbgVerf; 140 Abs. 1 BremVerf; 65 Abs. 3 Nr. 3 HambVerf; 131 HessVerf; 54 Nr. 3 NdsVerf; 75 Nr. 3 Verf NW; 130 Abs. 1, 135 Abs. 1 Nr. 1 Verf Rh-Pf; 97 Nr. 2 SaarlVerf; 81 Abs. 1 Nr. 2 SächsVerf; 75 Nr. 3 LVerf LSA; 44 Abs. 2 Nr. 2 SchlHVerf; 80 Abs. 1 Nr. 4 ThürVerf.

Classen

Zu Nr. 3: Artt. 75 Abs. 3 BayVerf; 77 Abs. 2 BbgVerf; 65 Abs. 3 Nr. 5 HambVerf; 131 HessVerf; 54 Nr. 2 NdsVerf; 99 Abs. 3 SaarlVerf; 71 Abs. 2 Satz 3 SächsVerf; 75 Nr. 2 LVerf LSA; 42 Abs. 1 S. 4 SchlHVerf; 80 Abs. 1 Nr. 6 ThürVerf.

Zu Nr. 4: Artt. 27 Abs. 7 NdsVerf; 75 Nr. 4 LVerf LSA; 80 Abs. 1 Nr. 7 ThürVerf.

Zu Nr. 5: Artt. 68 Abs. 1 Nr. 3 BWVerf; 65, 92 BayVerf; 84 Abs. 2 Nr. 4 VvB; 113 Nr. 3 BbgVerf; 142 BremVerf; 65 Abs. 3 Nr. 6 HambVerf; 133 HessVerf; 54 Nr. 4 NdsVerf; 130 Abs. 3 Verf Rh-Pf; 97 Nr. 3 SaarlVerf; 81 Abs. 1 Nr. 3 SächsVerf; 75 Nr. 5 LVerf LSA; 44 Abs. 2 Nr. 3 SchlHVerf; 80 Abs. 1 Nr. 5 ThürVerf.

Zu Nr. 6 und 7: Artt. 48 Abs. 3, 66, 120 BayVerf; 84 Abs. 2 Nr. 5 VvB; 6 Abs. 2, 113 Nr. 4 BbgVerf; 130 a Verf Rh-Pf; 81 Abs. 1 Nr. 4 SächsVerf; 75 Nr. 6 LVerf LSA; Art. 80 Abs. 1 Nr. 1 ThürVerf.

Zu Nr. 8: Artt. 76 BWVerf; 84 Abs. 2 Nr. 3 VvB; 54 Nr. 5 NdsVerf; 90 SächsVerf; 75 Nr. 7 LVerf LSA; 44 Abs. 2 Nr. 4 SchlHVerf., 80 Abs. 1 Nr. 2 ThürVerf.

Zu Nr. 9: Artt. 68 Abs. 1 Nr. 4 BWVerf; 67 BayVerf; 84 Abs. 2 Nr. 6 VvB; 113 Nr. 5 BbgVerf; 140 Abs. 2 BremVerf; 65 Abs. 4 HambVerf; 54 Nr. 6 NdsVerf; 75 Nr. 4 Verf NW; 97 Nr. 3 SaarlVerf; 81 Abs. 1 Nr. 6 SächsVerf; 75 Nr. 8 LVerf LSA; 44 Abs. 2 Nr. 6 SchlHVerf; 80 Abs. 2 ThürVerf.

I. Allgemeines 1	VIII. Nr. 7: Verfassungsbeschwerde gegen sonstige Hoheitsakte des Landes 38
II. Nr. 1: Organstreitigkeiten 7	
III. Nr. 2: Abstrakte Normenkontrolle 16	
IV. Nr. 3: Volksinitiativen etc. 23	IX. Nr. 8: Kommunale Verfassungsbeschwerde 44
V. Nr. 4: Verfassungsmäßigkeit eines Untersuchungsausschusses 25	X. Nr. 9: Sonstige Fälle 47
VI. Nr. 5: Konkrete Normenkontrolle 27	XI. Schrifttum 50
VII. Nr. 6: Verfassungsbeschwerde gegen Landesgesetze 30	

I. Allgemeines

1 Art. 53 enthält einen Katalog von Zuständigkeiten des LVerfG, verweist auf die anderweitig in der LV geregelten Zuständigkeiten (→ *Zapfe*, **Art. 21** Rn 1, 10 f sowie → *Litten*, **Art. 60** Rn 13) und gibt (nur) dem Gesetzgeber die Möglichkeit, diesen Katalog zu erweitern. Mit diesem **Enumerationsprinzip** wird auch insoweit dem in Deutschland allg. etablierten Modell der Verfassungsgerichtsbarkeit gefolgt. Sollen Verfassungs- und Fachgerichtsbarkeit getrennt sein, ist dies auch zwingend, da zumindest Streitigkeiten mit Bürgerbeteiligung regelmäßig auch einfachrechtliche Aspekte aufweisen und damit den Fachgerichten zugewiesen sind.

2 Generell lassen sich Streitigkeiten unterscheiden, die stärker im **Staatsorganisationsrecht** wurzeln (Nr. 1 bis 4), von solchen, die im Kern Rechte des **einzelnen Bürgers** berühren (Nr. 5 bis 7); die Kommunalverfassungsbeschwerde nach Nr. 8 steht zwischen beiden Typen. In anderer Hinsicht kann man differenzieren zwischen Verfahren, in denen die Antragsteller **subjektive Rechte** geltend machen (Nr. 1, 6 bis 9 sowie teilweise Nr. 3), und Streitigkeiten mit eher **objektivem Charakter** (Nr. 2 bis 5). Insgesamt orientieren sich die Zuständigkeiten wie die Ausgestaltung der Verfahren stark am **Vorbild des Bundes** und decken sich weitgehend mit dem anderer Länder (→ **Art. 52** Rn 4). Unterschiede beruhen regelmäßig auf Divergenzen im materiellen Recht: so kann es auf Landesebene etwa Grundrechtsverwirkung (Art. 18 GG) und Parteiverbot (Art. 21 GG) ebenso wie föderale Streitigkeiten nicht geben; umgekehrt findet Nr. 3 – mangels Beteiligung des Volkes an der Gesetzgebung – ein allenfalls begrenztes Vorbild auf Bundesebene. IÜ gibt es größere Unterschiede allein im Bereich der Verfassungsbeschwerde (→ Rn 30 ff), die es anders als in einigen anderen Ländern zwar gibt,

aber nur mit engen Zulässigkeitsgrenzen. Nicht vorgesehen ist die in einigen anderen Ländern bekannte Ministeranklage, auf Bundesebene in Form der Präsidentenanklage bekannt (Art. 61 GG). Man vertraut auf die politische Kontrolle durch das Parlament. In der Praxis stehen wie anderswo Organstreitigkeiten – insbesondere innerhalb des Landtages – und Kommunalverfassungsbeschwerden im Vordergrund, bei denen es vielfach um Finanzfragen geht.

Dem Wesen von Rspr gemäß (→ **Art. 52** Rn 7) erfordern alle Verfahren einen 3 (schriftlichen, siehe § 19 LVerfGG; ebenso § 23 BVerfGG) **Antrag**.[1] Dieser kann auch per Fax,[2] nicht aber per E-Mail gestellt werden.[3] Ein unklares Begehren muss das Gericht auslegen.[4] Zur Hilfe bei der Stellung sachdienlicher Anträge ist das LVerfG nach §§ 86 VwGO iVm 13 LVerfGG – zumindest bei Anträgen, die von einzelnen Bürgern eingereicht werden können – verpflichtet. Die innerhalb der für die Antragseinreichung bestehenden Frist einzureichende **Begründung** soll dem LVerfG eine Sachentscheidung ohne aufwändige eigene Ermittlungen ermöglichen. Daher müssen der entscheidungserhebliche Sachverhalt substantiiert vorgetragen und die wesentlichen rechtlichen Erwägungen dargelegt werden. Dieser Vortrag muss aus sich heraus, ohne Beiziehung von Akten und anderen Erkenntnisquellen, verständlich und vollständig sein. Nach Fristablauf können nur noch bereits vorgebrachte Gesichtspunkte vervollständigt, nicht aber neue Argumente vorgetragen werden.[5] Teilweise enthält das LVerfGG zu den einzelnen Verfahrensarten Konkretisierungen dieser Begründungspflicht. Schließlich sind einem Antrag die erforderlichen Beweismittel beizufügen.

Besondere Vorschriften zur **Postulationsfähigkeit** enthält das LVerfGG nur für 4 die mündliche Verhandlung (§ 18 LVerfGG; ebenso § 22 BVerfGG). Dort muss sich jeder Antragsteller durch einen bei einem deutschen Gericht zugelassenen Rechtsanwalt oder durch einen Lehrer des Rechts an einer deutschen Hochschule (einschließlich der Fachhochschulen; → **Art. 52** Rn 17) vertreten lassen; iÜ ist dies möglich. Diese Begrenzungen auf Deutschland sind hinsichtlich ihrer Vereinbarkeit mit der Dienstleistungsfreiheit nach Art. 56 AEUV zweifelhaft. Mit Blick auf die Rechtsanwälte lässt sich das Problem immerhin durch Heranziehung von § 28 EuRAG bewältigen.

Der **LT** oder Teile von diesem können sich durch seine Mitglieder, das **Land** und 5 seine **Verfassungsorgane** (LReg und LT) durch die jeweiligen Bediensteten **vertreten** lassen (ohne dass wie auf Bundesebene die Befähigung zum Richter- oder zum höheren Verwaltungsdienst verlangt wird). Schließlich kann das LVerfG nach Ermessen auch eine andere Person als Beistand eines Beteiligten zulassen. Bei Verfahren, die von oder gegen eine Personengruppe beantragt werden, kann das LVerfG nach § 17 LVerfGG (entspricht § 21 BVerfGG) anordnen, dass diese ihre Rechte durch einen oder mehrere Beauftragte wahrnehmen lässt. Dieser Beauftragte ist nicht Prozessvertreter, muss daher nicht die Voraussetzungen nach § 18 LVerfGG erfüllen. Sollte dies nicht der Fall sein, muss er sich aber vertreten lassen.

Die **Rücknahme** eines Antrages ist im LVerfGG (wie im BVerfGG) nicht aus- 6 drücklich geregelt. Nach Auffassung des BVerfG kann ein Verfassungsbeschwer-

---

1 Dazu *Hillgruber/Goos*, Rn 3 f.
2 BVerfG (K), NJW 1996, 2857; 2000, 574. Zu Folgen einer Störung des Faxgerätes *Puttler*, in: Umbach/Clemens/Dollinger, § 23 Rn 10.
3 BVerfG (K), NJW 2002, 3534; BGHZ 144, 160; aA *Hartmann*, NJW 2006, 1390 ff.
4 Dazu *Puttler*, in: Umbach/Clemens/Dollinger, § 23 Rn 5.
5 LVerfG M-V, U.v. 26.2.2006 – Az 15/04 – LVerfGE 17, 289, 296; *Puttler*, in: Umbach/Clemens/Dollinger, § 23 Rn 16.

deverfahren auch nach Antragsrücknahme fortgeführt werden, wenn die Beschwerde gerade mit Blick auf das öffentliche Interesse angenommen worden war.[6] Ein Wesenselement von Rspr, nämlich dass Gerichte nicht auf eigene Initiative tätig werden können,[7] wird damit aber in Frage gestellt.[8] Auf Landesebene gibt es zudem kein besonderes Annahmeverfahren für Verfassungsbeschwerden; schon deshalb ist diese Judikatur nicht übertragbar. Vielmehr sind über § 13 LVerfGG die entsprechenden Vorschriften der VwGO anwendbar. Zu weiteren Formen der Erledigung: → **Art. 54 Rn 7**.

II. Nr. 1: Organstreitigkeiten

7 Das Streitverfahren (vgl auch Art. 93 Abs. 1 Nr. 1 GG), konkretisiert in §§ 11 Abs. 1 Nr. 1, 36 ff LVerfGG, ist gekennzeichnet durch eine Auseinandersetzung zwischen **Verfassungsorganen** und **Institutionen mit vergleichbarer Stellung** um ihre verfassungsmäßigen Rechte und Pflichten. Beteiligte, also Antragsteller und Antragsgegner, können zunächst alle obersten Landesorgane sein, ferner, wer sonst durch die Verfassung oder in der GO LT mit **eigenen Rechten** ausgestattet ist (§ 11 Abs. 1 Nr. 1 LVerfGG). Weder der Begriff des „obersten Landesorgans" noch der „anderer Beteiligter" ist ausdrücklich definiert. Zur ersten Kategorie sind LT und LReg zu rechnen.

8 Für die zweite Kategorie ist Voraussetzung, dass der Antragsteller wie die zuvor genannten Institutionen am Verfassungsleben teilnimmt. Dies sind zunächst die Mitglieder bzw Teile der genannten Organe, soweit diese mit eigenen Rechten ausgestattet sind (Abg. nach Artt. 22, 24 LV,[9] Fraktionen nach Art. 25 Abs. 2 und 3 LV,[10] Ausschüsse nach Artt. 33 ff LV, der Landtagspräsident,[11] trotz Definitionsproblemen im Einzelfall auch „die Opposition" nach Art. 26 Abs. 1 LV[12]), ferner die Minister (siehe Art. 46 LV). Ebenso sind der Bürgerbeauftragte (Art. 36 LV), der Datenschutzbeauftragte (Art. 37) sowie der LRH (Art. 68 LV) hierher zu rechnen, nicht hingegen die Kommunen.

9 Weiterhin sieht das LVerfG – der ständigen Rspr des BVerfG[13] folgend – mit Blick auf Art. 3 Abs. 4 LV die **Parteien** als potentielle Beteiligte eines Verfassungsstreitverfahrens an. Diese Judikatur stützt sich auf die Stellung der Norm im staatsorganisationsrechtlichen Teil des GG; dies ist auf die LV übertragbar. Dagegen spricht die Verankerung der Parteien im gesellschaftlichen Raum, die es iÜ gestattet, dass sich Parteien gegen Verwaltungsentscheidungen letztlich mit

---

6 BVerfGE 98, 216, 242 f.
7 Allg. dazu *Classen*, in: von Mangoldt/Klein/Starck, Art. 92 Rn 15; nuancierend *Hergenröder*, Zivilprozessuale Grundlagen richterlicher Rechtsfortbildung, 1995, S. 276 ff.
8 Dem BVerfG zustimmend *Lang*, DÖV 1999, 624 ff; *Cornils*, NJW 1998, 3624 ff; abl. *Wagner*, NJW 1998, 2638 ff; *Schlaich/Korioth*, Rn 58; *Hillgruber/Goos*, Rn 103 b.
9 LVerfG M-V, B. v. 7.4.2010 – Az 3/09 – LVerfGE 21, 199, 205; U. v. 27.1.2011 – Az 4/09; U. v. 24.2.2011 – Az 7/10 – NordÖR 2011, 227, 228.
10 LVerfG M-V, U. v. 28.10.2010 – Az 5/10 – LVerfGE 21, 218, 226; U. v. 31.5.2012 – Az 15/11.
11 Voraussetzung ist hier, dass er unmittelbar in dieser Eigenschaft tätig wird (LVerfG, B. v. 25.3.2010 – Az 3/09 – LVerfGE 21, 199, 205; U. v. 27.1.2011 – Az 4/09), nicht nur als Leiter der Landtagsverwaltung (dazu LVerfG M-V, B. v. 26.5.2011 – Az 19/10).
12 Offen lassend LVerfG M-V, U. v. 31.5.2011 – Az 2/00 – LVerfGE 12, 209, 220. Zur Definition des Oppositionsbegriffs LVerfG LSA, U. v. 29.5.1997 – Az 1/96, LVerfGE 6, 281 ff; dazu *März*, JöR N.F. 54 (2006), 175, 220 mit Fn 183.
13 BVerfGE 1, 208, 223 ff; 60, 53, 61 f; 84, 290, 298; siehe ferner BbgVerfG, U. v. 16.3.1995 – Az 4/95 EA – LVerfGE 3, 135, 139; VerfGH NW, U. v. 2.9.1994 – Az 7/94 – DVBl. 1995, 153, und U. v. 6.7.1999 – Az 14 und 15/98 – DVBl. 1999, 1271.

der Verfassungsbeschwerde wehren können.[14] Allerdings können Rechte im Organstreit nur geltend gemacht werden, wenn sich Parteien unmittelbar mit anderen Verfassungsorganen auseinandersetzen, konkret also insb. Streitigkeiten um die Verfassungsmäßigkeit von regierungsamtlicher Wahlwerbung[15] und von Wahlgesetzen.[16] Streitverfahren etwa um Rundfunkwerbung[17] sind vor den Verwaltungsgerichten, solche um die Entscheidung von Wahlorganen im Wahlprüfungsverfahren auszutragen.[18] In jedem Fall parallel sind die ebenfalls in Art. 3 Abs. 4 LV genannten **Bürgerbewegungen** zu behandeln (gegen deren organschaftliche Stellung → *Wallerath*, **Art. 4** Rn 13).[19]

Für die Beteiligtenfähigkeit kommt es auf die Lage zum **Zeitpunkt** der Einreichung des Antrags an;[20] dass bestimmte Beteiligte aus mehreren Personen bestehen und dementsprechend wegen der Diskontinuität nicht über eine Wahl hinaus bestehen (etwa Fraktionen,[21] aber auch der LT selbst), hindert nicht prinzipiell die Fortführung eines Verfahrens, sondern wirft nur die Frage nach dem Wegfall des Rechtsschutzinteresse auf (→ Rn 13). 10

Streitgegenstand kann jede objektiv **rechtserhebliche Maßnahme** (einschließlich eines Unterlassens) sein, die dem Antragsgegner zuzurechnen ist und dadurch ein verfassungsrechtliches Rechtsverhältnis zum Antragsteller begründet.[22] In Übereinstimmung mit der bundesrechtlichen Praxis[23] wird der Begriff weit interpretiert.[24] Wird ein Unterlassen gerügt (was auch beim Angriff der Ablehnung eines Antrags der Fall sein kann[25]), muss eine entsprechende Handlungspflicht dargelegt werden;[26] außerdem muss vorher ein entsprechender Antrag bei der zuständigen Stelle gestellt worden sein. Allein faktisch wirkende, vorbereitende oder vollziehende Akte werden nicht erfasst.[27] 11

Die Maßnahme muss den Antragsteller in seinen ihm durch die LV übertragenen **Rechten** (ggf also: Kompetenzen[28]) oder **Pflichten verletzen** oder **unmittelbar gefährden**. Dies ist nicht der Fall bei einem im Wesentlichen von einfachgesetzli- 12

---

14 Dazu *Kunig*, HdbStR Bd. III, § 40 Rn 92; *Ipsen*, in: Sachs, GG, Art. 21 Rn 49; *Schlaich/Korioth*, Rn 92; *Voßkuhle*, in: von Mangoldt/Klein/Starck, Art. 93 Rn 106.
15 LVerfG M-V, U. v. 23.5.1996 – Az 1/95 – LVerfGE 4, 268 ff.
16 LVerfG M-V, U. v. 14.12.2000 – Az 3/99, 4/99 – LVerfGE 11, 306 ff. Unabhängig von grds. Zweifeln an dieser Judikatur ist diese Entscheidung bemerkenswert, weil sie Kommunalwahlen betraf. Ebenso aber BVerfGE 6, 367, 371; 13, 1, 9; VerfGH NW, U. v. 2.9.1994 – Az 7/94 – DVBl. 1995, 153.
17 BVerfGE 7, 99, 103.
18 BVerfGE 74, 96, 101 – zum Streit um den Status einer Organisation als Partei.
19 Anders hingegen zu Wählervereinigungen (für die Bundesebene, wo aber auch nur Parteien verfassungsrechtlich verankert sind) BVerfGE 51, 222, 233; 79, 379, 383 ff.
20 LVerfG M-V, U. v. 27.5.2003 – Az 10/02 – NordÖR 2003, 359, 360. Siehe auch BVerfGE 102, 223, 231.
21 Dazu LVerfG M-V, U. v. 27.5.2003 – Az 10/02 – NordÖR 2003, 359, 360.
22 Dazu LVerfG M-V, U. v. 11.7.1996 – Az 1/96 – LVerfGE 5, 203, 217; U. v. 18.12.1997 – Az 2/97 – LVerfGE 7, 199, 205 f.
23 BVerfGE 68, 1, 72.
24 Dazu, auch zur Deckung mit der Rspr des BVerfG, LVerfG M-V, U. v. 11.7.1996 – Az 1/96 – LVerfGE 5, 203, 217; U. v. 31.5.2011 – Az 2/00 – LVerfGE 12, 209, 218 f.
25 Dazu LVerfG M-V, U. v. 18.12.1997 – Az 2/97 – LVerfGE 7, 199, 205 ff.
26 Dazu neben der vorgenannten Entscheidung – deutlicher – LVerfG M-V, U. v. 14.12.2000 – Az 3/99, 4/99 – LVerfGE 11, 306, 313 f.
27 LVerfG M-V, U. v. 28.20.2010 – Az 5/10 – LVerfGE 21, 218, 227 f; B. v. 26.5.2011 – Az 19/10.
28 LVerfG M-V, U. v. 28.10.2010 – Az 5/10 – LVerfGE 21, 218, 226 ff; U. v. 31.3.2013 – Az 3/12.

chen Normen geprägten Streit, auch soweit diese die Verfassung ausfüllen.[29] Bei abstrakten Regelungen können Rechte verletzt sein, wenn und soweit sie konkret (auch) Rechte des Antragstellers beeinträchtigen. Eine Rüge unmittelbarer Gefährdungen soll nicht nur der Klärung abstrakter Rechtsfragen dienen und ist daher allein möglich, wenn eine Verletzung der entsprechenden Rechte hinreichend wahrscheinlich ist.[30]

13 Antragsteller können auch anführen, dass das **Organ**, dem sie **angehören**, verletzt oder unmittelbar gefährdet ist. In diesem genannten Fall wird der Antragsteller im Wege der **Prozessstandschaft** für das Organ tätig, dem er angehört. § 36 LVerfGG ist insoweit anders als § 63 BVerfGG offen formuliert und erfasst damit alle potentiellen Antragsteller,[31] nicht nur die Teile von obersten Organen. Dies spricht dafür, das – verfassungsmäßig nicht garantierte – Recht zur Antragserhebung in Prozessstandschaft für das gesamte Organ allen entsprechenden potentiellen Antragstellern, also insb. auch einzelnen Abg. zuzuerkennen; demgegenüber gesteht das BVerfG dieses Recht nur den ständigen Gliederungen des BT, nicht aber etwa einzelnen Abg. des BT zu.[32] Im Übrigen fordern Sinn und Zweck der Regelung – Minderheitenschutz – die Zulassung eines Antrags in Übereinstimmung mit dem BVerfG[33], aber wohl entgegen dem LVerfG[34] auch dann, wenn er sich unmittelbar gegen das betreffende Organ richtet. Nur materiell muss um eine Kompetenzabgrenzung zwischen Staatsorganen gehen.[35] Ob sich Fraktionen auch auf Rechte der Abgeordneten – gleichsam gebündelt – berufen können, hat das LVerfG ausdrücklich offen gelassen.[36]

Das Rechtsschutzbedürfnis wird grundsätzlich durch die Antragsbefugnis indiziert.[37] Es kann aber etwa bei innerparlamentarischen Heilungsmöglichkeiten fehlen,[38] ggf. auch, wenn eine Maßnahme – etwa nach Wahlen – **erledigt** ist. Das Verfahren wird jedoch **fortgesetzt**, wenn ein öffentliches Interesse an der Entscheidung besteht, insb., wenn – nicht zuletzt wegen der Orientierungsfunktion verfassungsgerichtlicher Rspr (→ **Art. 52** Rn 9) – die Entscheidung auch für künftige Situationen von Bedeutung sein kann.[39] Sich sofort oder zeitnah erledigende Maßnahmen wie Wortentzug und Sitzungsausschluss für Abgeordnete können immer angegriffen werden.[40]

---

29 LVerfG M-V, U. v. 24.2.2011 – Az 7/10 – NordÖR 2011, 227, 228 f; U. v. 31.5.2012 – Az 15/11 (zur Vergabe von Räumen an Fraktionen im Landtag); siehe ferner differenzierend U. v. 25.2.2015 – Az 2/14 (zu Fraktionszuschüssen).
30 LVerfG M-V, U. v. 14.12.2000 – Az 3/99, 4/99 – LVerfGE 11, 306, 315.
31 Zum Unterschied siehe auch (in anderem Zusammenhang) LVerfG M-V, U. v. 14.12.2000 – Az 3/99, 4/99 – LVerfGE 11, 306, 311 f.
32 BVerfGE 2, 143, 160; 90, 286, 341 ff; 102, 224, 231.
33 BVerfGE 123, 267, 338; zustimmend *Hillgruber/Goos*, Rn 382 a. Siehe ferner BVerfGE 68, 1, 65; 90, 286, 336; 121, 135, 150 zu Konstellationen, in denen sich der Bundestag materiell nicht als in seinen Rechten beeinträchtigt ansah.
34 LVerfG M-V, U. v. 28.10.2010 – Az 5/10 – NordÖR 2010, 489, 492, ohne Problematisierung der entgegenstehenden Judikatur des BVerfG.
35 BVerfG, U.v. 18.3.2014 – 2 BvR 1390/12 u.a., Rn 156. Ist das ersichtlich nicht der Fall, ist der Antrag aber unzulässig, weil keine Verletzung von Organrechten geltend gemacht wird.
36 LVerfG M-V, U. v. 28.10.2010 – Az 5/10 – NordÖR 2010, 489, 490.
37 LVerfG M-V, U. v. 27.5.2003 – Az 10/02 – LKV 2003, 516, 517; U. v. 27.1.2011 – Az 4/09.
38 LVerfG M-V, B. v. 19.6.2007 – Az 19/06 – LVerfGE 18, 325, 334 f.
39 Dazu LVerfG M-V, U. v. 27.5.2003 – Az 10/02 – NordÖR 2003, 359, 361.
40 LVerfG M-V, U. v. 29.1.2009 – Az 5/08 – LVerfGE 20, 255, 264; U. v. 27.1.2011 – Az 4/09; siehe auch BVerfGE 10, 4, 11.

Im Antrag ist die Bestimmung der LV zu bezeichnen, gegen die die beanstandete Maßnahme oder Unterlassung des Antragsgegners verstoßen soll.[41] Außerdem muss der Antrag binnen **sechs Monaten,** nachdem die Maßnahme oder Unterlassung dem Antragsteller bekannt geworden ist, gestellt werden (§ 37 Abs. 2 und 3 LVerfGG; entspricht § 64 Abs. 2 und 3 BVerfGG). Bei Normen beginnt die Frist nicht generell mit deren Beschlussfassung, sondern erst mit der konkreten Betroffenheit des Beschwerdeführers.[42] Bei Unterlassungen kommt es auf den erkennbaren Beginn der Handlungspflicht an; in jedem Fall wird der Lauf der Frist durch die Weigerung, zu handeln, ausgelöst.[43]

Alle anderen, in § 11 Abs. 1 Nr. 1 LVerfGG (entspricht Art. 53 Abs. 1 Nr. 1 LV) genannten Antragsberechtigten können, wenn dies zur gemachten Entscheidung auch für die Abgrenzung ihrer Zuständigkeiten von Bedeutung ist, einem **Streitverfahren beitreten;** das LVerfG informiert daher LT und LReg von der Einleitung eines Verfahrens.   14

Die **Entscheidung** des LVerfG beschränkt sich auf die **Feststellung,** ob die beanstandete Maßnahme oder Unterlassung gegen eine zu bezeichnende Bestimmung der Verfassung verstößt (§ 39 LVerfGG; entspricht § 67 BVerfGG). Nichtsdestoweniger sind die Beteiligten dem Wesen von Rspr entsprechend an das Ergebnis gebunden. Daher sind die Beteiligten verpflichtet, sich aus der Feststellung ergebende Konsequenzen tatsächlich zu ziehen (§ 29 LVerfGG, entspricht § 31 BVerfGG; → **Art. 54** Rn 18 ff).[44] Zugleich kann das Gericht eine für die Auslegung der Bestimmung der Verfassung erhebliche Rechtsfrage entscheiden.   15

III. Nr. 2: Abstrakte Normenkontrolle

Die abstrakte Normenkontrolle (vgl auch Art. 93 Abs. 1 Nr. 2 GG), konkretisiert in §§ 11 Abs. 1 Nr. 2, 40 ff LVerfGG, dient der Überprüfung der **Verfassungsmäßigkeit** von **Landesrecht** auf Antrag bestimmter politischer Instanzen ohne konkreten Anlass. Einen **Antrag** können die LReg sowie ein Drittel der Mitglieder des LT stellen. Den möglichen Verfahrensgegenstand bildet das gesamte Landesrecht. Hierzu gehören neben formellen Gesetzen auch RechtsVO und Satzungen. Einbezogen werden in das konkrete Verfahren neben den gerügten Normen auch solche, die in einem unmittelbaren Zusammenhang zur gerügten Norm stehen.[45]   16

Prüfungsmaßstab bilden die **LV** und nach Maßgabe von Art. 5 Abs. 3 LV auch das **GG.** Das LVerfG prüft darüber hinaus als Vorfrage, ob der Landesgesetzgeber – insb. nach Artt. 71, 73 oder Artt. 72, 74 GG in Verbindung mit entsprechender Bundesgesetzgebung – kompetenziell zur Normsetzung befugt ist, da sich dieser anderenfalls außerhalb des Verfassungsrahmens des Landes bewege.[46] Das BVerfG hat in einer späteren Entscheidung eine entsprechende Vorga-   17

---

41 Das LVerfG M-V lässt die Möglichkeit der Ermittlung durch Auslegung ausreichen (LVerfG M-V, U. v. 14.12.2000 – Az 3/99, 4/99 – LVerfGE 11, 306, 316 f: Art. 3 Abs. 4 LV statt des gerügten Art. 21 GG).
42 LVerfG M-V, U. v. 11.7.1996 – Az 1/96 – LVerfGE 5, 203, 217; BVerfGE 80, 188, 209 ff – zur Regelung einer GO; 103, 164, 169 f, – zu Wahlgesetzen (die für Parteien sofort Wirkung entfalten).
43 LVerfG M-V, U. v. 14.12.2000 – Az 3/99, 4/99 – LVerfGE 11, 306, 317 ff.
44 Siehe dazu auf Bundesebene BVerfGE 24, 300, 351 f; 85, 264, 326 f.
45 So – im Zusammenhang mit Verfassungsbeschwerden – LVerfG M-V, U. v. 21.10.1999 – Az 2/99 – LVerfGE 10, 337, 343 ff. – Nach Antragserhebung eintretendes Ende der Antragsbefugnis schadet nicht, LVerfG M-V, U. v. 26.7.2007 – Az 9-12/06 –, B II.
46 So – im Zusammenhang mit einer Verfassungsbeschwerde – LVerfG M-V, U. v. 21.10.1999 – Az 2/99 – LVerfGE 10, 337, 345.

Classen

be in der LV verlangt.[47] Diese wird zum Teil in Art. 4 LV gesehen.[48] Da im Bereich der konkurrierenden Gesetzgebung die Sperrwirkung für die Landesgesetzgebung nach Art. 72 Abs. 1 GG erst durch einen Akt der einfachen Bundesgesetzgebung erreicht wird, bedeutet dies eine recht weite Auslegung von Art. 4 LV. Im Fall von Unionsrecht, das dem Erlass von Landesrecht entgegensteht, dürfte der dargestellte Gedanke ohnehin nicht zum Tragen kommen, da dieses gegenüber nationalem Recht nur Anwendungsvorrang genießt, nicht aber im Kollisionsfall zu dessen Nichtigkeit führt.

18 Für die **Zulässigkeit des Antrags** lässt die Verfassung (wie Art. 93 Abs. 1 Nr. 2 GG) Meinungsverschiedenheiten oder Zweifel ausreichen; demgegenüber fordert § 40 Abs. 2 LVerfGG (wie § 76 BVerfGG), dass der Antragsteller das fragliche Landesrecht für nichtig oder umgekehrt für gültig hält, nachdem ein Gericht, eine Verwaltungsbehörde oder ein sonstiges Organ des Landes das Recht als unvereinbar mit der Verfassung nicht angewandt hat. Damit tritt die aus dem Bundesrecht bekannte Frage auf, ob der Gesetzgeber sich im Rahmen der ihm zustehenden Konkretisierungsbefugnis bewegt oder die Antragsbefugnis unzulässig eingeschränkt hat. Prämisse des erstgenannten Verständnisses ist, dass ein hinreichendes objektives Interesse an der Feststellung nur besteht, wenn der Antragsteller tatsächlich das entsprechende Recht für nichtig hält. Vermieden wird damit auch die zwingende Konsequenz der Zweifel ausreichen lassenden Gegenposition, dass Antrag und Tenor auseinanderfallen. Angesichts des unstreitig objektiven Charakters der abstrakten Normenkontrollverfahrens[49] sind aber beide Argumente nicht zwingend. Die § 76 BVerfGG rechtfertigende Argumentation des BVerfG[50] ist daher in der Lit. aus guten Gründen auf Kritik gestoßen.[51]

19 LT und LReg wird Gelegenheit zur **Äußerung** gegeben, sie können sich in jeder Lage des Verfahrens an diesem beteiligen (§ 41 LVerfGG, entspricht nur teilweise § 77 BVerfGG, das eine Beteiligung nicht vorsieht).

20 Soweit das LVerfG die beanstandeten Rechtsnormen für unvereinbar mit der Verfassung hält, stellt es in seiner Entscheidung deren **Nichtigkeit** fest (§ 42 LVerfGG, entspricht § 78 BVerfGG). Diese Entscheidung erwächst in Gesetzeskraft (§ 29 Abs. 2 Satz 1 Alt. 1 LVerfGG, entspricht § 31 Abs. 2 Satz 1 Var. 1 BVerfGG; → **Art. 54** Rn 14 ff). Die gleiche Rechtsfolge kann auch mit Blick auf weitere Bestimmungen des gleichen Gesetzes angeordnet werden, wenn diese aus den gleichen Gründen verfassungswidrig sind. Welche Konsequenzen sich aus einer solchen Entscheidung für auf die für nichtig erklärte Vorschrift gestützte Rechtsakte ergeben, regelt das LVerfGG nicht ausdrücklich. Nach überzeugender Rspr des LVerfG ist im Grundsatz parallel zum Bundesrecht (§ 79 BVerfGG) zu verfahren.[52]

21 In Ausnahmefällen kann sich das LVerfG seit einer Änderung des LVerfGG[53] mit der **Feststellung der Verfassungswidrigkeit** begnügen (§ 29 Abs. 3; auf Bundesebene ist dies nur indirekt in §§ 79 Abs. 1 und 93 c Abs. 1 Satz 3 BVerfGG aner-

---

47 BVerfGE 103, 332, 349 ff.
48 So *März*, JöR N.F. 54 (2006), 175, 204; → *Wallerath*, Art. 4 Rn 4.
49 BVerfGE 1, 208, 219 f („Antragsteller gibt nur Anstoß" zur Kontrolle); 103, 111, 124.
50 BVerfGE 96, 133, 137 ff.
51 *Voßkuhle*, in: von Mangoldt/Klein/Starck, Art. 93 Rn 123; *Schlaich/Korioth*, Rn 130.
52 LVerfG M-V, U. v. 7.7.2005 – Az 8/04 – LVerfGE 16, 353, 373.
53 Zuvor hat das LVerfG M-V eine solche Rechtsfolge im Grundsatz (vgl aber auch Fn 56) ausdrücklich abgelehnt; siehe LVerfG M-V, U.v. 21.10.1999 – Az 2/99 – LVerfGE 10, 337, 369 f.

kannt). Konkrete Voraussetzungen für eine solche Entscheidung hat der Gesetzgeber nicht normiert. Im Kern ist diese angezeigt, wenn eine Nichtigkeitserklärung von ihren Folgen her weiter reicht, als dies dem festgestellten Verfassungsverstoß entspricht, etwa[54] bei Verstößen, bei denen für den Gesetzgeber verschiedene Möglichkeiten der Beseitigung bestehen, insb. bei der Verletzung des Gleichheitssatzes[55] sowie bei Unterlassungen. Gleiches gilt, wenn der Wegfall einer Norm verfassungsrechtlich problematischere Folgen hätte als die Weitergeltung.[56]

Weiterhin kann das LVerfG gemäß § 29 Abs. 3 Satz 2 LVerfGG – formuliert vor 22 dem Hintergrund einschlägiger Praxis des BVerfG,[57] doch ohne normatives Vorbild im BVerfGG – die **Weitergeltung einer inkriminierten Norm** bis zu einem bestimmten Zeitpunkt anordnen; dies kommt insb. in der letzten der soeben genannten Varianten in Betracht. Geschieht dies nicht, kann das Gericht anordnen, dass laufende Verfahren bis zu einer Neuregelung ausgesetzt werden.[58] Das BVerfG erlässt zum Teil auch selbst eine Auffangregelung, die bis zur Neuregelung durch den Gesetzgeber gilt.[59]

IV. Nr. 3: Volksinitiativen etc.

Das LVerfG entscheidet über Streitigkeiten mit Blick auf die Durchführung von 23 Volksinitiativen, Volksbegehren und Volksentscheiden. Konkretisierungen finden sich in §§ 11 Abs. 1 Nr. 7, 51 LVerfGG; eine Parallele auf Bundesebene gibt es wegen der dort nur stark eingeschränkt vorgesehenen Volksabstimmungen kaum.[60] Dabei geht es vorliegend nur um die **formalen Aspekte** eines solchen Verfahrens. Der Streit um inhaltliche Fragen – werden die Grenzen der Volksgesetzgebung nach Art. 60 Abs. 2 Satz 1 LV (einschließlich der Frage nach der Landeskompetenz) eingehalten? – ist ebenfalls letztlich vor dem LVerfG auszutragen, der allerdings in Art. 60 Abs. 2 Satz 2 iVm §§ 11 Abs. 1 Nr. 6, 50 LVerfGG, in seinen Voraussetzungen wie iÜ parallel ausgestaltet, aber formal gesondert geregelt ist (→ *Litten*, **Art. 60** Rn 13).

Antragsberechtigt sind die Initiatoren, die LReg sowie ein Viertel der Mitglieder 24 des LT. Als Streitgegenstand kommt die **Ablehnung eines Antrages** auf Zulassung einer Volksinitiative oder eines Volksbegehrens in Betracht, soweit formale Gründe eine Rolle gespielt haben, etwa die Zahl der Unterzeichnenden als unzureichend angesehen wurde. In diesem Fall muss der Antrag innerhalb eines Mo-

---

54 Dazu etwa *Voßkuhle*, in: von Mangoldt/Klein/Starck, Art. 93 Rn 48.
55 BVerfGE 99, 280, 298; 105, 73, 133. Der Umstand, dass der EuGH regelmäßig anders verfährt und – unbeschadet des Rechts des Gesetzgebers, (später) eine andere Reglung zu treffen – jeweils (zunächst einmal) die benachteiligte Gruppe der bevorzugten Gruppe gleichstellt (etwa: EuGH, Slg. 1986, 3855, 3876; 1989, 4311, 4333; dazu *Classen*, JZ 1996, 921, 928), belegt, dass die Judikatur des BVerfG zumindest nicht zwingt.
56 Für diesen Fall hat das LVerfG M-V sich auch früher schon mit der Feststellung der Verfassungswidrigkeit begnügt; LVerfG M-V, U. v. 18.5.2000 – Az 5/98 – LVerfGE 11, 265, 301. – Weiterer Fall: ein schon erlassenes, aber noch nicht in Kraft getretenes Gesetz LVerfG, M-V, U. v. 26.7.2007 Az – 9 bis 17/06 – LVerfGE 18, 342, 382. Bestimmungen, die nicht als solche nichtig sind, können bei Sachzusammenhang ggf für „funktionslos" erklärt werden, LVerfG M-V, ebd., 397.
57 Siehe etwa BVerfGE 105, 73, 134.
58 BVerfGE 23, 1, 11; 94, 241, 267; 99, 165, 185; vgl auch BVerfGE 107, 27, 58 zur Verpflichtung des Gesetzgebers, rückwirkend alle nicht zuvor bestandskräftig entschiedenen Fälle neu zu regeln.
59 BVerfGE 109, 256, 273.
60 Siehe aber § 24 Abs. 5 Satz 3 ff des Gesetzes zu Art. 29 GG vom 30.7.1979, BGBl. I 1317, und dazu BVerfGE 96, 139 ff.

nats nach Zustellung des Bescheids gestellt werden. Außerdem entscheidet das LVerfG über die **Gültigkeit der Abstimmung** gemäß § 24 Abs. 2 Satz 2 des VAbstG innerhalb von zwei Wochen auf eine entsprechende Anfechtung hin.

V. Nr. 4: Verfassungsmäßigkeit eines Untersuchungsausschusses

25 Für die Beurteilung der Verfassungsmäßigkeit des Auftrages eines Untersuchungsausschusses begründet die LV eine auf Bundesebene nur einfachgesetzlich geregelte, da erst spät in das Blickfeld[61] geratene Zuständigkeit des Verfassungsgerichts (näher §§ 11 Abs. 1 Nr. 4, 46 ff LVerfGG, ferner §§ 13 Abs. 1 Nr. 11 a, 82 a BVerfGG und § 36 Abs. 2 PUAG). Das Verfahren orientiert sich im Wesentlichen an der konkreten Normenkontrolle (Art. 53 Nr. 5 LV). Voraussetzung ist, dass ein Gericht den **Auftrag** eines vom LT eingesetzten Untersuchungsausschusses nach Art. 34 LV ganz oder teilweise für **verfassungswidrig** erachtet. Ferner muss die Frage der Verfassungsmäßigkeit des Untersuchungsausschusses für die Entscheidung des Gerichts erheblich sein. In diesem Fall hat das Gericht seine Entscheidung auszusetzen und die Entscheidung des LVerfG einzuholen. Dabei ist die Entscheidungserheblichkeit darzulegen und aufzeigen, mit welcher Norm der Untersuchungsauftrag unvereinbar sein soll.

26 LT und LReg wird Gelegenheit zur **Äußerung** gegeben; sie können dem Verfahren jederzeit beitreten. Die gleichen Rechte stehen auch der Minderheit des LT zu, die das Recht zur Beantragung eines Untersuchungsausschusses nach Art. 34 Abs. 1 Satz 1 LV hat. Das LVerfG **entscheidet** nur die **Rechtsfrage**; dementsprechend ergeht ein Feststellungsurteil (§ 48 LVerfGG). Anders als § 82 a (Abs. 1 iVm §§ 82 Abs. 1 und 78) BVerfGG enthält das LVerfGG keinen Verweis auf die Bestimmungen über die Normenkontrolle, die die Anordnung der Nichtigkeit des Einsetzungsbeschlusses vorsehen. Die Ursache für die Unterschiede dürfte darin zu sehen sein, dass die Regelung des Bundes aus dem Jahre 2002 datiert und jünger ist als die des Landes. Daher muss das Parlament ggf. selbst den streitigen Beschluss aufheben.

VI. Nr. 5: Konkrete Normenkontrolle

27 Das GG **verlangt** eine Zuständigkeit für die Entscheidung der **Verfassungsmäßigkeit eines Landesgesetzes** (Art. 100 Abs. 1 GG; vgl auch Abs. 3). Art. 53 Nr. 5 LV weist diese Zuständigkeit dem LVerfG zu (dazu §§ 43 ff LVerfGG; vgl auch §§ 80 ff BVerfGG). Die dort aufgeführten Voraussetzungen decken sich strukturell mit denen der bereits erwähnten Kontrolle der Verfassungsmäßigkeit des Auftrages des Untersuchungsausschusses (→ Rn 25 f). Vorlageberechtigt ist nur ein Gericht. Vorlagegegenstand kann allein ein förmliches Landesgesetz sein. Ferner muss es auf dessen Gültigkeit bei der Entscheidung des vorlegenden Gerichts ankommen: Das Gericht müsste im Ergebnis bei Verfassungsmäßigkeit des Gesetzes eine andere Entscheidung als bei dessen Verfassungswidrigkeit finden.

28 Wegen der weitgehenden Deckung des Grundrechtsschutzes auf Landes- und auf Bundesebene besteht regelmäßig eine **Konkurrenzsituation** zwischen der Normenkontrolle nach Art. 53 Nr. 5 LV und nach **Art. 100 Abs. 1 GG**. Überwiegend wird davon ausgegangen, dass beide Verfahren nebeneinander stehen.[62] Wenn ein Gericht die Norm für verfassungswidrig erklärt hat, wird die Vorlage an das

---

[61] Siehe zur Rechtslage zuvor *Meyer-Bohl*, DVBl. 1990, 511 ff.
[62] Siehe BVerfGE 17, 172, 180; 23, 353, 364 f; *Schlaich/Korioth*, Rn 348; *Hillgruber/Goos*, Rn 942.

andere Gericht gegenstandslos. Mit Blick auf die Grundrechte des GG (vgl Art. 5 Abs. 3 LV) spricht allerdings manches für eine vorrangige Entscheidung des BVerfG: Zum einen muss sich das LVerfG ggf nach Maßgabe von Art. 100 Abs. 3 GG[63] ohnehin an das BVerfG wenden; zum anderen spricht dafür auch der im Zusammenhang mit der Verfassungsbeschwerde in Art. 53 Nr. 7 LV postulierte Vorrang der Zuständigkeit des BVerfG.

Im Verfahren wird LT und LReg Gelegenheit zur **Äußerung** gegeben; sie können dem Verfahren beitreten (§ 44 LVerfGG; ähnlich § 82 BVerfGG). Auch den Beteiligten des Ausgangsverfahrens ist Gelegenheit zur Äußerung zu geben. Schließlich kann das LVerfG die oberen Landesgerichte um Mitteilung ersuchen, wie sie mit der streitigen Frage bisher umgegangen sind und welche damit zusammenhängenden Rechtsfragen zur Entscheidung anstehen (§ 44 Abs. 3 LVerfGG; entspricht § 82 Abs. 4 BVerfGG). Für die **Entscheidung** und deren Folgen wird auf die Regelungen des LVerfG zur abstrakten Normenkontrolle verwiesen (§ 45 mit Verweis auf § 42 LVerfGG; entsprechen §§ 82, 79 BVerfGG; → Rn 20 ff). 29

VII. Nr. 6: Verfassungsbeschwerde gegen Landesgesetze

Die LV sieht für Verfassungsbeschwerden eine Zuständigkeit vor, die deutlich stärker **begrenzt** ist als das entsprechende Verfahren auf Bundesebene (Art. 93 Abs. 1 Nr. 4 a, §§ 13 Nr. 8 a, 90 ff BVerfGG). Art. 53 Nr. 6 LV eröffnet uneingeschränkt eine Verfassungsbeschwerde nur **unmittelbar gegen Landesgesetze**. Verfassungsbeschwerden gegen **sonstige Hoheitsakte**, insb. Verwaltungsentscheidungen und Gerichtsurteile, sind nach Art. 53 Nr. 7 LV nur **subsidiär** im Verhältnis zur Zuständigkeit des BVerfG möglich (→ Rn 40). Diese Regelung ist vergleichsweise restriktiv. Soweit in anderen Ländern überhaupt Regelungen über das Verhältnis zur Verfassungsbeschwerde zum BVerfG getroffen werden, schließen diese eine Beschwerde zum LVerfG regelmäßig nur aus, wenn und soweit eine Beschwerde zum BVerfG auch tatsächlich erhoben wurde. In Sachsen-Anhalt ist die Rechtslage immerhin insoweit vergleichbar, als dass dort Verfassungsbeschwerden nur zulässig sind, soweit sie sich unmittelbar gegen ein Landesgesetz richten (dort Art. 75 Nr. 6 LV LSA, entspricht hier Art. 53 Nr. 6 LV MV). 30

Antragsteller im Verfahren nach Nr. 6 (dazu näher §§ 52 ff LVerfGG; vgl auch § 90 BVerfGG) kann jedermann sein, also jeder Grundrechtsträger (zur Gewährung von Prozesskostenhilfe → **Art. 54** Rn 5). **Beschwerdegegenstand** kann nur ein (förmliches) Landesgesetz sein. Dieses muss zudem den betreffenden Beschwerdeführer – möglicherweise – **unmittelbar** in seinen **Grundrechten**, also den Rechten aus Art. 5 bis 10 LV, oder seinen **staatsbürgerlichen Rechten**, also den an anderen Stellen der LV vorgesehenen subjektiven Rechten (etwa Art. 20 Abs. 2: Wahlrecht, → *Tebben*, **Art. 20** Rn 29; Art. 36 Abs. 2 Satz 2: Recht auf Befassung des Bürgerbeauftragten, → *Sauthoff*, **Art. 36** Rn 5; Art. 37 Abs. 3: Recht auf Befassung des Datenschutzbeauftragten, → *Sauthoff*, **Art. 37** Rn 13; Art. 71 Abs. 1: Recht auf Zugang zum öffentlichen Dienst, → *Bentrup-Figura*, **Art. 71** Rn 7) verletzen. Demgegenüber scheiden Normen aus dem Kapitel „Staatsziele" (Art. 11 ff.) aus systematischen Gründen prinzipiell aus. Dies gilt 31

---

[63] Im Rahmen der Frage, wann das LVerfG tatsächlich iS dieser Norm „das Grundgesetz" anwendet, ist umstritten, ob auch die Fälle des Art. 5 Abs. 2 LV oder gar jene der Anwendung von mit Bundesgrundrechten sachlich identischen Landesgrundrechten gemeint sind. Dazu etwa BVerfGE 96, 345 und kritisch dazu *Wieland*, in: Dreier, Art. 100 Rn 37.

auch, wenn und soweit man aus einzelnen Bestimmungen materiell individuelle Rechte ableiten will (dazu → *Schütz*, **vor Art. 11** Rn 7 mwN).

32 Die behauptete Rechtsverletzung muss den Beschwerdeführer zunächst **unmittelbar** treffen. Dieser Begriff ist aus der Rspr des BVerfG zu § 90 BVerfGG bekannt, hier allerdings anders als dort ausdrücklich als Zulässigkeitsvoraussetzung normiert. Danach darf kein weiterer staatlicher Hoheitsakt notwendig sein, um die Beschwer auszulösen.[64] In seiner früheren Judikatur hat das BVerfG für die Verneinung der Unmittelbarkeit einen Entscheidungsspielraum der ausführenden Stelle verlangt,[65] ist aber später davon abgerückt.[66] Das LVerfG hat sich in seiner Judikatur zu Art. 53 Nr. 6 LV zunächst am Vorbild des BVerfG orientiert.[67] Dieses ist vor allem in solchen Fällen zwingend, in denen noch ungewiss ist, wie sich die Rechtsstellung des Beschwerdeführers letztendlich darstellt.[68]

33 Der Begriff der „Unmittelbarkeit" weist **spezifisch prozessrechtlichen** Charakter auf und ist dementsprechend im Lichte der Funktionen des verfassungsgerichtlichen Verfahrens im Allgemeinen und der Verfassungsbeschwerde im Besonderen auszulegen. Dementsprechend hat das BVerfG verschiedentlich Verfassungsbeschwerden zugelassen, auch wenn formal Vollzugsakte möglich oder zu erwarten waren. Entscheidend war jeweils insb., ob die Funktion des alternativ zu suchenden fachgerichtlichen Rechtsschutzes mit seinen besseren Möglichkeiten der Aufklärung tatsächlicher Fragen im konkreten Fall auch zu erfüllen war.[69] Eine unmittelbare Beschwer besteht auch, wenn ein an sich durchaus auf Vollzug angelegtes Gesetz den Normadressaten zu später nicht mehr korrigierbaren Entscheidungen zwingt oder Dispositionen veranlasst, die später kaum noch rückgängig gemacht werden können.[70] Ferner hat das LVerfG in Übereinstimmung mit der Praxis des BVerfG eine Ausnahme zugelassen, wenn ein **Vollzugsakt** zwar notwendig ist, dieser aber **heimlich** durchgeführt und auch nachträglich nicht – automatisch – dem Betroffenen bekannt gegeben wird.[71] Die zur Begründung dieser teleologischen Reduktion von Art. 53 Nr. 6 LV angeführte Annahme, dass der Landesgesetzgeber die Praxis des Bundes übernehmen, nicht aber höhere Anforderungen stellen wollte, trifft als solche zu. Da das Erfordernis der Unmittelbarkeit auf Landesebene anders als auf Bundesebene ausdrücklich im Gesetz verankert ist, war die Begründung des Gerichts aber zumindest nicht zwingend.

---

64 Siehe etwa BVerfGE 1, 97, 101; 68, 287, 300; 90, 125, 138; 102, 192, 206 f.
65 BVerfGE 43, 108, 117; 45, 104, 117 f.
66 BVerfGE 58, 81, 104 f; 72, 39, 44 mit Sondervotum *Katzenstein*. Demgegenüber kommt es für das LVerfG M-V darauf an, ob das Gesetz einen „besonderen, *vom Willen der vollziehenden Gewalt zu beeinflussenden* Vollzugsakt voraus"-setzt (U. v. 18.9.2001 – Az 1/00 – LVerfGE 12, 227, 238) – Hervorhebung nicht im Original.
67 LVerfG M-V, U. v. 9.7.1998 – Az 1/97 – LVerfGE 9, 225, 233.
68 Im soeben zitierten Fall machten die Beschwerdeführer geltend, durch den Gesetzgeber verfassungswidrig von bestimmten Leistungen des Landes (Schülerbeförderung) ausgeschlossen worden zu sein. Das LVerfG M-V wies zu Recht darauf hin, dass die für deren Organisation zuständigen Landkreise rechtlich nicht gehindert seien, den Kreis der Anspruchsberechtigten auszuweiten.
69 Siehe aus der Judikatur des BVerfG 70, 35, 53; 73, 40, 68; 90, 128, 136. Zur Funktion des Unmittelbarkeitserfordernisses siehe auch *Schlaich/Korioth*, Rn 238 ff. Zur Judikatur des LVerfG M-V siehe Fn 68 sowie die nachf. Fn.
70 LVerfG M-V, U. v. 18.9.2001 – Az 1/00 – LVerfGE 12, 227, 238; ferner BVerfGE 65, 1, 37 f; 90, 128, 136.
71 LVerfG M-V, U.v. 18.5.2000 – Az 5/98 – LVerfGE 11, 265, 273; ferner BVerfGE 30, 1, 16 f; 100, 313, 354. Besonders restriktiv (und nicht überzeugend) hingegen (zur Rasterfahndung) HessStGH, NJW 2006, 685.

Weiterhin hat das LVerfG – unter Hinweis auf die erwähnte Notwendigkeit spe- 34
zifisch prozessrechtlicher Wertung, aber insoweit ohne Vorbild auf Bundesebene[72] – in einem Fall zu Recht eine Verfassungsbeschwerde gegen bestimmte polizeiliche Kontrollbefugnisse zugelassen mit Hinweis auf die **besondere Struktur der in Rede stehenden Norm**, die keine weitere Individualisierung des Adressaten verlangte. Außerdem sei **Rechtsschutz** gegen die konkreten Polizeimaßnahmen regelmäßig erst **ex post** möglich und mit entsprechenden Problemen verbunden.[73]

Trotz einhelliger Ablehnung[74] überzeugt dies, da dem Begriff der „Unmittelbar- 35
keit" im vorliegenden Kontext eine deutlich **weitergehende Rechtsfolge** zukommt als nach Bundesrecht. Mit Blick auf das LVerfG geht es nämlich nicht nur darum, ob zunächst fachgerichtlicher Rechtsschutz zu suchen ist oder nicht, sondern überhaupt um die Möglichkeit, Rechtsschutz durch das LVerfG zu erlangen. Bei Verfassungsbeschwerden, die sich nicht unmittelbar gegen Landesgesetze richten, ist nämlich der landes- gegenüber dem bundesverfassungsgerichtlichen Rechtsschutz subsidiär (→ Rn 40). Entstehungsgeschichtlich beruht diese Subsidiarität auf den Problemen bei der landesrechtlichen Kontrolle des Vollzuges von Bundesgesetzen. Diese stellen sich aber nicht, wenn die gesetzliche Grundlage für einen Eingriff landesrechtlichen Charakter hat. Schließlich: in seiner Rspr zur Zulässigkeit einer individuellen Nichtigkeitsklage nach Art. 263 Abs. 4 AEUV versteht der **EuGH** das dort verwendete Kriterium der **Unmittelbarkeit rein materiell**, stellt also auf das Maß der mit der angegriffenen Entscheidung inhaltlich verbundenen Belastung ab.[75] Zu Folgeentscheidungen gab es bisher keinen Anlass.

Nicht ausdrücklich vorgesehen, aber zwingend für die vorgegebene Notwendig- 36
keit einer unmittelbaren Beschwer und zudem für den Bereich des Bundes vom BVerfG anerkannt[76] ist die Voraussetzung, dass die gerügte Grundrechtsverletzung den Beschwerdeführer **selbst** und **gegenwärtig** treffen muss.[77] Nach § 53 LVerfGG ist diese Beschwerde zudem an die Einhaltung einer **Jahresfrist** nach In-Kraft-Treten des Gesetzes gebunden.[78] Erhält eine Norm durch ein anderes Gesetz faktisch eine völlig andere Wirkung, beginnt die Frist zu neu laufen.[79] Eine Anwendung der Vorschriften der VwGO über die Wiedereinsetzung in den vorigen Stand (§ 60) hat das LVerfG trotz des allg. Verweises auf die VwGO in § 13 LVerfGG (→ **Art. 54** Rn 3) zu Recht unter Hinweis insb. auf den generellen Charakter, den unbestimmten Adressatenkreis eines Gesetzes sowie die lange

---

72 So auch *Wallerath*, NdsVBl. 2005, 43, 55.
73 LVerfG M-V, U. v. 6.5.1999 – Az 2/99 – LVerfGE 10, 336 (nur LS) = NVwZ-RR 1999, 617. Deutlich zurückhaltender hingegen LVerfG LSA, B.v. 13.11.2001 – Az 11/2001 – NVwZ 2002, 1370, 1371.
74 *März*, JöR N.F. 54 (2006), 175, 300; *Jutzi*, NJ 1999, 474 f; *Buchholz/Rau*, NVwZ 2000, 396 ff; *Martell*, NVwZ 2002, 1336 ff.
75 EuGH, Slg. I-1994, 833, 855; dazu etwa *Classen*, in: Schulze/Zuleeg/Kadelbach (Hrsg.), Europarecht, 3. Aufl. 2015, § 4 Rn 25. Neben der aus deutscher Sicht großzügigen Definition der Unmittelbarkeit steht die enge Definition des zweiten Zulässigkeitskriteriums, der individuellen Betroffenheit.
76 BVerfGE 52, 42, 51; 102, 197, 206.
77 LVerfG M-V, U. v. 9.7.1998 – Az 1/97 – LVerfGE 9, 225, 232; U. v. 18.5.2000 – Az 5/98 – LVerfGE 11, 265, 272.
78 Zur Fristberechnung im Zusammenhang mit der Errichtung des LVerfG M-V 1994/95 siehe LVerfG M-V, U. v. 18.4.1996 – Az 4/95 – LVerfGE 4, 249, 254 ff. Bei rückwirkendem Inkrafttreten kommt es auf die Verkündung an, U. v. 11.5.2006 – Az 1/05 u.a. – LVerfGE 17, 297, 311.
79 LVerfG M-V, U. v. 11.5.2006 – Az 1/05 u.a. – LVerfGE 17, 297, 312.

Dauer der Frist – übereinstimmend mit der Praxis bei der entsprechenden Regelung auf Bundesebene (§ 93 Abs. 3 BVerfGG) – abgelehnt.[80]

37 In der **Begründung** der Beschwerde (dazu § 19 LVerfGG, → Rn 3) sind das verletzte Grundrecht und die verletzende Gesetzesnorm anzugeben (§ 54 LVerfGG, entspricht § 92 BVerfGG).[81] LT und LReg wird Gelegenheit zur **Äußerung** gegeben. Hat die Beschwerde Erfolg, wird das entsprechende Gesetz für nichtig (→ Rn 20), ggf für verfassungswidrig erklärt (→ Rn 21).

VIII. Nr. 7: Verfassungsbeschwerde gegen sonstige Hoheitsakte des Landes

38 Nach Art. 53 Nr. 7 LV (dazu §§ 58 ff LVerfGG) kann außerdem Verfassungsbeschwerde gegen **jeden Akt der öffentlichen Gewalt**, also nicht nur wie bei Nr. 6 allein gegen Landesgesetze, erhoben werden. Prüfungsmaßstab bilden dann nur die Grundrechte nach **Art. 6 bis 10 LV**, also die spezifisch landesrechtlich formulierten Grundrechte unter Ausschluss der über Art. 5 LV rezipierten Grundrechte des GG sowie der staatsbürgerlichen Rechte wie etwa des Wahlrechts zum Landtag.[82] In jedem Fall muss der Beschwerdegegenstand einen Akt der **Landesgewalt** darstellen, da Akte der Bundesbehörden nicht einer Kontrolle durch das LVerfG unterliegen;[83] die LV bindet nur die Landesstaatsgewalt. Prinzipiell ausgeschlossen wird damit aber nicht eine Beschwerde gegen einen von einem Bundesgericht bestätigten Akt der Landesgewalt, etwa den Verwaltungsakt einer Landesbehörde; ggf wird das bundesgerichtliche Urteil gegenstandslos.[84]

39 Auch hier muss der Beschwerdeführer **selbst, gegenwärtig** und **unmittelbar** betroffen sein (→ Rn 32 ff). Ist gegen die Verletzung der **Rechtsweg** eröffnet, muss dieser zuvor **erschöpft** worden sein (§ 58 Abs. 2 LVerfGG). Einen solchen Rechtsweg gibt es regelmäßig, da Verfassungsbeschwerden gegen Landesgesetze bereits unter Nr. 6 fallen und § 13 AGGerStrG umfassend verwaltungsgerichtlichen Rechtsschutz gegen untergesetzliche landesrechtliche Normen (nach § 47 VwGO) eröffnet. Eine Ausnahme vom Gebot der Rechtswegerschöpfung besteht bei Verfassungsbeschwerden von allg. Bedeutung oder solchen, bei denen ggf dem Beschwerdeführer ein schwerer und unabwendbarer Nachteil entsteht (entspricht § 90 Abs. 2 BVerfGG). Bei Beschwerden gegen bundesgerichtlich bestätigte Akte der Landesgewalt kommt diesem Postulat auch die Funktion zu, föderale Friktionen mit den bundesrechtlich geregelten Prozessordnungen der Fachgerichte zu vermeiden.[85] Die grds. vom LVerfG aus guten Gründen angestrebte Parallelität mit dem Bundesrecht spricht dafür, die dort anerkannten

---

80 LVerfG M-V, U. v. 18.4.1996 – Az 4/95 – LVerfGE 4, 249, 266 ff.; U. v. 11.5.2006 – Az 1/05 u.a. – LVerfGE 17, 297, 311.
81 Zur Rspr des BVerfG siehe *Magen*, in: Umbach/Clemens/Dollinger, § 92 Rn 22 ff, 41 ff.
82 LVerfG M-V, B. v. 17.8.2010 – Az 11/10 – LVerfGE 21, 213, 215 ff.
83 Das BVerfG hat darüber hinaus auch Akte supranationaler Hoheitsgewalt mit Wirkung in Deutschland als tauglichen Beschwerdegegenstand angesehen (BVerfGE 89, 155, 175). Unabhängig von grds. Zweifeln an der Tragfähigkeit dieser Konstruktion (*Classen*, in: von Mangoldt/Klein/Starck, Art. 24 Rn 46) kommt sie hier schon deswegen nicht zum Tragen, weil das BVerfG sich zur Begründung auf einen – notwendigerweise bundesgesetzlichen (Artt. 23, 24 GG) – Rechtsanwendungsbefehl zugunsten solcher Akte stützt, während vorliegend das Bundesrecht unmittelbar im Land gilt.
84 Zum Rahmen einer solchen Prüfung BVerfGE 96, 345, 371 ff; *Wallerath*, NdsVBl. 2005, 43, 49 f; *Schlaich/Korioth*, Rn 352 ff; für weitergehende Kontrollmöglichkeiten *Hillgruber/Goos*, Rn 950 ff.
85 BVerfGE 96, 345, 372; so auch *Hillgruber/Goos*, Rn 926 f, 947.

III. Landesverfassungsgericht   Art. 53

Grundsätze über die **Subsidiarität** der Verfassungsbeschwerde hier gleichfalls heranzuziehen.[86]

Diese Verfassungsbeschwerde ist nur zulässig, **soweit keine Zuständigkeit des BVerfG gegeben** ist. Man wollte vermeiden, durch eine umfassende Eröffnung einer Landesverfassungsbeschwerde unter Umständen auch eine mittelbare Kontrolle von Bundesrecht am Maßstab von Landesgrundrechten zu ermöglichen, nämlich wenn Bundesgesetze durch Stellen des Landes vollzogen werden.[87] Eine solche wäre zwar bundesverfassungsrechtlich möglich (§ 90 Abs. 2 BVerfGG), wirft aber doch erheblich praktische Probleme auf. Die gewählte Lösung geht allerdings über dieses Ziel hinaus, da die genannte Restriktion auch für den Vollzug von Landesgesetzen gilt, bei dem kein Konflikt mit der Bundesgesetzgebung auftreten kann. 40

Bei der Frage, wann diese Voraussetzung erfüllt ist, hat das LVerfG zu Recht ein materielles Verständnis zugrundgelegt und darauf abgestellt, ob die **LV eine weitergehende Grundrechtsgewährleistung** enthält als das GG. Beschränkt sich erstere hingegen nur auf die Ausformulierung des letzteren, ist die Verfassungsbeschwerde unzulässig.[88] Dies gilt für die meisten der in Art. 6 bis 10 garantierten Grundrechte, konkret für Art. 6 Abs. 1[89] und 2 (vgl auch → *Kohl*, **Art. 6** Rn 1), Art. 7 Abs. 1 (→ *Kohl*, **Art. 7** Rn 1), Art. 8 (→ *Kohl*, **Art. 8** Rn 2),[90] Art. 9 Abs. 1 und 2 (→ *Kronisch*, **Art. 9** Rn 5) und Art. 10 Satz 1 (→ *Kohl*, **Art. 10** Rn 3). Verfassungsbeschwerden können daher nur auf Verletzung der Rechte aus Art. 6 Abs. 3 (Informationsfreiheit), Art. 7 Abs. 3 und 4 (Körperschaftsstatus und Selbstverwaltung der Hochschulen und sonstigen wissenschaftlichen Einrichtungen), Art. 9 Abs. 3 (Schutz theologischer Fakultäten) und Art. 10 Satz 2 (Pflicht zur Bescheidung von Petitionen) gestützt werden. Außerdem darf – was praktisch durchweg der Fall sein dürfte – einfachrechtlich Bundesrecht keine Rolle spielen und daher auch insoweit kein Konflikt in der föderalen Kompetenzordnung drohen. 41

Die Beschwerde ist **innerhalb eines Monats** zu erheben (§ 59 LVerfGG, entspricht § 93 Abs. 1 BVerfGG) und zu **begründen** (§§ 60 und 19 LVerfGG; → Rn 3); bei Versäumung kommt eine Wiedereinsetzung in den vorigen Stand nach § 13 LVerfGG iVm § 60 VwGO in Betracht. Die Argumente, die das LVerfG gegen eine solche Heranziehung mit Blick auf die Jahresfrist bei Beschwerden gegen Gesetze angeführt hat (→ Rn 36), greifen im vorliegenden Fall durchweg nicht; auch das Bundesrecht sieht für diesen Fall eine Wiedereinsetzung vor (§ 93 Abs. 2 BVerfGG). 42

Hat die Beschwerde Erfolg, ist anders als nach Bundesrecht (§ 95 Abs. 2 BVerfGG) nur eine **Aufhebung des angegriffenen Rechtsaktes**, aber keine Zurückverweisung des Falles an die verantwortliche Stelle vorgesehen. Allerdings ist dann das betreffende Verwaltungs- bzw – im Regelfall – Gerichtsverfahren 43

---

86 Andeutungsweise LVerfG M-V, U. v. 6.5.1999 – Az 2/99 –NVwZ-RR 1999, 617, 618. Ausführlich zur Subsidiarität etwa *Ruppert/Sperlich*, in: Umbach/Clemens/Dollinger, § 90 Rn 127 ff.
87 Breit diskutierter Präzedenzfall war die Entscheidung des VerfGH B im Fall Honecker, B. v. 12.1.1993 – Az. 55/92 – NJW 1993, 515 ff.
88 LVerfG M-V, U.v. 27.11.2008 – Az 7/07 – LVerfGE 19, 301, 308; ähnlich *Wallerath*, NdsVBl. 2005, 43, 50.
89 Dazu LVerfG M-V, U. v. 27.11.2008 – Az 7/07 – LVerfGE 19, 301, 308 ff; ferner U. v. 21.10.1999 – Az 2/99 – LVerfGE 10, 337, 348 unter Hinweis auf BVerfGE 65, 1, zu Art. 2 Abs. 1 iVm Art. 1 Abs. 1 GG.
90 Dazu auch *März*, JöR N.F. 54 (2006), 175, 211, unter Hinweis auf Art. 12 iVm Art. 3 GG.

wieder offen und muss erneut – auch mit Blick auf die angefallenen Kosten – zu Ende geführt werden. Im Ergebnis besteht damit kein Unterschied.

IX. Nr. 8: Kommunale Verfassungsbeschwerde

44 Ähnlich wie im GG (Art. 93 Abs. 1 Nr. 4 b, § 90 BVerfGG) wird den kommunalen Selbstverwaltungskörperschaften eine Verfassungsbeschwerde eröffnet, aber nur wegen Verletzung ihres[91] **Rechts auf Selbstverwaltung** nach den Artt. 72-75 LV.[92] Das Konkurrenzverhältnis ist hier durch den Bund im Sinne einer Subsidiarität der Bundes- gegenüber der Landesbeschwerde geregelt. Die Konkretisierungen finden sich in §§ 52 ff LVerfGG, die zugleich auch für die Individualverfassungsbeschwerde gelten (→ Rn 30 ff). Nach § 52 Abs. 2 LVerfGG kann eine solche Beschwerde von Gemeinden, Landkreisen und (den nicht bestehenden) Landschaftsverbänden erhoben werden. Mit Blick auf amtsangehörige Gemeinden hat das LVerfG zu Recht entschieden, dass diese selbst, nicht (gemäß § 127 Abs. 1 Satz 6 KV MV) das Amt beschwerdefähig sind.[93]

45 **Beschwerdegegenstand** kann nur ein (förmliches) **Landesgesetz** sein. Dementsprechend findet sich die einfachgesetzliche Konkretisierung in den auch für die Verfassungsbeschwerde unmittelbar gegen ein Landesgesetz nach Art. 53 Nr. 6 LV (→ Rn 30 ff) geltenden Bestimmungen. Bemerkenswerterweise wird im vorliegenden Fall nicht ausdrücklich verlangt, dass die Beschwer durch das Gesetz „unmittelbaren" Charakter haben muss. Mit Hinweis auf die Subsidiarität verfassungsgerichtlichen Rechtsschutzes verlangt das LVerfG trotzdem eine unmittelbare Beschwer, versteht diese aber nicht formal – muss noch ein weiterer Akt hinzutreten? –, sondern materiell: bedarf die Norm weiterer Konkretisierung? Unproblematisch ist letzteres der Fall, soweit ein weiterer, seinerseits vor dem LVerfG angreifbarer Normativakt erforderlich ist.[94] Unklar ist hingegen die Lage bei einem im Ermessen stehenden, als solcher nicht vor dem LVerfG angreifbaren Verwaltungsakt.[95] Will man richtigerweise eine Beschwerde zumindest dann als zulässig ansehen, wenn das verfassungsrechtliche Problem nicht durch verfassungskonforme Auslegung des Ermessensspielraums gelöst werden kann, müsste im Rahmen der Zulässigkeit die materiellrechtliche Kernfrage beantwortet werden; das überzeugt nicht. Die zudem verlangte Gegenwärtigkeit wird bei einem noch nicht in Kraft getretenen Gesetz dann als erfüllt angesehen, wenn dieses bereits Vorwirkungen entfaltet oder die Rechtsfolgen bereits jetzt klar absehbar sind.[96]

---

91 Zur Notwendigkeit, eine eigene Rechtsverletzung geltend zu machen, siehe LVerfG M-V, U. v. 18.12.2003 – Az 13/02 – LVerfGE 14, 293, 300 f.; U. v. 18.8.2011 – Az 21/10 – LVerfGE 22, 298, insoweit nicht mit abgedruckt.
92 Dazu zählen ggf. auch weitere Normen, die das Bild von der kommunalen Selbstverwaltung mitprägen, aber nicht das im Rechtsstaatsprinzip wurzelnde Bestimmtheitsgebot (LVerfG M-V, B. v. 23.2.2012 – Az 2/11).
93 LVerfG M-V, U. v. 4.2.1999 – Az 1/98 – LVerfGE 10, 317, 320.
94 LVerfG M-V, U. v. 18.12.2003 – Az 13/02 – LVerfGE 14, 293; U. v. 23.2.2012 – Az 37/10 – NordÖR 2012, 235, 236; ebenso BVerfGE 71, 25, 35 f; 76, 107, 113.
95 In LVerfG M-V, U. v. 26.1.2012 – Az 18/10 sowie 33/10 – NordÖR 2012, 235, 236, wird mit Hinweis auf LVerfG LSA, U. v. 13.6.2006 – Az 7/05 – LVerfGE 17, 410, 425 auf den gebundenen Charakter des Konkretisierungsaktes abgestellt; e contrario müsste bei Ermessensentscheidungen die Lage anders sein.
96 LVerfG M-V, U. v. 26.7.2007 – Az 9/06 – 17/06 – LVerfGE 18, 342, 369; U. v. 26.11.2009 – Az 9/08 – LVerfGE 20, 271, 279; U. v. 18.8.2011 – Az 21/10 – LVerfGE 22, 298, insoweit nicht mit abgedruckt; U. v. 18.8.2011 – Az 22/10 – LVerfGE 22, 337, insoweit nicht mit abgedruckt; U. v. 18.8.2011 – Az 23/10; vgl auch BVerfGE 101, 54, 73; 108, 370, 185.

Besondere Anforderungen an die **Begründung** bestehen bei einem Streit um das 46
finanzverfassungsrechtliche **Konnexitätsprinzip** (Art. 72 Abs. 3 LV; → *Meyer*,
Art. 72 Rn 50 ff). Darzulegen ist, welche Veränderungen gerade beim Beschwerdeführer zu welchen Kostensteigerungen geführt haben und warum evtl anderweitig vorgesehene Regelungen, denen eine entlastende Wirkung zukommen soll, diese nicht im geforderten Umfang entfalten.[97]

X. Nr. 9: Sonstige Fälle

Schließlich bekräftigt die Verfassung, dass auch die an anderer Stelle genannten 47
Zuständigkeiten der Verfassungsgerichtsbarkeit unterfallen; insoweit ist Art. 53
LV nur deklaratorisch. Konkret sind zu nennen die **Wahlprüfung** nach Art. 21
Abs. 2 LV (→ *Zapfe*, **Art. 21** Rn 1, 10 f) und die Zuständigkeit nach Art. 60
Abs. 2 Satz 2 zur Entscheidung über die materielle **Verfassungsmäßigkeit eines Volksbegehrens** (→ *Litten*, **Art. 60** Rn 13). Die Prüfung von Wahlen (und von Entscheidungen über den Verlust des Abgeordnetenmandats; §§ 11 Nr. 5, 49 LVerfGG) erfolgt auf Antrag des betroffenen Abg., eines Wahlberechtigten (mit Unterstützung von 100 weiteren Wahlberechtigten, ggf unter Gewährung von Prozesskostenhilfe, → **Art. 54** Rn 5), einer Landtagsfraktion oder eines Zehntels der Mitglieder des LT, und zwar innerhalb von einem Monat nach der Landtagsentscheidung. Die Regelung über die Prüfung der Zulässigkeit eines Volksbegehrens (§§ 11 Nr. 6, 50 LVerfGG) sieht außer der Äußerungsmöglichkeit der Initiatoren des Begehens nichts vor, was nicht schon in der LV vorgesehen ist.

Darüber hinaus wird (nur) der **Landesgesetzgeber ermächtigt**, weitere Zustän- 48
digkeiten zu begründen. Hier ist die Zuständigkeit anzuführen, auch unabhängig von einem konkreten Rechtsstreit darüber zu befinden, ob ein **Mitglied des LVerfG** aus seinem Amt **ausgeschieden** ist (§ 7 LVerfGG; → **Art. 52** Rn 27).

Grenzen dieser landesverfassungsrechtlichen **Ermächtigung** bestehen insofern, 49
als der Charakter des LVerfG als „Fachgericht für Verfassungsrecht" (→ **Art. 52**
Rn 3) nicht in Frage gestellt werden darf.[98] Außerdem dürfen nur einzelne Zuständigkeiten begründet werden; dem einfachen Gesetzgeber ist es verwehrt, vom Enumerationsprinzip abzuweichen. Dies wäre aber wohl auch gar nicht möglich, da Streitigkeiten zwischen Verfassungsorganen im Grundsatz umfassend normiert und Streitigkeiten mit Bürgerbeteiligung regelmäßig keinen (ausschließlich) verfassungsrechtlichen Charakter aufweisen. Wegen der deswegen einschlägigen, regelmäßig abschließenden Regelungen in den bundesrechtlichen Prozessordnungen wären Verfahren, sieht man einmal von den in anderen Ländern nicht bestehenden, oben erwähnten Restriktionen bei der Verfassungsbeschwerde (→ Rn. 31, 40) ab, nur begrenzt anders zu normieren als im LVerfGG geschehen. Keine klare Antwort gibt der Wortlaut auf die Frage, ob neben neuen eigenständigen Verfahren auch eine großzügigere Ausgestaltung der Zulässigkeitsvoraussetzungen bereits vorgesehener Verfahren abgedeckt wäre, etwa eine Absenkung des in Art. 53 Abs. 1 Nr. 2 vorgesehenen Quorums für die Einleitung einer abstrakten Normenkontrolle durch Abgeordnete des LT. Der demokratisch legitimierte Gestaltungsspielraum des Gesetzgebers spricht dafür.

XI. Schrifttum

Siehe bei → **Art. 52** Rn 38. 50

---

97 Dazu LVerfG M-V, U. v. 26.1.2006 – Az 15/04 – LVerfGE 17, 289, 293.
98 *März*, JöR N.F. 54 (2006), 175, 289.

Art. 54 (Gesetz über das Landesverfassungsgericht)

Ein Gesetz regelt Organisation und Verfahren des Landesverfassungsgerichts. Es bestimmt auch, in welchen Fällen die Entscheidungen des Verfassungsgerichts Gesetzeskraft haben.

Artt. 68 Abs. 4 BWVerf; 69 BayVerf; 84 Abs. 3 VvB; 112 Abs. 6 BbgVerf; 65 Abs. 5, 7 HambVerf; 130 Abs. 4 HessVerf; 55 Abs. 4 NdsVerf; 76 Abs. 3 Verf NW; 135 Abs. 2 S. 1 und 136 Verf Rh-Pf; 81 Abs. 4 SächsVerf; 76 LVerf LSA; 44 Abs. 5 SchlHVerf; 80 Abs. 4, 5 ThürVerf.

I. Satz 1: Ausführungsgesetz 1	II. Satz 2: Entscheidungswirkungen ... 14
1. Allgemeines 1	1. Gesetzeskraft 14
2. Einfachgesetzliche Ausformung 3	2. Rechtskraft 17
a) Grundlagen 3	3. Bindung aller Landesgewalt ... 18
b) Das Verfahren im Allgemeinen 5	4. Reichweite der Bindung 20
c) Verfahrensbeendigung 7	III. Schrifttum 21
d) Einstweilige Anordnungen 8	
e) Vollstreckung und Kosten .. 11	

I. Satz 1: Ausführungsgesetz

1 **1. Allgemeines.** Art. 54 S. 1 weist dem **Gesetzgeber** das **Recht** und die **Pflicht** zu, Organisation und Verfahren des LVerfG zu regeln. Dieses ist durch das Gesetz über das LVerfG geschehen. Die Formulierung der LV ist enger als die parallele Norm des Art. 94 Abs. 2 GG, die von Verfassung und Verfahren spricht, meint aber in der Sache das Gleiche. Zur **Organisation** gehören alle Fragen, die mit der Errichtung und dem Status des Gerichts, seiner inneren Struktur, der Stellung der Richter sowie der Gerichtsverwaltung zusammenhängen. Auch die Regelungen über die Wählbarkeit und die Entfernung aus dem Amt von Mitgliedern des LVerfG, die nicht in der LV selbst verankert sind, werden durch Art. 54 LV legitimiert. Der gerichtlichen Neutralität entspricht es zugleich, dass das LVerfG im Grundsatz sein Verfahren nicht selber regeln kann, sondern insoweit dem Gesetzgeber unterliegt (→ **Art. 52** Rn 7).

2 Inhaltlich ist die **Gestaltungskompetenz** des Gesetzgebers **begrenzt** durch die in der Verfassung verankerten Vorgaben sowie die daraus abzuleitenden Schlussfolgerungen. Insb. müssen die Gesetzesbestimmungen dem Charakter des LVerfG als Gericht im Allgemeinen, als Verfassungsorgan im Besonderen entsprechen (zu Zusammensetzung des Gerichts und Amtszeit der Richter → **Art. 52** Rn 13 ff).

3 **2. Einfachgesetzliche Ausformung. a) Grundlagen.** Das LVerfGG verweist zu Öffentlichkeit,[1] Sitzungspolizei, Gerichtssprache, Beratung und Abstimmung auf die Vorschriften der Titel 14-16 des **Gerichtsverfassungsgesetzes** (§ 13; entspricht § 17 BVerfGG), soweit das LVerfGG keine Sonderregelungen enthält (siehe insoweit § 27 LVerfGG; → Rn 6). IÜ ist auf das Verfahren – insoweit ohne Vorbild auf Bundesebene, aber mit Parallelen in anderen neuen Ländern[2] – die **Verwaltungsgerichtsordnung** anwendbar, so dass die auf Bundesebene bestehende, die These des BVerfG von seiner Herrschaft über das Verfahren rechtfer-

---

1 Siehe dazu auch BVerfGE 103, 44, 59 f.
2 Dazu *Wallerath*, NdsVBl. 2005, 43, 47.

III. Landesverfassungsgericht Art. 54

tigende Lückenhaftigkeit des Prozessrechts hier nicht besteht. Die jeweils vorgesehene „entsprechende" Anwendung verlangt eine Prüfung, ob und inwieweit die jeweiligen Bestimmungen mit den Besonderheiten eines verfassungsgerichtlichen Verfahrens zu vereinbaren sind.

Nach Sinn und Zweck haben die genannten **Verweisungen dynamischen** Charakter.[3] Das LVerfGG verweist nicht auf einzelne Bestimmungen, sondern pauschal auf die beiden Gesetze. Die Annahme einer statischen Verweisung führte dazu, dass alle Veränderungen, die auf neueren Erkenntnissen über die zweckmäßige Gestaltung von Gerichtsverfahren beruhen, ausdrücklich vom Landesgesetzgeber übernommen werden müssten; die gesetzgeberische und rechtstechnische Erleichterung, die sich mit der Verweisung verbindet, bliebe auf den Zeitpunkt der Verabschiedung des LVerfGG beschränkt. Die ersichtlich mit § 13 LVerfGG angestrebte Vereinfachung der Rechtsetzung würde konterkariert. Im Lichte der einschlägigen verfassungsgerichtlichen Rspr[4] bestehen dagegen auch keine Bedenken. 4

b) Das Verfahren im Allgemeinen. Das LVerfGG enthält – jeweils in sachlicher Übereinstimmung mit dem **BVerfGG** – Regelungen über die Akteneinsicht für die Verfahrensbeteiligten (§ 16; entspricht § 20 BVerfGG), die Beweiserhebung allg. (§ 22; entspricht § 26 BVerfGG), Stellungnahmen Dritter (§ 24, entspricht § 27 a BVerfGG), Zeugen- und Sachverständige (§ 25, entspricht § 28 BVerfGG) sowie Beweistermine (§ 26, entspricht § 29 BVerfGG). Für Verfahren, in denen einzelne Bürger Anträge stellen können, sieht das LVerfGG ausdrücklich die Möglichkeit von **Prozesskostenhilfe** vor (§§ 49 Abs. 3, 55 und 61).[5] Für die Verbindung und Trennung von Verfahren gibt es mit § 32 LVerfGG eine generell anwendbare Regelung.[6] 5

Die Entscheidung des Gerichts ergeht aufgrund (für die Beteiligten disponibler) **mündlicher Verhandlung** durch Urteil, iÜ durch Beschluss (§ 21 Abs. 1 und 2 LVerfGG). Eine mündliche Verhandlung entfällt außer bei Verzicht der Beteiligten, wenn ein unzulässiger oder offensichtlich unbegründeter Antrag durch einstimmigen Beschluss verworfen wird (§ 20 LVerfGG; entspricht § 24 BVerfGG). **Beratung** und **Abstimmung** – nach Maßgabe einer in Anlehnung an das GVG vorgegebenen Reihenfolge (§ 27 Abs. 2 LVerfGG) – erfolgen allein in Gegenwart der Mitglieder des LVerfG. Umlaufverfahren sind grds. unzulässig. Über Gang der Beratung und Abstimmung ist Stillschweigen zu bewahren (zu alledem § 27 LVerfGG). Nach der jüngsten Änderung des LVerfGG darf aber das Abstimmungsergebnis mitgeteilt werden (§ 27 Abs. 4 Satz 2 LVerfGG nF; entspricht § 30 Abs. 2 Satz 2 BVerfGG). Außerdem kann ein Mitglied des LVerfG seine in der Beratung vertretene abweichende Meinung zum Ergebnis oder zur Begründung eines Ergebnisses in einem **Sondervotum** niederlegen, das der Entscheidung 6

---

3 Vgl auch – für § 17 BVerfGG – *Kunze*, in: Umbach/Clemens/Dollinger, § 17 Rn 9. Die Argumente sind allerdings nur begrenzt übertragbar, weil dort anders als hier, auf Landesebene, jeweils der gleiche Gesetzgeber tätig wird.
4 Siehe zu Art. 5 Abs. 3 LV LVerfG M-V, U. v. 18.5.2011 – Az 5/98 – LVerfGE 11, 265, 279; → *Kohl*, **Art. 5** Rn 10; allg. auch BVerfGE 26, 338, 366; 60, 135, 155; 64, 208, 214 f.
5 Ohne ausdrückliche Regelung gewährt das BVerfG ebenfalls Prozesskostenhilfe; dazu *Kunze*, in: Umbach/Clemens/Dollinger, § 34 a Rn 63 ff.
6 Das BVerfGG sieht das nur für Organstreitigkeiten vor (§ 65), doch wird dies auch mit Blick auf sonstige Verfahren praktiziert; siehe *Umbach*, in: ders./Clemens/Dollinger, § 66 Rn 7 ff.

Classen

anzuschließen ist (§ 27 Abs. 5 LVerfGG, entspricht insoweit § 30 Abs. 2 Satz 1 BVerfGG).[7]

7 c) **Verfahrensbeendigung.** Anstelle einer Beendigung des Verfahrens durch streitige Entscheidung (Urteil, Beschluss → Rn 6) kann es auch durch **Erledigung** enden (§§ 161 Abs. 2 VwGO iVm 13 LVerfGG), etwa wenn eine in ihrer Verfassungsmäßigkeit umstrittene Norm während des Verfahrens geändert wird, um der vorgebrachten Kritik Rechnung zu tragen.[8] Die Beendigung kann auch durch **Vergleich** erfolgen (§§ 106 VwGO iVm 13 LVerfGG). Wegen der Orientierungsfunktion gerade der verfassungsgerichtlichen Rspr (→ **Art. 52** Rn 9) sollte von dieser Möglichkeit allerdings nur mit größter Zurückhaltung Gebrauch gemacht werden, etwa bei Streitigkeiten, die mit Blick auf ihren verfassungsrechtlichen Gehalt einmaligen Charakter haben, eine Wiederholung also ausgeschlossen ist.[9] Gesetze könnten allenfalls dann Gegenstand eines Vergleichs sein, wenn der LT diesem in einem Gesetzgebungsverfahren zugestimmt hat.

8 d) **Einstweilige Anordnungen.** Für **dringende Fälle** eröffnet § 30 LVerfGG (entspricht § 32 BVerfGG) die Möglichkeit, – ggf ohne mündliche Verhandlung, aber dann mit Widerspruchsmöglichkeit – eine sechs Monate geltende einstweilige Anordnung zu erlassen. Nachträglich wurde die Möglichkeit geschaffen, in Fällen von Beschlussunfähigkeit des gesamten Gerichts durch 3 Richter eine einen Monat geltende Anordnung zu treffen (§ 30 Abs. 6 LVerfGG; vgl auch § 32 Abs. 7 BVerfGG); angesichts der nebenamtlichen Tätigkeit der Richter und des grds. Verbots von Beschlüssen im Umlauf kann dies sogar eher als beim BVerfG praktische Bedeutung erlangen.

9 Die parallelen Formulierungen der Prozessordnungen haben das LVerfG veranlasst, die vom **BVerfG** entwickelten **Grundsätze**[10] – wenn auch im Gegensatz zur sonstigen Praxis ohne ausdrückliche Bezugnahme – für das Landesrecht zu übernehmen.[11] Daher legt sich das Gericht große Zurückhaltung auf und wendet einen strengen Maßstab an. Im Einzelnen hängt die Entscheidung in offenkundigen Fällen von den Erfolgsaussichten des Hauptsacheverfahrens ab: Ist dieses von vorneherein unzulässig oder offenkundig unbegründet, so ergeht keine Anordnung, ist dieses offensichtlich begründet, ist die Anordnung zu erlassen. Bei offenem Ausgang werden die **Folgen**, die eintreten würden, wenn eine einstweilige Anordnung nicht erginge, das Hauptsacheverfahren aber Erfolg hätte, **abgewogen** mit denen, die entstünden, wenn die Anordnung erginge, das Hauptsacheverfahren aber letztlich erfolglos bliebe.

10 Grds. außer Betracht bleiben dabei die Gründe, die für die Verfassungswidrigkeit der angegriffenen Maßnahme vorgebracht werden. Eine Ausnahme gilt dann, wenn dem Sicherungsbegehren nur durch Vorwegnahme der Hauptsache Genüge getan werden kann. Mit Blick auf den **Organstreit** führt das Gericht

---

7 Zur Diskussion um diese – nicht selbstverständliche – Vorschrift siehe etwa *Heimann*, Verfassungsgerichtsbarkeit in den neuen Ländern und in Berlin, S. 119 ff. Die Praxis ist überschaubar; Sondervoten gab es zum Zwischenurteil v. 6.5.1999 – Az 2/99 – NordÖR 1999, 656, sowie zu einem der Urteile zur Kreisgebietsreform 2010 (v. 18.8.2011 – Az 21/10 – LVerfGE 22, 298, 329 ff).
8 Beispiel: die gegen § 5 Abs. 5 LHG in der 2002 beschlossenen Fassung gerichtete Verfassungsbeschwerde.
9 Ein Beispiel auf Bundesebene dürfte der – faktisch in der Tat mit einem Vergleich beendete (siehe BVerfGE 104, 305, 306 f) – Streit um den Religionsunterricht in Brandenburg bilden. Generell abl. *Hillgruber/Goos*, Rn 6.
10 BVerfGE 7, 367, 371; 46, 1, 11; 98, 139, 144; 104, 23, 28; 104, 51, 55.
11 LVerfG M-V, U. v. 16.9.2002 – Az 8/02 – LVerfGE 13, 277, 281; B. v. 18.10.2006 – Az 19/06; B. v. 11.4.2012 – Az 2/12 e.A.

häufig ergänzend aus, dass der mit dem Erlass einer einstweiligen Anordnung verbundene Eingriff in die Autonomie eines Staatsorgans nur der vorläufigen Sicherung des strittigen organschaftlichen Rechts des Antragstellers dienen darf, damit dieses nicht bis zur Entscheidung in der Hauptsache durch Schaffung vollendeter Tatsachen überspielt wird.[12] Auch sonst hält sich das Gericht mit Interventionen in einen politischen Prozess eher zurück.[13] IÜ entscheidet es nicht selten zugunsten der Bewahrung des Status quo.[14]

e) **Vollstreckung und Kosten.** Hinsichtlich der **Vollstreckung** gibt das LVerfGG dem LVerfG (§ 35) die gleiche Freiheit, über die das BVerfG nach dem **BVerfGG** verfügt (dort § 35). Praktische Bedeutung hat die Bestimmung bisher nicht erlangt. 11

Die Regelungen über Kosten und Auslagenerstattung (§§ 33 f LVerfGG) sind ebenfalls denen des Bundes nachgebildet. Im Grundsatz ist das Verfahren **kostenfrei** (§ 33 Abs. 1 LVerfGG). Wird eine Verfassungsbeschwerde oder eine Wahlanfechtung verworfen, kann eine Gebühr in Höhe von 500,- € festgesetzt werden (Abs. 2). Eine solche Verwerfung kommt aber nur in Betracht, wenn der Antrag unzulässig oder offensichtlich unbegründet ist und der Antragsteller zuvor auf entsprechende Bedenken hingewiesen wurde (§ 20 LVerfGG; → Rn 6). Erweist sich ein entsprechender Antrag als missbräuchlich, kann sogar eine Gebühr in Höhe von 2500,- € festgesetzt werden (Abs. 3), doch gelten wohl auch in diesem Fall die Voraussetzungen einer Verwerfung, insb. die Pflicht zur vorherigen Warnung. 12

Eine **Erstattung der Auslagen** ist zwingend, falls eine Verfassungsbeschwerde Erfolg hat; iÜ, also vor allem bei allen anderen Verfahrensarten, steht sie im Ermessen des Gerichts (§ 34 LVerfGG). Im Regelfall wird sie nicht vorgesehen – auch, wenn ein Antragsteller (zumindest im Wesentlichen) Erfolg hat.[15] 13

II. Satz 2: Entscheidungswirkungen

1. Gesetzeskraft. Ebenso wie nach Art. 94 Abs. 2 GG hat der Gesetzgeber nach Art. 54 Satz 2 LV zu regeln, „in welchen Fällen" die Entscheidungen des LVerfG Gesetzeskraft haben. Über die bereits aus Satz 1 abzuleitende Berechtigung des Gesetzgebers hinaus, bestimmte Entscheidungswirkungen anzuordnen (→ Rn 16), ergibt sich aus Satz 2 die **Pflicht des Gesetzgebers**, zumindest für eine Konstellation eine solche Wirkung anzuordnen, aber auch das **Verbot**, eine solche Wirkung flächendeckend vorzusehen. Immanent ist dieser Vorgabe, dass Gesetzeskraft nur angeordnet werden kann, wenn der Urteilsspruch auch als solches einen möglichen Gesetzesinhalt aufweist. 14

Die Anordnung der Gesetzeskraft bedeutet nicht, dass das LVerfG gleichsam als negativer Gesetzgeber auftritt, der einen eigenen Gestaltungsakt erlässt. Ein verfassungswidriges Gesetz wird nicht vom LVerfG aufgehoben; dieses stellt vielmehr (im Regelfall; → Rn 19) nur als Gericht im Wege der Rechtserkenntnis die 15

---

12 LVerfG M-V, B. v. 11.4.2012 – Az 2/12 e.A.; vgl auch BVerfGE 96, 223, 229; 98, 139, 144.
13 LVerfG M-V, B. v. 29.3.2010 – Az 6/10 (e.A.), vgl auch BVerfGE 83, 162, 171 ff; 104, 23, 27 ff; 108, 34, 40 f; 108, 45, 48 f.
14 LVerfG M-V, B. v. 28.11.2011 – Az 14/11 e.A. und 15/11 e.A.; B. v. 11.4.2012 – Az 2/12 e.A.; vgl auch BVerfGE 63, 332, 339 ff; 82, 306, 309. Aus der Lit. etwa *Berkemann*, in: Umbach/Clemens/Dollinger, Rn 151 ff, 265 ff.
15 Siehe etwa LVerfG M-V, U. v. 7.7.2005 – Az 7/04 – LVerfGE 16, 333, 353; U. v. 7.7.2005 – Az 8/04 – LVerfG 16, 353, 374. Eine nähere Begründung für seine Entscheidungen gibt das Gericht nicht.

Classen

an sich bereits ex tunc bestehende Nichtigkeit fest. Dementsprechend unterliegen entsprechende Entscheidungen im Grundsatz generell den für gerichtliche Entscheidungen geltenden **Grenzen der Rechtskraft** (→ Rn 17), insb. zeitlicher Art. Die Gesetzeskraft bedeutet nur eine Ausweitung des Kreises der durch die Entscheidung Gebundenen über die Prozessbeteiligten hinaus auf alle, die dem Gesetz unterworfen sind, insb. alle Bürger.[16] Aus diesem Grund muss der Tenor der Entscheidung auch wie ein Gesetz im Gesetzblatt verkündet werden (§ 29 Abs. 2 Satz 3 LVerfGG; entspricht § 31 Abs. 2 Satz 3 BVerfGG).

16 Die einfachgesetzliche **Umsetzung** dieses **Verfassungsauftrages** findet sich in § 29 Abs. 2 Satz 1 LVerfGG (entspricht § 31 Abs. 2 Satz 1 BVerfGG). Konkret handelt es sich um die Entscheidungen in den Verfahren der abstrakten und konkreten Normenkontrolle (Art. 53 Nr. 2 und 5 LV) sowie der Verfassungsbeschwerden (Art. 53 Nr. 6 bis 8), wenn das Gesetz für nichtig oder für verfassungswidrig erklärt wird.

17 **2. Rechtskraft.** Die Gesetzeskraft stellt nicht die einzige Wirkung von Entscheidungen des LVerfG dar. Daneben ergehen – nicht ausdrücklich im LVerfGG geregelt, entsprechend der Funktion der verbindlichen Streitentscheidung aber **selbstverständlich** – Urteile in **Rechtskraft**, die die am Verfahren Beteiligten erfasst.[17] Hierzu gehören neben den Streitparteien auch diejenigen, die dem Verfahren beigetreten sind, nicht aber die nur zu einer Äußerung Berechtigten. Sie erstreckt sich allein auf den Tenor und kennt die allg. üblichen sachlichen und zeitlichen Grenzen.

18 **3. Bindung aller Landesgewalt.** § 29 Abs. 1 LVerfGG (entspricht § 31 Abs. 1 BVerfGG) ordnet unabhängig von Art. 54 Satz 2 LV, gestützt allein auf Satz 1, an, dass alle Entscheidungen die Verfassungsorgane sowie alle Gerichte und Behörden des Landes, anders formuliert: die **gesamte öffentliche Gewalt des Landes**, binden. In der Sache bedeutet dies eine Ausweitung der personellen Reichweite der soeben erläuterten Rechtskraft.[18]

19 Soweit es um die **Verfassungswidrigkeit** von **Normen** geht, hat das BVerfG allerdings zu Recht eine deutliche Restriktion der Bindungswirkung angenommen und dem Gesetzgeber im Grundsatz die **Freiheit** zugestanden, auch für verfassungswidrig erklärte Normen **wieder zu erlassen**.[19] Eine einfachgesetzlich angeordnete Bindung kann nämlich nicht den Gesetzgeber selbst binden. Zudem wäre es auch aus demokratischen Gründen problematisch, wenn eine verfassungsgerichtliche Entscheidung nicht mehr in Frage gestellt werden könnte. Verfährt der Gesetzgeber so, muss er sich allerdings mit der Entscheidung auseinandersetzen und besondere **Gründe** für sein Verhalten vorbringen.[20]

20 **4. Reichweite der Bindung.** Unklar ist die Reichweite einer Bindung nach § 29 Abs. 1 oder 2 LVerfGG. Das LVerfG hat sich mit dieser Frage bisher nicht befasst. Das BVerfG geht davon aus, dass neben dem unstreitig bindenden Tenor auch die **tragenden Entscheidungsgründe** erfasst seien.[21] Konsequenz ist insb.,

---

16 Dazu *Voßkuhle*, in: von Mangoldt/Klein/Starck, Art. 94 Rn 36; *Schlaich/Korioth*, Rn 496; *Voßkuhle*, in: von Mangoldt/Klein/Starck, Art. 93 Rn 36.
17 Allg. Ansicht; siehe nur *Schlaich/Korioth*, Rn 476; zurückhaltend aber *Kischel*, AöR 131 (2006), 219, 245.
18 *Schlaich/Korioth*, Rn 482.
19 BVerfGE 77, 84, 103 f; 102, 127, 141; anders aber BVerfGE 1, 14, 37; 69, 112, 115; dazu ferner – in der jüngeren Judikatur zustimmend – *Schlaich/Korioth*, Rn 484; *Hillgruber/Goos*, Rn 14; abl. *Kischel*, AöR 131 (2006), 219, 227.
20 BVerfGE 96, 260, 263.
21 BVerfGE 19, 377, 391 f; 20, 56, 87; 40, 88, 93 f. Beachtliche Kritik bei *Schlaich/Korioth*, Rn 487 ff.

dass die Fachgerichte im Fall der „Rettung" einer Norm durch das BVerfG im Wege einer verfassungskonformen Interpretation an diese, genauer: an den Ausschluss der verfassungswidrigen Interpretationsvarianten gebunden sind.[22]

III. Schrifttum

Siehe bei → **Art. 52** Rn 38.

---

22 BVerfGE 40, 88, 94.

3. Abschnitt
Staatsfunktionen

I. Rechtsetzung und Verfassungsänderung

Art. 55 (Gesetzgebungsverfahren)

(1) Gesetzentwürfe werden von der Landesregierung oder aus der Mitte des Landtages sowie gemäß Artikel 59 und 60 aus dem Volk eingebracht. Ein Gesetzentwurf aus der Mitte des Landtages muss von einer mindestens Fraktionsstärke entsprechenden Zahl von Mitgliedern des Landtages unterstützt werden.

(2) Ein Gesetzesbeschluss des Landtages setzt eine Grundsatzberatung und eine Einzelberatung voraus.

Zu Abs. 1: Artt. 76 GG; 71 BayVerf; 59 Abs. 1 BWVerf; 59 Abs. 2 VvB; 75 BbgVerf; 123 Abs 1 BremVerf; 48 Abs. 1 HambVerf; 117 HessVerf; 42 Abs. 3 NdsVerf; 65 Verf NW; 108 Verf Rh-Pf; 98 SaarlVerf; 70 Abs. 1 SächsVerf; 77 Abs. 2 LVerf LSA; 37 Abs. 1 SchlHVerf; 81 Abs. 1 ThürVerf.

Zu Abs. 2: Artt. 59 Abs. 4 VvB; 49 Abs. 1 HambVerf; 77 Abs. 3 LVerf LSA.

I. Vorbemerkungen 1	III. Beratung im Landtag (Abs. 2) 20
1. Begriff des Gesetzes 1	1. Überblick 20
2. Charakter des Gesetzgebungsverfahrens 2	2. Erste Lesung 21
II. Einbringung des Gesetzentwurfs (Abs. 1) 4	3. Ungeschriebene prozedurale Anforderungen 24
1. Grundlagen 4	a) Erforderlichkeit 24
2. Gesetzentwurf der Landesregierung 5	b) Insbesondere: Anhörung ... 25
a) Erarbeitung des Gesetzentwurfs 5	4. Ausschussberatungen 28
b) Beteiligung der Öffentlichkeit 9	a) Federführender Ausschuss ... 28
c) Weiteres Verfahren 12	b) Änderungsbefugnis des Ausschusses 29
d) Outsourcing 13	c) Bericht des federführenden Ausschusses 31
3. Aus der Mitte des Landtages .. 14	5. Zweite Lesung 32
4. Inhaltliche Anforderungen 15	6. Dritte Lesung 34
a) Formelle Anforderungen ... 15	7. Schlussabstimmung (Gesetzesbeschluss) 35
b) Gesetzesbegründung 17	IV. Schrifttum 37

I. Vorbemerkungen

1 **1. Begriff des Gesetzes.** Der Begriff „Gesetz" wird in der LV in einem doppelten Sinne verwandt:[1] Zum einen ist hierunter das **Gesetz im formellen Sinne** zu verstehen, dh jeder Beschluss der zur Gesetzgebung zuständigen Organe, d.i. der LT, der in einem verfassungsmäßig vorgesehenen Gesetzgebungsverfahren er-

---

[1] *Reimer*, Das Parlamentsgesetz als Steuerungsmittel und Kontrollmaßstab, in: Hoffmann-Riem/Schmidt-Aßmann/Voßkuhle (Hrsg.), Grundlagen des Verwaltungsrechts, Bd. I, 2. Aufl. 2012 § 9 Rn 16 mwN; zum dualistischen Konzept des Gesetzesbegriffs BVerfGE 1, 184, 189 und 24, 184, 195 f; *Meissner*, in Degenhart/Meissner, S. 368 ff; *Pieroth*, JURA 2013, 248; *Schneider*, Gesetzgebung, 3. Aufl. 2002, § 2; *Franz*, Der Begriff des Gesetzes - Geschichte, Typologie und neuer Gesetzesbegriff, ZG 2008, 140.

geht.[2] Um diesen Begriff geht es in Artt. 55 und 57 Abs. 1 als Ermächtigungsgrundlage für eine RechtsVO sowie 58 Abs. 1. In diesem Sinne ist auch der Gesetzesbegriff zu verstehen, wenn die LV bestimmt, das das Nähere „das Gesetz" regelt (vgl Art. 1 Abs. 3; Art. 6 Abs. 4, Art. 8 S. 2, Art. 12 Abs. 5, Art. 15 Abs. 5, Art. 20 Abs. 2 S. 4, Art. 22 Abs. 3 S. 3, Art. 25 Abs. 3 S. 2, Art. 34 Abs. 5 und 7, Art. 35 Abs. 3, Art. 36 Abs. 3, Art. 37 Abs. 3, Art. 39 Abs. 3, Art. 40 Abs. 4, Art. 45 Abs. 2, Art. 49 Abs. 2, Art. 59 Abs. 4, Art. 68 Abs. 4, Art. 71 Abs. 5). Derartige Gesetzesvorbehalte beziehen sich grundsätzlich auf Gesetze im formellen Sinne, erlauben aber nach Maßgabe des Art. 57 auch den Erlass von Rechtsverordnungen. Formelle Gesetze sind gemeint, wenn Art. 3 Abs. 1 „Organe der Gesetzgebung" nennt oder Art. 20 Abs. 1 S. 2 von der „gesetzgebenden" Gewalt spricht. Aus der Gegenüberstellung zur Rechtsverordnung folgt, dass unter Gesetz in Artt. 39 Abs. 1 S. 1 und 58 Abs. 3 nur das formelle Gesetz zu verstehen ist. Gleiches gilt für den Gesetzesbegriff in Art. 70 Abs. 2 S. 1, wonach Organisation, Zuständigkeiten und Verfahren der öffentlichen Verwaltung durch Gesetz oder aufgrund eines Gesetzes geregelt werden (vgl auch Art. 72 Abs. 3 S. 1). Art. 53 Nr. 5, 6 und 8[3] betrifft ebenfalls formelle Gesetze, ebenso Nr. 9 und Art. 54. Sonderformen formeller Gesetze sind die Verfassung (Art. 56), das Haushaltsgesetz[4] (Art. 61 Abs. 2; hierzu im Einzelnen → *Mediger*, **Art. 61** Rn 3) und die Zustimmung zu einem Staatsvertrag (Art. 47 Abs. 2). Zum anderen werden als **Gesetze im materiellen Sinne** alle allg. Vorschriften verstanden, die abstrakt-generell rechtsverbindlich die Rechte und Pflichten des Einzelnen oder die Einrichtungen und Zuständigkeiten der Rechtsgemeinschaft selbst begründen, ausgestalten, ändern oder aufheben (vgl Art. 2 EGBGB); dies sind neben Parlamentsgesetzen mit derartigen Inhalten v.a. RechtsVO (Art. 57 und Art. 58 Abs. 2 und 3) und Satzungen (zB Satzungen der Handwerkskammern oder der Gemeinden).[5] Materielle Gesetze werden angesprochen, wenn nach Art. 4 die vollziehende Gewalt und die Rechtsprechung an Gesetz und Recht gebunden sind und nach Artt. 36 Abs. 2 S. 1, 37 Abs. 2 S. 1, 68 Abs. 1 S. 1 und 76 Abs. 1 S. 2 der Bürgerbeauftragte, der Datenschutzbeauftragte, der Landesrechnungshof und Richter[6] nur dem Gesetz unterworfen sind. Gleiches gilt für Art. 70 Abs. 1, wonach die öffentliche Verwaltung an Gesetz und Recht gebunden ist, und Art. 72 Abs. 3, wonach die Aufsicht des Landes über Gemeinden sicherstellt, dass die Gesetze beachtet und die übertragenen Angelegenheiten weisungsgemäß ausgeführt werden. In allen diesen Fällen ist nämlich die gesamte Rechtsordnung gemeint. Gleiches gilt, wenn nach Art. 7 die Freiheit von Wissenschaft und Kunst den gesetzlichen Schranken unterliegt, nach Art. 34 Abs. 1 S. 3 Beweiserhebungen eines Untersuchungsausschusses, die gesetzliche Vorschriften, verletzen, unzulässig sind, oder nach die Landesregierung gem. Art. 40 Abs. 3 S. 1 die Beantwortung von Fragen, die Erteilung von Auskünften und die Vorlage von Akten u.a. ablehnen kann, wenn dem Bekanntwerden des Inhalts gesetzliche Vorschriften entgegenstehen. Der Amtseid, nach dem man sich gem. Art. 44 S. 1 u.a. verpflichtet, die Gesetze wahren und verteidigen, bezieht sich auch auf alle materi-

---

2 Zum Begriff und zur Klassifizierung des Inhalts formeller Gesetz *Reimer* (Fn. 1) § 9 Rn 15 mwN.
3 Zu Art. 58 Abs. 1 Nr. 8: LVerfG M-V, Urt. v. 20.12.2012 - 13/11, ZKF 2013, 65.
4 Zum Gesetzesbegriff des Grundgesetzes, insbesondere zur Funktion des Haushaltsplans im Subventionsrecht *Bleckmann*, DVBl 2004, 333.
5 Vgl LVerfG LSA, Urt. v. 22.6.1996 – LVG 3/95; *Ruffert*, Rechtsquellen und Rechtsschichten des Verwaltungsrechts, in: Hoffmann-Riem/Schmidt-Aßmann/Voßkuhle (Hrsg.), Grundlagen des Verwaltungsrechts, Bd. 1, 2. Aufl. 2012, § 17 Rn 60 ff mwN.
6 Weiter *Hilbert*, JZ 2013, 130.

ellen Gesetze. In dem gleichen Artikel der LV können im Übrigen nebeneinander Gesetze im formellen und im materiellen Sinne gemeint sein, wie Art. 72 zeigt.[7] Bei den meisten Gesetzen, die der LT verabschiedet, handelt es sich um Gesetze, die sowohl formell als auch materiell als Gesetze anzusehen sind. Es gibt jedoch auch „rein" formelle Gesetze, die keine Regeln für die Bürger enthalten (zB das Haushaltsgesetz) oder die keine allg. Regelung für eine unbestimmte Anzahl von Fällen treffen, sondern nur einen Einzelfall regeln (etwa Enteignungen durch Gesetz i.S.v. Art. 14 Abs. 3 Satz 2 GG – Legalenteignung –; planungsrechtliche Regelung eines Einzelfalls[8]). Von diesem Begriffsdualismus werden untergesetzliche Rechtsnormen ohne abstrakt-generellen Inhalt nicht erfasst (vorhabenbezogener Bebbauungsplan, Haushaltssatzung etc.). Außerdem kann der Gesetzgeber jedenfalls in Zweifelsfällen Staatsakte als Satzung bzw. RechtsVO bezeichnen und damit als (gesetzte) Rechtsnormen festlegen (vgl § 10 BauGB). Ob **Verwaltungsvorschriften** als Steuerungsvorgaben der Verwaltung Gesetze im materiellen Sinne bzw. Rechtsnormen sind, ist je nach Funktion und erlassender Stelle differenziert zu beurteilen;[9] sie betreffen jedenfalls nicht Art. 55.

2 **2. Charakter des Gesetzgebungsverfahrens.** Das Gesetzgebungsverfahren ist in der Demokratie von vornherein auf breite **Beteiligung der Öffentlichkeit** angelegt. Es lässt auch dem öffentlichen Austragen von Meinungsverschiedenheiten und Interessengegensätzen bewusst Raum und will durch einen öffentlichen demokratischen Prozess der Meinungs- und Willensbildung für eine mit Allgemeinverbindlichkeit ausgestattete normative Regelung eine am Gemeinwohl orientierte Entscheidung ermöglichen und fördern.[10] Diese Eigenart des Gesetzgebungsverfahrens steht seiner Gleichstellung mit einem Gerichts- oder Verwaltungsverfahren entgegen.[11]

3 Das **Gesetzgebungsrecht** als solches steht dem LT insgesamt zu und wird von diesem durch Verhandlung und Beschlussfassung im Plenum und nach Maßgabe der GO LT und der hierzu ergehenden Beschlüsse in den Ausschüssen wahrgenommen.[12] Art. 55 regelt zusammen mit Art. 58 das Gesetzgebungsverfahren insoweit nur unvollständig.[13] Ob dem LT eine materielle Gesetzgebungskompetenz zukommt, richtet sich nach Art. 70 ff GG (→ im Einzelnen *Tebben* Art. 20 Rn 16 ff).

Art. 55 regelt nur zwei grundlegende Fragen der Gesetzgebung: in Abs. 1 die Frage der Gesetzesinitiative und in Abs. 2 den Gang der Gesetzesberatung im LT in der Weise, dass eine Grundsatz- und eine Einzelberatung vorgeschrieben werden. Im Übrigen ist das Verfahren in Geschäftsordnungen geregelt. Die Gemeinsame Geschäftsordnung II der LReg[14] – GGO II - regelt das Verfahren zur Vorbereitung, Ausfertigung und Verkündung von Gesetzen und den Erlass von Rechtsverordnungen und Verwaltungsvorschriften durch die Landesregierung und einzelne Landesministerien sowie die grundlegenden Anforderungen an die-

---

7 Zum Grundgesetz *Schneider*, Gesetzgebung, 3. Aufl. 2002 Rn 15.
8 Vgl BVerfGE 95, 1, 15 ff – Südumfahrung Stendal; VerfGH NW, NWVBl. 1997, 247, 251; BbgVerfG, LVerfGE 13, 128 = LVerfGE Suppl. Bbg. zu Bd. 13, 58 = LKV 2002, 516 – Inanspruchnahme des Gebietes der Gemeinde Horno für den Braunkohlentagebau.
9 Vgl *Ruffert* (Fn 5) § 17 Rn 67 mwN.
10 Vgl auch *Adolf Arndt*, DVBl. 1952, 1.
11 Vgl BVerfGE 82, 30 = NJW 1990, 2457.
12 VerfGH BW, NVwZ 2000, 314.
13 Vgl *Nolte*, in Caspar/Ewer/Nolte/Waack, Art. 37 Rn 18, der die Überschrift „Initiative und Beschluss" für sachgerecht hält.
14 Bekanntmachung des Innenministeriums vom 2.12.2008 – II 220/II 250 –AmtsBl. M-V 2009, S. 2.

se Regelungen. Die Geschäftsordnung des LT[15] - GO LT -, namentlich §§ 46 ff. regeln das Verfahren im LT. Bei beiden Regelungen handelt es sich jeweils um eigenes Organisationsrecht, dass das jeweils andere Verfassungsorgan nicht binden kann.[16]

II. Einbringung des Gesetzentwurfs (Abs. 1)

1. Grundlagen. Gesetzentwürfe werden gem. Art. 55 Abs. 1 von der LReg (d.i. das Kabinett als Kollegialorgan; vgl Art. 41 Abs. 2) oder aus der Mitte des LT sowie gemäß Artt. 59 und 60 aus dem Volk eingebracht (**Gesetzgebungsinitiative**). Der Entwurf des Haushaltsgesetzes und des Haushaltsplanes sowie Vorlagen zur Änderung des Haushaltsgesetzes und des Haushaltsplans können nur von der LReg in den LT eingebracht (Art. 61 Abs. 3). Die überwiegende Mehrzahl wird durch die LReg eingebracht.[17] Dem Initiativrecht, auch dem der LReg, kann die Berechtigung entnommen werden, einen eingebrachten Gesetzentwurf wieder zurückzunehmen, so lange nicht der LT den Gesetzgebungsbeschluss gefasst hat. Danach handelt es sich, wie aus Art. 58 Abs. 1 deutlich wird, um ein (verfassungsgemäß) zustande gekommenes Gesetz.[18] Es gilt dann das Prinzip der Unverrückbarkeit. Alsdann ist auch das Parlament selbst, soweit die Verfassung nichts anderes vorsieht, an seine Gesetzesbeschlüsse gebunden und verbleibt für Änderungen regelmäßig nur der Weg eines neuen förmlichen Gesetzgebungsverfahrens.[19] Dem Wesen der Gesetzesinitiative entsprechend kann der Initiant verlangen, dass das Gesetzgebungsorgan sich mit seinem Vorschlag beschäftigt. Es muss darüber beraten und entscheiden. Dem Initianten muss auf sein Verlangen Gelegenheit gegeben werden, über seine Initiative eine allgemeine Aussprache zu führen.[20]

4

2. Gesetzentwurf der Landesregierung. a) Erarbeitung des Gesetzentwurfs. Bei der Erarbeitung eines **Gesetzentwurfs** in einem Fachministerium ist die GGO II zu beachten (so ausdrücklich § 4 Abs. 1 S. 1 und 2 GGO II). Über Ausnahmen davon, zum Beispiel wenn die Regelung ausschließlich der Umsetzung zwingenden höherrangigen Rechts dienen soll, entscheidet das federführende Ressort. Entwürfe von Rechtsvorschriften werden von dem zuständigen Referat des federführenden Ressorts unter Beachtung der §§ 4, 6 ff. GGO II erstellt.

5

Die Staatskanzlei ist nach § 4 Abs. 2 S. 2 und 3 GGO II über die Vorbereitung von Rechtsvorschriften zu unterrichten, wenn sie für die Bestimmung der politischen Richtlinien oder für die Leitung der Geschäfte der Landesregierung von Bedeutung sind. Das federführende Ressort bezieht die Staatskanzlei und die betroffenen Ressorts bereits bei den Vorarbeiten zur Erstellung von Entwürfen von Rechtsvorschriften mit ein, soweit dies sachdienlich ist (**frühzeitige Ressortkonsultation**).

6

---

15 Beschluss des LT vom 8.11.2006 (GVOBl. M-V S. 783), geändert am 27.1. 2010 (GVOBl. M-V S. 138).
16 *Fibich* in Linck/Baldus/Lindner/Poppenhäger/Ruffert, Art. 81 Rn 27.
17 *Ernst/Jahn/Buchstein*, in: Mielke/Reutter (Hrsg.), Landesparlamentarismus in Deutschland, 2004, S. 270; vgl auch für die Bundesrepublik insgesamt Mielke/Reutter, aaO, S. 427; *H.-H. Klein*, HdbStR, § 50 Rn 21.
18 *Mehde*, in: Epping/Butzer u.a., Art. 42 Rn 8.
19 Vgl BVerfG, Beschl. v. 9.7.2007 - 2 BvF 1/04, BVerfGE 119, 96, Rn 110; VerfGH Bbg, 30.6.1999 – 50/98, LVerfGE 10, 213 Rn 56.
20 BVerfG, Urt. v. 16.7.1991 - 2 BvE 1/91, BVerfGE 84, 304 Rn 121; *Mehde*, in: Epping/Butzer u.a., Art. 42 Rn 22; *Schönenbroicher,* in; Heusch/Schönenbroicher, Art. 65 Rn 23 ff.

7 § 4 Abs. 3 GGO II bestimmt, dass die Entwürfe als Referentenentwurf zunächst innerhalb des federführenden Ressorts abzustimmen sind (**ressortinterne Abstimmung**). Bei Maßnahmen mit finanzieller Bedeutung, die sich unmittelbar auf Einnahmen oder Ausgaben auswirken, ist der Beauftragte für den Haushalt zu beteiligen. Referentenentwürfe von Gesetzen und Landesverordnungen werden der Staatskanzlei und den Ressorts unter Beifügung eines Rechtsetzungszeitplanes zur Stellungnahme mit einer Frist von mindestens vier Wochen zugeleitet (**Ressortanhörung**). Im Rahmen der Ressortanhörung ist dem Rat für Integrationsförderung, soweit Belange von Menschen mit Behinderungen und chronischen Erkrankungen betroffen sind – dies trägt dem Staatsziel des Art. 17 a Rechnung -, dem Landesbeauftragten für den Datenschutz, soweit das Recht auf informationelle Selbstbestimmung berührt wird - insoweit ist Art. 6 angesprochen -, sowie der – soweit ernannt - Parlamentarischen Staatssekretärin für Frauen und Gleichstellung - insoweit ist das Staatsziel des Art. 13 einschlägig - Gelegenheit zur Stellungnahme zu geben.

8 Referentenentwürfe von Rechtsvorschriften sind unabhängig von der Ressortanhörung zeitgleich der **Normprüfstelle**[21] zur Prüfung und dem **Justizministerium** zur verfassungsrechtlichen Prüfung zuzuleiten. Die Prüfung durch die Normprüfstelle umfasst die Anforderungen nach den §§ 3, 6 und 7 GGO II. Bei verfassungsrechtlichen Bedenken beteiligt die Normprüfstelle das Justizministerium.[22] Das Verfahren, insbesondere das Entscheidungsverfahren für den Fall, dass zwischen der Normprüfstelle und dem Fachressort keine Einigung erzielt werden kann, wird in einer Geschäftsordnung der Normprüfstelle[23] geregelt. Das Justizministerium leitet seine verfassungsrechtliche Stellungnahme der Normprüfstelle und dem federführenden Ressort zu.

9 **b) Beteiligung der Öffentlichkeit.** Ein verfassungsrechtlicher Anspruch der betroffenen Praxis auf **Beteiligung**, d.h. darauf, schon bei den Vorüberlegungen für ein Gesetzgebungsvorhaben argumentativ mitwirken zu können, besteht nicht. Die Betroffenen haben in aller Regel Gelegenheit, im Zeitraum zwischen der politischen Ankündigung eines Vorhabens und der Erarbeitung des erforderlichen Gesetzentwurfs sowie während des eigentlichen Gesetzgebungsverfahrens ihre Argumente geltend zu machen.[24] Ein Anhörungsgebot für Gemeinden, bevor aufgrund eines Gesetzes allg. Fragen geregelt werden, die die Gemeinden und Gemeindeverbände betreffen, besteht nicht.[25] Gem. § 4 Abs. 2 S. 4 GGO II sollen gleichwohl Fachkreise, Verbände, Kammern oder sonstige Organisationen, soweit sie von dem Rechtsetzungsvorhaben direkt betroffene Normadressaten vertreten, bei der Vorbereitung von Entwürfen bereits frühzeitig hinzugezogen werden mit dem Ziel der Gelegenheit zur Stellungnahme zu den zu regelnden Sachlagen, den beabsichtigten Instrumenten und den angestrebten Zielen unter Berücksichtigung insbesondere der Wirksamkeit, der Wirtschaftlichkeit und der

---

21 Derzeit beim Justizministerium angesiedelt, vgl Ziff. III.3 Organisationserlass des Ministerpräsidenten – Bekanntmachung des Ministerpräsidenten – Staatskanzlei – vom 18.11.2011 – VV Meckl.-Vorp. Gl. Nr. 100 – 16, AmtsBl. M-V 2011 S. 1066, zuletzt geändert am 12.12.2013 (AmtsBl. M-V 2013 S. 907).
22 Derzeit ist dies ein internes Verfahren innerhalb des Justizministeriums, da die Normprüfstelle dort angesiedelt ist.
23 Geschäftsordnung der Normprüfstelle – Verwaltungsvorschrift der LReg v. 18.12.2012 – III NPS – 0211-00003-2012/002-003 – VV Meckl.-Vorp. Gl. Nr. 1104 – 14, AmtsBl. M-V 2013 S. 5.
24 BayVerfGH, Entsch. v. 29.09.2005 – Vf. 3-VII-05, Vf. 7-VIII-05 –.
25 Vgl Art. 91 Abs. 4 ThürVerf und dazu ThürVerfGH, Urt. v. 12.10.2004 – VerfGH 16/02 – DVBl 2005, 443 = LKV 2005, 259.

Senkung von Bürokratiekosten gemäß § 3 Abs. 7 GGO II (**frühzeitige Verbandskonsultation**). Nach § 4 Abs. 5 GGO II soll dann, wenn unmittelbar kommunale Belange berührt werden, bereits der Referentenentwurf den kommunalen Landesverbänden zur Unterrichtung zugeleitet werden, sofern nicht im Einzelfall eine vorherige Beratung im Kabinett erforderlich ist. Dies gilt entsprechend für Fachkreise, Verbände, Kammern und sonstige Organisationen, wenn deren satzungsmäßige Belange unmittelbar betroffen sind.

Entwürfe von Gesetzen und Landesverordnungen werden gem. § 4 Abs. 6 GGO II nach Abschluss der Ressortanhörung und der Normprüfung durch das federführende Ressort als Ressortentwurf dem Kabinett zur Kenntnisnahme vorgelegt; das Kabinett entscheidet, ob der Auftrag zur Verbandsanhörung erteilt wird (**Erste Kabinettsbefassung**). Wird der Auftrag erteilt, übersendet das federführende Ressort den Ressortentwurf an Fachkreise, Verbände, Kammern und sonstige Organisationen zur Stellungnahme innerhalb einer Frist von mindestens sechs Wochen (**Verbandsanhörung**); über den Kreis der Beteiligten entscheidet das federführende Ressort nach pflichtgemäßem Ermessen. Ressortentwürfe von Gesetzen sind zeitgleich zur Verbandsanhörung den Vorsitzenden der Fraktionen des Landtags durch den Chef der Staatskanzlei zur Unterrichtung zu übersenden. Eine **Pflicht** zur Durchführung einer **Anhörung** kann sich im Übrigen aus einfachem Recht (so §§ 112 Abs. 3, 113 LBG M-V[26]) oder von Verfassung wegen ergeben, etwa bei einer kommunalen Gebietsreform,[27] der Änderung des kommunalen Finanzausgleichs[28] oder der Festlegung raumordnerischer Vorgaben.[29] §§ 102 und 103 LHO regeln die Beteiligung des Landesrechnungshofs. 10

Unabhängig davon sollte berücksichtigt werden, dass bereits eine frühzeitige und daher effektive Beteiligung zu dem **Zeitpunkt** erfolgen sollte, zu dem der Gesetzentwurf im federführenden Ministerium fertig gestellt ist, also bevor die von anderen Ressorts geltend gemachten Aspekte berücksichtigt werden. Dies fördert die Akzeptanz und trägt zur Erarbeitung sachgerechter Lösungen bei. Zu einem späteren Zeitpunkt haben Einwände gegen ein sich inzwischen immer weiter verfestigendes Regelungsprojekt immer geringere Chancen. Die Durchführung des späten Beteiligungsverfahrens birgt die Gefahr eines sinnentleerten Formalismus.[30] Dies gilt insb. bei der Beteiligung von Spitzenorganisationen der Beamten bei der Erarbeitung eines Entwurfs für einschlägige Regelungen.[31] 11

c) **Weiteres Verfahren.** § 4 Abs. 7 GGO II bestimmt das weitere Verfahren: Ist eine Verbandsanhörung durchgeführt worden, legt das federführende Ressort dem Kabinett Ressortentwürfe von Gesetzen und Landesverordnungen zur abschließenden Beschlussfassung vor (**Zweite Kabinettsbefassung**), nachdem die Staatskanzlei, die übrigen Ressorts und die Normprüfstelle unter Einräumung einer angemessenen Frist erneut Gelegenheit zur Stellungnahme hatten und die Ergebnisse eingearbeitet worden sind. Auf eine erneute Beteiligung kann ver- 12

---

26 Die obersten Landesbehörden übersenden die Entwürfe von Rechts- und sonstigen Vorschriften über allg. beamtenrechtliche Regelungen den Spitzenorganisationen zur Stellungnahme. Jede Spitzenorganisation kann verlangen, dass ihre wesentlichen Vorschläge, die in Gesetzentwürfen keine Berücksichtigung gefunden haben, dem LT mitgeteilt werden; dazu BVerwGE 59, 48 = NJW 1980, 1763.
27 Dazu BVerfGE 86, 90 = NVwZ 1993, 262; vgl auch BVerfGE 107, 1 = NVwZ 2003, 850; LVerfG M-V, Urt. v. 26.7.2007 – LVerfG 9-17/06 – Kreisgebietsreform.
28 BWStGH, ESVGH 49, 242 = DÖV 1999, 687 = DVBl 1999, 1351.
29 VerfGH NRW, Urt. v. 26.8.2009 - 18/08, NVwZ 2009, 1287 Rn 67.
30 So zutreffend ThürVerfGH, LVerfGE 5, 343 = NVwZ-RR 1997, 394.
31 Vgl § 102 Abs. 3 LBG M-V; ThürVerfGH, LVerfGE 5, 343 = NVwZ-RR 1997, 394 unter Hinweis auf *Benda/Umbach*, Der beamtenrechtliche Beteiligungsanspruch, 1995.

zichtet werden, wenn sie mit Blick auf das Ergebnis der Verbandsanhörung nicht als notwendig erscheint; die Normprüfstelle ist grundsätzlich nochmals zu beteiligen. Ressortentwürfe von Gesetzen sind der Staatskanzlei so rechtzeitig zuzuleiten, dass sie grundsätzlich mindestens vier Wochen vor dem für die erste Lesung im Landtag vorgesehenen Termin abschließend im Kabinett beschlossen und dann unverzüglich dem Präsidenten des Landtages als Gesetzentwurf der Landesregierung zugeleitet werden können. Die **Vorlagen für Entwürfe** von Gesetzen bestehen gem. § 5 Abs. 1 GGO II aus dem Entwurf des Gesetzestextes, der Begründung zum Entwurf gemäß § 6 GGO II und bei Gesetzentwürfen einer vorangestellten Übersicht (Vorblatt) entsprechend Anlage 2.

13 d) Outsourcing. Beim **Gesetzgebungsoutsourcing** wird die Erstellung des Gesetzentwurfs meist von der LReg an Private, in der Regel an Anwaltskanzleien, ausgelagert.[32] Das federführende Ministerium verweist in der Regel auf fehlenden Sachverstand, auf eine nicht ausreichende Personalkapazität und auf die Eilbedürftigkeit eines Gesetzesvorhabens. Art. 55 stellt keine Schranke hierfür dar. Die Grenzen ergeben sich aus der Verantwortlichkeit der LReg für den Gesetzentwurf. Dabei ist zu sehen, dass der außenstehende Verfasser eines Entwurfs insofern Einfluss ausübt, als er den sog. Ankereffekt ausübt, d.h. durch inhaltliche Vorschläge die Diskussion steuert. Dieser Effekt ist umso größer, je größer der Zeitdruck ist, unter dem die LReg den Gesetzentwurf vorlegen will (oder muss) und der notwendige Sachverstand im Ministerium zum Nachvollziehen des erarbeiteten externen Vorschlags fehlt. Gerade deswegen wird aber ein Gesetzgebungsoutsourcing eingeleitet: Aus diesen Gründen sollte die externe Erarbeitung von Gesetzentwürfen nur die seltene Ausnahme sein. Jedenfalls muss die Beauftragung in einem transparenten und offenen Vergabeverfahren erfolgen, in dem auch der LTag und die Öffentlichkeit unterrichtet werden, etwa indem hierauf in der Gesetzesbegründung hingewiesen wird.[33] Es müssen klare inhaltliche Vorgaben erteilt und das Beratungsergebnis kontrollierend nachvollzogen werden.[34] Die nachträgliche Sammelbekanntmachung der Gesetzentwürfe, die Außenstehende erarbeitet haben,[35] genügt dem Transparenzgebot nicht. Anhaltspunkte bietet im Übrigen die Allgemeine Verwaltungsvorschrift zum Einsatz von außerhalb des öffentlichen Dienstes Beschäftigten (externen Personen) in der Bundesverwaltung vom 17.7.2008.[36]

14 3. Aus der Mitte des Landtages. Die Worte „aus der Mitte des LT" bedeutet nicht, dass der LT als solcher ein Initiativrecht hat. In welcher Weise Gesetzesvorlagen aus der Mitte des LT eingebracht werden können, bestimmt Art. 55 Abs. 1 nicht. Die Form des Gesetzgebungsverfahrens überlässt die LV der GO und der parlamentarischen Praxis.[37] Nach Satz 2 hat eine mindestens Fraktionsstärke erreichende Zahl von Abg. – dies sind gemäß Art. 25 mindestens vier Abg. – das Einbringungsrecht. Daher bestimmt § 46 Abs. 1 Satz 1 GO LT, dass

---

32 *Filges*, BRAK-Mitteilungen, 2010, 239; *Kloepfer* (Hrsg.), Gesetzgebungsoutsourcing. Gesetzgebung durch Rechtsanwälte?, 2011; *Kloepfer* NJW 2011, 131; *Messerschmidt*, Der Staat 2012, 387; *Olberding*, Rechtliche Möglichkeiten der Steuerung von Interessenpolitik 2013, S. 210 ff.; *Partmann*, Outsourcing von Gesetzgebungsverfahren–ein bedenkliches Phänomen?, in: Sammelband zum Förder-Kongress der Hanns Martin Schleyer-Stiftung in Leipzig. 2012.
33 Vgl *Olberding* (Fn 32), S. 216 f.
34 *Th. Mann* in: Kube/Mellinghoff u.a. (Hrsg.), Festschrift für P. Kirchhof, 2013, § 33 Rn 8.
35 Siehe BTag-Drs. 16/14133.
36 BAnz Teil 1 2008, 2722 (http://www.verwaltungsvorschriften-im-internet.de/bsvwv-bund_17072008_O4013300111.htm;17.9.2014).
37 BVerfGE 1, 144, 153.

Gesetzentwürfe aus der Mitte des LT von einer Fraktion oder vier Mitgliedern des LT unterzeichnet sein müssen. Art. 55 Abs. 1 sagt nichts darüber, welchen Inhalt eine Gesetzesvorlage haben darf. Inhaltliche Schranken der Initiative können sich nur aus anderen Vorschriften der LV ergeben. Sie überlässt es also nicht dem LT, in seiner GO Bestimmungen über den Inhalt des Initiativrechts der Abg. zu erlassen. Es widerspräche dem Wesen der GO als einer bloßen Verfahrensordnung, wenn sie mehr als nur bestimmen würde, in welcher Art Vorlagen eingebracht werden dürfen. Eine sachliche Beschränkung des Initiativrechts aus der Mitte des LT durch die GO könnte auch nicht als bloße „Selbstbeschränkung" des LT gerechtfertigt werden.

4. Inhaltliche Anforderungen. a) Formelle Anforderungen. Der Gesetzentwurf muss ausformuliert sein.[38] Er muss geeignet sein, in der Fassung, in der er eingebracht wird, auch Gesetz zu werden. Das bedeutet zum einen, dass beabsichtigte inhaltlich wesentliche Regelungen nicht zunächst offen bleiben dürfen, um sie erst im parlamentarischen Verfahren zu füllen. Ein solcher Entwurf wahrt nicht die Rechte der Abgeordneten und hindert eine Begleitung der Gesetzesberatungen durch die Öffentlichkeit.[39] Lediglich eine Detailfrage kann zunächst offen bleiben,[40] insbesondere wenn sie mit einem zeitgleich behandelten anderen Gesetzesvorhaben zusammenhängt. Bei der Gesetzesformulierung sollten zum anderen bestimmte Üblichkeiten beachtet werden.[41] Finanzvorlagen aus der Mitte des LT, durch die dem Land Mehrausgaben oder Mindereinnahmen entstehen, müssen bestimmen, wie die zu ihrer Deckung erforderlichen Mittel aufzubringen sind (Art. 64 Abs. 1; § 55 Abs. 2 GO LT).[42]

15

Der Gesetzentwurf ist in gewisser Weise zu **gestalten**. Ihm ist, sei es, dass er aus der Mitte des LTags stammt, sei es, dass er von der LReg eingebracht wird, gem. § 46 Abs. 1 Satz 2 und 3 bzw. § 47 Abs. 2 Satz 1 und 2 GO LT ein Vorblatt voranzustellen, in dem Problem, Lösung, Alternativen und Kosten kurz darzustellen sind; er ist schriftlich zu begründen. Die Angabe, es gebe keine Alternativen, bekundet lediglich eine Einschätzung; sie kann nicht den Gang des Gesetzgebungsverfahrens präjudizieren.[43] Nach § 47 Abs. 2 Satz 3 GO LT soll die LReg zudem auch die Schritte zur Umsetzung des Gesetzesvorhaben deutlich machen.

16

b) Gesetzesbegründung. Welche **verfassungsrechtlichen inhaltlichen Anforderungen** die Gesetzesbegründung haben muss, richtet sich nach dem Inhalt der vorgesehenen Regelungen. Die LV beinhaltet in Art. 55 Vorgaben für das Gesetzgebungsverfahren, die auch die Transparenz der Entscheidungen des Gesetzgebers sichern. Die LV – wie das GG - schreibt jedoch nicht vor, was, wie und wann genau im Gesetzgebungsverfahren zu begründen und berechnen ist. Es lässt Raum für Verhandlungen und für den politischen Kompromiss. Entscheidend ist, dass im Ergebnis die Anforderungen der Verfassung nicht verfehlt werden.[44] Insofern bleibt der Satz Geigers grundsätzlich gültig: „Der Gesetzgeber schuldet den Verfassungsorganen und Organen im Staat, auch den Verfassungs-

17

---

38 *Schönenbroicher*, in: Heusch/Schönenbroicher, Art. 65 Rn 2.
39 *Murswiek*, in: Breuer/Epiney u.a. (Hrsg.), FS Eckard Klein , 2013, S. 229, 234 ff.
40 *Murswiek* (Fn 39) , S. 229, 232.
41 *Bundesministerium der Justiz* (Hrsg.), Handbuch der Rechtsförmlichkeit (http://hdr.bmj.de/vorwort.html; 5.7.2014); vgl auch *Fleiner-Gerster*, Wie soll man Gesetze schreiben?, 1985; *Schneider*, Gesetzgebung, 3. Aufl. 2002, §§ 11 bis 13.
42 Die LReg kann die Aussetzung der Beratung verlangen (Art. 64 Abs. 2; § 55 Abs. 4 GO LT).
43 BayVerfGH, Entsch. v. 29.09.2005 – Vf. 3-VII-05, Vf. 7-VIII-05 –.
44 Vgl für das Gesetzgebungsverfahren nach dem GG BVerfG, Urt. v. 18.7.2012 – 1 BvL 10/10, 1 BvL 2/11 BVerfGE 132, 134 Rn. 70 – Asylbewerberleistungsgesetz –.

gerichten, nichts als das Gesetz. Er schuldet ihnen weder eine Begründung noch gar die Darlegung aller (!)[45] seiner Motive, Erwägungen und Abwägungen."[46] Gesetze müssen grundsätzlich nicht begründet, aber begründbar sein.[47] Allerdings ist auch zu bedenken: Es würde kaum der demokratisch-parlamentarischen Idee des Gesetzgebungsverfahrens entsprechen und nicht wünschenswert sein, wenn die eigentliche Begründung eines Gesetzes im Wesentlichen nur und eher unsystematisch in einem Ausschuss gegeben wird, während der LT als das eigentliche Gesetzgebungsorgan hiervon kaum Kenntnis nehmen kann.[48] Außerdem steigt das Risiko des Gesetzgebers, in einem Verfassungsrechtsstreit zu unterliegen, insbesondere wenn der Gesetzgeber darlegen muss, dass er eine Einschätzungsprärogative ordnungsgemäß ausgefüllt hat (→ oben Rn 10).[49] Schließlich gewinnt die Begründung eine wesentliche Bedeutung bei der Auslegung des Gesetzes und hat der Gesetzgeber so die Möglichkeit, das Gewollte (weiter) zu verdeutlichen.[50]

18 Wenn für die Entscheidung des Gesetzgebers aber ein verfassungsrechtlich speziell begrenzter Spielraum besteht, kann sich daraus auch ergeben, dass die Grundlagen und die Methode der Entscheidungsfindung nachprüfbar sein müssen. Dies ist etwa der Fall bei Entscheidungen über Gebietsneugliederungen[51] oder die Festlegung von Sozialleitung zur Gewährleistung der Menschenwürde.[52] Daten zur Bedarfs- und Einnahmenermittlung müssen herangezogen werden und Eingang in den Entscheidungsprozess gefunden haben, wenn es um Festlegungen im Finanzausgleich zwischen Land und Kommunen geht.[53] Für das Haushaltsgesetz gilt das Vorherigkeitsprinzip (→ *Mediger*; Art. 61 Rn 18) Eine formelle Begründungspflicht ergibt sich daraus aber nicht, weil auch andere Unterlagen aus dem Gesetzgebungsverfahren bewertet werden können.[54] Eine solche Pflicht besteht auch nicht bei einer Verfassungsänderung, bei der Verfassungsbelange abzuwägen sind.[55] Mittelbar besteht in diesen Fällen aber eine materielle Begründungspflicht: Ob die für einen Abwägungsprozess und sein Ergebnis relevanten Gesichtspunkte erwogen sind, ergibt sich nämlich aus den Gesetzesmaterialien, insbesondere aus der Gesetzesbegründung sowie dem Bericht

---

45 Hervorhebung des Verf.
46 *Geiger* in: Berberich/Holl/Maaß, Neue Entwicklungen im öffentlichen Recht, 1978 S. 141; dazu kritisch *Erbguth* JZ 2008, 1042.
47 *Kischel*, in: Kube/Mellinghoff u.a. (Hrsg.), FS P. Kirchhof, 2013, § 34 Rn 21; ausführlich *Bickenbach*, Die Einschätzungsprärogative des Gesetzgebers, 2014, S. 430 ff.
48 BVerfG, Beschl. v. 5.5.1987 – 1 BvR 724/81 u.a., BVerfGE 75, 268.
49 VerfGH NRW, Urt. v. 26.8.2009 – 18/08, NVwZ 2009, 1287 Rn 67.
50 Im Einzelnen zur Bedeutung der Gesetzesbegründung *Kischel*, Die Begründung, 2002, S. 260 ff.
51 LVerfG M-V, Urt. v. 18.8.2011 – LVerfG 21/10 – und LVerfG 22/10 –, NordÖR 2011, 549 – Kreisstrukturreform 2.
52 BVerfG, Urt. v. 9.2.2010 – 1 BvR 1 und 3/09, BVerfGE 125, 175 – Hartz IV.
53 LVerfG M-V, Urt. v. 26.01.2012 – 18/10 –, NordÖR 2012, 229 unter Bezug auf Nds-StGH, Urt. v. 04.06.2010 - StGH 1/08 –, OVGE 53, 479 m.w.N.; dazu *Tysper*, KommJur 2014, 81; *Albers*, NdsVBl 2011, 1.
54 Vgl zur Kontrolle des Finanzausgleichsgesetzes M-V allein nach dem Ergebnis LVerfG M-V, Urt. v. 26.1.2012 – LVerfG 33/10 –; vgl auch LVerfG M-V, Urt. v. 18.8.2011 – LVerfG 21/10 – und LVerfG 22/10 –, NordÖR 2011, 549 – Kreisstrukturreform 2; vgl aber Hess StGH, Urt. v. 21.5.2013 - P.St. 2361, NVwZ 2013, 1151 unter Bezug auf Nds-StGH, Urt. v. 4.6.2010 - StGH 1/08, OVGE 53, 479; Thür VerfGH, Urt. v. 21.6.2005 – VerfGH 28/03 –, LVerfGE 16, 593, 634; Urt. v. 2.11.2011 – VerfGH 13/10 –, KommJur 2012, 14 , Rn 72; VerfG Bbg, Urt. v. 22.11.2007 – VfGBbg 75/05 –, LVerfGE 18, 159, 192.
55 LVerfG M-V, Urt. v. 26.6.2008 – LVerfG 4/07, LVerfGE 19, 283 – Verlängerung der Wahlperiode; dazu kritisch *Erbguth* JZ 2008, 1042.

und der Beschlussempfehlung des federführenden Ausschusses des LT; darüber hinausgehende Anforderungen an die Offenlegung des parlamentarischen Entscheidungsprozesses ergeben sich aus der Verfassung nicht.[56] Der Gesetzgeber soll (in bestimmten Sachzusammenhängen) seinen Darlegungspflichten nicht durch ein Nachschieben von Gründen erstmals im verfassungsgerichtlichen Verfahren genügen können;[57] es muss allerdings möglich sein nachzuweisen, dass erforderliche, aber nicht dargelegte Erwägungen tatsächlich bereits angestellt worden waren.[58]

Die GGO II gibt in § 6 der LReg jenseits der verfassungsrechtlichen Anforderungen **Vorgaben für die Gesetzesbegründung**. Danach sollen Entwürfe von Gesetzen eine Begründung enthalten, die eine sachlich fundierte Bewertung des Entwurfs durch die Beteiligten im weiteren Verfahren der Rechtsetzung und eine klare Erkennbarkeit der Regelungsabsichten im Vollzug ermöglichen soll. Hierzu werden in Abs. 2 und 3 einzelne Vorgaben formuliert. Nach § 7 GGO II sind bei Gesetzentwürfen die voraussichtlichen Gesetzesfolgen darzulegen. Dazu gehören insbesondere die Auswirkungen für die Haushalte des Landes und der kommunalen (Gebiets-)Körperschaften, wobei insbesondere das Konnexitätsprinzip des Art. 72 Abs. 3 gesondert zu berücksichtigen ist. 19

III. Beratung im Landtag (Abs. 2)

1. Überblick. Ein Gesetzesbeschluss des LT setzt eine Grundsatzberatung und eine Einzelberatung voraus. Diese Vorgabe der Verfassung[59] überlässt diesen Punkt des Gesetzgebungsverfahrens nicht der GO LT.[60] Nach Art. 77 GG[61] ist eine Beratung von Gesetzentwürfen in zwei Lesungen nicht verfassungsrechtlich vorgeschrieben.[62] § 47 GO LT wiederholt die Vorgabe der LV und besagt ergänzend, dass der LT bis zum Beginn der Schlussabstimmung eine dritte Lesung beschließen kann. Koalitionsabsprachen über die Behandlung von Gesetzesvorhaben sind ein verfassungsrechtlich zulässiges Verfahren im Rahmen der parlamentarischen Willensbildung, soweit sie nicht darauf abzielen, eine entscheidungserhebliche Diskussion im Parlament von vornherein zu unterbinden und den Abg. die garantierte Entscheidungsfreiheit zu nehmen.[63] 20

2. Erste Lesung. In der Ersten Lesung werden nach § 48 Abs. 1 GO LT in der Regel die **Grundsätze des Gesetzentwurfs beraten**. Änderungsanträge zu Gesetzentwürfen sind vor Schluss der ersten Beratung nicht, zu Staatsverträgen überhaupt nicht zulässig. Nach § 48 Abs. 2 GO LT findet eine Abstimmung über den Gesetzentwurf nicht statt; abgestimmt wird nur über Anträge auf Ausschussüberweisung. Wird der Gesetzentwurf an mehrere Ausschüsse überwiesen, so überträgt der LT einem Ausschuss die Federführung. Wird eine Ausschussüberweisung abgelehnt, so wird der Gesetzesentwurf nach § 48 Abs. 2 GO LT spätestens nach drei Monaten vom Präsidenten zur Zweiten Lesung auf die Tagesordnung der folgenden Landtagssitzung gesetzt. 21

---

56 LVerfG M-V, Urt. v. 18.8.2011 – LVerfG 21/10 – und LVerfG 22/10 –, NordÖR 2011, 549 – Kreisstrukturreform 2.
57 Hess StGH, Urt. v. 21.5.2013 – P.St. 2361, NVwZ 2013, 1151.
58 *Kischel* (Fn 47) , § 34 Rn 21 a.E.
59 Ebenso Art. 59 Abs. 4 VvB; Art. 49 Abs. 1 HambVerf; Art. 77 Abs. 3 LVerf LSA; zu den Besonderheiten des Gesetzgebungsverfahrens im Zusammenhang mit der konstituierenden Sitzung des LT LVerfG M-V, Urt. v. 21.6.2007 – LVerfG 19/06 – LVerfGE 18, 325.
60 So etwa das GG; dazu *Zeh*, HdbStR, § 53 Rn 42 ff.
61 Und den meisten anderen Landesverfassungen.
62 BVerfGE 1, 144, 151.
63 NdsStGH, NJW 1979, 2301.

22 Nach Auffassung des LVerfG M-V[64] ist **Sinn und Zweck** einer Grundsatzberatung, das politische Thema im Allgemeinen zu erörtern und die politischen Grundsätze auszutauschen, ohne dabei auf die Details des Normengeflechts im Einzelnen eingehen zu müssen. Ihr komme ein eigenständiger Stellenwert zu, der sich einer Vermischung mit der Einzelberatung entziehe. Die Beratung in zwei Lesungen bezwecke den Schutz der im Gesetzgebungsverfahren beteiligten Abg. und Fraktionen, insb. der politischen Minderheiten (Opposition), im politischen Meinungsbildungsprozess sowie die Einbeziehung der Öffentlichkeit in die demokratische Auseinandersetzung. Einer vorgelagerten Grundsatzberatung bedürfe es, um die Stellung des einzelnen Abgeordneten aus Art. 22 LV zu schützen. Ihm solle es ermöglicht werden, sich eine Meinung im Diskurs über den Gesetzentwurf bilden und ihn beurteilen zu können. Überdies solle die parlamentarische Kontrolle ermöglicht und die Öffentlichkeit zu einem frühen Zeitpunkt über gesetzgeberische Maßnahmen unterrichtet werden. Art. 55 Abs. 2 sei als verfassungsrechtliche Verfahrensregelung – das unterscheide die Rechtslage von der des GG und der meisten anderen Landesverfassungen[65] - der Disposition des einfachen Gesetzgebers entzogen. Dem ist insoweit zuzustimmen, dass bereits der ersten Lesung ein beratungsfähiger Entwurf zu Grunde liegen muss (→ oben Rn 15). LT und Öffentlichkeit müssen die *Möglichkeit* einer inhaltlichen Diskussion haben. Zu sehen ist aber, dass diese Diskussion in der Verfassungswirklichkeit vielfach nicht stattfindet. Es ist nämlich anerkannt, dass für die Abg. keine Verpflichtung zur Diskussion in den Verhandlungen über das Gesetzgebungsvorhaben besteht.[66] Die erste Lesung daher erscheint oft als weitgehend zum Ritual verkümmert.[67]

23 Änderungsvorlagen zu Hauhaltsvorlagen (**Ergänzungsvorlagen**) überweist gem. § 54 Abs. 2 GO LT l der Präsident ohne Erste Lesung federführend an den Finanzausschuss und mitberatend an den jeweiligen Fachausschuss. Vor dem Hintergrund der Auslegung des Art. 55 Abs. 2 können – einschränkend –Ergänzungsvorlagen lediglich solche Vorlagen sein, die Änderungen umfassen, welche einer vorherigen Grundsatzberatung nicht bedürfen.[68]

24 **3. Ungeschriebene prozedurale Anforderungen. a) Erforderlichkeit.** Je nach Sachmaterie können sich aus verfassungsrechtlichen Gesichtspunkten weitere **ungeschriebene prozedurale Anforderungen** an das Gesetzgebungsverfahren ergeben. Wenn man insbesondere nicht bereits Anforderungen an die Begründung des Gesetzentwurfs stellt, müssen sie anderweitig in das Gesetzgebungsverfahren einfließen (→ bereits oben Rn 17).

25 **b) Insbesondere: Anhörung.** Dazu kann auch eine **Anhörung** gehören. Die LV enthält allerdings keinen Anspruch auf Anhörung (Hearing); auch das dem Demokratieprinzip innewohnende Gebot, Minderheiten zu respektieren, zwingt nicht dazu.[69] Häufig wird im **federführenden Ausschuss** eine Anhörung von Sachverständigen und Interessenvertretern angesetzt. Sie dient einerseits dazu, die verschiedenen Interessen deutlich werden zu lassen, andererseits aber auch durch Experten Probleme herauszuarbeiten und Lösungen aufzeigen zu können.

---

64 LVerfG M-V, LKV 2006, 26 = DÖV 2005, 1042 = DVBl. 2005, 1578 mit krit. Anm. *Bull*, DVBl. 2006, 302 = NJ 2005, 409 mit Anm. *Pestalozza*, NJ 2006, 1.
65 Vgl zum GG *Th. Mann*, in: Kube/Mellinghoff u.a. (Fn 47), § 33 Rn 12.
66 BVerfGE 1, 144.
67 So *Meissner* (Fn 1), S. 384; kritisch auch *Bull* DVBl. 2006, 302.
68 LVerfG M-V, LKV 2006, 26 = DÖV 2005, 1042 = DVBl. 2005, 1578: Die Überschreitung der Regelkreditobergrenze nach Art. 65 Abs. 2 Satz 1 LV oder die Einführung völlig neuer Sachregelungen müssen einer grds. Erörterung in einer Ersten Lesung offen stehen.
69 Vgl SaarlVerfGH, AS RP-SL 21, 278 = DÖV 1988, 124.

I. Rechtsetzung und Verfassungsänderung Art. 55

Eine Wirkung nach außen hat eine solche Anhörung nur dann, wenn der Ausschuss öffentlich tagt (Art. 33 Abs. 3) oder wenigstens die Verhandlungsprotokolle (im Internet) veröffentlicht werden. Im Einzelnen regelt § 22 GO LT das Anhörungsverfahren. Die Anhörung sollte aber nicht den Eindruck erwecken, als handele es sich um eine Alibi-Veranstaltung. Der Ablauf der Anhörung und die nachfolgende Auswertung in der Ausschussdrucksache sollten erkennen lassen, dass man sich mit den wesentlichen, v.a. den nahezu einhelligen Bedenken auseinander gesetzt hat und warum ihnen nicht gefolgt wird.

Von Verfassungs wegen kann aber eine **Anhörung** geboten sein. Dies gilt v.a. für eine kommunale Gebietsreform. Hier sind die von ihr betroffenen Träger kommunaler Selbstverwaltung anzuhören, um ihnen zu ermöglichen, ihre Sicht der Belange des Wohls der Allgemeinheit zum Ausdruck zu bringen und dem Gesetzgeber eine umfassende und zuverlässige Kenntnis von allen abwägungserheblichen Gesichtspunkten rechtlicher und tatsächlicher Art zu vermitteln.[70] Änderungen im Laufe des parlamentarischen Verfahrens können eine erneute Anhörung erfordern, wenn die Grundlagen der zu treffenden Abwägung erheblich verändert werden, etwa weil der Gesetzgeber das ursprüngliche Reformziel durch ein anderes ersetzt oder die abstrakt-generellen Leitlinien der Reform mehr als nur unerheblich verändert bzw. sich der territoriale oder funktionale Zuschnitt einer konkreten Maßnahme gegenüber dem bisherigen Stand mehr als nur geringfügig geändert hat.[71] 26

Es kann auch **einfachrechtlich** eine **Anhörung** vorgeschrieben sein. Nach § 6 KV hat die LReg die Verbindung zu den zur Förderung der kommunalen Selbstverwaltung und Wahrnehmung ihrer Interessen gebildeten Verbänden der Gemeinden zu wahren und bei der Vorbereitung von Rechtsvorschriften, die unmittelbar die Belange der Gemeinden berühren, mit ihnen zusammenzuwirken; der LTag soll bei den Beratungen entsprechender Gesetzentwürfe die Verbände anhören. Das gilt nach § 93 KV entsprechend für durch die Landkreise gebildete Verbände.[72] Diese Vorschrift ist verfassungsrechtlich wegen Art. 72 geboten. „Zusammenzuwirken" bedeutet Gelegenheit zu geben, im Gesetzgebungsverfahren die Belange der Gemeinden und Landkreise zur Geltung zu bringen.[73] 27

4. Ausschussberatungen. a) Federführender Ausschuss. Wird eine Vorlage zugleich mehreren Ausschüssen überwiesen, so ist ein Ausschuss als federführend zu bestimmen. Die beteiligten Ausschüsse beraten grds. getrennt und teilen das Ergebnis ihrer Beratungen dem federführenden Ausschuss schriftlich mit. Der **federführende Ausschuss** setzt eine angemessene Frist zur Übermittlung ihrer Stellungnahme und teilt diese den mitberatenden Ausschüssen schriftlich mit (§ 19 GO LT). 28

---

70 LVerfG M-V, Urt. v. 18.8.2011 – LVerfG 21/10 –, NordÖR 2011, 537 – Kreisstrukturreform 2 unter Hinweis auf SächsVerfGH, Urt. v. 29.5.2009 – Vf. 79-II-08 –, LKV 2009, 372.
71 LVerfG M-V, Urt. v. 18.8.2011 – LVerfG 21/10 –, NordÖR 2011, 537 -— Kreisstrukturreform 2 – unter Bezugnahme auf BVerfGE 50, 195, 203; SächsVerfGH, Urt. v. 25.11.2005 – Vf. 119-VIII-04 –, LKV 2006, 169, 170 u. Urt. v. 23.06.1994 – Vf. 4-VIII-94 –, LKV 1995, 115, 116; NdsStGH, Urt. v. 14.02.1979 – StGH 2/77 –, OVGE MüLü 33, 497, LS II.7
72 § 23 Abs. 3 GO LT bestimmt: Berät der Ausschuss einen ihm überwiesenen Gesetzentwurf, der unmittelbar die Belange von Gemeinden und Landkreisen berührt, soll den kommunalen Spitzenverbänden vor der Beschlussfassung Gelegenheit zur Abgabe einer Stellungnahme im Ausschuss gegeben werden.
73 LVerfG M-V, Urt. v. 11.05.2006 – 1 /05, 5/05, 9/05 –, NordÖR 2006, 443.

29 **b) Änderungsbefugnis des Ausschusses.** Das LVerfG M-V hat aus der Funktion der ersten Lesung (→ Rn 22) eine Beschränkung der Befugnis der **Umgestaltung einer Gesetzesvorlage** durch den federführenden Ausschuss hergeleitet. Vorlagen des Ausschusses dürfen keine Änderungen umfassen, welche einer vorherigen Grundsatzberatung bedürfen.[74] Das LVerfG M-V hat aber auch klar gestellt, dass die Ausschüsse, die einen unentbehrlichen und besonders intensiven Teil der parlamentarischen Arbeit leisten, Änderungen auch gewichtiger Art über den jeweiligen Sachbereich vorschlagen können und dass der Gesetzentwurf in der Ausschussfassung unmittelbar Gegenstand der Zweiten Lesung im Plenum wird.[75] Es bedarf daher einer Abgrenzung zulässiger Änderungen. Die Begrenzung analog der Kompetenz des Vermittlungsausschusses nach Art. 77 Abs. 2 GG herzuleiten,[76] ist dogmatisch nicht möglich. Dieser hat die Aufgabe, auf der Grundlage des Gesetzesbeschlusses und des vorherigen Gesetzgebungsverfahrens Änderungsvorschläge zu erarbeiten.[77] Bei der Ausschussberatung ist das Gesetzgebungsverfahren nicht abgeschlossen. Außerdem werden hier als Grenze das Anrufungsbegehren und die Auffassungsunterschiede von BTag und BRat angeführt.[78] Der Rahmen zulässiger Änderungen ist daher eher weiter zu ziehen. Denn der LT hat in der zweiten Lesung die Möglichkeit, Vorschläge des Ausschusses abzulehnen; hierauf kann auch die Opposition hinwirken.[79]

30 Da es jedoch hier wie dort um die Frage geht, inwieweit sich der Ausschuss ein Gesetzesinitiativrecht anmaßt,[80] können die Kriterien des Sachzusammenhangs und der Zurechenbarkeit sowie einer (möglichen) hinreichend konkreten parlamentarischen Vorbefassung (in der ersten Lesung) angewendet werden. Der Ausschuss darf danach den Gesetzesentwurf nicht so ändern, dass entweder ein Themenwechsel in dem Sinne vorliegt, dass der geänderte Entwurf im Schwerpunkt einem anderen Thema gilt, oder dass der Inhalt des Entwurfs, das heißt Mittel und Wege zur Lösung eines als solchen unveränderten Problems derart modifiziert werden, dass der Gesetzesinhalt nicht mehr derselbe ist, das heißt im Kern berührt wird.[81] Es kommt darauf an, ob die Öffentlichkeit und die Abgeordneten schon anlässlich der ersten Lesung damit rechnen konnten, dass im weiteren Verlauf des Gesetzgebungsverfahrens solche Änderungen erwogen werden. Dabei ist in erster Linie das zu lösende Problem in den Blick zu nehmen. Wird es gewechselt oder erweitert, spricht dies eher für eine unzulässige Änderung. Wird dagegen die Problemlösung um weitere Aspekte erweitert, ist dies in größerem Umfang möglich. Dies muss v.a. dann gelten, wenn bei der Erarbeitung der gesetzgeberischen Lösung auch an das Parlament erhöhte Anforderungen der Alternativenprüfung gestellt werden (→ oben Rn 5).[82] Für Änderungen im Haushaltsgesetz gelten Besonderheiten (→ *Mediger*, Art. 61 Rn 16). Allerdings kommt so eine gewisse Unsicherheit in das Gesetzgebungsverfahren. Ihr kann der Gesetzeseinbringer dadurch Rechnung tragen, indem er den Gesetzent-

---

74 LVerfG M-V, LKV 2006, 26 = DÖV 2005, 1042 = DVBl. 2005, 1578 mit krit. Anm. *Bull*, DVBl. 2006, 302 = NJ 2005, 409 mit Anm. *Pestalozza*, NJ 2006, 1.
75 LVerfG M-V, Urt. v. 11. 5. 2006 – LVerfG 1/05, 5/05 und 9/05 –, LKV 2006, 461 ff.
76 So Pestalozza (Fn 64), S. 4 unter Hinweis auf die Rspr zu Art. 77 Abs. 2 GG,
77 BVerfG, Beschl. v. 8.12.2009 – 2 BvR 758/07 – BVerfGE 125, 104 Rn 55.
78 *Schürmann*, Das angemaßte Gesetzesinitiativrecht, in: Schliesky/Erst/Schulz (Hrsg.), Festschrift für Schmidt-Jortzig, 2011, S. 541, 553.
79 *Frenzel*, JuS 2010, 119, 121.
80 *Schürmann* (Fn 78), S. 551 f; vgl auch NdsStGHNJW 1979, 2301.
81 So im Ergebnis *Pestalozza*, NJ 2006, 1, 4; vgl auch *Fibich*, in: Linck/Baldus/Lindner/Poppenhäger/Ruffert, Art. 81 Rn 37.
82 *Classen*, in: Schütz/Classen, § 1 Rn 75.

wurf geändert erneut einbringt und sich so „auf die sichere Seite begibt".[83] Dies aber kann erhebliche Verzögerungen mit sich bringen, so dass an sich sachgerechte Änderungen der Gesetzesvorlage wegen Eilbedürftigkeit oder Ablauf der Wahlperiode nicht mehr berücksichtigt werden. Legt man die obigen Maßstäbe an, sollte man daher dem Gesetzgeber eine Einschätzungsprärogative zubilligen und einen Verfassungsverstoß nur dann annehmen, wenn unter Berücksichtigung der Maßgaben der LT zu einem nicht mehr nachvollziehbaren Ergebnis gekommen ist.

c) Bericht des federführenden Ausschusses. Nach § 23 GO LT wird dem LT eine Beschlussempfehlung und ein **Bericht** des federführenden Ausschusses unterbreitet. Der Ausschussbericht gibt den Beratungsverlauf wieder und begründet die Beschlussempfehlung. Er enthält die Stellungnahme der mitbeteiligten Ausschüsse und legt den wesentlichen Inhalt der Beratungen im federführenden Ausschuss dar. Auffassungen, die im Rahmen von öffentlichen und nichtöffentlichen Anhörungen von angehörten Personen dargelegt wurden, sind wiederzugeben. 31

Es entspricht parlamentarischer Übung, **Änderungen und Ergänzungen** nach der ersten Lesung eines Gesetzentwurfs in den Ausschussberatungen anzubringen;[84] es sind aber die unter → Rn 29 f. erörterten Grenzen zu beachten. Die Veränderung einer dem Ausschuss zur Beratung überwiesenen Gesetzesvorlage wird nicht schon durch das Einbringen eines – inhaltlich zulässigen oder unzulässigen – Änderungsantrags im Ausschuss, sondern erst durch einen entsprechenden Beschluss des Ausschusses selbst bewirkt.[85]

5. Zweite Lesung. Nach § 49 GO LT kann die Zweite Lesung frühestens am zweiten Tag nach dem Schluss der Ersten Lesung stattfinden; der LT kann diese Frist verkürzen, es sei denn, dass mindestens vier Mitglieder des LT oder eine Fraktion widersprechen. Die Durchführung von zwei Lesungen eines Gesetzes am selben Tag innerhalb des Gesetzgebungsverfahrens begründet keinen Verstoß gegen die LV als solche.[86] **Gegenstand** der Zweiten Lesung ist der Gesetzentwurf, wenn eine Ausschussberatung nicht stattgefunden hat oder der Ausschuss die unveränderte Annahme oder die Ablehnung des Gesetzentwurfes empfohlen hat. Hat der Ausschuss Änderungen des Gesetzentwurfes vorgeschlagen, so bildet die in der Beschlussempfehlung des Ausschusses empfohlene Fassung die Grundlage für die Zweite Lesung. 32

Gem. § 50 GO LT wird nach Schluss der Aussprache in der Zweiten Lesung über jede selbstständige Bestimmung oder Teile eines Gesetzentwurfes der Reihenfolge nach **abgestimmt**, wenn und soweit eine Fraktion oder mindestens vier Mitglieder des LT dies verlangen. Dabei ist über Änderungsanträge zunächst abzustimmen. Bis zur letzten Einzelabstimmung kann der Gesetzentwurf ganz oder teilweise an einen Ausschuss überwiesen werden. Dies gilt auch für bereits abgestimmte Teile des Gesetzentwurfs. Mit der Überweisung kann eine Dritte Lesung beschlossen werden. Sind in der Zweiten Lesung alle Teile eines Gesetzentwurfs abgelehnt worden, so ist die Vorlage abgelehnt und jede weitere Beratung unterbleibt. 33

6. Dritte Lesung. Sind im Verlauf der Zweiten Lesung Änderungen beschlossen worden, so ist auf Verlangen einer Fraktion oder von vier Mitgliedern des LT 34

---

83 Der Vorwurf, hierdurch werde ein unnötiger Schritt begangen, ist jedenfalls in Zweifelsfällen dann unberechtigt.
84 BVerfG, Beschl. v. 22.8.2006 – 2 BvR 1345/03 –.
85 VerfGH B, LVerfGE 1, 155.
86 Vgl SaarlVerfGH, AS RP-SL 21, 278 = DÖV 1988, 124.

die Schlussabstimmung auszusetzen, bis eine Zusammenstellung der Änderungen verteilt ist. Eine in der zweiten Lesung beschlossene dritte Lesung hat als Grundlage die Beschlüsse der Zweiten Lesung. Sie findet frühestens am zweiten Werktag nach Schluss der Zweiten Lesung statt. Änderungsanträge zu Gesetzentwürfen müssen von einer Fraktion oder vier Mitgliedern des LT unterzeichnet sein und dürfen sich nur auf Bestimmungen beziehen, zu denen in zweiter Beratung Änderungen beschlossen wurden (§ 52 GO LT).

35 **7. Schlussabstimmung (Gesetzesbeschluss).** § 51 GO LT bestimmt über die Schlussabstimmung, dass nach Schluss der Zweiten, ggf der Dritten Lesung über den Gesetzentwurf im Ganzen, ggf mit den im Verlauf der Zweiten Lesung beschlossenen Änderungen, abgestimmt wird. In der Schlussabstimmung kann der LT beschließen, den Gesetzentwurf anzunehmen oder abzulehnen. Auf Antrag von mindestens vier Mitgliedern des LT oder einer Fraktion kann die Schlussabstimmung von der letzten Lesung getrennt werden. Sie muss jedoch während derselben Plenarsitzungswoche durchgeführt werden. Die notwendige Mehrheit richtet sich nach Art. 32 Abs. 1 bis 3.

36 Einem Gesetzesbeschluss kann eine **Entschließung** beigefügt werden. Darin kann etwa der LReg aufgegeben werden, innerhalb einer stimmten Frist über die Folgen des Gesetzes zu berichten. Sie kann aber keine authentische Interpretation des verabschiedeten oder eines anderen Gesetzes geben.

IV. Schrifttum

37 *Michael Brenner*, Das innere Gesetzgebungsverfahren im Licht der Hartz IV-Entscheidung des Bundesverfassungsgerichts, ZG 2011, 394; *Bundesministerium der Justiz* (Hrsg.), Handbuch der Rechtsförmlichkeit – Empfehlungen des Bundesministeriums der Justiz zur einheitlichen rechtsförmlichen Gestaltung von Gesetzen und RechtsVO nach § 38 Abs. 3 GGO II (http://hdr.bmj.de/vorwort.html; 5.7.2014);*Franz*, Der Begriff des Gesetzes - Geschichte, Typologie und neuer Gesetzesbegriff, ZG 2008, 140; *Bodo Pieroth*, Was bedeutet "Gesetz" in der Verfassung?, JURA 2013, 248; *Thomas Fleiner-Gerster*, Wie soll man Gesetze schreiben?, 1985; *Klaus F. Röhl/Hans Christian Röhl*, Allgemeine Rechtslehre, 3. Aufl. 2008 §§ 66 f.; *Reimer*, Das Parlamentsgesetz als Steuerungsmittel und Kontrollmaßstab, in: Hoffmann-Riem/Schmidt-Aßmann/Voßkuhle (Hrsg.), Grundlagen des Verwaltungsrechts, Bd. I, 2. Aufl. 2012 § 9; *Matthias Ruffert*, Rechtsquellen und Rechtsschichten des Verwaltungsrechts, in: Hoffmann-Riem/Schmidt-Aßmann/Voßkuhle (Hrsg.), Grundlagen des Verwaltungsrechts, Bd. 1, 2. Aufl. 2012, § 17; *Hans Schneider*, Gesetzgebung, 3. Aufl. 2002.

Art. 56 (Verfassungsänderungen)

(1) Diese Verfassung kann nur durch ein Gesetz geändert werden, das ihren Wortlaut ausdrücklich ändert oder ergänzt.

(2) Verfassungsändernde Gesetze bedürfen einer Mehrheit von zwei Dritteln der Mitglieder des Landtages.

(3) Eine Änderung der Verfassung darf der Würde des Menschen und den in Artikel 2 niedergelegten Grundsätzen dieser Verfassung nicht widersprechen.

Artt. 79 GG; 64 BWVerf; 75 BayVerf; 100 VvB; 79 BbgVerf; 125 BremVerf; 51 HambVerf; 123 HessVerf; 46 NdsVerf; 69 Verf NW; 129 Verf Rh-Pf; 101 SaarlVerf; 74 SächsVerf; 78 LVerf LSA; 40 SchlHVerf; 83 ThürVerf.

I. Verfassungsänderung (Abs. 1)	1	c) In Artikel 2 niedergelegte Grundsätze	10
II. Mehrheit (Abs. 2)	4	3. Kein Widerspruch	11
III. Ewigkeitsgarantie (Abs. 3)	6	IV. Sonstige inhaltliche Anforderungen	12
1. Sinn und Zweck	6		
2. Garantierte Inhalte	7	V. Schrifttum	13
a) Fundamentale Verfassungsprinzipien	7		
b) Würde des Menschen und andere Grundrechte	8		

I. Verfassungsänderung (Abs. 1)

Eine Verfassungsänderung kann nach dem eindeutigen Wortlaut des Abs. 1 nur 1 durch eine ausdrückliche **Änderung** des Verfassungstextes bewirkt werden. Daher wäre eine Verfassungsänderung in der Weise, wie es § 1 Abs. 1 und 2 des Gesetzes zur Änderung und Ergänzung der Verfassung der DDR – Verfassungsgrundsätze - vom 17.7.1990[1] geschichtlich bedingt vorsah, ausgeschlossen. Von der Verfassung abweichende, auch mit verfassungsändernder Mehrheit beschlossene Gesetze, die den Verfassungstext nicht ausdrücklich ändern, sind keine Verfassungsänderungen; sie sind einfache Gesetze. Sind sie mit der geltenden Verfassung nicht vereinbar, sind sie verfassungswidrig. Daher ist auch – wie iÜ bei jeder Gesetzgebung – eine konstitutive Interpretation des geltenden Verfassungstextes durch den LT ausgeschlossen.[2] Damit wird das Primat der Verfassungsurkunde gewahrt und den Grundsätzen der Rechtsklarheit und Rechtssicherheit Rechnung getragen. Schließlich wird dem Parlament die Tragweite seines Beschlusses vor Augen geführt. Eine Verfassungsänderung liegt nicht nur dann vor, wenn eine bestehende Verfassungsvorschrift **geändert oder ergänzt**, sondern auch dann, wenn eine Vorschrift **aufgehoben** wird. Ändert sich das Verständnis einzelner Normen oder des Gesamtsystems der Verfassung, handelt es sich um einen Verfassungswandel, den Art. 56 nicht thematisiert.[3]

Art. 56 wendet sich ausdrücklich an den LT als das für verfassungsändernde Ge- 2 setze zuständige Verfassungsorgan. Zwar kann, wie sich aus Art. 60 Abs. 4 Satz 2 ergibt, die Verfassung auch durch Volksentscheid geändert werden, doch ist die Möglichkeit, verfassungsändernde Gesetze zu beschließen, damit keineswegs allein der Volksgesetzgebung überlassen. Insofern unterscheidet sich die Rechtslage in Mecklenburg-Vorpommern von der in einzelnen anderen Ländern. Art. 56 lässt Verfassungsänderungen – ohne Volksabstimmung oder Volksentscheid – auch insoweit zu, als es sich um Verfassungsänderungen in bedeutsamen Verfassungsfragen wie solchen der Legitimation durch Wahlen handelt. Es mag – so das LVerfG M-V - demokratietheoretisch wie verfassungspolitisch unbefriedigend erscheinen, wenn eine Verfassungsänderung nicht an die Zustim-

---

[1] „(1) Die Deutsche Demokratische Republik ist ein freiheitlicher, demokratischer, föderativer, sozialer und ökologisch orientierter Rechtsstaat. Hinsichtlich der föderativen Ordnung gilt dies nach Maßgabe einer besonderen Ergänzung der Verfassung und noch zu erlassender gesetzlicher Vorschriften. Der Staat gewährleistet die kommunale Selbstverwaltung. ... (2) Vorschriften der Verfassung ... sind entsprechend diesem Verfassungsgesetz anzuwenden."
[2] Zu einer Entschließung des LT im Zusammenhang mit einer Verfassungsänderung HessStGH, 9.10.2013 – P.St. 2319, DVBl 2014, 40.
[3] *H. Hofmann*, in Damm/Heermann/Veil (Hrsg.), FS T. Raiser, 2005, S. 859 ff.; siehe aber BVerfGE 11, 78, 87 und 45, 1, 33.

mung des Volkes geknüpft ist,[4] entspricht jedoch dem in M-V wie in den meisten anderen Ländern geltenden Verfassungsrecht.[5]

3 Art. 56 setzt voraus, dass diese Vorschrift selbst gänzlich unabänderlich ist. Das gilt nicht für Art. 2, auf den Abs. 3 verweist, der seinerseits unter den Voraussetzungen des Art. 56 geändert werden kann.[6]

II. Mehrheit (Abs. 2)

4 Mit der Festlegung, dass die Verfassung nur durch ein Gesetz geändert werden kann, das die Mehrheit von **zwei Dritteln der Mitglieder des LT** findet, wird zum einen die Bedeutung der LV für das Zusammenleben der Bevölkerung sowie das Zusammenwirken der Staatsorgane hervorgehoben. Zum anderen wird dem Umstand Rechnung getragen, dass die Bürger M-Vs die Verfassunggeber sind, die die LV durch Volksentscheid gebilligt haben (→ *Kronisch*, **Entstehungsgeschichte**, Rn 26) und daher ihre Entscheidung nicht bereits durch eine einfache Mehrheit des LT revidiert werden können soll.[7] Schließlich bietet die qualifizierte Mehrheit Gewähr dafür, dass eine Verfassungsänderung nicht einfach durch die jeweilige politische Mehrheit ins Werk gesetzt werden kann. Maßgebend ist die Zahl der gesetzlichen, nicht die an der Abstimmung teilnehmenden Mitglieder des LT (Art. 32 Abs. 2).

5 Soll in die Verfassung durch ein **Volksbegehren** und einen nachfolgenden Volksentscheid geändert werden, so bestimmt Art. 60 Abs. 4 Satz 2, dass die Zustimmung von zwei Dritteln der Abstimmenden, mindestens aber die Hälfte der Wahlberechtigten erforderlich ist, wobei nur die gültigen Ja- und Nein-Stimmen zählen.

III. Ewigkeitsgarantie (Abs. 3)

6 **1. Sinn und Zweck.** Art. 56 Abs. 3 schafft einen Ausgleich zwischen der grundsätzlichen Entwicklungsoffenheit der Verfassung und der Sicherung eines änderungsfesten Kerns, der die fundamentalen verfassungsrechtlichen Leitaussagen vor einer Aushöhlung schützt.[8] Er bindet die staatliche Entwicklung in M-V an den in ihm bezeichneten Kerngehalt der landesverfassungsrechtlichen Ordnung und sucht so die geltende Verfassung gegenüber einer auf eine neue Verfassung gerichteten Entwicklung zu festigen, ohne selbst die verfassunggebende Gewalt normativ binden zu können. Er zieht demgemäß der verfassungsändernden Gewalt Grenzen und schließt damit förmlich aus, ein verfassungsänderndes Gesetz zu erlassen, das den veränderungsfesten Kern der LV antastet.[9] Abs. 3 ist damit Teil der Maßnahmen, die die Verfassungsidentität über den Verfassungswandel wahren sollen.[10] Da die LV individuelle Rechte nur im Rahmen der verfassungsrechtlichen Ordnung, nicht jedoch für das Verfahren oder den Inhalt einer Verfassungsneugebung gewährt, ergeben sich solche grundsätzlich nicht aus Art. 56

---

4 Hinweis auf *Böckenförde* in: HStR III, 3. Aufl. 2005, § 34 Rn 20 f einerseits, *Krause* ebenda, § 35 Rn 45 ff andererseits.
5 LVerfG M-V, Urt. v. 26.6.2008 – LVerfG 4/07, LVerfGE 19, 283 – Verlängerung der Wahlperiode.
6 Vgl *Frey*, in Grimm/Caesar, Art. 129 Rn 36; vgl auch *Nolte*, in: Caspar/Ewer/Nolte/Waack, Art. 40 Rn 22 ff.
7 Kommission, Verfassungsentwurf, S. 154; vgl BremStGH, NordÖR 2000, 186.
8 LVerfG M-V, Urt. v. 26.6.2008 – LVerfG 4/07, LVerfGE 19, 283 – Verlängerung der Wahlperiode.
9 Zu den staatstheoretischen Grundlagen *Mann*, in: Löwer/Tettinger, Art. 69 Rn 4.
10 Dazu *Grawert*, Der Staat 51 (2012), 189 und 52 (2013), 503.

Abs. 3.[11] Art. 56 ist somit Teil des introvertierten Verfassungsschutzes.[12] Allerdings könnte Art. 20 Abs. 2 S. 2 LV, der Art. 38 Abs. 1 Satz 1 GG entspricht, jenseits von Ultra-vires-Konstellationen einen "Anspruch auf Demokratie" einem wahlberechtigten Bürger und Abgeordneten - nur – insoweit vermitteln, als durch einen Vorgang demokratische Grundsätze berührt werden, die Art. 56 Abs. 3 auch dem Zugriff des verfassungsändernden Gesetzgebers entzieht.[13] Es bleibt zu untersuchen, inwieweit die vom BVerfG entwickelte Grundrechts-, Ultra-vires sowie Identitätskontrolle tragfähig und auf die Landesverfassung ggf. zu übertragen ist.[14] Art. 56 Abs. 3 GG ist als Ausnahmevorschrift restriktiv auszulegen, um der Gefahr zu begegnen, dass über das Ausmaß einer Verfassungsänderung letztlich nicht das Parlament als dazu demokratisch legitimiertes Organ, sondern kraft Interpretation das Verfassungsgericht entscheidet.[15] droht die Gefahr einer „normativen Zementierung".[16] Widerspricht eine Verfassungsänderung den in Art. 56 Abs. 3 aufgeführten Grundentscheidungen, ist sie unzulässig, weil selbst verfassungswidrig.

2. Garantierte Inhalte. a) Fundamentale Verfassungsprinzipien. Art. 56 Abs. 3 7 umschreibt die **fundamentalen Verfassungsprinzipien**.[17] Es sind die Würde des Menschen und die in Artikel 2 niedergelegten Grundsätze. Im Gesetzgebungsverfahren ist nicht näher erörtert worden, welche Bedeutung die in Artikel 2 genannten Prinzipien haben.[18] Schutzinhalt und Schutzintensität der in Art. 56 Abs. 2 verankerten Ewigkeitsgarantie bestimmt sich mit Blick auf Art. 79 Abs. 3 GG, der ebenfalls die Berührung unantastbarer Grundsätze zum Gegenstand hat, auch wenn diese auf den Kernbestand des GG ausgerichtet sind. Danach ist zu unterscheiden, welche Inhalte von der Garantie betroffen sind und wann das Gesetz ihm „nicht widerspricht". Art. 3 Abs. 2 Satz 2 garantiert in Verbindung mit Art. 56 Abs. 3 insbesondere, dass sich die Wahrnehmung staatlicher Aufgaben und die Ausübung staatlicher Befugnisse auf das Staatsvolk zurückführen lassen und diesem gegenüber verantwortet werden. Legitimationsbedürftig ist jedes amtliche Verhalten mit Entscheidungscharakter. In personeller Hinsicht ist ein Amtswalter demokratisch legitimiert, wenn seine Bestellung in einer ununterbrochenen Legitimationskette auf das Volk zurückgeführt werden kann. Sachlich-inhaltliche Legitimation erfährt die Ausübung von Staatsgewalt insbesondere durch parlamentarische Vorgaben für das Verwaltungshandeln, den Einfluss des Parlaments auf die Politik der Regierung sowie die grundsätzliche Weisungsgebundenheit der Verwaltung gegenüber der Regierung. Entscheidend ist insoweit nicht die Form der Legitimation, sondern die Effektivität, mit der die Entscheidungsprozesse demokratisch gesteuert werden.[19]

b) Würde des Menschen und andere Grundrechte. Der Begriff der Würde des 8 Menschen wird in der LV zunächst in der Präambel erwähnt. Weiterhin ist in

---

11 Vgl BVerfG, Urt. v. 12.10.1993 – 2 BvR 2134/92, 2 BvR 2159/92, BVerfGE 89, 155 = NJW 1993, 3047 Rn 89 – Maastricht.
12 Dazu *Frey*, in Grimm/Caesar, Art. 129 Rn 38.
13 So BVerfG, B. v. 14.1.2014 – 2 BvE 13/13 u.a., EuGRZ 2014, 141 = NJW 2014, 907, Rn 5; BVerfG, Urt. v. 18.3.2014 – 2 BvE 6/12 u.a., EuGRZ 2014, 193 = NJW 2014, 1505, Rn 125 – ESM, Fiskalpakt; kritisch aber Sondervoten *Lübbe-Wolff* und *Gerhard* zu BVerfG, B. v. 14.1.2014, aaO.
14 *Dederer*, JZ 2014, 313.
15 Vgl BVerfGE 109, 279, 310.
16 BVerfGE 30, 1, 25.
17 Zu dieser Bedeutung BVerwG, NVwZ 2003, 986; NJW 2006, 3156.
18 Kommission, Verfassungsentwurf, S. 154.
19 BVerfG, Urt. v. 18.3.2014 – 2 BvE 6/12 u.a., EuGRZ 2014, 193 = NJW 2014, 1505, Rn 234 f – ESM, Fiskalpakt.

Art. 5 Abs. 2 bestimmt, dass das Land die Würde aller in diesem Land lebenden oder sich aufhaltende Menschen zu achten und zu schützen hat (→ *Kohl*, **Art. 5** Rn 7). Mittelbar ist die Würde des Menschen zudem über die Verweisung in Art. 5 Abs. 3 auch auf Art. 1 Abs. 1 GG als Grundrecht umfasst (→ *Kohl*, **Art. 5** Rn 11). Die Menschenwürde ist damit tragendes Konstitutionsprinzip und oberster Verfassungswert. Der Gewährleistungsgehalt dieses auf Wertungen verweisenden Begriffs bedarf der Konkretisierung.[20] Anknüpfend an die Erfahrungen in der Zeit des Nationalsozialismus – aber auch der DDR – geht es zunächst um Erscheinungen wie Misshandlung, Verfolgung und Diskriminierung, dh um den Schutz vor „Erniedrigung, Brandmarkung, Verfolgung, Ächtung" usw,[21] weiterhin nun auch neue Gefährdungen, wie der Missbrauch der Erhebung und die Verwertung von Daten.[22] Im Zusammenhang der Aufarbeitung des Unrechts aus der DDR gelangte die Verletzung von Grundsätzen der Menschlichkeit in den Mittelpunkt, etwa bei der Beschaffung und Weitergabe von Informationen.[23] Gegenwärtig ist insb. der Schutz der personalen Identität und der psychisch-sozialen Integrität gefährdet. Zur Unantastbarkeit der Menschenwürde gehört die Anerkennung eines absolut geschützten Kernbereichs privater Lebensgestaltung. Wesentlich ist, dass es mit der Würde des Menschen nicht vereinbar ist, ihn zum bloßen Objekt der Staatsgewalt zu machen. Das ist der Fall, wenn die Behandlung durch die öffentliche Gewalt die Achtung des Wertes vermissen lässt, der jedem Menschen um seiner selbst willen zukommt.[24]

9 Obwohl Art. 56 Abs. 3 nicht die in Artt. 6 bis 10 und Art. 5 Abs. 3 iVm Artt. 1 bis 19 GG gewährleisteten **Grundrechte** nennt, sind sie insoweit umfasst, als in ihnen auch der Schutz der Menschenwürde konkretisiert wird.[25] Sie sind von dem Schutz daher dann umfasst, wenn auch ohne die konkrete Grundrechtsnorm die entsprechende Rechtsposition aus der Würde des Menschen hergeleitet werden könnte.[26] Dies gilt etwa für die unantastbare Grundelemente des Art. 6 betr. Datenschutz (→ *Kohl*, **Art. 6** Rn 3), Art. 5 Abs. 3 iVm Art. 3 Abs. 1 GG betr. Gleichheitssatz,[27] Art. 13 GG betr. die Unverletzlichkeit der Wohnung[28] oder Art. 14 GG betr. Eigentumsrecht.[29] IÜ ist der verfassungsändernde Gesetzgeber auch in der Gestaltung und Veränderung von Grundrechten, soweit nicht die Grenzen des Art. 56 Abs. 3 berührt sind, rechtlich frei und gibt dem LVerfG und BVerfG den Maßstab vor.[30]

10 **c) In Artikel 2 niedergelegte Grundsätze.** In Art. 56 Abs. 3 wird nicht nur das Demokratieprinzip als solches, sondern auch die wesentlichen Merkmale republikanischer, sozialer und dem Schutz der natürlichen Lebensgrundlagen verpflichteter Demokratie gemeint (im Einzelnen → *Wallerath*, **Art. 2** Rn 4 ff). Diese **Grundprinzipien** sollten, anders als in der Weimar Reichsverfassung, dem Zugriff des verfassungsändernden Gesetzgebers entzogen sein.[31] Diese Klausel dürfte mindestens die Volkssouveränität, die Teilung der Gewalten, die Selbst-

---

20 Zum Folgenden BVerfGE 109, 279 = NJW 2004, 999.
21 Vgl BVerfGE 1, 97, 104.
22 Vgl BVerfGE 65, 1.
23 Vgl BVerfGE 93, 213, 243.
24 Vgl BVerfGE 30, 1 25 f und 39 ff; 96, 375, 399.
25 Vgl BVerfGE 84, 80, 121.
26 *Kunig*, in Badura/Dreier (Hrsg.), FS 50 Jahre BVerfG, Bd. 2, 2001, S. 421, 426.
27 Vgl BVerfG-K, NJW 1996, 2722 und NJW 1997, 450.
28 Vgl BVerfGE 109, 279 = NJW 2004, 999.
29 Vgl BVerfG-K, NJW 1996, 2722 und NJW 1998, 2583.
30 Vgl BVerfGE 94, 49 = NJW 1996, 1665.
31 Vgl BayVerfGH, VerfGHE BY 52, 104 = NVwZ-RR 2000, 65.

verwaltung der Gemeinden, die Gesetzmäßigkeit der Verwaltung, das Gesetzgebungsrecht des LT und sein Budgetrecht, das Verbot von Ausnahmegerichten und die Unabhängigkeit der Richter umfassen, ohne dass die Ausformungen der LV im Einzelnen damit unabänderlich sind.[32] Hinzu kommt der Schutz der natürlichen Lebensgrundlagen, den der Verweis auf Artikel 2 in seinen unantastbaren Grundelementen, dh nicht in der Ausgestaltung in Art. 12 im Einzelnen, sicherstellen soll.[33]

3. Kein Widerspruch. Das Gesetz darf den Grundsätzen „nicht widersprechen". Das bedeutet nicht, dass sie „unantastbar" sind. Der verfassungsändernde Gesetzgeber darf die positiv-rechtlichen Ausprägung dieser Grundsätze aus sachgerechten Gründen modifizieren. Angesichts der gebotenen engen Auslegung als Ausnahmevorschrift (→ Rn 6) scheidet eine Verfassungsänderung dann aus, wenn der entsprechende Grundsatz prinzipiell preisgegeben wird.[34] Jedenfalls entspricht es dem Charakter von „Grundsätzen", dass diese näherer Konkretisierung bedürfen. Schon deshalb ist nicht jede Konkretisierung der in Art. 2 LV festgelegten Grundsätze durch andere Bestimmungen der Landesverfassung gegen eine Änderung gefeit. Positivrechtliche Ausprägungen der Grundsätze des Art. 2 LV in anderen Bestimmungen der Verfassung kann der verfassungsändernde Gesetzgeber aus sachgerechten Gründen modifizieren, wenn sich die Änderungen innerhalb des von dem jeweiligen verfassungsrechtlichen Leitprinzip gezogenen Rahmens halten.[35] 11

IV. Sonstige inhaltliche Anforderungen

Das LVerfG MV hat es abgelehnt, grundsätzlich besondere prozedurale Anforderungen an die Entscheidungsfindung des Gesetzgebers bei einer Verfassungsänderung ähnlich denen zu stellen, die für eine kommunale Funktional- und Gebietsreform (→ *Sauthoff* Art. 55 Rn 18) oder die einfachrechtliche Einschränkung des gleichen Wahlrechts zu kommunalen Vertretungskörperschaften durch ein bestimmtes Quorum[36] gelten. Die Zulässigkeit einer Verfassungsänderung bestimmt sich allein nach Abs. 3. Danach ist bei der Änderung der Dauer der Wahlperiode des LT entscheidend, dass die Entscheidung des die Verfassung ändernden Gesetzgebers zwischen den Zielen der Sicherung des Charakters der Wahl als eines Integrationsvorganges der politischen Willensbildung des Volkes und der Gewährleistung der Funktionsfähigkeit der zu wählenden Volksvertretung habe zu einem Ergebnis geführt hat, das den in Art. genannten Grundsätzen nicht widerspreche.[37] Diese Ausführungen gelten verallgemeinernd für die Beurteilung jeder Verfassungsänderung.[38] 12

V. Schrifttum

Hans-Georg Dederer, Die Grenzen des Vorrangs des Unionsrechts - Zur Vereinheitlichung von Grundrechts-, Ultra-vires- und Identitätskontrolle, JZ 2014, 13

---

32 So etwa für das Rechtsstaatsprinzip *Kunig* (Fn 26), S. 426.
33 Kommission, Verfassungsentwurf, S. 154.
34 LVerfG M-V, Urt. v. 26.6.2008 – LVerfG 4/07, LVerfGE 19, 283 – Verlängerung der Wahlperiode unter Hinweis auf BVerfGE 30, 1, 24; 84, 90, 121.
35 LVerfG M-V, Urt. v. 26.6.2008 – LVerfG 4/07, LVerfGE 19, 283 – Verlängerung der Wahlperiode unter Hinweis auf BVerfG [abw.M.] 30, 33, 38.
36 Hinweis auf BVerfG, Urt. v. 13.02.2008 – BvK 1/07, DVBl. 2008, 443, 446
37 LVerfG M-V, Urt. v. 26.6.2008 – LVerfG 4/07, LVerfGE 19, 283.
38 Vgl BVerfG, 3.3.2004 - 1 BvR 2378/98 u.a., BVerfGE 109, 279 Rn 111-161 – Großer Lauschangriff.

313; *Maximilian Haag*, Die Aufteilung steuerlicher Befugnisse im Bundesstaat: Untersuchung zur Vereinbarkeit der deutschen Steuerrechtsordnung mit den Funktionen des Föderalismus und den bundesstaatlichen Gewährleistungen des Art. 79 Abs. 3 GG, 2011; *Werner Heun*, Eine verfassungswidrige Verfassungsgerichtsentscheidung – der Vorlagebeschluss des BVerfG vom 14.1.2014, JZ 2014, 331.

Art. 57 (Rechtsverordnungen)

(1) Die Ermächtigung zum Erlaß einer Rechtsverordnung kann nur durch Gesetz erteilt werden. Das Gesetz muß Inhalt, Zweck und Ausmaß der erteilten Ermächtigung bestimmen. Die Rechtsgrundlage ist in der Rechtsverordnung anzugeben.

(2) Ist durch Gesetz vorgesehen, daß eine Ermächtigung weiter übertragen werden kann, so bedarf es zu ihrer Übertragung einer Rechtsverordnung.

Artt. 80 Abs. 1 GG; 55 Nr. 2 BayVerf; 61 BWVerf; 64 VvB; 80 BbgVerf; 124 BremVerf; 53 HambVerf; 118 HessVerf; 43 NdsVerf; 70 Verf NW; 110 Verf Rh-Pf; 104 SaarlVerf; 75 SächsVerf; 79 LVerf LSA; 38 SchlHVerf; 84 ThürVerf.

I. Vorbemerkung 1	3. Angabe der Rechtsgrundlage in der RechtsVO (Satz 3) 10
1. Rechtsquellen 1	4. Verfahren 10
2. Bedeutung von Rechtsverordnungen; Gesetzes- und Parlamentsvorbehalt 4	5. Änderung einer RechtsVO durch Landtag, Entsteinerungsklausel 11
II. Verordnungsermächtigung (Abs. 1) 7	III. Subdelegation (Abs. 2) 12
1. Gesetz (Satz 1) 7	IV. Schrifttum 13
2. Bestimmtheit der Ermächtigung (Satz 2) 8	

I. Vorbemerkung

1 **1. Rechtsquellen.** Art. 57 entspricht im Wesentlichen Art. 80 Abs. 1 GG. Zwar scheidet die unmittelbare Anwendung des Art. 80 Abs. 1 GG auf die Landesgesetzgebung aus;[1] die aus dem rechtsstaatlichen und demokratischen Verfassungssystem folgenden Grundsätze sind aber auch für die Landesgesetzgebung verbindlich.[2] Beide Normen stellen unmittelbar Anforderungen nur an das **ermächtigende Gesetz**. Aus dem dahinterstehenden, im Rechtsstaats- und Demokratieprinzip angelegten Prinzip des Vorbehalts des Gesetzes folgt aber auch, dass eine Rechtsverordnung sich in den Grenzen der gesetzlichen Ermächtigung halten muss. Gestattete die Verfassung RechtsVO, die sich nicht im Rahmen der jeweiligen gesetzlichen Ermächtigung halten, wären auch die Anforderungen, die Art. 80 Abs. 1 GG bzw. Art. 57 an das ermächtigende Gesetz stellt, sinnlos. Die Frage, ob eine Verordnung von der in Anspruch genommenen Ermächtigungsgrundlage gedeckt ist, hat daher über ihre Bedeutung als Vorfrage der verfassungsrechtlichen Prüfung hinaus verfassungsrechtliche Relevanz.[3] Insofern bekräftigt Art. 57 nur die Verfassungslage. Wesentlicher Unterschied zu Art. 80 GG ist, dass Art. 57 keine originären Adressaten benennt, etwa die LReg und Minister. Die Möglichkeit, dass die LReg in äußersten Notlagen RechtsVO mit

---

1 BVerfGE 41, 88, 116; 41, 251, 266.
2 BVerfGE 41, 251, 266.
3 BVerfG, Beschl. v. 1.4.2014 – 2 BvF 1/12, 2 BvF 3/12, EuGRZ 2014, 455 Rn 45 mwN.

Gesetzeskraft erlassen kann, wurde schon im Unterausschuss der Verfassungsgebung verworfen.[4]

Die **Rechtsverordnung** (RechtsVO) ist ein materielles Gesetz (s. Art. 55 Rn 1), das in der Regel durch eine Regierung oder Verwaltungsstelle erlassen wird.[5] Sie ist die Maßnahme eines Trägers öffentlicher Gewalt, die darauf gerichtet ist, in einer unbestimmten Vielzahl von Einzelfällen bestimmte Rechtsfolgen herbeizuführen, die sich nicht ausschließlich innerhalb dieses Trägers öffentlicher Gewalt auswirken und in diesem Sinne so genannte Außenwirkung entfalten. 2

Im Unterschied dazu beinhaltet eine **Satzung** materielle Gesetze, zu denen Körperschaften mit Selbstverwaltungsrecht wie Universitäten, Gemeinden und Landkreise (Gebietskörperschaften) und ähnliche Anstalten zur Regelung ihrer eigenen Angelegenheiten im Rahmen der ihnen verliehenen Satzungsautonomie ermächtigt sind. Für sie gilt Art. 57 nicht.[6] **Verwaltungsvorschrift** ist eine Regelung, die innerhalb einer Verwaltungsorganisation von einer übergeordneten Verwaltungsinstanz an nachgeordnete Verwaltungsbehörden oder Bedienstete ergeht und deren Wirkbereich auf das Innenrecht der Verwaltung beschränkt ist. Sie können Außenwirkung über das Gleichbehandlungsgebot oder den Vertrauensschutz entfalten.[7] Auch für sie gilt Art. 57 nicht. 3

2. Bedeutung von Rechtsverordnungen; Gesetzes- und Parlamentsvorbehalt. Zweifelhaft ist die Bedeutung der RechtsVO im Normensystem des modernen Gesetzgebungsstaats. Geht man davon aus, dass im freiheitlich-demokratischen System des GG dem Parlament als Legislative die verfassungsrechtliche Aufgabe der Normsetzung zufällt und nur das Parlament hierfür die demokratische Legitimation besitzt, dann obliegt der Exekutive die Regierung und die Verwaltung und gehört zu ihren Aufgaben die Vollziehung von Gesetzen im Einzelfall,[8] und könnte man die RechtsVO als eine minder legitimierte Form der Gesetzgebung ansehen.[9] – Auch – die LV spricht aber dem Parlament nicht einen allumfassenden Vorrang bei grundlegenden Entscheidungen zu. Die konkrete Ordnung der Verteilung und des Ausgleichs staatlicher Macht, die das GG wie die LV gewahrt wissen will, darf nicht durch einen aus dem Demokratieprinzip fälschlich abgeleiteten Gewaltenmonismus in Form eines allumfassenden **Parlamentsvorbehalts** unterlaufen werden. Die Organe der gesetzgebenden, der vollziehenden und der rechtsprechenden Gewalt beziehen ihre institutionelle und funktionelle demokratische Legitimation aus der Entscheidung des Verfassunggebers. Die verfassunggebende Gewalt hat auch die Exekutive als verfassungsunmittelbare Institution und Funktion geschaffen; ihre Verfahren zur Bestellung der Regierung verleihen ihr zugleich eine mittelbare personelle demokratische Legitimati- 4

---

4 LT-Drs. 1/2000 S. 78.
5 So ausdrücklich Kommission, Verfassungsentwurf, S. 154.
6 Vgl BVerfGE 33, 125, 157 = NJW 1972, 1504; es bleibt jedoch zu beachten, dass Grundrechtseingriffe in Satzungen durch eine gesetzliche Regelung gedeckt sein müssen: BVerwGE 90, 359 = NJW 1993, 411.
7 Dazu im Einzelnen *Matthias Ruffert*, Rechtsquellen des Verwaltungsrechts, in: Hoffmann-Riem/Schmidt-Aßmann/Voßkuhle (Hrsg.), Grundlagen des Verwaltungsrechts, Bd. 1, 2. Aufl. 2012, § 17 Rn 67 ff.
8 BVerfGE 95, 1, 15 f = NJW 1997, 383.
9 Ob dies indes Ausgangspunkt des BVerfG in BVerfGE 95, 1, 15 f = NJW 1997, 383 ist – so *Reimer*, Das Parlamentsgesetz als Steuerungsmittel und Kontrollmaßstab, in: Hoffmann-Riem/Schmidt-Aßmann/Voßkuhle (Hrsg.), Grundlagen des Verwaltungsrechts. Bd. 1, 2. Aufl. 2012, § 9 Rn 69 – erscheint fraglich, da es in dieser Entscheidung um die Abgrenzung zur typisch exekutivischen Aufgabe der Infrastrukturplanung ging; vgl *Ruffert* (Fn 7), § 17, S. 1116 f.

on.[10] Die RechtsVO stellt daher eine mit dem Parlamentsgesetz hinsichtlich der Legitimation gleichrangige Rechtsquelle dar. Aus dem Grundsatz des allg. Vorbehalts des Gesetzes folgt aber, dass die Exekutive für Akte, die den Freiheitsbereich und Gleichheitsbereich des Bürgers wesentlich betreffen, der gesetzlichen Grundlage bedarf (s. Rn 7).

5 Es kann in Einzelfällen ein legitimes Interesse der Legislative anzuerkennen sein, einerseits Rechtsetzungsbefugnisse auf die Exekutive zu delegieren und andererseits maßgeblichen Einfluss auf Erlass und Inhalt ihrer Rechtsverordnungen zu behalten. Der Parlamentsvorbehalt lässt Gestaltungen zu, die im Vergleich zur vollen Delegation der Rechtsetzung auf die Exekutive ein Minus enthalten. Damit sind vor allem **Zustimmungs- und Ablehnungsvorbehalte** zugunsten des Parlaments gemeint. Besteht ein solcher Zustimmungsvorbehalt zu einer RechtsVO und ist der Gesetzgeber mit ihrem Inhalt nicht einverstanden, kann er ihr Wirksamwerden durch Verweigerung seiner Zustimmung verhindern und die Regelungskompetenz – jederzeit – durch Gesetz wieder an sich ziehen.[11] Ist dem Gesetz ein solcher Zustimmungsvorbehalt nicht beigegeben, kann der LTag eine RechtsVO, mit der er inhaltlich nicht einverstanden ist, nur verhindern, indem der das Parlamentsgesetz als Ermächtigungsgrundlage aufhebt oder ändert.[12] So lange besteht die Befugnis der Exekutive, im Rahmen der Ermächtigungsgrundlage eigene Regelungen zu treffen. In diesem Sinne sind Parlamentsgesetz und RechtsVO wechselseitig aufeinander bezogene Steuerungsinstrumente.[13]

6 Der Gesetzgeber ist verpflichtet, in **grundlegenden normativen Bereichen**, zumal im Bereich der Grundrechtsausübung, soweit diese staatliche Regelung zugänglich ist, alle wesentlichen Entscheidungen selbst zu treffen. Die Artt. 80 Abs 1 GG – und damit auch Art. 57 LV – sowie 59 Abs 2 Satz 1 zweiter Halbsatz GG sowie die besonderen Gesetzesvorbehalte sind Ausprägungen des allg. Gesetzesvorbehalts.[14] Bedarf danach eine Regelung einer Ermächtigung durch oder aufgrund eines Gesetzes, orientiert sich die Frage, ob die Exekutive durch RechtsVO regeln darf, am Wesentlichkeitsgedanken und daran, ob das parlamentarische oder das exekutivische Rechtsetzungsverfahren für die jeweilige (Teil-)Regelung angemessener ist. So obliegt die Festlegung von (legitimen) Zwecken einer Abgabenerhebung sowie die Bestimmung des Umfangs der Finanzierungsverantwortlichkeit des Abgabenschuldners dem parlamentarischen Landesgesetzgeber und kann nicht auf den Verordnungsgeber delegiert werden.[15] Andererseits darf der Gesetzgeber die ausdrückliche Festlegung von Prüfungsstoffen dem Verordnungsgeber überlassen.[16] Die erforderliche Ermächtigungsgrundlage für den Erlass einer Schulentwicklungsplanungsverordnung ist in § 107 Abs. 7 SchulG M-V zu sehen.[17]

---

10 Vgl *Ossenbühl*, Verwaltungsvorschriften und Grundgesetz, 1968, S. 187 ff, 199; *Böckenförde/Grawert*, AöR 95 (1970), 1 ff, 25 f.
11 ThürVerfGH, Urt. v. 21.06.2005 – 28/03, NVwZ-RR 2005, 665.
12 *Reimer* (Fn 9) § 9 Rn 72.
13 Vgl *Ruffert* (Fn 7) § 17 Rn 62 ff.
14 So BVerfGE 49, 89, 124 ff = NJW 1979, 359; siehe im einzelnen *Reimer* (Fn 9), § 9 Rn 70.
15 BVerwG, Beschl. v. 12.07.2005 – 6 B 22/05 – unter Hinweis auf BVerfGE 108, 1 = NVwZ 2003, 715 – Rückmeldegebühr.
16 Vgl BVerfGE 62, 203; BayVerfGHE 26, 18, 23.
17 OVG Greifswald, NordÖR 2004, 219 (Leitsatz).

II. Verordnungsermächtigung (Abs. 1)

1. Gesetz (Satz 1). Die Ermächtigung zum Erlass einer RechtsVO kann nur 7 durch Gesetz erteilt werden. Gemeint ist ein formelles Gesetz des LT (→ Art. 55 Rn 1). Die LV – wie das GG – kennt kein vom Gesetz losgelöstes Verordnungsrecht.[18] RechtsVO können erst in Kraft treten, wenn auch die **Ermächtigungsgrundlage in Kraft** getreten ist;[19] der Gesetzgeber sollte daher ggf erwägen, solche Ermächtigungsgrundlagen zeitlich vor dem eigentlichen Gesetz in Kraft treten zu lassen.[20] Das nachträgliche ‚Inkrafttreten einer Ermächtigungsnorm kann eine RechtsVO nicht heilen; sie muss neu bekannt gemacht werden.[21] Der Verordnungsgeber ist nur dann verpflichtet, von der Ermächtigung Gebrauch zu machen, wenn ohne den Erlass der RechtsVO die gesetzliche Regelung nicht praktikabel ist[22] oder der Gesetzgeber eine entsprechende, ggf durch Auslegung zu ermittelnde, Verpflichtung ausgesprochen hat.

Eine RechtsVO tritt nicht allein deshalb außer Kraft, weil der **Ermächtigungstatbestand nachträglich fortgefallen** ist;[23] anders ist dies, wenn der Aufhebung der Ermächtigungsnorm zu entnehmen ist, dass auch die RechtsVO aufgehoben sein soll.

2. Bestimmtheit der Ermächtigung (Satz 2). Art. 57 Abs. 1 Satz 2 stellt Anforde- 8 rungen nur an das ermächtigende Gesetz, nicht aber an die aufgrund der Ermächtigung erlassene RechtsVO.[24] Der Gesetzgeber muss im formellen Gesetz selbst die Entscheidung darüber treffen, welche Fragen durch die RechtsVO geregelt werden sollen; er muss die Grenzen einer solchen Regelung festsetzen und angeben, welchem Ziel die Regelung dienen soll.[25] Es muss sich aus dem Gesetz ermitteln lassen, welches vom Gesetzgeber gesetzte **Programm** durch die RechtsVO erreicht werden soll,[26] so dass der Bürger schon aus dieser Rechtsnorm ersehen kann, in welchen Fällen und mit welcher Tendenz von der Ermächtigung Gebrauch gemacht werden wird und welchen Inhalt die aufgrund der Ermächtigung erlassene RechtsVO haben kann.[27] Die Regelungen sind so bestimmt zu fassen, wie dies nach der Eigenart der zu ordnenden Lebenssachverhalte und mit Rücksicht auf den Normzweck möglich ist.[28] Die Vorhersehbarkeit der zu erwartenden Regelungen mag für den Bürger schwer einzuschätzen sein. Dies ist unschädlich, wenn es an der Komplexität der Materie selbst liegt und im Hinblick auf die künftigen Adressaten der Vorschrift der Inhalt, den eine RechtsVO haben könnte, ausreichend gesetzlich vorgeprägt ist.[29]

Der **Anwendungs- und Wirkungsbereich** einer Ermächtigungsnorm ist durch 9 Auslegung zu ermitteln. Es gelten die allg. Auslegungsgrundsätze.[30] Dabei sind

---
18 *Ruffert* (Fn 7), § 17 Rn 63.
19 BVerfGE 22, 330, 346 = DÖV 1968, 173.
20 Beispiel: Art. 9 Abs. 1 des Gesetzes zur Neugestaltung der Landesbauordnung und zur Änderung anderer Gesetze vom 18.4.2006 – GVOBl. S. 102, 137; Art. 4 des Gesetz zur Neugestaltung der Landesbauordnung und zur Änderung anderer Gesetze vom 18.4.2006 (GVOBl. S. 102).
21 BVerwG, Urt. v. 29.4.2010 – 2 C 77/08, BVerwGE 137, 30 Rn 20.
22 BVerfGE 16, 332.
23 BVerwGE 59, 195 = NJW 1980, 1970.
24 BVerfGE 101, 1 = NJW 1999, 3253.
25 Vgl BVerfGE 2, 307, 334; 23, 62, 72.
26 Vgl BVerfGE 58, 257, 277.
27 Vgl BVerfGE 56, 1, 12.
28 Vgl BVerfGE 62, 203, 210; BVerfG-K, NJW 1998, 669.
29 BVerfGE 113, 167 = NVwZ 2006, 559.
30 Vgl BayVerfGH, VerfGHE 28, 24, 35.

seinerseits die verfassungsrechtlichen Grenzen im Wege einer verfassungskonformen Auslegung zu berücksichtigen.[31]

10 **3. Angabe der Rechtsgrundlage in der RechtsVO (Satz 3).** Das Zitiergebot soll dazu beitragen, dass die aus dem Prinzip der Gewaltentrennung folgenden Grenzen exekutiver Rechtsetzungsmacht nicht zu Lasten der (parlamentarischen) Legislative verschoben werden. Durch Angabe der in Anspruch genommenen landesgesetzlichen Ermächtigungsgrundlage hat der Verordnungsgeber nachzuweisen, dass er die Prärogative des parlamentarischen Gesetzgebers gewahrt hat. Der Begriff „Rechtsgrundlage" in Satz 3 GG knüpft an den in den voran beiden Sätzen verwandten Begriff „Gesetz" an. Dem Zitiergebot kommt nicht die Funktion zu, die Vereinbarkeit der RechtsVO mit höherrangigem Recht auch insoweit kontrollieren zu können, als eine Verletzung des Parlamentsvorbehalts ausscheidet.[32] Die bloße Angabe des der RechtsVO zugrunde liegenden Gesetzes genügt nicht. Es müssen vielmehr alle die Vorschriften (Paragraph, Abs., Satz etc.) aufgezählt werden, von denen der Verordnungsgeber seine Befugnis zum Erlass der RechtsVO ableitet. Er braucht allerdings bei mehreren Ermächtigungsgrundlagen nicht bei jeder Vorschrift der RechtsVO kenntlich zu machen, auf welcher der Ermächtigungen sie beruht.[33] Damit kommt eine über die Reichweite der Ermächtigungen hinausgehende ungeschriebene Ermächtigung zum Erlass Bestimmungen, auch von Ausnahmeregelungen nicht in Betracht.[34]

4. Verfahren. Die LV enthält keine Vorgaben für das Verfahren zum Erlass einer RechtsVO. Die GGO II gibt der LReg indes ins Einzelne gehende Hinweise für das Verfahren zur Erarbeitung einer RechtsVO in der LReg und formuliert inhaltliche Anforderungen.[35] Eine Anhörung kann verfassungs- oder einfachrechtlich vorgeschrieben sein (→ Art. 55 Rn 10 und 25 ff). So sieht § 125 Abs. 6 Satz 3 KV M-V vor, dass vor Änderung von Ämtern die betroffenen Gemeinden, Ämter und Landkreise anzuhören sind.

11 **5. Änderung einer RechtsVO durch Landtag, Entsteinerungsklausel.** Der Erlass von RechtsVO gehört zum Aufgaben- und Kompetenzbereich der Exekutive. Dem Gesetzgeber ist es verwehrt, RechtsVO zu erlassen. Es ist ihm aber möglich, eine zunächst dem Verordnungsgeber überlassene Regelungsbefugnis wieder für sich in Anspruch zu nehmen und eine bereits vorliegende RechtsVO durch Bezugnahme auf ihren Inhalt nunmehr als Gesetz zu erlassen.[36] Er kann zudem wegen des sachlichen Zusammenhangs eines formellen Gesetzes eine bestehende RechtsVO ändern oder in diese neue Regelungen einfügen. Dann ist das dadurch entstandene Normgebilde insgesamt als RechtsVO zu qualifizieren. Zulässig ist dies aber nur, wenn es sich um eine Anpassung im Rahmen einer Änderung eines Sachbereichs durch den Gesetzgeber handelt. Die Änderung einer RechtsVO durch den parlamentarischen Gesetzgeber unabhängig von

---

31 Vgl BayVerfGH, NVwZ 2005, 576 – gestützt auf § 84 Abs. 2 Nr. 5 LBauO M-V kann keine Regelung über gebäudebezogene Mindestabstandsflächen getroffen werden, die nach ihrem wesentlichen objektiven Gehalt auf die Gestaltung des Ortsbilds und damit städtebaulich-planerisch in nicht unerheblichen Teilen des Stadtgebiets einwirkt; daher jetzt § 9 Abs. 1 Nr. 2 a BauGB 2007.
32 BVerwG, Urt. v. 20.03.2003 – 3 C 10.02 –.
33 BVerfGE 20, 283, 292.
34 BVerfG, Beschl. v. 1.4.2014 – 2 BvF 1/12, 2 BvF 3/12 –.
35 Zu Letzterem auch *Bundesministerium der Justiz* (Hrsg.), Handbuch der Rechtsförmlichkeit – Empfehlungen des Bundesministeriums der Justiz zur einheitlichen rechtsförmlichen Gestaltung von Gesetzen und RechtsVO nach § 38 Abs. 3 GGO II.
36 BVerfGE 22, 330, 346 = DÖV 1968, 173.

sonstigen gesetzgeberischen Maßnahmen ist unzulässig. Für das Zustandekommen des ändernden Gesetzes sind die Regeln der LV über die Gesetzgebung anzuwenden. Der parlamentarische Gesetzgeber ist bei der Änderung einer RechtsVO an die Grenzen der Ermächtigungsgrundlage gebunden. Die im Verfahren förmlicher Gesetzgebung in eine RechtsVO eingefügten Teile stehen der abermaligen Änderung durch die Exekutive offen, die dabei allein an die Ermächtigungsgrundlage gebunden ist. Es bedarf weder einer Herabstufung der durch die Änderung eingefügten Verordnungsteile[37] noch einer besonderen, weiteren Ermächtigung der Exekutive, diese Teile erneut zu ändern.[38] Die so genannte Entsteinerungsklausel, dh die gesetzliche Bestimmung, dass die Rückkehr zum einheitlichen Verordnungsrang eintritt, hat insoweit nur klarstellende Bedeutung.[39]

III. Subdelegation (Abs. 2)

Bei einer Weiterübertragung der Ermächtigung an eine andere als in dem Gesetz vorgesehen Stelle, bei der ein Privater ausscheidet,[40] besitzt die RechtsVO stets zwei Rechtsgrundlagen: die gesetzliche Ermächtigung und die die Weiterübertragung enthaltende RechtsVO. Die beiden Ermächtigungen bilden zusammen die „Rechtsgrundlage" einer solchen RechtsVO.[41] IÜ aber unterscheiden sie sich von anderen RechtsVO nicht. Für sie gelten daher alle sonstigen für RechtsVO aufgestellten Grundsätze. Abs. 2 verlangt insoweit ergänzend, dass es zunächst für die Weiterübertragung einer ausdrücklichen Ermächtigung durch ein formelles Gesetz bedarf; es muss sich nicht notwendig um das ermächtigende Gesetz selbst handeln.[42] In ihm muss nicht angegeben werden, wer als Adressat der Subdelegation in Betracht kommt. In der RechtsVO muss sodann nur die RechtsVO zitiert werden, die die Ermächtigung weiter übertragen hat.[43] Eine Subdelegation kann nicht weiter reichen als die Ermächtigungsgrundlage, führt aber nicht zu einem Kompetenzverlust des Erstdelegatars.[44]

12

IV. Schrifttum

Bundesministerium der Justiz (Hrsg.), Handbuch der Rechtsförmlichkeit – Empfehlungen des Bundesministeriums der Justiz zur einheitlichen rechtsförmlichen Gestaltung von Gesetzen und RechtsVO nach § 38 Abs. 3 GGO II (http://hdr.bmj.de/vorwort.html; 5.7.2014);*Thomas Klink*, Pauschale Ermächtigungen zur Umsetzung von europäischem Umweltrecht mittels Rechtsverordnung, 2005; *Franz Reimer*, Das Parlamentsgesetz als Steuerungsmittel und Kontrollmaßstab, in: Hoffmann-Riem/Schmidt-Aßmann/Voßkuhle (Hrsg.), Grundlagen des Verwaltungsrechts, Bd. 1, 2. Aufl. 2012 § 9; *Matthias Ruffert*, Rechtsquellen des Verwaltungsrechts, in: Hoffmann-Riem/Schmidt-Aßmann/Voßkuhle (Hrsg.), Grundlagen des Verwaltungsrechts, Band 1, 2. Aufl. 2012 § 17; *Johannes Saurer*, Die Funktionen der Rechtsverordnung, 2005; *Simon Schnelle*, Eine Fehlerfolgenlehre für Rechtsverordnungen, 2007; *Sabine Seidel*, Die Praxis der Verordnungsgebung, 2005.

13

---

37 Hinweis auf *Conradi*, NVwZ 1994, 977; *Külpmann*, NJW 2002, 3436, 3438 f; *Sendler*, NJW 2001, 2859, 2860; *ders.*, DVBl 2005, 423.
38 Hinweis auf BayVerfGH, NJW 2001, 2905, 2906 bei *Uhle*, DVBl 2004, 1272, 1275.
39 Zu alledem BVerfGE 114, 196 = DVBl 2005, 1503 = NVwZ 2006, 191; *Reimer* (Fn 9), Rn 80.
40 *Pieroth*, in: Jarass/Pieroth, Art. 80 Rn 17.
41 BGH, MDR 1977, 475.
42 *Pieroth*, in: Jarass/Pieroth, Art. 80 Rn 17.
43 BGH, MDR 1977, 475.
44 *Mann*, in: Löwer/Tettinger, Art. 70 Rn 30.

Art. 58 (Ausfertigung und Verkündung)

(1) Der Ministerpräsident fertigt unter Mitzeichnung der beteiligten Minister die verfassungsmäßig zustande gekommenen Gesetze aus und läßt sie im Gesetz- und Verordnungsblatt verkünden.

(2) Rechtsverordnungen werden von der Stelle, die sie erläßt, ausgefertigt und vorbehaltlich anderer gesetzlicher Regelung im Gesetz- und Verordnungsblatt verkündet.

(3) Die Gesetze und Rechtsverordnungen treten, wenn nichts anderes bestimmt ist, mit dem vierzehnten Tage nach Ablauf des Tages in Kraft, an dem sie verkündet worden sind.

(4) Die Geschäftsordnungen des Landtages, der Landesregierung und des Landesverfassungsgerichts werden im Gesetz- und Verordnungsblatt veröffentlicht.

Artt. 82 GG; 63 BWVerf; 76 BayVerf; 60 Abs. 2 und 3 VvB; 81 BbgVerf; 123 Abs. 3 BremVerf; 52, 54 HambVerf; 120 bis 122 HessVerf; 45 NdsVerf; 71 Verf NW; 113 Verf Rh-Pf; 102, 103, 104 Abs. 2 SaarlVerf; 76 SächsVerf; 82 LVerf LSA; 39 SchlHVerf; 85 ThürVerf.

I. Vorbemerkung: Bedeutung von Ausfertigung und Verkündung 1	3. Verkündung im Gesetz- und Verordnungsblatt 6
1. Ausfertigung 1	III. Ausfertigung und Verkündung von untergesetzlichen Normen 9
2. Verkündung 2	1. Rechtsverordnungen (Abs. 2).. 9
II. Ausfertigung und Verkündung von Gesetzen (Abs. 1) 4	2. Satzungen 10
1. Ausfertigung durch Ministerpräsident (Prüfungskompetenz) 4	IV. Zeitliche Geltung 11
	1. In-Kraft-Treten (Abs. 3) 11
	2. Außer-Kraft-Treten 16
2. Mitzeichnung der beteiligten Minister 5	V. Geschäftsordnungen (Abs. 4) 18
	VI. Schrifttum 19

I. Vorbemerkung: Bedeutung von Ausfertigung und Verkündung

1 **1. Ausfertigung.** Zweck der Ausfertigung eines Gesetzes ist es, die Herstellung der authentischen Urschrift des Gesetzes durch Unterzeichnung des zuständigen Staatsorgans zu dokumentieren. Zum Mindeststandard des Rechtsstaatsgebots gehört es nicht, die Ausfertigung so auszugestalten, dass sie geeignet ist, die Legalität des Verfahrens zu bestätigen.[1] Aus dem Wortlaut des Art. 58 Abs. 1 ergibt sich aber, dass durch die Ausfertigung von Landesgesetzen – nicht aber von RechtsVO und anderen untergesetzlichen Normen – auch der ordnungsgemäße Abschluss des Gesetzgebungsverfahrens festgestellt wird.[2] Auf welche Weise die Authentizitätsfunktion der Ausfertigung gewahrt wird und nach welchen Maßgaben ein formeller Vermerk auf der Gesetzesurkunde anzubringen ist, ergibt sich weder aus dem Rechtsstaatsprinzip noch aus sonstigem Bundes- oder Landesverfassungsrecht.[3] Das Verfahren muss nur die genannten Zweckrichtungen erfüllen. Das Gesetz trägt das Datum der Ausfertigung, nicht der Beschlussfassung durch den LT. Einzelheiten des Verfahrens regeln §§ 8 ff. GGO II.

2 **2. Verkündung.** Verkündung ist die amtliche Bekanntmachung des Gesetzeswortlauts in dem dafür vorgesehenen Amtsblatt. Hierdurch wird ein Gesetz existent.[4] Die Verkündung trägt dem Verbot, Unmögliches bei Unkenntnis der

---

1 Vgl BVerwG, NVwZ-RR 1996, 630.
2 Vgl HessStGH, NVwZ-RR 2007, 217.
3 Vgl BVerwGE 88, 204, 207 ff; OVG Bautzen, Urt. v. 25.10.2006 – 1 D 3/03 –.
4 BVerfGE 63, 343, 353.

Rechtsnorm zu verlangen, der Berechenbarkeit des Staatshandelns und der Legitimation und Kontrolle Rechnung und dient darüber hinaus demokratischen, gleichheitssichernden und sozialstaatlichen Publikationszwecken.[5]

Die materielle **Wirksamkeit** hängt vom Zeitpunkt des In-Kraft-Tretens ab (Abs. 3). Ein Gesetz gilt als mit der Verkündung allg. bekanntgemacht, ohne dass es erforderlich ist, die positive Kenntniserlangung des einzelnen zu ermitteln.[6] Erklärungen der LReg, eines Regierungsmitglieds, einer Partei oder einzelner Politiker, einer gesetzlichen Regelung einen bestimmten Inhalt zu geben oder der Gesetzesbeschluss des LT begründen keine Grundlage für schutzwürdiges Vertrauen des Bürgers, das Gesetz werde mit dem Inhalt dieser Erklärung zustande kommen. Schutzwürdiges Vertrauen vermag erst ein Gesetz zu begründen, das nach den Vorschriften der LV zustande gekommen, nach Art. 58 ausgefertigt und verkündet und sodann in Kraft getreten ist.[7] Die Neubekanntmachung eines Gesetzes nach In-Kraft-Treten eines Änderungsgesetzes ist kein selbständiger gesetzgeberischer Akt.[8] 3

II. Ausfertigung und Verkündung von Gesetzen (Abs. 1)

1. Ausfertigung durch Ministerpräsident (Prüfungskompetenz). Der MinPräs hat die „verfassungsmäßig zustande gekommenen Gesetze" auszufertigen und zu verkünden. Gesetze, die nicht verfassungsmäßig zustande gekommen sind, dürfen nicht verkündet werden.[9] Unstreitig hat der MinPräs die formelle Verfassungsmäßigkeit eines Gesetzes zu prüfen, weil zumindest nur in formeller Hinsicht „einwandfreie" Gesetze als nach der LV zustande gekommen angesehen werden können.[10] Dies folgt aus der Stellung des MinPräs, der am Ende des Verfahrens die Einhaltung der Förmlichkeiten zu prüfen kann.[11] Auch ein materielles Prüfungsrecht ist zu bejahen: Der MinPräs ist als Teil der Staatsgewalt an die Verfassung gebunden; er darf nicht sehenden Auges in verfassungswidriges Gesetz ausfertigen.[12] Dies bedeutet, dass die Ausfertigung eines offensichtlich verfassungswidrigen Gesetzes verweigert werden darf.[13] IÜ dürfte dieser Fall nur dann vorkommen, wenn das Gesetz aus der Mitte des LT oder aufgrund eines Volksbegehrens initiiert und gegen den Willen der LReg verabschiedet worden ist. Dort, wo die LReg initiativ geworden war, hatte vor Einbringung bereits eine Verfassungsprüfung innerhalb der LReg (Innen- und Justizministerium) stattgefunden (→ Art. 55 Rn 5). 4

2. Mitzeichnung der beteiligten Minister. Den zuständigen Ministern soll bei der Ausfertigung kein Gegenzeichnungsrecht im engeren Sinne eingeräumt werden. Vielmehr ist nur eine einfache **Mitwirkung** vorgesehen, da es als unmöglich 5

---

5 Im Einzelnen *Wittling*, Die Publikation der Rechtsnormen einschließlich Verwaltungsvorschriften, 1991, S. 120 ff.
6 Vgl BVerfGE 92, 80, 87.
7 BFH, BFH/NV 2001, 1378 mwN.
8 ThürVerfGH, Urt. v. 6.6.2002 – VerfGH 14/98 –.
9 Zur „Prüfungs"-Kompetenz bei der Ausfertigung von Landesgesetzen *Blome/Grosse-Wilde*, DÖV 2009, 615; sieh auch zu Prüfungsrecht und Prüfungspflicht des Bundespräsidenten bei der Gesetzesausfertigung *Schoch*, ZG 2008 und *Guckelberger*, NVwZ 2007, 406.
10 Unstreitig: vgl *Nolte*, in Caspar/Ewer/Nolte/Waack, Art. 39 Rn 4.
11 Vgl *Lutze*, NVwZ 2003, 323; *Rau*, DVBl 2004, 1, 3 ff; *Mann*, in: Löwer/Tettinger, Art. 71 Rn 17 („tradierte Funktion der Ausfertigung").
12 Im einzelnen *Lutze*, NVwZ 2003, 323; *Rau*, DVBl 2004, 1, 3 ff; *Mann*, in: Löwer/Tettinger, Art. 71 Rn 18 ff.
13 Zur Diskussion im einzelnen *Nettesheim*, HdbStR, § 62 Rn 37 ff mwN.; in diesem Sinne etwa *Brechmann* in Meder/Brechmann, Art. 76 Rn 3 m.w.N.

angesehen wird, dass der MinPräs die Gesetze allein veröffentlicht.[14] Die Mitzeichnung namentlich des federführenden Ressortministers gewährleistet eine eigenständige Überprüfung, ob die Urkunde mit dem Gesetz, in dessen Ausfertigung der MinPräs beschlossen hat, übereinstimmt.[15] Jedenfalls dann, wenn die LReg – unbeschadet der grds. Ressortzuständigkeit – die Zuständigkeit für die Vertretung eines Gesetzgebungsvorhabens gegenüber dem Parlament auf eines ihrer Mitglieder überträgt und dieses Mitglied das Gesetz zusammen mit dem MinPräs ausfertigt, ist den Anforderungen der Verfassung genügt. Insb. bei sog. Artikelgesetzen kann zweifelhaft sein, welche ministeriellen Geschäftsbereiche im Einzelnen betroffen sind. Würde man die Ausfertigung durch sämtliche in ihrem Geschäftsbereich berührten Minister verlangen, bestünde die Gefahr erheblicher Zweifel an der formellen Verfassungsmäßigkeit der betreffenden Gesetze.[16]

6 **3. Verkündung im Gesetz- und Verordnungsblatt.** Der MinPräs hat das Gesetz nach Ausfertigung **verkünden zu lassen**. Diese Formulierung besagt, dass nicht notwendig er oder die Staatskanzlei die Verkündung vornehmen müssen, sondern der von ihm durch Organisationsentscheidung bestimmte Minister.[17] Ohne dass dies in Art. 58 ausdrücklich gesagt ist, müssen Ausfertigung und Verkündung unverzüglich erfolgen.[18] Das Gebot effektiven Grundrechtsschutzes kann es rechtfertigen, eine einstweilige Anordnung gegen ein vom Ministerpräsidenten ausgefertigtes Gesetz schon vor dessen Verkündung zu erlassen.[19]

7 Die Verkündung erfolgt grds. durch den Abdruck des **vollen Wortlautes** einschließlich etwaiger Anlagen, die Bestandteil des Gesetzes sind. Hiervon gibt es Ausnahmen: zum einen der Haushaltsplan gemäß § 1 Satz 2 LHO, wonach nur der Gesamtplan verkündet wird, zum anderen Verweisungen auf andere, veröffentliche Normen. Inwieweit in diesem Zusammenhang eine so genannte dynamische Verweisung zulässig ist, ist keine Frage der Verkündung.

8 Im Gesetzesbeschluss enthaltene Druckfehler und andere offenbare Unrichtigkeiten können in sehr engen Grenzen ohne nochmalige Einschaltung der gesetzgebenden Körperschaften berichtigt werden. Maßstab ist dessen offensichtliche Unrichtigkeit. Sie kann sich nicht allein aus dem Normtext, sondern insb. auch unter Berücksichtigung des Sinnzusammenhangs und der Materialien des Gesetzes ergeben. Maßgebend ist, dass mit der **Berichtigung** nicht der rechtlich erhebliche materielle Gehalt der Norm und mit ihm seine Identität angetastet wird.[20] IÜ gilt das Prinzip der Unverrückbarkeit einer Parlamentsentscheidung. Danach ist auch das Parlament selbst, soweit die Verfassung nichts anderes vorsieht, an seine Gesetzesbeschlüsse gebunden und verbleibt für Änderungen regelmäßig nur der Weg eines neuen förmlichen Gesetzgebungsverfahrens.[21]

---

14 So HessStGH, Urt. v. 8.11.2006 – P.St. 1981, NVwZ-RR 2007, 217.
15 Vgl *Nolte*, in Caspar/Ewer/Nolte/Waack, Art. 39 Rn 9 f.
16 HessStGH, NVwZ-RR 2007, 217 unter Hinweis auf *Schenke*, in: BK, Art. 58 Rn 73.
17 Dies ist derzeit die Justizministerin.
18 Vgl *Mann*, in: Löwer/Tettinger, Art. 71 Rn 22 ff; *Nolte*, in: Caspar/Ewer/Nolte/Waack, Art. 39 Rn 29.
19 BVerfG, Beschl. v. 4.5.2012 – 1 BvR 367/12 –, BVerfGE 131, 47 Rn 50 ff.
20 BVerfGE 105, 313 = NJW 2002, 2543.
21 Vgl BVerfG, Beschl. v. 9.7.2007 – 2 BvF 1/04, BVerfGE 119, 96, Rn 110; VerfGH Bbg, 30.6.1999 – 50/98, LVerfGE 10, 213 Rn 56.

III. Ausfertigung und Verkündung von untergesetzlichen Normen

1. Rechtsverordnungen (Abs. 2). RechtsVO werden von der Stelle, die sie erlässt, ausgefertigt und vorbehaltlich anderer gesetzlicher Regelung im Gesetz- und Verordnungsblatt verkündet. Dies bedeutet nicht, dass auch nachgeordneten Behörden im Gesetz- und Verordnungsblatt veröffentlichen. Insoweit sind nur die Zentralstellen (LReg, MinPräs oder Landesminister) gemeint. Rechtsordnungen nachgeordneter Stellen werden in besonderen Verkündungsblättern der betreffenden Behörden veröffentlicht.[22] Die Ausfertigung von RechtsVO hat eine geringere Bedeutung, da sie regelmäßig in einem Akt mit der endgültigen Rechtsetzungsentscheidung der erlassenden Stelle erfolgt. Sie findet ihren Ausdruck in der Unterzeichnung der Orginalurkunde.[23]

2. Satzungen. Auch die Ausfertigung von Satzungen ist rechtsstaatlich geboten; die Regeln über Art, Inhalt und Umfang ihrer Ausfertigung richten sich nach Landesrecht.[24] Eine zeitliche Reihenfolge bei Erlass einer anzeigepflichtigen Satzung, die keine Hauptsatzung ist, dergestalt, dass zunächst die Anzeige zu erfolgen hat, bevor die Satzung ausgefertigt werden darf, besteht nach der KV M-V nicht.[25] Der Umstand, dass die Ausfertigung vor der Erteilung einer notwendigen Genehmigung einer gemeindlichen Satzung erfolgte, wird von der Heilungsvorschrift des § 5 Abs. 5 KV M-V erfasst.[26]

IV. Zeitliche Geltung

1. In-Kraft-Treten (Abs. 3). Nach der vom Bundesverfassungsgericht zu Art. 82 GG vertretenen so genannten Entäußerungstheorie ist der Zeitpunkt, in dem die Äußerung des Verkündungswillens unwiderruflich wird, der Zeitpunkt des „Ausgebens" eines Gesetz- und Verordnungsblattes. Dies ist der Zeitpunkt, in dem in Übereinstimmung mit dem Willen und der Weisung des für die Verkündung zuständigen Verfassungsorgans das erste Stück eines Gesetz- und Verordnungsblattes „in Verkehr gebracht wird". In diesem Augenblick ist das Gesetz durch das zuständige Verfassungsorgan **„verkündet"**, weil damit das Gesetz- und Verordnungsblatt im verfassungsrechtlichen Sinn „ausgegeben" ist.[27] Jede Nummer des Gesetz- und Verordnungsblattes trägt am Kopf das Datum seiner Ausgabe, um die Feststellung des Zeitpunkts des Inkrafttretens des Gesetzes zu erleichtern. Diese amtliche Angabe hat die Vermutung ihrer Richtigkeit für sich. Im Allgemeinen ist deshalb von ihr auszugehen, wenn vom Zeitpunkt der Ausgabe des Gesetzblattes der Zeitpunkt des Inkrafttretens eines Gesetzes abhängig ist. Wird die Unrichtigkeit der Angabe im Kopf einer Nummer des Landesgesetzblattes über den Tag seiner Ausgabe geltend gemacht, so muss die Unrichtigkeit nachgewiesen werden; bloße Zweifel oder Bedenken gegen die Richtigkeit der Angabe im Gesetzblatt genügen nicht.[28]

---

22 Vgl *Mann*, in: Löwer/Tettinger, Art. 71 Rn 28.
23 Vgl *Mann*, in: Löwer/Tettinger, Art. 71 Rn 29; *Nolte*, in Caspar/Ewer/Nolte/Waack, Art. 39 Rn 18 ff.
24 BVerwGE 88, 204 = NVwZ 1992, 371.
25 OVG Greifswald, NordÖR 2001, 218 = NVwZ-RR 2001, 786.
26 OVG Greifswald, NordÖR 2002, 43 (Leitsatz).
27 BVerwG, Urt. v. 28.5.2009 – 2 C 23/07 –, LKV 2009, 522 unter Bezugnahme auf BVerfG, Beschl. v. 7.7.1992 – 2 BvR 1631/90 und 2 BvR 1728/90 – BVerfGE 87, 48, 60 und BVerwG, Urt. v. 23.9.1966 – 3 C 113.64 – BVerwGE 25, 104, 107 f.; zur Verkündung *Schneider*, Gesetzgebung, 3. Aufl. 2002, Rn 481 ff.
28 BVerwG, Urt. v. 28.5.2009 – 2 C 23/07 –, LKV 2009, 522.

12 Die Bestimmung des Tags des In-Kraft-Tretens im Gesetz[29] ist nicht Teil des Gesetzgebungsverfahrens, sondern gehört zu den inhaltlichen Regelungen eines Gesetzes.[30] Zu welchem Zeitpunkt geänderte oder neue Vorschriften in Kraft treten, bestimmt sich allein nach Art. 58 Abs. 3, der vom Gesetzgeber zu beachten ist. Diese Vorschrift entspricht Art. 82 Abs. 2 Satz 1 GG; die dafür entwickelten Rechtsprechungsgrundsätze sind daher übertragbar.[31] Ein verkündetes, aber noch nicht in Kraft getretenes Gesetz ist zwar rechtlich existent, übt jedoch keine Wirkungen aus. Es ist von Verfassungs wegen ausgeschlossen, für den Beginn der Anwendung neuer Gesetze auf andere als die in Abs. 3 genannten möglichen Zeitpunkte abzustellen.[32]

13 Abs. 3 soll sicherstellen, dass über den **Zeitpunkt der Normverbindlichkeit Klarheit** herrscht; er dient den rechtsstaatlichen Geboten der Rechtssicherheit und Rechtsklarheit über die zeitliche Geltung des Rechts.[33] Wird kein Datum genannt, muss für jeden potentiell Betroffenen ersichtlich sein, an welches Ereignis der Zeitpunkt zwingend anknüpft. Unschädlich ist dabei, dass mehrere insoweit miteinander in untrennbaren Regelungszusammenhang stehende beziehungsweise auf einander verweisende Gesetzesbestimmungen zu ermitteln und auszulegen sind, selbst wenn dies einem juristisch nicht vorgebildeten Leser Schwierigkeiten zu bereiten vermag.[34] Aus der In-Kraft-Tretens-Regelung muss sich ergeben, ob das Gesetz rückwirkend, dh bereits vor dem Zeitpunkt der Verkündung gelten soll; ob dies – verfassungsrechtlich – zulässig ist, richtet sich nach den Grundsätzen der Rückwirkung von Gesetzen.[35] Verfassungsrechtlich zulässig ist es, ein bedingtes Gesetz zu erlassen, bei dem das In-Kraft-Treten von dem Eintritt eines Ereignisses abhängt. Dabei bedarf es nicht einer eigenen Bekanntgabe des In-Kraft-Tretens.[36]

14 Die Bestimmung des Zeitpunkts bedarf im Regelfall keiner besonderen **Rechtfertigung**. Verfassungsrechtlich dürfen lediglich äußerste Grenzen nicht überschritten werden. Solche Grenzen können sich etwa aus der Verpflichtung des Gesetzgebers zur Erfüllung eines Verfassungsauftrags oder zur Bereinigung einer verfassungswidrigen Rechtslage ergeben, aus der Notwendigkeit, die generelle Durchsetzung einer belastenden Regelung durch Gewährung einer Übergangszeit abzumildern,[37] oder dem allg. Gleichheitssatz (Art. 3 Abs. 1 GG), wonach sich der Zeitpunkt für das In-Kraft-Treten am gegebenen Sachverhalt orientieren, dh sachlich vertretbar sein muss.[38] Die Notwendigkeit einer Übergangsregelung, insbesondere eines späteren Inkrafttretens des neuen Rechts, kommt etwa in Fällen in Betracht, in denen die Beachtung neuer grundrechtsrelevanter Regelungen nicht ohne zeitaufwändige und kapitalintensive Umstellungen möglich ist und der Grundrechtsträger deshalb seine bislang in erlaubter Weise ausgeüb-

---

29 Dazu *Schneider*, Gesetzgebung, 3. Aufl. 2002 § 15.
30 Vgl BVerfGE 42, 263, 283; 45, 297, 326; 47, 85, 93.
31 So LVerfG M-V, LVerfG 4, 249, 256 unter Zitierung von BVerfGE 42, 263, 285 f = JZ 1977, 78 = DVBl 1976, 710.
32 BSGE 93, 15.
33 BVerfGE 42, 263, 285 mwN.
34 LVerfG M-V, LVerfG 4, 249, 256; vgl auch BayObLG, BayObLGSt 1999, 113.
35 Vgl BVerfGE 87, 48 = NVwZ 1992, 1182 = NJW 1993, 1123; zur Zulässigkeit rückwirkender Gesetze → *Wallerath*, **Art. 2** Rn 20 f.
36 LVerfG M-V, LVerfG 4, 249, 258.
37 Dazu LVerfG M-V, LVerfG 12, 227, 249 f.; vgl auch BVerfG, Beschl. v. 4.5.2012 – 1 BvR 367/12, BVerfGE 131, 47 Rn 47.
38 Zusammenfassend BVerfGE 47, 85 = NJW 1978, 629.

te Tätigkeit bei unmittelbarem Inkrafttreten der Neuregelung zeitweise einstellen müsste oder aber nur zu unzumutbaren Bedingungen fortführen könnte.[39]

Der **Tag der Verkündung** ist der Tag der Ausgabe des Gesetz- und Verordnungsblatts. Ausgabe ist das willentliche Inverkehrbringen der Ausgabe, in der das betreffende Gesetz enthalten ist. Dabei genügt es, wenn das erste Stück der Nummer des Gesetzblattes über den Postweg oder auf andere Weise in den Verkehr gebracht worden ist.[40] Nicht erforderlich ist, dass die Ausgaben an die Mehrzahl der Bezieher bereits ausgeliefert wurden, da die Anknüpfung an diesen Zeitpunkt dem Grundsatz der Rechtsklarheit widersprechen würde.[41] 15

2. Außer-Kraft-Treten. Ein Gesetz tritt zunächst **außer Kraft**,[42] wenn dies ein später erlassenes Gesetz anordnet. Dies kann ausdrücklich geschehen. In Betracht kommt aber auch eine abweichende Regelung desselben Lebenssachverhalts, so dass der Grundsatz „lex posterior derogat legi priori" eingreift. Schließlich kann eine gesetzliche Regelung wegen grundlegender Änderung des Verhältnisse obsolet werde. 16

Automatisch tritt ein **zeitlich befristete Gesetz** außer Kraft. Es kommt zunächst in Betracht, wenn ein temporäres Problem gelöst werden soll. Es wird auch zur Eindämmung der „Normenflut" oder Deregulierung eingesetzt. Die Verknüpfung von ressortübergreifender Normprüfung und Befristungsgesetzgebung soll sich als effektives Mittel zum Bürokratieabbau bewährt haben, um die Normenflut einzudämmen.[43] Dies ist aber nur der Fall, wenn die Befristung sachgerecht eingesetzt wird. Sie macht keinen Sinn, wenn klar ist, dass ein Gesetz inhaltlich – wie etwa die Landesbauordnung – oder aus anderen zwingenden Gründen – etwa zur Umsetzung von Europarecht – erforderlich ist. Hier kann ein Überprüfungsauftrag des LT an die LReg genügen, das Gesetz nach einem bestimmten Zeitraum zu evaluieren und ggf. Änderungsvorschläge in einem Gesetzentwurf einzubringen. Demgemäß bestimmt auch § 3 Abs. 6 GGO II, dass Vorschriften – nur – zu befristen sind, wenn sie nur für einen vorübergehenden Zweck erforderlich sind. Im Übrigen soll eine Befristung vorgesehen werden, wenn nicht besondere wichtige Gründe für eine unbefristete Geltungsdauer sprechen. Besondere wichtige Gründe sind insbesondere die Regelung von verfassungs-, statusoder organisationsrechtlichen Sachverhalten sowie die Umsetzung von höherrangigem unbefristetem Recht. Allerdings sind unbefristete Vorschriften spätestens alle fünf Jahre vom federführenden Ressort auf die Notwendigkeit ihrer Weitergeltung nach Maßgabe dieses Absatzes zu überprüfen. 17

V. Geschäftsordnungen (Abs. 4)

Die Veröffentlichung von GO dient der Transparenz. Damit wird auch deutlich, zu welchem Zeitpunkt und mit welchem Inhalt an sich nur intern geltende GO geändert werden. 18

VI. Schrifttum

Thomas Blome/Thomas Grosse-Wilde, Zur „Prüfungs"-Kompetenz bei der Ausfertigung von Landesgesetzen, DÖV 2009, 615; *Bundesministerium der Justiz* (Hrsg.): Handbuch der Rechtsförmlichkeit – Empfehlungen des Bundesministe- 19

---

39 BVerfG, Beschl. v. 4.5.2012 – 1 BvR 367/12 –, BVerfGE 131, 47 Rn 37.
40 BVerfGE 16, 6 18 f.
41 *Nolte*, in: Caspar/Ewer/Nolte/Waack, Art. 39 Rn 17.
42 Dazu *Schneider*, Gesetzgebung, 3. Aufl. 2002 § 15 Rn 550 ff.
43 *Becker*, NVwZ-Extra 17/2010, S. 1.

riums der Justiz zur einheitlichen rechtsförmlichen Gestaltung von Gesetzen und Rechtsverordnungen nach § 38 Abs. 3 GGO II); *Christoph Gröpl*, Ausfertigung, Verkündung und Inkrafttreten von Bundesgesetzen nach Art. 82 GG, Jura 1995, 641 ff.; *Schneider*, Gesetzgebung, 3. Aufl. 2002; *Wittling, Almut*, Die Publikation der Rechtsnormen einschließlich der Verwaltungsvorschriften, 1991.

II. Initiativen aus dem Volk, Volksbegehren und Volksentscheid

Vorbemerkung zu Art. 59

1 Die Bundesrepublik Deutschland ist als repräsentative Demokratie verfasst. Das Volk, von dem alle Staatsgewalt ausgeht, übt diese unmittelbar nur in Wahlen und Abstimmungen aus, iÜ aber mittelbar, dh durch besondere Organe der Gesetzgebung, der vollziehenden Gewalt und der Rspr (Art. 20 Abs. 2 GG). Das schließt ergänzende unmittelbare Befugnisse des Volkes (zB) zur Gesetzgebung nicht aus.[1] Auf Bundesebene hat das deutsche Volk solche Befugnisse nicht. Die in Abstimmungen auszuübende Staatsgewalt enthält allein das Recht auf Beteiligung an einer Neugliederung des Bundesgebiets; eine Befugnis zum Volksentscheid auch in anderen Gesetzgebungsverfahren oder auch nur zur Befassung des BT oder der Veranstaltung einer Volksbefragung gibt es nicht.[2] Versuche, dies zu ändern, blieben bislang erfolglos.[3] In den Ländern ist das anders. Einige Länderverfassungen enthalten plebiszitäre Elemente seit Landesgründung (zB Bayern und Nordrhein-Westfalen). In anderen Ländern kamen entsprechende Regelungen später hinzu (zB in Baden-Württemberg und in Niedersachsen). Nach der friedlichen Revolution von 1989 verbreitete sich allg. der Wunsch, die repräsentative Demokratie durch die Einführung plebiszitärer Elemente jedenfalls auf Landesebene zu ergänzen und zu verstärken. Seither haben sich nicht nur die ostdeutschen Länder entspr. Verfassungen gegeben, sondern sind plebiszitäre Elemente auch in jenen westdeutschen Ländern eingeführt worden, in denen sie bisher unbekannt waren. Die unmittelbare Beteiligung des Volkes an der Gesetzgebung besteht idR aus drei Teilen: der Volksinitiative (die das Parlament mit einem Gegenstand der politischen Willensbildung obligatorisch befasst), dem Volksbegehren (das das Parlament zur Abstimmung über einen Gesetzentw. zwingt) und dem Volksentscheid (mit dem das Volk selbst über einen Gesetzentw. abstimmt). Von der weiteren Möglichkeit, eine amtliche Volksbefragung durchzuführen – so einstmals in Hamburg – wird jedenfalls in M-V kein Gebrauch gemacht.[4] Während Volksbegehren und Volksentscheid stets in der Weise mit einander verknüpft sind, dass die Ablehnung des Volksbegehrens durch das Parlament den Weg zum Volksentscheid öffnet, sind unterschiedliche Folgen der Volksinitiative möglich: Nach einigen Verfassungen (zB in Brandenburg und in Schleswig-Holstein) eröffnet erst die Ablehnung einer Volksinitiative den Weg zum Volksbegehren (drei-stufiges Verfahren); nach anderen Verfassungen kann ein Volksbegehren auch ohne diese Voraussetzung eingeleitet werden (zwei-stufiges Verfahren); die Ablehnung einer Volksinitiative bleibt in diesem Verfahren

---

[1] BVerfGE 60, 175, 208.
[2] Nach *Meyer*, S. 542, enthält das GG freilich einen Gesetzgebungsauftrag zu einem Gesetz über die Einführung der Volksgesetzgebung.
[3] *Schnapp*, in: von Münch/Kunig, Bd. 2, Art. 20 Rn 18; anders noch Artt. 73 und 75 der Weimarer Reichsverfassung.
[4] Anders jedoch noch der sog. Oktoberentwurf des Regionalausschusses, → *Kronisch*, **Entstehungsgeschichte** Rn 13.

ohne rechtliche Folgen. Der letzte Weg, der in den meisten Länderverfassungen beschritten worden ist, ist auch in M-V gewählt worden.

Der Einführung plebiszitärer Elemente in die LV lagen unterschiedliche Entw. 2
der Sachverständigen v. Mutius und Starck zugrunde, die insb. in der 17. Sitzung der Verfassungskommission am 7.2.1992 erörtert wurden. Unter dem Eindruck einer öffentlichen Anhörung, in der eine große Mehrheit die Einführung plebiszitärer Elemente begrüßte, einigte man sich in der 26. Sitzung auf einen Kompromiss aus beiden Entw.,[5] der vom Landtagsplenum übernommen wurde.

Artt. 59 und 60 bedürfen der Konkretisierung durch Gesetz, die in Abs. 4 bzw 3
Abs. 5 auch vorgesehen ist. Das Gesetz zur Ausführung von Initiativen des Volkes, Volksbegehren und Volksentscheiden in M-V (VolksabstimmungsG VaG M-V) wurde alsbald nach In-Kraft-Treten der LV verabschiedet (Gesetz v. 31.1.1994, GVOBl. S. 127) und inzwischen mehrfach geändert.[6]

Schrifttum

Hans Meyer, Volksabstimmungen im Bund: Verfassungslage nach Zeitgeist ?, JZ 4
2012, 538 ff; *Johannes Rux*, Direkte Demokratie in Deutschland, 2008.

Art. 59 (Volksinitiative)

(1) Im Rahmen seiner Entscheidungszuständigkeit kann der Landtag durch Volksinitiative mit Gegenständen der politischen Willensbildung befaßt werden. Eine Volksinitiative kann auch einen mit Gründen versehenen Gesetzentwurf zum Inhalt haben.

(2) Eine Volksinitiative muß von mindestens 15.000 Wahlberechtigten unterzeichnet sein. Ihre Vertreter haben das Recht, angehört zu werden.

(3) Initiativen über den Haushalt des Landes, über Abgaben und Besoldung sind unzulässig.

(4) Das Nähere regelt das Gesetz.

Artt. 61 VvB; 76 BbgVerf; 87 BremVerf; 50 HambVerf; 47 NdsVerf; 67 a Verf NW; 108 a Verf Rh-Pf; 71 SächsVerf; 80 LVerf LSA; 41 SchlHVerf; 68 ThürVerf.

I. Allgemeines	1	a) Finanzvorbehalt		7
1. Verfassungswirklichkeit	1	b) Verfassungsänderung		8
2. Wesen	2	c) Andere Grenzen		9
II. Voraussetzungen	3	III. Verfahren		10
1. Gegenstand	3	1. Zulässigkeitsprüfung		10
a) Teilnahmeberechtigte	3	a) Formelle Zulässigkeit		10
b) Gegenstand	4	b) Materielle Formelle Zulässigkeit		11
c) Zuständigkeit des Landtages	5	2. Befassung des Landtags		12
d) Quorum	6	IV. Schrifttum		13
2. Grenzen	7			

I. Allgemeines

1. Verfassungswirklichkeit. Seit In-Kraft-Treten der Verfassung sind insgesamt 1
19 Volksinitiativen zustande gekommen und haben den LT beschäftigt. Häufig

---

5 Kommission, Verfassungsentwurf; → *Kronisch*, **Entstehungsgeschichte** Rn 22.
6 Zuletzt durch Art. 2 des Zweiten Gesetzes zur Änderung der Verfassung des Landes M-V (Gesetz v. 14.7.2006 GVOBl. S. 572).

haben parlamentarische[1] oder außerparlamentarische[2] politische Minderheiten mit dem Instrument der Volksinitiative eine Beratung des LT über den Gegenstand der Initiative erzwungen. Auffällig ist, dass die Regierungsfraktionen regelmäßig großen Respekt vor der Äußerung des „Volkswillens" bekundet, in der Sache aber anders entschieden haben. Einmal hat eine Initiative zu einer Wiederaufnahme eines bereits abgeschlossenen Entscheidungsverfahrens geführt,[3] in einem anderen Fall wurde dem Anliegen zwar Rechnung getragen,[4] hier war die Volksinitiative den Absichten der Regierungsmehrheit aber nur zuvorgekommen. In einem dritten Fall[5] sah sich eine Regierungsfraktion gezwungen, ihre noch in der Opposition eingeleitete Initiative so zu verwässern, dass sie für sie auch noch in der Regierung (und für den Koalitionspartner) akzeptabel war. Die Volksinitiative „Für ein weltoffenes, friedliches und tolerantes Mecklenburg-Vorpommern" hat dagegen zur Einführung des Art. 18 a in die LV geführt.[6, 7] Die Zahl der Volksinitiativen hat sich nach einer anfänglichen Blütezeit in späteren Legislaturperioden deutlich vermindert. Die Erwartung, die Volksinitiative werde ein Ventil sein für ein spontanes Partizipationsbedürfnis des Volkes, hat sich wohl nur im Fall der genannten Verfassungsänderung erfüllt. Im Übrigen ist die Volksinitiative eher ein „Resonanzboden für vorstrukturierte und festorganisierte Interessen"[8] geworden, die im Parlament nicht hinreichend Gehör gefunden haben. Freilich erscheint sie auch insoweit als ein beachtlicher Gewinn für die Demokratie.

2 **2. Wesen.** Die Volksinitiative ist eine qualifizierte Massenpetition, dh sie führt zu einer Erörterung in einem Fachausschuss und zu einer zweimaligen Behandlung im Plenum und gewährt den Vertretern ein Anhörungsrecht.

II. Voraussetzungen

3 **1. Gegenstand. a) Teilnahmeberechtigte.** Anders als nach den Verfassungen einiger anderer Länder (zB Art. 22 Abs. 2 Satz 2 BbgVerf.) haben in M-V nur wahlberechtigte Bürger, dh deutsche Staatsangehörige, das Recht, sich an Initiativen aus dem Volk zu beteiligen (§ 4 VaG). Ob dies zwingend aus dem „Volks"-begriff herzuleiten ist, mag zweifelhaft erscheinen. IÜ scheint dies umso weniger erforderlich, als die Volksinitiative nicht Bestandteil eines Volksgesetzgebungsverfahrens ist, so dass keine Staatsgewalt ausgeübt wird. Beließe man es dabei, wäre es durchaus demokratiefördernd, das Beteiligungsrecht auch Ausländern mit ständigem Aufenthalt im Lande zuzugestehen. Nach § 7 des brandenburgischen Volksabstimmungsgesetzes können sich sogar Jugendliche ab 16 Jahren an Volksinitiativen beteiligen, sofern diese vor allem Jugendliche betreffen. Auch das ist eine erwägenswerte Erweiterung. Die LReg und der LT können als Orga-

---

1 „Soziale Rechte in die Landesverfassung", LT-Drs. 1/4460 (PDS).
2 „Ein ökologisches, soziales und demokratisches Gesetz für den öffentlichen Personennahverkehr in M-V", LT-Drs. 2/892 (Bündnis 90/Grüne).
3 „Für die Wiedereinrichtung des Studiengangs Zahnmedizin und den Erhalt der Klinik und der Polikliniken für Zahn-, Mund- und Kieferheilkunde an der Universität Rostock", LT-Drs.3/138.
4 „Pro A 20/Rügenanbindung", LT-Drs. 3/7.
5 „Der Jugend eine Zukunft – Berufliche Erstausbildung und Beschäftigung für Jugendliche", LT-Drs. 3/138.
6 LT-Drs. 5/640, GVOBl 2007 S. 371, → *Classen*, Art. 18 a Rn 1 f.
7 Weitere Hinweise auf die Inhalte bisheriger Volksinitiativen finden sich bei *März*, JöR N.F. 54 (2006), S. 257 f.
8 *März*, (Fn 7) S. 261.

ne des Volkes eine Initiative nicht in Gang setzen. Das schließt nicht aus, dass Regierungsmitglieder und Landtagsabg. sich beteiligen.

b) Gegenstand. Gegenstand der politischen Willensbildung ist alles, worüber 4 im LT debattiert und eine Entschließung gefasst werden kann. Sofern es sich dabei um einen Gesetzentw. handelt, bedarf es zu seiner Verabschiedung des in Art. 55 f LV vorgesehenen Verfahrens, dh einer Grundsatzberatung und einer Einzelberatung sowie der in der GO LT vorgesehenen Schritte (→ *Sauthoff*, **Art. 55** Rn 20 ff). Der Gesetzentw. muss zwar (anders als die von der LReg oder aus der Mitte des LT eingebrachten Entw.) begründet sein, gilt dann aber mit der Zuleitung der entsprechenden Volksinitiative an den LT als eingebracht, wie sich aus Art. 55 Abs. 1 Satz 1 LV ergibt. Andere Gegenstände politischer Willensbildung können sein: Meinungsäußerungen allg. Art, Aufträge an die LReg uÄ.

c) Zuständigkeit des Landtages. Im Rahmen seiner Zuständigkeit wird der LT 5 jedenfalls dann tätig, wenn er für eine bestimmte Regelungsmaterie die Gesetzgebungskompetenz hat. Steht die Gesetzgebungskompetenz des Bundes in Frage, kann der LT mit der Angelegenheit befasst werden, soweit die LReg initiativ oder mitentscheidend im BRat tätig werden und der LT ihr insoweit einen Auftrag erteilen kann.[9] Unzulässig ist dagegen eine Initiative, mit der der LT Mitglieder des BT zu einem bestimmten Abstimmungsverhalten veranlassen soll.[10] Richtig ist auch, dass der LT nicht durch Volksinitiative aufgefordert werden kann, auf Personalentsch. der LReg Einfluss zu nehmen[11] oder andere Einzelfallentsch. zu treffen.[12] Zwar kann der LT auch insoweit Wünsche an die LReg herantragen, er kann ihr aber keinen Auftrag erteilen. Zulässig ist ein Ersuchen, für eine bestimmte Thematik einen Untersuchungsausschuss einzusetzen, ja sogar dem MinPräs das Misstrauen auszusprechen.[13]

d) Quorum. Mindestens 15.000 Wahlberechtigte müssen eine Volksinitiative 6 unterzeichnet haben, wenn diese die Befassung des LT auslösen soll. Dieses Quorum[14] ist niedrig[15] und sollte nach der Vorstellung der Verfassunggeber[16] der für die Erringung eines Landtagsmandats erforderlichen Stimmenzahl entsprechen.[17] Ein Quorum ist andererseits aber auch nötig, damit der LT nicht durch beliebig kleine Gruppierungen zur Befassung mit bestimmten Gegenständen gezwungen werden kann.[18]

2. Grenzen. a) Finanzvorbehalt. Initiativen über den Haushalt des Landes, 7 über Abgaben und Besoldung sind unzulässig (Abs. 3). Der sog. Finanzvorbehalt soll eine Volksgesetzgebung verhindern, in der kleine Gruppen von Lobbyisten

---

9 So hL, zB BbgVerfG, NVwZ 1999, 868; *Caspar*, in: Caspar/Ewer/Nolte/Waack, Art. 41 Rn 18; einschr. dagegen BVerfGE 8, 104, 120: keine Volksbefragung nach damaligem Hamburger Recht zur atomaren Bewaffnung der Bundeswehr.
10 BbgVerfG, aaO.
11 Wohl aber auf solche des LT, wie zB die Wahl des Bürgerbeauftragten, *Rux*, S. 665
12 *Mann*, in: Löwer/Tettinger, Art. 67 a Rn 9.
13 *Caspar* (Fn 9)Rn 20.
14 Knapp 1,1% der Wahlberechtigten der LT-Wahlen 2011.
15 Es ist nicht bekannt geworden, dass eine intendierte Volksinitiative an diesem Quorum gescheitert wäre, vgl *März* (Fn 7) Fn 348.
16 Vgl *v. Mutius*, der sich mit diesem Quorum in der Verfassungskommission durchsetzte – Kommission, Verfassungsentwurf, S. 147.
17 Ähnlich niedrig ist es in Rheinland-Pfalz, noch niedriger in Nordrhein-Westfalen, höher dagegen in Berlin – 3,2% – und in Thüringen – 6% –.
18 BayVerfGH, NVwZ-RR 2000, 401, 406, der sich freilich gegen jede feste Zahl beim Quorum ausspricht. Eine feste Zahl hat indessen den Vorteil, dass die Initianten klar wissen, wie viele Unterschriften sie brauchen.

die Mehrheit durch populistische Anträge zu Entscheidungen verführen, die das Gefüge des Haushalts oder der Abgaben oder der Entlohnung der Staatsbediensteten durcheinanderbringen können. Wie groß diese Gefahr wirklich ist, soll weiter unten erörtert werden (→ Art. 60 Rn 8). Die Einführung dieser Kautelen ins Verfahren der (rechtlich folgenlosen) Volksinitiative erscheint jedenfalls allzu vorsichtig.[19] Anscheinend hat der Verfassunggeber befürchtet, dass schon eine Erörterung der genannten Themen im LT zu nicht mehr kalkulierbaren Ergebnissen führen könnte, etwa infolge eines öffentlichen Drucks. Ein solcher Druck kann freilich auch auf andere Weise ausgeübt werden,[20] und etwas mehr Vertrauen auf die bessere Einsicht des LT in die genannten Verhandlungsgegenstände hätte zur Gelassenheit gegenüber einer zwangsweisen Befassung des Gremiums führen sollen.

8 **b) Verfassungsänderung.** Gegenstand einer Volksinitiative kann sehr wohl auch eine intendierte Verfassungsänderung sein, wie sich mittelbar aus Art. 60 Abs. 4 Satz 2 LV ergibt.

9 **c) Andere Grenzen.** Andere Grenzen ergeben sich aus der LV selbst. Hinsichtlich eines vorgelegten Gesetzentw. folgt dies aus der Bindung der Gesetzgebung an die Verfassung (Art. 4 LV). Aber auch die Behandlung anderer Gegenstände politischer Willensbildung durch den LT darf jedenfalls nicht im Widerspruch zu den Staatsgrundlagen (Art. 2), zum Demokratiegebot (Art. 3), zu den Grundrechten (Artt. 5 bis 10) und zu den Staatszielen (Artt. 11 bis 19) stehen.[21]

III. Verfahren

10 **1. Zulässigkeitsprüfung. a) Formelle Zulässigkeit.** Über die Zulässigkeit der Volksinitiative entscheidet der Landeswahlleiter (§ 8 Abs. 2 VaG), der die Vertreter der Volksinitiative zuvor auf Wunsch über die Einhaltung der förmlichen Voraussetzungen zu beraten hat (§ 6 VaG). Damit ist dem Anliegen der Verfassungskommission, die LReg (wegen Parteilichkeit) aus dem Zulassungsverfahren herauszuhalten, nicht Rechnung getragen worden. Denn der Landeswahlleiter ist (auch bei dieser Entsch.) weisungsabhängig. Es entspricht jedoch einer ausnahmslos eingehaltenen Praxis, dass der Landeswahlleiter lediglich die formelle Zulässigkeit überprüft, also die Einhaltung der Vorschriften über die Unterzeichnung und die erforderliche Stimmenzahl. Gegen die Entscheidung können die Antragsteller, die LReg oder ein Viertel der Mitglieder des LT das LVerfG M-V anrufen (Art. 53 Nr. 3 LV). Dies hat die missliche Folge, dass das Gericht notfalls auch zu überprüfen hätte, ob genügend Unterschriften vorliegen und ob diese leserlich genug sind.[22] Denkbar wäre, mit der Entsch. über die formellen Voraussetzungen stattdessen die Verwaltungsgerichtsbarkeit zu befassen. Einer einfachgesetzlichen Regelung stünde Art. 59 nicht entgegen, einer entspr. Regelung beim Volksbegehren freilich die Vorschrift des Art. 60 Abs. 2 Satz 2, die dann zweckmäßigerweise zu ändern wäre.

11 **b) Materielle Formelle Zulässigkeit.** b) Über die materielle Zulässigkeit einer Volksinitiative entscheidet auf Antrag der LReg oder eines Viertels der Mitglie-

---

19 AA *Thiele*, in: Thiele/Pirsch/Wedemeyer, Art. 59 Rn 3; ebenso BVerfGE 102, 176, 185, dies freilich für einen Fall in Schleswig-Holstein, wo die Volksinitiative Teil des Volksgesetzgebungsverfahrens ist.
20 So zB durch die regelmäßige öffentliche Kritik an Diätenerhöhungen.
21 Vgl mit anderer Begründung *Caspar* (Fn 9) Art. 41 Rn 23.
22 Vgl *Starck* in der 17. Sitzung der Verfassungskommission; s. auch *Isensee*, in: FS für Peter Krause, 2006, S. 303, 313 ff.

der des LT das LVerfG M-V. Dies ergibt sich aus Art. 53 Nr. 3 LV iVm §§ 11 Nr. 7 und 50 Abs. 2 LVerfGG.

2. Befassung des Landtags. Der Landeswahlleiter leitet die Volksinitiative dem PräsLT zur Vorlage an den LT zu. Dieser muss sich in der nächstmöglichen Sitzung nach Maßgabe seiner GO damit befassen und binnen drei Monaten zu einem Beschl. gelangen (§ 9 Abs. 1 und 2 VaG). Hierzu ist über den Gegenstand der Volksinitiative nach der Einbringung im Plenum im zuständigen Ausschuss zu beraten und abschließend wiederum im Plenum zu entscheiden. Bei der Ausschussberatung üben die Vertreter der Volksinitiative ihr Anhörungsrecht (Abs. 2 Satz 2) aus. Die Dreimonatsfrist ist zu kurz, wenn eine Volksinitiative unmittelbar vor dem Ende einer Legislaturperiode zugeleitet worden ist. Sie unterfällt nicht der Diskontinuität; denn nicht der bestimmter LT wird mit ihr befasst.[23] Zwar ist die Frist in der Zeit vom 1. Juli bis zum 31. August gehemmt (§ 9 Abs. 2 Satz 2 VaG). Der neue LT ist aber nicht sofort handlungsfähig. Das Problem wird bislang dadurch gelöst, dass die Volksinitiative einem schon in der ersten Sitzung gebildeten Sonderausschuss zugewiesen wird. Es ist vorgeschlagen worden, die Frist zur abschließenden Befassung auf vier Monate auszudehnen. Dieser Vorschlag, der durch eine Änderung des § 9 Abs. 2 VaG umzusetzen wäre, ist aber bislang nicht aufgegriffen worden. Als problematisch wird auch angesehen, dass Volksinitiativen manchmal nicht der Form genügen, die für LT-Drs. gilt; nicht alle Antragsteller machen von ihrem Recht auf Beratung durch den Landeswahlleiter Gebrauch. Die Vorlagen müssten hierzu geändert werden, was aber nicht als zulässig angesehen wird, weil dadurch der Volkswille verfälscht werden könnte. Hierzu ist vorgeschlagen worden, die Vorlagen vor der erstmaligen Beratung im Plenum durch einen Ausschuss vorberaten zu lassen, der dann die evtl erforderlichen redaktionellen Änderungen vornähme. Der Rechtsausschuss hat auch diesen Änderungsvorschlag nicht aufgegriffen. Eine Lösung der Probleme durch Änderung des Gesetzes erscheint entbehrlich, weil es dem LT freisteht, in der ihm geeignet erscheinenden Weise über die ihm unverfälscht vorgelegte Initiative zu beraten und zu entscheiden.

IV. Schrifttum

Johannes Rux, Direkte Demokratie in Deutschland, 2008.

Art. 60 (Volksbegehren und Volksentscheid)

(1) Ein Volksbegehren kann darauf gerichtet werden, ein Landesgesetz zu erlassen, zu ändern oder aufheben. Dem Volksbegehren muß ein ausgearbeiteter, mit Gründen versehener Gesetzentwurf zugrunde liegen. Das Volksbegehren muß von mindestens 120 000 Wahlberechtigten unterstützt werden.

(2) Haushaltsgesetze, Abgabengesetze und Besoldungsgesetze können nicht Gegenstand eines Volksbegehrens sein. Die Entscheidung, ob ein Volksbegehren zulässig ist, trifft auf Antrag der Landesregierung oder eines Viertels der Mitglieder des Landtages das Landesverfassungsgericht.

(3) Nimmt der Landtag den Gesetzentwurf nicht innerhalb von sechs Monaten im wesentlichen unverändert an, findet frühestens drei, spätestens sechs Monate nach Ablauf der Frist oder dem Beschluß des Landtages, den Entwurf nicht als Gesetz anzunehmen, über den Gesetzentwurf ein Volksentscheid statt. Der

---

23 *Thiele* (Fn 19), Art. 60 Rn 8.

Landtag kann dem Volk einen eigenen Gesetzentwurf zum Gegenstand des Volksbegehrens zur Entscheidung vorlegen.

(4) Ein Gesetzentwurf ist durch Volksentscheid angenommen, wenn die Mehrheit der Abstimmenden, mindestens aber ein Drittel der Wahlberechtigten zugestimmt haben. Die Verfassung kann durch Volksentscheid nur geändert werden, wenn zwei Drittel der Abstimmenden, mindestens aber die Hälfte der Wahlberechtigten zustimmen. In der Abstimmung zählen nur die gültigen Ja- und Nein-Stimmen.

(5) Das Nähere regelt das Gesetz.

Artt. 59 f, 64 Abs. 3 BWVerf; 71, 72 Abs. 1, 73 f BayVerf; 59 Abs. 2, 62 f, 100 Satz 2 VvB; 75, 77 ff BbgVerf; 66 f, 69 ff, 123 BremVerf; 48, 50 HambVerf; 116 f, 124 HessVerf; 42, 48 f NdsVerf; 68, 69 Abs. 3Verf NW; 107 , 109, 115 Verf Rh-Pf, 99 f SaarlVerf; 70, 72 ff Sächs-Verf; 77, 81 LVerf LSA; 37, 40 Abs. 2, 42 SchlHVerf; 81 ff ThürVerf.

I. Allgemeines	1	b) Erledigung	14
1. Geschichte	1	c) Behandlung im Landtag	15
2. Bedeutung	2	III. Volksentscheid	16
3. Wesen	3	1. Voraussetzungen	16
II. Volksbegehren	4	2. Verfahren	17
1. Gegenstand	4	3. Quorum	19
2. Voraussetzungen	5	4. Feststellung des Ergebnisses	20
3. Grenzen	6	IV. Kosten	21
4. Verfahren	12	V. Schrifttum	22
a) Zulässigkeitsentscheidung	12		

I. Allgemeines

1 **1. Geschichte.** Durch Art. 1 des Zweiten Gesetzes zur Änderung der Verfassung des Landes M-V vom 14.7.2006 (GVOBl. S. 572) wurde das Quorum für das Volksbegehren, das ursprünglich auf 140.000 Wahlberechtigte festgesetzt worden war, auf 120.000 gesenkt. Die Fraktion Bündnis 90/Die Grünen hat in der 6. Legislaturperiode im LT den Entwurf eines Gesetzes eingebracht (LT-Drs. 6/732), wonach das Quorum für das Volksbegehren auf 60.000 und das Quorum für einen erfolgreichen Volksentscheid auf 1/6 der Wahlberechtigten gesenkt werden soll. Der LT hat darüber bei Drucklegung noch nicht entschieden.

2 **2. Bedeutung.** Volksbegehren und Volksentscheid bieten den Bürgern eine Möglichkeit, Gesetze unmittelbar zu initiieren und zu beschließen. Die Befürworter erhoffen sich davon eine **Stärkung der Demokratie**, ein Mittel gegen Politikverdrossenheit sowie eine Verbesserung der Qualität und der Legitimität politischer Entscheidungen. Die Gegner wenden ein, dass – im Gegenteil – irrationale Entscheidungen aufgrund populistischer Anträge zu befürchten seien, dass zumindest die Entscheidungsqualität mangels des erforderlichen Sachverstands der Abstimmenden eingeschränkt werde. Die Erfahrungen in anderen Bundesländern dürften diese Befürchtungen widerlegt haben. Diese sind schon deshalb unbegründet, weil die Parlamente die Möglichkeit haben, „untragbare" Entscheidungen des Volkes durch eigene Gesetze zu korrigieren (wie zB den Volksentscheid gegen die Rechtschreibreform in Schleswig-Holstein). In jüngster Zeit mehrt sich allerdings wieder die Kritik an der mangelnden Professionalität[1], insbesondere der manchmal fehlenden Verfassungskonformität volksbeschlossener

---

1 *Kleindiek*, S. 195 f, der sich freilich – in Hamburg – der Einschränkung der parlamentarischen Korrekturmöglichkeit durch das fakultative Referendum konfrontiert sieht → Rn 3.

Gesetze.² Es wird auch darauf hingewiesen, dass oft nur eine „soziale Schrumpfform" der Bevölkerung, insbes. besser Situierte und Informierte an der Abstimmung teilnähmen³ und dass die Ergebnisse (deshalb?) gelegentlich strukturkonservativ seien.⁴ Ob sich die in die Volksgesetzgebung gesetzten Hoffnungen erfüllt haben, lässt sich jedenfalls in M-V nicht feststellen, weil hier bislang kein einziger Volksentscheid zustande gekommen ist⁵. Immerhin hat die Landeswahlleiterin im Februar 2015 ein Volksbegehren gegen das Gerichtsstrukturneuordnungsgesetz vom 11.11.2013 (GVBl 2013, 609) zugelassen, über das der LTbei Drucklegung noch nicht entschieden hat. Frühere Versuche von Volksbegehren sind dagegen gescheitert, u.a. eine Initiative gegen die Schulreform gemäß Gesetz v. 4.7.2005 (GVOBl. S. 297), erreichte nicht das Unterstützungsquorum, sondern stagnierte nach dem Eingeständnis der Antragsteller bei 80.000. In der Verfassungskommission hatten die Vertreter der Bürgerbewegung und des Regionalausschusses befürchtet, dass ein Volksbegehren, dessen Quorum 10% der Wahlberechtigten übersteige, ein Versprechen ohne Einlösungsmöglichkeit sei. Ob die letzte Senkung des Unterstützungsquorums auf 120000 bei einem Zustimmungsquorum von $^1/_3$ der Wahlberechtigten ausreicht, darf man bezweifeln. Freilich gibt es auch andere Länder, in denen es bislang nicht zu einem Volksentscheid gekommen ist.⁶

3. Wesen. Volksgesetze genießen weder höhere noch geringere Dignität als **Par-** 3 **lamentsgesetze**.⁷ Sie können nach dem Grundsatz „lex posterior derogat legi priori" vom Parlament korrigiert werden. Bei einer Konkurrenz der beiden Gesetzgeber ist freilich zu beachten, dass ein volksbeschlossenes Gesetz erst in einem langwierigen Verfahren zustande kommt, in dem es mehrere für das Parlament nicht existierende Hindernisse zu überwinden hat. Es wäre wohl ein Verstoß gegen das Gebot der Organtreue, wenn das Parlament ein solches Gesetz ohne sorgfältige Abwägung der Gegengründe aufhöbe oder abänderte.⁸ Daher ist erwogen worden, eine Änderung durch das Parlament während der laufenden Legislaturperiode überhaupt auszuschließen oder einer Änderung zumindest eine Schamfrist zu setzen. Dies ist jedoch nirgendwo Gesetz geworden. Als Kompromiss erscheint die in Art. 50 Abs. 4 und 4 a HmbVerf gefundene Lösung, wonach ein Gesetz der Bürgerschaft, das ein volksbeschlossenes Gesetz aufhebt oder abändert, einem Volksentscheid zu unterwerfen ist, wenn dies innerhalb einer Frist von 3 Monaten nach Verkündung des Gesetzes von 2,5% der Wahlberechtigten beantragt wird (sog. fakultatives Referendum).

II. Volksbegehren

1. Gegenstand. Gegenstand eines Volksbegehrens ist ein **Gesetzentwurf**, mit 4 dem ein Landesgesetz erlassen, geändert oder aufgehoben werden soll. Theore-

---

2 *Schmitz*, S. 737, der deshalb die Aufnahme einer präventiven Vorabkontrolle am Maßstab des Verfassungsrechts fordert.
3 *Eckart Hien*, Bürgerbeteiligung im Spannungsfeld der Gewaltenteilung, DVBl 2014, 295, 498.
4 *Stefan Ruppert,* Bericht über die 72. Tagung der Vereinigung der Deutschen Staatsrechtslehrer 2012, AöR 138 (2013) 464, 474.
5 Abgesehen von der Entscheidung des Volkes über die Landesverfassung, die auf dem Gesetz über die Verabschiedung und das Inkrafttreten der Verfassung von Mecklenburg-Vorpommern (GVOBl. 1993 S. 371) beruht, → *Kronisch*, **Entstehungsgeschichte**, Rn 24, 26.
6 ZB Rheinland-Pfalz: *Franke*, in: Grimm/Caesar, Art. 109 Rn 4; Nordrhein-Westfalen: *Mann*, in: Löwer/Tettinger, Art. 68 Rn 5.
7 *Thiele*, in: Thiele/Pirsch/Wedemeyer, Art. 60 Rn 6.
8 *Mahrenholz*, NordÖR 2007, 11.

tisch könnte auch die Zustimmung zu einem Staatsvertrag gemäß Art. 47 Abs. 2 LV durch Volksbegehren gefordert werden; ein Volksentscheid darüber dürfte indessen ausgeschlossen sein, weil die Bestimmung ausdrücklich die Entscheidung durch den LT vorsieht.[9] Nicht Gegenstand können sein: Erlass einer RechtsVO oder von VV, Rücktritt oder Abberufung von Mitgliedern der LReg.[10]

5 **2. Voraussetzungen.** Das Volksbegehren muss von 120.000 Wahlberechtigten unterstützt werden. Das **Quorum** entspricht etwa 8,7% der Wahlberechtigten der Landtagswahl von 2011. Das bei In-Kraft-Treten der Verfassung gültige Quorum von 140.000 entsprach fast 9,9% der Landtagswahlberechtigten von 1990. Es wurde also deutlich gesenkt. Eine Senkung des Einleitungsquorums hat freilich auch Grenzen. Der BremStGH[11] hat entschieden, dass ein Quorum von 10% der bei der letzten Bürgerschaftswahl abgegebenen Stimmen (= 5,9% der Wahlberechtigten) den Anforderungen an ein verfassungsmäßiges Volksbegehren nicht genüge.[12] Demgegenüber genügen nach Art. 42 Abs. 1 SchlHVerf 5%, in Hamburg ebenfalls, was bislang nicht als verfassungswidrig angegriffen worden ist. Der Gesetzentw. muss, anders als eine Gesetzesinitiative der LReg oder aus der Mitte des LT, begründet sein. Die Begr. darf knapp gehalten werden, muss aber die Motive erkennen lassen und darf sich nicht auf eine Wiedergabe oder Paraphrasierung des Gesetzestextes beschränken.[13]

6 **3. Grenzen.** Haushaltsgesetze, Abgabengesetze und Besoldungsgesetze können nicht Gegenstand eines Volksbegehrens sein (Abs. 2 Satz 1). Zweck dieser Einschränkung ist es, Gesetze zu verhindern, deren Initiierung und Verabschiedung des Sachverstands von Parlamentariern bedarf, die es gewohnt sind, bei haushaltswirksamen Beschlüssen das Gefüge des ganzen Haushalts mit Einnahmen und Ausgaben im Auge zu behalten. IÜ, so heißt es, dürfe das **Etatrecht** des Parlaments nicht geschmälert werden.

7 In Rspr und Lehre herrscht Streit darüber, ob das Verbot der Beschlussfassung über „Haushaltsgesetze" lediglich den Landeshaushalt als solchen oder auch alle **finanzwirksamen Gesetze** betrifft. Die ganz hM vertritt den letzteren Standpunkt. Hiernach sind jedenfalls solche finanzwirksamen Gesetze ausgeschlossen, die gewichtige staatliche Einnahmen oder Ausgaben auslösen und damit den Haushalt des Landes wesentlich beeinflussen.[14] Dies wird damit begründet, dass das Initiativrecht der Regierung und die Etathoheit des Parlaments nicht geschmälert werden dürften. Finanzwirksame Entscheidungen seien iÜ komplexer Natur, die ein plebiszitäres Ja oder Nein ausschließe. Sie seien durch zahlreiche Eckwerte, zB Leistungsgesetze oder vertragliche Bindungen, vorbestimmt. Hiernach seien solche Gesetze von der Volksgesetzgebung ausgeschlossen, die den Haushaltsgesetzgeber zu einer Neujustierung des Gesamtgefüges zwängen.[15]

---

9 Vgl auch *Franke*, in: Grimm/Caesar, Art. 109 Rn 79.
10 *Mann* (Fn 6), Art. 68 Rn 10.
11 BremStGH, NVwZ-RR 2001, 1.
12 Ähnlich BayVerfGH, NVwZ-RR 2000, 401: kein Einleitungsquorum von (nur) 5%, wenn es beim anschließenden Volksentscheid kein Beteiligungsquorum gibt; ThürVerfGH, LKV 2002, 83, 87: Herabsetzung auf 5% verstoße gegen das Demokratieprinzip.
13 *Mann* (Fn 6), Art. 68 Rn 19.
14 BVerfGE 102, 176, 185.
15 BVerfG, aaO, 187 f; ähnlich BremStGH, NVwZ 1998, 388; BayVerfGH, NVwZ-RR 2000, 401.

Dieser Rspr ist der SächsVerfGH[16] nicht gefolgt. Das Gericht legt das Verbot 8
eng aus. Verschiebungen im Haushalt durch finanzwirksame Gesetze müssten
hingenommen werden; Reibungsverluste seien gewollt. Es liege in der Konsequenz der Volksgesetzgebung, dass sie die Parlamentsmehrheit an der Durchführung ihres politischen Programms hindern könne. Anderenfalls würde die Volksgesetzgebung zu stark eingeschränkt; schließlich lösten fast alle Gesetze irgendwelche Kostenfolgen aus. Der LT müsse den Haushalt dann eben anpassen. Ihm
sei es unbenommen, das Volksgesetz wieder aufzuheben, insb. wenn die Haushaltsanpassung aus rechtlichen Gründen nicht möglich sei. Die Entscheidung
wurde in der Lit. überwiegend abgelehnt,[17] vereinzelt aber auch begrüßt.[18] Im
Geiste dieser Entscheidung wurde in der HmbVerf der ursprüngliche Vorbehalt
von „Haushaltsangelegenheiten" durch „**Haushaltspläne**" ersetzt. Dies hat man
nun gar als Verletzung des Homogenitätsgebots des Art. 28 GG und Verstoß gegen Art. 109 Abs. 2 GG gebrandmarkt.[19] Eine derart enge Auslegung des Finanzvorbehalts gebe den im GG festgelegten Gedanken der repräsentativen Demokratie preis. Im übrigen laufe sie der Verpflichtung des Landes, für einen ausgeglichenen Haushalt zu sorgen, zuwider. Dagegen ist zu Recht geltend gemacht
worden[20], dass das GG eine Ergänzung des Repräsentationsprinzips durch direktdemokratische Verfahren nun einmal nicht verbiete und auch keine Grundentscheidung über die Prävalenz der einen Gesetzgebung vor der anderen getroffen habe. Gegen die angebliche Verletzung des Art. 109 Abs. 2 GG wird eingewandt, bei einem finanzwirksamen Volksgesetz, das das Haushaltsgleichgewicht
tangiere, sei der Haushaltsgesetzgeber nicht gehindert, dieses durch kompensierende Regelungen wieder herzustellen. Freilich: Wenn dies im Einzelfall nicht
möglich sei, dann, aber auch erst dann, sei der Volksentscheid verfassungswidrig. Der engen Auslegung des Finanzvorbehalts ist zuzustimmen. Die weite Auslegung der hM behindert die direkte Demokratie erheblich.[21] Das BVerfG
spricht der Volksgesetzgebung dann zwar noch Anwendungsmöglichkeiten auf
dem Gebiet der öffentlichen Sicherheit und Ordnung, der Ausgestaltung der
Kommunalverfassung sowie des Schulwesens zu.[22] Schon das letztere ist aber
nicht unumstr.; der abl. Entsch. des BremStGH[23] lag ein Sachverhalt des Schulwesens zugrunde. Fast alle Gesetze sind irgendwie kostenwirksam. Die enge
Auslegung führt nur zu der Unsicherheit, ob die durch ein Gesetz ausgelösten
Kostenfolgen so erheblich sind, dass sie unter das Verbot fallen. Mit Recht ist
darauf hingewiesen worden, dass sich die Vorbehalte nicht auf (negative) Erfahrungen stützen können und deshalb weitgehend spekulativ sind.[24] Eine Grenze
ist erst dort zu ziehen, wo der Haushalt durch nicht finanzierbare Ausgaben verfassungswidrig würde. Eine vermittelnde Lösung findet der Berliner Verfas-

---

16 SächsVerfGH, LVerfGE 13, 315 ff = LKV 2003, 327.
17 Statt vieler vgl *Caspar*, in: Caspar/Ewer/Nolte/Waack, Art. 41 Rn 27; *Isensee*, in: FS für Peter Krause, 2006, S. 303, 306 mwN.
18 *Schweiger*, in: Nawiasky, Art. 73 Rn 5; *Jung*, LKV 2003, 308, der lediglich bedauert, dass das Gericht die Notbremse parlamentarischer Korrekturmöglichkeit gezogen habe; ferner grds. *Rasch*, in: Rühr (Hrsg.), Staatsfinanzen. Aktuelle und grundlegende Fragen in Rechts- und Verwaltungswissenschaft, S. 24 ff.
19 *Selmer/Hummel*, NordÖR 2009, 137, 142.
20 *Klatt*, NordÖR 2010, 482, 485.
21 *Klatt*, aaO., S. 483
22 BVerfGE 102, 176, 189.
23 Siehe Fn 11.
24 *Rasch* (Fn 18), S. 30.

sungsgerichtshof[25], der finanzwirksame Volksgesetze einschränkungslos dann zulassen will, wenn diese erst künftige Haushaltsgesetze präjudizieren.

9 Richtig ist dagegen, Abgabengesetze und Besoldungsgesetze von der Volksgesetzgebung auszunehmen. Bei solchen Gesetzen bestünde in der Tat die Gefahr, dass populistische Mehrheiten versuchten, Steuern von sich abzuschütteln, womöglich zulasten irgendwelcher Minderheiten, deren Inanspruchnahme man für gerechter hielte. Auch Gesetze über die Besoldung der öffentlichen Bediensteten eignen sich für die Volksgesetzgebung nicht. Allzu groß wäre die Gefahr, diese Mitarbeiter, deren Wirken in der öffentlichen Meinung immer wieder kritisiert wird, für vermeintliche Fehlleistungen abzustrafen.

10 Eine Änderung der Verfassung durch Volksgesetz ist möglich, wie sich aus Abs. 4 Satz 2 ergibt.

11 Der einem Volksbegehren zugrundeliegende Gesetzentwurf darf nicht verfassungswidrig sein. Bei Verfassungsänderungen gilt dies lediglich hinsichtlich des veränderungsfesten Minimums, wie sich aus Art. 56 Abs. 3 LV ergibt.

12 **4. Verfahren. a) Zulässigkeitsentscheidung.** Ein Volksbegehren kann von jedermann in Gang gesetzt werden. Die Initianten sammeln selbst und auf eigene Kosten die für die Unterstützung erforderlichen Stimmen ein,[26] können sich freilich vom Landeswahlleiter hinsichtlich der Einhaltung der förmlichen Voraussetzungen beraten lassen (§ 6 VaG). Ist der dem Vorhaben zugrundeliegende Gesetzentw. freilich zuvor als Volksinitiative eingebracht und nicht angenommen worden, können die Vertreter statt freier **Unterschriftensammlung** auch die Auslegung von Unterschriftenlisten bei den Gemeindebehörden verlangen (§ 12 Abs. 1 VaG).

13 Wenn das Quorum erreicht ist, können die Initianten das Volksbegehren dem Landeswahlleiter überreichen. Dieser befindet binnen drei Monaten über die Zulässigkeit (§ 14 Abs. 2 Satz 1 VaG). Wie bei der Entscheidung über die Zulassung der Volksinitiative (→ **Art. 59** Rn 10) beschränkt sich das Recht des Landeswahlleiters auf die Prüfung der **formellen Voraussetzungen**, wie durch die Aufzählung der Ablehnungsgründe in § 14 Abs. 2 Satz 2 VaG nahegelegt wird. Verneint er sie, können die Antragsteller das LVerfG anrufen. Eine weitergehende Prüfung wäre auch kaum mit Art. 60 Abs. 2 Satz 2 zu vereinbaren, wonach das LVerfG das (Erst-)Entscheidungsrecht über die Zulässigkeit hat. Nach Thiele[27] ist schon das Prüfungsrecht des Landeswahlleiters hinsichtlich der formellen Voraussetzungen zweifelhaft; man kann es jedoch als praktische Vorprüfung einordnen, die es dem LVerfG erspart, sich mit Banalitäten zu befassen. Bejaht er sie, reicht er den Entwurf an den PräsLT weiter. Der LT muss dann binnen sechs Monaten eine Entscheidung treffen. Über die materielle Zulässigkeit entscheidet auf Antrag der LReg oder eines Viertels der Mitglieder des LT das LVerfG (Abs. 2 Satz 2 iVm Art. 53 Nr. 9 LV). Ein Recht des Antragstellers, das LVerfG mit der Frage der materiellen Zulässigkeit zu befassen, ist in Art. 60 Abs. 2 Satz 2 nicht vorgesehen und kann wohl auch aus Art. 53 Nr. 3 LV nicht hergeleitet werden.[28] Es erscheint entbehrlich. Ist die Vorlage vom Landeswahlleiter an den LT weitergereicht worden, ist es Sache der Regierung oder des Parlaments, das LVerfG anzurufen. Gleichwohl: Wenn die Initianten während des

---

25 U.v. 6.10.2009 VerfGH 63/08 und 143/08, LKV 2009, 514.
26 Der BayVerfGH (NVwZ-RR 2000, 401, 405) hält dies überraschenderweise für unzulässig.
27 *Thiele* (Fn 7) Art. 53 Rn 8.
28 Anders *Rux*, S. 672, der aber darauf hinweist, dass es vor der Einreichung der Vorlage beim LT keine „Antragsteller" für das Verfahren nach Art. 53 Nr. 3 LV gebe.

(mühseligen) Einsammelns der Stimmen mit dem Vorwurf der Verfassungswidrigkeit des intendierten Gesetzes konfrontiert werden, haben sie sehr wohl ein Interesse daran zu erfahren, ob sie einen späteren Stopp ihrer Initiative zu befürchten haben.

b) Erledigung. Ein Volksbegehren kann vom Landeswahlausschuss für erledigt 14 erklärt werden, wenn es infolge eines im LT anhängigen oder von ihm bereits verabschiedeten Gesetzes überholt ist und die Vertreter die Erledigung erklären (§ 15 Abs. 1 VaG). Dies betrifft nicht den Fall der im Wesentlichen unveränderten Annahme des vorgelegten Gesetzentwurfs; durch einen solchen Landtagsbeschluss hätte sich das Volksbegehren nicht erledigt, sondern hätte sein Ziel erreicht. Vielmehr dürfte ein ähnliches Gesetz gemeint sein, mit dessen Regelungen sich die Vertreter zufrieden geben. Dies ist freilich nicht unproblematisch; denn die Meinung der Vertreter wird evtl nicht von den übrigen Unterzeichnern geteilt. Diese können die Entsch. auch nicht anfechten, denn das Recht steht nach Art. 53 Nr. 3 nur den Antragstellern, dh deren Vertretern, zu.

c) Behandlung im Landtag. Das Volksbegehren ist, nachdem es vom Landes- 15 wahlleiter zugelassen worden ist, unmittelbar nach Eingang der Zulassungsentscheidung in der nächsten Plenarsitzung nach Maßgabe der GO zu behandeln (§ 16 Abs. 1 VaG). Die Vertreter der Antragsteller können das Volksbegehren in dem federführenden Ausschuss erläutern (§ 16 Abs. 2 VaG)[29].

III. Volksentscheid

1. Voraussetzungen. Ein Volksentscheid findet statt, wenn der LT den ihm mit 16 dem Volksbegehren vorgelegten Gesetzentw. nicht innerhalb von sechs Monaten im Wesentlichen unverändert angenommen hat. Dabei ist der LT berechtigt, redaktionelle Änderungen vorzunehmen, die sich nicht auf den materiellen Gehalt der intendierten Regelungen auswirken.

2. Verfahren. Hat der LT beschlossen, den Entwurf nicht anzunehmen, oder ist 17 die Sechs-Monats-Frist ergebnislos verstrichen, findet frühestens drei Monate, spätestens sechs Monate danach ein Volksentscheid statt. Der LT kann dem Volk einen eigenen Gesetzentw. zur Entscheidung mit vorlegen. Das Verfahren ist von der LReg durch Bestimmung des Tages der Abstimmung in Gang zu setzen (§ 19 Abs. 1 VaG). Der Gegenstand des Volksentscheides, der neben der Erl. des Verfahrens den Gesetzentw. des Volksbegehrens mit Begr. enthält, ist im AmtsBl. für M-V bekannt zu machen (§ 19 Abs. 1 VaG). Mit der Bek. können die LReg und der LT ihre Auffassung zu dem Gesetzentw. darlegen (§ 19 Abs. 1 Satz 2). Das Abstimmungsverfahren ist entsprechend den Wahlen geregelt (§ 19 ff VaG).

In der Abstimmung zählen nur die gültigen Ja- und Nein-Stimmen (Art. 60 18 Abs. 4 Satz 3 LV). Eine Besonderheit gilt, wenn mehrere Gesetzentw., die den gleichen Gegenstand betreffen, zur Abstimmung stehen. Das trifft dann zu, wenn der LT gemäß § 18 Satz 2 VaG einen eigenen Gesetzentw. mit vorlegt, evtl auch in dem (unwahrscheinlichen) Fall, dass gleichzeitig ein anderes Volksbegehren ein anderes Gesetz zu demselben Gegenstand fordert. Nach § 21 Abs. 1 Satz 2 VaG soll der Abstimmende dann kennzeichnen, welchem der beiden Entwürfe er seine Stimme gibt. Dies verstößt zwar gegen den Wortlaut der LV, ist aber logische Folge aus der Möglichkeit einer weiteren Entwurfsvorlage.[30]

---

29 Dort ist freilich nur von einem Antragsteller die Rede.
30 Vgl auch *Mann* (Fn 6), Rn 43.

19 **3. Quorum.** Der Gesetzentwurf ist durch Volksentscheid angenommen, wenn die Mehrheit der Abstimmenden, mindestens aber ein Drittel der Wahlberechtigten, zugestimmt haben. Das **Zustimmungsquorum** soll verhindern, dass eine kleine Gruppe von Aktivisten ein Volksgesetz allein infolge des Desinteresses der großen Mehrheit zustandebringt. Ohne ein solches Quorum bestehe die Gefahr von Überraschungs- oder Zufallsgesetzen. Es hat auch zur Folge, dass die Gegner des intendierten Gesetzentwurfs nicht abzustimmen brauchen, sondern ihn durch Nichtbeteiligung zu Fall bringen können. Eine Änderung der Verfassung bedarf einer Mehrheit von zwei Dritteln der Abstimmenden und einer Beteiligung mindestens der Hälfte der Wahlberechtigten. Das Zustimmungsquorum erschwert die Herbeiführung eines Erfolgs von Volksentscheiden erheblich. Es fragt sich, ob es bei einfachen Gesetzen überhaupt nötig ist. In einigen Bundesländern[31] gibt es dieses Quorum nicht; auch in der Schweiz und in den USA ist es nicht bekannt. Die für ein Zustimmungsquorum angeführten Gründe sind wenig überzeugend. Die Mehrheit kann durch einen Volksentscheid nicht majorisiert werden, weil sie ein unliebsames Gesetz durch Teilnahme an der Abstimmung verhindern kann. Möglicherweise ist sie nicht so leicht zu mobilisieren, wie es bestimmte Minderheiten sind. Aber dieses Risiko besteht auch bei allgemeinen Wahlen und sollte hingenommen werden. Jedenfalls liegt ein Zustimmungsquorum von einem Drittel aller Wahlberechtigten am oberen Ende der Bandbreite bei allen Bundesländern, die es haben, und ist damit schlicht zu hoch. Der Schutz vor Überraschungsgesetzen scheint besser dadurch gewährleistet, dass die Abstimmung über Volksentscheide im Zusammenhang mit Wahlen zum Bundestag oder zu Landesparlamenten durchgeführt wird; das hebt die Beteiligung an der Abstimmung (vgl Art. 50 Abs. 3 Satz 6 HmbVerf.)

20 **4. Feststellung des Ergebnisses.** Das Ergebnis des Volksentscheides wird vom Landeswahlausschuss festgestellt und vom Landeswahlleiter im Amtsblatt für M-V bekanntgegeben (§ 22 Abs. 2 und 3 VaG). Einsprüche von Wahlberechtigten werden vom LT nach Maßgabe des Wahlprüfungsgesetzes überprüft und beschieden (§ 24 VaG). Gegen die Entsch. können die Vertreter nach Art. 53 Nr. 3 das LVerfG M-V anrufen.

IV. Kosten

21 Die Kosten des Volksbegehrens fallen grds. den Antragstellern zur Last. Sie beschränken sich auf die Kosten der Herstellung der Eintragungslisten und deren Versendung an die Gemeindebehörden, wenn die Antragsteller das Auslegungsverfahren gewählt haben (§ 12 Abs. 2 VaG). Dies setzt freilich voraus, dass der dem Volksbegehren zugrundeliegende Gesetzentw. dem LT zuvor als Volksinitiative unterbreitet und von diesem zurückgewiesen worden war (→ Rn 12); deren Kosten hatten die Antragsteller ohnehin zu tragen. Die Kosten der Bek. des Volksbegehrens werden den Gemeindebehörden auf Antrag ersetzt (§ 17 VaG), weitere Kosten nicht. Die Kosten des Volksentscheides trägt das Land. Es erstattet den Gemeinden und Gemeindeverbänden die durch die Vorbereitung und Durchführung des Volksentscheides entstandenen Ausgaben durch einen festen Betrag je Stimmberechtigten, der durch RechtsVO festgesetzt und vom Landeswahlleiter ausgezahlt wird (§ 25 VaG).

---

[31] Bayern, Hessen, Sachsen; nach Art. 79 bayLWG sowie Art. 74 Abs. 3 Satz 3 SächsVerf ist freilich bei verfassungsändernden Gesetzen ein Zustimmungsquorum erforderlich.

V. Schrifttum

Josef Isensee, Verfahrensfragen der Volksgesetzgebung – Überlegungen zum Landesverfassungsrecht, in: Maximilian Wallerath (Hrsg.), Fiat iustitia – Recht als Aufgabe der Vernunft. FS für Peter Krause, 2006, S. 303 ff; *Ottmar Jung*, Direkte Demokratie – vom Kopf auf die Füße gestellt – Ein Urteil des Verfassungsgerichtshofes des Freistaates Sachsen eröffnet die Debatte neu, in: LKV 2003, S. 308 ff; *Mathias Klatt*, Auslegung und Verfassungsmäßigkeit des Art. 50 Abs. 1 Satz 2 HambVerf; *Ralf Kleindiek*, Machen Volksgesetzgebung und Transparenz unsere Demokratie besser ? In: Demokratie-Perspektiven, Festschrift für Bryde, hrsg.von *Bäuerle, Dann* und *Wallrabenstein*, 2013, S. 175 ff; *Ernst-Gottfried Mahrenholz*, Zur Änderung des durch Volksentscheid angenommenen Hamburgischen Wahlrechts in derselben Wahlperiode, NordÖR 2007 S. 11 – 18; *Thomas Mann*, Änderung der Landesverfassung durch Volksbegehren und Volksentscheid?, in: NWVBl. 2000, S. 445 ff; *Christian Pestalozza*, Der Popularvorbehalt. Direkte Demokratie in Deutschland, 1981; *Edna Rasch*, Von Gemeinwohl und Eigennutz: Staatsfinanzen im demokratischen Gesetzgebungsverfahren, in: Christian Rühr (Hrsg.), Staatsfinanzen. Aktuelle und grundlegende Fragen in Rechts- und Verwaltungswissenschaft. Liber discipulorum Maximilian Wallerath, 2007, S. 19 ff; *Johannes Rux*, Direkte Demokratie in Deutschland, 2008; *Theo Schiller*, Direkte Demokratie. Eine Einführung, 2002; *Holger Schmitz*, Volksgesetzgebung: Eine kritische Analyse am Beispiel des Gesetzes für die vollständige Offenlegung von Geheimverträgen zur Teilprivatisierung der Berliner Wasserbetriebe, DVBl. 2012, S. 731 ff; *Peter Selmer/Lars Hummel*, Zulässige Volksentscheide über alle haushaltsplanexternen Haushaltsangelegenheiten, kritische Bemerkungen zur Lockerung des Finanzvorbehalts in Art. 50 Abs. 1 Satz 2 HmbVerf, NordÖR 2009, S. 137 ff.

III. Haushalt und Rechnungsprüfung

Vorbemerkung zu Art. 61

I. Regelungsgegenstand und Systematik 1
II. Bedeutungswandel des Haushaltsrechts 2
1. Absolute Monarchien (17./18. Jahrhundert) 3
2. Kampf um das Budget im 19. Jahrhundert 4
3. Die Weimarer Reichsverfassung und das Grundgesetz bis zur Haushaltsreform von 1969 5
4. Von der Haushaltsreform 1969 bis heute 6
   a) Haushaltsreform 1969 6
   b) Bewertung und weitere Entwicklung 7

I. Regelungsgegenstand und Systematik

Das Haushaltsrecht regelt das **Zusammenwirken zwischen Parlament und Regierung auf dem Gebiet der öffentlichen Finanzen**. Seine wesentlichen Prinzipien sind für das Land M-V in den Artt. 61 bis 68 und 79 a niedergelegt. Nach Art. 109 Abs. 1 GG sind Bund und Länder in ihrer **Haushaltswirtschaft selbständig** und von einander unabhängig. Dieser Grundsatz wird eingeschränkt durch Art. 109 Abs. 2 bis 5 GG. Gemäß Art. 109 Abs. 2 GG erfüllen Bund und Länder bei ihrer Haushaltswirtschaft gemeinsam die Verpflichtungen der Bundesrepublik Deutschland aus Rechtsakten der Europäischen Union und tragen in diesem Rahmen den Erfordernissen des gesamtwirtschaftlichen Gleichgewichts Rechnung. Art. 109 Abs. 5 regelt die Verteilung der Lasten aus Sanktionsmaßnahmen der Europäischen Gemeinschaft auf Bund und Länder. Auf der Grundlage des Art. 109 Abs. 3 GG (heute Abs. 4) hat der Bund das Gesetz zur Förderung der Stabilität und des Wachstums der Wirtschaft[1] sowie das Gesetz über die Grundsätze des Haushaltsrechts des Bundes und der Länder[2] erlassen. Beide Gesetze binden die Länder unmittelbar und sind daher auch bei der Auslegung der LV zu beachten. Eine besonders einschneidende Wirkung für die Haushaltswirtschaft der Länder bedeutet die mit Art. 109 Abs. 3 neu eingeführte „Schuldenbremse", die im Rahmen der Kommentierung des Art. 65 darzustellen sein wird. Demgegenüber regeln die Artt. 110 bis 115 GG ausschließlich das **Haushaltsverfassungsrecht des Bundes.** Da sich die Normen der LV jedoch weitgehend an Wortlaut und Systematik der Artt. 110 ff GG orientieren, kann auf die dazu ergangenen Hinweise in Rspr und Schrifttum zurückgegriffen werden. Unterhalb der Verfassungsebene sind wesentliche Rechtsquellen die Bundeshaushaltsordnung (gilt nur für das Haushaltsrecht des Bundes), die Landeshaushaltsordnung M-V (LHO) und die jeweiligen jährlichen Haushaltsgesetze. In der Praxis spielen darüber hinaus die Verwaltungsvorschriften zur LHO eine wichtige Rolle.

II. Bedeutungswandel des Haushaltsrechts

2 Haushaltsrecht und Haushaltswesen haben eine **wechselvolle Entwicklung** durchlaufen.[3] Diese in wenigen Strichen nachzuzeichnen, lohnt sich deshalb, weil wir uns aktuell in einer Phase neuer Herausforderungen und neuer Lösungsansätze befinden. Bei der Kommentierung der beiden zentralen Artt. 61 (Landeshaushalt) und 65 (Kreditbeschaffung) wird darauf näher einzugehen sein. Die Detailanalyse ist aber nur verständlich vor dem Hintergrund eines zumindest skizzenhaften Gesamtbildes, das die entscheidenden Zukunftsperspektiven erkennen lässt. Mit dem Mut zu starker Vereinfachung lassen sich vier Abschnitte unterscheiden:

3 **1. Absolute Monarchien (17./18. Jahrhundert).** Im Mittelalter und in der frühen Neuzeit existierte ein Haushaltswesen iS systematischer Haushaltsplanung noch nicht. Erst im Zeitalter der absoluten Monarchien begann eine rationale Durchdringung dieser Materie. Ein eindrucksvoller Förderer des Haushaltswesens war der preußische König Friedrich Wilhelm I (1713-1740), der mit seiner eigenhändig konzipierten Kabinettsordre vom 19. Januar 1723[4] die bis dahin zersplitterten Zuständigkeiten im neu geschaffenen „Generaldirektorium" zusammenfasste. Die von dieser Behörde aufgestellten „Staatsetats" lösten sich von der üblichen Fondswirtschaft und ermöglichten damit eine planvolle und vorausschauende Ordnung der öffentlichen Finanzen. Allerdings hatte der Haushaltsplan damals nur den Rechtscharakter einer Anweisung des Monarchen an seine Beamten. Für den Monarchen selbst war er nicht verbindlich. Au-

---

[1] BGBl. I 1967, 582.
[2] BGBl. I 1969, 1273, zuletzt geändert durch Gesetz vom 27. Mai 2010 (BGBl. I, 671); zur Entstehung und Fortentwicklung des HGrG vgl *von Lewinski/Burbat*, Haushaltsgrundsätzegesetz, 2013, Einleitung Rn. 9 ff.
[3] Einzelheiten bei *Mußgnug*, Der Haushaltsplan als Gesetz, 1976, S. 37 ff; *Patzig*, Haushaltsrecht des Bundes und der Länder, Bd. I, 1981, S. 23 ff; *Heun*, Staatshaushalt und Staatsleitung, 1989, S. 31 ff; *Korioth*, in: Hoffmann-Riem/Schmidt-Aßmann/Voßkuhle, Grundlagen des Verwaltungsrechts Bd. III, 2013, S. 112 ff; zur Bedeutung des Budgetrechts als „Identitätskern der Verfassung" vgl *Droege*, in: Brocker/Droege/Jutzi, Art. 116 Rn 1.
[4] Abgedruckt bei *Altmann*, Ausgewählte Urkunden, 1. Teil, 2. Aufl. 1914, 248 f.

ßerdem wurde er nicht veröffentlicht.[5] Daher fehlten ihm wichtige Elemente dessen, was nach unserem Verständnis zum Wesen eines Haushaltsplans gehört.[6]

2. Kampf um das Budget im 19. Jahrhundert. Mit der Herausbildung konstitutioneller Monarchien im Deutschland des 19. Jahrhunderts rückte das Haushaltsverfassungsrecht in den Mittelpunkt politischer Auseinandersetzungen. Am Anfang stand das Recht des jeweiligen Parlaments in den einzelnen Ländern, bei der Bewilligung von Steuern mitzuwirken. Das umfasste zunächst noch nicht die Befugnis, Einfluss auf die Gestaltung der einzelnen Ausgaben zu nehmen. Diese Kompetenz, welche den Kern des Budgetrechts ausmacht, musste in langen Auseinandersetzungen zwischen der Krone und der jeweiligen Volksvertretung erstritten werden. Im Kampf um das Budgetrecht bildeten sich in den deutschen Ländern die Parlamente als Gegenspieler der monarchischen Regierungsgewalt heraus.

Einen besonderen Höhepunkt erreichte dieser Kampf mit dem **preußischen Budgetkonflikt** von 1862/1863.[7] Das Abgeordnetenhaus hatte die Militärausgaben im Etat 1862 gekürzt, weil es die vom König beabsichtigte Einführung der dreijährigen Heeresdienstpflicht ablehnte. König Wilhelm I spielte mit dem Gedanken an Rücktritt, berief dann aber stattdessen Otto von Bismarck zum MinPräs, weil dieser bereit war, auch ohne Budget zu regieren. In seiner Rede am 27. Januar 1863 ging Bismarck intensiv auf haushaltsrechtliche Grundsatzfragen ein. Der Inhalt der von ihm vorgetragenen „Lückentheorie"[8] braucht hier nicht im Einzelnen erörtert zu werden. Hervorzuheben ist, dass der MinPräs Preußens, einer Großmacht von europäischem Rang, es für nötig hielt, ins Zentrum seiner Rede im Abgeordnetenhaus die Diskussion haushaltsrechtlicher Fragen zu rücken. Eine solche Sternstunde hat das Haushaltsrecht seitdem nicht wieder erlebt. Das war auch nicht notwendig, denn mit dem Indemnitätsgesetz vom 14. September 1866 wurde der Konflikt beigelegt. Der Regierung wurde nachträglich Indemnität für die budgetlose Zeit gewährt. Gleichzeitig erkannte die Regierung für die Zukunft mittelbar das Budgetbewilligungsrecht des Parlaments an. Grds. Konflikte ähnlichen Ausmaßes hat es in Preußen und ihm folgend im Deutschen Reich dazu nicht mehr gegeben.

3. Die Weimarer Reichsverfassung und das Grundgesetz bis zur Haushaltsreform von 1969. In den rund hundert Jahren zwischen dem Ende des preußischen Budgetkonflikts und der Haushaltsreform von 1969 sind die Grundstrukturen des Etatrechts im Wesentlichen unverändert geblieben. Die Weimarer Reichsverfassung (WRV) hat die Haushaltsartikel der Reichsverfassung von 1871, die ihrerseits auf den Ergebnissen der preußischen Entwicklung fußten, weitgehend übernommen und auch das GG hat in den Artt. 110 ff die traditionellen Regelungen rezipiert. Verbesserungen im Detail betreffen eher die technische Handhabung, die insb. durch die Reichshaushaltsordnung von 1922 nützliche Impulse erhielt.

---

5 *Mußgnug* (Fn 3), S. 75 f.
6 Anders als im absolutistisch regierten Preußen konnten sich die mecklenburgischen Stände noch für längere Zeit einen maßgeblichen Einfluss auf die Haushaltswirtschaft sichern, vgl den „Erbvergleich" vom 18. April 1755, abgedruckt bei *Zachariä*, Die deutschen Verfassungsgesetze der Gegenwart, 1855, S. 800 f.
7 *Huber*, Deutsche Verfassungsgeschichte, Bd. 3, 1963, S. 269 ff; *Mußgnug* (Fn 3), S. 160 ff; *Theiß*, Das Nothaushaltsrecht des Bundes, 1975, S. 17 ff.
8 Die Lückentheorie besagte, dass dann, wenn sich die Krone und das Parlament nicht über das Budget einigen können, eine Lücke in der Verfassung bestehe. Das Recht zum Handeln falle in dieser Situation an die Krone zurück.

6 **4. Von der Haushaltsreform 1969 bis heute. a) Haushaltsreform 1969.** Die Regierungskrise im Herbst 1966 wurde ausgelöst durch Probleme bei der Aufstellung des Haushalts 1967. Die bis dahin in Bonn regierende Koalition von CDU/CSU und FDP konnte sich nicht über die Schließung einer Deckungslücke von ca. 4 Mrd. DM einigen; CDU/CSU und SPD bildeten schließlich eine große Koalition, die u.a. **einschneidende Veränderungen der Finanz- und Haushaltsverfassung** in Angriff nahm. In einem ersten Schritt wurde Artikel 109 GG durch das Gesetz zur Änderung des GG vom 8.6.1967[9] ergänzt. Damit wurden Bund und Länder verpflichtet, bei ihrer Haushaltswirtschaft den Erfordernissen des gesamtwirtschaftlichen Gleichgewichts Rechnung zu tragen. Nähere Ausformungen enthielt das zeitgleich verabschiedete Gesetz zur Förderung der Stabilität und des Wachstums der Wirtschaft.[10]

Mit dieser ersten Stufe der Reform griff die neue Koalition eine seit längerem diskutierte Forderung auf, nämlich die Ausgestaltung des Haushalts als **Instrument der Wirtschaftspolitik**, um konjunkturelle Schwankungen auszugleichen und eine stabile wirtschaftliche Entwicklung zu unterstützen. Dieser Ansatz ist dann bei der eigentlichen Haushaltsreform 1969 weitergeführt und systematisch ausgebaut worden. Neben der bereits erwähnten GG-Novelle vom 12.5.1969,[11] die Art. 109 Abs. 3 a. F. sowie die Artt. 110 ff betrifft, umfasst die Haushaltsreform das Haushaltsgrundsätzegesetz sowie die Bundeshaushaltsordnung. Die tragenden Grundgedanken lassen sich wie folgt zusammenfassen:

- Die Haushalts- und Finanzpolitik tritt in den Dienst der Wirtschaftspolitik. Die Kreditaufnahme wird nach dem Nettoprinzip veranschlagt, dh als Einnahme im Haushalt taucht nur noch die jährliche **Neuverschuldung** auf, die Tilgung der Altkredite erfolgt – jeweils durch neue Kredite – außerhalb des Haushalts. Für die Nettokreditaufnahme gilt nicht mehr die alte Verfassungsregel des „außerordentlichen Bedarfs"; vielmehr dient als Höchstgrenze die Summe der Investitionen. Im Ausnahmefall dürfen nach Art. 115 GG (für den Bund, ihm folgend die meisten Länderverfassungen) auch höhere Kredite aufgenommen werden, wenn dies zur Abwehr einer Störung des gesamtwirtschaftlichen Gleichgewichts erforderlich ist.
- Um diese wirtschaftspolitische Ausrichtung zu unterstützen und das Haushaltswesen transparenter zu machen, hat die Haushaltsreform einige **neue Instrumente** entwickelt (neuer Gruppierungsplan, Einführung von Verpflichtungsermächtigungen, Finanzplan).

7 **b) Bewertung und weitere Entwicklung.** Auf der Ebene der **systematisch-technischen Ausformung** hat die Haushaltsreform bedeutende **Fortschritte** gebracht. Deshalb konnte Piduch, der daran im Bundesfinanzministerium maßgeblich beteiligt war, in seinem Aufsatz „Zehn Jahre Haushaltsreform"[12] im Jahr 1979 mit Recht ein positives Zwischenfazit ziehen. Dennoch hat die Entwicklung der letzten Jahrzehnte neue Erkenntnisse vermittelt, die **Änderungsbedarf** nahe legten.

Das betrifft vor allem die verfassungsrechtliche **Begrenzung der Kreditaufnahme**. Sowohl das BVerfG[13] als auch mehrere Landesverfassungsgerichte – darun-

---

9 BGBl. I, 581; Art. 109 Abs. 3 wurde durch die GG-Novelle vom 12.5.1969 (BGBl. I, 357)erweitert, um eine Ermächtigungsgrundlage für das Haushaltsgrundsätzegesetz zu schaffen (entspricht aktuell Art. 109 Abs. 4).
10 S. Fn 1.
11 S.o. Fn 9.
12 DÖV 1979, 881 ff.
13 BVerfGE 79, 311; 99, 57; 119, 96..

ter insb. das LVerfG M-V[14] – haben die einschlägigen Verfassungsnormen (Art. 115 GG, Art. 65) interpretiert und dadurch zur Rechtsfortbildung beigetragen. Der grundlegende Konstruktionsfehler, nämlich die einseitige Orientierung an – inzwischen teilweise überholten – wirtschaftspolitischen Vorstellungen, konnte jedoch durch die Rspr allein nicht behoben werden. Hier bedurfte es im Rahmen der Föderalismusreform II einer gänzlich neuen Regelung in Gestalt der sog. „**Schuldenbremse**", die bei der Kommentierung des Art. 65 zu diskutieren sein wird. Darüber hinaus gerieten **Grundprinzipien der Haushaltssystematik** auf den Prüfstand. Das am 31.7.2009 beschlossene Gesetz zur Modernisierung des Haushaltsgrundsätzegesetzes (HGrGMoG)[15] eröffnet nunmehr in § 1 a iVm § 7 a die Möglichkeit, statt der im traditionellen kameralistischen Haushaltsrecht angelegten Betrachtung von Einnahmen und Ausgaben ein neues System der staatlichen doppelten Buchführung anzuwenden und außerdem die Aufstellung, Bewirtschaftung und Rechnungslegung nicht mehr nur gegliedert nach Titeln, sondern alternativ auch nach Konten oder Produktstrukturen (Produkthaushalt) vorzunehmen. Einige Länder – insbesondere Hessen und Hamburg - haben von dieser Ermächtigung bereits in unterschiedlicher Weise Gebrauch gemacht. Diese Entwicklung wirft interessante neue Fragen auf, zum einen rechtspolitischer Art (Verlust an Einheitlichkeit und Vergleichbarkeit des Haushaltswesens?), zum anderen in verfassungsrechtlicher Hinsicht (Vereinbarkeit eines neuen Haushaltssystems mit der jeweiligen Verfassung?), vgl dazu die Ausführungen zu → **Art. 61** Rn 26 f.

Insgesamt bleibt festzustellen, dass das Haushaltsverfassungsrecht auf eine lange Geschichte zurückblicken kann, die noch nicht abgeschlossen ist. Seiner wesentlichen Aufgabe, eine geordnete, parlamentarisch kontrollierte Haushaltswirtschaft zu ermöglichen, ist das Haushaltsverfassungsrecht im Großen und Ganzen gerecht geworden. Volkswirtschaftlich schädliche Konflikte zwischen der Exekutive und der Legislative - wie sie in den Vereinigten Staaten zu beobachten sind – konnten in Deutschland bisher vermieden werden, nicht zuletzt deshalb, weil der verfassungsrechtliche Rahmen hinreichende Konfliktlösungsmechanismen bereitstellt.

Art. 61 (Landeshaushalt)

(1) Alle Einnahmen und Ausgaben sowie Verpflichtungsermächtigungen des Landes müssen für jedes Haushaltsjahr veranschlagt und in den Haushaltsplan eingestellt werden. Bei Landesbetrieben und Sondervermögen des Landes brauchen nur die Zuführungen oder die Ablieferungen eingestellt zu werden. Der Haushalt ist in Einnahmen und Ausgaben auszugleichen.

(2) Der Haushaltsplan wird vor Beginn des Haushaltsjahres durch ein Gesetz festgestellt.

---

14 LVerfG M-V 7.7.2005 – 7/04 – 8/04 –, LVerfGE 16, 333 und 353 = LKV 2006, 23 und 26 mit Anmerkungen von *Bull*, DVBl 2006, 302 und *Pestalozza*, NJ 2006, 1; zu Urteilen anderer Landesverfassungsgerichte zur Kreditaufnahme vgl HessStGH 12.12.2005 – P.St 1899 – NVwZ-RR 2006, 657; VerfGH Berlin 31.10.2003 – VerfGH 125/02 –, LVerfGE 14, 104 = DVBl 2004, 308; VerfGH NW 15.3.2011 – VerfGH 20/10 –, NVwZ 2011, 805 und 12.3.2013 – VerfGH 7/11 –, NVwZ 2013, 665 StGH Nds 16.12.2011 – StGH 1/10 –, NdsVBl 2012, 100; StGH Bremen 24.8.2011 – St 1/11 –, BeckRS 2011, 25987 = DÖV 2012, 403 (nur LS).
15 BGBl. 2009 I, 2580.

(3) Der Gesetzentwurf nach Absatz 2 sowie Vorlagen zur Änderung des Haushaltsgesetzes und des Haushaltsplans werden von der Landesregierung in den Landtag eingebracht.

(4) In das Haushaltsgesetz dürfen nur Vorschriften aufgenommen werden, die sich auf die Einnahmen und Ausgaben des Landes und auf den Zeitraum beziehen, für den das Haushaltsgesetz beschlossen wird. Das Haushaltsgesetz kann vorschreiben, daß die Vorschriften erst mit der Verkündung des nächsten Haushaltsgesetzes oder bei Ermächtigung nach Artikel 66 zu einem späteren Zeitpunkt außer Kraft treten.

(5) Das Vermögen und die Schulden sowie die Haushaltspläne der Landesbetriebe und Sondervermögen sind in einer Anlage des Haushaltsplanes nachzuweisen. Die Beteiligungen des Landes an Wirtschaftsunternehmen sind offenzulegen.

Zu Abs. 1: Artt. 78 Abs. 1 BayVerf; 79 Abs. 1 BWVerf; 85 Abs. 1 VvB; 101 Abs. 2 BbgVerf; 131 f BremVerf; 66 Abs. 1 HambVerf; 139 Abs. 1 und 2 HessVerf; 65 Abs. 1 NdsVerf; 81 Abs. 2 Verf NW; 116 Abs. 1 Verf Rh-Pf; 105 Abs. 1 SaarlVerf; 93 Abs. 1 SächsVerf; 93 Abs. 1 LVerf LSA; 50 Abs. 1 SchlHVerf; 98 Abs. 1 ThürVerf.

Zu Abs. 2: Artt. 70 Abs. 2, 78 Abs. 3 BayVerf; 79 Abs. 2 BWVerf; 85 Abs. 1 VvB; 101 Abs. 3 BbgVerf; 131 BremVerf; 66 Abs. 2 HambVerf; 139 Abs. 2 HessVerf; 65 Abs. 4 NdsVerf; 81 Abs. 3 Verf NW; 116 Abs. 2 Verf Rh-Pf; 105 Abs. 1 SaarlVerf; 93 Abs. 2 SächsVerf; 93 Abs. 2 LVerf LSA; 50 Abs. 2 SchlHVerf; 99 Abs. 1 ThürVerf.

Zu Abs. 3: Artt. 66 Abs. 2 HambVerf; 93 Abs. 3 LVerf LSA; 50 Abs. 3 SchlHVerf; 99 Abs. 3 ThürVerf.

Zu Abs. 4: Artt. 79 Abs. 3 BWVerf; 139 Abs. 3 HessVerf; 65 Abs. 5 NdsVerf; 116 Abs. 3 Verf Rh-Pf, 105 Abs. 2 SaarlVerf; 93 Abs. 3 SächsVerf; 93 Abs. 4 LVerf LSA; 50 Abs. 4 SchlHVerf; 99 Abs. 2 ThürVerf.

Zu Abs. 5: Artt. 79 Abs. 4 BWVerf; 93 Abs. 4 SächsVerf; 93 Abs. 5 LVerf LSA.

I. Funktion und Inhalt des Haushaltsplans (Abs. 1) 1
  1. Einführung 1
  2. Funktionen des Haushaltsplans 2
    a) Bedarfsdeckungsfunktion .. 2
    b) Planungsinstrument 2
    c) Ermächtigungsfunktion 2
    d) Volkswirtschaftliche Funktion 2
  3. Rechtscharakter des Haushaltsplans 3
  4. Bestandteile des Haushaltsplans 4
    a) Einzelpläne und Gesamtplan 4
    b) Einnahmen, Ausgaben und Verpflichtungsermächtigungen 5
      aa) Einnahmen und Ausgaben als Geldbewegungen 5
      bb) Einnahmen 6
      cc) Ausgaben 7
      dd) Verpflichtungsermächtigungen 8
  5. Vollständigkeit des Haushaltsplans (Abs. 1 Satz 1 in Verbindung mit Satz 2) 9
  6. Der Stellenplan als Bestandteil des Haushaltsplans 10
  7. Jährlichkeit des Haushaltsplans 11
  8. Haushaltsausgleich (Art. 61 Abs. 1 Satz 3) 12
II. Entstehung des Haushaltsplans (Art. 61 Abs. 2 und 3) 13
  1. Grundzüge des „Haushaltskreislaufs" 13
  2. Die einzelnen Etappen der Entstehung des Haushaltsplans ... 14
    a) Zielvorgabe 14
    b) Aufstellung des Regierungsentwurfs 15
    c) Beratung des Haushaltsplanentwurfs im Landtag .. 16
    d) Vollzug und Kontrolle 17
  3. Vorherigkeitsprinzip 18
  4. Feststellung durch Gesetz 19
III. Bepackungsverbot (Abs. 4) 20
IV. Vermögen und Schulden (Abs. 5) .. 21
V. Haushaltsgrundsätze 22

VI. Sonderformen des Haushaltsplans	23	a) Ziele	26
VII. Finanzplan	24	b) Lösungsansätze	27
VIII. Reformansätze	25	3. Bewertung	28
1. Nachteile des kameralistischen Systems	25	4. Verfassungsrechtliche Rahmenbedingungen	29
2. Reformüberlegungen	26	IX. Schrifttum	32

I. Funktion und Inhalt des Haushaltsplans (Abs. 1)

1. Einführung. Der Schlüssel zum Verständnis des gesamten Haushaltswesens 1 ist der „Haushaltsplan". Art. 61 enthält wesentliche Aussagen über den **Haushaltsplan**, die in den nachfolgenden Artt. ergänzt werden. Eine Begriffsbestimmung findet sich in der Verfassung selbst nicht. Für eine nähere Umschreibung der Funktionen des Haushaltsplanes kann jedoch auf die §§ 2 und 3 LHO zurückgegriffen werden. Zwar handelt es sich dabei nur um Gesetzesnormen unterhalb des Verfassungsrangs. Sie geben aber das unstrittige allg.e Verständnis des Haushaltsplans wieder und können damit als verlässliche Interpretation des in der Verfassung verwendeten **Begriffs** verstanden werden.

2. Funktionen des Haushaltsplans. a) Bedarfsdeckungsfunktion. Nach § 2 2 Satz 1 LHO dient der Haushaltsplan der Feststellung und Deckung des **Finanzbedarfs**, der zur Erfüllung der Aufgaben des Landes im Bewilligungszeitraum voraussichtlich notwendig ist. Diese so genannte Bedarfsdeckungsfunktion ist die älteste Aufgabe des Budgets.[1]

b) Planungsinstrument. § 2 Satz 2 LHO beschreibt den Haushaltsplan als „Grundlage für die Haushalts- und Wirtschaftsführung". Der Haushaltsplan ist also ein **Planungsinstrument**, vergleichbar mit dem Budget, das vom Vorstand eines Unternehmens entworfen und vom Aufsichtsrat gebilligt wird.[2] Ein solches Budget ist Zielvorgabe und Orientierungshilfe, zugleich aber auch Maßstab für die nachträgliche Kontrolle des Planvollzuges.

c) Ermächtigungsfunktion. Gemäß § 3 Abs. 1 LHO **ermächtigt** der Haushaltsplan die Verwaltung, Ausgaben zu leisten und Verpflichtungen einzugehen. Dabei gilt der Grundsatz der sachlichen und zeitlichen Bindung. Das bedeutet, dass in den einzelnen Haushaltstiteln die Zwecke, für die Ausgaben geleistet bzw Verpflichtungen eingegangen werden dürfen, definiert und – wegen der Beschränkung auf das jeweilige Haushaltsjahr – zugleich mit einer zeitlichen Begrenzung versehen sind. Eine Überschreitung der im Titel festgelegten Zweckbestimmung oder der im Ansatz zahlenmäßig fixierten Höhe der Ausgabeermächtigung stellt einen Haushaltsverstoß dar, sofern nicht besondere Ausnahmeregelungen eingreifen.

Eine Verletzung der in § 3 Abs. 1 LHO definierten Ermächtigungswirkung betrifft nur das Innenverhältnis zwischen Exekutive und Legislative. Das ergibt sich aus § 3 Abs. 2 LHO. Danach werden nämlich durch den Haushaltsplan Ansprüche oder Verbindlichkeiten weder begründet noch aufgehoben. Im Ergebnis bilden also das materielle Recht und das Haushaltsrecht zwei getrennte Regelkreise:

- Auch wenn ein auf Rechtsgeschäft oder Gesetz beruhender materieller Anspruch eines Bürgers gegen das Land besteht, darf die Verwaltung **haushaltsrechtlich** erst dann zahlen, wenn ein entspr. Ausgabetitel im Haushaltsplan

---

[1] *Von Mutius*, in: von Mutius/Wuttke/Hübner, Art. 50 Rn 9.
[2] Dabei ist allerdings der Unterschied zu beachten, dass ein kaufmännisch rechnendes Unternehmen nicht Einnahmen und Ausgaben plant, sondern Erträge und Aufwendungen, Näheres dazu unter → Rn 5.

Mediger

vorliegt (§ 3 Abs. 1 LHO) oder die Ermächtigung ausnahmsweise anderweitig abgeleitet werden kann, nämlich im Fall der vorl. Haushaltsführung gemäß Art. 62 oder des Notbewilligungsrechts gemäß Art. 63.

- Umgekehrt bedeutet das Bestehen einer haushaltsrechtlichen Ermächtigung nicht, dass dadurch ein Anspruch des Bürgers begründet wird (vgl § 3 Abs. 2 LHO) oder dass die Verwaltung gegenüber dem Parlament verpflichtet wäre, die Ermächtigung auszuschöpfen.[3] Auch dann, wenn das Parlament Ansätze gegenüber dem Regierungsentwurf angehoben oder völlig neue Zwecke eingefügt hat, entsteht dadurch nur eine politische Bindung der Exekutive, keine rechtliche Verpflichtung.

Obwohl das materielle Recht und das Haushaltsrecht streng zu unterscheiden sind, haben die Regierung und das Parlament die Aufgabe, Konflikte zwischen diesen beiden Regelkreisen zu vermeiden. Die Regierung muss sich darum bemühen, die haushaltsrechtliche Ermächtigung zur Befriedigung von Ansprüchen Dritter rechtzeitig zu beschaffen. Soweit sie das nicht mit eigenen Mitteln erreichen kann – z. B. durch den Einsatz von Deckungsfähigkeiten, Verstärkungsmitteln, überplanmäßige Bewilligungen o. ä. –, hat sie den Landtag einzuschalten, z. B. durch die Einbringung eines Nachtragshaushalts.

d) Volkswirtschaftliche Funktion. Gegenüber den drei bisher dargestellten klassischen Funktionen beinhaltet § 2 Satz 3 LHO ein neues Element. Nach dieser Vorschrift ist bei der Aufstellung und Ausführung des Haushaltsplans den Erfordernissen des **gesamtwirtschaftlichen Gleichgewichts** Rechnung zu tragen. Das entspricht der Vorgabe des Art. 109 Abs. 2 GG. Der Haushaltsplan hat also über die Erfüllung des öffentlichen Bedarfs hinaus die Aufgabe, stabilisierend in das Wirtschaftsgeschehen einzugreifen.

3 **3. Rechtscharakter des Haushaltsplans.** Der **Rechtscharakter** des **Haushaltsplans** ist seit langem umstritten.[4] Eine intensive Auseinandersetzung mit den vielfältigen Definitionsversuchen bringt allerdings wenig Erkenntnisgewinn. Die Bezeichnung als „Gesetz im formellen Sinn"[5] oder als „staatsleitender Hoheitsakt in Gesetzesform"[6] trägt eher zur Verwirrung bei. Nützlicher für das Verständnis des Haushaltsplans und seines Rechtscharakters ist es, wenn man sich die nachstehenden Merkmale vor Augen hält.

- Der Haushaltsplan wird gemäß Art. 61 Abs. 2 durch ein Gesetz festgestellt. Er ist also nicht selbst ein Gesetz, sondern **Bestandteil eines Gesetzes** iS einer Anlage. Derartige Normenkonstruktionen finden sich auch in anderen Rechtsgebieten, zB überall dort, wo Landkarten, Tabellen oder ähnliche Darstellungen Anlagen zu Gesetzen oder RechtsVO sind.

---

3 Ganz hM, vgl *von Lewinski/Burbat*, Haushaltsgrundsätzegesetz, 2013, § 3 Rn. 3; *Reimer*, in: Beck'scher Online-Kommentar GG, Art. 110 Rn 79; *Nebel*, in: Piduch, Bundeshaushaltsrecht, § 3 BHO Rn 2 und 14; *Maunz*, in: Maunz/Dürig, Art. 110 Rn 14; *Gröpl*, in BK, Art. 110 Rn 35; *Siekmann*, in: Sachs, GG, Art. 110 Rn 28; aA *Hoffmann*, Haushaltsvollzug und Parlament, 1972, S. 47 ff; *Frömel*, DVBl 1974, 65 ff, 69.

4 Ausführliche Darstellung der Entwicklung des Streitstandes bei *Mußgnug*, Der Haushaltsplan als Gesetz, 1976, S. 7 ff; zur neueren Lit. s. *von Lewinski/Burbat*, Haushaltsgrundsätzegesetz, 2013, Vorbemerkung zu § 2 Rn. 5; *Reimer*, in: Beck'scher Online-Kommentar GG, Art. 110 Rn 7 ff; *Maunz*, in: Maunz/Dürig, Art. 110 Rn 9 ff; *Nebel*, in: Piduch, Art. 110 Rn 11; *Thiele*, in: Thiele/Pirsch/Wedemeyer, Art. 61 Rn 2; *Heun*, in: Dreier, Art. 110 Rn 8 f; *Heun*, Staatshaushalt und Staatsleitung, 1989, S. 160 ff; *Schuppert*, in: Umbach/Clemens, Art. 110 Rn 21 ff.

5 *Laband*, Das Budgetrecht nach den Bestimmungen der Preußischen Verfassungs-Urkunde unter Berücksichtigung der Verfassung des Norddeutschen Bundes, 1871, Nachdruck 1971, S. 1 ff, 13.

6 BVerfGE 45, 32; 70, 355.

- Eine Besonderheit besteht hinsichtlich der **Verkündung**. Nach § 1 Satz 2 LHO wird mit dem Haushaltsgesetz nur der Gesamtplan (§ 13 Abs. 4 LHO) verkündet, nicht aber die Einzelpläne. Das entspricht einer seit langem im Bund und in den Ländern bestehenden Übung. Das BVerfG[7] hat keine Bedenken, trotz der fehlenden Verkündung der Einzelpläne auch diese in die Feststellungswirkung des Haushaltsgesetzes mit einzubeziehen. Damit ist also der gesamte Haushaltsplan als Anlage zum Haushaltsgesetz zu werten.
- Die **Wirkungen des Haushaltsplans** sind oben unter → Rn 2 beschrieben worden. Er schafft verbindliche Regelungen für das Haushaltsgebaren der Verwaltung, welche die im Haushaltsplan vorgesehenen Ansätze für Ausgaben oder Verpflichtungen nicht überschreiten darf. Insofern ist das Haushaltsgesetz mit dem Haushaltsplan als Anlage nicht lediglich ein „Gesetz im formellen Sinne". Daran ändert auch die Tatsache nichts, dass der Haushaltsplan Ansprüche Dritter nicht begründen und auch nicht beseitigen kann.
- Das Haushaltsgesetz enthält über die Feststellung des Haushaltsplans hinaus vielfältige weitere Bestimmungen, zB über Deckungsfähigkeiten und sonstige Bewirtschaftungsregelungen. Auch diese Bestimmungen sind – wie die Feststellung des Haushaltsplans selbst – Gesetzesnormen. Sie können iÜ – im Gegensatz zum Haushaltsplan – sehr wohl in Rechte Dritter eingreifen. Dabei ist allerdings das **Bepackungsverbot** zu beachten, vgl dazu unten Rn 20.

4. Bestandteile des Haushaltsplans. a) Einzelpläne und Gesamtplan. Nähere Bestimmungen über die **Gliederung** des **Haushaltsplans** enthält § 13 LHO, der § 10 HGrG nachgebildet ist. Gemäß § 13 Abs. 1 LHO besteht der Haushaltsplan aus den Einzelplänen und dem Gesamtplan. 4

Die Aufteilung der Einzelpläne orientiert sich überwiegend am so genannten Ressortprinzip. Das bedeutet, dass der LT, der LRH, das LVerfG, die Staatskanzlei und jedes Ministerium über einen eigenen Einzelplan verfügen. Daneben gibt es in M-V zwei Einzelpläne, die nicht nach dem Ressortprinzip, sondern nach dem so genannten Realprinzip zusammengestellt sind. Das sind die Einzelpläne 11 („Allgemeine Finanzverwaltung") und 12 („Hochbaumaßnahmen des Landes"). Im Einzelplan 11 sind zB die Steuern, die Kreditaufnahmen, die Versorgungsleistungen und die Beihilfeleistungen an Beamte sowie die Leistungen im kommunalen Finanzausgleich veranschlagt. Der Einzelplan 12 enthält die Hochbaumaßnahmen für die einzelnen Verwaltungszweige.

Die Einzelpläne sind ihrerseits wiederum in **Kapitel** und **Titel** eingeteilt. Die Titel sind die Grundbausteine des Haushaltsplans. Sie geben an, welche Einnahmen aus welchen Quellen erwartet werden und welche Ausgaben für welche Zwecke geleistet werden dürfen. Die einzelnen Titel werden in Kapiteln zusammengefasst, die in der Regel bestimmte Abteilungen oder sonstige selbständige Einheiten innerhalb eines Ressorts widerspiegeln. Die Einteilung in Titel richtet sich nach dem im Wesentlichen bundeseinheitlichen **Gruppierungsplan**. Auf diese Weise wird ein Mindestmaß an Vergleichbarkeit zwischen den Haushaltsplänen von Bund und Ländern hergestellt.

Die in den Einzelplänen veranschlagten Titel für Einnahmen und Ausgaben bilden den eigentlichen normativen Gehalt des Haushaltsplans. Dem gegenüber enthält der **Gesamtplan** gemäß § 13 Abs. 4 LHO lediglich zusammenfassende Übersichten, nämlich die Haushaltsübersicht (Zusammenfassung der Einnahmen, Ausgaben und Verpflichtungsermächtigungen der Einzelpläne), die Finan-

---

[7] BVerfGE 20, 93.

zierungsübersicht (Berechnung des Finanzierungssaldos) und den Kreditfinanzierungsplan (Darstellung der Einnahmen aus Krediten und der Tilgungsausgaben).

5 **b) Einnahmen, Ausgaben und Verpflichtungsermächtigungen. aa) Einnahmen und Ausgaben als Geldbewegungen.** Die Begriffe „Einnahmen" und „Ausgaben" im Haushaltsrecht beziehen sich auf Geldbewegungen. Sachleistungen des Landes (Verkauf und Belastung von Landesvermögen) werden nicht in Art. 61, sondern in Art. 66 (Landesvermögen) geregelt.

Die Qualifizierung von Einnahmen und Ausgaben als Geldbewegungen bedeutet darüber hinaus, dass kalkulatorische Elemente keine Rolle spielen. Investitionen werden nicht aktiviert. Vielmehr werden sämtliche für die Investition geleisteten Zahlungen unmittelbar als Ausgabe in vollem Umfang erfasst. Im Gegenzug kennt das Haushaltsrecht keine Abschreibungen. Es werden auch keine Rückstellungen (zB für künftige Pensionslasten) gebildet. Als „Einnahme" wird nicht die Begr. der Forderung gewertet – zB durch Steuer- oder Gebührenbescheid –, sondern erst der tatsächliche Geldzufluss. Das Eingehen einer Verpflichtung stellt noch keine „Ausgabe" dar, sondern erst die Geldbewegung. Somit unterscheiden sich die Begriffe „Einnahmen" und „Ausgaben" von den kaufmännischen Termini „Erträge" und „Aufwendungen".[8] Einnahmen sind folglich „die Geldbeträge, die im Haushaltsjahr voraussichtlich kassenwirksam werden und als Deckungsmittel zur Haushaltsfinanzierung zufließen"[9]. Ausgaben sind „die von den Gebietskörperschaften zu erbringenden Geldleistungen, die im Haushaltsjahr voraussichtlich kassenwirksam werden"[10].

Die geschilderte Buchungsweise ergibt sich aus § 72 LHO/§ 34 HGrG. Das Haushaltsrecht verwendet als Oberbegriff für die Worte „Einnahmen" und „Ausgaben" den Terminus „Zahlungen". Nach § 72 Abs. 2 LHO sind alle Zahlungen – mit bestimmten Ausnahmen – für das Haushaltsjahr zu buchen, in dem sie eingegangen oder geleistet worden sind. Der Sinn dieser Regelung besteht darin, **Gestaltungsmöglichkeiten** beim **Haushaltsvollzug** einzugrenzen. Bei der Erstellung eines Jahresabschlusses nach kaufmännischer Buchführung bestehen zahlreiche Bewertungsmöglichkeiten, zB bei der Bildung von Rückstellungen, der Aktivierung halbfertiger Erzeugnisse, der Wertberichtigung von Forderungen etc. Dies ist bei einem Jahresabschluss, der im Wesentlichen auf den reinen Zahlungsvorgängen beruht, so nicht möglich. Es lässt sich also unmittelbar kontrollieren, ob die Verwaltung die Vorgaben des Parlaments hinsichtlich der Zahlungsströme eingehalten hat.

In begrenztem Umfang bietet allerdings auch das traditionelle Haushaltssystem Gestaltungsmöglichkeiten. So können bspw Rücklagen gebildet werden. Allerdings ist die Zuführung zu einer Rücklage eine Ausgabe, die einer Ermächtigung durch den Haushaltsplan oder das Haushaltsgesetz bedarf. Darüber hinaus können Ausnahmen von dem Grundsatz der Buchung nach Haushaltsjahren zugelassen werden (vgl § 72 Abs. 6 LHO). Diese Möglichkeit wird zB genutzt, um die Krediteinnahmen den einzelnen Haushaltsjahren jeweils so zuzuordnen, dass auch im Vollzug ein ausgeglichener Haushalt erzielt wird.

6 **bb) Einnahmen.** Die **Veranschlagung** von **Einnahmen** erzeugt für die Verwaltung weder eine Verpflichtung noch eine Ermächtigung, die betreffenden Ein-

---

8 *Gröpl*, in: BK, Art. 110 Rn 30.
9 *Heller*, Haushaltsgrundsätze für Bund, Länder und Gemeinden, 2. Aufl. 2010, S. 154 Rn 448.
10 *Heller*, aaO, Rn 449.

nahmen auch tatsächlich zu erheben.[11] Die Ermächtigung zur Einnahmeerhebung ergibt sich vielmehr aus anderen Rechtsquellen, insb. den Steuergesetzen, aber auch aus Gebührenordnungen, aus Verträgen oder aus sonstigen allgemeingültigen Normen (zB aus dem Schadensersatzrecht). Die Regierung hat die Einnahmen, auf die ein Anspruch besteht, rechtzeitig und vollständig zu erheben, vgl § 34 Abs. 1 LHO. Soweit Einnahmen aus Vermögensveräußerungen veranschlagt worden sind, begründet auch dieser Tatbestand keine Verpflichtung der Regierung, die betreffende Vermögensveräußerung tatsächlich vorzunehmen.[12] Das ist kein Verstoß gegen § 34 LHO, solange das betreffende Veräußerungsgeschäft noch nicht abgeschlossen und damit noch kein Rechtsgrund für die Erhebung der Einnahme gelegt worden ist.

Die veranschlagten Einnahmen sind demnach lediglich Schätzgrößen, die dem Haushaltsausgleich dienen. Die **Schätzung** muss seriös und realistisch sein, denn gemäß Art. 61 Abs. 1 Satz 1 dürfen nur die in dem betreffenden Haushaltsjahr zu erwartenden Einnahmen veranschlagt werden. Die größten Unsicherheiten auf der Einnahmeseite betreffen regelmäßig die Steuereinnahmen, bei denen schon relativ geringfügige prozentuale Abweichungen zu deutlichen Haushaltsausfällen führen können. Die LReg darf sich nicht damit begnügen, exakt die Steuereinnahmeerwartungen aus der regionalisierten bundesweiten Steuerschätzung zu übernehmen. Sie ist vielmehr iS einer realistischen Schätzung gehalten, besondere Faktoren, wie zB Mindereinnahmen aufgrund des Bevölkerungsrückgangs, durch eigene Korrekturrechnungen zu berücksichtigen.[13]

cc) **Ausgaben.** Anders als bei den Einnahmen hat die Veranschlagung von Ausgaben rechtliche Wirkungen, weil dadurch die Ausgabeermächtigung der Regierung definiert wird. Bei der Veranschlagung der Ausgaben ist, ebenso wie bei den Einnahmen, darauf zu achten, dass nur die in dem jeweiligen Haushaltsjahr fälligen Ausgaben in den Haushaltsplan eingestellt werden (**Fälligkeitsprinzip**). 7

Dem deutschen Haushaltsrecht eigentümlich ist der Grundsatz der **Spezialität**. Das bedeutet, dass die Ausgabetitel mit einer Zweckbestimmung versehen seien müssen, aus der sich ergibt, wofür die Ausgabeermächtigung der Regierung zur Verfügung stehen soll. Eine einfachgesetzliche Ausprägung findet der Grundsatz der Spezialität in § 45 Abs. 1 LHO. Danach dürfen Ausgaben und Verpflichtungsermächtigungen nur zu dem im Haushaltsplan bezeichneten Zweck und nur bis zum Ende des betreffenden Haushaltsjahres geleistet oder in Anspruch genommen werden. Sowohl aus dem Wortlaut von Art. 61 Abs. 1 Satz 1 als auch aus der Verfassungstradition folgt, dass die Ausgaben nicht in einer Gesamtsumme zu veranschlagen, sondern auf einzelne Ausgaben aufzuteilen sind. Der Grundsatz der Spezialität hat also Verfassungsrang.[14] Die Frage ist allerdings, wieweit dieses Prinzip reicht und welche Ausnahmen es zulässt.

---

11 *Maunz*, in: Maunz/Dürig, Art. 110 Rn 12; zu den einzelnen Einnahmequellen des Staates (Abgaben, Steuern, Gebühren, Beiträge, privatwirtschaftliche Betätigung) siehe die ausführliche Darstellung bei *Korioth*, in: Hoffmann-Riem/Schmidt-Aßmann/Voßkuhle, Grundlagen des Verwaltungsrechts Bd. III, 2013, S. 119 ff.
12 *Nebel*, in: Piduch, Art. 110 Rn 14.
13 S. auch StGH Nds 16.12.2011 – StGH 1/10 –, NdsVBl 2012, 100: „Ein Abweichen von dem regionalisierten Ergebnis der Steuerschätzung ist … dann geboten, wenn bis zur Verabschiedung des Haushaltsgesetzes durch den Niedersächsischen Landtag deutliche Anzeichen erkennbar werden, die auf wesentlich verminderte Haushaltsansätze hindeuten."
14 VerfGH NRW 28.1.1992 – VerfGH 1/91 –, NWVBl 1992, 129 = NVwZ 1992, 470; 3. 5. 1994 – VerfGH 10/92 –, NWVBl 1994, 292; 14.5.1996 – VerfGH 5/95 –, NWVBl 1996, 291 = NVwZ 1997, 37.

Die geltende Haushaltspraxis kennt sowohl **globale Mehrausgaben** als auch **globale Minderausgaben**.

Globale Mehrausgaben finden sich in den Haushalten der Länder nicht selten als so genannte „Verstärkungsmittel". In der Haushaltspraxis des Landes M-V gibt es seit Jahren im Einzelplan 11 den Titel 1108.548.01 mit der Zweckbestimmung „Mehraufwand an sächlichen Verwaltungsaufgaben". In den Erläuterungen heißt es dazu „veranschlagt zur Deckung von unabweisbaren Mehrbedarfen bei den sächlichen Verwaltungsausgaben". Der betreffende Titel ist in seinem Umfang schwankend. Im Doppelhaushalt 2014/2015 sind dafür jeweils 5 Mio. € vorgesehen. Da diese globale Mehrausgabe auf die Verstärkung von Titeln ausgerichtet ist, die aus mehr oder weniger zwangsläufigen Gründen (zB Preissteigerungen) einen Mehrbedarf haben, ohne dass die grds. politischen Wertungen des Haushaltsgesetzgebers dadurch berührt werden, sind derartige Konstruktionen zulässig.[15] Das Gleiche gilt für die personellen Verstärkungsmittel zum Ausgleich von Tarifsteigerungen.[16]

Einen besonderen Charakter haben die vielfach verwendeten **globalen Minderausgaben**. Sie sind in der Praxis weit verbreitet, werden aber in der Literatur zT heftig kritisiert.[17] Die globale Minderausgabe wird mit verschiedenen Zielrichtungen eingesetzt, die sich teilweise überschneiden können. Zum einen soll die globale Minderausgabe den sog. „**Bodensatz**" abschöpfen, also der Beobachtung Rechnung tragen, dass sich im Haushaltsvollzug Minderbedarfe gegenüber der Veranschlagung herausstellen, die im Einzelnen nicht vorhersehbar sind, in der Summe jedoch prognostiziert werden können. Zum anderen wird dieses Instrument aber auch angewendet, um die Ressorts im **Vollzug** zu **Einsparungen** zu zwingen. Die auf den Bodensatz abzielende globale Minderausgabe ist zulässig, wenn sie das aus Erfahrungen der Vorjahre gewonnene Volumen nicht überschreitet.[18] Soweit die globale Minderausgabe nur durch gezielte Einsparmaßnahmen umgesetzt werden kann, ist sie dann unbedenklich, wenn die Einsparungen tatsächlich im Haushaltsvollzug voraussichtlich erzielbar sind, wenn die Erwirtschaftung der globalen Minderausgabe im Vorhinein durch feste Regelungen seitens des Finanzministeriums konkretisiert wird und wenn darüber hinaus das Parlament noch während des laufenden Haushaltsjahres darüber informiert wird, wo und bei welchen Titeln die Minderausgabe tatsächlich spezifiziert werden soll. Sind diese Voraussetzungen gegeben, liegt weder ein Verstoß gegen Haushaltswahrheit und Haushaltsklarheit noch gegen die Spezialität und den Haushaltsausgleich (Art. 61 Abs. 1 Satz 3) vor. Richtig ist allerdings, dass mit diesem Instrument behutsam umgegangen werden muss, damit nicht die prinzipielle Verpflichtung von Regierung und Parlament, den Haushaltsausgleich mit der Verabschiedung des Haushalts sicherzustellen, umgangen wird.

§ 6 a HGrG erlaubt unter bestimmten Voraussetzungen Abweichungen vom Grundsatz der sachlichen und zeitlichen Bindung. Dabei geht es darum, die Fi-

---

15 Anders VerfGH NRW 28.1.1992 –VerfGH 1/91 –, NWVBl 1992, 129 für die dort zu entscheidende Fallkonstellation, die allerdings eine der Höhe nach nicht bestimmte und damit zu weit gehende Ermächtigung enthielt.
16 Titel 1108 461.01 „Zentral veranschlagte Personalausgaben".
17 *Noll*, ThürVBl 2004, 125 ff; *Karehnke*, DVBl 1980, 542 ff; differenzierend *Marcus*, DÖV, 2000, 675 ff; *Borrmann*, VR 1981, 307 ff; die Zulässigkeit befürwortend: *Hermenau*, in: Epping/Butzer Art. 65 Rn 19; *Ohler*, in: Linck/Baldus/Lindner/Poppenhäger/Ruffert, Art. 98 Rn 25; *Dolde/Porsch*, DÖV 2002, 232 ff.
18 *Maunz*, in: Maunz/Dürig, Art. 110 Rn 58; *Piduch*, § 11 BHO Rn 7; *Noll* (Fn 17), S. 134; üblich ist ein Richtwert für den Bodensatz von 1 bis 2% des Gesamthaushalts, vgl StGH BW 20.11 1996 –GR 2/95-, DÖV 1997, 203 ff.

nanz– und Fachverantwortung bei einer dafür geeigneten Organisation zusammenzuführen (sog. **Budgetierung**), wenn angemessene Steuerungsinstrumente zur Verfügung stehen.[19] M-V hat diese Regelung in § 7 a LHO übernommen.

dd) **Verpflichtungsermächtigungen.** Ausgaben dürfen im Haushaltsplan gemäß Art. 61 Abs. 1 Satz 1 nur insoweit veranschlagt werden als sie voraussichtlich tatsächlich in dem betreffenden Haushaltsjahr anfallen (**Fälligkeitsprinzip**). Die Regierung muss aber nicht selten Verpflichtungen eingehen, welche erst in künftigen Haushaltsjahren kassenwirksam werden, zB bei größeren Investitionsvorhaben. In einem solchen Fall ist eine **Verpflichtungsermächtigung** in den Haushaltsplan aufzunehmen. Die Verpflichtungsermächtigung wird bei dem jeweiligen Titel ausgewiesen. Wenn Verpflichtungen zu Lasten mehrerer künftiger Haushaltsjahre eingegangen werden können, sollen die Jahresbeträge im Haushaltsplan angegeben werden. Nähere Einzelheiten sind in § 16 LHO und den dazu ergangenen Verwaltungsvorschriften geregelt.

5. Vollständigkeit des Haushaltsplans (Abs. 1 Satz 1 in Verbindung mit Satz 2). Nach Art. 61 Abs. 1 Satz 1 müssen **alle** Einnahmen und Ausgaben sowie Verpflichtungsermächtigungen veranschlagt werden. Die Verfassung gebietet, alle Vorgänge, die sich positiv (Einnahme) oder negativ (Ausgabe) auf den Haushalt auswirken, in **einem** Haushaltsplan zu berücksichtigen (Prinzip der **Vollständigkeit** und **Einheit**). Nicht erlaubt sind deshalb sog. „schwarze Kassen".[20] Aus dem Vollständigkeitsgebot leiten sich auch die Gebote der **Haushaltswahrheit** und **Haushaltsklarheit** ab.[21] Denn die in Art. 61 (bzw 110 GG) vorgeschriebene Vollständigkeit und Einheit des Haushaltsplans ergibt nur dann Sinn, wenn die Einnahmen und Ausgaben so übersichtlich und verständlich wie möglich dargestellt (Haushaltsklarheit) und so zutreffend wie es eine seriöse Prognose zulässt erfasst werden (Haushaltswahrheit).[22]

Anders als das Vollständigkeitsprinzip und die daraus abgeleiteten Grundsätze der Haushaltswahrheit und -klarheit ist das **Bruttoprinzip** nicht in der Verfassung, sondern nur im einfachen Recht verankert.[23] Das Bruttoprinzip bedeutet, dass die Einnahmen und Ausgaben in voller Höhe und getrennt voneinander zu veranschlagen sind, vgl § 15 Abs. 1 Satz 1 LHO. Diese Bestimmung hat den Sinn, ein möglichst hohes Maß an Transparenz zu gewährleisten. Die LHO unterscheidet deutlich zwischen dem in § 11 normierten Vollständigkeitsprinzip (§ 11 LHO lehnt sich im Wortlaut an Art. 61 Abs. 1 Satz 1 an) und dem in § 15 angesprochenen Bruttoprinzip. Die gleiche Unterscheidung findet sich in § 8 und § 10 HGrG.

Während das Vollständigkeitsprinzip keine Ausnahme zulässt, sind Durchbrechungen des Bruttoprinzips unter bestimmten Voraussetzungen gestattet. Das gilt zB für die Veranschlagung der Einnahmen aus Krediten vom Kreditmarkt und der hiermit zusammenhängenden Tilgungsausgaben (§ 15 Abs. 1 Satz 2 LHO, § 12 Abs. 1 Satz 2 HGrG). Darüber hinaus können weitere Ausnahmen

---

19 *Von Lewinski/Burbat*, Haushaltsgrundsätzegesetz, 2013, § 6 a Rn 1 ff.
20 *Maunz*, in: Maunz/Dürig, Art. 110 Rn 28; *Nebel*, in: Piduch, Art. 110 Rn 19; *Ewer*, in: Caspar/Ewer/Nolte/Waack, Art. 50 Rn 9.
21 BVerfGE 119, 96, 118; VerfGH NRW 28.1.1992 – VerfGH 1/91 –, NWVBl 1992, 129, 130; *Gröpl*, in: BK, Art. 110 Rn 114.
22 *Gröpl*, Transparenz im Haushaltsrecht, 2006, S. 12 (www.uni-saarland.de/fileadmin/user_upload/Professoren/fr11_ProfGroepl/Ver%C%B6ffentlichungen/Vortr%C3%A4ge/19-TRans-KLRI-HP.pdf).
23 *Maunz*, in: Maunz/Dürig, Art. 110 Rn 33; *Piduch*, DÖV 1969, 190 ff; aA *von Mutius*, in: von Mutius/Wuttke/Hübner, Art. 50 Rn 13.

vom Bruttoprinzip im Haushaltsplan zugelassen werden (§ 15 Abs. 1 Satz 3 LHO, § 12 Abs. 1 Satz 3 HGrG).

Schwierigkeiten bereitet Art. 61 Abs. 1 Satz 2. Danach brauchen bei **Landesbetrieben** und **Sondervermögen** des Landes nur die Zuführungen oder die Ablieferungen eingestellt zu werden. Landesbetriebe gemäß § 26 Abs. 1 LHO und Sondervermögen gemäß § 26 Abs. 2 LHO haben gemeinsam, dass es sich dabei nicht um eigenständige juristische Personen, sondern um Teile der öffentlichen Verwaltung handelt, die allerdings durch eine gewisse Verselbständigung von der Landesverwaltung im engeren Sinn abgetrennt sind. Bei den Landesbetrieben steht der betriebliche Aspekt im Vordergrund, bei den Sondervermögen das Verwalten einer bestimmten Vermögensmasse. In beiden Fällen müssen ein Wirtschaftsplan (§ 26 Abs. 1 LHO für Landesbetriebe) bzw Übersichten über die Einnahmen und Ausgaben (bei Sondervermögen vgl § 26 Abs. 2 LHO) dem Haushaltsplan als Anlage beigefügt werden. Im Haushaltsplan selbst erscheint nur ein Titel, der den Saldo des Wirtschaftsplans darstellt, also entweder eine Ablieferung des Betriebs bzw des Sondervermögens an den Haushalt oder eine Zuführung aus dem Haushalt zum Defizitausgleich an den Landesbetrieb bzw das Sondervermögen.

Systematisch handelt es sich bei Art. 61 Abs. 1 Satz 2 um eine **Ausnahme vom Bruttoprinzip**.[24] Art. 61 Abs. 1 Satz 2 regelt also (ebenso wie Art. 110 Abs. 1 Satz 2 GG) für Landesbetriebe und Sondervermögen die Ausnahme von einem Prinzip, das in Art. 61 Abs. 1 Satz 1 gar nicht enthalten ist. Dies als „Klarstellung" zu bezeichnen,[25] ist ein denkbarer Ausweg aus dem Dilemma, ändert aber nichts daran, dass Art. 61 Abs. 1 Satz 2 als missglückt betrachtet werden muss.

10 **6. Der Stellenplan als Bestandteil des Haushaltsplans.** Nach § 11 Abs. 1 Ziffer 3 HGrG ist dem Haushaltsplan als Anlage eine Übersicht über die **Planstellen der Beamten** beizufügen. § 14 Abs. 1 Ziffer 3 LHO dehnt diese Verpflichtung auch auf **andere Stellen** aus. Dieser sog. Stellenplan ist maßgeblich für die Personalwirtschaft des Landes. Nach § 49 Abs. 1 LHO darf ein Amt nur zusammen mit der Einweisung in eine besetzbare Planstelle verliehen werden. Für Beamte entfaltet also der Stellenplan in ähnlichem Sinne Ermächtigungswirkung für die Einstellung bzw Beförderung wie der Haushaltsplan für das Leisten von Ausgaben. Nach § 49 Abs. 4 LHO bewirken die Stellenübersichten für nicht beamtete Kräfte die gleiche Bindung wie der Stellenplan der planmäßigen Beamten (insoweit geht die LHO über das HGrG hinaus, weil dort in § 28 Abs. 1 die Bindung an den Stellenplan nur für die Planstellen für Beamte vorgeschrieben wird).

Weil die Einweisung eines Beamten in eine Planstelle bzw die Einstellung von Arbeitnehmern für die öffentliche Hand langjährige Verpflichtungen mit sich bringt, ist es gerechtfertigt, hierfür in Gestalt des Stellenplans ein gesondertes Ermächtigungsinstrument vorzusehen. Da jedoch die Verfassung in Art. 61 nur von Einnahmen, Ausgaben und Verpflichtungsermächtigungen spricht, gehört der Stellenplan nicht zum verfassungsrechtlich vorgeschriebenen Inhalt des

---

24 AA *Piduch* (Fn 23), S. 192, der Art. 110 Abs. 1 Satz 2 GG als Ausnahme vom Vollständigkeitsprinzip interpretiert. Das ist jedoch wenig überzeugend, weil das Vollständigkeitsprinzip auch bei Aufnahme einer saldierten Zuführung bzw Ablieferung gewahrt bleibt. Daher ist die Veranschlagungsweise bei Landesbetrieben und Sondervermögen keine Durchbrechung des Vollständigkeitsprinzips, die einer verfassungsrechtlichen Ausnahme bedurft hätte.
25 *Maunz*, in: Maunz/Dürig, Art. 110 Rn 34.

Haushaltsplans.[26] Nach § 11 Abs. 1 Ziffer 3 und § 28 HGrG ist aber – unabhängig von der Verfassung – zumindest für Beamte die Bindung an den Stellenplan aufgrund vorrangigen Bundesrechts ohnehin verpflichtend.

7. Jährlichkeit des Haushaltsplans. Nach Art. 61 Abs. 1 Satz 1 müssen Einnahmen, Ausgaben und Verpflichtungsermächtigungen des Landes „**für jedes Haushaltsjahr**" veranschlagt werden, sog. **Jährlichkeitsprinzip**. Demnach muss für jedes Haushaltsjahr ein Haushaltsplan verabschiedet werden. Jedoch kann der Haushaltsplan für zwei Haushaltsjahre, nach Jahren getrennt, aufgestellt werden, vgl § 9 Abs. 1 HGrG, § 12 Abs. 1 LHO. Mit diesem Instrument des „**Doppelhaushalts**" hat M-V seit dem Doppelhaushalt 2002/2003 gute Erfahrungen gemacht. Dadurch wird in erheblichem Umfang Verwaltungsaufwand reduziert und die Planbarkeit über einen längeren Zeitraum erhöht. 11

Eine besondere Situation ergibt sich für das Haushaltsjahr 2004. Das LVerfG M-V hat den Doppelhaushalt 2004/2005 für nichtig erklärt, aber zugelassen, dass für das abgelaufene Haushaltsjahr 2004 kein neuer Haushaltsplan verabschiedet werden musste.[27] Das lässt sich mit Art. 61 Abs. 1 Satz 1, nach dem für jedes Haushaltsjahr ein Haushaltsplan aufzustellen ist, kaum vereinbaren.

8. Haushaltsausgleich (Art. 61 Abs. 1 Satz 3). Nach Art. 61 Abs. 1 Satz 3 ist der Haushalt in Einnahmen und Ausgaben auszugleichen. Das bezieht sich – wie die gesamte Vorschrift des Art. 61 – auf die Haushaltsaufstellung. Im Vollzug können durchaus Defizite oder Überschüsse entstehen, vgl § 25 LHO. Jedoch darf die Regierung negative Abweichungen des Haushaltsvollzugs von der Planung nicht tatenlos hinnehmen. Für Gegensteuerungsmaßnahmen steht dem Finanzminister das Instrument der **Haushaltssperre** nach § 41 LHO zur Verfügung. Bei der Anwendung dieses Mittels muss der Finanzminister auch die Auswirkungen auf das gesamtwirtschaftliche Gleichgewicht berücksichtigen, Art. 109 Abs. 2 GG. 12

Das Prinzip des **Haushaltsausgleichs** besagt, dass die Einnahmen und die Ausgaben gleich hoch sein müssen. Da zu den Einnahmen auch die Krediteinnahmen gehören, hat das Gebot des Haushaltsausgleichs formalen Charakter. Die Frage, in welchem Umfang Krediteinnahmen zum Haushaltsausgleich zulässig sind, beurteilt sich nicht nach Art. 61 Abs. 1 Satz 3, sondern nach Art. 65.

Das LVerfG M-V hat mit Urt. vom 7.7.2005 zum Nachtragshaushalt 2003[28] die Kreditermächtigung teilweise für nichtig erklärt, den Nachtragshaushalt iÜ aber bestehen lassen. Damit wird das Gebot des Haushaltsausgleichs, Art. 61 Abs. 1 Satz 3, berührt, weil den im Haushaltsplan 2003 – in der durch den Nachtrag veränderten Form – veranschlagten Ausgaben nicht mehr zur Deckung ausreichende Einnahmen gegenüberstehen. Die Teilnichtigkeit eines Haushaltsplans ist im Hinblick auf Art. 61 Abs. 1 Satz 3 problematisch.[29]

II. Entstehung des Haushaltsplans (Art. 61 Abs. 2 und 3)

1. Grundzüge des „Haushaltskreislaufs". Der „Haushaltskreislauf" vollzieht sich in 4 Phasen: Aufstellung des Haushaltsplanentwurfs durch die Regierung (Art. 61 Abs. 3), Feststellung des Haushaltsplans durch ein vom Parlament zu 13

---

26 *Nebel*, in: Piduch, Art. 110 Rn 9 mwN; aA *Moeser*, Die Beteiligung des Bundestages an der staatlichen Haushaltsgewalt, 1978, S. 116.
27 LVerfG M-V 7.7.2005 – 8/04 –, LVerfGE 16, 353 = LKV 2006, 26.
28 LVerfG M-V 7.7.2005 – 7/04 –, LVerfGE 16, 333 = LKV 2006, 23.
29 Zu den Auswirkungen der Verfassungswidrigkeit einer durch einen Nachtragshaushalt erhöhten Kreditaufnahme auf die übrigen Teile des Nachtragshaushalts vgl neuerdings VerfGH NRW 15.3.2011 –VerfGH 20/10 –, NVwZ 2011, 805 = NWVBl 2011, 218.

verabschiedendes Gesetz (Art. 61 Abs. 2), Vollzug des beschlossenen Haushaltsplans durch die Regierung, Kontrolle des Haushaltsvollzugs durch den LT mit Unterstützung des LRH (Art. 67, 68). Die 4 Takte des Haushaltskreislaufs sind so ineinander verwoben, dass jeweils der 1. und der 3. Takt durch die Regierung, der 2. und der 4. Takt durch das Parlament dominiert werden. In der Praxis bestehen zwischen den einzelnen Phasen vielfältige Interdependenzen. So wird insb. die Regierung schon bei der Erstellung des Haushaltsplanentwurfs auf Willensäußerungen des LT Rücksicht nehmen, die dieser bei früheren Feststellungen des Haushaltsplans oder im Zusammenhang mit der Kontrolle früherer Haushaltspläne vorgenommen hat. Umgekehrt agieren die Regierungsfraktionen bei der Beratung des Haushalts nicht ohne Rückkopplung mit der von ihnen getragenen Regierung.

14 **2. Die einzelnen Etappen der Entstehung des Haushaltsplans.** a) **Zielvorgabe.** Am Anfang des Prozesses der Haushaltsplanaufstellung sollte eine **Zielvorgabe** stehen, die den Rahmen für das weitere Verfahren absteckt. Üblicherweise enthält der aktuelle **Finanzplan**, der beim vorangegangenen Haushaltsplanaufstellungsverfahren konzipiert worden ist, bereits sehr konkrete Vorgaben für die folgenden Jahre, die bei der Aufstellung des nächstjährigen Haushalts genutzt werden können. Das gilt im besonderen Maße in M-V, weil dort der Finanzplan nicht nur für die Investitionsmaßnahmen, sondern auch für den laufenden Haushalt titelscharf aufgestellt wird.[30] Soweit sich zwischen dem Zeitpunkt, zu dem der Finanzplan erstellt wurde, und dem Zeitpunkt der Aufstellung des nächsten Haushalts gravierende Veränderungen äußerer Rahmenbedingungen (zB Steuereinnahmen) ergeben haben, bietet es sich an, dass das Kabinett vor dem Beginn des eigentlichen Haushaltsaufstellungsverfahrens einen sog. **Eckdatenbeschluss** fasst. Dies geschieht auf der Basis einer Kabinettsvorlage des Finanzministeriums, die die wesentlichen Änderungen gegenüber dem Finanzplan aufzeigt und Vorschläge für die daraus abzuleitenden Konsequenzen enthält. Nähere Einzelheiten regelt der **Haushaltserlass** des Finanzministeriums, welcher materielle Zielvorgaben für die Ressorts entwickelt, aber auch technische Anweisungen für die Ressortanmeldungen enthält.

15 b) **Aufstellung des Regierungsentwurfs.** Der bisher beschriebene Prozess der Entwicklung von Zielvorgaben zeigt typische Elemente eines „**Top Down**" Entscheidungsprozesses. Die Bedarfsanmeldungen der Ressorts spiegeln dem gegenüber deren Wünsche und Bedarfe wider, die auf der Ebene der Ministerien aggregiert und von dort aus mit der Gegenzeichnung durch den Beauftragten für den Haushalt (§ 9 LHO) an das Finanzministerium weitergeleitet werden. Insoweit handelt es sich um einen „**Bottom up**"-Vorgang. In Verhandlungen auf Arbeitsebene bzw später auf Chefebene (Minister) versucht das Finanzministerium, einen möglichst konsensfähigen („streitfreien") Haushaltsplanentwurf aufzustellen und dem Kabinett zu unterbreiten. Einzelheiten zu den Voranschlägen der Ressorts, der Aufstellung des Entwurfs des Haushaltsplans durch das Finanzministerium und dem Beschl. über den Entwurf des Haushaltsplans durch das Kabinett enthalten §§ 27 bis 29 LHO. Der **Finanzminister** hat gemäß § 28 Abs. 2 LHO ein **Widerspruchsrecht**, das nur in einer weiteren Sitzung des Kabinetts mit der Stimme des MinPräs ausgeräumt werden kann. Die einzelnen Res-

---

30 Das harsche Urteil von *Korioth* (Fn 11), S. 144, die mittelfristige Finanzplanung habe sich „als völliger ‚Fehlschlag erwiesen", kann deshalb jedenfalls für M-V nicht bestätigt werden. Der Finanzplan und der Stellenplan mit zeitlich gestaffelten kw-Vermerken sind durchaus geeignete Instrumente, um eine mehrjährige Konsolidierungsstrategie zu gestalten. Nähere Einzelheiten zum Finanzplan s. unter → Rn 24.

sortminister können im Kabinett überstimmt werden. Anders verhält es sich mit den Voranschlägen des PräsLT und des Präsidenten des LRH. Hierfür sind in § 29 Abs. 3 LHO besondere Regelungen vorgesehen.

c) **Beratung des Haushaltsplanentwurfs im Landtag.** Gemäß Art. 61 Abs. 3 16 kann nur die **LReg** den Entwurf des Haushaltsplans, des Haushaltsgesetzes sowie Vorlagen zur Änderung des Haushaltsgesetzes und des Haushaltsplans in den LT einbringen (sog. **Budgetinitiative**).[31] Der LT hat aber das Recht, den Entwurf der Regierung im Laufe seiner Beratungen bzw der Beratungen in den Ausschüssen zu **verändern**. Allerdings hat das LVerfG M-V in seinem Urt. vom 7.7.2005[32] den Umfang der Abänderungsbefugnis des Finanzausschusses im Hinblick auf Art. 55 Abs. 2 eingeschränkt (→ *Sauthoff*, **Art. 55** Rn 29 f). Danach dürfen **Änderungen**, die so wesentlich sind, dass sie einer Grundsatzberatung bedürfen, nicht durch den Finanzausschuss vorgenommen werden. Das gilt nach den Feststellungen des LVerfG M-V nicht nur für die Überschreitung der Regelkreditobergrenze aus Art. 65 Abs. 2 Satz 1, sondern auch für die Regelung neuer Sachbereiche. Offen gelassen hat das Gericht die Frage, ob schon ein nachträglich im Finanzausschuss eingefügter zusätzlicher Stellenabbau von 1.600 Stellen aufgrund erheblicher qualitativer Abänderung des Gesetzentwurfs für sich allein gegen Art. 55 Abs. 2 verstößt. Diese Entscheidung begrenzt die Einflussnahme des Parlaments auf die Ausgestaltung des Haushalts. Denn wenn der Finanzausschuss Änderungen nicht vornehmen darf, welche die vom Landesverfassungsgericht gezogenen Grenzen überschreiten, wirkt sich das auch auf die Aktionsmöglichkeiten des Landtags aus. Eine Grundsatzberatung über die betreffenden Änderungen setzt voraus, dass der Haushaltsplan und das Haushaltsgesetz mit diesen Modifizierungen entweder völlig neu eingebracht oder dass dem Landtag zumindest ein Ergänzungshaushalt nach § 32 LHO (siehe nächster Absatz sowie Rn 23) vorgelegt wird. Beide Handlungsformen stehen – wie erwähnt - gemäß Art. 61 Abs. 3 nur der Regierung zu. Der Finanzausschuss kann von sich aus eine erneute Grundsatzberatung über Sachmaterien, die seine Änderungskompetenz übersteigen, nicht anstoßen, weil das auf ein Gesetzesinitiativrecht des Ausschusses hinausliefe, das ihm gemäß Artt. 55 Abs. 1 und 61 Abs. 3 verwehrt ist. Will das Parlament wesentliche Änderungen an dem von der Regierung vorgelegten Haushaltsplanentwurf durchsetzen, so ist es demnach allein – ohne Mitwirkung der Regierung - nicht handlungsfähig. Diese Feststellung spricht dafür, den Begriff der wesentlichen Änderung eng auszulegen und damit die Einflussmöglichkeiten der Ausschüsse und des Landtags nicht zu restriktiv zu bewerten. Hilfreich ist in diesem Zusammenhang das Urt. des LVerfG vom 11.5.2006 zum kommunalen Finanzausgleich[33], in dem das LVerfG ergänzende Interpretationshinweise gegeben hat. Danach hat das Gericht in diesem Verfahren gewichtige Änderungen des kommunalen Finanzausgleichsgesetzes (Wegfall der Mindestgarantie) zugelassen, die erst in den Ausschüssen vorgenommen wurden. Darin hat das Gericht keinen Verstoß gegen Art. 55 Abs. 2 gesehen. Deshalb ist das Urt. vom 7.7.2005 im Kern wohl auf die beiden Tatbestände der Überschreitung der Kreditobergrenze sowie der „gewichtigen Regelungen zu völlig neuen Sachmaterien" zu beschränken. Der vom Gericht in dem Urteil vom 7.7.2005 offen gelassene zusätzliche Abbau von 1.600 Stellen dürfte

---

31 Drs. 1/1300, S. 148 (Verfassungsentwurf und Abschlussbericht der Verfassungskommission vom 7.5.1993).
32 LVerfG M-V 7. 7. 2005 – 8/04 –, LVerfGE 16, 353 = LKV 2006, 26, 27 ff.
33 LVerfG M-V, Urt. vom 11.5.2006 – 1/05, 5/05, 9/05 –, LVerfGE 17, 297 ff = LKV 2006, 461 ff.

keine solche völlig neue Sachmaterie sein, weil Veränderungen am Stellenplan und bei den Ausgabenansätzen zur Gestaltung eines Haushalts dazu gehören, auch wenn damit ein über das übliche Maß hinausgehender Eingriff verbunden ist. Als Fazit lässt sich folgendes festhalten:

- Da eine Grundsatzberatung einen Gegenstand braucht, sind die Kriterien, wann diese erforderlich ist und wann eine neue Gesetzesinitiative geboten ist, die gleichen.
- Der vom LVerfG entschiedene Fall (Haushalt, der durch Änderungen gegen reguläre Verschuldungsgrenze verstieß) war ein Sonderfall, weil hier die Verfassung spezifische Anforderungen an Inhalt und Begründung des Haushaltsgesetzes aufstellt (Stichwort: Darlegungslast, siehe Art. 65, Rn 12).
- Im Übrigen ist nicht das (quantitative) Ausmaß von Änderungen entscheidend, sondern die thematische Änderung: Was inhaltlich in keinem Zusammenhang steht mit dem Gegenstand der ursprünglichen Initiative, darf nicht im Rahmen einer Einzelberatung ohne vorherige Grundsatzberatung in das Gesetz eingefügt werden. Damit gilt im Kern ein ähnliches Kriterium, wie es das BVerfG[34] für die Grenzen der Gestaltungsmacht des Vermittlungsausschusses definiert hat. Der vom LVerfG für den Doppelhaushalt 2004/2005 ohne abschließende Entscheidung thematisierte Stellenabbau war also unproblematisch, weil der Stellenplan ohnehin Gegenstand des Gesetzgebungsverfahrens war. In die gleiche Richtung deutet die oben erwähnte Entscheidung des LVerfG zum kommunalen Finanzausgleich.

In der Praxis geht es (das zeigt auch die Judikatur des BVerfG zu den Grenzen der Befugnisse des Vermittlungsausschusses) insbesondere um Gesetzespakete in Form von Artikelgesetzen. Das betrifft auf Landesebene vor allem die Haushaltsbegleitgesetze, weil während der Beratung neu entstehende Finanzprobleme Einschnitte in Leistungsgesetze erfordern können, die in der ursprünglichen Gesetzesinitiative nicht angesprochen wurden und die deshalb auch nicht Thema der in der ersten Lesung durchgeführten Grundsatzberatung waren.

Will die **Regierung** während der laufenden parlamentarischen Haushaltsberatungen Einfluss auf ihren eigenen Entwurf nehmen, stehen ihr zwei Wege offen. Sie kann entweder einen **Ergänzungshaushalt** gemäß § 32 LHO einbringen. Dafür gelten die gleichen Regeln wie für den Ursprungshaushalt selbst. Sie kann aber auch dem Finanzausschuss ergänzende Informationen zukommen lassen, die zunächst nur den Charakter von Formulierungshilfen haben (sog. „**Nachschiebelisten**"). Werden sie von den Abg. der die Regierung tragenden Fraktionen aufgegriffen und als Eigeninitiative in das Verfahren eingebracht, sind sie auf diesem Umweg Beratungsgegenstand, wie jeder andere Änderungsantrag auch. Wählt die Regierung diesen zweiten Weg, gerät sie allerdings aufgrund der oben geschilderten Rspr des LVerfG M-V in die Gefahr, einen Verstoß gegen Art. 55 Abs. 2 zu begehen, wenn die genannten Änderungen zu weitreichend sind, um von den Änderungsbefugnissen des Finanzausschusses umfasst zu werden.

Ein Zwitterding sind die in § 54 Abs. 2 der GO LT genannten Ergänzungsvorlagen der Regierung, die ohne erneute Grundsatzberatung dem Finanzausschuss überwiesen werden. Von diesem Instrument sollte künftig nicht mehr Gebrauch gemacht werden.

17 **d) Vollzug und Kontrolle.** Art. 61 beschäftigt sich im Prinzip nur mit der Aufstellung des Haushaltsplans. Der **Haushaltsvollzug** und die **Kontrolle** des Haus-

---

34 BVerfGE 72, 175 ff, 189; 101, 297 ff.

haltsvollzugs werden erst in den Artt. 67 und 68 abgehandelt. Sie sollen deshalb auch dort kommentiert werden.

In einem bestimmten Teilbereich ragt jedoch der Vollzug bereits in die Gestaltung des Haushaltsplans und des Haushaltsgesetzes hinein. Das gilt für die Problematik der **qualifizierten Sperrvermerke** und der **Zustimmungsvorbehalte**. Sie betrifft das Verhältnis zwischen Exekutive und Legislative bei der Ausführung des Haushaltsplans.

Grds. ist der Haushaltsvollzug allein Sache der Regierung und der Verwaltung. Durch das Instrument der sog. qualifizierten Sperrvermerke und der Zustimmungsvorbehalte sichert sich allerdings das Parlament eine gewisse Mitwirkung am Vollzug. Die Verfassungsmäßigkeit dieser Regelungen ist umstritten. Im Einzelnen geht es um Folgendes:

Nach § 22 LHO können Ausgabeermächtigungen und Verpflichtungsermächtigungen mit einem **Sperrvermerk** versehen werden. Die Entsperrung erfolgt gemäß § 36 Satz 1 LHO in der Regel durch Einwilligung des Finanzministeriums. Diese sog. einfachen Sperrvermerke sind verfassungsrechtlich unproblematisch, weil sie sich allein im Bereich der Exekutive bewegen. In Ausnahmefällen kann aber nach § 22 Satz 3, § 36 Satz 3 LHO die Aufhebung des Sperrvermerks an die Zustimmung des LT oder des Finanzausschusses gebunden werden (sog. qualifizierter Sperrvermerk). Die Regelung wird zT für verfassungsrechtlich problematisch gehalten, weil darin ein Übergriff in die alleinige Verantwortung der Exekutive und damit eine Verletzung des Gewaltenteilungsprinzips gesehen wird.[35] Da der qualifizierte Sperrvermerk darauf beruht, dass eine Ausgabe noch nicht etatreif ist und das Parlament bzw der Finanzausschuss zu gegebener Zeit diese Prüfung nachholen soll, ist gegen diese Rechtskonstruktion verfassungsrechtlich nichts einzuwenden. Ein unzulässiger Übergriff in den Kompetenzbereich der Exekutive liegt erst dann vor, wenn mit Hilfe des Sperrvermerks ein bestimmtes Verhalten der Regierung erzwungen werden soll, das allein in ihrer Zuständigkeit liegt, zB organisatorische Regelungen, die dem MinPräs bzw den Ressortministern obliegen.

Neben das Instrument des qualifizierten Sperrvermerks tritt die Rechtsfigur des **Zustimmungsvorbehalts**. Sie ist in der LHO nicht geregelt, findet sich aber in zahlreichen Bestimmungen des jährlichen Haushaltsgesetzes (vgl zB § 17 Haushaltsgesetz 2014/2015). Während der qualifizierte Sperrvermerk eine Einschränkung der Bewilligung darstellt, handelt es sich beim Zustimmungsvorbehalt darum, der Regierung bestimmte Abweichungen vom Haushaltsplan bzw Haushaltsgesetz zu erlauben, also die Befugnisse der Regierung auszudehnen, diese aber an die Zustimmung des LT oder des Finanzausschusses zu binden. Hauptanwendungsfall des Zustimmungsvorbehalts sind Ermächtigungen zur Umschichtung von Mitteln während des laufenden Haushaltsvollzugs. Da auf diese Weise der Regierung mehr Flexibilität eingeräumt wird, handelt es sich nicht um einen Eingriff in deren Vollzugskompetenz. Allerdings darf die Umschichtungsermächtigung nicht so weit gehen, dass dadurch grundlegende Veränderungen des Haushalts von der Regierung mit Zustimmung des Finanzausschusses vorgenommen werden können.[36] Einen Zustimmungsvorbehalt besonderer Art enthält § 11 Abs. 4 WerftenförderungsG. Danach dürfen Bürgschaften an Werften über 5 Mio EUR nur mit Zustimmung des Finanzausschusses erteilt werden.

---

35 Ausführlich dazu *Moeser*, Die Beteiligung des Bundestages an der staatlichen Haushaltsgewalt, 1978, S. 163 ff, 167 ff; *Brockmeyer*, in: Schmidt-Bleibtreu/Hofmann/Hopfauf, Art. 110 Rn 10; *Nebel*, in: Piduch, Art. 110 Rn 16.
36 Zu den Zustimmungsvorbehalten vgl *Moeser* (Fn 35), S. 178 ff.

Über die Klage der Fraktion DIE LINKE, welche eine Verletzung des Gewaltenteilungsprinzips geltend macht, hat das Landesverfassungsgericht (Az. 1/14) bei Redaktionsschluss noch nicht entschieden.

18 **3. Vorherigkeitsprinzip.** Gemäß Art. 61 Abs. 2 wird der Haushaltsplan „vor Beginn des Haushaltsjahres" festgestellt. Dieses sog. **Vorherigkeitsprinzip** wird durch § 30 LHO abgesichert. Danach ist der Entwurf des Haushaltsgesetzes mit dem Entwurf des Haushaltsplans vor Beginn des Haushaltsjahres beim LT einzubringen, in der Regel bis spätestens zum 30. September. Allerdings können Situationen entstehen, in denen es aus politischen Gründen nicht möglich ist, den Haushalt rechtzeitig zu verabschieden. Wenn der Haushalt entgegen Art. 61 Abs. 2 nicht vor Beginn des Haushaltsjahres festgestellt worden ist, gilt Art. 62, der die LReg bis zum In-Kraft-Treten des Haushalts ermächtigt, bestimmte Ausgaben zu leisten oder Verpflichtungen einzugehen.

Wird das Vorherigkeitsprinzip verletzt, z. B. durch eine unbegründete Verspätung der Budgetvorlage seitens der Landesregierung, berührt das die Wirksamkeit des Haushaltsgesetzes nicht.[37]

19 **4. Feststellung durch Gesetz.** Art. 61 Abs. 2 ordnet an, dass der Haushaltsplan durch ein Gesetz festgestellt wird. Zu den dadurch aufgeworfenen Fragen, insb. zum Rechtscharakter des Haushaltsplans, s.o. → Rn 3.

III. Bepackungsverbot (Abs. 4)

20 Nach Art. 61 Abs. 4 dürfen in das Haushaltsgesetz nur Vorschriften aufgenommen werden, die sich auf die Einnahmen und Ausgaben des Landes und auf den Zeitraum beziehen, für den das Haushaltsgesetz beschlossen wird. Die Begrenzung auf die Einnahmen und Ausgaben des Landes bezeichnet man als **sachliches Bepackungsverbot**, die Begrenzung auf den zeitlichen Geltungsraum des Haushaltsgesetzes als **zeitliches Bepackungsverbot**. Das zeitliche Bepackungsverbot wird in Art. 61 Abs. 4 Satz 2 dadurch aufgelockert, dass die Geltungsdauer des Haushaltsgesetzes unter bestimmten Voraussetzungen verlängert werden kann.

Die Wurzeln des Bepackungsverbots liegen im Budgetrecht des 19. Jahrhunderts. Es diente damals zum einen dem Schutz des preußischen Herrenhauses, dessen Rechte im Budgetverfahren gegenüber dem normalen Gesetzgebungsverfahren eingeschränkt waren,[38] zum anderen dem Schutz des Monarchen vor der Koppelung des Haushaltsgesetzes mit anderen, ihm missliebigen Gesetzen.[39] Obwohl diese ursprünglichen Zielsetzungen in einem demokratischen Rechtsstaat keine Funktion mehr haben, wurde das Bepackungsverbot ohne nähere Diskussion in Art. 85 Abs. 3 Satz 2 der Weimarer Reichsverfassung und später in Art. 110 Abs. 4 GG übernommen. Heute hat das Bepackungsverbot nur noch insoweit einen Sinn, als es der **Normenklarheit** dient, wenn Rechtsmaterien nicht auf allg. Gesetze und Haushaltsgesetze aufgesplittert werden.[40] Sie sollen in dem Verfahren geändert werden, in dem sie auch erlassen wurden.[41] Darüber

---

37 BVerfGE 119, 96, 121; das Gericht befasst sich auf S. 123 ff ausführlich mit der Frage des richtigen Zeitpunkts für die Vorlage eines Nachtragshaushalts; zum Vorherigkeitsprinzip vgl auch VerfGH NRW 12.3.2013 – VerfGH 7/11 –, NVwZ 2013, 665.
38 *v. Portatius*, Das haushaltsrechtliche Bepackungsverbot, 1975, S. 21.
39 *Moeser* (Fn 35), S. 117; *von Portatius* (Fn 38), S. 30 ff.
40 *Moeser* (Fn 35); S. 118, *Gröpl*, in: BK, Art. 110 Rn 134; *Stern*, Bd. II, S. 1253; LVerfG M-V 7.7. 2005 -8/04 –, LVerfGE 16, 353 = LKV 2006, 26, 29; *Heun*, Staatshaushalt und Staatsleitung, 1989, S. 265, 266; *Ewer* (Fn 20), Art. 50 Rn 36.
41 *Moeser* (Fn 35), S. 118.

hinaus soll die Parlamentsminderheit vor Überraschungsentscheidungen geschützt werden, die unter dem Zeitdruck der Haushaltsgesetzgebung zustande kommen.[42]

In der modernen Haushaltspraxis taucht vielfach das Bedürfnis auf, zeitgleich mit der Verabschiedung des Haushalts in Leistungsgesetze einzugreifen. Auf Bundesebene geschieht dies dadurch, dass parallel zum Haushaltsgesetz ein sog. **Haushaltsbegleitgesetz** eingebracht wird, welches als Mantelgesetz ausgestaltet ist und in mehreren Artikeln Änderungen von Spezialgesetzen enthält. Die meisten Länder folgen dem Beispiel des Bundes und trennen zwischen dem Haushaltsgesetz und einem eigenen Haushaltsbegleitgesetz. Andere Länder (Schleswig-Holstein und einst M-V, ähnlich das Saarland) haben stattdessen die Praxis eines sog. „Haushaltsrechtsgesetzes" entwickelt. Das Haushaltsrechtsgesetz enthält als Art. 1 das Haushaltsgesetz im eigentlichen Sinne, also das Haushaltsgesetz nach Art. 61 Abs. 2 und Abs. 4, sowie in weiteren Artikeln Änderungen zu einzelnen Spezialgesetzen. Diese langjährige Praxis ist vom LVerfG M-V mit Urt. vom 7.7.2005[43] für unvereinbar mit Art. 61 Abs. 4 erklärt worden. Das LVerfG M-V betrachtet das Haushaltsrechtsgesetz als Ganzes, und nicht nur den Art. 1, als „Haushaltsgesetz".[44] Seit dieser Entscheidung werden auch in M-V das Haushaltsgesetz und das Haushaltsbegleitgesetz in zwei verschiedene Gesetzeskomplexe aufgeteilt.

IV. Vermögen und Schulden (Abs. 5)

Art. 61 Abs. 5 schreibt den Nachweis des **Vermögens** und der **Schulden** sowie 21 der Haushaltspläne der Landesbetriebe und Sondervermögen vor. Außerdem sind die Beteiligungen des Landes an Wirtschaftsunternehmen offen zu legen. Die Regelung soll der Haushaltsklarheit dienen.[45] Der Nachweis von Vermögen und Schulden erfolgt jeweils in der Haushaltsrechnung. Dabei werden als Aktivvermögen das Liegenschaftsvermögen und das Kapitalvermögen (zB Darlehensforderungen, Rücklagen, Beteiligungen) erfasst, als Passivvermögen (Schulden) die Schulden am Kapitalmarkt, die Sicherheitsleistungen (Bürgschaften) und sonstige Eventualverbindlichkeiten (Garantien). Eine vollständige Darstellung des Aktiv- und Passivvermögens iS der kaufmännischen Buchführung ist damit nicht gewährleistet. Das würde eine Bilanzierung aller Vermögenswerte (also z.B. auch der Forderungen und Verbindlichkeiten aus laufenden Geschäften sowie der Rückstellungen etwa für Pensionen) voraussetzen, die mit der traditionellen kameralistischen Buchführung nicht kompatibel ist. Die Haushaltspläne der Landesbetriebe und Sondervermögen finden sich als Anlage bei den zuständigen Einzelplänen. Eine Gesamtübersicht enthält der dem Haushaltsplan vorangestellte Band „Gesamtplan". Dort werden auch die Beteiligungen des Landes M-V aufgeführt.

---

42 LVerfG M-V (Fn 40), S. 29.
43 LVerfG M-V (Fn 40), S. 29; zustimmend *Pestalozza* , NJ 2006, S. 1, 5 sowie nicht veröffentlichte Entscheidung SaarlVerfGH 13.3.2006 –Lv 5/05–, www.verfassungsgerichtshof-saarland.de, Rn 68 ff, 70; kritisch *Bull*, DVBl. 2006, S. 302 ff; *Korioth*, in: Hoffmann-Riem/Schmidt-Aßmann/Voßkuhle, Grundlagen des Verwaltungsrechts Bd. III, 2013, S. 195 Fn 524; *Droege*, in: Brocker/Droege/Jutzi, Art. 116 Rn 18.
44 Ebenso SaarVerfGH aaO (Fn 43).
45 Abschlussbericht der Verfassungskommission, Drs. 1/3100 vom 7.5.1993, S. 149; *Thiele* (Fn 4), Art. 61 Rn 9.

V. Haushaltsgrundsätze

22 Bei der Kommentierung finanzverfassungsrechtlicher Bestimmungen wird vielfach auf sog. **Haushaltsgrundsätze** zurückgegriffen. Die „Haushaltsgrundsätze" haben jedoch keinen eigenen Erkenntniswert, da es keinen anerkannten allgemeingültigen Kanon von Haushaltsgrundsätzen gibt.[46] Außerdem sind einige der Haushaltsgrundsätze in der Verfassung selbst festgeschrieben, während andere lediglich aus den jeweiligen Haushaltsordnungen oder gar aus ungeschriebenen Rechtsprinzipien abzuleiten sind. Die Zusammenfassung derart qualitativ unterschiedlicher Rechtssätze mit verschiedenen Normebenen unter dem einheitlichen Begriff „Haushaltsgrundsätze" ist deshalb wenig hilfreich. Die Analyse sollte sich vielmehr an dem konkreten Text der jeweiligen Verfassungsnorm bzw des einfachen Gesetzes orientieren.

In Art. 61 sind folgende „Haushaltsgrundsätze" enthalten:
- Fälligkeitsprinzip (Art. 61 Abs. 1 Satz 1), oben → Rn 7,
- Spezialität (Art. 61 Abs. 1 Satz 1), oben → Rn 7,
- Vollständigkeit und Einheit (Art. 61 Abs. 1 Satz 1), oben → Rn 9,
- Haushaltswahrheit und Haushaltsklarheit, oben → Rn 9,
- Jährlichkeit (Art. 61 Abs. 1 Satz 1), oben → Rn 11,
- Haushaltsausgleich (Art. 61 Abs. 1 Satz 3), oben → Rn 12,
- Vorherigkeit (Art. 61 Abs. 2), oben → Rn 18.

Teilweise wird die Auffassung vertreten, dass auch der Grundsatz der Wirtschaftlichkeit Verfassungsrang besitze.[47] Eine überzeugende Ableitung dafür lässt sich jedoch weder aus dem Grundsatz der Verhältnismäßigkeit noch aus Art. 114 GG/67 Abs. 2 gewinnen. Jedenfalls geht es zu weit, wenn das Verfassungsgericht des Landes Nordrhein-Westfalen aus dem Grundsatz der Wirtschaftlichkeit die Folgerung zieht, dass keine **Rücklagen** gebildet werden dürften, die aus Krediten finanziert sind.[48] Die Beurteilung der Wirtschaftlichkeit setzt eine Abwägung zwischen den eingesetzten Mitteln und dem angestrebten Zweck voraus. Es sind durchaus Situationen denkbar, in denen eine geordnete Haushaltswirtschaft die Bildung von Rücklagen erfordert, obwohl der Haushalt insgesamt defizitär ist. Andernfalls würde man das Instrument der Rücklage für Bund und Länder von vornherein ausschließen, weil die Haushalte des Bundes und zahlreicher Länder seit Jahrzehnten teilweise über Kredite finanziert werden.

VI. Sonderformen des Haushaltsplans

23 Das Haushaltsrecht kennt neben dem Grundhaushalt, der in Form eines Einjahreshaushalts oder als Doppelhaushalt verabschiedet werden kann, noch zwei

---

46 Vgl zB die unterschiedlichen Darstellungen bei *von Lewinski/Burbat*, Haushaltsgrundsätzegesetz, 2013, Vorbemerkung zu § 2, Rn. 6 ff; *Maunz*, in: Maunz/Dürig, Rn 28 ff; *Nebel*, in: Piduch, Art. 110 Rn 17 ff; *Ewer* (Fn 20), Art. 50 Rn 8 ff; *von Mutius*, in: von Mutius/Wuttke/Hübner, Art. 50 Rn 10 ff; *Hillgruber*, in: von Mangoldt/Klein/Starck, Art. 110 Rn 27 ff; *Heintzen*, in: von Münch/Kunig, Art. 110 Rn 6 ff; *Heun*, in: Dreier, Art. 110 Rn 13 ff; *Schuppert*, in: Umbach/Clemens, Art. 110 Rn 26 ff; *Siekmann*, in: Sachs, GG, Art. 110 Rn 45 ff.

47 *Meyer-Abich*, in: Hoffmann-Riem/Koch, Hamburgisches Staats- und Verwaltungsrecht, 3. Aufl. 2005, S. 56; *Gröpl*, in: BK, Art. 110 Rn 140; VerfGH NRW 2.9.2003 –VerfGH 6/02 –, NVwZ 2004, 217 = DÖV 2004, 121; skeptisch *Nebel*, in: Piduch, Art. 110 Rn 25; *Wendt/Elicker*, VerwArch 2004, 471, 472 f.

48 VerfGH NRW (Fn 47); krit. dazu *Nebel* (Fn 47); *Wendt/Elicker* (Fn 47).

Sonderformen, nämlich den **Ergänzungshaushalt** (§ 32 LHO) und den **Nachtragshaushalt** (§ 33 LHO).

Die Ergänzungen gemäß § 32 LHO betreffen die Situation, dass sich nach der Verabschiedung des Haushaltsplanentwurfs durch die Regierung, aber noch vor der Beschlussfassung durch das Parlament, äußere Rahmenbedingungen wesentlich ändern mit der Folge, dass die Regierung den Haushaltsplanentwurf ändern möchte. Sie kann dies durch sog. Ergänzungen gemäß § 32 LHO tun, auf die die für die Haushaltsplanaufstellung maßgeblichen Teile der Landeshaushaltsordnung sinngemäß anzuwenden sind. Insb. müssen auch die Ergänzungen so gestaltet sein, dass der Haushaltsausgleich gewahrt bleibt. Eine solche Ergänzungsvorlage bedarf gemäß Art. 55 Abs. 2 einer Grundsatzberatung. § 54 Abs. 2 GO LT, wonach Ergänzungen ohne Grundsatzberatung direkt dem Finanzausschuss überwiesen werden, ist demnach verfassungsrechtlich bedenklich. Die Regierung kann sich auch darauf beschränken, dem Finanzausschuss bloße Formulierungsvorschläge für Veränderungen zu unterbreiten. Diese erlangen allerdings erst dann Bedeutung, wenn sich der Finanzausschuss im Ganzen oder eine einzelne Fraktion diese Formulierungsvorschläge zu eigen macht und sie durch einen Antrag zum Beratungsgegenstand erhebt. Dabei dürfen die vom Landesverfassungsgericht für wesentliche Änderungen definierten Grenzen nicht überschritten werden, siehe oben Rn 16.

Ein Nachtragshaushalt gemäß § 33 LHO ist dann erforderlich, wenn nach der Verabschiedung des Haushalts durch das Parlament die Notwendigkeit von Änderungen auftritt.

Daneben wird in der Literatur auf der Basis eines obiter dictum des BVerfG die Rechtsfigur des sog. „**Teilhaushalts**" diskutiert.[49] Dabei geht es um die Frage, ob und ggf in welchem Umfang während der Phase der vorl. Haushaltsführung (vgl Art. 63) die in der Verfassung für diesen Fall geregelten Kompetenzen erweitert werden können. Der Frage soll bei der Kommentierung des Art. 62 näher nachgegangen werden, vgl unten → **Art. 62 Rn 5**.

VII. Finanzplan

Nach § 50 Abs. 1 HGrG legen Bund und Länder ihrer Haushaltswirtschaft je für sich eine fünfjährige Finanzplanung zugrunde. Das erste Planungsjahr der Finanzplanung ist das laufende Haushaltsjahr (§ 50 Abs. 2 HGrG). Der **Finanzplan** enthält zahlenmäßige Aussagen zu der geplanten Entwicklung des Gesamthaushalts und darüber hinaus Detailinformationen über Investitionsschwerpunkte und mehrjährige Investitionsprogramme (§ 50 Abs. 4 und 5 HGrG). Der Finanzplan ist ein Regierungsprogramm, das vom LT nicht beschlossen, sondern lediglich diskutiert und zur Kenntnis genommen wird. In M-V werden – über den rechtlich verpflichtenden Inhalt gem. § 50 HGrG hinaus – regierungsintern auch die laufenden Ausgaben und Einnahmen titelscharf für den 5-Jahres-Zeitraum geplant. Das hat den Vorzug, dass sich daraus für die jeweilige Haushaltsplanaufstellung konkrete Vorgaben ableiten lassen.

24

Nach dem Urt. des Verfassungsgerichtshofs Berlin vom 22.11.2005[50] soll auch in den Ländern, die einen **Doppelhaushalt** haben, die **jährliche Vorlage eines Finanzplans** erforderlich sein. Anders als in Berlin enthält die Verfassung des Landes M-V keine Normen über die Finanzplanung. Jedoch gilt § 50 Abs. 3 Satz 1 HGrG, der mit Art. 86 Abs. 3 der Berliner Verfassung übereinstimmt, auch in

---

49 BVerfGE 45, 1, 34; *Fricke*, DÖV 1978, 486.
50 Aktenzeichen 217/04.

M-V, so dass diese Entscheidung für unser Land prinzipiell einschlägig ist. Der Verfassungsgerichtshof von Berlin verkennt jedoch den Sinn und Zweck der Finanzplanung. Sie ist untrennbar verbunden mit der Haushaltsplanaufstellung, weil nur in diesem Zusammenhang eine umfassende planerische Prioritätenentscheidung durch das jeweilige Kabinett möglich ist. Eine Fortschreibung der Finanzplanung im zweiten Jahr des Doppelhaushalts würde entweder zu einer erneuten umfassenden Haushaltsverhandlung zwingen (und damit den Sinn des Doppelhaushalts entwerten) oder zu einer bloßen mechanistischen Fortschreibung ohne politischen Wert degenerieren. Da der Wortlaut der Vorschrift offen ist,[51] sollte nicht unbedingt eine Auslegung gewählt werden, die zu sinnwidrigen Ergebnissen führt.

VIII. Reformansätze

25 **1. Nachteile des kameralistischen Systems.** Das der **Kameralistik** eigentümliche Kassenwirksamkeitsprinzip, nach dem Einnahmen und Ausgaben als Zahlungsströme erfasst werden (s.o. → Rn 5), erlaubt keine periodengerechte Zuordnung von Aufwand und Ertrag. Dadurch werden Lasten auf die Zukunft verschoben (zB bei den Beamtenpensionen) bzw kalkulatorische Ressourcenverbräuche (zB Abschreibungen) nicht abgebildet. Außerdem wird die Vermögenslage nicht umfassend ermittelt, weil eine Bilanz mit vollständiger Einbeziehung aller Vermögenswerte fehlt. Darüber hinaus sorgt die im deutschen Haushaltsrecht typische Aufgliederung in viele Einzeltitel (Spezialität) dafür, dass der Überblick über die wirklich wichtigen Schwerpunkte verloren gehen kann.

Die Orientierung an der Veranschlagung von Geldströmen fokussiert sowohl den Blick der Bewilligungsinstanzen (Parlament und Regierung) als auch der ausführenden Verwaltungsebene auf die dafür einzusetzenden Geldmittel („input"-Orientierung). Für den Bürger ist aber nicht entscheidend, wie viel Geld der Staat für bestimmte Zwecke aufwendet, sondern vielmehr welche Leistungen er dafür erhält. Auf eine derartige ergebnisorientierte Darstellung ist der Haushaltsplan nicht ausgerichtet. Weitere Effizienzmängel verbinden sich mit dem Begriff „Dezemberfieber", der auf den Umstand hinweist, dass gegen Jahresende nach Möglichkeit die Ansätze vom Mittelbewirtschafter ausgeschöpft werden, weil andernfalls eine doppelte Sanktion droht, nämlich dass die Mittel verfallen und dass die Minderausgaben bei der nächstjährigen Veranschlagung vom Finanzministerium als bedarfsmindernd berücksichtigt werden.

26 **2. Reformüberlegungen. a) Ziele.** Sowohl in der Wissenschaft als auch in der Praxis haben sich Reformüberlegungen herausgebildet, mit denen die oben geschilderten Mängel überwunden und eine effizientere Mittelplanung und Bewirtschaftung erreicht werden sollen. Die neuen Steuerungsmodelle bezwecken einen wirtschaftlicheren Einsatz öffentlicher Gelder, mehr Transparenz, Vergleichbarkeit und in organisatorischer Hinsicht die Zusammenführung von Fach- und Finanzverantwortung.[52]

---

51 So ausdrücklich VerfGH B (Fn 50), S. 14.
52 Eine aktuelle Darstellung der neuen Steuerungsmodelle findet sich bei *Heller,* Haushaltsgrundsätze für Bund, Länder und Gemeinden, 2. Aufl. 2010, 140 ff; *Eibelshäuser/Eckes,* in: Heuer/Engels/Eibelshäuser, Kommentar zum Haushaltsrecht des Bundes, IV. Teil 2 (Stand Febr. 2011), Rn 32 ff; *Korioth* in: Hoffmann-Riem/Schmidt-Aßmann/Voßkuhle, Grundlagen des Verwaltungsrechts Bd. III, 2013, S. 145 ff; *von Lewinski/Burbat,* Haushaltsgrundsätzegesetz, 2013, § 1 a Rn 1 ff; *Lindner,* in: Lindner/Möstl/Wolff Art. 78 Rn 36; speziell zur Doppik: *Engels, Dieter/Eibelshäuser, Manfred,* Öffentliche Rechnungslegung – von der Kameralistik zur Doppik, Köln 2010; aus der älteren Literatur vgl *Kube,* DÖV 2000, 810 ff; *Brixner/Streitferdt,* Rechnungswesen und Controlling in der öf-

b) **Lösungsansätze.** Mit dem Gesetz zur **Modernisierung des Haushaltsgrund-** 27
sätzegesetzes vom 31. 7. 2009 (HGrGMoG, BGBl. I, 2580) haben Bund und
Länder den Weg frei gemacht für die Koexistenz verschiedener Haushaltssysteme. Die staatliche **doppelte Buchführung (Doppik)**, welche bis dahin auf der Basis der Experimentierklausel des § 33 a HGrG a. F. lediglich als Ergänzung zur
Kameralistik gestattet war, ist nunmehr gemäß § 1 a HGrG n. F. als gleichwertige Alternative zur Kameralistik zugelassen. Außerdem erlaubt § 1 a Abs. 1
Satz 2 HGrG n. F. die Aufstellung, Bewirtschaftung und Rechnungslegung in
Form von **Produkthaushalten**. Dadurch soll die Steuerung vom „input" (d. h.
den eingesetzten Ressourcen) auf den „output" (die damit zu erreichenden Ergebnisse) verlagert werden. § 7 a HGrG n. F. trifft Einzelregelungen zur Konkretisierung der staatlichen doppelten Buchführung. Schon vor dem HGrGMoG
hat § 6 a HGrG Regelungen der **Budgetierung** ermöglicht, die zu einer Auflockerung der sachlichen und zeitlichen Bindung von Mittelzuweisungen führen. Damit soll die Finanzverantwortung der Organisationseinheit übertragen werden,
die auch die Fach- und Sachverantwortung hat, vgl § 7 a LHO M-V.

3. Bewertung. Bisher sind die praktischen Erfahrungen mit der **Reform des** 28
Haushaltssystems noch nicht eindeutig. Am weitesten vorangeschritten ist die
kommunale Ebene auf der Basis eines Beschlusses der Innenministerkonferenz.
Der Nutzen der neuen Steuerungsmodelle im kommunalen Bereich ist umstritten.[53] Für den Bund hat das Bundesfinanzministerium 2009 ein Konzept zur
Modernisierung des Haushalts- und Rechnungswesens (MRH) veröffentlicht[54].
Danach sollte der Bundeshaushalt künftig aus einem kameralen, produktorientierten Teil mit verbindlichem Charakter und einem kameralen titelorientierten
Teil mit nicht verbindlichem Charakter bestehen. Dieses Modell stieß jedoch im
zuständigen Ausschuss des Bundestages nicht auf Akzeptanz. Das Bundesfinanzministerium hat deshalb das MRH neu ausgerichtet und verfolgt nunmehr das
Ziel, die Modernisierung unter Beibehaltung der kameralen Titelstruktur fortzusetzen.[55] Im Kreis der Länder haben Hessen und Hamburg die Umstellung des
Haushalts-und Rechnungswesens auf die Doppik bereits vollzogen. Andere Länder befinden sich noch in unterschiedlichen Stadien des Übergangs zur Doppik
und/oder zum Produkthaushalt.[56] Ein nachweisbarer Beitrag der Reform der

---

fentlichen Verwaltung, 2006, www.oeffentliche-Verwaltung.haufe.de; *Lüder*, DÖV, 2006, 641 ff; *Gröpl*, Haushaltsrecht und Reform, 2001, S. 196 ff; *Gröpl*, in: BK, Art. 110 Rn 170 ff; Bundesrechnungshof, Bericht nach § 99 Bundeshaushaltsordnung über die Modernisierung des staatlichen Haushalts- und Rechnungswesens vom 17.8.2006.

53 Vgl stellvertetend für eine Vielzahl von Veröffentlichungen die Kontroversen zwischen *Holtkamp*, dms (der moderne Staat) 2008, 423 – 446 und *Banner*, dms 2008, 447 – 455 sowie zwischen *Bogumil/Ebinger/Holtkamp*, V&M (Verwaltung & Management) 2011, 171 – 180 und *Reichard*, V&M 2011, 283 – 287 mit Replik *Bogumil/Ebinger/Holtkamp*, V&M 2012, 3 – 6; *Bogumil/Holtkamp*, V&M 2012, 115 -117; aufschlussreich sind auch die Bemerkungen des damaligen Berliner Finanzsenators *Sarrazin*, Der Neue Kämmerer 2008, 3.

54 Abrufbar unter http://www.bundesfinanzministerium.de/Content/DE/Standardartikel/Themen/Oeffentliche_Finanzen/Bundeshaushalt/Projekt-MHR/2009-07-02-Feinkonzept_14_Multiprojektmanagemen.pdf?__blob=publicationFile&v=3.

55 Abschlussbericht der Projektgruppe MRH vom Oktober 2013 (abrufbar unter http://www.bundesfinanzministerium.de/Content/DE/Standardartikel/Themen/Oeffentliche_Finanzen/Bundeshaushalt/Projekt-MHR/2014_09_05_Anlage.pdf?__blob=publicationFile&v=1).

56 NRW verfolgt das Ziel, langfristig einen Produkthaushalt auf doppischer Grundlage einzuführen, Einzelheiten abrufbar unter www.epos.nrw.de. Bremen hat einen kameralen Haushalt mit Stellenplan und daneben einen Produkthaushalt, http://www.finanzen.bremen.de/sixcms/detail.php?gsid=bremen53.c.1692.de.

Haushaltssystematik zur Konsolidierung auf Länderebene steht noch aus.[57] Auf jeden Fall erfordert die Einführung neuer Verfahren zunächst erheblichen Einsatz an Zeit und finanziellen Ressourcen und bindet damit Kräfte, die der Lösung der unmittelbaren Konsolidierungsaufgabe entzogen werden. Außerdem wird es wegen der Vielzahl unterschiedlicher Konzepte immer schwieriger, Ländervergleiche durchzuführen. Die Einheitlichkeit der Haushaltssystematik – der Auftrag des HGrG – droht verloren zu gehen.

In dieser Lage bevorzugen die meisten Länder – so auch M-V – einen vorsichtigen Reformkurs, bei dem die kamerale Systematik beibehalten, aber durch zusätzliche Elemente ergänzt wird, wie insbesondere die Kosten- Leistungsrechnung und Verbesserungen bei der Darstellung des Vermögens, z. B. durch Berechnung der aufgelaufenen Pensionslasten. Eine solche Linie – Modernisierung unter Bewahrung der Grundstruktur – gewinnt zusätzliches Gewicht durch die neue Schuldenbremse, die einen kameralen Haushalt – zumindest als Parallelinstrument – zwingend voraussetzt, dazu unten Rn 28. Abzuwarten bleibt, welche Konsequenzen sich aus den Bemühungen der EU-Kommission um die Einführung einheitlicher europäischer Rechnungsführungsnormen für den öffentlichen Sektor (sog. EPSAS) ergeben.

29 **4. Verfassungsrechtliche Rahmenbedingungen.** Sollten Landtag und Landesregierung künftig ein neues Haushaltssystem einführen wollen, sind die verfassungsrechtlichen Voraussetzungen dafür zu prüfen. Im Zusammenhang mit der Initiative der Länder Hamburg und Hessen, die zur Einfügung des § 1 a in das HGrG mit dem HGrGMoG führte (oben Rn 26), wurde die verfassungsrechtliche Zulässigkeit eines ausschließlich doppischen Haushalts- und Rechnungswesens diskutiert. Im Auftrag des Landes Hamburg legte Ferdinand Kirchhof ein Gutachten vor, in dem die Zulässigkeit der doppischen Führung des Staatshaushalts bestätigt wurde.[58] Die meisten Autoren, die sich zu dieser Frage äußern, vertreten die gleiche Auffassung.[59] Nach meiner Ansicht ist wie folgt zu differenzieren:

30 Gegen die **Verfassungsmäßigkeit des § 1 a HGrG** bestehen keine Bedenken. Die Vorschrift verpflichtet Bund und Länder nicht zur Einführung der Doppik, sondern enthält lediglich eine Ermächtigung. Die vom HGrG eingeräumten Spielräume müssen nicht ausgeschöpft werden.[60] Für die Länder bedeutet der neue

---

57 Erfahrungsberichte Hessen: *Kaufmann/Beyersdorff*, Jahrbuch für öffentliche Finanzen 2011, 385 ff; *Kaufmann*, in: Denkschrift für Eibelshäuser, Köln 2013, 177 ff; *Lüder*, in: Denkschrift für Eibelshäuser, 237 ff; zur Situation in Hamburg: *Raupach/Hilgers*, V&M 2012, 283 – 291 und *Förster*, Länderbericht Hamburg 2011, Jahrbuch für öffentliche Finanzen 2012, 105 f.; skeptisch hinsichtlich der bisherigen Erfahrungen auch *Korioth* in: Hoffmann-Riem/Schmidt-Aßmann/Voßkuhle, Grundlagen des Verwaltungsrechts Bd. III, 2013, S. 148.

58 *Ferdinand Kirchhof*, Die Zulässigkeit der doppischen Führung des Staatshaushalts, Rechtsgutachten erstattet für die Freie und Hansestadt Hamburg, November 2006.

59 *Eibelshäuser/Eckes* in: Heuer/Engels/Eibelshäuser, Kommentar zum Haushaltsrecht des Bundes, IV. Teil 2 (Stand Febr. 2011), Rn 38 ff; *Kamp*, in: Heusch/Schönenbroicher, Art. 81, Rn 106; *Lüder* DÖV 2006, 641, 645 *Gröpl*, Haushaltsrecht und Reform, 2001, 428 f.; *Stüber/Keyhanian*, DÖV 2013, 255, 257; *Heller*, Haushaltsgrundsätze für Bund, Länder und Gemeinden ,2. Aufl. 2010, Kapitel 6, Rn 480; *Hermenau*, in: Epping/Butzer, Art. 65 Rn 15; a. A. *Siegmann*, in: Sachs Art. 104 a Rn 8; zur Notwendigkeit einer kameralistischen Nebenrechnung im Hinblick auf die Schuldenbremse des Art. 109 Abs. 3 GG: *Tappe*, Haushaltsrechtliche Umsetzung der Art. 109 und Art. 115 GG n. F. in Bund und Ländern, in: Kastrop/Meister-Scheufelen/Sudhof, Die neuen Schuldenregeln im Grundgesetz, 2010, 432, 455; *Koemm*, Eine Bremse für die Staatsverschuldung?, 2010, 185.

60 *Nebel*, in: Piduch, Art. 109 Rn 24; *von Lewinski/Burbat* § 1 Rn 2.

§ 1 a HGrG, dass die bis dahin bestehenden bundesrechtlichen Schranken für die Umstellung des Haushaltssystems auf die Doppik aufgehoben worden sind. Art. 31 GG steht also einer solchen Maßnahme nicht mehr entgegen.

Davon zu unterscheiden ist jedoch die Frage, ob die **Verfassung der jeweiligen Gebietskörperschaft** selbst eine Grenze zieht, die der einfache Gesetzgeber nicht überschreiten darf. Das ist überall dort der Fall, wo die Verfassung ähnliche Formulierungen enthält wie in Art. 61 LV M-V und Art. 110 GG. Art. 61 Abs. 1 Satz 1, bestimmt, dass alle Einnahmen und Ausgaben sowie Verpflichtungsermächtigungen des Landes für jedes Haushaltsjahr veranschlagt und in den Haushaltsplan eingestellt werden müssen. Nach Art. 61 Abs. 1 Satz 3 ist der Haushalt in Einnahmen und Ausgaben auszugleichen. Diese Normen schreiben eindeutig das kamerale Haushaltssystem vor. „Einnahmen" und „Ausgaben" sind Begriffe, die bestimmte Zahlungsströme abbilden und die sich prinzipiell von den erfolgsorientierten doppischen Begriffen „Erträge" und „Aufwendungen" unterscheiden, s. oben Rn 5. Sie sind auch nicht identisch mit den gemäß § 1 a Abs. 2 Satz 3 HGrG im doppischen Finanzplan verwendeten Termini „Einzahlungen" und „Auszahlungen". Denn zu den „Einzahlungen" im Finanzplan gehören auch solche Zuflüsse, die dem Land gar nicht zustehen (wie z. B. der Bundesanteil der Steuereinnahmen, der im kameralen System auf Verwahrkonten gebucht und an den Bund abgeführt wird, ohne den Landeshaushalt als „Einnahme" zu erreichen), sowie Zuflüsse aus Kassenkrediten, die nur der Liquiditätssicherung dienen, aber keine Einnahme im Sinne des Haushalts darstellen, die zur Deckung für Ausgaben herangezogen werden kann. Die Zuführung zu einer Rücklage ist kameral eine „Ausgabe", im doppischen Finanzplan aber neutral, weil der Zahlungsmittelbestand nicht verändert wird.[61] Sowohl der doppische Erfolgsplan als auch der doppische Finanzplan knüpfen also an gänzlich andere Kriterien an als der kamerale Haushalt.

Dabei handelt es sich nicht nur um terminologische Differenzen, sondern auch um handfeste materielle Unterschiede. Art. 61 Abs. 1 Satz 3 schreibt den Haushaltsausgleich eben nicht für „Erträge" und „Aufwendungen" oder „Einzahlungen" und „Auszahlungen" vor, sondern für „Einnahmen" und „Ausgaben". Das Parlament, das über den Entwurf der Regierung beraten, ihn abändern und beschließen soll, hat ein Recht darauf, dass diese in der Verfassung garantierten Bezugsgrößen im Entwurf der Regierung in einfacher und transparenter Weise gegenübergestellt werden. Will es sich für ein anderes System entscheiden, muss die Verfassung mit der dafür erforderlichen Mehrheit geändert werden. Dann müssen sich die Abgeordneten mit der Frage beschäftigen, ob sie auf die Informations- und Einflussmöglichkeit verzichten wollen, die ihnen das Spezialitätsprinzip, das Kassenwirksamkeitsprinzip und das Jährlichkeitsprinzip bieten und wie ggf. adäquate anderweitige Steuerungsinstrumente geschaffen werden können.

Besonderes Gewicht erhält das hier erörterte Problem durch die neuen Vorschriften über die **Schuldenbremse**, Art. 109 Abs. 3 GG, Art. 65 Abs. 2 n. F., 79 a LV. Das Grundgesetz schreibt Bund und Ländern (letzteren mit Wirkung ab 2020) vor, ihre Haushalte grundsätzlich ohne Einnahmen aus Krediten auszugleichen, s. unten Rn 15 ff zu Art 65. „Einnahmen aus Krediten" gibt es im doppischen System aber nicht, weil die Aufnahme eines Kredits für die Doppik neutral ist, sie bewirkt eine Zunahme des Kassenbestandes bei gleichzeitiger Begründung einer Verbindlichkeit in derselben Höhe. Deshalb erfordern Art. 109

31

---

61 Ausführlich zur Unterscheidung der einschlägigen Begriffe *Stüber/Keyhanian*, DÖV 2013, 255, 257.

Abs. 3 GG und Art. 65 Abs. 2 LV n. F. im Fall der Umstellung auf Doppik zwingend eine Parallelrechnung nach kameralistischem System[62], und zwar sowohl für die Aufstellung als auch für die Bewirtschaftung und Abrechnung des Haushalts, weil in allen Stadien des Haushaltskreislaufs die Schuldenbremse zu beachten ist.[63]

IX. Schrifttum

32 *Borrmann, Gero-Falk*, Die globale Minderausgabe – ein finanztechnisches Hilfsmittel im Rahmen der haushaltswirtschaftlichen Ordnung?, in: Verwaltungsschau 1981, S. 307 ff; *Brixner, Helge C./Streitferdt, Lothar*, Rechnungswesen und Controlling in der öffentlichen Verwaltung, 2005, http.www.oeffentlicheverwaltung.haufe.de; *Dolde, Klaus-Peter/Porsch, Winfried*, Die globale Minderausgabe, in: DÖV 2002, S. 232 ff; *Bundesrechnungshof*, Bericht nach § 99 Bundeshaushaltsordnung über die Modernisierung des staatlichen Haushalts- und Rechnungswesens, 2006; *Engels, Dieter/Eibelshäuser, Manfred*, Kommentar zum Haushaltsrecht des Bundes und der Länder sowie der Vorschriften zur Finanzkontrolle, Stand 57. Ergänzungslieferung Juli 2013; *Engels, Dieter/Eibelshäuser, Manfred*, Öffentliche Rechnungslegung – von der Kameralistik zur Doppik, Köln 2010; *Epping, Volker/Hillgruber, Christian*, Beck'scher Online-Kommentar GG, Stand 15. 5. 2013; *Gröpl, Christoph*, Haushaltsrecht und Reform, 2001; *Gröpl, Christoph*, Transparenz im Haushaltsrecht. Herleitung, Verwurzelung, Gefährdungen, Abhilfe, 2006, www.uni-saarland.de/fileadmin/user_upload/Professoren/fr11_ProfGroepl/Ver%C3%B6ffentlichungen/Vortr%C3%A4ge/19-TRans-KLRI-HP.pdf; *Heller, Robert*, Haushaltsgrundsätze für Bund, Länder und Gemeinden, 2. Aufl. 2010; *Heun, Werner*, Staatshaushalt und Staatsleitung, 1989; *Karehnke, Helmut*, Zur Zulässigkeit der Veranschlagung globaler Minderausgaben, in: DVBl. 1980, S. 542 ff; *Kaufmann, Frank/Beyersdorff, Markus*, Der „doppische Haushalt" und der „doppische Jahresabschluss" in der parlamentarischen Praxis am Beispiel der Hessischen Landesverwaltung, in: Jahrbuch für öffentliche Finanzen 2011, Berlin 2011, S. 386 ff; *Kaufmann, Frank*, Zum Umgang der Politik mit doppischer Haushaltsführung und Produkthaushalt, in: Denkschrift für Eibelshäuser, Köln, 2013, S. 177 ff; *Kirchhof, Ferdinand*, Die Zulässigkeit der doppischen Führung des Staatshaushalts, Rechtsgutachten erstattet für die Freie und Hansestadt Hamburg, November 2006; *Kirchhof, Paul*, Die Steuerung des Verwaltungshandelns durch Haushaltsrecht und Haushalts-

---

62 *Tappe* und *Koemm* (Fn 59).
63 *Stüber/Keyhanian* (Fn 59) versuchen, dieses aus Hamburger Sicht unerfreuliche Ergebnis mit viel Scharfsinn zu vermeiden. Allerdings zeigt gerade diese verdienstvolle Untersuchung, dass die Anhänger der Doppik mit den haushaltsrechtlichen Konstruktion des Haushaltsausgleichs und der Schuldenbremse Probleme haben. Denn das von *Stüber/Keyhanian* vorgeschlagene Wahlrecht des einfachen Gesetzgebers, den Haushaltsausgleich entweder auf der Ebene des Erfolgsplans oder des Finanzplans herzustellen, räumt dem einfachen Gesetzgeber einen Spielraum ein, der über den Rahmen der Verfassung hinausgeht. Das gilt erst recht für die ergänzenden Ausführungen zur Kreditaufnahme. Diese soll z. B. bei einer Entscheidung des einfachen Gesetzgebers für den Haushaltsausgleich auf Ebene des Erfolgsplans zulässig sein, soweit sie dazu dient, das Anlagevermögen zu erhöhen. Wäre das richtig, würde die Kreditfinanzierung von Investitionen durch die Hintertür doch wieder zugelassen. Das ist mit Art. 109 Abs. 3 GG nicht vereinbar. Zwar gestattet das GG die Bereinigung der Einnahmen und Ausgaben um finanzielle Transaktionen, vgl für den Bund Art. 115 Abs. 2 Satz 5 GG. Ausgangsgröße für derartige Bereinigungen müssen aber stets die in Art. 109 Abs. 3, 115 Abs. 2 GG genannten Kategorien „Einnahmen" und „Ausgaben" sein, die – wie dargelegt – in der Doppik nicht abgebildet werden.

kontrolle, 1983, S. 505 ff; *Kirschstein, Hartwig*, Das Haushalts-, Kassen- und Rechnungswesen in M-V, herausgegeben vom Finanzministerium M-V, 2002; *Koemm, Maxi*, Eine Bremse für die Staatsverschuldung?, 2010; *Kröger, Klaus*, Zur Mitwirkung des Bundestages am Haushaltsvollzug, in: DÖV 1973, S. 439 ff; *Kube, Hanno*, Neue Steuerung im Haushaltsrecht – Ein Kompetenzgefüge außer Balance?, in: DÖV 2000, S. 810 ff; *Korioth*, § 44 Finanzen, in: Hoffmann-Riem/Schmidt-Aßmann/Voßkuhle, Grundlagen des Verwaltungsrechts Bd. III, 2013, S. 93 ff; *von Lewinski, Kai/Burbat, Daniela*, Haushaltsgrundsätzegesetz Kommentar, 2013; *Lüder, Klaus*, Notwendige rechtliche Rahmenbedingungen für ein reformiertes staatliches Rechnungs- und Haushaltswesen, DÖV 2006, S. 641 ff; *Lüder, Klaus*, Die neue Verwaltungssteuerung des Landes Hessen, in: Denkschrift für Eibelshäuser, 2013, S. 237 ff; *Marcus, Paul*, Implikationen eines verfassungskonformen Umgangs mit dem Instrument der „Globalen Minderausgabe" für die Haushaltspraxis, in: DÖV 2000, S. 675 ff; *Meyer-Abich, Jann*, in: Hamburgisches Staats- und Verwaltungsrecht, herausgegeben von: Hoffmann-Riem, Wolfgang/Koch, Hans-Joachim, 2005, S. 55 ff; *Moeser, Ekkehard*, Die Beteiligung des Bundestages an der staatlichen Haushaltsgewalt, 1978; *Mußgnug, Reinhard*, Der Haushaltsplan als Gesetz, 1976; *Noll, Michael*, Zwischen Konformität und Abnormität – Die globale Minderausgabe im Kontext des Haushaltsverfassungsrechts, in: Thüringer Verwaltungsblätter 2004, S. 125 ff; *Piduch, Erwin Adolf*, Ist die Netto-Veranschlagung der Kreditaufnahmen verfassungsrechtlich zweifelhaft?, in: DÖV 1969, S. 190 ff; *Piduch, Erwin Adolf*, Zehn Jahre Haushaltsreform, in: DÖV 1979, S. 881 ff; *Piduch, Erwin Adolf*, Bundeshaushaltsrecht, Stand 15. Lieferung der 2. Aufl. Juli 2012; *von Portatius, Alexander*, Das haushaltsrechtliche Bepackungsverbot, 1975; *Raupach, Björn/Hilgers, Dennis*, Quo Vadis? Die Reform des Hamburger Haushalts- und Rechnungswesens, in: V&M 2012, S. 283 ff; *Sarrazin, Thilo*, Die Rechnung geht nicht auf, in: Der Neue Kämmerer 2008, S. 3; *Stern, Klaus*, Das Staatsrecht der Bundesrepublik Deutschland, Bd. II, 1980; *Stüber, Stephan/Keyhanian, Cimin* Haushaltsausgleich und Umsetzung der Schuldenbremse des Grundgesetzes in der staatlichen Doppik, DÖV 2013, S. 255 ff; *Tappe, Henning*, Haushaltsrechtliche Umsetzung der Art. 109 und Art. 115 GG n. F. in Bund und Ländern, in: Kastrop/Meister-Scheufelen/Sudhof, Die neuen Schuldenregeln im Grundgesetz, 2010, S. 432 ff.

Art. 62 (Ausgaben vor Verabschiedung des Haushalts)

(1) Ist der Haushaltsplan nicht vor Beginn eines Haushaltsjahres durch Gesetz festgestellt worden, so ist die Landesregierung bis zum Inkrafttreten des Gesetzes ermächtigt, alle Ausgaben zu leisten oder Verpflichtungen einzugehen, die nötig sind,
1. um gesetzlich bestehende Einrichtungen zu erhalten und gesetzlich beschlossene Maßnahmen durchzuführen,
2. um die rechtlich begründeten Verpflichtungen des Landes zu erfüllen sowie
3. um Bauten, Beschaffungen und sonstige Leistungen fortzusetzen oder Beihilfen für diese Zwecke weiter zu gewähren, sofern durch den Haushaltsplan eines Vorjahres bereits Beträge bewilligt worden sind.

(2) Soweit der Geldbedarf des Landes nicht durch Steuern, Abgaben und sonstige Einnahmen gedeckt werden kann, kann die Landesregierung für die nach Absatz 1 zulässigen Ausgaben Kredite aufnehmen. Die Kreditaufnahme darf ein

Viertel der im Haushaltsplan des Vorjahres veranschlagten Einnahmen nicht übersteigen.

Zu Abs. 1: Artt. 78 Abs. 4 BayVerf; 80 Abs. 1 BWVerf.; 89 Abs. 1 VvB; 102 BbgVerf; 132 a BremVerf; 67 Abs. 1 HambVerf; 140 HessVerf; 66 Abs. 1 NdsVerf; 82 Verf NW; 116 Abs. 4 Verf Rh-Pf; 105 Abs. 3 SaarlVerf; 98 Abs. 1 SächsVerf; 94 Abs. 1 LVerf LSA; 51 Abs. 1 SchlH-Verf; 100 Abs. 1 ThürVerf.

Zu Abs. 2: Artt. 80 Abs. 2 BWVerf; 89 Abs. 2 VvB; 102 BbgVerf; 67 Abs. 1 HambVerf; 140 HessVerf; 66 Abs. 2 NdsVerf; 80 Verf NW; 116 Abs. 5 Verf Rh-Pf; 105 Abs. 4 SaarlVerf; 98 Abs. 2 SächsVerf; 51 Abs. 2 SchlHVerf; 100 Abs. 2 ThürVerf.

I. Funktion der Norm 1
II. Tatbestandsvoraussetzungen (Abs. 1) 2
III. Umfang der Ermächtigung (Abs. 1) 3
   1. Notwendigkeit 3
   2. Zulässige Zwecke 3
     a) Erhalt gesetzlich bestehender Einrichtungen (Abs. 1, Ziff. 1, erste Alternative)...
     b) Durchführung gesetzlich beschlossener Maßnahmen (Abs. 1 Ziff. 1, zweite Alternative) ....
     c) Erfüllung rechtlich begründeter Verpflichtungen des Landes ....
     d) Fortsetzungen von Bauten, Beschaffungen und sonstigen Leistungen sowie Weitergewährung von Beihilfen für diese Zwecke ....
IV. Adressat der Ermächtigung 4
V. Möglichkeiten einer Erweiterung der Ermächtigung 5
   1. Fortgelten der Ermächtigungen aus anderen Rechtsquellen.... 5
   2. Gesetzliche Erweiterung des Rahmens von Art. 62 5
   3. Verhältnis zwischen Notbewilligung gem. Art. 63 und vorläufiger Haushaltsführung gem. Art. 62 5
VI. Kreditaufnahme (Abs. 2) 6
VII. Schrifttum 7

I. Funktion der Norm

1 Gemäß Art. 61 Abs. 2 wird der Haushaltsplan vor Beginn des Haushaltsjahres durch ein Gesetz festgestellt. Es gelingt jedoch nicht immer, diesen Grundsatz der Vorherigkeit einzuhalten. Für diese Fälle ist eine Regelung notwendig, weil die Verwaltung Ausgaben nur aufgrund einer **haushaltsrechtlichen Ermächtigung** leisten darf.[1] Eine solche Situation ist in M-V vor allem in den Jahren eingetreten, die unmittelbar auf ein Wahljahr folgten. Die Landtagswahlen finden traditionell im Herbst statt. Wegen des Zeitbedarfs für die Bildung einer neuen LReg und die Vorbereitung des Kabinettsentwurfs zum Haushalt ist die Verabschiedung eines Haushaltsplanentwurfs durch die Regierung meist erst Ende Januar des Folgejahres möglich, so dass die Verabschiedung durch den LT kurz vor der Sommerpause erfolgen kann. Die hier beschriebene Situation einer länger andauernden Phase vorl. Haushaltsführung kennzeichnete insb. die Haushaltsjahre 1995 und 1999. In den folgenden Wahlperioden konnte dieses für die Handlungsfähigkeit des Landes ungünstige Resultat dadurch vermieden werden, dass seit 2002/2003 jeweils Doppelhaushalte erstellt werden. Der Rhythmus dieser Doppelhaushalte ist so gestaltet, dass für ein Wahljahr (zB 2002 bzw 2006) jeweils ein Doppelhaushalt aufgestellt wird, der auch das folgende Jahr (2003 bzw 2007) umfasst. Das bedeutet, dass die notwendigen Haushaltsanpassungen zu Beginn der neuen Legislaturperiode in Form eines Nachtrags auf den Weg gebracht werden können. Das ist weniger verwaltungsaufwändig und hat

---

1 S.o. → **Art. 61** Rn 2.

zudem den Vorteil, dass bereits vor Verabschiedung des Nachtrags ein gültiger Haushaltsplan vorhanden ist. Aufgrund der Einführung von 5jährigen Wahlperioden mit Beginn der 5. Legislaturperiode wurde diese komfortable Gestaltung unterbrochen, da die 5. Legislaturperiode im Jahr 2011 endete, zeitgleich mit dem Doppelhaushalt 2010/2011. Das hatte zur Folge, dass im Jahre 2012 wieder eine längere Periode vorl. Haushaltsführung zu verkraften war. Die nächste Wahl 2016 fällt in die Phase des Doppelhaushalts 2016/2017, wird also voraussichtlich keine vorl. Haushaltsführung nach sich ziehen.

Unabhängig von den eben genannten strukturellen Gründen für vorl. Haushaltsführungen kann sich diese Situation dann einstellen, wenn im laufenden Haushaltsaufstellungsverfahren gravierende Änderungen (zB Steuereinbrüche) zu verzeichnen sind, die eine Anpassung des Haushaltsplanentwurfs erfordern. So kam es im Herbst 2003 zu einer Verzögerung der Verabschiedung des Doppelhaushalts 2004/2005 mit einer entspr. Phase vorl. Haushaltsführung Anfang 2004.

In Anlehnung an Art. 111 GG sieht Art. 62 vor, dass in der haushaltslosen Zeit im Wesentlichen der **Status Quo** fortgeführt, aber keine neuen Maßnahmen in Angriff genommen werden dürfen.[2]

II. Tatbestandsvoraussetzungen (Abs. 1)

Einzige Tatbestandsvoraussetzung des Art. 62 Abs. 1 ist, dass der Haushaltsplan nicht vor Beginn eines Haushaltsjahres festgestellt worden ist. Die daraus folgende verfassungsrechtliche Ermächtigung zur vorl. Haushaltsführung gilt unbefristet, auch wenn sie primär für eine vorübergehende Überbrückung gedacht ist.[3] Nach dem Wortlaut der Verfassung endet die Ermächtigung mit dem „Inkrafttreten des Gesetzes". Da das Haushaltsgesetz auch bei einer Verabschiedung im Laufe des Haushaltsjahres stets mit Rückwirkung auf den 1. Januar in Kraft tritt, ist diese Formulierung ungenau. Nach allg. Auffassung ist damit gemeint, dass die Ermächtigung zur vorl. Haushaltsführung bis zur Verkündung des regulären Haushaltsgesetzes fort gilt.[4]

III. Umfang der Ermächtigung (Abs. 1)

1. Notwendigkeit. Die zu leistende Ausgabe oder die einzugehende Verpflichtung muss „nötig" sein, um bestimmte Zwecke zu erreichen. Der Begriff „nötig" bedeutet, dass die betreffende Ausgabe bzw Verpflichtung sachlich notwendig sein muss und dass sie zeitlich nicht bis zur Verabschiedung des regulären Haushalts zurück gestellt werden kann.[5] Unaufschiebbar ist eine Maßnahme, „wenn die Vornahme in einem späteren Zeitpunkt keinen oder nur einen unverhältnismäßig geringeren Erfolg erzielen würde".[6]

---

2 *Kyrill-A.Schwarz*, in: von Mangold/Klein/Starck, Art. 111 Rn 1.
3 *Mußgnug*, Der Haushaltsplan als Gesetz, 1976, S. 211; *Thiele*, in: Thiele/Pirsch/Wedemeyer, Art. 62 Rn 2; *Kyrill-A. Schwarz* (Fn 2), Rn 13 f; *Theiß*, Das Nothaushaltsrecht des Bundes, 1975, S. 68; *Kube*, in: Maunz/Dürig, Art. 111 Rn 31, 38; *Heintzen*, in: von Münch/Kunig, Art. 111 Rn 8. Wegen der langen Phase einer Minderheitsregierung in Hessen 1982/84 wurde der Haushalt 1983 dort erst am 31.1.1984 verabschiedet (GVBl. Hess. I 1984, 87 ff), vgl dazu *Totz*, DÖV 1985, 706.
4 *Schwarz*, *Heintzen* (jeweils Fn 3); *Kube*(Fn 3), Rn. 37.
5 *Schwarz* (Fn 2), Rn 19; *Kube* (Fn 3), Rn 57; *Heun*, in: Dreier, Art. 111 Rn 9; *Jarass*, in Jarass/Pieroth, Art. 111 Rn 3.
6 *Kube*, in: Maunz/Dürig, Art. 111 Rn 57.

2. Zulässige Zwecke. a) Erhalt gesetzlich bestehender Einrichtungen (Abs. 1, Ziff. 1, erste Alternative). Gesetzlich bestehende Einrichtungen sind alle Institutionen (Ministerien, Gerichte, Schulen, Landesbetriebe), die rechtmäßig/ordnungsmäßig errichtet und ganz oder teilweise aus dem Haushalt zu finanzieren sind.[7] Ausreichend ist die Aufnahme in den voran gegangenen Haushaltsplan.[8] Eine gesetzlich bestehende Einrichtung in diesem Sinne kann auch eine außerhalb der Landesverwaltung bestehende juristische Person (zB ein institutioneller Zuwendungsempfänger) sein, die ganz oder teilweise aus dem Landeshaushalt finanziert wird.[9]

b) Durchführung gesetzlich beschlossener Maßnahmen (Abs. 1 Ziff. 1, zweite Alternative). Im Gegensatz zu der gesetzlich bestehenden Einrichtung in der ersten Alternative reicht für eine „gesetzlich beschlossene Maßnahme" die Verankerung im Haushaltsplan des Vorjahres nicht aus.[10] Typischer Anwendungsfall für diese Tatbestandsvariante sind Gesetze, bei denen das „ob" der Maßnahme gesetzlich beschlossen ist, nicht aber die exakte Höhe der jeweiligen Leistung, so dass eine rechtliche Verpflichtung iSd Alternative c) nicht vorliegt. Diese Fälle lassen sich über die Ziffer 1, Alternative b) lösen.

c) Erfüllung rechtlich begründeter Verpflichtungen des Landes. Hierzu zählen alle durch Gesetz oder Vertrag begründeten Verbindlichkeiten öffentlich rechtlicher oder zivilrechtlicher Art (zB Sozialhilfeleistungen, Personalausgaben, Mietzahlungen).

d) Fortsetzungen von Bauten, Beschaffungen und sonstigen Leistungen sowie Weitergewährung von Beihilfen für diese Zwecke. In dieser Tatbestandsalternative kommt die Zielsetzung des Art. 62, nämlich die Fortführung des Status Quo zu ermöglichen, bes. deutlich zum Ausdruck. Die Fortsetzung von Baumaßnahmen und Beschaffungen bzw von Beihilfen hierfür bereitet in der Regel keine Interpretationsschwierigkeiten. Anders verhält es sich mit der Fortsetzung „sonstiger Leistungen" bzw der Weitergewährung von Zuschüssen für derartige Zwecke. Der Begriff „sonstige Leistungen" ist nicht fest umrissen. Er muss deshalb restriktiv interpretiert werden, um die begrenzte Ermächtigung des Art. 62 nicht zu überdehnen. So ist es zB nicht zulässig, Bürgschaften und Garantien unter Bezugnahme auf diese Vorschrift zu gewähren.[11] Diese Einschränkung hat in M-V jedoch keine praktische Bedeutung, weil gem. § 21 des Haushaltsgesetzes (siehe Haushaltsgesetz 2014/2015) die §§ 5-20 des jeweiligen Haushaltsgesetzes bis zum In-Kraft-Treten des nächsten Haushaltsgesetzes weiter gelten. Das betrifft auch die Ermächtigungsgrundlage für Bürgschaften und Garantien in § 14 Haushaltsgesetz.

IV. Adressat der Ermächtigung

4 Die Ermächtigung, die nötigen Ausgaben für die oben genannten Zwecke zu leisten, richtet sich an die Landesverwaltung insgesamt. Der in Art. 62 verwen-

---

7 *Nebel*, in: Piduch, Art. 111 Rn 11; *Puhl*, Die Minderheitsregierung nach dem Grundgesetz, 1986, S. 207 f.
8 *Schwarz* (Fn 2), Rn 24; *Theiß*, Das Nothaushaltsrecht des Bundes, 1975, S. 48; *Berlit/Kühn*, in: Baumann-Hasske/Kunzmann, Art. 98 Rn 14.
9 So die bisherige Praxis in M-V, vgl Bewirtschaftungserlass zur vorläufigen Haushaltsführung 2012 des Finanzministeriums vom 15.12.2011, AZ : IV H 1200-20121-2011/004-002, Seite 3, Textziffer II b; ähnlich *Nebel* (Fn 7), Rn 11; *Ewer*, in: Caspar/Ewer/Nolte/Waack, Art. 51 Rn 16; aA *Schwarz* (Fn 2), Rn 24.
10 *Kube*, in: Maunz/Dürig, Art. 111 Rn 45.
11 *Brockmeyer*, in: Schmidt-Bleibtreu/Hofmann/Hopfauf, Art. 111 Rn 4; *Berlit/Kühn*, in: Baumann-Hasske/Kunzmann, Art. 98, Rn 18.

dete Begriff „Landesregierung" meint die Exekutive in ihrer Gesamtheit im Gegensatz zur Legislative. Deshalb ist kein Kabinettbeschluss nötig, um die Wirkungen des Art. 62 auszulösen. Von besonderer Bedeutung sind die durch das Finanzministerium zu erlassenden Verwaltungsvorschriften (auf der Grundlage des § 5 LHO) zur Konkretisierung der verfassungsrechtlichen Ermächtigung. Die Haushaltserlasse zu Art. 62 sind in M-V traditionell bes. ausgefeilt[12] Die betreffenden Erlasse enthalten unter anderem wichtige Hinweise zur buchungstechnischen Durchführung. Sie regeln zB, dass schon während der Phase der vorl. Haushaltsführung auf den Titeln des Haushaltsplanentwurfs der Regierung zu buchen ist, um nach In-Kraft-Treten des neuen Haushaltsgesetzes einen nahtlosen Anschluss zwischen der Phase der vorl. Haushaltsführung und dem beschlossenen Haushalt zu ermöglichen.

V. Möglichkeiten einer Erweiterung der Ermächtigung

1. Fortgelten der Ermächtigungen aus anderen Rechtsquellen. Nach § 21 Haushaltsgesetz gelten bestimmte Ermächtigungen des alten Haushaltsgesetzes bis zum In-Kraft-Treten des nächsten Haushaltsgesetzes weiter. Darüber hinaus können Reste, die aus dem Vorjahr gem. § 45 LHO übertragen worden sind, bewirtschaftet werden. Nach § 45 Abs. 1 Satz 2 LHO bestehen alle nicht in Anspruch genommenen Verpflichtungsermächtigungen während der Zeit der vorl. Haushaltsführung fort. Derartige, auf anderen Rechtsgrundlagen beruhende Ermächtigungen werden durch Art. 62 nicht verdrängt.

5

2. Gesetzliche Erweiterung des Rahmens von Art. 62. Wenn die Phase der vorl. Haushaltsführung längere Zeit andauert, entsteht nicht selten das Bedürfnis, bestimmte neue Maßnahmen – insb. Investitionsprojekte – bereits vor der Verabschiedung des Haushalts beginnen zu dürfen. Dann stellt sich die Frage, ob der verfassungsrechtlich vorgegebene Rahmen in Art. 62 als abschließende Regelung zu verstehen ist oder ob er durch ein gesondertes Gesetz erweitert werden kann.

Das BVerfG[13] hält es für zulässig, besondere Bedarfe während der Phase der vorl. Haushaltsführung durch einen sog. „Teilhaushalt" vorab zu befriedigen.[14] Andere sprechen von einem „Nothaushaltsgesetz" in Anlehnung an die Praxis während der Weimarer Reichsverfassung.[15] ZT wird auch der Begriff „Haushaltsvorschaltgesetz" verwendet.[16] Unabhängig von der jeweils gewählten Terminologie ist jedenfalls weithin anerkannt, dass eine Erweiterung des Rahmens des Art. 111 GG bzw Art. 62 durch ein gesondertes Gesetz zulässig ist.[17]

Das Problem besteht darin, dass der „Teilhaushalt" dem Gebot des Haushaltsausgleichs nicht Rechnung tragen kann, vgl Art. 61 Abs. 1, letzter Satz. Das ist

---

12 Vgl den in Fn 9 zitierten Bewirtschaftungserlass zum Haushaltsjahr 2012 sowie den Erlass vom 16.12.2003 – IV 200-2 H 1200 001 (1/04) zum Haushaltsjahr 2004 und den Erlass vom 8.12.1998 – IV/200 H 1218 (99) zum Haushaltsjahr 1999.
13 BVerfGE 45, 1, 41.
14 Vgl dazu *Fricke*, DÖV 1978, 486 ff; *Totz*, DÖV 1985, 706 ff; *Rossi*, DÖV 2003, 313 ff; *Kroll*, DÖV 2004, 986 ff; *Heintzen*, in: von Münch/Kunig, Art. 110 Rn 7 sowie Art. 111 Rn 5; *Maunz*, in: Maunz/Dürig, Art. 110 Rn 66; *Heun*, in: Dreier, Art. 111 Rn 5.
15 *Gröpl*, in: BK, Art. 111 Rn 50 mwN; *Kube* in: Maunz/Dürig Art. 111, Rn. 11 ff; *Reimer*, in: Beck'scher Online-Kommentar, Art. 111, Rn 10; BremStGH, 10.10.1997 – St 6/96 –, LVerfGE 7, 167 = NordÖR 1998, 291.
16 Derartige „Vorschaltgesetze" gab es in M-V für die Haushaltsjahre 1995 und 1999; den gleichen Sammelbegriff verwendet *Rossi*, DÖV 2003, 313 ff, der dieser Rechtsfigur jedoch krit. gegenübersteht.
17 So sämtliche bisher zitierten Autoren (Fn 14) mit Ausnahme von *Rossi*, der jede Erweiterung vollständig ablehnt, und *Totz*, der einer differenzierenden Auffassung zuneigt.

aber nicht nur eine Formalie, vielmehr soll der Grundsatz des Haushaltsausgleichs den Haushaltsgesetzgeber dazu zwingen, bei seinen Haushaltsentscheidungen stets die Balance zwischen Einnahmen und Ausgaben im Blick zu behalten. Das ist nur möglich bei einer Gesamtbetrachtung aller Einnahmen und Ausgaben für das betreffende Haushaltsjahr. Eine derartige Gesamtbetrachtung entfällt aber bei dem bloßen Teilhaushalt.

Die Lösung des Problems besteht darin, dass derartige Vorab-Bewilligungen nur dann möglich sind, wenn die betreffenden Maßnahmen im Haushaltsplanentwurf der Regierung enthalten und dort im Rahmen der Gesamtdeckung finanziert sind. Die Vorab-Bewilligung stellt sich dann als Aktivierung eines Teils des Haushaltsplanentwurfs der LReg dar, mit dem das Parlament zum Ausdruck bringt, dass es diese Maßnahmen aus dem Haushaltsentwurf der Regierung ausdrücklich billigt und frei gibt. Damit stellt das Parlament indirekt fest, dass es den Haushaltsplanentwurf der Regierung für ausgeglichen und deshalb in diesem Rahmen die neuen Maßnahmen für finanzierbar hält. Ohne einen solchen Blick des Parlaments auf die Gesamtlage wäre die vorzeitige Freigabe neuer Maßnahmen nicht zu verantworten.

3. Verhältnis zwischen Notbewilligung gem. Art. 63 und vorläufiger Haushaltsführung gem. Art. 62. Auch während der vorl. Haushaltsführung können unabweisbare und unaufschiebbare Finanzierungsbedürfnisse auftreten, die über den von Art. 111 GG bzw. Art. 62 gezogenen Rahmen hinausgehen. In dieser Situation hat der Finanzminister gem. Art. 112 GG bzw. Art. 63 unter den gleichen Voraussetzungen wie während eines geltenden Haushaltsplans das Recht, Notbewilligungen auszusprechen.[18] Das gilt auch dann, wenn bereits ein Teilhaushaltsgesetz (Vorschaltgesetz) erlassen worden ist.[19]

VI. Kreditaufnahme (Abs. 2)

6 Art. 62 Abs. 2 gestattet in bestimmten Umfang eine Kreditaufnahme, soweit der Geldbedarf des Landes nicht durch Steuern, Abgaben und sonstige Einnahmen gedeckt werden kann. Die Kreditaufnahme ist jedoch nur für die Finanzierung der nach Abs. 1 zulässigen Ausgaben erlaubt. Der Umfang der Kreditaufnahme darf gem. Art. 62 Abs. 2 Satz 2 ein Viertel der im Haushaltsplan des Vorjahres veranschlagten Einnahmen nicht übersteigen. Dabei handelt es sich um die im Soll veranschlagten Haushaltseinnahmen, nicht das tatsächliche Ist-Ergebnis.[20] Diese Begrenzung bietet einen großen Spielraum. In der Praxis dürfte sie kaum jemals ausgeschöpft werden. Ihre Rechtfertigung findet sie im Gesamtsystem des Art. 62 dadurch, dass sie als absolute Höchstgrenze aufzufassen ist, unterhalb derer weitere Voraussetzungen (nämlich die Erforderlichkeit der Kreditaufnahme zur Finanzierung von nach Art. 62 Abs. 1 zulässigen Ausgaben) einzuhalten sind.

VII. Schrifttum

7 *Fricke, Eberhard,* Der Begriff „Ergänzungshaushaltsplan (Teilhaushaltsplan)" in der Diktion des Bundesverfassungsgerichts, in: DÖV 1978, S. 486 ff; *Kroll, Thorsten,* Das Teilhaushaltsgesetz: Ein verfassungskonformes Instrument im Zusammenspiel zwischen exekutivischem Gestaltungsdrang und parlamentari-

---

18 BVerfGE 45, 1, 37; *Kube,* in: Maunz/Dürig, Art. 111 Rn 6; *Theiß* (Fn 8), S. 94 f; aA *Kyrill A. Schwarz,* in: von Mangoldt/Klein/Starck, Art. 111 Rn 33.
19 *Kroll,* DÖV 2004, 986, 995.
20 *Kyrill A. Schwarz* (Fn 18), Rn 40; *Gröpl,* in: BK, Art. 111 Rn 46.

schem Budgetrecht, in: DÖV 2004, S. 986; *Puhl, Thomas*, Die Minderheitsregierung nach dem Grundgesetz, 1986; *Rossi, Matthias*, Unzulässigkeit von Haushaltsvorschaltgesetzen, in: DÖV 2003, S. 313 ff; *Totz, Claus-Dieter*, Die Haushaltsführung der Minderheitsregierung in Hessen, in: DÖV 1985, S. 706 ff; *Theiß, Hermann*, Das Nothaushaltsrecht des Bundes, 1975.

Art. 63 (Über- und außerplanmäßige Ausgaben)

(1) Über- und außerplanmäßige Ausgaben und Verpflichtungen bedürfen der vorherigen Zustimmung des Finanzministers. Sie darf nur im Falle eines unvorhergesehenen und unabweisbaren Bedürfnisses erteilt werden. Das Nähere kann durch Gesetz geregelt werden.

(2) Über Zustimmungen zu über- und außerplanmäßigen Ausgaben und Verpflichtungen ist dem Landtag im Abstand von sechs Monaten nachträglich zu berichten.

Zu Abs. 1: Artt. 81 BWVerf; 88 Abs. 1 VvB; 105 BbgVerf; 101 Abs. 1 BremVerf; 68 Abs. 2 HambVerf; 143 Abs. 1 HessVerf; 67 Abs. 1 NdsVerf; 85 Abs. 1 Verf NW; 119 Verf Rh-Pf; 107 Abs. 1 SaarlVerf; 96 SächsVerf; 95 Abs. 1 LVerf LSA; 52 Abs. 1 SchlHVerf; 101 Abs. 1 ThürVerf.

Zu Abs. 2: Artt. 81 BWVerf; 88 Abs. 2 VvB; 105 BbgVerf; 68 Abs. 2 HambVerf; 143 Abs. 2 HessVerf; 85 Abs. 2 Verf NW; 96 SächsVerf; 52 Abs. 2 SchlHVerf; 101 Abs. 2 ThürVerf.

I. Funktion der Vorschrift 1	b) Unabweisbares Bedürfnis.. 4
II. Voraussetzungen für das Notbewilligungsrecht (Abs. 1) 2	3. Zustimmung des Finanzministers 5
1. Über- und außerplanmäßige Ausgaben und Verpflichtungen 2	4. Gesetzliche Regelung 6
	III. Anwendung des Art. 63 vor Verabschiedung des Haushaltsplans 7
2. Unvorhergesehenes und unabweisbares Bedürfnis 3	IV. Unterrichtung des Landtages (Abs. 2) 8
a) Unvorhergesehenes Bedürfnis	V. Schrifttum 9

I. Funktion der Vorschrift

Für jede Ausgabe und für das Eingehen jeder Verpflichtung benötigt die Verwaltung eine haushaltsrechtliche Ermächtigung. Diese wird im Regelfall durch das Parlament erteilt mit dem jährlichen Haushaltsplan, vgl Art. 61. Ausnahmen von dieser Regel sehen Art. 62 vor für den Fall, dass der Haushaltsplan nicht vor Beginn eines Haushaltsjahres festgestellt worden ist, und Art. 63 für den Fall, dass im Haushaltsplan nicht vorgesehene Ausgaben geleistet oder Verpflichtungen eingegangen werden müssen.

Bevor es zur Anwendung des **Notbewilligungsrechts** gem. Art. 63 kommt, hat die Verwaltung zu prüfen, ob im Rahmen des geltenden Haushaltsplans auf andere Weise Abhilfe geschaffen werden kann, zB durch die Inanspruchnahme von Resteermächtigungen gem. § 45 LHO oder durch die Nutzung von Deckungsfähigkeiten gem. § 46 LHO. In geeigneten Fällen kann auch der Einsatz von sächlichen oder personellen Verstärkungsmitteln Abhilfe schaffen. Erst wenn diese im Haushaltsgesetz oder im Haushaltsplan vom Parlament zur Verfügung gestellten Instrumente nicht greifen, darf die Möglichkeit des Art. 63 in Anspruch genommen werden. Es handelt sich dabei um eine **Notkompetenz**, die dem Regelfall der parlamentarischen Ermächtigung nachgeordnet ist und nicht als selbständige Befugnis neben dem Haushaltsplan betrachtet werden darf. Das hat das BVerfG in der **Grundsatzentscheidung** aus dem Jahr 1977[1] unmissverständlich klargestellt.[2] Die Entscheidung des BVerfG erging zu Art. 112 GG. Da Art. 63 der Norm des GG weitgehend nachgebildet ist, können die dort entwickelten Grundsätze auf die Auslegung der LV übertragen werden.

II. Voraussetzungen für das Notbewilligungsrecht (Abs. 1)

2 1. **Über- und außerplanmäßige Ausgaben und Verpflichtungen.** Eine überplanmäßige Ausgabe, die früher als Haushaltsüberschreitung bezeichnet wurde, liegt dann vor, wenn für die betreffende Ausgabe zwar im Haushaltsplan ein Ansatz vorgesehen ist, der seiner Zweckbestimmung nach passen würde, der benötigte Ausgabenbetrag aber über diesen Ansatz hinaus geht.[3] Eine Überschreitung des Ansatzes, die durch Ausnutzung von Deckungsfähigkeiten gerechtfertigt ist, stellt keine überplanmäßige Ausgabe dar (s.o. → Rn 1). **Außerplanmäßige** Ausgaben sind solche, für die im Haushaltsplan keine passende Zweckbestimmung aufgefunden werden kann und die sich deshalb keinem Haushaltstitel zuordnen lassen.[4] Für außerplanmäßige Ausgaben muss daher ein eigener Haushaltstitel neu eingerichtet werden. Die gleichen Definitionen gelten analog für überplanmäßige und außerplanmäßige Verpflichtungen.

3 2. **Unvorhergesehenes und unabweisbares Bedürfnis.** Über- und außerplanmäßige Ausgaben und Verpflichtungen bedürfen nach Art. 63 Abs. 1 Satz 1 der vorherigen Zustimmung des Finanzministers. Sie dürfen gemäß Satz 2 nur im Falle eines unvorhergesehenen und unabweisbaren Bedürfnisses erteilt werden.

a) **Unvorhergesehenes Bedürfnis.** „Unvorhergesehen" ist nicht nur ein objektiv unvorhersehbares Bedürfnis, sondern jedes Bedürfnis, das tatsächlich, gleich aus welchen Gründen, vom Minister der Finanzen oder der Regierung bei der Aufstellung des Haushaltsplans oder vom Gesetzgeber bei dessen Beratung und Feststellung nicht vorhergesehen wurde oder dessen gesteigerte Dringlichkeit, die es durch Veränderung der Sachlage inzwischen gewonnen hat, nicht vorhergesehen worden ist.[5] Für den Ausschluss der Ermächtigung zur Notbewilligungskompetenz reicht es also nicht aus, dass ein Bedürfnis vorhersehbar war, es muss vielmehr tatsächlich von den oben genannten Instanzen nicht vorhergesehen worden sein. Bedarfe, die bei der Haushaltsplanaufstellung mit dem Finanzminister bzw später im parlamentarischen Verfahren erörtert, damals aber zurückgestellt wurden, dürfen nicht nachträglich über den Umweg der Notkompetenz doch noch bewilligt werden. Allerdings kann – wie oben zitiert – auch schon die aufgrund veränderter Sachlage gesteigerte Dringlichkeit eines Bedürfnisses ausreichen, um eine außerplanmäßige oder überplanmäßige Ausgabe bzw Verpflichtung zu rechtfertigen.

4 b) **Unabweisbares Bedürfnis.** „Unabweisbar" ist eine Mehrausgabe dann, wenn sie „so eilbedürftig ist, dass das Verfahren eines Nachtrags- oder Ergänzungshaushalts oder darüber hinaus eine Verschiebung bis zum nächsten ord-

---

1 BVerfG 25.5.1977 – 2 BvE 1/74 –, BVerfGE 45, 1 ff ; ebenso StGH Baden-Württemberg 6.10.2011 – GR 2/11 –, DÖV 2011, 979 (betr. Erwerb von Anteilen der EnBW durch die Landesregierung).
2 Anders noch VerfGH NRW 3.10.1968 –VGH 9/67 –, OVGE 24, 296.
3 *Kyrill-A. Schwarz,* in: von Mangoldt/Klein/Starck, Art. 112 Rn 14; *Kube,* in: Maunz/Dürig, Art. 112 Rn 24; *Nebel,* in: Piduch, Art. 112 Rn 5; *Puhl,* Die Minderheitsregierung nach dem Grundgesetz, 1986, S. 225 f.
4 *Kyrill-A.Schwarz* (Fn 3), Rn 15; *von Mutius,* in: von Mutius/Wuttke/Hübner, Art. 52 Rn 6.
5 BVerfGE 45, 1, Leitsatz 5, S. 35; *Reimer,* in: Beck'scher Online-Kommentar, Art. 112, Rn 16.

nungsgemäß verabschiedeten Haushalt bei vernünftiger Beurteilung der jeweiligen Lage als nicht mehr vertretbar anerkannt werden kann".[6] Diese Anforderung lässt sich in zwei Unterelemente zergliedern, nämlich zum einen in die sachliche Notwendigkeit der Ausgabe und zum anderen in das Element des Zeitdrucks. Die Frage, ob eine Ausgabe sachlich unbedingt notwendig ist, hängt weitgehend von politischen Wertungen ab, die gerichtlich nur darauf überprüft werden können, ob die Grenze offensichtlicher Unvertretbarkeit überschritten worden ist.[7] Im Gegensatz dazu ist die Frage, ob eine Ausgabe bis zum nächsten Haushalt aufgeschoben werden kann (zeitliche Unabweisbarkeit), eine Rechtsfrage, die der vollen richterlichen Überprüfung unterliegt.[8]

Zum verfahrensmäßigen Umgang mit der zeitlichen Unabweisbarkeit hat das BVerfG in der bereits zitierten Grundsatzentscheidung folgende – hier kurz zusammengefasste – Leitlinien entwickelt:

Wenn der Finanzminister zu der Überzeugung gelangt, dass ein unvorhergesehenes und unabweisbares Bedürfnis vorliegt, muss er grds. ein **Konsultationsverfahren** einleiten, um beim Parlament festzustellen, ob dort die Möglichkeit gesehen wird, eine Ermächtigung im Wege eines Nachtragshaushalts herbeizuführen. Erst wenn dies erfolglos bleibt, hat der Finanzminister die Befugnis, von der Ermächtigung nach Art. 112 GG bzw Art. 63 Gebrauch zu machen. Der Finanzminister ist verpflichtet, „mit dem Gesetzgeber in Verbindung zu treten, um zu klären, ob dieser sich in der Lage sieht, im Hinblick auf die zeitliche Dringlichkeit des Bedürfnisses rechtzeitig eine Bewilligung zu erteilen. Erst nach dieser Konsultation ist in solchen Zweifelsfällen der Weg frei für die Ausübung der Kompetenz aus Art. 112."[9] Diese Konsultationspflicht kann allerdings nach Auffassung des BVerfG durch den Gesetzgeber modifiziert werden. Er darf entscheiden, ob er auch in verhältnismäßig geringfügigen Fällen das Konsultationsverfahren und einen Nachtragshaushalt fordert oder ob er bei Fällen unterhalb einer bestimmten Größenordnung den Finanzminister allg. von der verfassungsrechtlichen Kommunikations- und Konsultationspflicht freistellt.[10] Von dieser Möglichkeit hat der Gesetzgeber in M-V Gebrauch gemacht. § 37 LHO trifft dafür folgende Bestimmungen:

Gemäß § 37 Abs. 2 LHO **bedarf es eines Nachtragshaushalts nicht**, wenn
a) die überplanmäßige oder außerplanmäßige Ausgabe einen im Haushaltsgesetz festgelegten Betrag nicht überschreitet oder
b) Rechtsverpflichtungen zu erfüllen sind oder
c) Mittel von Stellen außerhalb der Landesverwaltung für einen bestimmten Zweck zur Verfügung gestellt werden oder rechtsverbindlich zugesagt worden sind.

Die in § 37 Abs. 2 und § 38 Abs. 1 Satz 2 LHO genannten Betragsgrenzen, die dem jeweiligen Haushaltsgesetz überlassen bleiben sollen, werden in § 3 der jährlichen Haushaltsgesetze konkretisiert (vgl zB § 3 des Haushaltsgesetzes zum Doppelhaushalt 2014/2015). Danach wird der Betrag für Ausgaben auf 1,5 Mio. € festgesetzt und der Betrag für Verpflichtungsermächtigungen auf 3 Mio. €, wobei allerdings dann, wenn die Verpflichtungsermächtigung sich auf

---

6 BVerfGE 45, 1, Leitsatz 6, S. 37; *Kyrill-A. Schwarz*, in: von Mangoldt/Klein/Starck, Art. 112 Rn 27.
7 BVerfGE 45, 1, 39; *Kube*, in: Maunz-Dürig, Art. 112 Rn 65.
8 BVerfGE 45, 1, 39; StGH BW 25.5.2011 – GR 2/11 -, DÖV 2011, 979; *Kube*, in: Maunz-Dürig, Art. 112 Rn 65; *Heintzen*, in: von Münch/Kunig, Art. 112 Rn 6.
9 BVerfGE 45, 1, 39.
10 BVerfGE 45, 1, 39.

Ausgaben bezieht, die nur in einem Haushaltsjahr fällig werden, der Betrag auf 1,5 Mio. € absinkt. Wenn überplanmäßige oder außerplanmäßige Ausgaben und überplanmäßige oder außerplanmäßige Verpflichtungsermächtigungen zusammentreffen, gilt insgesamt der Betrag von 3 Mio. €. Oberhalb dieser Grenzen darf der Finanzminister nur dann selbsttätig Ermächtigungen aussprechen, wenn es sich um Rechtsverpflichtungen handelt oder entspr. Mittel von dritter Seite zur Verfügung gestellt worden sind.

Mit diesen pragmatischen Regelungen werden im Rahmen der vom BVerfG gezogenen Grenzen die meisten Fälle, in denen ein unvorhergesehenes oder unabweisbares Bedürfnis auftritt, geregelt werden können. Kompliziert wird es jedoch dann, wenn tatsächlich einmal ein Konsultationsverfahren eingeleitet werden muss. Hier fehlen bisher berechenbare Verfahrensmodalitäten. Die BReg hatte im Jahr 1978 einen Gesetzentwurf zur Änderung des § 37 BHO vorgelegt, mit dem das Konsultationsverfahren näher fixiert werden sollte.[11] Dieser Gesetzentwurf ist jedoch nicht beschlossen worden und damit der Diskontinuität anheim gefallen. Weitere Anläufe hat es danach weder im Bund noch in den Ländern gegeben.

In M-V ist das **Konsultationsverfahren** mehrfach angewendet worden. Dabei hat sich folgende **Praxis** herausgebildet: In den drei bisher einschlägigen Verfahren, die zum einen Aufwendungen für die Ansiedlung eines großen Industrieunternehmens betrafen, zum anderen Verpflichtungen gegenüber dem Bund im Zusammenhang mit der Werftenhilfe sowie schließlich im Jahr 2006 Aufwendungen für die Durchführung des Weltwirtschaftsgipfels G 8 in Heiligendamm, hat die Finanzministerin jeweils den bzw die PräsLT angeschrieben, den Sachverhalt und das daraus abgeleitete Bedürfnis geschildert und angefragt, ob aus der Sicht des LT ein Nachtragshaushalt rechtzeitig beschlossen werden könne. Der bzw die PräsLT hat jeweils den Ältestenrat mit dieser Frage befasst und dem Finanzministerium eine entspr. Mitteilung gemacht. In den beiden zuerst genannten Fällen hat das Konsultationsverfahren dazu geführt, dass die über- bzw außerplanmäßige Ausgabe bzw Verpflichtungsermächtigung auf der Basis des Art. 63 erteilt werden konnte. Im Gegensatz dazu ist das zum Weltwirtschaftsgipfel eingeleitete Konsultationsverfahren in ein reguläres Nachtragshaushaltsverfahren übergeleitet worden. Der Regierung wurde durch den Ältestenrat bedeutet, dass die Anwendung des Art. 63 in diesem Fall nicht mitgetragen werden könne. Eine Bewilligung sei nur im Rahmen eines Nachtragshaushalts möglich. Die Regierung beantragte daraufhin eine Dringlichkeitssitzung des Landtags mit der Konsequenz, dass das Notbewilligungsrecht nicht zum Zuge kam.

In diesem Zusammenhang stellt sich die verfassungsrechtliche Frage, wer eigentlich dazu befugt ist, für den LT im Rahmen des Konsultationsverfahrens zu handeln. Das geeignete Gremium ist nach der Gesamtkonzeption der Kompetenzverteilung im LT der **Ältestenrat**, wie dies auch der Praxis entspricht. Die Frage ist aber, ob im Ältestenrat gegebenenfalls auch eine **Mehrheitsentscheidung** herbeigeführt werden kann. Nach meiner Auffassung muss dies ausreichen, weil einstimmige Entscheidungen nicht immer garantiert werden können und die Verfassungsorgane auch in solchen Fällen handlungsfähig bleiben müssen. Das bedeutet, dass der Ältestenrat mit Mehrheit entweder dem Konsultationsverfahren zustimmen und damit den Weg für das Notbewilligungsrecht freimachen oder die Einbringung eines Nachtragshaushalts für erforderlich erklären kann.

---

11 BT-Drs. 8/1664.

3. Zustimmung des Finanzministers. Art. 63 Abs. 1 Satz 1 ordnet ausdrücklich 5
an, dass die Zustimmung **vor** der Leistung der Ausgabe bzw dem Eingehen der
Verpflichtung erteilt worden sein muss. Eine nachträgliche Genehmigung ist also
nicht möglich. Eine Ausnahme davon lässt § 116 Abs. 2 LHO zu. Danach bedarf es der Einwilligung des Finanzministers ausnahmsweise nicht, wenn sofortiges Handeln zur Abwendung einer dem Land drohenden unmittelbar bevorstehenden Gefahr erforderlich ist, das durch die Notlage gebotene Maß nicht überschritten wird und die Einwilligung nicht rechtzeitig eingeholt werden kann.
Obwohl die zitierte Regelung des § 116 Abs. 2 LHO durch den Wortlaut des
Art. 63 nicht gedeckt ist, ist diese Regelung, die vergleichbaren Vorschriften in
der Bundeshaushaltsordnung und den anderen Landeshaushaltsordnungen entspricht, durch den Gedanken des übergesetzlichen Notstands gerechtfertigt.

Die Stellung des Finanzministers wird durch seine Kompetenzzuweisung in
Art. 63 in besonderem Maße hervorgehoben. Nach Auffassung des BVerfG soll
der Bundesfinanzminister bei der Anwendung der Ermächtigung aus Art. 112
GG an die Richtlinienkompetenz des Regierungschefs sowie an das Kabinettsprinzip nach Art. 65 GG gebunden sein.[12] Dieser Ansicht wird zu Recht entgegengehalten, dass die besondere Kompetenzzuweisung in Art. 112 GG wie auch
in Art. 63 den Gedanken enthält, dass dem Finanzminister mit der Übertragung
der Ermächtigung zur Notkompetenz zugleich auch eine besondere Verantwortung auferlegt wird.[13] Dieser Verantwortung kann der Finanzminister nur dann
gerecht werden, wenn er auch tatsächlich die endgültige Entscheidung zu treffen
vermag. Dieser Auslegung der Verfassung folgt auch die Vorschrift des § 116
Abs. 1 LHO. Danach entscheidet der Finanzminister in den Fällen des § 37
Abs. 1 LHO endgültig. In allen anderen Fällen, in denen die Landeshaushaltsordnung Befugnisse des Finanzministeriums enthält, kann ein Fachministerium
über die Maßnahme des Finanzministeriums die Entscheidung der LReg einholen, nicht aber bei der Ausübung des Notbewilligungsrechts. Wenn der MinPräs
in einem solchen Fall seine Auffassung durchsetzen will, bleibt ihm nur der Weg,
den Finanzminister zu entlassen.

4. Gesetzliche Regelung. Nach Art. 63 Abs. 1 Satz 3 kann das Nähere durch 6
Gesetz geregelt werden. Von dieser Ermächtigung hat der Landesgesetzgeber in
§ 37 LHO für über- und außerplanmäßige Ausgaben und in § 38 LHO für
entspr. Verpflichtungsermächtigungen Gebrauch gemacht. Für besondere Eilfälle
gilt – wie bereits erwähnt – § 116 Abs. 2 LHO. Darüber hinaus ist § 3 des jeweiligen Haushaltsgesetzes zu beachten, in dem die in § 37 LHO abstrakt vorgegebenen Obergrenzen für die Konsultationsverpflichtung in Zahlen konkret ausgedrückt werden.

Bei den näheren Bestimmungen zur einzelgesetzlichen Ausgestaltung ist insb.
§ 37 Abs. 4 LHO erwähnenswert. Danach sollen überplanmäßige und außerplanmäßige Ausgaben durch Einsparungen bei anderen Ausgaben in demselben
Einzelplan ausgeglichen werden. Diese Vorschrift geht über die Festlegungen der
Verfassung hinaus, entspricht aber dem allg. Haushaltsausgleichsgebot, das in
Art. 61 für den Haushaltsplan niedergelegt ist. Da es sich um eine Sollvorschrift
handelt, sind Ausnahmen denkbar. Eine solche Ausnahme kann zB eingreifen,

---

[12] BVerfGE 45, 1, 47; ebenso *Thiele*, in: Thiele/Pirsch/Wedemeyer, Art. 63 Rn 1; dagegen Sondervotum *Niebler*, in: BVerfGE 45, 1, 56 f, 58 ff.
[13] *Nebel*, in: Piduch, Art. 112 Rn 12; *Heintzen*, in: von Münch/Kunig, Art. 112 Rn 10; *von Mutius*, in: von Mutius/Wuttke/Hübner, Art. 52 Rn 2; ausführliche differenzierende Abwägung bei *Kube*, in: Maunz-Dürig, Art. 112 Rn 66 ff; ähnlich *Reimer*, in: Beck'scher Online-Kommentar, Art 112 Rn 30 ff.

wenn es nicht möglich ist, die Deckung in demselben Einzelplan zu erbringen. Dann muss aber zumindest versucht werden, im Gesamthaushalt Deckung zu finden.

III. Anwendung des Art. 63 vor Verabschiedung des Haushaltsplans

7 Eine über- oder außerplanmäßige Ausgabe bzw eine entspr. Verpflichtung kann auch in der Zeit vor Verabschiedung des Haushaltsgesetzes, also in der von Art. 62 geregelten Phase, erforderlich werden. Da noch kein Haushaltsplan vorliegt, ist eine über- bzw außerplanmäßige Ausgabe im Wortsinn nicht vorstellbar. Dennoch kann es erforderlich werden, dass der durch Art. 62 gezogene Rahmen aufgrund einer Notsituation überschritten werden muss. Auch für diesen Fall benötigt die Verwaltung ein ordnungsgemäßes Verfahren, um derartigen besonderen Anforderungen Rechnung zu tragen. Deshalb hat das BVerfG ausdrücklich die Anwendung des Art. 112 GG auch vor Verabschiedung des Haushalts zugelassen.[14]

IV. Unterrichtung des Landtages (Abs. 2)

8 Gemäß Art. 63 Abs. 2 ist dem LT im Abstand von 6 Monaten nachträglich über Zustimmungen zu über- und außerplanmäßigen Ausgaben und Verpflichtungen zu berichten. Der nachträgliche Bericht ist kein Wirksamkeitserfordernis der Zustimmung. Diese ist vielmehr durch den Finanzminister abschließend erteilt worden. Die jeweiligen Berichte schaffen aber Transparenz und geben dem LT die Möglichkeit, im Wege von Entschließungen zu den Entscheidungen des Finanzministers nachträglich Stellung zu nehmen und ggf dadurch auf künftige Entscheidungen Einfluss zu nehmen.[15]

V. Schrifttum

9 *Arndt, Klaus*, Parlamentarisches Budgetrecht und Notbewilligungsrecht des Bundesministers der Finanzen, in: JuS 1978, S. 19; *Hettlage, Karl Maria*, Anmerkung zum Urteil des Bundesverfassungsgerichts vom 25.5.1977, in: DÖV 1977, S. 519; *Jahndorf, Christian*, Das Notbewilligungsrecht des Bundesministers der Finanzen nach Art. 112 GG, in: DVBl. 1998, S. 75 ff; *Puhl, Thomas*, Die Minderheitsregierung nach dem Grundgesetz, 1986; *Zezschwitz, Friedrich v.*, Erweitertes Notbewilligungsrecht für die Exekutive, in: DÖV 1979, S. 489.

Art. 64 (Nachweis der Kostendeckung)

(1) Beschlußvorlagen aus der Mitte des Landtages, durch die dem Land Mehrausgaben oder Mindereinnahmen entstehen, müssen bestimmen, wie die zu ihrer Deckung erforderlichen Mittel aufzubringen sind.

(2) Die Landesregierung kann verlangen, daß Beratung und Beschlußfassung über eine Vorlage nach Absatz 1 ausgesetzt werden. Die Aussetzung endet nach Abgabe einer Stellungnahme durch die Landesregierung, spätestens nach Ablauf von sechs Wochen.

Zu Abs. 1: Artt. 79 BayVerf; 82 Abs. 1 BWVerf; 90 Abs. 2 VvB; 104 BbgVerf; 102 BremVerf; 69 HambVerf; 142 HessVerf; 68 Abs. 1 und 2 NdsVerf; 84 Verf NW; 118 Verf Rh-Pf; 107

---

14 BVerfGE 45, 1, 37.
15 *Nebel, in*: Piduch, Art. 112 Rn 11; *Kube*, in: Maunz-Dürig, Art. 112 Rn 93; *von Mutius*, in: von Mutius/Wuttke/Hübner, Art. 52 Rn 19.

Abs. 2 SaarlVerf; 97 Abs. 1 SächsVerf; 96 Abs. 1 LVerf LSA; 54 SchlHVerf; 99 Abs. 3 ThürVerf.
Zu Abs. 2: Artt. 78 Abs. 5 BayVerf; 82 Abs. 2 BWVerf; 97 Abs. 2 SächsVerf; 96 Abs. 2 LVerf LSA.

I. Funktion der Vorschrift	1	3. Rechtsfolge: Deckungsverpflichtung	4
II. Deckungsnachweis (Abs. 1)	2	III. Aussetzung der Beratung und	
1. Beschlussvorlagen aus der Mitte des Landtags	2	Beschlussfassung (Abs. 2)	5
2. Mehrausgaben/Mindereinnahmen	3	IV. Schrifttum	6

I. Funktion der Vorschrift

Mit der Etablierung des parlamentarischen Regierungssystems hat sich ein Rollentausch zwischen der Regierung und dem Parlament vollzogen. Während die Aufgabe des Parlaments noch im 19. Jahrhundert überwiegend darin bestand, möglicherweise ausufernde Ausgabewünsche der Regierung durch den Haushalt einzudämmen, finden sich heute auch und gerade unter den Abg. Politiker, die aufgrund wohlverstandener fachpolitischer Interessen auf Haushaltsausweitung drängen. Vor diesem Hintergrund haben sowohl der Bund in Art. 113 GG als auch die meisten Länder in ihren Verfassungen Bremsen einzubauen versucht. Die Konstruktion der einzelnen Vorschriften ist sehr unterschiedlich, so dass aus den Kommentaren zum GG und zu den anderen Landesverfassungen verhältnismäßig wenig Nutzen für die Interpretation des Art. 64 gezogen werden kann. Art. 64 statuiert ein Deckungserfordernis für finanzwirksame Beschlussvorlagen aus der Mitte des LT (Abs. 1) und räumt der LReg das Recht ein, die Aussetzung der Beratung und Beschlussfassung über eine derartige Vorlage zu verlangen (Abs. 2). Damit hat sich der Verfassungsgeber gegen die im GG verankerte Lösung eines Zustimmungsvorbehalts zugunsten der Regierung entschieden. Ein entspr. Änderungsvorschlag der LReg in den Beratungen der Verfassungskommission fand keine Mehrheit.[1] 1

II. Deckungsnachweis (Abs. 1)

1. Beschlussvorlagen aus der Mitte des Landtags. Hauptanwendungsfall sind Gesetzentwürfe aus der Mitte des LT, die gemäß Art. 55 Abs. 1 Satz 2 von einer mindestens Fraktionsstärke entspr. Zahl von Mitgliedern des LT unterstützt werden. In Betracht kommen darüber hinaus aber auch andere Beschlüsse, wie zB Beschlüsse nach Art. 66 (Zustimmung zum Erwerb, zum Verkauf und zur Belastung von Landesvermögen). Es muss sich aber stets um Beschlüsse handeln, bei denen die Mehrausgaben oder Mindereinnahmen unmittelbar durch den betreffenden Beschl. entstehen. Deshalb fallen so genannte Entschließungen, mit denen der LT der Regierung einen politischen Auftrag erteilt, welcher erst mit der Umsetzung durch die LReg Rechtswirksamkeit entfaltet, nicht unter die Deckungspflicht des Art. 64 Abs. 1.[2] 2

Fraglich ist, ob Art. 64 auch für Beschlüsse des LT im Rahmen der Beratungen über Initiativen der Regierung gilt. Der Sinn und Zweck der Vorschrift spricht dafür, auch in diesen Fällen Art. 64 heranzuziehen. Das ist weniger bedeutsam

---

1 Drs. 1/3100, 150.
2 Ebenso *Berlit/Kühn*, in: Baumann-Hasske/Kunzmann, Art. 97 Rn 7; *von Mutius*, in: von Mutius/Wuttke/Hübner, Art. 54 Rn 2; *Ewer*, in: Caspar/Ewer/Nolte/Waack, Art. 54 Rn 3; *Braun*, Art. 82 Rn 6; aA *Thiele*, in: Thiele/Pirsch/Wedemeyer, Art. 64 Rn 2.

bei Änderungsanträgen im LT im Rahmen des Haushaltsaufstellungsverfahrens, weil hier ohnehin das Ausgleichsgebot nach Art. 61 Abs. 1 Satz 3 gilt. Praktische Relevanz hat die Frage aber bei Änderungsanträgen zu Leistungsgesetzen, mit denen Leistungen erhöht oder ausgeweitet werden sollen. Die Wirkung derartiger Änderungsbeschlüsse ist ebenso einschneidend wie eine Initiative, die von vornherein nur vom LT ausgegangen ist. Deshalb sollte auch hier das Deckungsgebot beachtet werden.

3 **2. Mehrausgaben/Mindereinnahmen.** Maßstab für die Frage, ob durch einen Beschl. Mindereinnahmen hervorgerufen werden, ist die Rechtslage nach den entspr. Steuer- bzw Abgabegesetzen ohne den betreffenden Beschl., also der status quo ante. Wenn gegenüber diesem Status durch den Beschl. Mindereinnahmen hervorgerufen werden, ist Art. 64 einschlägig.[3] Dem gegenüber wird bei ausgabeerhöhenden Beschlüssen nach allgM auf die Höhe der Ansätze im jeweiligen Haushaltsplan abgestellt.[4] Diese Anknüpfung ist aber nicht sinnvoll. Ebenso wie bei den Einnahmeminderungen kommt es auch bei den Ausgabeerhöhungen lediglich darauf an, ob das Land ohne den betreffenden Landtagsbeschluss nach der bis dahin geltenden Rechtslage finanziell besser gestellt wäre.[5] Sonst könnte sich der LT der Deckungspflicht entledigen zB in den Fällen, in denen Haushaltsansätze bei Leistungsgesetzen überveranschlagt sind.

4 **3. Rechtsfolge: Deckungsverpflichtung.** Wenn die oben unter → Rn 1 und 2 beschriebenen Tatbestandsvoraussetzungen des Art. 64 Abs. 1 erfüllt sind, muss die betreffende Beschlussvorlage des LT bestimmen, wie die zu ihrer Deckung erforderlichen Mittel aufzubringen sind. Die Vorlage muss also konkret angeben, welche Ausgaben gekürzt oder welche Einnahmen erhöht werden sollen, um die finanziell nachteiligen Wirkungen des Beschl. auszugleichen. Wenn der betreffende Beschl. Wirkungen entfaltet, die über das jeweilige Haushaltsjahr hinausgehen, muss die Deckungsvorsorge den selben Zeitraum umfassen.

III. Aussetzung der Beratung und Beschlussfassung (Abs. 2)

5 Bei Vorlagen nach Abs. 1 kann die LReg verlangen, dass die Beratung und Beschlussfassung ausgesetzt wird. Die Aussetzung endet nach Abgabe einer Stellungnahme durch die LReg, spätestens nach Ablauf von sechs Wochen. Durch Abs. 2 erhält die LReg also ein echtes Vetorecht, das aber nur zu einer Verzögerung von maximal sechs Wochen führt. Von diesem Instrument hat die LReg bisher noch nie Gebrauch gemacht. Im politischen Zusammenwirken zwischen der Regierung und den sie tragenden Mehrheitsfraktionen finden sich in der Regel andere Wege, um unterschiedliche Auffassungen über finanzwirksame Beschlüsse einem Kompromiss zuzuführen. Das Vetorecht nach Art. 64 Abs. 2 dürfte sich in der Praxis auf die – hoffentlich seltene – Situation einer Minderheitenregierung reduzieren.

IV. Schrifttum

6 *Karehnke, Helmut*, Die Einschränkung des parlamentarischen Budgetrechts bei finanzwirksamen Gesetzen durch Art. 113 des Grundgesetzes, in: DVBl. 1972, S. 811 ff; *Schwarz, Kyrill-A.*, Zustimmungsvorbehalte der Exekutive für finanz-

---

3 *Gröpl*, in: BK, Art. 113 Rn 68; *Siekmann*, in: Sachs, Art. 113 Rn 10; *Schwarz*, in: von Mangoldt/Klein/Starck, Art. 113 Rn 12.
4 *Gröpl* (Fn 3), Rn 66; *Heun*, in: Dreier, Art. 113 Rn 6; *Jarass*, in: Jarass/Pieroth, Art. 113 Rn 2; *Schwarz*, in: von Mangoldt/Klein/Starck, Art. 113 Rn 12.
5 *Berlit/Kühn*, in: Baumann-Hasske/Kunzmann, Art. 97 Rn 8.

wirksame Entscheidungen der Verfassungsgerichte?, in: Niedersächsische Verwaltungsblätter 2000, S. 181 ff; *Weis, Burkhard Josef*, Art. 113 GG, 1991.

Art. 65 (Kreditbeschaffung)

(1) Die Aufnahme von Krediten sowie die Übernahme von Bürgschaften, Garantien oder sonstigen Gewährleistungen, die zu Ausgaben in künftigen Haushaltsjahren führen können, bedürfen einer der Höhe nach bestimmten oder bestimmbaren Ermächtigung durch Gesetz.

(2 – in der bis zum 31. 12. 2019 geltenden Fassung) Die Einnahmen aus Krediten dürfen die Summe der im Haushaltsplan veranschlagten Ausgaben für eigenfinanzierte Investitionen nicht überschreiten. Ausnahmen sind nur zulässig zur Abwehr einer ernsthaften und nachhaltigen Störung des gesamtwirtschaftlichen Gleichgewichts oder zur Überwindung einer schwerwiegenden Störung oder unmittelbaren Bedrohung der Wirtschafts- und Beschäftigungsentwicklung des Landes. Die erhöhte Kreditaufnahme muß nach Umfang und Verwendung bestimmt und geeignet sein, derartige Störungen oder unmittelbare Bedrohungen abzuwehren. Das Nähere regelt das Gesetz.

(2 – in der ab 1. 1. 2020 geltenden Fassung)[1] Der Haushalt ist grundsätzlich ohne Einnahmen aus Krediten auszugleichen. Ausnahmen hiervon sind zulässig zur im Auf- und Abschwung symmetrischen Berücksichtigung der Auswirkungen einer von der Normallage abweichenden konjunkturellen Entwicklung sowie für Naturkatastrophen oder außergewöhnliche Notsituationen, die sich der Kontrolle des Landes entziehen und seine Finanzlage erheblich beeinträchtigen. Die nach Satz 2, 2. Alternative zulässigen Kredite sind innerhalb eines bestimmten Zeitraums vollständig zu tilgen. Das Nähere regelt ein Gesetz.

Zu Abs. 1: Artt. 82 BayVerf; 84 BWVerf; 103 Abs. 1 BbgVerf; 131 BremVerf; 72 Abs. 1 und 2 HambVerf; 141 HessVerf; 71 NdsVerf; 83 Verf NW; 117 Verf Rh-Pf; 108 Abs. 1 SaarlVerf; 95 SächsVerf; 99 Abs. 1 LVerf LSA; 53 SchlHVerf; 98 Abs. 2 ThürVerf.

Zu Abs. 2: Artt. 82 BayVerf; 84 BWVerf; 87 Abs. 2 VvB; 103 Abs. 1 und 2 BbgVerf; 72 Abs. 1 HambVerf; 141 HessVerf; 71 NdsVerf; 83 Verf NW; 117 Verf Rh-Pf; 108 Abs. 2 SaarlVerf; 95 SächsVerf; 99 Abs. 2 und 4 LVerf LSA; 53 SchlHVerf; 98 Abs. 2 ThürVerf.

I. Funktion der Vorschrift 1	3. Ausnahmen (Abs. 2 Sätze 2 und 3) 9
II. Kreditaufnahme Kraft gesetzlicher Ermächtigung (Absatz 1) 2	a) Störung des gesamtwirtschaftlichen Gleichgewichts 9
1. Kredite 2	b) Landesklausel 10
2. Aufnahme 3	c) Bestimmung und Eignung zur Störungsabwehr (Abs. 2 Satz 3) 11
3. Ermächtigung durch Gesetz ... 4	
4. Bestimmung bzw Bestimmbarkeit der Höhe nach 5	
5. Übernahme von Bürgschaften, Garantien oder sonstigen Gewährleistungen 6	4. Gesetzliche Regelung (Abs. 2 Satz 4) 13
III. Kreditobergrenze (Abs. 2) in der bis zum 31. 12. 2019 geltenden Fassung 7	5. Kreditbegrenzung im Haushaltsvollzug 14
	IV. Kreditobergrenze (Abs. 2) in der ab 1. 1. 2020 geltenden Fassung ... 15
1. Notwendigkeit einer Begrenzung der Kreditaufnahme 7	1. Hintergrund und Entstehungsgeschichte 15
2. Regelkreditobergrenze (Abs. 2 Satz 1) 8	

---

[1] Änderung durch Gesetz vom 30. Juni 2011 (GVOBl. M-V, S. 375).

2. Der Grundsatz des Haushaltsausgleichs ohne Einnahmen aus Krediten (Abs. 2 Satz 1) ... 18
3. Ausnahme wegen einer von der Normallage abweichenden konjunkturellen Entwicklung (Abs. 2 Satz 2, 1. Variante).... 20
   a) Die Konzeption des Gesetzes 20
   b) Abweichung der konjunkturellen Entwicklung von der Normallage 21
   c) Rechtsfolgen einer Abweichung der konjunkturellen Entwicklung von der Normallage 22
   d) Kreditobergrenze im Vollzug 23
4. Ausnahme wegen einer Naturkatastrophe oder einer außergewöhnlichen Notsituation (Abs. 2 Satz 2, 2. Variante).... 24
   a) Naturkatastrophe ....
   b) außergewöhnliche Notsituation 25
   c) Tilgungsplan 26
5. Ausführungsgesetz 27
6. Bewertung 28
V. Schrifttum 29

I. Funktion der Vorschrift

1 Die Vorschrift regelt die Voraussetzungen, unter denen die Aufnahme von Krediten sowie die Übernahme von Bürgschaften, Garantien oder sonstigen Gewährleistungen, die zu Ausgaben in künftigen Haushaltsjahren führen können, zulässig sind. Nach Absatz 1 bedürfen derartige Geschäfte wegen ihrer besonderen Gefahrenträchtigkeit (**Zukunftsbelastung**) einer der Höhe nach bestimmten oder bestimmbaren **Ermächtigung durch Gesetz**. Mit diesem formalen Erfordernis soll das Budgetrecht des Parlaments gewahrt werden.[2]

Darüber hinaus setzt Art. 65 Abs. 2 der **Kreditaufnahme materielle Grenzen**. Die Summe der im Haushaltsplan veranschlagten Ausgaben für eigenfinanzierte Investitionen darf nicht überschritten werden. Ausnahmen sind nur unter bestimmten Voraussetzungen zulässig, insb. zur Abwehr einer ernsthaften und nachhaltigen Störung des gesamtwirtschaftlichen Gleichgewichts. Mit dieser volkswirtschaftlich orientierten Kreditbegrenzungsregel hat sich die LV der Konzeption des GG auf Basis der Finanzreform von 1969 angeschlossen. Die frühere objektbezogene Kreditbegrenzungsregel des Art. 87 Weimarer Reichsverfassung sollte iS einer konjunkturgerechten Steuerung des Haushalts überwunden werden. Die LV enthält darüber hinaus noch eine weitere Ausnahmevariante, nämlich „zur Überwindung einer schwerwiegenden Störung oder unmittelbaren Bedrohung der Wirtschafts- und Beschäftigungsentwicklung des Landes".

Ab 1.1.2020 tritt eine geänderte Fassung des Art. 65 Abs. 2 in Kraft, die sich an den Vorgaben des Art. 109 Abs. 3 GG orientiert (sog. **„Schuldenbremse"**). Da diese künftig maßgebliche Fassung gem. Art. 79 a bereits jetzt Vorwirkungen entfaltet, wird sie im Anschluss an die aktuell noch geltende Fassung ebenfalls kommentiert, Rn 15 ff.

II. Kreditaufnahme Kraft gesetzlicher Ermächtigung (Absatz 1)

2 **1. Kredite.** Mit dem Begriff „Aufnahme von Krediten" ist die Begr. von **Finanzschulden** gemeint, dh die Beschaffung von Geldmitteln, die zurückgegeben wer-

---

[2] *Kube*, in: Maunz/Dürig, Art. 115 Rn 2; *Nebel*, in: Piduch, Art. 115 Rn 1; *von Mutius*, in: von Mutius/Wuttke/Hübner, Art. 53 Rn 1; ausführliche Darstellung der Entwicklung des Gesetzesvorbehalts für die Kreditaufnahme bei *Höfling*, Staatsschuldenrecht, 1993, S. 12 ff.

den müssen.³ Davon zu unterscheiden sind die sog. **Verwaltungsschulden,** wie zB Verpflichtungen aus Kaufverträgen, Haftungs- oder Steuerrückerstattungsansprüchen.⁴ Zur „Aufnahme von Krediten" gehören auch **Kassenverstärkungskredite.**⁵ Sie dienen zwar nur der Zwischenfinanzierung und sind keine Einnahmen iS des Haushaltsplans. Jedoch können auch Kassenverstärkungskredite zu Rückzahlungsverpflichtungen in künftigen Haushaltsjahren führen. Das gilt insb. dann, wenn im Vollzug erwirtschaftete Fehlbeträge liquiditätsmäßig finanziert werden müssen. Das spezifische Gefahrenmoment, welches den Verfassungsgeber dazu veranlasst hat, eine gesetzliche Ermächtigung für Kredite vorzuschreiben, gilt demnach auch für Kassenkredite, vgl auch § 18 Abs. 2 Ziffer 2 LHO.

Eine Kreditaufnahme iSd Art. 65 Abs. 1 kann auch dann vorliegen, wenn zwar formal ein **Dritter** die Kredite aufnimmt, diese jedoch wirtschaftlich dem Land als eigene Kreditaufnahme zugerechnet werden müssen. So hat zB das Land Schleswig-Holstein im Jahr 1998 Liegenschaften des Landes an seine Investitionsbank veräußert und die veräußerten Grundstücke langfristig zurückgemietet. Die Investitionsbank finanzierte das Geschäft durch Kreditaufnahme. Das BVerfG hat in dem von der Opposition angestrengten Eilverfahren entschieden, dass die Verkaufserlöse vorerst wie Einnahmen aus Krediten zu behandeln seien.⁶ Im Gegensatz dazu sind die üblichen Leasinggeschäfte keine Kreditaufnahme des Staates.⁷

2. Aufnahme. Die „Aufnahme" von Krediten bedeutet, dass die aus Kreditgeschäften herrührenden Einnahmen **brutto,** dh ohne Vorwegabzug von **Tilgungsausgaben,** einer gesetzlichen Ermächtigung bedürfen.⁸ Deshalb enthält § 2 Abs. 2 des Haushaltsgesetzes⁹ die Ermächtigung, jeweils die im Kreditfinanzierungsplan als fällig genannten Kredite durch neu aufzunehmende Kredite abzulösen.

3. Ermächtigung durch Gesetz. Die Ermächtigung erfolgt in der Regel durch das jährliche Haushaltsgesetz. Das ist jedoch nicht zwingend. Nach Wortlaut und Sinn der LV könnte eine Kreditermächtigung auch in einem anderen Landesgesetz erteilt werden.¹⁰

4. Bestimmung bzw Bestimmbarkeit der Höhe nach. Eine der Höhe nach bestimmte Ermächtigung liegt dann vor, wenn das Gesetz ziffernmäßig einen bestimmten Höchstbetrag nennt. Darüber hinaus ist eine der Höhe nach bestimmte Ermächtigung auch dann gegeben, wenn ein Prozentsatz einer anderen Zahl benannt wird,¹¹ vgl zB § 2 Abs. 6 Haushaltsgesetz 2014/2015. Um eine bestimmbare Ermächtigung handelt es sich dann, wenn der Kredithöchstbetrag

---

3 *Höfling/Rixen,* in: BK, Art. 115 Rn 124; *Nebel,* in: Piduch, Art. 115 Rn 12; Kube, in: Maunz/Dürig, Art. 115 Rn 68.
4 *von Mutius,* in: von Mutius/Wuttke/Hübner, Art. 53 Rn 8; Kube, in: Maunz/Dürig, Art. 115 Rn 70; *Heintzen,* in: von Münch/Kunig, Art. 115 Rn 10; *Höfling/Rixen,* in: BK, Art. 115 Rn 128.
5 *Höfling/Rixen,* in: BK, Art. 115 Rn 141 ff; *Heintzen,* in: von Münch/Kunig, Art. 115 Rn 10 *Nebel,* in: Piduch, Art. 115 Rn 12; *Heun,* in: Dreier, Art. 115 Rn 11; *Wendt,* in: von Mangoldt/Klein/Starck, Art. 115 Rn 23; Kube, in: Maunz/Dürig, Art. 115 Rn 72 (anders noch *Maunz* in der Vorauflage Rn 11).
6 BVerfGE 99, 57 ff: vgl zum „Kieler Immobiliengeschäft" *F. Kirchhof,* DÖV 1999, 242 ff.
7 VerfGH Rh-Pf 20.11.1996 – VGH N 3/96 –, NVwZ-RR 1998, 145 ff.
8 *Kube,* in: Maunz/Dürig, Art. 115 Rn 68; *Heun,* in: Dreier, Art. 115 Rn 16.
9 Vgl zB das Haushaltsgesetz für den Doppelhaushalt 2014/2015 vom 16.12.2013 (GVOBl. M-V S. 700).
10 *Kubez,* in: Maunz/Dürig, Art. 115 Rn 106.
11 *Kube,* in: Maunz/Dürig, Art. 115 Rn 91.

verbal so umschrieben wird, dass er sich unter Zuhilfenahme anderer Berechnungsfaktoren ziffernmäßig berechnen lässt, vgl § 2 Abs. 3 Haushaltsgesetz 2014/2015.

6 **5. Übernahme von Bürgschaften, Garantien oder sonstigen Gewährleistungen.** Bürgschaften, Garantien oder sonstige Gewährleistungen haben mit der Kreditaufnahme gemeinsam, dass sie künftige Rückzahlungsverpflichtungen auslösen können. Deshalb sollen auch diese potentiellen Zukunftsbelastungen vom Gesetzgeber durch eine der Höhe nach bestimmte oder bestimmbare Ermächtigung mitgetragen werden.

Bürgschaften sind Verträge nach §§ 765 ff BGB, durch die sich das Land als Bürge gegenüber dem Gläubiger eines Dritten verpflichtet, dessen Verbindlichkeit beim Ausfall der Forderung zu erfüllen. **Garantien** sind im BGB nicht geregelt. Es handelt sich dabei um Verträge, durch die das Land den Ersatz des einer Person durch ihre Unternehmung entstandenen Schadens oder die Gewähr für einen bestimmten Erfolg verspricht.[12] Sonstige **Gewährleistungen** umfassen Verträge, die ähnlichen wirtschaftlichen Zwecken wie Bürgschaften und Garantien dienen, bei denen also die Risikoübernahme den Hauptzweck des Vertrages darstellt (Beispiel: Kreditauftrag).[13] In § 14 des jeweiligen Haushaltsgesetzes finden sich Bürgschafts- und Garantieermächtigungen, wobei Letztere vielfach als „Freistellungen" von bestimmten Haftungsregelungen formuliert sind. Bürgschaften, Garantien und sonstige Gewährleistungen sind nur dann zulässig, wenn die künftige Zahlungsverpflichtung ungewiss ist. Soweit das Zahlungsrisiko mit an Sicherheit grenzender Wahrscheinlichkeit verwirklicht wird, bedarf es einer Verpflichtungsermächtigung oder ggf einer Ausgabeermächtigung.

III. Kreditobergrenze (Abs. 2) in der bis zum 31. 12. 2019 geltenden Fassung

7 **1. Notwendigkeit einer Begrenzung der Kreditaufnahme.** Die wachsende Staatsverschuldung ist das zentrale Problem der Haushaltswirtschaft. Die ausufernde Kreditaufnahme hat nicht nur eine haushaltspolitische und volkswirtschaftliche, sondern auch eine verfassungsrechtliche Dimension. Ressourcen, die heute verbraucht, aber durch Kredite finanziert werden, belasten mit Zins- und Tilgungsverpflichtungen spätere Generationen. Eine der wichtigsten Aufgaben der Verfassung besteht darin, die Interessen derer zu wahren, die sich im normalen Verlauf der staatlichen Willensbildung nicht hinreichend selbst vertreten können. Dieser Gedanke, der auf den Schutz von Minderheiten abzielt, muss in gleicher Weise für den Schutz künftiger Generationen gelten. Unsere Nachkommen haben keine Möglichkeit, auf die aktuelle Finanzpolitik Einfluss zu nehmen. Sie werden aber von deren Folgen unmittelbar betroffen.[14] Deshalb dürfen die heute zur Entscheidung legitimierten Volksvertreter nur in den von der LV gezogenen Grenzen zur Kreditaufnahme beitragen.

Art. 65 Abs. 2 zielt darauf ab, durch Regeln über die Kreditbegrenzung die intertemporale Lastengerechtigkeit herzustellen. Dabei enthält Art. 65 Abs. 2 Satz 1 eine **Kreditobergrenze** für den Normalfall, während Satz 2 unter bestimmten Voraussetzungen Ausnahmen davon zulässt.

---

12 *Nebel*, in: Piduch, Art. 115 Rn 19; *Kube*, in: Maunz/Dürig, Art. 115 Rn 80.
13 *Kube*, in: Maunz/Dürig, Art. 115 Rn 81.
14 *Isensee*, in: FS für Karl Heinrich Friauf, 1996, S. 705, 706; *Wendt*, in: von Mangoldt/Klein/Starck, Art. 115 Rn 7.

III. Haushalt und Rechnungsprüfung — Art. 65

2. Regelkreditobergrenze (Abs. 2 Satz 1). Die Einnahmen aus Krediten dürfen 8
die Summe der im Haushaltsplan veranschlagten Ausgaben für eigenfinanzierte
Investitionen nicht überschreiten.

Der Begriff „Einnahmen aus Krediten" in Abs. 2 Satz 1 ist anders auszulegen als
der Terminus „Aufnahme von Krediten" in Abs. 1 Satz 1. Einnahmen aus Krediten bedeutet nämlich ebenso wie bei Art. 61 Abs. 1 die **Nettokreditaufnahme**,
dh Bruttokreditaufnahme abzüglich der im betreffenden Jahr zu leistenden Tilgungen.[15] Nur diese Differenz, also die tatsächliche Neuverschuldung, wird als
Einnahme im Haushaltsplan gebucht. Nur dieser Betrag ist Gegenstand der Regelung in Art. 65 Abs. 2.[16]

Eine eigenwillige Entscheidung zum Begriff der Krediteinnahme hat der Nds
StGH mit Urteil vom 16.12.2011 getroffen.[17] Das Gericht wertet als Einnahme
aus Kredit auch die Entnahme aus einer allgemeinen **Rücklage** und wendet auf
diesen Sachverhalt die Kreditbegrenzungsregelungen an. Das Urteil ist weder
mit dem Wortlaut noch dem Sinn der einschlägigen Verfassungsbestimmungen
vereinbar. Haushaltsrechtlich ist die Rücklagenentnahme etwas anderes als die
Einnahme aus Kredit. Im Übrigen hat eine allgemeine Rücklage die Funktion,
Reserven aufzubauen, um in schlechten Zeiten eine verfassungswidrige Kreditaufnahme zu vermeiden. Dieses Ziel wird ab 2020 zusätzliches Gewicht gewinnen. Die Schuldenbremse wird nur dann einzuhalten sein, wenn in konjunkturell günstigen Phasen Rücklagen gebildet werden, die in Krisenjahren helfen, die
Probleme abzumildern. Die Verfassung steht dem nicht entgegen.

Die Höhe der Krediteinnahmen ist begrenzt auf die Summe der **eigenfinanzierten** Investitionen. Damit ist gemeint, dass von der Summe der Bruttoinvestitionen die Investitionszuschüsse, die das Land zB vom Bund oder von der Europäischen Union erhält, abgezogen werden müssen, um den Betrag zu ermitteln, der
aus dem Länderetat finanziert wird.[18] Andernfalls käme es zu Doppelzählungen.

Die Kreditobergrenze kann ihre Funktion nur dann erfüllen, wenn der Investitionsbegriff so präzise umschrieben wird, dass die verfassungsrechtliche Limitierung jederzeit eindeutig zu berechnen ist. Bei der Änderung des Art. 115 GG im
Zuge der Haushaltsreform 1969 knüpfte der Verfassungsgeber an die Definition
der Investitionen in den Hauptgruppen 7 und 8 des Gruppierungsplans (i.W.
gleichlautende Verwaltungsvorschrift des Bundes und der Länder, mit der die
Einnahmen und Ausgaben in bestimmte Kategorien gruppiert werden) an. Damit war eine bundeseinheitliche Begriffsbestimmung gewährleistet. Das BVerfG

---

15 *Maunz*, in: Maunz/Dürig, Art. 115 Rn 41(Stand: Vorauflage; in der aktuellen Auflage wird Art. 115 GG n. F. kommentiert; für die Interpretation von Art. 65 Abs. 2 in der noch geltenden Fassung muss daher auf die frühere Kommentierung zu Art. 115 GG a. F zurückgegriffen werden); *Höfling/Rixen*, in: BK, Art. 115 Rn 269; *Brockmeyer*, in: Schmidt-Bleibtreu/Klein, Art. 115 Rn 14 (Stand: Vorauflage; siehe Hinweis zu Maunz-Dürig); *Heintzen*, in: von Münch/Kunig, Art. 115 Rn 12 (Stand: Vorauflage; siehe Hinweis zu Maunz-Dürig).
16 Mit dem Haushaltsgrundsätzemodernisierungsgesetz (HGrGMoG) vom 31.7.2009 (BGBl. I S. 2580) wurde neben der kameralen auch die doppische Buchführung für das Haushaltswesen des Bundes und der Länder zugelassen. Zu der Frage, wie der Begriff „Einnahmen aus Krediten" bei doppischer Buchführung zu bestimmen ist, siehe Art. 61, Rn 31 sowie *Stüber/Keyhanian*, DÖV 2013, 255 ff; *Koemm*, Eine Bremse für die Staatsverschuldung? München 2011, 185; *Tappe*, in: *Kastrop/Meister-Scheufelen/Sudhof*, Die neuen Schuldenregeln im Grundgesetz, 2010, 432, 436.
17 StGH Nds 16.12.2011 – StGH 1/10 –, NdsVBl 2012, 100; ausführlicher – teilweise kritischer – Kommentar zu dieser Entscheidung bei *Hermenau*, in: Epping/Butzer, Art. 71 Rn 29 f.
18 *Thiele*, in: Thiele/Pirsch/Wedemeyer, Art. 115 Rn 3.

hat in einer grundlegenden Entscheidung aus dem Jahr 1989[19] den Regelungsauftrag des Gesetzgebers betont, eine eigenständige Definition des Investitionsbegriffs zu treffen.[20] Durch Gesetz vom 18.7.1990[21] hat der Bundesgesetzgeber das **Haushaltsgrundsätzegesetz** (HGrG) geändert und in § 10 Abs. 3 Nr. 2 Satz 2 den **Investitionsbegriff** definiert. Dabei hat sich der Gesetzgeber allerdings eng an den Definitionen des Gruppierungsplans orientiert und diese gesetzlich festgeschrieben. Der Konkretisierungsauftrag des Verfassungsgerichts ist damit nur **formal** erfüllt worden,[22] weil die vom BVerfG intendierte Fortentwicklung des Investitionsbegriffs im Hinblick auf den Normzweck des Art. 115 GG nicht stattfand. Das BVerfG[23] hat in seiner Entscheidung vom 9.7.2007 die Frage, ob im Wege einer „korrigierenden Auslegung" von Art. 115 der Investitionsbegriff im Sinne von „Nettoinvestitionen" (d.h. Bruttoinvestitionen abzüglich Abschreibungen) zu verstehen sei, offen gelassen. Das Gericht zeigt inhaltlich Sympathie für solche Überlegungen, weil die Kreditfinanzierung dadurch auf zukunftswirksame Investitionen begrenzt werde. Einer „korrigierenden" Auslegung der damals geltenden Verfassung steht die Mehrheit der Richter jedoch mit Recht skeptisch gegenüber[24], im Gegensatz zu den Minderheitsvoten der Richter Di Fabio und Mellinghoff[25] sowie Landau.[26]

Die Vorgaben des HGrG wurden in § 13 Abs. 3 Ziff. 2 LHO übernommen. Danach sind Investitionen Ausgaben für a) Baumaßnahmen, b) den Erwerb von beweglichen Sachen, soweit sie nicht als sächliche Verwaltungsausgaben veranschlagt werden, c) den Erwerb von unbeweglichen Sachen, d) den Erwerb von Beteiligungen und sonstigem Kapitalvermögen, von Forderungen und Anteilsrechten an Unternehmen, von Wertpapieren sowie für die Heraufsetzung des Kapitals von Unternehmen, e) Darlehen, f) die Inanspruchnahme aus Gewährleistungen, g) Zuweisungen und Zuschüsse zur Finanzierung von Ausgaben für die bei den Buchstaben a bis f genannten Zwecke.

Trotz verständlicher Kritik[27] hat die gesetzliche Definition zumindest den Vorteil der Praktikabilität, der Berechenbarkeit und der Einheitlichkeit für die Haushalte des Bundes und der Länder.

9 **3. Ausnahmen (Abs. 2 Sätze 2 und 3).** **a) Störung des gesamtwirtschaftlichen Gleichgewichts.** Die Kreditobergrenze darf gemäß Art. 65 Abs. 2 Satz 2 überschritten werden „zur Abwehr einer ernsthaften und nachhaltigen Störung des gesamtwirtschaftlichen Gleichgewichts". Der Begriff des „**gesamtwirtschaftlichen Gleichgewichts**" orientiert sich an den in § 1 Satz 2 des Gesetzes zur Förderung der Stabilität und des Wachstums der Wirtschaft[28] genannten vier wirtschaftspolitischen Teilzielen, dem sog. „**Magischen Viereck**":[29] Stabilität des Preisniveaus, hoher Beschäftigungsstand, außenwirtschaftliches Gleichgewicht

---

19 BVerfGE 79, 311 ff.
20 BVerfGE 79, 311, 354 ff.
21 BGBl. I 1446.
22 *Wendt*, in: Mangold/Klein/Starck, Art. 115 Rn 39 (Stand: Vorauflage, siehe Fn 15); ausführlich zur Fortentwicklung des Investitionsbegriffs *Ewer*, in: Caspar/Ewer/Nolte/Waack, Art. 53, Rn 22 ff.
23 BVerfGE 119, 96 ff; ausführlicher Kommentar zu dieser Entscheidung bei *Neidhardt*, Staatsverschuldung und Verfassung, Tübingen 2010, 172 ff.
24 BVerfGE aaO, 144 f.
25 aaO, 155 ff.
26 aaO, 174 ff.
27 Vgl außer dem bereits zitierten Urteil des BVerfG *Höfling*, DVBl 2006, 934, 936; *Fricke*, Finanzarchiv 1990, 222, 223.
28 BGBl. I 1967, 582.
29 *Wendt*, in: von Mangoldt/Klein/Starck, Art. 115 Rn 55 (Stand: Vorauflage, siehe Fn 15).

bei stetigem und angemessenem Wirtschaftswachstum. Die Anwendbarkeit des Magischen Vierecks auf Länderhaushalte ist nicht unproblematisch, weil zwei der vier Teilziele, nämlich Stabilität des Preisniveaus und außenwirtschaftliches Gleichgewicht, nur für die Bundesrepublik insgesamt, nicht aber für einzelne Länder beurteilt und beeinflusst werden können. Dennoch haben die bisher mit dieser Frage befassten Landesverfassungsgerichte überwiegend eine Störung des gesamtwirtschaftlichen Gleichgewichts auch bezogen auf spezifische Länder für möglich gehalten.[30] Die **Störung** muss **ernsthaft und nachhaltig** sein. Diese in Art. 65 Abs. 2 Satz 2 ausdrücklich enthaltene Einschränkung hat der Landesverfassungsgeber aus der Entscheidung des BVerfG[31] abgeleitet, die zu Art. 115 GG ergangen ist. Das bedeutet, dass die üblichen Schwankungen zwischen den Teilzielen des gesamtwirtschaftlichen Gleichgewichts, die sich ohnehin nie gleichzeitig in vollem Umfang verwirklichen lassen, für den Begriff einer Störung nicht ausreichen.[32]

b) **Landesklausel.** Eine Besonderheit des Art. 65 Abs. 2 in Vergleich zu Art. 115 GG und anderen Landesverfassungen besteht darin, dass Art. 65 Abs. 2 Satz 2 als weitere Ausnahme eine „**Landesklausel**" enthält. Danach ist die Überschreitung der Kreditobergrenze auch zulässig „zur Überwindung einer schwerwiegenden Störung oder unmittelbaren Bedrohung der Wirtschafts- und Beschäftigungsentwicklung des Landes".[33] Die **Unterschiede** zu der **allg. Ausnahmeklausel** in Abs. 2 Satz 2, 1. Variante, bestehen in folgenden Punkten:

- In der Landesklausel ist nicht vom „gesamtwirtschaftlichen Gleichgewicht" die Rede, sondern von der „Wirtschafts- und Beschäftigungsentwicklung des Landes". Damit sind zwei der vier Teilziele des „Magischen Vierecks" angesprochen, nämlich der hohe Beschäftigungsstand und das angemessene und stetige Wirtschaftswachstum. Die anderen beiden Teilziele (Preisstabilität und außenwirtschaftliches Gleichgewicht) können nur auf Bundesebene geprüft werden. Insofern enthält diese Eingrenzung kein neues Element gegenüber der allg. Störungsklausel. Allerdings wird ausdrücklich auf die Wirtschafts- und Beschäftigungsentwicklung „des Landes" abgestellt. Damit ist klargestellt, dass jedenfalls bei der 2. Variante des Satz 2 die Situation allein im Land betrachtet werden darf und soll.

---

30 Das LVerfG M-V (7. 7. 2005 – 7/04 – und – 8/04 –, LVerfGE 16, 333 und 353 = LKV 2006, 23, 25 mit Anmerkungen von *Bull*, DVBl 2006, 302 und *Pestalozza*, NJ 2006, 1) und der HessStGH (12.12.2005 – P.St 1899 –, NVwZ-RR 2006, 657, 661 f) hatten keinen Anlass, sich mit dieser Frage zu befassen. Beide Entscheidungen haben die Darlegungen der jeweiligen LReg, dass das gesamtwirtschaftliche Gleichgewicht in dem fraglichen Zeitraum (2002 bzw 2003) sowohl auf Ebene des Bundes als auch des Landes gestört sei, nicht beanstandet. Der VerfGH Berl (31.10.2003 –VerfGH 125/02 –, LVerfGE 14, 104, 126 ff) und der NdsStGH (10.7.1997 –StGH 10/95-, NdsStGHE 3, 279, 291 ff = NVwZ 1998, 1288 ff) haben die Störungslage ausdrücklich nur bezogen auf das jeweilige Land geprüft und dies als ausreichend angesehen. Der VerfGH NRW hat in zwei neueren Urteilen (15.3.2011 –VerfGH 20/10 –, NVwZ 2011, 805 und 12.3.2013 –VerfGH 7/11 –, NVwZ 2013, 665) fast ausschließlich auf das gesamtwirtschaftliche Gleichgewicht im Bundesgebiet abgestellt und dort eine Störung für die Jahre 2010 und 2011 verneint. Die Situation in NRW selbst wurde nur am Rande gestreift. Krit. zur Möglichkeit der Störung auf Landesebene *Kloepfer/Rossi*, VerwArch 94 (2003), 319, 329 ff
31 BVerfGE 79, 311, 339.
32 *Wendt*, in: von Mangold-Klein/Starck, Art. 115 Rn 56 (Stand: Vorauflage, siehe Fn 15).
33 Zur Vereinbarkeit der „Landesklausel" mit Art. 109 Abs. 2 GG vgl *Höfling/Rixen*, in: BK, Art. 115 Rn 533 ff; vgl zur weitgehend identischen „Landesklausel" in Art. 53 der Verfassung des Landes Schleswig-Holstein *Ewer*, in: Caspar/Ewer/Nolte/Waack, Art. 53 Rn 28; auch die Verfassung des Landes Thüringen enthält eine Landesklausel in Art. 98.

- Die Störung muss „schwerwiegend" sein. Diese Qualifizierung erfüllt die gleiche Funktion wie die Begriffe „ernsthaft und nachhaltig" in der 1. Variante.
- Erforderlich ist eine Störung oder „unmittelbare Bedrohung". Auch dieses Element erweitert die Ausnahmemöglichkeit gegenüber der 1. Variante nicht. Denn aus der Verwendung des Begriffs „Abwehr" folgt bereits, dass auch in der 1. Variante die Störung des gesamtwirtschaftlichen Gleichgewichts noch nicht eingetreten sein muss. Es genügt vielmehr, dass eine solche Störung unmittelbar droht.[34]
- Abs. 2 Satz 2, 2. Variante benutzt den Begriff „Überwindung" statt „Abwehr". Auch diese Formulierung dürfte aber keine andere Zielsetzung verfolgen, denn in Abs. 2 Satz 3, der für beide Varianten gilt, wird wiederum von der Bestimmung und Eignung für die Störungsabwehr gesprochen. Der Begriff „Überwindung" erscheint dort nicht mehr.

Als Fazit ist festzuhalten, dass die „Landesklausel" keine relevante Erweiterung des Ausnahmespielraums gegenüber der 1. Variante in Abs. 2 Satz 2 enthält. Ihre Bedeutung besteht lediglich darin, dass die Frage der Anwendbarkeit des Störungsbegriffs auf ein einzelnes Land durch die Verfassung selbst klargestellt wird. Das LVerfG M-V hat hierzu bisher noch nicht Stellung genommen, weil es in dem von ihm zu entscheidenden Fall bereits eine Störungslage iSd 1. Variante des Satz 2 feststellen konnte.[35]

11 c) **Bestimmung und Eignung zur Störungsabwehr (Abs. 2 Satz 3).** Gemäß Art. 65 Abs. 2 Satz 3 muss die erhöhte Kreditaufnahme nach Umfang und Verwendung bestimmt und geeignet sein, derartige Störungen oder unmittelbare Bedrohungen abzuwehren. Damit hat die LV eine Forderung aufgegriffen, die das BVerfG[36] bereits für Art. 115 GG aufgestellt hatte. Die „Bestimmung" betrifft die Zielsetzung der erhöhten Kreditaufnahme. Diese muss final auf die Abwehr der Störung bezogen sein.[37] Die „Eignung" betrifft die objektive Möglichkeit, mit Hilfe der erhöhten Kreditaufnahme die Störungssituation positiv zu beeinflussen.

In allen bisherigen Verfahren vor dem BVerfG und in den meisten Verfahren vor den Landesverfassungsgerichten war die Frage der Bestimmung und Eignung zur Störungsabwehr der entscheidende Prüfstein.[38]

Als Art. 115 GG im Zuge der Haushaltsreform 1969 neu gefasst wurde, stand dem Verfassungsgeber im Bund die Vorstellung eines aktiven Haushaltsgesetzgebers vor Augen, der steuernd in wirtschaftliche Abläufe eingreift, wenn dies zur Abwehr oder Überwindung von konjunkturellen Krisen erforderlich ist. Ist das gesamtwirtschaftliche Gleichgewicht schwerwiegend gestört oder droht eine solche Störung, dann gestattet die Verfassung ausnahmsweise ein Überschreiten der

---

34 BVerfGE 79, 311, 3. LS; *Wendt*, in: von Mangold/Klein/Starck (Stand: Vorauflage), Art. 115 Rn 49.
35 LVerfG M-V 7.7.2005 – 7/04 und 8/04 – , LKV 2006, 23, 25. Der Sachverständigenrat zur Begutachtung der gesamtwirtschaftlichen Entwicklung billigt – ähnlich wie hier – den Landesklauseln in M-V, S-H und Thüringen „faktisch keine Bedeutung" zu, s. Gutachten „Staatsverschuldung ...", 2007, S. 66.
36 BVerfGE 79, 311, 339 ff.
37 BVerfGE 79, 311, 339.
38 BVerfGE 79, 311, 339 ff; LVerfG M-V, VerfGH Berl, NdsStGH, HessStGH (alle Fn 30). Der HessStGH hat allerdings – trotz Ablehnung der Bestimmung und Eignung der erhöhten Kreditaufnahme zur Störungsabwehr – einen Verfassungsverstoß verneint wegen der Besonderheiten von Art. 141 HessVerf; vgl auch HambVerfG 30.5.1984 – HVerfG 1/84 –, Hmb JVBl 1984, 169 = DÖV 1985, 456 (nur LS).

regulären Kreditobergrenze zur Abwehr der Störung. Idealtypisch sind damit in Anlehnung an die Lehre des Volkswirts Keynes zusätzliche konjunkturstützende Ausgabenprogramme gemeint, die mit Hilfe einer erhöhten Nachfrage dafür Sorge tragen sollen, dass das gesamtwirtschaftliche Gleichgewicht wiederhergestellt wird.

Die Praxis entspricht nicht diesem Idealbild. Die Anwendung der Ausnahmevorschrift zur Überschreitung der Regelkreditobergrenze erfolgte bisher noch nie zur Finanzierung aktiver konjunkturstützender Maßnahmen. Soweit derartige Konjunkturprogramme in den 70er Jahren aufgelegt worden sind, handelte es sich um Investitionsprogramme, die ohnehin kreditär finanziert werden dürfen. Zusätzliche **konsumtive Ausgaben**, die über den normalen Haushalt hinaus in einer Störungslage beschlossen werden, sind im Bereich des laufenden Haushalts nicht anzutreffen. 12

Die Realität besteht vielmehr darin, dass in einer wirtschaftlichen Störungslage, die häufig mit einer Haushaltskrise einhergeht (sonst käme es nicht zu einer Überschreitung der Kreditobergrenze), die Steuereinnahmen hinter den Erwartungen zurückbleiben und nicht selten gleichzeitig die Ausgaben, insb. für soziale Zwecke, überproportional steigen. In dieser Situation versuchen die Haushaltsgesetzgeber im Allgemeinen zunächst, durch Sparmaßnahmen gegenzusteuern, um das Haushaltsgleichgewicht bzw die Einhaltung der Regelkreditobergrenze zu erreichen. Soweit ihnen das nicht gelingt, weil weitere Eingriffe auf der Ausgabenseite oder Einnahmeerhöhungen entweder sachlich nicht möglich oder politisch nicht vertretbar erscheinen, beruft sich der Haushaltsgesetzgeber auf die Ausnahmeklausel. Der Umfang der zusätzlichen Kreditaufnahme wird also nicht durch aktiv gestaltendes Handeln bestimmt, sondern dadurch, dass eine **Restlücke im Haushalt** verbleibt, die geschlossen werden muss.[39] Das BVerfG hat ein derartiges Vorgehen nicht von vornherein für unzulässig erklärt. Vielmehr ist auch der Verzicht auf Ausgabekürzungen oder Steuererhöhungen dann zulässig, wenn ohne einen solchen Verzicht ein weiterer Abschwung droht.[40] Allerdings kann dies allein die erhöhte Kreditaufnahme nicht rechtfertigen. Vielmehr muss nach den Ursachen der Störung gefragt und geprüft werden, ob – ggf mit Hilfe weiterer haushalts- und finanzpolitischer Maßnahmen – die Gewähr besteht, dass sich die Situation nicht in den folgenden Jahren wiederholt und ggf – etwa durch Heranwachsen des Schuldensockels – noch verschärft.[41] Soweit die Situation auch durch Versäumnisse früherer Haushaltsgesetzgeber bedingt worden ist, muss der jetzt verantwortliche Haushaltsgesetzgeber mit deren Folgen leben. Sie können seine Handlungsmöglichkeiten nicht zusätzlich, also über das hinaus einschränken, was ohnehin aus seiner Bindung an die Eignung der zu treffenden Maßnahme zur Abwehr der Störung folgt.[42] Die **Gefahr** bei dieser Interpretation der einschlägigen Verfassungsnormen liegt darin, dass die begrenzende Funktion der Kreditfinanzierungsregelungen verloren zu gehen droht. Wenn die Regierung jedes Defizit, das sie nicht durch Kürzungen oder Einnahmeerhöhungen auffangen kann, mit der Begr., dies sei zur Vermeidung eines weiteren wirtschaftlichen Abschwungs erforderlich, kreditär finanzieren darf, dann könnte dadurch einem **Missbrauch** Tür und Tor geöffnet werden. Dieser Gefahr versucht das BVerfG dadurch zu begegnen, dass es zum

---

39 Vgl zu derartigen Fallkonstellationen sämtliche oben in Fn 30 und 38 zitierten Verfassungsgerichtsurteile.
40 BVerfGE 79, 311, 339 f.
41 BVerfGE 79, 311, 340.
42 BVerfGE 79, 311, 340; BVerfGE 119, 96, 147.

Ausgleich für den unbestimmten Begriffsinhalt der Störungsabwehr und für den Beurteilungs- und Prognosespielraum, der dem Gesetzgeber zusteht, eine **Darlegungslast** im Gesetzgebungsverfahren konstruiert.[43] Der Gesetzgeber müsse darlegen, aus welchen Gründen und in welcher Weise er von der Befugnis des Art. 115 Gebrauch mache. Diese Obliegenheit habe im Hinblick auf den Ausnahmecharakter dieser Befugnis eine normative Grundlage in der Publizitätspflicht für den Haushalt, die verfassungsrechtlich gewährleistet sei.[44] Sie trage dazu bei, die Inanspruchnahme der Ausnahmebefugnis zu erhöhter Kreditaufnahme – trotz des Fehlens eindeutiger materiell-rechtlicher Vorgaben – auf Ausnahmefälle zu beschränken und so ihren Ausnahmecharakter zu sichern; die Unbestimmtheit des materiellen Maßstabs finde damit ein Stück weit ihren Ausgleich in formell-verfahrensmäßigen Anforderungen. Im Gesetzgebungsverfahren darzulegen seien die Diagnose, dass das gesamtwirtschaftliche Gleichgewicht ernsthaft und nachhaltig gestört sei, die Absicht, durch die erhöhte Kreditaufnahme diese Störung abzuwehren, und die begründete Prognose, dass und wie durch die erhöhte Kreditaufnahme dieses Ziel erreicht werden könne, sie also zur Abwehr der Störung des gesamtwirtschaftliche Gleichgewicht geeignet erscheine.[45]

Alle bisher mit einer ähnlichen Problematik befassten **Landesverfassungsgerichte** haben sich dieser Auffassung angeschlossen, so das LVerfG M-V, der VerfGH Berlin der NdsStGH, der VerfGH NRW und der HessStGH.[46] Dabei sind die Anforderungen an den Inhalt der Darlegungslast verfeinert und zT auch verschärft worden.[47]

In dem vom LVerfG M-V entschiedenen Verfahren hatte sich die LReg bzgl des Nachtragshaushalts 2003 und des Doppelhaushalts 2004/2005 bemüht, die Überschreitung der Kreditobergrenze in ein zusammenhängendes finanzpolitisches Konzept einzubetten. Dies hat das Gericht jedoch nicht als ausreichend angesehen. Insb. wurde der Nachtrag 2003 deshalb aufgehoben, weil der Beschl. über den Nachtragshaushalt erst Anfang 2004 erging. Deshalb sah das Gericht keine Eignung der erhöhten Kreditaufnahme für eine positive Beeinflussung der Wirtschaftsentwicklung in 2003.[48] Für M-V gelten damit schärfere Anforderungen als zB im Bund, der den Nachtragshaushalt 2004 – bei Überschreitung der Kreditobergrenze – erst Ende Dezember 2004 verabschiedet hat. Die auch von einigen anderen Ländern (zB Niedersachsen, Schleswig-Holstein, Hessen) in der Phase 2002/2003/2004 praktizierte Notlösung, gegen Ende des Jahres einen „Finanzierungsnachtrag" einzubringen, wird in M-V nur noch bis zur Regelkreditobergrenze zulässig sein. Falls der nach Art. 61 Abs. 1 vorgeschriebene Haushaltsausgleich innerhalb der Regelkreditobergrenze nicht möglich ist, muss auf den Nachtrag verzichtet werden.[49] In diesem Fall entsteht in der Haushaltsrechnung ein Fehlbetrag, der spätestens in den Haushalt des übernächsten Jahres einzustellen ist, vgl § 25 Abs. 3 LHO.

---

43 BVerfGE 79, 311, 343 ff.
44 BVerfGE 79, 311, 344.
45 BVerfGE 79, 311, 345; krit. zur Herleitung der Darlegungslast *Pestalozza*, NJ 2006, 1, 2.
46 Vgl Urteile in Fn 30 und 38.
47 Vgl den Überblick über die bis dahin ergangene Rechtsprechung in LVerfG 7.7.2005 – 7/04 und – 8/04 –, LVerfGE 16, 333 und 353 = LKV 2006, 23, 25.
48 LVerfG M-V, aaO, 26; anders jetzt BVerfGE 119, 96 ff, 153 am Ende der Seite für den Nachtragshaushalt 2004 des Bundes.
49 Anders HessStGH (Fn 30), S. 663, der in einer solchen Situation sogar eine Pflicht zur Vorlage eines Nachtrags annimmt.

Das BVerfG hat in seiner letzten Entscheidung zur **Darlegungslast** und zu den Überprüfungsmöglichkeiten des Verfassungsgerichts der Regierung und dem Parlament de lege lata einen eher weiten Spielraum zugebilligt und den Haushalt 2004 nebst Nachtragshaushalt passieren lassen.[50] Demgegenüber erklärte der VerfGH NRW mit Urteilen vom März 2011[51] und vom März 2013[52] den Nachtrag 2010 und den Haushalt 2011 des Landes NRW für nicht vereinbar mit der Verfassung, weil eine Störungslage bzw. die Eignung der erhöhten Kreditaufnahme zu deren Beseitigung nicht nachvollziehbar begründet worden seien. Die jeweils zu beurteilenden Sachverhalte sind naturgemäß nur eingeschränkt vergleichbar. Dennoch drängt sich der Eindruck auf, dass der VerfGH NRW einen strengeren Maßstab anlegt als das BVerfG wenige Jahre zuvor. Beide Verfahren hatten immerhin gemeinsam, dass Haushaltsjahre betroffen waren, in denen eine tiefe Krise bereits abklang und sich die Regierung sowie das Parlament darauf beriefen, man dürfe den Erholungsprozess nicht durch Ausgabekürzungen beeinträchtigen.

Nach Auffassung des VerfGH Berlin[53] gelten besondere Regelungen für **Haushaltsnotlageländer.** Diese sind zu einer aktiven Konjunktursteuerung, wie sie die Kreditausnahmeregelung voraussetzt, nicht mehr in der Lage. Sie müssen aber zumindest zur Finanzierung von bundesrechtlich oder landesverfassungsrechtlich vorgeschriebenen Ausgaben Kredite aufnehmen dürfen. In der Literatur ist an dieser Entscheidung Kritik geübt worden.[54] Dennoch hat der StGH Bremen mit Urteil vom 24.8.2011[55] ähnliche Thesen entwickelt, indem er „eine ungeschriebene Ausnahmebefugnis" kreiert hat, die der Bewältigung einer extremen Haushaltsnotlage dient". Zumindest ab dem 1.1.2020 sind derartige Konstruktionen nicht mehr mit Art. 109 Abs. 3 GG vereinbar, siehe unten Rn 18. 13

4. Gesetzliche Regelung (Abs. 2 Satz 4). Nach Art. 65 Abs. 2 Satz 4 regelt das Gesetz das Nähere zur Ausführung der Kreditaufnahme. Einschlägige Bestimmungen finden sich hierzu in § 13 LHO (Definition des Investitionsbegriffs in Anlehnung an § 10 HGrG), § 18 LHO (Kreditermächtigungen), § 39 LHO (Gewährleistungen, Kreditzusagen) und in § 2 des jeweiligen Haushaltsgesetzes (Bestimmungen über die Höhe der in dem betreffenden Haushaltsjahr zulässigen Kreditaufnahme).

5. Kreditbegrenzung im Haushaltsvollzug. Die Frage, ob die Kreditobergrenze des Art. 65 Abs. 2 auch im **Haushaltsvollzug** gilt, ist umstritten.[56] Sowohl der systematische Zusammenhang mit Art. 65 Abs. 1, der von der gesetzlichen Ermächtigung für die Kreditaufnahme spricht, als auch der Wortlaut des Art. 65 Abs. 2 („veranschlagte" Ausgaben für eigenfinanzierte Investitionen) lassen ein- 14

---

50 BVerfGE 119, 96 ff, 145 ff.
51 LVerfGH NRW 15.3.2011 – VerfGH 20/10 –, NVwZ 2011, 805 ff.
52 LVerfGH NRW 12.3.2013 – VerfGH 7/11 –, NVwZ 2013, 665 ff.
53 LVerfGH Berlin 31.10.2003 – VerfGH 125/02 –, LVerfGE 14, 104, 121 ff.
54 *Höfling*, DVBl 2006, 934, 937; *Koemm*, Eine Bremse für die Staatsverschuldung?, 2011, 281 und 382; *Heun*, in: Dreier, GG, Art. 115, Rn. 46.
55 DÖV 2012, 403.
56 Gegen die Anwendung im Vollzug *Maunz*, in: Maunz/Dürig, Art. 115 Rn 43 (Stand: Vorauflage; siehe Hinweis in Fn 15); *Nebel*, in: Piduch, Art. 115 Rn 28 (Stand: Vorauflage, siehe Fn 15); *Patzig*, Haushaltsrecht des Bundes und der Länder, Art. 115 GG Rn 25; *Tiemann*, DÖV 1995, 632, 634; *Wendt*, in: von Mangold/Klein/Starck, Art. 115 Rn 47 (Stand: Vorauflage, siehe Fn 15); *Siekmann*, in: Sachs, GG, Art. 115 Rn 42 (Stand: Vorauflage, siehe Fn 15); *Heintzen*, in: von Münch/Kunig, Art. 115 Rn 13 (Stand: Vorauflage, siehe Fn 15); aA *Isensee*, DVBl 1996, 173, 175 ff; *Müller*, DÖV 1996, 490, 493; Bundesrechnungshof im Jahresbericht 1994 (BT-Drs. 12/8490), S. 21 ff; *Höfling*, Staatsschuldenrecht, 1993, S. 340 ff.

deutig erkennen, dass sich die LV in Art. 65 – wie auch in Art. 61 – ausschließlich an den Haushaltsgesetzgeber wendet. Dies mag man aus rechtspolitischen Gründen für unzureichend halten. Alle derartigen Erwägungen können für sich jedoch nur beanspruchen, de lege ferenda berücksichtigt zu werden, wie dies bei der Neufassung von Art. 109 Abs. 3 GG und Art. 65 Abs. 2 LV geschehen ist.[57] Für die Auslegung des derzeit noch geltenden Art. 65 Abs. 2 sind sie nicht weiterführend.

IV. Kreditobergrenze (Abs. 2) in der ab 1. 1. 2020 geltenden Fassung

15 **1. Hintergrund und Entstehungsgeschichte.** Die im Bund und in den meisten Ländern vorgesehene Bindung der Kreditaufnahme an die Summe der im Haushaltsplan veranschlagten Investitionen sollte für eine gerechte intertemporale Lastenverteilung sorgen. Dieser verfassungsrechtlichen Intention wird der Investitionsbegriff aber nicht gerecht.[58] Die Summe der Investitionen als Regelkreditobergrenze hat die Entwicklung zu einer dauerhaften Kreditfinanzierung der öffentlichen Haushalte begünstigt. Angesichts des weithin als unbefriedigend empfundenen Zustands bildeten Bundestag und Bundesrat eine zweite Kommission zur Modernisierung der Bund-Länder-Beziehungen (**Föderalismuskommission II**), die unter anderem den Auftrag hatte, die von der ersten Föderalismuskommission offen gelassene Neuregelung der Vorschriften über die Staatsverschuldung in Angriff zu nehmen. Der im März 2009 von der Kommission vorgelegte Entwurf einer Neufassung der Art. 109 und 115 GG[59] wurde im Juli 2009 unverändert verabschiedet.[60] Nähere Regelungen für die Kreditaufnahme des Bundes trifft Art. 2 des kurz danach erlassenen Begleitgesetzes vom 10. 8. 2009[61].

16 Zentrale Bedeutung für die Haushaltswirtschaft des Bundes und der Länder hat Art. 109 Abs. 3 GG. Nach Satz 1 dieser Vorschrift sind die Haushalte von Bund und Ländern grundsätzlich ohne Einnahmen aus Krediten auszugleichen. Gemäß Satz 2 und 3 können Bund und Länder unter bestimmten Voraussetzungen Ausnahmen zulassen. Satz 5 ermächtigt die Länder, die nähere Ausgestaltung für ihre Haushalte im Rahmen ihrer verfassungsrechtlichen Kompetenzen zu regeln. Der Bund hat die für ihn geltenden Bestimmungen des Art. 109 Abs. 3 GG in Art. 115 Abs. 2 GG und in Art. 2 des Begleitgesetzes umgesetzt.

Art. 109 Abs. 3 GG bindet die Länder unmittelbar, entgegenstehendes Landesrecht wird gemäß Art. 31 GG außer Kraft gesetzt[62] Die Neufassung gilt nach Art. 143 d Abs. 1 Satz 2 GG ab 1. 8. 2009. Allerdings dürfen die Länder gemäß Art. 143 d Abs. 1 Satz 3 GG bis zum 31. 12. 2019 nach Maßgabe der geltenden landesrechtlichen Regelungen von den Vorgaben des Artikels 109 Abs. 3 abwei-

---

57 Siehe unten Rn 23.
58 *Bröcker*, Grenzen staatlicher Verschuldung im System des Verfassungsstaats, 1997, S. 70 ff; *Gröpl*, Haushaltsrecht und Reform, 2001, S. 447 ff; vgl zur Kritik am geltenden Recht auch *Höfling*, DVBl 2006, 934, 936; *F. Kirchhoff*, DVBl 2002, 1569, 1576; *Osterloh*, NJW 1990, 145, 147 f; *Wendt/Elicker*, DVBl 2001, 497, 504, *Halstenberg*, DVBl 2001, 1405, 1407 f; *Fricke*, Finanzarchiv 1990, 222 ff; BVerfG 9.7.2007 (Fn 20), S. 21 ff.
59 BT-Drs.16/12410
60 Gesetz zur Änderung des Grundgesetzes vom 29.7.2009 (BGBl. I S. 2248).
61 BGBl. I, 2702.
62 Ausführlich dazu *Bravidor* in: Staatsverschuldung in Deutschland nach der Föderalismuskommission II – eine Zwischenbilanz (hg. *Hetschkow/Pinkl/Pünder/Thye*), S. 11 ff, 21 ff mwN; Zu der Frage, ob Art. 109 Abs. 3 GG mit Art. 79 Abs. 3 GG vereinbar ist vgl *Korioth*, JZ 2009, 729, 731; *G. Kirchhof*, in: v. Mangoldt/Klein/Starck, Art. 109 Rn 112, 113; *Kube* in: Maunz/Dürig, Art. 109 Rn 118.

chen. Nach Satz 4 sind bis dahin die Haushalte der Länder so aufzustellen, dass im Haushaltsjahr 2020 die Vorgabe aus Art. 109 Abs. 3 erfüllt wird.

Mecklenburg-Vorpommern gehört zu den Ländern, die – wie Schleswig-Holstein, Rheinland-Pfalz, Hessen, Hamburg, Bayern und Sachsen – ihre Verfassung an die neue bundesgesetzliche Rechtslage angepasst haben durch die Änderung des Art. 65 Abs. 2 (mit Wirkung ab 1. 1.2020) und die Einfügung einer Übergangsregelung in Art. 79 a. Das hat mehrere Vorteile: 17

- Das Land dokumentiert auf diese Weise, dass es den durch die „**Schuldenbremse**" bezweckten finanzpolitisch soliden Kurs aus eigener Überzeugung verfolgen will und nicht nur aufgrund eines Diktats des Bundesgesetzgebers.[63]
- Das Land macht Gebrauch von der in Art. 109 Abs. 3 Satz 2 GG enthaltenen Ermächtigung, für bestimmte Fälle **Ausnahmeregelungen** zu treffen. Dies hätte zwar auch durch ein einfaches Gesetz geschehen können, jedoch verschafft die Aufnahme sowohl des Grundsatzes ausgeglichener Haushalte als auch der zulässigen Ausnahmen in die Verfassung dem gesamten Regelungskomplex ein besonderes rechtspolitisches Gewicht.
- Ohne eine Aufnahme der „Schuldenbremse" in die Landesverfassung wäre der **Rechtsschutz** gegen eine Verletzung der einschlägigen Vorschriften stark eingeschränkt.[64] Nach § 13 Nr. 6 BVerfGG kann nämlich bei Meinungsverschiedenheiten oder Zweifeln über die Vereinbarkeit von Landesrecht mit dem Grundgesetz oder sonstigem Bundesrecht das Bundesverfassungsgericht nur auf Antrag der Bundesregierung, einer Landesregierung oder eines Viertels der Mitglieder des Bundestages angerufen werden. In der Regel gehen Klagen wegen der Überschreitung von Kreditobergrenzen jedoch von der Opposition in dem jeweiligen Landtag aus. Diese hätte aber keine Möglichkeit, eine Verletzung von Art. 109 Abs. 3 GG vor dem Bundesverfassungsgericht geltend zu machen. Auch der Weg zum Landesverfassungsgericht wäre der Opposition versperrt, da das Landesverfassungsgericht gemäß § 11 Abs. 1 Nr. 2 LVerfGG nur für die Entscheidung über die Vereinbarkeit von Landesrecht mit der Landesverfassung zuständig ist. Aufgrund der Verankerung der „Schuldenbremse" ab 2020 in Art. 65 Abs. 2 und deren Vorwirkung in Art. 79 a ist die Einhaltung der betreffenden Bestimmungen nunmehr vor dem Landesverfassungsgericht justiziabel und damit dem Einflussbereich der Opposition zugänglich.

Der Wortlaut des Art. 65 Abs. 2 orientiert sich weitgehend – bis auf wenige unumgängliche redaktionelle Anpassungen – an den Formulierungen von Art. 109 Abs. 3 GG.[65] Das bedeutet, dass die Gefahr von Widersprüchen zwischen der Landesverfassung und dem Grundgesetz vermieden wird und dass Kommentierungen des Grundgesetzes zur Interpretation der Landesverfassung herangezogen werden können.

2. Der Grundsatz des Haushaltsausgleichs ohne Einnahmen aus Krediten 18
(Abs. 2 Satz 1). Gemäß Art. 65 Abs. 2 Satz 1 n. F. ist der Haushalt grundsätzlich

---

63 So ausdrücklich die Begründung zu dem Gesetzentwurf der Fraktionen der SPD und der CDU vom 2.3.2011, Drs. 5/4192, S. 6.
64 *Enderlein/Fiedler/Schuppert/Geisler/Meinell/v. Müller*, Gutachten zur Umsetzung der grundgesetzlichen Schuldenbremse in Baden-Württemberg, 2012, 116 f.
65 Der ursprüngliche Gesetzentwurf – Drs. 5/4192 – enthielt noch leichte Modifizierungen des in Art. 109 Abs. 3 GG niedergelegten Textes. So war z. B. bei der abweichenden konjunkturellen Lage Bezug genommen worden auf einen mehrjährigen Vergleichszeitraum. Mit dem Bericht des Europa- und Rechtsausschusses vom 21.6.2011- Drs. 5/4439 – wurden dann sämtliche Formulierungen so eng wie möglich an das GG angelehnt.

ohne Einnahmen aus Krediten auszugleichen. Dieses Gebot des **materiellen Haushaltsausgleichs** – in Ergänzung des formalen Haushaltsausgleichs nach Art. 61 Abs. 1 Satz 3 - bedeutet einen einschneidenden Paradigmenwechsel. Der Einsatz von Krediten darf in Zukunft kein normales Mittel zur Überbrückung von Defiziten zwischen Einnahmen und Ausgaben mehr sein, auch nicht zur Finanzierung von Investitionen. Es handelt sich dabei nicht um einen bloßen Programmsatz, sondern um eine klar umrissene normative Festlegung, die in vollem Umfang der Überprüfung durch das Landesverfassungsgericht unterliegt. Die Verwendung des Terminus „grundsätzlich" weist darauf hin, dass es **Ausnahmen** von diesem Grundsatz gibt. Diese Ausnahmen sind aber in dem nachfolgenden Satz 2 abschließend geregelt. Mit den einleitenden Worten "Ausnahmen hiervon sind zulässig zur..." und der anschließenden Definition bestimmter Ausnahmen stellt Art. 65 Abs. 2 Satz 2 klar, dass weitere Ausnahmen nicht gestattet sind.[66] Art. 109 Abs. 3 Satz 2 GG ist ebenso zu verstehen.[67] Deshalb ist zumindest künftig für ungeschriebene Ausnahmetatbestände - wie etwa eine „extreme Haushaltnotlage"[68] – kein Platz mehr. Kritisch sind auch landesrechtliche Bestimmungen zu werten, die – wie z. B. Art. 117 Abs. 1 Nr. 2 b der Verfassung von Rheinland-Pfalz – Ausnahmen zulassen, welche über den von Art. 109 Abs. 3 GG gezogenen Rahmen hinausgehen.[69]

„Einnahmen aus Krediten" sind – ebenso wie der entsprechende Begriff in Art. 65 Abs. 2 a. F. (Rn. 8) – als **Nettokreditaufnahme** zu verstehen, also Bruttokredite abzüglich Tilgungen.[70] Entnahmen aus Rücklagen stellen entgegen der Auffassung des NdsStGH keine Krediteinnahmen dar, oben Rn 8.

19 Für den Bundeshaushalt schreibt Art. 115 Abs. 2 Satz 5 GG eine „**Bereinigung der Einnahmen und Ausgaben um finanzielle Transaktionen**" vor. § 3 des Ausführungsgesetzes zu Art. 115 GG ordnet deshalb an, dass aus den Ausgaben die Ausgaben für den Erwerb von Beteiligungen, für Tilgungen an den öffentlichen Bereich und für die Darlehensvergabe herauszurechnen sind, aus den Einnahmen diejenigen aus der Veräußerung von Beteiligungen, aus der Kreditaufnahme beim öffentlichen Bereich sowie aus Darlehensrückflüssen. Die gleiche Bereinigungsmethode hat der Bund zum Inhalt der jeweiligen Verwaltungsvereinbarungen mit den Konsolidierungsländern gemacht. Art. 109 Abs. 3 GG, der allein für die Gesamtheit der Länder verbindlich ist, sieht eine derartige Bereinigung nicht vor. Die Länder sind deshalb frei, ob sie dem Beispiel des Bundes folgen oder von Bereinigungen absehen wollen. Ziel der Bereinigungen in Art. 115 Abs. 2 Satz 5 ist eine Annäherung des Haushaltssaldos an den Finanzierungssaldo, der auf europäischer Ebene maßgeblich ist, um so einen Gleichklang mit der Systematik des europäischen Stabilitäts- und Wachstumspaktes herzustellen.[71] Ein solcher Gleichklang existiert jedoch ohnehin nicht, da die Schuldenbremse des

---

66 Im Entwurf von SPD und CDU war noch die Formulierung vorgesehen: „Ausnahmen hiervon sind *nur* zulässig, ..." (Drs. 5/4192, S. 4; Hervorhebung durch den Verfasser). Das Wort „nur" fehlt in der vom Europa- und Rechtsausschuss geänderten endgültigen Fassung (Drs. 5/4439, S. 3). Das bedeutet aber keine inhaltliche Änderung; ausschlaggebend war vielmehr das Bestreben nach möglichst weitreichender textlicher Übereinstimmung mit Art. 109 Abs. 3 GG.
67 Art. 109 Abs. 3 S. 2 und 3 GG stellen eine abschließende Regelung der für Bund und Länder gleichermaßen geltenden Ausnahmetatbestände dar, *Heun*, in: Dreier, Art. 109, Rn 39; BT-Drs. 16/12410, 11.
68 Vgl die in Rn 13 zitierten Urteile des VerfGH Berlin und des StGH Bremen.
69 *Bravidor* (Fn 62), S. 249; kritisch speziell zu Art. 117 Abs. 1 Nr. 2 b Verf Rheinland-Pfalz; *Droege*, in: Brocker/Droege/Jutzi, Art. 117 Rn 19 ff; *Schmidt*, DÖV 2014, 916, 922.
70 *Koemm* (Fn 54), 179; *Kube*, in: Maunz/Dürig, Art. 109, Rn 129.
71 BT-Drs. 16/12400, 19 und BT-Drs. 16/12410, 13; *Heun*, in: Dreier, Art. 115, Rn 26.

Grundgesetzes (anders als der Stabilitäts- und Wachstumspakt) nicht für die Sozialversicherungssysteme und die Kommunen gilt.[72] Rechtspolitisch ist daher die Begründung für die Bereinigung fragwürdig, die damit verbundenen Nachteile überwiegen. Jedenfalls im Land Mecklenburg-Vorpommern, das nur eingeschränkte Möglichkeiten hat, seinen Haushalt durch Vermögenstransaktionen optisch zu verschönern, sollte auf die Bereinigung verzichtet werden im Interesse einer möglichst einfachen, transparenten und manipulationsresistenten Regelung. Letztlich obliegt die Entscheidung darüber dem Gesetzgeber des in Art. 65 Abs. 2 Satz 4 vorgesehenen Ausführungsgesetzes, denn Art. 65 Abs. 2 Satz 1 lässt die Frage, ob Bereinigungen vorzunehmen sind oder nicht, ebenso offen wie Art. 109 Abs. 3 Satz 1 GG.

Art. 65 Abs. 2 regelt die **Kreditaufnahme des Landes**.[73] Kommunen und andere selbständige Körperschaften werden davon nicht erfasst, wohl aber unselbständige Sondervermögen des Landes, vgl dazu ausführlich Art. 79 a, Rn. 4 ff.

3. Ausnahme wegen einer von der Normallage abweichenden konjunkturellen Entwicklung (Abs. 2 Satz 2, 1. Variante). a) Die Konzeption des Gesetzes. 20 Nach Art. 65 Abs. 2 Satz 2, 1. Variante sind Ausnahmen von dem grundsätzlichen Verbot des Haushaltsausgleichs durch Krediteinahmen gestattet „zur im Auf- und Abschwung symmetrischen Berücksichtigung der Auswirkungen einer von der **Normallage** abweichenden **konjunkturellen Entwicklung**". Damit macht die LV von der in Art. 109 Abs. 3 Satz 2 GG eingeräumten Option Gebrauch, den dort formulierten Ausnahmetatbestand zuzulassen. Hinter der Konzeption des GG steht die an der Lehre von Keynes orientierte Vorstellung, dass während einer Phase des konjunkturellen Abschwungs auf Sparmaßnahmen verzichtet (sog. automatische Stabilisatoren) oder sogar aktiv gegengesteuert werden darf, um die Folgen des Abschwungs zu mildern; im Gegenzug sollen dann während des anschließenden Aufschwungs Überschüsse erwirtschaftet werden, die zur Tilgung der im Abschwung aufgenommenen Kredite dienen. Im Ergebnis soll diese antizyklische Konjunkturpolitik dazu führen, dass per Saldo die Kreditaufnahme nicht steigt[74].

An dieser Ausgestaltung des Art. 109 Abs. 3 GG ist zu recht Kritik geübt worden.[75] Sie folgt einer wirklichkeitsfernen Vorstellung[76] der Symmetrie von Auf- und Abschwung, deren einzelne Phasen in Dauer und Intensität außerordentlich verschieden sind, so dass ein Ausgleich zwischen Defiziten und Überschüssen in der Regel gerade nicht durch das bloße Nachzeichnen von Konjunkturverläufen zu erreichen sein wird. Die Frage, auf welche Weise dann die gebotene Symmetrie herzustellen ist, wird bei der Erörterung dieses Tatbestandsmerkmals aufzugreifen sein s. unten Rn 22.

b) Abweichung der konjunkturellen Entwicklung von der Normallage. Nach 21 der in dem Ausführungsgesetz des Bundes zu Art. 115 GG in § 5 Abs. 2 gewähl-

---

72 BT-Drs. 16/12410, 10 f.
73 Die Begrenzung des Art. 65 Abs. 2 n. F. auf den Landeshaushalt ergibt sich – wie schon bei der aktuell gelten Fassung – bereits aus dem Wortlaut. In der Gesetzesbegründung ist das noch einmal ausdrücklich klargestellt worden, Drs. 5/4192, S. 3. Im Rahmen der Anhörung im Europa- und Rechtsausschuss am 4.5.2011 hat sich Korioth dafür ausgesprochen, die Verschuldung der Kommunen rechnerisch in die Verschuldung des Landes mit einzubeziehen (Drs. 5/4439, S. 7). Dem ist der Landtag nicht gefolgt.
74 Gesetzesbegründung BTDrs. 16/12410, 11/12; *Kirchhof* in: v. Mangoldt/Klein/Starck, Art. 109 Rn 89.
75 *Kube*, in: Maunz/Dürig, Art. 109 Rn 175; *Korioth*, JZ 2009, 729, 732; *Heun*, in: Dreier Art. 109 Rn 41/42.
76 *Heun,* aaO.

ten Definition ist die **Abweichung** von der Normallage durch eine zu erwartende Über- oder Unterauslastung der gesamtwirtschaftlichen Produktionskapazitäten (Produktionslücke) gekennzeichnet. In § 5 Abs. 2 Satz 2 heißt es dazu: „Dies ist der Fall, wenn das auf der Grundlage eines Konjunkturbereinigungsverfahrens zu schätzende Produktionspotenzial vom erwarteten Bruttoinlandsprodukts für das Haushaltsjahr, für das der Haushalt aufgestellt wird, abweicht". Diese Begriffsbestimmung ist in der Literatur auf Widerspruch gestoßen.[77] Sie führt dazu, dass die Abweichung von der Normallage nicht die Ausnahme, sondern die Regel darstellt. Die Jahre, für die eine genaue Auslastung der gesamtwirtschaftlichen Produktionskapazitäten erwartet wird, dürften eher selten sein.

„**Normallage**" ist demgegenüber bei unbefangenem Verständnis des Wortlauts die Lage, „die normalerweise, also in einer klaren Mehrheit der Fälle greift".[78] Die Normallage ist daher auf der Grundlage empirischer Daten durch einen hinreichend breiten Korridor von Wachstumsraten zu definieren, die als „normal" gelten können.[79] Die hier in Anlehnung an Lenz/Burgbacher und Kube gewählte weite Interpretation des Begriffs Normallage, die zu einer engen Auslegung der „Abweichung von der Normallage" führt, hat nicht nur den Vorteil, dem Text der Verfassung besser zu entsprechen; sie ist vielmehr auch mit dem Ziel der Verfassung, neue Schulden nur in eng begrenzten Ausnahmesituationen zuzulassen, eher kompatibel als das Ausführungsgesetz des Bundes.[80]

Die Länder sind bei der Umsetzung des Art. 109 Abs. 3 GG nicht an das vom Bund gewählte Verfahren der konjunkturellen Bereinigung gebunden, sie haben vielmehr einen eigenen Gestaltungsspielraum.[81] Dafür stehen ihnen prinzipiell zwei Wege offen:

- Die Länder können eine Lösung wählen, die sich ähnlich wie beim Bund an volkswirtschaftlichen Prognosen über die künftige konjunkturelle Entwicklung orientiert. Dabei sollten aber die verfassungsrechtlichen Probleme in Folge einer angreifbaren Interpretation der Normallage vermieden werden, zum Beispiel durch die Einführung von Schwellenwerten oder Bandbreiten für Annahmen zum Wirtschaftswachstum. Bei dieser Variante stellt sich die Frage, ob das bundesweite Wirtschaftswachstum maßgeblich sein soll oder das des jeweiligen Landes. Verfassungsrechtlich dürften beide Anknüpfungspunkte zulässig sein. In der Praxis wird es jedoch schwierig sein, hinreichend differenzierte landesspezifische Prognosen, insbesondere für die kleineren Länder, vorzulegen.
- In Betracht kommt als Alternative eine Variante, bei der nicht direkt auf Prognosen der künftigen wirtschaftlichen Entwicklung abgestellt wird, sondern auf die erwartete Entwicklung der Steuereinnahmen. Eine solche Lösung ist in § 18 LHO in den Ländern Thüringen und Sachsen, mit Wirkung

---

77 *Korioth*, JZ 2009, 729, 732; *Koemm* (Fn 54), 224 ff.
78 *Lenz/Burgbacher*, NJW 2009, 2561, 2563; zustimmend zitiert von *Kube*, in: Maunz/Dürig, Art. 109 Rn 174, Fn 5.
79 *Kube* aaO.; ähnlich *Kirchhof*, in: v. Mangoldt/Klein/Starck Art. 109 Rn 92; *Koemm*, Eine Bremse für die Staatsverschuldung? München 2011, 217 f.; aA (positive Bewertung der Bundesregelung) *Ryczewski*, Die Schuldenbremse im Grundgesetz, Berlin 2011, 179 ff; differenzierend *Heun*, in: Dreier Art. 109 Rn 42 („Maßstab kann im wesentlichen nur die Auslastung des Produktionspotenzials sein, was aber nichts über das notwendige Ausmaß der Über- oder Unterauslastung besagt, bei dem die „Normallage" verlassen wird.").
80 Ausführliche Argumentation bei *Pinkl*, Umgehungsgefahren für die neue „Schuldenbremse", in: Staatsverschuldung in Deutschland nach der Föderalismusreform II – eine Zwischenbilanz, hrgs. v. Hetschkow/Pinkl/Pünder/Thye, Hamburg 2012, 101ff, 108 ff.
81 *Koemm* (Fn 54), 231; *Pinkl* (Fn 80), 112.

ab 1. 1. 2014 auch in Art. 95 der Verfassung Sachsens festgelegt. Eine Abweichung von der konjunkturellen Normallage, die ausnahmsweise eine Kreditaufnahme rechtfertigt, wird bei einer derartigen Variante dann angenommen, wenn die für das betreffende Jahr geschätzten Steuereinnahmen um einen näher definierten Prozentsatz unter dem Referenzwert, zum Beispiel dem Durchschnitt der letzten 3 Jahre, liegen. Der Einbruch bei den Steuereinnahmen dient somit als Indikator für die verfassungsrechtlich relevante Abweichung von der konjunkturellen Normallage (**Indikatorlösung**).

Verfassungsrechtlich sind beide Alternativen nicht zu beanstanden. Das gilt für die Indikatorlösung allerdings nur dann, wenn und soweit die Steuermindereinnahmen nicht auf **Rechtsänderungen** beruhen. Nur der Teil der erwarteten Mindereinnahmen, der von Rechtsänderungen unbeeinflusst bleibt, kann als Indiz für einen konjunkturellen Abschwung gewertet werden. Die von den Ländern in der Verfassung oder in der LHO zu treffende Ausnahmeregelung muss deshalb eine Formulierung wählen, die durch Rechtsänderungen verursachte Steuermindereinnahmen ausklammert.[82] IÜ sollte nicht auf die Steuereinnahmen im engeren Sinne abgestellt werden, sondern auf die haushaltsrelevanten Einnahmen aus Steuern, Länderfinanzausgleich und Bundesergänzungszuweisungen. Bei einer solchen Verfeinerung hat die Indikatorlösung beträchtliche Vorteile: Sie ist weitgehend manipulationsresistent, weil die bundesweite Steuerschätzung in ihrer regionalisierten Form einen außerhalb des Landes entwickelten, für alle Länder gleichermaßen geltenden Maßstab bietet. Außerdem knüpft sie unmittelbar an haushaltsrelevante Daten an, während die konjunkturelle Normallage nur einen mittelbaren Bezug zur Haushaltssituation aufweist.

c) Rechtsfolgen einer Abweichung der konjunkturellen Entwicklung von der Normallage. Sind die oben dargestellten Tatbestandsvoraussetzungen erfüllt, dürfen ausnahmsweise Kredite zum Ausgleich des Haushalts eingesetzt werden. Dabei stellen sich folgende Fragen:

- Welchen **Umfang** dürfen die Kredite haben?
- Was bedeutet die Verpflichtung zur „**Symmetrie**" im Auf- und Abschwung? Welche Konsequenzen ergeben sich daraus im Detail für die Tilgung?

Bei der vom Bund gewählten Methodik wird der **Umfang der zulässigen Kredite** durch das Produkt aus der Abweichung des Bruttoinlandsprodukts vom Produktionspotenzial und der Budgetsensitivität bestimmt. Diese Berechnung zielt darauf ab, die konjunkturell bedingten Mindereinnahmen zu erfassen. Bei der Indikatorlösung bietet es sich an, die Lücke zwischen dem Referenzwert (also zum Beispiel den durchschnittlichen Steuereinnahmen der letzten 3 Jahre) und

---

82 *Kube* in: Maunz/Dürig, Art. 109 Rn 188: „Durch Novellierungen des Steuerrechts begründete Einnahmenveränderungen … sind in ihren Konsequenzen für die Haushaltsdeckung … strukturell begründet und damit für die Bemessung der Konjunkturkomponente unerheblich." *Bravidor* aaO (Fn. 62), S. 24 hält die Vorschrift des § 18 Abs. 2 Nr. 1 ThürHO, die als Voraussetzung für eine konjunkturell bedingte Ausnahmeermächtigung an Steuermindereinnahmen anknüpft, für nicht vereinbar mit Art. 109 Abs. 3 GG, weil Steuermindereinnahmen auch durch Rechtsänderungen hervorgerufen werden können. Insoweit ist ihm zuzustimmen. Dieser Mangel lässt sich aber durch eine entsprechende Ergänzung, die rechtsänderungsbedingte Mindereinnahmen ausklammert, beheben. Soweit *Bravidor* darüber hinaus meint, dass Steuermindereinnahmen gegenüber dem Durchschnitt der letzten 3 Jahre noch eine der Normallage entsprechende konjunkturelle Entwicklung abbilden könnten, greift dieser Einwand jedenfalls dann nicht durch, wenn nicht jede Unterschreitung des Referenzwerts ausreicht (so aber § 18 Abs. 2 Nr. 1 ThürHO), sondern nur eine prozentual qualifizierte Unterschreitung, die ein Ausmaß erreicht, das nicht mehr zu einem normalen konjunkturellen Verlauf passt, vgl Art. 95 Verfassung Sachsen in der ab 1.1.2014 geltenden Fassung.

den für das kommende Haushaltsjahr erwarteten Steuereinnahmen zugrundezulegen. Da die Steuereinnahmen bei normalem konjunkturellen Verlauf (unter Ausklammerung der Effekte von Rechtsänderungen) in der Regel mindestens im Umfang der Inflationsrate ansteigen, wäre es verfassungsrechtlich zulässig, den Referenzwert mit einer angenommenen durchschnittlichen Inflationsrate fortzuschreiben. Auf diese Weise würde die Lücke – und damit die Ermächtigung zur Kreditaufnahme – etwas höher ausfallen als bei einer rein nominalen Betrachtung.

Erhebliche Schwierigkeiten bereitet die Vorgabe der Verfassung, die Kreditaufnahme im Auf- und Abschwung **symmetrisch** auszugestalten. Wie bereits erwähnt (→ Rn. 20), ist die Vorstellung, die bei der Konzeption des Art. 109 Abs. 3 GG Pate gestanden hat, dass nämlich konjunkturelle Auf- und Abschwünge symmetrisch verlaufen, mit der Realität nicht vereinbar. Von selbst wird sich daher die Rückführung der ausnahmsweise zulässigen Kredite durch Tilgungen während eines nachfolgenden Aufschwungs nicht einstellen. Da aber gerade der Gleichlauf zwischen konjunkturell bedingten Krediten und der nachfolgenden Tilgung das entscheidende Element bei der Neuregelung der Kreditbegrenzung darstellt, muss die Symmetrie dann, wenn sie sich nicht von selbst ergibt, **normativ** durchgesetzt werden. Die aus der symmetrischen Berücksichtigung folgende **Rückführungspflicht** ist eine echte Rechtspflicht.[83] Das bedeutet, dass die Ausführungsbestimmungen zu Art. 109 Abs. 3 GG bzw. Art. 65 Abs. 2 LV eine Anordnung darüber treffen müssen, in welchem Zeitraum zusätzliche konjunkturell motivierte Kredite zu tilgen sind. Diese Phase hat unmittelbar nach dem Ende des konjunkturellen Abschwungs einzusetzen; ihre Dauer ist so zu bemessen, dass spätestens bis zum Beginn des nächsten turnusmäßig zu erwartenden Abschwungs die Belastungen aus dem vorangegangenen Zyklus wieder ausgeglichen worden sind.

23 d) **Kreditobergrenze im Vollzug.** Im Gegensatz zur noch geltenden Fassung des Art. 65 Abs. 2 (→ Rn. 14) gelten die ab 1.1.2020 anzuwendenden Regeln auch für den **Haushaltsvollzug**.[84]

24 4. **Ausnahme wegen einer Naturkatastrophe oder einer außergewöhnlichen Notsituation (Abs. 2 Satz 2, 2. Variante).** Nach Art. 65 Abs. 2 Satz 2, 2. Variante sind Einnahmen aus Krediten auch zulässig im Fall von Naturkatastrophen oder außergewöhnlichen Notsituationen, die sich der Kontrolle des Landes entziehen und seine Finanzlage erheblich beeinträchtigen.

a) **Naturkatastrophe.** Der Begriff „**Naturkatastrophe**" ist aus Art. 35 Abs. 2 Satz 2 und Abs. 3 GG bekannt. Damit sind Gefahrenzustände oder Schädigungen von erheblichem Ausmaß gemeint, die durch Naturereignisse ausgelöst werden, zum Beispiel Erdbeben, Hochwasser, Unwetter, Dürre, Massenerkrankungen, Brände.[85] Der einschränkende Relativsatz „...die sich der Kontrolle des Landes entziehen und seine Finanzlage erheblich beeinträchtigen,.." gilt auch für Naturkatastrophen.[86] Derartige Ereignisse entziehen sich per definitionem der Kontrolle des Landes. Entscheidend für die Frage, ob ein solcher Vorgang die Aufnahme von Krediten rechtfertigen kann, ist aber – wegen des Tatbestandsmerkmals der erheblichen Beeinträchtigung der Finanzlage des Landes -

---

83 *Kirchhof* in: v. Mangoldt/Klein Starck Art. 109 Rn 89.
84 Einhellige Meinung; vgl statt vieler *Kube* in: Maunz/ Dürig Art. 109 Rn 191.
85 BT-Drs. 16/12410, S. 11; *Kube* in: Maunz/Dürig, Art. 109 Rn 205; *Kirchhof* in: v. Mangoldt/Klein/Starck, Art. 109 Rn 99; *Heun* in: Dreier Art. 109 Rn 45.
86 *Heun*, in: Dreier, Art. 109 Rn 44/46; *Kube*, in: Maunz/ Dürig Art. 109 Rn 204 a. E.; a. A. *Reimer*, in: Beck'scher Online-Kommentar Art. 109 Rn 66.

die **Größenordnung** der dadurch verursachten Schäden. Richtigerweise ist also zu prüfen, ob das Land der betreffenden Naturkatastrophe mit normalen Mitteln, zum Beispiel Umschichtungen im laufenden Haushalt oder der Entnahme aus Rücklagen, begegnen kann oder ob dafür ausnahmsweise eine Kreditaufnahme unumgänglich ist.

b) **außergewöhnliche Notsituation.** Andere, d.h. nicht durch Naturkatastrophen hervorgerufene, außergewöhnliche Notsituationen, die sich der Kontrolle des Landes entziehen und seine Finanzlage erheblich beeinträchtigen, können Schadensereignisse von großem Ausmaß und von Bedeutung für die Öffentlichkeit sein, die durch Unfälle, technisches oder menschliches Versagen ausgelöst oder von Dritten absichtlich herbeigeführt werden.[87] Dazu gehört nach der Gesetzesbegründung auch eine plötzliche Beeinträchtigung der Wirtschaftsabläufe aufgrund eines exogenen Schocks, wie beispielsweise der aktuellen Finanzkrise.[88] 25

c) **Tilgungsplan.** Nach Art. 65 Abs. 2 Satz 3 ist im Fall einer Kreditaufnahme wegen einer Naturkatastrophe oder einer außergewöhnlichen Notsituation ein **Tilgungsplan** vorzusehen. Diese Vorschrift bezieht sich nicht auf die konjunkturbedingte Kreditaufnahme; das ist deshalb nicht erforderlich, weil dort der Zwang zur Tilgung schon aus dem Tatbestand der „symmetrischen" Berücksichtigung folgt.[89] 26

5. Ausführungsgesetz. Gemäß Art. 65 Abs. 2 Satz 4 werden nähere Regelungen durch ein **Ausführungsgesetz** getroffen. Rechtstechnisch bietet es sich an, § 18 LHO entsprechend zu ändern. Ein solches Gesetz liegt bisher noch nicht vor. Es soll aber nach den Plänen der derzeitigen Regierungskoalition noch in dieser Legislaturperiode verabschiedet werden. Dem Ausführungsgesetz kommt erhebliche Bedeutung zu, weil die Verfassung – wie bei der Kommentierung der einzelnen Tatbestandsmerkmale erläutert – Gestaltungsspielräume eröffnet. Zu beachten ist allerdings, dass das Ausführungsgesetz keinen höheren Rang besitzt als jedes andere einfache Gesetz. Es kann also zum Beispiel mit dem Haushaltsgesetz für ein konkretes Haushaltsjahr modifiziert werden. Eine begrenzende Funktion entfaltet das Ausführungsgesetz eher in politischer Hinsicht: Wer von einer generellen Regelung in § 18 LHO abweichen will, macht sich angreifbar und setzt sich besonderen Rechtfertigungszwängen aus. 27

Sollte es nicht zur Verabschiedung eines Ausführungsgesetzes kommen, kann bei der Rechtsanwendung direkt auf die Verfassung zurückgegriffen werden. Von der in Art. 109 Abs. 3 GG den Ländern erteilten Ermächtigung, für bestimmte Fälle Ausnahmen vom Verbot der Kreditaufnahme zuzulassen, hat das Land Mecklenburg-Vorpommern mit der Einführung von Art. 65 Abs. 2 n. F. bereits Gebrauch gemacht.

6. Bewertung. Korioth hat zweifellos Recht mit der Bemerkung: „Das Problem, die Neuverschuldung zu vermeiden, wird ein Problem standhafter Finanzpolitik bleiben."[90] Rechtliche Schranken allein können die aus dem Gleichgewicht geratenen Haushalte nicht sanieren. Dennoch geht es zu weit, die Ergebnisse der Föderalismusreform II in Bausch und Bogen zu verdammen und sich davon „keine Besserung" zu versprechen.[91] Trotz aller Kritik im Einzelnen (rechtssystemati- 28

---

87 BT-Drs. 16/12410, S. 11; *Kube* in: Maunz/Dürig, Art. 109 Rn 206.
88 BT-Drs. 16/12410, S. 11; *Heun* aaO.
89 *Kirchhof* , in: v. Mangoldt/Klein/Starck, Art. 109 Rn 101.
90 *Korioth* in: Hoffmann-Riem/Schmidt-Aßmann/Voßkuhle, Grundlagen des Verwaltungsrechts Bd. III, 2013, S. 137.
91 *Korioth* aaO, S. 136.

sche Doppelungen; zu weiche Tilgungsregelungen) bedeutet die Reform des Staatsschuldenrechts einen Fortschritt. Sie hat das Leitbild des materiell ausgeglichenen Haushalts in den Verfassungsrang erhoben und damit denen, die sich für eine solide Finanzpolitik einsetzen, nicht nur **rechtliche** Instrumente verschafft, die bei zutreffender Interpretation durchaus greifen können, sondern auch eine besondere **verfassungspolitische** Legitimation, die das Bewusstsein der Bevölkerung und der Teilnehmer am politischen Diskurs beeinflusst.

V. Schrifttum

29 *Bravidor; Christoph*, Die Umsetzung der Verschuldungsregelung in den Ländern, in: Staatsverschuldung in Deutschland nach der Föderalismusreform II – eine Zwischenbilanz, hg. *Hetschkow, Clemens/Pinkl, Johannes/Pünder, Hermann/Thye, Marius*, 2012, S. 11 ff; *Bröcker, Klaus T.*, Grenzen staatlicher Verschuldung im System des Verfassungsstaats, 1997; *Enderlein, Henrik/Fiedler, Jobst/Schuppert, Folke/Geisler, Rene/Meinel, Florian/von Müller, Camillo*, Gutachten zur Umsetzung der grundgesetzlichen Schuldenbremse in Baden-Württemberg, 2012; *Glaser, Andreas*, Begrenzung der Staatsverschuldung durch die Verfassung, in: DÖV 2007, S. 98 ff; *Halstenberg, Friedrich*, Staatsverschuldung ohne Tilgungsplanung, in: DVBl. 2001, S. 1405 ff; *Höfling, Wolfram*, Staatsschuldenrecht, 1993; *Höfling, Wolfram*, Haushaltsverfassungsrecht als Recht minderer Normativität, in: DVBl. 2006, S. 934 ff; *Isensee, Josef*, Schuldenbarriere für Legislative und Exekutive, in: Staat, Wirtschaft, Steuern, S. 705 ff; *Isensee, Josef*, Staatsverschuldung im Haushaltsvollzug, in: DVBl. 1996, S. 173 ff; *Jochimsen, Beate*, Ökonomische Analyse der exzessiven Verschuldung von Länderhaushalten am Beispiel der Verfassungswidrigkeit des Berliner Haushalts, in: DÖV 2004, S. 511 ff; *Kirchhof, Ferdinand*, Haushaltssanierung durch „sale and lease back" von Verwaltungsgebäuden?, in: DÖV 1999, S. 242 ff; *Kirchhof, Ferdinand*, Der notwendige Ausstieg aus der Staatsverschuldung, in: DVBl. 2002, S. 1569 ff; *Koemm, Maxi*, Eine Bremse für die Staatsverschuldung?, 2011; *Kloepfer, Michael/Rossi, Matthias*, Die Verschuldung der Bundesländer im Verfassungs- und Gemeinschaftsrecht, in: Verwaltungsarchiv 2003, S. 319 ff; *Korioth, Stefan*, Das neue Staatsschuldenrecht – zur zweiten Stufe der Föderalismusreform, in: JZ 2009, S. 729 ff; *ders.*, Die neuen Schuldenregeln für Bund und Länder und das Jahr 2020, in: Jahrbuch für öffentliche Finanzen 2009, Berlin 2010, S. 389 ff; *ders.*, § 44 Finanzen, in: Hoffmann-Riem/Schmidt-Aßmann/Voßkuhle, Grundlagen des Verwaltungsrechts Bd. III, 2013, S. 91 ff; *Lenz, Christofer/Burgbacher, Ernst*, Die neue Schuldenbremse im Grundgesetz, NJW 2009, 2561 ff; *Müller, Udo*, Die Geltung der verfassungsrechtlichen Kreditobergrenze des Art. 115 Abs. 1 Satz 2 GG im Haushaltsvollzug, in: DÖV 1996, S. 490 ff; *Neidhardt, Hilde*, Staatsverschuldung und Verfassung, 2010; *Osterloh, Lerke*, Staatsverschuldung als Rechtsproblem?, in: NJW 1990, S. 145 ff; *Patzig, Werner*, Zur Problematik der Kreditfinanzierung staatlicher Haushalte, in: DÖV 1985, S. 293 ff; *Pinkl, Johannes*, Umgehung der „Schuldenbremse", in: Staatsverschuldung in Deutschland nach der Föderalismusreform II – eine Zwischenbilanz, hrsg. *Hetschkow, Clemens/Pinkl, Johannes/Pünder, Hermann/Thye, Marius*, 2012, S. 101 ff; *Rossi, Matthias*, Verschuldung in extremer Haushaltsnotlage, in: DVBl. 2005, S. 269; *Ryczewski, Christoph*, Die Schuldenbremse im Grundgesetz, 2011; *Sachverständigenrat zur Begutachtung der gesamtwirtschaftlichen Entwicklung*, Staatsverschuldung wirksam begrenzen, 2007; *Schmidt, Thorsten Ingo*, Bundesgesetzgebung ist kein Terrorakt – zur Grundgesetzwidrigkeit der Strukturanpassungskredite nach der rheinland-pfälzischen Schuldenbremse –, DÖV 2014, S. 916 ff; *Schwarz, Kyrill-A.*, Voraussetzungen

und Grenzen staatlicher Kreditaufnahme, in: DÖV 1998, S. 721 ff; *Selmer, Peter*; Die Föderalismusreform II – ein verfassungsrechtliches monstrum simile, NVwZ 2009, 1255 ff; *Stüber, Stephan/Keyhanian, Cimin*, Haushaltsausgleich und Umsetzung der Schuldenbremse des Grundgesetzes in der staatlichen Doppik, in: DÖV 2013, 255 ff; *Tappe, Henning*, Haushaltsrechtliche Umsetzung der Art. 109 und 115 GG n. F. in Bund und Ländern, in: *Kastrop/Meister-Scheufelen/Sudhof*, Die neuen Schuldenregeln im Grundgesetz, 2010, 432 ff; *Tiemann, Susanne*, Die verfassungsrechtliche Kreditobergrenze im Haushaltsvollzug, in: DÖV 1995, S. 632 ff; *Wendt, Rudolf/Elicker, Michael*, Staatsverschuldung und intertemporäre Lastengerechtigkeit, in: DVBl. 2001, S. 497 ff; *Wendt, Rudolf/ Elicker, Michael*, Staatskredit und Rücklagen, in: Verwaltungsarchiv 2004, S. 471 ff; *Wissenschaftlicher Beirat beim Bundesministerium der Finanzen*, Gutachten zu den Problemen einer Verringerung der Netto-Neuverschuldung, 1984, S. 37.

Art. 66 (Landesvermögen)

Erwerb, Verkauf und Belastung von Landesvermögen dürfen nur mit Zustimmung des Landtages erfolgen. Die Zustimmung kann für Fälle von geringerer Bedeutung allgemein erteilt werden. Das Nähere regelt das Gesetz.

Artt. 101 BremVerf; 72 Abs. 3 HambVerf; 63 NdsVerf; 92 Abs. 1 und 2 LVerf LSA.

I. Funktion der Vorschrift	1	IV. Fälle von geringerer Bedeutung (Satz 2)	4
II. Landesvermögen	2		
III. Erwerb, Verkauf und Belastung	3		

I. Funktion der Vorschrift

Art. 66 räumt dem LT weitgehende Beteiligungsrechte im Umgang mit dem Landesvermögen ein. Dadurch soll das Budgetrecht des LT eine weitere Ausformung erfahren.[1] Die Vorschrift ist in ihrer spezifischen Ausprägung ein Unikat in der aktuellen deutschen Verfassungslandschaft. Vergleichbare Regelungen finden sich nur in einigen wenigen Landesverfassungen. Deren Bestimmungen betreffen aber nur die Veräußerung von Staatsgut, nicht den Erwerb, der von Art. 66 mit erfasst wird. Die Verfassungskommission begründet die Aufnahme des Erwerbs von Landesvermögen in die Zustimmungspflicht des LT damit, dass ein solcher Erwerb beträchtliche Folgekosten nach sich ziehen könne.[2]   1

II. Landesvermögen

Landesvermögen umfasst sowohl das Eigentum an beweglichen und unbeweglichen Sachen als auch die Inhaberschaft an Rechten.[3] Dazu gehören sowohl das Verwaltungsvermögen als auch das Finanzvermögen. Die wichtigsten Bestandteile des Landesvermögens sind der staatliche Grundbesitz und die Beteiligungen des Landes. Landesvermögen ist nur das Vermögen, zu dem das Land selbst un-   2

---

1 Bericht der Verfassungskommission Drs. 1/3100, 152.
2 Drs. 1/3100, 152; eigenartig ist der Satz: „Eine ähnliche Regelung habe bisher nur die Verfassung des Landes Schleswig-Holstein festgeschrieben." In der Verfassung des Landes Schleswig-Holstein findet sich jedoch keine solche Regelung. Insoweit ist die Vorschrift ohne Vorbild.
3 *David*, Art. 72 Rn 47, zur Auslegung des insoweit vergleichbaren Begriffs „Staatsgut" in Art. 72 Abs. 3 der Hamburger Verfassung; ausführliche Analyse des Begriffs „Landesvermögen" bei *Hermenau*, in: Epping/Butzer Art. 63 Rn 5 ff.

mittelbare Rechtsbeziehungen hat als Eigentümer oder Inhaber von Rechten. Wenn also ein Unternehmen, an dem das Land mittelbar beteiligt ist (Tochtergesellschaft), Vermögensgegenstände veräußert, ist darauf Art. 66 nicht anwendbar.[4]

III. Erwerb, Verkauf und Belastung

3 Mit den Begriffen „Erwerb" und „Verkauf" sind sowohl das schuldrechtliche als auch das dingliche Erwerbs- bzw Veräußerungsgeschäft gemeint. Der Begriff „Belastung" deutet auf dingliche Belastung, zB auf Hypotheken oder Grundschulden, hin. Längerfristige Vermietung fällt nicht unter den Begriff „Belastung" iSd Art. 66. Da der Erwerb von Landesvermögen den Einsatz von Haushaltsmitteln erfordert, wird die Zustimmung des LT in aller Regel durch die Bereitstellung der Haushaltsmittel im Haushaltsplan erteilt. Eine gesonderte Vorlage ist dann nicht mehr erforderlich.[5] In ähnlicher Weise kann auch die Zustimmung zu Veräußerungs- oder Belastungsgeschäften mit dem Haushaltsplan oder in einer gesonderten Bestimmung des Haushaltsgesetzes erteilt werden. Es ist aber auch möglich, während des laufenden Haushaltsjahres Vermögensgegenstände zu veräußern und dazu die Zustimmung des LT durch eine gesonderte Vorlage einzuholen. Dabei handelt es sich dann um eine einfache Beschlussvorlage, die nicht den Anforderungen der Gesetzesform unterliegt.

IV. Fälle von geringerer Bedeutung (Satz 2)

4 Die LV lässt es zu, die Zustimmung für Fälle von geringerer Bedeutung allg. zu erteilen. Davon hat der Gesetzgeber in §§ 63 ff LHO Gebrauch gemacht. So dürfen gem. § 63 a LHO bewegliche Sachen mit Einwilligung des Finanzministeriums verkauft oder anderweitig veräußert werden, wenn sie eine im Haushaltsgesetz genannte Wertgrenze nicht überschreiten. Das Gleiche gilt gem. § 64 LHO für Grundstücke. Die betreffenden Wertgrenzen werden in § 12 Abs. 1 und 2 des jeweiligen Haushaltsgesetzes festgesetzt.

Art. 67 (Rechnungslegung und Rechnungsprüfung)

(1) Der Finanzminister hat dem Landtag über alle Einnahmen und Ausgaben sowie über die Inanspruchnahme von Verpflichtungsermächtigungen jährlich Rechnung zu legen. Ebenso ist über das Vermögen und die Schulden des Landes Rechnung zu legen.

(2) Der Landesrechnungshof prüft die Rechnung sowie die Ordnungsmäßigkeit und die Wirtschaftlichkeit der Haushaltsführung. Er berichtet darüber dem Landtag und unterrichtet gleichzeitig die Landesregierung.

(3) Aufgrund der Haushaltsrechnung und der Berichte des Landesrechnungshofs beschließt der Landtag über die Entlastung der Landesregierung.

(4) Das Nähere regelt das Gesetz.

Zu Abs. 1: Artt. 80 Abs. 1 BayVerf; 83 Abs. 1 BWVerf; 94 Abs. 1 VvB; 106 Abs. 1 BbgVerf; 133 BremVerf; 70 HambVerf; 144 HessVerf; 69 NdsVerf; 88 Abs. 1 Verf NW; 120 Abs. 1 Verf Rh-Pf; 106 Abs. 2 SaarlVerf; 99 SächsVerf; 97 Abs. 1 LVerf LSA; 55 Abs. 1 SchlHVerf; 102 Abs. 1 ThürVerf.

---

4 *David* (Fn 3), Rn 48 f.
5 Anders beim Erwerb von Grundstücken aus Mitteln des sog. „Grundstocks". Hier fehlt eine spezielle Erwerbsermächtigung, so dass oberhalb bestimmter Wertgrenzen (§ 12 HaushaltsG) die Zustimmung des Finanzausschusses bzw des LT einzuholen ist.

Zu Abs. 2: Artt. 80 Abs. 1 BayVerf; 83 Abs. 2 BWVerf; 94 Abs. 2 VvB; 106 Abs. 2 BbgVerf; 133 a Abs. 1 BremVerf; 144 HessVerf; 70 Abs. 1 NdsVerf; 86 Abs. 2 Verf NW; 120 Abs. 2 Verf Rh-Pf; 106 Abs. 2 SaarlVerf; 97 Abs. 2 LVerf LSA; 55 Abs. 1 und 2 SchlHVerf; 102 Abs. 2 ThürVerf.

Zu Abs. 3: Artt. 94 Abs. 2 VvB; 106 Abs. 1 BbgVerf; 144 HessVerf; 69 NdsVerf; 106 Abs. 1 SaarlVerf; 97 Abs. 3 LVerf LSA; 55 Abs. 2 SchlHVerf; 102 Abs. 3 ThürVerf.

I. Funktion der Vorschrift 1	V. Gesetzliche Regelung (Abs. 4) 5
II. Rechnungslegung (Abs. 1) 2	VI. Schrifttum 6
III. Rechnungsprüfung (Abs. 2) 3	
IV. Entlastung der Landesregierung (Abs. 3) 4	

I. Funktion der Vorschrift

Art. 67 regelt die vierte und letzte Phase des **Haushaltskreislaufs**. Nach der Aufstellung des Haushaltsplanentwurfs durch das Kabinett, der Beschlussfassung durch den LT, dem Vollzug des Haushalts durch die LReg folgt im Anschluss an das betreffende Haushaltsjahr die Phase der Rechnungslegung und Prüfung. Beide sind unabdingbare Bestandteile des Haushaltswesens, denn der Einsatz von öffentlichen Geldern bedarf nicht nur bei der Planaufstellung, sondern auch im tatsächlichen Mitteleinsatz des **Nachweises** und der **Transparenz**.[1] 1

Diese letzte Phase des Haushaltskreislaufs gliedert sich wiederum in drei Unterabschnitte, nämlich die Rechnungslegung (Art. 67 Abs. 1), die Rechnungsprüfung (Art. 67 Abs. 2) und die Entlastung der LReg durch den LT (Art. 67 Abs. 3).

II. Rechnungslegung (Abs. 1)

Der Finanzminister hat nach Art. 67 Abs. 1 Satz 1 dem LT über alle Einnahmen 2 und Ausgaben sowie über die Inanspruchnahme von Verpflichtungsermächtigungen jährlich **Rechnung zu legen**. Die Vorschrift ist spiegelbildlich zu Art. 61 Abs. 1 Satz 1 konstruiert. Während es in Art. 61 um die Veranschlagung in der Planungsphase geht, beschäftigt sich Art. 67 mit dem selben Themenkreis aus dem umgekehrten Blickwinkel des retrospektiven Nachweises der tatsächlichen Zahlungsströme. Für den Haushaltsplan und für die Haushaltsrechnung gelten die gleichen Grundprinzipien, nämlich die Vollständigkeit („alle") und die Einheit.

Die **Haushaltsrechnung** ist eine Zusammenstellung der im abgelaufenen Jahr eingegangenen Einnahmen und geleisteten Ausgaben (Ist-Beträge), denen die im Haushaltsplan veranschlagten Einnahmen und Ausgaben (Soll-Beträge) zum Vergleich gegenübergestellt werden.[2] Inhalt und Gliederung der Haushaltsrechnung werden in § 81 LHO geregelt. In Ergänzung zur Haushaltsrechnung hat der Finanzminister nach Art. 67 Abs. 1 Satz 2 auch über das **Vermögen** und die **Schulden** des Landes Rechnung zu legen. In dieser Vermögensrechnung sind gem. § 86 LHO der Bestand des Vermögens und der Schulden zu Beginn des Haushaltsjahres, die Veränderungen während des Haushaltsjahres und der Bestand zum Ende des Haushaltsjahres nachzuweisen. Zweck der Vermögensrechnung ist es nicht, den Verkehrswert des Landesvermögens festzustellen oder durch die Gegenüberstellung des Vermögens und der Schulden bilanzmäßig das

---

1 *Piduch*, Art. 114 Rn 2.
2 *Piduch*, Art. 114 Rn 9; *Kube*, in: Maunz/Dürig, Art. 114 Rn 19.

tatsächliche Reinvermögen des Landes zu ermitteln.³ Die Vermögensrechnung würde nur dann zu einer echten Bilanz, wenn die Systemumstellung von der kameralistischen Buchführung zur **Doppik** vollzogen wird.

Die Rechnungslegung erfolgt „jährlich". Das heißt, dass auch bei einem Doppelhaushalt nach Abschluss jedes einzelnen Haushaltsjahres die Haushaltsrechnung erstellt werden muss. Im Gegensatz zu Art. 114 GG schreibt Art. 67 nicht vor, bis wann die Haushaltsrechnung vorzulegen ist. Die LReg ist aber gem. § 112 LHO verpflichtet, die Haushaltsrechnung im Laufe des nächsten Haushaltsjahres zu erstellen.

III. Rechnungsprüfung (Abs. 2)

3 Nach Art. 67 Abs. 2 prüft der **LRH** die Rechnung sowie die Ordnungsmäßigkeit und die Wirtschaftlichkeit der Haushaltsführung (Satz 1). Die **Rechnungsprüfung** gliedert sich in die Rechnungs-, die Verwaltungs- und die Verfassungskontrolle.⁴ Dabei versteht man unter Rechnungskontrolle die rechnerische und formelle Prüfung der Belege, unter Verwaltungskontrolle die Prüfung der Geschäftsvorfälle hinsichtlich ihrer Übereinstimmung mit den materiellen Rechtssätzen und Verwaltungsvorschriften und unter Verfassungskontrolle die Feststellung, ob der Wille des Gesetzgebers, der im Haushaltsgesetz und im Haushaltsplan seinen Ausdruck gefunden hat, erfüllt worden ist. Maßstab für die Prüfung ist die Ordnungsmäßigkeit und die Wirtschaftlichkeit der Haushaltsführung. Bei der Ordnungsmäßigkeit geht es um eine Rechtmäßigkeitskontrolle im Rahmen der oben genannten Verwaltungs- und Verfassungskontrolle,⁵ während der Maßstab der Wirtschaftlichkeit darauf ausgerichtet ist, ob mit einem bestimmten Aufwand ein möglichst hoher Nutzen erreicht (Maximalprinzip) und andererseits ein bestimmter Nutzen mit einem möglichst geringen Aufwand (Minimalprinzip) erzielt werden kann. Hier sind auch Gesichtspunkte der Zweckmäßigkeit zu berücksichtigen, zu denen der Rechnungshof im Rahmen seiner Prüfungserkenntnisse Stellung nimmt.

Der Rechnungshof berichtet nach Art. 67 Abs. 2 Satz 2 über die Ergebnisse der Rechnungsprüfung dem LT und unterrichtet gleichzeitig die LReg. Diese so genannten Jahresberichte des LRH werden in der Regel in dem übernächsten Jahr, das auf das zu prüfende Haushaltsjahr folgt, dem LT und der LReg zugeleitet und dabei auch der Öffentlichkeit vorgestellt.

IV. Entlastung der Landesregierung (Abs. 3)

4 Der letzte Akt im Haushaltskreislauf ist die Beschlussfassung des LT über die **Entlastung** der LReg. Zur Vorbereitung des Entlastungsbeschlusses beschäftigt sich der Finanzausschuss in mehreren Sitzungen mit den Feststellungen des LRH. Dazu werden die Vertreter der Ressorts geladen, die zu den Feststellungen bzw Beanstandungen des LRH eine Stellungnahme abgeben. Auf der Grundlage dieser Erörterung schlägt der Finanzausschuss dem LT vor, die Feststellung des Rechnungshofs zur Kenntnis zu nehmen bzw den Beanstandungen beizutreten. In besonderen Fällen empfiehlt der Finanzausschuss darüber hinaus, der LReg im Wege von Entschließungen eine Handlungsempfehlung für künftiges Verhal-

---

3 *Kube*, in: Maunz/Dürig, Art. 114 Rn 21; *Piduch*, Art. 114 Rn 10; *Schwarz*, in: von Mangoldt/Klein/Starck, Art. 114 Rn 26.
4 *Kube*, in: Maunz/Dürig, Art. 114 Rn 97 ff; *Brockmeyer*, in: Schmidt-Bleibtreu/Hofmann/Hopfauf, Art. 114 Rn 13 ff; *Tiemann*, Die staatsrechtliche Stellung der Finanzkontrolle des Bundes, 1974, S. 80 f.
5 *Kube*, in: Maunz/Dürig, Art. 114 vor Rn 97.

ten auf den Weg zu geben. Über die gesamten Vorgänge erstattet der Finanzausschuss dem Plenum des LT einen zusammenfassenden Bericht, der dann die Grundlage für den Beschl. über die Entlastung der LReg bildet. Weder die Erteilung noch die Versagung der Entlastung haben unmittelbare rechtliche Wirkungen.[6] Die Bedeutung der Entlastung ist rein politischer Natur.

V. Gesetzliche Regelung (Abs. 4)

Dem Auftrag der LV, das Nähere durch Gesetz zu regeln (Abs. 4), ist der Landesgesetzgeber mit näheren Bestimmungen über die Rechnungslegung in den §§ 80 bis 87 LHO gefolgt. Die Rechnungsprüfung wird in §§ 88 bis 104 LHO normiert. Auf diese Bestimmungen wird im Zusammenhang mit der Kommentierung von Art. 68 Abs. 3, der die Aufgaben des LRH weiter präzisiert, noch einzugehen sein.

5

VI. Schrifttum

Arnim, Hans Herbert v., Wirksame Finanzkontrolle bei Bund, Ländern und Gemeinden, 1978, *ders.*, Grundprobleme der Finanzkontrolle, in: DVBl. 1983, S. 664 ff; *Battis, Ullrich*, Rechnungshof und Politik, in: DÖV 1976, S. 721 ff; *Blasius, Hans*, Der Rechnungshof als körperschaftlich-kollegial verfasste unabhängige Einrichtung, in: JZ 1990, S. 954 ff; *Blasius, Hans/Stadtmann, Burkhard*, Justiz und Finanzkontrolle, in: DÖV 2002, S. 12 ff; *Dieckmann, Rudolf*, Zukunftsperspektiven eines Rechnungshofs, in: DÖV 1992, S. 893 ff; *Eichhorn, Peter*, Strategieprüfungen durch Rechnungshöfe, in: Denkschrift für Eibelshäuser, Köln 2013, S. 135 ff; *Engelhardt/Schulze/Thieme*, Stellung und Funktion der Rechnungshöfe im Wandel, 1993; *Engels, Dieter,* Die Beratungsaufgabe der Rechnungshöfe, in: Denkschrift für Eibelshäuser, Köln 2013, S. 141 ff; *Fischer-Heidlberger, Heinz/Zeller, Bernhard*, Rechnungshof und Politik: Betrachtung des Spannungsverhältnisses am Beispiel des Bayerischen Obersten Rechnungshofs, in: Denkschrift für Eibelshäuser, Köln 2013, S. 155ff; *Lüder, Klaus,* Welchen Weg geht die Finanzkontrolle? Empirische und rechtliche Aspekte der Entwicklung der Rechnungshöfe, in: FinArch 49 (1992), S. 248 ff, *Müller, Ullrich*, Die institutionelle Unabhängigkeit der Rechnungshöfe, in: DVBl. 1994, S. 1276 ff; *Piduch, Erwin-Adolf*, Grundfragen der Finanzkontrolle, in: DÖV 1973, S. 228 ff; *Tiemann, Susanne*, Die staatsrechtliche Stellung der Finanzkontrolle des Bundes, 1974; *Umbach, Dieter C./Dollinger, Franz-Wilhelm*, Zwischen Bestenauslese und Demokratieprinzip, 2007.

6

Art. 68 (Landesrechnungshof)

(1) Der Landesrechnungshof ist eine selbständige, nur dem Gesetz unterworfene oberste Landesbehörde. Seine Mitglieder besitzen richterliche Unabhängigkeit.

(2) Der Landesrechnungshof besteht aus dem Präsidenten, dem Vizepräsidenten und weiteren Mitgliedern. Der Präsident und der Vizepräsident werden auf Vorschlag der Landesregierung vom Landtag mit einer Mehrheit von zwei Dritteln der anwesenden Mitglieder, mindestens mit der Mehrheit der Mitglieder des Landtages ohne Aussprache auf die Dauer von zwölf Jahren gewählt. Sie werden vom Ministerpräsidenten ernannt. Eine Wiederwahl ist ausgeschlossen. Die wei-

---

6 *von Mutius*, in: von Mutius/Wuttke/Hübner, Art. 55 Rn 13; *Kube*, in Maunz/Dürig, Art. 114 Rn 42, 43.

teren Mitglieder werden vom Ministerpräsidenten auf Vorschlag des Präsidenten des Landesrechnungshofes berufen.

(3) Der Landesrechnungshof überwacht die gesamte Haushalts- und Wirtschaftsführung des Landes. Er untersucht hierbei die Zweckmäßigkeit und Wirtschaftlichkeit der öffentlichen Verwaltung. Er ist auch zuständig, soweit Stellen außerhalb der Landesverwaltung und Private Landesmittel erhalten oder Landesvermögen oder Landesmittel verwalten.

(4) Der Landesrechnungshof überwacht die Haushalts- und Wirtschaftsführung der kommunalen Körperschaften und der übrigen juristischen Personen des öffentlichen Rechts, die der Aufsicht des Landes unterstehen.

(5) Der Landesrechnungshof übermittelt jährlich das Ergebnis seiner Prüfung gleichzeitig dem Landtag und der Landesregierung.

(6) Das Nähere regelt das Gesetz.

Zu Abs. 1: Artt. 80 Abs. 1 BayVerf; 83 Abs. 2 BWVerf; 95 Abs. 1 VvB; 107 Abs. 1 BbgVerf; 133 a Abs. 2 BremVerf; 71 Abs. 1 und 5 HambVerf; 70 Abs. 1 NdsVerf; 87 Abs. 1 Verf NW; 120 Abs. 2 Verf Rh-Pf; 106 Abs. 3 SaarlVerf; 100 Abs. 1 SächsVerf; 97 Abs. 2, 98 Abs. 1 LVerf LSA; 57 Abs. 21 SchlHVerf; 103 Abs. 1 ThürVerf.

Zu Abs. 2: Artt. 80 Abs. 2 BayVerf; 83 Abs. 2 BWVerf; 95 Abs. 2 VvB; 107 Abs. 2 BbgVerf; 133 a Abs. 3 BremVerf; 71 Abs. 3 und 4 HambVerf; 70 Abs. 2 NdsVerf; 87 Abs. 2 Verf NW; 120 Abs. 2 Verf Rh-Pf; 106 Abs. 3 SaarlVerf; 100 Abs. 2 und 3 SächsVerf; 98 Abs. 2 und 3 LVerf LSA; 57 Abs. 2 SchlHVerf; 103 Abs. 2 ThürVerf.

Zu Abs. 3: Artt. 83 Abs. 2 BWVerf; 95 Abs. 3 VvB; 71 Abs. 1 HambVerf; 70 Abs. 1 NdsVerf; 100 Abs. 1 SächsVerf; 56 Abs. 1 SchlHVerf; 103 Abs. 3 ThürVerf.

Zu Abs. 4: Artt. 56 Abs. 2 SchlHVerf; 103 Abs. 4 ThürVerf.

Zu Abs. 5: Artt. 83 Abs. 2 BWVerf; 95 Abs. 3 VvB; 71 Abs. 1 HambVerf; 70 Abs. 1 NdsVerf; 86 Abs. 2 Verf NW; 120 Abs. 2 Verf Rh-Pf; 106 Abs. 2 SaarlVerf; 100 Abs. 4 SächsVerf; 56 Abs. 5 SchlHVerf; 103 Abs. 3 ThürVerf.

I. Funktion der Vorschrift 1	2. Prüfung bei Stellen außerhalb der Landesverwaltung (Abs. 3 Satz 2) 8
II. Rechtsstellung des Landesrechnungshofs (Abs. 1) 2	
1. Der Landesrechnungshof als oberste Landesbehörde (Abs. 1 Satz 1) 2	3. Überwachung der Haushalts- und Wirtschaftsführung der kommunalen Körperschaften (Abs. 4) 9
2. Richterliche Unabhängigkeit der Mitglieder (Abs. 1 Satz 2) 3	4. Übermittlung der Ergebnisse .. 10
III. Bestimmung der Mitglieder (Abs. 2) 4	V. Neuere Tendenzen in der Entwicklung der Rechnungshöfe 11
IV. Aufgaben des Landesrechnungshofs (Absätze 3 und 4) 7	VI. Gesetzesvorbehalt 12
1. Überwachung der Haushalts- und Wirtschaftsführung des Landes 7	VII. Schrifttum 13

I. Funktion der Vorschrift

1 Art. 68 befasst sich mit zwei Regelungskreisen. Die Vorschrift enthält zum einen Bestimmungen über die Rechtsstellung des **LRH als Institution** (Art. 68 Abs. 1 Satz 1); dazu gehören auch Kernaussagen zur richterlichen Unabhängigkeit der Mitglieder des LRH (Art. 68 Abs. 1 Satz 2) sowie zu den Modalitäten der Wahl von Präsident und Vizepräsident bzw der Ernennung der weiteren Mitglieder (Abs. 2). Zum anderen normiert Art. 68 in den Absätzen 3 bis 5 das wesentliche **Aufgabenspektrum** des LRH. Insoweit ergeben sich Überschneidungen zu

Art. 67 Abs. 2, der ebenfalls Aufgaben des LRH, nämlich seine Mitwirkung bei der Rechnungsprüfung, beleuchtet. Dadurch unterscheiden sich die Art. 67 und Art. 68 von Art. 114 GG, weil dort Aussagen zur Institution des Bundesrechnungshofes und zu seinen Aufgaben in einem Grundgesetzartikel zusammengefasst sind. Die Differenzen in der rechtstechnischen Konstruktion führen aber nicht zwangsläufig zu sachlichen Divergenzen zwischen der verfassungsrechtlichen Stellung des Bundesrechnungshofs und des LRH M-V.

II. Rechtsstellung des Landesrechnungshofs (Abs. 1)

1. Der Landesrechnungshof als oberste Landesbehörde (Abs. 1 Satz 1). Art. 68 Abs. 1 Satz 1 garantiert die institutionelle Position des LRH als selbständige, nur dem Gesetz unterworfene oberste Landesbehörde. Der Begriff „oberste Landesbehörde" wird in der LV selbst nicht definiert. Nach § 5 Abs. 1 des Landesorganisationsgesetzes sind oberste Landesbehörden zB die LReg, der MinPräs und die Ministerien. Diesen Institutionen ist also der Rechnungshof in verfassungsrechtlicher Hinsicht gleichgestellt. Er ist selbständig und nur dem Gesetz unterworfen, also nicht von den Weisungen einer anderen Instanz, sei es LT oder LReg, abhängig. Selbst das Parlament kann auf die Tätigkeit des LRH nur durch Gesetz in verpflichtender Weise Einfluss nehmen. Die betreffenden Gesetze müssen sich allerdings ihrerseits im Rahmen der verfassungsrechtlichen Garantie halten. Das bedeutet zB, dass dem LRH haushaltsrechtlich ein eigener Einzelplan zugeordnet ist und die personelle sowie finanzielle Ausstattung den Mindestanforderungen einer angemessenen materiellen Basis gerecht werden muss.[1]

Sowohl für den Bundesrechnungshof als auch für die Rechnungshöfe der Länder gilt nach allgA, dass es sich dabei nicht um ein **Verfassungsorgan** handelt.[2] Die Frage hat keine praktische Bedeutung, weil der LRH nach Art. 53 Ziff. 1 auch ohne die Rechtsstellung eines Verfassungsorgans ein Organstreitverfahren vor dem LVerfG M-V anstrengen kann, da der LRH ein „anderer Beteiligter" ist, der durch die LV mit eigenen Rechten ausgestattet ist.

2. Richterliche Unabhängigkeit der Mitglieder (Abs. 1 Satz 2). Die Mitglieder des **LRH** besitzen **richterliche Unabhängigkeit**. Damit wird der LRH nicht nur als Institution (Satz 1), sondern auch hinsichtlich der Befugnisse seiner Mitglieder geschützt. Die nähere Ausgestaltung der richterlichen Unabhängigkeit ist in §§ 6 und 7 Landesrechnungshofgesetz (LRHG) geregelt. Danach sind zB die Vorschriften für Richter auf Lebenszeit über Dienstaufsicht, Versetzung, Entlassung, Amtsenthebung, Altersgrenze und Disziplinarmaßnahmen entspr. anzuwenden. Ihrem Status nach sind die Mitglieder des LRH allerdings nicht Richter, sondern Beamte, und zwar Beamte auf Zeit (**Präsident** und Vizepräsident) bzw Beamte auf Lebenszeit (weitere **Mitglieder** des LRH), vgl §§ 4 und 5 LRHG.

---

1 *Kube*, in: MaunzDürig, Art. 114 Rn 47; *Schwarz*, in: von Mangoldt/Klein/Starck, Art. 114 Rn 107; *Engels*, in: BK, Art. 114 Rn 147.
2 *Kobusch*, in: Epping/Butzer Art. 70 Rn 20; *Schwarz*, in: von Mangoldt/Klein/Starck, Art. 114 Rn 77; Jarass/Pieroth, Art. 114 Rn 4; *Kube*, in: Maunz/Dürig, Art. 114 Rn 62; *David*, Art. 71 Rn 5; *Braun*, Art. 83 Rn 6; *Thiele*, in: Thiele/Pirsch/Wedemeyer, Art. 68 Rn 1. In dem Bericht der Verfassungskommission zu Art. 68 (Drs. 1/3100, 153) wird allerdings der LRH als „Verfassungsorgan" bezeichnet. Diese Begriffsbestimmung findet sich aber nur in einer in indirekter Rede wiedergegebenen Äußerung des Präsidenten des LRH. Damit ist nicht zwingend verbunden, dass sich die Verfassungskommission diese Qualifizierung zu Eigen gemacht hat.

Aus der richterlichen Unabhängigkeit folgt, dass der LRH nach dem Kollegialprinzip organisiert ist.[3]

III. Bestimmung der Mitglieder (Abs. 2)

4 Art. 68 Abs. 2 Satz 1 regelt die Zusammensetzung des LRH. Dieser besteht aus dem Präsidenten, dem Vizepräsidenten und weiteren Mitgliedern. Deren Zahl ist weder in der LV noch im LRHG vorgeschrieben. Sie richtet sich daher ausschließlich nach den Vorgaben im Stellenplan des jeweiligen Haushalts. Derzeit enthält der Stellenplan für die weiteren Mitglieder drei Stellen, so dass die Mitgliederzahl insgesamt – einschl. Präsident und Vizepräsident – bei fünf liegt. Allerdings weist der Stellenplan (Stand: Doppelhaushalt 2014/2015) einen kw-Vermerk aus, so dass mit Ausscheiden eines der weiteren Mitglieder deren Zahl auf zwei sinkt. Aus der LV lässt sich nur so viel entnehmen, dass neben dem Präsidenten und dem Vizepräsidenten mindestens zwei weitere Mitglieder vorhanden sein müssen, weil Art. 68 Abs. 2 Satz 1 die weiteren Mitglieder im Plural bezeichnet. Das **Kollegialorgan** LRH besteht also aus mindestens vier Mitgliedern.

Die in Abs. 2 Satz 2 getroffenen Regelungen über die **Wahl** und die Amtsdauer des **Präsidenten** und des **Vizepräsidenten** sind durch Gesetz vom 14.07.2006[4] neu geregelt worden. Danach gilt Folgendes:

Es obliegt der **LReg**, dem LT einen **Vorschlag** für die **Wahl** des **Präsidenten** und des **Vizepräsidenten** zu machen. Eine solche Bestimmung über das Vorschlagsrecht bzw die Pflicht zu einem Vorschlag fehlte in der früheren Verfassungslage. Damals war nur die Wahl durch den LT geregelt. Deshalb entstanden Unklarheiten, welches Verfassungsorgan das Recht bzw die Pflicht zur Initiative hat, wenn die Position des Präsidenten oder des Vizepräsidenten vakant ist. Diese unbefriedigende Rechtslage hat mit dazu beigetragen, dass die Funktion des Vizepräsidenten mehrere Jahre unbesetzt geblieben ist, weil sich die Beteiligten nicht auf einen Nachfolger verständigen konnten. Da die LV vorschreibt, dass der LRH aus dem Präsidenten, dem Vizepräsidenten und weiteren Mitgliedern besteht, ist ein Zustand, bei dem auf Dauer eine dieser Funktionen nicht besetzt ist, mit der LV nicht vereinbar. Die Neuregelung in der LV überträgt die Verantwortung für die Initiative der LReg, die allerdings für einen aussichtsreichen Vorschlag auf die Bereitschaft des LT zur Mitwirkung angewiesen ist.

Auf Vorschlag der LReg erfolgt die **Wahl durch den LT**, und zwar mit einer qualifizierten Mehrheit. Erforderlich sind die Mehrheit von 2/3 der anwesenden Mitglieder (anders § 4 Abs. 1 LRHG, der bei nächster Gelegenheit an die LV angepasst werden sollte) sowie die Mehrheit der Mitglieder des LT. Beide Voraussetzungen müssen kumulativ vorliegen. Diese Festlegung geht zurück auf einen Vorschlag des damaligen Landesrechnungshofpräsidenten, den die Verfassungskommission übernommen hat.[5] Dadurch sollte die demokratische Legitimation des LRH erhöht werden. Aufgrund der erforderlichen 2/3 Mehrheit der Anwesenden kann die jeweilige Regierungskoalition den Präsidenten bzw Vizepräsidenten im Regelfall nur mit Zustimmung zumindest von Teilen der Opposition wählen lassen. Dies erhöht die demokratische Legitimation, bringt auf der anderen Seite aber praktische Schwierigkeiten, wenn eine Verständigung zwischen

---

3 *Piduch*, Art. 114 Rn 32; *Braun*, Art. 83 Rn 5; *Karehnke*, DÖV 1972, 145, 148 f; *Susanne Tiemann*, Die staatsrechtliche Stellung der Finanzkontrolle des Bundes, 1974, S. 242; differenzierend: *Schwarz*, in: von Mangoldt/Klein/Starck, Art. 114 Rn 113; vgl zum Kollegialprinzip auch → Rn 6.
4 GVOBl. 2006, 572.
5 Drs. 1/3100, 153.

der Regierungskoalition und der Opposition nicht gelingt. Diese Gefahr besteht vor allem dann, wenn Präsident und Vizepräsident nicht gleichzeitig gewählt werden, sondern nur einer von beiden. Dann ist nämlich ein Kompromiss, bei dem zB die Regierung den Präsidenten und die Opposition den Vizepräsidenten vorschlagen darf, nicht möglich. Insoweit hat auch das Erfordernis der qualifizierten Mehrheit zu der oben bereits erwähnten mehrjährigen Vakanz der Position des Vizepräsidenten beigetragen. Verfehlt der von der Landesregierung vorgeschlagene Kandidat die erforderliche Mehrheit, ist ein zweiter Wahlgang zulässig.[6]

Präsident und Vizepräsident werden vom **MinPräs ernannt**. Die Amtszeit beträgt 12 Jahre. Eine Wiederwahl ist ausgeschlossen. Die lange Amtszeit und der Ausschluss der Wiederwahl fördern die innere Unabhängigkeit von Präsident und Vizepräsident.[7] Wenn die Altersgrenze vor Ablauf der 12jährigen Wahlperiode erreicht wird, endet die Amtszeit mit Ablauf des Monats, in dem Präsident oder Vizepräsident die gesetzliche Altersgrenze erreichen, vgl § 4 Abs. 2 Satz 2 LRHG.

Die LV nennt keine persönlichen Qualifikationsanforderungen für die Positionen des Präsidenten und des Vizepräsidenten. Nach § 3 LRHG müssen die Mitglieder des LRH die Befähigung zum Richteramt oder zum höheren Verwaltungsdienst oder für eine Laufbahn des höheren technischen Dienstes besitzen oder eine abgeschlossene volks- oder betriebswirtschaftliche Vorbildung erlangt haben. Mindestens 1/3 der Mitglieder muss die Befähigung zum Richteramt besitzen. Bei der derzeitigen Zahl der Mitglieder (5) benötigen daher mindestens 2 Mitglieder die Befähigung zum Richteramt.

Die **weiteren Mitglieder** werden vom MinPräs auf Vorschlag des Präsidenten des LRH berufen. Die ursprüngliche Fassung des Entwurfs der LV sah auch für die Ernennung der weiteren Mitglieder die Zustimmung des LT vor. Diese Anforderung wurde auf Vorschlag des damaligen Landesrechnungshofspräsidenten gestrichen, um die Unabhängigkeit des LRH zu stärken.[8]

Aus der LV lassen sich einige Erkenntnisse zur **Gewichtsverteilung** innerhalb des LRH gewinnen. Der LRH wird in der LV überwiegend als Institution angesprochen, vgl Art. 67 Abs. 2 und 3, Art. 68 Abs. 1 Satz 1, Abs. 3, Abs. 4 und Abs. 5. Eine herausgehobene Stellung erlangen der Präsident und der Vizepräsident durch ihre bevorzugte Nennung in Art. 68 Abs. 2 Satz 1 sowie durch die Besonderheiten des Wahlaktes; die Stellung des Präsidenten wird dadurch gestärkt und betont, dass er das alleinige Vorschlagsrecht für die Berufung der weiteren Mitglieder hat. Dadurch kann der Präsident die Zusammensetzung des LRH maßgeblich beeinflussen. Der Charakter des LRH als Kollegialorgan wird demgegenüber durch die Garantie der richterlichen Unabhängigkeit für alle Mitglieder betont sowie dadurch, dass die weiteren Mitglieder gemeinsam mit dem Präsidenten und dem Vizepräsidenten den LRH bilden, vgl Art. 68 Abs. 2 Satz 1. Das aus dem Präsidenten, dem Vizepräsidenten und den weiteren Mitgliedern bestehende Gremium wird in § 2 Abs. 1 Satz 2 LRHG als „**Senat**" bezeichnet. Nähere Ausführungen zur Binnenstruktur des LRH enthalten §§ 8 bis 13 LRHG.[9] Danach vertritt der Präsident die Behörde nach außen, leitet die Verwaltung des LRH und übt die Dienstaufsicht aus (§ 8 Abs. 1). Er verteilt die Ge-

---

6 LVerfG MV 28.10.2010 -5/10-, LVerfGE 21, 218 ff = DÖV 2011, 38 (LS).
7 *Kobusch*, in: Epping/Butzer, Art. 70 Rn 95.
8 Drs. 1/3100, 154; zur Besetzung der Landesrechnungshöfe am Beispiel des Landes Brandenburg vgl Umbach/Dollinger, Zwischen Beamtenauslese und Demokratieprinzip, 2007.
9 Vgl zur Stellung des Präsidenten des Bundesrechnungshofs *Piduch*, Art. 114 Rn 35.

schäfte im Einvernehmen mit dem Senat auf die Prüfungsabteilungen und bestimmt, welche Mitglieder die Prüfungsgebiete leiten (§ 9 Abs. 1). Er entscheidet über die Besetzung der Prüfungsabteilungen mit Prüfungsbeamten und weiteren Mitarbeitern (§ 9 Abs. 2 Satz 1), bedarf hierfür aber auf Antrag eines betroffenen Mitglieds im Einzelfall der Zustimmung des Senats (§ 9 Abs. 2 Satz 2). Der Senat entscheidet unter dem Vorsitz des Präsidenten in allen Angelegenheiten von grds. oder sonst erheblicher Bedeutung (§ 10 Abs. 1), insb. über die in § 10 Abs. 2 aufgeführten Punkte, die die Prüfungstätigkeit und die Bemerkungen des LRH betreffen. Der Senat entscheidet mit Stimmenmehrheit, wobei bei Stimmengleichheit die Stimme des Vorsitzenden den Ausschlag gibt, § 10 Abs. 3 Satz 1 und 2. Die hier knapp zusammengefassten Bestimmungen des LRHG geben den Senatsmitgliedern eine relativ starke Stellung, weil der Senat nicht nur im Kernbereich der Aufgabenerfüllung des LRH (§ 10 Abs. 2) entscheidet, sondern durch verschiedene Mitwirkungsbefugnisse auch auf die Verwaltungstätigkeit Einfluss nimmt, die primär dem Präsidenten zugeordnet ist. Innerhalb des verfassungsrechtlich zulässigen Rahmens wären auch andere Gestaltungen denkbar. Allerdings dürfen Gewichtsverschiebungen zugunsten des Präsidenten nicht so weit gehen, dass dadurch die richterliche Unabhängigkeit der Mitglieder in ihrem Wesensgehalt ausgehöhlt würde.[10]

IV. Aufgaben des Landesrechnungshofs (Absätze 3 und 4)

7 **1. Überwachung der Haushalts- und Wirtschaftsführung des Landes.** Eine bes. wichtige Aufgabe des LRH ist bereits in Art. 67 Abs. 2 geregelt. Danach wirkt der LRH nämlich am parlamentarischen Entlastungsverfahren mit, indem er die Rechnung sowie die Ordnungsmäßigkeit und die Wirtschaftlichkeit der Haushaltsführung prüft und darüber berichtet. Art. 68 Abs. 3 erweitert diese Aufgabe der **Rechnungsprüfung** dadurch, dass dem LRH mit der Überwachung der gesamten Haushalts- und Wirtschaftsführung des Landes eine umfassende **Finanzkontrolle** übertragen wird. Unter **Haushaltsführung** ist die Ausführung des Haushaltsgesetzes und des Haushaltsplanes zu verstehen, mit **Wirtschaftsführung** ist die finanzwirtschaftliche Betätigung außerhalb des Haushaltsplans angesprochen, also zB solche Maßnahmen, die sich gegenwärtig noch nicht, aber in Zukunft finanzwirksam auswirken können, wie etwa Finanzplanungen oder wirtschaftslenkende Maßnahmen.[11] Eine genaue Abgrenzung zwischen beiden Begriffen ist wegen des umfassenden Kontrollansatzes der LV entbehrlich. Prüfungsmaßstab sind nach Art. 68 Abs. 3 Satz 2 die Zweckmäßigkeit und Wirtschaftlichkeit der öffentlichen Verwaltung. Zum Begriff der Wirtschaftlichkeit vgl die Erläuterungen zu → **Art. 67 Rn 3.** Die Erwähnung des Maßstabs der Zweckmäßigkeit bringt zum Ausdruck, dass dem LRH über eine reine Rechtmäßigkeits- bzw Ordnungsmäßigkeitskontrolle hinaus auch die Entwicklung eigener Beurteilungsmaßstäbe gestattet sein soll. Umstritten ist in diesem Zusammenhang, ob der LRH auch das Recht hat, politische Entscheidungen seiner Kontrolle zu unterwerfen bzw dazu Stellung zu nehmen. Während die überlieferte Auffassung diese Frage verneint,[12] wird heute zT auch die Ansicht vertreten, dass der LRH zur Entwicklung eigener politischer Maßstäbe und Bewertungen

---

10 So wird zB teilweise das Entscheidungsrecht des Präsidenten bei Stimmengleichheit für bedenklich gehalten, vgl *Schwarz*, in: von Mangoldt/Klein/Starck, Art. 114 Rn 113; *Wieland*, DVBl 1995, 894, 900; *Siekmann*, in: Sachs, GG, Art. 114 Rn 35.
11 *Von Mutius*, in: von Mutius/Wuttke/Hübner, Art. 56 Rn 2.
12 *Kube*, in: Maunz/Dürig, Art. 114 Rn 102, 103; *Tiemann*, Die staatsrechtliche Stellung der Finanzkontrolle des Bundes, 1974, S. 112.

befugt sei.[13] In der Praxis ist dieser Streit längst entschieden. So berichten zB fast alle Landesrechnungshöfe – so auch der LRH M-V – in den allg. Bemerkungen ihrer Jahresberichte ausführlich über die jeweilige finanzpolitische Entwicklung. Dabei sparen die Rechnungshöfe nicht mit politischen Bewertungen, die nicht nur die Verwaltung als ausführendes Organ, sondern auch das Parlament als Haushaltsgesetzgeber einer krit. Analyse unterziehen. Insoweit haben sich die Rechnungshöfe ein politisches Mandat als Wächter der finanziellen Solidität zugelegt. Aus meiner Sicht ist dies verfassungsrechtlich zulässig, weil übergreifende finanzpolitische Aussagen, die sich nur auf den ausführenden Teil der Verwaltung beziehen, nicht möglich sind. Ein umfassendes Bild ergibt sich erst bei einer wertenden Einbeziehung auch legislatorischer Akte.[14]

Die **Überwachung** beschränkt sich nicht nur auf abgeschlossene Vorgänge.[15] Der Begriff „Überwachung" ist umfassender als der Begriff „Prüfung". Das Kontrollrecht des Rechnungshofs bezieht sich deshalb auch auf noch **laufende Vorgänge**.[16] So überträgt zB § 88 Abs. 3 LHO dem LRH ausdrücklich auch die Kompetenz, aufgrund von Prüfungserfahrungen den LT, die LReg und einzelne Ministerien zu beraten.

2. Prüfung bei Stellen außerhalb der Landesverwaltung (Abs. 3 Satz 2). Nach Art. 68 Abs. 3 Satz 2 gehört zu den Aufgaben des Rechnungshofs die Überwachung, soweit Stellen außerhalb der Landesverwaltung und Private Landesmittel erhalten oder Landesvermögen oder Landesmittel verwalten. Dazu trifft § 91 LHO nähere Regelungen. Die Prüfung erstreckt sich nach § 91 Abs. 2 LHO auf die bestimmungsmäßige und wirtschaftliche Verwaltung und Verwendung, kann aber bei Zuwendungen auch darüber hinaus auf die sonstige Haushalts- und Wirtschaftsführung des Empfängers erstreckt werden, soweit es der LRH für notwendig hält.

3. Überwachung der Haushalts- und Wirtschaftsführung der kommunalen Körperschaften (Abs. 4). Der LRH überwacht auch die Haushalts- und Wirtschaftsführung der kommunalen Körperschaften und der übrigen juristischen Personen des öffentlichen Rechts, die der Aufsicht des Landes unterstehen. Eine direkte Kommunalaufsicht hat das Land nur in Bezug auf die **Kreise und kreisfreien Städte**. Die kreisangehörigen Gemeinden unterliegen der Kommunalaufsicht der Landkreise, werden also von den dortigen Rechnungsprüfungsämtern und nicht vom LRH geprüft. Allerdings hat der LRH in der Vergangenheit auch Prüfungsbemerkungen zu Querschnittsfeststellungen getroffen, die den gesamten kommunalen Bereich berühren. Das ist von seinem umfassenden Recht zur Finanzkontrolle gemäß Art. 68 abgedeckt. Sonstige juristische Personen des öf-

---

13 *Von Mutius*, in: von Mutius/Wuttke/Hübner, Art. 56 Rn 21; *von Arnim*, DVBl 1983, 667; differenzierend *Engelhardt/Hegmann*, in: Stellung und Funktion der Rechnungshilfe im Wandel?, 1993, S. 21 ff.
14 Einen guten Einblick in den aktuellen Stand der Diskussion zu den Aufgaben und Befugnissen der Rechnungshöfe bietet die Denkschrift für Manfred Eibelshäuser, Moderne Finanzkontrolle und öffentliche Rechnungslegung, hg. *Wallmann/Nowak /Mühlhausen/ Steingässer*2013, hier insbesondere die Beiträge von *Eichhorn*, Strategieprüfungen durch Rechnungshöfe, S. 135 ff; *Engels*, Die Beratungsaufgabe der Rechnungshöfe, S. 141 ff, und *Fischer-Heidlberger/Zeller*, Rechnungshof und Politik: Betrachtung des Spannungsverhältnisses am Beispiel des Bayerischen Obersten Rechnungshofs, S. 155 ff.
15 So aber *Thiele*, in: Thiele/Pirsch/Wedemeyer, Art. 68 Rn 5; *von Mutius*, in: von Mutius/ Wuttke/Hübner, Art. 56 Rn 9.
16 Zur gegenwartsnahen Prüfung vgl auch *Engels*, in: BK, Art. 114 Rn 227; *Braun*, Art. 83 Rn 8; *Schwarz*, in: von Mangoldt/Klein/Starck, Art. 114 Rn 74.

fentlichen Rechts, die der Aufsicht des Landes unterstehen, sind u.a. die Anstalten in der Trägerschaft des Landes.

10 **4. Übermittlung der Ergebnisse.** Nach Art. 68 Abs. 5 übermittelt der LRH jährlich das Ergebnis seiner Prüfung gleichzeitig dem LT und der LReg. Im Rahmen des so genannten Jahresberichts werden also nicht nur die Ergebnisse der Rechnungsprüfung gemäß Art. 67 Abs. 2 mitgeteilt, sondern auch die Erkenntnisse, die der Rechnungshof aus seiner umfassenden Finanzkontrolle gewonnen hat.

V. Neuere Tendenzen in der Entwicklung der Rechnungshöfe

11 Die Tätigkeit der Rechnungshöfe hat in der jüngeren Vergangenheit Akzentverschiebungen erfahren.[17] Die Rechnungshöfe sind – wie bereits erwähnt – stärker als früher bereit, sich auch zu „**politischen**" Fragen zu äußern. Sie bleiben nicht bei „buchhalterischen" Rechnungsprüfungen stehen, sondern zielen darauf ab, Zusammenhänge zu erfassen und so darzustellen, dass sie in ihrer Brisanz für das Parlament, aber auch für die Öffentlichkeit, erkennbar werden. Das ist eine unvermeidliche Folge der Krise der bundesstaatlichen Finanzpolitik mit der immer bedrohlicher anwachsenden Gesamtverschuldung. Es ist nachvollziehbar, dass die Rechnungshöfe in einer solchen Situation ihre Funktion als Warner deutlicher artikulieren müssen als das in einer ausgeglichenen Haushaltssituation erforderlich wäre. Damit einher geht die Neigung, nicht mehr nur im Nachhinein zu prüfen, sondern durch Empfehlungen die aktuelle politische Lage zu beeinflussen. Beides ist so lange nicht zu beanstanden, wie die Rechnungshöfe es vermeiden, einseitig gefärbte parteipolitische Thesen zu entwickeln, die mit der gebotenen Objektivität nicht vereinbar wären. Letzteres würde die Autorität des Rechnungshofs, der eben keine Entscheidungskompetenz, sondern nur Überzeugungsmöglichkeiten hat, schwächen.

VI. Gesetzesvorbehalt

12 Nach Art. 68 Abs. 6 regelt das Nähere das Gesetz. Das ist geschehen in den §§ 88 ff LHO bzgl der Aufgaben des LRH sowie im LRHG.

VII. Schrifttum

13 Vgl die Angaben bei → **Art. 67** Rn 6.

IV. Landesverwaltung und Selbstverwaltung

Art. 69 (Träger der öffentlichen Verwaltung)

Die öffentliche Verwaltung wird durch die Landesregierung, die ihr unterstellten Behörden und die Träger der Selbstverwaltung ausgeübt.

Artt. 86 GG; 89 BWVerf; 4 BayVerf; 16 Abs. 1 und 2 BbgVerf; 56 NdsVerf; 82 Abs. 1 SächsVerf; 86 Abs. 1 LVerf LSA; 90 Satz 1 ThürVerf.

I. Allgemeine Einordnung der Norm	1	III. Die Träger der öffentlichen Verwaltung in M-V	9
II. Verwaltungskompetenzen von Bund und Ländern	3	1. Zur Bedeutung des Landesorganisationsgesetzes	9

---

17 Vgl *Engelhardt/Schulze/Thieme*, Stellung und Funktion der Rechnungshöfe im Wandel, 1993; *Dieckmann*, DÖV 1992, 893 ff; weitere Nachweise siehe oben Fn 12.

2. Unmittelbare Landesverwaltung 10
3. Mittelbare Verwaltung durch Träger der Selbstverwaltung ... 16

IV. Schrifttum 19

I. Allgemeine Einordnung der Norm

Der **normative Gehalt** des Art. 69 LV ist **gering**.[1] Selbst die im Abschlussbericht der Verfassungskommission enthaltene lapidare Feststellung, die Vorschrift definiere abschließend, welche Träger im Land die öffentliche Verwaltung ausüben,[2] ist nur bedingt zutreffend. Es handelt sich um eine offene, keine abschließende Norm. Ihr dürfte kaum ein Verbot zu entnehmen sein, jedenfalls die Durchführung einzelner Verwaltungsaufgaben auch anderen Institutionen zu übertragen, etwa im Wege der Beleihung.[3] Davon geht auch das LOG aus, in dessen § 2 Abs. 4 natürliche und juristische Personen des Privatrechts sowie nicht rechtsfähige Vereinigungen als Träger der mittelbaren Landesverwaltung für die ihnen übertragenen öffentlichen Aufgaben genannt werden. Nach § 9 Abs. 2 LOG können Träger *einzelner* Aufgaben der öffentlichen Verwaltung neben dem Land, den Gemeinden und den Ämtern auch weitere Körperschaften des öffentlichen Rechts ohne Gebietshoheit, rechtsfähige Anstalten, Stiftungen des öffentlichen Rechts, privatrechtlich organisierte Verwaltungsträger sowie natürliche und juristische Personen des Privatrechts und nicht rechtsfähige Vereinigungen sein. 1

Art. 69 LV bildet zu Beginn des IV. Abschnitts der LV eine Klammer zwischen den im folgenden näher ausgestalteten Formen unmittelbarer und mittelbarer Staatsverwaltung, insb. durch die kommunalen Selbstverwaltungskörperschaften. 2

II. Verwaltungskompetenzen von Bund und Ländern

Nach der Konzeption des GG ist die Verwaltung abschließend zwischen Bund und Ländern iS alternativer Zuständigkeit verteilt. Die Wahrnehmung von Verwaltungsaufgaben durch die Kommunen gilt dabei als Verwaltung des Landes.[4] Während weitreichende Gesetzgebungskompetenzen des Bundes im Vergleich zu den Ländern bestehen, liegt das Schwergewicht der Wahrnehmung von Verwaltungsaufgaben bei den Ländern. Zuspitzend wird in der Wissenschaft von einem „**Exekutivföderalismus**"[5] gesprochen, gleichzeitig jedoch faktisch eine **Erosion der Administrativkompetenzen** der Länder[6] konstatiert. Die Föderalismusreform I im Jahr 2006[7] hat aber insoweit markante Veränderungen erbracht. Das Ziel bestand in einer Entflechtung der Kompetenzen und einer Stärkung der Eigenverantwortung der zuständigen Ebene.[8] 3

---

1 Ähnlich zur Parallelvorschrift *Waechter* in: Epping/Butzer, Art. 56 Rn 2: „verfassungsdogmatische Funktion ... undeutlich".
2 LT-Drs. 1/3100, S. 155.
3 Zum Handeln Beliehener vgl *Schliesky*, in: Knack/Henneke, § 1 Rn 75 ff.
4 Vgl BVerfGE 39, 96, 109; 86, 148, 215; 119, 331, 364; zuletzt BVerfG, NVwZ 2015, 136,140 (Rn 90).
5 *P.M. Huber*, Verhandlungen zum 65. DJT, 2004, Bd. I, S. D 77; *F. Kirchhof* in: Maunz/Dürig, Art. 83 Rn 3.
6 *F. Kirchhof* in: Maunz/Dürig, Art. 83 Rn 8 ff.
7 Zusammenfassend zu den Ergebnissen vgl *Degenhart*, NVwZ 2006, 1209 ff; *Henneke*, DVBl 2006, 867 ff.
8 Vgl BVerfGE 127, 165,197; BVerfG, NVwZ 2015, 136, 140 (Rn 93).

4 Die **Artt. 83 ff GG** gehen von den Verwaltungstypen der bundeseigenen Verwaltung, der Bundesauftragsverwaltung sowie der landeseigenen Verwaltung aufgrund von Bundes- und Landesgesetzen aus. Nach Art. 83 GG führen die Länder Bundesgesetze grds. als eigene Angelegenheit aus, soweit das GG nicht ausdrücklich etwas anderes bestimmt oder zulässt. Damit wird sowohl der Vollzug durch die Länder als auch dieser Vollzug als eigene Angelegenheit der Länder als Regelfall festgeschrieben.[9]
Die anderweitige Regelungsmöglichkeit hat durch die **Föderalismusreform 2006** eine Neufassung erfahren, die die Eingriffsmöglichkeiten des Bundes in die Länderhoheit an deutlich strengere Voraussetzungen bindet. Die frühere Regelung führte in der Praxis zu einer erheblichen Beeinträchtigung der Organisationshoheit der Länder.[10] Mit der beschlossenen Neuregelung verband sich die Erwartung einer Reduzierung der Anzahl der zustimmungspflichtigen Gesetze durch den BRat von ehemals 60 % auf 35-40 %.[11] Hervorzuheben ist das in Art. 84 Abs. 1 S. 7 GG verankerte Verbot des Übertragens von Aufgaben durch den Bund auf Gemeinden und Gemeindeverbände.

5 Die **Abweichungsregelung** in Art. 84 Abs. 1 Satz 2 GG soll sicherstellen, dass die Bundesländer Herr der eigenen Behördenorganisation verbleiben.[12] Dem dient auch die Verzögerungsfrist in Art. 84 Abs. 1 Satz 3 GG. ISd grundgesetzlich angelegten „Ping-Pong-Spiels" sollen die Länder eine angemessene Reaktionszeit haben, um ihrerseits (erneut) auf eine bundesgesetzliche Regelung reagieren zu können. Bezogen auf die in dem Katalog der konkurrierenden Gesetzgebung in Art. 72 Abs. 3 Satz 1 GG geregelten Materien sieht der durch Art. 84 Abs. 1 Satz 4 GG in Bezug genommene Art. 72 Abs. 3 Satz 3 GG nämlich vor, dass im Verhältnis von Bundes- und Landesrecht das jeweils spätere Gesetz vorgeht. Satz 5 des Art. 84 Abs. 1 GG sieht für die „Ausnahmefälle" den Ausschluss der Abweichungskompetenz der Länder durch den Bund für das Verwaltungsverfahren, nicht aber für die Einrichtung der Behörden vor, die damit in jedem Fall dem Land vorbehalten bleibt, soweit nicht nach Art. 84 Abs. 1 Satz 3 mit Zustimmung des BRat etwas anderes bestimmt wurde. Der Verfassungsgesetzgeber hat damit den bereits zuvor geltenden rechtsstaatlichen Grundsatz der Normenklarheit und Widerspruchsfreiheit gestärkt, der die Länder vor einem Eindringen des Bundes in den ihnen vorbehaltenen Bereich der Verwaltung schützt.[13]

6 Selbst die Zustimmung des BRat rechtfertigt im Übrigen nicht die unmittelbare Übertragung von Aufgaben durch den Bund auf die Gemeinden und Landkreise, Art. 84 Abs. 1 Satz 7 GG. Damit ist der in der Vergangenheit vielfach kritisierte[14] **unmittelbare Aufgabendurchgriff** des Bundes auf die Kommunen – ohne korrespondierende Kostentragungspflicht – **verfassungsrechtlich unterbunden**. Das BVerfG hat den Kommunen zwar kein mit einer Kommunalverfassungsbeschwerde angreifbares Recht auf Einhalten der staatlichen Organisationsnorm des Art. 84 Abs. 1 GG a. F. zugestanden; die verfassungsrechtlich geschützte eigenverantwortliche Aufgabenwahrnehmung der Gemeinden und Gemeindeverbände werde aber beeinträchtigt, wenn der Gesetzgeber ohne hinreichend recht-

---

9 Ausführlich vgl *Henneke,* in: Schmidt-Bleibtreu/Hofmann/Henneke Vorb. v. Art. 83 Rn 1 ff.
10 Bestandsaufnahme mwN bei *P. M. Huber,* Deutschland in der Föderalismusfalle?, 2003, S. 8.
11 Vgl BT-Drs. 16/813, S. 14 f.
12 Zustimmend grds. *Nierhaus/Rademacher,* LKV 2006, 385, 393.
13 Vgl BVerfGE 108, 169, 181 f.
14 Vgl nur *Schoch,* Der Landkreis 2004, 367 ff; *H. Meyer,* Verhandlungen des 65. DJT, 2004, Bd. II/1, S. P 73 f mwN.

fertigenden Grund die gleichzeitige Aufgabenwahrnehmung durch verschiedene Verwaltungsbehörden verbindlich anordne.[15] Das Verbot der Aufgabenübertragung an die Kommunen stärkt und stabilisiert im Ergebnis auch die Eigenverantwortung der Länder.

In Reaktion auf dieses wegweisende Urteil zum **Verbot der Mischverwaltung** wurde Art. 91 e in das Grundgesetz eingefügt, um eine verfassungsrechtliche Basis für das Zusammenwirken der beiden staatlichen und der kommunalen Ebene hinsichtlich der Grundsicherung für Arbeitsuchende zu legen.[16] Bei Art. 91 e GG handelt es sich um eine eng begrenzte Durchbrechung der grundsätzlich auf Trennung von Bund und Ländern angelegten Verteilung der Verwaltungszuständigkeiten nach den Art. 83 ff GG. Es wird eine punktuelle Abkehr der Zielsetzung einer möglichst klaren Zuständig- und Verantwortlichkeiten zwischen Bund, Ländern und Kommunen vorgenommen.[17] Kritischer Nachfrage[18] bedarf die sich jedenfalls aus dem Verfassungstext nicht erschließende weitere Annahme des BVerfG, Art. 91 e GG begründe eine unmittelbare Finanzbeziehung zwischen dem Bund und den Optionskommunen und ermögliche daher eine von der Rechts- und Fachaufsicht wie auch der Kontrolltätigkeit des Bundesrechnungshofs zu unterscheidende **Finanzkontrolle** seitens des Bundes.

Der Intention des Art. 84 Abs. 1 GG entspricht es, dass weitere Bundesdurchgriffe auf die kommunale Ebene auch dann unzulässig sind, wenn der Bund bereits in der Vergangenheit Kommunen für zuständig erklärt hat und bereits zugewiesene Aufgaben „lediglich"[19] erweitert.[20]

Unverändert sieht Art. 85 Abs. 1 Satz 1 GG vor, dass im Falle der Ausführung 7 von Bundesgesetzen als **Auftragsangelegenheit des Bundes** die Einrichtung der Behörden Angelegenheit der Länder bleibt, soweit nicht Bundesgesetze mit Zustimmung des BRat etwas anderes bestimmen. Der 2006 neu angefügte Satz 2 verbietet mit der gleichen Formulierung wie in Art. 84 Abs. 1 Satz 7 GG auch für diese Konstellation die Übertragung von Aufgaben durch Bundesgesetz auf die Gemeinden und Landkreise. Sie ist in engem Zusammenhang mit der ebenfalls im Zuge der Föderalismusreform neugefassten Bestimmung des Art. 104 a Abs. 4 GG zu sehen. Danach bedürfen Bundesgesetze, die Pflichten der Länder zur Erbringung von Geldleistungen, geldwerten Sachleistungen oder vergleichbaren Dienstleistungen gegenüber Dritten begründen und von den Ländern als eigene Angelegenheit oder nach Abs. 3 Satz 2 im Auftrag des Bundes ausgeführt werden, der Zustimmung des BRat, wenn daraus entstehende Ausgaben von den Ländern zu tragen sind. Entgegen missverständlichen Entschließungen einiger BT-Ausschüsse anlässlich der Verabschiedung der Neufassung ist darauf hinzuweisen, dass die Bundesauftragsverwaltung sich denklogisch nicht auf Gegen-

---

15 BVerfGE 119, 331, 356 ff; vgl dazu ausführlich *Cornils*, ZG 2008, 184 ff; *Huber*, DÖV 2008, 84 ff; *Korioth*, DVBl 2008, 812 ff; *H. Meyer*, NVwZ 2008, 275 ff; *Ritgen*, NdsVBl. 2008, 185 ff; *Waldhoff*, ZSE 2008, 57 ff; *Wieland*, Der Landkreis 2009, 556 ff.
16 Ausführlich mwN *Henneke*, Der Landkreis 2010, 159 ff; *ders.*, in Schmidt-Bleibtreu/Hofmann/Henneke, Art. 91 e Rn 1 ff.
17 BVerfG, NVwZ 2015, 136, 138 (Rn. 80 ff).
18 Näher vgl *Meyer*, NVwZ 2015, 116, 119 f; betont krit. insoweit auch *Henneke*, DVBl 2014,1540, 1541 f.
19 So etwa *Maiwald*, GG, Text Föderalismusreform mit Begleitgesetz und Einführung, 2006, S. XXI.
20 Vgl hierzu zutr. *Henneke*, Der Landkreis 2006, 508 f; *dens.*; NdsVBl. 2007, 57, 64; uneingeschränkt zustimmend auch *Nierhaus/Rademacher*, LKV 2006, 385, 393; ausf. auch *Schoch*, DVBl. 2007, 261, 263 ff; instruktiv aus Ländersicht *Försterling*, Der Landkreis 2007, 56, 56 f.

stände der örtlichen Gemeinschaft beziehen kann.[21] Mit deutlicher Mehrheit hat sich der 70. Deutsche Juristentag 2014 für die Streichung der systemwidrigen Regelung in Art. 104 a Abs. 3 Satz 2 GG ausgesprochen, weil es bei durchnormierten Geldleistungsgesetzen keiner aufsichtsbehördlichen Einzelweisung bedürfe.[22]

8 Nur für die ausdrücklich in Artt. 87 bis 87 f GG genannten Materien unterhält der **Bund eine eigene Verwaltung oder kann eine solche einrichten.**[23]

III. Die Träger der öffentlichen Verwaltung in M-V

9 **1. Zur Bedeutung des Landesorganisationsgesetzes.** Das im Jahr 2005 verabschiedete Landesorganisationsgesetz (LOG) verstand die LReg als Grundlage der seinerzeit diskutierten Verwaltungsmodernisierung. Daneben sollten die rechtlichen Rahmenbedingungen geschaffen werden, die die wirkungsvolle Umsetzung des Verwaltungsmodernisierungsprozesses gewährleisten, und Regelungslücken im Organisationsrecht geschlossen werden.[24] Die Notwendigkeit des LOG war im Anhörungsverfahren aus nachvollziehbaren Erwägungen umstritten.[25] Das LOG kann als Konkretisierung des Art. 69 LV verstanden werden, allerdings nur soweit es seinerseits den verfassungsrechtlichen Rahmen einhält. Es vermag also keine Beschneidungen andernorts verbürgter Verfassungsrechte zu legitimieren.[26] Das LOG gliedert sich in sechs Teile. Die (nichtamtliche) Überschrift zu § 2 im ersten Teil lautet „Träger der Landesverwaltung", was den Inhalt der Norm nur unvollständig wiedergibt. Der zweite Teil enthält allg. Grundsätze der Verwaltungsorganisation. Von zentraler Bedeutung zur Untersetzung ist der 3. Teil mit den Vorschriften zum Aufbau der Landesverwaltung. In den weiteren Teilen finden sich Ausführungen zur Zuständigkeit, der Dienst- und Fachaufsicht über Behörden des Landes sowie Übergangs- und Schlussvorschriften.

10 **2. Unmittelbare Landesverwaltung.** Von **unmittelbarer Landesverwaltung** kann bei Wahrnehmung der Aufgaben der Verwaltung durch die LReg und ihr unterstellten Behörden gesprochen werden, von mittelbarer Landesverwaltung, wenn die Verwaltung Trägern der Selbstverwaltung obliegt. Daneben können weitere natürliche und juristische Personen im Einzelfall Aufgaben in mittelbarer Landesverwaltung wahrnehmen.

11 Das LOG unterscheidet bei den **unmittelbaren Landesbehörden** zwischen obersten Landesbehörden, oberen Landesbehörden, unteren Landesbehörden, sowie den Landräten in ihrer Funktion als untere staatliche Verwaltungsbehörde (§ 2 Abs. 2, §§ 5-7 LOG).

12 **Oberste Landesbehörden** sind nach § 5 LOG die LReg, der MinPräs und die Ministerien. Die LReg besteht gemäß Art. 41 Abs. 2 LV aus dem MinPräs und den Ministern. Aufgrund des in Art. 46 Abs. 2 LV statuierten Ressortprinzips steht

---

21 Zutr. *Henneke*, Der Landkreis 2006, 508 f.
22 Vgl Beschluss 6 c der Öffentlich-Rechtlichen Abteilung des 70. DJT, DVBl. 2014, 1441; näher vgl *Meyer*, Der Landkreis 2014, 283, 288 ff.
23 Ausf. vgl *F. Kirchhof*, in: Maunz/Dürig, Art. 83 Rn 6 f und 20 ff; zur grds. Anerkennung und Reichweite ungeschriebener Verwaltungskompetenzen kraft Sachzusammenhangs, Annex und kraft Natur der Sache vgl *Pieroth*, in: Jarass/Pieroth, Art. 83 Rn 6 f.
24 Vgl Amtl. Begr., LT-Drs. 4/1306, S. 17.
25 Zweifelnd vgl zB das Schreiben der kommunalen Landesverbände vom 10.11.2004, Sonderausschuss Verwaltungsmodernisierung und Funktionalreform, Ausschuss-Drs. 4/68.
26 Zu diesbezüglichen Bedenken im Hinblick auf Art. 72 LV bezüglich der Gemeinden und Landkreise vgl das Schreiben der kommunalen Landesverbände (Fn 25), zur ursprünglich beabsichtigten Formulierung des § 9.

in der Praxis nicht die LReg an der Spitze einer Verwaltungshierarchie, sondern deren fachlich zuständiges Mitglied.[27]

Obere Landesbehörden sind solche, die obersten Landesbehörden unmittelbar unterstehen und deren Zuständigkeit sich auf das gesamte Land erstreckt. Sie sind als Landesämter zu bezeichnen, § 6 LOG. 13

Untere Landesbehörden sind solche, die obersten oder oberen Landesbehörden unterstehen und deren Zuständigkeit sich auf einen Teil des Landes beschränkt oder in einer Rechtsvorschrift ausdrücklich als untere Landesbehörden oder untere staatliche Verwaltungsbehörden bezeichnet werden, § 7 LOG. Eine gewisse Sonderstellung unter den unteren staatlichen Verwaltungsbehörden nimmt der Landrat ein, soweit er gemäß § 119 KV in Organleihe für das Land in dieser Funktion tätig wird.[28] 14

Zur Bestimmung des Begriffes der **Behörde** iSd Art. 69 LV kann auf die Legaldefinition der Behörde im funktionellen Sinne des § 1 Abs. 3 VwVfG M-V zurückgegriffen werden, wonach Behörde jede Stelle ist, die Aufgaben der öffentlichen Verwaltung wahrnimmt.[29] 15

3. Mittelbare Verwaltung durch Träger der Selbstverwaltung. Träger der Selbstverwaltung sind insb. die in Art. 28 Abs. 2 GG sowie Art. 72 LV verfassungsrechtlich garantierten **Gemeinden und Landkreise**. Im kreisangehörigen Raum treten die **Ämter** als Träger von Aufgaben der öffentlichen Verwaltung an die Stelle der amtsangehörigen Gemeinden, soweit die Amtsordnung (§§ 125 ff KV) dies bestimmt oder zulässt (§ 125 Abs. 1 Satz 3 KV). Einen Formulierungsvorschlag der kommunalen Spitzenverbände aufgreifend[30] bringt § 9 Abs. 1 LOG die Position der Ämter als Träger der Aufgaben des übertragenen Wirkungskreises zutreffend zum Ausdruck, ohne die hervorgehobene Ausgestaltung der Gemeinden und Landkreise als Gebietskörperschaften einerseits, die der Ämter als Körperschaften des öffentlichen Rechts ohne Gebietshoheit andererseits zu vernachlässigen. Zur Erfüllung öffentlicher Aufgaben, die über die Grenzen von Gemeinden, Ämtern und Landkreisen hinauswirken, können Zweckverbände gegründet werden (§ 149 iVm §§ 150 ff KV). Besondere Formen kommunaler Zusammenarbeit bleiben nach § 149 Abs. 3 KV unberührt.[31] 16

Als Selbstverwaltungsträger im Bereich des öffentlichen Rechts haben sich die Körperschaft, die Anstalt und die Stiftung herausgebildet. Die **Körperschaft des öffentlichen Rechts** ist ein mitgliedschaftlich verfasster, unabhängig vom Wechsel der Mitglieder bestehender, mit Hoheitsgewalt ausgestatteter Verwaltungsträger. Die **Anstalt des öffentlichen Rechts** ist ein nicht verbandsmäßig organisierter rechtsfähiger Verwaltungsträger zur dauerhaften Verfolgung eines bestimmten Verwaltungszwecks, der Benutzer hat. **Stiftungen des öffentlichen Rechts** als Verwaltungsträger sind rechtsfähige Stiftungen, die mit einem Kapital- und Sachbestand bestimmte Aufgaben der öffentlichen Verwaltung erfüllen.[32] § 10 LOG übernimmt die gängigen Definitionen in das einfache Gesetzesrecht des Landes. 17

---

27 Näher hierzu vgl → *Litten*, **Art. 41** Rn 4 sowie → *Litten*, **Art. 46** Rn 5 ff.
28 Näher hierzu *H. Meyer*, in: Schweriner Kommentierung, § 119 Rn 1 ff.
29 Zu den verschiedenen Bedeutungen des Begriffs vgl näher *Maurer*, Allgemeines Verwaltungsrecht, § 21 Rn 30 ff; *Schliesky*, in: Knack/Henneke, § 1 Rn 31 ff mwN.
30 Vgl oben Fn 25, S. 2 f.
31 Vgl Überblick bei *Bielenberg/Hill*, in: Schweriner Kommentierung, § 149 Rn 3 ff.
32 Näher zu allen drei Formen juristischer Personen vgl *Schliesky*, in: Knack/Henneke, § 1 Rn 32 ff; *Burgi*, in: Erichsen/Ehlers, § 8 Rn 10 ff.

18 Neben den kommunalen Gebietskörperschaften und ihren Zusammenschlüssen gibt es eine Vielzahl **weiterer** solcher **Selbstverwaltungsträger**, die ihre Rechtsgrundlage teilweise im Bundes-, teilweise im Landesrecht finden. Ohne Anspruch auf Vollständigkeit sind die Hochschulen, die Industrie- und Handelskammern, die Handwerkskammern, die Ärzte-, Zahnärzte-, Notar-, Rechtsanwalts-, Architekten- und Ingenieurkammern, die öffentlich-rechtlichen Rundfunkanstalten und kleinere Einrichtungen wie bspw die Stiftung für Umwelt und Naturschutz zu nennen.

IV. Schrifttum

19 *Martin Burgi*, Verwaltungsorganisationsrecht, in: Erichsen/Ehlers (Hrsg.), Besonderes Verwaltungsrecht, 14. Aufl. 2010.

Art. 70 (Gesetzmäßigkeit und Organisation der öffentlichen Verwaltung)

(1) Die öffentliche Verwaltung ist an Gesetz und Recht gebunden.

(2) Organisation, Zuständigkeiten und Verfahren der öffentlichen Verwaltung werden durch Gesetz oder aufgrund eines Gesetzes geregelt. Dabei können Möglichkeiten der Einbeziehung der Bürger durch die öffentliche Verwaltung vorgesehen werden.

(3) Die Einrichtung der Landesbehörden im einzelnen obliegt der Landesregierung. Sie kann diese Befugnis auf einzelne Mitglieder der Landesregierung übertragen.

Zu Abs. 1: Artt. 25 Abs. 2 BWVerf; 2 Abs. 5 Satz 2 BbgVerf; 1 Abs. 3 VvB; 2 Abs. 2 NdsVerf; 77 Abs. 2 Verf Rh-Pf; 61 Abs. 2 SaarlVerf; 3 Abs. 3 SächsVerf; 2 Abs. 4 LVerf LSA; 45 Abs. 1 SchlHVerf; 47 Abs. 4 ThürVerf.

Zu Abs. 2 und 3: Artt. 70 BWVerf; 77 Abs. 1 BayVerf; 96 Abs. 1 und 2 BbgVerf; 57 HambVerf; 56 NdsVerf; 77 Verf NW; 112 SaarlVerf; 83 Abs. 1 und 2 SächsVerf; 86 Abs. 2 LVerf LSA; 45 Abs. 2 und 3 SchlHVerf; 90 Sätze 2-4 ThürVerf.

I. Überblick 1	IV. Einbeziehung der Bürger
II. Bindung an Gesetz und Recht	(Abs. 2 Satz 2) 13
(Abs. 1) 2	V. Einrichtung der Landesbehörden .. 14
III. Organisation, Zuständigkeit und	VI. Schrifttum 16
Verfahren (Abs. 2 Satz 1) 8	

I. Überblick

1 Die Norm bildet ein wenig gelungenes **Konglomerat rechtsstaatlicher und organisationsrechtlicher Elemente.** Sie enthält vier Regelungssegmente. In Abs. 1 wird ein Teilaspekt des bereits in Art. 4 LV ausdrücklich normierten Rechtsstaatsprinzips wiederholt. Abs. 2 Satz 1 statuiert einen Gesetzesvorbehalt zu Fragen der Organisation, der Zuständigkeit und des Verfahrens der öffentlichen Verwaltung. Abs. 2 Satz 2 eröffnet verfassungsrechtlich die Perspektive, die Bürger unmittelbar in das Geschäft der Verwaltung einzuschalten. Abs. 3 schließlich beschäftigt sich mit der Organisationsbefugnis bezüglich der unmittelbaren Landesbehörden.

II. Bindung an Gesetz und Recht (Abs. 1)

2 Abs. 1 greift Teilaspekte der bereits in Art. 4 LV niedergelegten **Bindung an Gesetz und Recht** auf. Erläuternd hierzu heißt es im Abschlussbericht der Verfas-

sungskommission,[1] zur Erfüllung ihrer vielschichtigen und umfangreichen Aufgaben würden der öffentlichen Verwaltung oftmals weitreichende Befugnisse eingeräumt. Damit die Verwaltung diese Befugnisse nicht missbrauche und sich die Gewichte nicht zu Lasten des Parlaments verschöben, bestimme der Artikel, dass die Tätigkeit der Verwaltung an Gesetz und Recht gebunden sei.

Während Art. 4 LV umfassend angelegt ist und neben der Exekutive auch die 3 Legislative und die Judikative umfasst, erstreckt sich Art. 70 Abs. 1 LV nur auf die öffentliche Verwaltung. Der Begriff umfasst die **vollziehende Gewalt** iSd Art. 4, differenziert also nicht zwischen unmittelbarer und mittelbarer staatlicher Verwaltung und nicht nach der jeweiligen Handlungsform.[2]

Die Bestimmung des Verhältnisses von „Gesetz" und „Recht" bereitet Schwie- 4 rigkeiten. Es werden die unterschiedlichsten Auffassungen vertreten, was unter **Gesetz** iSd insoweit gleichlautenden Art. 20 Abs. 3 GG zu verstehen ist.[3] Nach zutreffender Auffassung unterfallen dem Begriff des Gesetzes alle gültigen Rechtssätze.[4] Neben Gesetzen im formellen Sinne, RechtsVO und Satzungen rechnen hierzu auch unmittelbar anwendbares Recht der EU,[5] Gewohnheitsrecht, Richterrecht und anerkannte allg. Rechtsgrundsätze. Dagegen folgt aus der Norm nach der Rspr keine Bindung an Verwaltungsvorschriften.[6] Deren innerdienstliche Beachtlichkeit bleibt hiervon unberührt.

Der Hinweis auf den Begriff des **Rechts** wird teilweise als bloße Tautologie ver- 5 standen.[7] Dies vermag nicht zu überzeugen. Sollte der Formulierung kein eigenständiger Bedeutungsinhalt zukommen, so hätte jedenfalls der Landesverfassungsgeber in Kenntnis dieses Umstandes auf die Aufnahme in den Text verzichten können. Richtig ist allerdings, dass die Rechtmäßigkeit nicht als Einfallstor verstanden werden darf, subjektivistische Gerechtigkeitsvorstellungen an die Stelle der positivierten Wertordnung zu setzen.[8] Die Doppelformel soll nach Auffassung des BVerfG das Bewusstsein aufrecht erhalten, dass sich Gesetz und Recht zwar faktisch im Allgemeinen, aber nicht notwendig und immer decken.[9]

Deutlicher wird die mögliche Konfliktsituation bei Gustav Radbruch umschrie- 6 ben: „Der Konflikt zwischen der Gerechtigkeit und der Rechtssicherheit dürfte dahin zu lösen sein, dass das positive, durch Satzung und Macht gesicherte Recht auch dann den Vorrang hat, wenn es inhaltlich ungerecht und unzweckmäßig ist, es sei denn, dass der Widerspruch des positiven Gesetzes zur Gerechtigkeit ein solches Maß erreicht, dass das Gesetz als ‚unrichtiges Recht' der Gerechtigkeit zu weichen hat."[10] Wie hoch die Messlatte anzulegen ist wird durch die Tatsache verdeutlicht, dass das BVerfG soweit ersichtlich bisher zwar zahl-

---

1 LT-Drs. 1/3100, S. 156.
2 Vgl hierzu → *Wallerath*, **Art. 4** Rn 9 ff.
3 Vgl hierzu *Ossenbühl*, in: HdbStR Bd. III, § 61 Rn 15 ff.
4 Vgl *Schnapp*, in: von Münch/Kunig, Art. 20 Rn 42 mwN.
5 Vgl BVerfGE 74, 241, 248 f.
6 Vgl BVerfGE 78, 214, 227.
7 Vgl *Jarass*, in: Jarass/Pieroth, Art. 20 Rn 38; vgl hierzu ferner → *Wallerath*, **Art. 4** Rn 7; jeweils mwN.
8 Insoweit zutreffend vgl *Schnapp*, in: von Münch/Kunig, Art. 20 Rn 43 mwN; zur Bedeutung der überpositiven Rechtsgrundsätze unter Geltung des Grundgesetzes vgl *Grzeszick*, in: Maunz/Dürig, Art 20 VII Rn 19 ff.
9 BVerfGE 34, 269, 286 f.
10 *Radbruch*, Gesetzliches Unrecht und übergesetzliches Recht, in: ders., Rechtsphilosophie, 8. Aufl. 1973, S. 339, 345; zur strafrechtlichen Bedeutung der „Radbruchschen Formel" im Hinblick auf die Todesschüsse an der früheren innerdeutschen Grenze vgl BGHSt 39, 1 ff; *Dreier*, JZ 1997, 421 ff.

reiche Verfassungsverstöße festgestellt und gerügt, aber gesetztes Recht noch nie als „unrichtiges Recht" in diesem Sinne qualifiziert hat.

7 Zentrale inhaltliche Aussage der Norm bildet der **Vorrang des Gesetzes.** Die Exekutive, zu der die Regierung und die gesamte ausführende Verwaltung gehören, darf bei der Normsetzung und dem Erlass von Einzelakten sowie durch ihre tatsächlichen Handlungen nicht gegen höherrangige Normen verstoßen. Jedes Handeln der Exekutive, auch der Erlass von Verwaltungsvorschriften[11] muss mit allen Rechtsnormen im Einklang stehen. Bindende Gesetze sind von der Verwaltung auch tatsächlich umzusetzen,[12] ein „Unterlaufen" von Gesetzen ist unzulässig.[13] Ein Verstoß gegen den Gesetzesvorrang führt grds zur Rechtswidrigkeit des Handelns. Die Bindung der öffentlichen Verwaltung an Gesetz und Recht begründet für den Bürger aber keinen Gesetzesvollziehungsanspruch. Er kann die Rechtmäßigkeit exekutivischen Handelns in der Regel nur bei der Verletzung subjektiver Rechtspositionen gerichtlich erzwingen.

III. Organisation, Zuständigkeit und Verfahren (Abs. 2 Satz 1)

8 Nach Abs. 2 Satz 1 werden Organisation, Zuständigkeit und Verfahren der öffentlichen Verwaltung **durch Gesetz oder auf Grund eines Gesetzes** geregelt. Der Verfassungsgeber wollte damit offenbar in erster Linie der LReg die Möglichkeit eröffnen, generell-abstrakte Bestimmungen auch auf dem Verordnungswege zu erlassen, wenn eine entsprechende gesetzliche Ermächtigung vorliegt.[14] Dazu hätte es allerdings keiner gesonderten verfassungsrechtlichen Vorschrift bedurft. Der hier angelegte Gesetzesvorbehalt darf jedenfalls nicht zu eng interpretiert werden. Soweit Organisation und Verfahren betroffen sind, muss die Verwaltung eine hinreichende Flexibilität für den Ablauf des Geschäftsbetriebes bewahren, vgl dazu auch unten → Rn 11.

9 Die gesetzlichen Vorschriften zur **Organisation** der öffentlichen Verwaltung finden sich im Landesorganisationsgesetz.[15] Das LOG selbst beschränkt in seinem § 1 den Anwendungsbereich aber bereits auf die Organisation der unmittelbaren Träger der Verwaltung des Landes. Für die Landkreise, Gemeinden und Ämter beansprucht das LOG nur Geltung, soweit es dies ausdrücklich bestimmt. Dies gilt auch für die unter Aufsicht des Landes stehenden rechtsfähigen Körperschaften des öffentlichen Rechts ohne Gebietshoheit sowie Anstalten und Stiftungen des öffentlichen Rechts. Ferner werden explizit der LT, der LRH, die staatlichen Hochschulen des Landes und die Organe der Rechtspflege ausgenommen (vgl § 1 Abs. 2 LOG). In der Regel beruht das Wirken der genannten Institutionen auf spezialgesetzlichen Bestimmungen. Als solche wird man auch die Kommunalverfassung des Landes qualifizieren müssen. Die Gemeinden und Kreise können auf Grund der verfassungsrechtlich verbürgten Organisationshoheit grds. selbst ihre Organisationsstrukturen bestimmen, soweit nicht der Gesetzgeber in verfassungsrechtlich zulässiger Weise vom wiederum in Art. 72 Abs. 1 LV angelegten Gesetzesvorbehalt iS einer einschränkenden Reglementierung der Kommunen Gebrauch gemacht hat.

10 Die **Zuständigkeit** in sachlicher und funktioneller Hinsicht der für die öffentliche Verwaltung handelnden Behörden ergibt sich in der Regel aus den jeweiligen Spezialgesetzen. Die örtliche Zuständigkeit ist ergänzend in § 3 VwVfG M-V ge-

---

11 BVerfGE 78, 214, 227.
12 BVerfGE 25, 216, 228.
13 BVerfGE 56, 216, 241.
14 Vgl LT-Drs. 1/3001, S. 156.
15 Vgl dazu oben → **Art. 69** Rn 7 ff.

regelt. Die Wirkung der Zuständigkeit liegt in der Ermächtigung zur Wahrnehmung der zugewiesenen Sachaufgaben, einer gleichzeitigen Verpflichtung dazu und in der Notwendigkeit für den von der Verwaltungstätigkeit Betroffenen, sich ausschließlich an diese Behörde zu wenden oder sich mit ihrem Handeln auseinanderzusetzen. Die an eine Behörde gerichtete konkrete Zuständigkeitsbestimmung hat gleichzeitig Ausschlusswirkung für alle anderen Behörden. Da die Zuständigkeit unverzichtbare Handlungsvoraussetzung für die Behörde ist, kann in der Regel nur das Handeln der zuständigen Behörde rechtmäßig sein.[16]

Nach der sog. Wesentlichkeitstheorie des BVerfG[17] gehören im Bereich des Organisationswesens neben dem Aufbau und der Struktur der Verwaltung insgesamt die Zuständigkeit des Verkehrs mit dem Bürger zu den Angelegenheiten, die der Gesetzgeber selber regeln muss (**institutioneller Gesetzesvorbehalt**). Das bedeutet, dass die Errichtung von Behörden schon deshalb durch oder auf Grund eines formellen Gesetzes zu regeln ist, weil mit der Errichtung in der Regel zugleich die Zuständigkeit festgelegt wird und werden muss. Daraus folgt allerdings nicht, dass dies ausnahmslos und bis in alle Einzelheiten gilt.[18] Organisationsmaßnahmen und Zuständigkeitsregelungen, die im verwaltungsinternen Bereich verbleiben, zB die behördeninterne Geschäftsverteilung, bedürfen keiner gesetzlichen Regelung oder Grundlage. 11

Für das Verfahren der öffentlichen Verwaltung gilt für die unmittelbaren Behörden des Landes sowie die Kommunen und die sonstigen der Aufsicht des Landes unterstehenden Körperschaften, Anstalten und Stiftungen des öffentlichen Rechts, das **Verwaltungsverfahrensgesetz** des Landes, soweit nicht landesrechtliche Vorschriften inhaltsgleiche oder entgegenstehende Bestimmungen enthalten, § 1 Abs. 1 VwVfG M-V. 12

IV. Einbeziehung der Bürger (Abs. 2 Satz 2)

Äußerst missverständlich spricht Abs. 2 Satz 2 davon, „dabei" könnten Möglichkeiten der Einbeziehung der Bürger durch die öffentliche Verwaltung vorgesehen werden. Das Handeln der in Abs. 2 Satz 1 genannten öffentlichen Verwaltung ist in der Regel auf den Bürger ausgerichtet. Er ist also insoweit stets „einbezogen". Ein solches Verständnis wird der Norm aber offensichtlich nicht gerecht. Die von Teilen der Kommission in Frage gestellte Verankerung einer möglichen Einbeziehung der Bürger durch die Verwaltung wurde in der Verfassungskommission von anderer Seite als „bürgerfreundliches Element" verteidigt.[19] Gedacht war offenbar insb. an Instrumente der **„unmittelbaren Demokratie"**, die für die Rechtsetzung in Artt. 59 und 60 LV spezielle und ausführliche Regelungen erfahren haben.[20] In der Verfassungskommission spielte offenbar die Möglichkeit unmittelbarer demokratischer Mitwirkungsmöglichkeiten auf kommunaler Ebene eine Rolle.[21] Hierzu enthält Art. 72 Abs. 2 Satz 2 LV eine ausdrückliche Ermächtigung für Formen unmittelbarer Bürgermitwirkung, die durch die Kommunalverfassung des Landes ausgestaltet worden sind.[22] Dane- 13

---

16 Zur Begriffsklärung und Wirkung der Zuständigkeit vgl näher *Schliesky*, in: Knack/Henneke, vor § 3 Rn 1 ff.
17 Vgl nur BVerfGE 33, 125, 157 f; 95, 267, 307; BVerfG, NJW 1998, 2515, 2520.
18 Vgl BVerfGE 40, 237, 250.
19 Vgl LT-Drs. 1/3100, S. 156.
20 Vgl hierzu → *Litten*, **Vorbem. zu Art. 59** sowie → *Litten*, **Art. 59** f.
21 Vgl dazu die Diskussion, insb. die Beiträge der Professoren Dres. Starck und von Mutius in der Verfassungskommission zu Art. 72, LT-Drs. 1/1300, S. 158.
22 Vgl hierzu → *Meyer*, **Art. 72** Rn 49 ff.

ben könnte die Norm als verfassungsrechtlicher Hinweis zur Einbeziehung von Einwohnerinnen und Einwohnern in formalisierte Gremien der (Kommunal)Verwaltung verstanden werden, wie dies bspw durch § 36 Abs. 5 KV für die beratenden Ausschüsse der Gemeindevertretung optional eröffnet wird.[23] Da Art. 70 Abs. 2 Satz 2 LV die Möglichkeit der Einbeziehung der Bürger nur als „Kann-Vorschrift" vorsieht, ist der Bedeutungsgehalt auch dieser Norm im Ergebnis gering. Der Landesgesetzgeber wäre ohne eine entsprechende gesetzliche Ermächtigung nicht gehindert, Elemente unmittelbarer Demokratie oder weitergehender Beteiligungsformen einzuführen.

V. Einrichtung der Landesbehörden

14 Abs. 3 bezieht sich ausschließlich auf die sog. **unmittelbaren Landesbehörden**. Ihre Einrichtung obliegt nach Satz 1 grds. der LReg als Kollegialorgan. Die LReg selber ist aber befugt, diese Kompetenz auf einzelne ihrer Mitglieder zu übertragen. Die Vorschrift steht in einem gewissen Spannungsverhältnis zu Art. 70 Abs. 2, wonach gerade die Organisation, Zuständigkeit und das Verfahren der öffentlichen Verwaltung einem Gesetzesvorbehalt unterworfen ist. Die grundlegenden Entscheidungen auch der Organisation der Landesverwaltung bedürfen deshalb einer gesetzlichen Regelung. Der signifikante Regelungsgehalt des Abs. 3 beschränkt sich auf die „Einrichtung" der Landesbehörden „im Einzelnen". Ob bspw die Umweltverwaltung des Landes im Wesentlichen durch eigene staatliche Behörden wahrgenommen (oder z. B. den Landkreisen und kreisfreien Städten übertragen) wird, ist durch Gesetz zu regeln, die Zahl der staatlichen Ämter und deren Standort zu bestimmen obliegt hingegen der LReg. Unberührt bleibt die Kompetenz des MinPräs, den Ressortzuschnitt und die -zuständigkeit der einzelnen Ministerien zu regeln.[24]

15 Nach § 8 Abs. 1 Satz 1 LOG werden neue Landesbehörden durch oder aufgrund eines Gesetzes errichtet. Abs. 1 Satz 2 LOG überträgt der LReg die Befugnis, bestehende und nicht durch Gesetz errichtete Landesbehörden zum Zwecke der Verwaltungsmodernisierung durch Rechtsverordnung zusammenzufassen, umzugestalten, aufzulösen oder in andere Behörden einzugliedern. Abs. 1 Satz 3 ermächtigt die Landesregierung zur Übertragung dieser Befugnis auf die obersten Landesbehörden. Die Befugnis nach § 8 Abs. 1 Satz 2 LOG ist ausweislich der amtlichen Begründung zu § 8 LOG[25] zwar begrenzt auf die Fälle, in denen ein Spezialgesetz die Errichtung, Auflösung oder Verlegung von Behörden nicht abschließend geregelt hat. Gleichwohl vermag es nicht zu überzeugen, wenn es dort weiter heißt, um der verfassungsrechtlichen Vorgabe des Art. 70 Abs. 2 LV hinreichend Rechnung zu tragen, werde im LOG nunmehr die gesetzliche Grundlage für die Errichtung, Auflösung und Verlegung von Landesbehörden durch RechtsVO geschaffen. Der parlamentarische Vorbehalt des Art. 70 Abs. 2 kann nicht durch eine Generalermächtigung im LOG ausgehebelt werden. Wäre dies die Intention der LV, hätte es des Abs. 2 des Art. 70 nicht bedurft. Ob die verfassungsrechtliche Regelung rechtspolitisch sinnvoll ist und die wünschenswerte Handlungsfähigkeit der LReg sicherstellt, ist eine andere Frage.

---

23 Vgl näher dazu *Gentner*, in: Schweriner Kommentierung, § 36 Rn 9 ff.
24 Näher dazu → *Litten*, **Art. 43** Rn 6.
25 LT-Drs. 4/1306, S. 26.

VI. Schrifttum

Ralf Dreier, Der Rechtsstaat im Spannungsverhältnis zwischen Gesetz und 16
Recht, in: ders. (Hrsg.), Recht – Staat – Vernunft, 1991, S. 73 ff; *Birgit Hoffmann*, Das Verhältnis von Gesetz und Recht – Eine verfassungsrechtliche und verfassungstheoretische Untersuchung zu Art. 20 Abs. 3, 2002; *Markus Möstl*, Normative Handlungsformen, in: Erichsen/Ehlers (Hrsg.), Allgemeines Verwaltungsrecht, 14. Aufl. 2010, S. 614 ff.

Art. 71 (Öffentlicher Dienst)

(1) Jeder Deutsche hat nach seiner Eignung, Befähigung und fachlichen Leistung gleichen Zugang zu jedem öffentlichen Amt im Land.

(2) Die Angehörigen des öffentlichen Dienstes sind Diener des ganzen Volkes und nicht einer Partei oder sonstigen Gruppe verpflichtet. Sie haben ihr Amt unparteiisch, ohne Ansehen der Person und nur nach sachlichen Gesichtspunkten auszuüben.

(3) Die Wählbarkeit von Angehörigen des öffentlichen Dienstes zum Landtag und zu den Vertretungen der Gemeinden und Kreise kann gesetzlich beschränkt werden.

(4) Die Ausübung hoheitlicher Befugnisse ist als ständige Aufgabe in der Regel Angehörigen des öffentlichen Dienstes zu übertragen, die in einem öffentlich-rechtlichen Dienst- und Treueverhältnis stehen.

(5) Das Nähere regelt das Gesetz.

Zu Abs. 1 und 2: Artt. 33 Abs. 2 GG; 77 Abs. 2 BWVerf; 94 Abs. 2, 96 BayVerf; 96 Abs. 3 BbgVerf; 128 BremVerf; 58, 59 Abs. 1 HambVerf; 134 HessVerf; 60 Satz 2 NdsVerf; 80 Verf NW; 127 Verf Rh-Pf; 115 Abs. 1, 116 SaarlVerf; 91 Abs. 2, 92 Abs. 1 SächsVerf; 91 Abs. 1 LVerf LSA; 96 ThürVerf.

Zu Abs. 3: Artt. 137 Abs. 1 GG; 39 Abs. 5 VvB; 61 NdsVerf; 46 Abs. 3 Verf NW; 91 Abs. 2 LVerf LSA.

Zu Abs. 4: Artt. 33 Abs. 4 GG; 77 Abs. 1 BWVerf; 95 Abs. 1 Satz 2 BayVerf; 60 Satz 1 NdsVerf; 125, 126 Verf Rh-Pf; 114, 115 Abs. 2-5 SaarlVerf; 91 Abs. 1 SächsVerf.

I. Inhalt, Vorgaben des Grundgesetzes und Entstehung 1	V. Institutionelle Garantie des Berufsbeamtentums und Funktionsvorbehalt für Beamte 38
II. Gleicher Ämterzugang und Leistungsprinzip (Abs. 1) 7	1. Bedeutung 38
1. Reichweite und geschützter Personenkreis 7	2. Inhalt der Gewährleistung 40
2. Eignung, Befähigung und fachliche Leistung 9	VI. Exkurs: Hergebrachte Grundsätze des Berufsbeamtentums 43
a) Bedeutung 9	1. Inhalt und Bedeutung des Art. 33 Abs. 5 GG 43
b) Hilfskriterien und Gleichstellung 15	2. Allgemeines zu den hergebrachten Grundsätzen 44
c) Umfang einer Ausschreibungspflicht 16	3. Einzelne hergebrachte Grundsätze 48
3. Öffentliches Amt 17	a) Politische Treuepflicht 48
4. Rechtsschutz 21	b) Weitere hergebrachte Grundsätze 51
III. Unparteiische Amtsführung 25	c) Nicht von Art. 33 Abs. 5 geschützte Grundsätze 52
IV. Wählbarkeitsbeschränkung von Angehörigen des öffentlichen Dienstes 30	4. Berücksichtigungsgebot 53
1. Bedeutung und Reichweite 30	VII. Gesetzgebungsauftrag 54
2. Art und Umfang der Regelungsbefugnis 32	VIII. Schrifttum 55

I. Inhalt, Vorgaben des Grundgesetzes und Entstehung

1 Die Norm regelt **drei unterschiedliche Teilbereiche** des Rechtes des öffentlichen Dienstes: In den Abs. 1 und 2 werden grds. Festlegungen betr. den Zugang zum Öffentlichen Dienst getroffen und grundlegende Pflichten insgesamt geregelt, ohne zwischen Beamten und den tarifvertraglich Beschäftigten zu differenzieren. Abs. 4 enthält eine institutionelle Garantie des Berufsbeamtentums. Abs. 3 schließlich eröffnet die Möglichkeit, wahlrechtliche Bestimmungen im Hinblick auf die Besonderheiten des öffentlichen Dienstes ausnahmsweise zu modifizieren. Der Wortlaut des Art. 71 weicht ab von der Fassung des Zwischenberichtes der Verfassungskommission.[1] Der Inhalt des Abs. 4 wurde aus dem Abs. 2 in der Fassung des Entwurfs herausgelöst. Wenn damit auch die Annahme eines unveränderten Inhalts einherging,[2] wird signifikanter die eigenständige Bedeutung hervorgehoben. Die Möglichkeit, das Nähere durch Gesetz zu regeln, bezieht sich auf die drei Teilbereiche.

2 Insb. die Abs. 1 und 2 des Art. 71 LV finden ihre Entsprechung **nahezu wortgleich in Art. 33 Abs. 2 und 4 GG**. Diese grundgesetzliche Vorgabe verpflichtet als unmittelbar geltendes Bundesrecht auch die Bundesländer. Das GG gewährleistet die Einrichtung des Berufsbeamtentums, trifft Aussagen über die rechtliche Struktur des öffentlichen Dienstes und behält den Beamten die Wahrnehmung hoheitlicher Befugnisse vor. Es gibt damit die Ausgestaltung des Dienstrechts im Kern vor. Den Ländern verbleibt insoweit nur ein Konkretisierungsspielraum. Es wird daher die Auffassung vertreten, dass die Interpretation dienstrechtlicher Bestimmungen der Landesverfassungen keine entscheidende (eigenständige) Rolle spiele.[3] Dieser Befund ist im Hinblick auf vereinzelte grds. Kritik an der Verankerung des Berufsbeamtentums auch vom Sachverständigen Prof. Dr. Starck im Rahmen der Beratungen der Verfassungskommission hervorgehoben worden.[4]

3 Durch die das Dienstrecht betreffenden Änderungen des GG im Zuge der **Föderalismusreform 2006** haben sich jedoch neue Gestaltungsmöglichkeiten für die Länder ergeben.

Zum einen sind die Gesetzgebungskompetenzen zwischen Bund und Ländern neu verteilt worden, was Anstoß für vielfältige Reformen gegeben hat.[5] Die frühere Rahmengesetzgebungskompetenz des Bundes für das Beamtenrecht ist durch die Aufhebung des Art. 75 GG ebenso entfallen wie die konkurrierende Gesetzgebungszuständigkeit des Bundes für die Besoldung und Versorgung der nicht in seinen Diensten stehenden Beamten nach dem früheren Art. 74 a GG. Nach dem jetzigen Art. 74 Abs. 1 Nr. 27 GG hat der Bund die konkurrierende Gesetzgebungsbefugnis für die Statusrechte und -pflichten der Beamten der Länder, Gemeinden und anderen Körperschaften des öffentlichen Rechts sowie der Richter in den Ländern mit Ausnahme der Laufbahnen, Besoldung und Versorgung. Laufbahnen, Besoldung und Versorgung sind nunmehr kompetenzrechtlich den Ländern zugewiesen. Der Bund hat in Ausübung seiner Kompetenzen das für das Statusrecht der Beamtinnen und Beamten in den Ländern geltende BeamtStG vom 17.06.2008 und das Dienstrechtsneuordnungsgesetz vom 05.02.2009, welches in Art. 1 das neu gefasste BBG beinhaltet und im Folgenden u.a. das Besoldungs- und Versorgungsrecht des Bundes novelliert, erlassen.

---

1 Vgl LT-Drs. 1/2000, S. 57.
2 Vgl Kommission, Verfassungsentwurf, LT-Drs. 1/3100, S. 170.
3 *Lecheler*, in: HdbStR Bd. V, § 110 Rn 11, 12.
4 Vgl Kommission, Verfassungsentwurf, S. 170.
5 Vgl *Holland-Letz/Koehler*, ZBR 2012, 217.

IV. Landesverwaltung und Selbstverwaltung — Art. 71

Das auf einem gemeinsamen Musterentwurf der norddeutschen Küstenländer beruhende Beamtengesetz für das Land M-V (LBG)[6] ist am 31.12.2009 in Kraft getreten. Es beinhaltet zum einen Regelungen, die das BeamStG ergänzen, wie etwa zu Verfahrensfragen, Fristen und landesspezifischen Besonderheiten, und zum anderen eigenständige Regelungen in Bereichen, in denen der Bund auf solche verzichtet hat, zB im Nebentätigkeitsrecht, oder keine Kompetenz hat, wie etwa im Laufbahnrecht.[7]

Im Bereich des **Laufbahnrechts** haben die Bundesländer ihre neu gewonnenen 4 Gestaltungsoptionen recht uneinheitlich wahrgenommen, auch wenn die verfolgten Ziele – Stärkung des Leistungsprinzips, Berücksichtigung erhöhter Anforderungen an einen modernen öffentlichen Dienst und Förderung einer flexiblen und modernen Personalführung und -entwicklung – sich ähneln.[8] Die norddeutschen Küstenländer – und so auch M-V – haben sich für ein Modell von zwei verbleibenden Laufbahngruppen entschieden, welches den einfachen und den mittleren Dienst bzw den gehobenen und den höheren Dienst zu je einer Laufbahngruppe zusammenfasst und den Umfang der Laufbahnen von vormals über 100 auf nunmehr 10 reduziert.[9] Die neue LVO über die Laufbahnen der Beamtinnen und Beamten in M-V[10] ist am 16.10.2010 in Kraft getreten. Das neue Berliner Laufbahnrecht orientiert sich stark an dem Modell der norddeutschen Küstenländer.[11] Bayern und Rheinland-Pfalz haben eine einheitliche Leistungslaufbahn mit unterschiedlichen Einstiegsstufen eingeführt. Baden-Württemberg hat sich für ein Modell von drei Laufbahngruppen entschieden. Brandenburg hält, ebenso wie der Bund, am traditionellen System von vier Laufbahngruppen fest.[12] Ob alle Änderungen sich mit Blick auf Art. 33 Abs. 5 GG als zulässig erweisen werden, bleibt abzuwarten.[13]

Das bezogen auf die **Besoldung und Versorgung** nach der Übergangsregelung 5 des Art. 125 a Abs. 1 GG fortgeltende Bundesrecht ist in M-V durch das Gesetz zur Überleitung besoldungs- und versorgungsrechtlicher Vorschriften des Bundes in Landesrecht sowie zur Änderung besoldungs- und versorgungsrechtlicher Vorschriften, zur Änderung des Landesrichtergesetzes, des Landesdisziplinargesetzes und des Spielbankgesetzes M-V vom 04.07.2011[14] zunächst in Landesrecht übergeleitet und dann geändert worden. Das Besoldungsrecht in Bund und Ländern hat sich ebenfalls auseinander entwickelt. Durch unterschiedlich hohe Bezügeanpassungen, strukturelle Änderungen und uneinheitliche Sparmaßnahmen bei den Sonderzahlungen ist im Vergleich zwischen Bund und Ländern und vor allem der Länder untereinander beim Bezahlungsniveau bereits eine erhebliche Spanne zwischen armen und reichen öffentlichen Dienstherrn entstanden.[15]

---

6 Zum RegE vgl LT-Drs. 5/2143.
7 Vgl die Gesetzesbegr., LT-Drs. 5/2143, S. 76.
8 Vgl hierzu *Hoffmann*, DÖD 2012, 25.
9 Vgl § 13 LBG.
10 Allgemeine Laufbahnverordnung – ALVO M-V, GVOBl. 2010, S. 565; zuletzt geänd. durch VO v. 16.06.2014, GVOBl. S. 297.
11 Vgl hierzu *Bochmann*, ZBR 2013, 397 ff.
12 Überblick bei *Lorse*, ZBR 2013, 79 ff.
13 Vgl hierzu *Epping/Patzke*, ZBR 2012, 289 ff; *Wißmann*, ZBR 2011, 361.
14 GVOBl. S. 376.
15 Vgl hierzu *Becker/Tepke*, ZBR 2011, 325 ff; *Hebeler*, ZBR 2015, 1 ff; *Meier*, ZBR 2012, 404; zur Einkommensentwicklung der Beamten, Richter und Versorgungsempfänger der Länder und Kommunen im Vergleich zu derjenigen der Tarifbeschäftigten vgl *Tepke/Becker*, ZBR 2014, 300 ff. Eine unbegrenzte Auseinanderentwicklung der Bezüge in Bund und Ländern ist nach dem U. des BVerfG v. 5.5.2015 – 2 BvL 17/09 u.a. – juris,

6 Zum anderen wurde im Zuge der Föderalismusreform 2006 Art. 33 Abs. 5 GG um die sogenannte "Fortentwicklungsklausel" ergänzt. Die Neufassung beauftragt den Gesetzgeber, das Recht des öffentlichen Dienstes nicht nur wie bisher unter Berücksichtigung der hergebrachten Grundsätze des Berufsbeamtentums zu regeln, sondern auch **fortzuentwickeln**.[16] Ziel der Verfassungsänderung jedenfalls von Länderseite war es, den Ländern im Dienstrecht möglichst weite eigenständige Handlungsmöglichkeiten zu eröffnen.[17] Gelungen ist dies im Ergebnis nicht. Das BVerfG hat in seinen seit dem Jahr 2006 ergangenen Entscheidungen immer wieder die begrenzende Wirkung der hergebrachten Grundsätze des Berufsbeamtentums hervorgehoben und damit den Bestrebungen nach Ergänzung des öffentlichen Dienstrechts um neue Elemente weitgehend einen Riegel vorgeschoben. Erwähnt seien die Entscheidungen zur Einführung einer dreijährigen Wartezeit für die Beachtlichkeit des letzten Amtes bei der Festsetzung der Versorgung, zur antragslosen Zwangsteilzeit, zu Führungspositionen auf Zeit und letztlich zur W-Besoldung.[18] Das BVerfG hat auf den insoweit unveränderten Wortlaut des Art. 33 Abs. 5 GG verwiesen, wonach der Gesetzgeber bei der Regelung des öffentlichen Dienstrechts weiterhin die hergebrachten Grundsätze des Berufsbeamtentums zu berücksichtigen hat, und ausgeführt: „Fortzuentwickeln ist nach der eindeutigen Gesetzesfassung allein das Recht des öffentlichen Dienstes, nicht aber der hierfür geltende Maßstab, die hergebrachten Grundsätze des Berufsbeamtentums".[19]

II. Gleicher Ämterzugang und Leistungsprinzip (Abs. 1)

7 **1. Reichweite und geschützter Personenkreis.** Art. 71 Abs. 1 gewährt ein subjektives, grundrechtsgleiches Recht[20] des Einzelnen gegen den Staat. Die Norm enthält insoweit eine Besonderheit, als sie positive Kriterien für den Vergleich von Personen in ihrem Anwendungsbereich benennt. Im Verhältnis zum allg. Gleichheitssatz gemäß Art. 5 Abs. 3 LV iVm Art. 3 Abs. 1 GG bildet sie im Rahmen ihrer Reichweite für den **Ämterzugang** die speziellere Norm. Verfassungsrechtlich statuierte Unterscheidungsverbote, insb. der Art. 3 Abs. 3 und Art. 33 Abs. 3 GG, bleiben hingegen anwendbar.[21] Im Rahmen der Prüfung des Auswahlkriteriums der Eignung darf daher nicht auf Unterscheidungskriterien abgestellt werden, die in Art. 3 Abs. 3 GG genannt sind.[22]

8 **Deutscher** iSd Art. 71 Abs. 1 LV ist nicht nur, wer die deutsche Staatsangehörigkeit besitzt. Träger des Rechts ist vielmehr, wer Deutscher iSd Art. 116 GG ist.[23] Nach § 7 Abs. 1 Nr. 1 BeamtStG darf außerdem in das Beamtenverhältnis berufen werden, wer die Staatsangehörigkeit eines anderen Mitgliedsstaates der EU, eines anderen Vertragsstaates des Abkommens über den Europäischen Wirtschaftsraum oder bestimmter Drittstaaten besitzt. Damit trägt die Bundesrepu-

---

Rn 113, durch die Befugnis der Länder zum Erlass eigener Besoldungsregeln nicht gedeckt.
16 Zum Ablauf des Gesetzgebungsverfahrens vgl im Einzelnen *Kluth*, Föderalismusreformgesetz, 1. Aufl. 2007, Art. 33 Rn 2 ff.
17 *Lorse*, ZBR 2013, 79, 82 mwN.
18 BVerfGE 117, 372; 119, 247; 121, 205; 130, 263.
19 BVerfGE 119, 247, 273; 121, 205, 232.
20 Vgl BVerfG, B. v. 04.10.2012 – 2 BvR 1120/12 –, ZBR 2013, 126.
21 Vgl *Masing*, in: Dreier, Bd. II, Art. 33 Rn 46; *Sachs*, in: HdbStR Bd. VIII, § 182 Rn 166 ff mwN.
22 Vgl BVerwGE 81, 22, 24 f.
23 Zu Einzelheiten vgl nur *Grawert*, in: HdbStR Bd. II, § 16 Rn 35 f; *Kokott*, in: Sachs, GG, Art. 116 Rn 1 ff; *Gnatzy*, in: Schmidt-Bleibtreu/Hofmann/Hopfauf, Art. 116 Rn 6 ff.

blik Deutschland entsprechenden völkerrechtlichen Verpflichtungen Rechnung.[24]

2. Eignung, Befähigung und fachliche Leistung. a) Bedeutung. Die drei gleichberechtigt nebeneinander stehenden Kriterien der Eignung, Befähigung und fachlichen Leistung sind abschließend zu verstehen.[25] 9

Schwierig zu handhaben ist das umfassende Kriterium der **Eignung**. Bei Arbeitnehmern im öffentlichen Dienst ist auf den in Aussicht genommenen konkreten Dienstposten abzustellen, bei Beamten auf die Erfordernisse des Amtes. Grds. zulässig und geboten ist die Berücksichtigung physischer (Gesundheitszustand,[26] Lebensalter) und praktischer (zB pädagogischer) Eignungsmerkmale. Auch die charakterliche Eignung ist zu berücksichtigen, darf aber nicht zu einer von den Anforderungen des konkreten Amtes gelösten, isolierten Persönlichkeitsbewertung werden.[27]

Religiöse Bekundungen durch das äußere Erscheinungsbild, etwa das Tragen eines islamischen Kopftuches, können die Eignung für ein öffentliches Amt beeinflussen.[28] Das BVerfG hält aber nunmehr – in Abkehr von seiner bisherigen Rspr[29] – ein landesweites gesetzliches Verbot solcher Bekundungen für Lehrkräfte, das bereits die abstrakte Gefahr einer Beeinträchtigung des **Schulfriedens** oder der **staatlichen Neutralität** in einer öffentlichen bekenntnisoffenen Gemeinschaftsschule ausreichen lässt, für unverhältnismäßig, wenn dieses Verhalten nachvollziehbar auf ein als verpflichtend verstandenes religiöses Gebot zurückzuführen ist. Ein angemessener Ausgleich der **Glaubensfreiheit** der Lehrkräfte, der negativen Glaubens- und Bekenntnisfreiheit der Schülerinnen und Schüler sowie der Eltern, des Elterngrundrechts und des staatlichen Erziehungsauftrags erfordere eine hinreichend konkrete Gefahr für diese Schutzgüter im Einzelfall. Eine gebietsbezogene, gegebenenfalls landesweite, vorbeugende Untersagung komme für öffentliche bekenntnisoffene Gemeinschaftsschulen nur in Betracht, wenn eine hinreichend konkrete Gefahr für diese Schutzgüter in einer beachtlichen Zahl von Fällen erreicht werde.[30] 10

Befähigung bedeutet Begabung, Allgemeinwissen, Lebenserfahrung und allg. Ausbildung. Hierbei ist insb. zu prüfen, ob die notwendige Vorbildung nach Maßgabe der jeweiligen LaufbahnVO erfüllt ist. 11

Fachliche Leistung stellt ab auf Fachwissen, Fachkönnen und Bewährung im Fach.[31] 12

Wie Art. 33 Abs. 2 GG fordert Art. 71 Abs. 1 LV das **Leistungsprinzip**; es gilt der Grundsatz der „Bestenauslese" und zwar unbeschränkt und vorbehaltlos.[32] Die beamtenrechtlichen Vorschriften über Personalauswahl und Beförderung 13

---

24 Vgl im Einzelnen *Reich*, BeamtStG, § 7 Rn 4 ff mwN.
25 Vgl *Pieper*, in: Schmidt-Bleibtreu/Hofmann/Hopfauf, Art. 33 Rn 46.
26 Vgl hierzu *Fricke/Schütte*, DÖD 2012, 121 ff.
27 *Lecheler*, in: HdbStR Bd. V, § 110 Rn 9.
28 Vgl die Zusammenfassung der bisherigen Rspr und Lit. bei *Jachmann*, in: von Mangoldt/Klein/Starck, Art. 33 Abs. 2 Rn 18 mwN.
29 BVerfGE 108, 282; im Anschluss an dieses Urteil hatten acht Bundesländer „pauschale Kopftuchverbote" normiert.
30 BVerfG, B. v. 27.01.2015 – 1 BvR 471/10, 1 BvR 1181/10 –, juris, Rn 80, 113 f – mit abweichender Meinung des Richters Schluckebier und der Richterin Hermanns.
31 *Jarass*, in: Jarass/Pieroth, Art. 33 Rn 14 mwN.
32 Vgl hierzu BVerfG, B. v. 04.10.2012 – 2 BvR 1120/12 –, ZBR 2013, 126 mwN; BVerwGE 141, 361 Rn 17; zum Prinzip der Bestenauslese in der neueren Rspr vgl *von Roetteken*, ZBR 2012, 230 ff mwN; zur Bestenauslese durch die Kommunalpolitik bei der Besetzung kommunaler Beigeordnetenstellen vgl *Herrmann*, LKV 2006, 535 ff mwN.

dienen zum einen dem öffentlichen Interesse an einer bestmöglichen Stellenbesetzung im öffentlichen Dienst. Zum anderen tragen sie dem berechtigten Interesse des Bewerbers an einem angemessenen beruflichen Fortkommen Rechnung.[33] Die Verfassung begründet weder eine Pflicht für die öffentliche Hand zur Schaffung einer bestimmten Stelle, noch gewährt sie einen Anspruch auf Übernahme in ein öffentliches Amt.[34] Die verfassungsrechtliche Verbürgung des gleichen Zugangs zu jedem öffentlichen Amt begründet aber einen Anspruch auf rechtsfehlerfreie Anwendung der gesetzlichen Vorschriften.[35] Ein Beförderungsbewerber hat aus Art. 33 Abs. 2 GG einen Anspruch auf ermessens- und beurteilungsfehlerfreie Einbeziehung in die Bewerberauswahl.[36] Dies gilt jedoch nicht für eine Umsetzung oder Versetzung, mit der keine beamtenrechtliche Statusänderung verbunden ist.[37] Wäre jede andere Entscheidung als die Einstellung des Bewerbers rechtswidrig, besteht ein Rechtsanspruch.[38] Die Verletzung der verfassungsrechtlich angelegten Auslesekriterien kann einen Anspruch auf Schadensersatz auslösen, ohne dass es des Rückgriffs auf das Rechtsinstitut der Verletzung der Fürsorgepflicht bedarf.[39]

14 Mit den Begriffen „Eignung, Befähigung und fachliche Leistung" wird der Verwaltung ein **Beurteilungsspielraum** eröffnet.[40] Im Rahmen der Auswahlentscheidung ist anhand dienstlicher Beurteilungen,[41] die auf das Amt im statusrechtlichen Sinne bezogen sind, festzustellen, ob Eignung, Befähigung und fachliche Leistung im Wesentlichen gleich bewertet sind. Maßgebend ist hierbei in erster Linie das abschließende Gesamturteil. Sind Bewerber mit dem gleichen Gesamturteil bewertet worden, sind die Beurteilungen umfassend inhaltlich auszuwerten und auszuschöpfen.[42]

15 **b) Hilfskriterien und Gleichstellung.** Bei gleicher Qualifikation mehrerer Bewerber können zusätzliche **sachgerechte Hilfskriterien** herangezogen werden, um die Auswahlentscheidung zu treffen. Berücksichtigungsfähig ist zB das Lebens- und Dienstalter.[43] Soziale Gründe können nicht in jedem Fall herangezogen werden. Anerkannt ist dies für eine Schwerbehinderung,[44] nicht dagegen für die bloße Kinderanzahl.[45] Kein zulässiges Auswahlkriterium ist auch die Bereitschaft, in Teilzeit zu arbeiten.[46] Die Angestellten- oder Beamteneigenschaft eines Bewerbers ist – auch unter dem Blickwinkel des Funktionsvorbehalts – kein Ge-

---

33 Vgl BVerfG, B. v. 04.10.2012 – 2 BvR 1120/12 –, ZBR 2013, 126 mwN.
34 Vgl BVerfGE 39, 334, 354; BVerwGE 68, 109, 110; 75, 133, 135.
35 BVerwGE 86, 169, 171 f.
36 BVerfG, B. v. 24.09.2002 – 2 BvR 857/02 –, NVwZ 2003, 200; BVerfG, B. v. 04.10.2012 – 2 BvR 1120/12 –, ZBR 2013, 126 mwN; BVerfGE 122, 147, 149.
37 BVerfG, B. v. 28.11.2007 – 2 BvR 1431/07 –, NJW 2008, 909; st. Rspr des BVerwG, vgl u.a. BVerwGE 122, 237, 240; so nunmehr auch das BAG, BAGE 121, 67, 77.
38 BAGE 28, 62, 67.
39 BVerwGE 80, 123, 125; BVerwGE 145, 185 zum Schadensersatzanspruch bei Abbruch eines Stellenbesetzungsverfahrens.
40 BVerfGE 39, 334, 354; 108, 282, 296; BVerfG, B. v. 04.10.2012 – 2 BvR 1120/12 –, ZBR 2013, 126, 127; BVerwGE 68, 109, 110; 86, 244, 246.
41 Vgl die neuen BeurteilungsRL für M-V, AmtsBl. 2013, 706 ff.
42 BVerwG, B. v. 20.06.2013 – 2 VR 1/13 –, ZBR 2013, 376, 378 ff.
43 BVerwGE 80, 123, 126; 122, 147, 151.
44 BVerwGE 86, 244, 249 f.
45 OVG N-W, B. v. 04.01.1999 – 6 B 1500/98 –, ZBR 1999, 387 f.
46 BVerwGE 82, 196, 204; 110, 363, 368; zur antragslosen Zwangsteilzeit vgl BVerfGE 119, 247; zur Schaffung eines Beförderungsdienstpostens als Teilzeitstelle vgl Nds OVG, B. v. 19.09.2013 – 5 ME 153/13 –, DVBl. 2013, 1473.

sichtspunkt, der unmittelbar Eignung, Befähigung und fachliche Leistung betrifft.[47]

Art. 3 Abs. 2 S. 2 GG verpflichtet den Staat, die tatsächliche Durchsetzung der **Gleichberechtigung von Frauen und Männern** zu fördern und auf die Beseitigung bestehender Nachteile hinzuwirken. Bei gleicher Eignung kann daher eine Bevorzugung weiblicher Bewerber im Einzelfall gerechtfertigt sein.[48] Die Zulässigkeit sog. Frauenquoten ist nach wie vor umstritten[49] und vom BVerfG noch nicht abschließend entschieden. Das BAG bejaht in st. Rspr[50] die verfassungsrechtliche Zulässigkeit leistungsbezogener Quotenregelungen mit Härteklauseln, wie sie die Landesgleichstellungsgesetze[51] vorsehen. Der EuGH hat in zwei Fällen deutschen Landesrechts eine Bevorzugung von Frauen bei gleicher Qualifikation für unionsrechtskonform erklärt, sofern dies keinen Automatismus bedeute, sondern individuelle Gesichtspunkte Berücksichtigung finden könnten.[52]

c) **Umfang einer Ausschreibungspflicht.** Eine allg. Pflicht zur **Ausschreibung** 16 **von Stellen** ist durch die Rspr bisher nicht anerkannt.[53] Mit guten Gründen wird aber aus der verfassungsrechtlichen Garantie des Zugangs zu allen öffentlichen Ämtern die Verpflichtung entnommen, Möglichkeiten für einen realisierbaren Zugang zu schaffen. Dies setzt eine so breit gestreute Information über offene Ämter voraus, dass für die an dem jeweils zu besetzenden Amt potentiell Interessierten und zu Interessierenden die Möglichkeit der Kenntnisnahme geschaffen wird. Daraus folgt eine grds. Pflicht zur Ausschreibung zu besetzender Stellen,[54] wobei es im personalwirtschaftlichen Ermessen des Dienstherrn liegt, einen Dienstposten nur behördenintern auszuschreiben.[55] § 9 Abs. 1 LBG regelt dementsprechend eine grds. Ausschreibungspflicht (Soll-Vorschrift), die auch für behördenintern zu besetzende Stellen gilt. Für Einstellungen ist grds. eine öffentliche Ausschreibung vorgesehen, d.h. ein Aushang in den Diensträumen der Behörde o.ä. genügt insoweit nicht.[56] Ausnahmen von der Ausschreibungspflicht sind nach § 9 Abs. 1 S. 3 LBG in den Laufbahnverordnungen zu regeln. Dies ist in § 4 ALVO M-V u.a. für Stellen geschehen, die durch eine besondere Vertrauensstellung und die Notwendigkeit der Übereinstimmung mit den grds. politischen Ansichten der Regierung gekennzeichnet sein sollen (Nr. 2-4), wobei fraglich ist, ob dies in allen geregelten Fällen zutrifft.

3. **Öffentliches Amt.** Erfasst wird der Zugang zu jedem **öffentlichen Amt.** Der 17 Begriff des öffentlichen Amtes ist weit auszulegen und umfasst berufliche und ehrenamtliche Funktionen öffentlich-rechtlicher Art beim Land, den Gemeinden, Landkreisen, sonstigen Körperschaften und Anstalten des öffentlichen Rechts; unerheblich ist, ob es sich um das Wahrnehmen hoheitlicher oder

---

47 BVerfG, B. v. 25.11.2011 – 2 BvR 2305/11 –, ZBR 2012, 252, 254.
48 Vgl dazu *Pieper*, in: Schmidt-Bleibtreu/Hofmann/Hopfauf, Art. 33 Rn 76 mwN; *Jarass*, in: Jarass/Pieroth, Art. 33 Rn 23.
49 Nachweise bei *Pieper*, in: Schmidt-Bleibtreu/Hofmann/Hopfauf, Art. 33 Rn 77.
50 BAGE 73, 269; 104, 264.
51 Vgl § 5 Abs. 3 Gleichstellungsgesetz M-V.
52 U. v. 11.11.1997 – Rs. C-409/95 –, NJW 1997, 3429; U. v. 28.03.2000 – Rs. C-158/97 –, NJW 2000, 1549.
53 Vgl BVerwGE 49, 232, 243; 56, 324, 327; offen gelassen v. BVerfG, B. v. 01.08.2006 – 2 BvR 2364/03 –, NVwZ 2006, 1401 f.
54 StGH Bremen, U. v. 22.12.1992 – St 5/91 –, DÖV 1993, 300; *Jachmann*, in: von Mangoldt/Klein/Starck, Art. 33 Abs. 2 Rn 16; *Jarass*, in: Jarass/Pieroth, Art 33 Rn 18; *Reich*, BeamtStG, § 9 Rn 1; vgl auch *Ladeur*, Jura 1992, 77, 81 ff; *Koll*, LKV 2001, 394, 395, zur Ableitung der Ausschreibungspflicht aus dem Leistungsprinzip.
55 BVerwG, B. v. 27.09.2011 – 2 VR 3/11 –, NVwZ-RR 2012, 71.
56 Vgl die Gesetzesbegr., LT-Drs. 5/2143, S. 87.

schlicht-verwaltender Tätigkeiten, eine Ausübung des öffentlichen Amtes im Beamtenverhältnis oder aufgrund Privatvertrages handelt.[57] Je nach Ausgestaltung des konkreten Amtes sind aber die Eignungsanforderungen zu differenzieren: Abstufungen sind zB denkbar bei tarifvertraglich Beschäftigten im Vergleich zu Beamten,[58] bei Lehrbeauftragten im Vergleich zu Beamten[59] sowie bei Beamten auf Widerruf im Verhältnis zu Lebenszeitbeamten.[60]

18 Ob und inwieweit **staatlich gebundene Berufe**, bei denen Berufswahl und Berufsausübung in mehr oder weniger starker Weise reglementiert werden und die der Wahrnehmung öffentlicher Aufgaben dienen, in den Anwendungsbereich des Art. 71 Abs. 1 LV fallen, ist nicht abschließend geklärt. Für Notare wird dies weitgehend bejaht,[61] nicht dagegen für Beliehene[62] oder Insolvenzverwalter.[63]

19 Nicht in den Anwendungsbereich der Norm fallen solche Ämter, die in allgemeinen Wahlen besetzt werden (Landtagsabgeordnete, Gemeindevertreter, Kreistagsmitglieder). Entsprechendes gilt für die durch die Parlamente gewählten Regierungsmitglieder[64] und sonstige politische Wahlämter (direkt gewählte hauptamtliche Bürgermeister und Landräte). Das **Demokratieprinzip** lässt in diesen Fällen keinen Raum für die Berücksichtigung der eher fachlich determinierten Kriterien des Art. 71 Abs. 1 LV, sondern stellt allein auf das politische Vertrauen ab. Der Schutzzweck der Norm ist daher nicht berührt.[65] Hingegen entbindet die auf das Votum eines Richterwahlausschusses gegründete Entscheidung über die Besetzung eines Richteramtes nicht von der Anwendbarkeit der Norm, weil es sich hierbei um keine reine Wahlentscheidung handelt.[66] Art. 71 Abs. 1 LV enthält keinen Maßstab für die Zulässigkeit der Ausgestaltung öffentlicher Ämter als Wahlämter.[67]

20 **Politische Beamte** sind vom Anwendungsbereich der Norm ausgenommen, soweit es um ihre politische Ausrichtung geht, die Einfluss auf die Eignung für das zu besetzende Amt haben kann.[68] Das Institut des politischen Beamten wird heute – von einzelnen kritischen Stimmen in der Lit. abgesehen[69] – ganz über-

---

57 Vgl *Badura*, in: Maunz/Dürig, Art. 33 Rn 23; zum besonderen öffentlich-rechtlichen Amtsverhältnis der Regierungsmitglieder vgl → *Litten*, **Art. 45** Rn 1 f.
58 Vgl BAGE 28, 62; 39, 235, 253; 54, 340, 345; BAG, U. v. 13.10.1988 - 6 AZR 144/85 -, NJW 1989, 2562, 2563.
59 BVerwGE 81, 212, 214 ff.
60 BVerwGE 62, 267, 272.
61 *Badura*, in Maunz/Dürig, Art. 33 Rn 23 mwN; *Jarass*, in: Jarass/Pieroth, Art. 33 Rn 9 mwN.
62 *Pieper*, in: Schmidt-Bleibtreu/Hofmann/Hopfauf, Art. 33 Rn 33.
63 BVerfGE 116, 1, 13.
64 In M-V wird nur der MinPräs gewählt, vgl Art. 42, 43 LV; die Minister sind wegen des personellen Kabinettsbildungsrechtes des MinPräs (→ *Litten*, **Art. 43** Rn 2) vom Anwendungsbereich der Norm ausgenommen. Inwieweit die LReg bei ihrem Wahlvorschlag nach § 4 Abs. 1 LRHG an den Grundsatz der Bestenauslese gebunden ist, hat das LVerfG M-V offen gelassen (U. v. 28.10.2010 – LVerfG 5/10 –, LVerfGE 21, 218, 228).
65 *Badura*, in Maunz/Dürig, Art. 33 Rn 24; *Masing*, in: Dreier, Art. 33 Rn 43; *Pieper*, in: Schmidt-Bleibtreu/Hofmann/Hopfauf, Art. 33 Rn 27 mwN; vgl auch Thür OVG, B. v. 30.03.2007 – 2 EO 729/06 –, ThürVBl. 2007, 187, 188.
66 *Jachmann*, in: von Mangoldt/Klein/Starck, Art. 33 Rn 15 mwN; *Masing*, in: Dreier, Art. 33 Rn 43; vgl auch OVG Schleswig, B. v. 15.10.2001 – 3 M 34/01 –, NJW 2001, 3495.
67 Vgl dazu *Jachmann*, in: von Mangoldt/Klein/Starck, Art. 33 Rn 15; *Masing*, in: Dreier, Art. 33 Rn 43 Fn 190.
68 *Jarass*, in: Jarass/Pieroth, Art. 33 Rn 9, 22; *Pieper*, in: Schmidt-Bleibtreu/Hofmann/Hopfauf, Art. 33 Rn 30.
69 Nachweise bei *Lindner*, ZBR 2011, 150.

wiegend akzeptiert. Es wird damit gerechtfertigt, dass es sich bei den diesen Beamten übertragenen Ämtern um politische Schlüsselstellungen handelt, die das reibungslose Funktionieren des Übergangs von der politischen Spitze in die Beamtenhierarchie zu gewährleisten haben.[70] Das BVerfG beschränkt das Institut aber auf eng begrenzte Ausnahmefälle und zwar auf Beamte, die nach der Art ihrer Aufgaben in besonderer Weise des politischen Vertrauens der Staatsführung bedürfen und in fortwährender Übereinstimmung mit den grds. politischen Ansichten und Zielen der Regierung stehen müssen. Es kann sich nur um den engsten Kreis unmittelbarer Berater der Träger politischer Ämter handeln.[71] Diesem Maßstab werden die Regelungen in den Ländern zum Teil nicht gerecht.[72] So wird auch bezweifelt, dass der neue § 37 LBG den verfassungsrechtlichen Anforderungen genügt, soweit der Leiter der Abteilung für Verfassungsschutz im Innenministerium in die Reihe der politischen Beamten eingeordnet bleibt. Gerade Leiter von Ämtern mit polizeibezogenen Aufgaben, aber auch mit Aufgaben im Bereich der Gefahrenvorsorge, benötigten die entsprechende persönliche Unabhängigkeit, um auch gegen politische Amtsträger Ermittlungen aufnehmen bzw gewünschte Ermittlungen, etwa gegen politische Konkurrenten, ablehnen zu können.[73]

4. Rechtsschutz. Art. 71 Abs. 1 LV vermittelt dem Bewerber ein grundrechtsgleiches Recht auf leistungsgerechte Einbeziehung in die Bewerberauswahl, den sog. Bewerbungsverfahrensanspruch. Aus diesem Anspruch iVm der **Rechtsschutzgarantie** des Art. 19 Abs. 4 GG ergibt sich, dass das Recht auf gleichen Zugang zu öffentlichen Ämtern effektiv gerichtlich verfolgbar sein muss.[74] Ein nur formelles Recht und die theoretische Möglichkeit, die Gerichte anzurufen, genügen nicht.[75] 21

Aus der Verfahrensabhängigkeit des Bewerbungsverfahrensanspruches folgt, dass der Anspruch erlischt, wenn das Stellenbesetzungsverfahren beendet wird.[76] Dies kann durch die Ernennung des ausgewählten Bewerbers geschehen, wenn sie Ämterstabilität genießt, d.h. nicht mehr von erfolglosen Bewerbern im Rechtsweg beseitigt werden kann.[77] Der Anspruch kann aber auch erlöschen, wenn der Dienstherr das Stellenbesetzungsverfahren gerechtfertigt abbricht.[78] Ist der Bewerbungsverfahrensanspruch untergegangen, kann eine Klage des unterlegenen Bewerbers keinen Erfolg mehr haben. Deshalb muss er in beiden Fällen die Möglichkeit haben und ist auch gehalten, das Erlöschen des Bewerbungsverfahrensanspruchs **durch Inanspruchnahme vorläufigen Rechtsschutzes** zu verhindern.[79] Dabei dürfen die Anforderungen an die Glaubhaftmachung eines Anordnungsanspruchs nicht überspannt werden.[80] 22

Die Wirksamkeit des Rechtsschutzes vor der Ernennung hängt davon ab, dass der Dienstherr die gerichtliche Nachprüfung seiner Auswahlentscheidung er- 23

---

70 Vgl BVerwGE 52, 26, 34 f.
71 Vgl BVerfGE 7, 155, 166; 121, 205, 232; BVerwGE 115, 89, 95 f.
72 Überblick bei *Lindner*, ZBR 2011, 150, 153 f, 160; zum Institut des politischen Beamten mit Blick auf den Grundsatz der persönlichen Unabhängigkeit vgl *Lindner*, ZBR 2013, 145, 152.
73 *Lindner*, ZBR 2011, 150, 160.
74 BVerwGE 138, 102, Rn 21, 32.
75 BVerfG, B. v. 09.07.2007 – 2 BvR 206/07 –, NVwZ 2007, 1178 f mwN.
76 BVerwGE 145, 185, Rn 11.
77 BVerwGE 138, 102, Rn 27.
78 BVerwGE 145, 185, Rn 11 f mwN.
79 BVerwGE 138, 102, Rn 31 f.
80 BVerfG, B. v. 09.07.2007 – 2 BvR 206/07 –, NVwZ 2007, 1178 f mwN.

möglicht. Deshalb ergeben sich für ihn **Mitteilungs- und Wartepflichten**.[81] Der Dienstherr verhindert den gebotenen Rechtsschutz, wenn er die beabsichtigte Ernennung während eines laufenden gerichtlichen Verfahrens oder trotz gerichtlicher Untersagung vornimmt. Gleiches gilt, wenn die Ernennung ohne Mitteilung an die unterlegenen Bewerber, vor Ablauf der Wartefrist für die Inanspruchnahme vorläufigen Rechtsschutzes, der Beschwerdefrist zum OVG oder der Wartefrist für die Anrufung des BVerfG erfolgt. In diesen Fällen der Rechtsschutzverhinderung kann sich der Dienstherr nach der neueren Rspr des BVerwG nicht auf den **Grundsatz der Ämterstabilität** berufen; die Ernennung kann nachträglich im Wege der Anfechtungsklage beseitigt werden.[82]

Beim Abbruch kann eine einstweilige Anordnung nach § 123 VwGO mit dem Ziel erstritten werden, den Dienstherrn zur Fortführung des Stellenbesetzungsverfahrens zu verpflichten.[83]

Bestand eine solche Rechtsschutzmöglichkeit und wird von ihr erfolglos Gebrauch gemacht, kann ein Bewerber wegen Fehlern im Stellenbesetzungsverfahren, die seinen Bewerbungsverfahrensanspruch verletzt haben, dann nur noch Schadensersatzansprüche geltend machen. Sucht der Bewerber allerdings nicht um vorläufigen Rechtsschutz nach, tritt in Anwendung des Rechtsgedankens aus § 839 Abs. 3 BGB keine Ersatzpflicht ein.[84] Ist der Bewerbungsverfahrensanspruch durch rechtsbeständige Ernennung oder Abbruch untergegangen, kann der Bewerber nur dann erfolgreich Schadensersatz verlangen, wenn die Ernennung des Dritten oder der Abbruch des Verfahrens rechtswidrig war, die Ernennung etwa unter Verstoß gegen das Leistungsprinzip des Art. 71 Abs. 1 LV vorgenommen worden ist.[85]

24 Vorläufiger Rechtsschutz im Konkurrentenstreit kann auch erlangt werden, wenn es allein um die Übertragung eines **Dienstpostens** geht, ohne dass damit die Vergabe eines Beförderungsamtes verbunden ist. Zwar kann die Übertragung rückgängig gemacht werden, so dass auch nachgelagerter Rechtsschutz zur Verfügung steht.[86] Es besteht jedoch ein Anordnungsgrund, wenn die Dienstpostenvergabe eine Vorauswahl für die Vergabe des höheren Statusamtes trifft. Die Verbindlichkeit des Maßstabes des Art. 71 Abs. 1 LV gilt nicht nur für die unmittelbare Vergabe eines Amtes im statusrechtlichen Sinne, sondern auch für vorgelagerte Auswahlentscheidungen, durch die eine zwingende Voraussetzung für die nachfolgende Ämtervergabe vermittelt wird. Damit wird die Auslese für Beförderungsämter vorverlagert auf die Auswahl unter den Bewerbern um Beförderungsdienstposten. Diese Vorwirkung begründet in Fällen der Übertragung eines Beförderungsdienstpostens einen Anordnungsgrund und führt dazu, dass das vorläufige Rechtsschutzverfahren grds. die Funktion des Hauptsacheverfahrens übernimmt.[87]

---

81 Vgl dazu BVerfG, B. v. 09.07.2007 – 2 BvR 206/07 –, NVwZ 2007, 1178 f; B. v. 09.07.2009 – 2 BvR 706/09 –, NVwZ 2009, 1430.
82 BVerwGE 138, 102, Rn 34 ff; zum Rechtsschutz im Nachgang zu diesem Urteil vgl *Munding*, DVBl. 2011, 1512; *von Roetteken*, ZBR 2011, 73; *Schönrock*, ZBR 2013, 26.
83 BVerwGE 145, 185 Rn 12.
84 BVerwGE 145, 185 Rn 12.
85 BVerwGE 145, 185 Rn 13.
86 BVerwG, B. v. 27.09.2011 – 2 VR 3.11 –, DÖD 2012, 16 f.
87 BVerwG, B. v. 20.06.2013 – 2 VR 1/13 –, ZBR 2013, 376, 377 ff; zur praktischen Bedeutung der Entscheidung insb. für die Organisationsgewalt des Dienstherrn vgl *von der Weiden*, jurisPR-BVerwG 21/2013 Anm. 6.

III. Unparteiische Amtsführung

Abs. 2 des Art. 71 LV hebt die Pflicht aller Angehörigen des öffentlichen Dienstes zu einer unparteiischen Amtsführung hervor. Die Pflicht zur **unparteiischen Amtsführung** ist als hergebrachter Grundsatz des Beamtentums ebenso anerkannt[88] wie diejenige zur Wahrung parteipolitischer Neutralität.[89] Einfachgesetzlich sind sie in § 33 BeamtStG und in § 60 BBG niedergelegt. Die LV erstreckt diese Pflichten durch Art. 71 Abs. 2 LV ausdrücklich auf alle Angehörigen des öffentlichen Dienstes. Die etwas altertümlich anmutende Bezeichnung als „Diener" knüpft an die historische Entwicklung des Beamtenrechts an und betont die „Service-Funktion" der öffentlichen Verwaltung gegenüber dem Bürger.

Die Pflicht zur unparteiischen Amtsführung bedeutet **keine (partei-)politische Abstinenz** des Mitarbeiters im öffentlichen Dienst.[90] Vielmehr setzt jedenfalls das Beamtenrecht ein mehr oder weniger ausgeprägtes Interesse an den öffentlichen Belangen geradezu voraus. Dem Angehörigen des öffentlichen Dienstes ist die Inanspruchnahme der politischen Grundrechte daher keineswegs verwehrt. Sein dienstliches – und in abgeschwächter Form sein außerdienstliches – Verhalten dürfen aber keinen Anlass zur Annahme der Bevorzugung oder Benachteiligung einzelner Bürger oder Gruppen bieten.

Die Vorschrift steht auch nicht im Widerspruch zum **Primat der Politik**. In einer parlamentarischen Demokratie wird die Regierung als Spitze der Exekutive nach parteipolitischen Gesichtspunkten gewählt. Im Rahmen der Verfassung, der Gesetze und sonstigen Rechtsvorschriften ist es legitimes Anliegen, politische Entscheidungen über die Verwaltung umzusetzen. Im Rahmen der Gehorsamspflicht hat der Beamte den Weisungen zu folgen, soweit sie nicht offenkundig rechtswidrig sind.[91] Neben der „klassischen" Weisung sind auch andere steuernde Elemente zum Erreichen politischer Zielvorgaben denkbar, bspw der Abschluss von Zielvereinbarungen.

Verfassungsrechtlich untersagt ist durch Art. 71 Abs. 1 und 2 LV die **Ämterpatronage**, dh die Vergabe von öffentlichen Ämtern nach politischen Gesichtspunkten. Dennoch greift die Ämterpatronage der politischen Parteien auf allen Ebenen um sich und beeinträchtigt damit das Vertrauen der Bürger in die politische Unabhängigkeit und Objektivität der Verwaltung. Abhilfe soll durch Ausschreibungspflichten und Konkurrentenklagen geschaffen werden, was aber praktisch wenig erfolgversprechend scheint.[92]

Die in der Kommunalverfassung vorgesehene Möglichkeit der **Abwahl kommunaler Wahlbeamter** verstößt nicht gegen den hergebrachten Grundsatz, dass Beamte nicht nach freiem Ermessen politischer Gremien aus ihrem Amt entfernt werden können; es handelt sich vielmehr um eine zulässige Fortentwicklung des Hergebrachten.[93]

---

88 Vgl BVerfGE 9, 268, 286.
89 Vgl BVerfGE 7, 155, 162 f; BVerwGE 90, 104, 110.
90 Vgl auch bereits BayVerfGHE 18, 59, 64 ff.
91 BVerfG, B. v. 19.10.2006 – 2 BvR 1925/06 –, juris.
92 Vgl *Lecheler*, in: HdbStR Bd. V, § 110 Rn 81 f; *Pieper*, in: Schmidt-Bleibtreu/Hofmann/Hopfauf, Art. 33 Rn 79; zu den Missbrauchsmöglichkeiten von Führungspositionen auf Zeit für eine Ämterpatronage vgl BVerfGE 121, 205, 227.
93 Vgl BVerfG, B. v. 20.12.1993 – 2 BvR 1327/87 u.a. –, NVwZ 1994, 473, 474; aA *Henneke*, Jura 1988, 374 ff mwN.

IV. Wählbarkeitsbeschränkung von Angehörigen des öffentlichen Dienstes

30 **1. Bedeutung und Reichweite.** Art. 71 Abs. 3 LV konkretisiert Art. 137 Abs. 1 GG für das Landesrecht M-V. Sinn und Zweck der Norm ist es, die organisatorische Gewaltenteilung gegen Gefahren abzusichern, die durch Zusammentreffen eines Amtes in der Exekutive bzw als Richter und einem Abgeordnetenmandat entstehen können.[94] Letztlich soll verhindert werden, dass Mitarbeiter der Verwaltung sich selbst kontrollieren. Schließlich erlaubt die Norm, einer weiteren parteipolitischen Durchdringung auch der hauptamtlichen Kommunalverwaltung gewisse Grenzen zu ziehen.

31 Art. 71 Abs. 3 LV nennt neben den **Gemeinden** ausdrücklich auch die **Kreise**, die aber auch durch die Formulierung „Gemeinden" in Art. 137 Abs. 1 GG mit umfasst sind.[95]

32 **2. Art und Umfang der Regelungsbefugnis.** Das Wahlrecht zu den Landtagen und den kommunalen Vertretungskörperschaften ist nach der Kompetenzverteilung des GG Ländersache. Adressat der in Art. 137 Abs. 1 GG erlaubten gesetzlichen Beschränkung des Wahlrechts ist deshalb der Landesgesetzgeber; „gesetzlich" bedeutet insoweit also „landesgesetzlich".[96] Dabei wird nach zutreffender herrschender Auffassung kein Ausschluss von der Wählbarkeit, sondern nur die Regelung einer **Unvereinbarkeit von Amt und Mandat** (Inkompatibilität) zugelassen.[97]

33 Art. 137 Abs. 1 GG ermächtigt als vorrangiges Bundesrecht auch zur Beschränkung landesverfassungsrechtlich begründeter Grundrechte des passiven Wahlrechts.[98]

34 Ob der Landesgesetzgeber von der eingeräumten Ermächtigung Gebrauch macht, bleibt ihm überlassen.[99] Keineswegs ist eine Regelung in der LV zwingend; notwendig aber auch hinreichend ist vielmehr eine Regelung durch **förmliches Gesetz**.[100] Der Landesverfassungsgeber kann eine eigenständige Regelung vorsehen und bspw dem Gesetzgeber ein Gebrauchmachen von der Ermächtigung untersagen.[101] Verwehrt ist es dem Landesverfassungsgeber allerdings, eine weitergehende Einschränkung bundesverfassungsrechtlich eingeräumter Wahlrechtsprinzipien vorzusehen, als dies die Ermächtigung des Art. 137 Abs. 1 GG zulässt. Art. 71 Abs. 3 LV läuft daher insoweit leer, als die Norm über den Wortlaut des Art. 137 Abs. 1 GG hinausgehend auch die Beschränkung des passiven Wahlrechts für Arbeiter im öffentlichen Dienst zulässt. § 25 Abs. 1 S. 3 KV, der gemäß § 105 Abs. 6 KV für Kreistagsmitglieder entsprechend gilt, nimmt daher zutreffend Arbeiterinnen und Arbeiter ausdrücklich von der Inkompatibilitätsregelung aus.

35 Der Wegfall der Unterscheidung zwischen Arbeitern und Angestellten zugunsten eines einheitlichen Begriffs der „**Beschäftigten**" durch den am 01.10.2005 in Kraft getretenen Tarifvertrag öffentlicher Dienst (TVöD) für die Beschäftigten

---

94 Vgl BVerfGE 12, 73, 77; 42, 312, 339; 57, 43, 62; 98, 145, 160.
95 BVerfGE 12, 73, 77.
96 Vgl BVerfGE 38, 326, 336 f; 48, 64, 83; 58, 177, 191.
97 BVerfGE 12, 73, 77 f; 57, 43, 67; 58, 177, 192; *Pieroth*, in: Jarass/Pieroth, Art. 137 Rn 3.
98 Ebenso HessStGH, ESVGH 20, 206, 209; BWStGH, VBlBW 1981, 348, 349; LVerfG LSA, U. v. 27.10.1994 – LVG 14, 17, 19/94 –, NVwZ-RR 1995, 457, 459.
99 Vgl BWStGH, U. v. 13.12.1969 – 1, 2/69 –, NJW 1970, 892.
100 Ebenso *Magiera*, in: Sachs, GG, Art. 137 Rn 19 mwN; nicht haltbar daher BbgVerfG, B. v. 21.09.1995 – VerfGH 12/95 –, NVwZ 1996, 590.
101 Vgl *von Arnim*, NVwZ 1996, 593, Sondervotum zu BbgVerfG, NVwZ 1996, 590.

des Bundes und der Kommunen kann sich insoweit begrifflich nicht auf die Unvereinbarkeitsklauseln in den Kommunalverfassungen auswirken. Da in Art. 137 Abs. 1 GG die Ermächtigung zum Ausschluss der Wählbarkeit für Arbeiter fehlt, der Bund aber selbst im Zuge der Föderalismusreform keine Änderung der Norm vorgenommen hat, müssen die Kommunalverfassungen den tarifrechtlich obsolet gewordenen Begriff „Arbeiter" beibehalten.[102] Es muss also im Einzelfall immer eine Prüfung durchgeführt werden, für die der oder die Vorsitzende der Gemeindevertretung bzw der oder die Kreistagspräsident/in zuständig ist.[103]

Generell bietet die verfassungsrechtliche Ermächtigung einen beachtlichen Handlungsspielraum für den Gesetzgeber. Über die Ausgestaltung des § 25 Abs. 1 KV hinausgehend wäre zB auch eine generelle Unvereinbarkeit der Mitgliedschaft hauptamtlicher Bürgermeister und leitender Verwaltungsbeamter der Ämter in den Kreistagen verfassungsrechtlich durch Art. 71 Abs. 3 gedeckt.[104] 36

Aus der Gewährleistung des von dem **religiösen Bekenntnis** unabhängigen Genusses staatsbürgerlicher Rechte folgt iÜ, dass die Ausübung eines Kommunalmandats nicht aus Gründen verwehrt werden darf, die auch unter Berücksichtigung von aus dem Amt sich zwingend ergebenden Erfordernissen mit der in Art. 4 Abs. 1 GG geschützten Glaubens- und Gewissensfreiheit unvereinbar sind.[105] In den §§ 28 Abs. 2 Satz 3 und 106 Abs. 1 Satz 6 KV wird deshalb zu Recht auf das Erfordernis einer religiösen Beteuerungsformel aus Anlass der Verpflichtung der gewählten Bewerber verzichtet. 37

V. Institutionelle Garantie des Berufsbeamtentums und Funktionsvorbehalt für Beamte

1. Bedeutung. Das Berufsbeamtentum ist als **Institution** verfassungsrechtlich geschützt. Die verfassungsrechtliche Fundierung des Berufsbeamtentums findet sich in Art. 33 Abs. 4 GG, welcher inhaltlich dem Art. 71 Abs. 4 LV entspricht. Die Norm ist hierbei in enger Verknüpfung mit Art. 33 Abs. 5 GG zu sehen.[106] Als Faustformel für das Verhältnis beider Absätze des Art. 33 GG gilt, dass Abs. 4 das „Wo" der Beamtentätigkeit vorgibt, während Abs. 5 das „Wie", also die konkrete Ausgestaltung des Beamtenverhältnisses regelt.[107] 38

Art. 33 Abs. 4 GG beinhaltet kein Recht des Einzelnen, sondern einen „**Funktionsvorbehalt**", eine objektiv-rechtliche Verfassungsregelung, ein Strukturprinzip.[108] Hierdurch sanktioniert das GG und ihm folgend die LV die spätestens seit dem 1. Weltkrieg eingetretene faktische Zweiteilung des öffentlichen Dienstes. Es handelt sich um eine Reaktion auf die veränderte Aufgabenstruktur der öffentlichen Hand, die zunehmend Aufgaben der Daseinsvorsorge (insb. im kommunalen Bereich), der Planung und Steuerung über die klassischen Aufga- 39

---

102 Vgl dazu LT-Drs. 5/4173, S. 132.
103 Vgl *Wollenteit/Vieweg/Meyer zu Schlochtern*, in: Schröder u.a., Kommunalverfassungsrecht M-V-Kommentar, Stand: 23. Nachlieferung Februar 2014, § 25 GO Anm. 2.
104 Zur diesbezüglichen Rechtslage in Brandenburg BbgVerfG, B. v. 17.09.1998 – VfG Bgb 30/98 –, LKV 1999, 59.
105 BVerfGE 79, 69.
106 Vgl *Battis*, in: Sachs, GG, Art. 33 Rn 45; *Kunig*, in: von Münch/Kunig, Art. 33 Rn 39; *Pieper*, in: Schmidt-Bleibtreu/Hofmann/Hopfauf, Art. 33 Rn 106.
107 Vgl *Hense*, in Epping/Hillgruber, Art. 33 Rn 27 mwN.
108 BVerfGE 6, 376, 385; BVerfG, B. v. 18.02.1988 – 2 BvR 1324/87 -, NVwZ 1988, 523; *Battis*, in: Sachs, GG, Art. 33 Rn 45; *Kunig*, in: von Münch/Kunig, Art. 33 Rn 39; *Pieper*, in: Schmidt-Bleibtreu/Hofmann/Hopfauf, Art. 33 Rn 104.

ben des „Eingriffsstaates" hinaus wahrnimmt.[109] Der Funktionsvorbehalt soll gewährleisten, dass die Ausübung hoheitsrechtlicher Befugnisse als ständige Aufgabe regelmäßig den von Art. 33 Abs. 5 GG für das Berufsbeamtentum institutionell garantierten besonderen Sicherungen qualifizierter, loyaler und gesetzestreuer Aufgabenerfüllung unterliegt.[110] Er hat die rechtsstaatliche Zielsetzung, den Grundsatz der Gesetzmäßigkeit der Verwaltung personalwirtschaftlich zu gewährleisten und die verwaltungsstaatliche Zielsetzung, die Effizienz, Leistungsfähigkeit und Rechtsstaatlichkeit der öffentlichen Verwaltung sicherzustellen.[111] Angesichts der fortschreitenden Privatisierung von Verwaltungsaufgaben kommt Art. 33 Abs. 4 GG heute aber nicht nur als Vorbehaltsbereich zugunsten des Berufsbeamtentums Bedeutung zu, sondern auch als freiheitssichernde Strukturvorgabe gegen einen zu weit gehenden Rückzug des Staates aus seiner Verantwortung zu eigener Aufgabenwahrnehmung.[112]

40 **2. Inhalt der Gewährleistung.** Die Auslegung des Begriffs „hoheitliche Befugnisse" ist nach wie vor umstritten.[113] Ein Minimalkonsens bezieht jedenfalls die klassische Eingriffsverwaltung ein.[114]

Daneben soll nach wohl herrschender Auffassung auch die grundrechtsrelevante Leistungsverwaltung unter den Funktionsvorbehalt fallen.[115] Die Vorschrift garantiert aber nicht den Bestand einzelner hoheitlicher Befugnisse, sondern setzt diese voraus.[116] Nicht erfasst sind hingegen die erwerbswirtschaftliche Tätigkeit, die reine Fiskalverwaltung, die privatrechtlichen Beschaffungsgeschäfte, die Leistung untergeordneter Hilfsdienste,[117] und die Tätigkeit der Bundesprüfstelle für jugendgefährdende Schriften.[118]

41 **In der Regel** bedeutet, dass Abweichungen nur in sachlich begründeten Ausnahmefällen zulässig sind.[119] Als rechtfertigender Grund kommt nur ein spezifischer, dem Sinn der Ausnahmemöglichkeit entsprechender Ausnahmegrund in Betracht; rein fiskalische Gründe genügen nicht.[120] Nach dieser Maßgabe hat das BVerfG in seinem Urteil vom 18.01.2012 die – rein formelle – Privatisierung des hessischen Maßregelvollzuges, eines Kernbereiches hoheitlicher Tätigkeit, als durch sachliche Gründe – Synergieeffekte sowie verbesserte Personalgewinnungs-, Ausbildungs- und Fortbildungsmöglichkeiten in einem organisatorischen Verbund privatisierter Einrichtungen – gerechtfertigt und damit vom Einschätzungsspielraum des Gesetzgebers gedeckt angesehen.[121] Mit der Entscheidung werden die verfassungsrechtlichen Leitlinien für Privatisierungen in ande-

---

109 Vgl dazu auch *Battis*, in Sachs, GG, Art. 33 Rn 47.
110 Vgl zuletzt BVerfGE 130, 76, 111 f mwN.
111 Vgl *Badura*, in: Maunz-Dürig, Art. 33 Rn 55; *Landau/Steinkühler*, DVBl. 2007, 133, 136 ff.
112 *Di Fabio*, JZ 1999, 585, 591.
113 Nachweise bei *Battis*, in: Sachs, GG, Art. 33 Rn 55; *Lecheler*, in: HdbStR Bd. V, § 110 Rn 16; *Pieper*, in: Schmidt-Bleibtreu/Hofmann/Hopfauf, Art. 33 Rn 108 ff.
114 Vgl u.a. *Pieper*, in: Schmidt-Bleibtreu/Hofmann/Hopfauf, Art. 33 Rn 109.
115 *Pieper*, in: Schmidt-Bleibtreu/Hofmann/Hopfauf, Art. 33 Rn 112; *Pieroth*, in: Jarass/Pieroth, Art. 33 Rn 41.
116 Vgl BremStGH, U. v. 15.01.2002 – St 1/01 –, NVwZ 2003, 81, 85 f.
117 Vgl *Lecheler*, in: HdbStR Bd. V, § 110 Rn 18 ff.
118 BVerfGE 83, 130, 150.
119 BVerfGE 9, 268, 284; 83, 130, 150; 130, 76, 114 f; BVerwGE 57, 55, 59.
120 BVerfGE 130, 76, 115 f.
121 BVerfGE 130, 76, 118 ff; vgl auch die Entscheidungsbesprechungen von *Schladebach/Schönrock*, NVwZ 2012, 1011; *Waldhoff*, JZ 2012, 683; *Wiegand*, DVBl. 2012, 1134.

ren Kernbereichen hoheitlicher Tätigkeit, wie etwa des Strafvollzuges[122] oder auch des Gerichtsvollzieherwesens,[123] abgesteckt. Zentral dürfte hierbei – außer dem Erfordernis eines spezifischen Ausnahmegrundes – sein, dass die konkrete Ausgestaltung neben einer ordnungsgemäßen Aufgabenerfüllung auch weitreichende Steuerungsbefugnisse der öffentlichen Hand sicherstellen muss.[124]

Schwierigkeiten bereitet oftmals die Grenzziehung, welche Tätigkeiten Privaten in den Kernbereichen hoheitlicher Tätigkeit als untergeordnete Hilfsdienste übertragen werden können und welche durch den Staat oder ausnahmsweise durch Beliehene wahrgenommen werden müssen. Maßgeblich ist hier in jedem Einzelfall der Umfang der Entscheidungsbefugnis über hoheitliche Aufgaben.[125]

Ob der Funktionsvorbehalt wegen des schulischen Erziehungsauftrags des Staates generell für Lehrer gilt, ist in der Literatur nach wie vor umstritten.[126] Das BVerfG hat in seinem Urteil vom 19.09.2007[127] darauf hingewiesen, dass die in großem Umfang praktizierte Einstellung von Lehrern im Angestelltenverhältnis mit den Vorgaben des Art. 33 Abs. 4 GG vereinbar ist, weil Lehrer in der Regel nicht schwerpunktmäßig hoheitlich geprägte Aufgaben wahrnehmen, die der besonderen Absicherung durch den Beamtenstatus bedürfen.

Mit Blick auf das zahlenmäßige Verhältnis von Beamten, Arbeitern und Angestellten im öffentlichen Dienst dürfte die Verwaltungswirklichkeit dem Bild des Art. 33 Abs. 4 GG vom Beamten als Regeltypus nicht hinreichend Rechnung tragen.[128]

VI. Exkurs: Hergebrachte Grundsätze des Berufsbeamtentums

1. Inhalt und Bedeutung des Art. 33 Abs. 5 GG. Die LV hat darauf verzichtet, Art. 33 Abs. 5 GG in den Text aufzunehmen, der folgenden Wortlaut hat:

„Das Recht des öffentlichen Dienstes ist unter Berücksichtigung der hergebrachten Grundsätze des Berufsbeamtentums zu regeln und fortzuentwickeln."

Die Geltung dieser Vorschrift auch für das Landesrecht bleibt hiervon unberührt, denn Art. 33 Abs. 5 GG enthält **unmittelbar geltendes Recht** und bindet daher auch den Landesgesetzgeber.[129] Nach Auffassung des BVerfG begründet die Norm darüber hinaus ein grundrechtsgleiches Recht der Beamten, soweit ein hergebrachter Grundsatz ihre persönliche Rechtsstellung betrifft.[130] Als grundrechtsgleiche Rechte unterliegen die Garantien des Art. 33 Abs. 5 GG der Schranke kollidierenden Verfassungsrechts.[131]

---

122 Vgl hierzu *Fehrentz*, Rechtliche Grenzen von Privatisierungen im Strafvollzug, in: Studien zum internationalen, europäischen und öffentlichen Recht, Bd. 26, Diss. 2012; *Mösinger*, Privatisierung des Strafvollzugs, BayVBl 2007, 417 ff.
123 Vgl hierzu die jeweils durch Ablauf der Wahlperiode erledigten Gesetzentwürfe auf Initiative u.a. von M-V, BT-Drs. 16/5724 und 16/5727 sowie 17/1210 und 17/1225.
124 Vgl BVerfGE 130, 76, 120 ff.
125 *Büllesbach/Rieß*, NVwZ 1995, 444, 445; *Heckmann/Braun*, BayVBl. 2009, 581, 582.
126 Dafür: *Pieper*, in: Schmidt-Bleibtreu/Hofmann/Hopfauf, Art. 33 Rn 113 mwN; dagegen: *Pieroth*, in: Jarass/Pieroth, Art. 33 Rn 41; *Battis*, in: Sachs, GG, Art. 33 Rn 57; vgl hierzu auch *Günther*, ZBR 2014, 18 ff.
127 BVerfGE 119, 247, 267 (zur antragslosen Zwangsteilzeit); wiederholt in BVerfGE 130, 76, 116.
128 *Kunig*, in: von Münch/Kunig, Art. 33 Rn 46; *Pieroth*, in: Jarass/Pieroth, Art. 33 Rn 42.
129 Vgl BVerfGE 9, 268, 286; 107, 218, 236 f; 117, 330, 344; 119, 247, 260; 121, 205, 219.
130 BVerfGE 107, 218, 236 f; 117, 330, 344; kritisch *Jarass*, in: Jarass/Pieroth, Art. 33 Rn 44 mwN; *Kunig*, in: von Münch/Kunig, Art. 33 Rn 54 ff.
131 Vgl BVerfGE 87, 348, 356.

44 **2. Allgemeines zu den hergebrachten Grundsätzen.** Um von einem **hergebrachten** Grundsatz sprechen zu können, müssen zwei Voraussetzungen erfüllt sein: Zum einen muss es sich um eine Regelung mit Grundsatzcharakter handeln. Ein Grundsatz muss das Bild des Berufsbeamtentums in seiner überkommenen Art so prägen, dass seine wesentliche Änderung, Durchbrechung oder Abschaffung dazu führen würde, dass man nicht mehr von einem Fortbestehen des Berufsbeamtentums in seiner herkömmlichen Gestalt sprechen könnte.[132] Zum anderen bedarf der Grundsatz eines gewissen „Herkommens" als Ausweis seiner Bewährung. Das BVerfG hält nach wie vor eine Rückführung jedenfalls auf die Weimarer Zeit für unabdingbar.[133] Die dagegen erhobene Kritik, die Garantie der hergebrachten Grundsätze könne zu einer Versteinerung des Beamtenrechts führen, ist nicht gerechtfertigt. Die in Art. 33 Abs. 5 GG liegende Einrichtungsgarantie schließt es gerade nicht aus, gesellschaftliche Entwicklungen aufzunehmen und durch Änderungen des Beamtenrechts zu berücksichtigen.[134]

45 Zum öffentlichen Dienst iSd Art. 33 Abs. 5 GG rechnen nur die **Beamten**[135] und die **Richter**,[136] wobei für letztere Besonderheiten bspw hinsichtlich der Amtsbezeichnungen, der Besoldung und des Laufbahnrechts gelten.[137] Nicht erfasst werden somit zB Abgeordnete und Minister,[138] die tarifvertraglich Beschäftigten im öffentlichen Dienst,[139] Kassenärzte,[140] kirchliche Bedienstete,[141] Mitglieder von Gemeindevertretungen und Kreistagen[142] sowie Privatdozenten.[143] Für Berufssoldaten gilt die institutionelle Garantie nicht,[144] jedoch sind einzelne hergebrachte Grundsätze wie die politische Treuepflicht auch für sie zu beachten.[145] Bei Hochschullehrern muss der Gesetzgeber die strukturellen Besonderheiten des Hochschulwesens berücksichtigen.[146]

46 Die Grundsätze des Art. 33 Abs. 5 GG sind ausgerichtet auf den **Lebenszeitbeamten**.[147] Das Lebenszeitprinzip hat – im Zusammenspiel mit dem Alimentationsprinzip – die Funktion, die Unabhängigkeit der Beamten im Interesse einer rechtsstaatlichen Verwaltung zu gewährleisten. Das BVerfG hat deshalb entschieden, dass die in § 25 b LBG N-W angeordnete Übertragung von Ämtern mit leitender Funktion im Beamtenverhältnis auf Zeit das Lebenszeitprinzip in seinem Kern verletzt und daher mit Art. 33 Abs. 5 GG nicht vereinbar ist.[148] Traditionsgemäß sind zwar bestimmte Beamtenverhältnisse vom Lebenszeitprinzip ausgenommen. Dies ist nach der Rspr des BVerfG jedoch nur in engen Grenzen durch besondere Funktionen, die die zugrundeliegenden Ämter kennzeich-

---

132 *Lecheler*, HdbStR Bd. V, § 110 Rn 52 mwN.
133 Vgl BVerfGE 107, 218, 237; 117, 330, 345; 121, 205, 219; so auch BVerwGE 131, 234, Rn 14.
134 Vgl *Lecheler*, in: HdbStR Bd. V, § 110 Rn 53; vgl dazu auch BVerfGE 119, 247, 262.
135 BVerfGE 3, 162, 186; 9, 268, 284 f.
136 BVerfGE 38, 139, 151.
137 Vgl die Nachweise bei *Pieroth*, in: Jarass/Pieroth, Art. 33 Rn 65.
138 BVerfGE 76, 256, 342, 344.
139 BVerfGE 9, 268, 284 f.
140 BVerfGE 11, 30, 39; 12, 144, 147.
141 BVerfG, B. v. 09.12.2008 – 2 BvR 717/08 –, NJW 2009, 1195, 1196.
142 BVerfGE 6, 376, 385.
143 BVerwGE 55, 73, 81.
144 BVerfGE 31, 212, 221.
145 BVerwGE 83, 345, 348; 103, 361, 367.
146 BVerfGE 35, 23, 30 f.
147 BVerfGE 70, 251, 266; 71, 255, 268; 121, 205, 220.
148 BVerfGE 121, 205, 221 f mwN.

nen, gerechtfertigt.¹⁴⁹ Anerkannte Ausnahmen sind der kommunale Wahlbeamte als Beamter auf Zeit¹⁵⁰ und der politische Beamte.¹⁵¹

Auch die hauptberufliche, d.h. **vollzeitige Beschäftigung der Beamten und Richter** ist prägendes Strukturmerkmal des Berufsbeamtentums.¹⁵² Mit dem Eintritt in das Beamtenverhältnis wird der Beamte verpflichtet, sich voll für den Dienstherrn einzusetzen und diesem seine gesamte Arbeitskraft zur Verfügung zu stellen.¹⁵³ Er verliert grds. die Freiheit zu anderweitiger Erwerbstätigkeit, weil der Staat die ganze Arbeitskraft des Beamten und damit seine volle Hingabe fordert. Im Zusammenhang mit seiner Treuepflicht soll die Gewährleistung einer rechtlich und wirtschaftlich gesicherten Position den Beamten in die Lage versetzen, unsachlichen und parteilichen Einflussnahmen zu widerstehen.¹⁵⁴ Nach dem Beschluss des BVerfG vom 19.09.2007 verstößt deshalb die antragslose Teilzeitbeschäftigung ohne die Möglichkeit zur Wahl der vollen Beschäftigung, die den Beamten typischerweise zwingt, auf Nebentätigkeiten auszuweichen, gegen die Grundsätze der Hauptberuflichkeit und der amtsangemessenen Alimentation. Sie stellt keine strukturwahrende Fortentwicklung des Beamtenverhältnisses dar.¹⁵⁵ Anders liegt es dagegen bei der freiwilligen Teilzeitbeschäftigung, da der Beamte selbst darüber entscheiden kann, inwieweit er für die Sicherung eines angemessenen Unterhalts auf die volle Besoldung angewiesen ist.¹⁵⁶ Dem entsprechend sieht § 43 BeamtStG vor, dass Teilzeitbeschäftigung – als Ausnahme vom Regelfall einer Vollzeitbeschäftigung (vgl auch § 34 BeamtStG) – zu ermöglichen ist. Die Regelung der Voraussetzungen der freiwilligen Teilzeitbeschäftigung obliegt dem Landesgesetzgeber. Dies ist in den §§ 63 ff. LBG geschehen. 47

3. Einzelne hergebrachte Grundsätze. a) Politische Treuepflicht. Zu den hergebrachten und zu beachtenden Grundsätzen des Berufsbeamtentums gehört die allgemeine Treuepflicht des Beamten. Der Beamte ist dem Allgemeinwohl und damit zur uneigennützigen Amtsführung verpflichtet und hat bei der Erfüllung der ihm anvertrauten Aufgaben seine eigenen Interessen zurückzustellen.¹⁵⁷ Die allgemeine Treuepflicht beinhaltet auch eine **besondere politische Treuepflicht** des Beamten gegenüber dem Staat und seiner Verfassung. Die politische Treuepflicht fordert von dem Beamten nicht nur, Verfassung und Gesetz zu beachten, sondern weitergehend eine positive Haltung hierzu zu üben, jederzeit für die freiheitlich-demokratische Grundordnung einzutreten und sich insbesondere von verfassungsfeindlichen Gruppen und Bestrebungen zu distanzieren.¹⁵⁸ Die Treuepflicht wird konkretisiert durch die beamtenrechtlichen politischen Mäßigungsgebote¹⁵⁹ und bezieht sich gleichermaßen auf das dienstliche wie außerdienstliche Verhalten.¹⁶⁰ Das bloße Innehaben einer Überzeugung kann nie den 48

---

149 BVerfGE 121, 205, 222.
150 BVerfGE 7, 155, 163; 121, 205, 223.
151 BVerfGE 8, 332, 347, 349; 121, 205, 223.
152 BVerfGE 119, 247, 263.
153 BVerfGE 119, 247, 263 mwN.
154 BVerfGE 119, 247, 264 mwN.
155 BVerfGE 119, 247, 265, 272 f; vgl auch BVerwG, U. v. 24.02.2011 – 2 C 50/09 –, ZBR 2012, 35 und B. v. 08.05.2013 – 2 B 5/13 –, ZBR 2013, 306; zur Vorgeschichte der antragslosen Teilzeit und weiteren Entscheidungen des BVerwG zu diesen Konstellationen vgl *Wißmann*, ZBR 2010, 181.
156 BVerfGE 119, 247, 270.
157 BVerfGE 119, 247, 264.
158 BVerfGE 39, 334, 347 ff; *Jachmann*, in: von Mangoldt/Klein/Starck, Art. 33 Rn 47.
159 BVerfG, B. v. 06.06.1988 – 2 BvR 111/88 –, NJW 1989, 93; BVerwGE 84, 292, 294 f.
160 BVerwGE 73, 263, 284; 83, 158, 161; BVerwG, U. v. 20.01.1987 – 1 D 114/85 –, NJW 87, 2691.

Vorwurf einer Verletzung der Treuepflicht begründen. Ein Indiz für eine Treuepflichtverletzung kann die Mitgliedschaft in einer Partei mit verfassungsfeindlicher Zielsetzung sein; es müssen aber die Umstände des Einzelfalls geprüft werden.[161] Beurteilungsrelevante Umstände können bspw das Innehaben von Parteiämtern und die Kandidatur bei Wahlen sein.[162] Als verfassungsfeindliche Parteien in diesem Sinne hat die Rspr bisher u.a. die DKP und die NPD charakterisiert.[163] Bei der Begründung eines Beamtenverhältnisses muss die künftige Erfüllung der politischen Treuepflicht gewährleistet sein; nach der höchstrichterlichen Judikatur sind berechtigte Zweifel für eine Ablehnung ausreichend.[164] Bei bereits ernannten Beamten führen Verletzungen der politischen Treuepflicht je nach Status zum Widerruf,[165] zur Entlassung[166] oder zur Entfernung aus dem Dienst.[167]

49 Zweifel an der Erfüllung der politischen Treuepflicht können auch durch Tätigkeiten in der früheren SED und in den von ihr gelenkten Organisationen einschließlich der Staatssicherheit begründet werden. Es ist aber stets eine Einzelfallprüfung unter Würdigung des gesamten Verhaltens vor und nach dem Beitritt geboten.[168] Die Feststellung, jemand habe für das MfS gearbeitet, reicht allein nicht, um ihn von einer Beamtenstellung welcher Art auch immer auszuschließen.[169] Ein Beamter, der seinen Dienstherrn arglistig über eine **Tätigkeit für das frühere MfS** getäuscht hat, kann wegen mangelnder Bewährung entlassen werden.[170] Es ist verfassungsrechtlich auch nicht zu beanstanden, wenn Zeiten im öffentlichen Dienst der DDR, die durch eine in verschiedener Weise herausgehobene Nähe zum Herrschaftssystem der DDR gekennzeichnet waren, von der – besoldungssteigernden – Anrechnung auf das Besoldungsdienstalter und von der Anerkennung als ruhegehaltfähig ausgenommen werden.[171]

50 Die Prüfung, ob ein Bewerber für ein kommunales Wahlamt die Gewähr dafür bietet, jederzeit für die freiheitlich-demokratische Grundordnung im Sinne des GG einzutreten, obliegt nach § 66 Absatz 4 Satz 1 LKWG dem **Wahlausschuss** als einem politisch besetzten, unabhängigen Gremium. Die Entscheidung des Landesgesetzgebers,[172] die Prüfung dieser beamtenrechtlichen Wählbarkeitsvoraussetzung dem für die Entscheidung über die Zulassung der Wahlvorschläge zuständigen Wahlausschuss zu übertragen, ist verfassungsrechtlich nicht zu be-

---

161 Vgl BVerwGE 61, 200, 202 f; 73, 263, 281; vgl auch BVerfG, B. v. 17.12.2001 – 2 BvR 1151/00 –, NVwZ 2002, 847.
162 Vgl BVerwGE 76, 157, 161; 83, 158, 174; BVerwG, U. v. 20.01.1987 - 1 D 114/85 –, NJW 1987, 2691, 2692.
163 Rspr-Überblick bei *Battis*, BBG, § 7 Rn 20, 21.
164 BVerwGE 61, 176, 179 ff.
165 BVerwGE 62, 267, 270.
166 BVerwGE 61, 200, 201.
167 BVerwGE 73, 263, 286; 76, 157, 171; 86, 99, 124.
168 Rspr-Überblick bei *Battis*, BBG, § 7 Rn 22; zum Außerkrafttreten der bis zum 31.12.1996 befristeten Sonderkündigungstatbestände für ehemalige MfS-Mitarbeiter im Einigungsvertrag vgl BVerwG, U. v. 25.01.2001 – 2 C 43/99 –, LKV 2001, 370; U. v. 27.02.2001 – 2 C 3/00 –, juris.
169 Vgl OVG M-V, U. v. 25.01.2012 – 2 L 220/11 –, juris, Rn 28.
170 Vgl BVerwG, U. v. 25.01.2001 – 2 C 43/99 –, LKV 2001, 370, 371.
171 BVerfGE 103, 310, 324; BVerwG, B. v. 20.06.2013 – 2 B 71/12 –, ZBR 2013, 354 f.
172 Vgl die Gesetzesbegr. zu der mit dem LKWG weitgehend unverändert übernommenen Vorgängernorm des § 61 Abs. 3 Kommunalwahlgesetz M-V, LT-Drs. 5/1936, S. 22 f und die Ergebnisse der Sachverständigenanhörung im Innenausschuss, LT-Drs. 5/2161, S. 20 ff.

anstanden.[173] Mit Blick auf §§ 7 Abs. 1 Nr. 2, 6 BeamtStG i.V.m. § 12 LBG darf die Ernennungsbehörde auch nach der Wahl aus begründetem Anlass das Vorliegen dieses Eignungskriteriums beim gewählten Bewerber überprüfen.

b) Weitere hergebrachte Grundsätze. In der Rspr sind bisher folgende **weitere** 51 **hergebrachte Grundsätze** des Beamtentums anerkannt worden:[174]

- einseitige Regelung der wesentlichen Inhalte des Beamtenrechtsverhältnisses durch Gesetz; Vereinbarungen nur auf gesetzlicher Grundlage;[175] dem Gesetzesvorbehalt unterliegen auch Höchstaltersgrenzen für den Zugang zum Beamtenverhältnis;[176]
- Streikverbot für Beamte;[177] das Streikverbot gilt verfassungsunmittelbar für alle Beamten unabhängig von ihrem Aufgabenbereich; die bestehende Kollisionslage zu Art. 11 EMRK, der in seiner bindenden Auslegung durch den EGMR[178] funktionsbezogene Gewährleistungen in Bezug auf Beamte enthält, die außerhalb der genuinen Hoheitsverwaltung eingesetzt sind, ist durch den Gesetzgeber aufzulösen;[179] das Grundrecht der Koalitionsfreiheit aus Art. 9 Abs. 3 GG erfordert für die Zulässigkeit eines Einsatzes von Beamten auf bestreikten Arbeitsplätzen eine gesetzliche Grundlage;[180]
- Fürsorgepflicht des Dienstherrn;[181] insb. Anspruch des Beamten auf Beihilfegewährung;[182] zumindest die tragenden Strukturprinzipien der Beihilfegewährung und wesentliche Einschränkungen des Beihilfestandards bedürfen gesetzlicher Regelung;[183]
- Alimentationsprinzip;[184] es verpflichtet den Dienstherrn, den Beamten und seine Familie lebenslang angemessen zu alimentieren und ihm nach seinem Dienstrang, nach der mit seinem Amt verbundenen Verantwortung und nach der Bedeutung des Berufsbeamtentums für die Allgemeinheit entsprechend der Entwicklung der allg. wirtschaftlichen und finanziellen Verhältnisse und des allg. Lebensstandards einen angemessenen Unterhalt zu gewähren;[185]

---

173 Vgl hierzu VG Greifswald, U. v. 02.12.2008 – 2 A 1267/08 –, Der Überblick 2009, S. 94 (zur Vorgängernorm des § 61 Abs. 3 Kommunalwahlgesetz M-V); *Glaser*, Landes- und Kommunalwahlrecht M-V, 4. Aufl. 2014, S. 112 ff; a.A. *Erbguth*, LKV 2008, 440, 443.
174 Näher vgl *Battis*, in: Sachs, GG, Art. 33 Rn 71 ff.
175 BVerwGE 91, 200, 203.
176 BVerfG, B. v. 21.04.2015 – 2 BvR 2155/12 u.a. –, juris, Rn 54 ff, auch zur verfassungsrechtlichen Rechtfertigung von Einstellungshöchstaltersgrenzen im öffentlichen Dienst.
177 Vgl BVerfGE 8, 1, 17; 119, 247, 264.
178 Der EGMR hat in seinem U. v. 21.04.2009 (Nr. 68959/01, Enerji Yapi-Yol Sen ./. Türkei, NVwZ 2010, 1018) aus Art. 11 EMRK ein Recht der Gewerkschaften zum Streik abgeleitet und ein allgemeines Streikverbot für Angehörige des öffentlichen Dienstes für nicht mit der Gewerkschaftsfreiheit vereinbar erklärt.
179 BVerwG, U. v. 27.02.2014 – 2 C 1/13 –, ZBR 2014, 195 ff mit Anmerkung Battis; vgl auch *Hebeler*, ZBR 2012, 325 ff; *Nokiel*, DÖD 2012, 152 ff; *von der Weiden*, jurisPR-BVerwG 10/2014 Anm. 2.
180 BVerfGE 88, 103, 115 f.
181 BVerfGE 19, 76, 85; 43, 154, 165 f; 46, 97, 117 f; 85, 176, 184 f; 106, 225, 232; zum „Verfassungsort" der Fürsorgepflicht vgl auch *Günther*, ZBR 2013, 14 ff.
182 BVerfGE 83, 89, 100 ff; 106, 225, 232; BVerwGE 125, 21 Rn 17; 131, 20 Rn 20; 137, 30 Rn 13; zur Zulässigkeit des Ausschlusses der Beihilfe für Krankenhauswahlleistungen vgl BVerfGE 106, 225, 233 ff; BVerwGE 133, 67 Rn 9.
183 BVerwGE 121, 103, 105 ff; 131, 20 Rn 11 f.
184 BVerfGE 71, 39, 62 f; 83, 89, 106; 114, 258, 287 f; 130, 263, 292.
185 BVerfGE 8, 1, 14; 117, 330, 352; 119, 247, 269; 130, 263, 292. In seinem U. v. 05.05.2015 – 2 BvL 17/09 u.a. –, juris , Rn 97 ff, hat das BVerfG die Kriterien konkretisiert, nach denen die Besoldung von Richtern und Staatsanwälten auf ihre Vereinbarkeit mit dem Grundsatz der amtsangemessenen Alimentation zu überprüfen ist.

der Gesetzgeber hat hierbei einen weiten Gestaltungsspielraum und zwar sowohl hinsichtlich der Struktur als auch hinsichtlich der Höhe der Besoldung;[186] die Gestaltungsfreiheit deckt nach der Rspr des BVerfG grds. auch strukturelle Neuregelungen in Form von Systemwechseln ab, die die Bewertung des Amtes und die damit einhergehende besoldungsrechtliche Einstufung betreffen; führt die gesetzgeberische Neubewertung zu einer deutlichen Verringerung der Besoldung, bedarf es hierfür sachlicher Gründe;[187] die übergangsweise niedrigere Besoldung für Beamte, Richter und Soldaten in den neuen Ländern hat das BVerfG als zulässig angesehen;[188] das Alimentationsprinzip gilt nicht für Referendare im Vorbereitungsdienst;[189] Besoldung und Dienstleistung stehen nicht in einem unmittelbaren Gegenseitigkeitsverhältnis;[190] der Gesetzgeber kann dem Alimentationsprinzip auch dadurch Rechnung tragen, dass er Teile des Gehalts leistungsabhängig ausgestaltet; variable Leistungsbezüge müssen aber für jeden Amtsträger zugänglich und hinreichend verstetigt sein, um kompensatorische Wirkung für ein durch niedrige Grundgehaltssätze entstandenes Alimentationsdefizit entfalten zu können;[191] die Minderung der Versorgungsbezüge zum Aufbau einer Versorgungsrücklage verstößt nicht gegen Art. 33 Abs. 5 GG;[192] auch der Versorgungsabschlag bei vorzeitigem Eintritt in den Ruhestand steht - ebenso wie die Regelung über die Anrechnung von Erwerbseinkommen auf das Witwengeld - im Einklang mit Verfassungsrecht;[193] Ehen und eingetragene Lebenspartnerschaften von Beamten sind besoldungs- und versorgungsrechtlich weitgehend gleich zu behandeln;[194]

- Berechnung des Ruhegehaltes aus dem letzten Amt;[195] auch die Länge der aktiven Dienstzeit muss sich in der Höhe der Versorgungsbezüge niederschlagen;[196] allerdings existiert weder ein hergebrachter Grundsatz, dass bei

---

186 BVerfGE 103, 310, 320 f; 110, 353, 364; 114, 258, 288 f; 130, 263, 294 ff; BVerwGE 101, 116, 121.
187 BVerfGE 130, 263, 295 f - Verfassungswidrigkeit der bisherigen W 2-Besoldung für Hochschullehrer; zu den prozeduralen Anforderungen an den Gesetzgeber vgl ebenda 301 f; zum Urteil und zu den Reformansätzen im Nachgang vgl *Battis/Grigoleit*, ZBR 2013, 73 ff und ZBR 2014, 406 ff; *Brüning/Korn*, ZBR 2013, 20 ff; *Gawel/Aguado*, ZBR 2014, 397 ff; *Scheffel*, DÖD 2012, 217 ff; *Wahlers*, ZBR 2013, 230 ff; *Wolff*, ZBR 2012, 145 ff. M-V hat die Professorenbesoldung durch Gesetz v. 04.07.2014, GVOBl. S. 316, neu geregelt.
188 BVerfGE 107, 218, 238 ff; vgl auch BVerwGE 148, 328.
189 BVerfG, B. v. 07.10.1992 – 2 BvR 1318/92 –, DVBl. 1992, 1597 f; B. v. 24.09.2007 – 2 BvR 442/06 –, DÖD 2008, 177 f; BVerwG, U. v. 25.09.2003 – 2 C 20/02 –, NVwZ 2004, 347 f.
190 BVerwG, U. v. 29.04.2004 – 2 C 9/03 –, NVwZ 2004, 1255.
191 BVerfGE 130, 263, 296 ff.
192 BVerfG, B. v. 27.09.2007 – 2 BvR 1673/03 u.a. –, DVBl. 2007, 1435 f.
193 BVerwGE 120, 154; zum Zusammentreffen von Versorgungsanspruch und Verwendungseinkommen BVerwGE 124, 178; zum Versorgungsabschlag BVerfG, B. v. 20.06.2006 - 2 BvR 361/03 -, DVBl. 2006, 1241 f; B. v. 27.07.2010 – 2 BvR 616/09 –, NVwZ 2010, 1355; zur Berücksichtigung von DDR-Zeiten als ruhegehaltsfähig BVerfG, B. v. 24.03.2003 – 2 BvR 192/01 –, LKV 2003, 469; weitere Nachweise zur Angemessenheit der Alimentation bei *Jarass*, in: Jarass/Pieroth, Art. 33 Rn 55 ff; *Pieper*, in: Schmidt-Bleibtreu/Hofmann/Hopfauf, Art. 33 Rn 165 ff.
194 BVerfGE 124, 199 zur betrieblichen Hinterbliebenenversorgung; BVerfGE 131, 239 zum Familienzuschlag.
195 BVerfGE 61, 43, 57 f; 76, 256, 323 ff; 114, 258, 286; eine mehr als zweijährige Wartefrist für die Ruhegehaltsfähigkeit der Bezüge aus dem letzten Amt hält das BVerfG nicht mit dem Grundsatz der Versorgung aus dem letzten Amt vereinbar: BVerfGE 117, 372, 384 ff - mit abweichender Meinung der Richterin Osterloh und des Richters Gerhardt.
196 BVerfGE 76, 256, 322; 114, 258, 286.

Anpassungen der Bezüge eine strikte Parallelität der Besoldungs- und Versorgungsentwicklung zu beachten ist, noch muss der Höchstversorgungssatz mindestens 75 % der ruhegehaltsfähigen Dienstbezüge betragen;[197]
- Recht auf Amtsbezeichnung;[198]
- Recht auf amtsgemäße Beschäftigung;[199]
- Laufbahngrundsatz;[200]
- Personalentscheidungen allein durch die vorgesetzte Dienstbehörde;[201]
- Gehorsamspflicht;[202] diese besteht grds. auch bei rechtswidrigen Weisungen;[203]
- Anwesenheitspflicht am Dienstplatz während der Dienstzeit;[204]
- Verschwiegenheitspflicht;[205]
- Disziplinarrecht;[206]
- fachliche Vorbildung;[207] hauptberufliche Tätigkeit[208] und volle Dienstleistungspflicht;[209] eine freiwillige Teilzeitbeschäftigung ist möglich;[210] Nebentätigkeiten dürfen eingeschränkt werden;[211]
- in Verbindung mit Art. 97 GG: Grundsatz der sachlichen und persönlichen Unabhängigkeit des Richteramtes;[212] die Unabhängigkeit wird nicht durch die Bildung eines länderübergreifenden gemeinsamen Gerichtes beeinträchtigt;[213]
- stets ausdrücklich offen gelassen hat das BVerfG die Frage, ob das Prinzip der Vorsorgefreiheit zu den hergebrachten Grundsätzen rechnet.[214]

---

197 BVerfGE 114, 258, 281 ff.
198 BVerfGE 38, 1, 12 f; 62, 374, 383; 64, 323, 352.
199 BVerfGE 70, 251, 266; BVerwGE 87, 310, 315; 89, 199, 200 f; 98, 334, 337 f; vgl hierzu auch *Schweiger*, ZBR 2011, 245 ff.
200 BVerfGE 62, 374, 383; 64, 323, 351; 71, 255, 268; zu der Frage, ob das im Zuge der Föderalismusreform 2006 neu geschaffene Laufbahnrecht den Anforderungen von Art. 33 Abs. 5 GG genügt, vgl *Epping/Patzke*, ZBR 2012, 289 ff.
201 BVerfGE 9, 268, 287.
202 BVerfGE 9, 268, 286; BVerwGE 113, 361, 363.
203 BVerfG, B. v. 19.10.2006 – 2 BvR 1925/06 –, juris: Anderes gilt nur, wenn die streitige Weisung als offenkundig rechtswidrig bewertet werden muss.
204 BVerwGE 42, 79, 83.
205 BVerfGE 28, 191, 198 ff; BVerwGE 66, 39, 42.
206 BVerfGE 7, 129, 144 f; 15, 105, 121; 37, 167, 178 f; BVerfG, B. v. 22.11.2001 – 2 BvR 2138/00 –, NVwZ 2002, 467; BVerwGE 103, 70, 79; zum Schuldprinzip im Disziplinarrecht vgl *Pflaum*, ZBR 2013, 187 ff.
207 BVerfGE 9, 268, 286.
208 BVerfGE 9, 268, 286; 119, 247, 263.
209 BVerfGE 16, 94, 116; 76, 256, 316; BVerwG, U. v. 29.08.1991 – 2 C 40.88 –, DVBl. 1992, 101.
210 BVerfGE 71, 39, 63; 119, 247, 269 f; vgl hierzu auch *Jachmann*, in: von Mangoldt/Klein/Starck, Art. 33 Rn 45.
211 BVerfGE 52, 303, 343 f; 55, 207, 238; BVerfG, B. v. 16.01.2007 – 2 BvR 1188/05 –, NVwZ 2007, 571; BVerwGE 84, 299, 301; 124, 347, 355; 130, 252 Rn 11; vgl hierzu auch *Pieper*, in: Schmidt-Bleibtreu/Hofmann/Hopfauf, Art. 33 Rn 190; zu der Frage, welche hergebrachten Grundsätze des Berufsbeamtentums zum Nebentätigkeitsrecht es gibt, vgl *Günther*, ZBR 2012, 187 ff.
212 BVerfGE 12, 81, 88; 55, 372, 391 f; BVerfG, B. v. 29.02.1996 – 2 BvR 136/96 –, NJW 1996, 2149 f.
213 BVerfG, B. v. 14.07.2006 - 2 BvR 1058/05 -, LKV 2007, 79 f.
214 BVerfGE 79, 223, 232; 83, 89, 105; BVerfG, B. v. 25.09.2001 – 2 BvR 2442/94 –, NVwZ 2002, 463.

52 c) **Nicht von Art. 33 Abs. 5 geschützte Grundsätze.** Keine Anerkennung als hergebrachte Grundsätze des Berufsbeamtentums haben zB gefunden:
- ein Recht auf eine zweite Instanz in Dienststrafsachen;[215]
- die Besitzstandswahrung für wohlerworbene Rechte des Beamten schlechthin;[216]
- ein Recht auf einen Wechsel des Dienstherrn nur mit Zustimmung des Beamten;[217]
- ein allg. Gebot der Kürzung der Beamtenbezüge bei Zusammentreffen mit privaten Einkünften;[218]
- ein Recht am Amt im konkret-funktionellen Sinn;[219]
- ein Recht auf Dienstbefreiung zum Ausgleich geleisteter Mehrarbeit;[220]
- ein Recht auf einen nicht über 40 Stunden hinausgehenden Umfang wöchentlicher Arbeitszeit.[221]

53 **4. Berücksichtigungsgebot.** Der Wortlaut des Art. 33 Abs. 5 GG fordert lediglich eine „Berücksichtigung" der hergebrachten Grundsätze. Frühzeitig hat das BVerfG aber den Gesetzgeber zur „Beachtung" der grundlegenden und strukturprägenden Grundsätze verpflichtet.[222]

VII. Gesetzgebungsauftrag

54 Dem verfassungsrechtlichen Auftrag zur Regelung des Näheren im Gesetz ist insb. durch das LBG vom 17.12.2009 entsprochen. Beamtenrechtliche Regelungen enthalten daneben bspw die KV vom 13.07.2011 und das Gesetz über den Kommunalen Versorgungsverband vom 29.01.1992.[223]

VIII. Schrifttum

55 *Maximilian Baßlsperger*, Topfwirtschaft: Leistungsprinzip versus Praktikabilität, in: ZBR 2012, S. 109 ff.; *Ulrich Battis*, Streikrecht für Beamte?, in: ZBR 2011, S. 397 ff.; *Andreas Becker/Alexia Tepke*, Besoldungs-Föderalismus statt einheitliches Besoldungsrecht – eine aktuelle Bestandsaufnahme, in: ZBR 2011, S. 325 ff.; *Monika Böhm*, Wege zur Stärkung der Mitbestimmung im öffentlichen Dienst, in: ZBR 2013, S. 181 ff.; *Christoph Demmke*, Aktuelle Dienstrechtsreformen in Europa – Deutschland im Kontext europäischer Entwicklung, in: ZBR 2013, S. 217 ff.; *Sven Eisenmenger*, Privatisierung der Justiz aus rechtlicher und ökonomischer Sicht, 2012, S. 106 ff.; *Volker Epping/Frauke Patzke*, Das Laufbahnrecht im Spiegel des Art. 33 Abs. 5 GG, in: ZBR 2012, S. 289 ff.; *Udo Di Fabio*, Privatisierung und Staatsvorbehalt, in: JZ 1999, S. 585 ff; *Gisela Färber/Melanie Funke/Steffen Walther*, Nachhaltige Finanzierung der Beamtenversorgung – Möglichkeiten und Grenzen einer Modernisierung bei leeren Kassen, in: ZBR 2011, S. 14 ff.; *Hanns-Christian Fricke/Matthias Schütte*, Die ge-

---

215 BVerfGE 4, 205, 211.
216 BVerfGE 8, 332, 342 ff; 44, 249, 263.
217 BVerfGE 17, 172, 187 f; BVerwGE 135, 286 Rn 14.
218 BVerfGE 17, 337, 349; 32, 157, 166.
219 BVerfGE 8, 332, 345; 43, 242, 282; 52, 303, 354; BVerfG, B. v. 30.01.2008 – 2 BvR 754/07 –, NVwZ 2008, 547.
220 BVerwGE 37, 21, 29 f.
221 BVerwGE 117, 219, 225.
222 Vgl BVerfGE 8, 1, 16; 117, 330, 349; 117, 372, 380; 119, 247, 263, 269; 121, 205, 220; 130, 263, 292; Überblick bei *Jachmann*, in: von Mangoldt/Klein/Starck, Art. 33 Abs. 5 Rn 53.
223 GVOBl. S. 16, zuletzt geändert durch Art. 1 des Gesetzes vom 17.03.2015, GVOBl. S. 98.

sundheitliche Eignung für eine Verbeamtung – Eine Rechtsprechungsübersicht für die Verwaltungspraxis, in: DÖD 2012, S. 121 ff.; *Hellmuth Günther*, Hergebrachte Grundsätze des Berufsbeamtentums zum Nebentätigkeitsrecht?, in: ZBR 2012, S. 187 ff.; *ders.*, Funktionsvorbehalt und Beamtenstatus von Lehrern, in: ZBR 2014, S. 18 ff.; *Hans Hattenhauer*, Geschichte des Beamtentums, 2. Aufl. 1993; *Boris Hoffmann*, Neues Laufbahnrecht in Bund und Ländern – Eine vergleichende Betrachtung, in: DÖD 2012, S. 25 ff.; *Anja Holland-Letz/Mark Koehler*, Aufstiegs- und Entwicklungsmöglichkeiten in Bund und Ländern nach der Föderalismusreform I, in: ZBR 2012, S. 217 ff.; *Michael Kilian*, Öffentliches Dienstrecht in den neuen Ländern nach der Föderalismusreform, in: Schöneburg u.a., Verfassungsfragen in Berlin, Brandenburg, Mecklenburg-Vorpommern, Sachsen, Sachsen-Anhalt und Thüringen, Tagungsband zur Veranstaltung „20 Jahre Landesverfassungen" am 18. Juni 2012 in Berlin, S. 81 ff.; *Klaus König/ Heinrich Siedentopf* (Hrsg.), Öffentlicher Dienst und Verwaltungsaufbau, 1993; *Juhani M.V. Korn*, Das Beamtenrecht im Fokus des Unionsrechts – Eine Einführung anhand ausgewählter unionsrechtlicher Problemstellungen im Beamtenrecht, in: ZBR 2013, S. 155 ff.; *Herbert Landau/Martin Steinkühler*, Zur Zukunft des Berufsbeamtentums in Deutschland, in: DVBl. 2007, S. 133 ff; *Helmut Lecheler*, Der öffentliche Dienst, in: HdBStR Bd. V, § 110, S. 559 ff.; *Josef Franz Lindner*, Der politische Beamte als Systemfehler, in: ZBR 2011, S. 150 ff.; *ders.*, Der beamtenrechtliche Bewerbungsanspruch, in: ZBR 2012, S. 181 ff.; *ders.*, Das besoldungsrechtliche Einebnungsverbot, in: ZBR 2014, S. 361 ff.; *Juergen Lorse*, Das neue Dienstrecht zwischen Anspruch und Wirklichkeit – Aktuelle Entwicklungstendenzen des Beamtenrechts, in: ZBR 2013, S. 79 ff.; *ders.*, Leistungsbezogene Bestenauslese am Maßstab des Statusamtes oder des Anforderungsprofils?, ZBR 2014, S. 289 ff.; *Christoph-David Munding*, Die beamtenrechtliche Konkurrentenklage im Wandel der Rechtsprechung von BVerwG und BVerfG, in: DVBl. 2011, S. 1512 ff.; *Werner Nokiel*, Dienstliche Beurteilungen von Beamtinnen und Beamten, in: DÖD 2013, S. 284 ff.; *Torsten von Roetteken*, Konkurrenzschutz im Beamtenrecht nach dem Urteil des BVerwG vom 4.11.2010 – 2 C 16.09, in: ZBR 2011, S. 73 ff; *ders.*, Konkretisierung des Prinzips der Bestenauslese in der neueren Rechtsprechung, in: ZBR 2012, S. 230 ff.; *Friederike Scheffel*, Neue Perspektiven für eine leistungsabhängige Alimentation?, in: DÖD 2012, S. 217 ff.; *Sabrina Schönrock*, Rechtsqualität von Auswahlentscheidungen im Stellenbesetzungsverfahren, in: ZBR 2013, S. 26 ff.; *Maximilian D. Schweiger*, Der Anspruch des Beamten auf amtsangemessene Beschäftigung, in: ZBR 2011, S. 245 ff.; *Harald Steiner*, Uneigennützigkeit und Gewissenhaftigkeit – Die Anforderungen zentraler beamtenrechtlicher Pflichtenkategorien, in: DÖD 2013, S. 133 ff.; *ders.*, Innere Kündigung und beamtenrechtliche Einsatzklausel, in: ZBR 2013, S. 370 ff.; *Tarik Tabbara*, Zugänge von Ausländern zur Verbeamtung unter besonderer Berücksichtigung der Rechte von Drittstaatsangehörigen, in: ZBR 2013, S. 109 ff.; *Marc André Wiegand*, Die Beleihung Privater im Kernbereich hoheitlicher Aufgabenwahrnehmung, in: DVBl. 2012, S. 1134 ff.; *Heinrich Amadeus Wolff*, Die Verfassungswidrigkeit der W-Besoldung, in: ZBR 2012, S. 145 ff.; *ders.*, Die Unionalisierung des Beamtenrechts, in: ZBR 2014, S. 1 ff.; *Julian Zado*, Privatisierung der Justiz – Zur Bedeutung und verfassungsrechtlichen Zulässigkeit von Privatisierungen in Rechtsprechung, Strafvollzug, Zwangsvollstreckung und Handelsregister, Schriften zum Öffentlichen Recht, Bd. 1233, Diss. 2013, S. 367 ff.

Art. 72 (Kommunale Selbstverwaltung)

(1) Die Gemeinden sind berechtigt und im Rahmen ihrer Leistungsfähigkeit verpflichtet, in ihrem Gebiet alle Angelegenheiten der örtlichen Gemeinschaft im Rahmen der Gesetze in eigener Verantwortung zu regeln. Die Kreise haben im Rahmen ihres gesetzlichen Aufgabenbereiches nach Maßgabe der Gesetze das Recht der Selbstverwaltung.

(2) In den Gemeinden und Kreisen muß das Volk eine Vertretung haben. Durch Gesetz können Formen unmittelbarer Mitwirkung der Bürger an Aufgaben der Selbstverwaltung vorgesehen werden.

(3) Die Gemeinden und Kreise können durch Gesetz oder aufgrund eines Gesetzes durch Rechtsverordnung zur Erfüllung bestimmter öffentlicher Aufgaben verpflichtet werden, wenn dabei gleichzeitig Bestimmungen über die Deckung der Kosten getroffen werden. Führt die Erfüllung dieser Aufgaben zu einer Mehrbelastung der Gemeinden und Kreise, so ist dafür ein entsprechender finanzieller Ausgleich zu schaffen.

(4) Die Aufsicht des Landes stellt sicher, daß die Gesetze beachtet und die übertragenen Angelegenheiten weisungsgemäß ausgeführt werden.

(5) Das Nähere regelt das Gesetz.

Zu Abs. 1: Artt. 71 Abs. 1 und 2 BWVerf; 9, 10, 11, 83 Abs. 1 BayVerf; 97 Abs. 1 Satz 1, Abs. 2 BbgVerf; 144 BremVerf; 137 Abs. 1 und 2 HessVerf; 57 Abs. 1 und 3 NdsVerf; 78 Abs. 1 und 2 Verf NW; 49 Abs. 1, 2 und 3 Satz 1 Verf Rh-Pf; 117, 118 SaarlVerf; 82 Abs. 2, 84 Abs. 1 SächsVerf; 87 Abs. 1 und 2 LVerf LSA; 46 Abs. 1 und 2 SchlHVerf; 91 Abs. 1 und 2 ThürVerf.

Zu Abs. 2: Artt. 72 BWVerf; 12 Abs. 1 BayVerf; 57 Abs. 2 NdsVerf; 50 Verf Rh-Pf; 121 SaarlVerf; 86 SächsVerf; 89 LVerf LSA; 3 Abs. 1 SchlHVerf; 95 ThürVerf.

Zu Abs. 3: Artt. 71 Abs. 3 BWVerf; 83 Abs. 3 und Abs. 7 Satz 2 BayVerf; 97 Abs. 3 BbgVerf; 149 BremVerf; 137 Abs. 6 HessVerf; 57 Abs. 4 NdsVerf; 78 Abs. 3 Verf NW; 49 Abs. 5 Verf Rh-Pf; 120 SaarlVerf; 85 SächsVerf; 87 Abs. 3 LVerf LSA; 46 Abs. 4, 49 Abs. 2 SchlHVerf; 91 Abs. 3, 93 Abs. 1 Satz 2 ThürVerf.

Zu Abs. 4: Artt. 75 Abs. 1 Satz 1 BWVerf; 83 Abs. 4 Satz 2 und 6 BayVerf; 97 Abs. 1 Satz 2 BbgVerf; 147 BremVerf; 137 Abs. 3 Satz 2 HessVerf; 57 Abs. 5 NdsVerf; 78 Abs. 4 Verf NW; 49 Abs. 3 Satz 2 Verf Rh-Pf; 122 SaarlVerf; 89 Abs. 1 SächsVerf; 87 Abs. 4 LVerf LSA; 46 Abs. 3 SchlHVerf; 94 Satz 2 ThürVerf.

I. Verfassungsrechtliche Grundlagen und Grenzen kommunaler Selbstverwaltung (Abs. 1) 1	a) Gebietshoheit 22
1. Rechtsgrundlagen und Bedeutung der Selbstverwaltungsgarantie 1	b) Planungshoheit 23
a) Verhältnis zu Art. 28 Abs. 2 GG 1	c) Personalhoheit 26
b) Funktionen kommunaler Selbstverwaltung 3	d) Organisationshoheit 27
c) Wirkungsweise der Selbstverwaltungsgarantie 5	e) Rechtsetzungshoheit (Satzungsgewalt) 29
d) Verpflichtungsadressat 9	f) Finanz- und Steuerhoheit ... 31
2. Berechtigung und Verpflichtung der Gemeinden 10	5. Im Rahmen der Gesetze 32
3. Alle Angelegenheiten der örtlichen Gemeinschaft 13	6. Selbstverwaltungsgarantie für die Kreise 33
4. Regelung in eigener Verantwortung 21	a) Begriff des Gemeindeverbandes 33
	b) Aufgabenzuschnitt der Landkreise 34
	c) Verfassungsrechtliche Voraussetzungen und Grenzen einer Kreisgebietsreform ... 40
	II. Unmittelbare demokratische Legitimation (Abs. 2) 43

III. Striktes Konnexitätsprinzip
(Abs. 3) 50
 1. Bedeutung 50
 2. Aufgabenübertragung durch
    Gesetz oder Rechtsverordnung 52
 3. Öffentliche Aufgaben 53
 4. Strikte Kostenfolge 55
 5. Einfachgesetzliche Konkretisie-
    rung 58

IV. Aufsicht (Abs. 4) 62
 1. Aufsichtsarten und Kontroll-
    maßstäbe 62
 2. Kommunalaufsicht und
    Opportunitätsprinzip 64
 3. Aufsichtsmittel 67
 4. Rechtsschutz 69
V. Schrifttum 71

I. Verfassungsrechtliche Grundlagen und Grenzen kommunaler Selbstverwaltung (Abs. 1)

1. Rechtsgrundlagen und Bedeutung der Selbstverwaltungsgarantie. a) Verhält- 1
nis zu Art. 28 Abs. 2 GG. Artt. 72 und 73 LV bilden die zentralen Normen zur Beurteilung des den kommunalen Gebietskörperschaften verfassungsrechtlich verbürgten Handlungs- und Entfaltungsspielraums. Für das Verhältnis zu Art. 28 Abs. 2 GG gilt weder der Grundsatz des Art. 31 GG noch die Ausnahmeregelung des Art. 142 GG unmittelbar oder analog. Das Selbstverwaltungsrecht der Gemeinden und Gemeindeverbände wird in Art. 28 Abs. 2 GG vorausgesetzt und in Gestalt einer **Mindestgarantie** gewährleistet.

Bliebe die LV hinter dem Schutz der grundgesetzlichen Verbürgungen der Selbstverwaltung für Gemeinden und Gemeindeverbände zurück, würde sie durch Art. 28 Abs. 2 GG „ergänzt". Soweit die LV den Kommunen mehr Rechte als das GG gewährleistet, steht Art. 28 Abs. 2 GG dem nicht entgegen. Nur im Widerspruch zu Art. 28 Abs. 2 GG stehende landesverfassungsrechtliche Verbürgungen wären nichtig.[1] Überprüfungen eventueller Beeinträchtigungen des Selbstverwaltungsrechts der Kommunen durch landesrechtliche Bestimmungen unterhalb des Verfassungsrechts haben deshalb grds. am Maßstab der LV zu erfolgen.

Art. 28 Abs. 2 GG gilt unmittelbar für die Länder,[2] die ihrerseits die kommunale 2 Selbstverwaltung gewährleisten müssen. Plastisch wird von einer „**Durchgriffsnorm**" gesprochen.[3] Da der Bund nicht von Garantien frei sein kann, die er seinen Ländern verpflichtend auferlegt, hat er selber die Mindestgarantie des Art. 28 Abs. 2 GG ebenfalls zu beachten. Für die Überprüfung von bundesrechtlichen Rechtssätzen unterhalb des Verfassungsrechts behält Art. 28 Abs. 2 GG also seinen unmittelbaren Anwendungsbereich. Ferner ist zu berücksichtigen, dass gemäß § 137 VwGO bei einer Revisionsentscheidung des Bundesverwaltungsgerichts nur Bundesrecht den Prüfungsmaßstab bilden kann.[4]

b) Funktionen kommunaler Selbstverwaltung. Frühzeitig hat das BVerfG fest- 3 gestellt, kommunale Selbstverwaltung bedeute „ihrem Wesen und ihrer Intenti-

---

1 Vgl BVerfGE 3, 45, 49; LVerfG LSA, U. v. 31.05.1994 – LVG 1/94 – LKV 1995, 75; NdsStGH, U. v. 06.12.2007 – StGH 1/06 – StGHE 4, 170, 183; *Stern*, in: BK, Art. 28 Rn 178 f; *von Mutius*, Gutachten E zum 53. DJT, S. 46 f.
2 Vgl dazu näher unten Rn 9.
3 *Nierhaus*, in: Sachs,Art. 28 Rn 33; vgl iÜ nur BVerfGE 1, 167, 173 f; *Püttner*, in: HdbStR Bd. IV, 1. Aufl. 1990, § 107 Rn 11.
4 Vgl *Löwer*, in: von Münch/Kunig, Art. 28 Rn 36; näher *Kronisch*, Aufgabenverlagerung und gemeindliche Aufgabengarantie, 1993, S. 26 ff; zu verfassungsprozessualen Konsequenzen vgl *Schoch/Wieland*, Finanzierungsverantwortung für gesetzgeberisch veranlaßte kommunale Aufgaben, 1995, S. 199.

on nach Aktivierung der Beteiligten für ihre eigenen Angelegenheiten".[5] Das LVerfG M-V hat sich dem ausdrücklich angeschlossen und festgestellt, diese Aussage beziehe sich gleichermaßen auf Gemeinden und Landkreise.[6] Die LV betont den herausragenden Stellenwert der Selbstverwaltung durch die Formulierung in Art. 3 Abs. 2 LV, wonach die Selbstverwaltung in den Gemeinden und Kreisen dem Aufbau der Demokratie von unten nach oben dient. Die bürgerschaftliche Selbstverwaltung wird damit als eigener Verfassungswert hervorgehoben.[7] Kennzeichnend für die **politisch-demokratische Funktion** der kommunalen Selbstverwaltung sind die eigenverantwortliche Entscheidung über die verfassungsrechtlich garantierten Aufgaben, die unmittelbare Betroffenheit der Entscheidenden, die unmittelbare politische Verantwortung und Kontrolle sowie ein regelmäßiger Vorrang der politischen Beweggründe vor dem administrativen Bezug der Entscheidungsfindung, geprägt durch Kollegialentscheidung statt Hierarchieprinzip und durch Ehrenamt statt allein professionellem Verwaltungsmanagement.[8]

4 Unzweifelhaft sind Gemeinden und Landkreise nach der Konzeption des GG und der LV aber keine im gesellschaftlichen Bereich verhaftete Organisationen. Vielmehr sind sie Teil des Staates. Sie verfügen über unmittelbar demokratisch legitimierte Gremien und üben Staatsgewalt aus. Sie sind Teil der vollziehenden Gewalt iSd Art. 4 LV, wie dies in Art. 69 LV nochmals ausdrücklich betont wird. Im bundesstaatlichen Organisationsgefüge sind sie Teile der Länder, wie Art. 106 Abs. 9 GG verdeutlicht. Gemeinden und Landkreise sind unter diesem Blickwinkel Ausdruck einer „gegliederten Demokratie" und verkörpern das Verwaltungsorganisationsprinzip **administrativer Dezentralisation**.[9]

5 c) **Wirkungsweise der Selbstverwaltungsgarantie.** Das in Art. 28 Abs. 2 GG verankerte Selbstverwaltungsrecht wird nach wohl überwiegender Auffassung iS einer sog. **institutionellen Garantie** verstanden.[10] Erhalten bleiben muss die **gemeindliche Selbstverwaltung** als solche. An dieser, der Verfassungsdogmatik der Weimarer Reichsverfassung verhafteten Betrachtungsweise wird berechtigter Weise zunehmend Kritik geübt.[11] Jedenfalls die Verengung der Betrachtung auf eine institutionelle Garantie führt im Ergebnis zu einer deutlichen Relativierung des Schutzgehaltes der Selbstverwaltungsgarantie, weil sie dem Gesetzgeber über Gebühr Gestaltungsspielräume einräumt. Die Entstehungsgeschichte des Art. 28 Abs. 2 GG, dessen systematische Stellung sowie Sinn und Zweck der die Gemeinden vor einem ungehinderten Zugriff des Staates schützen wollenden Norm

---

5 BVerfGE 11, 266, 275; bestätigend 79, 127, 149 f; ausf. zur partizipativen Funktion der kommunalen Selbstverwaltung *Engels*, Die Verfassungsgarantie kommunaler Selbstverwaltung, 2014, S. 182 ff.
6 LVerfG M-V U. v. 26.07.2007 – 09/06-17/06 – LVerfGE 18, 342, 372.
7 LVerfG M-V U. v. 26.07.2007 – 09/06-17/06 – LVerfGE 18, 342, 372 f.
8 Vgl *Hill*, Die politisch-demokratische Funktion der kommunalen Selbstverwaltung nach der Reform, 1987, S. 20 ff mwN; instruktiv zu M-V vgl *von Mutius*, LKV 1996, 177, 178 ff; ferner HessStGH, U. v. 20.10.1999 – P.St. 1294 - DÖV 2000, 76 ff; *Lange*, Kommunalrecht, 2013, Kap. 1 Rn 27 ff.
9 Vgl BVerfGE 52, 95, 111 f; 83, 37, 53 ff; *Röhl*, in: Schoch (Hrsg.), S. 1 ff, Rn 16, spricht von einer Doppelrolle; auch *Brüning*, ZG 2012, 155, 158 verwendet das Bild der Doppelfunktionalität.
10 Vgl BVerfGE 1, 167, 173; 50, 50; 79, 127, 143; 86, 90, 107; *von Mutius*, Gutachten E zum 53. DJT, S. 25; *Burgi*, Kommunalrecht, § 6 Rn 4 ff.; *Lange*, Kommunalrecht, Kap. 1 Rn 16 ff.
11 Vgl *Kenntner*, DÖV 1998, 701 ff; *Hufen*, in: FS für Hartmut Maurer, 2001, S. 1177, 1180 ff; relativierend auch *Mehde*, in: Maunz/Dürig, Art. 28 Rn 40 ff; umfassend dazu *Engels* (Fn 5), S. 53 ff mwN.

legen vielmehr in erster Linie ein Verständnis als **subjektives Recht der Kommunen** nahe (vgl auch Rn 14).

Auch die Existenz der **Kreise** als Institution wird durch Artt. 28 Abs. 2 GG, 72 Abs. 2 LV garantiert.[12] Ausdrücklich ist das LVerfG[13] der irrtümlichen Ansicht[14] entgegengetreten, die Kreise seien Zweckschöpfungen des Gesetzgebers mit „schwächelnder Selbstverwaltungsgarantie"; die unterschiedliche Gesetzesabhängigkeit zwischen Gemeinden und Kreisen betrifft nicht das Selbstverwaltungsrecht, sondern die Aufgabenzuweisung. Weitere Zusammenschlüsse genießen auch im Hinblick auf die offenere Formulierung „Gemeindeverband" in Art. 28 Abs. 2 GG einen solchen institutionellen Schutz nicht.[15]

An der Verfassungsgarantie des Art. 28 Abs. 2 partizipiert mithin jede einzelne Kommune.[16] Die Verfassung enthält hingegen **keine Bestandsgarantie** für die einzelne Kommune. Grenzänderungen oder Auflösung von Gemeinden und Landkreisen im Zuge einer Gebietsreform sind grds. auch gegen deren Willen möglich.[17] Sie sind allerdings nur aus Gründen des öffentlichen Wohls durch Gesetz nach Anhörung der betroffenen Gebietskörperschaften zulässig und müssen sich an sachgerechten Kriterien orientieren.[18] Die Wahrung dieser Voraussetzungen gehört zum verfassungsrechtlich gewährleisteten Kernbereich der kommunalen Selbstverwaltungsgarantie; dies rechtfertigt sich aus dem Umstand, dass es sich bei der Neubestimmung des Gebietes um etwas Essentielles, gleichsam die „Hardware" der Kommune handelt, die Grundlage aller kommunalen Hoheiten wie auch das Zuordnungskriterium für ihre Bürger bildet.[19] Namentlich das LVerfG M-V hat die verfassungsrechtliche Bedeutung des **öffentlichen Wohls** hervorgehoben. Es eröffne einerseits einen großen politischen Spielraum für den Gesetzgeber, sei andererseits aber als Ziel und Zweck einer Gebietsreform verfassungsrechtlich gebunden; es schließe staatliche wie auch kommunale Belange ein.[20] Es obliegt zuvörderst dem Gesetzgeber selber, den Begriff zu konturieren und inhaltlich auszufüllen.[21] Die Kommunalverfassung hat die – ausschließliche – Ausrichtung am öffentlichen Wohl und das Anhö-

---

12 A.A.zu Art. 28 Abs. 2 GG z. B. *Engels* (Fn 5), S. 241 f. mwN.
13 LVerfG M-V, U. v. 26.07.2007 – 09/06-17/06 – LVerfGE 18, 342, 373; bestätigend U. v. 18.08.2011 – 22/10 – LVerfGE 22, 298, 302.
14 Vgl *Erbguth*, LKV 2004, 1, 2; dagegen bereits *H. Meyer* Rn 2 zu § 97 in: Schweriner Kommentierung, 3. Aufl., 2005.
15 Vgl zu entsprechenden landesverfassungsrechtlichen Konstellationen NdsStGH, U. v. 03.06.1980 – StGH 2/79 – StGHE 3, 1, 17 ff; SächsVerfGH, u. v. 23.06.1994 – Vf. 4-VIII-94 - LKV 1995, 115; B. v. 03.12.1998 – Vf. 36-VIII-98 - DÖV 1999, 338 ff; HessStGH, U. v. 20.10.1999 – P.St. 1294 – DÖV 2000, 76 ff; *von Mutius*, Kommunalrecht, Rn 144 f mwN.; instruktiv zu den Ämtern als weiteren Gemeindeverbänden vgl LVerfG S-H, U. v. 26.02.2010 – LVerfG 1/09 – NordÖR 2010, 155 ff.
16 BVerwG, U. v. 12.08.1999 – 4 C 3/98 - NVwZ 2000, 675; BbgVerfGH, U. v. 16.09.1999 – VfG Bbg 28/98 – NVwZ-RR 2000, 129, 134 (zur LV); *Schoch*, Jura 2001, 121, 124.
17 Zu den Reformen und -bemühungen in den einzelnen Bundesländern vgl zuletzt *H. Meyer*, ZG 2013, 264 ff; die Verfassungsrechtsprechung des letzten Jahrzehnts bilanzierend *ders.*, NVwZ 2013, 1177 ff.
18 Vgl BVerfG 50, 195, 202; 86, 90, 107; LVerf LSA, U. v. 31.05.1995 – LVG 1/94 – LKV 1995, 75, 75 f.
19 So anschaulich *Wallerath*, S. 53, 57 in: 20 Jahre Verfassungsgerichtsbarkeit.
20 LVerfG M-V, U. v. 26.07.2007 – Az. 09/06-17/06 – LVerfGE 18, 342, 375 f; Nachweis (zuvor) abweichender Auffassungen *bei H. Meyer*, in: Schweriner Kommentierung, § 97 Rn. 4; ausf. vgl *Wallerath*, in: FS Schnapp, S. 695, 702 ff.
21 *Wallerath*, in: 20 Jahre Verfassungsgerichtsbarkeit, S. 53, 59.

rungserfordernis in das einfache Gesetzesrecht übernommen.[22] Die **Anhörung** hat so rechtzeitig zu erfolgen, dass die Kommunen durch ihre Vertretungsorgane eine angemessene Stellungnahme erarbeiten können. Hierzu müssen sie zuvor über den wesentlichen Inhalt eines Neugliederungsverfahrens und die dafür gegebene Begründung unterrichtet werden.[23] Bei einer wesentlichen Änderung des Reformvorhabens ist Gelegenheit zu einer neuen Stellungnahme einzuräumen. Die Pflicht zur Anhörung obliegt in der Phase der Vorbereitung der Regierung, im Rahmen der parlamentarischen Beratung dem Gesetzgeber.[24] Der Äußerungsberechtigte muss in zumutbarer Weise rechtzeitig tatsächlich Kenntnis von dem Gesetzentwurf erhalten können.[25]

7 Art. 28 Abs. 2 GG, Art. 72 Abs. 1 LV enthalten **kein Grundrecht** der Gemeinden und Landkreise.[26] Ein Indiz hierfür bildet bereits die systematische Stellung der Normen. Ferner ist der Charakter der kommunalen Selbstverwaltung als mittelbare Staatsverwaltung zu bedenken. Allerdings spricht Art. 72 Abs. 1 LV ausdrücklich davon, die Gemeinden seien „berechtigt", bestimmte Kompetenzen wahrzunehmen, und räumt den Kreisen ebenfalls das „Recht" der Selbstverwaltung ein. Diese Formulierung spricht für die Gewährung eines subjektiven Rechts mit Verfassungsrang. Eine mögliche Beeinträchtigung des Selbstverwaltungsrechts kann durch eine kommunale Verfassungsbeschwerde gemäß Art. 53 Ziff. 8 LV abgewehrt werden.

Schließlich enthält die Selbstverwaltungsgarantie des GG und der LV als **objektive Rechtsinstitutionsgarantie** verpflichtende Vorgaben materieller wie formeller Natur.[27] Verfassungsrechtlich geschützt wird zB für die Gemeindeebene das „Was" und „Wie" der eigenverantwortlichen Erledigung aller Angelegenheiten der örtlichen Gemeinschaft, beides allerdings im Rahmen der Gesetze. In der objektiven Rechtsinstitutionsgarantie wird der Schwerpunkt der Bedeutung des Art. 28 Abs. 2 GG gesehen, weil damit das Wesen kommunaler Selbstverwaltung angesprochen werde.[28] Die Verfassung bringt damit ein Prinzip dezentraler Aufgabenwahrnehmung zum Ausdruck, das bei der Ausformung des Gesetzesvorbehaltes durch den Zuständigkeit verteilenden und Standard setzenden Gesetzgeber zu beachten ist. Die Verfassung geht von einem Vorrang dezentralkommunaler vor zentral-staatlich determinierter Aufgabenerfüllung aus.[29] Die objektive Rechtsinstitutionsgarantie begrenzt die Gestaltungsfreiheit des Gesetzgebers wie die Verfügungsbefugnis der Gemeinden und Landkreise selbst, die sich zB nicht einer kommunalen Verantwortung durch Begründung kondominialer Mischstrukturen entziehen können.[30]

---

22 Vgl dazu *Glaser*, in: Schweriner Kommentierung, § 11 Rn 3 ff. und *H. Meyer*, in: ebd, § 97 Rn 3 ff; zu den verfassungsrechtlichen Begründungsnotwendigkeiten einer Gebietsreform vgl bereits *H. Meyer*, in: Hennecke/Meyer (Hrsg.), Kommunale Selbstverwaltung zwischen Bewahrung, Bewährung und Entwicklung, 2006, S. 231, 245 ff, jew. mwN.
23 Vgl BVerfGE 107, 1, 24 ff; SächsVerfGH, U. v. 23.6.1994 – Vf. 4-VIII-94 – LKV 1995, 115 ff; *Dombert*, in: Meyer/Wallerath (Hrsg.), Gemeinden und Kreise in der Region, 2004, S. 47, 54 ff.
24 Vgl LVerfG LSA, U. v. 13.06.2006 –LVG 14/05 – LKV 2007, 125 ff; LVerfG M-V, U. v. 18.08.2011 – 21/10 – LVerfGE 22, 298, 304 ff.
25 Einzelheiten dazu vgl LVerfG LSA, U. v. 18.08.2011 – LVG 43/10 – NVwZ 2012, 3 ff.
26 Ganz hM, vgl bereits *Blümel*, in: von Mutius (Hrsg.), Selbstverwaltung im Staat der Industriegesellschaft, 1983, S. 265, 266 f mwN.
27 Vgl dazu *Burgi*, Kommunalrecht, § 6 Rn 25 ff.
28 *Dreier*, in: ders., Art. 28 Rn 95.
29 Vgl bereits BVerfGE 79, 127, 146 ff; 83, 363, 382.
30 Für die Länder am Beispiel des Sparkassenwesens vgl SächsVerfGH, U. v. 23.11.2000 – Vf. 62-II-99 – DVBl. 2001, 293 ff; hierzu *Hennecke*, DVBl. 2001, 301; *H. Meyer*, NVwZ

IV. Landesverwaltung und Selbstverwaltung — Art. 72

Weitere Wirkungsweisen der kommunalen Selbstverwaltungsgarantie weisen weniger stringenten Gehalt auf. So wird dem Art. 28 Abs. 2 GG auch ein **Verfassungsauftrag** an die Länder entnommen, innerhalb ihrer staatlichen Organisation die kommunale Selbstverwaltung zu wahren.[31] Weitergehend wird man in der Verbürgung der kommunalen Selbstverwaltung eine **Staatszielbestimmung** sehen können iS einer verfassungsgestaltenden Grundentscheidung, die außerhalb ihrer unmittelbaren Rechtsverbindlichkeit für alle Staatsfunktionen Orientierungswerte setzt. Dies gilt insb. im Hinblick auf die politisch-demokratische Funktion der kommunalen Selbstverwaltung,[32] die in M-V durch die Hervorhebung in Art. 3 Abs. 2 LV eine besondere verfassungsrechtliche Akzentuierung erfahren hat. 8

d) Verpflichtungsadressat. Die Formulierung des Art. 28 Abs. 2 GG lässt offen, wer Verpflichtungsadressat der Selbstverwaltungsgarantie ist. Aus Art. 28 Abs. 3 GG, wonach der Bund die Einhaltung der vorstehenden Grundsätze durch die Länder zu gewährleisten hat, ergibt sich aber die vorrangige Inpflichtnahme der Bundesländer. Hierfür sprechen auch die Systematik der organisationsrechtlichen Regelungen des GG und die Gesetzgebungskompetenz der Länder für das Kommunalrecht.[33] Dieser Umstand wird insb. relevant bei der Frage, wer Adressat des Anspruchs auf eine angemessene Finanzausstattung ist. Einen dahingehenden Anspruch können die Kommunen nur gegen die Länder geltend machen, als deren Glieder sie im Verhältnis Bund-Länder gelten.[34] Die unmittelbare Verantwortung des Bundes bleibt beschränkt auf die Gewährleistungspflicht des Art. 28 Abs. 3 GG. Eine unmittelbare Finanzbeziehung zwischen Kommunen und Bund ist (von dem Sonderfall des Art. 106 Abs. 8 GG und seit 2010 auch Art. 91 e GG abgesehen) dem bundesstaatlichen Aufbau der Staatsorganisation fremd.[35] 9

Auch die anderen Kommunen haben die Selbstverwaltungsgarantie einer Gemeinde bzw eines Landkreises zu achten. Dies wird relevant bspw bei der Abwehr wirtschaftlicher Betätigung einer Nachbarkommune auf dem eigenen Hoheitsgebiet. Schließlich wendet sich die objektive Rechtsinstitutionsgarantie auch gegen die Kommune selbst, die prägende Verantwortlichkeiten nicht preisgeben darf.[36]

2. Berechtigung und Verpflichtung der Gemeinden. Berechtigt und verpflichtet durch Art. 72 Abs. 1 Satz 1 LV werden ausschließlich die **Gemeinden**. Die im kreisangehörigen Raum gebildeten Ämter haben nicht an der verfassungsrechtlichen Garantie teil. Bei ihnen handelt es sich nach § 125 KV um Körperschaften des öffentlichen Rechts ohne Gebietshoheit oder – wenigstens nachrangige – Allzuständigkeit.[37] Eine unmittelbare Wahl der Mitglieder des Amtsausschusses ist verfassungsrechtlich nicht geboten, vielmehr reicht die mittelbare Legitimati- 10

2001, 766 ff; *Becker*, LKV 2001, 201 ff; grundlegend zum Verbot der Mischverwaltung zwischen Bund und Kommunen BVerfGE 119, 331 ff; hierzu *H. Meyer*, NVwZ 2008, 275, 276 f.
31 LVerfG LSA, U. v. 31.05.1994 – LVG 1/94 – LKV 1995, 75; *Stern*, in: BK, Art. 28 Rn 178 f.
32 *Von Mutius*, Gutachten E zum 53. DJT, S. 27.
33 Vgl BVerfG, B.v. 19.11.2014 – 2 BvR 1641/11, NVwZ 2015, 136, 144 (Rn 131 f).
34 BVerfGE 26, 172, 181; 86, 148, 215 f.
35 Zu den daraus resultierenden Problemen vgl *Schoch/Wieland*, Finanzierungsverantwortung für gesetzgeberisch veranlasste kommunale Aufgaben, passim, insb. S. 181 ff.
36 Vgl hierzu auch *Burgi*, Kommunalrecht, § 6 Rn 9 f.
37 Vgl *Darsow*, in: Schweriner Kommentierung, § 125 Rn 1.

on durch gewählte Gemeindevertreter aus.[38] Etwas anderes kann gelten, wenn sich die Ämter in Folge zunehmender Übertragung von Selbstverwaltungsaufgaben durch die Gemeinden zu Gemeindeverbänden entwickeln.[39] Eine eigene unmittelbare demokratische Legitimation der Mitglieder des Amtsausschusses würde den Status der Ämter aufwerten und damit letztlich zu einem Bedeutungsverlust der Gemeinden führen; ob dies mit dem in § 125 KV postulierten Ziel einer Stärkung der gemeindlichen Selbstverwaltung vereinbar wäre erscheint zweifelhaft.

11 Bei der Bildung der **Ämter** hat der Gesetzgeber bzw der durch ihn ermächtigte Verordnungsgeber zu gewährleisten, dass der Kernbereich gemeindlicher Selbstverwaltung nicht angetastet wird und Beeinträchtigungen außerhalb des Kernbereichs für ihre Zulässigkeit einer sachlichen Rechtfertigung bedürfen; dem ist der Gesetzgeber bisher nachgekommen.[40] Bei jeder streitigen Zuordnung einer Gemeinde zu einem Amt ist zu prüfen, ob die konkreten Maßnahmen dem öffentlichen Wohl dienen. Der Gesetz- bzw Verordnungsgeber hat dabei den Grundsatz der Systemgerechtigkeit zu beachten, von dem nur aus sachgerechten Gründen im Einzelfall abgewichen werden darf. Der entscheidungsrelevante Sachverhalt ist zu ermitteln. Vor- und Nachteile der in Aussicht genommenen Regelung sind abzuwägen. Ist dies erfolgt, beschränkt sich die gerichtliche Kontrolle darauf, ob der Eingriff offenbar ungeeignet, unnötig oder unverhältnismäßig ist, um die mit ihm verfolgten Ziele zu erreichen, und ob die Entscheidung frei von willkürlichen Erwägungen und Differenzierungen ist.[41]

12 Der **Name** einer Gemeinde und eines Landkreises hat eine ordnende Funktion und ist gleichzeitig Ausdruck seiner Individualität.[42] Das in § 12 BGB niedergelegte Recht zum Führen seines Namens und der Abwehr von Beeinträchtigungen verkörpert einen allg. Rechtsgrundsatz, der auch im öffentlichen Recht gilt.

Das Namensrecht der Kommunen bildet ein gegen jedermann wirkendes öffentlich-rechtliches Persönlichkeitsrecht,[43] dessen Beeinträchtigung durch Klage auf Beseitigung oder Unterlassen abgewehrt werden kann.[44] Aktualität hat das Namensrecht durch den Gebrauch des Namens oder einer darauf hin deutenden Abkürzung im Internet gewonnen.[45] Eine Namensänderung gegen den Willen der betroffenen Kommune ist nur aus Gründen des öffentlichen Wohls zulässig.[46] Die durch das Kreisstrukturgesetz im Jahr 2011 neu errichteten sechs

---

38 Zutr. vgl BVerfGE 52, 95, 130; umfassend OVG Greifswald, Urt. v. 16.03.1993 – 4 K 1/92 –; zust. *Glaser*, LKV 1996, 183, 187 f.
39 Vgl für Schleswig-Holstein LVerfG S-H, U. v. 26.02.2010 – LVerfG 1/09 -, NordÖR 2010, 156; dazu *Bülow*, Die Gemeinde SH 2010, 184 ff; *Schulz*, NordÖR 2011, 311 ff; *Darsow* in: Schweriner Kommentierung, § 125 Rn 1 a, weist zutreffend auf die abweichende verfassungsrechtliche Lage in M-V hin, da anders als im Landesrecht Schleswig-Holstein Art. 72 LV M-V den Begriff des Gemeindeverbandes nicht kennt.
40 OVG Greifswald, U. v. 16.03.1993 – 4 K 1/92 –; vgl auch bereits BVerwG, U. v. 27.01.1984 – 8 C 126/81 –, NVwZ 1984, 378 zu Verbandsgemeinden in Rh-Pf.
41 Zutr. OVG Greifswald, U. v. 11.08.1993 – 4 K 8/93, LKV 1994, 444, 445; OVG Greifswald, U.v. 29.05.1997, zT abgedruckt in: Der Überblick 1997, 461; ausf. hierzu und denkbaren Fallgruppen *Darsow*, in: Schweriner Kommentierung, § 125 Rn 8 ff.
42 BVerfG, B. v. 12.01.1982 – 2 BvR 113/81 – NVwZ 1982, 367 f.
43 Vgl BVerwGE 44, 351, 354.
44 BVerfGE 50, 195; 59, 216; vgl auch BVerwG, B. v. 23.03.1993 – 7 B 126/92 - NVwZ-RR 1993, 373.
45 Vgl exemplarisch nur LG Kleve, U. v. 06.08.2002 – 3 O 116/02 - NVwZ-RR 2003, 353; LG Flensburg, U. v. 18.10.2001 – 3 O 178/01 – Die Gemeinde SH 2002, 293 ff; ausf. *Seifert*, Das Recht der Domainnamen, 2003; *Holznagel/Hartmann*, NVwZ 2012, 665 ff.
46 Vgl BVerfGE 59, 216, 228 f; BVerfG, B. v. 12.05.1992 – 2 BvR 470, 650 und 707/90 –, DVBl. 1992, 960, 961.

Landkreise führen den im Rahmen eines Bürgerentscheids im September 2011 entschiedenen als gesetzlich bestimmten Namen.[47] Das Verfahren der Namensänderung ist in den §§ 8 und 94 KV ausgestaltet.[48]

3. Alle Angelegenheiten der örtlichen Gemeinschaft. Angelegenheiten der örtlichen Gemeinschaft sind nach der ständigen Rspr des BVerfG diejenigen Bedürfnisse und Interessen, die in der örtlichen Gemeinschaft wurzeln oder einen spezifischen Bezug haben,[49] die also den Gemeindeeinwohnern gerade als solchen gemeinsam sind, indem sie das Zusammenleben und -wohnen der Menschen in der politischen Gemeinde betreffen; auf die Verwaltungskraft der Gemeinde kommt es hierfür nicht an.[50] Hierbei ist der geschichtlichen Entwicklung und den verschiedenen historischen Erscheinungsformen der Selbstverwaltung Rechnung zu tragen.[51] Auch der Gesetzgeber ist gebunden, die überkommenen, identitätsbestimmenden Merkmale – den sog. **Wesensgehalt** – der gemeindlichen Selbstverwaltung zu beachten. Was herkömmlich das Bild der gemeindlichen Selbstverwaltung in ihren verschiedenen historischen und regionalen Erscheinungsformen durchlaufend und entscheidend prägt, darf weder faktisch noch rechtlich beseitigt werden.[52] Zum historisch gewachsenen Aufgabenbestand der Gemeinden rechnet das BVerfG die Trägerschaft von Schulen, die der Erfüllung der allgemeinen Schulpflicht dienen; der Staat kann aufgrund der in Art. 7 Abs. 1 GG angelegten staatlichen Schulaufsicht in diesen Angelegenheiten (lediglich) gesetzliche Anforderungen, etwa zur Mindestschülerzahl, treffen.[53] Ob diese zur Schulentwicklungsplanung in Sachsen entwickelte, stark historisch verwurzelte Sichtweise den unterschiedlichen gemeindlichen Strukturen in anderen Bundesländern gerecht wird, darf hinterfragt werden.

Zum **Kernbereich** gemeindlicher Selbstverwaltung[54] gehört insb. die Befugnis, sich neuer und bisher unbesetzter Aufgaben ohne einen gesonderten Kompetenztitel annehmen zu können.[55] Der Kernbereichsschutz soll institutionell gewährleistet sein und daher der einzelnen Gemeinde gegenüber nicht zum Tragen kommen.[56] Die Begrenzung des Kernbereichsschutzes auf eine institutionelle Garantie wird kritisiert, und es wird bezweifelt, ob Art. 28 Abs. 2 GG einen Ansatzpunkt für die Unterscheidung zwischen Kern- und Randbereich bietet. Vorzugswürdig erscheine es, Art. 28 Abs. 2 GG als eine Rechtssubjektsgarantie zu verstehen.[57] Dem letzteren Gedanken ist zuzustimmen. Bei kommunalrelevanten gesetzgeberischen Maßnahmen, die iSd Lehre der institutionellen Garantie lediglich ausgestaltend wirken, ist oftmals eine Breitenwirkung zu konstatieren, die die Intensität eines gezielten Eingriffs im Einzelfall deutlich übertrifft. Nur ein

---

47 Zu Einzelheiten vgl *H. Meyer* in: Schweriner Kommentierung, § 94 Rn 3 f.
48 Zu weiteren Einzelheiten vgl *Glaser*, in: Schweriner Kommentierung, § 8 Rn 1 ff und *H. Meyer*, in: ebd, § 94 Rn 1 ff.
49 BVerfGE 8, 122, 134; 50, 195, 201; 52, 95, 120; 110, 370, 400; BVerfG, NVwZ 2015, 136, 148 f (Rn. 163); BVerwG, U. v. 16.10.2013 – 8 CN 1.12 –.
50 BVerfGE 79, 127, 151 f.
51 BVerfGE 11, 266, 274; 59, 216, 226.
52 BVerfGE 7, 358, 364; 22, 180, 205; 79, 127, 147, 155; 83, 363, 381.
53 Vgl BVerfG, B. v. 19.11.2014 – BvL 2/13 – Rn 63 ff und 83; überprüfungsbedürftig unter diesen Maßstäben § 107 SchulG MV.
54 Zum Begriff vgl *Röhl*: in: Schoch (Hrsg.), Besonderes Verwaltungsrecht, S. 1 ff Rn 43; *Mann*, in: Tettinger/Erbguth/Mann, Besonderes Verwaltungsrecht, 2012, Rn 63 ff; jew. mwN.
55 BVerfGE 83, 363, 385.
56 Vgl BVerfGE 76, 107, 119; *Löwer*, in: von Münch/Kunig, Art. 28 Rn 49; jedenfalls ambivalent auch *Waechter*, in Epping/Butzer, Art. 57 Rn 44 ff.
57 *Ehlers*, DVBl. 2000, 1301 ff.

Verständnis der Verfassungsnorm als in erster Linie subjektives Recht vermag auch zu erklären, warum einzelnen Gemeinden bei Neugliederungsmaßnahmen durchweg Rechtsschutz zugestanden wird.[58] Nach zutreffender Ansicht wirken Art. 28 Abs. 2 GG wie Art. 72 Abs. 1 LV **institutionell** wie **individuell**. Die Vorschriften normieren sowohl eine ausgestaltungsbedürftige Einrichtungsgarantie als auch ein subjektives Recht.[59] Bei diesem Verständnis besteht keine Notwendigkeit, die Prüfung eventueller Eingriffe allein oder überwiegend am Maßstab der Verhältnismäßigkeit vornehmen zu wollen.[60] Dies bedeutete eine Relativierung des Schutzes der Selbstverwaltungsgarantie. Vielmehr ist bei aller berechtigten Kritik zur inhaltlichen Abgrenzbarkeit grds. an dem Kernbereichsgedanken festzuhalten, zumal dieser zB bei der Garantie der finanziellen Mindestausstattung durchaus praktikable Konturen gewonnen hat.[61]

15 Auch außerhalb des Kernbereichs enthält Art. 28 Abs. 2 Satz 1 GG ein verfassungsrechtliches **Aufgabenverteilungsprinzip** hinsichtlich der Angelegenheiten der örtlichen Gemeinschaft **zugunsten der Gemeinde**, das der Zuständigkeit verteilende Gesetzgeber zu berücksichtigen hat. Auf diese Weise sichert Art. 28 Abs. 2 Satz 1 GG den Gemeinden einen Aufgabenbereich, der grds. alle Angelegenheiten der örtlichen Gemeinschaft umfasst, sog. Universalität des gemeindlichen Wirkungskreises oder Aufgabenallzuständigkeitsvermutung.[62] Dieses Aufgabenverteilungsprinzip gilt zugunsten kreisangehöriger Gemeinden auch gegenüber den Kreisen, denen Art. 28 Abs. 2 Satz 2 GG keinen bestimmten Aufgabenbereich sichert.[63] Da es sich insoweit um einen durch das GG verbürgten Schutz der Gemeindeebene handelt, kann hiervon durch Landesrecht nicht abgewichen werden, auch entgegenstehende Bestimmungen der LV würden leerlaufen.

16 Welche konkreten Auswirkungen diese Zuständigkeitsvermutung zugunsten der Gemeindeebene hat, lässt sich erst bei Zuweisen einer konkreten Aufgabe durch den Gesetzgeber im Einzelfall und unter Berücksichtigung des Art. 72 Abs. 1 Satz 2 LV bestimmen. Nach der Rspr des BVerfG sind die Kreise zwar auf das Wahrnehmen der gesetzlich zugewiesenen Aufgaben beschränkt. Jedoch darf es sich hierbei nicht ausschließlich um ursprünglich staatliche Aufgaben des übertragenen Wirkungskreises handeln. Vielmehr müsse der Gesetzgeber den **Kreisen** bestimmte Aufgaben als **Selbstverwaltungsaufgaben**, also als kreiskommunale Aufgaben des eigenen Wirkungskreises zuweisen. Für diese Aufgaben gelte nach Art. 28 Abs. 2 Satz 2 GG nichts grds. anderes, als für die Gemeinden nach Art. 28 Abs. 2 Satz 1 GG.[64] Dieser Aufgabenbestand muss für sich genommen und im Vergleich zu den zugewiesenen staatlichen Aufgaben ein Gewicht haben,

---

58 Vgl Nachweise bei *H. Meyer*, in: Schweriner Kommentierung, § 97 Rn 1.
59 *Schoch*, Jura 2001, 121, 124.
60 So aber *Ehlers*, DVBl 2001, 1301 ff; *Wallerath*, in: FS Schnapp, S. 695, 701 f; aus der Verfassungsrechtsprechung vgl nur ThürVerfGH, LVerfGE 7, 361, 386 ff; krit. aus dogmatischen Erwägungen hingegen *Burgi*, Kommunalrecht, § 6 Rn 39 f; das LVerfG M-V, U. v. 26.11.2009 – LVerfG 9/08 – LVerfGE 20, 271, 286 ff lässt die Frage Kernbereichsschutz oder Verhältnismäßigkeitsprinzip ausdrücklich offen.
61 Kritischer hingegen zB *Nierhaus*, in: Sachs, GG, Art. 28 Rn 50 f.
62 Vgl BVerfGE 26, 228, 237 f; 56, 298, 312; 59, 216, 226; 107, 1, 11 ff; 110, 370, 400; BVerfG, B. v. 19.11.2014 – 2 BvL 2/13 – Rn. 54
63 Grundlegend BVerfGE 79, 127, 150; ausf. hierzu *Henneke*, Aufgabenzuständigkeit im kreisangehörigen Raum, 1992, mit umfassenden Nachweisen der kaum noch zu überschauenden Lit. in Fn 1; aus neuerer Zeit *Schmidt*, DÖV 2013, 509 ff; *Engels* (Fn 5), S. 145 ff, unterscheidet zwischen einer Rechts*regel* für die Gemeinde- und einem Rechts*prinzip* für die Kreisebene.
64 BVerfGE 83, 363, 383; ebenso bereits *von Mutius/Dreher*, Reform der Kreisfinanzen, 1990, S. 17; *Clemens*, NVwZ 1990, 834, 842.

das der institutionellen Garantie der Kreise als Selbstverwaltungskörperschaften gerecht wird.[65] Der Gesetzgeber muss bei der Zuordnung einer Aufgabe zunächst prüfen, ob es sich um eine Aufgabe mit relevantem örtlichem Charakter handelt. Ist dies nicht der Fall, wird der Gewährleistungsbereich des Art. 28 Abs. 2 Satz 1 nicht berührt und der Gesetzgeber ist in der Zuordnung frei.[66] Bei der Einschätzung der örtlichen Bezüge einer Aufgabe und ihres Gewichts kommt dem Gesetzgeber ein Einschätzungsspielraum zu. Eine Aufgabe braucht nicht hinsichtlich all ihrer Teilaspekte und nicht für alle Gemeinden gleichermaßen eine Angelegenheit der örtlichen Gemeinschaft darzustellen. Der Gesetzgeber ist berechtigt zu typisieren.[67]

Liegt eine Aufgabe mit relevantem örtlichem Charakter vor, darf der Gesetzgeber diese Aufgabe den Gemeinden nur aus **Gründen des Gemeininteresses** entziehen, insb., wenn anderweitig die ordnungsgemäße Aufgabenerfüllung nicht sicherzustellen wäre. Bloße Gründe der Verwaltungsvereinfachung reichen nicht.[68] Auch insoweit darf der Gesetzgeber aber die unterschiedliche Ausdehnung, Einwohnerzahl und Struktur der Gemeinden typisierend berücksichtigen und hat einen grds. weiten Einschätzungs- und Beurteilungsspielraum.[69] Die verfassungsgerichtliche Überprüfung der solchermaßen getroffenen gesetzgeberischen Entscheidung erstreckt sich auf deren Vertretbarkeit.[70] Zur Abgrenzung der Aufgaben zwischen Gemeinden und Landkreisen vgl auch unten → Rn 33 ff. 17

Für die Praxis wesentlich bedeutungsvoller ist die verfassungsgerichtliche Kontrolle von Eingriffen in das Recht der kommunalen Selbstverwaltung außerhalb des Kernbereichs und der Aufgaben zuweisenden Tätigkeit zwischen den Gemeinden und Landkreisen. Auch gesetzgeberische **Eingriffe in den Randbereich** sind verfassungsrechtlich legitimationsbedürftig, regelmäßig allerdings auch legitimationsfähig. Die Kontrolle beschränkt sich im Wesentlichen auf eine Prüfung anhand der Kriterien des Verhältnismäßigkeitsgrundsatzes, auch wenn die dogmatische Fundierung im Einzelnen unklar ist.[71] Ein wirksamer Schutz kommunaler Eigenverantwortung insb. gegen Überreglementierungen[72] und finanzielle Belastungen ist durch diese Mechanismen kaum zu gewährleisten. Zur Finanzierungspflicht bei Aufgabenübertragungen vgl → Rn 50 ff. 18

Die Verfassung beschränkt das gemeindliche Zugriffsrecht auf Angelegenheiten „der örtlichen Gemeinschaft" und verwehrt es den Gemeinden so, auch allgemeinpolitische Fragen zum Gegenstand ihrer Tätigkeit zu machen.[73] Das Wahrnehmen hoheitlicher Aufgaben durch die Kommunen bedarf einer durch die Verfassung vermittelten Rechtsgrundlage. Dies gilt grds. auch für Meinungsäußerungen in Form von Entschließungen. Wegen der vielfältigen kommunalen Berührungspunkte ist allerdings nicht jede Äußerung zu Themen unzulässig, die in die Kompetenz des Bundes oder des Landes fallen. Es muss aber eine spezifische, örtliche Betroffenheit vorliegen. Die Rspr hält dabei auch antizipatorische 19

---

65 BVerfGE 119, 331, 353 f; bestätigend BVerfG, U. v. 7.10.2014 – 2 BvR 1641/11, NVwZ 2015, 136, 148 f (Rn 164).
66 BVerfGE 79, 127, 152.
67 BVerfGE 79, 127, 154 f.
68 BVerfGE 79, 127, 153.
69 BVerfGE 83, 363, 382 f.
70 BVerfGE 79, 127, 154; vgl auch SächsVerfGH, NVwZ 2009, 39, 43 f.
71 *Blümel*, in: von Mutius (Hrsg.), Selbstverwaltung im Staat der Industriegesellschaft, 1983, S. 265 ff; *Schoch*, VerwArch 81 (1990), 18, 32 f; *Manssen*, Die Verwaltung 1991, 33, 37; *Mehde* in Maunz/Dürig, Art. 28 Rn 118 ff.
72 Vgl hierzu *Hennecke*, ZG 1994, 212 ff.
73 BVerfGE 79, 127, 147.

Äußerungen für zulässig.[74] Ob der Gesetzgeber den Gemeinden Selbstverwaltungsaufgaben zuweisen darf, die über Angelegenheiten der örtlichen Gemeinschaft hinausgehen, ist im Einzelnen umstritten.[75] Jedenfalls darf damit nicht die verfassungsrechtliche Garantie anderer, beispielsweise der jeweiligen Nachbargemeinde, verletzt werden.

20 Relevanz hat das Merkmal der örtlichen Gemeinschaft in jüngerer Zeit im Rahmen der **wirtschaftlichen Betätigung von Kommunen** erlangt. Insb. Stadtwerke größerer Städte erweitern ihr Geschäftsgebiet auf das Territorium angrenzender Kommunen. Dem Beispiel anderer Bundesländer folgend sieht nunmehr § 68 Abs. 1 Satz 2 KV MV den erforderlichen öffentlichen Zweck für eine wirtschaftliche Betätigung der Kommune in den Bereichen Strom-, Gas- und Wärmeversorgung auch bei einer Betätigung außerhalb des eigenen Gemeindegebietes als erfüllt an. Selbst die einfachgesetzliche Ausweisung der wirtschaftlichen Betätigung außerhalb des eigenen Gemeindegebietes hat aber nicht teil an der verfassungsrechtlichen Garantie der kommunalen Selbstverwaltung. Diese kann sich nur auf die räumlichen Angelegenheiten der örtlichen Gemeinschaft erstrecken. Aus Sicht der Gemeinde, die sich dem Expansionsstreben der Nachbarkommune ausgesetzt sieht, sind verfassungsrechtliche Vorbehalte zu beachten. Jedenfalls das Übermaßverbot und das verfassungsrechtlich gewährleistete Aufgabenverteilungsprinzip stehen nicht zur Disposition des einfachen Gesetzgebers. Bloße Mitbestimmungsrechte im Verfahren können zB nicht als Ersatz für eine Aufgabenwahrnehmung in eigener Hand oder in zwischengemeindlicher, gleichberechtigter Kooperation bieten. Im Fall einer interkommunalen Konfliktlage bedarf § 68 Abs. 1 Satz 2 KV MV daher in diesem Sinne einer verfassungskonformen Interpretation.[76]

21 **4. Regelung in eigener Verantwortung.** Durch die Formulierung „in eigener Verantwortung zu regeln" wird ein Handlungs- und Entfaltungsspielraum garantiert. Er gewährleistet die Freiheit von Zweckmäßigkeitsweisungen anderer Hoheitsträger, insb. des Staates.[77] Die Eigenverantwortlichkeit bezieht sich grds. auf das Ob, Wann und Wie der Aufgabenwahrnehmung; sie drückt sich in einem Ermessen im weitesten Sinne aus.[78] Entgegen der Ansicht des BVerwG[79] lässt sich aus dem in Art. 28 Abs. 2 GG verankertem „Recht" keine „Pflicht" zur Übernahme oder Fortführung bestimmter freiwilliger Selbstverwaltungsaufgaben durch die Gemeinden herleiten; Art. 72 Abs. 1 LV bringt dies durch die Formulierung „berechtigt" zum Ausdruck. Umschrieben und konkretisiert wird das Merkmal der eigenverantwortlichen Regelung durch die sog. Hoheitsrechte der Kommunen.[80]

22 **a) Gebietshoheit.** Die **Gebietshoheit** markiert den durch die Gemeindegrenzen gezogenen Zuständigkeitsbereich der Gemeinde, innerhalb dessen sie gegenüber

---

74 Vgl dazu nur BVerwGE 87, 228, 230 ff einerseits und BVerwG, U. v. 14.12.1990 – 7 C 40/89 – NVwZ 1991, 684 f andererseits.
75 Vgl BVerwGE 125, 68 ff; *Lange*, DÖV 2007, 820 mwN.
76 Ebenso *Darsow*, in: Schweriner Kommentierung, § 68 Rn 13; grds. auch *H. Meyer*, Kommunalrecht, Rn 61 mwN; zum Recht der wirtschaftlichen Betätigung dort Rn 602 ff.
77 *Schmidt-Jortzig*, Kommunalrecht, 1982, Rn 480 f; *von Mutius/Henneke*, Kommunale Finanzausstattung und Verfassungsrecht, 1985, S. 28.
78 *Röhl*, in: Schoch (Hrsg.), Besonderes Verwaltungsrecht, S. 1 ff, Rn 35; *von Mutius*, LKV 1996, 177, 181.
79 BVerwG, U. v. 27.05.2009 – 8 C 10.08 – DVBl. 2009, 1382 ff mit krit. Anm *Ehlers*, DVBl. 2009, 1456; mit Recht sehr krit. auch *Schoch*, DVBl. 2009, 1533 ff; ebenso *Lange*, Kommunalrecht, Kap. 1 Rn 52 f.
80 Ausf. mwN *Mehde* in Maunz/Dürig, Art. 28 Rn 57 ff.

Personen und Sachen rechtserhebliche Handlungen vornehmen darf. Dem Hoheitsrecht unterliegt derjenige, der sich in dem Gemeindegebiet aufhält, dort ein Gewerbe betreibt oder Eigentümer eines dort belegenen Grundstücks ist.[81] Die Gebietshoheit gewährleistet keinen Schutz für den unveränderten Fortbestand der Gemeinde in den bisherigen Grenzen. Bei der Feststellung der Hauptwohnung eines Bürgers der Gemeinde durch eine andere Gemeinde ist die Gebietshoheit nicht berührt, da ein bestimmter Bevölkerungsstand nicht verfassungsrechtlich gewährleistet ist.[82]

b) Planungshoheit. Unter **Planungshoheit** ist die eigenverantwortliche gemeindliche Entscheidung über die Art und Weise der Bodennutzung in der Gemeinde zu verstehen. Intrakommunal kann zwischen der Entwicklungsplanung, der Flächennutzungsplanung und der Bebauungsplanung unterschieden werden, interkommunal bestehen gesetzlich begründete Abstimmungspflichten, vgl § 2 Abs. 2 BauGB.[83] Die örtliche Bauleitplanung zählt zu den Angelegenheiten der örtlichen Gemeinschaft und wird daher von der Selbstverwaltungsgarantie umfasst.[84] Offengelassen hat das BVerfG bisher die Entscheidung, ob die Bauleitplanung zum unantastbaren Kernbereich kommunaler Selbstverwaltung rechnet.[85] Die örtliche Verwurzelung einer Aufgabe kann kaum plastischer ausfallen als bei der örtlichen Bauleitplanung. Es verdienen daher diejenigen Stimmen Zustimmung, die zwar nicht die derzeitige einfachgesetzliche Ausprägung in § 2 BauGB zum Kernbereich rechnen, wohl aber den gänzlichen Entzug der planerischen Entscheidungsfreiheit als einen unzulässigen Eingriff in den Kernbestand der Selbstverwaltungsautonomie ansehen.[86] Neben der Bauleitplanung wird die Landschaftsplanung, die sich zB in der Aufstellung von Landschafts- und Grünordnungsplänen realisiert, von der Planungshoheit umfasst.[87] Dies gilt im Kern auch für die Mitwirkung an höherstufigen Planungsvorhaben, bspw Raumordnungsverfahren.[88] 23

Grds. ist zwar auch eine **Übertragung der Planungshoheit** auf verbandsmäßige Zusammenschlüsse möglich.[89] Das verfassungsrechtliche Minimum statuiert § 203 Abs. 2 BauGB, wenn dort gefordert wird, dass eine solche Aufgabenübertragung nur auf Zusammenschlüsse von Gemeinden zulässig ist, denen nach Landesrecht örtliche Selbstverwaltungsaufgaben der Gemeinden obliegen und zudem eine Mitwirkung der Gemeinden an der Aufgabenerfüllung gesichert ist. Diese Voraussetzung ist de lege lata für die Ämter nicht gegeben, denn § 127 KV macht die Aufgabenwahrnehmung durch das Amt im eigenen Wirkungskreis der Gemeinden von deren Zustimmung abhängig. 24

Da der Schutz des Kernbereichs der kommunalen Selbstverwaltung nach herrschender Auffassung institutionell und nicht individuell wirkt, muss eine einzelne Gemeinde unter Umständen sogar die Planungshoheit weitgehend aufzehren- 25

---

81 BVerfGE 52, 95, 117 f; krit. zu diesem Ansatz *Lange*, Kommunalrecht, Kap. 1, Rn 58 ff.
82 VGH Mannheim, U. v. 21.7.1986 – 1 S 232/86 – NVwZ 1987, 512, 513.
83 Näher vgl *Stüer*, Handbuch des Bau- und Fachplanungsrechts, 4. Aufl., 2009, A 1. Teil, III und 3. Teil, III; zur Abwägung im Bauplanungsrecht insgesamt *Kersten*, Jura 2013, 478 ff mwN.
84 BVerfGE 50, 195, 201; 56, 310, 313 f; 76, 107, 117.
85 BVerfGE 56, 298, 312 f; 76, 107, 117.
86 Vgl *Löwer*, in: von Münch/Kunig, Bd. 2, Art 28 Rn 75 mwN.
87 Vgl BbgVerfG, U. v. 15.06.2000 – VfG Bbg 32/99 – LKV 2000, 397, 398.
88 BVerwGE 56, 110, 136.
89 Vgl BVerfGE 77, 288 ff.

de Beeinträchtigungen durch überörtliche Planungen hinnehmen.[90] Eine Nachbargemeinde wird in ihren Rechten verletzt, wenn die planende Gemeinde ihre materielle Abstimmungspflicht nach § 2 Abs. 2 BauGB durch einen Verstoß gegen das Abwägungsgebot missachtet.[91] Eine Gemeinde kann in ihrer Planungshoheit beeinträchtigt werden, wenn ein genehmigungspflichtiges Vorhaben eine hinreichend bestimmte Planung nachhaltig stört, wesentliche Teile des Gemeindegebietes einer durchsetzbaren Planung entzieht oder wenn kommunale Einrichtungen durch das Vorhaben erheblich beeinträchtigt werden.[92] Die Selbstverwaltungsgarantie erlaubt, Immissionsschutz auch mit strengeren Maßstäben als denen des Bundes-Immissionsschutzgesetzes anzustreben.[93] Hingegen ist der Katalog des § 9 BauGB abschließend, und der Gemeinde steht auch aus der Planungshoheit heraus kein „Festsetzungsfindungsrecht" zu, bspw für die Ausweisung eines Wohngebiets nur für Einheimische.[94]

26 c) **Personalhoheit.** Zum Kernbereich kommunaler **Personalhoheit** rechnet die Befugnis, die für die Durchführung ihrer Aufgaben erforderlichen Beamten und weiteren Beschäftigten[95] auszuwählen, einzustellen und zu befördern.[96] Zulässige Begrenzungen der Personalhoheit ergeben sich aus den Regelungen der Verfassung (Artt. 33 GG, 71 LV), dem Beamtenrecht und dem Haushaltsrecht. Hierdurch ist die Personalhoheit weitgehend zurückgedrängt.

Beispiele: Gesetzliche Regelungen, die die Gemeinden zur Übernahme von Bediensteten verpflichten, sind mit Art. 28 Abs. 2 Satz 1 GG vereinbar, wenn sich die Übernahmepflicht auf Bedienstete beschränkt, die Aufgaben wahrgenommen haben, die auf die Gemeinden übergegangen sind.[97] Das Verbot zum Vorhalten eigenen Personals für amtsangehörige Gemeinden, soweit eine Zuständigkeit des Amtes besteht, verletzt nicht die Personalhoheit.[98] Die landesgesetzliche Vorgabe, dass das Amt einer kommunalen Gleichstellungsbeauftragten nur mit einer Frau besetzt werden kann, begrenzt die Auswahlentscheidung einer Kommune nach Auffassung der Rspr nicht über Gebühr.[99]

27 d) **Organisationshoheit.** Die **Organisationshoheit** gibt den Kommunen die Befugnis, die Angelegenheiten ihrer eigenen inneren Verwaltungsorganisation nach ihrem eigenen Ermessen einzurichten.[100] Sie haben daher grds. nach eigenem Ermessen Organe, Behörden, Einrichtungen und Dienststellen zu errichten, zu ändern oder aufzuheben, für deren sachliche und personelle Ausstattung Sorge zu tragen, die Kompetenzen und innere Ordnung zu bestimmen sowie den Verwal-

---

90 Beispiele bei *H. Meyer*, Kommunalrecht, 2. Aufl. 2002, Rn 66; zu den Grenzen vgl NWVerfGH, U. v. 26.08.2009 – 18/06 – DVBl. 2009, 1305 (Zulässigkeit eines Factory-Outlet-Centers).
91 BVerwGE 84, 209, 214 f.
92 Vgl BVerwGE 81, 95, 106 f.
93 BVerwGE 84, 236, 239 f.
94 BVerwGE 92, 56, 62.
95 Zur Begrifflichkeit vgl oben → *Bentrup-Figura* **Art. 71** Rn 33.
96 Vgl BVerfGE 8, 332, 359; 9, 268, 289; 17, 172, 182; 91, 228, 245; 119, 331, 362; NWVerfGH, U. v. 23.3.2010 – VerfGH 19/08 – NVwZ-RR 2010, 705, 706; ausführlich zur Personalhoheit mwN vgl *Wolff*, VerwArch 2009, 280 ff.
97 BVerfGE 17, 172, 182 ff; LVerfG M-V, Der Überblick 1997, 297 – Wohngeldstellen.
98 Zu einer ähnlichen Konstellation in Sachsen-Anhalt vgl LVerfG LSA, U. v. 23.02.1999 – LVG 8/98 – LKV 2000, 32 ff.
99 Vgl BVerfGE 91, 228, 245; vorsichtiger („derzeit") NdsStGH, U. v. 13.03.1996 – StGH 1, 2, 4, 6 – 20/94 – Nds.StGHE 3, 199, 220; mit Recht krit. dazu *Niebaum*, Der Landkreis 1994, 314 ff.
100 BVerfGE 8, 256, 258; 38, 258, 279.

tungsapparat zu beaufsichtigen und zu lenken.[101] Die höchstrichterliche Rspr räumt dem staatlichen Gesetzgeber allerdings eine weitgehende Befugnis ein, die Organisationsstrukturen nach seinen Vorstellungen zu regeln. Die Organisationshoheit sei von vornherein nur relativ gewährleistet,[102] ein Verständnis, für das der Wortlaut der Verfassung jedenfalls keinen Ansatzpunkt bietet. Die Organisationshoheit erstreckt sich nicht nur auf die Organisation der örtlichen Angelegenheiten, sondern auf die gesamte Verwaltung, also insb. auch die Aufgaben des übertragenen Wirkungskreises.[103] In ihrer Ausprägung als **Kooperationshoheit** gewährleistet sie, dass Kommunen für einzelne Aufgaben zusammen mit anderen Kommunen gemeinschaftliche Handlungsinstrumente schaffen können.[104] Sowohl in dieser Ausprägung als auch sonst bietet die Organisationshoheit zwar nur Schutz gegen direkte Eingriffe des Staates; mittelbare Einflüsse bspw über Finanzierungsfragen können nur anhand anderer Maßstäbe beurteilt werden.[105] Die eigenverantwortliche kommunale Aufgabenwahrnehmung wird aber beeinträchtigt, wenn der Gesetzgeber ohne hinreichend rechtfertigenden Grund die gleichzeitige Aufgabenwahrnehmung durch verschiedene Verwaltungsbehörden verbindlich anordnet; grundsätzlich hat der Verwaltungsträger, dem die Aufgabe nach der Kompetenzordnung des Grundgesetzes obliegt, diese Aufgaben mit eigenem Personal, eigenen Sachmitteln und eigener Organisation wahrzunehmen.[106] Der Kernbereich auch der Organisationshoheit darf nicht ausgehöhlt werden; der Gesetzgeber muss zudem der geschichtlichen Entwicklung und den verschiedenen Erscheinungsformen der Selbstverwaltung Rechnung tragen und ihnen bei der Ausgestaltung ihrer internen Organisation eine hinreichende (Mit)Verantwortung für die organisatorische Bewältigung ihrer Aufgaben lassen.[107]

Eine generelle Verpflichtung durch den Gesetzgeber für Landkreise, nach einer Gebietsreform Außenstellen zu unterhalten, ist als schwerwiegender Eingriff in die Organisationshoheit verfassungswidrig.[108]

Auch die Organisationshoheit steht unter dem **Vorbehalt des Gesetzes**. Dem Gesetzgeber sind aber verfassungsrechtliche Grenzen gesetzt. Zum einen verbietet die Gewährleistung des Kernbereichs der kommunalen Selbstverwaltung Regelungen, die eine eigenständige organisatorische Gestaltungsfähigkeit der Kommunen im Keim ersticken würden. Zum anderen ist der Gesetzgeber im Vorfeld des Kernbereichs verpflichtet, bei der Ausgestaltung des Kommunalrechts den Gemeinden eine Mitverantwortung für die organisatorische Bewältigung ihrer Aufgaben einzuräumen, und hat den Gemeinden einen hinreichenden organisatorischen Spielraum bei der Wahrnehmung der einzelnen Aufgabenbereiche offenzuhalten.[109] Bei der Ausfüllung des so zutreffend skizzierten Rahmens hat das BVerfG in der Vergangenheit im Ergebnis zum Teil eine weitgehende Relati- 28

---

101 *Stober*, Kommunalrecht, 3. Aufl. 1996, S. 78; vgl ausf. *Schmidt-Jortzig*, Kommunale Organisationshoheit, 1979.
102 Ausdrücklich BVerwG, B. v. 14.09.2006 – 9 B 2.06 – KStZ 2007, 72, 73, unter Bezug auf BVerfGE 91, 228, 240.
103 Vgl BVerfGE 83, 363, 382; bestätigend BVerfG, U. v. 7.10.2014 – 2 BvR 1641/11 – 136, 143 (Rn 118).
104 Vgl BVerfGE 26, 228, 239 ff; 52, 95, 123 ff.
105 BVerfG, B. v. 27.11.1986 – 2 BvR 1241/82 - NVwZ 1987, 123, 124; B. v. 19.11.2014 – 2 BvL 2/13 – Rn 49.
106 BVerfGE 119, 331, 367.
107 BVerfG, U. v. 7.10.2014 – 2 BvR 1641/11, NVwZ 2015, 136, 143 (Rn 119); näher dazu vgl *Meyer*, NVwZ 2015, 116, 120.
108 NdsStGH, U. v. 14.2.1979 – StGH 2/77 – NdsStGHE 2, 1, 208 ff.
109 BVerfGE 91, 228, 238 ff; BVerwG, B. v. 14.09.2006 – 9 B 2.06 – KStZ 2007, 72, 73.

vierung[110] der kommunalen Organisationshoheit vorgenommen und zB die Pflicht der Gemeinden zur Bestellung einer hauptamtlichen Gleichstellungsbeauftragten für verfassungsgemäß erachtet. Dabei hat das Verfassungsgericht aber darauf hingewiesen, dass den Gleichstellungsbeauftragten nach der zur Überprüfung gestellten schleswig-holsteinischen Gemeindeordnung keinerlei Entscheidungsbefugnisse eingeräumt sind, die für andere Verwaltungsstellen oder für Bürger verbindlich wären.[111] Im Hinblick auf die Ausgestaltung der Selbstverwaltungsgarantie durch die niedersächsische Verfassung hat das dortige Verfassungsgericht die Pflicht zur Bestellung einer hauptberuflichen Frauenbeauftragten für Gemeinden zwischen 10.000 und 20.000 Einwohnern für unverhältnismäßig erachtet.[112]

29 **e) Rechtsetzungshoheit (Satzungsgewalt).** Das Recht zur **Regelung** der Angelegenheiten der örtlichen Gemeinschaft in eigener Verantwortung schließt die Befugnis ein, diese Angelegenheiten mit verbindlicher Wirkung durch ortsrechtliche Vorschriften in Form von Satzungen zu regeln.[113] Bei **kommunalen Satzungen** handelt es sich um Rechtsnormen iSd Artt. 20 Abs. 3 GG, 4 LV. Sie sind aber nicht Ausfluss gesetzgeberischer Tätigkeit, sondern es handelt sich um Normsetzung der vollziehenden Gewalt.[114] Die Satzungsgebung ist mithin nicht nur an die verfassungsmäßige Ordnung, sondern auch an Gesetz und Recht gebunden. Es gilt der Vorrang des Gesetzes[115] und der Vorbehalt des Gesetzes. Zwar ist Art. 80 Abs. 1 Satz 2 GG bzw Art. 57 Abs. 1 LV nicht anwendbar.[116] Ermächtigungen zu Eingriffen in Freiheit und Eigentum der Bürger bedürfen jedoch stets einer ausdrücklichen gesetzlichen Grundlage.[117] Die Generalklauseln der §§ 5 Abs. 1, 92 Abs. 1 KV genügen in ihrer abstrakten Formulierung den zu stellenden Anforderungen nicht.[118] Die Verfassung gewährleistet nur, dass den Gemeinden und Gemeindeverbänden das Handlungsinstrument „Satzung" zur Verfügung stehen muss.[119]

30 Aufgrund des verfassungsrechtlichen Bestimmtheitsgebots entspricht eine Satzung nur dann rechtsstaatlichen Grundsätzen, wenn sich mit hinreichender Bestimmtheit ermitteln lässt, was von der pflichtigen Person verlangt wird.[120] Verstöße gegen Satzungen können nur dann als Ordnungswidrigkeiten geahndet werden, wenn eine hinreichende gesetzliche Ermächtigung vorhanden ist.[121] Für einen Ausschluss der Haftung für Amtspflichtverletzungen fehlt es an der notwendigen gesetzlichen Ermächtigungsgrundlage.[122] Einer Regelung durch Satzung ist nur eine Materie zugänglich, die sich im Rahmen der Verbandskompe-

---

110 *Henneke*, Der Landkreis 1995, 168, 169.
111 BVerfGE 91, 228, 243 f.
112 NdsStGH, U. v. 13.03.1996 – StGH 1, 2, 4, 6 – 20/94 – Nds.StGHE 3, 199, 219.
113 Vgl nur BVerfGE 26, 228, 237; *Schmidt-Jortzig*, ZG 1987, 193, 195.
114 BVerfGE 65, 283, 289; *J. Ipsen*, JZ 1990, 789, 791.
115 Vgl hierzu *Möstl*, in: Erichsen/Ehlers, Allgemeines Verwaltungsrecht, § 19 Rn 12 f.
116 Vgl BVerfGE 33, 125, 157 f; *Maurer*, DÖV 1993, 184, 188.
117 Vgl BVerwG, U. v. 23.11.2005 – 8 C 14/04 – NVwZ 2006, 595, 596.
118 Vgl BVerwGE 90, 359, 362; BVerwG, *Schoch*, NVwZ 1990, 801, 803; *Waechter*, Kommunalrecht, 3. Aufl. 1998, Rn 475.
119 Näher *Schmidt-Aßmann*, in: von Mutius (Hrsg.), Selbstverwaltung im Staat der Industriegesellschaft, 1983, S. 607, 621 ff; ausf. zu den Bindungen kommunaler Satzungsgebung vgl *H. Meyer*, Kommunalrecht, 2. Aufl. 2002, Rn 142 ff.
120 BVerwG, DÖV 2014, 345 ff (zu Grabsteinen „ohne Kinderarbeit").
121 Vgl BVerfGE 32, 346, 362; BVerwG, U. v. 09.03.1990 – 8 C 20/88 – NVwZ 1990, 867, 868.
122 BGH, U. v. 07.07.1983 – III ZR 119/82 – NJW 1984, 615, 617; aA VGH München, U. v. 17.10.1984 – 5 B 83 A/1134, NVwZ 1985, 844.

tenz der Kommune bewegt. Innerhalb der Gemeinde bzw Landkreises handelt es sich bei der Beschlussfassung um Vorbehaltsaufgaben des Repräsentativorgans, vgl §§ 22 Abs. 3 Ziff. 6, 104 Abs. 3 Ziff. 6 KV. Bleibt eine Gemeinde untätig, obwohl der Erlass einer Satzung rechtlich geboten ist, kann die Kommunalaufsicht nach den allg. Regeln einschreiten; als letztes Mittel kommt eine Ersatzvornahme in Betracht.[123] Anzeige- und Genehmigungsvorbehalte eröffnen den Aufsichtsbehörden verschieden ausgeprägte Einwirkungsmöglichkeiten.[124] Soweit im Rahmen der Voraussetzungen der Satzungsgebung unbestimmte Rechtsbegriffe vorhanden sind und Spielräume belassen, eröffnen sich diese den Gemeinden, nicht den Aufsichtsbehörden.[125]

f) **Finanz- und Steuerhoheit.** Vgl die Kommentierungen zu Artt. 73 und 72 Abs. 3 LV (→ Rn 50 ff). 31

5. Im Rahmen der Gesetze. Die Gewährleistung der kommunalen Selbstverwaltung „im Rahmen der Gesetze" stellt zunächst noch einmal die bereits in Artt. 20 Abs. 3 GG, 4 LV angelegte **Gesetzesbindung der Exekutive** heraus.[126] Unter Gesetz sind dabei nicht nur Gesetze im formellen Sinne, sondern auch RechtsVO[127] und andere Rechtssätze unterhalb des Parlamentsgesetzes zu verstehen.[128] Das BVerfG spricht ausdrücklich von einem Gesetzesvorbehalt: Die Garantie der Einrichtung gemeindlicher Selbstverwaltung bedürfe der gesetzlichen Ausgestaltung und Formung.[129] Neben dem absolut geschützten Kernbereich müsse der Gesetzgeber aber auch im sonstigen (Rand-)Bereich die spezifische Funktion der gemeindlichen Selbstverwaltung berücksichtigen, die die Verfassung ihr beimesse. Der Gesetzesvorbehalt umfasse nicht nur die Art und Weise der Erledigung der örtlichen Angelegenheiten, sondern ebenso die gemeindliche Zuständigkeit für diese.[130] Der Gesetzesvorbehalt ermöglicht daher gesetzliche Eingriffe in das Selbstverwaltungsrecht, er hat aber eine ambivalente Doppelfunktion:[131] Er soll die kommunale Selbstverwaltung vor beliebigen Eingriffen schützen und setzt gleichzeitig Prämissen für die Zulässigkeit solcher Eingriffe.[132] 32

6. Selbstverwaltungsgarantie für die Kreise. a) Begriff des Gemeindeverbandes. Art. 28 Abs. 2 Satz 2 GG führt den Begriff des „Gemeindeverbandes" in das Verfassungsrecht ein. Unter Gemeindeverbänden sind kommunale Zusammenschlüsse zu verstehen, die entweder zur Wahrnehmung von Selbstverwaltungsaufgaben gebildet sind oder denen Selbstverwaltungsaufgaben obliegen, die nach Gewicht und Umfang denen der Gemeinde vergleichbar sind.[133] Es besteht weitgehend Einigkeit darüber, dass sich die institutionelle verfassungsrechtliche Garantie allein auf die Kreise bezieht.[134] Das BVerfG hat die Frage bisher offen 33

---

123 Vgl BVerwG, B. v. 03.07.1992 – 7 B 149/91 – DÖV 1993, 77, 78.
124 Vgl *Hill*, Gutachten D zum 58. DJT, 1990, S. 28 ff.
125 BVerfG, B. v. 21.06.1988 – 2 BvR 602/83, 974/83 – NVwZ 1989, 45, 46.
126 Vgl BVerfGE 56, 298, 311; zuletzt BVerfG, B. v. 19.11.2014 – BvL 2/13 – Rn 56.
127 BVerfGE 26, 228, 237; 56, 298, 309; 71, 25, 34.
128 Vgl BVerfGE 76, 107, 114.
129 BVerfGE 91, 238, 236 f. und 240; 119, 331, 362.
130 BVerfGE 79, 127, 143.
131 *Nierhaus*, in: Sachs, Art. 28 Rn 48.
132 Vgl *Blümel*, in: von Mutius (Hrsg.), Selbstverwaltung im Staat der Industriegesellschaft, 1983, S. 265, 298 ff; *von Mutius*, ebd, S. 227, 252 f.
133 BVerfGE 52, 95, 112; BVerwGE 140, 245, 249; aktuell zur Rolle der Landkreise im Mehrebenensystem vgl *Ritgen*, DVBl. 2013, 708 ff.
134 Vgl nur *von Mutius*, Gutachten E zum 53. DJT, S. 166; ähnlich *Schmidt-Aßmann*, DVBl. 1996, 533, 534; ausf. *Wiese*, Garantie der Gemeindeverbandsebene, 1972, S. 22 ff mwN; aA *Bovenschulte*, Gemeindeverbände als Organisationsformen kommu-

gelassen, aber betont, jedenfalls die Kreise seien von der Garantie umfasst.[135] Art. 72 Abs. 1 Satz 2 vermeidet jede Unklarheit, indem er ausdrücklich die Kreise nennt.

34 **b) Aufgabenzuschnitt der Landkreise.** Die Kreise haben das Selbstverwaltungsrecht „**im Rahmen ihres gesetzlichen Aufgabenbereiches**". Die konkrete Zuweisung eines Aufgabenbereiches obliegt somit dem Gesetzgeber. Bei den Aufgaben darf es sich aber nicht durchweg um Aufgaben des übertragenen Wirkungskreises handeln. Vielmehr muss der Gesetzgeber den Kreisen bestimmte Aufgaben als Selbstverwaltungsaufgaben, als kreiskommunale Aufgaben des eigenen Wirkungskreises zuweisen,[136] die auch vom Umfang dem Charakter einer Selbstverwaltungskörperschaft gerecht werden.[137] Eine Analyse der Strukturelemente von Satz 1 und Satz 2 des Art. 28 Abs. 2 GG führt hinsichtlich Aufgabenbestand, Eigenverantwortlichkeit sowie Gesetzesvorbehalt zu folgenden Ergebnissen: Die Aufgabenallzuständigkeit der Gemeinden in Bezug auf die „Angelegenheiten der örtlichen Gemeinschaft" korrespondiert mit der Gewährleistung eines nur „gesetzlichen Aufgabenbereiches" der Landkreise. Dem Recht der Gemeinden, ihre Angelegenheiten „in eigener Verantwortung zu regeln", entspricht bei den Landkreisen das „Recht der Selbstverwaltung". Die für die Gemeinden gewählte einschränkende Formulierung „im Rahmen der Gesetze" findet für die Landkreise ihr Gegenstück in der Wendung „nach Maßgabe der Gesetze".[138]

35 Die Entscheidung, in welcher Art und Weise eine Aufgabenzuweisung an die Landkreise erfolgt, obliegt der ausformenden Kompetenz des Gesetzgebers. Wie bereits erwähnt (Rn 34) hat das BVerfG [139] klargestellt, der Gesetzgeber müsse den **Landkreisen** auch bestimmte Aufgaben als **Selbstverwaltungsaufgaben** zuweisen. Das „Recht auf Selbstverwaltung" in Art. 28 Abs. 2 Satz 2 GG entspreche insoweit der Vorschrift des Art. 28 Abs. 2 Satz 1 GG.[140] Es ist daher nicht zutreffend, den Landkreisen von Verfassungs wegen allein einen gewissen quantitativen Aufgabenbestand zuzubilligen.[141] Dies folgt aus der institutionellen Garantie der Kreisebene, welche ein Mindestmaß an typischen, historisch überkommenen Aufgaben beinhaltet. Auch die verfassungsrechtliche Garantie einer unmittelbar gewählten Volksvertretung auf Kreisebene als Ausdruck der politisch-demokratischen Funktion kommunaler Selbstverwaltung verlangt nach einem qualitativ ins Gewicht fallenden Aufgabenkanon, da die höchsten verfassungsrechtlichen Anforderungen genügende Legitimation der Kreistagsabgeordneten sonst leer liefe. Wenig überzeugend will das BVerfG[142] bei der Frage, wann ein Eingriff in das Selbstverwaltungsrecht vorliegt, allerdings zwischen Gemeinden und Landkreisen differenzieren. Die Aufgaben des eigenen Wir-

---

naler Selbstverwaltung, 2000, insb. S. 429 ff; vermittelnd *Mann,* in Tettinger/Erbguth/Mann, Besonderes Verwaltungsrecht, 2012, Rn. 77; Überblick über die Rechtsprechung der Landesverfassungsgerichte bei *Mehde,* in: Maunz/Dürig, Art. 28 Rn 130.
135 BVerfGE 83, 363, 383.
136 BVerfGE 79, 127, 150 f; 83, 363, 383.
137 Vgl BVerfGE 119, 331, 353 f; BVerfG, U. v. 7.10.2014 – 2 BvR 1641/11 – NVwZ 2015, 136, 148 f (Rn 164) und oben Rn 16.
138 Überzeugend vgl *Schoch,* in: Henneke/Maurer/Schoch, Die Kreise im Bundesstaat, 1994, S. 9, 23; *Henneke,* DVBl. 2007, 87, 89.
139 Zuletzt BVerfGE 119, 331, 353 f; ausf. vgl *Kluth,* in: Meyer/Wallerath (Hrsg.), Gemeinden und Kreise in der Region, 2004, S. 65 ff.
140 BVerfGE 83, 363, 383; ebenso bereits *von Mutius/Dreher,* Reform der Kreisfinanzen, 1990, S. 17; *Clemens,* NVwZ 1990, 834, 842.
141 So aber *Bovenschulte,* Gemeindeverbände als Organisationsformen kommunaler Selbstverwaltung, 2000, S. 220 ff, 255 ff.
142 BVerfGE 119, 331, 354 f; krit. dazu bereits *H. Meyer,* NVwZ 2008, 275, 276.

kungskreises der Landkreise lassen sich in den vier nachfolgenden (Rn 36 bis 39) Kategorien zusammenfassen:

Eine Zuweisung kann **durch spezielles Gesetz** erfolgen. Diese Konstellation lag 36 der „Rastede-Entscheidung" des BVerfG[143] zugrunde, die im Ergebnis die „Hochzonung" einer bisher gemeindlich wahrgenommenen Aufgabe auf die Kreisebene bestätigt hat. Regelungsbefugt ist allein der Landesgesetzgeber, die frühere Praxis der Aufgabenzuweisung – ohne entsprechende Finanzausstattung – durch den Bund ist nunmehr durch Art. 84 Abs. 1 Satz 7 bzw Art. 85 Abs. 1 Satz 2 GG ausdrücklich untersagt.[144] Allerdings hat der verfassungsändernde Gesetzgeber mit Art 91 e GG für das Gebiet der Grundsicherung für Arbeitssuchende eine umfassende Sonderregelung getroffen, die in ihrem Anwendungsbereich die allgemeinen Vorschriften des Grundgesetzes verdrängt und eine unmittelbare Finanzbeziehung zwischen Gemeinden und Gemeindeverbänden einerseits sowie den Bund andererseits begründet und insoweit die Zweistufigkeit des Staatsaufbaus relativiert.[145]

Der Landesgesetzgeber hat in § 89 Abs. 1 KV in Form einer Generalklausel den 37 Landkreisen die **gemeindeübergreifenden Angelegenheiten** in eigener Verantwortung zugewiesen. Hierbei handelt es sich um die öffentlichen Aufgaben, die sich notwendig auf den Verwaltungsraum des Landkreises und die gemeinsamen Bedürfnisse der Kreiseinwohnerinnen und -einwohner beziehen. Bei ihnen kann differenziert werden zwischen sog. **Existenzaufgaben** (EDV, Gebäudemanagement etc.), die einen Binnenbezug aufweisen, und den sog. **kreisintegralen Aufgaben**. Hierbei handelt es sich um Sachaufgaben, die sich gerade durch den übergemeindlichen Bezug auszeichnen.[146]

Der Gesetzgeber darf den Landkreisen mittels einer an die mangelnde Leistungs- 38 fähigkeit der Gemeinden anknüpfende Generalklausel Aufgaben zuweisen.[147] Sie werden herkömmlich mit dem Begriff „Ergänzungs- und Ausgleichsaufgaben" umschrieben. **Ergänzungsaufgaben** sind solche gemeindlichen Aufgaben, die von den Gemeinden nicht oder nur unwirtschaftlich wahrgenommen werden können. **Ausgleichsaufgaben** dienen dazu, gezielt einen ausgleichenden, Lasten verteilenden Effekt herbeizuführen um damit auf eine gleichwertige Versorgung der Bevölkerung hinzuwirken. Anders als bei den übergemeindlichen Aufgaben bleibt die Aufgabenverantwortung jeweils originär in gemeindlicher Hand, der Landkreis kann aber aufgrund eigener Entscheidung unterstützend tätig werden. Für die Zulässigkeit der Wahrnehmung solcher Aufgaben durch die Landkreise

---

143 BVerfGE 79, 127 ff; umf. dazu *Henneke*, Aufgabenzuständigkeit im kreisangehörgen Raum, 1992; zusammenfassend H. *Meyer*, in: KVR Nds./NKomVG, Stand: November 2011, § 3 Rn 21 ff.
144 Vgl BVerfGE 119, 331, 359; 127, 165, 197; BVerfG, U. v. 7.10.2014 – 2 BvR1641/11 – NVwZ 2015, 136, 140 (Rn 93); ausf. dazu *Schoch*, DVBl. 2007, 261 ff; *Försterling*, Der Landkreis 2007, 56 ff; *ders.*, ZG 2007, 36, 42 f; *Henneke*, NdsVBl. 2007, 57 ff; *Huber/Wollenschläger*, VerwArch 2009, 305, 306 ff; jew. mwN.
145 BVerfG, U. v. 7.10.2014 – 2 BvR 1641/11 – NVwZ 2015, 136, 137 f (Rn 76 ff) mit insoweit krit. Anmerkungen durch *Henneke*, DVBl. 2014, 1540, 1541 f und H. *Meyer*, NVwZ 2015, 116, 118 ff.
146 Bsp. hierzu bei H. *Meyer* in: Schweriner Kommentierung, § 89 Rn 4.
147 Grundlegend BVerwGE 101, 99 ff; zust. *Henneke*, NVwZ 1996, 1181 f; bestätigend BVerwG, B. v. 28.02.1997 – 8 N 1/96 – NVwZ 1998, 63 ff; vgl auch *Mehde*, in: Maunz/Dürig, Art. 28 Rn 138; weitere Nachw. bei H. *Meyer* in: Schweriner Kommentierung, § 88 Rn 12; vgl auch bereits BVerfGE 79, 127, 152; 58, 177, 196.

ist eine Generalklausel verfassungsrechtlich notwendig, aber auch hinreichend.[148] Das Wahrnehmen von Ausgleichs- und Ergänzungsaufgaben durch die Landkreise führt im Ergebnis dazu, dass Gemeinden, die zur Aufgabenwahrnehmung in der Lage sind, dies auch weiterhin dürfen und wirkt damit einer generellen „Hochzonung" der Aufgabe entgegen. Die kreisangehörigen Gemeinden haben die eigenverantwortliche Aufgabenbestimmung durch die Landkreise im Grundsatz als rechtmäßig hinzunehmen. Zugeschnitten auf das Landesrecht Rheinland-Pfalz hat das BVerwG[149] allerdings gleichzeitig die Landkreise verpflichtet, bei der eigenen Aufgabenwahrnehmung auf die Finanzlage der Gemeinden Rücksicht zu nehmen und diesen die zur Erfüllung ihrer Aufgaben erforderliche finanzielle Mindestausstattung zu belassen.[150] Der Landesgesetzgeber hat durch § 88 Abs. 2 Satz 2 KV die genannten Funktionen in Form einer generalklauselartigen Aufgabenzuweisung für ergänzende und ausgleichende Aufgaben im kreisangehörigen Raum konkretisiert.[151]

39 Schließlich können die Landkreise gemäß § 89 Abs. 3 KV M-V auf Antrag von Gemeinden weitere gemeindliche Selbstverwaltungsaufgaben übernehmen.[152]

40 **c) Verfassungsrechtliche Voraussetzungen und Grenzen einer Kreisgebietsreform.** Insb. das Verfahren der Gesetzgebung und die flächenmäßige Dimension der beabsichtigten Kreise durch das Verwaltungsmodernisierungsgesetz 2006[153] boten Anlass, **verfassungsrechtliche Fragestellungen der Landkreisneubildung** in den Blick zu nehmen. Dieses Vorhaben, das eine territoriale Neugliederung des Landes in fünf große Landkreise vorsah, und das Urteil des LVerfG MV vom 26.07.2007, das im Ergebnis die Gebietsreform für verfassungswidrig erklärte,[154] haben weit über Mecklenburg-Vorpommern hinaus Beachtung gefunden.[155]

Das LVerfG M-V betont die spezifische Funktion der kommunalen Selbstverwaltung in der Landesverfassung. Als Leitbild der kommunalen Selbstverwaltungsgarantie wird die **bürgerschaftliche Mitwirkung** identifiziert, die sich auch in einem politischen Gestaltungswillen niederschlage. Unter Bezugnahme auf die

---

148 Vgl *Schoch*, in: Henneke/Maurer/Schoch, Die Kreise im Bundesstaat, 1994, S. 9, 31 ff; *von Mutius*, Der Landkreis 1994, 5, 6; umf. *Henneke*, Aufgabenzuständigkeit im kreisangehörigen Raum, 1992, S. 29 ff.
149 U. v. 31.01.2013 – 8 C 1.12. – DVBl 2013, 858, 862.
150 Ausführlich dazu unten, Art. 73 Rn 12.
151 Vgl i.e. *H. Meyer*, in: Schweriner Kommentierung, § 88 Rn 8 ff und § 89 Rn 5 ff mwN.
152 Vgl dazu *H. Meyer*, in: Schweriner Kommentierung, § 89 Rn 9 f.
153 GVOBl. 2006, 194 ff; zur politisch äußerst umstrittenen und (auch) mit verfassungsrechtlichen Argumenten geführten Vorgeschichte vgl nur *H. Meyer*, DÖV 2006, 929 ff; ausführlich *Biermann*, Verwaltungsmodernisierung in Mecklenburg-Vorpommern, 2011, 472 ff mwN.
154 LVerfG M-V, U. v. 26.07.2007 – 9/06 – 17/06 – LVerfGE 18, 342, 370 ff; tendenziell zustimmend *Stüer*, DVBl. 2007, 1267 ff; *Hubert Meyer*, NVwZ 2007, 1024 f; *ders.*, NdsVBl. 2007, 265 ff; *Henneke*, Der Landkreis 2007, 438 ff; *ders.*, S. 17, 36 ff, in: Trute/Groß/Röhl/Möllers (Hrsg.), Allgemeines Verwaltungsrecht – zur Tragfähigkeit eines Konzepts, 2008; *Henneke/Ritgen*, DVBl. 2007, 1253 ff; *Katz*, DVBl. 2008, 1525 ff; *März*, S. 11, 60 ff, insb. 77 in: Zwölf Jahre Verfassungsgerichtsbarkeit in Mecklenburg-Vorpommern, 2008; *H. Schönfelder/A. Schönfelder*, SächsVBl. 2007, 249 ff; *Schultz*, Das Rathaus 2007, 135 ff; krit. *Mehde*, NordÖR 2007, 331 ff; *Bull*, DVBl. 2008, 1 ff; *Hans Meyer*, NVwZ 2008, 24 ff; *Erbguth*, DÖV 2008, 152 ff; *Scheffer*, LKV 2008, 158 ff; ausführlicher auch *H. Meyer*, S. 259 ff, in Mecking/Oebbecke (Hrsg.), Zwischen Effizienz und Legitimität, 2009, mwN.
155 Zu verfassungsrechtlichen Fragen der Anhörung und der notwendigen Orientierung am „öffentlichen Wohl" vgl bereits oben Rn 6.

Rechtsprechung des Bundesverfassungsgerichts[156] tritt das LVerfG M-V einer einseitigen Fixierung auf ökonomische Erwägungen und der Einschätzung entgegen, dass eine zentralistisch organisierte Verwaltung rationeller und billiger arbeiten könne. Stattdessen stellt es ab auf den Gesichtspunkt der Teilnahme der örtlichen Bürgerschaft an der Erledigung ihrer öffentlichen Aufgaben und betont unter Aufnehmen einer Formulierung des Verfassungsrichters *Maximilian Wallerath*,[157] für gute Selbstverwaltung sei neben rationeller Aufgabenerfüllung von Verfassungs wegen die bürgerschaftlich-demokratische Entscheidungsfindung ein Wesensmerkmal. Dies verbiete, gute **staatliche Verwaltung** und **gute Selbstverwaltung** gleichzusetzen.[158]

Das LVerfG MV erkannte hinsichtlich der heftig diskutierten **Flächenausdehnung** der beabsichtigten Landkreise die Frage, ob Gebietskörperschaften mit bis zu 6.997 qm² noch als Landkreise im Sinne der Verfassung zu qualifizieren sind, als „logisch vorrangig" an. Bedenken seien insoweit nicht von der Hand zu weisen. Das LVerfG M-V stellte aber fest, es sei noch nicht gelungen, überzeugungskräftig zu entwickeln, wo von Verfassung wegen eine äußerste Grenze für die Fläche von Kreise liege und wie weit die Grenze bei der Einbeziehung weiterer Faktoren - etwa Verkehrsinfrastruktur und Bevölkerungsdichte - variabel wäre. Im Ergebnis ließ es die Frage letztlich dahinstehen,[159] da die Kreisgebietsreform jedenfalls aus anderen Gründen verfassungswidrig sei.[160] Gleichwohl sind die nachfolgenden Erwägungen des Gerichts zu verfahrensrechtlicher Fragen in weiten Teilen nur vor dem Hintergrund der skeptischen Einschätzung der Flächenausdehnung der beabsichtigten Landkreise zu verstehen. Die Fläche ist verfassungsrechtlich kein trennscharfes Schwert zur Beurteilung der Zulässigkeit von Gebietsreformen, wie gerade das Urteil des LVerfG M-V verdeutlicht, aber im Zusammenwirken mit anderen identitätsstiftenden Faktoren wie der effektiven Möglichkeit verantwortlicher ehrenamtlicher Mitwirkung ein wesentliches abwägungsrelevantes Element im Gesetzgebungsprozess.[161]

Das LVerfG M-V attestierte dem Land, mit seiner Zielsetzung, die Einräumigkeit und Einheit der Verwaltung durch Orientierung an den vorhandenen Planungsregionen zu erreichen, sei es abgewichen vom üblichen Schema der Begründung von Landkreisneuordnungen und habe anders als bei der Kreisgebietsreform 1993/94 auch kein Leitbild[162] aufgestellt.[163] Dann aber müsse der Gesetzgeber bereits bei seinen Festlegungen auf der **Ebene der Grundsätze** sämt-

---

156 BVerfGE 82, 310, 313; 83, 363, 381 f; 107, 1, 11 f.
157 *Wallerath*, Rechtliche Rahmenbedingungen des Berichts der Landesregierung zur Verwaltungsreform, LT-Drs. MV 4/1210, 97, 108; im Erg. nachdrücklich bereits ebenso *Schlebusch*, Der Landkreis 2006, 96, 97.
158 LVerfG M-V, U. v. 26.07.2007 – 9/06 – 17/06 – LVerfGE 18, 342, 374.
159 *Erbguth*, DÖV 2008, 152, 155 kritisiert, das Gericht habe seine räumlichen Erwägungen wenig bis gar nicht konkretisiert.
160 LVerfG M-V, U. v. 26.07.2007 – 9/06 – 17/06 – LVerfGE 18, 342, 380; nachvollziehbar die Kritik von *Mehde*, NordÖR 2007, 331, 333, Risiken anzudeuten, dann aber vor einer klaren Entscheidung zurückzuschrecken, zu weitgehend aber, hieraus den Vorwurf mangelnder Verfassungsorgantreue des LVerfG gegenüber dem Landtag abzuleiten.
161 Im Ergebnis ausdrücklich zustimmend *Brüning*, ZG 2012, 155, 163; a.A. wenig überzeugend *Oebbecke*, in: FS Bull, 2011, S. 715 ff; ihm folgend wohl *Mehde*, in: Maunz/Dürig, Art. 28 Rn 57 ff; dagegen bereits *H. Meyer*, NVwZ 2013, 1177, 1183.
162 Die Notwendigkeit der Leitbildgerechtigkeit bei freiwilligen Fusionen relativieren wollend vgl *Heinig*, NdsVBl 2014, 57, 65; *Mehde*, NdsVBl 2014, 66, 70, stellt hingegen zutreffend fest, aus der Freiwilligkeit eines Fusionsvorhabens folge nicht automatisch die Verfassungskonformität.
163 LVerfG M-V, U. v. 26.07.2007 – 9/06 – 17/06 – LVerfGE 18, 342, 382.

liche **Aspekte der kommunalen Selbstverwaltung** und damit insbesondere auch ihre partizipatorisch-demokratischen Komponenten im Blick haben, sie in ihrem Eigenwert einstellen und abwägen. Dem genüge die beschlossene Kreisgebietsreform nicht. Der Gesetzentwurf habe die Planungsregionen nicht zum „Ausgangspunkt" seiner Überlegungen gemacht, sondern ohne Weiteres sei die raumordnerische Abwägung als grundsätzlich ausreichende Abwägung auch für die Kreisgebietsreform angesehen worden.[164] Insbesondere sei vielmehr die **bürgerschaftlich-demokratische Dimension der kommunalen Selbstverwaltung** nicht mit dem vollen, ihr von Verfassung wegen zukommenden Gewicht in eine Abwägung eingestellt worden.[165] Die Kreise müssten so gestaltet sein, dass es ihren Bürgern typisch möglich sei, nachhaltig und zumutbar ehrenamtliche Tätigkeiten im Kreistag und seinen Ausschüssen zu entfalten. Dem Gesetzentwurf sei nicht zu entnehmen, dass die neuen Kreise noch **überschaubar** seien und dass in ihnen noch **Kenntnis der örtlichen und regionalen Besonderheiten** zu erwarten sei.[166] Überschaubarkeit[167] bedeute aber[168], dass Kreistagsmitglieder sich auch über die Verhältnisse in entfernteren Bereichen des jeweiligen Kreises zumutbar eigene Kenntnis verschaffen könnten. Viele Entscheidungen, die im Kreistag getroffen und in seinen Ausschüssen vorbereitet würden, seien durch Raumbezug gekennzeichnet. Mit deutlicher Distanz trat das LVerfG M-V Versuchen des Gesetzgebers entgegen, den selbst erkannten Demokratiedefiziten[169] durch eine Professionalisierung der Arbeit der Kreistage und ihrer Mitglieder zu begegnen, insbesondere dem Vorhaben, den Fraktionen hauptamtliches Personal zur Seite zu stellen.[170]

Verfassungsrechtlich zum Scheitern der damaligen Kreisgebietsreform führte letztendlich, dass als Grundlage für eine verantwortliche Entscheidung der Abgeordneten des Landtags oder wenigstens bei seiner Vorbereitung **keine schonenderen Alternativen** wertend in das Gesetzgebungsverfahren eingeführt wurden. Nur so hätten sich nach Auffassung des LVerfG M-V aber die Vor- und Nachteile unterschiedlicher Modelle für die Verwaltungseffizienz einerseits und für die bürgerlich-demokratische Komponente der kommunalen Selbstverwaltung andererseits sachgerecht in den Blick nehmen lassen. Dies sei indessen nicht geschehen.[171] Staatsrechtlich verortete das LVerfG M-V die Aufgabe der Materialbeschaffung und des Erarbeitens gutachtlicher Alternativen bei der

---

164 LVerfG M-V, U. v. 26.07.2007 – 9/06 – 17/06 – LVerfGE 18, 342, 382 ff; vertiefend dazu *Wallerath*, in: 20 Jahre Verfassungsgerichtsbarkeit, 2014, S. 53, 90 f.
165 *Hans Meyer*, NVwZ 2008, 24, 26 f wirft dem LVerfG in diesem Zusammenhang wenig sachlich vor, es sei „nachgerade versessen auf die Idee des Ehrenamtes", die zum Ausdruck kommende Beschränkung der kommunalen Selbstverwaltung auf das Ehrenamt sei eine Erfindung des Gerichts.
166 LVerfG M-V, U. v. 26.07.2007 – 9/06 – 17/06 – LVerfGE 18, 342, 388 ff.
167 *Mehde*, NdsVBl 2014, 66, 68 merkt kritisch an, die Leistungsfähigkeit dieses Begriffes sei nicht abschließend belegt; *Wallerath*, 695, 711, in Butzer/Kaltenborn/Meyer (Hrsg.), Fn. 4, weist hingegen darauf hin, dass der Begriff schwer auszufüllen sei habe er mit anderen unbestimmten Rechtsbegriffen gemein.
168 LVerfG M-V, U. v. 26.07.2007 – 9/06 – 17/06 – LVerfGE 18, 342, 390.
169 E-VwModG, LT-Drs. 4/1710, S. 162.
170 LVerfG M-V, U. v. 26.07.2007 – 9/06 – 17/06 – LVerfGE 18, 342, 390 f; krit. dazu *Mehde*, NordÖR 2007, 331, 334 und 335; umfassend zu den mit der Beschäftigung von Fraktionsmitarbeitern in den Kommunen verbundenen Fragen vgl *H. Meyer*, Recht der Ratsfraktionen, 7. Aufl., 2013, unter 6.4 mwN.
171 LVerfG M-V, U. v. 26.07.2007 – 9/06 – 17/06 – LVerfGE 18, 342, 391 ff; umfassend zum „legislatorischen Abwägungsgebot" *Wallerath*, in: 20 Jahre Verfassungsgerichtsbarkeit, 2014, S. 53, 82 ff.

Landesregierung. Geschehe dies nicht hinreichend, sei der Landtag selber gehalten, sich die Entscheidungsgrundlagen zu verschaffen.[172]

In seinem **Urteil zum Kreisstrukturgesetz vom 28.7.2010**[173] hat das LVerfG 42 M-V an seinen 2007 entwickelten Eckpunkten festgehalten, das nunmehr enthaltene gesetzgeberische Leitbild eines Flächenrichtwertes von 4.000 qkm aber ebenso wenig beanstandet wie dessen zum Teil deutliche Überschreitung in zwei Fällen. Ausführlich geht das Gericht dabei auf die Besonderheiten des am dünnsten besiedelsten Raumes im generell eine niedrige Bevölkerungsdichte aufweisenden Mecklenburg-Vorpommern ein und bewertet die dem Gesetzgeber sich bietenden Alternativen, die zum Teil zu noch strukturschwächeren Kreisen geführt hätten. Ausgehend davon fehle es an hinreichenden Anhaltspunkten für die Annahme, dass die neuen Kreisstrukturen zu erheblichen Beeinträchtigungen vor allem für die Ausübung des kreiskommunalen Ehrenamtes führen würden. Der Gesetzgeber sei aber gehalten, die tatsächlichen Auswirkungen der Neuregelung, insbesondere auf das Ehrenamt, intensiv zu beobachten und müsse gegebenenfalls nachbessern.[174] Verbleibenden verfassungsrechtlichen Zweifeln der Neuregelung im Hinblick auf das Ehrenamt mit einer Beobachtungspflicht des Gesetzgebers zu begegnen, ist seitens der drei Richter, die die Entscheidung nicht mittragen, kritisiert worden. Wenn der Gesetzgeber sich schon mit seinem Leitbild deutlich vom bislang Üblichen entfernt habe und dann noch einmal die so geschaffenen Größen um mehr als 1/3 überschreite, gebe es keine „überprüfungsfreie Einschätzungsprärogative" mehr.[175]

Der bisherige Status der **Kreisfreiheit** einzelner Städte genießt im Zuge einer Kreisgebietsreform nur einen begrenzten Bestandsschutz. Dieser reicht nicht weiter als der Schutz der kommunalen Gebietskörperschaften, die aufgelöst werden sollen. Kreisfreie Städte können somit jedenfalls aus Gründen des öffentlichen Wohls und nach Anhörung „eingekreist" werden.[176]

II. Unmittelbare demokratische Legitimation (Abs. 2)

Nach Art. 72 Abs. 2 Satz 1 LV ist die Bildung einer Vertretung in den Gemein- 43 den und Kreisen vorgeschrieben. Die in Art. 28 Abs. 1 Satz 2 GG niedergelegten **Wahlrechtsgrundsätze** der allgemeinen, unmittelbaren, freien, gleichen und geheimen Wahl[177] gelten unmittelbar für die Gemeinden und Landkreise; die Nennung in Art. 3 Abs. 3 LV und in § 2 Abs. 1 LKWG ist daher nur deklaratorisch.[178] Sie unterfallen nicht der Organisationshoheit der Kommune und stehen daher nicht zu ihrer Disposition.[179] Die Länder gewährleisten den subjektivrechtlichen Schutz des Wahlrechts bei politischen Wahlen in ihrem Verfassungs-

---

172 LVerfG M-V, U. v. 26.07.2007 – 9/06 – 17/06 – LVerfGE 18, 342, 392.
173 GVOBl. MV 2010, 383 ff; zur Entstehungsgeschichte Überblick bei *H. Meyer*, ZG 2013, 264, 270.
174 LVerfG M-V, U. v. 18.08.2011, – 21/10 – LVerfG 22, 298, 307 ff; ausf. dazu *Obermann*, LKV 2011, 495 ff; *Henneke*, Der Landkreis 2011, 385 ff.
175 LVerfG M-V, U. v. 18.08.2011 – 21/10 – abw. Meinung der Richter *Joecks, Brinkmann* und *Wähner*, LVerfGE 22, 329 ff.
176 LVerfGE M-V, U. v. 18.08.2011 – LVerfG 22/10 – BeckRS 2011, 53644, mit ausführlicher und zutreffender Begründung; konsequent LVerfG M-V, B. v. 23.02.2012 – LVerfG 2/11 – BeckRS 2012, 47884.
177 Zum Inhalt der einzelnen Wahlrechtsgrundsätze vgl nur *Erichsen*, Jura 1983, 635 ff; *Saftig*, Kommunalwahlrecht in Deutschland, 1990, S. 31 ff; knappe Übersicht bei *H. Meyer*, Kommunalrecht M-V, 2. Aufl. 2002, Rn 247; vgl auch → *Wallerath*, **Art. 3** Rn 6 f.
178 Vgl BVerfGE 4, 375, 385; seither st. Rspr, zuletzt 120, 82, 102 mwN.
179 LVerfG LSA, U. v. 20.01. LVG 27/10 – DÖV 2011, 365 (LS).

raum allein und abschließend.[180] Daraus folgt indes nicht die Pflicht der Bundesländer, ersatzweise für jedwede Rechtsverletzungen bei Kommunalwahlen den Rechtsweg zu den Landesverfassungsgerichten zu eröffnen.[181]Modifizierungen der streng einzuhaltenden Wahlrechtsgrundsätze bedürfen auch im Kommunalwahlrecht eines besonderen, zwingenden Grundes.[182] Dem Homogenitätsgebot des Art. 28 Abs. 1 GG und den Wahlrechtsgrundsätzen wird der „demokratische Grundsatz" entnommen, dass zwischen Wahl und Konstituierung neu gewählter Gremien äußerstenfalls drei Monate liegen dürfen.[183] Wird das Wahlgebiet bei einer Kommunalwahl unterteilt, müssen zur Wahrung der Grundsätze der Gleichheit der Wahl und der Chancengleichheit der Wahlbewerber möglichst gleich große Wahlbereiche gebildet werden.[184] Die Wahlrechtsgrundsätze beziehen sich auch auf das Wahlvorschlagsrecht; auch ortsgebundenen, lediglich kommunale Interessen verfolgende Wählergruppen muss das Wahlvorschlagsrecht und deren Kandidaten eine chancengleiche Teilnahme an den Kommunalwahlen gewährleistet sein.[185] Für Einzelkandidaten muss deren bereits auf staatlicher Ebene garantierte Teilnahmemöglichkeit[186] auf der auf bürgerschaftliche Mitwirkung abzielenden Kommunalebene erst recht gelten.[187] Eine Beeinträchtigung des Grundsatzes der freien Wahl durch Verletzen der gebotenen Neutralität durch hauptamtliche Wahlbeamte oder Täuschung der Wähler seitens der Verwaltung über maßgebliche Umstände kann zur Notwendigkeit des Wiederholens der Wahl führen.[188]

44 Die ganz herrschende Auffassung in Rspr und Schrifttum hält wahlrechtliche **Unterschriftenquoren** grds. für zulässig.[189] Als Durchbrechungen der Grundsätze der gleichen und geheimen Wahl sind sie indes nur insoweit verfassungsrechtlich unbedenklich, als sie zur Sicherung eines ordnungsgemäßen Wahlverfahrens als Ernsthaftigkeitskontrolle für die eingereichten Wahlvorschläge notwendig sind; dies setzt eine angemessen niedrige Anzahl von Unterstützungsunterschriften voraus.[190] Für bereits in der kommunalen Vertretungskörperschaft oder einem staatlichen Parlament repräsentierte Parteien, Gruppen oder Einzelbewerber sind sie unzulässig.[191] Ein sog. Listenprivileg für Parteien verstößt gegen den

---

180 BVerfGE 99, 1, 17; zuletzt BVerfG, B. v. 26.08.2013 – 2 BvR 441/13 – NVwZ 2013, 1540, 1541 (zur Altersgrenze für berufsmäßige erste Bürgermeister und Landräte).
181 LVerfG M-V, B. v. 17.08.2010 – 11/10 – LVerfGE 21, 213, 216 f.
182 BVerfGE 1, 208, 249; 20, 56, 116; 24, 300, 341; 120, 82, 106 f mwN; vgl auch BVerfG, U. v. 25.07.2012 – 2 BvF 3/11; 2 BvR 2670/11 und 2 BvE 9/11 – NVwZ 2012, 1101, 1104.
183 VerfGH NW, U. v. 18.02.2009 – VerfGH 24/08 – DÖV 2009, 678 ff.
184 Vgl BVerwG, U. v. 22.10.2008 – 8 C 1.08 – DVBl. 2009, 254 ff.
185 BVerfGE 11, 266, 273 ff.
186 Vgl BVerfGE 41, 399, 416 ff.
187 Ebenso *Kleffmann*, Die Rechtsstellung parteiloser Kandidaten und Mandatsträger, 1982, S. 189 f.
188 Exemplarisch vgl dazu nur OVG Lüneburg, U. v. 26.03.2008 – 10 LC 203/07 – NdsVBl 2008, 207 einerseits und OVG Münster, U. v. 15.12.2011 – 15 A 876/11, NWVBl 2012, 228 ff („Fall Dortmund") mit ausf. Besprechung *Drossel/Suck*, NWVBl 2012, 215 ff mwN andererseits.
189 Vgl nur BVerfGE 3, 19, 27; 60, 162, 168; LVerfG LSA, 27.03.2001 – LVG 1/01 – DÖV 2001, 556, 557 ff; OVG Weimar, U. v. 26.09.2000 – 2 KO 289/00 – DVBl. 2001, 828, 829; zu den Voraussetzungen zum Erlass einer einstweiligen Anordnung vgl BVerfG, B. v. 29.04.1994 – 2 BvR 831/94 und 2 BvQ 15/94 – LKV 1994, 403 ff.
190 Strenge Maßstäbe anlegend OVG Greifswald, B. v. 05.05.1994 – 4 K 6/94 – DVBl. 1995, 303, 304 f.
191 Näher vgl *H. Meyer*, Kommunales Parteien- und Fraktionsrecht, 1990, S. 194 ff.

Grundsatz der gleichen Wahl.[192] Sachgerechter Anknüpfungspunkt der Reihenfolge der Parteien, Gruppen und Kandidaten auf dem Stimmzettel sind entweder neutrale Gesichtspunkte (Alphabet) oder das Ergebnis der letzten Kommunalwahl.[193] Das Abstellen auf überregionalen Wahlerfolg privilegiert einseitig die größeren Parteien, verfassungsrechtlich bedenklich ist daher die Regelung in § 22 Abs. 2 LKWG.

Das BVerfG erachtet in Abkehr von der früheren ständigen Rspr [194] eine **5 %-** 45 **Sperrklausel** nur dann für gerechtfertigt, wenn mit einiger Wahrscheinlichkeit eine Beeinträchtigung der Funktionsfähigkeit der kommunalen Vertretungsorgane droht.[195] Abzustellen ist auf die konkrete Situation im jeweiligen Bundesland, in anderen Bundesländern gemachte Erfahrungen können bei der Prognoseentscheidung des Gesetzgebers aber nicht gänzlich außer Betracht gelassen werden.[196] Auch die VerfassungsRspr, die zur geltenden Rechtslage noch eine andere Auffassung vertritt, entnimmt den Grundsätzen der Wahlgleichheit und der Chancengleichheit der Parteien zwischenzeitlich eine Pflicht des Gesetzgebers, eine bei ihrem Erlass verfassungsgemäße Sperrklausel darauf unter Kontrolle zu halten, ob sich die ursprünglich rechtfertigenden Verhältnisse in erheblicher Weise geändert haben.[197] Materiell daran anknüpfend und mit Recht auch gesetzgeberisches Unterlassen für einen zulässigen Streitgegenstand im Organstreitverfahren erachtend hat das LVerfG M-V[198] in der Einführung der Direktwahl der Bürgermeister und Landräte maßgebliche Umstände gesehen, die den Gesetzgeber zu einer erneuten Überprüfung der Notwendigkeit einer Sperrklausel veranlassen müssten. Der Landesgesetzgeber hat nach der angeordneten Überprüfung – wie inzwischen alle Flächenbundesländer[199] – auf eine Sperrklausel verzichtet.[200]

Insb. das auch auf kommunaler Ebene gewährleistete freie Mandat der Gemein- 46 devertreter und Kreistagsmitglieder gebietet es aus verfassungsrechtlichen Gründen, prinzipiell eine **Trennung von Fraktions- und Parteimitgliedschaft** zu ermöglichen.[201] Die maßgeblichen Überlegungen gelten insoweit auch für einen

---

192 BVerfGE 48, 351, 364 f.
193 Vgl *H. Meyer*, Kommunales Parteien- und Fraktionenrecht, 1990, S. 204 f; aA HessStGH, U. v. 26.01.1995 – P. St. 1171 – NVwZ 1996, 161, 162 ff; mit Recht krit. hierzu *Kleindiek*, NVwZ 1996, 131 ff.
194 Vgl nur BVerfGE 1, 208, 256; 6, 104, 113 ff; 11, 266, 277; 51, 222, 237; 82, 322, 337 ff.
195 BVerfGE 120, 82, 102 ff (dort noch in der Funktion als Landesverfassungsgericht für Schleswig-Holstein tätig und die Voraussetzungen einer Sperrklausel verneinend); ausf. dazu *Krajewski*, DÖV 2008, 345 ff; dem BVerfG folgend nunmehr auch ThürVerfGH, U. v. 11.04.2008 – VerfGH 22/05 – NVwZ-RR 2009, 1 ff; BremStGH, U. v. 14.05.2009 St 2/08 – DÖV 2009, 721 f (LS).
196 Vgl BVerfGE 120, 82, 122; ausf. zur Notwendigkeit des Berücksichtigens anderer Bundesländer vgl bereits *H. Meyer*, Kommunales Parteien- und Fraktionenrecht, 1990, S. 206 ff; vgl auch *Wenner*, Sperrklauseln im Wahlrecht, 1986, passim, insb. S. 195 ff; *Puhl*, in: FS Isensee, S. 441 ff.
197 VerfGH NW, U. v. 29.09.1994 – VerfGH 7/94 -DVBl. 1995, 153, 154 ff; konkretisierend U. v. 06.07.1999 – VerfGH 14 und 15/98 – DVBl. 1999, 1271 mit Anm. *H. Meyer*, DVBl. 1999, 1276 ff.
198 U. v. 14.12.2000 – LVerfG 4/99 – LVerfGE 11, 306 ff = LKV 2001, 270, 271 f und 273 ff.
199 Vgl Überblick zur Entwicklung durch *Ehlers*, in: FS Schmidt-Jortzig, 2011, S. 153 ff.
200 Eine Drei-Prozentklausel für die Wahlen zu den Berliner Bezirksverordnetenversammlungen billigend vgl VerfG Berl, U. v. 13.05.2013 – 155/11 – DVBl 2013, 848 ff; mit guten Gründen a.A. für die hamburgischen Bezirksversammlungen hingegen HambVerfG, U. v. 15.01.2013 – HVerfG 2/11 – NordÖR 2013, 156 ff.
201 Näher *H. Meyer*, Kommunales Parteien- und Fraktionenrecht, 1990, S. 266 ff.

Nachrücker, der eine Anwartschaft auf ein Mandat innehat. Die in § 46 Abs. 2 Satz 1 LKWG normierte Ungleichbehandlung ist daher verfassungsrechtlich bedenklich, zumal sie im Falle eines Parteiausschlusses einer Partei die Entscheidung über den Erwerb des Mandates überträgt. Dies ist unzulässig, das letzte Wort gebührt nach der Verfassungsordnung dem Wähler.

47 Der Begriff „**Volk**" in Art. 72 Abs. 2 LV ist genauso zu verstehen wie in Art. 3 Abs. 1 LV, Rechtsinhaber sind also nur Deutsche iSv Art. 116 GG. Wie Artt. 28 Abs. 1 Satz 2 und 20 Abs. 2 GG gewährleisten sie die Einheitlichkeit der demokratischen Legitimationsgrundlage und tragen damit der besonderen Stellung der kommunalen Gebietskörperschaften im Aufbau des demokratischen Staates Rechnung,[202] die durch den Aufbau des Art. 3 LV besonders deutlich wird.

48 Nach der Ergänzung des Art. 28 Abs. 1 GG um einen Satz 3 sind bei Wahlen in Kreisen und Gemeinden allerdings auch Personen, die die Staatsangehörigkeit eines **Mitgliedsstaates der Europäischen Gemeinschaft**[203] besitzen, nach Maßgabe von Recht der Europäischen Gemeinschaft wahlberechtigt und wählbar.[204] Die landesrechtliche Umsetzung erfolgte 1995[205] und findet sich nunmehr in § 4 Abs. 2 LKWG.

49 Von der in Abs. 2 Satz 2 ausdrücklich eingeräumten Möglichkeit, durch Gesetz eine unmittelbare Mitwirkung der Bürger an Aufgaben der Selbstverwaltung zu ermöglichen, hat der Gesetzgeber durch §§ 18 und 20 KV M-V Gebrauch gemacht. Dem Volksbegehren und dem Volksentscheid auf Landesebene[206] entsprechen auf kommunaler Ebene als Kernstück direkter Demokratie[207] das **Bürgerbegehren** und der **Bürgerentscheid**, wie sie in § 20 KV M-V ihre gesetzliche Ausgestaltung erfahren haben.[208] Ungeachtet der rechtspolitischen Zweckmäßigkeit[209] ist verfassungsrechtlich Bedenken nicht zu erinnern. Auch angesichts der streng repräsentativen Ausgestaltung des GG[210] erfordert das Homogenitätsgebot des Art. 28 Abs. 1 GG kein Verbot plebiszitärer Regelungen auf kommunaler Ebene, sondern lässt dem Landesverfassungsgeber Gestaltungsspielraum.[211] Den Elementen unmittelbarer Demokratie kommt für die durch den Gesetzgeber eröffneten Bereiche eine Ergänzungs- und Korrekturfunktion zur repräsentativen Demokratie auf kommunaler Ebene zu. Ein „demokratischer Mehrwert"[212] ist direkt-demokratischen Entscheidungen nicht zu attestieren. Vielmehr darf der Gesetzgeber durch Regelungen über das Bürgerbegehren

---

202 Vgl BVerfGE 83, 37, 54; 83, 60, 76.
203 Terminologisch muss Art. 28 Abs. 1 Satz 3 GG noch die Änderung des europäischen Primärrechts nachvollziehen, gemeint ist nicht die EG, sondern die EU, vgl hierzu *Henneke*, in: Schmidt-Bleibtreu/Hofmann/Henneke, Art. 28 Rn 26.
204 Vgl zur Entstehungsgeschichte der *Röger*, VR 1993, 137 ff.
205 Vgl GVOBl. 1995 S. 651, seinerzeit § 7 Abs. 1 KWahlG.
206 Vgl dazu oben → *Litten*, **Art. 60**.
207 VGH Kassel, B. v. 26.10.1993 – 6 TG 2221/93 – DÖV 1994, 270.
208 Ausführlich hierzu, insb. zur materiellen Eingrenzung zulässiger Gegenstände eines Bürgerentscheids vgl *Glaser*, in: Schweriner Kommentierung, § 20 Rn 3 ff.
209 Zu pro und contra vgl nur *Hendler*, Der Landkreis 1995, 321 ff und aus neuerer Zeit umfassend *Schoch*, NVwZ 2014, 1473 ff.
210 Umfassend hierzu *Bugiel*, Volkswille und repräsentative Entscheidung, 1991.
211 Vgl näher *Erbguth*, DÖV 1995, 793 ff; *Schliesky*, ZG 1999, 91, 93 ff; umfassender aktueller Überblick zu den landesrechtlichen Regelungen und zur Rechtsprechung bei *Schoch*, in: FS Schmidt-Jortzig, 2011, S. 167 ff; *ders.*, NVwZ 2014, 1473 ff; ferner *Brüning*, in: Henneke (Hrsg.), Kommunale Selbstverwaltung in der Bewährung, 2013, S. 253 ff.
212 So *von Arnim*, DVBl. 1997, 749, 759; dagegen mit Recht bereits *Schliesky*, ZG 1999, 91, 95.

und den Bürgerentscheid die Befugnisse der gewählten Volksvertretung nicht so beschneiden, dass deren Handlungsfähigkeit gefährdet wird.[213] Die derzeitige gesetzliche Ausgestaltung in M-V trägt den verfassungsrechtlichen Prämissen Rechnung.

III. Striktes Konnexitätsprinzip (Abs. 3)

1. **Bedeutung.** Abs. 3 wurde durch das Erste Gesetz zur Änderung der LV vom 20.04.2000[214] neu gefasst und enthält nunmehr ein sog. **striktes Konnexitätsprinzip**.[215] Es handelt sich um eine besondere, neben die Garantie des Art. 73 Abs. 2 LV tretende Finanzgarantie, deren Aufgabe darin liegt zu verhindern, dass der Staat beliebig Aufgaben zu Lasten der Kommunen verschiebt, ohne für deren Finanzierung zu sorgen. Der verfassungsrechtlich gebotene Mehrbelastungsausgleich erfolgt bezüglich der Kommunen finanzkraftunabhängig und hinsichtlich des Landes leistungskraftunabhängig.[216] Dem bundesweit[217] unterschiedlich, aber nunmehr flächendeckend verankerten[218] Konnexitätsprinzip kommt eine Schutzfunktion zu Gunsten der kommunalen Selbstverwaltung zu.[219] Ihre Wirkung entfaltet die Verfassungsnorm nicht nur durch die tatsächlich erfolgenden Zahlungsströme, sondern durch die ihr innewohnende Warn- und Präventivfunktion, die das Land zwingt abzuwägen, ob politisch wünschenswertes auch finanziell leistbar ist.[220] Gerade dieser Aspekt kommt in der Praxis zum Tragen.[221]

Besondere Wirksamkeit erlangt das Konnexitätsprinzip dadurch, dass es sich nicht nur auf die Gesamtheit der Gemeinden und Landkreise erstreckt, sondern auf jede einzelne Kommune, es bewirkt einen **individuellen Schutz**. Den Anforderungen der LV wird nur entsprochen, wenn „jede einzelne betroffene Kommune die realistische und nicht nur theoretische Möglichkeit hat, durch zumut-

---

213 Vgl BayVerfGH, E. v. 29.08.1997 – Vf. 8-11-VII-96 – DVBl. 1998, 136, 137.
214 GVOBl. S. 158.
215 Zur Entstehungsgeschichte vgl *H. Meyer*, Der kommunale Finanzausgleich in M-V, 3. Aufl. 2004, S. 39.
216 Dem ausdrücklich folgend LVerfG M-V, U. v. 26.11.2009 – LVerfG 9/08 – LVerfGE 20, 271, 280.
217 Mit Recht die Verfassungsgebung in dieser Frage in den ostdeutschen Bundesländern für die bundesdeutsche Entwicklung würdigend *Ritgen* in Schöneburg u.a., Verfassungsfragen, S. 21, 22 ff.
218 Überblick bei *Mückl*, in: Henneke/Pünder/Waldhoff (Hrsg.), Recht der Kommunalfinanzen, 2006, S. 33, 47 ff; *Henneke*, Die Kommunen in der Finanzverfassung, 5. Aufl. 2012, S. 226 ff; zur Rechtssetzung und Rspr vgl auch *Starck*, in: NdsVBl., Sonderheft zum 50-jährigen Bestehen des Niedersächsischen Staatsgerichtshofs, 2005, S. 36 ff; *Aker*, VBlBW 2008, 258, 259 f; *Kluth*, LKV 2009, 337 ff; *Ritgen*, LKV 2011, 481 ff; zuletzt *Henneke*, Der Landkreis 2013, 312, 329 ff jew. mwN.
219 LVerfG M-V, U. v. 26.01.2006 – LVerfG 15/04 – LVerfGE 17, 289, 295; umfassender Nachweis der Verfassungsrechtsprechung zum Mehrbelastungsausgleich bei *Henneke*, Die Kommunen in der Finanzverfassung, 5. Aufl, 2012, S. 271 ff.
220 *Huber/Wollenschläger*, VerwArch 2009, 305, 316 sprechen für Bayern von dem deregulierenden Anreiz, Normierungen auf das Notwendige zu beschränken; zu weiteren Funktionen des Konnexitätsprinzips vgl *Kemmler*, DÖV 2008, 983, 983 f; *Macht/Scharrer*, DVBl. 2009, 1150, 1155 f.
221 Vgl exemplarisch auch die Einschätzungen durch *Schumacher*, LKV 2005, 41, 48; *Fruhner*, LKV 2005, 200, 201; *Schink*, NWVBl. 2005, 85, 87; diesen Aspekt vernachlässigend gelangt *Röhl*, LKV 2007, 157, 159 unter dem Eindruck der Rspr des LVerfG M-V zu einer eher skeptischen Einschätzung; ähnlich *ders.*, DÖV 2008, 368, 370.

bare eigene Anstrengungen zu einem vollständigen Mehrbelastungsausgleich zu kommen".[222]

52 **2. Aufgabenübertragung durch Gesetz oder Rechtsverordnung.** Eine Aufgabenübertragung ist nicht nur durch Gesetz, sondern abweichend von der früheren Fassung der Norm auch durch **RechtsVO** möglich, die auf einem Gesetz beruht. Das BbgVerfG[223] hat zutreffend herausgearbeitet, dass es für die Kostenbelastungen der Gemeinden und Landkreise keinen Unterschied macht, ob eine zusätzliche Aufgabe durch Gesetz oder aufgrund eines Gesetzes durch RechtsVO erfolgt. Die Neuregelung erhöht die Flexibilität auf Landesseite. Es handelt sich beim Konnexitätsprinzip um einen Regelungsauftrag an den Gesetzgeber, die verfassungsrechtliche Normierung als solche vermag nicht als Anspruchsgrundlage für einen Kostenausgleich zu dienen.[224]

Der VerfGH NW hält unter Aufgabe seiner früheren Rechtsprechung nunmehr auch eine kommunale Verfassungsbeschwerde gegen ein **Unterlassen des Gesetzgebers** für zulässig, soweit der Beschwerdeführer geltend macht, die Verfassung enthalte eine klare gesetzgeberische Handlungspflicht, und andere Rechtsschutzmöglichkeiten beständen nicht.[225]

53 **3. Öffentliche Aufgaben.** Inhaltlich umfasst die Regelung nunmehr alle „öffentlichen Aufgaben", zu deren Wahrnehmung die Kommunen verpflichtet werden. Damit erstreckt sich der Schutzbereich auch auf Selbstverwaltungsaufgaben, deren Wahrnehmung den Kommunen zur Pflicht gemacht wird.[226] Dies erscheint angesichts des weiten Gestaltungsspielraums des Landesgesetzgebers zur „Qualifizierung" einer Aufgabe einerseits, der im Ansatz vergleichbaren Kostenwirkung bei der Wahrnehmung von Aufgaben des übertragenen Wirkungskreises und pflichtigen Selbstverwaltungsaufgaben andererseits sachgerecht. Werden durch den Gesetzgeber öffentliche Aufgaben innerhalb der „kommunalen Familie" neu verteilt, greift ebenfalls der Schutz des Konnexitätsprinzips, denn das Land trifft die Entscheidung über das Wahrnehmen einer öffentlichen Aufgabe und hat damit die Deckung der Kosten zu sichern.[227] Nach Sinn und Zweck des Konnexitätsprinzips macht es auch keinen Unterschied, ob der Kommune eine bestimmte Sachaufgabe einschließlich deren Finanzierungslast oder allein die Finanzierungslast für die Erledigung dieser Sachaufgabe übertragen wird; die Finanzierung einer Sachaufgabe stellt sich als deren Fortsetzung oder als deren besondere Ausprägung dar.[228]

---

222 BbgVerfG, U. v. 14.02.2002 – VfG Bbg 17/01 – LKV 2002, 323, 325; bestätigend U. v. 30.04.2013 – 49/11, DVBl. 2013, 852, 854; inhaltlich identisch ThürVerfGH, U. v. 21.06.2005 – VerfGH 28/03 – ThürVBl. 2005, 228, 235; zust. *Schoch*, VBlBW 2006, 122, 125; *Lahmann*, KommJur 2005, 127, 129 f.
223 U. v. 15.10.1998 – VfG Bbg 38-97 u.a. – NVwZ-RR 1999, 90.
224 Zutreffend für das dortige Landesrecht vgl OVG Lüneburg, B. v. 12.02.2013 – 11 LA 315/12 – NVwZ-RR 2013, 529 ff.
225 VerfGH NW, U. v. 9.12.2014 – 11/13 – DVBl 2015, 171, 172, Rn 63 ff; insoweit zustimmend auch *Henneke*, DVBl 2015, 176, 181; ebenso bereits *Laier/Zimmermann*, ZG 2008, 355 ff; vorsichtiger *Wieland*, in: FS Schmidt-Jortzig, 2011, S. 221, 224; anders hingegen noch *Jäger*, Der Tatbestand der Konnexitätsregelung des Art. 78 Abs. 3 der Landesverfassung Nordrhein-Westfalen, 2014, S. 103 ff.
226 Vgl dazu auch BbgVerfG, U. v. 14.02.2002 – VfG Bbg 17/01 – LVerfGE 13, 97 ff; LVerfG LSA, U.v. 09.10.2012 – LVG 57/10 – DVBl 2012, 1560, 1561 f; *Worms*, DÖV 2008, 353, 358.
227 VerfG LSA, 14.09.2003 – 7/03 – LVerfGE 15, 359 ff; zust. *Kluth*, LKV 2009, 337, 340; a.A. für Bayern *Zieglmeier*, NVwZ 2008, 270, 272.
228 LVerfG M-V, U. v. 26.01.2006 – LVerfG 15/04 – LVerfGE 17, 289, 294.

Allerdings unterfallen nach Auffassung des LVerfG M-V[229] allein **Sachaufgaben**, nicht jedoch **Organisationsaufgaben** dem Konnexitätsprinzip. Dies gelte auch, soweit organisationsrechtliche Entscheidungen des Landesgesetzgebers mittelbare Auswirkungen auf die Erledigung von Sachaufgaben hätten. Ausgehend davon unterfalle schon die kommunale Haushalts- und Rechnungsführung nicht dem Begriff der öffentlichen Aufgabe isd Konnexitätsprinzips; erst recht gelte dies für die Einführung der Doppik, mit der (nur) eine bestimmte Methode der Haushalts- und Rechnungsführung vorgegeben werde. Auch sollen die dem Landrat als **untere staatliche Verwaltungsbehörde** isv § 119 KV obliegenden Aufgaben nicht vom Konnexitätsprinzip umfasst sein. Es handele sich nicht um „übertragene" Aufgaben, sondern das Land nehme allein den Landrat als Organ in Anspruch. Den Landkreis treffe keine Finanzierungslast für diese Aufgaben, der Landrat könne seine notwendigen Aufwendungen vielmehr gegenüber dem Entleiher, also dem Land, geltend machen.[230] Mit diesem Verfassungsverständnis dürfte § 2 Abs. 3 FAG M-V schwer vereinbar sein, wonach § 2 Abs. 1 FAG M-V entsprechend gilt, die Landkreise also alle Aufwendungen und Auszahlungen zu tragen haben, die aus der Erfüllung ihrer Aufgaben resultieren. Die Ausführungen des LVerfG M-V zu den Kosten der Organleihe könnten im Sinne eines verfassungsunmittelbar begründeten öffentlich-rechtlichen Erstattungsanspruchs[231] zu interpretieren sein, der aber der Anstellungskörperschaft, nicht dem in Anspruch genommenen Organ zustehen müsste, das keinen eigenen Haushalt führt. Tatsächlich behandelt das Land die Erstattung für die Aufgaben der unteren staatlichen Verwaltungsbehörde rechtstechnisch genauso wie die Mittel für den übertragenen Wirkungskreis, vgl §§ 14, 10 Abs. 1 Nr. 1 a FAG M-V.

LReg M-V und die kommunalen Spitzenverbände haben eine „**Gemeinsame Erklärung** zum Konnexitätsprinzip" verabschiedet,[232] die als authentische Auslegungshilfe gedacht ist. Zwar mag zweifelhaft erscheinen, inwieweit die Exekutive durch Auslegung der Verfassung auch das Parlament zu binden vermag. Politische Erklärungen dieser Art, die jedenfalls vertretbare Verfassungsinterpretationen vornehmen, dienen einem vertrauensvollen Zusammenwirken des Landes und der Kommunen bei der Umsetzung des Landesrechts sowie der Vermeidung verfassungsgerichtlicher Auseinandersetzungen. Verfassungsrechtliche Relevanz ist ihnen jedenfalls insoweit beizumessen, als es treuwidrig wäre, der Klage einer Kommune bei nachträglichem Abweichen von dort fixierten Verabredungen den Ablauf der Klagefrist von § 53 LVerfGG entgegenzuhalten. Nach der Gemeinsamen Erklärung liegt Konnexität auch dann vor, wenn bisher freiwillige Aufgaben zu pflichtigen Selbstverwaltungsaufgaben werden[233] und wenn Gemeinden und Landkreise bestimmte Aufgaben bereits wahrnehmen, jedoch Standards der Aufgabenerfüllung erhöht werden[234], Ziff. I 1 S. 3. Die landesrechtliche Konne- 54

---

229 U. v. 26.11.2009 – LVerfG 9/08 – LVerfGE 20, 271, 281, 284; krit. dazu mit guten Gründen *Trips*, NVwZ 2015, 102, 103 f; zustimmend hingegen *Jäger* (Fn 225), S. 174.
230 LVerfG M-V, U. v. 26.11.2009 – LVerfG 9/08 – LVerfGE 20, 271, 284 ff; zur Doppik für Bayern ebenso *Zieglmeier*, NVwZ 2008, 270, 272.
231 Zu diesem als allgemeinen Grundsatz des Verwaltungsrechts anerkanntem Institut vgl *Maurer*, Allgemeines Verwaltungsrecht, § 29 Rn. 20 ff.
232 Vom 20. März 2002, AmtsBl. S. 314.
233 Vgl dazu auch SächsVerfGH, B. v. 14.08.2012 – Vf.97-VIII-11 – BeckRS 2012, 55840.
234 Dazu für das dortige Landesrecht zuletzt zutreffend HessStGH, U. v. 06.06.2012 – P.St. 2292 – NVwZ-RR 2012, 625, 626; BbgVerfGH, U.v. 30.04.2013 – 49/11 – DVBl. 2013, 852, 853; wenig überzeugend für eine auf das Land bezogene enge Interpretation plädierend *Engelken*, NVwZ 2013, 1529, 1529 f; ausführlich *Dombert*, LKV 2011, 353 ff mwN.

xitätsregelung gilt nach der Gemeinsamen Erklärung auch für die Ausführung von zusätzlichen bundes- und EU-rechtlichen Regelungen durch kommunale Körperschaften, soweit dem Land die Kompetenzzuweisung freisteht und es davon zu Lasten der Kommunen Gebrauch macht, Ziff. I 2.

Diesem Aspekt kommt nach der Untersagung des Bundesdurchgriffs im Zuge der Föderalismusreform I im Jahr 2006[235] erhöhte Bedeutung zu. Unterlässt es der Landesgesetzgeber, nach Entfall einer bundesrechtlichen Zuständigkeitsregelung eine ausdrückliche Neuregelung im Landesrecht vorzunehmen, kann eine ursprünglich nur das Bundesrecht wiederholende, deklaratorische landesrechtliche Zuständigkeitsregelung konstitutive Bedeutung erlangen und den Konnexitätsfall auslösen.[236] Verschärft der Bund „lediglich" Anforderungen bei einer vor Inkrafttreten der strikten Konnexitätsregelung bestehenden landesrechtlichen Aufgabenzuweisung, ist die Rechtsfolge umstritten. Nach einer Auffassung liegt kein Anwendungsfall des strikten Konnexitätsprinzips vor; ein Ausgleich eventueller Mehrbelastungen muss (nur) im Rahmen des allgemeinen Finanzausgleichs erfolgen.[237] Nach vorzugswürdiger, der Intention der seinerzeitigen Änderung des Art. 84 GG gerecht werdender Auffassung[238] untersagt Art. 84 Abs. 1 S. 7 GG jede zusätzliche Belastung der Kommunen durch den Bund, auf die Übergangsvorschrift des Art. 125 a Abs. 1 Satz 1 GG kommt es in dieser Konstellation nicht an. Nach einer vermittelnden Auffassung ist dem Bund zwar die Modifizierung einzelner Vorschriften des (ausnahmsweise) fort geltenden Bundesrechts, nicht jedoch eine grundlegende Neukonzeption der Materie gestattet,[239] Neben den dogmatischen Bedenken sieht sich diese Ansicht auch mit erheblichen praktischen Abgrenzungsproblemen konfrontiert.

55 **4. Strikte Kostenfolge.** Insb. enthält Satz 2 der Norm seit dem Jahr 2000 eine **strikte Kostenfolge**. Es muss nicht mehr nur überhaupt über die Kostentragungspflicht entschieden werden. Vielmehr sieht die Vorschrift bei quantifizierbaren Mehrbelastungen seitens der Gemeinden und Landkreise die Schaffung eines „entsprechenden" finanziellen Ausgleichs vor.[240] Damit bleibt zwar immer noch Gestaltungsspielraum über Modalitäten des Ausgleichs, nicht aber hinsichtlich der Höhe. Soweit unter Geltung eines nur relativen Konnexitätsprinzips eine

---

235 Vgl dazu oben → Rn 35.
236 Zutreffend vgl VerfGH NW, U. v. 12.10.2010 - 12/09 – NVwZ-RR 2011, 41, 43 f mit der Besonderheit einer landesrechtlichen Regelung unter dem Eindruck eines bevorstehenden Entfalls der bundesrechtlichen Zuständigkeit; dazu *von Kraack,* NWVBl 2011, 41 ff; *Henneke,* DVBl 2011, 125, 133; BbgVerfGH, U. v. 30.04.2013 – 49/11 – DVBl. 2013, 852, 853; dazu zustimmende Anmerkung durch *Henneke,* DVBl 2013, 856, 857 f; *ders.,* Der Landkreis 2013, 312, 335 ff; *Ritgen* in Schöneburg u.a., Verfassungsfragen, S. 21, 30; aA und die Intention der Untersagung des Bundesdurchgriffs in Art. 84 Abs. 1 S. 7 GG konterkarierend nunmehr auch VerfGH NW, U. v. 9.12.2014 – 11/13 –, DVBl 2015, 171, 174 ff; dagegen deutlich *Henneke,* DVBl 2015, 176, 181; vgl ferner bereits *Macht/Scharrer,* DVBl. 2008, 1150 ff; *Engelken,* DÖV 2011, 745 ff; *ders.,* VBlBW 2012, 325 ff; (nur) widerstrebend der Argumentation des BbgVerfGH folgend *ders.,* NVwZ 2013, 1529, 1530 („als realitätsgerecht wohl akzeptiert werden").
237 Vgl BVerfGE 111, 10, 30 f; *Zieglmeier,* NVwZ 2008, 270, 271; *Kluth,* LKV 2009, 337, 341; *Huber/Wollenschläger,* VerwArch 2009, 305, 325 f; *Meßmann,* DÖV 2010, 726, ff; mwN auch aus der Rechtsprechung.
238 *Schoch,* DVBl. 2007, 261, 264; *ders.,* in Henneke(Hrsg.), Kommunale Selbstverwaltung in der Bewährung, 2013, S. 11, 26 f; *Henneke,* in Schmidt-Bleibtreu/Hofmann/Henneke, GG, Art. 84 Rn 36 ff, insb. 45, jeweils mwN; vgl zur Systematik des Art. 125 a GG auch *Degenhart,* NVwZ 2006, 1209, 1215.
239 So z. B. *Jäger* (Fn 225), S. 30 ff mwN.
240 Rechtsvergleichend für die vier anderen östlichen Flächenbundesländer vgl *Ritgen,* in: Schöneburg u.a., Verfassungsfragen, S. 21, 27 ff.

Vollabdeckung nicht für geboten erachtet wurde,[241] soll die Neufassung dem gerade iS eines verbesserten Schutzes der Kommunen entgegenwirken. Für die in der dortigen LV „nur" verbürgte Angemessenheit des finanziellen Ausgleichs hat der ThürVerfGH[242] unmissverständlich klargestellt, aus Sicht der Kommunen sei die Kommunalisierung staatlicher Aufgaben nur bei vollständiger finanzieller Kompensation „haushaltsneutral" und berühre nicht ihre für freiwillige Selbstverwaltungsaufgaben zur Verfügung stehenden finanziellen Ressourcen. Die Verfassung verlange daher eine volle Erstattung der angemessenen Kosten der Aufgabenerfüllung. Der Wortlaut des Art. 72 Abs. 3 LV lässt an dieser Intention keinerlei Zweifel. Die Norm setzt an bei der Mehrbelastung, die den Kommunen durch die Aufgabenzuweisung entsteht. Nicht allein entscheidend ist mithin zB bei einer Aufgabenverlagerung von Landes- auf die Kommunalebene die Höhe der bisher beim Land angefallenen Kosten, die lediglich ein wichtiges Indiz darstellen können. Evtl Kosteneinsparungen durch zu erzielende Synergieeffekte können „Kosten mindernd" berücksichtigt werden. Die verfassungsprozessuale Darlegungslast für entstandene Mehrbelastungen obliegt der Kommune, die den Mehraufwand geltend macht.[243] Auch ist das Land nicht verpflichtet, finanziell besonders aufwändige und verschwenderische Aufgabenerfüllung durch einzelne Kommunen zu „erstatten".

Es ist ein pauschalierender Ansatz zulässig und sachgerecht, der Aufwendungen zur Aufgabenerfüllung unbeachtlich lässt, die dem Gebot sparsamer und wirtschaftlicher Haushaltsführung nicht entsprechen. Jede einzelne Kommune muss aber die realistische und nicht nur die theoretische Möglichkeit haben, durch eigene Anstrengungen einen vollständigen Mehrbelastungsausgleich zu erreichen.[244] Der Gesetzgeber ist gehalten, eine fundierte Prognose vorzunehmen, die die örtlichen Verhältnisse berücksichtigt und ist diesbezüglich zu prozeduraler Sorgfalt verpflichtet.[245]

Ein „entsprechender" finanzieller Ausgleich wird in der Regel durch zusätzliche Geldzahlungen erfolgen. Der Landesgesetzgeber ist darauf aber nicht festgelegt. Er kann den betroffenen Kommunen auch neue Finanzquellen erschließen oder bestehende erweitern. Denkbar ist zudem eine Abschaffung bisheriger Aufgaben oder die Absenkung gesetzlich oder anderweitig durch den Staat normierter Standards.[246] 56

Da die Kostenentwicklung für übertragene Aufgaben nicht statisch ist und zudem oftmals keine exakte Bezifferung der tatsächlichen Kosten vorgenommen werden kann, ist der Gesetzgeber aus verfassungsrechtlichen Gründen gehalten, die **Kostenentwicklung** bei der Erfüllung der jeweiligen öffentlichen Aufgabe **zu beobachten** und ggf auf eine nachträglich entstandene Mehrbelastung zu reagie- 57

---

241 Vgl zur früheren Rechtslage in Niedersachsen NdsStGH, U. v. 25.11.1997 – StGH 14/95 u.a. – StGHE 3, 299 ff; zur Kritik nur *H. Meyer*, NVwZ-Sonderheft für H. Weber zum 65. Geburtstag 2001, 9, 15 ff.
242 U. v. 21.06.2005 – VerfGH 28/03 – ThürVBl. 2005, 228 ff; zust. *Henneke*, ZG 2006, 73, 85; ähnlich bereits SächsVerfGH, U. v. 23.11.2000 – Vf. 53-II-97 – LKV 2001, 223, 224; zust. *H. Meyer*, LKV 2001, 297 ff mwN der älteren Judikatur; vgl auch *Schoch*, in: Ehlers/Krebs (Hrsg.), Grundfragen des Verwaltungsrechts und des Kommunalrechts, 2000, S. 93, 94 ff; *Aker*, VBlBW 2008, 258, 260.
243 LVerfG M-V, U. v. 26.01.2006 – LVerfG 15/04 – LVerfGE 17, 289 ff.
244 BbgVerfG, U. v. 14.02.2002 – VfGBbg 17/01 – LVerfGE 13, 97, 112 f; *Henneke/Vorholz*, LKV 2002, 297, 301; *Lahmann*, KommJur 2005, 127 zur vergleichbaren Regelung in Rh-Pf.
245 Zutreffend BbgVerfGH, U. v. 30.04.2013 – 49/11 – DVBl. 2013, 852, 854.
246 Vgl *Lahmann*, KommJur 2005, 127, 129.

ren.247 Eine mangels gesicherter Anhaltspunkte zunächst getroffene Prognoseentscheidung kann daher allenfalls vorläufigen Charakter haben.248

58 5. **Einfachgesetzliche Konkretisierung.** Für die **Umsetzung des strikten Konnexitätsprinzips** ist schließlich zu beachten, dass eine „Fortschreibung" der derzeitigen Ansätze in §§ 14, 10 Abs. 1 Nr. 1 a FAG jeweils mit einer „entsprechenden" Erhöhung der Finanzausgleichsmasse einhergehen muss, wenn an dem bisher praktiziertem Verfahren einer Abgeltung für die finanzkraftunabhängig zu erstattenden Transfers innerhalb des iÜ finanzkraftabhängig konzipierten Finanzausgleichsgesetzes festgehalten werden soll. Eine Kostenabgeltung nach dem Konnexitätsprinzip bietet keinerlei Ansatzpunkt für eine Absenkung des Finanzausgleichs im engeren Sinne. Anderenfalls würde der Schutzgehalt des Art. 72 Abs. 3 LV unterlaufen. Keineswegs dürfen der kommunale Finanzausgleich im eigentlichen Sinne und der Mehrbelastungsausgleich nach dem Konnexitätsprinzip also in einem Verhältnis „kommunizierender Röhren" stehen.249 Dies gilt auch für § 14 FAG, durch dessen Vorläuferregelung M-V 1996 unter Geltung des damaligen relativen Konnexitätsprinzips als eines der ersten Bundesländer die gebotenen Konsequenzen durch Ausweisen einer umfassenden Kostenerstattungsregelung gezogen hat.250

59 Eine **Konkretisierung** des strikten Konnexitätsprinzips enthält die **Kommunalverfassung.** Für die Gemeinden in § 4 Abs. 2 und für die Landkreise in § 91 Abs. 2 KV ist neben einer deklaratorischen Wiederholung des Wortlauts der LV die Selbstbindung des Gesetzgebers und die verpflichtende Vorgabe an die Exekutive bei der Verpflichtung der Kommunen zur Aufgabenerfüllung durch RechtsVO normiert, dass **Kostenfolgenabschätzungen** unter Beteiligung der kommunalen Verbände vorzunehmen sind251 (jeweils Satz 3) und der finanzielle Ausgleich zeitgleich mit der Aufgabenübertragung zu gewähren ist. Dieser ist in der Rechtsvorschrift, die die Aufgabenübertragung anordnet, oder zeitnah im Finanzausgleichsgesetz zu regeln (jeweils Satz 4 und 5). Diese einfachgesetzliche Ausgestaltung genügt im Grundsatz der verfassungsrechtlichen Forderung, wonach „**gleichzeitig**" eine Bestimmung über die Kostendeckung getroffen werden muss.252 Der tolerierbare Zeitrahmen ist aber jedenfalls gesprengt, wenn die Rü-

---

247 LVerfG M-V, U. v. 26.01.2006 – LVerfG 15/04 – LVerfGE 17, 289, 293 f; U. v. 11.05.2006 – LVerfG 1/05 u.a. – LVerfGE 17, 297 ff; ebenso bereits BbgVerfG, U. v. 18.12.1997 – VfGBbg 47/96 – LKV 1998, 195, 196; Ziff. II 3 der „Gemeinsamen Erklärung" (vgl → Rn 54) hat daher lediglich deklaratorischen Charakter.
248 Auf M-V nicht übertragbar; daher die auf die abzulehnende bisherige Rspr des VerfGH NW basierende skeptische Einschätzung durch *Meier/Greiner*, NWVBl. 2005, 92, 95.
249 Falsch daher NdsStGH, U. v. 25.11.1997 – StGH 14/95 u.a. – StGHE 3, 299 ff, auch schon zu einem „relativen" Konnexitätsprinzip; deutlich ThürVerfGH, U. v. 21.06.2005 – VerfGH 28/03 – ThürVBl. 2005, 228 ff; zust. *Henneke*, ZG 2006, 73, 86; in NW hat dieser Aspekt sogar Niederschlag in der Begründung zur Verfassungsänderung gefunden, vgl LT-Drs. 13/5515, S. 26 und *Meier/Greiner*, NWVBl. 2005, 92, 93 hierzu.
250 Zur Entstehungsgeschichte vgl *Darsow*, in: *F. Kirchhof/H. Meyer* (Hrsg.), Kommunaler Finanzausgleich im Flächenbundesland, 1996, S. 45 f.
251 In Bayern besteht nach Art. 83 Abs. 7 Satz BayVerf sogar die Pflicht der Staatsregierung, einen Konsultationsmechanismus mit den kommunalen Spitzenverbänden zu vereinbaren; zur dezidierten gesetzlichen Regelung in NW vgl *Schink*, NWVBl. 2005, 85, 90 f; zu Rheinland-Pfalz *Worms*, DÖV 2008, 353, 361.
252 Vgl auch BVerfGE 103, 332; *Lahmann*, KommJur 2005, 127, 128; anders zur abweichenden Rechtslage in Hessen vgl HessStGH, U. v. 06.06.2012 – P.St. 2292 – NVwZ-RR 2012, 625, 626 f; zur Diskussion in NW vgl *Meier/Greiner*, NWVBl. 2005, 92, 93; deutlich strenger *Kemmler*, DÖV 2008, 983, 987.

gefrist des § 52 Satz 1 LVerfGG zu verstreichen droht, ohne dass eine Kostenregelung getroffen wurde.

Die **Beteiligungsregelung** geht der allg. Regelung in § 6 Abs. 2 KV als speziellere Norm vor. Die Pflicht zum „zusammenwirken" der LReg mit den kommunalen Landesverbänden geht nach Auffassung des LVerfG M-V[253] über ein bloßes Anhörungsrecht hinaus. Mögliche Verstöße gegen die in den §§ 6, 93 KV sowie § 30 FAG eingeräumten Rechte institutionalisierter Einbeziehung in Gesetzgebungsverfahren sollen allerdings verfassungsrechtlich folgenlos bleiben. Diese Normen des einfachen Gesetzesrechts setzten nicht ein verfassungsrechtliches Gebot um. Die Gesetzgebung sei eine ausschließlich dem LT gemäß Artikel 20 Abs. 1 Satz 3 LV obliegende Kompetenz, eine Erweiterung der am Gesetzgebungsverfahren Beteiligten bedürfe einer ausdrücklichen Regelung in der LV. Insb. verneint das LVerfG, dass eine Verletzung dieser Vorschriften mit einer Verfassungsbeschwerde gerügt werden könne. Diese Auffassung verkennt den Schutzgehalt der einfachgesetzlichen Beteiligungsvorschriften der kommunalen Spitzenverbände. Die Mitglieder der kommunalen Spitzenverbände rügen nicht das objektive Gesetzgebungsverfahren des LT. Es handelt sich nicht um ein Normenkontrollverfahren. Sie machen vielmehr eine Verletzung des ihnen verfassungsrechtlich eingeräumten Rechts der kommunalen Selbstverwaltung im Wege einer Verfassungsbeschwerde geltend. Dessen Ausgestaltung, und damit auch dessen Rügefähigkeit vor dem LVerfG, obliegt sehr wohl dem (einfachen) Landesgesetzgeber.[254] Die Argumentation des LVerfG M-V beraubt die einfachgesetzliche Verbürgung von Anhörungsrechten jeglicher rechtsnormativer Verbindlichkeit.

Ziel des 4. Gesetzes zur Änderung der Kommunalverfassung[255] war die Zusammenführung von Aufgabenzuweisung und Finanzverantwortung beim Landesgesetzgeber und damit gleichzeitig die finanzielle Entlastung der Kommunen in diesen Bereichen, in denen sie fremdbestimmt Aufgaben zu erfüllen haben.[256] Mit dieser Zielsetzung verträgt sich nicht die Bestimmung in den Abs. 3 der §§ 4 und 91 KV M-V, wonach bei Kostenentlastungen der Kommunen ein entsprechender finanzieller Ausgleich zugunsten des Landes vorzunehmen ist. Diese Bestimmung kann nicht auf Art. 72 Abs. 3 LV gestützt werden, die allein eine Schutzvorschrift zu Gunsten der Kommunen gegenüber der Fremdbestimmung des Landesgesetzgebers enthält. Ein **„Gegenstromprinzip"**, wie es in der Begründung zum Gesetzentwurf der Fraktionen der SPD und der PDS[257] anklingt, ist der LV fremd und bundesweit ohne Entsprechung.[258] Eines solchen Schutzes bedarf es nicht, da das Land immer am „längeren Zügel" sitzt und bei der Bemessung der kommunalen Finanzausgleichsmasse selbstverständlich auch Kosten entlastende Momente berücksichtigen kann.

---

253 LVerfG M-V, U. v. 11.05.2006 – LVerfG 1/05 u.a. – LVerfGE 17, 297 ff.
254 Näher hierzu *H. Meyer*, in: Schliesky/Ernst (Hrsg.), Recht und Politik, 2006, S. 121, 134 f; das Landesrecht in Baden-Württemberg kennt seit der Neufassung des dortigen Konnexitätsprinzips ein prozessuales Beitrittsrecht der kommunalen Spitzenverbände bei Normenkontrollverfahren nach Art. 76 BWVerf, vgl dazu *Kemmler*, DÖV 1998, 983, 990 f.
255 GVOBl. 2000 S. 360 f.
256 Vgl LT-Drs. 3/1133, S. 6.
257 LT-Drs. 3/1133, S. 7 f.
258 *Röhl*, LKV 2007, 157, 158 bezeichnet die Einführung eines negativen Konnexitätsprinzips als „ungewöhnlich"; Niedersachsen kennt in Art. 57 Abs. 4 S. 3 2. Halbsatz NV eine entsprechende „Kann-Bestimmung", die ebenfalls entbehrlich ist, weil der Gesetzgeber auch ohne eine solche Ermächtigung reagieren „kann".

IV. Aufsicht (Abs. 4)

1. Aufsichtsarten und Kontrollmaßstäbe. Die Kommunalaufsicht ist das verfassungsrechtlich gebotene Korrelat der Selbstverwaltung.[259] Nach dem ersten Halbsatz des Art. 72 Abs. 4 LV soll die Aufsicht sicherstellen, dass die Gesetze beachtet werden. Normiert wird mithin die **Rechtsaufsicht**. Bei Selbstverwaltungsaufgaben ist der Staat grds. auf diese Art der Aufsicht beschränkt,[260] wie § 78 Abs. 2 KV M-V, der gemäß § 123 KV für die Landkreise entsprechend gilt, dies deklaratorisch klarstellt. Die Kommunalverfassung M-V verdeutlicht in § 78 Abs. 1 auch die vorrangige Zielrichtung der Aufsicht. Sie hat in erster Linie die Selbstverwaltung zu schützen, zu fördern und die Erfüllung ihrer Pflichten zu sichern. Sie soll die Kommunen vor allem beraten, unterstützen und die Entschlusskraft und Verantwortungsbereitschaft der kommunalen Organe fördern. Die Beratung der Kommunen hat Vorrang gegenüber den aufsichtsrechtlichen Zwangsmitteln.[261] Aus der den Landkreisen obliegenden Beratungspflicht als Kommunalaufsichtsbehörde gegenüber den kreisangehörigen Gemeinden erwächst das Recht, im Rahmen ihrer Ausgleichs- und Ergänzungsfunktion nach § 89 KV M-V eine rechtliche Beratung bis zur Prozessführung auf Wunsch der kreisangehörigen Gemeinden vorzunehmen.[262]

Die in Art. 72 Abs. 4 2. Halbsatz angesprochene **Fachaufsicht**[263] soll die ordnungsgemäße Aufgabenerledigung der Aufgaben zur Erfüllung nach Weisung sicherstellen und die staatliche Letztverantwortung untermauern. Bereits die Formulierung der Abs. 3 und 4 des Art. 72 LV verdeutlicht, dass insoweit keine Beschränkung auf die Rechtsaufsicht vorliegt, sondern staatliche Weisungsrechte zur Zweckmäßigkeit der Aufgabenerfüllung eingeräumt werden. Eine immanente Grenze aller Weisungsrechte liegt darin, dass sie Sachentscheidungen steuern sollen. Wie die Kommune die organisatorischen Voraussetzungen hierfür schafft, bleibt ihr hingegen in jedem Fall überlassen.[264] Abweichend von der Rechtslage in den meisten anderen Bundesländern[265] steht gemäß § 87 KV Abs. 3 und 4 M-V der gesetzlich bestimmten Fachaufsichtsbehörde ein Informations- und Weisungsrecht sowie ein Selbsteintrittsrecht bei Gefahr im Verzug zu. Ein unmittelbares Anordnungsrecht gegenüber den Kommunen zur Durchsetzung ihrer Weisungen hat die Fachaufsichtsbehörde gleichwohl nicht. Sie muss sich insoweit an die Rechtsaufsichtsbehörde wenden.[266] Adressat fachaufsichtlicher Weisungen ist die zuständige Behörde der Körperschaft.

Art. 91 e GG begründet für das Recht der Grundsicherung für Arbeitssuchende nach Auffassung des BVerfG eine unmittelbare Finanzbeziehung zwischen dem Bund und den Kommunen und ermöglicht eine **Finanzkontrolle des Bundes**, die sich von der Aufsicht wie auch der Finanzkontrolle durch den Bundesrechnungshof unterscheidet.[267] Den normativen Ansatzpunkt für dieses Zwischen-

---

259 BVerfGE 78, 331, 341; *Waechter*, Kommunalrecht, 3. Aufl. 1997, Rn 188; *Stober*, in: FS Siedentopf, 2008, S. 485, 487 f.
260 *Röhl*, in: Schoch (Hrsg.), Besonderes Verwaltungsrecht, S. 1 ff, Rn 68.
261 *Matzick*, in: Schweriner Kommentierung, § 78 Rn 1; ebenso mit Nachweis vergleichbarer Regelungen in anderen Bundesländern *Schoch*, Jura 2006, 188, 189.
262 Vgl BGH, U. v. 08.05.2000 – II ZR 302/98 – NJW 2000, 2277.
263 Generell zum Wandel in der Fachaufsicht vgl *Etscheid*, Verwaltung und Management 2012, 239 ff.
264 Vgl *Schmidt-Jortzig*, Kommunalrecht, 1982, Rn 548 f.
265 *Stober* in FS Siedentopf, 2008, S. 485, 498.
266 *Darsow*, LKV 1994, 417, 421.
267 BVerfG, U. v. 7.10.2014 – 2 BvR 1641/11 – NVwZ 2015, 136, 140, Rn 94 ff.

konstrukt bleiben die Karlsruher Verfassungshüter indes schuldig[268], die sich selber genötigt sehen, der bis dahin geübten Praxis des zuständigen Bundesministeriums verschiedene Riegel vorzuschieben. Ausdrücklich hebt auch das BVerfG hervor, Rechts- oder Fachaufsicht sei nicht Gegenstand des Art. 91 e GG und bleibe ausschließlich den Ländern vorbehalten.[269]

2. Kommunalaufsicht und Opportunitätsprinzip. Aus der verfassungsrechtlichen Aufsichtspflicht des Landes folgt die **Prüfungspflicht** der Rechtsaufsichtsbehörde, wenn ihr Sachverhalte bekannt werden, die Zweifel an der Rechtmäßigkeit des Verwaltungsvollzuges begründen. Hierbei handelt es sich um eine Amtspflicht gegenüber den Selbstverwaltungskörperschaften, deren Verletzung uU einen Schadensersatzanspruch aus Art. 34 GG, § 839 BGB begründen kann. Eine darüber hinausgehende, generelle Einstandspflicht der die Aufsicht ausübenden Körperschaft, ist hingegen nicht anzuerkennen.[270] Da die verfassungsrechtlich gewährleistete Eigenverantwortung der Kommune grds. zu respektieren ist, vermag auch nicht jede unbeanstandet gebliebene Rechtsverletzung Regressansprüche auszulösen.[271] Grundsätzlich gebührt der beaufsichtigten Kommune ein Einschätzungsspielraum (**Einschätzungsprärogative**) insbesondere in Organisationsfragen; sie geht aber einher mit einer Darlegungslast gegenüber der Kommunalaufsicht, um diese überhaupt in den Stand zu versetzen, ihrerseits über Ob und Wie eines Einschreitens urteilen zu können.[272]

Ob die Aufsichtsbehörde bei Vorliegen eines Rechtsverstoßes einschreitet (sog. Entschließungsermessen), ist allerdings weitgehend ihrem Ermessen überlassen (**Opportunitätsprinzip**).[273] Wenn dem gegenüber unter Berufung auf das aus dem Rechtsstaatsprinzip abzuleitende Gesetzesbindung ein Legalitätsprinzip vertreten wird, wonach die Aufsichtsbehörde bei Rechtsverstößen einschreiten müsse,[274] vermag dies nicht zu überzeugen. Die kommunalrechtlichen Vorschriften über die Rechtsaufsicht sind Bestandteil von „Recht und Gesetz" iS von Artt. 20 Abs. 3 GG, 70 Abs. 1 LV; indem diese Bestimmungen auf ihrer Rechtsfolgenseite Ermessen einräumen, ist es rechtens, dass die Aufsichtsbehörden über das Ob und ggf die Intensität des eingesetzten Aufsichtsmittels nach Ermessen entscheiden. Verfassungsrechtlich ist dagegen nichts zu erinnern.[275] Wie stets handelt es sich um ein pflichtgemäßes Ermessen, vgl § 40 VwVfG. Oftmals

---

268 Kritisch dazu bereits *Henneke*, DVBl. 2014, 1540 ff; *Meyer*, NVwZ 2015, 116, 119 f.
269 BVerfG, U. v. 7.10.2014 – 2 BvR 1641/11 – NVwZ 2015, 136, 140, Rn 98.
270 Zutr. vgl *Oebbecke*, DÖV 2001, 406, 411.
271 Zu weitgehend zB BGHZ 153, 198 ff; bestätigend und die Amtspflicht ggü Zweckverbänden ausdehnend BGH, U. v. 18.07.2013 – III ZR 323/12 – NVwZ-RR 2013, 896 ff; wohl zustimmend *Oebbecke*, DVBl. 2009, 1152, 1155; krit. dazu hingegen *von Mutius/Groth*, NJW 2003, 1278 ff; *H. Meyer*, NVwZ 2003, 818 ff mwN; ähnlich wohl *Diemert*, in: Henneke/Strobl/Diemert (Hrsg.), Recht der kommunalen Haushaltswirtschaft, § 21 Rn 47; umfassend *Pfeiffer*, Haftung für Pflichtverletzungen der Kommunalaufsichtsbehörde, 2006.
272 Ähnlich *Brüning*, DÖV 2010, 553, 556 und 558 f.
273 Ganz herrschende Auffassung, vgl nur BVerfGE 8, 122, 137; VGH Mannheim, E. v. 25.04.1989 – 1 S 1635/88 – NJW 1990, 136, 138; OVG Münster, U. v. 23.09.2003 – 15 A 1973/98 – NWVBl. 2004, 107, 108; *Röhl*, in: Schoch (Hrsg.), Besonderes Verwaltungsrecht, S. 1 ff, Rn 70; *Ehlers*, DÖV 412, 415; *Franz*, JuS 2004, 937, 938; *Stober*, in: FS Siedentopf, 2008, S. 485, 495.
274 Vgl *Borchert*, DÖV 1978, 721, 726; *Waechter*, Kommunalrecht, 3. Aufl. 1997, Rn 198; *Wehr*, BayVBl. 2001, 705, 708.
275 Vgl *Maurer*, Allgemeines Verwaltungsrecht, § 23 Rn 20; *Schoch*, Jura 2006, 188, 195.

kann der Ermessensspielraum reduziert sein.[276] Die Rechtsprechung hat die Figur des **„intendierten Ermessens"** herausgearbeitet.[277] So verlangt bei Verstößen gegen das europäische Recht die effektive Durchsetzung des mit einem Anwendungsvorrang gegenüber dem nationalen Recht ausgestatteten EU-Rechts eine Ermessensreduzierung der Aufsichtsbehörden.[278] Im nationalen Recht gibt es keine inhaltliche Beschränkungen der Gesetze, die die Kommunalaufsicht zu überwachen hat. Verstösst z. B. eine Kommune erkennbar gegen Vorschriften des Energiewirtschaftsgesetzes, ist die Kommunalaufsicht ermessensfehlerfrei zum Einschreiten berechtigt oder sogar verpflichtet.[279]

Besondere Relevanz hat die Frage, inwieweit die Rechtsaufsicht das Recht oder die Pflicht hat, bei **defizitären Haushalten** einzuschreiten.[280] Auf der Ausgabenseite ist die Aufsichtsbehörde bei defizitären Haushalten grundsätzlich darauf beschränkt, eine Reduzierung der Mittel für freiwillige Leistungen insgesamt anzumahnen; entsprechendes gilt grundsätzlich für die Einnahmenseite. Allerdings schließt die verfassungsrechtlich gewährleistete Finanzhoheit nicht aus, im Wege der Kommunalaufsicht z.B. eine Senkung der Realsteuerhebesätze zu beanstanden, wenn sich die Kommune sich in einer anhaltenden Haushaltsnotlage befindet und das vorgelegte Haushaltssicherungskonzept nicht erkennen lässt, wie der Einnahmeverlust ausgeglichen werden soll.[281] Auch billigt die Rechtsprechung ein Tätigwerden der Rechtsaufsicht, wenn ein Landesgesetz die zwingende Eigenbeteiligung an den Schülerbeförderungskosten vorsieht und der zuständige Landkreis es unterlässt, diese Vorgabe umzusetzen.[282]

66 Die kommunalrechtlichen Vorschriften zur Staatsaufsicht über die Kommunen wirken lediglich **objektivrechtlich**. Die Aufsicht dient allein dem öffentlichen Interesse. In keinem Fall haben private Dritte einen Rechtsanspruch auf Einschreiten, denn die Aufsichtsvorschriften sind nicht einmal beiläufig ihren Interessen zu dienen bestimmt.[283] So kann sich eine Kommune auch nicht unter Berufung auf eine fehlende Eingriffsbefugnis der Aufsichtsbehörde gegen die Höhe einer durch die Kommunalaufsicht im Wege der Ersatzvornahme festgesetzten Kreisumlage wenden.[284]

---

276 Zu weitgehend allerdings *von Mutius*, Kommunalrecht, 1996, Rn 856, der „in der Regel" eine Ermessensschrumpfung annimmt; tendenziell ähnlich *Matzick*, in: Schweriner Kommentierung, § 78 Rn 5 mit weiteren Einzelheiten.
277 Vgl OVG Lüneburg, B. v. 15.08.2007 – 10 LA 271/05 – NVwZ-RR 2008, 127, 128 f; B. v. 11.09.2013 – 10 ME 88/12 – NVwZ – RR 2013, 995, 996; ferner *Brüning*, DÖV 2010, 553, 556.
278 *Ehlers*, DÖV 2001, 412, 415.
279 Vgl OVG Lüneburg, B. v. 11.09.2013 – 10 ME 88/12 – NVwZ-RR 2013, 995, 996.
280 *Oebbecke*, DVBl 2013, 1409 ff sieht in der unzureichenden Durchsetzung des Haushaltsrechts durch die Kommunalaufsicht eine Hauptursache der kommunalen Finanzkrise in einzelnen Bundesländern.
281 Vgl BVerwG, U. v. 27.10.2010 – 8 C 43.09 – NVwZ 2011, 424, 428; zur ausnahmsweisen Zulässigkeit des beanstandens einer Planstelle vgl OVG Koblenz, U. v. 08.06.2007 – 2 A 10286/07 – DÖV 2007, 800, 801 f; krit. dazu *Oebbecke*, DVBl 2013, 1409, 1412; OVG Münster, B. v. 24.05.2007 – 15 B 778/07 – NWVBl 2007, 347 ff (Finanzierung Kita-Einrichtung durch Gebühren statt Steuern oder Kredite).
282 Vgl OVG Schleswig, B. v. 17.10.2011 – 2 MB 39/11 – NordÖR 2011, 559 f.
283 OVG Koblenz, B. v. 29.05.1995 – 7 B 11/85 – DÖV 1986, 152; *Röhl*, in: Schoch (Hrsg.) Besonderes Verwaltungsrecht, S. 1 ff, Rn 70; *Franz*, JuS 2004, 937, 938; *Schoch*, Jura 2006, 188, 189; *Stober* in FS Siedentopf, 2008, S. 485, 490 f; aA *Oebbecke*, DVBl 2009, 1152, 1155.
284 Vgl VGH Kassel, B. v. 10.08.2006 – 8 TG 592/06 – DÖV 2007, 173 (LS); inhaltlich zu weitgehend allerdings VGH Kassel, U. v. 14.02.2013 – 8 A 816/12 – DVBl 2013, 655 ff, vgl dazu unten Art. 73 Rn 12.

3. Aufsichtsmittel. Die Rechtsaufsicht wird in der Praxis überwiegend geprägt 67
durch eine Vielzahl beratender und nicht formalisierter Kontakte zwischen
Kommune und Rechtsaufsichtsbehörde.[285] Zur Gewährleistung der verfassungsrechtlich geforderten Kontrolle der Einhaltung der Gesetze sind der **Rechtsaufsicht** in der Kommunalverfassung eine Reihe **förmlicher Aufsichtsmittel** eingeräumt.[286] Die Rechtsaufsichtsbehörde kann sich jederzeit über die Angelegenheiten der Gemeinde unterrichten (§ 80 KV), rechtswidrige Beschlüsse und Anordnungen der Gemeinde beanstanden und verlangen, dass die Gemeinde den Beschluss oder die Anordnung binnen einer angemessenen Frist aufhebt und ggf selbst die Aufhebung vornehmen (§ 81 KV), das Erforderliche anordnen und die Ersatzvornahme durchführen (§ 82 KV), einen Beauftragten bestellen, der alle oder einzelne Aufgaben der Gemeinde auf deren Kosten vornimmt (§ 83 KV)[287] und die oberste Rechtsaufsichtsbehörde kann eine Gemeindevertretung auflösen, wenn deren normale Beschlussfähigkeit dauerhaft nicht herstellbar ist (§ 84 KV). Für die Landkreise gelten die genannten Vorschriften gemäß § 123 KV entsprechend. Bei der Anwendung der Mittel der Rechtsaufsicht unterliegt die Aufsichtsbehörde dem Verhältnismäßigkeitsgrundsatz, muss also stets die Eignung, Erforderlichkeit und Angemessenheit prüfen.[288]

Daneben sieht die Kommunalverfassung **Mitwirkungsrechte der Kommunalaufsicht** 68
nicht allg., sondern für bestimmte Angelegenheiten vor. So erlegen die
§§ 68-70 KV im Bereich der wirtschaftlichen Betätigung den Kommunen umfangreiche Darlegungspflichten auf.[289] Von großer Bedeutung sind ferner zahlreiche Genehmigungsvorbehalte,[290] vgl nur § 49 KV. Unter Genehmigungsvorbehalt wird eine Rechtsnorm verstanden, nach der eine Entscheidung einer Gebietskörperschaft als Wirksamkeitsvoraussetzung der Genehmigung der Kommunalaufsicht bedarf. Ob ein solcher Genehmigungsvorbehalt nur ein Mittel präventiver Rechtsaufsicht darstellt oder ob es sich um ein Zusammenwirken von Staat und Kommune im Grenzbereich zwischen kommunaler Eigenverantwortung und überörtlichem Gemeinwohl (Kondominium) mit zulässigen Zweckmäßigkeitserwägungen handelt, bedarf nach der herrschenden sog. Vereinigungstheorie der Beurteilung im Einzelfall.[291] Im Zweifel ist wegen der verfassungsrechtlich gewährleisteten Selbstverwaltung einerseits und der Beschränkung der Aufsicht auf die Einhaltung der Gesetze andererseits von einer bloßen Rechtmäßigkeitskontrolle auszugehen.[292]

4. Rechtsschutz. Aufsichtsmaßnahmen der **Kommunalaufsicht** richten sich ge- 69
gen die Körperschaft als solche. Weisungen im Verhältnis der Rechtsaufsicht
kommt Außenwirkung zu, sie sind als Verwaltungsakte zu qualifizieren und da-

---

285 Die Berücksichtigung der Lebenswirklichkeit bei der dogmatischen Ausgestaltung der Kommunalaufsichtsrechtsverhältnisses anmahnend *Pfeiffer*, Haftung für Pflichtverletzungen der Kommunalaufsichtsbehörde, 2006, S. 113 ff.
286 Bundesweiter Überblick bei *Diemert* (Fn 271), § 21 Rn 58 ff.
287 Zum Einsetzen eines „Sparkommissar" anhand des Landesrechtes NW vgl *Effer-Uhe*, ZKF 2008, 25 ff.
288 *Röhl*, in: Schoch (Hrsg.), Besonderes Verwaltungsrecht, S. 1 ff, Rn 70; grds. zustimmend, allerdings mit Recht Differenzierung im Hinblick auf die einzelnen Aufsichtsmittel anmahnend *Schoch*, Jura 2006, 188, 191.
289 Vgl *Darsow*, in: Schweriner Kommentierung, § 68 Rn 6.
290 Überblick bei *Diemert* (Fn 271), § 21 Rn 35 ff.
291 Vgl *Bracker*, in: von Mutius (Hrsg.), Selbstverwaltung im Staat der Industriegesellschaft, 1983, S. 459, 475 ff; umfassend *Humpert*, Genehmigungsvorbehalte im Kommunalverfassungsrecht, 1990, insb. S. 88 ff mwN.
292 Ebenso *von Mutius*, Kommunalrecht, 1996, Rn 883.

her grds. gerichtlich angreifbar.[293] Der Regelung in § 85 KV kommt daher nur deklaratorischer Charakter zu.

70 Nach herrschender Auffassung ist eine Kommune bei Eingriffen in den übertragenen Wirkungskreis, also im Rahmen der **Fachaufsicht**, in der Regel nicht klagebefugt, weil sie insoweit nicht eigene Angelegenheiten, sondern solche des Staates wahrnimmt.[294] Wird das fachaufsichtliche Weisungsrecht überschritten, handelt es sich um die Überbürdung einer gesetzlich nicht zukommenden Pflicht, gegen die die Kommune sich zur Wehr setzen kann.[295] Nach der hier vertretenen Auffassung handelt es sich bei den Aufgaben zur Erfüllung nach Weisung um Selbstverwaltungsangelegenheiten, wenn auch mit erleichterten staatlichen Einwirkungsmöglichkeiten. Damit kann sich eine Kommune stets gerichtlich gegen fachaufsichtliche Weisungen wenden. Unverhältnismäßige Weisungen verletzen das Recht auf Selbstverwaltung, ohne dass es einer Rechtsverletzung „im Kernbereich" bedarf.[296] Die kommunale Organisationshoheit ist zu achten, und rechtliche Eingriffe in die Erfüllung der Selbstverwaltungsaufgaben sind zu vermeiden.[297] Durch die Anweisung zu einem rechtswidrigen Verwaltungsvollzug sollen subjektive Rechte der Kommune nicht verletzt sein.[298] Angesichts der Bindung der Gemeinden und Landkreise an Recht und Gesetz (Artt. 4, 70 Abs. 1 LV) erscheint dies zweifelhaft.[299] Schoch[300] hat bereits vor einiger Zeit einen bemerkenswerten Wandel in der jüngeren Rspr konstatiert. Unabhängig von der hier vertretenen Auffassung erachtet er mit guten Gründen eine Klage in aller Regel für zulässig, beurteilt die Chancen der Begründetheit allerdings zurückhaltend.

V. Schrifttum

71 *Zu Abs. 1:* Henning Biermann, Verwaltungsmodernisierung in Mecklenburg-Vorpommern, 2011; *Willi Blümel*, Wesensgehalt und Schranken des kommunalen Selbstverwaltungsrechts, in: von Mutius (Hrsg.), Selbstverwaltung im Staat der Industriegesellschaft, 1983, S. 265 ff; *Christohh Brüning*, Die Rolle des Bürgers bei Funktional- und Territorialreformen auf kommunaler Ebene, ZG 2012, 155 ff; *Thomas Darsow*, Die Kommunalverfassung für das Land Mecklenburg-Vorpommern, in: LKV 1994, S. 417 ff; *Thomas Darsow/Sabine Gentner/Klaus-Michael Glaser/Hubert Meyer* (Hrsg.), Schweriner Kommentierung der Kommunalverfassung des Landes Mecklenburg-Vorpommern, 4. Aufl. 2014; *Dirk Ehlers*, § 21: Die Gemeindevertretung, in: Thomas Mann/Günter Püttner (Hrsg.), Handbuch der kommunalen Wissenschaft und Praxis, Bd. 1, 3. Aufl. 2007, S. 459 ff; *Andreas Engels*, Die Verfassungsgarantie kommunaler Selbstverwaltung, 2014; *Alfons Gern*, Deutsches Kommunalrecht, 3. Aufl. 2003; *Hans-Gün-*

---

293 Vgl VGH Kassel, E. v. 27.07.1989 – 6 TH 1651/89 – NVwZ-RR 1990, 96, 97; *Röhl*, in: Schoch (Hrsg.), Besonderes Verwaltungsrecht, S. 1 ff, Rn 70; *Schoch*, Jura 2006, 188, 195.
294 Vgl BVerwGE 6, 101, 102; 95, 333, 335; BVerwG, U. v. 14.12.1994 – 11 C 4/94 – NVwZ 1995, 910; OVG Greifswald, B. v. 09.11.2011 – 2 M 155/11 – NordÖR 2012, 54 (LS); *Franz*, JuS 2004, 937, 942; *Schenke*, Verwaltungsprozessrecht, 10. Aufl. 2005, Rn 222.
295 BVerwG, B. v. 05.12.1986 – / B 143/86 – NVwZ 1987, 788.
296 Vgl *von Mutius*, Kommunalrecht, 1996, Rn 315; vgl auch LVerfG, U. v. 26.11.2009 – LVerfG 9/08 – LVerfGE 20, 271, 286 f.
297 *Vietmeier*, DVBl. 1993, 190, 194.
298 BVerwG, U. v. 20.01.1987 – 1 BvR 533/85 – NVwZ-RR 1989, 359; deutlich anders akzentuiert allerdings BVerwG, U. v. 14.12.1994 – 11 C 4.94 – DÖV 1995, 512, 513.
299 Vgl bereits *Meyer*, in: Schweriner Kommentierung, § 90 Rn 4.
300 Jura 2006, 358, insb. 358 und 362 ff.

ter Henneke, Entwicklungen der inneren Kommunalverfassung am Beispiel der Kreisordnungen, in: DVBl. 2007, S. 87 ff; *ders.*, Kreisrecht, 2. Aufl. 2007; *Hans-Günter Henneke/Hartmut Maurer/Friedrich Schoch*, Die Kreise im Bundesstaat, 1994; *Hermann Hill*, Soll das kommunale Satzungsrecht gegenüber staatlicher und gerichtlicher Kontrolle gestärkt werden?, Gutachten D zum 58. DJT, 1990; *Bernd Holznagel/Sarah Hartmann*, .gemeinde statt.de – Internet-Domainnamen für deutsche Kommunen, NVwZ 2012, 665 ff; *Werner Hoppe*, Probleme des verfassungsgerichtlichen Rechtsschutzes der kommunalen Selbstverwaltung, in: DVBl. 1995, S. 179 ff; *Werner Hoppe/Alexander Schink* (Hrsg.), Kommunale Selbstverwaltung und europäische Integration, 1990; *Jörn Ipsen*, § 24: Die Entwicklung der Kommunalverfassung in Deutschland, in: Thomas Mann/Günter Püttner (Hrsg.), Handbuch der kommunalen Wissenschaft und Praxis, Bd. 1, 3. Aufl. 2007, S. 565 ff; *Franz-Ludwig Knemeyer*, Die verfassungsrechtliche Gewährleistung des Selbstverwaltungsrechts der Gemeinden und Landkreise, in: von Mutius (Hrsg.), Selbstverwaltung im Staat der Industriegesellschaft, 1983, S. 209 ff; *Joachim Kronisch*, Aufgabenverlagerung und gemeindliche Aufgabengarantie, 1993; *Klaus Lange*, Kommunalrecht, 2013; *ders.*, Orientierungsverluste im Kommunalrecht: Wer verantwortet was?, DÖV 2007, 820 ff; *Thomas Mann*, Kommunalrecht, in: Tettinger/Erbguth/Mann, Besonderes Verwaltungsrecht, 11. Aufl., 2012, S. 3 ff; *Gerrit Manssen*, Kommunalverfassung Mecklenburg-Vorpommern, 1998; *Veith Mehde*, Das Ende der Regionalkreise?, NordÖR 2007, 331 ff; *ders.*, Voraussetzungen und Modelle kommunaler Gebietsreformen, NdsVBl. 2014 S. 66 ff; *Hubert Meyer*, Aufgaben und Institutionen der Gemeinden und Landkreise, in: Landeszentrale für politische Bildung (Hrsg.), Politische Landeskunde Mecklenburg-Vorpommern, 2006, S. 122 ff; *ders.*, Das SGB II als Ernstfall des Föderalismus, NVwZ 2008, 275 ff; *ders.*, Das SGB II und die Kommunen, NVwZ 2015, 116 ff; *ders.*, § 25: Die Entwicklung der Kreisverfassungssysteme, in: Thomas Mann/Günter Püttner (Hrsg.), Handbuch der kommunalen Wissenschaft und Praxis, Bd. 1, 3. Aufl. 2007, S. 661 ff; *ders.*, Entwicklungslinien und Grundzüge des Kommunalrechts in Mecklenburg-Vorpommern, in: ders./Freese (Hrsg.), Kommunalverfassungsgesetze Mecklenburg-Vorpommern, 2004, S. 3 ff; *ders.*, Gebiets- und Funktionalreformen des letzten Jahrzehnts, ZG 2013, 264 ff; *ders.*, Gebiets- und Verwaltungsreformen des letzten Jahrzehnts im Spiegel der Verfassungsrechtsprechung, NVwZ 2013, 1177 ff; *ders.*, Kommunalrecht, 2. Aufl. 2002; *ders.*, Kommunales Parteien- und Fraktionenrecht, 1990; *ders.*, Recht der Ratsfraktionen, 7. Aufl. 2013; *ders.*, Regionalkreisbildung: Länder zu Landkreisen? – Anmerkungen zur Regionalkreisdiskussion aus Anlass der Verabschiedung des Verwaltungsmodernisierungsgesetzes Mecklenburg-Vorpommern, in: DÖV 2006, S. 929 ff; *ders.*, Verfassungsrechtliche Aspekte einer Regionalkreisbildung im Flächenbundesland, in: LKV 2005, S. 233 ff; *ders.*, Zukunftsfähige Gemeinden und Gemeindestrukturen in Mecklenburg-Vorpommern, in: LKV 2003, S. 11 ff; *ders.*, Zukunftsfähige Gemeinde- und Ämterstrukturen in Mecklenburg-Vorpommern, in: LKV 2004, S. 241 ff; *ders./Maximilian Wallerath* (Hrsg.), Gemeinden und Kreise in der Region, 2004; *Albert von Mutius*, Gemeinden und Landkreise in der Landesverfassung Mecklenburg-Vorpommern. Anspruch und Verfassungswirklichkeit, in: LKV 1996, S. 177 ff; *ders.*, Kommunalrecht, 1996; *ders.*, Örtliche Aufgabenerfüllung – Traditionelles, funktionales oder neues Selbstverwaltungsverständnis?, in: ders. (Hrsg.), Selbstverwaltung im Staat der Industriegesellschaft, 1983, S. 227 ff; *ders.*, Sind weitere rechtliche Maßnahmen zu empfehlen, um den notwendigen Handlungs- und Entfaltungsspielraum der kommunalen Selbstverwaltung zu gewährleisten?, Gutachten E zum 53. DJT, 1980; *Janbernd Oebbecke*,

Materielle Verfassungsmäßigkeit kommunaler Gebietsreformen, S. 715 ff, in: Veith Mehde/Ulrich Ramsauer/Margrit Seckelmann (Hrsg.), Staat, Verwaltung, Information, FS für Hans Peter Bull, 2011; *Günter Püttner*, Kommunale Selbstverwaltung, in: Isensee/Kirchhof (Hrsg.), HdbStR Bd. IV, 1990, § 107; *Hans Christian Röhl*, Kommunalrecht, in: Friedrich Schoch (Hrsg.), Besonderes Verwaltungsrecht, 15. Aufl. 2013, S. 1 ff; *Thorsten Ingo Schmidt*, „In dubio pro municipio?" – Zur Aufgabenverteilung zwischen Landkreisen und Gemeinden, DÖV 2013, 509 ff; *Eberhard Schmidt-Aßmann*, Entwicklungen der verfassungsgerichtlichen Rechtsprechung, in: Henneke/Meyer (Hrsg.), Kommunale Selbstverwaltung zwischen Bewahrung, Bewährung und Entwicklung, 2006, S. 59 ff; *ders.*, Perspektiven der Selbstverwaltung der Landkreise, in: DVBl. 1996, S. 533 ff; *Edzard Schmidt-Jortzig*, Gemeinde- und Kreisaufgaben – Funktionsordnung des Kommunalbereiches nach „Rastede", in: DÖV 1993, S. 973 ff; *ders.*, Kommunalrecht, 1982; *Friedrich Schoch*, Das gemeindliche Selbstverwaltungsrecht gemäß Art. 28 Abs. 2 Satz 1 GG als Privatisierungsverbot?, DVBl. 2009, 1533 ff; *ders.*, Der verfassungsrechtliche Schutz der kommunalen Selbstverwaltung, in: Jura 2001, S. 121 ff; *ders.*, Stand der Dogmatik, in: Henneke/Meyer (Hrsg.), Kommunale Selbstverwaltung zwischen Bewahrung, Bewährung und Entwicklung, 2006, S. 11 ff; *Sönke E. Schulz*, Die Zukunft der Gemeinden, Ämter (und Kreise) in Schleswig-Holstein, NordÖR 2011, 311; *Kyrill-Alexander Schwarz*, Zum Verhältnis der Landkreise und der kreisangehörigen Gemeinden, in: NVwZ 1996, S. 1182 ff; *Otfried Seewald*, Kommunalrecht, in: Steiner (Hrsg.), Besonderes Verwaltungsrecht, 6. Aufl. 1999, S. 1 ff; *Rolf Stober*, Kommunalrecht, 3. Aufl. 1996; *Kay Waechter*, Kommunalrecht, 3. Aufl. 1997; *Maximilian Wallerath*, Kommunale Gebietsreform und öffentliches Wohl, S. 53 ff, in: Die Verfassungsgerichte der Länder Brandenburg, Mecklenburg-Vorpommern, Sachsen, Sachsen-Anhalt und Thüringen (Hrsg.), 20 Jahre Verfassungsgerichtsbarkeit in den neuen Ländern, 2014 (zit.: Autor, in: 20 Jahre Verfassungsgerichtsbarkeit); *ders.*, Selbstverwaltungsgarantie und Kreisgebietsreform, S. 695 ff, in: Hermann Butzer/Markus Kaltenborn/Wolfgang Meyer (Hrsg.), Organisation und Verfahren im sozialen Rechtsstaat, FS für Friedrich E. Schnapp, 2008; *Heinrich Amadeus Wolff*, Die Personalhoheit als Bestandteil der kommunalen Selbstverwaltungsgarantie, VerwArch 2009, 280 ff.

Zu Abs. 2: *Dirk Ehlers*, Das Relikt der Fünf-Prozent-Sperrklausel im Kommunalwahlrecht, S. 153 in: Utz Schliesky/Christian Ernst/Sönke E. Schulz (Hrsg.), Die Freiheit des Menschen in Kommune, Staat und Europa, Festschrift für Edzard Schmidt-Jortzig, 2011; *Sabine Gentner*, Novelle des Kommunalwahlrechts in Mecklenburg-Vorpommern, in: LKV 2004, S. 246 ff; *Klaus-Michael Glaser*, Kommunalwahlgesetz für das Land Mecklenburg-Vorpommern, Komm., 3. Aufl. 2009; *ders.*, Wahlen und Bürgerbeteiligung in Gemeinden und Landkreisen, in: Landeszentrale für politische Bildung (Hrsg.), Politische Landeskunde Mecklenburg-Vorpommern, 2006, S. 141 ff; *Josef Isensee/Edzard Schmidt-Jortzig* (Hrsg.), Das Ausländerwahlrecht vor dem Bundesverfassungsgericht, 1993; *Markus Krajewski*, Kommunalwahlrechtliche Sperrklauseln im föderativen System, DÖV 2008, 345 ff; *Hans Meyer*, § 20: Kommunalwahlrecht, in: Thomas Mann/Günter Püttner (Hrsg.), Handbuch der kommunalen Wissenschaft und Praxis, Bd. 1, 3. Aufl. 2007, S. 391 ff; *Hubert Meyer*, Kommunales Parteienund Fraktionenrecht, 1990; *Thomas Puhl*, Die 5 % - Sperrklausel im Kommunalwahlrecht auf dem Rückzug, S. 441 ff, in Otto Depenheuer/Markus Heintzen/Matthias Jestaedt/Peter Axer (Hrsg.), Staat im Wort, FS für Josef Isensee, 2007; *Alexander Saftig*, Kommunalwahlrecht in Deutschland, 1990; *Friedrich Schoch*, Unmittelbare Demokratie im deutschen Kommunalrecht durch Bürgerbegehren und Bürgerentscheid, S. 167 ff, in: Utz Schliesky/Christian Ernst/Sönke E. Schulz (Hrsg.), Die Freiheit des Menschen in Kommune, Staat und Europa, Festschrift für Edzard Schmidt-Jortzig, 2011; *Ulrich Wenner*, Sperrklauseln im Wahlrecht der Bundesrepublik Deutschland, 1986.

Zu Abs. 3: Matthias Dombert, Auch für die Erhöhung kommunaler Aufgabenstandards gilt: Wer bestellt, der bezahlt!, LKV 2011, 353 ff; *Klaas Engelken*, Wenn der Bund seine alten Aufgabenzuweisungen an Kommunen aufhebt, DÖV 2011, 745 ff; *ders.*, Konnexitätsansprüche der Kommunen gegen die Länder eventuell weit über den Kita-Ausbau hinaus, NVwZ 2013, 1529 ff; *Wolfram Försterling*, Das Aufgabenübertragungsverbot nach Art. 84 Abs. 1 Satz 7 GG, in: Der Landkreis 2007, S. 56 ff; *Hans-Günter Henneke*, Die Kommunen in der Finanzverfassung des Bundes und der Länder, 5. Aufl., 2012 (zit.: Die Kommunen in der Finanzverfassung), mit umfassendem Nachweis des Schrifttums zur Konnexität S. 18 ff; *ders.*, Die Kommunen in der Finanzverfassung des Bundes und der Länder – Entwicklungen 2012/2013, Der Landkreis 2013, 312 ff; *ders.*, Kommunale Finanzgarantien in der Rechtsprechung, in: Henneke/Pünder/Waldhoff, Recht der Kommunalfinanzen, 2006, S. 443 ff; *ders.*, ThürVerfGH schreibt Lehrbuch der Kommunalfinanzausgleichsgesetzgebung, in: ZG 2006, S. 73 ff; *Peter M. Huber/Ferdinand Wollenschläger*, Durchgriffsverbot und landesverfassungsrechtliches Konnexitätsgebot,VerwArch 2009, 305 ff; *Cornelia Jäger*, Der Tatbestand der Konnexitätsregelung des Art. 78 Abs. 3 der Landesverfassung Nordrhein-Westfalen, 2014; *Iris Kemmler*, Finanzbeziehungen zwischen Ländern und Kommunen, DÖV 2008, 983 ff; *Winfried Kluth*, Das kommunale Konnexitätsprinzip in den Landesverfassungen,- Überblick über Rechtssetzung und Rechtsprechung, LKV 2009, 337 ff; *Christian von Kraack*, Die Gretchenfrage „Konnexität" – Zwei grundlegende Punkte geklärt, NWVBl 2011, 41 ff; *Marc Lahmann*, Das neue Konnexitätsprinzip in der Verfassung für Rheinland-Pfalz, in: KommJur 2005, S. 127 ff; *René Laier/Ralph Zimmermann*, Wer bestellt, bezahlt – wer nicht bestellt, bezahlt auch, ZG 2008, 355 ff; *Günther Macht/André Scharrer*, Landesverfassungsrechtliche Konnexitätsprinzipien und Föderalismusreform, DVBl 2008, 1150 ff; *Norbert Meier/Stefan Greiner*, Die Neufassung des Art. 78 Abs. 3 LVerf NRW – Einführung eines strikten Konnexitätsprinzips?, in: NWVBl. 2005, S. 92 ff; *Hubert Meyer*, Der kommunale Finanzausgleich in Mecklenburg-Vorpommern, 3. Aufl. 2004; *ders.*, Die kommunale Finanzgarantie als Herausforderung für die Landesverfassungsgerichte, in: NVwZ-Sonderheft für Hermann Weber, 2001, S. 36 ff; *ders.*, Wässriger Wein aus Sachsen zur dualen Finanzgarantie, in: LKV 2001, S. 297 ff; *Stefan Mückl*, Konnexitätsprinzip in der Verfassungsordnung von Bund und Ländern, in: Henneke/Pünder/Waldhoff, Recht der Kommunalfinanzen, 2006, S. 33 ff; *Petz*, Aufgabenübertragungen und kommunales Selbstverwaltungsrecht, in: DÖV 1991, S. 320 ff; *Klaus Ritgen*, Bundesverfassungsrechtliches Aufgabenübertragungsverbot und landesverfassungsrechtliche Konnexitätsprinzipien – aktuelle Fragestellungen, LKV 2001, 481 ff; *ders.*, Das Konnexitätsprinzip in den Verfassungen der Länder Brandenburg, Sachsen, Sachsen-Anhalt und Thüringen, S. 21 ff in Volkmar Schöneburg u.a., Verfassungsfragen in Berlin, Brandenburg, Mecklenburg-Vorpommern, Sachsen, Sachsen-Anhalt und Thüringen, 2013 (zit.; Schöneburg u.a., Verfassungsfragen); *André Röhl*, Finanzverfassungsrechtlicher Dualismus in der Sackgasse ?, DÖV 2008, 368 ff; *ders.*, Kommunale Selbstverwaltung und finanzverfassungsrechtlicher Dualismus in Mecklenburg-Vorpomern, in: LKV 2007, S. 157 ff; *Alexander Schink*, Wer bestellt, bezahlt – Verankerung des Konnexitätsprinzips in der Landesverfassung NRW, in: NWVBl. 2005, S. 85 ff; *Friedrich Schoch*, Das landesverfassungsrechtliche Konnexitätsprinzip (Art. 71

Abs. 3 LV) zwischen verfassungsrechtlicher Schutzfunktion und Aushöhlung durch die Praxis, in: VBlBW 2006, S. 122 ff; *ders.*, Finanzverantwortung beim kommunalen Verwaltungsvollzug bundes- und landesrechtlich veranlaßter Ausgaben, in: ZG 1994, S. 246 ff; *ders.*, Verfassungswidrigkeit des bundesgesetzlichen Durchgriffs auf die Kommunen, in: DVBl. 2007, S. 261 ff; *Friedrich Schoch/Joachim Wieland*, Finanzierungsverantwortung für gesetzgeberisch veranlaßte kommunale Aufgaben, 1995; *Kyrill-Alexander Schwarz*, Der Einfluss des Europäischen Stabilitätspaktes auf die Ebene der kommunalen Selbstverwaltung, NWVBl 2012, 245 ff; *ders.*, Finanzierung übertragener Aufgaben, in: NVwZ 1996, S. 554 ff; *ders.*, Stillschweigende Aufgabenübertragung und Anwendung des landesverfassungsrechtlichen Konnexitätsprinzips, in: ZKF 2006, S. 265 ff und 2007, S. 6 ff; *Christian Starck*, Die Finanzausstattung der Kommunen im Spiegel der Rechtsprechung der Landesverfassungsgerichte, in: NdsVBl., Sonderheft zum 50-jährigen Bestehen des Niedersächsischen Staatsgerichtshofs, 2005, S. 36 ff; *Marco Trips*, Die Konnexitätsregelung in der Niedersächsischen Verfassung, NVwZ 2015, 102 ff; *Christoph Worms*, Die landesverfassungsrechtlichen Konnexitätsregelungen am Beispiel des Art. 49 Abs. 5 der Verfassung für rheinland-Pfalz, DÖV 2008, 353 ff; *Christian Zieglmeier*, Das strikte Konnexitätsprinzip am Beispiel der Bayerischen Verfassung, NVwZ 2008, 270 ff.

Zu Abs. 4: Reimer Bracker, Theorie und Praxis der Kommunalaufsicht, in: von Mutius (Hrsg.), Selbstverwaltung im Staat der Industriegesellschaft, 1983, S. 459 ff; *Christoph Brüning*, Zur Reanimation der Staatsaufsicht über die Kommunalwirtschaft, DÖV 2010, 553 ff; *Dörte Diemert*, Kommunalaufsicht, § 21 in Hans-Günter Henneke/Heinz Strobl/Dörte Diemert (Hrsg.), Recht der kommunalen Haushaltswirtschaft, 2008; *Paul-Peter Humpert*, Genehmigungsvorbehalte im Kommunalverfassungsrecht, 1990; *Jörn Klimant*, Funktionen, Probleme und Arbeitsweise der Kommunalaufsicht, 1992; *Franz-Ludwig Knemeyer*, § 12: Die Staatsaufsicht über die Gemeinden und Kreise, in: Thomas Mann/Günter Püttner (Hrsg.), Handbuch der kommunalen Wissenschaft und Praxis, Bd. 1, 3. Aufl. 2007, S. 217 ff; *Hubert Meyer*, Amtspflichten der Rechtsaufsichtsbehörde – Staatliche Fürsorge statt Selbstverantwortung?, in: NVwZ 2003, S. 818 ff; *Janbernd Oebbecke*, Kommunalaufsicht – nur Rechtsaufsicht oder mehr?, in: DÖV 2001, S. 406 ff; *ders.*, Reaktionen des Rechts auf kommunale Finanzprobleme, DVBl 2013, 1409 ff; *Thomas Michael Pfeiffer*, Haftung für Pflichtverletzungen der Kommunalaufsichtsbehörde, 2006; *Friedrich Schoch*, Die staatliche Fachaufsicht über Kommunen, in: Jura 2006, 358 ff; *ders.*, Die staatliche Rechtsaufsicht über Kommunen, in: Jura 2006, 188 ff; *Rolf Stober*, Kommunalrecht und Rechtsstaatsprinzip, S. 485 ff, in: Siegfried Magiera/Karl-Peter Sommermann/Jacques Ziller (Hrsg.), Verwaltungswissenschaft und Verwaltungspraxis in nationaler und transnationaler Perspektive, Festschrift für Heinrich Siedentopf, 2008.

Art. 73 (Finanzgarantie)

(1) Zur Erfüllung ihrer Aufgaben fließen den Gemeinden das Aufkommen an den Realsteuern und nach Maßgabe der Landesgesetze Anteile aus staatlichen Steuern zu. Das Land ist verpflichtet, den Gemeinden und Kreisen eigene Steuerquellen zu erschließen.

(2) Um die Leistungsfähigkeit steuerschwacher Gemeinden und Kreise zu sichern und eine unterschiedliche Belastung mit Ausgaben auszugleichen, stellt das Land im Wege des Finanzausgleichs die erforderlichen Mittel zur Verfügung.

Zu Abs. 1: Artt. 28 Abs. 2 Satz 2, 106 Abs. 6 GG; 73 Abs. 2 BWVerf; 83 Abs. 3 Satz 2 und 6 BayVerf; 99 Satz 1 BbgVerf; 146 BremVerf; 137 Abs. 5 Satz 2 HessVerf; 58 NdsVerf; 79 Satz 1 Verf NW; 49 Abs. 6 Verf Rh-Pf; 119 Satz 2 SaarlVerf; 87 Abs. 2 SächsVerf; 88 Abs. 3 LVerf LSA; 48 SchlHVerf; 93 Abs. 2 ThürVerf.

Zu Abs. 2: Artt. 106 Abs. 7 GG; 73 Abs. 1 und 3 BWVerf; 99 Satz 2 und 3 BbgVerf; 137 Abs. 5 Satz 1 HessVerf; 58 NdsVerf; 79 Satz 2 Verf NW; 49 Abs. 6 Verf Rh-Pf; 119 Abs. 2 SaarlVerf; 87 Abs. 1 und 3 SächsVerf; 88 Abs. 1 und 2 LVerf LSA; 49 Abs. 1 SchlHVerf; 93 Abs. 1 Satz 1 und Abs. 3 ThürVerf.

I. Finanzhoheit und finanzielle Mindestausstattung 1	d) Insb.: Schutz durch verfahrensrechtliche Anforderungen? 17
II. Steuerhoheit und -beteiligung 5	2. Finanzkraft 19
III. Kommunaler Finanzausgleich 11	3. Finanzbedarf 20
1. Funktion und verfassungsrechtliche Vorgaben 11	a) Generelle Betrachtungen ... 20
a) Einordnung 11	b) Finanzausgleichsgesetz M-V 24
b) Aufgaben und Funktionen 12	4. Ausgleichsziel und -intensität .. 26
c) Verfassungsrechtliche Determinanten 15	IV. Schrifttum 27

I. Finanzhoheit und finanzielle Mindestausstattung

Von einer eigenverantwortlichen Aufgabenerfüllung kann nur gesprochen werden, wenn die kommunalen Gebietskörperschaften nicht nur aus eigenem Recht ihre Angelegenheiten wahrnehmen, sondern zudem auch aus eigenem Recht ihre Einwohner zu den durch die Aufgabenerfüllung entstehenden Lasten heranzuziehen befugt sind. Beide Rechte stehen in einer historisch überkommenen Wechselbeziehung zueinander.[1] Dies bedeutet indes nicht, dass die Kommunen ihre Aufgaben durchweg mit originären Einnahmen bestreiten müssten. 1

Die kommunale Finanzhoheit als Bestandteil der Selbstverwaltungsgarantie der Gemeinden und Landkreise beinhaltet zunächst jedenfalls die Befugnis zu **einer eigenverantwortlichen Einnahmen- und Ausgabenwirtschaft** im Rahmen eines gesetzlich geordneten Haushaltswesens.[2] Nach der sehr restriktiven Auffassung der Karlsruher Verfassungsrichter darf ihnen nicht nur das eigene Wirtschaften mit Einnahmen und Ausgaben aus der Hand genommen werden.[3]

Wegen der notwendigen Zusammengehörigkeit von Aufgabenwahrnehmung, Finanzierungsverantwortlichkeit und dazu erforderlichen Einnahmen umfasst die Garantie kommunaler Selbstverwaltung zwingend auch die Gewährleistung einer **angemessenen finanziellen Mindestausstattung**. Die Ausstattung mit finanziellen Mitteln muss so beschaffen sein, dass die unmittelbar demokratisch legitimierten Kollegialorgane der Kommunen etwas in finanzieller Hinsicht Substanzielles als Ausdruck politischer Entscheidungsfindung beschließen können. Der bloße administrative Vollzug staatlich determinierter Entscheidungen würde der politisch-demokratischen Komponente kommunaler Selbstverwaltung nicht 2

---

1 *Von Mutius/Henneke*, Kommunale Finanzausstattung und Verfassungsrecht, S. 34 f.
2 Vgl nur BVerfGE 26, 228, 244.
3 Exemplarisch BVerfGE 26, 228, 244; 71, 25, 36 f; BVerfG, B. v. 27.11.1986 – 2 BvR 1241/82 – NVwZ 1987, 123; Kritik übend an der Stereotypen Wiederholung der Formulierung des BVerfG *Schoch*, in: Henneke/Meyer (Hrsg.), Kommunale Selbstverwaltung zwischen Bewahrung, Bewährung und Entwicklung, 2006, S. 11, 51.

gerecht.[4] Das BVerfG hat die Frage bisher stets ausdrücklich offen gelassen.[5] In ihrem Urteil zum Länderfinanzausgleich 1999[6] haben die Karlsruher Verfassungsrichter dem 1994 in das GG eingefügten Satz 3 des Art. 28 Abs. 2 GG aber die klarstellende Funktion entnommen, dass die Gewährleistung der Selbstverwaltung auch die Grundlagen der finanziellen Eigenverantwortung umfasst; die gestärkte finanzwirtschaftliche Unabhängigkeit und Verselbständigung der Kommunen modifiziere die bisherige Zweistufigkeit der Finanzverfassung.[7] Der Verfassungsgerichtshof Nordrhein-Westfalen hat den Landkreisen zutreffend

---

4 Zutr. hM, vgl nur VerfGH Rh-Pf, U. v. 05.12.1977 – VGH 2/74 - DÖV 1978, 763, 763 f; U. v. 18.03.1992 – VGH 3/91 - NVwZ 1993, 159, 160; U. v. 16.03.2001 – VGH 8/00 – DÖV 2001, 601; VerfGH NW, U. v. 16.12.1988 – 9/87 – DVBl. 1989, 151, 152 und U. v. 06.07.1993 – VerfG 9 und 22/92 – DÖV 1993, 1003, 1003 f; NdsStGH, U. v. 25.11.1997 – StGH 14/95 u.a. – StGHE 3, 299, 311; im Grundsatz ebenso, den selbst gesetzten Maßstäben aber nicht gerecht werdend NdsStGH, U. v. 16.05.2001 – StGH 6/99 u.a. – StGHE 4, 31, 49 ff, krit. dazu *H. Meyer*, NVwZ-Sonderheft für Hermann Weber, 2001, S. 36, 37 f; SaarlVerfGH, U. v. 10.01.1994 – Lv 2/92 – NVwZ-RR 1995, 153, 154; BayVerfGH, E. v. 18.04.1996 – Vf 13-VII-93 – NVwZ-RR 1997, 301, 302; StGH BW, U. v. 10.05.1999 – GR 2/97 – DVBl. 1999, 1353, 1355; LVerfG LSA, 08.12.1998 – LVG 10/97 – NVwZ-RR 1999, 393, 397 und U. v. 13.07.1999 – LVG 20/97 – 2000, 1, 4; U. v. 09.10.2012 – LVG 57/10 – DVBl 2012, 1560, 1562; BbgVerfG, U. v. 16.09.1999 – VfG Bbg 28/98 – NVwZ-RR 2000, 129, 130; SächsVerfGH, U. v. 23.11.2000 – Vf. 49-VIII-97 – SächsVBl. 2001, 67, 69; LVerfG M-V, U. v. 18.12.2003 – 13/02 – LVerfGE 14, 293, 301; U. v. 11.05.2006 – 1/05 u.a. – LVerfGE 17, 297, 318; U. v. 30.06.2011 – 10/10 – LVerfGE 22, 285, 288 f.; grundlegend ThürVerfGH, U. v. 21.06.2005 – VerfGH 28/03 – NVwZ-RR 2005, 665 ff; bestätigend U. v. 02.11.2011 – VerfGH 13/10 – BeckRS 2011, 25477 S. 14; HessStGH, U. v. 21.05.2013 – P.St. 2361 – NVwZ 2013, 1151, 1153; sich dem für das Bundesverfassungsrecht anschließend BVerwGE 145, 378, 384; aus der kaum noch zu überschauenden Lit. vgl nur *Dombert*, DVBl. 2006, 1136, 1137; *Grawert*, in: von Mutius (Hrsg.), Selbstverwaltung im Staat der Industriegesellschaft, S. 587, 590; *Henneke*, Der Landkreis 2006, 285, 318 ff; *Löwer*, in: von Münch/Kunig, Bd. 2, Art. 28 Rn 89; *Hans Meyer*, Die Finanzverfassung der Gemeinden, S. 63 ff; *Hubert Meyer*, Der kommunale Finanzausgleich in M-V, 3. Aufl. 2004, S. 23; *Mückl*, Finanzverfassungsrechtlicher Schutz der kommunalen Selbstverwaltung, 1998, S. 64 ff; *von Mutius/Henneke*, Kommunale Finanzausstattung und Verfassungsrecht, 1985, S. 30 f; *Nierhaus*, in: Sachs, GG, Art. 28 Rn 67 ff; *dens.*, LKV 2005, 1, 2 f; *Pünder/Waldhoff*, in: Henneke/Pünder/Waldhoff (Hrsg.), Recht der Kommunalfinanzen, 2006, § 1 Rn 9; *Röhl*, in Schoch (Hrsg.), Besonderes Verwaltungsrecht, S. 1 Rn 41; *Schmidt-Jortzig*, Kommunalrecht, 1982, Rn 747; *dens.*, DVBl. 2007, 96, 99; *Schmitt*, Inhalt, verfassungsrechtliche Stellung und Bedeutungsgehalt der kommunalen Finanzhoheit, 1996, S. 62; *Schoch*, Verfassungsrechtlicher Schutz der kommunalen Finanzautonomie, 1997, S. 137 ff; *dens.*, in: Henneke/Meyer (Hrsg.), Kommunale Selbstverwaltung zwischen Bewahrung, Bewährung und Entwicklung, 2006, S. 11, 55 ff; *Schwarz*, ZKF 2006, 265, 266; *dens.*, ZKF 2009, 241, 242 ff; *Stern*, in: BK, Art. 28 Rn 76, 151 f; *Volkmann*, DÖV 2001, 497; *Wendt/Elicker*, VerwArch 92 (2002), 187, 189; deutlich relativierend oder ausdrücklich eine Mindestausstattung ablehnend hingegen LVerfG M-V, U. v. 11.05.2006 – 1/05 u.a. – LVerfGE 17, 297, 321; NdsStGH, U. v. 27.02.2008 – StGH 2/05 – StGHE 4, 202, 215 ff; VerfGH NW, U. v. 19.07.2011 – VerfGH 32/08 – DVBl. 2011, 1155, 1155 f; mit Recht krit. zur Entscheidung des VerfGH NW *Henneke*, Der Landkreis 2011, 396, 405 ff: „Rückfall ins letzte Jahrtausend".
5 Vgl BVerfGE 26, 172, 181; 71, 25, 36 f; 83, 363, 386; BVerfG, B. v. 09.03.2007 – 2 BvR 2215/01 – NVwZ-RR 2007, 435 f; krit. hierzu *Schoch*, in: Henneke/Meyer (Hrsg.), Kommunale Selbstverwaltung zwischen Bewahrung, Bewährung und Entwicklung, 2006, S. 51 mwN.
6 BVerfGE 101, 158 ff.
7 Vgl auch BVerfGE 125, 141, 160 ff; zu den kommunalen Erwartungen und dem eher ernüchternden Ergebnis der Verfassungsnovellierung vgl *Henneke*, in: Henneke/Maurer/Schoch, Die Kreise im Bundesstaat, 1994, S. 61 ff.

ausdrücklich einen eigenen, neben dem der Gemeinde bestehenden Anspruch eingeräumt.[8]

Die Garantie der finanziellen Mindestausstattung gewährleistet den Kommunen aber **keinen bestimmten oder gleichbleibenden Bestand** an Finanzmitteln. Die Angemessenheit der Finanzausstattung der Gemeinden und Landkreise kann wegen der prinzipiellen Gleichrangigkeit der Aufgaben von Bund, Land und Kommunen nur in einer Gesamtbetrachtung aller Aufgaben und der zur Verfügung stehenden Finanzen beantwortet werden. Eine angemessene Finanzausstattung liegt aber nicht mehr vor, wenn die Kommunen mangels finanzieller Mittel außer Stande sind, ein Mindestmaß an freiwilligen Selbstverwaltungsaufgaben zu erledigen. Die Mindestfinanzausstattung, die eine derartige Betätigung noch ermöglicht, bildet die zwingend einzuhaltende Untergrenze der angemessenen Finanzausstattung.[9] Dabei ist ferner zu berücksichtigen, dass im Gegensatz zur staatlichen die kommunale Ebene bei den Aufgaben zur Erfüllung nach Weisung nahezu keinen und bei den pflichtigen Selbstverwaltungsaufgaben nur einen eingeschränkten Einfluss auf das Ob und Wie einer Aufgabenerfüllung hat. Insoweit besteht eine Rückkoppelung zu Art. 72 Abs. 3 LV: Kann eine angemessene finanzielle Ausstattung infolge allg. finanzieller Engpässe nicht mehr gewährleistet werden, ist verfassungsrechtlich zunächst eine Aufgabenkritik der dafür verantwortlichen Ebene geboten. Wenn hingegen das Recht auf Mindestausstattung der Kommunen von vornherein nur in den Grenzen einer nicht weiter kritisch hinterfragten Leistungsfähigkeit des Landes zugestanden wird,[10] wird eine real nicht bestehende Gleichstufigkeit des Landes und der Kommunen auf der Ebene der Aufgabenwahrnehmung wie der Möglichkeit zum Herstellen eines Haushaltsausgleichs suggeriert und im Ergebnis der Schutzgehalt der Artt. 72 Abs. 1, 73 Abs. 2 LV unterlaufen. Auch dürfen freiwillige Aufgaben der Kommunen nicht gleichsam automatisch als überflüssig und als mögliche Einsparpotenziale gewertet werden.[11] Die zitierte Entscheidung des LVerfG M-V aus dem Jahr 2006 leidet iÜ an der zwar semantisch, nicht aber sachlich vorgenommenen Unterscheidung zwischen dem – etwaigen Relativierungen nicht zugänglichem – Kernbereich und dem nur bedingten Schutz genießenden und einen weiten Gestaltungsspielraum für den Gesetzgeber bietenden Randbereich.[12] Schließlich wird durch das maßgebliche Abstellen auf die sog. Verteilungssymmetrie der

---

8 U. v. 06.07.1993 – VerfG 9 und 22/92 - DÖV 1993, 1003, 1004; hierzu *Henneke*, DÖV 1994, 1, 3 f.
9 LVerfG M-V, U. v. 18.12.2003 – 13/02 – LVerfGE 14, 293, 301; U. v. 11.05.2006 – 1/05 u.a. – LVerfGE 17, 297, 319 f; U. v. 30.06.2011 – 10/10 – LVerfGE 22, 285, 289; vgl auch LVerfG M-V, U. v. 26.01.2012 – 18/10 – NordÖR 2012, 229, 231 ff.
10 So LVerfG M-V, U. v. 26.01.2006 – 15/04 u.a. – LVerfGE 17, 297, 318, 319 f; U. v. 26.01.2012 – 18/10 – NordÖR 2012, 229, 230; krit. zu den pauschalen Annahmen des Gerichts auch *Röhl*, LKV 2007, 157, 159; prägend für die Verfassungsjudikatur zum Leistungsfähigkeitsvorbehalt der NdsStGH, zuletzt B. v. 27.02.2008 – StGH 2/05 – StGHE 4, 202, 217 ff; krit. dazu *Henneke*, DÖV 2008, 857 ff und *H. Meyer*, Mindestausstattung (Nds), S. 1, 13 ff; obwohl im dortigen Verfassungstext nicht verankert einen Leistungsfähigkeitsvorbehalt annehmend auch LVerfG, LSA, U. v. 09.10.2012 – LVG 57/10 – DVBl 2012, 1560, 1561 f mit insoweit krit. Anmerkung *Henneke*, DVBl 2012, 1565, 1567.
11 Zutr. *Röhl*, LKV 2007, 157, 159.
12 Vgl dazu bereits *Henneke*, DÖV 1998, 330, 334; *H. Meyer*, Der kommunale Finanzausgleich in M-V, 3. Aufl. 2004, S. 24 f; deutlich *Dombert*, DVBl. 2006, 1136, 1137; *Schwarz*, ZKF 2009, 241, „bemerkenswerte Uminterpretation zentraler verfassungsrechtlicher Schutzpositionen"; umfassend zum Kernbereichsmodell *Henneke*, Die Kommunen in der Finanzverfassung, 5. Aufl., 2012, S. 336 ff.

verfassungsrechtlich gebotene Aufgabenbezug für die Finanzausstattung zu Lasten einer vorrangig einnahmenorientierten Betrachtung vernachlässigt.[13]

Neue Relevanz erhält die Diskussion um die finanzielle Mindestausstattung durch die als „Kernstück der Föderalismusreform II"[14] in Art. 109 Abs. 3 GG iVm Art. 109 a und Art. 115 GG eingeführte **Schuldenbremse** des Grundgesetzes.[15] Mecklenburg-Vorpommern hat durch Änderung des Art. 65 Abs. 2 LV und Einfügen der Übergangsvorschrift in Art. 79 a LV[16] Konsequenzen auf der Ebene des Verfassungsrechts gezogen. Die Kommunen werden hingegen weder auf Ebene des Bundes- wie des Landesverfassungsrechts erwähnt, obwohl ihre Verschuldung ebenso wie die der Sozialversicherungsträger in die Berechnung der bundesdeutschen Gesamtverschuldung zur Überprüfung der sog. Maastricht-Kriterien einbezogen werden. Dies eröffnet die offene Flanke eines Verschiebens von finanziellen Lasten der Länder auf die Kommunen. Ob und inwieweit der von der Rechtsprechung des LVerfG gebilligte Gleichmäßigkeitsgrundsatz (vgl dazu unten Rn 24) ggf. wirksam Schutz zu bieten vermag, bleibt abzuwarten.[17]

Eine gesetzlich angeordnete Eigenbeteiligung der Nutzer an von Kommunen zu tragenden finanziellen Lasten verletzt nicht generell die Satzungs- und Finanzhoheit der Kommunen, sondern kann eine geeignete und erforderliche gesetzliche Maßnahme zur Konsolidierung des Landeshaushaushalts unter gleichzeitiger Vermeidung einer zusätzlichen Belastung der Kommunalhaushalte darstellen (hier: Schülerbeförderungskosten der Landkreise).[18]

4 Für die Gewährleistung einer finanziellen Mindestausstattung verantwortliche **Verpflichtungsadressaten** der Kommunen sind nach zutreffender Auffassung allein die Bundesländer.[19] Über die Mitwirkung an der Bundesgesetzgebung durch den BRat können sie auch finanzielle Belastungen der Kommunen durch Bundesgesetze abwehren.[20]

---

13 Inkonsequent daher auch NdsStGH, U. v. 27.02.2008 – StGH 2/05 – StGHE 4, 202, 215 ff, krit. auch *Albers*, NdsVBl. 2011, 1, 5; näher *H. Meyer*. Mindestausstattung (Nds.), S. 13 ff; dem NdsStGH folgend hingegen *Waechter* in: Epping/Butzer, Art. 58 Rn 86 ff; auf den Grundsatz der Verteilungssymmetrie abstellend, aber u. U. eine wertende Korrektur für notwendig erachtend vgl VerfGH Rh-Pf, U. v. 14.02.2012 – VGH N 3/11 – NVwZ 2012, 1034, 1036.
14 So *Henneke*, NdsVBl. 2009, 121, 123 ff.
15 Instruktiv und unterhaltsam zu den Hintergründen ihrer Einführung *Henneke*, Der Landkreis 2013, 290, insb. 294 ff; ferner *ders*., Der europäische Fiskalpakt und seine Umsetzung in Deutschland, 2013.
16 Vgl dazu ausführlich *Mediger*, Art. 65 Rn 15 ff und 79 a.
17 Ausführlich dazu *H. Meyer*, Mindestausstattung, in Schöneburg u.a., Verfassungsfragen, S. 31, 39 ff.; *ders.*, Mindestausstattung (Nds), S. 1, 17 ff mwN; inkonsequent *Schwarz*, NWVBl 2012, 245, 248, der in Abkehr von seiner bisherigen Argumentation (vgl noch ZKF 2009, 241, 244 ff) in diesem Zusammenhang einen Vorbehalt der finanziellen Leistungsfähigkeit des Landes anerkennen will.
18 Vgl LVerfG S-H, U. v. 03.09.2012 – 1/12 – DÖV 2012, 978 (LS).
19 Vgl VerfGH NW, U. v. 06.07.1993 – VerfG 9 und 22/92 – DÖV 1993, 1003, 1003 f; U. v. 09.12.1996 – VerfGH 11/95 u.a. – DVBl. 1997, 483, 486 mit Anm. *Henneke*, 488 ff; BWStGH, U. v. 10.11.1993 – GR 3/92 – DÖV 1994, 297, 299; *Mehde*, in: Maunz/Dürig, Art. 28 Rn 148; *Dombert*, DVBl. 2006, 1136; *Huber*, Gutachten D zum 65. DJT, 2004, S. 134 mwN.
20 *F. Kirchhof*, in: Ipsen (Hrsg.), Kommunale Aufgabenerfüllung im Zeichen der Finanzkrise, 1995, S. 53, 58; *Inhester*, Kommunaler Finanzausgleich im Rahmen der Staatsverfassung, 1998, S. 88 f; *Mückl*, Finanzverfassungsrechtlicher Schutz der kommunalen Selbstverwaltung, 1998, S. 73 ff, jew. mwN.

II. Steuerhoheit und -beteiligung

Zum Schutzbereich der Selbstverwaltungsgarantie gehört nach einhelliger Auffassung auch die **Steuerhoheit**. Ein eigenes Steuererfindungsrecht iS einer Befugnis zum Erschließen eigener Steuerquellen ist damit indes nicht verbunden.[21] Die Kompetenzen zur Steuergesetzgebung sind in Art. 105 GG abschließend zwischen Bund und Ländern verteilt. Zudem bedarf ein Eingriff in Eigentumspositionen der Bürger mittels einer Steuer einer hinreichend konkreten gesetzlichen Ermächtigung.

Unabhängig von der landesverfassungsrechtlichen Garantie der kommunalen Selbstverwaltung steht den Gemeinden nach Art. 106 Abs. 3 und 5 GG auf der Grundlage der Einkommensteuerleistungen ihrer Einwohner ein **Anteil am Aufkommen der Einkommensteuer** zu. Der kommunale Einkommensteueranteil bildet eine eigenständige Säule der gemeindlichen Finanzausstattung.[22] Er ist Teil des Steuerquellenverteilung, also des primären bundesstaatlichen Finanzausgleichs; die Gemeinden besitzen eine eigene (Mit-)Ertragshoheit, nicht nur einen abgeleiteten Anspruch auf Zuweisungen.[23] Streitig ist, inwieweit Art. 106 Abs. 6 Satz 6 GG Umlagen unter Zugriff auf das Aufkommen an Einkommensteuern zulässt.[24] Unzulässig wäre aber jedenfalls eine unmittelbare Beteiligung von Gemeinden an dem Aufkommen des verfassungsrechtlich gewährleisteten Einkommensteueranteils angrenzender Gemeinden.[25]

Satz 1 des Art. 73 Abs. 1 LV garantiert den Gemeinden zunächst das Aufkommen an den **Realsteuern**, also den Grundsteuern und der Gewerbesteuer, vgl § 3 Abs. 2 AO, wenn auch die Legaldefinition nicht den verfassungsrechtlichen Steuerbegriff zu prägen vermag. Die Norm wiederholte ursprünglich lediglich den Wortlaut des Art. 106 Abs. 6 Satz 1 1. Halbsatz GG. Auch in seiner damaligen Fassung war dem Art. 106 Abs. 6 Satz 1 GG nach zutreffender Auffassung die Garantie der Existenz nennenswerter Realsteuern zu entnehmen.[26] Im Zuge der Abschaffung der Gewerbekapitalsteuer sind 1997 an die Stelle des Begriffs der „Realsteuern" die Begriffe Grundsteuer und Gewerbesteuer getreten. Ein Anknüpfen an andere Realien als Steuergegenstand ist damit nicht mehr zulässig. Der Sicherung der Ertragsgarantie für die verbliebene Gewerbeertragssteuer dient auch die ebenfalls 1997 vollzogene Ergänzung des Art. 28 Abs. 2 Satz 3 GG. Dort heißt es nunmehr, zu der Gewährleistung der Selbstverwaltung gehörten auch die Grundlagen der finanziellen Eigenverantwortung, zu denen eine den Gemeinden mit Hebesatzrecht zustehende wirtschaftskraftbezogene Steuerquelle rechne.[27] Hierin ist keine institutionelle Garantie der Grund- oder Gewerbesteuer zu sehen. Auch stehen Art. 28 Abs. 2 Satz 3 GG sowie Art. 106 Abs. 6

---

21 *Grawert*, in: von Mutius (Hrsg.), Selbstverwaltung im Staat der Industriegesellschaft, 1983, S. 587, 602 ff; *von Mutius/Henneke*, Kommunale Finanzausstattung und Verfassungsrecht, 1985, S. 42 f; aA für örtliche Verbrauchs- und Aufwandsteuern *Lammers*, DVBl. 2013, 348 ff.
22 BVerfGE 71, 25, 38.
23 *Siekmann*, in: Sachs, GG, vor Art. 104 a Rn 36 f und Art. 106 Rn 29.
24 Vgl hierzu *Kluth*, DÖV 1994, 456 mwN.
25 Ebenso *F. Kirchhof*, in: ders./H. Meyer (Hrsg.), Kommunaler Finanzausgleich im Flächenbundesland, 1996, S. 126, 159 ff.
26 *Henneke*, Die Kommunen in der Finanzverfassung, 5. Aufl. 2012, S. 171 f.
27 Näher hierzu *Henneke*, in: Heuer, Kommentar zum Haushaltsrecht, Stand: Dezember 1997, Art. 106 GG Anm. 6; *Nierhaus*, in: Sachs, GG, Art. 28 Rn 68 ff.

Satz 2 GG einer Beschränkbarkeit des kommunalen Hebesatzrechts der Gewerbesteuer nicht entgegen.[28]

Über die unmittelbar geltenden Art. 106 Abs. 6 Satz 4 und 5 GG sind Bund und Länder verfassungsrechtlich legitimiert, über eine **Umlage am Aufkommen der Gewerbesteuer** zu partizipieren.[29]

Nach Art. 106 Abs. 6 Satz 2 GG ist den Gemeinden schließlich das Recht gewährleistet, die **Hebesätze** der Grund- und Gewerbesteuer im Rahmen der Gesetze festzusetzen.

8 Ferner gewährleistet Satz 1 des Art. 73 Abs. 1 LV die anteilige Beteiligung der Gemeinden an **staatlichen Steuern nach Maßgabe der Landesgesetze**. Diese verfassungsrechtliche Formulierung ist sehr pauschal; sie stellt weder eine „Detaillierung" des Art. 106 Abs. 7 Satz 2 GG dar, noch lässt sich ihr eine Garantie der anteiligen Zuweisung von Landessteuern an die Gemeinden entnehmen.[30] Vielmehr ergibt sich bereits aus Art. 106 Abs. 7 Satz 1 GG, dass von dem Länderanteil am Aufkommen der Gemeinschaftssteuern – das sind gemäß Art. 106 Abs. 3 GG die Einkommens-, die Körperschafts- und die Umsatzsteuer – den Gemeinden und Gemeindeverbänden insgesamt ein von der Landesgesetzgebung zu bestimmender Hundertsatz zufließen muss. Soweit Art. 73 Abs. 1 Satz 1 LV die Landkreise nicht mit erwähnt, gilt für diese die Garantie der Beteiligung an den Gemeinschaftssteuern durch das GG unmittelbar, da die LV bundesverfassungsrechtlich garantierte Rechtspositionen nicht verkürzen darf. Da Art. 73 Abs. 1 Satz 1 LV zudem nur allg. von staatlichen Steuern spricht, ist darin keine über Art. 106 Abs. 7 Satz 2 GG hinausgehende Festlegung zu erkennen, wonach die Landesgesetzgebung bestimmt, ob und inwieweit das Aufkommen der Landessteuern den Gemeinden (Gemeindeverbänden) zufließt.

9 Eine eigenständige, über Art. 28 Abs. 2 GG und die grundgesetzlichen Bestimmungen der Finanzverfassung hinausgehende Bedeutung hat Art. 73 Abs. 1 Satz 2 LV. Damit geht die LV für den Bereich des Steuerrechts über die Mindestgarantien der Bundesverfassung hinaus und verdichtet die anerkannte und vorausgesetzte Möglichkeit der Kommunen zum **Erschließen weiterer Einnahmequellen**[31] zu einer verfassungsrechtlichen Pflicht für den Landesgesetzgeber.[32] Er kann dieser Verpflichtung auf zwei sich ergänzenden Wegen nachkommen. Zum einen hat er diejenigen Steuern zu schützen, deren Erträge den Kommunen zufließen. Neben den bereits genannten sind insoweit die örtlichen Verbrauchs- und Aufwandsteuern zu erwähnen, deren Aufkommen gemäß Art. 106 Abs. 6 Satz 1 GG den Gemeinden oder nach Maßgabe der Landesgesetzgebung den Gemeindeverbänden zusteht. In diesem Bereich trägt das Land besondere Verantwortung, weil ihm nach Art. 105 Abs. 2 a GG die Befugnis zur Gesetzgebung über die örtlichen Verbrauch- und Aufwandsteuern zusteht, solange und soweit sie nicht bundesgesetzlich geregelten Steuern gleichartig sind.[33]

---

28 BVerfGE 125, 141, 158 ff (Zulässigkeit eines bundesrechtlich vorgegebenen Mindesthebesatzes zur Vermeidung sog. Steueroasen).
29 Zum zunehmenden Missbrauch der Gewerbesteuerumlage durch die Länder als Instrument zur Austarierung und Deckung des eigenen Finanzbedarfs vgl z. B. *Wohltmann*, Der Landkreis 2006, 357 ff.
30 So aber *F. Kirchhof*, in: ders./H. Meyer (Hrsg.) Kommunaler Finanzausgleich im Flächenbundesland, 1996, S. 126, 146.
31 Vgl BVerfGE 86, 148, 216 ff.
32 *Oebbecke*, DVBl 2013, 1409 ff mahnt Kommunen und die Aufsichtsbehörden, bestehende Einnahmemöglichkeiten durch Steuern auch zu realisieren.
33 Zur Interpretation des Gleichartigkeitsverbots, dass sich nur auf neue Verbrauchs- und Aufwandsteuern erstreckt, vgl grundlegend BVerwGE 143, 301, 307 ff („Bettensteuer");

Zum anderen enthält die LV den Auftrag an das Land, über die Mitwirkung an 10
der Gesetzgebung des Bundes über den BRat zunächst einmal die Voraussetzungen dafür zu schaffen, dass den Gemeinden und Kreisen überhaupt nennenswerte eigene Steuerquellen zur Verfügung stehen. Anders als in Satz 1 der Norm steht bei Satz 2 des Art. 73 Abs. 1 LV nicht der quantitative, sondern ein **qualitativer Aspekt** im Vordergrund: Durch das Einräumen eigener, nicht drittbeeinflusster Steuereinnahmequellen soll der Selbstverwaltungscharakter der kommunalen Gebietskörperschaften gestärkt und deren Zuweisungsabhängigkeit von den Mitteln des kommunalen Finanzausgleichs gemildert werden. Insb. für die Kreisebene wird der Forderung der Verfassung bisher nicht entsprochen. Selbst das Erheben der zuvor nicht sonderlich ertragreichen Jagdsteuer hat der Gesetzgeber mit Wirkung vom 1. April 2005 untersagt, § 3 Abs. 1 Satz 3 KAG. Die in der Wissenschaft anerkannte Forderung nach einer aufgaben- und autonomiestützenden Finanzausstattung der Landkreise durch Beteiligung an einer Wachstumssteuer[34] ist bisher rechtspolitisch nicht aufgegriffen worden. Art. 73 Abs. 1 Satz 2 LV verpflichtet jedoch die LReg, dahingehend die Interessen der Landkreise im BRat zu vertreten.[35]

III. Kommunaler Finanzausgleich

1. Funktion und verfassungsrechtliche Vorgaben. a) **Einordnung.** Art. 73 11
Abs. 2 LV konkretisiert für das Landesrecht die bereits in Art. 106 Abs. 7 GG begründete Rechtspflicht des Landes zur Durchführung eines **kommunalen Finanzausgleichs** und benennt die wesentlichen Zielsetzungen, die mit dem Finanzausgleich angestrebt werden.[36] Unter Finanzausgleich ist die Verteilung der Erträge aus öffentlichen Einnahmen zu verstehen. Dies setzt als Bestimmungsgröße notwendigerweise eine Analyse der Aufgaben der einzelnen Körperschaften voraus. Der Finanzausgleich dient als System zur Einnahmenverteilung nach den Erfordernissen der Aufgabenzuordnung.[37]

Der bloße Umstand, dass eine gesetzliche Regelung überhaupt finanzielle Auswirkungen auf die Kommunen hat, vermag diesen noch kein klagefähiges Abwehrrecht zu vermitteln. Vielmehr bedarf es eines Vortrags, der im Sinne des Darlegungsgebots deutlich macht, welcher Selbstverwaltungsaspekt in einer Art und Weise betroffen sein soll, die eine nähere Prüfung erfordert, ob die vorgegebenen Grenzen im staatlichen Finanzausstattungssystem überschritten sind.[38]

---

zu neueren Ansätzen des Erschließens örtlicher Verbrauchs- und Aufwandsteuern generell vgl *Lammers*, DVBl. 2013, 348 ff; *Henneke*, Die Kommunen in der Finanzverfassung, 5. Aufl. 2012, S. 144 ff; *dens.*, Der Landkreis 2013, 312, 313 ff, jeweils mwN.
34 Vgl bereits *Conrad*, in: von Mutius (Hrsg.), Selbstverwaltung im Staat der Industriegesellschaft, 1983, S. 357, 361 ff; *von Mutius/Dreher*, Reform der Kreisfinanzen, 1990, S. 111 ff; *Schmidt-Jortzig*, in: Henneke/Meyer (Hrsg.), Kommunale Selbstverwaltung zwischen Bewahrung, Bewährung und Entwicklung, 2006, S. 137 ff; *Henneke*, Der Landkreis 2006, 251 ff, jew. mwN.
35 Ebenso *von Mutius*, LKV 1996, 177, 183.
36 Dem ausdrücklich folgend LVerfG M-V, U. v. 30.06.2011 – LVerfG 10/10 – LVerfGE 22, 285, 288; U. v. 26.01.2012 – 18/10 – NordÖR 2012, 229, 231 ff.
37 Vgl *von Mutius/Henneke*, AfK 1985, 261, 263; *Wohltmann*, ZG 2011, 377, 378 ff mwN; aus der Rechtsprechung vgl nur NdsStGH, U. v. 04.06.2010 – StGH 1/08 – NdsVBl. 2010, 236, 239.
38 LVerfG M-V, U. v. 20.12.2012 – 13/11 – NVwZ-RR 2013, 575 (LS) – Altfehlbetragsumlage nach Landkreisneugliederung; ähnlich nunmehr auch BbgVerfG, B. v. 18.10.2013 – VfGBbg 68/11 - der gemeindehaushalt 2013, 284 (LS); ausführlich zur Substantiierungspflicht einer beschwerdeführenden Kommune vgl *Leisner-Egensperger*, DÖV 2010, 705, 706 ff mwN.

12 **b) Aufgaben und Funktionen.** Die zentrale **Aufgabe eines Finanzausgleichssystems** besteht in dem Herstellen einer weitgehenden Übereinstimmung von Finanzbedarf und Finanzkraft durch Anpassung der finanziellen Leistungsfähigkeit an die Aufgabenbelastung auf allen Ebenen der dezentralen Verwaltungsorganisation. Die wichtigste, sog. fiskalische Funktion des kommunalen Finanzausgleichs besteht darin, einen vertikalen Ausgleich zwischen der Landes- und der kommunalen Ebene durch Aufstockung der kommunalen Finanzmasse herbeizuführen. Die originäre kommunale Finanzausstattung ist strukturell unzureichend und bedarf daher der Erhöhung durch die verfassungsrechtlich verbürgte Beteiligung an staatlichen Einnahmen zur Gewährleistung kommunaler Handlungsfähigkeit; dies kommt durch die Formulierung „um die Leistungsfähigkeit steuerschwacher Gemeinden und Kreise zu sichern" in Art. 73 Abs. 2 LV zum Ausdruck. Die Aufstockung der kommunalen Finanzmasse dient gleichzeitig dazu, mittels dieser ursprünglich staatlichen Einnahmen zu einem interkommunalen Finanzausgleich beizutragen, sog. redistributive Funktion. Neben die vertikale, quantitative Komponente tritt auf diese Weise also ein horizontal, qualitativ wirkender Aspekt. Es soll eine gemeinde- bzw kreisindividuelle Angleichung der Finanzausstattung an die aus der Aufgabenbelastung folgende Ausgabennotwendigkeit vorgenommen werden.[39] Die LV verdeutlicht diese Funktion durch die Wendung „und eine unterschiedliche Belastung mit Ausgaben auszugleichen" in Art. 73 Abs. 2 sehr anschaulich. Der Ausgleich erfolgt ausschließlich über die aus den Verbundgrundlagen fließenden Mittel des Finanzausgleichs, eine „Abschöpfung" originärer kommunaler Gelder zum Zwecke der Umverteilung erfolgt grundsätzlich nicht.[40]

Die strukturell nicht über eigene Steuereinnahmen verfügenden Landkreise finanzieren sich zu einem großen Teil über eine von den kreisangehörigen Städten und Gemeinden aufzubringende **Kreisumlage**, vgl § 23 FAG M-V. In Mecklenburg-Vorpommern beträgt deren Anteil an den Kreiseinnahmen etwa 25 % und bewegt sich damit wie auch in der Höhe des Kreisumlagesatzes im bundesweiten Vergleich am unteren Ende der Skala.[41] Anerkanntermaßen darf der Gesetzgeber der Landkreisen mittels einer an die mangelnde Leistungsfähigkeit der Gemeinden anknüpfenden Generalklausel Aufgaben zuweisen und (auch) über die Kreisumlage finanzieren.[42] Die kreisangehörigen Gemeinden haben die eigenverantwortliche Aufgabenbestimmung durch die Landkreise im Grundsatz als rechtmäßig hinzunehmen. Das BVerwG[43] hat allerdings gleichzeitig die Landkreise verpflichtet, bei der eigenen Aufgabenwahrnehmung auf die Finanzlage der Gemeinden Rücksicht zu nehmen und diesen die zur Erfüllung ihrer Aufgaben erforderliche finanzielle Mindestausstattung zu belassen. Der Kernbereich der gemeindlichen Selbstverwaltung ist aber erst durch eine strukturelle, dauerhafte Unterfinanzierung verletzt. Das BVerwG hat zutreffend betont, sowohl Gemeinden wie Landkreise müssten mindestens über eine Finanzausstat-

---

39 Zum Ganzen vgl bereits *von Mutius/Henneke*, Kommunale Finanzausstattung und Verfassungsrecht, 1985, S. 85 ff; aus neuerer Zeit *Wohltmann*, Der Landkreis 2014, 396 ff jew. mwN.
40 Jedenfalls missverständlich daher *Thiele*, in: Thiele/Pirsch/Wedemeyer, Art. 73 Rn 5.
41 Vgl die Übersichten für das Jahr 2012 bei *Wohltmann*, Der Landkreis 2014, 358, 366, 376 f.
42 Grundlegend BVerwGE 101, 99 ff; zust. *Henneke*, NVwZ 1996, 1181 f; bestätigend BVerwG, B. v. 28.02.1997 – 8 N 1/96 – NVwZ 1998, 63 ff; weitere Nachweise oben Art. 72 Rn 38.
43 BVerwGE 145, 378, 381; ausführlich dazu Anmerkung von *Henneke*, DVBl 2013, 652 ff; Kernaussagen und Schlussfolgerungen zum Urteil in Thesen zusammenfassend vgl *Wohltmann*, der gemeindehaushalt 2013, 270 ff.

tung verfügen, dass sie ihre pflichtigen (Fremd- wie Selbstverwaltungs)Aufgaben erfüllen können und darüber hinaus eine freie Spitze für freiwillige Selbstverwaltungsaufgaben verbleibe.[44] Die verfassungsrechtliche Finanzverantwortung für die Ausstattung beider Ebenen bleibt also beim jeweiligen Bundesland verortet.[45] Eine absolute Grenze der Kreisumlageerhebung lässt sich abstrakt nicht bestimmen, die rechtliche und politische Verantwortung obliegt dem unmittelbar gewählten Kreistag.[46]

Grds. ist der Gesetzgeber ferner befugt, einen Teil der Finanzkraft besonders finanzkräftiger Gemeinden zur Vergrößerung des Gesamtvolumens der Finanzausgleichsmasse abzuschöpfen.[47] Die Erhebung einer gemeindlichen Finanzausgleichsumlage darf nicht dazu führen, diese auf Kosten der Landkreise zu reduzieren; vielmehr ist von der rechtlichen Eigenständigkeit jeder Ebene auszugehen.[48] Die Regelungen über die Ausgestaltung der **Finanzausgleichsumlage** in § 8 FAG M-V berücksichtigen dies im Grundsatz und verstoßen auch im Übrigen nicht gegen die Landesverfassung; insb. ist es insoweit zulässig, an Steuerkraftmesszahlen anzuknüpfen, die auf durchschnittlichen Hebesätzen basieren, und die Daten des vorvergangenen Jahres zu Grunde zu legen.[49]

Auch eine **Stadt-Umland-Umlage**, mit der besondere Vorteile im Umland bestimmter Gemeinden im Umland einer Kernstadt abgeschöpft werden sollen und deren Aufkommen der Kernstadt zufließt, steht grds. im Einklang mit den Artt. 72 und 73 LV. Der seinerzeitige § 24 FAG M-V wurde den verfassungsrechtlichen Anforderungen deswegen nicht gerecht, weil die Umlage für die Bemessung an Parameter anknüpfte, denen keine Aussagekraft für die Nutzung der Infrastruktur der Kernstadt durch die Einwohner der Umlandgemeinden zukam, ein nennenswerter Teil der einbezogenen Gemeinden keinen besonderen Prosperitätsgewinn verzeichnen konnte und die Berechnung der Umlage pro Einwohner zu sachlich nicht zu erklärenden Unterschieden führte.[50]

Ausgleichsfähig sind nur vorgefundene, durch soziologische, geografische oder 13 ökonomische Verschiedenheit kommunaler Gebietskörperschaften verursachte Unterschiede. Durch eigene politische Verhaltensweisen oder Entscheidungen geprägte Unterschiede, bspw durch Ausgabefreudigkeit bzw Sparsamkeit, Folgekosten investiver Entscheidungen, Heranziehen oder Verschonen der Bürger im

---

44 BVerwGE 145, 378, 383 ff.
45 Zutreffend auch *Henneke*, Der Landkreis 2013, 312, 315 ff; *Wohltmann*, Der Landkreis 2013, 396, 399 f und 420 f mwN.
46 Vgl bereits *Meyer*, in: Schweriner Kommentierung, § 91 Rn 15 f; nicht haltbar daher VGH Kassel, U. v. 14.02.2013 – 8 A 816/12 – Der Landkreis 2013, 142 f; krit. dazu auch *Oebbecke*, DVBl 2013, 1409, 1413; *Wohltmann*, Der Landkreis 2013, 396, 419.
47 Vgl NdsStGH, U. v. 16.05.2001 – StGH 6/99 u.a. – StGHE 4, 51, 57 f; zutreffend der nds. Finanzausgleichsumlage Bewährung attestiert *Albers*, NdsVBl. 2011, 1, 9 f; zur grds Zulässigkeit einer Finanzausgleichsumlage auch HessStGH, U. v. 21.05.2013 – P.St. 2361 – 1151, 1155 f; ferner SächsVerfGH, U. v. 29.01.2010 – Vf.25-VIII-09 – NVwZ-RR 2010, 418 (LS); BbgVerfG, U.v. 06.08.2013 – VfGBgb 53/11 – DVBl. 2013, 1180 mit Anmerkung *Henneke*, DVBl. 2013, 1186; ausführlich zur Stärkung des FAG durch FAG-Umlagen *ders.*, Der Landkreis 2013, 344 ff; aA z. B. *Langguth*, der gemeindehaushalt 2013, 273, 275 mwN.
48 LVerfG LSA, U. v. 16.02.2010 – 58/04 LVG 9/08 – Der Landkreis 2010, 140 f; skeptisch zur nunmehrigen Regelung in Sachsen-Anhalt *Wohltmann*, Der Landkreis 2013, 396, 430.
49 LVerfG M-V, U. v. 26.01.2012 – 18/10 – NordÖR 2012, 229, 231 ff; keine Bedenken erhebend auch *Wohltmann*, Der Landkreis 2013, 396, 419.
50 LVerfG M-V, U. v. 23.02.2012 – 37/10 – NVwZ-RR 2012, 377, 379 ff; (weitere) verfassungsrechtliche Bedenken im Hinblick auf die Landkreise thematisierend vgl *Wohltmann*, Der Landkreis 2014, 358, 370 f.

Steuer- und Gebührenbereich, dürfen hingegen keineswegs durch den Finanzausgleich verwischt werden, um die Eigenverantwortlichkeit der kommunalen Selbstverwaltung nicht zu untergraben.[51] Der ThürVerfGH[52] gesteht dem Gesetzgeber unter Beachtung der Organisationshoheit der Kommunen das Recht zu entscheiden, ob und inwieweit den Kommunen Einsparungen möglich sind. Er billigt damit im Grundsatz ein sog. Bedarfsmodell des Gesetzgebers.[53] Daneben erlaubt die Landesverfassung, im Rahmen des kommunalen Finanzausgleichs grds. auch weitere Zielsetzungen wie raumordnungspolitische Vorstellungen zu verfolgen.[54] Ob der Finanzausgleich ein geeignetes Instrumentarium bildet, noch darüber hinausgehende Zielstellungen zu erreichen[55] erscheint zweifelhaft; jedenfalls bietet der Verfassungstext keine Anhaltspunkte dafür.

14 Das GG sieht in Art. 106 Abs. 7 vor, dass den Gemeinden und Landkreisen insgesamt ein von der Landesgesetzgebung zu bestimmender Prozentsatz von dem Länderanteil am Gesamtaufkommen der Gemeinschaftssteuern nach Art. 106 Abs. 3 Satz 1 GG zufließen muss und iÜ die Länder bestimmen, ob und inwieweit das Aufkommen der Landessteuern den Gemeinden und Gemeindeverbänden zufließt. Damit wird durch die Verfassung des Bundes die **Notwendigkeit** eines kommunalen Finanzausgleichs und dessen **Funktion** zur Aufstockung der kommunalen Finanzmasse anerkannt. Darüber hinausgehende Regelungen sind dieser Vorschrift nicht zu entnehmen. So wird weder eine abschließende Regelung der Finanzbeziehungen zwischen Land und Kommunen vorgenommen, noch werden Maßstäbe für die Verteilung des Geldes auf die einzelnen Kommunen vorgegeben.[56]

15 **c) Verfassungsrechtliche Determinanten.** Die Bestimmungen des Art. 107 Abs. 2 GG über den **Bund-Länder-Finanzausgleich** sind **nicht unmittelbar** auf den kommunalen Finanzausgleich zu übertragen. Immerhin enthält aber Art. 107 Abs. 2 Satz 1 2. Halbsatz GG die Verpflichtung, Finanzkraft und Finanzbedarf der Gemeinden (Gemeindeverbände) für den föderalen Finanzausgleich zu berücksichtigen. Der Rspr des BVerfG können typisierende Aussagen über das Institut des Finanzausgleichs entnommen werden, die insoweit auf den kommunalen Finanzausgleich übertragen werden können, als nicht Spezifika des föderalen Bund-Länder-Verhältnisses ausschlaggebend sind.[57] Darüber hinaus lässt die vielfältige Überprüfung von Finanzausgleichsgesetzen durch die Landesverfassungsgerichte verallgemeinerungsfähige Aussagen zu.[58]

16 Den Gesetzgeber für den Finanzausgleich trifft die verfassungsrechtliche Pflicht zur realitätsgerechten Ermittlung der **Finanzkraft** und des **Finanzbedarfs**.[59] Bei der Festsetzung der Rechtsfolge des angemessenen Ausgleichs steht dem Gesetzgeber hingegen eine Abgrenzungs- und Einschätzungsbefugnis zu, die seitens der

---

51 Vgl nur *P. Kirchhof*, DVBl. 1980, 711, 714 f.
52 U. v. 02.11.2011 – VerfGH 13/10 – BeckRS 2011, 25477 S. 19 ff.
53 Zum Begriff *Wohltmann*, Der Landkreis 2013, 432, 435 ff mit im Grundsatz positivem Tenor; kritisch zur Ausgestaltung durch den Landesgesetzgeber aber *ders.*, Der Landkreis 2014, 396, 506 ff; vgl auch *Boettcher*, DÖV 2013, 460, 463 f.
54 Vgl LVerfG M-V, U. v. 30.06.2011 – 10/10 – LVerfGE 22, 285, 292; U. v. 26.01.2012 – 18/10 – NordÖR 2012, 229, 230.
55 Vgl *Patzig*, DVBl. 1979, 477, 478.
56 Vgl nur *Schwarz*, Finanzverfassung und kommunale Selbstverwaltung, 1996, S. 57 f.
57 *F. Kirchhof*, in: ders./H. Meyer (Hrsg.), Kommunaler Finanzausgleich im Flächenbundesland, 1996, S. 126, 133 ff.
58 Vgl aus neuerer Zeit nur *Rauber*, KStZ 2012, 201, 202 f.
59 BVerfGE 86, 148, 218 ff; NdsStGH, U. v. 25.11.1997 – StGH 14/95 u.a. – StGHE 3, 299, 313 f; HessStGH, U. v. 21.05.2013 – P.St. 2361 – NVwZ 2013, 1151, 1153.

Verfassungsgerichte nur auf ihre Vertretbarkeit kontrolliert werden kann.[60] Innerhalb des gegebenen Spielraums erfordern das Übermaß- und das Willkürverbot Beachtung.[61] Aus dem Übermaßverbot folgt die Notwendigkeit der Geeignetheit und der Erforderlichkeit des eingesetzten Mittels. Der im Rechtsstaatsprinzip verankerte Gleichheitssatz erlaubt zwar aus Gründen der Praktikabilität Typisierungen, enthält aber ein allg. Willkürverbot.[62] Das interkommunale Gleichbehandlungsgebot verbietet, einzelne Kommunen sachwidrig zu benachteiligen oder zu bevorzugen; getroffene Regelungen werden vom Landesverfassungsgericht nicht darauf überprüft, ob der Gesetzgeber die bestmögliche und gerechteste Lösung gewählt hat, aber sie müssen auf einem sachlichen Grund beruhen.[63] Für eine Differenzierung bei der Zuweisung von Schlüsselzuweisungen an Gemeinden mit weniger als 500 Einwohnern und solchen mit wenigstens 500 Einwohnern fehlt es im Landesrecht an einem sachlichen Grund.[64] Das LVerfG M-V hat damit klargestellt, dass der Finanzausgleich kein Instrument „kalter Gebietsreform" sein kann, sondern eine solche Entscheidung vom Gesetzgeber in dem dafür vorgesehenen Prozedere zu verantworten ist.[65] Erheblichen verfassungsrechtlichen Zweifeln unterfällt zudem die aufgabenunabhängige Privilegierung der ehemals kreisfreien Städte in § 23 Abs. 3 FAG hinsichtlich der abgesenkten Berücksichtigung der Steuerkraftzahlen bei der Festsetzung der Kreisumlage. Insbesondere ist nicht zu erkennen, worin der Grund für die unterschiedliche Behandlung gegenüber ähnlich steuerstarken anderen kreisangehörigen Gemeinden liegen soll.[66] In seiner Ausprägung als Grundsatz der Systemrechtigkeit bindet der Gleichheitssatz den Gesetzgeber ferner an seine selbstgesetzten Maßstäbe.[67] Schließlich untersagt der Gleichheitssatz sprunghafte Abstufungen von einigem Gewicht ohne fließende Übergänge.[68]

d) Insb.: Schutz durch verfahrensrechtliche Anforderungen? Der Staatsgerichtshof Baden-Württemberg hat herausgearbeitet, der Schutz der Finanzgarantie für die Kommunen in der dortigen LV setze **prozedurale Absicherungen** in dem zu anstehenden Entscheidungen des Gesetzgebers über den Finanzausgleich führenden Verfahren voraus, deren Fehlen oder Missachtung zur Unvereinbarkeit des Finanzausgleichs mit der Verfassungsgarantie führen könne. Eine nachträgliche verfassungsgerichtliche Kontrolle des Ergebnisses des Gesetzgebungsverfahrens 17

---

60 BVerfGE 72, 330, 399; 86, 148, 217 und 230; LVerfG M-V, U. v. 30.06.2011 – 10/10 – LVerfGE 22, 285, 288 f mwN.
61 *Patzig*, DÖV 1985, 645, 650.
62 Vgl BVerfGE 86, 148, 250 f; BayVerfGH, E. v. 12.01.1998 – Vf. 24-VII- 94 – NVwZ-RR 1998, 611 (LS); BVerwG, U. v. 25.03.1998 – 8 C 11.97 - DÖV 1998, 731, 733 f; LVerfG LSA, U. v. 09.10.2012 – LVG 23/10 – DVBl. 2012, 1494 mit Anm. *David*, DVBl. 2012, 1498 f.
63 LVerfG M-V, U. v. 18.12.2003 – 13/02 – LVerfGE 14, 293, 302; U. v. 11.05.2011 – 1/05 u.a. – LVerfGE 17, 297, 318; U. v. 30.06.2011 – 10/10 – LVerfGE 22, 285, 289 f; U. v. 26.01.2012 – 18/10 – NordÖR 2012, 229, 231 f; U. v. 23.02.2012 – 37/10 – NVwZ-RR 2012, 377, 379; ferner NdsStGH, U. v. 04.06.2010 – StGH 1/08 – NdsVBl. 2010, 236, 241 f, jew. mwN.
64 LVerfG M-V, U. v. 30.06.2011 – 10/10 – LVerfGE 22, 285, 291 ff; vgl aber für das dortige Landesrecht ThürVerfGH U. v. 02.11.2011 – VerfGH 13/10 – BeckRS 2011, 25477 S. 19.
65 Vgl in diesem Sinne insb. LVerfG M-V, U. v. 30.06.2011 – 10/10 – LVerfGE 22, 285, 292 f.
66 Ähnlich auch bereits *Wohltmann*, Der Landkreis 2013, 396, 407.
67 BVerfGE 86, 148, 252; LVerfG M-V, U. v. 26.01.2012 – 18/10 – NordÖR 2012, 229, 230; *Pechstein*, LKV 1991, 289, 292; *F. Kirchhof*, in: ders./H. Meyer, Kommunaler Finanzausgleich im Flächenbundesland, 1996, S. 126, 133 ff.
68 BVerfGE 86, 148, 256.

vermöge den Kommunen keinen effektiven Rechtsschutz gegen eine finanzielle Aushöhlung des institutionell garantierten Selbstverwaltungsrechts zu gewährleisten.[69] Obgleich zu betonen ist, dass die Gemeinden und Landkreise nicht Inhaber von Grundrechten sind, insb. die Selbstverwaltungsgarantie selbst kein Grundrecht darstellt, zieht der BWStGH aufgrund einer „grundrechtsvergleichbaren Gefährdungslage" damit Parallelen zum Grundrechtsschutz durch **Organisation und Verfahren**, ein auch auf die Verfassungsrechtslage in M-V übertragbarer Gedanke. Bereits durch ein transparent gestaltetes Verfahren soll sichergestellt werden, dass die Kommunen ihre Aufgaben wahrnehmen können und nicht bereits über Art und Umfang der zur Verfügung gestellten Mittel Einfluss auf die verfassungsrechtlich den Selbstverwaltungsträgern zugewiesene Aufgabenerfüllung genommen wird.[70] Das LVerfG M-V hat klargestellt, dass sich eine Entscheidung des Gesetzgebers im kommunalen Finanzausgleich grds. auf objektivierbare Daten stützen lassen muss.[71] Die Frage, ob die Heranziehung von Daten zur Bedarfs- und Einnahmeermittlung erhöhte Anforderungen an das Gesetzgebungsverfahren zur Folge hat, haben die Greifswalder Verfassungsrichter thematisiert, aber bisher offen gelassen.[72] Der ThürVerfGH[73] fordert zur Sicherung eines gerechten, transparenten und rationalen Systems der Finanzverteilung, die Parameter in einem nachvollziehbaren Verfahren zu ermitteln, das eine verfassungsgerichtliche Kontrolle ermöglicht.

18 Das Landesrecht in M-V[74] kennt zwei Formen der institutionalisierten Beteiligung. Zum einen verpflichten **§§ 6, 93 KV M-V** die LReg, bei der Vorbereitung von Rechtsvorschriften mit kommunalem Bezug mit den kommunalen Landesverbänden „zusammenzuwirken". Mit Recht hat das LVerfG M-V dies als über ein bloßes Anhörungsrecht hinausgehend qualifiziert.[75] Ferner hat der LT den kommunalen Spitzenverbänden in aller Regel durch eine Anhörung Gelegenheit zu geben, im Gesetzgebungsverfahren die Belange der Gemeinden und Landkreise zur Geltung zu bringen. Zum anderen kennt **§ 15 a FAG M-V** einen paritätisch zwischen Land und kommunalen Spitzenverbänden besetzten Beirat für den kommunalen Finanzausgleich, dessen gesetzlich definierte Aufgabe in der Beratung des Innen- und Finanzministeriums in Fragen der Ausgestaltung und Weiterentwicklung des kommunalen Finanzausgleichs sowie der Vorbereitung der Prüfung nach § 5 Abs. 2 Satz 3 FAG unabhängig von den dort genannten Jahresfristen besteht.[76] Das LVerfG M-V hat diese gesetzlichen Schutzbestimmungen für die Kommunen allerdings zu bloßen Programmaussagen und goodwill-Erklärungen degradiert, indem es mögliche Verstöße gegen die §§ 6, 93 KV M-V sowie § 15 a FAG M-V als verfassungsrechtlich folgenlos qualifiziert hat. Entgegen der dort vertretenen Auffassung geht es nicht um eine formelle Erwei-

---

69 BWStGH, U. v. 10.05.1999 – GR 2/97 – DVBl. 1999, 1351, insb. 1355 f.
70 Ausf. *H. Meyer*, Der kommunale Finanzausgleich in M-V, 3. Aufl. 2004, S. 25 ff; ebenso *Henneke*, ZG 1999, 256, 283; iE auch *Katz*, DÖV 2000, 235, 238; krit. zB *Starck*, in: NdsVBl., Sonderheft zum 50-jährigen Bestehen des Niedersächsischen Staatsgerichtshofs, 2005, S. 36, 39; *Dombert*, DVBl. 2006, 1136, 1142 konstatiert ebenfalls Schwächen einer ausschließlich verfahrensbezogenen Betrachtung.
71 U. v. 30.06.2011 – 10/10 - LVerfGE 22, 285, 293; U. v. 23.02.2012 – 37/10 – NVwZ-RR 2012, 377, 381; ebenso VerfGH NW, U. v. 26.05.2010 – VerfGH 17/08 – NVwZ-RR 2010, 627 ff.
72 LVerfG, u. v. 30.11.2011 – 10/10 – LVerfGE 22, 285, 293; U. v. 26.01.2012 – 18/10 – NordÖR 2012, 229, 230.
73 U. v. 02.11.2011 – VerfGH 13/10 – BeckRS 2011, 25477 S. 14 f.
74 Bundesweiter Überblick bei *Wohltmann*, ZG 2011, 377 ff.
75 LVerfG M-V, U. v. 11.05.2006 – 1/05 u.a. – LVerfGE 17, 297 ff = LKV 2006, 461, 466.
76 Zum Beirat vgl *Henneke*, der gemeindehaushalt 2002, 145, 154.

terung der an der Gesetzgebung Beteiligten, sondern allein um die Frage, ob die Kommunen bzw deren Verbände eine rügefähige Rechtsposition vor dem LVerfG eingeräumt bekommen haben. Soweit dies abgelehnt wird,[77] vermag dies nicht zu überzeugen. Es handelt sich nicht um eine Teilhabe am Gesetzgebungsverfahren, sondern die sehr wohl dem einfachen Gesetzgeber obliegende Ausgestaltung des verfassungsrechtlich verbürgten Selbstverwaltungsrechts der Kommunen.[78]

2. Finanzkraft. Ziel eines Finanzausgleiches ist der **angemessene Ausgleich** unterschiedlicher Finanzkraft zwischen den beteiligten Körperschaften; für die Ermittlung der Finanzkraft darf nur auf zuverlässige Indikatoren abgestellt werden.[79] Soweit für den bundesstaatlichen Finanzausgleich eine alleinige Orientierung an der Steuerkraft für unzulässig erachtet wird,[80] werden diese Überlegungen für den kommunalen Finanzausgleich mit Recht nicht aufgegriffen. Vielmehr wird im Wesentlichen durchweg auf das Ist-Aufkommen der Einkommensteuer und den an fiktiven Hebesätzen orientierten Ertrag der Realsteuern abgestellt. Diese Vorgehensweise ist sachgerecht und verfassungsrechtlich weitgehend geboten:[81] Einnahmen durch Kredite besagen nichts über die Finanzkraft einer Kommune. Gebühren und Beiträge werden nach dem Kostendeckungsprinzip erhoben und können nicht zu einer Verbesserung der allg. Finanzausstattung beitragen. Die Orientierung der Realsteuererträge an fiktiven Hebesätzen soll den kontraproduktiven Effekt vermeiden, dass sich für eine Gemeinde eine geringere steuerliche Belastung der eigenen Bürger positiv und eine stärkere Inanspruchnahme negativ auf die Zuweisungen des Finanzausgleichs auswirkt.[82] Unter den gleichen Prämissen erscheint auch die Berücksichtigung örtlicher Verbrauch- und Aufwandsteuern verfassungsrechtlich zulässig,[83] wegen des ausgeprägten Lenkungszwecks mancher Verbrauch- und Aufwandsteuern aber nicht unbedingt geboten.

3. Finanzbedarf. a) Generelle Betrachtungen. Keineswegs darf der Finanzausgleich einer unkritischen Angleichung der Einnahmen an die Ausgaben dienen; der Finanzausgleich soll nicht besondere Ausgabefreudigkeit honorieren oder gar anregen. Das BVerfG hat als „unabdingbaren Bezugspunkt" des Finanzausgleiches den **abstrakten Finanzbedarf** herauskristallisiert.[84] In der Rechtsprechung der Landesverfassungsgerichte werden die Ausgaben für berücksichtigungsfähig erachtet, die bei einer effizienten Aufgabenerfüllung entstehen.[85] Während in einem föderalen Finanzausgleich das Einbeziehen von Sonderlasten und Sonderbedarfen grds. unzulässig und nur als Ausnahme gestattet ist, erfor-

---

77 LVerfG M-V, U. v. 11.05.2006 – 1/05 u.a. – LVerfGE 17, 297 ff = LKV 2006, 461, 465, unter Berufung auf *Glaser*, in: Schweriner Kommentierung, § 6 Rn 7; vollends verfehlt ist das Abstellen auf Art. 20 Abs. 1 Satz 3 LV in diesem Zusammenhang, was auch die Mitwirkung der LReg an der Gesetzgebung in Frage stellen würde.
78 Ausführlich dazu *H. Meyer*, in: Recht und Politik, Wissenschaftliches Symposium für Edzard Schmidt-Jortzig zum 65. Geburtstag, 2006, S. 121, 132 ff.
79 BVerfGE 72, 330, 386 und 389.
80 Vgl BVerfGE 86, 148, 216 ff.
81 Vgl *Henneke*, DÖV 1994, 1, 8.
82 Vgl hierzu VerfGH NW, U. v. 06.07.1993 – VerfG 9 und 22/92 – DÖV 1993, 1003, 1005.
83 Ebenso *F. Kirchhof*, in: ders./H. Meyer (Hrsg.), Kommunaler Finanzausgleich im Flächenbundesland, 1996, S. 126, 138; tendenziell kritisch *Henneke*, DÖV 1994, 1, 8.
84 BVerfGE 72, 330, 440 f; 86, 148, 223.
85 LVerfG LSA, U. v. 09.10.2012 – LVG 57/10 – DVBl 2012, 1560, 1561; dem Landesgesetzgeber einen sehr weiten Spielraum zubilligend ThürVerfGH U. v. 02.11.2011 – VerfGH 13/10 – BeckRS 2011, 25477 S. 19 ff.

dert für den kommunalen Finanzausgleich die spezifische Struktur und der besondere Aufgabenbestand der Kommunen zusätzliche Erwägungen des Gesetzgebers bei der Bestimmung des abstrakten, generellen Bedarfs.[86] Berücksichtigungsfähig ist der kommunalspezifische, generelle Mehrbedarf, der in typischen Ausgabensituationen oder bei bestimmten Arten der Kommunen anfällt, nicht berücksichtigungsfähig ist der individuelle Sonderbedarf. Die Berücksichtigung des Finanzbedarfs kann sich widerspiegeln in der Typisierung von Kommunen mit vergleichbarem Aufgabenbestand (zB kreisfreie Städte, kreisangehörige Gemeinden, Landkreise), der Verteilung der allg. Schlüsselzuweisungen und der gesonderten Dotierung bestimmter aufgabenspezifischer Belastungen.

21 Grds. werden **Einwohnerwerte** als taugliches Kriterium zur Ermittlung des allg. Finanzbedarfes angesehen.[87] Über Jahrzehnte wurde unreflektiert die sog. Brecht/Popitzsche Formel zu Grunde gelegt, wonach Gemeinden mit höherer Einwohnerzahl auch höhere Verwaltungsaufgaben pro Kopf der Bevölkerung zu tragen hätten.

Finanzausgleichsgesetze verschiedener Bundesländer haben hieraus die Konsequenz der Bildung „veredelter" Einwohnerwerte für Gemeinden bestimmter Größenklassen gezogen. Das BVerfG hat die Gültigkeit der empirischen Voraussetzungen und die fortdauernde Gültigkeit der normativen Grundaussagen der Brecht/Popitzschen Formel ausdrücklich in Frage gestellt sowie den Gesetzgeber zu einer Überprüfung und ggf Korrektur angewiesen.[88] Das LVerfG M-V hat Bedenken gegen das Prinzip der Einwohnerveredlung im Hinblick auf die fehlende empirische Absicherung angedeutet, konnte die Frage letztlich aber als nicht entscheidungserheblich dahinstehen lassen.[89] In Sachsen-Anhalt stellte das LVerfG insoweit die Unvereinbarkeit einer Regelung des dortigen Finanzausgleichs mit der Landesverfassung fest, als der Gesetzgeber keine Begründung für eine unterschiedliche Einwohnergewichtung bei den Schlüsselzuweisungen und bei der Investitionspauschale für kreisfreie Städte geliefert habe; die pauschale Annahme, die steigende Einwohnerzahl ließe den Zuschussbedarf überproportional ansteigen, sei nicht ausreichend.[90]

Grundsätzlich ist es verfassungsrechtlich nicht zu beanstanden, wenn der Gesetzgeber der **demografischen Entwicklung** dadurch Rechnung trägt, dass er vom Rückgang der Bevölkerungszahlen auf einen Rückgang des Aufwands für die Erledigung der kommunalen Aufgaben schließt und dabei bedarfsmindernd berücksichtigt. Allerdings darf der Rückgang nicht bedarfsmindernd proportional zum Bevölkerungsrückgang verringert werden. Vielmehr müssen Fixkosten/Ausgaberemanenzen beachtet werden. Schließlich darf der Bevölkerungsrückgang für die einzelnen kommunalen Aufgaben nicht einheitlich, sondern nur differenziert angesetzt werden.[91] Damit werden erstmals die Folgen des demografischen Wandels in vertikaler Hinsicht zwischen Land und Kommunen als aus-

---

86 BVerfGE 86, 148, 223 ff.
87 Vgl OVG Münster, U. v. 30.01.1987 – 15 A 1032/84 – OVGE 39, 76, 82.
88 Vgl BVerfGE 86, 148, 233 ff; krit. zur Brecht/Popitzschen Formel auch *Pechstein*, LKV 1991, 289, 292; *Hoppe*, DVBl. 1995, 179, 183; *Henneke*, in: Henneke/Pünder/Waldhoff (Hrsg.), Recht der Kommunalfinanzen, 2006, § 25 Rn 26 ff.
89 LVerfG M-V, U. v. 30.06.2011 – 10/10 – LVerfGE 22, 285, 297.
90 LVerfG LSA, U. v. 09.10.2012 – LVG 23/10 – DVBl. 2012, 1494 mit Anm. *David*, DVBl. 2012, 1498 f und *Henneke*, DVBl. 2012, 1565, 1566 („salopp gesprochen: aus Popitz Mumpitz geworden").
91 Grundlegend LVerfG, LSA, U. v. 09.10.2012 – LVG 57/10 – DVBl 2012, 1560, 1564 f.

gleichsrelevant erachtet,[92] ohne allerdings eine abschließende Antwort auf die oftmals gerade durch die Demografie bedingte Bedarfssituation einzelner Gemeinden oder Regionen zu geben.[93]

Eine Rechtfertigung für die der „Einwohnerveredlung" zugrundeliegenden Annahmen ist in der Tat nicht zu erkennen. Im Hinblick auf eine damit verbundene Besserstellung der kreisfreien Städte ist vielmehr auf den höheren Verwaltungsaufwand im kreisangehörigen Raum durch das Vorhalten zweier selbständiger Selbstverwaltungsebenen und die Wahrnehmung zusätzlicher Aufgaben (zB untere Rechtsaufsicht; Gemeindeprüfung) hinzuweisen.[94] Insb. aber ist der höhere Kostenaufwand bei der Wahrnehmung gleichgearteter Aufgaben in dünn besiedelten Räumen zu beachten, wie er sich bspw niederschlägt bei den Aufgaben des Naturschutzes, der Wasserwirtschaft, der Abfallwirtschaft, des Jagdwesens, der Veterinär- und Lebensmittelüberwachung, der Straßenaufsicht, des öffentlichen Personennahverkehrs, der Schülerbeförderung, der Schulträgerschaft, des Rettungswesens und der Trägerschaft überörtlicher Einrichtungen der Daseinsvorsorge. Mit guten Gründen wird deswegen jedenfalls auf der Ebene der Landkreise und kreisfreien Städte für die Berücksichtigung der **Fläche als (Mit-)Bedarfsindikator** plädiert.[95] Der NdsStGH hat die verfassungsrechtliche Relevanz dieser Fragestellung deutlich herausgearbeitet und bereits im Jahr 1998 betont, für die Landkreise entspreche ein Bevölkerungsansatz als einziges Verteilungskriterium der Schlüsselzuweisungen nicht einem aufgabengerechten Finanzausgleich, wie ihn die Niedersächsische Verfassung fordere. Die Eigenart mancher Aufgaben der Landkreise bewirke, dass die Fläche der entscheidende Kostenfaktor sei. Das gelte zB für die Straßenbaulast und die Schülerbeförderung.[96] Im Jahr 2001 haben die Bückeburger Verfassungsrichter ihr Petitum in dieser Frage nochmals präzisiert. Verzichte der Gesetzgeber gleichwohl auf ein Flächenkriterium, bewege er sich nur dann innerhalb des ihm von Verfassungs wegen zustehenden Gestaltungsspielraums, wenn er seine Entscheidung unter Berücksichtigung der im Entscheidungszeitpunkt aktuellen Erkenntnisse nachvollziehbar begründe und die Aufgabengerechtigkeit der Finanzzuweisungen – speziell im Hinblick auf flächenbedingt entstehende Kosten – trotz des Verzichts auf flächenabhängige Verteilungskriterien sichergestellt sei.[97] Der Niedersächsische Landesgesetzgeber hat im Jahr 2007 die Konsequenz aus diesen verfassungsrechtlichen Vorgaben gezogen.[98] Der NdsStGH hat den dort gewählten Ansatz unter Hinweis auf seine bisherige Rechtsprechung erneut bestätigt und entschieden, die Ausgestaltung eines flächenbezogenen Ansatzes auf der Ebene der Landkreise

---

92 Zutreffend *Henneke*, Anmerkung zu LVerfG, LSA, U.v. 09.10.2012 – LVG 57/10 – DVBl 2012, 1560, DVBl 2012, 1565, 1566; *ders.*, Der Landkreis 2013, 312, 320 ff mwN zu finanzrelevanten Folgen des demografischen Wandels.
93 Überblick zu demografischen Ansätzen im Finanzausgleich bei *Wohltmann*, Der Landkreis 2014, 396, 439 ff mwN.
94 Vgl VerfGH NW, U. v. 06.07.1993 – VerfG 9 und 22/92 – DÖV 1993, 1003, 1005.
95 Vgl *Henneke*, in: F. Kirchhof/H. Meyer (Hrsg.), Kommunaler Finanzausgleich im Flächenbundesland, 1996, S. 71 ff; *Wohltmann*, Der Landkreis 2013, 432, 457 ff mwN.
96 NdsStGH, U. v. 25.11.1997 – StGH 14/94 u.a. – StGHE 3, 299, 319 f; ausf. dazu *Henneke*, Der Landkreis 1998, 22; vgl auch BayVerfGH, E. v. 27.02.1997 – Vf. 17-VII-94 – BayVBl. 1997, 303, 306 f.
97 NdsStGH, U. v. 16.05.2001 – StGH 6/99 u.a. – StGHE 4, 31, 61; ähnlich bereits BbgVerfG, U. v. 16.09.1999 – VfGBbg 28/98 – NVwZ-RR 2000, 129, 132; zustimmend *Wallerath*, in: NdsVBl., Sonderheft zum 50-jährigen Bestehen des Niedersächsischen Staatsgerichtshofes, 2005, S. 43, 54; nunmehr auch ThürVerfGH U. v. 02.11.2011 – VerfGH 13/10 – BeckRS 2011, 25477 S. 14.
98 Vgl NLT-Information 2007, 3; ausführlich *Demuth*, NdsVBl. 2008, 2 41, 244 ff.

sei jedenfalls dann aufgabengerecht und willkürfrei, wenn der historische Gesetzgeber sie unter Berücksichtigung aktueller finanzwissenschaftlicher Erkenntnisse nachvollziehbar begründe.[99]

23 Die alleinige Ausrichtung an Einwohner- bzw Flächenwerten wird oftmals typischen Aufgaben und daraus resultierenden besonderen Kostenlasten nicht gerecht. Ergänzend werden daher **aufgabenbezogene Ansätze** im Rahmen von Schlüsselzuweisungen gebildet oder Vorwegabzüge und Zweckzuweisungen für Sonderbedarfe in den Finanzausgleich aufgenommen. Bei Erheblichkeit der Kostenlast und Abgrenzbarkeit der Aufgabe von den sonstigen kommunalen Aufgaben kann die Bildung solcher Ansätze zur Feinsteuerung im Hinblick auf den Finanzbedarf als Ausdruck der redistributiven Funktion des Finanzausgleichs sinnvoll sein, wie dies gerade in der Formulierung des Art. 73 Abs. 2 LV zum Ausdruck kommt. In der Praxis finden sich in den Bundesländern in unterschiedlicher Ausprägung bspw Raumordnungs-, Schüler-, Grenzland-, Kurort-, Kinder-, Bevölkerungswachstums-, Gemeindezusammenschluss-, Straßen-, Stationierungs- und Sozialhilfeansätze.[100]

24 **b) Finanzausgleichsgesetz M-V.** Prägend für die Höhe der Finanzausgleichsleistungen in M-V[101] ist nach dem nunmehrigen § 7 Abs. 2 Satz 1 Finanzausgleichsgesetz des Landes M-V (FAG M-V) verankerte, erstmals zum 01.01.2002 eingefügte sog. **Gleichmäßigkeitsgrundsatz.** Danach sollen sich die Summe der Einzahlungen der Gemeinden und Landkreise aus eigenen Steuern (Grundsteuern und Gewerbesteuern abzüglich Gewerbesteuerumlage, Gemeindeanteile an der Einkommen- und an der Umsatzsteuer sowie andere Steuern) und den Zuweisungen nach dem FAG M-V gleichmäßig zu den dem Land verbleibenden Einnahmen aus Steuern, Zuweisungen aus dem Länderfinanzausgleich einschließlich der Bundesergänzungszuweisungen, abzüglich der den Gemeinden und Landkreisen nach dem FAG M-V zufließenden Finanzausgleichsleistungen entwickeln.[102] Verfassungsrechtlichen Bedenken gegen die Einnahme- statt der notwendigen Aufgabenorientierung[103] hat sich das LVerfG M-V nicht angeschlossen. Zwar müsse der Ausgangspunkt des Gleichmäßigkeitsgrundsatzes als (nur) Entwicklungsprinzip von Verfassungs wegen aufgabenbezogen sein. Dies sei bei der Einführung der Fall gewesen. Ferner müsse bei Anwendung des Gleichmäßigkeitsgrundsatzes beobachtet werden, ob die Vermutung, die Ausgaben und die Einnahmen entwickelten sich bei Land und bei den Kommunen gleichmäßig, noch zutreffe. Dies werde grds. durch die nunmehr in § 7 Abs. 3 Satz 2 FAG M-V enthaltene Revisionsklausel gewährleistet, die jetzt eine Überprüfung

---

99 NdsStGH, U. v. 04.06.2010 – StGH 1/08 – NdsVBl. 2010, 236, 242.
100 Vgl *P. Kirchhof*, DVBl. 1980, 711, 716; *Rauber*, KStZ 2012, 201, 207 f; krit. wegen der tendenziell bestehenden staatlichen Einflussmöglichkeiten z.B. *Henneke*, in: ders./Pünder/Waldhoff (Hrsg.), Recht der Kommunalfinanzen, 2006, § 25 Rn 17; *C. Erps*, VR 2009, 325 ff.
101 Grafische Übersicht bei *Wohltmann*, Der Landkreis 2014, 396, 488.
102 Bestimmte Anteile der Bundesergänzungszuweisungen und Sonderbedarfs-Bundesergänzungszuweisungen sowie Steuereinnahmen des Landes bleiben dabei unberücksichtigt, vgl § 7 Abs. 2 Sätze 2 und 3 FAG.
103 Ausführlich dazu *H. Meyer*, Der kommunale Finanzausgleich in M-V, 3. Aufl. 2004, S. 75 f.; *ders.*, Mindestausstattung, in Schöneburg u.a., Verfassungsfragen, S. 31, 38 f; *Schmitt*, DÖV 2013, 452, 454; *Wohltmann*, Der Landkreis 2013, 432, 437; kritisch auch *Leisner-Egensperger*, DÖV 2010, 705, 709 f, der aber keine Bedenken gegen die Beachtung einer „Verteilungssymmetrie" hat.

im Zwei-Jahresrhythmus vorsieht.[104] Wird auf eine rechnerische Größe wie den Gleichmäßigkeitsgrundsatz abgestellt, kann eine rein mathematische Betrachtung im Einzelfall gleichwohl aus Gründen der Verteilungsgerechtigkeit durch verfassungsrechtlich gebotene Wertungen überlagert sein. Dies gilt insbesondere dann, wenn Finanzprobleme der Kommunen maßgeblich auf einer signifikant hohen Kostenbelastung aus staatlich zugewiesenen Aufgaben beruhen und daher fremdbestimmt sind.[105]

Im Rahmen der Verteilung der Finanzausgleichsmasse **verzichtet** das FAG M-V 25 sinnvoller Weise **auf eine Einwohnerveredlung.** Die Berücksichtigung der kreisfreien Städte bei der Verteilung der Schlüsselzuweisungen sowohl als Gemeinde- wie auch als Kreiseben einerseits und die die Oberzentren stark begünstigende Ausgestaltung der Zuweisungen für übergemeindliche Aufgaben in § 16 FAG M-V[106] anderseits führen in ihrer Kumulation allerdings zu einer verfassungsrechtlich bedenklichen Unwucht zu Gunsten der kreisfreien Städte. Die **Fläche als Kosten begründender Faktor** findet sowohl bei der Verteilung der Schlüsselzuweisungen, wie auch einzelnen Vorwegabzügen, nämlich für die Zuweisungen für die Träger der Schülerbeförderung in den Landkreisen nach § 17 FAG M-V und des öffentlichen Personennahverkehrs nach § 18 FAG M-V Berücksichtigung. Die Berücksichtigung der Fläche bei den Schlüsselzuweisungen in § 13 FAG M-V, die über die Verweisungsvorschrift in § 15 Abs. 2 Satz 2 FAG M-V auch für die Verteilung der Zuweisungen für die Wahrnehmung der Aufgaben des übertragenen Wirkungskreises und der unteren staatlichen Verwaltungsbehörde relevant ist, leidet allerdings unter einem verfassungsrechtlichen Kardinalfehler. Durch die Beschränkung allein auf die Landkreise vermag sie den von der Rspr des NdsStGH intendierten Belastungsausgleich der Fläche in Abgrenzung zu den Verdichtungsräumen der kreisfreien Städte nicht zu entfalten.[107] IÜ erscheint die Anzahl der Vorwegabzüge im FAG M-V nach wie vor überprüfungsbedürftig.

4. Ausgleichsziel und -intensität. Ziel des Finanzausgleichs ist ein **angemessener** 26 **Ausgleich der Finanzkraft.**[108] Ausgeglichen werden sollen strukturelle, vorgegebene Unterschiede. Untersagt ist bereits die Nivellierung, dh die vollständige Angleichung der Finanzkraft.[109] Bereits der Wortlaut der Verfassung in Art. 73 Abs. 2 LV („ausgleichen" bzw „Finanzausgleich") verbietet eine darüber noch hinausgehende Übernivellierung, die im Ergebnis dazu führte, dass die Reihenfolge der beteiligten Körperschaften in der Finanzkraft nach erfolgtem Ausgleich sich verschiebt. Dieses Ergebnis darf nicht durch die Summe der Schlüsselzuweisungen und Vorwegabzüge eintreten.[110] Der auf bloßen Lastenausgleich für

---

104 LVerfG M-V, U. v. 11.05.2006 – 1/05 u.a. – LVerfGE 17, 297, 330 ff; die Beobachtungs- und Nachbesserungspflicht hervorhebend *Wallerath*, in: NdsVBl., Sonderheft zum 50-jährigen Bestehen des Niedersächsischen Staatsgerichtshofes, 2005, S. 43, 54.
105 Vgl VerfGH Rh-Pf, U. v. 14.02.2012 – VGH N 3/11 – NVwZ 2012, 1034, 1036; gerade in der Herstellung der Verbindung zur bundesrechtlich geprägten tatsächlichen Finanzsituation die Bedeutung der Entscheidung sehend *Henneke* in seiner Anmerkung, DVBl. 2012, 440, 442; zust. auch *Rauber*, KStZ 2012, 201, 204; zur Bedeutung der Entscheidung im Vorfeld bereits *Wieland*, in: FS Schmidt-Jortzig, 2011, S. 221, 228 ff.
106 Dazu im einzelnen *H. Meyer*, Der kommunale Finanzausgleich in M-V, 3. Aufl. 2004, S. 112 ff zum damaligen § 10 e FAG.
107 Zur Entstehungsgeschichte der Norm vgl *H. Meyer*, Der kommunale Finanzausgleich in M-V, 3. Aufl. 2004, S. 88 ff.
108 Vgl BVerfGE 72, 330, 386.
109 Vgl BVerfGE 72, 330, 398; 86, 148, 215; *Birk/Inhester*, DVBl. 1993, 1281, 1284.
110 Vgl BVerfGE 72, 330, 404; 86, 148, 250 ff; *Henneke*, Die Kommunen in der Finanzverfassung, 5. Aufl. 2012, S. 500 f.

übertragene, ursprünglich staatliche Aufgaben abzielende Ausgleich nach Art. 72 Abs. 2 LV hat außer Betracht zu bleiben, da er nicht auf eine Verstärkung eigener Finanzkraft abzielt.

IV. Schrifttum

27 *Heinrich Albers*, Bei der Verteilung der kommunalen Finanzausgleichsmittel hat der Gesetzgeber einen Gestaltungsspielraum, NdsVBl. 2011, 1 ff; *Matthias Dombert*, Zur finanziellen Mindestausstattung von Kommunen, in: DVBl. 2006, S. 1136 ff; *Olaf Dreher*, Steuereinnahmen für die Kreise, 1991; *Wilfried Erbguth*, Berücksichtigung zentralörtlicher Funktionen durch den Finanzausgleich, in: *F. Kirchhof/H. Meyer* (Hrsg.), Kommunaler Finanzausgleich im Flächenbundesland, 1996, S. 62 ff; *Catharina Erps*, Zweck- und Schlüsselzuweisungen als Instrumente des kommunalen Finanzausgleichs, VR 2009, 325 ff; *Rolf Grawert*, Kommunale Finanzhoheit und Steuerhoheit, in: von Mutius (Hrsg.), Selbstverwaltung im Staat der Industriegesellschaft, 1983, S. 587 ff; *Hans-Günter Henneke*, Aufgabengerechte Finanzausstattung der Landkreise als Grundlage der kommunalen Selbstverwaltung, in: LKV 1993, S. 365 ff; *ders.*, Ausformung der landesverfassungsrechtlichen Finanzgarantien der Kommunen durch die Rechtsprechung, in: Der Landkreis 2006, S. 285 ff; *ders.*, Begrenzt die finanzielle Leistungsfähigkeit des Landes den Anspruch der Kommunen auf eine aufgabenangemessene Finanzausstattung?, DÖV 2008, 857 ff; *ders.*, Das Gemeindefinanzierungssystem, in: Jura 1986, S. 568 ff; *ders.*, Der kommunale Finanzausgleich, in: DÖV 1994, 1 ff; *ders.*, Die Kommunen in der Finanzverfassung des Bundes und der Länder, 5. Aufl. 2012 (zit.: Die Kommunen in der Finanzverfassung); *ders.*, Die Kommunen in der Finanzverfassung des Bundes und der Länder – Entwicklungen 2012/13, Der Landkreis 2013, 312 ff; *ders.*, Öffentliches Finanzwesen Finanzverfassung, 2. Aufl. 2000; *ders.*, Schuldenbremse – Fluch oder Segen, Der Landkreis 2013, 290 ff; *ders.*, Steuerbeteiligung der Kreise – ein notwendiges Element einer soliden Basis für Kommunalfinanzen, in: Der Landkreis 2006, S. 251; *ders.*, ThürVerfGH schreibt Lehrbuch der Kommunalfinanzausgleichsgesetzgebung, in: ZG 2006, S. 73 ff; *ders.*, Wer der Bestellung zustimmt, muss sie adressieren und bezahlen, DVBl 2011, 125 ff; *Werner Hoppe*, Der Anspruch der Kommunen auf aufgabengerechte Finanzausstattung, in: DVBl. 1992, S. 117 ff; *ders.*, Reform des kommunalen Finanzausgleichs, 1985; *Jörn Ipsen* (Hrsg.), Kommunale Aufgabenerfüllung im Zeichen der Finanzkrise, 1995; *Ferdinand Kirchhof*, Der Finanzausgleich als Grundlage kommunaler Selbstverwaltung, in: DVBl. 1980, S. 711 ff; *ders.*, Rechtsgutachten zum Entwurf eines Finanzausgleichsgesetzes für das Land Mecklenburg-Vorpommern, in: ders./H. Meyer (Hrsg), Finanzausgleich im Flächenbundesland, 1996, S. 126 ff; *ders.*, Empfehlen sich Maßnahmen, um in der Finanzverfassung Aufgaben- und Ausgabenverantwortung von Bund, Ländern und Gemeinden stärker zusammenzuführen?, Gutachten D für den 61. Deutschen Juristentag, 1996; *Lutz Lammers*, Das kommunale Steuerfindungsrecht aus Art. 28 Abs. 2 GG, DVBl 2013, 348 ff.; *Niklas Langguth*, Finanzausgleich oder Verfassungsbruch – zur Frage der Vereinbarkeit der Abundanzumlage mit dem Grundgesetz, der gemeindehaushalt 2013, 273; *Anna Leisner-Egensperger*, Die Finanzausgleichsgesetze der Länder und das kommunale Selbstverwaltungsrecht, DÖV 2010, 705 ff; *Hubert Meyer*, Der kommunale Finanzausgleich in Mecklenburg-Vorpommern, 3. Aufl. 2004; *ders.*, Die kommunale Finanzgarantie als Herausforderung für die Landesverfassungsgerichte, in: NVwZ-Sonderheft für Hermann Weber, 2001, S. 36; *ders.*, Mindestausstattung, Verteilungssymmetrie und Schuldenbremse – Die Kommunale Finanzgarantie in der Niedersächsischen Verfassung und die Poli-

tik, NSI-Vorträge, 2012 (zit.: Mindestausstattung (Nds); *ders.*, Mindestausstattung, Verteilungssymmetrie und Schuldenbremse – Schützt die Verfassung (noch) die Kommunen, in: Volkmar Schöneburg u.a., Verfassungsfragen in Berlin, Brandenburg, Mecklenburg-Vorpommern, Sachsen-Anhalt, Sachsen und Thüringen, 2013, S. 31 ff (zit.: Mindestausstattung, in Schöneburg u.a., Verfassungsfragen); *ders.* Zwischen Klagen und Hoffen: Perspektiven für die Reformen der Kommunalfinanzen, in: Oebbecke/Ehlers/Schink/Diemert (Hrsg.), Kommunalverwaltung in der Reform, 2004, S. 114; *Stefan Mückl*, Finanzverfassungsrechtlicher Schutz der kommunalen Selbstverwaltung, 1998; *Albert von Mutius*, Gemeinden und Landkreise in der Landesverfassung Mecklenburg-Vorpommern, in: LKV 1996, S. 177 ff; *von Mutius/Henneke*, Kommunale Finanzausstattung und Verfassungsrecht, 1984; *von Mutius/Dreher*, Reform der Kreisfinanzen, 1990; *Janbernd Oebbecke*, Reaktionen des Rechts auf kommunale Finanzprobleme, DVBl 2013, 1409 ff; *Werner Patzig*, Der kommunale Finanzausgleich im Zeichen der Konsolidierung der Länderhaushalte, in: DVBl. 1985, S. 137 ff; *Matthias Pechstein*, Kommunaler Finanzausgleich – Grundstrukturen und Grundprobleme, in: LKV 1991, S. 289 ff; *Hermann Pünder/Christian Waldhoff*, Kommunales Finanzrecht in der Verfassungsordnung von Bund und Ländern, in: Henneke/Pünder/Waldhoff (Hrsg.), Recht der Kommunalfinanzen, 2006, S. 1 ff; *David Rauber*, Der kommunale Finanzausgleich: Gesetzgeber und Gerichte bleiben gefordert, KStZ 2012, 201 ff; *Edzard Schmidt-Jortzig*, Der Einnahmefächer der Kommunen zwischen Stärkung der Eigengestaltung und landesverfassungsrechtlichen Finanzgarantien, in: DVBl. 2007, S. 96 ff; *ders.*, pecunia nervus rerum – der Kampf um eine funktionsadäquate Finanzausstattung der Landkreise, in: Henneke/Meyer (Hrsg.), Kommunale Selbstverwaltung zwischen Bewahrung, Bewährung und Entwicklung, 2006, S. 137 ff; *Susanne Schmitt*, Inhalt, verfassungsrechtliche Stellung und Bedeutungsgehalt der kommunalen Finanzhoheit, 1996; *Friedrich Schoch*, Verfassungsrechtlicher Schutz der kommunalen Finanzautonomie, 1997, S. 137 ff; *ders.*, Stand der Dogmatik, in: Henneke/Meyer (Hrsg.), Kommunale Selbstverwaltung zwischen Bewahrung, Bewährung und Entwicklung, 2006, S. 11 ff; *Kyrill-Alexander Schwarz*, Abschied vom Kernbereichsschutz bei der Garantie der kommunalen Selbstverwaltung?, ZKF 2009, 241 ff; *ders.*, Stillschweigende Aufgabenübertragung und Anwendung des landesverfassungsrechtlichen Konnexitätsprinzips, in: ZKF 2006, S. 265 und 2007, S. 6; *Uwe Volkmann*, Der Anspruch der Kommunen auf finanzielle Mindestausstattung, in: DÖV 2001, 497; *Joachim Wieland*, Der Anspruch der Kommunen auf eine angemessene Finanzausstattung, S. 221 ff, in: Utz Schliesky/Christian Ernst/Sönke E. Schulz (Hrsg.), Die Freiheit des Menschen in Kommune, Staat und Europa, FS für Edzard Schmidt-Jortzig, 2011, 221; *Matthias Wohltmann*, Bemessung und Ausstattung des kommunalen Finanzausgleichs: Prozedurale Flankierung, ZG 2011, 377 ff; *ders.*, Der kommunale Finanzausgleich 2012/2013 unter besonderer Berücksichtigung der Landkreise: Rechtliche Grundlagen, Der Landkreis 2013, 432 ff; *ders.*, Der kommunale Finanzausgleich 2013/2014 unter besonderer Berücksichtigung der Landkreise: Rechtliche Grundlagen, Der Landkreis 2014, 396 ff; *ders.*, Die Kreisumlage 2012/2013: Rechtliche Grundlagen und finanzielle Entwicklung, Der Landkreis 2013, 396 ff.; *ders.*, Die Kreisumlage 2013/2014: Rechtliche Grundlagen und finanzielle Entwicklung, Der Landkreis 2014, 358 ff.

Art. 74 (Haushaltswirtschaft)

Die Gemeinden und Kreise führen ihre Haushaltswirtschaft im Rahmen der Gesetze in eigener Verantwortung.

Artt. 83 Abs. 2 und 6 BayVerf; 119 Abs. 1 Satz 1 SaarlVerf; 47 SchlHVerf.

I. Inhalt und wesentliche Begriffe der Haushaltswirtschaft	1	III. Gesetzesvorbehalt	9
II. Adressaten der verfassungsrechtlichen Gewährleistung	8	IV. Schrifttum	13

I. Inhalt und wesentliche Begriffe der Haushaltswirtschaft

1 Das Recht zur eigenverantwortlichen Bewirtschaftung der Einnahmen und Ausgaben ist bereits Teil der den Kommunen durch die Selbstverwaltungsgarantie der Artt. 28 Abs. 2 GG, 72 und 73 LV gewährleisteten **Finanzhoheit**. Sie erfährt durch Art. 74 eine Konkretisierung. Die Vorschrift entspricht inhaltlich Art. 47 SchlHVerf und ist auf Anregung des Sachverständigen Prof. Dr. von Mutius von der Verfassungskommission aufgenommen worden.[1] Indes kommt der kommunalen Haushaltsführung weder eine vergleichbar eigenständige Bedeutung wie auf Landesebene zu, noch vermag die eigenständige Norm der kommunalen Haushaltsführung nennenswert eigene verfassungsrechtliche Impulse zu verleihen.

2 Die Gemeinden und Landkreise haben das Recht, Einnahmen und Ausgaben planmäßig im Rahmen eines geordneten Haushaltswesens zu koordinieren. Die Haushaltswirtschaft erfüllt einerseits Bedarfsdeckungs- und Ordnungsfunktionen. Andererseits ist die politische Funktion zu beachten, denn der Haushalt steckt den politischen Handlungsrahmen für das Haushaltsjahr ab. Der Gesetzgeber hat von dem ihm eingeräumten Ausgestaltungsrecht intensiv Gebrauch gemacht, so dass wie in den anderen Bundesländern das Haushaltsrecht **weitgehend gesetzlich determiniert ist**.[2]

3 Die wesentlichen **Grundsätze** des kommunalen[3] folgen denen des staatlichen Haushaltsrechts.[4] Dennoch gibt es eine Reihe nennenswerter Abweichungen. Gründe hierfür liegen in der Vielzahl der kommunalen Haushalte, der generellen Unterworfenheit der Kommunen unter die Rechtsaufsicht des Staates, in dem allenfalls rudimentär ausgestalteten Abgabenfindungsrecht der Kommunen, der vergleichsweise hohen Investitionsquote kommunaler Haushalte und der Organisationsstruktur des Kommunalverfassungsrechts, das nicht von einer „Gewaltenteilung" zwischen der ehrenamtlichen Vertretungskörperschaft und der hauptamtlichen Verwaltung ausgeht.[5]

Insbesondere aber haben die kommunalen Gebietskörperschaften aufgrund des Gesetzes zur Einführung des neuen Kommunalen Haushaltsrechts (NKHR-MV)[6] seit dem 01.01.2012 ihr Rechnungswesen nach den Regeln der **Doppik** zu

---

1 Vgl LT-Drs. 1/3100, S. 159.
2 Überblick bei *Wille*, in: Schweriner Kommentierung, Vorb. zu § 43 Rn 5; systematisierend und bewertend *Pünder*, in: Hennecke/Pünder/Waldhoff (Hrsg.), Recht der Kommunalfinanzen, 2006, S. 527 ff.
3 Ausführlich dazu *Schwarting*, in: Hennecke/Strobl/Diemert (Hrsg.), Recht der kommunalen Haushaltswirtschaft, 2008, S. 132 ff.
4 Vgl dazu oben → *Mediger*, **Art. 61** Rn 1 ff.
5 Vgl *Steenbock*, in: Klein (Hrsg.), Öffentliches Finanzrecht, S. 368 f, Rn 17 f.
6 Vom 14.12.2007, GVOBl. M-V 2007, 410.

führen. Ziele der bundesweiten Einführung auf kommunaler Ebene sind u.a. eine erhöhte Transparenz, die Zusammenführung von Fach- und Ressourcenverantwortung, Konzentration der politischen Vertretung auf strategische Steuerung und ein verbessertes Vollzugs- und Berichtswesen.[7] Gemeinsame Grundlage bildet der Beschluss der Innenministerkonferenz vom 21.11.2003, den Ländern die Möglichkeit zu eröffnen, ein Haushalts- und Rechnungswesen auf Grundlage des Ressourcenverbrauchskonzeptes zu etablieren. Verfassungsrechtliche Aspekte standen einer Umstellung nicht entgegen.[8] Die Umsetzung bildet trotz des Stichtages einen kontinuierlichen Prozess. So ist es oftmals nicht gelungen, die zum 30.11.2012 geforderten Eröffnungsbilanzen zeitgerecht vorzulegen.[9] Zugleich mit der Einführung der Doppik wurden die Vorschriften zur Haushaltswirtschaft in der Kommunalverfassung umfassend novelliert.[10]

An der Spitze der in der Kommunalverfassung und den Begleitvorschriften aufgeführten Haushaltsgrundsätzen[11] stehen in § 43 Abs. 1 Satz 1 KV nunmehr die Grundsätze der Sicherung der steten Aufgabenerfüllung und der Generationengerechtigkeit.[12] Nach § 43 Abs. 1 Satz 2 KV ist dabei den Erfordernissen des gesamtwirtschaftlichen Gleichgewichts sowie den Empfehlungen des Stabilitätsrates gemäß § 51 Abs. 1 des Haushaltsgrundsätzegesetzes des Bundes Rechnung zu tragen. Damit wollte der Gesetzgeber dem Einbeziehen der kommunalen Schulden in die sog. Maastricht-Kriterien Rechnung tragen.[13] Neu eingefügt und zu Grundsätzen der Haushaltsführung erhoben wurden die **Sicherstellung der Liquidität** (§ 43 Abs. 2 KV) und das **Überschuldungsverbot** (§ 43 Abs. 3 KV). Besondere Bedeutung unter den Haushaltsgrundsätzen kommt traditionell denen der **Wirtschaftlichkeit und Sparsamkeit** zu, die sich in der Kommunalverfassung nunmehr in § 43 Abs. 4 finden. Zwar bilden diese beiden Prinzipien rechtsdogmatisch Maßstäbe bei gesetzlich vorgesehenen rechtsaufsichtsbehördlichen Genehmigungen und können damit auch gerichtlich überprüft werden.[14] Gleichwohl ist das rechtsnormative Steuerungspotential gering, denn die unbestimmten Rechtsbegriffe müssen stets anhand des Einzelfalles konkretisiert werden. Hierbei ist den Kommunen ein weitgehender Gestaltungsspielraum zuzubilligen.[15] Die ausdrückliche verfassungsrechtliche Absicherung der eigenverantwortlichen Haushaltsführung der Gemeinden und Landkreise in M-V unterstreicht, dass Beurteilungsspielräume den kommunalen Entscheidungsgremien vorbehalten bleiben müssen. Kritisch ist unter diesen Umständen die höchstrich-

---

7 Umfassend und mwN vgl hierzu *Pünder*, in: Henneke/Pünder/Waldhoff (Hrsg.), Recht der Kommunalfinanzen, 2006, S. 70 ff.
8 Vgl LVerfG M-V, U. v. 26.11.2009 – 9/08 – LVerfGE 20, 213 ff; ferner *Pünder*, EildLKT-NW 2001, 346 ff; zur Reformnotwendigkeit aus Sicht des Deutschen Landkreistages *Hauschildt*, Der Landkreis 2005, 11 ff mit zahlreichen vertiefenden Beiträgen aus den Bundesländern im gleichen Heft.
9 Vgl zu den Umstellungsprozessen *Wille*, in: Schweriner Kommentierung, Vorb. zu § 43 Rn 4.
10 Vgl Gesetz vom 13.07.2011, GVOBl. M-V S. 777.
11 Überblick bei *Wille*, in: Schweriner Kommentierung, § 43 Rn 1.
12 Ausführlich dazu *Wille*, in: Schweriner Kommentierung, § 43 Rn 2 und 3; umfassend zur Generationengerechtigkeit im Haushaltsrecht vgl *Diemert*, in Henneke/Strobl/Diemert (Fn 3), S. 55 ff.
13 Vgl *Wille*, in: Schweriner Kommentierung, § 43 Rn 4; dazu auch bereits oben Art. 73 Rn 3.
14 Zu Einzelheiten vgl *Tholund*, Die gerichtliche Kontrolle der Haushaltsgrundsätze der „Wirtschaftlichkeit" und „Sparsamkeit", 1991.
15 Vgl OVG Münster, B. v. 26.10.1990 – 15 A 1099/87 – DÖV 1991, 611, 612; *Schoch*, Die aufsichtsbehördliche Genehmigung der Kreisumlage, 1995, S. 87; bedenklich daher VGH Kassel, U. v. 14.02.2013 – 8 A 816/12 – DVBl. 2013, 655.

terliche zivilrechtliche Rspr zu bewerten. Der BGH[16] nimmt jedenfalls bei gravierenden Verstößen gegen die Grundsätze der Wirtschaftlichkeit und Sparsamkeit eine Pflicht der Rechtsaufsichtsbehörde an, gegen diese Verstöße vorzugehen. Unterlässt sie dies, sollen dadurch Amts- und Staatshaftungsansprüche der Gemeinde gegenüber der Rechtsaufsichtsbehörde ausgelöst werden können. Bei einer solchen Betrachtung würde die Rechtsaufsichtsbehörde aus Gründen des Selbstschutzes in eine gebundene Rechtskontrolle gedrängt, die die verfassungsrechtliche Verbürgung der eigenverantwortlichen Haushaltswirtschaft staatlicher Fürsorge unterstellte.[17]

5 Wichtigste Instrumentarien der Haushaltswirtschaft sind **Haushaltssatzung und Haushaltsplan**.[18] Die aufgrund ihrer Bedeutung zwingend durch die Vertretungskörperschaft zu beschließende Haushaltssatzung enthält nach § 45 Abs. 3 KV M-V mindestens die ordentlichen Erträge und die ordentlichen Aufwendungen, die außerordentlichen Erträge und die außerordentlichen Aufwendungen sowie das Jahresergebnis; jeweils die ordentlichen und die außerordentlichen Einzahlungen und Auszahlungen sowie den Saldo; jeweils die Ein- und Auszahlungen aus der Investitions- und Finanzierungstätigkeit sowie des Saldos; die Kreditermächtigung; die Verpflichtungsermächtigungen; den Höchstbetrag aller Kredite zur Sicherung der Zahlungsfähigkeit; die Hebesätze der Steuern und die Gesamtzahl der im Stellenplan ausgewiesenen Stellen. Der Haushaltsplan (§ 46 KV M-V) ist Bestandteil der Haushaltssatzung. Er enthält alle im Haushaltsjahr für die Erfüllung der Aufgaben voraussichtlich anfallenden Erträge und eingehenden Einzahlungen, entstehende Aufwendungen und zu leistende Auszahlungen sowie notwendige Verpflichtungsermächtigungen. Der Haushaltsplan besteht aus dem Ergebnishaushalt, dem Finanzhaushalt, den Teilhaushalten und dem Stellenplan. Wirkung im Außenverhältnis entfalten nur diejenigen Bestimmungen der Haushaltssatzung, die die Steuerhebesätze fixieren. IÜ werden Ansprüche oder Verbindlichkeiten zugunsten oder zu Lasten Dritter nicht begründet.

6 § 44 KV legt für die Gemeinden **Grundsätze der Erzielung von Erträgen und Einzahlungen** fest, die für die Landkreise im Hinblick auf die Kreisumlage in § 120 Abs. 2 KV noch ergänzt werden. Damit wird zwar eine Rangordnung der Einnahmenbeschaffung fixiert.[19] Die rechtliche Steuerungswirkung dieser gesetzlichen Rangordnung, die sich nicht auf Verfassungsentscheidungen zurückführen lässt, ist jedoch gering.[20] Weder lässt sich aus der Rangordnung eine quantitative **Beschränkung** bestimmter Einnahmequellen ableiten, noch müssen die vorrangigen Deckungsmittel bis zur Grenze des Möglichen ausgeschöpft werden.[21] Den Verpflichtungsadressaten ist es lediglich verwehrt, die gesetzliche Rangordnung der Einnahmequellen dadurch zu unterlaufen, dass sie eigenver-

---

16 BGHZ 153, 198 ff; bestätigend und die Amtspflicht ggü Zweckverbände ausdehnend BGH, U. v. 18.07.2013 – III ZR 323/12 – NVwZ-RR 2013, 896 ff; vgl dazu oben Art. 72 Rn 64.
17 Ausf. hierzu *Meyer*, NVwZ 2003, 818 f; krit. auch *von Mutius/Groth*, NJW 2003, 1278 ff; tendenziell ähnlich auch *Diemert*, in: Hennecke/Strobl/Diemert (Fn 3), S. 406, 418.
18 Ausführlich hierzu *Mehde*, in: Hennecke/Strobl/Diemert (Fn 3), S. 97 ff.
19 Vgl *Günther*, in: Püttner (Hrsg.), HKWP, Bd. 6, 2. Aufl., S. 366, 374.
20 Zutr. *Schoch*, Die aufsichtsbehördliche Genehmigung der Kreisumlage, 1995, S. 85.
21 *Von Mutius/Dreher*, Reform der Kreisfinanzen, 1990, S. 62 f mwN.

antwortlich bestimmbare Einnahmequellen zugunsten nachrangiger Umlagen verschonen oder fehlerhaft veranschlagen.[22]

Gemäß Art. 109 Abs. 2 GG erfüllen Bund und Länder gemeinsam die Verpflichtungen der Bundesrepublik Deutschland aus Rechtsakten der Europäischen Gemeinschaft auf Grund des Artikels 104 des Vertrags zur Gründung der Europäischen Gemeinschaft zur Einhaltung der Haushaltsdisziplin und tragen in diesem Rahmen den **Erfordernissen des gesamtwirtschaftlichen Gleichgewichts** Rechnung. Als Untergliederungen der Länder (vgl auch Art. 106 Abs. 9 GG) sind die Gemeinden und Landkreise durch diese Vorschrift mit verpflichtet. Die Neufassung des Art. 109 Abs. 2 GG im Zuge der Föderalismusreform II bewirkt, dass die EG-rechtlichen Verpflichtungen zu einer Verfassungspflicht für Bund und Länder einschließlich ihrer Kommunen werden, also keine übermäßigen öffentlichen Defizite zu verursachen.[23] § 43 Abs. 1 Satz 2 KV nimmt die Formulierung des Art. 109 Abs. 2 GG ausdrücklich auf und verpflichtet damit die Kommunen zur Beachtung der im Gesetz zur Förderung der Stabilität und des Wachstums der Wirtschaft (StabG) vom 08.06.1967[24] konkretisierten Ziele. § 1 StabG nennt als Ziele die Stabilität des Preisniveaus, einen hohen Beschäftigungsgrad, das außenwirtschaftliche Gleichgewicht und ein angemessenes Wirtschaftswachstum, die nunmehr im Lichte des Art. 126 AEUV zu interpretieren sind[25]. § 16 StabG verpflichtet Gemeinden und Landkreise unmittelbar auf diese Ziele. Bei der Auslegung des unbestimmten Rechtsbegriffs „gesamtwirtschaftliches Gleichgewicht" haben die Kommunen einen Beurteilungsspielraum,[26] wobei die tatsächliche Einwirkungsmöglichkeit der einzelnen Kommune auf das erstrebte Gleichgewicht ohnehin sehr zu hinterfragen ist. Mit Recht wird davon ausgegangen, dass die in der Kommunalverfassung (§ 43 Abs. 1 Satz 1) richtigerweise zunächst genannte Verpflichtung zur Sicherstellung der stetigen Aufgabenerfüllung der Gemeinde und nunmehr die dort als Ziel verankerte Generationengerechtigkeit Vorrang gegenüber einer Orientierung der Haushaltswirtschaft am gesamtwirtschaftlichen Gleichgewicht haben.[27]

II. Adressaten der verfassungsrechtlichen Gewährleistung

Adressaten des als verfassungsrechtliche Privilegierung konzipierten Rechts zur eigenverantwortlichen Haushaltsführung sind ausdrücklich (nur) die Gemeinden und Landkreise. Für die Ämter und Zweckverbände sieht die Kommunalverfassung allerdings die entsprechende Geltung der Bestimmungen über die Haushaltswirtschaft der Gemeinden vor, soweit nichts anderes geregelt ist, §§ 144 Abs. 1, 161 Abs. 1 Satz 2 KV. Mit der verfassungsrechtlichen Vorgabe unvereinbar wäre es, die Haushalte amtsangehöriger Gemeinden in den Haushalt des Amtes zu „integrieren".

---

22 Grundlegend zur Kreisumlage BVerwG, B. v. 24.04.1996 – 7 NB 2/95 – NVwZ 1996, 1222, 1224; B. v. 28.02.1997 – 8 N 1/96 – NVwZ 1998, 63, 65.
23 Vgl zur Umformulierung des Art. 109 Abs. 2 GG *Henneke* in Schmidt-Bleibtreu/Hofmann/Henneke, Art. 109 Rn 33 ff, insb. 36.
24 BGBl. I S. 582.
25 Zutreffend *Henneke* in Schmidt-Bleibtreu/Hofmann/Henneke, Art. 109 Rn 42.
26 Vgl BVerfG B. v. 15.12.1989 – 2 BvR 436/88 – NVwZ 1990, 356, 357; BVerwG, U. v. 27.11.1981 – 7 C 57/79 – NJW 1982, 1168.
27 Vgl bereits *Schmidt-Jortzig/Makswit*, Handbuch des kommunalen Finanz- und Haushaltsrechts, 1991, Rn 318; *von Mutius*, Kommunalrecht, 1996, Rn 537.

III. Gesetzesvorbehalt

9 Wie die Garantie der kommunalen Selbstverwaltung in Art. 72 Abs. 1 LV selbst, wird auch das Recht zum Führen der Haushaltswirtschaft in eigener Verantwortung nur „im Rahmen der Gesetze" gewährleistet. Auf folgende in Ausformung des Gesetzesvorbehalts erlassene gesetzliche Bestimmungen und auf ihnen basierende RechtsVO ist besonders hinzuweisen:

- §§ 42a-62, 120, 144, 161, 174 Abs. 1 Nr. 9 – 12 und 16 KV;
- GemeindehaushaltsVO-Doppik vom 25.02.2008;[28]
- GemeindekassenVO-Doppik vom 25.02.2008.[29]

10 Kaum ein anderes Rechtsgebiet hat damit eine so detaillierte Einbindung in **staatliche Vorgaben** erhalten. Zu hinterfragen sind allerdings weniger die sehr dezidierten technischen Einzelheiten der Haushaltsaufstellung, die bis zu einem gewissen Grad gerade bei der vorhandenen Vielzahl selbständiger Gemeinden in M-V sinnvoll erscheinen, um eine Vergleichbarkeit der Daten und Prozesse zu ermöglichen.

11 Wesentlich problematischer erscheinen die zahlreichen **Genehmigungsvorbehalte** und die daran anknüpfenden **Einwirkungsmöglichkeiten der Aufsichtsbehörde**.[30] Das Instrumentarium ist zugeschnitten auf die Konstellation einer nicht ordnungsgemäß wirtschaftenden Kommune und insoweit durchaus sinnvoll. In Zeiten knapper Kassen der öffentlichen Hand besteht aber die Gefahr, dass das Land seiner Verpflichtung zur Gewährleistung einer hinreichenden Finanzausstattung der kommunalen Gebietskörperschaften nicht nachkommt. Gleichzeitig sind die Kommunen zur Erarbeitung eines Haushaltssicherungskonzeptes verpflichtet, wenn der Haushaltsausgleich nicht gelingt. Tendenziell besteht die Gefahr, den Kommunen Reglementierung statt hinreichender Finanzausstattung anzudienen. Eine solche Entwicklung liefe nicht nur der Finanzgarantie des Art. 73 LV entgegen, sondern stände auch nicht im Einklang mit dem Schutzzweck des Art. 74 LV.[31]

12 Seit 1997 enthält die Kommunalverfassung im nunmehrigen § 42 b eine sog. **Experimentierklausel** zur Weiterentwicklung der kommunalen Selbstverwaltung und der Erprobung neuer Steuerungsmodelle. Zu den genannten Zwecken kann das Innenministerium auf Antrag zeitlich begrenzte Ausnahmen von haushalts- und organisationsrechtlichen Vorschriften der Kommunalverfassung und der auf ihrer Grundlage erlassenen VO zulassen. Die Vorschrift dürfte mit der Einführung der Doppik weitgehend obsolet geworden sein, da mit dieser Reform gerade das Ziel des Einführens neuer Steuerungsmechanismen verfolgt wird.[32]

IV. Schrifttum

13 *Hartmut Borchert*, Kommunalaufsicht und kommunaler Haushalt, 1976; *Hans-Günter Henneke/Heinz Strobl/Dörte Diemert (Hrsg.)*, Recht der kommunalen Haushaltswirtschaft, 2008; *Michael Kloepfer*, Grundzüge des Haushaltsverfassungsrechts, in: Jura 1979, S. 179 ff; *Monika Kuban*, Kommunale Haushaltspolitik, in: Wollmann/Roth (Hrsg.), Kommunalpolitik, 1998, S. 477 ff; *Klaus Lü-*

---

28 GVOBl. S. 34, zuletzt geändert am 25.06.2012, GVOBl. S. 238.
29 GVOBl. S. 62.
30 Ausführlich dazu im bundesweiten Überblick *Diemert* in: Henneke/Strobl/Diemert (Fn 3), S. 406, 415 ff. mwN.
31 Ausführlicher zu Genehmigungsvorbehalten unter den verfassungs- und finanzwirtschaftlichen Rahmenbedingungen in M-V *H. Meyer*, Der Gemeindehaushalt 2002, 251, 253 f.
32 Zutreffend hierzu und zur Ausgestaltung im Einzelnen *Wille*, in: Schweriner Kommentierung, § 42 a Rn 1 ff.

ders, Konzeptionelle Grundlagen des neuen kommunalen Haushaltswesens, 1998; *Albert von Mutius*, Die Steuerung des Verwaltungshandelns durch Haushaltsrecht und Haushaltskontrolle, in: VVDStRL 42 (1984), S. 147 ff; *Hermann Pünder*, Haushaltsrecht im Umbruch – eine Untersuchung am Beispiel der Kommunalverwaltung, 2003; *ders.*, Kommunales Haushaltsrecht in der Reform – von der Kameralistik zur Doppik, in: Henneke/Pünder/Waldhoff (Hrsg.), Recht der Kommunalfinanzen, 2006, S. 70 ff, *ders.*, Kommunales Haushaltsrecht – System und Bewertung, in: Henneke/Pünder/Waldhoff (Hrsg.), Recht der Kommunalfinanzen, 2006, S. 527 ff; *Edzard Schmidt-Jortzig/Jürgen Makswit*, Handbuch des kommunalen Finanz- und Haushaltsrechts, 1991.

Art. 75 (Landschaftsverbände)

Zur Pflege und Förderung insbesondere geschichtlicher, kultureller und landschaftlicher Besonderheiten der Landesteile Mecklenburg und Vorpommern können durch Gesetz Landschaftsverbände mit dem Recht auf Selbstverwaltung errichtet werden.

I. Tatsächliche Position und rechtliche Stellung der Höheren Kommunalverbände	1	1. Aufgaben	9
		2. Gründung und innere Organisation	12
II. Verlauf der Diskussion in Mecklenburg-Vorpommern	5	IV. Schrifttum	16
III. Ausgestaltung der Verfassungsoption	9		

I. Tatsächliche Position und rechtliche Stellung der Höheren Kommunalverbände

Das politische Gewicht der **Höheren Kommunalverbände** wird als nur schwach ausgeprägt angesehen.[1] Eine Ursache hierfür mag in ihrer Vielgestaltigkeit liegen.[2] Die in der Bundesarbeitsgemeinschaft der Höheren Kommunalverbände zusammengeschlossenen Landeswohlfahrtsverband Hessen, die sieben bayerischen Bezirke,[3] der Bezirksverband Pfalz, die beiden nordrhein-westfälischen Landschaftsverbände, der Kommunalverband Ruhrgebiet, der Landesverband Lippe, die Ostfriesische Landschaft, der mit Wirkung zum 01.01.2002 insb. als überörtlicher Träger der Sozialhilfe gegründete Kommunale Sozialverband M-V[4] und der Kommunalverband für Jugend und Soziales Baden-Württemberg[5] weisen eine hinsichtlich demokratischer Legitimation, Binnenverfassung und Selbstverwaltungsorgane so heterogene Struktur auf, dass eine einheitliche Bewertung kaum in Betracht kommt.

1

---

1 Vgl *Mecking*, Höhere Kommunalverbände im politischen Spannungsfeld, 1994, S. 141.
2 IdS *Röper*, AfK 1995, 333, 334.
3 Nur sie werden ausdrücklich in einer Verfassung erwähnt, vgl Art. 10 BayVerf.
4 Vgl dazu *Meyer/Freese*, Der Landkreis 2001, 453 ff.
5 Die beiden Landeswohlfahrtsverbände Baden und Württemberg-Hohenzollern wurden mit Wirkung zum 31.12.2004 aufgelöst und ihre Aufgaben ganz überwiegend den baden-württembergischen Stadt- und Landkreisen übertragen, Artt. 177, 178 Verwaltungsstruktur-Reformgesetz v. 01.07.2004, GBl. BW 469 ff; hierzu *Trumpp*, in: Henneke/Meyer (Hrsg.), Kommunale Selbstverwaltung zwischen Bewahrung, Bewährung und Entwicklung, 2006, S. 209, 223 ff.

2 So erstreckt sich bspw das Tätigkeitsfeld der beiden **nordrhein-westfälischen Landschaftsverbände**[6] auf durchschnittlich über 8 Millionen Einwohner und umfasst insb. (übertragene) Aufgaben des Landes wie die Trägerschaft der überörtlichen Sozialhilfe, der überörtlichen Kriegsopferfürsorge, des Landesjugendamtes, von Einrichtungen zur psychiatrischen Behandlung und Suchtkrankenhilfe sowie von Sonderschulen, kulturelle Aufgaben wie die landschaftliche Kulturpflege, Denkmalpflege, Unterhaltung von Landesmuseen und Landesbildstellen, die Beteiligung an Versorgungs- und Verkehrsunternehmen, die Geschäftsführung der kommunalen Versorgungs- und Zusatzversorgungskassen, die Regionalplanung sowie Aufgaben im Bereich des Natur-, Landschafts- und sonstigen Umweltschutzes.[7] Der Auftrag der **Ostfriesischen Landschaft** erschöpft sich hingegen darin, „heimatliche Aufgaben der Vergangenheit und Gegenwart zu erfüllen und zu fördern".[8]

3 Landschaftsverbände rechnen nach verbreiteter Auffassung zu den **Gemeindeverbänden** iSd Art. 28 Abs. 2 GG. Nach dieser Meinung sind Gemeindeverbände alle Gebietskörperschaften zwischen Gemeinden und Land, die nicht nur Einzelaufgaben verfolgen.[9] Ob diese Einschätzung zutrifft, erscheint angesichts des systematischen Zusammenhangs des Art. 28 Abs. 2 Satz 2 GG mit Art. 28 Abs. 1 Satz 2 und 3 GG, an die durch das einleitende Wort „auch" erkennbar angeknüpft wird, sehr zweifelhaft. Von anderer Seite wird deshalb mit guten Gründen angenommen, mit Gemeindeverbänden iSd Art. 28 Abs. 2 Satz 2 GG seien allein die Landkreise gemeint.[10] Das BVerfG hat die Frage bisher stets als nicht entscheidungsrelevant offenlassen können und sich auf die Feststellung beschränkt, jedenfalls die Landkreise seien Gemeindeverbände iS dieser Norm.[11] Einigkeit besteht jedenfalls darin, dass die institutionelle Garantie des Art. 28 Abs. 2 GG sich allein auf die Landkreise beschränkt.[12]

4 Auch die landesverfassungsrechtliche Gewährleistung der kommunalen Selbstverwaltung in Art. 72 LV schützt allein die Gemeinden und Landkreise, nicht jedoch die in Art. 75 LV angesprochenen Landschaftsverbände, die nicht zwingend gefordert, sondern als **Option** ermöglicht werden.[13]

II. Verlauf der Diskussion in Mecklenburg-Vorpommern

5 Spätestens seit dem Frühjahr 1990, also ein gutes halbes Jahr vor der Länderneubildung, erhoben Vertreter aus **Vorpommern** die Forderung, die historisch und landsmannschaftlichen Besonderheiten Vorpommerns bei der Bildung des Bundeslandeslandes M-V, dessen Entstehen und Bezeichnung als solches eben-

---

6 Zum verfassungsrechtlichen Status der beiden Landschaftsverbände vgl *Tettinger*, in: Löwer/Tettinger, Art. 78 Rn 75 ff.
7 Dagegen wurde ihnen der personalmäßig umfangreiche Sektor des Straßenwesens wieder entzogen, vgl dazu VerfGH NW, U. v. 26.06.2001 – VerfGH 28/00 und 30/00 – NVwZ-RR 2001, 617 ff.
8 Eine Übersicht über die damaligen Höheren Kommunalverbände und ihre Aufgaben bietet *Meyer-Schwickerath*, in: von Mutius (Hrsg.), Selbstverwaltung im Staat der Industriegesellschaft, 1983, S. 439, 440 ff.
9 Vgl VerfGH NW, U. v. 26.06.2001 – VerfGH 28/00 und 30/00 – NVwZ-RR 2001, 617; *Löwer*, in: von Münch/Kunig, Art. 28 Rn 83; *Pieroth*, in: Jarass/Pieroth, Art. 28 Rn 15.
10 Vgl nur *von Mutius*, Gutachten E zum 53. DJT, 1980, S. 166.
11 Vgl BVerfGE 83, 363, 383.
12 Vgl NdsStGH, U. v. 03.06.1980 – StGH 2/79 – StGHE 3, 1, 17 ff; *Löwer*, in: von Münch/Kunig, Art. 28 Rn 84; *Pieroth*, in: Jarass/Pieroth, Art. 28 Rn 15; *Erichsen*, Kommunalrecht des Landes Nordrhein-Westfalen, S. 263.
13 Ebenso *von Mutius*, LKV 1996, 177, 180.

falls umstritten war, angemessen zu berücksichtigen.[14] Unterstützt durch intensive Beratung seitens des Landschaftsverbandes Westfalen-Lippe konzentrierte sich die Diskussion alsbald auf die Gründung eines vorpommerschen Landschaftsverbandes nach nordrhein-westfälischem Vorbild, der künftig eine verfassungsrechtliche Absicherung erhalten, aber möglichst umgehend seine Arbeit aufnehmen sollte. Der im Juli 1990 von den Bezirksverwaltungsbehörden Schwerin, Rostock und Neubrandenburg vorgelegte Verfassungsentwurf enthielt zahlreiche Bestimmungen zur sog. landschaftlichen Selbstverfassung, die über die Vorbilder in Nordrhein-Westfalen noch weit hinausgingen und sich verfassungsrechtlichen Bedenken im Hinblick auf die Selbstverwaltungsgarantie der Gemeinden und Landkreise ausgesetzt sahen. Die anschließenden Diskussionen im gemeinsamen Regionalausschuss und dessen zuständigen Unterausschuss waren daher zunächst seitens der kommunalen Vertreter darauf ausgerichtet, eine für höhere Kommunalverbände adäquate Aufgabenbeschreibung und Organisationsstruktur zu erreichen, die sich in kommunale Selbstverwaltungsmechanismen einfügte. Im Laufe des Spätsommers 1990 zeichnete sich der Kompromiss ab, Landschaften als Landschaftsverbände zu organisieren und sie einer Option der kommunalen Gebietskörperschaften zu unterstellen. Der von den drei Bezirksverwaltungen überarbeitete Entwurf sah als Aufgaben die Wahrung kultureller Identität und landschaftstypischer Eigenarten in Mecklenburg und Vorpommern vor.[15]

Rückblickend müssen etliche der damaligen Erwägungen als Ausdruck der Unsicherheit über den Neuaufbau demokratischer Selbstverwaltungsstrukturen und den weiteren Fortgang des Demokratisierungsprozesses verstanden werden. So wurden in einem rechts- und verwaltungswissenschaftlichem Gutachten vom Februar 1991 als mögliche Ziele der Einführung „regionaler Selbstverwaltung" in M-V u.a. genannt die Verstärkung der Einheit stiftenden Wirkungen demokratischer Verfassunggebung, die Förderung der Akzeptanz des umfassenden Neubaus der öffentlichen Verwaltung, die Beseitigung der bürokratisch-zentralistischen Verwaltungsstrukturen und die Steigerung einer Effizienz der Verwaltung angesichts des für sinnvoll erachteten Hinausschiebens der als notwendig erkannten Gebietsreform insb. auf der Kreisebene.[16] 6

Der Städte- und Gemeindetag und der Landkreistag M-V äußerten sich alsbald zurückhaltend bis skeptisch zu den in der Diskussion befindlichen Plänen. In einer Stellungnahme vom April 1991 gegenüber der zwischenzeitlich berufenen Verfassungskommission plädierten die **kommunalen Spitzenverbände** zwar ausdrücklich dafür, den berechtigten Interessen des Landesteils Vorpommern nach Wahrung der eigenen Identität im Rahmen der LV in angemessener Weise Geltung zu verschaffen. Die in den Vorentwürfen vertretene Auffassung zu den Landschaftsverbänden wurde jedoch ausdrücklich als ungeeignet zurückgewiesen. Die Notwendigkeit einer Absicherung von Landschaftsverbänden in der LV wurde generell in Frage gestellt. Allenfalls sei eine Option für die Bildung von Landschaftsverbänden in der Verfassung hinnehmbar, aktueller Handlungsbedarf für die Bildung solcher Institutionen bestehe jedoch nicht. 7

---

14 Vgl hierzu nur die anschauliche Schilderung des späteren Greifswalder Oberbürgermeisters *Glöckner*, Die Wende in Greifswald aus meinem Erleben und in meiner Erinnerung, 1993.
15 Den Diskussionsverlauf prägnant zusammenfassend *Conrad*, der landkreis 1990, 556 ff.
16 *Von Mutius*, „Regionale Selbstverwaltung" in M-V – Modell mit Zukunft?, 1991, S. 13 ff.

8 Für den weiteren Fortgang der Verfassungsdiskussion zu den Landschaftsverbänden ist zu berücksichtigen, dass der **administrative Umbau** sehr viel schneller voranschreiten musste als zunächst angenommen und die wirtschaftlichen und sozialen Probleme in der ersten Wahlperiode nach der Wende mehr Aufmerksamkeit erforderten als von manchem erwartet. Die Bildung der Ämter auf der Gemeindeebene, die zum 12. Juni 1994 vorgenommene erste Landkreisneuordnung[17], insbesondere aber die Bildung der Großkreise durch das Kreisstrukturgesetz vom 28.7.2010[18] stellen einschneidende Maßnahmen zur Gewährleistung handlungsfähiger Selbstverwaltungsstrukturen auf der Gemeinde- wie auf der Kreisebene dar, die kaum mehr Raum für überkreisliche Selbstverwaltungsstrukturen lassen dürften. Dem Wunsch nach einer einheitlichen Planung als Instrument einer regionalen Strukturpolitik wurde durch Bildung einer Planungsregion Vorpommern durch das Landesplanungsgesetz[19] Rechnung getragen. Trotz der zweiten Kreisgebietsreform wurde bewusst an den Grundstrukturen der vier Planungsregionen festgehalten.[20] Dem regionalen Planungsverband für die Planungsregion Vorpommern gehören die Landkreise Vorpommern-Rügen und Vorpommern-Greifswald mit ihren großen kreisangehörigen Städten und den Mittelzentren an.[21] Er deckt wesentliche Teile des vorpommerschen Raumes ab. Allerdings wird z.B. die vorpommersche Stadt Demmin nicht mit umfasst, dafür aber einige Teile Mecklenburgs und der Uckermark.

III. Ausgestaltung der Verfassungsoption

9 **1. Aufgaben.** Art. 75 LV beschränkt die Aufgaben möglicher Landschaftsverbände in Mecklenburg und Vorpommern auf die Pflege und Förderung von **Besonderheiten der beiden Landesteile**. Die Formulierung „insbesondere" bringt zum Ausdruck, dass vorrangig an Aufgaben gedacht ist, die aus der unterschiedlichen geschichtlichen, kulturellen und landschaftlichen Entwicklung der in Art. 1 der LV ausdrücklich genannten beiden Landesteile resultieren, die Aufzählung aber nicht abschließend ist. Landschaftsverbände hätten jedoch kein eigenes Aufgabenfindungsrecht, sondern wären auf das Wahrnehmen der ihnen vom Gesetzgeber zugewiesenen Aufgaben beschränkt. Aus dem Wortlaut, der systematischen Stellung und der Entstehungsgeschichte der Norm wird deutlich, dass es sich bei den potentiellen Aufgaben der Landschaftsverbände nur um solche der **Selbstverwaltung** handeln kann. Insoweit ist aber das in Art. 28 Abs. 2 Satz 1 GG verfassungsrechtlich verbürgte Aufgabenverteilungsprinzip zu beachten, wonach es Aufgabe der Gemeinden ist, sich neuer oder unbesetzter Aufgaben ohne einen besonderen Kompetenztitel anzunehmen. Diese selbst gegenüber den Landkreisen geltende Zuständigkeitsvermutung[22] gilt erst recht im Hinblick auf die verfassungsrechtlich im Vergleich zu den Landkreisen schwächer abgesicherten Landschaftsverbände, deren Aufgabenbereich zudem gegenständlich eng eingegrenzt ist. Außerhalb des Kernbereichs der Selbstverwaltungsgarantie kommt dem ausgestaltenden und ausformenden Gesetzgeber zwar ein Einschät-

---

17 GVOBl. 1993, S. 631; zu Zielen und Diskussionsverlauf vgl *Clausen*, Kreisgebietsreform in M-V, 1991; *Thieme*, Kreisgebietsreform in M-V, 1992; *Meyer*, LKV 1993, 399 ff.
18 GVOBl. MV 2010, 383 ff.; vgl oben Art 72 Rn 42; zur Entstehungsgeschichte Überblick bei *H. Meyer*, ZG 2013, 264, 270.
19 GVOBl. 1992, S. 242.
20 Vgl die Begründung der Landesregierung zum Kreisstrukturgesetz, LT-Drs 5/2683 v. 08.07.2009, S. 197 ff.
21 Vgl § 12 Abs. 1 Nr. 3 iVm Abs. 2 LPlG, noch mit den Kreisnamen des Entwurfs des Kreisstrukturgesetzes.
22 Grundlegend BVerfGE 79, 127, 146 ff.

zungsspielraum zu, jedoch sind auch solche Entscheidungen legitimationsbedürftig; hinzu kommt, dass der Gesetzgeber verfassungsrechtlich gehalten ist, auch den mit unmittelbar demokratisch legitimierten Selbstverwaltungsgremien ausgestatteten Landkreisen Aufgaben als Selbstverwaltungsangelegenheiten zuzuweisen.[23]

Als mögliche Betätigungsfelder verbleiben für Landschaftsverbände damit in erster Linie Aufgaben, die den jeweiligen **Landesteil als solchen** gemeinsam betreffen, jedenfalls aber über das Gebiet oder die Verwaltungskraft eines Landkreises oder einer kreisfreien Stadt hinausragen und auch für die übrigen Kommunen dieses Landesteils eine gewisse Bedeutung haben. Beispiele könnten die Trägerschaft für Landesmuseen, das Landeshauptarchiv und Naturparke darstellen. Andere bedeutsame Verwaltungsaufgaben, die bisher vom Land wahrgenommen werden, wie bspw die Funktion als überörtlicher Sozialhilfeträger oder überörtlicher Träger der Jugendhilfe, kommen für eine Aufgabenübertragung nicht in Betracht, da sie keine Spezifika im Hinblick auf die beiden Landesteile Mecklenburg und Vorpommern aufweisen. 10

IÜ ist zu beachten, dass den Landschaftsverbänden **keine Aufgaben zur Erfüllung nach Weisung** übertragen werden könnten. In der Fassung des Zwischenberichts der Verfassungskommission vom 30.04.1992 enthielt Art. 73 des damaligen Entwurfs eine ausdrückliche Ermächtigung, ihnen durch Landesgesetze Aufgaben zu übertragen, die die Leistungskraft der Gemeinden und Landkreise überschreiten; in diesem Falle war gleichzeitig die Regelung über die Bereitstellung der erforderlichen Mittel vorgesehen.[24] Aufgrund der geschilderten Entwicklung im kommunalen Bereich folgte der Verfassunggeber aber dem Votum der kommunalen Spitzenverbände. Es sollte eine Bündelung möglichst vieler Aufgaben auf der Kreisebene erfolgen, soweit nicht eine Aufgabenwahrnehmung auf gemeindlicher Ebene in Betracht kam. 11

2. Gründung und innere Organisation. Nach Art. 75 LV „können" Landschaftsverbände errichtet werden. Es handelt sich eindeutig nicht um einen Verfassungsauftrag an den Gesetzgeber, sondern eine ihm eingeräumte **Option**. Diese bestände auch ohne ausdrückliche verfassungsrechtliche Verankerung. Die ausdrückliche Nennung ist die verfassungsrechtliche Anerkennung des in der skizzierten Entwicklung deutlich gewordenen politischen Diskussionsprozesses und damit ein für sinnvoll erachteter Beitrag zur Förderung von Akzeptanz und Integration. Bereits frühzeitig haben die kommunalen Vertreter bei den vorbereitenden Arbeiten zur Verfassung verdeutlicht, dass der politische Impuls zur tatsächlichen Gründung eines Landschaftsverbandes von den kommunalen Gebietskörperschaften und ihren Verbänden ausgehen müsste.[25] 12

Eine Errichtung muss **durch Gesetz** erfolgen. Unbeschadet des Art. 75 LV ist eine Aufgabenwahrnehmung bspw durch mehrere Landkreise und kreisfreie Städte auch durch Gründung eines Zweckverbandes möglich, wie dies vielfältig geschieht. Neben der unterschiedlichen Gründungsmodalität liegt der materielle Unterschied eines Landschaftsverbandes im Vergleich zum Zweckverband in der abweichenden Binnenorganisation. Aufgrund der verfassungsrechtlich fundierten Selbstverwaltungsgarantie wird das Gesetz dem Landschaftsverband zudem ein höheres Maß an Selbstständigkeit gegenüber den „tragenden" Kommunen zumessen, als die §§ 150 ff KV dies für den Zweckverband vorsehen. 13

---

23 Vgl BVerfGE 83, 363, 383; näher vgl oben → **Art. 72** Rn 13 ff, 32 ff.
24 Vgl LT-Drs 1/2000, S. 59.
25 Vgl *Conrad*, der landkreis 1990, 556, 557 f.

14 Inhaltliche Vorgaben zur **Organisationsstruktur** potentieller Landschaftsverbände bietet die LV nicht. Nach nordrhein-westfälischem Vorbild würde entsprechend dem Gemeindeverbandsprinzip eine Landschaftsversammlung das kommunale Vertretungsorgan bilden, das die wesentlichen Sachentscheidungen und die Wahl der „Verwaltungsspitze" vornimmt. Mitgliedskörperschaften der Landschaftsverbände wären die Landkreise und kreisfreien Städte, deren Vertretungen die Mitglieder der Landschaftsversammlung wählten. Da die LV die Option zur Bildung von Landschaftsverbänden als „überkreisliche" Einheiten enthält, sind dem Gesetzgeber bei einer Kreisgebietsreform gewisse räumliche Grenzen gesetzt. Soll die Verfassungsoption nicht leer laufen, muss es in jedem Landesteil mindestens mehrere Landkreise bzw. kreisfreie Städte geben.[26] Der Gesetzgeber hat im Zuge der zweiten Landkreisneuordnung 2011 die Binnenorganisation der regionalen Planungsverbände geändert, um die Dominanz eines Landkreises in der Verbandsversammlung zu verhindern.[27] Die Zusammensetzung der Verbandsversammlung in § 14 Abs. 2 und 3 LPlG könnte schon wegen der selektiven Doppelrepräsentanz der Vertreter aus den Mittelzentren und großen kreisangehörigen Städte kein taugliches Muster der Versammlung eines höheren Gemeindeverbandes mit umfassenderen Aufgaben bilden. In welchem Umfang ein Leitungsgremium und eine hauptamtliche Verwaltung zu installieren wäre, orientierte sich am Aufgabenzuschnitt. Als höhere Kommunalverbände finanzieren sich Landschaftsverbände in erster Linie über Umlagen der sie tragenden Gebietskörperschaften.

15 Im **Landesteil Mecklenburg** sind Bestrebungen zur Gründung eines Landschaftsverbandes zu keinem Zeitpunkt bekannt geworden. Fraglich ist, ob Art. 75, der von „Landschaftsverbänden" im Plural spricht, damit nur die Möglichkeit zur Gründung von zwei Verbänden eröffnen will, oder im Falle einer Umsetzung der Option durch den Landesgesetzgeber auch tatsächlich zwei Verbände zu gründen sind. Der Text ist insoweit nicht eindeutig. Die Frage kann im Hinblick auf Kostenfolgen bei der Übertragung bisher vom Land finanzierter Aufgaben in einem Landesteil durchaus Relevanz erlangen. Zu bedenken ist ferner, dass Mecklenburg in der jüngeren Vergangenheit keine einheitliche staatsrechtliche Tradition durchlaufen hat. Die isolierte Berücksichtigung von Mecklenburg-Strelitz gegenüber Mecklenburg-Schwerin erscheint nach der Bildung des flächenmäßig größten Landkreises Deutschlands um das Kerngebiet dieses früheren Landes obsolet und fände zudem in der Verfassung keine Stütze.

Insgesamt ist daher nicht damit zu rechnen, dass Art. 75 LV M-V noch zu praktischer Entfaltung gelangt.

IV. Schrifttum

16 *Carl-August Conrad*, Landschaftsverfassung in Mecklenburg-Vorpommern?, in: Der Landkreis 1990, S. 556 ff; *Ansgar Hörster*, § 31: Höhere Kommunalverbände, in: Thomas Mann/Günter Püttner (Hrsg.), Handbuch der kommunalen Wissenschaft und Praxis, Bd. 1, 3. Aufl. 2007, S. 901 ff; *Christoph Mecking*, Höhere

---

26 Im Ergebnis ebenso *von Mutius*, „…ergibt sich daraus jedoch unbestreitbar ein bestimmtes Verständnis der LV über die Begrenzung der räumlichen Dimension der Landkreise", LT-Drs. 4/1210, S. 115, 118; vgl ferner LRH M-V, Stellungnahme vom 20.10.2004 zum E-VwModG mit Stand vom 03.09.2004, Sonderausschuss Verwaltungsmodernisierung und Funktionalreform des LT M-V, Ausschuss-Drs. 4/66, Ziff. 1.1.6 der Wesentlichen Fragestellungen.

27 Vgl die Begründung der Landesregierung zum Kreisstrukturgesetz, LT-Drs 5/2683 v. 08.07.2009, S. 197 ff.

Kommunalverbände – Eine Organisationsform für die Zukunft?, in: DVBl. 1993, S. 103 ff; *Klaus Meyer-Schwickerath*, Selbstverwaltung in höheren Kommunalverbänden, in: von Mutius (Hrsg.), Selbstverwaltung im Staat der Industriegesellschaft, 1983, S. 439 ff; *Albert von Mutius*, Regionale Selbstverwaltung in den neuen Bundesländern – Modell für die Zukunft?, in: Staatswissenschaften und Staatspraxis 1991, S. 15 ff; *ders.*, „Regionale Selbstverwaltung" in Mecklenburg-Vorpommern – Modell mit Zukunft?, Gutachten im Auftrage der Präsidentin des Schleswig-Holsteinischen Landtags, Februar 1991 (maschinenschriftlich).

V. Rechtsprechung

Art. 76 (Richter und Gerichte)

(1) Die Rechtsprechung wird im Namen des Volkes ausgeübt. Die Richter sind unabhängig und nur dem Gesetz unterworfen.

(2) Die Gerichte sind mit hauptamtlich berufenen Richtern, ausnahmsweise mit nebenamtlich tätigen Richtern und in den durch Gesetz bestimmten Fällen mit Laienrichtern besetzt.

(3) Das Gesetz kann vorsehen, daß die Ernennung zum Richter auf Lebenszeit von dem Votum eines Richterwahlausschusses abhängig gemacht wird. Seine Mitglieder werden vom Landtag mit der Mehrheit von zwei Dritteln der anwesenden Mitglieder gewählt. Der Richterwahlausschuß muß zu zwei Dritteln aus Abgeordneten bestehen. Er entscheidet mit Zweidrittelmehrheit.

Zu Abs. 1: Artt. 65 Abs. 1 und 2 BWVerf; 85 BayVerf; 79 Abs. 1, 80 VvB; 108 Abs. 1 BbgVerf; 135 Abs. 1 BremVerf; 62 Abs. 1 Satz 1 HambVerf; 126 Abs. 1 und 2 HessVerf; 51 Abs. 4 NdsVerf; 72 Abs. 1 Verf NW; 121 Verf Rh-Pf; 110 Abs. 1 SaarlVerf; 77 Abs. 1 und 2 SächsVerf; 83 Abs. 1 und 2 LVerf LSA; 43 Abs. 1 SchlHVerf; 86 Abs. 1 und 2 ThürVerf.

Zu Abs. 2: Artt. 87 Abs. 2, 88 BayVerf; 79 Abs. 1, 80 VvB; 108 Abs. 2, 110 BbgVerf; 135 Abs. 2 BremVerf; 62 Abs. 1 Satz 2 HambVerf; 127 Abs. 1 und 2, 127 Abs. 5 HessVerf; 51 Abs. 2 NdsVerf; 72 Abs. 2 Verf NW; 122 Abs. 1, Art. 123 Verf Rh-Pf; 111 Abs. 1 Satz 1 SaarlVerf; 77 Abs. 3 SächsVerf; 83 Abs. 4 LVerf LSA; 86 Abs. 3 ThürVerf.

Zu Abs. 3: Artt. 82 VvB; 109 BbgVerf; 136 Abs. 1 und 2 BremVerf; 63 Abs. 1 und 2 HambVerf; 127 Abs. 3 HessVerf; 51 Abs. 3 NdsVerf; 73 Verf NW; 79 Abs. 3 SächsVerf; 83 Abs. 4 LVerf LSA; 43 Abs. 2 und 3 SchlHVerf; 89 Abs. 2 ThürVerf.

Vorbemerkung	1	a) Eingriffe in die Unabhängigkeit der Richter	15
1. Bundesverfassungsrechtliche Einordnung	1	b) Ingerenzfolgen	16
2. Entstehungsgeschichte	4	III. Besetzung der Gerichte	17
I. Rechtsprechung (Abs. 1 Satz 1)	5	1. Grundsatz der Hauptamtlichkeit	17
1. Begriff der Rechtsprechung	5		
2. Ausübung im Namen des Volkes	6	2. Nebenamtliche Richter	19
		3. Laienrichter	21
II. Unabhängigkeit und Gesetzesbindung (Abs. 1 Satz 2)	7	IV. Richterwahlausschuss als Option (Abs. 3)	23
1. Funktion der Unabhängigkeit	8	1. Anwendungsbereich	24
2. Inhalte der Unabhängigkeit	9	2. Zusammensetzung	28
a) Sachliche Unabhängigkeit der Richter	10	3. Kreation	29
		4. Votum des Richterwahlausschusses	31
b) Persönliche Unabhängigkeit der Richter	12	a) Funktion	31
3. Ingerenzen	15	b) Entscheidungsquorum	32

c) Entscheidungsmaßstab..... 33
d) Verfahren................... 34
e) Rechtsschutz................ 35

Vorbemerkung

1. **Bundesverfassungsrechtliche Einordnung.** Art. 76 ist im Kontext des Art. 28 Abs. 1 Satz 1 GG zu sehen, wonach die verfassungsmäßige Ordnung in den Ländern den Grundsätzen des republikanischen, demokratischen und sozialen Rechtsstaates iSd GG entsprechen muss. Das GG fordert von den Gliedstaaten diesbezüglich **Homogenität** und verlangt daher diese verwirklichende Normen des Landesverfassungsrechts.[1] Wesentliches Element des Rechtsstaats iSd GG ist die Teilung der Gewalten, wie sie in Art. 20 Abs. 2 Satz 2, Abs. 3 GG vorgegeben und demzufolge auch in Art. 3 Abs. 1 Satz 2 und Art. 4 LV normiert ist. Die **rechtsprechende Gewalt** vertraut das GG in Art. 92 Hs. 1 GG „den Richtern" an, die es in Art. 97 Abs. 1 GG nur dem Gesetz unterwirft und deshalb mit Unabhängigkeit ausstattet. Zugleich weist es in Art. 92 Hs. 2 GG (neben BVerfG und vom GG vorgesehenen Bundesgerichten) den „Gerichte(n) der Länder" die Ausübung der Rechtsprechungsaufgabe zu. In diesen Bestimmungen über die Organisation der Rspr geht das GG mithin über die Festschreibung des Mindeststandards nach Art. 28 Abs. 1 Satz 1 GG hinaus.[2]

2. Das GG macht damit die „Richter" zu (alleinigen) Trägern der rechtsprechenden Gewalt (→ *Wallerath*, Art. 3 Rn 5).[3] Die von Art. 20 Abs. 2 Satz 2 GG und von Art. 3 Abs. 1 Satz 2 LV geforderten besonderen „Organe" der Rspr sind daher – als verfassungsunmittelbare Organe[4] – die Richter, nicht etwa die Gerichts-„Behörden", denen sie angehören. Der Begriff „Gericht" in Art. 92 GG meint in erster Linie die organisatorische (Rechtsprechungs-)Einheit, den „Spruchkörper", in der sich Rspr vollzieht, wie etwa den Einzelrichter oder – bei Kollegialspruchkörpern – die Kammer oder den Senat.[5] Daneben wird der Begriff „Gericht" auch in einem anstaltsorganisatorisch-institutionellen Sinne verstanden, der neben den Richtern auch die Gerichtsverwaltung und den Präsidenten als den Leiter der (Justiz-)Behörde Gericht umfasst.[6]

3. Art. 92 GG stellt neben seinem Normativcharakter für den Landesverfassunggeber in Hs. 2 zugleich eine (spezielle) Kompetenzregel dar, mit der – als Konkretisierung der allg. Zuständigkeitsvermutung des Art. 30 GG – die Befugnis zur Errichtung der Gerichte grds. den Ländern zugewiesen und zugleich die Bundeszuständigkeit im GG enumerativ genannten Bundesgerichte und das BVerfG beschränkt wird.[7] Vor dem Hintergrund der damit vorgegebenen Entscheidung für staatliche (und nicht gesellschaftliche oder sonst private) Gerichtsbarkeit als Voraussetzung für die Durchsetzung des staatlichen Gewaltmono-

---

1 Vgl dazu *Löwer*, in: von Münch/Kunig, Art. 28 Rn 9 ff.
2 Vgl *Classen*, in: von Mangoldt/Klein/Starck, Art. 92 Rn 3.
3 Vgl *W. Meyer*, in: von Münch/Kunig, Art. 92 Rn 12; zur Rechtsstellung der Richter in der DDR vgl *Roggemann*, Die DDR-Verfassungen – Einführung in das Verfassungsrecht der DDR, 4. Aufl. 1989, S. 296 ff.
4 Vgl zB *Detterbeck*, in: Sachs, GG, Art. 92 Rn 24; Folge dessen ist, dass die rechtsprechende Tätigkeit keine Zurechnungsperson innerhalb des Staates kennt außer den Souverän selbst; daraus folgt zugleich zwingend das Fehlen jeglicher Parlamentsverantwortlichkeit, vgl *W. Meyer* (Fn 3), Art. 92 Rn 13; anders Art. 22 Abs. 2 Satz 3 Verf Mecklenburg vom 16.01.1947 (RegBl. S. 1), wonach dem Parlament die oberste Kontrolle über Rechtspflege und Rspr zukam.
5 Vgl *W. Meyer* (Fn 3), Art. 92 Rn 12.
6 Vgl dazu *Kronisch*, in: Sodan/Ziekow, § 1 Rn 37 mwN.
7 Vgl *Detterbeck* (Fn 4), Rn 1; *Schulze-Fielitz*, in: Dreier, Art. 92 Rn 19.

V. Rechtsprechung

pols[8] sind die Länder aufgrund ihrer Verpflichtung zur „Verfassung" eines Rechtsstaats iSd GG, zu dessen Kern die staatliche **Justizgewährleistungspflicht** gehört,[9] zur legislativen und administrativen Organisation staatlicher Gerichte verpflichtet. Allerdings steht in legislativer Hinsicht dem Bund nach Art. 74 Abs. 1 Nr. 1 GG die konkurrierende Zuständigkeit für die Gerichtsverfassung und das gerichtliche Verfahren sowie nach Art. 74 Abs. 1 Nr. 27 GG für die Statusrechte und -pflichten[10] der Richter in den Ländern zu, von der dieser auch durch das GVG und die Prozessordnungen für die einzelnen Gerichtszweige sowie – noch auf der Grundlage der früheren Rahmengesetzgebungskompetenz des Art. 98 Abs. 3 Satz 2 GG aF – durch das DRiG[11] Gebrauch gemacht hat.

2. Entstehungsgeschichte. Art. 76 entspricht in Abs. 1 und 2 dem Entwurf des Zwischenberichts.[12] Abs. 3 Satz 1 bezog sich in der Zwischenberichtsfassung nicht auf die „Ernennung zum Richter auf Lebenszeit", sondern auf „die Ernennung der Richter" und damit auf jeden Fall der Ernennung, also auch auf die Ernennung zum Richter auf Probe oder die der erstmaligen Lebenszeiternennung folgende Beförderungsernennung. Alternative Vorschläge sah der Entwurf des Zwischenberichts nicht vor. In der danach folgenden Kommissionsarbeit fand ein Vorschlag des Justizministers zur Beschränkung auf die Ernennung zum Richter auf Lebenszeit Zustimmung.[13] Die Verfassungskommission nahm Art. 76 in der 26. Sitzung bei Enthaltung der Vertreterin des Regionalausschusses an.

I. Rechtsprechung (Abs. 1 Satz 1)

1. Begriff der Rechtsprechung. Der Begriff der Rspr wird in Art. 76 Abs. 1 Satz 1 vorausgesetzt. Er knüpft an denselben Begriff in Art. 3 Abs. 1[14] an und entspricht dem Begriff der „rechtsprechenden Gewalt" in Art. 92 GG. Beide Begriffe sind weder im GG noch in der LV definiert. Eine einheitliche Definition hat sich trotz verschiedener Definitionsvorschläge bisher nicht durchgesetzt.[15] Anerkannt, wenngleich nicht unumstritten ist,[16] dass der Begriff Rspr **formal** zunächst alle staatlichen Entscheidungstätigkeiten, die das GG ausdrücklich den Richtern zuweist, insb. die grundgesetzlichen Rechtsweggarantien und Richtervorbehalte, umfasst.[17] Als Wesensmerkmal von Rspr gilt in **materieller** Hinsicht die gesetzesgebundene letztverbindliche (Streit)Entscheidung durch einen nichtbeteiligten und neutralen[18] Dritten.[19] Das BVerfG[20] zählt über den Kreis der in der Verfassung ausdrücklich genannten Aufgaben hinaus insb. die traditionellen

---

8 Vgl dazu *Classen* (Fn 2), Rn 1.
9 Vgl *Krebs*, in: von Münch/Kunig, Art. 19 Rn 56.
10 Mit Ausnahme der Laufbahnen, Besoldung und Versorgung.
11 Vgl dazu die Übergangsvorschrift des Art. 125 a Abs. 1 Satz 1 GG idF des Ges. zur Änderung des GG vom 28.08.2006 (BGBl. I S. 2034).
12 Vgl LT-Drs. 1/2000, dort Art. 74, S. 59, wobei Abs. 2 vor dem Wort „Gesetz" den Artikel „das" enthielt.
13 Vgl LT-Drs. 1/3100 S. 160.
14 Vgl auch Artt. 1 Abs. 3, 20 Abs. 2, 3 GG.
15 Vgl *Schulze-Fielitz* (Fn 7), Rn 25 ff mwN.
16 Vgl *Classen* (Fn 2), Rn 6 mwN.
17 Vgl *Detterbeck* (Fn 4), Rn 5 ff mwN.
18 Zur Kritik am Erfordernis der Neutralität als zirkulär vgl *Classen* (Fn 2), Rn 12.
19 Vgl *Schulze-Fielitz* (Fn 7), Rn 26.
20 BVerfGE 22, 49, 76 ff; vgl auch BVerfGE 48, 300, 323, 325; 60, 175, 214; im Einzelnen vgl kritisch *Classen* (Fn 2), Rn 14 ff; zum funktionellen Rechtsprechungsbegriff vgl BVerfGE 103, 111, 136 f, dazu *Detterbeck* (Fn 4), Rn 21 a; vgl auch BVerfG, B. v. 2.12.2014 – Az. 1 BvR 3106/09 – NJW 2015, 610, juris Rn 18: Erteilung von Aus-

Kernbereiche der den einzelnen Gerichtsbarkeiten übertragenen Aufgaben zur Rspr.

6 **2. Ausübung im Namen des Volkes.** Einfachgesetzlich normiert das Bundesrecht in den Prozessordnungen,[21] dass Urteile im Namen des Volkes ergehen. Die entsprechenden Vorschriften regeln die äußere Form des Urteils; sie setzen daher die dafür erforderliche Verfassungsrechtslage voraus. Art. 76 Abs. 1 Satz 1 kommt diesbezüglich lediglich klarstellender Bedeutungsgehalt zu. Dass die Rspr ihre **Legitimation vom Volk** als dem Träger der Rechtsprechungshoheit bezieht, folgt daraus, dass alle Staatsgewalt vom Volk ausgeht (vgl Art. 3 Abs. 1 Satz 1), die Rspr den Richtern anvertraut ist (vgl Art. 92 GG) und die Richter (deshalb) verfassungsunmittelbare Organe sind.[22] Die Urteilseingangsformel „Im Namen des Volkes" zeigt somit die Stellung der richterlichen Gewalt auf und drückt ihre Legitimation im demokratischen Rechtsstaat aus.[23] Sie findet sich erstmals in Art. 8 Abs. 2 der Preußischen Verfassung vom 30. November 1920,[24] wo sie nach dem Ende der Monarchie, in der die Urteile „Im Namen des Königs"[25] bzw des jeweiligen Landesherrn ergingen, die republikanische und demokratische Neuordnung auch in der alltäglichen Rspr zum Ausdruck bringen sollte.[26] Bereits im Mittelalter entwickelte sich die Gerichtstradition, die Verbindung zwischen Träger der Justizhoheit und konkreter Einzelfallentscheidung durch einen Vorspruch zu vermitteln.[27] Art. 76 Abs. 1 Satz 1 knüpft an diese Tradition an und bringt damit die Legitimation der Rechtsprechungstätigkeit der Landesgerichte als unmittelbar vom Volk als dem Souverän abgeleitete und damit verfassungsunmittelbare Tätigkeit zum Ausdruck.

II. Unabhängigkeit und Gesetzesbindung (Abs. 1 Satz 2)

7 Art. 76 Abs. 1 Satz 2 erklärt – nahezu wortlautidentisch mit Art. 97 Abs. 1 GG – die Richter für unabhängig und nur dem Gesetz unterworfen. Eigenständiger Gehalt im Verhältnis zum GG kommt der Vorschrift nicht zu. Gleichwohl stellt die selbständige Formulierung dieser **Zentralaussage des Rechtsstaatsprinzips** in der LV die Eigenstaatlichkeit des Landes heraus, handelt es sich doch dabei um eine Fundamentalnorm für den gewaltengeteilten demokratischen Staat. Denn die Stellung des Richters als Organ der dritten Gewalt (Art. 3 Abs. 1 Satz 2) setzt notwendig eine dieser Funktion adäquate Ausgestaltung voraus.[28] Das gilt umso mehr, wenn Wesenselement des Rechtsprechungsbegriffs die Unabhängigkeit ist.[29]

8 **1. Funktion der Unabhängigkeit.** Unabhängigkeit und Unterworfensein allein unter das Gesetz sind untrennbar miteinander verknüpft. Die Konjunktion „und" in Abs. 1 Satz 2 bringt dies in knappster Klarheit zum Ausdruck. Die **Gesetzesbindung** des Richters ist nicht „strukturell gegenläufig" zur Unabhängig-

---

künften aus einem laufenden Verfahren gegenüber Dritten auf Veranlassung des Richters ist keine Rechtsprechung.
21 Vgl §§ 311, 495 ZPO, § 268 StPO, § 46 Abs. 2 ArbGG iVm § 495 ZPO, § 117 Abs. 1 Satz 1 VwGO, § 105 FGO, § 132 SGG.
22 Siehe oben → Rn 2.
23 Vgl *Limbach*, „Im Namen des Volkes", 1999, S. 110; *Kilian*, in: Sodan/Ziekow, § 117 Rn 20 ff.
24 PrGS S. 543.
25 Vgl Art. 86 der revidierten Preußischen Verfassung vom 31.01.1850, PrGS S. 17.
26 Vgl *Müller-Graff*, ZZP 88 (1975), 442, 448.
27 Zur Geschichte vgl *Müller-Graff* (Fn 26), S. 442 ff; *Kilian* (Fn 23), Rn 20 mit Fn 12.
28 Vgl *Stern*, Bd. II, S. 902 f.
29 Vgl *Detterbeck* (Fn 4), Art. 97 Rn 1.

keit zu begreifen.³⁰ Vielmehr wird dem Richter Unabhängigkeit gewährleistet, weil und soweit er nur dem Gesetz unterworfen sein soll.³¹ **Unabhängigkeit** ist damit **notwendige Bedingung** des alleinigen Unterworfenseins unter das Gesetz. Der Richter soll gerade keinen, insb. keinen administrativen Weisungen in Bezug auf seine Rechtsprechungstätigkeit unterliegen. Maßstab seiner richterlichen Entscheidungen soll ausschließlich „das Gesetz" sein. Soweit hierin ein Unterschied zu Art. 4 insoweit besteht, als danach die Rspr „an Gesetz und Recht" gebunden ist, stellt dies lediglich eine traditionell begründete sprachliche Verschiedenheit, jedoch keine Divergenz in der Sache dar.³² Der richteramtsfunktionale Charakter der Unabhängigkeitsgarantie bedingt zugleich, dass sie kein Grundrecht ist.³³ Sie steht vielmehr in unauflösbarem Zusammenhang zur rechtsstaatlichen Verpflichtung zur Justizgewähr³⁴ und bildet vor diesem Hintergrund den zentralen Bezugspunkt des richterlichen Amtsrechts.³⁵

2. Inhalte der Unabhängigkeit. Richterliche Unabhängigkeit wird unterschieden in sachliche und persönliche Unabhängigkeit. Daneben wird auch die **innere Unabhängigkeit** erwähnt.³⁶ Dabei handelt es sich indessen nicht um einen von der Verfassung garantierten Status, sondern vor allem um eine Bewusstseinshaltung des einzelnen Richters. Dem Vertrauen in die (auch) innere Unabhängigkeit des Richters dient insb. das (politische) Mäßigungsgebot des § 39 DRiG.³⁷

a) Sachliche Unabhängigkeit der Richter. Sachliche Unabhängigkeit ist die **Freiheit von Weisungen** bei ausschließlicher Bindung an Gesetz und Recht.³⁸ Subjekt der sachlichen Unabhängigkeit sind Berufsrichter und ehrenamtliche Richter gleichermaßen. Ihr Gegenstand ist die **richterliche Tätigkeit**. Dazu zählt nicht nur die Ausübung rechtsprechender Gewalt. Von der Garantie der sachlichen Unabhängigkeit erfasst sind auch solche Aufgaben, die dem Richter zur unabhängigen Wahrnehmung übertragen sind; dazu zählt etwa die Geschäftsverteilung durch das Präsidium nach § 21 e GVG als Funktionsbedingung für die Bestimmung des gesetzlichen Richters auf der Ebene des jeweiligen Gerichts.³⁹

Die **Bindung an das Gesetz** schließt die Pflicht des Richters ein, die für die Entscheidung einschlägigen Bestimmungen auf ihre Rechtsgültigkeit zu überprüfen. Von der Prüfungskompetenz zu unterscheiden ist die Verwerfungskompetenz. Diese steht bei einem förmlichen Gesetz allein dem Verfassungsgericht zu, an das das erkennende Gericht das Verfahren vorzulegen hat.⁴⁰ Die Bindung des im Instanzenzug niedrigeren Gerichts an die im konkreten Fall getroffene Entscheidung des höheren Gerichts stellt sich nicht als Beschränkung der Gesetzesbindung dar. Demgegenüber schließt es die sachliche Unabhängigkeit des Richters aus, diesen allg. an die Rspr höherer Gerichte zu binden.⁴¹

---

30 So aber BVerfGE 49, 304, 318; *Pitschas*, ZRP 1998, 96, 102; *M.-C. Schinkel*, FS Remmers, 1995, S. 297 f.
31 Vgl *Hillgruber*, in: Maunz/Dürig, Art. 97 Rn 25 f mwN; vgl auch *Sendler*, NJW 1995, 2464, 2465 f; *ders.*, NJW 1996, 825, 826.
32 Vgl dazu *Kronisch* (Fn 6), Rn 78 mit Fn 153; siehe ferner *Classen* (Fn 2), Art. 97 Rn 11.
33 Vgl BVerfGE 27, 211, 217; 48, 246, 263; BVerfG, B. v. 29.02.1996 – Az. 2 BvR 136/96 – NJW 1996, 2149, 2150; BVerwGE 78, 216, 220 f; BGHZ 112, 189, 193.
34 Vgl *Papier*, NJW 1990, 8, 9; *Kronisch* (Fn 6), Rn 63 mwN.
35 Vgl auch *Classen* (Fn 32), Rn 7.
36 Dazu vgl *Kronisch* (Fn 6), Rn 64 ff mwN.
37 Vgl näher *Kronisch* (Fn 6), Rn 66.
38 Vgl BVerfGE 3, 213, 224; 26, 186, 198.
39 Vgl zB *Kronisch* (Fn 6), § 4 Rn 11.
40 Vgl Art. 100 GG, Art. 53 Nr. 5 LV.
41 Vgl *Classen* (Fn 32), Rn 22; *Detterbeck* (Fn 29), Rn 15; ferner *Thiele*, in: Thiele/Pirsch/Wedemeyer, Art. 76 Rn 2.

12 **b) Persönliche Unabhängigkeit der Richter.** Notwendige Voraussetzung der sachlichen Unabhängigkeit ist die **persönliche Unabhängigkeit** des Richters.[42] Sie verlangt seine **Unversetzbarkeit und Unabsetzbarkeit** (Grundsatz der Inamovibilität), wobei eine Anstellung auf Lebenszeit nicht zwingend ist.[43] Die persönliche Unabhängigkeit wird in Art. 76 Abs. 1 Satz 2 vorausgesetzt.[44]

13 Art. 97 Abs. 2 GG enthält nähere Vorgaben für die „hauptamtlich und planmäßig endgültig angestellten Richter". Diese können gegen ihren Willen nur kraft richterlicher Entscheidung und nur aus Gründen und unter den Formen, welche die Gesetze bestimmen, vor Ablauf ihrer Amtszeit entlassen oder dauernd oder zeitweise ihres Amtes enthoben oder an eine andere Stelle oder in den Ruhestand versetzt werden (Art. 97 Abs. 2 Satz 1 GG). Zulässig ist es, Altersgrenzen durch Gesetz festzuschreiben, bei deren Erreichen auf Lebenszeit angestellte Richter in den Ruhestand treten (Art. 97 Abs. 2 Satz 2 GG). Eine Versetzung an ein anderes Gericht gegen ihren Willen ist nur bei „Veränderung der Einrichtung der Gerichte oder ihrer Bezirke" möglich (Art. 97 Abs. 2 Satz 3 1. Alt. GG); in diesem Fall können sie auch „aus dem Amte entfernt werden, jedoch nur unter Belassung des vollen Gehaltes" (Art. 97 Abs. 2 Satz 3 2. Alt. GG).

14 Art. 97 Abs. 2 GG schließt die Tätigkeit auch anderer als hauptamtlich und planmäßig endgültig angestellter Richter[45] nicht aus. Hierzu zählen unter den Berufsrichtern (vgl § 1 DRiG) Richter auf Probe[46] und Richter kraft Auftrags.[47] Ungeachtet der grundgesetzlichen besonderen Sicherung für die hauptamtlichen und planmäßig angestellten Richter steht indes allen Richtern – Lebenszeit-, Zeit-, Proberichter, Richter kraft Auftrags, ehrenamtliche Richter, Berufsrichter, Richter im Nebenamt – ein Mindestmaß an persönlicher Unabhängigkeit zu.[48] Insb. können sie nur aus im Gesetz genannten Gründen entlassen werden, wobei es bei ehrenamtlichen Richtern hierzu einer richterlichen Entscheidung bedarf. Wesentliche Sicherungen der persönlichen Unabhängigkeit des ehrenamtlichen Richters, insb. einen Anspruch auf Freistellung von der Arbeitsleistung, regelt § 45 Abs. 1 a DRiG.[49]

15 **3. Ingerenzen. a) Eingriffe in die Unabhängigkeit der Richter.** Die von der Unabhängigkeitsgarantie erfasste richterliche Tätigkeit[50] wird in einen **Kernbereich** der eigentlichen Rechtsfindung einschließlich der sie vorbereitenden und ihr nachfolgenden Sach- und Verfahrensentscheidungen[51] und in einen sogenannten **äußeren Ordnungsbereich** untergliedert. Letzteren bilden diejenigen richterlichen Tätigkeiten, die dem Kernbereich der eigentlichen Rspr soweit entrückt sind, dass für sie die Garantie der richterlichen Unabhängigkeit nicht in An-

---

42 Vgl BVerfGE 14, 156, 162; ferner BVerfGE 38, 139, 87, 68, 85.
43 Vgl BVerfGE 3, 213, 224; 18, 241, 255.
44 Vgl auch *Thiele* (Fn 41), Rn 2.
45 „Endgültige" Anstellung setzt keine Ernennung auf Lebenszeit voraus, so dass die Sicherung des Art. 97 Abs. 2 GG auch Richtern auf Zeit zukommt, vgl *Detterbeck* (Fn 29), Rn 26; zur verfassungsrechtlichen Zulässigkeit des Richters auf Zeit vgl BVerfGE 3, 213, 214; 14, 56, 70 f; 18, 241, 255.
46 Vgl § 12 DRiG.
47 Vgl § 14 DRiG.
48 Vgl BVerfGE 14, 56, 70; 26, 186, 198 f; vgl auch BVerfGE 87, 68, 87 f; ferner § 45 Abs. 1 Satz 1 DRiG, der den ehrenamtlichen Richter ausdrücklich für „in gleichem Maße wie ein Berufsrichter" für (sachlich) unabhängig erklärt; vgl auch *Kronisch* (Fn 6), Rn 87.
49 Vgl dazu *Ziekow*, in: Sodan/Ziekow, § 19 Rn 10.
50 Zu nicht erfassten Tätigkeiten (Justiz-, insbes. Aufgaben der Gerichtsverwaltung), siehe näher *Kronisch* (Fn 6), Rn 68 mwN.
51 Vgl zB BGHZ 112, 189, 195.

spruch genommen werden kann[52] bzw, dass sie nur noch als zur äußeren Ordnung zugehörig anzusehen sind.[53] Diese einen Zirkelschluss bildende Definition[54] wird in ständiger Rspr zur Abgrenzung von erlaubten und unerlaubten dienstaufsichtlichen Maßnahmen (vgl § 26 DRiG) und anderen Maßnahmen der Justizverwaltung angewendet.[55]

b) Ingerenzfolgen. Eingriffe in die richterliche Unabhängigkeit kann der Richter, auch wenn die Garantie der Unabhängigkeit kein individuelles (Freiheits-)Grundrecht ist, über Art. 33 Abs. 5 GG, der als hergebrachter Grundsatz des Richteramtsrechts auch die persönliche und sachliche Unabhängigkeit enthält,[56] mit der **Verfassungsbeschwerde** rügen.[57] Gegen Maßnahmen der Justizverwaltung und gegen Maßnahmen der Dienstaufsicht kann sich der Richter vor dem Richterdienstgericht[58] mit der Behauptung zur Wehr setzen, seine richterliche Unabhängigkeit werde dadurch beeinträchtigt. Das gilt auch für in die richterliche Unabhängigkeit eingreifende Inhalte einer dienstlichen Beurteilung.[59] Ein Dienstvergehen bildet es, wenn der Vorsitzende eines Kollegialspruchkörpers Entscheidungen eines Spruchkörpermitgliedes, die dieses als Einzelrichter getroffen hat, ändert.[60] 16

III. Besetzung der Gerichte

1. Grundsatz der Hauptamtlichkeit. Abs. 2 normiert die Art. 97 Abs. 2 GG zugrundeliegende Entscheidung für den hauptamtlichen Richter als **Regeltypus**.[61] Nebenamtliche Richter sollen nur ausnahmsweise, Laienrichter (ehrenamtliche Richter) in den vom Gesetz bestimmten Fällen tätig werden.[62] 17

Der Begriff „hauptamtlich" bezieht sich auf den keine andere Haupttätigkeit ausübenden[63] Berufsrichter iSd § 1 DRiG. Nach § 28 Abs. 1 DRiG, der als Bundesrecht der LV vorgeht (vgl Art. 31 GG), dürfen bei einem Gericht nur Richter auf Lebenszeit tätig werden, soweit nicht ein Bundesgesetz etwas anderes bestimmt. § 8 DRiG regelt, dass (Berufs-)Richter nur als Richter auf Lebenszeit, auf Zeit, auf Probe oder Richter kraft Auftrags berufen werden dürfen. Zweck der Berufung in das Richteramt auf Probe oder kraft Auftrags muss die spätere Verwendung als Richter auf Lebenszeit sein.[64] 18

2. Nebenamtliche Richter. Nebenamtliche Richter iSv Art. 76 Abs. 2 bilden eine Ausnahme zu § 4 Abs. 1 DRiG, wonach ein Richter Aufgaben der rechtsprechenden Gewalt und Aufgaben der gesetzgebenden oder der vollziehenden Gewalt nicht zugleich wahrnehmen darf. Eine solche Ausnahme lässt § 4 Abs. 2 Nr. 3 DRiG u.a. für die Aufgaben der Forschung und Lehre an einer wissen- 19

---

52 Vgl BGHZ 42, 163, 169.
53 Vgl BGHZ 112, 189; 42, 163, 169.
54 Nachweise bei *Kronisch* (Fn 6), Rn 69.
55 Zu Beispielsfällen *Kronisch* (Fn 6), Rn 70 ff; vgl auch *M. Redeker*, SächsVBl 2007, 73.
56 Vgl *Detterbeck* (Fn 29), Rn 32.
57 Vgl BVerfG, B. v. 29.02.1996 – Az. 2 BvR 136/96 – NJW 1996, 2149, 2150; vgl auch EGMR, U. v. 25.02.1997 Az. 110/1995/616/706 – Betrifft Justiz 1997, 80.
58 Vgl §§ 31 ff LRiG.
59 Vgl zB BGH, U. v. 10.08.2001 – Az. RiZ(R) 5/00 – NJW 2002, 359; siehe näher *Kronisch* (Fn 6), Rn 70.
60 Vgl BVerfG, B. v. 29.02.1996 – Az. 2 BvR 136/96 – NJW 1996, 2149.
61 Vgl *Schulze-Fielitz* (Fn 7), Art. 97 Rn 53; *Classen* (Fn 32), Rn 40; *Detterbeck* (Fn 29), Rn 29.
62 Vgl die Begründung LT-Drs. 1/3100 S. 160.
63 Vgl auch *Thiele* (Fn 41), Rn 3.
64 Vgl §§ 12, 14 DRiG, zum Richter auf Zeit siehe § 11 DRiG.

schaftlichen Hochschule zu. Das ermöglicht es, zB Rechtsprofessoren an einer Universität neben ihrem Hauptamt als Hochschullehrer zugleich als Richter tätig werden zu lassen.[65] Zweck dieser Ausnahmemöglichkeit ist es, im Interesse einer lebensnahen Rechtsausbildung eine Verknüpfung von Rechtslehre bzw Rechtsunterricht und praktischer Fallbearbeitung herzustellen. Das Bundesrecht[66] ermöglicht es zudem, bei dem Oberverwaltungsgericht und bei dem Verwaltungsgericht für die Dauer von mindestens zwei Jahren auch nebenamtliche Richter einzusetzen, die bei einem anderen Gericht zu Richtern auf Lebenszeit ernannt sind.

20 Umstritten ist, ob das Richterverhältnis im Nebenamt als eigenständiger Status zu verstehen[67] oder an Stelle einer Ernennung zum Richter im Nebenamt eine Übertragung eines weiteren Hauptamtes nach § 27 Abs. 2 DRiG unter Berufung in das Richterverhältnis auf Lebenszeit zu erfolgen hat.[68]

21 **3. Laienrichter.** Mit dem Begriff „Laienrichter" sind die **ehrenamtlichen Richter** iSd §§ 44 ff DRiG, §§ 28 ff, 77 GVG (Schöffen), §§ 105 ff GVG (Handelsrichter) und der Prozessgesetze[69] gemeint.[70] Ehrenamtlicher Richter ist der Oberbegriff für die Personen, die, ohne Berufsrichter zu sein, dh ohne in einem Richterverhältnis auf Lebenszeit, auf Zeit, auf Probe oder kraft Auftrags zu stehen, aufgrund eines Gesetzes in einem Gericht mit vollem Stimmrecht mitwirken.[71] Sie werden in den einzelnen Gerichtsbarkeiten „in den durch Gesetz bestimmten Fällen", nämlich aufgrund der jeweiligen Prozessordnungen, die auch das Verfahren ihrer Berufung regeln, entweder als „Vertreter der Allgemeinheit"[72] oder als „Vertreter einer Gruppe"[73] zur Verhandlung und Entscheidung hinzugezogen.

22 Mit der Entscheidung, Laienrichter in den durch Gesetz bestimmten Fällen tätig werden zu lassen, trägt die LV zunächst der bundesgesetzlich aufgrund des Kompetenztitels zur Regelung der Gerichtsverfassung (Art. 74 Abs. 1 Nr. 1 GG) vorgegebenen einfachrechtlichen Rechtslage im GVG und in den jeweiligen Prozessordnungen Rechnung. Weiterhin bestätigt Abs. 2 dem Landesgesetzgeber, im Rahmen seiner Gesetzgebungskompetenz durch Gesetz die Mitwirkung von ehrenamtlichen Richtern vorsehen zu können.[74] Gewissermaßen neutral und deshalb **ohne Präjudiz** für die Mitwirkung des Landes an der Bundesgesetzgebung bleibt Abs. 2 zur Frage, ob das Laienrichtertum beibehalten, eingeschränkt oder abgeschafft werden soll.[75]

---

65 Rechtsprofessoren werden zumeist als Richter an einem Obergericht eingesetzt, in M-V per Stand 01.06.2014 in einem Fall am OLG.
66 Vgl § 16 VwGO, zum Streit um dessen Geltung vgl *Kronisch* (Fn 6), § 16 Rn 4.
67 Zum Streit vgl *Kronisch* (Fn 66), Rn 5.
68 So *Thiele* (Fn 41), Rn 3.
69 Vgl §§ 16, 20 ff ArbGG, §§ 19 ff VwGO, §§ 3, 12 ff, 33, 35, 38, 47 SGG, §§ 5 Abs. 3, 16 ff FGO.
70 Vgl auch *Thiele* (Fn 41), Rn 4.
71 So die Definition bei *Schmidt-Räntsch*, DRiG, § 44 Rn 3.
72 So im Straf- und im Verwaltungsprozess.
73 So im Arbeitsgerichts-, Sozialgerichtsprozess sowie in der Dienst-, Berufs- und Disziplinargerichtsbarkeit.
74 So zB für das DisziplinarR §§ 44, 45 LDG; vgl ferner § 9 Abs. 3 VwGO.
75 Zur Offenheit des GG vgl BVerfGE 27, 312, 319 f; 42, 206, 208 f; zur seit jeher geführten Diskussion zum Pro und Contra der Hinzuziehung von Laienrichtern vgl *Ziekow* (Fn 49), Rn 2 ff mwN.

IV. Richterwahlausschuss als Option (Abs. 3)

Abs. 3 macht von der den Ländern bereits aufgrund ihrer Justizhoheit zukommenden[76] und in Art. 98 Abs. 4 GG als bundesrechtsfest[77] garantierten Befugnis zur Mitwirkung eines Richterwahlausschusses bei der Richterernennung in der Weise Gebrauch, dass er dem LT Vorgaben für den Fall gibt, dass dieser sich zur Einsetzung eines Richterwahlausschusses entschließen will. Die Streitfrage, ob Art. 98 Abs. 4 GG mit seiner zentralen Aussage von der gemeinsamen Entscheidung von Landesjustizminister und Richterwahlausschuss zugleich eine inhaltliche Forderung an die Länder enthält,[78] löst Abs. 3 iSd hM.[79] 23

1. Anwendungsbereich. Die Mitwirkung eines Richterwahlausschusses ermöglicht Abs. 3 (nur) für **Berufsrichter** und unter diesen (nur) bei der „Ernennung zum Richter auf Lebenszeit". **Nicht erfasst** ist eine Ernennung zum Richter auf Probe oder kraft Auftrags; ebenso nicht erfasst ist eine Ernennung zum Richter auf Zeit. 24

Unter „Ernennung zum Richter auf Lebenszeit" ist die **erstmalige Berufung** in ein Richterverhältnis auf Lebenszeit zu verstehen.[80] Die Formulierung „die Ernennung zum Richter auf Lebenszeit" lässt zwar auf den ersten Blick offen, welche Lebenszeiternennung erfasst ist, so dass darunter auch jede andere Ernennung zum Richter auf Lebenszeit verstanden werden könnte, also sowohl diejenige, die als weitere Lebenszeiternennung bei einem anderen Gericht im zweiten Hauptamt ergeht,[81] als auch diejenige in ein Beförderungsamt.[82] Indessen weisen der bestimmte Artikel „die" und die Verwendung des Begriffs „Richter auf Lebenszeit" auf die in § 10 DRiG geregelte erstmalige Ernennung auf Lebenszeit hin, deren Voraussetzungen dort näher bestimmt werden.[83] Diese Auslegung folgt auch aus dem Vergleich mit Art. 74 Abs. 3 Satz 1 des Zwischenberichtsentwurfs, wo noch auf die Ernennung der Richter und damit in der Tat den Fall jeder Ernennung iS von § 17 Abs. 2 DRiG abgestellt wurde. Zwar heißt es im 25

---

76 Vgl *Detterbeck* (Fn 4), Art. 98 Rn 20; *Schulze-Fielitz* (Fn 7), Art. 98 Rn 42.
77 Mit Wegfall der Rahmengesetzgebungskompetenz des Bundes (Art. 98 Abs. 3 Satz 2 GG aF) durch das Ges. zur Änderung des GG v. 28.08.2006 (BGBl. I S. 2034) kommt der Garantiefunktion des Art. 98 Abs. 4 GG nur noch Relevanz zu, wenn die Willensbildung und das Verfahren zur Richterernennung von der (konkurrierenden) Gesetzgebungskompetenz des Bundes für das Gebiet der „Statusrechte und -pflichten der Richter in den Ländern mit Ausnahme der Laufbahnen, Besoldung und Versorgung" (Art. 74 Abs. 1 Nr. 27 GG) erfasst sind, vgl in diesem Sinne zB *Hillgruber* (Fn 31), Art. 98 Rn 50; *von der Weiden*, in: Linck/Baldus/Lindner/Poppenhäger/Ruffert, Art. 89 Rn 15; *Gärditz*, ZBR 2011, 109; vgl zum Begriff etwa *Battis/Grigoleit*, ZBR 2008, 1, 2 ff; *Knopp/Schröder*, NJ 2007, 97, 98 f; *Bochmann*, ZBR 2007, 1, 3 ff, vgl ferner die Begründung zur GG-Änderung BT-Drs. 16/813 S. 14, aus der Rspr vgl BVerwG, U. v. 24.11.2011 – Az. 2 C 53.10 – ZBR 2012, 202 und Az. 2 C 50.10 – DöD 2012, 223.
78 So die hM; zum Streitstand vgl einerseits bejahend *Morgenthaler*, in: Epping/Hillgruber, Art. 98 Rn 19; *Gärditz* (Fn 77), S. 109; *Detterbeck* (Fn 76), Rn 21 ff; *Schulze-Fielitz* (Fn 76), Rn 42 jeweils mwN; umfassend *Ziekow/Guckelberger*, NordÖR 2000, 13; andererseits verneinend zB *Classen* (Fn 2), Art. 98 Rn 11 ff; vgl auch *Baumann-Hasske*, in: Baumann-Hasske/Kunzmann, Art. 79 Rn 8; zur Frage, ob die Richterwahl auch durch das Parlament erfolgen kann, vgl bejahend zB OVG Schleswig, B. v. 16.11.1998 – Az. 3 M 50/98 – NVwZ-RR 1999, 420 und verneinend zB *Gärditz* (Fn 77), S. 110; *Ziekow/Guckelberger*, aaO, S. 16 f.
79 Vgl auch *Thiele* (Fn 41), Rn 8.
80 So auch *Thiele* (Fn 41), Rn 6.
81 Vgl § 27 Abs. 2 DRiG, § 7 Satz 1 LRiG.
82 Vgl § 17 Abs. 2 Nr. 3 DRiG; vgl für Thüringen in diesem Sinne *Jutzi*, in: Linck/Jutzi/Hopfe, Art. 89 Rn 13; dagegen *von der Weiden* (Fn 77), Rn 24.
83 Vgl § 10 Abs. 1 DRiG: „Zum Richter auf Lebenszeit kann ernannt werden, wer …".

Abschlussbericht der Verfassungskommission, der Vertreter der LReg habe sich nicht mit dem Vorschlag durchsetzen können, die Tätigkeit des Ausschusses auf die Besetzung der oberen Gerichte zu beschränken.[84] Daraus folgt indessen nur, dass die Kommission die Mitwirkung eines Richterwahlausschusses nicht auf einen besonderen Kreis von (Lebenszeit-)Richtern begrenzt sehen wollte, nicht aber, dass es ihr (auch) um die Ernennung (von Lebenszeitrichtern) in Beförderungsämter gegangen ist.[85]

26 Die Ernennung zum Richter auf Lebenszeit ist auf eine solche **zum Richter des Landes M-V** bezogen. Bereits in einem anderen Bundesland oder beim Bund als Richter auf Lebenszeit ernannte Richter würden daher der Mitwirkung des Richterwahlausschusses unterfallen, wenn sie in M-V als Lebenszeitrichter tätig werden sollen.

27 Abs. 3 Satz 1 stellt nicht lediglich eine Ermächtigungsgrundlage zur Verfügung, in deren Rahmen der LT eine Befugnis zur inhaltlich abweichenden Regelung der **Mitwirkungskompetenz** hätte. Diese wird vielmehr von Abs. 3 Satz 1 **verbindlich festgelegt** und kann daher durch den Gesetzgeber, entschließt er sich zur Schaffung eines Richterwahlausschusses, nicht eingeschränkt werden.[86]

28 **2. Zusammensetzung.** Nach Abs. 3 Satz 3 muss der Richterwahlausschuss zu zwei Dritteln aus Abg. bestehen. Über die Besetzung des weiteren Drittels macht die LV keine Aussage. Der Landesgesetzgeber ist diesbezüglich frei.[87] **Nicht frei** ist er hinsichtlich des Verhältnisses von zwei Dritteln parlamentarischer zu einem Drittel nichtparlamentarischer Mitglieder. Dieses kann nicht zu Gunsten einer stärkeren parlamentarischen Besetzung verändert werden.[88] Daraus folgt zugleich, dass die Zahl aller Mitglieder durch drei teilbar sein muss.

29 **3. Kreation.** Die Errichtung des Richterwahlausschusses ist nach Abs. 3 Satz 1 durch ein **förmliches Gesetz** vorzusehen. Seine Mitglieder werden nach Satz 2 vom LT mit der Mehrheit von zwei Dritteln der anwesenden Mitglieder gewählt. Nicht erforderlich ist, dass die zustimmenden Mitglieder zugleich die Mehrheit der Mitglieder des LT bilden.[89] **Keine Vorgaben** macht Abs. 3 hinsichtlich der **Zahl der Mitglieder**; aus Satz 3 folgt allerdings eine Untergrenze von drei Mitgliedern.[90]

30 Die Notwendigkeit der **Wahl sämtlicher Mitglieder durch den LT** stellt angesichts bestehender verfassungsrechtlicher Streitfragen[91] eine kluge Entscheidung dar. Sie sichert, dass die Mitglieder auch, soweit sie nicht Abg. des LT sind, über die nach Art. 3 Abs. 1 erforderliche **demokratische Legitimation** verfügen. Das eröffnet einen breiten Spielraum. So können die nichtparlamentarischen Mitglieder sowohl aus der Richterschaft[92] oder aus der Verwaltung stammen, aber

---

84 Vgl LT-Drs. 1/3100 S. 160.
85 IÜ ist auch eine erstmalige Ernennung zum Richter auf Lebenszeit an einem oberen Gericht denkbar; andererseits gibt es Beförderungsämter auch bei unteren Gerichten.
86 Etwa auf bestimmte Fälle erstmaliger Lebenszeiternennung.
87 → Rn 23; aA *Hillgruber* (Fn 77), Rn 58 f, wonach Art. 98 Abs. 4 GG nur parlamentarische Mitglieder zulasse.
88 Das folgt bereits aus dem Wortlaut, da es nicht heißt: „mindestens zwei Drittel".
89 Zu dieser Voraussetzung vgl → Art. 68 Abs. 2 Satz 2; zur Beschlussfähigkeit des LT vgl → Art. 32 Abs. 3.
90 Vgl auch → Rn 28.
91 Vgl dazu etwa *Hillgruber* (Fn 77), Rn 61 ff mwN; *Classen* (Fn 78), Rn 14 ff mwN; *Heusch*, in: Schmidt-Bleibtreu/Hofmann/Henneke, Art. 98 Rn 12; vgl auch *Wittreck*, Die Verwaltung der Dritten Gewalt (2006), S. 396 ff.
92 Unrichtig daher für M-V *Tschentscher*, Demokratische Legitimation der Dritten Gewalt (2006), S. 373; aufgrund der Notwendigkeit einer Wahl (und nicht lediglich Akklamati-

auch außerhalb des Staates stehen, wie das etwa bei von Verbänden, Gewerkschaften oder Kirchen vorgeschlagenen oder aus der Rechtsanwaltschaft stammenden Mitgliedern der Fall ist.

4. Votum des Richterwahlausschusses. a) Funktion. Mit der Schaffung eines 31 Richterwahlausschusses wird die Ernennung zum Richter auf Lebenszeit nach Abs. 3 Satz 1 von dessen Votum „abhängig gemacht". Der Ausschuss trifft mithin nicht selbst die Entscheidung über die Ernennung, sondern gibt eine **Stellungnahme** zu von dem Justizminister[93] vorzuschlagenden bzw zur Wahl zu stellenden Bewerbern ab. Aus Abs. 3 Satz 1 folgt zugleich, dass der Justizminister die ihm zukommende Ernennung ohne zustimmendes Votum des Richterwahlausschusses nicht vornehmen darf.[94] Hierin liegt eine – aufgrund von Art. 98 Abs. 4 GG zulässige – **Beschränkung der** an sich der Exekutive zukommenden **Personalhoheit**.[95] Andererseits ist der Minister infolge der Gesetzesbindung aus Art. 4 und der darauf bezogenen Parlamentsverantwortlichkeit (vgl Art. 46 Abs. 1, 2) nicht gezwungen, ein positives Votum des Richterwahlausschusses durch Ernennung zu vollziehen,[96] wenn es nicht dem Bestenausleseprinzip aus Art. 33 Abs. 2 GG entspricht.[97]

b) Entscheidungsquorum. Abs. 3 Satz 4 legt als **Entscheidungsquorum** die 32 **Zweidrittelmehrheit** fest. Die Bestimmung stellt nicht auf zwei Drittel der Mitglieder des Ausschusses ab. Ausreichend sind zwei Drittel der abgegebenen Stimmen. Stimmenthaltungen zählen für die Berechnung der Zwei-Drittel-Mehrheit nicht mit.[98] Unabhängig davon bleibt es dem Gesetzgeber unbenommen, die Beschlussfähigkeit des Wahlausschusses von der Anwesenheit sämtlicher Mitglieder abhängig zu machen. Das Zwei-Drittel-Quorum ist geeignet, einer Majorisierung entgegenzuwirken und einen begrenzten Einigungszwang zu erzeugen.[99] Zugleich soll eine (parteipolitisch) einseitige Besetzung der Gerichte vermieden werden.[100]

---

on) durch den LT ist allerdings ausgeschlossen, eine Mitgliedschaft kraft Amtes (zB Präs eines Obergerichts) vorzusehen; zur Entsendung von Richtern vgl auch *Wassermann*, in: Denninger, Bd. II, Art. 98 Rn 34 mwN; zur Besetzung bestehender Richterwahlausschüsse vgl *Gärditz* (Fn 77), S. 112 und 114 f.

93 Als dem in M-V für alle Gerichtsbarkeiten zuständigen Minister, vgl §§ 3, 6 AGGerStrG; zur Forderung nach Selbstverwaltung der Justiz und zur Frage, ob ein selbständiges Justizministerium verfassungsrechtlich zwingend erforderlich ist, vgl *Kronisch* (Fn 6), Rn 53 ff mwN.

94 Vgl BVerfG, B. v. 04.05.1998 – Az. 2 BvR 2555/96 – NJW 1998, 2590, 2592; BVerwGE 105, 89, 94.

95 Vgl nur *Hillgruber* (Fn 77), Art. 98 Rn 56 ff; *W. Meyer* (Fn 3), Art. 98 Rn 12; *Heusch* (Fn 91), Rn 9; aA *Classen* (Fn 78), Rn 12; *Bull*, ZRP 1996, 335; OVG Schleswig, B. v. 16.11.1998 – Az. 3 M 50/98 – NVwZ-RR 1999, 420.

96 Vgl nur *Schulze-Fielitz* (Fn 76), Rn 43; *Detterbeck* (Fn 76), Rn 23; *Ziekow/Guckelberger* (Fn 78), S. 16; *Wilke*, in: Caspar/Ewer/Nolte/Waack, Art. 43 Rn 43 mwN; aus der Rspr vgl ebenso OVG Hamburg, B. v. 14.09.2012 – Az. 5 Bs 176/12 – NordÖR 2013, 21, 24; aA *Baumann-Hasske* (Fn 78) Rn 8.

97 Zu diesem Maßstab vgl → Rn 33; zur Notwendigkeit einer eigenen Auswahlentscheidung des Justizministers unabhängig von einer „reinen" Rechtmäßigkeitsprüfung vgl OVG Schleswig, B. v. 01.02.1996 – Az. 3 M 89/95 – NVwZ 1996, 806, 808 f; kritisch *Bull* (Fn 95), S. 335; zur eingeschränkten gerichtlichen Überprüfbarkeit (nicht nur der Auswahlentscheidung, sondern der Ernennung, dazu BVerwGE 138, 102, 105 ff – Rn 17 ff) vgl *Hillgruber* (Fn 77), Rn 65 ff; *Gärditz* (Fn 77), S. 115 f; OVG Hamburg, B. v. 14.09.2012 – Az. 5 Bs 176/12 – NordÖR 2013, 21, 23 f.

98 Vgl *Gärditz* (Fn 77), S. 113 mwN; OVG Koblenz, B. v. 13.06.2007 – Az. 10 B 10457/07 – NVwZ 2008, 99, 100 ff; nachfolgend BVerwGE 138, 102.

99 Vgl auch *Wilke* (Fn 96), Rn 42.

100 Vgl *Thiele* (Fn 41), Rn 7.

33 **c) Entscheidungsmaßstab.** Maßstab für das abzugebende Votum ist **Art. 33 Abs. 2 GG**, wonach jeder Deutsche nach seiner Eignung, Befähigung und fachlichen Leistung gleichen Zugang zu jedem öffentlichen Amt hat. Der Richterwahlausschuss ist daher an den darin zum Ausdruck kommenden Leistungsgrundsatz und das **Prinzip der Bestenauslese** (vgl dazu → *Bentrup-Figura*, Art. 71 Rn 9 ff) gebunden.[101] Die Mitwirkung des Ausschusses oder das mit der Richterwahl verfolgte Ziel einer stärkeren demokratischen Legitimation der Richterbestellung führen nicht dazu, dass materiell für die Personalentscheidung andere Entscheidungskriterien gelten.[102]

34 **d) Verfahren.** Über das **Verfahren** des Richterwahlausschusses verhält sich die LV nicht. Dessen Ausgestaltung obliegt mithin dem Gesetzgeber. Aus der Abs. 3 zugrundeliegenden Konzeption, wonach der Ausschuss ein „Votum" abgibt, folgt, dass **nicht notwendig eine Wahl** iS einer Abstimmung, durch die eine oder mehrere Personen aus einem größeren Personenkreis ausgelesen werden,[103] durchzuführen ist. Dem Ausschuss kann daher auch ein einziger Personalvorschlag unterbreitet werden, zu dem dann dessen Votum ergeht. Die Entscheidungen des Richterwahlausschusses sind verfassungsrechtlich nicht begründungsbedürftig.[104]

35 **e) Rechtsschutz.** Das Votum des Richterwahlausschusses stellt sich als ein der Exekutive zugerechnetes **Verwaltungsinternum**[105] und damit nicht als ein Verwaltungsakt dar. Ein vom Ausschuss abgelehnter Bewerber kann sich daher nicht mit Rechtsbehelfen unmittelbar gegen das Ausschussvotum wenden. Vielmehr ist er auf **Widerspruch** und **Klage** gegen den infolge des negativen Votums ergehenden **Ablehnungsbescheid des Justizministeriums** verwiesen.[106]

Art. 77 (Richteranklage)

Verstößt ein Richter im Amt oder außerhalb des Amtes gegen die Grundsätze des Grundgesetzes für die Bundesrepublik Deutschland oder dieser Verfassung, so kann das Bundesverfassungsgericht gemäß Artikel 98 Abs. 2 und 5 des Grundgesetzes auf Antrag des Landtages anordnen, daß der Richter in ein anderes Amt oder in den Ruhestand zu versetzen ist. Im Falle eines vorsätzlichen Verstoßes kann auf Entlassung erkannt werden. Der Antrag des Landtages kann nur mit der Mehrheit seiner Mitglieder beschlossen werden.

Artt. 66 Abs. 2 BWVerf; 111 BbgVerf; 136 Abs. 3, 138 BremVerf; 63 Abs. 3 HambVerf; 127 Abs. 4 HessVerf; 52 NdsVerf; 80 SächsVerf; 84 LVerf LSA; 43 Abs. 4 SchlHVerf; 89 Abs. 3 ThürVerf.

---

101 Vgl zB BVerwGE 105, 89, 91; OVG Hamburg, B. v. 14.09.2012 – Az. 5 Bs 176/12 – NordÖR 2013, 21, 22 ff.; OVG Schleswig, B. 01.02.1996 – Az. 3 M 89/95 – NVwZ 1996, 806; VG Berlin, B. v. 27.09.2013 – 7 L 222.13 – juris; aA *Bull* (Fn 95), S. 335.
102 Vgl *Wilke* (Fn 96), Rn 38; vgl auch LVerfG M-V, U. v. 28.10.2010 – Az. 5/10 – LVerfGE 21, 218 ff., das für die Wahl des Vizepräsidenten des LRH durch den LT offenlässt, ob der Grundsatz der Bestenauslese eine Einschränkung durch das Demokratieprinzip erfahren kann.
103 Zur Definition BVerfGE 47, 253, 276.
104 Vgl BVerwGE 105, 89, 92 ff.
105 Vgl BVerwGE 105, 89, 91.
106 Vgl BVerwGE 105, 89; OVG Hamburg, B. v. 14.09.2012 – Az. 5 Bs 176/12 - NordÖR 2013, 21, 22; vgl ferner *Wilke* (Fn 96), Rn 54.

V. Rechtsprechung

Vorbemerkung	1	II. Richter	6
1. Allgemeines und bundesverfassungsrechtliche Einordnung	1	III. Anklageverfahren	7
2. Entstehungsgeschichte	4	IV. Entscheidung des Bundesverfassungsgerichts	8
I. Anklagetatbestand	5		

Vorbemerkung

1. Allgemeines und bundesverfassungsrechtliche Einordnung. Art. 98 Abs. 5 1 GG ermöglicht den Ländern, eine Regelung über die Richteranklage gegen Landesrichter vorzusehen, die der in Art. 98 Abs. 2 GG für die Bundesrichter geregelten Anklage entspricht (Art. 98 Abs. 5 Satz 1 GG). Dabei sind sie an die **Monopolisierung der Entscheidungszuständigkeit** beim BVerfG gebunden (Art. 98 Abs. 5 Satz 3 GG).[1]

Bei der Richteranklage handelt es sich nicht um ein strafprozessuales Instru- 2 ment,[2] sondern um ein **spezifisch verfassungsrechtliches Verfahren**, dessen nähere (verfassungs)prozessuale Ausgestaltung in den §§ 58 ff BVerfGG geregelt ist.[3] Die Möglichkeit zur Anklage eines Richters vor dem BVerfG wegen eines Verstoßes gegen die Grundsätze des GG oder die verfassungsmäßige Ordnung eines Landes (Art. 98 Abs. 2 Satz 1 GG) bildet gewissermaßen das **Korrelat** seiner Verfassungsunmittelbarkeit[4] und parlamentarischen Unverantwortlichkeit.[5] Konsequent steht daher (allein) dem Parlament als dem Repräsentanten des Souveräns die Befugnis zur Einleitung des Verfahrens zu. Darin liegt keine (begrenzte) Durchbrechung der richterlichen Unabhängigkeit.[6] Vielmehr knüpft die Richteranklage an die Stellung des Richters im demokratischen Rechtsstaat und dessen Bindung an Gesetz und Recht (Art. 4) an. Die exponierte Funktion des Richters setzt **Verfassungsloyalität** iS einer Anerkennung der Grundsätze des GG und der verfassungsmäßigen Ordnung in den Ländern voraus.[7] Zugleich findet damit in der Richteranklage das auch in Art. 9 Abs. 2, 18, 20 Abs. 4, 21 Abs. 2 GG enthaltene Prinzip der **streitbaren Demokratie** seinen auf den Richter bezogenen Ausdruck;[8] ihr Zweck ist mithin der Schutz der freiheitlichen demokratischen Grundordnung.[9]

Bei den Beratungen zum GG blieb die Richteranklage bis zuletzt umstritten.[10] 3 Vor wie nach dessen In-Kraft-Treten war sie Gegenstand der Kritik.[11] In der Folgezeit führte sie allerdings ein praktisches und (demzufolge auch) wissenschaftliches Schattendasein.[12]

---

1 Zur ursprünglichen Absicht, für Landesrichter ein Verfahren vor dem zuständigen LVerfG vorzusehen vgl *Stern*, Bd. II, S. 1008.
2 Zur strafrechtlichen Verantwortlichkeit eines Richters vgl § 339 StGB (Rechtsbeugung).
3 Vgl § 62 BVerfGG.
4 Dazu oben → **Art. 76** Rn 2.
5 Vgl *o.V.*, DRiZ 1995, 69, 71; *Wassermann*, NJW 1995, 303; zum historischen Hintergrund des Justizversagens seit 1918 und insbes. in der NS-Zeit vgl *Wrobel*, DRiZ 1995, 199; vgl auch *Mann*, in: Löwer/Tettinger, Art. 73 Rn 4.
6 So aber *Wilke*, in: Caspar/Ewer/Nolte/Waack, Art. 43 Rn 60; wie hier *Stern* (Fn 1), S. 1009.
7 Zur politischen Treuepflicht des Richters vgl *Priepke*, DRiZ 1991, 4.
8 Vgl *Schulze-Fielitz*, in: Dreier, Art. 98 Rn 32; *Detterbeck*, in: Sachs, GG, Art. 98 Rn 12.
9 Vgl *Detterbeck* (Fn 8), Rn 13.
10 Vgl *Stern* (Fn 1), S. 1007 f; siehe ferner *Wrobel* (Fn 5), S. 199.
11 Vgl *Burmeister*, DRiZ 1998, 518 ff mwN.
12 Bisher ist es zu keinem Fall der Richteranklage gekommen; vgl auch *Menzel*, Landesverfassungsgericht, 2002, S. 539 f; in den Jahren 1994/1995 wurde sie in einem Fall diskutiert, dazu zB *Sendler*, ZRP 1994, 377; *Bertram*, NJW 1994, 2397; umfassend *Mishra*, Zulässigkeit und Grenzen der Urteilsschelte, 1997, S. 61 ff; für die Zeit davor vgl auch

4 **2. Entstehungsgeschichte.** Art. 77 entspricht bei geringer Wortlautabweichung der Fassung des Zwischenberichts der Verfassungskommission. Er wurde einvernehmlich in der 26. Kommissionssitzung beschlossen.[13]

I. Anklagetatbestand

5 Die Anklage kann nur auf einen Verstoß des Richters gegen die Grundsätze des GG oder der LV gestützt werden. Es kommt nicht darauf an, ob der Verstoß im Amt oder außerhalb dessen begangen wurde.[14] Der materielle Gehalt der „Grundsätze des Grundgesetzes" und derjenigen „der Landesverfassung" ist deckungsgleich iSd **Begriffs der freiheitlichen demokratischen Grundordnung**, wie er vom BVerfG im Blick auf Parteien und die Verfassungstreue der Beamten verstanden wird.[15] Als Voraussetzung für eine Anklageerhebung wird ein äußerlich **aggressiv-kämpferisches Verhalten** verlangt, das Ausdruck einer entsprechenden Grundhaltung des Richters ist.[16] In subjektiver Hinsicht ist kein Vorsatz erforderlich;[17] ob eine fahrlässige Verwirklichung angesichts der objektiven Tatbestandsanforderungen realistisch ist, wird bezweifelt.[18]

II. Richter

6 Die Richteranklage nach Art. 77 LV ist **nur gegen Landesrichter** möglich. Sie gilt als nachrangig gegenüber Möglichkeiten anderweitiger Entfernung aus dem Amt, wie dies etwa bei Proberichtern der Fall ist (vgl § 22 DRiG).[19] Der Wortlaut („Richter") könnte Anlass geben, auch die ehrenamtlichen Richter als erfasst anzusehen.[20] Indessen würde eine solche Auslegung den zwingenden Rahmen der Ermächtigung in Art. 98 Abs. 5 Satz 1 GG verlassen.[21]

Wassermann (Fn 5), S. 303; siehe auch *Schultz*, MDR 1972, 112; kritisch, insbes. im Blick auf das Verhältnis zum DisziplinarR, *Mahrenholz*, ZRP 1997, 129, 133.
13 Vgl LT-Drs. 1/2000, dort Art. 75, S. 60, und LT-Drs. 1/3100 S. 161.
14 Vgl *Wassermann*, in: Denninger, Bd. II, Art. 98 Rn 43.
15 Vgl zB *Classen*, in: von Mangoldt/Klein/Starck, Art. 98 Rn 5; *Schulze-Fielitz* (Fn 8), Rn 37 mit Hinweis auf BVerfGE 2, 1, 12 f; 5, 85, 140; 39, 334; zur Verfassungstreuepflicht der Beamten ausführlich *Rudolf*, in: Thiel (Hrsg.), Wehrhafte Demokratie, 2003, S. 209 ff.
16 Vgl *Schulze-Fielitz* (Fn 8), Rn 38; *Detterbeck* (Fn 8), Rn 14; kritisch *Hillgruber*, in: Maunz/Dürig, Art. 98 Rn 36; *Heusch*, in: Schmidt-Bleibtreu/Hofmann/Henneke, Art. 98 Rn 4; zur Unschärfe des Tatbestandes vgl auch *Herzog*, in: Maunz/Dürig, (Lfg. 47, Stand 15.06.2006), Art. 98 Rn 27, der das Entscheidungsmonopol des BVerfG als Kompensation der „Gesetzesunklarheit" ansieht; ebenso *Voßkuhle*, Rechtsschutz gegen den Richter, 1993, S. 286; kritisch dazu mit Recht *Schlaich/Korioth*, Rn 337.
17 Zur Verschuldensunabhängigkeit des Tatbestandes vgl *Stern* (Fn 1), S. 1009; *Burmeister* (Fn 11), S. 520 ff; *Baumann-Hasske*, in: Baumann-Hasske/Kunzmann, Art. 80 Rn 5; im Falle des nicht vorsätzlichen Verstoßes kann allerdings nicht auf Entlassung erkannt werden; zur grds. fehlenden Zurechnungsmöglichkeit bei Kollegialentscheidungen vgl W. *Meyer*, in: von Münch/Kunig, Art. 98 Rn 11.
18 Vgl *Mahrenholz* (Fn 12), S. 133; *Schulze-Fielitz* (Fn 8), Rn 38; *von der Weiden*, in: Linck/Baldus/Lindner/Poppenhäger/Ruffert, Art. 89 Rn 30.
19 Vgl *Thiele*, in: Thiele/Pirsch/Wedemeyer, Art. 77 Rn 3; *Wilke* (Fn 6), Rn 60; für Subsidiarität gegenüber dem allg. Dienstrecht auch *Schlaich/Korioth*, Rn 338; zu den Verfassungsrichtern vgl § 6 Abs. 2 Nr. 8, § 7 LVerfGG.
20 Obwohl Art. 76 den Begriff des „Richters" iSv Berufsrichter dem Begriff „Laienrichter" gegenüberstellt.
21 So die hM, vgl *Mann* (Fn 5), Rn 9; *Schulze-Fielitz* (Fn 8), Rn 34, 36; aA *Burmeister* (Fn 11), S. 525 f; *Hillgruber* (Fn 16), Rn 31.

III. Anklageverfahren

Die Anklage gegen den Richter erfolgt durch fristgebundenen[22] **Antrag des LT** 7 an das BVerfG. Einer Mitwirkung des Justizministers bedarf es nicht.[23] Für den Antrag ist nach Satz 3 die Mehrheit der Mitglieder des LT, mithin die **absolute Mehrheit** erforderlich. Damit geht Art. 77 über die von Art. 98 Abs. 5 Satz 1 iVm Abs. 2 Satz 1 GG verlangte einfache Mehrheit hinaus. Zwar dürfen die Länder die Richteranklage nach Voraussetzung und Gegenstand nicht erweitern.[24] Die Normierung qualifizierter Mehrheitserfordernisse für den Antrag wird indes vor dem Hintergrund des darin liegenden (zusätzlichen) Schutzes für den Richter als lediglich verfahrensrechtliche Abweichung angesehen.[25] Das ist indes in dem Maße zweifelhaft, in dem der verfahrensrechtlichen Seite kompensatorischer Charakter zur (inhaltlichen) „Gesetzesunklarheit"[26] zukommt; die Verschärfung von Verfahrensanforderungen kommt dann einer Qualifikation des Tatbestandes gleich. Sie schwächt daher tendenziell das der Richteranklage zugrunde liegende Prinzip der wehrhaften Demokratie.

IV. Entscheidung des Bundesverfassungsgerichts

Es kann auf Freispruch (vgl §§ 62, 59 Abs. 1 BVerfGG) oder auf Versetzung in 8 ein anderes Amt oder in den Ruhestand erkannt werden; im Fall eines vorsätzlichen Verstoßes kann nach Satz 2 auf Entlassung erkannt werden. Für eine **Verurteilung** ist nach Satz 1 iVm Art. 98 Abs. 5 Satz 1 und 2 GG eine **Zweidrittelmehrheit** im zuständigen Senat erforderlich. Wird diese nicht erreicht, muss der Richter freigesprochen werden.[27] Umstritten ist, ob im Falle der Tatbestandsmäßigkeit des Verhaltens des Richters abweichend von dem in Satz 1 und 2 bzw Art. 98 Abs. 2 iVm Abs. 5 Satz 1 GG vorgesehenen Sanktionskatalog (lediglich) eine entsprechende Feststellung getroffen werden kann.[28] Die Frage ist zu verneinen: Die wortlautwidrige Ergänzung der Sanktionsmöglichkeiten um „mildere" Maßnahmen ist geeignet, das Erreichen der Zweidrittelmehrheit und damit die Verurteilung des Richters zu begünstigen. Ebenso wenig kann bei „Geringfügigkeit" das Verfahren ohne Freispruch eingestellt oder der Antrag zurückgewiesen werden.[29] Wird auf Entlassung erkannt, tritt der Amtsverlust mit Verkündung des Urteils ein.[30]

---

22 Vgl §§ 62, 58 Abs. 2 und 3 BVerfGG.
23 Vgl *Wilke* (Fn 6), Rn 65.
24 Vgl *Schulze-Fielitz* (Fn 8), Rn 36; *Hillgruber* (Fn 16), Rn 45 unter Hinweis auf Wortlaut und ratio legis.
25 Vgl *Burmeister* (Fn 11), S. 523; *Thiele* (Fn 19), Rn 4; *Heusch* (Fn 16), Rn 6.
26 Vgl dazu → Rn 5 mit Fn 16.
27 Vgl *Detterbeck* (Fn 8), Rn 17.
28 Dafür zB *Burmeister* (Fn 11), S. 520 mwN in Fn 26; dagegen zB *Schulze-Fielitz* (Fn 8), Rn 39 mwN in Fn 109; vgl ferner *Neuhäuser*, in: Epping/Butzer/Brosius-Gersdorf/Haltern/Mehde/Waechter, Art. 52 Rn 35.
29 Vgl zB *Detterbeck* (Fn 8), Rn 17 mwN zur Gegenauffassung.
30 Vgl *Mann* (Fn 5), Rn 17.

4. Abschnitt
Schlussbestimmungen

Art. 78 (Verfassungstext für Schüler)
Jeder Schüler erhält bei seiner Entlassung aus der Schule einen Abdruck dieser Verfassung und des Grundgesetzes für die Bundesrepublik Deutschland.

Art. 188 BayVerf.

1 Art. 78 beruht auf einem Vorschlag des Vertreters der FDP-Fraktion in der Verfassungskommission.[1] Die Bestimmung war bereits wortlautidentisch im Zwischenberichtsentwurf enthalten.[2] Ein **Vorbild** findet sie in Art. 188 BayVerf und in Art. 148 Abs. 3 Satz 2 WRV. Sie soll als Beitrag des Landes zur politischen Bildung der Bürger verstanden werden.[3]

2 Die Vorschrift enthält ein echtes **Leistungsgrundrecht**.[4] Sie gehört daher systematisch nicht in den Abschnitt über die Schlussbestimmungen.[5] Zur Leistung verpflichtet ist das Land M-V.[6] Schüler ist, wer eine allgemeinbildende Schule in M-V besucht; unerheblich ist, ob es sich um eine staatliche oder um eine Privatschule handelt.[7] Der Anspruch besteht (erst) bei der „Entlassung aus der Schule", nicht schon zuvor.[8] Werden der Text von LV und GG zur Verwendung im Unterricht ausgeteilt, lässt das den **Anspruch bei der Schulentlassung** nicht entfallen. Gemeint ist die endgültige Schulentlassung, nicht der Schulwechsel. Inhaltlich ist der Anspruch auf den Erhalt eines Abdrucks von LV und GG gerichtet.

3 Jedem Schüler ist daher eine **Textfassung** kostenlos[9] zu Besitz und Eigentum zu übergeben. Die Übermittlung einer elektronischen Version ist nicht ausreichend.[10] Ebenso wenig genügt es, kostenlose Exemplare frei zugänglich zur Abholung bereitzuhalten.[11] Art. 78 normiert eine **Bringschuld des Landes**, nicht eine Holschuld des Schülers. Freigestellt bleibt, ob jeweils ein einzelner oder ein gemeinsamer Abdruck beider Texte ausgereicht werden. Früherer Praxis entsprach es, an die Schulabgänger eine von der Landeszentrale für politische Bildung herausgegebene, zu den einzelnen Abschnitten des GG und der LV mit einführenden Erläuterungen versehene Broschüre zu verteilen.[12] Das ist allerdings ebenso wenig von Art. 78 gefordert wie eine Besprechung im Unterricht.[13]

---

1 Vgl LT-Drs. 1/3100 S. 161; vgl auch LT-Prot. 1/78 S. 409.
2 Vgl LT-Drs. 1/2000, dort Art. 76, S. 60.
3 Vgl LT-Drs. 1/3100 S. 161; vgl auch Justizminister Helmrich (CDU) in LT-Prot. 1/53 S. 2722.
4 Vgl *Wedemeyer*, in: Thiele/Pirsch/Wedemeyer, Art. 78; ders., in: Dt. Wiedervereinigung, Bd. III, S. 37, 46.
5 Vgl zB Art. 148 Abs. 3 Satz 2 WRV (Abschnitt Bildung und Schule).
6 Vgl *Wedemeyer* (Fn 4), Art. 78.
7 Vgl *Wedemeyer* (Fn 4), Art. 78.
8 Anders Art. 188 BayVerf: „... vor Beendigung der Schulpflicht ...", vgl dazu *Köhler*, in: Nawiasky, Art. 188 Rn 5.
9 Vgl *Holzner*, Art. 188 Rn 4.
10 Vgl *Möstl*, in: Lindner/Möstl/Wolff, Art. 188 Rn 4.
11 So aber für Bayern *Holzner* (Fn 9), Rn 4, widersprüchlich dazu aber Rn 7 („Verteilung an die Schüler").
12 Zuletzt 10. Aufl. 2004; kritisch zum Mitabdruck von Erläuterungen *Köhler* (Fn 8), Rn 3; wohl auch *Holzner* (Fn 9), Rn 6; aA *Meder*, Art. 188 Rn 1.
13 Vgl auch *Holzner* (Fn 9), Rn 6, 7.

Art. 79 (Sprachliche Gleichstellung)

Amts- und Funktionsbezeichnungen in dieser Verfassung sowie in den Gesetzen und Rechtsvorschriften des Landes werden auch in weiblicher Form verwendet.

Art. 79 ist vor dem Hintergrund der grundgesetzlichen Gleichberechtigungsforderung für Männer und Frauen in Art. 3 Abs. 2 GG und dem Gleichstellungsstaatsziel des Art. 13 zu sehen. Ausgangspunkt ist die Entscheidung des Verfassunggebers für die Verwendung der maskulinen Form bei der Bezeichnung von Amts- oder Funktionsträgern im Verfassungstext. **Regelungsinhalt** ist zum einen die Garantie der Verwendung auch der weiblichen Form bei der Bezeichnung von Amts- und Funktionsträgern. Zum anderen wird die Verwendung der weiblichen Bezeichnung für den Fall angeordnet, dass das in Rede stehende Amt oder die Funktion von einer Frau ausgeübt oder wahrgenommen wird.[1] Ob die maskuline oder die feminine Form zu verwenden ist, wird mithin durch das Geschlecht der Person bestimmt.[2] 1

Sachlich erstreckt sich die Garantie auf die in der LV genannten Amts- und Funktionsträger sowie auf solche, die in den „Gesetzen und Rechtsvorschriften" des Landes Erwähnung finden. Der Begriff „**Gesetze**" ist im formellen Sinne, mithin als Parlamentsgesetz zu verstehen. Zu den Rechtsvorschriften zählen alle untergesetzlichen Rechtsnormen ebenso wie sonstige abstrakt-generelle Vorschriften rechtlichen Inhalts, also zB auch Verwaltungsvorschriften. Erfasst sind auch kommunale Satzungen oder Satzungen sonstiger Selbstverwaltungsträger, sofern diese ihre Satzungsgewalt vom Land ableiten. 2

Art. 79 ist ohne Vorbild in den Verfassungen der anderen Bundesländer.[3] Mit der Bestimmung wird sichergestellt, dass sämtliche Amts- und Funktionsbezeichnungen, die in der LV oder in Gesetzen und Rechtsvorschriften des Landes verwendet werden, auch in der weiblicher Form gelten. Zugleich wird im Interesse der besseren Lesbarkeit und damit Verständlichkeit vermieden, die Amts- und Funktionsbezeichnungen sowie die dazu in Beziehung stehenden Personalpronomina im Verfassungstext sowohl in maskuliner als auch feminine Form zu verwenden.[4] Derartige **Parallelbezeichnungen** sah demgegenüber das Vorläufige Statut vor.[5] 3

Art. 79 a (Übergangsregelung)

Ab dem Haushaltsjahr 2012 sind die jährlichen Haushalte so aufzustellen, dass im Haushaltsjahr 2020 die Vorgaben des Artikels 65 Absatz 2 in der ab dem 1. Januar 2020 geltenden Fassung erfüllt werden.

Artt. 4 § 2 des Gesetzes zur Änderung der BayVerf vom 20. 6. 2013; 79 a HambVerf; 161 HessVerf; 2 des Gesetzes zur Änderung der Verf Rh-Pf vom 23. 12. 2010; 2 des Gesetzes zur Änderung der SächsVerf vom 11. 7. 2013; 59 a SchlHVerf.

---

1 Weniger klar die Formulierung des Zwischenberichtsentwurfs: „... gelten für Männer und Frauen", LT-Drs. 1/2000, dort Art. 77, S. 60.
2 Vgl Begründung zu Art. 79, LT-Drs. 1/3100 S. 161.
3 Vgl aber die SchlHVerf, die parallel die weibliche und männliche Form aufweist.
4 *Wedemeyer*, in: Thiele/Pirsch/Wedemeyer, Art. 79.
5 GVOBl. 1990, 1.

I. Die Vorwirkung des Art. 65 Abs. 2 n. F. 1	2. Veränderung durch Föderalismuskommission II 6
II. Übergangsregelungen für Sondervermögen 4	III. Schrifttum 7
1. Kreditaufnahme durch Sondervermögen nach bisheriger Rechtslage 5	

I. Die Vorwirkung des Art. 65 Abs. 2 n. F.

1 Nach Art. 143 d Abs. 1 Satz 2 GG ist Art. 109 n. F. erstmals für das Haushaltsjahr 2011 anzuwenden. Die **„Schuldenbremse"** des Art. 109 Abs. 3 GG gilt also formal bereits jetzt. Allerdings gestattet Art. 143 Abs. 1 Satz 3 den Ländern, im Zeitraum vom 1. Januar 2011 bis zum 31. Dezember 2019 nach Maßgabe der geltenden landesrechtlichen Regelungen von den Vorgaben des Artikels 109 Abs. 3 abzuweichen. Gemäß Art. 143 d Abs. 1 Satz 4 sind die Haushalte der Länder so aufzustellen, dass im Haushaltsjahr 2020 die Vorgabe aus Art. 109 Abs. 3 Satz 5 erfüllt wird.

Die LV M-V folgt der vom GG vorgezeichneten Abstufung. Das bedeutet:

- Ab dem 1.1.2020 ist die in Art. 65 Abs. 2 n. F. definierte „Schuldenbremse" in vollem Umfang anzuwenden.
- Bis dahin sind noch die „geltenden landesrechtlichen Regelungen", also Art. 65 Abs. 2 a. F., maßgeblich.[1]
- In der Übergangszeit bis zum 31.12.2019 entfaltet Art. 65 Abs. 2 n. F. bereits Vorwirkungen, weil die Haushalte bis dahin so aufzustellen sind, dass die Schuldenbremse ab 1.1.2020 eingehalten werden kann, so Art. 79 a, der Art. 14 d Abs. 1 Satz 4 GG entspricht.

Die **Vorwirkung** hat **verbindlichen Charakter**. Die Formulierung „*...sind die jährlichen Haushalte so aufzustellen, dass...*" (Hervorhebung durch den Verfasser) konstituiert eine echte Rechtspflicht, die durch das Landesverfassungsgericht überprüft werden kann. Der normative Gehalt dieser Rechtspflicht lässt sich wie folgt beschreiben:

2 Landesregierung und Landtag müssen sich bei ihren Haushaltsentscheidungen an einer **Prognose** orientieren, die - über den fünfjährigen Zeitraum des Finanzplans hinaus - bis zum Jahr 2020 reicht und Erkenntnisse darüber vermittelt, ob und ggf. in welchem Umfang in den Jahren ab 2020 Defizite zu erwarten sind. Soweit das der Fall ist, müssen sich Landesregierung und Landtag ein Urteil darüber bilden,

- ob die Lücken so groß sind, dass bereits im gegenwärtigen Zeitraum zusätzliche Konsolidierungsmaßnahmen eingeleitet werden müssen und
- ob auf neue haushaltsbelastende politische Entscheidungen zu verzichten ist.

Bei der oben dargestellten Abwägung steht der Landesregierung und dem Landtag ein gewisser **Beurteilungsspielraum** zu, der sich allerdings immer stärker reduziert, je näher das Jahr 2020 rückt und je größer die voraussichtlichen Defizite ohne Gegensteuerungsmaßnahmen ausfallen. Verdichtet sich die Gefahr einer Verletzung des ab 2020 vorgeschriebenen Haushaltsausgleichs ohne Kreditauf-

---

1 Die Bezugnahme in Art. 143 Abs. 1 Satz 3 GG auf die „geltenden landesrechtlichen Regelungen" begründet ein „qualifiziertes Lockerungsverbot für das Landesrecht", *Kube*, in: Maunz/Dürig, Art. 143 d Rn 15; *Reimer*, in: Beck'scher Online-Kommentar GG Art. 143 d Rn 17. Das bedeutet, dass die Länder ihre Kreditbegrenzungsregeln – soweit sie von Art. 109 Abs. 3 GG abweichen wollen – nicht lockern dürfen gegenüber dem Status bei Inkrafttreten des Art. 109 Abs. 3 GG am 1.8.2009.

nahme so sehr, dass die Einhaltung des Art. 65 Abs. 2 n. F. auf der Basis seriöser Prognosen als nicht mehr möglich erscheint, ist der Beurteilungsspielraum überschritten. Dann kann das Landesverfassungsgericht, wenn es durch dafür befugte Antragsteller angerufen wird, den betreffenden Haushalt schon in der Phase vor 2020 wegen Verstoßes gegen Art. 79 a für nichtig erklären. Eine solche Situation mag angesichts der in M-V seit 2006 materiell ausgeglichenen Haushalte aus heutiger Sicht nicht sehr wahrscheinlich sein. Dabei ist aber zu berücksichtigen, dass bis 2019 die Sonderbedarfsbundesergänzungszuweisungen vollständig wegfallen, dass die Strukturfondsmittel der EU auslaufen ebenso wie die überproportionale Ausstattung mit Ressourcen des Bundes aus den Gemeinschaftsaufgaben. Dazu kommen der Einwohnerschwund, der die Einnahmen aus dem bundesstaatlichen Finanzausgleichsystem schmälert, sowie der für alle Länder geltende Anstieg der Pensionslasten und die Gefahr steigender Zinsen mit entsprechenden Auswirkungen auf die Refinanzierungsbedingungen der Altschulden. Angesichts dieser Faktoren wird es erheblicher Anstrengungen bedürfen, den Haushaltsausgleich bis zum Ende dieses Jahrzehnts beizubehalten und ab 2020 zu perpetuieren.

Die hier entwickelte Auffassung steht im Widerspruch zu einer in der Literatur weithin vertretenen Ansicht. So leitet z. B. Reimer aus Art. 143 d Abs. 1 Satz 4 GG lediglich ab, „dass die Haushaltsgesetzgeber in den Ländern das Konsolidierungsziel stets im Blick haben" sollen. **Konkrete Rechtsfolgen** ergeben sich daraus aber nach Meinung von Reimer für diese Jahre nicht: Art. 143 d Abs. 1 Satz 4 GG habe „nur adhortativen Charakter". Die Bestimmung schließe nicht aus, dass die Nettoneuverschuldung in allen oder einzelnen dieser Jahre sogar ansteige.[2] Diese These vom lediglich adhortativen Charakter der Übergangsregelung ist jedoch mit dem klaren Wortlaut und auch mit dem Sinn der Vorschrift nicht vereinbar. Art. 143 d Abs. 1 Satz 4 GG ist keine bloße **Appellnorm**, ebenso wenig wie Art. 79 a; es handelt sich vielmehr um eine lex stricta, die Handlungspflichten auslösen kann.[3] Dass deren Inhalt durch Auslegung erschlossen werden muss und dass dabei Beurteilungsspielräume des Haushaltsgesetzgebers zu beachten sind, steht dem nicht entgegen. Derartige auslegungsbedürftige Verfassungsnormen finden wir auch an anderer Stelle, z. B. in Art. 65 Abs. 2 a. F. („Störung des gesamtwirtschaftlichen Gleichgewichts") oder in Art 63 („unabweisbares Bedürfnis"). Ohne den verbindlichen und durch das Verfassungsgericht überprüfbaren Charakter wären im übrigen Art. 79 a sowie Art. 143 d Abs. 1 Satz 4 GG ihres Sinnes beraubt. Die lange Übergangsperiode für die Länder bis zur vollen Geltung der Schuldenbremse rechtfertigt sich durch den Ge-

---

2 *Reimer*, in: Beck'scher Online-Kommentar GG Art. 143 d Rn 17; ihm folgend *Kube*, in: Maunz/Dürig, Art. 143 d Rn 14; ähnlich *Heun*, in: Dreier, Art. 143 d Rn 9: Die Regelung habe faktisch „wohl nur mahnenden Charakter"; im Gegensatz dazu spricht sich *G. Kirchhof* (in: v. Mangoldt/Klein/Starck, Art. 143 d Rn 10) für eine Rechtspflicht aus, die justitiabel ist (zugleich unter Beachtung der Entscheidungsräume der Parlamente); ebenso *Hermenau*, in: Epping/Butzer, Art. 71 Rn 27, 28.

3 Wie hier *Enderlein/Fiedler/Schuppert/Geisler/Meinel/von Müller,* in: Gutachten zur Umsetzung der grundgesetzlichen Schuldenbremse in Baden-Württemberg, Berlin 2012, S. 70: „Bundesverfassungsrechtliche Bindungen bestehen aber auch schon im Übergangszeitraum bis Ende 2019. Artikel 143 d Abs. 1 S. 3 und 4 GG positivieren gleichsam die „Vorwirkung" der noch nicht zwingenden Vorgaben aus Artikel 109 Abs. 3 GG, indem den Ländern eine Pflicht auferlegt wird, grundsätzlich den wirksamsten, rechtlich und tatsächlich möglichen und ökonomisch verantwortbaren Weg einzuschlagen, der mit der größten Wahrscheinlichkeit dazu führt, dass der am 1.1.2020 vom Grundgesetz vorgeschriebene Zustand eintritt und die Landeshaushalte ohne Aufnahme neuer Schulden ausgeglichen werden können."

danken, dass die Länder wegen der langfristigen Vorprägungen ihrer Haushalte, insbesondere durch den hohen Anteil an Personalkosten, nicht abrupt, sondern nur schrittweise ihre finanzielle Situation beeinflussen können. Im gleichsam „synallagmatischen" Gegenzug zu der Wohltat der Übergangsfrist steht die Aufgabe der Länder, diese Phase auch tatsächlich für die Umsteuerung zu nutzen.[4]

II. Übergangsregelungen für Sondervermögen

4 Die Regelungen für die **Kreditaufnahme** von **Sondervermögen** (zum Begriff siehe Art. 61 Rn 9) sind kompliziert. Um den Überblick zu erleichtern, soll zunächst die Rechtslage vor dem Inkrafttreten der Funktionalreform II. dargestellt werden (a) und anschließend die Veränderung durch die Neufassung der Artt. 109, 115 und 143 d GG sowie deren Auswirkungen auf die Interpretation der LV (b).

5 **1. Kreditaufnahme durch Sondervermögen nach bisheriger Rechtslage.** Nach gefestigter Staatspraxis in M-V können Sondervermögen durch Gesetz mit der Ermächtigung ausgestattet werden, Kredite in bestimmter Höhe aufzunehmen.[5] Die betreffenden Krediteinnahmen wurden bisher nicht auf die in Art. 65 Abs. 2 definierte **Kreditobergrenze** angerechnet. Die einschlägigen Sondervermögen erscheinen nämlich im Haushaltsplan gemäß Art. 61 Abs. 1 Satz 2 lediglich netto, d.h. mit ihren Zuführungen oder Ablieferungen. Die Krediteinnahmen der Sondervermögen sind folglich nicht Einnahmen des Haushalts und unterliegen nicht den dafür maßgeblichen Restriktionen.[6] Auf Bundesebene galt darüber hinaus Art. 115 Abs. 2 GG; danach konnten für Sondervermögen des Bundes durch Bundesgesetz Ausnahmen von Art. 115 Abs. 1 GG zugelassen werden. Art. 115 Abs. 2 GG hatte allerdings in der Praxis nur Bedeutung für die Möglichkeit, Ausnahmen von Art. 115 Abs. 1 Satz 1 GG (Notwendigkeit einer der Höhe nach bestimmten oder bestimmbaren gesetzlichen Ermächtigung für die Aufnahme von Krediten) zu gestatten. Auch für den Bund fand – wie bereits für M-V ausgeführt – eine **Anrechnung** auf die Verschuldungshöchstgrenze des Art. 115 Abs. 1 Satz 2 GG nicht statt, wenn – wie allgemein üblich – von der Nettoveranschlagung gemäß Art. 110 Abs. 1 Satz 1, 2. Halbsatz GG Gebrauch gemacht wurde.[7] Dafür bedurfte es nicht des Rückgriffs auf Art. 115 Abs. 2 a. F. GG.

6 **2. Veränderung durch Föderalismuskommission II.** Die neue Schuldenbremse nach Art. 109 Abs. 3 GG gilt nach allgemeiner Auffassung grundsätzlich auch für **Sondervermögen** des Bundes und der Länder.[8] Zur Begründung für diese These wird von den meisten Autoren auf die Streichung des Art. 115 Abs. 2 a. F.

---

4 Dafür spricht – bezogen auf die Rechtslage in M-V – auch die Entstehungsgeschichte der Verfassungsänderung. In der Landtagsdebatte am 28. Juni 2011 hat das Ministerpräsident Erwin Sellering so formuliert (Plenarprotokoll 5/124, S. 7): „Deshalb enthält die Selbstverpflichtung des Landes, wie sie heute zur Abstimmung steht, die zusätzliche Festlegung, uns schon mit den Haushalten bis 2020 entsprechend aufzustellen, die nicht rauszuschieben."
5 Vgl z. B. Gesetz zur Errichtung des Sondervermögens „Betrieb für Bau und Liegenschaften Mecklenburg-Vorpommern" vom 17.12.2001 (GVOBl. M-V S. 600), zuletzt geändert durch Gesetz vom 16.12.2013 (GVOBl. M-V S. 731), § 3 Abs. 2; Gesetz über die Errichtung eines Sondervermögens des Landes „Kommunaler Fonds zum Ausgleich konjunkturbedingter Mindereinnahmen Mecklenburg-Vorpommern" vom 5.2.2010 (GVOBl. M-V S. 46), § 3 Abs. 1 Buchstabe b.
6 *Maunz*, in: Maunz/Dürig, Stand Vorauflage zu Art. 115 a. F. GG Rn 52 mwN.
7 *Maunz* aaO.
8 *Kube*, in: Maunz/Dürig, Art. 109 Rn 117; *Jarass* Art. 109 Rn 11; *Gregor Kirchhof*, in: v. Mangoldt/Klein/Starck, Art. 109 Rn 82; *Heun*, in: Dreier, Art. 109 Rn 36; *Henneke*, in: Schmidt-Bleibtreu/Hofmann/Hopf, Art. 109 Rn. 51; *Siekmann*, in: Sachs, Art. 109 Rn 52; *Heintzen*, in: v. Münch/Kunig, Art. 109 Rn 26.

GG verwiesen.[9] Das überzeugt nicht, denn Art. 115 Abs. 2 a. F. hat sich – wie oben dargestellt – auf die Verschuldungshöchstgrenze nicht ausgewirkt. Außerdem betraf diese Vorschrift nur den Bundeshaushalt, so dass ihre Streichung keine Konsequenzen für die Interpretation des Art. 109 Abs. 3 GG entfalten kann, der Bund und Länder gleichermaßen betrifft. Die **Einbeziehung** der Sondervermögen in den Regelungskreis der **Schuldenbremse** gemäß Art. 109 Abs. 3 GG folgt vielmehr mittelbar aus der Übergangsbestimmung des Art. 143 d Abs. 1 Satz 2, 2. Halbsatz GG[10], die nur dann einen Sinn ergibt, wenn Art. 109 Abs. 3 GG auch für Sondervermögen anwendbar ist.

Für die Länder bedeutet das zunächst, dass auf jeden Fall ab 1.1.2020 die Krediteinnahmen der Sondervermögen grundsätzlich in die Kreditbegrenzungsregeln des Art. 109 Abs. 3 GG einzubeziehen sind. Nach Art. 143 d Abs. 1 Satz 2, 2. Halbsatz bleiben aber am 31.12.2010 bestehende Kreditermächtigungen für bereits eingerichtete Sondervermögen unberührt. Das Sondervermögen „Kommunaler Fonds zum Ausgleich konjunkturbedingter Mindereinnahmen" ist vor dem 31.12.2010 eingerichtet und mit einer Kreditermächtigung von 150 Mio Euro ausgestattet worden. In diesem Umfang, der auch revolvierend in Anspruch genommen werden kann, genießt die Kreditermächtigung auch nach dem 1.1.2020 **Bestandsschutz**.

Fraglich ist, was in der **Übergangsperiode** zwischen dem 1.1.2011 und dem 31.12.2019 gilt. Einige Stimmen in der Literatur lassen sich so verstehen, dass schon ab dem 1.1.2011 keine neuen Sondervermögen mit Kreditermächtigung ausgestattet bzw. dass vorhandene Ermächtigungen nicht aufgestockt werden dürfen.[11] Dem steht jedoch § 143 d Abs. 1 Satz 3 GG entgegen, der den Ländern erlaubt, im Zeitraum vom 1. Januar 2011 bis zum 31. Dezember 2019 nach Maßgabe der geltenden landesrechtlichen Regelungen von den Vorgaben des Artikels 109 Abs. 3 GG abzuweichen. Bei der Ausdehnung der Schuldenbremse auf die Sondervermögen handelt es sich um eine Vorgabe des Artikels 109 Abs. 3 GG, bei der den Ländern bis zum 31. Dezember 2019 eine Abweichung gestattet ist, sofern sie sich im Rahmen der geltenden landesrechtlichen Regelungen bewegen.[12] Da die bisherigen landesrechtlichen Bestimmungen in M-V die Kreditaufnahme durch Sondervermögen nicht in den Rahmen der Schuldenbegrenzungsregelungen nach Art. 65 Abs. 2 LV einbezogen haben, besteht weder nach der Landesverfassung noch nach dem Grundgesetz ein Hindernis für die Einräumung neuer Kreditermächtigungen für Sondervermögen bis zum 31.12.2019. Eine solche Maßnahme wäre aber nur dann zweckmäßig, wenn sichergestellt ist, dass der betreffende Kredit bis Ende des Jahrzehnts auf das ab 2020 durch die Landesverfassung und das Grundgesetz zugelassene Maß zurückgeführt werden kann.

---

9 *Heun, Kube, Heintzen, Siekmann,* alle aaO.
10 *Henneke* aaO; *Siekmann* und *Heintzen,* beide aaO, berufen sich sowohl auf den Wegfall von Art. 115 Abs. 2 a. F. GG als auch auf Art. 143 d Abs. 1 Satz 2, 2. Halbsatz GG.
11 *Heun,* in: Dreier, Art. 143 d Rn 10; *Henneke,* in: Schmidt-Bleibtreu/Hofmann/Hopf, Art. 143 d Rn 9; *Reimer,* in: Beck'scher Online-Kommentar, Art. 143 d Rn 7.
12 Anders wäre nur dann zu entscheiden, wenn der Rechtssatz, der die Ausdehnung der Schuldenbremse auf Sondervermögen anordnet, unmittelbar in Art. 143 d Abs. 1 Satz 2, 2. Halbsatz GG enthalten wäre. Eine solche Auslegung wäre aber verfehlt. Art. 143 d Abs. 1 Satz 2, 2. Halbsatz GG setzt voraus, dass ein derartiger Rechtssatz an anderer Stelle geschaffen wurde (nämlich in Art. 109 Abs. 3 GG) und mildert ihn lediglich ab, indem den bereits am 31.12.2010 vorhandenen Ermächtigungen Bestandsschutz eingeräumt wird.

III. Schrifttum

7 Siehe die Angaben zu Art. 65.

Art. 80 (Inkrafttreten)

(1) Diese Verfassung wird vom Landtag mit der Mehrheit von zwei Dritteln seiner Mitglieder beschlossen und durch einen Volksentscheid mit einfacher Mehrheit der Abstimmenden bestätigt.

(2) Die Verfassung wird im Gesetz- und Verordnungsblatt verkündet und tritt mit Beendigung der ersten Wahlperiode des Landtages in Kraft.

Zu Abs. 1: Artt. 94 Abs. 1 BWVerf; 101 Abs. 1 VvB; 155 Abs. 1 BremVerf; 144 Abs. 1 Verf Rh-Pf; 122 Abs. 1 SächsVerf; 100 LVerf LSA; 106 Abs. 1 Satz 1 ThürVerf.

Zu Abs. 2: Artt. 94 Abs. 1, Abs. 2 Satz 1 BWVerf; 101 Abs. 1 VvB; 117 BbgVerf; 155 Abs. 1 und 3 BremVerf; 77 Abs. 2 HambVerf; 160 Abs. 1 HessVerf; 78 Abs. 1 NdsVerf; 144 Abs. 1 Verf Rh-Pf; 133 SaarlVerf; 122 Abs. 2 und 3 SächsVerf; 101 Abs. 1 LVerf LSA; 60 Abs. 1 SchlHVerf; 106 Abs. 1 Satz 2 und Abs. 2 ThürVerf.

1 In Abs. 1 wurde die vom LT im Beschluss vom 8. April 1992 getroffene Entscheidung normiert, die LV mit einer **Zweidrittelmehrheit** zu beschließen und anschließend einem **Volksentscheid** zu unterwerfen.[1] Die Verfassungskommission verständigte sich in ihrer 26. Sitzung daher rasch über die Fassung von Abs. 1.[2] Mit der Regelung in Abs. 2 über das In-Kraft-Treten sollten Übergangsbestimmungen für die Zeit zwischen Bestätigung durch Volksentscheid und der nächsten LT-Wahl vermieden werden.[3] Art. 80 wurde sodann in der Kommission einvernehmlich angenommen; ein Vorschlag der Fraktion der LL/PDS, einen Art. 81 über das Außer-Kraft-Treten sowie eine Verfassunggebende Versammlung aufzunehmen, fand keine Mehrheit.[4] Zugleich mit der Verabschiedung der LV regelte der LT deren weitgehende Inkraftsetzung als **vorläufige Verfassung**.[5] Als solche trat sie am 23. Mai 1993 in Kraft. Am 15. November 1994 trat die LV als endgültige in Kraft.[6]

---

1 Vgl → **Entstehungsgeschichte** Rn 8; vgl auch *Wedemeyer*, in: Thiele/Pirsch/Wedemeyer, Art. 80; zu den Mehrheitserfordernissen bei der Verfassunggebung vgl *Starck*, in: HdbStR Bd. IX, 1. Aufl. 1997, S. 353, 356.
2 Vgl LT-Drs. 1/3100 S. 162.
3 Vgl LT-Drs. 1/3100 S. 162.
4 Vgl LT-Drs. 1/3100 S. 162 f.
5 Vgl dazu näher → **Entstehungsgeschichte** Rn 24.
6 Vgl dazu näher → **Entstehungsgeschichte** Rn 26.

Stichwortverzeichnis

Fette Ziffern verweisen auf Artikel, magere auf Randnummern.
Beispiel: Art. 2 Rn. 10 = 2 10

Abgeordnete
- Aktenvorlagerecht 40 1 ff
- Altersversorgung 22 36
- Anklage 22 27
- Antrag beim LVerfG 53 8
- Antragsrecht 22 20
- Antrag vor LVerfG 53 13 ff
- Ausschussmitwirkung 33 9 ff
- Beobachtung 22 10
- Beschlagnahmeverbot 24 34
- Fragerecht 22 18, 40 1 ff
- Fragerecht – Schranken 22 19
- fraktionslos 25 14 ff
- Immunität 24 1, 19
- Indemnität 24 1, 6
- Mandat 22 2
- Mandatsverlust 22 4
- Mitwirkungsrechte 22 14
- Pflichten 22 24
- Pflichtverletzung 22 27
- Rederecht 22 16
- Repräsentation 22 11
- Stellung 22 1
- Stimmrecht 22 23
- Übergangsgeld 22 36
- Überprüfung 22 26
- Verhaltensregeln 22 25
- Zeitaufwand 22 31
- Zeugnisverweigerungsrecht 24 32

Abgeordnetenentschädigung 22 28
- Amtsausstattung 22 41
- Angemessenheit 22 30
- Entschädigung in eigener Sache 22 47
- Funktionszulagen 22 40
- Höhe 22 34
- Koppelung an Beamtenbesoldung 22 34
- Kostenpauschale 22 41
- Mitarbeiter 22 44
- Reisekosten 22 44
- Staffeldiät 22 35
- Unpfändbarkeit 22 45
- Unübertragbarkeit 22 45
- Unverzichtbarkeit 22 45
- Wahlkreisbüro 22 42
- Zeitaufwand 22 31

Abschlussbericht 34 25

Abstimmung
- Landesverfassungsgericht 54 6

Abweichungsregelung 69 5 ff

Akademie 7 34 ff

Akademische Angelegenheiten 7 24

Aktenvorlage 40 17 ff
- Einsichtsberechtigung 40 21 ff
- Praxis 40 22 ff
- Quorum 40 18 ff
- Umfang 40 19 ff

Alleen 12 9 ff

Allgemeinbildung 16 13 ff

Alte Menschen
- Begriff 17a 2 ff
- Schutz 17a 4 ff

Altersgrenze
- Mitglieder des LVerfG 52 23

Alterspräsident
- Lebensalterregelung 28 4

Ältestenrat 30 1, 63 4 ff
- Aufgaben 30 3
- Benehmen 30 6
- Benennung Ausschussvorsitz 33 11 ff
- Beratungen 30 5
- Fraktionen 25 4
- Kommissionen 30 9
- Konsultationspflicht 30 7
- Parlamentarische Geschäftsführer 30 2
- Unterstützung des Landtagspräsidenten 30 4
- Verhaltensregeln 30 8
- Zusammensetzung 30 2

Amnestie 49 6 ff

Ämter 72 11 ff

Ämterpatronage 71 28

Ämterzugang 71 7 ff

Amtseid 44 1 ff

Amtsführung
- Unparteiisch 71 25 ff

Amtsverhältnis
- rechtliches 45 1 ff, 2 ff

Amtszeit
- Mitglieder des LVerfG 52 23

Änderungsanträge 22 22

Anhörung
- Ausschuss 33 17 ff

Anstalt des öffentlichen Rechts 69 17 ff

Antrag
- beim LVerfG 53 3
- Rücknahme 53 6

Antwortpflicht der Landesregierung
- Ablehnungsgründe 40 37 ff
- Datenschutz 40 42 ff
- Funktionsfähigkeit der Landesregierung 40 44 ff
- Grenzen 40 28 ff
- Kernbereich exekutiver Eigenverantwortung 40 44 ff
- öffentliche Beantwortung 40 50 ff
- Staatsgeheimnisse 40 38 ff
- Unverzüglichkeit 40 27 ff
- Vollständigkeit 40 23 ff
- Zuständigkeit 40 29 ff

Appellnorm 79a 3

Arbeitsmarktpolitische Staatsziele 17 2 ff

Arbeitsplätze 17 5 ff

Aufgaben
- Öffentliche 72 53
- staatliche 3 4

Aufgabendurchgriff
- Mischverwaltung, Verbot der 69 6 ff

Aufgabenverteilungsprinzip 72 15 ff

Aufsicht
- Finanzkontrolle 72 63

Auftragsangelegenheit des Bundes 69 7 ff

Aufwandsentschädigung 52 10

Ausfertigung
- Mitzeichnung der Minister 58 5 ff
- Prüfungskompetenz 58 4 ff
- Zweck 58 1 ff

Ausführungsgesetz 65 27

Ausgaben 61 5, 7
- außerplanmäßige 63 2 ff
- überplanmäßige 63 2 ff

Ausgleichsmandate 20 33

Auskunftsrecht 6 13 ff

Auslegung, verfassungskonforme 52 8

Ausscheiden
- aus LVerfG 52 24 ff, 27

Ausschluss der Öffentlichkeit
- Entscheidungen 31 10
- Rechtsfolgen bei Verstoß 31 12
- Wirkungen 31 11

Ausschuss
- Abberufung des Vorsitzenden 33 13 ff
- abschließende Beratung 33 15 ff
- Anhörung 33 17 ff
- Aufgabe 33 1 ff
- Aufgaben des Vorsitzenden 33 12 ff
- Auftragserteilung 33 15 ff
- Benennung als Mitglied 33 8 ff
- Berechnung der Besetzung 33 6 ff
- Beschlussempfehlung 33 16 ff
- Einsetzung 33 2 ff
- fraktionsloser Abgeordneter 33 9 ff
- Grundmandat 33 6
- Grundsatz der Spiegelbildlichkeit 33 6, 7 ff
- inhaltliche Ausrichtung 33 4 ff
- Öffentlichkeit der Sitzungen 33 18 ff, 19 ff, 20 ff, 21 ff
- Petitionsausschuss 33 3 ff
- Rederecht 22 17
- Selbstbefassungsrecht 33 16 ff
- Sitzungsleitung 33 12 ff
- Sonderausschuss 33 4 ff
- Stärkeverhältnis 33 6 ff
- Unterausschuss 33 14 ff
- Vorlagenüberweisung 33 15 ff
- Vorläufiger Ausschuss 33 22 ff
- Vorsitz 33 11 ff
- Vorsitzender Abberufung 33 13 ff
- Wahlperiodenbeginn 33 22 ff
- Zugriffsverfahren 33 11 ff
- Zusammensetzung 33 6 ff

Ausschuss der Regionen 11 9 ff

Ausschussmitglied
- Abberufung 33 10 ff
- Benennung 33 8 ff

Außergewöhnliche Notsituation 65 24

Auswärtige Gewalt 11 18 ff, 19 ff, 20 ff, 21 ff

Beamter
- Politischer 71 20

Beauftragter für Informationsfreiheit 37 9 ff

Bedürfnis
- unabweisbares 63 4 ff
- unvorhergesehenes 63 3 ff

Befähigung 71 11

Begründung
- Antrag beim LVerfG 53 3
- Verfassungsbeschwerde 53 37 ff

Behinderte
- Barrierefreiheit   17a 9 ff
- Begriff   17a 3 ff
- Fürsorge   17a 7 ff
- Gleichstellung   17a 9 ff
- Maßnahmen   17a 8 ff
- Schutz   17a 4 ff
- UN-Behindertenrechtskonvention   17a 6 ff

Behinderungsverbot
- Begriff   23 4
- Disziplinarverfahren   23 4
- Inkompatibilität   23 5

Behörde
- iSd 69 LV   69 15 ff

Belastung   66 3 ff
Bepackungsverbot   61 20 ff
Bereinigung um finanzielle Transaktionen   65 19

Berufsbeamtentum
- Berücksichtigungsgebot   71 53 ff
- hergebrachte Grundsätze   71 43 ff, 51 ff
- institutionelle Garantie   71 38 ff
- keine hergebrachten Grundsätze   71 52 ff
- Lebenszeitprinzip   71 46
- politische Treuepflicht   71 48 ff
- Tätigkeit für das frühere MfS   71 49 ff
- Wahlausschuss   71 50 ff

Beschäftigter
- Begriff   71 35

Beschäftigungsstand, hoher   17 6 ff
Beschlagnahmeverbot   24 34
Beschlussvorlagen   64 2 ff
Beteiligungsregelung   72 60 ff

Betroffenheit
- gegenwärtige   53 36, 39
- Selbst   53 36
- unmittelbare   53 32 ff, 39

Beweis   53 3

Beweiserhebungsverbot
- Unverwertbarkeit   34 13

Bildung
- Allgemeinbildung   16 13 ff
- Chancengleichheit   8 2 ff
- Grundrechtsträger   8 10 ff
- Recht auf   8 2 ff
- Weiterbildung   16 13 ff
- Zugang   8 2 ff

Bodensatz   61 7

Bruttoprinzip   61 9
Budgetierung   61 7, 27
Budgetinitiative   61 16
Budgetkonflikt, preußischer   vor 61 4 ff
Budgetrecht   20 21

Bund
- Verfassungsorgane   52 37 ff

Bundeseigene Verwaltung   69 8 ff
Bundesgesetze
- Vollzug durch das Land   53 35

Bundesrecht
- Anwendung   4 4
- Kontrollgegenstand   4 4

Bundesverfassungsgericht   52 4
- Verhältnis zum LVerfG   53 28, 30, 40 f, 44 f

Bundesverfassungsrecht   4 4

Bürger
- Friedenspflicht   18a 11

Bürgerbeauftragter   6 12 ff, 10 16 ff, 53 31
- Abberufung   36 2 ff
- Antrag beim LVerfG   53 8
- Aufgaben   36 4 ff
- Bestellung   36 2 ff
- Gesetzesbindung   36 8 ff
- Initiative   36 5 ff
- Unabhängigkeit   36 7 ff
- Zusammenarbeit mit Petitionsausschuss   36 6 ff

Bürgerbegehren   72 49 ff
Bürgerbewegungen   3 13
- Antrag beim LVerfG   53 9

Bürgerentscheid   72 49 ff
Bürgschaften   65 6

Chancengleichheit
- Begriff   8 4 ff
- Bildung   8 2 ff, 4 ff

Darlegungslast   65 12
Daseinsvorsorge   3 4
Daten
- Begriff   6 9 ff

Datenschutz   6 1 ff, 8 ff
- Doppelte Verbürgung   6 7 ff

Datenschutzbeauftragter   6 12 ff, 10 16 ff, 53 31
- Abberufung   37 3 ff
- Antrag beim LVerfG   53 8
- Aufgabenfelder   37 4 ff

- Auskunftspflichten 37 14 ff
- Beauftragter für Informationsfreiheit 37 9 ff
- Bedeutung für Grundrecht 37 1 ff
- Begrenzung der Befugnisse 37 10 ff
- Berufung 37 2 ff
- für Petitionen zuständige Stelle 37 14 ff
- Kontrollanlässe 37 13 ff
- Kontrolle der öffentlichen Verwaltung 37 5 ff
- Kontrollmöglichkeiten 37 7 ff
- Öffentliche Äußerungen 37 11 ff
- öffentliche Stellen 37 8 ff
- Rechtsschutz 37 15 ff

DDR
- Beitritt Entstehungsgeschichte 1 ff

Deckungsverpflichtung 64 4 ff

Demokratie
- Bürgerdemokratie 3 1
- freiheitliche 2 7
- J. J. Rousseau 2 6
- konstituierende Teileelemente 2 7
- Legitimationskette 3 3
- Legitimationskonzept 2 5
- Legitimationsniveau 3 3
- Mehrheitsprinzip 2 7
- Minderheitenschutz 2 7
- Parteienstaat 3 1
- Plebiszitäre 2 8
- Repräsentation 3 2
- Repräsentative 2 8
- Unmittelbare 70 13 Ff

Demokratieprinzip 71 19

Deutscher
- iSd 71 Abs. 1 LV 71 8

Diäten 22 28
- Entschädigung in eigener Sache 22 47

Dienstaufsicht 52 6

Dienstposten 71 24

Dienstunfähigkeit
- Mitglieder des LVerfG 52 26

Diskontinuität 27 7
- und Verfahren vor LVerfG 53 10

Doppelhaushalt 61 11

Doppik 61 27 ff, 67 2

Drei-Elemente-Lehre 1 4

Dynamische Verweisung 5 10 ff

Eckdatenbeschluss 61 14

Eigenstaatlichkeit der Länder 52 2

Eignung 71 9 f

Eingriffsregelung, naturschutzrechtliche 12 13 ff

Einkommenssteuer 73 6 ff

Einnahmen 61 5
- Schätzung 61 6
- Veranschlagung 61 6

Einrichtungen, gesetzlich bestehende 62 3 ff

Einrichtungsgarantien 10 2 ff

Elternrecht 15 11 ff

Enquetekommission 33 5 ff

Entlastung 67 4 ff

Ergänzungshaushalt 61 16, 23 ff

Erledigung eines Rechtsstreites 53 13

Erwerb 66 3 ff

Eurocontrol 11 4 ff

Europäische Menschenrechtskonvention 18 4 ff

Europäisches Unionsrecht 18 6 ff, 7 ff, 36 ff

Europäische Union
- Ausschuss der Regionen 11 9 ff
- Dienstleistungsfreiheit 53 4
- Organe 52 37 ff
- Recht 53 17

Euroregion Pomerania 11 24 ff

Experimentierklausel 74 12 ff

Extremismus 18a 13 f

Fachaufsicht 72 67

Fachliche Leistung 71 12

Fakultät
- theologische 9 18 ff

Fälligkeitsprinzip 61 7, 8

Finanzausstattung
- angemessene 16 5
- Mindestausstattung 73 2 ff

Finanzhoheit 74 1 ff
- kommunale 73 1 ff

Finanzminister 63 5 ff
- Widerspruchsrecht 61 15

Finanzplan 61 14, 24 ff

Finanzschulden 65 2 ff

Föderalismus
- Exekutivföderalismus 20 3
- kompetetiver 1 9
- kooperativer 1 9

Föderalismuskommission II 65 15 ff

Föderalismusreform vor 5 5 ff,
vor 61 7, 69 4 ff
- Evaluierung 7 32 ff
- Fortentwicklungsklausel 71 6
- Gesetzgebungskompetenzen 20 3
- Neue Gesetzgebungskompetenzen im Dienstrecht 71 3 ff
- Umsetzung 20 17
Förderung von Kultur und Wissenschaft
- Kulturbegriff 16 6 ff
- Normadressat 16 3 ff
Förderverpflichtung 7 3 ff, 16 10 ff
- freie Träger 16 12 ff
Forschung 7 13 ff
Forschungseinrichtung 7 34 ff
Fortsetzungsmaßnahmen 62 3 ff
Fraktion 72 46 ff
- Ältestenrat 25 4
- Antrag beim LVerfG 53 8
- Beendigung 25 11
- Begriff 25 3
- Berechnung der Stärke 25 18
- Bereitstellung von Räumen 25 5
- Bildung 25 1
- Entschädigung für bes. parl. Funktionen 25 6
- Finanzierung 25 5
- Fraktionsausschluss 25 12
- fraktionsloser Abgeordneter 25 14 ff
- Fraktionsmittel 25 3, 9 f
- Fraktionszwang 25 8
- Geschäftsordnung Landtag 25 4
- Gründungszeitpunkt 25 2
- Minderheitenrechte 25 18
- Mitgliederzahl 25 1
- Öffentlichkeitsarbeit 25 9
- Oppositionszuschlag 25 5
- Rechenschaftsbericht 25 6
- Rechte 25 4
- Rechtsstellung 25 3
- Spezialisierungszuschlag 25 5
- Stellenanteile 25 18
Frauenfördernde Differenzierung 13 2 ff
Freier Zugang zur Landschaft 12 10 ff
Freie Träger 16 12 ff
Freiheitlichkeit 2 2
Freistaatsentwurf
Entstehungsgeschichte 16 ff
Fremdinformationsrecht 38 1 ff
Frieden 18a 3 ff

Fünf-Prozent-Klausel 18 39 ff
Funktionsvorbehalt 71 39 ff
Fürsorge für Hilfebedürftige 17a 1 ff
G-10-Kommission 33 5 ff
Garantien 65 6
Gebietsreform
- Anhörung 72 6
- Öffentliches Wohl 72 6
Gemeinden 3 6, 10 9 ff, 11 23 ff, 18 44 ff, 72 10 ff
- Aufgaben 72 17 ff
- Gebietshoheit 72 22
- gemeindeübergreifende Angelegenheiten 72 37 ff
- kommunale Außenpolitik 11 24 ff
- Kooperationshoheit 72 27
- Organisationshoheit 72 27 ff
- Personalhoheit 72 26
- Planungshoheit 72 23 ff
- Rechnungsprüfung 68 9 ff
- Satzungen 72 29 ff
- Städtepartnerschaften 11 24 ff
- wirtschaftliche Betätigung 72 20 ff
Gemeindeverbände 10 9 ff, 11 23 ff, 18 44 ff, 72 33 ff, 75 3 ff
Gemeinsame Geschäftsordnung der Ministerien 46 15 ff
Gemeinsame Verfassungskommission
- von BT und BR
Entstehungsgeschichte 17 ff
Generationengerechtigkeit Präambel 4
Gesamtwirtschaftliches Gleichgewicht 17 6 ff, 74 7 ff
Geschäftsordnung 52 6
- Abweichungen 29 12
- Auslegung 29 11
- Diskontinuität 29 6
- Fraktionen 25 4
- Landesregierung 29 10
- Landtag 53 7
- Rechtscharakter 29 10
- Regelungsinhalt 29 7
- ungeschriebene Regeln 29 14
- Veröffentlichung 58 18 ff
- Verstöße 29 13
Gesetz 4 6 ff, 70 4 ff
- Außerkrafttreten 58 16
- Befristung 58 17
- Begriff 55 1 ff
- Eingriffsvorbehalt 4 9
- formelles 55 1 ff
- Kraft-Tretens-Regelung 58 12 ff

- materielles 55 1 ff
- Vorbehalt des Gesetzes 4 9
- Vorrang des Gesetzes 4 9
- Wesentlichkeitsvorbehalt 4 9
- Wirksamwerden der Verkündung 58 11 ff
- Zeitpunkt der Wirksamkeit 58 3 ff

Gesetzesbindung 4 5
Gesetzesvorbehalt 4 9, 20 20
- der Selbstverwaltungsgarantie 72 32 ff
- Institutioneller 70 11 ff

Gesetzgebung 20 14 ff
- Einfachrechtlich vorgegebene Anhörung 55 27
- LVerfG 54 1 f

Gesetzgebungsauftrag 10 2 ff
Gesetzgebungsbefugnis 55 3 ff
Gesetzgebungskompetenz 20 16, 53 17
- des Landes 18a 2
- Neuordnung 20 17

Gesetzgebungsverfahren
- Ablauf 55 20
- Abstimmung in zweiter Lesung 55 33
- Anhörung 55 25, 26
- Anhörung bei Entwurfserarbeitung 55 9 ff
- Ausschussberatung 55 28 ff
- Begründung nach GGO II 55 19 ff
- Begründung spezieller Abwägungen 55 18 ff
- Bericht des federführenden Ausschusses 55 31
- Berichtigung 58 8 ff
- Charakter 55 2 ff
- Dritte Lesung 55 34 ff
- Entschließung 55 36 ff
- Erarbeitung des Gesetzesentwurfs 55 5 ff
- Ergänzungsvorlage 55 23
- Erste Lesung – Ablauf 55 21 ff
- Erste Lesung – Funktion 55 22
- frühzeitige Ressortkonsultation 55 6 ff
- Gesetzesbegründung 55 17 ff
- Gesetzesinitiative 55 4 Ff
- Gestaltung des Gesetzentwurfs 55 16 ff
- Inhaltliche Anforderungen an Gesetzesentwurf 55 15 ff
- Initiative aus der Mitte des Landtags 55 14 ff

- Normprüfung 55 8 ff
- Öffentlichkeitsbeteiligung bei Entwurfserarbeitung 55 11 ff
- Outsourcing 55 13 ff
- Ressortanhörung 55 7 ff
- ressortinterne Abstimmung 55 7 Ff
- Schlussabstimmung 55 35 ff
- Umgestaltung der Gesetzesvorlage 55 29 ff
- ungeschriebene Anforderungen 55 24
- Verbandsanhörung 55 10 ff
- Zweite Kabinettsbefassung 55 12 ff
- Zweite Lesung 55 32 ff

Gesetzmäßigkeit der Verwaltung 4 8
Gesetz und Recht 70 2 ff
Gewährleistungen 65 6
Gewaltenhemmung s. Gewaltentrennung 3 5
Gewaltenteilung s. Gewaltentrennung 3 5
Gewaltentrennung 3 5
Gewaltfreiheit 18a 7
Gewerbesteuerumlage 73 7 ff
Gleichgewicht, gesamtwirtschaftliches 65 9 ff
Gleichstellung 13 1 ff
- sprachliche 79 1 ff

Gleichstellungsgesetz 13 4 ff
Gleichwertigkeit von Arbeits- und Lebensverhältnissen
- Staatsziel 17 7 ff

Gliedstaat 1 7
Gnade 49 2 ff, 4 ff
Grenznachbarschaftliche Einrichtungen 11 4 ff, 11 ff
- Kommunen 11 12 ff

Grundgesetz 4 2
- Konflikt 18a 14
- Konkrete Normenkontrolle 53 27
- Prüfungsmaßstab für LVerfG 53 17

Grundmandat
- Binnendifferenzierung 26 8

Grundrecht auf Gewährleistung der Vertraulichkeit und Integrität informationstechnischer Systeme 6 5
Grundrechte vor 5 2 ff, 10 2 ff, 3 ff
- der Landesverfassung 53 38, 41
- des Grundgesetzes 53 38
- Grundrechtsträger vor 5 8 ff, 9 ff, 5 7 ff

Stichwortverzeichnis

- Transformation vor 5 3 ff, 5 1 ff, 11 ff
- Umfang vor 5 6 ff
- und Verfassungsbeschwerde 53 31 ff
- Verwirkung 5 13 ff

Gruppierungsplan 61 4

Haushalt 52 6, 34
Haushaltsausgleich 61 12
- Ausnahmen 65 18
- Materiell 65 18 ff

Haushaltsbegleitgesetz 61 20 ff
Haushaltsführung, vorläufige
- Gründe 62 1 ff
- Tatbestandesvoraussetzungen 62 2 ff

Haushaltsgesetz 20 21, 61 20 ff
Haushaltsgrundsätze 61 22 ff
Haushaltsgrundsätzegesetz vor 61 6 ff, 61 27
Haushaltsklarheit 61 9
Haushaltskreislauf 61 13 ff, 67 1 ff
Haushaltsnotlage 65 13 ff
Haushaltsplan
- Änderungen 61 16
- Begriff 61 1 ff
- Funktionen 61 2 ff
- Gliederung, Einzelplan, Gesamtplan 61 4 ff
- Rechtscharakter 61 3 ff
- Regierungsentwurf 61 15
- Vollständigkeit 61 9
- Vollzug, Kontrolle 61 17 ff

Haushaltsrechnung 67 2
Haushaltsrecht
- Änderungsbedarf vor 61 7 ff
- Entwicklung vor 61 2 ff
- Systematik vor 61 1 ff

Haushaltsreform vor 61 6 ff
Haushaltsreste 62 5 ff
Haushaltsrundschreiben 61 14
Haushaltssperre 61 12
Haushaltsvollzug 65 14 ff, 23 ff
- Gestaltungsmöglichkeiten 61 5

Haushaltswahrheit 61 9
Haushaltswirtschaft
- gesamtwirtschaftliches Gleichgewicht 74 7 ff

Hausrecht
- Fraktionen 29 27
- Hausordnung 29 26

- Rechtsnatur 29 29
- Rechtsweg 29 29

HELCOM 11 21 ff
Hilfsorgan des Parlaments 34 3
Hochschule
- Akademische Angelegenheit 7 22 ff
- Aufsicht 7 23 ff
- Autonomie 7 22 ff
- Förderverpflichtung 16 10 ff
- Medizin 7 28 ff
- Studiengebühren 8 9 ff
- Verwaltungsfachhochschule 7 30

Hochschullehrer 52 16 ff, 24 f
Hochschulmedizin 7 28 ff
Hoheitliche Befugnisse 71 40
Höhere Kommunalverbände 75 1 ff
Homogenität 2 3

Immunität 24 1
- Abgeordneter 24 20
- Antragsbefugnis 24 27
- auf frischer Tat 24 25
- Aufhebung 24 28
- Aussetzung des Verfahrens 24 31
- Beweisverwertungsverbot 24 28
- Disziplinarverfahren 24 23
- Ermessensentscheidung 24 29
- Ermittlungsverfahren 24 24, 30
- Festnahme 24 25
- Funktionsfähigkeit 24 19
- Genehmigung 24 27
- generelle Genehmigung 24 30
- gerichtliche Kontrolle 24 29
- Konsequenz eines Verstoßes 24 28
- „mitgebrachte" Verfahren 24 21
- Ordnungswidrigkeiten 24 23
- parlamentarische Praxis 24 30
- persönlicher Schutzbereich 24 20
- politische Beleidigungen 24 30
- Praxisrelevanz 24 2
- Privatklage 24 22
- räumlicher Schutzbereich 24 21
- sachlicher Schutzbereich 24 23
- Schlüssigkeitsprüfung 24 29
- sonstige Freiheitsbeschränkungen 24 26
- Umfang 24 28
- Verfahren 24 27
- Verhaftungen 24 25
- Verjährung 24 22
- Vorermittlungsverfahren 24 24
- zeitlicher Schutzbereich 24 21

Indemnität 24 1
- Abgeordneter 24 6

Stichwortverzeichnis

- Abstimmung 24 8
- Äußerung 24 9
- dienstliche Verfolgung 24 14
- Ehrkonflikte 24 18
- gerichtliche Verfolgung 24 12
- geschützte Verhaltensweisen 24 7
- in Ausschüssen 24 11
- in Fraktionen 24 11
- Leugnung des Holocaust 24 18
- Meinungskampf 24 18
- Ordnungsmaßnahmen 24 15
- private Sanktionen 24 14
- Rechtsfolgen 24 12
- Regierungsmitglied 24 6
- sachlicher Schutzbereich 24 16
- Schutzbereich 24 3
- verfassungskonforme Auslegung 24 17
- Verhältnis zu anderen Vorschriften 24 4
- verleumderische Beleidigung 24 16
- zeitlicher Schutz 24 7

Informationsfreiheit 6 17 ff

Initiativen der Selbsthilfe
- Begriff 19 2 ff
- Förderung 19 7 ff

Inkompatibilität 41 14 ff, 71 32
- Mitglieder des LVerfG 52 14, 37 ff

Inkorporation
- Weimarer Kirchenartikel 9 6 ff

Integration 11 3 ff, 10 ff
- Bundesrat 11 6
- europäische 11 4 ff, 6 ff, 7 ff, 8 ff
- Länder 11 6
- Landesparlamente 11 8
- Subsidiaritätsprinzip 11 7

Interpol 11 10 ff

Investitionen 65 8 ff

Jährlichkeitsprinzip 61 11

Jugendlicher
- Begriff 14 2 ff

Jugendmedienstaatsvertrag 14 8 ff

Justizgewährleistungspflicht 76 3 ff

Justizministerium 52 11

Justizverwaltung 52 6

Kameralistik 61 25 ff
- Modernisierung 61 27

Kanzlerprinzip 43 1 ff, 46 1 ff

Kapitel 61 4

Kassenverstärkungskredite 65 2 ff

Kernbereichsschutz 39 1

Kind
- Begriff 14 2 ff
- Betreuungseinrichtung 14 7 ff
- Gefährdung des Wohls 14 8 ff
- Teilhabe an Gesellschaft 14 9 ff
- Träger eigener Rechte 14 4 ff
- Vernachlässigung 14 6 ff

Kirchen
- soziale Tätigkeit 19 9 ff

Kommissionen
- Enquetekommission 33 5 ff
- G 10-Kommission 33 5 ff
- Gremium 33 5 ff
- Parlamentarische Kontrollkommission 33 5 ff

Kommunalaufsicht
- Aufsichtsmittel 72 67
- Einschätzungsprärogative 72 64
- Fachaufsicht 72 63 ff, 70 ff
- Intendiertes Ermessen 72 65
- Objektiv-rechtliche Wirkung 72 66
- Opportunitätsprinzip 72 64 ff, 65
- Rechtsaufsicht 72 62 ff, 69 ff
- Rechtsschutz gegen aufsichtsrechtliche Maßnahmen 72 69 ff

Kommunale Haushaltswirtschaft 74 2 ff
- Doppik 74 3
- Grundsatz der Generationengerechtigkeit 74 4
- Grundsatz der steten Aufgabenerfüllung 74 4
- Grundsätze 74 3
- Grundsätze der Erzielung von Erträgen und Einzahlungen 74 6 ff
- Haushaltsplan 74 5 ff
- Haushaltssatzung 74 5 ff
- Sicherstellen der Liquidität 74 4
- Überschuldungsverbot 74 4
- Wirtschaftlichkeit und Sparsamkeit 74 4 ff

Kommunaler Finanzausgleich 73 11 ff
- Aufgabe 73 12 ff
- Ausgleichsfähige Faktoren 73 13
- Beirat 73 18
- Demografische Entwicklung 73 21
- Einwohnerveredlung 73 25
- Einwohnerwerte 73 21
- Finanzausgleichsumlage 73 12
- Finanzbedarf 73 16, 20 ff
- Finanzkraft 73 16, 19 ff
- Fiskalische Funktion 73 12
- Fläche als Bedarfsindikator 73 22 ff
- Gleichmäßigkeitsgrundsatz 73 24 ff

- Intensität 73 26 ff
- Kreisumlage 73 12
- Redistributive Funktion 73 12
- Stadt-Umland-Umlage 73 12
- verfahrensrechtliche Anforderungen 73 17 ff
- verfassungsrechtliche Determinanten 73 15 ff

Kommunaler Wahlbeamter 71 29

Kommunale Selbstverwaltung
- administrative Dezentralisation 72 4 ff
- Angelegenheiten der örtlichen Gemeinschaft 72 13 ff
- Aufgabenverteilungsprinzip 72 15 ff
- individueller Schutz 72 51 ff
- institutionelle Garantie 72 5 ff
- Kernbereich 72 14 ff
- objektive Rechtsinstitutionsgarantie 72 7 ff
- Politisch-demokratische Funktion 72 3 ff
- Staatszielbestimmung 72 8 ff
- subjektive Rechtsstellung 72 7
- subjektives Recht 72 5
- Verfassungsauftrag 72 8 ff
- Verpflichtungsadressat 72 9 ff
- Wesensgehalt 72 13

Kommunale Wählervereinigungen 3 11

Kommunalverfassung 72 59 ff

Kommunen
- eigenverantwortliche Regelung 72 21 ff
- Fachaufsicht 72 63 ff
- Rechtsaufsicht 72 62 ff

Kompetenzen 10 2 ff

Konjunkturelle Entwicklung 65 20

Konnexitätsprinzip 53 46
- „entsprechender" finanzieller Ausgleich 72 55
- öffentliche Aufgaben 72 53 ff
- Organisationsaufgaben 72 53
- Sachaufgaben 72 53
- Striktes 72 50 ff

Konsultationsverfahren 63 4 ff

Kontrolle 39 1
- parlamentarische 53 2

Körperschaft des öffentlichen Rechts 69 17 ff

Kreditaufnahme 62 6 ff

Kreditaufnahme, Grenzen der 65 1 ff

Kredite 65 2 ff

Kreditobergrenze 65 7 ff

Kreise 3 6
- Aufgabenbereiche 72 34 ff
- Ausgleichsaufgaben 72 38 ff
- Ergänzungsaufgaben 72 38 ff
- gemeindeübergreifende Angelegenheiten 72 37 ff
- Selbstverwaltungsaufgaben 72 16 ff, 35

Kreisgebietsreform
- Bürgerschaftliche Mitwirkung 72 40 Ff
- Flächenausdehnung 72 40
- Schutz der Kreisfreiheit 72 42
- Urteil 2011 zum Kreisstrukturgesetz 72 42
- Verfahrensrechtliche Aspekte 72 41

Kultur 18 15 ff, 17 ff, 18 ff, 22 ff, 23 ff, 39 ff

Kulturhoheit 16 2 ff

Kulturnation 18 17 ff

Kulturstaatlichkeit 16 1 ff

Kündigungsschutz
- Entlassung 23 6
- Erweiterung 23 7
- Kündigung 23 6

Kunstfreiheit 7 7 ff
- Grundrechtsträger 7 10 ff
- Kunstbegriff 7 8 ff
- Schranken 7 12 ff
- Werkbereich 7 9 ff
- Wirkbereich 7 9 ff

Landesbehörden 69 11 ff, 70 14 ff
- obere 69 13
- oberste 69 12
- untere 69 14

Landesbetriebe 61 9

Landesfarben 1 10

Landesgebiet 1 2

Landesgesetze
- Verfassungsbeschwerde 53 30 ff, 45
- Wiederholung nach Aufhebung durch LVerfG 54 19 ff

Landeshauptstadt 20 34

Landesklausel 65 10 ff

Landesorganisationsgesetz 69 9 ff, 70 9 ff, 15

Landesrechnungshof 67 3 ff
- Antrag beim LVerfG 53 8
- Aufgabenspektrum 68 1

- Institution 68 1
- Kollegialorgan 68 4
- Präsident, Mitglieder 68 3 ff
- Wahl des Präsidenten 68 4

Landesregierung
- Antrag beim LVerfG 53 7, 16, 24
- Aufgaben 41 9 ff
- Äußerungsrecht 53 19, 26, 29, 37 ff
- Funktion 41 1 ff
- Geschäftsordnung 46 11 ff
- Institution 41 1 ff
- Kollegialprinzip 46 11 ff
- Legaldefinition 41 4 ff
- Spannungsverhältnis zum Landtag 41 6 ff
- Tätigkeitsverbote für Mitglieder 45 3 ff
- und LVerfG 52 37 ff

Landessteuern 73 8 ff

Landesteile 1 3, 75 9 ff

Landesverfassung
- und Grundgesetz 1 8, 4 2

Landesverfassungsgericht
- Abstimmung 54 6
- als Gericht 52 6 ff, 14 ff
- Begründung von Zuständigkeiten durch Gesetzgeber 53 48 f
- Beratung 54 6
- Bindungswirkung von Entscheidungen 54 18 ff, 20 ff
- einstweilige Anordnungen 54 8 ff, 9 ff
- Funktionen 54 2
- Geschäftsstelle 52 11 f
- Gesetzeskraft von Entscheidungen 54 14 ff, 15 ff
- Kosten und Ausagen 54 12 f
- Mitglieder 52 13 ff
- mündliche Verhandlung 54 6
- Pflichtverletzung 52 26
- Rechtskraft von Entscheidungen 54 17 ff
- Sondervotum 54 6
- Verfahren (allgemeines) 54 3 ff
- Verfahrensbeendigung 54 7
- Vergleich 54 7
- Vollstreckung 54 11
- Zuständigkeiten nach Enumerationsprinzip 53 1 ff, 49

Landesvermögen 66 2 ff

Landesverwaltung
- Anstalt des öffentlichen Rechts 69 17 ff
- Körperschaft des öffentlichen Rechts 69 17 ff
- Mittelbare 69 16 ff
- Stiftung des öffentlichen Rechts 69 17 ff
- Unmittelbare 69 10 ff

Landschaftsverbände 10 9 ff, 11 23 ff, 75 1 ff

Landtag 53 10 ff
- Abgeordnete 22 1
- Abgeordnetenzahl 20 28
- Abstimmungsformen 32 6 ff
- Aktenvorlage 40 1 ff, 17 ff
- Allzuständigkeit 20 1
- Alterspräsident 28 4, 29 2
- Altersversorgung 22 36
- Ältestenrat 30 1
- Antrag beim LVerfG 53 7, 16, 24
- Antragsrecht 22 20
- Auflösung 42 7 ff
- Ausschluss der Öffentlichkeit 31 9 ff
- Ausschüsse 52 35 f, 53 8
- Äußerungsrecht 53 19, 26, 29, 37 ff
- Behandlung öffentlicher Angelegenheiten 20 26
- Behörde 20 5
- Berichterstattung 31 1 ff, 2 ff
- Berichtsöffentlichkeit 31 4
- Beschlagnahme 29 30
- Beschlagnahmeverbot 24 34
- Beschluss 32 6
- Beschlussfähigkeit 32 5 ff
- Beschlussfassung 32 1 ff
- Budgetrecht 20 21
- Bund-Länder-Streit 20 4
- Disziplinargewalt 29 20
- Durchsuchung 29 30
- Einberufung 28 2, 29 17
- Erste Gewalt 20 8
- Erste Sitzung 28 4
- EU-Angelegenheiten 20 3
- Filmaufnahmen 31 7 ff
- Fragen einzelner Abgeordneter 40 2 ff
- Fragerecht 22 18, 40 1 ff
- Funktionswandel 20 2
- geheime Abstimmungen 31 3 ff
- geheime Wahlen 31 3 ff
- Geschäftsordnung 29 6
- Geschäftsordnungsautonomie 29 1, 6
- Gesetzesinitiative 20 15
- gesetzgebende Gewalt 20 14

Stichwortverzeichnis

- Gesetzgebungskompetenzen 20 16, 17
- Gesetzgebungspflicht 20 18
- Haushaltsgesetz 20 21
- Hausrecht 29 23, 25
- Immunität 24 19
- Immunitätsverfahren 24 27
- InformationsfreiheitsG 31 1
- internationale Aktivitäten 20 27
- Kompetenzverlust 20 2
- Konstituierung 28 3
- Kontrollfunktion 20 22
- Kreationsfunktion 20 11
- Landtagsdirektor 29 35
- Landtagspräsident 29 2, 15
- Mehrheitsprinzip 32 1 ff
- namentliche Abstimmung 32 6 ff
- Öffentlichkeit 31 1 ff
- Ordnungsgewalt 29 20, 23, 24
- Ordnungsruf 29 21
- Parlamentarische Anfragen 40 2 ff
- parlamentarische Kontrolle 20 22
- Parlamentsberichterstattung 31 8
- Plenaröffentlichkeit 31 1
- politische Willensbildung 20 9
- Polizeigewalt 29 23
- Präsidium 29 3
- Presse 31 6
- Presseberichterstattung 31 7
- qualifizierte Mehrheit 32 4 ff
- Raumvergabe 29 25
- Rechtsstellung 20 4
- Rederecht 22 16
- Repräsentation 22 11
- Repräsentativorgan 20 7
- Sachruf 29 21
- schlichte Parlamentsbeschlüsse 32 6
- Schriftführer 29 4
- Selbstauflösung 50 8 ff, 51 2 ff
- Selbstauflösungsrecht 27 8 ff
- Selbstorganisation 29 1, 8
- Selbstversammlungsrecht 29 17
- Sitz 20 34
- Sitzungsausschluss 29 21
- Sitzungsgewalt 29 20
- Sitzungsöffentlichkeit 31 2 ff, 4
- Stimmrecht 22 23
- Subsidaritätskontrolle 20 3
- Übergangsgeld 22 36
- Überprüfung 22 26
- und LVerfG 52 37 ff
- Unterrichtung 63 8 ff
- Vertretung in Rechtssachen 29 33
- Vizepräsidenten 29 3
- Vor-Ältestenrat 28 2
- Wahlen 32 7 ff
- Wahlfunktion 20 12
- wahrheitsgetreue Berichte 31 13 ff
- wirtschaftliche Angelegenheiten 29 35
- Wortentziehung 29 21
- Zusammentritt 28 3
- Zuschauer 31 6 ff

Landtagsmandat
- Regierungsamt 22 8

Landtagspräsident
- Abwahl 29 5
- Amtszeit 29 5
- Aufgaben 29 15, 18
- Beschlagnahme 29 30
- Disziplinargewalt 29 20
- Durchsuchung 29 30
- Führung der Geschäfte 29 16
- Hausrecht 29 23
- Ordnungsgewalt 29 23
- Ordnungsruf 29 21
- Sachruf 29 21
- Sitzungsausschluss 29 21
- Sitzungsgewalt 29 20
- staatsrechtliche Repräsentation 29 34
- Vertretung 29 3
- Vertretung in Rechtssachen 29 33
- Wahl 29 2
- wirtschaftliche Angelegenheiten 29 35
- Wortentziehung 29 21

Landtagsverwaltung 29 36
Legalität 4 6
Legislative Programmsteuerung 4 8
Legitimität 4 6
Lehre 7 13 ff
Leistungsprinzip 71 13 ff
- Gleichstellung 71 15
- Hilfskriterien 71 15

Lindauer Absprache 11 20 ff, 18 13 ff, 34 ff

Mandat
- Beginn 22 2
- Ende 22 3
- Fraktionszwang 22 12
- freies 22 9, 12
- Gewaltenteilung 22 6
- imperatives 22 9
- Inkompatibilität 22 7
- Kündigungsschutz 23 6, 7
- Rotation 22 4
- Ruhen 22 5

767

- Verlust 22 4, 27
Mandatsfreiheit
- Verfassungsschutz 22 10
Mandatsverlust
- Antragsbefugnis 21 9, 10
- Folgen 21 11
- Frist 21 10
- Gegenstand 21 9
- Prüfung 21 8
- Verfahren 21 9
- Verfassungswidrigkeit einer Partei 21 11

Maßnahmen, gesetzlich beschlossene 62 3 ff
Mecklenburg-Vorpommern
- Neugründung Entstehungsgeschichte 1 ff

Mehrausgaben 64 3 ff
- globale 61 7

Mehrebenen-Verfassung 1 1
Mehrheitsenquete 34 4 ff
Mehrheitsprinzip
- Abstimmungsmehrheit 32 2 ff
- einfache Mehrheit 32 2 ff
- Minderheitenschutz 32 1 ff
- Mitgliedermehrheit 32 3 ff
- qualifizierte Mehrheit 32 4 ff

Meinungsfreiheit 18a 12 f
Menschenrechte 5 3 ff
Menschenwürde 5 7 ff
- Grenze der Verfassungsänderung 56 8 ff

Menschlichkeit
- Grundsätze der 52 20

Minderausgaben
- globale 61 7

Mindereinnahmen 64 3 ff
Minderheit 18 14 ff
- ethnische 18 1 ff, 10 f, 15, 18, 22 f
- nationale 18 1 ff, 10 ff, 17 ff, 22 ff
- „neue" 18 27, 34
- sprachliche 18 19 ff

Minderheitsenquete 34 1 ff
Mindestgarantie 72 1 ff
Minister
- Antrag beim LVerfG 53 8
- Öffentlichkeitsarbeit 46 10 ff
- Rücktritt 50 2 ff

Ministerpräsident
- Ernennung der Beamten 48 1 ff
- geschäftsführender 50 9 ff
- Gnadenbefugnis 49 1 ff
- Prüfungskompetenz bei Ausfertigung 58 4 ff
- Rücktritt 50 2 ff
- Vertretung 43 8 ff
- Vertretung nach außen 47 3 ff
- Wahl 20 11
- Wahlverfahren 42 3 ff
- Wahlvoraussetzungen 42 1 ff, 2 ff

Mischverwaltung 1 9
Misstrauensenquete 34 1 ff
Misstrauensvotum 50 3 ff, 51 7 ff
- Verfahren 50 4 ff

Nachhaltigkeitsprinzip Präambel 4, 12 6 ff
Nachschiebelisten 61 16
Nachtragshaushalt 61 23 ff, 63 4 ff
Namensrecht der Kommunen 72 12 ff
Nation 18 17 ff
Natur
- Rechtssubjekt 12 2 ff

Naturgüter 12 8 ff
Naturhaushalt 12 8 ff
Naturkatastrophe 65 24
Natürliche Lebensgrundlagen 12 4 ff
- Erhaltung von 2 14
- Normqualität 2 16
- Schutzgut 2 15

Naturschönheiten, landesspezifische 12 9 ff
Naturschutzrechtliche Eingriffsregelung 12 13 ff
Nettokreditaufnahme 65 8 ff
Nichtigkeit
- von Rechtsnormen 53 20

Niederdeutsch 16 8 ff, 18 21 ff
Normallage 65 20 ff
- Abweichung 65 21 ff

Normenkontrolle
- abstrakte 53 16 ff
- Äußerungsberechtigung 53 19
- Entscheidung 53 29
- Gesetzeskraft von Entscheidungen 54 16
- konkrete 52 2, 53 27
- und Landesebene 53 28
- Zulässigkeit Antrag 53 18

Notbewilligungsrecht 63 1 ff

Obdachlosigkeit 17 10 ff
Öffentlicher Dienst 52 16 ff, 21 ff, 53 31

Stichwortverzeichnis

Öffentliches Amt 71 17 ff
Öffentlichkeit
- Ausschusssitzungen 33 19 ff, 20 ff, 21 ff
- Ausschussvorsitzungen 33 18 ff
- Grenzen 31 4
- Medien 31 2

Öffentlichkeitsarbeit
- Fraktion 25 9

Opposition
- Antrag beim LVerfG 53 8
- Chancengleichheit 26 6
- Grundmandat 26 8
- parlamentarische 26 1
- Tolerierung einer Minderheitsregierung 26 4

Oppositionsbegriff
- Qualifizierte große Koalition 26 5

Ordnungsgewalt
- polizeiliche Maßnahme 29 24

Ordnungsmaßnahme
- Landesregierung 29 20
- Voraussetzungen 29 22
- Würde des Landtages 29 22

Ordnungsruf
- gerichtliche Überprüfung 29 22

Organisationserlass 43 3 ff
Organisationskompetenz 43 3 ff
Organstreit 53 7 ff
- Antragsbefugnis 53 12 ff
- Beitritt zum Verfahren 53 14
- Beteiligtenfähigkeit 53 10
- Entscheidung 53 15
- Frist für den Antrag 53 13
- Prozessstandschaft 53 13
- Streitgegenstand 53 11 f

Organtreue 4 3

Örtliche Gemeinschaft
- Angelegenheiten 72 19 ff

Ostseeraum 11 16 ff, 21 ff

Parität 9 12 ff

Parlament
- allgemeinpolitisches Mandat 20 1

Parlamentarische Anfragen 40 2 ff, 4 ff
- Antwortpflicht der Landesregierung 40 23 ff, 56 1
- Fragestunde 40 5 ff
- Grenzen der Beantwortungspflicht 40 28 ff
- Große Anfragen 40 7 ff
- Kleine Anfragen 40 6 ff
- Missbrauchsverbot 40 10 ff

- öffentliche Beantwortung 40 50 ff
- Praxis 40 8 ff
- Prüfung des Landtagspräsidenten 40 9 ff
- Sachlichkeitsgebot 40 12 ff
- Schutz Dritter 40 16 ff, 52 1
- Unterstellungen 40 11 ff
- unverzügliche Beantwortung 40 27 ff
- Wertungen 40 11 ff
- Zuständigkeitsbereich der Landesregierung 40 15 ff

Parlamentarische Kontrolle 20 22
- Gegenstand 20 25

Parlamentarische Kontrollkommission 20 24, 33 5 ff

Parlamentarische Opposition 26 1
Parlamentarischer Rat 52 1
Parlamentsinformationsgesetz 39 4 ff
- Informationsvereinbarung 39 5
- Regelungsauftrag 39 5 ff

Parlamentsvorbehalt 20 20
- Begründungspflicht 39 3 ff

Parteien
- Anerkennung 21 13
- Antrag beim LVerfG 53 9
- Chancengleichheit 3 12
- Gründungsfreiheit 3 12
- Parteibegriff 3 11
- politische 3 11
- Verbot 21 12, 53 2

Paulskirchenverfassung 18 2 ff

Petition
- Adressat 10 9 ff

Petitionsausschuss 10 16 ff, 33 3 ff
- Aktenvorlage 35 13
- Aktenvorlageverweigerung 35 14 ff
- Antrag 35 5 ff
- Begründung des Petitionsbescheids 35 10 ff
- Berichte von Beauftragten 35 11 ff
- Beschluss des LT 35 7 ff
- Binnenverfahren 35 6 ff
- eigene Berichterstattung 35 11 ff
- Einfluss auf Verwaltung 35 3, 9 ff
- Entscheidungsalternativen 35 3
- Folgen inhaltlicher Überprüfung 35 9 ff
- Funktion 35 1 ff
- Gesetzesvorbehalt 35 16
- Informationsanspruch 35 15 ff
- Kritik am Binnenverfahren 35 8 ff

769

- Mitwirkungspflicht der Landesregierung **35** 12 ff
- Rechtsweg **35** 10 ff
- Ressortübergreifende Zuständigkeit **35** 2 ff
- Sachaufklärung **35** 13
- Verhältnis zu Landesrechnungshof **35** 4 ff
- Verhältnis zur Rechtsprechung **35** 4 ff

Petitionsrecht **10** 3 ff
- Grundrechtsträger **10** 7 ff

Pflicht zur Opposition **26** 2
Plebiszitäre Elemente **58** 1 ff
Plenardebatte
- Abschlussbericht Verfassungskommission **Entstehungsgeschichte** 23 ff
- Zwischenbericht **Entstehungsgeschichte** 22 ff

Pluralität von Entscheidungszentren **1** 7
Postulationsfähigkeit **53** 4 f
Präambel
- Gottesbezug **Präambel** 3
- normativer Wert **Präambel** 2

Praktische Konkordanz **4** 3
Präsident
- des LVerfG **52** 19 ff
- von Gerichten **52** 19 ff

Privatschule
- Begriff **15** 16 ff
- Ersatzschule **15** 17 ff
- Förderpflicht des Staates **15** 20 ff
- Genehmigung **15** 19 ff
- Kostenübernahme **15** 21 ff
- Neugründung **15** 23 ff
- Personalkostenzuschuss **15** 22 ff
- Schülerauswahl **15** 18 ff
- Schulgeld **15** 24 ff
- Schutzpflicht des Staates **15** 20 ff
- Sonderschule **15** 25 ff
- Wartefrist **15** 23 ff

Produkthaushalt **61** 27
Promotionsrecht **7** 24

Quotenregelung
- öffentlicher Dienst **13** 3 ff
- Wahlvorschriften **13** 5 ff

Radbruchsche Formel **4** 7
Rassismus **18a** 12
Ratifikation **47** 14 ff
Realsteuern **73** 7 ff

Rechnungslegung **67** 2
Rechnungsprüfung **67** 3, **68** 7 ff
Recht **4** 6, 7, **70** 5 ff
- Radbruchsche Formel **70** 6

Recht auf informationelle Selbstbestimmung **6** 4 ff
Rechte
- des Bürgers **53** 2
- Eigene **53** 7 ff, 12 ff

Rechtsanwalt **53** 4
Rechtsextremismus **18a** 1
Rechtsfolgen
- Konkrete **79a** 3

Rechtsfortbildung **4** 7
Rechtsmissbrauch
- Kollegialenquete **34** 2
- Misstrauensenquete **34** 2
- Rückbetrachtung **34** 2

Rechtsprechende Gewalt **76** 1 ff
- Begriff **76** 5 ff

Rechtsprechung **52** 7 ff, 8 ff, **53** 3, **76** 1 ff
- Begriff **76** 5 ff
- im Namen des Volkes **76** 6 ff

Rechtsschutz
- Ämterstabilität **71** 23
- Mitteilungs- und Wartepflichten **71** 23
- Vorläufiger **71** 22 ff

Rechtsschutzgarantie **71** 21 ff
Rechtsschutzinteresse **53** 10 ff
Rechtsstaat
- Bestimmtheit **2** 19
- Friedenssicherungspflicht **2** 17
- Gesetzesvorbehalt **70** 8 ff
- Gewaltverbot **2** 17
- Grundsätze des **52** 20
- rechtsstaatliche Gesetzesgestaltung **2** 19
- Rückwirkung von Gesetzen **2** 20, 21
- verfassungsrechtliche Ausformungen **2** 18
- Vorrang des Gesetzes **70** 7

Rechtsverordnung
- Ablehnungs- und Zustimmungsvorbehalt **57** 5 ff
- Änderung durch Gesetzgeber **57** 11 ff
- Ausfertigung **58** 9 ff
- Auslegung der Ermächtigung **57** 9
- Begriff **57** 2 ff

Stichwortverzeichnis

- Beispiele für Wesentlichkeit 57 6
- Bestimmtheit der Ermächtigungsgrundlage 57 8 ff
- Entsteinerungsklausel 57 11 ff
- Ermächtigungsgrundlage 57 1 ff
- geltende Ermächtigungsgrundlage 57 7 ff
- Parlamentsvorbehalt 57 4 ff
- Subdelegation 57 12 ff
- Verkündung 58 9 ff
- Wegfall der Ermächtigungsgrundlage 57 7
- Zitiergebot 57 10 ff

Rechtsweg
- Erschöpfung 53 39

Rederecht
- Vertretung 38 4 ff

Redezeit 38 4 ff

Reform des Haushaltssystems 61 28

Regierungsform 2 5

Regionalausschuss
Entstehungsgeschichte 11 ff
- Julientwurf Entstehungsgeschichte 12 ff
- Oktoberentwurf Entstehungsgeschichte 13 ff

Religionsgemeinschaften
- Körperschaft des öffentlichen Rechts 9 10 ff
- Rechtsfähigkeit 9 9 ff
- Selbstbestimmungsrecht 9 8 ff

Religionsunterricht 15 42 ff

Repräsentation
- ganzes Volk 22 11

Republik 2 4

Ressortverantwortlichkeit 46 5 ff

Richter 52 10 ff, 16 ff, 76 1 ff
- Ablehnung 52 31 ff
- auf Lebenszeit 76 14 ff, 17 ff, 25 ff
- auf Probe 76 14 ff, 17 ff, 24 ff
- auf Zeit 76 14 ff, 24 ff
- Ausschluss, Befangenheit 52 30 ff
- Berufsrichter 52 17 ff, 19 ff, 24 f, 76 14 ff, 17 ff
- Dienstaufsicht 76 15 ff, 16 ff
- ehrenamtliche 52 4, 9 ff, 76 14 ff, 21 ff
- Entlassung 76 13 ff
- Gesetzesbindung 76 8 ff, 11 ff
- kraft Auftrags 76 14 ff, 17 ff, 24 ff
- Laienrichter 76 21 ff
- Mäßigungsgebot 76 9 ff
- nebenamtlich 76 17 ff, 19 ff
- Rechtsprofessoren 76 19 ff
- Richteranklage 77 1 ff
- Richterdienstgericht 76 16 ff
- Unabhängigkeit 76 7 ff
- Versetzung 76 13 ff
- zweites Hauptamt 76 20 ff

Richteramt
- Befähigung zum 52 13

Richteranklage 77 1 ff
- Anklagetatbestand 77 5 ff
- Bedeutung 77 3 ff
- Entlassung 77 8 ff
- Entscheidung BVerfG 77 8 ff
- Freispruch 77 8 ff
- Funktion 77 2 ff
- Landesrichter 77 6 ff
- Verfahren 77 7 ff

Richterwahlausschuss 76 23 ff
- Bildung 76 29 ff
- Entscheidungsmaßstab 76 31 ff, 33 ff
- Entscheidungsquorum 76 32 ff
- Mitglieder 76 29 ff
- Mitwirkungskompetenz 76 27 ff
- Rechtsschutz 76 35 ff
- Verfahren 76 34 ff
- Votum 76 31 ff
- Wahl 76 30 ff
- Zusammensetzung 76 28 ff

Richtlinienkompetenz 46 1 ff

Rücklagen 61 5, 22 ff, 65 8

Satzung 57 3 ff
- Ausfertigung 58 10 ff
- Verkündung 58 10 ff

Schloss Schwerin 20 34

Schulden 61 21 ff, 67 2

Schuldenbremse 65 1
- Ausnahmeregelungen 65 17
- Auswirkung auf kommunale Finanzausstattung 73 3
- Beurteilungsspielraum 79a 2
- Prognose 79a 2
- Rechtsschutz 65 17 ff
- Verbindlicher Charakter 79a 1
- Vorwirkung 79a 1

Schule
- Achtung vor Überzeugungen 15 38 ff
- Befreiung von Schulpflicht 15 31 ff
- Befreiung von Schulpflicht aus religiösen Gründen 15 32 ff
- Begriff 15 3
- Behinderte 15 37 ff

771

- Durchlässigkeit der Bildungsgänge 15 33 ff
- Elternrecht 15 11 ff
- Elternrecht, Religion 15 12 ff
- Elternrecht auf Wahl des Bildungsgangs 15 35
- Erziehungsziel 15 36 ff
- Fach- und Rechtsaufsicht 15 9 ff
- Gesetzesvorbehalt 15 43 ff
- Inklusion 15 36 ff, 37 ff
- integratives Konzept 15 11 ff
- Mitwirkungsrechte der Eltern 15 13 ff
- Schulaufsicht 15 4 ff
- Schülerrechte 15 14 ff
- Schulsprengel 15 7 ff
- Schulsprengelpflicht 15 8 ff
- staatlicher Erziehungsauftrag 15 2 ff, 30 ff
- Stellung der Lehrer 15 10 ff
- Toleranzgebot 15 39 ff
- Trägerschaft 15 15 ff
- weiterführende Schule 15 34 ff
- Weltanschauung in profanen Fächern 15 40 ff

Schulentwicklungsplanung 15 6 ff
Schülerbeförderung
- Anspruch 15 27 ff
- Eigenbeteiligung 15 28 ff

Schulpflicht 15 29 ff
- Befreiung aus religiösen Gründen 15 41 ff

Schulträgerschaft 15 5 ff
Schulwesen 15 1 ff
Schutz
- alter Menschen 17a 4 ff
- Behinderter 17a 4 ff
- natürliche Lebensgrundlagen 12 5 ff
- Umwelt 12 5 ff

Selbstauflösungsrecht
- Landtag 27 8 ff
- Quorum 27 10

Selbstbefassungsrecht
- Ausschuss 33 16 ff

Selbstbestimmungsrecht
- Religionsgemeinschaften 9 8 ff

Selbstverwaltung 3 6
- funktionale 3 4
- Hochschule 7 22 ff
- kommunale 3 7, 53 44 ff

Selbstverwaltungsgarantie
- Durchgriffsnorm 72 2

Senat 68 6
Sitz
- Landesverfassungsgericht 52 12

Sitzungsöffentlichkeit
- Hausrecht 31 5 ff

SOG-Gremium 33 5 ff
Sonderausschuss 33 4 ff
Sondervermögen 61 9
- Anrechnung 79a 5
- Bestandsschutz 79a 6
- Einbeziehung 79a 6
- Kreditaufnahme 79a 4
- Kreditobergrenze 79a 5 f
- Schuldenbremse 79a 6
- Übergangsperiode 79a 6
- Übergangsregelung 79a 4 ff

Sozialstaat   Präambel 4
- Inhalt 2 13
- Konkretisierungsbedürftigkeit 2 11
- normative Wirkkraft 2 10
- soziale Gerechtigkeit 2 9
- Zielrichtung 2 12

Sparsamkeitgebot
- Naturgüter 12 8 ff

Sperrklausel 20 31
Sperrvermerk 61 17 ff
Spezialität 61 7
Spielraum
- politische Entscheidungen 18a 8

Sprache 18 23 ff
- niederdeutsch 18 21 ff

Staat 10 9 ff, 11 23 ff
- Verhältnis zu Religionsgemeinschaften 9 1 ff

Staatlich gebundene Berufe 71 18
Staatsangehörigkeit
- deutsche 18 15 ff, 26 ff

Staatsform vor 1 1, 1 1
Staatsgewalt 1 4 ff
- Kern eigener Aufgaben 1 5
- Recht eigener Verfassungsgebung 1 5

Staatskanzlei 46 4 ff
Staatskirchenrecht 9 1 ff
- Auslegung 9 7 ff
- grundgesetzliche Regelungen 9 4 ff
- Güstrower Vertrag 9 16 ff
- Parität 9 12 ff, 15 ff
- Staatskirchenverträge 9 14 ff, 17 ff
- theologische Fakultäten 9 18 ff
- Trennung von Staat und Kirchen 9 6 ff

Stichwortverzeichnis

– und Feiertagsschutz 9 16 ff
Staatsnation 18 17 ff
Staatsorganisationsrecht
– Streitigkeit 53 2
Staatssekretär 41 5 ff, 46 14 ff, 49 5 ff
Staatssymbole 1 10
Staats- und Regierungsform
– Demokratie 2 2
– Rechtsstaat 2 2
Staatsverträge 47 8 ff
– Gegenstand der Gesetzgebung 47 9 ff
Staatsverwaltung
– mittelbare 10 9 ff, 11 23 ff, 18 44 ff
Staatsvolk 1 6, 2 8, 18 15 ff, 17 ff
Staatsziele Präambel 1, 4, 2 2, 9, 10 1 ff, 3 ff, 11 1 ff, 18 8 ff
– Adressaten 10 9 ff, 11 22 ff, 18 43 ff
– Justiziabilität 10 10 ff
– normativer Gehalt 10 5 ff, 8 ff
– rechtliche Bindungswirkung 10 7 ff
– subjektives Recht 10 8 ff
– Tierschutz 12 1 ff
– Umweltrecht 12 1 ff
Stellenausschreibung 71 16
Stellvertreter
– LVerfG 52 28 f
Steuerhoheit 73 5 ff
Steuern
– Einkommenssteuer 73 6 ff
– Gewerbesteuerumlage 73 7 ff
– Landessteuern 73 8 ff
– Realsteuern 73 7 ff
Stiftung des öffentlichen Rechts 69 17 ff
Störung 65 9 ff
Störungsabwehr 65 11 ff
Strafprozessordnung 34 21
– Anwendbarkeit im Einzelfall 34 23
– Vereidigung von Zeugen 34 22 ff
– Verfahrensgarantien 34 24
Strafrechtliche Verurteilung
– Mitglieder des LVerfG 52 26
Studiengebühren 8 9 ff
Subsidiarität
– der Verfassungsbeschwerde 53 39 ff
Supranationalität 11 3 ff

Teilhaushalt 61 23 ff, 62 5 ff
Tierschutz 12 1 ff, 7 ff

Tilgung 65 3
Titel 61 4
Träger der freien Jugendhilfe
– Schutz und Förderung 19 9 ff
Träger der freien Wohlfahrt
– Förderung und Schutz 19 9 ff
Träger öffentlicher Verwaltung 69 1 ff
Transformation vor 5 3 ff, 5 1 ff, 11 ff
Transparenz 2 2
Treueklausel 7 18

Überhangmandate 20 33
Umwelt 12 1 ff
– Auslegungsdirektive 12 3 ff
– Ermessensdirektive 12 3 ff
– Pflege 12 5 ff
– Planungsentscheidung 12 3 ff
– Schutzauftrag 12 14 ff
Umweltdaten 6 1 ff, 17 ff
– Informationsanspruch 6 14 ff
Umweltgüter
– natürliche Lebensgrundlagen 12 4 ff
Umweltschutz
– Begriff 12 5 ff
– Jedermannverpflichtung 12 11 ff
– Land- und Forstwirtschaft 12 12 ff
Unabhängigkeit
– Eingriffe in die des Richters 76 15 ff
– Gerichte 52 11 f, 14 ff
– persönliche der Richter 76 12 ff
– Rechtsschutz gegen Eingriffe 76 16 ff
– Richter 52 10 ff, 76 7 ff
– sachlicher der Richter 76 10 ff
Unabhängigkeit, richterliche 68 3
Unterausschuss
– Einsetzung 33 14 ff
Unterschriftenquoren 72 44 ff
Untersuchungsausschuss
– Aktenvorlage 34 18 ff
– Amtshilfe 34 19 ff
– Beweiserhebungsrecht 34 17 ff
– Diskontinuitätsgrundsatz 34 26 ff
– Kollegialenquete 34 1
– Medienübertragung 34 12 ff
– Mehrheitsenquete 34 4 ff
– Minderheitsenquete 34 1 ff, 14 ff
– Missstandsenquete 34 15 ff
– Misstrauensenquete 34 1
– Öffentlichkeitsprinzip 34 11 ff

773

- parlamentarischer 34 1 ff
- Rückbetrachtung 34 1
- Streitigkeit 53 25 f
- Untersuchungsgegenstand 34 16 ff
- Verfahrensverzögerung 34 26

Verfahren
- Herrschaft über 52 7

Verfassung
- Änderungen Entstehungsgeschichte 27 ff
- Einheit der 4 3
- Entstehungsgeschichte Entstehungsgeschichte 1 ff
- Kraft-Treten Entstehungsgeschichte 24 ff
- Plenardebatte Entstehungsgeschichte 22 ff
- Strukturprinzipien 10 2 ff
- Verfahren der Verabschiedung Entstehungsgeschichte 24 ff
- Verfassungstext für Schüler 78 1 ff
- Vollverfassung vor 5 2 ff
- vorläufige Entstehungsgeschichte 24 ff
- Vorrang 4 2

Verfassunggebende Versammlung Entstehungsgeschichte 1 ff

Verfassungsänderung
- Abwägung 56 12
- Begriff 56 1 ff
- Beteiligung des Volkes 56 2 ff
- Ewigkeitsgarantie 56 6 ff
- fundamentale Verfassungsprinzipien 56 7
- Grundrechte 56 9
- Mehrheit 56 4 ff
- Unabänderlichkeit des Art. 56 56 3
- Verfassungsgrundsätze nach Art. 2 56 10 ff
- Volksbegehren 56 5 ff
- Widerspruch zu Grundprinzipien 56 11
- Wortlautänderung 56 1 ff
- Würde des Menschen 56 8 ff

Verfassungsautonomie vor 5 5 ff

Verfassungsbeschwerde
- Antragsteller 53 31 ff
- Begründung 53 46
- Entscheidung 53 43
- Frist 53 36, 42
- gegen Landesgesetze 53 30 ff, 45
- Gesetzeskraft von Entscheidungen 54 16 ff
- Individualverfassungsbeschwerde vor 5 4 ff
- kommunale 53 2, 44 ff

Verfassungsentwurf
- öffentliche Diskussion Entstehungsgeschichte 22 ff

Verfassungsgerichtsbarkeit 52 1 ff, 2 ff
- Eigenständigkeit 52 3 f
- Leitbild- und Orientierungsfunktion 52 9

Verfassungskommission 9 3 ff
- Abschlussbericht Entstehungsgeschichte 9 ff, 22 ff
- Auftrag Entstehungsgeschichte 7 ff
- Beratungen Entstehungsgeschichte 19 ff
- Bildung Entstehungsgeschichte 3 ff
- Klausurtagung Entstehungsgeschichte 20 ff
- konstituierende Sitzung Entstehungsgeschichte 18 ff
- Materialien Entstehungsgeschichte 10 ff
- Mitglieder Entstehungsgeschichte 5 ff
- Zusammensetzung Entstehungsgeschichte 4 ff
- Zwischenbericht Entstehungsgeschichte 8 ff, 21 ff

Verfassungsorgan 52 5 ff, 14 ff, 53 7, 68 2 ff

Verfassungsprinzipien vor 1 1, 1 1
Verfassungsräume 52 37 ff
Verfassungsschutz
- Kontrolle 20 24

Verfassungsstaatlichkeit 52 1
Verfassungswidrigkeit
- Feststellung 53 21 f
- Friedensstörung 18a 9

Verhaltensregeln
- Zuwendungen 22 25

Verhinderung
- Mitglied LVerfG 52 29 ff

Verkauf 66 3 ff
Verkündung 58 6 ff, 61 3 ff
- Bestimmtheit der Inkrafttretensregelung 58 13
- Maßgebender Tag 58 15
- Rechtfertigung des Inkrafttretenszeitpunkt 58 14
- Verfahren 58 7
- Zweck 58 2 ff

Vermögen 61 21 ff, 67 2
Verpflichtungen 62 1, 3 ff
Verpflichtungsermächtigung 61 5, 8, 62 5 ff
Vertragsstaatskirchenrecht 9 14 ff
Vertrauensfrage 51 1 ff
- Missbrauch 51 2 ff
- Verfahren 51 4 ff
Verwaltungskompetenzen 69 3 ff
Verwaltungsschulden 65 2 ff
Verwaltungsverfahrensgesetz 70 12 ff
Verwaltungsvorschrift 57 3 ff
Volk 5 4 ff, 18 15 ff, 17 ff, 22 ff, 52 15
Volksbegehren
- Erledigung 60 14 ff
- Finanzvorbehalt 60 6 ff, 7 ff, 8 ff, 9 ff
- Gegenstand 60 4 ff
- Geschichte 60 2 ff
- Kosten 60 21 ff
- Streitigkeiten 53 23 f
- Überprüfung durch LVerfG 53 47
- Voraussetzungen 60 5 ff
- Zulässigkeitsprüfung 60 13 ff
Volksentscheid
- Geschichte 60 2 ff
- Kosten 60 21 ff
- Quorum 60 19 ff
- Streitigkeiten 53 23 f
- Verfahren 60 17 ff
- Verfassung
  Entstehungsgeschichte 24 ff, 26 ff
- Voraussetzungen 60 16 ff
Volksgruppen 18 1 ff, 10 ff, 22 ff
Volksinitiative 18a 1
- Befassung des Landtags 59 12 ff
- Finanzvorbehalt 59 7 ff
- Gegenstand der politischen Willensbildung 59 4 ff
- Geschichte 58 2 ff, 59 1 ff
- Quorum 59 6 ff
- Streitigkeiten 53 23 f
- Teilnahmeberechtigung 59 3 ff
- Zulässigkeitsprüfung 59 10 ff
- Zuständigkeit des Landtags 59 5 ff
Volkssouveränität
- Repräsentative Demokratie 20 6
Volkstum 18 23 ff
Vollverfassung vor 5 2 ff
Vollziehende Gewalt 70 3 ff
- Funktion 41 1 ff
- Institution 41 1 ff, 2 ff

Vorherigkeitsprinzip 61 18 ff
Vorläufiges Statut
  Entstehungsgeschichte 2 ff
Vorschaltgesetz 62 5 ff
Wählbarkeit
- Voraussetzungen 71 30 ff
- zum Landtag 52 15
- zum LVerfG 52 15 ff, 24 ff
Wahlen
- geheim 32 7
- Landes- und Kommunalwahlgesetz 20 30
- Mehrheitswahl 20 29
- Mitglieder des LVerfG 52 35 f
- Neuwahl 27 6
- qualifizierte Mehrheit 32 4
- Sperrklausel 20 31, 72 45 Ff
- Unterschriftenquoren 72 44 ff
- Verhältniswahl 20 29
- „Volk" iSd Art. 72 Abs. 2 LV 72 47
- Wahlgleichheit 20 32
- Wahlgrundsätze 3 8
- Wahlkreise 20 32
- Wahlkreiseinteilung 20 32
- Wahlperiode Landtag 27 4
- Wahlquoren 3 9
- Wahlrecht 3 8
- Wahlrechtsgrundsätze 20 29, 72 43 ff
- Wahlrecht von EU-Bürgern 72 48 ff
- Wahlsystem 3 9, 20 29
- Wahlvorbereitungsurlaub 23 2
- Wiederholungswahl 21 7
- Zeitpunkt 27 6
Wahlfehler 21 5
Wahlperiode
- Dauer 27 4
Wahlprüfung 53 47
- Frist 21 4
- Gegenstand 21 2
- materielle 21 5
- Rechtsfolgen 21 6
- Rechtsweg 21 1
- Schutzzweck 21 2
- Verfahren 21 4
- Wiederholungswahl 21 7
Wahlrecht 53 31
- Passives 71 33 ff
Wahlsystem 20 29
- Ausgleichsmandate 20 33
- Mehrheitswahl 20 29
- Überhangmandate 20 33

775

- Verhältniswahl 20 29
Wahlvorbereitungsurlaub
- Dauer 23 3
- Entgeltfortzahlung 23 3
- Ernsthaftigkeit der Bewerbung 23 2
- Zeitpunkt 23 3

Weimarer Kirchenartikel 9 5 ff
Weimarer Reichsverfassung 18 2 ff
Weisungsfreiheit 7 24
Weiterbildung 16 13 ff
Weitergeltung einer Norm 53 22
Wesentlichkeitstheorie 2 2, 4 9 f, 20 20
Wiedereinsetzung in den vorherigen Stand 53 36
Wissenschaft 7 13 ff
Wissenschaftliche Einrichtungen 7 33 ff
Wissenschaftsfreiheit 7 2 ff, 4 ff
- Förderverpflichtung 7 21 ff

- Grundrechtsträger 7 14 ff
- Schranken 7 17 ff, 19 ff

Wohnraum
- angemessener 17 9 ff
- Staatsziel 17 8 ff

Wohnsitz 52 16 ff, 24

Zeitgesetze 20 19
Zeugnisverweigerungsrecht
- Abgeordneter 24 32
- Hilfspersonen 24 33

Zielvorgabe 61 14
Zitierrecht 38 1 ff
Zugriffsverfahren
- Ausschuss 33 11 ff

Zukunftsbelastung 65 1 ff
Zuständigkeit
- behördliche 70 10 Ff

Zustimmungsvorbehalt 61 17 ff